2025년판 TAX AFFAIRS

# 지방세특례제한법 이론과 실무

구본풍 · 현기수 · 이광영 공저

SAMIL | 삼일인포마인

**www.samili.com** 사이트 **제품몰** 코너에서 본 도서 **수정사항**을 클릭하시면 정오표 및 중요한 수정 사항이 있을 경우 그 내용을 확인하실 수 있습니다.

# 책 머리에

매년 조세 법령 개정은 연말을 기준으로 국가나 각 지방자치단체의 다음 연도 예산편성에 맞추어 부수적으로 개정하고, 조세 정책적으로 필요시 연중 수시 개정이 이루어지고 있다.

특히, 국세의 조세특례제한법이나 지방세의 지방세특례제한법상의 감면 규정은 대부분 감면 일몰시한을 정하고 있어 관련 규정들에 대한 감면의 연장 또는 감면율 조정이 이루어지지 않을 경우 사회적으로 조세행정에 큰 혼란이 야기될 수밖에 없는 구조이다.

지방세의 경우 지방세 감면(특례)을 지방세 지출(세금 감면으로 이해 당사자에게 사실상 예산을 지원하는 효과)로 표현하여 정책 당국에서는 매년 지방세 지출 방향을 설정하고 그 기본원칙을 토대로 지방세 지출 여건 등을 고려하여 입법에 반영한다.

지방세 감면은 보통 일몰기한을 3년으로 설정하여 해당 시기별로 감면의 효과 및 타당성 여부를 검토하는데, 2024년은 일몰이 도래되는 규정이 많은 해로써 국정을 뒷받침하면서 지역 활력을 견인해야 한다는 요구를 감안, 장기·관행화되거나 충분한 지원이 이루어진 감면규정은 과감하게 정비하여 지방재정의 건전성을 확보하고자 노력한 것으로 보인다.

이와 같이 2024년 말 지특법 개정에서는 2자녀 가구에 대한 세제지원 신설, 생애최초 주택 취득시 취득세 감면확대 등을 통해 저출산 문제를 완화하고 민생부담을 경감하는 한편, 장애인·국가유공자 등 사회적 취약계층을 지원하면서 인구 감소지역 내 생활인구 유입 및 지방 건설경기 회복 등을 지원해 지역경제의 역동성을 높이는 방안 등이 반영되었다. 반면에 하이브리드 자동차 지원 종료 등 감면지원으로 그 효과가 충분히 달성되었거나 장기·관행화된 일부 감면지원을 종료 또는 축소하였다.

본 서는 지방세 감면 부분을 특화한 '지방세특례제한법'의 이론과 실무를 다루고 있다. 2013년 이후 13개 년차 개정 증보판으로 그동안 변함없이 애독해주시는 지방세 실무공직자 분들과 조세전문가 및 학계 등 모든 분들께 진심으로 감사의 마음을 전한다.

끝으로 본 서에 수록된 내용들은 주로 관계법령과 조세전문지 등 기존 연구자료, 일부 개인적 의견들이 가미되어 있어 지방세 정책 당국의 공식적 입장과 다를 수 있다는 점을 널리 이해하여 주시길 바라며, 출판하기까지 많은 지도와 격려를 해주신 지방세의 선배님들과 동료분들, 편집과 교정 등 많은 도움을 주신 삼일피더블유씨솔루션 이희태 대표이사님을 비롯한 관계자님들께도 깊은 감사를 드린다.

2025년 2월

著者 구본풍 · 현기수 · 이광영

# 지방세 주요특징

지방세특례제한법은 2011년에 처음 제정 · 시행되고 나서 현재까지 계속 부분 개정이 되는 등 짧은 기간에 경제 · 사회여건 변화에 능동적으로 대응되고 있는 법령이다. 이 책에서는 2011년 이후 개정된 지방세특례제한법 사항 및 최근의 공포된 개정내용을 망라하여 반영하였다. 이 책의 주요 특징은 다음과 같다.

1) 2015년부터 시행되고 있는 지방세 최소납부세제와 관련하여 제도도입 취지, 적용대상 등에 대한 연도별 이력 및 적용방식에 대해 기술하였고, 최근 국가정책적으로 필요에 의해 도입된 감면제도에 대한 세부운영기준에 대한 해설을 추가하였다.

2) 지방소득세의 독립세 전환에 따라 새롭게 도입된 지방소득세의 세액공제 · 감면제도에 대한 조문별 해설을 상세히 수록하였다.

- 국세에 준하는 조문별 해설과 사례(기존 국세)를 상세히 수록하여 납세자, 일선 세무 담당자의 세정 운영에 도움이 되도록 하였다.

3) 지방세 특례에 관한 사항을 체계적, 종합적으로 정리하였다.

- 지방세특례제한법은 우리나라의 복잡한 경제 · 사회적 상황을 반영해야 하는 법률의 특성상 다른 법령에 비해 개정빈도가 월등히 높아 개정사항에 대한 이해가 부족하여 납세자와 과세관청간의 다툼이 자주 발생한다. 이를 해결하기 위해서는 현행 규정뿐만 아니라 그 동안의 입법연혁 등도 살펴보아야 하지만, 현재의 지방세 관련 실무서는 대부분 현행 규정을 중심으로만 설명되고 있다. 이 책에서는 현행 지방세특례제한법 조문을 중심으로 신 · 구조문을 순차적으로 배열하고, 개정사항에 대한 핵심적인 사항을 간략히 부연 설명하는 등 독자가 보기에 해당 조문규정만을 살펴보아도 개괄적인 입법 흐름이 한눈에 들어오도록 하였다.

4) 복잡한 지방세 특례 법조문 구성 체계를 이해하기 쉽도록 정리하였다.

- 지방세 특례에 관한 사항은 지방세특례제한법, 조세특례제한법, 자치단체 감면조례로 다원화되어 있어 일반인이 지방세 비과세 · 감면 분야를 이해하기에는 용이하지 않은 점이 있다. 이 책에서는 현행 유사한 감면분야에 대해서는 지방세특례제한법 조문을 중심으로 일괄하여 집필하였으며, 지방세 감면의 3요소인 감면대상자, 감면대상 물건, 감면대상자와 감면대상 물건 간의 귀속관계, 조세분쟁의 빈도수가 높은 감면세액의 추징관련 사항을 체계적으로 정리하여 독자가 쉽게 이해되도록 하였다.

5) 납세자와 과세관청 간에 자주 발생하는 주요 조세분쟁 사항에 대해 심도 있는 해설을 하였다.

- 해당 지방세특례제한법 조문 규정을 설명하면서 감면대상자, 감면물건간 귀속관계, 감면세액 추징 등 실무에서 논쟁 빈도수가 높은 사항에 대해 체계적이고 심도 있는 해설을 담고 있으며, 이에 따른 최근 사례 등을 다수 수록하여 높은 조세분쟁 사항에 대한 합리적 판단에 다소나마 도움이 되도록 하였다.

6) 본 책자에서는 특별히 「부록」을 수록하여 주요 국가정책 등을 반영한 감면제도 변경 사항이 한눈에 들어오도록 정리하였다.

- 2011년 이후 연도별 지방세 특례관계 법령 개정취지, 최근 부동산 대책과 각종 고시내용, 입법기관의 운영지침 등을 요약 정리하여 지방세 특례 주요정책 사항을 쉽게 요약 정리하였다.

2019년 3월

著者 구본풍 · 현기수 · 이광영

# 지방세특례제도의 개관



# 제1장 총 칙(법 제1조~제5조)



# 제2장 유형별 감면

# 차 례

# 차 례

# 차 례

## 제 3 장 지방소득세 특례

# 차례

## 차 례

## 제12절 지방소득세 특례제한 등(법 제168조~제176조의 2) • 2165



## 제4장 보 칙(법 제177조~제184조)

## 부 록

# 지방세특례제도의 개관

제 1 절

# 지방세 비과세 · 감면제도

# 1 지방세 비과세 · 감면제도의 의의

비과세 · 감면이란 경제적 · 사회적 정책목적 수행을 위해 납부하여야 할 세금을 과세대상에서 제외하거나 면제 또는 경감해 주는 것을 말한다. 이는 사회정책적 · 국민경제적 측면에서의 공익의 실현, 취약계층 및 사회적 약자 보호, 기업의 투자촉진 등 지역개발을 통한 지역경제 활성화를 위한 유인수단으로 필요한 제도라는 인식하에 지방세법이 제정 이래 현재에 이르기까지 계속하여 운영되고 있다. 반면 일부에서는 세금의 감면은 일종의 특혜로서, 특혜를 받는 특정한 납세자 집단의 세금부담을 다른 납세자 집단에게 전가하는 결과를 가져와 조세평등의 이념에 반하고 일반 납세자들의 납세의식을 저하시킬 수 있다는 점 등을 들어 신중할 필요성을 제기하는 견해도 많다.

비과세 · 감면은 과세권의 유보 형태에 따라 실정법인 지방세 관계법상 세목에서 납세의무 자체를 부인하는 비과세제도와 지방세 관계법상 세목에 따라 과세요건은 성립하였으나 납세의무 이행단계에서 일부 또는 전부를 이행하지 않도록 하는, 즉 징수권 행사를 유보하는 감면제도로 구분할 수 있다. 단일법으로 운영되었던 종전 지방세법에서는 제5장에 '과세면제 및 경감'의 규정을 두어 감면을 운영하였다. 이후 지방세법을 3개 법으로 나누어 제 · 개정(법률 제10220호, 2010.3.31. 공포, 2011.1.1. 시행)하여 2011년부터는 「지방세특례제한법」이 시행[1] 되고 있는데, 기존의 조세특례제한법과 같이 '지방세특례'라는 명칭을 사용하여 종전의 비과세 · 감면에서 특례의 개념으로 전환됨에 따라 '일정한 요건에 해당하는 경우 세율의 경감, 세액감면, 세액공제, 과세표준공제 등' 그 범위가 확대되었다.

현재 지방세 관계법에서의 비과세는 지방세법에 세목별로 비과세대상을 규정하여 시행하고 있다. 비과세가 적용되는 과세물건은 과세대상에서 제외하여 추후 별도의 과정을 거쳐 과세대상으로 규정되지 않는 한 지속적으로 과세대상에서 제외된다. 대표적인 예로 취득세에 있어 종전 지방세법에는 비과세대상을 국가 또는 지방자치단체(다른 법률에서 국가 또는 지방자치단체로 의제되는 법인을 제외한다) · 지방자치단체조합 · 외국정부 및 주한국제기구 등이 취득하는 취득물건(국가 등에 대한 비과세), 제사 · 종교 · 자선 · 학술 · 기예, 기타 비영리사업자가 고유업무에 사용하기 위하여 취득하는 물건(용도구분에 의한 비과세), 천재 · 지변 · 소실 · 도괴 등 기타 불가항력으로 인하여 멸실 또는 파손된 건축

1) 종전의 「지방세법」이 3개 법으로 분법(지방세기본법, 지방세법, 지특법, 2010.3.31.)되었고, 지방세 세목이 16개에서 11개로 통 · 폐합되어 등록세가 취득세로 통합(일부는 면허세와 합쳐 등록면허세로 통 · 폐합), 도시계획세가 재산세로 통 · 폐합, 공동시설세가 지역개발세와 통합되어 지역자원시설세로, 주행세가 자동차세로 통 · 폐합되는 등 일부 조정이 있었다.

물・선박, 자동차 및 기계장비 등을 복구하기 위하여 새롭게 취득하는 물건(천재 등으로 인한 대체취득에 대한 비과세), 공익사업 등을 위하여 수용된 부동산을 대체취득하는 경우의 물건(토지수용 등으로 인한 대체취득에 대한 비과세), 신탁법에 의한 신탁으로서의 신탁등기 및 환매권의 행사 등으로 인한 취득, 법인의 합병 또는 공유권의 분할로 인한 취득물건(형식적인 소유권의 취득 등에 대한 비과세) 등에 대하여 비과세로 규정하였다. 그 후 2011년 1월 1일부터 「지방세특례제한법」의 시행으로 종전 비과세 중 국가 등에 대한 비과세와 형식적 취득에 대한 비과세만을 지방세법에 남기고 감면성격이 강한 비영리사업자 등 나머지는 모두 지특법으로 이관되었다.

## 2 | 지특법 제정의 의의

1949년 제정된 지방세법을 1961년에 전부개정 이후 50여 년간 그 틀을 유지해 오면서 총 153회 동안 일부 개정만을 반복해 옴에 따라 과세권자 중심의 후진성으로 인해 납세자 권익보호에 미흡하고 납세자가 이해하기 어렵다는 문제 제기가 있어 왔다. 이에 따라 종전의 단일법 체계인 지방세법을 분야별로 전문화・체계화하기 위해 지방세기본법, 지방세법, 지특법으로 나누게 되었다.

특히, 감면분야의 경우 그 근거법령이 지방세법, 감면조례, 조세특례제한법으로 각각 산재되어 있어 감면 체계의 전문성이 부족하고, 중앙정부의 감면조례 허가제를 따라야 하므로 지방자치단체 감면운영의 자율성이 크게 제약을 받는 등 민선 지방자치 시대에 맞지 않는다는 지적이 있었던 점 등을 고려하여 지특법이라는 하나의 법에 일괄 규정하여 통일성을 기하고자 하였다.

지특법의 주요내용으로는 각 세목에 규정되어 있는 감면성격이 강한 비과세 규정과 표준감면조례 부분을 지특법으로 통합 재정비하여 지방세 감면체계의 전문성을 향상시켰다. 또한 감면조례의 사전허가제를 폐지하여 자치단체의 자율성을 제고시켰으며, 감면총량제도를 도입하여 책임성을 강화하고 과세형평 및 국가경제시책에 비추어 합당하지 않는 감면은 자율감면 대상에서 제외토록 하는 등 감면조례 제정요건을 정하였다. 또한, 지방자치단체의 감면 심의와 평가에 대한 전문성을 제고하기 위해 감면조례 제・개정시 지방세심의위원회의 심사를 거치고, 일정규모(연평균 감면액이 10억원) 이상인 감면에 대하여는 조세 전문기관에 감면의 필요성 및 효과성을 분석・평가받도록 하는 등 사전허가제 폐지에 따른 무분별한 선심성・낭비성 감면에 대한 보완대책도 동시에 마련하였다. 그리고 각 조문별로 일몰을 적용하여 매년 만성화되어 가는 감면규모를 정비하기 위한 기반을 마련하는 등 2011년부터 시행된 지특법은 그간의 후진성을 탈피하고 보다 전문성 있는 체제로 전환함으로써 지방재정의 건전성을 한층 더 제고시키는 역할을 할 수 있도록 개선했다는 데 큰 의미가 있다.

### 1) 지방세 특례 등의 개념적 정의

종전의 지방세법에서는 제7조 내지 제9조에 공익 및 수익 등의 사유로 인한 경우 과세면제, 불균일과세, 일부과세를 할 수 있는 특례에 대한 규정이 일부 있었으나 구체적, 세부적 특례에 대한 개념적 정의 없이 대부분 세액감면 위주로 지방세특례 제도를 운영하여 왔다. 그러나 지특법에서는 지방세 특례에 대한 정의를 세율의 경감, 세액감면, 세액공제, 과세표준 공제(중과세 배제, 재산세 과세대상의 구분전환 포함) 등으로 명확히 규정하여 지방세 감면의 유형을 구분하고 있다. 현행 지특법에서의 감면은 대체로 세액감면 위주의 특례이지만, 관광호텔업용 취득 부동산에 대한 대도시 내 법인설립 중과세율 배제를 통한 세율경감(지특법 제54조 제3항), 주택담보 노후연금 대상 주택의 공시가액이 5억원을 초과하는 주택에 대한 과표공제(지특법 제35조 제2항 제2호), 정기분 지방세를 전자송달과 자동계좌이체 방식에 의하여 납부한 경우 일정액의 세액공제(지특법 제92조의 2), 그 외 토지분 재산세의 별도합산 과세, 분리과세 등 토지 과세대상 전환의 구분을 통한 특례가 시행되고 있으며 2014년부터 새롭게 시행되는 지방소득세 독립세화에 따른 지방소득세의 세액공제 또는 감면이 추가되었다. 통상 이러한 특례를 총칭하여 지방세 감면이라 한다. 이와 같은 감면은 경제적 · 사회적 정책목적 달성을 위해 주로 정부정책에 의해 이루어지는 것으로, 감면 혜택을 받는 입장에서는 절감되는 조세비용만큼 외부로 유출되는 현금 흐름이 줄어들게 되어 결과적으로는 내부가치가 증가되는 효과가 발생한다. 따라서 감면은 특정 납세자 집단에 대하여 정부가 의도하는 방향으로 그 행태를 유도하기 위한 수단이라는 점에서 간접적 규제수단이라 할 수 있다.[2] 즉, 정부가 특정 정책목표 달성을 위한 수단으로 보조금 지급, 저리융자 알선, 특정사업 지원 등 여러 가지 형태의 지원제도를 운영하는데, 조세체계를 통한 특정활동 지원기능 중의 하나가 감면정책[3]이라 할 수 있다.

이러한 특징을 갖는 감면제도 외에도 비과세, 불균일 및 일부 과세, 면세점, 소액 징수

2) 이삼주(한국지방행정연구원 수석연구원), 지방세 감면제도의 개선방안 참조

3) OECD는 조세지원의 특성으로 다음과 같이 적시하고 있다. : ① 특정산업, 활동, 납세자집단을 우대 ② 특정한 목적의 보유 ③ 적당한 기준이 결정될 수 있는 정도로 충분한 범위 포괄 ④ 조세지원의 폐지가 행정적으로 가능 ⑤ 조세지원을 상쇄할 수 있는 다른 제도의 부존

면제 제도 등이 있으나, 이들 구분은 기본적으로 제도 운영이나 특혜의 범위나 정도 등에서 차이가 있다. 결과적으로 감면 정책은 특정 활동을 지원하기 위하여 민간에게 지급하는 보조금과 그 성격이 유사하여 예산의 간접적 지원 역할을 수행하는 정책적 수단이라 할 수 있다. 이러한 간접적 지원은 주로 지방세의 경우 농어민 보호정책 지원, 사회복지를 위한 지원, 교육 및 과학기술 등을 위한 지원, 문화 및 관광산업 등에 대한 지원, 창업기업 등 중소기업에 대한 지원, 수송 및 교통에 대한 지원, 국토 및 지역개발에 대한 지원, 공공행정에 대한 지원, 지방소득세 특례 등으로 이루어지고 있다. 지방세 지원은 유형별로 자경농어민, 장애인 및 국가유공자, 창업중소기업 등 특정인을 위한 당사자 지원 외에 사회공익적 활동 및 서민지원을 위한 공공사업, 대중교통 지원정책 등을 수행하는 특정법인 및 단체들에 대한 감면 등 다양하게 운영되고 있다. 이러한 감면정책은 당해 납세자 집단의 투자촉진, 지역경제의 활성화, 사회 공공서비스 제공 실현 등 정책목표 달성이라는 효과에 기여하기도 하지만, 일부 납세자 집단에 대한 특혜, 조세형평성 및 중립성을 저해할 소지가 있는 점을 감안하면 입법자가 감면 대상을 설정함에 있어 되도록 신중한 입장에서 감면이 가장 절실하거나 시급하다고 판단되는 납세자 집단을 정하고, 사회 · 경제적 상황 변화에 따라 그 범위를 조절해 나가야 할 것이다. 이는 특정 납세자 집단에 대한 감면이 변칙적인 탈세 수단으로 악용되거나 공익성을 빙자한 조세 회피의 소지가 있다면 감면을 통하여 달성하려는 정책목표의 효과보다는 감면이 수반하는 사회적 비용이 더 크게 되어 사회정책 측면이나 국민경제적 측면에서 바람직하지 못한 결과가 초래되기 때문이다. 이와 관련하여 일부에서는 공평과세를 확보하고 정부나 지방자치단체의 재정 건전성 제고를 위해 감면을 대폭 줄여야 할 필요성을 제기하고 있는데, 그 논거는 다음과 같다.

첫째, 조세지원은 과표의 축소로 이어짐으로써 세수의 감소를 초래하게 된다.

둘째, 감면으로 인한 수직적, 수평적 불공평은 납세자의 조세의식을 부정적으로 유도하여, 조세마찰과 조세저항을 일으키는 요인으로 작용하게 되어 세수 확보에 지장을 초래할 수 있다.

셋째, 감면을 지출면에서 배려하지 않는 한 민간 활동에 대한 중복지원을 면하기 어려우며, 그 결과가 배분의 비효율은 물론 제한된 재정수입의 낭비를 초래할 수 있다.

넷째, 조세지원의 장기화는 민간의 경쟁력 향상을 둔화시켜 장래에는 기업성장과 민간경제의 발전을 저해하게 된다.

다섯째, 감면 조치는 개인 간, 기업 간의 불공평한 세부담을 가져오게 된다. 같은 소득계층이면 같은 세액을 납부해야 하는데 세금감면은 이러한 수평적 불균형을 저해하게 된다. 또한, 이로 인해 기업 간의 경쟁력에 있어서 그 중립성을 저해하며, 결과적으로 대기업과 중소기업 간의 격차를 확대시켜 시장의 경제체제를 왜곡시킬 수 있다.

여섯째, 감면으로 인한 세수감소는 결국 국가나 지방재정의 감소로 이어져 특정 개발사업 또는 생산산업에 대한 재정적 지원을 위축시키고, 사회 공공서비스의 질을 떨어뜨림으로써 납세의무는 없지만 공공서비스는 받아야 하는 저소득계층의 혜택이 좁아지게 되는 결과가 초래될 수 있다.

이렇게 감면제도가 여러 가지 문제점을 내포하고 있는데도 대부분의 국가에서 이 제도를 시행하고 있다. 그 주된 이유는 첫째, 공익적 측면에서 공공기관이나 비영리공익단체들의 존재 이유가 이윤추구에 있지 않고 사회적 공공이익을 추구하는 데 있다. 둘째, 조세의 공평성 차원에서 농어민, 장애인, 저소득층 등 취약계층에 대한 지원이 필요하다. 셋째, 지역의 경제활성화 측면에서 경제개발이나 투자촉진 등 정부 정책이 의도하는 방향으로 유도하기 위해 지원은 불가피하다. 넷째, 인구분산, 지역균형개발, 수출증대, 물가안정 등 사회·정치·경제적 문제 해결 수단으로 역할을 한다. 결과적으로 세금감면 등 조세지원제도는 사회 공익적 이익의 실현, 지역개발 등을 위한 유인수단과 사회적 약자 보호 등의 수단으로 활용되고 있다.

참고

**헌법재판소 판결 예**

▸ 조세감면 대상 설정에 관한 헌법적 요청

- 조세우대조치의 남발은 그에 의하여 조세감면을 받는 특정한 납세자군의 조세부담을 다른 납세자군에게 전가하는 결과를 가져와 조세평등의 이념에 반하고 일반 납세자들의 납세의식을 저하시킬 수 있기 때문에, 입법자가 조세감면 대상을 정함에 있어 되도록 신중한 입장을 취하여 그러한 조세감면이 가장 절실하거나 시급하다고 생각되는 집단으로 그 범위를 한정하고 사회·경제적 상황의 변화에 따라 그 범위를 조절하는 것이 허용된다. 그러므로 비록 면세규정의 기본 취지에 비추어 볼 때에는 면세대상이 과소 포함되었다 하더라도 입법자가 자신의 재량범위 내에서 합리적 기준에 의하여 면세대상을 선정하고 있는 이상, 이는 정당화된다(2005.2.24. 2003헌바72).

▸ 조세평등주의와 조세감면규정의 허용 한계

- 조세감면의 우대조치는 조세평등주의에 반하고 국가나 지방자치단체의 재원의 포기이기도 하여 가급적 억제되어야 하고, 그 범위를 확대하는 것은 결코 바람직하지 못하므로, 특히 정책목표 달성에 필요한 경우에 그 면제혜택을 받는 자의 요건을 엄격히 하여 극히 한정된 범위 내에서 예외적으로 허용되어야 한다(1996.6.26. 93헌바2).

## 2) 지방세 특례 등 지원제도의 개념[4)]

우리나라는 헌법 제38조 및 제59조에서 조세법률주의[5)]를 택하고 있고, 지방세기본법 제4조 및 제5조에서 "지방자치단체는 이 법 또는 지방세관계법에서 정하는 바에 따라 지방세의 과세권을 갖으며, 지방세의 세목(稅目), 과세대상, 과세표준, 세율, 그 밖에 부과·징수에 필요한 사항을 정할 때에는 이 법 또는 지방세관계법에서 정하는 범위에서 조례로 정하여야 한다"라고 규정하고 있다. 또한, 헌법 제8장(지방자치)에서 지방자치에 대하여 규정하면서, 그 제117조 제1항에서 "지방자치단체는 주민의 복리에 관한 사무를 처리하고 재산을 관리하며, 법령의 범위 안에서 자치에 관한 규정을 제정할 수 있다"고 규정하여 자치사무와 자치 재정권을 부여하고 있다. 종합해 볼 때, 지방세의 부과·징수권은 지방자치단체가 가지면서 조례로 정하되, 지방세관계법에서 정하는 범위 안에서 정하여야 하고, 그 범위를 넘어 과세권을 행사할 경우에는 상위법을 위반하여 무효가 되는 것이다. 현재 우리나라는 일본과 같이 지방자치단체가 자율적으로 과세권을 갖는 법정외세 제도까지는 포괄하지 못하고 있는 실정이다. 따라서 지방자치단체가 조례로써 지방세 감면을 운영하고자 하는 경우에도 지특법 제4조에서 정하고 있는 제반 요건 등을 감안하여 그 범위 안에서 정하여야 한다.

이와 같이 지방자치단체는 지방세의 과세권을 갖는 실질적인 주인이지만, 지방세관계법에서 지방자치단체의 과세권을 박탈하는 비과세제도와 법률이 일방적으로 당해 대상을 과세대상으로 선택하여 과세권을 부여한 후 특정한 사유가 있는 경우에 개별적으로 일단 성립한 납세의무를 전부 또는 일부를 해제하는 감면이나 불균일과세 등의 제도를 두고 있다. 그 외 유사한 제도로 영세부담의 배제라는 측면에서 일정한 금액 및 수량 이하의 과세객체에 대하여 과세를 제외하는 면세점 제도와 징세비 절감이라는 이유에서의 소액부징수제도를 운영하고 있다. 여기에서 과세권의 박탈과 제한에 대한 여러 개념을 살펴본다.

4) 권강웅, 지방세강론(영화조세통람, 2011), p.97.

5) 헌법 제38조에서 "모든 국민은 법률이 정하는 바에 의하여 납세의 의무를 진다", 헌법 제59조에서 "조세의 종목과 세율은 법률로 정한다"고 규정하고 있다.
  - 조세에 관한 규정은 조세의 부과·징수의 요건이나 절차와 직접 관련되는 것은 아니지만, 조세란 공공경비를 국민에게 강제적으로 배분하는 것으로서 납세의무자 상호 간에는 조세의 전가관계가 있으므로 특정인이나 특정계층에 대하여 정당한 이유 없이 조세감면의 우대조치를 하는 것은 특정한 납세자군이 조세의 부담을 다른 납세자군의 부담으로 떠맡기는 것에 다름아니므로 조세감면의 근거 역시 법률로 정하여야만 하는 것이 국민주권주의나 법치주의의 원리에 부응하는 것이다(1996.6.26. 93헌바2).

### 가. 비과세

비과세는 과세제외 또는 과세금지라고도 하는데 이는 지방자치단체의 의사 여하를 불문하고 과세할 수 없는 것을 말한다. 그런데 비과세는 지방세 관계법규 자체에서 당해 재산을 과세객체의 선택에서 제외하는 것이므로 당해 대상을 일반적으로 과세객체로 선택하여 이것을 과세하는 것으로 하면서 특별한 사유가 있는 경우에는 납세의무의 확정 또는 이행에 있어서 지방세 채무의 전부 또는 일부를 해제하는 지방세채무의 면제와는 그 전제를 달리하고 있다. 하지만, 실질적인 효과는 납세의무자 측면에서 보면 동일한 것으로서 어느 것을 취할 것이냐 하는 문제는 과세기술과 입법정책에 따라 해결할 과제라 할 것이다. 그리고 비과세의 내용을 대별하여 인적 비과세와 물적 비과세로 구분할 수 있는데, 인적 비과세[6]는 납세의무자 자체를 과세대상에서 제외하는 것으로서, 납세자의 공적 성격에 착안한 것(국가 등에 대한 비과세), 납세의무자의 담세력에 착안한 것(천재, 지변 등으로 인한 자력상실자에 대한 비과세), 사회정책적 성격에 착안한 것(비영리사업자에 대한 비과세) 등이 있고, 물적 비과세는 과세객체에 대해서 그 성격 또는 용도 등에 착안하여 전부 또는 일부를 과세대상에서 제외하는 것으로서 용도구분에 대한 비과세 등이 있으며, 이는 공적 성격에 의한 것, 사회정책상의 것, 경제정책상의 것 등이 있다.

### 나. 면 제

면제라 함은 법령에 의해서 납세의무의 전부 또는 일부를 해제하는 것으로 이러한 면제조치를 하게 되면 납세의무는 그 목적을 달성하지 못한 채 소멸한다. 그런데 비과세는 법률이 당해 대상을 과세물건의 선택에서 제외하고 이를 과세대상에서 제외하고 있는 것에 비하여, 면제는 법률이 일반적으로 당해 대상을 과세대상으로 선택해서 이에 과세하는 것이 특별한 사유가 있는 경우에 개별적으로 일단 성립한 납세의무의 전부 또는 일부를 해제하는 것이다.

납세의무의 면제는 엄격히 말해서 조세부담공평의 원칙에 반하는 예외 조치이고, 또한 지방자치단체의 중요한 재원의 포기이기도 하기 때문에 모두 법률 또는 조례의 근거에 의해서만 면제가 가능한 것이지 과세권자와 납세의무자 간의 계약에 의해서는 면제할 수 없는 것이다.

지특법에서 일반적으로 적용되는 공익상 사유나 산업경제 내지 사회복지 기타 사유 등으로 지방세를 과세함이 부적당하다고 인정되는 경우에는 과세면제를 할 수 있다. 또한 일률

6) 인적 비과세 중 천재, 지변 등에 대한 비과세와 비영리사업자에 대한 비과세는 감면성격이 강한 것으로 보아 2011년부터 지방세특례법으로 이관하여 감면으로 운영되고 있다.

적인 과세가 공익상 기타의 사유나 주민의 수익 정도에 비추어 부적당하다고 인정되는 경우에는 차등과세를 할 수 있으며, 특히 수익이 미치는 범위가 일부에 국한되어 있는 경우에는 일부과세를 할 수 있도록 하고 있다.

다. 불균일과세

불균일과세를 할 수 있는 경우는 지방세관계법에서 일방적으로 적용되는 공익상 사유나 산업경제 내지 사회복지 기타 사유 등으로 지방세를 과세함이 부적당하다고 인정되는 경우에는 과세면제를 할 수 있다. 또한 일률적인 과세가 공익상 기타의 사유나 주민의 수익정도에 비추어 부적당하다고 인정되는 경우에는 불균일과세, 즉 차등과세를 할 수 있다. 이러한 불균일과세를 전국 획일적으로 비과세나 감면이 적용되는 지방세관계법에 규정하고자 한다면 오히려 공평의 원칙에 어긋나는 결과가 초래되므로 지역의 특정 여건과 사안의 특수성 등을 감안하여 지방자치단체가 스스로 판단하여 적용할 수 있는 조례 운영이 바람직하다. 이와 관련된 규정은 현행 지특법 제4조에서의 '조례에 따른 지방세 감면'으로서 헌법상의 지방자치의 이념을 실천할 수 있는 규정이라 할 수 있다.

라. 면세점

면세점은 과세표준이 일정한 금액 또는 수량 이하의 과세객체에 대해서는 과세를 제외하는 것이다. 이와 같이 면세점은 영세부담 내지 대중부담의 배제 및 징세비의 과다, 과세행정의 번잡 등 과세기술상의 이유에서 설정된 것이다. 면세점과 유사한 개념으로 과세최저한이라는 용어가 있는데 이는 일반적으로 소득에 대한 과세에서 사용되는 용어로서 일정기준 이하의 소득자에 대하여는 당해 소득에 대한 세금을 면제한다고 하는 하나의 지표가 되는 것을 말한다. 현행 지방세관계법상 면세점은 취득세의 경우 취득가액이 50만원 이하인 경우에는 취득세를 부과하지 않도록 하고 있다.

마. 소액 징수면제

소액 징수면제라 하는 것은 징수할 세액이 어느 일정금액에 미달할 경우에는 징수하지 아니하는 것을 말한다. 면세점제도가 징세비의 절약 외에 영세부담의 배제라는 이유에서 도입되었는 데 비하여 소액부징수는 전적으로 징세비의 절감이라는 이유에서 설정되었다. 면세점은 과세가 제외되는 기준점을 주로 과세표준으로 해서 규정하고 있는 반면, 소액 징수면제는 세액을 기준으로 하는데, 그 효과에 있어서는 큰 차이가 없다. 현행 지방세법상 소액부징수제도는 재산세, 지역자원시설세 등에서 두고 있는데 그 세액이 2,000원 미만인 경우에는 징수하지 않도록 하는 규정을 두고 있다.

### 3) 비과세 · 감면의 사후관리

지방세의 비과세 · 감면은 지방세법, 지특법, 조세특례제한법, 시 · 도 및 시 · 군 · 구의 지방세감면조례에서 특정의 정책목적 수행 등을 위해 필요하다고 인정되는 사안에 대하여 유형별로 비과세 · 감면 규정을 정하고 있다. 지방세법의 각 세목별에서 주로 국가나 지방자치단체 등에 대한 인적 비과세와 신탁법에 의한 신탁재산 또는 징발재산 정리에 따른 동원대상지역 내의 토지의 수용 · 사용에 관한 환매권의 행사로 매수되는 부동산의 취득 등 물적 비과세 등이 규정되어 있다. 지특법에는 전국에 통일적으로 특례가 적용되는 공통의 사안들에 대하여, 조세특례제한법에는 창업중소기업에 대한 감면, 외국인 투자기업에 대한 감면 등 국세와 패키지로 감면이 필요한 경제적 사안들에 대하여 규정하고 있으며, 지방자치단체의 조례의 경우에는 지역적 특성과 일정지역에 국한된 사안 등 자치단체가 독자적으로 판단하여 지원할 필요가 있는 사안들을 주로 대상으로 하여 규정하고 있다. 이들 비과세 · 감면은 유형에 따라 각 개별조문에서 사후관리 규정을 두고 있는데 사안에 따라 추징규정을 두지 않고 있는 경우가 있다. 이를 구분하는 실익은 비과세 또는 감면을 한 후 당해 목적에 사용하지 않고 다른 목적으로 사용하거나 매각할 경우 추징할 수 있는지 여부에 대한 차이가 있는 것이다.

가. 비과세 · 감면 추징규정이 있는 경우

지방세를 비과세 · 감면하는 경우라고 하더라도 조문별로 추징 단서조항을 두고 있는 경우가 대부분이다. 이는 국세기본법 제17조(조세감면의 사후관리)에서 "제1항은 정부는 국세를 감면한 경우에 그 감면의 취지를 성취시키거나 국가정책을 수행하기 위하여 필요하다고 인정하는 때에는 세법이 정하는 바에 의하여 감면한 세액에 상당하는 자금 또는 자산의 운용범위를 정할 수 있다. 제2항은 제1항의 규정에 의한 운용범위에 따르지 아니한 자금 또는 자산에 상당하는 감면세액은 세법이 정하는 바에 의하여 감면을 취소하고 징수할 수 있다"고 원칙을 정하고 있는 점에 비추어, 조세감면의 기본 논리상 지방세라 하여 달리 볼 것은 아니라 할 것이다.

이러한 추징규정은 대부분 「~… 에 대하여는 취득세를 감면한다. 다만 …한 경우에는 이를 추징한다」라는 형식을 취하고 있다. 이는 비과세 · 감면을 하되 정책목적을 수행하기 위하여 사후관리를 하는 것으로 비과세 · 감면을 받은 후 당초의 감면 목적 용도로 사용하지 아니하면 추징하게 되는 결과가 발생되는 것이다. 즉, 지특법상 자경농민의 농지 등에 대한 감면에서 2년 이상 영농에 종사한 사람으로서 직접 경작할 목적으로 농지를 취득하는 경우 취득세의 100분의 50을 경감한다. 다만, "정당한 사유 없이 취득일부터 2년이 경과할 때까지 농지를 직접 경작하지 아니하거나, 정당한 사유 없이 경작한 기간이 2년 미만인 상태에서 매각·증여하거나 다른 용도로 사용하는 경우에는 경감된 취득세를 추징한다" 등의 규정과 같이 사후관리를 해당 조문에서 명확히 하고 있는 경우가 대부분이다. 하지만 사안에 따라 별도의 추징규정을 두지 않은 경우도 있다. 그러나 각각이 추징규정을 두지 않았다 하더라도 지특법 제94조에서 감면된 세액의 추징에 대한 별도의 규정을 두고 있는 점에 유의하여야 한다. 종전 지방세법에서는 일괄 추징규정을 두고 있지 않았으나, 새로 제정된 지특법에서는 일괄 추징규정을 두어 각 조문에서 별도의 추징규정을 두고 있지 않았다 하더라도 사안에 따라 감면한 취지에 비추어 사후관리가 필요한 경우라면 당해 추징규정에 의해 자유롭지 못하게 된다.

나. 비과세·감면 추징규정이 없는 경우

통상 지방세를 비과세·감면하는 경우 「~에 대하여는 취득세를 비과세 또는 감면한다」라는 형식으로 하고 있으면서 별도의 추징 단서조항이 없는 경우가 있다. 즉, 국·공유재산에 대한 비과세, 농지개발사업에 따라 취득하는 개간농지에 대한 감면 등은 추징규정을 두지 않고 있는데 그 보유사실 또는 취득한 사실자체로서 비과세·감면 목적이 달성되었다고 보기 때문이다. 이 경우에는 실제로 비과세·감면을 받은 후 다른 목적의 용도로 사용하더라도 추징하지 못하게 된다.

다. 지방세 이자상당가산액 부과제도 도입

부동산에 대한 취득세를 감면받은 후 사후적으로 감면요건을 갖추지 못하였거나 매각·증여 등으로 추징대상에 해당하는 경우, 그 간에는 본세에 해당하는 세액만을 추징하였으나 2020년 1월 15일부터는 지특법령 개정에 따라 취득세 감면기간 동안 얻게 되는 혜택과 성실납세자와의 불형평을 고려하여 '이자상당가산액'을 부과하도록 개선되었다. 다만, 파산선고를 받은 경우, 천재지변 등 불가피한 사유로 매각·증여하거나 다른 용도로 사용하는 경우에는 이자상당가산액의 적용을 제외하도록 하였으며, 이 경우 감면통지단계에서 본세와 이자상당가산액을 가산하여 신고·납부해야 함을 사전에 납세자에게 안내하도록 함으로써 감면제도의 사전·사후관리를 강화하였다.

라. 직접 사용의 의미 등

이 법에서 규정하고 있는 지방세 감면요건의 대부분은 부동산 등을 취득할 당시 유예기간 내에 그 목적에 맞게 사용함을 전제로 하고 있는데, 그 사용자 즉 사용 주체에 따라 감면 여부가 달라지는 다툼이 최근까지 계속되어 왔다. 이는 그간 지특법에서 감면요건으로 '직접 사용'을 각 조문별로 광범위하게 규정하고 있었고 개별 규정이 없더라도 모든 취득에 따른 감면을 특별한 사정이 없는 한 직접 사용의 요건을 기본으로 하여 이 법 보칙(제178조 제1항)에 이 법에서 특별히 규정한 경우를 제외하고 취득일부터 1년이 경과할 때까지 해당 용도로 직접 사용하지 아니하는 경우 또는 해당 용도로 직접 사용한 기간이 2년 미만인 상태에서 매각·증여하거나 다른 용도로 사용하는 경우에는 취득세를 추징하도록 규정하여 왔다.

그럼에도 '직접 사용'이란 과세요건 개념 정의가 명확하지 않아 운영상 많은 혼란과 다툼이 발생함에 따라 주관부처인 행안부가 이러한 혼선을 최소화하고 직접 사용에 대한 개념을 명확히 하고자 2013년 말 지특법 개정시 이 법 제2조 제1항 제8호에 '직접 사용'이란 부동산의 소유자가 해당 부동산을 사업 또는 업무의 목적이나 용도에 맞게 사용하는 것을 말한다고 정의함으로써 인적 기준으로 규정하여 2014년부터 시행하였고, 2018년부터는 부동산 외에 차량, 건설기계, 선박, 항공기 등으로 대상 범위를 확대하는 한편, 2022년부터는 부동산 등 소유자의 범위에 「신탁법」 제2조에 따른 수탁자를 포함하여 신탁등기를 하는 경우는 그 사용자를 위탁자와 신탁자 모두 해당하도록 하였는데 이는 2021년부터 재산세의 납세의무자를 기존의 신탁자에서 위탁자로 변경(지방세법 개정)한 것을 반영한 것으로 보인다.

## 3 | 신의성실의 원칙 등

### 1) 신의성실의 원칙

조세법률관계에서 과세관청의 행위에 대하여 신뢰보호의 원칙이 적용되기 위해서는, 과세관청이 납세자에게 신뢰의 대상이 되는 공적인 견해표명을 하여야 하고, 납세자가 과세관청의 견해표명이 정당하다고 신뢰하는 데 대하여 납세자에게 귀책사유가 없어야 하며, 납세자가 그 견해표명을 신뢰하고 이에 따라 무엇인가 행위를 하여야 하고, 과세관청이 견해표명에 반하는 처분을 함으로써 납세자의 이익이 침해되는 결과가 초래되어야 한다(대법원 2013.5.9. 선고 2012두28940 판결 등 참조). 그리고 과세관청이 법령 해석을 그르쳐 납세의무자

에게 비과세 · 감면 확인서 등을 잘못 교부하였다 하여도 이는 공적인 견해의 표명에 해당하는 것으로 볼 수 없다(대법원 2015.5.28. 선고 2014두12505 판결 등 참조).

### 2) 입법 부작위

행정입법의 부작위가 위헌 · 위법이라고 하려면 행정청에게 행정입법을 하여야 할 작위의무가 있음을 전제로 하는 것이고, 그 작위의무가 인정되기 위해서는 행정입법의 제정이 법률의 집행에 필수불가결한 것이어야 하며, 만일 하위 행정입법의 제정 없이 상위 법령의 규정만으로도 집행이 이루어질 수 있는 경우라면 하위 행정입법을 제정하여야 할 작위의무는 인정되지 않는다(대법원 2007.1.11. 선고 2004두10432 판결, 헌법재판소 2005.12.22. 선고 2004헌마66 결정 등 참조).

## 제 2 절

# 지방세 비과세·감면제도 개편의 연혁 및 특징

## 1 | 비과세 · 감면제도의 도입기[7]

우리나라의 지방세 비과세 · 감면제도는 1949년 12월 22일 제정된 지방세법(법률 제84호)에서부터 시작되었으며, 크게 두 가지 틀을 근간으로 하고 있었다. 첫째, 지방세 비과세 중심으로 편제되었고, 그 중에서도 국가 등에 대한 지방세 비과세가 핵심을 이루었다. 현행 지방세법상 비과세 규정이 각종 세목을 대상으로 하고 있는 것과는 다르게 제정 지방세법은 부과대상 가운데 일부에 대하여 지방세 비과세 규정을 담고 있었다. 그 비과세 대상에는 ① 국유토지, 가옥 또는 물건 ② 국가, 지방자치단체 기타 대통령령으로 지정하는 공공단체에서 공용 또는 공공용에 공하는 토지, 가옥 또는 물건(단, 유료로 사용하는 것은 제외) ③ 국가, 지방자치단체 기타 대통령령으로 지정하는 공공단체의 사업 또는 행위 ④ 사원, 불당 또는 교회의 용에 공하는 건물과 그 구내지(단, 유료로 사용하는 것은 제외) ⑤ 황지로 지세를 면제한 토지 ⑥ 외국정부소유에 속하는 대 · 공사관 또는 영사관으로 사용하는 건물과 그 대지 ⑦ 묘지 또는 직접 광업의 용에 공하는 건물(단, 유료로 사용하는 것은 제외) ⑧ 기타 대통령령으로 정하는 것 등이다.

둘째, 각 지방세목을 통한 지방세 비과세제도는 제정 지방세법 시행령(대통령령 제297호, 1950.3.27.)에 규정되었는데, 그 내용은 가옥세, 임야세, 차량세, 부동산취득세, 특별영업세, 축견세, 선세, 교통세 등의 세목을 대상으로 비과세 규정을 두었다.

**〈표 1〉 제정 지방세법 시행령에 의한 비과세 대상**

| 세목 및 조항 | 비과세 대상 |
|---|---|
| 가옥세<br>(영 제15조) | 1. 제사, 종교, 자선, 학술, 기예 기타 공익을 목적으로 하는 자의 사업용에 공하는 것(단, 임대차에 의한 것은 제외)<br>2. 농회, 상공회의소, 금융조합, 금융조합연합회, 어업조합, 어업조합연합회, 수산업회 기타 차등법인에 준한 자의 기업무의 용에 공하는 것(단, 임대차에 의한 것은 제외)<br>3. 퇴비사, 가축가금사(가축가금 및 그 생산물의 매매의 업에 공하는 것 제외), 개방한 비료사, 타건물과 분리된 소옥, 변소 또는 이와 유사한 것<br>4. 1동의 건평이 6평 미만의 것(단, 법 제24조 제3항, 별표에 규정한 제1류에 속한 것 제외)<br>5. 목주를 사용하지 않고 토괴로 축조한 것<br>6. 임시의 용에 공하는 것 |

7) 한국지방행정연구원(미래지향적 비과세 · 감면 모델 정립, 2009.6, pp.48~76)

| 세목 및 조항 | 비과세 대상 |
|---|---|
| 임야세<br>( 영 제20조) | 1. 보안림(단, 보안림편입의 연부터 10년을 경과한 토사한지보안림 제외)<br>2. 공공단체가 설치한 모범림, 농용임지 및 학교림<br>3. 사력지, 습지 또는 간석지<br>4. 1인의 소유임야 면적 5단보(1,500평) 이하의 것 |
| 차량세<br>( 영 제23조) | 1. 제사, 종교, 자선, 학술, 기예 기타 공익의 목적에 전용하는 것(수익의 용에 공하는 것은 예외)<br>2. 철도정차장 구내에서 화물운수의 목적에 전용하는 것 |
| 부동산취득세<br>( 영 제26조) | 1. 상속으로 인한 부동산의 취득<br>2. 선박의 건조로 인한 부동산의 취득<br>3. 공유수면의 매립, 국유미간지의 불하나 부여 또는 국유삼림이나 특별연고삼림의 양여로 인한 부동산의 취득<br>4. 광업권의 출원에 의한 허가 또는 광구의 합병이나 분획에 대한 허가로 인하는 광업권 또는 법 제28조 제2항에 규정한 별표의 제1류 내지 제3류의 어업의 면허로 인한 어업권의 취득<br>5. 공공단체 또는 외국정부의 부동산의 취득<br>6. 제사, 종교, 자선, 학술, 기예 기타 공익을 목적으로 하는 사업자가 그 사업의 용에 공하는 부동산의 취득<br>7. 농업창고업자 또는 연합농업창고업자가 그 사업의 용에 공하는 부동산의 취득<br>8. 법인의 합병 또는 공유권의 분할로 인하는 부동산의 취득<br>9. 신탁으로 인하여 위탁자가 신탁재산을 수탁자에게 이전하는 경우에 부동산의 취득<br>10. 신탁의 종료 또는 해제로 인하여 수탁자로부터 신탁재산을 위탁자 또는 그 상속인에게 이전하는 경우의 부동산의 취득<br>11. 신탁의 수탁자 경질로 인한 신수탁자의 부동산 취득<br>12. 종중, 문중 또는 종교단체 등으로서 법인 아닌 사단 또는 재단에 속하는 증명있는 부동산을 그 사단 또는 재단에 이전하는 경우의 부동산 취득<br>13. 귀속농지의 불하로 인한 부동산의 취득<br>14. 농지개혁법의 시행으로 인한 부동산의 취득<br>15. 1건의 가격 10만원 미만의 건물의 신축, 증축 또는 개축으로 인한 부동산의 취득<br>16. 소실, 도괴 기타 불가항력으로 인하여 멸실한 건물을 복구하기 위하여, 멸실일로부터 1년 이내에 건물을 신축하므로 인한 부동산의 취득(단, 신축하는 건물의 평수가 멸실한 건물의 평수를 초과하는 경우에 있어서는 그 초과평수를 증축으로 간주)<br>17. 건물의 이축으로 인하는 부동산의 취득(단, 이축후의 건물의 평수가 이축전의 건물의 평수를 초과하는 경우에 있어서는 전호의 단서 규정 준용)<br>18. 제15호에 해당하는 것을 제외하고는 1건의 가격 5천원 미만의 부동산의 취득 |
| 부동산취득세<br>( 영 제27조) | 토지를 수용할 수 있는 사업의 기업자에게 기부매수 또는 수용된 토지에 설치된 건물을 철거하여 그 철거일부터 1년 이내에 이에 대체할 건물을 신축하므로 인한 부동산의 취득에 대하여는 부동산취득세를 부과하지 아니한다. |

| 세목 및 조항 | 비과세 대상 |
|---|---|
| 특별영업세<br>(영 제29조) | 1. 정부가 발행하는 인지, 우표류의 판매<br>2. 도량충기의 수복 또는 위탁판매<br>3. 「신문지에 관한 법령」에 의한 출판<br>4. 광업권자가 하는 광물의 제련 또는 자기가 채굴하거나 채취한 광물의 판매<br>5. 자기가 수확한 농산물, 임산물, 축산물, 수산물 기타 이에 준하는 것의 판매 또는 이를 원료로 하는 제조(단, 영업장을 특설한 자의 판매 또는 제조 제외) |
| 축견세<br>(영 제32조) | 1. 학술, 기예 기타 공익의 목적에 전용하는 것<br>2. 생후 6개월 이내의 축견 |
| 선세<br>(영 제33조) | 1. 비상재해구조에 사용하는 선<br>2. 무료도선<br>3. 선교조성의 선<br>4. 본선에 속하는 전마선의 류<br>5. 학술, 기예 기타 공익의 목적에 전용하는 것 |
| 교통세<br>(영 제34조) | 1. 아동, 생도 또는 학생의 할인정기승차권에 의한 교통<br>2. 육해공군 군인, 아동, 생도 또는 학생의 도체의 교통 |

자료 : 지방세법 시행령, 대통령령 제297호, 1950.3.27., 시행 1949.11.1.

이러한 비과세제도 이외에, 제정 지방세법 제17조에 따르면 지방자치단체는 공익상 기타의 사유로 인하여 과세가 부적당하다고 인정될 경우 과세하지 않을 수 있는 권한을 부여하고, 내무부장관(현 행정안전부장관)과 재무부장관(현 기획재정부장관)의 허가를 얻어 시행할 수 있도록 하였다. 또한 동법 제18조를 통하여 일부 지방자치단체는 그 단체에 특별한 이익이 있다고 인정되는 사안에 대해서는 불균일 과세를 하거나 또는 대상의 일부에 대하여 과세할 수 있도록 명시되었으며, 제62조에 도지사 또는 시, 읍, 면장은 특별한 사정이 있는 경우나 특별한 사정이 있는 자에 한하여 지방의회의 의결을 얻어 지방세를 감면할 수 있는 권한을 부여하였다. 이와 같이 제정 지방세법은 현행 지방세 비과세·감면제도의 초기 형태를 규정하는 틀의 역할을 하였다.

1954년에는 지방세 비과세·감면제도의 전면적인 개편(법률 제332호, 1954.4.14.)이 단행되었는데, 포괄적인 비과세 대상 중 '광업용 건물'과 '기타 대통령령으로 정하는 것'을 규정한 부분은 삭제하고, 지방세법 시행령에 규정되어 있던 세목별 비과세 규정이 대거 지방세법으로 상향 규정되었다. 그 내용으로는 가옥세, 임야세, 차량세, 취득세(1952.9.26.에 부동산취득세가 취득세로 개편됨), 금고세, 전화세(유치원 및 학교에서 전용하는 것에 한정) 등의 세목을 통해 운영되는 비과세 근거 규정이다.

1957년에는 특별행위세를 통해서도 비과세 제도를 운영할 수 있도록 지방세법이 개정(법률 제433호, 1957.2.12.)되었다. 특별행위세의 비과세대상은 대통령령으로 규정할 수 있도록 명시되었다.

## 2 | 1960년 이후 비과세 제도 개편

우리나라 비과세 제도는 1949년 제정된 지방세법에 그 기본 틀을 두고 있으나, 본격적으로는 1961년 전부 개정(법률 제827호, 1961.12.8.)된 지방세법을 준거로 하여 운영되어 왔다고 할 수 있다. 전부 개정된 지방세법에는 산업의 보호와 육성을 도모할 목적으로 각 세목별로 감면규정과 함께 비과세 규정이 설치되었으며, 그 특징을 살펴보면 다음과 같다.

첫째, 지방세 비과세 제도는 '국가 등에 대한 비과세', '용도구분에 의한 비과세' 등으로 세분화되었으며, '국가 등에 대한 비과세'는 취득세, 면허세, 재산세, 농지세에, '용도구분에 의한 비과세'는 취득세, 면허세, 재산세에 각각 운영되었다. 둘째, 취득세의 경우에는 '국가 등에 대한 비과세', '용도구분에 의한 비과세' 이외에 '농지개혁법의 시행 기타의 취득에 대한 비과세', '토지개량사업의 시행에 수반한 환지 등의 취득에 대한 비과세', '형식적인 소유권의 취득 등에 대한 비과세' 규정을 두었다(〈표 2〉 참조). 셋째, 자동차세의 경우 비과세 대상을 나열하는 방식으로 비과세 규정을 두었으며, 그 대상은 ① 국방과 경호, 경비, 교통 순찰 및 소방용에 공하는 자동차(단, 경호, 경비용자동차는 그 관리비가 정부예산에 계상된 것에 한함) ② 환자수송, 청소, 오물제거와 도로공사의 용에 공하는 자동차 ③ 각령으로 지정하는 자동차 등이다.

1962년 말에는 취득세의 비과세 대상에 외국으로부터의 수입에 의한 선박취득이 포함(법률 제1243호, 1962.12.29.)되었는데, 그 수입 선박은 국내에서 건조할 수 없는 선박으로서 주무부장관의 허가를 얻는 것을 요건으로 하였다. 아울러 외국항로취항 선박은 재산세 비과세 대상에 포함되었고, 마권세의 경우 승마적중자에 대한 불려금(拂戾金)이 비과세 대상에 포함되었다.

1963년에는 대중음식점 등에서 이루어지는 유흥음식행위가 유흥음식세 비과세대상에 포함(법률 제1514호, 1963.12.14.)되었다. 이는 비사치적인 음식행위에 대하여 세부담을 경감 또는 면제함으로써 과세표준액의 양성화를 목적으로 마련된 규정이다. 이에 따라 제4종 장소인 통상요금 50원 미만 또는 영업장소 연건평 20평 미만의 대중음식점과 일류호텔이 비과세 대상으로 설정되었다. 그 밖에 취득세의 비과세 대상에 별정우체국이 추가되었고, 면허세의 경우 공익의료업 대체취득을 위한 건축허가 등에 대하여 비과세 규정이 마련되었다.

1966년에는 광산용에 사용할 목적으로 이루어진 입목 취득이 취득세 비과세 대상에 포함(법률 제1803호, 1966.8.3.)되었다.

1967년에는 외국관광객에게 비과세되어 왔던 유흥음식세와 숙박행위에 대한 유흥음식세가 과세되도록 개정(법률 제1977호, 1967.11.29.)되었다.

1973년에는 대도시 내 공장의 지방 분산을 도모할 목적으로 대도시 내에서 지방으로 이전하는 공장에 대해서는 취득세를 면제하도록 개정(법률 제2593호, 1973.3.12.)되었다. 또한 대도시에서의 공장신설에 대해서는 취득세와 재산세를 중과하도록 규정되었으며, 새로 신설된 주민세의 비과세 대상으로 생계보호대상자와 연간소득이 96,000원 미만인 자, 국제기관과 외국정부에 근무하는 외국인세대, 주한국제기구, 외국원조단체와 외국정부기관이 설정되었다. 또한, 취득세의 경우 공유수면매립시 취득일로부터 2년 이내 다른 용도로 사용할 경우 비과세된 취득세를 추징하도록 개정되었고, 공공단체 비업무용 재산에 대해서도 취득세가 과세되도록 변경되었다. 그 이외 자동차세 비과세대상 가운데 환자수송, 청소, 오물제거, 도로공사용 차량은 국가 또는 지방자치단체에 한하여 비과세되도록 변경되었다. 유흥음식세의 경우 비과세대상에 기존의 탁주에 더하여 소주를 취급하는 업소도 포함되도록 개정되었고, 농지세의 경우 1971년부터 조례규정에 근거하여 사실상 비과세되었던 제1기분 갑류농지세가 폐지되었다.

1974년 말에는 법인의 사업장 가운데 학교, 교회, 사찰, 성당, 불당, 향교를 대상으로 주민세균등할을 비과세하도록 개정(법률 제2743호, 1974.12.27.)되었다. 또한 고급과자점에 대한 유흥음식세가 비과세로 전환되었고, 취득세 비과세 대상인 대도시 내에서 지방으로 이전하는 공장신설을 대상으로 그 공장의 범위와 적용기준을 내무부령으로 정하도록 명시되었다.

1976년에는 취득세와 재산세 등의 비과세 범위가 확대(법률 제2945호, 1976.12.31.)되었다. 취득세 비과세 대상에는 새마을 사업을 위한 마을공동재산의 취득[용도구분 비과세], 외국항로에만 취항하기 위한 선박의 건조 또는 수입에 의한 취득['농지개혁법의 시행 기타의 취득에 대한 비과세'에서 '용도구분 비과세'로 전환], 수산업협동조합법의 규정에 의해 어촌계(漁村契)가 규약(規約)으로 정한 사업에 직접 사용하기 위한 취득[용도구분 비과세], 대통령령으로 정하는 임시용에 사용하기 위한 건축물의 취득[용도구분 비과세], 지붕개량을 위한 개축[농지개혁법의 시행 기타의 취득에 대한 비과세], 환매등기(換買登記)를 병행하는 부동산의 매매로서 환매기간 내에 매도자가 환매한 경우 그 매도자와 매수자의 취득[형식적인 소유권의 취득 등에 대한 비과세], 대도시 이외로의 공장이전을 위한 부동산의 취득['형식적인 소유권의 취득 등에 대한 비과세'에서 '대도시 이외로의 이전공장에 대한 비과세'(신설, 제110조의 2)로 전환]이 포함되었으며, 재산세의 비과세 대상에는 대통령령이 정하는 도로, 하천, 제방, 구거(溝渠), 유지(溜池), 사적지, 묘지의 조성에 사용되는 것, 임시용으로 사용되기 위해 건축된 건축물로서 재산세 납기 개시일 현재 1년 미만의 것, 새마을사업을 위한 마을공동재산과 어촌계가 규약에 규정된 사업에 직접 사용하는 재산, 민통선 북방에 있는 토지로서 전(田)·답·과수원 등을 제외한 토지, 사찰림(寺刹林), 보안림(保安林), 동유림(洞有林), 군사시설보호구역 내 임야가 포함되었다.

1979년에는 영업용 시내버스가 자동차세 비과세대상에 추가되었고, 등록세의 경우 용도구분에 의한 비과세 대상이 한정(법률 제3160호, 1979.4.16.)되었다. 등록세의 용도구분에 의한 비과세 대상이 종전까지는 그 고유의 목적에 직접 사용하기 위한 모든 등기 또는 등록이었으나, 지방세법 개정을 통하여 그 고유의 목적에 직접 사용하기 위한 부동산의 등기로 한정되었다.

1979년 말 단행된 지방세법 개정(법률 제3174호, 1979.12.28.)에 따라 종전까지는 대도시 내 공장이 대도시 이외로 이전할 때 취득세와 등록세를 비과세하던 것을 이후로는 대통령령으로 정하는 지역 내로 이전할 때에 한하여 취득세를 비과세하도록 관련 규정의 요건이 강화되었다.

1981년에는 취득세 비과세 대상이었던 농업창고업자·연합농업창고업자의 취득재산과 외항선에 대해서는 취득세의 50%, 재산세 비과세 대상이었던 외항선에 대해서는 재산세의 50%를 각각 경감하는 것으로 변경(법률 제3488호, 1981.12.31.)되었다. 또한 임대차 방식에 의해 연불수출(延拂輸出)하는 선박을 대상으로 취득세, 등록세, 재산세를 비과세하도록 규정되었다.

1984년 말에는 취득세, 등록세 및 재산세의 비과세 대상에 공업단지관리공단이 공업단지 내 입주자에게 분양할 목적으로 취득하는 부동산과 협동조합 및 그 협동조합이 조합원에게 분양할 목적으로 취득하는 협동화사업용 부동산, 그리고 10톤 미만의 어선이 추가(법률 제3757호, 1984.12.24.)되었다. 취득세의 경우 출원에 의한 어업권의 취득, 선박을 복구하기 위해 2년 내에 새로 선박을 건조·수선함으로 인해 발생하는 취득(종전의 톤수를 초과하지 않는 범위 내)이 비과세 대상에 새로 추가되었다. 아울러 등록세의 비과세 대상에 대도시 내 양로원, 보육원, 모자원 등 사회복지를 목적으로 하는 법인 등이 새로 포함되었다.

1986년에는 제사·종교·자선·학술 기타 공익사업 등에 대한 비과세제도의 경우 취득세·등록세·재산세·사업소세 간의 형평을 도모하기 위해 그 과세대상이 통일(법률 제3878호, 1986.12.31.)되었다. 취득세의 경우 비과세 유형 명칭이 변경되었는데, 종전의 '농지개혁법의 시행 기타의 취득에 대한 비과세'가 '지붕개량을 위한 개축 기타의 취득에 대한 비과세'로 개칭되었고, '토지개량 사업의 시행에 수반한 환지 등의 취득에 대한 비과세'가 '토지수용 등으로 인한 대체취득에 대한 비과세'로 개칭되었다. 또한 '토지수용 등으로 인한 대체취득에 대한 비과세'규정이 보완되었다. 그 외에도 관광단지개발촉진법, 산업기지개발촉진법 등 관계법령이 포함되었고, 사업승인을 받은 자의 사정으로 대체취득이 불가능할 때 대체취득이 가능한 날로부터 1년 이내에 대체취득하는 경우도 포함[등록세의 경우도 동일한 규정이 신설됨]되었다. 그 밖에 주민세 균등할의 비과세대상이 생활보호법에 의한 생계보호대상자에서 보호대상자로 확대되었다.

1988년에는 기업부설연구소 설치 이후 2년 이상 폐쇄된 경우에는 면제된 취득세, 등록세, 재산세를 추징하도록 개정(법률 제4028호, 1988.12.26.)되었다. 아울러 저소득층에 대한 지방세 부담의 경감을 위해 주민세 균등할 비과세 대상이 모든 생활보호대상자로 확대되었다.

1990년에는 대체취득시 비과세대상의 범위가 확대되었고, 부재 소유자가 부동산을 대체취득할 경우에는 취득세를 과세하도록 변경(법률 제4269호, 1990.12.31.)되었다. 또한 법인이 합병으로 인하여 취득한 토지를 정당한 사유없이 1년 이내에 그 고유의 업무에 직접 사용하지 않는 경우 비과세된 취득세를 추징할 수 있도록 규정하였으며, 주민등록 변경등록에 대한 등록세 비과세 규정이 마련되었다.

1991년에는 용도구분에 의한 비과세 규정이 개선(법률 제4415호, 1991.12.14.)되었는데, 비영리사업자가 그 사업에 직접 사용하는 부동산이라 하더라도 별장, 골프장, 고급오락장, 법인의 비업무용 토지를 취득할 경우에는 해당 부동산에 대해 취득세를 과세하도록 규정하였다. 또한 비과세사업자라 하더라도 수익사업에 사용하는 부동산에 대해서는 취득세를 과세하도록 변경되고, 용도구분에 의한 비과세 대상 가운데 대통령령이 정하는 수익사업에 사용되는 것은 등록세, 재산세, 종합토지세 및 사업소세의 비과세 규정도 적용되지 않도록 개정되었다. 아울러 마을주민만으로 구성된 조직인 마을회 등 주민공동체가 마을주민의 복지증진 등을 목적으로 주민공동소유를 위해 취득하는 부동산에 대하여 취득세를 비과세하도록 설정되었고, '지붕개량을 위한 개축 기타의 취득에 대한 비과세' 조항이 '천재 등으로 인한 대체취득에 대한 비과세' 조항으로 전문 개정되었다. 그 밖에 대도시 이외로의 본점 및 주사업소 이전에 대한 취득세 비과세제도가 도입되었다.

1993년에는 토지수용법 등에 근거하여 토지 등이 수용되는 경우, 종전에는 1년 이내에 대체취득하는 부동산에 대해 취득세와 등록세가 비과세되었으나, 앞으로는 신축 중인 주거용건축물을 대체취득하는 경우 1년 이내에 분양계약이 체결되면 비과세하도록 그 요건이 완화(법률 제4611호, 1993.12.27.)되었다. 또한 새로 제작된 자동차의 제작결함으로 소비자보호

법상 피해보상기준에 따라 반납한 자동차와 같은 차종으로 교환하는 경우 취득세를 비과세하는 규정이 신설되었다.

1994년 말에는 법체계에 맞지 않은 비과세대상은 감면대상으로 정리하는 조치가 단행(법률 제4794호, 1994.12.22.)되었는데, 비과세 규정 가운데 국(國)은 국가로, 도·시·군은 지방자치단체로 그 명칭이 변경되었고, 기부채납을 조건으로 취득하는 부동산에 대한 취득세, 등록세 비과세 규정이 지방세법 시행령에서 지방세법으로 상향 규정되었다. 또한 '대도시 이외로의 이전공장 등에 대한 비과세' 규정(제110조의 2)이 폐지되고 관련 내용은 '공장의 지방이전에 따른 감면' 규정(제275조)으로 흡수·통합되었다. 그 밖에 비과세대상의 축소가 단행되었다.

1995년에는 지방세법의 개정을 통하여 공공사업 시행으로 인해 토지가 수용되어 대체취득하는 경우, 당해 사업인정고시일 이전에 협의매수에 응하여 대체취득하는 경우도 취득세와 등록세를 비과세하도록 변경(법률 제4995호, 1995.12.6.)되었다. 이후에도 1997년, 1999년, 2000년, 2001년, 2005년 등 여러 차례에 걸쳐 부분적으로 비과세 규정에 대한 정비가 이루어졌다.

2006년 말에는 토지수용으로 인한 대체부동산 취득시 취득세 및 등록세의 비과세 범위가 제한(법률 제8099호, 2006.12.28.)되었고, 2007년 말에는 대체취득에 대한 비과세 범위가 확대되었다. 개발사업에 대한 비과세대상 범위가 축소되었으며, 부부간의 재산분할로 취득하는 부동산에 대한 취득세 비과세 규정이 신설(법률 제8835호, 2007.12.31.)되었다. 대체취득에 대한 비과세 대상에 자동차 및 기계장비의 대체취득이 추가되었다.

2008년에는 취득세 비과세 대상에 속하는 신탁재산의 취득 가운데 주택조합 등과 조합원간의 부동산 취득 및 주택조합 등의 비조합원용 부동산 취득을 제외하도록 규정(법률 제9302호, 2008.12.31.)되었다.

2010년에는 지방세법을 3개로 분법(법률 제10221호, 2010.3.31. 지방세기본법, 지방세법, 지방세특례제한법)하면서 종전 지방세법상의 비과세 규정인 용도구분에 의한 비과세 부분과 천재 등으로 인한 대체취득에 대한 비과세 부분 및 토지수용 등으로 인한 대체취득에 대한 비과세 부분을 감면성격이 강한 것으로 보아 지방세특례제한법으로 이관 규정되었다.

〈표 2〉 **비과세의 연혁(취득세)**

| 제정 및 개정법률 | 비과세 | | | | |
|---|---|---|---|---|---|
| | 국가 등 | 용도구분 | 형식 및 대체취득 | | |
| | 취득세 비과세(제106조) | 취득세 비과세(제107조) | 농지개혁법의 시행 기타의 취득에 대한 비과세(제108조) | 토지개량사업의 시행에 수반한 환지 등의 취득에 대한 비과세(제109조) | 형식적인 소유권의 취득 등에 대한 비과세(제110조) |
| 법률 제827호<br>1961.12.8.<br>(폐지제정) | (대상)<br>- 국·도·시·군·시군조합, 공공단체 및 외국정부 취득 | (대상)<br>- 제사, 종교, 자선, 학술, 기예 기타 공익사업자<br>- 농업창고업자 또는 연합농업창고업자 | (대상)<br>- 농지개혁법의 시행으로 인한 취득<br>- 선박건조취득<br>- 공유수면의 매립, 국유미간지의 불하나 부여 또는 국유삼림이나 특별연고삼림 양여<br>- 광업권의 출원에 의한 허가 또는 어업면허로 인한 어업권 취득<br>- 소실, 도괴 기타 불가항력으로 인하여 멸실한 건물을 복구하기 위하여 멸실일로부터 1년 이내에 건물을 신축함으로 인한 취득(단 초과가액 제외) | (대상)<br>- 토지수용사업자에게 토지 또는 지상건축물이 매수 또는 수용되거나 철거되어 그로부터 1년 이내에 이를 대체할 토지 또는 건축물을 취득할 때(초과가액은 제외)<br>- 도시계획 또는 토지개량으로 인하여 토지 또는 그 지상건축물이 매수 또는 수용되거나 철거되어 그로부터 1년 이내에 이에 대체할 토지 또는 건축물을 취득한 경우 | (대상)<br>- 상속<br>- 법인의 합병 또는 공유권의 분할 취득<br>- 신탁재산 이전 취득 (위탁자 → 수탁자, 수탁자 → 위탁자)<br>- 신탁의 수탁자 경질로 인한 신수탁자의 취득<br>- 귀속농지불하로 인한 신수탁자의 취득 |
| 법률 제1243호<br>1962.12.29. | | | (추가) 외국으로부터 수입하는 선박 | | |
| 법률 제1514호<br>1963.12.14. | | (추가) 별정우체국 | (추가) 건물의 이축으로 인한 취득(단 초과가액 제외) | | |
| 법률 제1803호<br>1966.8.3. | | | (추가) 광산용 지상임목의 취득 | | |
| 법률 제1977호<br>1967.11.29. | | | (제외) 국유미간지의 불하나 부여 또는 국유삼림이나 특별 연고삼림의 양여 | | |

| 제정 및 개정법률 | 비과세 | | | | |
|---|---|---|---|---|---|
| | 국가 등 | 용도구분 | 형식 및 대체취득 | | |
| | 취득세 비과세(제106조) | 취득세 비과세(제107조) | 농지개혁법의 시행 기타의 취득에 대한 비과세(제108조) | 토지개량사업의 시행에 수반한 환지 등의 취득에 대한 비과세(제109조) | 형식적인 소유권의 취득 등에 대한 비과세(제110조) |
| 법률 제2593호 1973.3.12. | (제외) 각령으로 정하는 공공단체의 취득 | (명칭변경) 제사, 종교, 자선, 학술, 기예 기타 비영리사업자 | (변경) 선박건조취득 → 외국항로취항선박 건조 또는 수입 취득<br>(조건추가) 공유수면의 매립(취득일로부터 2년 이내 다른 용도 사용시 취득세 추징) | (추가) 토지구획정리사업과 재개발사업 및 개발예정 구획조성사업의 시행에 따라 소유자가 환지받는 경우와 사업시행자가 체비지 또는 보류지를 취득하는 경우 | (추가) 대도시 외로 그 공장시설 전부를 이전하여 당해 사업을 계속 영위하기 위한 경우의 부동산취득 |
| 법률 제2743호 1974.12.27. | | | | | (요건강화) 공장의 범위와 적용기준은 내무부령으로 정함 |
| 법률 제2945호 1976.12.31. | (명칭변경)<br>국・도・시・군・지방자치단체조합과 외국정부의 취득 | (추가)<br>-새마을사업용 마을공동재산 취득<br>-외국항로 취항 선박건조 또는 수입 취득<br>-어촌계사업<br>-임시용 건축물 취득 | (추가) 지붕개량을 위해 초가건물을 와가 기타 이와 유사한 건축물로 변경하기 위한 개축<br>(제외) 외국항로 취항선박건조 또는 수입 취득 → 용도구분 비과세 전환 | | (추가) 환매등기 병행 부동산매매로서 환매기간 내에 매도자 환매시<br>(신설) 대도시 외로의 이전공장 등에 대한 비과세(제110조의 2 신설)[이에 따라 제110조의 관련규정 삭제] |
| 법률 제3488호 1981.12.31. | | (제외)<br>-농업창고업자 또는 연합농업창고업자<br>-외국항로 취항 선박건조 또는 수입취득 | (제외) 어업면허로 인한 어업권 취득 | | (추가) 임대차방식에 의한 연불수출선박으로서 채권확보를 목적으로 선박제조자명의로 등기하는 선박의 취득 |
| 법률 제3757호 1984.12.24. | | | (추가)<br>-출원에 의한 어업권의 취득<br>-천재・지변 기타 불가항력으로 인한 멸실선박 대체용으로서 멸실일로부터 2년 이내 새로 건조된 선박 또는 파손된 선박의 복구를 | (조문정비) 토지수용사업자 요건 정비(사업인정자에 한정) | |

| 제정 및 개정법률 | 비과세 | | | | |
|---|---|---|---|---|---|
| | 국가 등 | 용도구분 | 형식 및 대체취득 | | |
| | 취득세 비과세(제106조) | 취득세 비과세(제107조) | 농지개혁법의 시행 기타의 취득에 대한 비과세(제108조) | 토지개량사업의 시행에 수반한 환지 등의 취득에 대한 비과세(제109조) | 형식적인 소유권의 취득 등에 대한 비과세(제110조) |
| | | | 위한 수선(그 파손된 날로부터 2년 이내)<br>-10톤 미만 소형어선 | | |
| 법률 제3878호<br>1986.12.31. | | (변경) 존속기간 1년 미만 임시용 건축물<br>(추가)<br>-10톤 미만 소형어선 취득<br>-산업체부설 중·고등학교의 교육용시설<br>-농업용 농기계류 취득 | (조명칭변경) 〈농지개혁법의 시행 기타의 취득에 대한 비과세〉→〈지붕개량을 위한 개축 기타의 취득에 대한 비과세〉<br>(제외) 10톤 미만 소형어선[용도구분 비과세로 전환] | (조명칭변경) 〈토지개량사업의 시행에 수반한 환지 등의 취득에 대한 비과세〉 → 〈토지수용 등으로 인한 대체취득에 대한 비과세〉<br>(추가) 토지수용사업자에 관광단지개발사업시행자 포함<br>(제외) 도시계획 또는 토지개량으로 인하여 토지·그 지상건축물이 매수·수용되거나 철거되어 그로부터 1년 이내에 이에 대체할 토지 또는 건축물을 취득한 경우 | (추가) 공공용지의 취득 및 손실보상에 관한 특례법의 규정에 의한 환매권의 행사로 매수하는 부동산의 취득 |
| 법률 제4269호<br>1990.12.31. | | | | (요건강화) 제1항에도 불구하고 대통령령이 정하는 부재부동산 소유자가 부동산을 대체취득하는 경우 취득세 부과 | (요건강화) 법인이 합병으로 인하여 취득한 토지를 정당한 사유없이 1년 이내에 그 고유의 업무에 직접 사용하지 않는 경우 추징 |
| 법률 제4415호<br>1991.12.14. | | (변경) 마을회 등의 주민공동소유 부동산취득 | (조명칭변경) 〈지붕개량을 위한 개축 기타의 취득에 대한 비과세〉 → 〈천재 등으로 인한 대체취득에 대한 비과세〉<br>(전문개정) 천재·지변·소실·도괴 기타 불가항 | (추가) 제112조 제2항의 규정에 의한 과세대상을 취득한 경우 | (추가) 동원대상지역 내의 토지의 수용·사용에 관한 환매권의 행사로 매수하는 부동산의 취득<br>(추가) 대도시 이외로의 본점 및 주사업소 이 |

| 제정 및 개정법률 | 비과세 | | | | |
|---|---|---|---|---|---|
| | 국가 등 | 용도구분 | 형식 및 대체취득 | | |
| | 취득세 비과세(제106조) | 취득세 비과세(제107조) | 농지개혁법의 시행 기타의 취득에 대한 비과세(제108조) | 토지개량사업의 시행에 수반한 환지 등의 취득에 대한 비과세(제109조) | 형식적인 소유권의 취득 등에 대한 비과세(제110조) |
| | | | 력으로 인하여 멸실 또는 파손된 건축물 및 선박을 복구하기 위하여 멸실일 또는 파손일부터 2년 이내 신축·개축 및 새로 건조·수선시 | | 전에 대한 비과세(제110조의 2 제3항) |
| 법률 제4611호 1993.12.27. | | | | (조문정비) 토지구획정비사업, 재개발사업의 시행으로 인한 환지계획에 의해 취득하는 토지 및 건축물과 사업시행자가 체비지 또는 보류지를 취득하는 경우(부동산가액 초과분 제외) | (추가) 소비자피해보상기준에 따라 반납한 차량과 동일한 종류의 차량으로 교환받는 경우의 취득 |
| 법률 제4794호 1994.12.22. | (명칭변경) 국가·지방자치단체·지방자치단체조합·외국정부 및 주한국제기구의 취득<br>(추가) 국가·지방자치단체 또는 지방자치단체조합에 귀속 또는 기부채납을 조건으로 취득하는 부동산 | (제외)<br>-10톤 미만 소형어선 취득<br>-산업체부설 중·고등학교의 교육용시설<br>-농업용 농기계류 취득 | | (추가) 부동산 범주에 선박·어업권 및 광업권 포함(부동산 등) | (조문정비) 신탁재산 취득, 환매권행사 등으로 인한 취득 등의 규정 정비<br>(추가) 건축물의 이축으로 인한 취득(초과가액 제외)<br>(폐지) 대도시 외로의 이전공장 등에 대한 비과세(제110조의 2) → 공장의 지방이전에 따른 감면(제275조)으로 전환 |
| 법률 제4995호 1995.12.6. | | | | (조문정비) 이주대책 대상자 요건 강화 등 | (조문정비) 상속으로 인한 취득 조문 정비 |
| 법률 제5406호 1997.8.30. | | | | | (요건강화) 신탁재산취득 중 주택조합과 조합원간의 신탁재산 취득 제외 |

| 제정 및 개정법률 | 비과세 | | | | |
|---|---|---|---|---|---|
| | 국가 등 | 용도구분 | 형식 및 대체취득 | | |
| | 취득세 비과세 (제106조) | 취득세 비과세 (제107조) | 농지개혁법의 시행 기타의 취득에 대한 비과세(제108조) | 토지개량사업의 시행에 수반한 환지 등의 취득에 대한 비과세(제109조) | 형식적인 소유권의 취득 등에 대한 비과세(제110조) |
| 법률 제6060호 1999.12.28. | (조건추가) 국가·지자체 또는 지자체조합에 귀속 또는 기부채납에 사회간접자본시설에 대한 민간투자법 제4조 제2호의 규정에 의한 방식으로 귀속되는 경우 포함 | | | | |
| 법률 제6312호 2000.12.29. | | (용도강화) 사용일부터 2년 이상 용도에 직접 사용하지 않고 매각·타용도 사용시 취득세 부과 | | (조문정비) 환지계획 등에 의한 취득부동산과 사업시행자가 취득하는 체비지 또는 보류지 요건 강화 | (조문정비) 법인의 합병으로 인하여 취득한 비과세 요건 강화 |
| 법률 제6549호 2001.12.29. | | | | (조문정비) 토지 등 수용사업인정자 요건 정비 | |
| 법률 제7332호 2005.1.5. | | | | | (조문정비) 신탁재산취득 가운데 주택재건축조합과 조합원간의 신탁재산 취득을 제외 |
| 법률 제7843호 2005.12.31. | | | | (조문정비) | (조문정비) |
| 법률 제8099호 2006.12.28. | | | | (조문정비) 대체 부동산 등을 세분화하여 규정 | |
| 법률 제8835호 2007.12.31. | | | (추가) 자동차 및 기계장비<br>(조문정비) 멸실일·파손일부터 2년 이내에 취득 또는 대체취득 경우 세분화 | (조문정비) | (추가) 「민법」 제839조의 2에 따른 재산분할로 인한 취득 |

| 제정 및 개정법률 | 비과세 | | | | |
|---|---|---|---|---|---|
| | 국가 등 | 용도구분 | 형식 및 대체취득 | | |
| | 취득세 비과세(제106조) | 취득세 비과세(제107조) | 농지개혁법의 시행 기타의 취득에 대한 비과세(제108조) | 토지개량사업의 시행에 수반한 환지 등의 취득에 대한 비과세(제109조) | 형식적인 소유권의 취득 등에 대한 비과세(제110조) |
| 법률 제9302호 2008.12.31. | | | | | (조문정비) 신탁재산의 취득 중 주택조합 등과 조합원 간의 부동산 취득 및 주택조합 등의 비조합원용 부동산 취득은 제외 |
| 법률 제10221호 2010.3.31. | 제9조(비과세 등)로 변경<br>-국가 등에 대한 비과세<br>-신탁법에 따른 신탁재산의 취득<br>-「징발재산정리에 관한 특별조치법」 또는 「국가보위에 관한 특별조치법 폐지법률」 부칙 제2항에 따른 동원대상지역 내의 토지 등 환매권 행사로 매수하는 부동산 취득<br>-임시흥행장, 공사현장사무소 등의 임시건축물(존속기간 1년 미만)<br>-공동주택의 개수로 인한 취득(주택의 시가표준액9억원 이하) | -학교 등에 대한 비과세는 지방세특례제한법 제41조(학교 및 외국교육기관에 대한 면제)로 이관<br>-종교 및 제사를 목적으로 하는 단체에 대한 비과세는 지방세특례제한법 제50조(종교 및 제사 단체에 대한 면제)로 이관<br>-사회복지법인 등 비영리사업자에 대한 비과세는 지방세특례제한법 제20조(노인복지시설에 대한 감면) 및 제22조(사회복지법인 등에 대한 감면) 등으로 이관 | -천재지변, 소실, 도괴 기타 불가항력으로 인하여 멸실 또는 파손된 건축물 및 선박, 자동차 등의 대체취득에 대한 비과세는 지방세특례제한법 제92조(천재지변 등으로 인한 대체취득에 대한 감면)로 이관 | -「공익사업을 위한 토지 등의 취득 및 보상에 관한 법률」 등에 따른 토지수용 등으로 인한 보상금으로 대체취득하는 경우의 비과세는 지특법 제73조(토지수용 등으로 인한 대체취득에 대한 감면)로 이관<br>-「도시개발법」에 의한 도시개발사업 등의 시행에 따른 "환지계획 등에 의한 취득 부동산"에 대한 비과세는 지방세특례제한법 제74조(도시개발사업 등에 대한 감면)로 이관 | 제15조(세율의 특례)로 변경<br>-환매등기를 병행하는 매매로서 부동산의 환매권 행사로 인한 취득<br>-상속으로 인한 1가구 1주택의 취득<br>-법인의 합병으로 인한 취득<br>-공유물의 분할 등 취득<br>-건축물의 이전으로 인한 취득<br>-「민법」 제834조 및 제839조의 2에 따른 재산분할로 인한 취득<br>-그 밖의 형식적 취득으로서 대통령령으로 정하는 취득<br>*종전 취득세의 세율(2%) 부분만 비과세 |

※ 2009~2010년까지 비과세 규정의 개정사항은 없었다.

# 3 감면제도 개편

1961년 전부개정된 지방세법에는 산업의 보호와 육성을 도모할 목적으로 각 세목별로 비과세 또는 감면규정이 신설(법률 제827호, 1961.12.8.)되었다. 그 특징을 살펴보면, 첫째, 지방자치단체장은 천재 기타 특수한 사정이 있는 경우 취득세 및 재산세를 대상으로 감면이 필요하다고 인정되는 자에 대하여 당해 지방의회의 의결을 얻어 취득세 및 재산세를 감면할 수 있는 권한을 부여받았다. 둘째, 농지세에 대한 감면은 '개간년기(開墾年期) 면세', '재해감면', '자력상실감면 등', '학교용지 면세' 등으로 세분화하여 규정되었다. 셋째, 지방자치단체가 과세면제, 불균일과세 또는 일부과세를 하고자 할 때에는 내무부장관(현 행정안전부장관)의 허가를 받아 당해 지방자치단체의 조례로써 정하도록 규정되었다.

1965년에는 세법 이외에 50여 건의 각종 특별법에 분산 규정되어 있던 조세감면 조항을 총체적으로 정리하여 그 결과를 담은 조세감면규제법이 제정(표 3 참조)되었다. 이는 정부수립 이후 국세와 지방세를 막론하고 각종 조세지원이 개별 세법의 감면조항을 통하여 분산적으로 이루어져 왔다. 이는 경제개발이 가속화되면서 이를 좀 더 적극적으로 활용할 필요성이 대두됨에 따른 조치였다. 이에 따라 모든 조세지원은 조세감면규제법과 동법 제3조에 열거된 법률에 의해서만 시행하도록 규정되었다. 조세감면규제법은 지방세 세목 가운데 재산세와 취득세를 대상으로 면제 조항을 담고 있었다. 재산세는 ① 동법 제4조 제1항 각호의 법인(아래의 표 3 참조)이 고유의 업무에 사용하지 않는 재산 ② 아동복지법의 규정에 의하여 수용아동이 직접적으로 사용하는 건물과 토지 ③ 공업단지개발공단의 재산을 대상으로 면제를 규정(제9조)하였다. 취득세는 ① 동법 제4조 제1항 각호의 법인 ② 국유재산의 현물출자에 관한 법률의 규정에 의하여 현물출자를 한 부동산 ③ 농지개혁법의 규정에 의하여 취득한 농지 ④ 개간촉진법의 규정에 의하여 개간한 농지 ⑤ 아동복지법의 규정에 의하여 수용아동이 직접적으로 사용하는 건물과 토지 ⑥ 원호재산특별처리법의 규정에 의하여 증여받은 원호재산 ⑦ 수출산업공업단지개발조성법에 의거하여 설립된 공업단지개발공단이 취득하는 부동산에 대하여 면제를 규정하였다.

〈표 3〉 **조세감면규제법[법률 제1723호, 제정 1965.12.20., 시행 1966.1.1.]**

| 제4조 제1항 |
| --- |
| 1. 한국은행법의 규정에 의하여 설립된 한국은행(다만, 외환업무에서 생긴 소득과 수익은 예외) |
| 2. 한국산업은행법의 규정에 의하여 설립된 한국산업은행 및 성업공사 |
| 3. 중소기업은행법의 규정에 의하여 설립된 중소기업은행 |

| 제4조 제1항 |
|---|
| 4. 국민은행법의 규정에 의하여 설립된 국민은행<br>5. 한국조폐공사법의 규정에 의하여 설립된 한국조폐공사(다만, 부대업무에서 생긴 소득과 수익은 예외)<br>6. 농업협동조합법의 규정에 의하여 설립된 조합과 중앙회<br>7. 수산업협동조합법의 규정에 의하여 설립된 수산업협동조합<br>8. 중소기업협동조합법의 규정에 의하여 설립된 조합·연합회와 중앙회<br>9. 노동조합법의 규정에 의하여 설립된 노동조합(다만, 노동조합의 수익사업에서 생긴 소득과 수익은 예외)<br>10. 갱생보호법의 규정에 의하여 설립된 보호회<br>11. 산림법의 규정에 의하여 설립된 계·조합과 연합회<br>12. 대한무역진흥공사법의 규정에 의하여 설립된 대한무역진흥공사<br>13. 한국해운조합법의 규정에 의하여 설립된 해운조합(다만, 신용업무·공판업무 및 수출입업무에서 생긴 소득과 수익은 예외) |

1973년에는 새마을 사업을 간접적으로 지원하기 위한 목적으로 이와 관련된 지방세 감면 조항이 대폭 신설(법률 제2593호, 1973.3.12.)되었다. 또한 대도시 내 공장의 지방 분산을 목적으로 대도시에서의 공장신설에 대해서는 취득세와 재산세를 중과하는 규정이 마련되었다. 또한, 토지의 효율적인 이용과 개발을 촉진하기 위하여 재산세 과세대상에 공한지가 포함되었다. 그 밖에 농가의 농지취득시 취득세 50% 감면규정이 삭제되었으며, 유흥음식세의 과세대상에 고급여관이 추가되었다.

1974년에는 주민세 소득할에 대해 일시적인 감면이 시행(대통령긴급조치 제3호, 1974.1.14.)되었다.

1976년부터 조세감면규제법은 한시법 체계로 전환되었다. 당시 방만한 조세지원의 운영을 합리화하고 비합리적인 조세지원의 확산을 방지하기 위해 제정된 조세감면규제법은 당초 취지를 제대로 달성하지 못하였다. 그러나 일단 시행된 각종 감면은 수혜자의 압력에 의해 그 실효성의 유무와 상관없이 폐지되지 않고 항구화되는 현상이 발생하였다. 그러한 문제점을 해소하기 위한 대책으로 조세감면규제법을 한시법 체계로 전환하여 일정한 시한이 경과하면 법 자체가 자동적으로 폐지되도록 변경하였다. 그 시한은 경제개발 5개년 계획과 연계하여 5년으로 설정되었다. 하지만 이러한 한시법 체계도 1976년 조세감면규제법 개정이 단행된 이래 1981년, 1986년, 1991년 등 여러 차례에 걸쳐 감면규정이 자동으로 폐지되는 대신 계속 연장 운영됨으로써 그 한계를 드러내었다.

1981년 말에는 조세감면규제법 개정을 통하여 국가에 의한 조세지원제도가 전면 개편되었다. 조세지원정책은 종전까지는 특정 산업에 대한 직접지원 위주였으나 개정에 따라 기능별 조세지원을 강화하는 간접지원 위주로 전환하게 되었다. 또한 단계적으로 조세감면을

축소함으로써 조세의 공평성과 중립성을 최대한 유지한다는 방침이었다. 이러한 조세감면규제법 개편의 영향으로 그 동안 동법에 규정되어 왔던 지방세 감면내용이 지방세법으로 대거 이관됨에 따라 취득세, 등록세, 재산세, 사업소세의 비과세 및 면제 규정이 조정되었다. 과학, 기예, 교육, 문화 등 연구단체와 불특정 다수인의 복리증진을 위한 단체 등은 취득세, 등록세 및 재산세가 계속 과세면제되었다. 조세감면규제법상 과세면제 산업의 재산과 조세지원이 불가피한 특수법인의 일부 사업용 재산을 대상으로 취득세, 등록세 및 재산세가 면제되었다. 조세감면규제법상 과세면제법인 가운데 수익사업 영위법인, 일정범위의 기업이나 업종을 지원하는 법인 등에 대해서는 취득세, 등록세, 재산세가 50% 과세(단, 농업협동조합, 수산업협동조합, 축산업협동조합이 구판사업 등에 직접 사용하는 부동산의 경우 그 경감 내용은 차등설정이 가능하도록 규정)되었다. 종전까지 취득세 비과세 대상이었던 농업창고업자의 취득재산과 외항선에 대해서는 취득세의 50%, 재산세 비과세 대상이었던 외항선에 대해서는 재산세의 50%를 각각 경감하는 것으로 변경되었다. 또한 임대차 방식에 의해 연불수출(延拂輸出)하는 선박에 대해서는 취득세, 등록세, 재산세를 면제하고, 일정한 법인 또는 사업에 대해서는 사업소세의 50%를 경감하도록 명시되었다.

1984년 말에는 일부 항공기에 대하여 취득세와 재산세를 부과하도록 규정되었으며, 취득세, 등록세 및 재산세의 50% 감면대상에 군인공제회와 한국가스공사가 추가(법률 제3757호, 1984.12.24.)되었다.

1986년에는 세부담의 형평을 도모할 목적으로 지방세 비과세·감면제도의 축소를 위한 지방세법 개정이 단행(법률 제3878호, 1986.12.31.)되었다. 감면제도의 경우, 특별법에 의한 특수법인과 기타 특정사업에 대한 취득세, 등록세, 재산세의 과세면제 및 경감조항의 시행기간이 1986년 12월 31일에 만료됨에 따라 일부는 과세로 전환되었고, 일부는 현행대로 면제 또는 경감하도록 조정되었다.

〈표 4〉 **특수법인과 기타 특정사업에 대한 감면제도 변경(1986.12.31.)**

| 종전 | 조정 | 대상법인 |
|---|---|---|
| 감면 | 50% 과세로 전환(3개) | 한국방송공사, 증권감독원, 직업훈련법인 |
| 50% 과세 | 전액 과세로 전환(21개) | 한국전력공사, 대한주택공사, 한국도로공사, 산업기지개발공사, 농어촌개발공사, 대한무역진흥공사, 관광공사, 대한광업진흥공사, 대한석탄공사, 농업진흥공사, 한국석유개발공사, 한국토지개발공사, 한국전기통신공사, 한국방송광고공사, 성업공사, 한국산업은행, 한국수출입은행, 국제공항관리공단, 교통안전진흥공단 |

| 종전 | 조정 | 대상법인 |
|---|---|---|
| 취득세, 등록세, 재산세 50% 경감 | 취득세, 등록세 50% 경감, 재산세 과세전환(5개) | 농협중앙회, 수협중앙회, 축협중앙회, 중소기업협동조합중앙회, 한국해운조합 |
| 과세 | 면제(1개) | 인삼경작조합 및 인삼경작조합연합회 |
| 재산세 면제 | 재산세 50% 과세(5개) | 토지개발공사의 분양목적 부동산, 산업기지개발공사의 분양목적 부동산, 중소기업진흥공단의 분양목적 부동산, 중소기업협동조합의 협동화사업용 부동산, 공업단지관리공단의 분양용 부동산 |

그 이외에 농업을 주업으로 하는 자가 일정기준의 자경농지를 취득하는 경우 취득세 50%를 경감하도록 명시되었다. 또한 사업용 항공기가 재산세 50% 과세대상으로 전환되었다.

1988년에는 법률에 근거하여 설립된 특정 비영리단체(한국산업안전공단, 국립공원관리공단, 국민연금관리공단)에 대하여 취득세, 등록세 및 재산세를 과세면제하도록 규정(법률 제4028호, 1988.12.26.)되었다. 또한 농지취득에 대한 감면대상이 확대되었고, 신설공장용 부동산에 대하여 취득세를 면제하도록 규정되었다.

1990년에는 취득세 과세면제 대상이었던 사업용 항공기가 취득세 50% 감면대상으로 전환(법률 제4269호, 1990.12.31.)되었으며, 외항선박에 대한 취득세 등의 경감률이 축소 조정되었다.

1991년에는 지방자치제도의 부활에 따라 지방자치단체의 역할과 기능을 강화하고 자체재원의 확충을 도모하고자 1991년 말로 적용시한이 만료되는 지방세 감면제도의 축소・정비가 단행(법률 제4415호, 1991.12.14.)되었다. 그 감면시한도 1991년 이후부터는 5년에서 3년으로 축소 변경되었다. 특별법인 기타 특정사업에 대한 취득세, 등록세, 재산세, 종합토지세 과세면제 및 경감조항 가운데 일부는 과세로 전환되었다. 아울러 수도권정비계획법 제8조의 규정에 의한 이전촉진권역 및 제한정비권역 내에서 본점 또는 주사무소의 사업용 부동산을 취득하는 경우에는 취득세를 중과세하도록 규정되었다.

1993년에는 감면제도의 합리적 조정을 통해 세제지원의 효율성을 제고할 목적으로 지방세 비과세・감면제도의 개편이 단행(법률 제4611호, 1993.12.27.)되었다. 이에 따라 중소기업협동화단지에 대한 지방세 면제제도가 개선되었고, 사원임대용 부동산은 등록세 중과대상에서 제외되었다. 아울러 국제항공시장의 과열경쟁으로 인한 국적 항공사의 경영악화를 감안하여 사업용 항공기에 대한 취득세는 50% 감면에서 전액 면제하도록 조정되었다.

1994년에는 그 이듬해인 1995년부터 본격적인 지방자치가 실시될 예정이었기 때문에 지방재정을 확충하고 공평과세를 실현할 목적으로 1994년 말로 적용시한이 만료되는 지방세 감면규정이 전면 개편(법률 제4794호, 1994.12.22.)되었다. 이에 따라 1994년 말로 시한이 만료되는 지방세 감면규정을 전면적으로 재검토하여 감면 폭을 축소조정하고 법체계에 맞지 않은 비과세대상은 감면대상으로 정리하는 지방세법 개정이 단행되었다. 특히 각 세목별로 분산규정되어 있던 감면규정은 별도의 장(章)을 신설하여 통합 규정되었다. 종전에는 지방자치단체장이 천재 등 특수한 사유가 있는 경우 취득세, 주민세, 재산세, 농지세, 종합토지세 등 일부 세목에 한해서만 지방의회의 의결을 거쳐 감면할 수 있었으나, 앞으로는 모든 세목을 대상으로 감면이 가능하도록 함으로써 지방자치단체장의 감면권한이 대폭 강화되었다.

한편 1995년부터는 지방자치단체 감면조례는 행정자치부가 마련한 지방세감면조례준칙(지방세감면조례표준안)을 준거로 하되, 각 지역의 입장을 반영하는 방식으로 제정하도록 변경되었다. 조례에 의한 지방세 감면은 1994년 이전까지는 전국적으로 적용되는 공통조례와 서울특별시·광역시 등 특정자치단체에게만 적용되는 조례로 구분되어 목적별로 개별 감면조례를 적용하는 방식으로 운영되었다. 그러나 1995년부터는 조례의 적용범위에 따라 특별시(광역시)세, 자치구세, 도세, 시·군세에 대한 감면조례표준안이 마련되면서, 이 표준안을 준거로 하되 각 지방자치단체가 자체의 실정을 감안하여 감면조항을 제정 또는 개정하는 방식으로 조례에 의한 감면을 운영할 수 있도록 전환되었다.

1995년에는 어촌계가 어민에게 융자할 때 제공받는 담보물의 등기, 영농조합법인의 설립등기에 대해서는 등록세를 면제하고, 자동차매매업소의 매매용으로 전시된 중고자동차에 대해서는 취득세, 등록세, 재산세 및 종합토지세를 면제하며, 연안항로에 취항하기 위하여 취득하는 화물운송용 선박에 대해서는 취득세와 재산세의 50%를 각각 경감하도록 지방세법이 개정(법률 제4995호, 1995.12.6.)되었다.

1997년에는 적용시한이 1997년 12월 31일 만료되는 지방세 감면규정의 개정이 단행(법률 제5406호, 1997.8.30.)되었다. 구체적으로 서민생활 및 지역경제활성화와 관련이 없는 공공법인에 대한 감면의 폭을 점차적으로 축소하는 방향에서 개정이 이루어졌다. 반면 서민생활의 안정, 중소기업 등의 육성 및 지역경제의 활성화와 관련된 감면규정은 계속 유지할 필요가 있다고 보아 그 감면시한이 2000년까지 3년 연장되었다.

외환위기가 찾아온 1998년은 경제성장률을 급격히 둔화시켰고 이로 인해 심각한 재정불안이 야기되었다. 이에 따라 정부는 불필요한 조세감면제도를 정비함으로써 장기적이고 안정적인 세입기반을 확보하기 위하여 조세감면 규정 및 중과세 규정을 단일법 체계로 흡수하고, 조세감면의 기득권화 방지를 위해 개별 조세지원 제도별로 적용시한(1년, 2년, 5년, 기타)을 두는 일몰제를 도입하며, 새로운 조세감면에 대한 사전관리를 강화하는 동시에 사후평가 의무화제도를 도입하는 것을 핵심으로 하는 조세특례제한법안을 마련하였다.

1998년 말 정부는 조세감면규제법을 조세특례제한법으로 변경하여, 일반 법률이나 개별 세법의 조세감면 규정을 조세특례제한법으로 통합·전환(법률 제5584호, 1998.12.28.)되었다. 이와 같이 일몰제에 근거한 한시규정의 특징을 지닌 조세특례제한법의 제정 및 시행에도 불구하고 특정 이익집단에 대한 조세지원의 항구화 현상을 억제하지는 못하였다는 평가를 받고 있다.

1998년에는 원양어업선박에 대한 지방세감면 규정이 마련(법률 제5615호, 1998.12.31.)되었다.

1999년에는 산업기술단지의 사업시행자가 개발 사업을 추진하기 위해 취득하는 토지에 대해 취득세 및 등록세 감면 등 세제지원이 명문화(법률 제6009호, 1999.8.31.)되었다.

2000년에는 지방세 감면규정의 적용시한이 그해 말로 만료됨에 따라 이에 대한 전면적인 재검토가 이루어졌고(법률 제6312호, 2000.12.29.), 종합토지세 감면대상 및 감면율이 조정되었다. 기타 취득세, 등록세, 재산세의 과세면제 및 경감조항이 재정비되었다.

2002년에는 지역균형발전을 도모하기 위해 수도권 중 과밀억제권역 안에서 지방으로 이전하는 법인 및 공장에 대한 취득세와 등록세의 면제시한을 그해 말에서 2005년 12월 31일까지로 3년 연장하는 지방세법 개정(법률 제6838호, 2002.12.30.)이 이루어졌다. 또한 지역균형발전을 도모할 목적으로 수도권정비계획법에 의한 수도권 이외의 지역에 소재하는 산업단지에 입주하는 공장 등에 대한 재산세와 종합토지세에 대해 종전에는 그 납세의무의 최초 성립일 이후 5년간 50% 경감하였지만 이후로는 전액 면제하도록 변경되었다.

2003년에는 그해 말로 적용시한이 만료되는 지방세 감면규정의 적용시한이 2006년 12월 30일까지 3년 연장(법률 제7013호, 2003.12.30.)되었다. 또한 도난으로 말소 등록된 건설기계의 등록을 복구하기 위해 등록하는 경우와 상표법의 규정에 의한 국제등록 기초상표권을 이전하는 경우 등록세를 면제하도록 규정되었다. 아울러 자경농민이 취득하는 축사 및 창고 등에 대한 등록세를 50% 경감하고, 교통난 해소, 에너지 절감 그리고 건전소비문화 정착 등의 목적으로 경차보급을 활성화하기 위해 비영업용 경형 승용자동차에 대한 취득세 및 등록세 면제규정이 신설되었다.

2005년 초에는 부동산보유세제의 개편과 동시에 주택에 대한 거래세를 낮추는 세제개편이 단행(법률 제7332호, 2005.1.5.)되었다. 구체적으로 사실상 취득가격이 입증되지 않는 개인 간 주택 유상거래로 취득하는 부동산 등기를 대상으로 등록세의 25%를 경감하도록 하는 감면조항이 신설되었다. 그 외 농업용수 공급용 관정시설에 대한 재산세를 면제하고, 영농을 목적으로 창업한 농업법인이 2년 이내에 취득하는 부동산에 대하여 취득세와 등록세를 면제하도록 설정되었다. 영유아보육시설 및 유아교육시설용 부동산을 사업인가 전에 취득하는 경우도 취득세 등을 면제하고, 산업단지에 대한 취득세, 등록세 및 재산세 감면 대상

업종에 물류시설, 정보통신업 등 서비스업종을 추가하도록 개정되었다. 아울러 중소기업 협동화사업용 부동산은 협동화사업 단지 밖의 지역에서도 취득세 등을 면제하고, 시험연구용으로 수입하는 자동차에 대하여 취득세를 면제하도록 규정되었다.

2005년 말에는 같은 해 8·31 부동산대책의 일환으로 실시된 부동산 실거래가 신고에 따라 부동산거래세 부담이 급증하는 것을 완화할 목적으로 개인 간 유상거래를 원인으로 취득 또는 등기하는 주택에 대해서는 취득세 25%, 등록세 50%를 각각 경감하도록 하는 규정이 마련(법률 제7843호, 2005.12.31.)되었다. 또한 특수임무수행자가 관계 법령에 따라 대부금으로 취득한 부동산에 대해서도 국가유공자 등의 경우와 같이 취득세와 등록세를 면제하고, 대학 또는 산업대학 등이 기숙사로 사용하기 위해 취득하는 부동산에 대해서도 취득세와 등록세를 면제하도록 변경되었다. 아울러 과세기준일 현재 당해 용도에 직접 사용하는 부동산에 대해서는 재산세, 도시계획세, 공동시설세 및 사업소세를 면제하도록 규정되었다.

2006년 말에는 토지수용으로 인한 대체부동산 취득시 취득세 및 등록세의 비과세 범위를 제한하는 지방세법 개정(법률 제8099호, 2006.12.28.)이 이루어졌다. 아울러 2006년 12월 31일자로 적용시한이 종료되는 지방세 감면시한을 2009년 12월 31일까지 3년간 연장하거나 일부 감면대상을 재조정하는 등의 지방세법 개정(법률 제8147호, 2006.12.30.)이 있었다. 이에 따라 한국농촌공사, 역모기지제도, 민간위탁 민영교도소, 혁신도시·공공기관 지방이전 등 국가주요정책에 대한 세제지원책이 마련되었다. 또한, 지방세 감면제도 가운데 일부가 폐지되거나 축소되었는데, 대한주택보증회사의 주택분양보증사업에 대하여 사업수익이 발생하는 점이 고려되어 동 사업을 위하여 취득하는 부동산에 대한 취득세 및 등록세 감면범위가 100%에서 50%로 축소되었다. 특히 일부 기관들에 대한 공동시설세 감면이 폐지되었는데, 공동시설세 감면이 제외된 기관으로는 대한가족보건복지협회·한국건강관리협회·대한결핵협회, 대한적십자사, 한국소비자보호원, 기술·체육진흥단체, 독립기념관, 한국철도시설공단, 한국토지공사·대한주택공사·수자원공사·컨테이너부두공단, 한국철도공사가 있다. 더불어 실효성이 떨어지는 감면조항은 폐지되었다.

2008년 말에는 유류인상 및 내수부진으로 어려움을 겪고 있는 중산·서민층을 지원할 목적으로 경형 승합·화물차에 대한 취득세, 등록세를 면제하고, 관광산업의 경쟁력 제고와 투자 활성화를 유도할 목적으로 관광단지개발사업자가 취득하는 부동산에 대한 세제지원을 확대하는 조치가 단행(법률 제9302호, 2008.12.31.)되었다. 구체적으로 경형 승합·화물차 취·등록세 감면 확대(50% → 면제), 하이브리드자동차 감면 신설(취득세 40만원, 등록세 100만원 한도), 관광산업 경쟁력 강화를 위해 관광단지개발사업시행자 사업용 부동산 취·등록세 감면 확대(50% → 면제), 관광호텔업 사용 부속토지(재산세 50% 감면), 과밀억제

권 내 관광호텔업 부동산 및 법인등기 취・등록세 3배 중과를 배제하도록 규정되었다.

한편, 1995년 이후 4개 자치단위별로 감면조례표준안이 마련되면서, 이 표준안을 준거로 하되 각 지방자치단체가 자체의 실정을 감안하여 감면조항을 제정 또는 개정하는 방식으로 조례에 의한 감면제도가 운영되었다.

〈표 5〉 **조례에 의한 지방세 감면 (허가)건수 추이**

| 연도 | '95 | '96 | '97 | '98 | '99 | '00 | '01 | '02 | '03 | '04 | '05 | '06 | '07 | '08 | '09 | '10 |
|---|---|---|---|---|---|---|---|---|---|---|---|---|---|---|---|---|
| 허가 건수 | 12 | 12 | 13 | 14 | 15 | 8 | 10 | 4 | 9 | 17 | 17 | 8 | 13 | 18 | 14 | 18 |

주 : 행안부(2009), 「지방세감면조례표준안」, pp.155~173을 참조하여 작성하였음.

2009년에는 수산업 규모화・기업화 및 어업 경영 안정화 위해 어업회사법인(취・등록세, 재산세 50%, 설립등기 등록세 면제) 감면이 신설되었고, 기술창업 촉진 위해 신기술창업 집적지역 내 건물 신・증축 및 개발사업시행자가 개발・조성 후 분양・임대용 부동산(취・등록세 면제, 재산세 50%) 감면이 신설(법률 제9302호, 2008.12.31.)되었다.

2010년에는 주택거래에 대한 취득세 감면 연장(9억원 이하 1주택자, 2%), 대체 농지에 대한 취득세 비과세 요건 완화(1년→2년), 지방세 감면 연장 시 지방자치단체의 감면율 자율조정권 부여 등을 위해 재정여건, 조세부담능력 등 고려 50%의 내에서 조례로 인하하되 취약계층 보호나 전국적 동일한 감면 필요 사항 등은 인하 제외하도록 규정(법률 제9924호, 2010.1.1.)되었다.

2011년에는 부동산대책(3・22대책)에 따라 주택유상거래 취득세 감면 한시 확대(3.22.~12.31. 취득분)를 위해 9억원 초과 다주택(4%→2%), 9억원 이하 1주택(2%→1%) 취득세 감면, 이후 연말에 주택유상거래 취득세 감면이 연장(2011년 말 이후 취득분, 감면 비율 환원)되었으며, 친환경・친서민 세제지원을 위해 신재생에너지 건축물(취득세 5~15%), 친환경건축물(재산세 3~15%) 감면이 신설되었고, 지방세 면제 대상 국가유공자단체인 특수임무유공자회, 고엽제전우회, 6.25참전유공자회가 감면대상에 추가되었다. 또한, 취약계층에게 일자리를 제공하는 사회적기업에 대한 재산(취득・등록면허세 50%, 재산세 25%) 감면도 신설되었다. 한편 지방재정건전성 강화를 위해 지방공기업에 대한 감면을 축소(100%→75%)하되, 서민물가와 관련이 있는 지하철・농수산물공사 등은 종전(100%)대로 계속 감면을 유지하였고 산업 지원을 위한 감면 중 지식산업센터에 대한 취득세 감면을 축소(100%→75%)하도록 규정(법률 제10417호, 2010.12.27.)되었다. 그 주요내용은 제2장 유형별 감면에서 설명하였다.

2012년에는 전월세 시장 안정화를 위해 임대사업자 임대용 오피스텔에 대해 임대주택과 같이 취득세, 재산세 감면(면적에 따라 50%~면제)대상에 포함되고, 임업산업경쟁력 강화를 위해 산림조합공동사업법인을 산림조합과 같이 취득세, 재산세 감면 대상으로 확대되었으며, 서민생활과 밀접한 관련이 있는 분야인 영세소매 슈퍼마켓에 대하여 취득세 감면을 확대(50% → 75%)하도록 규정(법률 제11397호, 2012.3.21.)되었다.

2013년에는 2011년부터 도입한 「감면통합심사」를 통해 감면 목적에 비해 감면 규모가 과다하고, 감면 축소에 따른 부담 주체가 서민이 아닌 경우 감면을 축소하였으며 열악한 소방재원 마련을 위해 지역자원시설세에 대한 감면을 일부 종료하고 최근 경제상황 및 부동산 경기침체를 고려하여 관련된 감면을 연장하는 등 서민생활과 밀접한 관련이 있는 분야에 한해 감면이 신설·확대되었다. 그 주요내용은 제2장 유형별 감면에서 설명하였다.

2014년에는 「2013년 지방세 감면 통합심사」를 통해 일몰이 도래하는 지방공사·공단 및 출자·출연법인, 지식산업센터, 관광호텔, 보양온천 감면 등에 대한 감면을 축소 또는 종료하고, 서울대학치과병원과의 형평성을 고려한 부산국립대학치과병원과 농업경제자회사의 경우 농협중앙회 사업구조개편(2012.3.)의 후속조치인 점 등을 고려하여 감면을 신설하였다(세부내용은 제2장 각 조문별 내용 참조).

또한 2014년에는 지방소득세를 법인세·소득세액의 10%로 과세하는 부가세 형식에서 법인세·소득세 과세표준액에 일정세율을 적용하는 독립세 형식으로 전환함에 따라 그에 따른 세액공제·감면 등에 대하여 지방세특례제한법에 직접 규정하였다.

이는 지방자치 실시 이후 복지·문화·안전 등과 같은 기존의 국가사무가 지방정부에 이양되면서 지방의 역할 강화와 날로 증가되는 복지수요 등 재정수요에 대처하기 위한 방편으로 지방의 과세자주권 확대 및 책임성 강화 차원에서 이루어진 것으로 이해된다.

2014년은 2015년까지 비과세·감면비율을 15% 이하로 축소하기 위하여 2014년 일몰도래 감면을 중심으로 정부지원이 필요한 취약계층 등 일부에 대해서만 현행 감면혜택을 계속 부여하고, 그 외의 감면은 감면대상자의 담세력, 유사대상 간의 형평성, 지방재정 여건 등을 고려하여 감면 폭을 대폭 조정하는 한편, 장기·관행적으로 유지되어온 감면이나 목적이 달성된 감면 등은 과감히 일몰을 적용하여 감면을 종료하는 방향에서 축소·정비하였다. 특히, 이번에는 국세의 법인세에서 운영 중인 최소한세율 개념을 도입하여 감면이 불가피한 경우라도 일정부분은 부담하게 함으로써 전액감면을 없애는 제도적 보완이나 조세특례제한법에 있는 지방세 감면을 지방세특례제한법으로 이관시킨 점 등이 크게 달라진 점이라 하겠다. 그 주요내용은 제2장 유형별 감면에서 설명하였다.

2015년에는 메르스 파동, 청년실업 증가 등 어려운 경제상황을 감안하여 경차, 임대주택,

장애인용 자동차, 한센인, 노후연금제공용 주택에 대한 지원과 서민주거안정을 위한 장기(8년) 임대주택, 청년 창업을 위한 대학창업보육센터, 평창동계올림픽 개최를 위한 선수촌 건설 지원을 강화하고, 무분별한 감면신설 방지를 위해 '예비타당성조사'제도를 도입하는 한편, 조세형평성 제고를 위해 2014년 말에 도입하여 운영한 최소납부세제의 안정적 정착 기반을 마련하였다.

2016년에는 민간부문 활력 부족, 일자리 여건 악화 등 어려운 경제상황을 감안하여 취약계층·민생경제, 고용창출 관련한 사항에 대한 세제지원을 연장하고, 국민안전 및 신성장 지원을 위한 내진설계 민간건축물 감면 확대, 노후 경유 승합·화물차 교체시 감면신설, 전기·수소차 감면 확대, LNG 연료추진선박 감면을 신설하는 한편, 정책효과가 미미하거나 목적이 달성된 지방이전 공공기관 및 사립학교 민자형기숙사, 공사·공단 등에 대한 감면을 축소 또는 종료하였다.

2017년에는 일몰도래 감면 중 지방이전 공공기관 감면 등 관행적이거나 정책효과가 낮은 감면은 정비하고, 노인복지·농어업 등 취약분야 및 서민지원 감면과 창업중소기업 관련 감면을 확대·연장하면서 자산관리공사의 위기중소기업 지원 프로그램 등 5건의 감면을 신설하였다.

2018년에는 지방재정의 건전성 확보를 위해 불필요한 감면을 지속 정비하고, 사전·사후 성과평가 강화를 통해 비과세·감면비율을 낮춰 가면서 항공운송사업, 의료기관, 기업구조조정 등의 감면대상 및 감면율을 조정하는 한편, 고용위기 등을 고려하여, 위기지역 내 사업전환 중소기업 및 청년창업 중소기업, 신혼부부 생애최초 취득주택 등에 대한 감면을 신설하고, 장애인·국가유공자 등 취약분야 및 서민지원 감면을 연장하였다.

2019년에는 지역경제 활성화에 초점을 두고 산업단지 및 지식산업센터 등에 입주하는 기업에 대한 감면 연장과 함께 미래산업개발 지원을 위해 신성장동력·원천기술 분야를 연구하는 기업부설연구소에 대하여 추가(10%p) 감면하고, 저출산 대책의 일환으로 신혼부부 최초 취득주택 감면과 전기·수소자동차에 대한 감면을 연장하는 한편, 담세력 등을 고려하여 한국토지주택공사 등 국가공공기관에 대한 감면을 일부 종료하였다. 특히, 이번에 그동안 조세특례제한법에 남아 있던 외국인 투자기업에 대한 지방세 감면을 지방세특례제한법으로 이관함으로써 지방세 감면 정책을 지방세 정책당국이 주관하여 추진하게 되었다는 점은 그 의미가 크다 하겠다.

2020년에는 혁신과 포용, 안전을 핵심가치로 하는 정부혁신과 획기적 지방자치 및 분권을 통한 지역경제의 활력제고라는 지방의 역할과 책임성 강화 기조를 담아 이루어졌다. 첫째로 산업단지, 지식산업센터 등에 입주하는 기업에 대한 감면을 연장하면서 미래산업의 신성장동력·원천기술 분야에 대한 감면을 추가하였고, 둘째로 저출산 대책의 일환으로 신혼부부의 최초 취득주택 감면과 친환경 에너지활용 촉진을 위한 전기·수소차 감면을 연장하였으며, 셋째로 과세형평성, 담세력 등을 고려하여 국가공공기관에 대한 감면을 종료 또는 축소하는 한편, 조세특례제한법에 남아 있던 외국인투자기업에 대한 지방세 감면을 지방세특례제한법으로 이관하였고, 넷째로 기업의 고용확대를 위한 감면 및 장애인과 국가유공자 등에 대한 감면요건 등을 정비하여 사회 취약계층의 납세편의를 제고하였다.

2021년에는 '코로나19' 사회 일상의 모든 분야에서 심각한 타격을 받고 있는 점 등을 감안하여 2020년 12월 31일로 일몰이 도래한 지방세 감면사항 중 산업경쟁력 향상, 지역경제활성화 및 사회적 취약계층 등 세제지원이 지속적으로 필요한 분야에 대하여 감면기한을 연장하였다. 아울러 5G 이동통신사업 등 4차 산업혁명 기반 마련이 필요한 분야에 대한 감면 신설과 교통·영농환경 변화를 반영하여 재촌 경작 인정거리를 완화하는 등의 내용으로 개선하는 한편, 비과세 감면율을 지방재정법에 따른 법정 감면율 범위 내에서 조정하였다. 그 외 지방세 부분에서는 납세자의 권익보호와 공정사회 구현을 위해 법인이 분할 또는 합병으로 인한 재산승계시의 연대납세의무 범위를 합리적으로 조정하고, 납부불성실가산세와 고지한 세액에 대하여 부과하는 가산금을 납부지연가산세로 통합하고, 개인지방소득세의 최고세율 인상을 통한 소득재분배 기능을 강화하였으며, 내국법인이 외국에 납부한 세액을 법인지방소득세 과세표준에서 제외하는 등 지방세 과세체계를 합리적으로 조정하였다.

2022년에는 코로나19 사태가 진정되었으나, 주요국들의 통화 긴축, 급격한 금리인상 및 우크라이나 사태 등 전반적인 경기침체 국면에 놓이게 되었다. 이러한 대내외 경제, 사회 여건을 반영한 지특법 개정은 신성장 기술 등 산업체질 개선을 위한 정책 수요에 선제적으로 대응하면서, 공공요금 인상 요인 완화 및 농수산물 유통지원을 통한 서민 생활 안정 지원, 인구구조 변화에 대응하는 지역균형발전 지원 강화, 취약계층 지원을 위한 사회복지 분야의 두터운 지방세 지원과 함께 감면 목적이 달성되었거나 장기·관행화된 감면 정비를 통한 지방세입의 건전성 강화에 중점을 두었다.

2022년 말로 일몰이 도래한 지방세 감면사항 중 농지개발, 자영어민, 산업단지, 하이브리드차, 지방공사·공단 등 농·어업, 지역경제 지원 및 공공행정 분야 등의 감면을 연장하고, 인구감소 지역 이전기업, 사회복지시설, SR철도차량, 이전 공공기관 등 균형발전 및 취약계층지원, 교통·수송 등 분야에 대한 감면을 확대하는 한편, 농어업인 등 융자담보물 등기, 지식산업센터, 한국농어촌공사 등 신성장 동력산업은 지원을 상향하되, 감면목적이 달성되거나 등록면허세 등 수수료 성격의 감면은 축소 또는 종료하였다.

2023년에는 지방세 감면정책의 합리성과 효율성을 높이기 위하여 23년 말로 일몰이 도래하는 농어업경쟁력 강화, 사회복지서비스 강화, 과학기술 및 기업활동 지원, 교통 및 지역개발 등 지방세 세제지원이 지속적으로 필요한 분야에 대한 지방세 감면기한을 연장하고, 출산 가구에 대한 지원 강화, 지방대학의 경쟁력 강화, 체육진흥 · 문화예술 사업의 활성화, 벤처기업 육성 촉진, 친환경 선박 보급 촉진 및 해외진출기업의 국내복귀 지원에 따른 지역경제 활성화 등을 위하여 지방세 감면사항을 확대 · 신설하며, 그 밖에 지방세 감면에 따른 사후 관리를 강화하였다.

2024년에는 국가적인 저출생 극복 정책에 발맞추기 위해 다자녀 가구 기준을 3자녀에서 2자녀로 완화하여 자동차 취득세 감면혜택을 부여하고, 기업 · 사회가 함께 양육하는 문화 확산유도를 위해 직영과 위탁 구분 없이 기업이 운영하는 어린이집 취득세 감면을 적용토록 하며, 서민주거비용 절감을 위해 소형주택 생애최초 구입시 300만원까지 취득세를 경감해주는 한편, 소형 저가주택에 전 · 월세로 거주하다가 당해 주택을 취득할 경우 추후 다른 주택을 취득하더라도 생애최초 주택 취득세 감면(200만원까지)을 한번 더 받을 수 있게 하였다.

그 외로 장애인 · 국가유공자 등에 대한 감면을 연장하고, 인구감소 지역 내 생활인구 유입 유도를 위해 무주택 또는 1주택자가 인구감소 지역 내에 소재한 주택 구입시 취득세를 최대 50%까지 감면하고, 법인 · 공장이 대도시 외 지역으로 이전시 취득세 · 재산세 감면을 연장하고, 비수도권 지역에 소재한 준공 후 미분양된 아파트를 임대주택으로 활용하는 경우 취득세를 경감하여 지방의 미분양 문제해소를 지원하는 한편, 부동산 프로젝트금융투자회사 및 기업의 재무구조 개선을 위한 감면 지원 연장, 중소기업의 고용확대 유도를 위해 직원 고용시 주민세 종업원분 면제기준을 1억5천만원에서 1억8천만원으로 상향 조정하였고, 납세자의 이의신청 대리인 비용부담 완화를 위해 가족을 대리인으로 선임할 수 있는 기준금액을 1천만원에서 2천만원으로 상향조정하였다.

특히, 경기 침체 등으로 폐업하는 소상공인의 세 부담 완화를 위해 면허분 등록면허세의 비과세 요건도 개선해, 1월 1일 과세기준 전까지 폐업 신고 완료를 못하더라도 사후 신고를 통해 비과세 혜택을 받을 수 있는 길을 마련함으로써 납세자 중심의 지방세제 운영으로 납세자 권익 보호를 강화하고, 납세자의 눈높이에 맞는 지방세제를 구현토록 하였다.

## 제 3 절

# 현행 지방세 비과세·감면제도

# 1 | 지방세 비과세 · 감면제도의 법령 체계[8)]

지방세 비과세 · 감면제도는 지방세법, 지특법, 조세특례제한법 그리고 지방자치단체 조례 등에 근거하여 운영되고 있다. 구체적으로 지방세 비과세는 지방세법의 규율을 받고 있다. 반면 지방세 감면은 지특법, 조세특례제한법 등 법률에 의한 방식과 지방자치단체의 조례에 의거한 방식 등으로 시행되고 있다.

지방세 감면제도의 근거법령의 현황은 다음과 같다. 첫째, 지특법상 감면제도는 종전 지방세법 제5장의 감면규정과 각 세목마다 규정된 비과세 가운데 감면적 성격이 강한 비영리사업자 규정 등을 감면으로 전환하고, 표준감면조례 가운데 국가 정책적 목적이 두드러진 조항 및 전국 공통사항을 정리함으로써 지방세 특례에 관한 전반적 규정을 통합한 총 184개 조문으로 구성되어 있다. 지특법상 감면제도는 크게 8개 분야로 구분하여 운영되고 있다. 둘째, 조세특례제한법에 의한 지방세 감면은 제121조의 2(외국인 투자에 대한 법인세 등의 감면), 제121조의 9(제주투자진흥지구 등의 감면), 제121조의 15(국제선박등록에 대한 지방세 감면) 등의 규정에 의해 시행되고 있다. 조세특례제한법상의 지방세 감면제도는 주로 창업중소기업 지원 및 기업구조조정 지원 등을 위하여 운영되고 있으며, 소득세와 법인세 등 국세 세목의 감면조항과 상당 부분 연계되어 있어 동법에 별도의 규정을 두고 있다. 셋째, 지방자치단체의 조례에 의한 감면제도는 지특법 제4조(조례에 따른 지방세 감면)에 근거하여 운영되고 있다. 동법 동조 제1항에 따르면 지방자치단체는 ① 서민생활 지원, 농어촌 생활환경 개선, 대중교통 확충 지원 등 공익을 위하여 지방세의 감면이 필요하다고 인정될 때, 또는 ② 특정지역의 개발, 특정산업 · 특정시설의 지원을 위하여 지방세의 감면이 필요하다고 인정될 때 3년의 기간 이내에서 지방세의 세율경감, 세액감면 및 세액공제(지방세 감면)를 할 수 있으나, 동법에서 정한 지방세 감면은 추가로 확대할 수 없도록 되어 있다. 1995년부터 2010년까지 지방자치단체 조례에 의한 감면제도는 중앙정부의 감면조례표준안을 준거로 하면서 각 지역의 입장을 반영하는 방식으로 운영되었으나, 2011년부터는 공익적 측면과 지역 특수적 측면을 가미하여 각 지방자치단체가 독자적으로 감면조례를 제정 · 운영할 수 있는 틀을 갖추게 되었다. 이러한 지방자치단체 감면조례는 정부계층을 기준으로 보면 특별 · 광역시세감면조례, 도세감면조례, 시 · 군세감면조례로 분류된다.

〈그림〉은 지방세 비과세 · 감면제도의 근거법령 체계의 구조를 정리하여 나타내고 있다. 동 그림에 따르면 지방세 비과세 · 감면제도는 지방세법, 지특법, 조세특례제한법, 지방자치

8) 구본풍(2013), 박사학위논문, pp.17~19.

단체 감면조례에 근거하여 운영되고 있다. 지방세 비과세제도는 주로 지방세법의 규율을 받는 반면, 지방세 감면제도는 지특법에 의한 감면, 조세특례제한법에 의한 감면, 지방자치단체 감면조례에 의한 감면 등 여러 법률 및 지방자치단체 조례에 의거하여 시행되고 있다. 또한 지방세 감면제도를 규율하는 법률들은 일정한 관계를 형성하고 있는데, 지특법에 의한 감면은 조세특례제한법 제3조(조세특례의 제한)에 근거하여 운영된다. 조세특례제한법 제3조에 따르면 감면 및 중과와 같은 조세특례[9]는 조약을 비롯하여 조세특례제한법, 국세기본법, 지특법(동조 제12호) 등의 법률에 근거해서만 시행될 수 있다. 한편, 지방자치단체 감면조례는 지특법 제4조를 법적 근거로 운영되고 있다.

〈그림〉 **지방세 비과세 · 감면제도의 법령체계**

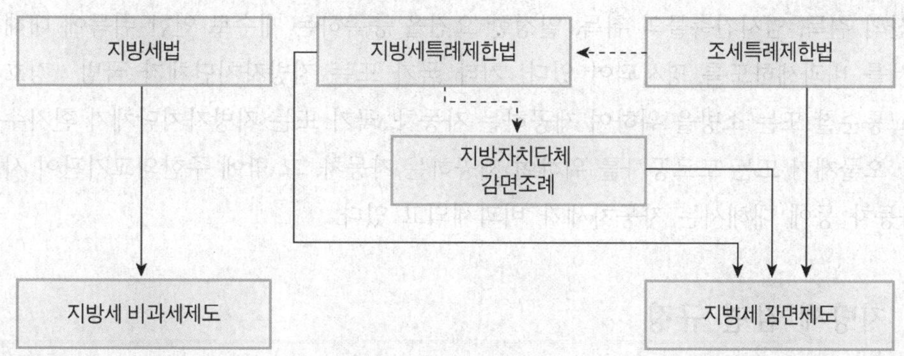


주 : 실선은 비과세 · 감면제도의 근거법령, 점선은 근거법령 간 관계를 나타냄.

## 2 | 지방세 비과세 · 감면 관련 규정

### 1) 지방세 비과세 규정

지방세 비과세제도는 지방세법에 근거하여 운영되고 있으며, 세목별로 비과세 조항이 규정되어 있다. 구체적으로 지방세법은 취득세, 등록면허세, 주민세, 지방소득세, 재산세, 자동차세, 지역자원시설세 등 7개 세목을 대상으로 비과세 규정을 두고 있다. 반면 레저세, 담배소비세, 지방소비세, 지방교육세의 경우에는 따로 비과세 규정을 두지 않고 있다. 예컨

9) "조세특례"란 일정한 요건에 해당하는 경우의 특례세율 적용, 세액감면, 세액공제, 소득공제, 준비금의 손금산입(損金算入) 등의 조세감면과 특정 목적을 위한 익금산입, 손금불산입(損金不算入) 등의 중과세(重課稅)를 말한다(조세특례제한법 제2조 제1항 제8호).

대 국가, 지방자치단체, 지방자치단체조합, 외국정부 및 주한국제기구의 취득, 등록 또는 면허, 소유재산을 대상으로 취득세, 등록면허세, 재산세, 지역자원시설세(특정부동산분)를 비과세하도록 되어 있다.[10] 또한 국가, 지방자치단체 또는 지방자치단체조합을 대상으로 할 때 주민세 및 지방소득세(종업원분)를 비과세하고, 귀속 또는 기부채납을 조건으로 취득하는 부동산에 대해서는 취득세를 비과세하며, 1년 이상 공용 또는 공공용으로 사용하는 재산에 대하여는 재산세를 비과세하고, 직접 개발하여 이용하거나 무료로 제공하는 특정자원에 대해서는 지역자원시설세(특정자원분)를 비과세하도록 하고 있다. 아울러 주한외국정부기관, 주한국제기구 및 주한외국원조단체를 대상으로 지방소득세(종업원분)와 주민세를 비과세하고, 주한외국정부기관·주한국제기구에 근무하는 외국인에 대해서는 주민세만 비과세하도록 규정되어 있다. 또한 신탁으로 인한 신탁재산의 취득, 환매권의 행사로 매수하는 부동산의 취득, 임시건축물의 취득, 일정한 요건을 충족하는 개수로 인한 취득에 대해서는 취득세를 비과세하도록 명시되어 있다. 기타 국가 또는 지방자치단체가 국방·경호·경비·교통순찰 또는 소방을 위하여 제공하는 자동차, 국가 또는 지방자치단체가 환자수송·청소·오물제거 또는 도로공사를 위하여 제공하는 자동차, 그 밖에 주한외교기관이 사용하는 자동차 등에 대해서는 자동차세가 비과세되고 있다.

### 2) 지방세 감면 규정

지방세 감면제도는 지특법, 조세특례제한법과 지방자치단체 감면조례에 근거하여 시행되고 있다. 지특법은 8개 분야를 대상으로 감면을 통한 지원을 명시하고 있으며, 천재지변 등의 특수한 상황에 대해서는 지방의회의 의결을 거쳐 지방자치단체 스스로 감면을 실시할 수 있도록 규정하고 있다. 지특법은 제2장 제1절부터 제8절까지 지방세 감면규정을 두고 있다. 구체적으로 지방세 감면규정은 ① 농어업을 위한 지원, ② 사회복지를 위한 지원, ③ 교육 및 과학기술 등에 대한 지원, ④ 문화 및 관광 등에 대한 지원, ⑤ 기업구조 및 재무조정 등에 대한 지원, ⑥ 수송 및 교통에 대한 지원, ⑦ 국토 및 지역개발에 대한 지원, ⑧ 공공행정 등에 대한 지원의 8개 분야로 분류되어 있다.[11]

첫째, 농어업을 위한 지원은 자경농민의 농지 등에 대한 취득세 감면, 농기계류 등에 대

10) 지방세 비과세제도는 지방세법 제9조(취득세), 제26조(등록면허세), 제77조(주민세), 제88조(지방소득세), 제109조(재산세), 제126조(자동차세), 제145조(지역자원시설세) 등 총 7개 조항 및 세목에 걸쳐 규정되어 있다.

11) 이하의 지방세 감면조항들은 2012년 12월 현재 기준 지특법, 조세특례제한법에 규정된 내용과 자치단체 감면조례의 예시들이다.

한 취득세 및 재산세 면제, 농지확대개발을 위한 취득세 감면, 자영어민 등에 대한 취득세 및 등록면허세 감면, 농어업인 등에 대한 융자관련 등록면허세 감면, 농어업법인에 대한 취득세·등록면허세·재산세 감면, 한국농어촌공사·농업협동조합 등의 농어업 관련 사업 등에 대한 감면, 농업경제지주회사, 한국농수산물유통공사 등에 대한 취득세 등 감면, 농어촌 주택개량에 대한 취득세 및 재산세 감면으로 구성되어 있다.

둘째, 사회복지를 위한 지원은 장애인용 자동차에 대한 감면, 한센인 및 한센인정착마을 지원을 위한 감면, 한국장애인고용공단에 대한 감면, 영유아어린이집 및 유치원, 아동복지시설에 대한 감면, 노인복지시설에 대한 감면, 청소년단체 등에 대한 감면, 사회복지법인 등에 대한 감면, 출산 및 양육 지원을 위한 감면, 휴면예금관리재단에 대한 면제, 사회적기업에 대한 감면, 권익 증진 등을 위한 감면, 연금공단 등에 대한 감면, 근로자 복지를 위한 감면, 노동조합에 대한 감면, 근로복지공단 지원을 위한 감면, 산업인력 등 지원을 위한 감면, 국가유공자 등에 대한 감면, 한국보훈복지의료공단 등에 대한 감면, 공공임대주택 등에 대한 감면, 준공 후 미분양 주택, 장기일반민간임대주택, 주택임대사업에 투자하는 부동산투자회사에 대한 감면, 한국토지주택공사의 소규모 공동주택 취득에 대한 감면, 주택 공급 확대를 위한 감면, 소형주택 공급 확대를 위한 감면, 지방 소재 준공 후 미분양아파트에 대한 감면, 주택도시보증공사의 주택분양보증 등에 대한 감면, 주택담보노후연금보증 대상 주택, 농업인의 노후생활안정자금 대상 농지, 임차인의 전세자금마련 지원을 위한 주택 담보대출 주택에 대한 감면, 무주택자 주택공급사업 지원, 생애 최초 주택구입 신혼부부 등에 대한 감면, 국립대학병원 등에 대한 감면, 의료법인 및 지방의료원 등에 대한 과세특례, 국민건강보험사업 지원을 위한 감면, 국민건강 증진사업자에 대한 감면, 주택거래에 대한 취득세의 감면, 대한적십자사에 대한 감면으로 분류되어 있다.

셋째, 교육 및 과학기술 등에 대한 지원은 학교 및 외국교육기관에 대한 면제, 기숙사 등에 대한 감면, 평생교육단체 등에 대한 면제, 평생교육시설, 박물관 등에 대한 감면, 학술단체 및 장학법인, 기초과학 연구지원을 위한 연구기관 등에 대한 감면, 연구개발 지원을 위한 감면, 한국환경공단 및 녹색건축 인증 건축물, 신재생에너지 인증 건축물, 내진성능 확보 건축물 등에 대한 감면, 국립공원관리사업에 대한 감면, 해양오염방제 등에 대한 감면으로 대별되어 있다.

넷째, 문화 및 관광 등에 대한 지원은 종교단체 및 학교에 대한 면제, 신문·통신사업 등에 대한 감면, 문화·예술 지원을 위한 과세특례, 사회단체 등에 대한 감면, 관광단지 등에 대한 과세특례, 문화재에 대한 감면으로 구성되어 있다.

다섯째, 기업구조 및 재무조정 등에 대한 지원은 기업의 신용보증 지원을 위한 감면, 기업합병·분할, 기업재무구조개선 등에 대한 감면, 벤처기업 등에 대한 과세특례, 지식산업센터, 창업중소기업, 중소벤처기업진흥공단 등에 대한 감면, 중소기업진흥공단 등에 대한 감면, 중소기업협동조합 등에 대한 과세특례, 도시가스사업 등에 대한 감면, 광업 지원 및 석유판매업 중 주유소에 대한 감면으로 분류되어 있다.

여섯째, 수송 및 교통에 대한 지원은 철도시설 등에 대한 감면, 해운항만, 선박등록특구의 국제선박 등 지원을 위한 과세특례, 항공운송사업 등에 대한 과세특례, 교환자동차, 노후경유자동차 교체 등에 대한 감면, 경형자동차 등에 대한 과세특례, 매매용 및 수출용 중고자동차 등에 대한 감면, 교통안전 등을 위한 감면, 운송사업 지원을 위한 감면, 물류단지 등에 대한 감면, 별정우체국에 대한 과세특례로 구성되어 있다.

일곱째, 국토 및 지역개발에 대한 지원은 토지수용, 기부채납용 부동산 등으로 인한 대체취득에 대한 감면, 도시개발사업 등에 대한 감면, 지역개발사업, 기업도시개발구역 및 지역개발사업구역 내 창업기업, 위기지역 내 중소기업 등에 대한 감면, 반환공여구역 등에 대한 감면, 인구감소지역에 대한 감면, 택지개발용 토지 등에 대한 감면, 수자원공사의 단지조성용 토지에 대한 감면, 산업단지, 한국산업단지공단, 외국인 투자 등에 대한 감면, 법인의 지방 이전에 대한 감면, 해외진출기업의 국내복귀에 대한 감면, 공장의 지방 이전에 따른 감면, 기회발전특구로의 이전 등에 대한 감면, 이전공공기관 등 지방이전, 주한미군 한국인 근로자 평택이주에 대한 감면, 개발제한구역에 있는 주택의 개량에 대한 감면, 시장정비사업에 대한 감면, 사권 제한토지 등에 대한 감면으로 구분되어 있다.

여덟째, 공공행정 등에 대한 지원은 한국법무보호복지공단 등에 대한 감면, 지방공기업 등에 대한 감면, 주한미군 임대용 주택 등에 대한 감면, 새마을금고 등에 대한 감면, 새마을운동조직 등에 대한 감면, 정당에 대한 면제, 마을회 등에 대한 감면, 재외 외교관 자녀 기숙사용 부동산에 대한 과세특례, 천재지변 등으로 인한 대체취득에 대한 감면, 자동계좌이체 납부에 대한 세액공제로 구성되어 있다.

그리고, 2011년 지방소비세 도입과 함께 주민세 소득할 부분을 지방소득세로 개편하여 국세인 소득세와 법인세의 부가세 형식으로 운영해 오다가 2014년부터 지방소득세를 독립세 형태로 전환하였고, 지방소득세의 감면에 관한 사항을 이 법 제3장에 '지방소득세 특례'로 신설하였다.

다만, 2013년 말 기재부 등 관계부처와 정책 협의시 지방소득세의 세액공제 및 감면에 관하여 개인지방소득세는 종전대로 감면을 유지하고, 법인지방소득세는 조합법인 등에 대한 감면만 유지하고 그 외 부분은 주택 취득세율인하 등에 따른 지방세수 감소분 보전을 위해 세액공제 및 감면을 규정하지 않는 것으로 입법[12]이 되었다. 그 후 7년여 운영되어 오면서 법인의 외국납부세액 공제, 연구·인력개발비 이월공제 등에 대한 불복청구가 이어졌고, 그 중 외국납부세액에 대하여는 국제간의 조세조약 등 특수성을 고려한 대법원 판결 등을 고려하여 2021년에 공제하는 것으로 제도화되었다.

그 외의 사안들도 정책입법권자의 권한사항이긴 하나 국세와의 형평성 등을 이유로 향후 계속하여 불복청구가 이어질 것으로 보아진다.

한편, 2011년 지방세법 분법 이후 단계적으로 이 법에 모두 이관되었지만, 종전의 조세특례제한법에서는 국세와 지방세에서 운영되고 있는 비과세·감면 등 각종 조세지원을 총괄하는 특별법적 지위를 갖고 있으며, 조세특례제한법의 규정에 의한 감면은 주로 소득세, 법인세, 상속세, 부가가치세 등 국세를 중심으로 이루어지고 있었다. 아울러 취득세, 등록세, 재산세 등 지방세목에 대한 감면규정도 적지 않게 포함하고 있었다. 예컨대 취득세의 경우에는 국유재산의 현물출자에 따른 재산, 중소기업간 통합에 따른 재산, 한국자산관리공사가 취득하는 재산, 현물출자에 따라 취득하는 재산, 법인분할에 따른 재산, 자산교환에 따라 취득하는 재산, 부실금융기관으로부터 양수한 재산, 유동화전문회사의 관리처분 등에 따른 재산, 한국주택금융공사가 금융회사 등으로부터 저당권의 실행에 따라 취득한 주택, 예금보험공사 또는 정리금융기관이 취득하는 재산, 농업협동조합자산관리회사가 취득하는 재산, 상호금융예금자보호기금 및 농업협동조합자산관리회사가 적기시정 조치 또는 계약이전결정을 받은 부실농협조합 또한 부실수협조합으로부터 양수한 재산, 상호금융예금자보호기금이 취득하는 재산, 합병에 따라 양수하는 재산, 창업중소기업 및 창업벤처중소기업의 사업용 재산, 부동산투자회사·부동산집합투자기구·프로젝트금융투자회사의 취득 부동산, 현물출자 또는 사업 양도·양수에 따라 취득하는 사업용 재산 등에 대한 취득세 감면제도를 두고 있었다. 등록면허세의 경우에도 국유재산의 현물출자에 대한 등기, 유동화전문회사의 관리·운용·처분(저당권의 이전, 경매신청, 가압류, 가처분)에 따른 등기, 예금보험공사의 출자에 따른 등기, 한국주택금융공사가 금융회사 등으로부터 주택저당채권을 양수하거나 양수한 주택저당채권을 관리·운용·처분(저당권의 이전, 경매신청, 가압류, 가처분)하는 경우로서의 등기, 금융지주회사의 주식이전 등 출자에 대한 등기, 창업중소기업 및 창업벤처중소기업의 법인설립 등기, 기업구조조정투자회사 및 부동산투자회사, 임대주택관련 특수 목적 법인, 프로젝트금융투자회사, 사모투자전문회사 및 투자목적회사, 문화

12) 2013.12. 국회 안전행정위원회 검토보고서 "기존의 국가사무가 지방으로 이양되면서 지방의 역할과 기능이 강화 되었음에도 지방재정은 실질적으로 이를 뒷받침하지 못하고, 지방재정은 대부분 신장성이 낮은 재산과세 위주의 구조가 유지되고 있어 지방소득세의 과세표준을 확대하고 지방의 자주재원을 확충하기 위하여 지방소득세를 기존의 부가세 방식에서 독립세 방식으로 전환한 것" 이라고 기재

산업전문회사의 설립등기에 대해 감면제도를 운영하고 있었다. 재산세의 경우에는 창업중소기업 및 창업벤처중소기업이 해당 사업에 직접 사용하는 사업용 재산을 대상으로 감면규정을 두고 있었다.

지방자치단체 감면조례에 의한 감면제도는 전국 243개 지방자치단체의 감면조례에 의해 운영되고 있다.[13] 예컨대 서울시의 경우 서울특별시시세감면조례에 근거하여 장애인 소유 자동차에 대한 감면, 종교단체의 의료업에 대한 감면, 공연장에 대한 감면, 문화지구 내 권장시설에 대한 감면, 승용차요일제 참여 자동차에 대한 감면, 외국인 투자유치 지원을 위한 감면, 준공업지역 내 도시형공장에 대한 감면, 도시정비사업에 대한 감면, 균형발전촉진지구사업에 대한 감면, 전통시장 등에 대한 감면, 서울특별시분 재산세에 대한 감면, 자동계좌이체 납부에 대한 세액공제, 주택재개발 등에 대한 감면 등의 감면규정을 두고 있다.

## 3 | 감면의 축소 필요성 및 성과

이와 같이, 지방세의 비과세 · 감면 비율은 2010년 23.3%로 국세(14.6%) 대비 상당히 높은 편으로 지방재정 건전성을 악화시키는 요인으로 작용한다는 지적[14]이 있었다. 이에 따라 행안부는 지방세 비과세 · 감면에 대한 개편방안을 발표(2010.9.10.)하였고, 그의 실행을 위하여 제도적 장치를 마련하고 2011년부터 감면통합심사제도를 도입 시행하는 등 여러 가지 개선책을 추진 중에 있다.

주요 내용을 살펴보면, 첫째로 지특법 시행에 앞서 2010년 말 지특법을 개정하여 지방자치단체 감면조례 허가제 폐지에 따른 선심성 · 민원해결성 감면 등 무분별한 감면 방지를 위해 감면요건을 강화하였고, 감면조례 총량제도를 도입하여 각 자치단체가 지방세를 감면할 때 지방세수 규모의 일정비율[15] 범위 내에서 조례감면을 통해 자율적으로 운영하도

13) 경남의 창원시, 마산시, 진해시가 2010년 7월 1일부터 창원시로 통합되었고, 2012년 7월 1일부터 17번째 광역자치단체로 세종특별자치시(연기군 전역 + 공주시와 청원군의 일부지역)가 출범함에 따라 2012년 7월 현재 우리나라 지방자치단체의 수는 광역자치단체 17개와 기초자치단체 227개를 합한 244개이다. 그 구성을 보면 서울특별시, 세종특별자치시, 6대 광역시, 9개 도(제주특별자치도 포함)와 기초자치단체인 군(85개), 시(73개), 자치구(69개)로 구분된다. 세종특별자치시는 광역 및 기초사무를 동시에 수행하는 국내 첫 단층 행정체제 자치단체이다. 제주특별자치도의 경우 중간에 행정시(제주시, 서귀포시)를 두고 있지만 세종특별자치시는 유일하게 기초단체가 없는 광역단체에 해당한다.

14) 2010년 및 2011년 행안부 국정감사 및 예산결산 감사 등에서 지방재정 건전성 강화를 위해 과도한 지방세 비과세 · 감면에 대한 개선책을 마련할 것, 지방세의 비과세 감면비율 축소 필요 등 제기됨.

15) 전전년도 지방세 결산액의 100분의 5 범위에서 행안부장관이 정하여 고시하는 비율

록 하되, 그 범위를 초과하여 운영하고자 할 때에는 행안부장관의 허가를 받도록 하였다. 또한, 조례에 의한 감면액은 지방교부세 신청시 그 감면액을 100% '기준재정수입액[16]'에 포함하도록 함으로써 조례 감면시 신중하게 결정하도록 하여 지방재정 책임성을 강화하였다.

둘째로 2011년부터 2015년까지의 지방세수가 경기회복, 지방세제 개편 등 세입 확충 노력 등의 기조를 고려하여 매년 약 7~9% 정도씩 증가할 것으로 전망하고, 2011년과 2012년에는 각각 감면 일몰 예정액의 50%를, 2013년 이후에는 감면 일몰 예정액의 90%를 감면재원으로 설정하는 「감면재원 중기운용계획」을 수립하였다. 이에 따라 감면을 축소 정비할 경우 2015년에 비과세·감면비율은 국세 수준인 15% 이하로 낮아지게 된다.

셋째로 이의 실행을 위해 2011.8.4. 지방재정법을 개정[17]하여 '지방세 감면 한도제' 등을 도입하였는데, 행안부장관이 매년도 지방세 감면을 할 때에는 대통령령으로 정하는 일정비율 이하가 되도록 노력하도록 하는 법적 근거와 각 부처에서 새로운 감면을 요청할 때에는 기존 감면을 축소·폐지하거나 국가지원사업의 국고지원부담비율 증가 또는 예산지원 등 재원보전 방안을 함께 제출하도록 의무화하는 제도적 장치를 마련하였다. 여기서 일정비율을 지방재정법 시행령에 반영하여 2017년까지 15% 이하로, 2018년에는 전년도 비율에 0.5를 더한 비율, 2019년에는 직전 2개년도의 평균비율에 0.5를 더한 비율, 2020년부터는 직전 3개년도의 평균비율에 0.5를 더한 비율을 넘지 않는 범위로 설정하였고 2015.12.4.부터 재개정되어 시행하고 있다.

이와 병행하여 2011년부터 감면심사 방식을 종전 개별 수시심사에서 일괄 통합심사 방식으로 개선하였다. 이에 따라 2011년 일몰예정인 감면에 대한 연장 여부와 새로운 감면 신청서를 모두 제출하여 일괄 심사하는 「지방세 감면 통합심사계획」을 수립 4월 초에 각 부처에 통보하였고, 5월 중순까지 감면신청서를 제출받았다. 각 중앙행정기관으로부터 제출받은 신청서를 토대로 6월부터 8월까지 통합심사를 하였는데, 이때 심사 초기부터 일부 지방자치단체의 지방세공무원을 직접 참여시켜 해당 부처의 사전설명 및 자료검토 등을 함께

16) 보통교부세 산정 : (기준재정수요액 - 기준재정수입액) × 조정률
* 기준재정수입액은 보통세 수입액의 80%로 산정

17) 지방재정법 제28조의 2(지방세 감면의 제한 등) ① 행안부장관은 대통령령으로 정하는 해당 연도의 지방세 징수결산액과 지방세 비과세·감면액을 합한 금액에서 지방세 비과세·감면액이 차지하는 비율이 대통령령으로 정하는 비율 이하가 되도록 노력하여야 한다. ② 각 중앙행정기관의 장은 그 소관 사무로서 새로운 지방세 감면을 요청할 때에는 그 감면액을 보충하기 위한 대책으로 다음 각 호의 어느 하나에 해당하는 사항을 「지특법」 제97조 제1항에 따른 지방세 감면건의서에 포함하여 행안부장관에게 제출하여야 한다.
1. 기존 지방세 감면의 축소 또는 폐지, 2. 국고보조사업의 국고 부담비율 상향조정, 3. 지방자치단체 예산지원 등 그 밖에 지방재정 보전을 위하여 필요한 사항

추진하였다. 이후 자체심사위원회 개최, 전문가 및 부처 의견수렴, 종합심사위원회 등을 거쳐 통합심사를 최종 확정하고, 그 결과를 반영한 지특법이 2011.12.31. 개정되어 2012.1.1.부터 시행되고 있다.

## 4 | 감면의 단계적 축소 · 정비 지속화

2012년에도 2011년과 같이 감면통합심사 체제를 유지하면서, 「지방세 감면재원 중기운용계획」에 따라 「지방세 감면통합심사계획」을 수립 · 시행을 통하여 감면을 축소 · 정비를 하였는데 그 대강을 살펴보면 실행력 제고를 위해 「지방세 감면재원 중기운용계획」을 바탕으로 해당 연도 「지방세 감면 통합심사계획」을 수립하여 각 중앙행정기관에 통보한다. 각 부처는 「지방세 감면 통합심사계획」을 바탕으로 해당 연도의 감면 수요를 예측하고, 일몰감면의 연장 건의 및 신규 감면 수요를 우선순위에 따라 정리하여 행안부에 제출한다. 이때 각 부처에서는 부처별 지방세 감면 우선순위와 함께, 일몰 감면은 감면평가서, 신규 건의 감면은 감면건의서를 제출한다. 감면평가서 및 감면건의서에는 감면의 필요성 및 효과성 분석, 향후 예상되는 감면액, 지방세 외 지원(조세 지원 및 보조금 등 재정 지원) 현황 등을 포함시켜야 하며, 특히 2013년부터는 새로운 감면을 신청하는 경우 그 감면액의 보전대책을 함께 제출하여야 하는 점(2011.8.4. 지방재정법 제28조의 2 신설)에 유의해야 한다. 또한, 이와 관련하여 2012년 말 지특법을 개정시 관련규정을 개정하여 행안부장관은 매년 2월 말까지 지방세특례 제한에 관한 기본계획을 수립하여 중앙행정기관의 장에게 통보하고 중앙행정기관의 장은 지방세감면건의서를 매년 4월 20일까지 행안부장관에게 제출하도록 명확히 규정되었다.

2014년에도 이러한 「지방세 감면통합심사계획」에 의거 일몰이 도래하는 감면은 종료를 전제로 원점(Zero-Base)에서 전면 재검토하여 리츠 · 펀드 · PFV, 관광호텔, 연금관리공단, 산업단지, 창업중소기업 감면 등은 대폭 축소 · 정비하였고, 사회적 취약계층(장애인, 어린이집 등)과 형식적 취득(기업구조조정) 등에 대한 감면은 연장되었다.

지방세 정책당국에서 비과세 · 감면의 합리적 운영과 안정적인 지방재정 건전성 확보를 위해 매년 전년도의 감면 정비 성과 평가와 당해 연도 감면 운용계획을 반영한 '지방세 감면 운영 기본계획'(2019년부터 '지방세지출 기본계획'으로 변경)을 수립 운영*하면서 감면율을 낮추는 노력을 하고 있다.

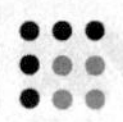

| 구 분 | '14년 | '15년 | '16년 | '17년 | '18년 | '19년 |
|---|---|---|---|---|---|---|
| 지방세징수액(조원) | 61.7 | 71.0 | 75.5 | 80.4 | 84.3 | 90.5 |
| 지방세 비과세·감면액(조원) | 13.0 | 13.0 | 12.9 | 13.4 | 13.6 | 13.9 |
| 비과세·감면율(%) | 17.4 | 15.5 | 14.6 | 14.3 | 13.9 | 13.3 |

* 비과세·감면율(%) = (비과세·감면액) / (비과세·감면액 + 징수액) × 100 / (행안부 자료참조)

## 5 | 지방세 법정감면의 일원화 필요성 및 성과

2011년부터 지방세법을 3개 법으로 분법되어, 지특법이 시행되고 있으므로 기존에 조세특례제한법에 규정되어 있는 지방세 감면[18]을 일관성 있는 지방세 감면의 관리를 통한 지방재정 건전성 강화 및 납세자 불편 해소를 위해 지특법으로 모두 이관할 필요가 있다. 특히, 행안부는 「지방세 감면재원 중기운용계획」에 따라 2015년까지 지방세 감면을 합리적으로 정비하고 있는 중이므로 조세특례제한법상 지방세 감면도 이에 따른 통일적이고, 일관된 체계적 관리가 필요하다. 더욱이 조세특례제한법상 지방세 감면은 대부분이 전액 감면 위주로 운영되고 있으며, 일몰이 없거나 15년 이상 장기 감면 등이 많아 정비 필요성이 더욱 큼에도 효과적인 관리가 쉽지 않은 실정이다. 또한, 지방세 감면이 지특법과 조세특례제한법 두 개의 법률로 나누어 규정되어 있으므로 인해 납세자인 일반국민이 지방세 감면의 정확한 내용을 파악하기 곤란하다.[19] 특히, 조세특례제한법상 지방세 감면의 입법 소관부처는 기획재정부이지만, 질의회신에 대한 유권해석 등 법의 운영은 행안부에서 담당하여 납세자인 일반국민의 혼란이 있을 수 있으며, 국회에서도 지특법상 지방세 감면은 행정안전위원회의 심의를 받지만 조세특례제한법상 지방세 감면은 기획재정위원회의 심의를 받는 등 정책의 일관성 유지에 다소 어려운 측면이 있을 수 있다.

18) 1965년 제정된 「조세감면규제법」에 취득세, 등록세, 재산세 등 지방세 면제 규정이 신설되었다. 1981년에는 이 중 일부 지방세 감면이 지방세법으로 이관되었으나, 현물출자, 중소기업간 합병 재산에 관한 감면 등의 일부 지방세 감면은 여전히 「조세감면규제법」에 존치되었으며, 1998년 「조세특례제한법」이 신설되어 「조세감면규제법」상 지방세 감면도 「조세특례제한법」으로 이관되었다. 2009년 「지특법」 제정 당시 「조세특례제한법」에 있는 지방세 감면의 이관을 추진하였으나 기획재정부의 반대로 이관하지 못하였다. 조특법상 지방세 감면액 규모는 2010년 기준 1.3조원으로 지방세 비과세·감면 총액비율 9.3% 수준이다.

19) 부실조합 양수재산 등에 대한 감면의 경우 농협과 수협은 「조세특례제한법」에, 산림조합은 「지특법」에 규정되어 있어서 산림조합을 「조세특례제한법」에 추가하는 의원입법(정범구의원 대표발의)이 별도로 제출되는 등의 사례가 발생하고 있다.

그간 기획재정부에서는 조특법상의 지방세 감면은 국가정책 목적을 효율적으로 달성하고, 국세와 지방세를 통합적으로 관리함으로써 납세자가 쉽게 이해할 수 있다는 이유 등으로 반대하는 입장이었으나, 금번 2014년 국세와 지방세 관계법령 개정시 조세정책의 합리성, 지방세의 부과·징수권을 갖고 있는 지방자치단체 입장 등을 감안하여 양 부처간 협의를 통해 조특법에 규정된 제4장의 42개 조문을 지특법으로 이관하는 성과를 거두었다. 따라서 현재 조특법에 남아 있는 지방세 감면 28개 조문에 대해서도 향후 양 부처간 심층적인 논의를 통해 이관 여부를 검토할 필요가 있다고 본다.

이후 계속적인 지방세당국의 노력의 결과 관계부처 협의를 통해 2018년 말까지 조세특례제한법에 남아 있던 외국인 투자기업에 대한 지방세 감면을 지방세특례제한법으로 이관하였는데 이로써 실질적인 지방세 감면 부분은 모두 이관되었다고 볼 수 있다.

## 6 | 지특법상 일반적 경과규정의 의의와 적용범위

■ 지방세특례제한법 개정 부칙 규정 예

〈부 칙〉

제0조(시행일) 이 법은 0000년 00월 00일부터 시행한다.

제0조(일반적 적용례) 이 법은 이 법 시행 후 최초로 과세기간이 시작되어 납세의무가 성립하는 분부터 적용한다.

제0조(일반적 경과조치) 이 법 시행 당시 종전의 규정에 따라 부과 또는 감면하였거나 부과 또는 감면하여야 할 지방세에 대하여는 종전의 규정에 따른다.

지방세특례 등 법령을 제정 또는 개정하여 법질서를 변경하는 경우 새로운 법질서로 전환하는 과정이 부드럽고 순조롭게 진행될 수 있도록 하는 과도적 조치를 '경과조치'라고 하고, 경과조치를 담은 규정을 '경과규정'이라 한다. 경과조치는 새로 제정되거나 개정된 법령에 의한 기득권 침해 방지 등의 정책적 필요에 의하여 특정한 사안이나 사람에 대해 구 법령을 적용하기 위한 것이다[20].

일반적 경과규정의 적용과 관련하여, 대법원은, 『조세법령이 납세의무자에게 불리하게 개정된 경우에 개정된 법령의 부칙에서 '이 법 시행 당시 종전의 규정에 따라 부과 또는

20) 법제처, 법령입안 심사기준, 2017, p.582

감면하여야 할 조세에 대하여는 종전의 예에 의한다'는 취지의 규정을 두고 있다면 이는 납세의무자의 기득권이나 신뢰를 보호하기 위한 것이므로, 여기서 '종전의 규정에 따라 부과 또는 감면하여야 할 조세'에 해당하여 개정 전 법령이 적용되기 위하여는 개정 전 법령의 시행 당시 과세요건이 모두 충족되어 납세의무가 성립하였거나, 비록 과세요건이 모두 충족되지는 않았더라도 납세의무자가 개정 전 법령에 의한 조세 감면 등을 신뢰하여 개정 전 법령의 시행 당시에 과세요건의 충족과 밀접하게 관련된 원인행위로 나아감으로써 일정한 법적 지위를 취득하거나 법률관계를 형성하는 등 그 신뢰를 마땅히 보호하여야 할 정도에 이른 경우여야 하고, 이러한 정도에 이르지 않은 경우에는 개정 전 법령이 아니라 납세의무 성립 당시의 법령이 적용된다고 할 것이다(대법원 2015.10.15. 선고 2015두42763 판결).』라고 판시하고 있다.

최근 위와 같이 '일반적 경과규정'에 따라 개정 전 법령의 적용 여부가 문제되는 사안에 대하여 법령의 개정이 있었음을 전제로, 법령의 개정에도 불구하고 '과세요건의 충족과 밀접한 원인행위가 있었던 시점'에서 납세자의 신뢰를 보호하여야 하는지 여부가 다툼의 대상으로 부각되었다. 그 대표적 사안으로 주택건설사업자가 분양을 목적으로 취득하는 공동주택(60㎡ 이하)에 대한 취득세 감면으로 종전 지특법 제33조 제1항에 따라 일몰(2014.12.31.) 도래 전에 공동주택을 착공하였으나, 일몰 도래 이후 공동주택이 준공된 경우 부칙의 일반적 경과조치를 적용하여 종전 지특법의 규정에 따라 취득세를 면제받을 수 있는지에 대한 다툼이다.

이와 관련하여, 조세심판원(2019.6.24.자 2018지867 및 2019.12.13.자 2019지3533 결정)과 서울행정법원(2021.2.16. 선고 2020구단65268 판결)이 서로 다른 논리로 사건을 바라보았고 결론도 달리 하였는데, 조세심판원은 이 사안에 대하여 구법과 신법 중 어느 법을 적용할 것인지의 문제로 보아 부칙 규정을 근거로 사건을 판단하였고, 서울행정법원의 대상판결에서는 이 사건에 대하여 구법과 신법 적용의 기준이 되는 '경과규정' 유무나 '경과규정'의 해석에 대한 문제가 대상 판결의 사안에서는 쟁점이 될 수 없다고 보았다. 이에 대하여 고등법원에 항소가 제기되었고, 서울고등법원 항소심 판결(2021.9.2. 2021누37443)에서도 서울행정법원의 제1심 판결에 '납세의무자가 이 사건 감면조항의 일몰기한을 연장하는 법률개정이 이루어질 것으로 신뢰하였다고 하더라도 이는 단순한 주관적인 기대에 불과할 뿐 그 신뢰가 마땅히 보호되어야 할 정도에 이르렀다고 볼 수도 없으므로, 그러한 사정만으로 위 부칙규정을 원고 주장과 같은 효력을 가지는 특별규정으로 해석할 수는 없다'를 추가하는 내용의 판결을 하였고, 본 판결은 항고심 없이 확정되었다.

아울러, 지방세특례 제도의 주관부처인 행정안전부에서는 이러한 문제점 해소를 위해

2020년 지방세특례법령 개정시부터 일반적 경과조치는 규정하지 않고, 필요 조문별로 개별 경과조치를 시행하고 있다.

# 총 칙

## (법 제1조~제5조)

# 제 1 조

## 목 적

관련규정

제1조(목 적) 이 법은 지방세 감면 및 특례에 관한 사항과 이의 제한에 관한 사항을 규정하여 지방세 정책을 효율적으로 수행함으로써 건전한 지방재정 운영 및 공평과세 실현에 이바지함을 목적으로 한다.

【영】 제1조(목 적) 이 영은 「지방세특례제한법」에서 위임된 사항과 그 시행에 필요한 사항을 규정함을 목적으로 한다.

【칙】 제1조(목 적) 이 규칙은 「지방세특례제한법」 및 같은 법 시행령에서 위임된 사항과 그 시행에 필요한 사항을 규정함을 목적으로 한다.

2010년도까지는 구 지방세법 제5장에 규정되었던 지방세 면제 · 경감규정이 2011년도부터는 지특법이 제정[21] 되면서 이 법으로 일괄하여 통합 규정하였다. 지특법 제정의 의의는 지방세 특례에 관한 규정을 한데 모아 지방세 특례에 관한 보다 체계성 · 선진성 · 전문성을 갖춘 입법체계를 바탕으로 국가 및 지역경제 발전에 일익을 담당할 수 있다는 점이다. 다만, 과세 자주권이 지방자치단체에 있는 지방세의 특성 때문에 지특법 외에도 지방자치단체별 감면조례가 별도로 운영중에 있으며 국세 위주로 편제되어 있는 조세특례제한법에도 지방세 특례규정이 일부 존재하고 있다. 향후에는 해당 자치단체별 감면조례 이외에는 지방세 특례에 관한 규정은 모두 지특법으로 일원화되어야 한다고 본다. 2012년 현재 지방세 특례에 관한 규정은 총 805개 조문을 두고 있다. 각 규정별 감면규정 현황은 다음과 같다.

21) 「지특법」은 법률 제10220호로 2010.3.31. 제정되어 2011.1.1.부터 시행되었다.

〈표〉 근거법령별 지방세 비과세 · 감면규정 현황

| 구분 | 계 | | 지방세법 | | 지특법 | | 조특법 | | 감면조례 | |
|---|---|---|---|---|---|---|---|---|---|---|
| 계 | 809 | 100% | 27 | 100% | 446 | 100% | 50 | 100% | 286 | 100% |
| 취득세 | 293 | 36.2% | 7 | 25.9% | 156 | 35.0% | 19 | 38.0% | 111 | 38.8% |
| 등록면허세 | 62 | 7.7% | 4 | 14.8% | 37 | 8.3% | 4 | 8.0% | 17 | 5.9% |
| 재산세 | 213 | 26.3% | 3 | 11.1% | 111 | 24.9% | 12 | 24.0% | 87 | 30.4% |
| 재산세과세특례 | 77 | 9.5% | 3 | 11.1% | 45 | 10.1% | 1 | 2.0% | 28 | 9.8% |
| 주민세 | 41 | 5.1% | 2 | 7.4% | 30 | 6.7% | 2 | 4.0% | 7 | 2.4% |
| 자동차세 | 14 | 1.7% | 1 | 3.7% | 6 | 1.3% | 1 | 2.0% | 6 | 2.1% |
| 자동차세주행분 | 1 | 0.1% | 0 | 0.0% | 0 | 0.0% | 1 | 2.0% | 0 | 0.0% |
| 지역자원시설세 | 68 | 8.4% | 4 | 14.8% | 40 | 9.0% | 2 | 4.0% | 22 | 7.7% |
| 지방소득세 | 32 | 4.0% | 1 | 3.7% | 19 | 4.3% | 6 | 12.0% | 6 | 2.1% |
| 담배소비세 | 5 | 0.6% | 2 | 7.4% | 1 | 0.2% | 2 | 4.0% | 0 | 0.0% |
| 레저세 | 3 | 0.4% | 0 | 0.0% | 1 | 0.2% | 0 | 0.0% | 2 | 0.7% |

주 : 1) 지방세 감면을 규정하고 있는 각 법령상 세목별 감면규정 조항의 수를 나타낸 것임(2012.12. 기준).
2) 지방세 감면대상자별로 중복되어 산정하여 실제 지방세 감면 조문 문항 수와는 차이가 있음.

# 제2조

## 정 의

◈ 관련규정 ◈

제2조(정 의) ① 이 법에서 사용하는 용어의 뜻은 다음과 같다.

1. "고유업무"란 법령에서 개별적으로 규정한 업무와 법인등기부에 목적사업으로 정하여진 업무를 말한다.
2. "수익사업"이란 「법인세법」 제4조 제3항에 따른 수익사업을 말한다.

2의 2. "주택"이란 「지방세법」 제104조 제3호에 따른 주택을 말한다.

3. "공동주택"이란 「주택법」 제2조 제3호에 따른 공동주택을 말하되 기숙사는 제외한다.
4. "수도권"이란 「수도권정비계획법」 제2조 제1호에 따른 수도권을 말한다.
5. "과밀억제권역"이란 「수도권정비계획법」 제6조 제1항 제1호에 따른 과밀억제권역을 말한다.
6. "지방세 특례"란 세율의 경감, 세액감면, 세액공제, 과세표준 공제(중과세 배제, 재산세 과세대상 구분전환을 포함한다) 등을 말한다.
7. "재산세"란 「지방세법」 제111조에 따라 부과된 세액을 말한다.
8. "직접 사용"이란 부동산·차량·건설기계·선박·항공기 등의 소유자(「신탁법」 제2조에 따른 수탁자를 포함하며, 신탁등기를 하는 경우만 해당한다)가 해당 부동산·차량·건설기계·선박·항공기 등을 사업 또는 업무의 목적이나 용도에 맞게 사용(이 법에서 임대를 목적 사업 또는 업무로 규정한 경우 외에는 임대하여 사용하는 경우는 제외한다)하는 것을 말한다.

8의 2. "매각·증여"란 이 법에 따라 지방세를 감면받은 자가 해당 부동산, 차량, 선박 등을 매매, 교환, 증여 등 유상이나 무상으로 소유권을 이전하는 것을 말한다. 다만, 대통령령으로 정하는 소유권 이전은 제외한다.

9. "내국인"이란 「지방세법」에 따른 거주자 및 내국법인을 말한다.
10. "과세연도"란 「지방세법」에 따른 과세기간 또는 사업연도를 말한다.
11. "과세표준신고"란 「지방세법」 제95조, 제103조의 5 및 제103조의 23에 따른 과세표준의 신고를 말한다.

12. "익금(益金)"이란 「소득세법」 제24조에 따른 총수입금액 또는 「법인세법」 제14조에 따른 익금을 말한다.
13. "손금(損金)"이란 「소득세법」 제27조에 따른 필요경비 또는 「법인세법」 제14조에 따른 손금을 말한다.
14. "이월과세(移越課稅)"란 개인이 해당 사업에 사용되는 사업용고정자산 등(이하 이 호에서 "종전사업용고정자산등"이라 한다)을 현물출자(現物出資) 등을 통하여 법인에 양도하는 경우 이를 양도하는 개인에 대해서는 「지방세법」 제103조에 따른 양도소득에 대한 개인지방소득세(이하 "양도소득분 개인지방소득세"라 한다)를 과세하지 아니하고, 그 대신 이를 양수한 법인이 그 사업용고정자산 등을 양도하는 경우 개인이 종전사업용고정자산등을 그 법인에 양도한 날이 속하는 과세기간에 다른 양도자산이 없다고 보아 계산한 같은 법 제103조의 3에 따른 양도소득에 대한 개인지방소득세 산출세액(이하 "양도소득분 개인지방소득 산출세액"이라 한다) 상당액을 법인지방소득세로 납부하는 것을 말한다.

② 이 법에서 사용하는 용어의 뜻은 특별한 규정이 없으면 「지방세기본법」, 「지방세징수법」 및 「지방세법」에서 정하는 바에 따른다. 다만, "제3장 지방소득세 특례"에서 사용하는 용어의 뜻은 「지방세기본법」, 「지방세징수법」 및 「지방세법」에서 정하는 경우를 제외하고 「조세특례제한법」 제2조에서 정하는 바에 따른다.

## 1 | 개 요

지방세 특례에 관한 사항과 이의 제한에 관한 사항을 규정하여 입법 취지와 불필요한 운영상의 혼란을 방지하기 위해 각 개별 규정에서 자주 사용하는 용어를 다음과 같이 정의하고 있다.

## 2 | 용어의 정의

### 2-1. 고유목적사업(§2 ① 1호)

2010년까지는 구 지방세법 제266조 제5항 농업협동조합 등의 농어민 관련 사업용 부동산의 감면 규정에서 일괄적으로 법령에서 개별적으로 규정한 업무와 법인등기부상 목적사업으로 정하여진 업무를 "고유업무"라고 정의를 하여 이 두 가지 요건만 충족하면 모두 지방

세 감면대상에 해당되는지에 대해 논란이 발생하고 있다. 이에 대해 살펴보면, 우선 지특법에서는 모든 지방세 감면주체(감면을 받는 자)에 대한 사업용 부동산의 감면 범위를 정하면서 그 감면요건으로 대체로 다음의 표와 같은 "고유업무" 또는 "해당 사업"에 대한 형식으로 감면규정을 두고 있다. 여기서 해당 사업에 대해서는 지특법 제2조에서 별도로 정의는 하고 있지 않으나 대체로 그 감면대상자의 법인등기부에 목적사업으로 정하여진 모든 사업용 부동산이 감면대상에 해당되는 것이 아니라 그 고유업무 중에 특정한 해당 사업으로만 한정하여 감면대상에 해당된다는 제한적인 의미로 보는 것이 타당하다 하겠다.

**지특법 규정의 고유업무 또는 해당 사업 형식으로 입법되는 사례**

1) (고유업무 형식) ○○○ 단체·법인이 그 고유업무에 (직접)사용하기 위하여 취득하는 부동산에 대해서는 취득세, 재산세 등을 감면(면제)한다.
2) (해당 사업 형식) ○○○ 단체·법인이 그 해당 사업에 (직접)사용하기 위하여 취득하는 부동산에 대해서는 취득세, 재산세 등을 감면(면제)한다.

지특법에서 수익사업용 부동산과 별도의 개별 추징규정의 경우도 수익사업용, 타용도 전용(轉用), 매각·증여 등의 경우에는 감면을 배제하고 있는 점을 종합하면 고유업무용 부동산이란 개별법령과 그 단체 법인등기부상 목적사업(정관)을 대체로 인정하지만 임대용, 수익사업용 등의 경우에는 일반적으로 고유업무용 부동산으로 보기 어렵다 하겠다.

또한 법인등기부상에서 임대 및 수익사업을 포함하는 것은 법령사항이 아니라 해당 단체의 이사회 등에서 즉시 결정이 가능하므로 법인등기부등본(정관)에 열거된 사업이라 해서 무조건적으로 감면대상으로 보는 것은 과세의 형평을 침해한다고 볼 수 있다.

〈표 1〉 **고유업무 또는 해당 사업 형식 사업용 부동산에 대한 감면요건 예시(2016.12.21. 현재)**

| 규정 | 고유업무 형식 | 해당 사업 형식 |
|---|---|---|
| §23(권익증진을 위한 감면) | 임대용 부동산 감면 제외 | – |
| §26(노동조합에 대한 감면) | 수익사업용 부동산 감면 제외 | – |
| §41 ①(학교 등에 대한 감면) | – | 수익사업, 타용도, 매각 등 제외 |
| §79·§79(법인·공장지방이전 감면) | – | 이전지역에서 제품생산시 추징 |

## 2-2. 수익사업(§2 ① 2호)

감면은 헌법에 명시되어 있는 국민의 납세의무를 전부 또는 일부를 면제해 주는 것으로

감면대상을 적용받지 않는 일반 납세자와의 형평을 고려하여 감면범위를 최소화하여 엄격하게 운영해야 한다. 따라서 감면대상자라 하더라도 수익사업에 해당되는 경우에는 사실상 감면을 배제하는 것인 일반적이다. 현재 지특법에서는 수익사업 여부에 따라 감면된 세액을 환수(추징)하는 중요한 판단 기준으로 삼고 있으며 각 개별 조문에 직접적으로 수익사업에 사용하는 경우 추징을 하겠다고 표현한 규정과 그렇지 않은 규정으로 구분된다. 전자의 경우는 수익사업은 직접적으로 감면을 배제하겠다는 것이고 후자의 경우는 수익사업을 거론하지는 않았지만 감면받은 주체인 감면대상자가 감면당시의 목적대로 해당 부동산 등을 직접 사용하였는지의 여부로 판단하고 있다는 점이 다르다고 하겠다. 수익사업의 유형으로는 법인세법 제4조 제3항[22]에 따른 수익사업을 말한다.

**지특법상 추징규정에 "수익사업에 사용하는 경우"의 조문이 있는 규정**
사회복지법인 또는 사회복지사업단체 감면(§22), 학교 등 감면(§41), 평생교육단체 감면(§43), 종교 및 제사단체 감면(§50), 도서관 등 감면(§52), 중소기업중앙회 감면(§60) 등

**지특법상 추징규정에 "수익사업에 사용하는 경우"의 조문이 없는 규정**
청소년단체(§21), 근로복지공단(§27), 의료법인(§38), 학술연구단체 · 장학단체 · 과학기술진흥단체(§45), 문화예술 · 체육진흥단체(§52), 새마을운동조직(§88) 등

### 2-3. 주택(§2 ① 2의 2~3호)

「지방세법」에서는 재산세의 과세대상을 건축물, 토지, 주택 등으로 분류하지만 「지방세특례제한법」에서는 감면대상을 "주거용 건축물"과 "주택"의 용어를 구분 없이 사용하고 있어 2016년부터 "주택"에 대한 정의를 신설하였다. 「지방세법」 제104조 제3호에서 주택의 범위를 공동주택과 단독주택으로 정의하고 있으며 주택의 범위에 건축물과 그 부속토지를 모두 포함하며, 공동주택의 범위에는 기숙사를 제외한다. 한편, 「건축법」에 따른 오피스텔의 경우는 주택의 범위에서 제외된다.

22) 법인세법 제3조(과세소득의 범위) ③ 비영리내국법인의 각 사업연도의 소득은 다음 각 호의 사업 또는 수입(이하 "수익사업"이라 한다)에서 생기는 소득으로 한다. 1. 제조업, 건설업, 도매업 · 소매업, 소비자용품 수리업, 부동산 · 임대 및 사업서비스업 등 수익이 발생하는 사업으로서 대통령령으로 정하는 것
법인세법 시행령 제2조(수익사업의 범위) ① 「법인세법」 제3조 제3항 제1호에서 "대통령령으로 정하는 것"이란 통계청장이 고시하는 한국표준산업분류에 의한 각 사업 중 수익이 발생하는 것을 말한다.

〈표 2〉 **주택의 정의**

| 건 축 법 | 주 택 법 |
|---|---|
| 토지에 정착하는 공작물 중 지붕과 기둥 또는 벽이 있는 것과 이에 부수되는 시설물(§2 ① 2호)로서 단독, 공동주택으로 분류(§2 ① 2호의 2)<br>※ 단독주택: 단독, 다중, 다가구주택 등<br>공동주택: 아파트, 연립, 다세대, 기숙사(§3의 4) | 세대의 세대원이 장기간 독립된 주거 생활을 영위할 수 있는 구조로 된 건축물의 전부 또는 일부 및 그 부속토지를 말하며, 단독·공동주택으로 구분(§2) |

〈표 3〉 **공동주택의 구분**

| 아파트 | 연립주택 | 다세대주택 | 기숙사 |
|---|---|---|---|
| 주택으로 쓰는 층수가 5개 층 이상인 주택 | 주택으로 쓰는 1개 동의 바닥면적 합계가 660㎡ 초과하고, 층수가 4개 층 이하인 주택 | 주택으로 쓰는 1개 동의 바닥면적 합계가 660㎡ 이하, 층수가 4개 층 이하인 주택 등 | 학교·공장 등 학생·종업원 등을 위해 공동취사 등이 가능한 구조를 갖추되, 독립된 주거의 형태가 아닌 것 |

### 2-4. 수도권 및 과밀억제권역(§2 ① 4~5호)

수도권정비계획법 제2조 제1호에 따른 서울특별시, 인천광역시 및 경기도를 말하며, 과밀억제권역이란 인구·산업이 지나치게 집중되었거나 집중될 우려로 이전·정비가 필요한 지역을 말한다. 과밀억제권역으로 지정되면 법인 이전, 분양권 전매, 학교·공공청사·연구시설 신증설, 공업지역 지정 등이 제한된다. 그 외 성장관리권역·자연보전권역도 있다. 세부 현황은 다음과 같다.

| 과밀억제권역 | 성장관리권역 | 자연보전권역 |
|---|---|---|
| 1. 서울특별시<br>2. 인천광역시[강화군, 옹진군, 서구 대곡동·불로동·마전동·금곡동·오류동·왕길동·당하동·원당동, 인천경제자유구역(경제자유구역에서 해제된 지역을 포함한다) 및 남동 국가산업단지는 제외한다]<br>3. 의정부시<br>4. 구리시 | 1. 인천광역시[강화군, 옹진군, 서구 대곡동·불로동·마전동·금곡동·오류동·왕길동·당하동·원당동, 인천경제자유구역(경제자유구역에서 해제된 지역을 포함한다) 및 남동 국가산업단지만 해당한다]<br>2. 동두천시 3. 안산시<br>4. 오산시 5. 평택시<br>6. 파주시<br>7. 남양주시(별내동, 와부읍, 진 | 1. 이천시<br>2. 남양주시(화도읍, 수동면 및 조안면만 해당한다)<br>3. 용인시(김량장동, 남동, 역북동, 삼가동, 유방동, 고림동, 마평동, 운학동, 호동, 해곡동, 포곡읍, 모현면, 백암면, 양지면 및 원삼면 가재월리·사암리·미평리·좌항리·맹리·두창리만 해당한다)<br>4. 가평군 5. 양평군 |

| 과밀억제권역 | 성장관리권역 | 자연보전권역 |
|---|---|---|
| 5. 남양주시(호평동, 평내동, 금곡동, 일패동, 이패동, 삼패동, 가운동, 수석동, 지금동 및 도농동만 해당한다)<br>6. 하남시<br>7. 고양시<br>8. 수원시<br>9. 성남시<br>10. 안양시<br>11. 부천시<br>12. 광명시<br>13. 과천시<br>14. 의왕시<br>15. 군포시<br>16. 시흥시[반월특수지역(반월특수지역에서 해제된 지역을 포함한다)은 제외한다] | 전읍, 별내면, 퇴계원면, 진건읍 및 오남읍만 해당한다)<br>8. 용인시(신갈동, 하갈동, 영덕동, 구갈동, 상갈동, 보라동, 지곡동, 공세동, 고매동, 농서동, 서천동, 언남동, 청덕동, 마북동, 동백동, 중동, 상하동, 보정동, 풍덕천동, 신봉동, 죽전동, 동천동, 고기동, 상현동, 성복동, 남사면, 이동면 및 원삼면 목신리·죽릉리·학일리·독성리·고당리·문촌리만 해당한다)<br>9. 연천군 10. 포천시<br>11. 양주시 12. 김포시<br>13. 화성시<br>14. 안성시(가사동, 가현동, 명륜동, 숭인동, 봉남동, 구포동, 동본동, 영동, 봉산동, 성남동, 창전동, 낙원동, 옥천동, 현수동, 발화동, 옥산동, 석정동, 서인동, 인지동, 아양동, 신흥동, 도기동, 계동, 중리동, 사곡동, 금석동, 당왕동, 신모산동, 신소현동, 신건지동, 금산동, 연지동, 대천동, 대덕면, 미양면, 공도읍, 원곡면, 보개면, 금광면, 서운면, 양성면, 고삼면, 죽산면 두교리·당목리·칠장리 및 삼죽면 마전리·미장리·진촌리·기솔리·내강리만 해당한다)<br>15. 시흥시 중 반월특수지역(반월특수지역에서 해제된 지역을 포함한다) | 6. 여주시 7. 광주시<br>8. 안성시(일죽면, 죽산면 죽산리·용설리·장계리·매산리·장릉리·장원리·두현리 및 삼죽면 용월리·덕산리·율곡리·내장리·배태리만 해당한다) |

## 2-5. 지방세 특례

2010년까지는 지방세 비과세·감면으로만 통칭을 하였으나 2011년부터는 '지방세 특례'라는 명칭을 사용하여 세율의 경감, 세액감면, 세액공제, 과세표준공제 등으로 정의하고 있다. 지방세 특례의 범위가 2013년까지는 세율감면 위주였으나, 2014년부터는 지방소득세의 독립세화 계획(2013.9.)에 따라 지방세에서도 익금, 손금, 이월과세 등의 용어가 새롭게 추가되어 지방세 특례의 범위가 훨씬 넓어졌다. 각 용어별 정의는 다음과 같다.

### 2-5-1. 세율의 경감 및 세액의 경감(§2 ① 6호)

지방세법의 각 세목에서 정한 표준세율 또는 중과적용 세율에서 일정한 부분을, 세액감면은 표준세율에 따라 산출한 세액의 일부 또는 전부를 공제하는 방식을 말하며 지방세 특례 중 대부분은 이 방식을 적용하고 있다. 지방세는 재산세, 지역자원시설세 외에는 대부분 단일표준세율을 적용하고 있어 단일세율 체계하에서는 세율의 경감이나 세액감면과는 실질적인 차이는 없다고 볼 수 있다. 이 법에서는 의료법인 감면(§38 ①)의 특·광역시 및 도청소재지 의료법인에 대한 세율특례 등의 경우가 이에 해당된다.

〈표 4〉 **지특법 규정 중 세율의 경감 사례**

| 규정 | 표준(중과세율) | 세율의 경감 특례 |
|---|---|---|
| 공유수면 매립·간척으로 취득하는 농지(§8 ④) | 2.8% | △2% 경감 → 0.8%만 과세 |
| 특·광역시·도청소재지 의료법인(§38 ①) | 4% | △2% 경감 → 2%만 과세 |
| 벤처기업집적시설 등 입주기업 감면(§58 ③) | 대도시 내 중과 | 중과배제 → 표준세율로 과세 |
| 중소기업협동조합중앙회 신축 건물(§60 ②) | 대도시 내 중과 | 중과배제 → 2%만 과세 |
| 항공기에 대한 감면(§65) | 2% ~ 2.2% | △1.2% 경감→1 ~ 1.2%만 과세 |

### 2-5-2. 이월과세(§2 ① 13호)

개인이 당해 사업에 사용되는 사업용고정자산 등을 법인에게 현물출자 등을 통하여 양도하는 경우 이를 양도하는 개인에 대하여는 양도분 개인지방소득세를 과세하지 않고, 그 대신 이를 양수한 법인이 당해 사업용고정자산 등을 양도한 경우 개인이 종전사업용고정자산 등을 동 법인에게 양도한 날이 속하는 과세기간에 다른 양도자산이 없다고 보아 계산한 양도분 개인지방소득세 산출세액 상당액을 지방소득세로 납부하는 것을 말한다.

### 이월과세 예시

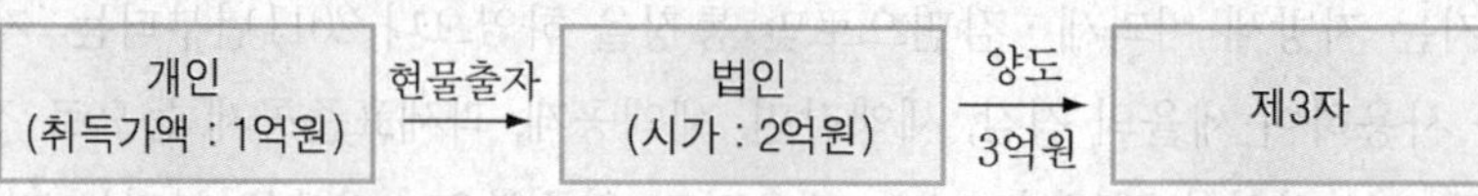


① **법인전환시** : 현물출자시 양도소득세를 과세하지 아니하고, 법인에서는 사업용고정자산가액을 시가로 평가한 가액(2억원)을 취득가액으로 기장

② **당해 자산을 제3자에게 양도시** : 3억원에서 2억원을 차감한 금액(법인 소유기간 동안 발생한 자산가치 증대분)에 대하여는 법인세를 과세하고, 2억원에서 1억원을 차감한 금액(개인 소유기간 동안 발생한 자산가치 증대분)에 대하여는 법인에 현물출자시 개인에게 다른 양도자산이 없다고 보아 계산한 양도소득세 산출세액상당액을 법인세로 납부

#### 2-5-3. 과세이연(§2 ② 단서)

과세이연이란 공장의 이전 등을 위하여 개인이 당해 사업에 사용되는 사업용 고정자산 등을 양도하고 그 양도가액으로 다른 사업용고정자산 등을 대체취득한 경우 종전사업용고정자산 등의 양도에 따른 양도차익 중 다음의 과세이연금액에 대하여는 양도소득세를 과세하지 아니하되, 신사업용고정자산 등을 양도하는 때에 신사업용고정자산 등의 취득가액에서 과세이연금액을 차감한 금액을 취득가액으로 보아 양도분 개인지방소득세를 부과하는 것을 말한다(조특법 §2 ① 7호 참조).

### 2-6. 재산세(§2 ① 7호)

2010년 지방세법 전면 개편에 따라 2011년부터 종전의 지방세법이 3개 법으로 분법(지기법, 지방세법, 지특법, 2010.3.31.)되고, 지방세 세목이 16개에서 11개로 통합(등록세 → 취득세[일부는 면허세와 합쳐 등록면허세], 도시계획세 → 재산세, 공동시설세 → 지역자원시설세, 주행세 → 자동차세)되는 등 전면 조정이 있었다. 이에 따라 재산세 이외에 舊 도시계획세까지 감면을 받던 자와 재산세 본세만을 감면받는 자와의 구별이 필요하게 되었다. 이를 위해 이 법 규정에서 재산세란 재산세 도시지역분을 제외한 본세만을 의미한다고 명확하게 정의를 하고 있는 것이다. 따라서 지특법의 각 개별 규정에서 재산세를 감면한다는 조문은 지방세법 제112조에 따른 재산세 도시지역분(종전 도시계획세)은 감면대상에서 제외된다. 다만, 종전에 도시계획세까지 감면을 받고 있던 감면대상자의 경우에는 재산세로 통합되면서 세부담이 증가하는 문제가 발생되는데, 이때에는 지특법 재산세 감면 각 조문에서 별도로 "재산세(지방세법 제112조에 따른 부과액을 포함한다)를 감면한다"고 규정하여 재산세

본세 이외에도 재산세 도시지역분(종전 도시계획세)까지 감면이 되도록 하였다.

| 재산세와 과세특례(舊 도시계획세)까지 감면하는 규정(2015년 현재) |
|---|
| 농어촌공사에 대한 감면(§13 ③), 영유아보육시설 감면(§19 ②), 노인무료복지시설 감면(§20), 청소년단체 감면(§21 ①), 사회복지법인 감면(§22 ① ②), 권익증진을 위한 감면(§23), 근로복지공단 감면(§27 ②), 국가유공자 감면(§29 ③), 보훈복지의료공단 등 감면(§30 ② ③), 임대사업자 감면(§31 ③), 공공의료기관 감면(§37), 의료법인 등 감면(§38 ①), 국민건강증진사업자 감면(§40), 학교 등에 대한 감면(§41 ②), 기숙사 등에 대한 감면(§42 ① ③ ⑤), 평생교육단체 감면(§43 ②), 평생교육시설 감면(§44), 학술연구단체 감면(§45 ① ②), 종교단체 감면(§50 ② ⑤), 문화예술단체 감면(§52 ①), 사회단체감면(§53), 여수엑스포재단 감면(§54 ⑤), 문화재에 대한 감면(§55 ① ②), 철도공단·철도공사에 대한 감면(§63 ① ②), 별정우체국에 대한 감면(§72 ②), LH공사 택지개발용 부동산 감면(§76 ②), 수자원공사 택지개발용 감면(§77 ②), 한국법무보호공단 감면(§85 ①), 새마을운동조직 등에 대한 감면(§88 ① ②), 정당에 대한 감면(§89 ②), 마을회에 대한 감면(§90 ②) |

### 2-7. 직접 사용(§2 ① 8, 8호의 2)

지특법에서 부동산에 대한 감면 규정 중 직접 사용의 주체를 부동산의 소유자로 명확히 정의한 것을 말하며(세부사항은 법 제178조의 해설편을 참조), 2018년부터는 지방세 감면대상 물건을 취득하여 '직접 사용'하는 경우, 감면적용을 받고 있으나, 종전 정의 규정이 부동산으로 한정되어 있어 차량, 철도, 건설기계, 선박, 항공기 등의 감면물건도 포함될 수 있도록 명확히 개정되었다.

한편, 2022년부터는 지방세법(2021년) 개정으로 신탁재산의 경우 재산세 납세의무자(소유자)가 위탁자로 변경됨에 따라, 소유자(위탁자)뿐만 아니라 수탁자(신탁인)가 재산을 직접 사용하는 경우에도 위탁자에 대한 재산세 감면이 되도록 그 범위가 확대되었고, 추징요건인 '매각·증여'의 정의를 지특법에서 명시하고, '매각·증여'에서 제외되는 소유권 이전사항을 시행령으로 위임하여 추징대상을 명확히 하였다. 다만, 매각·증여의 정의를 법률로 명시함에 따라 발생하는 문제점(예외사항 등) 등을 고려하여 그 시행시기는 2023년부터 적용하는 것으로 개정되었고, 2023년에는 "직접 사용"의 정의를 "임대는 제외"하는 것으로 하고, 개별조문에서는 해당 문구를 삭제하되 임대를 감면대상 목적 사업 또는 업무로 규정할 필요가 있는 경우에는 개별조문에서 임대 등을 직접 사용에 포함하는 것으로 명확히 개정되었다. 직접 사용과 관련한 개별조문은 크게 다음과 같이 3가지 유형으로 개정되었다.

| ① 감면대상 부동산에서 임대를 제외하는 방식으로 개정된 규정(2023.1.1. 현재) |
|---|
| 농협 등에 대한 감면(§14), 청소년단체 감면(§21), 법률구조법인 감면(§23), 국민건강 증진사업자 감면(§40), 대한적십자사 감면(§40의 3), 한국환경공단 감면(§47), 국립공원공단 감면(§48), 국민신탁법인 감면(§53), 새마을운동조직 감면(§88) 등 9개 규정 |

〈예시〉

| 종전규정(2023년 이전) | 개정규정(2023년 이후) |
|---|---|
| 제21조(청소년단체 등에 대한 감면) ① 다음 각 호의 법인 또는 단체가 그 고유업무에 직접 사용하기 위하여 취득하는 부동산(임대용 부동산은 제외한다)에 대해서는 취득세의 100분의 75를 2023년 12월 31일까지 경감하고, 과세기준일 현재 그 고유업무에 직접 사용하는 부동산에 대해서는 재산세를 2023년 12월 31일까지 면제한다. | 제21조(청소년단체 등에 대한 감면) ① 다음 각 호의 법인 또는 단체가 그 고유업무에 직접 사용하기 위하여 취득하는 부동산에 대해서는 취득세의 100분의 75를 2023년 12월 31일까지 경감하고, 과세기준일 현재 그 고유업무에 직접 사용하는 부동산에 대해서는 재산세를 2023년 12월 31일까지 면제한다. |

| ② 감면요건인 "직접 사용"에서 임대를 제외하는 방식으로 개정된 규정(2023.1.1. 현재) |
|---|
| 창업중소기업 감면(§58의 3) 등 1개 규정 |

〈예시〉

| 종전규정(2023년 이전) | 개정규정(2023년 이후) |
|---|---|
| 제58조의 3(창업중소기업 등에 대한 감면) 창업일 당시 업종의 사업에 과세기준일 현재 직접 사용(임대는 제외한다)하는 부동산(건축물 부속토지인 경우에는 대통령령으로 정하는 공장입지기준면적 이내 또는 대통령령으로 정하는 용도지역별 적용배율 이내의 부분만 해당한다)에 대해서는 창업일부터 3년간 재산세를 면제하고, 그 다음 2년간은 재산세의 100분의 50을 경감한다. | 제58조의 3(창업중소기업 등에 대한 감면) 창업일 당시 업종의 사업에 과세기준일 현재 직접 사용하는 부동산(건축물 부속토지인 경우에는 대통령령으로 정하는 공장입지기준면적 이내 또는 대통령령으로 정하는 용도지역별 적용배율 이내의 부분만 해당한다)에 대해서는 창업일부터 3년간 재산세를 면제하고, 그 다음 2년간은 재산세의 100분의 50을 경감한다. |

| ③ 추징요건인 "다른 용도의 사용"에서 임대를 제외하는 방식으로 개정된 규정(2023.1.1. 현재) |
|---|
| 농어촌 주택개량 감면(§16), 서민주택 감면(§33), 생애최초 주택구입 감면(§36의 2 · §36의 3), 위기지역 내 중소기업 감면(§75의 3), 주한미군 한국인 근로자 평택이주 감면(§81의 2) 등 6개 규정 |

〈예시〉

| 종전규정(2023년 이전) | 개정규정(2023년 이후) |
|---|---|
| 제75조의 3(위기지역 내 중소기업 등에 대한 감면) ② 다음 각 호의 어느 하나에 해당하는 경우에는 제1항에 따라 경감된 취득세를 추징한다.<br>3. 최초 사용일부터 계속하여 2년 이상 해당 사업에 직접 사용하지 아니하고 매각 · 증여하거나 다른 용도(임대를 포함한다)로 사용하는 경우 | 제75조의 3(위기지역 내 중소기업 등에 대한 감면) ② 다음 각 호의 어느 하나에 해당하는 경우에는 제1항에 따라 경감된 취득세를 추징한다.<br>3. 최초 사용일부터 계속하여 2년 이상 해당 사업에 직접 사용하지 아니하고 매각 · 증여하거나 다른 용도로 사용하는 경우 |

# 제2조의 2

## 지방세 특례의 원칙

관련규정

제2조의 2(지방세 특례의 원칙) 행정안전부장관 및 지방자치단체는 지방세 특례를 정하려는 경우에는 다음 각 호의 사항 등을 종합적으로 고려하여야 한다.

1. 지방세 특례 목적의 공익성 및 지방자치단체 사무와의 연계성
2. 국가의 경제·사회정책에 따른 지역발전효과 및 지역균형발전에의 기여도
3. 조세의 형평성
4. 지방세 특례 적용 대상자의 조세부담능력
5. 지방세 특례 대상·적용 대상자 및 세목의 구체성·명확성
6. 지방자치단체의 재정여건
7. 국가 및 지방자치단체의 보조금 등 예산 지원과 지방세 특례의 중복 최소화
8. 지역자원시설세 등 특정 목적을 위하여 부과하는 지방세에 대한 지방세 특례 설정 최소화

종전에는 지방세 감면 요청이 있는 경우 주로 기존 감면 중 유사한 감면 유형의 기준과 재산의 사용용도 위주로 비교하여 감면 수용 여부를 수시로 검토 결정하는 방식이었다. 그에 따라 담세력이 충분히 있는지 여부와 관계없이 조세우대혜택이 부여되는 반면, 실제 조세혜택이 필요한 사회취약계층 등에게는 감면 혜택이 미흡한 경향이 있어 왔다. 이와 같이 불합리한 감면제도 개선을 위해 2012년부터 행정안전부장관 또는 지방자치단체가 지방세 특례를 정하고자 할 때 전반적으로 고려해야 할 기본원칙을 규정하였다. 한편, 2020년부터는 「지방세특례제한법」 제181조 제1항에 따라 2019년 2월 28일 국무회의에서 의결된 2019년도 지방세지출 기본계획상의 '지방세지출 기본원칙'을 반영하여 국가정책목적 여부, 목적세 등의 감면지양, 국가 또는 지방자치단체의 예산지원 여부, 조세부담능력, 공익성, 세액공제제도 활용, 조례 차등감면, 무기한 감면 지양 등 지방세 특례에 대한 기본원칙을 세부적으로 규정(제1호부터 제8호까지 신설)하였다.

# 제3조

## 지방세 특례의 제한

**관련규정**

제3조(지방세 특례의 제한) ① 이 법, 「지방세기본법」, 「지방세징수법」, 「지방세법」, 「조세특례제한법」 및 조약에 따르지 아니하고는 「지방세법」에서 정한 일반과세에 대한 지방세 특례를 정할 수 없다.

② 관계 행정기관의 장은 이 법에 따라 지방세 특례를 받고 있는 법인 등에 대한 특례 범위를 변경하려고 법률을 개정하려면 미리 행정안전부장관과 협의하여야 한다.

### 1 의의

조세감면은 헌법에 명시된 국민의 납세의무에 대한 특혜로서, 특혜를 받는 특정한 납세자 군의 세금부담을 다른 납세자 군에게 전가하는 결과를 가져와 조세평등의 이념에 반하고 일반 납세자들의 납세의식을 저하시킬 수 있으므로 무분별하게 지방세 감면대상이 확산되지 않도록 하기 위하여 지방세 특례를 정할 수 있는 법령을 별도로 규정하고 당해 법령 이외에는 지방세 특례의 입법효력이 발생되지 않도록 의무적으로 정하고 있는 규정이다. 여기서 말하는 당해 법령이란 지특법, 조특법, 지방세법, 지방세기본법 및 조약(2016년부터 신설)을 말한다.

한편 본 규정에서는 명시적으로 규정하고 있지는 않지만 자치단체 「감면조례」와 「제주특별자치도 설치 및 국제자유도시 조성을 위한 특별법」(이하 "제주도특별법")도 당해 법령에 해당된다. 감면조례는 지특법 제4조의 위임에 따른 지방세 특례이며, 제주도특별법은 조특법 제3조 제1항 제24호에서 별도로 특례를 인정하는 법률 근거에 해당된다.

그 외 지방세특례제한법의 각종 감면요건 등을 타 개별법령의 내용을 준용하고 있는 특

성을 고려하여 타 법령 소관부처의 장은 개별법령의 내용을 개정하기 전에 지특법 소관인 행정안전부장관과 협의하도록 하고 있다.

## 2 | 개별법령에서 지방세 특례를 입법하는 경우 특례 효력

본 규정에서 지방세 특례에 대해 개별법령에서 입법할 수 없음에도 최근에는 개별법령에서 지방세 특례에 관한 사항을 입법하는 일이 종종 발생하고 있는 사례가 있다.

개별법령에서 지방세에 특례를 규정을 따로 두고 있다 하더라도 이는 실질적인 지방세 감면효력이 없는 조세감면 필요성에 대한 선언적 규정에 불과하다. 이러한 선언적 규정은 향후 지방세 경감에 대한 불필요한 기대와 불만을 초래하는 등 종합적인 지방세정책을 저해할 소지가 있으므로 각 개별법령에서는 이러한 불필요한 법령입안은 자제되어야 한다.

〈표〉 **개별법령에서 정한 지방세 특례 규정 사례(예시)**

| 개별법령 | 주요내용 |
|---|---|
| 문화유산과 자연환경자산에 관한 국민신탁법 | 제15조(조세감면) 국가 또는 지방자치단체는 문화유산 및 자연환경자산의 보전활동을 활성화하기 위하여 국민신탁법인에 출연 또는 기부된 재산과 국민신탁법인에 대하여 조세관련 법률이 정하는 바에 따라 조세를 감면할 수 있다. |
| 보호관찰 등에 관한 법률 | 제95조(조세감면) 국가나 지방자치단체는 갱생보호사업에 대하여 「조세특례제한법」 및 「지특법」에서 정하는 바에 따라 국세 또는 지방세를 감면할 수 있다. |

## 3 | 개별법령 소관부처와의 사전 협의

2007년도에 대한주택공사의 개별사업에 대해 해당 법률에서 구 지방세법에서 인용한 개별 사항을 변경함에 따라 감면대상 여부에 대해 논란이 발생했던 사례가 있었다. 이처럼 지특법에서 각 감면대상을 개별 근거법령에서 인용하고 있는 경우 그 해당 법령의 개정에 따른 사업 내용의 변동을 알지 못해 지특법 및 해당 법령간의 불일치 문제로 법령해석 운영에 문제가 종종 발생하고 있다. 이에 지특법에서는 이러한 제도운영상의 혼란을 최소화하기 위해 지특법에서 인용하는 조문에 대한 해당 법률을 관장하는 관계 행정기관의 장은 그 인용조문을 개정할 경우에는 지특법 소관부처인 행정안전부장관과 사전협의 의무 규정을 명문화하였다. 그러나 이러한 의무 규정을 명문화하고 있음에도 불구하고 지특법에서 인용하고 있는 규정이 방대하므로 일일이 관계 행정기관과 협의하여 인용조문의 개정사항을 확인하기가 사실상 어려운 것도 현실이다. 향후에는 지특법에서 인용하는 감면내용에 대한 입법취지를 명확히 하기 위해서는 인용법령의 호수(예 : 2013.1.1. 법률 제0000호)를 병기하는 방안도 고려할 필요가 있다고 본다.

## 4 | 관련사례

■ 지특법에서 인용하고 있던 대한주택공사법이 개정되는 경우 지방세 감면 여부(법제처 2007-146, 2007.5.28.)

〈질의사항〉

구 지방세법 제289조 제1항 및 같은 법 시행령 제225조 제2호에 의하면, 대한주택공사가 「대한주택공사법」 제3조 제1항 제1호 · 제3호 · 제5호 · 제6호 · 제8호의 사업에 사용하기 위하여 일시 취득하는 부동산에 대하여는 취득 · 등록세를 면제하도록 하고 있는바, 이와 관련하여 부동산을 일시 취득함에 있어서 당초 취득세 및 등록세의 면제사업으로 「대한주택공사법」(1997.8.22. 법률 제5362호 개정이전) 제3조 제1항 '제5호'에 규정되었던 "대지의 조성 및 공급"이 같은 법의 개정으로 같은 항 '제4호'로 이동한 경우, 종전과 동일한 감면 여부

〈질의회신〉

- 「대한주택공사법」 제3조 제1항 각 호의 개정 시에 그에 맞추어 「지방세법 시행령」 제225조 제2호에서 「대한주택공사법」 인용조항을 수정하지 아니한 것은 향후 대한주택공사가 행하는 "대지의 조성 및 공급사업"을 취득세 및 등록세의 면제대상에서 제외하고 "주택건설자재의 생산 및 공급"사업을 면제대상에 추가하기 위해서라고는 볼 수 없고, 이는 「지방세법 시행령」에서 「대한주택공사법」 제3조 제1항 각 호를 인용하고 있다는 사실을 간과한 입법상의 실수임이 분명하다고 할 것이므로, 「지방세법 시행령」 제225조 제2호에서 인용하고 있는 '제5호 및 제6호'를 '제4호 및 제5호'로 바로잡아 적용한다고 하더라도 법규정의 가능한 의미를 벗어나 법형성이나 법창조행위에 이른 것이라고 할 수 없음.
- 따라서, 「대한주택공사법」 제3조 제1항 제5호에 규정되었던 "대지의 조성 및 공급" 사업이 1997.8.22. 「대한주택공사법」(법률 제5362호)의 개정으로 같은 항 제4호로 변경되었다고 하여 「지방세법」 제289조 제1항 및 같은 법 시행령 제225조 제2호에 의한 취득세 및 등록세의 면제대상에서 제외된다고 볼 수 없음.

# 제 4 조

## 조례에 따른 지방세 감면

관련규정

제4조(조례에 따른 지방세 감면) ① 지방자치단체는 주민의 복리 증진 등 효율적인 정책 추진을 위하여 필요하다고 인정될 경우 제2조의 2에 따라 3년의 기간 이내에서 지방세의 세율경감, 세액감면 및 세액공제(이하 이 조 및 제182조에서 "지방세 감면"이라 한다)를 할 수 있다.

② 지방자치단체는 제1항에도 불구하고 다음 각 호의 어느 하나에 해당하는 지방세 감면을 할 수 없다. 다만, 국가 및 지방자치단체의 경제적 상황, 긴급한 재난관리 필요성, 세목의 종류 및 조세의 형평성 등을 고려하여 대통령령으로 정하는 경우에는 제1호에 해당하는 지방세 감면을 할 수 있다.

1. 이 법에서 정하고 있는 지방세 감면을 확대(지방세 감면율·감면액을 확대하거나 지방세 감면 적용대상자·세목·기간을 확대하는 것을 말한다)하는 지방세 감면
2. 「지방세법」 제13조 및 제28조 제2항에 따른 중과세의 배제를 통한 지방세 감면
3. 「지방세법」 제106조 제1항 각 호에 따른 토지에 대한 재산세 과세대상의 구분 전환을 통한 지방세 감면
4. 제177조에 따른 감면 제외대상에 대한 지방세 감면. 다만, 각 목의 어느 하나에 해당하는 경우에는 지방세 감면을 할 수 있다.
   가. 「감염병의 예방 및 관리에 관한 법률」 제49조 제1항 제2호에 따른 집합 제한 또는 금지로 인하여 영업이 금지되는 경우
   나. 「재난 및 안전관리 기본법」 제60조에 따른 특별재난지역으로 선포된 경우로서 해당 재난으로 입은 중대한 재산상 피해로 영업이 현저히 곤란하다고 인정되는 경우
5. 과세의 형평을 현저하게 침해하거나 국가의 경제시책에 비추어 합당하지 아니한 지방세 감면 등으로서 대통령령으로 정하는 사항

【영】 제2조(지방세 감면규모 등) ① 「지방세특례제한법」(이하 "법"이라 한다) 제4조 제2

항 각 호 외의 부분 단서에서 "대통령령으로 정하는 경우"란 다음 각 호의 어느 하나에 해당하는 경우로서 지방세 감면(법 제4조 제1항에 따른 지방세 감면을 말한다. 이하 이 조에서 같다)이 필요한 것으로 행정안전부장관이 인정하는 경우를 말한다.

1. 「재난 및 안전관리 기본법」 제3조 제1호에 따른 재난의 대응 및 복구를 위해 필요한 경우
2. 경기침체, 대량실업 등 국가 및 지방자치단체의 경제위기 극복을 위해 필요한 경우
3. 장애인 등 사회적 취약계층 보호를 위해 필요한 경우
4. 법 제3장 지방소득세 특례의 적용 대상자로서 법 제2장 감면의 적용 대상자가 아닌 자에 대해 감면 세목(지방소득세는 제외한다)을 추가하려는 경우

② 법 제4조 제2항 제5호에서 "대통령령으로 정하는 사항"이란 다음 각 호의 어느 하나에 해당하는 사항을 말한다.

1. 「지방세기본법」, 「지방세징수법」 또는 「지방세법」에 따른 지방세의 납부기한이 경과된 사항
2. 「지방세기본법」, 「지방세징수법」, 「지방세법」, 「조세특례제한법」 또는 법에 따른 지방세 과세정책에 중대한 영향을 미치는지 사항
3. 토지 등 부동산정책, 사회적 취약계층의 보호 등 사회복지정책이나 그 밖의 주요 국가시책에 반하는지 사항
4. 그 밖에 지방자치단체 주민 간 지방세 부담의 현저한 형평성 침해 등 지방세 과세정책 추진에 저해되는 사항

③ 지방자치단체는 지방세 감면(이 법 또는 「조세특례제한법」의 위임에 따른 감면은 제외한다)을 하려면 「지방세기본법」 제147조에 따른 지방세심의위원회의 심의를 거쳐 조례로 정하여야 한다. 이 경우 대통령령으로 정하는 일정 규모 이상의 지방세 감면을 신설 또는 연장하거나 변경하려는 경우에는 대통령령으로 정하는 조세 관련 전문기관이나 법인 또는 단체에 의뢰하여 감면의 필요성, 성과 및 효율성 등을 분석·평가하여 심의자료로 활용하여야 한다.

【영】 제2조 ③ 법 제4조 제3항 후단에서 "대통령령으로 정하는 일정 규모 이상"이란 지방세 감면을 신설하는 경우에는 해당 조례안의 지방세 감면 조문별로 그 감면기간 동안 발생할 것으로 예상되는 지방세 감면 추계액이 30억원(시·군·자치구의 경우에는 10억원) 이상인 경우를 말하며, 지방세 감면을 연장하거나 변경하려는 경우에는 해당 조례의 감면기한이 도래하는 날 또는 지방세 감면의 변경에 관한 조례안을 해당 지방자치단체의 장이 정하는 날이 속하는 해의 직전 3년간(지방세 감면을 신설한 지 3년이 지나지 않은 경우에는 그 기간)의 연평균 지방세 감면액이 30억원(시·군·자치구의 경우에는 10억원) 이상인 경우를 말한다.

④ 법 제4조 제3항 후단에서 "대통령령으로 정하는 조세 관련 전문기관이나 법인 또는 단체"란 다음 각 호의 어느 하나에 해당하는 기관이나 법인 또는 단체를 말한다.

1. 「지방세기본법」 제145조에 따른 지방세연구원
2. 「민법」 외의 다른 법률에 따라 설립된 조세 관련 기관이나 법인

3. 「민법」에 따라 설립된 조세 관련 학회 등 법인
4. 조세 관련 교육과정이 개설된 「고등교육법」 제2조에 따른 학교
5. 조세에 관한 사무에 근무한 경력이 15년 이상인 사람이 2명 이상 속해 있는 법인 또는 단체
6. 그 밖에 행정자치부장관이 정하여 고시하는 기관이나 법인 또는 단체

④ 제1항과 제3항에도 불구하고 지방자치단체의 장은 천재지변이나 그 밖에 대통령령으로 정하는 특수한 사유로 지방세 감면이 필요하다고 인정되는 자에 대해서는 해당 지방의회의 의결을 얻어 지방세 감면을 할 수 있다.

**【영】 제2조** ⑤ 법 제4조 제4항에서 "대통령령으로 정하는 특수한 사유"란 지진, 풍수해, 벼락, 전화(戰禍), 도괴(倒壞) 또는 이와 유사한 재해를 말한다.
⑥ 법 제4조 제4항에 따라 지방세 감면을 받으려는 자는 그 사유가 발생한 날부터 30일 이내에 그 사유를 증명할 수 있는 서류를 갖추어 관할 특별자치시장·특별자치도지사·시장·군수·구청장(구청장은 자치구의 구청장을 말한다. 이하 "시장·군수·구청장"이라 한다)에게 지방세 감면을 신청하여야 한다.
⑦ 시장·군수·구청장은 법 제4조 제4항에 따라 지방세 감면을 할 필요가 있다고 인정할 경우에는 직권으로 지방세 감면 대상자를 조사할 수 있다.

**【칙】 제2조(감면 신청)** ① 「지방세특례제한법 시행령」(이하 "영"이라 한다) 제2조 제6항에 따른 지방세 감면 신청은 별지 제1호 서식에 따른다.
② 제1항에 따른 지방세 감면 신청을 받은 시장·군수·구청장(구청장은 자치구의 구청장을 말하며, 이하 "시장·군수·구청장"이라 한다)은 지방세 감면 여부를 결정하여야 하고, 지방세를 감면하기로 결정한 경우 그 통지는 별지 제2호 서식에 따른다.

⑤ 지방자치단체는 지방세 감면에 관한 사항을 정비하여야 하며, 지방자치단체의 장은 정비 결과를 행정안전부장관에게 제출하여야 한다. 이 경우 행정안전부장관은 그 정비 결과를 지방세 감면에 관한 정책 수립 등에 활용할 수 있다.
⑥ 지방자치단체는 제1항부터 제3항까지의 규정에 따라 지방세 감면을 하는 경우에는 전전년도 지방세징수 결산액에 대통령령으로 정하는 일정비율을 곱한 규모(이하 이 조에서 "지방세 감면규모"라 한다) 이내에서 조례로 정하여야 한다.

**【영】 제2조** ⑧ 법 제4조 제6항에서 "대통령령으로 정하는 일정비율"이란 지방자치단체의 재정상황 및 지방세 수입 규모 등을 고려하여 100분의 5의 범위에서 행정자치부장관이 정하여 고시하는 비율을 말한다. 이 경우 행정안전부장관은 법 제4조 제2항 각 호 외의 부분 단서에 따른 지방세 감면(행정안전부장관이 별도로 정하는 지방세 감면으로 한정한다)과 다음 각 호의 어느 하나에 해당하는 경우로서 지방자치단체가 행정안전부장관과 협의하여 조례로 정하는 지방세 감면이 있는 경우에는 해당 감면규모를 반영한 비율을 전단에 따라 고시하는 비율에 별도로 추가하여 고시(각 비율의 합은 100분의 5를 초과할 수 없다)할 수 있다.

1. 「재난 및 안전관리 기본법」 제3조 제1호에 따른 재난의 대응 및 복구를 위해 필요한 경우
2. 여러 지방자치단체에 영향을 미치는 국가적 현안의 해결을 위해 필요한 경우
3. 특정 지역에 소재한 국가기반시설의 지원을 위해 필요한 경우
4. 특정 산업의 육성을 목적으로 제정된 법률에 따라 지정된 특구나 단지 등의 지원을 위해 필요한 경우
5. 그 밖에 제1호부터 제4호까지의 경우와 유사한 것으로 행정안전부장관이 인정하는 경우

⑨ 법 제4조 제6항의 조례에 따라 감면된 지방세액이 해당 연도의 지방세 감면규모(법 제4조 제6항에 따른 지방세 감면규모를 말한다. 이하 이 항에서 같다)를 초과한 경우에는 법 제4조 제7항 본문에 따라 그 초과한 금액의 2배에 해당하는 금액을 그 다음 다음연도의 지방세 감면규모에서 차감한다.

⑦ 지방자치단체는 제6항의 조례에 따라 감면된 지방세액이 지방세 감면규모를 초과한 경우 그 다음 다음연도의 지방세 감면은 대통령령으로 정하는 바에 따라 축소·조정된 지방세 감면규모 이내에서 조례로 정할 수 있다. 다만, 지방세 감면규모를 초과하여 정하려는 경우로서 행정안전부장관의 허가를 받아 조례로 정한 지방세 감면에 대해서는 지방세 감면규모 축소·조정 대상에서 제외한다.

⑧ 제1항에 따른 지방세 감면을 조례로 정하는 경우 제주특별자치도에 대해서는 제2항(단서 및 제1호는 제외한다)·제6항 및 제7항을 적용하지 아니한다.

## 1 의 의

지방자치단체가 지역에 필요한 시책을 추진하기 위하여 지방세를 개별적으로 감면하고자 할 경우에는 2010년까지는 구 지방세법 제9조에 따라 중앙정부(안행부장관)의 사전허가를 받아 감면조례를 제·개정해야만 했다. 그로 인해 자치단체 여건상 감면이 시급한 경우가 발생하더라도 사전승인이 있어야만 감면조례를 만들 수 있어 적시성 있는 행정 추진에 어려움이 있었다. 또한, 과세권자인 자치단체가 지역실정에 맞추어 과세권을 행사하는데 있어 중앙정부의 사전허가를 받는 것에 대해 자치권 침해 및 행정규제 논란이 있어왔다. 물론 중앙정부의 사전허가제는 지방자치단체간 조세 형평성 유지와 불필요한 감면에 대한 사전억제장치 등의 역할을 하며 그 존재가치를 인정받아 왔다. 그러나 감면조례허가제로 인해 지방자치단체는 과세권자임에도 불구하고 감면정책결정에서 소외되고 있고, 그에 따라 지역적 특색을 반영한 조세 인센티브의 발굴 노력을 소홀히 하게 한다는 비판을 받아온 것도 사실이다. 이에 따라 지방자치단체가 자율적으로 해당 지역의 특성 및 재정여건

등을 감안하여 조례로 지방세를 감면할 수 있도록 중앙정부의 감면조례 사전허가제를 폐지하는 한편, 조례제정 자율성 부여에 따른 부작용 방지를 위해 감면조례 제정요건과 감면조례 총량제를 도입하고, 법정 감면 연장시 자치단체가 조례로 감면율을 인하 조정할 수 있는 권한을 부여하는 등 지방자치단체의 자율 입법권한을 크게 강화시키는 데 의의가 있다.

다만, 감면조례 허가제 폐지 이후 지방자치단체의 선심·민원성 감면 및 주민과 의회의 감면요구 증가로 자치단체의 재정여건과 감면효과 등을 고려하지 않는 무분별한 감면 우려에 따른 보완대책도 함께 마련되었다. 그 대책으로 감면조례 제정 제외요건을 규정하고 감면조례의 자율제정이 지방의 재정건전성 범위 내에서 가능하도록 하는 감면조례 총량제(전전년도 지방세징수 결산액 대비 일정범위)를 도입하는 내용 등이다. 자치단체의 감면 심의·평가의 전문성 제고를 위해 일정규모 이상의 감면 신설·연장·변경시 해당 감면의 필요성, 성과 분석 등 조세관련 전문기관 등에 의뢰하여 지방세 감면 결정시 심사자료로 활용하게 하였다. 2015년부터는 지특법이나 조특법에서 위임에 따라 자치단체가 조례로 감면을 하는 경우에는 지방세심의위원회 심의 절차를 생략하도록 하여 효율적인 자치입법권 제도를 보완하였다. 2024년에는 조례감면 활성화를 위하여 그 동안의 제한적 허용에서 일반적 정책추진을 위해 필요한 경우 감면조례를 신설하는 것으로 하고, 감면조례 신설시 예타 의무화 대상을 그 간 10억원에서 30억원으로 확대하는 것으로 개정되었다.

## 2 | 자율 감면조례 운영을 위한 법적근거 마련(§4 ①)

2011년부터는 중앙정부의 사전허가 신청 없이 해당 자치단체 내에 설치된 "지방세심의위원회"의 심의를 거쳐 감면조례를 제·개정할 수 있게 되었다. 자치단체의 입장에서 보면 지역의 시책 사업 등을 추진하기 위한 지방세 감면 절차가 간소해졌으며, 그에 따른 지방행정업무의 효율성 향상 및 책임성 강화가 기대된다. 또한 중앙정부로서는 자치단체에 감면조례 개정에 대한 허가권을 이양함으로써 중앙정부의 핵심역량업무에 집중할 수 있는 토대를 마련하게 되었다. 감면조례 자율제정 제도시행에 따라, 지방자치단체에서는 서민생활 지원, 대중교통 확충 지원 등 공익을 위하여 지방세의 감면이 필요하다고 인정될 때, 특정 지역의 개발, 특정산업·특정시설의 지원을 위해 지방세 감면이 필요하다고 인정되는 경우에는 3년의 기간 이내에서 지방세를 감면할 수 있게 되었다.

〈표 1〉 제도 개선 전 · 후 업무프로세스 비교

| 감면조례 허가제(2010년 이전) | 감면조례 자율제정(2011년 이후) |
|---|---|
| • 지자체가 지방세를 조례로 감면하고자 할 경우, 중앙정부에 조례개정 허가 신청<br>☞ 중앙정부의 허가를 받지 못하면 개정 불가 | • 중앙정부 허가 없이 지자체 내에 설치된 "지방세 심의위원회"의 심의를 거쳐 개정 가능 |

## 2-1. 일몰기한과 감면기간의 의미

제4조 제1항에서 "지자체는 3년의 기간 이내에서 지방세의 세율경감, 세액감면 등을 할 수 있다"라고 규정하고 있는데, 일례로 지특법 제78조의 3 제2항에서 외국인 투자기업은 감면기간을 15년까지 연장이 가능하며, 서울시 종로구세 감면조례는 문화지구 권장시설 등에 대해 재산세를 5년간 감면하도록 규정하고 있는데, 이때 해당 감면조례가 일몰기한을 3년으로 제한을 두고 있는 위 규정에 위배되는지에 대해 살펴보면,

### 조례로 3년 이상 감면기간을 둘 수 없다는 견해

지특법 제4조에서 "3년의 기간 이내"라고 한 것은 감면기간으로 보는 것이 타당하다는 견해로, 예를 들면 지특법 제78조의 3 제2항에서 외투기업에 대해서는 15년까지 감면기간을 연장할 수 있으나 "지특법 제4조에 따르도록" 했기 때문에 자치단체가 자율판단에 따라 15년까지 감면연장 결정을 하는 것은 타당하다.

### 조례로 3년 이상 감면기간을 둘 수 있다는 견해

지특법 제4조 제1항의 "3년의 기간 이내"는 조례를 통한 감면시 감면조항의 일몰기한을 의미하며 조례를 통해 규정할 수 있는 감면기간의 한계를 정한 것은 아니므로 3년을 초과하는 감면기간을 규정할 필요가 있으며, 지자체가 총량의 범위 내에서 자율적으로 조례를 규정할 수 있는 상황에서 감면기간만 제한할 합리적 이유가 없다.

2011년부터 자치단체가 조례를 통해 감면을 할 경우 ⅰ) 중앙정부의 사전허가 없이 감면 총량의 범위 내에서 지자체가 자율적으로 제정하도록 입법 취지가 있는 점, ⅱ) 지자체도 특정산업의 유치 또는 지원을 위해 납세자에 대해 3년 이상의 감면기간을 보장할 필요성이 있는 점, ⅲ) 지특법 제4조의 "3년 기간"의 제한은 구 지방세법에서 감면연장을 할 경우 일괄적으로 3년 일몰기한을 두었던 부칙 규정이 분법을 하면서 지특법에 반영된 것이고 지자체가 조례 제 · 개정시 일몰기한 3년으로 제한한 이유는 지특법도 감면조항에 대해 일몰[23]을 두고 있듯이 조례도 일정기간 경과 후 감면연장 여부를 재검토하라는 취지인 점을

종합적으로 고려하면, 지특법 제4조 제1항의 "3년 기간 이내"는 일몰기간으로 보아야 하며 그 일몰기간 이내라도 감면기간은 지자체 판단에 의해 3년 이상을 보장하는 것이 가능하다고 보여진다. 여기서 말하는 일몰기한과 감면기간이란 전자(일몰기한)는 해당 규정의 감면효력이 미치는 기간을 말하는 것으로 일몰이 종료되면 당해 감면규정은 효력이 정지되는 것이다. 반면, 후자(감면기간)는 감면일몰이 종료되더라도 납세자 신뢰보호를 위해 일정기간 동안은 감면은 계속 보장해 주겠다는 의미로 보아야 한다. 다만, 후자의 경우 기존대상에 대한 감면기간 보장을 위해 당초 보장기간 경과시까지 감면조례 일몰시마다(3년 이내) 경과규정 보완이 필요하다고 본다.

〈표 2〉 **지방세 특례의 일몰기한과 감면기한을 두고 있는 사례**

| 감면내용 | 일몰기한 | 감면기간(일몰종료시) |
|---|---|---|
| 산업단지 입주기업 재산세 5년간 감면(§78 ④) | '22년 | '21년까지 입주자 : 2025년까지<br>'22.1.1.~12.31.까지 입주자 : 2026년까지<br>'23년부터 입주자 : 감면 없음 |
| 창업중소기업이 창업일로부터 4년 내 취득하는 부동산에 대해 취득세 감면(§58의 3) | '20년 | '19년까지 창업자 : 2022년까지<br>'20.1.1.~12.31.까지 창업자 : 2024년까지<br>'21년부터 창업자 : 감면 없음 |

### 2-2. 감면조례 자율제정의 범위(§4 ①~②, 영 §2 ①)

지특법 제4조 제1항에서 자치단체는 서민생활지원, 대중교통 확충 지원 등 공익과 특정지역·산업 지원 등 지방세 감면이 필요하다고 인정되는 경우에는 3년의 기간 이내에서 감면조례 입법이 가능하다고 규정하면서 지방세법에 따른 중과세의 배제를 통한 감면, 재산세 과세대상 구분전환을 통한 감면, 과세형평을 저해하거나 국가경제시책에 비추어 합당하지 않는 감면의 경우에는 조례 입법을 제한하고 있다. 자치단체의 감면조례 입법권한을 일부 제한하는 취지는 지방세법에서 정책목적으로 사치성 재산 등에 대해 중과세하거나 재산세 종합합산 대상을 자치단체가 조례로 인하할 경우 그 정책목적을 효율적으로 달성할 수 없는 문제가 발생하기 때문에 불가피하게 이런 경우에는 감면조례 입법권한을 일부 제한하는 것이다. 그렇다면 자치단체가 자율적으로 감면조례를 입법하는 서민생활지원 등 공익 등의 경우가 어디까지 인가에 대해서는 지특법에서 구체적으로 규정하고 있지 않아 개념상

23) 지방세 분법(2010.3.)으로 감면 규정이 지특법으로 분리되면서 동 부칙규정이 지특법상 감면조항의 일몰기한(3년 이내)과 감면조례에 대한 "3년 기간 제한"으로 변경된 것이다.

논란이 있을 수 있다. 이에 대해 살펴보면 우선, 공익의 범위가 매우 광범위하지만 대체로 지특법에서 규정하고 있는 국가·사회정책적 감면방향과 배치되지 않는 범위 이내라면 감면조례 입법이 가능하다고 보아야 할 것이나 공익 등을 사유로 실제로는 감면하는 내용이 선심성, 특정단체·개인 등 민원 해결성 차원의 감면이라면 이는 감면조례 입법대상인 공익 사유에 해당되기는 어렵다고 보아진다. 그 이유는 2010년까지 중앙정부에 의한 감면조례 사전허가 당시에도 공익상 사권제한 등에 대해서는 대체로 감면조례 허가를 불허한 사례가 있다. 따라서, 자치단체가 감면조례를 자율적으로 입법할 수 있는 범위는 대체로 선심성, 집단민원 해결성, 사권제한 토지 등의 경우가 아니라면 자율 감면조례 입법 대상범위로 보는 것이 타당하다 하겠다.

**중앙정부의 재산권 제한 토지 관련 감면조례 불허가 사례**

① 상수원보호구역 내 토지 감면(2009.4., ○○구)
▶ 사유재산권 지역·지구는 매우 광범위하고, 다른 유사 토지와의 형평문제
② ○○토성지구 내 토지 감면(2008.3., ○○구)
▶ 사권제한 목적 및 유형이 다양하고, 개개 사례별로 구분하여 감면이 곤란
③ ○○○○ 경제자유구역 내 농지 감면(2008.3., ○○시) 등
▶ 재산권에 내재하는 사회적 제약[24] 내의 재산권 제한은 원칙적 보상대상이 아님.

## 2-3. 지방의회 의원입법안이 지방세심의위원회 심의대상에 해당되는지의 여부(§4 ③)

지방자치단체가 지방세 감면을 입법하려면 「지방세기본법」 제141조에 따른 지방세심의위원회의 심의를 거쳐 조례로 정하도록 규정하고 있다. 이는, 지방자치단체의 입법 자율권 보장과 지방재정 여건을 고려하여 감면조례 입법 여부를 신중히 결정하도록 하기 위함이다. 그렇다면, 지방의회 의원이 의원입법 형식으로 입법하는 경우에도 이러한 절차를 거쳐야 하는지에 대해 살펴보면, 지방의회 의원은 「지방자치법」 제66조 규정에 따라 의원 10명 이상의 연서로 의원입법안을 발의할 수 있으며, 지방세 특례에 관한 사항도 이에 해당된다. 한편, 지방세심의위원회는 지방세 부과·징수 등에 관한 납세자의 권익 보호 및 해당 지자체의 재정여건 등을 고려한 감면심사 등을 다루는 지방자치단체 내부 위원회 성격으로 지방의회 의원입법안까지 심의 대상으로 할 경우에는 법에서 규정된 지방의회 의원의 자율적인 입법권 보장 침해 논란이 발생할 수 있어 현실적으로 심의 대상으로 보기에는 무리한

24) 공익상의 이유로 개인의 재산권을 제한할 수 있으며, 지역·지구 지정에 따른 토지이용의 제한은 지정 당시의 상태대로 사용·수익할 수 있는 이상 재산권에 내재하는 사회적 제약의 범주를 넘지 않음.

측면이 있다 하겠다. 지방자치단체(행정부)에서 입법발의된 의원입법안에 대해서는 해당 상임위원회 등 입법 이후의 과정에서 행정부가 수용 또는 불수용에 대한 의견을 제출하여 지방의회 내에서 심의하는 것이 바람직하다고 본다.

### 2-4. 지방세특례제한법상 감면을 조례로 확대할 수 없는 경우(§4 ② 1호)

지특법 제4조 제2항 제1호에서 이 법에서 정하고 있는 지방세 감면을 확대하는 지방세 감면을 지방자치단체의 조례로 정할 수 없다고 규정하고 있다. 여기서 지방세 감면을 확대한다는 의미는 지방세법상 감면율·감면액, 감면 대상, 적용 대상자, 세목, 기간을 지방세특례제한법에서 정한 정도보다 확대 또는 완화하는 것을 의미(다음의 〈표 3〉의 내용 참조)한다. 다만, 경기침체, 대량실업 등 경제위기 극복, 장애인 등 사회적 취약계층 보호, 법 제3장 지방소득세 특례 적용 대상자에 대한 감면 세목 추가(단, 제2장 감면에서도 해당 대상자에 대한 감면 규정이 있을 경우에는 확대 불가[25]))하는 경우 등의 사유로 감면 확대가 필요하여 행정안전부장관의 인정을 받은 경우에는 조례로서 위 규정에도 불구하고 지방세특례제한법상 감면을 확대(§4 ② 단서, 영 §2 ①)할 수 있다. 따라서 지방자치단체가 행정안전부장관이 인정하지 않은 지방세특례제한법상 감면을 임의로 조례를 통해 확대할 경우에는 지방세특례제한법 제4조 제2항 규정 위반으로 그 효력이 발생하지 않는 조례가 될 수 있다는 점을 유의하여야 할 것이다.

**〈표 3〉 지방자치단체의 조례로 지방세 감면을 확대할 수 없는 범위(예시)**

| 구 분 | 법 | 조례 |
|---|---|---|
| 감면율 | 취득세 50% | 취득세 75% |
| 감면액 | 재산세 25% | 재산세(도시지역분 포함) 25% |
| 대상 | 부동산 취득세 50% | 부동산·자동차 취득세 50% |
| 적용대상자 | 3자녀 이상 가구 자동차 취득세 50% | 2자녀 이상 가구 자동차 취득세 50% |
| 세목 | 자동차 취득세 50% | 자동차 취득세·자동차세 50% |
| 기간 | 취득세 50%, ~ 2020.12.31. | 취득세 50%, ~ 2021.12.31. |

25) (예시) 제3장에서 지식산업센터 입주기업에 대해 법인지방소득세 감면을 규정하면서 제2장에서도 지식산업센터 입주기업에 대해 취득세·재산세 감면을 규정한 경우에는 지방자치단체의 조례로 지식산업센터 입주기업에 대해 추가로 주민세 등의 감면을 할 수 없다.

### 2-5. 규율범위를 벗어난 위법한 조례의 경우(§4 ① 본문 후단 등)

지방자치단체가 지방세 감면을 입법하려면 제4조의 규정을 준수하여 조례로 정하여야 한다. 특히, 제4조 제1항 제1호에서 "이 법에서 정한 지방세 감면은 추가로 확대할 수 없다"의 경우로서 지특법에서 전국 공통사항으로 획일적으로 정하고 있는 감면을 지역별로 확대하여 운영할 경우 관계부처나 이해당사자들과의 감면 협의를 한 취지가 무색해지고, 감면의 질서가 무너져 특례제한의 컨트롤 유지가 곤란하게 되는 점 등을 고려한 규정이라 보아진다. 이는 법체계의 일부를 이루고 있는 자치법규의 규율범위와 한계에 관하여 「헌법」 제117조 제1항에서는 법령의 범위 안에서 자치에 관한 규정을 제정할 수 있다고 규정하고, 「지방자치법」 제22조에서 지방자치단체는 법령의 범위 안에서 그 사무에 관하여 조례를 제정할 수 있으나, 주민의 권리 제한 또는 조세부과에 관한 사항이나 벌칙을 정할 때에는 법률의 위임이 있어야 한다고 규정하고 있다. 또한, 같은 법 제23조에서는 지방자치단체의 장은 법령이나 조례가 위임한 범위에서 그 권한에 속하는 사무에 관하여 규칙을 제정할 수 있고, 같은 법 제24조에서는 시·군 및 자치구의 조례나 규칙은 시·도의 조례나 규칙을 위반하여서는 아니된다고 규정하고 있다. 따라서, 지방자치단체가 조례를 통하여 지방세 감면을 하고자 하는 경우에는 제4조의 규정을 준수하여 그 범위 안에서 조례를 제·개정하여야 한다. 그러함에도 그 범위를 벗어난 조례를 제·개정하는 경우에는 지방자치법 제26조, 제107조, 제108조, 제172조의 규정에 의한 재의요구 및 제소대상이 된다. 다만, 이 법에서 정한 감면의 범위를 어느 유형까지로 볼 것인지 여부 등에 대하여는 변론으로 하고, 지특법에서 각 조문별로 감면을 정하고 거기에 더하여 조례로 추가 감면할 수 있는 규정을 둔 경우에는 그 규율범위 내에서 가능한 것이다.

〈표 4〉 지방자치법상 재의요구 및 제소 절차 등

| 구 분 | 제26조에 의한 재의요구 | 제107조 · 제108조에 의한 재의요구 및 제소 | 제172조에 의한 재의요구 및 제소 |
|---|---|---|---|
| 재의대상 요건 | 지방의회 의결로 지자체장에게 이송된 조례안 | 지방의회의 의결 | 좌 동 |
| 재의 요건 | 지방자치단체의 장이 이의가 있을 때 | • 지자체 장이 월권, 법령 위반, 공익을 현저히 해친다고 인정되는 때(제107조)<br>• 예산상 집행 불가능한 경비 포함, 의무적 부담 경비와 응급복구비를 삭감하는 경우(제108조) | 주무부장관(시도지사)이 법령 위반, 공익을 현저히 해친다고 판단되는 경우 |
| 재의 요구권자 | 지방자치단체의 장 | 좌 동 | 주무부장관(시도지사)의 요구에 따라 지방자치단체의 장 |
| 재의 요구기간 | 조례안을 이송받으면 20일 이내 | 의결사항을 이송받은 날부터 20일 이내 | 재의요구를 받은 지자체장은 의결사항을 이송받은 날부터 20일 이내 |
| 재의 회부기간 | 재의 요구서가 도착한 날부터 10일 이내(영 제71조) | 좌 동 | 규정 없음 |
| 일부 또는 수정재의 요구 | 불 허 | 불 허(영 제71조) | 규정 없음 |
| 재의결 정족수 | 재적의원 과반수 출석, 출석의원 2/3 이상 찬성 | 좌 동 | 좌 동 |
| 대법원 제소 | 규정 없음 | 재의결 사항이 법령에 위반된다고 인정되면 재의결된 날부터 20일 이내 지방자치단체의 장이 대법원 제소 | • 재의결 사항이 법령에 위반된다고 판단되면 재의결된 날부터 20일 이내 지방자치단체의 장이 대법원 제소<br>• 지방자치단체의 장이 제소하지 않을 경우 주무부장관(시 · 도지사)이 제소 지시 또는 직접 제소 |
| 집행정지 | | 집행정지결정 신청 가능 | 좌 동 |

## 2-6. 감면조례 총량제 산정방법(§4 ⑥·⑦, 영 §2 ⑥~⑧)

감면조례 총량제도 도입취지는 감면조례 자율제정제도의 시행으로 감면조례에 의한 감면액이 급격히 상승하여 지방재정건전성을 해칠 우려가 제기되어 감면조례 총량제를 2011년부터 도입하였다. 감면총량 산정은 전전년도 지방세 징수결산액에 행정안전부장관이 고시하는 비율을 곱하여 산정하는데 이 비율은 지방재정 및 자치단체별 지방세수 여건에 따라 각 연도별로 행정안전부장관이 고시[26]하고 있다.

감면조례 총량제 운영에 관한 사항은 기본적으로 자치단체별 감면 총량의 범위 내에서 자율적으로 운영하되 감면 총량의 범위를 초과하여 감면을 신설하고자 하는 경우에는 종전처럼 행정안전부장관의 사전허가를 받도록 하고 있다. 이때 자치단체가 감면총량을 초과하였음에도 행정안전부장관의 사전허가를 받지 않고 감면조례를 입법할 경우에는 그 허가받지 않은 감면총량 초과분의 2배를 다음 연도 총량에서 차감하도록 하고 있다. 현재까지 총량제 산정방식에 대해서는 별도의 운영사례 등이 마련되어 있지는 않으나 입법취지 등을 고려한 산정방식은 아래의 표의 내용을 참조하기 바란다.

**감면조례 총량 산정 예시**

- (감면조례 총량 산식) 전전년도 징수결산액 × 행안부장관이 고시하는 비율
- 자치단체별 감면총량 범위 내 감면조례 제정 예시
  - ('15년 감면조례 개정시) '13년 총량('13년도 지방세징수액 × 행안부장관이 정하는 비율) ≥ 조례 개정 이후 '13년도 해당 지자체 감면 추정액

## 2-7. 조례에 의한 감면액 보통교부세 미보전 등(지방교부세법 시행규칙 별표 6)

지특법 제4조에서 조례에 의한 감면의 경우 보통교부세와 관련해서는 별도의 규정은 없으나 지방교부세법에서 이를 불교부 대상으로 규정하고 있다. 이는 지방자치단체가 자율적으로 감면조례를 입법한 경우에는 그 감면액만큼을 자치단체의 기준재정수입액으로 보아 보통교부세 산정시 교부금이 산정되지 않는 불이익을 주는 제도이다. 지방교부세법 시행규칙의 기준재정수입액의 자체노력 항목에 조례감면액을 지자체 수입으로 반영(100%)함에 따라 감면액이 증가하면 해당 자치단체의 기준재정수입액도 늘어나는 효과로 지방교부세가 축소되는 것이다. 다만, 지특법(지방공사 감면 등) 및 조특법(외투감면 등) 규정의 위임에 의한 감면은 계속해서 보통교부세 대상에 해당된다. 또한, 조례에 의한 감면액이 자치단

26) '11년~'12년 감면총량비율은 '11년 4월 최초 고시되어 매 2년마다 자치단체별 총량비율을 고시하고 있다.

체별 총량의 범위에 있더라도 이 역시 감면조례를 통한 세수 감소를 수반하는 사항이므로 감면조례 총량 초과 여부와는 상관없이 이 부분도 기준 재정수입액으로 보아 보통교부세 불교부 대상에 해당된다 하겠다. 이는 자치단체가 자율적으로 감면조례를 입법하는 권한을 부여받은 대신에 감면조례로 인한 세수감소는 더 이상 중앙정부가 지방에 교부하는 교부세로 보전하지 않겠다는 의미로 그만큼 지방재정건전성을 강화하고자 하는 취지라 하겠다. 이외에도 지특법 제4조에 따른 자치단체 감면조례 중 지방세 감면분에 대한 농어촌특별세 비과세가 필요한 경우가 있는데 관련규정인 농어촌특별세법 시행령 제4조 제1항 제4호, 제6항 제6호의 규정에서는 행정안전부장관과 기획재정부장관이 협의하여 법령에 정하는 고시사항은 농어촌특별세를 비과세하도록 규정하고 있다. 따라서, 자치단체가 감면조례를 입법하고 그에 따른 농어촌특별세까지 감면을 적용하기 위해서는 별도로 행정안전부장관에게 농어촌특별세 비과세 건의를 해야 할 것으로 본다.

〈표 5〉 **보통교부세 산정 방식**

| 기준재정수요액 | - | 기준재정수입액 | = | 재정부족액 | ≒ | 보통교부세 |
|---|---|---|---|---|---|---|
| (4개 측정항목·16개 세항목별 기초수요+보정수요±자체노력) | | (보통세의 80%의 기초수입+보정수입±자체노력) | | ↑<br>(조정률 적용, 통상 90% 수준) | | |

2018년부터는 현행 지방세특례제한법상 법정 감면율 조정제도에 따라 지방자치단체가 능동적으로 법정 감면율을 조례로 축소·운영할 수 있도록 기존 운영되어 온 감면확대시 페널티제도 외에도 새로 인세티브제도가 신설·도입되었다.

〈표 6〉 **현행 지방세특례제한법상 법정 감면율 조정 제도**

| 구 분 | 내 용 |
|---|---|
| • 추가감면 절감 | ▪ 「지방세특례제한법」에서 조례로 감면율 범위를 일부 위임, 자치단체가 감면율을 선택할 수 있도록 하는 제도<br>※ (예시) 산업단지 입주기업의 경우 법정 감면율 50% + 조례 최대 25% 범위, 총 75% 내에서 취득세 감면 가능 |
| • 연장감면 정비<br>(「지특법」 §182) | ▪ 「지방세특례제한법」에서 일몰 연장된 감면 중 자치단체가 최대 50%까지 조례로 감면율을 축소할 수 있게 하는 제도<br>※ (예시) 호텔 재산세 50% 감면 조항의 일몰이 2년 연장되는 경우 조례로 최대 25%까지 감면율 축소 가능(§182) |

따라서, 개정된 지방교부세법 시행규칙에 따라 2018년 결산분(2017년 이전까지 결산분은 제외)부터는 무분별한 감면 확대를 방지하고 건전한 지방세입 기반조성을 위하여 지방세특례제한법에서 정한 감면율보다 조례를 통해 낮은 감면율을 적용하는 경우에 그 축소한 추가 감면정비액(법에서 정한 최대 조례감면액 - 조례를 통한 실제 감면액) + 조례로 축소하여 연장한 감면액}에 대해 보통교부세 인센티브의 180%가 적용되도록 설계되었다.

〈표 7〉 지방자치단체 감면조례 세입확충 자체노력 인센티브 및 페널티 제도 비교

| 측정항목 | 현 행 | | 개정(2018년 결산분부터) |
|---|---|---|---|
| 세입확충 자체노력 | •「지방세 감면 축소」(페널티) | ➡ | •「지방세 감면 축소」(인센티브 · 페널티) |
| | ① 감면조례액(②, ③은 제외) × 100% | | 좌동 |
| | ② 법률 감면범위 초과 감면액 × 150% | | 〈삭제〉 |
| | ③ 감면총량 초과액 × 150% | | ② (감면총량 초과액 + 법률 감면범위 초과 감면액) × 150% |
| | 〈신설〉 | | ③ 추가감면 정비액 :<br>{(법에서 정한 최대 조례감면액 - 조례를 통한 실제 감면액) + 조례로 축소하여 연장한 감면액} × 180% |

〈표 8〉「지방교부세법 시행규칙(별표 6)」 자체노력 반영항목 및 산정기준 : 2. 세입확충분야

| 반영항목 | 산정방식 |
|---|---|
| 6. 지방세 감면액 축소 | ① 전전년도 해당 지방자치단체의 감면조례에 따른 감면액 * × 100%<br>*「지방세특례제한법」 제4조에 따라 조례로 정한 감면액(같은 조 제4항에 따른 감면액은 포함하지 아니한다). 다만, 법령에 따른 감면, 법령에서 정한 감면 범위를 초과하여 조례로 정한 감면, 지방세 감면규모를 초과한 감면은 제외한다.<br>② 전전년도 해당 지방자치단체의 지방세 감면규모 초과액 및 법령에서 정한 감면 범위를 초과하여 해당 지방자치단체의 조례로 정한 감면액 × 150%<br>③ 전전년도 법령에서 정한 감면율보다 해당 지방자치단체의 조례를 통해 낮은 감면율을 적용한 실제 감면액 × 180%<br>※ 감면액은 "①+②-③"의 결과값을 반영한다.<br>※ ③은 2018년도 결산분부터 적용한다. |

**지방세 감면 중 법령위임에 의한 지방세특례제한법 규정 현황(2020.1.1. 현재)**

§15 ②(농산물 공사에 대한 감면), §31의 2(준공 후 미분양주택에 대한 감면), §38 ④ ⑤(종교단체 의료기관에 대한 감면), §54 ①(관광단지 등에 대한 과세특례), §55(문화재에 대한 감면) ②, §63 ⑤(지방도시철도공사 등에 대한 감면), §75의 2(기업도시개발구역 및 지역개발사업구역 내 창업기업 등에 대한 감면), §78(산업단지 등에 대한 감면) ⑧, §78의 3 ②(외국인 투자 등에 대한 감면), §85의 2 ① ② ③(지방공기업 등에 대한 감면), §92의 2(자동계좌이체 납부에 대한 세액공제)

## 3 | 자치단체 감면 조례 평가대상 기준 개선(§4 ③, 영 §2 ③)

2018년까지는 「지방세특례제한법」에 따라 자치단체에서 감면을 신설하거나 일몰을 연장·확대할 경우 현재는 조세전문기관에 의한 평가 기준이 이원화되어 있어 감면 조례 신설 외에 일몰 검토 시 '감면기간 동안의 감면액이 10억원 이상'인 경우도 전문기관에 의한 평가 의무화로 일몰 도래 시(3년 주기)마다 전국 지방자치단체별로 연구용역을 매번 수행해야 하고, 각 지방자치단체마다 유사 감면조례(공통조례)에 대해 중복하여 평가하는 문제가 발생하는 등 과도한 행정력 낭비의 문제가 있어 왔다.

**〈표 9〉 조세전문기관에 의한 타당성 평가 기준(2018년 기준)**

| 구분 | 지방세특례제한법 | | 감면 조례 | |
|---|---|---|---|---|
| | 신설 | 기존감면 | 신설 | 기존감면 |
| 감면규모 | 100억원 이상 | 100억원 이상 | 10억원 이상 | 10억원 이상 |
| 산출기간 | 감면기간 중 예상 감면액 | 일몰도래전 과거 3년 연평균 감면액 | 감면기간 중 감면 추계액 | |

이에 2019년부터는 「지방세특례제한법」과 같이 감면 조례 신설 및 일몰 연장 검토 시 조세전문기관에 의한 평가 수행 기준을 차별적으로 설정하도록 관련 규정이 개정되었다.

**〈표 10〉 조례감면 검토시 조세전문기관에 의한 평가 대상 기준**

| | | |
|---|---|---|
| 신 설 | 현행유지 | • 감면기간 동안 예상추계액 10억원 이상 |
| 연장·확대 | 기준완화 | • 일몰도래 직전 과거 3년간 연평균 감면액이 10억원 이상 |

## 4 | 지방자치단체 조례감면 입법 특례(§4 ④, 영 §2 ④~⑥)

지방자치단체가 지방세 감면을 입법하려면 제4조의 규정을 준수하여 조례로서 정하여야 한다고 설명하였다. 다만, 천재지변이나 이와 유사한 지진, 풍수해, 벼락, 전화, 도괴 등의 사유가 있는 경우에는 법에서 정한 엄격한 모든 감면절차를 생략하고 지방자치단체의 장은 지방의회의 의결을 얻어 감면 여부를 결정할 수 있다. 이는 평시에는 법령에 따라 특례를 정하여야 하나 천재지변 등 응급한 상황이 발생하는 경우에는 지방자치단체의 장에게 모든 입법권한을 한시적으로 부여함으로써 해당 지역주민에 대한 시급한 행정조치를 현장에서 즉시 처리가 가능하도록 입법절차에 관한 입법특례를 부여한 것이라 하겠다.

## 5 | 관련사례

▣ 「경기도 ○○시 시세 조례 개정안」이 지방세 중과세율 적용 원칙에 위배되는지 여부

- 지방세법 제111조 제1항 제2호 나목에서 공장용 건축물 재산세 중과세 대상지역을 국계법과 그 밖의 관계법령에서 지정된 주거지역 및 조례로 정한다고 규정하고 있고, 이에 따라 경기도 ○○시 시세 조례는 공장용 건축물 재산세 중과세 대상지역으로 상업과 녹지지역을 규정하고 있으나, 해당 조례개정안은 공장용 건축물 재산세 중과세 대상지역 내에 있는 지식산업센터 공장용 건축물을 예외로 하고 있어 그 위임범위를 벗어난 것임.
- 지특법 제3조 제1항에서 이 법, 지방세법 및 조특법에 의하지 아니하고는 지방세 특례를 정할 수 없다고 규정하고 있고, 이 법에서 정한 감면은 추가 확대할 수 없다고 규정하고 있음. 지특법 제58조의 2 제2항에서 지식산업센터를 신축하거나 증축하여 설비한 자로부터 최초로 해당 지식산업센터를 분양받은 경우에 취득세(75%) 및 재산세(50%)를 감면한다고 규정하고 있으나, 경기도 ○○시 시세 조례 개정안은 지식산업센터 내 공장용건축물에 대하여 지특법에서 정한 감면에 추가로 재산세 중과세를 배제하기 위함으로 지특법 제4조 제1항과 상충되는 것으로 보임. 따라서 경기도 ○○시 시세 조례 개정안은 지방세법 및 지특법 등에 위배됨(안행부 지방세정책과-1157, 2013.7.23.).

▣ ○○구역 이후 사업시행 지연으로 지역주민들의 재산권 제약을 보상하기 위한 감면조례 여부

지특법 제4조 제1항에서는 서민생활지원, 대중교통확충 등 공익을 위하거나 특정지역 개발 등을 위한 경우 감면조례를 제정할 수 있도록 하면서 같은법 단서에서 지특법에서 규정하고 있는 감면은 추가 확대를 불허하고 있으며, 현재 사권제한 부동산에 대한 감면은 지특법 제84조에서 「국토계획 및 이용에 관한 법률」의 도시계획시설 및 공공시설, 「철도안전법」 제45조에 따라 건축이 제한된 경우로 한정하여 재산세를 50% 감면하고 있으며 사권제한

지역·지구는 매우 광범위하므로, 우리부는 다른 유사 토지와의 형평문제로 10년 이전 감면조례 허가제 운영시에도 관련 감면조례 제정을 모두 불허가 처리한 바가 있으며 헌법재판소는 토지이용 제한이 지정 당시의 상태대로 사용·수익할 수 있는 이상 재산권에 내재하는 사회적 제약을 넘지 않는다고 판시(헌재 97헌바78 판결)한 바가 있음을 고려할 때 ○○사업구역 내 재산권 제한 토지에 대한 감면조례 제정은 지방세 감면 확대를 제한하고 있는 지특법상 규정, 다른 사권제한 토지와의 형평성 등에 배치될 소지가 있어 해당 지방자치단체에서 신중하게 판단해야 함(행안부 지방세정책과-3207, 2012.12.3.).

▣ 감면조례를 입법할 경우 감면 일몰기한을 매 3년 단위로 계속 감면할 수 있는지 여부

지방자치단체가 감면조례를 제정(개정)하는 경우 감면조례 효력은 그 감면조례 공포·시행일로부터 3년의 기간 이내이며, 3년의 기간을 초과하여 계속 감면을 하고자 하는 경우는 그 감면조례의 효력이 종료되는 매 시점마다 3년의 범위 이내에서 감면조례를 재개정해야 함(행안부 지방세정책과-64, 2012.1.10.).

제 5 조

# 지방세지출보고서의 작성

관련규정

제5조(지방세지출보고서의 작성) ① 지방자치단체의 장은 지방세 감면 등 지방세 특례에 따른 재정 지원의 직전 회계연도의 실적과 해당 회계연도의 추정 금액에 대한 보고서(이하 "지방세지출보고서"라 한다)를 작성하여 지방의회에 제출하여야 한다.

② 지방세지출보고서의 작성방법 등에 관하여는 행정안전부장관이 정한다.

【지방재정법 시행령】 제35조의 7(지방세감면의 제한) ② 제1항 각 호의 지방세 비과세·감면율을 계산할 때 다음 각 호의 금액은 지방세 비과세·감면액에 포함하지 아니한다.

1. 「지방세특례제한법」 제40조의 2에 따른 취득세 감면액(2010년 감면 결산액인 3조 4천775억원 초과분으로 한정한다)
2. 「지방세특례제한법」 제57조 제3항에 따른 농업협동조합 사업구조 개편 지원을 위한 감면 등 국가 정책적으로 지원이 불가피하여 일시적으로 발생하는 비과세·감면액

제49조의 2(예산안의 첨부서류) 법 제44조의 2 제1항 제14호에서 "대통령령으로 정하는 서류"란 다음 각 호와 같다.

1. ~ 4. (생 략)
5. 「지방세특례제한법」 제5조 제1항에 따른 지방세지출보고서
6. 그 밖에 예산의 내용을 명백히 하는데 필요한 서류

## 1 | 의 의

지방세지출보고서(이하 "지출보고서")는 지방자치단체가 지방세 비과세·감면내역을 예산처럼 지방의회에 제출하는 보고서로서 2010년부터 시행된 제도이다. 이를 통해 지방세 비과세·감면내역에 대한 현황을 주민과 지방의회에 공개함으로써 지방재정운용의 책임성을 강화하는 데 의의가 있다. 우리나라는 국세에서 1999년부터 조세지출예산제도가 도입·시행되었고 지방세는 2005년에 처음 개념이 도입되어 3년(2007~2009년) 동안의 준비기간을 거쳐 2010년부터 본격적으로 사용하기 시작하였다.

## 2 | 지방세지출보고서 작성 및 활용

### 2-1. 외국의 사례

**국가별 조세지출의 정의**

- 미국 : 조세제도를 비교기준으로 설정시 이 기준의 "예외적 우대"
- 호주 : "기준조세로부터 벗어나서 특정 행위나 납세자에게 혜택을 주는 것"
- 독일 : "눈에 보이지 않는 보조금"
- 영국 : 조세지원 효과가 특정활동 등 지원 등 "공공지출과 유사한 효과를 가지는 대안"

조세지출의 개념은 국가별 기준에 의한 판단과 분류기준에 따라 상이하나 대체로 조세지출(tax expenditure)은 정부가 세금을 감면해 주는 제도에 대한 직접적 지출에 대응되는 간접적 지출이라는 점을 중시하고 있다. 조세지출이라는 용어는 미국에서 1968년에 처음으로 조세지출보고서를 발간하며 사용하기 시작하였다. OECD 대부분의 국가에서는 조세지출이라는 용어를 사용하고 있는데 조세지출의 추정방법은 우리나라와 마찬가지로 대부분의 나라가 특정한 세법규정 때문에 감소하는 세수의 규모를 계산하여 조세지출규모를 파악하는 "세수손실에 의한 규모추정 방법"[27]을 사용하고 있으며 보고서 분류방법은 각 나라에서 자기나라 실정에 맞게 다양하게 운영중에 있다.

27) 조세지출을 추계하는 방법은 크게 세수손실에 의한 규모추정 방법, 세수증가에 의한 규모추정 방법, 동등한 효과를 갖는 직접 지출의 규모에 의한 방법 등이 있음.

〈표 1〉 주요 OECD회원국의 지출예산제도 운영현황

| 국별 | 도입 시기 | 강제성 여 부 | 제출 빈도 | 분류방법 | 대상세목 | 작성연도 |
|---|---|---|---|---|---|---|
| 미 국 | 1968 | 강제 | 매년 | 기능별 | 소득세, 법인세, 증여세 | 과거·현재1년 미래5년 |
| 영 국 | 1979 | 임의 | 〃 | 세목별 | 전 세목 | |
| 프랑스 | 1981 | 강제 | 〃 | 기능·세목별, 수혜자별 | 〃 | 과거·현재1년 |
| 독 일 | 1959 | 〃 | 격년 | 세목별, 산업별 | 〃 | 과거2년, 현재1년 미래1년 |
| 캐나다 | 1979 | 임의 | 매년 | 세목·기능별, 감면종류별 | 소득세, 법인세, 소비세 | 과거2년 |
| 호 주 | 1981 | 〃 | 〃 | 세목별, 기능별 | 〃 | |
| 오스트리아 | 1979 | 강제 | 〃 | 〃 | 전 세목 | |
| 벨기에 | 1985 | 〃 | 〃 | 〃 | 〃 | |
| 핀란드 | 1988 | 임의 | 〃 | 〃 | 〃 | |
| 아일랜드 | 1981 | 〃 | 〃 | 세목별 | 소득세, 법인세 | |
| 이탈리아 | 1990 | 〃 | 수시 | 세목·기능별 | 전 세목 | |
| 네덜란드 | 1987 | 〃 | 〃 | 세목별 | 소득세, 법인세 | |
| 포르투갈 | 1968 | 강제 | 매년 | 세목·기능별 | 소득세, 법인세, 소비세 | |
| 스페인 | 1978 | 〃 | 〃 | 〃 | 전 세목 | |

※ 출처 : 지방행정연구원(2008), 외국의 지방세지출예산제도

## 2-2. 지출보고서 작성방법

지출보고서 작성에 대한 법적근거는 지특법(§5)이며, 세부적인 작성방법은 행정안전부장관이 정하고 있다. 지출보고서 주요 작성기준은 아래의 기준에 따라 작성한다.

**지출보고서 작성기준**

• 작성주체 : 전국 243개 지방자치단체가 각각 과세권에 따라 작성
• 대상세목 : 전 세목 ※ 15개 분야 60개 부분으로 분류(표 2 참조)
• 회계연도 : 직전연도('19년 결산액) + 당해연도('20년 추계액) ※ 2020년 기준
• 지출유형 : 지방세 비과세·감면 전체(지방세법, 지특법, 조특법, 감면조례)

## 2-3. 지출보고서의 활용

자치단체별로 작성된 지출보고서는 지방재정법 시행령 제45조에 따른 예산 부수서류로 지방의회[28]에 보고되고 지방재정법 제60조에 따라 해당 지역주민에게 공시하고 있다. 매년 국정감사를 전후하여 국회에 주요 통계자료로 제출하며 각 자치단체의 보통교부세 산정 기초자료[29] 등으로 제공하는 용도로 활용되는 중요한 지방재정관련 보고서 중에 하나이다.

〈표 2〉 **지방세 지출보고서 주요 항목 및 세분류**

| 분야 | 부문 | 명 칭 | 분야 | 부문 | 명 칭 | 분야 | 부문 | 명 칭 |
|---|---|---|---|---|---|---|---|---|
| 010 | | 일반공공행정(4) | 070 | | 환경보호(6) | | 093 | 식품의약안전 |
| | 011 | 입법 및 선거관리 | | 071 | 상하수도·수질 | 100 | | 농림해양수산(4) |
| | 013 | 지방행정·재정지원 | | 072 | 폐기물 | | 101 | 농업·농촌 |
| | 014 | 재정·금융 | | 073 | 대기 | | 102 | 임업·산촌 |
| | 016 | 일반행정 | | 074 | 자연 | | 103 | 해양수산·어촌 |
| 020 | | 공공질서 및 안전(3) | | 075 | 해양 | | 104 | 농림해양수산 일반 |
| | 022 | 법무 및 검찰 | | 076 | 환경보호일반 | 110 | | 산업·중소기업(6) |
| | 023 | 경찰 | 080 | | 사회복지(9) | | 111 | 산업금융지원 |
| | 025 | 재난방재·민방위 | | 081 | 기초생활보장 | | 112 | 산업기술지원 |
| 050 | | 교육(4) | | 082 | 취약계층지원 | | 113 | 무역 및 투자유치 |
| | 051 | 유아 및 초중등교육 | | 083 | 공적연금 | | 114 | 산업진흥·고도화 |
| | 052 | 고등교육 | | 084 | 보육·가족 및 여성 | | 115 | 에너지 및 자원개발 |
| | 053 | 평생·직업교육 | | 085 | 노인·청소년 | | 116 | 산업·중소기업 일반 |
| | 054 | 교육일반 | | 086 | 노동 | 120 | | 수송 및 교통(6) |
| 060 | | 문화 및 관광(5) | | 087 | 보훈 | | 121 | 도로 |
| | 061 | 문화예술 | | 088 | 주택 | | 122 | 철도 |
| | 062 | 관광 | | 089 | 사회복지 일반 | | 123 | 도시철도 |
| | 063 | 체육 | 090 | | 보건(3) | | 124 | 해운·항만 |
| | 064 | 문화재 | | 091 | 보건의료 | | 125 | 항공·공항 |
| | 065 | 문화 및 관광일반 | | 092 | 건강보험 | | 126 | 대중교통·물류 등 기타 |

28) 지방자치법 제127조(예산의 편성 및 의결) ① 지방자치단체의 장은 회계연도마다 예산안을 편성하여 시·도는 회계연도 시작 50일 전까지, 시·군 및 자치구는 회계연도 시작 40일 전까지 지방의회에 제출하여야 한다.

29) 각 자치단체의 보통교부세 산정 기초통계 자료로 지출보고서에 나타난 재산세 비과세 현황(지법 §109), 임대주택 감면(지특법 §31), 하이브리드차 감면(지특법 §66), 산업단지 감면(지특법 §76) 자료를 활용하고 있다.

| 분야 | 부문 | 명 칭 | 분야 | 부문 | 명 칭 | 분야 | 부문 | 명 칭 |
|---|---|---|---|---|---|---|---|---|
| 140 | | 국토 및 지역개발(3) | | 152 | 과학기술연구지원 | 800 | | 외국(1) |
| | 141 | 수자원 | | 153 | 과학기술일반 | | 801 | 외국정부 등 과세특례 |
| | 142 | 지역 및 도시 | | | | | | |
| | 143 | 산업단지 | 700 | | 국가(1) | 900 | | 기타(2) |
| 150 | | 과학기술(3) | | 701 | 국가에 대한 과세특례 | | 901 | 형식적 취득 |
| | 151 | 기술개발 | | | | | 902 | 기타 과세특례 |

이와 같이 지방세지출제도의 시행으로 인해 분야별 · 수혜자별 지방세지출 내용을 세부적으로 파악하고 공개함으로써 특정부분에 집중되는 지방세 지원을 방지하는 한편, 수혜자와 일반 납세자와의 과세형평성을 제고시키고, 분야별로 재정지출과 지방세지출 내용을 쉽게 파악할 수 있어 중복지원을 방지할 수 있는 등 재원배분의 효율성을 높이는 효과를 기대할 수 있을 것이다.

# 제 2 장

# 유형별 감면

# 제 1 절

# 농어업을 위한 지원 (법 제6조~제16조)

# 제6조

## 1. 자경농민의 농지 등에 대한 감면

관련규정

**제6조(자경농민의 농지 등에 대한 감면)** ① 대통령령으로 정하는 바에 따라 농업을 주업으로 하는 사람으로서 2년 이상 영농에 종사한 사람 또는 「후계농어업인 및 청년농어업인 육성ㆍ지원에 관한 법률」 제8조에 따른 후계농업경영인 및 청년창업형 후계농업경영인(이하 이 조에서 "자경농민"이라 한다)이 대통령령으로 정하는 기준에 따라 직접 경작할 목적으로 취득하는 대통령령으로 정하는 농지(이하 이 절에서 "농지"라 한다) 및 관계 법령에 따라 농지를 조성하기 위하여 취득하는 임야에 대해서는 취득세의 100분의 50을 2026년 12월 31일까지 경감한다. 다만, 다음 각 호의 어느 하나에 해당하는 경우 그 해당 부분에 대해서는 경감된 취득세를 추징한다.

1. 정당한 사유 없이 그 취득일부터 2년이 경과할 때까지 자경농민으로서 농지를 직접 경작하지 아니하거나 농지조성을 시작하지 아니하는 경우
2. 직접 경작한 기간이 2년 미만인 상태에서 매각ㆍ증여하거나 다른 용도로 사용하는 경우

**【영】 제3조(자경농민 및 직접 경작농지의 기준 등)** ① 법 제6조 제1항 각 호 외의 부분 본문에서 "대통령령으로 정하는 바에 따라 농업을 주업으로 하는 사람으로서 2년 이상 영농에 종사한 사람"이란 본인 또는 배우자[「주민등록법」 제7조에 따른 세대별 주민등록표(이하 "세대별 주민등록표"라 한다)에 함께 기재되어 있는 경우로 한정한다. 이하 이 조에서 같다] 중 1명 이상이 취득일 현재 다음 각 호의 요건을 모두 갖추고 있는 사람을 말한다.

1. 농지(「지방세법 시행령」 제21조에 따른 농지를 말한다. 이하 같다)를 소유하거나 임차하여 경작하는 방법으로 직접 2년 이상 계속하여 농업에 종사할 것
2. 제1호에 따른 농지의 소재지인 특별자치시ㆍ특별자치도ㆍ시ㆍ군ㆍ구(자치구를 말한다. 이하 "시ㆍ군ㆍ구"라 한다) 또는 그와 잇닿아 있는 시ㆍ군ㆍ구에 거주하거나 해당 농지의 소재지로부터 30킬로미터 이내의 지역에 거주할 것
3. 직전 연도 농업 외의 종합소득금액(「소득세법」 제4조 제1항 제1호에 따른 종합소득에서 농업, 임업에서 발생하는 소득, 「소득세법」 제45조 제2항 각 호의 어느 하나에 해당

하는 사업에서 발생하는 부동산임대소득 또는 같은 법 시행령 제9조에 따른 농가부업 소득을 제외한 금액을 말한다)이 「농업·농촌 공익기능 증진 직접지불제도 운영에 관한 법률」 제9조 제3항 제1호 및 같은 법 시행령 제6조 제1항에 따른 금액 미만일 것

② 법 제6조 제1항 각 호 외의 부분 본문에서 "대통령령으로 정하는 기준"이란 다음 각 호의 요건을 모두 갖춘 경우를 말한다.

1. ~ 3. (생략) ☞ 본문 해설편 참조

⑥ 제1항에 따른 직전 연도 농업 외의 종합소득금액, 2년 이상 농업에 종사하는 사람을 확인하는 세부적인 기준, 감면신청 절차 및 그 밖에 필요한 사항은 행정자치부령으로 정한다.

**【칙】 제2조의 2(자경농민 농지 감면 소득기준 등의 범위)** ① 영 제3조 제6항에서 "직전 연도 농업 외의 종합소득금액"이란 다음 각 호의 금액을 합산한 것을 말한다.

1. 「소득세법」 제19조에 따른 사업소득금액
2. 「소득세법」 제20조 제1항에 따른 근로소득에서 같은 법 제12조에 따른 비과세소득을 차감한 금액
3. 「소득세법」 제16조, 제17조, 제20조의 3 및 제21조에 따른 이자소득금액, 배당소득금액, 연금소득금액 및 기타소득금액

② 제1항에 따른 직전 연도 농업 외의 종합소득금액은 다음 각 호의 구분에 따른 연도의 소득금액으로 한다.

1. 「소득세법」 제70조에 따른 종합소득 과세표준이 확정된 경우 : 「지방세특례제한법」(이하 "법"이라 한다) 제6조에 따른 농지 취득일이 속하는 연도의 직전 연도
2. 「소득세법」 제70조에 따른 종합소득 과세표준이 확정되지 아니한 경우 : 법 제6조에 따른 농지 취득일이 속하는 연도의 전전 연도

③ 법 제6조에 따라 취득세를 경감받으려는 자(이하 이 항에서 "감면신청인"이라 한다)는 별지 제1호의 2 서식에 따른 감면신청서에 제2항에 따른 소득금액을 확인할 수 있는 다음 각 호의 서류를 첨부하여 관할 지방자치단체의 장에게 제출하여야 한다. 이 경우 감면신청인이 「전자정부법」 제36조 제1항에 따른 행정정보의 공동이용을 통한 주민등록등본 등의 확인에 동의하는 경우에는 그 확인으로 주민등록등본 등의 제출을 갈음할 수 있다.

1. 주민등록등본
2. 소득금액증명원, 그 밖의 종합소득금액을 확인하는 서류로서 행정안전부장관이 정하여 고시하는 서류
3. 2년 이상 영농에 종사하고 있음을 확인하는 서류로서 행정안전부장관이 정하여 고시하는 서류

## 1 개 요

농업을 주업으로 하는 자경농민이 영농을 목적으로 취득하는 농지에 대한 세제지원이다. 2010년까지는 구 지방세법 제261조(2010.3.31. 지특법 제정 이전)에서 규정되었으나 지방세법이 분법되면서 2011년부터 현재의 제6조로 이관되었다. 2015년부터는 농업을 주업으로 하

는 자의 범위에 소득(3,700만원) 기준이 추가되었다. 2016년에는 자경농민(동거가족, 농업계열학과 등)의 범위가 일부 축소되었다. 2017년부터는 자경농민에 대하여 2020년까지 취득세 감면 일몰기한이 설정되었다. 2021년에는 영농거리 규정이 확대(20→30㎞)되었으며, 일몰기한도 2023년까지 연장되었다. 2022년에는 자경농민이 직접 경작할 목적으로 '농지'를 취득하는 경우, 취득 원인(상속·유상취득)에 관계 없이 공부와 현황이 모두 농지인 경우까지 확대되었다.

## 2 | 감면대상자(법 §6 ①~③)

자경농민이란 일반적으로 농업을 주업으로 하는 사람으로서 2년 이상 영농에 종사한 사람을 말하지만, 이밖에도 후계농업경영인을 통칭(通稱)하여 자경농민이라 한다. 자경농민 판단을 위해서는 농업을 주업으로 하는 사람 요건과 경작기준 요건 모두를 충족하여야 하며, 세부 감면요건은 아래의 내용과 같다.

〈표 1〉 **자경농민 취득세 감면요건(요약)**

| | | | |
|---|---|---|---|
| ① | 농업을 주업으로 하는 사람<br>(영 §3 ①) | 기간 | 농지를 소유·임차하여 2년 이상 계속 종사할 것 |
| | | 주소 | ① 농지 소재지 시·군·구 ② 농지 소재지 시·군·구와 잇닿은 시·군·구 ③ 농지 소재지로부터 30킬로미터 이내의 지역 |
| | | 소득 | 직전연도 농업 외의 종합소득금액이 3,700만원 미만 |
| ② | 경작기준<br>(영 §3 ②) | 위치 | 농지 소재지가 도시지역 외 지역 |
| | | 주소 | ① 농지 소재지 시·군·구 ② 농지 소재지 시·군·구와 잇닿은 시·군·구 ③ 농지 소재지로부터 20킬로미터 이내의 지역 |
| | | 면적 | 본인 및 배우자 소유의 농지 및 임야 합산 면적이 3만$m^2$ 이내<br>* 논, 밭, 과수원 : 3만$m^2$, 목장용지 : 25만$m^2$, 임야 : 30만$m^2$ |

### 2-1. 농업을 주업으로 하는 사람의 요건(영 §3 ①, 칙 §2의 2)

농업을 주업으로 하는 사람으로서 2년 이상 영농에 종사한 사람이란 농지 취득일 현재 본인 또는 그 동거가족 중 1명 이상이 다음의 요건을 모두 갖추고 있는 사람을 말한다. 동거가족이란 동일한 세대별 주민등록표에 기재되어 있는 배우자를 말한다.

① (영 §3 ① 1호) : 본인이 직접 농지를 소유하면서 그 농지를 직접 경작하는 사람과 다른 사람의 농지를 임차하여 직접 2년 이상 농업에 종사하는 사람을 말한다. 여기서 2년 이상의 의미는 농업에 종사한 기간을 통산(通算)하는 것이 아니라 농지 취득일 현재를 기준으로 전전연도부터 계속해서 2년간 농업에 종사한 기간을 말한다. 후계농업경영인의 경우에는 2년 이상 영농에 종사하였는지 여부와 상관없이 농업을 주업으로 하는 사람으로 보고 있다. 이는 후계농업경영인 등의 경우에는 이미 영농과 관련한 전문적 소양 능력이 있는 점을 고려한 것으로 보여진다. 한편, 2015년부터는 농업계열 학교 또는 학과의 이수자 및 재학생의 경우도 자경농민에 포함되었으나 2016년부터는 제외되었다.

② (영 §3 ① 2호) : 2020년까지는 자경농민이 거주하는 주소지로부터 농지 소재지까지의 경작거리가 20㎞로 제한되었으나, 2021년부터는 발달한 교통 및 영농환경 변화를 반영하여 30㎞까지 확대되었으며 국세(자경농민 양도소득세 감면)의 경우는 이미 2015년부터 경작거리기준이 30㎞로 확대되었다.

### 2-1-1. 쌀소득직불금 수령자를 타인이 수령한 경우 자경농민 판단

「쌀소득 등의 보전에 관한 법령」에서 쌀소득직불금을 지급받고자 하는 자는 해당 농지의 경작자임을 증명하는 서류 등을 첨부하여 쌀소득직불금등록신청서를 읍·면장에게 제출하도록 규정되어 있는 점을 고려하면 쌀소득직불금을 타인이 수령한 경우, 이는 감면대상자가 농지를 직접 경작한 경우로 보기는 어렵다 하겠다.

다만, 쌀소득직불금을 타인이 수령하였더라도 농협의 매입매출내역 등에서 농작물을 재배한 사실이 확인되는 경우에는 당해 농지를 직접 경작한 사람에 해당한다고 결정(조심 2015지305, 2015.10.21. 참조)한 사례가 있으므로 쌀소득직불금을 타인이 수령했다고 해서 무조건 자경농민이 아니라고 판단하기보다는 객관적으로 농지 등을 경작한 사실이 있는지를 면밀히 판단해야 하는 것이다. 이 경우 쌀소득직불금 등록자(수령자)가 거짓 그 밖의 부정한 방법으로 등록을 한 경우에는 쌀소득직불금을 감액지급 또는 회수, 등록제한 등의 조치를 취하도록 규정하고 있어 이에 해당하는지는 자경농민 감면과는 별개로 판단해야 한다.

### 2-1-2. 2년 이상 농업에 종사하였는지에 대한 판단

2년 이상 실제 영농이란 농지원부(農地原簿)와 같은 공적장부만을 기준으로 하는 것이 아니라 2년 이상 영농에 종사한 사실이 농업소득, 농지 소유실태, 수매실적, 각종 농기자재

구매 영수증 등 관련 증빙자료에 의하여 입증이 가능하다면 농업을 주업으로 하는 자경농민(행안부 지방세운영과-155, 2009.1.13.)으로 보고 있다.

### 2-1-3. 동거가족의 범위를 배우자로 한정한 취지

실제 농업에 종사하는 직계존속 또는 직계비속을 제외하는 것이 타당하냐는 논란이 있으나 이들을 포함할 경우 실제 농지 활용보다는 증여 등 혈족 간의 농지 취득을 이용한 탈세·편법 및 자경농민이 아닌 자녀가 자경농민인 부모로부터 농지를 증여받는 경우 등에 대한 복잡한 과세운영상의 문제점(아래 사례 참조)이 있어 농업인이 장기간 계속해서 농지를 활용하라는 취지임을 고려하여 농지 취득자의 배우자(2015년까지는 직계비속 포함)로 한정한 것으로 본다(행자부 세정-32, 2001.7.2., 대법원 2012두1426, 2012.4.2. 참조).

**〈사례〉 조(祖), 부(父), 손(孫)이 동거가족일 경우 자경농민 여부 판단(2015년까지)**

| | |
|---|---|
| ① 손(孫)이 자경농민 | ⇒ 조(祖), 부(父), 손(孫)의 농지 취득시 모두 감면대상 |
| ② 부(父)가 자경농민 | ⇒ 조(祖), 부(父)의 취득은 감면대상, 손(孫)의 취득은 감면 제외 |
| ③ 조(祖)가 자경농민 | ⇒ 조(祖)의 취득은 감면대상, 부(父), 손(孫)의 취득은 감면 제외 |

### 2-1-4. 농업 이외의 종합소득금액의 범위

#### 직전 연도 종합소득금액(이하 종합소득금액) 범위(칙 §2의 2)

종합소득금액이 3,700만원 미만인 경우란 「소득세법」에 따른 사업소득, 근로소득, 이자·배당 등 기타소득금액을 합산한 금액을 말한다.

◈ 종합소득금액 = 사업소득 + 근로소득 + 이자·배당·연금 및 기타소득금액

**【농업소득의 보전에 관한 법률 시행령】** 제6조(농업 외의 종합소득금액) ① 법 제6조 제3항 제1호에서 "농업 외의 종합소득금액이 대통령령으로 정하는 금액 이상인 자"란 영농조합법인 및 농업회사법인 외의 자로서 법 제8조에 따른 농업소득보전직접지불금 지급대상자 등록신청 전년도를 기준으로 농업 외의 종합소득금액이 3천7백만원 이상인 자를 말한다.

**【규칙】** 제2조의 2(자경농민 농지 감면 소득기준 등의 범위) ① 영 제3조 제6항에서 말하는 "직전 연도 농업 외의 종합소득금액"이란 다음 각 호의 금액을 합산한 것을 말한다.

1. 「소득세법」 제19조 제2항에 따른 사업소득금액
2. 「소득세법」 제20조 제1항에 따른 근로소득에서 같은 법 제12조에 따른 비과세소득을 차감한 금액

3. 「소득세법」 제16조, 제17조, 제20조의 3 및 제21조에 따른 이자소득금액, 배당소득금액, 연금소득금액 및 기타소득금액

※ 자경농민 감면요건으로 종합소득금액 기준을 도입한 취지

자경농민이란 농지 취득자가 직접 영농한다는 의미에 국한되지 않고 생계를 같이 하는 동거가족의 영농까지 포함된다. 영농의 의미에 대해 과세기관과 납세자 간에 쟁점이 자주 발생하였다. 이에 2015년부터는 국내 평균 가구 소득인 3,700만원(2009년)을 기준으로 자경농민의 범위를 판단하도록 2015년부터 감면요건을 강화하였다. 2014년까지는 반드시 전업농민이 아니라도 자경농민이 가능(행안부 세정팀-164, 2008.1.15.)하였으나 2015년부터는 실제 전업농민만을 대상으로 감면제도를 운영할 기반이 마련되었다는 데 의미가 있다 하겠다.

### 종합소득금액 제외(소득세법 §12, §45 ②, 소득세법 시행령 §9)

종합소득금액 중에서 소득세법에 따른 비과세 소득, 농업·임업에서 발생하는 소득, 부동산임대업에서 발생하는 소득 및 농가부업소득은 소득금액 기준에서 제외한다.

◈ 종합소득금액 = (사업소득 + 근로소득 + 이자·배당·연금 및 기타소득금액) − (소득세법에 따른 비과세 근로소득 + 부동산임대소득 + 농가부업소득)

【소득세법】 제12조(비과세소득) 다음 각 호의 소득에 대해서는 소득세를 과세하지 아니한다.

3. 근로소득과 퇴직소득 중 다음 각 목의 어느 하나에 해당하는 소득
   가. 대통령령으로 정하는 복무 중인 병(兵)이 받는 급여
   나. 법률에 따라 동원된 사람이 그 동원 직장에서 받는 급여
   다. 「산업재해보상보험법」에 따라 수급권자가 받는 요양급여, 휴업급여, 장해급여, 간병급여, 유족급여, 유족특별급여, 장해특별급여, 장의비 또는 근로의 제공으로 인한 부상·질병·사망과 관련하여 근로자나 그 유족이 받는 배상·보상 또는 위자(慰藉)의 성질이 있는 급여
   라. 「근로기준법」 또는 「선원법」에 따라 근로자·선원 및 그 유족이 받는 요양보상금, 휴업보상금, 상병보상금(傷病補償金), 일시보상금, 장해보상금, 유족보상금, 행방불명보상금, 소지품 유실보상금, 장의비 및 장제비 / 마. ~ 버. (생 략)

【소득세법】 제45조(결손금 및 이월결손금의 공제) ② 제1항에도 불구하고 다음 각 호의 어느 하나에 해당하는 사업(이하 "부동산임대업"이라 한다)에서 발생한 결손금은 종합소득 과세표준을 계산할 때 공제하지 아니한다. 다만, 주거용 건물 임대업의 경우에는 그러하지 아니하다.

1. 부동산 또는 부동산상의 권리를 대여하는 사업. 다만 지역권 등 대통령령으로 정하는 권리

를 대여하는 사업은 제외한다.
2. 공장재단 또는 광업재단을 대여하는 사업
3. 채굴에 관한 권리를 대여하는 사업으로서 대통령령으로 정하는 사업

【소득세법 시행령】 제9조(농가부업소득의 범위) ① 법 제12조 제2호 다목에서 "대통령령으로 정하는 농가부업소득"이란 농·어민이 부업으로 경영하는 축산·고공품(藁工品)제조·민박·음식물판매·특산물제조·전통차제조·어로·양어 및 그 밖에 이와 유사한 활동에서 발생한 소득 중 다음 각 호의 소득을 말한다.
1. 별표 1의 농가부업규모의 축산에서 발생하는 소득
2. 제1호 외의 소득으로서 소득금액의 합계액이 연 2천만원 이하인 소득

② 제1항 각 호 외의 부분에서 "민박"이라 함은 「농어촌정비법」에 따른 농어촌민박사업을 말한다.
③ 제1항 각 호 외의 부분에서 "특산물"이란 「식품산업진흥법」에 따른 전통식품 및 「농수산물 품질관리법」에 따른 수산특산물을 말한다.
④ 제1항 각 호 외의 부분에서 "전통차"란 「식품산업진흥법」 제22조에 따라 농림축산식품부장관이 인증한 차를 말한다.
⑤ 제1항 각 호 외의 부분에서 "어로·양어"란 통계청장이 고시하는 한국표준산업분류(이하 "한국표준산업분류"라 한다)에 따른 어업 중 연근해어업·내수면어업·양식어업을 말한다.

### 2-1-5. 종합소득금액의 귀속연도

농지 취득일 현재를 기준으로 직전연도 소득금액으로 한다. 다만, 소득세법 제70조에 따른 종합소득 과세표준이 확정되지 않아 직전연도 소득금액을 확인할 수 없는 경우는 전전연도 종합소득금액을 적용한다.

### 2-1-6. 종합소득금액의 확인

세무관서의 장이 발행하는 소득금액증명원, 근로소득원천징수영수증으로 확인한다. 다만, 소득금액증명원 등으로 종합소득금액을 확인할 수 없는 경우는 사실증명서를 통해 확인한다. 세부적인 서류의 종류는 부록편(자경농민)의 내용과 같다.

#### 종합소득금액 서류의 확인

2014년까지는 농업을 주업으로 하는 자의 세부범위를 사실상 2년 이상 영농요건(농지원부, 사실확인 등)만으로 판단하였으나 2015년부터 3,700만원 이상인 경우는 농업을 주업으로 하는 자에 해당되지 않으므로 두 가지 감면요건을 충족하였는지를 모두 확인해야 한다. 따라서 농지 취득자의 종합소득금액 서류 및 2년 이상 영농에 종사하였는지의 여부를 모두 확인해야 한다. 다만, 농지 취득자가 자경농민에 해당되지 않는 경우(3,700만원 이상하거나 2년 이상 영농에 종사한 사실이 없음)에는 그 동거가족을 의제(擬制) 자

경농민으로 간주하고 있어 이의 경우에는 그 배우자의 종합소득금액과 2년 이상 영농 여부를 확인해야 한다. 한편, 후계농업경영인의 경우에는 이미 자경농민의 요건을 갖추고 있으므로 별도의 종합소득금액 및 2년 이상 영농요건을 확인할 필요가 없다 하겠다.

### 2-2. 농업을 주업으로 하는 사람의 경작요건(영 §3 ②)

농업을 주업으로 하는 사람의 요건(2-1. 해설 참조)을 갖춘 사람인 경우에는 다음의 경작요건을 추가로 충족해야 한다.

> 1) 농지 및 임야의 소재지가 「국토의 계획 및 이용에 관한 법률」에 따른 도시지역(개발제한구역과 녹지지역은 제외한다. 이하 이 항에서 "도시지역"이라 한다) 외의 지역일 것
> 2) 취득자의 주소지가 농지 및 임야의 소재지인 구·시·군 및 그 지역과 잇닿아 있는 구·시·군 또는 농지 및 임야의 소재지로부터 30킬로미터 이내의 지역일 것
> 3) 소유 농지 및 임야(도시지역 안의 농지 및 임야를 포함한다)의 규모가 새로 취득하는 농지 및 임야를 합하여 논, 밭, 과수원은 3만제곱미터(「농지법」에 따라 지정된 농업진흥지역 안의 논, 밭, 과수원은 20만제곱미터로 한다), 목장용지는 25만제곱미터, 임야는 30만제곱미터 이내일 것. 이 경우 초과부분이 있을 때에는 그 초과부분만을 경감대상에서 제외한다.

**1)의 경우** : 실제로 경작하는 농지(임야)의 소재지가 「국계법[30]」에 따른 도시지역 외의 지역(이하 농촌지역)만 인정된다. 도시지역이라 하더라도 개발제한구역·녹지지역은 계속해서 농촌지역으로 인정한다. 한편, 2014년까지는 면·리의 경우는 모두 농촌지역으로 보았으나, 2015년부터는 행정구역 구분없이 경작요건을 농촌지역으로만 명확히 하였다.

**2)의 경우** : 농지소재지 요건이 30㎞ 이내를 원칙으로 하지만, 경우에 따라서는 30㎞를 초과하여도 무방하다. 세부적인 사항은 다음의 표의 내용을 참고하면 된다.

**〈표 2〉 농지 취득자 주소지와 농지 소재지간 경작거리 기준 판단 예시**

| 취득자 주소지 | 농지 소재지 | 경작기준 |
|---|---|---|
| 충북 음성군 A면 ○○리 ○○번지 | 충북 음성군 B면 ○○리 ○○번지 | 주소지 ↔ 농지소재지가 동일 구·시·군내에 있는 지역인 경우 ☞ 30㎞를 초과하여도 무방 |
| 경기 시흥시 ○○동 ○○번지 | 경기 안산시 ○○동 ○○번지 | 주소지 ↔ 농지소재지가 잇닿아 있는 지역인 경우 ☞ 30㎞를 초과하여도 무방 |
| 부산 강서구 ○○동 ○○번지 | 부산 중구 ○○동 ○○번지 | 주소지 ↔ 농지소재지가 동일 구시군 또는 잇닿아 있는 지역이 아닌 경우 ☞ 30㎞ 이내만 가능 |

30) 제6조(국토의 용도 구분) 1. 도시지역 : 인구와 산업이 밀집되어 있거나 밀집이 예상되어 그 지역에 대하여 체계적인 개발·정비·관리·보전 등이 필요한 지역

**농업을 주업으로 하는 자(2-1. 해설편)의 거리요건(30㎞ 이내)과의 차이점**

농업을 주업으로 하는 자(영 §3 ① 2호)와 경작요건(§3 ② 2호) 모두 30㎞ 이내 거리기준이 있는데, 전자는 전국 어디의 농지를 막론하고 그 농지로부터 30㎞ 이내를 말하고, 후자는 감면대상 농지로부터 30㎞ 이내라는 점에서 차이점이 있다. 이 경우 농지소재지 기준으로 직선거리로서 반경 30㎞ 이내 지역을 말한다(행안부 지방세운영과-155, 2009.1.13., 같은 뜻임).

**3)의 경우** : 자경농민이 소유하는 농지(임야) 규모가 새로 취득하는 농지(임야)를 합하여 논·밭·과수원은 3만㎡(단, 농지법상 농업진흥지역 안의 논·밭·과수원은 20만㎡). 그 외 목장용지는 25만㎡, 임야는 30만㎡ 이내의 규모까지만 감면대상으로 한다.

**논·밭·과수원 규모 등 합산 방식(영 §3 ② 3호)**

농지법상 농업진흥지역(다시 농업진흥구역과 농업보호구역으로 구별) 내 농지와 그 밖의 농지로 구분되며, 농업진흥지역과 그 외 일반지역의 소유농지를 합산한다는 별도의 규정이 없어 농업진흥지역과 일반지역의 소유농지를 각각으로 보아 초과 여부를 판단하는 것이다(행안부 지방세운영과-3916, 2011.8.18.).

## 3 | 감면대상 농지·임야 등(법 §6 ①~③)

자경농민이 직접 경작할 목적으로 취득하는 다음에서 설명하는 농지 및 관계 법령에 따라 농지를 조성하기 위하여 취득하는 임야를 말한다.

### 3-1. 자경농민이 취득하는 농지의 범위(영 §3 ①, 지법령 §21)

자경농민이 취득하는 농지의 범위는 2020년까지는 농지범위에 대한 별도의 규정이 없어 자경농민이 취득하는 농지가 공부상 지목은 농·밭·과수원이라 하더라도 실제 현황이 농지가 아닌 경우에는 다툼의 소지가 있었으나, 2021년부터는 농지의 범위를 공부상 지목과 실제 현황이 모두 농지인 것만 감면이 되도록 개정되었고, 이 때 자경농민이 농지를 취득하는 원인이 「지방세법」 제11조 제1항 제1호 가목(상속농지 2.3%) 및 같은 항 제7호 가목(상속 외 농지 3%)에 따른 세율을 적용받는 농지만을 인정하였으나 2022년부터는 농지 취득 원인에 관계 없이 감면대상하는 것으로 다음의 〈표 3〉과 같이 명확히 개정되었다. 따라서 자경농민이 경작할 목적으로 취득하는 농지란 그 지목과 실제 현황이 논·밭·과수원 및 목장용지를 말하며 그 부수시설(농막, 두엄간 및 초지·사료밭 등 다음 표 참조)까지도 포함된다.

〈표 3〉 **자경농민이 취득하는 농지의 범위**

| 구분 | 종전(2021년까지) | 개선(2022년부터) |
|---|---|---|
| 감면요건 | 농지 취득세율 적용대상 | 공부·현황 농지 충족시 |
| 근거법령 | 지방세법 §11 | 지방세법 시행령 §21 |
| 적용대상<br>(취득원인) | 상속·유상限 | 全 대상 |

### 3-1-1. 공부상 지목이 임야로서 30년간 농사를 짓고 있는 사실상 농지의 경우

취득 당시 공부상 지목이 논, 밭 또는 과수원인 토지로서 실제 농작물의 경작이나 다년생 식물의 재배지로 이용되는 토지를 농지로 규정(지법령 §21)하고 있다. 따라서, 감면대상 농지는 공부상 지목이 논, 밭 또는 과수원인 토지로서 실제 농작물의 경작에 이용되는 토지를 의미한다 할 것이므로 공부상 지목이 임야인 경우에는 사실상 농지라 하더라도 감면대상 농지에 해당하지 않는다(행자부 지특과-769, 2015.3.19.).

### 3-1-2. 농지가 사실상 공부와 실제 공부가 다른 경우

농지 감면요건은 사실상 농지 여부를 불문하고 지목이 전·답·과수원 및 목장용지여야 하고, 관련규정에서 정한 요건을 모두 충족해야 한다. 다만, 일단 지목이 전·답·과수원 및 목장용지에는 해당이 되나 농지 취득당시 경작을 하지 않는 농지라도 그 농지의 장기적인 주된 사용목적과 그에 적합한 위치·형상 등을 객관적으로 평가하여 언제든지 경작 가능하다고 판단되는 경우에는 사실상 농지로 보는 것이 합리적이다. 따라서 공부상 지목이 전·답·과수원 및 목장용지로 농지취득일 이전부터 벼농사를 경작하고 있는 사실상 답일지라도 공부상 지목이 하천부지라면, 비록 농지법의 규정에 의한 농지라도 감면대상 농지에 해당되지 않는다(행안부 지방세운영과-113, 2008.6.17.).

### 3-1-3. 사실상 및 공부상 지목이 모두 농지에 해당되나 취득당시에는 휴경지 등으로 실제 경작중인 농지가 아닌 경우

사실상 지목의 결정은 그 토지의 장기적인 주된 사용목적과 그에 적합한 위치·형상 등을 객관적으로 평가하여야 하므로, 일시적인 사용관계에 구애받는 것은 아니므로(대법원 1985누234, 1985.9.10. 참조), 그 토지의 위치·형상 등이 언제든지 경작 가능한 상태의 일시적 · 계절적 휴경지 상태라고 한다면 비록 취득(등기) 당시 경작 중인 농지가 아니라고 하더라도 사실상 농지에 해당된다(행안부 지방세운영과-1754, 2010.4.28.).

### 3-2. 농지조성용 임야(영 §13 ①, 산지관리법 §21)

관계 법령에 따라 농지를 조성하기 위하여 취득하는 임야란 일반적으로 농작물 재배 등에 이용하기 위해 임야를 다음과 같은 용도로 취득하는 경우를 말한다.

| |
|---|
| ① 황무지나 야산과 같이 농작물이 재배되지 않던 땅을 농업적으로 이용할 수 있는 농지로 개간할 목적으로 취득하는 경우<br>② 지목상은 엄연히 임야인데 실제 현황은 농지 또는 농지로 활용하기 위해 형질변경(농지)할 용도로 취득하는 경우 |

①의 경우는 「농어촌정비법」 제13조에 따라 임야를 개간하는 경우이며 ②의 경우는 산지관리법 시행령 제12조 제10항에 따라 임야를 농지로 사용하기 위해 형질을 변경(지목변경)하여 산지전용허가 등의 처분을 받는 경우가 각각 이에 해당된다 하겠다.

**공부상 지목이 임야이면서 30년간 농사를 짓고 있는 사실상 농지를 취득 후 산지전용허가 등을 득하고 지목을 변경하는 경우**

공부상 지목이 임야인 농지가 취득세 경감대상에 해당하는지에 대하여는, 「농지법」 등 관계 법령에 따라 농지를 조성하기 위하여 취득하는 임야에 대하여는 취득세 경감하는 것으로 규정(§6 ①·④)하고 있으므로 공부상 지목이 임야인 사실상 농지를 취득하여 관계법령에 따라 산지전용허가 등을 득하고 지목을 변경하는 경우라면 농지를 조성하기 위하여 취득하는 임야에 해당한다 하겠다(행자부 지특과-769, 2015.3.19.).

## 4 | 특례의 내용

### 4-1. 세목별 감면

자경농민이 직접 경작할 목적으로 취득하는 농지 및 임야에 대해서는 〈표 4〉와 같이 취득세와 국세(농어촌특별세)를 각각 감면한다.

〈표 4〉 자경농민 취득 농지 등 세목별 감면내용(2024.1.1. 현재)

| 조문 | 감면내용 | 감면율 |
|---|---|---|
| §6 ① | 자경농민이 경작용도로 취득하는 농지 및 임야 | 취득세 50% |
| 농특 §4 | 자경농민이 감면받는 농지 등 취득세 감면분에 대한 20% | 농어촌특별세 비과세 |

## 5 | 지방세 특례의 제한(§6 ① 단서)

자경농민 감면(§6 ①)을 받은 사람은 최소한 2년간은 자경농민 지위를 유지하면서 직접 농업에 종사해야 한다. 따라서 자경농민이 취득세를 감면받고 이후 2년 이내에 정당한 사유 없이 영농을 하지 않거나, 매각·다른 용도로 사용하는 경우에는 추징대상에 해당한다.

### 5-1. 농지 취득 후 직접 자경하지 않고 임대하는 경우 추징 기산일

제3자의 임차영농은 농지를 타 용도로 사용했다고 볼 수 없고, 2년 이내에 직접 경작하기만 하면 되므로 취득일로부터 2년이 경과되지 아니한 시점에서는 취득세 추징대상에 해당되지 않는다고 볼 수도 있는데 이에 대해 알아보면, 자경농민 감면의 직접 경작이란 자경농민이 농지소재지에 거주하면서 농지를 직접 경작하는 것을 의미(조심 2010지0418, 2011.4.11.)하므로 취득한 농지를 2년 이내에 제3자에게 임대(제3자가 쌀소득등직불금을 수령한 사례 등)한 경우라면 이는 농지를 취득하여 2년 이상 경작하지 아니하고 임대 등의 다른 용도로 사용하는 경우(조심 2010지0510, 2011.2.14.)로서 직접 경작 요건을 이미 충족하지 않는 경우로 취득일부터 2년이 경과할 때까지 농지를 직접 경작하지 아니한 경우로서 추징대상에 해당되는 경우 추징의 기산일은 2년이 경과한 다음날이라고 할 것이나, 자경농민이 2년 이상을 직접 경작하지 않고 임대하는 등의 다른 용도로 사용하는 경우는 취득일부터 2년이 경과하지 아니하였다고 하더라도 다른 용도로 임대한 시점을 추징의 기산일로 보는 것이 타당하다 할 것이다. 따라서 자경 목적으로 농지를 취득하여 취득세를 감면받고 직접 경작하지 않고 임대한 경우라면 임대한 시점부터 다른 용도에 사용되어 추징대상에 해당된 것이므로 취득일부터 2년이 경과되기를 기다릴 필요 없이 즉시 추징에 해당된다 하겠다.

### 5-2. 자경농민이 농지 취득 후 2년 이내에 주소지를 농지 소재지로부터 20km 이상 떨어진 지역으로 이전한 경우

농업을 주업으로 하는 자경농민이 영농을 목적으로 취득하는 농지에 대한 세제지원을 규정하고 있으므로, 감면주체의 대상은 자경농민으로 농지를 취득할 당시 인적요건과 물적요건을 모두 갖추어야 감면을 적용받을 수 있고, 농지를 취득한 이후에도 2년 이상 계속하여 농지를 직접 경작하여야 감면조건이 충족된다 할 것이며, 여기서 농지를 취득 후 '직접 경작'의 의미에 관하여 명확하게 정의하고 있지 않으나, 제6조 제1항에서 '대통령령으로 정하는 기준에 따라 직접 경작할 목적으로 취득하는 농지'를 감면요건으로 규정하고 있는 점, 같은 법 시행령 제3조에서 대통령령이 정하는 기준의 하나로서 자경농민이 농지소재지로부터 20㎞ 이내에 거주할 것을 규정하고 있는 점, 자경농민의 취득에 대한 취득세 등 감면규정의 입법취지가 자경농민의 취득하는 농지를 농지 소재지에 거주하면서 자경할 경우 감면혜택을 부여하려는 데 있는 것으로 보이는 점 등을 감안해 볼 때 '직접 경작'이란 자경농민이 농지소재지에서 직접 경작하는 것을 뜻한다고 봄이 타당하다 하겠으므로 감면 이후 20㎞(2021년부터는 30㎞로 확대) 이상 떨어진 지역으로 이주하는 경우는 추징대상에 해당된다 하겠다.

## 6 | 감면신청(§183)

### 6-1. 감면신청(§183 ①)

자경농민에 해당하는 사람은 농업이 주업인 자로서 2년 이상 영농에 종사하는지를 확인하는 제출 서류는 농업경영체등록확인서(농산물품질관리원, 2008년 시행) 등으로 다음과 같이 지방자치단체의 장에게 제출한다.

① 농업경영체등록확인서가 있는 경우 : 영농 여부를 확인하기 위한 농업경영체등록확인서 등록일(2년 이상 영농 여부 확인), 경영주, 경영주 외 농업인, 농지소재지, 농지 소유 및 보유면적(경작기준 초과 여부 확인) 등이 표시되어 있는 사항을 별지 제1호(지특칙)의 서식을 갖추어 감면신청을 한다. 그 밖에도 농지원부와 유사한 농업경영주, 농업에 종사 세대원, 비종사세대원, 농업 외 소득 등의 기재사항이 등재된 "농업경영체 등록 확인서"도 가능하다 할 것이다.

② 농업경영체등록확인서가 없는 경우 : 2년 이상 실제 영농이란 반드시 농업경영체등록확인서와 같은 공적장부만을 기준으로 하는 것이 아니므로, 농업경영체등록확인서가 없는 경우에는 ⅰ) 농지 실경작확인서(이·통장 확인 발급, 아래 서식 참조) ⅱ) 농산물 거래내역(농협 등, 그 외는 거래당사자간의 부가가치세 매출자료 등) ⅲ) 가축사육업 등록증(시군구 발행, 축산법) ⅳ) 농지원부 ⅴ) 농약 및 퇴비거래내역 등을 첨부하여 별지 제1호의 2(지특칙)의 서식을 갖추어 감면신청을 하여야 하며 이 경우 농업경영체등록확인서는 2014년 전국 농가에 대해 일제조사를 통해 확인된 내용으로 각종 직불금, 면세유 및 비료 등의 추가 지원을 받고 있어 높은 신뢰도를 보이고 있으나, 기타 서류의 경우에는 영농 여부를 구체적으로 가늠하기 어려운 부분이 있으므로 사실조사와 기타 서류에 대한 검토를 통해 지방자치단체의 장의 종합적인 판단이 필요할 것이다.

### 6-2. 감면 여부 통보(§183 ②)

감면신청인으로부터 감면 신청을 받은 지방자치단체의 장은 감면 여부를 결정해야 하고 특히, 감면에 따른 의무사항을 위반(2년 내 직접 경작 불이행 등)하는 경우 감면받은 세액이 추징될 수 있다는 내용과 함께 서면(별지 제2호 서식)으로 통지해야 한다.

## 7 | 관련사례

■ 청구인이 쟁점감면규정에 따라 취득세가 경감되는 2년 이상 영농에 종사한 자경농민에 해당하는지 여부

청구인은 쟁점농지 취득일 시점에 2년 이상 영농에 종사한 것으로 보기는 어려워 보이므로 처분청이 청구인의 경정청구를 거부한 처분은 달리 잘못이 없다고 판단됨(조심 2023지3611, 2024.4.11.).

■ 청구인이 취득세가 감면되는 자경농민의 감면요건을 갖춘 것으로 볼 수 있는지 여부

청구인은 쟁점농지 취득일 시점에 2년 이상 영농에 종사한 것으로 보기는 어려워 보이므로 처분청이 청구인의 경정청구를 거부한 처분은 달리 잘못이 없다고 판단됨(조심 2022지1474, 2023.7.21.).

■ 공부상 임야인 쟁점토지를 취득하면서 「지방세특례제한법」 제6조에 따른 자경농민의 농지에 대한 감면을 받은 후 그 취득일부터 2년 이내에 농지조성을 시작하지 않았다고 보아 기 감면한 취득세

등을 추징한 처분의 당부
청구인이 쟁점토지를 취득한 날부터 2년이 경과할 때까지 농지조성을 시작하지 아니하여 「지방세특례제한법」 제6조 제1항 제1호를 위반한 것으로 보아 처분청이 청구인에게 이 건 취득세 등을 과세한 처분은 잘못이 없다고 판단됨(조심 2022지1384, 2023.6.12.).

■ 자경농민인 청구인이 직접 경작할 목적으로 취득한 농지이므로 취득세 감면대상에 해당된다는 청구주장의 당부
청구인의 경우 이 건 농지의 취득 당시 주소지가 지특법 시행령 제3조 제2항 제2호의 요건을 갖추고 있지 아니하므로 이 건 농지는 취득세 감면대상에 해당된다고 볼 수 없다 할 것이며, 청구인이 이 건 농지의 취득 이후인 2021.10.13. 이 건 농지의 소재지 인근으로 주소지를 이전하였다 하여 소급하여 취득세 감면대상에 해당된다고 볼 수는 없다 할 것이므로, 처분청이 청구인의 경정청구를 거부한 처분은 잘못이 없다고 판단됨(조심 2022지0383, 2023.3.31.).

■ 농업경영체등록확인서에 경영주 외 농업인으로 2년 이상 등재된 경우 자경농민에 해당하는지
실제 영농에 종사하였음을 입증하지 못한다면 농업경영체증명서상 농업인으로 기재되었다 하더라도 감면대상 자경농민으로 보기 어려움(행안부 지방세특례제도과-1411, 2021.6.16.).

■ 농지를 직접 경작한 기간이 2년 미만인 상태에서 제3자와 교환한 경우
청구인은 이 건 농지를 취득한 후 2년 이상 직접 경작하지 아니한 상태에서 제3자와 교환으로 매각하였고 이 건 농지의 취득세를 신고·납부하여야 한다는 사실을 알지 못하였다 하더라도 그러한 사실만으로 청구인에게 가산세를 부과하지 않아도 될 만한 정당한 사유가 있다고 보기 어려워 취득세 등의 추징사유가 발생함(조심 2020지925, 2020.11.20.).

■ 농지를 취득한 날부터 2년이 경과할 때까지 직접 사용하지 않은 경우
청구인은 쟁점토지를 취득한 후 2년간 직접 경작하였다고 주장하나, 처분청이 쟁점토지에 출장했을 당시 나대지 상태인 것으로 확인된 점, 청구인이 쟁점토지에서 농작물을 수확하여 얻은 수익금이나, 직불금 수령내역 등 직접 경작을 입증할 만한 객관적 증빙자료를 제출하지 못하고 있는 점, 청구인이 처분청 관내에 쟁점토지 이외의 다른 농지가 있어 청구인이 제출한 농약, 농자재 등 구입자료가 쟁점토지와 직접 연관성이 있다고 보기도 어려운 점 등에 비추어 청구인이 쟁점토지를 취득한 후 2년간 직접 경작하지 않은 것으로 보임(조심 2020지174, 2020.6.16.).

■ 취득자의 배우자가 농업 외 소득이 초과하는 경우 감면 여부
농지를 취득한 자의 배우자가 농업 외의 종합소득금액이 기준금액을 초과하는 근로소득자이나 본인 또는 배우자 중 1명 이상이 취득일 현재 2년 이상 계속해서 영농에 종사하고 있다는 사실이 객관적으로 입증되는 경우라면 부부 중 1명이 농업 외의 종합소득금액이 「농업소득의 보전에 관한 법률」 제6조 제3항 제1호 및 같은 법 시행령 제6조 제1항 본문에 따른 금액을 초과한 경우에 해당된다 하더라도 감면대상에서 제외되지 않음(행안부 지방세특례제도과-1686, 2017.6.26.).

■ 임대차가 불가한 농지이나 사실상 경작하였음이 확인되는 경우 감면 여부

2년 이상 농업에 종사하여 왔으나, 취득일 현재 소유한 농지가 없고, 임대차계약 등을 통해 사실상 영농에 직접 종사하지 않는 경우 취득세 감면대상에서 제외된다 할 것이며, 본인 소유의 농지를 소유하거나 제3자 소유 토지를 임차하여 취득일 현재 2년 이상 계속해서 농사를 직접 경작한 사실이 객관적인 증빙자료를 통해 입증된다면 감면요건은 충족된다 할 것으로, 개인간 농지의 임대차가 불가한(농지법 제23조) 농지라 하더라도 사실상 농지임대차계약을 체결하고 직접 경작을 하고 있음이 확인되는 경우에는 자경농민의 농지 등에 대한 감면대상에 해당됨(행자부 지방세특례제도과-1613, 2016.11.11.).

■ 자경농민 입증이 곤란하여 감면을 위한 경정청구에 대해 거부처분한 경우

토지를 취득하기 이전에 농지를 소유하거나 임차하여 경작한 사실이 없는 것으로 보아 직접 영농에 종사하였다고 보기보다는 피상속인의 농업 경영을 간접적으로 지원한 것으로 보는 것이 타당한 점, 경작사실확인서와 거주확인서, 진료기록확인서, 건강증진프로그램에 참여한 자료 등만으로 청구인을 자경농민이었다고 단정하기는 어려운 점, 토지를 취득할 당시 피상속인과 동일한 세대를 구성하지 아니하였고 청구인과 동일한 세대를 구성하면서 자경농민의 요건을 충족하고 있는 사람임을 입증하지 못하고 있는 점 등에 비추어 청구인이 피상속인의 사망 이전부터 쟁점토지를 2년 이상 직접 경작하였다 하더라도 동일한 세대 구성원으로 보기는 어려워 거부처분은 타당함(조심 2016지0019, 2016.11.8.).

■ 영농조합법인의 직원이며 영농에 직접 참여한 경우 감면 여부

행정구역상 법인의 농지와 인접하지 아니하고 직선거리가 20km를 초과하여 거주요건을 만족하지 못하는 점, 청구인들이 경작하였다고 주장하는 농지는 법인이 임차한 것이라 "농지를 소유하거나 임차하여 경작"하였다고 보기는 어렵고, 그 밖에 청구인들이 영농조합법인의 직원인 점 외에 경작에 직접 참여하였다고 인정할 만한 객관적 자료가 없어 쟁점토지가 「지방세특례제한법」 제6조 제1항 및 같은 법 시행령 제3조 제1항의 요건을 충족한다고 인정하기 어려운 점, 쟁점법인이 비록 영농조합법인으로 작물의 생산을 목적으로 하고 청구인들이 그 임원이라 하더라도 쟁점법인으로부터 상당한 수준의 월급을 수령한 이상 청구인들이 자신의 책임 하에 농지를 직접 경작하였다기보다는 법인의 운영 및 경작 관리에 대한 대가를 수령한 것으로 보는 것이 타당한 점 등에 비추어 청구인들이 「지방세특례제한법」 제6조 제1항 및 같은 법 시행령 제3조 제1항의 각 요건을 충족하지 못한 것으로 보아 쟁점토지에 대한 취득세 감면 거부처분은 달리 잘못이 없음(조심 2015지0528, 2016.10.14.).

■ 자경농민이 주소를 이전하여 새로이 농지를 취득한 경우 감면 여부

2년 이상 계속 농업에 종사한 사람이 시·도를 달리하여 주소를 이전하였다 하더라도 농지 취득일 현재 영농에 종사한다고 볼 수 있는 경작 가능한 거리에 주소지를 두고 농지를 취득한 경우라면 거주지 요건이 충족되기 때문에 자경농민으로 보는 것이 타당함(행자부 지방세특례제도과-2915, 2016.10.10.).

■ 행정관청의 사용금지·제한의 규정에 따라 자경을 하지 못한 경우 감면 여부

농지를 경작한 지 2년이 안되고, 그 이전에는 자경을 하지 못하였음을 자인하고 있는 점,

청구인이 2010년 취득토지를 과세관청에게 임대하여 자경농민의 요건을 갖추지 못한 것이 자발적인 의사와 무관한 것이라 하더라도 「지방세특례제한법」 제6조 제1항 각 호의 정당한 사유와 관련하여 판례 등에서 인정하고 있는 "행정관청의 사용금지 · 제한"은 취득세 감면 대상 물건(토지)에서 자경을 하지 못한 사유와 관련된 규정이라 기존의 토지에서 자경을 하지 못한 사정과는 무관한 점 등에 비추어 경정청구를 거부한 것은 달리 잘못이 없음(조심 2016지0874, 2016.9.27.).

■ 지목이 임야인 사실상 농지를 취득하여 지목변경한 경우 감면 여부

「지방세특례제한법」 제6조 제1항 및 제4항에서는 「농지법」 등 관계 법령에 따라 농지를 조성하기 위하여 취득하는 임야에 대하여는 취득세 경감하는 것으로 규정하고 있으므로 공부상 지목이 임야인 사실상 농지를 취득하여 관계법령에 따라 산지전용허가 등을 득하고 지목을 변경하는 경우라면 '농지를 조성하기 위하여 취득하는 임야'에 해당한다 할 것이므로 취득세 경감대상에 해당하는 것으로 판단됨(행자부 지방세특례제도과-769, 2015.3.19.).

■ 자경농민의 직접 경작의 의미 및 적용 여부

- 자경농민의 감면주체는 자경농민으로 농지를 취득할 당시 인적요건과 물적요건을 모두 갖추어야 감면을 적용받을 수 있고, 농지를 취득한 이후에도 2년 이상 계속하여 농지를 직접 경작하여야 감면조건이 충족된다 할 것이며, '직접 경작'의 의미는 직접 경작할 목적으로 취득하는 농지'를 감면요건으로 규정하고 있는 점, 자경농민이 농지소재지로부터 20킬로미터 이내에 거주할 것을 규정하고 있는 점, 자경농민의 취득에 대한 취득세 등 감면규정의 입법취지가 자경농민의 취득하는 농지를 농지 소재지에 거주하면서 자경할 경우 감면혜택을 부여하려는 데 있는 것으로 보이는 점 등을 감안해 볼 때 '직접 경작'이란 자경농민이 농지소재지에서 직접 경작하는 것을 뜻한다고 봄이 타당함(행자부 지방세특례제도과-327, 2014.12.26.).
- 자경농민이 농지 취득 후 직접 경작하지 않고 제3자에게 임대한 경우에 있어 "직접 경작"이란 자경농민이 농지소재지에 거주하면서 농지를 직접 경작하는 것을 뜻하므로(조세심판원 2010지0418, 2011.4.11. 참조) 직접 경작할 목적으로 취득한 농지를 취득일로부터 2년 이내에 제3자에게 임대하여 제3자가 쌀소득등보전직접지불금을 수령한 경우라면, 이는 농지를 취득하여 2년 이상 경작하지 아니하고 임대 등의 다른 용도로 사용하는 경우(조세심판원 2010지0510, 2011.2.14. 참조)로서 "직접 경작" 요건을 결여하였다고 할 것이므로 농지를 임대한 시점에 '다른 용도로 사용한 경우'에 해당되어 경감받은 취득세는 추징대상에 해당된다고 판단됨(안전행정부 지방세운영과-1953, 2013.8.20.).
- 취득세 감면대상 "직접 경작"하는 농지의 범위에 대하여 「지방세특례제한법」에서 별도로 규정하고 있지 아니하므로 「지방세법 시행령」 제21조를 살펴보면, 농지의 범위에 "실제 농작물의 경작이나 다년생식물의 재배지로 이용되는 토지"를 포함하고 있는 점, 한국표준산업분류표에 따르면 농업 관련 작물재배업의 범위에 버섯재배 활동을 포함하고 있는 점 등을 종합적으로 고려해 볼 때, 영농목적의 농지를 버섯재배사로 이용하는 경우 취득세 감면세액의 추징이 제외되는 농지의 "직접 경작"에 해당된다고 판단됨(행정안전부 지방세운영과-3280, 2012.10.12.).

■ 감면받은 세액의 추징 여부

감면대상 농지란 공부상 지목이 전·답·과수원 및 목장용지인 농지이고 사실상으로도 농지로서 자경농민이 취득하여 직접 경작하는 것으로, 실제로 농작물의 경작지 또는 다년생 식물의 재배지로 이용되는 토지에 한정되므로 건축법 제11조 제5항 제7호에서 건축허가를 받은 경우 농지법에 따른 농지전용허가 및 협의를 받은 것으로 보도록 규정하고 있으므로, 귀문과 같이 공부상 농지를 취득하여 유예기간 이내에 개발행위허가와 건축허가를 받아 창고를 신축한 후 창고용지로 지목을 변경한 경우 지방세법 제261조 제1항에서 규정하고 있는 취득세와 등록세의 경감대상이 되는 농지가 아님(행안부 지방세운영과-3560, 2010.8.13.).

■ 자경거리 기준이 거주이전 자유에 위배되는지 여부

교통수단 발전으로 20㎞ 밖에 거주하더라도 자경이 충분히 가능함에도 물리적인 거리의 개념만으로 파악하여 이를 벗어난 거리에 거주하고 있다고 하여 취득세 감면을 배제하는 것이 거주이전 자유 등에 위배되지 않아 감면을 배제하는 것은 적법함(대법원 2013두22840, 2014.2.14.).

■ 객관적인 증빙자료에 따라 직접 경작한 것으로 보기 어려운 경우

지방공무원으로 근무하면서 여러 필지의 농지를 취득하였지만 이를 직접 경작하였다고 보기는 어렵고, 동거가족 중에는 농업에 종사하는 사람은 없다고 진술하고 있고, 수 필지 농지를 소유하고 있으면서도 농산물 출하내역, 농기계 소유현황 등 토지를 직접 경작하였다고 볼 만한 객관적인 자료를 제출하지 못하고 있고, 농지를 취득하여 실제로 농업경영에 이용할 의사나 능력이 없음에도 부동산 투기목적으로 농업을 경영할 것처럼 허위사실을 기재하여 거짓 또는 부정한 방법으로 농지취득자격증명을 발급받아 농지를 취득한 점이 인정된다고 하고 있는 이상, 자경농민에 해당한다고 할 수도 없을 뿐만 아니라 자신의 노동력을 투입하여 직접 경작할 목적으로 이 건 토지를 취득하였다고 보기도 어렵다 할 것으로 부과고지한 것은 잘못이 없음(조심 2009지0107, 2010.4.13.).

■ 감면대상 농지의 범위

- 해당 용도지역이 도시지역인 경우에는 보존녹지지역에 관한 규정을 적용하여 농지의 이용, 건축물의 용도·건폐율·용적률 등에 대한 행위제한을 보전녹지지역과 동일하게 제한받게 되는데, 이는 세부용도가 지정되지 않은 지역은 도시관리계획에 따라 향후 어떠한 용도로 지정될지 알 수 없어 그 용도가 확정될 때까지 일정한 행위를 한시적으로 제한하고자 하는 것이므로, 도시지역 용도미지정지역인 농지에 대한 행위제한의 범위가 "도시지역 보전녹지지역"과 동일하다는 이유만으로 이를 도시지역내 보전녹지지역으로 볼 수 없음(법제처 법령해석지원팀-2285, 2007.11.16., 행자부 세정팀-5117, 2007.11.30.).
- 농지법 등에서 가축을 사육하는 축사 등의 부속토지에 대해 목장용지로 본다고 규정하고 있더라도 지방세법에서 목장용지를 등기 당시 공부상 지목이 목장용지이고, 실제 축산용으로 사용되는 축사와 그 부대시설로 사용되는 토지, 초지 및 사료 밭이라고 규정하고 있으므로 해당 축사 부속토지의 공부상 지목이 목장용지이고, 실제 축사용으로 사용되는 축사의 부속토지가 아니면 감면대상 목장용지가 아님(행안부 지방세운영과-1791, 2010.4.29.).

☞ 2013년부터는 축산용시설의 부속토지가 취득 당시 지목이 목장용지에서 농지(논·밭·과수원 및 목장용지)로 확대됨.

▣ 토지수용에 따라 경작하지 못할 것을 알고 매입한 경우

토지가 수용될 것이라는 고시가 있은 후에 경작을 위하여 취득한 농지의 일부가 수용 또는 협의매각으로 공공용지에 편입된 경우 경작하지 못한 정당한 사유가 있다고 볼 수 없음(조심 2009지0094, 2009.8.18.).

## 2. 자경농민의 농업용시설에 대한 감면

관련규정

제6조(자경농민의 농지 등에 대한 감면) ② 자경농민이 농업용으로 사용하기 위하여 취득하는 다음 각 호의 어느 하나에 해당하는 시설로서 대통령령으로 정하는 기준에 적합한 시설을 농업용으로 직접 사용하기 위하여 취득하는 경우 해당 농업용 시설에 대해서는 취득세의 100분의 50을 2026년 12월 31일까지 경감한다.

1. 양잠(養蠶) 또는 버섯재배용 건축물, 고정식 온실
2. 「축산법」 제2조 제1호에 따른 가축을 사육하기 위한 시설 및 그 부속시설로서 대통령령으로 정하는 시설
3. 창고[저온창고, 상온창고(常溫倉庫) 및 농기계보관용 창고만 해당한다] 및 농산물 선별처리시설

【영】 제3조(자경농민 및 직접 경작농지의 기준 등) ③ 법 제6조 제2항 각 호 외의 부분에서 "대통령령으로 정하는 기준에 적합한 시설"이란 다음 각 호의 요건을 모두 갖춘 농업용 시설을 말한다.

1. 농업용 시설의 소재지가 도시지역 외의 지역일 것
2. 농업용 시설을 취득하는 사람의 주소지가 해당 농업용 시설의 소재지인 시·군·구 또는 그 지역과 잇닿아 있는 시·군·구 지역이거나 그 농업용 시설의 소재지로부터 30킬로미터 이내의 지역일 것. 다만, 법 제6조 제2항 제1호에 따른 고정식 온실과 같은 항 제2호에 따른 시설은 소재지에 관한 제한을 받지 않는다.

④ 법 제6조 제2항 제2호에서 "대통령령으로 정하는 시설"이란 다음 각 호의 시설을 말한다.

1. 사육시설, 소독 및 방역 시설, 착유실, 집란실
2. 「가축분뇨의 관리 및 이용에 관한 법률」 제2조 제3호에 따른 배출시설
3. 「가축분뇨의 관리 및 이용에 관한 법률」 제2조 제7호에 따른 정화시설

③ 자경농민이 경작할 목적으로 받는 도로점용, 하천점용 및 공유수면점용의 면허에 대해서는 등록면허세를 2021년 12월 31일까지 면제한다.

# 1 | 개 요

농업을 주업으로 하는 자 등 자경농민이 영농을 목적으로 취득하는 농업용시설에 대한 세제지원이다. 2010년까지는 구 지방세법 제261조(2010.3.31. 지특법 제정 이전)에서 규정되었으나 지방세법이 분법되면서 2011년부터 현재의 지특법 제6조로 이동되었으며, 2017년까지는 일몰 규정이 설정되어 있지 않았으나 2018년부터는 자경농민이 취득하는 농업용시설(2020.12.31.), 도로점용 허가 등의 면허에 대해 일몰기한(2018.12.31.)이 처음으로 설정되었다. 2019년에는 자경농민이 취득하는 농업용시설에 대해서도 농지(§6 ①)와 유사한 소재지 감면요건이 신설되었다. 2021년에는 농업용시설의 범위가 일부 확대(경작거리 30㎞, 축사 등)되었다.

# 2 | 감면대상자(법 §6 ②~③)

자경농민이란 일반적으로 농업을 주업으로 하는 사람으로서 2년 이상 영농에 종사한 사람을 말하지만, 이밖에도 후계농업경영인을 통칭(通稱)하여 자경농민이라 한다. 자경농민에 대한 세부적인 사항은 제6조 제1항의 해설편을 참조하면 된다.

# 3 | 감면대상 농업용시설 등

자경농민이 취득하는 다음의 농업용시설에 대해서는 별도의 감면요건이 없었으나 2019년부터는 농업용시설의 소재지가 ① 도시지역(개발제한 구역과 녹지지역은 제외) 외의 지역에 소재하면서 ② 농업용시설을 취득하는 사람의 주소지가 농업용시설물의 소재지인 해당 시·군·구 또는 그 지역과 잇닿아 있는 시·군·구 지역이거나 농지 및 임야의 소재지로부터 30㎞(2020년까지는 20㎞) 이내의 경우까지만 감면이 적용되도록 개정되었다.

## 3-1. 양잠 또는 버섯재배용 건축물 등(§6 ② 1호)

자경농민이 농업용으로 사용하기 위하여 취득하는 양잠 또는 버섯재배용 건축물, 고정식 온실이 이에 해당한다. 이 경우 자경농민은 농업을 주업으로 하는 자의 감면요건(영 §13 ①)을 모두 충족하여야 한다.

### 3-2. 축사 등(§6 ②, 영 §3 1~3호)

자경농민이 농업용으로 사용하기 위하여 취득하는 「축산법」 제2조 제1호에 따른 가축을 사육하기 위한 시설로서 사육시설·소독 및 방역시설·착유실·집란실(영 §3 1호), 「가축분뇨의 관리 및 이동에 관한 법률」 제22조 제3호에 따른 배출시설(영 §3 2호), 같은 법 제2조 제7호에 따른 정화시설(영 §3 3호)이 이에 해당한다. 2021년부터는 「축산법」 개정(2019.7.25.)으로 가축의 종류에 14종의 곤충이 포함되는 등 축산업·축사 등의 개념을 재정비할 필요성에 따라 축사의 개념을 축산법에 따른 가축을 사육하기 위한 시설까지로 확대 개정되었다.

### 3-3. 창고 등(§6 ② 3호)

자경농민이 농업용으로 사용하기 위하여 취득하는 창고(저온·상온창고 및 농기계보관용 창고로 한정) 및 농산물 선별 처리시설 등 농업용시설물이 이에 해당한다.

### 3-4. 도로점용 면허 등(§6 ③)

자경농민이 경작할 목적으로 면허를 받는 도로점용, 하천점용 및 공유수면점용의 면허가 이에 해당된다.

## 4 | 특례의 내용

### 4-1. 세목별 감면

자경농민이 직접 경작할 목적으로 취득하는 농업용시설에 대해서 다음의 표와 같이 감면하고, 도로점용·하천점용·공유수면점용 등의 등록면허세 면허분에 대하여는 2021년 12월 31일까지 한해 감면 적용되었다.

〈표〉 **자경농민 취득 농지 등 세목별 감면현황(2024.1.1. 현재)**

| 조문 | 감면내용 | 감면율 |
|---|---|---|
| §6 ② | 자경농민이 농업용으로 사용을 위해 취득하는 양잠·버섯재배사 등 | 취득세 50% |
| §6 ③ | 자경농민이 경작할 목적으로 받는 도로점용, 하천점용 등 면허 | 등록면허세 100% |
| 농특 §4 | 자경농민이 감면받는 농지 등 취득세 감면분에 대한 20% | 농어촌특별세 비과세 |

### 4-2. 소재지 감면요건 제외(영 §3 ③ 2호 단서)

2018년까지는 농업용시설의 소재지와 상관없이 자경농민이 취득하면 모두 감면되었으나 2019년부터는 영 제3조 제3항 제2호 단서에서 ① 도시지역 외의 지역에 소재하고 ② 해당 농업용시설로부터 20㎞(2021년부터는 30㎞) 이내에 거주해야 한다는 소재지에 관한 규정이 신설되었으나, 고정식 온실(§6 ② 1호), 축사·축산폐수·분뇨 처리시설(§6 ② 2호)에 대해서는 종전과 같이 제3조 제3항 제2호에 따른 소재지와 상관없이 계속 감면이 적용된다.

### 4-3. 2019년 1월 1일 이전 취득분에 대한 경과규정 특례(부칙 §2, §8, 법률 제16041호 2018.12.24.)

2018년 12월 31일까지는 자경농민이 취득하는 농업용시설에 대해서는 별도의 소재지 감면요건이 없었으나 2019년 1월 1일부터 취득하는 농업용시설에 대해서는 소재지 감면요건 신설되어 도시지역에서 취득하는 경우와 농업용시설 소재지로부터 20㎞를 초과하는 경우는 감면이 제외되도록 납세자에게 불리하게 개정되었으나, 부칙 제8조의 일반적 경과조치에 따라 2019년 1월 1일 이전 취득세 납세의무 성립분에 한해서는 「지방세기본법」 제51조의 경정청구 기간(최대 2023년)까지는 종전의 규정대로 계속 감면을 적용한다.

## 5 감면신청(§183)

자경농민에 해당하는 사람은 농업이 주업인 자로서 2년 이상 영농에 종사하는지를 확인하는 제출 서류는 농업경영체등록확인서(농산물품질관리원, 2008년 시행) 등으로 지방자치단체의 장에게 제출한다. 감면신청 절차 등에 대한 세부사항은 제6조 제1항에 대한 해설편의 내용과 같다.

# 6 관련사례

▣ 농업용 시설로서 감면받은 가설건축물을 2년 이내에 멸실한 경우

제3자 소유의 토지에 축사용 가설건축물을 축조하여 건축물에 대한 취득세를 감면받고 1년 3개월만 사용 후 멸실한 경우 직접 사용한 기간이 2년 미만인 상태에서 멸실한 것이므로 지특법 제178조 제1항에 따른 감면요건을 충족하지 못한 것으로 판단됨(행안부 지방세특례제도과-2350, 2021.10.21.).

▣ 감면받은 토지를 토지에서 생산되는 농작물 등 보관용 창고로 이용하는 경우 감면 여부

구「지방세법」제261조에서 "농지"는 전 · 답 · 과수원 및 목장용지로 규정하고 있고, 여기에서 "농지"라 함은 같은 법 시행령 제77조의 현황부과의 원칙에 따라 그 공부상 지목에 관계없이 사실상 현황이 전 · 답 · 과수원 및 목장용지에 해당되는 경우를 말한다 할 것인바(조심 2012지598, 2012.11.28. 외 다수, 같은 뜻임), 해당 토지 상의 창고를 토지에서 생산되는 농작물 보관 및 농기계 및 농업관련 비품(비료, 농약) 등을 보관하는 창고로 이용하고 있는 사실이 확인되는 이상 해당 토지는 여전히 농지로 이용되고 있다고 보는 것이 타당한 것으로 보이는 점, 설사, 해당 토지를 구「지방세법」제261조 제1항에 따른 자경농민이 직접 경작할 목적으로 취득하는 농지로 보아 취득세 등을 경감받고, 창고시설을 신축함으로써 추징대상이 되었다 하더라도 해당 토지 상에 창고시설을 신축하여 농산물 보관 및 농기계 보관용 창고 등의 용도로 이용하는 경우라면 구「지방세법」제261조 제2항에 따라 여전히 취득세 등의 경감 대상으로 볼 수 있는 점 등에 비추어 해당 토지는 구「지방세법」제261조 제1항 및 제2항에 따른 취득세 등의 경감대상에 해당한다 할 것이므로 취득세 등의 부과처분은 잘못이 있는 것으로 판단(조심 2014지2074, 2015.8.10.).

# 제6조

## 3. 귀농인이 취득하는 농지에 대한 감면

관련규정

제6조(자경농민의 농지 등에 대한 감면) ④ 대통령령으로 정하는 바에 따라 「농어업·농어촌 및 식품산업 기본법」 제3조 제5호에 따른 농어촌 지역으로 이주하는 귀농인(이하 이 항에서 "귀농인"이라 한다)이 대통령령으로 정하는 기준에 따라 직접 경작 또는 직접 사용할 목적으로 대통령령으로 정하는 귀농일(이하 이 항에서 "귀농일"이라 한다)부터 3년 이내에 취득하는 농지, 「농지법」 등 관계 법령에 따라 농지를 조성하기 위하여 취득하는 임야 및 제2항에 따른 농업용 시설(농지, 임야 및 농업용 시설을 취득한 사람이 그 취득일부터 60일 이내에 귀농인이 되는 경우 그 농지, 임야 및 농업용 시설을 포함한다)에 대해서는 취득세의 100분의 50을 2027년 12월 31일까지 경감한다. 다만, 귀농인이 다음 각 호의 어느 하나에 해당하는 경우에는 경감된 취득세를 추징하되, 제3호 및 제4호의 경우에는 그 해당 부분에 한정하여 경감된 취득세를 추징한다.

1. 정당한 사유없이 귀농일부터 3년 이내에 주민등록 주소지를 취득 농지 및 임야 소재지 특별자치시·특별자치도(관할 구역 안에 지방자치단체인 시·군이 없는 특별자치도를 말한다)·시·군·구(구의 경우에는 자치구를 말한다. 이하 같다), 그 지역과 연접한 시·군·구 또는 농지 및 임야 소재지로부터 30킬로미터 이내의 지역 외의 지역으로 이전하는 경우
2. 정당한 사유 없이 농지, 임야 또는 농업용 시설의 취득일이 속하는 과세연도의 다음 과세연도 개시일부터 3년 이내에 과세연도별로 「농업·농촌 및 식품산업기본법」 제3조 제1호에 따른 농업 외의 산업에 종사하여 발생한 소득으로서 대통령령으로 정하는 소득이 대통령령으로 정하는 금액 이상인 경우
3. 정당한 사유 없이 다음 각 목의 어느 하나에 해당하는 경우
   가. 농지의 취득일부터 2년 이내에 직접 경작하지 아니하는 경우
   나. 임야의 취득일부터 2년 이내에 농지의 조성을 시작하지 아니하는 경우
   다. 농업용 시설의 취득일부터 1년 이내에 해당 용도로 직접 사용하지 아니하는 경우

4. 직접 경작한 기간이 3년 미만인 상태에서 매각・증여하거나 다른 용도로 사용하는 경우

## 1 | 개 요

도시에서 농촌으로 영농을 위해 귀농(移都鄕村)하는 도시민에 대한 세제지원이다. 도시민의 농촌으로의 이주는 도시・산업화 속에서 생태지향적인 일상 추구, 취업 등 경제적 기회 감소, 베이비부머세대의 은퇴 후 여가생활 등이 복합적으로 작용하는 결과로 보이며 최근에는 귀농인구가 점차 증가 추세[31]에 있다. 정부도 귀농의 사회적 중요성을 인식하고 귀농인에 대한 정착지원을 위해 농지구입 자금 융자, 영농 정보제공 등 다양한 귀농 대책을 마련하고 있으며 2010년부터 감면이 신설되었고 2015년부터 일몰을 도입하여 현재에 이르고 있다. 2021년에는 귀농인 재촌요건이 완화(경작거리 20㎞→30㎞)되었다. 2022년에는 귀농인 자격요건이 완화(농지취득일부터 60일 내 귀농인이 되는 경우)되었다.

## 2 | 감면대상자

귀농인(歸農人)이란 비농업 도시민이 농촌지역에 이주하여 농업에 종사하는 자를 말한다. 세부적인 귀농인의 범위는 다음과 같다.

### 귀농인과 귀촌인의 차이

농사를 짓는 방식에 따라 귀농과 귀촌을 구분할 수 있다. 귀농과 귀촌은 모두 주거지를 도시에서 시골(농촌)로 옮기는 것이지만 차이점은 소득의 조달 방식이 다르다는 데 있다. 귀농은 생활에 필요한 소득의 대부분이 영농이지만 귀촌은 다른 부가적인 소득(연금・임대소득, 펜션, 체험시설 등)이 주가된다. 귀농인은 영농을 목적으로 하는 전업농(專業農), 귀촌인은 영농보다는 전원생활을 통한 가치 추구를 하는 경우를 말한다고 볼 수 있다. 영농 장려차원에서 본다면 귀촌인은 감면대상으로 보기 어려우나 현실에서는 귀농・귀촌의 경계가 명확하지 않다는 데 문제점이 있다. 농업인(3-2 해설 참조) 자격요건을 갖추고만 있으면 귀농인 및 귀촌인 모두 농업인에 해당될 수 있기 때문이다. 향

31) 귀농・귀촌 가구 : ('18년) 11,961 → ('19년) 11,422 → ('20년) 12,489 → ('21년) 14,347 → ('22년) 12,411

후 이에 대해 보완이 필요하다고 본다.

> • 귀농(歸農) : 도시에서 다른 일을 하던 사람이 그 일을 그만두고 땅을 이용하여 농작물과 가축을 기르는 농사를 위해 농촌으로 돌아가는 것
> • 귀촌(歸村) : 농사에 종사치 않거나, 도시로 출퇴근하거나, 주말마다 내려와 텃밭을 가꾸거나, 농촌에서 여유 있는 전원생활을 하는 경우

| 귀 농 | 귀 촌 |
|---|---|
| 전업귀농, 겸업귀농, 농업파생귀농 | 주말농부형(5都2村), 도시출퇴근형, 전원생활 등 |

## 2-1. 귀농인 이주요건(법 §6 ④, 영 §3 ③ 1호)

2012년까지는 도시에서 시골지역으로 이주하는 경우만을 귀농으로 인정하였으며 2013년부터는 거주지역 구분을 폐지[32]하였다가 다시 2016년부터는 원래대로 도시에서 시골지역으로 이주하는 경우만을 귀농으로 인정하고 있다. 이는 당초 같은 농어촌지역 간에 이주하는 경우도 사실상 귀농임에도 행정구역상 농어촌지역에 거주하였다는 이유만으로 감면이 제외되는 문제 보완을 위해 귀농의 기준을 완화하였으나, 실제 운영과정에서 사실상 귀농의 의미가 모호해지는 더 큰 문제점이 발견되어 2012년 이전 기준인 도시지역에서 비농·어업분야에 종사했던 사람이 농·어업 지역으로 이주하여 농·어업에 종사하는 경우로 감면범위를 조정하였다.

〈표 1〉 **지특령(§3 ①)에 따른 귀농인 이주요건 신·구조문 비교**

| 종 전 | | 2016년부터 |
|---|---|---|
| 2012년까지 | 2015.12.31.까지 | |
| 1. 농어촌(-----) 외의 지역에서 제4항에 따른 귀농일 전까지 계속하여 1년 이상 실제 거주할 것 | 1. 이주한 해당 농어촌(----) 외의 지역에서 -------. | 1. 농어촌(----) 외의 지역에서 ----------------. |
| ☞ 도시지역 → 농어촌지역으로 이전만 인정 | ☞ 도시·농어촌지역 → 농어촌지역 모두 인정 | ☞ 도시지역 → 농어촌지역으로 이전만 인정 |

32) 농림부도 비농업분야에서 일한 경우 종전 읍면 거주자도 귀농인으로 인정하며, 일부 지자체 조례도 다른 시군에서 전입하면 귀농인으로 지원하는 등 종전 거주지 사항을 고려하고 있지 않음.

〈표 2〉 **농어촌지역(농림부 고시 제2009－440, 2009.12.31.)**

| 구분 | 농촌지역(「농어업·농어촌 및 식품산업 기본법」 제3조 제5호) |
|---|---|
| 시·군·구 | •(읍·면지역) 전체<br>•(동지역) 주거·상업·공업지역 외의 용도지역<br>※ 단, 동지역 중 제주특별자치도는「제주특별자치도 설치 및 국제자유도시조성을 위한 특별법」 제203조의 규정에 의거 농어촌지역으로 지정한 동지역 포함(62개 동지역 중 39개 동지역 지정, 주거지역) |
| 시·군·구 및 자치구 | •(동지역) ‣도시지역의 녹지지역 중 생산·보전지역<br>‣관리지역 중 생산·보전관리지역<br>‣농림·자연환경보전지역 ※ 서울·인천·경기 제외 |
| GB해제지역 | 제1종일반주거지역으로 지정된 집단취락지구지역(2002.8.14. 이후)<br>※ 서울·인천·경기 제외 |

## 2－2. 귀농인의 범위(법 §6 ④, 영 §3 ③ 1~3호)

귀농인의 범위는 거주지, 농업에 종사유무 등 그 감면요건이 자경농민과는 다소 차이점이 있다. 한편, 여기서 귀농일이란 다음 표의 요건을 모두 만족하는 귀농인으로서 해당 농어촌으로 전입신고를 하고 실제 거주한 날을 말한다.

〈표 3〉 **귀농인의 범위(지특령 §3 ①~③)**

| 구분 | 귀농인 | 자경농민 |
|---|---|---|
| 대상자 | •귀농일 현재 비농업인, 귀농일 이후 전업농을 희망하는 사람 | •농지 취득일 현재 농업을 주업으로 하는 사람(2년 이상 영농) |
| 요건 | •귀농일 이전 1년 이상 계속하여 도시지역(농촌지역 포함)에 거주한 사람(제1호)<br>•귀농일 현재 농업[33]에 종사하지 않은 사람(제2호)<br>•농어촌에 전입신고 후 실제 거주중인 사람(제3호) | •2년 이상 거주·직접 영농(본인·배우자), 후계농업경영인<br>•직전연도 농업 외 소득금액이 3천7백만원 미만인 자 |

33) 농업의 범위(「농어업·농어촌 및 식품산업 기본법」 §3 1호 가목)
- (농작물재배업) 식량작물 재배업, 채소작물 재배업, 과실작물 재배업, 화훼작물 재배업, 특용작물 재배업, 약용작물 재배업, 버섯 재배업, 양잠업 및 종자·묘목 재배업(임업용 종자·묘목 재배업 제외)
- (축산업) 동물(수생동물 제외)의 사육업·증식업·부화업 및 종축업
- (임업) 육림업(자연휴양림·자연수목원의 조성·관리·운영업 포함), 임산물 생산·채취업 및 임업용 종자·묘목 재배업

**사 례**

▣ 전입신고 후 상당기간 실제거주하지 않고 농업 외 산업에 종사한 후에 거주를 시작한 경우

농어촌지역으로의 전입신고일과 실제 거주일 일치하지 아니하는 경우에도 전입신고 사실이 있고 실제 거주하였다면 귀농인의 요건을 충족한 것으로 보는 것이 타당하고, 귀농일은 '귀농인이 새로 이주한 해당 농어촌으로 전입신고를 하고 거주를 시작한 날'로 규정하고 있으므로 전입신고 요건과 거주요건을 모두 충족하는 시점을 귀농일로 판단하여야 할 것인 바, 전입신고와 실제 거주가 순차적으로 일어난 경우라면 실제 거주를 시작한 날을 귀농일로 보는 것이 타당하므로 귀농일 이전에 상당기간 농업 이외 산업에 종사하는 것은 「지방세특례제한법 시행령」 제3조 제3항 귀농인의 요건에 부합하는 것으로 보아야 함(행자부 지방세특례제도과-3352, 2015.12.7.).

## 3 | 감면대상 농지(임야) 및 농업용시설

귀농인이 직접 경작할 목적으로 취득하는 농지와 관계법령에 따른 농지 조성을 위한 임야가 이에 해당한다. 구체적인 농지(임야)의 범위는 자경농민 감면대상 농지 해설편의 내용과 같다.

### 3-1. 감면대상 농지의 범위

귀농인이 직접 경작할 목적으로 취득하는 농지에 대한 별도의 제한규정이 없으므로 상속을 포함한 유상거래 등의 방법으로 취득하는 모든 농지가 감면대상에 해당된다. 한편, 2021년까지는 귀농인이 취득하는 농지에 대해 제한이 없었으나, 자경농민 감면과 같이 지역 및 면적의 제한을 두어 투기 목적 또는 부농인에 대한 감면을 제한하도록 개선되었다. 세부 농지의 범위는 자경농민 감면편(§6 ①~③)의 해설과 같다.

### 3-2. 감면대상 농업용시설의 범위

2022년부터 귀농인이 직접 경작할 목적으로 취득하는 농업용시설에 대해서도 감면으로 신설되었다. 세부 농업용 시설의 범위는 자경농민이 취득하는 농업용시설(§6 ②)의 해설편의 내용과 같다.

### 3-3. 귀농일 이전에 취득하는 농지의 경우

2021년까지는 귀농일부터 3년 이내 취득하는 농지(§6 ④)로 귀농일의 기준을 농촌지역으로 전입신고를 하고 거주를 시작한 날(영 §3 ④)로 규정하고 있어 먼저 전입신고를 하고 이후에 농지를 취득해야만 감면이 적용되었으나, 거주지 마련에 일정기간이 소요되는 문제가 있어 2022년부터는 먼저 농지를 취득하더라도 60일 이내에 주소를 전입하도록 개선되었다.

Q & A

▣ 귀농일 이전에 취득하는 농지에 대한 감면 여부

서울 서초구 ○○동에 거주하는 홍길동이 2011.11.25.에 경북 영주 ○○면에 위치한 농지를 취득하였으나 실제 농지 소재지 인근 전입일자가 2011.12.9.인 경우라면?

☞ 농지취득일 이전에 귀농일 요건을 갖추어야 하므로 감면대상이 아님

▣ 귀농인 요건 중 농업인의 범위(「농어업·농어촌 및 식품산업 기본법」 §3 1호 가목)

1. 1천㎡ 이상의 농지(「농어촌정비법」 제98조에 따라 비농업인이 분양받거나 임대받은 농어촌 주택 등에 부속된 농지는 제외한다)를 경영하거나 경작하는 사람
2. 농업경영을 통한 농산물의 연간 판매액이 120만원 이상인 사람, 90일 이상 농업에 종사한 자
3. 「농어업경영체 육성 및 지원에 관한 법률」 제16조 제1항에 따라 설립된 영농조합법인의 농산물 출하·유통·가공·수출활동에 1년 이상 계속하여 고용된 사람
4. 「농어업경영체 육성 및 지원에 관한 법률」 제19조 제1항에 따라 설립된 농업회사법인의 농산물 유통·가공·판매활동에 1년 이상 계속하여 고용된 사람

## 4 특례내용

귀농인이 취득하는 농지(임야)에 대하여는 다음 〈표 4〉와 같이 취득세 등을 감면한다.

〈표 4〉 귀농인에 대한 감면(2025.1.1. 현재)

| 조문 | 감면내용 | 감면율 |
|---|---|---|
| §6 ④ | 귀농인 취득 농지(임야), 농업용시설 | 취득세 50% |
| 농특 §4 | §6 ④에 따른 취득세 감면분의 20% | 농어촌특별세 비과세 |

# 5 | 지방세특례의 제한(§6 ① · ④)

## 5 - 1. 감면된 취득세의 추징(§6 ④ 후단 각 호)

감면신청인이 귀농인에 해당되어 농지 취득에 대한 취득세를 감면받더라도 정당한 사유 없이 다음의 어느 하나의 사유에 해당하는 경우에는 감면받은 취득세를 추징한다.

1. 귀농일부터 3년 이내에 주민등록 주소지를 취득 농지 및 임야 소재지 시 · 군 · 구(구의 경우에는 자치구를 말한다. 이하 이 항에서 같다), 그 지역과 연접한 시 · 군 · 구 또는 농지 및 임야 소재지로부터 30킬로미터 이내의 지역 외의 지역으로 이전하는 경우
2. 귀농일부터 3년 이내에 「농어업 · 농어촌 및 식품산업 기본법」 제3조 제1호 가목에 따른 농업(이하 이 항에서 "농업"이라 한다) 외의 산업에 종사하는 경우. 다만, 「농어업 · 농어촌 및 식품산업 기본법」 제3조 제8호에 따른 식품산업과 농업을 겸업하는 경우는 제외한다.
3. 농지의 취득일부터 2년 이내에 직접 경작하지 아니하거나 임야의 취득일부터 2년 이내에 농지의 조성을 개시하지 아니하는 경우
4. 직접 경작한 기간이 3년 미만인 상태에서 매각 · 증여하거나 다른 용도로 사용하는 경우

## 5 - 2. 경과규정 특례(부칙 §6, 제17771호, 2020.12.29.)

2020년까지는 귀농인이 귀농일부터 3년 이내에 주민등록 주소지를 취득한 농지 및 임야 소재지로부터 20㎞ 이상의 지역으로 이전하는 경우에 감면받은 취득세를 추징하도록 소재지 규정(§6 ④ 1호)이 개정되었으나, 2021년부터는 30㎞로 완화되었다. 다만, 2021.1.1. 이전에 귀농인이 농지 및 임야를 취득하여 감면을 받고 개정된 위 소재지 규정에 따라 추징대상에 해당하는 경우라 하더라도 완화된 30㎞ 규정이 아닌 위 부칙 규정에 따라 종전 20㎞ 규정을 적용하여야 한다.

## 5 - 3. 중복 감면의 배제

자경농민 감면이 농업을 주업으로 하는 사람에 대한 감면인 반면 귀농인에 대한 감면은 현재는 농업을 영위하지 않지만, 향후 농업에 종사하려는 사람에 대한 감면인 점에서 차이점이 있다. 따라서 이미 영농에 종사하고 있는 사람, 즉 자경농민인 경우에는 이 규정에 따른 감면대상자가 아니라 제6조 제1항에 따른 자경농민 감면대상자에 해당된다. 한편, 자경농민 감면은 축사, 버섯재배사 등 농업용 건축물과 영농목적의 각종 면허사항도 감면대상에 해당되지만, 귀농인의 경우에는 농지(임야)만이 감면대상에 해당된다.

## 6 | 감면신청 등(§183)

귀농인 감면을 받으려는 자는 감면신청서를 해당 지방자치단체의 장에게 제출해야 하며 신청인으로부터 감면신청을 받은 지방자치단체의 장은 감면 여부를 결정하여야 하고, 특히 감면에 따른 의무사항(다음 사후관리편 해설 참조)을 위반하는 경우 감면받은 세액이 추징될 수 있다는 내용과 함께 감면신청자에게 서면으로 통지해야 한다. 구체적인 감면신청 절차 등에 대해서는 법 제183조의 해설 내용을 참조하기 바란다.

## 7 | 관련사례

■ 귀농인의 귀농일 기준 판단시점

귀농인의 요건을 충족하는지 여부는 농촌지역 전입신고일과 실제 거주일이 일치하지 아니하는 경우에도 전입신고를 한 사실이 있고 실제 거주하고 있다면 그 요건을 충족하는 것으로 보는 것이 타당할 것이고, 귀농일의 요건은 「지방세특례제한법 시행령」 제3조 제4항에서 "전입신고를 하고 거주를 시작한 날"로 규정하고 있으므로 전입신고 요건과 거주요건을 충족하는 시점을 귀농일로 판단하여야 할 것으로, 전입신고를 하고 실제 거주하는 경우라면, 실제 거주일을 귀농일로 보아 귀농일부터 3년 이내에 취득하는 농지에 대해서는 취득세를 경감하는 것이 타당함(행자부 지방세특례제도과-3352, 2015.12.7.).

제 7 조

# 농기계류 등에 대한 감면

관련규정

제7조(농기계류 등에 대한 감면) ① 농업용(영농을 위한 농산물 등의 운반에 사용하는 경우를 포함한다)에 직접 사용하기 위한 자동경운기 등 「농업기계화 촉진법」에 따른 농업기계에 대해서는 취득세를 2026년 12월 31일까지 면제한다.

② 농업용수의 공급을 위한 관정시설(管井施設)에 대해서는 취득세 및 재산세를 각각 2023년 12월 31일까지 면제한다.

## 1 | 개 요

농기계류 등에 대한 감면은 2010년까지는 구 지방세법 제262조에 규정되었다가 지특법이 제정되면서 현재의 제7조로 이관(2010.3.31.)되었다. 2019년에는 일몰규정이 신설되었으며 현재 2026년말까지 연장되었다.

## 2 | 감면대상자

영농을 주목적으로 하는 자경농민, 귀농인 등과 그 외에 농업용에 사용할 목적으로 농업용 기계류 등을 취득하는 자가 감면대상자에 해당된다.

농업용수를 공급하기 위해 관정시설을 취득·보유하는 농민과 자경농민이 아니더라도 농업용수 공급을 위해 관정시설을 설치하는 자라면 모두 감면대상자에 해당된다.

# 3 | 감면대상 농기계류 등

## 3-1. 농업용 농기계류(§7 ①)

농업용에 사용할 목적으로 취득하는 농업용 기계류가 감면대상에 해당된다. 농업용 기계류란 「농업기계화 촉진법」 제2조[34]에 따른 농기계류와 「농어업·농어촌 및 식품산업 기본법」 제3조 제1호 가목과 같은 조 제8호에 따른 식품산업에 사용되는 기계설비 등인 농업용 트렉터, 파종기, 이앙기 등이 이에 해당된다.

〈표 1〉 주요 농업용 기계류

| |
|---|
| ① 농업용트랙터 : 내연기관 사용하여 주로 경운(耕耘), 쇄토(碎土) 등의 작업과 파종, 중경, 제초, 병충해 방제, 양수, 탈곡 등 각종 농작업의 다양한 동력원으로 이용 |
| ② 파종기(播種機) : 작물에 따라 볍씨파종기, 보리파종기, 콩 파종기, 유채파종기, 감자파종기 등으로 구분되며, 국내에서는 볍씨파종기와 곡류 세조파파종기가 보급되어 있다. |
| ③ 이앙기(移秧機) : 모를 심는 기계로서 동력원에 따라 인력용, 동력용으로 구분 |
| ④ 이식기(移植機) : 이식하는 작물은 배추, 토마토, 고추, 양파, 담배 등이다. 기종으로는 홀더식 이식기, 디스크식 이식기, 호퍼식 이식기 등이 있다. |
| ⑤ 병충해 방제기(防除機) : 농작물이 입는 피해를 예방하거나 방지하기 위하여 사용되는 농기계 |
| ⑥ 관개용(灌漑用) 기계 : 이 기계는 작물의 생육에 필요한 수분을 인위적으로 공급하는 기계로서 양수기(揚水機)와 살수기(撒水機)가 있다. |
| ⑦ 수확기(收穫機) : 바인더(binder), 콤바인(combine)이 있다. 바인더는 곡물 예취후 결속 끈으로 묶어서 기체 밖으로 방출시키는 수확기, 콤바인은 포장을 이동하면서 곡물을 예취 및 탈곡, 조제 |
| ⑧ 건조기(乾燥機) : 농산물의 변질방지 및 저장성과 가공성 향상목적으로 수분 제거용 기계 |
| ⑨ 선별기(選別機) : 곡류, 과실류, 채소류 등의 각종 농산물을 선별하기 위해 많은 종류의 선별기가 사용되고 있으나, 선별 장치는 원료의 종류 및 선별 목적에 따라 선별 원리 및 방법이 각각 다르다. |
| ⑩ 도정기(搗精機) : 벼, 보리 등의 곡립으로부터 왕겨와 강층을 벗기는 조작을 도정, 왕겨를 벗기는 데 사용되는 기계를 현미기,강층을 제거하는 데 사용되는 기계를 정미기라 한다. |
| ⑪ 제분기(製粉機) : 밀, 옥수수, 콩 등을 분쇄하여 과피, 종피, 호분층 등을 제거하고 전분층을 분리시켜 밀가루, 옥수수가루, 콩가루 등을 만드는 기계이다. |

34) 「농업기계화 촉진법」 제2조 1. "농업기계"란 다음 각 목에 해당하는 것을 말한다.
가. 농림축산물의 생산에 사용되는 기계·설비 및 그 부속 기자재
나. 농림축산물과 그 부산물의 생산 후 처리작업에 사용되는 기계·설비 및 그 부속 기자재
다. 농림축산물 생산시설의 환경 제어와 자동화에 사용되는 기계·설비 및 그 부속 기자재
라. 그 밖에 「농어업·농어촌 및 식품산업 기본법」 제3조 제1호 가목에 따른 농업과 같은 조 제8호에 따른 식품산업(농림축산물을 보관, 수송 및 판매하는 산업은 제외한다)에 사용되는 기계·설비 및 그 부속 기자재

### 3-1-1. 농기계류를 농업용 & 영업용으로 사용하는 경우

농기계류란 그 사용목적이 주로 농업에 직접 사용하기 위하여 제작된 것을 의미하므로 농기계 원형대로 농업용에만 사용되고 있는 경우에는 영업용 사용 여부에 불문하고 계속 감면대상(내무부 세정 22670-13042, 1988.12.2.)으로 보고 있다.

### 3-1-2. 농기계류를 비농업용 & 영업용으로 사용하는 경우

감면대상에 해당되는 농기계류라 하더라도 감면요건을 농업용으로 한정하고 있으므로 명백히 화물자동차(내무부 세정 22670-8100, 1988.7.26.) 등 다른 용도로 사용하는 경우와 비록 농업용에 사용되는 경우라도 앞에서 열거한 농업기계화촉진법에 따른 농기계류가 아닌 항공방제기(행안부 지방세운영과-3946, 2010.8.30.) 건설기계관리법에 따른 건설기계인 굴삭기 등의 경우에는 감면대상에서 제외되고 있다.

## 3-2. 농업용 관정시설(§7 ②)

농업용수를 공급하기 위한 관정시설도 감면대상 물건에 해당된다. 관정시설이라 함은 지하수를 이용하는 일종의 수리시설로서 지하수를 최대로 이용하기 위하여 일정한 깊이까지 지하를 굴착하여 채수한 지하수를 관개수로 사용하기 위한 소규모 시설을 말한다. 이러한 지하수를 개발 · 이용하기 위해서는 지하수법 제8조에 따라 시장 · 군수 · 구청장에게 신고를 하여야 하는데 이 중 농업용 관정시설에 대해서는 동법 제8조 제1항 제2호에 따른 「농어업 · 농어촌 및 식품산업 기본법」 제3조 제1호에 따른 농어업을 영위할 목적으로 대통령령으로 정하는 규모 이하로 지하수를 개발 · 이용하는 경우를 말하고 있다.

이러한 농업용 관정시설 외에 기타 공업용, 생활용수용, 온천용수 용도 등에 사용하기 위한 관정시설은 감면대상 물건에 해당되지 않는다. 여기서 '대통령령으로 정하는 규모 이하'란 1일 양수능력이 150톤 이하인 경우(안쪽 지름이 50밀리미터 이하인 토출관을 사용하는 경우만 해당한다)를 말한다. 다만, 시 · 도지사는 지하수의 보전 또는 지역여건상 특히 필요하다고 인정되는 경우에는 해당 특별시 · 광역시 · 도 또는 특별자치도의 조례로 정하는 바에 따라 2분의 1의 범위에서 양수능력을 조절할 수 있다.

# 4 | 특례내용

## 4-1. 세목별 감면

농업용에 직접 사용하기 위하여 취득하는 농업기계 등에 대하여는 다음의 〈표 2〉와 같이 2026년 12월 31일까지 지방세 및 국세(농어촌특별세)를 각각 경감한다. 2018년까지는 농업기계 등에 대해 무기한 감면이 적용되었으나, 2019년부터는 일몰기한을 부여하여 감면통합심사, 조세전문기관을 통한 감면 심층사후 평가 등을 통해 감면연장 여부를 결정하도록 하고 있다.

〈표 2〉 **농기계류 등 감면 현황(2024.1.1. 현재)**

| 조문 | 감면내용 | 감면율 |
|---|---|---|
| §7 ① | 농업용 경운기 등 농기계류 취득 | 취득세 면제 |
| §7 ② | 농어용 관정시설 | 취득세 및 재산세 면제 |
| 농특. §4 ① 3호 | 농기계류 등 취득세 감면분에 대한 20% | 농어촌특별세 비과세 |

## 4-2. 최소납부세액의 면제(§177의 2)

2015년부터 시행되는 최소납부세액 제도(§177의 2 본문)에 따라 면제되는 세액의 15%는 취득세 또는 재산세의 감면특례가 제한되어 최소납부세액으로 과세대상에 해당되지만 농기계류 등(§7 ①·②)에 대해서는 최소납부세액 예외(§177의 2 2호) 특례를 적용받아 해당 세목에 대해서는 본 규정대로 계속해서 면제를 적용한다. 최소납부세액에 대한 세부사항은 제177조의 2 해설편의 내용과 같다.

# 5 | 감면신청(§183)

농기계류를 취득하는 자가 본 규정에 따라 지방세를 감면받으려는 경우에는 해당 지방자치단체의 장에게 해당 농기계류가 농업용에 사용하는 용도임을 입증하는 서류를 첨부하여 감면신청을 하여야 한다. 세부적인 감면신청 절차 등에 대해서는 제183조의 해설편을 참조하면 된다.

# 6 | 관련사례

▣ 농업기계 감면대상에 해당되는지 여부

- 농업기계라 함은 농림·축산물의 생산 및 생산 후 처리작업과 생산시설의 환경제어 및 자동화 등에 사용되는 기계·설비 및 그 부속자재를 말한다고 정의하고 있으므로, 비록 농업회사법인이 항공방제용 이외의 목적으로 사용이 불가한 항공기를 취득하여 농업용으로 사용한다 하더라도 항공기는 농기계에 해당하지 아니하므로 지방세법 제262조 제1항의 농기계류 등에 대한 취득세 면제대상에 해당하지 아니함(행안부 지방세운영과-3946, 2010.8.30.).
- 취득세가 비과세되는 농기계류라 함은 그 사용목적이 주로 농업에 직접 사용하기 위하여 제작된 것을 의미하므로 농기계 원형대로 농업용에만 사용되고 있는 경우에는 영업용 사용 여부에 불문하고 농기계류는 비과세 됨(구 내무부 세정 22670-13042, 1988.12.2.).
- 농업용에 직접 사용하기 위한 자동경운기 등 농기계류에 대해서는 취득세 및 자동차세가 비과세 되는 것이나, 비록 농산물을 운반한다 하더라도 화물자동차를 취득·등록한 경우에는 취득세와 자동차세가 과세됨(구 내무부 세정 22670-8100, 1988.7.26.).

제 8 조

# 농지확대개발을 위한 면제 등

관련규정

제8조(농지확대개발을 위한 면제 등) ① 「농어촌정비법」에 따른 농업생산기반 개량사업의 시행으로 인하여 취득하는 농지 및 같은 법에 따른 농지확대 개발사업의 시행으로 인하여 취득하는 개간농지에 대해서는 취득세를 2025년 12월 31일까지 면제한다. 다만, 「한국농어촌공사 및 농지관리기금법」에 따라 설립된 한국농어촌공사(이하 이 조 및 제13조에서 "한국농어촌공사"라 한다)가 취득하는 경우에는 취득세를 면제하지 아니한다.

② 「농어촌정비법」이나 「한국농어촌공사 및 농지관리기금법」에 따라 교환·분합하는 농지, 농업진흥지역에서 교환·분합하는 농지에 대해서는 취득세를 2025년 12월 31일까지 면제한다. 다만, 한국농어촌공사가 교환·분합하는 경우에는 취득세를 면제하지 아니한다.

③ 대통령령으로 정하는 바에 따라 임업을 주업으로 하는 사람 또는 임업후계자가 직접 임업을 하기 위하여 교환·분합하는 임야의 취득에 대해서는 취득세를 2025년 12월 31일까지 면제하며, 임업을 주업으로 하는 사람 또는 임업후계자가 「산지관리법」에 따라 지정된 보전산지를 취득(99만제곱미터 이내의 면적을 취득하는 경우로 한정하되, 보전산지를 추가적으로 취득하는 경우에는 기존에 소유하고 있는 보전산지의 면적과 합산하여 99만제곱미터를 초과하지 아니하는 분에 한정한다)를 취득하는 경우에는 취득세의 100분의 50을 2025년 12월 31일까지 경감한다.

【영】 제4조(임업을 주업으로 하는 사람 등) 법 제8조 제3항에서 "대통령령으로 정하는 바에 따라 임업을 주업으로 하는 사람 또는 임업후계자"란 「임업 및 산촌 진흥촉진에 관한 법률」 제2조 제5호에 따른 독림가(篤林家) 또는 같은 조 제4호에 따른 임업후계자를 말한다.

④ 「공유수면 관리 및 매립에 관한 법률」에 따른 공유수면의 매립 또는 간척으로 인하여 취득하는 농지에 대한 취득세는 2021년 12월 31일까지 「지방세법」 제11조 제1항 제3호의 세율에도 불구하고 1천분의 8을 적용하여 과세한다. 다만, 취득일부터 2

년 이내에 다른 용도에 사용하는 경우 그 해당 부분에 대해서는 경감된 취득세를 추징한다.

## 1 | 개 요

농지확대개발을 위한 감면은 농지확대 개발사업 및 농어촌 정비사업의 시행으로 취득하는 개간농지 및 교환·분합하는 농지의 세제지원을 통해 농지의 효율화를 도모하기 위함이다. 1982년에 신설되어 2010년까지는 구 지방세법 제263조에서 규정되었다가 현재의 지특법 제8조로 이관(2010.3.31.)되었으며 2019년 12월 31일까지 3년간 연장되었다. 또한, 2017년 말 법개정 당시 제8조 제3항의 임업을 주업으로 하는 자 또는 임업후계자가 취득하는 경우에는 2020년 말까지 3년간 일몰기한이 설정되었고, 같은 조 제4항의 공유수면의 매립 또는 간척으로 인한 취득 농지에 대해서는 2018년까지 일몰기한이 설정되었다. 2021년에는 임업후계자가 취득하는 교환·분합용 임야에 대하여 무기한 감면에서 2020년까지 일몰기간이 설정되었고, 보전산지 취득 임야에 대하여 2022년까지 다시 2025년까지 일몰기한이 연장되었다.

## 2 | 감면대상자

농어촌정비법 등에 따른 간척·개간하는 농지(§8 ①), 교환·분합하는 농지(§8 ②), 임업을 주업으로 하는 자 또는 임업후계자(§8 ③), 공유수면 매립 등 간척농지(§8 ④)를 조성하는 자 등이 해당된다. 여기서 임업을 주업으로 하는 자 또는 임업후계자란 「임업 및 산촌진흥촉진에 관한 법률」 제2조 제5호에 따른 독림가 또는 같은 조 제4호에 따른 임업후계자를 말한다. 한편 독림가도 임업인의 범위에 포함되는데 독림가란 산림청장이 인증하는 모범임업인을 말하는 것으로 독림가는 산림의 경영주체 규모, 형태 및 실적 등에 따라 구분한다. 개인독림가, 법인독림가, 협업독림가로 구분하고 개인독림가는 다시 모범독림가, 우수독림가, 자영독림가로 세분한다. 세부 임업인의 범위에 대해서는 다음의 표의 내용과 같다. 임업을 주업으로 하는 자가 취득하는 보전산지는 산지관리법[35] 제4조 제1항 제1호의 규정에 의한 산지를 의미한다.

35) 제4조(산지의 구분) ① 산지를 합리적으로 보전하고 이용하기 위하여 전국의 산지를 다음 각 호와 같이 구분한다. 1. 보전산지(保全山地) 가.(임업용 산지), 나.(공익용 산지)목의 세부 산지는 생략

## 임업인 등의 범위

▣ 임업인의 범위(「임업 및 산촌진흥촉진에 관한 법률 시행령」 제2조)

「임업 및 산촌진흥촉진에 관한 법률」(이하 "법"이라 한다) 제2조 제2호에서 "대통령령으로 정하는 자"란 다음 각 호의 어느 하나에 해당하는 자를 말한다.

1. 3헥타르 이상의 산림에서 임업을 경영하는 자
2. 1년 중 90일 이상 임업에 종사하는 자
3. 임업경영을 통한 임산물의 연간 판매액이 120만원 이상인 자
4. 「산림조합법」 제18조에 따른 조합원으로서 임업을 경영하는 자

▣ 독림가 요건(「임업 및 산촌진흥촉진에 관한 법률 시행령」 제3조)

1. 개인독림가(個人篤林家):
   가. 모범독림가 : 300헥타르 이상의 산림{분수림(分收林) 및 조림(造林)의 목적으로 대부받은 국유림을 포함한다. 이하 이 조에서 같다}을 산림경영계획에 따라 모범적으로 경영하고 있는 자 또는 조림 실적이 100헥타르 이상이고 산림경영계획에 따라 산림을 모범적으로 경영하고 있는 자
   나. 우수독림가 : 100헥타르 이상의 산림을 산림경영계획에 따라 모범적으로 경영하고 있는 자 또는 조림 실적이 50헥타르 이상{유실수(有實樹)는 20헥타르 이상}이고 산림경영계획에 따라 산림을 모범적으로 경영하고 있는 자
   다. 자영독림가 : 15헥타르 이상의 산림을 산림경영계획에 따라 모범적으로 경영하고 있는 자, 10헥타르 이상의 산림을 산림경영계획에 따라 모범적으로 경영하고 있는 자로서 임업후계자로 선발되어 5년 이상 지난 자 또는 조림 실적이 10헥타르 이상(유실수의 경우에는 5헥타르 이상)이고 산림경영계획에 따라 산림을 모범적으로 경영하고 있는 자
2. 법인독림가 : 300ha 이상의 산림을 산림경영계획에 따라 모범적으로 경영하고 있는 법인 또는 조림 실적이 100ha 이상이고 산림경영계획에 따라 산림을 모범적으로 경영하고 있는 법인

▣ 임업후계자 요건(「임업 및 산촌진흥촉진에 관한 법률 시행규칙」 제3조)

1. 50세 미만의 자로서 「산림자원의 조성 및 관리에 관한 법률」 제13조에 따른 산림경영계획에 따라 임업을 경영하거나 경영하려는 자 중 다음 각 목의 어느 하나에 해당하는 자
   가. 「임업 및 산촌진흥촉진에 관한 법률 시행령」(이하 "영"이라 한다) 제3조 제1호에 따른 개인독림가의 자녀
   나. 3헥타르 이상의 산림을 소유(세대를 같이 하는 직계 존·비속, 배우자 또는 형제자매의 명의로 소유하는 경우를 포함한다)하고 있는 자
   다. 10헥타르 이상의 국유림 또는 공유림을 대부받거나 분수림을 설정받은 자
2. 산림청장이 정하여 고시하는 기준 이상의 산림용 종자, 산림용 묘목(조경수를 포함한다), 버섯, 분재, 야생화, 산채, 그 밖의 임산물을 생산하거나 생산하려는 자

## 3 | 감면대상 농지 등

### 3-1. 개간 · 간천 농지 감면(§8 ①)

농어촌정비법에 따른 농업생산기반 개량사업시행 및 농지확대 개발사업의 시행으로 취득하는 농지 및 개간농지가 감면대상 농지에 해당된다. 여기에서 말하는 '농업생산기반 개량사업[36]'이란 농어촌용수 개발사업 · 경지정리 · 배수 · 농업생산기반시설의 개수 · 보수와 준설 · 농업산단조성 · 간척 · 매립 · 개간 등을 말한다.

또한, 농지확대개발사업 시행으로 인한 개간 농지란 넓은 의미로는 바다와 호수 등을 메꾸어 농지를 만드는 간척사업이나 단순히 땅을 일구어 농지로 사용할 수 있도록 하는 것뿐만 아니라 일구어 놓은 농지를 제대로 이용하기 위한 관개시설 · 배수시설 등의 부수시설을 만드는 작업까지도 개간농지의 범위에 해당된다 하겠다.

### 3-2. 교환 · 분합하는 농지(§8 ②)

농어촌정비법 또는 한국농어촌공사 및 농지관리기금법 및 농업진흥지역에서 교환 · 분합하는 농지가 감면대상 농지에 해당된다. 교환 · 분합의 정의는 교환의 경우 당사자 쌍방이 금전 이외의 재산권을 쌍방이 상호 이전할 것을 약정한 계약이다. 분합은 토지에 관한 권리의 분할과 합병을 말하는 데 토지의 분할은 지적공부에 1필지를 2필지 이상으로 나누어서 등록하는 것이고, 합병은 2필지 이상을 1필지로 합하여 등록하는 것을 말한다. 이는 토지를 여러 곳에 분산소유하고 있는 경우 토지의 합리적 관리를 위한 행정처분이라고 말할 수 있다. 따라서 농지의 교환이란 자기의 농지와 타인의 농지를 서로 바꾸는 것을 말하며, 농지의 분합이란 자기의 농지 일부를 타인에게 주고 타인의 농지 일부를 자기 소유로 하는 것을 말한다. 즉 각각의 농지를 필지별로 교환하는 것이 아니라 한 필지의 일부를 분할하여 교환한 후 합병하는 것을 말한다. 감면대상은 농어촌정비법이나 한국농어촌공사 및 농지관리기금법에 따라 교환 · 분합하는 농지, 농업진흥지역에서 교환 · 분합하는 농지가 이에 해당된다. 따라서 농민 등이 개인별로 농업진흥지역 이외의 지역과 자기 소유 농지를 타인과 교환

---

36) **농업생산기반 개량사업(농어촌정비법 제2조)** 5. 농업생산기반 정비사업이란 다음 각 목의 사업을 말한다. **가.** 농어촌용수 개발사업 **나.** 경지 정리, 배수(排水) 개선, 농업생산기반시설의 개수 · 보수와 준설(浚渫) 등 농업생산기반 개량사업 **다.** 농수산업을 주목적으로 간척, 매립, 개간 등을 하는 농지확대 개발사업 **라.** 농업 주산단지(主産團地) 조성과 영농시설 확충사업 **마.** 저수지[농어촌용수를 확보할 목적으로 하천, 하천구역 또는 연안구역 등에 물을 가두어 두거나 관리하기 위한 시설과 홍수위(홍수위 : 하천의 최고 수위) 이하의 수면 및 토지를 말한다. 이하 같다], 담수호 등 호수와 늪의 수질오염 방지사업과 수질개선 사업 **바.** 농지의 토양개선사업 **사.** 그 밖에 농지를 개발하거나 이용하는 데에 필요한 사업

하지 않고 자기 소유의 농지를 교환·분합하는 농지는 감면대상에서 제외된다.

또한, 이 법 감면규정에서 교환·분합되는 면적이 서로 상이하더라도 농지면적 제한에 관해서는 별도로 규정하고 있지 않으므로 농지면적에도 불구하고 감면대상으로 보아야 할 것이다. 농어촌정비법 제43조[37]에서 교환·분할·합병 농지에 대해 규정하고 있다.

농업진흥지역에서 교환·분합하는 농지도 감면대상에 해당되는데 농업진흥지역이란 농지법에 따라 농지를 효율적으로 이용하고 보전하기 위하여 지정된 지역으로 농업진흥지역은 우량농지와 비우량농지가 혼재되어 있는 절대·상대농지[38] 제도를 철폐하고 우량농지만을 선별하여 집중 투자하는 농지 재정비제도이다. 농업진흥지역은 진흥구역과 농업보호구역으로 나누어 지정된다. ① 진흥구역은 현행 절대농지와 같이 개발이 제한되나 정부가 생산기반시설, 전업농육성, 추곡수매량 우선배정, 유통가공 시설 등을 우선 지원하는 등 집중투자 혜택을 받게 된다. ② 농업보호구역은 진흥구역의 용수원 확보 및 수질보전 등을 위해 농업환경을 보전해야 할 필요성이 있는 지역이 지정된다. 토지규제정보서비스(http://luris.mltm.go.kr)를 통해 토지소재지 주소와 지번을 입력하면 농업진흥지역 여부를 확인할 수 있다.

### 3-3. 교환·분합하는 임야 및 보전산지 감면(§8 ③)

「임업 및 산촌 진흥 촉진에 관한 법률」 제2조 제5호에 따른 독림가(篤林家)로서 임업을 주업으로 하는 사람과 같은 조 제4호에 따른 임업후계자가 임업에 직접 사용하기 위해 교환·분합하는 임야의 취득에 대해서 취득세를 면제하고, 독림가와 임업후계자가 「산지관리법」에 따라 지정된 보전산지를 취득하는 경우 취득세의 50%를 감면하도록 하고 있다.

또한, 현행 자경농민의 감면의 경우는 감면 가능한 농지의 범위를 기존 소유 농지와 새로 취득하는 농지 면적을 합산[(논, 밭, 과수원 3만㎡(농업진흥지역 20만㎡), 목장용지 25만㎡, 임야 30만㎡]한 것으로 감면대상을 명확히 규정하고 있으나 보전산지 취득에 대해서는 면

37) 「농어촌정비법」 제43조 ① 시장·군수·구청장 또는 한국농어촌공사는 농지 소유자 2명 이상이 신청하거나 농지 소유자가 신청하지 아니하더라도 토지 소유자가 동의를 한 경우에는 농지에 관한 권리, 그 농지의 이용에 필요한 토지에 관한 권리 및 농업생산기반시설과 농어촌용수의 사용에 관한 권리의 교환·분할·합병(이하 "교환·분할·합병"이라 한다)을 시행할 수 있다.
② 시장·군수·구청장 또는 한국농어촌공사가 제1항에 따라 교환·분할·합병을 시행하는 때에는 교환·분할·합병계획을 세워 시·도지사의 인가를 받아 그 개요를 고시하고 시장·군수·구청장과 등기소에 알려야 한다.
③ 시·도지사가 제2항에 따른 교환·분할·합병계획의 인가를 하려는 경우에는 제9조를 준용한다.
④ 2명 이상의 토지 소유자는 농지의 집단화를 위하여 필요한 경우 상호 협의에 의하여 교환·분할·합병을 시행할 수 있다.

38) 절대농지와 상대농지는 지금은 폐지된 「농지의 보전 및 이용에 관한 법률」에 의한 개념인데 현재는 「농어촌발전조치특별법」에 의한 농업진흥지역 제도의 시행으로 없어진 용어이다.

적 제한 규정만을 두고 있어 그 동안 감면 범위가 신규·기존 산지면적을 합산한 것인지, 취득 시점마다 제한 범위(99만㎡)에 대해 달리 해석하는 사례가 발생하여 당초 입법취지대로 적용할 수 있도록 명확히 개정되었다.

### 3-4. 공유수면 매립 또는 간척에 의한 농지 취득 감면(§8 ④)

공유수면의 매립 또는 간척으로 농지를 취득하는 경우가 감면대상 농지에 해당된다. 공유수면매립에 따른 농지는 매립 후 준공인가 시점에 그 지목이 전·답 등 사실상의 농지만을 의미하며 그 외의 용도 등으로 취득하는 경우 등에 대해서는 감면대상으로 보지 않는다.

## 4 | 특례내용

### 4-1. 세목별 감면

농업생산기반 개량사업용 농지 및 개간농지 등에 대해서는 2025년 12월 31일까지 다음의 지방세와 취득세 감면분에 부가(附加)되는 국세(농특세)를 각각 감면한다. 임업을 주업으로 하는 자 등이 취득하는 임야와 보전산지에 대한 감면율이 다른 것은 보전산지는 일정수준 담세력이 있는 산림경영계획에 따른 독림가(10~300ha 이상)가 임을 고려한 것으로 보여진다. 기타 준보전산지 중 산림경영계획인가를 받은 임야에 대해서는 재산세가 별도합산(지법령 §101 ③ 13호 다목)되고 있다. 한편, 제8조 제1항과 제2항은 일몰기한이 설정되어 있으나 제3항과 제4항의 경우 2018년말까지 장기간 세제지원하고 있음에도 일몰기한이 설정되어 있지 않아 세제지원에 따른 효과 분석이 어려운 점 등을 고려하여 사후심층 평가 등의 실시를 통한 감면규정의 재설계를 위해 제3항의 임업을 주업으로 하는 사람과 임업후계자에 대한 보전산지 취득세는 2025년 12월 31일까지, 제4항의 공유수면 매립 농지등에 대한 감면은 2021년 12월 31일자로 감면 일몰이 종료되었다.

〈표〉 **농지확대 사업용 농지 등 감면 현황(2021.1.1. 현재)**

| 조문 | 감면내용 | 감면율 | 일몰기한 |
|---|---|---|---|
| §8 ① | 농업생산기반용 농지, 개간농지 | 취득세 면제 | 2025.12.31 |
| §8 ② | 농어촌정비법 등에 따른 교환·분합용 농지 | 취득세 면제 | 2025.12.31 |
| §8 ③ | 임업을 주업으로 하는 자 등이 취득하는 임야 등 | 취득세 면제(임야), 50%(보전산지) | 2025.12.31 |

| 조문 | 감면내용 | 감면율 | 일몰기한 |
|---|---|---|---|
| §8 ④ | 공유수면 매립, 간척으로 취득하는 농지 | 취득세 0.8% 세율특례 | 2021.12.31 |
| 농특 §4 | 농지, 임야 등 취득세 감면분에 대한 20% | 농어촌특별세 비과세 | - |

### 4-2. 최소납부세액 면제(§177의 2)

2015년부터 시행되는 최소납부세액 제도(§177의 2 본문)에 따라 면제되는 세액의 15%는 감면특례가 제한되어 개간농지 등(§8 ①~③)에 대해서는 취득세가 최소납부세액 과세대상에 해당되지만 최소납부세액 예외 특례(§177의 2 2호)에 따라 본 규정대로 계속해서 면제를 적용한다. 이에 대한 세부적인 사항은 제177조의 2 해설편의 내용과 같다.

## 5 | 지방세 특례의 제한(§8 ④ 단서, §178)

농업생산기반용 농지, 교환·분양용 농지 및 임야 등에 대해서는 별도의 감면 추징은 없지만, 법 제178조에 따라 정당한 이 그 취득일부터 1년이 경과할 때까지 해당 용도로 직접 사용하지 아니하는 경우 해당 용도로 직접 사용한 기간이 2년 미만인 상태에서 매각·증여하거나 다른 용도로 사용하는 경우에는 감면받은 취득세를 추징한다. 세부적인 추징방법 등에 대해서는 제178조의 해설편의 내용과 같다.

또한, 공유수면매립으로 농지를 취득한 후 2년 이내 다른 용도로 사용하면 감면된 취득세를 추징하지만 공유수면매립으로 취득한 농지가 토지수용 등으로 관계 규정에 의하여 수용되는 경우라면 정당한 사유가 있는 것으로 보아 추징대상으로 보지 않는다(내무부 도세 22670-4385, 1991.11.5.).

## 6 | 감면신청 절차

개간농지, 교환·분합용 농지 및 임야 등에 대해 취득세 감면을 받으려는 자는 제183조의 규정에 따라 해당 지방자치단체의 장에게 개간농지 등을 증명하는 서류 등을 첨부하여 감면신청을 하여야 한다. 세부적인 감면신청 절차 등에 대해서는 제183조의 해설 내용을 참조하면 된다.

## 7 | 관련사례

■ 임업후계자가 감면받은 부동산을 교환으로 이전한 경우 추징 여부

'매각 · 증여'란 유상 · 무상을 불문하고 취득자가 아닌 타인에게 소유권이 이전되는 모든 경우를 의미하는 것이므로, 직접 사용한 기간이 2년 미만인 상태에서 소유권을 이전하는 경우에는 정당한 사유에 관계없이 추징대상에 해당되며, '교환'은 당사자 쌍방이 재산권을 상호 이전하는 것을 약정함으로써 효력이 발생하는 것(「민법」 제596조)으로 그 의미가 매각과 다르지 않다 할 것이라고 해석함이 상당하므로, 임업후계자가 감면받은 소유 임야를 유예기간 이내 산림청과 교환한 경우, 취득세 감면받은 임야를 유예기간 이내에 '교환'을 통해 당해 부동산의 소유권을 이전한 것이므로 추징대상으로 보는 것이 타당함(행자부 지방세특례제도과-2916, 2016.10.10.).

■ 임야를 교환이 아닌 매매로 취득한 경우 감면 여부

임야를 교환으로 취득한 것이 아니라 매매로 취득하였음이 임야의 매매계약서, 청구인과 ○○○ 사이에 2012.3.24. 체결된 부동산 대물계약서, 2012.3.23. 체결된 종전토지 매매예약증서 및 쟁점임야의 등기사항전부증명서에 의하여 확인되고 있고, 해당 임야는 「산지관리법」 제4조 제1항 제2호에 따른 준보전산지인 것이 임야의 토지이용계획서 등에 의하여 확인되는 바, 청구인의 임야 취득은 「지방세특례제한법」 제8조 제3항의 취득세 등의 감면요건을 충족하지 못하여 취득세 등의 감면대상에 해당하지 아니하는 것으로 경정청구를 거부한 처분은 잘못이 없음(조심 2015지0575, 2015.6.9.).

■ 공유수면매립으로 양수받은 토지에 대한 감면 여부

공유수면매립 관련 비과세 취지는 농지취득을 목적으로 하는 공유수면의 매립준공인가를 받은 자에 한하는 것으로 기 준공된 매립지를 양수받은 경우, 즉 매립공사에 참여하여 그 시공의 대가로 받은 경우는 감면이 아님(내무부 세정 1268-730, 1981.1.16.).

■ 농어촌정비법상 교환 · 분합하여 취득한 농지의 취득세 감면 여부

지방세법 제263조 제2항의 규정에 의거 농어촌정비법 · 농업기반공사 및 농지관리기금법에 의하여 교환 · 분합하는 농지, 농업진흥지역에서 교환 · 분합하는 농지의 취득 · 등기 등에 대하여는 취득세를 면제토록 규정하고 있어 농어촌정비법 등에 따른 교환 · 분합용 농지의 가액 · 면적이 증가하는 경우도 감면대상임(행안부 세정 13407-413, 2002.5.6.).

- 귀문의 경우 "교환"은 지방세법 제104조 제8호의 규정에 의거 취득에 해당되어 이에 따른 취득세의 납세의무가 있는 것이며, 만약 귀하가 교환한 농지가 농어촌정비법에 따라 교환된 농지라면 지방세법 제263조 제2항의 규정에 의거 취득세가 면제됨(내무부 세정 13407-자487, 1998.6.12.).

■ 자경농민에 해당되면 농어촌특별세가 비과세된다고 한 사례

농어촌특별법 제4조 제10호에 의하면 "지방세법 제261조 제1항의 적용대상이 되는 농지 및 임야에 대한 취득세"에 대하여는 농어촌특별세를 부과하지 않도록 규정하고 있음. 귀문의

경우 당해 토지가 지방세법 제261조 제1항의 적용대상이 되는 토지(지방세법 시행령 제219조에서 규정하는 토지)에 해당된다면 취득세의 감면 여부에 관계없이 농어촌특별세가 비과세되나, 2년 이상 영농에 종사한 자가 아닌 경우에는 그러하지 아니하며, 이에 해당 여부는 과세관청이 사실관계를 확인한 후 결정할 사항임(내무부 세정 13407-1109, 1997.9.13.).

▣ 각 농민이 개인별로 교환하는 경우에는 면제되지 아니한다고 한 사례

지방세법(1995.1.1. 시행) 제263조 제2항의 규정에 의하면 「농어촌근대화촉진법」이나 「농어촌진흥공사 및 농지관리기금법」에 따라 교환・분합하는 농지에 한해서 취득세를 면제하도록 되어 있는 바, 각 농민이 개인별로 교환하는 경우에는 면제되지 아니함. 다만, 농어민 후계자가 직접 경작할 목적으로 취득하는 것이 확실하다면 동법 제261조 제1항의 규정에 의거 50%의 감면을 받을 수 있음(구 내무부 세정 13409-31, 1995.1.12.).

- 지방세법 제108조 제3호의 규정에 의거 공유수면매립으로 인한 농지의 취득에 대하여는 취득세를 비과세하는 것이므로 농지는 지목이 전, 답 등 사실상의 농지만을 의미하므로 귀문과 같이 영농부대시설(농가주택, 창고) 부속토지는 취득세 과세대상에 해당하는 것임(내무부 세정 13407-175, 1994.6.10.).

제9조

# 자영어민 등에 대한 감면

◈ 관련규정 ◈

제9조(자영어민 등에 대한 감면) ① 어업(양식업을 포함한다. 이하 같다)을 주업으로 하는 사람 중 대통령령으로 정하는 사람 또는 「후계농어업인 및 청년농어업인 육성·지원에 관한 법률」 제8조에 따른 후계어업경영인 및 청년창업형 후계어업경영인이 대통령령으로 정하는 기준에 따라 직접 어업을 하기 위하여 취득하는 어업권·양식업권, 어선(제2항의 어선은 제외한다), 다음 각 호의 어느 하나에 해당하는 어업용으로 사용하기 위하여 취득하는 토지(「공간정보의 구축 및 관리 등에 관한 법률」 제67조에 따라 공부상 지목이 양어장인 토지를 말한다) 및 대통령령으로 정하는 건축물에 대해서는 취득세의 100분의 50을 2023년 12월 31일까지 경감한다.

1. 「수산업법」 제41조 제3항 제2호에 따른 육상해수양식어업
2. 「내수면어업법」 제11조 제2항에 따른 육상양식어업
3. 「수산종자산업육성법」에 따른 육상 수조식(水槽式) 수산종자생산업 및 육상 축제식(築堤式) 수산종자생산업

**【영】** 제5조(어업을 주업으로 하는 사람 및 그 기준) ① 법 제9조 제1항에서 "대통령령으로 정하는 사람"이란 다음 각 호의 사람을 말한다.

1. 어업권 또는 어선을 취득하여 그 취득세를 경감받으려는 사람으로서 어선 선적지(船籍地) 및 어장에 잇닿아 있는 연안이 속하는 특별자치시·특별자치도·시·군·구(자치구가 아닌 구를 포함한다. 이하 이 조에서 같다) 지역(그 지역과 잇닿아 있는 다른 시·군·구 지역을 포함한다. 이하 이 조에서 같다)에 거주하며 어선 또는 어장을 소유하는 사람과 그 배우자(동일한 세대별 주민등록표에 기재되어 있는 경우로 한정한다. 이하 이 조에서 같다) 중에서 1명 이상이 직접 어업에 종사하는 사람
2. 지목이 양어장인 토지 또는 제3항에 따른 수조를 취득하여 그 취득세를 경감받으려는 사람으로서 해당 토지 또는 수조가 소재한 특별자치시·특별자치도·시·군·구 지역에 거주하면서 지목이 양어장인 토지를 소유하거나 임차한 사람과 그 배우자 중에서 1명 이상이 직접 법 제9조 제1항 각 호에 따른 어업을 전업으로 하는 사람. 다만, 직전 연도 어업 외의 종합소득금액(「소득세법」 제4조 제1항 제1호에 따른 종합소득에서 어

업에서 발생하는 소득, 같은 법 제45조 제2항 각 호의 어느 하나에 해당하는 사업에서 발생하는 부동산임대소득 및 같은 법 시행령 제9조에 따른 농가부업소득을 제외한 금액을 말한다)이 「조세특례제한법 시행령」 제64조 제11항에 따른 금액 이상인 사람은 제외한다.

② 법 제9조 제1항에서 "대통령령으로 정하는 기준"이란 다음 각 호의 요건을 갖춘 경우를 말한다.

1. 어업권 또는 어선을 취득하는 사람의 주소지가 어선 선적지 및 어장에 잇닿아 있는 연안이 속하는 구·시·읍·면 지역(그 지역과 잇닿아 있는 다른 특별자치시·특별자치도·시·군·구 지역일 것

1의 2. 지목이 양어장인 토지 또는 제3항에 따른 수조를 취득하는 사람의 주소지가 해당 토지 또는 수조가 소재한 특별자치시·특별자치도·시·군·구 지역일 것

2. 어업권은 새로 취득하는 어장과 소유 어장의 면적을 합하여 10헥타르 이내, 어선은 새로 취득하는 어선과 소유 어선의 규모를 합하여 30톤 이내, 지목이 양어장인 토지는 새로 취득하는 지목이 양어장인 토지와 기존에 소유하고 있던 지목이 양어장인 토지의 면적을 합하여 1만 제곱미터 이내일 것. 이 경우 초과부분이 있을 때에는 그 초과부분만을 경감대상에서 제외한다.

③ 법 제9조 제1항에서 "대통령령으로 정하는 건축물"이란 「지방세법 시행령」 제5조 제1항 제2호에 따른 수조를 말한다.

④ 제1항 제2호 단서에 따른 직전 연도 어업 외의 종합소득금액, 감면신청 절차 및 그 밖에 필요한 사항은 행정안전부령으로 정한다.

② 20톤 미만의 소형어선에 대해서는 취득세와 재산세 및 「지방세법」 제146조 제3항에 따른 지역자원시설세를 2025년 12월 31일까지 면제한다.

③ 출원에 의하여 취득하는 어업권·양식업권에 대해서는 취득세를 어업권·양식업권에 관한 면허 중 설정을 제외한 등록에 해당하는 면허로 새로 면허를 받거나 그 면허를 변경하는 경우에는 면허에 대한 등록면허세를 2025년 12월 31일까지 각각 면제한다.

## 1 | 개 요

자영어민 등에 대한 감면은 어업에 직접 종사하는 자, 어업후계자 등이 어업활동에 직접 사용하기 위해 취득하는 어업권 및 어선에 대한 세제지원을 통한 어업의 육성 및 어민의 안정적인 영어(營漁)활동을 지원하기 위한 감면으로 2010년까지는 구 지방세법 제262조 및 제267조로 각각 규정되었으나, 2011년부터는 현재의 제9조로 통합하여 이관되었다.

2016년부터는 어업을 주업으로 하는 자의 범위에서 동거가족의 범위를 축소 · 조정되었으며 2018년에는 자영어민의 감면대상이 어업권 및 어선에서 어업용 토지 및 건축물까지 확대되었다. 2019년에는 자영어민에 대한 감면이 무기한 감면에서 2020년까지 일몰기한이 설정되었다. 2021년에는 감면 일몰기한이 2023년까지 연장되었다. 2023년에는 출원으로 취득하는 어업권 · 양식업권 중 취득세를 제외한 등록면허세가 감면대상에서 제외되면서 나머지 취득세에 대해서는 일몰기한이 2025년까지로 연장되었다.

## 2 | 감면대상자(§9 ①, 영 §5 ①~②)

어업을 주업으로 하는 자로서 i) 어업을 주업으로 하는 자, ii) 거주지 요건 등의 기준을 모두 갖춘 자와 소형선박을 소유한 사람이 감면대상자에 해당된다.

2018년부터 육상양용 부동산(양어장토지+수조)에 대한 감면이 신설됨에 따라 2017년도까지의 자영어민의 거주요건(구 · 시 · 읍 · 면 및 인접 구 · 시 · 읍 · 면) 및 직전연도 어업외 소득(연간 3,700만원) 등이 자경농민(시 · 군 · 구 및 인근 시 · 군 · 구)과 같은 수준으로 개정되었다. 세부적인 거주요건은 제6조의 자경농민 감면 해설편의 내용과 같다.

## 3 | 감면대상 어선 등

### 3-1. 어업권 · 양식업권(§9 ①)

어업을 주업으로 하는 사람 등이 취득하는 어업권 · 양식업권을 말한다. 이 경우 어업권 · 양식업권은 새로 취득하는 어장과 소유 어장의 총 면적을 합하여 10㏊ 이내를 말하며 초과부분은 제외한다.

### 3-2. 어선(§9 ①~②)

어업을 주업으로 하는 사람 등이 취득하는 어선과 어업을 주업으로 하는 사람 이외의 자가 취득하는 소형어선을 말한다.

### 3-3. 어업용 토지 및 건축물(§9 ①)

자경농민의 농지 및 농업용 시설(농지〈논 · 밭 · 과수원 · 목장용지〉, 농지조성용 임야 및 농업용시설〈양잠 또는 버섯재배용 건축물, 축사, 고정식 온실 등〉, 농산물 선별처리시설)에 대하여는 취득세가 감면(50%)되고 어업인의 경우에는 어업권·양식업권 및 어선에 대하여만 취득세가 감면(50%)되어, 부동산을 활용하여 이루어지는 육상 양식어업 등의 경우는 부동산취득에 따른 감면 규정이 없어 자경농민간의 형평성과 최근 어로어업이 감소 추세에 있어 육상양식업 육성 필요성 등에 따라 육상양식 어업용 부동산의 경우도 2018년부터는 취득세 감면대상으로 신설되었다. 다만, 자경농민에 비하여 과도한 지원이 되지 않도록 양식장용 토지(지목 : 양어장) 및 관련시설(수조)로 감면범위가 제한되었다. 한편 육상양식 어업의 범위는 인공적으로 조성한 육상의 해수면에서 수산동식물을 양식하는 어업인 육상해수양식어업과 하천, 댐, 호수, 늪, 저수지와 그 밖에 인공적으로 조성된 담수 육상 내수면에서 일정시설을 설치하여 수산동식물을 양식하는 어업인 내수면육상양식어업으로 구분된다.

한편, 2023년부터는 자영어민에 대한 감면 중 어업권·양식업권에 관한 등록면허세 감면이 종료되었다. 자경농민과 자영어민에 대한 지방세 감면대상 범위는 다음 표의 내용과 같다.

〈표 1〉 **자경농민 vs 자영어민 관련 감면 현황(2023.1.1. 현재)**

| 구분 | | | 감면 현황 |
|---|---|---|---|
| 자경농민 | 농지 | 논·밭·과수원·목장용지, 농지조성용 임야 | 취득세(50) |
| | 농업용시설 | 양잠·버섯재배용 건축물, 축사, 고정식 온실, 축산폐수·분뇨처리시설, 저온·상온창고, 농기계보관용 창고, 농산물선별처리시설 | |
| | 인허가 | 경작목적 도로·하천·공유수면 점용 면허 | 등록면허세(100) |
| 자영어민 | 어업권 | 어장 면적 10헥타르 이내<br>※ 해상 양식업에 대한 어업권 감면 중 | 취득세(50) |
| | 어업용시설 | 육상해수양식어업, 육상양식어업, 수조 | 취득세(50) |
| | 어선<br>(소형어선) | 30톤 이내<br>(20톤 미만) | 취득세(50)<br>(취, 재, 지역자원세 면제) |
| | 인허가 | 어업권에 관한 면허(갱신) | 등록면허세(100) |

### 3-4. 출원에 의한 어업권·양식업권 취득 등(§9 ③)

출원이란 특허를 받을 권리자가 특허를 받기 위해 소정의 특허출원서를 작성하여 특허청장에게 제출하는 것을 말한다. 수산업법 또는 내수면어업법상 면허를 받아 일정한 수면에서 특정한 어업을 할 수 있는 권리 자체가 국가의 특허이다. 이와 유사한 것으로 출원에 의한 광업권(鑛業權)이 있다. 어업권·양식업권은 면허를 받아 어업을 경영할 수 있는 권리로 면허받은 수면의 모든 권리를 갖는 것이 아니라, 제한된 범위에서 경영할 수 있는 권리로서 면허받은 수면에서 어업행위(수산동식물을 포획·채취하는 행위라든지, 양식행위)를 보호받는 권리만을 인정한 것으로 볼 수 있어 승계취득 등에 의한 경우는 감면대상에서 제외된다. 어업권은 「수산업법」 제17조에 따라 어업권원부(漁業權原簿)에 등록함으로써 어업권을 취득한다.

참고

**어업권의 종류**(「수산업법」 §8)

① 정치망어업(定置網漁業) : 일정한 수면을 구획하여 대통령령으로 정하는 어구(漁具)를 일정한 장소에 설치하여 수산동물을 포획하는 어업

② 해조류양식어업(海藻類養殖漁業) : 일정한 수면을 구획하여 그 수면의 바닥을 이용하거나 수중에 필요한 시설을 설치하여 해조류를 양식하는 어업

③ 패류양식어업(貝類養殖漁業) : 일정한 수면을 구획하여 그 수면의 바닥을 이용하거나 수중에 필요한 시설을 설치하여 패류를 양식하는 어업

④ 어류등양식어업(魚類等養殖漁業) : 일정한 수면을 구획하여 그 수면의 바닥을 이용하거나 수중에 필요한 시설을 설치하거나 그 밖의 방법으로 패류 외의 수산동물을 양식하는 어업

⑤ 복합양식어업(複合養殖漁業) : 제2호부터 제4호까지 및 제6호에 따른 양식어업 외의 어업으로서 양식어장의 특성 등을 고려하여 제2호부터 제4호까지의 규정에 따른 서로 다른 양식어업 대상품종을 2종 이상 복합적으로 양식하는 어업

⑥ 마을어업 : 일정한 지역에 거주하는 어업인이 해안에 연접한 일정한 수심(水深) 이내의 수면을 구획하여 패류·해조류 또는 정착성(定着性) 수산동물을 관리·조성하여 포획·채취하는 어업

⑦ 협동양식어업(協同養殖漁業) : 마을어업의 어장 수심의 한계를 초과한 일정한 수심 범위의 수면을 구획하여 제2호부터 제5호까지의 규정에 따른 방법으로 일정한 지역에 거주하는 어업인이 협동하여 양식하는 어업

⑧ 외해양식어업 : 외해의 일정한 수면을 구획하여 수중 또는 표층에 필요한 시설을 설치하거나 그 밖의 방법으로 수산동식물을 양식하는 어업

# 4 | 특례내용

## 4-1. 세목별 감면

자영어민 등이 취득하는 어업권·양식업권, 어선 및 어업용 시설 등에 대해서는 2023년 12월 31일까지 다음의 표의 내용과 같이 지방세 및 국세(농어촌특별세)를 감면한다.

〈표 2〉 자영어민 등에 대한 감면 현황(2021.1.1. 현재)

| 조문 | 감면내용 | 감면율(감면기한) |
|---|---|---|
| §9 ① | 자영어민 등이 직접 어업을 위해 취득하는 어업권·양식업권, 어선 및 어업용 시설(육상해수양식어업, 육상양식어업, 수조 등) | 취득세 50% |
| §9 ② | 자영어민 등이 취득하는 20톤 미만 소형어선 | 취득세, 재산세 면제<br>지역자원시설세 면제 |
| §9 ③ | 자영어민 등이 취득하는 어업권·양식업권 면허 | 취득세 면제<br>등록면허세 면제 |
| 농특 §4 ① 4호 | §9 ①~③에 따른 취득세 감면분의 20% | 농어촌특별세 비과세 |

## 4-2. 최소납부세액 면제(§177의 2)

2015년부터 시행되는 감면 상한제도(§177의 2 본문)에 따라 면제되는 세액의 15%는 감면특례가 제한되어 자영어민 등이 취득하는 어업권·양식업권 또는 어선(§9 ②·③)에 대해서는 취득세 또는 재산세가 최소납부세액 과세대상에 해당되지만 최소납부세액 예외 특례(§177의 2 2호)에 따라 본 규정대로 계속해서 면제를 적용한다. 최소납부세액에 대한 세부적인 사항은 제177조의 2 해설편의 내용과 같다.

# 5 | 감면신청(§183)

## 5-1. 감면 여부 통보(§183 ①)

자영어민 등이 본 규정에 따라 지방세를 감면받으려는 경우에는 해당 지방자치단체의 장에게 해당 어선 등이 직접 어업에 사용하는 용도임을 입증하는 서류를 첨부하여 감면신청을 하여야 한다. 세부적인 감면신청 절차 등에 대해서는 제183조의 해설편을 참조하면

된다. 자영어민에 해당하는 사람은 어업을 주업으로 하는 사람으로서 어업에 종사하는지 여부를 확인하는 서류는 「농어업경영체 육성 및 지원에 관한 법률」 제4조 및 같은 법 시행 규칙 제3조의 2 및 제4조의 2에 따라 어업경영 정보가 등록된 서류인 "어업경영체등록(변경등록)확인서"로서 2018년 1월 2일자로 고시(제2017-27호)되어 해당 서류를 제출하도록 하고 있다. 당초 2013년까지는 해양수산부 소속기관인 수산물품질관리원에서 발급하였으나, 2014년 1월부터 지방해양수산청으로 등록 및 발급업무가 이관되었으며, 전화 등을 통해 신청하는 경우에도 팩스 또는 온라인으로 편리하게 발급되고 있다.

① 어업경영체등록확인서가 있는 경우 : 어업에 종사・여부를 확인하기 위한 어업경영체등록확인서 등록일, 경영주, 경영주 외 어업인, 기타 변경정보 등이 표시되어 있는 사항을 별지 제1호(지특칙)의 서식을 갖추어 감면신청을 한다.

② 어업경영체등록확인서가 없는 경우 : 2년 이상 실제 영농이란 반드시 어업경영체등록확인서와 같은 공적장부만을 기준으로 하는 것이 아니며 어선원부, 수산물 거래내역, 양어사료 거래내역 등의 입증서류를 제출받아 확인하여야 한다. 다만, 기타 서류의 경우에는 영어 여부를 구체적으로 가늠하기 어려운 부분이 있으므로 사실조사와 기타 제출된 서류에 대한 검토를 통해 지방자치단체의 장의 종합적인 판단이 필요할 것이다.

### 5-2. 감면 여부 통보(§183 ②)

감면신청인으로부터 감면 신청을 받은 지방자치단체의 장은 감면 여부를 결정해야 하고 특히, 감면에 따른 의무사항을 위반(2년 내 직접 미사용 등)하는 경우 감면받은 세액이 추징될 수 있다는 내용과 함께 서면(별지 제2호 서식)으로 통지해야 한다.

*농어업경영체 육성 및 지원에 관한 법률(별지 제5호 서식)

## 어업경영체 등록(변경등록) 확인서

1. 등록번호 :
2. 최초 등록일 :
3. 경영주 성명 :
   (법인명 및 대표자명)
4. 경영주 외 어업인 :
5. 주 소 :
6. 변경정보 :

위 경영체는 「농어업경영체 육성 및 지원에 관한 법률」 제4조 및 같은 법 시행규칙 제3조의 2·제4조의 2에 따라 어업경영정보가 등록(변경등록)되었음을 확인합니다.

년 월 일

00지방해양수산청장 직인

※ 등록·변경등록된 정보는 등록 기관을 방문하거나 전화(0000-0000) 또는 인터넷 홈페이지(www.000.00.00)를 통해 확인이 가능합니다.

■ 문의처: ☎ 000)0000-0000

210mm×297mm[백상지(150g/㎡)]

제 10 조

# 농어업인 등에 대한 융자관련 감면 등

관련규정

제10조(농어업인 등에 대한 융자관련 감면 등) ① 다음 각 호의 조합 및 그 중앙회 등이 「농어업경영체 육성 및 지원에 관한 법률」 제4조 제1항에 따라 농어업경영정보를 등록한 농어업인[영농조합법인, 영어조합법인(營漁組合法人) 및 농업회사법인을 포함한다. 이하 이 조에서 같다]에게 융자할 때에 제공받는 담보물에 관한 등기(20톤 미만 소형어선에 대한 담보물 등록을 포함한다)에 대해서는 등록면허세의 100분의 50을 2025년 12월 31일까지 경감한다. 다만, 중앙회, 농협은행 및 수협은행에 대해서는 영농자금·영어자금·영림자금(營林資金) 또는 축산자금을 융자하는 경우로 한정한다.

1. 「농업협동조합법」에 따라 설립된 조합 및 농협은행
2. 「수산업협동조합법」에 따라 설립된 조합(어촌계를 포함한다) 및 수협은행
3. 「산림조합법」에 따라 설립된 산림조합 및 그 중앙회
4. 「신용협동조합법」에 따라 설립된 신용협동조합 및 그 중앙회
5. 「새마을금고법」에 따라 설립된 새마을금고 및 그 중앙회

② 농어업인이 영농, 영림, 가축사육, 양식, 어획 등에 직접 사용하는 사업소에 대해서는 주민세 사업소분(「지방세법」 제81조 제1항 제2호에 따라 부과되는 세액으로 한정한다) 및 종업원분을 2027년 12월 31일까지 면제한다.

## 1 개 요

농업협동조합 및 농협은행[39], 수산업협동조합 및 중앙회 등이 농·어업인에게 융자하는 담보물에 대한 저당권 설정시 대출받는 자(농어업인)에게 등록면허세 부담이 전가되는 것

39) 농협중앙회가 「금융지주(농협은행, 농협보험 등 6개사)」와 「경제지주(남해화학, 농협유통 등 13개 자회사)」 부문으로 분리(2011.3.31. 농협법 개정, 2012.3.2. 시행)

을 방지하기 위해 도입된 세제지원이다. 융자 담보물 등기 감면은 2010년까지는 구 지방세법 제264조, 제267조에 각각 규정되었으나 2011년부터는 현재의 지특법 제10조로 통합하여 이관(2010.3.31.)되었다. 2012년에는 융자등기분 등록면허세 감면율이 축소(면제→75%)되었으며, 2015년부터는 일몰(2017년까지) 규정이 신설되었으며, 2018년에는 감면율이 다시 축소(75% → 50%)되면서 2020년까지 감면기간이 연장되었다. 2019년에는 담보물 제공 등기의 범위에 20톤 미만의 소형선박이 포함되었다. 2021년에는 일몰기한이 1년(2021년) 연장되었다. 2022년에는 감면대상의 범위를 실제 농어업인(농어업경영정보에 등재된 자)으로 명확히 개정되었고 일몰기한은 2022년말까지 1년간에 한해 연장되었으나 최근 3년간 연장되어 2027년말까지 연장되었다.

## 2 감면대상자

농어업인 등에게 영농자금 등을 대출하는 농업협동조합, 수산업협동조합(어촌계 포함), 축산업협동조합, 임업협동조합, 신용협동조합 및 새마을금고와 영농 등을 영위하는 농어업인이 이에 해당된다. 여기서 농어업인이란 영농·영림·가축사육·양식·어획 등을 영위하는 사람과 영농조합법인·영어조합법인 및 농업회사법인을 말한다. 2021년까지는 위 농어업인의 범위가 불명확하였으나 2022년부터는 타 업종을 영위하는 등 실제 농어업인이 아님에도 다른 목적으로 대출받는 경우까지 감면되는 문제를 방지하기 위하여 「농어업경영체 육성 및 지원에 관한 법률」에 따라 농어업경영정보에 등록된 자만 감면대상이 되도록 개선되었다.

### 2-1. 농업협동조합 등에 대한 감면취지와 최근 금융거래 동향

저당권·지상권에 대한 등록면허세 납세의무자는 저당권자인 금융기관이지만, 사실상 금융기관이 담보대출을 할 경우 종전에는 금융기관 여신거래기본약관에 의거 담보대출시 발생하는 등록면허세를 대출받는 농업인이 별도로 부담토록 전가하고 있는 점을 고려하여 등록면허세의 납부의무를 면제함으로써, 농업인의 부담을 덜어주기 위해 감면해 왔다. 그러나 최근 공정거래위원회에서 근저당권 설정비용을 은행 등 금융기관이 직접 부담토록 대출거래표준약관제도가 개선(2011.4.)되었다.

〈표 1〉 **금융기관 대출거래표준약관 중 근저당권 설정계약서 부분**

<table>
<tr><th>종전</th><th>개선</th></tr>
<tr><td>제8조(제 절차이행과 비용부담) ② 채권자는 ~ 비용의 종류와 산출근거를 채무자와 설정자에게 설명하였고, 그 부담 주체를 정하기 위하여 "□" 내에 "√" 표시를 하고 그 정한 바에 따르기로 한다.<br><table>
<tr><th rowspan="2">구 분</th><th colspan="3">부담주체</th></tr>
<tr><th>채무자</th><th>설정자</th><th>채권자</th></tr>
<tr><td>등록세, 교육세</td><td>□</td><td>□</td><td>□</td></tr>
<tr><td>국민주택채권매입</td><td>□</td><td>□</td><td>□</td></tr>
<tr><td>법무사수수료</td><td>□</td><td>□</td><td>□</td></tr>
</table></td><td>제8조(여러 절차의 이행과 비용부담) ② 채권자는 당해 등기에 드는 비용의 종류와 산출근거를 채무자와 설정자에게 별도의 서면에 의하여 설명하고, 채권자가 이 설명을 하지 아니한 비용은 채무자와 설정자에게 청구하지 아니하며, 이 설명을 한 비용은 다음 각 호에 따라 부담한다.<br>2. 등록세, 지방교육세, 등기신청수수료 및 법무사수수료<br>가. 근저당권 설정등기를 하는 경우 : 채권자</td></tr>
</table>

## 2-2. 농어업인의 범위(§10 ①·②)

본 규정에서는 농어업인의 범위를 별도로 규정하고 있지는 않으나 농업협동조합법의 조합원 자격기준을 영농자금 융자대상 농업인으로 인용(행자부 세정 13430-332, 2002.4.4.)하고 있는 점을 고려할 때 농협 등의 조합원 자격기준과 유사한 수준 및 농지법 등에서 규정한 농어업인의 범위를 준용하여 판단함이 타당하다. 그 외 영농에 종사한 사실이 객관적으로 입증되는 경우도 융자대상 농어업인으로 봄이 타당하다. 한편, 농어업인의 범위를 개별 농어업인 이외에도 영농·영어조합법인 및 농업회사법인으로 열거하고 있으나, 어업법인에 대해서는 별도로 규정하고 있지 않으나 어업법인만 제외할 합리적 이유가 없으므로 합목적상 농어업인으로 보아야 할 것이다. 향후 이에 대한 입법보완이 필요하다고 본다.

〈표 2〉 **농업협동조합법 시행령 규정의 농업인의 범위**

제4조(지역농업협동조합의 조합원의 자격)

① 법 제19조 제1항에 따른 지역농협의 조합원의 자격요건인 농업인의 범위는 다음 각 호와 같다.

1. 1천제곱미터 이상의 농지를 경영하거나 경작하는 자
2. 1년 중 90일 이상 농업에 종사하는 자
3. 누에씨 0.5상자[2만립(粒) 기준상자]분 이상의 누에를 사육하는 자
4. 별표 1에 따른 기준 이상의 가축을 사육하는 자와 그 밖에 「축산법」 제2조 제1호에 따른 가축으로서 농림축산식품부장관이 정하여 고시하는 기준 이상을 사육하는 자
5. 농지에서 330제곱미터 이상의 시설을 설치하고 원예작물을 재배하는 자
6. 660제곱미터 이상의 농지에서 채소·과수 또는 화훼를 재배하는 자

제10조(지역축산업협동조합의 조합원의 자격) 법 제105조 제2항에 따른 지역축산업협동조합의 조합원의 자격요건인 축산업을 경영하는 농업인의 범위는 다음 각 호와 같다.

1. 별표 3에 따른 기준 이상의 가축을 사육하는 사람
2. 그 밖에 「축산법」 제2조 제1호에 따른 가축으로 농림축산식품부장관이 정하여 고시하는 기준 이상을 사육하는 자

〔별표 3〕 지역축산업협동조합 조합원의 가축사육기준

| 가축의 종류 | 사육기준 | 가축의 종류 | 사육기준 | 가축의 종류 | 사육기준 | 가축의 종류 | 사육기준 |
|---|---|---|---|---|---|---|---|
| 소 | 2마리 | 산란계 | 500마리 | 사슴 | 5마리 | 메추리 | 1,000마리 |
| 착유우 | 1마리 | 오 리 | 200마리 | 토끼 | 100마리 | 말 | 2마리 |
| 돼 지 | 10마리 | 꿀 벌 | 10군 | 육계 | 1,000마리 | – | – |
| 양 | 20마리 | 염 소 | 20마리 | 개 | 20마리 | – | – |

비고 : 돼지의 경우 젖 먹는 새끼돼지는 제외한다.

# 3 | 감면대상 물건

농업협동조합, 수산업협동조합(농촌계 포함), 축산업협동조합, 임업협동조합, 신용협동조합 및 새마을금고가 농어업인에게 융자시 제공하는 담보물 등기가 이에 해당된다. 「선박법」에 따라 등기·등록 대상이 아닌 20톤 미만 소형어선을 담보로 제공하는 경우 2018년까지는 감면에서 제외되는 문제가 있어 2019년부터는 등기대상인 20톤 이상 어선과 같이 감면대상에 포함되었다.

## 3-1. 저당권과 근저당권의 차이

담보물 등기란 담보로 제공된 물건에 채권·채무관계를 등기하여 물권화시킨 것으로서 저당권과 근저당권으로 구분된다. 저당권은 채권·채무자 간 현재의 확정채권을 기준으로 등기하는 것이고, 근저당권은 확정기일 이전에 채권의 발생과 소멸은 저당권에 영향을 미치지 않고 채권·채무가 계속 증감 변동하므로 결산기에 이르러 채권이 최종 담보되는 것이다. 이처럼 근저당권은 계속적인 거래관계에 있는 채권·채무관계에 있어서 자주 사용된다. 농어업인 융자담보물 등기의 경우도 각 조합 등의 채권액(원금+이자)이 계속 변동되므로 저당권보다는 근저당권으로 이해해야 할 것이다.

### 3-2. 담보물 제공 범위에 따른 감면 여부

융자금 대출 금융기관에서 인정하는 융자금 대상 농어업인에 해당된다면 그 영농자금 등의 융자를 받기 위하여 본인소유는 물론이고 타인소유의 물건을 담보로 제공하는 경우라도 당해 담보물 등기에 관한 등록면허세는 경감하는 것이 타당하다 하겠다. 다만, 대출 금융기관으로부터 융자를 받는 자가 농어업인이 아닌 상태에서 담보물 제공자만 농어업인이라면 그에 대한 담보물에 대해서는 감면대상에서 제외됨이 타당하다 하겠다.

### 3-3. 금융기관별 감면 여부(§10 ① 단서)

수산업협동조합중앙회, 산림조합중앙회, 신용협동조합중앙회, 새마을금고중앙회와 농협은행에 대해서만 융자 자금의 용도를 영농・영어・영림 및 축산자금으로 한정하고 있고 그 외 단위조합인 농업협동조합, 신용협동조합 및 새마을금고에 대해서는 융자자금 용도에 상관없이 담보물을 제공하는 경우에는 모두 감면대상에 해당된다.

## 4 특례내용

농업협동조합, 수산업협동조합, 축산업협동조합, 임업협동조합, 신용협동조합 및 새마을금고가 농어업인에게 융자시 제공받는 담보물(2019년부터 20톤 미만 포함) 소형어선 포함 등기 등에 대해서는 2025년 12월 31일까지, 농업인이 영농목적으로 직접 사용하는 사업소에 대해서는 2027년 12월 31일까지 다음의 지방세 및 국세(농어촌특별세)를 각각 감면한다.

〈표 3〉 **농업협동조합 등 융자 담보물 감면 현황(2025.1.1. 현재)**

| 조문 | 감면내용 | 감면율 |
|---|---|---|
| §10 ① | 농업협동조합 등의 융자 담보물 등기 | 등록면허세 50% |
| §10 ② | 농어업인의 영농용 등으로 직접 사용하는 사업소 | 주민세 사업소분(연면적 과세분), 종업원분 면제 |
| 농특 §4 ① 3호 | 융자 담보물 등기분 등록면허세 감면분의 20% | 농어촌특별세 비과세 |

# 5 | 감면신청(§183)

농협 등이 등록면허세 감면을 받기 위해서는 해당 지방자치단체의 장에게 영농 등의 용도에 맞는 담보물 등기임을 입증(영농자금대출확인서 등)하는 서류를 첨부하여 감면신청을 하여야 한다. 세부 감면신청 절차 등에 대해서는 제183조의 해설의 내용을 참조하면 된다.

〈표 4〉 **영농자금 용도별 예시**

| 용도별 | | 세부내역 |
|---|---|---|
| 시설자금 | 농지구입 | • 농지구입자금대출에 의한 농지구입(전, 답, 과수원, 목장용지)<br>• 기타 대출에 의한 영농목적의 농지구입 |
| | 농지조성 | • 재정농업중기자금대출에 의한 유휴지개발, 천일염전 농지전환 등<br>• 단기농사자금, 재정농사자금, 상호금융단기농사자금대출에 의한 객토사업 등 |
| | 농기계구입 | • 금융농업중기자금대출, 재정농업중기자금대출, 농어촌발전기금대출, 농업기계화자금대출, 원화표시차관자금대출 등에 의한 농기계구입·사용 |
| | 농업용차량구입 | • 경운기, 전용농축산물운반 화물자동차 : 농업경영 이외 차량구입은 제외 |
| 운영자금 | 영농자재구입 | • 비료, 농약, 종자, 할죽, PE필름, PP포대 등 영농에 필요한 자재구입 등에 소요되는 농업운영자금 |

# 6 | 관련사례

▣ ① 취득 이후 1년이 경과할 때까지 과실수가 듬성듬성 식재되어 있고 잡초만 우거져 방치되어 있는 경우, ② 이 건 건물의 용도가 영농으로 사용된 것인지

① 일부 토지는 과실수가 듬성듬성 식재, 대부분 잡초가 우거져 있는 상태이고, 일부 토지는 진입로 및 공터로 사용되고 있는 점, 취득가액에 비해 매출액이 극히 적은 점 등을 종합할 때, 취득일로부터 1년이 경과할 때까지 영농 용도로 직접 사용하였다고 보기 어려움.
② 에어컨 등 물류보관창고로 사용되고 있었다는 점, 농업에 필요한 도구나 설비, 농작물을 보관하였다고 볼 만한 증거가 없는 점 등을 종합할 때, 영농에 사용하기 위하여 취득하였다고 보기 어려움(대법원 2024.11.14. 선고, 2024두51202 판결).

▣ 농업회사법인이 건물을 취득한 시점에 농업경영정보 등록을 하지 않은 경우

취득세 감경 대상 농업법인은 농어업경영체법에 따른 농업법인 가운데 부동산 취득 시점에 농업경영정보를 '등록한', 즉 등록을 이미 마친 농업법인으로 한정된다고 봄이 타당함. 원고

는 이 사건 건물 취득한 2021.9.17. 이후인 2021.10.22. 비로소 농업경영정보를 등록한 바, 지특법에서 규정한 감경 요건을 갖추지 못함(대법원 2024.9.12. 선고, 2024두42420 판결).

▣ 영농자금 등에 대한 감면 적용시 자금 사용용도의 판단

1) 구 지방세법 제264조 제1항 단서규정에 해당하는 조합 등의 중앙회 및 연합회가 농어업인에게 융자하는 경우에 제공받는 담보물에 관한 등기에 대하여는 영농자금·영어자금·축산자금 또는 산림개발자금에 한하여 등록세를 감면하는 것이나, 조합 등의 중앙회 및 연합회가 아닌 지역농협 등이 농어업인에게 융자하는 경우에 제공받는 담보물에 관한 등기에 대하여는 자금의 용도에 상관없이 등록세를 감면하여야 할 것임(행안부 지방세운영과-7, 2008.5.20.).
2) 농·수협 등에서 융자를 받는 자가 농어업인에 해당된다면 담보물 제공자의 융자 여부에 관계없이 담보물에 관한 등기는 등록세 면제가 타당(행자부 세정과-704, 2005.2.11.)

▣ 영농자금 등의 판단 여부

영농자금, 영어자금, 영림자금 또는 축산자금의 범위는 농업협동조합 등에서 정책자금으로 사용되는 부분을 의미하는 것으로, 그 범위는 법률적으로 정의된 용어가 아니므로 농업협동조합 중앙회에서 발행하는 영농자금대출확인서 등에 의거 감면대상 여부에 대해 사실확인 하여야 할 것이며, 생활안정자금이나 영농과 별도의 운영자금 등은 이에 해당되지 않음(행안부 지방세운영과-1014, 2011.3.4.).

▣ 취득 당시 장애사유는 직접 미사용의 "정당한 사유"가 될 수 없다고 한 사례

농협이 이 건 토지 취득전부터 축협은 이 건 토지와 500m 이내에 하나로마트를 운영하고 있었던 점, 농협이 이 건 토지를 취득(2009.6.24.~7.1.)하기 이전인 2009.4.30. 농협중앙회 전남지역본부로부터 농협 하나로마트 건립과 관련한 투자심의시에도 인근 축협 하나로마트와의 경합이 예상되므로 두 계통 사무소간 협의를 통해 상호 상생할 수 있는 방안 강구가 승인의견이었던 점으로 미루어 볼 때 농협에서 이 건 토지를 취득하기 전에 조금만 주의를 기울였다면 당해 「회원조합지도·지원규정」에 따른 법령상 또는 사실상 장애요인이 있었음을 사전에 알 수 있었던 점, 농협이 당해 하나로마트 건축허가를 행정관청에 요구하면서 축협과의 판매시설금지가처분소송 부분은 농협 내부규정에 대한 해석상의 문제라고 거듭 주장하고 있는 점, 행정관청의 건축허가 연장사유가 소송진행 중인 사건에 대하여 행정기관의 객관성을 유지하기 위한 처분으로 그 원인이 당해 축협과의 판매시설금지가처분소송에 기인하고 있으므로 이를 행정관청의 귀책사유이거나 사전에 전혀 예측하지 못한 특별한 사정에 해당된다고 보기 어려운 점 등을 종합할 때, 이 건 토지를 취득할 당시에 고유업무에 사용하지 못하는 장애요인이 존재하고 있음을 이미 알고 있었고, 취득 후에 이를 해소하였는 데도 예측치 못한 전혀 다른 사유로 고유업무에 사용하지 못하였다는 등의 특별한 사정이 없는 한, 취득 당시 그 장애사유는 당해 토지를 그 업무에 직접 사용하지 못한 데 대한 정당한 사유(대법원 2002.4.26., 2000두10038)에 해당되지 않음(행안부 지방세운영과-5612, 2011.12.8.).

■ 지역농협 등의 융자 담보물 등기에 등록세 감면 범위

지방세법 제264조 제1항 단서규정에 해당하는 조합 등의 중앙회 및 연합회가 농어업인에게 융자하는 경우에 제공받는 담보물에 관한 등기에 대하여는 영농자금·영어자금·축산자금 또는 산림개발자금에 한하여 등록세를 감면하는 것이나, 조합 등의 중앙회 및 연합회가 아닌 지역농협 등의 농어업인에게 융자하는 경우에 제공받는 담보물에 관한 등기에 대하여는 자금의 용도에 상관없이 등록세를 감면하여야 할 것임(행안부 지방세운영과-7, 2008.5.20.).

■ 수산업협동조합으로부터 융자를 받는 자가 농업인이어도 감면이 가능하다고 한 사례

"농업인"이라 함은 농협법 제19조 제3항, 같은 법 시행령 제4조 제1호 내지 제6호 및 제10조 제1호·제2호의 규정에 의한 농업인을 말하고, "어업인"이라 함은 수산업법 제2조 제11호의 규정에 의한 어업자와 어업종사자를 말한다 할 것이며, 수산업협동조합으로부터 융자를 받는 자가 등록세 납세의무 성립일 현재 농업인에 해당되는 경우라 하더라도 영농자금 등의 융자를 받기 위하여 본인소유 또는 타인소유의 물건을 담보로 제공하는 경우라면 당해 담보물등기에 관한 등록세는 면제되는 것이라 할 것임(행안부 세정과-581, 2008.2.13.).

- 농업회사법인이 여러 지역의 양계장에서 생산된 계란을 저장하기 위해 양계장의 소재지와는 별도의 본점 인근지역에서 저온저장고를 가동하는 경우 양축에 직접 제고되는 건축물로 볼 수 없어 재산할사업소세가 면제되지 않음(행자부 지방세정팀-5626, 2007.12.28.).
- 농업협동조합으로부터 융자받는 채무자가 농어업인에 해당되지 아니하고 담보제공자가 농어업인이라면 농업협동조합에 제공한 담보물에 관한 등기에 대하여는 등록세가 면제되지 아니함(구 행자부 세정 13470-474, 2001.4.30.).
- 지방세법 제264조 규정에 의하면 농업협동조합이 "농어민"에게만 융자할 때 제공받은 담보물에 대하여는 등록세를 면제하도록 되어 있으므로, 위탁영농회사는 농어민에 해당되지 않아 등록세를 면제할 수 없음(내무부 세정 13407-502, 1995.6.10.).

# 제11조~제12조

## 농업법인 및 어업법인에 대한 감면

관련규정

제11조(농업법인에 대한 감면) ① 다음 각 호의 어느 하나에 해당하는 농업법인 중 경영상황을 고려하여 대통령령으로 정하는 법인(이하 이 조에서 "농업법인"이라 한다)이 대통령령으로 정하는 기준에 따라 영농에 사용하기 위하여 법인설립등기일부터 2년 이내(대통령령으로 정하는 청년농업법인의 경우에는 4년 이내)에 취득하는 농지, 관계 법령에 따라 농지를 조성하기 위하여 취득하는 임야 및 제6조 제2항 각 호의 어느 하나에 해당하는 시설에 대해서는 취득세의 100분의 75를 2026년 12월 31일까지 경감한다.

1. 「농어업경영체 육성 및 지원에 관한 법률」 제16조에 따른 영농조합법인
2. 「농어업경영체 육성 및 지원에 관한 법률」 제19조에 따른 농업회사법인

【영】 제5조의 2(농업법인의 기준 등) ① 법 제11조 제1항 각 호 외의 부분에서 "경영상황을 고려하여 대통령령으로 정하는 법인"이란 「농어업경영체 육성 및 지원에 관한 법률」 제4조 제1항에 따라 농업경영정보를 등록(이하 이 조에서 "농업경영정보 등록"이라 한다)한 농업법인(설립등기일부터 90일 이내에 농업경영정보 등록을 한 농업법인을 포함한다)을 말한다.

② 법 제11조 제1항 각 호 외의 부분에서 "대통령령으로 정하는 기준"이란 농지, 임야 및 농업용 시설의 소재지가 「국토의 계획 및 이용에 관한 법률」에 따른 도시지역(개발제한구역과 녹지지역은 제외한다) 외의 지역인 것을 말한다.

③ 법 제11조 제1항 각 호 외의 부분에서 "대통령령으로 정하는 청년농업법인"이란 대표자가 다음 각 호의 요건을 모두 갖춘 농업법인을 말한다.

1. ~ 2. 생략 (☞ 4-1. 세목별 감면 해설내용편 참조)

② 농업법인이 영농·유통·가공에 직접 사용하기 위하여 취득하는 부동산에 대해서는 취득세의 100분의 50을, 과세기준일 현재 해당 용도에 직접 사용하는 부동산에 대해서는 재산세의 100분의 50을 각각 2023년 12월 31일까지 경감한다.

③ 제1항 및 제2항에 대한 감면을 적용할 때 다음 각 호의 어느 하나에 해당하는 경우 그 해당 부분에 대해서는 감면된 취득세를 추징한다.

1. 정당한 사유 없이 그 취득일부터 1년이 경과할 때까지 해당 용도로 직접 사용하지 아니하는 경우
2. 해당 용도로 직접 사용한 기간이 3년 미만인 상태에서 매각·증여하거나 다른 용도로 사용하는 경우
3. 해당 용도로 직접 사용한 기간이 5년 미만인 상태에서 「농어업경영체 육성 및 지원에 관한 법률」 제20조의 3에 따라 해산명령을 받은 경우

④ 농업법인의 설립등기에 대해서는 등록면허세를 2020년 12월 31일까지 면제한다.
☞ 일몰기한 종료

**제12조(어업법인에 대한 감면)** ① 다음 각 호의 어느 하나에 해당하는 법인 중 경영상황을 고려하여 대통령령으로 정하는 법인(이하 이 조에서 "어업법인"이라 한다)이 영어·유통·가공에 직접 사용하기 위하여 취득하는 부동산에 대해서는 취득세의 100분의 50을, 과세기준일 현재 해당 용도에 직접 사용하는 부동산에 대해서는 재산세의 100분의 50을 각각 2026년 12월 31일까지 경감한다.
1. 「농어업경영체 육성 및 지원에 관한 법률」 제16조에 따른 영어조합법인
2. 「농어업경영체 육성 및 지원에 관한 법률」 제19조에 따른 어업회사법인

【영】 제5조의 3(지방세가 감면되는 어업법인의 기준) 법 제12조 제1항 각 호 외의 부분에서 "대통령령으로 정하는 법인"이란 「농어업경영체 육성 및 지원에 관한 법률」 제4조 제1항에 따라 어업경영정보를 등록한 법인(설립등기일부터 90일 이내에 등록한 법인을 포함한다)을 말한다.

② 어업법인의 설립등기에 대해서는 2020년 12월 31일까지 등록면허세를 면제한다.
☞ 일몰기한 종료

③ 제1항에 대한 감면을 적용할 때 다음 각 호의 어느 하나에 해당하는 경우 그 해당 부분에 대해서는 감면된 취득세를 추징한다.
1. 정당한 사유 없이 그 취득일부터 1년이 경과할 때까지 해당 용도로 직접 사용하지 아니하는 경우
2. 해당 용도로 직접 사용한 기간이 3년 미만인 상태에서 매각·증여하거나 다른 용도로 사용하는 경우
3. 해당 용도로 직접 사용한 기간이 5년 미만인 상태에서 「농어업경영체 육성 및 지원에 관한 법률」 제20조의 3에 따라 해산명령을 받은 경우

## 1 | 개 요

농·어민의 소득을 증대하고 국민에게 안전한 농·수산물과 식품의 안정적 공급을 통한 경쟁력 있는 농·어업법인 육성을 위한 세제지원이다. 1991년에 영농조합법인 비과세로 처음 도입된 이후 1997년에 농업회사법인 등으로 감면이 확대되었으며 2010년 이전까지는 구 지방세법 제267조 제7항에 규정되었다가 2011년부터는 현재의 지특법 제11조 및 제12조로 이관되었다. 2015년부터는 농업법인에 대한 추징규정이 신설되었고 2017년부터는 어업법인에 대해서도 추징규정이 신설되었으며 법원의 해산명령 청구에 대한 추징 신설 등 일부 추징규정이 강화되어 1년간 연장되었으며 2018년에는 농업법인 및 어업법인에 대한 감면기한이 다시 연장(2017년 → 2020년)되었고, 2020년에는 농업법인 감면대상자, 감면물건 등이 일부 축소되는 등 농업법인에 대한 감면요건이 강화되었다. 2021년에는 농·어업법인 설립등기에 대한 등록면허세가 일몰종료되었고 그 외 영농·영어용 부동산에 대한 취득세·재산세에 대한 감면은 2023년까지 연장되었다. 2024년에는 어업법인에 대하여 농업법인과 동일하게 감면요건에 어업경영정보등록 의무를 추가하도록 개정되었고, 2026년까지 일몰기한도 연장되었다.

## 2 | 감면대상자

2019년까지는 「농어업경영체 육성 및 지원에 관한 법률」에 따라 설립된 영농·영어조합(제16조)법인, 농업·어업회사법인(제19조)이 이에 해당하였으나, 2020년부터는 이들 법인 중에서 영농·농업회사법인의 경우에는 위 법령에 따라 설립되었다 하더라도 「농어업경영체 육성 및 지원에 관한 법률」 제4조 제1항에 따라 농업경영정보를 등록한 법인만 감면대상에 해당된다. 이 경우 이들 법인이 설립된 직후에는 농업경영정보 등록이 안 되어 있으므로 이들 법인이 설립된 이후 90일 이내에 농업경영정보를 등록한 경우까지 포함한다. 「지방세특례제한법」에서는 영농조합법인과 농업회사법인을 합하여 농업법인, 영어조합법인과 어업회사법인을 합하여 어업법인으로 통칭한다. 한편, 농업회사법인과 영농조합법인 제도는 협업적·기업적 농업경영을 장려하고 체계적으로 육성·지원하기 위해 1990년부터 도입되었다. 영농조합법인이 주로 농업인 또는 농업생산자 단체가 설립하나 농업회사법인은 전문경영인 도입이나 지분에 따른 책임 등 기업적 농업경영을 한다는 점에서 차이가 있다. 농업회사법인이 영농조합보다 설립이 다소 까다로우나 출자금 유치 등에서 유리하다. 영어조합법인과 어업회사법인의 경우도 이와 유사하다. 2018년 현재 농업법인 21,780개(영농조합법인 10,163개, 농업회사법인 11,617개, 국세청 법인세 자료)이고, 2017년 현재 어업법인은 1,276개(영어조합법인 1,064개, 어업회사법인 212개, 2017 어업법인 조사서)이다.

〈표 1〉 **영농조합법인과 농업회사법인 비교**

| 구분 | 영농조합법인 | 농업회사법인 |
|---|---|---|
| 법인형태 | 조합(민법상 조합규정), 농업협업경영 | 상법상 회사(회사법), 기업적 농업경영 |
| 설립요건 | 농업인·생산자단체 5인 이상 조합원 참여 | 농업인·생산자단체 1인 이상 |
| 주요사업 | 농업경영, 농산물 출하·유통·가공·수출 등, 농지 소유 가능 | |
| 주주책임 | 채무상환 불능시 개별조합원이 책임 | 합명 : 무한, 합자 : 유한/무한, 유한 : 유한, 주식 : 유한 |
| 비 고 | **농업인** : 1천㎡ 이상 농지 경영·경작자, 농업경영을 통한 연간 판매액 120만원 이상인 자, 1년 중 90일 이상 농업에 종사한 자<br>**농업생산자단체** : 농업협동조합법·산림조합법·엽연초생산조합법에 따른 조합(중앙회) 등 | |

〈표 2〉 **영어조합법인과 어업회사법인 비교**

| 구분 | 영어조합법인 | 어업회사법인 |
|---|---|---|
| 법인형태 | 농어업경영체 육성 및 지원에 관한 법률 제16조, 조합(민법상 조합규정 준용), 어업협업경영 | 농어업경영체 육성 및 지원에 관한 법률 제19조, 기업적 어업경영, 상법상 회사규정 준용 |
| 설립요건 | 어업인·생산자단체 5인 이상 조합원 참여 | 어업인이 설립하되, 비어업인은 총 출자액의 90%까지 출자 가능(의결권 있음) |
| 주요사업 | 농업경영, 농산물 출하·유통·가공·수출 등, 농지 소유 가능 | |
| 주주책임 | 채무상환 불능시 개별조합원이 책임 | 합명 : 무한, 합자 : 유한/무한, 유한 : 유한, 주식 : 유한 |

## 3 감면대상 부동산 등

2019년까지는 농업법인 또는 어업법인이 영농·영어, 유통, 가공에 직접 사용하기 위해 취득하는 모든 부동산이 감면대상이다. 다만, 2020년부터는 농지, 농지조성용 임야, 농업용 시설물(「국토의 계획 및 이용에 관한 법률」에 따른 도시지역[개발제한구역 또는 녹지지역은 제외] 외의 지역으로 한정)과 그 외 영농, 유통, 가공용 등에 사용하는 부동산으로 감면

범위를 차등하였다. 세부 감면범위는 4-1. 세목별 감면내용편을 참고하기 바란다. 그 외에도 농업법인 또는 어업법인의 법인설립에 대한 등기분도 감면대상에 해당된다.

### 3-1. 영농(營農) · 영어(營漁)의 범위 판단(§11 ①)

농어업 · 농어촌 및 식품산업기본법(이하 농어업식품산업법) 제3조 제1호에서 농업(제6조 귀농인의 범위〈표 3〉 참조) 및 어업의 범위를 농작물재배업, 축산업, 임업, 어업으로 규정하고 있으므로 이들 업종과 관련된 각종 활동에 지속적으로 영위하는 것을 영농 또는 영어의 범위로 볼 수 있다. 따라서, 단기적으로는 영농활동을 하였더라도 이후에 이를 지속적으로 입증하지 못한다면 [40] 영농의 범위에서 제외될 수 있다. 영농 등의 여부 판단은 과세기관과 납세자 간에 다툼이 자주 발생하는 사안이므로 유의해서 살펴보아야 한다.

한편, 감면대상으로서 영농 · 영어 목적 여부는 농업(농작물재배업 등) · 어업의 업종 개념으로 보아야지, 특별한 농작물재배 및 어업 등에 관한 구체적인 시설기준(면적, 부대시설 · 설비 기준 등) 요건으로 보는 것은 아니라 하겠으며, 농어업 경영 이외 판매 · 보관 · 물류 등의 용도는 영농 · 영어의 범위가 아니라 법 제11조 제2항 또는 제12조 제1항에서 규정하는 농업법인 · 어업법인의 유통 · 가공의 용도(조심 2011지0441, 2011.2.16. 참조)로 보아야 하는 것이다.

**Q & A**

Q : 영농의 범위에 도계장(屠鷄場)업도 포함되는지?

A : 농업의 범위 중 축산업의 정의(농어업식품산업기본법 시행령 §2)를 동물의 사육 · 증식 · 부화 및 종축업으로 하고 있는 점, 한국표준산업분류표상 도계장업을 제조업(농산물유통가공)으로 분류하고 있는 점을 고려할 때 닭류 등의 도살시설인 도계장은 영농의 범위에는 해당되지 않고 농산물 가공업으로 보아야 함(조심 2011지0176, 2011.10.13. 참조).

### 3-2. 민박 등 수익사업용 부동산(§11 ②)

영농 · 유통 · 가공용에 대한 구체적인 규정은 없으나 협업적 농업경영(공동출하, 가공, 판매 등)을 통한 농업경쟁력 강화차원의 감면취지를 고려할 때 농작물재배업 등과 직접 관

40) "참가죽나무를 식재한 것을 제외하고 이 건 토지를 영농에 직접 사용한 것으로 볼 수 있는 자료를 달리 발견할 수 없어 감면대상 영농으로 보기 곤란(조심 2009지0099, 2009.12.28.)." 그 외에도 "해당 농업회사법인이 해당 임야에 나무식재, 관리자재 구입 및 임야관리원을 지속적으로 고용하는 등 임업에 직접 사용하고 있는 경우라면 나무식재 후 가지치기 등 체계적인 관리가 이루어지지 않았다는 이유로 그 감면세액을 추징할 수 없음(행안부 지방세운영과-555, 2010.2.5.)."이라는 사례도 있음.

련이 없는 단순 농가소득 증대를 위한 민박시설, 어린이놀이시설 등의 경우는 영농·유통·가공용 부동산으로 보기는 어렵다 하겠다.

**관련사례**

- 지자체가 도시민 유치를 통한 농가 소득향상 등을 위해 "녹색체험마을 조성사업"으로 선정하였더라도, 해당 영농조합법인이 관광객들에게 약초찜질방, 숙박시설 등의 용도로 이용료를 받고 운영중인 약초체험관용 부동산은 감면대상이 아님(행안부 지방세운영과-1002, 2010.3.11.).
- 영농조합법인이 창업 후 2년 이내에 부대시설로 농가소득 증대 일환인 민박시설, 어린이놀이시설을 취득한 경우라면, 공동작업장 및 농산물 판매장은 농작물 재배 등 영농을 목적으로 하는 부동산으로 보기에 무리가 있다 할 것임(행안부 지방세운영과-1937, 2008.10.24.).

### 3-3. 농업법인이 운영하는 양어장의 경우

양어장이란 육상에 인공으로 조성된 수산생물의 번식 또는 양식을 위한 시설을 갖춘 부지와 이에 접속된 부속시설물의 부지를 말하고, 농어업·농어촌 및 식품산업 기본법 제3조 제1호 나목에서 어업의 정의를 수산동식물을 포획(捕獲)·채취(採取)하거나 양식하는 산업, 염전에서 바닷물을 자연 증발시켜 제조하는 소금산업 및 이들과 관련된 산업이라 규정하고 있어 이를 종합하면 어업의 범위로 봄이 타당하다 할 것이다. 따라서 어업회사 법인 또는 영어조합법인의 경우에는 영어·유통·가공에 직접 사용하기 위하여 취득하는 부동산의 범위로 볼 수는 있겠으나, 같은 법 제3조 제1호에서 '농업'이란 농작물재배업, 축산업(수생동물 제외), 임업 및 이들과 관련된 산업이라 정의하고 있으므로 영농을 목적으로 설립된 단체인 농업회사 법인 또는 영농조합법인이 운영하는 양어장의 경우에는 영농·유통·가공에 직접 사용하기 위하여 취득하는 부동산의 범위에는 포함되지 않는다 하겠다.

### 3-4. 현물출자받아 설립하는 농업법인의 부동산

현물출자란 회사의 설립(신주 발행시)에 금전 이외의 재산, 예를 들어 영업용토지, 건물, 특허권 등을 출자하여 주식을 배정받는 행위를 말한다. 다만, 현물출자를 받더라도 본 규정은 창업중소기업 감면(§58의 3)의 경우처럼 종전 사업을 승계하거나 종전 자산을 인수하여 동종 사업을 영위하는 경우 등의 감면배제 요건이 없는 이상 농업법인 등이 영농 등의 목적에 사용하기 위해 농어업경영체 육성 및 지원에 관한 법률에 맞게 농업인이나 농산물생산자단체로부터 농지를 현물출자를 받아 농업법인을 설립하는 경우 또는 법인 설립 후 2년 이내에 영농 등에 직접 사용하기 위하여 제3자 등으로부터 현물출자받아 취득하는 부동산도 감면대상 부동산에 해당된다 하겠다(행자부 세정-748, 2007.3.22. 참조).

## 4 | 특례내용

### 4-1. 부동산 종류별 감면

농업·어업법인이 취득하는 고유목적 사업용 부동산 등에 대해서는 다음의 표와 같이 2026년 12월 31일까지 취득세 등을 감면한다. 다만, 농업·어업법인의 설립등기분에 대한 등록면허세는 2020년 12월 31일 일몰기한이 종료되었다.

〈표 3〉 **농업법인·어업법인 감면내용(2024.1.1. 현재)**

| 조문 | 감면내용 | 감면율 |
|---|---|---|
| §11 ① | 2020년 이후 설립된 농업법인으로서 설립일로부터 2년(청년농업법인은 4년) 내에 취득하는 농지, 임야, 농업시설물 | 취득세 75% |
| §11 ④<br>§12 ② | 농업법인·어업법인의 법인설립 등기 | 등록면허세 100%<br>(2020년 종료) |
| §11 ②<br>§12 ① | 영농·유통·가공에 직접 사용 취득·보유하는 부동산<br>영어·유통·가공에 직접 사용 취득·보유하는 부동산 | 취득세·재산세 50% |
| 농특 §4 ① 3호 | 농업법인·어업법인의 취득세·등록면허세 감면분의 20% | 농특세 비과세 |

#### 4-1-1. 농업법인이 취득하는 농지 등(§11 ①)

농업법인이 취득하는 농지, 관계법령에 따른 농지조성용 임야 및 농업시설물과 어업법인이 취득 또는 보유하는 부동산 등에 대해서는 취득세의 75% 및 국세(농어촌특별세)를 감면한다. 농업법인의 법인설립등기일로부터 2년 이내(2020년부터는 청년농업법인인 경우 4년 이내)에 취득하는 부동산에 대한 감면 기산일은 2010년까지는 창업(創業)일을 기준으로 감면 여부를 판단하였으나, 2010년 이후부터는 법인설립등기일 당일까지 감면적용(창업개념 배제)이 가능하도록 법인설립등기일 기준을 변경하였다. 한편, 위 괄호에서 말하는 청년농업법인이란 지방세특례제한법 시행령 제5조의 2 제3항 제1호 및 제2호에서 다음과 같이 규정하고 있다.

1. 법인 설립 당시 15세 이상 34세 이하인 사람. 다만, 「조세특례제한법 시행령」 제27조 제1항 제1호 각 목의 어느 하나에 해당하는 병역을 이행한 경우에는 그 기간(6년을 한도로 한다)을 법인 설립 당시 연령에서 빼고 계산한 연령이 34세 이하인 사람을 포함한다.
2. 「법인세법 시행령」 제43조 제7항에 따른 지배주주 등으로서 해당 법인의 최대주주 또는 최대출자자일 것

#### 4-1-2. 농업·어업법인이 취득하는 농지 등 외의 부동산(§11 ②, §12 ①)

농업법인이 취득 또는 보유하는 농지, 관계법령에 따른 농지조성용 임야 및 농업용시설물 외의 영농, 유통, 가공용 부동산과 어업법인이 취득 또는 보유하는 영어, 유통, 가공용에 사용하는 부동산에 대해서는 취득세 및 재산세의 50% 및 국세(농어촌특별세)를 감면한다.

### 4-2. 2020년 이전 설립된 농업법인에 대한 감면특례

#### 4-2-1. 농업법인이 취득하는 농지 등(법률 제16865호 부칙 §8)

농업법인이 영농목적 등에 직접 사용하기 위하여 농업법인 설립일부터 2년 이내에 취득하는 부동산에 대하여는 2019년까지는 취득세가 면제되었으나, 2020년부터는 위 농업법인이 취득하는 영농목적의 모든 부동산에서 농지, 농지조성용 임야, 농업용시설물에 대해서만 취득세를 75% 감면하는 것으로 개정되었다. 다만, 2020년 1월 1일 전에 법인설립등기를 마친 농업법인이 영농에 사용하기 위하여 그 법인설립등기일부터 2년 이내에 취득하는 농지, 농지조성용 임야, 농업용시설물에 대해서는 2020년에 개정된 「지방세특례제한법」 제11조 제1항의 개정규정에도 불구하고 법률 제16865호 부칙 제8조에 따라 종전대로 계속해서 취득세를 면제한다.

#### 4-2-2. 농업법인이 취득하는 농지 등 외의 부동산(법률 제16865호 부칙 §11)

농업법인이 영농목적 등에 직접 사용하기 위하여 법인설립일부터 2년 이내에 취득하는 부동산에 대하여는 2019년까지는 취득세가 면제되었으나, 2020년부터는 위 농업법인이 취득하는 부동산 중 농지, 임야, 농업용시설물에 대해서는 감면이 종료되었다. 다만, 2020년 1월 1일 이전에 설립된 농업법인이 그 설립일부터 2년 이내에 취득하는 농지, 임야, 농업용시설물 외 나머지 부동산에 대해서는 2020년에 개정된 「지방세특례제한법」 제11조 제1항의 개정규정에도 불구하고 법률 제16865호 부칙 제11조에 따라 종전대로 계속해서 취득세 및 재산세를 50% 면제한다.

### 4-3. 종전어업법인 감면에 관한 특례(부칙 §9, 법률 제19862호)

2024년부터는 어업법인에 대하여 농업법인과 동일하게 감면요건에 "어업경영정보등록" 의무가 추가되어 어업법인 설립등기일로부터 90일이내에 어업경영정보등록이 된 경우까지 감면대상에 포함하도록 규정되었다. 그러나, 적응기간을 고려하여, 개정 후 2025년인 1년까지는 어업경영등록 여부에 관계없이 종전대로 계속 감면한다.

### 4-4. 건축 중인 부속토지에 대한 특례(영 §123)

농업・어업법인 등이 영농・유통 가공 용도(§11 ②, §12 ①)로 사용할 건축물을 건축중인 경우에는 해당 용도로 직접 사용하고 있는 것으로 의제(擬制)하여 해당 건축물의 부속토지에 대한 재산세를 계속 감면한다.

### 4-5. 최소납부세액 면제(§177의 2)

2015년부터 시행되는 감면 상한제도(§177의 2 본문)에 따라 면제(2020년 이전에 설립된 농업법인 중 농지, 임야, 농업용시설물을 취득하는 경우만 해당)되는 세액의 15%는 감면특례가 제한되어 농업법인 등에 대해서는 취득세(§11 ①)가 최소납부세액 과세대상에 해당되지만 최소납부세액 예외 특례(§177의 2 2호)에 따라 본 규정대로 계속해서 면제를 적용한다. 최소납부세액에 대한 세부적인 사항은 제177조의 2 해설편을 참조하면 된다.

### 4-6. 자동계좌이체 납부분 재산세 세액공제(§92의 2)

농업・어업법인 등이 전자송달 또는 자동계좌이체 방식으로 납부할 재산세(§11 ②, §12 ①)를 자동납부 신청하는 경우에는 지방자치단체의 조례로 정하는 바에 따라 추가로 재산세를 공제(150원~1,000원)받을 수 있다. 자동납부 신청 세액공제에 관한 세부사항은 제92조의 2 해설편을 참조하면 된다.

# 5 | 지방세특례의 제한

## 5-1. 중복 감면의 배제(§180)

농업법인에 대해서는 법 제11조 제1항 및 법 제11조 제2항의 감면규정을 모두 적용받을 수 있으므로 중복 감면의 배제 규정(§180)에 따라 그 중 감면율이 높은 것 하나만을 적용해야 한다. 따라서 법인설립 후 2년까지는 법 제11조 제2항에서 농업법인이 영농을 위해 취득하는 부동산에 대해 취득세 50% 감면한다는 규정에도 불구하고 법 제11조 제1항에 따른 규정을 적용하여 취득세를 면제(2020년 이전에 설립된 농업법인 중 농지, 임야, 농업용시설물을 취득하는 경우만 해당)하는 것이고 법인설립 후 2년이 경과한 경우에는 법 제11조 제2항의 규정대로 취득세가 50%만 감면된다.

**〈예시〉 농업법인에 대한 기간별 취득세 감면율**

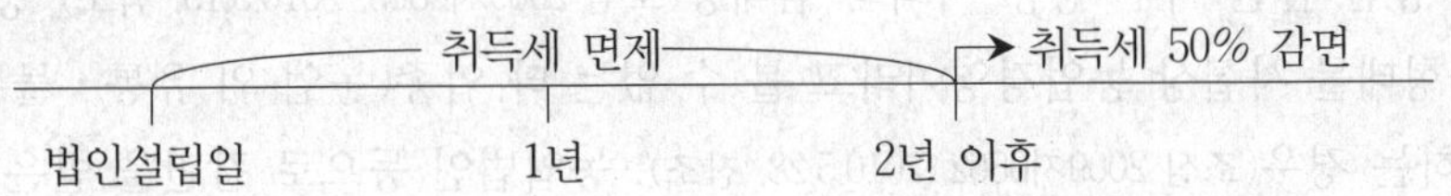


## 5-2. 감면세액의 추징

### 5-2-1. 농업법인 등 추징규정

2014년까지는 농업법인 등을 위한 감면규정에서 별도의 추징 조항이 없어 법 제178조의 일반적 추징규정을 적용하였으나 2015년[41]부터는 〈표 4〉와 같이 엄격히 개정됨에 따라 직접 사용 유예기간이 종전 3년에서 2년으로 축소되어 농업법인이 부동산을 취득한 후 그만큼 빨리 영농목적에 사용하여야 한다. 이는 국가적 참사인 세월호 사례(2014.6.)를 계기로 농업인 등이 아닌 자가 정부 지원, 농지소유 등을 목적으로 허위로 농업법인 등을 설립하는 문제점을 보완[42]하려는 것으로 보인다. 다만, 어업회사 법인의 경우는 여전히 별도의 감면 추징 규정이 없어 제178조의 일반적 추징규정에 따라 추징 여부를 판단해야 한다.

---

41) 법률 제12955호 부칙 제15조(농업법인에 대한 취득세 및 재산세 면제 추징에 관한 경과조치) "이 법 시행 전에 농업법인이 영농에 사용하기 위하여 취득한 부동산에 해당 용도로 직접 사용한 기간이 2년 미만인 상태에서 매각·증여하거나 다른 용도로 사용하는 경우에는 제11조 제3항의 개정규정에도 불구하고 종전의 규정에 따른다"라고 하고 있어 2015년 이후부터 취득하는 부동산부터 개정 규정이 적용된다.

42) 농림부도 농업법인 설립등기시 농업인 요건 확인절차를 강화하는 내용의 농어업경영체 육성 및 지원에 관한 법률 시행령을 개정하였다(2014.8.6., 농림부 2014.8.7. 보도자료 참조).

〈표 4〉 **농업법인 추징규정 개정내용**

| 제11조 제3항(2015년 신설) | 제178조(2014년까지) |
|---|---|
| 정당한 사유 없이 그 취득일부터 <u>1년</u>이 경과할 때까지 해당 용도로 직접 사용하지 아니하는 경우 | 정당한 사유 없이 그 취득일부터 <u>1년</u>이 경과할 때까지 해당 용도로 직접 사용하지 아니하는 경우 |
| 해당 용도로 직접 사용한 기간이 <u>3년</u> 미만인 상태에서 매각·증여하거나 타 용도로 사용하는 경우 | 해당 용도로 직접 사용한 기간이 <u>2년</u> 미만인 상태에서 매각·증여하거나 타 용도로 사용하는 경우 |

#### 5-2-2. 농업법인 등이 영농 목적 등에 직접 사용 여부 판단

농업법인의 영농의 범위를 별도의 세부적인 시설기준 등의 요건으로 정한 것이 아니라 사실상 농작물 재배 등과 관련된 업종의 개념으로 판단하였으므로 그 이후에 실제 영농목적으로 사용하였는지 여부에 따라 추징대상을 따로 판단해야 한다. 특히, 농업법인은 상법상 영리목적의 회사이면서 농업의 기업적 경영을 도모하는 성격이 혼합되어 있어 영농목적으로 취득한 부동산 감면 이후 영농 이외의 임대용(조심 2009지0863, 2010.5.19. 참조) 등 다른 목적이나, 회사형태를 사실상 농업경영이라고 볼 수 없는 타 업종(농업 외 유통·물류·창고 등)을 경영하는 경우(조심 2009지0862, 2010.5.28. 참조), 농업법인 등으로 감면을 받은 후 법인을 해산(행안부 지방세운영과-1483, 2010.4.12. 참조)하는 경우 등 당초 법인설립 취지대로 운영되지 않는 사례가 있어 직접 사용 여부와 관련한 다툼이 발생하는데 농작물 재배·경작·임산물 식재(植栽) 등 일시적으로 영농을 영위하였는지, 지속적·연속적으로 영위하였는지에 따른 사실관계를 면밀히 파악하는 것이 바람직하다 하겠다.

한편, 농어업경영체 육성 및 지원에 관한 법률 개정(2015.6.)으로 농업회사법인도 휴양콘도미니엄 등 농어촌관광휴양단지 조성이 가능해져 농업법인이 관광사업 등 영농 목적보다는 타 용도로 해당 부동산 등을 사용하는 경우에는 과세관청에서 사실관계 등을 거쳐 해당 부동산 등에 대해 추징처분을 할 수 있으므로 유의해야 할 것이다.

2017년에 신설된 제11조와 제12조 제3항 제3호의 추징규정의 경우 「농어업경영체 육성 및 지원에 관한 법률」 제20조의 3 제3항에 따라 해산명령을 받은 농·어업법인이란 시장·군수·구청장이 청구하여 최종적으로 법원에서 해산명령을 받은 경우를 의미하며 단지 자치단체장의 청구사실만 갖고 추징대상에 포함할 수 없다 할 것이나 다만, 해당 용도로 직접 사용한 기간이 5년 미만인 상태에서 해산명령 청구를 받았을 경우의 대부분은 부동산매매업 등 다른 용도로 사용하거나 사업이 부진하여 행정조치를 받는 경우로 실질적으로 목적외 사업을 운영하고 있음을 고려, 사후관리에 따른 추징 여부를 판단하여야 한다.

■ **해산명령 청구 사유(「농어업경영체 육성 및 지원에 관한 법률」 §20의 3 ③)**

1. 조합원이 5명 미만이 된 후 1년 이내에 5명 이상이 되지 아니한 영농조합법인 또는 영어조합법인
2. 총 출자액 중 비농업인 또는 비어업인이 보유한 출자지분이 제19조 제2항 또는 제4항에서 정한 출자한도를 초과한 후 1년 이상 경과한 농업회사법인 또는 어업회사법인
3. 제16조 제6항에 따른 사업범위에서 벗어난 사업을 하는 영농조합법인 또는 영어조합법인
4. 제19조 제6항에 따른 부대사업의 범위에서 벗어난 사업을 하는 농업회사법인 또는 어업회사법인
5. 제1항에 따라 준용되는 「상법」 제176조 제1항 각 호에 해당하는 농업법인 또는 어업법인
6. 제20조의 2 제5항에 따른 시장・군수・구청장의 시정명령에 3회 이상 불응한 농업법인 또는 어업법인

### 5-3. 최소납부세액의 부담(§177의 2)

농업법인 등이 법인설립일로부터 2년 내에 사용하기 위하여 취득하는 부동산에 대해서는 취득세가 전액 면제(§11 ①)됨에도 불구하고, 2015년부터 시행되는 감면 상한제도(§177의 2)에 따라 면제되는 세액의 15%는 취득세 감면특례가 제한되어 최저납부세액으로 부담하여야 한다. 다만, 시행시기는 부칙 제12조 제1호(법률 제12955호)에 따라 2016년 1월 1일부터 적용된다. 이에 대한 세부적인 사항은 제177조의 2 해설편의 내용을 참조하면 된다.

### 5-4. 사치성 재산 등에 대한 감면 제한(§177)

농업법인 등이 감면을 받으려는 부동산이 지방세법 제13조 제5항에 따른 별장・골프장・고급오락장 등 지방세 중과세 대상인 경우에는 감면대상에서 제외된다.

## 6 | 감면신청(§183, 별지 제1호 서식)

농업법인 등이 지방세를 감면받기 위해서는 제183조의 규정에 따라 해당 지방자치단체의 장에게 별지 제1호(지특칙)의 서식 및 다음의 그 부속서류를 첨부하여 감면신청을 하여야 한다. 세부적인 감면신청 절차에 대해서는 제183조의 해설편을 참조하면 된다.

① 영농조합법인・농업법인임을 확인하는 서류 : 농어업경영체등록확인서, 법인등기부등본, 법인(종합)설립인가증 등

② 영농 · 영어 · 유통 · 가공 목적으로 취득하는 부동산임을 입증하는 서류

③ 법인설립일로부터 2년 이내에 취득하는 부동산임을 입증하는 서류 : 법인등기부등본 또는 사업자등록증 등

## 7 관련사례

■ ① 농업법인이 영농 · 유통 · 가공에 직접 사용하기 위하여 쟁점부동산을 취득한 후 정당한 사유 없이 1년 내에 해당 용도로 직접 사용하지 아니한 것으로 보아 취득세 등을 추징한 처분의 당부
② 무신고가산세의 부과처분이 적법한지 여부

① 청구법인은 쟁점부동산을 취득한 후 영농 · 유통 · 가공용으로 직접 사용하기 위한 정상적이고 진지한 노력을 다하여 감면유예기간 내에 해당사업에 직접 사용하지 못한 정당한 사유가 있는 것으로 보는 것이 타당하므로 처분청이 이 건 취득세 등을 부과한 처분은 잘못이 있다고 판단됨. ② 쟁점②는 쟁점①이 인용되어 심리의 실익이 없으므로 이를 생략함(조심 2023지0584, 2023.11.20.).

■ 이 건 토지는 공원개발사업시행자에게 수용된 토지임에도 3년 이상 농업용에 직접 사용하지 아니하고 매각한 것으로 보아 감면한 취득세 등을 추징한 처분의 당부

청구법인은 수용 여부에 관계 없이 이 건 토지를 취득하여 해당 용도로 직접 사용한 기간이 3년 미만인 상태에서 매각(조심 2019지2234, 2019.8.9., 같은 뜻임)하여 「지방세특례제한법」 제11조 제3항 제2호에 따른 취득세 추징사유가 발생하였으므로 처분청이 이 건 취득세를 부과한 처분은 달리 잘못이 없다고 판단됨(조심 2023지0053, 2023.10.25.).

■ 청구법인이 쟁점부동산을 취득한 후 농업경영정보를 등록하지 아니하여 「지방세특례제한법」 제11조 제1항에서 정하는 농업법인에 해당하지 아니하는 것으로 보아 기 감면세액을 추징한 처분의 당부

청구법인은 2015.10.20. 농업회사법인으로 설립된 후, 2021.5.17.과 2021.6.2. 쟁점부동산을 취득하였고, 쟁점부동산을 취득할 당시에 농업경영정보를 등록한 사실이 없으므로 「지방세특례제한법」 제11조 제2항의 농업법인에 대한 취득세 감면대상에 해당하지 아니함(조심 2023지0040, 2023.9.21.).

■ 청구법인이 쟁점부동산을 영농에 직접 사용하였는지 여부

영농조합법인인 청구법인이 농산물 재배업과 관련된 사업활동을 한 것으로 장부를 기장하거나 관련 법인세 신고를 하였다는 내용의 심리자료가 전혀 제출되지 아니한 점, 감면유예기간 전후 처분청에서 총 4회 출장하여 현지 확인한 출장결과보고서 및 현장사진에 따르면, 청구법인이 방치된 쟁점부동산을 파프리카 육묘장으로 직접 사용하였다고 인정하기는 어려워 보이는 점 등에 비추어 처분청에서 청구법인이 쟁점부동산을 그 취득일부터 1년이 경

과할 때까지 해당 용도로 직접 사용하지 아니하였다고 보아 이 건 취득세 등을 추징한 처분은 잘못이 없다고 판단됨(조심 2022지0594, 2023.8.17.).

■ 청구법인이 쟁점토지를 취득일부터 1년이 경과할 때까지 영농에 직접 사용하였는지 여부

청구법인이 쟁점토지의 복구 작업을 완료하였다고 하더라도 복구 작업을 한 사실만으로 쟁점토지를 영농에 직접 사용하였다고 보기 어렵고, 복구 작업을 완료한 후에도 쟁점토지 중 대부분은 경작을 하거나 관리되고 있지 않는 것으로 확인되는 점, 청구법인은 경작이 가능한 토지는 즉시 일반 농산물 등을 재배하고, 임야화된 농지는 경작이 가능한 상태로 복구한 후 파종할 계획이었으나, 계획과 같이 이행된 사실이 확인되지 않는 점, 청구법인의 장부 등에 의하여 농작물과 관련된 매출 및 매출원가가 나타나거나 농사를 위한 구입・비용지급 내역(종자구입, 비료 및 농약구입, 농기계 구입이나 임차내역 등)이 명확히 확인되지 않는 점 등에 비추어 청구법인은 쟁점토지를 취득한 후 정당한 사유 없이 취득일부터 1년이 경과할 때까지 해당 용도로 직접 사용하지 않은 것으로 보임(조심 2020지173, 2020.11.3.).

■ 주식회사에서 농업회사법인으로 변경한 경우 감면 여부

당초 주식회사로 설립된 법인을 농업회사법인으로 변경등기를 한 경우에도 그 법인은 같은 법 제19조에 따른 농업회사법인으로 보는 것이 타당하고, 그 법인이 영농・유통・가공에 직접 사용하기 위하여 취득하는 부동산은 「지방세특례제한법」 제11조 제2항에 따른 취득세 감면대상에 해당됨(행자부 지방세특례제도과-3530, 2015.12.24.).

■ 농지를 취득하여 양어장으로 사용하는 경우 감면 여부

영농조합법인이 농지를 취득하여 농지전용허가를 득한 후 양어장으로 사용하는 경우, 농업법인이 운영하는 양어장은 농업법인이 영농・유통・가공에 직접 사용하기 위하여 취득하는 부동산의 범위에 포함되지 않으므로, 재산세 경감대상으로 보기 어려움(행자부 지방세특례제도과-368, 2014.12.31.).

■ 계약취소로 이전등기가 말소된 경우 적용 여부

현물출자자의 계약취소로 소유권이전등기가 말소되어 영농에 직접 사용하지 못한 경우에는 추징을 배제할 수 있는 정당한 사유가 있음(대법원 2013두27036, 2014.4.10.).

■ 관광농원사업의 토지에 대한 직접 사용 여부

「농어촌정비법」 제2조 제16호 나목에서 규정하고 있는 관광농원사업은 「지방세특례제한법」 제11조 제1항에서 규정하고 있는 영농에 해당하지 아니하는 것으로, 해당 토지 입구에 출입도로를 건설하였다 하더라도 이는 영농에 사용하기 위한 준비행위에 불과하므로 해당 토지를 유예기간 내에 영농에 직접 사용한 것으로 보기는 어려움(조심 2013지0615, 2013.10.29.).

■ 임야 중 일부에 한해 직접 사용하는 경우 추징 여부

임야 중 극히 일부(100㎡)에 대하여 표고버섯을 재배하고 있는 사실이 확인되고 있지만, 잔여 토지에 대하여는 영농에 직접 사용하고 있는 사실이 확인되지 아니하므로 일부 토지를 제외하고 기 감면한 취득세 등을 추징하는 것은 적법함(조심 2013지0157, 2013.5.9.).

▣ 도계장업의 농업 범위 포함 여부

도계장업이 농업・농촌 및 식품산업기본법 제3조 제1호 및 같은 법 시행령 제2조에 의한 "농업"의 범위에 포함되지 않을 뿐만 아니라 한국표준산업분류에서도 도계장업은 제조업으로 분류하고 있어, '영농'에 직접 사용하고 있다고 보기 어려움(조심 2011지0176, 2011.10.13.).

▣ 농업회사법인이 일반회사로 형태변경한 경우 추징 여부

농업회사법인이 감면추징 유예기간 내에 토목, 주택, 건축업 등을 수행하기 위하여 일반회사법인 형태로 변경된 경우라면 감면대상법인이 감면추징 유예기간 내에 감면대상 용도에 직접 사용하였다고 볼 수 없는 것이므로, 해당 법인이 감면대상 물건을 취득한 후 감면대상 용도인 영농, 유통, 가공에 사용하고 있다고 하더라도 농업회사법인이 감면추징 유예기간 내에 감면대상 용도에 직접 사용하지 않았으므로 추징대상에 해당됨(행안부 지방세운영과-1483, 2010.4.12.).

▣ 영농조합법인이 약초찜질방 등 숙박시설로 이용 중인 경우 추징 여부

영농조합법인에 대한 감면은 비록 시・도지사가 도시민 유치를 통한 농가의 소득향상 등을 위해 필요한 농촌체험기반 등을 갖추는 "녹색체험마을 조성사업"자로 선정하고 국가가 보조금 등을 지원하고 있다고 하더라도 해당 영농조합법인이 관광객들에게 약초찜질방, 숙박시설 등의 용도로 이용료를 받고 운영중인 약초체험관으로 사용되는 부동산은 영농・유통・가공에 직접 사용한다고 보기 어려움(행안부 지방세운영과-1002, 2010.3.11.).

▣ 농업회사법인이 임야를 직접 사용하는지 여부

농업회사법인이 임야에 나무식재, 관리자재 구입 및 임야관리원을 지속적으로 고용하는 등 임업에 직접 사용하고 있는 경우라면 나무식재 후 가지치기 등 체계적인 관리가 이루어지지 않았다는 이유로 그 감면세액을 추징할 수 없음(행안부 지방세운영과-555, 2010.2.5.).

▣ 영농조합법인의 목적 외 사업 병행에 따른 감면 여부

영농조합법인이 창업(현행 법인설립) 후 2년 이내에 부대시설로 삼베 수가공을 위한 공동작업장, 전시・판매를 위한 농수산물판매장, 농가소득 증대 일환인 민박시설, 어린이놀이시설을 취득한 경우라면, 공동작업장 및 농산물 판매장은 농작물 재배 등 영농을 목적으로 하는 부동산으로 보기에 무리가 있다 할 것이므로 농업활동으로 생산되는 농산물을 가공・유통하기 위한 부동산은 경감하고, 이와 무관한 민박시설 및 어린이시설은 경감대상에서 제외함이 타당함(행안부 지방세운영과-1937, 2008.10.24.).

# 제13조

## 한국농어촌공사의 농업 관련 사업에 대한 감면

관련규정

제13조(한국농어촌공사의 농업 관련 사업에 대한 감면) ① 한국농어촌공사가 하는 다음 각 호의 등기에 대해서는 해당 호에서 정한 날까지 각각 등록면허세를 면제한다.

1. ~ 2. (생 략) ☞ 4-3. 해설편 참조

② 한국농어촌공사가 취득하는 부동산에 대해서는 다음 각 호에서 정하는 바에 따라 지방세를 2025년 12월 31일까지 지방세를 감면한다. 다만, 제1호, 제1호의 2, 제1호의 3, 제2호, 제3호 및 제5호의 경우에는 그 취득일부터 2년 이내에 다른 용도로 사용하거나 농업인, 농업법인 및 「한국농어촌공사 및 농지관리기금법」 제18조 제1항 제1호에 따른 전업농 육성 대상자 외의 자에게 매각·증여하는 경우 그 해당 부분에 대해서는 경감된 취득세를 추징(제4호 및 제4호의 2는 제외한다)한다.

1. 한국농어촌공사가 「한국농어촌공사 및 농지관리기금법」 제18조·제20조, 「농지법」 제11조·제15조 및 「공유수면 관리 및 매립에 관한 법률」 제46조에 따라 취득하는 농지에 대해서는 취득세의 100분의 50을 각각 경감한다.

1의 2. 한국농어촌공사가 「농어촌정비법」에 따른 국가 또는 지방자치단체의 농업생산기반 정비계획에 따라 취득·소유하는 농업기반시설용 토지와 그 시설물에 대해서는 취득세의 100분의 50과 재산세의 100분의 75를 각각 경감한다.

1의 3. 한국농어촌공사가 「한국농어촌공사 및 농지관리기금법」 제44조에 따라 취득하는 부동산에 대해서는 취득세의 100분의 50을 경감한다.

2. 한국농어촌공사가 「한국농어촌공사 및 농지관리기금법」 제24조의 3 제1항에 따라 취득[같은 법 제24조의 3 제3항에 따라 해당 농지를 매도할 당시 소유자 또는 포괄승계인이 환매(還買)로 취득하는 경우(이하 "환매취득"이라 한다. 이하 이 호에서 같다)를 포함한다]하는 부동산에 대해서는 취득세의 100분의 50(환매취득의 경우에는 취득세의 100분의 100)을, 과세기준일 현재 같은 법 제24조의 3 제1항에 따라 임대하는 부동산에 대해서는 재산세의 100분의 50을 각각 경감한다.

3. 한국농어촌공사가 「자유무역협정 체결에 따른 농어업인 등의 지원에 관한 특별법」

제5조 제1항 제1호에 따라 취득·소유하는 농지에 대해서는 취득세의 100분의 50을 경감한다.

4. 한국농어촌공사가 국가 또는 지방자치단체의 계획에 따라 제3자에게 공급할 목적으로 「농어촌정비법」 제2조 제10호에 따른 생활환경정비사업에 직접 사용하기 위하여 일시 취득하는 부동산에 대해서는 취득세의 100분의 25를 경감한다.

4의 2. 한국농어촌공사가 「한국농어촌공사 및 농지관리기금법」 제24조 제2항 각 호에 따른 사업에 직접 사용하기 위하여 취득하는 부동산에 대해서는 취득세의 100분의 25를 경감한다.

5. 한국농어촌공사가 「한국농어촌공사 및 농지관리기금법」 제24조의 2 제2항에 따라 취득하는 농지에 대해서는 취득세의 100분의 50을 경감한다.

③ 제2항 제4호에 따라 취득하는 부동산 중 택지개발사업지구 및 단지조성사업지구에 있는 부동산으로서 관계 법령에 따라 국가 또는 지방자치단체에 무상으로 귀속될 공공시설물 및 그 부속토지와 공공시설용지(이하 이 조에서 "공공시설물등"이라 한다)에 대해서는 재산세를 2027년 12월 31일까지 면제한다. 다만, 국가 또는 지방자치단체에 무상으로 귀속될 공공시설물등의 반대급부로 국가 또는 지방자치단체가 소유하고 있는 부동산 또는 사회기반시설을 무상으로 양여받거나 해당 공공시설물등의 무상사용권을 제공받는 경우에는 재산세의 100분의 50을 2027년 12월 31일까지 경감한다.

④ 제3항을 적용할 때 공공시설물 등의 범위는 대통령령으로 정한다.

**【영】 제6조(공공시설물의 범위)** 법 제13조 제3항 후단에 따른 공공시설물 및 그 부속토지는 공용청사·도서관·박물관·미술관 등의 건축물과 그 부속토지 및 도로·공원 등으로 한다. 이 경우 공공시설용지의 범위는 해당 사업지구의 실시계획 승인 등으로 공공시설용지가 확정된 경우에는 확정된 면적으로 하고, 확정되지 아니한 경우에는 해당 사업지구 총면적의 100분의 45(산업단지조성사업의 경우에는 100분의 35로 한다)에 해당하는 면적으로 한다.

## 1 | 개 요

농어촌정비사업과 농지은행사업을 시행하고 농업기반시설을 관리하며 농업인의 영농규모를 촉진함으로써 농업생산성의 증대 및 농어촌의 경제·사회적 발전에 이바지하기 위해 설립된 한국농어촌공사에 대한 세제 지원이다.

한국농어촌공사에 대한 감면은 구 지방세법 제264조 제2항, 제266조 제2항, 제289조 제7항에서 각각 규정되어 있었으나 2010년부터 지특법이 제정(3.31.)되면서 현재의 제13조로 통합하여 일괄 규정되었으며, 2017년의 경우 감면율이 축소되어 2019년 12월 31일까지 3년간 연장되었다. 2023년에는 농어촌공사의 사업별 특성을 고려하여 농지매매사업에 대한 재산세 감면(50%)이 종료되었고, 국가를 대행하여 농업인에게 양수장 등의 기반시설을 제공하는 농지에 대해서는 재산세 감면이 확대(50%→75%)되었으며 일몰기한도 2025년까지 연장되었다.

## 2 | 감면대상자

한국농어촌공사 및 농지관리기금법에 따라 설립된 한국농어촌공사(이하 농어촌공사)가 감면대상자에 해당된다. 농어촌공사는 처음에는 농지개량조합(1970년)으로 설립되어 이후 농업기반공사(2000년), 농촌공사(2006년)를 거쳐 현재의 농어촌공사(2009년)로 명칭이 변경되었다.

## 3 | 감면대상 부동산 등

농어촌공사가 수행하는 각종 농어업 관련 사업용 부동산과 농어촌공사가 수행하는 농지기금 관련 담보물 융자등기에 대한 등기분이 이에 해당된다.

### 3-1. 농업생산기반정비사업 등 사업용 부동산(§13 ② 1호)

농어촌공사가 한국농어촌공사법 및 농지관리기금법(이하 "농지법") 제18조·제20조 규정에 의하여 취득·소유하는 부동산을 말한다. 농어촌공사가 관련규정에 따라 농지이용의 효율화와 농지 이용·보급 촉진 등을 위해 농지매매사업, 장기임대차 간척농지 매입사업, 농지 재개발사업, 조성된 토지의 처분에 관한 사업에 따라 취득·보유하는 것으로서 농어촌정비법(§6~§15)에 따라 농어촌공사가 농어촌정비법 제2조 제5호에 따라 수행하는 농어촌용수개발사업, 경지정리 등의 다양한 개량사업 등을 말한다. 2022년까지는 농지 관련 사업이 농지 외에 시설물 등 부동산까지를 포함하였으나 2023년부터는 농지만을 감면대상으로 한정하되 농지 이외에 취득이 수반되는 사업에 대해서는 지특법 제13조 제2항 제4호(농지법 제24조에 따른 재개발사업)와 지특법 제13조 제2항 제1호의 3(농지법 제44조에 따른 조성용 토지) 규정으로 각각 이관되었다.

### 3－2. 농업생활환경정비[43] 사업용 부동산(§13 ② 4호, ③)

농어촌정비법(§52~§71)에 따라 수행하는 생활환경 정비사업은 농어촌 지역에 쾌적하고 다양한 형태의 주거공간을 조성하여 도시민의 농어촌유입을 촉진함으로써 농어촌 지역 활성화를 도모하기 위한 사업으로 농촌전원마을 조성사업 등이 있다. 주요사업으로는 도로, 상·하수도 등 마을기반시설 설치·단지조성, 주택건축 및 분양·임대, 마을 커뮤니티 형성 및 운영 프로그램 개발, 인근마을에 대한 기반시설 설치 등이 있다. 사업시행자로는 주로 농어촌공사에서 수행하나 마을정비조합 등 농어촌정비법 제56조에 해당하는 경우에는 사업시행이 가능하다. 사업추진 방식으로는 ⅰ) 동호회, 지방이전기업 등 입주예정자가 사업부지를 확보하여 제안한 주택건축 등 계획을 시장·군수가 마을조성계획에 반영, 추진하는 입주자 주도형 방식과 ⅱ) 시·군 또는 농어촌공사가 사업부지 확보 및 마을 조성계획을 수립하여 입주자 모집 등 사업을 주도적으로 추진하는 공공기관 주도형 방식이 있다.

〈표 1〉 **농촌생활환경 정비사업 사업추진 방식 비교**

<table>
<tr><th colspan="2">구분</th><th>입주자 주도형사업</th><th>공공기관 주도형사업</th></tr>
<tr><td colspan="2">대상사업규모</td><td colspan="2">20세대 이상</td></tr>
<tr><td rowspan="4">사업제안</td><td>제안자</td><td>동호회 등 입주예정자</td><td>시장·군수, 농어촌공사</td></tr>
<tr><td>부지 조건</td><td colspan="2">-면적 : 20,000제곱미터 이상, 100% 확보, 농림지역 50% 이내<br>-타법에 의한 개발제한요인이 없거나 해소가 가능한 지역<br>-제안시 기본계획(안), 사전환경성검토, 문화재지표조사서 제출</td></tr>
<tr><td rowspan="2">입주자 사전확보 (신청시)</td><td>-20세대 이상, 입주예정자의 80% 이상, 도시민 50% 이상</td><td>-'10년까지 : 공사 후 분양<br>-'11년까지 : 입주자 주도형과 동일</td></tr>
<tr><td>마을정비조합 구성</td><td>입주예정자와 협약체결</td></tr>
<tr><td colspan="2">사업시행자</td><td>마을정비조합</td><td>시장·군수, 농어촌공사</td></tr>
</table>

### 3－3. 농어촌공사가 농지법에 따라 취득하는 농지 감면

앞서 기술한 농어촌공사의 농지매매 등 사업개발용 부동산과 달리 농어촌공사가 농지법에 따라 취득하는 농지란 농지법 제6조의 농지소유를 자기의 농업경영에 이용할 경우가 아니면 농지를 소유[44]하지 못한다는 규정에도 불구하고 ⅰ) 예외적으로 농어촌공사가 취득·

43) 농어촌정비법 제2조(정의) 10. 참조

보유하는 경우와 농지법 제10조에 따른 농업경영에 이용하지 않는 자에 해당되어 해당 농지를 처분할 경우, ii) 농어촌공사에게 매도청구권 행사로 인한 농어촌공사가 취득 · 보유하는 경우에 해당된다. 구체적으로 농지법에 의한 농촌공사가 취득하는 경우란 아래와 같다.

### 3-3-1. 예외적으로 농어촌공사가 취득 · 보유하는 경우

농지법 제6조 제1항의 농지를 자기의 농업경영에 이용하거나 이용할 자가 아니면 소유하지 못한다는 규정에도 불구하고 같은 법 제6조 제2항 제9호에 따라 농어촌공사 및 농지관리기금법 제24조 제2항에 따른 농지의 개발사업지구에 있는 농지로서 같은 법 시행령 제5조 제1항에서 정하는 도 · 농 간의 교류촉진을 위한 1천 500제곱미터 미만의 농원부지와 농어촌관광휴양지에 포함된 1천 500제곱미터 미만의 농지를 취득 · 보유하는 경우, 농지법 제6조 제2항 제10호에 따른 한국농어촌공사 및 농지관리기금법에 따라 농어촌공사가 농지를 취득하여 소유하는 경우

### 3-3-2. 매도청구권 행사로 인해 농어촌공사가 취득 · 보유하는 경우

농지법 제11조에 따라 시장 · 군수 · 구청장이 같은 법 제10조에 따른 농지 처분의무 기간에 처분대상 농지를 처분하지 아니한 농지소유자에게 6개월 이내에 그 농지를 처분할 것을 명령할 수 있다. 이 경우 농지소유자가 시장 · 군수 · 구청장으로부터 처분명령을 받으면 농어촌공사에 그 농지의 매수를 청구할 수 있다. 농어촌공사가 매도청구권에 따라 매수로 인해 취득 · 보유하는 경우로서 이때 농어촌공사는 농지소유자로부터 매수 청구를 받으면 「부동산가격공시 및 감정평가에 관한 법률」에 따른 공시지가(해당 토지의 공시지가가 없으면 같은 법 제9조에 따라 산정한 개별 토지가격을 말한다. 이하 같다)를 기준으로 해당 농지를 매수한다. 이 경우 인근 지역의 실제거래가격이 공시지가보다 낮으면 실제거래가격을 기준으로 매수할 수 있다. 농어촌공사가 제3항에 따라 농지를 매수하는 데에 필요한 자금은 앞에서 설명한 한국농어촌공사 및 농지관리기금법 제35조 제1항에 따른 농지관리기금에서 융자받는다.

---

44) 「농지법」 제3조(농지에 관한 기본 이념) ① 농지는 국민에게 식량을 공급하고 국토 환경을 보전(保全)하는 데에 필요한 기반이며 농업과 국민경제의 조화로운 발전에 영향을 미치는 한정된 귀중한 자원이므로 소중히 보전되어야 하고 공공복리에 적합하게 관리되어야 하며, 농지에 관한 권리의 행사에는 필요한 제한과 의무가 따른다.
② 농지는 농업 생산성을 높이는 방향으로 소유 · 이용되어야 하며, 투기의 대상이 되어서는 아니된다.

### 3-4. 농어촌공사가 경영회생 지원을 위한 매입 사업용 부동산(§13 ② 2호)

농어촌공사가 한국농어촌공사 및 농지관리기금법 제24조의 3 제1항에 따라 취득[같은 법 제24조의 3 제3항에 따라 해당 농지를 매도할 당시 소유자 또는 포괄승계인이 환매(還買)로 취득하는 경우를 포함한다]하는 부동산을 말한다.

한국농어촌공사 및 농지관리기금법 제24조의 3 제1항에 따라 취득하는 농지란 자연재해, 병충해 부채 등으로 경영위기에 처한 농업경영체(농업인 또는 농업법인)의 경영회생 지원을 위해 매입하는 농지를 말한다. 지원대상은 재해피해율이 50% 이상 또는 부채가 3천만원 이상이면서 자산대비 부채비율이 40% 이상인 농업경영체로서 자연재해 부채 등으로 일시적으로 경영 어려움에 처한 농업경영체 중 회생 가능한 적격자를 농어촌공사가 선정하여 농지 등을 매입하고 농업경영체는 그 매각대금으로 부채를 대위변제하는 것이다. 매입대상은 농지(지목이 전 · 답 · 과수원)와 농지에 딸린 농업용시설(고정식온실, 축사, 버섯재배사 등)이며, 농어촌공사가 매입한 농지 등은 당해 농업경영체에게 장기 임대 및 환매(還賣)권을 부여하고 있어 농어촌공사가 경영회생 지원을 위해 매입하는 농지뿐만 아니라 그 농지를 당초 소유자가 환매하는 경우에도 감면대상이 된다. 이에 소요되는 재원도 앞에서 설명한 농지관리기금을 통해 조달된다는 점을 참고하기 바란다.

### 3-5. 농어촌공사가 자유무역협정 이행에 따라 취득하는 농지(§13 ② 3호)

농어촌공사가 자유무역협정 체결에 따른 농어업인 등의 지원에 관한 특별법 제4조 제1호에 따라 취득 · 소유하는 농지로서 같은 법 제4조 제1호에서 정부는 자유무역협정의 이행으로 피해를 입거나 입을 우려가 있는 농어업인 등을 효과적으로 지원하기 위하여 자유무역협정 이행에 따른 농어업인 등 지원에 관한 종합대책을 수립하고 이 계획에 따라 피해가 예상되는 농어업인 등으로부터 농어촌공사가 농지를 매입하여 취득하게 되는 농지를 말한다.

### 3-6. 농어촌공사가 농업구조조정을 위해 취득하는 농지(§13 ② 5호)

농어촌공사가 한국농어촌공사 및 농지관리기금법 제24조의 2 제2항에 따라 취득하는 농지에 대하여는 취득세를 면제한다. 이 경우 한국농어촌공사가 취득하는 농지란 농어촌공사가 농지시장 안정과 농업구조 개선을 위하여 농지를 매입하여 소유(농어촌정비법에 따른 농업생산기반정비사업 시행자가 조성한 간척농지를 농업생산기반정비사업 시행자로부터 인수하여 소유하는 것을 포함한다)하는 농지를 말한다.

### 3－7. 국가 · 지방자치단체에 무상귀속되는 공공시설물 등(§13 ③, 영 §6)

농어촌공사가 국가 또는 지방자치단체의 계획에 따라 제3자에게 공급할 목적으로 농어촌정비법 제2조 제10호에 따른 생활환경정비사업에 직접 사용하기 위하여 일시 취득하는 부동산 중 택지개발사업지구 및 단지조성사업지구에 있는 부동산으로서 관계법령에 따라 국가 또는 지방자치단체에 무상으로 귀속될 공공시설물 및 그 부속토지와 공공시설용지를 말한다. 이 경우 공공시설물에 대한 세부 범위는 다음과 같다.

> **영 §6(공공시설물의 범위)** 법 제13조 제3항 후단에 따른 공공시설물 및 그 부속토지는 공용청사 · 도서관 · 박물관 · 미술관 등의 건축물과 그 부속토지 및 도로 · 공원 등으로 한다. 이 경우 공공시설용지의 범위는 해당 사업지구의 실시계획 승인 등으로 공공시설용지가 확정된 경우에는 확정된 면적으로 하고, 확정되지 아니한 경우에는 해당 사업지구 총면적의 100분의 45(산업단지조성사업의 경우에는 100분의 35로 한다)에 해당하는 면적으로 한다.

## 4 특례의 내용

농어촌공사에 대한 각종 사업용 부동산에 대해서는 다음과 같이 취득세 등을 감면한다. 한편 2023년부터는 농어촌공사의 농지매매사업 등에 대한 재산세 감면(법 §13 ② 1호)이 종료되었고 대신에 생산기반지원사업용 토지는 재산세 감면이 확대(50%→75%, 법 §13 ② 1호의 2)되었다.

〈표 2〉 **농어촌공사에 대한 감면 현황(2025.1.1. 현재)**

| 구분 | 감면내용 | 대상사업용 토지 등 |
|---|---|---|
| 취득세 | 50% | 농지매매사업, 장기임대차 간척농지 매입 · 매도사업, 농지 재개발사업 등 법 제13조 제2항(4호 제외)에 따라 취득하는 부동산 등 |
| | 25% | 공사가 국가 또는 지방자치단체의 계획에 따라 제3자에게 공급할 목적으로 농어촌정비법에 따른 생활환경정비사업에 직접 사용하기 위하여 일시적으로 취득하는 부동산(법 §13 ② 4호) |

| 구분 | 감면내용 | 대상사업용 토지 등 |
|---|---|---|
| 재산세 | 면제 | • 법 제13조 제2항 제4호에 따라 취득하는 부동산 중 택지개발사업지구 및 단지조성사업지구에 있는 부동산으로서 관계법령에 따라 국가 또는 지방자치단체에 무상으로 귀속될 공공시설물 및 그 부속토지와 공공시설용지(법 §13 ③)<br>• 위 국가 등에 무상으로 귀속되는 공공시설용지에 대한 재산세 면제분에 대한 최소납부세제 적용 배제(법 §177의2 ① 2호) |
| | 50% | 위 무상귀속 공공시설용지 중 무상양여를 받거나 무상사용권 등을 제공받는 경우(법 §13 ③ 단서) |
| | 75% | 생산기반지원사업용 토지(법 §13 ② 1호의 2) |
| 농어촌특별세 | 비과세 | 법 §13 ② 1호 및 ② 5호에 따라 면제되는 사업용 부동산 감면분의 20% |

# 5 | 지방세 특례의 제한(§178)

## 5-1. 감면된 취득세액의 추징

2022년까지는 농어촌공사가 취득하는 농지 등 각종 부동산에 대한 취득세 감면에 대해서는 본 규정에서 별도의 추징규정이 없어 법 제178조에 따른 일반적 추징규정에 따라 해당 사업용으로 직접 사용하지 않거나 해당 용도 외 타 용도로 사용 또는 매각하는 경우에는 감면받은 취득세가 추징되었으나, 2023년부터는 농어촌공사의 사업 특성을 고려, 개별 조문(§13 ② 단서)에 맞춤형 사후관리 규정을 마련하여 취득일부터 2년 이내에 다른 용도로 사용하거나, 농업인·농업법인·전업농 육성대상자 외의 자에게 매각·증여시 취득세를 추징하는 별도의 추징규정이 마련되었다. 세부 맞춤형 추징이 적용되는 예시는 다음과 같다.

| 맞춤형으로 취득세가 추징되는 예시(법 §13 ②) |
|---|
| • (1호·1호의 3·5호 : 농지매매사업 등) 농어촌공사가 농업인·농업법인·전업농 육성대상자 외의 자에게 임대 또는 매각·증여하는 경우<br>• (1호의 2 : 농업생산기반정비사업) 농어촌공사가 생산기반시설 외 용도로 사용하거나 이전하는 경우<br>• (2호 : 경영회생 지원사업) 농어촌공사가 회생대상자 외의 자에게 임대 또는 이전하는 경우<br>• (3호 : 과원규모화 사업) 농어촌공사가 과수전업농 육성대상자 외의 자에게 임대 또는 이전하는 경우<br>• (4호 : 생활환경정비사업) 일반적 추징규정 적용(직접 미사용, 이전하는 경우)<br>• (4호의 2 : 농지재개발사업) 일반적 추징규정 적용(직접 미사용, 이전하는 경우 등) |

세부적인 추징 절차 등에 대해서는 제178조의 해설편을 참조하면 된다.

### 5-2. 지방세 중과대상 부동산에 대한 감면 제한(§177)

한국농어촌공사가 감면을 받으려는 부동산이 지방세법 제13조 제5항에 따른 별장·골프장·고급오락장 등 지방세 중과세 대상인 사치성 재산인 경우에는 감면대상에서 제외된다.

### 5-3. 최소납부세액의 부담(§177의 2)

농어촌공사가 제13조 제2항 제2호(환매취득) 등에 따라 그 고유업무에 직접 사용하기 위하여 취득 또는 보유하는 부동산에 대해서는 취득세 또는 재산세가 면제됨에도 불구하고, 2016년부터 시행되는 감면 상한제도에 따라 경우에 따라서는 면제되는 세액의 15%는 취득세 또는 재산세 감면특례가 제한되어 최소납부세액을 부담하여야 한다. 이에 대한 세부적인 사항은 제177조의 2 해설편을 참조하면 된다.

## 6 감면 절차(§183)

농어촌공사가 지방세 감면을 받기 위해서는 본 규정에 따른 각종 사업용 부동산임을 입증하는 서류를 갖추어 해당 지방자치단체의 장에게 감면신청을 해야 한다. 세부적인 감면 신청 절차 등에 대해서는 제183조의 해설을 참조하면 된다.

## 7 관련사례

■ 쟁점토지가 저수지, 농업생산기반시설 용도로 사용되고 있는지 여부

과세기준일에 농업생산기반시설용에 제공하지 않으면 농업생산기반시설용이 아니라고 한 사례쟁점토지는 재산세 과세기준일 현재 공부상 지목이 유지라고 하더라도 처분청이 조사한 바에 의하면 청구법인은 쟁점토지를 임대하여 농지, 레저시설 부속토지, 주차장 등의 용도로 사용하게 하고 그 대가를 받은 사실이 확인되므로 재산세 비과세대상 토지로 보기 어려운 점, 청구법인이 쟁점토지를 국가 등의 정비계획에 따라 취득·소유하고 있는 사실도 입증되지 아니하여 재산세 면제대상으로 보기 어려우므로 처분청이 이 건 재산세 등을 과세한 처분은 달리 잘못이 없음(조심 2019지2555, 2000.6.30.).

■ 한국농어촌공사가 해당 규정에 따라 매도하지 않은 경우 추징 여부

한국농어촌공사가 「한국농어촌공사 및 농지관리기금법」 제24조의 2 제3항에서 규정한 바와 같이 농지를 매입·매도 또는 임대하지 않고, 해당 농지를 전업농업인 등이 아닌 자에게 매각하는 경우에는 농지 활용을 위하여 매입하여 소유하는 농지에 해당하는 것으로 보기 어렵다 할 것이므로 감면된 취득세는 추징대상인 것으로 판단됨(행자부 지방세특례제도과-1963, 2015.7.24.).

■ 토지를 복개하여 통행로로 이용하고 있는 경우 감면 여부

토지는 비록 농업생산기반시설(수로) 위를 복개하여 통행로로 이용된다고 하더라도 공부상 지목은 구거로 되어 있고, 기 설치된 농업생산기반시설(수로) 위에 박스암거를 설치·복개하여 통행로로 사용하는 것으로서 「농어촌정비법」 제23조 규정에서 그 본래의 목적 또는 사용에 방해가 되지 아니하는 범위 내에서 농업생산기반시설의 목적 외의 사용을 허용하고 있는 점, 임대차 기간이 3년으로 사용기간이 정해져 있고, 농업생산기반시설의 보호의무 및 농업기반시설 사용자의 사용조건 이행을 부대조건으로 하여 부지사용 임대차계약이 체결된 점, 연결된 수로의 일부로서 실제로 수로로 사용되고 있는 점 등으로 보아 해당 토지의 주된 활용용도가 농업생산기반시설(수로)용 토지에 해당한다고 보아야 할 것임(행안부 지방세운영과-1709, 2012.6.4).

■ 농업기반시설용 부동산 해당 여부

과세기준일 현재 농업생산기반시설용에 제공하지 않고 다른 목적에 사용하는 경우라면 농업기반시설에 해당하지 않으므로 재산세 면제대상에 해당하지 않음(행안부 지방세운영과-2103, 2009.5.26.).

■ 문화재 보호각은 농업기반시설용 시설물이 아니라고 한 사례

농촌공사가 옥외에 노출되어 있는 문화재를 대상으로 자연적·인위적 요인에 의한 훼손을 최소화하기 위해 신축 취득하는 시설물(문화재보호각)은 농업기반시설용 시설물에 해당된다고 볼 수는 없다 할 것이나, 다만 당해 시설물이 경주시세감면조례 제10조 제1항 제1호 내지 제3호의 규정에 의한 재산세와 도시계획세의 면제대상에 해당되는지 여부는 과세권자가 확인하여 판단할 사항임(행안부 세정-1656, 2007.5.9.).

■ 과원영농규모화사업[45]에 따라 취득·소유하는 부동산은 농업기반시설용이 아니라고 한 사례

한국농어촌공사의 농업 관련 사업에 대한 감면 관련, 지방세법 제266조 제2항에 의하면 농업기반공사 및 농지관리기금법에 의하여 설립된 농업기반공사가 동법 제18조 등의 규정에 의하여 취득·소유하는 부동산과 농지법에 의하여 취득하는 농지 및 농어촌정비법에 의하여 국가 또는 지방자치단체의 농업생산기반정비계획에 따라 취득·소유하는 농업기반시설용 토지와 그 시설물에 대하여는 취득세 등을 면제한다라고 규정하고 있으므로 귀문 자유무역협정체결에 따른 농어업인 등의 지원에 관한 특별법 제4조 제1호의 규정에 의한 과원영농규모화사업에 따라 취득·소유하는 부동산에 대하여는 취득세 등이 면제되지 아니함(행안부 세정-2188, 2004.7.23.).

▣ 과세기준일에 농업생산기반시설용에 제공하지 않으면 농업기반시설용이 아니라고 한 사례

한국농어촌공사가 「농어촌정비법」에 의하여 국가 또는 지방자치단체의 농업생산기반 정비계획에 따라 토지를 취득하여 소유하고 있다고 하더라도, 과세기준일 현재 동법 제2조 제6호의 농업생산기반시설용에 제공하지 않고 다른 목적에 사용하는 경우라면, 농업기반시설용 토지에 해당되지 아니하므로 재산세 면제 대상에 해당되지 아니함(행안부 지방세운영과-2103, 2009.5.26.).

45) 과원영농규모화사업은 과원매매 및 임대차사업을 통해 과수재배농가의 과원규모를 확대하고 과원을 집단화함으로써 경쟁력 및 개방대응력을 제고하려는 사업으로 농어촌공사가 시행하는 사업이다.

# 제 14 조

# 농업협동조합 등의 농어업 관련 사업 등에 대한 감면

관련규정

제14조(농업협동조합 등의 농어업 관련 사업 등에 대한 감면) ① 농업협동조합중앙회(제3호만 해당한다), 수산업협동조합중앙회, 산림조합중앙회가 구매·판매 사업 등에 직접 사용하기 위하여 취득하는 다음 각 호의 부동산(「농수산물유통 및 가격안정에 관한 법률」 제70조 제1항에 따른 유통자회사에 농수산물 유통시설로 사용하게 하는 부동산을 포함한다. 이하 이 항에서 같다)에 대해서는 취득세의 100분의 25를, 과세기준일 현재 그 사업에 직접 사용하는 부동산에 대하여는 재산세의 100분의 25를 각각 2026년 12월 31일까지 경감한다.

1. ~ 3. (생 략) ☞ 본문 해설편 참조

② 농업협동조합중앙회, 수산업협동조합중앙회, 산림조합중앙회, 엽연초생산협동조합중앙회가 회원의 교육·지도·지원사업과 공동이용시설사업에 직접 사용하기 위하여 취득하는 부동산에 대해서는 취득세의 100분의 25를 2016년 12월 31일까지 경감한다.
☞ 일몰기한 종료

③ 「농업협동조합법」에 따라 설립된 조합(조합공동사업법인을 포함한다), 「수산업협동조합법」에 따라 설립된 조합(어촌계 및 조합공동사업법인을 포함한다), 「산림조합법」에 따라 설립된 산림조합(산림계 및 조합공동사업법인을 포함한다) 및 엽연초생산협동조합이 고유업무에 직접 사용하기 위하여 취득하는 부동산에 대해서는 취득세를, 과세기준일 현재 고유업무에 직접 사용하는 부동산에 대해서는 재산세를 각각 2026년 12월 31일까지 각각 면제한다.

④ 「농업협동조합법」에 따라 설립된 조합(조합공동사업법인을 포함한다), 「수산업협동조합법」에 따라 설립된 조합, 「산림조합법」에 따라 설립된 산림조합 및 엽연초생산협동조합에 대하여는 2014년 12월 31일까지 주민세 사업소분(「지방세법」 제81조 제1항 제2호에 따라 부과되는 세액으로 한정한다) 및 종업원분의 100분의 50을 경감한다.

⑤ 제3항 및 제4항에서 정하는 각 조합들의 중앙회에 대해서는 해당 감면 규정을 적용하지 아니한다.

# 1 | 개 요

농업협동조합 · 수산업협동조합 · 산림조합 · 엽연초생산업협동조합 등 조합원의 경제적 · 사회적 · 문화적 지위 향상 등을 수행하는 단체에 대한 세제지원이다.

1995년에 신설되어 2010년까지는 구 지방세법 제266조 제3항에서 제6항까지 규정되었다가 현재의 지특법 제14조로 이관(2010.3.31.)되었다. 2012년에는 산림조합에 대한 감면 중 산림조합이 공동사업법인 설립이 가능하도록 산림조합법이 개정(2011.12.29.)됨에 따라 산림조합공동사업법인까지 감면이 확대(2012.3.)되었다. 2015년에는 이들 중앙회의 및 단위조합에 대한 감면 일부가 축소되었고 2017년부터는 농업협동조합중앙회, 수산업협동조합중앙회, 산림조합중앙회, 엽연초생산협동조합중앙회가 회원의 교육 · 지도 · 지원사업과 공동이용시설사업에 사용하기 위하여 취득하는 부동산에 대한 감면이 종료하였다. 또한, 수산업협동조합법 개정 · 시행(2016.12.1.)에 따라 "부산공동어시장"이 조합공동사업법인으로 전환될 예정(2017.2.28.)으로 농협 등과 세제지원 형평 차원에서 수협 조합공동사업법인에 대해서도 감면대상에 포함되었으며 2018년에는 농협중앙회 및 농협 등에 대한 감면기한이 지속 연장되었으며 2024년에는 농협중앙회의 일부 사업에 대하여는 사업별 특성을 고려하여 감면 신설(농협경제지주회사의 구판사업 신설 및 생산검사용 부동산 이관, 제14조의 3)과 재설계(농협중앙회의 구판사업용 삭제)되어 2024년까지 연장되었다.

# 2 | 감면대상자

## 2-1. 농업협동조합

1961년에 종합농업협동조합으로 설립되었으며 2012년에 중앙회-지주회사-자회사로 사업구조가 개편되어 현재에 이르고 있다. 농협은 농업인과 조합의 공동이익 증진과 발전을 도모하기 위하여 설립된 단체로 WTO · FTA 등 급변하는 농업환경에 대응하고 농업인의 권익보호와 실익 증진 등을 수행하고 있다. 조직 구성은 각 지역농협의 출자를 한 농협중앙회가 있고 지역농협은 농민들로 이뤄져 있다. 한편 농축산물 유통 · 판매 사업 등 조합별로 분산되어 있는 유통구조를 조직 · 규모화하여 유통 · 판매만을 전담으로 하는 조직인 농협조합공동법인도 있다. 2015년 현재 1,469개(지역농협 1,055개, 품목조합 414개)의 조합이 설립 · 운영중에 있으며 주요사업으로는 경제사업, 상호금융사업, 교육지원사업 등이 있다.

〈표 1〉 **농업협동조합과 조합공동사업법인 비교(2011년 기준)**

| 구분 | 조합(농협법 제15조) | 조합공동사업법인(농협법 제112조의 5) |
|---|---|---|
| 주요 사업 | 교육·지원, 경제·신용사업 등 | 농축산물 유통·판매사업 |
| 조합원 | 농·축협의 구역에 주소, 거소나 사업장이 있는 농업인('11년 조합원수 : 245만명) | 조합, 중앙회, 영농조합법인, 농업회사법인('11년 총회원수 : 468개) |
| 출자제한 | • 1좌 금액 : 5천원, 조합원 1인 : 1만좌 이내<br>(단, 총 출자좌수의 10% 이내는 1만좌 초과 가능) | • 1좌금액 : 10만원, 조합 : 제한 없음<br>• 중앙회 : 출자총액의 30/100 이내 |
| 조합원유지 | • 지역농협 : 1천명, 품목농협: 200명 | 농협법상 지역조합 및 품목조합 2개 이상 |

### 2-2. 수산업협동조합

1962년에 설립되어 어업인의 경제적·사회적 지위향상과 복지어촌 건설을 위해 다양한 사업을 전개하고 있는 단체이다. 2015년 현재 92개(지역수협 70개, 업종조합 20개, 기타 2개)의 조합이 설립·운영중에 있으며 주요사업, 조직구성 등은 농업협동조합과 유사하다. 한편, 수산업협동조합법에 따른 지역별 수협 조합원을 계원(契員)으로 하여 설립된 어업인의 조직인 어촌계도 있다. 2015년 현재 1,982개소가 설립되어 있다.

### 2-3. 산림조합

1961년 설립된 이래 산림자원 증진과 임산물의 판로·유통의 원활화를 통한 임업인의 경제적·사회적 지위향상을 도모함을 목적으로 설립된 단체(조합공동법인 포함)이다. 주요사업 및 조직구성 등은 농업협동조합과 유사하며 2015년 현재 142개(지역조합 포함)의 조합이 설립·운영중에 이르고 있다. 한편, 산림 소유자와 현지 주민이 협동하여 구역 내의 산림을 보호 및 공동이익 증진에 기여할 목적으로 설립된 산림계도 있다.

### 2-4. 엽연초생산협동조합

1910년에 설립되어 연초경작농민의 경제·사회적 권익보호 등을 위한 단체이다. 2015년 현재 15개의 조합이 설립·운영중에 있다.

### 2-5. 유통자회사

「농수산물유통 및 가격안정에 관한 법률」 제70조 제1항에 따른 유통자회사를 말한다. 2015년 현재 6개[46](농협 5개, 수협 1개)의 자회사가 설립·운영 중에 있다. 한편 농축산물 등을 유통·판매를 수행하고 있는 농협조합, 조합공동법인의 경우도 사업의 유사성은 있으

나 법령별로 해당 사업을 각각 수행한다는 점에서 차이점이 있다 하겠다.

〈표 2〉 **농협조합과 조합공동사업법인, 유통자회사의 구매 · 판매 · 유통사업 비교**

| 사업주체 | 조합(농협법 제15조) | 조합공동사업법인 | 유통자회사 |
|---|---|---|---|
| 설립근거 | 농협법 제15조 | 농협법 제112조의 5 | 농안법 제70조 제1항 |
| 주요사업 | 경제사업(구판매사업) | 농축산물 유통 · 판매사업 | 유통센터 · 도매시장공판장 운영, 유통사업 |

# 3 | 감면대상 부동산

## 3-1. 농업협동조합중앙회 등이 직접 사용, 회원교육용 부동산

### 3-1-1. 농협중앙회 등이 직접 사용하는 부동산(§14 ①)

농업협동조합중앙회, 수산업협동조합중앙회, 산림조합중앙회 및 「농수산물유통 및 가격안정에 관한 법률」 제70조 제1항에 따른 유통자회사가 해당 사업용에 직접 사용하기 위해 취득하는 부동산이 이에 해당된다.

〈표 3〉 **농업협동조합중앙회 등 감면대상 부동산의 범위**

| 농협 · 수협 · 산림조합중앙회(§14 ①) | 유통자회사(§14 ① 괄호) |
|---|---|
| • 구매 · 판매 · 보관 · 가공 · 무역 사업용 토지와 건축물 | • 농수산물 유통시설용 부동산 |

다만, 2024년부터는 농협중앙회의 경우 농수산물의 물가안정을 도모하고, 농어업 등 보호 · 지원을 위해 감면 규정은 종전과 같이 연장하되 일부 사업에 대해서 사업별 특성과 기능 조정을 고려하여 농협경제지주회사와 사업용부동산에 대해 각각 분리되어 감면을 적용받게 된다.

〈표 4〉 **농협관련 감면 사업용 부동산 감면 조정 및 이관(2024년부터)**

| 농협 관련 감면 부동산 | 2023년 까지 | 2024년 이후 |
|---|---|---|
| • 구매 · 판매 · 보관 · 가공 · 무역사업용 | 농협중앙회<br>(제14조 제1항) | 농협경제지주회사(제14조의 3) |
| • 생산 및 검사 사업용 | | 농협경제지주회사(제14조의 3) |
| • 농어민 교육시설용 | | 중앙회(제14조 제1항) |

46) 농협하나로유통, 농협유통, 농협충북유통, 농협대전유통, 농협부산 · 경남유통, 수협유통

**농협 유통자회사가 운영중인 공산품 매장에 대한 재산세 감면 여부**

농안법 취지가 원활한 농수산물 유통 및 적정한 가격을 유지하는 데 있고, 농수산물은 농·축·수산물 및 임산물을 말한다고 명확히 정의(농안법 §2-1)하고 있어 농수산물 유통시설로 감면대상을 한정함이 타당하다 하겠다(행안부 지방세운영과-1150, 2012.4.13.). 한편, 농안법상 농수산물의 출하경로를 다원화하고 물류비용 절감을 위해 농수산물의 수집·가공·판매 등 농수산물의 물류활동에 필요한 시설과 이와 관련된 업무시설을 갖춘 사업장이 필요하므로 종합유통센터의 편의시설인 직판장 일부를 공산품 판매점으로 이용하더라도 이는 공산품 판매가 주목적이 아니라 이용자 편의 제공을 위한 것으로 농수산물 유통시설의 일부인 것으로 보아 재산세 경감 대상에 해당된다는 견해도 있다.

### 3-1-2. 농협중앙회 등이 회원교육·지도·지원사업 및 공동이용시설용 부동산(§14 ②)

농업협동조합중앙회, 수산업협동조합중앙회, 산림조합중앙회 및 엽연초생산조합중앙회가 회원교육 용도 등에 직접 사용하기 위해 취득하는 부동산이 이에 해당된다. 해당 용도별 세부사항은 다음 표의 농협중앙회의 사례를 참고하면 된다.

〈표 5〉 **농업협동조합중앙회의 회원교육·지도·지원사업과 공동이용시설 감면대상 부동산의 범위**

| 주요사업 | 내 용 |
|---|---|
| 영농활동지도 | • 지방자치단체와의 협력사업 : 지역농업개발, 농촌지역개발, 농업인 생산지원 등<br>• 농업인 복지지원 : 다문화가정 정착지원, 영농지원, 취약농가 인력지원 등<br>• 농가 경영안정지원 : 팜스테이·1사1촌 신규발굴 및 육성관리, 도농교류사업 등 |
| 농업인 등 교육 | • 농업인에 대한 연수, 교육기관에 대한 위탁교육<br>• 외부인사의 농업, 농촌, 농협에 대한 이해증진을 위한 교육 |
| 조합지도육성 | • 조합육성을 위한 저리자금 이차보전 및 합병지원 등 조합 경영보조 등<br>• 조합 경영지도, 감사, 선거관리 및 인사관리 |
| 농업인 보급선전 | • 농업인을 위한 시청각 자재구입, 제작 및 수리, 법률구조 및 소비자 보호사업<br>• 농업인 권익신장과 농업, 농촌, 농협에 대한 이해 증진을 위한 홍보 |
| 조사연구 | • 농가소득 증대를 위한 조사, 연구, 국제섭외<br>• 농업, 농촌 및 농협발전을 위한 조사, 연구 |

## 3-2. 농업협동조합 등의 고유업무에 직접 사용하는 부동산(§14 ③)

농업협동조합중앙회 등의 지역조합인 농업협동조합(조합공동사업법인 포함)[47], 수산업

47) 2013년 현재 농업협동조합의 경우 중앙회의 구판사업용 등 부동산은 유통센터(20개), 공판장(6개), 교육

협동조합(어촌계 포함), 산림조합(산림계 및 조합공동사업법인 포함) 및 엽연초생산협동조합의 고유업무용 부동산이 이에 해당된다. 이 경우 임대용 부동산은 감면대상에서 제외된다.

### 3-2-1. 단위농협이 경영하는 농협매장(농협 하나로마트 등)

농협 고유업무용 부동산이란 일반적으로 조합원에게 필요한 물자(농자재, 생필품 등)를 구매하는 사업과 조합원이 생산한 농산물을 위탁·판매하는 사업[48] 등을 말한다. 이에 따라 농협별(단위)로 조합원 구매·공급 등을 사업을 위한 매장(하나로마트 등)을 운영하고 있는데 사실상 이들 매장이 조합원·비조합원의 구분 없이 불특정 다수인을 상대로 영업을 하고 있어 고유업무 직접 사용 여부에 대해 아래와 같이 쟁점이 있다.

| 쟁점사항 | 사 유 |
|---|---|
| 감면대상이 아님 | • 대부분 불특정 다수에게 판매하고 있어 他 판매시설과 차이가 없음 |
| 감면대상에 해당 | • 공산품 판매시설이라도 비조합원의 이용에 제한이 없어 고유업무에 해당<br>• 읍면지역 소재 농협마트는 이용자가 주로 거주민, 주민 다수가 조합원이며 조합원 생산 농산품을 조합원이 2/3 이상 사용함으로 조합의 고유업무에 사용 |

〈농산품 부분〉

우선 농협매장의 비조합원 사용과 관련해서 농협매장의 농산품과 공산품을 구별해서 판단할 필요가 있다. 종전 구매사업은 비조합원의 이용이 1/3 이내로 제한되어 이에 따라 고유사업 여부를 판단하였으나, 이후 비조합원 이용을 제한하지 않는 것으로 농협정관[49]이 개정(2005.6.)되어 농산품 판매 등과 관련해서는 비조합원 이용 여부와 무관하게 전체에 대해 목적사업으로 보아야 한다는 견해가 좀 더 설득력이 있다고 볼 수 있다. 따라서 농협의

---

원(9개) 등이며, 조합 고유업무용 부동산은 1,166개 조합에서 농산물공판장(1,743개), 공판장(68개) 등의 사업용 부동산을 보유하고 있다.

48) 농업협동 단위조합의 목적사업(농업협동조합법 제57조 제1항 제2호)
가. 조합원의 사업과 생활에 필요한 물자의 구입, 제조, 가공, 공급 등의 사업 (예) 일반적으로 조합원이 필요로 하는 물자(농자재, 생필품)를 구매하여 공급
나. 조합원이 생산하는 농산물의 제조, 가공, 판매, 수출 등의 사업 (예) 조합원의 위탁판매사업, 조합원이 생산한 농산물을 위탁받아 판매하는 사업

49) 지역농업협동조합 정관례(농림수산식품부고시 제2009-394호, 2009.11.11.)
제5조(사업의 종류) ① 조합은 다음 각 호의 사업을 행한다. 2. 경제사업 : 가. 조합원의 사업과 생활에 필요한 물자의 구입·제조·가공·공급 등의 사업, 나. 조합원이 생산하는 물자의 제조·가공·판매·수출 등의 사업, 다. 조합원이 생산한 농산물의 유통조절 및 비축사업
제141조(비조합원의 사업이용) ① 조합은 조합원이 이용하는 데에 지장이 없는 범위에서 조합원이 아닌 자에게 제5조에 따른 사업을 이용하게 할 수 있다. ② 1회계연도에 있어서 비조합원(판매사업의 경우는 비농업인)의 사업이용량은 각 사업별로 당해 회계연도 사업량의 2분의 1을 초과할 수 없다.

농산품 구매부분은 조합원・비조합원 이용과 무관하게 감면대상으로 봄이 타당하다.

〈공산품 부분〉

농협법에서 조합원의 사업과 생활에 필요한 물자 구입・제조・공급 등의 사업을 목적사업으로 하고 있어 조합원과 관계없는 조합자체의 영리 목적은 고유목적사업이라 할 수 없는 점(대법원 2001두10646, 2002.3.29.)을 고려할 때 농협이 정관 개정을 통해 구매사업의 비조합원 이용 제한을 폐지하였더라도 비조합원 이용 여부는 조합원 이익을 우선하기 위해 비조합원의 이용을 제한한 것에 불과하고 농협법상 목적사업인 조합원의 생활편의를 위한 취지를 보더라도 공산품 부분은 목적사업에 해당되지 않는다고 봄이 타당하다.

다만, 공산품 매장을 목적사업으로 보지 않는다고 해서 모두 과세하기에는 현실적으로 어려움이 있다. 읍・면지역은 도시지역보다 낙후되어 조합원의 생활편의 제공이라는 측면에서 공산품 판매도 일부 허용될 필요가 있기 때문이다. 따라서 공산품 매장은 일반적으로 과반 이상의 조합원이 이용하는 경우 목적사업으로 보되 과반수 비율에 대한 판단은 전체 이용자 수 대비 조합원 수, 해당 지역 인구 수, 이용현황, 매장 위치 등을 종합적으로 고려하고, 조합원 이용비율이 모호한 경우는 해당 조합으로부터 소명되는 입증자료 등의 근거를 통해 판단[50]해야 한다. 그 외 농산품 매장과 공산품 매장이 혼재된 경우에는 그 해당 매장면적 부분만큼은 매장현황, 설계도 등을 근거로 안분하는 것이 타당하다고 본다.

현재 농협중앙회가 운영하는 구판사업은 비조합원 이용 여부와 무관하게 재산세 감면을 적용(법 §14 ①)하는 반면, 지역농협의 경우 구매사업을 목적사업으로 인정하지 아니할 경우(예 : 도시지역 공산품 매장) 형평성에 문제의 소지가 있다. 또한, 지역 단위농협이 농협중앙회보다 세제지원 취지가 더 크다고 볼 때, 향후에는 지역 단위농협과 농협중앙회의 감면적용 범위를 합리적으로 조정할 필요성이 있다고 본다.

참고

**농협의 공산품 매장에 대한 감면시 고려사항**

① 조합원 이용비율이 과반수 이상이면 전체면적을 감면해야 하는지 여부
조합원의 과반수 여부는 지방세 전반의 일반적인 기준으로 볼 수 있으나 조합원 이용비율이 50% 이상이면 전체면적에 대해 감면하나 50% 미만인 경우는 감면제외되는 문제

50) 해당 농협매장의 공산품 판매부분이 주거밀집지역에 위치해 있고, ○○시 전역의 고객을 대상으로 영업행위가 이루어지며, 매장별 매출액이 707억 및 49억에 달하고 일반사업자 판매와 큰 차이가 없는 점, 마트 이용자의 대부분은 조합원이 아닌 불특정 다수인으로 이용자 대부분이 조합원이라고 추측할만한 객관적인 근거도 없으므로 목적사업(구매사업)에 해당하지 아니함(행안부 지방세운영과-2976, 2010.7.12.).

② 조합원 이용비율만큼 감면 적용
조합원 이용비율이 50% 미만이라도 해당 비율만큼은 감면하는 것이 합리적이나 현재 대부분 전체 면적에 대해 감면하는 읍·면지역 소재 농협은 감면폭이 감소할 수 있고, 조합원 이용비율 확인을 위한 구체적인 기준(매출액·이용자 수·매출액 등)과 입증방법이 곤란

③ 읍·면지역 매장은 모두 감면하고, 도시지역은 조합원 이용비율만큼만 감면 적용
읍·면지역 및 도시지역의 조합원 이용자 50% 이상은 모두 감면하고, 도시지역 50% 이하인 경우도 해당 비율만큼 감면하는 방안도 감면 범위가 확대될 수 있고, 읍·면지역과 도시지역을 차등 적용하는 것은 법적 근거가 미약하고 운영에도 일관성이 없음.

#### 3-2-2. 무허가 공판장 시설용 부동산에 대한 재산세 감면 여부

감면대상 부동산이란 농협의 고유목적사업에 해당되는지의 여부가 핵심이다. 단위농협의 고유목적사업이란 농협법(§57 ① 2호 나목) 및 법인등기부등본상 조합원이 생산하는 농산물의 제조·가공·판매 등의 사업 또는 조합원이 생산한 농산물을 위탁받아 판매하는 사업을 말한다. 단위 농협이 당해 부동산을 취득 후 무단으로 증축하였더라도 과세기준일 현재 농협 공판장(창고 등) 용도로 사용하고 있다면 이는 농협법상 조합원이 생산한 농산물의 판매사업에 제공되는 부동산에 해당하는 것이다. 과세기준일 현재 농협의 고유목적사업에 사용하는 것이 확인된 이상 감면요건을 충족한 것이므로 무허가 건물이라는 이유로 감면요건에 대한 법규의 해석을 달리 적용할 여지는 없다 할 것이다. 따라서, 당해 건물이 비록 무허가건물이라 하더라도 농협의 고유목적사업에 사용하고 있다면 재산세 감면대상에 해당되는 것이고 무허가건물 등 위법한 사항에 대해서는 별도의 법령에서 정한 기준대로 처리하면 될 것이다(행안부 지방세운영과-5638, 2010.11.30.).

#### 3-2-3. 농협 고유목적사업용 부동산 중 임대용 부동산

농협 등의 고유업무 직접 사용 여부를 판단함에 있어 일반적으로는 당해 시설이 조합원과 비조합원 간 이용실적, 조합원에 대한 저렴한 이용료, 다른 일반사업자와 이용료 수준 등을 종합적으로 비교하여 판단하는 것이 일반적이나 최근의 심판례를 살펴보면 농협이 유통사업용 부동산을 중도매인에게 임대하는 경우도 취득세가 면제된다고 보았는데 이는 농협 등에 대한 고유목적사업 감면이 아니라 해당 법인이 비록 임대를 주었더라도 계속해서 물류사업으로 사용한 것으로 보아 취득세가 면제된다는 사례로 고유목적사업 감면과는 다른 사례임을 참고하기 바란다(조심 2011지0885, 2012.6.13.).

3-2-4. 농협중앙회 명의로 건축물을 사용승인받고 농협은행으로 보존등기를 한 경우

농업협동조합중앙회 신용사업을 분리하여 설립(2012.3.2.)된 경제지주회사의 자회사인 농협은행에 대해서는 지특법에서 별도의 취득세 감면규정이 없어 농협은행은 당연히 감면에서 제외된다. 그러나 신축건물에 대한 보존등기를 농협은행 명의로 하는 경우라도 당초 농업협동조합중앙회 명의로 사용승인을 받았다면 사용승인일에 농협중앙회가 사실상 취득하였다고 볼 수 있으므로 농업협동조합중앙회가 지특법 제14조에서 정하는 감면요건을 충족[51]한 것으로 보아야 할 것이다. 다만 농협은행이 향후에 제3자에게 임대하는 경우에는 농협은행(사실상 농협중앙회를 말함)이 2년 이내에 해당 용도에 직접 사용하지 않는 것으로 보아 감면된 취득세에 대해서는 추징대상에 해당된다 하겠다.

3-2-5. 조합에서 운영하는 장례식장, 예식장의 경우

조합의 장례식장, 예식장으로 사용하는 부동산의 주 이용객으로 사실상 일반인(준 조합원 포함)이 자유로이 이용하고 있으며, 이용요금도 타 장례식장, 예식장과 차이가 없다면 이는 조합 등이 조합원의 복리후생 등을 위해 고유업무에 직접 사용하는 부동산으로 볼 수는 없다 하겠다(구 행자부 심사 2000-623, 2000.8.29.). 한편, 조합의 장례식장・예식장 등의 이용실적이 조합원 이용률 79.3%, 1일 사용료 민간 장례식장의 60% 수준, 민간 장례식장 대비 30% 저렴한 사용료 등 민간 장례식장 등에 비해 저렴하게 운영되는 사실이 객관적으로 확인이 되는 경우라면 농협법(§57 ① 5호 나목)에서 규정하는 복지후생(장제)사업용 부동산으로 볼 여지는 있다 하겠다(행자부 심사 2007-363, 2007.6.25.).

# 4 | 특례의 내용

## 4-1. 세목별 감면

농업협동조합・수산업협동조합・산림조합중앙회 및 그 지역조합에 대해서는 다음의 표와 같이 지방세 및 국세(농어촌특별세)를 2026년 12월 31일까지 각각 감면하며 다만, 2024년부터는 농업협동조합중앙회의 사업 중에 제1호의 구매・판매・보관・가공・무역 사업

51) 부동산 등의 취득은 지방세법 제7조 제2항에서 민법 등 관계법령에 따른 등기・등록 등을 하지 아니한 경우라도 사실상 취득이면 취득한 것으로 보며 신축 건축물의 취득일은 지방세법 시행령 제20조 제6항에서 사용승인일(임시사용승인일 포함)과 사실상의 사용일 중 빠른 날로 하고 있으므로 취득세 감면대상 해당 여부는 취득일을 기준으로 당해 감면규정에서 정한 감면요건의 충족 여부로 판단하는 것임.

용 부동산과 제2호의 생산 및 검사 사업용 부동산에 해당하는 감면의 경우 제14조의 3으로 이관되어 신설됨에 따라 제3호의 농어민 교육시설용 부동산에 한하여 본 조의 감면규정을 적용받게 되었다.

한편, 2015년부터는 농업협동조합 등의 사업장 및 종업원분이 각각 감면대상에서 제외되었다.

〈표 6〉 **농업협동조합 등에 대한 세목별 지방세 감면 현황(2024.1.1. 현재)**

| 조문 | 감면내용 | 감면율 |
|---|---|---|
| §14 ① | 농협중앙회의 교육시설용 부동산<br>수협중앙회, 산림조합중앙회 및 그 지역조합의 구판사업용, 생산검사사업용 및 교육시설용 부동산 | 취득세, 재산세 25% |
| §14 ② | 농협 등 중앙회 회원교육 · 지도 · 공동이용시설용 부동산 | 취득세 25% |
| §14 ③ | 농협 등 단위조합 고유업무용 부동산 | 취득세, 재산세 면제 |
| 농특 §4 ① 3호 | §14 ①~③에 따른 취득세 감면분의 20% | 농어촌특별세 비과세 |

### 4-2. 건축중인 고유업무용 부속토지 특례(영 §123)

농업협동조합 등의 고유업무 등의 용도로 사용할 건축물을 건축중인 경우에는 실제로는 해당 시설 용도로 직접 사용하고 있지는 않지만 해당 용도로 직접 사용하고 있는 것으로 의제(擬制)하여 해당 건축물의 부속토지에 대한 재산세를 계속 감면한다.

## 5 | 지방세특례의 제한

### 5-1. 감면된 세액의 추징(§178)

농업협동조합 등에 대해서는 본 규정(§14)에서 별도로 사후관리 규정을 두고 있지 않으나 제178조(일반적 추징규정)에 따라 감면받은 취득세 및 재산세가 추징될 수 있다. 이에 대한 세부적인 내용은 제178조의 해설편의 내용을 참조하면 된다.

### 5-2. 최소납부세액의 부담(§177의 2)

2018년부터 시행되는 최소납부세액 제도에 따라 면제되는 세액의 15%는 감면특례가 제한되어 농업협동조합 등에 대한 고유업무용 부동산(§14 ③)에 대해서는 취득세 또는 재산세가 최소납부세액 과세대상에 해당된다. 이에 대한 세부적인 사항은 제177조의 2 해설편의 내용과 같다.

### 5-3. 임대용 부동산 및 중과세 대상 감면 제외(§14 ②~③, §177)

농업협동조합중앙회 등의 사업용 부동산(§14 ②) 및 농업협동조합 등의 고유업무용 부동산(§14 ③) 중 임대용으로 사용하는 부동산에 대해서는 감면대상에서 제외하며, 참고로 2023년 1월 1일부터 총칙의 "직접 사용" 정의규정에 "임대는 제외"를 명시함에 따라 본 조문을 비롯한 개별조문 내용에서는 "임대를 제외한다"는 문구는 삭제하였다.

한편, 농업협동조합 등이 감면을 받으려는 부동산이 지방세법 제13조 제5항에 따른 별장 · 골프장 · 고급오락장 등 지방세 중과세 대상인 경우에는 감면대상에서 제외된다.

### 5-4. 농협 부동산 재산에 대한 감면 제외(§14 ③~④)

농업협동조합중앙회 등에 대해서는 제14조 제3항에서 규정하는 농업협동조합에 대한 고유업무용 부동산에 대한 감면 규정을 적용하지 않는다.

### 5-5. 농협중앙회 등의 비회원 교육용 부동산 감면 제외(§14 ②)

농업협동조합중앙회 등의 회원교육용 부동산의 세부범위를 본 규정에서 별도로 규정하고 있지는 않으나, 감면대상이 회원교육용임을 고려할 때, 비조합회원 등을 대상으로 교육을 진행하는 경우에는 이 부분에 대해서는 감면대상에서 제외됨이 타당하다 하겠다. 이에 대한 판단 여부는 해당 교육원의 연간 전체 교육 이수분 중에서 비회원 교육 이수분만큼을 안분하여 감면 여부를 판단해야 할 것이다.

## 6 | 감면신청(§183)

농업협동조합 등이 지방세를 감면받으려는 경우에는 해당 지방자치단체의 장에게 해당 부동산이 그 고유업무에 직접 사용하는 용도임을 입증하는 서류를 첨부하여 감면신청을 하여야 한다. 이에 대한 세부적인 감면신청 절차 등에 대해서는 제183조의 해설편을 참조하면 된다.

# 7 관련사례

▣ 토지 취득 후 유예기간 내 착공하지 못한 정당한 사유

원고가 이 건 각 토지를 취득한 이후 사업을 정상적으로 추진하였으나, 법령에 의한 금지, 제한 등 원고가 마음대로 할 수 없는 외부적 사유 및 공기업으로서 준수하여야 하는 관계 법령에 따른 절차를 진행하기 위한 내부적 사유 등으로 부득이하게 유예기간 내에 이 사건 사업을 완료하지 못한 것으로 보이므로, 원고에게는 이 사건 추징규정에서 정한 '정당한 사유'가 있다고 봄이 타당하고, 이 건 사업 과정에서 도로공사의 진행 상황이나 관련 법령의 개정 경과 등을 미리 파악하지 못한 데에 다소간의 과실이 있다고 하더라도 그러한 사정만으로 '정당한 사유'가 부정된다고 볼 수는 없음(대법원 2024.5.30. 선고, 2023두30413 판결).

▣ 중도매인, 중도매인협회 등에게 임대료를 받고 있는 쟁점부동산을 청구법인이 '직접 사용'하는 것으로 보아 재산세 등을 감면할 수 있는지 여부 및 쟁점부동산을 구판사업에 '직접 사용'하는 것으로 보아 재산세를 분리과세할 수 있는지 여부

중도매인 등이 고유업무에 사용하더라도 재산세 등의 경감대상이 되는 경우는 「지방세특례제한법」 제15조 제1항에서 「한국농수산식품유통공사법」에 따라 설립된 한국농수산식품유통공사와 「농수산물유통 및 가격안정에 관한 법률」 제70조 제1항에 따른 유통자회사와 관련하여 별도로 규정하고 있는 것을 감안하면 「지방세특례제한법」은 감면대상인 부동산의 취득자와 그의 사용 목적 그리고 제3자가 사용할 경우 그 사용자의 지위나 자격을 엄격히 정하여 이를 모두 충족하는 경우에만을 감면대상으로 하는 것으로 보이므로 청구법인의 고유업무와 관련이 있다고 하여 제3자가 사용하는 모든 경우를 감면대상으로 보기는 어려움(조심 2022지0768, 2023.8.29.).

▣ 청구법인이 중도매인 등에게 임대한 쟁점시설을 구매·판매사업 등에 '직접 사용'하는 부동산에 해당하지 아니한다고 보아 감면된 취득세를 부과한 처분의 당부

지특법은 감면대상인 부동산의 취득자와 그의 사용 목적 그리고 제3자가 사용할 경우 그 사용자의 지위나 자격을 엄격히 정하여 이를 모두 충족하는 경우에만 지방세를 경감하는 것으로 보이므로 청구법인의 고유업무와 관련이 있다고 하여 제3자가 사용하는 모든 경우를 감면대상으로 규정보기는 어려운 점 등에 비추어 청구주장을 받아들이기는 어렵다고 판단됨(조심 2022지0720, 2023.6.7.).

▣ 철거가 예정된 건축물이 조합의 고유업무에 직접 사용하기 위하여 취득하는 부동산인지 여부

부동산 취득목적의 해석은 당해 부동산 자체만을 의미하므로 취득 당시 철거가 예정되어 있는 건축물까지 농업협동조합의 고유업무에 직접 사용하기 위하여 취득한 부동산으로 보기는 어려움(행안부 지방세특례제도과-620, 2021.3.11.).

▣ 유예기간 내에 해당 사업에 직접 사용하지 못한 정당한 사유가 있는지 여부

청구법인이 작성하여 처분청에 제출한 착공연기신청서에 의하면 쟁점토지상의 건축공사가 지연된 이유는 건축주인 청구법인의 내부사정에 불과한 것으로 보이고 쟁점토지 위에 신축

예정인 근린생활시설의 설계과정에 상당한 기간이 필요하다고도 보기 어려운 점, 청구법인이 쟁점토지를 취득한 후 건축물의 신축을 위한 각종 업무를 지속적으로 수행하였다는 자료도 제시되지 아니한 점 등에 비추어 청구주장은 받아들이기 어려움(조심 2019지2081, 2020.4.21.)

▣ 농업협동조합의 생필품 매장에 대한 감면 여부

읍·면지역의 농업협동조합이 공산품 매장으로 사용하는 부동산의 경우, 농협매장 중 공산품 매장이 조합원의 사업과 생활에 필요한 사업에 주로 공여되는 경우에 한하여 재산세 면제대상인 주된 목적사업으로 봄이 합리적이라 할 것이고, '주된 목적사업'에 해당하는지 여부는 전체 이용자 대비 조합원 비율, 해당 지역 인구수 대비 조합원의 수, 매장의 위치, 이용현황 등을 종합적으로 고려하여 개별적·구체적으로 판단하여야 할 것으로, 쟁점 지역 농협이 소재한 면지역의 경우 인구수가 18,384명에 이르지만 조합원수는 1,067명에 불과하고, 지역농협의 연간 매출규모는 95억 원에 달하고 있는 등, 영업 형태에서 일반 사업자의 판매행위와 큰 차이가 없으며, 불특정 다수인이 구분 없이 이용이 가능하고, 일반인에 비해 조합원이 주로 사용하고 있다는 객관적 근거 제시도 없는 상황이라면, 농협의 목적사업인 '조합원의 사업과 생활에 필요한 물자의 구입·제조·가공·공급 등의 사업'으로 보기 어려우므로 당해 지역 농협은 감면대상이 아니라 판단됨(행자부 지방세특례제도과-1255, 2016.6.8.).

▣ 농업협동조합의 노래교실 등에 대한 감면 여부

지역농업협동조합이 고유업무에 직접 사용하기 위하여 건축물을 취득한 후 노래교실 등에 사용되는 건축물은 「농업협동조합법」 제57조에서 정한 문화 향상을 위한 교육·지원 사업으로서 지역농업협동조합의 업무에 직접 사용한 것으로 보이고, 비조합원으로부터 취득한 농축산물의 판매사업에 사용하는 건축물은 「농업협동조합법」 제57조에서 조합의 업무로 규정하고 있지 아니하므로 조합의 업무에 직접 사용한 것으로 보기 어려움(행자부 지방세특례제도과-2386, 2015.9.4.).

▣ 농업협동조합의 생필품 매장 및 주유소에 대한 감면 여부

구 「지방세법」 제266조 제5항에서 ○○○에 의하여 설립된 조합이 고유업무에 직접 사용하기 위하여 취득하는 부동산(임대용 부동산을 제외한다)에 대하여는 취득세와 등록세를 면제하고, ○○○ 제57조 제1항에서는 지역농협은 그 목적을 달성하기 위하여 다음 각 호의 사업의 전부 또는 일부를 수행한다고 규정하고서, 제2호 가목에서 "조합원의 사업과 생활에 필요한 물자의 구입·제조·가공·공급 등의 사업"을, 나목에서 "조합원이 생산하는 농산물의 제조·가공·판매·수출 등의 사업"을 규정하고 있으며, ○○○ 제5조 제3항에서는 '조합은 영리 또는 투기를 목적으로 하는 업무를 하지 못한다'고 규정하고 있고, 여기서 금지하는 영리를 목적으로 하는 업무라 함은 조합 자체의 경제적 이윤을 얻기 위한 업무를 말하는 것으로서 이는 구성원인 조합원을 대상으로 하여 조합의 영리를 목적으로 사업을 하는 것과 조합원과 관계없는 사업경영으로 조합 자체의 영리를 도모하는 것을 금지하는 취지이므로, 조합이 조합원과 관계없이 조합 자체의 영리를 도모하는 사업을 경영하는 것은 위 법규를 위반한 것으로서 고유목적에 속하는 사업의 경영이라 할 수 없다 할 것인바(대법원 1998.4.28. 선고, 97누7905 판결), 생필품매장과 주유소가 고유업무에 사용되는 부동산에 해

당되는지 여부를 판단함에 있어서도, 조합원과 관계없는 조합 자체의 영리를 목적으로 하는지 여부에 따라 판단하여야 할 것으로서, 그 이용에 있어서 조합원과 비조합원간에 아무런 차별이 없이 자유롭게 이용할 수 있는 시설에 해당되고, 그 판매가격에 있어서도 특별한 차이가 없으며, 농협이 조합원을 위하여 운영하여야 할 특별한 필요성이 있었다는 사정이 확인되지 아니하는 점에서 생필품매장과 주유소는 조합원을 위한 시설이라기보다는 조합 자체의 영리를 목적으로 하는 시설에 해당된다고 봄이 타당(조심 2013지0162, 2014.8.21.).

▣ 농협이 자회사를 설립한 후 감면된 토지를 현물출자한 경우 직접 사용 여부

- 농협이 국책사업의 일환으로 취득한 토지를 취득 후 목적사업에 직접 사용하려고 하였으나 고정투자 한도가 초과되어, 자회사를 설립한 후 당해 토지를 자회사에 현물출자하여 목적사업을 영위하도록 한 경우에는 법인격을 달리하는 자회사에게 현물출자한 경우로서 직접 사용한 것으로 볼 수 없고 추징을 배제할 정당한 사유가 있다고 보기도 어려움(대법원 2014두6616, 2014.8.20.).
- 농업협동조합이 취득한 토지를 2년 이상 고유업무에 직접 사용하지 아니하고 자회사에 현물출자한 경우 기 감면한 취득세 등을 추징한 처분에 대하여 청구법인이 쟁점토지를 취득한 후 2년 이상 고유업무에 직접 사용하지 아니하고 이를 자회사인 농업회사법인에 현물출자(매각)한 사실이 확인되고 있는 반면, 유예기간 내에 현물출자한 데 대한 정당한 사유를 인정할 만한 증빙이 달리 확인되지 아니하므로 기 감면한 취득세 등을 추징한 처분은 적법함(조심 2012지0265, 2012.8.30.).

▣ 용도지역 변경이 안되어 신축할 수 없는 경우에 정당한 사유 여부

용도지역을 변경하기 이전에는 쟁점토지상에 유통업무시설을 신축할 수 없다는 사정은 청구법인이 토지를 취득하기 이전부터 미리 예측이 가능한 것이므로 유예기간 내 고유업무에 직접 사용하지 못한 정당한 사유로 인정하기는 어려움(조심 2012지0314, 2012.11.14.).

▣ 농업협동조합이 유통단지 내에서 중도매인에게 물류사업용도로 임대하는 경우 감면 여부

농업협동조합이 유통단지 안에서 취득한 유통사업용 부동산의 일부를 중도매인에게 임대하는 형식으로 운영하면서 물류사업의 용도로 계속적으로 사용하고 있는 경우에는 유통사업에 직접 사용하는 경우와 마찬가지로 취득세를 감면함이 타당함(조심 2011지0885, 2012.6.13.).

▣ 유예기간 동안 고유업무에 직접 사용하지 않은 정당한 사유

농협이 취득한 토지를 2년 이상 고유업무에 직접 사용하지 아니하고 자회사에 현물출자한 경우 유예기간 내 현물출자에 대한 정당한 사유를 인정할 만한 증빙이 달리 확인되지 아니하므로 기 감면한 취득세 등을 추징한 처분은 적법함(조심 2012지0265, 2012.8.30.).

▣ 입주상인들에게 시설사용료를 받고 임대하는 경우 직접 사용이 아님

- 농협이 건물 취득 후 과세유예기간(1년) 이내에 그 감면의 취득 또는 등기목적을 포기하고, 그 이외의 용도(임대)로 사용한 경우라면 더 이상 감면 유예기간을 적용할 수 없고 과세가 타당(대법원 05두14035, 2006.1.27., 행안부 지방세운영과-220, 2010.1.18.).
- 농수산물유통공사가 농산물유통시설인 화훼공판장을 직접 운영할 경우에는 재산세 경감대상에 해당되나, 동 시설의 일부를 입주상인들에게 시설사용료를 받고 임대하는 경우에

는 그 시설에 "직접" 사용하는 부동산이 아님(행안부 시군세-344, 2008.4.11.).

▣ 농업협동조합의 무허가 건물에 대한 감면 여부

과세기준일 현재 당해 건축물이 조합원이 생산한 농산물의 판매사업에 제공되는 부동산으로써 농협의 고유목적사업에 사용하는 것이 확인된 이상 감면요건을 충족했다고 볼 수 있으며, 무허가 건물이라는 이유로 감면요건에 대한 법규의 해석을 달리 적용할 여지는 없으므로 재산세 감면 대상임(행안부 지방세운영과-5638, 2010.11.30).

▣ 농협중앙회가 유예기간 내 등기목적을 포기한 타 용도에 사용한 경우 추징 여부

농업협동조합중앙회가 건축물 취득 후 과세유예기간(1년) 이내에 그 감면의 취득 또는 등기목적을 포기하고, 그 이외의 용도로 사용하는 경우라면 더 이상 당초의 취득 또는 등기목적에 따른 감면 유예기간을 적용할 수 없고 과세함이 타당함(대법원 2005두14035, 2006.1.27., 행안부 지방세운영과-220, 2010.1.18.).

▣ 조합원의 이용실적 등을 고려하여 고유목적사업 여부를 판단함

- "○○한우정"이라는 일반음식점 영업허가와 사업자등록증을 교부받은 후 불특정 다수인을 상대로 청구인이 생산한 한우 외 음식류도 함께 판매하고 있고 타 음식점과 차이도 없으므로 조합원이 생산하는 판매사업이 아님(행자부 심사 2007-362, 2007.6.25.).
- 소매점으로 사용되는 부분이 당해 농협 목적사업에 직접 사용하는 것으로 볼 수 있는지 여부는 과세권자가 농협법과 농협 정관(농협법 §5 ① 2호 나목) 및 비조합원의 사업이용량(정관 §63 ②, 비조합원 이용량 1/3 이내)을 종합적으로 판단함(행자부 세정-195, 2006.1.17.).
  ☞ 비조합원 이용량 1/3 이내로 제한하는 정관규정이 폐지됨(2006.6.14.).
- 지역농협이 다른 조합으로부터 양곡 전량을 수매하여 직접 소비자에게 이를 판매하고, 조합원·비조합원 구분 없이 불특정 다수인에게 양곡을 판매하고 있다고 하여 양곡판매장의 부속토지를 부과처분한 것은 잘못이 있다 할 것임(구 행자부 심사 2006-380, 2006.8.28.).
- 지역농협이 운영하는 ○○마트사업 중 조합원에게 공급하는 생필품(공산품) 등의 판매시설은 일반인을 위한 판매시설로서 일반사업자와 차이가 없으므로 농협법에서 규정한 조합원을 위한 판매시설로 인정하기 어려움(구 행자부 심사 2006-381, 2006.8.28.).

# 제 14 조의 3

## 농협경제지주회사의 구매·판매 사업 등에 대한 감면

관련규정

제14조의 3(농협경제지주회사의 구매·판매 사업 등에 대한 감면) 「농업협동조합법」 제161조의 2에 따라 설립된 농협경제지주회사가 구매·판매 사업 등에 직접 사용하기 위하여 취득하는 다음 각 호의 부동산(「농수산물 유통 및 가격안정에 관한 법률」 제70조 제1항에 따른 유통자회사에 농수산물 유통시설로 사용하게 하는 부동산을 포함한다. 이하 이 조에서 같다)에 대해서는 취득세의 100분의 25를, 과세기준일 현재 그 사업에 직접 사용하는 부동산에 대해서는 재산세의 100분의 25를 각각 2026년 12월 31일까지 경감한다.

1. 구매·판매·보관·가공·무역 사업용 토지와 건축물
2. 생산 및 검사 사업용 토지와 건축물

제14조의 2(농협경제지주회사 등의 구매·판매 사업 등에 대한 감면) 「농업협동조합법」 제161조의 2에 따라 설립된 농협경제지주회사와 법률 제10522호 농업협동조합법 일부개정법률 부칙 제6조에 따라 설립된 자회사가 구매·판매 사업 등에 직접 사용하기 위하여 취득하는 다음 각 호의 부동산(「농수산물 유통 및 가격안정에 관한 법률」 제70조 제1항에 따른 유통자회사에 농수산물 유통시설로 사용하게 하는 부동산을 포함한다. 이하 이 항에서 같다)에 대해서는 취득세의 100분의 25를, 과세기준일 현재 그 사업에 직접 사용하는 부동산에 대해서는 재산세의 100분의 25를 각각 2017년 12월 31일까지 경감한다.

1. 구매·판매·보관·가공·무역 사업용 토지와 건축물
2. 생산 및 검사 사업용 토지와 건축물
3. 농어민 교육시설용 토지와 건축물

☞ 舊 제14조의 2 [일몰기한 종료 2017.12.31]

# 1 | 개 요

당초 농업협동조합중앙회의 사업구조개편 지원을 위해 중앙회에서 분리되어 경제지주의 자회사로 신설되는 회사에 대한 세제지원으로, 2014년까지는 제14조 제1항에 따른 농협중앙회 등의 구판사업용 부동산 감면으로 적용되어 오다가 2015년부터는 경제지주 자회사가 농협중앙회에서 분리됨에 따라 제14조의 2 규정을 신설하게 되었으나 2017년말에 농협경제지주회사에 대한 기능조정으로 감면일몰되었다. 2024년부터는 농협중앙회의 사업 재조정에 따라 종전 제14조 제1항의 농협중앙회의 구판사업용과 생산·검사용 부동산에 대한 감면이 본 조문으로 이관·신설되었으며 2026년까지 일몰기한이 설정되었다.

# 2 | 감면대상자

농업협동조합법 제134조의 2에 따라 설립된 농협경제지주회사와 법률 제10522호 농업협동조합법 일부개정법률 부칙 제6조에 따라 설립된 자회사가 이에 해당된다. 농협사업구조 개편에 따른 사업부분 조직 현황은 다음 표의 내용과 같다.

〈표 1〉 **농협사업구조 개편 현황**

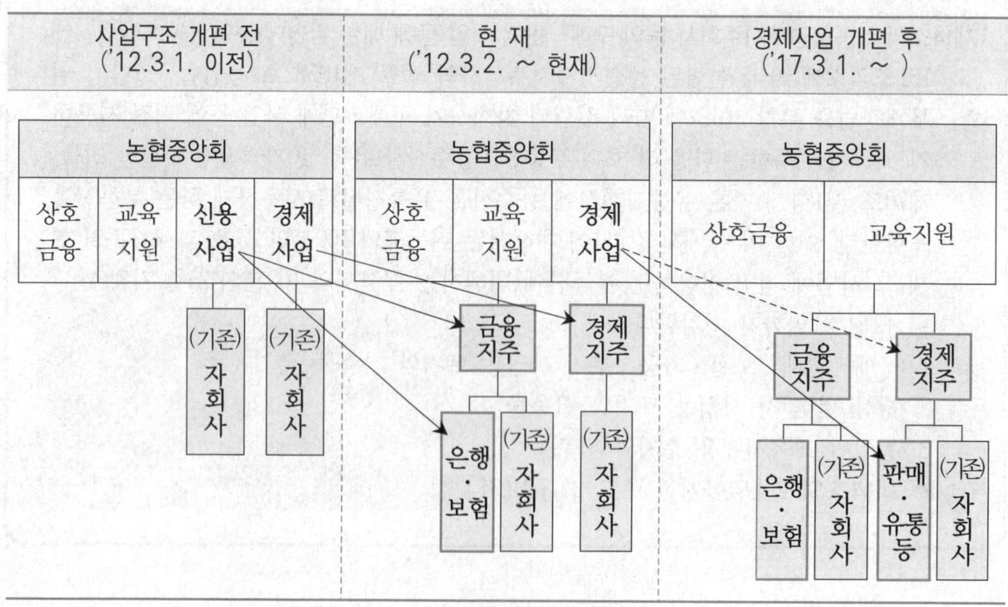

【농업협동조합법】 제134조의 2(농협경제지주회사) ① 중앙회는 제134조 제1항 제2호 및 제3호의 사업과 같은 항 제5호부터 제9호까지의 사업 중 농업경제와 축산경제에 관련된 사업 및 그 부대사업을 분리하여 농협경제지주회사를 설립한다. 이 경우 사업의 분리는 「상법」 제530조의 12에 따른 회사의 분할로 보고, 사업의 분리 절차는 같은 법 제530조의 3 제1항, 제2항 및 제4항, 제530조의 4부터 제530조의 11까지의 규정을 준용하되, 같은 법 제530조의 3에 따라 준용되는 같은 법 제434조 중 "출석한 주주의 의결권의 3분의 2 이상의 수와 발행주식 총수의 3분의 1 이상의 수"는 "대의원 과반수의 출석과 출석한 대의원 3분의 2 이상의 찬성"으로 본다.

【법률 제10522호 농업협동조합법 부칙】 제6조(경제사업의 이관 및 자회사 설립에 따른 출자 특례) ① 중앙회는 이 법 시행일부터 **3년 이내에 판매·유통 관련 경제사업을 농협경제지주회사에 이관한다.**
② 중앙회는 이 법 시행일부터 **3년이 경과한 날부터 2년 이내**에 제1항에 따라 이관된 사업의 성과를 부칙 제5조 제2항에 따른 경제사업활성화위원회의 의견을 들어 평가하고 **제1항에 따라 이관된 사업을 제외한 경제사업을 이관한다.**
**③ 중앙회는 제1항 또는 제2항에 따른 이관을 하기 전에 그 이관을 위하여 필요한 경우에는 미리 중앙회로부터 경제사업을 분리하여 경제사업활성화 계획에 따른 자회사를 설립할 수 있다. 이 경우 그 사업의 분리는 「상법」 제530조의 12에 따른 회사의 분할로 보고, 사업의 분리 절차는 같은 법 제530조의 3 제1항·제2항·제4항, 제530조의 4부터 제530조의 11까지의 규정을 준용하되, 같은 법 제530조의 3에 따라 준용되는 같은 법 제434조 중 "출석한 주주의 의결권의 3분의 2 이상의 수와 발행주식 총수의 3분의 1 이상의 수"는 "대의원 과반수의 출석과 출석한 대의원 3분의 2 이상의 찬성"으로 본다.**

## 3 감면대상 부동산

농업협동조합법 등에 따라 설립되는 농협경제지주회사와 중앙회로부터 분리되어 농협경제지주회사로 편입되는 자회사가 직접 사용하기 위해 취득하는 부동산이 이에 해당된다. 이 경우 **농수산물 유통 및 가격안정에 관한 법률 제70조 제1항에 따른 유통자회사에 농수산물 유통시설로 사용하게 하는 부동산도 포함된다.** 2015년 1월 1일 현재의 농협중앙회 부분이 경제사업 분야 중 농협경제지주 부분으로 이관된 사업장의 현황은 다음 표의 내용과 같다.

〈표 2〉 농협중앙회 경제사업의 이관 사업장 현황

| 유형 | 사업부문 | 시설유형(사례) |
|---|---|---|
| 판매사업 | 청과도매 | 산지농산물유통센터(APC), 농식품물류센터(안성, 밀양, 장성 등), 농수산물유통센터(양재, 창동) |
| | 양곡도매 | 양곡유통센터, 미곡종합처리장(RPC), 건조저장시설(DSC), 양곡창고 등 |
| | 축산도매 | 축산물공판장(음성, 나주, 부천, 고령), 축산물종합물류센터, 인천가공사업소 |
| | 농산물가공 | 농산물가공공장(김치, 고추가루, 장류 등) |
| | 공판사업 | 농산물공판장(가락, 구리, 북대구 등), 화훼공판장(반여) |
| | 소매유통 | 유통센터(군위, 광주 등), 대형마트(부산, 인천, 포항 등), 중소마트(40개) 등 |
| 구매사업 | 영농자재 | 농기계부품센터, 농기계서비스센터, 자재물류센터(창고), 저유소, 주유소, 종묘센터 |
| | 축산자재 | 사료공장(김제, 함안, 청주 등), 종돈개량사업소(영광), 조사료물류센터 |
| | 생활물자 | 생활물자물류센터(평택, 함안, 장성 등) |

## 4 감면내용

농협경제지주회사 및 「농수산물 유통 및 가격안정에 관한 법률」 제70조 제1항에 따른 유통자회사에 대해서는 2026년까지 다음 표와 같이 지방세를 각각 경감한다. 한편, 농협경제지주의 경제자회사 설립에 대한 법인설립 등기 등에 대한 등록면허세의 경우 2017년말 이후 일몰 종료되었다.

〈표 3〉 농협경제지주회사 등 감면 현황(2024.1.1. 현재)

| 조문 | 감면내용 | 감면율 | 일몰 |
|---|---|---|---|
| §14의 3 | 농협경제지주와 유통자회사의 구매·판매사업용 부동산 및 생산·검사용 부동산 | 취득세 25%<br>재산세 25% | 2026.12.31 |
| §14의 2 | 농협경제지주와 유통자회사의 구매·판매사업용 부동산, 생산·검사용 부동산, 농어민 교육시설용* 부동산<br>* 2024년 현재 농어민 교육시설용 부동산은 농협중앙회에서 감면적용을 받고 있음 | 취득세 25%<br>재산세 25% | 2017.12.31 |
| §57의 2 ⑥ | 중앙회에서 분리되는 경제자회사의 법인 설립등기 | 등록면허세 면제 | 2017.12.31 |
| §6 ③ | 중앙회에서 분리되는 경제자회사의 법인 설립등기 | | |

## 5 | 사후관리(§178)

농협경제지주회사 등에 대해 별도로 사후관리 규정을 두고 있지 않으나 제178조(일반적 추징규정)에 따라 감면받은 취득세 및 재산세가 추징될 수 있다. 감면의무위반 사항에 대한 세부적인 내용은 제178조의 해설편의 내용을 참조하면 된다.

## 6 | 지방세특례의 제한(§177, §177의 2)

농협경제지주회사 등이 감면을 받으려는 부동산이 지방세법 제13조 제5항에 따른 골프장・고급오락장 등 지방세 중과세 대상인 사치성 재산인 경우에는 감면대상에서 제외된다. 한편, 농협중앙회 경제사업은 관련 부칙 제6조에 따라 2015.1.1.~2017.3.1.까지 경제지주 등에 이관되어 경제사업 이관 기간(2015.1.1.~2017.3.1.) 중에는 중앙회(§14 ②), 경제지주 및 그 자회사(§14의 2)에 대해 감면이 발생하게 되었고, 2017년말 일몰 후 농협중앙회의 기능조정에 따라 관련 업무이관으로 인해 농협경제지주회사 등의 감면이 재 신설되었다.

**농업협동조합중앙회 경제사업의 이관 현황**

- 농협경제지주주식회사 旣 신설 : 2012.3.2.
- 농협중앙회 판매 및 유통부분에 대해 2015.12.31.까지 경제지주회사에 이관(부칙 제1조)
  - 판매 및 유통사업 자회사(농협하나로유통, 농협양곡) 신설예정 : 2015.3.1.
- 기타 사업부문 : 식품, 종묘, 축산 등 사업부분은 2017.12.31.까지 경제지주회사에 이관(부칙 제2조)
  - 2017년 말까지 이관할 구체적 계획은 없음(2015.1.1. 현재).

## 7 | 감면신청(§183)

농협경제지주회사 등이 본 규정에 따라 지방세를 감면받으려는 경우에는 해당 지방자치단체의 장에게 해당 부동산이 그 고유업무에 직접 사용하는 용도임을 입증하는 서류를 첨부하여 감면신청을 하여야 한다. 세부적인 감면신청 절차 등에 대해서는 제183조의 해설편을 참조하면 된다.

# 제15조

# 한국농수산식품유통공사 등의 농어업 관련 사업 등에 대한 감면

관련규정

제15조(한국농수산식품유통공사 등의 농어업 관련 사업 등에 대한 감면) ① 「한국농수산식품유통공사법」에 따라 설립된 한국농수산식품유통공사와 「농수산물유통 및 가격안정에 관한 법률」 제70조 제1항에 따른 유통자회사가 농수산물종합직판장 등의 농수산물 유통시설과 농수산물유통에 관한 교육훈련시설에 직접 사용(「농수산물 유통 및 가격안정에 관한 법률」 제2조 제7호부터 제9호까지의 규정에 따른 도매시장법인, 시장도매인, 중도매인 및 그 밖의 소매인이 해당 부동산을 그 고유업무에 사용하는 경우를 포함한다. 이하 이 조에서 같다)하기 위하여 취득하는 부동산에 대해서는 취득세의 100분의 50을, 과세기준일 현재 그 시설에 직접 사용하는 부동산에 대해서는 재산세의 100분의 50을 각각 2025년 12월 31일까지 경감한다.

② 「지방공기업법」 제49조에 따른 지방공사로서 농수산물의 원활한 유통 및 적정한 가격의 유지를 목적으로 설립된 지방공사(이하 이 조에서 "지방농수산물공사"라 한다)에 대해서는 다음 각 호에서 정하는 바에 따라 지방세를 2025년 12월 31일까지 감면한다.

1. 지방농수산물공사가 도매시장의 관리 및 농수산물의 유통사업에 직접 사용하기 위하여 취득하는 부동산에 대해서는 취득세의 100분의 100(100분의 100의 범위에서 조례로 따로 정하는 경우에는 그 율)에 대통령령으로 정하는 지방자치단체 투자비율(이하 이 조에서 "지방자치단체 투자비율"이라 한다)을 곱한 금액을 감면한다.

【영】 제6조의 2(지방농수산물공사에 대한 지방자치단체 투자비율) 법 제15조 제2항 제1호에서 "대통령령으로 정하는 지방자치단체 투자비율"이란 「지방공기업법」 제49조에 따른 지방공사로서 농수산물의 원활한 유통 및 적정한 가격의 유지를 목적으로 설립된 지방공사(이하 이 조에서 "지방농수산물공사"라 한다)의 자본금에 대한 지방자치단체의 출자금액(둘 이상의 지방자치단체가 공동으로 설립한 경우에는 각 지방자치단체의 출자금액을 합한 금액)의 비율을 말한다. 다만, 지방농수산물공사가 「지방공기업법」 제53조 제3항에 따라 주식을 발행한 경우에는 해당 발행 주식 총수에 대한 지방자치단체의 소유 주식(같

은 조 제4항에 따라 지방자치단체가 출자한 것으로 보는 주식을 포함한다) 수(둘 이상의 지방자치단체가 주식을 소유하고 있는 경우에는 각 지방자치단체의 소유 주식 수를 합한 수)의 비율을 말한다.

2. 〈삭 제〉
3. 지방농수산물공사가 과세기준일 현재 도매시장의 관리 및 농수산물의 유통사업에 직접 사용하는 부동산에 대해서는 재산세(「지방세법」 제112조에 따른 부과액을 포함한다)의 100분의 100(100분의 100의 범위에서 조례로 따로 정하는 경우에는 그 율)에 지방자치단체 투자비율을 곱한 금액을 감면한다.

# 1 | 개 요

농수산물유통공사법에 의하여 설립된 농수산물유통공사와 농수산물유통 및 가격안정에 관한 법률에 따른 유통자회사가 농수산물유통시설 및 교육훈련시설용 부동산에 대한 세제 지원이다. 한국농수산식품유통공사와 지방공사인 농수산물공사에 대한 감면은 구 지방세법 제266조 제1항 및 자치단체 감면조례에서 각각 규정되었다가 현재의 지특법 제15조로 통합하여 이관(2010.3.31.)되었다. 2015년부터는 농수산물유통공사 등이 대부분 임대에 의한 도·소매업을 수행하는 업종의 특성을 고려하여 직접 사용의 범위를 확대하였으며 2016년 일몰도래한 지방농수산물공사에 대해 지방자치단체의 출연기관이며 농어민의 수수료 부담 상향조정 등을 고려하여 2019년까지 일몰기한이 연장되었다. 2020년에는 지방농수산물공사의 감면대상과 범위를 구체화하였고 일몰기한도 2022년까지 연장되었다. 2021년에는 한국농수산식품유통공사에 대한 감면이 2022년까지 연장되었다. 2023년에는 감면 일몰기한이 2025년까지 연장되었고 대신에 행정서비스에 대한 수수료적 성격인 등록면허세 감면이 종료되었다.

# 2 | 감면대상자

## 2-1. 한국농수산식품유통공사(§15 ①)

「한국농수산식품유통공사법」에 따라 설립된 한국농수산식품유통공사와 「농수산물유통

및 가격안정에 관한 법률」 제70조 제1항에 따른 유통자회사가 이에 해당된다. 한국농수산식품유통공사는 농어업인의 소득증진 등을 위해 설립(1967.12.)된 법인이며 주요사업으로는 농수산물 유통구조개선, 수출진흥, 농산물 수급안정 등의 정부 정책사업을 대행하는 위탁집행형 준정부기관의 성격이 있다. 2014년 현재 한국농수산식품유통공사의 사업용 부동산은 화훼공판장(농수산물유통시설, 서울 양재동 소재), aT센터(교육훈련센터, 서울 양재동 소재), 농식품유통교육원(교육훈련시설, 수원시 소재)이 있다.

### 2-2. 지방농수산물공사(§15 ②)

각 지방자치단체가 출자하여 「지방공기업」에 따라 설립된 농수산물공사가 이에 해당된다. 지방자치단체가 출자한 지방공사인 농수산물공사는 2020년 현재 서울 2곳(가락, 강서), 경기(구리) 등 전국 30여 개 곳에서 운영 중에 있다.

## 3 | 감면대상 부동산

### 3-1. 한국농수산식품유통공사

한국농수산식품유통공사 등의 농수산물 유통시설과 농수산물 유통에 관한 교육훈련시설이 감면대상 부동산에 해당된다.

### 3-2. 지방농수산물공사(§15 ② 1호)

2019년까지는 농수산물공사가 고유업무에 사용하기 위해 취득・보유하는 모든 부동산이 감면대상에 해당되었으나, 2020년부터는 한국농수산식품유통공사와 농・수협 등이 운영하는 유통자회사와 동일한 도매시장 관리, 농수산물 유통사업으로만 한정되었다.

## 4 | 특례내용

### 4-1. 세목별 감면

한국농수산식품유통공사와 지방공사인 농수산물공사가 농수산물직판장과 유통시설 등에 사용하기 위해 취득·보유하는 부동산에 대해서는 지방세 및 국세(농어촌특별세)를 2025년 12월 31일까지 각각 감면한다. 지방공사인 농수산물공사는 출자자인 지방자치단체가 출자한 비율만큼만 감면대상이나 농수산물공사를 포함한 대부분의 지방공사는 사실상 해당 지방자치단체가 전액을 출자하고 있어 지방공사인 농수산물공사가 취득·보유하는 부동산은 사실상 취득세 및 재산세가 면제되고 있다. 2023년부터는 농수산물공사의 법인등기에 대한 감면(법 §15 ② 3호)이 종료되었다.

〈표〉 **한국농수산식품유통공사 등 감면 현황(2023.1.1. 현재)**

| 조문 | 감면내용 | 감면율 |
|---|---|---|
| §15 ① | 한국농수산식품유통공사(유통자회사)가 농수산물종합직판장, 교육훈련시설용 직접 사용 부동산 | 취득세 50%<br>재산세 50% |
| §15 ② 1호 | 지방공사인 농수산물공사가 농수산물도매관리 및 농수산물 유통시설에 직접 사용하는 부동산 | 취득세 면제<br>(지방자치단체가 투자한 비율) |
| §15 ② 3호 | 농수산물공사가 그 고유업무에 직접 사용하는 부동산 | 재산세 면제<br>(지방자치단체가 투자한 비율) |
| 농특 §4 | §15 ②에 따른 감면받는 취득세 감면분의 20% | 농어촌특별세 비과세 |

## 4-2. 직접 사용 예외 특례

2015년부터는 농수산물유통공사뿐만 아니라 농수산물 유통 및 가격안정에 관한 법률 제2조 제7호부터 제9호까지의 규정에 따른 도매시장법인, 시장도매인, 중도매인 및 그 밖의 소매인이 해당 부동산을 농수산물 유통·판매에 직접 사용하는 것으로 본다. 지방공사인 농수산물공사의 경우도 이를 준용한다.

**관련사례**

- 이 사건 감면규정에서 '그 밖의 소매인 등이 해당 부동산을 그 고유업무에 직접 사용하는 경우'라 함은 원고로부터 이 사건 건물 중 일부를 임차한 상인이 직접 농수산물의 유통 또는 판매업을 영위하거나 그에 준하는 영업을 하는 경우에 한하고, 그 외의 소매인 등은 여기에 포함된다고 할 수 없다 할 것이다(대법원 2018두54367, 2018.12.13.).

## 5 | 지방세 특례의 제한

### 5-1. 감면된 취득세액의 추징(§178)

본 규정에서는 별도의 추징규정이 없지만, 제178조를 준용하여 감면요건을 위반하는 경우에는 과세기관에서 추징처분을 할 수 있다. 이때 감면요건을 위반하는 경우란 대부분 해당 법인 단체 등이 고유목적사업에 직접 사용하지 않거나 임대 등 다른 용도로 사용하는 경우, 제3자에게 매각 · 증여하는 경우를 말한다. 직접 사용 및 추징에 관한 세부적인 내용은 제178조의 해설편을 참조하면 된다.

### 5-2. 최소납부세액의 부담(§177의 2)

지방공사인 농수산물공사가 그 고유업무에 사용하기 위하여 취득하는 부동산에 대해서는 취득세 및 재산세가 면제(§15 ②, 지방자치단체 조례)됨에도 불구하고, 2015년부터 시행되는 최소납부세제에 따라 면제되는 세액의 15%는 취득세 또는 재산세 감면특례가 제한되어 최소납부세액으로 부담하여야 하며 그 시행시기는 부칙 제7조 제3호(법률 제15295호)에 따라 2023년 1월 1일부터 적용될 예정이었으나, 위 부칙이 2023년에 개정되면서 최소납부 적용 유예기간이 2026년 1월 1일까지 3년이 연장되었다. 이에 대한 세부적인 사항은 제177조의 2 해설편을 참조하면 된다.

### 5-3. 지방자치단체 조례를 통한 감면 제한(§15 ② 1호, 3호)

2019년까지는 지방공사인 농수산물공사가 고유업무용으로 취득하는 부동산 등에 대해 감면대상이었으나 2020년부터는 도매시장관리 · 운영 및 농수산물의 유통사업으로 감면대상 부동산의 범위를 한정하였으므로 해당 지방자치단체의 조례나 해당 농수산물공사의 법인정관, 법인등기부 등에 이들 목적사업 외의 사업을 기재하더라도 그 사업용 부동산은 감면대상에 해당하지 않는다.

### 5-4. 지방세 중과대상 부동산 감면 제한(§177)

한국농수산식품유통공사 등이 감면을 받으려는 부동산이 지방세법 제13조 제5항에 따른 별장 등 지방세 중과세 대상인 사치성 재산인 경우에는 감면대상에서 제외된다.

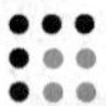

## 6 | 감면신청(§183)

한국농수산식품유통공사 등이 해당 부동산을 취득하여 지방세를 감면받으려는 경우에는 제183조의 규정에 따라 해당 지방자치단체의 장에게 그 고유업무에 직접 사용하기 위한 부동산임을 입증하는 서류를 첨부하여 감면신청을 하여야 한다. 세부적인 감면신청 절차 등에 대해서는 제183조의 해설을 참조하면 된다.

## 7 | 관련사례

■ 지방공사가 사용주체가 아닌 경우 직접 사용 여부
지방공사가 고유업무에 '직접 사용'이라 함은 부동산을 취득 · 등기한 자가 그 시설의 사용자로서 그 취득 · 등기한 부동산을 직접 사용하는 경우만을 의미한다고 할 것이므로, 비록 지방공사의 법인정관 등에 임대사업이 당해 목적사업으로 규정되어 있다고 하더라도 취득의 주체인 지방공사가 그 시설의 사용주체로서 자신의 목적사업에 사용하지 않은 경우라면 고유업무에 '직접 사용'으로 볼 수 없다고 할 것임(행안부 지방세운영과-3772, 2011.8.8.).

■ 본점 사무실의 농수산물유통시설용 부동산 적용 여부
본점의 사무실이 농수산물유통시설 내에 설치되어 있다고 하더라도 해당 사무실은 농수산물 종합직판장과 같은 유통시설에 직접 사용되는 시설물에 해당되지 않을 뿐만 아니라 농수산물유통시설의 운영을 위한 부속시설에 해당된다고 볼 수 없어 이 부분에 대하여는 지방세법상의 감면대상에서 제외됨(감사원 감심 2004-89, 2004.9.2.).

# 제16조

## 농어촌 주택개량에 대한 감면

관련규정

제16조(농어촌 주택개량에 대한 감면) ① 대통령령으로 정하는 사업의 계획에 따라 주택개량 대상자로 선정된 사람이 주택개량 사업계획에 따라 본인과 그 가족이 상시 거주(본인이 「주민등록법」에 따른 전입신고를 하고 계속하여 거주하는 것을 말한다. 이하 이 조에서 같다)할 목적으로 취득하는 연면적 150제곱미터 이하의 주거용 건축물(증축하여 취득하는 경우에는 기존에 소유하고 있는 주거용 건축물 연면적과 합산하여 150제곱미터 이하인 경우로 한정한다. 이하 이 조에서 같다)에 대해서는 취득세를 다음 각 호에서 정하는 바에 따라 2027년 12월 31일까지 감면한다. 다만, 과밀억제권역에서 주택개량 사업계획에 따라 주거용 건축물을 취득하는 경우에는 취득일 현재까지 해당 시·군·구에 1년 이상 계속하여 거주한 사실이 「주민등록법」에 따른 주민등록표 등에 따라 증명되는 사람으로 한정한다.

1. 취득세액이 280만원 이하인 경우 : 전액 면제
2. 취득세액이 280만원을 초과하는 경우 : 280만원을 공제

② 제1항을 적용할 때 다음 각 호의 어느 하나에 해당하는 경우에는 그 해당 부분에 대해서는 감면된 취득세를 추징한다.

1. 정당한 사유 없이 그 취득일부터 3개월이 지날 때까지 해당 주택에 상시 거주를 시작하지 아니한 경우
2. 해당 주택에 상시 거주를 시작한 날부터 2년이 되기 전에 상시 거주하지 아니하게 된 경우
3. 해당 주택에 상시 거주한 기간이 2년 미만인 상태에서 해당 주택을 매각·증여하거나 다른 용도(임대를 포함한다)로 사용하는 경우

【영】 제7조(주택개량사업의 범위) 법 제16조 제1항 각호 외의 본문에서 "대통령령으로 정하는 사업"이란 「농어촌정비법」 제2조 제10호에 따른 생활환경정비사업을 말한다.

# 1 | 개 요

농어촌지역의 낙후된 주거문화를 향상시켜 도시민 유치 촉진 및 농어촌 활성화를 위한 농어촌주거환경개선사업 지원을 위한 감면이다. 2010년까지는 지방자치단체 감면조례에 있다가 현재의 제16조로 이관(2010.3.31.)되었다. 2015년에는 무기한 감면규정에 대한 일몰부여 방침에 따라 본 규정도 2018년까지 일몰기한을 설정하였다. 2017년에는 감면대상자의 범위가 일부 축소(자력으로 주택개량을 하는 사람은 제외)되었다. 2019년에는 농어촌주택 감면대상 조정(상시거주 요건, 전용면적 150㎡로 확대, 감면한도 설정)하고 일몰기한도 2021년까지 연장하였다. 2022년에는 농어촌 주택개량 대상자에 대한 요건(1년 이상 거주요건 삭제)이 완화되면서 일몰기한도 3년(2024년) 연장되었다. 2025년에는 일몰기한이 연장(2027년)되었다.

# 2 | 감면대상자(§16 ① 및 단서)

생활환경정비사업(농어촌정비법[52]) 계획에 따라 주택개량 대상자로 선정된 사람(2016년까지는 「농어촌정비법」에 따라 자력으로 주택개량을 하는 자도 포함되었으나 2017년부터 제외)을 말한다. 본 규정에 따른 감면대상자는 주택개량대상자로 선정된 사람으로서 해당 시·군·구에 거주하는 사람으로만 규정하여 주택 취득일 현재 거주하는 사람과 취득일 현재 감면을 받기 위하여 일시적으로만 거주하는 사람을 구분하는데 논란이 있었으나 2019년부터는 농어촌주택개량대상자로 선정되고 주택개량에 따른 주택을 취득할 때까지 해당 시·군·구에 계속(1년 이상)하여 거주하는 경우에만 감면이 적용되다가, 2022년부터는 상시거주를 목적으로 취득한 경우라면 취득 당시에는 주소전입 요건을 갖추지 못한 경우라도 감면적용이 가능하도록 요건이 완화되었다. 다만, 과밀억제권역에서 취득하는 경우에는 종전과 동일하게 거주요건이 적용되는 것으로 주택개량대상자로 선정된 자가 아닌 가족 등의 명의로 감면을 신청하는 경우와 함께 감면대상자에서 제외된다.

52) 농어촌정비법 제2조 제10호에 따른 집단화된 농어촌주택, 농어촌마을 건설사업, 농어촌마을 재개발사업, 그 밖에 농어촌지역과 준농어촌지역의 생활환경을 개선하기 위하여 필요한 사업 등을 말하며, 2007~2023년까지 전국적으로 96,710동(지원규모 5조 3,214억원)의 주택을 개량하였다.

참고

**주택개량대상사업 개요(농어촌정비법 §2 ⑩ · §55 ⑥ 등 농림어업인 삶의질 향상 특별법 §29)**

- (사업목적) 노후주택 개량을 통한 농어촌주거환경개선 및 도시민 유치촉진
- (대상자) 농어촌지역에서 노후 · 불량주택을 개량하고자 하는 농어촌 주민 또는 농어촌지역으로 이주하고자 하는 자 중 시장 · 군수가 추천하는 자
- (대상지역) 읍 · 면 지역(상업 · 공업지역 제외)과 광역시 및 시에 소재하는 지역 중 주거 · 상업 · 공업지역을 제외한 지역
- (대상주택) 면적 150㎡ 이하(주택 면적 중 창고는 1/3 초과 금지, 주상복합 주택은 제외)
- (지원방식) 농어촌지역 노후 · 불량주택 개량(신축 · 개축 · 증축 · 부분개량)에 필요한 비용 지원
- (지원한도) 신 · 개축 : 4천만원 이내, 부분개량 · 증축 : 2천만원 이내(금리 3%, 3년 거치 15년 상환)

**자력에 의한 주택개량대상자(2016.12.31.까지 감면대상임)**

- (대상자) 농어촌주택개량사업지침에 따라 노후주택 철거 및 농업에 종사하는 현지 농민
- (지원방식) 별도의 융자지원 없이 취득세만 감면(주택개량사업대상자 요건과 동일)

### 2-1. 농어촌생활환경정비사업에 따른 주택개량의 대상자로서 해당 지역에 거주하는 사람의 의미

감면 대상자는 「농어촌정비법」에 따른 생활환경정비사업의 시행계획에 따라 주택개량 대상에 해당되어야 하고, 그 대상자 또는 자력으로 주택을 개량하는 사람은 해당 지역에 거주하는 사람이어야 하므로 '해당 지역'은 그 생활환경정비사업 시행계획이 시행되는 지역을 의미하는 것으로 보는 것이 타당하다 할 것이다(행자부 지특과-1522, 2015.6.9. 참조).

### 2-2. 농어촌지역에 거주하지 않는 외지인도 감면대상자로 볼 수 있는지

최근에는 각 지방자치단체에서 도시민 유치를 위해 귀촌 또는 귀농자(이하 외지인)까지도 주택개량 사업대상자로 선정하고 있다. 이 경우 외지인도 감면대상자로 볼 것인가의 여부에 대해 살펴보면, 당초 이 법 취지가 노후된 주거환경을 정비하려는 농어촌 현지인에 대한 지원임을 고려할 때 외지인의 경우까지 감면대상자로 보기는 어려운 점이 있다. 2018년까지는 이 법에서 해당 농어촌 지역에 거주한 주민만을 감면요건으로 하면서도 과밀억제권역(1년 이상 거주) 이외의 지역에서 이주하는 외지인에 대해서는 귀농인 감면의 경우처럼 거주기간을 별도로 규정하고 있지 않아 취득일 현재 해당 농어촌 지역에 주민등록 등 형식적으로 거주사실 요건만 갖춘 경우에는 감면대상자에 포함될 여지도 있었으나, 2019년부터는 농어촌주택개량대상자로 선정되고 주택개량에 따른 주택을 취득할 때까지 해당

시·군·구에 계속하여 거주하는 경우에만 감면이 되도록 개정되어 위와 같이 감면을 받기 위해 주택개량 대상 주택 취득일에 일시적으로 주소를 이전하는 경우에는 감면대상에서 제외된다 하겠다.

## 3 | 감면대상 주택

「농어촌정비법」에 따른 주택개량사업의 경우 대상주택을 전용면적 150㎡까지로 하고 있었으나, 2018년까지는 본 규정에 따른 감면대상 주택의 범위를 100㎡로 한정하고 있어 논란이 있었으나 2019년부터는 주택개량대상자로 선정된 사람 등이 그 가족 등과 함께 상시 거주할 목적으로 취득하는 전용면적 150㎡ 이하의 신축주택으로 감면대상이 명확히 개정되었다. 또한 2018년까지는 감면대상 주택이 전용면적 100㎡ 이하의 모든 주택이라고만 규정되어 있어 증축주택의 경우 감면면적 적용에 논란이 있었으나 2019년부터는 기존 주택면적과 증축되는 면적을 합하여 전용면적 150㎡까지로 명확하게 개정되었다.

한편, 일반적으로 「농어촌정비법」에서 "농어촌 주택"이란 주거생활을 할 수 있는 구조로 된 건축물을 의미하고 있어 이에 부속되는 건축물을 포함하여 주택으로 보고 있으므로, 농어촌 개량주택에 주택 외에 창고가 함께 주택과 분리되지 않고 함께 건축된 경우 주택과 창고면적 전체가 150㎡(2018년까지는 100㎡) 이하인 경우에도 감면가능하고 주택과 창고를 합산한 면적이 150㎡(2018년까지는 100㎡)를 초과하는 경우에는 그 전체면적이 감면대상에서 배제되어야 할 것이다. 다만, 주택과 분리되어 별도의 농산물 저장창고와 차고 등을 설치한 경우에는 사실관계에 따라 주택과의 부속 여부를 판단하여야 할 것이며 명확히 구분되는 경우 감면대상 면적에서 제외하는 것이 바람직할 것이며 또한, "창고용지" 지목 개념은 물건 보관·저장을 위해 독립 설치된 시설물의 부지로서 주거용창고의 지목(대지)과 상이함으로 별도 구분하여 안분하여야 할 것으로 판단된다.

## 4 | 특례내용

### 4-1. 세목별 감면

주택개량대상자로 사람이 상시 주거를 목적으로 취득하는 주택에 대해서는 취득세 및 국세(농어촌특별세)를 2024년 12월 31일까지 다음 〈표〉와 같이 각각 감면한다. 한편, 2018년까지는 주택취득일로부터 5년간 재산세가 면제되었으나, 2019년부터는 과세로 전환되었다.

〈표〉 **농어촌주택개량 세목별 감면 현황(2025.1.1. 현재)**

| 조문 | 감면내용 | 감면율 |
|---|---|---|
| §16 ① | 주택개량대상자로 선정된 사람 등이 취득하는 주택(150㎡) | 취득세 감면<br>-취득세액 280만원↓<br>: 면제<br>-취득세액 280만원↑<br>: 280만원까지 감면 |
| 농특 §4 ⑥ 5호 | 자경농민이 감면받는 농지 등 취득세 감면분에 대한 20% | 농어촌특별세 비과세 |

### 4-2. 최소납부세액 면제(§177의 2)

2015년부터 시행되는 감면 상한제도(§177의 2 본문)에 따라 면제되는 취득세, 재산세(2019년부터는 과세전환)의 15%는 감면특례가 제한되어 최소납부세액 과세대상에 해당되지만, 주택개량용 주택(§16)에 대해서는 최소납부세액 예외특례(§177의 2 2호)를 적용받아 본 규정대로 계속해서 면제를 적용한다. 이에 대한 세부사항은 제177조의 2 해설편을 참조하면 된다.

### 4-3. 경과규정 특례(부칙 §2, §8, §9 ①, 법률 제16041호 2018.12.24.)

2018년 12월 31일까지는 주택개량대상자로 선정된 사람이 취득하는 주택에 대해 상시거주 요건 등이 없었으나 부칙 제2조에 따라 2019년 1월 1일부터 취득하는 주택에 대해서는 상시거주 요건과 취득세 감면한도를 적용받는다. 다만, 2018년 12월 31일 이전에 주택개량사업계획에 따라 주택개량대상자로 선정된 사람이 2019년 1월 1일 이후에 주택을 취득하는 경우에는 부칙 제9조 제1항에 따라 개정규정 또는 종전규정에 따른 면적 기준 중에서 유리한 규정을, 2018년 12월 31일 이전에 재산세 납세의무가 최초로 성립하는 날부터 5년이 경과하지 않은 주택에 대해서는 2019년 개정규정에도 불구하고 종전의 규정을 각각 적용한다.

> 부칙 제9조(농어촌 주택개량에 대한 감면 기준 변경에 관한 경과조치) ① 이 법 시행 전에 종전의 제16조에 따른 사업계획에 따라 주택개량대상자로 선정된 사람이 이 법 시행 이후 주택을 취득한 경우의 그 주택에 대한 취득세 감면 기준은 제16조의 개정규정 또는 종전의 규정에 따른 면적 기준 중 유리한 규정을 적용한다.

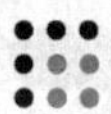

② 종전의 제16조에 따라 취득세가 감면된 주택으로서 이 법 시행 당시 그 주택 취득 후 재산세 납세의무가 최초로 성립하는 날부터 5년이 지나지 아니한 주택에 대한 재산세 감면에 대해서는 제16조의 개정규정에도 불구하고 종전의 규정에 따른다.

## 5 | 지방세특례의 제한

### 5-1. 감면된 취득세액의 추징(§16 ②)

2018년까지는 본 규정에서 별도의 추징규정이 없어, 제178조를 준용하여 감면요건을 위반하는 경우 추징을 하였으나, 농어촌주택 감면의 취지인 상시거주에 대한 명확한 기준이 없어 제178조에 따른 직접 사용에 대한 판단이 어려운 점을 고려하여, 2019년부터는 본 규정에 사후관리 규정을 신설하고 「주민등록법」에 따라 전입신고를 하고 계속하여 거주하는 상시거주의 판단 기준을 신설하여 정당한 사유없이 농어촌개량주택 취득일로부터 3개월까지 상시거주를 시작하지 않거나(§16 ② 1호), 상시거주일로부터 2년간 상시거주하지 않거나(§16 ② 2호), 상시거주한 기간이 2년 미만인 상태에서 해당 주택을 매각·증여하거나 다른 용도로 사용하는 경우(§16 ② 3호)에는 감면받은 취득세를 추징하도록 개정되었다.

### 5-2. 지방세법상 중과세 대상 부동산 감면 제한(§177)

농어촌주택개량대상자로 선정된 사람이 취득하는 부동산이 별장 등 지방세 제13조 제5항에 따른 중과세 대상인 경우에는 감면대상에서 제외된다.

## 6 | 감면신청(§183)

주택개량대상자로 선정된 사람 등이 지방세 감면을 받으려는 경우에는 해당 지방자치단체의 장에게 주택개량대상자로 선정된 사람임을 입증하는 서류를 첨부하여 감면신청을 해야 한다. 세부적인 감면신청 절차 등에 대해서는 제183조의 해설편을 참조하면 된다.

## 7 | 관련사례

■ 농어촌 주택개량에 대한 감면 적용 후, 쟁점주택이 2년 이내 수용된 경우 「지방세특례제한법」 제178조 제1항 제2호에 따른 추징사유에 해당하는지 여부

위 규정에서 해당 용도로 사용한 기간이 2년 미만인 상태에서 매각 · 증여하거나 다른 용도로 사용하는 경우 경감된 취득세 등을 추징한다고 규정하고 있을 뿐 "정당한 사유"가 존재하는지 여부에 대하여는 별도로 규정하고 있지 않는 점 등에 비추어 청구인이 쟁점토지가 향후 처분청에게 수용될 예정이라는 사실을 알지 못한 상태에서 취득하였는지 여부에 관계없이 청구인은 쟁점토지를 해당 용도로 직접 사용한 기간이 2년 미만인 상태에서 매각하였다 할 것이므로, 처분청이 이 건 취득세 등을 부과한 처분은 달리 잘못이 없다고 판단됨(조심 2019지2234, 2019.8.9. 외 다수, 같은 뜻임)(조심 2022지0641, 2023.7.27.).

■ 청구인이 농촌주택개량대상자로 취득세 감면대상에 해당하는지 여부

「지방세특례제한법」 제16조 제1항에서 주택개량 대상자로 선정된 사람으로서 취득일 현재 해당 특별자치시 · 특별자치도 · 시 · 군 · 구에 거주하는 사람이 주택개량 사업계획에 따라 본인과 그 가족이 상시 거주할 목적으로 취득하는 주거용 건축물에 대해서는 취득세를 감면한다고 규정하고 있는 점, 청구인은 전라북도 완주군 주택개량 대상자로 선정된 후 쟁점주택을 신축하여 2021.6.7. 사용승인을 받고 2021.6.8. 전라북도 전주시에서 쟁점주택 소재지(전라북도 완주군)로 주민등록을 이전한 점, 조세법률주의의 원칙상 조세법규의 해석은 특별한 사정이 없는 한 법률대로 해석하는 것이고, 합리적인 이유 없이 확정해석이나 유추해석을 원칙적으로 허용되지 않는 점(대법원 2003.1.24. 선고 2002두9537 판결, 같은 뜻임) 등에 비추어 청구인은 쟁점주택의 취득일 현재 완주군에 거주하고 있지 않아 「지방세특례제한법」 제16조 제1항의 농촌주택개량에 대한 감면 대상자로 보기 어려우므로 처분청이 청구인의 경정청구를 거부한 처분은 달리 잘못이 없다고 판단됨(조심 2021지2716, 2022.11.7.).

■ 농어촌 주택 개량 시, 취득자 본인이 아닌 모친이 거주한 경우 이를 취득세 감면 대상으로 볼 수 있는지 여부

본 규정의 감면은 농어촌에 있는 노후 · 불량한 주택을 개량하여 농어촌 지역의 주거환경을 개선함과 동시에 농어촌 주민의 조세 부담을 완화함으로써 농어촌의 공동화를 방지하려는 취지의 규정인바, 동 조항의 취지 및 실효성을 고려할 때 주택개량사업 대상자 본인이 해당 지역에 상시 거주할 것을 요구하는 조건을 배제하는 것은 불합리한 점, 동 조항이 현행 조항으로 개정되면서 거주의 주체가 "사람 및 그 가족"에서 "본인과 그 가족"으로 변경된 것은 동 규정의 입법취지를 명확히 한 것으로 보이고, 청구주장대로 주택개량 대상자 본인을 제외하여 구 「지방세특례제한법」 제16조를 적용하고 「민법」 상 가족의 개념을 차용할 경우, 해당 감면의 대상범위가 지나치게 넓어지게 되는 점 등을 고려하면, 처분청에서 청구인이 이 건 부동산을 취득할 당시 동소에 거주하지 않았음을 이유로 기 감면한 취득세 등을 추징한 이 건 처분은 잘못이 없음(조심 2020지1437, 2020.11.19.).

# 제 2 절

## 사회복지를 위한 지원 Ⅰ
## (법 제17조~제27조)

# 제 17 조

## 장애인용 자동차에 대한 감면

관련규정

**제17조(장애인용 자동차에 대한 감면)** ① 대통령령으로 정하는 장애인(제29조 제4항에 따른 국가유공자등은 제외하며, 이하 이 조에서 "장애인"이라 한다)이 보철용·생업활동용으로 사용하기 위하여 취득하여 등록하는 다음 각 호의 어느 하나에 해당하는 자동차로서 취득세 또는 「지방세법」 제125조 제1항에 따른 자동차세(이하 "자동차세"라 한다) 중 어느 하나의 세목(稅目)에 대하여 먼저 감면을 신청하는 1대에 대해서는 취득세 및 자동차세를 각각 2027년 12월 31일까지 면제한다.

1. 다음 각 목의 어느 하나에 해당하는 승용자동차
   가. 배기량 2천시시 이하인 승용자동차
   나. 승차 정원 7명 이상 10명 이하인 대통령령으로 정하는 승용자동차. 이 경우 장애인의 이동편의를 위하여 「자동차관리법」에 따라 구조를 변경한 승용자동차의 승차 정원은 구조변경 전의 승차 정원을 기준으로 한다.
   다. 「자동차관리법」에 따라 자동차의 구분기준이 화물자동차에서 2006년 1월 1일부터 승용자동차에 해당하게 되는 자동차(2005년 12월 31일 이전부터 승용자동차로 분류되어 온 것은 제외한다)
2. 승차 정원 15명 이하인 승합자동차
3. 최대적재량 1톤 이하인 화물자동차
4. 배기량 250시시 이하인 이륜자동차

**【영】 제8조(장애인의 범위 등)** ① 법 제17조 제1항 각 호 외의 부분에서 "대통령령으로 정하는 장애인"이란 「장애인복지법」에 따른 장애인으로서 장애의 정도가 심한 장애인(이하 이 조에서 "장애인"이라 한다)을 말한다.
1. ~ 4. 〈삭 제〉 [15.12.31.]
② 법 제17조 제1항 제1호 나목에서 "대통령령으로 정하는 승용자동차"란 「자동차관리법」에 따라 승용자동차로 분류된 자동차 중 승차 정원이 7명 이상 10명 이하인 승용자동차를 말한다.

② 장애인이 대통령령으로 정하는 바에 따라 대체취득을 하는 경우 해당 자동차에 대해서는 제1항의 방법에 따라 취득세와 자동차세를 면제한다.

【영】 제8조(장애인의 범위 등) ⑤ 법 제17조 제2항에 따른 대체취득을 하는 경우는 법 제17조에 따라 취득세 또는 자동차세를 면제받은 자동차를 말소등록하거나 이전등록(장애인과 공동명의로 등록한 자가 아닌 자에게 이전등록하는 경우를 말한다. 이하 이 항에서 같다)하고 다른 자동차를 다시 취득하는 경우(취득하여 등록한 날부터 60일 이내에 취득세 또는 자동차세를 면제받은 종전 자동차를 말소등록하거나 이전등록하는 경우를 포함한다)로 한다.

③ 제1항 및 제2항을 적용할 때 장애인 또는 장애인과 공동으로 등록한 사람이 자동차 등록일부터 1년 이내에 사망, 혼인, 해외이민, 운전면허취소, 그 밖에 이와 유사한 부득이한 사유 없이 소유권을 이전하거나 세대를 분가하는 경우에는 면제된 취득세를 추징한다. 다만, 장애인과 공동 등록할 수 있는 사람의 소유권을 장애인이 이전받은 경우, 장애인과 공동 등록할 수 있는 사람이 그 장애인으로부터 소유권의 일부를 이전받은 경우 또는 공동 등록할 수 있는 사람 간에 등록 전환하는 경우는 제외한다.

【영】 제8조(장애인의 범위 등) ③ 법 제17조 제1항 및 제2항에 따라 취득세 및 자동차세를 면제하는 자동차는 장애인이 본인 명의로 등록하거나 그 장애인과 동일한 세대별 주민등록표에 기재되어 있고 「가족관계의 등록 등에 관한 법률」 제9조에 따른 가족관계등록부(이하 "가족관계등록부"라 한다)에 따라 다음 각 호의 어느 하나에 해당하는 관계가 있는 것이 확인(취득세의 경우에는 해당 자동차 등록일에 세대를 함께 하는 것이 확인되는 경우로 한정한다)되는 사람이 공동명의로 등록하는 자동차를 말한다.

1. 장애인의 배우자 · 직계혈족 · 형제자매
2. 장애인의 직계혈족의 배우자
3. 장애인의 배우자의 직계혈족 · 형제자매

④ 제3항을 적용할 때 장애인 및 같은 항 각 호의 어느 하나에 해당하는 사람이 모두 「출입국관리법」 제31조에 따라 외국인등록을 하고 같은 법 제10조의 3에 따른 영주자격을 가진 사람인 경우에는 같은 법 제34조 제1항에 따른 등록외국인기록표 및 외국인등록표(이하 "등록외국인기록표등"이라 한다)로 가족관계등록부와 세대별 주민등록표를 갈음할 수 있다.

⑤ 법 제17조 제2항에 따른 대체취득을 하는 경우는 법 제17조에 따라 취득세 또는 자동차세를 면제받은 자동차를 말소등록하거나 이전등록(장애인과 공동명의로 등록한 자가 아닌 자에게 이전등록하는 경우를 말한다. 이하 이 항에서 같다)하고 다른 자동차를 다시 취득하는 경우(취득하여 등록한 날부터 60일 이내에 취득세 또는 자동차세를 면제받은 종전 자동차를 말소등록하거나 이전등록하는 경우를 포함한다)로 한다.

⑥ 법 제17조 제1항 및 제2항에 따라 취득세와 자동차세를 면제받은 자동차가 다음 각 호의 어느 하나에 해당하는 경우에는 장부상 등록 여부에도 불구하고 자동차를 소유하지 아니한 것으로 본다.

1. 「자동차관리법」에 따른 자동차매매업자가 중고자동차 매매의 알선을 요청받은 사실을 증명하는 자동차. 다만, 중고자동차가 매도(賣渡)되지 아니하고 그 소유자에게 반환되는 경우에는 그 자동차를 소유한 것으로 본다.
2. 천재지변 · 화재 · 교통사고 등으로 소멸 · 멸실 또는 파손되어 해당 자동차를 회수할 수 없거나 사용할 수 없는 것으로 해당 시장 · 군수 · 구청장이 인정하는 자동차
3. 「자동차관리법」에 따른 자동차해체재활용업자가 폐차되었음을 증명하는 자동차
4. 「관세법」에 따라 세관장에게 수출신고를 하고 수출된 자동차

## 1 | 개 요

취약 · 배려 계층인 장애인의 인간다운 삶과 권리보장 등을 통한 장애인의 사회활동 참여 증진을 지원하기 위한 세제지원이다. 본 장(章)에서는 장애인 감면을 적용하기 위한 여러 감면사항(감면대상자, 물건, 특례내용 등) 등에 대해 자세히 설명하고 있으며, 과세기관과 감면대상자 간의 쟁점사항 등을 파악하기 쉽도록 다수의 사례를 함께 소개하고 있다.

1989년에 서울특별시 신체장애자용 승용차에 대한 자동차세 과세면제에 관한 조례에서 감면이 신설되었다. 1995년에는 시 · 도세 감면조례가 시행되면서 시각장애 4급까지 감면대상이 확대되었고, 배기량 기준도 1,500cc에서 2,000cc까지로 확대되었다. 이후 지특법이 제정되면서 2011년에는 자치단체 감면조례에서 현재의 제17조로 이관되었다. 다만, 시각장애자(4급) 감면의 경우에는 현재까지도 자치단체의 감면조례에서 규정되어 있다. 2016년부터는 장애인의 범위에서 국가유공자가 제외되는 대신에 제29조로 이관되었으며, 2017년에는 대체취득에 대한 정의 규정 등을 법으로 상향하여 유사 조문과의 체계를 일원화시켰다. 2018년에는 구조변경 차량에 대한 감면범위가 완화되었다. 2019년에는 장애인의 범위를 명확히 하였고, 감면대상 자동차 대체취득에 따른 감면요건(1년 이상 소요기간 삭제)을 완화하였다. 2022년에는 감면적용 기산일을 종전 취득일에서 등록일로 개선하였고 일몰기한도 3년(2024년) 연장되었고, 2025년에는 일몰기한이 다시 3년(2027년) 연장되었다.

## 2 | 감면대상자

### 2-1. 장애인의 범위(법 §17 ①, 영 §8 ①)

2019년 7월 1일 이전까지는 장애인이란 선천적 또는 후천적으로 장애를 입은 사람으로서 장애 등급이 1급에서 3급(시각장애인은 4급)까지의 장애등급이 있는 사람[53]을 말하였으나 2019년 7월 1일 이후부터는 「장애인복지법」에 따른 장애인으로서 장애의 정도가 심한 장애인으로 개정되었다. 위 규정에서 말하는 장애의 정도가 심한 장애인이란 지체장애인 등으로서 다음 〈표 1〉의 내용과 같이 장애의 정도가 심한 사람을 말한다. 한편, 2015년까지는 장애인의 범위에 「국가유공자 등 예우 및 지원에 관한 법률」에 따른 국가유공자, 「5·18민주유공자 예우에 관한 법률」에 따라 등록된 5·18민주화운동부상자, 「고엽제후유의증 등 환자지원 및 단체설립에 관한 법률」에 따른 고엽제후유의증환자가 모두 포함되었으나 2016년부터는 본 규정에 따른 감면대상자의 범위에서 제외(舊 영 §8 ① 1~4호 삭제)되는 대신에 제29조로 이관되었다.

〈표 1〉 장애의 정도가 심한 장애인 분류기준(「장애인복지법 시행규칙」 별표 1)

| 장애종류 | 분류기준 |
|---|---|
| 지체장애<br>(신체장애) | 가. 신체의 일부를 잃은 사람<br>1) 두 손의 엄지손가락과 둘째손가락을 잃은 사람<br>2) 한 손의 모든 손가락을 잃은 사람<br>3) 두 다리를 쇼파관절(chopart's joint) 이상의 부위에서 잃은 사람<br>4) 한 다리를 무릎관절 이상의 부위에서 잃은 사람<br>나. 관절장애가 있는 사람<br>1) 두 팔의 어깨관절, 팔꿈치관절, 손목관절 중 각각 2개관절의 기능에 상당한 장애가 있는 사람<br>2) 두 팔의 어깨관절, 팔꿈치관절, 손목관절 모두의 기능에 장애가 있는 사람<br>3) 두 손의 엄지손가락과 둘째손가락 관절기능에 현저한 장애가 있는 사람<br>4) 한 손의 모든 손가락의 관절기능에 현저한 장애가 있는 사람<br>5) 한 팔의 어깨관절, 팔꿈치관절, 손목관절 중 2개관절의 기능에 현저한 장애가 있는 사람<br>6) 한 팔의 어깨관절, 팔꿈치관절, 손목관절 모두의 기능에 상당한 장애가 있는 사람<br>7) 두 다리의 고관절, 무릎관절, 족관절 중 각각 2개관절의 기능에 현저한 장애가 있는 사람 |

53) 2014년 현재 등록 장애인은 약 251만 명이며, 이 중 차량을 보유한 장애인은 113만 명이고, 이 중 감면수혜자는 약 66만 명 규모이다.

| 장애종류 | 분류기준 |
|---|---|
| 지체장애<br>(신체장애) | 8) 두 다리의 고관절, 무릎관절, 족관절 모두의 기능에 상당한 장애가 있는 사람<br>9) 한 다리의 고관절, 무릎관절, 족관절 모두의 기능에 현저한 장애가 있는 사람<br>다. 지체기능장애가 있는 사람<br>1) 두 팔의 기능에 상당한 장애가 있는 사람<br>2) 두 손의 엄지손가락 및 둘째손가락의 기능을 잃은 사람<br>3) 한 손의 모든 손가락의 기능을 잃은 사람<br>4) 한 팔의 기능에 현저한 장애가 있는 사람<br>5) 한 다리의 기능을 잃은 사람<br>6) 두 다리의 기능에 현저한 장애가 있는 사람<br>7) 경추 또는 흉요추의 기능을 잃은 사람<br>라. 신체에 변형 등의 장애가 있는 사람<br>1) 한 다리가 건강한 다리보다 5센티미터 이상 짧거나 건강한 다리 길이의 15분의 1 이상 짧은 사람<br>2) 척추측만증이 있으며, 만곡각도가 40도 이상인 사람<br>3) 척추후만증이 있으며, 만곡각도가 60도 이상인 사람<br>4) 성장이 멈춘 만 18세 이상의 남성으로서 신장이 145센티미터 이하인 사람<br>5) 성장이 멈춘 만 16세 이상의 여성으로서 신장이 140센티미터 이하인 사람<br>6) 연골무형성증으로 왜소증에 대한 증상이 뚜렷한 사람 |
| 뇌병변장애 | 1) 보행이 상당한 정도 제한되었거나 일상생활동작이 상당히 제한된 사람<br>2) 보행이 경중한 정도 제한되고 섬세한 일상생활동작이 현저하게 제한된 사람<br>장애의 정도가 심하지 아니한 장애인<br>3) 보행 시 파행을 보이거나 섬세한 일상생활동작이 경중한 정도 제한된 사람 |
| 시각장애 | 1) 좋은 눈의 시력(공인된 시력표에 의하여 측정한 것을 말하며, 굴절이상이 있는 사람에 대하여는 최대 교정시력을 기준으로 한다. 이하 같다)이 0.06 이하인 사람<br>2) 두 눈의 시야가 각각 모든 방향에서 5도 이하로 남은 사람 |
| 청각장애 | 가. 청력을 잃은 사람<br>두 귀의 청력을 각각 80데시벨(dB) 이상 잃은 사람(귀에 입을 대고 큰소리로 말을 하여도 듣지 못하는 사람)<br>나. 평형기능에 장애가 있는 사람<br>양측 평형기능의 소실로 두 눈을 뜨고 직선으로 10미터 이상을 지속적으로 걸을 수 없는 사람 |
| 언어장애 | 음성기능이나 언어기능을 잃은 사람 |
| 지적장애 | 지능지수가 70 이하인 사람으로서 교육을 통한 사회적 · 직업적 재활이 가능한 사람 |
| 자폐성장애 | ICD-10(International Classification of Diseases, 10th Version)의 진단기준에 따른 전반성발달장애(자폐증)로 정상발달의 단계가 나타나지 아니하고, 기능 및 능력 장애로 인하여 일상생활 혹은 사회생활을 해나가기 위하여 간헐적으로 도움이 필요한 사람 |

| 장애종류 | 분류기준 |
| --- | --- |
| 정신장애 | 1) 조현병으로 망상, 환청, 사고장애 및 기괴한 행동 등의 양성증상이 있으나, 인격변화나 퇴행은 심하지 아니한 경우로서 기능 및 능력 장애로 인하여 일상생활이나 사회생활을 해나가기 위한 기능 수행에 제한을 받아 간헐적으로 도움이 필요한 사람<br>2) 양극성정동장애(조울병)로 기분·의욕·행동 및 사고의 장애증상이 현저하지 아니하지만, 증상기가 지속되거나 자주 반복되는 경우로서 기능 및 능력 장애로 인하여 일상생활이나 사회생활을 해나가기 위한 기능 수행에 제한을 받아 간헐적으로 도움이 필요한 사람<br>3) 재발성 우울장애로 기분·의욕·행동 등에 대한 우울증상이 있는 증상기가 지속되거나 자주 반복되는 경우로서 기능 및 능력 장애로 인하여 일상생활이나 사회생활을 해나가기 위한 기능 수행에 제한을 받아 간헐적으로 도움이 필요한 사람<br>4) 조현정동장애로 제1호부터 제3호까지에 준하는 증상이 있는 사람 |
| 신장장애 | 만성신부전증으로 인하여 3개월 이상 혈액투석이나 복막투석을 받고 있는 사람 |
| 심장장애 | 심장기능의 장애가 지속되며, 가정에서의 가벼운 활동은 할 수 있지만 그 이상의 활동을 하면 심부전증상이나 협심증증상 등이 나타나서 정상적인 사회활동을 해나가기 어려운 사람 |
| 호흡기장애 | 폐나 기관지 등 호흡기관의 만성적인 기능부전으로 평지에서의 보행에도 호흡곤란이 있고, 평상시의 폐환기 기능(1초시 강제호기량) 또는 폐확산능이 정상예측치의 40% 이하이거나 안정 시 자연호흡상태에서의 동맥혈 산소분압이 65㎜Hg 이하인 사람 |
| 간장애 | 1) 만성 간질환(간경변증, 간세포암종 등)으로 진단받은 환자 중 잔여 간기능이 Child-Pugh 평가상 등급 C인 사람<br>2) 만성 간질환(간경변증, 간세포암종 등)으로 진단받은 환자 중 잔여 간기능이 Child-Pugh 평가상 등급 B이면서 난치성 복수가 있거나 간성뇌증 등의 합병증이 있는 사람 |
| 안면장애 | 1) 노출된 안면부의 75% 이상이 변형된 사람<br>2) 노출된 안면부의 50% 이상이 변형되고 코 형태의 2/3 이상이 없어진 사람 |
| 장루장애<br>요루장애 | 1) 배변을 위한 말단 공장루를 가지고 있는 사람<br>2) 장루와 함께 요루 또는 방광루를 가지고 있는 사람<br>3) 장루 또는 요루를 가지고 있으며, 합병증으로 장피누공 또는 배뇨기능장애가 있는 사람 |
| 뇌전증장애 | 가. 성인 뇌전증<br>만성적인 뇌전증에 대한 적극적인 치료에도 불구하고 월 5회 이상의 중증발작 또는 월 10회 이상의 경증발작이 연 6회 이상 발작이 있고, 발작을 할 때에 유발된 호흡장애, 흡인성 폐렴, 심한 탈진, 두통, 구역질, 인지기능의 장애 등으로 요양관리가 필요하며, 일상생활 및 사회생활에 수시로 보호와 관리가 필요한 사람<br>나. 소아청소년 뇌전증<br>전신발작, 뇌전증성 뇌병증, 근간대성 발작, 부분발작 등으로 요양관리가 필요하며, 일상생활 및 사회생활에 수시로 보호와 관리가 필요한 사람 |

| 장애종류 | 분류기준 |
|---|---|
| 중복장애 합산판정 | 장애의 정도가 심하지 아니한 장애인이 둘 이상의 중복장애가 있는 경우에 보건복지부 장관이 고시하는 바에 따라 장애의 정도가 심한 장애인으로 합산 조정할 수 있다. |

## 2-2. 장애인 동거가족의 범위(영 §8 ②)

장애정도에 따라 사실상 장애인 본인 스스로가 보철・생업활동용에 사용하지 못하는 점을 고려하여 그 장애인과 세대별 주민등록표상 함께 거주하는 것이 확인이 되는 동거가족[54]에 대해서도 장애인과 동일하게 감면대상이다. 동거가족의 범위는 장애인의 직계존속・직계비속・형제자매 또는 직계비속의 배우자(사위・며느리)이다. 2011년부터는 다문화 사회 및 재혼 증가 등의 사회추세를 반영하여 장애인과 함께 거주함에도 동거가족에 해당되지 않았던 외국인 배우자, 재혼자 등을 보완[55]하여 동거가족의 범위를 확대하였다. 다만, 이 경우도 장애인과 공동으로 등록하는 경우에만 해당된다.

〈그림〉 장애인 동거가족의 범위

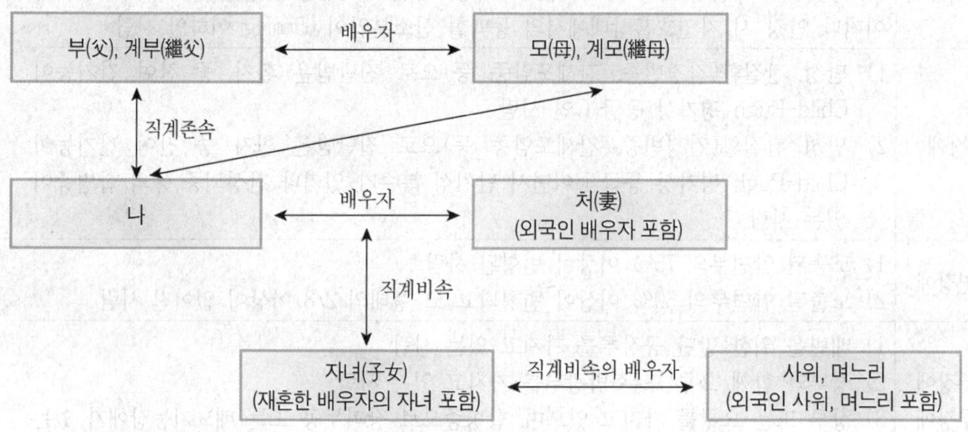


54) 감면대상자 본인 이외에 그 동거가족까지 포함하여 감면하는 경우는 장애인에 대한 감면 외에도 자경농민 감면(영 §3 ①), 자영어민 감면(영 §5 ①), 영유아어린이집 감면(영 §8의 2), 서민주택 감면(영 §15 ③), 공공기관 지방이전 감면(영 §40) 규정이 있다.

55) **(외국인 배우자)** 외국인이 국내 장애인과 함께 거주하더라도 대한민국 국적을 취득하지 못할 경우 주민등록표상 동거인으로 등재가 되기 때문에 장애인 감면적용 대상에서 제외되는 문제를 보완하여 현재는 가족관계등록부상 배우자 또는 직계비속의 배우자까지 포함(2011년 3월)하였다.
**(재혼자)** 재혼으로 전(前) 부부 사이에서 출생한 자녀와 함께 거주하는 경우에도 직계존속 및 직계비속의 범위에 재혼한 경우를 포함(2011년 12월)하였다.

외국인인 장애인이 내국인인 자(아들)와 공동명의로 자동차를 취득하는 경우

지특법상 장애인의 범위에 내국인과 외국인의 구분이 없으며 지방세기본법 및 지방세법에서도 외국인에 대한 제한이 별도로 규정되어 있지 아니하므로 외국인도 감면대상에 해당되는지 아래의 사례를 기준으로 살펴보면,

- '13.6.19. : 외국인(국적 중국) 왕서방 장애인등록(신장장애 2급)
- '13.6.20. : 자동차 취득(2005년식 승용, 1991cc) : 왕서방과 子와 공동등록
- '13.3.27. : 장애인차량 취득세 감면신청

가족관계등록부에 의하여 세대를 함께하는 것이 확인되는 가족을 '배우자 또는 직계비속의 배우자가 대한민국 국민이 아닌 경우로 한정한다'고 규정하고 있어 이는 장애인을 내국인으로 보고, 내국인과 공동등록하는 배우자 또는 직계비속의 배우자가 외국인인 경우에도 가족관계등록부상에 세대를 함께하는 것이 확인되는 경우는 예외적으로 인정한다는 규정이라고 할 것이므로, 위 사실관계와 같이 장애인이 외국인이라면, 이의 적용여지가 없다고 할 것이고 설령, 장애인을 외국인으로 확장하여 보더라도 공동등록한 자가 배우자 또는 직계비속의 배우자가 아닌 직계비속인 아들이므로 감면대상으로 볼 수 없다 할 것이다. 따라서 장애인이 외국인이라면 가족관계등록부상의 가족과 공동등록할 수 있는 대상으로는 보기 어렵다 할 것이다.

## 3 | 감면대상 자동차

### 3-1. 감면대상 자동차의 범위(법 §17 ① 각 호, 영 §8 ③ · ④)

장애인 및 그 동거가족이 보철용 등의 목적으로 취득하는 감면대상 자동차란 다음 표의 내용을 참조하면 된다. 최근 승용자동차 보급 대중화로 배기량 기준을 폐지하거나 상향조정해야 한다는 의견도 있으나, 자동차관리법상 2천cc 초과는 대형 자동차로 구분되고, 다른 감면과 달리 그 동거가족까지 감면이 확대 적용되고 있어 현재도 동거가족이 사실상 장애인의 보철용 및 생업활동용에 직접 공여하는지의 사실 여부에 대한 일부 논란이 있는 점과 자치단체 재정여건 등을 종합적으로 고려하여 현재까지 제도개선이 이루어지지 않고 있다.

〈§17 ① 1~4호〉 1. 배기량 2천cc 이하 승용자동차 / 2. 승차 정원 7~10명 이하인 대통령령으로 정하는 자동차 / 3. 화물차에서 2006년 1월 1일부터 승용자동차로 분류된 자동차(2005.12.31. 이전부터 승용차로 분류된 자동차 제외) / 4. 승차 정원 15명 이하인 승합자동차 / 5. 최대적재량 1t 이하인 화물자동차 / 6. 배기량 250시시 이하인 이륜자동차
〈영 §8 ④〉 장애인이 대체취득(법 제17조 제2항에 따라 취득세와 자동차세를 면제받은 자동차를 말소등록하거나 이전등록하고 다시 취득하는 것을 말하며, 취득하여 등록한 날부터 60일 이내에 취득세와 자동차세를 면제받은 종전 자동차를 말소등록하거나 이전등록하는 경우를 포함한다)하는 경우 해당 자동차

### 3-1-1. 250cc 초과 이륜자동차

2016년부터는 2000.12.31. 이전에 분류된 고급 승용차와 250cc 초과 이륜자동차가 감면대상에서 제외되었다. 이는 사실상 존재하지 않는 고급자동차로 현실성이 없다는 점과 경제적 취약계층에 대한 지원을 위한 취지에 비추어 고가의 250cc 초과 고급 이륜자동차는 감면목적에 맞지 않음을 고려한 것이라 하겠다.

### 3-1-2. 구조변경한 7~10인승 승용자동차

장애인이 휠체어 탑재를 위하여 다인승 승용차량을 구조변경하여 4~5인승 이하로 변경할 경우 대부분 2,000cc를 초과하게 되어 감면적용을 받을 수 없는 문제점이 있어 2018년부터는 장애인의 이동편의를 위하여 시행령(§8 ②)에 규정된 구조변경 이전에 승차정원을 기준으로 감면하도록 하는 규정을 법으로 상향하여 「자동차관리법」에 따라 구조를 변경한 승용자동차의 경우, 그 승차 정원은 구조변경 전의 승차정원을 기준으로 하도록 명확히 개정되었다.

### 3-1-3. 구 가솔린(배기량 1,499cc)과 전기를 사용하는 하이브리드차량

장애인의 보철용·생업활동용으로 사용하기 위한 것으로 보기 어려운 경우를 제외하고 해당 자동차가 배기량 2천cc 이하인 승용자동차에 해당한다면 장애인용 자동차에 해당된다 하겠다(행자부 지특과-1814, 2015.7.8. 참조).

## 3-2. "먼저 감면을 신청하는 1대"의 의미

현재 장애인 자동차 감면을 이미 받고 있는 경우에는 새로이 자동차를 구입하더라도 추가로 감면을 받을 수 없다는 의미이다. 다만, 신규로 구입한 자동차에 대해 추가로 감면을

받으려면 그 자동차 취득일로부터 60일 이내에 종전 자동차를 처분해야 한다. 이 경우 자동차의 가격은 감면요건이 아니므로 저가의 자동차를 구입하여 이미 감면을 받고 있는 경우라도 그 이후에 취득하는 자동차에 대해 감면을 받으려면 종전 감면중인 자동차를 매각 등 처분(행안부 지방세운영과-1777, 2010.4.29.)해야 한다.

한편, 2015년까지는 "최초로 감면을 신청하는 1대"로 규정되었으나 2016년부터는 "먼저 감면을 신청하는 1대"로 자구가 변경되었다. 이는 이미 감면을 받고 있는 자동차의 처분과는 관계없이 이미 감면을 받은 이력이 있기 때문에 그 이후에 취득하는 어떤 자동차도 감면이 안된다는 방식으로 해석될 여지가 있어 이를 바로잡기 위해 개정된 것이라 하겠다.

#### 3-2-1. 사실상 소멸·멸실된 자동차를 말소등록 없이 신규로 대체취득하는 경우

장애인이 당초 소유하고 있던 자동차가 사실상 소멸·멸실된 것으로 인정을 받은 사실이 있더라도 그 자동차를 말소등록하지 않은 상태에서 새로이 자동차를 취득한 경우라면 새로이 취득한 자동차는 대체취득하는 자동차(구 영 §8 ③)에 해당되지 않으므로(행자부 지특과-1498, 2015.6.8. 참조) 새로이 취득한 자동차는 "먼저 감면을 신청하는 1대"에 해당하지 않는다. 다만, 기존에 감면받은 자동차라 하더라도 장부상 등록 여부에도 불구하고 자동차를 소유하지 않은 것으로 보는 자동차(영 §8 ⑤)에 해당하는지의 여부는 별도로 판단해야 하는 것이다.

#### 3-2-2. 장애인이 감면받은 차량의 소유지분을 이전하고 신차 취득 후 다시 공동등록하는 경우

장애인용 차량을 공동등록 후 그 공동지분을 다른 사람(아들)에게 이전하고, 다시 장애인 차량을 취득하여 다시 공동등록하는 경우를 살펴보면 공동등록 이후에 그 소유권을 이전하더라도 장애인과 공동등록할 수 있는 사람이 그 장애인에게 소유권 일부를 이전받은 경우(§17 ② 단서)에는 1년 이내에 그 소유권을 이전하더라도 예외를 두고 있다. 따라서 장애인 본인의 소유지분을 장애인이 아닌 타인(아들)에게 이전한 경우에는 비록 1년 이내에 이루어진 경우라도 당해 자동차가 지방세 감면대상 차량에서 과세대상 차량으로 변경될 뿐 위의 추징대상에는 해당되지 아니한다고 보여진다. 따라서 장애인이 이후에 취득하는 자동차에 대해서는 이로 인해 장애인 차량의 소유지분이 없는 경우에 해당되기 때문에 최초로 취득하는 차량이 되는 것이고 이를 과세대상 차량만을 소유한 직계비속과 공동명의로 등록하는 경우라면 장애인을 기준으로 볼 때 먼저 감면신청하는 1대에 해당된다고 보는 것이다(행자부 지특과-2573, 2015.9.23., 지방세운영과-5899, 2011.12.30. 참조). 다만, 위의 사례에서는 신규 차량을 취득시 종전 차량에 대한 장애인의 소유지분이 일부 또는 전부 이전하였는지의 여부가 불분명한데 이의 결과에 따라 다음과 같이 감면 여부가 달라질 수 있다고 본다.

〈장애인 소유 지분을 일부만 이전하고 신차를 취득하여 공동등록하는 경우〉

• 장애인(A, 50%) + 아들(B, 50%) → 장애인(A, 30%) + 아들(B, 80%) : 종전차량
→ 장애인(A, 50%) + 며느리(C, 50%) : 신규차량

☞ 종전차량은 추징이 제외되지만 종전차량은 여전히 장애인 지분(30%)이 있으므로 새로 취득하는 차량에 대해 감면 제외

〈장애인 소유 지분을 전부 이전하는 경우〉

• 장애인(A, 50%) + 아들(B, 50%) → 장애인(A, 0%) + 아들(B, 100%) : 종전차량
→ 장애인(A,50%) + 며느리(C, 50%) : 신규차량

☞ 종전차량은 추징대상에 해당되지만 종전차량에 대해 장애인 지분(0%)이 없으므로 새로 취득하는 차량은 최초로 취득하는 자동차로 보아 감면대상에 해당

### 3-2-3. 장애인 & 국가유공자인 경우 2대(장애인용&국가유공자용)의 차량 감면 여부

• '10.11.2. : 장애인 자동차로서 최초 1대 감면신청
• '12.12.31. : 국가유공자 자동차로서 1대 감면신청
• '13.3.25. : 현재 1명이 2대의 자동차를 중복하여 감면받음.
• '13.4.10. : 과세관청에서 두 번째로 감면받은 국가유공자 자동차에 대한 취득세분 추징조치

위의 사례처럼 장애인이면서 국가유공자에 해당하는 경우 장애인 감면차량 추징 유예기간(1년) 이후에 두 번째 차량을 취득하였으므로 두 번째 차량도 국가유공자 자동차로서 감면대상에 해당된다고 볼 수 있는지의 여부에 대해 살펴보면, 장애인이 보철 · 생업활동용으로 취득하여 최초로 감면신청하는 1대에 대하여 취득세 등을 면제한다고 규정하고 있고, 위 장애인의 범위는 일반장애인뿐만 아니라 국가유공자, 5 · 18민주화운동부상자, 고엽제후유의증환자를 포괄하는 개념으로 「장애인복지법」에 따른 장애인(1급~3급)으로만 한정(영 §8 ①)하고 있지 않으며 취득세 등을 면제하는 자동차 1대의 범위도 위 장애인 또는 장애인과 공동명의로 등록하는 1대로 한정한다고 규정하고 있을 뿐, 장애인, 국가유공자 등으로 장애를 구별하여 감면한다는 별도의 규정이 없음(지특령 §8 ②)을 고려할 때 감면대상 장애인의 범위에 「장애인복지법」에 따른 장애인과 국가유공자 등이 함께 포함되므로 장애인용으로 기존에 1대를 최초로 감면받아 소유하고 있다면, 장애인뿐만 아니라 국가유공자로서 자격이 있다 하더라도 추가 취득하는 자동차는 감면대상에 해당되지 않는다 하겠다.

### 3-3. 장애인차량 감면적용 기준일은 차량등록일

취득세 면제요건은 별도 규정이 없는 한 취득일을 기준으로 판단하도록 하고 있으나(지기법 §34 ① 1호) 장애인 차량 취득일(출고일)과 차량등록일 중 감면기준일 적용 시 장애인 및 공동등록자가 자동차 취득일과 등록일 사이에 주민등록을 이전하는 경우, 취득세 감면을 받지 못하는 사례 등이 발생하게 되었다. 이에 2019년부터는 장애인과 세대를 함께하는지 여부 확인일 기준을 자동차등록일로 명확하게 개정되었다.

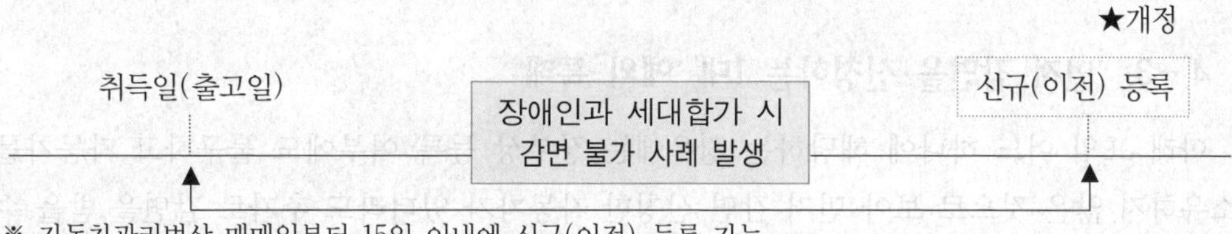


※ 자동차관리법상 매매일부터 15일 이내에 신규(이전) 등록 가능

## 4 특례의 내용

### 4-1. 세목별 감면

장애인 또는 그 동거가족이 장애인의 보철용 등으로 사용하기 위하여 먼저 감면을 신청하는 1대에 대해서는 지방세 및 국세(농어촌특별세)를 2024년 12월 31일까지 각각 면제한다. 참고로 장애인에 대해서는 세제혜택 이외에도 다양한 인센티브[56]가 있다.

〈표 3〉 **장애인 세목별 감면 현황(2025.1.1. 현재)**

| 조문 | 감면내용 | 감면율 |
|---|---|---|
| §17 ① | 장애인(동거가족)이 보철용 등으로 사용하기 위해 취득 또는 보유중인 자동차 | 취득세 100%<br>자동차세 100% |
| §17 ② | 장애인(동거가족)이 보철용 등으로 감면받은 종전자동차를 말소·이전하고 대체취득하는 자동차 | |
| 농특 §4 ⑥ 5호 | §17 ①·②에 따른 취득세 감면분의 20% | 농특세 비과세 |

56) 등록 장애인에 대한 각종 인센티브(2015.1.1. 현재) : 개별소비세 면제(1급~3급, 500만원 한도), 지역개발공채 면제(장애인용 차량, 지역개발공채 100%), 소득세 공제(기본공제, 추가공제 200만원), 의료비 공제(의료비 전액), 특수교육비 공제(특수교육비 전액), 보험료 공제(보험료 연 100만원), 상속세 상속공제(500만원×기대여명의 연수최고 5억원 불산입), 증여세 가액 불산입(부가가치세 감면), 관세 감면(101종 관세면제), 특허출현료 감면(특허출원, 기술평가료 면제) 등

### 4-2. 최소납부세액의 면제

2015년부터 시행되는 감면 상한제도(§177의 2 본문)에 따라 면제되는 세액의 15%는 감면특례가 제한되어 장애인이 취득하는 자동차에 대한 취득세(§17 ①)의 경우 최소납부세액 과세대상에 해당되지만 제177조의 2 제2호에서 최소납부세액 예외 특례를 적용받아 해당 세목에 대해서는 본 규정대로 계속해서 면제를 적용한다. 이에 대한 세부적인 사항은 제177조의 2 해설편을 참조하면 된다.

### 4-3. '먼저 감면을 신청하는 1대' 예외 특례

아래 표의 어느 하나에 해당하는 경우에는 장부상 등록 여부에도 불구하고 자동차를 소유하지 않은 것으로 보아 먼저 감면 신청한 자동차가 있더라도 추가로 감면을 받을 수 있다.

| 영 §8 ⑤ 1. 「자동차관리법」에 따른 자동차매매업자가 중고자동차 매매의 알선을 요청받은 사실을 증명하는 자동차. 다만, 중고자동차가 매도(賣渡)되지 아니하고 그 소유자에게 반환되는 경우에는 그 자동차를 소유한 것으로 본다.<br>2. 천재지변·화재·교통사고 등으로 소멸·멸실 또는 파손되어 해당 자동차를 회수할 수 없거나 사용할 수 없는 것으로 해당 시장·군수가 인정하는 자동차<br>3. 「자동차관리법」에 따른 자동차해체재활용업자가 폐차되었음을 증명하는 자동차<br>4. 「관세법」에 따라 세관장에게 수출신고를 하고 수출된 자동차 |
|---|

### 4-4. 공동등록 이후 1년 내에 소유권(세대분가) 이전시 예외 특례(§17 ② 단서)

장애인이 보철·생업용으로 본인·그 동거가족이 자동차를 공동등록할 수 있으며 최초로 감면 신청하는 1대로 감면대상을 한정하되 장애인 또는 그 동거가족이 취득세를 감면받은 경우에는 최소 1년 이상은 보철용으로 사용(사망·이혼 등 부득이한 사유는 제외)해야 하며 이를 지키지 않는 경우에는 감면받은 취득세를 추징하도록 규정하고 있음에도 불구하고 공동등록 이후 1년 이내에 아래의 3가지 경우는 추징을 배제하는 예외 특례를 두고 있다.

| ① 장애인과 공동등록할 수 있는 사람의 소유권을 장애인이 이전받은 경우<br>(例) 장애인(A, 20%) + 아들(B, 80%) → 장애인(A, 50%) + 아들(B, 50%)<br>② 장애인과 공동등록할 수 있는 사람이 그 장애인에게 소유권 일부를 이전받은 경우<br>(例) 장애인(A, 80%) + 아들(B, 20%) → 장애인(A, 50%) + 아들(B, 50%) |
|---|

> ③ 공동등록할 수 있는 사람 간에 등록 전환하는 경우
> (例) 장애인(A, 50%) + 아들(B, 50%) → 장애인(A, 50%) + 며느리(B, 50%)

### 4-5. 구조변경 자동차에 대한 특례(영 §8 ②, 2016년 신설)

장애인 등이 취득·보유하는 자동차를 면제하는 자동차란 「자동차관리법」에 따라 7~10명 이하인 승용자동차를 말한다. 다만, 장애인의 이동편의를 위해 구조를 변경하는 경우에는 그 승차 정원은 구조변경 이후의 승차 정원(차량등록증)이 아니라 구조변경 이전의 승차 정원을 기준으로 한다. 따라서 카니발 9인승을 구조변경을 통해 휠체어 전용 5인용 자동차로 구조변경을 하였더라도 종전대로 9인승으로 보아 감면을 계속 적용한다.

### 4-6. 250cc 초과 이륜자동차에 대한 감면 경과특례

장애인이 보철용으로 취득하는 이륜자동차에 대해서는 2015년 12월 31일까지는 배기량 제한 없이 감면이 되었으나 2016년 1월 1일부터는 250cc 초과는 감면대상에서 제외되었다.

다만, 감면이 종료되더라도 2015년 12월 31일까지 납세의무 성립분에 한해서는 「지방세기본법」 제51조에 따른 경정청구 기간(최대 2020년)까지는 종전의 규정을 계속해서 적용할 수 있다.

### 4-7. 지방자치단체 조례에 의한 추가 감면

「장애인복지법」에 따라 등록한 장애등급이 1급에서 3급까지의 장애인(동거가족인 배우자 포함)이 감면대상에 해당되지만 시각장애인의 경우에는 4급까지 지방자치단체의 감면조례를 통해 추가로 감면을 적용하고 있다.

## 5 | 지방세특례의 제한

### 5-1. 감면된 취득세의 추징(§17 ②)

장애인 또는 장애인과 공동으로 등록한 사람이 취득세 감면 후 1년 이내에 소유권 또는 세대분가를 하는 경우에는 면제된 취득세를 추징한다. 이 경우 감면기산일은 2021년까지는 해당 자동차 취득일부터 보았으나 2022년부터는 등록일 기준으로 1년 이내에 소유권 이전

또는 세대분가를 하였는지에 따라 추징하는 것으로 개정되었다.

5-1-1. 장애인 본인이 母(모)와 공동등록하였으나 주소를 달리한 경우

장애인이 취득당시부터 母(모)와 공동등록하였으나 주소를 달리하고 있는 경우 원칙적으로 감면되지 않으며, 당초 취득시에는 공동등록하여 감면적용을 받았으나 1년 이내에 세대를 분가하여 주소를 달리하는 경우에는 추징대상에 해당되며 장애인이 단독으로 등록하였다가 1년 이내에 주소를 달리 두고 있는 母(모)에게 소유권 지분 일부를 이전하여 공동등록하는 경우에도 추징대상이 된다. 이 경우 매도한 지분율만을 추징하는 것이 아니라 전체 면제액을 추징하여야 하며 이 경우 자동차세도 주소를 달리하고 있어 감면되지 않으나 사후에 주소를 합가하여 감면신청한 경우에는 해당 차량에 대한 자동차세는 감면적용을 받을 수 있다.

## 5-2. 감면추징이 배제되는 부득이한 사유 판단(§17 ②)

장애인(동거가족)이 취득세 감면 후 1년 이내에 소유권 또는 세대분가를 하는 경우에는 면제된 취득세가 추징대상에 해당되지만 사망, 혼인, 해외이민, 운전면허취소, 그 밖에 이와 유사한 부득이한 사유가 있는 경우에는 추징대상에서 제외된다.

이때 과세관청과 감면대상자간에 부득이한 사유에 해당되는지의 여부에 대해 다툼이 자주 발생하고 있다. 이에 대해 과세관청에서는 대체적으로 감면대상자간의 내부사유로 보아 보수적으로 판단하고 있으나 경우에 따라서는 일부 예외를 인정하는 경우도 있다.

5-2-1. 부득이한 사유로 보는 경우

자동차 제조상 결함, 병세 악화, 중대한 교통사고 등의 경우에는 소유권을 이전 또는 세대분가를 할 부득이한 사유로 인정하고 있다. 다만, 이에 해당하는지에 대해서는 구체적·개별적 사안에 따라 별도로 판단해야 하는 것이다.

운영사례

- 엔진결함으로 자동차판매회사에서 구입당시 구입가를 환불하는 조건으로 차량을 회수하는 경우라면 차량을 운행할 수 없는 부득이한 사유임(행안부 도세과-327, 2008.4.3.).
- 병세 악화로 인한 운행능력으로 제3자에게 매각한 경우(행자부 지방세정팀-711, 2007.3.20.).
- 예측할 수 없는 교통사고로 자동차가 전손되어 보험회사가 전손부담금 지급후 당해 자동차를 인수하여 제3자에게 매각한 경우(행자부 지방세정팀-628, 2007.3.15.).

### 장애인 입소시설을 위한 세대분가 사유가 부득이한 사유에 해당하는지

세대분가를 제한하는 취지가 동거가족으로 하여금 장애인 보철용도에 사용하라는 것이나 동거가족 입장에서 보면 세대분가하는 사유가 어느 정도 불가피성이 있는 것도 사실이다. 따라서, 장애인 시설 입소에 따라 세배분가를 하는 경우 장애인과 그 동거가족이 최소한 1년 이상을 함께 거주하지 못할 정도로 건강이상 사유 등 그 불가피성이 인정되는 경우라면 구체적 · 개별적 판단에 따라 부득이한 사유로 볼 여지는 있다 하겠다.

#### 5-2-2. 부득이한 사유로 보지 않는 경우

반면에 단순 거동불편, 직장이전, 추징요건 무지(無知) 등의 사례는 장애인과 그 동거가족 당사자간의 내부적인 사유로 보아 대체적으로 소유권을 이전 또는 세대분가를 할 부득이한 사유로 보지 않는다. 한편, 2011년부터는 장애인이 해당 시장 · 군수 · 구청장에게 감면신청을 할 경우 세대분가 등 추징사유를 의무적으로 명시하는 등 사전 안내를 통해 불이익(추징) 예방에 도움이 되도록 관련규정(§183)이 개정되었다.

**운영사례**

- 교통사고(안과질환 치료)로 부득이 1년 이내에 자동차를 매각하더라도 폐차가 아닌 매각의 경우는 청구인의 자의적 선택에 의한 것으로 부득이한 사유가 아님(조심 2012지0322, 2012.6.21., 2012지0199, 2012.3.30.).
- 차량보험료의 과다청구로 인한 명의이전은 위 감면조례에서 정하는 부득이한 사유에 해당한다고 보기 어렵다 할 것임(조심 2011지0149, 2011.3.4.).
- 월동준비 등의 목적으로 거주지를 이전하여 세대분가를 한 것은 청구인들 스스로 판단하여 결정한 주관적인 사정으로 부득이한 사유가 아님(조심 2010지0872, 2010.12.30.).
- 장애인과 직계비속이 자동차를 공동 명의 후 세대분가 및 세대합가를 반복한 경우 그 세대분가 기간동안 자동차세 부과는 적법함(조심 2010지0661, 2010.11.9.).
- 장애인과 공동명의로 등록한 차가 취득세를 면제받고 유예기간(1년) 이내에 일시적으로 세대분가한 경우는 부득이한 사유가 아님(조심 2010지0300, 2010.11.9.).
- 장애인과 공동명의로 자동차등록을 한 자가 전세자금 대출을 위하여 세대를 분가 후 추징한다는 사실을 몰랐다는 사정은 부득이한 사유가 아님(조심 2009지10660, 2010.11.4.).
- 추징요건을 몰라 세대분가한 것은 부득이한 사유가 아님(조심 2010지0392, 2010.6.23.).
- 출국목적으로 세대분가한 것은 부득이한 사유가 아님(조심 2010지0107, 2010.3.19.).
- 군복무중 일정부분의 경제적 편익 등을 위하여 자의적으로 주소지를 변경한 것 부득이한 사유에 해당되지 않음(조심 2009지0770, 2010.3.15.).

• 채무변제를 위해 자동차를 매각하더라도 부득이한 사유가 아님(조심 2009지0805, 2010.3.15.).
• 노인요양시설 입소과정에서 정부보조금을 지원을 위해 주민등록상 전입이 필요하다는 요양원측의 요구로 세대분가를 하였더라도 부득이한 사유가 아님(조심 2009지0656, 2009.12.9.).
• 임대차계약으로 세대분가를 하더라도 부득이한 사유가 아님(조심 2009지0802, 2009.10.26.).

## 6 감면신청(§183)

장애인 또는 그 동거가족이 해당 자동차를 (공동)등록하기 위해 지방세를 감면받으려는 경우에는 제183조의 규정에 따라 해당 지방자치단체의 장에게 장애인 등임을 입증하는 서류를 첨부하여 감면신청을 하여야 한다. 세부적인 감면신청 절차 등에 대해서는 제183조의 해설을 참조하면 된다.

## 7 관련사례

▣ 장애인용 자동차 취득에 따른 감면 여부

장애인이 지방세 감면을 신청하여 취득세 및 자동차세 감면을 적용받고 있는 차량이 있는 경우에는 다른 차량에 대해 감면을 적용할 수 없으나, 종전 면제받은 차량을 이전·말소하는 경우 또는 추징 등으로 감면받는 차량이 없는 경우 등에는 새로운 차량에 대하여 감면을 적용받을 수 있다(지방세특례제도과-1246, 2020.6.3.) 할 것임(행안부 지방세특례제도과-2664, 2024.10.22.).

▣ 청구인이 장애인인 어머니와 공동명의로 장애인용 자동차를 취득하여 취득세를 감면받은 후 1년 이내에 세대분리를 함에 따라 감면한 취득세를 추징한 처분이 적법한지 여부

청구인이 어머니의 장기간 병원치료에 따른 생계곤란으로 병원비를 지원받고자 주소지를 이전한 것이 지특법 제17조 제3항에서 규정하고 있는 사망, 혼인, 해외이민, 운전면허취소, 그 밖에 이와 유사한 부득이한 사유에 해당된다고 보기는 어렵다 할 것이므로, 처분청이 쟁점승용차에 대하여 감면한 취득세를 추징한 처분은 별다른 잘못이 없다고 판단됨(조심 2022지1295, 2023.9.25.).

▣ 쟁점자동차는 승차인원을 5인승에서 7인승으로 확대한 구조변경자동차로서 장애인 보철용·생업활동용에 사용하기 위한 자동차세 감면대상 차량이라는 청구주장의 당부

쟁점자동차는 「지방세특례제한법」 제17조 제1항 제1호 나목에 따른 구조변경 전의 승차 정

원이 7명 이상 10명 이하의 자동차가 아닌 승차 정원이 5명인 자동차로서 위 규정의 감면요건을 충족하지 못하였음(조심 2022지0382, 2023.5.17.).

■ 구조변경으로 개조된 차량의 감면 여부

감면대상 중 7인승 이상 10인승 이하 승용자동차에 대해서 장애인 이동편의를 위해 구조변경이 이루어진 경우에는 구조변경 이전의 승차정원을 기준으로 하고 있으며, 「자동차관리법」상 자동차 튜닝의 의미에 구조변경을 포함하여야 하므로, 장애인용 자동차로 사용하기 위해 제작 단계에서 5인승으로 개조된 승용자동차의 경우에도 구조변경 전의 9인승 차량으로 보아 자동차세 감면이 가능함(지방세특례제도과-118, 2023.9.13.).

■ 장애인용으로 감면받은 차량에 휠체어리프트 설치를 위하여 구조변경을 할 경우 발생한 취득세도 감면대상인지 여부

장애인차량 감면규정에서 차량의 종류를 변경함으로써 그 가액이 증가하여 발생한 취득에 대해 감면한다는 규정은 없으나, 휠체어리프트 설치를 위한 구조변경도 장애인 보철용에 일환이므로 이를 취득세 감면대상으로 보는 것이 타당함(행안부 지방세특례제도과-1004, 2021.4.30.).

■ 장애인차량의 공동등록자가 1년 이내 감면받은 자동차를 이전한 경우 추징 여부

장애인과 공동으로 등록한 사람이 자동차 등록일부터 1년 이내에 감면받은 자동차를 이전(일부 지분이전 포함)하는 경우에는 취득 당시 감면받은 취득세를 100% 추징하여야 하고, 공동 등록자가 본인의 지분을 공동으로 등록할 수 있는 사람에게 등록 전환하고, 등록전환일로부터 1년 이내 제3자에게 차량을 매각한 경우 공동등록자의 지분은 추징대상에 해당함(행자부 지방세특례제도과-1467, 2016.6.27.).

☞ 2019년부터는 대체취득시 감면요건인 1년 이상 종전자동차를 소유하는 규정이 삭제됨.

■ 장애인이 대체취득 기간내 2대를 취득한 경우 감면 여부

장애인이 종전 자동차를 대체 취득했다는 사정만으로 종전 자동차를 보유하고 있는 상태에서 새로 취득하는 자동차에 대하여도 취득세를 감면할 수 있다면, 장애인에게 동시에 취득세 및 자동차세 감면대상 자동차를 2대 허용하게 될 수 있으며 감면받는 자동차를 1대로 한정하고 있는 「지방세특례제한법」 제17조 제1항, 동법 시행령 제8조 제4항의 감면취지에 반하는 결과가 되므로, 장애인이 새로운 자동차를 취득한 후 같은 날 배우자에게 이전한 면제받은 차량을 다시 취득하는 경우에는 감면 대상으로 볼 수 없음(행자부 지방세특례제도과-1415, 2016.6.22.).

■ 장애인이 이동식 리프트 임차목적으로 주소를 이전한 경우 부득이한 사유 적용 여부

하지기능 지체 1급 장애인으로서 이동 장비인 이동식 리프트를 필요로 하고, 종전 주소지 인근의 임대기관으로부터는 재임차가 불가능하여 해당 장비를 임차할 목적으로 주소지를 이전한 것이므로, 이러한 사정은 「지방세특례제한법」 제17조 제2항의 "사망, 혼인, 해외이민, 운전면허취소, 그 밖에 이와 유사한 부득이한 사유"로 인한 세대분가에 해당된다고 봄이 타당함(조심 2015지1022, 2016.5.9.).

▣ 개인사정상 세대별 주민등록표를 분리한 경우 자동차세 면제 여부

공동명의자와 사실상 함께 거주하고 있으나 개인사정으로 주민등록표상 세대만 분리한 경우 주민등록표의 세대분리기간에는 자동차세가 면제되지 않음(대법원 2015두60839, 2016.3.24.).

▣ 임대차계약에 따른 확정일자를 받기 위해 일시적 세대분가를 한 경우 부득이한 사유 적용 여부

청구인들이 이 건 자동차 등록일부터 1년 이내에 세대분가한 사실은 확인되나, 그 세대분가 사유가 새로운 임대차계약 후 임차인 보호를 위한 확정일자를 받기 위한 것인 점 등에 비추어 청구인들의 일시적인 세대분가는 부득이한 사유에 해당된다고 보는 것이 타당함(조심 2015지1235, 2016.1.28.).

▣ 장애인이 공동등록자에게 이전하고 신차를 구입한 경우 감면 여부

장애인이 세대원과 공동명의로 자동차를 취득하고 그 등록일부터 1년 이상 보철용 · 생업활동용으로 사용한 후, 해당 차량에 대한 장애인 소유지분을 공동명의자에게 이전한 경우에는 자동차 등록일부터 1년 이상 보철용 · 생업활동용으로 사용하였으므로 그 자동차에 대한 취득세는 추징 대상에 해당되지 않고, 자동차세는 과세 대상으로 전환되는 것으로 보아야 하고, 당초 차량에 대한 장애인의 소유지분을 공동명의자에게 이전하고 장애인이 감면 자동차를 보유하지 않은 상태에서 새로운 자동차를 취득하여 장애인 명의 또는 세대원 및 기존 공동명의자와 공동명의로 등록하고 해당 자동차에 대하여 감면신청을 하는 경우에는 '장애인이 최초로 감면을 신청하는 1대'로 보아 새로 취득하는 자동차의 취득세를 감면하는 것이 타당함(행자부 지방세특례제도과-2573, 2015.9.23.).

☞ 2019년부터는 대체취득시 감면요건인 1년 이상 종전자동차를 소유하는 규정이 삭제됨.

▣ 장애등급 재진단에서 등급외 판정을 받아 소유권을 이전한 경우 부득이한 사유 여부

청구인은 장애등급 조정을 위한 재진단에서 등급외 판정을 받게 됨에 따라 더 이상 쟁점자동차를 운행할 수 없게 되어 불가피하게 쟁점자동차를 등록일부터 1년 이내에 소유권을 이전하였으므로 부득이한 사유가 있다고 보는 것이 타당함(조심 2015지0829, 2015.8.19.).

▣ 장애인이 공동등록자에게 이전하고 신차를 구입한 경우 감면 여부

해당 자동차가 배기량 2천시시 이하인 승용자동차에 해당(하이브리드 BMWi8, 1,499cc)한다 하더라도 보철용 · 생업활동용으로 사용하기 위한 것으로 보기 어려운 경우라면, 「지방세특례제한법」 제17조 제1항에서 정한 취득세 및 자동차세 면제대상인 장애인용 자동차에 해당되지 않는 것으로 보는 것이 타당함(행자부 지방세특례제도과-1814, 2015.7.8.).

▣ 종전자동차가 경형차에 해당되어 취득세 면제가 가능한 경우 추징 여부

종전자동차를 장애인용 자동차로 하여 취득세를 감면받았다고 하더라도 이와 별개로 경형자동차로도 취득세가 면제되는 것이므로, 청구인들이 쟁점자동차를 취득한 후 종전자동차를 60일 이내에 말소 또는 이전등록을 하지 아니하였다고 하여 기 감면한 취득세를 추징한 처분은 잘못이 있음(조심 2015지0448, 2015.12.9.).

▣ 장애등급 재진단에서 등급외 판정을 받아 소유권을 이전한 경우 부득이한 사유 여부

「지방세특례제한법」 제17조 제2항 규정에서 말하는 '부득이한 사유'란 "사망 · 혼인 · 해외

이민 · 운전면허 취소" 등의 사유와 같이 국내에서 더 이상 운전을 하지 못할 사유이거나 동거가족이 불가피하게 변경되는 사유만을 가리킨다고 할 것인 바 ○○○ 자녀의 특수학교 진학을 위한 세대 분가는 위 '부득이한 사유'에도 해당하지 아니한다 할 것이므로 처분청이 청구인에게 이 건 취득세를 추징한 처분은 잘못이 없음(조심 2013지0667, 2013.10.17., 조심 2013지0669, 2013.10.17.).

■ 자동차세를 받고 있는 차량을 대체취득 기간내에 말소등록하지 않은 경우 취득세 부과 여부

종전 자동차에 대하여 자동차세를 감면받고 있는 상태에서 자동차를 취득 · 등록한 이상 지방세특례제한법 제17조 제1항에 의하여 쟁점자동차에 대한 취득세 등의 면제혜택을 받기 위해서는 자동차 등록일부터 60일 이내에 종전 자동차를 제3자에게 이전하거나 말소등록을 하였어야 함에도 이를 이행하지 아니하였으므로 이 건 취득세 등의 부과처분에 잘못이 없음(조심 2013지0148, 2013.4.9.).

■ 자동차 침수로 인해 매각한 경우 부득이한 사유 여부

자동차가 침수로 인한 전손으로 보험처리하고 자동차를 매각한 경우 자동차의 중대한 결함이나 하자로 인하여 운행이 불가능한 물적 장애에 해당하므로 이러한 사유는 유예기간(1년) 내에 매각할 수 밖에 없는 부득이한 사유에 해당함(조심 2012지0695, 2012.12.28.).

■ 장애인 복지카드 교부시 감면대상 장애등급으로 착오 기재된 경우 감면 여부

장애인 복지카드를 교부하는 과정에서 담당공무원의 부주의로 장애등급이 잘못 기재된 것일 뿐, 청구인의 모의 장애등급이 시각장애 4급으로 조정된 것이 아니므로 이 건 자동차가 감면대상에 해당된다고 볼 수 없음(조심 2009지0590, 2010.3.12.).

# 제 17 조의 2

## 한센인 및 한센인정착마을 지원을 위한 감면

관련규정

제17조의 2(한센인 및 한센인정착마을 지원을 위한 감면) ① 한센병에 걸린 사람 또는 한센병에 걸렸다가 치료가 종결된 사람(이하 이 조에서 "한센인"이라 한다)이 한센인의 치료 · 재활 · 자활 등을 위하여 집단으로 정착하여 거주하는 지역으로서 거주목적, 거주형태 등을 고려하여 대통령령으로 정하는 지역(이하 이 조에서 "한센인정착마을"이라 한다) 내의 다음 각 호의 부동산을 취득하는 경우에는 취득세를 2027년 12월 31일까지 면제한다.

1. 주택(전용면적이 85제곱미터 이하인 경우로 한정한다)
2. 축사용 부동산
3. 한센인의 재활사업에 직접 사용하기 위한 부동산(한센인정착농원의 대표자나 한센인이 취득하는 경우로 한정한다)

【영】 제8조의 2(한센인정착농원의 범위) 법 제17조의 2 제1항 각 호 외의 부분에서 "대통령령으로 정하는 지역"이란 별표에 따른 지역을 말한다.

② 한센인이 과세기준일 현재 소유하는 한센인정착마을 내의 부동산(제1항 각 호의 부동산을 말한다)에 대해서는 재산세(「지방세법」 제112조에 따른 부과액을 포함한다) 및 「지방세법」 제146조 제3항에 따른 지역자원시설세를 각각 2027년 12월 31일까지 면제한다.

## 1 개 요

사회 · 경제적 자립기반이 매우 취약한 한센인의 사회재활 촉진과 생계안정을 위해 한센인의 치료 · 재활 · 자활 등을 위하여 집단으로 정착하여 거주하는 한센인 등에 대한 세제지

원이다. 한센인 등에 대한 감면은 1995년에 신설되어 그 동안 지방자치단체 조례로 규정되었다가 2012년부터는 현재의 지특법 제17조의 2 규정으로 이관되었다. 2013년에는 한센인 정착농원에 대한 범위를 명확히 하기 위해 시행령에 법적 근거를 마련하였다. 2022 · 2024년에는 감면 일몰기한이 연장(2021→2024→2027년)되었다.

## 2 | 감면대상자

한센병에 걸린 사람 또는 한센병에 걸렸다가 치료가 종결된 사람으로서 한센인정착마을(2024년까지는 한센인정착농원으로 명명)에 정착하여 거주하고 있는 사람이다.

## 3 | 감면대상 부동산

한센인정착마을에서 취득하는 주거용 건축물(전용면적 85㎡ 이하) 및 그 부속토지, 축사용 부동산, 한센인 재활사업 직접 사용 부동산이 이에 해당된다. 한센인정착마을의 경우에는 그 정착농원의 대표자가 취득하는 부동산으로 한정한다. 2013년까지는 한센인정착마을에 대한 감면대상 부동산의 범위를 명확히 규정하고 있지 않아 한센인이 취득 또는 보유하는 부동산에 대한 감면적용 여부에 대해 논란이 있었으나, 2014년부터는 한센인정착마을에 대한 법적 근거(지특령 §8의 2 신설)를 마련하여 한센인정착마을에서 거주하면서 그 지역 내에서 해당 부동산(§17의 2 ①)을 취득 또는 보유하는 재산에 대해서만 감면을 적용하는 것으로 명확히 하였다. 한센인정착마을에 대한 세부적인 법적 근거는 지특법 시행령 별표 1을 참조하면 된다. 한편, 한센정착농원은 2021년 현재 전국 86개소에 4,447명(법정장애인 76.5%, 60세 이상 87%)이 거주하고 있다.

〈표 1〉 **한센인정착마을 현황**

| 시 · 도 | 농원명 | 소재지(일원) |
|---|---|---|
| 서울특별시 | 헌인마을 | 서울특별시 서초구 헌릉로 468길 45 |
| 부산광역시 | 구평마을 | 부산광역시 사하구 두송로 144번길 10 |
| | 계림마을 | 부산광역시 사하구 하신중앙로 3번길 7 |
| | 삼덕마을 | 부산광역시 기장군 일광면 삼덕길 2 |

| 시 · 도 | 농원명 | 소재지(일원) |
|---|---|---|
|  | 낙원마을 | 부산광역시 기장군 정관면 용수공단 2길 64-20 |
|  | 용호마을 | 부산광역시 남구 용호로 54 |
| 인천광역시 | 부평마을 | 인천광역시 남동구 만월북로 41 |
|  | 청천마을 | 인천광역시 부평구 서달로 298번길 60 |
|  | 경인마을 | 인천광역시 부평구 동암광장로 12번길 171 |
| 울산광역시 | 성혜마을 | 울산과역시 북구 안시례길 28-1 |
| 경기도 | 고운마을 | 경기도 고양시 일산동구 동국로 109-66 |
|  | 동진마을 | 경기도 용인시 기흥구 동백5로 21-5 3층 |
|  | 염광마을 | 경기도 용인시 수지구 동천동 418-2 |
|  | 천성마을 | 경기도 양주시 부흥로 1241번길 6 |
|  | 포천마을 | 경기도 포천시 신북면 장자마을 1길 5 |
|  | 성생마을 | 경기도 남양주시 화도읍 마치로 326 |
|  | 협동마을 | 경기도 남양주시 의안로 260번길 36-51 |
|  | 상록마을 | 경기도 양평군 양동면 상록안길 15 |
|  | 청산마을 | 경기도 연천군 청산면 초대로 220 |
| 강원도 | 대명마을 | 강원도 원주시 호저면 하만종 3길 23 |
| 세종특별자치시 | 충광마을 | 세종시 부강면 등곡길 33-34 |
| 충청북도 | 청원마을 | 충청북도 청원군 내수읍 원통숲안길 70 |
| 충청남도 | 성광마을 | 충청남도 논산시 광석면 장마루로 598길 26-3 |
|  | 영락마을 | 충청남도 서산시 운산면 군장동대길 135-3 |
| 전라북도 | 익산마을 | 전라북도 익산시 왕궁면 구은동길 5 |
|  | 금오마을 | 전락북도 익산시 왕궁면 금오 1길 12 |
|  | 신촌마을 | 전라북도 익산시 왕궁면 구덕신촌길 49-1 |
|  | 상지마을 | 전라북도 익산시 함열읍 상지원길 67 |
|  | 비룡마을 | 전라북도 김제시 용지면 용수 3길 3 |
|  | 신암마을 | 전라북도 김제시 용지면 신암길 57 |
|  | 신흥마을 | 전라북도 김제시 용지면 용수 6길 124 |
|  | 정애마을 | 전라북도 정읍시 이평면 궁동길 241-3 |
|  | 보성마을 | 전라북도 남원시 보성길 76-2 |
|  | 신생농원 | 전라북도 남원시 신생길 29-39(용정동) |
|  | 성자마을 | 전라북도 순창군 순창읍 성자길 116 |

| 시 · 도 | 농원명 | 소재지(일원) |
|---|---|---|
| 전라남도 | 동혜마을 | 전라북도 고창군 고창읍 호암안길 11-5 |
| | 현애마을 | 전라남도 나주시 노안면 유현 2길 19 |
| | 호혜마을 | 전라남도 나주시 산포면 새벽길 6-11 |
| | 여천마을 | 전라남도 여수시 율촌면 구암길 289 |
| | 도성마을 | 전라남도 여수시 율촌면 도성길 54-12 |
| | 영호마을 | 전라남도 영암군 도포면 영호길 2-6 |
| | 재생마을 | 전라남도 함평군 학교면 영산로 3933-50 |
| | 영민마을 | 전라남도 영광군 묘량면 덕흥 2길 2 |
| | 성진마을 | 전라남도 장성군 북일면 성진길 56 |
| 경상북도 | 성곡마을 | 경상북도 포항시 북구 흥해읍 성곡길 182-39 |
| | 희망마을 | 경상북도 경주시 천북면 신당고개길 125-4 |
| | 삼애마을 | 경상북도 김천시 삼애 1길 17 |
| | 광신마을 | 경상북도 김천시 대덕면 화전 4길 257-25 |
| | 계명마을 | 경상북도 안동시 풍산읍 죽전길 309-11 |
| | 영천마을 | 경상북도 영천시 유봉길 37 |
| | 성심마을 | 경상북도 상주시 공검면 역곡 4길 22 |
| | 상신마을 | 경상북도 문경시 농암면 상신농장길 62-61 |
| | 금성마을 | 경상북도 의성군 금성면 도경 4길 127 |
| | 경애마을 | 경상북도 의성군 금성면 탑리 6길 39-15 |
| | 신락마을 | 경상북도 의성군 다인면 신락 3길 47 |
| | 신애마을 | 경상북도 영덕군 지품면 신애길 83 |
| | 명진마을 | 경상북도 청도군 매전면 중앙로 84-388 |
| | 성신마을 | 경상북도 성주군 초전면 용봉리길 590-1 |
| | 칠곡마을 | 경상북도 칠곡군 지천면 연호 2길 33 |
| | 삼청마을 | 경상북도 칠곡군 왜관읍 삼청 5길 35 |
| | 벧엘마을 | 경상북도 칠곡군 지천면 낙산로 4길 38-15 |
| | 낙산마을 | 경상북도 칠곡군 지천면 새마을 1길 8 |
| | 갱화마을 | 경상북도 봉화군 봉성면 봉명로 92-64 |
| 경상남도 | 소아마을 | 경상남도 진주시 일반성면 반성로 127번길 31 |
| | 신광마을 | 경상남도 진주시 내동면 삼계로 140번길 29-1 |
| | 광명마을 | 경상남도 진주시 수곡면 원외 22길 15-6 |

| 시 · 도 | 농원명 | 소재지(일원) |
|---|---|---|
| 경상남도 | 영복마을 | 경상남도 사천시 영복 1길 74-11 |
| | 대동마을 | 경상남도 김해시 대동면 동북로 227번길 12 |
| | 낙동마을 | 경상남도 김해시 대동면 동북로 178번길 11-1 |
| | 덕촌마을 | 경상남도 김해시 한림면 용덕로 114번길 26 |
| | 상동마을 | 경상남도 김해시 상동면 동북로 473번길 370-4 |
| | 양지마을 | 경상남도 김해시 생림면 안양로 274번길 156 |
| | 신생마을 | 경상남도 밀양시 무안면 신생길 107-20 |
| | 신촌마을 | 경상남도 의령군 용덕면 용덕 2길 40 |
| | 여명마을 | 경상남도 함안군 군복면 여명안길 41-6 |
| | 득성마을 | 경상남도 함안군 함안면 괴산리 750-1 |
| | 향촌마을 | 경상남도 함안군 칠서면 향촌길 123-2 |
| | 소혜마을 | 경상남도 창녕군 창녕읍 창서 1길 33 |
| | 숭의마을 | 경상남도 고성군 거류면 감서 5길 96 |
| | 성진마을 | 경상남도 고성군 고성읍 교사 4길 171-8 |
| | 영신마을 | 경상남도 하동군 적량면 상동산길 8 |
| | 경호마을 | 경상남도 산청군 산청읍 내리 134 |
| | 성애마을 | 경상남도 함양군 유림면 유림북로 530-3 |
| | 금호마을 | 경상남도 함양군 수동면 금호길 17-10 |
| | 거창마을 | 경상남도 거창군 거창읍 대동리 동신길 72 |
| | 협성마을 | 경상남도 거창군 거창읍 가지리 358 |
| | 팔복마을 | 경상남도 합천군 율곡면 영전 1길 15-36 |

### 한센인 재활사업용에 임대용(공장 신축 후 임대) 포함 여부

재활에 직접 사용하는 의미는 취득자체가 한센인의 재활(넓은 의미의 자활 포함)을 위한 것으로 제3자에게 임대하였더라도 재활이라는 취득목적에 부합되므로 감면대상인 재활에 직접 사용하는 부동산으로 볼 수 있다는 견해가 있는데 이에 대해 알아보면, 한센인의 재활사업에 직접 사용하기 위한 부동산에 대해 취득세를 면제한다고 규정하고 있는 바, 직접 사용 부동산이란 한센인이 재활을 위해 한센인정착마을 내에서 취득하는 일체의 부동산을 말하는 것이고, 여기서 직접 사용이란 그 부동산의 취득자가 그 토지의 사용주체로서 자신의 목적사업에 직접 사용하기 위해 취득하는 것을 의미(행안부 지방세운영과-3714, 2011.8.3., 지방세운영과-3772, 2011.8.8.)한다. 한편, 지방세법 분법시 감면조례

에서 지특법으로 이관하여 부동산에 대하여 취득세 감면을 적용한 경우로서 개별조문에 추징규정이 없더라도 감면규정에 "직접 사용"이 있는 경우는 위 일반적 추징규정을 적용하도록 하는 운영지침이 마련(2011.2.28.)되었고 위 한센인에 대한 감면규정의 경우 재활사업용에 "직접 사용"이란 규정이 있어 위 일반적 추징규정의 적용대상에 해당된다고 해석(지방세운영과-782, 2013.3.21.)한 바 있음을 고려할 때 재활사업용으로 취득한 토지에 공장을 신축하여 임대하는 경우는 취득세 감면대상으로 볼 수 없다 하겠다.

## 4 | 특례내용

한센인 정착농원 등에 대해서는 지방세 및 국세(농어촌특별세)를 2024년 12월 31일까지 각각 감면한다.

〈표 2〉 **한센인 등에 대한 감면 현황(2025.1.1. 현재)**

| 조문 | 감면내용 | 감면율 |
|---|---|---|
| §17의 2 ① | 한센인 등이 거주할 목적으로 취득하는 부동산 | 취득세 면제 |
| §17의 2 ② | 한센인 정착농원 내 부동산 | 재산세(구 도시계획세) 면제 |
| §177의 2 ① 2호 | 위 취득세, 재산세 면제액에 대한 최소납부제 배제 | |
| 농특 §4 ⑥ 5호 | §17의 2 ①에 따른 취득세 감면분의 20% | 농어촌특별세 비과세 |

## 5 | 지방세특례의 제한(§178)

### 5-1. 감면된 취득세액의 추징(§178)

한센인 등에 대해서는 별도로 사후관리 규정을 두고 있지 않으나 제178조(일반적 추징규정)에 따라 감면받은 취득세가 추징될 수 있다. 감면의무위반 사항에 대한 세부적인 내용은 제178조의 해설편의 내용을 참조하면 된다.

### 5-2. 지방세 중과세 대상 부동산 감면제한(§177)

한센인 등이 감면을 받으려는 부동산이 지방세법 제13조 제5항에 따른 별장 등 지방세 중과세 대상인 사치성 재산인 경우에는 감면대상에서 제외된다.

## 6 | 감면신청(§183)

한센인 등이 본 규정에 따라 지방세를 감면받으려는 경우에는 해당 지방자치단체의 장에게 해당 부동산이 한센인 재활사업 등에 직접 사용하는 용도임을 입증하는 서류를 첨부하여 감면신청을 하여야 한다. 세부적인 감면신청 절차 등에 대해서는 제183조의 해설편을 참조하면 된다.

## 7 | 관련사례

▣ 한센인 재활사업용으로 취득하여 임대한 경우 직접 사용 여부

지방세특례제한법 제17조의 2 제1항 제3호를 보면 한센인의 재활사업에 직접 사용하기 위한 부동산(한센인정착마을의 대표자나 한센인이 취득하는 경우로 한정한다)라고 하고 있고, 여기서 "직접 사용"이라 함은 그 부동산의 취득자가 그 토지의 사용주체로서 자신의 목적사업에 직접 사용하기 위하여 취득하는 것을 의미한다고 할 것(구 행정안전부 지방세운영과-3714, 2011.8.3., 지방세운영과-3772, 2011.8.8.)이므로 한센인이 재활사업용으로 취득한 토지에 공장을 신축하여 임대하는 경우는 재활사업에 직접 사용으로 볼 수 없다고 할 것임(안행부 지방세운영과-2343, 2013.9.16.).

▣ 한센인 부설의원의 경우 비영리사업자의 범위에 해당 여부

해당 토지 일대는 재산세 과세기준일 현재 도시개발사업으로 인하여 대규모 공동주택이 신축되어 있고, 도로나 공원 등이 조성되어 있으므로 이 지역이 한센인의 치료 등을 위하여 집단적으로 정착하여 거주하는 지역으로 보기 어려움(조심 2013지0124, 2013.7.16.).

▣ 한센인 감면대상 부동산의 범위는 제1항의 부동산으로 한정하여야 한다고 한 사례

해당 감면규정은 자치단체별로 감면조례로 운영하던 기존 규정을 일원화하여 2012년부터 법에서 규정한 것으로 기존의 감면범위를 변경하고자 한 취지가 없었던 점, 취득세와 재산세를 동시에 감면하고 있는 점 등을 고려할 때 감면대상 부동산의 범위는 같은 조 제1항에서 규정하고 있는 부동산으로 한정하는 것으로 보아야 할 것임(행안부 지방세운영과-2304, 2012.7.19.).

⇨ 2014년부터는 재산세 감면대상을 제17조의 2 제1항의 부동산으로 명확히 개정하였음.

▣ 협회목적달성을 위한 부설병원도 한국○○복지협회의 기관이므로 비영리사업자의 범위에 해당
지방세법 제245조의 2 제1항 제1호에 공익사업을 목적으로 대통령령으로 정하는 비영리사업자는 사업소세를 부과하지 아니하고, 지방세법 제79조 제1항 제4호에 비영리사업의 범위 중에 ○○협회를 포함하고 있으므로 귀문의 ○○협회의 경우 협회의 목적달성을 위한 사업을 수행한다면 부설 의원도 또한 한국○○복지협회의 기관으로 보아 비영리사업자의 범위에 해당한다고 볼 수 있을 것으로 판단됨(행자부 세정과-1994, 2004.7.9.).

# 제18조

# 한국장애인고용공단에 대한 감면

◈ 관련규정 ◈

제18조(한국장애인고용공단에 대한 감면) 「장애인고용촉진 및 직업재활법」에 따른 한국장애인고용공단이 같은 법 제43조 제2항 제1호부터 제11호까지의 사업에 직접 사용하기 위하여 취득하는 부동산(수익사업용 부동산은 제외한다)에 대해서는 취득세의 100분의 25를 과세기준일 현재 그 사업에 직접 사용하는 부동산에 대해서는 재산세의 100분의 25를 각각 2025년 12월 31일까지 경감한다.

## 1 개 요

장애인고용촉진을 수행하는 한국장애인고용공단에 대한 세제지원이다. 한국장애인고용공단에 대한 감면은 2010년까지는 구 지방세법 제271조 제2항에서 규정되었다가 2011년부터는 현재의 지특법 제18조로 이관하여 규정되었으며 2016년 말 일몰도래시 2019년 12월 31일까지 3년간 감면축소되었고 현재 일몰기한은 2025년 12월 31일까지 연장되었다.

## 2 감면대상자

「장애인고용촉진 및 직업재활법」에 따라 설립된 한국장애인고용공단이 감면대상자에 해당된다. 한국장애인고용공단은 장애인이 직업을 통해 안정된 생활과 완전한 사회참여를 실현하고, 기업이 장애인고용[57]을 통해 사회에 기여하도록 지원하기 위하여 1990년 9월에 설

57) 2015년 현재 국내 등록장애인 수는 약 252만명으로 총인구수 대비 약 5% 수준이며, 2014년 기준 장애인

립된 위탁집행형 준정부기관이다. 주요사업은 장애인의 고용촉진, 직업재활에 관한 정보의 수집·분석·제공, 장애인에 대한 직업상담·직업적성검사·직업능력평가 등 직업지도, 장애인에 대한 직업적응훈련·직업능력개발훈련 등이다.

## 3 | 감면대상 부동산

한국장애인고용공단이 고유목적 사업에 사용하기 위해 취득하는 부동산(임대 등 수익사업용 재산 제외)이 이에 해당된다. 고유목적 사업용 부동산이란 다음의 「장애인고용촉진 및 직업재활법」에 따른 각종 사업용 부동산을 말한다.

「장애인고용촉진 및 직업재활법」 제43조(한국장애인고용공단의 설립) ② 공단은 다음 각 호의 사업을 수행한다.

1. 장애인의 고용촉진 및 직업재활에 관한 정보의 수집·분석·제공 및 조사·연구
2. 장애인에 대한 직업상담, 직업적성 검사, 직업능력 평가 등 직업지도
3. 장애인에 대한 직업적응훈련, 직업능력개발훈련, 취업알선, 취업 후 적응지도
4. 장애인 직업생활 상담원 등 전문요원의 양성·연수
5. 사업주의 장애인 고용환경 개선 및 고용 의무 이행 지원
6. 사업주와 관계 기관에 대한 직업재활 및 고용관리에 관한 기술적 사항의 지도·지원
7. 장애인의 직업적응훈련 시설, 직업능력개발훈련시설 및 장애인 표준사업장 운영
8. 장애인의 고용촉진을 위한 취업알선 기관 사이의 취업알선전산망 구축·관리, 홍보·교육 및 장애인 기능경기 대회 등 관련 사업
9. 장애인 고용촉진 및 직업재활과 관련된 공공기관 및 민간 기관 사이의 업무 연계 및 지원
10. 장애인 고용에 관한 국제 협력
11. 그 밖에 장애인의 고용촉진 및 직업재활을 위하여 필요한 사업 및 고용노동부장관 또는 중앙행정기관의 장이 위탁하는 사업

---

고용률은 정부부문 3%, 민간 2.97% 수준이다.

## 4 | 특례의 내용

### 4-1. 세목별 감면

한국장애인고용공단의 고유업무용 부동산에 대해서는 취득세의 25%, 재산세의 25%를 2025년 12월 31일까지 각각 감면한다.

### 4-2. 건축중인 부속토지에 대한 특례(영 §123)

한국장애인고용공단의 고유목적 사업용으로 사용할 건축물을 건축중인 경우까지를 포함하여 실제로는 해당 시설 용도로 직접 사용하고 있지는 않지만 해당 용도로 직접 사용하고 있는 것으로 의제(擬制)하여 해당 건축물의 부속토지에 대한 재산세를 계속 감면한다.

### 4-3. 경과규정 특례(부칙 §10, 제14477호 2017.1.1.)

2017년 1월 1일부터는 한국장애인고용공단의 고유목적 사업용 부동산에 대한 감면율이 종전 취득세 면제에서 50%로, 재산세 50%에서 25%로 각각 축소되었다. 다만, 감면이 축소되었더라도 2016년 이전까지 납세의무 성립분에 한해서는 「지방세기본법」 제51조에 따른 경정청구 기간(최대 2021년)까지는 종전(2016년)의 규정을 계속해서 적용할 수 있다.

## 5 | 지방세특례의 제한

### 5-1. 감면된 취득세액의 추징(§178)

한국장애인고용공단에 대해서는 본 규정에서는 별도의 추징규정이 없으나, 법 제178조의 일반적 추징규정에 따라 정당한 사유 없이 그 취득일부터 1년이 경과할 때까지 해당 용도로 직접 사용하지 아니하는 경우 또는 해당 용도로 직접 사용한 기간이 2년 미만인 상태에서 매각·증여하거나 다른 용도로 사용하는 경우에는 감면된 취득세가 추징된다.

### 5-2. 최소납부세액의 부담(§177의 2)

한국장애인고용공단이 고유업무에 사용하기 위하여 취득하는 부동산에 대해서는 취득세가 면제(§18)됨에도 불구하고, 2016년부터 시행되는 감면 상한제도에 따라 경우에 따라서는

면제되는 세액의 15%는 취득세 감면특례가 제한되어 최소납부세액으로 부담하여야 한다. 이에 대한 세부적인 사항은 제177조의 2 해설편을 참조하면 된다.

### 5-3. 지방세 중과대상 부동산 특례 제한(§177)

한국장애인고용공단이 감면을 받으려는 부동산이 지방세법 제13조 제5항에 따른 별장·골프장·고급오락장 등 지방세 중과세 대상인 사치성 재산인 경우에는 감면대상에서 제외된다.

## 6 | 감면신청(§183)

한국장애인고용공단이 지방세를 감면받으려는 경우에는 해당 지방자치단체의 장에게 해당 부동산이 그 고유업무에 직접 사용하는 용도임을 입증하는 서류를 첨부하여 감면신청을 하여야 한다. 세부적인 감면신청 절차 등에 대해서는 제183조의 해설편을 참조하면 된다.

## 7 | 관련사례

▣ 한국장애인고용촉진공단이 취득세 등 감면받은 토지를 취득 후 1년 내에 정부의 지시에 의해 정부에 기부채납한 경우, 감면된 취득세 등이 추징이 되지 아니함

한국장애인고용촉진공단이 장애인고용촉진 및 직업재활법 제36조 제2항 제1호 내지 제8호의 규정에 의한 업무에 직접 사용하기 위하여 토지를 취득하여 취득세 등을 감면받은 후 그 취득일로부터 1년 이내에 정부의 지시에 의거 당해 토지를 정부에 기부채납한 경우라면 당해 업무에 직접 사용하지 아니하고 매각한 정당한 사유가 있는 것이므로 기 감면된 취득세 등이 추징되지 아니함(행자부 세정 13407-595, 2002.6.25.).

▣ 감면 토지를 정부에 기부채납시는 매각한 정당한 사유에 해당

한국장애인고용공단에 대한 감면 관련, 지방세법 제271조 제2항의 규정에 의거 장애인고용촉진 및 직업재활법에 의한 한국장애인고용촉진공단이 동법 제36조 제2항 제1호 내지 제8호의 규정에 의한 업무에 직접 사용하기 위하여 취득하는 부동산(지방세법 제107조의 규정에 의한 수익사업용 부동산을 제외한다)에 대하여는 취득세와 등록세를 면제하나 그 취득일로부터 1년 이내에 정당한 사유없이 그 업무에 직접 사용하지 아니하는 경우 또는 그 사용일로부터 2년 이상 그 업무에 직접 사용하지 아니하고 매각하거나 다른 용도로 사용하는

경우 그 해당 부분에 대하여는 면제된 취득세 등을 추징토록 규정하고 있으므로, 귀문의 경우 한국장애인고용촉진공단이 장애인고용촉진 및 직업재활법 제36조 제2항 제1호 내지 제8호의 규정에 의한 업무에 직접 사용하기 위하여 토지를 취득하여 취득세 등을 감면받은 후 그 취득일로부터 1년 이내에 정부의 지시에 의거 당해 토지를 정부에 기부채납한 경우라면 당해 업무에 직접 사용하지 아니하고 매각한 정당한 사유가 있는 것이므로 기 감면된 취득세 등이 추징되지 아니함(행안부 세정 13407－595, 2002.6.25.).

# 제19조

## 어린이집 및 유치원에 대한 감면

### 관련규정

제19조(어린이집 및 유치원에 대한 감면) ① 「영유아보육법」에 따른 어린이집 및 「유아교육법」에 따른 유치원(이하 이 조에서 "유치원 등"이라 한다)으로 직접 사용하기 위하여 취득하는 부동산 및 「영유아보육법」 제10조 제4호에 따른 직장어린이집을 법인·단체 또는 개인에게 위탁하여 운영(대통령령으로 정하는 사업주가 직장어린이집을 설치하는 경우로서 해당 직장 어린이집을 법인·단체 또는 개인에게 위탁하여 운영하는 경우를 포함한다)하기 위하여 취득하는 부동산에 대하여는 취득세를 2027년 12월 31일까지 면제한다.

② 다음 각 호의 부동산에 대해서는 재산세(「지방세법」 제112조에 따른 부과액을 포함한다)를 2027년 12월 31일까지 면제한다.

1. 해당 부동산 소유자가 과세기준일 현재 유치원등에 직접 사용하는 부동산
2. 과세기준일 현재 유치원 등에 사용하는 부동산으로서 해당 부동산 소유자와 사용자의 관계 등을 고려하여 대통령령으로 정하는 부동산

【영】 제8조의 3(영유아어린이집 등에 사용하는 부동산의 범위) 법 제19조 제2항 제2호에서 "대통령령으로 정하는 부동산"이란 다음 각 호의 어느 하나에 해당하는 부동산을 말한다.

1. 해당 부동산의 소유자가 해당 부동산을 영유아어린이집 또는 유치원으로 사용하는 자(이하 "사용자"라 한다)의 배우자 또는 직계혈족으로서 그 운영에 직접 종사하는 경우의 해당 부동산
2. 해당 부동산의 사용자가 그 배우자 또는 직계혈족과 공동으로 해당 부동산을 소유하는 경우의 해당 부동산
3. 해당 부동산의 소유자가 종교단체이면서 사용자가 해당 종교단체의 대표자이거나 종교법인인 경우의 해당 부동산
4. 「영유아보육법」 제14조 제1항에 따라 사업주가 공동으로 설치·운영하는 직장어린이집 또는 같은 법 제24조 제3항에 따라 법인·단체 또는 개인에게 위탁하여 운영하는 직장어린이집의 경우 해당 부동산 ☞ 제4호 규정 신설(2017.12.29.)

③ 제1항에 따라 취득세를 감면받은 자가 다음 각 호의 구분에 따른 사유에 해당하는 경우 그 해당 부분에 대해서는 감면된 취득세를 추징한다.

1. 유치원등으로 직접 사용하기 위하여 부동산을 취득한 경우 : 다음 각 목의 어느 하나에 해당하는 경우
   가. 정당한 사유 없이 그 취득일부터 1년이 경과할 때까지 해당 용도로 직접 사용하지 아니하는 경우
   나. 해당 용도로 직접 사용한 기간이 2년 미만인 상태에서 매각·증여하거나 다른 용도로 사용하는 경우
2. 직장어린이집을 위탁하여 운영하기 위하여 부동산을 취득한 경우 : 다음 각 목의 어느 하나에 해당하는 경우
   가. 정당한 사유 없이 그 취득일부터 1년이 경과할 때까지 해당 용도로 위탁하여 운영하지 아니하는 경우
   나. 해당 용도로 위탁하여 운영한 기간이 2년 미만인 상태에서 매각·증여하거나 다른 용도로 사용하는 경우

## 1 | 개 요

최근 맞벌이 부부 증가 등 보육 수요 충족을 위해 유치원·어린이집에 대한 세제지원으로 특히 2013년 3월부터 전계층에 대한 무상보육 실시로 보육에 대한 국가 차원의 책임이 한층 강화되었다. 어린이집 등에 대한 감면은 1995년 신설되어 2010년까지는 구 지방세법 제272조 제5항에서 규정되었다가 2011년에 지특법이 시행되면서 제19조 및 제42조 제5항으로 이관되었다. 2012년에는 유치원이 제19조의 영유아어린이집과 감면유형이 유사한 점을 고려하여 현재의 제19조로 통합되었으며 2015년에는 지방재정 확충의 일환으로 최소납부세액 제도 신설 등 감면폭이 일부 축소되어 2018년까지 연장되었다. 2022년에는 직접 사용 용어를 신설하였고, 일몰기한도 3년(2024년) 연장되었다. 2023년에는 직장어린이집을 위탁·운영하기 위해 취득하는 부동산에 대해 감면이 신설되었다. 2024년에는 위탁 직장어린이집에 대해서도 1년 이내에 해당 용도로 위탁하여 운영하지 않을 경우에는 감면된 취득세를 추징하도록 개정되었다. 2025년에는 직장어린이집 설치 의무와 상관없이 모든 위탁운영하는 경우로 확대되었고 일몰기한도 3년(2027년) 연장되었다.

## 2 | 감면대상자

「영유아보육법」에 따른 영유아어린이집 또는 「유아교육법」에 따른 유치원으로 직접 사용하는 사람 또는 직장어린이집 및 위탁받아 운영하는 사람 등이 감면대상자에 해당된다. 영유아보육시설의 운영자로서 그 취득한 당해 부동산을 취득일부터 1년 이내에 보육시설로 직접 사용하는 경우만을 감면대상자로 인정하고 있으며 영유아보육시설 부동산의 소유자와 그 시설의 대표자가 다른 경우에는 배우자와 영유아보육시설을 공동으로 경영하고 있는 자로 인정[58](조심 2011지0165, 2011.5.2. 참조)되기 어렵다. 한편, 영유아어린이집은 6세 미만의 영유아의 육성·보호를 위해 영유아 보호자의 위탁을 받아 보육하는 기관이며, 유치원은 3세부터 취학 전까지의 어린이를 대상으로 하는 교육기관을 말한다. 이를 통칭하여 영유아보육시설 등이라 한다.

〈표 1〉 **영유아보육시설의 종류 및 현황(2015년 현재 어린이집 4.3만여 개, 유치원 8,900여 개)**

| |
|---|
| 1) 영유아보육법 제10조(어린이집의 종류) 어린이집의 종류는 다음 각 호와 같다.<br>1. 국공립어린이집 : 국가나 지방자치단체가 설치·운영하는 어린이집<br>2. 사회복지법인어린이집 : 사회복지법인이 설치·운영하는 어린이집<br>3. 법인·단체 등 어린이집 : 각종 법인(사회복지법인 제외)이나 단체 등이 설치·운영하는 어린이집<br>4. 직장어린이집 : 사업주가 사업장의 근로자를 위하여 설치·운영하는 어린이집(국가나 지방자치단체의 장이 소속 공무원을 위하여 설치·운영하는 어린이집 포함)<br>5. 가정어린이집 : 개인이 가정이나 그에 준하는 곳에 설치·운영하는 어린이집<br>6. 부모협동어린이집 : 보호자들이 조합을 결성하여 설치·운영하는 어린이집<br>7. 민간어린이집 : 제1호부터 제6호까지의 규정에 해당하지 아니하는 어린이집<br>2) 유치원법 제7조(유치원의 구분) 유치원은 다음 각 호와 같이 구분한다.<br>1. 국립유치원 : 국가가 설립·경영하는 유치원<br>2. 공립유치원 : 지방자치단체가 설립·경영하는 유치원<br>3. 사립유치원 : 법인 또는 사인(私人)이 설립·경영하는 유치원 |

### 2-1. 직계부모가 자녀에게 어린이집 명의와 대표원장직을 양도한 경우

현행 지방세특례제한법은 어린이집 등의 설치·운영을 이유로 구입하는 부동산에 취득세를 면제하고 있는데, 구입자가 '해당 용도에 직접 사용'할 것을 전제로 부동산을 소유한

58) 청구인은 ○○○○의 대표자 및 시설장은 아니나 실질적으로 그 보육시설 운영에 종사하면서 배우자와 공동으로 보육시설을 경영하고 있는 것으로 인정되는 점에서 이 건 건축물은 지특법 제42조 제5항 본문상의 영유아보육시설에 직접 사용하는 부동산에 해당(조심 2010지0640, 2010.12.10.)된다는 견해도 있음.

자가 해당 용도로 직접 사용할 때 취득세가 면제되는 것이므로 어린이집을 설치한 날부터 2년 이내에 이 부동산을 직계존속(부모)이 자녀에게 이전했다면 대표자 지위를 이어받은 가족(자녀) 등 제3자가 어린이집을 운영했다고 보는 것이 타당하므로 당초 취득세 감면을 받은 직계존속(부모)은 다른 용도로 사용했다고 볼 수 있어 감면대상자의 범위에서 벗어나게 되는 것이다(조심 2015지0462, 2015.8.28. 참조).

### 2-2. 자치단체에 무상임대한 개인소유 부동산을 자치단체가 어린이집을 설치하여 그 부동산 소유자에게 운영을 위탁하는 경우

「영유아보육법」 제24조 제2항에서 국가나 지방자치단체는 제12조에 따라 설치된 국공립 어린이집을 법인·단체 또는 개인에게 위탁하여 운영할 수 있도록 규정하고 있다. 이에 따라 서○○(A) 소유 부동산 등을 지방자치단체장에게 무상임대(20년)하고, 지방자치단체의 장은 자기의 예산으로 리모델링사업을 실시하여 국공립어린이집을 설치한 다음, 그 관리운영을 A에게 위탁(5년)하여 A에게 그 어린이집을 운영하도록 하는 경우라 하더라도 「지방세특례제한법」 제19조 제1항에서 「영유아보육법」에 따른 영유아어린이집을 설치·운영하기 위하여 취득하는 부동산에 대해서만 취득세를 감면하는 것으로 A는 지방자치단체의 장으로부터 「영유아보육법」 제13조 제1항에 따른 어린이집을 설치인가를 받은 사실이 없고, 지방자치단체의 장으로부터 「영유아보육법 시행규칙」 제24조 제4항에 따라 어린이집 운영을 수탁받은 경우이므로, 부동산 소유자인 A가 비록 영유아어린이집을 운영하는 것으로 볼 수 있다 하더라도 감면요건인 영유아어린이집을 설치한 자에 해당하는 것으로 볼 수 없으므로 A의 경우에는 감면대상자에 해당되지 않는다 하겠다(행자부 지특과-1331, 2015.5.12. 참조).

### 2-3. 유치원과 유사한 유아교육위탁기관(미술학원)을 운영하는 경우

유아교육위탁기관(유아교육법 시행규칙 §5 ①)으로 지정되는 미술학원의 경우 유치원으로 볼 수 있는지에 대해 논란이 있다. 먼저 유치원은 근거법률이 유아교육법에서 준용하고 있는 교육기본법 제9조에 따라 설립된 학교(유아교육)로서 교육과정, 건강검진 및 급식, 교직원 채용관리 등의 사항을 이행해야 하고 관할 교육청의 지도·감독을 받도록 되어 있다. 반면, 유아교육위탁기관은 유아교육법 시행령 제9조(사립유치원의 설립인가 신청)와 제10조(유치원규칙 기재사항) 및 유치원의 설립기준에 따라 인가를 받아 유치원 교육과정과 동일하게 운영하고 있고 그 이행 여부를 교육청에서 관리·감독하는 등 일반 유치원과 유사점이 일부 있으나, 그 근거법률이 학원의 설립 및 그 운영에 관한 법률에 따른 유아를 대상으로 하는 일반 학원이고 유아교육법령 제정 과정에서 유아를 대상으로 운영하는 미술학원에 대해 유아교육비 지원을 위한 한시적 위탁기관 제도취지[59]인 점을 고려할 때 유아교육법에 따라 설립된 유치원과는 그 성격이 다르므로 유아교육위탁기관이 비록 유치원과 유사한 교육과정을 운영한다 하더라도 감면대상인 유아교육법에 따른 학교로 보기 어렵다 하겠다.

〈표 2〉 **유아교육위탁기관 지정기준(「유아보육법 시행규칙」 제5조 제1항 관련, 2015.1.1. 현재)**

1. 입지 : 유아교육수요, 보건, 급수, 안전, 교통, 환경 등 고려 쾌적한 환경을 갖춘 곳에 위치할 것
2. 구조/면적
   가. 건물의 1층~2층을 사용할 것. 다만, 건물 전체를 사용하는 경우에는 3층까지 사용 가능
   나. 고등학교 이하 각급 학교 설립・운영 규정 별표 1의 유치원 교사의 기준 면적에 적합할 것
   다. 체육장 면적은 고등학교 이하 각급 학교 설립・운영 규정 별표 2의 유치원 체육장의 기준면적에 적합할 것. 다만, 체육장 설치가 불가한 경우는 인근 놀이터를 활용 가능
3. 설비
   가. 보통교실
   환기, 채광, 조명, 온도 및 습도가 적절히 유지되도록 필요한 시설을 갖출 것
   나. 조리실
   조리실을 설치할 경우, 식기를 소독하고 취사 및 조리를 위생적으로 할 수 있는 시설을 갖출 것
   다. 안전점검
   가스, 소방, 전기 분야는 점검 자격을 구비한 기관으로부터 연 1회 이상 점검을 받을 것
   ※ 1월~6월 중에 반드시 1회 이상 안전점검을 실시하여야 한다.
4. 교육 과정 : 유치원 교육과정을 운영하고, 교육감의 장학지도를 받을 것
5. 강사 자격 : 학급당 1명 이상은 유치원 정교사 자격증 소지자일 것

## 2-4. 토지 매매계약자와 영유아보육시설 설립인가상 대표자가 상이한 경우

토지를 청구인 명의로 매매계약을 체결하여 취득한 후 유치원 설립인가는 관할 교육청으로부터 청구인이 아닌 청구인의 대표(담임목사)자 명의로 받은 사실이 확인되는 경우라면 청구인이 이 건 토지의 취득과 관련하여 취득세 등을 면제받을 영유아보육시설 설치・운영자인 감면 대상자로는 보기 어렵다 하겠다(조심 2009지1149, 2010.10.13. 참조).

59) 유아교육위탁기관 대부분이 저소득층 유아를 보육하는 시설임을 고려하여 유치원에 맞는 시설기준을 보완하여 2013년 2월 28일까지 유치원으로 전환하겠다는 조건으로 도입. 2011년 현재 140여 개에 이른다.

## 3 | 감면대상 부동산

영유아보육시설을 직접 사용하기 위하여 취득하는 부동산과 해당 시설로 직접 사용하는 부동산과 직장어린이집을 설치하여야 하는 사업주가 , 「영유아보육법」 제24조 제3항에 따라 법인 · 단체 또는 개인에게 위탁하여 운영하기 위하여 취득하는 부동산이 감면대상이다.

### 3-1. 기존건물을 철거한 후 영유아보육시설로 사용하는 경우

기존건물을 철거하고 직장보육시설용 건물을 신축하는 것도 신축건물의 용도가 취득목적인 영유아보육시설 사용을 전제하고 있다면 당초 취득한 기존건물과 신축건물 모두 감면대상에 해당(행안부 지방세운영과-5342, 2010.11.10. 참조)된다 하겠다.

### 3-2. 종교단체가 위탁 · 운영을 통해 영유아보육시설 사용대가를 받는 경우

종교단체가 당해 영유아 보육시설 부동산을 소유하고 있으면서 영유아보육법 관련규정에 따라 영유아보육시설 위탁 · 운영 신청을 통해 수탁자로 지정받아 실제 어린이집을 운영하고 있다면, 비록 구청으로부터 당해 부동산에 대해 영유아보육시설 사용대가를 받더라도, 지방세법상 수익분에 대한 별도의 규정이 없고, 운영주체가 당해 부동산을 어린이집으로 직접 사용하고 있는 한 감면대상(행안부 지방세운영과-5459, 2009.12.24. 참조)이라 할 것이다.

### 3-3. 영유아보육시설을 1년 이상 직접 사용하지 않는 경우

어린이집 등을 1년 이상 휴원상태에 있는 사실이 확인되고 있는 경우라면 당해 부동산은 재산세 감면대상으로 규정하고 있는 감면대상자가 그 사업에 직접 사용하는 부동산에 해당하지 않는다 하겠다(조심 2009지0084, 2009.7.10. 참조).

## 4 | 특례내용

### 4-1. 세목별 감면

어린이집과 유치원 등 영유아보육시설을 설치 · 운영하기 위하여 취득하는 부동산에 대하여는 지방세 및 국세(농어촌특별세)를 2024년 12월 31일까지 각각 감면한다. 2023년부터는 직장어린이집을 설치하는 사업주가 법인 · 단체 등에 어린이집을 위탁 · 운영하기 위하여 취득하는 부동산에 대한 감면이 신설되었다. 다만, 어린이집 설치·운영자가 직접 사용하는 경우와 차별을 두기 위해 취득세 감면율을 50%로 제한하였다.

〈표 3〉 **영유아보육시설 세목별 감면 현황(2025.1.1. 현재)**

| 조문 | 감면내용 | 감면율 |
|---|---|---|
| §19 ① | 영유아보육시설 설치·운영을 위해 취득하는 부동산 | 취득세 면제 |
| §19 ① | 직장어린이집을 설치하는 사업주가 법인 등에 위탁하기 위하여 설치하는 부동산 | 취득세 면제<br>재산세 면제 |
| §19 ② | 영유아보육시설로 직접 사용하는 부동산 | 재산세(도시지역분) 면제 |
| 농특 §4 ⑥ 5호 | 취득세 감면분에 대한 20% | 농어촌특별세 비과세 |

## 4-2. 직접 사용 예외 특례

### 4-2-1. 직접 사용 예외 재산세 특례 규정(영 §8의 3)

2012년부터 감면대상 부동산의 직접 사용의 범위가 친족 등 특수관계인까지 확대되었다.

> 영 §8의 3(영유아어린이집 등에 사용하는 부동산의 범위) 법 제19조 제2항 제2호에서 "대통령령으로 정하는 부동산"이란 다음 각 호의 어느 하나에 해당하는 부동산을 말한다.
> 1. 해당 부동산의 소유자가 해당 부동산을 영유아어린이집 또는 유치원으로 사용하는 자(이하 "사용자"라 한다)의 배우자 또는 직계혈족으로서 그 운영에 직접 종사하는 경우의 해당 부동산
> 2. 해당 부동산의 사용자가 그 배우자 또는 직계혈족과 공동으로 해당 부동산을 소유하는 경우의 해당 부동산
> 3. 해당 부동산의 소유자가 종교단체이면서 사용자가 해당 종교단체의 대표자이거나 종교법인인 경우의 해당 부동산
> 4. 「영유아보육법」 제14조 제1항에 따라 사업주가 공동으로 설치·운영하는 직장어린이집 또는 같은 법 제24조 제3항에 따라 법인·단체 또는 개인에게 위탁하여 운영하는 직장어린이집의 경우 해당 부동산

#### 4-2-1-1. 부동산 명의는 남편이고 그 배우자가 대표자인 경우(영 §8의 3 1호)

남편이 영유아보육시설 운영에 실질적으로 종사하면서 배우자와 공동으로 보육시설을 경영하는 경우에는 감면대상에 해당된다.

#### 4-2-1-2. 부동산 명의는 부부공동이고 그 배우자가 대표자인 경우(영 §8의 3 2호)

보육시설 운영에 참여하지 아니하는 남편의 부동산 소유지분도 감면대상에 해당된다. 이는 남편이 해당 시설의 운영에 직접 관여하지는 않지만 가족관계의 특성을 감안하여 그 남편지분의 부동산이 해당 시설 이외의 다른 목적이 있다고 보기 어려운 점 등을 고려하는 것이 합당하기 때문이다. 다만, 부부 또는 직계혈족 등 친족관계 이외의 경우로 영유아보육시설을 공동 소유하는 경우에는 감면대상에서 제외되는데 이는 부부 등 가족관계인의 경우에만 앞에서 기술한 세제운영상의 현실을 고려하여 2012년부터 법 규정을 개정한 것이기 때문에 친족관계 이외의 경우는 법 제19조 제1항 제1호에 따른 영유아보육시설 소유자(설치자)와 운영자가 일치되어야만 직접 사용으로 보는 것이며, 이 경우에는 공동소유자가 실제로 당해 시설 운영에 참여하는지의 여부에 따라 그 지분만큼만 감면대상으로 보는 것이다.

#### 4-2-1-3. 부동산 명의는 종교단체이고 그 대표자가 담임목사 등인 경우(영 §8의 3 3호)

교회와 대표자(소속법인 또는 담임목사) 간 업무분담과 영유아보육법의 신고절차상 교회의 대표자명의로 신고한 것에 불과하고, 실질적으로 교회가 운영의 주체이기 때문에 직접 사용하는 것으로 보는 것이다.

### 4-2-2. 직접 사용 예외 규정 입법취지

영유아보육시설의 설치·운영자가 대부분 부부, 직계존속·직계비속 등 가족관계인 점 등을 고려하여 영유아보육시설 운영자와 부동산의 소유자가 부부, 직계존비속 등에 해당하여 무상사용으로 사실상 확인되는 경우까지를 감면대상으로 인정[60]하였다(행자부 세정-44, 2006.4.19.). 2011년까지는 부동산 소유자와 그 운영자가 동일한 인적감면(人的減免)과 부동산 소유자와 그 운영자가 다르더라도 영유아보육시설로만 사용된다면 감면대상으로 보는 물적감면(物的減免)의 성격이 혼재[61]된 상태로 운영되어 왔으나 2012년부터는 영유아어린이집 등의 "직접 사용" 범위를 명확히 하기 위해 인적감면 원칙에 따라 해당 부동산 소유자가 과세기준일 현재 유치원 등에 직접 사용하는 부동산(§19 ① 1호)과 물적감면의 성격을 일부 보완하여 과세기준일 현재 유치원 등에 사용하는 부동산으로서 해당 부동산 소유자와

60) 직접 사용의 일반적 의미대로 부동산소유자와 그 시설 운영자가 다른 경우에는 재산세 감면대상으로 보지 않고 과세하는 일부 지방자치단체도 있었음.

61) 관련 유권해석 기관 간에도 영유아보육시설의 직접 사용의 범위에 대해 감사원(감심 2009-244, 2009.12.10.)은 인적감면으로 대법원(2008두15039, 2011.1.27.)은 물적감면으로, 행안부(세정-44, 2006.4.19.)와 조심(2010지0608, 2010.12.30.)은 인적감면과 물적감면의 성격을 혼합한 것으로 보는 견해가 있었다.

사용자의 관계 등을 고려하여 대통령령으로 정하는 부동산(§19 ① 2호)으로 명확히 하였다. 영유아보육시설 직접 사용의 범위를 소유자가 직접 사용하는 부동산으로만 한정할 경우 영유아보육시설을 실제 운영하는 가족 등 특수관계인까지 감면이 배제되는 현실을 고려한 것이라 하겠다.

**〈표 4〉 영유아보육시설에 대한 직접 사용 범위 과세 여부**

| 구분 | 종전(2011년 이전까지) | | | 2012년부터 |
|---|---|---|---|---|
| | 행안부 | 감사원 | 심판원 | |
| 가족관계<br>(소유자 남편, 운영자 처인 경우, 남편소유 부동산 과세 여부) | 감면 | 과세 | 과세 | 과세<br>• 종업원 등 실질적 참여하는 경우 감면<br>• 과세 전환되는 경우 소유자를 대표자로 신고하도록 안내 지도 |
| 가족 공동소유(부부공동소유 재산, 운영자가 처인 경우 남편 지분 과세 여부) | 감면 | – | – | 감면 |
| 종교단체(대표자 관계) | 감면 | 감면 | – | 감면 |
| 일반인 공동소유(운영에 참여하지 않는 자의 지분) | 과세 | – | – | 과세 |

### 4-2-3. 직장어린이집(공동 · 위탁경영) 재산세 특례

「영유아보육법」상 직장어린이집의 경우 사업주 공동 설치 · 운영 또는 지역의 어린이집에 위탁 · 운영을 할 수 있도록 규정되어 있음에도 '직접 사용'의 예외 범위에 포함되지 않아 위탁 · 운영 등의 경우 재산세 감면 대상에서 제외되는 문제가 있어 「지방세특례제한법」 제8조의 3 제4호가 신설되어 2018.1.1. 이후 재산세 납세의무가 성립하는 분부터 「영유아보육법」에 따라 사업주 공동 또는 위탁 · 운영하는 부동산도 감면대상에 포함되도록 근거 규정이 신설되었다.

## 4-3. 건축중인 부속토지에 대한 특례(영 §123)

영유아보육시설 용도로 사용할 건축물을 건축중인 경우까지를 포함하여 실제로는 해당 시설 용도로 직접 사용하고 있지는 않지만 해당 용도로 직접 사용하고 있는 것으로 의제(擬制)하여 해당 건축물의 부속토지에 대한 재산세를 계속 감면한다.

# 5 | 지방세 특례의 제한

## 5-1. 감면된 세액의 추징(§178)

본 규정에서는 별도의 추징규정이 없지만, 감면요건을 위반하는 경우는 제178조에 따라 과세기관에서 추징처분을 할 수 있다. 감면요건을 위반하는 경우란 취득일로부터 1년 이내에 정당한 사유없이 영유아보육시설 용도로 직접 사용하지 않거나, 해당 용도로 직접 사용한 기간이 2년 미만인 상태에서 매각·증여·타 용도로 사용하는 경우 등을 말한다. 세부적인 추징절차 등의 내용은 제178조의 해설편을 참조하면 된다.

### 5-1-1. 어린이집을 운영한 지 2년 이내에 대표원장이 변경된 경우

당해 어린이집을 운영한 지 2년이 지나지 않아 어린이집 원장 명의가 변경(어머니→아들)된 경우에는 감면받은 취득세가 추징될 수 있다. 이는 당초 어린이집 감면의 전제가 어린이집 용도의 부동산을 구입한 자가 직접 사용할 것을 전제로 하는 것이므로 당해 어린이집을 중단하지 않더라도 당초 구입자가 아닌 제3자(아들 등 가족)가 사용하는 경우까지 직접 사용으로 볼 수가 없기 때문이다(조심 2015지0462, 2015.8.28. 참조).

### 5-1-2. 주택을 영유아보육시설로 사용하는 경우

단순히 보육시설 내에서 가족의 주민등록을 두었는지의 여부에 따라 결정하기보다는 어린이집 운영여건, 내부시설 등을 종합적으로 고려하여 실제 영유아어린이집으로 사용하지 아니하고 다른 용도로 사용하거나 겸용하였는지 여부에 따라 영유아보육시설로 직접 사용하지 않는 부분에 대해서는 감면된 세액을 추징하는 것이 실질 과세의 원칙에 부합하다 할 것이다(행심 2001-254, 2001.6.25. 참조).

### 5-1-3. 영유아어린이집 등의 소유자와 운영자가 다른 경우

영유아어린이집 등을 설치·운영하기 위하여 부동산을 소유하는 자와 영유아보육시설을 운영 중인 자가 서로 상이(相異)한 경우에는 취득세 추징대상에 해당된다. 다만, 재산세의 경우는 직접 사용 예외 특례(4-2. 해설편 참조)에 따라 부동산 소유자로만 한정하지 않고 영유아보육시설을 실제 운영하는 가족 등 특수관계인까지도 감면대상으로 보는 것이다(감심 2008-182, 2008.6.12., 행안부 지방세운영과-817, 2009.2.23. 참조). 한편, 가족 등 특수관계인의 직접 사용의 범위에 종사하는 경우란 일반적으로 어린이집 직원명부에 등재된 자를 말한다.

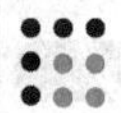

5-1-4. '가정 어린이집'을 운영하던 자가 유예기간 이내에 인가 관할관청과 위탁약정을 맺어 '국공립어린이집'으로 전환하는 경우

「영유아보육법」 제10조에서는 어린이집의 종류를 국공립어린이집, 사회복지법인어린이집, 법인·단체등 어린이집, 직장어린이집(사업주가 사업장의 근로자를 위하여 설치·운영하는 어린이집으로 국가나 지방자치단체의 장이 소속 공무원 및 국가나 지방자치단체의 장과 근로계약을 체결한 자로서 공무원이 아닌 자를 위하여 설치·운영하는 어린이집을 포함), 가정어린이집, 협동어린이집(보호자 또는 보호자와 보육교직원이 영리를 목적으로 하지 아니하는 조합을 결성하여 설치·운영하는 어린이집), 그 외에 기타 어린이집으로 구분하고 있다.

「영유아보육법」 제24조에서는 어린이집을 설치·운영하는 자는 보건복지부령으로 정하는 운영기준에 따라 어린이집을 운영하도록 규정하면서 같은 법 시행규칙 제23조에서는 법 제24조 제1항에 따른 어린이집의 운영기준은 '별표 8'과 같다고 규정하고 있고 '별표 8'에서는 어린이집 운영기준을 「명칭」, 「어린이집의 운영」, 「안전·급식 및 위생관리」로 구분하고 있으며, 같은 법 제13조 및 같은 법 시행규칙 제5조에서는 어린이집의 설치에 대한 인가는 어린이집의 구조별 면적이 표시된 평면도와 설비목록, 어린이집 원장의 자격을 증명하는 서류, 보육교직원 채용계획서, 어린이집 운영계획서 등을 조건으로 하고 있어 같은 법 시행규칙 '별표 8'에서 규정하는 운영기준에 부합하면서 인가요건을 갖춘 경우에는 일반적으로 어린이집을 설치·운영하는 것으로 보아야 할 것이다.

따라서, '가정 어린이집'을 인가받아 운영하던 자가 인가받은 관할 관청과 위탁계약을 통해 국공립어린이집으로 전환한 경우에 그 '어린이집의 운영'이 「영유아보육법」 제24조에서 규정하는 '어린이집의 설치·운영' 범위에 부합하게 연속된 경우로 보아야 할 것이며, 「지방세특례제한법」 제178조 제2호 일반적 추징에서 규정하는 것은 어린이집이 '해당 용도에 직접 사용'한다고 함은 어린이집이 그 부동산의 소유자 또는 사실상 취득자의 지위에서 현실적으로 이를 어린이집의 업무자체에 직접 사용하는 것을 의미한다고 봄이 타당하다 할 것이므로 인가 권한이 있는 관할관청과 어린이집 설치·운영 요건에 부합하게 어린이집 운영사무 위탁을 맺은 것에 불과하고, 실제 사용관계가 어린이집의 소유자 지위에서 어린이집으로 사용하고 있고, '가정 어린이집'을 운영하던 자가 유예기간 이내에 인가 권한이 있는 관할관청과 '어린이집 운영사무 위탁' 약정을 맺어 일부비용을 보조받으면서 '국공립어린이집'으로 전환하여 운영되고 있는 경우 「영유아보육법」 제13조 및 제24조에서 규정한 '어린이집의 설치·운영기준'에 부합하고, 소유자의 지위에서 그 어린이집을 연속하여 운영하는 경우로서 「지방세특례제한법」 제19조에서 규정에 부합하여 같은 법 제178조 제2호에서 규정한 추징요건에 해당된다고 볼 수 없다 할 것이다.

### 5-2. 최소납부세액의 부담(§177의 2)

2015년부터 시행되는 최소납부세액 제도에 따라 면제되는 취득세 또는 재산세에 대해서는 감면특례가 일부 제한된다. 따라서 영육아보육시설에 대해서는 취득세 또는 재산세가 전액 면제된다는 본 조 규정에도 불구하고 제177조의 2 규정에 따라 경우에 따라서는 면제되는 세액의 15%에 최소납부세액을 부담하여야 한다. 최소납부세액에 대한 세부내용은 제177조의 2 해설편을 참조하면 된다.

### 5-3. 중복감면의 배제(§22, §180)

사회복지법인이 설치・운영하는 어린이집에 대하여는 제19조(영유아어린이집) 및 제22조[62](사회복지법인) 감면규정을 모두 적용할 수 있다. 다만, 제19조의 경우에는 2015년부터는 취득세 또는 재산세의 15%에 해당하는 최소납부세액을 부담해야 하지만 제180조에서 동일한 과세대상에 대하여 지방세를 감면할 때 둘 이상의 감면 규정이 적용되는 경우에는 그 중 감면율이 높은 것 하나만을 적용하는 것으로 규정하고 있으므로 최소납부세액 부담까지 면제되는 제22조의 규정 하나만을 적용해야 한다(행자부 지특과-1708, 2015.6.30. 참조).

## 6 | 감면신청 등(§183)

영유아보육시설을 설치・운영하려는 사람 등이 지방세 감면을 받으려는 경우에는 해당 지방자치단체의 장에게 영유아보육시설 설치・운영 등의 사항을 입증하는 서류를 첨부하여 감면신청을 하여야 한다. 세부적인 감면신청 절차 등에 대해서는 법 제183조의 해설 내용을 참조하기 바란다.

62) 「법인세법」 제3조 및 「법인세법 시행령」 제2조 제1항 제4호 아목에서는 「영유아보육법」 제10조에 따른 어린이집에 대해 수익사업으로 보지 않고 있으므로 제22조에 따른 추징규정 대상에 해당되지 않는다.

# 7 | 관련사례

■ 어린이집 용도로 직접 사용한 기간이 2년 미만인 상태에서 다른 용도로 사용한 것으로 볼 지

어린이집 설치·운영을 위해 취득하는 부동산이란 어린이집의 용도로 직접 사용하기 위하여 취득하는 부동산을 의미하는 것으로 해석함이 자연스럽고, 취득세 면제 입법취지에도 부합함.

- 해당 감면규정이 2021.12.28. 개정되면서 "직접 사용하기 위하여 취득하는 부동산"에 대한 취득세를 면제한다고 규정하였는데, 이는 종전 "설치·운영하기 위하여 취득하는 부동산"의 의미를 명확하게 하기 위한 것임.
- 추징사유에 '해당 용도로 직접 사용'이란 부동산을 취득한 소유자 본인이 그 부동산을 어린이집의 설치·운영의 용도로 사용하는 것을 의미한다고 보아야 하므로, 제3자에게 부동산을 임대하여 그 제3자가 어린이집을 운영한다고 하더라도 직접 사용에 해당하는 것으로 볼 수 없음.
- 망인이 이 사건 어린이집의 실질적인 운영자라는 원고의 주장에 대해 망인이 이 사건 어린이집의 인가절차를 준비한 것은 어린이집 개설·인가를 위한 사전적인 준비행위에 불과하므로 그것만으로 망인이 이 사건 부동산을 어린이집의 용도로 직접 사용하였다고 보기는 어려움(대법원 2024.7.25. 선고, 2024두39912 판결).

■ 청구법인이 쟁점부동산을 취득하고 어린이집 인가를 받은 후 위탁하여 운영하는 경우에는 쟁점부동산을 해당 용도로 직접 사용하지 아니한 것으로 보아 취득세 등을 추징한 처분의 당부

처분청이 위탁계약의 구체적인 내용을 살펴보지도 아니한 채 청구법인이 위탁계약을 체결하였다는 이유만으로 쟁점부동산을 해당 용도로 직접 사용한 것에 해당하지 않는다고 보아 기 감면한 취득세 등을 추징한 이 건 처분은 잘못이 있는 것으로 판단됨(조심 2023지4412, 2024.5.9.).

■ 배우자와 공동으로 취득한 이 건 부동산에서 배우자 단독으로 어린이집을 운영하여 쟁점부동산을 직접 사용하지 않은 것으로 보아 감면한 취득세 등을 추징한 처분의 당부

당해 부동산의 직접 사용을 '부동산의 소유자'와 '영유아보육시설의 운영자'가 다른 경우까지 포함하는 것은 아니라 할 것인바, 청구인은 쟁점어린이집의 대표자 또는 원장이 아닌 점 등에 비추어 청구인이 쟁점부동산을 취득하고 어린이집으로 직접 사용한 것으로 보기 어려움(조심 2023지0103, 2023.8.23.).

■ 쟁점어린이집 대표자와 운영자가 다르다고 보아 취득세 등을 감면하여야 한다는 경정청구를 거부한 처분의 당부

「영유아보육법」 제17조, 「영유아보육법 시행규칙」 제10조 및 [별표 2]에서 원장을 보육교직원으로 분류하고 있고 청구인은 설치·운영자의 지위에서 쟁점어린이집의 원장 등과 근로계약을 체결한 것으로 보이는 점 등에 비추어 처분청이 쟁점부동산을 「영유아보육법」에 따른 어린이집으로 직접 사용하지 아니한 것으로 보아 청구인의 쟁점부동산에 대한 취득세

경정청구를 거부한 이 건 처분은 잘못이 있다고 판단됨(조심 2023지0085, 2023.8.17.).

■ 법인 소유 어린이집을 국공립으로 전환후 법인이 대수선한 경우 감면 여부

법인 소유의 부동산으로 운영하던 어린이집을 국공립어린이집으로 전환한 후 동 법인이 그 부동산을 대수선한 경우라면 舊지특법 제2조 제1항 제8호 및 같은법 제19조 제1항에 따른 취득세 감면 대상이 되기 위한 '직접 사용'의 정의에 해당하지 않는 것으로 판단됨(지방세특례제도과-449, 2023.10.24.).

■ 어린이집을 감면 유예기간 이내에 직접 사용하지 못할 정당한 사유가 있는지 여부

처분청이 청구인에게 비상계단 설치와 관련하여 영유아보육법령과 건축법령과의 충돌되는 문제점 등을 사전에 상세히 안내를 하지 못하였다 하더라도 어린이집 대표자 변경인가에 있어 처분청(공무원)이 재량권의 범위를 일탈하였다거나 남용하였다고 보기 어려우므로 이의 사유로 어린이집을 직접 사용하지 못한 또는 가산세를 면제할 정당한 사유가 있다고 보기 어려움(조심 2019지2093, 2019.12.19.).

■ 어린이집 인가증 상 대표자 또는 원장이 아닌 경우 직접 사용 여부

「지방세특례제한법」 제94조에서 규정하고 있는 "직접 사용"이라 함은 부동산의 취득자가 영유아보육시설의 운영자로서 취득한 부동산을 그 시설로 직접 사용하는 경우만을 의미한다 할 것이므로 청구인이 이 건 어린이집 인가증 상에서 대표자 또는 원장으로 되어 있지 아니한 경우에는 청구인이 이 건 부동산을 어린이집에 직접 사용하였다고 보기 어려움(조심 2016지0127, 2016.11.18.).

■ 배우자와 공동으로 유치원을 실제 경영하는 것으로 입증되는 경우 감면 여부

일정한 자격요건을 필요로 하는 유치원업 등의 특성상 반드시 그 부동산의 소유자가 대표자로 신고하여 운영하는 것만을 감면대상으로 한정하는 것은 아니라 할 것인 바, 부동산을 취득하기 이전부터 현재까지 유치원의 교직원 채용과 인사관리 등을 담당하고 있다고 유치원의 교직원들이 확인하고 있는 점 등에 비추어 유치원의 운영에 종사하면서 배우자와 공동으로 유치원을 실제 경영하고 있는 것으로 보이므로 취득세 등을 부과한 처분은 잘못이 있음(조심 2016지0160, 2016.8.25.).

■ 어린이집 경영을 함께 한 것으로 입증되는 경우 감면 여부

어린이집의 대표자에서 물러난 후부터 어린이집이 매각된 이후까지도 청구인과 ○○○가 어린이집에서 함께 근무한 점 등에 비추어 청구인은 ○○○와 공동으로 보육시설을 경영하였던 것으로 보이므로 청구인이 이 건 부동산을 2년 이상 직접 사용하지 아니하였다고 보아 취득세 등을 부과한 처분은 잘못임(조심 2015지0863, 2016.5.19.).

■ 리모델링을 위해 어린이집을 휴원한 경우 재산세 감면 여부

리모델링을 위하여 어린이집을 휴원 중인 경우, 이를 어린이집으로 직접 사용하고 있는 것으로 보기 어려우므로 어린이집은 재산세 면제대상인 영유아어린이집에 해당되지 아니한다 할 것이고, 부동산의 현황이 세대의 구성원이 장기간 독립된 주거생활을 영위할 수 있는 주택에 해당하는 것으로도 보기 어려우므로 해당 부동산을 일반건축물로 보아 재산세 등을 부과한 처분은 적법함(조심 2015지1946, 2016.1.26.).

■ 어린이집으로 직접 사용하였으나 대표자가 직원으로 변경되어 공실상태인 겨우

부동산을 취득한 후 어린이집으로 직접 사용하였으나, 그 사용일부터 1년 9개월만에 법원 판결에 따라 어린이집 인가증상의 대표자가 처분청에 의해 직원으로 변경되자 부동산을 어린이집으로 사용할 수 없게 되어 어린이집 용도로 직접 사용한 기간이 2년 미만인 상태에서 공실상태에 있게 된 경우 추징대상 제외 미충족(조심 2015지1155, 2015.12.30.).

■ 공동으로 상속받은 유치원을 특정 상속자가 운영하는 경우 감면 여부

공동으로 상속을 받은 부동산을 다른 상속자에게 무상으로 제공하여, 당해 부동산을 유치원용으로 사용하도록 하는 경우 직접 사용하는 부동산으로 보아 재산세를 감면할 수 있는지에 대해, 부동산의 소유자가 유치원의 실질적인 운영자로서 과세기준일 현재 유치원 용도로 사용하는 부동산만을 말하므로 재산세 감면대상에 해당하지 않음(대법원 2014두10844, 2014.10.30.).

■ 착공신고 등 준비단계에 대한 직접 사용 여부

추징 유예기간(1년) 내에 유치원 건물 신축을 위한 착공신고를 한 경우 고유업무에 직접 사용한 것으로 보아 추징을 배제할 수 있는지에 대하여 착공신고는 준비단계에 불과하므로 직접 사용한 것으로 볼 수 없어 추징을 배제할 수 없음(대법원 2014두7749, 2014.8.11.).

■ 근린생활시설로 신축하여 취득한 후 어린이집으로 용도 변경한 경우 감면 여부

부동산을 근린생활시설 등으로 신축하여 이를 어린이집으로 용도를 변경하였다고 하더라도 당초 부동산 취득당시 면제 요건을 충족하지 못한 이상 취득세 면제대상으로 보기는 어렵다 할 것임(조심 2012지0702, 2012.12.13.).

■ 법인대표자와 어린이집 대표자가 각각 상이한 경우 감면 여부

어린이집을 직접 운영하고 있는 사실이 확인되고, 어린이집의 대표자는 해당 법인이 고용한 근로소득자에 해당하는 사실이 소득금액증명서 등에 의하여 확인되고 있음에도 법인의 대표자와 어린이집의 대표자가 상이하다는 사유로 쟁점부동산을 어린이집에 직접 사용하지 아니하는 것으로 보는 것은 잘못임(조심 2013지0541, 2013.10.22.).

■ 비영리 종교단체가 운영하는 유치원 등에 대한 재산세 감면 여부

청구인은 법인격 없는 단체로서 청구인 명의로 유치원 및 어린이집을 설립할 수 없는 법률상의 제약으로 청구인의 대표자 및 신도를 선임하여 설립한 것으로 볼 수 있는 점, 청구인의 종무회의에서 이 건 유치원 및 어린이집의 대표자(시설장)를 선임하여 매년 예산·결산 보고를 받고 있는 점, 청구인이 쌀 등의 식재료 및 차량 등의 시설을 지원한 점, 이 건 유치원 및 어린이집의 종합보험 및 화재손해보험의 계약자 및 수익자가 청구인의 대표자인 점, 통원차량에 청구인 마크가 부착되어 있고 동 차량의 자동차등록원부상 명의가 청구인의 대표자로 등록된 점, 가정통신문상의 발송명의가 '청구인 부설 ○○○'으로 기재되어 있는 점 등을 종합하여 살펴볼 때, 유치원 및 어린이집은 청구인이 사실상 설립자의 지위에서 직접 운영하고 있는 것으로 볼 수 있으며, 2011년 말에 개정되어 2012년부터 시행되는 지방세특례제한법령에서 과세기준일 현재 유치원 등에 사용하는 부동산의 소유자가 종교단체이면서 사용자가 해당 종교단체의 대표자이거나 종교법인인 경우에는 취득세와 달리 재산세를

면제하도록 한 점을 고려하여 볼 때, 종교단체 소유인 해당 유치원 및 어린이집의 부속토지에 대한 재산세는 면제하는 것이 타당함(조심 2011지0947, 2012.11.13.).

■ 착공에 필요한 준비과정 중에 있는 토지의 재산세 감면 여부

건축중인 건축물이라 함은 과세기준일 현재 터파기공사 등 본격적인 공사를 착수한 경우를 말하고, 그 착공에 필요한 준비작업을 하고 있는 경우를 포함한다고 할 수는 없는 바, 과세기준일 현재 건축공사 준비과정에 있는 토지에 재산세를 부과고지한 것은 적법함(조심 2012지0719, 2012.11.20.).

■ 취득자가 법인 아닌 사단에 해당하나 대표자 명의로 설립인가를 받은 경우 감면 여부

구 지방세법 제272조 제5항에서 취득세 및 등록세 면제대상으로 정한 '유아교육법에 의한 유치원을 설치·운영하기 위하여 취득하는 부동산'이란 유아교육법이 정한 바에 따라 적법한 유치원 설립인가를 받았거나 받을 수 있는 '법인 또는 사인'이 그 유치원을 설치·운영하기 위하여 취득하는 부동산을 의미한다 할 것이므로, 유아교육법에 따라 적법한 유치원 설립인가를 받을 수 없는 '법인 아닌 사단'이 유치원의 설치·운영 목적으로 취득한 부동산은 설령 그 법인 아닌 사단의 대표자 이름으로 유아교육법에 따른 유치원 설립인가를 받았다고 하더라도 구 지방세법 제272조 제5항의 취득세 및 등록세 면제대상에 해당하지 않는다고 보아야 함(대법원 2012두14804, 2012.10.25.).

# 제 19 조의 2

## 아동복지시설에 대한 감면

◈ 관련규정 ◈

제19조의 2(아동복지시설에 대한 감면) 「아동복지법」 제52조 제1항 제8호에 따른 지역아동센터로 직접 사용하기 위하여 취득하는 부동산에 대해서는 취득세를, 과세기준일 현재 지역아동센터로 직접 사용하는 부동산에 대해서는 재산세(「지방세법」 제112조에 따른 부과액을 포함한다)를 각각 2026년 12월 31일까지 면제한다.

### 1 | 개 요

지역아동센터는 「아동복지법」 제52조 제1항 제8호에 따라 지역사회 아동의 보호·교육, 건전한 놀이와 오락의 제공, 보호자와 지역사회의 연계 등 아동의 건전육성을 위하여 종합적인 아동복지서비스를 제공하는 시설로 2015년 12월 말 기준 전국 지역아동센터는 총 4,119개소이다. 2004년부터 공부방 형태로 운영중이던 시설이 정식으로 법제화되어 꾸준히 증가추세를 보이고 있으며, 2017년 말 법 개정에 따라 2020년까지 영유아보육시설과 동일한 수준에서 취득세 및 재산세(도시지역분 포함) 감면규정이 신설되었다. 2021년에는 감면일몰기한이 2023년까지 연장되었다. 2024년에는 감면요건의 용어가 변경(설치·운영→직접사용)되었고 일몰기한도 2026년까지 연장되었다.

### 2 | 감면대상자

지역아동센터는 「아동복지법」 제52조 제1항 제8호에 따라 개인, 사회복지법인, 비영리재

단·사단법인, 공익단체 등이 지역사회 아동의 건전육성을 위한 아동복지서비스 제공을 위해 설립된 단체를 말한다. 현재 지방세특례제한법에서는 6세 미만의 영유아 및 취학 전 아동에 대한 어린이집, 유치원 및 노인복지시설에 대해 지방세를 감면하고 있으나 지역아동센터를 주로 이용하는 저소득층 및 취학아동에 대한 세제지원 규정이 그간 마련되지 않아 아동보호와 저출산 대책의 일환으로 신설되어 해당 시설에 대한 감면을 통해 지원이 가능하게 되었다. 2018년 현재 지역아동센터는 전국에 4,211개소에 이른다.

〈표 1〉 **지역아동센터 설치현황**

<table>
<tr><th colspan="2">구분</th><th>2014년</th><th>2015년</th><th>2016년</th><th>2017년</th><th>2018년</th></tr>
<tr><td colspan="2">전체</td><td>4,059</td><td>4,102</td><td>4,107</td><td>4,189</td><td>4,211</td></tr>
<tr><td colspan="2">개인</td><td>2,669</td><td>2,796</td><td>2,860</td><td>2,934</td><td>2,951</td></tr>
<tr><td rowspan="3">법인</td><td>재단</td><td>431</td><td>300</td><td>300</td><td rowspan="3">904</td><td rowspan="3">896</td></tr>
<tr><td>사단</td><td>225</td><td>249</td><td>241</td></tr>
<tr><td>사회복지</td><td>332</td><td>331</td><td>322</td></tr>
<tr><td rowspan="2">일반단체</td><td>시민단체</td><td>109</td><td>67</td><td>68</td><td rowspan="2">290</td><td rowspan="2">288</td></tr>
<tr><td>종교단체</td><td>231</td><td>272</td><td>183</td></tr>
<tr><td rowspan="2">지자체*</td><td>직영</td><td>-</td><td>-</td><td>19</td><td>17</td><td>25</td></tr>
<tr><td>위탁</td><td>-</td><td>-</td><td>22</td><td>44</td><td>51</td></tr>
<tr><td colspan="2">기타</td><td>62</td><td>87</td><td>92</td><td>-</td><td>-</td></tr>
</table>

## 3 감면대상 부동산

「아동복지법」 제52조 제1항 제8호에 따른 지역아동센터를 설치·운영하기 위하여 취득하는 부동산과 재산세 과세기준일 현재 해당 시설로 직접 사용하는 부동산이 감면대상이 된다.

## 4 | 특례내용

지역아동센터를 설치 · 운영하기 위하여 취득하는 부동산에 대하여는 다음 〈표 4〉와 같이 지방세를 각각 감면한다.

〈표 2〉 **지역아동센터에 대한 세목별 감면 현황(2024.1.1. 현재)**

| 조문 | 감면내용 | 감면율 |
|---|---|---|
| §19의 2 | 지역아동센터 설치 · 운영을 위해 취득하는 부동산 | 취득세 면제<br>재산세(도시지역분) 면제 |

## 5 | 지방세 특례의 제한

### 5-1. 감면된 세액의 추징(§178)

본 규정에서는 별도의 추징규정이 없지만, 감면요건을 위반하는 경우는 제178조에 따라 과세기관에서 추징처분을 할 수 있다. 감면요건을 위반하는 경우란 취득일로부터 1년 이내에 정당한 사유없이 지역아동센터 용도로 직접 사용하지 않거나, 해당 용도로 직접 사용한 기간이 2년 미만인 상태에서 매각 · 증여 · 타 용도로 사용하는 경우 등을 말한다. 세부적인 추징절차 등의 내용은 제178조의 해설편의 내용과 같다.

### 5-2. 최소납부세액의 부담(§177의 2)

2018년부터 시행되는 최소납부세액 제도에 따라 면제되는 취득세 또는 재산세에 대해서는 감면특례가 일부 제한된다. 따라서 지역아동센터에 대해서는 취득세 또는 재산세가 전액 면제된다는 본 조 규정에도 불구하고 제177조의 2 규정에 따라 경우에 따라서는 면제되는 세액의 15%에 최소납부세액을 부담하여야 한다. 최소납부세액에 대한 세부내용은 제177조의 2 해설편의 내용과 같다.

### 5-3. 중복감면의 배제(§22, §180)

사회복지법인이 설치 · 운영하는 지역아동센터에 대하여는 제19조의 2(지역아동센터) 및 제22조(사회복지법인) 감면규정을 모두 적용할 수 있다. 다만, 제19조의 2는 2018년부터 신설된 감면규정으로 취득세 또는 재산세의 15%에 해당하는 최소납부세액을 부담해야 하지만 제180조에서 동일한 과세대상에 대하여 지방세를 감면할 때 둘 이상의 감면 규정이 적용되는 경우에는 그 중 감면율이 높은 것 하나만을 적용하는 것으로 규정하고 있으므로 최소납부세액 부담까지 면제되는 제22조의 규정 하나만을 적용해야 한다(행자부 지특과-1708, 2015.6.30. 참조).

## 6 감면신청 등(§183)

지역아동센터를 설치·운영하려는 사람 등이 지방세 감면을 받으려는 경우에는 해당 지방자치단체의 장에게 지역아동센터의 설치·운영 등의 사항을 입증하는 서류를 첨부하여 감면신청을 하여야 한다. 세부적인 감면신청 절차 등에 대해서는 법 제183조의 해설편의 내용과 같다.

# 제20조

## 노인복지시설에 대한 감면

관련규정

제20조(노인복지시설에 대한 감면) ①「노인복지법」 제31조에 따른 노인복지시설로 직접 사용하기 위하여 취득하는 부동산에 대해서는 다음 각 호에서 정하는 바에 따라 지방세를 2026년 12월 31일까지 감면한다.

1. 대통령령으로 정하는 무료 노인복지시설로 직접 사용하기 위하여 취득하는 부동산에 대해서는 취득세를 면제하고, 과세기준일 현재 노인복지시설로 직접 사용(종교단체의 경우 해당 부동산의 소유자가 아닌 그 대표자 또는 종교법인이 해당 부동산을 노인복지시설로 사용하는 경우를 포함한다.)하는 부동산에 대해서는 재산세의 100분의 50을 경감한다. 다만, 노인의 여가선용을 위하여 과세기준일 현재 경로당으로 사용하는 부동산(부대시설을 포함한다)에 대해서는 재산세(「지방세법」 제112조에 따른 부과액을 포함한다) 및 같은 법 제146조 제3항에 따른 지역자원시설세를 각각 면제한다.

【영】 제8조의 4(무료 노인복지시설의 범위) 법 제20조 제1호에서 "대통령령으로 정하는 무료 노인복지시설"이란 「노인복지법」 제31조에 따른 노인여가복지시설 · 노인보호전문기관 · 노인일자리지원기관 · 노인주거복지시설 · 노인의료복지시설 또는 재가노인복지시설로서 다음 각 호의 어느 하나에 해당하는 시설을 말한다.

1. 입소자의 입소비용(이용비용을 포함한다)을 국가 또는 지방자치단체가 전액 부담하는 시설
2. 노인복지시설 이용자 중 「노인장기요양보험법」에 따른 재가급여 또는 시설급여를 지급받는 사람과 「국민기초생활 보장법」 제7조 제1항 제1호부터 제3호까지의 규정에 따른 급여를 지급받는 사람이 연평균 입소 인원의 100분의 80 이상인 시설로서 행정안전부령으로 정하는 기준에 적합한 시설

【칙】 제2조의 3(연평균 입소 인원의 계산) 영 제8조의 4 제2호에서 "행정안전부령으로 정하는 기준"이란 다음의 계산식에 따라 계산한 연평균 입소 인원 비율이 100분의 80 이상인 경우를 말한다.

$$(\text{연평균 입소 인원비율}) = \frac{(A+B+C)}{(A+B+C+D)}$$

A: 「국민기초생활보장법」 제7조 제1호부터 제3호에 따른 급여를 지급받는 사람의 입소일수의 합

B: 「노인장기요양법」에 따른 급여를 지급받는 사람의 입소일수의 합

C: 무료로 입소한 사람의 입소일수의 합

D: 「국민기초생활보장법」 제7조 제1호부터 제3호에 따른 급여를 지급받는 사람과 「노인장기요양법」에 따른 급여를 지급받는 사람 및 무료로 입소한 사람을 제외한 사람의 입소일수의 합

2. 제1호 외의 노인복지시설로 직접 사용하기 위하여 취득하는 부동산에 대해서는 취득세의 100분의 25를 경감하고, 과세기준일 현재 제1호 외의 노인복지시설로 직접 사용(종교단체의 경우 해당 부동산의 소유자가 아닌 그 대표자 또는 종교법인이 해당 부동산을 노인복지시설로 사용하는 경우를 포함한다)하는 부동산에 대해서는 재산세의 100분의 25를 경감한다.

② 제1항에 따라 취득세를 감면받은 자가 다음 각 호의 어느 하나에 해당하는 경우 그 해당 부분에 대해서는 감면된 취득세를 추징한다.

1. 정당한 사유 없이 부동산의 취득일부터 1년(「건축법」에 따른 신축 · 증축 또는 대수선을 하는 경우 해당 토지에 대해서는 3년)이 경과할 때까지 해당 용도로 직접 사용하지 아니하는 경우
2. 해당 용도로 직접 사용한 기간이 2년 미만인 상태에서 부동산을 매각 · 증여하거나 다른 용도로 사용하는 경우

## 1 개 요

민간단체 등이 노인을 부양하기 위해 경영하는 노인복지시설에 대한 세제지원이다. 1986에 신설되어 2010년까지는 자치단체 감면조례에 있다가 현재의 제20조로 이관(2010.3.31.)되었다. 2014년에는 종교단체가 노인복지시설을 운영하는 경우까지 직접 사용하는 것으로 확대되었으며, 2015년에는 무료 노인복지시설의 범위를 명확히 규정하였다. 2018년에는 감면기한이 2020년까지, 2021년에는 2023년까지 각각 일몰기한이 연장되었다. 2024년에는 감면요건의 용어가 변경(설치 · 운영 → 직접사용)되었고 일몰기한도 2026년까지 연장되었다.

# 2 감면대상자

노인복지법 제31조에 따른 노인복지시설을 설치·운영하려는 자를 말한다. 2018년 현재 노인복지시설은 전국에 77,395개소에 231,857명의 노인이 입소하고 있는 것으로 나타난다.

〈표 1〉 노인복지법상 노인복지시설 종류

| 종 류 | 시 설 | 현황 | |
|---|---|---|---|
| | | 시설 수 | 입소정원 |
| 합 계 | | 77,395 | 231,857 |
| 노인주거복지시설 | 소 계 | 390 | 19,897 |
| | 양로시설 | 238 | 12,510 |
| | 노인공동생활가정 | 117 | 998 |
| | 노인복지주택 | 35 | 6,389 |
| 노인의료복지시설 | 소 계 | 5,287 | 177,318 |
| | 노인요양시설 | 3,390 | 160,594 |
| | 노인요양공동생활가정 | 1,897 | 16,724 |
| 노인여가복지시설 | 소 계 | 68,013 | 0 |
| | 노인복지관 | 385 | 0 |
| | 경로당 | 66,286 | 0 |
| | 노인교실 | 1,342 | 0 |
| 재가노인복지시설 | 소 계 | 3,494 | 34,642 |
| | 방문요양서비스 | 1,051 | 0 |
| | 주·야간보호서비스 | 1,312 | 33,815 |
| | 단기보호서비스 | 73 | 827 |
| | 방문목욕서비스 | 650 | 0 |
| | 방문간호서비스 | 21 | 0 |
| | 재가노인지원서비스 | 387 | 0 |
| 노인보호전문기관 | 노인보호전문기관 | 33 | 0 |
| 노인일자리지원기관 | 노인일자리지원기관 | 160 | 0 |
| 학대피해노인전용쉼터 | 학대피해노인전용쉼터 | 18 | 0 |

## 3 | 감면대상 부동산

노인복지시설로 직접 사용하려는 자가 노인복지시설을 위해 취득하는 부동산이 이에 해당된다. 노인복지시설이란 「노인복지법」 제31조에 따른 다음의 복지시설을 말한다.

〈표 2〉 **노인복지법상 노인복지시설의 용도**

| 종 류 | 시 설 | 설치목적 |
|---|---|---|
| 노인주거 복지시설 | 양로시설 | 노인을 입소시켜 급식과 그 밖에 일상생활에 필요한 편의를 제공하는 시설 |
| | 노인공동 생활가정 | 노인들에게 가정과 같은 주거여건과 급식, 그 밖에 일상생활에 필요한 편의를 제공하는 시설 |
| | 노인 복지주택 | 노인에게 주거시설을 분양 또는 임대하여 주거의 편의·생활지도·상담 및 안전관리 등 일상생활에 필요한 편의를 제공하는 시설 |
| 노인의료 복지시설 | 노인요양 시설 | 치매·중풍 등 노인성 질환 등으로 심신에 상당한 장애가 발생하여 도움을 필요로 하는 노인을 입소시켜 급식·요양과 그 밖에 일상생활에 필요한 편의를 제공 |
| | 노인요양 공동생활 가정 | 치매·중풍 등 노인성 질환 등으로 심신에 상당한 장애가 발생하여 도움을 필요로 하는 노인에게 가정과 같은 주거여건과 급식·요양, 그 밖에 일상생활에 필요한 편의를 제공하는 시설 |
| 노인여가 복지시설 (68,013개) | 노인 복지관 | 노인의 교양·취미생활 및 사회참여활동 등에 대한 각종 정보와 서비스를 제공하고, 건강증진 및 질병예방과 소득보장·재가복지, 그 밖에 노인의 복지증진에 필요한 서비스를 제공하는 시설 |
| | 경로당 | 지역노인들이 자율적으로 친목도모·취미활동·공동작업장 운영 및 각종 정보교환과 기타 여가활동을 할 수 있도록 하는 장소를 제공하는 시설 |
| | 노인교실 | 노인들에 대하여 사회활동 참여욕구를 충족시키기 위하여 건전한 취미생활·노인건강유지·소득보장 기타 일상생활과 관련한 학습프로그램을 제공하는 시설 |
| 재가노인 복지시설 (3,494개) | 방문요양 서비스 | 가정에서 일상생활을 영위하고 있는 노인으로서 신체적·정신적 장애로 어려움을 겪고 있는 노인에게 필요한 각종 편의를 제공하여 지역사회 안에서 건전하고 안정된 노후를 영위하도록 하는 서비스를 제공하는 시설 |
| | 주·야간보호 서비스 | 부득이한 사유로 가족의 보호를 받을 수 없는 심신이 허약한 노인과 장애노인을 주간 또는 야간 동안 보호시설에 입소시켜 필요한 각종 편의를 제공하여 이들의 생활안정과 심신기능의 유지·향상을 도모하고, 그 가족의 신체적·정신적 부담을 덜어주기 위한 서비스를 제공하는 시설 |
| | 단기보호 서비스 | 부득이한 사유로 가족의 보호를 받을 수 없어 일시적으로 보호가 필요한 심신이 허약한 노인과 장애노인을 보호시설에 단기간 입소시켜 보호함으로써 노인 및 노인가정의 복지증진을 도모하기 위한 서비스를 제공하는 시설 |

| 종 류 | 시 설 | 설치목적 |
|---|---|---|
| | 방문목욕 서비스 | 목욕장비를 갖추고 재가노인을 방문하여 목욕을 제공하는 서비스하는 시설 |
| | 방문간호 서비스 | 간호사 등이 의사, 한의사 또는 치과의사의 지시서(이하 "방문간호 지시서"라 한다)에 따라 수급자의 가정 등을 방문하여 간호, 진료의 보조, 요양에 관한 상담 또는 구강위생 등을 제공하는 서비스를 제공하는 시설 |
| | 재가노인 지원서비스 | 그 밖에 재가노인에게 제공하는 서비스로서 상담 · 교육 및 각종 서비스를 제공하는 시설 |
| 노인보호 전문기관 | | 시 · 도지사가 노인보호전문기관을 지정 · 운영, 노인학대 신고, 상담, 보호, 예방 및 홍보, 24시간 신고 · 상담용 긴급전화(1577-1389)를 운영하는 시설 |
| 노인일자리 지원기관 | | 지역사회 등에서 노인일자리의 개발 · 지원, 창업 · 육성 및 노인에 의한 재화의 생산 · 판매 등을 직접 담당하는 노인일자리전담기관 운영하는 시설 |
| 학대피해노인 전용쉼터 | | 노인학대로 피해를 입은 노인을 일정기간 보호하고 심신치유 프로그램 제공하는 시설 |

## 3-1. 무료 또는 유료 노인복지시설의 구분

### 3-1-1. 무료 노인복지시설의 구분(영 §8의 4, 칙 §2의 3, 2016년 신설)

2015년까지는 무료 노인복지시설에 대해 별도의 규정이 없었으나 2016년부터는 80% 이상 무료노인복지시설로 사용하는 경우로 무료 노인복지시설을 명확히 규정(영 §8의 4)하였다. 이를 통해 개인의 자기 부담이 지나치게 높은 시설(고급 양로시설 및 실버타운)의 경우는 무료노인복지시설에서 제외되었다.

### 3-1-2. 무료 노인복지시설의 구분(운영상 기준, 2015년까지)

2015년까지는 무료 노인복지시설에 대해 별도의 규정이 없어, 과세 운영상의 기준으로 무료노인복지시설을 다음과 같이 구분하였다.

- 구 노인복지법 제32조는 "입소시켜 급식 · 요양 등 편의 제공에 따른 소요비용 일체를 입소자로부터 수납하여 운영하는 시설"로 유료를 구분하였으나, 이후 시행규칙 제18조 제1항 및 제19조의 2에서 "입소자로부터 입소비용의 전부를 수납하여 운영하는 노인요양시설 또는 노인요양공동생활가정의 경우로서 60세 이상의 자의 경우 입소자 본인이 전액 부담한다"라고 유료의 개념을 규정하고 있다. 신 · 구 노인복지법을 종합하면 유료 노인복지시설은 소요되는 운영경비 일체를 입소자가 부담하여 운영하는 경우를 말하고,

무료노인복지시설은 그 소요경비 중 일부인 실비만을 입소자가 부담하거나 전액 무료로 이용하는 경우로 볼 수 있다.

〈표 3〉 **노인복지시설 신 · 구조문 비교**

| 종전(구 노인복지법, 2007.8.3. 개정 이전) | 현행(노인복지법 시행규칙) |
|---|---|
| 제32조(노인주거복지시설) ① 노인주거복지시설은 다음 각호의 시설로 한다.<br>1. (생 략)<br>2. 실비양로시설 : 노인을 입소시켜 **저렴한 요금**으로 급식 기타 일상생활에 필요한 편의를 제공함을 목적으로 하는 시설<br>3. **유료양로시설 : 노인을 입소시켜 급식 기타 일상생활에 필요한 편의를 제공하고 이에 소요되는 일체의 비용을 입소한 자로부터 수납하여 운영하는 시설**<br>4. 실비노인복지주택 : 보건복지부장관이 정하는 일정소득 이하의 노인에게 **저렴한 비용**으로 분양 또는 임대 등을 통하여 주거의 편의 · 생활지도 · 상담 및 안전관리 등 일상생활에 필요한 편의를 제공함을 목적으로 하는 시설<br>5. **유료노인복지주택 : 노인에게 유료로 분양 또는 임대 등을 통하여 주거의 편의 · 생활지도 · 상담 및 안전관리 등 일상생활에 필요한 편의를 제공함을 목적으로 하는 시설** | 제18조(노인의료복지시설의 입소대상자 등) ① 법 제34조에 따른 노인의료복지시설의 입소대상자는 다음 각 호와 같다.<br>1. 노인요양시설 · 노인요양공동생활가정 : 다음 각 목의 어느 하나에 해당하는 자로서 노인성질환 등으로 요양을 필요로 하는 자<br>가. ~ 다. (생 략)<br>라. **입소자로부터 입소비용의 전부를 수납하여 운영하는 노인요양시설 또는 노인요양공동생활가정**의 경우는 60세 이상의 자<br>제19조의 2(노인의료복지시설의 입소비용) 법 제34조 제2항에 따라 노인의료복지시설의 입소비용은 다음 각 호에 정하는 바에 따른다.<br>1. 장기요양급여수급자 : 노인장기요양보험법령이 정하는 바에 따른다.<br>2. 제18조 제1항 제1호 나목 및 다목에 해당하는 자 : 국가 및 지방자치단체가 전액 부담한다.<br>3. **제18조 제1항 제1호 라목에 해당하는 자 : 입소자 본인이 전액 부담한다.** |

### 일반 환자가 일시적으로 입소한 사실이 확인된 경우 유료노인복지시설 해당 여부

입소자 대부분이 노인장기요양보험법에 의한 요양급여 대상자이며, 이들을 대상으로 장기노인요양급여 이외에 법령에서 정한 본인부담금과 비급여 부분에 해당하는 비용만을 입소자들이 부담하는 형태로 운영되는 시설은 무료노인복지시설에 해당된다 할 것이므로 '장기요양급여 비용 지급통보서'에 의하여 일반환자가 입소한 사실이 확인되고 있더라도, 일반 환자들의 입원기간 여부, 본인 실비부담 수준 등 전체적인 이용실태를 고려하여 무료 노인복지시설에 해당하는지 여부를 판단하여야 한다(조심 2014지0953, 2015.5.19., 조심 2010지0696, 2010.12.28. 참조).

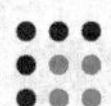

### 3-2. 노인복지법상 노유자시설인 노인복지주택

「노인복지법」(§32 ① 3호) 및 「건축법」(§55)상 노유자시설[63]인 노인복지주택에 대해 살펴본다. 「지방세법」 제104조 제3호에서 주택의 정의를 세대의 세대원이 장기간 독립된 주거생활을 영위할 수 있는 건축물을 말하며 이를 단독주택과 공동주택으로 구분하고 있다. 비록 노인복지법에서는 노유자시설로 규정하고 있으나 이는 관련 의무이행을 담보하기 위한 절차에 불과하다 할 것이다. 따라서 노인복지주택이 독립적 주거(출입문, 침실, 부엌, 화장실 등)가 가능한 구조로서 65세 이상의 노인을 대상으로 유료로 분양·임대하여 주거 편의를 제공할 목적이 있는 점, 「노인복지법」 제32조 제3항에서 주택의 설치·관리 등 운영사항에 관하여는 주택법을 준용하도록 규정하고 있는 점과 공부상 등재 여부에 불구하고 사실상의 현황에 따라 재산세[64]를 부과해야 하는 사실을 종합하면 사실상 주택으로 봄이 타당하다 하겠다.

한편, 「노인복지법」 제32조 제1항 제3호 개정(2015.1.28.)으로, 노인복지주택의 정의가 '노인에게 주거시설을 분양 또는 임대하여'에서 '주거시설을 임대하여'로 변경되었다. 이는 분양형 노인복지주택은 노인주거복지시설에서 제외되도록 개정된 것이라 하겠다. 다만 개정 「노인복지법」(법률 제13102호, 2015.1.28.)은 공포 후 6개월이 경과한 날부터 시행하도록 하고 있고, 부칙 제2조에서는 이 법 시행 전에 「건축법」에 따라 허가받거나 「주택법」에 따라 사업계획이 승인된 노인복지주택은 제32조 제1항 제3호 개정에도 불구하고 종전규정을 적용하도록 하고 있다. 따라서 이 법 시행 이후부터는 '분양형 노인복지주택'은 노인주거복지시설에 포함되지 아니하고, 이를 설치·운영하는 자와 노인복지주택을 분양받은 자는 「지방세특례제한법」 제20조에 따른 감면대상인 '노인복지주택을 설치·운영하는 자'에 해당되지 아니하고, '임대형 노인복지주택'을 설치·운영하는 자만이 감면대상에 해당된다 하겠으며, 또한 「지방세법」 제11조 제1항 제8호의 개정(2017.1.1. 시행)에 따라 「노인복지법」(법률 제13102호로 개정되기 전의 것을 말함)에 의한 분양형 노인복지주택의 경우에도 주택세율을 적용하도록 명시함으로써 노인복지주택에 대한 주택 취득세 적용세율의 다툼이 없도록 개정한 것으로 보여진다.

---

63) 건축법 제55조(「건축법」에 대한 특례) ② 이 법에 의한 노인복지주택의 건축물의 용도는 건축관계 법령에 불구하고 노유자시설로 본다.

64) 노인복지시설운영자가 노인복지주택을 임대하는 경우로서 그 임차인이 거주용으로 노인복지주택을 사용하는 경우는 사실상 주택임(행안부 지방세운영과-618, 2009.2.9.).

# 4 | 특례내용

## 4-1. 세목별 감면

노인복지법 제31조에 따른 노인복지시설에 대해서는 다음과 같이 지방세 및 국세(농어촌특별세)를 각각 감면한다. 이 경우 노인복지주택은 노인복지법에 의한 노유자시설 규정에도 불구하고 사실상의 공동주택으로 보아 지방세법에 따른 주택분 세율을 적용한 산출세액에 대한 취득세 및 재산세를 각각 감면한다.

〈표 4〉 노인복지시설 등 감면 현황(2025.1.1. 현재)

| 조문 | 감면내용 | 감면율 |
|---|---|---|
| §20 1호 | 경로당 | 취득세, 재산세(도시계획분 포함) 면제<br>지역자원시설세 면제 |
| §20 1호 | 경로당 이외 무료 노인복지시설 | 취득세 면제, 재산세 50% |
| §20 2호 | 제1호 외의 유료 노인복지시설 | 취득세 25%, 재산세 25% |
| 농특 §4 ⑥ 5호 | §20에 따른 취득세 감면분의 20% | 농어촌특별세 비과세 |

## 4-2. 최소납부세액 면제(§177의 2)

2015년부터 시행되는 감면 상한제도(§177의 2 본문)에 따라 면제되는 세액의 15%는 감면특례가 제한되어 무료노인복지시설에 대해서는 취득세 또는 재산세(§20 1호)가 최저납부세액 과세대상에 해당되지만 최소납부세액 예외 특례(§177의 2 2호)에 따라 본 규정대로 계속해서 면제를 적용한다. 이에 대한 세부적인 사항은 제177조의 2 해설편의 내용과 같다.

## 4-3. 직접 사용 범위 특례

### 4-3-1. 2023년말 이전까지는 해당 시설장이 운영하는 경우에도 감면대상으로 보도록 유권해석 변경(행정안전부 지방세특례제도과-974, 2023.4.24.)

노인복지시설의 설치자가 시설의 장과 舊노인복지법 등 관련 법령에 따른 근로계약을 체결하고 있고, 관련 시설에 대한 행정처분이 설치자에게 부과되는 등 시설의 설치와 운영에 관한 권한 및 책임 등이 설치자에게 귀속되는 경우라면, 시설의 장을 고용하여 운영하는 경우라도 노인복지시설의 설치자가 해당 시설을 '직접사용'하는 것으로 보아 취득세 감면대상에 해당한다는 취지로 유권해석이 변경됨에 따라 2023년말 이전까지는 새로이 변경된 범위로 적용되어야 할 것이며 2024년 이후부터는 직접사용 여부로 판단하여야 하겠다.

아울러, 기존 규정(제1호)에서 감면대상을 '노인복지시설을 설치·운영하기 위하여 취득하는 부동산'으로 정하고 있고 설치·운영에 대한 별도의 정의 규정을 두고 있지 않으므로 노인복지시설과 관련된 「노인복지법」, 「노인장기요양보험법」, 「사회복지사업법」의 각 규정에서 정하는 의미로 해석함이 타당하다 할 것(대법원 2009.4.23. 선고 2008두4534 판결)인바, 「노인복지법」, 「노인장기요양보험법」, 「사회복지사업법」에서는 노인복지시설의 '설치자, 설치·운영자, 운영하려는 자'와 '시설의 장'을 구분하고 있고 대부분 처분청이 노인복지시설의 설치자를 그 설치를 허가하고 있으며 노인복지시설에 대한 각종 행정처분은 시설의 장이 아닌 설치·운영하는 자인 대표자에게 하고 있는 점(서울행정법원 2021.4.30. 선고, 2020구합71994 판결) 등에 비추어 재산세 과세기준일(6.1.) 현재 시설장이 운영하더라도 노인복지시설로 직접 사용하였다고 봄이 타당할 것(조심 2023지0133, 2023.8.9. 등 다수 결정)이다.

#### 4-3-2. 부동산 사용자가 종교단체 또는 종교법인에 대한 특례(§20, 제1호 괄호)

2013년까지는 노인복지시설에 대한 직접 사용의 범위를 판단함에 있어 소유자로 볼 것인지 아니면 그 시설 사용자로 볼 것인지에 대해 논란[65]이 있었으나 2014년부터는 제2조 제8호에서 직접 사용의 정의를 납세의무자(소유자) 측면을 우선 고려하도록 명확히 개정하여 노인복지시설이 제3자에 임대되는 경우에는 감면대상으로 보지 않는다. 다만, 예외적으로 노인복지시설을 실제 운영하는 자가 종교단체 또는 종교법인(종교단체의 대표자 포함)인 경우에는 노인복지시설의 부동산을 소유하는 자가 직접 사용하지 않더라도 계속 감면대상으로 본다. 이는 종교재단 명의의 부동산을 종교재단 산하의 교회가 노인요양시설을 건립하여 운영하고 있는 경우에 감면주체를 종교단체로 볼 것인지 아니면 사회복지사업을 목적으로 하는 단체로 볼 것인지에 대한 다툼이 발생할 수 있다. 만약에 이를 종교단체로 본다면 당해 부동산은 종교용도가 아니기 때문에 종교단체에 대한 감면에서 제외되고 노인복지시설에 대한 감면도 사회복지사업을 목적으로 하는 단체가 아니기 때문에 양쪽 모두 감면규정을 적용받지 못하는 문제점을 보완한 것이라 보여진다.

#### 4-3-3. 노인복지시설 용도로 건축중인 건축물 부속토지에 대한 특례(영 §123)

노인복지시설 용도로 감면대상 업무에 사용을 건축물을 건축 중인 경우까지를 포함하여 실제로는 노인복지시설 용도로 사용하고 있지는 않지만, 해당 용도로 사용하는 것으로 의제(擬製)하여 해당 건축물의 부속토지에 대한 재산세를 감면한다.

65) 법 제178조(감면된 세액의 추징) 해설편(2-2. 직접 사용의 의미) 참조

**건축 준비과정중인 노인복지시설(요양시설)의 경우**

재산세 과세기준일(6월 1일) 현재 취득한 토지가 노인복지시설 등으로 건축허가를 받아 건축공사에 착공한 구체적인 사실 또는 행정기관의 건축규제조치로 인해 건축에 착공하지 못한 것으로 확인되지도 않는다면, 비록 도시계획시설 변경결정(자연녹지지역→사회복지시설) 등 노인요양시설을 건축하기 위한 준비과정에 있었다는 사실만으로는 재산세 감면대상인 건축중인 건축물로 보기는 어렵다 하겠다(조심 2010지0037, 2010.10.13. 참조).

## 5 지방세 특례의 제한

### 5-1. 매각 · 증여하는 경우 등에 대한 취득세 감면 제한(§178)

본 조에서는 별도의 추징규정은 없으나 법 제178조의 감면된 취득세의 추징 규정에 따라 노인복지시설을 설치 · 운영하기 위해 취득한 부동산을 그 취득일부터 1년이 경과할 때까지 정당한 사유없이 해당 용도로 직접 사용하지 아니하는 경우 또는 해당 용도로 직접 사용한 기간이 2년 미만인 상태에서 매각 · 증여하거나 다른 용도로 사용하는 경우에는 감면된 취득세를 추징한다. 세부적인 추징절차 등에 대해서는 제178조의 해설편을 참조하면 된다.

**유예기간 이내에 노인복지시설로 직접 사용하지 못한 정당한 사유에 해당하는지의 여부**

종교, 근린생활시설로 사용중인 기존 건축물을 노인복지시설로 사용하기 위해서는 건축법상 용도변경공사는 불가피한 공정이라는 점, 기존 건축물 취득일로부터 1년 이내에 용도변경공사에 착수한 점, 그 규모가 대형(연면적 8,116㎡)이어서 공사기간이 1년간이나 지속되었던 점 등을 고려시, 해당 용도변경공사가 장기간 소요되어 당해 용도로 사용하기 위해 정상적인 노력을 다하였음에도 시간적 여유가 없어 유예기간을 넘긴 경우로서 정당한 사유로 봄이 타당(대법원 97누5121, 1998.11.27., 행안부 지방세운영과-3079, 2010.7.19.)

### 5-2. 2011.6.7. 이후 설립되는 노인전문병원

종전에는 노인전문병원은 노인복지시설(노인의료복지시설)로 분류되었으나 이후 노인복지법이 개정(2011.6.7.)되면서 해당 시설에서 제외되었다. 이는, 노인전문병원이 사실상 의료법[66]상 요양병원임을 고려한 것으로 보여진다. 다만, 관련법 개정 이전에 노인전문병

66) 의료법 제3조(의료기관) ② 의료기관은 다음 각 호와 같이 구분한다. / 라. 요양병원(정신보건법 제3조 제3호에 따른 정신의료기관 중 정신병원, 장애인복지법 제58조 제1항 제2호에 따른 의료재활시설로서 제3조

원으로 허가를 받은 경우에는 계속해서 노인전문병원으로 본다는 경과규정(부칙 제2조)을 두고 있어 이의 경우에는 감면대상으로 보아야 할 것이다. 한편, 2011.6.7. 이후에 의료법에 따라 허가를 받는 노인요양병원(2011.6.7. 이전에는 노인전문병원)은 노인복지시설에 대한 감면대상에는 제외되지만, 의료법인(§38 ①) 감면은 적용받을 수 있다. 이 경우에도 개인이 운영하는 노인요양병원은 노인복지시설 및 의료법인 감면 모두 해당되지 않는다.

**관련규정**

노인복지법 제34조(노인의료복지시설) ① 노인의료복지시설은 다음 각 호의 시설로 한다.
1. ~ 2. (생 략) 3. 삭제 〈2011.6.7.〉 ☞ 종전에는 노인전문병원도 노인의료복지시설에 포함

노인복지법 부칙 〈법률 제10785호, 2011.6.7.〉
제2조(노인전문병원에 대한 경과조치) 이 법 시행 당시 종전의 규정에 따라 허가를 받은 노인전문병원(노인전문병원으로 건축허가를 받아 설치 중인 경우를 포함한다)에 대하여는 제34조 제1항의 개정규정에도 불구하고 종전의 규정에 따른다.

### 5-3. 지방세법상 중과세 대상 재산

노인복지시설을 설치·운영하려는 자가 감면을 받으려는 부동산이 별장 등 지방세 중과세 대상(지법 §13 ⑤)인 사치성 재산에 해당되는 경우에는 감면대상에서 제외된다.

## 6 감면신청(§183)

노인복지시설을 설치·운영하려는 자 등이 지방세를 감면받으려는 경우에는 해당 지방자치단체의 장에게 노인복지시설에 대한 입증서류를 첨부하여 감면신청을 하여야 한다. 세부적인 감면신청 절차 등에 대해서는 제183조의 해설 내용을 참조하면 된다.

---

의 2의 요건을 갖춘 의료기관을 포함한다)

## 7 | 관련사례

■ 노인복지시설에 사용하기 위해 부동산을 취득하고 취득세 감면을 받은 후, 취득일로부터 1년이 경과할 때까지 해당 용도로 직접 사용하지 않은 경우, 정당한 사유로 볼 수 있는지

① 당초 사우나, 찜질방으로 사용되어 다수가 점유 중이어서 점유 이전에 시간이 걸리고, 그 철거 규모도 커서 노인요양시설로 용도를 변경하는 데에 많은 시간이 걸릴 수밖에 없는 점, ② 원고는 용도변경 허가를 받기 위해 필요한 노력을 하였고, 원고의 귀책사유로 인하여 용도변경이 지연되었다고 볼 만한 사정을 찾을 수 없는 점, ③ 원고는 용도변경설계가 확정된 이후 바로 공사에 착공하였고, 이 사건 부동산의 취득 후 1년 내에 사용승인까지 신청한 점 등을 종합적으로 고려할 때, 원고는 노인요양시설을 완공하기 위한 정상적인 노력을 다 하였으나 사업의 규모, 법령상 제한에 따른 협의 절차 이행 등으로 인하여 유예기간을 경과하여, 쟁점 부동산의 취득일로부터 1년이 경과할 때까지 해당 용도로 직접 사용하지 아니한 데 정당한 사유가 있다고 봄이 타당(대법원 2024.3.14. 선고, 2023두62441 판결)

■ 쟁점노인복지시설의 설치자와 그 시설의 장이 다르다는 이유로 기 감면한 취득세 등을 추징한 처분은 부당하다는 청구주장의 당부

노인복지시설에 대한 각종 행정처분은 시설장이 아닌 설치・운영하는 자인 대표자에게 하고 있는 점 등에 비추어 처분청이 쟁점부동산을 노인복지시설로 직접 사용하지 아니한 것으로 보아 청구법인에게 이 건 부과처분을 한 것은 잘못이 있다(조심 2022지1216, 2023.1.18. 외 다수, 같은 뜻임)고 판단됨(조심 2023지0799, 2024.3.5.).

■ 쟁점토지의 취득일부터 유예기간 내 노인복지시설의 목적으로 직접 사용하지 못한 정당한 사유가 존재하지 아니한다고 보아 가산세를 포함하여 이 건 취득세를 부과한 처분이 적법한지 여부

쟁점토지상에 신축된 건축물 중 일부에 설치된 단독주택은 노유자시설 용도가 아니므로 그 부속토지 부분은 위 감면규정에 따른 감면대상에 해당하지 아니하고, 그에 대하여 기 감면받은 취득세 등은 「지방세법」 제20조 제3항에 따른 신고・납부대상에 해당함에도 청구인이 이를 해태한데 대한 것이므로 이에 대해 가산세를 포함하여 기 감면한 취득세를 추징한 처분에 달리 잘못이 없다고 판단됨. 청구인이 비록 쟁점토지의 취득일부터 1년 이내에 노유자시설로의 직접 사용을 개시하지는 못하였으나 노유자시설용 건축물의 신축을 위한 정상적인 노력을 다하였음에도 시간이 부족하여 유예기간이 경과한 것으로서 그 정당한 사유가 인정된다 할 것이므로 처분청이 청구인에게 노유자시설 부속토지에 대하여 기 감면한 취득세를 추징한 처분은 잘못이 있다고 판단됨(조심 2023지0094, 2024.1.15.).

■ 청구법인이 쟁점부동산을 취득한 후 감면유예기간(1년) 이내에 노인복지시설로 직접 사용하지 못한 것에 정당한 사유가 있는지 여부

청구법인은 쟁점부동산을 취득(2020.12.16.)한 후 5개월이 경과하여 이 건 공사에 착공(2021.5.18.)하였고, 11개월이 경과하여 쟁점건축물을 해체하였으며, 2년 4개월을 경과한 후에서야 처분청으로부터 이 건 건축물의 사용승인(2023.4.25.)을 받은 사실 등에서 쟁점부동

산을 취득한 후 감면유예기간(1년) 이내에 해당 목적에 사용하기 위하여 진지한 노력을 다 하였다고 보기 어려운 점 등에 비추어 볼 때 청구법인이 쟁점부동산을 취득한 후 감면유예기간(1년) 이내에 노인복지시설로 직접 사용하지 못한 것에 정당한 사유가 있다고 볼 수 없으므로 처분청이 청구법인에게 이 건 취득세를 부과한 처분은 달리 잘못이 없음(조심 2023지0577, 2023.12.22.).

■ 청구인이 취득한 이 건 부동산에 사실혼 관계에 있는 자의 명의로 노인복지시설을 설치한 것을 직접 사용으로 볼 수 있는지 여부

「지방세특례제한법」 제20조 제1호에서 무료노인복지시설을 설치·운영하기 위하여 취득하는 부동산에 대해서는 취득세 등을 면제하나, 제178조 제1항 제1호에서 정당한 사유 없이 그 취득일부터 1년이 경과할 때까지 해당 용도로 직접 사용하지 아니하는 경우 감면된 취득세를 추징하도록 규정하고 있는바, 청구인은 이 건 부동산을 취득하고 노인복지시설로 사용하였다고 볼 수도 있겠으나, 쟁점노인복지시설의 대표자가 청구인이 아닌 사실혼 관계에 있다고 하는 ○○○의 명의로 되어 있는 이상, 쟁점노인복지시설의 설치자를 청구인으로 볼 수 없으므로 직접 사용으로 볼 수 없음(조심 2023지0045, 2023.11.29.).

■ 부부공동으로 취득한 부동산 중 1인만을 대표자로 노인복지시설을 설치·운영하는 경우

노인복지시설을 설치한 자라 함은 시설을 적법하게 설치·신고하여 시설을 운영하는 자를 의미하는 것으로 대표자 외 다른 배우자는 위 노인복지시설을 설치·운영하는 지위에 있지 않으므로 해당 배우자에 해당하는 부동산은 취득세 감면대상이 아님(행안부 지방세특례제도과-1005, 2021.4.30.).

■ 사업준비과정이 직접 사용에 해당하여 정당한 사유가 있는지 여부

목적사업에 직접 사용되는 부동산이라 함은 그 사업에 직접 사용되고 있는 것을 의미하는 바, 사업준비과정도 직접 사용에 해당된다는 청구주장은 받아들이기 어려울 뿐만 아니라, 토지 취득일부터 3년 이상 경과된 시점까지 공사에 착공하지 아니하고 있는 점 등에 비추어 목적사업에 사용하지 못한 데에 정당한 사유가 있다고 보기 어려우므로 취득세 등을 부과한 처분은 잘못이 없음(조심 2015지1266, 2016.3.17.).

■ 노인복지시설 관련법령에 따라 설치·신고되지 않은 노인복지시설의 감면 여부

「지방세특례제한법」 제20조에 따른 감면대상은 「노인복지법」에서 정한 절차에 따라 적법하게 설치된 노인복지시설인 경우에 한하여 해당되는 것으로 보아야 할 것이므로 「노인복지법」에 따라 설치신고되지 않고 노인복지시설로 사용하는 부동산은 감면 대상이 아님(행자부 지방세특례제도과-159, 2016.1.21.).

■ 노인복지주택을 분양받아 취득한 경우 감면대상 여부

「지방세특례제한법」 제20조에 따른 감면대상자는 '노인복지주택을 설치·운영하는 자'가 해당되고 그 노인복지주택에 입소하기 위하여 분양을 받은 자는 「지방세특례제한법」 제20조에 따른 감면대상자가 아님(행자부 지방세특례제도과-2727, 2015.10.7.).

■ 무료 노인복지시설에 해당하는지 여부

노인복지시설 이용자 중 1명이 입소 후 장기요양등급 판정을 받았는바, 무료 노인복지시설

에 해당하는지 여부는 전체적인 이용실태를 고려하여 판단하여야 할 것이므로 해당 부동산은 「지방세특례제한법」 제20조 제1호에 따른 무료 노인복지시설에 해당하는 것으로 보는 것이 타당함(조심 2014지0953, 2015.5.19.).

▣ 노인복지시설법에 따라 설치신고되지 않은 노인복지시설 감면 여부

쟁점부동산에 설치된 노인복지시설은 대부분의 입소자가 장기요양급여등급을 받아 쟁점노인요양시설 이용료의 일부만을 부담하는 장기요양급여 수급대상자이므로 쟁점노인요양시설은 무료 노인복지시설로 보는 것이 타당함(조심 2014지1434, 2015.4.15.).

▣ 노인복지시설 운영자와 취득자가 상이한 경우 감면 여부

요양원의 운영자가 취득자가 아닌 대표로 있는 법인인 경우 무료노인복지시설을 직접 사용하기 위해 취득하였다 보기 어려우므로 기 감면된 취득세는 추징함이 타당(조심 2014지1398, 2014.12.11.).

▣ 건축공사 준비과정으로 인해 착공지연이 된 경우 감면 여부

건축중인 건축물이라 함은 과세기준일 현재 터파기공사 등 본격적인 공사를 착수한 경우를 말하고, 그 착공에 필요한 준비작업을 하고 있는 경우를 포함한다고 할 수는 없는 것임은 물론, "건축허가를 받아 착공신고서를 제출하고 실제로 건축공사를 진행하고 있는 경우"가 아니라면 쟁점토지에 노인복지시설을 건축 중인 경우라고는 볼 수 없으므로 노인복지시설의 착공이 늦어진 사유가 해당 법인의 귀책사유에 기인한 경우가 아니라 하더라도, 건축착공을 하여 실제로 건축공사를 진행하고 있는 경우가 아니라면 쟁점토지를 해당 용도에 직접 사용하는 부동산이라고 볼 수 없으므로 과세기준일 현재 건축공사 준비과정에 있는 쟁점 토지에 재산세를 부과 고지한 것은 적법함(조세심판원 2013지0051, 2013.3.14.).

▣ 무료노인복지시설에 해당 여부

구 노인복지법 제34조는 노인의료복지시설의 명칭에서 유료의 경우 "입소시켜 급식·요양 등 편의 제공에 따른 소요비용 일체를 입소자로부터 수납하여 운영하는 시설"로 유료와 무료를 명확하게 구분하였으나, 2007.8.3. 법률 제8608호로 노인복지법이 개정(2008.4.4. 시행)되면서 시설 명칭상으로는 노인의료복지시설이 노인요양시설과 노인요양공동생활가정으로 구분될 뿐 유·무료의 명칭 구분이 없어졌으나, 그 시행규칙 제18조 제1항 및 제19조의 2에서 "입소자로부터 입소비용의 전부를 수납하여 운영하는 노인요양시설 또는 노인요양공동생활가정의 경우로서 60세 이상의 자의 경우 입소자 본인이 전액 부담한다"라고 유료의 개념을 규정하고 있는 바, 노인장기요양보험법에 따라 입소자가 장기요양급여수급자로 구성되어서 장기요양급여를 수령(당해 장기요양급여비용의 20%만 본인이 부담)하여 운영하는 시설인 경우라면 무료 노인복지시설이라고 봄이 타당함(행안부 지방세운영과-4133, 2010.9.7.).

▣ 노인복지시설이 과세유예기간을 1년을 넘긴 경우 정당한 사유 해당 여부

종교 및 근린생활시설로 사용되었던 기존 건축물을 서울시세감면조례상 감면대상인 노인복지시설로 사용하기 위해서는 건축공사가 아닌 건축법상 용도변경공사는 불가피한 공정이라는 점, 기존 건축물 취득일로부터 1년 이내에 용도변경공사에 착수한 점, 용도변경공사(바닥면적 100㎡ 이상)도 건축공사와 같이 시장·군수·구청장으로부터 허가 및 사용검사를 받

아야 하는 점, 특히 그 규모가 대형(연면적 8,116㎡)이여서 공사기간이 1년간(2009.11.2~2010.11.2.)이나 지속되었던 점 등을 종합하여 볼 때, 취득일부터 1년 이내에 착수한 위 용도변경공사가 장기간 소요되어 당해 용도로 사용하기 위해 정상적인 노력을 다하였음에도 시간적 여유가 없어 유예기간 1년을 넘긴 경우라면 당해 노인복지시설에 직접 사용하지 못한 정당한 사유에 해당한다고 봄(대법원 97누5121, 1998.11.27. 참조, 행안부 지방세운영과-3079, 2010.7.19.).

▣ 노인복지시설법에 따라 설치신고되지 않은 노인복지시설 감면 여부

- 처분청은 청구인이 2012.9.26. 쟁점부동산을 이○○에게 매매를 원인으로 소유권 이전등기 하였다가 2012.12.10. 합의해제를 원인으로 말소등기하여 소유권을 원상회복한 사실을 확인하고, 청구인이 쟁점토지 및 건축물 등을 유예기간 내에 정당한 사유없이 매각한 것으로 보아 쟁점토지 및 건축물 등에 대하여 감면하였던 취득세 ○○○, 농어촌특별세 ○○○, 지방교육세 ○○○, 합계 ○○○을 2013.1.4. 청구인에게 부과고지하였다.
- 위 사실관계 및 관련법령 등을 종합하여 쟁점사항에 대하여 살펴보면, ① 청구인은 2011.8.16. 및 2011.10.19. 쟁점토지 및 건축물을 취득하여 노인복지시설로 사용하다가 2012.9.26. 이○○에게 쟁점부동산을 매각한 사실이 청구인과 이○○ 간 2012.9.1. 체결된 쟁점부동산의 매매계약서 및 쟁점부동산의 등기부등본 등에 의하여 확인되는 점, ② 청구인이 쟁점토지와 건축물을 매각한 것은 청구인의 자금사정과 청구인의 노인복지시설 운용요건 미충족에 따른 행정처분 등에 따른 것으로 청구인의 귀책사유라고 보여지므로 청구인이 쟁점부동산을 노인복지시설로 2년 이상 사용하지 아니하고 매각한 정당한 사유가 있다고 보기는 어렵다고 판단되는 점 등을 종합하여 볼 때 청구인이 쟁점토지와 건축물을 정당한 사유없이 2년 이상 노인복지시설로 사용하지 아니하고 매각한 것으로 보아 이 건 취득세 등을 과세한 처분은 적법한 것으로 판단됨(조세심판원 2013지0703, 2013.10.22.).
- 이 건의 경우, 청구법인이 노인복지시설 건축허가(2006.6.28.)를 받아 노인복지주택 입주자모집공고 승인(2007.5.10.)을 받을 당시에는 「노인복지법」상 유료노인복지주택에 대한 양도(매매·증여나 그 밖에 소유권변동을 수반하는 일체의 행위를 포함), 임대 및 입소자격 등에 대한 제한이 없었으나, 2007.8.3. 「노인복지법」 제33조의 2의 신설로 인하여 노인복지주택에 대한 입소자격 등이 제한됨에 따라 수분양자들의 입소지연 및 분양·임대저조 등으로 청구법인이 이 건 부동산을 유예기간내 노인복지시설에 직접 사용하지 못한 사정이 인정된다 할 것임(조세심판원 2011지0721, 2012.4.16.).

▣ 노인복지시설법에 따라 설치신고되지 않은 노인복지시설 감면 여부

청구법인이 「의료법」에 의하여 설립된 의료법인이라고 하더라도 쟁점부동산은 「의료법」에 따른 의료업이 아닌 「노인복지법」에 따른 노인의료복지시설로 사용하고 있는 사실이 확인되는 이상 재산세 면제 대상이 아닌 경감(100분의 50) 대상에 해당한다 할 것임(조세심판원 2012지0191, 2012.4.26.).

# 제21조 청소년단체 등에 대한 감면

관련규정

제21조(청소년단체 등에 대한 감면) ① 다음 각 호의 법인 또는 단체가 그 고유업무에 직접 사용하기 위하여 취득하는 부동산에 대해서는 취득세의 100분의 75를 2026년 12월 31일까지 경감하고, 과세기준일 현재 그 고유업무에 직접 사용하는 부동산에 대해서는 재산세를 2026년 12월 31일까지 면제한다.

1. 「스카우트활동 육성에 관한 법률」에 따른 스카우트주관단체
2. 「한국청소년연맹 육성에 관한 법률」에 따른 한국청소년연맹
3. 「한국해양소년단연맹 육성에 관한 법률」에 따른 한국해양소년단연맹
4. 제1호부터 제3호까지의 단체 등과 유사한 청소년단체로서 대통령령으로 정하는 단체

【영】 제9조(청소년단체의 범위) 법 제21조 제1항 제4호에서 "대통령령으로 정하는 단체"란 다음 각 호의 어느 하나에 해당하는 청소년단체를 말한다.

1. 정부로부터 허가 또는 인가를 받거나 「민법」 외의 법률에 따라 설립되거나 그 적용을 받는 청소년단체
2. 행정안전부장관이 여성가족부장관과 협의하여 고시하는 단체

② 「청소년활동진흥법」에 따라 청소년수련시설의 설치허가를 받은 비영리법인이 청소년수련시설을 설치하기 위하여 취득하는 부동산에 대해서는 취득세를 2026년 12월 31일까지 면제하고, 과세기준일 현재 그 시설에 직접 사용하는 부동산에 대해서는 재산세의 100분의 50을 2026년 12월 31일까지 경감한다.

# 1 개 요

청소년 정서함양과 인성교육 지원을 위한 청소년단체 등에 대한 세제지원이다. 1995년에 신설되어 2010년 이전까지는 구 지방세법 제288조 제1항에서 규정되었으나 이후 지특법이 제정되면서 현재의 제21조로 이관(2010.3.31.)되었다. 2018년에는 스카우트단체 등에 대한 취득세 감면이 축소(면제 → 75%)되면서 일몰기한이 2020년까지 연장되었고, 현재 2025년까지 재차 연장되었다.

# 2 감면대상자

## 2-1. 청소년단체(§21 ①)

스카우트활동 육성에 관한 법률의 스카우트 주관단체, 한국청소년연맹 육성에 관한 법률의 한국청소년연맹, 한국해양소년단연맹 육성에 관한 법률의 한국해양소년단연맹, 기타 이와 유사한 청소년단체 및 청소년활동진흥법에 따라 청소년수련시설의 설치허가를 받은 비영리법인이 감면대상자에 해당된다. 각각의 청소년단체 등은 다음의 내용과 같다.

(1) **스카우트 주관단체** : 스카우트활동 육성에 관한 법률 제4조에 따른 법인격 있는 단체가 수행하는 스카우트 활동을 주관하는 단체를 말하는데 스카우트 활동이란 국가와 인종, 계급과 종교 등을 초월하여 형제애로 뭉친 범세계적 청소년운동 조직으로 청소년들이 대자연 속에서 단체생활을 통해 자신의 잠재력을 개발하고 국가 사회와 세계평화에 이바지할 건전한 청소년을 육성하는 사회활동을 말한다. 우리나라의 대표적인 스카우트 활동단체로는 보이스카우트와 걸스카우트 단체가 있다.

(2) **한국청소년연맹 육성에 관한 법률에 따른 사단법인 한국청소년연맹 단체** : 청소년들에게 심신의 단련을 통해 올바른 국가관과 윤리관을 심어주고 우리의 전통문화를 계승발전 시키며, 민족의 통일 번영과 국제사회에 이바지할 수 있는 건전한 미래세대를 육성하기 위하여 설립된 단체[67]이다.

67) 서울특별시립근로청소년복지관, 강동청소년회관, 서울특별시립금천청소년쉼터, 서울특별시립청소년활동진흥센터, 서울특별시립중랑청소년수련관, 창동청소년문화의집, 하이서울유스호스텔, 서울특별시립동대문청소년수련관, 태백시청소년수련관, 신동청소년, 아동장학복지센터, 정선군청소년상담지원센터, 태백시청소년수련시설, 청주시상당청소년문화의집, 충청북도청소년성문화센터, 합천종합야영수련원, 부산광역시청소년상담지원센터 등이다.

(3) **한국해양소년단 연맹 육성에 관한 법률에 따른 해양소년단** : 해양에 대한 교육과 보존·보호 활동을 통하여 우리의 풍부한 해양유산을 지키고 발전시키고자 설립된 비영리단체이며 2010년 현재 19개의 지방연맹을 두고 있다.

(4) **그 외 청소년단체**(§9) : 정부로부터 허가 또는 인가를 받거나 민법 외의 법률에 따라 설립되거나 그 적용을 받는 청소년단체 또는 행안부장관이 여성가족부장관과 협의하여 고시하는 단체가 있으나 아직까지 고시된 청소년단체는 없다.

(5) **청소년활동진흥법에 따라 청소년수련시설의 설치허가를 받은 비영리법인** : 청소년의 균형 있는 성장을 위하여 필요한 활동과 이러한 활동을 소재로 하는 수련활동, 교류활동, 문화활동 등을 수행하는 단체이다. 2019년 현재 전국에 1,581개소(여성가족부 소관 122개, 지자체 소관 1,459개)가 있다.

### 대안학교가 청소년단체에 해당하는지 여부

취득세 등이 감면되는 청소년단체란 정부로부터 허가를 받고 청소년단체로 등록하였다 하더라도 법령에서 규정하고 있는 감면의 적격 요건을 갖추기 위해서는 스카우트주관단체, 한국청소년연맹, 한국해양소년단연맹 등과 유사한 청소년단체에 해당하여야 할 것이나, 대안학교의 경우는 초·중등교육법에서 규정하고 있는 각종 학교의 기능에 가깝다 할 것이다. 따라서 학교형태의 교육시설인 대안학교는 청소년단체에 해당되지 않는다 하겠다. 다만, 학교법인의 학교용에 사용하기 위하여 취득한 부동산 또는 평생교육시설용 부동산에 해당되어 감면대상인지 여부를 별도로 판단하여야 할 것이다.

## 2-2. 청소년수련원시설(§21 ②)

문화·예술, 모험개척, 직업능력 등 다양한 수련활동을 통하여 청소년을 건전하게 육성 도모하기 위하여 청소년 대상 수련활동에 필요한 여러 시설, 설비, 프로그램 등을 갖추고 청소년지도자의 지도하에 체계적이고 조직적인 수련활동을 실시하는 곳으로 학교 밖에서 청소년들이 필요로 하는 도전적 체험과 공동체적 생활 경험을 위한 역할 수행 및 가정·학교·지역사회에서 제공할 수 없는 다양한 활동 및 경험 기회를 제공하는 시설을 말한다. 2019년 현재 청소년수련시설을 설치·운영하는 개인 및 단체는 814개에 이른다.

# 3 | 감면대상 부동산

### 3-1. 청소년단체가 고유목적사업에 직접 사용하는 부동산

청소년 등의 법인 또는 단체가 그 고유업무에 직접 사용하기 위하여 취득하는 부동산(임대용은 제외)을 말한다.

### 3-2. 청소년수련원 설치·운영자가 목적사업에 직접 사용하는 부동산

청소년수련시설의 설치허가를 받은 비영리법인이 청소년수련시설을 설치하기 위하여 취득하는 청소년수련시설이 감면대상 부동산이다. 청소년수련시설이란 청소년활동진흥법 제10조에 따른 시설로서 2019년 현재 청소년수련관(187개), 청소년수련원(187개), 청소년문화의 집(275개), 청소년야영장(39개), 청소년특화시설(12개), 유스호스텔(114개) 등을 말한다.

# 4 | 특례내용

### 4-1. 세목별 감면

이 법에 따른 감면대상자가 그 고유업무에 직접 사용 또는 청소년수련시설 설치를 위해 취득하는 부동산에 대해서는 지방세와 국세(농어촌특별세)를 2026년 12월 31일까지 각각 감면한다.

**〈표〉 청소년단체 등에 대한 감면 현황(2024.1.1. 현재)**

| 조문 | 감면내용 | 감면율 |
|---|---|---|
| §21 ① | 스카우트 주관 단체 등 청소년단체가 취득하는 부동산 | 취득세 75%<br>재산세(도시지역분) 면제 |
| §21 ② | 청소년수련시설이 해당 사업을 위해 취득하는 부동산 | 취득세 면제, 재산세 50% |
| 농특 §4 ⑥ 5호 | 청소년단체 등의 취득세 감면분에 대한 20% | 농어촌특별세 비과세 |

### 4-2. 건축중인 부속토지에 대한 특례(영 §123)

청소년단체 등이 그 고유업무용으로 사용할 건축물을 건축중인 경우까지를 포함하여 실제로는 해당 시설 용도로 직접 사용하고 있지는 않지만 해당 용도로 직접 사용하고 있는 것으로 의제(擬制)하여 해당 건축물의 부속토지에 대한 재산세를 계속 감면한다.

# 5 | 지방세특례의 제한

## 5-1. 감면된 취득세액의 추징(§178)

이 법에서 별도로 감면추징에 관한 사항이 없으나, 제178조의 규정에 따라 감면요건을 위반하는 경우에는 감면받은 취득세 등을 추징받게 된다. 이때 감면요건을 위반한 경우란 해당 부동산 취득일로부터 1년 이내 청소년단체 등의 고유업무 등으로 직접 사용하지 않거나 직접 사용한 기간이 2년 미만이 상태에서 매각·증여하는 경우 등을 말한다. 참고로 임대용인 경우에는 감면에서 제외하되 이는 2023년 1월 1일부터 총칙의 "직접 사용" 정의규정에 "임대는 제외"를 명시함에 따라 본 조문을 비롯한 개별조문 내용에서는 "임대를 제외한다"는 문구가 삭제되었으며 세부적인 추징절차 등에 대해서는 제178조의 해설을 참조하면 된다.

## 5-2. 최소납부세액의 부담(§177의 2)

청소년단체가 고유업무에 사용하기 위하여 취득하는 부동산에 대해서는 취득세 또는 재산세가 면제(§21 ①·②)됨에도 불구하고, 2015년부터 시행되는 감면 상한제도에 따라 면제되는 세액의 15%는 취득세 또는 재산세 감면특례가 제한되어 최소납부세액으로 부담해야 한다.

## 5-3. 지방세 중과대상 부동산 감면 제한(§177)

청소년단체 등이 감면을 받으려는 부동산이 지방세법 제13조 제5항에 따른 별장·골프장·고급오락장 등 지방세 중과세 대상인 사치성 재산인 경우에는 감면대상에서 제외된다.

# 6 | 감면신청(§183)

청소년단체 등을 설립하려는 단체 등이 지방세를 감면받으려는 경우에는 해당 지방자치단체의 장에게 청소단체임을 증명하는 서류 등을 첨부하여 감면신청을 하여야 한다. 세부적인 감면신청 절차는 제183조의 해설편의 내용과 같다.

# 7 | 관련사례

▣ 청소년수련시설용 토지를 장기간 방치한 경우

해당 토지를 청소년수련시설에 이용하고자 취득하였으나, 유예기간이 경과할 때까지 쟁점 토지를 청소년수련시설에 직접 사용하지 아니하고 장기간 방치하여 수풀이 무성한 상태인 것으로 나타나므로 해당 토지는 청소년수련시설에 직접 이용되지 아니한 것으로 보는 것이 타당함(조심 2014지1120, 2015.5.11.).

▣ 청소년단체가 해당 시설을 임대하거나 일부 이사장 주택으로 사용하고 있는 경우 감면 여부

청소년단체가 당해 부동산을 "그 사업에 사용"한다고 함은 현실적으로 당해 부동산의 사용용도가 청소년단체의 고유업무 자체에 직접 사용되는 것을 뜻하고, "그 고유업무에 사용"의 범위는 당해 청소년단체의 사업목적과 취득목적을 고려하여 그 실제의 사용관계를 기준으로 객관적으로 판단되어야 할 것으로, 부동산 중 2층은 제3자에게 임대하여 주거용으로 사용토록 하고 있고, 3층은 청구법인의 이사장이 사택(주거용)으로 사용하고 있음이 확인되고 있는 이상, 이를 고유업무에 직접 사용하였다고 보기는 어렵다 하겠으므로 처분청이 이 사건 재산세 등을 청구법인에게 부과고지한 것은 잘못이 없음(조심 2009지0180, 2009.9.28.).

# 제22조

## 1. 사회복지법인 등에 대한 감면

관련규정

제22조(사회복지법인 등에 대한 감면) ① 「사회복지사업법」에 따른 사회복지사업(이하 이 조에서 "사회복지사업"이라 한다)을 목적으로 하는 법인 또는 단체가 해당 사회복지사업에 직접 사용하기 위하여 취득하는 부동산에 대해서는 다음 각 호에서 정하는 바에 따라 취득세를 2025년 12월 31일까지 감면한다.

1. 「사회복지사업법」에 따른 사회복지법인(이하 이 조에서 "사회복지법인"이라 한다) 또는 한센인 권익·복지의 증진·개선 등을 목적으로 설립된 법인·단체로서 대통령령으로 정하는 법인·단체에 대해서는 취득세를 면제한다.
2. 「사회복지사업법」에 따른 사회복지시설(이하 이 조에서 "사회복지시설"이라 한다)을 설치·운영하는 법인 또는 단체 중 대통령령으로 정하는 법인 또는 단체에 대해서는 취득세의 100분의 25를 경감한다. 다만, 사회복지시설의 입소자 및 이용자가 입소 및 이용에 대한 비용을 부담하지 아니하는 사회복지시설의 경우에는 취득세를 면제한다

【영】 제10조(사회복지법인등의 면제대상 사업의 범위 등) ① 제22조 제1항 제1호에서 "대통령령으로 정하는 법인·단체"란 「민법」 제32조에 따라 설립된 사단법인 한국한센복지협회를 말한다.

가. 단체의 조직과 운영에 관한 규정(規程)을 가지고 대표자나 관리인을 선임하고 있을 것

나. 단체 자신의 계산과 명의로 수익과 재산을 독립적으로 소유·관리할 것

다. 단체의 수익을 구성원에게 분배하지 않을 것

② 법 제22조 제1항 제2호에서 "대통령령으로 정하는 법인 또는 단체"란 다음 각 호의 법인 또는 단체를 말한다.

1. 「민법」 제32조에 따라 설립된 비영리법인
2. 다음 각 목의 요건을 모두 갖춘 단체

가. 단체의 조직과 운영에 관한 일반 규정(規程)이 있을 것

나. 단체의 대표자나 관리인이 있을 것

다. 단체 자신의 명의와 계산으로 수익과 재산을 독립적으로 소유·관리하고 있을 것
라. 단체의 수익을 구성원에게 분배하지 않을 것

② 제1항에 따라 취득세를 감면받은 법인 또는 단체가 다음 각 호의 어느 하나에 해당하는 경우 그 해당 부분에 대해서는 감면된 취득세를 추징한다.
1. 부동산을 취득한 날부터 5년 이내에 수익사업에 사용하는 경우
2. 정당한 사유 없이 부동산의 취득일부터 3년이 경과할 때까지 해당 용도로 직접 사용하지 아니하는 경우
3. 해당 용도로 직접 사용한 기간이 2년 미만인 상태에서 부동산을 매각·증여하거나 다른 용도로 사용하는 경우

③ 제1항 각 호에 해당하는 법인 또는 단체(이하 이 조에서 "사회복지법인등"이라 한다)가 과세기준일 현재 해당 사회복지사업에 직접 사용(종교단체의 경우 해당 부동산의 소유자가 아닌 그 대표자 또는 종교법인이 해당 부동산을 사회복지사업의 용도로 사용하는 경우를 포함한다)하는 부동산(대통령령으로 정하는 건축물의 부속토지를 포함한다)에 대해서는 다음 각 호에서 정하는 바에 따라 지방세를 2025년 12월 31일까지 각각 감면한다. 다만, 수익사업에 사용하는 경우와 해당 재산이 유료로 사용되는 경우의 그 재산 및 해당 재산의 일부가 그 목적에 직접 사용되지 아니하는 경우의 그 일부 재산에 대해서는 감면하지 아니한다.
1. 제1항 제1호에 해당하는 법인 또는 단체에 대해서는 재산세(「지방세법」 제112조에 따른 부과액을 포함한다) 및 「지방세법」 제146조 제3항에 따른 지역자원시설세를 각각 면제한다.
2. 제1항 제2호에 해당하는 법인 또는 단체에 대해서는 재산세의 100분의 25를 경감한다. 다만, 사회복지시설의 입소자 및 이용자가 입소 및 이용에 대한 비용을 부담하지 아니하는 사회복지시설의 경우에는 재산세의 100분의 50을 경감한다.

【영】 제10조 ② 법 제22조 제3항 본문에서 "대통령령으로 정하는 건축물의 부속토지"란 해당 사업에 직접 사용할 건축물을 건축 중인 경우와 건축허가 후 행정기관의 건축규제조치로 건축에 착공하지 못한 경우의 건축 예정 건축물의 부속토지를 말한다.

④ 지방자치단체의 장은 제1항 또는 제3항에 따라 취득세 또는 재산세를 감면하는 경우 해당 지역의 재정 여건 등을 고려하여 100분의 50의 범위에서 조례로 정하는 율을 추가로 경감할 수 있다.

⑤ 사회복지법인등이 그 사회복지사업에 직접 사용하기 위한 면허에 대해서는 등록면허세를, 사회복지법인등(「장애인활동 지원에 관한 법률」에 따른 활동지원기관을 설치·운영하는 법인·단체 중 대통령령으로 정하는 법인·단체를 포함한다)에 대해서는 주민세 사업소분(「지방세법」 제81조 제1항 제2호에 따라 부과되는 세액으로 한정

한다) 및 종업원분을 2025년 12월 31일까지 각각 면제한다. 다만, 수익사업에 관계되는 대통령령으로 정하는 주민세 재산분 및 종업원분은 면제하지 아니한다.

**【영】 제10조** ③ 법 제22조 제5항 본문에서 "사회복지법인등이 그 사업에 직접 사용하기 위한 면허"란 법 제22조 제3항 각 호 외의 부분 본문에 따른 사회복지법인등이 그 비영리사업의 경영을 위하여 필요한 면허 또는 그 면허로 인한 영업 설비나 행위에서 발생한 수익금의 전액을 그 비영리사업에 사용하는 경우의 면허를 말한다.

④ 법 제22조 제3항 단서에서 "수익사업에 관계되는 대통령령으로 정하는 주민세 재산분 및 종업원분"이란 수익사업에 제공되고 있는 사업소와 종업원을 기준으로 부과하는 주민세 재산분과 종업원분을 말한다. 이 경우 면제대상 사업과 수익사업에 건축물이 겸용되거나 종업원이 겸직하는 경우에는 주된 용도 또는 직무에 따른다.

⑤ 법 제22조 제5항 본문에서 "대통령령으로 정하는 법인 · 단체"란 제2항 각 호의 법인 · 단체를 말한다.

⑥ 법 제22조 제5항 단서에서 "수익사업에 관계되는 대통령령으로 정하는 주민세 사업소분 및 종업원분"이란 수익사업에 제공되고 있는 사업소와 종업원을 기준으로 부과하는 주민세 사업소분(「지방세법」 제81조 제1항 제2호에 따라 부과되는 세액으로 한정한다)과 종업원분을 말한다. 이 경우 면제대상 사업과 수익사업에 건축물이 겸용되거나 종업원이 겸직하는 경우에는 주된 용도 또는 직무에 따른다.

⑥ 사회복지법인등에 생산된 전력 등을 무료로 제공하는 경우 그 부분에 대해서는 「지방세법」 제146조 제1항 및 제2항에 따른 지역자원시설세를 2019년 12월 31일까지 면제한다.

⑦ 사회복지법인의 설립등기 및 합병등기에 대한 등록면허세와 사회복지시설을 경영하는 자에 대하여 해당 사회복지시설 사업장에 과세되는 주민세 사업소분(「지방세법」 제81조 제1항 제2호에 따라 부과되는 세액으로 한정한다)을 각각 2025년 12월 31일까지 면제한다.

⑧ 제1항부터 제7항까지의 규정에도 불구하고 사회복지법인이 의료기관을 경영하기 위하여 취득하거나 사용하는 부동산에 대해서는 다음 각 호에 따라 취득세와 재산세를 각각 경감한다.

1. 의료업에 직접 사용하기 위하여 취득하는 부동산에 대해서는 2024년 12월 31일까지 취득세의 100분의 30[「감염병의 예방 및 관리에 관한 법률」 제8조의 2에 따라 지정된 감염병전문병원(이하 "감염병전문병원"이라 한다)의 경우에는 100분의 40]을 경감한다.
2. 과세기준일 현재 의료업에 직접 사용하는 부동산에 대해서는 2024년 12월 31일까지 재산세의 100분의 50(감염병전문병원의 경우에는 100분의 60)을 경감한다.

## 1 | 개 요

영유아, 노약자, 미혼모 등 취약계층 지원을 목적으로 설립된 사회복지법인 등에 대한 세제지원이다. 1977년도에 신설되어 2010년까지는 구 지방세법 제107조, 제127조, 제163조, 제186조, 제255조 구 지방세법 시행령 제79조 등에 각각 규정되었다가 현재의 제22조로 통합하여 이관(2010.3.31.)되었다. 2015년부터는 사회복지법인 등에 대한 감면 효과성 등을 검토하기 위해 영구감면에서 2019년까지로 일몰기한을 설정하였다. 2020년에는 사회복지사업의 모호한 법적 개념 등을 명확히 정비하였다. 2023년에는 일몰기한을 2025년까지 3년간 연장하였고 이때 사회적 약자를 보호하기 위하여 감면대상을 사회복지시설 전체로 확대하는 등 감면규정을 전면 재설계하였다.

## 2 | 감면대상자(§22 ①, 영 §10 ①)

2022년까지는 감면대상을 「사회복지사업법」에 따른 사회복지법인, 한국한센복지협회, 일부 사회복지시설이었으나 2023년부터는 위 사회복지법인 및 한국한센복지협회와 모든 사회복지시설 · 장애인활동지원까지 감면대상이 확대되었다.

## 3 | 감면대상 부동산 등

### 3-1. 감면대상 부동산(§22 ①~②)

#### 3-1-1. 사회복지법인과 사단법인 한국한센복지협회

사회복지법인과 사단법인 한국한센복지협회의 경우는 관련 사회복지사업용 부동산이 감면대상 부동산에 해당된다.

#### 3-1-2. 사회복지법인과 사단법인 한국한센복지협회 외 비영리법인 및 단체

「노인복지법」상 양로시설, 「아동복지법」상 아동양육시설, 「한부모가족지원법」상 모자가족복지시설 · 부자가족복지시설 · 미혼모자가족시설 · 한센병요양시설 및 모든 사회복지시설과 장애인활동기관이 사용하는 사업용 부동산으로 확대되었다.

### 3-1-3. 사회복지법인과 한국한센복지협회 및 사회복지시설의 유 · 무료 사용구분

2023년부터는 감면대상이 기존 사회복지법인, 한국한센복지협회, 일부 사회복지시설에서 사회복지법인, 한국한센복지협회 등 모든 사회복지시설로 감면대상이 확대되었고 대신에 이들 단체가 사회복지시설의 입소자 및 이용자가 입소 및 이용에 대한 비용을 부담하는지(유 · 무료)를 기준으로 감면율을 차등 감면하는 것으로 개정이 되었다. 이들 단체의 비용성격을 구분하면 크게 다음 3가지 유형으로 구분할 수 있고 다음의 유 · 무료 구분 기준에 따라 감면대상 부동산을 구분하여야 할 것이다.

| |
|---|
| ㉮ 비영리 등 일정 요건을 충족하는 법인 · 단체(지특법 시행령 §10 ② ⑤)<br>㉯ 일부 소수 인원에게만 비용을 받는 경우도 해당<br>㉰ 실비수준의 비용인지와 상관없이 대가성이 있다면 '유료사용' |

〈표 1〉 **사회복지시설 유 · 무료 주요 확인기준**

| 분류 | 유 · 무료 판단기준 | 사후관리 |
|---|---|---|
| 취득세 | 지방세 감면신청서, 사업계획서, 증빙서류 검토 | 사회복지시설 설치 · 운영 신고서와 결산서 검토, 현지조사 등 |
| 재산세 | 사회복지시설정보시스템 조회<br>사회복지시설 세입결산서 등 조회, 현지 확인 | 결산서 등 확인 |

## 4 | 특례내용

### 4-1. 세목별 감면

사회복지법인 등이 그 사회복지사업의 설치 · 운영을 위해 취득 또는 보유하는 부동산 등에 대해서는 2025년 12월 31일까지 지방세 및 국세(농어촌특별세)를 각각 감면한다. 사회복지법인 등에 대해서는 2010년까지는 영구 비과세였으나 2012년부터 일몰(2012년), 2012년부터 2014년까지 영구 감면, 2015년부터 다시 일몰기한을 설정하였다.

〈표 2〉 **사회복지법인 등에 대한 감면 현황(2023.1.1. 현재)**

| 구분 | 종전(2022년까지) | 현행(2023년부터) |
|---|---|---|
| 감면대상 | 사회복지법인, 한국한센복지협회, 일부 사회복지시설 | 사회복지법인, 한국한센복지협회 외 모든 사회복지시설 |
| 감면세목 | 취득세 재산세 100% | 유료 또는 무료에 따라 차등<br>(무료) 취득세 100%, 재산세 50%<br>(유료) 취득세 25%, 재산세 25% |
| | 재산세(도시지역분),<br>지역자원시설세 100% | – |
| | 주민세(사업소분, 종업원분) 100% | 주민세(사업소분, 종업원분) 100% |

### 4-2. 직접 사용 예외 특례

#### 4-2-1. 종교단체 또는 종교법인에 대한 재산세 특례(§22 ②)

이에 대한 세부사항은 제20조(노인복지시설)의 해설내용을 참조하면 된다.

#### 4-2-2. 사회복지시설 용도로 건축중인 건축물 부속토지에 대한 특례(영 §10 ②, §123)

사회복지시설의 감면대상 업무에 사용을 건축물을 건축 중인 경우와 건축허가 후 행정기관의 건축규제조치로 건축에 착공하지 못한 경우의 건축 예정 건축물의 부속토지를 포함하여 실제로는 사회복지시설 용도로 사용하고 있지는 않지만, 해당 용도로 사용하는 것으로 의제(擬製)하여 해당 부동산에 대한 재산세를 감면한다.

## 5 | 지방세 특례의 제한

### 5-1. 매각 · 증여하는 경우 등에 대한 취득세 감면 제한(§22 ① 1~3호)

제22조 제1항 단서에 따라 사회복지시설을 설치 · 운영하기 위해 취득한 부동산이 다음 표의 내용에 해당하는 경우에는 감면된 취득세를 추징한다. 세부적인 추징절차 등에 대해서는 제178조의 해설편을 참조하면 된다. 한편, 본 규정에 따른 추징요건은 제178조에 따른 일반적 추징규정보다 의무요건이 엄격하다. 이는 사회복지법인 등에 대한 감면이 다양한 법률에 따라 적용되는 점, 사회복지사업법 제17조 제1항 제8호에서 수익사업을 규정하고 있는 반면 지특법에서는 기본적으로 수익사업을 배제하고 있는 점 등을 고려하여 이 법의

다른 감면규정과는 달리 좀 더 엄격하게 감면을 운영할 필요성이 있기 때문으로 보여진다. 또한, 그간에 수익사업에 사용하는 경우에 대해 면제된 취득세를 추징하도록 규정되었으나 추징 유예기간이 명시되어 있지 않아 감면받은 후 언제든 추징할 수 있는 것으로도 해석 가능하였으며, 대법원(2012두26678, 2013.3.28.) 판결에서는 일정기간 공익용도에 사용하면 목적을 달성할 수 있다고 보는 것이 합리적인 점 등의 사유로 일반적 추징기간을 감안, 직접 사용 후 2년이 경과하면 추징대상이 아니라는 결정 등이 있음에 따라 해당 규정에 대한 개선보완이 필요하게 되었으며 2016년 말 법 개정시 공익법인에 대한 조세지원 목적 등을 고려하여 추징기간을 5년간으로 명확히 설정한 것으로 보여진다. 세부적인 감면 의무요건 등에 대해서는 제178조의 해설편을 참조하면 된다.

〈표 3〉 **사회복지법인 등에 대한 추징 및 타 감면 규정 비교(§22, §178)**

| 구분 | 제22조 | 제178조 |
|---|---|---|
| 감면배제 | 수익사업 배제 규정 | 명시규정 없음 |
| 의무 직접 사용기간 | 취득일로부터 3년 이내 | 취득일로부터 1년 이내 |
| | 직접 사용기간이 2년 미만인 상태에서 매각·증여 또는 다른 용도 사용을 금지 | 직접 사용기간이 2년 미만인 상태에서 매각·증여 또는 다른 용도 사용을 금지 |

## 5-2. 양로시설에 대한 취득세 감면 제한(§22 ①, 영 §10 ① 2호 (괄호))

「노인복지법」 제32조 제1항 제1호에 따른 양로시설이 해당 사회복지사업에 직접 사용하기 위하여 취득하는 부동산에 대해서는 취득세를 면제한다. 다만, 양로시설 입소자의 입소 및 이용에 대한 비용이 없거나 입소 및 이용에 대한 비용을 국가 또는 지방자치단체가 전액 부담하는 시설로 한정하는 것으로 2020년부터 개정되었으므로 위 조건을 준수하는 양로시설에 대해서는 취득세를 면제하되, 위 조건을 준수하지 못하는 그 외의 양로시설에 대해서는 「지방세특례제한법」 제20조에 따른 노인복지시설 감면대상을 적용하여야 한다.

## 5-3. 수익사업에 제공되는 경우 재산세 등 감면 제한(§22 ② 단서, 영 §10 ②)

사회복지법인 등이 직접 사용중인 부동산에 대해서는 재산세(도시계획분 포함), 지역자원시설세 면제되지만, 수익사업에 제공되고 있는 경우, 해당 재산이 유료로 사용하는 경우, 사회복지사업 이외 타 용도로 사용하는 경우에는 감면대상에서 제외된다. 그 밖에 사회복지법인 등의 자본출자·증자 등의 등기분에 대한 등록면허세도 감면대상에서 제외된다.

### 5-4. 수익사업에 제공되는 경우 주민세 감면 제한(§22 ③, 영 §10 ④)

사회복지법인 등에 대한 사업장에 대해서는 주민세(재산분, 종업원분)가 면제되나, 수익사업에 제공되고 있는 경우에 그 사업소 및 종업원에 대해서는 감면대상에서 제외된다. 이 경우 면제대상 사업과 수익사업에 건축물이 겸용되거나 종업원이 겸직되는 경우에는 주된 용도 또는 직무에 따른다.

### 5-5. 최소납부세액 부담(§177의 2)

사회복지법인 등이 그 고유업무에 사용하기 위하여 취득하는 부동산에 대해서는 취득세 및 재산세가 면제(§22 ①·②)됨에도 불구하고, 2015년부터 시행되는 감면 상한제도에 따라 경우에 따라서는 면제되는 세액의 15%는 취득세 또는 재산세 감면특례가 제한되어 최소납부세액으로 부담하여야 한다. 다만, 시행시기는 부칙 제12조(법률 제15295호)에 따라 2020년 1월 1일부터 적용된다. 이에 대한 세부적인 사항은 제177조의 2 해설편의 내용과 같다.

### 5-6. 중복감면의 제한(§180)

사회복지사업법에 따른 사회복지사업이 노인복지법, 영유아보육법 등에서 규정하는 여러 가지 사업이 모두 해당되므로 제19조(영유아어린이집에 대한 감면), 제20조(노인복지시설에 대한 감면)의 감면 규정과 사회복지법인(§22) 등에 대한 감면이 중복되는 경우에는 제180조(중복감면의 배제) 규정에 따라 납세자에게 유리한 지방세 감면 규정 하나만을 선택하여 적용하면 된다. 다만, 본 규정에 따른 사회복지법인 등 감면은 단체만을 대상으로 하고 있으나, 영유아어린이집 또는 노인복지시설의 경우는 개인의 경우까지도 감면대상에 해당된다. 따라서, 개인이 영유아보육시설, 노인복지시설을 영위하는 경우에는 사회복지법인 감면을 적용받을 수 없고, 해당 규정의 감면만을 적용받게 되는 것이다.

〈표 4〉 **영유아보육 · 노인복지시설 · 사회복지법인 감면 비교(2017.1.1.) 현재**

| 영유아보육시설 감면(§19) | 노인복지시설 감면(§20) | 사회복지법인 감면(§22) |
|---|---|---|
| • 감면대상 : 법인, 단체, 개인<br>• 취득세 면제<br>-본인 수익사업은 가능, 제3자 임대는 제외<br>• 재산세(도시계획분 포함) 면제<br>• 일반적 추징규정 적용(§178) | • 감면대상 : 법인, 단체, 개인<br>• (무료시설) 취득세 면제, 재산세 50%<br>• (유료시설) 취득세 25%, 재산세 25%<br>• 일반적 추징규정 적용(§178) | • 감면대상 : 법인, 단체<br>• 취득세 면제<br>-임대 등 수익사업은 배제<br>• 재산세(구 도시계획세 포함), 지역개발세 면제<br>-수익사업, 유료사용분 제외 |

| 영유아보육시설 감면(§19) | 노인복지시설 감면(§20) | 사회복지법인 감면(§22) |
|---|---|---|
| | | • 등록면허세, 주민세재산분 · 종업원분 면제, 지역자원시설세 면제(수익사업 제외)<br>• 자체 추징규정 있음(§22 ①) |

### 5-7. 지방세법상 중과세 대상 재산

사회복지시설을 설치 · 운영하려는 자가 감면을 받으려는 부동산이 지방세법 제13조 제5항에 따른 별장 등 지방세 중과세 대상인 사치성 재산에 해당되는 경우에는 감면대상에서 제외된다.

## 6 | 감면신청(§183)

사회복지법인 등이 해당 사업용 부동산 등에 대한 지방세를 감면받으려는 경우에는 제183조의 규정에 따라 해당 지방자치단체의 장에게 해당 사업용 부동산 등이 사회복지사업 용도에 해당되는지의 여부를 입증하는 서류를 첨부하여 감면신청을 하여야 한다. 세부적인 감면신청 절차 등에 대해서는 제183조의 해설 내용을 참조하면 된다.

# 제22조

## 2. 사회복지법인 병원에 대한 감면

❖ 관련규정 ❖

제22조(사회복지법인 등에 대한 감면) ⑧ 제1항부터 제5항까지의 규정에도 불구하고 「사회복지사업법」에 따라 설립된 사회복지법인이 의료기관을 경영하기 위하여 취득하거나 사용하는 부동산에 대해서는 다음 각 호에 따라 취득세와 재산세를 각각 경감한다.
1. 의료업에 직접 사용하기 위하여 취득하는 부동산에 대해서는 2027년 12월 31일까지 취득세의 100분의 30[「감염병의 예방 및 관리에 관한 법률」 제8조의 2에 따라 지정된 감염병전문병원(이하 "감염병전문병원"이라 한다)의 경우에는 100분의 40]을 경감한다.
2. 과세기준일 현재 의료업에 직접 사용하는 부동산에 대해서는 2024년 12월 31일까지 재산세의 100분의 50(감염병전문병원의 경우에는 100분의 60)을 경감한다.
3. 〈삭 제〉

## 1 | 개 요

사회복지사업법에 따라 설립·운영되는 사회복지병원에 대한 세제지원이다. 2012년까지는 제22조 제1항부터 제5항까지의 일반 사회복지법인 등에 대한 규정에 따라 감면을 적용하다가 2013년부터는 별도로 사회복지병원에 대한 감면 규정이 신설되었다. 2021년부터는 사회복지병원에 대한 감면이 축소(취득세 50% → 30% 등)되었다. 2025년에는 사회복지의료기관에 대해 감면을 3년(2027년) 연장하였다.

## 2 | 감면대상자

사회복지사업법에 따라 설립·운영되는 사회복지법인이 경영하는 의료기관이 감면대상자에 해당된다.

## 3 | 감면대상 부동산

사회복지법인이 경영하는 의료기관이 의료업에 사용하기 위해 취득 또는 보유하는 부동산이 감면대상 부동산에 해당된다. 세부적인 의료업에 대한 부동산의 범위는 제38조(의료법인 등 감면)의 해설편을 참조하면 된다. 한편 2014년까지는 사회복지병원에 대한 각종 면허, 설립·합병등기, 사업장(종업원) 등까지 모두 감면대상에 해당되었으나 2015년부터는 의료업에 직접 사용하는 부동산으로 감면대상이 축소되었다.

## 4 | 특례내용

사회복지법인이 경영하는 의료기관이 그 고유목적사업을 위해 취득 또는 보유하는 부동산에 대해서는 2024년 12월 31일까지 취득세 및 재산세를 각각 감면한다.

〈표 1〉 **사회복지법인 병원에 대한 감면 현황**

| 조문 | 감면내용 | 감면율 |
|---|---|---|
| §22 ⑥ 1호 | 사회복지법인 병원이 해당 사업에 직접 사용하기 위해 취득·보유하는 부동산 | 취득세 30%, 재산세 50%(취득 후 5년간) |
| §22 ⑥ 2호 | | |
| §22 ⑥ 3호 | | |
| 농특 §4 | 사회복지법인 등의 취득세 감면분에 대한 20% | 농어촌특별세 비과세 |

# 5 | 지방세특례의 제한

## 5-1. 감면된 취득세의 추징(§178)

사회복지법인이 경영하는 의료기관이 감면받은 해당 사업용 부동산에 대해 감면 의무요건을 준수하지 못하는 경우에는 제178조에 따라 추징을 하게 된다. 세부적인 감면 추징 절차 등에 대해서는 제178조의 해설편의 내용과 같다.

## 5-2. 재산세 경과규정 특례(부칙 §5, 제16041호 2018.12.24.)

2020년까지는 사회복지병원이 의료사업에 직접 사용하는 부동산의 경우에는 재산세가 매년 경감이 되었으나 2021년 1월 1일부터는 취득일 이후 재산세 납세의무가 성립된 날로부터 5년간만 재산세를 경감(50%)한다. 이 경우 2020년 12월 31일 이전에 취득하고 재산세 납세의무가 성립한 지 5년이 경과되지 않은 부동산의 경우도 부칙 제5조(제16041호)에 따라 한시 재산세 감면대상에 포함되며, 이 경우 경감기간은 2021년 1월 1일을 기준으로 재산세 납세의무가 성립한 날부터 5년이 지나지 않은 나머지 잔여기간(다음 표 참조)으로 한다.

〈표 2〉 **사회복지병원에 대한 재산세 50% 감면 잔여기간**

| 2016년 이전 취득분 | 2017.1.1. 이후 취득분(해당연도 재산세 납세의무 성립일 현재 잔여기간) | | | |
|---|---|---|---|---|
| | 2017년 | 2018년 | 2019년 | 2020년 |
| 감면종료 | 2021년(1년)까지 | 2022년(2년)까지 | 2023년(3년)까지 | 2024년(4년)까지 |

## 5-3. 지방세 중과세 대상 부동산에 대한 감면제한(§177)

지방의료원이 감면을 받으려는 부동산의 범위에서 지방세법 제13조 제5항에 따른 별장·골프장·고급오락장 등 지방세 중과세 대상인 사치성 재산은 감면대상에서 제외된다. 세부적인 사항은 제177조의 해설편을 참조하면 된다.

# 6 | 감면신청(§183)

사회복지법인이 경영하는 의료기관이 해당 사업용 부동산 등에 대한 지방세를 감면받으려는 경우에는 제183조의 규정에 따라 해당 지방자치단체의 장에게 해당 사업용 부동산 등이 의료업에 해당되는지의 여부를 입증하는 서류를 첨부하여 감면신청을 하여야 한다. 세부적인 감면신청 절차 등에 대해서는 제183조의 해설편을 참조하면 된다.

## 7 관련사례

■ 청구법인을 「지방세특례제한법」 제22조 및 제52조에서 규정하는 사회복지법인 또는 체육단체에 해당하지 아니한 것으로 보아 가산세를 포함하여 기 감면한 취득세를 추징한 처분의 당부

청구법인은 「장애인복지법」 제32조의 6 제3항 및 같은 법 시행령 제20조의 4에 따라 국가와 지방자치단체가 장애인 지원 사업을 위탁하는 한국장애인개발원에 해당하지 아니하므로 「지방세특례제한법」 제22조 제1항에서 규정하는 사회복지법인에 해당하지 아니함. 아울러, 청구법인은 「공공기관의 운영에 관한 법률」 제4조에서 규정하는 기타공공기관에 해당하나, 행정안전부장관이 정하여 고시하는 법인 또는 단체에 해당하지 아니하므로 「지방세특례제한법」 제52조 제2항에서 규정하는 체육단체에 해당하지 아니함(조심 2023지4129, 2024.4.30.).

■ 청구인이 「지방세특례제한법」 제22조 제3항 등에 따라 주민세(종업원분)가 면제되는 사회복지법인 등에 해당하는지 여부

쟁점장애인센터는 쟁점감면규정에서 열거된 "사회복지법인", "양로시설 · 아동양육시설 · 한부모가족복지시설 또는 한센요양시설을 직접 설치 · 운영하는 법인 또는 단체" 및 "사단법인 한국한센복지협회"에 해당한다고 보기는 어려운 이상 주민세(종업원분) 감면 대상인 사회복지법인 등으로 볼 수는 없음(조심 2023지0553, 2024.1.26.).

■ 청구법인이 쟁점규정에 따른 사회복지법인으로 종업원분 주민세 감면대상인지 여부

청구법인은 「지방세특례제한법 시행령」 제10조 제1항 제2호 및 제3호에 따른 '아동양육시설 · 한부모가족복지시설 · 한센요양시설을 직접 설치 · 운영하는 법인' 및 '사단법인 한국한센복지협회'에도 해당하지 아니한 점 등에 비추어 청구법인을 쟁점규정에 따른 사회복지법인등으로 보기 어려움(조심 2023지0409, 2023.7.25.).

■ 재가장기요양기관의 사회복지법인 등 해당 여부

「노인장기요양보험법」 제32조에 의하여 설치 · 신고한 재가장기요양기관으로 「사회복지사업법」에 의한 사회복지사업 및 사회복지시설의 범위에 속하지 아니하므로 위 「지방세특례제한법」 제22조 제3항에 의한 "사회복지법인등"에 해당한다고 보기는 어렵다고 판단(조심 2015지1966, 2016.11.22.).

■ 사회복지사업 해당 목적에 사용하더라도 취득자가 대표자인 경우 감면 여부

부동산 중 건물을 사회복지사업의 목적에 사용되고 있다 하더라도 당해 부동산을 취득 등기한 자가 대표자 개인이라면 그 부동산의 소유자 또는 사실상 취득자의 지위에서 사회복

지법인의 해당 업무 자체에 직접 사용하는 것으로 보기 어려움(행자부 지방세특례제도과-1804, 2016.7.27.).

▣ 사회복지법인의 어린이집 운영에 대한 수익사업 해당 여부

사회복지법인이 설치·운영하는 어린이집은 「법인세법」 제3조에서 수익사업으로 보지 않는 것으로 규정하고 있으므로 사회복지법인이 설치·운영하는 어린이집에 대하여 「지방세특례제한법」 제19조 및 제22조 감면규정 모두 적용할 수 있는 것이고, 같은 법 제180조에서는 동일한 과세대상에 대하여 지방세를 감면할 때 둘 이상의 감면 규정이 적용되는 경우에는 그 중 감면율이 높은 것 하나만을 적용하는 것으로 규정하고 있으므로 2015년의 경우에는 같은 법 제177조의 2 및 부칙 제12조와 제180조의 규정에 따라 제22조의 규정을 적용하는 것이 타당(행자부 지방세특례제도과-1708, 2015.6.30.).

▣ 과세기준일 건축공사가 진행되지 않는 경우 직접 사용 여부

「지방세특례제한법」 제22조에 의하면 사회복지법인이 과세기준일 현재 해당 사업에 직접 사용하는 부동산에 대하여 재산세 등을 면제하는 것이나 실제 사용하는 현황에 따라 부과하는 재산세의 성격상 2014년 재산세 과세기준일(6월 1일) 현재 사업에 사용하지도 않으면서 공사도 진행 중이지 않는다면 사회복지사업용에 직접 사용 중인 것이라 볼 수 없어 재산세는 과세되는 것임(조심 2014지2069, 2015.4.15.).

▣ 의료재단법인이 사회복지사업을 수행하는 경우 주민세 감면 여부

해당 법인은 「의료법」에 의하여 설립된 의료재단이고, 법인등기부상 의료기관의 설치·운영 등이 목적사업으로 등재되어 있으며, 설사 청구법인의 정관에 노인전문요양시설 등 설치 및 운영 등이 목적사업으로 등재되어 있다고 할지라도, 사회복지사업을 주된 형태로 운영하는 것이 아니라 다른 목적사업을 수행함에 있어서 부수적인 형태로 이를 운영하고 있는 것으로 보여지므로, 처분청에서 청구법인을 사회복지사업을 주된 목적으로 하는 단체에 해당하지 아니하는 것으로 보아 주민세(재산분)를 부과한 처분은 잘못이 없는 것으로 판단(조심 2014지0582, 2014.12.31.).

▣ 사회복지법인의 보육아동 실습용 농지 취득시 감면 여부

사회복지법인이 사회복지사업에 사용할 목적으로 농지(보육아동 등의 실습지 및 체험학습장 등)를 취득하는 경우로서 「사회복지사업법」에 따른 사회복지사업의 경우 사회복지시설 설치뿐만 아니라 사회복지사업의 지원 등 그 범위가 광범위하므로 위 규정 취득세 면제대상 여부를 오로지 사회복지시설 설치 여부로만 판단할 것은 아니며, 당해 사회복지법인의 사업목적과 취득목적을 고려하여 그 실제의 사용관계를 기준으로 객관적으로 판단되어야 할 것(대법원 2001두878, 2002.10.11. 참조)이므로 취득 농지와 당해 사회복지시설과의 접근성, 사회복지시설 수용자들의 이용 빈도나 이용자 비율 등을 종합적으로 고려하여 판단함이 타당하다고 할 것임(행안부 지방세운영과-3439, 2012.10.29.).

# 제22조의 2

## 출산 및 양육 지원을 위한 감면

관련규정

제22조의 2(출산 및 양육 지원을 위한 감면) ① 18세 미만의 자녀(가족관계등록부 기록을 기준으로 하고, 양자 및 배우자의 자녀를 포함하되, 입양된 자녀는 친생부모의 자녀 수에는 포함하지 아니한다. 이하 이 항 및 제2항에서 같다) 2명 이상을 양육하는 자(이하 이 조에서 "다자녀 양육자"라 한다) 중 18세 미만의 자녀 3명 이상을 양육하는 자가 양육을 목적으로 2027년 12월 31일까지 취득하여 등록하는 자동차로서 다음 각 호의 어느 하나에 해당하는 자동차(자동차의 종류 구분은 「자동차관리법」 제3조에 따른다) 중 먼저 감면 신청하는 1대에 대해서는 취득세를 면제하되, 제1호 나목에 해당하는 승용자동차는 「지방세법」 제12조 제1항 제2호에 따라 계산한 취득세가 140만원 이하인 경우는 면제하고 140만원을 초과하면 140만원을 공제한다. 다만, 다자녀 양육자로서 18세 미만의 자녀 3명 이상을 양육하는 자 중 1명 이상이 종전에 감면받은 자동차를 소유하고 있거나 배우자 및 자녀(자녀와의 공동등록은 제3항 제3호의 경우로 한정한다) 외의 자와 공동등록을 하는 경우에는 그러하지 아니하다. / 1. ~ 4. (생 략)

② 다자녀 양육자 중 18세 미만의 자녀 2명을 양육하는 자가 양육을 목적으로 제1항 각 호 어느 하나에 해당하는 자동차(자동차 종류 구분은 「자동차관리법」 제3조에 따른다) 중 먼저 감면신청하는 1대에 대해서는 취득세의 100분의 50을 경감하되, 「지방세법」 제12조 제1항 제2호에 따라 계산한 취득세가 140만원 이하인 경우는 100분의 50을 경감하고 140만원을 초과하면 70만원을 공제한다. 다만, 다자녀 양육자로서 18세 미만의 자녀 2명을 양육하는 자 중 1명 이상이 종전에 감면받은 자동차를 소유하고 있거나 배우자 및 자녀(자녀와의 공동등록은 제3항 제3호의 경우로 한정한다) 외의 자와 공동등록을 하는 경우에는 그러하지 아니하다.

③ 다자녀 양육자가 제1항 각 호의 어느 하나에 해당하는 자동차를 2027년 12월 31일까지 다음 각 호의 어느 하나의 방법으로 취득하여 등록하는 경우 해당 자동차에 대해서는 제1항 또는 제2항의 방법에 따라 취득세를 감면한다.

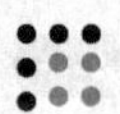

1. 대통령령으로 정하는 바에 따라 대체취득하여 등록하는 경우
2. 다자녀 양육자가 감면받은 자동차의 소유권을 해당 다자녀 양육자의 배우자에게 이전하여 등록하는 경우
3. 다자녀 양육자의 사망으로 해당 다자녀 양육자가 취득세를 감면받은 자동차의 소유권을 그 배우자와 자녀가 「민법」 제1009조에 따라 법정상속분대로 이전받아 등록하는 경우

**【영】 제10조의 2(다자녀 양육자의 대체취득 범위)** 법 제22조의 2 제2항 제1호에 따른 대체취득을 하는 경우는 법 제22조의 2에 따라 취득세를 감면받은 자동차를 말소등록하거나 이전등록(배우자 간 이전하는 경우는 제외한다. 이하 이 조에서 같다)하고 다른 자동차를 다시 취득하는 경우(취득하여 등록한 날부터 60일 이내에 취득세를 감면받은 종전의 자동차를 말소등록하거나 이전등록하는 경우를 포함한다)로 한다.

④ 제1항부터 제3항까지에 따라 취득세를 감면받은 자가 자동차 등록일부터 1년 이내에 사망, 혼인, 해외이민, 운전면허 취소, 그 밖에 이와 유사한 사유 없이 해당 자동차의 소유권을 이전하는 경우에는 감면된 취득세를 추징한다. 다만, 제1항 본문 또는 제2항 본문에 따라 취득세를 감면받은 다자녀 양육자가 해당 자동차의 소유권을 해당 다자녀 양육자의 배우자에게 이전하는 경우에는 감면된 취득세를 추징하지 아니한다.

⑤ 제1항부터 제3항까지에 따라 감면을 받은 자동차가 다음 각 호의 어느 하나에 해당되는 경우에는 장부상 등록 여부에도 불구하고 자동차를 소유하지 아니한 것으로 보아 제1항부터 제3항까지에 따른 취득세 감면 규정을 적용한다.

1. 「자동차관리법」에 따른 자동차매매업자가 중고자동차 매매의 알선을 요청한 사실을 증명하는 자동차(매도되지 아니하고 그 소유자에게 반환되는 중고자동차는 제외한다)
2. 천재지변, 화재, 교통사고 등으로 소멸, 멸실 또는 파손되어 해당 자동차를 회수할 수 없거나 사용할 수 없는 것으로 특별자치시장 · 특별자치도지사 · 시장 · 군수 또는 구청장(구청장의 경우에는 자치구의 구청장을 말하며, 이하 "시장 · 군수"라 한다)이 인정하는 자동차
3. 「자동차관리법」에 따른 자동차해체재활용업자가 폐차되었음을 증명하는 자동차
4. 「관세법」에 따라 세관장에게 수출신고를 하고 수출된 자동차

## 1 | 개 요

다자녀가구에 대한 세제지원은 정부의 출산 장려 정책의 일환으로 자녀 양육을 위한 이동과 생업활동 수단으로서 실질적인 지원효과가 큰 자동차에 대하여 인센티브를 제공함으로써 다자녀 양육가정의 부담을 경감하고 출산장려에 기여할 것을 목적으로 지방자치단체 감면조례로 신설되었으며 2009년에 구 지방세법 제273조의 3으로 이관(배기량 기준에 상관없이 최대 140만원까지 감면)되었다. 이후 2011년에 현재의 지특법 제22조의 2 규정으로 다시 이관되었다. 2013년부터는 신규 자동차를 대체취득하는 경우에 종전 자동차 매각·처분 유예기간이 확대(30일→60일)되었으며, 2016년 말 개정에 따라 대체취득에 대한 정의 규정을 더욱 명확히 하여 "취득세를 감면받은 자동차를 자동차 등록일부터 1년이 경과한 후 말소등록하거나 이전등록하는 것"으로 개정되었다. 2019년에는 감면대상 자동차 대체취득에 따른 감면요건(1년 이상 소요기간 삭제)을 완화하였다. 2022년에는 감면기한이 2024년까지 3년 연장되었다. 2023년에는 다자녀 양육자의 사망으로 그 감면받은 자동차를 그 배우자와 자녀가 공동으로 상속취득하는 경우 감면이 적용되도록 요건을 완화하였다. 2025년에는 다자녀가구를 3자녀에서 2자녀로 확대하였고, 일몰기한도 3년(2027년) 연장되었다.

## 2 | 감면대상자

출산 및 양육지원을 위한 감면대상자는 18세 미만의 다자녀 2명[68] 이상을 둔 다자녀를 양육하는 자로서 그 부부가 이에 해당된다.

### 2-1. 감면대상자 판단

18세 미만 자녀를 양육하는지의 확인은 가족관계등록부상에서 세대를 함께하는 것이 확인되는 경우다. 자녀의 기준은 가족관계등록부에 기록된 자녀수로 한다. 다자녀가구 여부를 확인하는 공부(公簿)를 주민등록등본이 아닌 가족관계등록부로 한정한 것은 자녀가 부모와 같이 동거하지 않고 다른 지역에서 거주하는 경우 주민등록등본상에는 동거가족으로 확인되지 않는 경우가 있어 자녀가 부모와 주민등록을 달리 하는 경우에는 세제지원이 가능하기 위함이나 최근에는 주민등록등본만으로도 직계존속 및 비속 간 동거가족이 확인되

68) 우리나라의 합계 출산율이 지속하락(2019년 0.92명 → 2023년 0.72명)함에 출산율 등 제고를 위해 종전 3명에서 2명으로 확대

면 굳이 가족관계등록부를 제출하지 않아도 감면혜택이 적용되도록 운영 중에 있다.

## 2-2. 18세 미만 자녀의 판단

다자녀가구 감면을 위한 자녀의 연령이 18세 미만으로 한정되어 자녀가 대학생 등 학생 신분을 유지하고 있기 때문에 일정기간까지 자녀연령을 확대하여야 한다는 의견도 있으나, 다른 법령상의 미성년 · 연소자 · 청소년의 기준 연령 등과 자치단체 재정여건을 고려할 때 대체로 미성년자의 연령이 18세까지만을 감면대상으로 한정한 것으로 판단된다. 여기서 한 가지 유의할 것은 감면대상자인 다자녀 양육 가구의 부부가 자동차를 취득한다고 해서 바로 감면적용이 되는 것이 아니라 취득 후 해당 자동차를 등록해야 한다는 점이다. 이는 다자녀가구 감면을 위해서는 자녀수를 산정해야 하는데 자동차를 취득만 하고 다자녀가구 감면혜택을 받기 위해 등록을 미루는 등의 편법 사례 문제를 방지하고자 함이다.

### 2-2-1. 만 18세 미만 연령 적용시점(예시)

다자녀가구의 세 자녀 중 첫째 자녀(자녀가 많은 경우 나이순으로 아래 세 자녀 중 첫째 자녀를 의미)가 주민등록상 생년월일이 만 18세가 도래하기 이전까지 감면 가능하다. 예를 들면 첫째 자녀가 2016.10.10.에 만 18세에 해당하는 경우 2016.10.9. 이전까지 차량을 취득하고 등록하는 경우에 감면이 가능하고, 셋째 자녀가 2016.10.10.에 태어나고 첫째가 만 18세 미만인 경우에는 2016.10.10. 이후에 차량을 취득하고 등록하는 경우에 감면이 가능하다.

〈표 1〉 **각종 법령상 미성년 · 연소자 · 청소년 기준 연령**

| 구분(미만) | 해당법령 |
|---|---|
| 만 18세 | • 「게임산업진흥에 관한 법률」상 청소년, 「영화 및 비디오물 진흥에 관한 법률」상 청소년<br>• 「민법」상 혼인 불가능자(혼인시 성인 간주), 「근로기준법」상 연소자 등 |
| 만 19세 | • 「청소년법」 적용대상자, 「청소년보호법」, 「청소년의 성보호에 관한 법률」상 청소년<br>• 「공직선거법」, 「국민투표법」, 「주민투표법」상 선거권 및 투표권 없는 자 등 |
| 만 20세 | • 「민법」상 미성년자, 「주택공급에 관한 규칙」상 특별공급대상 다자녀가구 기준 |
| 만 21세 | • 「소득세법」상 직계비속 공제대상(기본공제/다자녀추가공제) |
| 만 25세 | • 「청소년기본법」상 청소년(9세 이상~24세 이하)<br>• 「청소년복지지원법」, 「청소년활동지원법」상 청소년 등 |

#### 2-2-2. 임신 중인 태아의 경우 다자녀 수에 포함 여부

임신 중의 태아도 자녀수에 포함되는지의 여부에 대해 살펴보면, 공동주택 분양을 위한 신혼부부 특별분양 등의 경우에는 임신 중인 태아도 1자녀로 간주하는 사례가 일부 있기는 하나 민법상으로는 태아는 사람과는 다르게 보고 있다. 사람은 생존하는 동안 권리와 의무의 주체가 되는데, 생존이라는 개념 속에서 보면 일단 임신 중인 태아는 사람의 개념에 포함되지 않는다 할 것이고 이와 관련한 학설도 대체로 태아가 전부 노출되었을 때(출산)부터 태아에서 사람으로 보는 것이 다수설로 보고 있다. 따라서 태아가 출생되기 전까지는 법적으로는 사람이 아닌 것이다. 다만, 법적으로는 태아가 아직 사람이 아니라고 해도, 보호를 받아야 하는 경우가 있는데 낙태를 처벌하는 이유도 헌법상 태아에게도 생명권과 같은 인격권이 있기 때문이다. 이 때문에 태아가 사람이 아직은 아니더라도 상속 등 실제로 일어날 수 있는 상황을 대처하기 위해 각 나라마다 제도가 다른데 우리나라는 개별적 보호주의를 취하고 있어 상속이나 불법행위 등에서는 태아를 별도로 보호할지 여부를 판단하게 되는 것이다. 다자녀지원을 위한 지방세 감면은 민법 등에서 태아를 보호할지 여부를 구체적 · 개별적 판단을 요구하는 사항이라기보다는 저출산 문제해소를 위한 인센티브 차원의 감면 정책으로 보는 것이 타당하므로 임신중인 태아의 경우에는 다자녀가구 자녀로 간주하지 않고 있는 것이다.

## 3 | 감면대상 자동차(§22의 2 ① 1~4호)

다자녀 양육자가 취득하는 자동차로서 먼저 감면 신청하는 1대에 대해서 감면을 받을 수 있다. 한편, 2016년부터는 250cc 초과 이륜자동차가 감면대상에서 제외되었다. 이는 경제적 취약계층에 대한 지원을 위한 취지에 비추어 고가의 250cc 초과 고급 이륜자동차는 감면목적에 맞지 않음을 고려한 것이라 하겠다. 감면대상 자동차의 범위는 다음과 같다.

1. 다음 각 목의 어느 하나에 해당하는 승용자동차
   가. 승차정원이 7명 이상 10명 이하인 승용자동차
   나. 가목 외의 승용자동차
2. 승차정원이 15명 이하인 승합자동차
3. 최대적재량이 1톤 이하인 화물자동차
4. 배기량 250시시 이하인 이륜자동차
5. 대체취득하는 자동차(1.~4.에 따라 감면받은 자동차를 말소등록 또는 이전등록하고 다시 취득하는 경우와 1.~4.에 따라 감면받은 자동차를 말소등록하거나 이전등록하는 경우 포함)

### 부(夫) 명의로 감면을 받은 이후 처(妻) 명의로 신차를 대체취득하는 경우 등

18세 미만의 자녀를 3명 이상 둔 다자녀가구가 자녀양육 등을 위해 취득하는 자동차에 대해서는 취득세를 면제(5인 이하 승용차는 140만원까지 감면)하고 있으며 감면받은 자동차의 범위는 다자녀가구당 1대로 제한되지만 종전 취득세를 감면받은 노후화된 자동차를 새차로 대체하는 경우에는 감면을 받았던 종전 자동차를 60일 이내에 처분하는 조건으로 새로 구입하는 자동차에 대해서도 취득세가 감면된다. 따라서 다자녀가구 자동차 감면을 이미 받고 있던 부(夫)의 명의로 새차를 구입하고 60일 이전까지 종전 자동차를 폐차 또는 다른 사람 명의로 양도하는 경우에는 감면이 가능하지만 처(妻) 명의로 취득하는 경우에는 감면에서 제외된다. 왜냐하면 다자녀가구 자동차 감면은 다자녀가구당 총 1대만 감면이 가능하기 때문에 이미 부(夫)가 감면을 받고 있어 처(妻) 명의의 신규 자동차에 대해서는 감면요건을 충족하지 못한다. 대체취득과 관련해서는 현행규정이 1가구 1차량에 대해서만 감면대상에 해당되어 신규차를 감면받기 위해 종전차를 실제로 처분하는 것이 아니라 제3자에게 명의만 이전하고 이후에 다시 본인 명의를 가져오는 경우가 있는데 이는 종전 차량의 가격이 신차에 비해 상대적으로 낮으므로 신차를 구입하면서 감면가액이 높은 신차를 감면받기 위한 사례에 해당된다. 이와 관련해서 일선 담당공무원의 안내 착오로 종종 민원사항이 발생하는 일이 있으므로 아래의 사례유형을 참고하여 유의할 필요가 있다. 또한 대체취득의 경우 2011년 말 지특법 개정에 따라 종전차량을 처분하는 기일이 30일에서 60일로 확대됨에 따라 이에 따른 경과규정 적용은 대체취득 자동차의 등록일부터 60일이 경과되지 아니한 경우로서 그 등록일부터 60일 이내에 종전 자동차를 말소등록 또는 이전등록하였거나 말소등록 또는 이전등록하는 경우부터 적용됨을 참고하기 바란다.

〈표 2〉 **사례별 다자녀가구 자동차 감면 적용 여부**

| 夫 | 妻 | 감면요건 | 감면 여부 |
|---|---|---|---|
| 최초로 감면신청 | - | 1대 | ○ |
| 종전 차 미처분 상태→신규 차 감면신청 | - | 2대 | × |
| 종전 차 처분조건으로 신규 차 감면신청 | - | 1대 | ○ |
| 종전 차 감면신청 | 신규 차 감면신청 | 2대 | × |
| 종전 차 감면신청 | 종전 차 처분조건, 신규 차 취득시 | 2대 | × |
| 종전 차 처분→ 신규 차 취득시 | - | 1대 | ○ |
| 종전 차 처분 | 신규 차 감면신청 | 1대 | ○ |

### 다자녀가구 캠핑용 자동차 및 트레일러 감면 적용(지방세특례제도과-602, 2017.4.7.)

캠핑용 자동차 또는 트레일러는 내부설비 등으로 승차정원이 10인 이하가 된 자동차로서 자동차관리법에서 예외를 두어 "승합자동차"로 규정하고 있다. 따라서 다자녀 양육자가 승합자동차를 취득하여 취득세를 면제받기 위해서는 현행 감면규정에 따라 자동차관리법상 승차정원이 15인 이하인 소형승합자동차에 대해서만 감면이 가능한데, 여기서 소형승합자동차는 자동차관리법 시행규칙 제2조에 의거 승차정원이 15인 이하인 것으로서 길이 4.7m, 너비 1.7m, 높이 2.0m 이하로 규정하고 있다.

**관련규정 : 자동차관리법 시행규칙**

제2조(자동차의 종별 구분) 법 제3조 제2항 및 제3항에 따른 자동차의 종류는 그 규모별 세부기준 및 유형별 세부기준에 따라 구분한다.

| 종류 | 경형 | 소형 | 중형 | 대형 |
|---|---|---|---|---|
| 승용 | 배기량이 1,000cc 미만으로서 길이 3.6미터·너비 1.6미터·높이 2.0미터 이하인 것 | 배기량이 1,600cc 미만인 것으로서 길이 4.7미터·너비 1.7미터·높이 2.0미터 이하인 것 | 배기량이 1,600cc 이상 2,000cc 미만이거나 길이·너비·높이 중 어느 하나라도 소형을 초과하는 것 | 배기량이 2,000cc 이상이거나, 길이·너비·높이 모두 소형을 초과하는 것 |
| 승합 | 배기량이 1,000cc 미만으로서 길이 3.6미터·너비 1.6미터·높이 2.0미터 이하인 것 | 승차정원이 15인 이하인 것으로서 길이 4.7미터·너비 1.7미터·높이 2.0미터 이하인 것 | 승차정원이 16인 이상 35인 이하이거나, 길이·너비·높이 중 어느 하나라도 소형을 초과하여 길이가 9미터 미만인 것 | 승차정원이 36인 이상이거나, 길이·너비·높이 모두가 소형을 초과하여 길이가 9미터 이상인 것 |

〈표 3〉 「자동차관리법」상 유형 및 규모기준

• (유형) 용도에 따라 일반형(여객운송)과 특수형(구급·캠핑 등)으로 구분

| 일반형 | 특수형 | | | |
|---|---|---|---|---|
| 11인승 이상 | 구급차량 | 장의차량 | 캠핑용 자동차 | 캠핑용 트레일러 |

• (규모) 인원 및 차량 규격 등에 따라 경형, 소형, 중형, 대형으로 구분

| 구 분 | 일반형 | | 특수형 | |
|---|---|---|---|---|
| | | | 캠핑용 자동차 | 캠핑용 트레일러 |
| **경형**<br>배기량 1000cc 이하 + 길이 3.6m, 너비 1.6m, 높이 2.0m 이하 |  | | – | – |
| **소형**<br>승차정원 15인 이하 + 길이 4.7m, 너비 1.7m, 높이 2.0m 이하 | – | | – |  |
| **중형**<br>승차정원 16~35인 이하 또는 길이 9m 이하, 너비 1.7m, 높이 2.0m 초과 | 길이 4.7m 초과 |  |  |  |
| | 25인승 |  | | |
| **대형**<br>승차정원 36인 이상 또는 길이 9m 이상, 너비 1.7m, 높이 2.0m 초과 |  | |  |  |

※ [실선 상자] : 일반형 차량의 현행 감면범위 / [점선 상자] : 캠핑용 차량 감면범위

행정안전부는 승합차량은 승차인원이 15인승 이하인 경우 감면대상이므로 승차인원이 15인 이하인 캠핑용 자동차와 승차인원이 없는 캠핑용 트레일러는 규모에 관계없이 감면요건을 충족한 것으로 보아 운영기준(지방세특례제도과-602, 2017.4.7.)을 통해 다자녀 양육자가 취득하는 승차인원 15인승 이하의 캠핑용 자동차 및 트레일러는 규모에 관계없이 감면 적용이 가능하다는 입장이다. 이는 장애인과 국가유공자의 승합자동차의 경우에도 동일하게 감면 적용된다 할 것이다.

이러한 다자녀 양육자에 대한 적용 범위를 넓게 보는 이유는 캠핑용 자동차와 캠핑트레일러는 대부분 중형승합 이상으로 분류되어 감면 기준을 소형승합으로 한정할 경우 화물운반용 트레일러로 감면대상이 대폭 축소되어 결과적으로 오토캠핑 등의 세제지원을 통한 지역경제 활성화 취지에 부합하지 않는 측면이 있는 것으로 보아 감면 적용범위를 판단한 것

으로 보여지며, 이에 대한 적용시기는 2017년 4월 7일 이후에 납세의무가 새로이 성립하는 분부터 적용하게 되며, 이전에 취득한 차량이 감면요건을 충족하고 취득일로부터 5년 이내에 해당하는 경우에는 필요시 직원으로 환급할 수 있도록 하였다. 다만 2018년 말 다자녀 양육자에 대한 일몰기한이 도래함에 따라 시행령 등에 해당 기준에 대해 보다 명확한 규정을 둘 필요가 있다고 판단된다.

## 4 | 특례의 내용

### 4-1. 세목별 감면

18세 미만의 자녀 3명 이상을 양육하는 자가 양육을 목적으로 취득하는 자동차 중 먼저 신청하는 1대에 대해서는 지방세 및 국세(농어촌특별세)를 2024년 12월 31일까지 각각 감면한다.

〈표 4〉 **다자녀가구 지원을 위한 감면내용(2025.1.1. 현재)**

| 조문 | 감면대상 | 감면율(%) 등 |
|---|---|---|
| §22의 2 ① | 다자녀가구(3명 이상)가 취득하는 자동차 | 취득세 면제 ~ 140만원 |
| §22의 2 ② | 다자녀가구(2명)가 취득하는 자동차 | 취득세 50%(140만원↓)<br>140만원↑ 70만원 |
| §22의 2 ③ | 1. 다자녀가구가 대체취득하는 자동차<br>2. 기존 다자녀가구로 감면받은 자동차를 배우자에게 이전등록하는 경우<br>3. 기존 다자녀가구로 감면받은 자동차를 다자녀양육자 사망으로 배우자·자녀가 상속받는 경우 | §22의 2 ①·②에 따른 다자녀양육자 수에 따라 차등 감면 |
| 농특 §4 ⑥ 5호 | §22의 2 ①, ②에 따라 감면받은 취득세의 20% | 농어촌특별세 비과세 |

### 4-2. 취득세 감면요건 특례

#### 4-2-1. 재혼한 경우 등 배우자 특례(§22의 2 ① 괄호1)

가족관계부상 친자 또는 양자를 모두 포함한 자녀가 3자녀 이상이면 감면대상에 해당된다. 여기서 말하는 가족관계란 나(감면받는 자)를 중심으로 직계존속·비속 간의 가계(家系)를 나타내는 것이다. 이때 A라는 남자가 전처소생의 자녀 2명이 있는 상태에서 B라는 여자와 재혼을 하여 자녀를 1명 두었다고 가정할 경우에 다자녀가구에 해당되는지의 여부를 살펴보면 남편(A)을 기준으로 볼 때는 자녀의 수가 3명이 되겠으나 그의 처(B) 기준으로 보면 자녀가 1명으로 감면요건을 충족하지 못하게 되는 문제점이 있다. 이를 보완하기 위해 자녀 수의 범위에 배우자(양자)의 자녀를 포함하여 재혼가정 등에 대해서도 계속해서 감면을 적용한다.

또한 재혼가정의 경우 가족관계등록부상 실제 출산자녀 수와 양육자녀 수가 다른 경우 일부 적용상 혼란이 발생할 수 있으나, 다자녀 자동차 감면은 저출산 지원대책의 일환으로 실제 출산자녀 수를 감면요건으로 적용하여야지 양육권 또는 양육 여부로 판단할 수 없다 할 것이다. 만약 양육자녀 수로 감면 여부를 판단할 경우에 친인척 등 제3자가 양육하거나, 양육권을 갖고 있지만 실제 양육하지 않아 양육사실관계가 다른 경우, 3자녀이나 부모가 각각 2인과 1인에 대한 양육권을 갖고 있어 감면요건을 갖추지 못하게 될 수 있어 적용상 다양한 문제가 발생될 여지가 크다 할 것이므로 현행과 같이 출산자녀 수를 감면기준으로 함이 입법취지 내지 과세기술상 타당하다고 하겠다.

#### 4-2-2. 자동차 미소유 특례(§22의 2 ① 1~4호)

다자녀 양육자가 취득하는 자동차는 원칙적으로 먼저 감면 신청한 1대에 대해서만 감면을 적용하지만 다음 표의 어느 하나에 해당하는 경우에는 해당 자동차에 대해 자동차등록증 등 장부상 등록 여부에도 불구하고 해당 자동차를 소유하지 않은 것으로 보아 제22조 제1항 및 제2항에 따른 취득세 감면을 계속해서 적용한다.

| |
|---|
| 1. 「자동차관리법」에 따른 자동차매매업자가 중고자동차 매매의 알선을 요청한 사실을 증명하는 자동차(매도되지 아니하고 그 소유자에게 반환되는 중고자동차는 제외한다) |
| 2. 천재지변, 화재, 교통사고 등으로 소멸, 멸실 또는 파손되어 해당 자동차를 회수할 수 없거나 사용할 수 없는 것으로 시장·군수 또는 구청장(구청장의 경우에는 자치구의 구청장을 말하며, 이하 "시장·군수"라 한다)이 인정하는 자동차 |
| 3. 「자동차관리법」에 따른 자동차해체재활용업자가 폐차되었음을 증명하는 자동차 |
| 4. 「관세법」에 따라 세관장에게 수출신고를 하고 수출된 자동차 |

### 4-3. 경과규정 특례(부칙 §6, 제13637호 2015.12.29.)

다자녀가구가 취득하는 이륜자동차의 경우에는 2015년까지는 배기량 제한이 없었으나 2016년부터는 배기량이 250cc 이상인 경우에는 감면대상에서 제외되었다. 다만, 250cc 이상에 대해서는 감면이 종료되더라도 2015년 이전 납세의무 성립분에 한해 「지방세기본법」 제

51조에 따른 경정청구 기간(최대 2020년)까지는 종전의 규정을 계속해서 적용할 수 있다.

## 5 | 지방세특례의 제한

### 5-1. 최소납부세액의 부담(§177의 2)

2018년까지는 다자녀가구가 취득하는 자동차에 대해 전액 면제가 되었으나 2019년부터는 최소납부세액 제도에 따라 면제되는 취득세에 대해서는 감면특례가 일부 제한된다. 따라서 다자녀가구가 취득하는 자동차에 대해서는 취득세가 전액 면제된다는 본 조 규정에도 불구하고 제177조의 2 규정에 따라 경우에 따라서는 면제되는 세액의 15%에 최소납부세액을 부담하여야 한다. 최소납부세액에 대한 세부내용은 제177조의 2 해설편의 내용과 같다.

### 5-2. 감면된 취득세액의 추징(§22의 2 ③)

다자녀양육자 자동차 감면을 받은 자가 자동차 등록일로부터 1년 이내에 사망, 혼인, 해외이민, 운전면허취소 그 밖에 이와 유사한 부득이한 사유 없이 소유권을 이전하는 경우에는 감면된 취득세를 추징한다. 여기서 유사한 부득이한 사유란 사망, 혼인 등 소유권 이전이 불가피한 경우를 말하는 것으로 병원치료, 직장 이동 등의 사유는 특별한 사정이 없는 한 감면대상인 내부사정으로 보아 대부분 인정하지 않고 있다(조심 2011지0229, 2011.3.29. 등 참조). 이와 관련된 세부 사례 등은 제17조의 관련사례 해설편을 참조하면 된다.

- 2016년까지는 다자녀 양육을 목적으로 취득세 감면 이후 소유지분 일부를 배우자와 공동등록한 경우 제22조 제1항 단서에서 "다자녀 양육자 중 1명 이상이 종전에 감면받은 이후(2018년까지는 배우자가 감면을 받은 이후) 또는 배우자 외의 자와 공동등록을 하는 경우에는 그러하지 아니한다."고 규정하고 있어 당초부터 동일한 다자녀양육자에 해당하는 부부 공동명의로 등록하는 경우에도 취득세 감면대상에 해당된다고 해석될 여지가 있는 점에 비추어 보면 당초 배우자 단독 명의로 등록하였다가 나중에 부부 공동명의로 등록하였다 하더라도 이는 당초부터 공동등록할 수 있는 자에 해당하게 되므로 공동명의로 등록한 이후에도 다자녀 양육자에 대해 지방세를 지원하는 입법취지에 부합하는 것으로 해석(조심 2012지0227, 2012.6.13. 참조)하였으나, 지속적으로 배우자와의 차량이전 추징에 대한 문제가 발생하고 배우자간의 이전시에는 추징배제하여야 한다는 심사결정(조심 2015지0903, 2015.12.2. 참조) 등에 따라 2016년 말 배우자간에 이전한 경우에는 추징

하지 않도록 법 개정이 이루어졌다.

이에 따른 후속적인 입법보완으로, 다자녀 양육자 중 1인이 새로이 차량을 취득할 경우, 기존차량을 배우자에게 이전하였으므로 그 차량을 감면신청한 차량으로 보아 신규로 취득한 차량은 감면 제외하도록 하게 된 것으로 보여지며 또한, 제22조 제3항에서 자동차 등록일로부터 1년 이내에 사망, 혼인 등의 사유로 소유권을 이전하는 경우에는 감면받은 취득세를 추징하도록 규정하고 있어 단독명의로 등록 후 나중에 공동명의로 변경하는 것은 소유권 이전에 해당된다고 볼 여지도 있겠으나 이의 경우도 다자녀가구 양육자 이외의 자(부부 이외의 자)에게 소유권을 이전하는 경우로 해석하는 것이 조문체계상 합리적으로 보여진다.

### 5-3. 최소납부세액 부담(§177의 2)

다자녀가구가 취득하는 자동차에 대해서는 취득세가 면제(§22의 2 ①·②)됨에도 불구하고, 2015년부터 시행되는 감면 상한제도에 따라 경우에 따라서는 면제되는 세액의 15%는 취득세 감면특례가 제한되어 최소납부세액으로 부담하여야 한다. 다만, 시행시기는 부칙 제12조(법률 제15295호)에 따라 2019년 1월 1일부터 적용된다. 이에 대한 세부적인 사항은 제177조의 2 해설편을 참조하면 된다.

### 5-4. 장애인 자동차 감면과의 중복적용 배제

다자녀가구의 자녀가 장애아를 포함하는 경우는 다자녀가구 감면과 장애인 감면을 모두 적용받을 수 있어 감면대상자에게 유리한 규정 하나만을 적용받을 수 있다. 이 경우 기존 차량이 장애인 감면을 적용받고 있다 하더라도 신규 자동차를 취득하면서 다자녀가구 감면 요건에 해당된다면 추가로 취득하는 차량 1대도 본 규정에 따른 다자녀가구 감면적용이 가능하다. 일반적으로는 장애인 감면이 유리하나 경우에 따라서는 다자녀가구 감면이 유리(승용차 배기량 제한)한 경우도 있다.

〈표 5〉 **다자녀가구 및 장애인 자동차 감면 비교**

| 구분 | | 다자녀가구 감면 | 장애인 감면 |
|---|---|---|---|
| 감면세목, 감면율 | | 취득세 100%(승용차는 140만원까지) | 취득세, 자동차세 면제 |
| 감면요건 | 공동등록 | 부부 | 부부, 직계존비속 등 |
| | 승용차 배기량 | 제한없음(140만원까지는 면제) | 2,000cc |
| | 자격요건 | 18세 미만 3자녀 이상 | 장애등급 1~3등급 |
| | 감면범위 | 1가구 1차량 | 1가구 1차량 |

## 5-5. 기타 감면특례의 제한

### 5-5-1. 부부 이외의 자에 대한 감면제한(§22의 2 ① 단서)

다자녀가구에 대한 감면은 18세 미만의 3명 이상을 둔 다자녀 양육자로서 직접 운전이 가능한 부부만을 한정하고 있으므로 직계혈족이라도 배우자 이외의 자와 자동차를 공동등록하는 경우에는 감면대상에서 제외한다. 이 경우 부부라도 이 중 한 명만 감면혜택(먼저 감면 신청을 하는 1인)을 누릴 수 있으며, 2019년부터는 부부 중에서 1명 이상이 장애인자동차 또는 다자녀양육자를 위한 자동차 감면을 받은 자동차를 소유한 경우에는 본 규정에 따른 감면대상에서 제외된다. 한편, 장애인 자동차 감면(법 §17)의 경우에는 부부 이외에 동거가족까지 감면혜택을 주고 있는데 이는 중증장애인(장애등급 1~3등급 등)이 직접 운전을 하지 못하는 경우가 많은 점 등을 고려하여 그 동거가족(직계존속 · 직계비속 · 형제자매 등)까지 감면을 적용하는 것이라 하겠다.

### 5-5-2. 자녀가 입양되는 경우 친생부모에 대한 감면제한(§22의 2 ① 괄호1)

4-2-1(재혼한 경우 등 배우자 특례) 해설편의 내용과 반대의 경우로 자녀가 입양되는 경우에는 그 자녀의 원래 친생부모에 대해서는 사실상 자녀를 양육하지 않는 경우에 해당되기 때문에 감면대상 자녀 수에서 제외하여 감면을 제한하고 있다. 이는 양자의 친생부모와 이후 입양 부모가 이중으로 감면을 적용받는 문제점 등을 보완하고자 함이다.

### 5-5-3. 감면액 140만원 초과 자동차 감면제한(§22의 2 ①)

감면대상 자동차의 시가표준액이 2천만원을 초과(산출액 140만원)하는 경우에는 그 2천만원 초과 금액에 대해서는 감면을 제한한다.

## 6 감면신청(§183)

다자녀 양육자가 해당 자동차를 (공동)등록하기 위해 지방세를 감면받으려는 경우에는 제183조의 규정에 따라 해당 지방자치단체의 장에게 장애인 등임을 입증하는 서류를 첨부하여 감면신청을 하여야 한다. 세부적인 감면신청 절차 등에 대해서는 제183조의 해설을 참조하면 된다.

## 7 관련사례

■ 다자녀 양육목적으로 감면받은 쟁점자동차를 1년 이내에 소유권을 이전한 것으로 보아 취득세 등을 추징하는 것은 부당하다는 청구주장의 당부

청구인의 경우, 지특법 제22조의 2 제3항에 따른 취득세 감면 특례제한기간은 등록일을 산입하지 아니한 2022.4.22.까지로 청구인은 등록일로부터 1년 이내에 쟁점자동차의 소유권을 이전한 것으로 확인되는 점, 취득세는 과세물건을 취득하는 시점에 그 취득하는 자가 스스로 과세표준과 세액을 계산하여 신고·납부하는 세목으로서 과세물건의 보유기간 등은 그 과세요건이 아니고, 자동차세와 같이 보유기간에 따라 일할 계산하는 세목에도 해당하지 아니하는 점 등에 비추어 처분청이 정당한 이유 없이 쟁점자동차 등록일로부터 1년 이내에 쟁점자동차의 소유권을 이전한 것으로 보아 청구인에게 취득세를 추징한 이 건 처분은 달리 잘못이 없다고 판단됨(조심 2022지1059, 2022.12.15.).

■ 60일 이내에 종전 다자녀 양육용 자동차로 취득세를 감면받은 자동차를 이전 등록하지 않았다고 보아 취득세 경정청구를 거부한 처분의 당부

지방세특례제한법령에서 대체취득에 대하여 별도로 정의하고 있지는 아니하나 「지방세특례제한법 시행령」 제10조의 2의 괄호에서 다자녀 양육용 자동차를 배우자간에 이전하는 것은 그 이전등록에서 제외한다고 규정하고 있는 것을 보면 취득세를 감면받은 다자녀 양육용 자동차의 이전등록은 해당 세대의 세대원이 아닌 제3자에게 실제로 이전등록하는 경우만을 말한다고 보는 것이 타당한 점 등에 비추어 청구인은 이 건 자동차를 취득한 후 그 취득일부터 60일 이내에 종전자동차를 사실상 이전등록하지 않았다고 할 것이므로 처분청이 이 건 취득세의 경정청구를 거부한 처분은 달리 잘못이 없다고 판단됨(조심 2020지418, 2020.4.1.).

■ 다자녀양육자가 단독소유에서 공동명의로 등록한 경우 감면 여부

당초 배우자가 쟁점자동차에 대하여 단독으로 소유권이전등록을 하였다가 공동으로 자녀를 부양하는 청구인과 공동명의로 등록한 것으로서, 공동명의로 등록한 이후에도 여전히

다자녀양육자가 취득한 자동차에 대하여 지방세를 지원하는 입법취지에 부합하는 점, 위 조항 단서에서 "배우자가 감면을 받은 경우 또는 배우자 외의 자와 공동등록을 하는 경우에는 그러하지 아니하다"고 규정하고 있는 점에 비추어 볼 때에도 다자녀양육자의 경우 당초부터 동일한 다자녀양육자에 해당하는 부부 공동명의로 등록하는 경우에도 취득세 감면대상에 해당된다고 해석할 수 있으며, 당초 배우자 단독명의로 등록하였다가 부부 공동명의로 등록하였다고 하더라도 이는 당초부터 공동명의로 등록할 수 있는 자들에 해당되므로, 이에 대하여 취득세를 추징하는 것은 불합리하다고 보이는 점, 처분청에서 제시하는 같은 법 제22조의 2 제3항은 제1항 본문에 따라 단독 또는 공동명의로 등록하였다가 자동차 등록일로부터 1년 이내에 사망, 혼인 등의 사유없이 이를 다자녀양육자가 아닌 자에게 소유권이전등록을 한 경우에 동 규정을 적용하는 것이 조문체계상으로도 보다 합리적인 해석인 점 등에 비추어 처분청이 쟁점자동차에 대하여 다자녀양육자인 부부 중 1명 명의로 등록하였다가 부부공동명의로 등록하였다고 하여 이를 취득세 추징 대상으로 보아 부과한 이 건 처분은 잘못이 있다고 판단됨(조심 2016지0594, 2016.8.24.).

▣ 다자녀 공동양육자간에 감면차량 지분 이전시 추징 여부

「지방세특례제한법」 제22조의 2 제3항에서 규정하고 있는 부득이한 사유는 일신상의 이유로 자동차를 소유하는 것이 불가능한 경우만을 의미한다고 할 것인 바, 자동차를 취득할 당시 확인하지 못한 성능하자를 원인으로 당초 차량을 판매한 매매상사에게 자동차를 반환하였다 하더라도 이러한 성능하자는 소유권을 이전할 수밖에 없는 부득이한 사유로 보기 어려우므로 처분청에서 부득이한 사유 없이 이전한 것으로 보아 취득세 등을 추징한 것은 잘못이 없음(조심 2016지0565, 2016.8.18.).

▣ 다자녀 공동양육자간에 감면차량 지분 이전시 추징 여부

부부공동 양육자가 공동등록 지분을 자동차 등록일부터 1년 이내에 취득 당시 추징한 경우라면, 비록 공동 양육자가 추징당한 종전차량을 보유하고 있다 하더라도 종전 차량에 대한 지방세 감면사항이 없기 때문에 새로이 취득하는 차량에 대하여 감면을 신청하는 경우 감면 가능(행자부 지방세특례제도과-1805, 2016.7.27.).

▣ 추징안내를 받지 못하였다는 사유가 부득이한 사유에 해당되는지 여부

자동차 등록일부터 1년 이내에 매각하면 기 감면한 취득세 등이 추징된다는 것에 대하여 처분청으로부터 안내받지 못하였다는 사유는 매각에 따른 부득이한 사유로 볼 수 없음(조세심판원 2013지0141, 2013.3.20.).

▣ 교통사고로 1년 이내 매각한 경우 부득이한 사유 해당 여부

교통사고로 인하여 부득이 1년 이내에 자동차를 매각한 것이므로 기 감면한 취득세 등의 추징은 부당하다고 주장하지만, 폐차가 아닌 매각의 경우는 청구인의 자의적인 선택에 의한 것이므로 유예기간 내 매각할 수 밖에 없는 부득이한 사유로는 볼 수 없음(조심 2012지0199, 2012.3.30.).

▣ 교통사고로 1년 이내 매각한 경우 부득이한 사유 해당 여부

안과 질환 치료를 위해 1년 이내에 자동차를 매각한 것이므로 기 감면한 취득세 등의 추징

은 부당하다고 주장하지만, 자동차를 취득하기 이전부터 안과질환으로 치료를 받은 사실이 확인되는 이상 유예기간 내 매각할 수 밖에 없는 부득이한 사유로는 보기 어려움(조심 2012지0322, 2012.6.21.).

▣ 다자녀양육자 중 배우자에게 지분 일부를 이전한 경우 감면 여부

자동차를 신규등록한 다자녀양육자의 배우자가 유예기간 1년 내에 지분 1%를 배우자에게 이전하였다고 하더라도, 배우자와 동일하게 둘다 취득세가 감면되는 다자녀 양육자에 해당되어 여전히 취득세 감면요건 충족하고 있다 할 것이므로, 취득세 부과처분은 타당하지 아니함(조심 2012지0227, 2012.6.13.).

▣ 병원통원치료 등을 위해 감면받은 차량은 1년 이내 이전한 경우 감면 여부

국가유공자인 아버지와 어머니의 병원통원과 치료를 위해 아버지와 배우자에게 공동으로 소유권을 이전한 것으로, 소유권 이전으로 인해 다자녀가구의 지위의 변동이나 경제적 반사이익이 없으므로 기 면제받은 취득세 등을 신고납부하는 것은 부당하다는 주장이나, 자동차를 취득·등록한 후 1년 이내인 2010.12.9. 청구인의 아버지와 배우자에게 소유권을 이전등록한 사실이 자동차등록원부에 의해 확인되고, 병원통원과 치료를 위한 명의이전은 「지방세법」 제273조의 3 제3항에서 규정한 사망, 혼인, 해외이민, 운전면허 취소, 그 밖에 이와 유사한 사유에 해당한다고 보기 어렵다 할 것임(조심 2011지0229, 2011.3.29.).

# 제22조의 3

## 휴면예금관리재단에 대한 면제

관련규정

제22조의 3 [일몰기한 종료로 2017.1.1.부터는 감면 효력 상실]

제22조의 3(휴면예금관리재단에 대한 면제) 「서민의 금융생활 지원에 관한 법률」에 따라 설립된 휴면예금관리재단[같은 법 제2조 제6호에 따른 사업수행기관(대통령령으로 정하는 자로 한정한다) 중 2008년 8월 1일 이후에 같은 법 제2조 제5호에 따른 서민금융생활 지원사업만을 목적으로 금융위원회의 허가를 받아 설립하는 법인인 사업수행기관을 포함한다]의 법인설립의 등기(출자의 총액 또는 재산의 총액을 증가하기 위한 등기를 포함한다)에 대해서는 등록면허세를 2016년 12월 31일까지 면제한다.

【영】 제10조의 3(등록면허세 면제 대상이 되는 휴면예금관리재단의 범위) 법 제22조의 3에서 "대통령령으로 정하는 자"란 「서민의 금융생활 지원에 관한 법률」 제2조 제6호에 따른 사업수행기관을 말한다.

## 1 개 요

휴면예금(休眠預金)의 투명하고 효율적 관리·운용을 통한 예금자보호 및 서민생활 안정과 경제 사회발전을 위해 각 금융기관 및 보험기관이 보유하고 있는 휴면예금·보험을 관리·운용하여 저소득층의 창업 및 취업지원을 위한 신용대출 사업, 금융채무불이행자 신용지원사업 등 저소득 금융소외자(신용불량 7등급 이하) 지원사업인 미소금융사업[69] 지원

69) 2008년 기준 은행(17개사), 보험사(32개사), 저축은행(108개사)에서 휴면예금·보험금 기금으로 약 2,000억원을 출연하고 휴면예금관리재단은 이 기금을 재원으로 저소득층에 각종 지원 사업을 하고 있다.

을 위해 2011년부터 신설된 세제지원 제도이다. 본 규정은 그 동안 무기한 감면이었으나 2014년에 일몰기한을 설정하였고 2016년 말 감면목적 달성에 따라 종료되었다.

## 2 | 감면대상자 및 특례내용

「휴면예금관리재단의 설립 등에 관한 법률」(現, 「서민의 금융생활 지원에 관한 법률」)에 따라 설립된 휴면예금관리재단과 저소득층의 복지사업을 목적으로 금융위원회의 허가를 받아 설립하는 다음 표(영 §10의 2)의 복지사업자가 이에 해당된다. 2010년 현재 복지사업자는 26개소[70]에 이른다.

> **「휴면예금관리재단의 설립 등에 관한 법률 시행령」 제4조(복지사업자의 자격)** 법 제2조 제6호에서 "대통령령으로 정하는 자격을 갖춘 자"란 저소득층 복지사업 등을 영위하는 데 필요한 재정능력, 공신력, 사업수행 능력을 고려하여 재단이 정하는 기준을 충족하는 자로서, 다음 각 호의 어느 하나에 해당하는 법인 또는 단체를 말한다.
> 1. 법 제2조 제1호에 따른 금융기관
> 2. 「공익법인의 설립 · 운영에 관한 법률」에 따른 공익법인
> 3. 「민법」 또는 「상법」에 따라 설립된 법인으로서 저소득층 복지사업 등을 정관의 사업목적에 포함하고 있는 자
> 4. 그 밖에 제1호부터 제3호까지에 준하는 법인 또는 단체

## 3 | 특례내용

휴면예금관리재단과 복지사업자가 법인설립하는 등기분 및 출자 총액 또는 재산의 총액 증가분에 대한 등기분인 등록면허세와 국세인 농어촌특별세를 2016년 12월 31일까지 각각 면제한다.

70) 소상공인진흥원, 해피월드복지재단, 한국법무복지공단, 사회연대은행, 신형, 부산복지개발원, 신용회복위원회, 한마음금융, 한국장학재단, 근로복지공단, 서울시복지재단, 사회적기업개발연구원, 사회복지은행, 한국장애인복지관협회, 아름다운재단 등

## 4 | 감면신청

휴면예금재단 등이 해당 사업을 위해 법인을 설립하는 경우와 출자 등기분에 대한 등록면허세 감면을 받으려는 경우에는 제183조의 규정에 따라 해당 지방자치단체의 장에게 관련 입증서류를 첨부하여 감면신청을 하여야 한다. 세부적인 감면신청 절차 등에 대해서는 제183조의 해설 내용을 참조하면 된다.

지방세특례제한법

# 제22조의 4

# 사회적기업에 대한 감면

관련규정

제22조의 4(사회적기업에 대한 감면) 「사회적기업 육성법」 제2조 제1호에 따른 사회적기업(「상법」에 따른 회사인 경우에는 「중소기업기본법」 제2조 제1항에 따른 중소기업으로 한정한다)에 대해서는 다음 각 호에서 정하는 바에 따라 2027년 12월 31일까지 지방세를 경감한다.

1. 그 고유업무에 직접 사용하기 위하여 취득하는 부동산에 대해서는 취득세의 100분의 50을 경감한다. 다만, 다음 각 목의 어느 하나에 해당하는 경우 그 해당 부분에 대해서는 경감된 취득세를 추징한다.
   가. ~ 다. (생 략)
2. 그 법인등기에 대해서는 등록면허세의 100분의 50을 경감한다.
   ☞ 제2호 삭제 : 2021.12.28.
3. 과세기준일 현재 그 고유업무에 직접 사용하는 부동산에 대해서는 재산세의 100분의 25를 경감한다.

## 1 | 개 요

사회적기업[71]은 취약계층 일자리 지원 및 사회서비스 기능을 수행하는 공익적 측면을 고려하여 2012년부터 신설된 감면이다.

71) 지방세 지원으로 사회적기업 육성(2011년 644개→2023년 3,597개) 및 일자리 창출효과(2011년 15,990명→2023년 66,678명)

## 2 | 감면대상자

「사회적기업 육성법」 제7조 및 제8조에 따라 인증을 받은 사회적기업이 이에 해당된다. 다만, 사회적기업 인증을 받은 기업이라도 대기업은 제외하고 중소기업이 운영하는 기업으로 한정하고 있다. 이는 창업초기 자립기반이 취약한 중소기업이지만 취약계층에게 일자리를 지원하는 사회적 공익성에 대한 세제지원 취지임을 고려한 것으로 본다.

### 사회적기업 개요

• (개 념) 취약계층에게 '사회서비스 또는 일자리를 제공'하는 등의 사회적 목적을 추구하면서, 재화 및 서비스의 생산·판매 등 "영업활동을 수행"하는 기업

• (인증방법) 인증 요건을 갖춘 경우 사회적기업육성위원회의 심의를 거쳐 고용노동부장관이 인증

| 구분 | | 인증요건 「사회적기업 육성법」 |
|---|---|---|
| ① 조직형태 | | 민법상 법인·조합, 상법상 회사, 비영리민간단체 등 |
| ② 유 형 | 일자리제공형 | 취약계층의 고용비율이 30% 이상 |
| | 사회서비스제공형 | 사회서비스를 제공받는 취약계층의 비율이 30% 이상 |
| | 혼합형 | 취약계층의 고용비율·사회서비스 제공 비율이 각각 20% 이상 |

• (인증현황) 총 406개 사회적기업 인증(2010.10. 현재)

| 계 | 사회복지 | 환경 | 간병·가사 | 문화 | 보육 | 교육 | 보건 | 기타 |
|---|---|---|---|---|---|---|---|---|
| 406<br>(100%) | 79<br>(19.7%) | 71<br>(17.6%) | 56<br>(13.8%) | 26<br>(6.6%) | 22<br>(5.5%) | 15<br>(3.8%) | 8<br>(2.1%) | 129<br>(30.9%) |

※ 사회적기업 육성법

제2조 제1호(정의) "사회적기업"이란 취약계층에게 사회서비스 또는 일자리를 제공하거나 지역사회에 공헌함으로써 지역주민의 삶의 질을 높이는 등의 사회적 목적을 추구하면서 재화 및 서비스의 생산·판매 등 영업활동을 하는 기업으로서 제7조에 따라 인증받은 자를 말한다.

제7조(사회적기업의 인증) ① 사회적기업을 운영하려는 자는 제8조의 인증 요건을 갖추어 고용노동부장관의 인증을 받아야 한다.

〈표 1〉 **상법상 회사 vs 협동조합기본법 vs 기타 단체 비교**

| 구분 | 상 법 | | | | | 협동조합 기본법 | | 민 법 |
|---|---|---|---|---|---|---|---|---|
| | 주식회사 | 유한회사 | 유한책임회사 | 합명회사 | 합자회사 | 협동조합 | | 사단법인 |
| | | | | | | 일반 | 사회적 | |
| 사업 목적 | 이윤 극대화 | | | | | 조합원 실익증진 | | 공익 |
| 운영 방식 | 1주 1표 | 1좌 1표 | 1인 1표 | | | 1인 1표 | | 1인 1표 |
| 설립 방식 | 신고제 | | | | | 신고 (영리) | 인가 (비영리) | 인가제 |
| 책임 범위 | 유한 책임 | | | 무한책임 | 무한책임 +유한책임 | 유한책임 | | 해당 없음 |
| 규모 | 대규모 | 주로 중·소규모 | | | | 소규모+대규모 | | 주로 소규모 |
| 성격 | 물적 | 물적+인적 | 물적+인적 | 인적 | 물적+인적 | 인적결합 | | 인적결합 |
| 사례 | 대기업 집단 | 중소기업, 세무법인 등 | (美) 벤처, 컨설팅, 전문서비스업 등 | 법무법인 등 | 사모투자 회사등 | 일반 경제 분야 | 의료협동 조합 등 | 학교, 병원, 자선단체, 종교단체등 |
| | 〈영리법인〉 | | | | | | 〈비영리법인〉 | |
| | 〈사회적기업〉(고용부 인증기업) | | | | | | | |

### 예비적 사회적기업

예비 사회적기업이란 위의 감면대상자인 사회적기업 인증을 위한 최소한의 법적 요건을 갖추고는 있으나, 수익구조 등 일부 요건을 갖추지 못한 기업에 대해 지방자치단체의 장 또는 중앙부처의 장이 지정하여 향후 정식 사회적기업 인증이 가능한 기업을 말한다. 따라서 사회적기업 육성법 제7조 등에 따른 인증을 받지 못하고 있으므로 감면대상자로 볼 수 없다 하겠다. 다만, 예비 사회적기업에 대해서도 관련부처(고용부)에서 법적 근거를 마련하는 방안을 검토중인 것으로 알고 있으므로 향후에 관련규정에 법적 근거가 마련된다면 별도로 감면대상 여부를 판단해야 할 것으로 본다.

## 3 | 감면대상 부동산

사회적기업이 고유업무에 직접 사용하기 위하여 취득하는 부동산이 이에 해당된다.

## 4 | 특례내용

### 4-1. 세목별 감면

사회적기업에 대해서는 다음 표의 내용과 같이 지방세를 2027년 12월 31일까지 각각 감면한다.

〈표 2〉 **사회적기업 세목별 감면 현황(2025.1.1. 현재)**

| 조문 | 감면내용 | 감면율 |
|---|---|---|
| §22의 4 1호 | 사회적기업 고유업무용 부동산 | 취득세 50% |
| §22의 4 2호 | 사회적기업의 법인등기분 | 등록면허세 50% |
| §22의 4 3호 | 사회적기업의 고유업무용 부동산 | 재산세 25% |

### 4-2. 고유업무용 용도로 건축중인 부속토지에 대한 특례(영 §123)

사회적기업이 그 고유업무 용도로 사용할 건축물을 건축중인 경우까지를 포함하여 실제로는 해당 시설 용도로 직접 사용하고 있지는 않지만 해당 용도로 직접 사용하고 있는 것으로 의제(擬制)하여 해당 건축물의 부속토지에 대한 재산세를 계속 감면한다.

### 4-3. 지방자치단체 조례를 통한 감면

본 규정에 따른 사회적기업에 이외에도 지방자치단체의 조례를 통해 사회적협동조합(서울시) 및 예비적사회적협동조합(부산시)에 대해서는 추가로 취득세를 50% 경감한다.

# 5 | 지방세특례의 제한

## 5-1. 감면된 취득세의 추징(§22의 4 1호 가~다목)

사회적기업이 감면요건을 위반하는 경우에는 감면된 취득세를 추징한다. 이 경우 감면요건을 위반하는 경우란 다음 표의 내용과 같다. 고유업무에 직접 사용 및 추징에 관한 세부적인 내용은 제178조의 해설편을 참조하면 된다.

| 가. 그 취득일부터 3년 이내에 「사회적기업 육성법」 제18조에 따라 사회적기업의 인증이 취소되는 경우<br>나. 정당한 사유 없이 그 취득일부터 1년이 경과할 때까지 해당 용도로 직접 사용하지 아니하는 경우<br>다. 해당 용도로 직접 사용한 기간이 2년 미만인 상태에서 매각·증여하거나 다른 용도로 사용하는 경우 |
|---|

## 5-2. 지방세 중과대상 부동산 감면 제한(§177)

사회적기업이 감면을 받으려는 부동산이 지방세법 제13조 제5항에 따른 별장·골프장·등 지방세 중과세 대상인 사치성 재산인 경우에는 재산세 감면대상에서 제외된다.

# 6 | 감면신청(§183)

사회적기업이 그 고유업무를 수행하기 위해 지방세를 감면받으려는 경우에는 제183조의 규정에 따라 해당 지방자치단체의 장에게 장애인 등임을 입증하는 서류를 첨부하여 감면신청을 하여야 한다. 세부적인 감면신청 절차 등에 대해서는 제183조의 해설을 참조하면 된다.

# 제23조

## 권익 증진 등을 위한 감면

관련규정

제23조(권익 증진 등을 위한 감면) ① 「법률구조법」에 따른 법률구조법인이 그 고유업무에 직접 사용하기 위하여 취득하는 부동산에 대해서는 취득세의 100분의 25를, 과세기준일 현재 그 고유업무에 직접 사용하는 부동산에 대해서는 재산세의 100분의 25를 2025년 12월 31일까지 각각 경감한다.

② 「소비자기본법」에 따른 한국소비자원이 그 고유업무에 직접 사용하기 위하여 취득하는 부동산에 대해서는 취득세의 100분의 25를, 과세기준일 현재 그 고유업무에 직접 사용하는 부동산에 대해서는 재산세의 100분의 25를 2025년 12월 31일까지 각각 경감한다.

### 1 개 요

국민의 권익증진 업무를 수행하는 비영리법인 등에 대한 세제지원이다. 이들 단체들에 대한 감면은 2010년까지는 구 지방세법 제288조에서 규정되었다가 2011년 현재의 지특법 제23조에 이관되어 현재에 이르고 있다. 2016년에는 대한적십자사에 대한 감면을 제40조의 3으로 이관하였고 2016년 말 이후에도 일몰기한은 지속연장되었으나 감면율의 경우 2020년에 감면축소(100%→50%)되었다가 2023년에 다시 감면축소(50%→25%)된 바 있으며 현재 2025년 12월 31일까지 감면 연장되었다.

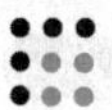

## 2 | 감면대상자

「법률구조법」에 따른 대한법률구조공단, 법률구조법인 및 「소비자기본법」에 따른 한국소비자원이 이에 해당된다. 각 단체별 소개는 다음과 같다.

### 2-1. 대한법률구조공단(§23 ①)

1987년 법률구조법에 의해 설립되었으며 소외계층을 위한 법률구조 기구이다. 주요 기능은 법률구조(소외계층 법률상담, 소송대리, 형사변호), 법률구조 제도에 관한 조사 · 연구, 준법정신을 높이기 위한 계몽사업, 진폐의 예방과 진폐근로자의 보호 등에 관한 법률에 따른 진폐업무, 업무상 재해를 입은 근로자의 요양과 재활 및 산업보건사업 등이 있다, 2012년 현재 18개 지부, 40개 출장소, 45개 지소가 있다.

### 2-2. 한국소비자원(§23 ②)

소비자의 권익을 증진하고 소비생활의 향상을 도모하며 국민경제의 발전에 이바지하기 위하여 1987년 7월에 소비자보호법에 의해 설립되었으며 주요사업은 소비자 권익 관련 제도 · 정책 연구 및 물품, 용역의 규격 · 품질 · 안전성 등에 관한 시험검사 및 거래조건 · 방법에 대한 조사 · 분석, 소비자권익 증진 및 소비생활 향상을 위한 정보 수집 및 국제협력, 교육 · 홍보, 소비자 불만처리 및 피해구제 등이 있다.

## 3 | 감면대상 부동산

대한법률구조공단 및 한국소비자원이 고유업무에 직접 사용하기 위하여 취득하는 부동이 이에 해당한다. 이 경우 고유업무용 부동산의 범위에 임대용 부분은 제외한다.

## 4 | 특례의 내용

### 4-1. 세목별 감면

대한법률구조공단 및 한국소비자원이 취득 · 보유중인 고유업무용 부동산에 대해서는

2025년 12월 31일까지 지방세 및 국세(농어촌특별세)를 각각 감면한다.

〈표〉 **대한법률구조공단 등 세목별 감면 현황(2024.1.1. 현재)**

| 조문 | 감면내용 | 감면율 |
|---|---|---|
| §23 ① | 대한법률구조공단 고유업무용 부동산 | 취득세, 재산세 25% |
| §23 ② | 한국소비자원 고유업무용 부동산 | 취득세, 재산세 25% |
| 농특 §4 ⑥ 5호 | §23 ①, ③에 따른 감면받는 취득세 감면분의 20% | 농특세 비과세 |

### 4-2. 고유업무 용도로 건축중인 부속토지에 대한 특례(영 §123)

대한법률구조공단 등이 고유업무 용도로 사용할 건축물을 건축중인 경우까지를 포함하여 실제로는 해당 시설 용도로 직접 사용하고 있지는 않지만 해당 용도로 직접 사용하고 있는 것으로 의제(擬制)하여 해당 건축물의 부속토지에 대한 재산세를 계속 감면한다.

## 5 지방세특례의 제한

### 5-1. 감면된 취득세의 추징(§178)

본 규정에서 별도의 감면추징 사항이 없으나, 제178조의 감면된 취득세의 추징 규정에 따라 정당한 사유 없이 그 취득일부터 1년이 경과할 때까지 해당 용도로 직접 사용하지 아니하는 경우 또는 해당 용도로 직접 사용한 기간이 2년 미만인 상태에서 매각·증여하거나 다른 용도로 사용하는 경우에는 감면된 세액에 대해서는 추징대상에 해당된다.

### 5-2. 최소납부세액의 부담(§177의 2)

대한법률구조공단(§23 ①) 및 한국소비자원(§23 ②)이 그 고유업무에 사용하기 위하여 취득하는 부동산에 대해서는 취득세 또는 재산세가 면제됨에도 불구하고, 2016년부터 시행되는 감면 상한제도에 따라 경우에 따라서는 면제되는 세액의 15%는 감면특례가 제한되어 최저납부세액으로 부담하여야 한다. 이에 대한 세부적인 사항은 제177조의 2 해설편을 참조하면 된다.

### 5-3. 지방세 중과세 대상 부동산에 대한 감면 제한(§177)

대한법률구조공단 및 한국소비자원이 감면을 받으려는 부동산이 지방세법 제13조 제5항에 따른 별장·골프장·고급오락장 등 지방세 중과세 대상인 사치성 재산인 경우에는 감면대상에서 제외된다.

## 6 감면신청(§183)

대한법률구조공단 및 한국소비자원이 본 규정에 따라 지방세를 감면받으려는 경우에는 해당 지방자치단체의 장에게 해당 부동산이 그 고유업무에 직접 사용하는 용도임을 입증하는 서류를 첨부하여 감면신청을 하여야 한다. 세부적인 감면신청 절차 등에 대해서는 제183조의 해설편을 참조하면 된다.

# 제24조

## 연금공단 등에 대한 감면

관련규정

제24조 [일몰기한 종료로 2015.1.1.부터는 감면 효력 상실]

제24조(연금공단 등에 대한 감면) ① 「국민연금법」에 따른 국민연금공단이 같은 법 제25조에 따른 업무에 직접 사용하기 위하여 취득하는 부동산에 대하여는 다음 각 호에서 정하는 바에 따라 2014년 12월 31일까지 지방세를 감면한다.

1. 「국민연금법」 제25조 제4호에 따른 복지증진사업을 위한 부동산에 대하여는 취득세 및 재산세를 면제한다.
2. 「국민연금법」 제25조 제7호에 따라 위탁받은 그 밖의 국민연금사업을 위한 부동산에 대하여는 취득세 및 재산세의 100분의 50을 경감한다.

② 「공무원연금법」에 따른 공무원연금공단이 같은 법 제16조에 따른 사업에 직접 사용하기 위하여 취득하는 부동산에 대하여는 다음 각 호에서 정하는 바에 따라 2014년 12월 31일까지 지방세를 감면한다.

1. 「공무원연금법」 제16조 제4호 및 제5호의 사업을 위한 부동산에 대하여는 취득세 및 재산세를 면제한다.
2. 「공무원연금법」 제16조 제3호 및 제6호의 사업을 위한 부동산에 대하여는 취득세 및 재산세의 100분의 50을 경감한다.

③ 「사립학교교직원 연금법」에 따른 사립학교교직원연금공단이 같은 법 제4조에 따른 사업에 직접 사용하기 위하여 취득하는 부동산에 대하여는 다음 각 호에서 정하는 바에 따라 2014년 12월 31일까지 지방세를 감면한다.

1. 「사립학교교직원 연금법」 제4조 제4호의 사업을 위한 부동산에 대하여는 취득세 및 재산세를 면제한다.
2. 「사립학교교직원 연금법」 제4조 제3호 · 제5호의 사업을 위한 부동산에 대하여는 취득세 및 재산세의 100분의 50을 경감한다.

## 1 | 개 요

질병・노령 등 각종 사회적 위험으로부터 국민 및 그 사회조직 구성원을 보호하고 이들의 삶의 질 향상을 위한 사회적보장제도인 공적부조(公的扶助) 업무를 담당하는 조직인 국민연금공단, 공무원연금공단, 사학연금공단, 국민연금법에 대한 세제지원이다. 1982년도에 신설(국민연금공단은 1989년, 별정우체국연금관리단은 1993년)되어 2010년까지는 구 지방세법 제273조 제1항・제2항에서, 2011년부터는 현재의 제24조로 이관(2010.3.31.)되었다. 이후 본 규정은 2014년 말 지방재정 확충을 위한 세제개편에 따라 2015년부터 본 감면규정이 폐지되었다. 다만, 본 규정이 폐지되더라도 지방세기본법 제38조(부과의 제척기간) 규정에 따라 최대 2019년까지는 공무원연금공단 등에 대한 취득세 및 재산세 등에 대한 사후관리 규정(§178 등)에 대해서는 종전 규정을 계속해서 적용한다.

## 2 | 감면대상자

국민연금공단, 공무원연금공단, 사학연금공단이 감면대상자에 해당된다. 한편, 공무원연금법 제16조의 2 규정에서 "공무원연금공단에 대해 국가나 지방자치단체로 본다"라고 의제하고 있고, 조세심판원에서도 이를 근거로 국가로 본 사례(조심 2011지0750, 2012.4.19.)도 있었으나 이에 대한 논란을 해소하기 위해 2014년부터는 국가의 범위를 정부조직법 등에 따른 중앙행정기관, 지방자치단체 이외 개별법령에서 국가로 인정 또는 의제하더라도 지방세 비과세대상 국가가 아니라 본 규정에 따른 감면대상자로 보는 것이다.

> 지방세법 제9조(비과세) ① 국가 또는 지방자치단체(**다른 법률에서 국가 또는 지방자치단체로 의제되는 법인은 제외한다. 이하 같다**), 지방자치단체조합, 외국정부 및 주한국제기구의 취득에 대해서는 취득세를 부과하지 아니한다. 다만, 대한민국 정부기관의 취득에 대하여 과세하는 외국정부의 취득에 대해서는 취득세를 부과한다.

# 3 | 감면대상 부동산

## 3－1. 국민연금관리공단(§24 ①)

국민연금법 제25조 제4호에 따른 후생복지 관련 사업용 부동산과 같은 법 제7호에 따른 국민연금에 관한 보건복지부장관이 위탁하는 사업을 말한다.

## 3－2. 공무원연금관리공단(§24 ②)

공무원연금법 제16조 제4호 및 제5호에 따른 공무원 후생복지사업(천안상록리조트, 수안보상록호텔 및 퍼블릭 골프장 등)과 주택의 건설·공급·임대 또는 택지의 취득 등 주택건설 및 임대사업용 부동산(취득세 면제)을 말하며, 같은 법 제16조 제3호 및 제6호의 공무원연금기금 사업용 부동산과 행안부장관이 위탁하는 사업용 부동산을 말한다.

## 3－3. 사립학교교직원연금공단(§24 ③)

사립학교교직원연금법 제4조 제4호의 사립학교연금공단의 교직원 후생복지사업과 같은 법 제4조 제3호, 제6호의 사학연금 자산 및 그 밖의 연금에 관한 업무용 부동산을 말한다.

# 4 | 감면내용

2014년 현재 공무원연금공단 등에 대한 감면 현황은 다음과 같다.

| 조문 | 감면대상 | 감면율 | 일몰 |
|---|---|---|---|
| §24 ① | 국민연금관리공단의 복지증진사업용 부동산 | (취득세, 재산세) 100% | '14년 종료 |
| | 보건복지부장관이 위탁하는 사업용 부동산 | (취득세, 재산세) 50% | |
| §24 ② | 공무원연금공단의 후생복지사업용 부동산 | (취득세, 재산세) 100% | |
| | 행정안전부장관이 위탁하는 사업용 부동산 | (취득세, 재산세) 50% | |
| §24 ③ | 사학연금공단의 후생복지사업용 부동산 | (취득세, 재산세) 100% | |
| | 사학연금공단의 자산운용 등 사업용 부동산 | (취득세, 재산세) 50% | |

## 5 | 사후관리(§178)

본 규정에서는 별도의 취득세 감면 추징에 관한 사항은 없으나 제178조의 일반적 추징 규정에 따라 감면의무 위반사항에 대해서는 최대 2019년까지 취득세 추징이 가능하다.

한편, 국민연금공단, 공무원연금공단, 사립학교교직원연금공단이 취득한 과세대상 물건이 지방세법 제13조 제5항에 따른 부동산인 별장·골프장·고급오락장 등 지방세 중과세 대상인 사치성 재산에 해당되는 경우에는 지방세가 면제되지 않는다.

세부적인 감면의무 위반사항에 대해서는 제178조의 해설편을 참조하면 된다.

## 6 | 관련사례

■ 청구법인이 이 건 골프장을 공무원 후생복지사업에 직접 사용하였는지 여부

공무원 및 연금수급자는 이 건 골프장을 일반인에 비하여 우선하여 이용할 수 있고 공무원 등은 이 건 골프장을 이용하면서 일반인에 비하여 35% 저렴한 이용료를 지급하고 있으며 이 건 골프장의 수익은 청구법인의 회계로 귀속되므로 이 건 골프장용 토지 및 건축물은 공무원 후생복지사업용으로 사용되고 있는 것으로 보이는 점, 이 건 골프장은 청구법인 명의로 등록되어 있고 위수탁계약서에 의하더라도 이 건 골프장의 영업, 인·허가, 계약 등은 청구법인 명의로 하도록 규정하고 있으며 이 건 골프장의 총매출금은 청구법인에게 귀속되고 주식회사 상록파크랜드는 이 중 일정액의 용역비 등만 지급받고 있으며 용역비 등 비용을 제외한 수익도 청구법인에게 귀속되고 있는바, 청구법인이 이 건 골프장의 운영 일부를 주식회사 상록파크랜드에게 위탁하였다 하더라도 이 건 골프장을 단순히 임대하였다고 보기 어렵고 이 건 골프장의 운영수익이 주식회사 상록파크랜드에게 귀속되는 것이 아니므로 이 건 골프장의 법률상 사실상 운영자는 최종 수익이 귀속되는 청구법인으로 보는 것이 타당한 점, 청구법인의 예산은 청구법인의 예산안 편성, 공무원연금기금운용 등의 업무를 위탁한 정부(인사혁신처, 기획재정부)의 심의를 거쳐 국회 제출, 국회의 의결 순으로 확정되는바, 이 건 골프장의 운영수익이 귀속되지 아니하는 주식회사 상록파크랜드가 청구법인의 예산 중 용역비 등 일부만을 수령한다고 하여 이 건 골프장을 본인이 직접 사용하는 것으로 보기 어려운 점 등에 비추어, 청구법인은 이 건 골프장을 공무원 후생복지시설로 직접 사용하여 취득세 등의 추징대상이 아닌 것으로 보임(조심 2019지2244, 2020.7.14.).

# 제25조 근로자 복지를 위한 감면

관련규정

제25조 제1항 [일몰기한 종료로 2015.1.1.부터는 감면 효력 상실]

제25조(근로자 복지를 위한 감면) ① 다음 각 호의 법인이 대통령령으로 정하는 회원용 공동주택을 건설하기 위하여 취득하는 부동산에 대하여는 2014년 12월 31일까지 취득세의 100분의 50을 경감한다.

1. 「군인공제회법」에 따라 설립된 군인공제회
2. 「경찰공제회법」에 따라 설립된 경찰공제회
3. 「대한지방행정공제회법」에 따라 설립된 대한지방행정공제회
4. 「한국교직원공제회법」에 따라 설립된 한국교직원공제회

【영】 제11조(회원용 공동주택의 범위) 법 제25조 제1항 각 호 외의 부분에서 "대통령령으로 정하는 회원용 공동주택"이란 전용면적 85제곱미터 이하의 회원용 공동주택을 말한다.

② 「근로복지기본법」에 따른 기금법인의 설립등기 및 변경등기에 대하여는 2016년 12월 31일까지 등록면허세를 면제한다.

## 1 개 요

군인·군무원, 경찰공무원, 행정공무원, 교원에 대한 효율적인 공제제도를 확립하여 이들 회원들에게 생활안정과 복지증진을 도모할 목적으로 설립된 군인공제회법의 군인공제회, 경찰공제회법의 경찰공제회, 대한지방행정공제회법의 대한지방행정공제회, 한국교직원공제회법의 한국교직원공제회에 대한 세제지원이다. 1987년에 신설되어 2010년까지는 구 지방세법 제273조 제5항 및 제278조 제5항에 각각 규정되었다가 2011년부터 현재의 지특법

제25조로 통합하여 이관되었다가 2015년에 「근로복지법」에 따른 사내근로복지기금법인을 제외하고 군인공제회 등에 대한 감면은 일몰기한 종료로 감면이 폐지되었다.

## 2 | 감면대상자 등

「근로복지기본법」에 따른 사내근로복지기금법인 이에 해당된다. 사내근로복지기금법인(이하 "기금법인")이란 근로자의 생활안정과 복지증진에 사용하기 위해 기업이 이익금을 출연해 설립한 기금으로서 이 기금은 그 수익금으로 대통령령이 정하는 바에 의하여 사업을 행하는데, 근로자 주택구입자금의 보조, 장학금, 재난구호금의 지급 등 근로자의 생활원조, 기금운영을 위한 경비지급 등에 쓰인다. 사업주는 직전 사업연도의 법인세 또는 소득세 차감 전 순이익의 100분의 5를 기준으로 사내근로복지기금협의회가 협의·결정하는 금액으로 기금을 조성한다. 이 기금은 반드시 법인을 설립해야 하며 사업이 폐지되거나 합병, 분할·합병된 경우에는 해산하도록 되어 있다.

## 3 | 감면대상 및 특례내용

### 3-1. 등록면허세 감면(§25 ①)

사내근로복지기금법인의 설립등기 및 변경등기에 대하여는 2016년 12월 31일까지 등록면허세를 면제한다. 한편, 군인공제회, 경찰공제회, 대한지방행정공제회, 한국교직원공제회가 회원용 공동주택을 건설하기 위하여 취득하는 부동산의 경우에는 2015년부터는 감면기한 종료로 감면대상에서 제외되었다.

### 3-2. 경과규정 특례(부칙 §14, 제12955호 2014.12.31.)

군인공제회, 경찰공제회, 대한지방행정공제회, 한국교직원공제회 등에 대해서는 감면 효력이 2014년 12월 31일부로 종료되어 2015년부터 취득 또는 보유하는 재산에 대해서는 더 이상 감면 효력이 없다. 다만, 감면효력은 상실되었더라도 부칙 제16조(법률 제12955호) 규정에 따라 감면이 누락되었을 경우에는 지방세기본법 제38조 부과제척기간 규정에 따라 최대 2019년까지는 종전의 규정을 계속해서 적용해야 한다.

## 4 관련사례

▣ 수분양자 비회원에게 전매한 사유로 분양자인 청구법인에게 책임을 물어 추징한 것은 잘못이라고 한 사례

청구법인은 쟁점공동주택을 군인공제회 회원들에게 이를 공급한 사실이 확인되고 있고, 「지방세법」에서 공동주택을 분양받은 회원이 이를 제3자에게 전매하거나 회원이 분양받은 주택을 부부 공동명의로 전환하였다 하더라도 경감받은 취득세 등을 추징한다는 별도의 추징 규정을 두고 있지 아니한 이상, 쟁점공동주택의 수분양자가 이를 비회원에게 전매하였다는 사유로 분양자인 청구법인에게 그 책임을 물어 기 경감한 취득세 등을 추징한 것은 잘못임(조심 2012지0157, 2012.7.31.).

▣ 사업소세 납세의무는 수탁자에게 있다고 한 사례

국방부와 태릉체력단련장 관리운영에 관한 약정을 체결하고 동 계약서 제4조(체력단련장, 골프연습장, 부속식당 · 티하우스 등)에서 규정하고 있는 사업에 관하여 일체를 위탁받아 귀회의 책임하에 운영하고 있는 경우라면 계약서 제4조에서 규정하고 있는 사업과 관련된 사업소에 대한 주민세 및 사업소세 납세의무는 군인공제회에 있음(구 행자부 지방세정팀-40, 2005.12.13.).

▣ 중과세율 위헌결정을 이유로 목적 외 사용이 추징에서 제외되는 것은 아니라고 한 사례

대한교원공제회가 임대하는 부동산이 고급오락장인 복합목욕탕에 해당 여부 관련, 청구인은 교육공무원, 교원 및 사무직원 등에 대한 각종 복리 · 후생사업 및 부동산임대업 등을 목적사업으로 하는 법인으로서 1996.6.26. 이 건 건물을 신축 · 취득한 후 1996.11.11. 쟁점건물을 (주)○○스포츠센터(대표이사 ○○○)에 임대하여 임차인이 1996.12.9.과 1996.12.11. 목욕장업 및 체육시설업 신고필증을 각각 교부받아 헬스클럽과 연계하여 이 건 목욕탕을 운영해 오고 있는 사실이 확인되고 있으므로 이 건 목욕탕은 고급오락장인 특수목욕탕에 해당된다 할 것이므로 이 건 등록세를 추징한 처분은 잘못이 없는 것이라 하겠다. 그러함에도 청구인은, 1998.7.16. 헌법재판소에서 구지방세법 제112조 제2항의 고급오락장에 대한 취득세 중과부분에 대하여 위헌결정을 하였다는 이유로 이 건 등록세도 추징대상이 될 수 없는 것이라고 주장하나, 헌법재판소의 위헌결정 취지가 일반재산에 비하여 7.5배(현재는 5배)나 중과세하는 대상을 판단함에 있어서 그 범위와 한계를 규정하는 근거는 법률의 명확한 위임이 있어야 한다는 것이지, 이 건의 경우와 같이 청구인의 고유업무에 직접 사용하는 부동산에 한하여 등록세를 면제하고 목적 외의 용도로 사용하는 부동산은 등록세를 과세한다는 취지의 면제규정을 해석함에 있어서까지 위헌으로 결정한 것은 아니라고 봄이 타당하다 할 것임(행자부 지방세심사 99-464, 1999.7.28.).

# 제26조

## 노동조합에 대한 감면

관련규정

제26조(노동조합에 대한 감면) 「노동조합 및 노동관계조정법」에 따라 설립된 노동조합이 그 고유업무에 직접 사용하기 위하여 취득하는 부동산(수익사업용 부동산은 제외한다. 이하 이 조에서 같다)에 대해서는 취득세를, 과세기준일 현재 고유업무에 직접 사용하는 부동산에 대해서는 재산세를 각각 2027년 12월 31일까지 면제한다.

## 1 개 요

근로자가 주체가 되어 자주적으로 단결하여 근로조건의 유지 · 개선 기타 근로자의·경제적 · 사회적 지위의 향상을 도모함을 목적으로 조직하는 단체 또는 그 연합단체인 노동조합[72]에 대한 세제지원이다. 2010년까지는 구 지방세법 제278조 제2항에서 각각 규정되었다가 2010년부터 지특법이 제정되면서 현재의 제26조로 이관(2010.3.31.)되었다. 2022 · 2024년 일몰기한이 연장(2021→2024→2027년)되었다.

## 2 감면대상자 및 특례내용

「노동조합 및 노동관계조정법」에 의하여 설립된 해당 사업장의 노동조합이 이에 해당된다. 노동조합이 그 고유업무에 직접 사용하기 위하여 취득하는 부동산(수익용 제외)에 대하여는 취득세 또는 재산세를 2027년 12월 31일까지 면제한다.

72) 조합원 수 : 2018년 233만명→2023년 272만명

# 3 | 지방세특례의 제한

### 3-1. 감면된 취득세의 추징(§178)

노동조합에 대해서는 본 규정에서 별도로 감면추징에 관한 사항은 없으나 제178조의 추징 규정에 따라 정당한 사유 없이 그 취득일부터 1년이 경과할 때까지 해당 용도로 직접 사용하지 아니하는 경우 또는 해당 용도로 직접 사용한 기간이 2년 미만인 상태에서 매각·증여하거나 다른 용도로 사용하는 경우에는 감면된 취득세가 추징된다. 이에 대한 세부적인 사항은 제178조의 해설편을 참조하면 된다.

### 3-2. 최소납부세액의 부담(§177의 2)

노동조합(§26)이 그 고유업무에 사용하기 위하여 취득하는 부동산에 대해서는 취득세 또는 재산세가 면제됨에도 불구하고, 2016년부터 시행되는 감면 상한제도에 따라 경우에 따라서는 면제되는 세액의 15%는 감면특례가 제한되어 최소납부세액으로 부담하여야 한다. 이에 대한 세부적인 사항은 제177조의 2 해설편을 참조하면 된다.

### 3-3. 지방세 중과세 대상 부동산의 감면 제한(§177)

노동조합이 감면을 받으려는 부동산이 지방세법 제13조 제5항에 따른 별장·골프장·고급오락장 등 지방세 중과세 대상인 사치성 재산인 경우에는 감면대상에서 제외된다.

# 4 | 감면신청(§183)

노동조합이 본 규정에 따라 지방세를 감면받으려는 경우에는 해당 지방자치단체의 장에게 해당 부동산이 그 고유업무에 직접 사용하는 용도임을 입증하는 서류를 첨부하여 감면신청을 하여야 한다. 세부적인 감면신청 절차 등에 대해서는 제183조의 해설편을 참조하면 된다.

## 5 | 관련사례

- 주민세 법인균등할은 법인격 여부를 불문하고 시 · 군내 사무소 또는 사업소를 둔 법인 단체를 납세의무자로 지방세법 제173조에 규정하고 있으므로 귀 조합도 과세대상에 해당되며, 사업소세, 면허세의 경우도 지방세법 시행령 제79조 규정에서는 제사 · 종교 등에 대한 비과세 대상을 열거하고 있으나 귀 조합은 이 비과세 대상에 해당되지 않으므로 과세대상임(구 내무부 세정 22670-6789, 1988.6.25.).
- 운송하역업을 영위하는 법인이 노동조합과 협약에 의하여 노동조합의 조합원들로 하여금 하역작업을 수행하도록 하고 그 임금을 지급하고 있는 경우 종업원할 사업소세 과세대상이 되는 종업원에 해당됨(구 행자부 심사 2004-0074, 2004.4.26.).

# 제27조 근로복지공단 지원을 위한 감면

**관련규정**

**제27조(근로복지공단 지원을 위한 감면)** ①「산업재해보상보험법」에 따른 근로복지공단(이하 이 조에서 "근로복지공단"이라 한다)이 같은 법 제11조 제1항 제1호부터 제5호까지, 제6호 및 제7호의 사업에 직접 사용하기 위하여 취득하는 부동산에 대해서는 취득세의 100분의 25를 2025년 12월 31일까지 경감한다.

☞ 아래 각 호 삭제(2023.3.14.)

1. 2020년 12월 31일까지는 취득세 및 재산세의 100분의 25를 각각 경감한다.
2. 2021년 1월 1일부터 2022년 12월 31일까지는 취득세의 100분의 25를 경감한다.

② 근로복지공단이「산업재해보상보험법」 제11조 제1항 제5호의 2, 제5호의 3 및 같은 조 제2항에 따른 의료사업 및 재활사업에 직접 사용하기 위하여 취득하는 부동산에 대해서는 취득세를 과세기준일 현재 그 업무에 직접 사용하는 부동산에 대해서는 재산세를 다음 각 호에서 정하는 바에 따라 각각 경감한다.

1. 2027년 12월 31일까지 취득세 및 재산세의 100분의 50(감염병전문병원의 경우에는 100분의 60)을 각각 경감한다.
2. 〈삭 제〉

## 1 | 개 요

산업재해보상보험법에 따른 산업재해보상보험사업, 고용보험 및 산업재해보상보험의 보험료징수 등에 관한 법률에 따른 보험적용·징수업무, 근로자복지기본법에 따른 복지사업, 고용정책기본법에 따른 실업대책사업, 임금채권보장법에 따른 임금채권보장사업, 고용보험법에 따른 창업촉진지원사업, 진폐의 예방과 진폐근로자의 보호 등에 관한 법률에 따른 진폐업무, 업무상 재해를 입은 근로자의 요양과 재활 및 산업보건사업 등을 행함으로써 산업재해근로자의 보건향상과 근로자의 복지증진에 기여하기 위하여 설립된 근로복지공단에 대한 세제지원이다. 2010년까지는 구 지방세법 제278조 제3항에서 규정되었다가 2011년부터는 현재의 지특법 제27조로 이관되었다. 이후 2012년 말에는 근로복지공단의 고유업무용 부동산 및 의료사업용 부동산 등에 대해 지방세감면 축소 기조를 반영하여 감면율을 아래와 같이 축소 조정하였다. 2014년에는 지방소득세 종업원분이 주민세 종업원분으로 세목명칭이 변경되었고 2016년 말 일몰도래함에 따라 주민세(재산분 및 종업원분) 및 재산세 도시지역분이 종료되고 취득세 및 재산세에 대한 감면율은 축소되었고 현재 2025년까지 연장되었다. 2021년에는 근로복지공단의 의료·재활사업용 부동산에 대하여 재산세 감면이 축소(취득세 75% → 50% 등)되었으며 2024년까지 경감토록 규정하고 있다. 2025년에는 근로복지공단 의료기관에 대해 일몰기한이 3년 연장(2027년)되었다.

## 2 | 감면대상자

산업재해보상보험법에 따라 설립된 근로복지공단이 이에 해당된다. 근로복지공단은 산업재해근로자의 보건향상과 근로자의 복지증진을 위해 1976년 12월에 설립된 고용노동부 산하 기금관리형 준정부기관으로 주요기능은 산업재해보상보험사업, 고용보험 및 산업재해보상보험의 보험료 징수 등에 관한 법률에 따른 보험 적용·징수업무, 복지사업(진폐의 예방과 진폐근로자의 보호 등에 관한 법률에 따른 진폐업무, 업무상 재해를 입은 근로자의 요양과 재활 및 산업보건사업 등) 등이 있다.

## 3 | 감면대상 부동산

근로복지공단이 고유업무에 직접 사용하기 위하여 취득 또는 보유하는 부동산과 해당 법인 사업장 및 종업원분 급여가 이에 해당된다. 근로복지공단의 고유업무란 다음과 같다.

「산업재해보상보험법」 제11조(공단의 사업) ① 공단은 다음 각 호의 사업을 수행한다.
1. 보험가입자와 수급권자에 관한 기록의 관리 · 유지
2. 보험료징수법에 따른 보험료와 그 밖의 징수금의 징수
3. 보험급여의 결정과 지급
4. 보험급여 결정 등에 관한 심사 청구의 심리 · 결정
5. 산업재해보상보험 시설의 설치 · 운영
5의 2. 업무상 재해를 입은 근로자 등의 요양 및 재활
5의 3. 재활보조기구의 연구개발 · 검정 및 보급
6. 근로자의 복지 증진을 위한 사업
7. 그 밖에 정부로부터 위탁받은 사업

# 4 | 특례내용

## 4-1. 세목별 감면

근로복지공단이 수행하는 고유업무용 부동산과 의료사업 및 재활사업용 부동산에 대해서는 다음과 같이 지방세를 감면한다.

〈표 1〉 근로복지공단에 대한 감면 현황(2025.1.1. 현재)

| 조문 | 감면대상 | 감면율 | 일몰기한 |
|---|---|---|---|
| §27 ① | 근로복지공단의 고유업무용 부동산<br>(산업재해보상보험법 §11 ① 1호~7호, 단, 5호의 2 및 5호의 3 제외) | 취득세 25%,<br>재산세 25% | '27.12.31 |

근로복지공단의 고유업무용 부동산 중 제27조 제1항에 따른 사업용 부동산에 대해서는 2012년 12월 31일까지는 취득세 면제, 재산세가 50% 감면되었으나 2013년 1월 1일부터는 75%, 25%로 각각 축소되었으며, 제27조 제2항에 따른 사업용 부동산에 대한 지역자원시설세는 2013년부터 감면이 종료되었다(부칙 §6, 제11618호 2013.1.1.). 2016년 말 일몰도래시 목적사업 중 의료사업과 의료사업 외로 분류하여 차등 감면율 비중을 낮추고 의료사업인 경우(제2항)에 취득세 면제에서 취득세 75%, 재산세 50%로 축소되고, 재산세 도시지역분과 주민세(재산분, 종업원분)가 종료되었으며 의료사업 외의 경우(제1항)에는 유사 공공기관과의 형평차원에서 취득세 25%, 재산세 25%로 감면율이 축소되었다.

| 연도 | 감면율 | 관련규정 |
|---|---|---|
| '95~'00년 | 취득세 100%, 재산세 100% | (구)지방세법 제270조 제2항 |
| '01~'12년 | 취득세 100%, 주민세 100%, 재산세 50% | (구)지방세법 제278조 제3항('01~'10)<br>지방세특례제한법 제27조('11~'12) |
| '12~'16년 | 취득세 100%, 재산세 100% | 지방세특례제한법 제27조 |

## 5 | 지방세특례의 제한

### 5-1. 감면된 취득세의 추징

본 규정에서는 근로복지공단에 대한 별도의 추징규정이 없으나 제178조의 추징 규정에 따라 정당한 사유 없이 그 취득일부터 1년이 경과할 때까지 해당 용도로 직접 사용하지 아니하는 경우 또는 해당 용도로 직접 사용한 기간이 2년 미만인 상태에서 매각·증여하거나 다른 용도로 사용하는 경우에는 감면된 취득세에 대해 추징대상에 해당된다. 이에 대한 세부적인 사항은 제178조의 해설편을 참조하면 된다.

### 5-2. 최소납부세액의 부담(§177의 2)

근로복지공단이 그 고유업무에 사용하기 위하여 취득하는 부동산에 대해서는 취득세가 면제(§27 ②)됨에도 불구하고, 2015년부터 시행되는 감면 상한제도에 따라 면제되는 세액의 15%는 취득세 감면특례가 제한되어 최소납부세액을 부담할 예정이었으나 그 시행시기를 부칙 제12조(법률 제12955호)에 따라 2017년 1월 1일부터 적용하게 되었고 2016년 말 법 개정에 따라 당초 면제규정이 경감규정으로 전환되면서 최소납부세제 대상에서 제외하게 되었다.

### 5-3. 지방세 중과대상 부동산의 감면 제한(§177)

근로복지공단이 감면을 받으려는 부동산이 지방세법 제13조 제5항에 따른 별장·골프장·고급오락장 등 지방세 중과세 대상인 사치성 재산인 경우에는 감면대상에서 제외된다.

## 6 | 감면신청(§183)

근로복지공단이 지방세를 감면받으려는 경우에는 해당 지방자치단체의 장에게 해당 부동산이 그 고유업무에 직접 사용하는 용도임을 입증하는 서류를 첨부하여 감면신청을 하여야 한다. 세부적인 감면신청 절차 등에 대해서는 제183조의 해설편을 참조하면 된다.

## 7 | 관련사례

▣ 부동산 취득 후 기부채납 승인을 받았다면 취득세 과세대상이라고 한 사례

지방세법 제106조 제2항 및 제126조 제2항에서 국가, 지방자치단체 또는 지방자치단체조합에 기부채납을 조건으로 취득등기하는 부동산은 취득세와 등록세를 비과세하도록 규정하고 있는 바, 귀문의 근로복지공단과 같이 국가에 기부채납하는 것을 승인받지 않고 부동산을 취득한 후 국가에 기부채납하는 경우라면 상기 규정에 의한 취득세 등의 비과세 대상이 되기 어렵다고 판단됨(구 행자부 지방세정팀-4684, 2006.9.27.).

▣ 임차재산의 권리확보를 위한 전세권설정등기는 직접 사용 취득하는 재산에 해당한다고 한 사례

「지방세법」 제278조 제3항에서 「산업재해보상보험법」에 의한 근로복지공단이 동법 제14조 제1호 내지 제8호의 규정에 의한 사업에 직접 사용하기 위하여 취득하는 재산에 대하여는 취득세와 등록세를 면제하도록 규정하고 있는바, 「산업재해보상보험법」에 의한 근로복지공단이 동법 제14조 제1호 내지 제8호의 규정에 의한 사업에 직접 사용하기 위하여 제3자의 부동산을 임차하면서 임차재산의 권리확보를 위해 하는 전세권설정등기는 근로복지공단이 "직접 사용하기 위하여 취득하는 재산"에 해당되는 것이므로 등록세의 면제대상이 되는 것임(행자부 지방세정팀-1999, 2006.5.17.).

# 제 3 절

## 사회복지를 위한 지원 Ⅱ
## (법 제28조~제40조의 3)

# 제28조

## 산업인력 등 지원을 위한 감면

관련규정

제28조 제1항 [일몰기한 종료로 2015.1.1.부터는 감면 효력 상실]

제28조(산업인력 등 지원을 위한 감면) ①「근로자직업능력 개발법」에 따른 직업능력개발훈련시설(숙박시설을 포함한다. 이하 이 항에서 같다)에 직접 사용하기 위하여 취득하는 토지(건축물 바닥면적의 10배 이내의 것으로 한정한다)와 건축물에 대하여는 2014년 12월 31일까지 취득세의 100분의 50을 경감하고, 과세기준일 현재 직업능력개발훈련시설에 직접 사용하는 부동산에 대하여는 2014년 12월 31일까지 재산세를 면제한다.

②「한국산업안전보건공단법」에 따라 설립된 한국산업안전보건공단이 같은 법 제6조 제2호 및 제6호의 사업에 직접 사용하기 위하여 취득하는 부동산에 대해서는 취득세의 100분의 25를, 과세기준일 현재 그 사업에 직접 사용하는 부동산에 대해서는 재산세의 100분의 25를 각각 2025년 12월 31일까지 경감한다.

③「한국산업인력공단법」에 따라 설립된 한국산업인력공단이 같은 법 제6조 제1호의 사업에 직접 사용하기 위하여 취득하는 부동산에 대해서는 취득세의 100분의 25를 2025년 12월 31일까지 경감한다.

## 1 개 요

근로자의 생애에 걸친 직업능력개발 촉진을 지원하고 산업현장에서 필요로 하는 기술·기능 인력을 양성하며 산학협력 등에 관한 사업수행을 위해 근로자직업능력 개발법의 직업능력개발훈련시설에 대한 세제지원이다. 1982년도에 신설되어 2010년까지는 구 지방세법 제278조 제1항, 제5항에서 각각 규정되었다가 2011년부터는 현재의 지특법 제28조에 통합

이관하여 규정되었다. 이후 2012년 말에는 지방세 감면 축소기조에 따라 감면율이 일부 축소 조정되었으며 2015년에는 직업능력개발훈련시설에 대해서는 감면이 종료되었으며 한국산업안전보건공단과 한국산업인력공단의 직접 사용 부동산의 경우 2025년 12월 31일까지 일몰기한이 연장되어 있다.

## 2 | 감면대상자

한국산업안전보건공단법에 따라 설립된 한국산업안전보건공단 및 한국산업인력공단법에 따라 설립된 한국산업인력공단이 이에 해당된다.

### 2-1. 산업안전보건공단, 산업인력공단

「한국산업안전보건공단법」에 따라 설립된 한국산업안전보건공단이 같은 법 제6조 제2호 및 제6호의 사업에, 「한국산업인력공단법」에 따라 설립된 한국산업인력공단이 같은 법 제6조 제1호의 사업에 직접 사용하기 위하여 취득하는 부동산이 이에 해당된다.

한국산업인력공단이 고유업무에 직접 사용하기 위하여 취득하는 부동산이란 한국산업인력공단법 제6조 제2호 및 제6호의 사업인 직업능력개발훈련 실시를 위한 「근로자직업능력개발법」에 따른 기능대학의 설립·운영 지원, 해외취업 지원 등 고용촉진 사업과 한국산업인력공단이 기업의 학습조직화 촉진 등 근로자의 평생학습 지원을 위해 취득하는 것을 말한다.

### 2-2. 직업능력개발훈련시설(2014년 과세분까지만 적용)

근로자직업능력 개발법에 따른 직업능력개발훈련시설에 직접 사용하기 위하여 취득하는 토지와 건축물이 이에 해당된다. 한편, 상기 부동산은 2015년부터는 감면이 종료되어 2014년 과세누락 등에 대한 감면분만 적용된다.

직업능력개발훈련시설이란 근로자에게 직업에 필요한 직무수행능력을 습득·향상시키기 위하여 실시하는 훈련을 말하며, 근로자직업능력 개발법 제2조 제3호에서 직업능력개발훈련시설을 공공직업훈련시설과 지정직업훈련시설로 구분하고 있으며 1) 공공직업훈련시설은 국가·지방자치단체 및 한국산업인력공단(한국산업인력공단이 출연하여 설립한 학교법인을 포함), 한국장애인고용공단, 근로복지공단 등 공공단체가 직업능력개발훈련을 위하여 설치한 시설로서 제27조에 따라 고용노동부장관과 협의하거나 고용노동부장관의 승인을 받아 설치한 시설을 말한다. 이들 한국산업인력공단, 한국장애인고용공단, 근로복지공단의 경우는 지특법에서 규정하고 있는 이들 공공단체의 고유목적사업에 대한 감면규정과는 별도로 감면대상에 해당된다. 2) 지정직업훈련시설은 직업능력개발훈련을 위하여 설립·설치된 직업훈련원·직업전문학교 등의 시설로서 제28조에 따라 고용노동부장관이 지정한 시설이다.

# 3 | 특례내용

## 3-1. 세목별 감면

한국산업안전보건공단 및 한국산업인력공단의 고유업무용 부동산 등에 대해서는 2025년 12월 31일까지 취득세와 재산세를 각각 경감한다.

〈표〉 **한국산업안전보건공단 및 한국산업인력공단 감면 내용(2024.1.1. 현재)**

| 조문 | 감면내용 | 감면율 | 일몰기한 |
|---|---|---|---|
| §28 ① | 직업능력개발훈련시설 | 취득세 50%<br>재산세 100% | 2014.12.31 |
| §28 ② | 한국산업안전보건공단(관련법 제6조)<br>-(2호) 산업안전보건에 관한 교육<br>-(6호) 산업재해예방시설의 설치·운영 | 취득세 25%<br>재산세 25% | 2025.12.31 |
| §28 ③ | 한국산업인력공단(관련법 제6조)<br>-(1호) 기업 학습조직화 촉진 등 근로자 평생학습 지원 | 취득세 25% | 2025.12.31 |

## 3-2. 경과규정 특례

### 3-2-1. 2014년 감면종료분 경과특례(부칙 §14, 제12955호 2014.12.31.)

「근로자직업능력 개발법」에 따른 직업능력개발훈련시설을 설치·운영하는 자에 대해서는 2014년 12월 31일부로 감면기한이 종료되어 2015년부터 감면대상에서 제외되었다.

다만, 감면이 종료되더라도 2015년 이전 납세의무 성립분에 한해 「지방세기본법」 제51조에 따른 경정청구 기간(최대 2019년)까지는 종전의 규정을 계속해서 적용할 수 있다.

### 3-2-2. 2016년 감면축소분 경과특례(부칙 §10, 제14477호 2017.1.1.)

2016년 12월 31일까지는 한국산업안전보건공단의 사업용 부동산에 대해 제28조 제2항에 따라 취득세를 75% 경감하였으나 2017년 1월 1일부터는 25%로 축소되었다. 다만, 감면이 축소되었더라도 2016년까지 납세의무 성립분에 한해서는 「지방세기본법」 제51조에 따른 경정청구 기간(최대 2020년)까지는 종전의 규정을 계속해서 적용할 수 있다.

## 4 | 지방세특례의 제한

### 4-1. 감면된 취득세의 추징(§178)

본 규정에서는 별도로 감면추징에 관한 사항이 없더라도 법 제178조의 감면된 취득세의 추징 규정에 따라 정당한 사유 없이 그 취득일부터 1년이 경과할 때까지 해당 용도로 직접 사용하지 아니하는 경우 또는 해당 용도로 직접 사용한 기간이 2년 미만인 상태에서 매각·증여하거나 다른 용도로 사용하는 경우에는 감면된 세액에 대해 추징대상에 해당된다. 세부적인 사항은 제178조의 해설편을 참조하면 된다.

### 4-2. 지방세 중과대상 부동산에 대한 감면 제한(§177)

한국산업인력공단 등이 취득한 과세대상 물건이 지방세법 제13조 제5항에 따른 부동산인 별장·골프장·고급오락장 등 지방세 중과세 대상인 사치성 재산에 해당되는 경우에는 지방세 감면대상에서 제외된다.

# 제29조

## 1. 국가유공자 등에 대한 감면

관련규정

제29조(국가유공자 등에 대한 감면) ①「국가유공자 등 예우 및 지원에 관한 법률」,「보훈보상대상자 지원에 관한 법률」,「5·18민주유공자예우 및 단체설립에 관한 법률」 및 「특수임무유공자 예우 및 단체설립에 관한 법률」에 따른 대부금을 받은 사람이 취득(부동산 취득일부터 60일 이내에 대부금을 수령하는 경우를 포함한다)하는 다음 각 호의 부동산에 대해서는 취득세를 2026년 12월 31일까지 면제한다.

1. 전용면적 85제곱미터 이하인 주택(대부금을 초과하는 부분을 포함한다)
2. 제1호 외의 부동산(대부금을 초과하는 부분은 제외한다)

② 제1호 각 목의 단체에 대해서는 제2호 각 목의 지방세를 2026년 12월 31일까지 면제한다.

1. ~ 2. (생 략) ☞ 본문 해설편 내용 참조

③ 대통령령으로 정하는 바에 따라 상이등급 1급을 판정받은 사람들로 구성되어 국가보훈처장이 지정한 국가유공자 자활용사촌에 거주하는 중상이자(重傷痍者)와 그 유족 또는 그 중상이자와 유족으로 구성된 단체가 취득·소유하는 자활용사촌 안의 부동산에 대해서는 취득세와 재산세(「지방세법」 제112조에 따른 부과액을 포함한다) 및 「지방세법」 제146조 제3항에 따른 지역자원시설세를 각각 2026년 12월 31일까지 면제한다.

**【영】** 제12조(자활용사촌의 정의) 법 제29조 제3항에서 "대통령령으로 정하는 바에 따라 상이등급 1급을 판정받은 사람들로 구성되어 국가보훈처장이 지정한 국가유공자 자활용사촌"이란「국가유공자 등 예우 및 지원에 관한 법률 시행령」 제88조의 4 제1항에 따라 지정된 자활용사촌(自活勇士村)을 말한다.

# 1 개 요

국가를 위하여 희생하거나 공헌한 자와 그 유족에게 합당한 예우(禮遇)를 하기 위하여 국가유공자와 국가유공자에 준하는 자 또는 국가유공자 단체 등에 대한 세제지원이다. 1985년에 신설되어 2010년 이전까지는 구 지방세법 제270조 제1항, 제4항 및 감면조례에서 각각 규정되었다가 현재의 지특법 제29조로 통합 이관(2010.3.31.)하였고 2014년 말 감면 일몰도래시 장애인 보철용 차량 감면규정(법 §17)에서 현재의 규정(법 §29)으로 분리되었다. 2019년에는 주택을 취득한 이후 60일 이내에 대부금을 수령하는 경우까지 감면대상이 확대되었다. 2021년에는 일몰기한이 2023년까지 연장되었다. 2024년에는 국가유공자단체가 추가되었고, 일몰기한도 2026년까지 연장되었다.

# 2 감면대상자

## 2-1. 대부금으로 주택 등을 취득하는 자

「국가유공자 등 예우 및 지원에 관한 법률」, 「보훈보상대상자 지원에 관한 법률」, 「5·18 민주유공자예우 및 단체설립에 관한 법률」 및 「특수임무유공자 예우 및 단체설립에 관한 법률」에 따라 대부금으로 주택을 취득하는 국가유공자가 이에 해당된다. 한편, 국가유공자에게 대부금을 제공하는 금융기관에 대해서는 2014년까지는 감면대상자에 해당되었으나 2015년부터는 제외되었다.

## 2-2. 국가유공자 단체

국가유공자 등 단체설립에 관한 법률, 특수임무유공자 예우 및 단체설립에 관한 법률, 고엽제후유의증 환자지원 등에 관한 법률, 참전유공자예우 및 단체설립에 관한 법률에 따라 설립된 국가유공자단체가 2011년까지는 9개 단체였으나 2012년에는 대한민국특수임무유공자회, 대한민국고엽제전우회, 대한민국6·25참전유공자회 등 3개 단체가, 2015년에는 대한민국월남전참전자회가, 2024년에는 5·18민주화운동부상자회, 5·18민주유공자유족회 및 5·18민주화운동공로자회 등 3개 단체가 추가되어 현재는 16개 단체가 이에 해당된다.

다만, 친목도모 등의 목적으로 이들 단체간에 임의로 구성하는 연합회 성격의 단체 등인 경우에는 관련법령에서 인정하는 공법단체에 해당되지 않으므로 지방세 감면대상 단체로 볼 수 없다 하겠다.

〈표 1〉 감면대상 국가유공자 단체 현황(2024년 현재)

| 연도별 | 공법단체 설립일자 | 회원수 | 산하조직 | |
|---|---|---|---|---|
| | | | 시도지부 | 시군지회 |
| ① 광복회 | 1973.03.03. | 7,902 | 16 | 90 |
| ② 상이군경회 | 1963.08.12. | 110,555 | 16 | 242 |
| ③ 전몰군경유족회 | 1963.08.12. | 97,409 | 16 | 231 |
| ④ 전몰군경미망인회 | 1963.08.12. | 56,222 | 16 | 230 |
| ⑤ 무공수훈자회 | 1992.04.10. | 55,843 | 16 | 230 |
| ⑥ 재일학도의용군동지회 | 1989.01.01. | 6 | 1 | |
| ⑦ 4 · 19민주혁명회 | 1973.03.03. | 187 | 5 | |
| ⑧ 4 · 19혁명희생자유족회 | 1973.03.03. | 166 | 3 | |
| ⑨ 4 · 19혁명공로자회 | 2001.09.07. | 287 | 3 | |
| ⑩ 특수임무유공자회 | 2008.01.28. | 3,214 | 17 | 124 |
| ⑪ 고엽제전우회 | 2007.12.21. | 140,231 | 17 | 221 |
| ⑫ 6 · 25참전유공자회 | 2009.03.07. | 89,600 | 16 | 232 |
| ⑬ 대한민국월남참전자회 | 2009.03.29. | 108,648 | 16 | 227 |
| ⑭ 5 · 18민주화운동부상자회 | 2003.8.9. | 2,761 | 8 | |
| ⑮ 5 · 18민주유공자유족회 | | | | |
| ⑯ 5 · 18민주화운동공로자회 | 2022.1.4. | | | |

## 2-3. 국가유공자 자활용사촌

상이등급 1급을 판정받은 사람들로 구성되어 국가보훈처장이 지정한 국가유공자 자활용사촌에 거주하는 중상이자와 그 유족 또는 중상이자와 그 유족으로 구성된 단체가 이에 해당된다. 자활용사촌은 1950년대 후반 각 군병원 및 국립정양원에 장기 입원중인 6 · 25 중상이자들이 귀향하지 않자 각 군(軍) 및 지방자치단체에서 국 · 공유지를 무상증여하여 이들이 일정한 거주지역에 집단으로 거주하게 되었고 정부는 용사촌관리규정(훈령 제271호, 1971.12.21.)을 제정하여 1급중상이자 20인 이상인 경우 용사촌 설립을 제도화하였다.

2020년 현재 전국적으로 25개의 자활용사촌에 591가구 568명이 회원으로 거주하고 있으며, 20개 용사촌에서 피복류, 인쇄물, 기계류 등 225개 품목을 생산하고 있다.

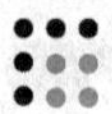

〈표 2〉 **자활용사촌 설립근거 및 지원제도 현황(2015.1.1. 현재)**

| 지정승인 | 수익사업승인 | 지원제도 |
|---|---|---|
| 지방보훈청장(용사촌지원위원회에서 심의) : 지방청장, 과장, 지청장, 상이군경회 시·도지부 사무국장 등 7인 이내 | • 확인서 발급 : 중소기업청 및 지방보훈청장<br>• 수익사업 근거자료로 현지확인 및 관련증빙자료 확인 후 발급 | • 국가를 당사자로 하는 계약에 관한 법률 시행령 제26조(수의계약)<br>• 국무총리훈령 제419호(국가 및 공공단체 우선구매)<br>• 지방세 감면 |

## 3 | 감면대상 부동산 등

국가유공자 등이 대부금으로 취득하는 부동산과 국가유공자 단체 등이 그 고유업무에 직접 사용하기 위하여 취득하는 부동산 및 그 고유업무에 직접 사용하기 위한 면허와 해당 단체에 대한 사업장 및 종업원분이 이에 해당된다. 여기서 국가유공자 등이 대부금으로 취득하는 부동산이란 공동주택·단독주택뿐만 아니라 농지를 구입하는 경우를 포함한다(국가유공자 등 예우 및 지원에 관한 법률 §49 참조). 2019년 현재 국가유공자 등이 대부금을 받아 주택구입에 230억원(541명), 주택신축에 311억원(732명), 농지구입에 5억원(26명)을 사용하였다.

### 3-1. 국가유공자가 대부금으로 취득하는 부동산 감면(§29 ①)

국가유공자가 대부금으로 취득하는 부동산에 대해서는 전용면적 기준에 따라 감면요건이 다르다. 먼저 전용면적 85㎡ 이하 주택의 경우에는 국가유공자가 대부받는 금액에 상관없이 모두 감면대상에 해당된다. 반면 85㎡를 초과하는 경우에는 주택을 포함하여 건축물, 토지 등의 경우도 일단 감면대상에는 해당되지만 대부금을 초과하는 부분은 감면대상에서 제외된다. 대부금으로 취득하는 부동산이란 국가보훈처에서 국가유공자의 생활보장과 자긍심 고취를 위해 1965년부터 도입하여 시행하고 있는 제도로서 국가유공자 등 예우 및 지원에 관한 법률 제47조[73]에 따라 농토구입, 주택구입 용도로 대부금을 받는 경우를 말한다.

73) 국가유공자 등 예우 및 지원에 관한 법률 제47조(대부 대상자) ① 대부 대상자는 다음 각 호와 같다.
1. 국가유공자 2. 국가유공자의 유족 중 보상금을 받는 자
3. 국가유공자의 유족 중 보상금을 받는 자가 없는 경우에는 제5조 제1항 각 호에 따른 선순위자
제49조(대부의 종류) 대부의 종류는 다음 각 호와 같다.
1. 농토구입대부 2. 주택대부(주택구입대부, 대지구입대부, 주택신축대부, 주택개량대부, 주택임차대부

국가유공자가 국가보훈처에서 지정한 금융기관(2021년 현재 국민은행 또는 농협)에서 대부금을 신청하고 이 대부금으로 주택을 취득하는 경우 취득세를 감면받을 수 있다. 다만, 관련법령에 근거한 대부금이 아닌 개인 담보대출 등의 경우는 감면대상 부동산으로 보지 않는다. 한편, 2021년부터는 대부금을 받은 사람이 취득하는 부동산으로 개정이 되어 국가유공자가 대부금을 받아 배우자 등과 공동명의로 부동산을 취득하는 경우에는 대부금 대상자가 아닌 배우자 등의 지분에 대해서는 감면대상에서 제외되도록 명확히 개정이 되었다.

### 3-2. 국가유공자 대부금 요건 충족 판단시점

국가유공자가 주택 취득 후 소유권이전등기까지를 마친 후 3개월 이내에 대부금을 신청할 수 있도록 대부금 처리절차[74]가 개선(2009.5.3.)되었다. 이 경우 취득세 감면 판단시점을 취득시기 또는 최종 대부금을 받은 시기로 보아야 하는지에 대해 부동산 취득일 이전(사용검사일 이전)에 대부금 대출신청만 하고 금융기관에서 대출심사 보류 상태에서 부동산 취득일 이후에 대부금을 수령하는 경우에도 감면대상으로 본다는 사례(조심 2009지0643, 2010.3.18.) 등의 논란이 있었다. 이를 반영하여 국가유공자를 지원할 취지임에도 대부금 수령시기에 따라 감면을 달리 적용할 이유가 없다는 취지로 2019년부터는 취득세 납부기한(취득일로부터 60일 이내)에 대부금을 수령하는 경우도 감면을 받을 수 있도록 개정이 되었다.

## 4 | 특례내용

### 4-1. 세목별 감면

국가유공자 및 국가유공자 단체 등에 대해서는 다음 〈표 3〉과 같이 지방세 및 국세(농어촌특별세)를 각각 감면한다.

---

를 말한다. 이하 같다) 3. 사업대부 4. 생활안정대부

74) 한국주택금융공사법 시행규칙 제3조 제2항 제2호 가목의 규정에 따라 국가유공자대부금 위탁금융기관(국민은행 나라사랑대출)은 주택취득 후 3개월까지 대출처리 가능

〈표 3〉 **국가유공자, 5·18민주화 유공단체 등 감면 내용(2024.1.1. 현재)**

| 조문 | 감면대상 | 감면율 |
|---|---|---|
| §29 ① | 국가유공자 등 대부금으로 취득하는 부동산 | 취득세 면제 |
| §29 ② | 국가유공자 등 국가유공자 단체(16개) 고유업무용 부동산 | 취득세·재산세(도시계획분 포함)<br>등록면허세·주민세(사업소분, 연면적), 지역자원시설세 면제 |
| §29 ③ | 국가유공자 자활용사촌에 거주하는 중상이자 등이 취득하는 부동산 | 취득세·재산세(도시계획분 포함), 지역자원시설세 면제 |
| 농특 §4 | 국가유공자 등이 취득하는 부동산(§29 ①~③)의 취득세 감면분에 대한 농특세 | (농특세) 비과세 |

### 4-2. 최소납부세액 부담 면제(§177의 2)

2015년부터 시행되는 감면 상한제도에 따라 면제되는 세액의 15%는 감면특례가 제한되어 국가유공자 단체 등에 대한 취득세 또는 재산세의 경우 최소납부세액 과세대상에 해당되지만 제177조의 2 제2호에서 최소납부세액 예외 특례를 적용받아 해당 세목에 대해서는 본 규정대로 계속해서 면제를 적용한다. 세부적인 사항은 제177조의 2의 해설편의 내용과 같다.

## 5 | 지방세특례의 제한

### 5-1. 감면된 취득세의 추징(§178)

국가유공자 단체 등이 감면받은 부동산에 대해서는 제29조에서 별도의 취득세 추징규정은 없더라도 제178조의 규정에 따라 감면의무사항을 위반한 경우에는 감면된 취득세가 추징된다. 세부적인 감면의무 위반사항 등에 대해서는 제178조의 해설편의 내용과 같다.

### 5-2. 지방세 중과세 대상 부동산에 대한 감면 제한(§177)

국가유공자 단체 등이 취득하는 과세대상 물건이 지방세법 제13조 제5항에 따른 별장·골프장·고급오락장 등 지방세 중과세 대상인 사치성 재산에 해당되는 경우에는 본 규정에도 불구하고 감면대상에서 제외된다. 세부적인 사항은 제177조의 해설편의 내용과 같다.

### 5-3. 고유업무용 부동산 감면 제한(§29 ②)

대한민국상이군경회 등 국가유공자 단체 감면은 2012년 이전까지는 고유목적 용도와 상관없이 모든 부동산 및 면허에 대해 감면을 하였으나 2013년부터는 그 고유목적에 직접 사용하는 것으로 한정하고 있어 고유업무용 이외 임대용 부동산 등은 감면에서 제외된다.

## 6 감면신청(§183)

국가유공자 단체 등이 해당 사업용 부동산 등에 대해 지방세 감면을 받으려는 경우에는 제183조의 규정에 따라 해당 지방자치단체의 장에게 관련 입증서류를 첨부하여 감면신청을 하여야 한다. 세부적인 감면신청 절차 등에 대해서는 제183조의 해설편의 내용과 같다.

## 7 관련사례

▣ 직장어린이집 위탁운영 목적 부동산으로서 취득세 감면 여부

「영유아보육법」 제14조에 따라 직장어린이집을 설치할 의무가 있는 사업주가 단체를 구성하여 사업주단체 명의로 공동어린이집 설치신고를 한 후, 사업주 중 1개 社 명의로 직장어린이집용 부동산을 취득하여 위탁 운영하는 경우, 해당 직장어린이집은 상시근로자 500명 이상을 고용하고 있어 「영유아보육법」 제14조 제1항에 따라 직장어린이집 설치 의무를 부담하는 자에 해당하고, 「영유아보육법」 제14조 제1항 및 제24조 제3항에 따라 사업주 공동으로 직장어린이집을 설치하고, 이를 위탁하여 운영하기 위해 쟁점 부동산을 취득하였으므로, 「지방세특례제한법」 제19조 제1항에 따라 취득세의 100분의 50을 경감함이 타당함(행안부 지방세특례제도과-1467, 2024.6.25.).

▣ 국가유공자가 대부금으로 취득하는 주택의 범위

- 국가유공자가 당초 A아파트를 취득하기 위하여 대부금을 신청한 후, 잔금 납부 전 분양권을 매각하고 새로이 B아파트를 취득한 경우, B아파트에 대한 취득세 면제 여부에 대해 감면대상을 '대부금으로 취득하는 주택 또는 부동산'으로 명시하고 있는바, 당초 대부금을 신청하였던 물건이 아닌 새로운 주택을 취득하는 것은 대부금으로 취득하는 부동산으로 볼 수 없으므로 취득세 감면대상에 해당되지 않는다 할 것임(행자부 지방세특례제도과-2376, 2016.8.31.).
- ○○시세감면조례 제2조 제2항 규정에 의하여 국가유공자등 예우에 관한 법률에 의한 대

부금으로 취득하는 전용면적 85제곱미터 이하인 주거용부동산에 대하여는 취득세, 등록세 면제대상이나, 단독주택의 경우 지하층을 포함하여 85제곱미터를 초과한다면 면제대상에 해당되지 않음. 다만, 국가유공자등 예우에 관한 법률의 규정에 의한 주택 대부금으로 취득하였다면 지방세법 제270조 제1항의 규정에 의하여 그 대부금 범위내에서 취득세, 등록세 면제대상임(구 행정자치부 세정 13407-551, 1999.5.7.).

▣ 대부금으로 취득하는 부동산에 해당하는지의 여부

• 청구인은 이 건 주택을 취득하기 전에 해당 기관에 대부금을 신청한 사실이 확인되지 않으므로 나라사랑대출을 받지 않은 상태에서 취득한 것으로 보이는 점 등에 비추어 처분청이 이 건 주택의 취득이 「지방세특례제한법」 제29조 제1항 제1호에 의한 취득세 면제대상에 해당되지 아니한다고 보아 경정청구를 거부한 처분은 잘못이 없음(조세심판원 2016지0929, 2016.10.19.).
• 청구인은 이 건 주택을 취득(잔금지급)한 후 「국가유공자 등 예우 및 지원에 관한 법률」에 따른 대부금을 신청하고 수령한 점 등에 비추어 위 대부금으로 이 건 주택을 취득하였다고 보기 어려우므로 처분청의 경정청구 거부처분은 잘못이 없음(조세심판원 2016지0135, 2016.3.25.).
• 청구인의 경우 소송을 통해 국가유공자의 지위를 소급하여 인정받았다 하더라도 쟁점아파트를 「국가유공자 등 예우 및 지원에 관한 법률」에 따른 대부금을 수령하여 취득한 사실이 확인되지 아니하므로 처분청이 청구인의 경정청구를 거부한 처분은 잘못이 없음(조세심판원 2015지1145, 2015.12.9.).
• 대부금으로 취득하는 전용면적 85제곱미터 이하인 주거용 건축물 및 부속토지의 경우에는 그 소유권이전 및 근저당권설정등기의 수속을 완료한 경우의 대부금으로 취득한 경우에 한하여 취득세 등을 면제하는 것이 타당하다 할 것이므로 주택의 취득가액을 과세표준액으로 신고납부한 것은 적법함(조심 2010지0155, 2010.4.9.).

▣ 부동산 취득 이후 대부금을 수령한 경우에도 감면대상으로 볼 수 있는지 여부

취득세와 등록세 면제가 가능한 것으로 여신업무를 운영하고 있으므로 대부대상자가 대부부동산 취득 이전에 정상적으로 대부기관에 대출을 신청하고 당해 부동산을 취득한 경우에는 당해 부동산은 「국가유공자 등 예우 및 지원에 관한 법률」에 의한 대부금으로 취득하는 부동산에 해당되는 것으로 봄이 타당함(조심 2009지0643, 2010.3.18.).

☞ 2019년부터는 취득일로부터 60일 이내에 대부금을 수령하면 감면하는 것으로 개정됨.

▣ 당해 업무에 직접 사용 부동산에 한해서 재산세 등을 면제한다고 한 사례

지방세법 제270조 제2항에서 한국보훈복지의료공단법에 의하여 설립된 한국보훈복지의료공단이 동법 제6조 제1호 내지 제6호의 규정에 의한 업무에 직접 사용하기 위하여 취득하는 재산에 대하여는 취득세와 등록세를 면제하고, 과세기준일 현재 당해 업무에 직접 사용하는 부동산에 대하여는 재산세와 종합토지세를 면제하도록 규정되어 있으므로, 조세법규의 해석은 특별한 사정이 없는 한 법문대로 해석할 것이고 합리적 이유없이 확장해석하거나 유추해석하는 것은 허용되지 아니하므로(대법원 97누20090, 1998.3.27.), 광주광역시 ○구 ○○동 소재 구○○보훈병원을 재산세 과세기준일 현재 귀 공단의 사업인 국가유공자 등의

의료·보호 및 의학적·정신적 재활과 진료에 직접 사용하지 않고 있다면 재산세 등이 면제되지 아니한다 할 것임(행자부 세정-1333, 2005.6.27.).

# 제29조

## 2. 국가유공자 소유차량에 대한 감면

관련규정

제29조(국가유공자 등에 대한 감면) ④ 「국가유공자 등 예우 및 지원에 관한 법률」에 따른 국가유공자(「보훈보상대상자 지원에 관한 법률」 제2조 제1항 각 호의 어느 하나에 해당하는 보훈보상대상자 및 법률 제11041호 국가유공자 등 예우 및 지원에 관한 법률 일부개정법률 부칙 제19조에 해당하는 사람을 포함한다)로서 상이등급 1급부터 7급까지의 판정을 받은 사람 또는 그 밖에 대통령령으로 정하는 사람(이하 "국가유공자등"이라 한다)이 보철용·생업활동용으로 사용하기 위하여 취득하는(대통령령으로 정하는 바에 따라 대체취득하는 경우를 포함한다) 다음 각 호의 어느 하나에 해당하는 자동차로서 취득세 또는 자동차세 중 어느 하나의 세목(稅目)에 대하여 먼저 감면 신청하는 1대에 대해서는 취득세 및 자동차세를 각각 2027년 12월 31일까지 면제(「보훈보상대상자 지원에 관한 법률」 제2조 제1항 각 호의 어느 하나에 해당하는 보훈보상대상자 및 법률 제11041호 국가유공자 등 예우 및 지원에 관한 법률 일부개정법률 부칙 제19조에 해당하는 사람으로서 상이등급 1급부터 7급까지의 판정을 받은 사람의 경우에는 취득세 및 자동차세의 100분의 50을 각각 경감)한다. 다만, 제17조에 따른 장애인용 자동차에 대한 감면을 받은 경우는 제외한다.

1. 다음 각 목의 어느 하나에 해당하는 승용자동차
   가. 배기량 2천시시 이하인 승용자동차
   나. 승차 정원 7명 이상 10명 이하인 대통령령으로 정하는 승용자동차
   다. 「자동차관리법」에 따라 자동차의 구분기준이 화물자동차에서 2006년 1월 1일부터 승용자동차에 해당하게 되는 자동차(2005년 12월 31일 이전부터 승용자동차로 분류되어 온 것은 제외한다)
2. 승차 정원 15명 이하인 승합자동차
3. 최대적재량 1톤 이하인 화물자동차
4. 배기량 250시시 이하인 이륜자동차

【영】 제12조의 2(국가유공자 등의 범위 등) ① 법 제29조 제4항에서 "대통령령으로 정하는 사람"이란 다음 각 호의 어느 하나에 해당하는 사람을 말한다.

1. 「5·18민주유공자예우에 관한 법률」에 따라 등록된 5·18민주화운동부상자로서 신체장해등급 1급부터 14급까지의 판정을 받은 사람
2. 「고엽제후유의증 등 환자지원 및 단체설립에 관한 법률」에 따른 고엽제후유의증환자로서 경도(輕度) 장애 이상의 장애등급 판정을 받은 사람

② 법 제29조 제4항 제1호 나목에서 "대통령령으로 정하는 승용자동차"란 「자동차관리법」에 따라 승용자동차로 분류된 자동차 중 승차 정원이 7명 이상 10명 이하인 승용자동차를 말한다. 다만, 법 제29조 제4항에 따른 국가유공자등(이하 이 조에서 "국가유공자등"이라 한다)의 이동편의를 위하여 구조를 변경한 자동차의 경우 그 승차 정원은 구조변경 전의 승차 정원을 기준으로 한다.

③ 법 제29조 제4항에 따라 취득세 및 자동차세를 면제하는 자동차는 국가유공자등이 본인 명의로 등록하거나 그 국가유공자등과 동일한 세대별 주민등록표에 기재되어 있고 가족관계등록부에 따라 다음 각 호의 어느 하나에 해당하는 관계가 있는 것이 확인(취득세의 경우에는 해당 자동차 등록일에 세대를 함께 하는 것이 확인되는 경우로 한정한다)되는 사람이 공동명의로 등록하는 자동차를 말한다.

1. 국가유공자등의 배우자·직계혈족·형제자매
2. 국가유공자등의 직계혈족의 배우자
3. 국가유공자등의 배우자의 직계혈족·형제자매

④ 제3항을 적용할 때 국가유공자등 및 같은 항 각 호의 어느 하나에 해당하는 사람이 모두 「출입국관리법」 제31조에 따라 외국인등록을 하고 같은 법 제10조의 3에 따른 영주자격을 가진 사람인 경우에는 등록외국인기록표등으로 가족관계등록부와 세대별 주민등록표를 갈음할 수 있다.

⑤ 법 제29조 제4항 각 호 외의 부분 본문에 따른 대체취득을 하는 경우는 법 제29조에 따라 취득세 또는 자동차세를 면제받은 자동차를 말소등록하거나 이전등록(국가유공자등과 공동명의로 등록한 자가 아닌 자에게 이전등록하는 경우를 말한다. 이하 이 항에서 같다)하고 다른 자동차를 다시 취득하는 경우(다른 자동차를 취득하여 등록한 날부터 60일 이내에 취득세 또는 자동차세를 면제받은 종전의 자동차를 말소등록하거나 이전등록하는 경우를 포함한다)로 한다.

⑤ 제4항을 적용할 때 국가유공자등 또는 국가유공자등과 공동으로 등록한 사람이 자동차 등록일부터 1년 이내에 사망, 혼인, 해외이민, 운전면허취소, 그 밖에 이와 유사한 부득이한 사유 없이 소유권을 이전하거나 세대를 분가하는 경우에는 감면된 취득세를 추징한다. 다만, 국가유공자등과 공동 등록할 수 있는 사람의 소유권을 국가유공자등이 이전받은 경우, 국가유공자등과 공동 등록할 수 있는 사람이 그 국가유공자등으로부터 소유권의 일부를 이전받은 경우 또는 공동 등록할 수 있는 사람 간에 등록 전환하는 경우는 제외한다.

> 【영】 ⑥ 법 제29조 제4항에 따라 취득세와 자동차세를 면제받은 자가 소유한 자동차가 다음 각 호의 어느 하나에 해당하는 경우에는 자동차등록원부의 기재 여부와 관계없이 그 날부터 해당 자동차를 소유하지 아니한 것으로 본다.
> 1. 「자동차관리법」에 따른 자동차매매업자에게 해당 자동차의 매매 알선을 요청한 경우. 다만, 자동차를 매도(賣渡)하지 아니하고 반환받는 경우에는 자동차를 소유한 것으로 본다.
> 2. 천재지변・화재・교통사고 등으로 자동차가 소멸・멸실 또는 파손되어 해당 자동차를 회수할 수 없거나 사용할 수 없는 것으로 해당 시장・군수・구청장이 인정한 경우
> 3. 「자동차관리법」에 따른 자동차해체재활용업자가 폐차한 경우
> 4. 「관세법」에 따라 세관장에게 수출신고를 하고 수출된 경우

## 1 | 개 요

국가를 위하여 희생하거나 공헌한 자와 그 유족에게 합당한 예우(禮遇)를 하기 위하여 국가유공자와 국가유공자에 준하는 자 또는 국가유공자 단체 등에 대한 세제지원이다.

1973년에 지방자치단체 개별조례75)로 국가유공상이자 1급 내지 2급을 대상으로 4기통 이하 승용차에 대한 감면이 신설되었으며, 1992년에 2,000cc 이하 승용차로 배기량 기준이 변경되었다. 이후 1998년에는 국가유공상이자 3급에서 6급까지로, 2000년에는 국가유공상이자 7급까지로, 2003년에는 5・18민주부상자(1급 내지 14급), 고엽제후유의증 등급판정자(고・중・경도)까지 감면대상자가 각각 확대되었다. 이후 일반 장애인 감면과 마찬가지로 지특법이 제정되면서 2011년에 자치단체 감면조례에서 현재의 제17조로 이관되었다가 2016년부터는 국가유공자가 취득하는 자동차에 대한 감면을 제17조의 일반 장애인에서 구분하여 현재의 제29조로 이관하였다. 2019년에는 감면대상 자동차 대체취득에 따른 감면요건(1년 이상 소요기간 삭제)을 완화하였다. 2024년에는 감면대상에 보훈보상대상자 등 국가에 공헌한 자까지 확대(감면율 50%)되었다.

---

75) 1995년 이전에는 각각의 감면대상에 대해 개별적으로 감면조례를 입법하였으나 1995년에 민선지방자치단체가 공식 출범하면서 과세자 주권 확보 차원에서 특별시세・광역시세, 시・도세 및 시・군・구세 감면조례가 시행되었다.

## 2 | 감면대상자

2015년까지는 장애인의 범위에 국가유공자가 포함되었으나 2016년부터는 국가유공자에 대한 감면이 제29조로 이관되었다. 국가유공자의 세부 기준은 다음 표의 내용과 같으며 국가유공자의 장애등급, 동거가족의 범위 등에 대해서는 제17조의 해설편을 참조하면 된다.

1. 「국가유공자 등 예우 및 지원에 관한 법률」에 따른 국가유공자로서 상이등급 1급부터 7급까지의 판정을 받은 사람
2. 「5·18민주유공자 예우에 관한 법률」에 따라 등록된 5·18민주화운동부상자로서 신체장해등급 1급부터 14급까지의 판정을 받은 사람
3. 「고엽제후유의증 환자지원 등에 관한 법률」에 따른 고엽제후유의증환자로서 경도(輕度) 장애 이상의 장애등급 판정을 받은 사람
4. 「보훈보상대상자 지원에 관한 법률」 제2조 제1항 각 호의 어느 하나에 해당하는 보훈보상대상자 및 법률 제11041호 국가유공자 등 예우 및 지원에 관한 법률 일부개정법률 부칙 제19조에 해당하는 사람

## 3 | 감면대상 자동차

국가유공자 및 그 동거가족이 취득하는 감면대상 자동차에 대해서는 제17조의 해설편 내용을 참조하면 된다.

## 4 | 특례내용

### 4-1. 세목별 감면

국가유공자 또는 그 동거가족이 보철용 등으로 사용하기 위하여 먼저 감면을 신청하는 1대에 대해서는 지방세 및 국세(농어촌특별세)를 다음 표와 같이 각각 면제한다.

〈표〉 국가유공자 등의 세목별 감면 현황(2025.1.1. 현재)

| 조문 | 감면내용 | 감면율 |
|---|---|---|
| §29 ④ | 국가유공자(동거가족)가 보철용 등으로 사용하기 위해 취득 또는 보유중인 자동차 | 취득세 100%, 자동차세 100% |
| | 보훈보상대상자, 국가유공자 등 예우 및 지원에 관한 법률 일부개정법률 부칙 제19조에 해당하는 자 | 취득세 50%, 자동차세 50% |
| §29 ④(괄호) | 국가유공자(동거가족)가 보철용 등으로 감면받은 종전 자동차를 말소 · 이전하고 대체취득하는 자동차 | |
| 농특 §4 ⑥ 5호 | §29 ④에 따른 취득세 감면분의 20% | 농특세 비과세 |

### 4－2. 최소납부세액 면제(§177의 2)

2015년부터 시행되는 최소납부세액 제도(§177의 2 본문)에 따라 면제되는 세액의 15%는 취득세 또는 재산세의 감면특례가 제한되어 최소납부세액으로 과세대상에 해당되지만 국가유공자단체(§29 ②~③), 국가유공자(§29 ① · ④) 등이 취득하는 부동산, 자동차 등에 대해서는 최소납부세액 예외(§177의 2 2호) 특례를 적용받아 해당 세목에 대해서는 본 규정대로 계속해서 면제를 적용한다. 최소납부세액에 대한 세부 사항은 제177조의 2의 해설편과 그 밖에 특례제한 사항은 제17조의 해설편의 내용을 참조하면 된다.

## 5 | 지방세특례의 제한(§177의 2)

국가유공자(§29 ① · ④) 등이 취득하는 자동차에 대해 제17조 제1항에 따른 장애인 자동차 감면을 이미 적용받은 경우에는 제29조 제4항 단서에 따라 본 규정에 따른 감면 적용을 배제한다.

장애인 또는 장애인과 공동으로 등록한 사람이 취득세 감면 후 1년 이내에 소유권 또는 세대분가를 하는 경우에는 면제된 취득세를 추징한다.

## 6 | 감면신청(§183)

국가유공자 또는 그 동거가족이 해당 자동차를 (공동)등록하기 위해 지방세를 감면받으

려는 경우에는 제183조의 규정에 따라 해당 지방자치단체의 장에게 장애인 등임을 입증하는 서류를 첨부하여 감면신청을 하여야 한다. 세부적인 감면신청 절차 등에 대해서는 제183조의 해설을 참조하면 된다.

## 7 관련사례

▣ 국가유공자등에 대한 취득세 등을 감면받은 기존 자동차를 이혼 및 재산분할 판결에 따라 공동명의자에게 이전한 경우 대체취득 자동차에 대한 취득세 감면이 가능한지 여부

청구인이 기존의 쟁점자동차①을 공동명의자인 전 배우자에게 재산분할로 이전한 후 취득한 쟁점자동차②는 대체취득 자동차로서 취득세 감면대상으로 보는 것이 합리적이라고 판단된다. 따라서 처분청이 청구인의 이 건 경정청구를 거부한 데에는 잘못이 있다고 판단됨(조심 2022지0103, 2022.12.29.).

▣ 국가유공자가 어린이통학버스 운행을 위해 학원 운영자에게 쟁점자동차의 지분을 이전한 것이 부득이한 사유에 해당하는지 여부

지방세 감면 신청서 및 감면 결정 통지 등을 통해 1년 이내 지분 이전 시 기 감면된 취득세가 추징된다는 사실은 청구인에게 고지된 것으로 봄이 통상적인 점, 설령 그 사실을 몰랐다고 하더라도 취득세는 신고·납부 방식의 세목이므로 그에 대한 책임은 납세의무자인 청구인에게 있다고 보아야 하는 점 등에 비추어 청구주장을 받아들이기 어려운 것으로 판단됨(조심 2021지2422, 2022.6.22.).

▣ 세대분가를 한 것이 정당한 사유에 해당하는지의 여부

- 취득세를 추징하지 아니할 부득이한 사유는 사망, 혼인 등 국내에서 더 이상 운전을 하지 못할 사유이거나 동거가족이 불가피하게 변경되는 사유만을 가리키는 바, 전세자금의 우선순위를 확보하기 위한 목적의 세대분리는 부득이한 사유로 보기 어려운 점 등에 비추어 처분청에서 이 건 취득세 등을 부과한 처분은 잘못이 없음(조세심판원 2016지0652, 2016.11.22.).
- 청구인들은 2014.4.4. 쟁점자동차를 공동으로 취득하고 1년 이내인 2014.10.2. 세대를 분리한 사실이 나타나고, 청구인들 중 ○○○의 요양을 목적으로 주택이 필요하여 대출을 받는 과정에서 일시적으로 세대를 분리하였다고 하나 이는 부득이한 사유로 보기 어려우므로 처분청이 기 면제한 취득세를 부과한 처분은 잘못이 없음(조세심판원 2015지0748, 2015.6.29.).
- 청구인 ○○○은 2013.5.30. 며느리와 공동으로 쟁점자동차를 취득하고 쟁점자동차 등록일부터 1년 이내인 2014.4.17. 며느리가 세대를 분가한 사실이 나타나며 세대를 분가한 사유가 손자의 학교문제로 인한 것으로 나타나는바 이는 세대분가한 부득이한 사유로 보

기 어려움(조세심판원 2014지2045, 2014.11.19.).

▣ 국가유공자가 취득하는 자동차에 해당하는지의 여부

국가유공자가 2대의 자동차 매매계약을 비슷한 시기에 하면서 국가유공자로서 취득세와 등록세를 면제받을 수 있음에도 가족이 사용할 자동차에 대해서는 노후자동차 교체에 대한 감면을 신청한 점과 종전자동차에 대한 자동차세에 대해 국가유공자 감면 신청을 하지 않은 점, 본인이 사용할 자동차에 대해서는 국가유공자가 사용하는 자동차로 보아 취득세 및 등록세 감면을 신청한 점 등을 종합해 볼 때, 국가유공자 본인이 사용하기 위해 취득한 것으로 보는 것이 타당함(조세심판원 2013지0879, 2014.3.11.).

▣ 30일 이내에 종전자동차를 말소하지 않고 신규차량을 대체취득하는 경우

자동차를 등록할 당시에 국가유공자용 차량으로 취득세 등을 과세면제받은 종전자동차를 이 건 자동차 등록일부터 30일 이내에 이전 또는 등록말소하지 아니하였으므로 이때부터 이 건 자동차는 취득세 등의 과세대상으로 전환되었다 하겠고, 따라서 청구인이 과세전환일부터 30일 이내에 이 건 자동차에 대하여 취득세 등을 신고납부하지 아니한 이상, 가산세를 포함하여 이 건 취득세 등을 부과고지한 처분은 적법하다 할 것이며, 비록 처분청이 이 건 자동차 등록일부터 9개월이 지난 시점에서 청구인에게 기 면제한 취득세 등을 부과하였다 하더라도 이를 위법하다고 할 수는 없다고 판단됨(조세심판원 2011지0436, 2012.1.2.).

# 제30조

## 한국보훈복지의료공단 등에 대한 감면

관련규정

제30조(한국보훈복지의료공단 등에 대한 감면) ①「한국보훈복지의료공단법」에 따라 설립된 한국보훈복지의료공단이 같은 법 제6조 제2호부터 제9호까지의 사업에 직접 사용하기 위하여 취득하는 부동산에 대해서는 취득세의 100분의 25를, 과세기준일 현재 해당 사업에 직접 사용하는 부동산에 대해서는 재산세의 100분의 25를 각각 2025년 12월 31일까지 경감한다.

②「한국보훈복지의료공단법」 제7조 제1항에 따른 보훈병원이 의료업에 직접 사용하기 위하여 취득하는 부동산에 대해서는 취득세를, 과세기준일 현재 해당 사업에 직접 사용하는 부동산에 대해서는 재산세를 다음 각 호에서 정하는 바에 따라 각각 경감한다.

1. 2027년 12월 31일까지 취득세 및 재산세의 100분의 50(감염병전문병원의 경우에는 100분의 60)을 각각 경감한다.
2. 삭제 <2021.12.28.>

③「독립기념관법」에 따라 설립된 독립기념관이 같은 법 제6조 제1항의 업무에 직접 사용하기 위하여 취득하는 부동산에 대해서는 취득세를, 과세기준일 현재 해당 업무에 직접 사용하는 부동산(해당 부동산을 다른 용도로 함께 사용하는 경우 그 부분은 제외한다)에 대해서는 재산세(「지방세법」 제112조에 따른 부과액을 포함한다)를, 해당 법인에 대해서는 주민세 사업소분(「지방세법」 제81조 제1항 제2호에 따라 부과되는 세액으로 한정한다)을 각각 2027년 12월 31일까지 면제한다.

### 1 개 요

국가를 위해 헌신한 국가유공자, 참전용사, 중상이자의 재활 및 복지증진을 위해 설립·운영되는 한국보훈복지의료공단 등에 대한 세제지원이다. 1995년도에 신설되어 구 지방세

법 제270조 제2항, 제3항 및 제272조 제1항에 규정되었다가 현재의 제30조에 통합 이관(2010.3.31.)되었으며 2016년 말 일몰도래시 감면율을 축소하여 2019년 12월 31일까지 3년간 감면연장되었다. 2021년부터는 한국보훈복지병원에 대한 감면이 일부 축소(취득세 50% → 30% 되었다.

## 2 | 감면대상자

「한국보훈복지의료공단법」에 따라 설립된 한국보훈복지공단, 보훈병원과 「독립기념관법」에 따라 설립된 독립기념관이 이에 해당된다. 한국보훈복지의료공단이란 국가와 민족을 위해 공헌한 독립유공자, 국가유공자 등을 위해 설립·운영되고 있으며, 2016년 현재 공단본부, 5개의 지방보훈병원, 6개 보훈요양원 등을 두고 있으며 주요사업은 보훈병원 운영(5개, 서울, 부산, 광주, 대구, 대전) 등 의료사업과 보훈요양원 운영(4개, 수원, 광주, 김해, 대구) 등 복지사업을 수행하고 있다.

독립기념관은 1987년 8월에 일본의 역사교과서 왜곡사건을 계기로 준공하여 우리 민족문화의 정체성을 확립하고 민족정신과 올바른 국가관 정립을 위하여 국난극복사와 국가발전사의 기념자료 전시 및 조사연구를 수행하고 있으며 2008년부터 무료입장을 실시해오고 있고 예산의 90%를 국고에서 지원받고 있어 지속적으로 세제지원을 받고 있으며 최소납부세제의 경우에도 배제되고 있다.

## 3 | 감면대상 부동산 등

한국보훈복지의료공단과 독립기념관이 다음과 같이 해당 고유업무에 직접 사용하기 위하여 취득 또는 보유하는 재산이 이에 해당된다.

▣ 「한국보훈복지의료공단법」 제6조(사업)

2. 국가유공자등의 직업 재활 교육 등 교육·훈련
3. 국가유공자등 단체의 운영 지원
4. 국가유공자등을 위한 주택의 건설·공급·임대사업, 택지의 취득 및 주거환경개선 사업

5. 국가유공자등과 그 자녀의 학비 지원
6. 호국정신을 기르고 북돋기 위하여 필요한 사업과 보훈 정책의 연구
7. 제대군인의 사회복귀 지원 및 인력 활용을 촉진하기 위한 사업
8. 참전군인 등의 해외파병으로 인하여 발생한 질병에 대한 조사 · 연구
9. 국가유공자등의 양로 · 요양 · 휴양 등을 위한 복지시설의 운영

■ 한국보훈복지병원

국가유공의 진료, 건강관리, 보호 및 의학적 · 정신적 재활 등 의료업

■ 「독립기념관법」 제6조

2. 독립기념관 자료의 조사 · 연구
3. 국민의 투철한 민족정신을 북돋우고 올바른 국가관을 정립하기 위한 국민교육
4. 독립기념관 자료에 관한 홍보와 이에 관한 각종 간행물의 제작 및 배포
5. 독립기념관 운영재원 조달을 위한 사업
6. 호국정신을 기르고 북돋기 위하여 필요한 사업과 보훈 정책의 연구
7. 제1호부터 제6호까지의 업무에 딸린 업무

# 4 | 특례내용

## 4-1. 세목별 감면

한국보훈복지의료공단, 독립기념관이 해당 사업에 직접 사용하기 위하여 취득하는 재산에 대해서는 지방세 또는 국세(농어촌특별세)를 다음과 같이 경감한다.

〈표 1〉 **한국보훈복지의료공단 등 감면 현황(2025.1.1. 현재)**

| 조문 | 감면대상 | 감면율 |
|---|---|---|
| §30 ① | 한국보훈복지의료공단 고유업무용 부동산 | 취득세 및 재산세 25% |
| §30 ② | 한국보훈병원이 의료업에 직접 사용[76] 부동산 | 취득세 50%, 재산세 50%(취득후 5년) |
| §30 ③ | 독립기념관의 고유업무용 부동산 | 취득세 면제, 재산세(도시계획분 포함) 면제, 주민세 재산분 면제 |
| 농특 §4 ⑥ 5호 | §30 ③에 따른 취득세 감면분의 20% | 농특세 비과세 |

76) 토지를 재산세 과세기준일 현재 병원의 사업인 국가유공자 등의 가료 · 보호 및 의학적 · 정신적 재활과 진료에 직접 사용하지 않고 있다면 재산세 등의 면제대상이 되지 아니함(행자부 지방세정팀-120, 2006. 1.11.).

### 4-2. 최소납부세액 면제(§177의 2)

2015년부터 시행되는 감면 상한제도에 따라 면제되는 세액의 15%는 감면특례가 제한되어 독립기념관의 경우 취득세 또는 재산세(§30 ③)의 경우 최저납부세액 과세대상에 해당되지만 제177조의 2 제2호에서 최소납부세액 예외 특례를 적용받아 해당 세목에 대해서는 본 규정대로 계속해서 면제를 적용한다. 이에 대한 세부적인 사항은 제177조의 2의 해설편을 참조하면 된다.

## 5 | 지방세특례의 제한

### 5-1. 감면된 취득세의 추징(§178)

본 규정에서는 별도의 취득세 감면 추징에 관한 사항이 없으나 법 제178조 일반적 추징 규정에 따라 감면의무사항을 위반하는 경우에는 감면된 취득세가 추징된다. 감면의무위반 사항에 대한 세부사항은 제178조의 해설편을 참조하면 된다.

### 5-2. 최소납부세액의 부담(§177의 2)

2016년부터 시행되는 감면 상한제도에 따라 한국보훈복지의료공단 · 한국보훈병원이 면제(§30 ①, ②)되는 세액의 15%는 취득세 또는 재산세 감면특례가 제한되어 경우에 따라서는 최소납부세액으로 부담하여야 한다. 다만, 한국보훈병원에 대해서는 부칙 제12조(법률 제12955호)에 따라 2017년 1월 1일부터 적용예정이었으나 2016년 말 감면축소에 따라 적용대상에서 제외되며, 기타 이에 대한 세부적인 사항은 제177조의 2의 해설편을 참조하면 된다.

### 5-3. 중복감면 배제(§180)

한국보훈복지의료공단의 주택 건설 · 공급 · 임대 사업과 병원용 사업에 대해서는 다음과 같이 각각 중복감면이 적용되므로 제180조의 규정에 따라 감면율이 높은 규정 하나만을 적용할 수 있다. 세부적인 중복감면 배제 사항에 대해서는 제180조의 해설편을 참조하면 된다.

#### 5-3-1. 임대주택에 대한 감면 중복배제

한국보훈복지의료공단의 주택 건설·공급·임대·택지의 취득을 위한 사업(한국보훈복지의료공단법 §2 4호) 중 임대관련 사업에 대해서는 제31조의 임대주택에 대한 감면과 중복적용이 가능하다.

#### 5-3-2. 보훈병원 고유목적사업에 대한 중복감면

한국보훈복지의료공단법 제6조 제1호에 따라 보훈병원에서 수행하는 국가유공자에 대한 치료·재활·자활 등의 업무와 관련된 감면의 경우 제30조 제1항(한국보훈복지의료공단 고유업무용 감면)과 제30조 제2항(보훈병원 감면)의 감면과 중복적용이 가능하다. 다만, 2016년부터는 제30조 제1항에서 한국보훈복지의료공단의 감면범위를 같은 법 제6조 제2호부터 제8호까지로 한정하고 있어 보훈병원에 대해서는 제30조 제2항에 따른 감면만 적용받게 된다.

### 5-4. 지방세 중과세 대상 부동산에 대한 감면 배제(§177)

한국보훈복지의료공단, 보훈병원, 독립기념관이 취득한 과세대상 물건이 지방세법 제13조 제5항에 따른 부동산인 별장 등 지방세 중과세 대상인 사치성 재산에 해당되는 경우에는 본 규정에 대한 감면규정에도 불구하고 지방세를 감면할 수 없다.

## 6 | 감면신청(§183)

한국보훈복지의료공단, 독립기념관이 지방세를 감면받으려는 경우에는 해당 지방자치단체의 장에게 그 고유업무 용도에 해당하는지의 입증서류를 첨부하여 감면신청을 하여야 한다. 세부적인 사항은 제183조의 해설 내용을 참조하면 된다.

## 7 | 관련사례

▣ 과세기준일 현재 국가유공자 등의 진료에 직접 사용하지 않는 경우 감면 여부

조세법규의 해석은 특별한 사정이 없는 한 법문대로 해석할 것이고 합리적 이유없이 확장해석하거나 유추해석하는 것은 허용되지 아니하므로(대법원 1998.3.27. 선고, 97누20090 판결), 토지를 재산세 과세기준일 현재 병원의 사업인 국가유공자등의 가료·보호 및 의학적·정신적 재활과 진료에 직접 사용하지 않고 있다면 재산세 등의 면제대상이 되지 아니함(구 행정자치부 지방세정팀-120, 2006.1.11.).

# 제31조

## 1. 공공주택사업자에 대한 감면

**관련규정**

**제31조(공공임대주택 등에 대한 감면)** ①「공공주택 특별법」에 따른 공공주택사업자(이하 이 조에서 "공공주택사업자"라 한다)가 임대할 목적으로 임대형기숙사[「주택법」 제2조 제4호에 따른 준주택 중 임대형기숙사로서 「건축법」 제38조에 따른 건축물대장에 호수별로 전용면적이 구분되어 기재되어 있는 임대형기숙사(그 부속토지를 포함하며, 전용면적 40제곱미터 이하인 호수 등 대통령령으로 정하는 부분으로 한정한다)를 말한다. 이하 이 조 및 제31조의 3에서 같다] 또는 공동주택(해당 공동주택의 부대시설 및 임대수익금 전액을 임대주택관리비로 충당하는 임대용 복리시설을 포함한다. 이하 이 조 및 제31조의 3에서 같다)을 건축하기 위하여 취득하는 토지와 임대할 목적으로 건축하여 취득하는 임대형기숙사 또는 공동주택에 대해서는 다음 각 호에서 정하는 바에 따라 취득세를 2027년 12월 31일까지 감면한다.

1. 다음 각 목의 경우에는 취득세를 면제한다.
   가. 임대형기숙사 또는 전용면적 60제곱미터 이하인 공동주택을 건축하기 위하여 토지를 취득하는 경우
   나. 임대형기숙사 또는 전용면적 60제곱미터 이하인 공동주택을 건축하여 취득하는 경우
2. 다음 각 목의 경우에는 취득세의 100분의 50을 경감한다.
   가.「공공주택 특별법」에 따라 10년 이상의 장기임대 목적으로 전용면적 60제곱미터 초과 85제곱미터 이하인 임대주택(이하 이 조에서 "장기임대주택"이라 한다)을 20호(戶) 이상 건축하기 위하여 토지를 취득하는 경우
   나. 장기임대주택을 20호 이상 건축하여 취득하는 경우
   다. 20호 이상의 장기임대주택을 보유한 공공주택사업자가 추가로 장기임대주택을 건축하기 위하여 토지를 취득하는 경우(추가로 취득한 결과로 20호 이상을 건축하기 위한 토지를 보유하게 되었을 때에는 그 20호부터 초과분까지를 건축하기 위한 토지를 포함한다)

라. 20호 이상의 장기임대주택을 보유한 공공주택사업자가 추가로 장기임대주택을 건축하여 취득하는 경우(추가로 취득한 결과로 20호 이상을 보유하게 되었을 때에는 그 20호부터 초과분까지를 포함한다)

② 공공주택사업자가 임대할 목적으로 건축주로부터 실제 입주한 사실이 없는 임대형기숙사, 공동주택 또는 오피스텔(「주택법」 제2조 제4호에 따른 준주택 중 오피스텔을 말하며, 그 부속토지를 포함한다. 이하 이 조 및 제31조의 3에서 같다)을 최초로 유상거래(부담부증여는 제외한다)로 취득하는 경우에는 다음 각 호에서 정하는 바에 따라 취득세를 2027년 12월 31일까지 감면한다. 다만, 「지방세법」 제10조의 3에 따른 취득 당시의 가액이 3억원(수도권은 6억원으로 한다)을 초과하는 공동주택과 오피스텔은 감면 대상에서 제외한다.

1. 다음 각 목의 경우에는 취득세를 면제한다.
   가. 임대형기숙사를 취득하는 경우
   나. 전용면적 60제곱미터 이하인 공동주택 또는 오피스텔을 취득하는 경우
2. 다음 각 목의 경우에는 취득세의 100분의 50을 경감한다.
   가. 장기임대주택을 20호 이상 취득하는 경우
   나. 20호 이상의 장기임대주택을 보유한 공공주택사업자가 추가로 장기임대주택을 취득하는 경우(추가로 취득한 결과로 20호 이상을 보유하게 되었을 때에는 그 20호부터 초과분까지를 포함한다)

③ 제1항 및 제2항을 적용할 때 다음 각 호의 어느 하나에 해당하는 경우에는 감면된 취득세를 추징한다.

1. 해당 토지를 취득한 날부터 정당한 사유 없이 2년 이내에 임대형기숙사 또는 공동주택을 착공하지 아니한 경우
2. 「공공주택 특별법」 제50조의 2 제1항에 따른 임대의무기간에 대통령령으로 정하는 경우가 아닌 사유로 임대형기숙사, 공동주택 또는 오피스텔을 임대 외의 용도로 사용하거나 매각·증여하는 경우

④ 공공주택사업자가 과세기준일 현재 임대 목적의 임대형기숙사 또는 2세대 이상의 공동주택·오피스텔을 건축 중인 토지와 임대 목적으로 직접 사용하는 임대형기숙사 또는 2세대 이상의 공동주택·오피스텔에 대해서는 다음 각 호에서 정하는 바에 따라 재산세를 2027년 12월 31일까지 감면한다. 다만, 「지방세법」 제4조 제1항에 따라 공시된 가액 또는 시장·군수가 산정한 가액이 3억원[수도권은 6억원(「공공주택 특별법」 제2조 제1호의 2에 따른 공공건설임대주택인 경우에는 9억원)으로 한다]을 초과하는 공동주택과 「지방세법」 제4조에 따른 시가표준액이 2억원(수도권은 4억원으로 한다)을 초과하는 오피스텔은 감면 대상에서 제외한다.

1. 다음 각 목의 어느 하나에 해당하는 토지와 임대형기숙사 또는 공동주택에 대해서

는 재산세(「지방세법」 제112조에 따른 부과액을 포함한다)를 면제한다.

가. 「공공주택 특별법」 제50조의 2 제1항에 따른 임대의무기간이 30년 이상인 임대형기숙사를 건축 중인 토지

나. 「공공주택 특별법」 제50조의 2 제1항에 따른 임대의무기간이 30년 이상이고 전용면적이 40제곱미터 이하인 공동주택을 건축 중인 토지

다. 「공공주택 특별법」 제50조의 2 제1항에 따른 임대의무기간이 30년 이상인 임대형기숙사

라. 「공공주택 특별법」 제50조의 2 제1항에 따른 임대의무기간이 30년 이상이고 전용면적이 40제곱미터 이하인 공동주택

2. 다음 각 목의 어느 하나에 해당하는 토지와 임대형기숙사, 공동주택 또는 오피스텔에 대해서는 재산세(「지방세법」 제112조에 따른 부과액을 포함한다)의 100분의 50을 경감한다.

가. 임대형기숙사(제1호에 따른 임대형기숙사는 제외한다)를 건축 중인 토지

나. 전용면적 60제곱미터 이하인 공동주택(제1호에 따른 공동주택은 제외한다) 또는 오피스텔을 건축 중인 토지

다. 임대형기숙사(제1호에 따른 임대형기숙사는 제외한다)

라. 전용면적 60제곱미터 이하인 공동주택(제1호에 따른 공동주택은 제외한다) 또는 오피스텔

3. 다음 각 목의 어느 하나에 해당하는 토지와 공동주택 또는 오피스텔에 대해서는 재산세의 100분의 25를 경감한다.

가. 전용면적 60제곱미터 초과 85제곱미터 이하인 공동주택 또는 오피스텔을 건축 중인 토지

나. 전용면적 60제곱미터 초과 85제곱미터 이하인 공동주택 또는 오피스텔

⑤ 제4항을 적용할 때 다음 각 호의 어느 하나에 해당하는 경우에는 그 감면 사유 소멸일부터 소급하여 5년 이내에 감면된 재산세를 추징한다.

1. 「주택법」 제49조에 따른 사용검사 또는 「건축법」 제22조에 따른 사용승인(임시사용승인을 포함한다)을 받기 전에 임대형기숙사, 공동주택 또는 오피스텔을 건축 중인 토지를 매각 · 증여하는 경우

2. 「공공주택 특별법」 제50조의 2 제1항에 따른 임대의무기간에 임대형기숙사, 공동주택 또는 오피스텔을 매각 · 증여하는 경우

[전문개정 24.12.31.]

# 1 개 요

임대주택 공급활성화를 통한 서민주거안정 지원을 위해 공공임대주택사업자에 대한 감면이다. 「지방세특례제한법」 제31조(이하 이 장에서 "본 조")의 감면은 제1항에서 공공주택사업자(건설)가 임대목적으로 건설하는 임대형기숙사(토지) 등에 대한 취득세 감면을, 제2항에서는 공공주택사업자(매입)가 매입하여 임대목적에 사용하는 임대형기숙사 등에 대한 취득세 감면을, 제4항에서는 임대목적의 임대형기숙사 등에 대한 재산세 감면을, 제3항 및 제4항에서는 임대목적의 임대형기숙사 등을 해당 용도대로 사용하지 못한 경우에 대한 취득세 및 재산세 추징규정을 각각 규정하고 있다.

한편, 본 조의 감면은 1995년 지방자치단체 감면조례로 신설된 이후 여러 차례의 개정을 거쳐 다음의 〈표 1〉과 같이 현재에 이르고 있다.

**〈표 1〉 본 조 감면 주요 입법연혁**

| 구분 | 조문 | 건축 임대 | 건축주로부터 매입(최초분양) |
|---|---|---|---|
| 2023 | §31<br>①·② | • 임대사업자, 공동주택<br>– 60㎡ 이하 취득세 면제<br>– 20호 이상 장기임대주택(8년 이상) 60㎡ 초과 85㎡ 이하 취득세 50% 경감 | 좌동 + 오피스텔 추가<br>+ 가격기준* 도입<br>* 취득가액 3억원(수도권 6억원) 이하 |
| | §31 ④ | • 임대사업자 등, 2세대 이상 건축·매입 공동주택+매입 오피스텔 + 가격기준* 도입<br>* 공동주택 : 공시가격 3억원(수도권 6억원, 건설임대 9억원) 이하, 오피스텔 : 시가표준액 2억원(수도권 4억원) 이하<br>– 40㎡ 이하 공공임대주택(30년 이상) 재산세(도시지역분 포함) 면제<br>– 60㎡ 이하 재산세(도시지역분 포함) 50% 경감<br>– 60㎡ 초과 85㎡ 이하 재산세 25% 경감 | |
| 2022 | §31<br>①·② | • 임대사업자, 공동주택<br>– 60㎡ 이하 취득세 면제<br>– 20호 이상 장기임대주택(8년 이상) 60㎡ 초과 85㎡ 이하 취득세 50% 경감 | 좌동 + 오피스텔 추가<br>+ 가격기준* 도입<br>* 취득가액 3억원(수도권 6억원) 이하 |
| | §31 ④ | • 임대사업자 등, 2세대 이상 건축·매입 공동주택+매입 오피스텔 + 가격기준* 도입<br>* 공동주택 : 공시가격 3억원(수도권 6억원, 건설임대 9억원) 이하, 오피스텔 : 시가표준액 2억원(수도권 4억원) 이하<br>– 40㎡ 이하 공공임대주택(30년 이상) 재산세(도시지역분 포함) 면제 | |

| 구분 | 조문 | 건축 임대 | 건축주로부터 매입(최초분양) |
|---|---|---|---|
| | | - 40㎡ 초과 60㎡ 이하 재산세(도시지역분 포함) 50% 경감<br>- 60㎡ 초과 85㎡ 이하 재산세 25% 경감<br>※ (취득·재산세 공통) 대책 발표 이후 법 시행일 사이 ('20.7.11.~'20.8.17.) 폐지유형(단기(4년)임대 및 '아파트' 장기(8년)일반 매입임대)으로 등록 신청하거나, 단기를 장기로 변경 신고한 주택 감면 제외 | |
| 2020 (8.12.) | §31 ①·② | • 임대사업자, 공동주택<br>- 60㎡ 이하 취득세 면제<br>- 20호 이상 장기임대주택(8년 이상) 60㎡ 초과 85㎡ 이하 취득세 50% 경감 | 좌동 + 오피스텔 추가<br>+ 가격기준* 도입<br>* 취득가액 3억원(수도권 6억원) 이하 |
| | §31 ④ | • 임대사업자 등, 2세대 이상 건축·매입 공동주택+매입 오피스텔 + 가격기준* 도입<br>* 공동주택 : 공시가격 3억원(수도권 6억원) 이하,<br>오피스텔 : 시가표준액 2억원(수도권 4억원) 이하<br>- 40㎡ 이하 공공임대주택(30년 이상) 재산세(도시지역분 포함) 면제<br>- 60㎡ 이하 재산세(도시지역분 포함) 50% 경감<br>- 85㎡ 이하 재산세 25% 경감 | |
| 2019 | §31 ① | • 임대사업자, 공동주택<br>- 60㎡ 이하 취득세 면제<br>- 20호 이상 장기임대주택(8년 이상) 60㎡ 초과 85㎡ 이하 취득세 50% 경감 | 좌동 + 오피스텔 추가 |
| | §31 ③ | • 임대사업자 등, 2세대 이상 건축·매입 공동주택+매입 오피스텔<br>- 40㎡ 이하 공공임대주택(30년 이상) 재산세(도시지역분 포함) 면제<br>- 60㎡ 이하 재산세(도시지역분 포함) 50% 경감<br>- 85㎡ 이하 재산세 25% 경감 | |
| 2016 | §31 ① | • 임대사업자, 공동주택<br>- 60㎡ 이하 취득세 면제<br>- 20호 이상 장기임대주택(8년 이상) 60㎡ 초과 85㎡ 이하 취득세 50% 경감 | 좌동 + 오피스텔 추가 |
| | §31 ③ | • 임대사업자 등, 2세대 이상 건축·매입 공동주택+매입 오피스텔<br>- 40㎡ 이하 공공임대주택(30년 이상) 재산세(도시지역분 포함)·지역자원시설세 면제<br>- 60㎡ 이하 재산세(도시지역분 포함) 50% 경감·지역자원시설세 면제<br>- 85㎡ 이하 재산세 25% 경감 | |
| 2012 (3.21.) | §31 ① | • 임대사업자, 공동주택<br>- 60㎡ 이하 취득세 면제<br>- 20호 이상 장기임대주택(10년 이상) 60㎡ 초과 85㎡ 이하 취득세 25% 경감 | 좌동 + 오피스텔 추가<br>※ 주택거래신고지역 제외 |

| 구분 | 조문 | 건축 임대 | 건축주로부터 매입(최초분양) |
|---|---|---|---|
| | §31 ③ | • 임대사업자 등, 2세대 이상 건축·매입 공동주택+매입 오피스텔<br>- 40㎡ 이하 공공임대주택(50년, 30년) 재산세(도시지역분 포함)·지역자원시설세 면제<br>- 60㎡ 이하 재산세(도시지역분 포함) 50% 경감·지역자원시설세 면제<br>- 85㎡ 이하 재산세 25% 경감 | |
| 2011 | §31 ① | • 임대사업자, 공동주택<br>- 60㎡ 이하 취득세 면제<br>- 20호 이상 장기임대주택(10년 이상) 60㎡ 초과 85㎡ 이하 취득세 25% 경감 | 좌동<br>※ 주택거래신고지역 제외 |
| 2011 | §31 ③ | • 임대사업자 등, 공동주택<br>- 40㎡ 이하 공공임대주택(50년, 30년) 재산세(도시지역분 포함)·지역자원시설세 면제<br>- 60㎡ 이하 재산세(도시지역분 포함) 50% 경감·지역자원시설세 면제<br>- 85㎡ 이하 재산세 25% 경감 | |
| 2010 | 감면조례 | • 임대사업자·공무원연금관리공단, 공동주택<br>- 60㎡ 이하 취득·등록세 면제, 공공임대주택(30년, 50년)·공무원임대주택 공동시설세 면제<br>- 20호 이상 장기임대주택(10년 이상) 149㎡ 이하 취득·등록세 25% 경감 | • 임대사업자·공무원연금관리공단, 공동주택(주택거래신고지역 제외)<br>- 60㎡ 이하 취득·등록세 면제<br>- 20호 이상 장기임대주택(10년 이상) 149㎡ 이하 취득·등록세 25% 경감 |
| 2010 | 감면조례 | • 임대사업자·공무원연금관리공단, 공동주택, 2세대 이상 건축임대<br>- 40㎡ 이하 공공임대주택(30년, 50년)·공무원임대주택 재산·도시계획세 면제<br>- 60㎡ 이하 재산세 50% 경감<br>- 149㎡ 이하 재산세 25% 경감 | • 임대사업자·공무원연금관리공단, 공동주택, 2세대 이상 매입임대<br>- 40㎡ 이하 공공임대주택(30년, 50년)·공무원임대주택 재산·도시계획세 면제<br>- 60㎡ 이하 재산세 50% 경감<br>- 149㎡ 이하 재산세 25% 경감 |
| 1995 | 감면조례 | • 임대사업자, 5세대 이상 공동주택<br>- 60㎡ 이하 취득·등록세 면제 | • 건축 임대주택(1세대 1주택) 최초 분양<br>- 40㎡ 이하 취득·등록세 면제<br>- 60㎡ 이하 취득·등록세 50% 경감 |
| 1995 | 감면조례 | • 임대사업자, 5세대 이상 공동주택, 직접사용<br>- 40㎡ 이하 영구임대주택 재산세·종합토지세 면제<br>- 60㎡ 이하 재산세 50% 경감, 종합토지세 0.3% 세율 적용 | |

## 2 임대주택의 구분

2023년 현재 임대주택은 등록기준으로 약 325.5만호이며, 공공임대주택(186.3만호)과 민간임대주택(139.2만호)으로 구분된다. 공공부문임대는 정부(LH), 지방자치단체(지방공사)가 공급하는 임대주택을, 민간부분임대는 국민주택기금 등을 지원받아 건설하는 공공지원임대주택(10년, 9.4만호), 장기일반민간주택(10년, 113만호), 단기일반민간주택(4년, 16.8만호, 2020년 8월에 폐지) 등이 있다. 유형별 공공임대는 건설(영구·국민·행복·통합공공·분향전환·장기전세임대주택)임대와 매입임대 및 임차임대 등이 있으며 세부내용은 다음의 〈표 2·표 3〉과 같다.

한편, 2024년까지는 본 조문에서 공공임대주택과 민간임대주택 감면이 함께 규정되었으나, 2025년부터는 민간임대주택에 대한 감면이 「지방세특례제한법」 제31조의 3으로 이관되었고 본 조문에서는 공공임대주택에 대한 감면만 규정하고 있다.

〈표 2〉 **유형별 공공임대**

| 구 분 | | 내 용 |
|---|---|---|
| 건설 | 영구임대주택 | ‣ 국가나 지방자치단체의 재정을 지원받아 최저소득 계층의 주거안정을 위하여 50년 이상 또는 영구적인 임대를 목적으로 공급하는 공공임대주택 |
| | 국민임대주택 | ‣ 국가나 지방자치단체의 재정이나 주택도시기금의 자금을 지원받아 저소득 서민의 주거안정을 위하여 30년 이상 장기간 임대를 목적으로 공급하는 공공임대주택 |
| | 행복주택 | ‣ 국가나 지방자치단체의 재정이나 주택도시기금의 자금을 지원받아 대학생, 사회초년생, 신혼부부 등 젊은 층의 주거안정을 목적으로 공급하는 공공임대주택 |
| | 통합공공임대주택 | ‣ 국가나 지방자치단체의 재정이나 주택도시기금의 자금을 지원받아 최저소득 계층, 저소득 서민, 젊은 층 및 장애인·국가유공자 등 사회취약계층 등의 주거안정을 목적으로 공급하는 공공임대주택 |
| | 분양전환공공임대주택 | ‣ 일정 기간 임대 후 분양전환할 목적으로 공급하는 공공임대주택 |
| | 장기전세주택 | ‣ 국가나 지방자치단체의 재정이나 주택도시기금의 자금을 지원받아 전세계약의 방식으로 공급하는 공공임대주택 |
| 매입 | 매입임대주택 | ‣ 국가나 지방자치단체의 재정이나 주택도시기금의 자금을 지원받아 주택 또는 건축물(기존주택등)을 매입하여 「국민기초생활 보장법」에 따른 수급자 등 저소득층과 청년 및 신혼부부 등에게 공급하는 공공임대주택 |

| 구 분 | | 내 용 |
|---|---|---|
| 임차 | 기존주택<br>전세임대주택 | • 국가나 지방자치단체의 재정이나 주택도시기금의 자금을 지원받아 기존 주택을 임차하여 「국민기초생활 보장법」에 따른 수급자 등 저소득층과 청년 및 신혼부부 등에게 전대(轉貸)하는 공공임대주택 |

〈표 3〉 **유형별 공공임대 유형별 입주기준**

| 구분 | 영구임대<br>(40㎡ 이하) | 국민임대<br>(60㎡ 이하) | 행복주택<br>(60㎡ 이하) | 통합공공임대<br>(85㎡ 이하) | 매입임대<br>(85㎡ 이하) | 전세임대<br>(85㎡ 이하) |
|---|---|---|---|---|---|---|
| 입주자격<br>('23) | (1순위)<br>생계수급자,<br>국가유공자,<br>탈북자,<br>장애인 등<br><br>위안부,<br>한부모가족<br><br>(2순위)<br>도시근로자<br>평균소득 50%↓<br>(3인: 360만원) | (우선: 87%)<br>신혼부부,<br>노부모부양,<br>다자녀<br><br>(일반: 13%)<br>도시근로자<br>평균소득 70%↓<br>(3인:504만원) | (일반형)<br>도시근로자<br>월평균소득<br>100% 이하<br>(3인:720만원)<br><br>대학생 · 청년 · 신혼부부 · 한부모가족 80%, 고령자 · 주거급여 20%<br><br>(산단형)<br>산단근로자<br>(고령자10%포함) | (우선: 60%)<br>신혼부부,<br>노부모부양,<br>다자녀, 장애인<br><br>(일반: 40%)<br>중위소득 150%<br>이하<br>(3인:707만원) | (우선: 7%)<br>긴급지원대상자 등<br><br>(1순위)<br>생계수급자,<br>한부모가정 등<br><br>(2순위)<br>도시근로자<br>평균소득 50%↓<br><br>*신혼부부, 청년 등을 대상으로도 공급 | (우선: 7%)<br>긴급지원대상자<br><br>(1순위)<br>생계수급자 등<br><br>(2순위)<br>도시근로자<br>월평균소득 50%<br>↓<br><br>*신혼부부, 소년소녀가정, 청년 등 |
| | 소득1~3분위 | 소득1~4분위 | 소득1~6분위 | 소득1~6분위 | 소득1~3분위(최대 20년 임대) | |
| 임대료<br>('22) | 시세 30% | 시세 60~80% | | 시세<br>35~90% | 시세 30~40% | |

# 3 | 감면대상자(§31 ①~⑤)

본 조의 감면을 적용받는 대상자는 「공공주택 특별법」 제4조 제1항에 따른 공공주택사업자(이하 "공공주택사업자")로서 국가 또는 지방자치단체, 한국토지주택공사, 지방공사 등이 이에 해당한다.

「공공주택특별법」

제4조(공공주택사업자) ① 국토교통부장관은 다음 각 호의 자 중에서 공공주택사업자를 지정한다.

1. 국가 또는 지방자치단체
2. 「한국토지주택공사법」에 따른 한국토지주택공사
3. 「지방공기업법」 제49조에 따라 주택사업을 목적으로 설립된 지방공사
4. 「공공기관의 운영에 관한 법률」 제5조에 따른 공공기관 중 대통령령으로 정하는 기관
5. 제1호부터 제4호까지의 규정 중 어느 하나에 해당하는 자가 총지분의 100분의 50을 초과하여 출자·설립한 법인
6. 주택도시기금 또는 제1호부터 제4호까지의 규정 중 어느 하나에 해당하는 자가 총지분의 전부를 출자(공동으로 출자한 경우를 포함한다)하여 「부동산투자회사법」에 따라 설립한 부동산투자회사

# 4 | 감면대상 부동산

## 4-1. 임대형기숙사용 토지 등(§31 ①)

본 조의 감면을 적용받는 토지란 공공주택사업자가 임대형기숙사 또는 공동주택(부대시설 등 포함)을 건축하기 위하여 취득하는 토지(세부 임대용기숙사 및 공동주택용 토지의 범위는 5. 특례내용 부분 참고)를 말한다.

### 임대형기숙사

1인 가구 증가 및 라이프스타일 변화에 따라 부엌, 거실 등을 공유하는 기숙사 형태의 새로운 유형의 임대주택 서비스이다. 「공공주택 특별법」상 공공주택사업자 또는 「민간임대주택법」상 임대사업자가 임대사업에 사용하는 것으로서 임대 목적으로 제공하는 실이 20실 이상이고 해당 기숙사의 공동취사시설 이용 세대 수가 전체 세대 수의 50% 이상인 시설이다. 일반기숙사와는 학교 또는 공장 등에서 해당 구성원(학생, 근로자 등)을 대상으로 운영하나, 임대형기숙사는 일반인을 대상으로 운영한다는 점에서 차이가 있고 주요 건축기준으로는 개인공간과 공유공간 면적의 합은 1인당 14㎡ 이상, 개인공간의 면적은 해당 실의 수용인원 1인당 최소 7㎡ 이상을 확보하여야 하며 공동주택 또는 오피스텔과 달리 세대별 구분소유가 불가하다. 이러한 임대형기숙사는 「건축법 시행령」 개정으로 임대형기숙사 유형이 2023년 2월에 신설됨에 따라 2023년 9월부터 민간임

대주택 등록이 가능하다. 임대형기숙사는 「주택법」에 따라 준주택으로 분류된다.

■ **임대형기숙사 법적근거**

「주택법」

제2조(정의) 이 법에서 사용하는 용어의 뜻은 다음과 같다.

4. "준주택"이란 주택 외의 건축물과 그 부속토지로서 주거시설로 이용가능한 시설 등을 말하며, 그 범위와 종류는 대통령령으로 정한다.

「주택법 시행령」

제4조(준주택의 종류와 범위) 법 제2조 제4호에 따른 준주택의 종류와 범위는 다음 각 호와 같다.

1. 「건축법 시행령」 별표 1 제2호 라목에 따른 기숙사

「건축법 시행령」 별표 1 용도별 건축물의 종류 중 제2호 라목

2. 공동주택 (생략)

라. 기숙사 : 다음의 어느 하나에 해당하는 건축물로서 공간의 구성과 규모 등에 관하여 국토교통부장관이 정하여 고시하는 기준에 적합한 것. (단서 생략)

2) 임대형기숙사 : 「공공주택 특별법」 제4조에 따른 공공주택사업자 또는 「민간임대주택에 관한 특별법」 제2조 제7호에 따른 임대사업자가 임대사업에 사용하는 것으로서 임대 목적으로 제공하는 실이 20실 이상이고 해당 기숙사의 공동취사시설 이용 세대 수가 전체 세대 수의 50퍼센트 이상인 것

■ **지방세 감면적용 대상 임대형기숙사의 범위**

「지방세특례제한법 시행령」

## 4-2. 신축하는 임대형기숙사 · 공동주택(§31 ①)

본 조의 감면을 적용받는 건축물이란 공공주택사업자가 임대할 목적으로 건축하여 취득하는 임대형기숙사 또는 공동주택(부대시설 포함하고, 세부 임대용기숙사 및 공동주택의 범위는 5. 특례내용 부분 참고)을 말한다.

## 4-3. 건축주로부터 최초 분양받아 취득하는 임대형기숙사 등(§31 ②)

본 조의 감면을 적용받는 건축물이란 공공주택사업자가 임대할 목적으로 건축주로부터 최초로 분양받는 임대용기숙사, 공동주택 또는 오피스텔(세부 임대용기숙사, 공동주택, 오피스텔의 범위는 5. 특례내용 부분 참고)을 말한다.

☞ 본 조 제2항을 적용함에 있어 2024년까지는 분양에 대한 정의규정이 없어 「건축물 분

양에 관한 법률」 제2조 제2호를 준용하여 2인 이상에게 판매하는 경우 등을 위주로 판단하였으나, 이로 인해 다수의 불복사례가 발생하였다. 이에 2025년부터는 최초 분양의 의미를 "① 건축주로부터 실제 입주한 사실이 없는 공동주택 등을 ② 최초로 유상거래(부담부증여는 제외)로 취득하는 경우"로 개정되어 건축주의 소유권보존등기 이후에 공공주택사업자가 해당 임대주택을 최초로 입주하였는지와 유상거래로 취득하였는지를 모두 확인하는 것으로 명확히 개정되었다.

〈표 4〉 **최초 분양의 의미 적용요령**

| 그 간 주요 불복사례(2024년까지) | 적용례(2025년부터) |
|---|---|
| 이 건 주택 건축주는 소유권보존등기를 한 후 임대한 이상 분양을 목적으로 건축한 임대주택으로 보기 어려움(조심 2023지4161, 2024.6.17., 기각) | ① 건축주로부터 실제 입주 여부 : ×<br>*건축주→임차인→청구인(2번째 입주)<br>② 최초로 유상거래 여부 : ○<br>☞ 감면적용 배제 |
| 쟁점부동산은 이 건 건축주 명의로 소유권보존등기된 이후 청구법인 명의로 소유권이전등기된 것으로 나타나 이 건 건축주로부터 다른 사람을 거치지 아니하고 쟁점부동산을 최초로 매입(2023.2.9. 매매가 3.9억원)이 확인되어 임대사업자가 임대할 목적으로 건축주로부터 오피스텔을 최초로 분양받은 경우로 봄이 타당(조심 2023지3615, 2024. 5. 30., 인용) | ① 건축주로부터 실제 입주 여부 : ○<br>② 최초로 유상거래 여부 : ○<br>☞ 감면적용 |

# 5 | 특례내용

## 5-1. 세목별 감면

공공주택사업자가 취득 또는 보유하는 임대주택건설용 토지 및 임대주택(임대형기숙사) 등에 대해 본 조 제1·2항에서는 취득세를, 본 조 제4항에서는 재산세(도시계획분 포함)를 2027년 12월 31일까지 감면한다.

〈표 5〉 **공공주택사업자가 임대목적으로 취득하는 임대주택에 대한 감면(2025.1.1. 현재)**

| 조문 | 세목 | 감면내용 |
|---|---|---|
| §31 ① 1호 | 취득세 면제 | • 공공주택사업자가 임대할 목적으로 취득하는 다음의 토지 및 건축물<br>㉮ 임대형기숙사 또는 전용면적 60㎡ 이하인 공동주택 건축용 토지<br>㉯ 임대형기숙사 또는 전용면적 60㎡ 이하인 공동주택의 건축 |
| §31 ① 2호 | 취득세 50% | • 공공주택사업자가 임대할 목적으로 취득하는 다음의 토지 및 건축물<br>㉮ 전용면적 60㎡~85㎡ 임대주택(10년, 이하 "장기임대주택")을 20호↑건축하기 위하여 취득하는 토지<br>㉯ 10년 장기임대주택을 20호 이상 건축하여 취득하는 경우<br>㉰ 장기임대주택을 20호↑ 보유한 공공주택사업자가 추가로 장기임대주택을 건축하기 위하여 취득하는 토지<br>* 추가 취득으로 20호↑ 건축용 토지를 보유한 경우 그 20호부터 초과분의 건축용 토지 포함<br>㉱ 장기임대주택을 20호↑ 보유한 공공주택사업자가 추가로 장기임대주택을 건축하여 취득하는 경우<br>* 추가로 취득하여 20호↑ 보유한 경우 그 20호부터 초과분까지 포함 |
| §31 ② 1호 | 취득세 면제 | • 공공주택사업자가 임대할 목적으로 건축주로부터 최초로 분양받은 임대형기숙사(전용 40㎡ 이하, 부속토지 포함), 공동주택 또는 오피스텔(부속토지 포함)<br>㉮ 임대형기숙사를 취득하는 경우<br>㉯ 전용면적 60㎡↓인 공동주택 또는 오피스텔을 취득하는 경우 |
| §31 ② 2호 | 취득세 50% | ㉮ 장기임대주택을 20호↑ 취득하는 경우<br>㉯ 20호↑의 장기임대주택을 보유한 공동주택사업자가 추가로 장기임대주택을 취득하는 경우<br>* 추가로 취득하여 20호↑ 보유한 경우 그 20호부터 초과분까지 포함 |
| §31 ④ 1호 | 재산세 (도시계획) 면제 | 공공주택사업자가 과세기준일 현재 임대목적의 임대형기숙사 도는 2세대↑의 공동주택·오피스텔이 에 대해 다음과 같이 감면<br>㉮ 임대의무기간이 30년↑ 임대형기숙사 건축용 토지<br>㉯ 임대의무기간이 30년↑, 전용면적 40㎡↓ 임대형기숙사 건축용 토지<br>㉰ 임대의무기간이 30년↑ 임대형기숙사<br>㉱ 임대의무기간이 30년↑, 전용면적 40㎡↓ 공동주택 |
| §31 ④ 2호 | 재산세 (도시계획) 50% | ㉮ 임대형기숙사 건축용 토지(제1호에 따른 임대형기숙사 제외)<br>㉯ 전용면적 60㎡↓ 공동주택(제1호에 따른 공동주택 제외) 또는 오피스텔 건축용 토지<br>㉰ 임대형기숙사(제1호에 따른 임대형기숙사 제외)<br>㉱ 전용면적 60㎡↓ 이하 공동주택(제1호에 따른 공동주택 제외) 또는 오피스텔 |

<table>
<tr><th>조문</th><th>세목</th><th>감면내용</th></tr>
<tr><td>§31 ④ 3호</td><td>재산세<br>(도시계획)<br>25%</td><td>㉮ 전용면적 60㎡~85㎡ 공동주택 또는 오피스텔 건축용 토지<br>㉯ 전용면적 60㎡~85㎡ 공동주택 또는 오피스텔</td></tr>
<tr><td>§92의 2</td><td>재산세 등<br>공제</td><td>전자송달 또는 계좌이체 방식으로 납부신청하는 경우 §31 ④에 따라 산출된 재산세에서 추가로 최대 800~1600원 세액공제</td></tr>
<tr><td>농특 §4 12호</td><td>농특세</td><td>농특세 비과세(§31 ① 및 ②에 따른 취득세 감면분의 20%)<br><br>【농어촌특별세법】 제4조(비과세) 다음 각 호의 어느 하나에 해당하는 경우에는 농어촌특별세를 부과하지 아니한다.<br>12. 기술 및 인력개발, 저소득자의 재산형성, 공익사업 등 국가경쟁력의 확보 또는 국민경제의 효율적 운영을 위하여 농어촌특별세를 비과세할 필요가 있다고 인정되는 경우로서 대통령령으로 정하는 것<br>【농어촌특별세법 시행령】 ⑦ 법 제4조 제12호에서 "대통령령으로 정하는 것"이란 다음 각 호의 감면을 말한다. / 5. 「지방세특례제한법」 ---- 제31조 제1항 · 제2항, --- ·</td></tr>
</table>

## 5-2. 임대형기숙사의 범위(영 §13 ①)

본 조 제1항 및 제2항의 적용을 받은 임대형기숙사란 다음의 지방세특례제한법 시행령 제1항에 따른 임대형기숙사를 말한다.

> 【영】 제13조(임대형기숙사의 범위 등) ① 법 제31조 제1항 각 호 외의 부분에서 "전용면적 40제곱미터 이하인 호수 등 대통령령으로 정하는 부분"이란 다음 각 호의 부분을 말한다.
> 1. 전용면적 40제곱미터 이하인 호수와 그 부속토지
> 2. 거주자가 공동으로 사용하는 거실, 주방, 욕실, 복도 및 계단 등의 부분 중 전용면적 40제곱미터 이하인 호수의 전용면적 합계를 전체 호수의 전용면적 합계로 나눈 비율에 해당하는 부분과 그 부속토지

## 5-3. 경과규정 특례(법률 제20632호, 부칙 §4 ③)

2024년까지는 본 조 제3항과 제5항에서 2020.8.18.부터 단기임대유형의 임대주택이 「민간임대주택에 관한 특별법」 제2조 제6호에 따라 폐지되면서 단기민간임대주택(4년)에 대한 지방세 감면 종료이 종료되었음에도 임대의무기간 내 임대사업자 등록이 말소된 경우에는 취득세 · 재산세에 대하여 추징예외 규정을 적용받았으나, 2025년부터는 본 조 제3항 및

제5항이 개정되면서 임대등록 말소 사유가 삭제되면서 개정규정을 적용받게 되었다.

그러나 법률 제20632호, 부칙 제4조 제3항의 규정에 따라 2025년에 개정된 본 조 제31조 제3항 및 제5항에도 불구하고 단기민간임대주택의 임대기간 종료일까지는 종전의 규정에 따라 계속 감면을 적용한다.

**【법률 제20632호 부칙】** 제4조(공공임대주택 등에 대한 지방세 감면·추징에 관한 적용례 등)
① 제31조 제1항·제2항·제4항, 같은 조 제6항 각 호 외의 부분 본문 및 제31조의 3 제1항·제2항·제4항의 개정규정은 이 법 시행 이후 납세의무가 성립하는 경우부터 적용한다.
② 이 법 시행 전에 감면받은 지방세의 추징에 관하여는 제31조 제3항·제5항 및 제31조의 3 제3항·제5항의 개정규정에도 불구하고 종전의 제31조 제3항·제5항 및 제31조의 3 제2항에 따른다.

| 종전규정(법률 제20632호로 개정되기 이전) | 개정규정(법률 제20632호로 개정된 것) |
|---|---|
| 제31조(임대주택 등에 대한 감면) ③ 제1항 및 제2항을 적용할 때 「민간임대주택에 관한 특별법」 제43조 제1항 또는 「공공주택 특별법」 제50조의 2 제1항에 따른 임대의무기간에 대통령령으로 정한 경우가 아닌 사유로 다음 각 호의 어느 하나에 해당하는 경우에는 감면된 취득세를 추징한다.<br>2. 「민간임대주택에 관한 특별법」 제6조에 따라 임대사업자 등록이 말소된 경우 | 제31조(공공임대주택 등에 대한 감면) ③ 제1항 및 제2항을 적용할 때 다음 각 호의 어느 하나에 해당하는 경우에는 감면된 취득세를 추징한다.<br>1. 해당 토지를 취득한 날부터 정당한 사유 없이 2년 이내에 임대형기숙사 또는 공동주택을 착공하지 아니한 경우<br>2. 「공공주택 특별법」 제50조의 2 제1항에 따른 임대의무기간에 대통령령으로 정하는 경우가 아닌 사유로 임대형기숙사, 공동주택 또는 오피스텔을 임대 외의 용도로 사용하거나 매각·증여하는 경우 |
| ⑤ 제4항을 적용할 때 「민간임대주택에 관한 특별법」 제6조에 따라 임대사업자 등록이 말소되거나 같은 법 제43조 제1항 또는 「공공주택 특별법」 제50조의 2 제1항에 따른 임대의무기간에 임대용 공동주택 또는 오피스텔을 매각·증여하는 경우에는 그 감면 사유 소멸일부터 소급하여 5년 이내에 감면된 재산세를 추징한다. 다만, 다음 각 호의 어느 하나에 해당하는 경우에는 추징에서 제외한다.<br>1. 「민간임대주택에 관한 특별법」 제43조 제1항에 따른 임대의무기간이 경과한 후 등록이 말소된 경우 | ⑤ 제4항을 적용할 때 다음 각 호의 어느 하나에 해당하는 경우에는 그 감면 사유 소멸일부터 소급하여 5년 이내에 감면된 재산세를 추징한다.<br>1. 「주택법」 제49조에 따른 사용검사 또는 「건축법」 제22조에 따른 사용승인(임시사용승인을 포함한다)을 받기 전에 임대형기숙사, 공동주택 또는 오피스텔을 건축 중인 토지를 매각·증여하는 경우<br>2. 「공공주택 특별법」 제50조의 2 제1항에 따른 임대의무기간에 임대형기숙사, 공동주택 또는 오피스텔을 매각·증여하는 경우 |

# 6 감면적용 배제

## 6-1. 3억원을 초과하는 임대용 공동주택 · 오피스텔(§31 ② · ④)

본 조 제2항 및 제4항을 적용하는 경우, 취득 당시의 가액을 기준으로 다음의 요건에 해당하는 경우에는 감면적용을 배제한다.

| 조문 | 세목 | 감면적용 배제 내용 |
|---|---|---|
| §31 ② 1호 | 취득세 면제 | •「지방세법」 제10조의 3에 따른 취득당시의 가액이 3억원(수도권은 6억원)을 초과하는 공동주택과 오피스텔의 경우 감면적용 배제 |
| §31 ② 2호 | 취득세 50% | |
| §31 ④ 1호 | 재산세 (도시계획) 면제 | •「지방세법」 제4조 제1항에 따라 공시된 가액 또는 시장 · 군수 · 구청장이 산정한 가액이 3억원[수도권은 6억원(공공주택특별법 제2조 제1호의 2에 따른 공공건설임대주택의 경우 9억원)]을 초과하는 공동주택의 경우 감면적용 배제<br>•「지방세법」 제4조에 따른 시가표준액이 2억원(수도권은 4억원)을 초과하는 오피스텔의 경우 감면적용 배제 |
| §31 ④ 2호 | 재산세 (도시계획) 50% | |

## 6-2. 토지 취득일부터 2년 내 착공하지 않는 경우 취득세 추징(§31 ③ 1호)

본 조 제1항 및 제2항을 적용할 때, 공공주택사업자가 해당 토지를 취득한 날부터 2년 이내에 정당한 사유없이 임대형기숙사 또는 공동주택을 착공하지 않는 감면된 취득세를 추징한다.

## 6-3. 임대의무기간 내 매각 등의 경우 취득세 추징(§31 ③ 2호)

본 조 제1항 및 제2항을 적용할 때, 공공주택사업자가 해당 임대주택별 임대의무기간(5~50년) 내에 (1) 공공주택사업자의 경제적 사정으로 임대를 계속할 수 없는 사유, (2) 임대개시 이후 해당 주택의 임대의무기간이 2분의 1이 지난 분양전환공공임대주택 등의 사유가 아닌 다른 사유로 임대형기숙사, 공동주택 또는 오피스텔을 임대 외의 용도로 사용하거나 매각 · 증여하는 경우에는 감면된 취득세를 추징한다.

【지방세특례제한법 시행령】 제13조(임대형기숙사의 범위 등) ② 법 제31조 제3항 제2호에서 "대통령령으로 정하는 경우"란 「공공주택 특별법 시행령」 제54조 제2항 제1호 및 제2호에서 정하는 경우를 말한다.

【공공주택특별법 시행령】 제54조(공공임대주택의 임대의무기간) ② 법 제50조의 2 제2항 제2호에 따라 임대의무기간이 지나기 전에도 임차인 등에게 분양전환할 수 있는 경우는 다음 각 호와 같다.

1. 공공주택사업자가 경제적 사정 등으로 공공임대주택에 대한 임대를 계속할 수 없는 경우로서 공공주택사업자가 국토교통부장관의 허가를 받아 임차인에게 분양전환하는 경우. 이 경우 법 제50조의 3 제1항에 해당하는 임차인에게 우선적으로 분양전환하여야 한다.
2. 임대 개시 후 해당 주택의 임대의무기간의 2분의 1이 지난 분양전환공공임대주택에 대하여 공공주택사업자와 임차인이 해당 임대주택의 분양전환에 합의하여 공공주택사업자가 임차인에게 법 제50조의 3에 따라 분양전환하는 경우

☞ 임대의무기간 규정

【공공주택특별법】 제50조의 2(공공임대주택의 매각제한) ① 공공주택사업자는 공공임대주택을 5년 이상의 범위에서 대통령령으로 정한 임대의무기간이 지나지 아니하면 매각할 수 없다.

【공공주택특별법 시행령】 제54조(공공임대주택의 임대의무기간) ① 법 제50조의 2 제1항에서 "대통령령으로 정한 임대의무기간"이란 그 공공임대주택의 임대개시일부터 다음 각 호의 기간을 말한다.

1. 영구임대주택 : 50년 / 2. 국민임대주택 : 30년 / 3. 행복주택 : 30년 / 4. 통합공공임대주택 : 30년 / 5. 장기전세주택 : 20년 / 6. 제1호부터 제5호까지의 규정에 해당하지 않는 공공임대주택 중 임대 조건을 신고할 때 임대차 계약기간을 6년 이상 10년 미만으로 정하여 신고한 주택 : 6년 / 7. 제1호부터 제5호까지의 규정에 해당하지 않는 공공임대주택 중 임대 조건을 신고할 때 임대차 계약기간을 10년 이상으로 정하여 신고한 주택 : 10년 / 8. 제1호부터 제7호까지의 규정에 해당하지 않는 공공임대주택 : 5년

### 6-4. 임대형기숙사 건축용 등 토지를 준공일 전에 매각하는 경우 재산세 추징(§31 ⑤ 1호)

본 조 제4항을 적용할 때, 공공주택사업자가 임대형기숙사, 공동주택 또는 오피스텔을 건축 중인 토지를 사용검사 또는 사용승인을 받기 전에 매각·증여하는 경우에는 그 감면 사유 소멸일부터 소급하여 5년 이내에 감면된 재산세를 추징한다.

### 6-5. 임대형기숙사 등 임대의무기간 내 매각하는 경우 재산세 추징(§31 ⑤ 1호)

본 조 제4항을 적용할 때, 공공주택사업자가 임대형기숙사, 공동주택 또는 오피스텔을 임

대의무기간(5~50년, 위 6-2의 임대의무기간 참조) 내에 매각 · 증여하는 경우에는 그 감면 사유 소멸일부터 소급하여 5년 이내에 감면된 재산세를 추징한다.

## 7 | 지방세특례의 제한(최소납부세액 부담, §177의 2)

공공주택사업자가 임대목적으로 취득하는 부동산에 대해서는 본 조 제1항 제1호 · 제2항 제1호(취득세) 및 제4항 제1호(재산세)에 따라 취득세 또는 재산세가 면제되는 것임에도 불구하고, 「지방세특례제한법」 제177조의 2 규정에 따라 100분의 85까지만 특례를 적용하고 나머지 100분의 15에 해당하는 세액에 대해서는 최소납부를 하여야 한다. 최소납부에 대한 세부적인 사항은 제177조의 2의 해설편을 참조한다.

## 8 | 감면신청(§183)

공공주택사업자는 「지방세특례제한법」 제183조의 규정에 따라 해당 지방자치단체의 장에게 임대사업자임을 증명하는 서류 등을 첨부하여 감면신청을 하여야 한다. 세부적인 감면신청 절차 등에 대해서는 제183조의 해설 내용을 참조한다.

## 9 | 관련사례

▣ 임대주택에 대한 취득세 감면 해당 여부

- 2020.8.18. 전에 「민간임대주택에 관한 특별법」 제5조에 따라 등록한 장기임대주택(장기일반, 8년)을 2020.8.18. 후에 「민간임대주택에 관한 특별법」 제43조 제2항 등에 따라 양도받는 자가 양도하는 자의 임대사업자로서의 지위를 포괄적으로 승계하면서 임대목적물로 쟁점아파트(장기일반, 8년)를 물건등록한 다음, 쟁점아파트를 건축하여 2024.1.31. 원시취득하였다면, 그 쟁점아파트는 2020.8.18. 전에 「민간임대주택에 관한 특별법」에 따라 등록한 장기임대주택에 해당하여 2020.12.29. 법률 제17771호로 개정되기 전 「지방세특례제한법」 제31조 제1항 제2호에 따라 취득세 감면을 적용받을 수 있음.
- 다만, 쟁점아파트가 2020.8.18. 전에 「민간임대주택에 관한 특별법」 제5조에 따라 등록한

장기임대주택(장기일반, 8년)을 2020.8.18. 후에 「민간임대주택에 관한 특별법」에 따라 양도받는 자가 양도하는 자의 임대사업자로서의 지위를 포괄적으로 승계하면서 양도받은 장기임대주택(장기일반, 8년)에 해당하는지 여부에 대해서는 임대주택 업무 소관 국토교통부에서 판단할 필요가 있음(행안부 지방세특례제도과-2285, 2024.9.11.).

▣ 신탁재산 공매를 통한 오피스텔 취득 시 최초 분양 임대주택 해당 여부

- 「지방세특례제한법」 제31조 제2항에서 건축주로부터 최초로 분양받은 경우에 한정하여 취득세 감면대상으로 하고, 기존에 임대주택이나 주택 등으로 사용하던 공동주택 등을 승계취득하여 매입임대사업을 하는 경우 그 공동주택 등을 감면대상으로 정하고 있지 않는 점으로 보아 '건축주로부터 공동주택 등을 최초로 분양받은 경우'라 함은 건축주가 건축하여 원시취득한 공동주택 등을 중간에 제3자가 취득하거나 임대 등으로 사용한 사실이 없는 상태에서 그 공동주택 등을 건축주로부터 최초로 매입하여 취득한 경우로 보는 것이 타당함.
- 이 건 오피스텔의 경우, 신축하여 2017.1.18. 사용승인을 받은 후 '19.5월경부터 오피스텔에 전입신고를 하고 거주한 입주자가 있는 것으로 보아, 이미 5년 이상 임대를 하고 있던 것이므로 다른 임대사업자가 이 건 오피스텔을 매입하여 임대하는 것이 주거안정 및 임대주택의 공급을 원활히 하기 위한 것으로 보기 어려우므로 '건축주로부터 최초로 분양받은 경우'에 해당하지 않음(행안부 지방세특례제도과-1755, 2024.7.17.).

▣ 영구임대주택단지의 상가의 임대주택 재산세 감면 여부

「주택법」 제2조 제14호에서 주택단지의 입주자 등의 생활복리를 위한 어린이놀이터, 근린생활시설, 유치원 등 공동시설이라고 규정하고 있으므로 근린생활시설인 상가는 「지방세특례제한법」 제31조 제1항 및 제4항의 복리시설에 해당하고, 영구임대주택단지 내 해당 상가의 임대수익금 전액을 임대주택 입주자의 관리비로 충당하였다면 해당 상가는 임대주택에 대한 재산세 감면대상에 해당(행안부 지방세특례제도과-968, 2024.4.22.)

▣ 매입약정에 따라 공동주택 등을 일괄매입시 매입임대주택 감면대상 해당 여부

- 「지방세특례제한법」에서 '분양'이란 용어를 다수의 조문에서 사용하고 있으나 이에 대한 정의를 별도로 규정하고 있지는 않으므로, 「지방세특례제한법」에서 말하는 분양의 범위는 반드시 「건축물 분양에 관한 법률」 등에 따를 것은 아니고 세법상 각 규정의 입법취지 및 목적에 따라 달리 해석하여야 할 것인데,
- 임대주택의 공급 확대를 위한 입법취지에 비추어 건축주로부터 공동주택 등을 최초로 일괄취득하여 매입임대사업을 하는 경우와 그 공동주택 등을 일부만 취득하여 매입임대사업을 하는 경우는 그 실질이 동일하고, 분양절차에 따라 공동주택 등의 일부만 취득하여 매입임대사업을 하는 경우에만 취득세를 감면해야 하는 합리적 이유가 없고 「지방세특례제한법」 제31조 제2항에서 기존에 임대주택이나 주택 등으로 사용하던 공동주택 등을 승계취득하여 매입임대사업을 하는 경우 그 공동주택 등을 감면대상으로 정하고 있지 않는 점으로 보아 '건축주로부터 공동주택 등을 최초로 분양받은 경우'라 함은 건축주가 건축하여 원시취득한 공동주택 등을 중간에 제3자가 취득하거나 입주사실이 없는 상태에서 그 공동주택을 건축주로부터 최초로 취득한 경우로 보는 것이 타당하다고 할 것임.

- 따라서 LH가 매입 약정에 따라 사용승인을 받은 공동주택 등을 건축주로부터 일괄 매입하는 경우 건축주로부터 공동주택 등을 최초로 분양받은 경우로 보아 「지방세특례제한법」 제31조 제2항에 따른 취득세 감면 적용 가능함(행안부 지방세특례제도과-726, 2024.3.19.).

■ 감면대상 임대사업자 등록의 요건

구 지방세특례제한법 제31조 제1항 본문의 임대사업자 요건에 해당하기 위해서는 임대용 부동산 취득일부터 60일 이내에 임대사업자로 등록하여야 한다. 그런데 원고가 2015.5.8.부터 2015.11.8.까지 이 부분 임대주택 부지를 취득한 사실, 원고가 토지취득일로부터 60일이 경과한 2016.1.8.에야 임대사업자로 등록한 사실이 확인되므로 이 부분 임대주택 부지 취득에 관하여 임대사업자 요건을 갖추지 못하였다(대법원 2023.12.28. 선고, 2023두53720 판결).

■ 인·허가 지연 등으로 미착공시 정당한 사유 해당 여부

사업시행자는 개발사업에 착수하기 전 사업분석계획을 통해 사업계획승인 과정에서 종교단체와 종중의 민원제기 등 장애사유를 충분히 인지하였거나 조금만 주의를 기울였더라면 그러한 장애사유의 존재를 쉽게 알 수 있었던 상황에서 토지를 취득하였고, 토지소유자와 가격협상 등 충분한 협의와 검토를 거쳤다면 사업이 원활히 추진될 수 있었음에도 토지 취득 전에 충분히 인지하였던 민원해결을 위하여 감면유예 기간 내 공사에 착공하지 못한 것은 예기치 못한 외부적인 사유에 해당된다고 볼 수 없음.

- 사업계획승인을 위한 일련의 과정(통합심의위원회 심의, 교통환경 평가서 등)에서 인·허가 절차에 필요한 이행계획서 제출이나 미흡한 부분에 대한 보완 등을 해결하기 위해서는 상당한 시일이 소요된다는 사실을 충분히 예측할 수 있으며, 보완요구 등 시정명령이 법령을 위반한 과도한 행정처분으로도 볼 수 없으므로, 행정 절차상 지연 사유가 행정관청의 귀책사유이거나 예측하지 못한 특별한 사정에 해당된다고도 보기 어려운 점 등에 비추어 이 건 토지를 취득한 날부터 2년 이내에 공동주택을 착공하지 못한 "정당한 사유"가 있다고 볼 수 없음(행안부 지방세특례제도과-218, 2021.1.20.).

■ LH공사의 경우도 임대목적 부동산을 목적물로 임대등록을 해야 하는지 여부

「공공주택특별법」에 따라 지정된 공공주택사업자의 경우 해당 부동산을 임대목적물로 하여 임대사업자등록을 하지 않더라도 재산세 감면대상임(행안부 지방세특례제도과-704, 2021.3.24.).

■ 공무원연금관리공단이 임대목적으로 취득하는 공동주택에 대해 「지방세특례제한법」 제31조 제1항의 임대주택 감면규정을 적용하여 취득세를 감면할 수 있는지

「공무원연금법」 제16조의 2에서는 「임대주택법」에서 정하는 바에 따라 공무원을 위하여 주택을 건설·공급·임대하거나 택지를 취득하는 경우 공단을 국가나 지방자치단체로 보도록 의제하는 규정을 두고 있으나, 「공무원연금법」에서 공무원연금관리공단을 국가나 지방자치단체로 의제한다고 하더라도 그것이 더 나아가 「지방세특례제한법」 제31조 제1항에서 정한 임대사업자로 의제되는 것은 아니라 할 것임(대법원 2015.4.23. 선고, 2013두11338 판결 등 참조). 따라서, 공무원연금관리공단이 「임대주택법」 제6조에 따라 주택임대사업을 하기 위하여 임대사업자로 등록되지 않은 이상 「지방세특례제한법」 제31조에 따른 임대사

업자에 해당되지 않을 것이고, 공무원연금관리공단은 「지방세특례제한법」 제31조 제1항의 감면대상에 해당되지 않음(행자부 지방세특례제도과-3330, 2015.12.4.).

■ 주택공사에게 공급하는 재건축임대주택의 경우 감면 여부

○○도세 감면조례에서 임대사업자의 범위를 주택건설사업자 또는 주택법 제9조 제1항 제6호 규정의 근로자를 고용하는 자, 임대주택법 제2조 제4호의 임대사업자로 한정하고 있으므로 주택재건축정비사업조합이 과밀억제권역에서 주택재건축사업시행으로 증가되는 용적률 중 100분의 25 이하의 범위 안에서 시・도지사 등에게 의무적으로 공급하는 임대주택이라 하더라도 ○○도세 감면조례에서 규정하고 있는 임대주택법에 의한 임대사업자가 아니므로 감면대상으로 보기 곤란함(행안부 지방세운영과-1864, 2008.10.20.).

■ 근로복지공단이 운영하는 임대주택이 감면대상에 해당되는지 여부

쟁점주택이 임대주택법 제16조 제1항에 해당하는 임대주택인지 여부를 보면, 당해 임대주택은 자치단체 및 국가의 예산으로 건설되었고, 국가의 근로자 복지업무를 위탁받은 공공단체에 의해 운영되고 있으며, 1989년 준공 이후 과세기준일 현재까지 지역 여성근로자에게 당해 주택을 저렴한 비용으로 임대하고 있는 점, (구)임대주택건설촉진법에 의해 건설 공급된 당해 임대주택의 임대의무기간을 건설당시 매각제한이 5년이더라도 50년으로 보고 있는 점(국토부 공공주택운영과-458, 2010.2.23.)을 감안할 때, 쟁점 주택은 감면조례에서 규정하고 있는 임대주택법 제16조 제1항 제1호의 규정을 적용할 여지가 있으므로 ○○광역시 ○○구세감면조례에 의거 재산세 100% 감면 대상 임대주택임(행안부 지방세운영과-3724, 2010.8.18.).

# 제31조

## 2. 공공주택사업자가 매입하는 임대주택 감면

관련규정

**제31조(공공임대주택 등에 대한 감면)** ⑥ 「한국토지주택공사법」에 따라 설립된 한국토지주택공사(이하 "한국토지주택공사"라 한다) 또는 「지방공기업법」 제49조에 따른 지방공사로서 주택사업을 목적으로 설립된 지방공사가 「공공주택 특별법」 제43조 제1항에 따라 매입하여 공급하는 것으로서 대통령령으로 정하는 주택 및 건축물에 대해서는 취득세의 100분의 25와 재산세의 100분의 50을 각각 2027년 12월 31일까지 경감한다. 다만, 다음 각 호의 어느 하나에 해당하는 경우 그 해당 부분에 대해서는 경감된 취득세 및 재산세를 추징한다.

1. 정당한 사유 없이 그 매입일부터 1년이 경과할 때까지 해당 용도로 직접 사용하지 아니하는 경우
2. 해당 용도로 직접 사용한 기간이 2년 미만인 상태에서 매각·증여하거나 다른 용도로 사용하는 경우

⑦ 제6항에 따른 재산세 경감 대상에는 한국토지주택공사가 「공공주택 특별법」 제43조 제1항에 따라 매입하여 세대수·구조 등을 변경하거나 철거 후 신축하여 공급하는 주택 및 건축물을 포함한다.

⑧ 공공주택사업자가 취득한 주택을 「공공주택 특별법」 제2조 제1호의 4에 따른 지분적립형 분양주택(이하 이 항에서 "지분적립형주택"이라 한다)으로 최초로 공급하는 경우로서 공공주택사업자가 그 주택을 공급받은 자와 2025년 1월 1일부터 2026년 12월 31일까지의 기간 동안 소유권을 공유하게 되는 경우 해당 주택(공공주택사업자 소유 지분에 한정한다)에 대해서는 재산세 납세의무가 최초로 성립하는 날부터 3년간 재산세의 100분의 25를 경감한다. 다만, 해당 주택이 과세기준일 현재 지분적립형주택에 해당하지 아니하는 경우는 제외한다.

# 1 개 요

공공주택사업자가 저소득층의 주거안정을 위해 도심 내 다가구주택 등 기존주택을 매입 후 개·보수하여 저소득층에게 저렴하게 임대하는 임대주택에 대한 감면이다. 「지방세특례제한법」 제31조(이하 이 장에서 "본 조") 제6항에서는 공공주택사업자가 임대목적으로 매입하는 임대주택에 대한 취득세·재산세 감면과 추징규정을, 제7항에서는 제6항의 감면대상 임대주택의 범위를, 제8항에서는 지분적립형분양주택에 대한 감면을 각각 규정하고 있다.

한편, 본 조의 감면은 2009년에 지방세법에서 신설되어 2011년 지방세특례제한법으로 이관되었고, 2014·2022년에는 취득세 감면이 각각 축소(100%→2014년 50%→2022년 25%)되었다.

# 2 감면대상자

## 2-1. 한국토지주택공사 등(§31 ⑥·⑦)

본 조 제6항의 적용을 받는 감면대상자는 「한국토지주택공사법」에 따라 설립된 한국토지주택공사 또는 「지방공기업법」 제49조에 따른 주택사업을 목적으로 설립된 지방공사이다.

## 2-2. 공공주택사업자(§31 ⑥)

본 조 제8항의 적용을 받는 감면대상자는 「공공주택 특별법」 제4조 제1항에 따른 공공주택사업자이다.

# 3 감면대상 부동산

## 3-1. 한국토지주택공사 등이 매입하는 주택·건축물(§31 ⑥)

본 조 제6항의 감면을 적용받는 부동산은 한국토지주택공사 또는 지방공사가 「공공주택 특별법」 제43조 제1항에 따라 매입하여 공급하는 것으로서 대통령령으로 정하는 주택 및 건축물(부속토지 포함)이다. 위 임대주택용 매입주택이란 도심 내 노후 단독·다가구주택(15년 경과) 등을 한국토지주택공사·지방공사가 매입한 후 1~2인용 소형주택으로 리모델링(재건축)하여 생계 · 의료급여 수급자, 한부모가족, 소득 70% 이하 장애인(일반 1순위) 등에게 주변시세보다 저렴하게 공급하는 임대주택(2027년까지 약 20만호 공급예정)을 말한다.

**매입임대주택 입주절차**

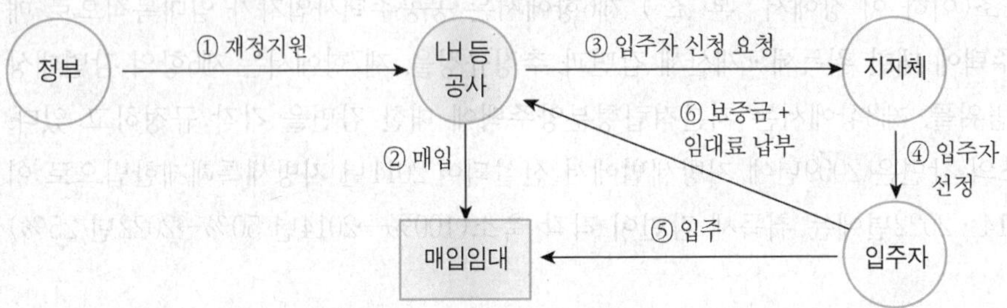


* 수급자 · 장애인 등은 지자체 입주자 선정(③④번), 청년 · 신혼은 LH에서 직접 선정

## 3-2. 한국토지주택공사 등이 신축하는 주택 · 건축물(§31 ⑦)

본 조 제7항의 감면을 적용받는 부동산은 한국토지주택공사가 「공공주택 특별법」 제43조 제1항에 따라 매입하여 세대수 · 구조 등을 변경하거나 철거 후 신축하여 공급하는 주택 및 건축물을 말한다. 본 조 제6항에 따른 주택 · 건축물은 기존의 주택 · 건축물을 리모델링한 후 임대용에 제공하는 기축매입임대형 주택인 반면, 본 조 제7항의 적용을 받는 주택 및 건축물은 신축매입임대주택을 말한다. 신축매입임대주택의 유형은 월세형 · 매입약정형 · 공공리모델링형 · 전세형매입임대주택이 있다.

## 3-3. 공공주택사업자가 보유하는 주택(§31 ⑧)

본 조 제8항의 감면을 적용받는 주택이란 「공공주택 특별법」 제2조 제1호의 4에 따른 지분적립형 분양주택을 말한다. 세부내용은 다음과 같다.

【공공주택특별법】 제2조(정의) 이 법에서 사용하는 용어의 뜻은 다음과 같다.

1의 4. "지분적립형 분양주택"이란 제4조에 따른 공공주택사업자가 직접 건설하거나 매매 등으로 취득하여 공급하는 공공분양주택으로서 주택을 공급받은 자가 20년 이상 30년 이하의 범위에서 대통령령으로 정하는 기간 동안 공공주택사업자와 주택의 소유권을 공유하면서 대통령령으로 정하는 바에 따라 소유 지분을 적립하여 취득하는 주택을 말한다.

# 4 | 특례내용

## 4-1. 세목별 감면

한국토지주택공사 등이 취득·보유하는 매입임대주택 등에 대해 2027년 12월 31일까지 다음의 〈표〉와 같이 지방세를 각각 감면한다.

**〈표〉 한국토지주택공사 등이 매입하는 임대용 부동산에 대한 감면(2025.1.1. 현재)**

| 조문 | 세목 | 감면내용 |
|---|---|---|
| §31 ⑥ | 취득세 25%<br>재산세 50% | 한국토지주택공사·지방공사가 임대목적으로 매입하는 주택·건축물(제7항에 따른 주택·건축물 포함) |
| §31 ⑧ | 재산세 25%<br>(3년간) | 공공주택사업자가 취득한 주택을 지분적립형 분양주택으로 최초로 공급하는 경우로서 그 주택을 공급받는 자와 '25.1.1.~'26.12.31.까지 그 소유권을 공유하는 경우 해당 주택 |
| §92의 2 | 재산세 등 공제 | 전자송달 또는 계좌이체 방식으로 납부신청하는 경우 §31 ④에 따라 산출된 재산세에서 추가로 최대 800~1600원 세액공제 |

## 4-2. 한국토지주택공사 등이 매입하는 주택 등의 범위(§31 ⑥)

본 조 제6항의 적용을 받는 한국토지주택공사·지방공사가 매입하는 주택 및 건축물은 단독주택(다중주택·다가구주택과 그 부속토지)과 공동주택(전용면적 85㎡ 이하 아파트·연립·다세대주택)·임대형기숙사(전용면적 85㎡ 이하)·오피스텔(전용면적 85㎡ 이하, 전용 주거공간 구비된 시설)을 말한다. 세부내용은 다음과 같다.

**【지특법 시행령】** 제13조(임대형기숙사의 범위 등) ③ 법 제31조 제6항 각 호 외의 부분 본문에서 "대통령령으로 정하는 주택 및 건축물"이란 다음 각 호의 것을 말한다.

1. 「건축법 시행령」 별표 1 제1호 가목부터 다목까지의 규정에 따른 단독주택, 다중주택 및 다가구주택과 그 부속토지
2. 「건축법 시행령」 별표 1 제2호 가목부터 다목까지의 규정에 따른 아파트, 연립주택 및 다세대주택(「주택법」 제2조 제6호에 따른 국민주택규모 이하인 아파트, 연립주택 및 다세대주택으로 한정한다)과 그 부속토지
3. 「건축법 시행령」 별표 1 제2호 라목에 따른 기숙사(전용면적이 85제곱미터 이하인 것으로

한정한다) 및 그 부속토지

4. 다음 각 목의 요건을 모두 갖춘 「건축법 시행령」 별표 1 제14호 나목 2)에 따른 오피스텔과 그 부속토지
   가. 전용면적이 85제곱미터 이하일 것
   나. 상 · 하수도 시설이 갖추어진 전용 입식 부엌, 전용 수세식 화장실 및 목욕시설(전용 수세식 화장실에 목욕시설을 갖춘 경우를 포함한다)을 갖출 것

**【공공주택특별법】 제43조(공공주택사업자의 기존주택등 매입)** ① 공공주택사업자는 「주택법」 제49조에 따른 사용검사 또는 「건축법」 제22조에 따른 사용승인을 받은 건축물로서 대통령령으로 정하는 규모 및 기준의 주택 등(이하 "기존주택등"이라 한다)을 매입하여 공공매입임대주택으로 공급할 수 있다.

# 5 | 감면된 세액의 추징(§31 ⑥ 단서)

## 5-1. 해당 용도로 직접 사용하지 않는 경우(§31 ⑥ 1호)

본 조 제6항의 본문을 적용할 때, 정당한 사유없이 한국토지주택공사 등이 매입일부터 1년이 경과할 때까지 해당 용도로 직접 사용하지 않는 경우

## 5-2. 매각 · 증여하거나 다른 용도로 사용하는 경우(§31 ⑥ 2호)

본 조 제6항의 본문을 적용할 때, 해당 용도로 직접 사용한 기간이 2년 미만인 상태에서 매각 · 증여하거나 다른 용도로 사용하는 경우

# 6 | 감면신청(§183)

한국토지공사 · 지방공사 · 공공주택사업자는 「지방세특례제한법」 제183조의 규정에 따라 해당 지방자치단체의 장에게 임대용으로 사용한다는 서류 등을 첨부하여 감면신청을 하여야 한다. 세부적인 감면신청 절차 등에 대해서는 제183조의 해설 내용을 참조한다.

# 제31조의 2

## 준공 후 미분양 주택에 대한 감면

관련규정

제31조의 2 [일몰기한 종료로 2017.1.1.부터는 감면 효력 상실]

제31조의 2(준공 후 미분양 주택에 대한 감면) ①「주택법」 제54조 제1항에 따른 사업주체가 분양하는 다음 각 호의 요건을 모두 갖춘 주택(이하 이 조에서 "준공 후 미분양 주택"이라 한다)을 2016년 12월 31일까지 최초로 취득하는 경우 취득세의 100분의 25를 경감한다.

1. 「주택법」 제49조 또는 「건축법」 제22조에 따른 사용검사 또는 임시사용승인을 받은 후에도 분양되지 아니한 주택일 것
2. 「주택법」에 따른 입주자 모집공고에 공시된 분양가격이 6억원 이하이며, 전용면적이 149제곱미터 이하의 주택(주거용 건축물 및 그 부속토지를 포함한다)으로서 실제 입주한 사실이 없을 것
3. 2011년 12월 31일까지 임대차계약을 체결하고 2년 이상 임대하였을 것

② 제1항 제1호 및 제2호의 요건을 갖춘 준공 후 미분양 주택을 5년 이상 임대할 목적으로 2011년 12월 31일까지 취득하는 경우 취득세의 100분의 25를 경감한다. 다만, 정당한 사유 없이 임대한 기간이 5년 미만인 상태에서 매각 · 증여하거나 다른 용도로 사용하는 경우에는 경감된 취득세를 추징한다.

③ 제1항 또는 제2항을 적용할 때 준공 후 미분양 주택, 임대기간 등의 확인절차 및 방법 등에 대해서는 행정자치부장관이 정한다.

④ 지방자치단체는 제1항 제2호의 요건에도 불구하고 해당 지역의 주택시장 동향 및 재정여건 등에 따라 조례로 분양가격 및 전용면적을 달리 정하는 경우를 포함하여 준공 후 미분양 주택에 대한 취득세를 100분의 25의 범위에서 추가 경감할 수 있다. 이 경우 조례로 정하는 분양가격 및 전용면적의 요건이 제1항 제2호의 요건에 해당하지 아니하는 경우에는 제1항 또는 제2항의 감면율이 없는 것으로 본다.

⑤ 제4항에 따라 지방자치단체가 지방세 감면을 조례로 정하는 경우 제4조 제1항 각

호 외의 부분 · 제3항 후단 · 제6항 및 제7항을 적용하지 아니한다.

## 1 개 요

전셋값 상승에 따른 세입자들의 부담을 완화를 위한 매입 임대사업자에 대한 세제지원을 위해 정부의 「2 · 12 전월세 안정대책」 후속조치로 2012년부터 도입된 세제지원 제도이다.

## 2 감면대상자

준공 후 미분양 주택 감면은 일반 주택취득자와 임대주택사업자가 이에 해당된다. 구체적으로 i) 건설사가 2년 이상 임대주택으로 공급하고 계약기간 종료 후 분양한 주택을 취득하는 자와 ii) 준공 후 미분양을 취득, 임대주택으로 5년 이상 공급하는 자를 말한다.

## 3 감면대상 주택

주택유상거래로 취득하는 주택은 신축 및 종전주택 모두에 대해서 감면적용이 가능하지만, 준공 후 미분양 주택 감면은 i) 주택법 제38조 제1항에 따른 사업주체가 분양하는 주택으로서 주택법 제29조 또는 제22조에 따른 사용검사 또는 임시사용승인을 받은 후에도 분양되지 않은 주택으로서 ii) 주택법에 따른 입주자모집공고안에 분양가격이 6억원 이하이며 iii) 전용면적이 149㎡ 이하의 주택으로 실제 입주한 사실이 없으며 iv) 2011년 12월 31일까지 임대차계약을 체결하고 2년 이상 임대한 준공 후 미분양 주택만 이에 해당되는 것이다. 또한 준공 후 미분양 주택이라도 앞에서 열거한 사항 외에도 준공 후 미분양 주택으로서 2년 이상 임대한 주택을 주택건설사업자로부터 최초로 취득한 주택만 해당된다.

## 4 | 특례내용

### 4-1. 취득세의 감면

준공 후 미분양 주택을 취득한 사람에게는 2016년 12월 31일까지 취득세의 25%를 감면한다. 다만, 일몰기한이 종료되어 2017년 1월 1일부터는 감면효력이 상실되었다.

### 4-2. 자치단체 조례에 의한 추가 감면(§31의 2 ④)

준공 후 미분양 주택을 취득한 사람에게는 지특법상 취득세 25% 감면 이외에도 자치단체 감면조례로 추가로 25%를 감면할 수 있다. 이는 서울 등 수도권과 지방의 주택가격 사정이 각각 달라 주택가격이 6억원 이하의 경우 서울 강남권은 면적이 적고, 지방의 경우는 너무 넓은 점 등 준공 후 미분양 주택 감면 규정이 있음에도 사실상 적용대상이 없는 문제점을 보완하는 차원에서 탄력적으로 해당 지역실정에 맞게 감면대상 및 감면율을 추가로 정할 수 있도록 과세 자율권을 부여한 것에 의의가 있다 하겠다.

### 4-3. 자치단체 조례에 의한 추가 감면(§31의 2 ④)

#### 4-3-1. 감면조례 총량의무 비율 제외 등 특례(§31의 2 ④)

자치단체가 조례로 감면을 자율적으로 정할 때 준수해야 하는 의무규정이 있다. 법 제4조의 규정에 따라 법에서 정한 감면대상 확대(§4 ① 후단), 조세전문기관에 감면 타당성 검토의뢰(§4 ③), 감면조례 총량(§4 ⑥, ⑦)에 관한 규정인 것이다. 준공 후 미분양 주택에 대한 감면을 법으로 정하면서 탄력적으로 지방자치단체 실정에 맞게 감면조례를 입법할 경우에는 법에서 규정한 감면조례 입법에 대한 의무규정을 준수해야 하는 문제로 사실상 감면조례 제정이 불가한 점을 고려하여 법 제31조 제5항에서 준공 후 미분양 주택에 대한 추가 감면율 입법에 따른 특례를 두어 탄력적으로 조례 입법이 가능토록 보완 조치를 한 것으로 보인다.

#### 4-3-2. 준공 후 미분양 주택 취득세 추가 감면(§31의 2 ④)

본 규정에 따른 준공 후 미분양 주택에 대해서는 법정감면(취득세 25%) 이외에도 추가로 지방자치단체의 조례를 통해 25%의 범위 안에서 추가로 경감할 수 있도록 위임사항을 규정(§31의 2 ④)하고 있다. 이에 따라 「부산시세감면조례」 제2조를 통해 부산시의 경우에는 취득세를 총 50%(법정감면 25% + 추가감면 25%)까지 경감한다.

### 4-4. 준공 후 미분양 주택 감면 세부운영지침(§31의 2 ③)

준공 후 미분양 주택의 정의, 임대기간 등의 확인절차 등에 대한 세부 기준은 행정자치부장관이 정하는 기준에 따르며 그 세부내용은 이 책의 부록편을 참고하기 바란다.

## 5 | 지방세특례의 제한

### 5-1. 감면된 취득세의 추징(§31의 2 ②)

제31조의 2 제1항에 따라 준공 후 미분양 주택을 취득하여 감면을 받은 사람이 정당한 사유 없이 임대한 기간이 5년 미만인 상태에서 매각·증여하거나 다른 용도로 사용하는 경우에는 경감된 취득세를 추징한다. 직접 사용 및 추징에 관한 세부적인 내용은 제178조의 해설편을 참조하면 된다.

### 5-2. 지방세 중과대상 부동산 감면 제한(§177)

준공 후 미분양 주택을 취득하여 감면을 받으려는 부동산이 지방세법 제13조 제5항에 따른 별장 등 지방세 중과세 대상인 사치성 재산인 경우에는 감면대상에서 제외된다.

**운용사례**

- 비록 청구법인이 대물변제의 방법으로 이 건 공동주택을 취득하였다고 하더라도 사용승인 후 입주한 사실이 없는 이 건 공동주택을 사업주체인 주식회사 디앤에스로부터 취득한 이상, 그 거래 명칭·대금 지급 방법 등에 관계없이 사업주체로부터 미분양주택을 최초 분양받아 취득한 것으로 보는 것이 타당하다고 할 것임(조심 2011지0615, 2012.2.17.).
- 사업주체로부터 당해 미분양 주택을 취득한 해당 시공자로부터 이 건 주택을 취득한 것이 아니라, 신탁계약으로 시공자로부터 미분양주택을 이전받은 수탁자로부터 이 건 주택을 취득하였으므로 설령, 청구인이 이 건 주택을 시공자로부터 취득한 것으로 본다고 하더라도 청구인이 이 건 주택을 취득하기 전에 동 주택에 다른 자의 입주 사실이 있으므로 이 건 주택을 감면대상에 해당한다고 볼 수 없음(조심 2011지0324, 2011.10.31.).

# 6 관련사례

▣ 대물변제 방법으로 취득하였으나 미분양 임대주택으로 입주사실이 없는 경우 감면 여부

대물변제의 방법으로 공동주택을 취득하였다고 하더라도 사용승인 후 입주한 사실이 없는 공동주택을 사업주체인 주식회사 ○○○○부터 취득한 이상, 그 거래 명칭·대금 지급 방법 등에 관계없이 사업주체로부터 미분양주택을 최초 분양받아 취득한 것으로 보는 것이 타당하다고 할 것임(조심 2011지0615, 2012.2.17.).

▣ 미분양주택이나 임대주택 취득 전 타인의 입주사실이 있는 경우 감면 여부

사업주체로부터 당해 미분양 주택을 취득한 해당 시공자로부터 이 건 주택을 취득한 것이 아니라, 신탁계약으로 시공자로부터 미분양주택을 이전받은 수탁자로부터 이 건 주택을 취득하였으므로 설령, 주택을 시공자로부터 취득한 것으로 본다고 하더라도 주택을 취득하기 전에 동 주택에 다른 자의 입주 사실이 있으므로 이 건 주택을 감면대상에 해당한다고 볼 수 없음(조심 2011지0324, 2011.10.31.).

# 제 31 조의 3

## 장기일반민간임대주택 등에 대한 감면

관련규정

제31조의 3(장기일반민간임대주택 등에 대한 감면) ①「민간임대주택에 관한 특별법」에 따른 임대사업자[임대용 부동산 취득일부터 60일 이내에「민간임대주택에 관한 특별법」제2조 제4호에 따른 공공지원민간임대주택{「민간임대주택에 관한 특별법」(법률 제17482호로 개정되기 전의 것을 말한다) 제5조에 따라 등록한 같은 법 제2조 제6호에 따른 단기민간임대주택(이하 이 항에서 "단기민간임대주택"이라 한다)을 같은 법 제5조 제3항에 따라 2020년 7월 11일 이후 공공지원민간임대주택으로 변경 신고한 주택은 제외한다. 이하 이 조에서 "공공지원민간임대주택"이라 한다} 또는 같은 법 제2조 제5호에 따른 장기일반민간임대주택{2020년 7월 11일 이후「민간임대주택에 관한 특별법」(법률 제17482호로 개정되기 전의 것을 말한다) 제5조에 따른 임대사업자등록 신청(임대할 주택을 추가하기 위하여 등록사항의 변경 신고를 한 경우를 포함한다)을 한 장기일반민간임대주택 중 아파트를 임대하는 민간매입임대주택이거나 단기민간임대주택을 같은 조 제3항에 따라 2020년 7월 11일 이후 장기일반민간임대주택으로 변경 신고한 주택은 제외한다. 이하 이 조에서 "장기일반민간임대주택"이라 한다}을 임대용 부동산으로 하여 임대사업자로 등록한 경우를 말하되, 토지에 대해서는「주택법」제15조에 따른 사업계획승인을 받은 날 또는「건축법」제11조에 따른 건축허가를 받은 날부터 60일 이내로서 토지 취득일부터 1년 6개월 이내에 공공지원민간임대주택 또는 장기일반민간임대주택을 임대용 부동산으로 하여 임대사업자로 등록한 경우를 포함한다. 이하 이 항 및 제2항에서 "임대사업자"라 한다]가 임대할 목적으로 임대형기숙사 또는 공동주택을 건축하기 위하여 취득하는 토지와 임대할 목적으로 건축하여 취득하는 임대형기숙사 또는 공동주택에 대해서는 다음 각 호에서 정하는 바에 따라 취득세를 2027년 12월 31일까지 감면한다.

1. 다음 각 목의 경우에는 취득세를 면제한다.
   가. 임대형기숙사 또는 전용면적 60제곱미터 이하인 공동주택을 건축하기 위하여 토지를 취득하는 경우

나. 임대형기숙사 또는 전용면적 60제곱미터 이하인 공동주택을 건축하여 취득하는 경우

2. 다음 각 목의 경우에는 취득세의 100분의 50을 경감한다.

가. 「민간임대주택에 관한 특별법」에 따라 10년 이상의 장기임대 목적으로 전용면적 60제곱미터 초과 85제곱미터 이하인 임대주택(이하 이 조에서 "장기임대주택"이라 한다)을 20호 이상 건축하기 위하여 토지를 취득하는 경우

나. 장기임대주택을 20호 이상 건축하여 취득하는 경우

다. 20호 이상의 장기임대주택을 보유한 임대사업자가 추가로 장기임대주택을 건축하기 위하여 토지를 취득하는 경우(추가로 취득한 결과로 20호 이상을 건축하기 위한 토지를 보유하게 되었을 때에는 그 20호부터 초과분까지를 건축하기 위한 토지를 포함한다)

라. 20호 이상의 장기임대주택을 보유한 임대사업자가 추가로 장기임대주택을 건축하여 취득하는 경우(추가로 취득한 결과로 20호 이상을 보유하게 되었을 때에는 그 20호부터 초과분까지를 포함한다)

② 임대사업자가 임대할 목적으로 건축주로부터 실제 입주한 사실이 없는 임대형기숙사, 공동주택 또는 오피스텔을 최초로 유상거래(부담부증여는 제외한다)로 취득하는 경우에는 다음 각 호에서 정하는 바에 따라 취득세를 2027년 12월 31일까지 감면한다. 다만, 「지방세법」 제10조의 3에 따른 취득 당시의 가액이 3억원(수도권은 6억원으로 한다)을 초과하는 공동주택과 오피스텔은 감면 대상에서 제외한다.

1. 다음 각 목의 경우에는 취득세를 면제한다.

가. 임대형기숙사를 취득하는 경우

나. 전용면적 60제곱미터 이하인 공동주택 또는 오피스텔을 취득하는 경우

2. 다음 각 목의 경우에는 취득세의 100분의 50을 경감한다.

가. 장기임대주택을 20호 이상 취득하는 경우

나. 20호 이상의 장기임대주택을 보유한 임대사업자가 추가로 장기임대주택을 취득하는 경우(추가로 취득한 결과로 20호 이상을 보유하게 되었을 때에는 그 20호부터 초과분까지를 포함한다)

③ 제1항 및 제2항을 적용할 때 다음 각 호의 어느 하나에 해당하는 경우에는 감면된 취득세를 추징한다.

1. 해당 토지를 취득한 날부터 정당한 사유 없이 2년 이내에 임대형기숙사 또는 공동주택을 착공하지 아니한 경우

2. 「민간임대주택에 관한 특별법」 제43조 제1항에 따른 임대의무기간에 대통령령으로 정하는 경우가 아닌 사유로 다음 각 목의 어느 하나에 해당하는 경우

가. 임대형기숙사, 공동주택 또는 오피스텔을 임대 외의 용도로 사용하거나 매각·

증여하는 경우

나. 「민간임대주택에 관한 특별법」 제6조에 따라 임대사업자 등록이 말소되는 경우

④ 「민간임대주택에 관한 특별법」에 따른 임대사업자(공공지원민간임대주택 또는 장기일반민간임대주택을 임대용 부동산으로 하여 임대사업자로 등록한 경우를 말한다)가 과세기준일 현재 임대 목적의 임대형기숙사, 대통령령으로 정하는 다가구주택(모든 호수의 전용면적이 40제곱미터 이하인 경우를 말하며, 이하 이 조에서 "다가구주택"이라 한다) 또는 2세대 이상의 공동주택 · 오피스텔을 건축 중인 토지와 임대 목적으로 직접 사용하는 임대형기숙사, 다가구주택 또는 2세대 이상의 공동주택 · 오피스텔에 대해서는 다음 각 호에서 정하는 바에 따라 재산세를 2027년 12월 31일까지 감면한다. 다만, 「지방세법」 제4조 제1항에 따라 공시된 가액 또는 시장 · 군수가 산정한 가액이 3억원[수도권은 6억원(「민간임대주택에 관한 특별법」 제2조 제2호에 따른 민간건설임대주택인 경우에는 9억원)으로 한다]을 초과하는 공동주택과 「지방세법」 제4조에 따른 시가표준액이 2억원(수도권은 4억원으로 한다)을 초과하는 오피스텔은 감면 대상에서 제외한다.

1. 다음 각 목의 어느 하나에 해당하는 토지와 임대형기숙사, 다가구주택, 공동주택 또는 오피스텔에 대해서는 재산세(「지방세법」 제112조에 따른 부과액을 포함한다)를 면제한다.
   가. 임대형기숙사, 다가구주택, 전용면적 40제곱미터 이하인 공동주택 또는 오피스텔을 건축 중인 토지
   나. 임대형기숙사, 다가구주택, 전용면적 40제곱미터 이하인 공동주택 또는 오피스텔
2. 다음 각 목의 어느 하나에 해당하는 토지와 공동주택 또는 오피스텔에 대해서는 재산세(「지방세법」 제112조에 따른 부과액을 포함한다)의 100분의 75를 경감한다.
   가. 전용면적 40제곱미터 초과 60제곱미터 이하인 공동주택 또는 오피스텔을 건축 중인 토지
   나. 전용면적 40제곱미터 초과 60제곱미터 이하인 공동주택 또는 오피스텔
3. 다음 각 목의 어느 하나에 해당하는 토지와 공동주택 또는 오피스텔에 대해서는 재산세의 100분의 50을 경감한다.
   가. 전용면적 60제곱미터 초과 85제곱미터 이하인 공동주택 또는 오피스텔을 건축 중인 토지
   나. 전용면적 60제곱미터 초과 85제곱미터 이하인 공동주택 또는 오피스텔

⑤ 제4항을 적용할 때 다음 각 호의 어느 하나에 해당하는 경우에는 그 감면 사유 소멸일부터 소급하여 5년 이내에 감면된 재산세를 추징한다. 다만, 「민간임대주택에 관한 특별법」 제43조 제1항에 따른 임대의무기간이 경과한 후 등록이 말소되거나 그 밖에 대통령령으로 정하는 경우에는 추징에서 제외한다.

1. 「주택법」 제49조에 따른 사용검사 또는 「건축법」 제22조에 따른 사용승인(임시사용승인을 포함한다)을 받기 전에 임대형기숙사, 다가구주택, 공동주택 또는 오피스텔을 건축 중인 토지를 매각·증여하는 경우
2. 「민간임대주택에 관한 특별법」 제6조에 따라 임대사업자 등록이 말소되는 경우
3. 「민간임대주택에 관한 특별법」 제43조 제1항에 따른 임대의무기간에 임대형기숙사, 다가구주택, 공동주택 또는 오피스텔을 매각·증여하는 경우

[전문개정 2024.12.31.]

## 1 개 요

무주택 서민의 주거안정을 위한 공공지원민간임대주택사업자와 장기일반민간임대주택사업자에 대한 세제지원이다. 「지방세특례제한법」 제31조의 3(이하 "본 조")의 감면은 제1항에서 공공지원민간임대주택과 장기일반민간임대주택사업자가 임대목적으로 건설하는 임대형기숙사(토지) 등에 대한 취득세 감면을, 제2항에서는 이들 임대주택사업자가 매입하여 사용하는 임대형기숙사 등에 대한 취득세 감면을, 제4항에서는 이들 임대사업자가 임대목적의 임대형기숙사 등에 대한 재산세 감면을, 제3항 및 제4항에서는 위 취득세와 재산세에 대한 추징규정을 각각 두고 있다.

한편 본 조의 감면은 1995년 지방자치단체 감면조례로 신설된 이후 여러 차례의 개정을 거쳤고 2025년에 「지방세특례제한법」 제31조의 공공지원민간임대사업자에 대한 감면과 본 조의 장기일반민간임대주택사업자에 대한 감면을 통합하여 다음의 〈표〉와 같이 현재에 이르고 있다.

〈표 1〉 **공공지원민간임대주택 등에 대한 입법연혁**

| 구분 | 근거 | 감면내용 |
|---|---|---|
| 2022 | §31의 3 | 상동 + 가격기준* 도입<br>* 공동주택 : 공시가격 3억원(수도권 6억원, 건설임대 9억원) 이하, 오피스텔 : 시가표준액 2억원(수도권 4억원) 이하<br>※ 대책 발표 이후 법 시행일 사이('20.7.11.~'20.8.17.) 폐지유형(단기(4년)임대 및 '아파트' 장기(8년)일반 매입임대)으로 등록 신청하거나, 단기를 장기로 변경 신고한 주택 감면 제외 |

| 구분 | 근거 | 감면내용 |
|---|---|---|
| 2020<br>(8.12.) | §31의 3 | 상동 + 가격기준* 도입<br>* 공동주택 : 공시가격 3억원(수도권 6억원) 이하, 오피스텔 : 시가표준액 2억원(수도권 4억원) 이하 |
| 2019 | §31의 3 | • 민간임대사업자, 공공지원민간임대주택 · 장기일반민간임대주택, 공동주택 · 오피스텔 · 다가구주택, 2세대 이상 직접 사용<br>- 40㎡ 이하 공동주택 · 오피스텔 · 다가구주택 재산세(도시지역분 포함) 면제<br>- 40㎡ 초과 60㎡ 이하 공동주택 · 오피스텔 재산세(도시지역분 포함) 75% 경감<br>- 60㎡ 초과 85㎡ 이하 공동주택 · 오피스텔 재산세 50% 경감 |
| 2016 | §31의 3 | • 민간임대사업자, 준공공임대주택 건축 · 매입 공동주택 · 매입 오피스텔, 2세대 이상 직접 사용<br>- 40㎡ 이하 재산세(도시지역분 포함) · 지역자원시설세 면제<br>- 40㎡ 초과 60㎡ 이하 재산세(도시지역분 포함) 75% 경감 · 지역자원시설세 면제<br>- 60㎡ 초과 85㎡ 이하 재산세 50% 경감 |
| 2014<br>(5.28.) | §31의 3 | • 민간임대사업자, 준공공임대주택, 매입 공동주택 · 오피스텔, 2세대 이상 직접 사용<br>- 40㎡ 이하 재산세(도시지역분 포함) · 지역자원시설세 면제<br>- 40㎡ 초과 60㎡ 이하 재산세(도시지역분 포함) 75% 경감 · 지역자원시설세 면제<br>- 60㎡ 초과 85㎡ 이하 재산세 50% 경감 |
| 2013<br>(8.6.) | §31의 3 | • 민간임대사업자, 준공공임대주택, 매입 공동주택 · 오피스텔, 2세대 이상 직접 사용<br>- 40㎡ 이하 재산세(도시지역분 포함) · 지역자원시설세 면제<br>- 40㎡ 초과 60㎡ 이하 재산세(도시지역분 포함) 50% 경감 · 지역자원시설세 면제<br>- 60㎡ 초과 85㎡ 이하 재산세 25% 경감 |
| 1995 | 감면조례 | • 자치단체 감면조례로 민간임대사업자에 대한 취득세, 재산세 감면 신설 |

## 2 | 감면대상자

### 2-1. 공공지원민간임대주택사업자(§31의 3 ①)

본 조의 감면을 적용받는 자는 「민간임대주택에 관한 특별법」 제2조 제4호에 따른 공공지원민간임대주택을 건설 · 운용하는 임대사업자(이하 본 조에서 "공공지원민간임대주택사업자")로서 10년 이상 임대할 목적으로 임대주택을 취득(매입·건설)하여 임대료, 임차인 자격 제한 등을 받아 임대하는 사업자를 말하며 유형별로는 ① 주택도시기금 출자를 받아 건설하는 민간임대주택사업자 ② 공공택지에 건설하는 민간임대주택사업자 ③ 용도지역 변경 및 용적률 완화를 통해 건설하는 민간임대주택사업자(임대리츠) 등이 있다. 세부 내용은 다음과 같다.

| 구분 | 사업개요 |
|---|---|
| ① 주태도시기금 지원사업 참여자 | • 즉시 주택건설이 가능한 부지 등을 대상으로 민간에서 HUG공모를 통하여 기금 참여를 제안하면 이를 평가하여 기금이 출자하는 방식으로 진행하는 임대주택사업자 |
| ② 택지공모사업 참여자 | • LH부지 등 공공택지를 대상으로 LH공모를 통해 우수 사업자를 선정하여 기금이 공동출자하는 임대리츠를 설립하는 방식으로 진행하는 임대주택사업자 |
| 공급촉진지구 참여자(포함) | • LH·민간이 제안하고 국토부장관·시도지사가 승인하여 전체 주택 호수의 50% 이상을 공공지원민간임대로 공급되는 신규택지를 개발하는 방식으로 진행하는 임대주택사업자*<br>* LH제안 : 국토부장관이 승인하는 촉진지구는 택지공모를 통해 공급<br>② 민간제안 : 시·도지사가 승인하는 촉진지구는 민간제안 공모도 가능하나 대부분 기금출자X (ex:: 서울시 역세권 청년주택) |
| ③ 정비사업 연계형 참여자 | • 정비조합이 정비구역에서 공급되는 일반분양분을 공공지원민간임대사업자(리츠·펀드)가 매입하는 방식 |

### 2-2. 장기일반민간임대주택사업자(§31의 3 ①)

본 조의 감면을 적용받는 자는 「민간임대주택에 관한 특별법」 제2조 제5호에 따른 장기일반민간임대주택을 건설·운용하는 임대사업자(이하 본 조에서 "장기일반민간임대주택사업자")로서 공공지원민간임대주택이 아닌 임대주택을 10년 이상 임대할 목적으로 취득하여 임대하는 민간임대주택사업자를 말한다.

## 3 | 감면대상 부동산

본 조의 적용을 받는 부동산이란 공공지원민간임대주택사업자 또는 장기일반민간임대주택사업자가 취득하여 보유하는 임대주택을 말한다.

### 3-1. 임대형기숙사용 토지 등(§31 ①)

본 조의 감면을 적용받는 토지란 공공지원민간주택사업자 또는 장기일반임대주택사업자가 임대형기숙사 또는 공동주택(부대시설 등 포함)을 건축하기 위하여 취득하는 토지(세부 임대용기숙사 및 공동주택용 토지의 범위는 4. 특례내용 부분 참고)를 말하며, 임대형기숙사의 범위 등은 「지방세특례제한법」 제31조의 해설편을 참조한다.

### 3-2. 신축하는 임대형기숙사 · 공동주택(§31의 3 ①)

본 조의 감면을 적용받는 건축물이란 공공지원임대주택사업자 또는 장기일반민간임대주택사업자가 임대할 목적으로 건축하여 취득하는 임대형기숙사 또는 공동주택(부대시설 포함하고, 세부 임대용기숙사 및 공동주택의 범위는 4. 특례내용 부분 참고)을 말한다.

### 3-3. 건축주로부터 최초 분양받아 취득하는 임대형기숙사 등(§31 ②)

본 조의 감면을 적용받는 건축물이란 공공지원민간주택사업자 또는 장기일반민간임대주택사업자가 임대할 목적으로 건축주로부터 최초로 분양받는 임대용기숙사, 공동주택 또는 오피스텔(세부 임대용기숙사, 공동주택, 오피스텔의 범위는 4. 특례내용 부분 참고)을 말한다.

☞ 본 조 제2항을 적용함에 있어 최초 분양의 의미는 「지방세특례제한법」 제31조의 해설편을 참조한다.

## 4 | 특례내용

공공지원임대주택사업자 또는 장기일반민간임대주택사업자가 취득 또는 보유하는 임대주택건설용 토지 및 임대주택(임대형기숙사) 등에 대해 본 조 제1 · 2항에서는 취득세를, 본 조 제4항에서는 재산세(도시계획분 포함)를 2027년 12월 31일까지 감면한다.

〈표 2〉 **공공지원민간임대주택사업자 등이 임대목적으로 취득하는 임대주택 감면(2025.1.1. 현재)**

| 조문 | 세목 | 감면내용 |
|---|---|---|
| §31의3 ① 1호 | 취득세 면제 | • 공공지원민간임대주택사업자등이 임대할 목적으로 취득하는 다음의 토지 및 건축물<br>㉮ 임대형기숙사 또는 전용면적 60㎡ 이하인 공동주택 건축용 토지<br>㉯ 임대형기숙사 또는 전용면적 60㎡ 이하인 공동주택의 건축 |

| 조문 | 세목 | 감면내용 |
|---|---|---|
| §31의3 ① 2호 | 취득세 50% | • 공공지원민간임대주택사업자가 임대할 목적으로 취득하는 다음의 토지 및 건축물<br>㉮ 전용면적 60㎡~85㎡ 임대주택(10년, 이하 "장기임대주택")을 20호↑건축하기 위하여 취득하는 토지<br>㉯ 10년 장기임대주택을 20호 이상 건축하여 취득하는 경우<br>㉰ 장기임대주택을 20호↑ 보유한 공공주택사업자가 추가로 장기임대주택을 건축하기 위하여 취득하는 토지<br>* 추가 취득으로 20호↑ 건축용 토지를 보유한 경우 그 20호부터 초과분의 건축용 토지 포함<br>㉱ 장기임대주택을 20호↑ 보유한 공공주택사업자가 추가로 장기임대주택을 건축하여 취득하는 경우<br>* 추가로 취득하여 20호↑ 보유한 경우 그 20호부터 초과분까지 포함 |
| §31의3 ② 1호 | 취득세 면제 | • 공공임대주택사업자등이 임대할 목적으로 건축주로부터 최초로 분양받은 임대형기숙사(전용 40㎡ 이하, 부속토지 포함), 공동주택 또는 오피스텔(부속토지 포함)<br>㉮ 임대형기숙사를 취득하는 경우<br>㉯ 전용면적 60㎡↓인 공동주택 또는 오피스텔을 취득하는 경우 |
| §31 ② 2호 | 취득세 50% | ㉮ 장기임대주택을 20호↑ 취득하는 경우<br>㉯ 20호↑의 장기임대주택을 보유한 공동주택사업자가 추가로 장기임대주택을 취득하는 경우<br>* 추가로 취득하여 20호↑ 보유한 경우 그 20호부터 초과분까지 포함 |
| §31의3 ④ 1호 | 재산세 (도시계획) 면제 | 공공지원민간주택사업자 등이 과세기준일 현재 임대목적의 임대형기숙사·다가구주택 또는 2세대↑의 공동주택·오피스텔에 대해 다음과 같이 감면<br>㉮ 임대형기숙사 건축용 토지<br>㉯ 전용면적 40㎡↓ 임대형기숙사 건축용 토지 |
| §31의3 ④ 2호 | 재산세 (도시계획) 75% | ㉮ 전용면적 40㎡~60㎡, 공동주택 또는 오피스텔 건축용 토지<br>㉯ 전용면적 40㎡~60㎡, 공동주택 또는 오피스텔 |
| §31의3 ④ 3호 | 재산세 (도시계획) 50% | ㉮ 전용면적 60㎡~85㎡, 공동주택 또는 오피스텔 건축용 토지<br>㉯ 전용면적 60㎡~85㎡, 공동주택 또는 오피스텔 |
| §92의 2 | 재산세 등 공제 | 전자송달 또는 계좌이체 방식으로 납부신청하는 경우 §31 ④에 따라 산출된 재산세에서 추가로 최대 800~1600원 세액공제 |

<table>
<tr><th>조문</th><th>세목</th><th>감면내용</th></tr>
<tr><td>농특 §4 12호</td><td>농특세</td><td>농특세 비과세(§31의 2 ① 및 ②에 따른 취득세 감면분의 20%)<br>【농어촌특별세법】 제4조(비과세) 다음 각 호의 어느 하나에 해당하는 경우에는 농어촌특별세를 부과하지 아니한다.<br>12. 기술 및 인력개발, 저소득자의 재산형성, 공익사업 등 국가경쟁력의 확보 또는 국민경제의 효율적 운영을 위하여 농어촌특별세를 비과세할 필요가 있다고 인정되는 경우로서 대통령령으로 정하는 것<br>【농어촌특별세법 시행령】 ⑦ 법 제4조 제12호에서 "대통령령으로 정하는 것"이란 다음 각 호의 감면을 말한다. / 5. 「지방세특례제한법」---- 제31조 제1항 · 제2항, --- ·</td></tr>
</table>

# 5 감면적용 배제

## 5-1. 3억원을 초과하는 임대용 공동주택 · 오피스텔(§31의 3 ② · ④)

본 조 제2항 및 제4항을 적용하는 경우, 취득 당시의 가액을 기준으로 다음의 요건에 해당하는 경우에는 감면적용을 배제한다.

<table>
<tr><th>조문</th><th>세목</th><th>감면적용 배제 내용</th></tr>
<tr><td>§31의 3 ② 1호</td><td>취득세 면제</td><td rowspan="2">• 「지방세법」 제10조의 3에 따른 취득당시의 가액이 3억원(수도권은 6억원)을 초과하는 공동주택과 오피스텔의 경우 감면적용 배제</td></tr>
<tr><td>§31의 3 ② 2호</td><td>취득세 50%</td></tr>
<tr><td>§31의 3 ④ 1호</td><td>재산세 (도시계획) 면제</td><td rowspan="3">• 「지방세법」 제4조 제1항에 따라 공시된 가액 또는 시장 · 군수 · 구청장이 산정한 가액이 3억원[수도권은 6억원(공공주택특별법 제2조 제1호의 2에 따른 공공건설임대주택의 경우 9억원)]을 초과하는 공동주택의 경우 감면적용 배제<br>• 「지방세법」 제4조에 따른 시가표준액이 2억원(수도권은 4억원)을 초과하는 오피스텔의 경우 감면적용 배제</td></tr>
<tr><td>§31의 3 ④ 2호</td><td>재산세 (도시계획) 75%</td></tr>
<tr><td>§31의 3 ④ 3호</td><td>재산세 (도시계획) 50%</td></tr>
</table>

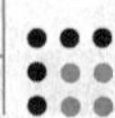

## 5-2. 토지 취득일부터 2년 내 미착공한 경우 취득세 추징(§31의 3 ③ 1호)

본 조 제1항 및 제2항을 적용할 때, 공공주택사업자가 해당 토지를 취득한 날부터 2년 이내에 정당한 사유없이 임대형기숙사 또는 공동주택을 착공하지 않는 감면된 취득세를 추징한다.

## 5-3. 임대의무기간 내 매각 등의 경우 취득세 추징(§31의 3 ③ 2호)

본 조 제1항 및 제2항을 적용할 때, 공공주택사업자가 해당 임대주택별 임대의무기간 내에 (1) 공공주택사업자의 경제적 사정으로 임대를 계속할 수 없는 사유, (2) 임대개시 이후 해당 주택의 임대의무기간이 2분의 1이 지난 분양전환공공임대주택 등의 사유가 아닌 다른 사유로 임대형기숙사, 공동주택 또는 오피스텔을 임대 외의 용도로 사용하거나 매각·증여하는 경우에는 감면된 취득세를 추징한다.

**【지방세특례제한법 시행령】** 제13조(임대형기숙사의 범위 등) ② 법 제31조 제3항 제2호에서 "대통령령으로 정하는 경우"란 「공공주택 특별법 시행령」 제54조 제2항 제1호 및 제2호에서 정하는 경우를 말한다.

**【공공주택특별법 시행령】** 제54조(공공임대주택의 임대의무기간) ② 법 제50조의 2 제2항 제2호에 따라 임대의무기간이 지나기 전에도 임차인 등에게 분양전환할 수 있는 경우는 다음 각 호와 같다.

1. 공공주택사업자가 경제적 사정 등으로 공공임대주택에 대한 임대를 계속할 수 없는 경우로서 공공주택사업자가 국토교통부장관의 허가를 받아 임차인에게 분양전환하는 경우. 이 경우 법 제50조의 3 제1항에 해당하는 임차인에게 우선적으로 분양전환하여야 한다.
2. 임대 개시 후 해당 주택의 임대의무기간의 2분의 1이 지난 분양전환공공임대주택에 대하여 공공주택사업자와 임차인이 해당 임대주택의 분양전환에 합의하여 공공주택사업자가 임차인에게 법 제50조의 3에 따라 분양전환하는 경우

☞ 임대의무기간 규정

**【공공주택특별법】** 제50조의 2(공공임대주택의 매각제한) ① 공공주택사업자는 공공임대주택을 5년 이상의 범위에서 대통령령으로 정한 임대의무기간이 지나지 아니하면 매각할 수 없다.

**【공공주택특별법 시행령】** 제54조(공공임대주택의 임대의무기간) ① 법 제50조의 2 제1항에서 "대통령령으로 정한 임대의무기간"이란 그 공공임대주택의 임대개시일부터 다음 각 호의 기간을 말한다.

1. 영구임대주택 : 50년 / 2. 국민임대주택 : 30년 / 3. 행복주택 : 30년 / 4. 통합공공임대주택 : 30년 / 5. 장기전세주택 : 20년 / 6. 제1호부터 제5호까지의 규정에 해당하지 않는 공공임대

주택 중 임대 조건을 신고할 때 임대차 계약기간을 6년 이상 10년 미만으로 정하여 신고한 주택 : 6년 / 7. 제1호부터 제5호까지의 규정에 해당하지 않는 공공임대주택 중 임대 조건을 신고할 때 임대차 계약기간을 10년 이상으로 정하여 신고한 주택 : 10년 / 8. 제1호부터 제7호까지의 규정에 해당하지 않는 공공임대주택 : 5년

### 5-4. 임대형기숙사 건축용 등 토지를 준공일 전에 매각하는 경우 재산세 추징(§31의 3 ⑤ 1호)

본 조 제4항을 적용할 때, 공공주택사업자가 임대형기숙사, 공동주택 또는 오피스텔을 건축 중인 토지를 사용검사 또는 사용승인을 받기 전에 매각·증여하는 경우에는 그 감면 사유 소멸일부터 소급하여 5년 이내에 감면된 재산세를 추징한다.

### 5-5. 임대형기숙사 등 임대의무기간 내 매각하는 경우 재산세 추징(§31의 3 ⑤ 1호)

본 조 제4항을 적용할 때, 공공주택사업자가 임대형기숙사, 공동주택 또는 오피스텔을 임대의무기간(5~50년, 위 6-2의 임대의무기간 참조) 내에 매각·증여하는 경우에는 그 감면 사유 소멸일부터 소급하여 5년 이내에 감면된 재산세를 추징한다.

## 6 지방세특례의 제한(§177의 2)

공공지원임대주택사업자 또는 장기일반민간임대주택사업자가 임대목적으로 취득하는 부동산에 대해서는 본 조 제1항 제1호·제2항 제1호(취득세) 및 제4항 제1호(재산세)에 따라 취득세 또는 재산세가 면제되는 것임에도 불구하고, 「지방세특례제한법」 제177조의 2 규정에 따라 100분의 85까지만 특례를 적용하고 나머지 100분의 15에 해당하는 세액에 대해서는 최소납부를 하여야 한다. 최소납부에 대한 세부적인 사항은 제177조의 2의 해설편을 참조한다.

# 7 | 감면신청(§183)

기업형임대사업자 또는 준공공임대사업자가 재산세를 감면받으려면 준공공형 임대사업자임을 입증하는 서류를 첨부하여 해당 지방자치단체의 장에게 감면 신청을 해야 한다. 세부적인 감면신청 절차 등에 대해서는 제183조의 해설을 참조하면 된다.

〈참고〉 **임대사업자 등록증**

| 임대사업자 등록증 | | | | | |
|---|---|---|---|---|---|
| 최초등록일 | | | 등록번호 | | |
| 성명(법인명) | | | 생년월일(법인등록번호) | | |
| 상호 | | | 전화번호 | | |
| 주소(사무소 소재지) | | | | | |
| 임대주택 소재지 | 호수(세대수) | 종류 | 유형 | 규모 | 임대시작일 |
| | | | | | |
| 「임대주택법」 제6조와 같은 법 시행규칙 제3조 제3항에 따라 위와 같이 등록되었음을 증명합니다.<br>년 월 일<br>특별자치도지사<br>시장 · 군수 · 구청장 직인 | | | | | |
| ※ 유의사항<br>1. 등록사항이 변경된 경우에는 변경사유가 발생한 날부터 30일 이내에 신고하여야 합니다.<br>2. 등록사항 중 변경된 내용은 뒤쪽에 적습니다. | | | | | |

# 8 | 관련사례

■ 임대주택을 건축 중인 토지 재산세 감면 시 가격기준 적용 여부

- 장기일반민간임대주택에 대한 재산세 감면대상 공동주택의 가격기준은 2020.8.12. 법률 제17474호로 개정된 「지방세특례제한법」 제31조의 3 제1항 단서에서 「지방세법」 제4조 제1항에 따라 공시된 가액 또는 시장·군수가 산정한 가액이 3억원을 초과하는 공동주택은 감면 대상에서 제외하도록 처음으로 규정하였는데, 공동주택의 범위에는 「지방세특례제한법」 제2조 제3호에 따라 건축물로서의 공동주택과 그 부속토지를 포함하여 일체를 말하는 것이므로 공공주택이 준공되어야만 비로소 공동주택을 건축 중이였던 토지가 공동주택의 부속토지가 되는 것이고, 공동주택을 건축 중인 토지는 아직 공동주택의 부속토지에까지 이르지 못한 상태로서 토지에 해당될 뿐 재산세 감면대상 공동주택으로서

가격기준 적용대상이 아님

- 따라서, 장기일반민간임대주택으로 등록한 공동주택 2세대 이상을 건축 중인 토지에 대해서는 전용면적 기준 등 감면요건을 충족할 경우 공동주택의 가격기준과는 상관없이 재산세 감면을 적용 가능함(행안부 지방세특례제도과-2423, 2024.9.26.).

▣ 임대의무기간 기산일 산정 여부

「舊 지방세특례제한법」은 준공공임대주택에 대한 감면을 적용함에 있어 감면대상과 추징요건을 「舊 민간임대주택에 관한 특별법」에 규정된 바를 따르고 있고, 「舊 민간임대주택에 관한 특별법」 제43조 제1항에 따른 임대의무기간이 경과한 후 등록이 말소된 경우에는 추징 대상에서 제외하는 것으로 하고 있는 점 등을 고려하면 단기임대주택에서 장기임대주택으로 전환시 임대의무기간의 기산점에 대해 「舊 민간임대주택에 관한 특별법」에서 정하고 있다면 이를 따르는 것이 타당함(행안부 지방세특례제도과-900, 2024.4.12.).

▣ 위탁관리 부동산투자회사인 청구법인이 소유한 쟁점토지가 임대목적에 직접 사용하는 주택의 부속토지로서 「지방세특례제한법」 제31조의 3에 따른 감면대상에 해당하는지 여부

「지방세특례제한법」 제31조의 4는 주택임대사업에 투자하는 부동산투자회사에 대한 감면규정이므로 동 규정에 위탁하여 임대하는 경우를 포함한다는 내용이 명시되어 있지 않더라도 감면대상자를 고려할 때 위탁하여 임대하는 경우를 당연히 포함하여야 할 것으로 보이고, 「지방세특례제한법」 제31조의 3은 같은 법 제31조의 4와 같이 '부동산투자회사'에 대한 감면규정이 아니고 일반적으로 적용되는 규정이므로, 「지방세특례제한법」 제31조의 3의 경우 위탁하여 임대하는 경우를 포함한다는 내용이 별도로 명시되지 않는 이상 이를 직접 사용하는 것으로 보기는 어려운 것으로 판단됨(조심 2024지0039, 2024.9.10.).

▣ 쟁점임대주택은 2023.4.26. 신축된 건설임대주택으로서 「지방세특례제한법」 제31조의 3에 따른 2023년도 재산세 감면적용 대상이라는 청구주장의 당부

쟁점임대주택(106개호)에 대해서는 전입신고 등으로 임대개시를 하였는지가 확인되지 않거나 2023.6.1. 이후에 임대개시가 된 것으로 나타나는 점, 종합부동산세와 재산세는 입법목적, 과세체계 등이 서로 다른 조세로서 건설임대사업자에 대해 주택분 합산과세 배제 간주특례규정이 있다고 해서 지방세법령에서 정하는 규정 이외의 방법으로 재산세를 감면하는 것은 허용되지 않는 점 등에 비추어 청구주장을 받아들이기는 어렵다 할 것임(조심 2023지4757, 2024.6.26.).

▣ 청구법인이 취득한 쟁점주택에 대하여 ① 쟁점 세액감면 규정에 해당하는 것으로, 아니면 ② 쟁점 대도시 중과배제 규정에 해당하는 것으로 보아 기 납부한 취득세 등이 감면되어야 한다는 청구주장의 당부

청구법인이 쟁점주택에 대한 임대사업자등록(2019.1.21.)을 한 시점부터 2021년도까지의 손익계산서 등을 보면 3개년 연속 당기순손실이 발생한 것으로 확인되어 쟁점규정 제1호에 해당되는 것으로 확인되는 점, 「지방세특례제한법」 제180조에서 동일한 과세대상에 대하여 지방세를 감면할 때 둘 이상의 감면 규정이 적용되는 경우에는 그 중 감면율이 높은 것 하나만을 적용한다고 규정하고 있고, 청구법인의 쟁점주택 취득에 대하여 쟁점 대도시 중과

배제 규정보다 쟁점 세액감면 규정의 감면율이 높은 점 등에 비추어 볼 때 청구법인이 취득한 쟁점주택의 취득에 대하여 쟁점 세액감면 규정에 해당한다고 볼 수 있으므로 처분청이 청구법인에게 한 이 건 제④취득세 등 부과처분 및 경정청구 거부처분 중 쟁점주택의 취득에 대하여 쟁점 세액감면 규정의 적용대상이 아닌 것으로 보고 한 처분은 잘못이 있다고 판단됨(조심 2023지1998, 2024.4.16.).

▣ 쟁점임대주택(행복주택)을 서울주택도시공사가 임대목적에 직접 사용하고 있으므로 「지방세특례제한법」 제31조 제4항에 따라 재산세 등을 경감하여야 한다는 청구주장의 당부
청구법인은 2022년도 재산세 납세의무자이며, 쟁점주택을 임대목적물로 임대사업자를 등록하지 아니하였으므로 재산세 감면 요건을 충족하였다고 보기 어려움(조심 2022지1868, 2023.11.21.).

▣ 임대주택 등을 건설할 목적으로 토지를 취득한 후 60일 이내에 이를 임대목적물로 등록하지 아니함에 따라 감면대상에서 제외한 처분이 적법한지 여부
건설임대주택의 경우 해당 건물의 세부 내역은 부지를 취득한 후 일정 기간 사업계획을 수립하여 사업계획을 정부로부터 승인받거나 건축허가를 받음으로써 구체화되고 확정되는 것으로서 토지를 취득한 후 60일 이내에 확정하여 임대사업자등록증에 임대주택(건물분)의 세부 내역을 기재하기는 어려운 실정인바, 이로 인하여 임대주택 건설용 토지를 취득한 후 60일 이내에 이를 임대목적물로 등록하지 아니하였다는 사유로 감면대상에서 배제하는 것은 건설임대사업자의 경우 사실상 감면대상에서 배제되는 결과를 초래할 수 있으므로 임대주택 활성화를 위하여 임대주택에 대한 감면혜택을 부여하는 입법취지에 반하는 결과를 초래하게 된다 할 것임(조심 2022지1425, 2023.10.24.)

▣ 쟁점토지의 지상에 신축된 쟁점건축물의 취득에 대하여 쟁점토지와 다른 감면규정을 적용하는 것이 「지방세특례제한법」 제180조의 중복감면배제규정을 위배하는 것에 해당하는 것인지 여부
쟁점건축물의 취득이 「지방세특례제한법」 제32조 제1항의 소규모 공동주택의 취득에 대한 감면요건과 같은 법 제31조 제1항의 임대주택의 취득에 대한 감면요건을 모두 충족하므로, 같은 법 제180조의 중복감면배제규정을 적용하여 두 감면규정 중 감면율이 높은 임대주택의 취득에 대한 감면의 적용대상에 해당함에도 이를 배제하고 이 건 취득세를 부과한 처분이 부당하다는 청구주장이 타당하다고 판단됨(조심 2022지0060, 2023.8.29.).

▣ 임대목적에 직접 사용하는 시기 기준 여부
장기일반민간임대주택에 대한 재산세 감면을 적용할 때 임대 목적에 직접 사용하는 시기에 대한 기준은 임대사업자 등록대장 상 명기된 '임대사업자 등록일'을 기준으로 판단하되 임대사업자 등록일 이후에 임대가 개시되는 주택인 경우에는 임대차계약서 등에 의해 확인되는 실제 '임대개시일'을 기준으로 판단하여야 함(지방세특례제도과-2145, 2023.8.14.).

▣ 이 건 토지를 「지방세특례제한법」 제31조의 3 제1항 제3호에서 규정하고 있는 공공지원민간임대주택의 부속토지로 보아 재산세의 100분의 50을 감면하여야 한다는 청구주장의 당부
이 건 토지를 「지방세특례제한법」 제31조의 3 제1항 제3호에 따른 재산세 감면대상으로 보아 그 재산세의 100분의 50을 감면하여야 한다는 청구주장은 받아들이기 어렵다고 할 것인

바, 처분청이 청구법인에게 이 건 재산세 등을 부과한 처분은 달리 잘못이 없다고 판단됨(조심 2021지5830, 2023.2.6.).

■ 재개발조합의 경우 감면 대상 임대사업자의 범위

재개발조합이 임대목적으로 건설한 아파트를 준공 전에 포괄양수자 선정을 위한 입찰 절차를 통하여 포괄양수도 계약을 체결하고, 아파트 준공 후 임대사업자 지위와 함께 그 아파트를 임대목적물로 하여 장기일반임대사업자 등록을 한 경우에는 비록 민간건설임대주택으로 임대사업자 등록을 하였다고 하더라도 장기일반민간임대주택 중 아파트를 임대하는 민간매입임대주택이므로 취득세 감면대상에 해당하지 않음(행안부 지방세특례제도과-2102, 2022.9.21.).

■ 단기민간임대주택으로 등록하였으나, 이후 동 주택유형이 법령개정으로 폐지된 경우

민간임대주택법령 부칙에서 요건을 충족한 단기민간임대사업자는 종전 임대의무기간이 경과할 때까지 임대사업자의 지위가 유지된다고 규정하고 있으므로 동 주택유형을 최초로 분양받아 임대목적물로 등록하고 임대주택으로 사용하는 경우는 감면대상임(행안부 지방세특례제도과-1474, 2021.6.23.).

■ LH공사의 경우도 임대목적 부동산을 목적물로 임대등록을 해야 하는지 여부

「공공주택특별법」에 따라 지정된 공공주택사업자의 경우 해당 부동산을 임대목적물로 하여 임대사업자등록을 하지 않더라도 재산세 감면대상임(행안부 지방세특례제도과-704, 2021.3.24.).

■ 인·허가 지연 등으로 미착공시 정당한 사유 해당 여부

사업시행자는 개발사업에 착수하기 전 사업분석계획을 통해 사업계획승인 과정에서 종교단체와 종중의 민원제기 등 장애사유를 충분히 인지하였거나 조금만 주의를 기울였더라면 그러한 장애사유의 존재를 쉽게 알 수 있었던 상황에서 토지를 취득하였고, 토지소유자와 가격협상 등 충분한 협의와 검토를 거쳤다면 사업이 원활히 추진될 수 있었음에도 토지 취득 전에 충분히 인지하였던 민원해결을 위하여 감면유예 기간 내 공사에 착공하지 못한 것은 예기치 못한 외부적인 사유에 해당된다고 볼 수 없음.

- 사업계획승인을 위한 일련의 과정(통합심의위원회 심의, 교통환경 평가서 등)에서 인·허가 절차에 필요한 이행계획서 제출이나 미흡한 부분에 대한 보완 등을 해결하기 위해서는 상당한 시일이 소요된다는 사실을 충분히 예측할 수 있으며, 보완요구 등 시정명령이 법령을 위반한 과도한 행정처분으로도 볼 수 없으므로, 행정 절차상 지연 사유가 행정관청의 귀책사유이거나 예측하지 못한 특별한 사정에 해당된다고도 보기 어려운 점 등에 비추어 이 건 토지를 취득한 날부터 2년 이내에 공동주택을 착공하지 못한 "정당한 사유"가 있다고 볼 수 없음(행안부 지방세특례제도과-218, 2021.1.20.).

■ 청구인이 임대용 오피스텔을 취득한 후 60일 이내에 임대사업자등록을 하지 아니함에 따라 가산세를 가산하여 감면한 취득세를 추징한 처분이 적법한지 여부

「지방세특례제한법」 제31조 제1항에서 「민간임대주택에 관한 특별법」에 따른 임대사업자(임대용 부동산 취득일부터 60일 이내에 임대사업자로 등록한 경우를 포함한다)가 임대할

목적으로 건축주로부터 「민간임대주택에 관한 특별법」 제2조 제1호에 따른 준주택 중 오피스텔(그 부속토지를 포함한다)을 최초로 분양받은 경우 전용면적 60제곱미터 이하인 오피스텔에 대하여 취득세를 면제하도록 규정하고 있는바, 이러한 규정에 따른 감면혜택을 받기 위해서는 오피스텔을 취득할 당시 임대사업자이거나 60일 이내에 임대사업자등록을 하여 감면자격을 갖추어야 할 것인데, 청구인은 2016.2.5.과 2016.4.6. 이 건 오피스텔을 취득한 후 3년이 경과하여 이 건 부과처분이 있는 시점까지도 「민간임대주택에 관한 특별법」에 따른 임대사업자등록을 하지 아니하였으므로 사후 감면요건을 충족하지 못하였다고 할 것으로서 감면한 취득세의 추징대상에 해당된다 할 것임(조심 2020지23, 2020.5.19.).

▣ 임대사업자인 위탁자로부터 이 건 오피스텔을 수탁받은 청구법인에게 「지방세특례제한법」 제31조 제3항에 따른 임대주택 감면규정을 적용할 수 있는지 여부

본 「지방세법」 제10조 제2항 제5호에서 「신탁법」에 따라 수탁자 명의로 등기된 신탁재산은 수탁자를 납세의무자로 보도록 규정하고 있고, 2019년도 재산세 과세기준일(6.1.) 현재 이 건 오피스텔은 청구법인 명의로 신탁등기되어 있는 점, 청구법인은 2019년 현재 본인 명의로 이 건 오피스텔을 목적물로 하여 임대사업자로 등록한 사실이 없는 점, 처분청이 2016년부터 2018년까지 이 건 오피스텔에 대하여 감면을 하였다는 사실만으로 수탁자인 청구법인에게 재산세 납세의무가 없다고 공적 견해를 표명한 것으로 보기는 어려운 점 등에 비추어, 이 건 오피스텔의 재산세 납세의무자인 청구법인은 「지방세특례제한법」 제31조의 3 제3항에 따른 재산세 감면요건을 충족하지 못한 것으로 보는 것이 타당하므로 처분청이 이 건 재산세 등을 부과한 처분은 달리 잘못이 없는 것으로 판단됨(조심 2019지3786, 2020.5.15.).

▣ 임대사업자가 공매로 취득한 전용면적 60㎡ 이하의 오피스텔에 대하여 「지방세특례제한법」 제31조 제1항에 따라 취득세를 면제할 수 있는지 여부

“분양”이란 분양사업자가 건축하는 건축물의 전부 또는 일부를 2인 이상에게 판매하는 것을 말하는 것으로서 공매와는 그 사전적 의미뿐만 아니라 절차적 행위 또한 명백하게 구분되는 점, 이 건 오피스텔의 경우 취득의 형식만 공매에 의한 것일 뿐 그 경제적 실질은 최초 분양과 차이가 없다고 하더라도 이를 동일하게 취급하는 것은 「지방세특례제한법」 제31조 제1항 제1호의 규정을 지나치게 확장 해석한 것으로 타당하다고 보기 어려운 점(조심 2016지1267, 2017.5.8. 같은 뜻임) 등에 비추어 이 건 경정청구 거부처분은 잘못이 없음(조심 2020지172, 2020.3.11.).

▣ 임대주택사업자로 등록한 자가 변경 등록을 하지 않았을 경우 감면 여부

임대주택사업자가 임대주택 소재지 및 호수 등이 변경되었을 경우, 기존 임대사업자도 임대목적물을 추가하여야 하는 변경등록 대상에 해당하며 임대사업자등록부에 등재하지 않은 공동주택은 임대주택법에 따른 임대사업자의 임대주택으로 볼 수 없는 점(구 국토해양부 주거복지기획과-2024호, 2011.7.29. 참조)을 고려, 취득일로부터 60일 이내에 변경등록하여 임대물건을 추가로 등록한 경우에만 감면대상에 해당됨(지방세운영과-2344, 2013.9.16., 지방세특례제도과-2470, 2016.9.9., 지방세특례제도과-1685, 2017.6.26.).

■ 담보부신탁에 대한 임대주택 감면분 추징 여부

「신탁법」상의 신탁행위는 재산의 사용・수익・처분의 권리를 배타적으로 양도하는 일반적인 소유권의 이전과는 다르게 볼 수 있는 점, 이 건 신탁의 경우 담보부신탁으로서 신탁으로 인하여 임대주택의 소유권이 수탁자에게 이전된 후에도 위탁자인 청구인은 부동산담보신탁계약 및 그 특약에 따라 월 임료의 수납행위, 임대차보증금 반환채무의 부담, 신탁부동산의 현실적인 점유, 유지관리 및 통상적인 임대업무 수행 등 실질적인 관리를 하면서 여전히 임대인의 지위를 보유하고 있으므로 취득세 등을 추징한 처분은 취소되어야 함(조심 2016지0153, 2016.11.25.).

■ 취득 후 60일 이내 해당 임대물건에 대해 임대사업자로 등록하지 않은 경우 감면 여부

임대사업자에 대하여 취득세를 감면함에 있어 임대용 부동산을 취득할 당시 「임대주택법」 제2조 제4호에 따른 임대사업자이면 족하고, 「임대주택법」에 따라 변경등록을 할 것을 요구한다고 보기는 어려우므로 쟁점토지를 취득하기 이전에 임대사업자로 이미 등록된 청구인이 그 취득일부터 60일 이내에 이를 임대물건으로 등록하지 아니하였다 하더라도 감면요건을 충족한 것으로 보는 것이 타당함(조심 2015지2035, 2016.8.29., 조심 2016지0535, 2016.8.25., 조심 2016지0360, 2016.8.8., 조심 2015지1545, 2016.6.15., 조심 2015지0963, 2016.1.26.).

■ 취득 후 60일 이내 임대사업자로 등록하지 않은 경우 감면 여부

청구인들은 이 건 부동산 취득일부터 60일 내에 임대주택사업자로 등록하지 아니하였으므로 「지방세특례제한법」 제31조 제1항의 취득세 감면요건을 충족하지 못하였고, 처분청에서 감면요건 등을 안내하지 아니하였다 하여 신뢰보호원칙을 위배하였다고 보기 어려움(조세심판원 2015지1055, 2016.6.30., 조심 2015지0755, 2015.12.2., 조심 2015지1042, 2015.9.18.).

■ 임대사업자의 부도, 파산 등으로 임대를 계속할 수 없는 경우 추징 제외 여부

「임대주택법 시행령」 제13조 제2항 제2호에서 임대사업자가 부도, 파산 등으로 임대를 계속할 수 없는 경우로서 분양전환허가 또는 분양전환승인을 받은 경우에는 매각이 가능한 것으로 규정하였으나, 청구인의 경우 위 규정에 따른 분양전환허가 등을 받지 아니하고 오피스텔을 임의경매로 매각하였으므로 면제한 취득세의 추징 제외대상에 해당된다고 볼 수 없음(조심 2016지0141, 2016.6.30.).

■ 임대주택 매각 허용사유 해당 여부

「임대주택법 시행령」 제13조 제2항에 규정된 매각 등이 허용되는 사유에 해당하지 아니할 뿐만 아니라 교환은 유상거래의 일종으로 매각에 해당한다 할 것이므로 처분청이 청구인의 경정청구를 거부한 처분은 잘못이 없음(조심 2015지1143, 2015.12.15.).

■ 임대주택 매각 허용사유 해당 여부

임대주택을 타인에게 임대하지 않고 본인이 직접 거주한 기간에 대하여 임대 외의 용도로 사용한 것으로 보는 것이 타당한 점 등에 비추어 처분청이 쟁점부동산이 주택임대에 사용되지 아니한 것으로 보아 이 건 취득세 등을 부과한 처분은 잘못이 없음(조심 2015지0925, 2015.10.14.).

■ 건축주가 신탁회사 명의로 신탁등기하였을 경우 최초 분양 적용 여부

건축주가 부동산의 분양관리를 위하여 이 건 부동산을 신탁회사 명의로 신탁등기를 하였다 하더라도 건축주가 부동산을 신탁회사에게 분양하였다고 보기 어려운 점 등에 비추어 부동산을 건축주로부터 최초로 분양받아 취득한 것으로 보는 것이 타당하므로 취득세 등의 경정청구를 거부한 처분은 잘못이 있음(조심 2015지0377, 2015.10.12.).

■ 재건축조합이 조합원으로부터 자금을 제공받아 지은 임대주택의 감면 여부

재건축조합이 조합원으로부터 각자 부담할 건축자금을 제공받아 건축하는 공동주택이 건축허가와 사용승인을 받았다 하더라도 소유권은 건축자금 제공자인 조합원들이 원시 취득한 것으로 보아야 하므로 신축으로 보아야 하고, 취득은 분양의 개념과는 다른 것으로 임대할 목적으로 아파트를 취득하였다고 하더라도 취득세 등이 면제되는 「지방세특례제한법」 제31조 제1항 제1호의 매입임대주택에 해당되지 않음(조심 2015지0677, 2015.6.9.).

■ 근린생활시설을 멸실하고 그 부속토지에 임대용공동주택을 건축할 경우

근린생활시설 건축물 및 그 부속토지를 취득한 자가 그 취득일부터 60일 이내에 주택임대사업자 등록을 하고, 근린생활시설 건축물을 멸실한 다음, 그 토지위에 전용면적 60㎡ 이하 임대용 공동주택을 착공하는 경우, 「지방세특례제한법」 제31조 제1항에서는 임대사업자가 임대할 목적으로 건축하여 취득하는 공동주택과 부속토지에 대해 취득세를 면제하도록 규정하고 있는 바, 당초 취득하여 멸실한 근린생활시설 건축물은 신축한 공동주택의 범위에 포함되지 아니하므로 취득세 감면대상에서 제외하는 것이 타당하고, 그 부속토지는 신축하는 공동주택의 부속토지로서 취득세 감면대상에 해당하는 것으로 보는 것이 타당함(행자부 지방세특례제도과-2577, 2015.9.23.).

■ 공무원연금관리공단이 임대목적으로 취득하는 공동주택에 대해 「지방세특례제한법」 제31조 제1항의 임대주택 감면규정을 적용하여 취득세를 감면할 수 있는지 여부

「공무원연금법」 제16조의 2에서는 「임대주택법」에서 정하는 바에 따라 공무원을 위하여 주택을 건설·공급·임대하거나 택지를 취득하는 경우 공단을 국가나 지방자치단체로 보도록 의제하는 규정을 두고 있으나, 「공무원연금법」에서 공무원연금관리공단을 국가나 지방자치단체로 의제한다고 하더라도 그것이 더 나아가 「지방세특례제한법」 제31조 제1항에서 정한 임대사업자로 의제되는 것은 아니라 할 것임(대법원 2015.4.23. 선고, 2013두11338 판결 등 참조). 따라서, 공무원연금관리공단이 「임대주택법」 제6조에 따라 주택임대사업을 하기 위하여 임대사업자로 등록되지 않은 이상 「지방세특례제한법」 제31조에 따른 임대사업자에 해당되지 않을 것이고, 공무원연금관리공단은 「지방세특례제한법」 제31조 제1항의 감면대상에 해당되지 않음(행자부 지방세특례제도과-3330, 2015.12.4.).

■ 공동주택 신축 후 건축주와 신탁회사 사이에 신탁등기 및 신탁말소등기를 하여 신탁회사와 건축주 간 소유권 이전이 발생한 공동주택을 분양받은 경우 취득세 감면 여부

「신탁법」상 신탁은 위탁자가 수탁자에게 특정의 재산권을 이전하거나 기타의 처분을 하여 수탁자로 하여금 신탁 목적을 위하여 그 재산권을 관리·처분하게 하는 것이므로, 부동산 신탁에 있어 수탁자 앞으로 소유권이전등기를 마치게 되면 대내외적으로 소유권이 수탁자

에게 완전히 이전되고 위탁자와의 내부관계에 있어서 소유권이 위탁자에게 유보되는 것이 아니며, 이와 같이 신탁의 효력으로서 신탁재산의 소유권이 수탁자에게 이전되는 결과 수탁자는 대내외적으로 신탁재산에 대한 관리권을 갖게 되는 것이고(대법원 2011.2.10. 선고, 2010다84246 판결 참조) 임대사업자가 임대할 목적으로 건축주로부터 공동주택을 최초로 분양받은 경우라 함은 건축주가 공동주택을 신축하고 보존등기한 이후 그 건축주로부터 소유권이 최초로 이전되는 경우로 보아야 하므로, 건축주가 신탁 및 신탁해지를 원인으로 신탁회사 앞으로 공동주택에 대한 소유권 이전등기를 경료한 이상, 그 건축주가 소유권을 다시 취득하여 최종적으로 임대사업자가 그 건축주로부터 공동주택을 분양받았다 하더라도 이는 '최초로 분양받은 경우'에 해당되는 것으로 볼 수 없고 취득세 감면 대상에 해당되지 않음(행자부 지방세특례제도과-3249, 2015.11.30.).

▣ 주택공사에게 공급하는 재건축임대주택의 경우 감면 여부

○○도세 감면조례에서 임대사업자의 범위를 주택건설사업자 또는 주택법 제9조 제1항 제6호 규정의 근로자를 고용하는 자, 임대주택법 제2조 제4호의 임대사업자로 한정하고 있으므로 주택재건축정비사업조합이 과밀억제권역에서 주택재건축사업시행으로 증가되는 용적률 중 100분의 25 이하의 범위 안에서 시・도지사 등에게 의무적으로 공급하는 임대주택이라 하더라도 ○○도세 감면조례에서 규정하고 있는 임대주택법에 의한 임대사업자가 아니므로 감면대상으로 보기 곤란함(행안부 지방세운영과-1864, 2008.10.20.).

▣ 근로복지공단이 운영하는 임대주택이 감면대상에 해당되는지 여부

쟁점주택이 임대주택법 제16조 제1항에 해당하는 임대주택인지 여부를 보면, 당해 임대주택은 자치단체 및 국가의 예산으로 건설되었고, 국가의 근로자 복지업무를 위탁받은 공공단체에 의해 운영되고 있으며, 1989년 준공 이후 과세기준일 현재까지 지역 여성근로자에게 당해 주택을 저렴한 비용으로 임대하고 있는 점, (구)임대주택건설촉진법에 의해 건설 공급된 당해 임대주택의 임대의무기간을 건설당시 매각제한이 5년이더라도 50년으로 보고 있는 점(국토부 공공주택운영과-458, 2010.2.23.)을 감안할 때, 쟁점 주택은 감면조례에서 규정하고 있는 임대주택법 제16조 제1항 제1호의 규정을 적용할 여지가 있으므로 ○○광역시 ○○구세감면조례에 의거 재산세 100% 감면 대상 임대주택임(행안부 지방세운영과-3724, 2010.8.18.).

▣ 취득시점에서 임대주택 감면요건을 충족하지 못한 경우

지방세 감면 여부는 지방세 납세의무 성립시기를 기준으로 감면요건 충족 여부에 따라 판단하여야 할 것이므로, 취득세의 경우 취득세 과세물건을 취득하는 시점에서 감면요건의 충족 여부로 판단하여야 할 것임. 임대주택 건축사업자가 임대용 공동주택을 건축할 목적으로 취득하는 부속토지에 대하여 취득세를 면제한다고 규정하고 있는바, 귀문과 같이 분양을 목적으로 공동주택의 부속토지를 취득한 경우라면, 취득세 납세의무 성립시기인 당해 토지의 취득시점에 임대할 목적으로 건축하는 공동주택이라는 위 감면요건을 충족하지 못하였다고 할 것이므로 취득시점 이후에 감면요건을 충족하였다고 하더라도 법적 안정성 측면에서 이를 소급하여 적용할 수 없다고 할 것임(행안부 지방세운영과-2758, 2011.6.13.).

# 제31조의 4

## 주택임대사업에 투자하는 부동산투자회사에 대한 감면

관련규정

제31조의 4 [일몰기한 종료로 2022.1.1.부터는 감면 효력 상실]

제31조의 4(주택임대사업에 투자하는 부동산투자회사에 대한 감면) ① 「부동산투자회사법」 제2조 제1호 나목에 따른 위탁관리 부동산투자회사(해당 부동산투자회사의 발행주식 총수에 대한 국가, 지방자치단체, 한국토지주택공사 및 지방공사가 단독 또는 공동으로 출자한 경우 그 소유주식 수의 비율이 100분의 50을 초과하는 경우를 말한다)가 임대할 목적으로 취득하는 부동산[「주택법」 제2조 제3호에 따른 공동주택(같은 법 제2조 제4호에 따른 준주택 중 오피스텔을 포함한다. 이하 이 조에서 같다)을 건축 또는 매입하기 위하여 취득하는 경우의 부동산으로 한정한다]에 대해서는 취득세의 100분의 20을 2021년 12월 31일까지 경감한다. 이 경우 「지방세법」 제13조 제2항 본문 및 같은 조 제3항의 세율을 적용하지 아니한다.

② 제1항에 따른 부동산투자회사가 과세기준일 현재 국내에 2세대 이상의 해당 공동주택을 임대 목적에 직접 사용(「부동산투자회사법」 제22조의 2 또는 제35조에 따라 위탁하여 임대하는 경우를 포함한다)하는 경우에는 다음 각 호에서 정하는 바에 따라 지방세를 2021년 12월 31일까지 감면한다.

1. 전용면적 60제곱미터 이하인 임대 목적 공동주택에 대해서는 재산세(「지방세법」 제112조에 따른 부과액을 포함한다)의 100분의 40을 경감한다.
2. 전용면적 85제곱미터 이하인 임대 목적 공동주택에 대해서는 재산세의 100분의 15를 경감한다.

③ 제1항을 적용할 때 다음 각 호의 어느 하나에 해당하는 경우에는 경감받은 취득세를 추징한다.

1. ~ 3. (생 략) ☞ 5-1. 해설편 참조

## 1 개 요

민간과 공공이 공동투자한 리츠 활용을 통한 서민주거안정 지원을 위한 세제혜택이다. 2014년까지는 구 조특법 제120조 제4항 제1호(부동산투자회사)에서 규정되었으나 2015년부터는 부동산투자회사(리츠) 감면이 종료되면서 공공 임대리츠만을 대상으로 현재의 제31조의 4 규정으로 신설되었다. 2019년에는 위탁관리부동산투자회사의 임대용 부동산에 대해 감면율이 축소되었으며, 재산세 감면요건인 직접 사용의 범위에 임대를 포함하여 적용하였으며 2021년말 감면기한이 종료되었다.

## 2 감면대상자

부동산투자회사법 제5조에 따라 설립된 부동산투자회사를 말하며, 다른 말로 리츠(Real Estate Investment Trusts)라 한다. 리츠란 주식발행으로 다수의 투자자로부터 모은 자금을 부동산에 투자하고, 얻은 수익을 투자자에게 배분하는 상법상 주식회사를 말한다.

한편, 본 규정에 따른 감면대상자로서의 리츠란 민간과 공공이 공동투자한 리츠를 말하며 국가, 지방자치단체, LH공사 및 지방공사가 출자한 비율이 50% 이상인 경우로서 LH공사 등이 리츠를 설립하고, 리츠가 사업시행자로서 LH 공공택지를 매입하여 10년 공공임대주택을 건설·임대하고 기관투자자(연기금, 보험사, 은행 등)가 공동투자협약을 맺고 재원을 조달하는 방식의 리츠를 말한다.

### 관련사례

▣ 청구법인이 감면대상 부동산투자회사의 감면요건을 충족하고 있는지 여부

- 「지방세특례제한법」 제31조의 4 제1항에서 재산세 등의 감면대상이 되는 위탁관리 부동산투자회사는 해당 부동산투자회사의 발행주식 총수에 대한 국가, 지방자치단체, 한국토지주택공사 및 지방공사가 단독 또는 공동출자한 경우 그 소유비율이 100분의 50을 초과하는 경우를 말한다고 규정하고 있는 점, 쟁점법인의 주식은 ○○공사가 19.88%, 대한민국(주택도시기금)의 수탁대리인인 △△△△공사가 80.12%를 보유하고 있는 것으로 나타나고, △△△△공사가 소유한 지분이 국가의 소유인 것으로 보기 어려운 점 등에 비추어 청구법인은 위 규정의 재산세 등의 감면요건을 충족하는 부동산투자회사로 보기가 어렵다.

또한, 해당 부동산투자회사의 발행주식 총수에 대한 국가, 지방자치단체, 한국토지주택공사 및 지방공사가 단독 또는 공동으로 '출자한 것으로 보는 소유주식'을 '출자한 경우 그 소유주식'으로 하여 타 법령에서 의제되거나, 부동산투자회사의 자회사 등 공공기관이 직접 출자한 경우가 아닌 그 소유주식까지 감면범위가 확대하지 않도록 명확히 개정되었다.

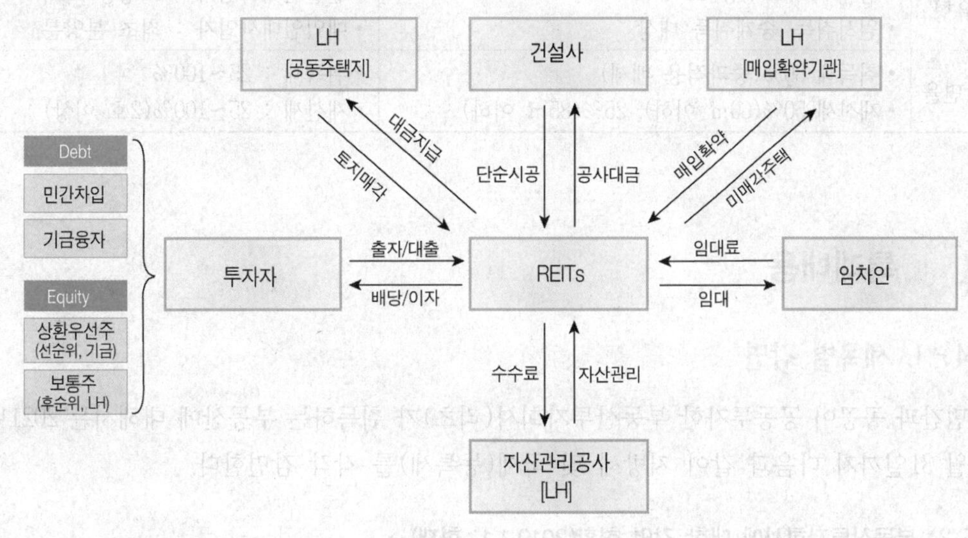


## 3 | 감면대상 부동산

민간과 공공이 공동투자한 리츠가 도심 내 다양한 입지에서 서민 주거안정 도모를 위해 다양한 유형의 임대주택을 건축 또는 매입하기 위하여 취득 또는 보유(2세대 이상 보유)하는 부동산을 말한다. 2019년부터는 위탁관리 부동산투자회사는 자산을 신탁회사 등 자산보관기관에 의무적으로 위탁해야 하므로 해당 부동산이 부동산투자회사가 임대 목적으로 직접 사용하는 부동산에 해당하는지에 대한 논란이 발생하여, 위탁관리 부동산투자회사가 관련 법에 따라 위탁하여 임대한 경우에도 직접 사용하는 것으로 개정되었다. 한편, 임대주택의 범위에는 아파트, 연립, 다세대 등 공동주택과 단독주택(다세대 포함) 및 주거용 오피스텔을 모두 포함한다. 한편, 제31조에 따른 임대주택 감면의 경우에는 공동주택만을 감면대상으로 하고 있다. 세부적인 사항은 다음 〈표〉의 내용을 참고하기 바란다.

〈표 1〉 **공공임대리츠 vs 일반임대사업자 감면 비교(2020.1.1. 현재)**

| 구분 | 공공임대주택 리츠(§31의 4) | 임대사업자(§31) |
| --- | --- | --- |
| 대상 | • 공동주택(아파트, 연립, 다세대)<br>• 단독주택(다세대) | • 공동주택(아파트, 연립, 다세대) |
| 유형 | • 임대주택 조성용 토지<br>• 원시취득, 승계취득 대상 | • 건설임대사업자 : 조성용 토지<br>• 매입임대사업자 : 최초 분양분 |
| 감면율 | • 취득세 30%(중과적용 배제)<br>• 재산세 50%(60㎡ 이하), 25%(85㎡ 이하) | • 취득세 : 25~100%<br>• 재산세 : 25~100%(2호 이상) |

## 4 | 특례내용

### 4-1. 세목별 감면

민간과 공공이 공동투자한 부동산투자회사(리츠)가 취득하는 부동산에 대해서는 2021년 12월 31일까지 다음과 같이 지방세 및 국세(농특세)를 각각 감면한다.

〈표 2〉 **부동산투자회사에 대한 감면 현황(2019.1.1. 현재)**

| 조문 | 감면내용 | 감면율 |
| --- | --- | --- |
| §31의 4 ① | 부동산투자회사 임대목적 취득 부동산 | 취득세 20%(대도시 중과세율 적용 배제) |
| §31의 4 ② 1호 | 부동산투자회사 임대용 직접 사용(임대 포함) 부동산(전용면적 60㎡ 이하) | 재산세 40%(도시계획분 포함)<br>지역자원시설세 100% |
| §31의 4 ② 2호 | 부동산투자회사 임대용 직접 사용 부동산(전용면적 60㎡~85㎡ 이하) | 재산세 15% |
| 농특 §4 ⑥ 5호 | §31의 4 ①에 따른 취득세 감면분의 20% | 농특세 비과세 |

### 4-2. 자동계좌이체 납부분 재산세 세액공제(§92의 2)

부동산투자회사(리츠)가 전자송달 또는 자동계좌이체 방식으로 납부할 재산세(§31의 4 ②)를 자동납부 신청하는 경우에는 지방자치단체의 조례로 정하는 바에 따라 추가로 재산세를 공제(150원~1,000원)받을 수 있다. 자동납부 신청 세액공제에 관한 세부사항은 제92조의 2의 해설편을 참조하면 된다.

### 4-3. 건축중인 부속토지에 대한 특례(영 §123)

부동산투자회사가 건축중인 공동주택의 토지도 임대 목적에 직접 사용하는 것으로 보아 감면할 수 있는지 여부에 대하여 서로 대립되는 선 결정례(다음의 〈관련사례〉 참조)가 있으나, 「지방세특례제한법」 제31조의 4 제2항에서 부동산투자회사가 국내에 2세대 이상의 임대용 공동주택을 건축하여 임대 목적에 직접 사용하는 경우에는 면적에 따라 재산세를 감면한다고 규정하고 있고, 같은 법 시행령 제123조에서 법 또는 다른 법령에서의 토지에 대한 재산세의 감면규정을 적용할 때 직접 사용의 범위에는 해당 감면대상 업무에 사용할 건축물을 건축중인 경우를 포함한다고 규정하고 있으므로 부동산투자회사가 임대할 목적으로 임대주택을 건축중인 경우에는 해당 토지에 대하여도 위 규정의 감면대상 임대주택인 것으로 의제(擬制)하여 해당 재산세를 계속 감면하여야 할 것으로 본다.

**관련사례**

▣ 임대주택을 건설중인 경우 그 토지에 대해서도 「지방세특례제한법」 제31조 제3항에 따른 임대주택으로 보아 재산세가 감면되는지 여부

(1) 청구법인은 「임대주택법」에 따라 임대사업자로 등록을 하고 청구법인이 이 건 토지상에 임대용 공동주택을 건설하는 착공신고필증을 교부받아 이 건 토지에 임대용 공동주택을 건축중인 경우라면 위 규정에 따른 재산세 감면대상에 해당함(조심 2015지347, 2015.8.10. 등).

(2) 위의 지방세특례제한법 규정은 토지나 건축물이 아닌 주택 중에서 임대용 공동주택에 한하여 재산세를 감면하는 규정이고, 동 시행령 제45조 규정은 토지에 대한 재산세의 감면규정이므로 동 시행령 규정을 적용하기보다는 법 제31조 제3항에서 규정하고 있는 임대용에 직접 사용하는 경우만 감면하는 것이 타당함(안전행정부 지방세운영과-123, 2013.4.2.).

## 5 지방세특례의 제한

### 5-1. 감면받은 취득세의 추징(§31의 4 ③)

부동산투자회사(리츠)가 취득한 부동산이 다음 표의 어느 하나에 해당하는 경우에는 감면받은 취득세를 추징한다. 감면의무위반 사항에 대한 세부적인 내용은 제178조의 해설편 내용을 참조하면 된다.

1. 토지를 취득한 날부터 정당한 사유 없이 2년 이내에 착공하지 아니한 경우
2. 정당한 사유 없이 해당 부동산의 매입일부터 1년이 경과할 때까지 해당 용도로 직접 사용하지 아니하는 경우
3. 해당 용도로 직접 사용한 기간이 2년 미만인 상태에서 매각 · 증여하거나 다른 용도로 사용하는 경우

### 5-2. 지방세 중과대상 부동산에 대한 감면 제한(§177)

공공임대주택리츠가 감면을 받으려는 부동산이 지방세법 제13조 제5항에 따른 별장 등 지방세 중과세 대상인 사치성 재산인 경우에는 감면대상에서 제외된다.

## 6 | 감면신청(§183)

부동산투자회사(리츠)가 본 규정에 따라 지방세를 감면받으려는 경우에는 해당 지방자치단체의 장에게 해당 부동산이 임대목적에 직접 사용하는 용도임을 입증하는 서류를 첨부하여 감면신청을 하여야 한다. 세부적인 감면신청 절차 등에 대해서는 제183조의 해설편을 참조하면 된다.

# 제 31 조의 5

## 공공주택사업자의 임대 목적으로 주택을 매도하기로 약정을 체결한 자에 대한 감면

관련규정

제31조의 5(공공주택사업자의 임대 목적으로 주택을 매도하기로 약정을 체결한 자에 대한 감면) ① 「공공주택 특별법」에 따른 공공주택사업자(이하 이 조에서 "공공주택사업자"라 한다)의 임대가 목적인 대통령령으로 정하는 주택 및 건축물(이하 이 조에서 "주택등"이라 한다)을 건축하여 공공주택사업자에게 매도하기로 약정을 체결한 자(주택등을 건축하기 위하여 부동산을 취득한 날부터 60일 이내에 공공주택사업자에게 매도하기로 약정을 체결한 자를 포함한다)가 해당 주택 등을 건축하기 위하여 취득하는 부동산에 대해서는 취득세의 100분의 15를 2027년 12월 31일까지 경감한다.

② 공공주택사업자의 임대가 목적인 주택등을 건축하여 공공주택사업자에게 매도하기로 약정을 체결한 자가 해당 주택 등을 건축하여 최초로 취득하는 경우에는 취득세의 100분의 15를 2027년 12월 31일까지 경감한다.

③ 다음 각 호의 어느 하나에 해당하는 경우에는 제1항 및 제2항에 따라 경감받은 취득세를 추징한다.

1. 제1항에 따라 부동산을 취득한 날부터 1년 이내에 공공주택사업자의 임대가 목적인 주택등을 착공하지 아니한 경우
2. 제2항에 따라 최초로 취득한 주택등을 6개월 이내에 공공주택사업자에게 매도하지 아니한 경우

## 1 | 개 요

임대주택 공급활성화를 통한 서민주거안정 지원을 위해 2022년부터 공공주택사업자의 임대목적 주택을 매도하기로 약정을 체결한 자에 대한 감면이 신설되었으며 현재 2024년 12월 31일까지 일몰기한을 두고 있다. 2025년에는 일몰기한이 3년 연장(2027년)되었다.

## 2 | 감면대상자(§31의 5 ①)

민간임대사업자 등 임대 목적 주택을 건축하여 한국토지주택공사[77] 등 「공공주택특별법」에 따른 공공주택사업자에게 매도하기로 약정을 체결한 자가 이에 해당한다.

## 3 | 감면대상 부동산(§31 ①, ③)

공공주택사업자에게 매도하기로 약정을 체결한 임대용 신규 주택 건축용 부지 또는 멸실 목적 건축물을 취득하는 경우가 이에 해당한다.

## 4 | 특례내용

### 4-1. 특례내용

임대사업자, 건축사업자 등이 공공주택사업자의 임대 목적으로 주택을 매도하기로 약정을 체결한 경우 그 건축물 및 토지에 대해 2027년 12월 31일까지 다음과 같이 지방세가 감면된다.

**〈표〉 공공주택사업자에게 매도하기로 약정을 체결한 부동산에 대한 감면(2025.1.1. 현재)**

| 조문 | 세목 | 감면내용 |
|---|---|---|
| §31의 5 ① | 취득세 | • 임대가 목적인 주택을 건축하여 공공주택사업자에게 매도하기로 약정을 체결한 자가 해당 주택 등을 건축하기 위하여 취득하는 부동산에 대하여 취득세 10% |
| §31의 5 ② | 취득세 | • 공공주택사업자의 임대가 목적인 주택을 건축하여 공공주택사업자에게 매도하기로 약정을 체결한 자가 해당 주택 등을 건축하여 최초로 취득하는 경우 취득세 10% |

77) 한국토지주택공사는 민간사업자가 신축한 주택을 매입하여 무주택・저소득층・신혼부부・청년 등에게 시세보다 저렴(시세대비 30~50%)한 월세로 최대 20년간 공급하고 있다.

#### 4-2. 경과규정 특례(부칙 §6, 법률 제18656호, 2021.12.28.)

제31조의 5 제1항 및 제2항의 개정규정은 이 법 시행 이후 공공주택사업자에게 주택 등을 매도하기로 약정 계약을 체결한 경우부터 적용한다.

## 5 | 특례의 제한(§31의 5 ③)

제31조의 5 제1항에 따라 부동산을 취득한 날부터 1년 이내에 공공주택사업자의 임대가 목적인 주택 등을 착공하지 아니한 경우와 제2항에 따라 최초로 취득한 주택 등을 6개월 이내에 공공주택사업자에게 매도하지 아니한 경우에는 감면된 취득세가 추징된다.

## 6 | 관련사례

■ 쟁점부동산 취득이 임대목적인 주택을 건축하여 공공주택사업자에게 매도하기로 약정을 체결한 자에 대한 취득세 감면대상에 해당하는지 여부

청구인의 경우 쟁점부동산을 취득하기 위한 계약서에서 민간신축 임대약정 사업에 사용될 것으로 확인되고, 쟁점부동산을 취득하기 전 이미 서울주택도시공사에 임대약정을 위한 매도신청을 하였으며, 쟁점부동산을 취득한 후 매입약정을 체결한 것으로 확인되는 점, 쟁점규정에 대한 추징규정에서 부동산 취득 후 1년 이내에 미착공을 할 경우 추징하도록 보완규정을 두고 있는 점 등에 비추어 볼 때 쟁점부동산을 취득한 후 공공주택사업자와 매입약정을 체결한 경우에도 세제 혜택을 부여하는 것이 합리적이라 하겠으므로 처분청이 청구법인의 경정청구를 거부한 처분은 잘못이 있다고 판단됨(조심 2023지3731, 2024.6.21.).

# 제32조

## 한국토지주택공사의 소규모 공동주택 취득에 대한 감면 등

### 관련규정

제32조(한국토지주택공사의 소규모 공동주택 취득에 대한 감면 등) ① 한국토지주택공사가 임대를 목적으로 취득하여 소유하는 대통령령으로 정하는 소규모 공동주택(이하 이 조에서 "소규모 공동주택"이라 한다)용 부동산에 대해서는 취득세 및 재산세의 100분의 25를 각각 2027년 12월 31일까지 경감한다.

【영】 제14조(소규모 공동주택의 범위 등) ① 법 제32조 제1항에 따른 소규모 공동주택용 부동산은 1구(1세대가 독립하여 구분 사용할 수 있도록 구획된 부분을 말한다. 이하 같다) 당 건축면적(전용면적을 말한다)이 60제곱미터 이하인 공동주택(해당 공동주택의 입주자가 공동으로 사용하는 부대시설 및 공공용으로 사용하는 토지와 영구임대주택단지 안의 복리시설 중 임대수익금 전액을 임대주택 관리비로 충당하는 시설을 포함한다) 및 그 부속토지(관계 법령에 따라 국가 또는 지방자치단체에 무상으로 귀속될 공공시설용지를 포함한다)를 말한다.

제32조 제2항 [일몰기한 종료로 2017.1.1.부터는 감면 효력 상실]

② 한국토지주택공사가 분양을 목적으로 취득하는 소규모 공동주택용 부동산에 대해서는 취득세의 100분의 25를 2016년 12월 31일까지 경감한다.

③ 제1항 또는 제2항을 적용할 때 토지를 취득한 후 대통령령으로 정하는 기간에 소규모 공동주택의 건축을 착공하지 아니하거나 소규모 공동주택이 아닌 용도에 사용하는 경우 그 해당 부분에 대해서는 감면된 취득세 및 재산세를 추징한다.

【영】 제14조 ② 법 제32조 제3항에서 "대통령령으로 정하는 기간"이란 제1항에 따른 소규모 공동주택용 토지를 취득한 날(토지를 일시에 취득하지 아니하는 경우에는 최종 취득일을 말하며, 최종 취득일 이전에 사업계획을 승인받은 경우에는 그 사업계획승인일을 말한다)부터 4년을 말한다.

# 1 | 개 요

한국토지주택공사(이하 "LH공사"라 한다)가 서민주거 안정을 추진하는 소규모 분양 및 임대용 공동주택 사업 등에 대한 세제지원이다. 2005년도에 신설되어 2010년까지는 구 지방세법 제269조 제1항부터 제3항에 규정되어 있었으나 이후 지방세법이 분법이 되고 지특법으로 제정이 되면서 현재의 제32조로 이관(2010.3.31.)되었고 2016년 일몰도래시 2018년까지 2년간 연장되었다. 2022년에는 소규모 임대공동주택에 대한 감면율(50%→25%)이 축소되면서 일몰기한이 3년(2024년) 연장되었다.

# 2 | 감면대상자

한국토지주택공사법에 따라 설립된 LH공사가 감면대상자에 해당된다. LH공사에 대한 현황은 제76조의 해설 내용을 참조하면 된다.

# 3 | 감면대상 부동산(§32 ①·②, 영 §14 ①)

LH공사가 임대 및 분양을 목적으로 취득하는 소규모 공동주택이 이에 해당된다. 여기서 말하는 임대 목적의 소규모 공동주택이란 다음 표의 내용과 같다.

> 영 §14(소규모 공동주택의 범위 등) ① 법 제32조 제1항에 따른 소규모 공동주택용 부동산은 1구(1세대가 독립하여 구분 사용할 수 있도록 구획된 부분을 말한다. 이하 같다)당 건축면적(전용면적을 말한다)이 60제곱미터 이하인 공동주택(해당 공동주택의 입주자가 공동으로 사용하는 부대시설 및 공공용으로 사용하는 토지와 영구임대주택단지 안의 복리시설 중 임대수익금 전액을 임대주택 관리비로 충당하는 시설을 포함한다) 및 그 부속토지(관계 법령에 따라 국가 또는 지방자치단체에 무상으로 귀속될 공공시설용지를 포함한다)를 말한다.

### 3-1. 소규모 공동주택의 범위에 다가구주택 포함 여부

2010년까지는 구 지방세법 제269조 제1항에서 LH공사가 임대를 목적으로 취득·소유하는 60㎡ 이하의 공동주택에 대하여만 취득세를 감면하였으나, LH공사가 국민임대주택공급

사업 등을 추진하면서 임대를 목적으로 매입하는 다가구주택이 구 지방세법 제269조 제1항의 취득세 등이 면제되는 공동주택에 해당되는지의 여부에 대해 논란[78]이 있었다. 그러나 건축법상 단독주택인 다가구주택이라도 세대별로 독립된 주거의 형태를 갖춘 공동주택인 다세대주택과 유사하므로 형평과세 및 현황부과 원칙에 근거하여 구 지방세법 제269조의 감면대상 공동주택에 다가구주택이 포함된다는 대법원 판결(대법원 2008두12672, 2008.10.23.)에 따라 2011년부터는 다가구주택도 감면대상 소규모 공동주택으로 보고 있다(영 §14).

### 3-2. 근저당권 및 임차권 등의 등기사항 감면 여부

2010년까지는 등록세를 소유권이전 등기분 이외에도 근저당권 및 임차권 등의 등기사항을 포괄하고 있어, LH공사가 소규모 공동주택 임대 및 분양을 위해 취득하는 부동산에 대해 감면 여부에 대해 논란[79]이 있었으나, 2011년부터는 근저당권 및 임차권 등의 등기사항은 등록면허세로 별도로 구분하고 있어, 감면제외 대상을 명확히 하고 있다.

## 4 | 특례내용

### 4-1. 세목별 감면

LH공사가 임대 및 분양을 목적으로 취득하는 소규모 공동주택(60㎡ 이하)에 대해서는 다음 표와 같이 2027년 12월 31일까지 지방세를 각각 감면한다.

〈표〉 **LH공사 소규모 공동주택 감면(2025.1.1. 현재)**

| 조문 | 감면내용 | 감면율 |
|---|---|---|
| §32 ① | LH공사 임대목적 소규모 공동주택(60㎡ 이하) | 취득세 25% |
| §32 ① | LH공사 임대목적 소규모 공동주택(60㎡ 이하) | 재산세 25% |

78) 행자부 유권해석(행자부 세정과-1836, 2004.7.1.)은 다가구주택이라도 주공의 매입 · 임대용은 공동주택으로 간주하였으나 행자부 심사결정(심사 제2006-1135, 2006.12.27.)에서는 다가구주택은 건축법상 단독주택으로 공동주택으로 볼 수 없다고 보아 운영상 혼란이 있었음.

79) 지방세법 제269조 제1항에서 대한주택공사가 임대를 목적으로 취득하여 소유하는 소규모주택용 부동산에 대하여는 취득세와 등록세를 면제하고 재산세의 50%를 경감한다고 규정하고 있어, 등록세 면제대상은 대한주택공사가 임대를 목적으로 취득하는 부동산에 관한 등기로서 취득등기에 한정된다고 해석하는 것이 합리적이라 할 것임. 따라서 소유권이전등기 이외 근저당권 및 임차권 등의 등기말소에 따른 기타 등기는 등록세 면제대상에 포함되지 않는다(행안부 지방세운영과-791, 2009.2.17.).

### 4-2. 분양용 소규모 공동주택 감면(§76)

제32조 제2항에 따른 분양목적 소규모 공동주택에 대해서는 감면기한(2014년 12월 31일 까지)이 종료되어 본 규정에 따른 감면대상에서 제외된다. 다만, LH공사에 대해서는 제76조에서 국가나 지방자치단체의 계획에 따라 제3자 공급용 부동산에 대한 경감 규정을 따로 두고 있어, 이에 해당하는 경우에는 제76조의 규정에 따라 취득세가 30% 감면된다.

## 5 | 지방세특례의 제한

### 5-1. 감면된 취득세 및 재산세의 추징(§32 ③, 영 §14 ②)

LH공사가 소규모 공동주택 용도로 임대하기 위하여 취득하는 부동산에 대해 취득세를 감면받은 이후 4년 이내에 해당 용도로 착공하지 아니하는 등의 경우에는 감면받은 취득세 및 재산세를 추징한다.

> 영 §14(소규모 공동주택의 범위 등) ② 법 제32조 제3항에서 "대통령령으로 정하는 기간"이란 제1항에 따른 소규모 공동주택용 토지를 취득한 날(토지를 일시에 취득하지 아니하는 경우에는 최종 취득일을 말하며, 최종 취득일 이전에 사업계획을 승인받은 경우에는 그 사업계획 승인일을 말한다)부터 4년을 말한다.

### 5-2. 중복감면의 배제(§180)

LH공사의 소규모 공동주택 임대용 부동산에 대해서는 제31조의 임대주택에 대한 감면과 중복적용이 되어 제180조의 규정에 따라 감면율이 높은 규정 하나만을 적용할 수 있다. 세부적인 중복감면 배제 사항에 대해서는 제31조 및 제180조의 해설편의 내용과 같다.

### 5-3. 지방세 중과세 대상 부동산에 대한 감면 제한(§177)

LH공사가 취득한 과세대상 물건이 지방세법 제13조 제5항에 따른 부동산인 별장 등 지방세 중과대상인 사치성 재산에 해당되는 경우에는 본 규정에 대한 감면규정에도 불구하고 지방세를 감면할 수 없다. 세부적인 사항은 제177조의 해설편을 참조하면 된다.

## 6 | 감면신청(§183)

LH공사가 소규모공동주택을 취득하여 지방세를 감면받으려는 경우에는 해당 지방자치단체의 장에게 임대 또는 분양목적에 해당되는지의 입증서류를 첨부하여 감면신청을 하여야 한다. 세부적인 사항은 제183조의 해설편을 참조하면 된다.

## 7 | 관련사례

▣ 복리시설을 포함한 주택건설사업의 경우 일시 취득부동산 해당 여부

「한국토지주택공사법」 제8조 제1항 제3호에서 복리시설을 포함한 주택의 건설·개량·매입·비축·공급·임대 및 관리를 청구법인의 사업으로 규정하고 있고, 「주택법」 제2조 제9호에서 복리시설의 범위에 근린생활시설을 포함하고 있는 점 등에 비추어 근린생활시설용지인 토지를 해당 법인이 국가의 계획에 따라 제3자에게 공급할 목적으로 복리시설을 포함한 주택 건설사업에 사용하기 위하여 일시 취득하는 부동산에 해당하므로 경정청구를 거부한 처분은 잘못이 있음(조심 2015지1162, 2016.6.25.).

▣ 한국토지주택공사의 농어촌특별세 비과세 적용 여부

- 토지를 한국토지주택공사로부터 취득하였고, 취득시 시장으로부터 국민주택 규모(85㎡) 이하의 공동주택을 건설할 수 있도록 사업승인을 받았음에도 불구하고, 농어촌특별세 비과세대상에 해당되지 않은 것으로 보아 경정청구를 거부한 처분은 위법(조심 2013지0927, 2014.2.13.).
- 제3자에게 공급할 목적으로 부동산을 취득하는 경우라도 미분양 아파트를 취득하여 10년간 장기간 보유하면서 다른 임대사업자와 마찬가지로 임대수익을 얻는 사업에 해당하는 경우는 일시적 취득으로 보기 어려우므로 취득세 등의 감면대상에 해당되지 아니함이 타당함(조세심판원 2010지0765, 2010.12.29.).
- 국가정책에 공공부문의 임대주택 비축 확대방안이 포함되어 있고, 건설교통부에서 청구법인에게 주택 비축 확대 방안에 대한 세부추진계획 수립을 통보한 사실만으로는 이 건 주택을 국가의 계획에 따라 취득한 부동산으로 인정하기는 어렵다고 봄이 타당함(조세심판원 2009지0942, 2010.6.24.).
- 취득 시점에서 30년 이상 임대할 목적으로 취득·등기한 부동산에 해당되기 때문에 일시적으로 취득하는 부동산의 취득으로 인정하기 어려운 이상 공동주택의 복리시설인 이 건 부동산을 제3자에게 분양하기 위하여 취득하였다 하더라도 취득세 등의 과세면제 대상으로 보기는 어려움(조세심판원 2009지0909, 2010.6.24.).

〈판례〉

- 정부정책에 의한 사정변경으로 인하여 종전의 국민임대주택 건설사업 승인이 취소되고 공공분양사업으로 변경됨으로써 원고가 이 사건 부동산을 소규모 임대주택에 사용할 것을 기대할 수 없게 된 점, 원고가 당초부터 공공분양사업을 목적으로 토지를 취득하였거나 사정변경 후 같은 목적으로 토지를 취득하였더라면 구 지방세법 제289조 제1항 내지 구 지특법 제76조 제1항에 의한 취득세 면제사유에 해당하게 되는 점 등의 사정을 고려하면, 원고가 이 사건 부동산을 소규모 임대주택에 사용하지 아니한 데에 정당한 사유가 있으므로 정부정책에 의해 종전 국민임대주택 건설사업 승인이 취소되고 보금자리주택사업으로 변경은 추징이 제외되는 '정당한 사유'로 볼 수 있음(대법원 2016.9.8. 선고, 2016두37867 판결).
- 구 지방세법 제289조 제1항의 입법취지에 비추어 그 문언상의 "일시취득"은 소유권 처분시까지의 일시적 취득 · 보유를 의미하고, 구 지방세법 시행령 제225조에서 인용하는 구 대한주택공사법 제3조 제1항 제3호는 주택의 "공급"을 주택의 "임대"와 구분하고 있으므로, 구 지방세법 제289조 제1항의 "공급"에는 소유권 처분이 수반되지 아니하는 "임대"가 포함된다고 볼 수 없다고 할 것임에도, 이와 달리 원심이 구 지방세법 제289조 제1항의 "공급"에 "임대"가 포함된다고 본 것은 적 적절하다고 볼 수 없다. 그러나 이 사건 아파트는 그 취득 당시부터 10년의 임대기간 경과 후 분양전환되어 제3자에게 매각될 것이 예정되어 있음을 알 수 있으므로(입주자모집공고에 이러한 취지가 공고되기도 하였다), 이 사건 아파트를 그 매각시까지 일시적으로 취득 · 보유하는 것이라 할 것이고, 따라서 원고가 취득한 이 사건 아파트가 구 지방세법 제289조 제1항에서 말하는 '제3자에게 공급할 목적으로 일시 취득하는 부동산'에 해당함(대법원 2011.12.22. 선고, 2011두6516 판결).

▣ 감면신청 및 감면결정이 없었더라도 추징처분 가능한지 여부 등

- 하나의 물건에 대하여 중복감면규정에 해당되는 경우로서 당초 감면결정이 인정되지 아니한 경우, 다른 감면규정을 적용하여 추징할 수 있음. 당초 감면결정의 감면사유가 인정되지 않는다면 거기에서 나아가 그 추징처분의 바탕이 된 감면규정에 정한 감면사유 및 추징사유의 존부를 가려 그 처분의 위법 여부를 판단하여야 할 것임. 그리고 이 경우 그 추징처분이 적법하기 위해서 그 전제가 되는 감면결정이 먼저 있어야 하는지 여부는 해당 법령의 성격 등을 따져서 할 것인바, 그 감면결정에 당사자의 감면신청이 필요적 요건이 아니라면 따로 감면결정이 없었더라도 곧바로 추징처분을 할 수 있다고 볼 것이며, 이 사건에서 피고가 당초에 한 면제결정의 내용대로 법 제289조 제1항에 정한 면제요건이 충족된다면, 설령 법 제269조 제1항을 전제로 한 제269조 제3항의 추징요건이 충족된다고 하더라도 그 추징처분은 위법한 것이 되고, 반대로 이 사건 면제결정이 법 제289조 제1항에 정한 면제사유에 대한 착오나 법리오해 등으로 잘못 이루어진 것이라면 나아가 법 제269조 제1항과 제3항의 요건에 해당하는지 여부를 심리하여 이 사건 추징처분의 위법 여부를 판단하여야 할 것임. 따라서 이 사건 토지의 취득이 법 제289조 제1항의 면제요건에는 해당하지 않지만 법 제269조 제1항의 면제요건과 제3항의 추징요건에 해당한

다면 법 제269조 제1항에 의한 면제결정이 없었다 하더라도 같은 조 제3항에 의한 추징 처분 가능(대법원 2012.1.27. 선고, 2010두26414 판결)

• 취득 시점에서 30년 이상 임대할 목적으로 취득·등기한 부동산에 해당되기 때문에 일시적으로 취득하는 부동산의 취득으로 인정하기 어려운 이상 공동주택의 복리시설인 이 건 부동산을 제3자에게 분양하기 위하여 취득하였다 하더라도 취득세 등의 과세면제 대상으로 보기는 어려움(조심 2009지0909, 2010.6.24.).

▣ 10년 임대 후 분양전환 예정은 '일시취득'에 해당된다고 한 사례

구 지방세법 제289조 제1항의 입법취지에 비추어 그 문언상의 "일시취득"은 소유권 처분시까지의 일시적 취득·보유를 의미하고, 구 지방세법 시행령 제225조에서 인용하는 구 대한주택공사법 제3조 제1항 제3호는 주택의 "공급"을 주택의 "임대"와 구분하고 있으므로, 구 지방세법 제289조 제1항의 "공급"에는 소유권 처분이 수반되지 아니하는 "임대"가 포함된다고 볼 수 없다고 할 것임에도, 이와 달리 원심이 구 지방세법 제289조 제1항의 "공급"에 "임대"가 포함된다고 본 것은 적절하다고 볼 수 없음. 그러나 이 사건 아파트는 그 취득 당시부터 10년의 임대기간 경과 후 분양전환되어 제3자에게 매각될 것이 예정되어 있음을 알 수 있으므로(입주자모집공고에 이러한 취지가 공고되기도 하였다) 이 사건 아파트를 그 매각시까지 일시적으로 취득·보유하는 것이라 할 것임. 따라서 원고가 취득한 이 사건 아파트가 구 지방세법 제289조 제1항에서 말하는 '제3자에게 공급할 목적으로 일시 취득하는 부동산'에 해당함(대법원 2011.12.22. 선고, 2011두6516 판결).

# 제32조의 2

## 한국토지주택공사의 방치건축물 사업재개에 대한 감면

관련규정

제32조의 2 [일몰기한 종료로 2022.1.1.부터는 감면 효력 상실]

제32조의 2(한국토지주택공사의 방치건축물 사업재개에 대한 감면) 「공사중단 장기방치 건축물의 정비 등에 관한 특별조치법」 제6조에 따른 공사중단 건축물 정비계획(건축물 완공으로 인한 수익금이 같은 법 제13조에 따른 공사중단 건축물 정비기금에 납입되는 경우에 한정한다)에 따라 한국토지주택공사가 공사 재개를 위하여 취득하는 부동산에 대해서는 취득세의 100분의 35를, 과세기준일 현재 해당 사업에 직접 사용하는 부동산에 대해서는 재산세의 100분의 25를 각각 2021년 12월 31일까지 경감한다.

## 1 개 요

공사가 중단되어 장기간 방치된 건축물의 정비 및 공사현장의 미관을 개선하기 위해 「공사중단 장기방치 건축물의 정비 등에 관한 특별조치법」을 제정・시행(2014.5.23)하였으나, 복잡한 권리관계와 사업시행자의 추진의지 부족으로 건축물이 지속적으로 방치됨에 따라, 건축법상 용적률 완화, 입지조건 개선 등의 인센티브와 아울러 2015년 말에 지방세 감면규정이 신설되어 2018년 12월 31일까지 3년간 지원하였으며 방치건축물의 사업재개에 따라 건설현장의 안전 확보와 주민 편익 등을 통해 국토이용의 효율성을 제고하자고 하는데 그 지원목적이 있으며 2021년말 감면기한이 종료되었다.

## 2 | 감면대상자

민간 사업시행자의 경우에는 방치 건축물에 대한 공사관련 권리관계 조정 등 사실상 이해당사자간의 합의 도출이 어려워 사업 추진에 한계가 있으므로 국토교통부에서는 한국토지주택공사에 「공사중단 장기방치 건축물의 정비 등에 관한 특별조치법」 제6조에 따른 공사중단 건축물 정비계획에 따라 방치건축물 공사재개 사업 시행과 건축물 완공을 수행하도록 추진중이며 향후 지방공사로 확대할 계획에 있다. 다만, 세제지원 취지에 따라 건축물 완공으로 인한 수익금은 같은 법 제13조에 따른 공사중단 건축물 정비기금에 납입되는 경우에 한정하도록 규정하고 있다.

**〈공사중단 건축물 정비기금의 설치, 「공사중단 장기방치 건축물의 정비 등에 관한 특별조치법」 제13조〉**

① 공사중단 건축물의 소재지를 관할하는 시・도지사는 정비사업의 원활한 수행을 위하여 공사중단 건축물 정비기금을 설치하여야 함.

② 정비기금 조성 재원

1. 정부 또는 정부 외의 자의 출연금 또는 기부금, 2. 대집행 비용, 3. 공사중단 건축물을 철거하고 남은 토지 또는 공사를 완료한 건축물의 매각대금 또는 운용수익금, 4. 정비기금의 운용수익금, 5. 그 밖에 수익금(다른 기금이나 회계로부터의 전입금 또는 차입금)

③ 정비기금 사용 용도

1. 대집행, 2. 공사비용의 보조 또는 융자, 3. 취득하는 공사중단 건축물의 건축주 또는 이해관계자에 대한 보상, 4. 공사중단 건축물의 철거 또는 공사 재개 5. 정비기금의 운용・관리에 필요한 부수경비, 6. 기타 정비사업의 원활한 수행을 위하여 필요한 경우(정비계획 수립비용, 위탁수수료, 정비사업의 원활한 추진을 위하여 드는 비용)

## 3 | 감면대상 재산

장기방치된 공사중단 건축물은 「건축법」 제21조에 따른 착공신고 후 건축중인 건축물로서 「공사중단 장기방치 건축물의 정비 등에 관한 특별조치법」 제4조에 따라 매 2년마다 지역별 소재, 공사 진행상황 및 중단기간, 공사중단 원인 및 권리관계 등을 조사하되, 실태조사를 통하여 공사를 중단한 총 기간이 2년 이상으로 확인된 건축물을 말하며, 대부분의 건축물이 완공되지 않은 상태로 매입하여 완공을 통해 정비사업을 추진하므로, 여기서 감면대상 부동산의 취득은 당초 중단되어 방치된 건축물의 부속토지가 해당된다 할 것이며 사업재개 공사기간 동안 보유하고 있는 토지 및 건축물에 대해 부과되는 재산세도 감면대상에 해당된다. 다만 건축물 공사완료 후에 소유권 보존 등으로 취득하는 경우 건축물은 방치건축물 사업재개를 위한 감면 도입취지에 따라 해당 건축물도 감면이 가능하다고 보여지며, 이 경우 완공 후에 부과되는 재산세는 해당 사업에 직접 사용하는 경우로 한정되므로 공사 완공 시점까지만 적용받아야 할 것이다. 또한, 공사재개를 위해 취득하는 부동산이 방치되어 사업시행자가 이를 매입하여 준공하는 건축물과 부속토지로 보아 판단하여야 하며 공사에 수반되는 공사현장사무소 등 간접적으로 취득하는 건축물은 방치건축물에 해당한다고 할 수 없어 감면대상이 될 수 없을 것으로 보인다.

**공사중단 방치건축물 현황(2014년 기준)**

전국적으로 방치건축물 현황은 426개소, 전체면적 9,600천㎡에 이르고 있으며 지역별로는 경기 68개소, 충남 66개소, 충북 46개소, 강원 37개소 순으로 발생비율이 높고 평균 방치기간은 10.8년으로 전체 대상 중에서 약 51%가 10년 이상 방치건축물이다.

〈표 1〉 **용도별 방치건축물 현황**

| 전국 | 공동주택 | 단독주택 | 상업용 | 공업용 | 기타 |
|---|---|---|---|---|---|
| 426 | 164 | 27 | 186 | 13 | 36 |

## 4 | 감면내용

공사중단 방치건축물에 대해 공사재개를 위하여 취득하는 부동산에 대해 취득세의 100분의 35를, 해당 부동산의 재산세 100분의 25를 2021년 12월 31일까지 경감하며 그 감면내용은 다음과 같다.

〈표 2〉 **방치건축물 감면(2019.1.1. 현재)**

| 조문 | 감면내용 | 감면율 |
|---|---|---|
| §32의 2 | 공사중단 방치건축물 부속토지 및 공사재개를 위해 취득하는 공사중단 방치건축물(소유권 보존) | 취득세 35% |
| | | 재산세 25% |

## 5 | 사후관리

이 규정에서 별도로 감면추징에 관한 사항이 없으므로, 지특법에서 각 개별규정에 추징규정이 정해져 있지 않은 경우에는 제178조의 규정에 따른 일반적 추징요건에는 해당되는지 여부에 따라 추징되며, 다만 수익금을 정비기금에 납입되지 않은 경우에는 사전적 감면요건을 위배한 것으로 감면이 취소되어야 한다. 세부적인 추징절차 등에 대해서는 제178조의 해설을 참조하기 바란다.

## 6 | 감면신청

공사중단 방치건축물에 대해 지방세를 감면받으려는 경우에는 해당 지방자치단체의 장에게 지방세 감면신청서 외에 관련 정비계획에 따라 공사중단 방치건축물임을 입증하는 서류를 첨부하여 감면신청을 하여야 한다. 세부적인 감면신청 절차는 제183조의 해설편을 참조하기 바란다.

# 제 33 조

## 1. 주택 공급 확대를 위한 감면

관련규정

제33조 제1항 [일몰기한 종료로 2015.1.1.부터는 감면 효력 상실]

제33조(주택 공급 확대를 위한 감면) ① 대통령령으로 정하는 주택건설사업자가 공동주택(해당 공동주택의 부대시설 및 복리시설을 포함하되, 분양하거나 임대하는 복리시설은 제외한다. 이하 이 조에서 같다)을 분양할 목적으로 건축한 전용면적 60제곱미터 이하인 5세대 이상의 공동주택(해당 공동주택의 부속토지는 제외한다. 이하 이 항에서 같다)과 그 공동주택을 건축한 후 미분양 등의 사유로 제31조에 따른 임대용으로 전환하는 경우 그 공동주택에 대해서는 2014년 12월 31일까지 취득세를 면제한다.

【영】 제15조(주택건설사업자의 범위 등) ① 법 제33조 제1항에서 "대통령령으로 정하는 주택건설사업자"란 다음 각 호의 어느 하나에 해당하는 자를 말한다.

1. 해당 건축물의 사용승인서를 내주는 날 이전에 「부가가치세법」 제8조에 따라 건설업 또는 부동산매매업의 사업자등록증을 교부받거나 같은 법 시행령 제8조에 따라 고유번호를 부여받은 자
2. 「주택법」 제4조 제1항 제6호에 따른 고용자

② (생 략)

## 1 | 개 요

서민주거형 주택건설 공급확대를 위해 그 공급자인 주택건설사업자에 대한 세제지원이다. 1994년도에 신설되어 2010년까지는 감면조례에서 규정되었으나 2011년부터는 현재의 제33조 규정으로 이관되었다. 이후 2015년에는 감면목적[80]이 달성된 점을 고려하여 소규

80) 2013년 현재 주택보급률이 103%를 넘어서는 등 양적성장을 하였고, 최근의 소형주택 선호 증대로 소형 주택 공급의무제도 폐지(국토부, 민영주택 소형주택 건설·공급 자율화 대책, 2014.6.12.) 등 소형주택 공급

모 주택건설사업자에 대한 감면이 종료되었다.

## 2 | 감면대상자

다음에 따른 주택건설사업자를 말한다. 감면대상 소규모 공동주택을 건축하는 주택건설사업자란 「주택법」 규정을 적용받는 주택건설사업자 이외에도 「부가가치세법」상 건설업 또는 부동산매매업의 사업자등록증을 소규모 공동주택을 건축하여 사용승인일 이전까지 교부받거나 사업자등록번호를 부여받은 경우까지 주택건설사업자로 보고 있다. 이는 비교적 등록절차가 용이한 부가가치세법상 사업자등록증을 교부받는 경우에도 주택건설사업자로 인정하여 소규모 공동주택의 원활한 공급을 지원하고 있다.

> 1. 해당 건축물의 사용승인서를 내주는 날 이전에 「부가가치세법」 제5조에 따라 건설업 또는 부동산매매업의 사업자등록증을 교부받거나 같은 법 시행령 제8조에 따라 고유번호를 부여받은 자
> 2. 「주택법」 제9조 제1항 제6호에 따른 고용자

## 3 | 감면대상 부동산

### 3-1. 소규모 공동주택(§33 ①)

공동주택을 분양할 목적으로 건축한 60㎡ 이하인 5세대 이상의 공동주택과 그 공동주택을 건축한 후 미분양 등의 사유로 법 제31조에 따른 임대주택으로 전환하는 공동주택이 이에 해당된다. 주택건설사업자가 소규모 공동주택을 분양할 목적으로 건축한 경우로 감면대상으로 한정하고 있다. 따라서 소규모 공동주택을 주택건설사업자가 건축하여 소유권보존등기를 할 때 발생하는 원시(原始)취득 이외에 승계로 취득하는 경우 등은 분양을 목적으로 취득하는 사유에 해당되지 않으므로 감면대상에서 제외된다.

그 밖에도 소규모 공동주택을 건축한 이후 분양이 되지 않아 이를 임대용으로 전환하는 경우에도 감면대상이 된다.

---

유도를 위한 세제지원이 불필요

### 3-1-1. 2명의 개인사업자가 각각 건설업의 사업자등록을 하고, 공동으로 사업장 소재지가 아닌 지역에서 분양할 목적으로 공동주택을 신축한 경우

제33조 제1항에서는 '건축물의 사용승인서를 내주는 날 이전에 건설업 등의 사업자등록증을 교부받은 자'로 규정되어 있을 뿐, 그 건축물과 관련된 사업장 소재지의 사업자등록증이어야 한다고 명시하고는 있지 않으므로 비록 공동주택의 사용승인일 현재 그 공동주택에 대한 개인사업자 甲·乙 공동명의의 사업자등록 업태가 부동산업이었다 하더라도, 이미 개인사업자 甲·乙이 각각 건설업의 사업자등록증을 교부받고 폐업을 하지 않은 상태이므로 소규모 공동주택의 공급 확대를 위한 입법취지에는 부합한다 할 것이고, "대통령령으로 정하는 주택건설사업자" 요건을 충족하였다면 감면대상으로 보는 것이 타당하다 할 것이다 (행자부 지특과-773, 2015.3.19. 참조).

### 3-1-2. 총 8세대를 분양하는 소규모 공동주택 중 전용면적이 60㎡ 이하인 4세대만 분양하는 경우

주택건설사업자가 공동주택을 분양할 목적으로 건축한 전용면적 60㎡ 이하인 5세대 이상의 공동주택에 대한 감면 입법취지는 소규모 공동주택을 그 만큼 많이 공급하라는 것이므로 총 8세대를 분양하는 경우라도 실제 60㎡ 이하 소규모 공동주택을 4세대만 공급하는 경우는 감면요건을 충족하지 않아 본 규정에 따른 감면이 적용되지 않는다 하겠다.

### 3-1-3. 공동주택 건설을 위해 취득하는 토지도 감면대상 해당 여부

2013년까지는 이 법에서 주택건설사업자가 분양할 목적으로 취득한 토지(택지)에 대해 감면을 배제한다는 명확한 규정이 없이 "건축한"으로만 규정하고 있어 논란이 있었으나, 2014년부터는 공동주택의 부속토지는 감면을 배제한다고 명확히 규정하여 논란을 해소하였다. 참고로 2013년까지는 "건축한 공동주택"의 요건에 충족해야 되는데 취득세 면제대상인 "건축한 공동주택"이란 취득일 현재 건축이 완료된 공동주택만을 의미하므로 토지 취득 시점에서는 이러한 "건축한"이라는 감면요건을 충족하지 못하였으므로 감면대상이 아니라고 판단하였다(행안부 지방세운영과-2309, 2012.7.19.).

### 3-1-4. 소규모 공동주택의 범위

감면대상 공동주택은 건축법에서 규정한 아파트, 연립, 다세대로서 전용면적이 60㎡ 이하이며, 건축한 세대수가 반드시 5세대 이상이어야 한다. 최근에는 이러한 공동주택 유형에 도시형생활주택이 추가되었는데 이 경우에도 전용면적이 60㎡ 이하인 경우라면 감면대상에 해당된다. 도시형생활주택이란 "도시형생활주택"이란 주택법 제2조 제4호 및 주택법 시행령 제3조 등에 근거하고 있으며 「국토의 계획 및 이용에 관한 법률」상의 도시지역(도시기반시설의 부족으로 난개발이 우려되는 비도시지역에는 건설 불가)에 주택건설사업 계획승인을 받아 건설하는 20세대 이상 150세대 미만 공동주택을 말한다. 도시형생활주택은 크게 단지형, 원룸형, 기숙사형[81]으로 구분된다. 이와 더불어 최근에 주거용 오피스텔에 대해 임대주택 등록이 가능하도록 임대주택법[82]이 개정(2011.12.29.)되어 주거용 오피스텔의 경우도 전용면적 60㎡ 이하이면서 5세대 이상을 건축하는 경우라면 소규모 공동주택에 해당된다고 볼 수도 있다. 그러나 오피스텔은 건축법에 의한 업무용 시설로서 공동주택에 해당되지 아니하므로 이 법에서 규정하는 소규모 공동주택 감면대상에는 해당되지 않는 것이다.

다만, 관련 임대주택법에 주거용 오피스텔을 임대주택법에 규정한 것은 정부의 전월세대책(8·18대책, 2011년)에 따른 전월세 공급대책의 일환으로 업무용시설로 건축된 오피스텔이라 하더라도 1인가구, 청년 전월세 문제 해소 등 일정부분 주택이 아니더라도 전월세 문제를 해소하는데 긍정적 영향을 미치는 점을 고려하여 임대주택에 준하는 임대주택 등록이 가능하다는 것이지, 주거용 오피스텔이 바로 주택이라는 것은 아니라는 점을 유의하기 바란다. 오피스텔에 관해 세부적인 사항은 앞에서 기술한 임대주택 감면(법 §31)을 참고하기 바란다. 또한, 주택건설사업자가 2인 이상 공동으로 소규모 공동주택을 분양목적으로 건축하는 경우의 사례도 있는데, 이 경우 2인 이상의 주택건설사업자(건축주)가 공동명의로 분양을 목적으로 공급하는 공동주택의 세대수가 5세대 이상이면 그 공동주택 각각의 명의로 등재되어 있는 공동주택 개수와는 상관없이 감면대상으로 보는 것이 타당하다. 그러나 그 공동명의자 중 1명이 부가가치세법 제5조의 규정에 따른 건설업 또는 부동산매매업으로 사용승인일 교부일 이전까지 사업자등록증을 교부받지 못하는 등 주택건설사업자의 요건을 갖추지 못하는 경우에는 감면대상인 주택건설사업자 지분만이 감면대상에 해당된다고 보는 것이 합리적일 것이다.

---

81) 도시형생활주택의 구분
   1. 단지형 : 다세대 세대당 주거전용면적 85㎡ 이하의 다세대 주택(주거층 4층 이하, 연면적 660㎡ 이하)
   2. 원룸형 : 세대당 주거전용면적이 12㎡ 이상 50㎡ 이하로서, 세대별 독립된 주거가 가능하도록 욕실과 부엌을 설치하고 하나의 공간으로 구성, 각 세대는 지하층에 설치 불가
   3. 기숙사형 : 세대당 주거전용면적이 7㎡ 이상 30㎡ 이하로서, 취사장·세탁실·휴게실은 공동으로 사용, 각 세대는 지하층에 설치 불가

82) 임대주택법 제2조(정의) 3. "매입임대주택"이란 임대사업자가 매매 등으로 소유권을 취득하여 임대하는 주택[「주택법」 제2조 제1호의 2에 따른 준주택 중 대통령령으로 정하는 오피스텔(이하 "오피스텔"이라 한다)을 포함한다]을 말한다.

# 4 | 특례내용

## 4-1. 취득세의 면제

공동주택을 분양할 목적으로 건축한 60㎡ 이하인 5세대 이상의 공동주택과 그 공동주택을 건축한 후 미분양 등의 사유로 법 제31조에 따른 임대주택으로 전환하는 공동주택에 대해서는 취득세를 2014년 12월 31일까지 면제한다.

## 4-2. 경과규정 특례(부칙 §14, 제12955호 2014.12.31.)

공동주택을 분양할 목적으로 건축한 60㎡ 이하인 5세대 이상의 소규모 공동주택 등에 대해서는 2014년 12월 31일부로 감면기한이 종료되어 2015년부터 감면대상에서 제외되었다.

다만, 감면이 종료되더라도 2016년 이전 납세의무 성립분에 한해 「지방세기본법」 제51조에 따른 경정청구 기간(최대 2020년)까지는 종전의 규정을 계속해서 적용할 수 있다.

# 5 | 지방세특례의 제한

## 5-1. 감면된 취득세의 추징(§178)

본 규정에서는 별도로 사후관리 규정을 두고 있지 않으나 제178조에 따라 감면받은 취득세가 추징될 수 있다. 감면의무위반 사항에 대한 세부적인 내용은 제178조의 해설편의 내용을 참조하면 된다.

## 5-2. 지방세 중복감면의 배제(§180의 2)

주택건설사업자가 분양할 목적으로 5세대 이상 소규모 공동주택을 건축하였으나 미분양 등의 사유로 임대용으로 전환하는 경우에는 임대주택에 대한 감면(법 §31)과 중복되므로 이중 감면율이 높은 것 중 하나만 선택하여 감면을 받을 수 있다. 반면, 이 법의 감면과 유사한 분양을 목적으로 하는 한국토지주택공사의 소규모 공동주택 감면(법 §32 ②)의 경우에는 감면대상 공동주택을 부동산으로 규정하고 있어 토지를 매입하는 경우에도 감면대상에 해당된다는 점을 참고하기 바란다.

### 5-3. 지방세 중과세 대상 부동산에 대한 감면 제한(§177)

주택건설사업자 등이 감면을 받으려는 부동산이 지방세법 제13조 제5항에 따른 별장 등 지방세 중과세 대상인 사치성 재산인 경우에는 감면대상에서 제외된다.

## 6 감면신청(§183)

주택건설사업자 등이 본 규정에 따라 지방세를 감면받으려는 경우에는 해당 지방자치단체의 장에게 해당 부동산이 그 고유업무 등에 직접 사용하는 용도임을 입증하는 서류를 첨부하여 감면신청을 하여야 한다. 세부적인 감면신청 절차 등에 대해서는 제183조의 해설편을 참조하면 된다.

## 7 관련사례

▣ 주택건설사업자가 공동으로 각자 사용승인검사를 받은 경우 주택건설사업자 해당 여부

소규모 공동주택 10세대를 공동으로 건축하고 각자 사용승인 검사(A는 6세대, B는 4세대)를 받은 경우 B에 대해 감면대상 주택건설사업자로 볼 수 있는지에 대해서는 지방세특례제한법 시행령 제15조 제1항에 따른 주택건설사업자의 요건을 갖춘 경우라면 사용승인 검사대상 공동주택이 4세대라고 하더라도 당해 공동주택이 5세대 이상 공동주택을 공급한 경우에 해당되므로 B에 대해서도 감면대상에 해당 ☞ 이 사례는 저자(著者) 사견임.

▣ 주택건설사업자가 분양할 목적으로 취득하는 경우에 해당하는지 여부

법인이 주택을 취득하기 전에 이미 고발된 입주자들이 사실상 사용하고 있으므로 주택을 취득한 것은 건축중에 있는 건축물을 취득한 것이 아니라 완성된 건축물을 승계취득한 것으로 분양할 목적으로 건축한 공동주택을 취득한 경우로 보지 않는다(조심 2010지0436, 2010.9.20.).

▣ 주택건설사업자의 범위

건축물의 사용승인서는 공사대리인이 방문하여 수령한 2009.1.28. 이후 청구인에게 교부되었다고 보여지므로 청구인은 이 건 건축물의 사용승인서 교부일 이전인 2009.1.23. 건설업 사업자등록증을 교부받은 자에 해당함이 타당함(조세심판원 2009지0787, 2010.3.9.).

▣ 사용승인서교부일 당시 주택건설사업자가 아닐 경우 감면대상에 해당되지 않는다고 한 사례

건축물에 대한 사용승인서교부일 당시에 「부가가치세법」에 의하여 등록된 주택건설사업자에 해당하지 아니하는 이상 감면대상으로 정하고 있는 주택건설사업자에 해당된다고 인정하기는 어렵고, 또한 건축물 신축과 관련한 주택건설사업에 있어서 공동의 사업주체가 건설업 관련 사업자등록증을 교부받은 사업자라고 하여 동일하게 사업자등록증을 교부받은 주택건설사업자에 해당된다고 볼 수도 없음(조세심판원 2012지0232, 2012.6.28.).

▣ 임대목적의 공동주택에 해당하는지 여부

이 사건 재건축임대주택을 직접 임대하는 자는 원고가 아닌 공사이고, 위 주택의 임대는 원고가 위 주택을 공사에게 공급(판매)하고 나서 그 수요자(매수인)인 공사가 선택한 주택의 사용방식에 불과하다. 즉 원고는 공사에게 주택을 분양한 것이고 공사가 분양받은 주택을 임대용으로 사용하고 있는 것이기 때문에, 비록 처음부터 임대용으로 예정되어 있는 공동주택이라 하더라도 원고가 직접 이를 임대하지 않는 이상 원고 입장에서는 공사에 임대주택으로 '공급 내지 분양할 목적으로' 위 주택을 건축한 것으로 보는 것이 타당함으로, 재건축사업 시행자가 건축하여 구 도시정비법 제30조의 2에서 정한 바에 따라 대한주택공사에 매도한 273세대의 재건축임대주택이 '분양을 목적으로 건축한 5세대 이상의 공동주택'에 해당함(대법원 2012두751, 2012.5.9.).

▣ 기숙사는 '주택'으로 볼 수 없다고 한 사례

- 일정한 기간 중에 공동주택을 신규분양 받아 1가구 1주택이 되는 경우를 감면요건으로 하는 감면에서 청구인이 감면받은 공동주택을 신규분양 받아 취득한 시점 이전 청구인의 배우자가 이미 주택을 취득 등기한 경우로 이는 당초부터 감면요건을 충족하지 못하였으므로 취득세를 부과함은 적법함(조세심판원 2010지0878, 2010.12.27.).
- 주택은 거의 완성된 상태에 있었던 것으로 보이고 법인이 주택을 취득하기 전에 이미 고발된 입주자들이 사실상 사용하고 있었으므로 주택을 취득한 것은 건축중에 있는 건축물을 취득한 것이 아니라 완성된 건축물을 승계취득한 것으로 분양할 목적으로 건축한 공동주택을 취득한 경우에 해당하지 않는다고 보는 것이 타당함(조세심판원 2010지0436, 2010.9.20.).
- 건축물의 사용승인서는 공사대리인이 방문하여 수령한 2009.1.28. 이후 청구인에게 교부되었다고 보여지므로 청구인은 이 건 건축물의 사용승인서 교부일 이전인 2009.1.23. 건설업 사업자등록증을 교부받은 자에 해당함이 타당함(조세심판원 2009지0787, 2010.3.9.).

# 제33조

## 2. 주택 공급 확대를 위한 감면

관련규정

제33조 ② 상시 거주(취득일 이후 「주민등록법」에 따른 전입신고를 하고 계속하여 거주하거나 취득일 전에 같은 법에 따른 전입신고를 하고 취득일부터 계속하여 거주하는 것을 말한다. 이하 이 조에서 같다)할 목적으로 대통령령으로 정하는 서민주택을 취득[상속·증여로 인한 취득 및 원시취득(原始取得)은 제외한다]하여 대통령령으로 정하는 1가구 1주택에 해당하는 경우(해당 주택을 취득한 날부터 60일 이내에 종전 주택을 증여 외의 사유로 매각하여 1가구 1주택이 되는 경우를 포함한다)에는 취득세를 2027년 12월 31일까지 면제한다.

**【영】** 제15조 ② 법 제33조 제2항에서 "대통령령으로 정하는 서민주택"이란 연면적 또는 전용면적이 40제곱미터 이하인 주택[「주택법」 제2조 제1호에 따른 주택으로서 「건축법」에 따른 건축물대장·사용승인서·임시사용승인서 또는 「부동산등기법」에 따른 등기부에 주택으로 기재{「건축법」(법률 제7696호로 개정되기 전의 것을 말한다)에 따라 건축허가 또는 건축신고 없이 건축이 가능했던 주택(법률 제7696호 건축법 일부개정법률 부칙 제3조에 따라 건축허가를 받거나 건축신고가 있는 것으로 보는 경우를 포함한다)으로서 건축물대장에 기재되어 있지 않은 주택의 경우에도 건축물대장에 주택으로 기재된 것으로 본다}된 주거용 건축물과 그 부속토지를 말한다. 이하 이 조에서 같다]으로서 취득가액이 1억원 미만인 것을 말한다.

③ 법 제33조 제2항에서 "대통령령으로 정하는 1가구 1주택"이란 취득일 현재 취득자와 같은 세대별 주민등록표에 기재되어 있는 가족(동거인은 제외한다)으로 구성된 1가구(취득자의 배우자, 취득자의 미혼인 30세 미만의 직계비속 또는 취득자가 미혼이고 30세 미만인 경우 그 부모는 각각 취득자와 같은 세대별 주민등록표에 기재되어 있지 아니하더라도 같은 가구에 속한 것으로 본다)가 국내에 1개의 주택을 소유하는 것을 말하며, 주택의 부속토지만을 소유하는 경우에도 주택을 소유한 것으로 본다. 이 경우 65세 이상인 직계존속, 「국가유공자 등 예우 및 지원에 관한 법률」에 따른 국가유공자(상이등급 1급부터 7급까지의 판정을 받은 국가유공자만 해당한다)인 직계존속 또는 「장애인복지법」에 따라 등록한 장애인(장애의 정도가 심한 장애인만 해당한다)인 직계존속을 부양하고 있는 사람은 같은 세대별 주민등록표에 기재되어 있더라도 같은 가구에 속하지 아니하는 것으로 본다.

③ 제2항을 적용할 때 다음 각 호의 어느 하나에 해당하는 경우에는 면제된 취득세를 추징한다.

1. 정당한 사유 없이 그 취득일부터 3개월이 지날 때까지 해당 주택에 상시 거주를 시작하지 아니한 경우
2. 해당 주택에 상시 거주를 시작한 날부터 2년이 되기 전에 상시 거주하지 아니하게 된 경우
3. 해당 주택에 상시 거주한 기간이 2년 미만인 상태에서 해당 주택을 매각·증여하거나 다른 용도(임대를 포함한다)로 사용하는 경우

## 1 개 요

서민주거형 주택건설 공급확대를 위해 서민주택을 취득하는 개인에 대한 세제지원이다. 1994년도에 신설되어 2010년까지는 감면조례에서 규정되었으나 2011년부터는 현재의 제33조 규정으로 이관되었다. 2019년에는 서민주택의 감면범위가 종전 상속에 의한 취득 및 원시취득에서 증여에 의한 취득까지로 축소되었다. 2022년에는 감면요건인 상시거주의 의미를 명확히 하면서 일몰기한은 3년(2024년) 연장되었다.

## 2 감면대상자 및 감면대상 주택

본 규정에 따른 감면대상자는 서민주택을 취득하는 개인을 말한다. 2018년까지는 서민주거안정을 위해 서민주택의 공급을 확대하기 위한 감면으로 공급(매매 등)과 직접적인 관련이 없는 상속, 원시취득의 경우만 감면대상에서 제외하였으나 2019년부터는 증여의 경우도 재산 이전시점의 차이만 있을 뿐 상속과 실질이 상속·증여의 경우와 유사한 점과 주택을 소유하지 않은 채 임대로 거주하면서 단기적으로 시세차익을 위해 서민주택만을 반복적으로 거래하는 사례가 있는 점을 고려하여 증여의 경우까지도 감면대상에서 제외되었으며, 감면요건도 「주민등록법」에 따라 상시거주한 경우로만 한정하도록 개정되었으며, 2022년부터는 다시 상시거주의 의미를 주택을 취득한 이후 전입신고를 하여 거주하는 것으로 명확하게 규정하여 주택을 취득하기 이전에 임차로 거주하던 기간은 상시거주 기간으로 간주하지 않는 것으로 개정되었다. 감면대상 서민주택의 세부범위는 다음과 같다.

### 2-1. 서민주택의 범위(§33 ②, 영 §15 ②)

개인이 취득하는 대통령령으로 정하는 서민주택이란 연면적 또는 전용면적이 40제곱미터 이하인 주거용 건축물 및 그 부속토지로서 취득가액이 1억원 미만인 주택을 말한다.

### 2-2. 1가구 1주택의 범위(§33 ②, 영 §15 ③)

서민주택의 범위에는 개인이 취득하는 서민주택으로서 2016년까지는 세대주를 기준으로 1가구 1주택을 판단하였으나 2017년부터는 시행령 개정에 따라 취득자를 기준으로 판단하여야 한다. 따라서 해당 주택의 취득일 현재 취득자와 세대별 주민등록표에 기재되어 있는 그 가족으로 구성된 1가구가 국내에 1개의 주택을 소유하는 것을 말하며 이는, 세대를 합가한 방계혈족의 경우 1주택을 소유하고 있어도 혜택을 보는 일부 불합리한 사례가 발생함에 따라 지방세법 시행령 제29조 제1항과 일치시킬 필요가 있어 보완한 규정으로 보여진다. 구체적인 사례를 들면 세대주인 형과 취득자인 동생이 동일한 세대에 거주할 경우 세대주의 배우자에 대해서는 1주택 소유 여부를 판단하여야 하나, 세대주 동생의 배우자에 대해서는 직계존비속 또는 세대주와 배우자의 관계가 아니므로 법령상 1주택 소유 여부를 판단하지 않게 되어 동생이 취득자인 경우 감면이 가능하였으나 향후 취득자를 기준으로 배우자 등의 주택소유 여부에 따라 감면적용을 받게 된다.

한편, 지방세법에서는 2017년부터 상속세율 특례의 1가구 판단 시, 30세 미만 미혼의 세대가 분리된 부모에 한해 1가구에 포함되는 것으로 간주하고 있다. 따라서 지방세법과 지특법상에 30세 미만 미혼에 대한 1가구 판단기준이 상이하여 세대가 다른 조부모나 증조부모가 주택을 소유한 것을 이유로 감면을 제한하는 것은 불합리하므로 2019년부터는 취득자가 미혼이고 30세 미만인 경우에만 1가구에 포함(영 §15 ③)시키는 것으로 개정되었다.

## 3 | 특례내용

### 3-1. 세목별 감면

서민주택을 취득하는 개인에 대해서는 취득세 및 국세(농어촌특별세)를 2024년 12월 31일까지 각각 감면한다.

〈표〉 서민주택 취득자 감면 현황(2025.1.1. 현재)

| 조문 | 감면내용 | 감면율 |
|---|---|---|
| §33 ② | 서민주택을 취득하는 개인 | 취득세 100% |
| 농특 §4 ⑥ 5호 | §33 ②에 따른 취득세 감면분의 20% | 농특세 비과세 |

## 3-2. 최소납부세액 면제(§177의 2)

2015년부터 시행되는 감면 상한제도(§177의 2 본문)에 따라 면제되는 세액의 15%는 감면 특례가 제한되어 서민주택을 취득하는 주택에 대한 취득세(§33 ②)의 경우 최저납부세액 과세대상에 해당되지만 제177조의 2 제2호에서 최저납부세액 예외 특례를 적용받아 본 규정대로 계속해서 면제를 적용한다. 이에 대한 세부적인 사항은 제177조의 2의 해설편을 참조하면 된다.

## 3-3. 1가구 1주택 인정 특례(§33 ②, 영 §15 ② 후단)

서민주택의 범위에는 개인이 취득하는 서민주택으로서 3-2 해설편에 따른 1가구 1주택의 요건을 모두 갖추어야 하지만 대체취득의 경우와 65세 이상 직계존속, 국가유공자, 장애인인 직계존속을 부양하고 있는 사람의 경우에는 비록 1가구 1주택 요건을 못 갖추었더라도 1가구 1주택자로 인정하여 감면을 계속 적용한다.

### 3-3-1. 대체취득의 경우(§33 ② 괄호)

감면대상 서민주택을 취득하는 당시에는 1가구 1주택이 아니더라도 그 취득일로부터 60일 이내에 해당 서민주택을 60일 이내에 처분하는 경우에는 계속해서 1가구 1주택으로 인정하여 계속 감면을 적용한다. 다만, 증여의 방법으로 처분하는 경우에는 대체취득으로 인정하지 않아 감면적용을 배제한다.

### 3-3-2. 감면물건 귀속관계 : 1가구 1주택의 범위(영 §15 ③)

감면대상 물건을 취득하더라도 감면요건을 충족해야 되는데 그 감면요건이 1가구 1주택에 해당되어야 한다. 1가구 1주택자란 주택 취득일 현재 해당 주택의 취득자와 세대별 주민등록표에 기재되어 있는 그 가족으로 구성된 1가구가 국내에 1개의 주택을 소유하는 것을 말한다. 이때 65세 이상인 직계존속, 국가유공자(상이 1~7등급), 장애인(장애 1~3등급)인 직계존속을 부양하고 있는 자는 세대별 주민등록표에 함께 등재가 되어 있다 하더라도 1가구가 아닌 다른 가구로 보고 있다. 이는 노부모(65세 이상), 국가유공자·장애인을 부양(扶養)하는 불가피한 개별적 사정을 고려한 것으로 서민주택(전용면적 40㎡, 주택가격 1억원 이하)을 취득할 당시 이들 중 누가 주택을 이미 보유하고 있더라도 감면대상으로 본다.

반면, 취득자의 배우자와 직계비속이 30세 미만인 경우에는 주민등록표상 다른 곳에 거주를 하고 있더라도 이 경우는 동일한 1가구로 보아 서민주택을 취득할 당시에 배우자 또는 30세 미만의 직계비속 중 1인이 기존주택을 보유하고 있으면 이때는 감면대상으로 본다. 이 경우까지 노부모 부양 등의 개별적 예외를 인정하게 되면 오히려 탈세 등 부작용의 소지가 크므로 1가구의 범위를 한정적으로 제한하고 있는 것이다. 다만, 30세 미만이라도 기혼자일 경우에는 위의 제한조건에 구속되지 않으므로 이때는 별도의 가구로 본다.

#### 3-3-3. 1가구 1주택 판단시 사실혼 인정 여부

혼인은 가족관계 등록 등에 관한 법률에서 정하는 신고를 함으로써 그 효력이 생긴다고 민법(§812 ①)으로 규정하고 있으며 관련법률에서 혼인신고서에 적격 기재요건(당사자 성명, 생년월일 등)을 구비하여 신고하여야만 혼인의 효력이 성립되므로 법적인 혼인의 효력은 법률혼의 경우만 인정된다. 또한, 이 법에서도 1가구의 범위를 주민등록법에 따른 세대주와 그 가족을 말하는 형식적인 관계만을 판단하도록 하고 있으며, 기혼의 범위에 사실혼을 포함시킨다는 명문 규정도 없으므로 세대원 중에 사실혼 관계에 있는 자가 있더라도 별도로 분가한 세대로 보지 않고 그냥 세대원으로 보는 것이다.

#### 3-3-4. 형식적으로 세대분가한 자녀가 부모와 함께 거주하는 경우

주택 1채를 보유한 결혼한 아들(세대분가)과 무주택자인 어머니가 같은 주소지에서 함께 거주하고 있으면서 당해 주택을 상속받은 경우 결혼한 아들을 1가구의 가족의 범위로 볼 것인가에 대해 살펴보면, 실제 아들이 어머니와 실거주를 하면서 형식적으로만 세대를 분가한 경우이므로 사실상 어머니 세대의 가족으로 보는 것이 타당하다고 볼 수도 있으나 아들이 기혼자이기 때문에 이 경우 어머니와 아들과의 관계는 동거인으로 보아야 하며 동거인은 가족의 범위에서 제외한다고 규정(영 §15 ③)하고 있으므로 어머니와 아들이 소유한 주택은 각각 별개의 1가구에 해당된다고 보는 것이 타당하다 하겠다(행안부 지방세운영과-67, 2011.1.6. 참조). 이는 사실상 생계를 달리하고 있음에도 형식상 주민등록을 함께하고 있음으로 인해 비과세 요건을 불리하게 적용받는다 하더라도 자신의 실제 주거지를 일치시키지 않고 허위신고를 한데서 기인한 것으로 본다는 판례(대법원 2007두3299, 2007.4.26.)를 인용한 사례라 하겠다.

## 4 | 특례의 제한(§33 ③)

2018년까지는 본 규정에서 별도의 추징규정이 없어, 제178조를 준용하여 감면요건을 위반하는 경우 추징을 하였으나, 서민주택 감면의 취지인 상시거주에 대한 명확한 기준이 없어 제178조에 따른 직접 사용에 대한 기준만으로는 판단이 어려운 점을 고려하여, 2019년부터는 본 규정에 사후관리 규정을 신설하고 「주민등록법」에 따라 전입신고를 하고 계속하여 거주하는 상시거주의 판단기준을 신설하여 정당한 사유없이 농어촌개량주택 취득일로부터 3개월까지 상시거주를 시작하지 않거나(§33 ② 1호), 상시거주일로부터 2년간 상시거주하지 않거나(§33 ② 2호), 상시거주한 기간이 2년 미만인 상태에서 해당 주택을 매각·증여하거나 다른 용도로 사용하는 경우(§33 ② 3호)에는 감면받은 취득세를 추징하도록 개정되었다.

## 5 | 감면신청(§183)

서민주택을 취득하는 개인이 지방세를 감면받으려는 경우에는 해당 지방자치단체의 장에게 해당 부동산이 서민주택임을 입증하는 서류를 첨부하여 감면신청을 하여야 한다. 세부적인 감면신청 절차 등에 대해서는 제183조의 해설편을 참조하면 된다.

## 6 | 관련사례

■ 공동주택 사용승인일 현재 사업자등록에 따른 주택건설사업자 요건 충족 여부

'건축물의 사용승인서를 내주는 날 이전에 건설업 등의 사업자등록증을 교부받은 자'로 규정되어 있을 뿐, 그 건축물과 관련된 사업장 소재지의 사업자등록증이어야 한다고 명시하고 있지 아니하는 바, 비록 공동주택의 사용승인일 현재 그 공동주택에 대한 개인사업자 甲·乙 공동명의의 사업자등록 업태가 부동산업이었다 하더라도, 이미 개인사업자 甲·乙이 각각 건설업의 사업자등록증을 교부받고 폐업을 하지 않은 상태이므로 소규모 공동주택의 공급 확대를 위한 「지방세특례제한법」 제33조 제1항의 입법취지에 부합한다 할 것이고, "대통령령으로 정하는 주택건설사업자"요건을 충족하였으므로 취득세 감면대상에 해당되는 것으로 판단됨(행자부 지방세특례제도과-773, 2015.3.19.).

▣ 부모와 그 자녀가 주소를 달리하는 경우는 1가구의 범위에 해당됨

1가구란 세대주와 그 가족으로 구성된 가구로서 부모와 미혼인 30세 미만의 자녀 A, B가 주민등록표상 세대분리로 각각의 세대를 구성하고 있다면, 세대주인 부모를 중심으로 자녀 A, B는 동일한 가구의 세대 구성원으로서 1가구에 해당(행안부 지방세운영과-1536, 2011.4.2.)

▣ 서민주택을 취득하기 이전 배우자가 이미 주택을 취득등기한 경우

공동주택을 신규분양받아 1가구 1주택이 되는 경우만 감면이므로 청구인이 감면받은 공동주택을 신규분양받아 취득한 시점 이전 배우자가 이미 주택을 취득 등기한 경우로 이는 당초부터 감면요건이 미충족이므로 취득세 부과는 적법함(조심 2010지0878, 2010.12.27.).

# 제33조의2 소형주택 공급 확대를 위한 감면

관련규정

제33조의2(소형주택 공급 확대를 위한 감면) ① 매각 또는 임대할 목적으로 신축하여 2024년 1월 10일부터 2025년 12월 31일까지 취득하는 다음 각 호의 어느 하나에 해당하는 주택에 대해서는 취득세의 100분의 25를 경감한다.

1. 전용면적이 60제곱미터 이하인 공동주택(아파트는 제외한다)
2. 전용면적이 60제곱미터 이하인 「주택법」 제2조 제20호에 따른 도시형 생활주택
3. 「주택법」 제2조 제2호에 따른 단독주택 중 다가구주택으로서 「건축법」 제38조에 따른 건축물대장에 호수별로 전용면적이 구분되어 기재되어 있는 다가구주택(전용면적이 60제곱미터 이하인 호수 부분으로 한정한다)

② 지방자치단체의 장은 제1항에 따라 취득세를 경감하는 경우 해당 지역의 재정 여건 등을 고려하여 100분의 25의 범위에서 조례로 정하는 율을 추가로 경감할 수 있다.

③ 제1항 및 제2항을 적용할 때 그 취득일부터 5년 이내에 매각 또는 임대하지 아니하고 다른 용도로 사용하는 경우에는 경감된 취득세를 추징한다.

## 1 개 요

주거사다리 역할을 하는 아파트 외의 소형주택의 공급 확대를 지원하기 위해 신축 소형주택 공급자에 대한 취득세를 감면하도록 규정을 신설하여 2025년 12월 31일까지 한시적으로 감면적용을 받도록 일몰기한이 설계되었다.

## 2 | 감면대상자

소형주택을 건설하는 사업자로서 아파트를 제외한 전용면적이 60제곱미터 이하인 소형 공동주택과 도시형 생활주택 및 다가구주택을 건축한 후에 매각 또는 임대할 목적으로 신축하는 자가 이에 해당한다.

## 3 | 감면대상 부동산

소형주택 중에서 공동주택(연립, 빌라)과 「주택법」 제2조 제20호에 따른 도시형 생활주택 및 「주택법」 제2조 제2호에 따른 단독주택 중에서 다가구주택으로서 「건축법」 제38조에 따른 건축물대장에 호수별로 전용면적이 구분되어 기재되어 있는 다가구주택으로 해당 전용면적이 60제곱미터 이하인 호수 부분으로 한정한다.

〈표 1〉 **신축 소형주택 감면대상**

| 구 분 | | 신축 소형주택 |
|---|---|---|
| 감면요건 | 목 적 | • 매각 · 임대 목적 |
| | 취득기간 | • 2024.1.10.부터 2025.12.31. 신축 취득 |
| | 주택유형 | • 공동주택(아파트 제외)<br>※ 연립 · 다세대주택<br>• 도시형 생활주택<br>• 다가구주택<br>※ 호수별 전용면적이 구분 · 기재되어 있는 다가구주택<br>(전용면적 60㎡ 이하인 호수 부분 限) |
| | 전용면적 | 60㎡ 이하 |

## 4 | 감면내용

서민주거 안정을 위해 신축하는 60제곱미터 이하의 소형주택을 취득하는 경우에 한시적(2024.1.10.~2025.12.31.)으로 취득세 감면이 적용된다.

〈표 2〉 **신축 소형주택 감면 현황(2025.1.1. 현재)**

| 조문 | 감면내용 | 감면율 | 감면기간 |
|---|---|---|---|
| §33의 2 | 매각임대목적 소형주택* 감면<br>• 공동주택(아파트 제외)<br>※ 연립 · 다세대주택<br>• 도시형 생활주택<br>• 다가구주택<br>※ 호수별 전용면적이 구분 · 기재되어 있는 다가구주택(전용면적 60㎡ 이하인 호수 부분 限) | 취득세 50%<br>(법 25%, 조례 25%) | 2024.1.10.<br>~2025.12.31. |

## 5 | 사후관리

취득세를 경감받은 소형주택을 그 취득일부터 5년 이내에 매각 또는 임대하지 아니하고 다른 용도로 사용하는 경우에는 경감된 취득세를 추징하며 세부적인 추징절차 등에 대해서는 제178조의 해설을 참조하면 된다.

# 제33조의3

## 지방 소재 준공 후 미분양 아파트에 대한 감면

**관련규정**

제33조의3(지방 소재 준공 후 미분양 아파트에 대한 감면) ① 「주택법」 제54조 제1항에 따른 사업주체가 다음 각 호의 요건을 모두 갖춘 아파트를 신축하여 2024년 1월 10일부터 2025년 12월 31일까지 취득하는 경우에는 취득세의 100분의 25를 경감한다.

1. 「주택법」 제49조에 따른 사용검사 또는 「건축법」 제22조에 따른 사용승인(임시사용승인을 포함한다)을 받은 후 분양되지 아니한 아파트일 것
2. 수도권 외의 지역에 있을 것
3. 전용면적이 85제곱미터 이하이고 「지방세법」 제10조의 4에 따른 취득당시가액이 3억원 이하일 것
4. 2025년 12월 31일까지 임대차계약을 체결하고 2년 이상 임대할 것

② 지방자치단체의 장은 제1항에 따라 취득세를 경감하는 경우 해당 지역의 재정 여건 등을 고려하여 100분의 25의 범위에서 조례로 정하는 율을 추가로 경감할 수 있다.

③ 제1항 및 제2항을 적용할 때 임대한 기간이 2년 미만인 상태에서 매각·증여하거나 다른 용도로 사용하는 경우에는 경감된 취득세를 추징한다.

## 1 개 요

지방에서 준공 후에 분양이 되지 않은 아파트 물량을 해소하고 임대주택의 활용을 통한 전·월세시장의 안정적 지원을 위해 지방 소재 미분양 아파트를 임대공급하는 경우 취득세를 감면하도록 규정을 신설하였으며 2025년 12월 31일까지 한시적으로 감면적용을 받도록 일몰기한이 설계되었다.

## 2 | 감면대상자

수도권 외의 지역에서 주택을 건설하는 「주택법」 제54조 제1항에 따른 사업자가 아파트를 신축하였으나 「주택법」 제49조에 따른 사용검사 또는 「건축법」 제22조에 따른 사용승인 및 임시사용승인을 받은 후 분양되지 아니한 아파트를 신축한 자가 이에 해당한다.

## 3 | 감면대상 부동산

분양을 목적으로 지방에서 신축한 아파트로서 상기 규정에 따라 사용승인 및 임시사용승인을 받은 후 분양되지 아니한 경우로서 해당 아파트의 전용면적이 85제곱미터 이하인 경우에 해당된다.

또한, 「지방세법」 제10조의 4(주택에 대한 시가표준액은 「부동산 가격공시에 관한 법률」에 따라 공시된 가액(價額)으로 하되, 다만, 공동주택가격이 공시되지 아니한 경우에는 지방자치단체장이 산정한 가액)에 따른 취득당시가액이 3억원 이하인 경우로서 2025년 12월 31일까지 임대차계약을 체결하고 2년 이상 임대한 아파트에 대해 감면을 적용받게 된다.

〈표 1〉 **신축 미분양 아파트 감면대상**

| 구 분 | | 신축 소형주택 |
|---|---|---|
| 감면요건 | 취득기간 | 2024.1.10.부터 2025.12.31. 신축 취득 |
| | 주택유형 | 미분양 아파트 |
| | 주택요건 | • 사용검사·사용승인(임시사용승인 포함) 받은 후 분양되지 아니한 아파트일 것<br>• 수도권 외의 지역에 있을 것<br>• 전용면적 85㎡ 이하이고 취득가액이 3억원 이하일 것<br>• 2025.12.31.까지 임대계약을 체결하고 2년 이상 임대할 것 |

## 4 | 감면내용

지방 미분양 아파트 해소를 위해 전용면적 85제곱미터 이하의 신축한 미분양 아파트에 대해서 한시적(2024.1.10.~2025.12.31.)으로 취득세 감면이 적용된다.

〈표 2〉 **신축 미분양 아파트 감면 현황(2025.1.1. 현재)**

| 조문 | 감면내용 | 감면율 | 감면기간 |
| --- | --- | --- | --- |
| §33의 3 | 지방소재 미분양 아파트<br>(전용면적 85㎡ 이하, 취득가액 3억원 이하) | 취득세 50%<br>(법25%, 조례25%) | 2024.1.10.<br>~2025.12.31. |

## 5 | 사후관리

취득세를 경감받은 해당 미분양 아파트를 그 취득일부터 임대한 기간이 2년 미만인 상태에서 매각 · 증여하거나 다른 용도로 사용하는 경우에는 경감된 취득세를 추징하며 세부적인 추징절차 등에 대해서는 제178조의 해설을 참조하면 된다.

# 제34조

## 1. 주택도시보증공사의 주택분양보증 등에 대한 감면

관련규정

제34조 제1항 및 제7항 [일몰기한 종료로 2017.1.1.부터는 감면 효력 상실]

제34조(주택도시보증공사의 주택분양보증 등에 대한 감면) ①「주택도시기금법」에 따른 주택도시보증공사(이하 "주택도시보증공사"라 한다)가 같은 법 제26조 제1항 제2호에 따른 주택에 대한 분양보증을 이행하기 위하여 취득하는 건축물로서 분양계약이 된 주택에 대해서는 취득세의 100분의 50을 2016년 12월 31일까지 경감한다.

② ~ ③ 〈삭 제〉 [14.1.1.]

④ ~ ⑤ (생 략)

⑥ 〈삭 제〉 [14.1.1.]

⑦「부동산투자회사법」 제2조 제1호 다목에 따른 기업구조조정 부동산투자회사 또는 「자본시장과 금융투자업에 관한 법률」 제229조 제2호에 따른 부동산집합투자기구(집합투자재산의 100분의 80을 초과하여 같은 법 제229조 제2호에서 정한 부동산에 투자하는 같은 법 제9조 제19항 제2호에 따른 일반 사모집합투자기구를 포함한다. 이하 같다)가 2016년 12월 31일까지 「주택법」에 따른 사업주체로부터 직접 취득하는 미분양주택 및 그 부속토지(이하 이 항에서 "미분양주택등"이라 한다)에 대해서는 취득세의 100분의 50을 경감하고, 취득한 미분양주택등에 대한 재산세는 2016년 12월 31일까지 「지방세법」 제111조 제1항 제3호 나목의 세율에도 불구하고 1천분의 1을 적용하여 과세한다.

# 1 | 개 요

서민주거안정을 위한 주택분양자 보호를 위해 주택도시보증공사가 취득하는 주택 등에 대한 세제지원이다. 2010년까지는 구 지방세법 제269조 및 제269조의 2 규정에 각각 규정되었다가 2011년부터는 현재의 지특법 제34조로 이동되었다.

# 2 | 감면대상자

## 2-1. 주택도시보증공사

「주택도시기금법」에 따른 주택도시보증공사가 이에 해당된다. 주택도시보증공사란 주택분양보증, 주택사업금융(PF)보증, 임대보증금보증 등 주택관련 보증업무와 주택건설기업이 부도나 파산했을 경우 이들 주택건설사업자를 대신해 공사를 완료하여 입주 또는 이미 납부한 분양대금 반환의 보증책임 이행 목적 등 주택건설에 대한 각종 보증을 이행함으로써 주택분양계약고객을 보호하고 주택건설을 촉진하며 국민의 주거복지향상에 기여하기 위해 「주택도시기금법」 제16조에 근거하여 설립된 법인을 말한다.

## 2-2. 부동산투자회사(§34 ④ · ⑤)

「부동산투자회사법」 제2조 제1호 가목 및 나목에 따른 부동산투자회사와 「자본시장과 금융투자업에 관한 법률」 제229조 제2호에 따른 부동산집합투자기구(리츠 · 펀드)가 이에 해당된다.

〈표 1〉 **부동산 투자회사 개요**

| 항목 | 부동산투자회사(REITS), 국토부 관리 | 부동산집합투자기구(펀드), 금융위 관리 |
|---|---|---|
| 회사형태 | • 일반리츠 : 실체회사<br>• CR리츠 : Paper Company<br>• 100억원 | • Paper Company<br>*실체회사는 거의 없음<br>• 규제 없음 |
| 도입목적 | • 기관, 개인에게 장기부동산투자 및 유동화 기회 제공 | • 기관, 개인에게 단기부동산투자 기회 제공 |
| 투자대상<br>존속기간 | • 실물부동산<br>• 일반리츠 : 영속, CR리츠 : 한시 | • 부동산개발사업 등<br>• 영속, 한시 |

| 항목 | 부동산투자회사(REITS), 국토부 관리 | 부동산집합투자기구(펀드), 금융위 관리 |
|---|---|---|
| 지분제한 | • 1인당 지분한도 30%로 제한 | • 규제 없음 |
| 공모 | • 30% 이상을 공모해야 함 | • 규제 없음 |
| 자산 | • 자산의 70% 이상 부동산 투자 | • 자산의 50% 이상 부동산 투자 |
| 부동산취득 | • 취득세 30% 감면(2014년까지) | • 취득세 30% 감면(2014년까지) |
| 부동산등기 | • 3배중과 배제(수도권) | • 3배중과 배제(수도권) |
| 법인설립등기 | • 3배중과 배제(수도권) | • 중과대상 아님(수도권) |

# 3 | 감면대상 부동산

## 3-1. 주택보증공사가 취득하는 부동산(§34 ①)

감면대상자가 「주택도시기금법」 제77조 제1항 제1호의 주택에 대한 분양보증을 이행하기 위하여 취득하는 건축물로서 분양계약이 된 주택이 이에 해당된다. 여기서 말하는 주택분양 보증이란 사업주체가 파산 등의 사유로 분양계약을 이행할 수 없게 되는 경우 당해 주택의 분양의 이행(분양이행) 또는 납부한 계약금 및 중도금의 환급(입주자의 3분의 2 이상이 원하는 경우에 한함)이행을 책임지는 보증제도를 말한다. 2012.3.27. 이후 분양보증 발급 사업장은 해당 주택의 감리자가 확인한 실행공정률이 80% 미만이고, 입주자의 3분의 2 이상이 원하는 경우에 한하여 환급이행 가능토록 관련 제도가 개선되었다.

〈표 2〉 '07~'11년간 분양보증 보증실적 및 이행현황(억원)

| 구분 | | 2007년 | 2008년 | 2009년 | 2010년 | 2011년 |
|---|---|---|---|---|---|---|
| 보증실적 | 건수 | 923 | 428 | 340 | 361 | 639 |
| | 보증금액 | 788,954 | 197,395 | 265,801 | 179,111 | 331,087 |

### 3-1-1. 주택도시보증공사의 주택분양 보증주택(§34 ①)

「주택도시기금법」 제77조 제1항에 따라 주택건설사업자가 건설·공급하는 주택에 대한 분양보증, 하자보수보증 등 주택분양 보증을 위해 취득하는 건축물 중 분양계약이 체결된 주거용 건축물 및 그 부속토지가 이에 해당된다. 이 경우 복리시설 중 일반인에게 분양되는 시설은 제외한다. 여기서 "주택분양 보증의 이행"이란 ⅰ) 주 채무자(주택건설사업자)에게 부도·파산·사업포기 등의 사유가 발생한 경우, ⅱ) 감리자가 확인한 실행공정률이 예정

공정률보다 25% 이상 미달하여 보증채권자의 이행청구가 있는 경우, iii) 감리자가 확인한 실행공정률이 75% 초과하는 경우로서 실행공정이 정당한 사유없이 예정공정보다 6개월 이상 지연되어 보증채권자의 이행청구가 있는 경우, iv) 시공자의 부도・파산 등으로 공사 중단 상태가 3개월 이상 지속되어 보증채권자의 이행청구가 있는 경우가 이에 해당된다. 이처럼 주택건설사업자로부터 분양보증한 주택도시보증공사(보증 채권자)가 주택분양에 대한 보증분에 대해 위의 경우처럼 분양보증 사고가 발생하게 되면 주택도시보증공사는 현장조사 및 사업성 검토를 통해 계속 주택건설사업을 이행할지의 여부를 결정하게 되고, 이후에 승계시공사의 선정, 공사의 재개, 공사의 완료 및 사용검사, 소유권이전등기 등의 일련의 절차를 대한주택보증회사가 대신 수행하게 되는 것이며 이때 주택도시보증공사가 소유권보전을 위해 취득하는 주택에 대해서 감면을 적용하는 것이다.

#### 3-1-2. 주택도시보증공사가 부도난 회사의 부동산을 취득 후 제3자에게 매각하는 경우

주택도시보증공사가 분양보증을 이행하는 과정에서 당초 사업시행자와의 양도계약에 따라 부도난 회사의 부동산을 대물변제로 취득하고 이를 직접 제3시행자에게 매각한 경우 나머지 50%에 대한 취득세 납세의무가 성립하는지에 대해 살펴보면, 주택도시보증공사가 시행사 대신 분양자에게 주택보증금을 환급하여 인수한 후 건설사와 사업 시작 때 맺은 계약에 따라 분양계약자에게 계약금과 중도금을 돌려주고 아파트 소유권을 넘겨받은 이후 일정기간(2~3년) 경과 후 이를 다른 건설사에 되팔았다면 주택 소유권이 주택도시보증공사인 상태에서 제3건설사에게 직접 매각하였으므로 주택도시보증공사의 부도아파트 인수시점은 납세의무가 성립되어 주택도시보증공사가 취득한 부도사업장은 지방세법상 취득에 해당된다고 보여진다. 한편, 지방세법 제9조 제3항에 따른 신탁재산의 취득으로서 위탁자로부터 수탁자에게 신탁재산을 이전하는 경우에 해당하면 취득세를 비과세한다고 규정하고 있고 주택도시보증공사의 역할이 단순한 부동산 중개업무이므로 비과세 대상에 해당된다고 볼 수도 있겠으나, 주택도시보증공사의 경우는 사실상 부도난 회사의 부동산을 대물변제로 취득하고 이를 직접 제3시행자에게 매각하는 경우로 신탁법 등에 따른 위・수탁 관계에 해당되지 않으므로 비과세 대상에는 해당되지 않는다고 보여진다. 다만, 이의 경우 2016년 현재 지방자치단체에서는 분양대금 변제에 따른 실질적인 토지 소유권을 주택도시보증공사가 취득했다고 보아 지방세 부과대상이라고 주장하는 반면, 주택도시보증공사에서는 신탁등기와 신탁계약에 따른 건 실질적 취득이 아니라는 입장으로 소송(訴訟)이 진행중에 있다는 점을 참고하기 바란다.

### 3-2. 부동산투자회사 등이 취득하는 부동산(§34 ⑦)

감면대상 부동산투자회사 등이 「주택법」에 따른 사업주체로부터 직접 취득하는 미분양 주택 등이 이에 해당된다.

## 4 | 특례내용

주택도시보증공사 또는 부동산집합투자기구 등에 대해서는 2016년 12월 31일까지 다음의 표와 같이 지방세 및 국세(농어촌특별세)를 각각 감면한다.

〈표 3〉 **주택도시보증공사 등에 대한 세목별 감면 현황(2016.1.1. 현재)**

| 조문 | 감면내용 | 감면율 |
|---|---|---|
| §34 ① | 주택분양보증 목적으로 취득하는 주택 | 취득세 50% |
| §34 ⑦ | 부동산투자회사 등이 취득하는 미분양주택 등 | 취득세 50%<br>재산세 세율특례(0.1%) |
| 농특 §4 ⑥ 5호 | §34에 따른 취득세 감면분의 20% | 농특세 비과세 |

## 5 | 관련사례

▣ "사업주체로부터 미분양주택을 직접 최초로 취득하는 경우" 해당 여부

신탁회사 명의의 신탁등기는 분양자 및 매수예정자들의 재산권을 온전하게 관리한 후 분양계약서상 채무이행 완료시 소유권 이전과, 채권채무의 정산 등 효율적인 사업진행을 위한 형식적인 소유권 이전으로 미분양주택의 실질적인 소유권은 여전히 사업주체인 위탁자에게 있다 할 것이고, 실질적으로 미분양 상태가 지속되고 있음에도 형식적으로 소유권이 신탁회사로 이전되었다 하여 미분양이 해소되었다 볼 수 없고, 부동산투자회사가 등기명의자인 신탁회사로부터 미분양주택을 취득하였다 하더라도 신탁원부상 위탁자인 사업주체를 수익자로 지정하여 위탁자가 사실상 당해 부동산의 소유자인 경우 실질적으로 지방세법 시행령 제223조의 2 제3항에서 규정하는 "사업주체로부터 미분양 주택을 직접 최초로 취득하는 경우"에 해당된다 할 것이나, 이에 해당 여부는 신탁관계등 사실관계를 면밀히 검토하여 과세관청에서 판단할 사항임(행정안전부 지방세운영과-6108, 2010.12.30.).

■ '환매기간 내에 재매입하는 경우'에 해당하는지 여부

지방세법 제269조의 2 제1항 및 제2항의 규정에서 대한주택보증이 사업주체로부터 미분양주택을 일시 매입하거나 당해 미분양주택을 사업주체가 환매기간 내에 재매입하는 경우 취득세와 등록세를 면제하도록 규정하고 있음. ① 입법정책상 정부의 건설업계 유동성 지원방침에 따라 대한주택보증이 건설업계에 자금을 지원하고 그에 따른 담보를 목적으로 형식상 취득하는 것에 대하여 지방세법 제269조의 2 제1항 및 제2항의 규정에 따라 조세지원의 혜택을 부여하고 있는 점, ② 판례에서도 건축주로부터 수분양자에게 소유권이전등기가 경료되었다고 하더라도 이후에 그 계약이 해제되어 소유권이 말소된 경우에는 종국적이고 실질적인 의미에서 소유권을 취득하였다고 볼 수 없어 소유권이 사업주체에게 회복된 이후 사업주체와 매매계약을 체결하고 그로부터 소유권이전등기를 경료받았다면 이를 실질적인 최초의 취득자라고 보고 있는 점(대법원 2007.3.15. 선고, 2006두19686 판결 참조), ③ 실질적인 미분양 상태가 지속되고 있음에도 형식적으로 소유권이 이전되었다가 그 소유권이 회복되었다고 하여 미분양 상태가 해소되었다거나 새로운 미분양이 발생한 것이라고 보기에는 무리가 있는 점 등을 종합적으로 고려해 볼 때, 환매등기가 병행되어 있는 부동산의 환매권 행사 또는 신탁법에 의한 신탁으로서 신탁등기가 병행되어 있는 부동산의 신탁해지로 인하여 소유권이 사업주체로 다시 귀속된 주택이, 2009.2.12. 현재 미분양 상태였고 이후 형식상 소유권이 회복될 때까지 미분양 상태가 유지된 상태였다면, 당해 주택을 수분양자가 최초 취득하는 경우에도 「경상북도세감면조례」 제14조 제5항 규정에 의한 취득세 등 감면대상으로 보는 것이 타당하다고 판단됨(행정안전부 지방세운영-4410, 2009.10.19.).

■ 미분양주택을 환매권행사로 사업주체가 재매입시 취득세 감면대상이라고 한 사례

대한주택보증이 사업주체로부터 환매조건으로 미분양주택을 매수하는 것은 건설업계 유동성 지원을 위하여 대금채권 담보 목적으로 일시 취득하는 것으로서, 그 사업주체가 환매기간 내에 환매권을 행사하면 매매계약이 약정 해제되어 소유권이 다시 본래의 사업주체에게 귀속되어 형식적인 소유권의 취득에 대한 비과세(지방세법 제110조 제2호 가목) 대상에 해당됨. 따라서, 환매등기를 병행하는 부동산의 매매로서 사업주체가 환매기간 내에 환매권을 행사하여 그 소유권이 다시 귀속된 미분양주택을 기업구조조정부동산투자회사가 최초 취득하는 경우라면 「지방세법」 제269조의 2 제3항에 따른 감면대상으로 봄이 타당함(행정안전부 지방세운영-4268, 2009.10.9.).

## 2. 주택도시보증공사의 주택분양보증 등에 대한 감면

**관련규정**

제34조 제4항, 제5항 [일몰기한 종료로 2015.1.1.부터는 감면 효력 상실]

제34조(주택도시보증공사의 주택분양보증 등에 대한 감면) ④ 「부동산투자회사법」 제2조 제1호 가목 및 나목에 따른 부동산투자회사(이하 이 조에서 "부동산투자회사"라 한다)가 임대목적으로 2014년 12월 31일까지 취득하는 주택에 대하여는 취득세를 면제하고, 취득한 주택에 대한 재산세는 2014년 12월 31일까지 「지방세법」 제111조 제1항 제3호 나목의 세율에도 불구하고 1천분의 1을 적용하여 과세한다. 다만, 취득세를 면제받거나 재산세를 감면받은 후 정당한 사유 없이 제5항에 따른 계약조건을 유지하지 아니하거나 위반한 경우에는 감면된 취득세와 재산세를 추징한다.

⑤ 제4항에 따라 취득세를 면제받거나 재산세를 감면받으려면 다음 각 호의 계약을 모두 체결하여야 한다. 1. ~ 2. (생략, 해설편 참조)

### 1 개 요

서민주거안정을 위해 정부의 서민주거안정 부동산대책(2013.4.1.)에 따른 렌트푸어 대책에 따른 임대주택에 대한 세제지원이다. 2013년에 처음 신설되었으나 감면기한이 2014년 12월 31일까지로 종료되어 2015년부터는 감면대상에서 제외되었다.

다만, 감면이 종료되더라도 부칙 제16조(법률 제12955호, 2014.12.31.) 규정에 따라 감면 누락 등의 사유에 해당하는 경우에는 최대 5년까지는 종전의 규정을 계속해서 적용해야 하므로 감면대상자, 감면부동산 및 감면내용 등에 대한 본 장의 해설을 계속해서 참조하기 바란다.

## 2 감면대상자

「부동산투자회사법」 제2조 제1호 가목 및 나목에 따른 부동산투자회사가 이에 해당된다. 부동산투자회사에 대한 세부사항은 앞 장에서 설명(제34조 제4항, 제5항, 2-2 해설편)한 내용과 같다.

## 3 감면대상 부동산(§34 ④ · ⑤)

부동산투자회사가 「부동산투자회사법」 제2조 제1호 가목 및 나목에 따른 부동산투자회사가 하우스푸어를 위해 임대할 목적으로 취득(매입)하는 임대주택(희망임대주택)이 이에 해당된다. 여기서 부동산투자회사가 취득하는 임대주택이란 주택 소유자가 여건에 따라 주택(또는 주택지분 일부)을 리츠에 매각하고, 해당 주택을 임차하여 거주하는 방식을 말한다. 즉, 당초 주택 소유자에게 아파트(전용 85㎡ 이하) 지분의 일부를 리츠에 매각하고, 매각지분에 대해 사용료를 납부하며 거주할 수 있는 옵션을 부여하고 계약기간(5년) 후 매도자가 지분을 환매하여 소유권 회복이 가능하거나 계약기간 종료 후 매도자가 지분을 재매입하지 않는 경우, 리츠가 매도자의 잔여지분을 시세(감정평가액)에 살 수 있는 권리를 부여하거나 리츠가 주택지분 전체를 확보한 경우, 일반 매각 또는 LH가 매입(리츠 설립시 확약)하여 임대주택으로 활용하는 등의 요건을 준수하는 것을 전제로 한다.

〈참조〉 **임대주택 리츠 개념도**

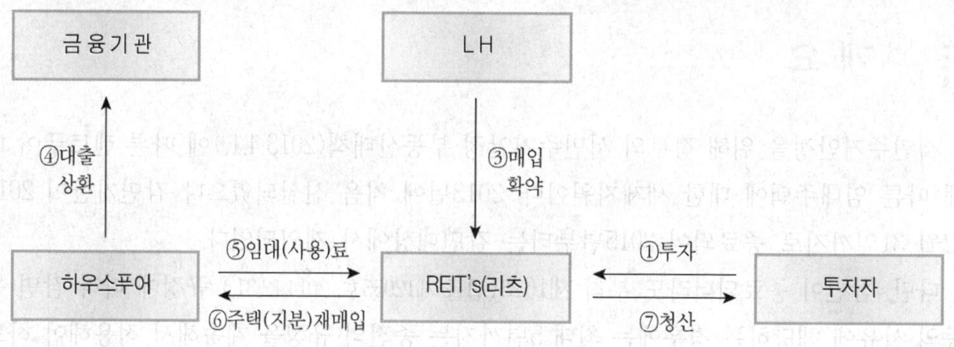

## 4 | 특례내용

부동산투자회사가 하우스푸어 구제를 위해 취득·보유하는 주택에 대해서는 2014년 12월 31일(감면기한 종료)까지 지방세와 국세(농어촌특별세)를 각각 감면한다.

〈표〉 부동산 투자회사 등에 대한 감면 현황(2016.1.1. 현재)

| 조문 | 감면내용 | 감면율 |
|---|---|---|
| §34 ⑤ | 부동산투자회사 등이 임대목적으로 취득하는 주택 | 취득세 100%<br>재산세 세율특례(0.1%) |
| 농특 §4 ⑥ 5호 | §34 ⑤에 따른 취득세 감면분의 20% | 농특세 비과세 |

## 5 | 지방세특례의 제한(§34 ④ ~ ⑤)

제34조 제5항에 따른 감면요건을 위반하는 경우에는 감면된 취득세와 재산세를 추징한다. 이때 감면요건을 위반하는 경우란 정당한 사유없이 다음의 사항을 위반하는 경우이다. 정당한 사유 등에 판단기준 등의 세부적인 내용은 제178조의 해설편을 참조하면 된다.

1. 부동산투자회사와 임차인 간의 계약
   가. 부동산투자회사가 전용면적 85제곱미터 이하의 1가구[주택 취득일 현재 세대별 주민등록표에 기재되어 있는 세대주와 그 세대원(배우자, 직계존속 또는 직계비속으로 한정한다)으로 구성된 가구를 말한다] 1주택자의 주택을 매입(주택지분의 일부를 매입하는 경우를 포함한다)하여 해당 주택의 양도인(이하 이 조에서 "양도인"이라 한다)에게 임대하되, 그 임대기간을 5년 이상으로 하는 계약
   나. 가목에 따른 임대기간 종료 후 양도인이 해당 주택을 우선적으로 재매입(임대기간 종료 이전이라도 양도인이 재매입하는 경우를 포함한다)할 수 있는 권리를 부여하는 계약
2. 부동산투자회사와 한국토지주택공사 간의 계약
   양도인이 제1호 나목에 따른 우선매입권을 행사하지 아니하는 경우 한국토지주택공사가 해당 주택의 매입을 확약하는 조건의 계약

# 제35조

## 주택담보노후연금보증 대상 주택에 대한 감면

관련규정

제35조(주택담보노후연금보증 대상 주택에 대한 감면) ①「한국주택금융공사법」에 따른 연금보증을 하기 위하여 같은 법에 따라 설립된 한국주택금융공사와 같은 법에 따라 연금을 지급하는 금융회사가 같은 법 제9조 제1항에 따라 설치한 주택금융운영위원회가 같은 조 제2항 제5호에 따라 심의·의결한 연금보증의 보증기준에 해당되는 주택(「주택법」 제2조 제4호의 준주택 중 주거목적으로 사용되는 오피스텔을 포함한다. 이하 이 조에서 같다)을 담보로 하는 등기에 대하여 그 담보의 대상이 되는 주택을 제공하는 자가 등록면허세를 부담하는 경우에는 다음 각 호의 구분에 따라 등록면허세를 2027년 12월 31일까지 감면한다.

1. 「지방세법」 제4조에 따른 시가표준액(이하 이 조에서 "시가표준액"이라 한다)이 5억원 이하인 주택으로서 대통령령으로 정하는 1가구 1주택(이하 이 조에서 "1가구 1주택"이라 한다) 소유자의 주택을 담보로 하는 등기에 대해서는 등록면허세의 100분의 50을 경감한다.
2. 제1호 외의 등기 : 다음 각 목의 구분에 따라 감면
   가. 등록면허세액이 300만원 이하인 경우에는 등록면허세의 100분의 50을 경감한다.
   나. 등록면허세액이 300만원을 초과하는 경우에는 150만원을 공제한다.

② 제1항에 따른 주택담보노후연금보증을 위하여 담보로 제공된 주택(「한국주택금융공사법」 제2조 제8호의 2에 따른 신탁등기를 한 주택을 포함하며, 1가구 1주택으로 한정한다)대해서는 다음 각 호의 구분에 따라 재산세를 2027년 12월 31일까지 감면한다.

1. 시가표준액이 5억원 이하인 주택의 경우에는 재산세의 100분의 25를 경감한다.
2. 시가표준액이 5억원을 초과하는 경우에는 해당 연도 주택공시가격등이 5억원에 해당하는 재산세액의 100분의 25를 공제한다.

③「한국주택금융공사법」 제2조 제11호에 따른 금융기관으로부터 연금 방식으로 생활자금 등을 지급받기 위하여 장기주택저당대출에 가입한 사람이 담보로 제공하는 주택(1가구 1주택인 경우로 한정한다)에 대해서는 다음 각 호의 구분에 따라 재산세를

2021년 12월 31일까지 감면한다.

1. 주택공시가격등이 5억원 이하인 주택의 경우에는 재산세의 100분의 25를 경감한다.
2. 주택공시가격등이 5억원을 초과하는 경우에는 해당 연도 주택공시가격등이 5억원에 해당하는 재산세액의 100분의 25를 공제한다.

## 1 | 개 요

주택을 금융기관에 담보로 제공하고 노후생계비를 받는 60세 이상 노인계층에 대한 세제지원이다. 2010년까지는 구 지방세법 제269조 제2항 및 제8항에서 규정하였으나 2011년부터는 현재의 지특법 제35조로 이관하였다. 이후 2012년 말 지특법 개정을 통해 감면일몰기한이 2012년에서 2015년까지 3년 연장되었으며 민간은행에서 취급하는 역모기지 가입주택에 대해서도 재산세 25% 감면이 신설되었다. 2019년에는 감면대상의 범위를 1가구 1주택자로 한정하였다. 2020년에는 담세력이 있는 5억원 초과 주택을 보유한 자에게 공제한도 제도를 설정하여 세부담을 강화하였다. 2022년에는 주택담보노후연금보증 대상 주택에 대한 감면을 3년 연장(2024년)하고, 감면대상을 확대(주거용 오피스텔 추가)하였으며, 등록면허세 감면한도를 최대 400만원에서 225만원으로 축소하였다. 2025년에는 신탁방식의 연금주택을 감면대상에 포함하였고, 일몰기한이 3년 연장(2027년)되었다.

## 2 | 감면대상자

「한국주택금융공사법」에 따라 설립된 한국주택금융공사와 같은 법에 따라 연금을 지급하는 금융회사와 이들 회사로부터 담보 대상이 되는 주택을 취득·보유하는 주택담보노후연금보증 및 장기주택저당대출에 가입한 개인 등이 이에 해당된다.

**“담보의 대상이 되는 주택을 제공하는 자가 등록에 대한 등록면허세를 부담하는 경우로 한정한다”라고 규정한 입법취지(§35 ① 후단)**

저당권 등에 대한 등록면허세 납세의무자는 금융기관이지만, 최근 공정거래위원회에서 근저당권 설정비용을 은행 등 금융기관이 직접 부담토록 대출거래표준약관제도가 개선(2011.4.)되었다. 이에 해당 금융기관이 주택담보노후연금에 가입한 가입자와 내부 약정을 통해 그 가입자가 등록면허세를 부담하는 경우가 있어 이를 고려하여 납세자에게 전가된 세부담을 덜어주려는 데 목적이 있다. 그러나 이는 실제 납세의무자인 금융기관에 대한 특혜소지가 있는 것으로 향후 이에 대한 입법보완이 필요하다고 보여진다.

## 3 | 감면대상주택 및 주거용 오피스텔

「한국주택금융공사법」에 따른 주택금융운영위원회가 같은 조 제2항 제5호에 따라 심의·의결한 주택담보노후연금의 보증기준에 해당되는 주택과 같은 법 제2조 제11호에 따른 금융기관으로부터 연금 방식으로 생활자금 등을 지급받기 위하여 장기주택저당대출에 가입한 사람이 담보로 제공하는 주택 및 신탁방식의 연금주택[83]이 이에 해당된다. 2019년부터는 1가구 1주택자로 감면대상 범위가 조정되었으며, 2020년부터는 「주택법」 제2조 제4호에 따른 준주택 중 주거목적으로 사용되는 오피스텔도 감면대상으로 확대되었다.

### 3-1. 주택담보노후연금 개요

가입자가 사망할 때까지 기간에 상관없이 일정금액이 지급되는 역모기지로서 보유하고 있는 집을 담보로 금융기관으로부터 매달 연금식으로 생활비를 타다 쓰고, 만기가 되면 집을 금융기관이 처분하는 금융상품이다. 주택을 갖고 있지만 별도의 소득이 없는 고령자들의 안정적인 노후생활을 지원하기 위해 도입된 제도이다. 한편, 이와 유사한 제도로 일반은행에서 시행하는 민간역모기지 제도가 있다.

〈표 1〉 **주택금융공사와 일반은행의 역모기지 비교(2017.1.1. 현재)**

| 구분 | 주택금융공사 | 일반은행 |
|---|---|---|
| 신청자격 | 60세 이상 9억원 이하 1주택 소유자 | 40세 이상 80세 미만 주택소유자 |
| 대출기간 | 미확정(종신) | 확정(5~30년) |
| 주거보장 | 평생보장(사망할 때까지) | 대출기간만 보장 |
| 상환방법<br>(주택가격 하락) | 사망 후 주택처분금액으로 상환<br>(담보주택가액만큼만 부담) | 대출만기 시 일시상환<br>(주택가액 이상 대출금액을 부담) |

83) 주택소유자와 한국주택금융공사간에 신탁계약에 따라 담보로 제공하는 주택

### 3-2. 주택담보노후연금에 가입한 오피스텔의 경우

2017년부터는 주거용 오피스텔 소유자도 주택연금에 가입할 수 있다. 본 규정에 따른 주택연금의 대상이 되는 주택이란 「지방세법」 제104조 제3호에 따른 주택을 말하며, 이는 주택법 제2조 제1호에 따른 공동주택과 단독주택을 말하며, 주거용 오피스텔은 「건축법」에 따른 건축물로서 본 규정에 따른 감면대상 주택으로 볼 수 없다.

## 4 | 특례내용

### 4-1. 세목별 감면

한국주택금융공사 등 금융기관과 이들 금융기관 등에 해당 노후보장보험 등을 가입한 가입자에 대해서는 지방세 및 국세를 2027년 12월 31일까지 다음과 같이 감면한다. 2019년까지는 한국주택금융공사 등 금융기관에 담보로 제공하는 모든 주택에 대해 일괄하여 등록면허세를 면제하였으나, 2020년부터는 해당 주택가격이 5억원을 기준으로 재산세와 동일하게 차등하여 감면하는 것으로 개정이 되었고, 2022년부터는 등록면허세 감면한도가 최대 400만원에서 225만원으로 축소되었다. 세부 내용은 다음과 같다.

〈표 2〉 **한국주택금융공사 등에 대한 감면 현황(2025.1.1. 현재)**

| 조문 | 감면내용 | 감면율 |
|---|---|---|
| §35 ① 1호 | 한국주택금융공사·금융기관 등의 연금보증기준에 해당하는 5억원 이하 주택 및 주거용 오피스텔 | 등록면허세 50% |
| §35 ① 1호 가목 | 한국주택금융공사·금융기관 등의 연금보증기준에 해당하는 5억원 초과 주택 및 주거용 오피스텔 | 등록면허세액이 300만원 이하인 경우 등록면허세 50% |
| §35 ① 1호 나목 | | 등록면허세액이 300만원 초과인 경우 등록면허세 150만원 공제 |
| §35 ② | 한국주택금융공사·금융기관 등의 연금보증기준에 해당하는 5억원 이하 주택을 담보(신탁담보 주택 포함)로 제공하는 주택 | 재산세 25% |
| §35 ③ 1호 | 금융기관 등의 장기주택저당대출에 가입한 5억원 이하 주택 | 재산세 25% |
| §35 ③ 1호 | 금융기관 등의 장기주택저당대출에 가입한 5억원 초과 주택 | 5억원에 해당하는 재산세의 25% |

| 조문 | 감면내용 | 감면율 |
|---|---|---|
| 농특 §4 9호 | §35 ①에 따라 감면받는 등록면허세의 20%<br>단, 국민주택규모(수도권 85㎡, 지방 100㎡ 이하) | 농어촌특별세 비과세 |

### 4-2. 자동계좌이체 납부분 재산세 세액공제(§92의 2)

한국주택금융공사 등 금융기관으로부터 해당 연금보험 등에 가입한 개인이 전자송달 또는 자동계좌이체 방식으로 납부할 재산세(§35 ②~③)를 자동납부 신청하는 경우에는 지방자치단체의 조례로 정하는 바에 따라 추가로 재산세를 공제(150원~1,000원)받을 수 있다. 자동납부 신청 세액공제에 관한 세부사항은 제92조의 2의 해설편을 참조하면 된다.

## 5 | 특례의 제한

### 5-1. 5억원 초과 주택에 대한 감면 제한(§35 ①~③)

한국주택금융공사 등 금융기관과 이들 금융기관 등에 해당 노후보장보험 등에 가입한 주택의 가격이 5억원을 초과하는 경우에는 그 초과분에 대해서는 감면대상에서 제외된다.

### 5-2. 지방세 중과세 대상 부동산에 대한 감면 제한(§177)

한국주택금융공사 등 금융기관으로부터 해당 연금보험 등에 가입한 개인이 취득 보유하는 주택이 「지방세법」 제13조 제5항에 따른 별장 등 지방세 중과세 대상인 사치성 재산인 경우에는 감면대상에서 제외된다.

## 6 | 감면신청(§183)

한국주택금융공사 등 금융기관으로부터 해당 연금보험 등에 가입한 개인 등이 지방세를 감면받으려는 경우에는 제183조의 규정에 따라 해당 지방자치단체의 장에게 해당 감면대상임을 입증하는 서류를 첨부하여 감면신청을 하여야 한다. 세부적인 감면신청 절차 등에 대해서는 제183조의 해설을 참조하면 된다.

# 7 | 관련사례

▣ 주택담보노후연금보증 주택의 재산세 감면 여부

- 「지방세특례제한법」 제35조 제1항에서는 주택담보노후연금보증 대상 주택을 담보로 하는 등기에 대한 등록면허세 감면에 관한 사항을, 같은 조 제2항에서는 재산세 감면에 관한 사항을 규정하면서, 재산세 감면 대상의 경우 '제1항에 따라 주택담보노후연금보증을 위하여 담보로 제공된 주택'인 것으로 명시하고 있음.
- 따라서, 「지방세특례제한법」 제35조 제2항에 따른 재산세 감면 대상은 주택담보노후연금보증을 위하여 담보로 제공된 주택으로서 「지방세특례제한법」 제35조 제1항에 따라 등록면허세를 감면받은 주택으로 한정하는 것이 타당함(행안부 지방세특례제도과-723, 2024.3.19.).

▣ 역모기지 설정등기의 등록세 면제대상에 해당 여부

지방세법 제269조 제6항에서 「한국주택금융공사법」 제2조 제8호의 2의 규정에 따른 연금보증을 실시하기 위하여 같은법에 따라 설립된 한국주택금융공사와 같은법에 따라 연금을 지급하는 금융기관이 같은법 제9조 제2항 제4호의 2의 규정에 따라 주택금융운영위원회가 심의·의결한 연금보증의 보증기준에 해당되는 주택을 담보로 하는 등기에 대하여는 등록세를 면제하되, 다만 담보의 대상이 되는 주택을 제공하는 자가 등록세를 부담하는 경우에 한한다고 규정하고 있으므로, 위 규정은 역모기지 대상주택에 대한 담보물건 설정등기와 관련하여 한국주택금융공사 또는 금융기관이 지방세법 제124조의 규정에 의한 본래 납세의무자로서 등록세를 납부하여야 함에도 실제 등록세 담세자는 주택을 담보로 보증을 받는 자가 되기 때문에 담보의 대상이 되는 주택을 제공하는 자가 등록세를 부담하는 경우에 한하여 등록세를 면제하도록 한 것으로, 귀문의 경우 한국주택금융공사가 보증을 받는 자(채무자)로부터 담보로 제공받는 주택에 근저당권을 설정하고 이에 소요되는 등록세를 보증을 받는 자가 부담하기로 약정한 경우라면 위 규정에 의한 등록세 면제대상에 해당되는 것임(행안부 지방세정팀-2483, 2007.6.29.).

# 제35조의 2

# 농업인의 노후생활안정자금대상 농지에 대한 감면

◈ 관련규정 ◈

제35조의 2(농업인의 노후생활안정자금대상 농지에 대한 감면) 「한국농어촌공사 및 농지관리기금법」 제24조의 5에 따라 연금방식으로 노후생활안정자금을 지원받기 위하여 담보로 제공된 농지에 대해서는 다음 각 호의 구분에 따라 재산세를 2027년 12월 31일까지 감면한다.

1. 「지방세법」 제4조 제1항에 따라 공시된 가액 또는 시장·군수가 산정한 가액(이하 이 조에서 "토지공시가격등"이라 한다)이 6억원 이하인 농지의 경우에는 재산세를 면제한다.
2. 토지공시가격등이 6억원을 초과하는 경우에는 해당연도 토지공시가격등이 6억원에 해당하는 재산세액의 100분의 100을 공제한다.

## 1 | 개 요

노후생활 안정을 목적으로 연금을 지원하는 주택연금과 유사한 제도인 농지연금에 대한 세제지원으로 2013년부터 신설되었다. 이후 2015·2018·2022·2025년에 일몰기한이 각각 3년씩 연장되었다.

## 2 | 감면대상자

「한국농어촌공사 및 농지관리기금법」 제24조의 5에 따라 연금방식으로 노후생활안정자금을 지원받기 위하여 담보로 제공된 농지를 보유한 농민 등이 이에 해당된다.

## 3 | 감면대상 농지

「한국농어촌공사 및 농지관리기금법」 제24조의 5에 따라 연금방식으로 노후생활안정자금을 지원받기 위하여 담보로 제공된 농지(농지연금 가입자 2013년 725명→2023년 2,882명)가 이에 해당된다.

### 3-1. 농지연금 개요

「한국농어촌공사 및 농지관리기금법」 제24조의 5에 따라 고령농업인의 소유농지를 담보로 노후자금을 매월 연금 방식으로 지급하는 것으로 연금을 받으면서 농지를 활용(자경 또는 임대)할 수 있으며 부부 모두 종신까지 보장되는 일종의 금융상품을 말한다. 농지연금이 도입된 취지는 우리나라 농촌 고령화가 1990년 11.6%에서 2010년 현재 31.8%로 급속도로 진행됨에 따라 농촌인구 중 고령인구 비율 증가에 따른 농업소득 외에 안정적인 수입원이 없는 고령농에 대한 정책적 대안의 필요에 따른 것이다. 농지연금은 농지관리기금을 재원으로 부부 모두 65세 이상, 영농경력 5년 이상, 소유면적 30,000㎡ 이하 농업인을 대상으로 가입이 된다.

〈그림〉 농지연금 지급절차 개요

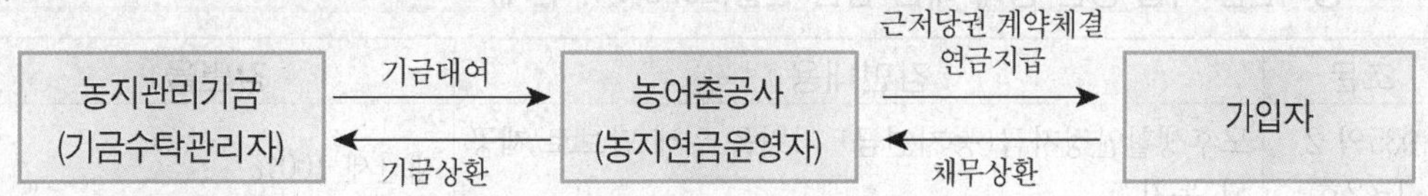


〈표 1〉 주택담보노후연금과 농지연금 비교

| 구분 | 주택연금 보증담보 | 농지연금 보증담보 |
|---|---|---|
| 가입연령 | • 부부 모두 만 60세 이상 | • 부부 모두 만 65세 이상 |
| 담보대상 | • 시가 9억원 이하 1주택(오피스텔 · 상가 제외) | • 3만㎡ 이하 농지 |
| 지급방식 | • (종신형) 가입자(배우자) 사망시까지 | • (종신형) 가입자(배우자) 사망시까지 매달 일정금액 지급 |
| | • (종신 · 혼합형) 대출한도의 50% 이내 수시인출, 나머지 금액 매달 일정금액 지급 | • (기간형) 가입자가 선택한 일정기간 동안 매달 일정금액 지급 |
| 유동화 범위 | • 실제 거주자에게만 연금지급(임대불가) | • 가입시에는 자경, 가입 이후에는 임대를 통한 수익이 있어도 연금지급 |

### 3-2. 농지연금 가입대상 농지의 범위

재산세 과세기준일 현재 농지연금 가입대상자는 농지연금 약정서, 근저당 설정계약서, 부동산등기부 등본의 근저당권 등기 등으로 확인이 가능하며, 농지연금 가입이 금지되고 있는 가압류 등이 설정된 농지, 농업용도가 아닌 토지, 2인 이상 공동명의 농지, 각종 개발구역으로 지정된 지역의 농지 등을 제외하고는 모두 농지연금 대상 농지에 해당되며 경우에 따라서는 도시지역 농지의 경우도 농지연금 재산세 감면대상 부동산에 해당된다.

## 4 | 특례내용

### 4-1. 농지연금 가입대상 농지에 대한 재산세 감면

농지연금 등에 가입한 농민 등에 대해서는 재산세를 2024년 12월 31일까지 감면한다.

한편, 고령의 농업인에 대한 세제지원 차원에서 주택연금 담보 주택(재산세 25%)과는 달리 6억원 이하 농지까지는 재산세를 모두 면제한다. 이는 한미 FTA 발효 등 농업경쟁력 강화를 위한 정책적 배려 차원으로 이해된다.

〈표 2〉 **농지연금 가입 농민 등에 대한 감면 현황(2025.1.1. 현재)**

| 조문 | 감면내용 | 감면율 |
|---|---|---|
| §35의 2 1~2호 | 노후생활안정자금(농지연금) 지원을 위해 담보로 제공된 농지 | 재산세 100% |

### 4-2. 최소납부세액 면제(§177의 2)

2015년부터 시행되는 감면 상한제도(§177의 2 본문)에 따라 면제되는 세액의 15%는 감면특례가 제한되어 농업인의 노후담보 대출에 대한 재산세(§35의 2)의 경우 최저납부세액 과세대상에 해당되지만 제177조의 2 제2호에서 최소납부세액 예외 특례를 적용받아 해당 세목에 대해서는 본 규정대로 계속해서 면제를 적용한다. 이에 대한 세부적인 사항은 제177조의 2의 해설편을 참조하면 된다.

## 5 | 지방세특례의 제한

노후생활안정자금(농지연금) 지원을 위해 담보로 제공된 농지가 6억원을 초과하는 경우에는 그 초과분에 대해서는 감면대상에서 제외된다.

## 6 | 감면신청(§183)

농지연금 등에 가입한 농민 등이 지방세를 감면받으려는 경우에는 제183조의 규정에 따라 해당 지방자치단체의 장에게 감면대상임을 입증하는 서류를 첨부하여 감면신청을 하여야 한다. 세부적인 감면신청 절차 등에 대해서는 제183조의 해설을 참조하면 된다.

# 제 35 조의 3

## 임차인의 전세자금 마련 지원을 위한 주택담보대출 주택에 대한 재산세액 공제

관련규정

제35조의 3 [일몰기한 종료로 2017.1.1.부터는 감면 효력 상실]

제35조의 3(임차인의 전세자금 마련 지원을 위한 주택담보대출 주택에 대한 재산세액 공제) ① 재산세 과세기준일 현재 임대인과 임차인 간에 임대차계약을 체결하고 임대주택으로 사용하는 경우로서 그 주택을 보유한 자에 대해서는 다음 각 호에서 정하는 요건을 모두 충족하는 경우 「지방세법」 제111조 제1항 제3호 나목의 세율을 적용하여 산출한 재산세액에서 주택담보대출금액의 100분의 60에 1천분의 1을 적용하여 산출한 세액을 2016년 12월 31일까지 공제한다. 다만, 임대차계약 기간 동안 다음 각 호의 요건 중 어느 하나를 위반하는 경우 공제된 재산세액을 추징한다.

1. 임차인이 계약일 현재 무주택세대주이면서 직전 연도 소득(그 배우자의 소득을 포함한다)이 6천만원 이하인 경우
2. 임차주택의 전세보증금이 2억원(수도권은 3억원) 이하인 경우
3. 주택담보대출금액이 3천만원(수도권은 5천만원) 이하인 경우
4. 제2호에 따른 전세보증금의 전부 또는 일부를 임대인의 주택담보대출로 조달하고 그 대출이자는 임차인이 부담하는 방식으로 하고, 국토교통부장관이 정하는 임대차계약서 서식에 따라 「금융실명거래 및 비밀보장에 관한 법률」 제2조 제1호에 따른 금융회사등(이하 이 조에서 "금융회사등"이라 한다)과 주택담보대출 계약을 체결하는 경우
5. 금융회사등이 취급하는 주택담보대출로서 목돈 안드는 전세대출임이 표시된 통장으로 거래하는 경우

② 제1항에 따라 재산세액을 공제하는 경우에는 산출한 재산세액 중 공제되는 세액이 차지하는 비율(백분율로 계산한 비율이 소수점 이하일 경우에는 절상한다)에 해당하는 부분 만큼을 재산세 감면율로 본다.

③ 제1항을 적용할 때 무주택세대주 및 직전 연도 소득을 확인하는 방법은 제36조의

2 제4항에 따라 행정자치부장관이 정하는 기준을 준용한다.

## 1 | 개 요

정부의 렌트푸어 지원방안으로 세입자의 전세자금 부담 완화를 위해 전세 목돈 안드는 정부정책에 참여하는 집주인에 재산세액을 공제하는 세제지원 제도이다. 본 제도는 주택거래 활성화를 위한 부동산 종합대책(2013.4.1.)에 따라 신설(2013.8.6.)되었다.

다만, 국내 주택시장에서 세입자에 비해 집주인이 우위에 있는 상황에서 집주인이 세입자를 위해 담보로 주택을 제공하기가 어렵다는 언론 등의 비판이 제기되고 있는 등의 현실을 감안할 때 제도시행에 따른 효과는 미미할 것으로 보인다.

## 2 | 감면대상자

무주택 서민의 주거안정을 위해 정부가 정책으로 마련한 목돈 안드는 전세제도에 참여하는 집주인이 이에 해당된다.

## 3 | 감면대상 주택

목돈 안드는 전세제도에 참여하는 집주인이 보유하는 주택으로서 임차인에게 임대로 제공중인 주택이 이에 해당된다. 임차인에게 임대로 제공하는 주택이란 정부가 마련한 전세 목돈 안드는 제도에 따른 주택을 말하는 데 대출이자를 세입자가 납부하는 조건으로 집주인이 전세금을 주택담보대출로 조달하여 대출금리를 인하하고, 집주인에게는 대출금에 대한 조세 등의 인센티브를 부여하는 제도를 말한다.

〈그림〉 **목돈 안드는 전세제도 개요**

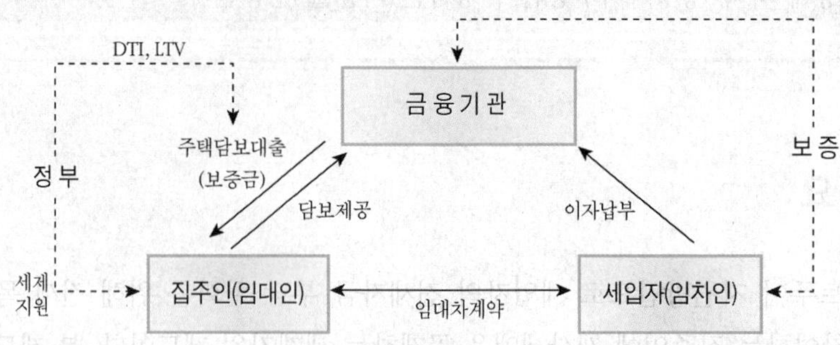


# 4 | 특례내용

### 4-1. 재산세 감면

집주인의 주택담보 대출규모에 비례하여 2016년 12월 31일까지 재산세를 감면하는데 그 방식은 대출규모에 상응하여, 임차인의 집주인의 재산세액을 다음과 같이 공제한다.

> 납부 재산세액 = 기존 재산세액 − (대출액 × 재산세 최저세율 0.1% × 조정률 60~70%)

### 4-2. 자동계좌이체 납부분 재산세 세액공제(§92의 2)

목돈안드는 전세제도에 가입한 집주인이 전자송달 또는 자동계좌이체 방식으로 납부할 재산세(§35의 3 ①)를 자동납부 신청하는 경우에는 지방자치단체의 조례로 정하는 바에 따라 추가로 재산세를 공제(150원~1,000원)받을 수 있다. 자동납부 신청 세액공제에 관한 세부사항은 제92조의 2의 해설편을 참조하면 된다.

# 5 | 지방세 특례의 제한(§177)

목돈 안드는 전세제도에 가입한 집주인이 감면을 받으려는 주택이 「지방세법」 제13조 제5항에 따른 별장 등 중과세 대상인 사치성 재산인 경우에는 감면대상에서 제외된다.

# 6 | 감면신청(§183)

목돈 안드는 전세제도에 참여하는 집주인이 재산세를 감면받고자 하는 경우에는 다음의 요건에 해당하는 서류를 첨부하여 해당 지방자치단체의 장에게 감면신청을 한다.

1. 임차인이 계약일 현재 무주택세대주이면서 직전연도 소득(그 배우자의 소득을 포함한다)이 6천만원 이하인 경우 : 세무관서장이 발행하는 소득금액 증명서 첨부
2. 임차주택의 전세보증금이 2억원(수도권은 3억원) 이하인 경우 : 임대차 계약서
3. 주택담보대출금액이 3천만원(수도권은 5천만원) 이하인 경우 : 해당 대출이행 서류
4. 금융회사 등이 취급하는 주택담보대출로서 목돈 안드는 전세대출임이 표시된 통장

# 제36조

# 무주택자 주택공급사업 지원을 위한 감면

관련규정

제36조(무주택자 주택공급사업 지원을 위한 감면) 「공익법인의 설립·운영에 관한 법률」에 따라 설립된 공익법인으로서 대통령령으로 정하는 법인이 무주택자에게 분양할 목적으로 취득하는 주택건축용 부동산에 대해서는 취득세를, 과세기준일 현재 그 업무에 직접 사용하는 부동산에 대해서는 재산세(「지방세법」 제112조에 따른 부과액을 포함한다)를 각각 2027년 12월 31일까지 면제한다. 다만, 그 취득일부터 2년 이내에 정당한 사유 없이 주택건축을 착공하지 아니하거나 다른 용도에 사용하는 경우 그 해당 부분에 대하여는 면제된 취득세를 추징한다.

【영】 제17조(공익법인의 범위) 법 제36조 본문에서 "대통령령으로 정하는 법인"이란 「주택법」 제4조 제1항 제4호를 적용받는 사단법인 한국사랑의집짓기운동연합회를 말한다.

## 1 | 개 요

전 세계의 열악한 주거환경에서 고통받는 사람들이 제대로 된 집에서 살 수 있도록 하는 것을 목표로 모든 사람들이 협력하여 도움이 필요한 가정에게 주택을 제공하는 것을 목적으로 설립된 사단법인 한국사랑의집짓기운동연합회가 취득하는 주택에 대한 세제지원이다. 사단법인 한국해비타트는 취약계층인 영세민 등에 대한 주거환경 개선 사업에 대한 비영리공익단체의 공익성을 인정하여 2008년에 구 지방세법 제288조 제6항에 지방세 감면이 처음 신설되었다가 2011년 현재의 지특법 제36조로 이관되었다. 이후 2012년 말 감면일몰기한이 2012년에서 2015년까지 2년 연장되었으나, 지역자원시설세는 소방재원 마련 차원에서 감면이 종료되었다.

## 2 | 감면대상자 및 감면대상 주택

「주택법」 제9조 제1항 제4호를 적용받는 사단법인 한국사랑의집짓기운동연합회가 무주택자에게 분양할 목적으로 취득하는 주택건축용 부동산이 이에 해당된다.

사단법인 사랑의집짓기운동연합[84]은 1995년 건설교통부 산하 비영리공익법인으로 설립허가를 받아 본격적으로 무주택자인 영세민을 위한 집짓기 활동을 하여 왔고, 2005년부터는 주거환경개선사업의 일환으로 집고치기(리모델링) 사업에도 적극 참여하여 개선에 이바지하고 있는 등 사단법인 한국해비타트는 주거취약계층 특히 정부 공공주택 정책의 사각지대에 있는 차상위계층 등 무주택 저소득층에게 소규모 주택을 공급하여 서민 주거안정을 통해 가정과 지역사회에 기여하고 있는 단체이다. 주요사업으로는 열악한 주거환경으로 고통받는 소외계층 등에 후원자, 자원봉사자가 협력하여 저렴하게 주택을 공급하는 희망의 집짓기 사업[85]과 열악한 주거환경으로 고통받는 가정이 보다 쾌적한 환경에서 생활하도록 리모델링하는 희망의 집고치기 사업[86]이 있다.

## 3 | 특례내용

### 3-1. 세목별 감면

사랑의집짓기운동연합이 무주택자에게 분양할 목적으로 취득하는 주택건축용 부동산에 대하여는 취득세를, 과세기준일 현재 그 업무에 직접 사용하는 부동산에 대하여는 재산세(「지방세법」 제112조에 따른 부과액을 포함한다) 및 국세(농어촌특별세)를 각각 2027년 12월 31일까지 각각 면제한다.

### 3-2. 최소납부세액 면제(§177의 2)

사랑이집짓기운동연합이 취득하는 부동산에 대해서는 취득세 또는 재산세가 면제(§36)

84) 2011년 현재 23명 근무, 자산 277억 규모임.

85) 선정기준은 무주택 저소득 가정으로서 장기(20년) 무이자 상환금을 납부할 여력이 있는 자로서 2층 4세대 이하 소형 목조주택 또는 이동식 주택을 공급하는 사업으로 2011년 12월 말 현재 국내에 776세대, 해외에 3,894세대 등 총 4,670세대에게 주택을 공급

86) 자력으로 기존주택을 개보수할 여력이 없는 가정으로서, 지역 사회복지관 등으로부터 추천을 받은 자를 대상으로 주택을 공급하는 사업. 2011년 12월 말 현재, 국내 1,303세대의 가정에 대해 주거환경 개선 지원

됨에도 불구하고, 2015년부터 시행되는 감면 상한제도에 따라 면제되는 세액의 15%는 취득세 또는 감면특례가 제한되어 최저납부세액으로 부담해야 하지만 예외특례를 적용받아 본 규정대로 계속해서 면제 규정을 적용한다. 이에 대한 세부적인 사항은 제177조의 2의 해설편을 참조하면 된다.

### 3-3. 건축중인 부속토지에 대한 특례(영 §123)

사랑의집짓기운동연합이 무주택자에게 분양할 목적으로 취득하는 주택건축용 부동산을 해당 용도로 사용할 건축물을 건축중인 경우에는 해당 용도로 직접 사용하고 있는 것으로 의제(擬制)하여 해당 건축물의 부속토지에 대한 재산세를 계속 감면한다.

## 4 | 지방세특례의 제한(§177, §177의 2)

### 4-1. 감면된 취득세 등의 추징(§36 단서)

사랑의집짓기운동연합이 감면받은 부동산이 취득일로부터 2년 이내에 정당한 사유없이 착공하지 않거나 다른 용도로 사용하는 경우에는 감면받은 취득세가 추징된다. 정당한 사유 판단 등 감면의무위반 사항에 대한 세부사항은 제178조의 해설편의 내용과 같다.

### 4-2. 지방세 중과세 대상 부동산에 대한 감면 제한(§177)

사랑의집짓기운동연합이 감면을 받으려는 부동산이 「지방세법」 제13조 제5항에 따른 별장 등 지방세 중과세 대상인 사치성 재산인 경우에는 감면대상에서 제외된다.

## 5 | 감면신청(§183)

사랑의집짓기운동연합이 본 규정에 따라 지방세를 감면받으려는 경우에는 해당 지방자치단체의 장에게 해당 부동산이 그 고유업무에 직접 사용하는 용도임을 입증하는 서류를 첨부하여 감면신청을 하여야 한다. 세부적인 감면신청 절차 등에 대해서는 제183조의 해설편을 참조하면 된다.

# 6 | 관련사례

■ 청구인의 쟁점자동차 취득·등록시 쟁점감면규정에 따른 감면을 적용받은 후, 종전자동차를 위 등록일로부터 60일 이내에 말소등록 등을 하지 않았다고 하여 감면받은 취득세에 대한 경정청구를 거부한 처분의 당부

쟁점감면규정은 위와 같은 쟁점자동차를 취득하여 등록한 날부터 60일 이내에 종전자동차의 말소등록이나 이전등록하도록 한 것에 대하여 달리 예외 규정 등을 두고 있지 아니한 점, 청구인은 쟁점자동차를 취득하기 전과 취득·등록한 날로부터 60일 이내에 한국자동차환경협회에 종전자동차에 대하여 조기폐차를 신고하였다 하나, 이는 「대기환경보전법」에 따라 '대기질 개선 또는 기후·생태계 변화유발물질 배출감소를 위하여 예산의 범위에서 필요한 자금을 보조받기 위한 것'으로 불과할 뿐 이를 들어 쟁점감면규정에 따라 종전자동차를 말소등록하거나 이전등록한 경우에 해당한다고 보기 어려운 점에 비추어 쟁점자동차가 쟁점감면규정에 따른 감면요건을 갖추지 못한 것으로 보아 청구인의 경정청구를 거부한 처분청의 당초 처분에 달리 잘못이 없다고 판단됨(조심 2021지5695, 2022.6.13.).

# 제36조의 2(1)

## 생애최초 주택 취득에 대한 취득세의 면제

관련규정

제36조의 2 〈삭 제〉 [14.12.31.]

제36조의 2(생애최초 주택 취득에 대한 취득세의 면제) ① 세대별 주민등록표상의 세대원 전원(동거인은 제외한다)이 주택 취득일 현재까지 주택을 소유한 사실이 없는 경우로서 세대별 합산 소득이 7천만원 이하인 다음 각 호의 어느 하나에 해당하는 자가 「지방세법」 제10조에 따른 취득 당시의 가액이 6억원 이하인 주택을 유상거래를 원인으로 2013년 12월 31일까지 생애최초로 취득하는 경우에는 취득세를 면제한다. 다만, 면제대상이 아닌 자가 취득세를 면제받은 경우 그 면제받은 취득세를 추징한다.

1. 20세 이상으로 다음 각 목의 어느 하나에 해당하는 세대의 세대주. 이 경우 세대주의 배우자(「가족관계의 등록 등에 관한 법률」에 따른 가족관계등록부에서 혼인이 확인되는 외국인 배우자를 포함한다. 이하 이 조에서 같다)와 미혼인 35세 미만의 직계비속은 같은 세대별 주민등록표에 기재되어 있지 아니하더라도 같은 세대주에 속한 세대원으로 본다. 이하 이 조에서 같다.
   가. 세대별 주민등록표상에 배우자만을 세대원으로 두고 있는 세대
   나. 세대별 주민등록표상의 배우자를 포함하여 직계존속(배우자의 직계존속을 포함한다) 또는 직계비속(직계비속의 배우자 및 그 자녀를 포함한다. 이하 이 조에서 같다)인 세대원으로 이루어진 세대
   다. 배우자가 사망 또는 이혼 등을 한 경우로서 본인·배우자의 직계존속 또는 직계비속을 세대별 주민등록표상의 세대원으로 두고 있는 세대
   라. 직계존속 중 1명 이상과 동일 세대를 구성하고 있으면서 주택 취득일 현재 세대별 주민등록표상 1년 이상 계속하여 동거한 사실이 있는 세대
   마. 가목부터 라목까지를 적용할 때 형제·자매(배우자의 형제·자매를 포함한다)를 세대별 주민등록표상의 세대원으로 두고 있는 세대
2. 제1호에 따른 세대주의 배우자

3. 35세 이상인 단독 세대주
4. 20세 이상 35세 미만인 다음 각 목의 어느 하나에 해당하는 자
   가. 세대주의 세대원으로 등록되어 있으나 주택 취득일부터 60일 이내에 혼인에 따른 세대를 분가하여 주민등록표상의 새로운 세대주 또는 배우자로 등록할 것이 예정된 자
   나. 직계존속(부모로 한정한다)이 모두 사망 또는 이와 유사한 사유로 형제·자매와 동일 세대를 구성하고 있는 세대주
   다. 삭제

② 제1항을 적용할 때 세대별 합산 소득은 세대주 및 배우자(세대별 주민등록표에 제1항 제4호 가목에 따른 배우자로 기재될 예정인 사람을 포함한다)의 소득으로서 급여·상여 등 일체의 소득을 말한다.

③ 제1항을 적용할 때 다음 각 호의 어느 하나에 해당하는 경우에는 주택을 소유한 사실이 없는 경우로 본다.
1. 상속으로 인하여 주택의 공유지분을 취득하여 그 지분을 처분한 경우
2. 「국토의 계획 및 이용에 관한 법률」 제6조에 따른 도시지역(취득일 현재의 도시지역을 말한다)이 아닌 지역 또는 면의 행정구역(수도권은 제외한다)에 건축되어 있는 주택으로서 다음 각 목의 어느 하나에 해당하는 주택을 소유한 자가 그 주택소재지역에 계속 거주하거나 거주하다가 다른 지역(해당 주택소재지역인 특별시·광역시·특별자치시·특별자치도 및 시·군 이외의 지역을 말한다)으로 이주한 경우. 다만, 그 주택을 처분하였거나 주택 취득일부터 1년 이내에 처분한 경우로 한정한다.
   가. 사용승인 후 20년이 경과된 단독주택
   나. 85제곱미터 이하인 단독주택
   다. 상속으로 인하여 취득한 주택
3. 전용면적 20제곱미터 이하의 주택을 소유하고 있거나 처분한 경우. 다만, 취득일 현재 둘 이상의 주택을 소유하고 있는 경우는 제외한다.
4. 60세 이상의 직계존속(배우자의 직계존속을 포함한다)이 취득일 현재 주택을 소유하고 있거나 처분한 경우
5. 취득일 현재 「지방세법」 제4조 제2항에 따라 산출한 시가표준액이 100만원 이하의 주택(멸실된 주택을 포함한다)을 소유하고 있거나 처분한 경우

④ 제2항 및 제3항을 적용할 때 세대주 및 배우자의 직전 연도 소득 및 무주택자 여부 등을 확인하는 세부적인 기준은 행정자치부장관이 정하여 고시한다.

⑤ 행정자치부장관은 제2항에 따른 소득의 확인을 위하여 필요한 자료의 제공을 관계 기관의 장에게 요청할 수 있다. 이 경우 요청을 받은 관계 기관의 장은 특별한 사유가 없으면 이에 따라야 한다.

4.1 서민주거안정을 위한 주택시장 정상화 종합대책(2013.4.1.)에 따라 생애최초로 주택을 취득하는 사람에 대해 취득세 면제를 한시적(2013.4.1.~12.31.)으로 시행하였으나 2014년부터는 감면이 종료되어 2015년부터는 본 규정이 삭제되었다. 다만, 2013년 12월 31일까지 취득세 감면을 받은 사람이 소득기준(7천만원), 세대주기준 등 아래 표의 감면의무사항을 위반시에는 지방세기본법 제38조(부과의 제척기간)에 따라 최대 2018년까지 추징이 가능하다.

한편, 생애최초 주택구입자에 대한 감면은 생애최초 주택구입자 대출을 위한 국민주택기금과 제도가 유사하므로 아래의 내용을 참고하면 된다.

참고

**생애최초 주택취득자에 대한 주택대출 및 취득세 감면요건 비교**

| 구 분 | | 생초주택구입자금 신청자격 | 생 초 자 감면요건 | 비 고 |
|---|---|---|---|---|
| 기본 대상 | | • 6억원 · 85㎡ 이하 주택구입 무주택 세대주<br>※ 아파트, 연립, 다세대, 단독주택(오피스텔 제외) | 6억원 이하 (§36의 2 ①) | |
| 세대주 요건 | 원칙 | • 20세 이상 기혼인 무주택 세대주<br>- 기혼 세대주(배우자, 직계존 · 비속 포함)<br>※ 만 20세 및 만 35세 이하 세대주는 제외 | 동 일 (§36의 2 ① 1) | 동거인은 제외 |
| | 예외 인정 | • 세대주의 배우자, 30세 이상 단독세대주<br>• 30세 미만 세대주<br>1) 결혼예정(60일 이내 세대주 예정) 세대주<br>2) 20세 미만 형제자매를 둔 세대주<br>3) 직계존속 부양하는 세대주(1년 이상 동거) | 35세 이상 단독세대주, 그 외 추가인정 (§36 ① 2, 3) | - 사망 · 이혼으로 배우자가 없어도, 부모 및 직계비속을 부양중인 20세 이상 세대주<br>- 형제자매, 미혼모 추가<br>- 며느리, 사위 추가 |
| 소득요건 | | • 세대주별 소득 5.5백만원, 부부는 합산<br>- 근로소득(연말정산영수증, 급여명세표, 소득금액증명원, 고용계약서 중 택일)<br>- 사업소득(소득금액증명원, 종합소득신고서 택일) | 7천만원 (§36 ②) | * 세부기준은 안행부장관 고시 |
| 무주택 요건 | 원칙 | • 세대주&세대원 전원 생애최초 무주택자 | 동일(§36 ③) | |
| | 예외 인정 | 1) 상속 공유지분 취득후 3개월 이내 처분자<br>2) 도시지역外, 면지역 주택소재지에서 他지역 이주<br>-20년 이상 경과된 단독주택, 85㎡ 이하 단독주택, 상속으로 취득하는 주택<br>3) 60세 이상 직계존속이 주택 소유<br>4) 20㎡ 이하 주택소유(2호 이상은 제외)<br>5) 자영업자가 기숙사 용도로 사용하는 주택<br>6) 폐가주택, 멸실된 주택, 무허가주택 | 일부변경 (§36 ③) | 2) 주택을 처분하였거나 1년 이내에 처분한 경우까지 인정<br>5) 미반영<br>- 실제 용도 확인불가<br>6) 시가표준액 100만원 미만 주택으로 한정 |

# 제36조의 2(2)

## 생애최초 주택 구입 신혼부부에 대한 취득세 경감

관련규정

제36조의 2(생애최초 주택 구입 신혼부부에 대한 취득세 경감) ① 혼인한 날(「가족관계의 등록 등에 관한 법률」에 따른 혼인신고일을 기준으로 한다)부터 5년 이내인 사람과 주택 취득일부터 3개월 이내에 혼인할 예정인 사람(이하 이 조에서 "신혼부부"라 한다)으로서 다음 각 호의 요건을 갖춘 사람이 거주할 목적으로 주택(「지방세법」 제11조 제1항 제8호에 따른 주택을 말한다. 이하 이 조에서 같다)을 유상거래(부담부증여는 제외한다)로 취득한 경우에는 취득세의 100분의 50을 2020년 12월 31일까지 경감한다.

1. 주택 취득일 현재 신혼부부로서 본인과 배우자(배우자가 될 사람을 포함한다. 이하 이 조에서 같다) 모두 주택 취득일까지 주택을 소유한 사실이 없을 것. 이 경우 본인 또는 배우자가 주택 취득 당시 대통령령으로 정하는 주택을 소유하였거나 소유하고 있는 경우에는 주택을 소유한 사실이 없는 것으로 본다.
2. 주택 취득연도 직전연도의 신혼부부의 합산 소득이 7천만원(「조세특례제한법」 제100조의 3 제5항 제2호 가목에 따른 홑벌이 가구는 5천만원)을 초과하지 아니할 것
3. 「지방세법」 제10조에 따른 취득 당시의 가액이 3억원(「수도권정비계획법」 제2조 제1호에 따른 수도권은 4억원으로 한다) 이하이고 전용면적이 60제곱미터 이하인 주택을 취득할 것

② 제1항에 따라 취득세를 경감받은 사람이 다음 각 호의 어느 하나에 해당하는 경우에는 경감된 취득세를 추징한다.

1. 혼인할 예정인 신혼부부가 주택 취득일부터 3개월 이내에 혼인하지 아니한 경우
2. 주택을 취득한 날부터 3개월 이내에 대통령령으로 정하는 1가구 1주택이 되지 아니한 경우
3. 정당한 사유 없이 취득일부터 3년 이내에 경감받은 주택을 매각·증여하거나 다른 용도(임대를 포함한다)로 사용하는 경우

③ 제1항을 적용할 때 신혼부부의 직전 연도 합산 소득은 신혼부부의 소득을 합산한

것으로서 급여·상여 등 일체의 소득을 합산한 것으로 한다.

④ 제1항 및 제3항을 적용할 때 신혼부부의 직전 연도 소득 및 주택 소유사실 확인 등에 관한 세부적인 기준은 행정안전부장관이 정하여 고시한다.

⑤ 행정안전부장관 또는 지방자치단체의 장은 제3항에 따른 신혼부부 합산소득의 확인을 위하여 필요한 자료의 제공을 관계 기관의 장에게 요청할 수 있다. 이 경우 요청을 받은 관계 기관의 장은 특별한 사유가 없으면 이에 따라야 한다.

**【영】 제17조의 2(생애최초 주택 구입 신혼부부 취득세 감면대상이 되는 주택의 범위 등)**

① 법 제36조의 2 제1항 제1호 후단에서 "대통령령으로 정하는 주택을 소유하였거나 소유하고 있는 경우"란 다음 각 호의 어느 하나에 해당하는 경우를 말한다.

1. 상속으로 주택의 공유지분을 소유(주택 부속토지의 공유지분만을 소유하는 경우를 포함한다)하였다가 그 지분을 모두 처분한 경우
2. 「국토의 계획 및 이용에 관한 법률」 제6조에 따른 도시지역(취득일 현재 도시지역을 말한다)이 아닌 지역에 건축되어 있거나 면의 행정구역(수도권은 제외한다)에 건축되어 있는 주택으로서 다음 각 목의 어느 하나에 해당하는 주택을 소유한 자가 그 주택 소재지역에 거주하다가 다른 지역(해당 주택 소재지역인 특별시·광역시·특별자치시·특별자치도 및 시·군 이외의 지역을 말한다)으로 이주한 경우. 이 경우 그 주택을 감면대상 주택 취득일 전에 처분했거나 감면대상 주택 취득일부터 3개월 이내에 처분한 경우로 한정한다.
   가. 사용 승인 후 20년 이상 경과된 단독주택
   나. 85제곱미터 이하인 단독주택
   다. 상속으로 취득한 주택
3. 전용면적 20제곱미터 이하인 주택을 소유하고 있거나 처분한 경우. 다만, 전용면적 20제곱미터 이하인 주택을 둘 이상 소유했거나 소유하고 있는 경우는 제외한다.
4. 취득일 현재 「지방세법」 제4조 제2항에 따라 산출한 시가표준액이 100만원 이하인 주택을 소유하고 있거나 처분한 경우

② 법 제36조의 2 제2항 제2호에서 "대통령령으로 정하는 1가구 1주택"이란 주택 취득자와 같은 세대별 주민등록표에 기재되어 있는 가족(동거인은 제외한다)으로 구성된 1가구(취득자의 배우자, 취득자의 미혼인 30세 미만의 직계비속은 각각 취득자와 같은 세대별 주민등록표에 기재되어 있지 않더라도 같은 가구에 속한 것으로 본다)가 국내에 1개의 주택을 소유하는 것을 말하며, 주택의 부속토지만을 소유하는 경우에도 주택을 소유한 것으로 본다.

☞ [본조신설 2018.12.31. 기존 §17의 2 → §17의 3으로 이동]

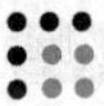

## 1 | 개 요

생애최초 주택 취득에 대한 감면은 2013년 4월 1일 「주택시장 정상화 종합대책」에 따라 한시적(2013.4.1.~12.31.)으로 9개월간 시행된 바 있으며 그 당시에는 생애최초 주택구입자 대출을 위한 국민주택기금 제도도입과 함께 모든 국민을 대상으로 하여 지원하였으며, 2019년에 1년간 한시적(2019.1.1.~12.31.)으로 시행되는 신설 감면제도는 「청년·신혼부부 주거지원방안」(2018.7.5.)의 일환으로 청년계층의 주거문제 해소를 위하여 신혼부부에 한정하여 맞춤형 주거부담비 지원을 위해 도입하였으며 신혼부부가 생애최초로 취득하는 소형주택에 대해서 취득세 일부(50%) 경감을 통해 출산·육아를 위해 주거안정에 대한 수요에 비해 주거비용 부담이 높은 저소득 신혼부부의 주거구입비용 부담이 해소될 수 있도록 2018년 말 지특법 개정(2018.1.24.)시에 감면규정이 마련되었다.

## 2 | 감면대상자, 감면대상 부동산(§36의 2)

### 2-1. 감면대상자(신혼부부)

생애최초로 주택을 취득한 신혼부부로서 혼인한 날부터 5년 이내에 해당하는 사람과 주택을 취득한 날부터 3개월 이내에 혼인 예정인 사람으로 혼인한 날은 「가족관계의 등록 등에 관한 법률」에 따른 혼인 신고일을 기준으로 확인되어야 하며 재혼의 경우에도 신혼부부로 인정된다.

주택 취득일로부터 3개월 이내 혼인 예정자인 경우에는 관련 증빙서류로 확인 가능하며 예식장 계약서 사본, 결혼 청첩장 등을 통해 우선 취득세 감면을 받고 3개월 이내에 혼인신고 한 후 혼인관계증명서를 제출하여야 하며 주택 취득일부터 3개월 이내에 혼인하지 아니한 경우에는 감면대상에서 제외되며 신혼부부 중 1인이 외국인 배우자인 경우에도 주민등록법령 개정(2018.3.20. 시행)에 따라 주민등록표 등본에 세대원으로 표기되므로 감면대상에 해당된다.

〈표 1〉 舊 **생애최초 취득 주택 취득세 면제(2013년 시행)**

2013년 4월「주택시장 정상화 종합대책(4.1.)」에 따라 생애최초로 주택을 취득자(신혼부부 구분없이 모든 최초 취득자 해당)에 대해 취득세를 한시적으로 면제(9개월, 2013.4.1.~12.1.)하고 재정감소분에 대해서는 중앙부처에서 전액을 예산에 편성하여 보전한 바 있다.

- (도입목적) 주택거래 활성화를 통한 경기부양 및 서민주거안정 도모
- (감면요건) 세대별 합산소득이 7천만원 이하인 가구가 6억원 이하 주택을 생애최초로 구입하는 경우 취득세 면제
- (감면기간) 2013.4.1. ~ 12.31.(9개월 간)
- (감면대상) 166천명, 총 감면액 약 1조 1,473억원

※ 감면액은 경기, 서울, 경남 順 / 수도권 감면액이 전체의 56.6%(약 6,491억원)

### 2-2. 소득금액 기준

모든 신혼부부가 감면대상에 해당하는 것은 아니며 부부합산소득이 맞벌이 가구인 경우에는 7,000만원 이하, 홑벌이 가구인 경우에는 5,000만원 이하이어야 하며 여기서 맞벌이 가구의 기준은 주택 취득자 본인과 배우자 각각의 소득금액이 모두 300만원 이상인 경우에 해당되며 부부 중 1인이 300만원 이하인 경우에는 홑벌이 가구로 보아야 할 것이다.

소득금액을 확인하는 소득발생 기간의 귀속연도는 주택 취득일이 속하는 연도의 직전연도 소득으로 하여야 하며,「소득세법」제70조에 따른 '종합소득과세표준확정신고'의 소득금액이 아직 확정되지 않아 직전연도 소득금액을 확인할 수 없는 경우에는 전전연도 소득금액을 기준으로 판단하여야 한다.

해당 귀속연도분의 소득금액 확인은 취득자가 제출하는 소득금액증명원으로 확인하되, 근로소득만 있는 경우는 취득자가 제출하는 근로소득원천징수영수증으로 확인할 수 있다.

주택을 취득한 신혼부부가 폐업·실직 등으로 취득일 시점에서 소득이 없는 경우라 하더라도 직전연도(소득금액 미확정시에는 전전연도)의 귀속 소득 유무에 따라 감면 여부가 결정되므로, 주택 취득 당시 폐업·실직 등으로 당해 연도에 소득이 없다고 하더라도 소득금액증명원의 발급이 가능한 경우는 소득금액 한도금액 기준을 적용받아야 하며 주택 취득자의 외국인 배우자가 국내에서 소득이 발생하여 소득금액이 귀속 연도분 소득금액증명원 또는 근로소득원천징수영수증으로 확인되는 경우에는 이를 소득금액에 포함하여야 할 것이며 신혼부부 중 1인 이상이 외국에서 발생한 소득을 국내의 관할 세무서장에게 신고한 경

우에도 소득금액이 귀속 연도분 소득금액증명원 등으로 확인되는 경우 이를 소득금액에 포함하여야 한다.

## 2-3. 감면대상 부동산

### 2-3-1. 대상기준

신혼부부 취득세 감면대상 부동산은 주택에 한정하므로 주택법에 따른 주택(「지방세법」 제104조 제3호에 의한 주택)으로서 단독주택과 아파트, 다세대, 연립 등의 공동주택만이 감면대상에 해당되고 주상복합건물인 경우에는 주택사용부분에 대해 사용목적, 사용면적, 가격안분기준을 함께 고려하여 판단하여야 할 것이며, 오피스텔의 경우에는 실 사용목적이 주거용이라 하더라도 건축법상 업무시설용에 해당되어 감면대상 주택에 해당하지 않는다.

다가구주택은 건축법상 단독주택에 해당되어 구분 소유등기가 불가능하므로 각 세대별로 독립하여 거주하더라도 실제 취득 여부를 판단한 경우에 사용지분에 따르지 않고, 전체 면적을 1채의 단독주택으로 보아 감면 여부를 판단하여야 한다.

다만, 현행 「지방세법」 제13조 제5항 제3호 및 같은법 시행령 제28조 제4항 제4호에서 단독주택인 다가구주택일지라도 1세대별로 독립되어 구분 사용할 수 있도록 구획되어 생활 또는 거래되는 경우 공동주택과 같은 기준을 적용하고 있는 것은 여러 세대가 함께 사는 다가구 주택을 고급주택에서 배제하여 중과세 적용을 받지 않도록 하기 위한 취지로 마련된 규정이라 할 것이다.

참고로, 무허가주택은 「지방세법」상 주택 유상거래 특례세율 적용을 배제하고 있어 일반적인 주택에 비해 더 높은 취득세율을 적용받고 있으며, 상속으로 취득한 무허가주택은 1가구 1주택 판단기준에서도 제외되고 있으므로 무허가주택을 소유하고 있는 경우에는 주택을 소유하지 않은 것으로 판단하여야 한다.

### 2-3-2. 소유기준

신혼부부 공동명의로 1채의 주택을 취득하는 경우에는 부부 각각의 취득지분과 관계없이 주택면적과 가격을 합산하여 감면 여부를 판단하여야 하며 신혼부부 외에 타인이 공동명의로 함께 취득하는 경우에도 해당 주택의 전체 면적과 전체 가격을 기준으로 감면충족 여부를 결정하되 신혼부부가 취득한 지분에 한정하여 감면적용을 받아야 한다.

또한, 신혼부부 명의의 주거용 건축물의 부속토지 일부 또는 전부가 부부 외에 타인 명의로 되어 있는 경우에 해당 부속토지를 취득하는 경우에도 감면대상에 해당하며, 기존 보유하고 있는 주택의 일부 지분이 타인 명의로 되어 있었으나 그 지분을 추가로 취득하여 1주택이 되는 경우에도 역시 감면대상에 해당된다.

### 2-3-3. 가격기준

신혼부부 주택에 대한 감면은 대물기준으로 판단하여야 하므로 취득한 주택의 일부만 지분이 있다하더라도 주택 전체가액을 기준으로 판단하여 수도권의 경우에는 취득가액이 4억원 이하, 비수도권의 경우 취득가액이 3억원 이하인 경우에 한하여 감면받을 수 있으므로 수도권에서 신혼부부가 전체 취득가액이 6억원인 1채의 주택을 각각 취득가액 3억원에 취득하는 경우 주택의 전체가액이 4억원을 초과하므로 감면대상에서 배제되어야 할 것이다.

법인과 유상거래시에 취득세 과세표준은 법인의 장부가액을 실거래 가액으로 규정(지법 §10 ⑤)하고 있으므로 법인의 장부상(원장 · 보조장 · 출납전표 · 결산서 등)에서 선납할인받은 금액이 확인되는 경우에는 그 할인받은 취득금액을 취득세 과세표준으로 적용하여야 한다.

### 2-3-4. 취득유형 기준

생애최초 주택 취득시 감면대상의 거래유형은 유상거래(부담부증여는 제외)로 한정하며 상속 · 증여 등의 무상취득이나 새로이 주택을 신축하는 경우에는 감면대상에 해당되지 않는다.

## 2-4. 취득시기 여부

생애최초 주택 취득 감면은 2013년에 9개월간 한시적으로 운영된 감면제도로 2018년 말 지특법 개정(2018.12.24.)시에 신혼부부에 한정하여 재도입 되었으며 2019년 1월 1일부터 2019년 12월 31일까지 1년간 한시적으로 적용받을 수 있다.

일반적으로 주택의 취득시기는 「지방세법」상 잔금지급일 또는 등기일 중 빠른 날을 취득일로 보고 있으므로 2019년 말까지 취득을 완료하였으나 2020년에 등기하는 경우라도 취득일 기준으로 감면혜택을 받을 수 있으며 만약 매매계약을 완료하였으나 2019년 말까지 잔금지급을 완납하지 않았거나 부동산 이전등기가 이루어지지 않은 경우 감면대상에서 제외하게 되며 주택 사용승인일 이전에 선납할인을 받아 분양받은 경우에는 그 취득시기는 사용승인일 또는 임시사용승인일을 적용하여야 한다.

또한, 매매계약서상 연부계약형식을 갖추고 일시에 완납할 수 없는 대금을 2년 이상에 걸쳐 일정액씩 분할하여 지급하는 경우에는 매회 연부금 납부일이 취득일이므로 신혼부부가

2019년 내에 연부로 취득했거나 취득중인 경우에는 감면 시행기간(2019.1.1.~2019.12.31.) 동안에 납부한 연부금 부분에 대하여만 취득세 감면을 적용받을 수 있다.

## 2-5. 주택을 소유하지 아니한 것으로 보는 대상

### 2-5-1. 상속주택의 공유지분 처분

법정상속지분 또는 분할협의에 따라 주택을 상속받아 주택의 공유지분을 소유하였거나 주택 부속토지의 공유지분만을 소유하였다가 그 지분을 모두 처분한 경우에는 주택을 소유하지 아니한 것으로 본다.

### 2-5-2. 도시지역 외 지역 및 면의 행정구역에 건축되어 있는 주택

감면대상 주택 취득일 현재 기준으로「국토의 계획 및 이용에 관한 법률」제6조에 따른 도시지역이 아닌 지역에 건축되어 있거나, 면의 행정구역(수도권은 제외)에 건축되어 있는 주택(① 사용 승인 후 20년 이상 경과된 단독주택 ② 85제곱미터 이하인 단독주택 ③ 상속으로 취득한 주택)을 소유한 자가 그 주택 소재지역에 거주하다가 다른 지역(해당 주택 소재지역인 특별시·광역시·특별자치시·특별자치도 및 시·군 이외의 지역)으로 이주한 경우. 그 주택을 감면대상 주택 취득일 이전에 처분하였거나 감면대상 주택 취득일부터 3개월 이내에 처분한 경우에는 주택을 소유하지 아니한 것으로 보며 ③의 상속취득 주택은 상속등기 이전이라도 상속개시로 인해 사실상 상속한 것으로 판단하여야 한다.

### 2-5-3. 소형주택

전용면적 20제곱미터 이하인 소형주택을 소유하고 있거나 이미 처분한 경우에 주택을 소유하지 아니한 것으로 볼 수 있으나, 전용면적 20제곱미터 이하인 주택을 둘 이상 소유했거나 소유하고 있는 경우에는 주택을 소유한 것으로 보아야 한다.

### 2-5-4. 저가주택

감면대상 주택 취득일 현재「지방세법」제4조 제2항에 따라 산출한 시가표준액이 100만원 이하인 주택을 소유하고 있거나 처분한 경우에는 주택을 소유하지 아니한 것으로 본다.

# 3 | 특례내용

신혼부부의 부부합산소득이 7,000만원(홑벌이의 경우 5,000만원) 이하이고 혼인한 날(「가족관계의 등록 등에 관한 법률」에 따른 혼인신고일을 기준으로 한다)부터 5년 이내인 사람과 주택 취득일부터 3개월 이내에 혼인할 예정인 사람이 주택을 유상거래(부담부증여는 제외)로 취득한 경우에는 취득세 50%를 2019년 12월 31일까지 경감한다.

〈표 2〉 **신혼부부 생애최초 주택 취득 감면 현황(2019.1.1. 현재)**

| 조문 | 감면내용 | 감면율 |
|---|---|---|
| §36의 2 | 신혼부부가 생애최초로 취득하는 전용면적 60㎡ 이하 주택<br>(수도권 4억원 이하, 비수도권 3억원 이하) | 취득세 50% |

# 4 | 지방세특례의 제한

## 4-1. 감면된 취득세의 추징 요건(§36의 2 ②)

신혼부부 생애최초 주택 취득세를 경감받은 사람이 아래에 해당하는 경우에는 경감된 취득세를 추징한다.

1. 혼인할 예정인 신혼부부가 주택 취득세 감면을 받고 취득일부터 3개월 이내에 혼인하지 아니한 경우
2. 주택을 취득한 날부터 3개월 이내에 1가구 1주택이 되지 아니한 경우
   - (1가구) 세대별 주민등록표에 기재되어 있는 가족(동거인 제외)
     ※ 취득자의 배우자, 취득자의 미혼인 30세 미만의 직계비속은 같은 가구에 속한 것으로 간주
   - (1주택) 국내에서 소유하고 있는 1개의 주택
     ※ 주택 부속토지만을 소유하고 있는 경우에도 주택을 소유한 것으로 간주
3. 정당한 사유 없이 취득일부터 3년 이내에 경감받은 주택을 매각·증여하거나 다른 용도(임대 포함)로 사용하는 경우

### 4 - 2. 3개월 이내 1가구 1주택이 되지 않는 경우

신혼부부의 범위에는 재혼하거나 재혼 예정인 신혼부부도 감면대상에 해당하므로 감면 요건을 충족하는 경우 감면으로 처리하되, 주택 취득일부터 3개월 이내에 1가구 1주택이 되지 아니한 경우 감면받은 취득세를 추징한다고 규정하고 있으므로 자녀 중 미혼인 30세 미만의 직계비속이 3개월 이내에 주택을 처분하지 않는 경우에는 추징대상이 된다.

또한, 주택 취득일부터 3개월 이내에 1가구 1주택이 되지 아니한 경우 감면받은 취득세를 추징한다는 규정은 감면대상 주택 취득 당시 기존 주택을 포함하여 1가구 1주택이 아닌 경우에 3개월 이내 1가구 1주택이 되지 않는 경우 감면받은 취득세를 추징하려는 취지이므로 새로이 취득한 주택 보유로 인해 1가구 1주택이 된 경우는 해당 추징규정 적용과 무관하다 할 것이다.

## 5 | 감면신청(신혼부부 생애최초 주택 취득세 등 감면 운영기준)

신혼부부의 생애최초 주택시 본 규정에 따라 지방세를 감면받으려는 경우에는 해당 지방자치단체의 장에게 취득세 감면신청을 하여야 하며「신혼부부 생애최초 주택 취득세 감면 운영기준 고시」제15조에 따라 다른 자치단체의 주택소유 사실 여부 및 주택가격 확인에 일정 시일이 소요되는 점 등의 기간을 고려하여 감면처리 기한을 10일 이내로 하도록 규정하였다.

감면신청에 필요한 증빙서류는 무주택 신혼부부임을 확인하는 주민등록등(초)본, 혼인관계증명서, 소득금액을 확인하는 소득금액증명원, 사실증명원, 매매계약서 등 주택 소유사실을 확인할 수 있는 관계 증명서류 등이며 감면신청자가 행정정보이용에 사전동의하는 경우에는「전자정부법」제36조 제1항에 따른 행정정보의 공동이용 전산망을 통한 확인으로 갈음할 수 있다.

〈별표 1〉 주택 소유사실 예외사항에 대한 세부 확인방법

| 규 정 (법 §36의 3 제1항) | | 주택을 소유하는 것으로 보지 않는 경우 | 주요 확인사항 (통합지방세정보시스템을 통한 확인) |
|---|---|---|---|
| 제1호 | | 상속으로 주택의 공유지분을 소유(주택 부속 토지의 공유지분만을 소유하는 경우를 포함한다)하여 그 지분을 처분한 경우 | 통합지방세정보시스템상 취득신고 자료로 상속 여부 확인 |
| 제2호 | 본문 | 국토계획법 제6조에 따른 도시지역 외의 지역 또는 면의 행정구역(수도권은 제외한다)에 건축되어 있는 주택을 소유한 자가 그 소재지역에서 타지역으로 이주한 경우(그 주택을 처분했거나 감면신청 주택 취득일부터 3개월 이내에 그 주택을 처분한 경우로 한정) | 도시·군관리계획 용도지역 등의 정보와 대사 후 해당 도시지역 외의 지역 또는 면의 행정구역에 건축된 주택인지 확인<br>※ 해당 주택소재지역 거주 여부는 주민등록등본 또는 주민등록초본으로 확인 |
| | 가목 | 사용승인 후 20년 이상이 경과된 단독주택 | 통합지방세정보시스템상 과세물건 자료 등으로 확인<br>※ 준공연도 정보가 없는 경우 대법원등기부등본열람시스템으로 개별확인 |
| | 나목 | 85제곱미터 이하인 단독주택 | 통합지방세정보시스템상 면적으로 확인<br>※ 면적 정보가 없는 경우 대법원등기부등본열람시스템으로 개별확인 |
| | 다목 | 상속으로 인하여 취득한 주택<br>(상속등기 전이라도 상속개시로 인해 사실상 상속인 경우를 포함한다) | 통합지방세정보시스템상 취득원인 코드로 상속 여부 확인 |
| 제3호 | | 전용면적 20제곱미터 이하의 주택을 소유하고 있거나 처분한 경우(둘 이상 소유한 경우는 제외) | 통합지방세정보시스템상 면적으로 확인<br>※ 단, 전용면적 정보 누락시 대법원 등기부등본 열람시스템으로 확인 |
| 제4호 | | 취득일 현재 산출한 시가표준액이 100만원 이하의 주거용 건축물을 소유하고 있거나 처분한 경우 | 감면신청 주택 취득일 현재 통합지방세정보시스템상 산출과표로 확인<br>※ 단, 산출과표 정보가 없을 경우 해당 자치단체에서 시가표준액을 계산하여 확인 |
| 제5호 | | 주택을 취득한 자의 직계존속(배우자의 직계존속을 포함한다)이 취득일 현재 주택을 소유하고 있거나 처분한 경우 | 통합지방세정보시스템상 주택 소유 여부 확인<br>※ 주택을 취득한 자의 직계존속(배우자의 직계존속 포함)이 취득일 현재 주택을 소유하고 있거나 처분한 경우에는 무주택으로 간주 |

〈별표 2〉 **주택 소유사실 등 확인 통보서**

○ 행정안전부 고시 제10조 규정에 따라 주택 소유사실 여부 등을 확인하고 그 결과를 아래와 같이 통보합니다.

**〈주택 소유사실 등 확인 통보서〉**

| 성명 | 주민등록번호 | 주택 물건지 | 사실 확인 내용(취득일, 취득원인, 사용승인일, 주택 소유사실, 시가표준액, 주택취득가격 | 비고 |
|---|---|---|---|---|
| | | | | |

■ 신혼부부 생애최초 주택 취득세 감면 운영기준 [별지 제1호 서식] (앞 쪽)

# 신혼부부 생애최초 주택 취득자 감면 신청서

| 접수번호 | | 접수일 | | 처리기간 10일 |
|---|---|---|---|---|
| 신청인 | 성명 | | | 주민등록번호 |
| | 주소 | | | |
| | 전자우편주소 | | | 전화번호(휴대전화번호) |
| 감면대상 | 종류 (아파트□ 연립□ 다세대□ 단독주택□) | | | 주택가격(거래가격) |
| | 소재지 | | | |
| 감면세액 | 감면세목 | 과세연도 | | 기분 |
| | 과세표준액 | 감면구분 | | |
| | 당초 결정세액 | 감면받으려는 세액 | | |
| 감면 신청 사유<br>(지방세특례제한법 제36조의 2) | (뒷면 참조) | | | |

**관계 증명 서류**

1 **신혼부부 및 혼인예정자임을 확인하는 서류**

주민등록등본 □ 주민등록초본 □ 혼인관계증명서 □ 가족관계증명서 □ 기타 확인서류 ( )

※ 신혼부부(혼인 5년 이내, 3개월 내 혼인 예정자) 여부 등을 확인해야 하므로 혼인관계증명서 서류는 반드시 제출하셔야 합니다. 다만, 혼인 예정자는 예식장 계약서 사본 또는 결혼 청첩장 등을 감면 신청시 우선 제출하여야 하며 주택 취득일부터 3개월 내에 혼인신고를 한 후 혼인관계증명서를 추가로 제출하셔야 합니다.

※ 주민등록등본(초본)의 경우 해당 지방자치단체의 장으로 하여금 「전자정부법」 제36조 제1항에 따른 행정정보의 공동이용 전산망을 통한 확인·발급에 동의하는 경우에는 제출하실 필요가 없습니다. **이와 관련 동의함 □ 동의하지 않음 □**

2 **무주택 신혼부부가 생애최초로 주택을 취득하는지의 여부를 확인하는 서류**

※ 본 확인서류는 감면신청인이 직접 제출하실 필요는 없습니다. 다만, 생애최초 주택 취득임을 확인하기 위해서는 행정안전부장관 고시(2018-00호) 제0조에 따른 주택소유 여부 확인을 위해 과세자료 정보제공 및 관련 전산조회 사실에 대한 사전 동의가 반드시 필요합니다. 이에 대해 개인정보법 제24조에 의한 개인정보(주민등록번호) **수집·이용에 동의함 □ 동의하지 않음 □**

☞ 신청인이 동의를 거부할 권리가 있으나, 동의 거부시 이전의 주택보유 사실여부 확인불가로 「지방세특례제한법」 제36조의 2 제1항에 따른 생애최초 주택 취득에 대한 감면요건을 준수하지 못한 것으로 보아 감면적용이 제외되는 불이익이 있음

3 **소득금액을 확인하는 서류**

① 세무서장이 확인·발급하는 서류 : 소득금액증명원 □ 사실증명원(기타) □ 근로소득원천징수영수증 □

② 기타 확인서류 ( )

※ 직전년도 종합소득(근로·사업·퇴직·연금·기타소득)이 있는 신혼부부가 소득금액증명원상 근로소득자용으로 발급을 받거나 근로소득원천징수영수증만을 제출한 경우 등, 신청인이 제출한 서류의 소득이외 종합소득이 있어 그 소득금액이 부부합산 7천만원(홑벌이 5천만원)이 초과된 사실이 사후에 확인되는 경우에는 추징대상에 해당될 수 있습니다.

※ 신청인의 소득정보(종합소득금액)를 보유하고 있는 관련기관(국세청)에 소득금액 확인과 사후관리를 위해 개인정보법 제24조에 의한 개인정보(주민등록번호)수집·이용에 **동의함 □ 동의하지 않음 □**

☞ 신청인이 위의 사항에 동의하지 않는 경우에는 사후관리를 위한 실제 소득여부 확인불가로 「지방세특례제한법」 제36조의 2 제1항에 따른 감면요건을 준수하지 않는 것으로 보아 감면적용이 제외되는 불이익이 있음

「지방세특례제한법」 제36조의 2에 따라 위와 같이 지방세 감면을 신청하며, 신청인은 본 신청서의 유의사항 등을 충분히 검토하였고 향후에 신청인이 기재한 사항과 사실이 다를 경우에는 「지방세기본법」 제53조 등의 규정에 따라 가산세를 포함하여 추징대상에 해당될 수 있음을 사전에 인지하였음을 확인합니다.

※ 감면신청인이 지방자치단체의 장에게 제출하는 본 감면신청서는 「지방세특례제한법」 제183조 제2항에 따라 감면 의무사항을 위반하는 경우 감면받은 세액이 추징될 수 있다는 내용을 서면통지한 것으로 갈음합니다.

년 월 일

신청인 (서명 또는 인)

시장·군수·구청장 귀하

| 첨부서류 | 감면받을 사유를 증명하는 서류 | 수수료<br>없음 |
|---|---|---|

## 신혼부부 생애최초 주택 취득자 감면 신청서 (뒤 쪽)

**감면 신청 사유**

**(지방세특례제한법 제36조의 2)**

※ 아래의 사항을 확인 후 해당란을 기재하십시오

1 신혼부부 소득요건 및 생애최초 주택소유 사실 여부을 확인하기 위한 기재사항입니다.

※ 이하에서 배우자는 취득일 3개월 이내에 혼인 예정인 자를 포함합니다.

○ 신청인(배우자 포함)은 감면신청 주택 취득일 현재까지 주택을 보유한 사실이 없으며, 부부합산 소득이 7천만원(홑벌이 5천만원) 이하임을 확인합니다. (예 □ 아니오 □)

감면요건[1] : 기혼 □ 혼인예정 □ / 맞벌이 □ 홑벌이 □

| 관 계 | 성 명 | 주민등록번호[2] | 소득금액(원)[3] | 주택소유 사실 여부 |
|---|---|---|---|---|
| 본 인 | | | | |
| 배우자 | | | | |
| 세대원(세대분리된 경우 포함)[4] | | | | |

1) 신청인이 기혼 또는 혼인 예정, 맞벌이 또는 홑벌이 인지 여부를 기재 합니다.

* 본인과 배우자 각각의 소득금액이 모두 300만원 이상인 경우 맞벌이가구에 해당, 이 외에는 홑벌이 간주

2) 신청인이 외국인(주민등록표 등본에 세대원으로 표기되는 내국인의 외국인 배우자는 제외) 또는 재외국민(영주권자, 시민권자)인 자는 주민등록표상 세대원에서 제외되므로 감면대상자가 아닙니다.

3) 소득금액란은 감면신청인과 그 배우자만 기재하며, 귀속연도의 소득금액증명원 상 금액 또는 근로소득원천 징수영수증 상 금액을 기재합니다.

– 소득금액 귀속연도는 주택취득일 연도의 직전 연도 소득금액이 원칙이며, 소득세법에 따른 종합소득이 확정되지 않아 직전 연도 소득을 확인할 수 없는 경우에만 예외적으로 전전년도 소득을 기재합니다.

4) 감면신청인 또는 배우자가 미혼인 30세 미만의 직계비속이 있는 경우에만 기재하며 이 경우 주택소유 사실 여부에는 감면신청 주택 취득일 현재 주택소유 여부만 기재합니다.

– 미혼인 30세 미만의 직계비속이 1주택 이상을 소유하고 있는 경우에는 감면신청 주택 취득일부터 3개월 이내에 해당 주택을 모두 처분해야 감면받은 취득세가 추징되지 않습니다.

2 주택소유 사실 예외사항을 확인하기 위한 기재 사항입니다

① 상속으로 주택의 공유지분(주택 부속토지의 공유지분만 소유하는 경우 포함)을 소유하여 그 지분을 처분하여야 합니다. 이와 관련 그 주택을 처분하였음 □ 처분하지 않았음 □ 해당사항 없음 □

② 감면신청 주택 취득일 현재 도시지역 외의 지역 및 면소재지 지역(수도권은 제외한다)에서 거주하다가 다른 지역으로 이주한 경우에는 그 종전 주택*을 처분하여야 합니다. 이와 관련 그 주택을 처분하였음 □ 처분하지 않았음 □ 해당사항 없음 □

– 다만, 주택취득일 현재까지도 그 주택을 처분 하지 않았다면 3개월 이내에 처분을 해야 합니다.

* 사용승인 후 20년 이상이 경과된주택, 85㎡ 이하 단독주택, 상속으로 취득한 주택

③ 감면신청 주택 취득일 현재 전용면적 20㎡ 이하 주택을 1호를 소유하고 있거나 처분하여야 합니다. 이와 관련 그 주택을 □ 2호 이상 소유하고 있음 □ 1호만 소유하고 있음 □ 처분하였음 □ 해당사항 없음

④ 낡은 주택이라도 감면신청 주택 취득일 현재 건물분 시가표준액이 100만원 초과인 경우에는 주택으로 간주합니다.

3 신청인께서 알아두셔야 할 유의사항 안내입니다.

○ 신청인이 작성·기재한 감면신청서는「지방세기본법」제78조의 규정에 따라 진실한 것으로 추정합니다.

○ 다만, 향후에 신청인이 작성·기재한 사항이 사실과 다르거나 사후관리를 통해 감면요건을 준수하지 않은 사항이 확인되는 경우에는「지방세기본법」제53조 내지 제55조 규정에 따라 감면받은 세액 이외에도 가산세(10~40%)가 추가되어 추징대상에 해당될 수 있음을 유의하여 주시기 바랍니다.

> **※ 신혼부부 생애최초 주택 취득세 추징요건(「지방세특례제한법」 제36조의 2 제2항)**
> ① 혼인할 예정인 신혼부부가 주택 취득일부터 3개월 이내에 혼인하지 아니한 경우
> ② 주택을 취득한 날부터 3개월 이내에 대통령령으로 정하는 1가구 1주택이 되지 아니한 경우
> ③ 정당한 사유없이 취득일부터 3년 이내에 경감받은 주택을 매각·증여하거나 다른 용도(임대를 포함한다)로 사용하는 경우

○ 또한, 위에서 열거한 사례 이외에도 무주택자 및 소득요건 등에 대한 다양한 개별적 사례가 발생할 수 있으므로 감면대상 해당 여부를 반드시 확인하시어 나중에 추징 등 불이익이 발생되지 않도록 유의하시기 바랍니다.

210㎜×297㎜[백상지(80g/㎡) 또는 중질지(80g/㎡)]

# 제36조의 3

## 생애최초 주택 구입에 대한 취득세 감면

관련규정

제36조의 3(생애최초 주택 구입에 대한 취득세 감면) ① 주택 취득일 현재 본인 및 배우자(「가족관계의 등록 등에 관한 법률」에 따른 가족관계등록부에서 혼인이 확인되는 외국인 배우자를 포함한다. 이하 이 조 및 제36조의 5에서 같다)가 주택(「지방세법」 제11조 제1항 제8호에 따른 주택을 말한다. 이하 이 조 및 제36조의 5에서 같다)을 소유한 사실이 없는 경우로서 「지방세법」 제10조의 3에 따른 취득당시가액이 12억원 이하인 주택을 유상거래(부담부증여는 제외한다)로 취득하는 경우에는 다음 각 호의 구분에 따라 2025년 12월 31일까지 지방세를 감면(이 경우 「지방세법」 제13조의 2의 세율을 적용하지 아니한다)한다. 다만, 취득자가 미성년자인 경우는 제외한다.

1. 다음 각 목의 어느 하나에 해당하는 주택의 경우에는 「지방세법」 제11조 제1항 제8호의 세율을 적용하여 산출한 취득세액(이하 이 조 및 제36조의 5에서 "산출세액"이라 한다)이 300만원 이하인 경우에는 취득세를 면제하고, 산출세액이 300만원을 초과하는 경우에는 산출세액에서 300만원을 공제한다.
   가. 전용면적이 60제곱미터 이하이고 취득당시가액이 3억원(수도권은 6억원으로 한다) 이하인 공동주택(아파트는 제외한다)
   나. 전용면적이 60제곱미터 이하이고 취득당시가액이 3억원(수도권은 6억원으로 한다) 이하인 「주택법」 제2조 제20호에 따른 도시형 생활주택
   다. 취득당시가액이 3억원(수도권은 6억원으로 한다) 이하인 「주택법」 제2조 제2호에 따른 단독주택 중 다가구주택으로서 「건축법」 제38조에 따른 건축물대장에 호수별로 전용면적이 구분되어 기재되어 있는 다가구주택(전용면적이 60제곱미터 이하인 호수 부분으로 한정한다)
2. 제1호 외의 주택에 대해서는 산출세액이 200만원 이하인 경우에는 취득세를 면제하고, 산출세액이 200만원을 초과하는 경우에는 산출세액에서 200만원을 공제한다.

② 2인 이상이 공동으로 주택을 취득하는 경우에는 해당 주택에 대한 제1항 제1호에 따른 총 감면액은 300만원 이하로 하고, 제1항 제2호에 따른 총 감면액은 200만원 이

하로 한다.

③ 제1항에서 "주택을 소유한 사실이 없는 경우"란 다음 각 호의 어느 하나에 해당하는 경우를 말한다.

1. 상속으로 주택의 공유지분을 소유(주택 부속토지의 공유지분만을 소유하는 경우를 포함한다)하였다가 그 지분을 모두 처분한 경우
2. 「국토의 계획 및 이용에 관한 법률」 제6조에 따른 도시지역(취득일 현재 도시지역을 말한다)이 아닌 지역에 건축되어 있거나 면의 행정구역(수도권은 제외한다)에 건축되어 있는 주택으로서 다음 각 목의 어느 하나에 해당하는 주택을 소유한 자가 그 주택 소재지역에 거주하다가 다른 지역(해당 주택 소재지역인 특별시 · 광역시 · 특별자치시 · 특별자치도(관할 구역 안에 지방자치단체인 시 · 군이 없는 특별자치도를 말한다) 및 시 · 군 이외의 지역을 말한다)으로 이주한 경우. 이 경우 그 주택을 감면대상 주택 취득일 전에 처분했거나 감면대상 주택 취득일부터 3개월 이내에 처분한 경우로 한정한다.
   가. 사용 승인 후 20년 이상 경과된 단독주택
   나. 85제곱미터 이하인 단독주택
   다. 상속으로 취득한 주택
3. 전용면적 20제곱미터 이하인 주택을 소유하고 있거나 처분한 경우. 다만, 전용면적 20제곱미터 이하인 주택을 둘 이상 소유했거나 소유하고 있는 경우는 제외한다.
4. 취득일 현재 「지방세법」 제4조 제2항에 따라 산출한 시가표준액이 100만원 이하인 주택을 소유하고 있거나 처분한 경우
5. 제36조의 4 제1항에 따라 전세사기피해주택을 소유하고 있거나 처분한 경우
   ☞ 제5호 추가 신설 시행(2023.6.1.)
6. 제1항 제1호 각 목의 주택 중 취득당시가액이 2억원(수도권은 3억원으로 한다) 이하이고 임차인으로서 1년 이상 상시 거주(「주민등록법」에 따른 전입신고를 하고 계속하여 거주하는 것을 말한다)한 주택을 2024년 1월 1일부터 2025년 12월 31일까지의 기간 중에 취득하여 제1항에 따른 감면을 받은 경우. 다만, 제4항에 따라 추징된 경우는 제외한다.

④ 제1항에 따라 취득세를 감면받은 사람이 다음 각 호의 어느 하나에 해당하는 경우에는 감면된 취득세를 추징한다.

1. 대통령령으로 정하는 정당한 사유 없이 주택을 취득한 날부터 3개월 이내에 상시 거주(취득일 이후 「주민등록법」에 따른 전입신고를 하고 계속하여 거주하거나 취득일 전에 같은 법에 따른 전입신고를 하고 취득일부터 계속하여 거주하는 것을 말한다. 이하 이 조 및 제36조의 5에서 같다)를 시작하지 아니하는 경우

【영】 제17조의 3(상시 거주 지연의 정당한 사유) 법 제36조의 3 제4항 제1호에서 "대통령령으로 정하는 정당한 사유"란 다음 각 호의 어느 하나에 해당하는 경우를 말한다.

1. 기존 거주자의 퇴거가 지연되어 주택을 취득한 자가 법원에 해당 주택의 인도명령을 신청하거나 인도소송을 제기한 경우
2. 주택을 취득한 자가 기존에 거주하던 주택에 대한 임대차 기간이 만료되었으나 보증금 반환이 지연되어 대항력을 유지하기 위하여 기존 거주지에 「주민등록법」에 따른 주소를 유지하는 경우(「주택임대차보호법」 제3조의 3에 따른 임차권등기가 이루어진 경우는 제외한다)

2. 주택을 취득한 날부터 3개월 이내에 추가로 주택을 취득(주택의 부속토지만을 취득하는 경우를 포함한다)하는 경우. 다만, 상속으로 인한 추가 취득은 제외한다.
3. 해당 주택에 상시 거주한 기간이 3년 미만인 상태에서 해당 주택을 매각 · 증여(배우자에게 지분을 매각 · 증여하는 경우는 제외한다)하거나 다른 용도(임대를 포함한다)로 사용하는 경우

⑤ 제3항을 적용할 때 무주택자 여부 등을 확인하는 세부적인 기준은 행정안전부장관이 정하여 고시한다.

⑥ 〈삭 제〉 [본조신설 2020.8.12.]

# 1 개 요

2020년 7월 10일 「주택시장 안정 보완대책」에 따라 그 동안에는 생애최초로 주택을 구입하는 신혼부부에 한하여 취득세 감면규정을 두었으나, 신혼부부는 물론 청년 또는 서민에 대하여도 연령과 혼인 여부에 관계없이 생애최초로 구입하는 주택에 대해 취득세 감면혜택을 폭 넓게 적용받을 수 있도록 하였다. 또한, 감면대상 주택의 면적 기준은 제한을 두지 않고 있어 기존 감면규정 대비 요건을 완화하였고 소득기준에 있어서도 종전에는 외벌이와 맞벌이 구분없이 취득자와 배우자의 소득 합산금액이 7천만원 이하인 경우에는 세제혜택을 받을 수 있게 되었다. 취득세 감면율은 주택가액이 1억 5천만원 이하인 경우에는 면제하고, 3억원(수도권은 4억원) 이하의 주택은 50%를 경감하도록 하여 주택 가액과 관계없이 취득세 50%를 감면하였던 기존 제도에 비해 감면 혜택을 확대하였으며 생애최초 주택 감면대상자인 경우에는 지방세법 제13조의 2 중과세율을 적용하지 않아 세율과 감면율 모두 세제혜택을 받게 되었다. 2022년에는 생애최초 주택취득 판단기준을 기존 가구원 전체에서 본인 및

배우자로 완화되었고, 일몰기한도 2년(2023년) 연장되었다. 2023년에는 생애최초 주택 구입자에 대한 취득세 감면을 확대하며 그 일몰기한을 2025년까지로 연장하면서 감면요건으로 합산소득을 제외하고 취득당시가액이 12억 이하인 주택을 취득하는 자로 개정하였다.

## 2 | 감면대상자, 감면대상 부동산(§36의 3)

### 2-1. 감면대상자

2021년까지는 생애최초 주택 취득 감면대상자는 주택 취득일 현재기준으로 세대주와 그 세대원 전원이 주택을 소유한 사실이 전혀 없어야 하며 인적요건, 물적요건 및 소득요건 등 법정 감면요건을 갖추고, 주택을 유상거래(부담부증여는 제외한다)로 취득하는 자가 감면대상에 해당되었으나, 2022년부터는 위 요건 중 생애최초 주택취득의 판단기준이 가구 전체에서 '본인 및 배우자'로 완화되었다. 따라서 가구 내의 다른 구성원(형제 · 자매 등)이 주택을 보유하였더라도 본인과 배우자가 주택을 취득한 사실이 없다면 감면이 가능하도록 개정되었다. 다만, 20세 미만의 미성년자가 주택을 취득하는 경우에는 감면이 제외된다. 그 외에 상속 · 증여 등 무상취득하는 경우와 신축 등 원시취득하는 경우에는 감면대상에 해당하지 않는다.

#### 2-1-1. 감면대상자 기준

가. 1가구의 개념

'1가구'란 주택을 취득하려는 자가 세대주 본인 이거나 그 세대별 주민등록표에 함께 기재되어 있는 세대원을 말하며, 1가구 내 세대주 및 세대원 모두 주택을 소유한 사실이 없는 경우 1가구에 해당한다. 여기서 세대원의 범위에 동거인은 제외되나 세대주의 배우자는 세대별 주민등록표에 기재되어 있지 않더라도 같은 가구에 속한 것으로 본다.

한편, 취득세 중과에서는 세대별 주민등록표에 함께 기재되어 있는 가족을 '1세대'로 규정하고 있으며, 취득자의 배우자, 취득일 현재 30세 미만의 자녀와 부모는 세대별 주민등록표에 기재되어 있지 않더라도 1세대에 속한 것으로 본다.

〈표 1〉 1가구와 1세대 비교

| 구 분 | 명칭 | 구 성 (세대별 주민등록표 기준) | | |
|---|---|---|---|---|
| | | 기재자 | 미기재자도 포함 | 제외 |
| 생애최초 감면 (지방세특례제한법 §36의 3) | 1가구 | 세대주 및 세대원 | • 세대주의 배우자 | 동거인 |
| 취득세 중과세 (지방세법 §13의 2) | 1세대 | 〃 | • 취득자의 배우자<br>• 미혼인 30세 미만 자녀<br>• 부모<br>(취득자가 미혼, 30세 미만 한정) | 〃 |

| 例 | 적용 사례 | 감면 여부 |
|---|---|---|
| 1 | 조카로서 동거인으로 등재되어 주택을 취득하는 경우 | ○ |
| 2 | 부모의 주택을 생애최초로 자녀가 유상거래(매매)방식으로 취득하는 경우 | ○ |
| 3 | 주민등록에 기재되지 않은 외국인이 주택을 생애최초로 취득하는 경우 | × |
| 4 | 주택을 소유한 형이 세대주이고 세대원인 동생이 취득하는 경우 | × |

나. 세대주의 배우자

세대주의 배우자는 세대별 주민등록표에 기재되어 있지 않더라도 같은 가구에 속한 것으로 보며, 「가족관계의 등록 등에 관한 법률」에 따른 가족관계등록부에서 혼인이 확인되는 외국인 배우자도 세대주의 배우자에 포함한다.

여기서 배우자의 범위는 세대별 주민등록표보다는 「가족관계의 등록 등에 관한 법률」에 따른 배우자의 관계를 말하는 것으로 사실혼은 제외되며, 법률상 이혼을 했으나 생계를 같이 하는 등 사실상 이혼한 것으로 보기 어려운 관계에 있는 사람도 제외된다.

그러나 취득세 중과세에서는 법률상 이혼을 했으나 생계를 같이 하는 등 사실상 이혼한 것으로 보기 어려운 관계에 있는 사람을 배우자에 포함하고 있다[87].

87) 「지방세법 시행령」 제28조의 3 제1항에서 법 제13조의 2 제1항부터 제4항까지의 규정을 적용할 때 1세대란 … 주택을 취득하는 사람의 배우자(사실혼은 제외하며, 법률상 이혼을 했으나 생계를 같이 하는 등 사실상 이혼한 것으로 보기 어려운 관계에 있는 사람을 포함한다. 이하 제28조의 6에서 같다), 취득일 현재 미혼인 30세 미만의 자녀 또는 부모(주택을 취득하는 사람이 미혼이고 30세 미만인 경우로 한정한다)는 주택을 취득하는 사람과 같은 세대별 주민등록표 또는 등록외국인기록표 등에 기재되어 있지 않더라도 1세대에 속한 것으로 본다.

| 例 | 적용 사례 | 감면 여부 |
|---|---|---|
| 1 | 배우자가 주택을 취득한 사실이 있으나 취득일 기준 사망한 경우 | ○ |
| 2 | 세대별 주민등록표 등재된 형제 중 1인이 주택 소유중인 경우 | ○ |

다. 세대주의 자녀

세대주의 자녀에 대하여 특별하게 규정하고 있지 않다. 따라서 유주택자인 부모와 세대를 같이하고 있는 자녀가 3개월 이내에 세대를 분리할 예정으로 생애최초 감면요건을 충족하는 경우라면 감면대상에 해당된다. 다만, 취득자가 20세 미만인 경우에는 세대분리 여부와 관계없이 감면대상에서 배제된다[88].

그러나 취득세 중과에서는 같은 세대별 주민등록표에 함께 기재되어 있지 않더라도 취득일 현재 미혼인 30세 미만의 자녀는 1세대에 속한 것으로 보며, 30세 미만의 자녀로서 해당 자녀의 소득[89]이 「국민기초생활 보장법」 제2조 제11호에 따른 기준 중위소득[90]의 40% 이상으로서 분가하는 경우 부모와 구분하여 별도의 세대로 판단한다. 다만, 미성년자(만 19세 미만)인 경우에는 소득요건이 충족하더라도 부모의 세대원에 포함된다.

| 例 | 적용 사례 | 감면 여부 |
|---|---|---|
| 1 | 30세 미만의 자녀로서 주민등록상 별도 세대인 경우 | ○ |
| 2 | 세대별 주민등록표 등재된 형제 중 1인이 주택 소유중인 경우 | ○ |

## 2-2. 감면대상 부동산

### 2-2-1. 주택의 범위

생애최초 취득세 감면대상은 주택으로 한정한다. 주택의 범위는 「주택법」 제2조 제1호에 따른 주택으로서 단독주택과 아파트, 다세대주택, 연립주택, 빌라 등의 공동주택이포함된다.

주거용 오피스텔의 경우에는 건축법상 업무시설용에 해당되므로 감면대상 주택으로 보지 않으며 기존에 오피스텔을 소유하고 있거나, 처분한 사실이 있더라도 주택을 소유한 사실이 없는 것으로 보며, 그 외에 조합원입주권과 주택분양권의 경우에도 주택이 완공되지

88) 「지방세특례제한법」 제36조의 3 제1항 본문 단서 ~ 다음 각 호의 구분에 따라 2021년 12월 31일까지 지방세를 감면(이 경우 「지방세법」 제13조의 2의 세율을 적용하지 아니한다)한다. 다만, 취득자가 20세 미만인 경우 또는 주택을 취득하는 자의 배우자가 취득일 현재 주택을 소유하고 있거나 처분한 경우는 제외한다.

89) 「소득세법」 제4조에 따른 소득 : 종합소득, 퇴직소득, 양도소득 등

90) 2020년 기준 1인가구 중위 소득은 월 175만원임.

아니한 상태로 향후 주택에 입주할 수 있는 권리에 불과하므로 주택으로 보지 않는다.

무허가주택의 경우에는 주택 유상거래 세율 적용을 배제[91]하고 있고 무허가주택은 「지방세법」상 주택 유상거래 세율 적용을 배제하고 있고 상속으로 취득한 1가구 1주택에서도 제외되고 있으므로, 감면대상 주택에서도 배제되고 있다. 아울러 기존에 무허가주택을 소유했거나 소유하고 있는 경우라도 주택을 소유한 것으로 보지 않아 새로운 주택을 취득하는 경우 생애최초 감면요건에 합당하다면 적용을 받을 수 있다 할 것이다.

한편 취득세 중과세에서는 중과세율을 적용하는 주택 수에 조합원입주권과 주택분양권은 물론 주거용 오피스텔도 주택으로 보아 중과세율을 적용한다[92]. 다만, 무허가주택은 생애최초 감면과 동일하게 주택에서 배제하고 있다.

| 例 | 적용 사례 | 감면 여부 |
|---|---|---|
| 1 | 상속으로 인해 단독으로 주택을 소유 후에 매도한 사실이 있는 경우 | × |
| 2 | 다가구주택 구입 후 취득자가 일부거주하고, 일부 임대한 경우에 임대부분 | × |
| 3 | 주택을 과거 20년 전에 취득한 사실이 있는 경우 | × |

### 2-2-2. 지분으로 취득하는 주택

주택을 지분으로 취득하는 경우도 주택의 취득으로 인정되므로 공동명의로 그 취득하는 지분이 생애최초 주택으로 확인되는 경우는 그 해당 지분에 대하여 감면이 적용된다. 이 경우 주택의 가격기준은 해당 지분만으로 적용하지 않고 그 주택 자체의 가격기준(3억원 또는 수도권 4억원)을 기준으로 판단하여야 한다.

주택의 부속토지만을 취득하더라도 이는 주택의 범주에 포함되므로 취득세 중과대상 주택 수에 해당하고 나아가 생애최초 감면대상에도 해당된다. 하지만 감면받은 부속토지상의 주택에 3개월 이내에 거주를 시작하지 못하면 감면세액 추징대상이 된다는 점을 유념하여야 한다.

또한, 본인 명의 주택의 부속토지가 본인 이외 다른 사람 명의로 되어 있는 경우로서 당해 부속토지를 취득하여 1주택이 되는 경우이거나, 소유한 지분 이외 타인 명의의 나머지 지분을 추가로 취득하여 1주택이 되는 경우는 감면대상에 해당된다.

91) 「지방세법」 제11조 제1항 제8호
92) 「지방세법」 제13조의 3 제2호~제4호

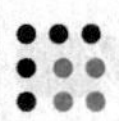

| 例 | 적용 사례 | 감면 여부 |
|---|---|---|
| 1 | 주상복합 건물 중 주택부분이 감면면적 및 가액에 해당하는 경우 | ○ |
| 2 | 주택의 부속토지 만을 소유한 상태에서 주택을 취득하는 경우 | × |

### 2-2-3. 주택을 소유하지 아니한 것으로 보는 대상

과거 주택을 소유한 사실이 있었거나 현재 주택을 소유한 사실이 있더라도 아래 처분한 공유지분 상속주택, 20㎡ 이하 소형주택, 100만원 이하의 주택 등은 사실상 주택을 소유한 사실이 없다고 간주하므로 그 주요내용을 살펴본다.

#### 가. 처분한 공유지분 상속주택

상속으로 주택의 공유지분을 소유(주택 부속토지의 공유지분만을 소유하는 경우를 포함한다)하였다가 그 지분을 모두 처분한 경우는 사실상 주택을 소유한 사실이 없다고 본다.

한편, 「지방세법」상 취득세 중과세에서는 상속개시일부터 5년이 지나지 않는 상속주택은 1세대의 소유주택 수 산정에서 제외하고 있으며[93], 법률 시행일인 2020년 8월 12일 이전에 상속받은 주택의 경우 시행일을 기준으로 향후 5년간 주택 수의 산정에서 제외하고 있다.

따라서 생애최초 주택 감면에서는 상속개시일부터 5년 이내 여부는 고려하지 아니하되 공유지분이 아닌 전체 지분을 취득하면 주택을 소유한 것으로 보며, 취득세 중과세에서는 공유지분이라도 5년이 지난 이후에야 주택을 소유하면 1세대의 주택 수 산정에 포함된다.

| 例 | 적용 사례 | 감면 여부 |
|---|---|---|
| 1 | 상속받은 주택 지분비중이 낮아(1%) 처분하지 않은 경우 | × |

93) 「지방세법 시행령」 제28조의 4 제5항 제3호

### 나. 도시지역으로 이주하기 전에 소유한 주택[94)]

국토의 계획 및 이용에 관한 법률」 제6조에 따른 도시지역 이외 지역 또는 면 단위 행정구역(「수도권정비법」 제2조 제1호에 따른 수도권을 제외하되, 도시지역이 포함된 경우에는 그 지역을 포함)에 건축된 주택으로서 20년 이상 경과된 단독주택이거나, 85㎡ 이하 단독주택 또는 상속으로 취득한 주택에 거주하다가 다른 지역으로 이주한 경우는 사실상 주택을 소유한 사실이 없다고 본다.

여기서 해당 도시지역 외의 지역 등에서 다른 지역으로 이주하면 요건을 충족한 것으로 보나 동일한 주택소재지역(특별시·광역시·특별자치시·특별자치도 및 시·군으로 구분)으로 이주한 경우 즉, A시 B구(도시지역 외)지역에서 A시 C구로 이주하게 되면 이주요건을 미충족한 것으로 본다.

이 경우에도 해당 주택을 감면대상 주택 취득일 전에 처분했거나 감면대상 주택 취득일부터 3개월 이내에 처분한 경우로 한정한다.

한편, 취득세 중과세에서도 「지방세법 시행령」 제28조 제2항에 따른 농어촌주택에 대해서는 중과세 대상 주택 수에 포함하지 않으며 중과세율도 적용하지 않도록 규정되었다.

### 다. 소유 또는 처분한 20㎡ 이하 소형주택

전용면적 20제곱미터 이하인 주택을 소유하고 있거나 처분한 경우는 사실상 주택을 소유한 사실이 없다고 본다. 다만, 전용면적 20제곱미터 이하인 주택을 둘 이상 소유했거나 소유하고 있는 경우는 제외한다.

한편, 주택 취득세 중과세에서는 그 예외대상을 면적이 아닌 시가표준액 기준(1억원 이하)으로 하여 저가주택을 중과배제하고 있다.

### 라. 시가표준액이 100만원 이하인 주택

취득일 현재 「지방세법」 제4조 제2항에 따라 산출한 시가표준액이 100만원 이하인 주택을 소유하고 있거나 처분한 경우에는 사실상 주택을 소유한 사실이 없다고 본다.

---

94) 「지방세특례제한법」 제36조의 3 제3항 제2호 「국토의 계획 및 이용에 관한 법률」 제6조에 따른 도시지역(취득일 현재 도시지역을 말한다)이 아닌 지역에 건축되어 있거나 면의 행정구역(수도권은 제외한다)에 건축되어 있는 주택으로서 아래 어느 하나에 해당하는 주택을 소유한 자가 그 주택 소재지역에 거주하다가 다른 지역(해당 주택 소재지역인 특별시·광역시·특별자치시·특별자치도 및 시·군 이외의 지역을 말한다)으로 이주한 경우. 이 경우 그 주택을 감면대상 주택 취득일 전에 처분했거나 감면대상 주택 취득일부터 3개월 이내에 처분한 경우로 한정한다.
가. 사용승인 후 20년 이상 경과된 단독주택　나. 85제곱미터 이하인 단독주택
다. 상속으로 취득한 주택

반면, 취득세 중과에서 시가표준액 1억원 이하인 주택이나 오피스텔은 중과세 대상으로 보지 않으며, 지분이나 부속토지만을 취득한 경우에는 전체 주택이나 오피스텔의 시가표준액으로 1억원 여부를 판단한다[95]. 따라서 생애최초 감면에서는 1억원 이하라도 100만원을 초과한 주택을 소유하거나 처분한 경우는 주택을 소유했다고 인정하고 있다.

마. 소유 또는 처분한 직계존속의 주택

주택을 취득한 자의 직계존속(배우자의 직계존속을 포함한다)이 취득일 현재 주택을 소유하고 있거나 처분한 경우는 사실상 주택을 소유한 사실이 없다고 본다. 여기서 '직계존속'이란 부모로 한정하고 있지 않아 취득자와 그 배우자의 부모와 조부모를 포함하며 연령기준도 별도의 기준을 두고 있지 않아 만 65세 미만의 부모도 포함된다.

한편 취득세 중과에서는 만 65세 이상의 부모와 동거봉양을 위해 합가하는 경우 그 부모와 자녀를 각각 다른 세대로 본다. 이 경우 부모로 규정하고 있어 시부모와 처부모는 부모의 범위에 포함되나 조부모는 제외된다.

따라서 직계비속이 유주택자인 조부모를 동거봉양하기 위해 합가하는 경우 생애최초 감면에서는 사실상 주택이 없다고 보는 반면, 취득세 중과에서는 조부모 소유 주택의 경우 1세대의 주택 수 산정에 포함된다.

바. 전세사기피해자가 소유하거나 처분하는 주택

전세사기피해자 지원 대책에 따라 제36조의 4에서 전세사기피해주택에 대한 감면규정이 도입되었고, 이와 관련 본 조 제5호에서는 전세사기피해자가 소유하거나 처분하는 주택을 주택으로 보지 않도록 규정되었다. 한편, 개정법률 부칙(법률 제19422호, 2023.6.1.) 제2조 제1항에서는 본 조 제5호의 신설 규정은 「전세사기피해자 지원 및 주거안정에 관한 특별법」에 따른 전세사기피해자가 이 법 시행일 이전(2023.6.1.)에 전세사기피해주택을 취득하였거나 임차권등기를 마친 경우에도 적용하도록 규정함에 따라 전세사기피해자가 소유하거나 처분하는 주택의 경우 해당 감면규정에서 주택을 소유하지 않은 것으로 보아야 한다.

95) 「지방세법 시행령」 제28조의 2 제1호 및 제28조의 4 제5항 제4호

# 3 | 특례 내용

## 3-1. 주택 가격

2022년까지는 주택을 유상거래로 취득한 당시의 주택가액이 수도권(「수도권정비계획법」 제2조 제1호에 따른 수도권)에서는 4억원 이하인 주택과, 수도권 이외의 지역에서는 3억원 이하인 주택에 한하여 감면대상이 되었으나, 2023년부터는 취득당시의 가액이 12억원 이하의 주택으로 감면요건이 대폭 완화되었다.

## 3-2. 취득세 감면율

2022년까지는 취득 당시의 가액이 1억 5천만원 이하인 경우에는 취득세를 면제(100% 감면)하고, 1억 5천만원을 초과하고 수도권은 4억원, 수도권 이외 지역은 3억원 이하 구입 주택의 경우에는 취득세의 50%를 경감하였으나, 2023년부터는 해당 주택의 산출세액이 200만원 미만인 경우에는 취득세가 면제되고, 취득 당시의 가액이 1억 5천만원을 초과하는 경우에는 50%를 감면하는 것으로 개정되었다.

## 3-3. 취득세 중과세율 배제

현행 「지방세법」 제13조의 2에서는 1세대 내에서 세대주와 세대원을 포함하여 2주택 이상인 경우에 주택을 유상거래로 추가 취득하게 되면 8% 또는 12%의 중과세율을 적용받게 된다. 그러나 청년 및 신혼부부 등의 생애최초 주택 취득시 세부담 완화를 위해 생애최초 감면요건을 충족하게 되면 1%(6억원 이하인 주택취득 사례만 발생)의 취득세율을 적용받게 된다.

예를 들면, 만 65세 미만의 부모와 만 28세의 청년이 1세대에서 주소를 같이 두고 있으며 부모소유의 1주택이 있는 상태에서 해당 청년이 주택을 생애최초로 구입하게 되면 소득 여부와 관계없이 별도로 세대분리를 하지 않고 있어 「지방세법」 제13조의 2의 규정에 따라 1세대 2주택에 해당하게 되며 8%의 중과세율이 적용되어야 하지만 생애최초 주택 감면대상자는 중과세율을 배제하도록 본조 제1항 본문 후단에서 규정하고 있다.

| 例 | 적용 사례 | 감면 여부 |
|---|---|---|
| 1 | 주택 취득일부터 3개월 이내 전입신고한 후 타인에게 일부 면적을 임대한 경우 | ○ |

### 3-4. 농어촌특별세 적용

주택의 전용면적이 85㎡(읍·면은 100㎡) 이하인 경우에는 농어촌특별세가 비과세되며 생애최초 감면대상 주택으로서 85㎡(읍·면은 100㎡) 초과하는 경우 중 주택 취득가액이 1억 5천만원 이하 여부와 관계없이 취득세 감면세액의 20%를 적용하고 감면대상이 아닌 경우 종전 취득세율인 중과기준세율 2%에 취득세 산출세액의 10%를 적용한다.

〈표 2〉 **농어촌특별세 적용률**

| 구분 | 1.5억원 이하(면제) | 1.5억원 초과(50% 감면) |
|---|---|---|
| 85㎡ 이하 (읍·면은 100㎡ 이하) | • 비과세 | • 비과세 |
| 85㎡ 초과 (읍·면은 100㎡ 초과) | • 감면세액의 20% | • 감면세액의 20%<br>• 종전 취득세율(2%) 적용 시 산출세액의 10% |

### 3-5. 적용기간

생애최초 주택 취득세 감면제도는 정부의 주택시장 안정 보완대책 발표 시점일인 2020년 7월 10일부터 2021년 12월 31일까지 적용된다. 아울러 2020년 8월 12일이 시행일임에도 불구하고, 보다 많은 납세자들이 신설 감면제도의 혜택을 받을 수 있도록 정책발표일(7월 10일)부터 취득하는 경우로 소급하여 감면 혜택이 적용된다[96].

## 4 | 지방세특례의 제한

생애최초 주택을 취득하여 감면을 받았다고 하더라도 실제 거주하지 않거나 3년 미만인 상태에서 매각하는 등 아래의 요건에 해당되는 경우 추징대상에 해당되어 감면받은 취득세가 추징된다.

### 4-1. 3개월 이내 취득 주택에 실거주 요건(§36의 3 ①, 영 §17의 3)

2021년까지는 주택을 취득한 날부터 3개월 이내에 상시 거주를 시작하지 아니하는 경우 3개월 이내 실거주 요건을 위반하여 추징대상이 되었으나, 2022년부터는 전세보증금 관련

96) 「지방세특례제한법」 부칙 〈법률 제17474호, 2020.8.12.〉 제4조(생애최초 주택 구입 취득세의 감면에 관한 적용례) 제36조의 3의 개정규정은 2020년 7월 10일 이후 최초로 취득하는 경우부터 적용한다.

분쟁 등 정당한 사유가 있는 경우는 3개월 내 상시거주를 하지 않더라도 추징대상에서 제외된다. 지특법 시행령 제17조의 3 규정에서 새로 취득하는 주택에 거주 중인 기존 임차 거주자의 퇴거가 지연되는 경우, 현재 임차로 거주 중인 주택의 임차보증금 반환이 지연되는 경우를 위 정당한 사유로 보고 있다. 한편, 3개월 이내 거주요건을 제한한 취지는 취득한 주택을 전세나 월세로 주는 등 갭 투자에 이용되지 않도록 하려는 취지로 실거주 목적이 아닌 주택 구입에 대해서는 감면혜택을 배제한 것이다. 여기서 '상시 거주'란 「주민등록법」에 따른 전입신고를 하고 계속하여 거주하는 것을 말한다. 반면에 취득세 중과세 제도에서는 취득 주택에 대한 실거주 요건을 별도로 규정하고 있지 않다.

| 例 | 적용 사례 | 감면 여부 |
|---|---|---|
| 1 | 주택 취득일부터 3개월 이내 실거주하였으나 전입신고를 하지 않은 경우 | × |
| 2 | 주택 취득일부터 3개월 이내 전입신고 후 타인에게 일부 임대한 경우 | ○ |

### 4-2. 취득일부터 3개월 이내 1가구 1주택 요건

2021년까지는 주택을 취득한 날부터 3개월 이내에 1가구 1주택이 되지 아니한 경우는 1가구 1주택 요건을 위반하여 추징대상이었으나, 2022년부터는 주택을 추가로 취득하는 경우로 추징대상 요건이 개정되었고, 위 추가로 취득하는 주택에서 상속으로 취득하는 경우는 추징대상에서 제외된다. 이는 감면대상자의 의사와 무관하게 이루어지는 상속으로 인한 추가 취득까지 추징하는 것이 불합리하다는 점을 고려한 것으로 보인다. 여기서 '1가구 1주택'이란 국내에 한 개의 주택을 소유하는 것을 말하며, 주택의 부속토지만을 소유하는 경우에도 주택을 소유한 것으로 본다.

한편, 위와 같은 실거주요건의 취지는 유주택자인 부모와 세대를 같이하는 자녀가 생애최초로 주택을 구입하여 감면대상이 된 후에는 3개월 이내에 세대를 분리하여 자녀를 기준으로 1가구 1주택이 되어야 하는 것을 의미하고 또한, 유주택자이었던 부모가 세대를 분리한 자녀와 합가하는 것을 방지하려는 것으로 보인다.

### 4-3. 해당 주택에 3년간 실거주 요건

해당 주택에 상시 거주한 기간이 3년 미만인 상태에서 해당 주택을 매각・증여하거나 다른 용도로 사용하는 경우 또는 임대하는 경우에는 3년간 실거주 요건을 위반하여 추징대상이 된다. 이는 감면받은 주택에서 최소한 3년간은 상시 거주하여야 한다는 의미이다. 다만,

2022년부터는 배우자 간 지분의 매각 · 증여는 추징사유에 해당하지 않도록 예외를 인정하여 배우자간 소유권 변동부분에 대해서는 추징대상에서 제외된다.

| 例 | 적용 사례 | 감면 여부 |
|---|---|---|
| 1 | 기존에 주택에서 임대로 상시 거주하다 해당 주택을 취득하고 2년 내에 주택을 매각한 경우 | × |

### 4-4. 경과조치(법률 제18656호, 2021.12.28., 부칙 제12조)

2022년부터 시행되는 지특법 제36조의 3 제4항 제1호부터 제3호까지의 개정규정에도 불구하고 종전 규정대로 취득세를 추징한다. 따라서, 2021년 이전에 이미 생애최초주택 취득세 감면을 받은 경우에는 주택 취득일부터 3개월 이내에 1가구 1주택이 되지 아니한 경우(§36의 3 ④ 1호), 배우자에게 지분 일부를 매각 · 증여(§36의 3 ④ 2호)하는 경우에는 위 개정규정의 추징을 제외하는 규정에도 불구하고 종전의 규정에 따라 취득세가 추징된다.

### 4-5. 최소납부세액 면제(§177의 2)

2015년부터 시행되는 감면 상한제도(§177의 2 본문)에 따라 면제되는 세액의 15%는 감면특례가 제한되어 생애최초주택 취득세 감면(§35의 3 ① 1호)의 경우 최저납부세액 과세대상에 해당되지만 제177조의 2 제2호에서 최소납부세액 예외 특례를 적용받은 해당 세목에 대해서는 2020.1.1.부터 적용한다. 이에 대한 세부적인 사항은 제177조의 2의 해설편을 참조하면 된다.

## 5 | 감면신청

생애최초 주택을 취득하는 경우 개정법률 시행일인 2020년 8월 12일부터 생애최초 주택구입자 감면신청이 가능하며 일반적 감면신청 절차에 따라 원칙적으로 취득일부터 60일 이내에 신청하여야 한다.

감면신청서에 첨부하여 제출하여야 하는 증빙서류는 무주택 1가구임을 확인할 수 있도록 가족관계증명서와 주민등록등 · 초본이며 세대주와 주택을 취득한 자가 다른 경우에는 세대원의 주택 소유 사실 여부를 확인을 위해 세대주 기준의 가족관계증명서와 함께 소득금액을 확인하는 소득금액증명원, 사실증명원 등도 제출하여야 한다.

■ 생애최초 주택 구입에 대한 취득세 감면 운영기준 [별지 제1호 서식] (앞 쪽)

# 생애최초 주택 구입 취득세 감면 신청서

<table>
<tr><td>접수번호</td><td></td><td>접수일</td><td>처리기간 10일</td></tr>
<tr><td rowspan="3">신청인</td><td colspan="2">성명</td><td>주민등록번호</td></tr>
<tr><td colspan="3">주소</td></tr>
<tr><td colspan="2">전자우편주소</td><td>전화번호(휴대전화번호)</td></tr>
<tr><td rowspan="2">감면대상</td><td colspan="2">종류 (아파트□ 연립□ 다세대□ 단독주택 □)</td><td>주택가격(거래가격)</td></tr>
<tr><td colspan="3">소재지</td></tr>
<tr><td rowspan="3">감면세액</td><td colspan="2">감면세목</td><td>과세연도</td></tr>
<tr><td colspan="2">과세표준액</td><td>감면구분</td></tr>
<tr><td colspan="2">당초 결정세액</td><td>감면받으려는 세액</td></tr>
<tr><td>감면 신청 사유<br>(지방세특례제한법<br>제36조의 3)</td><td colspan="3">(뒷면 참조)</td></tr>
<tr><td>관계 증명 서류</td><td colspan="3">① 무주택1가구임을 확인하는 서류<br>주민등록등본 □ 주민등록초본 □ 가족관계증명서 □ 기타 확인서류 ( )<br>※ 세대주의 배우자 및 취득자의 배우자의 경우 세대별 주민등록표에 기재되어 있지 않더라도 주택 소유 여부 등을 확인해야 하므로 가족관계증명원 서류는 반드시 제출하셔야 합니다.<br>※ 세대주와 주택을 취득한 자가 다른 경우에는 세대주 기준의 가족관계증명서도 함께 제출 필요(세대주의 배우자 주택 소유 사실 여부를 확인하기 위함)<br>※ 주민등록등본(초본)의 경우 해당 지방자치단체의 장으로 하여금 「전자정부법」 제36조 제1항에 따른 행정정보의 공동이용 전산망을 통한 확인·발급에 동의하는 경우에는 제출하실 필요가 없습니다. 이와 관련 동의함 □ 동의하지 않음 □<br>② 무주택1가구가 생애최초로 주택을 구입하는지의 여부를 확인하는 서류<br>※ 본 확인서류는 감면신청인이 직접 제출하실 필요는 없습니다. 다만, 생애최초 무주택1가구임을 확인하기 위해서는 행정안전부장관 고시(2020-43호) 제8조에 따른 주택소유 여부 확인을 위해 과세자료 정보제공 및 관련 전산조회 사실에 대한 사전 동의가 반드시 필요합니다. 이에 대해 개인정보법 제24조에 의한 개인정보(주민등록번호) 수집·이용에 동의함 □ 동의하지 않음 □<br>☞ 신청인이 동의를 거부할 권리가 있으나, 동의 거부시 이전의 주택보유 사실여부 확인불가로 「지방세특례제한법」 제36조의 3 제1항에 따른 무주택세대주 감면요건을 준수하지 못한 것으로 보아 감면적용이 제외되는 불이익이 있음</td></tr>
</table>

「지방세특례제한법」 제36조의 3에 따라 위와 같이 지방세 감면을 신청하며, 신청인은 본 신청서의 유의사항 등을 충분히 검토하였고 향후에 신청인이 기재한 사항과 사실이 다를 경우에는 「지방세기본법」 제53조 등의 규정에 따라 가산세를 포함하여 추징대상에 해당될 수 있음을 사전에 인지하였음을 확인합니다.

※ 감면신청인이 지방자치단체의 장에게 제출하는 본 감면신청서는 「지방세특례제한법」 제183조 제2항에 따라 감면 의무사항을 위반하는 경우 감면받은 세액이 추징될 수 있다는 내용을 서면통지한 것으로 갈음합니다.

년 월 일

신청인 (서명 또는 인)

**시장·군수·구청장** 귀하

| 첨부서류 | 감면받을 사유를 증명하는 서류 | 수수료<br>없음 |
|---|---|---|

210㎜×297㎜[백상지(80g/㎡) 또는 중질지(80g/㎡)]

(뒤 쪽)

<table>
<tr><td rowspan="1">감면신청<br>사유<br>(지방세특례제한법<br>제36조의 3)</td><td>

※ 아래의 사항을 확인 후 해당란을 기재하십시오.

1 **생애최초 무주택1가구 여부 및 소득요건을 확인하기 위한 기재사항입니다.**

○ 「지방세특례제한법」 제36조의 3 제1항에 따라 생애최초로 주택을 취득하는 본인 및 그 배우자가 감면대상 주택 취득일 현재까지 주택을 소유한 사실이 없음을 확인합니다. [ ]예 [ ]아니오

| 관 계 | 성 명 | 주민등록번호 | 주택소유 사실 여부 |
|---|---|---|---|
| 생애최초 주택 취득자(본인) | | | |
| 그 배우자 | | | |

2 **주택소유 사실 예외사항을 확인하기 위한 기재 사항입니다**

① 상속으로 주택의 공유지분(주택 부속토지의 공유지분만 소유하는 경우 포함)을 소유하여 그 지분을 처분하여야 합니다. 이와 관련 그 주택을 **처분하였음 □ 처분하지 않았음 □ 해당사항 없음 □**

② 감면신청 주택 취득일 현재 도시지역 외의 지역 및 면소재지 지역(수도권은 제외한다)에서 거주하다가 다른 지역으로 이주한 경우에는 그 종전 주택*을 처분하여야 합니다. 이와 관련 그 주택을 **처분하였음 □ 처분하지 않았음 □ 해당사항 없음 □**

– 다만, 주택취득일 현재까지도 그 주택을 처분*하지 않았다면 3개월 이내에 처분을 해야 합니다.

* 사용승인 후 20년 이상이 경과된주택, 85㎡ 이하 단독주택, 상속으로 취득한 주택

③ 감면신청 주택 취득일 현재 전용면적 20㎡ 이하 주택을 1호를 소유하고 있거나 처분하여야 합니다. 이와 관련 그 주택을 **□ 2호 이상 소유하고 있음 □ 1호만 소유하고 있음 □ 처분하였음 □ 해당사항 없음**

④ 낡은 주택이라도 감면신청 주택 취득일 현재 건물분 시가표준액이 100만원 이상인 경우에는 주택으로 간주합니다.

3 **신청인께서 알아두셔야 할 유의사항 안내입니다.**

○ 신청인이 작성 · 기재한 감면신청서는 「지방세기본법」 제78조의 규정에 따라 진실한 것으로 추정합니다.

○ 다만, 향후에 신청인이 작성 · 기재한 사항이 사실과 다르거나 사후관리를 통해 감면요건을 준수하지 않은 사항이 확인되는 경우에는 「지방세기본법」 제53조 내지 제55조 규정에 따라 감면받은 세액 이외에도 가산세(10~40%)가 추가되어 추징대상에 해당될 수 있음을 유의하여 주시기 바랍니다.

※ **생애최초 주택 구입에 대한 취득세 감면 추징요건**(「지방세특례제한법」 제36조의 3 제4항)
① 주택을 취득한 날부터 3개월 이내에 상시 거주(「주민등록법」에 따른 전입신고를 하고 계속하여 거주하는 것을 말한다.)를 시작하지 아니하는 경우
② 주택을 취득한 날부터 3개월 이내에 1가구 1주택(국내에 한 개의 주택을 소유하는 것을 말하며, 주택의 부속토지만을 소유하는 경우에도 주택을 소유한 것으로 본다)이 되지 아니한 경우
③ 해당 주택에 상시 거주한 기간이 3년 미만인 상태에서 해당 주택을 매각 · 증여하거나 다른 용도(임대를 포함한다)로 사용하는 경우

○ 또한, 위에서 열거한 사례 이외에도 무주택1가구 여부 및 소득요건 등에 대한 **다양한 개별적 사례**가 발생할 수 있으므로 감면대상 해당 여부를 반드시 확인하시어 나중에 추징 등 불이익이 발생되지 않도록 유의하시기 바랍니다.

</td></tr>
</table>

210㎜×297㎜[백상지(80g/㎡) 또는 중질지(80g/㎡)]

## 6 | 관련사례

■ 협의이혼으로 재산분할을 한 경우 감면분 추징 여부

협의이혼에 따른 재산분할을 원인으로 해당 주택 소유권을 전 배우자에게 이전한 경우 감면된 취득세를 추징하기는 어려울 것임(지방세특례제도과-425, 2023.10.19.).

■ 임대차 계약 갱신 후 계약해지 통지시 시점 등 적용 여부

① 임대인과 임차인이 협의하여 임대차 계약 갱신을 한 후 임차인이 규정에 따라 계약해지를 통지하였다면 통지 이후 3개월이 지난 시점이 갱신된 임대차 계약의 만료 시점이 될 것으로 판단됨. ② 임차권등기 시에는 주소를 유지하지 않더라도 보증금 채권을 확보할 수 있게 되므로 그 시점이 3개월 이내에 상시거주 의무 유예기간의 기산점으로 봄이 타당함(지방세특례제도과-348, 2023.10.16.).

■ 상속으로 토지를 제외한 건물만을 취득한 경우 주택 소유 사실 적용 여부

상속으로 단독주택의 토지를 제외한 건축물(소유지분 100%)만을 취득하는 경우, 「지방세특례제한법」 제36조의 3 제3항 제1호에 '주택을 소유한 사실이 없는 경우'로 해당한다고 보기 어려움(지방세특례제도과-349, 2023.10.16.).

* 상속으로 주택의 공유지분을 소유(주택 부속토지의 공유지분만을 소유하는 경우 포함)하였다가 그 지분을 모두 처분한 경우

■ 청구인이 생애최초 주택으로 취득세를 감면받은 후 다른 주택을 소유하고 있는 배우자와 혼인한 것에 대하여 3개월 이내에 1가구 1주택이 되지 아니하였다고 보아 감면된 취득세를 추징한 처분의 당부

쟁점주택은 배우자가 청구인과 혼인으로 1가구를 이루기 이전에 취득하였고 청구인이 이 건 주택을 취득하기 전에 이미 보유하고 있었던 것으로서 청구인과 배우자 전체로 보았을 때 추가로 취득한 주택은 아닌 점 등에 비추어 처분청이 청구인에게 이 건 취득세 등을 부과한 것은 잘못이라고 판단됨(조심 2022지1157, 2023.5.17.).

■ 생애최초 주택 구입에 대한 취득세 감면 요건을 충족하지 아니한 것으로 보아 기 감면한 취득세를 부과한 처분의 당부

청구인이 이 건 주택을 취득한 날부터 3개월 이내에 상시 거주를 시작하지 아니하였음이 확인된 이상, 이 건 취득세는 추징 대상에 해당함이 명백한 점 등에 비추어 처분청이 이 건 취득세 등을 부과·고지한 처분은 달리 잘못이 없다고 판단됨(조심 2022지1343, 2023.3.14.).

■ 쟁점주택에 대하여 생애최초 주택구입 감면을 적용한 후 3년 이내에 임대한 것으로 보아, 1세대 3주택 중과세율로 취득세 등을 추징한 처분의 당부

생애최초 주택구입 감면은 세대주에 한정되지 아니하고, 지특법 제36조의 3 제3항에서 '주택을 취득한 자의 직계존속이 취득일 현재 주택을 소유하고 있거나 처분한 경우(제5호)'는

주택을 소유한 사실이 없는 경우에 해당하므로, 청구인이 취득한 쟁점주택은 감면신청 당시 생애최초 주택구입 감면대상으로 보이는 점, 청구인은 쟁점주택에 상시 거주한 기간이 3년 미만인 상태에서 쟁점주택을 다른 용도(임대)로 사용하였으므로 지특법 제36조의 3 제4항에 따른 감면된 취득세 추징사유에 해당하는 점 등에 비추어 감면한 취득세를 추징한 처분이 부당하다는 청구주장을 받아들이기 어려움(조심 2022지1179, 2022.12.15.).

■ 생애최초주택을 취득하여 취득세를 감면받은 후 3개월 이내에 주민등록상 주소지를 이전하지 아니함에 따라 감면한 취득세를 추징한 처분이 적법한지 여부

청구인은 2020.12.30. 쟁점주택을 취득한 후, 그 취득일부터 3개월을 경과한 2021.6.4. 쟁점주택에 「주민등록법」에 따른 전입신고를 마친 것으로 확인되는 점, 청구인이 처분청에 제출한 취득세 감면 신청서의 유의사항에는 이러한 취득세 감면 추징사유가 명확하게 기재되어 있는 점 등에 비추어 처분청이 청구인에게 이 건 취득세 등을 부과한 처분은 달리 잘못이 없다고 판단됨(조심 2022지0252, 2022.12.8.).

■ 생애 최초로 주택을 취득하여 감면을 받은 후 상시거주 3년 미만인 상태에서 배우자에게 50%를 증여한 경우

증여 이외 나머지 부분은 여전히 소유하면서 1가구 1주택 요건과 상시거주 요건 등의 감면요건을 충족하고 있는 것이므로 당초 서민주거 안정 등 생애최초 주택에 대한 취득세 감면 취지를 훼손한 것은 아니라 할 것이므로 증여한 부분에 대해서만 한정하여 취득세를 추징하는 것이 타당함(행안부 지방세특례제도과-1007, 2021.4.30.).

# 제36조의 4

## 전세사기피해자 지원을 위한 감면

관련규정

**제36조의 4(전세사기피해자 지원을 위한 감면)** ①「전세사기피해자 지원 및 주거안정에 관한 특별법」에 따른 전세사기피해자(이하 이 조에서 "전세사기피해자"라 한다)가 같은 법에 따른 전세사기피해주택(이하 이 조에서 "전세사기피해주택"이라 한다)을 취득하는 경우에는 다음 각 호의 구분에 따라 2026년 12월 31일까지 취득세를 감면한다.

1. 「지방세법」에 따라 산출한 취득세액(이하 이 조에서 "산출세액"이라 한다)이 200만원 이하인 경우에는 취득세를 면제한다.
2. 산출세액이 200만원을 초과하는 경우에는 산출세액에서 200만원을 공제한다.

② 전세사기피해자가 전세사기피해주택을 보유하고 있는 경우에는 재산세 납세의무가 최초로 성립하는 날부터 3년간 다음 각 호에서 정하는 바에 따라 재산세를 경감한다.

1. 전용면적 60제곱미터 이하인 전세사기피해주택에 대해서는 재산세의 100분의 50을 경감한다.
2. 전용면적 60제곱미터 초과인 전세사기피해주택에 대해서는 재산세의 100분의 25를 경감한다.

③ 전세사기피해자가 본인의 임차권 보호를 위하여 신청한 임차권등기명령의 집행에 따른 임차권등기에 대해서는 등록면허세를 2026년 12월 31일까지 면제한다.

④「공공주택 특별법」 제4조에 따른 공공주택사업자가 「전세사기피해자 지원 및 주거안정에 관한 특별법」 제25조 제3항에 따라 전세사기피해주택을 취득하는 경우에는 해당 전세사기피해주택에 대한 취득세의 100분의 50을 2026년 12월 31일까지 경감한다.

☞ 조문 신설(2023.6.1. 시행)

## 1 | 개 요

주택가격 급등시기를 이용하여 반환보증 제도를 악용한 소위 '빌라왕' 등의 사기세력의 수법에 의해 전세민의 대규모 피해가 발생됨에 따라 이러한 전세사기로 피해를 입은 임차인에게 지방세 특례를 부여함으로써 전세사기피해자를 지원하고 주거안정을 도모하는 목적으로 2024년 감면규정이 신설되었고 2026년 12월 31일까지 일몰기한을 설정하였다.

## 2 | 감면대상자

「전세사기피해자 지원 및 주거안정에 관한 특별법(약칭 : 전세사기피해자법)」 제2조 제5호에 따른 "전세사기피해주택"을 같은 조 제3호에서 규정한 '전세사기피해자'가 취득하는 경우에 감면 적용을 받게 된다.

여기서 전세사기피해자는 자연인(법인 등 제외)에 한정하며 「전세사기피해자법」 제3조의 전세사기피해자 요건을 모두 갖춘자로서 같은 법 제6조에 따라 국토교통부에서 운영 중인 전세사기피해지원위원회의 심의·의결을 거쳐 국토교통부장관이 결정한 임차인을 말한다.

〈표 1〉 **전세사기피해자의 요건(전세사기피해자법 제3조)**

| 제3조(전세사기피해자의 요건) ① 제14조에 따라 전세사기피해자로 결정받고자 하는 임차인(자연인에 한정)은 다음 각 호의 요건을 모두 갖추어야 함.<br>다만, 경매 또는 공매 절차가 완료된 임차인의 경우에는 제1호 및 제3호의 요건은 제외함.<br>1. 「주택임대차보호법」 제3조에 따라 주택의 인도와 주민등록을 마치고(전입신고를 한 때 주민등록을 한 것으로 봄) 같은 법 제3조의 2 제2항에 따라 임대차계약증서상의 확정일자를 갖출 것(「주택임대차보호법」 제3조의 3에 따른 임차권등기를 마친 경우도 포함)<br>2. 임차인의 임차보증금이 3억원 이하일 것. 다만, 임차보증금의 상한액은 제6조에 따른 전세사기피해지원위원회가 시·도별 여건 및 피해자의 여건 등을 고려하여 2억원의 범위에서 상향 조정할 수 있음.<br>3. 임대인의 파산 또는 회생절차 개시, 임차주택의 경매 또는 공매절차의 개시(국세 또는 지방세의 체납으로 인하여 임차주택이 압류된 경우도 포함), 임차인의 집행권원 확보 등에 해당하여 다수의 임차인에게 임차보증금반환채권의 변제를 받지 못하는 피해가 발생하였거나 발생할 것이 예상될 것<br>4. 임대인등에 대한 수사 개시, 임대인등의 기망, 임차보증금을 반환할 능력이 없는 자에 대한 임차주택의 양도 또는 임차보증금을 반환할 능력 없이 다수의 주택 취득·임대 등 임대인 |
|---|

이 임차보증금반환채무를 이행하지 아니할 의도가 있었다고 의심할 만한 상당한 이유가 있을 것

② 다음 각 호의 어느 하나에 해당하는 경우는 제1항의 적용대상에서 제외함.

1. 임차인이 임차보증금 반환을 위한 보증 또는 보험에 가입하였거나 임대인이 임차보증금 반환을 위한 보증에 가입하여 임차인에게 보증금의 전액 반환이 가능한 경우
2. 임차인의 보증금 전액이 최우선변제가 가능한 「주택임대차보호법」 제8조 제1항에 따른 보증금 중 일정액에 해당하는 경우
3. 임차인이 「주택임대차보호법」에 따라 대항력 또는 우선변제권 행사를 통하여 보증금 전액을 자력으로 회수할 수 있다고 판단되는 경우

〈표 2〉 **전세사기피해 대표사례(빌라왕 등 무자본 갭투자 사기수법, 국토부 자료 : 2023.2.)**

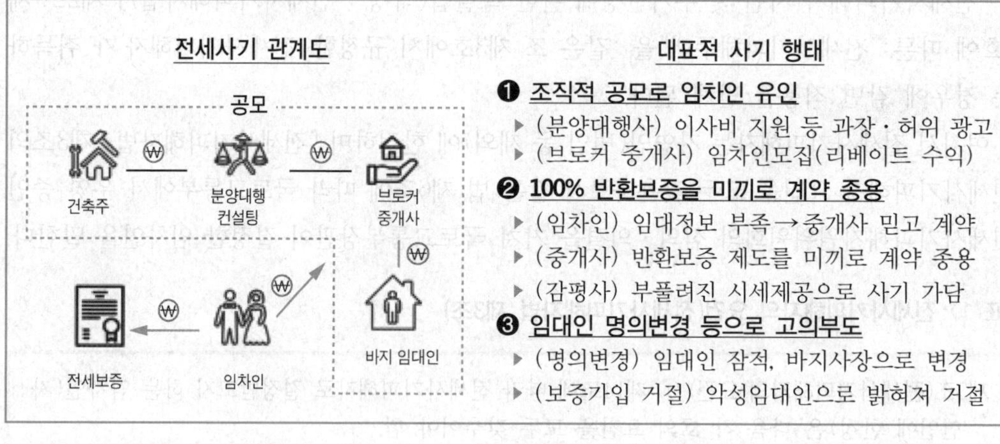


## 3 | 감면대상 주택 등

전세사기피해주택이 감면대상이 되며, 전세사기피해자가 임차인인 임대차계약의 목적물인 주택으로서 「주택임대차보호법」 제3조의 3에 따라 임대차가 끝난 후 임차권등기를 마친 주택도 포함한다.

여기서, 주택의 범위는 「주택임대차보호법」 제2조에 따른 주거용 건물이며 공부상 주거용 건물이 아니라도 임대차계약 체결 당시 임대차목적물의 구조와 실질이 주거용 건물이고 임차인의 실제 용도가 주거용인 경우를 포함하도록 「전세사기피해자법」 제2조에서 규정하고 있다.

〈표 3〉 **임대차계약이 끝난 후 임차권 등기를 마친 주택(주택임대차보호법 제3조의 3)**

| 제3조의 3(임차권등기명령) ① 임대차가 끝난 후 보증금이 반환되지 아니한 경우 임차인은 임차주택의 소재지를 관할하는 지방법원 · 지방법원지원 또는 시 · 군 법원에 임차권등기명령을 신청할 수 있음(②~⑨의 절차규정은 생략). |
|---|

한편, 관련개정법률 부칙(법률 제19422호, 2023.6.1.) 제2조 제1항에 따라 본 조의 제1항부터 제3항까지의 개정규정은 「전세사기피해자 지원 및 주거안정에 관한 특별법」에 따른 전세사기피해자가 이 법 시행일 이전(2023.6.1.)에 전세사기피해주택을 취득하였거나 임차권등기를 마친 경우에도 적용하도록 규정되었고 제2항에서는 본 조 제4항의 「공공주택 특별법」 제4조에 따른 공공주택사업자가 이 법 시행일 이전(2023.6.1.)에 「전세사기피해자 지원 및 주거안정에 관한 특별법」 제25조 제3항에 따라 전세사기피해주택을 취득한 경우에도 적용하도록 하여 소급적용 하도록 규정되었다.

## 4 특례의 내용

「전세사기피해자법」에 따른 전세사기피해자가 전세사기피해주택을 취득하는 경우는 취득세를 감면하고 전세사기피해주택을 보유하고 있는 경우에는 재산세 납세의무가 최초로 성립하는 날부터 3년간 재산세를 경감하며, 전세사기피해자가 본인의 임차권 보호를 위하여 신청한 임차권등기명령의 집행에 따른 임차권등기에 대해서는 등록면허세를 면제하고, 「공공주택 특별법」 제4조에 따른 공공주택사업자가 전세사기피해주택을 취득하는 경우에는 해당 전세사기피해주택에 대한 취득세를 경감한다

〈표 4〉 **전세사기피해주택에 대한 감면내용(2024.1.1. 현재)**

| 조문 | 감면대상 | 감면내용(감면율) | 일몰 |
|---|---|---|---|
| §36의 4 ① | 전세사기피해자가 취득하는 전세사기피해주택 | 취득세 200만원 세액한도 공제 | '26.12.31. |
| §36의 4 ② | 전세사기피해자가 보유하는 전세사기피해주택 | 재산세(3년간)<br>- 전용면적 60㎡ 이하 : 50%<br>- 전용면적 60㎡ 초과 : 25% | '26.12.31. |

| 조문 | 감면대상 | 감면내용(감면율) | 일몰 |
|---|---|---|---|
| §36의 4 ③ | 전세사기피해주택에 대한 임대차등기 | 등록면허세 100% | '26.12.31. |
| §36의 4 ④ | 공공주택사업자가 취득하는 전세사기피해주택 | 취득세 50% | '26.12.31. |

## 5 | 특례의 제한

### 5-1. 감면된 취득세 등의 추징(§80의 2 ①·②·③)

이 법 제36조의 4에 따라 전세사기피해주택에 대해 감면된 취득세를 추징하는 경우는 다음과 같다.

> 가. 정당한 사유 없이 부동산 취득일부터 1년이 경과할 때까지 해당 사업에 직접 사용하지 아니하거나 다른 용도로 사용하는 경우
> 나. 해당 사업에 직접 사용한 기간이 2년 미만인 상태에서 매각·증여하거나 다른 용도로 사용하는 경우

## 6 | 감면신청(§183)

전세사기피해주택을 취득한 전세사기피해자가 본 규정에 따라 지방세를 감면받으려는 경우에는 해당 지방자치단체의 장에게 해당 부동산이 감면물건임을 입증하는 서류 등을 첨부하여 감면신청을 하여야 한다. 세부적인 감면신청 절차 등에 대해서는 제183조의 해설편을 참조하면 된다.

## 7 | 관련사례

■ 다가구주택 중 일부 특정 호만 전세사기피해주택인 경우 취득세 감면 여부
전세사기피해자등 결정문에서 다가구주택의 일부인 특정 호만 전세사기피해주택으로 기재되어 있다면 다가구주택 전체가 아니라 해당 특정 호만 취득세 감면대상에 해당됨(행안부 지방세특례제도과-1042, 2024.5.22.).

# 제36조의 5

## 출산양육을 위한 주택 취득에 대한 취득세 감면

관련규정

제36조의 5(출산 · 양육을 위한 주택 취득에 대한 취득세 감면) ① 2025년 12월 31일까지 자녀를 출산한 부모(미혼모 또는 미혼부를 포함한다)가 해당 자녀와 상시 거주할 목적으로 출산일부터 5년 이내에 「지방세법」 제10조에 따른 취득 당시의 가액이 12억원 이하인 1주택을 취득하는 경우(출산일 전 1년 이내에 주택을 취득한 경우를 포함한다)로서 다음 각 호의 요건을 모두 충족하는 경우에는 그 산출세액이 500만원 이하인 경우에는 취득세를 면제하고, 500만원을 초과하는 경우에는 산출세액에서 500만원을 공제한다.

1. 가족관계등록부에서 자녀의 출생 사실이 확인될 것
2. 해당 주택이 대통령령으로 정하는 1가구 1주택에 해당할 것(해당 주택을 취득한 날부터 3개월 이내에 1가구 1주택이 되는 경우를 포함한다)

② 제1항에 따라 취득세를 감면받은 사람이 다음 각 호의 어느 하나에 해당하는 경우에는 감면된 취득세를 추징한다.

1. 대통령령으로 정하는 정당한 사유 없이 주택의 취득일(출산일 전에 취득한 경우에는 출산일)부터 3개월 이내에 해당 자녀와 상시 거주를 시작하지 아니하는 경우
2. 해당 자녀와의 상시 거주 기간이 3년 미만인 상태에서 주택을 매각 · 증여(배우자에게 지분을 매각 · 증여하는 경우는 제외한다)하거나 다른 용도(임대를 포함한다)로 사용하는 경우

【영】 제17조의 4(출산 · 양육을 위한 주택 취득세 감면 요건 및 추징 예외 사유) ① 법 제36조의 5 제1항 제2호에서 "대통령령으로 정하는 1가구 1주택"이란 주택 취득자와 같은 세대별 주민등록표에 기재되어 있는 가족(동거인은 제외한다)으로 구성된 1가구(취득자의 배우자, 취득자의 미혼인 30세 미만의 직계비속은 각각 취득자와 같은 세대별 주민등록표에 기재되어 있지 않더라도 같은 가구에 속한 것으로 본다)가 국내에 1개의 주택을 소유하는 것을 말한다. 이 경우 주택의 부속토지만을 소유하고 있는 경우에도 주택을 소유한 것으로 본다.

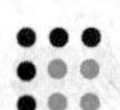

② 법 제36조의 5 제2항 제1호에서 "대통령령으로 정하는 정당한 사유"란 제17조의 3 각 호의 어느 하나에 해당하는 경우를 말한다.

# 1 | 개 요

전 세계에 유례없이 낮은 출산율(2022년 합계출산율 기준, 0.78)이 지속 됨에 따라 출생을 장려하고 부모의 양육지원을 위해 지방세 세제지원방안을 마련하여 2024년에 신설되었다.

# 2 | 감면대상자, 감면대상 부동산(§36의 5)

## 2-1. 감면대상자

2024.1.1.부터 2025.12.31.까지의 기간 동안에 자녀를 출생한 사실이 확인되는 부모 또는 미혼모 및 미혼부가 이에 해당하며 해당 규정은 출산 지원에 초점을 맞춘 것으로서 한 자녀라도 추가로 출산하는 경우에는 이미 출생한 자녀의 유무와 관계없이 감면을 적용받게 된다.

## 2-2. 감면대상 부동산

### 2-2-1. 감면대상 부동산

자녀 출산 후 5년 이내에 양육용 주택을 취득하거나, 2024.1.1. 이후 주택가액이 12억원 이하의 주택을 취득한 후 1년 이내 출산하여 양육용 주택을 취득하는 주택이 이에 해당하며 주택의 범위에 유상으로 취득으로 주택 뿐만 아니라 무상취득(상속・증여 등) 또는 원시취득(신축 등)으로 취득하는 주택까지 포함된다.

〈표 1〉 감면가능 vs 감면불가 비교(예시)

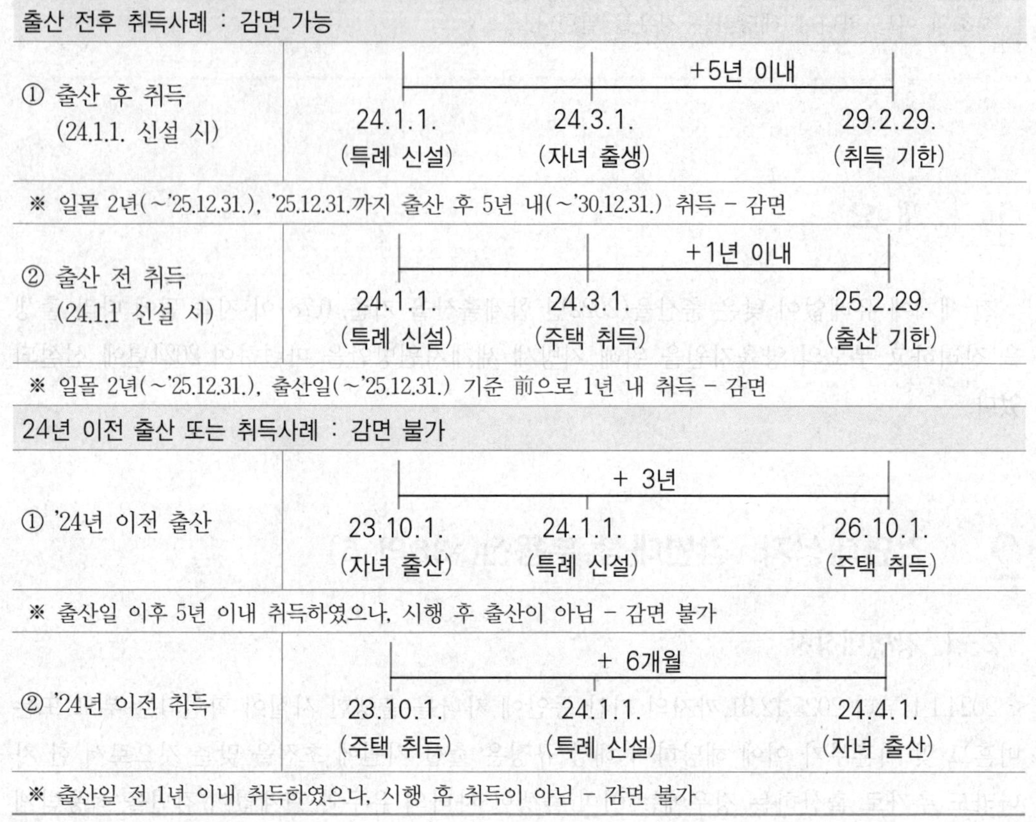

| 출산 전후 취득사례 : 감면 가능 | |
|---|---|
| ① 출산 후 취득 (24.1.1. 신설 시) | +5년 이내<br>24.1.1. (특례 신설) / 24.3.1. (자녀 출생) / 29.2.29. (취득 기한) |
| ※ 일몰 2년(~'25.12.31.), '25.12.31.까지 출산 후 5년 내(~'30.12.31.) 취득 - 감면 | |
| ② 출산 전 취득 (24.1.1 신설 시) | +1년 이내<br>24.1.1. (특례 신설) / 24.3.1. (주택 취득) / 25.2.29. (출산 기한) |
| ※ 일몰 2년(~'25.12.31.), 출산일(~'25.12.31.) 기준 前으로 1년 내 취득 - 감면 | |
| **24년 이전 출산 또는 취득사례 : 감면 불가** | |
| ① '24년 이전 출산 | + 3년<br>23.10.1. (자녀 출산) / 24.1.1. (특례 신설) / 26.10.1. (주택 취득) |
| ※ 출산일 이후 5년 이내 취득하였으나, 시행 후 출산이 아님 - 감면 불가 | |
| ② '24년 이전 취득 | + 6개월<br>23.10.1. (주택 취득) / 24.1.1. (특례 신설) / 24.4.1. (자녀 출산) |
| ※ 출산일 전 1년 이내 취득하였으나, 시행 후 취득이 아님 - 감면 불가 | |

2-2-2. 감면요건

취득 당시의 주택가액이 12억원 이하인 1가구 1주택(주택 취득일로부터 3개월 이내에 1가구 1주택이 되는 경우 포함)으로서 출산자녀와 부모가 주민등록이 같이 있으며 거주하는 주택이어야 한다.

아울러, 자녀를 임신 중에 주택을 취득하였고 출산일 이전에 주택을 취득한 경우에는 취득한 이후 취득세를 납부하고 그 이후 자녀의 출생 사실이 가족관계등록부에 의해 확인되고 있다면 납부한 취득세를 감면 한도 내에서 환급받을 수 있을 것이나, 만일 임신 중에 주택을 취득하였으나 유산을 하였다면, 가족관계등록부에서 자녀의 출생 사실이 확인되지 않아 취득세 감면을 적용받기는 어려울 것이다.

또한, 출산 가구에 대한 주택 취득세를 감면 받기 위해서는 출생 자녀를 양육할 목적으로 출생 자녀와 함께 상시거주(「주민등록법」에 따른 전입신고를 하고 계속하여 거주하는 것

을 말함)하여야 하므로 만일 출산 이후 주택을 취득하여 주택 취득세 감면을 받았으나 이혼을 한 경우에는 출생자녀와 상시거주하는 자(세대별 주민등록표 확인)를 기준으로 추징 여부 등을 판단하여야 할 것이다.

## 3 | 특례내용

### 3-1. 특례내용

2024.1.1.~2025.12.31. 사이에 자녀를 출산한 자가 5년 이내에 취득하는 주택에 대해 다음과 같이 취득세를 감면한다.

〈표 2〉 **자녀양육을 위한 취득세 감면 현황(2024.1.1. 현재)**

| 조문 | 감면내용 | 감면율 |
|---|---|---|
| §36의 5 | 자녀를 출산한 자가 취득하는 주택(12억원 이하)<br>• (감면대상) 부, 모, 미혼모, 미혼부<br>• (감면요건) 출산前 1년 이내, 출산 後 5년 이내 취득 & 해당 주택을 취득하여 1가구1주택자 限 | 취득세 면제<br>(산출액 500만원 한도) |

### 3-2. 최소납부세제 적용 배제(§177의 2 ① 2)

2024.1.1.~2025.12.31. 사이에 자녀를 출생한 자가 5년 이내에 취득하는 주택에 대해서는 취득세(산출액 500만원까지)가 면제되고「지방세특례제한법」 제177조의 2 제1항 본문의 규정에 따라 면제된 취득세 중 최대 75만원의 취득세(최소납부세제)를 납부하여야 하나, 같은 조 제1항 제2호의 규정에 따라 최소납부세제 적용 예외규정 적용을 받아 당초「지방세특례제한법」 제36조의 5의 규정대로 취득세가 전액 면제된다.

# 4 | 지방세특례의 제한

## 4-1. 감면된 취득세의 추징 요건(§36의 5 ②)

자녀 출산 양육을 원인으로 주택 취득세를 경감받은 사람이 아래에 해당하는 경우에는 경감된 취득세를 추징한다.

1. 정당한 사유없이 주택 취득일부터 3개월 이내에 해당 출생한 자녀와 상시 거주를 시작하지 아니한 경우
2. 해당 자녀와 상시 거주기간이 3년 미만인 상태에서 경감받은 주택을 매각·증여하거나 다른 용도(임대 포함)로 사용하는 경우. 단, 배우자에게 지분을 매각·증여하는 경우는 제외

# 제37조 국립대병원 등에 대한 감면

◈ 관련규정 ◈

제37조(국립대병원 등에 대한 감면) ① 다음 각 호의 법인이 고유업무에 직접 사용하기 위하여 취득하는 부동산에 대해서는 취득세의 취득세의 100분의 50(감염병전문병원의 경우에는 100분의 60)을, 과세기준일 현재 그 고유업무에 직접 사용하는 부동산에 대해서는 재산세의 100분의 50(감염병전문병원의 경우에는 100분의 60)을 2027년 12월 31일까지 각각 경감한다.

1. 「서울대학교병원 설치법」에 따라 설치된 서울대학교병원
2. 「서울대학교치과병원 설치법」에 따라 설치된 서울대학교치과병원
3. 「국립대학병원 설치법」에 따라 설치된 국립대학병원
4. 「암관리법」에 따라 설립된 국립암센터
5. 「국립중앙의료원의 설립 및 운영에 관한 법률」에 따라 설립된 국립중앙의료원
6. 「국립대학치과병원 설치법」에 따라 설치된 국립대학치과병원
7. 「방사선 및 방사성동위원소 이용진흥법」에 따라 설립된 한국원자력의학원

② 〈삭 제〉

## 1 개 요

특수질환 치료, 보편적 진료 서비스 제공 등을 목적으로 하는 공공의료기관에 대한 세제지원이다. 1977년도에 신설되어 2010년까지는 구 지방세법(§287 ①)에서 규정되었다가 현재의 제37조로 이관(2010.3.31.)되었다. 이후 국립중앙의료원(2012년), 국립대학치과병원(2014년) 감면이 각각 신설되었으며, 2015년부터는 지방재정 확충을 위한 세제개편에 따라 감면 일부가 축소되었다. 2021년에는 국립대학병원에 대한 감면이 축소(취득세 75% →

50% 등)되었다. 2025년에는 일몰기한이 3년(2027년) 연장되었다.

## 2 | 감면대상자

서울대학교병원 설치법 등 관련법령에 따라 설치된 서울대학교병원, 서울대학교치과병원, 국립대학병원, 국립암센터, 국립중앙의료원, 국립대학치과병원이 이에 해당된다. 공공의료기관의 법적 성격 등의 현황은 제38조 해설편의 〈표 1〉의 내용과 같다.

## 3 | 감면대상 부동산

서울대학교병원 등이 의료업 등 고유업무에 직접 사용하기 위하여 취득 또는 보유하는 부동산이 이에 해당된다. 2014년까지는 서울대학교병원 등의 사업장과 해당법인 소속의 종업원분까지 감면대상이었으나 2015년부터는 감면이 종료되었다.

## 4 | 특례내용

서울대학교병원 등의 의료업 등 고유업무용 부동산에 대해서는 2024년 12월 31일까지 지방세 및 국세(농어촌특별세)에 대해 다음과 같이 각각 감면한다.

**〈표 1〉 공공의료기관 등에 대한 감면 현황(2025.1.1. 현재)**

| 조문 | 감면내용 | 감면율 |
|---|---|---|
| §37 ② | 서울대학교 병원 등이 취득, 보유하는 부동산 | 취득세 50%,<br>재산세 50%(취득 후 5년간) |
| 농특 §42 ⑥ 5호 | 서울대학교 병원 등의 취득세 감면분에 대한 20% | 농특세 비과세 |

# 5 | 지방세특례의 제한(§180)

## 5-1. 감면된 취득세의 추징(§178)

이 규정에서 별도로 감면추징에 관한 사항이 없으나 법 제178조의 감면된 취득세의 추징 규정에 따라 서울대학교병원 등이 의료업 등의 고유업무에 사용하기 위해 취득한 부동산에 대해서는 감면의무사항을 위반하는 경우에는 감면된 취득세가 추징된다. 세부적인 추징절차 등에 대해서는 제178조의 해설편을 참조하면 된다.

## 5-2. 최소납부세액의 부담

2015년부터 시행되는 감면 상한제도(§177의 2 본문)에 따라 서울대학교병원 등에 대한 취득세 또는 재산세(§37)의 경우 최저납부세액 과세대상에 해당되어 면제되는 세액의 15%는 최소납부세액으로 부담해야 한다. 다만, 시행시기는 부칙 제12조(법률 제12955호)에 따라 2017년 1월 1일부터 적용된다. 이에 대한 세부적인 사항은 제177조의 2의 해설편을 참조하면 된다.

## 5-3. 지방세 중과대상 부동산에 대한 감면제한(§177)

서울대학교 병원 등이 취득 또는 보유하는 해당 부동산이 지방세법 제13조 제5항에 따른 부동산인 별장·골프장·고급오락장 등 지방세 중과세 대상인 사치성 재산에 해당되는 경우에는 지방세가 면제되지 않는다. 세부적인 사항은 제177조의 해설편을 참조하면 된다.

# 6 | 감면신청 절차(§183)

서울대학교 병원 등이 본 규정에 따른 지방세를 감면받으려는 경우에는 해당 지방자치단체의 장에게 의료업 등 그 고유업무용에 대한 입증서류를 첨부하여 감면신청을 하여야 한다. 세부적인 감면신청 절차 등에 대해서는 제183조의 해설의 내용을 참조하면 된다.

# 7 | 관련사례

■ 국립대학병원 장례예식장 부속토지의 추징사유 발생 기산일 산정

장례식장은 국립대학병원의 부대사업일 뿐 의료업에 해당하지 않으므로 취득일부터 1년 이내에 고유업무에 직접 사용하지 않은 경우에 해당되어 취득세 추징대상에 해당하며, 유예기간 만료일에 추징사유가 발생한 것으로 보아 그 날로부터 60일 이내에 경감받은 취득세를 신고·납부하여야 함(행안부 지방세특례제도과-820, 2021.4.8.)

■ 취득일로부터 1년 이내 사용하지 못한 정당한 사유

구 지방세법 제290조 제1항 제15호(법률 제5406호, 1998.1.1. 시행) 규정에서 서울대학교병원설치법 및 국립대학교병원설치법에 의하여 설립된 서울대학교병원 및 국립대학교병원이 그 고유업무에 사용하기 위하여 취득하는 부동산에 대하여는 취득세와 등록세를 면제하되 그 단서조항에서 취득일로부터 1년 이내에 정당한 사유 없이 그 고유목적에 직접 사용하지 아니하는 경우에는 면제된 취득세와 등록세를 추징하도록 규정되어 있으므로 귀 병원이 한국토지공사로부터 토지를 연부 취득하여 최종연부금 지급일(1997.12.1.) 이전에 1996년 10월에 건축허가를 받아 병원용 건축물을 착공한 경우에는 고유목적에 직접 사용하지 못한 정당한 사유가 있는 것으로 보아야 하고 납세의무성립 당시의 구 법령을 적용하여야 하므로 귀 문의 갑설과 같이 추징사유에 해당하지 않는다 할 것임(행자부 세정-2216, 2004.7.28.).

■ 환자 유치 등을 위한 주차장은 고유목적사업에 해당한다고 한 사례

국립대학교병원이 취득하는 부동산에 대하여 취득세 등을 감면하는 목적은 국립대학병원설치법 제8조 등에 정하여진 진료사업 등 공익적 사업을 원활하게 수행할 수 있도록 정책적으로 지원·육성하는 데 있다고 할 것이고, 국립대학교병원 주차장은 병원 이용자의 접근 편리성을 위하여 반드시 확보되어져야 할 공간으로서 국립대학교병원이 진료사업 등 고유업무를 수행하는 데 필수적 구성부분이라고 할 것이다. 그리고 국립대학교병원의 고유업무에 직접 사용되는 주차장은 병원 경계구역 내에 위치한 것 뿐 아니라 경계구역 내 주차장을 추가로 확보할 수 없는 부득이한 경우에 한하여 병원 이용자들이 쉽게 이용할 수 있는 병원 인근에 있는 토지까지 포함된다고 할 것이다. 살피건대, 위 인정사실 및 관계법령에서 본 바와 같이 청구인은 이 사건 토지를 환자 유치 및 조문객 편의를 위해 주차장으로 사용할 예정이라며 지방세법 제292조에 따라 취득세 및 등록세 비과세 신청을 하였으므로 이 사건 토지는 청구인이 고유업무에 직접 사용하기 위하여 취득한 부동산으로 보아야 할 것임. 다만, 청구인이 특별한 사정으로 취득일로부터 1월이 지난 2003년 1월 현재 당초 취득목적인 주차장용도로 사용하지 않고 있다고 하더라도 취득일로부터 1년이 지나지 아니하였으므로 고유목적에 직접 사용하지 못한 사유의 정당성을 판단할 필요 없이 취득세 등의 면제대상에 해당되지 아니한다고 할 수 없다 할 것임(감사원 감심 2003-86, 2003.8.19.).

# 제38조

## 의료법인 등에 대한 과세특례

관련규정

제38조(의료법인 등에 대한 과세특례) ①「의료법」 제48조에 따라 설립된 의료법인이 의료업에 직접 사용하기 위하여 취득하는 부동산에 대해서는 취득세를, 과세기준일 현재 의료업에 직접 사용하는 부동산에 대해서는 재산세를 다음 각 호에서 정하는 바에 따라 각각 경감한다.

1. 2027년 12월 31일까지 취득세의 100분의 30(감염병전문병원의 경우에는 100분의 40)을, 재산세의 100분의 50(감염병전문병원의 경우에는 100분의 60)을 각각 경감한다.
2. 〈삭 제〉

②「고등교육법」 제4조에 따라 설립된 의과대학(한의과대학, 치과대학 및 수의과대학을 포함한다)의 부속병원에 대하여는 주민세 사업소분(「지방세법」 제81조 제1항 제2호에 따라 부과되는 세액으로 한정한다) 및 종업원분을 2014년 12월 31일까지 면제한다.

③ 〈삭 제〉 ☞ 제38조의 2 해설편 참조(이관)

④「민법」 제32조에 따라 설립된 재단법인이 「의료법」에 따른 의료기관 개설을 통하여 의료업에 직접 사용할 목적으로 취득하는 부동산에 대해서는 취득세의 100분의 30(감염병전문병원의 경우에는 100분의 40)을, 과세기준일 현재 의료업에 직접 사용하는 부동산에 대해서는 재산세의 100분의 50(감염병전문병원의 경우에는 100분의 60)을 2027년 12월 31일까지 각각 경감한다

⑤「지방자치법」 제5조 제1항에 따라 둘 이상의 시·군이 통합되어 도청 소재지인 시가 된 경우 종전의 시(도청 소재지인 시는 제외한다)·군 지역에 대해서는 제1항 및 제4항에도 불구하고 통합 지방자치단체의 조례로 정하는 바에 따라 통합 지방자치단체가 설치된 때부터 5년의 범위에서 통합되기 전의 감면율을 적용할 수 있다.

# 1 | 개 요

의료서비스를 실시하는 의료기관인 의료법인, 종교단체가 경영하는 병원에 대한 세제지원이다. 1982년도에 신설(지방의료원은 1995년)되어 2010년까지는 구 지방세법 제287조 제2항, 제174조 제3항, 제176조의 10 및 감면조례(지방의료원, 종교단체 병원)에서 각각 규정되었다가 지방세법이 분법이 되면서 현재의 지특법 제38조로 이관(2010.3.31.)되었다. 2021년에는 의료법인에 대한 감면이 축소(취득세 50% → 30% 등)되었다.

# 2 | 감면대상자

「의료법」 제48조에 따라 설립된 의료법인, 민법에 따라 설립된 종교단체(재단법인)가 경영하는 병원이 이에 해당된다.

### 의료기관별 법적 성격

우리나라 병원급 의료기관의 93% 이상을 차지하고 있는 의료법인은 시・도지사 및 보건복지부장관의 허가, 신고 및 보고 등의 절차를 거친다. 「의료법」 제33조 제2항에서 의료기관을 개설할 수 있는 자는 의사, 치과의사, 한의사, 조산사를 말하며 의사는 종합병원・병원・요양병원・의원을, 치과의사는 치과병원 또는 치과의원을, 한의사는 한방병원・요양병원 또는 한의원을, 조산사는 조산원을 개설할 수 있다. 이외에도 국가나 지방자치단체, 의료업을 목적으로 설립된 법인, 「민법」이나 특별법에 따라 설립된 비영리법인, 공공기관의 운영에 관한 법률에 따른 준정부기관, 「지방의료원의 설립 및 운영에 관한 법률」에 따른 지방의료원, 「한국보훈복지의료공단법」에 따른 한국보훈복지의료공단이 의료법에 따른 의료기관을 설립할 수 있다. 그러나 이러한 의료기관 중에서 이 법에서 정한 감면대상 의료기관이란 「의료법」 제48조에 따라 설립되는 의료법인을 말하며 의료법인이란 「의료법」 제33조 제2항 제3호에 따른 "의료기관 중 의료업을 목적으로 설립된 법인"만을 감면대상으로 보는 것이다. 따라서 의료법인이 아닌 의원, 조산원, 지방의료원, 국립・시립병원, 한국보훈복지병원, 종교단체가 설립한 병원, 사회복지법인병원 등은 본 규정에 따른 감면대상에 해당되지 않는다. 다만, 이러한 의료기관 중 의원, 조사원 등을 제외한 특별법에 따른 의료기관 등은 지특법에서 별도의 감면규정을 두고 있다.

〈표 1〉 개설주체별 의료기관의 분류와 특성(61,866개, 건강보험통계연도 2011년)

| 구분 | | 개설주체 | 개설수 | 주요 병원 | 법인격 유무 | 영리유무 |
|---|---|---|---|---|---|---|
| 공공 의료 기관 | 국가출연 | 국립(군병원 포함) | 75 | 국립의료원, 국립암센터 등 | 법인 | 비영리 |
| | 지자체출연 | 공립 | 3,554 | 강릉의료원 | | |
| | 특수법인 출연 | 특수법인 | 262 | 서울대병원, 충남대병원 | | |
| 민간 의료 기관 | | 학교법인 | 147 | 세브란스병원, 강남성모병원 | | |
| | | 종교법인 | 6 | 마리아수녀회구호병원 | | |
| | | 사회복지법인 | 126 | 삼성서울병원 | | |
| | 민간출연 | 사단법인 | 245 | 세계로병원 | | |
| | | 재단법인 | 191 | 서울아산병원, 대구파티마병원 | | |
| | | 회사법인 | 81 | 인성병원 | | |
| | | 의료법상 의료법인 | 1,107 | 한일병원, 광명성애병원 | | |
| | 개인 | 개인병·의원 | 56,072 | 강서송도병원 | 개인 | 영리 |

## 3 | 감면대상 부동산

의료법인, 종교단체가 경영하는 병원이 의료업에 직접 사용하기 위하여 취득하거나 보유하는 부동산이 이에 해당된다.

### 의료법인의 의료업에 직접 사용하는 부동산의 범위

「의료법」 제3조 제1항에서 '의료업'을 의료인이 공중 또는 특정 다수인을 위하여 의료, 조산의 업을 하는 것으로 하고 있고, 같은 법 제3조 제2항에서 의원, 치과의원, 한의원, 조산원, 병원, 치과병원, 한방병원, 요양병원(정신병원, 의료재활시설 포함), 종합병원을 의료기관으로 하며, 의료법시행규칙 별표 3에서 의료기관별 시설기준을 다음과 같이 규정하고 있다. 따라서, 의료법인이 다음의 업무용 부동산을 취득(보유)하여 해당 용도대로 사용하게 되면 의료업에 직접 사용하는 부동산에 해당된다 하겠다.

> 〈의료기관의 종류별 시설기준, 의료법시행규칙 별표 3〉
> 입원실, 중환자실, 수술실, 응급실, 임상검사실, 방사선 장치, 회복실, 물리 치료실, 한방 요법실, 병리 해부실, 조제실, 탕전실, 의무기록실, 소독시설, 급식시설, 세탁물 처리시설, 시체실, 적출물 처리시설, 자가발전시설, 구급자동차, 그 밖의 시설(탕전실, 의무기록실, 급식시설, 세탁처리시설 및 적출물소각시설, 요양병원 내 식당, 휴게실, 욕실, 화장실, 복도 및 계단과 엘리베이터, 종합병원, 병원, 한방병원, 요양병원 내 장례식장)

**정신질환자의 운동시설(배드민턴, 족구장) 및 산책로 조성용 토지**

정신병원의 시설기준을 입원실, 응급실 또는 야간진료실, 진료실, 뇌파검사 및 심전도실, 재활훈련실, 전문요원상담실, 그 밖의 사항으로 임상검사실, 방사선실, 조제실, 소독시설, 급식시설 및 세탁처리시설의 시설규격 등을 명시하고 있으며, 환자들의 생활에 불편이 없도록 식당, 휴게실, 욕실, 화장실 등의 편의시설을 갖추도록 규정(정신보건법 §12 ①, 규칙 §7 ①)하고는 있으나 운동시설(배드민턴, 족구장) 및 산책로의 경우에는 정신병원의 시설기준 등으로 세부적으로 정하고 있지 아니하므로, 당해 취득 토지는 의료법인이 의료업에 직접 사용하기 위하여 취득하는 부동산의 범위로 보기는 어렵다 하겠다(행자부 지특과-159, 2015.1.20. 참조).

## 4 | 특례내용

### 4-1. 세목별 감면

의료법인, 「민법」에 따라 설립되는 종교법인이 운영하는 병원에 대해서는 지방세 또는 국세(농어촌특별세)를 최대 2027년 12월 31일까지 각각 감면한다.

〈표 2〉 **의료기관별 감면 현황(2025.1.1. 현재)**

| 조문 | 감면대상 | 감면내용(감면율) |
|---|---|---|
| §38 ① | 의료법인 등이 의료업에 직접 사용하기 위해 취득·직접 사용하는 부동산 | 취득세 30%(감염병전문병원 40%)<br>재산세 50%(감염병전문병원 60%) |
| §38 ④ | 종교단체 병원이 의료업에 직접 사용하는 부동산 (조례로 감면) | 취득세 30%(감염병전문병원 40%)<br>재산세 50%(감염병전문병원 60%) |
| 농특 §4 | 의료법인 등의 취득세 감면분의 20% | 비과세 |

### 4-2. 지방자치단체 조례를 통한 감면

#### 4-2-1. 종교단체가 경영하는 병원에 대한 감면(§38 ④)

2020년까지는 종교단체가 경영하는 병원(§38 ④)에 대해서는 특별시·광역시 및 도청 소재지역과 그 외 지역을 구분하여 취득세(감면율 20~40% 이내) 및 재산세(감면율 50~75% 이내)를 조례로 정하는 바에 따라 각각 감면(다음의 표 참조)하였으나, 2021년부터는 지특법상 법정감면율 외에 조례감면 제도가 종료됨에 따라 법정감면율인 취득세 30%, 재산세 50%(취득 후 5년간) 감면만 적용된다.

> **〈자치단체별 취득세 감면 적용사례, 2015.12.31. 현재〉**
> - 서울특별시 ☞ 취득세 20%, 서울시분 재산세 50% 감면
> - 부산·대구·광주·대전광역시 ☞ 취득세 20%
> - 인천·울산광역시 ☞ 취득세 12.5%
> - 세종특별자치시 ☞ 취득세 40%, 재산세 75%
> - 경기도, 강원도, 충청북도 충청남도, 전라북도, 경상북도, 경상남도
>   ☞ 취득세 20%(도청소재지 시지역), 40%(그 외 지역)
> - 제주특별자치도 ☞ 취득세 25~50%
> - 전라남도 ☞ 취득세 40%
>
> 〈자치단체별 재산세 감면 적용사례는 지면(紙面) 관계상 생략, 해당 자치단체별 감면조례 참조〉

#### 4-2-2. 시·군이 통합되는 지방자치단체에 대한 과세특례(§38 ⑤)

지방행정구역 통합 등으로 종전에는 도청소재지 지역이 아니었으나 새로이 도청소재지로 합병되는 등의 경우에는 지방행정체제 개편으로 인한 불이익 배제 원칙[97]에 따라 종전의 규정대로 계속해서 지방세를 감면할 수 있도록 통합 지방자치단체가 설립된 때부터 5년간은 지방자치단체 조례에 따라 특례를 인정하도록 규정하고 있다. 이 규정에 따라 2014년 7월 1자로 지방행정체제를 개편한 통합 청주시의 경우 종전의 충청북도 도청소재지 이외의 지역인 종전 청원군 지역에서 설립되는 의료법인은 통합청주시 조례에 따라 계속해서 5년간(2019년까지) 취득세가 면제된다.

---

97) 지방행정체제 개편에 관한 특별법 제23조(불이익배제의 원칙) 지자체의 통합으로 인하여 종전의 지자체 또는 특정 지역의 행정상·재정상 이익이 상실되거나 그 지역 주민에게 새로운 부담이 추가되어서는 안된다.

충청북도 도세 감면조례 제12조(도세 감면율 적용 특례) 「충청북도 청주시 설치 및 지원 특례에 관한 법률」에 따라 설치된 청주시의 경우 통합되기 전 청원군 지역에 대해서는 이 조례 제3조 및 법 제38조 제1항을 적용함에 있어 청주시가 설치된 때부터 5년간 통합되기 전 청원군 지역에 해당하는 감면율을 적용한다.

## 5 | 지방세특례의 제한

### 5-1. 감면된 취득세의 추징(§178)

의료법인 등이 감면요건을 위반하는 경우에는 제178조에 따라 감면받은 취득세가 추징된다. 여기서 감면요건 위반이란 대부분 의료기관 등이 의료업에 직접 사용하지 않거나 다른 용도로 사용하는 것을 말한다. 감면의무위반 사항에 대한 세부적인 내용은 제178조의 해설편의 내용을 참조하면 된다.

#### 의료법인 등의 의료업에 대한 직접 사용 여부 판단(§38 전체)

의료법인 등의 의료업은 기본적으로는 수익사업에 해당되는 것이기 때문에 의료업에 직접 사용하는지의 판단에 따라 취득세 추징 여부가 결정된다 하겠다. 먼저, 의료업이란 의료법 제3조에서 공중(公衆) 또는 특정 다수인을 위하여 의료·조산의 업에 종사하는 것으로 정의하고 있다. 다시 말해서 의료업이란 당해 부동산이 환자의 치료 등에 직접 사용되는 부동산을 직접 사용으로 보아야 하며 "직접 사용"의 범위는 제3자 임대 등을 배제한 부동산 소유자인 의료기관이 직접 의료목적으로 사용하는 것으로 보아야 한다. 이런 견지에서 보면 병원의 진료장소, 입원실, 응급실 등은 당연히 이에 해당된다고 볼 수 있으나 그 부대시설 등의 경우에는 사용목적 등을 종합 고려하여 의료업을 위한 장소의 연장으로 보느냐 의료진 등의 복리후생 등의 용도로 보느냐에 따라 직접 사용의 여부가 달라지게 된다. 따라서 의료업에 직접 사용 여부를 설명하기는 어려우나 몇 가지 판단의 기준점을 가지고 살펴본다.

##### 가. 당해 부동산의 연접성(連接性)

의료법인 등 병원의 부설주차장 등에 대해서는 국민의 질병치료와 건강유지 임무를 수행하는 공익적 성격과 의료업에 대한 세제지원 취지 등에 비추어 의료시설에 접근을 용이하게 하는 시설로 병원 주차장은 병원의 질병치료 행위 및 이용자 편의를 위해 반드시 확보해야 하는 시설로 대체로 의료업에 직접 사용하는 것으로 보고 있으나 병원과의 거리가 떨어져 있는 경우에는 의료업에 직접 사용하는 개연성이 아무래도 적어지게 마련이고, 운용사례에서도 직접 사용하지 않는 것으로 판단하고 있다.

나. 당해 부동산의 복리후생시설 목적 여부

병원 의료진 및 임직원 등이 숙소로 사용하는 기숙사 등은 사용목적이 야간 응급환자 등 긴급한 상황에 대처하기 위한 대기장소라기보다는 의료진 및 임직원을 위한 복리후생차원에서 제공되는 시설로 보아야 한다. 비록 이들 기숙사가 쾌적한 주거환경 지원을 통해 의료진 등이 의료업에 더욱 충실히 수행토록 하기 위하여 제공되는 필수시설로서 이를 의료업에 대한 연장선이라고 주장할 수도 있으나 다른 업종의 기숙사 시설도 당해 법인의 고유업무 시설로 보아야 하기 때문에 전적으로 의료업 시설로 보기에는 무리가 있는 것이다.

다. 일반 수익용 부동산도 의료업으로 볼 수 있는지 여부

의료업은 기본적으로는 영리목적의 수익사업이고 국민의 질병치료와 건강유지 임무를 수행하는 일부 공익적 성격을 고려하더라도 각종 편의시설(식당, 편의점, 커피점, 장례식장 등)에 대해서까지 의료업에 직접 사용한다고 보기는 어렵다 할 것이다. 특히, 의료법인 시설 내에서 운영되는 장례식장의 경우를 살펴보면 종합병원에 설치된 장례식장은 건축법 시행령상 용도구분이 의료시설의 부수시설로 보도록 되어 있고, 의료법 제49조 제1항에 따르면 의료법인은 그 법인이 개설하는 의료기관에서 의료업무 외에 장사 등에 관한 법률 제25조 제1항에 따른 장례식장의 설치·운영 등 부대사업을 할 수 있다고 규정되어 있어 장례식장은 장사(葬事)관련 업무를 현대사회에 맞게 업그레이드된 필수적 의료시설로 보아야 한다. 한국표준산업분류를 보면 종합병원은 보건업으로 분류돼 있으나 장례식장은 기타 개인 서비스업으로 분류돼 있는 점, 의료법상 장례식장은 필수 의료업무가 아닌 부대사업으로 규정되어 있는 점, 건축법 시행령에 건축물의 용도상 장례식장은 의료시설에 포함되지 않는 별도의 시설로 봄이 타당한 점, 의료법 시행규칙에서 시체실은 종합병원에서 반드시 갖춰야 할 의료시설로 규정하고 있으나 장례식장은 해당 병원에서 사망하는 사람 등의 장사 관련 편의를 위해 설치할 수 있는 임의시설로 보아야 하는 점, 지방세법령에서 수익사업에 해당되는 점 등을 고려할 때 의료법인 내에서 운영되는 장례식장은 의료업에 직접 사용되는 필수부동산으로 보는 데는 무리가 있다 하겠다.

### 5-2. 대도시 지역에 대한 감면제한(§38 ①, ④)

「의료법」 제33조 제2항에 따른 의료법인이 같은 법 제48조에 따라 설립되었더라도 설립되는 지역에 따라 취득세 감면율에 차이가 있다. 먼저 특별시 · 광역시 및 도청소재지 지역에서 설립되는 의료법인이 취득하는 부동산에 대해서는 지방세법 제11조 제1항의 세율에서 1천분의 15를 경감(종전 등록세분 과세)한 세율을 적용한다. 반면, 그 외의 지역에서 설립하는 의료법인에 대해서는 취득세를 75% 감면한다. 또한, 종교법인이 설립(민법에 따른 재단법인으로 한정한다)한 병원에 대해서도 특 · 광역시 및 도청 소재지인 시 지역에서 취득하는 부동산에 대해서는 취득세의 100분의 20의 범위에서, 그 외 지역에서는 취득세의 100분의 10의 범위에서 조례로 정하는 율을 경감한다. 이는 의료기반이 취약한 지역에서 설립하는 의료법인과 의료혜택이 많은 대도시 지역을 구분하여 차별적으로 세제지원을 하고 있는 것이다.

### 5-3. 지방세 중과세 대상 부동산에 대한 감면제한(§177)

의료법인 등이 감면을 받으려는 부동산의 범위에서 지방세법 제13조 제5항에 따른 별장 · 골프장 · 고급오락장 등 지방세 중과세 대상인 사치성 재산은 감면대상에서 제외된다. 세부적인 사항은 제177조의 해설편을 참조하면 된다.

## 6 감면신청(§183)

의료법인 등이 본 규정에 따라 지방세를 감면받으려는 경우에는 해당 지방자치단체의 장에게 해당 부동산이 의료업에 직접 사용하는 용도임을 입증하는 서류를 첨부하여 감면신청을 하여야 한다. 세부적인 감면신청 절차 등에 대해서는 제183조의 해설편을 참조하면 된다.

## 7 관련사례

■ 유예기간 내 종합병원을 건축하지 못한 정당한 사유

원고가 이 사건 부동산을 의료업이 아닌 다른 목적이나 용도로 사용하는 것은 사실상 불가

능하고 이 사건 부동산에 종합병원을 건축하는 데에 상당한 시간이 소요되며 원고가 종합병원을 건축하기 위한 정상적인 노력을 다하였으나 원고가 마음대로 할 수 없는 다양한 사유로 유예기간을 경과하였다고 봄이 타당하므로 이 건 부동산을 유예기간 내에 의료업에 직접 사용하지 못한 데에 정당한 사유가 있음(대법원 2024.5.30. 선고, 2022두48721 판결).

▣ 대도시 내 의료법인의 임대면적에 대한 등록세 및 가산세 부과 여부

대도시 내에 지점을 설치한 날부터 5년 이내에 이 건 부동산을 취득·등기하였고, 해당 부동산 중 일부를 임대하여 의료업에 직접 사용하지 아니하였으므로, 임대면적의 경우 중과세 제외대상으로 보기 어렵고, 의료법인에게 가산세를 면제할 만한 정당한 사유가 있다고 볼만한 사정 또한 찾기 어려우므로 등록세 부과처분은 잘못이 없음(조심 2015지1079, 2016.2.29.).

▣ 학교법인의 간헐적으로 사용되는 실습장이 부속토지에 해당되어 감면받을 수 있는지 여부

해당 법인은 「의료법」에 따라 설립된 의료법인이 아니라 「고등교육법」에 의한 학교법인에 해당하고, 학교법인이 수익사업을 위해 설치한 병원의 부속토지로서 이를 학교 용도에 직접 사용하는 부동산으로 보기도 어려우며, 영리를 목적으로 설립한 병원에서 학교법인의 간호학과 학생들이 간헐적으로 실습장으로 사용한다 하더라도 해당 토지의 주된 용도가 수익사업을 위해 설치한 병원의 부속토지에 해당하므로 재산세 면제대상으로 보기는 어려움(조심 2015지9020, 2015.8.28.).

▣ 장애사유가 예견되는 경우 감면해당 여부

• 감면된 취득세 등의 추징규정 중 '목적사업에 직접 사용하지 아니하는 경우'에서 목적사업에 직접 사용한다는 것은 취득한 부동산을 그 사업에 직접 사용하고 있는 것을 의미하는 것이므로 해당 법인과 같이 토지를 취득하여 건축허가와 폐기물 처리 등을 진행하였다 하더라도 이는 법인이 토지를 고유업무인 의료업에 직접 사용한 행위라기보다는 이를 위한 준비행위에 불과한 것으로 보이고, 그것만으로는 법인이 토지를 취득하여 유예기간 내에 목적사업인 의료업에 직접 사용한 것으로 보기는 어렵다고 판단되며, 토지 취득 후 8개월이 경과한 2013.1.29. 비로소 건축허가를 신청한 점, 유예기간이 경과한 2013.7.31. 건축착공계에 착공신고를 한 점, 청구법인과 매도인의 매매계약서 특약사항에서 매도인과 이미 부동산 명도와 관련하여 제소전 화해 신청을 하기로 약정한 점 등으로 볼 때 법인은 토지 취득 전부터 토지를 유예기간 내 직접 사용함에 있어 장애사유가 있으리라는 것을 예견할 수 있었음을 알 수 있는 점 등에 비추어 이 건 토지를 유예기간 내에 의료업에 직접 사용하지 못한 정당한 사유가 있었다고 보기도 어려움(조심 2014지5067, 2014.9.24.).
• 부동산 점유자들의 명도거부 때문에 1년 이내에 의료업에 직접 사용하지 못하였다고 하나, 이는 취득 시부터 예견된 것으로 부동산 취득 5개월이 경과할 무렵에서야 명도소송을 제기하고 또한 부동산 중 일부는 1년이 지날 때까지 공실상태였던 것이 확인되므로 유예기간 이내에 의료용으로 직접 사용하지 못한 정당한 사유가 있다고 보기 어려움(조심 2013지0776, 2014.3.27.).
• 의료법인이 토지를 취득하기 전에 종전 토지소유자인 주식회사 ○○○의 사회복지시설 설치안이 처분청 도시계획위원회로부터 부결 결정을 받았는 바, 토지 취득 당시에 유예

기간 내에 고유업무에 사용하기 어려운 법령상, 사실상의 장애사유를 알고 있었던 것으로 보이고, 취득 후에 당해 토지를 고유업무에 사용하지 못한 것도 동일한 사유 때문이라면 그 외부적 사유는 당해 토지를 고유업무에 사용치 못한 정당한 사유가 될 수 없다 할 것이고, 청구법인이 유예기간 내에 건축공사에 착공하지 못한 것은 청구법인의 사업추진 준비 미비로 인한 것으로 보이고, 처분청에 별다른 귀책사유가 있었던 것으로 보이지도 아니하므로 이 건 토지를 유예기간 내에 의료법인의 고유업무에 직접 사용치 못한 정당한 사유가 있었다고 보기는 어렵다 할 것임(조심 2013지0363, 2013.5.14.).

▣ 재산세 과세기준일 현재 의료업에 직접 사용하지 않는 경우 감면 여부

재산세 과세기준일 현재 부동산 중 일부를 의료업에 직접 사용하고 있지 아니한 사실이 확인되고 있는 이상 종전 임차인들 중 일부가 명도를 지연하였다는 사유로 의료업에 직접 사용하지 못하였다 하더라도 해당 부동산에 대하여 재산세를 면제할 수는 없는 점, 대수선 공사의 경우 직접 사용을 위한 준비단계에 불과할 뿐만 아니라 재산세 과세기준일 이후에 착수된 점 등을 고려할 때 처분청이 해당 부동산 중 의료업에 직접 사용되지 아니한 부분에 대해 재산세를 부과고지한 처분은 잘못이 없음(조심 2013지0503, 2013.7.16.).

▣ 의료법인이 정신장애인 사회복귀를 위한 시설로 사용하는 경우 감면 여부

의료법인이 정신병원을 운영하면서 정신질환자의 사회복귀시설로 사용하기 위하여 건축한 건물이 비영리사업자가 고유업무에 사용하기 위하여 취득한 부동산에 해당되는지 여부에 대하여 살펴보면, 해당 법인이 쟁점 건물을 의료업에 직접 사용하지 아니하고 정신장애인 사회복귀시설로 사용하고 있으며, 「의료법」에 의한 의료재단으로서 법인등기부상 의료기관의 설치·운영 등의 목적사업으로 등재되어 있을 뿐 사회복귀시설의 설치·운영은 등재되어 있지도 아니한 점을 감안하면, 「사회복지사업법」에 의한 사회복지단체로 보기도 어려워 보이므로 의료업에 직접 사용할 목적으로 취득한 건물을 다른 용도에 사용하는 것으로 보아 기 감면한 취득세를 추징한 처분은 달리 잘못이 없음(조심 2013지0333, 2013.7.16.).

▣ 의료법인의 직접 사용 여부

법인은 부동산을 취득하여 1년 이내에 의료용으로 사용하지 못한 정당한 사유가 있다고 주장하고 있으나, ① 법인은 부동산을 취득일로부터 1년 이내에 의료용으로 직접 사용하지 아니한 사실이 확인되는 점, ② 상업용 건축물이므로 건축물을 의료용으로 사용하기 위해서는 용도변경 및 대수선 공사 등이 필요하나, 심판청구일 현재까지도 건축물을 의료용으로 사용하기 위한 대수선 공사 허가 신청을 한 사실이 없는 점, ③ 부동산을 취득하기 전부터 임차하고 사용하고 있었던 점 등과 임대차계약을 스스로 연장하여 부동산 취득일로부터 1년 이내에 의료업에 직접 사용하는 것이 불가능하였던 것으로 보이는 점 등을 종합하여 볼 때 해당 법인은 부동산을 취득하여 1년 이내에 의료용으로 직접 사용하기 위한 진지한 노력을 다하였다고 보기는 어렵다고 판단됨(조심 2013지0349, 2013.5.14.).

▣ 의료법인의 직접 사용 여부

• 의료법인이 「지방세법」 규정에 의거 의료사업에 직접 사용한다고 하여 취득세 등을 면제받았다가 당초 감면사유와는 달리 노인복지시설로 사용하고 있는 이상, 이에 대하여는

「지방세법」상의 추징규정을 적용하는 것이 타당하다 할 것이고, 건축물 취득 이후 그 용도를 변경한 다음 장기요양기관으로 지정을 받았다고 하여 달리 볼 수도 없음(조심 2012지0717, 2012.11.21.).

- 임차인이 건물명도 거부로 명도소송이 진행 중인 경우 의료업에 직접 사용하지 못한 청구법인은 쟁점 토지를 취득한 날부터 1년 이내에 의료사업에 직접 사용하기 위하여 진지한 노력을 다하였다고 보기는 어렵기 때문에 유예기간 내에 의료사업에 직접 사용하지 못한 '정당한 사유'에 해당되지 아니하고, 명도소송을 진행한다는 사실만으로 달리 볼 것은 아니며, 이사회에서 병원 주차장으로 사용하기로 결의하고 부동산을 취득하여 노인복지시설로 사용하는 경우 의료업에 직접 사용하는 경우로 볼 수 없다고 판단(조심 2012지0675, 2012.12.4.).
- 부동산을 취득한 후 건축공사에 착공하기 위하여 정상적인 노력을 다하여 왔으나, 취득 당시에는 예상하지 못했던 처분청의 대형건축물 굴토심의규정 신설(2011.1.18.)로 인한 건축규제와 유예기간 경과 시점의 계속적인 장마로 인하여 건축공사에 착공하지 못한 경우 유예기간(1년) 내 고유업무에 직접 사용하지 못한 정당한 사유에 해당됨(조심 2011지0936, 2012.6.18.).
- 취득할 당시 채권최고액 3,840백만원의 근저당이 설정된 사실을 이미 알고 있었으므로 전소유자인 주식회사 ○○○이 채무불이행시 당연히 쟁점부동산이 경매로 소유권이 이전될 것을 충분히 예측할 수 있었다고 보여지므로 경매로 인해 취득일(사용일)부터 2년 이내에 매각된 경우 정당한 사유에 해당되지 않음(조심 2011지0926, 2012.3.14.).
- 부동산을 취득하기 이전부터 고유업무에 직접 사용하기 위한 준비를 계속하여 왔고 취득 후 곧 바로 건축공사에 착공하였으나, 취득 당시에는 예상하지 못했던 임의경매개시 결정과 시공사의 유치권행사로 인하여 공사가 중단되자 예기치 못한 장애요인을 해소하기 위하여 여러 가지 진지한 노력을 다하여 유예기간 종료일부터 약 6개월여 경과한 시점에 사용승인을 받고, 의료기관 개설허가를 받은 점 등은 고유업무에 직접 사용하지 못한 정당한 사유에 해당됨(조심 2011지0239, 2012.2.29.).
- 「의료법」 별표 3 제1항 제4호에서 의료법인은 의료업무 외에 「장사 등에 관한 법률」 제25조 제1항에 따른 장례식장의 설치 · 운영을 부대사업으로 할 수 있다고 규정하고 있다고 할지라도, 장례식장의 설치 · 운영 사업은 의료법인의 부대사업일 뿐이므로 지방세 감면 대상인 의료업에 해당되지 아니함(조세심판원 2011지0495, 2011.11.23.).

▣ 의료법인이 주택을 취득할 경우 세율 적용 및 감면 여부

의료법인이 의료업에 직접 사용 여부는 유예기간 이내에 사용현황을 통하여 추징대상 여부를 판단하는 기준에 불과하며, 취득 당시 부동산의 구조와 기능 등이 주택으로서의 요건을 갖추고 「지방세법」 제104조에서 정의하고 있는 주택에 부합된다면 의료법인이 취득하는 주택일지라도 주택세율을 적용한 후 면제 또는 세율경감 규정을 적용함이 타당함(행자부 지방세특례제도과-2230, 2014.11.11.).

▣ 임상시험센터용 부동산 감면 여부

"임상시험"의 경우 「의료법」 별표 3 제1항 제2호에서 규정한 '의료나 의학에 관한 조사 연

구'에 포함된다고 할 것이므로 의료기관의 의료업무 외의 '부대사업'의 하나에 해당되므로, 첨단임상시험센터용 부동산은 취득세 면제대상인 의료법인이 의료업에 직접 사용하기 위한 부동산에 해당되지 않음. 다만, 부대사업이라도 의료업무의 연장선상에서 수행되며 의료행위와 밀접한 연관을 가진 연구활동 등은 직접 사용에 해당될 수 있음(행안부 지방세운영과-1455, 2012.5.10.).

▣ 의료법인이 출연받은 부동산에 대한 신탁계약을 체결하고 신탁등기를 한 경우, 「지방세특례제한법」 제178조에 따른 추징대상에 해당하는지 여부

- 신탁법상의 신탁은 위탁자가 수탁자에게 특정의 재산권을 이전하거나 기타의 처분을 하여 수탁자로 하여금 신탁 목적을 위하여 그 재산권을 관리·처분하게 하는 것이므로, 부동산 신탁에 있어 수탁자 앞으로 소유권이전등기를 마치게 되면 대내외적으로 소유권이 수탁자에게 완전히 이전되고 위탁자와의 내부관계에서 소유권이 위탁자에게 유보되는 것이 아니며, 이와 같이 신탁의 효력으로서 신탁재산의 소유권이 수탁자에게 이전되는 결과 수탁자는 대내외적으로 신탁재산에 대한 관리권을 갖게 되고(대법원 2011.2.10. 선고, 2010다84246 판결 참조),
- 따라서 신탁계약이나 신탁법에 의하여 수탁자가 위탁자에 대한 관계에서 신탁 부동산에 관한 권한을 행사할 때 일정한 의무를 부담하거나 제한을 받게 되더라도 그것만으로는 위탁자가 신탁 부동산을 사실상 임의처분하거나 관리·운용할 수 있는 지위에 있다고 보기도 어렵다 할 것임(대법원 2014.9.4. 선고, 2014두36266 판결 참조).
- 따라서, ○○의료재단이 취득한 부동산을 주식회사○○은행에 신탁하여 소유자로서의 지위를 상실한 이후에는 그 부동산이 ○○의료재단의 고유업무에 직접 사용되고 있다고 볼 수 없으므로, ○○의료재단이 그 부동산을 그 사용일부터 2년 이내에 신탁한 이상 추징사유가 발생하였다고 봄이 타당하고, ○○의료재단이 그 부동산을 신탁한 이후에도 진천○○병원의 용도로 사용되고 있다고 하여 달리 보기는 어렵다 할 것임(행자부 지방세특례제도과-3558, 2015.12.29.).

▣ 병원시설 이외 부대시설 등에 대한 직접 사용 여부 사례

1) 부동산 취득 및 건물 철거 시기 등에 비추어 청구인이 이 건 부동산을 취득한 후 1년 이내에 의료업에 직접 사용한 것으로 볼 수 없을 뿐만 아니라, 청구인의 사업장인 ○○○병원과 연접하거나 연결되어 있지 않고, 90m 정도 동떨어져 있는 그 부동산의 위치, 5대~7대 정도의 주차 가능대수 및 연접 토지 사용에 따른 실질적인 사용의 제한 등을 고려할 때, 병원의 부설주차장으로 사용하기 위해 취득하여 그 용도로 직접 사용하고 있다는 청구 주장을 인정하기에는 어려움이 있음(조심 2010지0881, 2011.10.4.).
2) 의과대학부속병원으로 취득한 건물의 일부를 식당, 편의점, 커피점 등의 용도로 제3자에게 임대한 경우 수익사업에 사용하는 것으로 보아 기 면제한 취득세 등을 부과고지하는 것이 타당함(조심 2010지0263, 2010.9.9.).
3) 쟁점주택의 사용목적이 야간응급환자 등 긴급 상황에 대처하기 위한 것이라기보다는 병원의 종사자인 의사, 간호사 및 장기근속 직원 등을 위한 복리후생차원에서 제공하고 있는 것으로 판단되어 처분청에서 재산세·도시계획세 및 공동시설세를 부과고지한 것은

정당하다 할 것임(조심 2008지0995, 2009.12.29.).

4) 기존의 건축물을 취득하여 의료업에 사용하기 위해 리모델링(대수선, 증축, 용도변경) 공사를 진행하고 있다면, 과세기준일 현재 의료업에 사용하기 위한 준비행위이지 해당 용도로 직접 사용하는 것으로는 볼 수 없으므로 해당 건축물은 감면대상이 아니라 할 것임(행안부 지방세운영과-3715, 2011.8.3.).

5) 장례식장을 의료시설로 규정하고 시설규격을 정하고 있고, 처분청이 위반건축물 시정명령을 취소하였다 하여 이를 달리 볼 수는 없다 할 것이므로 처분청이 청구법인에게 이 건 취득세 등을 부과고지한 처분은 타당함(조심 2010지0502, 2011.3.29.).

6) 병원에 근무하는 의사 등의 복리후생을 위하여 기숙사 용도로 사용하고 있으므로 의료업에 직접 사용하는 부동산으로 보기 어려우므로 면제한 취득세 등을 부과함이 타당함(조심 2010지0299, 2011.2.7.).

7) 병원과 약 4㎞ 정도 떨어진 곳에 위치하고 있는 점, 부동산을 청구법인의 의료기구 및 의료소모품 창고로 사용하고 있는 객관적인 사실 여부도 입증되지 아니하는 점 등을 볼 때 부동산을 취득한 후 2년 이상 직접 사용하지 아니하고 다른 용도로 사용하고 있는 것으로 보아 부과고지한 것은 적법함(조심 2010지0476, 2010.11.17.).

▣ 의료업에 직접 사용하지 못하는 정당한 사유 관련 사례

1) 구 지방세법 제287조 본문의 "정당한 사유"라 함은 부동산의 취득목적에 비추어 고유업무에 사용하는데 걸리는 준비기간의 장단, 고유업무에 사용할 수 없는 법령상 또는 사실상의 장애사유와 장애정도, 고유업무에 사용하기 위한 진지한 노력을 다하였는지 여부, 행정관청의 귀책사유가 가미되었는지 여부 등을 참작하여 구체적인 사안에 따라 개별적으로 판단하여야 할 것으로(대법원 2009.1.25. 선고, 2006두14296 판결) 의료법인은 이 건 부동산을 취득하기 전에 이 건 부동산에 유치권 설정 여부, 기존 입주업체의 퇴거의 어려움, 20년된 건물의 리모델링을 현행 건축관련 법규 등에 맞추어 진행하기 위한 건축설계의 어려움 등을 알 수 있던 상황에서 이 건 부동산을 취득한 것으로 이러한 장애사유는 취득시점에 이미 인지하여 사전에 충분히 해소할 가능성이 있었다고 할 것이고, 건축허가시 교통영향평가 관련 심의 과정에서 주차장 등 교통개선대책 요구가 법령에 위반된 요구라 할 수 없으므로, 행정절차상 지연 사유가 행정관청의 귀책사유이거나 예측하지 못한 특별한 사정에 해당된다고 보기는 어렵다 할 것이며, 이 건 부동산에 대하여 기존 점유자 퇴거, 건축허가 심의서 제출, 병원설립을 위한 정관변경 및 보건복지부 허가, 인력충원, 석면 해체 공사 등은 목적사업에 직접 사용하기 위한 준비과정에 불과할 뿐이고, 유치권 점유자와의 협의지연, 건축설계의 어려움, 행정관청의 교통개선 대책요구 등 이러한 사유만으로는 유예기간 이내에 고유업무에 직접 사용하지 못한 "정당한 사유"가 있다고 볼 수 없다 할 것이나, 과세권자가 해당 의료법인의 진지한 노력 여부 등 사실관계를 확인하여 판단할 사항임(행안부 지방세운영과-89, 2011.1.7.).

2) 병원용도로 사용하지 못한 경우 정당한 사유에 해당되는지 여부와 관련하여 의료법인이 병원으로 사용을 위해 신축한 건축물 중 20%는 정보・연구산업 등의 용도로 사용하도록 부동산 취득 전부터 지정되어 있다면 정당한 사유가 아님(조심 2008지0945, 2009.6.24.).

# 제38조의 2

## 지방의료원에 대한 감면

관련규정

제38조의 2(지방의료원에 대한 감면) 「지방의료원의 설립 및 운영에 관한 법률」에 따라 설립된 지방의료원이 의료업에 직접 사용하기 위하여 취득하는 부동산에 대해서는 취득세를, 과세기준일 현재 의료업에 직접 사용하는 부동산에 대해서는 재산세를 다음 각 호에서 정하는 바에 따라 각각 경감한다.

1. 2027년 12월 31일까지 취득세 및 재산세(「지방세법」 제112조에 따른 부과액을 포함한다)의 100분의 75(감염병전문병원의 경우 100분의 85)를 각각 경감한다.
2. 삭제(2021.12.28.)

## 1 개 요

공공의료서비스를 실시하는 의료기관인 지방의료원에 대한 세제지원이다. 1982년도에 신설(지방의료원은 1995년)되어 2010년까지는 구 지방세법 제287조 제2항, 제174조 제3항, 제176조의 10 및 감면조례(지방의료원, 종교단체 병원)에서 각각 규정되었다가 지방세법이 분법이 되면서 현재의 지특법 제38조로 이관(2010.3.31.)되었다가 2019년에 다시 제38조의 2로 이관되었다. 2022년에 취득세와 재산세의 감면율을 75%로 유지하되 감염병전문병원의 경우 10%p 감면을 추가할 수 있도록 하여 2024년말까지 일몰기한이 연장되었다.

## 2 | 감면대상자

「지방의료원의 설립 및 운영에 관한 법률」에 따라 설립된 지방의료원이 이에 해당된다.

## 3 | 감면대상 부동산

지방의료원이 의료업에 직접 사용하기 위하여 취득하거나 보유하는 부동산이 이에 해당된다.

## 4 | 특례내용

### 4-1. 세목별 감면

지방의료원에 대해서는 지방세 또는 국세(농어촌특별세)를 최대 2024년 12월 31일까지 각각 감면한다.

〈표 1〉 지방의료원 감면 내용(2024.1.1. 현재)

| 조문 | 감면대상 | 감면내용(감면율) |
|---|---|---|
| §38의 2 1호 | 지방의료원이 의료업에 직접 사용하기 위해 취득(보유)하는 부동산 | 취득세 75%,<br>재산세 75%<br>※ 감염병전문병원 10%p 추가 감면 |
| 농특 §4 | 취득세 감면분의 20% | 비과세 |

### 4-2. 경과규정 특례(부칙 §2, 제16041호 2018.12.24.)

지방의료원에 대한 도시지역분 재산세는 2018년 12월 31일부로 감면기한이 종료되어 2019년부터는 과세대상으로 전환되었다. 다만, 감면이 종료되더라도 2018년 이전 납세의무 성립분에 한해서는 「지방세기본법」 제51조에 따른 경정청구 기간(최대 2023년)까지는 종전의 규정을 계속해서 적용할 수 있다.

# 5 | 지방세특례의 제한

## 5-1. 감면된 취득세의 추징(§178)

지방의료원이 감면요건을 위반하는 경우에는 제178조에 따라 감면받은 취득세가 추징된다. 여기서 감면요건 위반이란 대부분 지방의료원이 의료업에 직접 사용하지 않거나 다른 용도로 사용하는 것을 말한다. 감면의무위반 사항에 대한 세부적인 사항은 제178조의 해설편의 내용과 같다.

## 5-2. 경과규정 특례(부칙 §5, 제16041호 2018.12.24.)

2020년까지는 지방의료원이 의료사업에 직접 사용하는 부동산의 경우에는 재산세가 매년 경감이 되었으나 2021년 1월 1일부터는 취득일 이후 재산세 납세의무가 성립된 날로부터 5년간만 재산세를 경감(5%)한다. 한편, 2020년 12월 31일 이전에 취득하고 재산세 납세의무가 성립한 지 5년이 경과되지 않은 부동산의 경우도 부칙 제5조에 따라 한시 재산세 감면대상에 포함되며, 이 경우 경감기간은 2021년 1월 1일을 기준으로 재산세 납세의무가 성립한 날부터 5년이 지나지 않은 나머지 잔여기간(다음의 표 참조)으로 한다.

〈표 2〉 **지방의료원의 의료사업용 부동산에 대한 재산세 75% 감면 잔여기간**

| 1995년 이전 취득분 | 1996.1.1. 이후 취득분(해당연도 재산세 납세의무 성립일 현재 잔여기간) | | | | |
|---|---|---|---|---|---|
| | 1996년 | 1997년 | 1998년 | 1999년 | 2000년 |
| 감면종료 | 2021년(1년) | 2022년(2년) | 2023년(3년) | 2024년(4년) | 2025년(5년) |

## 5-3. 지방세 중과세 대상 부동산에 대한 감면제한(§177)

지방의료원이 감면을 받으려는 부동산의 범위에서 지방세법 제13조 제5항에 따른 별장·골프장·고급오락장 등 지방세 중과세 대상인 사치성 재산은 감면대상에서 제외된다. 세부적인 사항은 제177조의 해설편을 참조하면 된다.

## 6 감면신청(§183)

지방의료원이 본 규정에 따라 지방세를 감면받으려는 경우에는 해당 지방자치단체의 장에게 해당 부동산이 의료업에 직접 사용하는 용도임을 입증하는 서류를 첨부하여 감면신청을 하여야 한다. 세부적인 감면신청 절차 등에 대해서는 제183조의 해설편을 참조하면 된다.

## 7 관련사례

▣ 지방의료원 장례식장용 부동산이 의료사업에 직접 사용하는 부동산에 해당하는지 여부

「의료법」 제49조 제1항 제4호에서 의료법인은 의료업무 외에 「장사 등에 관한 법률」 제25조 제1항에 따른 장례식장의 설치·운영을 부대사업으로 할 수 있다고 규정하고 있음을 볼 때 장례식장 설치·운영 사업은 의료법인의 부대사업일 뿐 ○○도세감면조례에서 규정하고 있는 의료사업에 해당되지 아니함(조심 2010지0438, 2011.3.9.).

# 제39조

# 국민건강보험사업 지원을 위한 감면

관련규정

제39조 [일몰기한 종료로 2015.1.1.부터는 감면 효력 상실]

【부칙, 법률 제12955호】 제14조(일반적 경과조치) 이 법 시행 당시 종전의 규정에 따라 부과 또는 감면하였거나 부과 또는 감면하여야 할 지방세에 대하여는 종전의 규정에 따른다.

제39조(국민건강보험사업 지원을 위한 감면) ①「국민건강보험법」에 따른 국민건강보험공단이 고유업무에 직접 사용하기 위하여 취득하는 부동산에 대하여는 다음 각 호에서 정하는 바에 따라 2014년 12월 31일까지 지방세를 감면한다.

1. 국민건강보험공단이「국민건강보험법」제13조 제1항 제1호부터 제3호까지, 제7호 및 제8호의 업무에 직접 사용하기 위하여 취득하는 부동산에 대하여는 취득세를 면제하고, 과세기준일 현재 그 업무에 직접 사용하는 부동산에 대하여는 재산세의 100분의 50을 경감한다.
2. 국민건강보험공단이「국민건강보험법」제13조 제1항 제6호의 업무에 사용하기 위하여 취득하는 부동산에 대하여는 취득세의 100분의 50을 경감하고, 과세기준일 현재 그 업무에 직접 사용하는 부동산에 대하여는 재산세의 100분의 50을 경감한다.

②「국민건강보험법」에 따른 건강보험심사평가원이 고유업무에 직접 사용하기 위하여 취득하는 부동산에 대하여는 다음 각 호에서 정하는 바에 따라 2014년 12월 31일까지 지방세를 감면한다.

1. 건강보험심사평가원이「국민건강보험법」제56조 제1항 제1호의 업무에 직접 사용하기 위하여 취득하는 부동산에 대하여는 취득세를 면제하고, 과세기준일 현재 그 업무에 직접 사용하는 부동산에 대하여는 재산세의 100분의 50을 경감한다.
2. 건강보험심사평가원이「국민건강보험법」제56조 제1항 제2호의 업무에 직접 사용하기 위하여 취득하는 부동산에 대하여는 취득세의 100분의 50을 경감하고, 과

세기준일 현재 그 업무에 직접 사용하는 부동산에 대하여는 재산세의 100분의 25를 경감한다.

## 1 | 개 요

의료보험 등 공적부조 단체인 국민건강보험공단과 국민보험심사평가원에 대한 세제지원이다. 1982년도에 신설되어 2010년까지는 구 지방세법 제273조 제3항에 규정되었다가 현재의 지특법 제39조로 이관(2010.3.31.)되었다. 이후 지방재정 확충을 위한 세제개편에 따라 2015년부터는 감면이 종료되었다.

## 2 | 감면대상자 및 감면대상 부동산

국민건강보험법에 따라 설립된 국민건강보험공단과 건강보험심사평가원이 고유업무에 직접 사용하기 위하여 취득 또는 보유하는 부동산이 이에 해당된다. 이들 단체의 고유업무란 다음과 같다.

- (국민건강보험공단, 국민건강보험법 §13 ①)
  1. 가입자 및 피부양자의 자격관리
  2. 보험료 기타 이 법에 의한 징수금의 부과 · 징수
  3. 보험급여의 관리
  6. 자산의 관리 · 운영 및 증식사업
  7. 의료시설의 운영
  8. 건강보험에 관한 교육훈련 및 홍보
- (국민건강보험심사평가원, 국민건강보험법 §56 ①)
  1. 요양급여비용의 심사
  2. 요양급여의 적정성에 평가

한편, 2015년부터 국민건강보험공단 등에 대한 감면 종료로 감면효력은 상실되었지만 부칙 제14조(법률 제12955호) 규정에 따라 국민건강보험공단 등에 대한 감면이 부과 누락되었

을 경우에는 지방세기본법 제38조 부과제척기간 규정에 따라 최대 2019년까지는 종전의 규정을 계속해서 적용해야 한다.

## 3 | 감면내용

국민건강보험공단 및 건강보험심사평가원에 대한 2014년 현재 감면 현황은 다음과 같다.

| 조문 | 감면내용 | 감면내용(감면율) | 일몰 |
|---|---|---|---|
| §39 ① 1호 | 국민건강보험공단의 가입자 자격관리 등의 부동산 | 취득세 면제, 재산세 50% | 종료('14년) |
| §39 ① 2호 | 국민건강보험공단 등 자산관리 증식 등의 부동산 | 취득세 50%, 재산세 50% | |
| §39 ② 1호 | 건강보험심사평가원의 요양급여비용 심사 등의 부동산 | 취득세 면제, 재산세 50% | |
| §39 ② 2호 | 건강보험심사평가원의 요양급여 적정성 평가 등의 부동산 | 취득세 50%, 재산세 25% | |

## 4 | 사후관리(§178)

2015년부터 국민건강보험공단 등에 대한 감면 종료로 감면효력은 상실되었지만 부칙 제14조(법률 제12955호) 규정에 따라 국민건강보험공단 등이 감면받은 취득세 등에 대해 감면의무사항을 위반하였을 경우에는 지방세기본법 제38조 부과제척기간 규정을 준용하여 최대 2019년까지는 추징이 가능하다. 감면의무사항 위반 여부에 대한 세부사항은 제178조의 해설편을 참조하면 된다.

### 운용사례

■ 업무분장상 지원부서 사용분도 요양급여비용심사의 직접 사용에 해당한다고 한 사례

건강보험심사평가원이 직접 사용하는 부동산 여부 관련, 「요양급여비용의 심사업무에 직접 사용하기 위하여 취득하는 부동산」이라 함은 건강보험심사평가원의 설립목적과 요양급여비용의 심사업무와 그 외 업무간의 연관성 등을 고려하여 당해 부동산의 실질적 사용 현황에 따라 직접 사용 여부를 판단하여야 할 것이므로, 귀 원의 조직과 예산의 대부분이 요양급여의 심사업무를 위해 제공되거나 지원되고, 당해 부동산의 주된 사용 목적이 요양급여 심사업무에 사용되고 있는 경우라면 업무분장상 지원부서 등이 사용하는 부분도 감면대상 직접 사용하는 부동산에 해당함(행자부 세정-2685, 2006.6.29.).

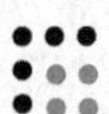

■ 임대사업 부분은 직접 미사용의 정당한 사유에 해당되지 않는다고 한 사례
귀문 보험급여의 관리업무 등을 위해 사옥을 취득(2004.5.27.)하여 보험급여의 관리업무 등에 사용하기 위한 정상적인 노력(기존 임차인들에 대한 임대차계약 해지에 따른 임차물 명도청구협의 등)을 하였는지 여부를 사실 판단하여야 하나, 임대사업을 계속하는 경우는 정당한 사유에 해당되지 아니함(행자부 세정-2229, 2004.7.28.).

■ 설계 및 감리용역 등의 준비과정에 있는 경우 직접 사용으로 볼 수 없다고 한 사례
재산세를 감면함에 있어 직접 사용의 범위에는 건축중인 경우를 포함하는 것이지만 그 사업에 직접 사용하는 부동산이라 함은 현실적으로 그 사업에 사용되고 있는 것만을 지칭하는 것이지, 단지 사업에 직접 사용하기 위한 준비를 하고 있는 것까지 포함된다고 볼 수는 없다 할 것(대법원 2002두6491, 2002.10.11.)이므로, 청구법인이 재산세 과세기준일 현재 사옥신축에 직접 사용하기 위한 설계 및 감리용역 등의 준비를 하는 과정에서 쟁점토지를 보유만 하고 있는 것으로 조사된 점 등을 볼 때, 쟁점토지가 해당 감면대상 업무에 사용할 건축물을 건축중인 경우에 사용되고 있다거나 당해 사업에 직접 사용되고 있다고 보기는 어렵다 할 것임(조심 2011지761, 2011.12.7.).

# 제40조 국민건강 증진사업자에 대한 감면

관련규정

제40조(국민건강 증진사업자에 대한 감면) ① 다음 각 호의 법인이 그 고유업무에 직접 사용하기 위하여 취득하는 부동산에 대해서는 취득세의 100분의 50을, 과세기준일 현재 그 고유업무에 직접 사용하는 부동산에 대해서는 재산세(「지방세법」 제112조에 따른 부과액을 포함한다)의 100분의 50을 2027년 12월 31일까지 각각 경감한다.

1. 「모자보건법」에 따른 인구보건복지협회
2. 「감염병의 예방 및 관리에 관한 법률」에 따른 한국건강관리협회
3. 「결핵예방법」에 따른 대한결핵협회

② 제1항 각 호의 법인이 2021년 1월 1일부터 2021년 12월 31일까지 취득하는 부동산에 대해서는 다음 각 호의 구분에 따라 취득세 및 재산세를 각각 경감한다.

1. 그 고유업무에 직접 사용하기 위하여 취득하는 부동산에 대해서는 취득세의 100분의 50을 경감한다.
2. 해당 부동산 취득일 이후 해당 부동산에 대한 재산세 납세의무가 최초로 성립한 날부터 5년간 재산세의 100분의 50을 경감(과세기준일 현재 그 고유업무에 직접 사용하고 있지 아니하는 경우는 제외한다)한다.

☞ 제2항 삭제(2021.12.28.)

## 1 개 요

국민건강증진을 위한 공익법인의 육성을 위한 국민건강증진 사업자에 대한 세제지원이다. 국민건강증진 사업자에 대한 감면은 2010년 이전까지는 구 지방세법 제287조 제1항에서 규정되었다가 2010년부터 지특법이 제정되면서 현재의 제40조로 이관되었으며 2016년 일몰도래시 지방세 면제에서 75% 경감으로 일부 축소되어 2018년까지 연장되었다. 2021년

에는 한국건강관리협회 등에 대하여 감면이 축소(취득세 75% → 50% 등)되었고 이후 일몰기한은 2024년 말까지 연장되었다.

## 2 | 감면대상자

모자보건법에 따른 인구보건복지협회, 감염병의 예방 및 관리에 관한 법률에 따른 한국건강관리협회, 결핵예방법에 따른 대한결핵협회가 이에 해당된다.

### 2-1. 인구보건복지협회

보건복지부 산하단체로 저출산·고령화 사회 문제 해결을 위해 설립되었다. 주요사업으로는 임신·출산·육아 포털사이트 운영, 불임부부 고위험 임산부 지원사업, 청소년 성교육 지원, 모자보건, 오지 이동 검진, 선천성대사이상검사, 다문화가정 보건의료 등 취약계층과 모자보건을 위한 검진·진료사업, 노인성건강증진, 노인복지사업 등 고령화대책사업 등이 있다.

### 2-2. 한국건강관리협회

1964년 국민의 건강증진과 삶의 질 향상을 목표로 창립된 한국건강관리협회는 다양한 보건의료 봉사를 수행하면서 공익의료기관이다. 전국 주요 시·도에 위치한 15개 건강증진의원을 중심으로 질병의 조기발견을 위한 건강검진, 질병예방을 위한 건강생활실천상담 및 보건교육 등의 건강증진 서비스를 제공하고 있으며, 어려운 이웃에 대한 다양한 보건의료활동 및 자원봉사활동, 북한을 비롯한 캄보디아 등의 개발도상국, 아프리카 수단에까지 보건의료를 지원하는 등의 사업을 수행하고 있는 단체이다.

### 2-3. 대한결핵협회

결핵에 관한 조사 연구와 예방 및 퇴치사업 수행으로 국민보건 향상을 위해 1953년에 설립(결핵예방법에 설립근거)되었으며, 주요사업은 결핵 예방과 퇴치를 위한 홍보·교육, 결핵환자 조기 발견 및 치료, 진단시약 개발 및 검사, 학술연구, 국제교류, 금연 홍보 및 교육, 후천성면역결핍증 예방 홍보 등이 있다.

## 3 | 감면대상 부동산

인구보건복지협회, 한국건강관리협회, 대한결핵협회가 그 고유업무에 직접 사용하기 위하여 취득하는 부동산이 이에 해당된다.

### 무상으로 증여하여 위탁생산한 경우 직접 사용 부동산 해당 여부

제40조에서 대한결핵협회가 법인의 고유업무에 직접 사용하기 위하여 취득하는 부동산에 대하여는 취득세를 면제한다고 규정하고 있으며, 같은 법 제2조 제1항 제8호에서는 '직접 사용'이란 부동산의 소유자가 해당 부동산을 사업 또는 업무의 목적이나 용도에 맞게 사용하는 것을 말한다고 정의하고 있다. 구 지특법(2014.1.1. 법률 제12175호로 개정되기 이전의 것)은 직접 사용에 대한 명문 규정을 두고 있지 않았으므로, 직접 사용의 주체가 해당 부동산의 '소유자'인지 '사용자'인지에 대해 다툼의 발생하였으나, 2014년부터는 지특법 제2조를 개정하여 직접 사용의 개념을 '부동산의 소유자'로 명확히 규정하고 있는 바, 비록 질병관리본부의 '백신생산시설 민간위탁 사업추진' 운영방침에 따라 무상으로 위탁업체가 사용하면서 국가 정책적 사업을 수행한다 하더라도 이를 취득세 등의 감면대상인 대한결핵협회가 고유업무에 직접 사용하는 부동산으로 보기는 어렵다 하겠다.

## 4 | 특례내용

### 4-1. 세목별 감면

인구보건복지협회, 한국건강관리협회, 대한결핵협회가 그 고유업무에 직접 사용하기 위하여 취득하는 부동산에 대해서는 취득세 및 재산세를 2027년 12월 31일까지 취득세 50%, 재산세 5년간 50%를 각각 경감한다.

### 4-2. 자동계좌이체 납부분 재산세 세액공제(§92의 2)

인구보건복지협회, 한국건강관리협회, 대한결핵협회가 전자송달 또는 자동계좌이체 방식으로 납부할 재산세(§40)를 자동납부 신청하는 경우에는 지방자치단체의 조례로 정하는 바에 따라 추가로 재산세를 공제(150원~1,000원)받을 수 있다. 자동납부 신청 세액공제에 관한 세부사항은 제92조의 2 해설편을 참조하면 된다.

#### 4-3. 건축중인 부속토지에 대한 특례(영 §123)

인구보건복지협회, 한국건강관리협회, 대한결핵협회가 그 고유업무에 사용할 건축물을 건축중인 경우에는 해당 용도로 직접 사용하고 있는 것으로 의제(擬制)하여 해당 건축물의 부속토지에 대한 재산세를 계속 감면한다.

## 5 | 지방세특례의 제한

#### 5-1. 감면된 취득세의 추징(§178)

인구보건복지협회, 한국건강관리협회, 대한결핵협회에 대해서는 별도로 추징 규정을 두고 있지는 않으나 제178조에 따라 감면받은 취득세가 추징될 수 있다. 감면의무 위반 사항에 대한 세부적인 내용은 제178조의 해설편의 내용과 같다.

#### 5-2. 2021년 시행되는 재산세 경감 특례(부칙 §5, 제16041호 2018.12.24.)

2020년까지는 인구보건협회 등 건강증진사업자가 직접 사용하는 부동산의 경우에는 재산세가 매년 경감이 되었으나 2021년 1월 1일부터는 취득일 이후 재산세 납세의무가 성립된 날로부터 5년간만 재산세를 경감(50%)한다. 한편, 2020년 12월 31일 이전에 취득하고 재산세 납세의무가 성립한 지 5년이 경과되지 않은 부동산의 경우도 부칙 제5조에 따라 한시 재산세 감면대상에 포함되며, 이 경우 경감기간은 2021년 1월 1일을 기준으로 재산세 납세의무가 성립한 날부터 5년이 지나지 않은 나머지 잔여기간(다음의 표 참조)으로 한다.

**〈표〉 한국건강관리협회 등 고유목적 사업용 부동산에 대한 재산세 50% 감면 잔여기간**

| 1995년 이전 취득분 | 1996.1.1. 이후 취득분(해당연도 재산세 납세의무 성립일 현재 잔여기간) | | | | |
|---|---|---|---|---|---|
| | 1996년 | 1997년 | 1998년 | 1999년 | 2000년 |
| 감면종료 | 2021년(1년) | 2022년(2년) | 2023년(3년) | 2024년(4년) | 2025년(5년) |

#### 5-3. 지방세 중과대상 부동산에 대한 감면 제한(§177)

인구보건복지협회 등이 감면을 받으려는 부동산이 지방세법 제13조 제5항에 따른 별장 등 지방세 중과세 대상인 사치성 재산인 경우에는 감면대상에서 제외된다. 이에 대한 세부적인 사항은 제177조의 해설편을 참조하면 된다.

## 6 | 감면신청(§183)

인구보건복지협회 등이 본 규정에 따라 지방세를 감면받으려는 경우에는 해당 지방자치단체의 장에게 해당 부동산이 그 고유업무에 직접 사용하는 용도임을 입증하는 서류를 첨부하여 감면신청을 하여야 한다. 세부적인 감면신청 절차 등에 대해서는 제183조의 해설편을 참조하면 된다.

## 7 | 관련사례

▣ 대한결핵협회의 고유업무용 부동산 해당 여부

질병관리본부의 '백신생산시설 민간위탁 사업추진' 운영방침에 따라 무상으로 위탁업체가 사용하면서 국가 정책적 사업을 수행한다 하더라도 이를 취득세 등의 감면대상인 대한결핵협회가 고유업무에 직접 사용하는 부동산으로 볼 수 없음(행자부 지방세특례제도과-2223, 2014.11.11.).

▣ 유상임대한 경우에 고유업무에 직접 사용한 것으로 볼 수 없다고 한 사례

고유업무의 범위는 "법령에서 개별적으로 규정한 업무, 정관, 법인등기부상 목적사업으로 정하여진 업무"에 속하는지 여부를 종합적으로 고려하여야 하는 것으로 결핵협회는 「결핵예방법」 제21조에 따라 결핵에 관한 조사·연구와 예방 및 퇴치사업을 수행하기 위하여 설립된 사단법인으로서 법인등기부등본에는 결핵에 관한 진료사업 및 부동산(기본재산)에 대한 임대수입 등을 목적사업으로 등재하였으나, 「결핵예방법」과 결핵협회 「정관」 제3조 및 제4조에는 결핵의 진료, 예방교육, 연구사업만을 목적사업으로 정하고 있고 "부동산 임대수입"은 목적사업으로 규정하고 있지 않으므로, 비록 등기부상 "임대수입"을 등재하였더라도 이를 결핵협회의 "고유업무"로 보기는 어려움. 또한, "직접 사용하는 부동산"인지 여부는 당해 부동산의 실제사용관계, 법인의 목적, 고유업무 수행과의 연관성 등을 종합하여 판단하여야 하는 것(대법원 2006.1.13. 선고, 2004두9265 판결 참조)으로 결핵협회는 결핵예방·치료에 관한 건강증진사업을 목적으로 설립한 법인으로서 해당 부동산을 과세기준일(6.1.) 현재 주된 고유업무인 결핵사업 용도로 직접 사용하지 아니하고 유상임대를 통해 타인이 해당 부동산을 직접 점유·사용하게 하고, 그 대가로 결핵협회가 임대수익을 취하는 것을 "직접 사용하는 부동산"으로 보기에는 곤란함(행안부 지방세운영과-4869, 2011.10.18.).

# 제40조의 2

## 주택거래에 대한 취득세의 감면

**관련규정**

제40조의 2 [일몰기한 종료로 2014.1.1.부터는 감면 효력 상실]

제40조의 2(주택거래에 대한 취득세의 감면) ① 생 략

② 유상거래를 원인으로 2013년 7월 1일부터 2013년 12월 31일까지 「지방세법」 제10조에 따른 취득 당시의 가액이 9억원 이하인 주택을 취득하여 다음 각 호의 어느 하나에 해당하게 된 경우에는 같은 법 제11조 제1항 제7호 나목의 세율을 적용하여 산출한 취득세의 100분의 50을 경감한다. 다만, 제2호의 경우로 취득하여 취득세를 경감받고 정당한 사유 없이 그 취득일부터 3년 이내에 1주택으로 되지 아니한 경우에는 경감된 취득세를 추징한다.

1. 1주택이 되는 경우
2. 대통령령으로 정하는 일시적 2주택이 되는 경우

【영】 제17조의 3(취득세 감면 대상이 되는 일시적 2주택의 범위) 법 제40조의 2 제2호에서 "대통령령으로 정하는 일시적으로 2주택이 되는 경우"란 이사, 근무지의 이동, 본인이나 가족의 취학, 질병의 요양, 그 밖의 사유로 인하여 다른 주택을 취득하였으나 종전의 주택을 처분하지 못한 경우를 말한다.

【통칙】 40의 2-1(감면대상 1주택) 감면대상인 1주택은 취득자 명의로 취득하는 주택이 1채(호)인 경우를 의미한다. 1세대가 여러 주택을 보유한 경우라도 세대원 중 1인이 신규로 주택을 취득하는 경우로서 취득일 현재 주택을 보유하고 있지 아니한 경우에는 감면대상에 해당한다.

40의 2-2(감면대상 1주택수 산정) 하나의 주택에 대한 지분을 보유하거나 취득할 경우, 각각의 지분을 1주택으로 간주하여 주택 수를 산정한다.

40의 2-3(감면유예기간 산정) 감면 유예기간의 기산일은 감면 대상주택 취득일의 다음 날이 되며, 만료일은 감면대상 주택 취득일로부터 2년이 도래하는 당해 기산일에 해당한 날의 전일이 된다.

# 1 | 개 요

이 법 규정에 의한 유상거래 주택에 대한 감면은 주택거래 활성화를 통한 서민주거안정 지원을 위해 2005년부터 시행되어 오다가 정부의 부동산 거래 활성화 대책의 일환(2013. 8.28. 발표)으로 주택분 취득세율을 영구적으로 인하함에 따라 감면이 종료된 제도이다. 현재는 감면기한 종료로 감면을 적용할 대상자는 없으나, 종전 규정에 따라 감면 적용을 받은 사람 중에서 그 취득일부터 3년 이내에 1주택으로 되지 아니한 경우에만 취득세를 추징하는 규정만 유예 효력이 남아 있게 되었다.

주택유상거래 감면은 정부의 부동산 경기 활성화 차원의 주요정책으로 그간 각종 부동산 대책시마다 개정을 거듭하여 현재에 이르고 있다. 주요 개정내용으로는 2004년 이전까지는 세율이 5%(취득세 2%, 구 등록세 3%)이었으나 정부의 부동산보유세제 개편(거래세 인하, 보유세 인상)에 따라 세율을 3.5%로 인하하였는데 이 경우에는 개인 간의 거래로 한정하였다. 그 이후 다시 세율을 2%로 인하(2006.9.1.~)하고 개인·법인 구분없이 모든 유상거래 주택을 대상으로 감면을 확대하였다.

2011년도 「3·22대책」으로 최저세율인 1%(9억원 이하 주택의 경우)까지 인하를 하였으나 2012년부터는 다시 2% 수준으로 하였다가 2014년부터는 지방세법에서 취득세율을 영구적으로 1~3%로 인하함에 따라 감면이 종료되었다. 보다 자세한 연도별 적용세율 현황은 아래의 표를 참조하기 바란다.

〈표 1〉 **연도별 주택유상거래 감면율 현황**

| 구분 | ~2004 | 2005년 | | 2006.1.1.~8.31. | 2006.9.1.~ | 2011.3.22.~12.31. | 2012 이후 | 2014~ |
|---|---|---|---|---|---|---|---|---|
| | | 주택 | 주택 외 | | | | | |
| 개인 간 | 5% | 3.5% | 3.5% | 2.5% | 2% | 1%(9억↓)<br>2%(9억↑) | 2%(9억↓)<br>4%(9억↑) | 1%(6억↓)<br>2%(9억↓)<br>3%(9억↑) |
| 그 외 | 5% | 4% | 4% | 4% | | | | |

# 2 | 감면된 세액의 추징(§40의 2 1호)

위에서 설명하였듯이 주택유상거래 감면기한의 종료로 실무에서 적용할 감면대상자는 없으나 종전 규정에 따라 일시적 2주택자로 해당되어 감면 적용을 받은 사람에 대해서는 그 유예기간(3년 내 처분)이 종료되는 시점까지 1주택을 처분하지 못한다면 감면받은 취득세를 추징받게 된다.

일시적 2주택의 유예기간이 종전에는 2년이었으나 2012년 9월 정부의 주택경기 활성화 대책 입법 당시 3년으로 완화하였고 그 적용기준도 2011년 1월 1일 이후 취득한 주택부터 소급하여 적용하도록 하였으므로 지특법상 일시적 2주택의 개념이 도입된 2011년 1월 1일 이후 취득한 모든 주택이 3년의 적용을 받게 되는 것이다. 그리고 주택취득 당시에 1주택이 아니고 기존 주택을 소유한 상태에서 새롭게 주택을 취득함으로써 2주택이 되는 경우에는 납세의무자가 3년 내 2주택 중 하나의 주택을 처분하는 조건으로 감면 신청을 하였다면 일시적 2주택자로 보아 감면혜택을 받는 것이다. 그 일시적 2주택자가 주택을 취득한 날부터 3년 내에 새로 취득한 주택이든 종전 주택이든 어느 하나를 처분하지 아니한 경우가 추징대상에 해당하는 것이다.

## 3 | 감면시기별 일시적 2주택에 대한 추징 경감률

2012년 10월 2일 개정된 「지방세특례제한법」 제40조의2에서는 추징기한을 3년으로 연장하면서 취득세를 경감받고 정당한 사유없이 취득일로부터 3년 이내에 일시적 2주택자가 1주택으로 되지 않는 경우에는 경감된 세액을 추징하되 그 경감된 세액의 3분의 1을 추징하도록 개정하였고, 같은 법 부칙 제3조(법률 제11487호)에서는 그 적용을 2011년 1월 1일 이후 최초로 납세의무가 성립하는 분부터 적용하도록 하였다.

이에 따라, 2011년 1월 1일부터 2012년 12월 31일의 2년의 기간 동안 취득한 9억원 이하 주택에 대하여 경감된 세액을 추징하는 경우에, 개정된 「지방세특례제한법」 부칙 제3조에 따라 경감된 세액의 3분의 1을 추징해야 한다는 조세심판원 결정(조심 2014지901, 2014.11.17., 2014지1433, 2015.1.12. 등 참조)으로 각 지방자치단체에서는 당초 법령에 따라 50%를 추징해야 한다는 의견과 새로이 부칙을 적용하여 3분의 1을 추징해야 한다는 의견으로 나누어져 행정자치부에서는 추징 유의사항(행정자치부 지방세특례제도과-262, 2015.2.3. 참조)을 통해 2011년 이후 취득하는 주택유상거래 감면에 대해 3분의 1만을 추징하도록 하였다.

여기서, 경감된 세액의 3분의 1만을 추징하는 이유는 9억원 이하이며 1주택 소유자인 경우 취득세율 4%에서 1%로 세율경감이 적용되어 감면율로 보면 75%가 경감되나 다주택자는 50%가 감면되어 추징대상에 해당될 경우 다주택자의 50%보다 더 경감률이 낮은 경우에 과세대상간의 조세형평 소지가 발생될 수 있어 75%의 경감률 중 3분의 1인 25%를 추징하도록 하기 위함이며, 이 경우 2013년 1월 1일 법률 제11618호로 개정된 「지방세특례제한법」 제40조의 2 단서 및 해당 법률 부칙 제7조에서 "이 법 시행 전에 종전의 제40조의 2에 따라 취득세 감면을 받은 주택의 추징에 대해서는 제40조의 2의 개정규정에도 불구하고 종전의 규정에 따른다"라고 규정하고 있어, 그 추징비율은 「지방세특례제한법」(2012.10.2. 법률 제11487호로 개정된 것) 부칙 제3조의 규정을 적용하여 산출한 세액을 3분의 1로 경정하여야 하는 것으로 보아 아래와 같이 추징하여야 한다.

〈표 2〉 **2011.1.1. ~ 2012.12.31.의 주택유상거래 취득세 감면규정 개정시기 및 추징률**

| 구분 | 2010.12.27. 신설 | 2011.5.19.<br>(3.22. 대책) | 2011.12.31. | 2012.10.2.<br>(9.10. 대책) |
|---|---|---|---|---|
| 적용기간 | 2011.1.1. ~ 3.21. | 2011.3.22. ~ 12.31. | 2012.1.1. ~ 9.23. | 2012.9.24. ~ 12.31. |
| 경감세율 | 9억 이하 · 1주택 : 2%<br>9억 초과 · 다주택 : 4% | 9억 이하 · 1주택 : 1%<br>9억 초과 · 다주택 : 2% | 9억 이하 · 1주택 : 2%<br>9억 초과 · 다주택 : 4% | 9억 이하 · 1주택 : 1%<br>9~12억 · 다주택 : 2%<br>12억 초과 : 3% |
| 추징기한 | 3년 이내 | 3년 이내 | 3년 이내 | 3년 이내 |
| 감 면 율 | 50% | 75% | 50% | 75% |
| 추 징 률 | 16.666% (1/3) | 25% (1/3) | 16.666% (1/3) | 25% (1/3) |

## 4 | 관련사례

■ 철거진행중인 주택을 취득한 경우 주택감면 대상 여부

지방세법이나 지방세특례제한법의 개별 규정에서 '건축물'이 아닌 '주택'이라는 용어를 사용하고 있는 경우에 그 '주택'에 포함되는 건축물의 범위는 각 규정의 취지와 목적에 따라 달리 해석되며(대법원 2013.11.28. 선고, 2013두13945 판결) 감면대상으로 삼고 있는 '주택'은 사람의 주거용인 건축물을 가리키는 것으로 보아야 하므로(대법원 2014.3.27. 선고, 2013두24747 판결 참조), 새로이 취득한 건축물이 주거용으로서의 기능을 상당 부분 상실함으로써 정상적인 주거생활에 사용할 수 없어 더 이상 주거용 건축물인 '주택'으로 볼 수 없다면 취득세 감면대상에 해당한다고 할 수 없으며, 주택이 취득 당시 철거 등의 절차가 진행되어 정상적인 주거생활에 사용할 수 없는 건축물에 해당한다면 취득세의 감면대상이 아닌 건축물과 그 대지를 취득한 것에 불과하여 취득세 감면을 받을 수 없음(대법원 2015.8.27. 선고, 2015두40002 판결).

▣ 9억원 이하 주택의 추징규정 적용 여부

'11.1.1.~ '12.12.31. 기간 동안 취득한 9억원 이하 주택에 대하여 경감된 세액을 추징하는 경우, '12.10.2. 개정된 「지방세특례제한법」 부칙 제3조에 따라 같은 법 제40조의 2를 적용하여 경감된 세액을 추징하도록 조세심판원에서 결정(조심 2014지901, 2014.11.17., 2014지1433, 2015.1.12. 등 참조)되었고, 관련 결정에 따라 처리(적용기간별 경감된 세액의 3분의 1 추징)(행자부 지방세특례제도과-262, 2015.2.3.).

▣ 기숙사가 주택에 해당하여 감면되는지 여부

'주택'은 구 지방세법 제104조 제4호에서 정한 '건축물'과는 구별되는 것으로서 건축법상 기숙사는 그 '주택'에 포함되지 않는다고 보아야 할 것으로 공장 등의 종업원 등을 위하여 쓰이며 독립된 주거의 형태를 갖추지 아니하므로 건축법상 기숙사에 해당하여 '주택'에 포함되지 않음(부산고법(창원) 2014.3.28. 선고, 2013누1952 판결).

▣ 일시적 2주택 해당 여부

• 일시적 2주택에 해당하는지 여부를 판단함에 있어 임대주택과 관련하여 특례규정을 두고 있지 아니하고, 법문 해석상 임대여부에 관계없이 일반적인 의미에서의 주택을 모두 포함하여 주택수를 산정하는 것이 타당할 것이므로 9가구의 임대주택을 취득한 임대사업자가 새로이 1주택을 유상거래로 취득한 경우 처분청에서 임대주택을 포함하여 청구인이 다주택자에 해당한다고 보아 취득세 등을 부과한 처분은 잘못이 없음(조심 2016지0129, 2016.3.24.).
• 상속주택을 부(父)와 취득자에게 명의신탁한 것이라고 하더라도, 부동산 실권리자의 명의등기에 관한 법률 제8조에 의하면 종중이 보유한 부동산을 제3자에게 명의신탁을 한 경우에는 조세포탈 등 법령상 제한의 회피를 목적으로 하지 아니하는 한 그 등기는 유효하므로 대외관계에 있어서는 수탁자인 원고가 상속주택에 대한 완전한 소유권을 취득하고 유효한 처분행위도 할 수 있는 점(대법원 1984.11.27. 선고, 84누52 판결 참조),[98] 이사, 근무지의 이동, 가족의 취학, 질병의 요양 등의 사유로 일시적으로 2주택이 되는 자에게만 취득세를 경감해주는 관계 법령의 입법취지 등을 종합하여 고려하면, 구 지방세특례제한법에 따른 주택 수를 판정할 때 해당 상속주택을 제외할 이유가 없음(서울고법 2015.12.1. 선고, 2015누54003 판결).
• 조금만 주의를 기울였더라면 주택 취득 후 일시적으로 2주택이 되는 경우에 해당하지 않는다는 것을 알 수 있었다고 보임에도 일시적 2주택자에게 적용되는 취득세 경감규정에 근거하여 신고·납부한 점 등을 고려할 때, 취득세를 허위로 신고하였거나 세법상 의무를 이행하지 아니한 과실이 있음(대법원 2015.10.29. 선고, 2015두46796 판결).
• 주택임대사업자가 종전주택 1채와 임대주택 3채를 소유하고 있는 상태에서 추가로 아파트를 취득한 사실이 확인되는 이상 법령에 따라 「지방세특례제한법」 제40조의 2 제1항 제2호에 의한 일시적으로 2주택이 되는 경우의 취득세 감면적용을 배제한 처분은 잘못이

98) 위 판결은 부동산 실권리자의 명의등기에 관한 법률이 제정되기 전의 것이기는 하나, 위에서 본 바와 같이 종중이 부동산을 제3자에게 명의신탁하는 경우에는 여전히 그 명의신탁이 유효하므로 이 사건 사안에 적용될 수 있다.

없고, 「지방세기본법」 제61조에 의거 독촉장을 발부하고 청구인이 지정된 기한까지 징수금을 완납하지 않아 아파트를 압류한 것이라 정당함(조심 2014지0961, 2015.6.10.).

- 「지방세특례제한법」 제40조의 2 제1항 규정의 취득세 면제 대상에 해당하는 주택은 임대주택만이 아닌 모든 주택을 말하는 것으로 임대사업자로서 주택 취득 당시 9주택을 소유하고 있었다면 취득세 100분의 75 감면대상에 해당하지 않으며 또한 가산세는 직원의 잘못된 안내에 기인하여 발생하였다 주장하나 그에 대한 인정 증거가 미약하고 실제 그렇다 하더라도 가산세를 면제할 정당한 사유에 해당하지 않는 이상 가산세 부과는 잘못이 없음(조심 2014지0885, 2014.12.11.).
- 조세법률주의의 원칙상 조세법은 엄격하게 해석하여야 하는 것으로 「지방세특례제한법」 제40조의 2에서 주택을 취득하여 일시적으로 2주택이 되는 경우 취득세의 100분의 75를 경감하도록 규정하고 있을 뿐, 주택의 범위에 대하여 임대사업자가 보유하는 임대주택을 제외한다는 별도의 규정을 두고 있지 않다면 주택의 범위는 모든 주택이 해당되어 주택의 취득 당시 임대주택이 있었다면 일시적 2주택 외의 다주택자에 해당된다 할 것임(조심 2014지1392, 2014.11.28.).
- 종전 주택과 상속 주택의 11분의 2 지분을 보유한 상태에서 다시 주택을 취득함으로써 2주택을 초과 보유하게 된 이상, 주택의 취득에 대하여는 애초 감면조항이 적용될 여지가 없다고 판단되고 나아가 감면조항에서 말하는 '주택'의 의미는 사람의 주거용인 건물을 가리키는 것임이 사전상으로 명백하고, '일시적 2주택'의 범위도 지방세특례제한법 시행령 제17조의 2에서 명확하게 정하고 있으며, 감면조항의 취지와 관련 규정의 문언 내용 및 체계 등을 더하여 보면, 보유주택의 수를 산정할 때 상속한 주택 지분이 제외되지 아니한다고 해석하는 것이 충분히 가능함(대법원 2014.3.27. 선고, 2013두24747 판결).
- 해당주택은 동일 울타리내에 제가동호와 제나동호는 2개동으로 신축된 단독주택으로 건축물대장 및 등기사항전부증명서상 주용도가 단독주택으로 각각 구분 등재되어 있는 점, 건축물현황도상 각각의 주방, 거실, 방 등의 구조를 갖추고 출입문 또한 별도로 되어 있는 점, 전기 계량기 또한 각 호별로 구분 설치되어 있는 점 등 비록 쟁점주택 제가동호와 제나동호가 한울타리 내에 있기는 하나 각 호에 다른 세대가 독립된 주거생활을 할 수 있는 것으로 보여지므로 처분청이 쟁점주택을 2주택으로 보아 기 감면한 취득세 등을 부과고지한 처분에 잘못이 없는 것으로 판단됨(조심 2013지0626, 2013.9.17.).
- "일시적 2주택" 감면규정은 기존 주택을 보유하면서 이사, 전근 등 부득이한 사유로 다른 주택을 취득하였으나 종전 주택을 처분하지 못한 경우에 한정하여 감면하겠다는 취지인 바, 기존 주택을 보유하지도 아니한 상태에서 동일한 공동주택에 소재하는 2채(동호수만 다름)의 주택을 동시에 취득한 것이므로 감면취지에 부합하지 아니함(조심 2013지0659, 2013.10.23.).
- 취득세 추징요건은 '취득일로부터 2년 이내에 1주택으로 되지 아니한 경우'로 규정하고 있을 뿐, 매매 · 증여 · 용도변경 등 처분방법에 대하여 별도의 규정을 두고 있지 않음에도 공부상 근린생활시설로 용도변경하여 사실상 사무실 등으로 사용되고 있는 건축물을 주택으로 보아 취득세를 추징하는 것은 부당함(행자부 지방세특례제도과-721, 2014.6.23.).
- 같은 층의 연접된 2개의 다세대주택을 1주택으로 구조변경하여 아무런 경계벽 없이 1주

택으로 사용되는 사실이 법원 경매현황 조사서 및 처분청 담당공무원의 실지현황조사서 등에서 확인된다면 공부상 2주택으로 등재되어 있다하더라도 지방세기본법 제17조의 실질과세 원칙 및 지방세법 시행령 제13조의 현황과세 원칙에 따라 "1주택"으로 보아 감면하는 것이 타당함(행안부 지방세운영과-2270, 2013.9.10.).

■ 영유아보육시설을 감면받은 후 감면요건을 충족하지 못하여 주택유상거래 감면을 신청한 경우

영유아 주택을 취득시에 영유아 보육시설로 신청하여 이미 감면을 받았고, 동일한 과세대상에 대하여 둘 이상의 감면규정을 적용할 수 없도록 하고 있는 점과 적법한 감면혜택 후에 감면요건을 충족하지 못하였으므로 취득시점으로 소급하여 다시 주택유상거래에 따른 취득세 감면을 적용하는 것은 곤란(안행부 지방세운영과-2435, 2013.9.30.).

■ 농가주택의 주택 적용 여부

주택법상 주택이란 가구의 세대원이 장기간 독립된 주거생활을 영위할 수 있는 구조로 된 건축물의 전부 또는 일부 및 그 부속토지를 말하는 바, 청구인이 현재 거주하고 있는 점으로 볼 때 쟁점주택은 세대원이 장기간 독립된 주거생활을 영위할 수 없어 주택으로 볼 수 없다고 보기 어려우므로 청구인이 상속으로 취득한 농가주택을 주택에서 배제할 만한 사유가 없다 할 것임(조심 2013지0559, 2013.8.14.).

■ 재개발아파트 조합원이 추가분담금 완납전 이전하는 경우 취득 여부

재개발아파트의 경우 그 사용승인이 되었다고 하더라도 환지처분공고 이전에 조합원이 추가 분담금을 완납하지 아니하고 사실상 미사용인 상태에서 이를 매도하는 경우에는 주택의 매매가 아닌 재개발조합원의 권리를 매매하는 것으로 보는 것이므로 청구인이 주택을 취득한 것으로 보기는 어려움(조심 2013지0211, 2013.6.27.).

■ 무허가 주택 또는 농가주택의 주택 해당 여부

주택이 무허가 상태이거나 농가주택이라 하여 이를 주택에 해당되지 아니하는 것으로 볼 수는 없다고 할 것이고, 해당 주택이 실질적으로 사람이 주거할 수 없는 정도여서 사실상 주택으로 볼 수 없는 상태인지에 대하여 별도의 자료를 제출하지 않은 이상, 단지 농가주택이라 하여 주택으로 보지 않을 이유가 없음(조심 2013지0559, 2013.8.14.).

■ 주택신축판매업자의 매매용 소유 주택 감면 여부

주택신축판매업자로서 미분양으로 인하여 소유하고 있는 매매용주택을 소유하고 있는 경우 주택수 산정시 당해 주택을 제외할 근거가 없고 인정할 수 없기 때문에 감면한 취득세 등을 부과한 처분은 적법함(조심 2013지0052, 2013.3.14.).

■ 토지 지분 등이 나뉘어져 있는 경우 1주택 해당 여부

1필지 토지의 주택 2동 중 주택 1동과 토지의 일부 지분(1/3)을 취득하는 경우, 3명이 각 1/3 지분으로 소유하고 있는 1필지의 토지 상에 소재하고 있는 2개동의 주택 중 1개동의 주택과 그 부속토지를 공유자 중 1인으로부터 유상으로 취득한 것이므로 이를 1주택의 취득으로 보아 취득세 등을 경감하는 것이 타당(조심 2013지0055, 2013.3.14.)

# 제40조의 3 대한적십자사에 대한 감면

◈ 관련규정 ◈

제40조의 3(대한적십자사에 대한 감면) 「대한적십자사 조직법」에 따른 대한적십자사가 그 고유업무에 직접 사용하기 위하여 취득하는 부동산에 대해서는 취득세를, 과세기준일 현재 그 고유업무에 직접 사용하는 부동산에 대해서는 재산세를 다음 각 호에서 정하는 바에 따라 각각 경감한다.

1. 같은 법 제7조 제4호 중 의료사업(간호사업 및 혈액사업을 포함한다. 이하 이 조에서 "의료사업"이라 한다)에 직접 사용하기 위하여 취득하는 부동산에 대해서는 취득세의 100분의 50(감염병전문병원의 경우에는 100분의 60)을, 과세기준일 현재 의료사업에 직접 사용하는 부동산에 대해서는 재산세의 100분의 50(감염병전문병원의 경우에는 100분의 60)을 각각 2027년 12월 31일까지 경감한다.
2. 〈삭 제〉
3. 제1호의 의료사업 외의 사업(이하 이 조에서 "의료외사업"이라 한다)에 직접 사용하기 위하여 취득하는 부동산에 대해서는 취득세의 100분의 50을, 과세기준일 현재 의료외사업에 직접 사용하는 부동산에 대해서는 재산세의 100분의 50을 각각 2023년 12월 31일까지 경감한다.

## 1 | 개 요

국민의 권익증진 업무를 수행하는 비영리법인 등에 대한 세제지원이다. 이들 단체들에 대한 감면은 2010년까지는 구 지방세법 제288조에서 규정되었다가 2011년에 지특법 제23조에 이관되었으며 2016년에는 대한적십자사에 대해 현재의 제40조의 3 규정으로 다시 의료사업과 의료외사업으로 구분하여 이관하였고, 2016년 말 일몰도래시 일부 감면율을 축소

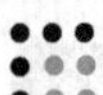

하여 2019년 12월 31일까지 3년간 감면 연장하였으나, 의료사업에 대한 감면은 의료기관 감면과의 일몰기한의 통일성을 기하기 위해 2018년까지 연장되었다. 2021년에는 대한적십자사에 대한 감면이 일부 축소(취득세 75% → 50% 등)되었다가 2023년에는 의료외사업의 경우 감면율을 확대하였다.

## 2 감면대상자

「대한적십자사 조직법」에 따른 대한적십자사가 이에 해당된다. 대한적십자는 제네바협약의 정신과 국제적십자운동의 기본원칙에 따른 적십자사업의 원활한 수행을 도모함으로써 적십자의 이상인 인도주의를 실현하고 세계평화와 인류 복지에 공헌하기 위해 설립된 기구이다.

## 3 감면부동산

대한적십자사가 고유업무에 직접 사용하기 위하여 취득하는 부동산이 이에 해당된다. 주요 고유업무란 전시 포로 및 희생자 구호사업, 전상자 치료 및 구호사업, 수재·화재·기아 등 중대한 재난을 당한 자에 대한 구호사업, 응급구호사업, 자원봉사사업 등이 있다.

〈표 1〉 **대한적십자사 주요 고유업무 사업 현황**

| 구분 | 대한적십자사 | 비 고 |
|---|---|---|
| 병원 | - 지역거점 공공의료(*전국 6개 병원 운영〈서울, 인천, 상주, 통영, 거창, 경인의료재활센터〉) | 의료사업 |
| 혈액 | - 안전한 혈액의 안정적 공급을 위한 선진혈액관리시스템 구축(전국 헌혈의 집 116개소 운영) | |
| 구호 | - 재해구호법상 구호지원기관, 이재민 무료 급식, 구호활동 | 의료외사업 |
| 사회봉사 | - 저소득 취약계층 지원, 응급의료구호, 사회복지시설 운영 등 | |
| 국제협력 | - 국제 재난 구호(아이티 재건복구, 일본 대지진 구호 성금 모금) | |

# 4 | 특례내용

## 4-1. 세목별 감면

대한적십자사가 의료사업용에 직접 사용하기 위하여 취득하는 부동산에 대해서는 지방세 및 국세(농어촌특별세)를 2024년 12월 31일까지, 의료사업용 외의 부동산에 대해서는 2027년 12월 31일까지 각각 감면한다.

〈표 2〉 **대한적십자사 세목별 감면 현황(2025.1.1. 현재)**

| 조문 | 감면내용 | 감면율 |
|---|---|---|
| §40의 3 | 대한적십자사 의료사업용 부동산(1호, 2호) | 취득세 50%,<br>재산세 50%(취득 후 5년간) |
| | 대한적십자사 의료사업용 이외 부동산(3호) | 취득세 50%, 재산세 50% |
| 농특 §4 ⑥ 5호 | §40의 3에 따른 취득세 감면분의 20% | 농특세 비과세 |

## 4-2. 건축중인 부속토지에 대한 특례(영 §123)

대한적십자사가 고유업무 용도로 사용할 건축물을 건축중인 경우에는 해당 용도로 직접 사용하고 있는 것으로 의제(擬制)하여 해당 건축물의 부속토지에 대한 재산세를 계속 감면한다.

## 4-3. 자동계좌이체 납부분 재산세 세액공제(§92의 2)

대한적십자사가 전자송달 또는 자동계좌이체 방식으로 납부할 재산세(§40의 3)를 자동납부 신청하는 경우에는 지방자치단체의 조례로 정하는 바에 따라 추가로 재산세를 공제(150원~1,000원)받을 수 있다. 자동납부 신청 세액공제에 관한 세부사항은 제92조의 2 해설편을 참조하면 된다.

# 5 | 지방세특례의 제한

## 5-1. 감면된 취득세의 추징(§178)

대한적십자사 등에 대해서는 본 규정에서 별도의 감면추징 사항이 없으나, 제178조의 감

면된 취득세의 추징 규정에 따라 정당한 사유 없이 그 취득일부터 1년이 경과할 때까지 해당 용도로 직접 사용하지 아니하는 경우 또는 해당 용도로 직접 사용한 기간이 2년 미만인 상태에서 매각・증여하거나 다른 용도(임대용 등)로 사용하는 경우에는 감면된 세액에 대해서는 추징대상에 해당된다.

### 5-2. 2021년 시행되는 재산세 경과규정 특례(부칙 §5, 제16041호 2018.12.24.)

2020년까지는 대한적십자사가 직접 사용하는 의료용 부동산의 경우에는 재산세가 매년 경감이 되었으나 2021년 1월 1일부터는 취득일 이후 재산세 납세의무가 성립된 날로부터 5년간만 재산세를 경감(50%)한다. 한편, 2020년 12월 31일 이전에 취득하고 재산세 납세의무가 성립한 지 5년이 경과되지 않은 부동산의 경우도 부칙 제5조에 따라 한시 재산세 감면대상에 포함되며, 이 경우 경감기간은 2021년 1월 1일을 기준으로 재산세 납세의무가 성립한 날부터 5년이 지나지 않은 나머지 잔여기간(다음의 표 참조)으로 한다.

〈표 3〉 **대한적십자사 의료사업용 부동산에 대한 재산세 50% 감면 잔여기간**

| 2016년 이전 취득분 | 2017.1.1. 이후 취득분(해당연도 재산세 납세의무 성립일 현재 잔여기간) | | | |
|---|---|---|---|---|
| | 2017년 | 2018년 | 2019년 | 2020년 |
| 감면종료 | 2021년(1년)까지 | 2022년(2년)까지 | 2023년(3년)까지 | 2024년(4년)까지 |

### 5-3. 지방세 중과세 대상 부동산에 대한 감면 제한(§177)

대한적십자사 등이 감면을 받으려는 부동산이 지방세법 제13조 제5항에 따른 별장・골프장・고급오락장 등 지방세 중과세 대상인 사치성 재산인 경우에는 감면대상에서 제외된다. 이에 대한 세부적인 사항은 제177조의 해설편을 참조하면 된다.

## 6 | 감면신청(§183)

대한적십자사가 본 규정에 따라 지방세를 감면받으려는 경우에는 해당 지방자치단체의 장에게 해당 부동산이 그 고유업무에 직접 사용하는 용도임을 입증하는 서류를 첨부하여 감면신청을 하여야 한다. 세부적인 감면신청 절차 등에 대해서는 제183조의 해설편을 참조하면 된다.

# 제 4 절

## 교육 및 과학기술 등에 대한 지원 (법 제41조~제49조의 2)

# 제41조

## 1. 학교 및 외국교육기관에 대한 면제

관련규정

제41조(학교 및 외국교육기관에 대한 면제) ① 「초·중등교육법」 및 「고등교육법」에 따른 학교, 「경제자유구역 및 제주국제자유도시의 외국교육기관 설립·운영에 관한 특별법」 또는 「기업도시개발 특별법」에 따른 외국교육기관을 경영하는 자(이하 이 조에서 "학교등"이라 한다)가 해당 사업에 직접 사용하기 위하여 취득하는 부동산(대통령령으로 정하는 기숙사는 제외한다)에 대해서는 취득세를 2027년 12월 31일까지 면제한다. 다만, 다음 각 호의 어느 하나에 해당하는 경우 그 해당 부분에 대해서는 면제된 취득세를 추징한다.

1. ~ 3. (생 략) ☞ 5-1. 해설편 참조

【영】 제18조(학교등 면제대상 사업의 범위 등) ① 법 제41조 제1항 각 호외의 부분 본문에서 "대통령령으로 정하는 기숙사"란 제18조의 2에 따른 기숙사를 말한다.

② 학교등이 과세기준일 현재 해당 사업에 직접 사용하는 부동산(대통령령으로 정하는 건축물의 부속토지를 포함한다)에 대해서는 재산세(지방세법 제112조에 따른 부과액을 포함한다) 및 「지방세법」 제146조 제3항에 따른 지역자원시설세를 각각 2027년 12월 31일까지 면제한다. 다만, 수익사업에 사용하는 경우와 해당 재산이 유료로 사용되는 경우의 그 재산 및 해당 재산의 일부가 그 목적에 직접 사용되지 아니하는 경우의 그 일부 재산에 대해서는 면제하지 아니한다.

【영】 제18조 ② 법 제41조 제2항 본문에서 "대통령령으로 정하는 건축물의 부속토지"란 해당 사업에 직접 사용할 건축물을 건축중인 경우와 건축허가 후 행정기관의 건축규제조치로 건축에 착공하지 못한 경우의 건축 예정 건축물의 부속토지를 말한다.

③ 학교등이 그 사업에 직접 사용하기 위한 면허에 대한 등록면허세와 학교등에 대한 주민세 사업소분(「지방세법」 제81조 제1항 제2호에 따라 부과되는 세액으로 한정한다. 이하 이 항에서 같다) 및 종업원분을 각각 2027년 12월 31일까지 면제한다. 다만, 수익사업에 관계되는 대통령령으로 정하는 주민세 재산분 및 종업원분은 면제하지 아

니한다.

【영】 제18조 ③ 법 제41조 제3항 본문에서 "학교등이 그 사업에 직접 사용하기 위한 면허"란 법 제41조 제1항에 따른 학교등이 그 비영리사업의 경영을 위하여 필요한 면허 또는 그 면허로 인한 영업 설비나 행위에서 발생한 수익금의 전액을 그 비영리사업에 사용하는 경우의 면허를 말한다.
④ 법 제41조 제3항 단서에서 "수익사업에 관계되는 대통령령으로 정하는 주민세 재산분 및 종업원분"이란 수익사업에 제공되고 있는 사업소와 종업원을 기준으로 부과하는 주민세 재산분과 종업원분을 말한다. 이 경우 면제대상 사업과 수익사업에 건축물이 겸용되거나 종업원이 겸직하는 경우에는 주된 용도 또는 직무에 따른다.

④ 학교등에 생산된 전력 등을 무료로 제공하는 경우 그 부분에 대해서는 「지방세법」 제146조 제1항 및 제2항에 따른 지역자원시설세를 2021년 12월 31일까지 면제한다.
⑤ 「사립학교법」에 따른 학교법인과 국가가 국립대학법인으로 설립하는 국립학교의 설립등기, 합병등기 및 국립대학법인에 대한 국유 · 공유재산의 양도에 따른 변경등기에 대해서는 등록면허세를, 그 학교에 대해서는 주민세 사업소분(「지방세법」 제81조 제1항 제1호에 따라 부과되는 세액으로 한정한다)을 각각 2027년 12월 31일까지 면제한다.
⑥ 국립대학법인 전환 이전에 기부채납받은 부동산으로서 국립대학법인 전환 이전에 체결한 계약에 따라 기부자에게 무상사용을 허가한 부동산에 대해서는 그 무상사용기간 동안 재산세(「지방세법」 제112조에 따른 부과액을 포함한다) 및 「지방세법」 제146조 제3항에 따른 지역자원시설세를 각각 2021년 12월 31일까지 면제한다.

## 1 개 요

건전한 사회구성원과 국가 미래인재 양성을 위해 설립된 각종 학교에 대한 세제지원이다. 1977년도에 신설되어 2010년까지는 구 지방세법 제107조, 제127조, 제163조, 제186조, 제255조 등에서 각각 규정되었다가 현재의 제41조로 통합하여 이관(2010.3.31.)되었다. 2019년에는 학교 등에 대해 처음으로 일몰 규정이 신설되었으며 현재 2024년 12월 31까지 감면기한이 연장되었다.

## 2 | 감면대상자

### 2-1. 「고등교육법」 등에 따른 학교

"학교 등"이란 「초·중등교육법」 및 「고등교육법」에 따른 초등학교·중학교·고등학교·대학·산업대학·교육대학·전문대학·방송대학 등의 학교, 「경제자유구역 및 제주국제자유도시의 외국교육기관 설립·운영에 관한 특별법」 또는 「기업도시개발 특별법」에 따른 외국교육기관을 경영하는 자를 말한다.

(초·중등교육법 제2조) 1. 초등학교·공민학교 2. 중학교·고등공민학교 3. 고등학교·고등기술학교 4. 특수학교 5. 각종학교
(고등교육법 제2조) 1. 대학 2. 산업대학 3. 교육대학 4. 전문대학 5. 방송대학·통신대학·방송통신대학 및 사이버대학 6. 기술대학 7. 각종학교
(경제자유구역 및 제주국제자유도시의 외국교육기관 설립·운영에 관한 특별법 제2조)
1. "외국학교법인"이라 함은 외국에서 외국법령에 의하여 유아·초등·중등·고등교육기관을 설립·운영하고 있는 국가·지방자치단체 또는 영리를 목적으로 하지 아니하는 법인을 말한다.
2. "외국교육기관"이라 함은 「경제자유구역의 지정 및 운영에 관한 특별법」 제22조의 규정에 의하여 경제자유구역 안에 설립·운영하는 외국교육기관과 「제주특별자치도 설치 및 국제자유도시 조성을 위한 특별법」 제182조에 따라 제주특별자치도 안에 설립·운영하는 외국교육기관을 말한다.

(기업도시개발특별법 제36조) ① 개발구역에서 기업도시의 특성에 맞는 인력 양성과 교육 여건 개선을 위하여 「초·중등교육법」 제61조에 따른 특례를 적용받는 학교 또는 교육과정을 운영하려는 학교의 장은 시장·군수의 추천으로 관할 교육감의 지정을 받아야 한다.

한편, 지특법 제41조 제4항에 따른 학교 등에 생산된 전력 등을 무료로 제공하는 경우에는 학교 등에 전력을 무료로 제공하는 자(전기 생산업자 등)도 감면대상자에 해당된다.

### 2-2. 국립대학법인으로 전환한 학교

2013년부터 기존의 국립대학교에서 국립대학법인으로 전환된 학교가 이에 해당된다.

서울대학교는 국립대학법인으로 법인전환 이전에는 국가기관으로서의 지위를 갖고 있었다. 종전에는 모든 지방세의 납세의무가 없었으나, 2011년 12월 28일 '국립대학법인 서울대학교'라는 독립된 법인으로 출범함에 따라 종전 국가기관에서 비영리법인으로 지방세법상 납세자 자격으로 전환되어 납세의무가 발생하여 현행 사립대학에 대한 감면규정인 지특법 제41조의 규정에 따라 동일하게 감면을 적용받게 된다. 국립대학법인으로 전환된 학교는

2012년 현재 서울대학교와 울산과학기술대학교(2007년)가 있고 향후 인천대학교 등이 국립대학법인으로 전환될 예정이다. 한편, 국세의 경우도 국립대학법인의 경우, 법인 전환으로 국가기관으로서의 성격을 상실하였으므로 비과세 대상으로 보지 않고 있다. 다만, 이들 대학의 국·공유 재산의 양도 관련 변경등기에 대한 등록면허세를 면제하고, 법인 전환 전 기부받은 재산에 대해서만 그 무상사용기간 중 재산세를 면제하는 규정이 신설되어 국립대학법인 설립 이후에 기부채납 등의 방식으로 수용하는 부동산에 대해서는 다른 사립대학과 마찬가지로 재산세 과세대상에 해당된다 하겠다.

## 3 | 감면대상 부동산 등

학교 용도에 직접 사용하기 위하여 취득하는 부동산[교사(敎舍), 운동장 등] 각종 면허, 학교법인의 설립등기, 합병등기 및 이들 학교의 시설(주민세 재산분), 교직원 등에 대한 급여(주민세 종업원분)가 이에 해당되며, 2024년부터는 지방대학의 경쟁력 강화를 위해 지방대학(수도권 이외의 대학)이 소유하는 수익용 기본재산용 부동산까지 포함되었다.

한편, 학교에 대한 등록면허세는 감면대상을 설립등기 및 합병등기로 제한하고 있어 각종 저당권 등기, 학교법인 해산 등기 등의 경우는 감면대상에 해당되지 않는다. 세부적인 학교 등의 교육용 시설은 다음과 같다.

〈표 1〉 **교사시설의 구분(대학 설립 · 운영규정 별표 2)**

| 교사시설 | 구 분 |
|---|---|
| 기본시설 | 강의실·실험실습실·교수연구실·행정실·도서관·학생회관·대학본부 및 그 부대시설 |
| 지원시설 | 체육관·강당·전자계산소·실습공장·학생기숙사 및 그 부대시설 |
| 연구시설 | 연구용 실험실·대학원 연구실·대학부설 연구소 및 그 부대시설 |
| 부속시설<br>(공통) | • 박물관, 교수·직원·대학원생·연구원의 주택 또는 아파트, 공관, 연수원<br>• 산학협력단의 시설과 그 부대시설, 학교기업의 시설과 그 부대시설 및 부속학교<br>• 의학·한의학·치의학에 관한 학과(부속병원) 등 |

### 3-1. 학교가 교육용에 직접 사용하는지 여부 판단

학교 등이 "해당 사업"에 직접 사용하기 위하여 취득·보유하는 부동산 등에 대해서는 각종 지방세를 면제한다고 규정하고 있다. 국립·공립·시립학교의 경우는 지방세법에서 이미 국가 등의 비과세 적용을 받으므로 별도로 논할 필요가 없어 사립학교의 경우만을 알아보면 학교 등의 "해당 사업"이란 사립학교법 제28조 및 같은 법 시행령 제5조 및 같은 법 시행령 제12조 등의 학교 등의 교육에 직접 사용되는 재산인 교지(校地)·교사(校舍)(강당을 포함한다)·체육장(體育場)(실내체육장을 포함한다)·실습 또는 연구시설·기타 교육에 직접 사용되는 시설·설비 및 교재·교구 등과 같이 당해 부동산의 사용용도가 학교법인의 교육사업자체에 직접 사용되는 것을 의미한다고 보아야 할 것이다. 그러므로 학교 등이 타인에게 임대하는 등 수익사업에 사용되는 경우는 학교 교육사업용 부동산에 해당되지 않아 이 법에서 규정하는 학교 등에 대한 지방세 감면대상에서 제외된다 할 것이다. 다만, 학교법인이 학교용 재산을 타인에게 임대하는 등 수익사업에 사용했다고 해서 즉시 면제대상에서 제외하는 것은 아니고 학교 등의 교육사업에 직접 사용하는 것인지 아니면 수익사업에 사용하는 것인지 여부를 판단하기 위해서는 사용관계(이용주체, 이용현황 등) 및 일반인의 접근 가능성 여부, 교육사업과의 연관성, 시설운영으로 인한 수익의 귀속 주체 및 그 규모 등의 제반사정을 종합적으로 판단(대법원 2009두19533, 2010.2.25.)하여야 하는 것인 바, 학교 등의 부동산이 일부 수익사업 용도에 사용되더라도 그 사용목적 등에 따라서는 교육용 부동산에 대한 직접 사용 여부가 달라질 수도 있다는 점에 유의해야 한다. 따라서 학교 등의 교육용에 직접 사용하는지 여부를 판단하고자 할 때에는 당해 부동산의 사용목적, 취득목적 및 그 실제의 사용관계를 객관적·종합적으로 판단하여야 하므로 획일적으로 교육용에 직접 사용하고 있느냐의 여부를 단정지어 설명하기는 어려움이 있다. 다음의 판단기준을 가지고 좀 더 심도 있게 살펴보기로 한다.

### 3-1-1. 직접 사용·수익사업 사용 여부에 대한 판단기준

당해 비영리사업자의 사업목적과 취득목적을 고려하여 그 실제의 사용관계를 기준으로 객관적으로 판단하여야 함(대법원 95누13104, 2004두9265, 2005두10590, 2005두10255 판결 참조).

### 3-1-2. 유료 사용 여부에 대한 판단기준

당해 부동산을 유료로 사용하게 하는 경우라 함은 당해 부동산의 사용에 대하여 대가가 지급되는 것을 말하는 것이므로(대법원 96누14845, 97누8731), 비영리사업자가 그 고유의 업무를 수행하기 위하여 별도의 재화나 용역을 유료로 공급할 필요가 있어 그 재화나 용역을 공급하는 장소로서 당해 부동산을 사용하는 것이고 그 재화나 용역의 사용자로부터 지급받는 금원이 재화나 용역의 대가에 불과하다면 당해 부동산을 유료로 사용한다고 볼 수 없다.

한편 재화 또는 용역의 제공은 제3자에게 위탁 또는 임대차 등의 방법으로도 할 수 있다고 할 것인 바, 위와 같은 경우 비영리사업자가 제3자로부터 관리비 또는 임대료 등의 명목으로 받는 금원이 당해 부동산의 사용대가인지 또는 비영리사업자가 직접 재화나 용역을 공급하고 받을 대가의 일부를 간접 징수하는 것에 불과한지의 여부는, 비영리사업자의 고유업무와 관련하여 당해 재화나 용역을 제공할 필요성, 당해 재화나 용역을 제3자에게 위탁 또는 임대의 형식으로 관리·운영할 필요성과 합리성, 그 대상고객, 판매품목, 판매가격 및 그 결정구조, 특히 비영리사업자에게 지급되는 금액이 재화나 용역의 가격결정에 미치는 영향과 비영리사업자와 제3자에 대한 관계 등을 종합하여 판단하여야 할 것이다(대법원 2005두10590, 2005두10255).

### 최근 학교 등 수익사업용 부동산 소송사례

| 납세의무자 | 과세대상(임대부분) | 소송결과 |
|---|---|---|
| ○○대학교<br>(대법원 2005두10590 파기환송,<br>서울고법 2006누31466 조정 성립) | 학생·교직원식당, 우체국, 복지회관매점문구, 학생매점, 도서관매점, 서점, 학생휴게실, 복사실 | 면제 대상<br>(임대한 경우도 직접사용에 해당하고, 재화·용역대가의 간접징수에 불과함) |
| | 은행, 레포츠음반, 빨래방, 사진관, 양품·의류, 여행사, 이용실, 기획사, 자동차보험, 패스트푸드 | 과세 대상(유료사용 해당) |
| ○○대학교<br>(대법원 2005두10255 파기환송,<br>서울고법 2006누30746 원고 패소) | 학생 및 교수식당 | 과세 대상(유료사용 해당) |
| | 매점 등 | 과세 대상(유료사용 해당) |

#### 3-1-3. 교외 임야(자연림 등)를 학교 용도에 직접 사용 여부 판단(§41 ②)

학교가 과세기준일 현재 해당 사업에 직접 사용하는 부동산에 대하여는 재산세를 면제하되, 수익사업에 사용하는 경우, 유료로 사용되는 경우, 그 목적에 직접 사용되지 아니하는 경우에 대하여는 재산세를 면제하지 아니하도록 규정하고 있는데 ○○대학부설 연구소 등에서 "산양삼 식생 및 재배실험 사업"에 사용하는 토지를 학교가 해당 사업에 직접 사용하는 부동산으로 보아 재산세를 면제할 수 있는지 여부에 대해 다툼이 발생할 수 있다. 우선 대학부설 연구소에서 산양삼을 재배하는 경우가 자연림 상태의 임야에 산양삼을 식재하여 대학생들의 실습지 및 연구단지로 활용하고 있으므로 해당 토지는 학교사업에 직접 사용하는 부동산에 해당된다고 볼 수도 있겠으나, 이 경우 해당 토지(임야)가 대학의 교육·연구에 직접 사용되는 재산에 포함되기 위해서는 최소한 대학의 설립기준과 대학을 운영함에 있어서 필요한 시설·교원 및 수익용기본재산 등에 관하여 필요한 사항을 규정한 「대학설립 · 운영규정」에 따른 교사 또는 교지에 해당되어야 할 것이다. 「대학설립 · 운영규정」 제5조 제2항에서 교지라 함은 농장 · 학술림 · 사육장 · 목장 · 양식장 · 어장 및 약초원 등 실습지를 제외한 운동장, 강의실, 실험실습실 등 학교구내의 모든 용지를 말하는 것으로 자연림 상태의 임야의 경우 「대학설립 · 운영규정」 제4조 제1항에서 대학부설 연구소 및 그 부대시설을 연구시설로서는 교사로 규정하고 있는 반면, 대학부설 연구소의 실습지는 토지로서 교사로 구분하는 규정이 없으므로 해당 토지는 교사에 해당되지 않고 또한 대학구내에 존재하는 학교용 부동산으로 보기도 어려울 뿐만 아니라 대학부설 연구소가 산양삼 연구를 위한 실습지로서 교지로 해당된다고 보기 어렵다 할 것이다. 자연림 상태의 임야는 소수의 대학부설 연구소 관계자가 산양삼을 식재하여 재배지로 사용하는 것으로 자연림 상태의 임야와 별반 구분되지 않고, 학과계열별 부속시설로서 농장 · 학술림 · 사육장 · 목장 · 양식장 · 어장 및 약초원 등 실습지와 같이 다수의 학생 또는 교직원이 항시 이용할 수 있는 토지가 아니므로 대학의 구성원으로서 필요불가결한 존재인 학생 및 교직원의 교육 및 연구활동에 직접 사용되는 부동산으로 볼 수 없다 할 것이다. 따라서 학교용도의 해당 사업이라 함은 당연히 학교의 교육사업 자체를 의미하는 것이고, 해당 사업에 직접 사용된다 함은 강의실, 교수연구실, 대학본부, 학생기숙사, 강당 등과 같이 해당 부동산의 사용용도가 대학의 구성원으로서 필요불가결한 존재인 학생 및 교직원의 교육 및 연구활동에 직접 사용되는 것에 한하는 것으로 보아야 할 것(대법원 92누7315, 1992.9.22., 감사원 2001 - 115, 2001.10.9.)으로 대학설립운영규정에 따른 교사, 교지에 해당되지 않는 이상 감면대상 부동산으로 보기는 어렵다 하겠다.

### 3-1-4. 학교 소유 부동산 일부만 사용하고 장기간 방치되어 있는 경우

비영리사업자가 당해 부동산을 「그 사업에 사용」한다고 함은 현실적으로 당해 부동산의 사용용도가 비영리사업 자체에 직접 사용되는 것을 뜻하고, 「직접 사용[99]」의 범위는 당해 비영리사업자가 직접 학교 용도로 사용하는 것만을 말하는 것이므로 학교법인이 교육용으로 사용하던 부동산을 캠퍼스 이전으로 일부는 교육용으로 직접 사용하고, 일부는 장기간 방치되어 있는 경우라면 학교법인이 교육용으로 직접 사용하는 부분은 재산세 감면대상에 해당되나 장기간 방치되어 있는 부분은 직접 사용하는 것으로 보기 어렵다 하겠다.

99) 2014년 이전까지는 직접 사용의 범위를 사업목적과 취득목적을 고려하여 그 실제의 사용관계를 기준으로 객관적으로 판단(대법원 2001두878, 2002.10.11.)되어야 하는 것이므로 운영하였다.

### 3-1-5. 대학 구외에 소재한 총장 관사용 주택

대법원 사례는 "학교법인이 산하 대학교 총장의 관사로 사용하기 위하여 부동산을 취득한 후 실제로 총장이 그곳에 거주하면서 각종 업무를 보고 있는 경우, 학교법인이 그 목적사업에 직접 사용하는 경우에 해당한다(2004다58901, 2005.12.23.)"고 하고 있다. 판결요지 등을 살펴볼 때, 사택이나 관사의 제공이 단지 총장에 대한 편의를 도모하기 위한 것이거나 그곳에 체류하는 것이 직무 수행과 크게 관계되지 않는다면 그 사택이나 관사는 비영리사업자의 목적사업에 직접 사용하는 것으로 볼 수 없다 할 것이므로, 학교법인의 경우 총장관사의 위치가 학교 소재지의 구외를 넘어 연접하지 않는 시·도를 달리하는 상당한 원거리에 위치하고 있는 경우는 사회통념상 학교의 해당 사업을 수행하는 직무와의 관련성이 있다고 보기 어렵다 하겠다.

## 3-2. 학교 용도의 부동산이 수익사업에 해당하는지에 대한 판단

학교법인이 타인에게 임대를 위탁하는 경우 등 수익이 발생할 때 이를 바로 수익사업으로 볼 것인지에 대해서 알아보면 일반적으로 사립학교가 교육목적인 경우는 모든 세목에 대해 지방세를 면제하고 있으나 사립대학 재산 중 수익용 재산에 대해서만 과세를 하고 있다. 한편, 학생 편의시설(편의점, 구내식당 등)인 경우에는 원칙적으로는 수익용 시설에 해당되나 개별현황[100]에 따라 해당 시설이 학생, 교직원의 후생복지 등을 위한 시설(사립대학 구내 편의점·매점, 음식점, 헬스장 등 유료로 사용하는 시설)인 경우에는 일부 지방세를 감면하고 있어 학생 편의시설 등을 일괄적으로 면제하기보다는 과세권자가 개별 판단을 통해 과세 여부를 판단해야 하는 것이다. 이러한 수익용 시설이 학교 고유목적사업에 직접 사용하는 것으로 보아야 하는지에 대한 주요 판단 착안사항을 살펴본다.

### 3-2-1. 당해 부동산을 수익·유료로 사용하고 있는지 사실관계

학교 등이 취득·보유하는 부동산이 교육용에 직접 사용되는지의 여부의 판단으로서 수익사업에 공여되더라도 사용관계(이용주체, 이용현황), 교육사업과의 연관성 등 여러 경우의 수에 따라 직접 사용 여부가 달라질 수 있음을 고려할 때 당해 부동산 등이 일단 수익사업용 또는 유료로 사용되는지의 사실관계가 매우 중요하다. 다시 말해서 수익용 사업으로 의심이 가더라도 일단 당해 재산이 수익사업용에 해당되는지를 입증하는 것이 우선이며 만

100) 2012년에 학교 매점 등 학교 내 편의시설 과세현황을 조사한 바에 따르면 ○○구청은 모두 감면, ○○구청은 규모가 적은 것은 감면, 규모가 큰 것(층전체 사용 등) 예식장, 뷔페 등은 과세, ○○구청은 유료개념에서 임대차 계약을 하는 경우 과세 등 사안에 따라 개별적으로 판단하고 있음.

약 과세관청에서 이를 입증하지 못할 경우에는 사실상 수익사업용 부동산에 해당되는지의 여부를 판단하기가 곤란하다. 사립학교의 경우 교육본래의 목적 외에도 교육재정 충당을 위해서 사립학교법 제6조 제1항에 따라 일정부분 수익사업을 할 수 있다. 이러한 수익사업을 할 경우에는 같은 법 동조 제3항에 따라 사업의 명칭과 그 사무소의 소재지, 사업의 종류, 사업의 시기 및 그 기간 등을 지체 없이 공고하도록 하고 있다. 참고로 사립학교의 수익사업[101] 유형으로는 부동산임대업, 의료업, 장례식장업, 서비스업 등이 있다. 이들 사립학교 등의 수익사업 유형에 따른 당해 부동산이 수익사업에 사용되고 있는지의 여부 및 그 사실관계 입증이 꼭 필요하므로 유의하여 살펴볼 필요가 있다.

〈표 2〉 **사립대학 학교법인의 수익사업 유형**

| 유형 | 내역 |
|---|---|
| 1. 부동산 임대업 | 건물·토지 및 상가 임대 |
| 2. 의료업 | 직영병원(양방, 한방) 및 의원 |
| 3. 장례식장업 | 장례 및 장례용품 판매 |
| 4. 서비스업 | 여행업, 전산교육사업, 어학교육사업 |
| 5. 도소매업 | 의료용품 판매업, 구내식당 및 편의점 운영 등 |
| 6. 제조업 | 유가공사업, 생수사업 |
| 7. 금융업 | 증권업 및 저축은행업 |
| 8. 기타업 | 조림사업, 출판업, 건설업, 광업 |

### 3-2-2. 사실관계에 따른 종합적 판단

일반적으로 수익사업으로 사용되고 일정부분 유료로 사용된다고 하더라도 학교법인의 수익사업에 사용하는 것인지 여부를 판단하기 위해서는 사용관계(이용주체, 이용현황 등) 및 일반인의 접근 가능성 여부, 교육사업과의 연관성, 시설 운영으로 인한 수익의 귀속 주체 및 그 규모 등의 제반사정을 종합적으로 판단해야 하는 것이다. 따라서 경우에 따라서는 일반학생 및 교직원들의 후생복지사업도 학교법인의 교육사업으로 볼 수도 있기 때문이다. 판단의 이해를 돕기 위해 최근 판례(대법원 2009두19533, 2010.2.25.) 등을 통해 좀 더 자세히 알아보면, 일단 학교법인이 타인에게 임대를 주고 그에 대한 대가로 임대료를 받고 있는 점, 그 임대료가 통상적인 수준에서 보면 적지 않는 수준인 점, 객실 및 식당을 이용하는

101) 사립학교의 대표적인 수익사업 유형으로는 연세대학 재단 소유 세브란스 빌딩, 건국AMC, 연세우유, 명지학원 새마을금고, 서강대의 어린이 영어교육(SLP) 사업 등이 있다.

대상이 학교구성원(교수, 학생, 교직원) 외에도 일반인이 자유로이 이용할 수 있다는 점, 이용요금·운영시간·운영형태 등을 ○○회사가 자율적으로 관리하므로 운영주체가 ○○회사라는 점을 종합적으로 고려할 때 학교법인이 타인에게 임대한 부동산은 학교 교육용사업 또는 후생복리사업용 부동산이 아니라 수익용 사업에 해당된다는 것이다. 결과적으로 학교법인이 타인에게 임대한 부분은 수익용 사업에 해당된다는 것이나 그 과정을 살펴보면 학교법인이 타인에게 임대료를 받는다고 해서 바로 수익용 사업에 해당되지는 않는다는 것을 의미한다. 앞에서 기술한 대로 수익사업용 해당 여부는 그 사용관계, 일반인 접근 가능성, 교육사업과의 연관성 등을 종합적으로 검토하여 판단하여야 한다는 점을 반증하는 사례이다. 당해 학교법인이 타인에게 임대료를 받는다고 해서 반드시 수익사업에 해당된다고 볼 수는 없으며, 그 사실관계가 달라진다면 그에 따른 판단은 다르게 나올 수 있다는 점에 유의해야 할 것이다. 이와 반대로 A학교가 B업체로부터 매년 임대료를 받고는 있으나 학생과 교직원의 필수적 후생복지시설인 식당을 직접 운영하는 것이 불가능해 기숙사용 건물의 일부를 B업체에 임대했으며 임대료 전액을 기숙사 유지관리비로 사용하고 있고 해당 건물이 대학 캠퍼스 내에서 주로 기숙사 및 일반 학생들이 이용하며 한식의 가격도 2,000원으로 시중가격보다 저렴하고, 임대수입을 기숙사의 청소용역 및 시설관리용역비 등으로 사용한 사실도 회계장부상 계정과목에 입증되는 점 등을 종합 고려하여 해당 식당 등은 기숙사 거주 학생들과 일반학생들의 후생복지를 위한 시설로서 교육사업용에 사용되는 것으로 보아야 한다는 사례(행심 2006-31, 2006.2.27.)도 있음을 참고하기 바란다. 이와 같은 사유로 학교 구내식당 또는 일부 편익시설(편의점 등)의 경우 대부분 수익사업용 부동산보다는 교육용사업 또는 후생복리사업용 부동산으로 보아 지방세를 대부분 면제하고 있으나, 학생·교직원 등이 이용하기에 비교적 금액이 비싼 레스토랑 등의 경우와 주로 예·체능계열 학과 등에서 학생들을 위해 교육용 또는 실습용으로 당해 부동산이 사용 중이거나 그 사용 주목적이 일반인의 유료 등에 사용되는 시설(골프연습장·스포츠센터 등)이라면 수익사업용 부동산에 가깝다고 보아야 할 것이다.

다시 정리하면, 부동산이 학교 교육용이냐 수익사업용이냐의 주요 판단 기준은 학교법인이 단순히 타인에게 임대를 주고 있다는 사항보다는 ⅰ) 우선 당해 부동산이 현금 등 대가성이 있는 임대료를 지불하고 있는지의 여부, ⅱ) 임대료를 학교법인이 받고 있다면 그 임대료의 수준이 통상적으로 일반 임대차 수준과 비교했을 때 어느 정도인지 여부, ⅲ) 임대시설 이용현황이 대학구성원 또는 일반인이 자유로이 이용할 수 있는지의 여부, ⅳ) 임대시설 이용요금 수준이 주변 이용요금과 어느 정도 수준인지 여부, ⅴ) 임대시설 이용주체가 학교법인인지 임대수탁자인지 여부 등을 종합적으로 고려해야 한다.

〈표 3〉 수익사업 운영사례(대법원 2009두19533, 2010.2.25.)

| 구분 | | 사실관계 | 판단사항(대법원) |
|---|---|---|---|
| 당해 부동산 | | 국제회의장, 회의실, 식당, 객실 | |
| 사실관계 | 임대여부 | • 식당, 객실을 타인에게 임대 | • 학교법인이 ○○회사에게 위탁 |
| | 임대료 | • 연간 3억 5천만원 | • 기본적으로 사용·수익에 해당, 임대료도 많음 |
| | 운영주체 | • 수탁회사 | • 전체운영비, 기타 유지보수 책임, 운영자율권 |
| | 이용현황 | • 대학구성원, 일반인 모두 이용 | • 대학구성원(60%), 일반인(40%)<br>- 대학구성원 54~95천원, 일반인 64~108천원 |
| | 식당 | • 대학구성원, 일반인 모두 이용 | • 학생 외 일반인도 상당수 이용<br>-14~45천원으로 인근식당에 비해 가격도 비교적 높음 |
| 학교법인 주장 | | • 일반인이 이용하는 것은 산학협력차원으로 교육사업과 관련 있음 | • 대학구성원이 주체가 되어 그에 수반하여 숙소·식당을 이용하는 것은 학교 교육사업(후생사업)으로 볼 수는 있으나 위 사실관계를 종합하여 볼 때 학교법인의 수익사업으로 봄 |

#### 3-2-3. 당해 부동산을 학교 교육용 목적사업에 직접 사용하는지 판단

학교법인이 당해 부동산을 타인에게 임대 등 수익사업 여부를 판단하는 것은 다소 복잡하나, 수익사업 여부 판단이 아닌 고유목적에 직접 사용하는지의 여부 판단은 조세 법규 해석의 기준으로 비교적 엄격한 편이다. 다시 말하면, 학교 교육용 사업을 위해 취득·보유하는 부동산에 대해 취득세 및 재산세 등을 면제하여 주지만 감면된 세액을 추징하는 유예기간 이내에 정당한 사유가 입증이 되지 않는 경우라면 모두 고유목적에 직접 사용하지 못하는 것으로 본다는 것이다. 여기서 말하는 정당한 사유란 법령에 의한 금지·제한 등 그 법인이 마음대로 할 수 없는 외부적인 사유는 물론 고유업무에 사용하기 위한 정상적인 노력을 다하였음에도 시간적인 여유가 없어 유예기간을 넘긴 내부적인 사유도 포함된다 할 것이고, 정당사유의 유무를 판단함에 있어서는 그 입법취지를 충분히 고려하면서 당해 법인이 영리법인인지 아니면 비영리법인인지 여부, 토지의 취득목적에 비추어 고유목적에 사용하는 데 걸리는 준비기간의 장단, 고유목적에 사용할 수 없는 법령·사실상의 장애사유 및 장애정도, 당해 법인이 토지를 고유업무에 사용하기 위한 진지한 노력을 다하였는지의 여부, 행정관청의 귀책사유가 가미되었는지 여부 등을 아울러 참작하여 구체적인 사안에 따라 개별적으로 판단하여야 할 것이고, 공익성이 있는 사업을 수행하는 비영리법인이라고 할지라도 토지를 취득할 당시 3년 이내에 그 사업 내지 고유업무에 직접 사용할 수 없는 법령상의 장애사유가 있음을 알았거나, 설사 몰랐다고 하더라도 조금만 주의를 기울였더라도 그러한 장애사유의 존재를 쉽게 알 수 있었던 상황 하에서 토지를 취득한 경우나, 토지의 취득자가 그 자체의 자금부족 등 재정상 이유나 수익상의 문제 등으로 용도에 직접 사용하지 못하거나 매각한 경우, 유예기간 종료시점에 임박하여 토지형질 변경신청이나 사업실시계획인가신청을 하는 등 용도에 직접 사용하기 위한 일련의 필요한 절차를 꾸준히 이행하지 아니하여 정상적인 노력을 하였다고 보기 어려운 경우에는 '정당한 사유'가 있다고 보기는 어렵다 할 것이다(조심 2009지0158, 2010.3.12.).

이러한 견지에서 볼 때, 학교법인이 당해 부동산을 교육용에 직접 사용하지 못하는 정당한 사유로 주장하는 주요 사례를 살펴보면 ⅰ) 학교용 토지 등이 개발사업에 공여되는 부분, ⅱ) 학교 내의 분쟁으로 교사 등의 시설이 장기간 방치되는 부분, ⅲ) 교육용에 사용할 것이 분명하나 학교법인 설립인가를 받지 못한 상태에서 해당 부동산을 취득하는 부분 등의 경우가 많은데 ⅰ)의 경우는 당해 부동산을 취득할 당시에 개발사업 등 관할 행정기관으로부터 당해 부동산이 어떠한 용도로 사용될지 등을 미리 예측이 가능하다는 점, ⅱ)의 경우는 학교 내의 개별적인 내부사정이라는 점, ⅲ)의 경우는 학교를 경영하려는 자에 대한 감면이 아닌 실제 운영하는 학교 등에 대한 세제지원 취지라는 점에서 정당한 사유를 인정받기 어렵다 할 것이다. 그 밖에도 대학구내 등의 기숙사, 임직원 사택 등은 복리후생시설로서 그 자체로는 교육용 시설로 보기는 어려우나 기숙사는 이 법에서 별도로 감면규정(법 §42)을 두고 있고, 임직원 사택 중 대학교 총장 등 학교운영에 필수적·중추적인 지위에 있는 경우는 일부 고유목적에 직접 사용하는 것으로 인정하고 있음을 참고하기 바란다.

### 3-3. 민자형 기숙사에 대한 감면 여부(§41 ① 괄호, 영 §18 ①)

현재 학교 등이 해당 사업에 직접 사용하기 위하여 취득하는 부동산에 대하여 취득세 등을 감면하고 있으나, 2016년에 민자기숙사에 대한 감면정비를 위해 당초 민자형 기숙사에 대한 감면규정(법 §42) 중 '행복기숙사'만 감면되도록 개정되었었다. 현재 학교 등 기숙사(법 §41) 규정은 민자형 기숙사(법 §42)를 제외하고 있으나 2016년 법 개정 결과 학교 등이 기숙사(법 §41)에서 행복기숙사(현행 법 §42)만 제외되어 '민자형 기숙사' 감면 여부에 대한 해석 문제가 발생하게 되었다. 이에 2018년부터는 학교 등 기숙사의 범위에서 행복기숙사를 포함한 민자형 기숙사를 제외하도록 개정되어 행복기숙사 외 민자형 기숙사는 감면대상에서 제외되어 학교 감면인 경우 해당 학교가 직접 투자하여 설립 운영하는 기숙사에 한하여 감면이 된다 하겠다.

# 4 | 특례내용

## 4-1. 세목별 감면

교육 등을 목적으로 학교 등이 취득·보유하는 부동산(지방대학이 취득 보유하는 수익용 기본재산) 등에 대해서는 지방세 또는 국세(농어촌특별세)를 각각 2027년 12월 31일까지(제41조 제4항 및 제6항은 2021년에 일몰종료) 면제한다. 2018년까지는 학교 등에 대해 무기한 감면이 적용되었으나, 2019년부터는 일몰기한을 부여하여 감면통합심사, 조세전문기관을 통한 감면 심층 사후평가 등을 통해 감면연장 여부를 결정하도록 하고 있다.

〈표 4〉 학교 등에 대한 감면 현황(2025.1.1. 현재)

| 조문 | 감면대상 | 감면율 | 일몰기한 |
|---|---|---|---|
| §41 ①·② | 학교가 교육용 등으로 취득·보유하는 부동산 | 취득세, 지역자원시설세, 재산세(도시지역분 포함) 100% | |
| §41 ③ | 학교가 교육용 등에 직접 사용하기 위한 면허와 사업소(종업원 소득 포함) | 등록면허세 100%, 주민세 사업소분 및 종업원분 100% | |
| §41 ④ | 학교 등에 생산된 전력 등을 무료로 제공하는 경우 | 지역자원시설세 100% | 2021.12.31. |
| §41 ⑤ | 사립학교, 국립대학의 구조조정, 학교법인이 경영하는 학교 | 설립·합병등기 등록면허세 100%<br>변경등기 등록면허세 100%<br>주민세 균등분 100% | |
| §41 ⑥ | 국립대학법인 전환 이전에 기부채납받은 부동산(기부자에게 무상사용을 허가한 부동산) | 재산세(도시지역분 포함) 100%<br>지역자원시설세 100% | 2021.12.31. |
| 농특 §4 ⑥ 5호 | 학교 등이 취득하는 부동산의 취득세 감면분에 대한 농특세 | 농어촌특별세 비과세 | – |

## 4-2. 최소납부세액 면제(§177의 2)

2015년부터 시행되는 감면 상한제도(§177의 2 본문)에 따라 면제되는 세액의 15%는 감면특례가 제한되어 학교 등(§41)에 대한 취득세 또는 재산세의 경우 최저납부세액 과세대상에 해당되지만 제177조의 2 제2호에서 최저납부세액 예외 특례를 적용받아 해당 세목에 대해서는 본 규정대로 계속해서 면제를 적용한다. 이에 대한 세부적인 사항은 제177조의 2의 해설편을 참조하면 된다.

### 4－3. 건축중인 부속토지에 대한 특례(영 §18 ②, §123)

학교 등이 그 고유업무 용도로 사용할 건축물을 건축중인 경우에는 그 건축물의 부속토지에 대한 재산세를 계속 감면한다. 이 경우 건축물의 부속토지의 범위는 다음 표의 내용과 같다.

| 영 §18(학교등 면제대상 사업의 범위 등) ② 법 제41조 제2항 본문에서 "대통령령으로 정하는 건축물의 부속토지"란 해당 사업에 직접 사용할 건축물을 건축중인 경우와 건축허가 후 행정기관의 건축규제조치로 건축에 착공하지 못한 경우의 건축 예정 건축물의 부속토지를 말한다. |
|---|

## 5 지방세특례의 제한

### 5－1. 감면된 취득세의 추징(§41 ① 단서)

2010년까지는 학교용 부동산의 취득세 감면범위에 지특법 제41조 제1항의 단서규정에 일괄하여 학교용도로 직접 사용하지 않는 경우와 매각 또는 다른 용도로 사용하는 경우에 대해 모두 정당한 사유 여부를 판단할 여지가 있었으나 2013년부터는 i) 해당 부동산을 취득한 날부터 5년 이내에 수익사업에 사용하는 경우 ii) 정당한 사유없이 다른 용도로 사용하는 경우, iii) 해당 용도로 직접 사용한 기간이 2년 미만인 상태에서 매각·증여하거나 다른 용도로 사용되는 경우 등 각각 호를 분리하여 이 중 어느 하나라도 해당이 되는 경우에는 감면받은 취득세가 추징된다. 수익사업에 대한 추징규정은 그간 유예기간이 명시되어 있지 않아 감면받은 후 언제든 추징할 수 있는 것으로도 해석 가능하였고 부과 제척기간을 적용하여 임의로 5년간을 기준으로 추징 여부를 판단하는 자치단체 사례도 있어 지속적으로 논란이 제기되어 왔으며, 최근 대법원(2012두26678, 2013.3.28.) 판결에서는 일정기간 공익용도에 사용하면 목적을 달성할 수 있다고 보는 것이 합리적인 점 등의 사유로 일반적 추징기간을 감안, 직접 사용 후 2년이 경과하면 추징대상이 아니라는 결정사례가 있어 해당 규정에 대한 개선·보완의 필요성이 지속적으로 제기되어 왔다.

2016년 말 법 개정시에 공익법인에 대한 감면목적을 고려, 추징기간을 5년간으로 설정함에 따라 수익사업 추징 유예기간에 대한 논란을 해소하고 사후관리규정을 보다 명확히 규정한 것으로 보여진다. 세부적인 감면 의무요건 등에 대해서는 제178조의 해설편을 참조하면 된다.

〈표 5〉 **자경농지 감면 및 학교 감면 취득세 추징규정 비교**

| 자경농지 감면(§6) | 학교 감면(§41) |
|---|---|
| 1. 정당한 사유 없이 그 취득일부터 2년이 경과할 때까지 농지를 직접 경작하지 아니하거나 농지 조성을 시작하지 아니하는 경우<br>2. 정당한 사유 없이 경작한 기간이 2년 미만인 상태에서 매각·증여하거나 다른 용도로 사용하는 경우 | 1. 수익사업에 사용하는 경우 (2013.1.1. 신설)<br>2. 정당한 사유 없이 그 취득일부터 3년이 경과할 때까지 해당 용도로 직접 사용하지 아니하는 경우<br>3. 해당 용도로 직접 사용한 기간이 2년 미만인 상태에서 매각·증여하거나 다른 용도로 사용하는 경우 |
| ☞ 매각·증여하는 경우도 정당한 사유 여부 판단 | ☞ 매각·증여하는 경우 추징 |

### 5-2. 민자형 기숙사에 대한 감면 제한(§41 ① 괄호)

제41조 제1항에서 학교 등이 "해당 사업에 사용하기 위하여 취득하는 부동산(제42조 제1항에 따른 기숙사는 제외한다)"이라고 규정하고 있어 제42조 제1항에 따른 민자형 기숙사는 본 규정에 따른 감면대상에서 제외된다. 민자형 기숙사에 대한 세부사항은 제42조의 해설편을 참조하면 된다.

### 5-3. 지방세 중과대상 부동산 감면 제한(§177)

학교 등이 감면을 받으려는 부동산이 「지방세법」 제13조 제5항에 따른 별장·골프장·고급오락장 등 지방세 중과세 대상인 사치성 재산인 경우에는 감면대상에서 제외된다. 이에 대한 세부적인 사항은 제177조의 해설편을 참조하면 된다.

## 6 감면 신청(§183)

학교 등이 본 규정에 따라 지방세를 감면받으려는 경우에는 해당 지방자치단체의 장에게 해당 부동산이 학교목적에 직접 사용하는 용도임을 입증하는 서류를 첨부하여 감면신청을 하여야 한다. 세부적인 감면신청 절차 등에 대해서는 제183조의 해설편을 참조하면 된다.

## 7 관련사례

■ 1) 취득일로부터 3년이 경과할 때까지 해당 용도로 직접 사용하였는지 여부

쟁점 부동산은 상당 부분 공실인 상태에서 그 사용 용도가 불분명하거나 일시적으로 사용되었을 뿐만 아니라 관할 행정기관으로부터 적법한 인가나 승인도 받지 않은 상태였고, 특히 3층과 7층은 여전히 '업무시설'용도로 되어 있어 교육연구시설로는 사용할 수 없다고 할 것인바, 취득일부터 3년이 경과할 때까지 학교 교육사업 자체에 직접 사용하였다고 볼 수 없음.

- 3층에서 운영된 교육프로그램은 5일에 걸쳐 단기 운영되었는바, 일회적으로 이루어진 것에 불과하며, 건축법상 사용승인신청서에도 교육연구시설로 용도변경이 되어 있지 않고, 기존 용도인 업무시설로 되어 있음.
- 4, 5층은 일시적인 회의, 전시회, 면접 대기장소로 사용되었고, 상당 기간 공실 상태였으며, 7층은 심판청구 단계에서 원고도 교육사업에 직접 사용하지 않았다고 인정하였고, 기존 용도인 업무시설로 되어 있음.
- 8, 9, 10층은 '간호학과 학생들의 임상실습 교육장소'로 사용된 것은 맞으나, 실습 시간의 비중이 극히 적고(총 690시간 중 23.7시간), 실습 기간 중에 면접 대기 장소로 활용되는 등 일시적 · 부수적 장소로 제공됨.
- 또한, 건축법상 '교육연구시설(연구소)'로 되었으나, 실제로는 '학교, 직업훈련소, 학원, 도서관' 등으로 운영되어 적법한 인가를 받고 교육사업을 하는 것으로 보기도 어려움.

2) 3년이 경과할 때까지 직접 사용하지 못한 정당한 사유가 있는지 여부

원고가 이 사건 부동산을 취득한 때부터 3년이 경과하는 동안 원고의 교육사업에 직접 사용하지 못한 데에 '정당한 사유'가 있다고 인정하기 어려움.

- 학교시설이 아님에도 학교시설에 해당될 것을 전제로 내진 및 구조보강 공사를 시행한바, 외부적 장애 요소를 제거하기 위한 공사로 보기 어려움.
- 공사를 하는 과정에서도 내진설계 진단 이후 공사 입찰 공고까지 10개월의 공백이 존재하고, 취득세 감면 이후 교육시설로 사용할 계획을 가지고 이를 구체적으로 실현하기 위한 진지한 노력을 다하였다고 볼 수 없음(대법원 2024.6.13. 선고, 2024두37138 판결).

■ 취득세 용도구분 비과세 · 감면 이후 3년 이내 해당 용도에 직접 사용하지 않은 경우에 정당한 사유로 볼 수 있는지 여부

'정당한 사유'라 함은 준비기간의 장단, 고유목적에 사용할 수 없는 법령 · 사실상의 장애사유 및 장애정도, 당해 법인이 토지를 고유업무에 사용하기 위한 진지한 노력을 다하였는지의 여부, 행정관청의 귀책사유가 가미되었는지 여부 등을 아울러 참작하여 구체적인 사안에 따라 개별적으로 판단한바, 반음식점 영업에 사용된 것으로 보이는 부동산은 수익사업에 사용된 토지로서 정당한 사유 여부와 관계없이 비과세 대상이 아니며, 도시관리계획상 학교부지에 편입되지 않은 부동산은 정당한 사유에 해당 안됨. 또한 나머지 토지는 학교부

지 사용을 위한 중장기 계획에 따라 일관되게 사업을 추진하고, 피고의 각종 인·허가를 받기 위한 노력을 계속하였으며, 일부 토지의 법정분쟁으로 상당 기간을 소모한 점 등을 고려할 때, 이 사건 부동산 취득 후 3년 이내 직접 사용하지 못한 정당한 사유가 인정됨(대법원 2024.5.30. 선고, 2021두58059 판결).

■ 개인소유의 토지를 학교법인에 임대하여 사용하는 경우 감면 여부

개인이 부동산을 취득하여 학교법인에 무상으로 장기간 임대하여 사용하게 하는 것으로, 학교법인이 무상으로 장기간 사용하고 있는 상황만으로 학교법인을 해당토지의 사실상 소유자로 보기 어렵고, 부동산 소유자인 개인이 제3자인 학교법인에게 임대하는 것은 「지특법」에 따른 '직접 사용'으로 볼 수도 없음(행안부 지방세특례제도과-1119, 2024.5.10.).

■ 학교법인이 소유하고 있는 쟁점녹지에 대하여 기 감면하였던 재산세를 부과하는 것은 부당하다는 청구주장의 당부

학교시설과는 달리 학교 교육사업과 직접적으로 관련된 부동산으로 보기는 어렵다 할 것이므로 처분청이 쟁점녹지에 대하여 이 건 재산세 등을 부과한 처분은 달리 잘못이 없다고 판단됨. 2018~2022년도 재산세 과세기준일(6.1.) 현재 국가 등이 공용 또는 공공용으로 사용하는 것이 아닌 청구법인이 관리하고 있는 토지에 해당하는 이상, 쟁점녹지는 「지방세법」 제109조 제2항에 따라 재산세가 부과되지 아니하는 재산으로 볼 수는 없다고 판단됨. 「지방세특례제한법」 제84조 제2항 등에 따라 재산세가 경감되는 과세기준일 현재 미집행된 토지로 볼 수 없을 뿐만 아니라, 쟁점녹지는 쟁점캠퍼스 조성 당시 학교시설로 건축되지 아니하고 '녹지' 상태로 존치하게 된 시설에 불과한 토지로서 「국토의 계획 및 이용에 관한 법률」 제99조 및 같은 법 제65조에 따라 국가 등에 무상 귀속될 토지가 아닌 2018~2022년도 재산세 과세기준일(6.1.) 현재 청구법인이 소유하는 토지의 일부에 불과하다 할 것임. 쟁점녹지는 위 (가)~(다)의 이유와 같이 면제 및 경감 대상토지로 보기 어려우므로 이를 분리과세 대상토지로 볼 수는 없다고 판단됨. 처분청은 2023.2.28. 이 건 재산세 등의 과세표준을 경정하였으므로 처분청의 이 건 재산세 등의 과세표준에 오류가 있다는 청구주장은 받아들이기 어렵다고 판단됨(조심 2023지3568, 2024.2.6.).

■ 사립학교에서 2000년 교육용 건축물을 신축하여 교육용으로 사용하였으나 2015년 해당 부동산을 수익사업에 사용할 경우 취득세 추징 여부

「지방세특례제한법」 제41조 제1항에서는 「초·중등교육법」 및 「고등교육법」에 따른 학교를 경영하는 자가 해당 사업에 사용하기 위하여 취득하는 부동산에 대해서는 취득세를 면제하도록 규정하고 있고 같은 항 단서에서 다음 각 호의 어느 하나에 해당하는 경우 그 해당 부분에 대해서는 면제된 취득세를 추징하도록 규정하면서 각 호로서 1) 수익사업에 사용하는 경우 2) 정당한 사유 없이 그 취득일부터 3년이 경과할 때까지 해당 용도로 직접 사용하지 아니하는 경우 3) 해당 용도로 직접 사용한 기간이 2년 미만인 상태에서 매각·증여하거나 다른 용도로 사용하는 경우를 규정하고 있음. 사립학교에서 2000년도에 건축물을 신축하여 취득하고 취득당시 유효하였던 규정을 신뢰하여 해당 건축물을 감면규정에서 정한 일정기간 동안 해당 사업의 용도로 직접 사용한 경우라면 이는 감면요건을 충족한 것으로 보아야 할 것이고 '15년 용도를 변경하여 수익사업에 사용할 예정인 경우라 하여도

「지방세특례제한법」 제41조 제1항 단서에 따른 취득세 추징대상이 아닌 것으로 보는 것이 타당함(대법원 2013.3.28. 선고, 2012두26678 판결, 2015.9.24. 선고, 2015두42152 판결 참고) (행자부 지방세특례제도과-3354, 2015.12.7.).

▣ 학교법인의 토지 임대 및 도시개발사업 공여시의 재산세 비과세 여부

학교법인이 재산세 과세기준일(6.1.) 현재 당해 법인이 소유한 토지를 재단법인 ○○테크노파크에 임대한 경우라면 학교법인이 그 목적사업에 직접 사용하는 경우에 해당되지 아니하는 것이며, 학교법인의 토지가 도시개발사업에 공여되어 목적사업에 사용되지 못한 경우라면 당해 토지를 목적사업에 직접 사용하지 아니하였으므로 재산세 비과세 대상에 해당되지 아니함(대법원 2005.2.18. 선고, 2004두190 판결 참조) (행안부 지방세운영과-718, 2009.1.26.).

▣ 초빙교수의 사택은 학교 고유목적에 직접 사용하는 부동산으로 볼 수 없음

비과세 대상인 "해당 사업에 직접 사용하는 부동산"이란 당해 부동산의 용도가 당해 목적사업 자체에 직접 사용하는 것을 뜻하는 것으로 당해 학교법인의 사업목적과 취득목적을 고려하여 그 실제 사용관계를 기준으로 객관적으로 판단하여야 할 것인 바(대법원 2005.12.23. 선고, 2004다58901 판결), 귀문과 같이 초빙교수는 당해 학교 운영에 필요불가결한 중추적인 지위에 있다 볼 수 없고 해당 부동산이 초빙교수의 주거를 위한 사택으로 사용되고 있다면 학교의 고유목적사업에 직접 사용하는 부동산으로 보기는 어렵다고 할 것임(행안부 지방세운영과-4397, 2011.9.16.).

▣ 학교법인 캠퍼스 이전으로 장기간 방치되어 있을 경우 고유목적에 직접 사용 여부

학교법인이 교육용으로 사용하던 부동산을 캠퍼스 이전으로 일부는 교육용으로 직접 사용하고, 일부는 장기간 방치되어 있는 경우라면 학교법인이 교육용으로 직접 사용하는 부분은 재산세가 비과세되고, 장기간 방치되어 있는 부분은 골프장 등 수익사업으로 전용할 계획이 군 계획위원회심의 등의 서류에 의거 확인되므로 학교법인의 그 목적사업에 직접 사용하는 것으로 볼 수 없음(행안부 지방세운영과-2602, 2009.6.30.).

▣ 유소년스포츠센터가 교육사업에 직접 사용에 해당되는지 여부

유소년스포츠센터 등은 건축물을 교육사업 자체에 직접 사용하고 있다고 보기는 어렵다 하겠고 학생들의 교과실습장소로 활용되고 있더라도 주된 용도가 아닌 부수적으로 활용되고 있는 것으로 보아야 할 것이며 더구나 일반인들을 대상으로 교육 또는 상담을 하면서 교육비 또는 상담비를 받고 이를 운영비에 충당하고 있으므로 유료로도 사용하고 있으므로 교육목적에 사용하지 않는다고 봄(조심 2010지0073, 2010.12.7.).

▣ 학교법인의 직접 사용 여부 판단

학교법인의 교육사업에 직접 사용하는 것인지 아니면 수익사업에 사용하는 것인지 여부를 판단하기 위해서는 사용관계(이용주체, 이용현황 등) 및 일반인의 접근 가능성 여부, 이 사건 쟁점부분의 운영과 학교법인의 교육사업과의 연관성, 시설 운영으로 인한 수익의 귀속주체 및 그 규모 등의 제반사정을 종합적으로 고찰해야 함(대법원 2010.2.25. 선고, 2009두19533 판결).

■ 학교 구외에 설치한 기숙사가 교육용 사업에 해당하는지 여부

입법취지에 비추어 볼 때, 학교 구외에 위치한 이 건 부동산은 학교법인인 청구법인이 교육용에 직접 사용하는 부동산이라기보다는 학생 등을 위한 후생복지시설로서 기숙사에 해당된다고 하겠으므로 이 부동산이 교육용에 직접 사용되는 부동산에 해당하지 아니함이 타당함(조심 2009지0749, 2010.5.31.).

■ 비영리사업자인 학교법인이 임야 취득일로부터 3년 이내 학교사업에 직접 사용하지 않은 경우 당초 비과세한 취득세 등의 추징대상이 되는지 여부

청구인이 취득한 이 건 임야는 자연환경보존지역인 녹지지역이고 현황은 자연상태의 임야로서 2002.6.4. 학교법인의 교육용기본재산으로 편입한 것은 제출된 자료에서 확인되고 있으나, 실제 학교의 교지·교사·체육장·실습 또는 연구시설 등에 직접 사용되고 있지 않는 한 청구인의 학교사업에 직접 사용하고 있는 것으로는 볼 수 없다 할 것이므로 2001년 10월 청구인이 국토이용계획변경신청시 교지·교사·체육장·실습 또는 연구시설 등 교육사업에 직접 사용하는 용도가 아닌 학교주위의 시설녹지용도로 신청하여 취득할 당시부터 녹지이외의 용도로 사용할 의사가 없었다고 반증되고 있음. 또한, 청구인이 이 건 임야에 대하여 처분청에 국토이용계획변경신청에 대하여 처분청에서는 "이 건 임야는 양호한 자연경관이 형성되어 있고, 높은 표고 및 경사도로 이루어진 점 등을 고려하여 전망대(산책로)설치사업의 경우 사업대상에서 제외하고, 동 부지에 대하여 원형그대로 보존하는 것이 바람직 하다"는 국토이용계획변경결정통보(천안시 58214-216, 2002.2.21.)에 따라 이 건 임야 전체면적 5,852㎡ 중 100㎡에 대하여만 전망대를 설치하고 나머지 5,752㎡는 자연상태의 임야인 녹지공간으로 원형그대로 보존하고 있는 것을 볼 때, 이 건 임야를 취득한 후 학교법인의 고유업무에 직접 사용하기 위한 정상적인 노력을 다하였다고 볼 수 없고, 청구인이 이 건 임야를 취득한 후 처분청 등 관련 행정기관에서 학교법인의 고유업무에 직접 사용할 수 없도록 하는 어떠한 제한을 하였거나 유예기간 내에 이 건 임야를 학교법인의 고유업무에 직접 사용하기 위한 지목변경허가 신청 등을 한 사실이 없음은 물론, 행정기관의 귀책사유 또한 있었다고 볼 수 있는 자료가 없으므로 이 건 임야를 취득한 날부터 3년 이내에 청구인 학교법인의 고유업무에 직접 사용하지 않은 것으로 보아 취득당시 비과세한 취득세 등을 추징한 것은 적법하다 할 것임(조심 2008지0223, 2008.6.20.).

■ 유예기간 내 교육용에 직접 사용하지 못한 정당한 사유에 해당되는지 여부

토지 취득 전에 존재한 법령상 또는 사실상의 장애사유 해소를 위하여 노력하였다거나 이러한 사유가 해소되었는데도 예측하지 못한 전혀 다른 사유로 교육용에 직접 사용하지 못하였다는 등의 특별한 사정이 있었다고 볼 수 없다면 이 건 토지를 유예기간 내에 교육용에 직접 사용하지 못한 데 대한 정당한 사유는 없다고 함이 타당함(조심 2009지0298, 2009.12.9.).

■ 학교구내식당 등의 수익사업용 토지 여부 판단

학교법인이 취득한 학교건물의 일부를 구내식당, 은행, 레스토랑 등으로 제3자에게 임대·경영하게 하고, 그 대가로 받은 장학금, 임차료 등은 전액 학교법인의 고유목적사업에 사용되고, 그 이용자도 학생 및 교수 등으로 외부인이 이용할 수 없는 경우라면, "건물부분을 위

탁관리하도록 하고 임대보증금 및 임대료를 지급받았다고 하더라도, 학생 및 교직원들의 후생복지시설로 운영되고 있고 그 임대차계약에 의하여 그로부터의 이탈이 엄격히 통제되고 있으며, 달리 임대사업으로서의 수익성이 있다거나 임대수익을 목적으로 한 것이라고 볼 증거가 없는 이상 이 사건 건물부분의 사용이 수익사업으로 되는 것은 아니라고 판단한 것은 정당하다"고 판결(2005두10255, 2006.12.7. 참조)하고 있음에 비추어, 그 시설을 학교법인이 학교사업에 직접 사용하는 것으로 볼 수 있다 할 것임(행안부 지방세운영-172, 2008.7.2.).

▣ 폐교를 활용한 연수시설의 비과세 적용

고등교육법에 의한 학교를 경영하는 자가 '폐교활용촉진법'에 의하여 매입한 폐교를 교직원들의 연수를 위하여 연수원으로 직접 사용하고 있다 하더라도 '그 사업에 직접 사용'이라는 의미는 학교법인의 교육용 기본재산에 편입은 물론이고 실제 사용용도 또한 학교법인의 교육사업 자체에 직접 사용되는 것을 의미한다 할 것이므로, 학교와 원거리에 떨어져 교직원 및 그 가족 등의 휴양시설 등으로 사용하고 있는 연수원은 교육사업 자체에 사용하는 시설이라고 볼 수 없을 것이므로 재산세 비과세대상으로 볼 수 없음(행자부 세정-3423, 2007.8.24.).

▣ 학교기업에 대한 취득세 비과세 적용

법인세법 제3조 제2항 규정에 의한 수익사업에 사용하는 경우에는 취득세 등을 부과한다고 한 후, 동법 시행령 제2조 제3항 및 그 제3호에서 「교육서비스업 중 초·중등교육법 및 고등교육법에 의한 학교와 평생교육법에 의한 원격대학을 경영하는 사업」은 수익사업에서 제외하도록 하고 있고, 산업교육진흥 및 산학협력촉진에 관한 법률 제36조 제1항에서 산업교육기관(산업교육을 실시하는 학교)은 학생 및 교원의 현장실습과 연구에 활용하고, 산업체 등으로의 기술이전 등을 촉진하기 위하여 학생·교원 등 학교구성원의 의견을 들어 특정학과 또는 교육과정과 연계하여 직접 물품의 제조·가공·수선·판매, 용역의 제공 등을 행하는 부서를 둘 수 있다고 규정하고 있어 고등교육법에 의한 학교를 경영하는 자가 산업교육진흥 및 산학협력촉진에 관한 법률 제36조 제1항 규정에 의거 설치한 학교기업에 직접 사용하기 위하여 취득하는 부동산이라면 지방세법 제107조 제1호 및 동법 시행령 제79조 제1항 제2호 규정에 의한 비영리 사업자에 해당되어 취득세 등의 비과세 대상이 되는 것이 타당함(행자부 세정-855, 2005.5.24.).

제 41 조

## 2. 사립 의과대학 및 지방대학에 대한 감면

관련규정

제41조(학교 및 외국교육기관에 대한 면제) ⑦ 제1항부터 제6항까지의 규정에도 불구하고 「고등교육법」 제4조에 따라 설립된 의과대학(한의과대학, 치과대학 및 수의과대학을 포함한다)의 부속병원이 의료업에 직접 사용하기 위하여 취득하는 부동산에 대해서는 취득세를, 과세기준일 현재 의료업에 직접 사용하는 부동산에 대해서는 재산세를 다음 각 호에서 정하는 바에 따라 각각 경감한다.

1. 2027년 12월 31일까지 취득세의 100분의 30(감염병전문병원의 경우에는 100분의 40)을, 재산세의 100분의 50(감염병전문병원의 경우에는 100분의 60)을 각각 경감한다.
2. 2021년 1월 1일부터 2021년 12월 31일까지 취득하는 부동산에 대해서는 다음 각 목의 구분에 따라 취득세 및 재산세를 각각 경감한다.
   가. 해당 부동산에 대해서는 취득세의 100분의 30을 경감한다.
   나. 해당 부동산 취득일 이후 해당 부동산에 대한 재산세 납세의무가 최초로 성립한 날부터 5년간 재산세의 100분의 50을 경감한다.

⇨ 취득세 감면율 축소 : 100% → 50%(중소기업 · 기술혁신형사업법인 60%)

⑧ 「지방대학 및 지역균형인재 육성에 관한 법률」에 따른 지방대학을 경영하는 자(이하 이 조에서 "지방대학법인"이라 한다)가 대통령령으로 정하는 수익용기본재산(이하 이 조에서 "수익용기본재산"이라 한다)으로 직접 사용(임대하는 경우를 포함한다. 이하 이 항에서 같다)하기 위하여 취득하는 다음 각 호의 어느 하나에 해당하는 부동산에 대해서는 취득세의 100분의 50을 경감하고(제2호의 경우 매각대금의 범위 내로 한정한다), 과세기준일 현재 해당 용도에 직접 사용하는 부동산에 대해서는 재산세 납세의무가 최초로 성립한 날부터 5년간 재산세의 100분의 50을 경감한다(제2호의 경우 매각대금의 범위 내로 한정한다). 다만, 해당 부동산을 취득한 날부터 2년 이내에 매각·증여하거나 다른 용도로 사용하는 경우에는 경감된 취득세를 추징한다.

1. 해당 지방대학법인의 수익용기본재산인 토지 위에 2024년 1월 1일부터 2026년 12월 31일까지의 기간 동안 신축 및 소유권 보존등기를 경료한 건축물

2. 해당 지방대학법인이 2024년 1월 1일부터 2026년 12월 31일까지 수익용기본재산인 토지를 매각한 경우로서 그 매각일부터 3년 이내에 취득하는 건축물 및 그 부속토지

【영】 제18조 ⑤ 법 제41조 제8항 각 호 외의 부분 본문에서 "대통령령으로 정하는 수익용 기본재산"이란 「대학설립 · 운영 규정」 제7조 제1항에 따른 수익용기본재산을 말한다.

# 1 | 개 요

사립대 의대생들의 교육 및 국민 보건 권익 증진 등을 위한 세제지원이다. 2010년까지는 구 지방세법 제107조, 제127조, 제163조, 제186조, 제255조 등에서 각각 규정되었다가 현재의 지특법 제41조로 통합하여 이관(2010.3.31.)되었다. 2015년부터는 지방재정 확충을 위한 세제개편에 따라 사립대학 부속병원에 대한 감면 일부가 축소되었다. 2021년에는 사립대학 부속병원에 대한 감면이 일부 축소(취득세 50% → 30%)되었고 현재 2024년 12월 31일까지 일몰기한이 연장되었으며, 또한 2024년에는 지방대학의 재정력 · 경쟁력 강화를 위하여 지방대학법인이 취득하는 일정 수익용 기본재산에 대하여 지방세 감면규정(제41조 제8항)이 신설되고 2026년까지 감면하도록 규정되었다.

# 2 | 감면대상자

사립대학교가 부설로 운영하는 의과대학 · 한의과대학 · 치과대학 및 수의과대학 병원 및 지방대학이 이에 해당된다. 2014년 현재 사립대학 부속병원은 35개 대학에서 89개 부속병원을 운영 중에 있다. 사립대학 부속병원의 법적 성격 등에 대해서는 제38조 해설편 〈표 1〉의 내용을 참조하면 된다.

〈표 1〉 **사립대부속병원 운영 현황(2014년 현재)**

| | 의과대학 | 치과대학 | 한의과대학 |
|---|---|---|---|
| 단과대학 수 | 30 | 5 | 11 |
| 부속병원 수 | 57 | 8 | 24 |

**간호원 양성목적으로 설립된 학교법인이 종합병원을 설치·운영하는 경우**

사립대학의 의과대학 부속병원이란 고등교육법 제4조에 따라 설립된 의과대학으로서 일반의과대학, 한의과대학, 치과대학 및 수의과대학의 부속병원을 말한다. 따라서, 간호원의 양성을 목적으로 설립된 학교법인이 그 목적달성을 위하여 간호전문대학을 설치·운영하고, 학생들의 임상교육의 필요성 등 간호전문대학의 유지경영을 위하여 병원을 설치하는 경우는 고등교육법에 따른 의과대학의 부속병원이 아니라, 학교법인에서 별도로 설립한 일반 의료법인 등에 해당된다 하겠다.

## 3 | 감면대상 부동산

사립대학 의과대학의 의료업에 직접 사용하는 부동산이 이에 해당된다. 2014년까지는 부속병원 사업장 및 사업장에 소속된 종업원 급여분에 대한 주민세 과세분까지가 감면대상에 해당되었으나 2015년부터는 감면이 종료되었다. 각종 병원은 교육기본법 제9조에 따른 고등교육을 실시하기 위하여 고등교육법 제4조 및 대학설립·운영 규정 제4조에 대학이 학생교육에 필요한 시설을 설치하도록 의무를 규정하고 있으며, 사립대 부속병원은 대학설립·운영 규정 제4조 제2항 제3호에 따라 의학계열(의학·한의학 및 치의학)이 있는 대학이 학생 교육을 위해 갖추어야 하는 교육시설이다.

2024년부터는 지방대학의 경쟁력 강화를 위해 지방대학(수도권 이외의 대학)이 소유하는 수익용 기본재산용 부동산까지 포함되었으며 본 조 시행령 제18조 제5항에서의 "수익용 기본재산"이란 「대학설립·운영 규정」 제7조 제1항에 따른 수익용기본재산을 말한다.

〈표 2〉 **수익용기본재산 관련 대학설립·운영규정**

| 조문 | 주요내용 |
|---|---|
| 설립인가기준<br>(제2조 제1항) | • 대학을 설립하려는 자("설립주체")는 다음 각 호의 기준을 갖추어 교육부장관에게 대학설립의 인가(국립대학의 경우에는 개교조치를 말한다. 이하 같다)를 신청해야 함.<br>1. 제4조에 따른 교사 및 제5조에 따른 교지를 확보할 것<br>2. 교원(교수·부교수, 조교수)을 확보기준의 2분의 1 이상 확보할 것<br>- 이 경우 나머지 교원은 학생정원에 따라 연차적으로 확보하되, 편제완성연도 전까지 모두 갖추어야 함.<br>3. 수익용기본재산을 확보할 것(국가 또는 자치단체가 대학을 설립하는 경우는 제외) |

| 조문 | 주요내용 |
| --- | --- |
| 수익용기본재산<br>(제7조<br>제1항~제3항) | • 학교법인은 대학의 연간 학교회계 운영수익총액에 해당하는 가액의 수익용기본재산을 확보하되, 다음 각 호에서 정한 금액 이상을 확보하여야 함. 다만, 국가가 출연하여 설립한 학교법인이 설립·경영하는 대학에 국가(「공공기관의 운영에 관한 법률」 제4조에 따른 공공기관을 포함한다)가 그 대학의 연간 학교회계 운영수익총액의 2.8퍼센트 이상을 지원하는 경우에는 해당 학교법인은 수익용기본재산을 확보한 것으로 본다.<br>1. 대학(전문대학 및 대학원대학은 제외한다) 300억원<br>2. 전문대학 200억원<br>3. 대학원대학 100억원<br>• 1개의 법인이 수 개의 학교를 설립·운영하고자 하는 경우 각 학교별 제1항 각 호의 금액의 합산액 이상을 확보하여야 함.<br>• 연간 학교회계 운영수익총액에 해당하는 가액의 수익용기본재산은 그 총액에 한국은행이 발표하는 전년도 예금은행 가중평균금리 중 저축성 수신 금리를 곱하여 산출한 금액 이상의 연간 수익이 발생하여야 함. |
| 대학운영경비 부담<br>(제8조 제1항) | • 학교법인은 그가 설립·경영하는 대학에 대하여 매년 수익용기본재산에서 생긴 소득의 100분의 80 이상에 해당하는 가액을 대학운영에 필요한 경비로 충당하여야 함. |

### 3-1. 사립대학 부속병원의 주요 기능

#### 3-1-1. 의대 학생 교육

사립대학 부속병원의 주된 기능은 해당 학교 의대생들의 교육 시설물인 교사(校舍) 제공으로 현재 약 18,350명의 의대 학생들이 부속병원에서 의학교육을 받고 있으며, 의과대학 임상교수는 부속병원에서의 환자 진료를 통하여 의과교육의 의료서비스 질 향상을 도모하고 있다.

#### 3-1-2. 전문가 양성교육

우리나라는 전공의 수련병원에 대한 별도 국가지원이 없으며(일부 예외), 낮은 의료수가, 의료사고 위험성 등으로 산부인과, 흉부외과, 응급의학과 등은 전공의 지원율이 매우 낮아 전문의가 매우 부족한 상황이나 사립대학 부속병원들은 국가의 지원이 없는 상태에서도 기피 전문과목의 전문의 양성을 위하여 자체 재원을 투입하여 약 1만 6천여 명의 전공의를 수련시키고 있다

3-1-3. 의학연구 등

보건의료산업은 부가가치가 큰 분야이며, 단일분야 세계 최대 시장으로 주목받고 있다. 대학병원은 우수한 의료인력과 많은 진료 경험을 토대로 신의료기술, 의약품, 의료기기 등 관련 분야 연구를 수행하고 있다.

### 3-2. 학교 vs 사립대학 부속병원간 감면범위

사립대학 의과대학 등의 부속병원의 경우에는 외형적으로는 의료기관에 해당되지만 법적으로는 학교의 부속시설에 해당된다. 대학설립·운영규정에 따른 교사(校舍)의 종류에는 강의실, 실험실습실 등 기본시설, 지원시설, 연구시설, 부속시설로 구분되고 이 부속시설에 의과대학 부속병원도 포함된다(표 참조). 따라서 사립대학 의과대학 등의 부속병원은 감면대상 학교와 중복이 된다. 따라서 이러한 중복적용 문제를 해소하기 위해 2013년부터는 사립대학 부속병원에 대해서는 학교로 감면을 받는 제1항부터 제6항까지를 제외하는 별도의 제41조 제7항을 신설하였다. 한편, 제38조 제2항에 따른 사립대학 부속병원에 대한 주민세 재산분 및 종업원분 감면규정에 대해서도 일몰(2014년)을 종료하여 그간 불분명하였던 사립대학 부속병원에 대한 감면범위를 2015년부터는 명확히 하였다.

## 4 | 특례내용

### 4-1. 세목별 감면

사립대학 의과대학 부속병원이 의료사업에 사용하기 위해 취득 또는 보유하는 부동산 및 지방대학이 취득 또는 보유하는 수익용 기본자산에 대해서는 취득세 및 재산세를 2027년 12월 31일까지 다음 〈표 2〉와 같이 감면한다.

〈표 2〉 **사립대 부속병원 등 감면내용(2025.1.1. 현재)**

| 조문 | 감면대상 | 감면내용(감면율) | 일몰기한 |
|---|---|---|---|
| §41 ⑦ 1호 | 사립대학 부속병원이 의료업에 직접 사용하기 위해 취득(보유)하는 부동산 | 취득세 30%<br>재산세 50%(취득 후 5년간)<br>감염병전문병원 10%p 추가 감면 | 2024.12.31. |
| §41 ⑧ | 지방대학이 수익용기본재산으로 직접 사용하기 위해 취득(보유)하는 부동산 | 취득세 50%<br>재산세 50%(취득 후 5년간) | 2026.12.31. |
| 농특 §4 | 취득세 감면분의 20% | 비과세 | |

### 4-2. 경과규정 특례(부칙 §14, 제12955호 2014.12.31.)

#### 4-2-1. 건축중인 부속토지에 대한 특례(영 §123)

사립대학 의과대학이 해당 용도로 사용할 건축물을 건축중인 경우에는 해당 용도로 직접 사용하고 있는 것으로 의제(擬制)하여 해당 건축물의 부속토지에 대한 재산세를 계속 감면한다.

#### 4-2-2. 자동계좌이체 납부분 재산세 세액공제(§92의 2)

사립대학 의과대학이 전자송달 또는 자동계좌이체 방식으로 납부할 재산세(§41 ⑥)를 자동납부 신청하는 경우에는 지방자치단체의 조례로 정하는 바에 따라 추가로 재산세를 공제(150원~1,000원)받을 수 있다. 자동납부 신청 세액공제에 관한 세부사항은 제92조의 2의 해설편을 참조하면 된다.

## 5 | 지방세특례의 제한

### 5-1. 감면받은 취득세의 추징(§178)

사립대학 부속병원에 대해서는 별도로 사후관리 규정을 두고 있지 않으나 제178조에 따라 감면받은 취득세가 추징될 수 있다. 감면의무위반 사항에 대한 세부적인 내용은 제178조의 해설편의 내용을 참조하면 된다.

### 5-2. 2021년 시행되는 재산세 경과규정 특례(부칙 §5, 제16041호 2018.12.24.)

2020년까지는 사립대학 부속병원이 의료사업에 직접 사용하는 부동산의 경우에는 재산세가 매년 경감이 되었으나 2021년 1월 1일부터는 취득일 이후 재산세 납세의무가 성립된 날로부터 5년간만 재산세를 경감(30%)한다. 한편, 2020년 12월 31일 이전에 취득하고 재산세 납세의무가 성립한 지 5년이 경과되지 않은 부동산의 경우도 부칙 제5조에 따라 한시 재산세 감면대상에 포함되며, 이 경우 경감기간은 2021년 1월 1일을 기준으로 재산세 납세의무가 성립한 날부터 5년이 지나지 않은 나머지 잔여기간(다음의 표 참조)으로 한다.

〈표 3〉 사립대학부속병원에 대한 재산세 50% 감면 잔여기간

| 1995년 이전 취득분 | 1996.1.1. 이후 취득분(해당연도 재산세 납세의무 성립일 현재 잔여기간) | | | | |
|---|---|---|---|---|---|
| | 1996년 | 1997년 | 1998년 | 1999년 | 2000년 |
| 감면종료 | 2021년(1년) | 2022년(2년) | 2023년(3년) | 2024년(4년) | 2025년(5년) |

### 5-3. 지방세 중과대상 부동산 감면 제한(§177)

사립대학 의과대학이 감면을 받으려는 부동산이 「지방세법」 제13조 제5항에 따른 별장・골프장 등 지방세 중과세 대상인 사치성 재산인 경우에는 감면대상에서 제외된다. 이에 대한 세부적인 사항은 제177조의 해설편을 참조하면 된다.

## 6 | 감면 신청(§183)

학교 등이 본 규정에 따라 지방세를 감면받으려는 경우에는 해당 지방자치단체의 장에게 해당 부동산이 학교목적에 직접 사용하는 용도임을 입증하는 서류를 첨부하여 감면신청을 하여야 한다. 세부적인 감면신청 절차 등에 대해서는 제183조의 해설편을 참조하면 된다.

## 7 | 관련사례

▣ ① 쟁점토지는 학교시설로 개발이 불가한 자연상태의 임야로서 청구법인이 학교용도에 직접 사용하지 못하는 정당한 사유가 있으므로 이 건 재산세 부과가 부당하다는 청구주장의 당부 ② 쟁점토지는 10년 이상 장기간 미집행된 도시계획시설로서 이 건 재산세를 경감(50%)하여야 한다는 청구주장의 당부

2018년~2022년도 재산세 과세기준일(6.1.) 현재 쟁점토지는 자연 상태의 임야인 것으로 보이며 직접 사용하지 못한 것에 대한 정당한 사유가 있는지 여부에 대하여는 별도로 규정하고 있지 않은 점, 쟁점토지는 2000.1.3. 도시계획시설(학교) 결정고시 및 지적 승인되어 사실상 그 제한이 해소되었다고 할 수 있음에도 10년이 경과한 2018년~2022년도 재산세 과세기준일(6.1.)까지 그 집행이 이루어지지 않은 것은 청구법인의 내부적인 사유로 보이고, 이러한 사유에 대해 감면대상으로 보지 않는 것이 조세법규의 감면규정에 대한 엄격해석의 원칙에 부합하는 것으로 보이는 점 등에 비추어 2018년~2022년도 재산세 과세기준일(6.1.)

현재 청구법인이 쟁점토지를 학교용에 직접 사용하고 있거나 「지방세특례제한법」 제84조 제1항의 규정에 따른 경감 대상에 해당된다고 보기는 어렵다 하겠음(조심 2023지4122, 2024.4.18.).

▣ 의과대학 부속병원 내 전공의 숙소 등이 학교 감면 포함 여부

「지방세특례제한법」 제41조 제7항의 감면 대상으로 규정하는 의과대학의 부속병원이 의료업에 직접 사용하는 부동산의 범위는 의료법에 의한 의료인의 진료행위와 직·간접적으로 관련이 있는 용도로 사용되는 부동산에 적용되어야 할 것인바, 병원의 운영과 관련하여 '교수연구실, 전공의 숙소, 연구실험실, 의국 등'은 의사가 환자 치료와 진료를 위한 의료업과 관련된 부수시설로 보아야 할 것이므로 「지방세특례제한법」 제41조 제1항 및 제2항에 따른 학교 등이 해당 사업에 직접 사용하는 부동산에 해당하지 않음(행안부 지방세특례제도과-756, 2022.4.6.).

▣ 학교가 폐쇄명령 처분 및 해산명령을 받은 경우

학교가 교육부로부터 학교 폐쇄명령 처분 및 학교법인 해산명령의 행정처분을 받은 이후에도 당해 학교가 학사가 정상적으로 운영되고, 당해 행정처분이 소송결과에 따라 행정처분이 달라질 수 있는 상태에서 부동산을 취득하여 감면받고 현실적으로 당해 부동산의 사용용도가 학교사업 자체에 직접 사용하는 부동산에 해당되는 경우라면, 그 부동산은 학교가 해당 사업에 사용하기 위하여 취득하는 부동산으로 보는 것이 타당하다 할 것임(행자부 지방세특례제도과-3395, 2016.11.14.).

▣ 종교단체가 종교용으로 취득하였으나 대안학교로 운영하는 경우 학교시설 여부

종교단체가 종교용에 사용할 목적으로 취득한 부동산을 대안학교로 사용하는 경우 건축물을 유치원 과정과 초등학교 과정을 교육하는 대안학교로 활용하고 있는 사실이 확인된 점 등에 비추어 종교 목적과는 구분되는 비인가학교로 사용되고 있는 것으로 보이므로 취득세 등을 부과한 처분은 잘못이 없음(조심 2015지1225, 2016.8.25.).

▣ 학교폐쇄 명령에 따라 소송 진행 중인 경우 직접 사용 여부

학교법인이 교육과학기술부장관의 학교폐쇄 명령 등에 대하여 소송을 진행하고 있다 하더라도 이는 정당한 사유에 해당한다고 보기 어렵고, 2014년도 재산세 과세기준일 현재 학교폐쇄 명령에 따라 부동산을 학교용도로 직접 사용하지 아니하고 있으므로 재산세 등을 부과한 처분은 잘못이 없음(조심 2016지0089, 2016.3.15.).

▣ 의과대학 설립자가 별도의 병원을 설립한 경우 감면 여부

'의과대학 등 부속병원'은 대학의 교육과정상 부속병원의 필요성과 병원의 운영상 그 대학 학생들의 교육과 실습이 차지하는 비중 등이 의과대학과 동등한 정도라고 인정되는 대학의 부속병원인 경우에만 면제대상에 포함하도록 한 것으로 지특법 제38조 제2항 및 제41조 제7항과 마찬가지로 의과대학, 한의과대학, 치의과대학 및 수의과대학의 부속병원만을 의미한다고 보아야 하고, 의과대학을 운영하는 자가 별도의 병원이 경영하는 의료업은 '의과대학 등 부속병원'에 해당하지 아니한 경우 지방소득세 종업원분은 지특법 제41조 제3항에서 정한 면제대상에 해당하지 아니함(대법원 2015두47928, 2015.11.26.).

▣ 대학 소비자생활조합이 후생복지시설을 운영하는 경우 직접 사용 여부

학교법인이 부동산을 학생 등의 연수시설 등으로 사용하고자 취득하였고 학생들을 위한 후생복리시설의 경우 반드시 학교 내에 있는 것만을 의미하는 것은 아니며 조합과 같은 대학교 소비자생활조합이 학생 등을 위하여 운영하는 후생복지시설은 학교법인이 학교용도에 직접 사용하는 것으로 볼 수 있는 점 등에 비추어 청구법인이 쟁점부동산을 학교용도에 직접 사용하고 있는 것으로 보는 것이 타당함(조심 2015지0584, 2015.7.13.).

▣ 학교시설의 내부적인 사유로 인해 직접 사용하지 않은 경우 감면 여부

외국인학교 설립에 자발적으로 참여한 사실, 외국인학교 설립 타당성 재조사 연구용역을 실시하고 그 결과를 근거로 외국인학교 설립 추진이 부적절함을 ○○에 통보한 사실, 건축허가일로부터 1년 이내 공사 미착공을 사유로 건축허가를 취소한 사실 등을 고려하면 외국인학교 설립추진을 위하여 정상적인 노력을 다하였음에도 외부적인 제한이 있었다기보다는 자체 내부적인 사유로 해당 부동산을 취득일로부터 3년이 경과할 때까지 정당한 사유 없이 학교용도에 해당 부동산을 직접 사용하지 않은 것으로 보여 감면대상이 아님(행자부 지방세특례제도과-1775, 2015.7.3.).

▣ 학교시설이 수익사업에 해당하는지 여부

- 학교기업인 ○○센터가 외부이용객으로부터 이용료를 수수하는 등 수입이 발생하고 있는 점 등에 비추어 ○○센터 운영은 법인세 법령상 수익사업에 해당하여 취득세 감면대상으로 보기 어려우며, 일부 학생들의 전용실습실은 달리 볼 수 있다 할 것임(조심 2015지0120, 2016.10.27.).
- '수익사업에 사용하는 경우'를 독립된 부과사유로 규정한 것처럼 보일지라도, 감면된 부동산을 그 사용일부터 2년 이상 해당 사업의 용도에 직접 사용한 다음 매각·증여하는 경우와의 과세형평, 부동산의 보유기간 동안 매년 부과되는 재산세와 달리 취득세는 그 부동산을 일정기간 동안 당해 사업의 용도에 사용하면 감면의 목적을 달성할 수 있다고 보는 것이 합리적이라 할 것이며, 학교 등이 감면된 부동산을 당해 사업 용도로 직접 사용하기 시작할 유예기간을 부여하되 유예기간 동안에 수익사업에 사용하는 경우와 그 유예기간 이후에도 정당한 사유 없이 당해 사업에 사용을 시작하지 않는 경우 또는 그 사용일부터 일정한 기간 동안 당해 사업에 사용하지 않은 경우 등에는 취득세를 추징하고, 일정한 기간 동안 당해 사업의 용도로 사용하면 그 후부터는 취득세를 부과하지 않겠다는 내용을 규정한 것으로 보는 것이 입법취지나 목적에 부합하는 해석이라고 할 것이므로(대법원 2012두26678, 2013.3.18. 참조), 위 조항의 문언과 규정 취지 등에 비추어 볼 때, 학교법인이 체육관을 증축하여 해당 부동산을 2년 이상 당해 사업의 용도에 직접 사용하였다면 그 이후에 수익사업으로 사용하더라도 「지방세특례제한법」 제41조 제1항 각호에서 규정한 추징 사유에는 해당하지 않는다고 보임(행자부 지방세특례제도과-1531, 2016.7.5.).

  ※ 2016.12.31.까지 수익사업 추징규정으로 이후에는 달리 적용(5년 추징기한)하여야 함.
- 2000년도에 학교 건축물을 신축하고 취득당시 유효하였던 규정을 신뢰하여 해당 건축물을 감면규정에서 정한 일정기간 동안 해당 사업의 용도로 직접 사용한 경우라면 이는 감면요건을 충족한 것으로 보아야 할 것이고 2015년 용도를 변경하여 수익사업에 사용할

예정인 경우라 하여도 「지방세특례제한법」 제41조 제1항 단서에 따른 취득세 추징대상이 아닌 것으로 보는 것이 타당할 것임(대법원 2013.3.28. 선고, 2012두26678 판결, 2015.9.24. 선고, 2015두42152 판결 참고) (행자부 지방세특례제도과-3354, 2015.12.7.).

- 스포츠센터를 건립하여 일부의 시설은 강의실, 교수연구실 등 교육시설로 이용하고, 그 나머지 시설 수영장, 스쿼시장, 헬스장 등은 교육시설로 이용하는 것 외에 학생 · 교직원 · 지역주민 등 외부이용자로부터 월 단위로 수강료 · 이용료를 징수하면서 회원제로 운영하고 있는 바, 위와 같은 활동은 한국표준산업분류에서 체력단련시설 운영업, 수영장 운영업 또는 그외 기타 운동시설 운영업으로 분류되고, 회원제로 운영하면서 회원들로부터 매월 수강료 또는 이용료를 받고 있으므로 수익이 발생되는 사업이라 할 것이고, 「지방세특례제한법」 제2조 제2호 단서 및 「법인세법 시행령」 제3조 제3항 단서에서 규정한 수익사업에서 제외되는 사업에도 해당되지 않는 것으로 보이나, 과세권자가 실제 사용관계(이용주체, 이용현황 등) 및 일반인의 접근 가능성 여부, 쟁점부분의 운영과 학교법인의 교육사업과의 연관성, 시설 운영으로 인한 수익의 귀속 주체 및 그 규모 등의 제반사정을 종합적으로 고려하여 판단하여야 할 것임(대법원 95누13104, 2004두9265, 2005두10590, 2005두10255, 대구고법 2009누172, 2009.10.9. 참조) (행자부 지방세특례제도과-523, 2015.3.2.).
- 직접 사용 · 수익사업 사용 여부는 실제 사용관계를 기준으로 객관적으로 판단하여야 하고, 유료사용 여부는 재화 · 용역을 제공할 필요성, 제3자에게 임대 필요성과 합리성, 대상고객, 판매품목, 판매가격 및 그 결정구조, 임대료가 가격결정에 미치는 영향 등을 종합하여 판단하여야 하므로 학교 사업에 직접 사용하고 있는 것으로 볼 수 있는지 여부, 교육사업에 직접 사용하고 있는 것으로 볼 수 있다하더라도 임대사업으로서의 수익성이 있다거나 임대수익을 목적으로 한 것이라고 볼 수 있는지 여부, 임대부동산의 사용에 대한 대가로 지급된 것인지 여부에 대하여 과세 관청에서 사실관계 및 현황 조사를 통하여 최종판단 되어야 할 것임(행자부 지방세특례제도과-181, 2015.1.21.).
- 2010.2.부터 ○○○으로부터 매월 8,000,000원을 기부금 형식으로 지급받았는바, 이는 사용대가로서 실질적으로 월차임에 해당하는 것으로 보이는 점, 2008.2.부터 2년간은 ○○○으로부터 매월 기부금 형식의 금원을 받지는 않았으나, 이는 ○○○이 자신의 비용으로 스튜디오 등 시설물을 설치하고 이를 기부함에 따른 대가로 매월 기부금 형식의 금원 지급을 면제받은 것으로 보이는 점, 영상학과 수업을 위하여 필요시마다 일시적으로 사용한 것으로 보이나, 이는 ○○○의 프로그램 제작에 차질이 없는 범위 내에서 ○○○(주)와 협의하여 이루어진 것으로서 주된 용도는 ○○○(주)의 프로그램 제작을 위한 것이라고 보이는 점 등에 비추어 보면, 해당 부분은 교육사업에 직접 사용된 것이 아니라, 수익사업의 하나인 부동산임대업을 위해 사용된 것으로 봄이 타당함(서울행법 2013.12.5. 선고, 2013구합12980 판결).
- 학교법인이 신축취득한 건축물을 위탁하여 임차인이 레스토랑(수익사업)을 운영하는 경우 학생 및 교직원의 후생복지시설이 아니라 수익사업(부동산임대업)에 사용하는 것으로 보아야 함(조심 2013지0413, 2013.6.17.).
- 학교법인이 구외에 소재하는 부동산을 취득하여 일반인들을 상대로 유료의 유소년스포츠센터, 실버센터 등으로 사용하고 있는 사실이 확인되는 이상 취득세 등 추징은 적법함

(조심 2012지0066, 2012.3.14.).

• 유소년스포츠센터 등은 건축물을 교육사업 자체에 직접 사용하고 있다고 보기는 어렵다 하겠고 학생들의 교과실습장소로 활용되고 있더라도 주된 용도가 아닌 부수적으로 활용되고 있는 것으로 보아야 할 것이며 더구나 일반인들을 대상으로 교육 또는 상담을 하면서 교육비 또는 상담비를 받고 이를 운영비에 충당하고 있으므로 유료로도 사용하고 있으므로 고육목적에 사용하지 않음(조심 2010지0073, 2010.12.7.).

▣ 지방세특례제한법 제42조 제1항 취지에 따른 기숙사 감면 여부

제42조 제1항을 둔 취지는 대학교가 취득하는 기숙사 건물의 경우에는 수익사업에 사용하는 경우라서 같은 법 제41조 제1항에 의해 취득세를 감면받을 수 없는 경우이더라도 특별히 한시적으로 취득세를 감면받을 수 있게 함으로써 대학교 기숙사의 신축을 위한 민간투자 활성화의 유인을 마련하고자 하는데 있으므로, 만약 수익사업에 사용하지 아니하는 대학교 기숙사까지도 같은 법 제41조 제1항이 아닌 같은 법 제42조 제1항을 근거로 취득세를 감면받는다고 해석한다면, 수익사업에 사용하지 아니하는 대학교 기숙사의 경우 같은 법 제41조 제1항이 적용되어 취득세는 물론 농어촌특별세까지 면제받을 수 있었던 것이 같은 법 제42조 제1항으로 인해 오히려 농어촌특별세의 부과대상에 해당하게 되는바, 이는 특별히 같은 법 제42조 제1항을 둔 입법취지에 반하는 해석으로서 불합리하다고 할 것임(서울고법 2013누21788, 2014.4.22.).

▣ 소수의 대학 관계자가 사용하는 임야에 대한 감면 여부

해당 토지는 소수의 대학부설 연구소 관계자가 산양삼을 식재하여 재배지로 사용하는 자연림 상태의 임야로서 학과계열별 부속시설인 농장・학술림・사육장・목장・양식장・어장 및 약초원 등 실습지와 같이 다수의 학생 또는 교직원이 항시 이용할 수 있는 토지가 아니라 할 것이므로 대학의 구성원으로서 필요불가결한 존재인 학생 및 교직원의 교육 및 연구활동에 직접 사용되는 부동산으로 볼 수 없음(행안부 지방세운영과-2305, 2012.7.19.).

▣ 협력연구소로서 대학교육 및 연구활동에 사용되는 경우 감면 여부

건축물은 대학의 교지안에서 산업체 등이 운영하는 연구소로서 "협력연구소"에 해당하며, 「대학설립・운영규정」 제4조 제7항에서 협력연구소의 경우에는 건축물이 대학의 교육 및 연구활동에 사용되는 경우에 한하여 해당 면적을 교사(校舍)로 보도록 규정하고 있으므로, 건축물의 활용실태 등이 대학의 교육 및 연구활동에 사용되는 교사(校舍) 등에 해당될 경우 ○○대학교가 해당 사업에 직접 사용하는 부동산에 해당되어 재산세 면제대상임(행안부 지방세운영과-1505, 2012.5.15.).

▣ 국가로부터 독립되어 별도의 법인에 해당하는 경우

「지방세법」 제109조 제1항에서는 국가, 지방자치단체, 지방자치단체조합, 외국정부 및 주한국제기구의 소유에 속하는 재산을 비과세대상으로 규정하고 있으나, ○○법인은 인사, 조직 및 재정 등의 측면에서 국가로부터 독립된 별도의 법인에 해당한다 할 것이므로 재산세 비과세 규정을 적용받을 수 없으며, 재산세 과세기준일 현재 쟁점임야는 자연상태인 것으로 나타나는 점 등에 비추어 교육사업에 직접 사용한 것으로 보기는 어려움(조심 2016지0660,

2016.11.22.).

▣ 취득세 납세의무 성립 후 합의해제한 경우 감면 여부

합의해제가 후발적 경정청구의 대상에 해당한다 하더라도 그 청구를 받아들일지 여부는 별도로 심리하여야 할 것인바, 취득세 납세의무가 성립한 후에 이루어진 매매계약의 합의해제는 이미 성립한 조세채권의 행사에 영향을 줄 수 없다 할 것이므로 합의해제를 이유로 취득세를 취소할 수 없고, 부동산을 취득하면서 「초・중등교육법」이 정하는 바에 따른 학교설립인가를 받지 못한 이상, 취득세 감면대상으로 보기도 어려움(조심 2016지0538, 2016.9.28.).

▣ 학교법인의 중추적인 지위에 사용하는 시설로 보아 감면 가능한지 여부

- 비영리사업자가 구성원에게 사택이나 숙소를 제공한 경우 그 구성원이 비영리사업자의 사업 활동에 필요불가결한 중추적인 지위에 있어 사택이나 숙소에 체류하는 것이 직무 수행의 성격도 겸비한다면 당해 사택이나 숙소는 목적사업에 직접 사용되는 것으로 볼 수 있지만, 사택이나 숙소의 제공이 단지 구성원에 대한 편의를 도모하기 위한 것이거나 그곳에 체류하는 것이 직무 수행과 크게 관련되지 않는다면 그 사택이나 숙소는 비영리사업자의 목적사업에 직접 사용되는 것으로 볼 수 없다(대법원 2014.3.13. 선고, 2013두21953 판결 참조) (서울고법 2014.7.18. 선고, 2013누45937 판결).
- 비영리사업자가 구성원에게 사택이나 숙소를 제공한 경우 그 구성원이 비영리사업자의 사업 활동에 필요불가결한 중추적인 지위에 있어 사택이나 숙소에 체류하는 것이 직무 수행의 성격도 겸비한다면 당해 사택이나 숙소는 목적사업에 직접 사용되는 것으로 볼 수 있지만, 사택이나 숙소의 제공이 단지 구성원에 대한 편의를 도모하기 위한 것이거나 그곳에 체류하는 것이 직무 수행과 크게 관련되지 않는다면 그 사택이나 숙소는 비영리사업자의 목적사업에 직접 사용되는 것으로 볼 수 없으며 ○○대학교에 근무하는 외국인 교원의 지위와 근무현황, 그리고 이 사건 각 오피스텔의 위치와 취득 목적 등에 비추어 보면, ○○대학교에 근무하는 외국인 교원들이 원고의 목적사업인 대학교육에 필요불가결한 중추적인 지위에 있다거나 그들이 이 사건 각 오피스텔에 체류하는 것이 직무 수행의 성격을 겸비하는 것으로는 볼 수 없으므로 이 사건 각 오피스텔은 원고의 목적사업에 직접 사용되는 것으로 보기 어렵다(대법원 2014.3.13. 선고, 2013두21953 판결).
- 학교법인이 대학 구외에 소재한 이 건 부동산을 초빙전임교원인 외국인 교환교수들을 위한 기숙사로 제공한다 하더라도 외국인 교수들은 당해 학교 목적사업을 수행하기 위한 중추적인 역할을 하는 자로 보기는 어렵다 할 것임(조심 2012지0536, 2012.11.7.).
- "해당 사업에 직접 사용하는 부동산"이란 당해 부동산의 용도가 당해 목적사업 자체에 직접 사용하는 것을 뜻하는 것으로 당해 학교법인의 사업목적과 취득목적을 고려하여 그 실제 사용관계를 기준으로 객관적으로 판단하여야 할 것인 바(대법원 2005.12.23. 선고, 2004다58901 판결), 초빙교수는 당해 학교 운영에 필요불가결한 중추적인 지위에 있다 볼 수 없어 초빙교수의 주거를 위한 사택으로 사용되고 있다면 학교의 고유목적사업에 직접 사용하는 부동산으로 보기는 어려움(행안부 지방세운영과-4397, 2011.9.16.).

■ 자연림 상태의 임야의 경우 교육사업용으로 볼 수 있는지 여부

- 자연림 상태의 임야를 학생들의 정서생활 함양을 위한 간접적이고 보충적인 휴식공간으로 제공하고 있다는 사정만으로는 해당 토지를 교육사업에 직접 사용하는 것으로는 볼 수는 없다 할 것임(조심 2013지0122, 2013.5.27.).
- 자연림 상태의 임야로 이용되고 있는 토지에서 간헐적으로 학생들의 야외수업공간으로 제공하여 왔다는 사정만으로는 이를 교육사업에 직접 사용하는 것으로는 볼 수는 없다 할 것이지만, 토지 중 일부토지 58,805㎡의 경우는 다른 토지와는 달리 공부상 지목이 "학교용지"에 해당할 뿐만 아니라, 학교법인 산하의 "인삼 · 산양삼연구센터"가 산양삼 식생 및 재배실험 사업에 사용하고 있는 사실이 확인되고 있는 이상 이를 학교용에 직접 사용하는 토지로 보아 재산세를 감면하는 것이 타당함(조심 2012지0793, 2013.2.7.).
- 교육용 기본재산에 편입된 토지를 자연림 상태의 임야를 학생들의 산책로 내지는 야외수업공간으로 간헐적으로 이용하여 왔다는 사정만으로는 이 건 토지를 교육사업에 직접 사용하는 것으로는 볼 수는 없음(조심 2012지0420, 2012.9.28.).
- 부동산을 취득한 후 유예기간이 지난 시점까지 고유업무에 직접 사용하지 아니하고 조경수, 잡목 등이 취득 당시와 동일한 상태로 방치하고 있는 사실이 확인되는 이상 취득세 등 추징은 적법함(조심 2011지0294, 2012.6.5.).
- 재산세 과세기준일 현재 해당 사업에 직접 사용하는 부동산에 대하여 재산세를 면제하는 것인 바, 학교사업에 직접 사용하지 아니하고 자연림 상태로 방치하고 있는 사실이 확인되는 이상 재산세 등의 과세는 적법함(조심 2011지0859, 2012.3.20.).

■ 출연재산 사용이 장기간을 요하는 사실인정서를 발급받은 경우 추징 유예기간 적용 여부

학교법인이 2011.3.6. 과학기술부장관으로부터 「상속세 및 증여세법」에 따라 "출연재산의 사용에 장기간을 요하는 사실인정서"를 발급받아 관할세무서장으로부터 이 건 토지에 대한 증여세 부과를 유예받았다고 하더라도, 이러한 사정만으로 법인이 법령의 제한, 행정규제 등으로 인하여 이 건 토지에 종합병원용 건축물을 신축할 수 없었다거나, 신축하기 위하여 정상적인 노력을 다하였으나 시간이 부족하여 유예기간을 경과하였다고 보기는 무리가 있다고 할 것이고, 청구법인에게 비과세한 취득세 등을 부과한 것은 달리 잘못이 없다고 판단됨(조심 2012지0284, 2013.4.25.).

■ 학교법인이 이사장 개인명의로 취득한 경우 감면 여부

「초 · 중등교육법」 및 「고등교육법」에 따른 학교를 경영하는 비영리사업자라 함은 초 · 중등교육법이 정하는 바에 따라 적법한 설립인가(또는 변경인가)를 받은 자를 의미하는 것인 바(대법원 2005두2070, 2006.1.26.), 학교법인이 아닌 이사장 개인명의로 취득한 토지는 취득세 등 납세의무 있음(조심 2011지0399, 2011.12.6.).

# 제42조

## 1. 기숙사 등에 대한 감면

관련규정

**제42조(기숙사 등에 대한 감면)** ①「초·중등교육법」 및「고등교육법」에 따른 학교,「경제자유구역 및 제주국제자유도시의 외국교육기관 설립·운영에 관한 특별법」 또는「기업도시개발 특별법」에 따른 외국교육기관을 경영하는 자(이하 이 조에서 "학교등"이라 한다)가 대통령령으로 정하는 기숙사(「한국사학진흥재단법」 제19조 제4호 및 제4호의 2에 따른 기숙사로 한정한다)로 사용하기 위하여 취득하는 부동산에 대해서는 취득세를, 과세기준일 현재 해당 용도로 사용하는 부동산에 대해서는 재산세 및 주민세 사업소분(「지방세법」 제81조 제1항 제2호에 따라 부과되는 세액으로 한정한다) 각각 2027년 12월 31일까지 면제한다. 다만, 다음 각 호의 어느 하나에 해당하는 경우 그 해당 부분에 대해서는 면제된 취득세를 추징한다.

1. ~ 2. (생 략) ☞ 본문 해설편 참조

**【영】 제18조의 2(민간투자사업 방식으로 설립·운영되는 면제대상 기숙사의 범위)** 법 제42조 제1항 본문에서 "대통령령으로 정하는 기숙사"란 다음 각 호의 어느 하나에 해당하는 방식으로 설립·운영되는 기숙사를 말한다.

1. 법 제42조 제1항에 따른 학교등(이하 이 조에서 "학교등"이라 한다)이 사용하는 기숙사를 건설하는 사업시행자(이하 이 조에서 "사업시행자"라 한다)에게 준공 후 학교등과의 협약에서 정하는 기간 동안 해당 시설의 소유권이 인정되며, 그 기간이 만료되면 시설소유권이 학교등에 귀속되는 방식
2. 준공 후 해당 시설의 소유권이 학교등에 귀속되며, 학교등과의 협약에서 정하는 기간 동안 사업시행자에게 시설관리운영권을 인정하는 방식(제3호에 해당하는 경우는 제외한다)
3. 준공 후 해당 시설의 소유권이 학교등에 귀속되며, 학교등과의 협약에서 정하는 기간 동안 사업시행자에게 시설관리운영권을 인정하되, 그 시설을 협약에서 정하는 기간 동안 임차하여 사용·수익하는 방식

② 「교육기본법」 제11조에 따른 학교를 설치·경영하는 자가 학생들의 실험·실습용으로 사용하기 위하여 취득하는 차량·기계장비·항공기·입목(立木) 및 선박에 대해서는 취득세를, 과세기준일 현재 학생들의 실험·실습용으로 사용하는 항공기와 선박에 대하여는 재산세를 각각 2027년 12월 31일까지 면제한다. 다만, 다음 각 호의 어느 하나에 해당하는 경우 면제된 취득세를 추징한다.

1. ~ 2. (생 략) ☞ 5-1. 해설 참조

## 1 개 요

쾌적한 교육환경 제공을 위한 학교 후생복지시설인 기숙사 등에 대한 세제지원이다. 2004년도에 신설되어 2010년까지는 구 지방세법 제272조 제6항, 제282조 제4항 및 제7항, 감면조례 등에서 각각 규정되었다가 현재의 제42조로 통합되어 이관(2010.3.31.)되었다.

2016년 말 일몰도래시 민자형 기숙사에 대한 감면은 종료되었으나, 행복기숙사 감면은 종전 감면규정이 2018년까지, 2019년에 다시 2021년까지 감면이 연장되었다. 2022년에는 감면기한이 2024년까지 연장되었다.

## 2 감면대상자

2014년까지는 「고등교육법」에 따른 학교만이 감면대상자에 해당되었으나, 2015년부터는 「초·중등교육법」, 「경제자유구역 및 제주국제자유도시의 외국교육기관 설립·운영에 관한 특별법」 또는 「기업도시개발 특별법」에 따른 외국교육기관을 경영하는 자까지 확대되었다. 일반적으로 대학이란 국립대학과 사립대학으로 구분되는바, 국립대학은 법적 성격이 국가이므로 지방세법에 따른 비과세 대상이어서 본 규정에서 말하는 학교란 사실상 사립대학을 의미한다. 그 밖에도 「교육기본법」 제11조에 따른 학교를 설치·경영하는 자도 감면대상자에 해당된다. 세부적인 학교 등의 범위는 제41조의 해설편을 참조하면 된다.

## 3 | 감면대상 부동산

### 3-1. 민자형 행복기숙사(§42 ①, 영 §18의 2)

사립학교 등이 민자형 사업방식을 채택한 행복기숙사에 사용하기 위하여 취득 또는 보유하는 부동산이 이에 해당되며 「한국사학진흥재단법」 제19조 제4호 및 제4호의 2에 따른 기숙사로 한정한다. 2014년까지는 제41조와 제42조의 기숙사의 범위가 불분명하였으나, 2015년부터는 제41조는 학교가 직접 설치 · 운영하는 직영기숙사로, 제42조는 민자형 기숙사로 명확히 구분되었다. 여기서 기숙사란 사회간접자본시설에 대한 민간투자법에 따라 학교가 민간자본을 유치해서 일정기간 직접 기숙사를 운영하는 민자형 기숙사를 말하며 2017년부터는 민자기숙사에 대한 감면은 종료되었으나 「한국사학진흥재단법」 제19조 제4호 및 제4호의 2에 따른 행복기숙사에 한하여 계속해서 적용을 받게 된다.

> **영 §18의 2(민간투자사업 방식으로 설립 · 운영되는 면제대상 기숙사의 범위)** 법 제42조 제1항 본문에서 "대통령령으로 정하는 기숙사"란 다음 각 호의 어느 하나에 해당하는 방식으로 설립 · 운영되는 기숙사를 말한다.
>
> 1. 법 제42조 제1항에 따른 학교등(이하 이 조에서 "학교등"이라 한다)이 사용하는 기숙사를 건설하는 사업시행자(이하 이 조에서 "사업시행자"라 한다)에게 준공 후 학교등과의 협약에서 정하는 기간 동안 해당 시설의 소유권이 인정되며, 그 기간이 만료되면 시설소유권이 학교등에 귀속되는 방식 (BOT **방식 기숙사**)
> 2. 준공 후 해당 시설의 소유권이 학교등에 귀속되며, 학교등과의 협약에서 정하는 기간 동안 사업시행자에게 시설관리운영권을 인정하는 방식(제3호에 해당하는 경우는 제외한다) (BTO **방식 기숙사**)
> 3. 준공 후 해당 시설의 소유권이 학교등에 귀속되며, 학교등과의 협약에서 정하는 기간 동안 사업시행자에게 시설관리운영권을 인정하되, 그 시설을 협약에서 정하는 기간 동안 임차하여 사용 · 수익하는 방식 (BTL **방식 기숙사**)

한국사학진흥재단은 사학기관의 교육환경 및 경영 개선을 지원하는 재단법인으로 1989년 3월 관련 법령이 제정되어 사학진흥기금을 설치 · 운용하여 왔으며 2012년 9월부터 행복(공공)기숙사 시행기관이 지정되어 운영되어 왔으며 학생들의 주거안정과 교육비 부담 경감을 위해 행복기숙사 건립사에게 자금을 융자하고 행정지원 사업을 추진하고 있다.

행복기숙사는 기본적으로 민자형 사업방식을 택하고 있으며 사업시행자인 특수목적법인(SPC)을 설립하여 대학부지 내에 공공기금 재원을 활용하여 대학생의 공공기숙사를 건립하고 학교에 기부채납 후에 최대 30년간 기숙사 운영권을 취득하여 운용수입으로 공공기금 차입금을 상환하는 방식으로 한국사학진흥재단과 학교법인이 자본금을 각 50% 출자하여 운영하고 있다.

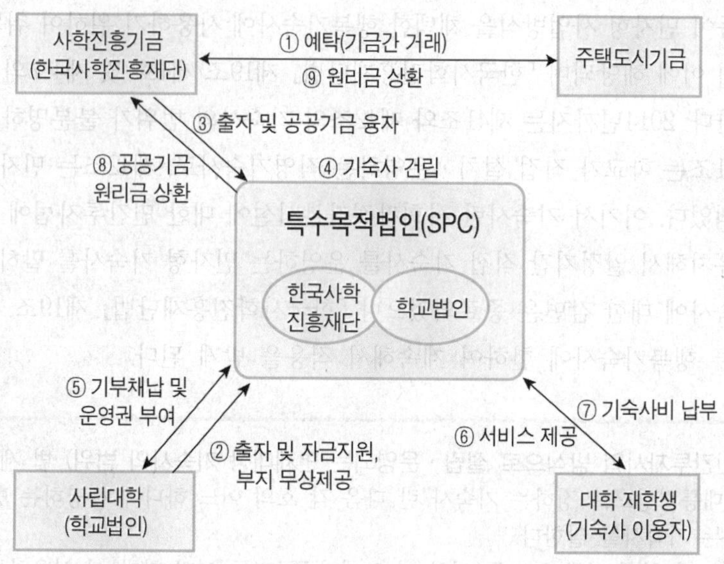


3-1-1. 민간투자 사업방식 개요

민간이 시설을 건설하고 일정기간 직접 시설을 운영해 민간사업자가 사업에서 직접 수익을 거두는 방식 건설(build), 이전(transfer), 운영(operate) 방식으로 진행되는 수익형 민간투자사업방식을 말한다. 민간 사업자가 직접 시설을 건설해 정부, 지자체 등에 기부채납하는 대신 일정기간 사업을 위탁경영해 투자금을 회수하는 방식이다. 대상 시설은 자체 운영수입이 가능한 시설인 고속도로, 항만, 지하철 등이다. 높은 수익률을 기록할 수 있지만, 수요에 따라 수익률이 변할 수 있어 사업 리스크가 높다는 단점도 있다.

① BTO(Build-Transfer-Operate) 사회기반시설의 준공과 동시에 당해 시설의 소유권이 국가 또는 지방자치단체에 귀속되며 사업시행자에게 일정기간의 시설관리 운영권을 인정
② BOO(Build-Own-Operate) 사회기반시설 준공과 동시에 사업시행자에게 당해 시설의 소유권이 인정되는 방식
③ BLT(Build-Lease-Transfer) 사업시행자가 사회기반시설 건설하여 일정기간 동안 시설을 주무관청에 리스하고, 리스기간 종료 후에 시설의 소유권을 주무관청에 양도하는 방식
④ BOS(Build-Own-Sell) 사업시행자가 사회기반시설을 건설하여 주무관청에 매각하고,

주무관청과 리스로 시설대여를 받아 운영하는 방식
⑥ ROT(Rehabilitate-Operate-Transfer) 사업시행자가 사회기반시설을 개량소유하고 운영하여 계약기간 종료시에 시설 소유권을 주무관청에 양도하는 방식
⑦ ROO(Rehabilitate-Own-Operate) 사업시행자가 사회기반시설을 개량하여 사업시행자가 당해 시설을 소유권을 갖고 시설을 운영하는 방식

### 3-1-2. 행복기숙사 사업방식 개요

행복기숙사는 사업기획부터 건설, 기숙사 운영까지 전 단계에서 공공적인 사업 추진이 특징이며 민간사업자 중심의 사업구조와 고금리로 인해 높은 기숙사비 문제와 수익적인 기숙사 운영 등 학생들에게 과도한 거주부담을 완화하기 위해 도입되어 사업의 공공성이 매우 높으며 주요 특징은 아래와 같다.

① SPC는 학교법인과 공공기관인 한국사학진흥재단(교육부 산하기관)이 전액 출자
② 건립재원을 민간자금이 아닌 전액 공공기금*을 활용
* 주택도시기금(구 국민주택기금) 및 사학진흥기금 90%, 대학 자부담 최소 10%
③ 기숙사 건설 시 수익시설을 지양하고 학생에 특화된 기숙시설 건립
④ 기숙사 운영 시 표준 기숙사비 이하로 책정하고 소외계층 지원 확대 등 공익성을 강조
* 표준 기숙사비 월 24만원 이하로 책정 필수(지원교 평균 월 22만원 수준)
* 기숙사 운영 시 저소득층 및 장애인 학생 등 소외계층을 최소 15% 이상('17년부터 30%) 우선 배정하고 소외계층 대상으로 수용인원의 5% 이상에게는 기숙사비 30% 이상 지원 필수
⑤ 기숙사 수익은 전액 학생들을 위해서만 활용(수익금 외부 유출 불가)
* 기숙사 운영 후 초과수익 발생 시에는 최소한의 유지보수 충당 이외에는 전액 학생들에 환급해 주는 등 기숙사 운영의 공공성 제고

### 3-1-3. 학교 소유의 기숙사를 타인에게 위탁경영하는 경우(§42 ①)

제42조 입법취지가 사회간접 자본시설에 대한 「민간투자법」에 따른 민간자본의 대학 내 유치 활성화이므로, 학교가 민간자본을 유치하여 기숙사를 건축하여 취득하고 그 운영을 타인에게 위탁하는 경우에도 취득세 면제대상에 해당된다 할 것이다. 재산세 등도 마찬가지로 기숙사 용도로 과세기준일 현재 사용하는 경우라면 동일하게 면제대상으로 보는 것이 타당하다 할 것이다. 다만, 타인 소유부동산을 학교가 임차하여 기숙사로 사용하는 경우라면 실제 용도는 기숙사라 하더라도 기숙사 소유자가 학교에 해당되지 않는 등 감면요건을 갖추지 못하여 면제대상에서 제외된다. 이때 재산세 면제요건인 "직접 사용"의 의미는 기숙사 소유자인 학교가 직접 기숙사 용도로 사용하는 "인적감면"보다는 기숙사 소유는 학교

이지만 실제 위탁경영자가 기숙사 운영을 하더라도 실제 그 용도대로 사용하면 감면대상이 되는 "물적감면" 요소에 가깝다. 이러한 점을 고려하여 2015년부터는 "직접 사용"이라는 용어 대신 "사용하는"으로 개정하여 감면요건을 명확히 하였다.

**사립대학 기숙사 감면규정 입법취지**

「사회간접자본시설에 대한 민간투자법」 개정으로 사립대학시설도 민간자본의 대학 내 유치 활성화 기반이 마련되었으나, 종전 「지방세법」 제106조 등에서 국가(국립대) 등이 취득하는 기숙사용 부동산에 대해 취득세 등을 비과세하는 반면, 사립대학이 취득하는 기숙사용 부동산은 비과세 대상에서 제외(수익사업용 부동산 감면 배제)함으로써 형평성 문제가 발생하여, 사립대학 등이 기숙사로 사용하기 위하여 취득하는 부동산에 대해서도 2007년부터 면제 규정이 신설되었고 2017년부터는 행복기숙사에 한정하여 적용되고 있음.

〈표 1〉 **2016년까지 행복기숙사 개관 현황**

| 최초 사업연도 | 대학교 | 재원(백만원) | | | 개관연도 |
|---|---|---|---|---|---|
| | | 사학기금 | 주택기금 | 자체 | |
| 2012년 (5개) | 경희대(이문동) | 1,115 | 1,207 | 258 | '14년 상반기 |
| | 경희대(회기동) | 628 | 790 | 158 | '14년 상반기 |
| | 단국대(천안) | 6,727 | 10,564 | 1,922 | '14년 상반기 |
| | 대구한의대 | 2,695 | 6,800 | 1,055 | '14년 상반기 |
| | 세종대 | 3,832 | 12,668 | 3,500 | '15년 상반기 |
| 2013년 (6개) | 경동대(문막-1) | 5,552 | 6,752 | 2,109 | '15년 하반기 |
| | 경동대(양주) | 5,386 | 6,455 | 1,320 | '16년 하반기 |
| | 단국대(죽전) | 7,936 | 10,546 | 4,174 | '15년 상반기 |
| | 서영대 | 1,231 | 1,700 | 326 | '14년 상반기 |
| | 충북보건과학대 | 2,361 | 3,489 | 733 | '14년 상반기 |
| | 동의대 1차 | 8,304 | 11,586 | 2,215 | '16년 상반기 |
| 2014년 (4개) | 제주관광대 | 2,786 | 2,164 | 550 | '15년 하반기 |
| | 경동대(문막-2) | 6,756 | 7,546 | 1,620 | '16년 하반기 |
| | 한국국제대 | 4,916 | 5,704 | 1,180 | '16년 하반기 |
| | 동의대 2차 | 9,841 | 12,471 | 2,475 | '16년 상반기 |
| 2015년 (1개) | 송원대 | 2,375 | 3,385 | 700 | '16년 상반기 |

* 〈참고〉 한국사학진흥재단 자료

〈표 2〉 **2017년 이후 행복기숙사 개관예정 현황**

| 최초 사업연도 | 대학교 | 재원(백만원) | | | 개관예정연도 |
|---|---|---|---|---|---|
| | | 사학기금 | 주택기금 | 자체 | |
| 2012년 (1개) | 경희대(운동장) | 8,143 | 11,603 | 2,194 | '17년 상반기 |
| 2013년 (1개) | 광운대 | 11,973 | 15,927 | 3,600 | '17년 하반기 |
| 2014년 (6개) | 고신대 | 10,887 | 8,103 | 2,110 | '17년 상반기 |
| | 강릉영동대 | 4,048 | 6,896 | 1,216 | '18년 상반기 |
| | 성공회대 | 4,200 | 4,800 | 1,000 | '18년 상반기 |
| | 한동대 | 5,713 | 6,754 | 1,385 | '17년 상반기 |
| | 한양대(서울) | 7,651 | 7,649 | 1,700 | '17년 상반기 |
| | 한양대(ERICA) | 9,998 | 12,277 | 2,475 | '17년 상반기 |
| 2015년 (4개) | 나사렛대 | 1,778 | 4,097 | 1,855 | '17년 상반기 |
| | 대경대(경산) | 3,646 | 4,758 | 1,483 | '17년 하반기 |
| | 영남이공대 | 3,581 | 5,130 | 968 | '17년 상반기 |
| | 신한대 | 2,504 | 3,346 | 650 | '17년 하반기 |
| 2016년 (7개) | 한동대 2차 | 3,650 | 4,000 | 850 | '18년 상반기 |
| | 호서대 | 11,077 | 13,223 | 2,700 | '19년 상반기 |
| | 덕성여대 | 1,842 | 6,508 | - | '18년 상반기 |
| | 상명대 | 1,716 | 1,791 | 400 | '17년 상반기 |
| | 영남이공대(2차) | 7,914 | 10,872 | 2,088 | '19년 상반기 |
| | 전주비전대 | 2,730 | 5,358 | 2,022 | '18년 상반기 |
| | 한성대 | 4,289 | 4,876 | 1,019 | '18년 하반기 |

* 〈참고〉 한국사학진흥재단 자료

〈표 3〉 기숙사 유형별 비교 현황

| 구분 | 행복(공공)기숙사 | 민자기숙사 | 대학직영기숙사 |
|---|---|---|---|
| 감면규정 | 지특법 제42조 제1항<br>최소납부세제 대상으로 85% 감면 | | 지특법 제41조 제1항(면제) |
| SPC 설립주체 | 학교법인 및 한국사학진흥재단<br>(출자지분 : 각각 50%) | 민간 자본 투자자<br>(건설사 및 SPC 운영사, 재무투자자 등) | 해당없음 |
| 사업방식 | BTO<br>(건립 후 소유권을 학교법인으로 이관) | BTO<br>(일부 기숙사는 BTL방식으로 운영) | 대학 직접 건립 |
| 재원구성 | 학교자부담(총사업비의 10%)<br>공공기금(총사업비의 90%)*<br>* 사학진흥기금(총사업비의 37% 수준), 주택도시기금(총사업비의 53% 수준) | 민간 자본 100% | 대학자부담 100% |
| 기숙사비 | 월 24만원 이하<br>('16년 지원사업 평균 기숙사비 : 22.8만원) | 월 30.5만원~40만원 수준 | 월 19.2만원 수준 |
| 이익배분 | 기숙사 시설 유지·보수를 위한 최소 충당금 설정 후 학생들에게 환급 | 이익금은 건설사 및 SPC 운영사, 투자자 등에게 배분 | 운영수익은 대학교비 회계에 편입 |
| 운영방식 | 학교 중심 운영<br>(관장, 조교, 사감 등은 학교에서 지원, SPC 인력은 1~2인으로 관리운영비 최소화) | SPC 운영사에서 운영<br>(규모별로 5~7인이 관리인력으로 참여) | 대학 직접 운영 |
| 시설현황 | 기숙사 사생실 위주의 설계<br>수익시설 최소화 | 수익적 운영을 위해 과도한 수익시설 운영 | – |
| 기숙사비 책정 | 사원총회(재단·대학)로 확정<br>(재단이 주도적으로 관여) | 민간사에서 책정 | 대학 직접 책정 |
| 소외계층 지원 | 입사생 선발 시 15% 이상 우선 배정('17년 30% 이상으로 확대), 장학금 지급 | – | – |

## 3-2. 실험·실습용 차량 등

「교육기본법」 제11조에 따른 학교를 설치·경영하는 자가 학생들의 실험·실습용으로 사용하기 위하여 취득하는 차량·기계장비·항공기·입목 및 선박이 이에 해당된다.

# 4 | 특례내용

## 4-1. 세목별 감면

사립학교가 민자형 기숙사(행복기숙사에 한정) 목적으로 취득·보유하는 부동산 등에 대해서는 지방세 및 국세(농어촌특별세)를 2027년 12월 31일까지 각각 감면한다.

〈표 4〉 학교의 민자형 기숙사 및 실험·실습용 시설 감면 현황(2025.1.1. 현재)

| 조문 | 감면대상 | 감면율 |
|---|---|---|
| §42 ① | 학교가 민간자본형 기숙사(행복기숙사에 한정) 용도로 사용하기 위하여 취득·보유하는 부동산 | 취득세·재산세(도시계획분)·지역자원시설세·주민세재산분 면제 |
| §42 ② | 학교를 경영하는 자가 학생들이 실험·실습용으로 사용하기 위하여 취득하는 차량·기계장비·항공기·입목(立木) 및 선박 | 취득세·재산세 면제 |
| 농특 §4 ⑥ 5호 | §42 ②에 따라 감면받는 취득세의 20% | 농어촌특별세 비과세 |

## 4-2. 기숙사 용도로 건축중인 부속토지에 대한 특례(영 §123)

학교등이 민자형 기숙사 용도로 사용할 건축물을 건축중인 경우에는 해당 용도로 직접 사용하고 있는 것으로 의제(擬制)하여 해당 건축물의 부속토지에 대한 재산세를 계속 감면한다.

# 5 | 지방세특례의 제한

## 5-1. 감면된 취득세의 추징

2010년까지는 민간자본형 학교용 기숙사 취득세 감면범위에 제42조 제1항의 단서규정에 일괄하여 기숙사 용도로 직접 사용하지 않는 경우와 매각 또는 다른 용도로 사용하는 경우에 대해 모두 정당한 사유 여부를 판단할 여지가 있었으나 2013년부터는 정당한 사유 이외에도 2년 이내에 매각, 타 용도로 사용하는 경우에는 추징하도록 추징요건이 강화되었다. 한편, 타 감면규정의 추징 유예기간이 1년인 데 비해 행복기숙사의 경우 3년이다.

〈표 5〉 **행복기숙사 및 일반적 추징규정 비교(2017.1.1. 현재)**

| 일반적 추징 규정(§178, §42 ② 1~2호) | 기숙사 감면(§42 ①) |
|---|---|
| 1. 정당한 사유 없이 그 취득일부터 **1년**이 경과할 때까지 해당 용도로 직접 사용하지 아니하는 경우<br>2. 해당 용도로 직접 사용한 기간이 2년 미만인 상태에서 매각·증여하거나 다른 용도로 사용하는 경우 | 1. 정당한 사유 없이 그 취득일부터 **3년**이 경과할 때까지 해당 용도로 직접 사용하지 아니하는 경우<br>2. 해당 용도로 직접 사용한 기간이 2년 미만인 상태에서 매각·증여하거나 다른 용도로 사용하는 경우 |

### 5-2. 최소납부세액의 부담(§177의 2)

사립대학의 학교 등이 기숙사(§41 ①), 학생 실험·실습용 차량(§41 ②) 등 고유업무에 사용하기 위하여 취득하는 부동산에 대해서는 취득세 등이 면제(§42 ①, ②)됨에도 불구하고, 2019년부터 시행되는 감면 상한제도에 따라 경우에 따라서는 면제되는 세액의 15%는 감면특례가 제한되어 최소납부세액으로 부담하여야 한다. 이에 대한 세부적인 사항은 제177조의 2의 해설편을 참조하면 된다.

### 5-3. 중복감면의 배제(§42 ① 괄호)

제180조(중복감면의 배제)에서 동일한 감면대상에 대해 2개 이상 중복이 되는 경우에는 그 중 감면율이 높은 것 하나만을 감면받도록 규정하고 있다. 민자형 기숙사의 경우에는 학교의 부속시설(대학 설립·운영규정 별표 2)에 해당되어 제41조에 따른 학교 등에 대한 감면과 본 규정에 따른 민자형 기숙사 감면 모두 적용이 가능하다. 취득세, 재산세 등의 경우 2개 규정 모두 감면율이 동일(면제)하지만, 국세인 농어촌특별세의 경우에는 본 규정의 경우 비과세 대상에서 제외되어 민자형 기숙사의 경우 제41조 감면을 적용받는 것이 유리하다. 다만, 2015년부터는 제41조 제1항에서 학교 등이 "해당 사업에 사용하기 위하여 취득하는 부동산(제42조 제1항에 따른 기숙사는 제외한다)"라고 규정되어 제41조에 따른 감면을 적용받을 수 없도록 명확히 개정되었다.

### 5-4. 지방세 중과대상 부동산 감면 제한(§177)

학교 등이 감면을 받으려는 부동산이 「지방세법」 제13조 제5항에 따른 별장·골프장·고급오락장 등 지방세 중과세 대상인 사치성 재산인 경우에는 감면대상에서 제외된다. 이에 대한 세부적인 사항은 제177조의 해설편을 참조하면 된다.

## 6 | 감면신청(§183)

학교 등이 본 규정에 따라 지방세를 감면받으려는 경우에는 해당 지방자치단체의 장에게 해당 부동산이 민자형 기숙사(행복기숙사에 한정) 용도로 사용하는 것임을 입증하는 서류를 첨부하여 감면신청을 하여야 한다. 세부적인 감면신청 절차 등에 대해서는 제183조의 해설편과 같다.

## 7 | 관련사례

▣ 취득세 면제대상 실험·실습용 차량 해당 여부

법인이 전기자동차 취득 후 미등록 상태에서 학생들의 실험·실습용으로 대학교에 취득 자동차를 납품하는 경우 해당 법인은 학교법인에게 전기자동차를 개조해서 납품하는 자일 뿐, 학교를 설치·경영하는 자가 아니므로 학교법인에 납품한 자동차가 학생들의 실험·실습용으로 사용된다고 하더라도 해당 법인에 대하여 위 규정에 따라 취득세를 면제할 수는 없는 것임(행안부 지방세특례제도과-1781, 2022.8.12.).

▣ 학교법인이 기숙사를 취득 후 3년 내에 직접 사용하지 못한 정당한 사유 인정 여부 등

학교법인이 재학생들의 기숙사와 연구시설로 사용하기 위하여 2003.10.24. 학교인근의 부동산을 취득하였으나 2006.3월 당초 목적했던 교육시설이 아닌 다른 용도의 교육시설로 토지이용계획을 변경함에 따라 변경된 교육시설을 건축하기 위한 인근 토지를 추가 매입하는 과정에서 부득이하게 당초 취득한 부동산의 유예기간 3년이 경과된 것이나 이는 정당한 사유에 해당하는 것으로 보기 어려움(구 행자부 지방세정팀-6042, 2006.12.6.).

▣ 외국인 교수의 기숙사는 교육용이 아닌 기숙사에 대한 감면규정을 적용하여야 한다고 한 사례

외국인 교수의 주거안정과 복리증진을 위하여 기숙사 용도로 이 사건 건축물을 신축한 후 외국인 교수들이 입주하여 사용하고 있다면, 학교 구외에 위치한 이 사건 건축물은 학교법인인 청구인이 교육용에 직접 사용하는 부동산이라기보다는 학생 또는 교직원을 위한 후생복지시설로서 지방세법 제272조 제6항에서 규정한 취득세 및 등록세 면제대상인 기숙사에 해당됨(행자부 심사 2007-595, 2007.10.29.).

▣ 교환학생 거주생활 편의제공 후생복지시설은 감면대상 기숙사에 해당된다고 한 사례

지방소재 학교의 구외지역인 다른 지방자치단체에 소재하는 숙박시설인 이 건 부동산은 당해 대학의 소속 학생으로서 수도권 소재 대학에서 수학하는 교환학생들이 사용토록 하기 위하여 취득하였으므로 청구인이 교육용에 직접 사용하는 부동산이라기보다는 교환학생들에게 거주생활의 편의를 제공하기 위하여 취득한 후생복지시설로서 지방세법 제272조 제6

항의 감면대상 기숙사에 해당됨(조심 2009지0749, 2010.5.31.).

■ 재학생들이 기숙사는 교육용이 아닌 기숙사에 대한 감면규정을 적용하여야 한다고 한 사례
재학생들이 기숙사로 사용토록 하기 위하여 이 건 부동산을 취득한 것이라 하더라도 「지방세법」 제107조 제1호 및 제127조 제1항 제1호에서 규정하고 있는 교육용에 직접 사용하기 위하여 취득한 부동산이라기보다는 지방학생들에게 거주생활의 편의를 제공하기 위하여 취득한 후생복지시설로서 같은 법 제272조 제6항에서 취득세 등의 감면대상으로 규정하고 있는 기숙사에 해당함(조심 2010지0376, 2010.11.9.).

# 제 42 조

## 2. 산학협력단에 대한 감면

◎ 관련규정 ◎

제42조(기숙사 등에 대한 감면) ③ 「산업교육진흥 및 산학연협력촉진에 관한 법률」 제25조에 따라 설립·운영하는 산학협력단이 그 고유업무에 직접 사용하기 위하여 취득하는 부동산에 대해서는 취득세의 100분의 75를, 과세기준일 현재 그 고유업무에 직접 사용하는 부동산에 대해서는 재산세의 100분의 75를 2026년 12월 31일까지 각각 경감한다.

④ 제3항에 따른 산학협력단에 대하여는 2014년 12월 31일까지 주민세 사업소분 및 종업원분을 면제한다. 다만, 수익사업에 관계되는 대통령령으로 정하는 주민세 사업소분 및 종업원분은 면제하지 아니한다.

【영】 제19조(산학협력단 면제대상 사업의 범위) 법 제42조 제4항 단서에서 "수익사업에 관계되는 대통령령으로 정하는 주민세 재산분 및 종업원분"이란 수익사업에 제공되고 있는 사업소와 종업원을 기준으로 부과하는 주민세 재산분과 종업원분을 말한다. 이 경우 면제대상 사업과 수익사업에 건축물이 겸용되거나 종업원이 겸직하는 경우에는 주된 용도 또는 직무에 따른다.

### 1 | 개 요

산학협력을 통한 청년 취업 경쟁력 강화를 위해 설립된 산학협력단에 대한 세제지원이다. 본 규정은 2010년까지는 구 지방세법 제288조 제4항, 제7항에서 각각 규정되었다가 2011년부터는 현재의 지특법 제42조로 통합되어 이관(2010.3.31.)되었다. 2015년에는 지방재정 확충을 위한 세제개편의 일환으로 산학협력단에 대한 감면 일부가 축소되었다. 2016년 일몰도래시 재산세 도시지역분이 종료되어 1년간 연장되었다. 2018년부터는 감면기한이

연장(2017년 → 2020년)되었다. 2023년에는 일몰기한이 2026년까지 3년간 연장되었다.

## 2 감면대상자

산업교육진흥 및 산학협력촉진에 관한 법률[102]에 따라 설립된 산학협력단이 이에 해당된다. 여기서 산학협력단이란 대학의 연구성과물과 기업 및 정부 연구기관과 공유를 통한 산・학・연・관 네트워크를 구축하여 대학은 우수인재를 양성, 기업은 빠른 시장환경의 변화에 적응, 정부는 국가산업 발전의 성장동력을 확보하기 위해 유기적인 협력을 구축하기 위한 조직이다. 산학협력단은 산업교육진흥 및 산학연협력촉진에 관한 법률 제25조 제1항에 따라 설립한다.

- 대학은 학교규칙으로 정하는 바에 따라 대학에 산학연협력에 관한 업무를 관장하는 조직(이하 "산학협력단"이라 한다)을 둘 수 있다(§25 ①).
- 산학협력단은 법인으로 한다(§25 ②).

산학협력단은 특허 등 지식재산권의 보유・활용 및 계약의 이행 및 책임소재를 명확히 하기 위해 별도의 법인격을 부여받고 있고 대학의 장의 지도・감독을 받는 하부조직이다. 일반 대학의 교육・연구 활동과 유사하나 고등교육법에 따른 학교에는 해당되지 않는다. 주요기능으로는 지적 재산권 취득 및 관리, 기업과 연계한 연구, 실험, 교육 등 연구과제 등 관리, 대학의 산학협력시설 재산 관리 등이 있다. 한편, 대학 내에 설립되는 유사한 신기술창업지역에 대해서도 참고(표 2)하기 바란다.

102) 산업교육진흥 및 산학협력촉진에 관한 법률 제25조(산학협력단의 설립・운영) ① 대학은 학교규칙으로 정하는 바에 따라 대학에 산학연협력에 관한 업무를 관장하는 조직(이하 "산학협력단"이라 한다)을 둘 수 있다.
② 산학협력단은 법인으로 한다.
③ 산학협력단은 대통령령으로 정하는 바에 따라 주된 사무소의 소재지에서 설립등기를 함으로써 성립한다.
④ 산학협력단의 명칭에는 해당 학교명이 표시되어야 한다.
⑤ 산학협력단이 해산하는 경우 남은 재산은 해당 학교의 설립・경영자에게 귀속한다. 이 경우 학교법인에 귀속하는 남은 재산은 「사립학교법」 제29조 제2항에 따른 교비회계에 편입한다.

〈표 1〉 **산학협력단 설치현황(2012년 현재)**

| 구분 | 학교 수 | | | | 산학협력단 설치 학교 수 | | | | 비율 (%) |
|---|---|---|---|---|---|---|---|---|---|
| | 국립 | 공립 | 사립 | 합계 | 국립 | 공립 | 사립 | 합계 | |
| 합 계 | 44 | 9 | 296 | 349 | 42 | 9 | 274 | 325 | 93.1 |
| - 대학 | 28 | 2 | 153 | 183 | 26 | 2 | 132 | 160 | 87.4 |
| - 교육대학 | 10 | | | 10 | 10 | | | 10 | 100 |
| - 산업대학 | 3 | | 6 | 9 | 3 | | 6 | 9 | 100 |
| - 전문대학 | 3 | 7 | 137 | 147 | 3 | 7 | 136 | 146 | 99.3 |

〈표 2〉 **신기술창업집적 vs 산학협력단 비교**

| 구분 | 신기술창업집적지역 | 산학협력단 |
|---|---|---|
| 설립근거 | 벤처기업육성에 관한 특별 조치법 제17조의 2 | 산업교육진흥 및 산학연협력촉진에 관한 법률 제25조 |
| 승인권자 | 중소기업청장(법 §17의 2 ①) | 각 대학총학장(법 §25 ①) |
| 개요 | 대학·연구기관 내 일정지역을 「신기술창업집적지역」으로 지정하여 공장설치를 허용하고, 각종 특례제도 등을 통해 우수기업 유치 및 신기술 창업을 촉진 | 대학의 연구개발, 기술이전 및 사업화를 총괄하는 기관 |
| 지정요건 및 설립요건 | • 지정요건<br>전체 부지 연면적 대비 지정면적 비율이 30% 이하이고 지정면적이 3천 제곱미터(㎡) 이상이어야 하며, 집적지역개발계획이 실현가능한 대학·연구기관 | • 설립요건<br>국내 어느 대학이나 학교 규칙으로 정하는 바에 따라 대학에 산학연협력에 관한 업무를 관장하는 산학협력단을 설치하여 운영가능 |
| 주요업무 | • 집적지역 설치 운영자에 대한 지원내역<br>- 취득세 면제 및 재산세 50% 감면<br>- 건축제한 완화<br>- 집적지역 내 도시형공장 설치 허용<br>- 국·공유지 영구시설물 축조허용 및 임대기간우대<br>- 개발부담금 등 5개 부담금 면제 | • 산학협력단의 주요업무<br>- 연구비(교내외) 관리, 산업자문(기술지도, 경영지도 등)<br>- 기술사업화(기술마케팅, 발명교육, 기술이전, 기술지주회사 운영)<br>- 창업보육센터운영지원(입주기업제품홍보, 제품디자인지원, 창업동아리운영 등) |
| 주요 차이점 | • 신기술창업집적지역과 산학협력단 관계는<br>- 산학협력단은 대학이 수익사업을 할 수 있도록 대학과는 별도의 법인임.<br>- 산학협력단에서는 기술이전센터, 창업보육센터, RIS사업단 등 여러 종류의 정부의 지원사업을 받아 수행함.<br>- 신기술창업집적지역은 대학에 따라 산학협력단에서 수행하는 수많은 사업 중 하나로 운영하거나, 별도의 창업지원단 등에서 운영함. | |

## 3 감면대상 부동산

산업교육진흥 및 산학협력촉진에 관한 법률 제25조에 따라 설립·운영하는 산학협력단이 그 고유업무에 직접 사용하기 위하여 취득하는 부동산이 이에 해당된다.

**학교소유의 부동산을 산학협력단에 위탁경영하고 그 고유목적으로 사용하는 경우**

산학협력단에 대한 감면은 대학의 산학협력사업(기술개발, 창업보육, 인력양성, 기술이전 등)을 관리 지원하는 전담조직인 산학협력단의 원활한 사업지원을 위한 세제지원으로 2004년도에 신설되어 현재에 이르고 있다. 산학협력단이 대학의 지도·감독을 받는 일종의 하부조직(그림 참조)이라 하더라도 **법률적으로는 산업교육진흥 및 산학협력촉진에 관한 법률 제25조에 따라 설립되는 학교법인과는 별개의 법인**인 것이다. 이에 따라 산학협력단이 사실상 학교법인의 하부조직이긴 하나 고등교육법에 따른 학교에 해당되지 않으며, 별도의 감면규정을 신설하여 산학협력단에 대한 세제지원을 하고 있는 취지 등에 비추어 볼 때 산업교육진흥 관련법에 의한 산학협력단이 사실상 대학과의 밀접한 산학관계를 통하여 내부적으로 부동산 소유 등에 대해 자유롭게 위탁 경영 등을 한다고 하더라도, 이는 산학협력단과 대학 간의 내부사정에 불과한 것으로 이러한 내부사정이 취득세 등 면제를 위한 정당한 사유라고 보기가 어렵다 할 것이다. 따라서 이 법에서 규정하는 산학협력단이 고유목적에 직접 사용한다는 의미는 산학협력단 소유로 부동산을 취득하고 산학협력단이 계속해서 고유목적에 사용한다는 것으로 보아야 할 것이다. 따라서 당초에 학교법인이 부동산을 취득하고 이후에 산학협력단이 위탁경영 등을 통하여 재산세 과세기준일 현재 사실상 산학협력단 고유목적에 사용하는 경우에는 감면대상인 학교가 교육용 사업에 직접 사용하는 것으로 볼 수 없다 할 것이다.

**〈그림〉 학교 내에서 산학협력단 조직도**

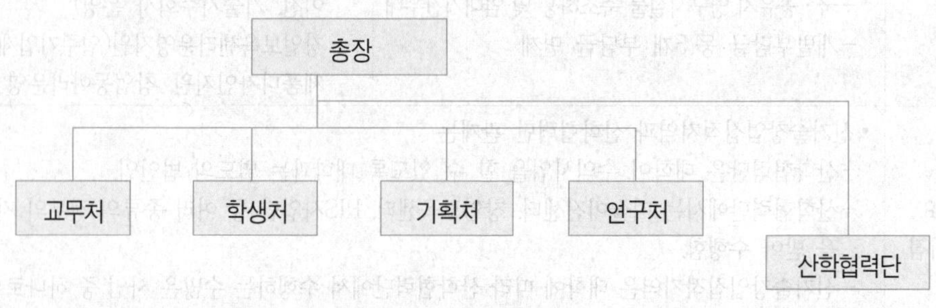

# 4 | 특례내용

## 4-1. 세목별 감면

산학협력단이 그 고유업무에 직접 사용하기 위하여 취득하는 부동산에 대해서는 2026년 12월 31일까지 지방세를 감면한다.

〈표 3〉 **산학협력단 감면 현황(2024.1.1. 현재)**

| 조문 | 감면대상 | 감면율 |
| --- | --- | --- |
| §42 ③ | 산학협력단 고유업무용으로 취득·보유하는 부동산 등 | 취득세·재산세 75% |

## 4-2. 경과규정 특례(부칙 §14, 제12955호 2014.12.31.)

### 4-2-1. 건축중인 부속토지에 대한 특례(영 §123)

사립대학 의과대학이 해당 용도로 사용할 건축물을 건축중인 경우에는 해당 용도로 직접 사용하고 있는 것으로 의제(擬制)하여 해당 건축물의 부속토지에 대한 재산세를 계속 감면한다.

### 4-2-2. 자동계좌이체 납부분 재산세 세액공제(§92의 2)

사립대학 의과대학이 전자송달 또는 자동계좌이체 방식으로 납부할 재산세(§41 ⑥)를 자동납부 신청하는 경우에는 지방자치단체의 조례로 정하는 바에 따라 추가로 재산세를 공제(150원~1,000원)받을 수 있다. 자동납부 신청 세액공제에 관한 세부사항은 제92조의 2의 해설편을 참조하면 된다.

## 4-3. 자동계좌이체 납부분 재산세 세액공제(§92의 2)

산업협력단 등이 전자송달 또는 자동계좌이체 방식으로 납부할 재산세(§42 ③)를 자동납부 신청하는 경우에는 지방자치단체의 조례로 정하는 바에 따라 추가로 재산세를 공제(150원~1,000원)받을 수 있다. 자동납부 신청 세액공제에 관한 세부사항은 제92조의 2의 해설편을 참조하면 된다.

### 4-4. 건축중인 부속토지에 대한 특례(영 §123)

산학협력단이 그 고유업무 용도로 사용할 건축물을 건축중인 경우에는 해당 용도로 직접 사용하고 있는 것으로 의제(擬制)하여 해당 건축물의 부속토지에 대한 재산세를 계속 감면한다.

## 5 | 지방세특례의 제한

### 5-1. 감면받은 취득세의 추징(§178)

사립대학 부속병원에 대해서는 별도로 사후관리 규정을 두고 있지 않으나 제178조에 따라 감면받은 취득세가 추징될 수 있다. 감면의무위반 사항에 대한 세부적인 내용은 제178조의 해설편의 내용을 참조하면 된다.

### 5-2. 2021년 시행되는 재산세 경과규정 특례(부칙 §5, 제16041호 2018.12.24.)

2020년까지는 사립대학 부속병원이 의료사업에 직접 사용하는 부동산의 경우에는 재산세가 매년 경감이 되었으나 2021년 1월 1일부터는 취득일 이후 재산세 납세의무가 성립된 날로부터 5년간만 재산세를 경감(30%)한다. 한편, 2020년 12월 31일 이전에 취득하고 재산세 납세의무가 성립한 지 5년이 경과되지 않은 부동산의 경우도 부칙 제5조에 따라 한시 재산세 감면대상에 포함되며, 이 경우 경감기간은 2021년 1월 1일을 기준으로 재산세 납세의무가 성립한 날부터 5년이 지나지 않은 나머지 잔여기간(다음의 표 참조)으로 한다.

〈표 3〉 **사립대학부속병원에 대한 재산세 50% 감면 잔여기간**

| 1995년 이전 취득분 | 1996.1.1. 이후 취득분(해당연도 재산세 납세의무 성립일 현재 잔여기간) | | | | |
|---|---|---|---|---|---|
| | 1996년 | 1997년 | 1998년 | 1999년 | 2000년 |
| 감면종료 | 2021년(1년) | 2022년(2년) | 2023년(3년) | 2024년(4년) | 2025년(5년) |

### 5-3. 지방세 중과대상 부동산 감면 제한(§177)

사립대학 의과대학이 감면을 받으려는 부동산이 「지방세법」 제13조 제5항에 따른 별장·골프장 등 지방세 중과세 대상인 사치성 재산인 경우에는 감면대상에서 제외된다. 이에 대한 세부적인 사항은 제177조의 해설편을 참조하면 된다.

## 6 | 감면신청(§183)

학교 등이 본 규정에 따라 지방세를 감면받으려는 경우에는 해당 지방자치단체의 장에게 해당 부동산이 학교목적에 직접 사용하는 용도임을 입증하는 서류를 첨부하여 감면신청을 조의 2 규정으로 이관되었다.

# 제43조

## 평생교육단체 등에 대한 면제

관련규정

제43조(평생교육단체 등에 대한 면제) ①「평생교육법」에 따른 교육시설을 운영하는 평생교육단체(이하 이 조에서 "평생교육단체"라 한다)가 해당 사업에 직접 사용하기 위하여 취득하는 부동산에 대해서는 취득세를 2019년 12월 31일까지 면제한다.

② 평생교육단체가 과세기준일 현재 해당 사업에 직접 사용하는 부동산(대통령령으로 정하는 건축물의 부속토지를 포함한다)에 대해서는 재산세를 2019년 12월 31일까지 면제한다. 다만, 수익사업에 사용하는 경우와 해당 재산이 유료로 사용되는 경우의 그 재산 및 해당 재산의 일부가 그 목적에 직접 사용되지 아니하는 경우의 그 일부 재산에 대해서는 면제하지 아니한다.

【영】 제20조(평생교육단체 면제대상 사업의 범위) ① 법 제43조 제2항 본문 및 같은 조 제3항 각 호 외의 부분에서 "대통령령으로 정하는 건축물의 부속토지"란 각각 해당 사업에 직접 사용할 건축물을 건축중인 경우와 건축허가 후 행정기관의 건축규제조치로 건축에 착공하지 못한 경우의 건축 예정 건축물의 부속토지를 말한다.

③ 평생교육단체가 2020년 1월 1일부터 2027년 12월 31일까지 해당 사업에 직접 사용하기 위하여 취득하는 부동산에 대해서는 취득세를, 같은 기간에 취득한 부동산으로서 과세기준일 현재 해당 사업에 직접 사용하는 부동산(대통령령으로 정하는 건축물의 부속토지를 포함한다)에 대해서는 재산세를 다음 각 호의 구분에 따라 각각 경감한다.

1. 해당 부동산에 대해서는 취득세의 100분의 50을 경감한다.
2. 해당 부동산 취득일 이후 해당 부동산에 대한 재산세 납세의무가 최초로 성립한 날부터 5년간 재산세의 100분의 50을 경감한다. 다만, 수익사업에 사용하는 경우와 해당 재산이 유료로 사용되는 경우의 그 재산 및 해당 재산의 일부가 그 목적에 직접 사용되지 아니하는 경우의 그 일부 재산에 대해서는 경감하지 아니한다.

④ 제1항 및 제3항 제1호를 적용할 때 다음 각 호의 어느 하나에 해당하는 경우 감면된 취득세를 추징한다.

1. 해당 부동산을 취득한 날부터 5년 이내에 수익사업에 사용하는 경우
2. 정당한 사유 없이 그 취득일부터 3년이 지날 때까지 해당 용도로 직접 사용하지 아니하는 경우
3. 해당 용도로 직접 사용한 기간이 2년 미만인 상태에서 매각·증여하거나 다른 용도로 사용하는 경우

## 1 | 개 요

학교의 정규교육과정을 제외한 학력보완교육, 성인 기초·문자해득교육, 직업능력 향상교육, 인문교양교육, 문화예술교육, 시민참여교육 등을 포함하는 모든 형태의 조직적인 교육활동을 위해 설립된 평생교육단체에 대한 세제지원이다. 2010년까지는 구 지방세법 제107조, 제186조, 제163조 제1항, 제255조 제2항에서 각각 규정되었다가 2010년부터 지특법이 제정되면서 현재의 제43조로 통합하여 이관되었다. 2016년부터는 영구감면에서 일몰기한 감면으로 변경되었다. 2019년에는 감면율이 일부 축소되었고, 지역자원시설세 감면이 종료되었으며 제3항에 따라 2024년까지 일몰기한을 연장하고 있다.

## 2 | 감면대상자

「평생교육법」에 따른 교육시설을 운영하는 평생교육단체가 이에 해당된다. 평생교육단체란 「평생교육법」 제2조 제2호에 따른 시설·법인 또는 단체로서 ⅰ) 평생교육법에 따라 인가·등록·신고된 법인 또는 단체, ⅱ) 학원의 설립·운영 및 과외교습에 관한 법률에 따른 학원 중 학교교과교습학원[103]을 제외한 평생직업교육을 실시하는 학원, ⅲ) 그 밖에 다른 법령에 따라 평생교육을 주된 목적(문화시설, 아동·노인·여성관련 등)으로 하는 법

103) 학원의 설립·운영 및 과외교습에 관한 법률 제2조의 2(학원의 종류) ① 학원의 종류는 다음 각 호와 같다.
1. 학교교과교습학원 : 「초·중등교육법」 제23조에 따른 학교교육과정을 교습하거나 다음 각 목의 사람을 대상으로 교습하는 학원
가. 「유아교육법」 제2조 제1호에 따른 유아
나. 「장애인 등에 대한 특수교육법」 제15조 제1항 각 호의 어느 하나에 해당하는 장애가 있는 사람
다. 「초·중등교육법」 제2조에 따른 학교의 학생. 다만, 직업교육을 목적으로 하는 직업기술분야의 학원에서 취업을 위하여 학습하는 경우는 제외한다.

인 또는 단체를 말한다. 따라서 「초등교육법」에 따른 학습교과과정(국어 · 영어 · 수학 등)을 교습하는 일반 학원은 평생교육단체에 해당되지 않는다.

## 3 | 감면대상 부동산 등

「평생교육법」에 따른 교육시설을 운영하는 평생교육단체가 해당 사업에 직접 사용하기 위하여 취득 또는 보유하는 부동산이 이에 해당된다. 2018년까지는 평생교육단체에 대한 사업장(면적, 종업원)과 해당 사업을 위한 면허도 감면대상이었으나 2019년부터 과세전환되었다.

## 4 | 특례내용

### 4-1. 세목별 감면

평생교육단체에 대해서는 지방세 및 국세(농어촌특별세)를 2027년 12월 31일까지 각각 감면한다. 한편, 2016년부터는 평생교육단체에 대해서는 영구감면에서 일몰기한이 있는 감면으로 변경되었다.

〈표 1〉 **평생교육단체에 대한 감면 현황(2025.1.1. 현재)**

| 조문 | 감면내용 | 감면율 |
|---|---|---|
| §43 ③ | 평생교육단체의 해당 사업용 부동산 | 취득세 50%,<br>재산세 50%(취득 후 5년간) |
| 농특 §4 ⑥ 5호 | §43 ①에 따라 감면받는 취득세분의 20% | 농어촌특별세 비과세 |

### 4-2. 건축중인 부속토지에 대한 특례(영 §20 ①)

평생교육단체의 고유업무 용도로 사용할 건축물을 건축중인 경우에는 해당 용도로 직접 사용하고 있는 것으로 의제(擬制)하여 해당 건축물의 부속토지에 대한 재산세를 계속 감면한다.

# 5 | 지방세특례의 제한

## 5-1. 감면된 취득세의 추징(§43 ④)

평생교육단체가 다음의 어느 하나에 해당하는 경우에는 감면받은 취득세가 추징된다.

1. 해당 부동산을 취득한 날부터 5년 이내에 수익사업에 사용하는 경우
2. 정당한 사유 없이 그 취득일부터 3년이 지날 때까지 해당 용도로 직접 사용하지 아니하는 경우
3. 해당 용도로 직접 사용한 기간이 2년 미만인 상태에서 매각·증여하거나 다른 용도로 사용하는 경우

## 5-2. 2021년 시행되는 재산세 경과규정 특례(부칙 §5, 제16041호 2018.12.24.)

2020년까지는 평생교육단체가 고유업무에 직접 사용하는 부동산의 경우에는 재산세가 매년 경감이 되었으나 2020년 1월 1일부터는 취득일 이후 재산세 납세의무가 성립된 날로부터 5년간만 재산세를 경감(50%)한다. 한편, 2019년 12월 31일 이전에 취득하고 재산세 납세의무가 성립한 지 5년이 경과되지 않은 부동산의 경우도 부칙 제5조에 따라 한시 재산세 감면대상에 포함되며, 이 경우 경감기간은 2020년 1월 1일을 기준으로 재산세 납세의무가 성립한 날부터 5년이 지나지 않은 나머지 잔여기간(다음의 표 참조)으로 한다.

〈표 2〉 **평생교육단체에 대한 재산세 50% 감면 잔여기간**

| 1995년 이전 취득분 | 1996.1.1. 이후 취득분(해당연도 재산세 납세의무 성립일 현재 잔여기간) | | | | |
|---|---|---|---|---|---|
| | 1996년 | 1997년 | 1998년 | 1999년 | 2000년 |
| 감면종료 | 2021년(1년) | 2022년(2년) | 2023년(3년) | 2024년(4년) | 2025년(5년) |

## 5-3. 수익사업용 부동산에 대한 감면 제한(§43 ② 단서, ③)

평생교육단체가 수익사업에 사용하는 경우와 해당 재산이 유료로 사용되는 경우에는 그 재산의 일부에 대해서는 재산세, 주민세(재산분, 종업원분) 감면대상에서 제외한다.

## 5-4. 최소납부세액의 부담(§177의 2)

2015년부터 시행되는 감면 상한제도(§177의 2 본문)에 따라 경우에 따라서는 면제되는 세

액의 15%는 감면특례가 제한되어 평생교육단체에 대한 취득세 또는 재산세(§43)의 경우 최소납부세액을 부담해야 한다. 다만, 시행시기는 부칙 제12조(제15295호)에 따라 2019년 1월 1일부터 적용한다. 이에 대한 세부적인 사항은 제177조의 2 해설편의 내용과 같다.

### 5－5. 지방세 중과세 대상 부동산에 대한 감면 제한(§177)

평생교육단체가 감면을 받으려는 부동산이 지방세법 제13조 제5항에 따른 별장・골프장・고급오락장 등 지방세 중과세 대상인 사치성 재산인 경우에는 감면대상에서 제외된다.

## 6 | 감면신청(§183)

평생교육단체가 본 규정에 따라 지방세를 감면받으려는 경우에는 해당 지방자치단체의 장에게 해당 부동산이 그 고유업무에 직접 사용하는 용도임을 입증하는 서류를 첨부하여 감면신청을 하여야 한다. 세부적인 감면신청 절차 등에 대해서는 제183조의 해설편을 참조하면 된다.

## 7 | 관련사례

■ 청구법인은 평생교육단체에 해당하므로 「지방세특례제한법」 제43조를 적용(최소납부세제 적용이 2018.12.31.까지 유예)하여야 한다는 청구주장의 당부

청구법인의 경우, 「평생교육법」상 평생교육시설로서 승인을 받은 것으로 보아 「평생교육법」상 평생교육시설에 해당하는 것으로 보이고, 달리 「지방세특례제한법」 제43조의 '평생교육단체'로 볼 만한 사유나 근거 등이 분명하지 아니하므로 쟁점부동산의 취득에 대하여 「지방세특례제한법」 제44조에 따른 재산세 감면을 적용하고, 같은 법 제177조의 2에 따라 재산세 감면율의 한도를 100분의 85로 하는 것이 타당하다(조심 2022지302, 2022.11.29., 참조) 할 것임(조심 2023지0814, 2023.12.28.).

■ 조달청 입찰 지연에 따른 해당용도 사용 판단 여부

재산세 과세기준일 현재 조달청을 통한 입찰로 인한 착공지연을 행정기관의 건축 규제조치로 보기 어려우므로 해당 법인에게 재산세를 과세한 처분은 잘못이 없음(조심 2015지0687, 2015.9.2.).

■ 조달청 입찰 지연에 따른 해당용도 사용 판단 여부

해당인이 평생교육시설을 통해 수익사업을 영위하고 있으므로 지방세특례제한법 제43조의 평생교육단체 등에 대한 주민세(재산분) 면제대상에 해당하지 않으므로, 주민세 재산분을 부과고지하면서 가산세를 부과한 처분은 적법함(조심 2014지0331, 2014.4.16.).

■ 평생교육단체에서 운영하는 골프연습장이 감면대상에 해당되는지 여부

청구법인이 운영하는 대학의 학생 또는 부설 평생교육원의 수강생들이 이 건 골프연습장에서 골프 관련 수업을 수강한다고 하더라도 일반인과 겸용되는 이 건 골프연습장은 평생교육을 위한 평생교육시설이 아니라 누구나 자유롭게 유료 또는 무료로 이용할 수 있는 사회체육시설의 일종으로 보는 것이 타당함(조심 2011지0204, 2011.9.30.).

■ 취득시점 이후에 박물관 등록을 한 경우에는 감면대상에 해당 안됨

취득세 감면의 경우 취득세 과세물건을 취득하는 시점에서 감면요건의 충족 여부로 판단하여야 할 것인바, 귀문과 같이 부동산을 취득하여 박물관이 아닌 수족관으로 사용승인을 받아 개관하여 운영한 경우라면, 취득시점에 관계법령에 따라 '등록된 박물관이나 박물관으로 설치·운영하기 위한 취득'이라는 위 감면요건을 충족하지 못하였다고 할 것이므로 취득시점 이후에 감면요건을 충족하였다고 하더라도 이를 소급하여 적용할 수 없다고 할 것이나, 이에 해당되는지 여부는 당해 과세권자가 사실관계 등을 조사하여 최종 판단할 사항임(행안부 지방세운영과-3170, 2011.7.4.).

■ 박물관 용도로 직접 사용하지 못한 정당한 사유 여부

협회의 보완사항에 적극적으로 대처하지 않으므로 인해 2009.5.12. 협회의 2차 현지 출장시에도 박물관 현황이 개선되지 않아 협회는 전시시설의 보완 및 개선을 약속받고 우선 등록허가를 처리하는 것이 타당하다는 의견을 개진한 것을 볼 때, 청구인이 이 사건 박물관을 취득일부터 1년 이내에 직접 사용(등록)하지 못한 데에 대한 정당한 사유가 있다고 보기는 어려움(조심 2010지0669, 2011.4.14.).

■ 관련법령에 의한 박물관 등록을 하지 않은 채 운영중인 박물관에 대한 재산세 과세 여부

재산세 과세기준일 현재 박물관 및 미술관광진흥법의 규정에 의하여 등록하지 아니한 박물관용 부동산은 재산세 등의 과세면제 대상에 해당하지 아니함(조심 2008지0527, 2009.2.10.).

■ '평생교육단체'의 의미

1) 평생교육법 제25조 제1항에서 "각급 학교의 장은 당해 학교의 교육환경을 고려하여 그 특성에 맞는 평생교육을 실시할 수 있다"고 규정하고 있고, 그 제3항에서 "각급 학교의 장은 학생·학부모 및 지역주민을 대상으로 교양증진 또는 직업교육을 위한 평생교육시설을 설치할 수 있음. 평생교육시설을 설치한 경우 각급 학교의 장은 관할관청에 이를 보고하여야 한다"고 규정하고 있으므로, 평생교육법 제25조의 규정에 따라 평생교육원을 설치하여 운영하고 있는 경우라면, 당해 학교법인은 "평생교육법에 의한 교육시설을 운영하는 평생교육단체"에 해당된다 할 것으로 평생교육사업에 직접 사용하기 위한 부동산의 취득에 대하여는 비과세하여야 될 것으로 판단됨(행안부 세정-265, 2008.1.21.).

2) 평생교육단체가 아닌 개인명의 취득의 경우는 비과세대상이 아니라고 한 사례-지방세

법 제107조 제1호 및 동법 시행령 제79조 제1항 제2호의 규정에 평생교육법에 의한 교육시설을 운영하는 평생교육단체가 그 사업에 사용하기 위한 부동산의 취득에 대하여는 취득세 등이 비과세되도록 규정하고 있고, 평생교육법 부칙 제2조의 규정에 의거 이 법 시행당시 종전의 규정에 의하여 설치된 사회교육시설은 이 법에 의하여 설치된 평생교육시설로 보도록 규정하고 있으나 귀문의 경우 평생교육단체가 아닌 개인명의로 부동산을 취득·등기하는 경우는 비과세가 아님(행자부 세정 13407-336, 2003.4.28.).

▣ 평생교육단체로서 면제대상에 해당하는지 여부

청구법인은 관할 교육감으로부터 평생교육단체로 등록(허가, 승인)된 사실이 없을 뿐만 아니라 평생교육시설의 기본요건(전문인력 5명 이상)을 충족하고 있지 못하고 있는 이상 주민세(재산분)의 면제대상으로 볼 수는 없다 할 것이지만, 처분청이 청구법인을 평생교육단체로 잘못 판단하여 기 신고납부한 주민세를 환부하였음에도 이러한 주민세를 부과하는 과정에서 청구법인에게 그 신고납부를 이행하지 못한 책임을 물어 신고불성실가산세와 납부불성실가산세를 부과하는 것은 잘못이라 할 것임(조심 2012지0052, 2012.4.27.).

▣ 골프연습장은 평생교육시설이 아닌 사회체육시설의 일종이라고 한 사례

청구법인이 운영하는 대학의 학생 또는 부설 평생교육원의 수강생들이 이 건 골프연습장에서 골프 관련 수업을 수강한다고 하더라도 일반인과 겸용되는 이 건 골프연습장은 평생교육을 위한 평생교육시설이 아니라 누구나 자유롭게 유료 또는 무료로 이용할 수 있는 사회체육시설의 일종으로 보는 것이 타당함(조심 2011지0204, 2011.9.30.).

지방세특례제한법

제 44 조

# 평생교육시설 등에 대한 감면

관련규정

제44조(평생교육시설 등에 대한 감면) ① 대통령령으로 정하는 평생교육시설에 사용하기 위하여 취득하는 부동산에 대해서는 취득세를, 과세기준일 현재 평생교육시설에 직접 사용하는 부동산(해당 시설을 다른 용도로 함께 사용하는 경우 그 부분은 제외한다)에 대해서는 재산세를 다음 각 호에서 정하는 바에 따라 각각 감면한다.

1. 2019년 12월 31일까지는 취득세 및 재산세를 각각 면제한다.
2. 2020년 1월 1일부터 2027년 12월 31일까지 취득하는 부동산에 대해서는 다음 각 목의 구분에 따라 취득세 및 재산세를 각각 경감한다.
   가. 해당 부동산에 대해서는 취득세의 100분의 50을 경감한다.
   나. 해당 부동산 취득일 이후 해당 부동산에 대한 재산세 납세의무가 최초로 성립한 날부터 5년간 재산세의 100분의 50을 경감한다.

【영】 제21조(평생교육시설의 범위) 법 제44조 제1항 각 호 외의 부분에서 "대통령령으로 정하는 평생교육시설"이란 「평생교육법」에 따라 보고·인가·등록·신고된 평생교육시설로서 다음 각 호에서 정하는 것을 말한다.

1. 「평생교육법」 제30조에 따른 학교 부설 평생교육시설
2. 「평생교육법」 제31조에 따른 학교형태의 평생교육시설
3. 「평생교육법」 제32조에 따른 사내대학형태의 평생교육시설
4. 「평생교육법」 제33조에 따른 원격대학형태의 평생교육시설
5. 「평생교육법」 제35조에 따른 사업장 부설 평생교육시설
6. 「평생교육법」 제36조에 따른 시민사회단체 부설 평생교육시설
7. 「평생교육법」 제37조에 따른 언론기관 부설 평생교육시설
8. 「평생교육법」 제38조에 따른 지식·인력개발사업 관련 평생교육시설

② 제1항에 따른 평생교육시설로서 「평생교육법」 제31조 제4항에 따라 전공대학 명칭을 사용할 수 있는 평생교육시설(이하 이 조에서 "전공대학"이라 한다)에 대해서는 다음 각 호에서 정하는 바에 따라 지방세를 2027년 12월 31일까지 면제한다.

1. 전공대학이 해당 사업에 직접 사용하기 위하여 취득하는 부동산에 대한 취득세. 다만, 다음 각 목의 어느 하나에 해당하는 경우 그 해당 부분에 대해서는 면제된 취득세를 추징한다.
   가. 해당 부동산을 취득한 날부터 5년 이내에 수익사업에 사용하는 경우
   나. 정당한 사유 없이 그 취득일부터 3년이 경과할 때까지 해당 용도로 직접 사용하지 아니하는 경우
   다. 해당 용도로 직접 사용한 기간이 2년 미만인 상태에서 매각 · 증여하거나 다른 용도로 사용하는 경우
2. 전공대학이 과세기준일 현재 해당 사업에 직접 사용하는 부동산(제41조 제2항 본문에 따른 건축물의 부속토지를 포함한다)에 대한 재산세(「지방세법」 제112조에 따른 부과액을 포함한다) 및 「지방세법」 제146조 제3항에 따른 지역자원시설세. 다만, 수익사업에 사용하는 경우와 해당 재산이 유료로 사용되는 경우의 그 재산 및 해당 재산의 일부가 그 목적에 직접 사용되지 아니하는 경우의 그 일부 재산에 대해서는 면제하지 아니한다.
3. 전공대학이 그 사업에 직접 사용하기 위한 면허에 대한 등록면허세와 전공대학에 대한 주민세 사업소분(「지방세법」 제81조 제1항 제2호에 따라 부과되는 세액으로 한정한다. 이하 이 호에서 같다) 및 종업원분. 다만, 수익사업에 관계되는 주민세 사업소분 및 종업원분(수익사업 관계 여부는 제41조 제3항 단서에 따른다)은 면제하지 아니한다.

③ 전공대학의 운영과 관련하여 「산업교육진흥 및 산학연협력촉진에 관한 법률」 제25조에 따라 설립 · 운영하는 산학협력단이 그 고유업무에 직접 사용하기 위하여 취득하는 부동산에 대해서는 취득세의 100분의 75를, 과세기준일 현재 그 고유업무에 직접 사용하는 부동산에 대해서는 재산세의 100분의 75를 2026년 12월 31일까지 각각 경감한다.

④ 「국민 평생 직업능력 개발법」 제2조 제3호 가목에 따른 공공직업훈련시설에 직접 사용하기 위하여 취득하는 부동산에 대해서는 2027년 12월 31일까지 취득세의 100분의 50을 경감하고, 과세기준일 현재 공공직업훈련시설에 직접 사용하는 부동산(해당 시설을 다른 용도로 함께 사용하는 경우 그 부분은 제외한다)에 대해서는 2027년 12월 31일까지 재산세의 100분의 50을 경감한다.

⑤ 제1항에 따른 평생교육시설 중 「평생교육법」 제31조 제2항에 따라 고등학교졸업 이하의 학력이 인정되는 시설로 지정된 학교형태의 평생교육시설(이하 이 항에서 "학력인정 평생교육시설"이라 한다)에 대해서는 다음 각 호에서 정하는 바에 따라 지방세를 2027년 12월 31일까지 면제한다.

1. 학력인정 평생교육시설에 직접 사용하기 위하여 취득하는 부동산에 대해서는 취득

세를 면제한다. 다만, 다음 각 목의 어느 하나에 해당하는 경우 그 해당 부분에 대해서는 면제된 취득세를 추징한다.

가. 정당한 사유 없이 그 취득일부터 3년이 지날 때까지 해당 용도로 직접 사용하지 아니하는 경우

나. 해당 용도로 직접 사용한 기간이 2년 미만인 상태에서 매각 · 증여하거나 다른 용도로 사용하는 경우

2. 과세기준일 현재 학력인정 평생교육시설에 직접 사용하는 부동산(해당 시설을 다른 용도로 함께 사용하는 경우 그 부분은 제외한다)에 대해서는 재산세(「지방세법」 제112조에 따른 부과액을 포함한다) 및 「지방세법」 제146조 제3항에 따른 지역자원시설세를 각각 면제한다.

3. 학력인정 평생교육시설이 그 사업에 직접 사용하기 위한 면허에 대한 등록면허세와 주민세 사업소분(「지방세법」 제81조 제1항 제2호에 따라 부과되는 세액으로 한정한다) 및 종업원분을 각각 면제한다.

⑥ 제1항 및 제4항을 적용할 때 다음 각 호의 어느 하나에 해당하는 경우 그 해당 부분에 대해서는 감면된 취득세 및 재산세를 추징한다.

1. 해당 부동산을 취득한 날부터 5년 이내에 수익사업에 사용하는 경우
2. 정당한 사유 없이 그 취득일부터 3년이 지날 때까지 해당 용도로 직접 사용하지 아니하는 경우
3. 해당 용도로 직접 사용한 기간이 2년 미만인 상태에서 매각 · 증여하거나 다른 용도로 사용하는 경우

## 1 | 개 요

정규학교 중도탈락자, 학령기를 놓친 성인, 사업장 직원 등 생활과 생계를 위해 성인이 되어도 교육이 필요한 인원이 평생교육시설을 통해 학력보완, 인문교양, 시민참여교육 등 교육기회 제공과 최근 급속한 고령화 추세와 사회변화로 인해 재취업 및 삶의 질 향상을 위한 평생교육의 필요성 증대에 따른 세제지원이다. 평생교육시설에 대한 감면은 2010년까지는 자치단체의 구 표준조례에서 규정되었다가 2011년부터는 현재의 지특법 제44조로 이관되었다. 2016년부터는 평생교육시설 감면의 범위에 박물관을 제외하는 대신 제44조의 2 규정으로 신설 이관하였다. 2021년에는 평생교육시설에 대한 감면이 축소(취득세 면제 → 50% 등)되었고, 공공직업훈련시설에 대한 감면이 신설되었다. 2022년에는 감면기한이 3년

(2024년말까지) 연장되었고 2023년에는 전공대학에 대한 추징규정을 직접 두고 감면 규정을 등록면허세 면허분과 주민세(사업소분+종업원분)를 감면세목에 추가하고 전공대학의 산학협력단에 대해서도 감면대상에 포함하였다.

## 2 | 감면대상자

### 2-1. 평생교육시설 설치 · 운영자(§44 ①)

「평생교육법」에 따른 평생교육시설을 설치 · 운영하는 자(법인, 단체, 개인)가 이에 해당된다. 평생교육시설이란 평생교육을 주된 목적으로 하는 시설로써 「평생교육법」에 따라 인가 · 등록 · 신고 · 보고된 시설을 말한다. 평생교육시설 유형으로는 크게 학력을 인정받을 수 있는 학교부설 평생교육시설, 학교형태 평생교육시설, 사내대학 평생교육시설, 원격대학(사이버) 평생교육시설 등과 학력인정을 받을 수 없는 사업장부설 평생교육시설, 시민사회단체 및 언론기관 부설 평생교육시설 등이 있다. 2017년 5월 평생교육시설 중 학력을 인정받는 곳은 63개(초등학교 3개, 중학교 5개, 고등학교 44개, 대학 13개), 학력을 인정받지 못한 곳은 3,687개에 이른다.

평생교육시설의 기관 수는 4,122개에 이른다.

〈표 1〉 **평생교육시설 종류(출처, 2014년 평생교육통계)**

| 시설유형 | | 개수 | 설치요건 | 예시 |
|---|---|---|---|---|
| 학교부설 평생교육시설 (제30조) | 유·초·중등 학교 부설 | 9 | 보고(교육감) | 고등학교 부설 평생교육원 |
| | 대학(교) 부설 | 402 | 보고(교과부) | 대학 부설 평생교육원 |
| 학교형태 평생교육시설 (제31조) | 초·중등학력 인정 | 51 | 등록 · 지정 (교육감) | 학력인정고등학교 |
| | 전문대학 학력인정 | 3 | 인가(교과부) | 정화예술대학, 백석예술대학 등 |
| | 학력 미인정 | 109 | 등록(교육감) | 야학 |
| 사내대학형태 평생교육시설 (제32조) | 사내대학 | 3 | 인가(교과부) | 삼성전자공과대학 등 |
| 원격대학형태 평생교육시설 (제33조) | 원격교육형태(제2항) | 883 | 신고(교육감) | 이야기원격평생교육원<br>한국사이버평생교육원 |
| | 원격대학(제3항) | 2 | 인가(교과부) | 열린사이버대학<br>세계사이버대학 등 |

| 시설유형 | 개수 | 설치요건 | 예시 |
|---|---|---|---|
| 사업장부설 평생교육시설(제35조) | 392 | 신고(교육감) | 백화점 문화센터 등 |
| 시민사회단체부설 평생교육시설(제36조) | 556 | 신고(교육감) | YMCA 부설 평생교육시설 등 |
| 언론기관부설 평생교육시설(제37조) | 1,038 | 신고(교육감) | MBC 문화센터 등 |
| 지식·인력개발사업관련 평생교육시설(제38조) | 669 | 신고(교육감) | 한국방송예술진흥원 등 |

### 평생교육시설 vs 평생교육단체

평생교육시설이란 「평생교육법」에 따라 인가·등록·신고·보고된 평생교육시설, 「도서관법」 제31조 또는 제40조에 따라 등록된 도서관, 「과학관육성법」 제6조에 따라 등록된 과학관을 말한다. 이 경우 앞에서 기술한 평생교육단체(법 §43)와 평생교육시설과의 차이점은 평생교육단체는 평생교육법에 의해 신고·등록된 평생교육 사업을 운영하기 위해 설립된 단체(주로 평생교육 직업훈련원 등)이며 그 단체의 고유목적사업에 사용하기 위해 취득하는 부동산에 대한 감면이다. 반면, 평생교육시설은 같은 법에 따라 신고·등록된 시설로서 평생교육시설 용도로 직접 사용하게 되면 감면대상에 해당된다. 따라서 평생교육단체는 감면대상이 반드시 단체 또는 법인만 해당되나 평생교육시설은 그 시설을 설치·운영하는 자로 법인·단체 외에 개인도 해당이 된다.

〈표 2〉 **평생교육단체 vs 평생교육시설 비교**

| 구분 | 평생교육단체 | 평생교육시설 |
|---|---|---|
| 정의 | 평생교육법에 따라 등록·신고된 법인·단체 | 평생교육법에 따라 등록·신고된 시설 |
| 감면대상 | 법인·단체 | 시설을 취득·보유하는 단체 또는 개인 |
| 유 형 | • 평생교육진흥원<br>• 기관형교육기관<br>－구민회관, 자치센터 등<br>• 문화시설기관<br>－도서관, 박물관, 미술관<br>• 아동관련기관<br>－아동복지회관 등<br>• 여성관련기관<br>－여성인력개발센터 등<br>• 청소년관련기관<br>－청소년수련시설 등<br>• 노인관련기관<br>－노인교실 등 | • 학교 평생교육시설(법 §29)<br>－교실, 도서관, 체육관 등 활용<br>• 학교부설평생교육시설(법 §30)<br>－학교의 장이 설치·운영<br>• 학교형태의 평생교육시설(법 §31)<br>－학교의 장이 설치·운영, 학력인정<br>• 사내대학형태의 평생교육시설<br>－일정규모 이상 사업장, 학점인정<br>• 원격형태의 평생교육시설<br>－교과부장관에게 신고, 학점인정<br>• 사업장부설평생교육시설<br>－일정규모 이상 사업장의 고객대상<br>• 시민단체부설평생교육시설 |

| 구분 | 평생교육단체 | 평생교육시설 |
|---|---|---|
| | • 연수기관<br>• 평생직업 훈련원 등 | - 대통령령으로 정하는 시민사회단체<br>• 언론기관부설평생교육시설<br>- 대통령령으로 정하는 언론기관<br>• 지식인력개발 관련 평생교육시설<br>- 일정기준 이상인 자 |

### 2-2. 평생교육시설 중 전공대학 설치 · 운영자(§44 ②)

「평생교육법」 제31조 제4항에 따라 설치되는 전문대학과 같은 학력 · 학위가 인정되는 평생교육시설로서 백석예술대학, 정화예술대학, 국제예술대학교를 말한다.

### 2-3. 공공직업훈련시설 설치 · 운영자(§44 ③)

「근로자직업능력 개발법」에 따라 공공직업훈련을 설치 · 운영하는 자가 이에 해당한다. 2014년까지는 공공직업훈련시설과 유사한 직업능력개발훈련시설(§28 ①)에 대하여 감면(취득세 50%)을 하였으나 이후 2015년부터 일몰이 종료되었으나, 2021년에 근로자의 직업능력개발을 촉진 · 지원하고 산업현장에서 필요로 하는 기술 · 기능 인력을 양성하는 공익성을 인정하여 다시 감면이 부활되었다. 공공직업훈련시설은 국가, 지방자치단체, 공공기관(폴리텍대학, 한국장애인공단 등), 직업전문학교, 실용전문학교 등이 있으며 이들 시설은 2019년 현재 85개(지정훈련시설 803개)에 이른다.

## 3 | 감면대상 부동산

### 3-1. 평생교육시설 설치 · 운영 사업용 부동산(§44 ① · ②)

평생교육시설을 설치 · 운영할 목적으로 직접 사용하기 위하여 취득하는 부동산이 이에 해당된다.

**초 · 중 · 고생을 대상으로 하는 사업장부설 평생교육시설 감면 여부**

학원의 설립 · 운영 및 과외교습에 관한 법률 제2조의 2 규정의 개정(2011.7.)에 따라 종전에는 백화점 등의 문화센터 등 평생교육시설에서 유아나 초 · 중 · 고생을 대상으로 교과과목 이외의 사항을 교습하는 경우에는 이를 학원으로 보지 않았으나, 개정 규정에 따르면 이를 학원으로 보도록 규정하고 있어 이럴 경우 이를 평생교육시설로 계속 볼 수 있느냐의 논란이 있을 수 있다. 왜냐하면 현행 평생교육법에 따르면 평생교육시설의 정의를 평생교육법 제2조 제2호 나목104)에서 학교교과교습학원은 평생교육시설에서 제외한다고 규정하고 있어 평생교육시설의 개념이 상충되고 있기 때문이다. 여기에 대해 살펴보면 관련 학원의 설립 · 운영 및 과외교습에 관한 법률의 개정취지가 문화센터 등에서 사실상 학원교과교습과 유사한 형태로 운영되는 등의 문제의 소지가 있어 이를 학원으로 전환시키고자 하는 입법취지가 있는 것으로 보아지므로 평생교육법에 따라 인가 · 등록 · 신고 · 보고된 시설(해당 교육청에서 발행하는 신고증 등)이라면 평생교육시설로 계속 보아야 할 것이고 이들 문화센터 등 평생교육시설이 사실상 학원교과교습을 진행하기 위하여 관련법령에 따라 학원으로 등록하는 경우일 때만 감면대상에서 배제하는 것이 합리적일 것으로 본다.

〈표 3〉 **학원의 설립 · 운영 및 과외교습에 관한 법률 신 · 구조문 대비**

| 종전(2011.7.5. 이전) | 현행(2011.7.5. 이후) |
|---|---|
| 제2조의 2(학원의 종류) ① (생 략)<br>1. 학교교과교습학원 : 「유아교육법」 제2조 제1호에 따른 유아 또는 「장애인 등에 대한 특수교육법」 제15조 제1항 각 호의 어느 하나에 해당하는 장애가 있는 자를 대상으로 교습하거나 「초 · 중등교육법」 제23조 제3항에 따른 학교교육과정을 교습하는 학원<br>2. 평생직업교육학원 : 제1호에 따른 학원 외에 평생교육이나 직업교육을 목적으로 하는 학원<br>② 제1항에 따른 학원의 종류별 교습과정의 분류는 대통령령으로 정한다. | 제2조의 2(학원의 종류) ① (생 략)<br>1. 학교교과교습학원 : 「초 · 중등교육법」 제23조에 따른 학교교육과정을 교습하거나 다음 각 목의 사람을 대상으로 교습하는 학원<br>가. 「유아교육법」 제2조 제1호에 따른 유아<br>나. 장애인 등에 대한 특수교육법 제15조 제1항 각 호의 어느 하나에 해당하는 장애가 있는 사람<br>다. 「초 · 중등교육법」 제2조에 따른 학교의 학생. 다만, 직업교육을 목적으로 하는 직업기술분야의 학원에서 취업을 위하여 학습하는 경우는 제외한다.<br>2. 평생직업교육학원 : 제1호에 따른 학원 외에 평생교육이나 직업교육을 목적으로 하는 학원<br>② 제1항에 따른 학원의 종류별 교습과정의 분류는 대통령령으로 정한다. |

104) 제2조(정의) 이 법에서 사용하는 용어의 정의는 다음과 같다.
1. "평생교육"이란 학교의 정규교육과정을 제외한 학력보완교육, 성인 기초 · 문자해득교육, 직업능력 향상교육, 인문교양교육, 문화예술교육, 시민참여교육 등을 포함하는 모든 형태의 조직적인 교육활동을 말한다.
2. "평생교육기관"이란 다음 각 목의 어느 하나에 해당하는 시설 · 법인 또는 단체를 말한다.
가. 이 법에 따라 인가 · 등록 · 신고된 시설 · 법인 또는 단체
나. 「학원의 설립 · 운영 및 과외교습에 관한 법률」에 따른 학원 중 학교교과교습학원을 제외한 평생직업교육을 실시하는 학원
다. 그 밖에 다른 법령에 따라 평생교육을 주된 목적으로 하는 시설 · 법인 또는 단체

### 3-2. 공공직업훈련시설 설치 · 운영용 부동산(§44 ③)

공공직업훈련시설에 직접 사용하기 위하여 취득하는 부동산이 이에 해당한다.

## 4 | 특례내용

### 4-1. 세목별 감면

기존 평생교육시설 및 공공직업훈련시설을 설치 · 운영하려는 자가 취득 또는 보유중인 부동산에 대한 감면 외에 2023.1.1.부터는 평생교육시설 중 전공대학에 대한 감면과 산학협력단에 대한 감면을 신설하고, 특히 제2항의 전공대학에 대해서는 최소납부세제 적용을 배제하여 아래와 같이 지방세 또는 국세(농어촌특별세)가 2024년 12월 31일까지 각각 감면된다.

〈표 4〉 **평생교육시설 감면 내용(2025.1.1. 현재)**

| 조문 | 감면내용 | 감면율 |
|---|---|---|
| §44 ① 2호 | 평생교육시설 용도로 취득, 직접 사용하는 부동산 | 취득세 50%, 재산세 50%(5년간) |
| §44 ② | 평생교육시설(전공대학 명칭사용) 용도로 취득, 직접 사용하는 부동산 | 취득세 100%, 재산세(도시지역분 포함) 100%, 지역자원시설세, 주민세, 면허분 등록면허세 100%<br>* '23.1.1 감면 확대, 최소납부세제 배제 |
| | | 취득세 100%, 재산세 100%<br>* '22.12.31.까지, 최소납부세제 적용 |
| §44 ③ | 산학협력단이 전공대학의 운영과 관련 취득하는 부동산 | 취득세 75%, 재산세 75%<br>* '23.1.1. 감면 신설 |
| §44 ④ | 공공직업훈련시설 용도로 취득, 직접 사용하는 부동산 | 취득세 50%, 재산세 50% |
| 농특 §4 ⑥ 5호 | §44에 따른 취득세 감면분의 20% | 농특세 비과세 |

### 4-2. 산학협력단이 전공대학의 운영관련 취득하는 부동산 특례

현행 「산학협력법」상의 전공대학에서는 산학협력단의 설립 · 운영이 불가능하므로, 산학협력단 특례 적용을 위해서는 전공대학에서 산학협력단 설립 · 운영을 가능하도록 하는 「산학

협력법」 개정이 선행한 이후에 납세의무가 성립하는 경우부터 감면 적용이 가능할 것이다.

### 4－3. 건축중인 부속토지에 대한 특례(영 §123)

평생교육시설 용도로 사용할 건축물을 건축중인 경우에는 해당 용도로 직접 사용하고 있는 것으로 의제(擬制)하여 해당 건축물의 부속토지에 대한 재산세를 계속 감면한다.

## 5 | 지방세특례의 제한

### 5－1. 감면된 취득세의 추징(§44 ②)

2018년까지는 평생교육시설에 대해서는 별도로 사후관리 규정을 두고 있지 않아 제178조를 준용하였으나 2019년부터 제44조 제2항에 추징규정을 신설하였다,

**평생교육시설의 교육대상이 특정인만을 위한 경우 감면 여부**

평생교육시설이란 평생교육법에 따라 등록·신고된 시설로서 학교부설 평생교육시설, 사업장부설 평생교육시설 등으로 분류되며, 대한민국 국민은 누구나·언제·어디서나 평생교육을 받을 권리가 있다는 평생교육의 이념에 비추어 교육대상은 불특정 다수를 대상으로 운영하는 것이 이 법에서 규정하는 감면취지에 부합된다 할 것이다. 따라서, 사업장부설 등 평생교육시설로 해당 교육관청에 등록·신고된 시설인 경우라도 이후에 사용실적이 불특정 다수가 아닌 사내 직원만을 위한 연수 교육목적으로만 운영된다면 이는 평생교육시설 목적으로 직접 사용하는 것으로 보기 어렵다 하겠다.

### 5－2. 최소납부세액의 부담(§177의 2)

평생교육시설(전공대학 명치 포함)로 사용하기 위하여 취득하는 부동산에 대해서는 취득세 또는 재산세가 면제(§44 ①, ②)됨에도 불구하고, 면 상한제도에 따라 경우에 따라서는 면제되는 세액의 15%는 취득세 또는 재산세의 감면특례가 제한되어 2021년부터는 최소납부세액으로 부담하여야 한다. 이에 대한 세부적인 사항은 제177조의 2의 해설편의 내용과 같다.

### 5-3. 지방세 중과세 대상 부동산에 대한 감면 제외(§177)

평생교육시설로 감면을 받으려는 부동산이 지방세법 제13조 제5항에 따른 별장 등 지방세 중과세 대상인 사치성 재산인 경우에는 감면대상에서 제외된다. 이에 대한 세부사항은 제177조의 해설편을 참조하면 된다.

## 6 | 감면신청

평생교육시설로 사용하기 위해 지방세를 감면받으려는 경우에는 제183조의 규정에 따라 해당 지방자치단체의 장에게 해당 용도로 사용될 예정임을 입증하는 서류를 첨부하여 감면신청을 하여야 한다. 세부적인 감면신청 절차 등에 대해서는 제183조의 해설편을 참조하면 된다.

## 7 | 관련사례

▣ 전공대학 형태의 평생교육시설을 운영하는 학교법인이 소유한 쟁점관사를 재산세 과세기준일 현재 교직원 관사로 사용하는 경우 「지방세특례제한법」 제44조에 따른 평생교육시설에 직접 사용하는 부동산으로 볼 수 있는지 여부

청구법인의 전공대학은 「고등교육법」에 따른 학교에는 해당하지 않으나 「평생교육법」에서 「대학설립 · 운영 규정」 등을 준용하여 운영하는 평생교육시설로서 사실상 일반 (전문)대학과 동일한 수준의 교육 · 학사관리를 수행하는 학교형태의 평생교육시설에 해당하며 2023년에 개정된 「지방세법」에서 청구법인의 전공대학을 「고등교육법」에 따른 학교와 동일한 수준의 감면을 적용하는 것으로 규정하고 있는 점, 이러한 청구법인의 전공대학은 도심에 위치한 학교형태의 평생교육시설로서 독립된 캠퍼스용 부지가 따로 있는 게 아니라 본관(비젼센터)을 중심에 두고 교육시설(○○ · ○○동 등 6개동)이 주변 ○○역 인근의 건축물과 융화된 형태의 대학인 것으로 보이는 점, 쟁점관사는 교육부장관의 위임을 받은 한국사학진흥재단에 교육용 기본재산으로 보고한 후 실제로 관리하고 있으며 현장사진 등에 의하면 쟁점관사는 전공대학 교지 경계로부터 1㎞(5~20m) 이내에 위치하고 있는 것으로 나타나는 점, 청구법인 전공대학은 야간수업(최대 23:25)을 진행하는 학교형태의 학사일정을 운영하는 평생교육시설로서 통상의 학교와는 달리 "직업능력향상"을 위한 업무를 병행하여 수행하는 것으로 보이며 그 업무 성격상 야간업무가 필수적으로 보이는 바(재학생 7,071명 중 10%에 해당하는 699명이 직업능력향상과 관련한 야간수업을 수강하고 있

음), 야간수업을 진행하기 위한 실기실습 및 기자재 관리요원의 상주가 필요한 것으로 보여 학교형태의 학사일정 이외 일반 평생교육프로그램을 진행하는 다른 평생교육시설과는 사실관계가 달라 보이는 점, 청구법인 전공대학은 비록 통상의 학교와 같이 교내 구역의 경계가 명확히 구분되어 있지 않았다 하더라도 이러한 사실관계를 종합하면 쟁점관사는 사실상 학교의 구내에 소재하는 건축물로 보는 것이 타당해 보이는 점 등에 비추어, 쟁점관사는 학교구내에 소재하는 부동산으로서 학교 관련자들이 사용하고 있으므로 「지방세특례제한법」 제44조 제2항에 따른 재산세 감면대상으로 보는 것이 타당함(조심 2022지1668, 2023.11.1.).

■ 청구법인은 사실상 「고등교육법」 등에 따른 학교에 해당하는 것으로 보아 「지방세특례제한법」 제44조가 아닌 같은 법 제41조를 적용하여 이 건 주민세를 면제하여야 한다는 청구주장

청구법인이 운영하는 ○○○○○학교는 「고등교육법」에 따른 학교가 아니라 「평생교육법」에 따른 학교형태의 평생교육시설로서 「지방세특례제한법」 제41조가 아닌 같은 법 제44조의 지방세 감면적용 대상으로 보는 것이 타당하다 하겠음(조심 2022지1910, 2023.10.25.).

■ 토지를 다른 법인에게 현물출자하여 동물원으로 사용한 경우 감면 여부

해당 토지를 타 법인에게 현물출자하였고, 타 법인이 토지를 동물원 등으로 사용하고 있는 것이므로 토지를 동물원 등에 사용할 목적으로 취득한 것으로 보기 어렵다 하여 경정청구를 거부한 처분은 잘못이 없음(조심 2015지1947, 2016.10.19.).

■ 법인 소속 임·직원이 이용하는 평생교육시설의 감면 여부

인재개발원이 평생교육시설로 신고되었으나 불특정 다수가 아닌 법인 소속 임·직원의 업무수행능력 향상교육에 주로 사용된 경우 지방세 감면대상 평생교육시설에 해당되지 않음(대법원 2016두41842, 2016.9.30.).

■ 박물관을 공동명의로 취득하였으나 설립자와 대표자가 다른 경우 감면 여부

부동산을 공동명의로 취득한 후 박물관 등록 시 취득자가 설립자와 대표자로 달리 등록하여 설립하였다 하더라도, 당해 부동산을 취득한 후 유예기간 내에 박물관의 용도로 사용하는 경우라면 취득세를 면제하는 것이 타당하다고 보여짐(행자부 지방세특례제도과-1468, 2016.6.27.).

■ 미술관 등록절차를 이행하지 않고 취득한 경우 감면 여부

취득세 등이 면제되는 미술관에 해당하기 위해서는 「박물관 및 미술관 진흥법」 제16조에 따라 등록하여야 함에도 해당 미술관은 이러한 등록절차를 이행하지 아니하였으므로 취득세 감면대상에 해당한다고 보기 어렵고, 해당 절차를 이행하지 못한 데에 정당한 사유가 있다고 보기도 어려우므로 취득세 등을 부과한 처분은 잘못이 없음(조심 2015지0416, 2016.1.7.).

■ 평생교육시설로 인가·등록·신고·보고된 경우가 아닌 시설의 경우 해당 경우

평생교육시설 면제대상에 해당하기 위해서는 「평생교육법」에 따라 인가·등록·신고·보고된 평생교육시설만을 의미하는 것으로 엄격해석하여야 하므로 해당 시설이 「평생교육법」에 따라 인가·등록·신고·보고된 평생교육시설로 간주할 수 있는 특별한 규정 등이 없는 이상 취득세 면제대상이 아님(조심 2014지1133, 2015.4.28.).

■ 평생교육단체에 해당하지 아니하고 평생교육시설의 부속토지로 보기 어려운 경우

해당 토지 상의 건축물에 입주한 "○○○○"은 「평생교육법」에 따른 교육시설을 운영하는 평생교육단체에 해당되지 아니하고 시민사회단체에 해당하는 점, 제출한 사업관련 자료만으로 토지 상의 건축물을 평생교육을 위한 시설로 사용하였다고 보기 어려운 점 등에 비추어 해당 토지를 평생교육시설 건축물의 부속토지에 해당하지 아니한 것으로 보아 재산세를 부과한 처분은 잘못이 없음(조심 2015지0319, 2015.3.31.).

■ 감면요건을 사후에 충족한 경우 감면 여부

취득세 과세물건을 취득하는 시점에서 감면요건의 충족 여부로 판단하여야 할 것인바, 부동산을 취득하여 박물관이 아닌 수족관으로 사용승인을 받아 개관하여 운영한 경우라면, 취득시점에 관계법령에 따라 '등록된 박물관이나 박물관으로 설치・운영하기 위한 취득'이라는 감면요건을 충족하지 못하였다고 할 것이므로 사후에 감면요건을 충족하였다고 하더라도 이를 소급하여 적용할 수 없다고 할 것임(행안부 지방세운영과-3170, 2011.7.4.).

■ 평생교육시설 감면 해당 여부

평생교육법에 의하여 인가・등록・신고하는 평생교육시설용에 사용하기 위하여 취득하는 부동산에 대하여는 취득세와 등록세를 면제하도록 규정하고 있는바, 청구법인은 이 건 토지를 2006.6.2. 취득한 후 2006.6.5. 곧바로 관할 교육관청에 평생교육시설(실습지)로 신고하여 그 신고필증을 교부받아 당해 용도에 사용한 것이므로 위 감면조례의 구성요건에 적합한 것임(조심 2010지0935, 2011.8.4.).

■ 평생교육시설 해당 여부

토지상에 콘크리트와 플라스틱으로 제작된 수개의 의자를 설치하여 학생들의 휴식공간 등으로 사용하고 있다 하더라도 별도의 휴식공간을 두고 있는 점을 고려하여 평생교육시설이 아님(조심 2009지0179, 2009.12.4.).

■ 장애인평생교육시설이 평생교육시설에 해당되는지 여부

평생교육법 제2조 제2호에서 "평생교육기관"이란 다음 각 목의 어느 하나에 해당하는 시설・법인 또는 단체를 말한다고 하면서 그 가목에서 이 법에 따라 인가・등록・신고된 시설・법인 또는 단체로 그 다목은 그 밖에 다른 법령에 따라 평생교육을 주된 목적으로 하는 시설・법인 또는 단체로 규정하고 있고, 「장애인 등에 대한 특수교육법」 제34조 제2항에서 국가 및 지방자치단체 외의 자가 제1항에 따른 장애인평생교육시설을 설치하고자 하는 때에는 대통령령으로 정하는 시설과 설비를 갖추어 교육감에게 등록하여야 한다고 규정하고 있으므로, 시설과 설비를 갖추어 「장애인 등에 대한 특수교육법」 제34조 제2항 및 같은 법 시행령 제32조 제1항에 따른 학교형태의 장애인평생교육시설로 관할 교육감에게 등록하여 한글기초과정, 초등학교과정, 중학교과 등을 교과목으로 학력보완교육, 자립생활교육 등을 목적사업으로 하는 귀문 민들레야학의 경우 평생교육법에 따라 등록된 평생교육시설에 해당된다고 할 것임(행안부 지방세운영과-1024, 2012.4.2.).

■ 취득시점 이후 감면요건 충족시 소급하여 적용할 수 없다고 한 사례 등

1) 평생교육시설에 "직접 사용"이라 함은 부동산의 소유자가 평생교육시설의 운영자로서 그 소유한 부동산을 과세기준일 현재 평생교육시설에 직접 사용하는 경우만을 의미하고, 소유자가 아닌 다른 사람이 평생교육시설을 운영하는 것까지를 재산세 등의 면제대상 부동산이라고 볼 수 없음(감사원 심사결정 제189호, 2011.11.10.).
2) 평생교육법에 의하여 인가·등록·신고하는 평생교육시설용에 사용하기 위하여 취득하는 부동산에 대하여는 취득세와 등록세를 면제하도록 규정하고 있는 바, 청구법인은 이건 토지를 2006.6.2. 취득한 후 2006.6.5. 곧바로 관할 교육관청에 평생교육시설(실습지)로 신고하여 그 신고필증을 교부받아 당해 용도에 사용한 것이므로 위 감면조례의 구성요건에 적합한 것임(조심 2010지0935, 2011.8.4.).
3) 토지상에 콘크리트와 플라스틱으로 제작된 수개의 의자를 설치하여 학생들의 휴식공간 등으로 사용하고 있다 하더라도 별도의 휴식공간을 두고 있는 점을 고려하여 평생교육시설이 아님(조심 2009지0179, 2009.12.4.).

# 제44조의 2

## 박물관 등에 대한 감면

관련규정

제44조의 2(박물관 등에 대한 감면) ① 대통령령으로 정하는 박물관 또는 미술관으로 직접 사용하기 위하여 취득하는 부동산에 대해서는 취득세를, 과세기준일 현재 해당 박물관 또는 미술관으로 직접 사용하는 부동산(해당 시설을 다른 용도로 함께 사용하는 경우에는 그 부분은 제외한다)에 대해서는 해당 부동산 취득일 이후 해당 부동산에 대한 재산세(「지방세법」 제112조에 따른 부과액을 포함한다)를 2027년 12월 31일까지 각각 면제한다.

② 대통령령으로 정하는 도서관 또는 과학관으로 직접 사용하기 위하여 취득하는 부동산에 대해서는 취득세를, 과세기준일 현재 해당 도서관 또는 과학관으로 직접 사용하는 부동산(해당 시설을 다른 용도로 함께 사용하는 경우에는 그 부분은 제외한다)에 대해서는 재산세를 각각 2027년 12월 31일까지 면제한다.

【영】 제21조의 2(박물관 등의 범위) ① 법 제44조의 2 제1항에서 "대통령령으로 정하는 박물관 또는 미술관"이란 「박물관 및 미술관 진흥법」 제16조에 따라 등록된 박물관 또는 미술관을 말한다.

② 법 제44조의 2 제2항에서 "대통령령으로 정하는 도서관 또는 과학관"이란 다음 각 호에 따른 도서관 또는 과학관을 말한다.

1. 「도서관법」 제31조 또는 제40조에 따라 등록된 도서관
2. 「과학관의 설립·운영 및 육성에 관한 법률」 제6조에 따라 등록된 과학관

③ 제1항 및 제2항을 적용할 때 다음 각 호의 어느 하나에 해당하는 경우 그 해당 부분에 대해서는 면제된 취득세를 추징한다. 〈신설 2024. 12. 31.〉

1. 정당한 사유 없이 그 취득일부터 1년이 경과할 때까지 해당 용도로 직접 사용하지 아니하는 경우
2. 해당 용도로 직접 사용한 기간이 2년 미만인 상태에서 매각·증여하거나 다른 용도로 사용하는 경우
3. 취득일부터 3년 이내에 관계 법령에 따라 등록취소되는 등 대통령령으로 정하는 사

유에 해당하는 경우

# 1 개 요

고고학적 자료, 역사적 유물, 예술품, 그 밖의 학술 자료를 수집·보존·진열하고 일반에게 전시하여 학술 연구와 사회 교육에 기여할 목적으로 만든 시설인 박물관 등에 대한 세제 지원이다. 2010년까지는 자치단체의 구 표준조례에서 규정되었다가 2011년부터는 현재의 지특법 제44조로 이관되었다. 2016년부터는 평생교육시설 감면의 범위에 박물관 등이 제외되는 대신에 제44조의 2 규정으로 신설 이관되었다. 2019년에는 지역자원시설세 감면이 과세로 전환되었다. 2022년에는 재산세 도시지역분에 대한 감면이 종료되었다. 2024년에는 감면요건의 용어가 변경(사용 → 직접사용)되었다.

# 2 감면대상자 및 감면대상 부동산

「박물관 및 미술관진흥법」 제16조에 따른 박물관(2023년 913개) 및 미술관(2023년 286개), 「도서관법」 제31조 또는 제40조에 따른 도서관(2023년 5,321개), 「과학관의 설립·운영 및 육성에 관한 법률」 제6조에 따라 등록된 도서관을 설치·운영하려는 자가 박물관, 미술관, 도서관 또는 과학관(2023년 50개)에 사용하기 위해 취득 또는 직접 사용하는 부동산이 이에 해당된다(영 §21의 2).

박물관의 경우 수집품의 내용에 따라 민속·미술·과학·역사 박물관 따위로 나누며, 그 시설의 위치와 직능에 따라 중앙 박물관 및 지방 박물관으로 나눈다.

# 3 특례내용

## 3-1. 세목별 감면

박물관, 미술관, 도서관 또는 과학관을 설치·운영하려는 자가 취득 또는 보유중인 부동산에 대하여는 2024년 12월 31일까지 지방세 또는 국세(농어촌특별세)가 각각 감면된다.

한편, 2018년 및 2021년까지는 박물관 등에 대해 지역자원시설세와 재산세 도시지역분이 각각 감면되었으나 2019년 및 2021년부터 과세로 전환되었으며 현재 2027년 12월 31일까지 면제를 적용받고 있다.

〈표〉 **박물관 등에 대한 감면 현황(2025.1.1. 현재)**

| 조문 | 감면내용 | 감면율 |
|---|---|---|
| §44의 2 ① | 박물관 · 미술관의 용도로 직접 사용하기 위해 취득하는 부동산 및 직접 사용 부동산 | 취득세 100%<br>재산세 100% |
| §44의 2 ② | 도서관 · 과학관의 용도로 직접 사용하기 위해 취득하는 부동산 및 직접 사용 부동산 | 취득세 100%<br>재산세 100% |
| 농특 §4 ⑥ 5호 | §44의 2에 따른 취득세 감면분의 20% | 농특세 비과세 |

### 3-2. 건축중인 부속토지에 대한 특례(영 §123)

박물관, 미술관, 도서관 또는 과학관 용도로 사용할 건축물을 건축중인 경우에는 해당 용도로 직접 사용하고 있는 것으로 의제(擬制)하여 해당 건축물의 부속토지에 대한 재산세를 계속 감면한다.

## 4 | 지방세특례의 제한

### 4-1. 감면된 취득세의 추징(§178)

2024년까지는 박물관, 미술관, 도서관 또는 과학관에 대해서는 별도로 사후관리 규정을 두고 있지 않으나 2025년부터는 제44조 제3항을 신설하여 감면받은 취득세 및 재산세가 추징될 수 있다.

### 4-2. 최소납부세액의 부담(§177의 2)

박물관, 미술관, 도서관 또는 과학관으로 사용하기 위하여 취득하는 부동산에 대해서는 취득세 또는 재산세가 면제(§44의 2)됨에도 불구하고, 2016년부터 시행되는 감면 상한제도에 따라 경우에 따라서는 면제되는 세액의 15%는 감면특례가 제한되어 최저납부세액으로

부담하여야 한다. 이에 대한 세부적인 사항은 제177조의 2의 해설편의 내용과 같다.

### 4-3. 지방세 중과세 대상 부동산에 대한 감면 제외(§177)

박물관, 미술관, 도서관 또는 과학관으로 감면을 받으려는 부동산이 지방세법 제13조 제5항에 따른 별장 등 지방세 중과세 대상인 사치성 재산인 경우에는 감면대상에서 제외된다. 이에 대한 세부사항은 제177조의 해설편의 내용과 같다.

## 5 | 감면신청

박물관, 미술관, 도서관 또는 과학관으로 사용하기 위해 지방세를 감면받으려는 경우에는 제183조의 규정에 따라 해당 지방자치단체의 장에게 해당 용도로 사용될 예정임을 입증하는 서류를 첨부하여 감면신청을 하여야 한다. 세부적인 감면신청 절차 등에 대해서는 제183조의 해설편을 참조하면 된다.

## 6 | 관련사례

▣ 쟁점부동산을 취득일부터 감면 유예기간(1년) 내에 해당 용도로 직접 사용하지 못한 정당한 사유가 있는지 여부

청구인은 쟁점부동산 취득일 이후 감면 유예기간(1년)을 경과한 심리일 현재까지도 쟁점부동산을 박물관진흥법령에 따른 박물관으로 등록하지 못하여 위 법령상 감면요건을 충족하지 아니한 것으로 확인되는 점, 청구인이 감면 유예기간 내에 쟁점부동산을 박물관진흥법령에 따른 박물관으로 등록하기 위하여 정상적인 노력을 다하였음에도, 박물관 등록관청의 귀책사유로 그 등록절차가 지연되었다는 특별한 사정을 인정할만한 객관적 증빙의 제시가 없는 점 등에 비추어 처분청에서 청구인이 쟁점부동산의 취득일부터 감면 유예기간(1년) 내에 해당 용도로 직접 사용하지 아니한 것으로 보아 이 건 취득세 등을 부과한 데에는 달리 잘못이 없다고 판단됨(조심 2023지5538, 2024.9.10.).

▣ 취득시점 이후 감면요건 충족시 소급하여 적용할 수 없다고 한 사례 등

1) 취득세 감면의 경우 취득세 과세물건을 취득하는 시점에서 감면요건의 충족 여부로 판단하여야 할 것인바, 귀문과 같이 부동산을 취득하여 박물관이 아닌 수족관으로 사용승인을 받아 개관하여 운영한 경우라면, 취득시점에 관계법령에 따라 '등록된 박물관이나

박물관으로 설치·운영하기 위한 취득'이라는 위 감면요건을 충족하지 못하였다고 할 것이므로 취득시점 이후에 감면요건을 충족하였다고 하더라도 이를 소급하여 적용할 수 없다고 할 것이나, 이에 해당되는지 여부는 당해 과세권자가 사실관계 등을 조사하여 최종 판단할 사항임(행안부 지방세운영과-3170, 2011.7.4.).

2) 협회의 보완사항에 적극적으로 대처하지 않으므로 인해 2009.5.12. 협회의 2차 현지 출장시에도 박물관 현황이 개선되지 않아 협회는 전시시설의 보완 및 개선을 약속받고 우선 등록허가를 처리하는 것이 타당하다는 의견을 개진한 것을 볼 때, 청구인이 이 사건 박물관을 취득일부터 1년 이내에 직접 사용(등록)하지 못한 데에 대한 정당한 사유가 있다고 보기는 어려움(조심 2010지0669, 2011.4.14.).

3) 재산세 과세기준일 현재 박물관 및 미술관진흥법의 규정에 의하여 등록하지 않은 박물관용 부동산은 재산세 등의 면제 대상에 해당하지 아니함(조심 2008지0527, 2009.2.10.).

# 제45조

## 학술단체 및 장학법인에 대한 감면

◈ 관련규정 ◈

**제45조(학술단체 및 장학법인에 대한 감면)** ① 대통령령으로 정하는 학술단체가 학술연구사업에 직접 사용하기 위하여 취득하는 부동산에 대해서는 취득세를, 과세기준일 현재 학술연구사업에 직접 사용하는 부동산에 대해서는 재산세를 각각 2027년 12월 31일까지 면제한다. 다만, 제45조의 2에 따른 단체는 제외한다.

**【영】 제22조(학술단체의 정의 등)** ① 법 제45조 제1항 본문에서 "대통령령으로 정하는 학술단체"란 「학술진흥법」 제2조 제1호에 따른 학술의 연구·발표활동 등을 목적으로 하는 법인 또는 단체로서 다음 각 호의 어느 하나에 해당하는 법인 또는 단체를 말한다. 다만, 「공공기관의 운영에 관한 법률」 제4조에 따른 공공기관은 제외한다.

1. 「공익법인의 설립·운영에 관한 법률」 제4조에 따라 설립된 공익법인
2. 「민법」 제32조에 따라 설립된 비영리법인
3. 「민법」 및 「상법」 외의 법령에 따라 설립된 법인
4. 「비영리민간단체 지원법」 제4조에 따라 등록된 비영리민간단체

② 「공익법인의 설립·운영에 관한 법률」에 따라 설립된 장학법인(이하 이 조에서 "장학법인"이라 한다)에 대해서는 다음 각 호에서 정하는 바에 따라 지방세를 2027년 12월 31일까지 감면한다.

1. 장학법인이 장학사업에 직접 사용하기 위하여 취득하는 부동산에 대해서는 취득세를, 과세기준일 현재 장학사업에 직접 사용하는 부동산에 대해서는 재산세를 각각 면제한다.
2. 장학법인이 장학금을 지급할 목적으로 취득하는 임대용 부동산에 대해서는 취득세의 100분의 80을, 과세기준일 현재 해당 임대용으로 사용하는 부동산에 대해서는 재산세의 100분의 80을 각각 경감한다.

③ 제1항 및 제2항에 따라 취득세를 면제 또는 경감받은 후 다음 각 호의 어느 하나에 해당하는 경우 그 해당 부분에 대해서는 면제 또는 경감된 취득세를 추징한다.

1. 정당한 사유 없이 그 취득일부터 1년이 경과할 때까지 해당 용도로 직접 사용하지 아니하는 경우
2. 해당 용도로 직접 사용한 기간이 2년 미만인 상태에서 매각 · 증여하거나 다른 용도로 사용하는 경우
3. 취득일부터 3년 이내에 관계 법령에 따라 설립허가가 취소되는 등 대통령령으로 정하는 사유에 해당하는 경우

**【영】** 제22조(학술단체의 정의 등) ② 법 제45조 제3항 제3호에서 "관계 법령에 따라 설립허가가 취소되는 등 대통령령으로 정하는 사유"란 다음 각 호의 어느 하나에 해당하는 경우를 말한다.

1. 「공익법인의 설립 · 운영에 관한 법률」 제16조에 따라 공익법인의 설립허가가 취소된 경우
2. 「민법」 제38조에 따라 비영리법인의 설립허가가 취소된 경우
3. 「비영리민간단체 지원법」 제4조의 2에 따라 비영리민간단체의 등록이 말소된 경우

## 1 개 요

장학법인은 기본재산에서 발생하는 이자수입 및 기부금만으로 원활한 목적사업 추진이 어려워 안정적인 수입원을 위해 부동산을 취득하여 취득한 부동산으로 임대사업을 영위하고 이를 통해 장학사업을 추진하는 등 교육여건 개선에 많은 기여를 하고 있는 점이 고려되어 장학법인에 대한 감면이 신설되었고, 학술연구지원, 장학사업활성화, 과학기술진흥을 위한 세제지원을 목적으로 학술연구단체 · 장학단체 · 과학기술진흥단체가 그 고유업무에 직접 사용하기 위하여 취득하는 부동산에 대한 세제지원이다. 2010년까지는 구 지방세법 제288조 제2항 및 제5항에 각각 규정되었다가 2011년부터는 현재의 제45조로 이관되었으며 2016년에는 일몰기한이 2019년까지 3년간 연장되었다. 2020년에는 학술단체 등의 감면대상자 및 감면세목 등이 일부 축소되었고, 일몰기한도 2021년까지 2년간 연장되었다. 2022 · 2025년년에는 일몰기한이 연장(2024년→2027년)되었다.

## 2 | 감면대상자(§45 ①, 영 §22 ①)

### 2-1. 학술단체[105)](§45 ①, 영 §22 ① 1~4호)

「공익법인의 설립·운영에 관한 법률」 제4조에 따라 설립된 공익법인,「민법」 제32조에 따라 설립된 비영리법인,「민법」 및「상법」 외의 법령에 따라 설립된 법인,「비영리민간단체 지원법」 제4조에 따라 등록된 비영리민간단체, 그 외 위 규정에 따른 해당 법인 또는 단체 중「공공기관의 운영에 관한 법률」 제4조에 따른 공공기관인 경우에는 행정안전부장관이 정하여 고시(2020년 현재 고시한 법인·단체는 없으며 이러한 현실을 반영하여 2024년부터는 관련규정을 삭제)하는 법인 또는 단체가 감면대상자에 해당한다. 2019년까지는 정부로부터 허가 또는 인가를 받거나 민법 외의 법률에 따라 설립되거나 그 적용을 받는 학술연구단체·장학단체·과학기술진흥단체 및 공익법인의 설립·운영에 관한 법률에 따라 설립된 장학법인도 감면대상자에 해당되었으나 2020년부터는 위 규정에 따라 설립된 법인·단체로 명확히 개정되면서 과학기술진흥단체가 제외되었다.

### 2-2. 장학법인(§45 ②)

「공익법인의 설립·운영에 관한 법률」에 따라 설립된 장학법인이 감면대상자에 해당된다.

#### 장학법인 개요

법인이란 자연인 이외에 법률상 권리·의무의 주체가 되는 자. 즉, 일정한 조직을 가지는 사람의 집단(사단) 또는 독립의 목적재산(재단)에 대하여 법률에 의하여 법인격을 부여한다. 법인의 종류는 사단법인, 재단법인, 비영리법인, 공익법인 등으로 구분된다. 이 중 교육분야와 관련한 비영리법인에 관한 사무는 교육과학기술부 비영리법인 사무처리규정인 행정권한의 위임 및 위탁에 관한 규정 제22조에 따라 설립허가 및 지도·감독(권한은 교육감에게 위임)을 하고 있으며 교육과학기술부 고시에서 법인을 관리하고 있다. 교육과 관련된 분야의 비영리(공익)법인은 2012년 현재 3,141개이며, 이 중 장학법인은 2,443개이다. 세부적인 현황은 아래의 표를 참조하기 바란다.

---

105) 2024년 기준 학술단체는 10,532개이고, 이 중 대학부설연구소의 경우 학교(제41조) 감면과 중복적용이 가능하며, 그 외 학회 4,213개, 일반기관 179개소에 이른다.

〈표 1〉 **법인[106]의 종류**

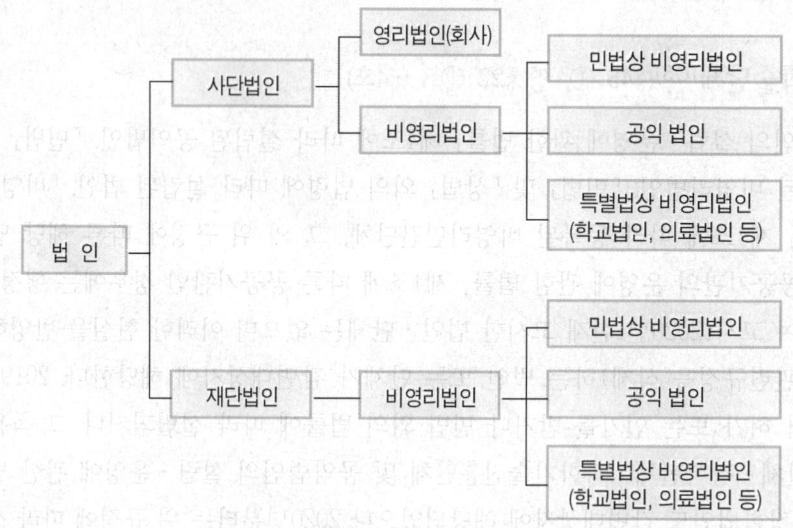


〈표 2〉 **교육분야 비영리(공익)법인 현황(2012.1.1. 기준)**

| 구 분 | 공익법인 | | | | | | | | | 비영리법인 | | | 합계 |
|---|---|---|---|---|---|---|---|---|---|---|---|---|---|
| | 재단법인 | | | 사단법인 | | | 계 | | | 재단 | 사단 | 계 | |
| | 장학 | 학술 | 계 | 장학 | 학술 | 계 | 장학 | 학술 | 계 | | | | |
| 합 계 | 2,358 | 132 | 2,490 | 85 | 269 | 3543 | 2,443 | 201 | 2,844 | 25 | 272 | 297 | 3,141 |

## 2-3. 학술단체 등의 범위(영 §22 ①)

학술단체 · 장학단체 · 과학기술진흥단체란 정부로부터 허가 또는 인가를 받거나 민법 외의 법률에 따라 설립되거나 그 적용을 받는 단체를 말한다고 규정하고 있다. 그 범위에 대해서는 구체적으로 명시하고 있지 않아 2010년까지는 지방세법상 학술연구단체 등 감면대상 단체에 대하여 법령해석을 통해 감면 여부를 판단하였고, 2011년부터는 감면대상 단체를 좀 더 명확히 하고자 지특법에서 감면대상 단체 고시제도를 도입하여 행자부장관이 교육과학기술부장관과 협의하여 고시하는 단체를 학술연구단체로 보도록 하는 규정을 신설

106) ① (사단법인) 일정한 목적을 위하여 결합된 사람의 단체, 즉 사단을 실체로 하는 법인 ② (재단법인) 일정한 목적에 바쳐진 재산, 즉 재단이 실체를 이루고 있는 법인 ③ (비영리법인, 민법 제32조) 예술, 종교, 자선, 기예 사교, 기타 영리 아닌 사업을 목적으로 설립되는 법인 ④ (공익법인, 공익법 제2조) 「민법」 제32조상의 비영리법인 중 공익에 이바지하기 위하여 학자금 · 장학금 또는 연구비의 보조나 지급, 학술, 자선에 관한 사업을 목적으로 하는 법인

하였다. 이외에도 청소년단체(법 §21), 문화·예술·체육진흥 단체(법 §52)에 대한 감면규정도 동일하게 감면대상 범위를 명확하게 하기 위하여 고시제도를 규정하였다가 2020년부터는 위 행정안전부장관의 고시 규정이 폐지되고 「공익법인의 설립·운영에 관한 법률」 제4조에 따라 설립된 공익법인, 「민법」 제32조에 따라 설립된 비영리법인, 「민법」 및 「상법」 외의 법령에 따라 설립된 법인, 「비영리민간단체 지원법」 제4조에 따라 등록된 비영리민간단체로 개정되었다. 그러나 위 법령에 따른 학술단체의 수가 너무 광범위하고 그 단체 등을 관리·감독하는 소관 행정관서에서도 관련 단체를 명확히 파악하기가 쉽지 않은 실정이다. 다만, 2019년까지는 학술단체의 범위를 그 법인이나 단체의 정관상 목적사업, 예산 및 사업실적 등을 고려하여 해당 여부를 판단하였으나, 2020년부터는 「공익법인의 설립·운영에 관한 법률」 제4조에 따라 설립된 공익법인, 「민법」 제32조에 따라 설립된 비영리법인, 「민법」 및 「상법」 외의 법령에 따라 설립된 법인, 「비영리민간단체 지원법」 제4조에 따라 등록된 비영리민간단체 모두를 감면대상으로 보되, 해당 학술단체가 학술연구사업용에 직접 사용하는지의 여부만을 판단하여야 하는 것으로 개정되었다.

〈표 3〉 **학술단체 감면대상 단체현황(추정)**

| 소관부처 | 감면대상단체 | 단체수(추계) |
|---|---|---|
| 교육과학기술부 | 학술단체(과학기술진흥단체 포함), 장학단체 | 2,855개 |
| 여성가족부 | 청소년단체 | 107개 |
| 문화체육관광부 | 문화예술단체, 체육진흥단체 | 1,158개 |

〈표 4〉 **학술단체(과학기술단체 포함)·장학단체 인정 주요 사례**

| 구분 | 단체명 |
|---|---|
| 학술연구단체 | 도로교통안전협회(국세청 법인 22601-596, 1990.3.7.), 문화콘텐츠진흥원(국세청 법인 22601-596, 1990.3.7.), 한국환경기술개발원(재무부 법인 46012-2, 1993.1.8.), 고등건설기술연구조합(국세청 제삼 46014-256, 1994.9.30.), 한국증권연구원(국세청 법인 46012-128, 1998.1.16.), 한국음주문화센터(세정 13407-671, 2000.6.25.), 대한한의사협회(세정팀-196, 2005.7.29.), 한민족희생자추모사업회(세정-446, 2006.2.2), 방송영상진흥원(세정-660, 2006.2.14.), 아시아협력기구(세정-3515, 2006.8.7.), 한국영상자료원(세정-4572, 2006.9.21.) |
| 기술진흥단체 | 한국건설기술연구원(국세청 법인 46012-2456, 1996.9.4.), 한국전력기술인협회(심사 2000-178, 2000.3.29.), 한국소프트웨어진흥원(세정 13430-700, 2001.6.22.), 중소기업정보화경영원(세정 13407-302, 2003.3.26.) |

| 구분 | 단체명 |
|---|---|
| 문화예술 단체 | 다도문화연구회(세정 13407-1127, 2000.9.20.), 김세중기념사업회(세정-4647, 2006.9.26.), 한민족희생자추모사업회(세정-446, 2006.2.2.), 문화콘텐츠진흥원(세정-4572, 2006.9.21.), 동방문화발전교류협회(세정-5430, 2006.11.3.), 세중문화재단(세정-5831, 2006.11.23.) |

### 도로교통안전 연구·개발 등을 목적사업으로 하는 공단이 정관상 교통과학연구 등의 학술연구 목적사업을 하는 경우 학술단체에 해당되는지 여부

도로교통안전공단은 도로교통법 제120조에 따라 설립되어 민법 외의 법률에 따라 설립된 단체에 해당된다 할 것이며, 또한 취득세 면제대상으로 규정하고 있는 학술연구단체 등의 범위에 대하여는 지방세법령에 구체적으로 명시하고 있지 아니하므로 개별적으로 그 법인이나 단체의 정관상 목적사업, 예산 및 사업실적 등을 고려하여 해당 여부를 판단(대법원 94누7515, 1995.5.2., 행자부 지방세정팀-827, 2007.9.6., 행자부 세정과-3841, 2004.1.1. 등 다수). 하여야 할 것이다. 한편 도로교통법 제123조(사업) 및 공단의 정관 제5조(사업)에 따르면, 공단의 사업은 도로에서의 교통안전에 관한 교육·홍보·연구·기술개발과 운전면허시험의 관리 등으로 정관 목적사업 중 교통과학연구와 교통안전교육 등 일부 연구활동을 하는 사업 자체만으로는 학술의 연구나 발표를 주된 사업으로 하는 학술연구단체로 보기는 어렵다 할 것이며, 나아가 공단에서 주차방법 및 주차질서 확립, 주차질서 의식개선 교육교재 개발 등과 관련된 학술연구와 발표를 하는 경우라도, 공단의 사업실적, 예산의 사용용도 등에 있어 그 비율이 주된 사업이 아닌 부대사업이나 지원사업에 불과하다면 학술연구단체로 보기에는 무리가 있다 하겠다.

참고

**학술연구단체·기술진흥단체 등의 범위 판단요령**(행자부 세정 13430-451, 2001.10.22.)

① 민법에 의거 설립된 경우라도 정부로부터 설립허가나 인가를 받은 경우

- 지방세법 제288조 제2항에 따라 정부로부터 허가, 인가를 받은 단체와 민법 이외 특별법에 의거 설립·적용을 받는 단체에 대하여 감면하는 것이므로 민법 제32조에 의거 민법 적용을 받은 비영리법인이 정부로부터 허가 또는 인가를 받은 경우에도 이에 포함되어야 하며 반드시 특별법에 의해 설립되는 것은 아님(행자부 세정 13430-423, 2001.10.16.).

② 학술연구단체 등의 범위 판단

- 학술연구단체·장학단체·기술진흥단체·문화예술단체·체육진흥단체·청소년단체의 범위에 대하여는 지방세법령에 구체적으로 명시하고 있지 아니하나 개별적으로 그 법인이나 단체의 정관 목적사업, 예산 및 사업실적 등을 고려하여 이에 해당 여부를 판단함.

- 학술연구사업 등 사업을 영위하더라도 학술연구 등이 부수업무가 되거나 지원업무인 경우는 이에 해당되지 않으며 주된 사업이어야 함. 주된 사업의 판단은 사실판단이나 주로 당해 법인이나 단체의 정관과 관련하여 사업실적, 예산의 사용용도 등을 그 비율이 많은 사업을 주된 사업으로 판단하되 그 예산지출 등도 직접 학술연구나 기술진흥을 하는 사업이 아닌 사업지원 등 간접적으로 사용되면 주된 사업이 아님(대법원 94누7515, 1995.5.23.).
- 또한 학술연구단체 등의 사업수행과 관련하여 수익사업을 영위한 경우에 감면 여부는 학술연구단체·장학단체 등이 수익사업을 정관목적사업으로 하고 있으면서 주된 사업이 아닌 부대사업으로 하는 경우에도 임대사업을 하는 것을 제외하고는 단체사업에 직접 사용하는 것으로 인정하여야 할 것임(지법 §288 ① 참조).
- 또한 학술연구단체 등의 범위를 판단시 그 명칭은 학술연구 등을 판단하는 데 영향이 없으나, 정관목적의 사업을 고려하여 판단하여야 하며, 학술연구단체 등의 판단기준은 다음 기준에 따라 판단하되, 주된 사업 여부 판단은 정관목적사업과 사업실적 등 법인장부 등을 고려하여 판단

  ① 주된 사업성 ② 사업실적, 예산상황 ③ 수익사업 여부 불구 임대사업 제외 ④ 명칭 여부 불문

#### 2-3-1. 학술단체인 공공기관의 범위(영 §22 ① 1호)

2017년부터는 「공공기관의 운영에 관한 법률」 제4조에 따른 공공기관은 비영리단체 감면대상에서 제외하도록 시행령이 개정(영 제22조 각 호 외의 부분 단서)되었고 2018년부터 1년간 그 시행을 유예하도록 하여 2018년 이후부터는 공공기관 지정기관에 대해서는 학술연구단체로 보지 않도록 관련 규정이 개정되었다. 그러나 공공기관의 경우라도 기초과학연구원(IBS)과 같이 순수과학 분야 등 국가 정책적으로 조세지원 필요성이 높은 기관까지도 감면에서 제외되는 문제점도 발견되었다. 공공기관에 대한 자체수입 비중 및 수익사업 실적 등을 분석하면 준정부기관, 기타공공기관 중 일부기관의 경우에는 학술연구 단체 등으로서 감면 필요성 인정되기 때문이다. 이에 2018년부터는 공공기관이라도 설립 목적, 영리성, 수익구조(자체사업·수익사업 비중) 등을 종합적으로 검토하여 행정안전부 장관이 필요하다면 감면대상으로 포함될 수 있도록 관련 고시 근거 규정이 마련되었다가, 다시 2020년부터는 「공공기관의 운영에 관한 법률」 제4조에 따른 공공기관으로 개정되었다. 위 규정에 따른 공공기관은 다음의 〈표〉의 내용과 같다.

> ※ 「공공기관운영에 관한 법률」 제4조
> -(지정) 기획재정부장관이 국가·지방자치단체가 아닌 법인·단체 또는 기관 중 지정
> -(대상) 정부가 출연, 정부지원액이 총수입액의 2분의 1을 초과, 정부가 100분의 50 이상의 지분 및 기관의 임원임명 및 정책결정에 지배력을 확보한 기관

〈표 5〉 **위 규정에 따른 공공기관 현황(2018년 현재)**

| 구 분 | 기관명 |
|---|---|
| 시장형 공기업 (14개) | (산자부) 한국가스공사, 한국광물자원공사, 한국남동발전(주), 한국남부발전(주), 한국동서발전(주), 한국서부발전(주), 한국석유공사, 한국수력원자력(주), 한국전력공사, 한국중부발전(주), 한국지역난방공사<br>(국토부) 인천국제공항공사, 한국공항공사, (해수부) 부산항만공사 |
| 준시장형 공기업 (16) | (재정부) 한국조폐공사, (문화부) 한국관광공사, (방통위) 한국방송광고진흥공사<br>(농식품부) 한국마사회, (산자부) 대한석탄공사<br>(국토부) 제주국제자유도시개발센터, 주택도시보증공사, 한국감정원, 한국도로공사, 한국수자원공사, 한국철도공사, 한국토지주택공사<br>(해수부) 여수광양항만공사, 울산항만공사, 인천항만공사, 해양환경관리공단 |
| 기금 관리형 준정부기관 (16) | (교육부) 사립학교교직원연금공단, (인사처) 공무원연금관리공단<br>(산자부) 한국무역보험공사, 한국원자력환경공단<br>(고용부) 근로복지공단, (복지부) 국민연금공단, (중기청) 중소기업진흥공단<br>(문화부) 국민체육진흥공단, 영화진흥위원회, 한국문화예술위원회, 한국언론진흥재단<br>(금융위) 기술신용보증기금, 신용보증기금, 예금보험공사, 한국자산관리공사, 한국주택금융공사 |
| 위탁 집행형 준정부기관 (73) | (교육부) 한국교육학술정보원, 한국장학재단<br>(안전처) 한국소방산업기술원, 한국승강기안전공단<br>(문화부) 국제방송교류재단, 한국콘텐츠진흥원, 아시아문화원<br>(농식품부) 농림수산식품교육문화정보원, 농림수산식품기술기획평가원, 축산물품질평가원, 한국농수산식품유통공사, 한국농어촌공사<br>(미래부) (재)우체국금융개발원, (재)한국우편사업진흥원, 우체국물류지원단, 정보통신산업진흥원, 한국과학창의재단, 한국방송통신전파진흥원, 한국연구재단, 한국인터넷진흥원, 한국정보화진흥원<br>(산자부) 대한무역투자진흥공사, 한국가스안전공사, 한국광해관리공단, 한국디자인진흥원, 한국산업기술진흥원, 한국산업기술평가관리원, 한국산업단지공단, 한국석유관리원, 한국세라믹기술원, 한국에너지공단, 한국에너지기술평가원, 한국전기안전공사, 한국전력거래소<br>(복지부) 건강보험심사평가원, 국민건강보험공단, 사회보장정보원, 한국노인인력개발원, 한국보건복지인력개발원, 한국보건산업진흥원<br>(환경부) 국립공원관리공단, 국립생태원, 한국환경공단, 한국환경산업기술원 |

| 구 분 | 기관명 |
| --- | --- |
| | (고용부) 한국고용정보원, 한국산업안전보건공단, 한국산업인력공단, 한국장애인고용공단 |
| | (여가부) 한국청소년상담복지개발원, 한국청소년활동진흥원 |
| | (국토부) 교통안전공단, 국토교통과학기술진흥원, 한국국토정보공사, 한국시설안전공단, 한국철도시설공단 |
| | (해수부) 선박안전기술공단, 한국수산자원관리공단, 한국해양과학기술진흥원, 한국해양수산연수원, 극지연구소 |
| | (외교부) 한국국제협력단, (공정위) 한국소비자원 |
| | (원안위) 한국원자력안전기술원, (보훈처) 독립기념관, 한국보훈복지의료공단 |
| | (산림청) 한국임업진흥원, (경찰청) 도로교통공단 |
| | (농진청) 농업기술실용화재단, (특허청) 한국지식재전략원 |
| | (중기청) 중소기업기술정보진흥원, 소상공인시장진흥공단 |
| | (기상청) 한국기상산업진흥원, (식약처) 축산물안전관리인증원, (방통위) 시청자미디어재단 |
| 기타 공공기관 (202) | (국조실) 경제인문사회연구원, 과학기술정책연구원, 국토연구원, 대외경제정책연구원, 산업연구원, 에너지경제연구원, 정보통신정책연구원, 통일연구원, 한국개발연구원, 한국교육개발원, 한국교육과정평가원, 한국교통연구원, 한국노동연구원, 한국농촌경제연구원, 한국법제연구원, 한국보건사회연구원, 한국여성정책연구원, 한국조세재정연구원, 한국직업능력개발원, 한국청소년정책연구원, 한국해양수산개발원, 한국행정연구원, 한국형사정책연구원, 한국환경정책평가연구원 |
| | (재정부) 한국투자공사, 한국수출입은행 |
| | (교육부) 강릉원주대학교치과병원, 강원대학교병원, 경북대학교병원, 경상대학교병원, 국가평생교육진흥원, 동북아역사재단, 부산대학교병원, 부산대학교치과병원, 서울대학교병원, 서울대학교치과병원, 전남대학교병원, 전북대학교병원, 경북대학교치과병원, 제주대학교병원, 충남대학교병원, 충북대학교병원, 한국고전번역원, 한국사학진흥재단, 한국학중앙연구원 |
| | (외교부) 한국국제교류재단, 재외동포재단 |
| | (통일부) 북한이탈주민지원재단, (사)남북교류협력지원협회 |
| | (법무부) 대한법률구조공단, 정부법무공단, 한국법무보호복지공단, IOM이민정책연구원 |
| | (국방부) 국방전직교육원, 전쟁기념사업회, 한국국방연구원 |
| | (행자부) 민주화운동기념사업회, (재)일제강제동원피해자지원재단 |
| | (문화부) (재)국악방송, (재)예술경영지원센터, (재)예술의전당, (재)정동극장, (재)한국문화정보원, 게임물관리위원회, 국립박물관문화재단, 그랜드코리아레저(주), 대한장애인체육회, 대한체육회, 세종학당재단, 영상물등급위원회, 태권도진흥재단, 한국공예디자인문화진흥원, 한국도박문제관리센터, 한국문학번역원, 한국문화관광연구원, 한국문화예술교육진흥원, 한국문화진흥(주), 한국영상자료원, 한국예술인복지재단, 한국저작원위원회, 한국체육산업개발 |

<table>
<tr><th>구 분</th><th colspan="2">기관명</th></tr>
<tr><td rowspan="17">기타<br>공공기관<br>(202)</td><td></td><td>(주), 한국출판문화산업진흥원, 한국저작권보호원</td></tr>
<tr><td>(농식품부)</td><td>(재)한식대단, 가축위생방역지원본부, 국제식물검역인증원, 농업정책보험금융원</td></tr>
<tr><td>(산자부)</td><td>(재)한국스마트그리드사업단, (주)강원랜드, (주)한국가스기술공사, 기초전력연구원, 전략물자관리원, 한국로봇산업진흥원, 한국산업기술시험원, 한국원자력문화재단, 한국전력기술(주), 한일산업기술협력재단, 한전KDN(주), 한전KPS(주), 한국원자력연료(주), 한전 의료재단법인 한일병원, 한국전력국제원자력대학원대학교</td></tr>
<tr><td>(복지부)</td><td>(재)한국보육진흥원, (재)한국장애인개발원, 국립암센터, 국립중앙의료원, 대구경북첨단의료산업진흥재단, 대한적십자사, 오송첨단의료산업진흥재단, 한국건강증진개발원, 한국국제보건의료재단, 한국보건의료연구원, 한국보건의료인국가시험원, 한국상회복지협의회, 한국의료분쟁조정중재원, (재)한국장기기증원, 한국인체조직기증원, 한약진흥재단, 환경보전협회</td></tr>
<tr><td>(환경부)</td><td>국립낙동강생물자원관, 수도권매립지관리공사, 한국상하수도협회</td></tr>
<tr><td>(고용부)</td><td>건설근로자공제회, 노사발전재단, 학교법인한국폴리텍, 한국기술교육대학교, 한국사회적기업진흥원, 한국잡월드, 사단법인 한국기술자격검정원</td></tr>
<tr><td>(여가부)</td><td>한국건강가정원, 한국양성평등교육진흥원, 한국여성인권진흥원</td></tr>
<tr><td>(국토부)</td><td>㈜워터웨이플러스, ㈜한국건설관리공사, 주택관리공단(주), 코레일관광개발(주), 코레일네트웍스(주), 코레일로지스(주), 코레일유통(주), 코레일테크(주), 한국안전기술원</td></tr>
<tr><td>(미래부)</td><td>(재)우체국시설관리단, 광주과학기술원, 국가과학기술연구회, 국립광주과학관, 국립대구과학관, 기초과학연구원, 대구경북과학기술원, 별정우체국연금관리단, 연구개발특구진흥재단, 울산과학기술원, 한국건설기술연구원, 한국과학기술기획평가원, 한국과학기술연구원, 한국과학기술원, 한국과학기술정보연구원, 한국기계연구원, 한구기초과학지원연구원, 한국나노기술원, 한국데이터베이스진흥원, 한국생명공학연구원, 한국생산기술연구원, 한국식품연구원, 한국에너지기술연구원, 한국원자력연구원, 한국원자력의학원, 한국전기연구원, 한국전자통신연구원, 한국지질자원연구원, 한국천문연구원, 한국철도기술연구원, 한국표준과학연구원, 한국한의학연구원, 한국항공우주연구원, 한국화학연구원, 국립부산과학관, (재)연구성과실용화진흥원, 재단법인 한국여성과학기술인지원센터</td></tr>
<tr><td>(해수부)</td><td>국립해양박물관, 국립해양생물자원관, 주식회사 부산항보안공사, 한국어촌어항협회, 한국해양과학기술원, 한국해양조사협회, 항로표지기술협회, 한국해양과학기술원, 선박해양플랜트</td></tr>
<tr><td>(금융위)</td><td>한국예탁결제원, 한국산업은행, 중소기업은행</td></tr>
<tr><td>(원안위)</td><td>한국원자력안전재단, 한국원자력통제기술원, (공정위)한국공정거래조정원</td></tr>
<tr><td>(식약처)</td><td>한국식품안전관리인증원, 한국의약품안전관리원, 식품안전정보원, 의료기기정보기술지원센터</td></tr>
<tr><td>(보훈처)</td><td>88관광개발(주), (관세청)(재)국제원산지정보원</td></tr>
</table>

| 구 분 | 기관명 |
| --- | --- |
| | (문화재청) 한국문화재재단, (산림청)녹색사업단, 한국산림복지진흥원<br>(기상청) (재)APEC기후센터, (재)한국형수치예보모델개발사업단<br>(방사청) 국방과학연구소, 국방기술품질원<br>(중기청) (재)중소기업연구원, ㈜중소기업유통센터, 신용보증재단중앙회, 창업진흥원, 한국벤처투자<br>(특허청) 한국발명진흥원, 한국지식재산보호원, 한국지식재산연구원, 한국특허정보원 |

# 3 감면대상 부동산

## 3-1. 학술단체(§45 ①, 영 §22 ① 1~4호)

「공익법인의 설립·운영에 관한 법률」 제4조에 따라 설립된 공익법인, 「민법」 제32조에 따라 설립된 비영리법인, 「민법」 및 「상법」 외의 법령에 따라 설립된 법인, 「비영리민간단체 지원법」 제4조에 따라 등록된 비영리민간단체, 그 외 위 규정에 따른 해당 법인 또는 단체 중 「공공기관의 운영에 관한 법률」 제4조에 따른 공공기관인 경우에는 행정안전부장관이 정하여 고시(2020년 현재 고시한 법인·단체는 없음)하는 법인 또는 단체가 학술연구에 직접 사용하기 위해 취득 또는 보유중인 부동산이 이에 해당한다. 2019년까지는 학술연구단체·장학단체·과학기술진흥단체가 그 고유업무에 직접 사용하기 위하여 취득 또는 보유중인 부동산이 이에 해당되었으나 2020년부터는 학술단체의 고유업무 직접 사용 부동산에 대한 면제규정의 적용 대상자 및 범위 등을 조정하여 종전의 불명확한 면제대상 부동산의 범위를 학술연구용 부동산으로 특정하였고, 과학기술진흥단체가 감면대상에서 법규정상 명시적으로는 제외되었으나 위 학술의 개념에 과학기술도 포함되므로 과학기술진흥단체가 학술연구 등의 목적사업을 수행한다면 현행 규정의 학술단체의 해당 사업용 부동산으로 보아야 하며, 과학기술의 개발·보급 및 학문의 연구와 관련 없는 관리·지원 성격용 부동산은 감면대상 부동산에서 제외되는 것이 타당하다고 본다.

## 3-2. 장학법인(§45 ②)

「공익법인의 설립·운영에 관한 법률」에 따라 설립된 장학법인이 장학사업에 직접 사용하기 위해 취득 또는 보유중인 부동산과 장학금을 지급할 목적으로 취득 또는 보유중인 임대용 부동산이 이에 해당된다. 2019년까지는 장학법인 또는 장학단체가 그 고유업무에 직접 사용하기 위하여 취득 또는 임대용 부동산이 해당되었으나 2020년부터는 장학법인의 그 고유업무 중 장학사업용과 장학사업 재원목적의 임대용 부동산으로 감면대상자가 조정되었다. 2019년까지의 규정에 따른 장학단체 중 공익법인에 해당하지 않는 장학단체는 2020년부터는 감면대상에서 제외된다.

| ※ 장학법인의 판단 기준<br>1. 「공익법인의 설립 · 운영에 관한 법률」 제4조에 따라 설립된 공익법인일 것<br>2. 학생 등의 장학을 목적으로 금전 등을 제공하는 사업을 주된 목적으로 할 것<br>※ 장학사업이 주된 사업이 아닌 다른 사업의 부대사업인 경우 장학법인으로 보지 않음. |
|---|

## 4 | 특례내용

### 4-1. 세목별 감면

「공익법인의 설립 · 운영에 관한 법률」 제4조에 따라 설립된 공익법인 등 학술단체, 장학법인 등이 해당 학술연구사업, 장학사업에 직접 사용하기 위해 취득 또는 보유중인 부동산에 대해 취득세, 재산세를 2027년 12월 31일까지 감면한다. 2019년까지는 학술단체 등에 대해 재산세 도시계획분, 지역자원시설세가 감면되었으나 2020년부터는 이들 세목의 감면이 종료되었고 장학법인의 경우 기존 취득세 및 재산세 감면율이 확대(80% → 100%)되었다.

〈표 6〉 **학술단체 등에 대한 세목별 감면 현황(2025.1.1. 현재)**

| 조문 | 감면내용 | 감면율 |
|---|---|---|
| §45 ① | 학술단체 등이 학술연구사업에 사용하기 위해 취득 또는 보유중인 부동산 | 취득세, 재산세 100% |
| §45 ② 1호 | 장학법인이 장학사업에 직접 사용하기 위해 취득한 부동산 | 취득세, 재산세 100% |
| §45 ② 2호 | 장학법인이 장학금 지급용도로 취득하는 임대용 부동산 | 취득세, 재산세 80% |
| 농특 §4 ⑥ 5호 | §45 ①에 따른 취득세 감면분의 20% | 농특세 비과세 |

### 4-2. 건축중인 부속토지에 대한 특례(영 §123)

학술연구단체(§45 ①) 등 및 장학법인(§45 ②) 용도로 사용할 건축물을 건축중인 경우에는 해당 용도로 직접 사용하고 있는 것으로 의제(擬制)하여 해당 건축물의 부속토지에 대한 재산세를 계속 감면한다.

### 4-3. 자동계좌이체 납부분 재산세 세액공제(§92의 2)

장학법인 등이 전자송달 또는 자동계좌이체 방식으로 납부할 재산세(§45 ②)를 자동납부 신청하는 경우에는 지방자치단체의 조례로 정하는 바에 따라 추가로 재산세를 공제(150원~1,000원)받을 수 있다. 자동납부 신청 세액공제에 관한 세부사항은 제92조의 2 해설편을 참조하면 된다.

## 5 | 지방세특례의 제한

### 5-1. 감면된 취득세 등의 추징(§45 ③)

2019년까지는 학술단체에 대해서는 일반적 추징규정(§178), 장학법인에 대해서는 개별 추징규정(§45 ②)에 따라 취득세 및 재산세가 추징되었으나 2020년부터는 종전 장학법인과 함께 지방세특례제한법 제45조 제3항에 따라 학술단체 또는 장학법인의 설립허가가 취소 등 공통 추징사유 새로 규정하였다. 세부 내용은 다음의 〈표〉와 같다.

〈표 7〉 **학술단체, 장학법인 추징규정 현황**

| 구 분 | 2019년까지 | 2020년부터 |
|---|---|---|
| 학술단체 | 법 제178조 적용대상<br>• 정당한 사유 없이 취득일부터 1년 경과할 때까지 미사용<br>• 해당 용도로 직접 사용한 기간이 2년 미만인 상태로 매각·증여·타용도 | 법 제45조 제3항 신설<br>학술단체 및 장학법인 공통적용 규정<br>• 정당한 사유 없이 취득일부터 1년 경과할 때까지 미사용<br>• 해당 용도로 직접 사용한 기간이 2년 미만인 상태로 매각·증여·타용도<br>• 취득일부터 3년 이내에 관계 법령에 따라 설립허가가 취소, 등록 말소 등 |
| 장학법인 | 법 제45조 제2항 추징사유 별도 규정<br>• 정당한 사유 없이 취득일부터 3년 경과할 때까지 미사용<br>• 해당 용도로 직접 사용한 기간이 2년 미만인 상태로 매각·증여·타용도 | |

### 5-2. 최소납부세액의 부담(§177의 2)

학술단체(장학법인은 제외)가 그 고유업무에 사용하기 위하여 취득하는 부동산에 대해서는 취득세 및 재산세가 면제(§45 ①, §45 ② 1호)됨에도 불구하고, 2016년부터 시행되는 감면상한제도에 따라 경우에 따라서는 면제되는 세액의 15%는 감면특례가 제한되어 최소납부세액으로 부담하여야 한다. 이에 대한 세부적인 사항은 제177조의 2의 해설편의 내용과 같다.

### 5-3. 지방세 중과세 대상 부동산에 대한 감면 제외(§177)

학술연구단체 등이 감면을 받으려는 부동산이 지방세법 제13조 제5항에 따른 별장 등 지방세 중과세 대상인 사치성 재산인 경우에는 감면대상에서 제외된다. 이에 대한 세부사항은 제177조를 참조하면 된다.

## 6 | 감면신청(§183)

학술연구단체 등이 본 규정에 따라 지방세를 감면받으려는 경우에는 해당 지방자치단체의 장에게 해당 부동산이 그 고유업무에 직접 사용하는 용도임을 입증하는 서류를 첨부하여 감면신청을 하여야 한다. 세부적인 감면신청 절차 등에 대해서는 제183조의 해설편을 참조하면 된다.

## 7 | 관련사례

■ 학술연구단체에 해당하는 여부 판단기준

- 해당 법인은 연구 지원사업 및 공익사업 등을 목적사업으로 하고 있고, 이러한 사업은 연구활동 등을 간접적으로 지원하는 활동으로 감면대상 고유업무인 학술 연구 및 발표로 보기 어려운 점 등에 비추어 취득세 등을 부과한 처분은 잘못이 없음(조심 2015지1982, 2016.6.30.).
- 해당 법인은 입주기업에게 경영, 기술분야에 대한 지원활동을 하는 것으로 보아야 할 것이고 학술연구단체의 고유목적사업에 사용한 것으로 볼 수 있다고 주장하나, 해당 부동산에서 청구법인의 학술연구와 발표 등 학술연구단체의 고유목적사업을 수행하는 것으로 보기 어려운 점 등에 비추어 재산세 등의 과세처분은 적법함(조심 2015지0161, 2015.6.22.).
- (사)○○○○ 정관에 의하면 목적사업을 ○○사업의 생산 · 가공 · 기술연구, 천마 관련 사업으로 마케팅 · 소비촉진을 위한 홍보활동, 판로수출 확대 및 신규시장개척을 위한 국내외 시장조사, 고품질 생산기술 개발 · 보급 · 유통개선 등을 위한 교육 및 국내외 선진지 연수, 회원이 생산한 천마제품의 출하조절 · 생산 · 포장 등을 위한 공동작업장 및 공동 이용시설의 설치운영, 생산 · 판매를 위한 자재 등의 공동구입, 천마관련 시설 및 제품개발 · 품질관리 등 지원 · 운영, 공동브랜드 포장디자인 용기개발 및 마케팅에 관한 사항

등으로 하고, 지리적 표시 및 지리적 표시 단체 표창 관련 사업으로 무주천마의 지리적 표시, 지리적 표시단체 표창·등록 및 사후관리, 무주천마의 품질조사 및 품질관리, 개인 회사 및 단체회원의 구성원에 대한 지리적 표시제 관련 교육으로 하고, 기타사업으로 위 사업과 관련되는 부대사업으로 하고 있으며, (사)○○○○의 최근 5년간의 지출총액 가운데 마케팅·홍보에 44% 정도를 지출하는 반면, 기술연구비가 차지하는 비율이 평균 25% 내외에 불과하므로 학술의 연구와 발표를 주된 목적으로 하는 단체로는 보기 어려운 것(행자부 지방세특례제도과-1192, 2015.4.30.).

- ○○대불산학융합본부의 정관상 목적사업을 ○○국가산업단지를 중심으로 ○○남도 서남권 조선산업 관련 기업체의 인적자원개발(교육), R&D, 고용이 융합된 산학일체형 산학협력을 수행함을 목적으로 규정하고 있어, 학술의 연구나 발표를 주된 사업으로 하는 학술연구단체로 보기 어렵다 할 것이고, (사)○○대불산학융합본부는 현재 설립허가만을 득하고 사실상 사업을 영위하고 있지 않은 상태로서 사업실적, 예산의 사용용도 등에 있어 주된 사업과 지원 및 수익 사업 등을 알 수 없음에도 이 단체를 학술연구단체 등에 따른 취득세 감면대상으로 볼 수 없음(행자부 지방세특례제도과-316, 2014.12.24.).
- 「학술진흥법」상 학술연구단체로 등록한 사실이 없고 문화재 발굴조사기관으로 등록한 점, 청구법인의 경비 지출내역에서 연구와 직접 관련된 비용이 인건비 등에 비하여 상대적으로 적은 점 등에 비추어 해당 법인은 학술연구단체에 해당하지 않는다고 보는 것이 타당함(조심 2014지1245, 2014.10.31.).
- 기독교 선교와 관련된 역사를 연구하고, 기독교 문화의 창달과 선교에 기여하기 위한 것으로 나타나며, 연구실적이 있는 점 등을 종합하여 볼 때 해당 법인은 기독교 역사관련 학술의 연구와 발표를 주된 업무로 하는 단체로서 종교단체가 아닌 학술연구단체로 보는 것이 타당함(조심 2013지0374, 2013.12.24.).
- 도로교통공단의 정관상 목적사업은 도로에서의 교통안전에 관한 교육·홍보·연구·기술개발과 운전면허시험의 관리 등으로 ○○○교통방송 자체만으로는 학술의 연구나 발표를 주된 사업으로 하는 학술연구단체로 보기는 어렵다고 할 것이며, 공단에서 교통과학연구, 교통안전교육 등의 학술의 연구와 발표를 하는 경우라도 공단의 사업실적, 예산의 사용용도 등에 있어 그 비율이 주된 사업이 아닌 부대사업이나 지원사업에 불과하다면 학술연구단체에 해당되지 아니한다고 할 것임(안행부 지방세운영과-1605, 2013.7.24.).
- 창업보육센터가 그 목적사업의 일부인 기술지원 관련 사업을 수행하고 있다고 하더라도 창업보육센터의 목적사업 전부를 ○○연구원의 고유업무에 해당한다고 확장 해석하기에는 다소 무리가 있다고 판단됨(안행부 지방세운영과-1633, 2013.7.25.).
- 학술연구단체의 고유업무 해당 여부 관련, 학술연구단체의 고유업무에 대하여 지방세법에서 달리 규정하고 있지 아니하므로 당해 A법인의 정관이나 등기부등본상에 목적사업으로 정하고 있어야 될 것이라고 할 것이나, 당해 A법인이 운영하는 일반음식점 및 재활용품 판매업의 경우 법인 정관 및 등기부등본상에 목적사업으로 기재되어 있지 아니한 점, 또한 법인은 남북한 민족의학 연구 등의 사회적 실천방안의 일환으로 저소득층 건강을 위한 영양사업 및 생태환경 보호를 위한 재활용품 사업을 목적사업으로 정관에 추가하였으나 주무관청(보건복지부장관)의 허가를 받지 못하여 삭제되었던 점, 점심은 저소

득층을 위해 자율적으로 식사대금을 내도록 하고 있다고 하더라도 저녁은 사업자등록을 하고 불특정다수인을 상대로 영업하는 일반적인 음식점과 동일하게 운영하고 있는 점 등을 종합적으로 고려할 때, A법인이 운영하고 있는 일반음식점 및 재활용품 판매점의 경우 남북한 민족의학 연구 등을 목적사업으로 하는 학술연구단체의 고유업무로 보기는 어렵다고 할 것임(행안부 지방세운영과-478, 2012.2.14.).

■ 과학기술진흥단체에 해당하는지 여부 판단기준

과학기술진흥단체의 정의에 대해서는 「지방세법」 등 지방세 관계법령에서 명백히 정의하고 있지 않으나 해당 규정의 취지로 볼 때 "과학 및 산업기술을 연구·개발하여 이를 보급하거나 지원하는 것을 주된 목적으로 하는 단체"를 의미한다고 볼 수 있고, 어느 단체가 이에 해당하는지의 여부는 명칭 여하에 불문하고 설립근거인 법령, 정관의 목적사업, 주된 수행업무 등 실질적인 활동내역, 예산집행상황 등을 종합적으로 고려해서 판단해야 할 것임(대법원 2008두1115, 2008.6.12. 참조). 해당 법인의 경우 「민법」 제32조와 「지식경제부장관 및 그 소속청장의 주관에 속하는 비영리법인의 설립 및 감독에 관한 규칙」 제4조에 의해 설립된 법인으로서 지역소재 기계금속 산업체의 시험평가, 기술개발에 대한 체계적인 지원 등을 목적으로 하고 있으며 이를 달성하기 위해 기술혁신사업, 기계소재시험평가사업, 기술정보화 관련 지원 사업, 교육훈련사업, 수탁가공사업, 장비·시설 임대 수입사업 등을 추진할 수 있음. 또한, 해당 법인의 홈페이지와 홍보자료 등을 통해 해당 법인이 최근 기계부품·소재시험 평가센터 운영, 메카트로닉스 부품 산업화 센터 구축, 차세대 금형 혁신기반 구축 사업 등을 주요사업으로 추진하고 있는 것을 확인할 수 있음. 따라서, 이와 같은 사실들을 종합적으로 감안했을 때 해당 법인이 학술 및 연구논문을 연평균 30편 이상 발표한다고 하더라도 학술연구단체보다는 과학기술진흥단체에 해당된다고 보는 것이 합리적일 것으로 판단됨(행안부 지방세운영과-2543, 2012.8.8.).

■ 주된 사업의 판단기준

지방세법 제288조 제2항에서 감면대상으로 규정하고 있는 학술연구단체 등의 범위에 대하여는 지방세법령에 구체적으로 명시하고 있지 아니하므로 개별적으로 그 법인이나 단체의 정관상 목적사업, 예산 및 사업실적 등을 고려하여 해당 여부를 판단하되, 학술연구 등이 사업의 부수업무가 되거나 지원업무가 아닌 "주된 사업"이어야 하고 주된 사업의 판단은 당해 법인이나 단체의 정관상 목적사업과 관련하여 사업실적, 예산의 사용용도 등에 있어 그 비율이 높은 사업을 주된 사업으로 판단하여야 할 것이며, "학술연구단체" 또는 "기술진흥단체"에 해당하는지 여부는 단체의 명칭 여하를 불문하고 실질적인 활동내역, 예산집행 상황 등을 종합적으로 고려하여 판단하여야 함(행안부 지방세운영과-2580, 2010.6.18.).

■ 관련법령에 따른 조직변경은 정당한 사유에 해당된다고 한 사례

정부의 연구·개발지원기관 통합방침에 따른 「산업기술촉진법」 개정 등 관련법령에서 규정한 조직변경으로 매각하는 경우라면, 이는 법령에 의한 금지·제한 등 그 법인이 마음대로 할 수 없는 외부적인 사유로 유예기간 내에 매각할 수밖에 없는 정당한 사유가 있다(대법원 1998.11.27. 선고, 97누5121 판결 참조)고 할 것이므로 면제된 취득세 등은 추징대상에 해당되지 아니한다고 사료됨(행안부 지방세운영과-73, 2009.1.7.).

▣ 주된 사업의 판단기준

주된 사업의 판단은 당해 법인이나 단체의 정관상 목적사업과 관련하여 사업실적, 예산의 사용용도 등에 있어 그 비율이 높은 사업을 주된 사업으로 판단하여야 할 것(대법원 1995.5.23., 94누7515)이라는 판결에 비추어 해당 법인의 2007년도 결산서상 장학지원금으로 명시되어 있는 학생의료지원기금은 한국과학기술원 학생의 진료비 및 건강진단비 지원 등 복리후생 증진을 도모할 목적으로 설립된 학생의료상조회에 출연한 기금으로써 이를 학생에게 지급하는 학비보조금 또는 연구원에게 지급하는 구비보조금과 유사한 장학금이라 하기에는 무리가 있다고 할 것인 바, 법인의 정관 고유목적사업 중 그 비율이 가장 많은 후생복지사업(67.5%)을 주된 사업으로 보아야 할 것이므로, 비록 교육과학기술부장관이 귀 법인을 장학단체로 해석하고 있다고 할지라도 취득세 등이 감면되는 지방세법상 "장학단체"로 보기는 어렵다고 사료됨(행안부 지방세운영과-2244, 2008.11.21.).

▣ 자연림을 "고유업무에 직접 사용"으로 보기는 어렵다고 한 사례

(재)○○대학교발전기금이 학교 수련원 건립용도로 토지를 취득하였으나, ① 수련시설 설치반대 민원발생과 건립허가 신청서류 보정요구 등으로 당해 토지를 유예기간 내에 고유업무에 사용하지 못하는 경우로, 당해 토지를 취득하기 전에도 조금한 주위를 기울였더라면 현지 거주민에 의한 민원발생을 예견할 수 있었다 할 것이며, 행정관청의 신청서류 보정요구로 개발허가가 지연되었다 함은 법령에 의한 금지 · 제한 등 당해 조합이 마음대로 할 수 없는 오로지 외부적 사유에 해당된다고 보기에 무리가 있다고 사료되며, ② 수련시설 설치를 위한 개발허가 신청부지 외에 개발이 필요 없는 자연생태학습장, 산림연구, 자연경관림, 행군로 등으로 활용 예정지의 경우 수련시설 설치를 위한 개발허가 신청부지 외에 개발이 필요 없는 자연생태학습장, 산림연구, 자연경관림, 행군로 등으로 활용 예정지의 경우라도, 사회통념상 그 경계가 구분되어 수련시설 일체의 토지로 볼 수 없는 경우라면, 임업을 목적사업으로 두지 아니한 이상 자연림 상태의 임야가 "고유업무에 직접 사용"된다고 보기에는 무리가 있다 사료됨(행안부 지방세운영과-1316, 2008.9.19.).

▣ 학술연구단체 등의 판단기준 등

- 산업계, 연구소, 학계 등에 국내 · 외 산업재산권 및 기술정보 등을 효율적으로 정보화하고 보급함으로써 산업의 국제 경쟁력을 제고하고 기술발전에 기여함을 목적으로 설립된 기술진흥단체 ○○○원이 당해 법인의 정관상 목적사업인 산업계, 연구소, 학계 등에 국내 · 외 산업재산권 및 기술정보 등을 효율적으로 정보화하고 그 보급 등을 주된 사업으로 운영되고 있다면 상기 규정에 의한 학술연구단체 등의 요건을 갖추었다고 볼 수 있음(행안부 지방세운영과-340, 2008.7.23.).
- 학술연구단체가 정관에 「국내외 산 · 학 · 연간의 연구협력을 위한 우수연구기관 유치 및 기술이전 사업육성」이 포함되어 있고 정관에 부합하게 국내에 유치된 연구소가 학술연구단체의 연구공간을 사용하고 있는 경우라도 그 부동산은 학술연구단체가 그 고유업무에 직접 사용하는 부동산으로 볼 수 없기 때문에 재산세 등의 감면대상에 해당되지 아니함(구 행자부 지방세운영과-252, 2007.5.3.).
- 학술연구단체가 고유업무에 직접 사용할 목적으로 취득한 부동산을 유예기간 내에 이 건

부동산을 임대하고 있는 사실이 확인되는 이상 기 감면한 취득세 등을 추징한 것은 달리 잘못이 없음(조심 2011지0395, 2012.4.3.).

■ 기술진흥단체 등의 판단기준 등

- 학술연구단체는 학술의 연구와 발표를 그 주된 목적사업으로 하는 단체를 의미하고(대법원 94누7515), 기술진흥단체는 과학기술을 연구・개발하여 이를 보급하거나 지원하는 것을 주된 목적으로 하는 단체를 의미하는 것인바(대법원 2008두1115), 학술연구단체 등의 여부는 정관상 목적사업, 예산 및 사업실적 등을 고려하여 그 비율이 높은 사업을 주된 사업으로 판단하여야 할 것이므로, 청구법인의 정관 목적사업 등에 의하면, 과학 및 산업기술을 연구・개발하여 이를 보급하거나 지원하는 것을 주된 사업으로 하고 있고, 예산(지출) 또한 기술개발과 관련된 사업이 대부분이고 순수 학술연구와 관련된 수입(지출) 비용은 극히 소액인 점 등을 고려할 때 청구법인은 학술연구단체라기보다는 기술진흥단체에 해당한다 할 것임(조심 2010지0859, 2011.11.25.).
- 청소년수련시설의 설치허가를 받아 취득한 쟁점수련원을 장학단체 등이 그 설립목적을 수행하기 위하여 고유업무에 직접적으로 사용하는 부동산으로 보기는 어렵다 할 것이므로 재산세 면제 대상이 아닌 경감(100분의 50) 대상으로 보아 재산세를 부과한 것은 적법함(조심 2012지0327, 2012.8.20.).

■ 장학단체에 해당하는지 판단 기준 등

- 법인의 정관목적사업은 학술연구, 장학금지급사업 등이 기재되어 있으나, 2013년도 예산서 등에 의하면 장학금 지급예산은 전체예산 중 14.1%에 해당하고, 장학금도 청구법인이 학생들에게 직접 지급하는 것이 아니라 ○○○학회에 지급하는 것으로 확인되며, 부동산을 취득하여 학술연구단체로 하여 취득세 등을 감면받은 사실 등을 종합하여 볼 때 청구법인의 주된 목적사업이 장학사업이라고 보기는 어렵다고 판단됨(조심 2014지0500, 2014.6.30.).
- 장학단체에 해당하는지 여부는 단체의 명칭 여하에 불문하고 설립근거인 법령, 정관의 목적사업, 주된 수행업무 등 실질적인 활동내역, 예산집행상황 등을 종합적으로 고려하여 판단하여야 할 것으로 청구법인의 정관이나 등기부상의 목적사업에 장학사업이 포함되어 있으나, 청구법인의 장학금 지급실적을 보면, 수입금 대비 장학금 지급규모가 미미하고, 특정인에게만 지급한 것일 뿐만 아니라 지급사유도 객관적인 장학금 지급규정보다는 청구법인의 대표자의 사적인 이유에 따라 지급된 것으로 나타나고, 또한, 청구법인의 연도별 사업실적을 보면, 외국과의 문화교류, 복지지원 및 교육기관에 대한 시설지원 등 직접적인 장학사업으로 보기는 어려운 해외지원 사업이 주된 업무를 이루고 있고, 동 업무를 추진하기 위하여 여비교통비 및 접대비 등의 항목으로 지출된 비용이 장학금으로 지급한 비용보다 많은 점 등을 고려하면, 장학사업은 청구법인의 주된 사업이라기보다는 부수업무에 해당하는 것으로 보이므로 청구법인을 장학단체 또는 장학법인으로 보기 어려움(조심 2012지0628, 2013.9.16.).
- "과세기준일 현재 임대용으로 사용하는 부동산"이라 함은 재산세 등의 과세기준일 현재 장학법인이 소유중인 부동산을 장학금을 지급할 목적으로 임대하고 있는 부동산을 의미하는 것이고, 해당 법인과 같이 2008년도부터 2010년도까지의 기간중에 장학금을 지급한

사실이 없는 경우에는 재산세 과세기준일 현재 해당 부동산을 장학금을 지급할 목적으로 임대하였다고 보기는 어려움(조심 2012지0731, 2012.11.19.).

■ 고유업무 직접 사용 판단기준

- 지방세법 제288조 제2항 단서가 고유업무에 직접 사용하지 않는 '해당 부분'에 대하여 취득세 및 등록세를 추징한다고 규정한 것을 보면 이 사건 건물이 층별로 독립하여 관리할 수 없는 1동의 건물이라고 하더라도 그 중 원고의 고유업무에 직접 사용하지 않는 부분을 구분하여 과세하여야 한다고 해석된다. 법인의 사업목적이 정신문화 창달이라는 무형적인 것이어서 필요시 언제든지 사용할 가능성이 있다는 이유만으로 원고가 현재 비워놓고 사용하지 않는 이 사건 지층 부분을 그 고유업무에 직접 사용하고 있다고 볼 수 없음(대법원 2010.1.28. 선고, 2009두18820 판결).
- 법인의 고유업무에 직접 사용하는 부동산이라 함은 당해 부동산이 현실적으로 그 고유의 사무에 직접 사용되고 있는 경우만을 가리키는 것이고, 고유업무에 직접 사용하기 위한 준비를 위하여 사용되었음에 불과하거나 장차 고유업무에 사용될 경우를 대비하여 비워 둔 채로 보유하고 있는 경우는 여기에 포함될 수 없음(대법원 2010.1.28. 선고, 2009두18820 판결).
- 문화예술단체가 고유업무에 직접 사용하기 위하여 취득한 부동산을 임대용으로 사용하고 있는 경우 취득세 등을 추징한 처분은 적법함(조심 2009지1117, 2010.7.6.).

■ 장학사업 사용금액 이외의 금액은 감면을 배제하여야 한다고 한 사례

- 감면받은 취득·등록세에 대하여는 사후관리를 통해 추징하도록 규정하고 있는 바, 추징요건인 '그 용도에 사용하지 아니하는 경우'라 함은 임대용부동산에서 발생한 임대소득을 장학사업에 사용하지 아니한 경우라고 보는 것(행안부 2009.3.24. 지방세운영과-1187호 유권해석 참조)이므로 장학사업에 사용한 금액 이외의 금액은 감면을 배제하는 것이 타당하다고 할 것임(행안부 지방세운영과-2994, 2011.6.24.).
- 장학법인이 부동산 임대수익금액과 다른 이자수입이 있는 경우 이자수입을 제외한 당해 부동산 임대수익금 중 100분의 70 이상을 장학금으로 지출하는 경우에는 장학금 지급을 목적으로 취득한 임대용 부동산은 취득세와 등록세의 경감대상임(구 행자부 지방세정팀-4139, 2006.9.4.).
- 부동산 등기가 대도시내 법인 중과세의 예외가 되는 「공연법」에 의한 문화예술시설운영사업 내지는 「지방세법」 제288조 제2항에 의한 문화예술단체가 그 설립목적을 위하여 수행하는 사업에 해당하는 것으로 볼 수 있는지 여부와 관련하여 부동산이 문화예술단체가 그 설립목적을 위하여 수행하는 사업에 직접 사용하는 등록세 중과제외 업종의 부동산에 해당하는 것으로 보기도 어려움(조심 2010지0416, 2011.3.22.).
- 쟁점부동산은 지방세법상 고급주택에 해당하여 감면대상에서 제외되므로 처분청이 이 건 제1토지에 대하여 취득세 등을 추징하면서 중과세율을 적용하여 과세한 것은 적법하다고 판단되며 제2토지는 대도시내 등록세 중과세 제외대상토지에 해당되는 것으로 보이므로 처분청이 이 건 토지에 대하여 등록세를 중과세한 처분은 잘못이라고 판단됨(조심 2008지1100, 2009.12.18.).

# 제45조의 2

## 기초과학연구 지원을 위한 연구기관 등에 대한 감면

관련규정

제45조의 2(기초과학연구 지원을 위한 연구기관 등에 대한 면제) 다음 각 호의 법인이 연구사업에 직접 사용하기 위하여 취득하는 부동산에 대해서는 취득세의 100분의 50을, 과세기준일 현재 연구사업에 직접 사용하는 부동산에 대해서는 재산세의 100분의 50을 각각 2026년 12월 31일까지 경감한다.

1. 「과학기술분야 정부출연연구기관 등의 설립 · 운영 및 육성에 관한 법률」에 따른 과학기술분야 정부출연연구기관
2. 「국방과학연구소법」에 따른 국방과학연구소
3. 「국제과학비즈니스벨트 조성 및 지원에 관한 특별법」에 따른 기초과학연구원
4. 「정부출연연구기관 등의 설립 · 운영 및 육성에 관한 법률」에 따른 정부출연연구기관
5. 「한국국방연구원법」에 따른 한국국방연구원
6. 「한국해양과학기술원법」에 따른 한국해양과학기술원

## 1 | 개 요

「국제과학비즈니스벨트 조성 및 지원에 관한 특별법에 따른 기초과학연구원과 「과학기술분야 정부출연연구기관 등의 설립 · 운영 및 육성에 관한 법률」에 따른 연구기관에 대하여 기초과학연구의 투자가 확대되어 국가기술경쟁력 강화, 부가가치 및 고용창출로 인한 지역경제 활성화를 제고하기 위하여 2017년 말 법 개정에 따라 2020년 말까지 기존 과학기술단체와 유사한 수준에서 취득세 및 재산세(도시지역분 포함) 감면규정이 신설되었다. 2021년에는 재산세의 도시지역분 감면이 종료되는 대신 일몰기한은 2023년까지 연장되었다. 2024년에는 감면대상이 기존 기초과학분야 22개소에서 경제 · 인문 · 사회 분야 57개소로 확대되었다.

# 2 | 감면대상자

기초과학연구원은 「국제과학비즈니스벨트 조성 및 지원에 관한 특별법」 제14조에 근거하여 2011년에 설립되었으며, 해당 법률은 국제과학비즈니스벨트의 조성 및 지원을 통하여 세계적인 수준의 기초연구환경을 구축하고, 기초연구와 비즈니스가 융합될 수 있는 기반을 마련함으로써 국가경쟁력 강화에 이바지함을 목적으로 하고 있다.

2011년 설립 이후부터 현재까지는 부동산을 임대하여 기초과학연구원을 운영하고 있으나 기초과학연구원 본원 건물(대전)은 2018년에 취득할 예정이며, 2021년에 중이온 가속기(대전) 및 5개 지역(대전, 광주, 대구, 울산, 포항)에 캠퍼스 연구단 건물을 취득할 예정으로 기계장비를 제외한 해당 부동산이 감면대상이 된다.

2017년부터 「지방세특례제한법」 시행령 제22조의 일부개정을 통해 「공공기관의 운영에 관한 법률」 제4조에 따른 공공기관은 2018.1.1.부터 감면대상에서 제외하도록 규정함에 따라 그간 「지방세특례제한법」 제45조에 따라 감면을 적용을 받았던 과학기술단체 등 기획재정부장관에게 매년 지정한 320여 개의 공공기관은 제외하게 되었다.

이에 따라 4차 산업혁명을 대비한 기초과학 연구에 대한 정부의 투자확대 계획을 감안하여 기초과학연구원 등 과학기술단체에 대해서는 예외적으로 지방세 감면혜택을 받을 수 있도록 한 것으로 보여진다.

한편, 2024년부터는 국방 및 해양과학 분야 연구개발 지원을 위해 감면대상을 국방과학연구소 등 5개 단체(출연기관)까지로 확대되었다.

〈표 1〉 **감면대상 현황(2024년 현재)**

| 기초과학분야(22개) |
|---|
| 기초과학연구원, 한국과학기술연구원, 한국기초과학지원연구원, 한국천문연구원, 한국생명공학연구원, 한국과학기술정보연구원, 한국한의학연구원, 한국생산기술연구원, 한국전자통신연구원, 한국건설기술연구원, 한국철도기술연구원, 한국표준과학연구원, 한국식품연구원, 한국지질자원연구원, 한국기계연구원, 한국항공우주연구원, 한국에너지기술연구원, 한국전기연구원, 한국화학연구원, 한국원자력연구원, 한국재료연구원, 한국핵융합에너지연구원 |

| 경제 · 인문 · 사회분야(24개) |
|---|
| 한국개발연구원, 한국조세재정연구원, 대외경제정책연구원, 통일연구원, 한국형사 · 법무정책연구원, 한국행정연구원, 한국교육과정평가원, 산업연구원, 에너지경제연구원, 정보통신정책연구원, 한국보건사회연구원, 한국노동연구원, 한국직업능력연구원, 한국해양수산개발원, 한국법제연구원, 한국여성정책연구원, 한국청소년정책연구원, 한국교통연구원, 한국환경연구원, 한국교육개발원, 한국농촌경제연구원, 국토연구원, 과학기술정책연구원, 건축공간연구원 |
| **기타(3개)** |
| 국방과학연구소, 한국국방연구원, 한국해양과학기술원 |

## 3 | 감면대상 부동산

「국제과학비즈니스벨트 조성 및 지원에 관한 특별법」에 따른 기초과학연구원과 「과학기술분야 정부출연연구기관 등의 설립 · 운영 및 육성에 관한 법률」에 따른 연구기관 등이 고유업무에 직접 사용하기 위하여 취득하는 부동산이 감면대상이 된다.

## 4 | 특례내용

기초과학연구원 및 과학기술분야 출연연구기관이 취득하는 경우 부동산에 대해 취득세와 재산세를 2026년 12월 31일까지 감면한다. 한편, 2021년부터는 재산세 도시지역분 감면이 종료되었다.

〈표 2〉 기초과학연구원 등에 대한 세목별 감면 현황(2024.1.1. 현재)

| 조문 | 감면내용 | 감면율 |
|---|---|---|
| §19의 2 | 기초과학연구원 및 과학기술분야 출연연구기관 부동산 | 취득세 50%<br>재산세 50% |
| 농특 | 감면규정 없음 | 농어촌특별세 과세 |

# 5 | 지방세 특례의 제한

## 5-1. 감면된 취득세의 추징(§45의 2, §178)

본 규정에서는 별도로 사후관리 규정을 두고 있지 않으나 제178조에 따라 감면받은 취득세 및 재산세가 추징될 수 있다. 감면의무위반 사항에 대한 세부적인 내용은 제178조의 해설편의 내용과 같다.

제178조의 규정에서는 정당한 사유 없이 그 취득일부터 1년이 경과할 때까지 해당 용도로 사용하지 아니하는 경우, 해당 용도로 직접 사용한 기간이 2년 미만인 상태에서 매각·증여하거나 다른 용도로 사용하는 경우에는 감면된 세액이 추징된다.

## 5-2. 최소납부세액의 부담(§177의 2)

기초과학기술원 및 과학기술 출연연구기관이 그 고유업무에 사용하기 위하여 취득하는 부동산에 대해서는 취득세 및 재산세가 면제(§45의 2)됨에도 불구하고, 최소납부세제 적용에 따라 취득세 면제액(200만원 초과) 및 재산세 면제액(50만원 초과)의 15%는 감면특례가 제한되어 납부하여야 한다. 이에 대한 세부적인 사항은 제177조의 2의 해설편의 내용과 같다.

## 5-3. 지방세 중과세 대상 부동산에 대한 감면 제외(§177)

기초과학기술원은 실질적으로 대전 등 수도권 외 지역에 있어 중과세 여부와 관계가 없으며 과학기술 출연연구기관의 경우 감면을 받으려는 부동산이 지방세법 제13조 제5항에 따른 별장 등 지방세 중과세 대상인 사치성 재산인 경우에는 감면대상에서 제외된다. 이에 대한 세부사항은 제177조를 참고하면 된다.

# 6 | 감면신청(§183)

기초과학기술연구원 등이 본 규정에 따라 지방세를 감면받으려는 경우에는 해당 지방자치단체의 장에게 해당 부동산이 그 고유업무에 직접 사용하는 용도임을 입증하는 서류를 첨부하여 감면신청을 하여야 한다. 세부적인 감면신청 절차 등에 대해서는 제183조의 해설편을 참조하면 된다.

## 7 | 관련사례

▣ 원형지로 지정된 연구기관 소유 토지를 연구 환경을 유지하기 위한 것으로 보아 연구기관 고유업무에 직접 사용하는 부동산으로 볼 수 있는지 여부

연구기관은 과학기술 분야의 연구를 주된 목적으로 하는 기관이므로 감면대상 고유업무는 과학기술분야 연구와 직접 관련된 사업만을 의미한다. 따라서 연구기관의 미개발 토지인 원형지는 연구기관 고유업무에 직접 사용하는 부동산이 아님(행안부 지방세특례제도과-767, 2021.3.31.).

지방세특례제한법

# 제46조 연구개발 지원을 위한 감면

관련규정

제46조(연구개발 지원을 위한 감면) ① 기업이 대통령령으로 정하는 기업부설연구소(이하 이 조에서 "기업부설연구소"라 한다)에 직접 사용하기 위하여 취득하는 부동산(부속토지는 건축물 바닥면적의 7배 이내인 것으로 한정한다. 이하 이 조에서 같다)에 대해서는 취득세의 100분의 35[대통령령으로 정하는 신성장동력 또는 원천기술 분야를 연구하기 위한 기업부설연구소(이하 이 조에서 "신성장동력·원천기술 관련 기업부설연구소"라 한다)의 경우에는 100분의 50]를, 과세기준일 현재 기업부설연구소에 직접 사용하는 부동산에 대해서는 재산세의 100분의 35(신성장동력·원천기술 관련 기업부설연구소의 경우에는 100분의 50)를 각각 2025년 12월 31일까지 경감한다.

【영】 제23조(기업부설연구소) ① 법 제46조 제1항에서 "대통령령으로 정하는 기업부설연구소"란 「기초연구진흥 및 기술개발지원에 관한 법률」 제14조의 2 제1항에 따라 인정받은 기업부설연구소를 말한다. 다만, 「독점규제 및 공정거래에 관한 법률」 제14조 제1항에 따른 상호출자제한기업집단등이 「수도권정비계획법」 제6조 제1항 제1호에 따른 과밀억제권역 내에 설치하는 기업부설연구소는 제외한다.
② 법 제46조 제1항에서 "대통령령으로 정하는 신성장동력 또는 원천기술 분야를 연구하기 위한 기업부설연구소"란 제1항에 따른 기업부설연구소로서 다음 각 호의 요건을 모두 갖춘 기업의 부설 연구소를 말한다.
1. 「국가과학기술 경쟁력 강화를 위한 이공계지원 특별법」 제2조 제4호에 따른 연구개발서비스업을 영위하는 국내 소재 기업으로서 「조세특례제한법 시행령」 제9조 제1항 제1호 가목에 따른 신성장동력·원천기술연구개발업무(이하 이 조에서 "신성장동력·원천기술연구개발업무"라 한다)를 수행(신성장동력·원천기술연구개발업무와 그 밖의 연구개발을 모두 수행하는 경우를 포함한다)하는 기업일 것
2. 「기초연구진흥 및 기술개발지원에 관한 법률」 제14조의 2 제1항에 따라 기업부설연구소로 인정받은 날부터 3년 이내에 「조세특례제한법 시행령」 제9조 제11항에 따른 신성장동력·원천기술심의위원회로부터 해당 기업이 지출한 신성장동력·원천기술연구개발비의 연구개발 대상 기술이 같은 영 별표 7에 해당된다는 심의 결과를 통지받은 기업일 것

② 제1항에도 불구하고 「독점규제 및 공정거래에 관한 법률」 제31조 제1항에 따른 상호출자제한기업집단등이 「수도권정비계획법」 제6조 제1항 제1호에 따른 과밀억제권역 외에 설치하는 기업부설연구소에 직접 사용하기 위하여 취득하는 부동산에 대해서는 취득세의 100분의 35(신성장동력 · 원천기술 관련 기업부설연구소의 경우에는 100분의 50)를, 과세기준일 현재 기업부설연구소에 직접 사용하는 부동산에 대해서는 재산세의 100분의 35(신성장동력 · 원천기술 관련 기업부설연구소의 경우에는 100분의 50)를 각각 2025년 12월 31일까지 경감한다.

③ 제1항에도 불구하고 「조세특례제한법」 제10조 제1항 제1호 가목 2)에 따른 중견기업이 기업부설연구소에 직접 사용하기 위하여 취득하는 부동산에 대해서는 취득세의 100분의 50(신성장동력 · 원천기술 관련 기업부설연구소의 경우에는 100분의 65)을, 과세기준일 현재 기업부설연구소에 직접 사용하는 부동산에 대해서는 재산세의 100분의 50(신성장동력 · 원천기술 관련 기업부설연구소의 경우에는 100분의 65)을 각각 2025년 12월 31일까지 경감한다.

④ 제1항에도 불구하고 「중소기업기본법」 제2조 제1항에 따른 중소기업(이하 이 장에서 "중소기업"이라 한다)이 기업부설연구소에 직접 사용하기 위하여 취득하는 부동산에 대해서는 취득세의 100분의 60(신성장동력 · 원천기술 관련 기업부설연구소의 경우에는 100분의 75)을, 과세기준일 현재 기업부설연구소에 직접 사용하는 부동산에 대해서는 재산세의 100분의 50(신성장동력 · 원천기술 관련 기업부설연구소의 경우에는 100분의 65)을 각각 2025년 12월 31일까지 경감한다.

⑤ 제1항부터 제4항까지의 규정을 적용할 때 다음 각 호의 어느 하나에 해당하는 경우 그 해당 부분에 대해서는 경감된 취득세 및 재산세를 추징한다.

1. 토지 또는 건축물을 취득한 후 1년(「건축법」에 따른 신축 · 증축 또는 대수선을 하는 경우에는 2년) 이내에 「기초연구진흥 및 기술개발지원에 관한 법률」 제14조의2에 따른 기업부설연구소로 인정받지 못한 경우
2. 기업부설연구소로 인정받은 날부터 3년 이내에 「조세특례제한법 시행령」 제9조 제11항에 따른 신성장동력 · 원천기술심의위원회로부터 해당 기업이 지출한 신성장동력 · 원천기술연구개발비의 연구개발 대상 기술이 같은 영 별표 7에 해당된다는 심의 결과를 받지 못한 경우(신성장동력 · 원천기술 분야 기업부설연구소로 추가 감면된 부분에 한정한다)
3. 기업부설연구소 설치 후 4년 이내에 정당한 사유 없이 연구소를 폐쇄하거나 다른 용도로 사용하는 경우

## 1 | 개 요

기업 연구조직을 효율적으로 육성·지원하기 위해 일정요건을 갖춘 기업의 부설연구소에 대한 세제지원을 통해 기업의 기술개발 활동을 촉진하는 데 목적이 있다. 1982년에 신설되어 2004년에는 감면기간을 연구소 설치 후 2년에서 4년으로 확대되었다. 2011년도에 지방세법이 분법이 되면서 구 지방세법 제282조 제1항 및 제284조의 규정이 현재의 지특법 제46조로 이관되었다. 2015년 이후 감면대상과 감면율이 점차 축소되어 연장되었다. 2018년에는 기업부설연구소에 대한 정의 규정이 신설되었다. 2020년에는 일몰기한이 2022년까지 연장되었고, 일본 수출규제 대응을 위해 소재·부품·장비관련 신성장동력·원천기술분야 기업부설연구소에 대한 세제지원이 확대되었다. 2022년에는 기업부설연구소 감면대상에 초기중견기업구간이 신설되었으며 2023년에는 성장동력·원천기술분야 기업부설연구소에 대한 세제지원이 5% 추가되었다.

## 2 | 감면대상자

기업부설연구소란 기업의 기술개발 활동을 촉진하기 위해 1981년부터 일정요건을 갖춘 기업연구소를 신고·인정함으로써 각종 조세, 관세, 자금지원 및 병역특례 등의 혜택을 부여하고 있다. 법적 근거는 기초연구진흥 및 기술개발지원에 관한 법률 제14조 제1항 제2호, 동법 시행령 제16조, 동법 시행규칙 제2조이다. 연구소 인증 등 관리업무는 1991년 2월부터 (사)한국산업기술진흥협회가 과학기술부로부터 이관받아 수행하고 있다(기초연구진흥 및 기술개발지원에 관한 법률 §20 및 동법 시행령 §27 ①). 2012년 현재 전국의 기업부설연구소는 28,771개이며 이 중 중소기업이 27,154개이다. 2015년부터는 감면대상자를 다음과 같이 세분화하고 있다. 한편, 2014년까지는 중소기업의 범위를 매출액, 자본금, 근로자 수를 기준으로만 구분하였으나 2015년부터는 평균 매출액을 기준으로 변경되었다. 이에 대한 세부기준은 제58조의 3 창업중소기업의 해설편의 내용과 같다.

### 2-1. 중견기업(§46 ①)

중견기업이 기업부설연구소를 설치·운영하려는 기업이 감면대상자에 해당된다. 중견기업이란 「중견기업 성장촉진 및 경쟁력 강화에 관한 특별법」에 따라 지정된 기업으로서 중소기업이지만 출자한 지배기업과 합하여 중소기업 범위를 벗어나는 기업을 말한다. 2020년 현재 약 3,000여 개(농심, 대상, 오뚜기, 샘표 등)에 이른다.

### 2-2. 대기업(§46 ②)

대기업이 기업부설연구소를 설치·운영하려는 기업이 감면대상자에 해당된다. 대기업이란「독점규제 및 공정거래에 관한 법률」에 따라 지정된 기업으로서 연 매출액 10조 이상의 상호출자제한기업 집단을 말한다. 2017년 현재 약 31개 집단에 이른다.

〈표 1〉「상호출자제한기업집단」(자산 10조원 이상)

(단위 : 조원)

| 총수 있는 집단(24) | | | | | | | | | 총수 없는 집단(7) | | |
|---|---|---|---|---|---|---|---|---|---|---|---|
| 순위 | 기업명 | 자산 | 순위 | 기업명 | 자산 | 순위 | 기업명 | 자산 | 순위 | 기업명 | 자산 |
| (1) | 삼성 | 363.2 | (11) | 신세계 | 32.3 | (21) | 미래에셋 | 15.2 | (6) | 포스코 | 78.2 |
| (2) | 현대자동차 | 218.6 | (13) | 두산 | 30.4 | (23) | 현대백화점 | 13.4 | (10) | 농협 | 50.8 |
| (3) | SK | 170.7 | (14) | 한진 | 29.1 | (24) | OCI | 11.8 | (12) | 케이티 | 32.1 |
| (4) | LG | 112.3 | (15) | CJ | 27.8 | (25) | 효성 | 11.5 | (20) | 대우조선해양 | 15.3 |
| (5) | 롯데 | 110.8 | (16) | 부영 | 21.8 | (26) | 영풍 | 11.0 | (22) | 에쓰-오일 | 14.0 |
| (7) | GS | 62.0 | (17) | LS | 21.7 | (28) | 한국투자금융 | 10.7 | (27) | KT&G | 10.8 |
| (8) | 한화 | 58.5 | (18) | 대림 | 18.4 | (30) | 하림 | 105. | (29) | 대우건설 | 10.7 |
| (9) | 현대중공업 | 54.3 | (19) | 금호 | 15.6 | (31) | KCC | 10.5 | | | |

### 2-3. 초기중견기업(§46 ③)

2022년부터는「조세특례제한법」 제10조 제1항 제1호 가목 2)에 따른 초기중견기업이 감면대상자에 해당된다. 위 규정에 따른 초기중견기업이란「조세특례제한법」 제29조 제3항에 따른 소비성서비스업종 및「중견기업 성장촉진 및 경쟁력 강화에 관한 특별법 시행령」 제2조 제2항 제2호 각 목의 업종을 영위하는 기업, 소유와 경영의 실질적인 독립성이「중견기업 성장촉진 및 경쟁력 강화에 관한 특별법 시행령」 제2조 제2항 제1호에 적합한 업종을 영위하는 기업으로서 직전 3개 과세연도의 매출액의 평균금액이 5천억원 미만인 기업을 말한다.

### 2-4. 중소기업(§46 ④)

기업부설연구소를 설치·운영하려는 중소기업이 감면대상자에 해당된다. 중소기업이란 「중소기업기본법」에 따른 기업으로서 자산총액 400억원 미만에 연 매출액 1,500억원 이하의 중기업과 연 매출액 120억원 이하 소기업(개인사업자 포함)이 감면대상자에 해당된다. 위 규정에 따른 중기업과 소기업은 다음의 〈표 2〉의 내용과 같다.

〈표 2〉 **중소기업 현황**

| 매출액 | | 업종 |
|---|---|---|
| 중기업 | 1,500억 이하 | 의복, 가방·신발, 펄프·종이, 1차금속, 전기장비, 가구제조업(6개 제조업) |
| | 1,000억 이하 | 식료품, 담배, 섬유, 목재, 석유정제품, 화학물질, 고무·플라스틱, 금속가공제품, 전자·컴퓨터·영상·통신, 기계·장비, 자동차, 기타 운송장비 제조업(12개 제조업), 농·임·어업, 전기·가스 ·수도, 도매·소매업, 광업, 건설업 |
| | 800억 이하 | 음료, 인쇄·복제기, 의료물질·의약품, 비금속광물, 의료·정밀·광학, 기타제품 제조업(6개 제조업)<br>운수업, 하수처리·환경복원업, 출판·영상·정보·통신 서비스업 |
| | 600억 이하 | 사업지원 서비스, 과학·기술 서비스, 보건·사회복지사업, 수리·기타 개인 서비스업, 예술·스포츠·여가관련 서비스업 |
| | 400억 이하 | 숙박·음식점업, 금융·보험업, 교육 서비스업, 부동산업·임대업 |
| 소기업 | 120억 이하 | 식료품 제조업 음료 제조업, 의복, 의복액세서리 및 모피제품 제조업, 가죽, 가방 및 신발 제조업, 코크스, 연탄 및 석유정제품 제조업, 화학물질 및 화학제품 제조업(의약품 제조업 제외), 의료용 물질 및 의약품 제조업, 비금속 광물제품 제조업, 1차금속 제조업, 금속가공제품 제조업(기계 및 가구 제조업 제외), 전자부품, 컴퓨터, 영상, 음향 및 통신장비 제조업, 전기장비 제조업, 그 밖의 기계 및 장비 제조업, 자동차 및 트레일러 제조업, 가구 제조업, 전기, 가스, 증기 및 수도사업(16개 업종) |
| | 80억 이하 | 농업,임업 및 어업, 광업, 담배 제조업, 섬유제품 제조업(의복 제조업 제외), 목재 및 나무제품 제조업(가구 제조업 제외), 펄프, 종이 및 종이제품 제조업, 인쇄 및 기록매체 복제업, 고무제품, 및 플라스틱제품 제조업, 의료, 정밀, 광학기기 및 시계 제조업, 그 밖의 운송장비 제조업, 그 밖의 제품 제조업, 건설업, 운수업, 금융 및 보험업(14개 업종) |
| | 50억 이하 | 도매 및 소매업, 출판, 영상, 방송 통신 및 정보서비스업(2개 업종) |

| 매출액 | | 업종 |
|---|---|---|
| | 30억 이하 | 하수·폐기물 처리, 원료재생 및 환경복원업, 부동산업 및 임대업, 전문·과학 및 기술 서비스업, 사업시설관리 및 사업지원 서비스업, 예술, 스포츠 및 여가 관련 서비스업(5개 업종) |
| | 10억 이하 | 숙박 및 음식점업, 교육 서비스업, 보건업 및 사회복지 서비스업, 수리 및 기타 개인 서비스업(4개 업종) |

## 3 | 감면대상 부동산(§46 ①)

기업부설연구소를 설치·운영하려는 중견기업, 대기업(과밀억제권역 외에서 기업부설연구소를 설치하는 경우로 한정), 중소기업(개인 포함)이 기업부설연구용으로 직접 사용하기 위하여 취득 또는 보유중인 부동산이 이에 해당된다. 이 경우 그 부속토지는 건축물 바닥면적의 7배 이내인 것으로 한정한다. 또한 감면대상 객체를 부동산으로 하고 있기 때문에 토지 및 건축물도 해당되며, 기업부설연구소를 조성하기 위해 나대지(토지)를 취득하여 건축물을 신축하거나 기존 건축물을 승계취득하는 경우 모두 감면대상에 해당된다. 또한, 부동산 이외 차량이나 기업부설연구소 직원 등을 위한 후생복리시설인 기숙사, 사원주택 등은 연구소에 직접 사용하는 부동산의 범위에 해당되지 않는다. 한편, 기업부설연구소가 연구목적으로 수입하는 자동차에 대해서는 2013년부터 감면이 종료되었다.

### 3-1. 기업부설연구소의 범위(영 §23 ①, 통칙 46-1)

기업 등이 기업부설연구소 용도로 부동산을 취득한 후 1년(「건축법」에 따른 신축·증축 또는 대수선을 하는 경우에는 2년) 이내에 「기초연구진흥 및 기술개발지원에 관한 법률」 제14조의 2에 따라 과학기술정보통신부장관[107]으로부터 인정받은 것을 말한다. 여기서 인정을 받는다는 의미는 관련 법률상 인적·물적 시설의 기준에 따라 연구전담요원이 전용으로 사용하는 경우만을 의미(대법원 2006두19750, 2008.11.27.)한다. 따라서 과학기술정보통신부장관에게 기업부설연구소로서 인정을 받지 못한 면적은 감면대상 부동산에 해당되지 않는다.

107) 「기초연구진흥 및 기술개발지원에 관한 법률 시행령」 제8조에 따라 기업부설연구소 인증 등에 관한 사무는 한국산업기술진흥협회(http://www.koita.or.kr)가 대행하고 있다.

〈표 3〉 **기업부설연구소 인정 기준(기초연구진흥 및 기술개발지원에 관한 법률 시행령 §16)**

| 구분 | | 신고요건 |
|---|---|---|
| 인적 요건 | 벤처기업 | 연구전담요원 2명 이상 |
| | 연구원 창업중소기업 | |
| | 소기업 | 연구전담요원 5명 이상(2013년 6월 30일까지는 3명 이상) |
| | 중기업 · 해외연구소 | 연구전담요원 5명 이상 |
| | 대기업 | 연구전담요원 10명 이상 |
| 물적 요건 | 연구시설 및 공간요건 | 연구개발활동을 수행해 나가는 데 있어서 필수적인 독립된 연구공간과 연구시설을 보유하고 있을 것 |

〈표 4〉 **기업부설연구소 인적 · 물적 요건**

| 구분 | 주요 내용 |
|---|---|
| 인적 요건 | • 자연계분야의 학사 이상 학위를 가진 사람으로서 기업의 연구개발활동과 관련된 분야를 전공하였거나 해당 연구분야에서 1년 이상 근무한 사람<br>• 기업의 연구개발활동과 관련된 「국가기술자격법」 제9조 제1항 제1호에 따른 기술 · 기능분야의 기사 이상 기술자격을 가진 사람<br>• 중소기업의 경우 기업의 연구개발활동과 관련된 자연계분야 전문대 졸업자나 국가기술자격법 제9조 제1항 제1호에 따른 기술 · 기능분야의 산업기사 이상 기술자격을 가진 사람으로서 해당 연구분야에서 2년 이상 근무한 사람<br>• 지식서비스 분야의 업종을 주 업종으로 하면서 동일분야를 연구하는 기업의 경우 기업의 연구개발분야와 관련된 전공자로서 자연계분야가 아니어도 가능 |
| 물적 요건 | • 사방이 다른 부서와 구분될 수 있도록 벽면을 경량칸막이 등 고정된 벽체로 구분하고 별도의 출입문을 갖추어야 함.<br>• 지식기반서비스 분야의 업종을 주업종으로 하는 기업으로서, 연구공간을 30㎡를 이하로 확보하는 경우에는 칸막이 등으로 다른 부서와 구분할 수 있음. |

### 3-1-1. 본점 사용용도로 토지 취득 후 기업부설연구소로 계획을 변경하는 경우

본점사업용 건축물 신축을 위해 토지 취득 후 건축물 준공 전에 일부 이용계획을 기업부설연구소 용도로 변경하여 해당 토지 취득 후 4년 이내 기업부설연구소를 설립하여 그 용도대로 사용한 경우라면 감면대상 부동산에 해당된다. 이는 토지 취득 이후 사정변경 등으로 당초 목적인 본점 사업용이 아닌 기업부설연구소를 설립하였다고 하여 달리 볼 수는 없기 때문이다(행안부 지방세운영과-2335, 2010.6.3.).

### 3-1-2. 본점 사무실 등과 기업부설연구소 회의실 등을 공동으로 사용하는 경우

한 동의 건축물에 기업부설연구소로 승인을 받은 부분과 당초 기업부설연구소로 승인을 받지는 못하였으나 연구소와 본점이 공용으로 사용하는 회의실, 구내식당 및 지하 주차장 등의 경우 기업부설연구소용 부동산에 해당되므로 연구소 전용면적 비율로 안분하는 것이 타당하다고 보는 견해[108]도 있으나, 연구전담요원이 전용으로 사용하는 경우만을 기업부설연구소로 보아야 하므로 기업부설연구소로 인정받지 못한 회의실 등 공용부분은 기업부설연구소 감면대상에 해당되지 않는다(행안부 지방세운영과-4080, 2012.12.18.). 이는 기업부설연구소 설립 목적이 상당한 보안성을 유지해야 하는 기업기술개발에 있으므로 기본적으로 일상적인 업무공간과는 독립성 · 폐쇄성(표 5 물적 기준 참조)이 유지되어야 하는 특성과 공용부분을 인정할 경우 사실상 일반 업무용 시설과 연구용 시설의 구분이 용이하지 않다는 점을 고려한 것으로 보인다.

다만, 회의실, 주차장 등의 면적에 대해 미래창조과학부장관으로부터 기업부설연구소로 인정을 받았더라도 이후에 기업부설연구소가 전용(專用)으로 사용하지 않고 건물 내의 본점 사무실과 공동으로 사용하는 경우에는 당초 기업부설연구소로 인증받은 전체면적을 모두 감면대상으로 보는 것이 아니라 본점사무실과 실제 기업부설연구소로 사용하는 부분에 따라 전용면적비율로 각각 안분하여야 하는 것이다(행안부 지방세운영과-5828, 2011.12.26., 행자부 지방세정-3768, 2007.9.14., 심사결정 2006-150, 2006.4.24. 등).

### 3-1-3. 기업부설연구소를 이전 후 계속 연구소 용도로 사용하는 경우

당해 건축물이 기업부설연구소로 인정을 받았으나 이후에 다른 장소로 이전하여 기업부설연구소를 설치 · 운영하기 위해서는 미래창조과학부장관에게 인적 · 물적 시설기준 변경신고 · 등록을 다시 하여야 하는 것이므로 이전하는 건축물 기준에서 볼 때는 변경신고 · 등록하는 시점에서 기업부설연구소로 새로 인정을 받아야 하는 것이다. 따라서 기업부설연구소로 인정을 받았다고 해서 항상 감면대상에 해당되는 것이 아니라 재산세 과세기준일 시점에서 이전하는 건축물에 대해 기업부설연구소로 인정(변경신고 · 등록)을 받았는지의 여부에 따라 감면 여부가 달라질 수 있다 하겠다.

108) 회의실, 지하주차장, 구내식당 등은 기업부설연구소(이하 "연구소") 운영에 필수적인 부대시설이고 1동의 건물의 효율적 공간 활용을 위해 회의실 등을 공용으로 사용하고 있으면 사실상 연구소 전용면적 비율에 대해서는 감면이 타당하다. 특히, 연구소 전용건물의 경우는 회의실 등 부대시설 전부를 면제하면서, 본점 사무실과 연구소간 공용면적만 차별하는 것은 불합리하다.

3-1-4. 기업부설연구소 인정 이후 다른 장소로 이전을 위해 건축중인 경우

기업부설연구소 인적·물적 시설기준 변경신고·등록 여부를 떠나 당해 건축물이 건축중이므로 실제로 기업부설연구소에 사용하고 있지 않으므로 직접 사용의 범위에 해당되지 않으며, 이에 대한 교육과학기술부(현재는 미래창조과학기술부) 입장도 건축중인 이전예정 연구소는 기업부설연구소로 보지 않고(교과부 과학기술전략과-1303, 2008.8.29., 행안부 지방세운영과-910, 2008.9.1. 참조) 있다. 다만, 과세기준일 시점에서 당해 건축물이 완공되고 기업부설연구소로 인정(변경신고·등록)되면 그때부터는 다시 재산세가 감면되는 것이다.

## 3-2. 기업부설연구소 직접 사용의 범위(§2 8호)

"직접 사용"이란 소유자 입장에서 자신의 사업목적에 배타적으로 사용하는 경우를 의미하므로 기업부설연구소 부동산의 소유자가 다른 사람에게 유·무상으로 임대하는 경우에는 직접 사용으로 볼 수 없다 하겠다. 따라서, 부동산 소유자(甲)가 특수관계에 있는 등 회사 등(乙)에게 유·무상으로 임대하여 기업부설연구소로 사용한다고 하더라도, 이는 별개의 법인이 각자의 사업목적에 따라 기업부설연구소용으로 사용하고 있는 것에 불과한 것이므로 기업부설연구소용에 직접 사용하는 부동산으로 보기는 어렵다 할 것이다(행안부 지방세운영과-357, 2011.1.20. 참조).

3-2-1. 4년을 경과하여 기업부설연구소 인증을 받은 경우

기업부설연구소에 대한 취득세 감면요건은 부동산 취득 후 4년 이내 기업부설연구소를 설치하는 경우로 한정하고 있어 이 유예기간 이내에 기업부설연구소를 설치·사용하여야 된다는 것으로 그 4년을 경과하여 기업부설연구소로 인정받아 직접 사용하고 있더라도 취득세는 감면대상에 해당되지 않는다(조심 2010지0256, 2010.12.29.). 다만, 재산세의 경우 부동산 취득 후 4년 이후에 기업부설연구소로 인증을 받더라도 매년 과세기준일 현재 직접 사용 여부에 따라 감면을 받을 수 있었다.

다만, 2015년부터는 기업부설연구소의 토지 또는 건축물을 취득한 후 1년(「건축법」에 따른 신축·증축 또는 대수선을 하는 경우에는 2년) 이내에 「기초연구진흥 및 기술개발지원에 관한 법률」 제14조의 2에 따른 기업부설연구소로 인정받지 못한 경우에는 취득세와 재산세를 모두 추징함에 따라 감면대상에세 배제하도록 하였다.

3-2-2. 기업부설연구소를 건축중인 경우

지특법 시행령 제123조에서 "토지에 대한 감면규정을 적용할 때 직접 사용의 범위에 건

축물을 건축중인 경우를 포함한다"고 규정하고 있어 재산세의 경우는 건축물을 건축중인 경우도 기업부설연구소로 직접 사용하는 것으로 보아야 한다. 다만, 재산세 감면을 위한 직접 사용의 판단기준은 ⅰ) 기업부설연구소 인적·물적 시설기준 요건, ⅱ) 취득세에서 판단하는 직접 사용 요건 모두 충족하여야 하는 것으로 기업부설연구소 용도로 건축중인 경우라도 재산세 과세기준일 현재 기업부설연구소로 인정(미래창조과학부도 이 경우에는 기업부설연구소로 인정하지 않고 있다)받지 못한 경우라면 직접 사용에 해당되지 않는다 하겠다.

### 3-3. 기업부설연구소의 본점(주사무소) 등 판단 여부

기업부설연구소는 「기초연구진흥 및 기술개발지원에 관한 법률」 제1조의 2에 따라 기업의 연구 개발활동을 지원하고 관리하기 위하여 연구인력 및 시설 등의 관련규정 요건을 준수하여야 하고 기업부설연구소에 근무하는 자는 연구개발 활동과 관련한 업무 외에 생산·판매·영업 등의 기업활동과 관련된 다른 업무를 겸하지 않고 연구전담요원, 연구보조원 및 연구관리직원 등의 책무를 갖고 연구에만 전념할 수 있도록 규정하고 있다.

한편, 판례에 따르면 법인의 본점 또는 주사무소란 법인이 영위하는 사업에 대한 주요한 의사결정 및 업무수행 관리행위가 이뤄지는 장소로서(대법원 2020두41832, 2020.10.12. 선고) 법인이 영위하는 사업에 관한 주요한 의사결정 및 업무수행과 경영, 인사, 재무, 총무, 기회 등 관리행위가 실질적으로 수행되는 지 여부에 따라야 한다(대법원 92누473, 1993.1.15. 선고, 대법원 2020두41832, 2020.10.15. 선고)라고 설시하고 있다.

또한, 행정안전부의 유권해석에 있어서도 기업부설연구소의 경우에는 본점 또는 주사무소와 분리하여 중과세나 감면 여부를 판단하여 왔으며(지방세정팀-595, 2007.3.22., 지방세운영-4080, 2012.12.18. 등 다수), 기업부설연구소가 연구개발 활동만을 수행하고 법인의 주된 기능 즉, 주요한 의사결정이나 인사, 재무, 총무 등의 업무를 수행하지 않는 경우에는 본점 또는 주사무소에 해당하지 않는다(부동산세제과-1026, 2023.11.17.)라고 판단하고 있다. 따라서, 기업부설연구소로 인증을 받고 별도의 규정 위반하여 인증해제 등의 사유가 발생하지 않고 운영되고 있다면 이는 본점 또는 주사무소로서의 기능을 수행하지 않으므로 감면대상에 해당하는 것은 물론, 중과세 대상 여부에 있어서도 동일하게 판단하여야 할 것이다.

# 4 | 특례내용

## 4-1. 세목별 감면

해당 기업 등이 기업부설연구소로 취득·보유하는 부동산에 대하여는 지방세 및 국세(농어촌특별세)를 2022년 12월 31일까지 각각 감면한다. 2020년부터는 기업 등이 설치·운영하는 기업부설연구소 중 신성장동력·원천기술관련 기업부설연구소에 대해서는 기존 기업부설연구소보다 감면범위가 확대되었다. 2022년부터는 초기 중견기업도 감면대상에 포함되었다.

〈표 6〉 **기업부설연구소 감면 현황(2023.12.31. 현재)**

| 조문 | 감면대상 | 감면내용(감면율) |
|---|---|---|
| §46 ① | 중견기업이 기업부설연구소로 직접 사용하는 부동산 | 취득세·재산세 35% |
| §46 ①(괄호) | 중견기업이 신성장동력·원천기술관련 기업부설연구소로 직접 사용하는 부동산 | 취득세·재산세 50% |
| §46 ② | 과밀억제권역 외에서 대기업이 기업부설연구소로 직접 사용하는 부동산 | 취득세·재산세 35% |
| §46 ②(괄호) | 과밀억제권역 외에서 대기업이 신성장동력·원천기술관련 기업부설연구소로 직접 사용하는 부동산 | 취득세·재산세 50% |
| §46 ③ | 초기중견기업이 기업부설연구소로 직접 사용하는 부동산 | 취득세·재산세 50% |
| | 초기중견기업이 기업부설연구소(신성장동력, 원천기술)로 직접 사용하는 부동산 | 취득세·재산세 65% |
| §46 ④ | 중소기업(개인)이 기업부설연구소가 직접 사용하는 부동산 | 취득세 60%, 재산세 50% |
| §46 ②(괄호) | 중소기업(개인)이 신성장동력·원천기술관련 기업부설연구소로 직접 사용하는 부동산 | 취득세 75%, 재산세 65% |
| 농특 §4 ⑥ 5호 | 기업부설연구소가 납부할 취득세 감면분의 20% | 농특세 비과세 |

## 4-2. 신성장동력·원천기술분야 해당시 감면율 추가 규정(2023.1.1. 신설)

기업부설연구소용 부동산에 대한 감면은 기업규모별 차등 감면을 적용하되, 「조세특례제한법 시행령」 별표 7에 따라 신성장동력·원천기술분야(① 자율주행·전기차 ② 인공지능·사물인터넷 등 IT ③ 통신 ④ 바이오 ⑤ 원자력 ⑥ 항공·우주 ⑦ 반도체 ⑧ 탄소중립 등)에 해당하는 경우 추가 감면율을 5%p(10%p→15%p) 상향하여 적용하되 부칙 제2조의 적용을 받아 2023년 1월 1일 이후 납세의무가 성립하는 경우부터 적용된다.

〈표 7〉 신성장동력 · 원천기술분야 추가 감면율 적용

| 대기업(§46 ②) | 중견기업(§46 ①) | 초기 중견기업(§46 ③) | 중소기업(§46 ④) |
|---|---|---|---|
| 취 · 재 35%<br>※ 대기업은 과밀억제권역 외 限 감면 적용 | | 취 · 재 50% | 취 60%, 재 50% |

※ 신성장동력 · 원천기술 분야 추가 감면 : +10%p ⇒ +15%p

### 4-3. 건축중인 부속토지에 대한 특례(영 §123)

기업부설연구소 용도로 사용할 건축물을 건축중인 경우에는 해당 용도로 직접 사용하고 있는 것으로 의제(擬制)하여 해당 건축물의 부속토지에 대한 재산세를 계속 감면한다.

### 4-4. 자동계좌이체 납부분 재산세 세액공제(§92의 2)

기업부설연구소가 전자송달 또는 자동계좌이체 방식으로 납부할 재산세(§46 ①~③)를 자동납부 신청하는 경우에는 지방자치단체의 조례로 정하는 바에 따라 추가로 재산세를 공제(150원~1,000원)받을 수 있다. 자동납부 신청 세액공제에 관한 세부사항은 제92조의 2의 해설편을 참조하면 된다.

### 4-5. 경과규정 특례(부칙 §14, 제12955호 2014.12.31.)

2014년 12월 31일까지는 모든 기업부설연구소에 대해 취득세, 재산세를 면제하였으나 2015년 1월 1일부터는 기업부설연구소 설립 · 운영 주체별로 과밀억제권역 내의 대기업, 중견기업, 그 외 중소기업으로 각각 분류하여 감면율이 축소되었다. 다만, 감면이 종료되더라도 2016년 이전 납세의무 성립분에 한해 지방세기본법 제51조에 따른 경정청구 기간(최대 2020년)까지는 종전의 규정을 계속해서 적용할 수 있다.

#### 4-5-1. 2014.12.31 이전 기업부설연구소 인증받은 대기업 부동산

2014년 12월 31일 이전에 기업부설연구소 인증을 받은 상호출자제한 기업집단(대기업)이 설치한 과밀억제권역 내 기업부설연구소 재산세의 경우 「지방세특례제한법」 부칙 제24조의 감면세율 특례(75% 감면) 적용대상에 해당하는지 여부에 대하여는 부칙 제24조에서 감면 적용특례 대상의 범위를 "이 법 시행 전에 부동산을 취득한 자가 2016년 12월 31일까지 기업부설연구소를 신고하여 인정받고, 2016년 12월 31일까지 취득하는 부동산"이라 규정하면서 최초 기업부설연구소 인증 시기에 대해서는 별도의 기간을 명시하지 않고 있으

나, 2015년 1월 1일 이후 새로이 기업부설연구소로 인증받은 기업에 한하여 부칙에 따른 감면 적용특례 대상으로 보아 취득세, 재산세의 감면율 75%를 적용하고, 2014년 12월 31일 이전 기업부설연구소로 인증된 과밀억제권역 내 대기업 기업부설연구소에 대하여 취득세 및 재산세의 감면율 25%를 적용하는 것은 불합리한 측면이 있다 할 것이다.

따라서, 해당 부칙 조항은 2014년 12월 31일 이전 부동산을 취득한 자가 기업부설연구소를 설치하는 경우 감면율 축소로 인한 급격한 세부담 완화를 위해 한시적인 감면특례를 규정한 것으로서, 비록 2014년 12월 31일 이전 인증된 기업이라 하더라도 부칙 제24조의 감면특례 적용대상(재산세 75% 감면)에 포함되는 것이라 할 것이다.

### 4-6. 지방자치단체 조례를 통한 감면

본 규정에 따른 기업부설연구소 이외에도 각종 연구개발특구 등에 대해서는 그 입주기업 등에 대해 지방자치단체가 정하는 조례가 정하는 바에 따라 별도로 감면을 적용한다. 이와 관련된 사항은 각 지방자치단체별 감면조례의 내용을 참고하기 바란다.

**〈자치단체별 취득세 경감률 적용사례〉**

- 부산광역시 ☞ 부산연구개발특구 내 입주기업 등에 대해 취득세 100%
- 대구광역시, 경상북도 ☞ 연구개발특구 내 입주기업 등에 대해 취득세 100%
- 광주광역시 ☞ 연구개발특구진흥재단 및 연구개발특구 내 입주기업 등에 대해 취득세 100%
- 대전광역시 ☞ 특구개발사업시행자 취득세 100%
- 전라남도 광주연구개발특구 내 사업시행자 ☞ 취득세 100%

## 5 | 지방세특례의 제한

### 5-1. 기업부설연구소 감면 추징(§46 ④ 1호, 3호)

2014년까지는 기업부설연구소 설치 후 4년 이내에 정당한 사유109) 없이 연구소를 폐쇄하거나 다른 용도로 사용하는 경우에 그 해당 부분에 대해서는 면제된 취득세를 추징하도록 하였다. 기업부설연구소용으로 부동산을 취득하고 그 취득일로부터 4년 이내까지 기업

109) 모(母)기업의 자산초과로 중소기업에서 제외됨에 따라 연구전담요원 부족으로 기업부설연구소의 승인이 취소되는 경우 모(母)기업의 자산규모 초과가 기업 내부적인 사유에 기인하고 있어 "정당한 사유"가 아님(행안부 지방세운영과-2504, 2008.12.15.).

부설연구소를 설치하였더라도 이 기간 중에 폐쇄하거나 기업부설연구소 이외 타용도로 사용하는 경우에는 면제된 취득세가 추징된다. 기업부설연구소란 기초연구진흥 및 기술개발 지원에 관한 법률에 따른 인적·물적 시설의 기준(표 4, 5 참조)을 충족해야 하는 것으로 그 기준요건을 충족하지 못해 인정이 취소 또는 매각 등의 경우라면 이 법 후단에서 규정하는 연구소를 폐쇄하거나 다른 용도에 사용하는 경우에 해당하는 것이다.

**취득세 감면요건인 4년의 의미(※ 2015년부터는 토지 또는 건축물을 취득한 후 1년, 신축·증축 또는 대수선을 하는 경우 2년으로 조정)**

기업부설연구소에 대한 감면요건인 4년이란 부동산을 취득하고 4년까지는 유예기간을 두어 이 기간 내에 연구소를 설치하면 되는 것이고 연구소를 설치한 이후에는 다시 4년간은 의무적으로 연구소 용도로 사용하라는 것으로 경우에 따라서는 최대 8년간 유예기간을 두고 감면된 취득세가 추징될 수 있다. 다만, 재산세의 경우는 명시적으로 추징규정은 없으나 매년 과세기준일 현재 기업부설연구소의 직접 사용하지 않는 경우에 지방세 부과처분은 추징이 아닌 본래의 부과에 해당되는 것이다. 이때 재산세의 직접 사용에 대한 판단기준은 당해 건축물의 소유자가 직접 기업부설연구소를 설치·운영하는지의 여부이다. 여기서 기업부설연구소를 설치·운영이라 함은 과세객체인 당해 건축물을 기준으로 기업부설연구소로 인정을 받고 있는지와 그 용도대로 사용하고 있는지의 두 가지 요건을 모두 충족해야 한다.

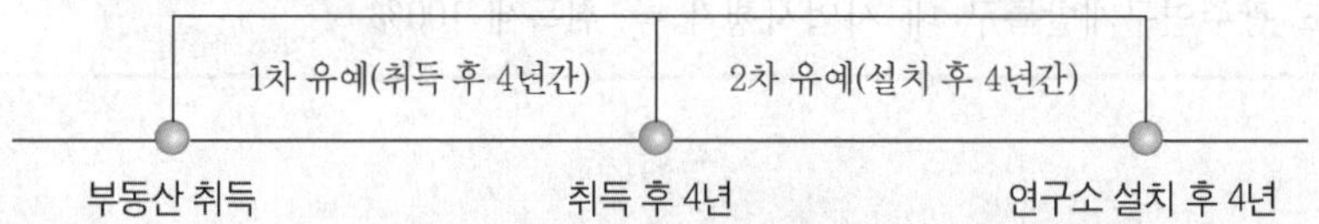


2015년부터는 기업부설연구소 설치에 따른 유예기간이 과도함에 따라 취득 후 1년(「건축법」에 따른 신축·증축 또는 대수선을 하는 경우에는 2년) 이내에 정당한 사유 없이 연구소를 폐쇄하거나 다른 용도로 사용하는 경우에는 그 해당 부분에 대하여 경감된 취득세 및 재산세를 추징하도록 개정되었다.

2018년부터는 추징규정을 일부 보완하여 기업부설연구소의 토지 또는 건축물을 취득한 후 1년(「건축법」에 따른 신축·증축 또는 대수선을 하는 경우에는 2년) 이내에 「기초연구진흥 및 기술개발지원에 관한 법률」 제14조의 2에 따른 기업부설연구소로 인정받지 못한 경우와 기업부설연구소 설치 후 4년 이내에 정당한 사유 없이 연구소를 폐쇄하거나 다른 용도로 사용하는 경우에 취득세와 재산세를 모두 추징하도록 개정되었다.

### 5-2. 기업부설연구소 감면 추징(§46 ④ 2호)

2020년부터는 기업부설연구소 중 신성장동력 · 원천기술 관련 기업부설연구소에 대하여 감면규정이 신설되었다. 따라서 해당 기업 등이 기업부설인정일부터 3년을 초과하여 신성장동력 · 원천기술심의위원회에 의해 감면대상 기술이라는 심의 결과를 받은 경우에는 기존 기업부설연구소 대비 추가로 감면(10%)받은 취득세액 및 재산세액에 대해서만 추징하여야 한다.

## 6 | 감면신청(§183)

기업부설연구소가 본 규정에 따라 지방세를 감면받으려는 경우에는 해당 지방자치단체의 장에게 해당 부동산이 기업부설연구소로 직접 사용하는 용도임을 입증하는 서류를 첨부하여 감면신청을 하여야 한다. 2020년부터는 감면대상 기업부설연구의 범위에 신성장동력 · 원천기술 관련 기업부설연구소가 추가되었으므로 이에 해당하는지의 판단은 해당 기업의 기초연구법 시행규칙 별지 제1호(기업부설연구소 신청서) 및 제2호(연구개발활동 개요서)의 연구개발활동 개요서 등으로 우선 판단하고, 기업부설연구소 인정일부터 3년 이내에 신성장동력 · 원천기술심의위원회(조특법 시행령 §11⑪)에 의한 심의 결과로 최종 판단하여야 할 것이다. 세부적인 감면신청 절차 등에 대해서는 제183조의 해설편을 참조하면 된다.

## 7 | 관련사례

▣ 기업부설연구소의 대도시 중과 및 감면 적용 여부

기업부설연구소의 경우 본점 또는 주사무소와 분리하여 중과세나 감면 여부를 판단하여 왔으며(지방세정팀-595, 2007.3.22. 등 다수), 기업부설연구소가 연구개발 활동만을 수행하고 법인의 주된 기능 즉, 주요한 의사결정이나 인사, 재무, 총무 등의 업무를 수행하지 않는 경우에는 본점 또는 주사무소에 해당하지 않는다고 보아야 함(부동산세제과-1026, 2023.11.17.).

▣ 기업부설연구소 전용면적이 차지하는 비율만큼 감면이 적용되는지 여부

기업부설연구소 직원 등은 기업부설연구소로 인정받은 전용부분의 정상적인 이용 및 연구

개발 활동을 위하여 기업부설연구소 건물 내의 공용부분을 필수불가결하게 사용할 수밖에 없고, 그러한 범위 내에서는 전용부분의 이용에 필수적인 공용면적으로서 그 공용부분 중 기업부설연구소용 전용면적의 비율에 해당하는 부분은 기업부설연구소에 직접 사용하기 위하여 취득한 부동산으로 볼 수 있다. 그러나 기업부설연구소와는 그 설치시기, 주소 등을 달리하고 이 사건 사업장 전체의 운용을 위해 별도로 취득·설치된 이 사건 부동산은 가사 기업부설연구소의 운영에 이바지하거나 연구소의 효용을 부수적으로 증가시켜주는 측면이 있다고 하더라도 이를 기업부설연구소 건물 내에 있는 전용부분의 이용에 필수적인 공용부분과 동일하게 볼 수는 없고, 기업부설연구소에 직접 사용하기 위하여 취득하는 부동산으로 확대해석할 수 없다(대법원 2023.3.16. 선고, 2022두66088 판결).

■ 착공 당시에 적용되던 종전감면규정(기업부설연구소)에 따라 취득세를 면제하여야 한다는 청구주장의 당부

청구법인이 개정감면규정에 따라 기업부설연구소용 부동산에 대한 취득세 감면율이 75%로 축소된 이후인 2016.5.2. 기업부설연구소용인 쟁점연구소를 취득하였다 하더라도 쟁점경과규정의 일반적 경과조치 및 신뢰보호원칙에 따라 취득세를 면제하는 것이 타당하다(조심 2018지389, 2018.10.31. 외 다수, 같은 뜻임)할 것이므로 처분청이 청구법인의 경정청구를 거부한 처분은 잘못이라고 판단됨(조심 2021지0423, 2022.8.3.).

■ 이 건 건축물을 취득일부터 2년 이내에 기업부설연구소용으로 인정받지 못하여 취득세 등의 감면요건을 충족하지 못한 것으로 보아 취득세 등을 과세한 처분의 당부

지방세특례제한법령에서 해당 부동산을 취득한 후 2년 이내에 인적·물적설비를 갖추어 미래창조과학부장관으로부터 인정받은 기업부설연구소만을 취득세 감면대상으로 규정하고 있는 점, 청구법인은 이 건 건축물을 취득한 날인 2017.3.24.부터 2년이 경과한 2020.1.3. 기업부설연구소로 인정받은 것이 확인되는 점, 기업부설연구소 인증기관이 이 건 건축물을 현장실사하였다 하더라도 이를 미래창조과학부장관이 기업부설연구소로 인정한 것으로 볼 수 없는 점, 처분청이 이 건 건축물 취득일 당시의 지방세특례제한법령을 적용하여 이 건 취득세 등을 부과한 것에 위법한 점이 확인되지 않는 점 등에 비추어, 청구법인은 이 건 건축물을 취득일부터 2년 이내에 미래창조과학부장관으로부터 기업부설연구소용으로 인정을 받지 못하여 취득세 감면요건을 충족하지 못한 것으로 보임(조심 2020지716, 2020.11.17.).

# 제47조

## 한국환경공단에 대한 감면

관련규정

제47조(한국환경공단에 대한 감면) 「한국환경공단법」에 따라 설립된 한국환경공단이 같은 법 제17조 제1항의 사업에 직접 사용하기 위하여 취득하는 부동산에 대해서는 다음 각 호에서 정하는 바에 따라 취득세를 2025년 12월 31일까지 경감하고, 과세기준일 현재 그 사업에 직접 사용하는 부동산에 대해서는 재산세의 100분의 25를 2025년 12월 31일까지 경감한다.

1. 「한국환경공단법」 제17조 제1항 제2호 및 제5호의 사업을 위한 부동산 : 취득세의 100분의 25
2. 「한국환경공단법」 제17조 제1항 제11호 · 제21호 및 제22호의 사업을 위한 부동산 : 취득세의 100분의 25

## 1 개 요

환경오염방지 · 환경개선 · 자원순환 촉진 및 기후변화대응을 위한 온실가스 관련 사업 등을 수행하는 한국환경공단에 대한 세제지원이다. 2010년까지는 구 지방세법 제286조에서 규정되었다가 지특법이 제정(2010.3.31.)이 되면서 현재의 제47조로 이관되었다. 2013년에 감면이 일부 축소되었고, 2015년에는 녹색건축물인증 관련 규정을 제47조의 2 등으로 이관하였다. 2022년에는 한국환경공단의 감면적용 대상사업의 범위가 일부 조정되었다.

## 2 | 감면대상자, 감면대상 부동산

「한국환경공단법」에 따라 설립된 한국환경공단이 수행하는 고유업무 사업용 부동산이 이에 해당된다. 고유업무 사업이란 다음의 사업을 말한다.

> 「한국환경공단법」 제17조(사업) ① 공단은 다음 각 호의 사업을 한다.
> 1.~10. (생략)
> 11. 재활용산업의 육성지원, 재활용제품의 수요촉진, 제품의 자원순환성 평가 및 개발사업의 자원순환성 고려의 지원 등 자원순환 촉진을 위한 사업
> 12.~20. (생략)
> 21. 제1호부터 제20호까지의 사업을 위한 조사·측량, 시험·연구, 통계관리, 정보화, 기술용역, 설계 및 공사의 관리·감독·감리
> 22. 환경오염방지 및 폐자원의 효율적 이용 등에 관한 대국민홍보 및 교육
> 23.~25.(생략)

## 3 | 특례내용

### 3-1. 세목별 감면

한국환경공단이 수행하는 고유업무 사업용 부동산에 대해서는 2025년 12월 31일까지 지방세를 각각 감면한다.

〈표〉 **한국환경공단 감면 현황(2024.1.1. 현재)**

| 조문 | 감면대상 | 감면율 |
|---|---|---|
| §47 1호 | 한국환경공단의 폐기물 처리시설 등에 직접 사용하기 위해 취득하는 부동산(§17 ① 11호, 21호, 22호) | 취득세 25% |
| §47 2호 | 한국환경공단의 재활용 육성산업 등에 직접 사용하기 위해 취득하는 부동산(§17 ① 11호, 15호, 16호) | 취득세 25% |
| §47 | 위 §47 1호, 2호에 직접 사용하는 부동산 | 재산세 25% |

### 3-2. 건축중인 부속토지에 대한 특례(영 §123)

한국환경공단이 그 고유업무 용도로 사용할 건축물을 건축중인 경우에는 해당 용도로 직접 사용하고 있는 것으로 의제(擬制)하여 해당 건축물의 부속토지에 대한 재산세를 계속 감면한다.

### 3-3. 자동계좌이체 납부분 재산세 세액공제(§92의 2)

한국환경공단이 전자송달 또는 자동계좌이체 방식으로 납부할 재산세(§47)를 자동납부 신청하는 경우에는 지방자치단체의 조례로 정하는 바에 따라 추가로 재산세를 공제(150원~1,000원)받을 수 있다. 자동납부 신청 세액공제에 관한 세부사항은 제92조의 2 해설편을 참조하면 된다.

### 3-4. 경과규정 특례

#### 3-4-1. 2016년 감면축소분 경과특례(부칙 §10, 제14477호 2017.1.1.)

2016년 12월 31일까지는 한국환경공단에 대해 제47조 제1항에 따른 사업용 부동산의 취득세 감면율이 75%이었으나, 2017년부터는 감면율이 25%로 축소되었다. 다만, 감면이 축소되었더라도 2013년부터 2016년까지 납세의무 성립분에 한해서는 「지방세기본법」 제51조에 따른 경정청구 기간(최대 2021년)까지는 종전(2016년)의 규정을 계속해서 적용할 수 있다.

#### 3-4-2. 2012년 감면축소분 경과특례(부칙 §6, 제11618호 2013.1.1.)

한국환경공단에 대해서는 2012년까지는 취득세 및 재산세의 감면율이 50~100%이었으나, 2013년부터는 감면율이 각각 25%P 축소되어 현재에 이르고 있다. 다만, 감면이 축소되었더라도 2012년까지 납세의무 성립분에 한해서는 「지방세기본법」 제51조에 따른 경정청구 기간(최대 2017년)까지는 종전(2012년)의 규정을 계속해서 적용할 수 있다.

## 4 | 지방세특례의 제한

### 4-1. 감면된 취득세의 추징(§178)

한국환경공단이 감면요건을 위반하는 경우에는 제178조에 따라 감면받은 취득세가 추징된다. 여기서 감면요건 위반이란 대부분 한국환경공단 등이 그 고유업무에 직접 사용하지 않거나 다른 용도로 사용하는 것 등을 말한다. 감면의무위반 사항에 대한 세부적인 내용은 제178조의 해설편의 내용을 참조하면 된다.

### 4-2. 부동산 중과세 대상 부동산에 대한 감면 제한(§177)

한국환경공단이 감면을 받으려는 부동산이 지방세법 제13조 제5항에 따른 별장 · 골프장 · 고급오락장 등 지방세 중과세 대상인 사치성 재산인 경우에는 감면대상에서 제외된다. 세부적인 사항은 제177조의 해설편을 참조하면 된다.

## 5 | 감면신청(§183)

한국환경공단이 본 규정에 따라 지방세를 감면받으려는 경우에는 해당 지방자치단체의 장에게 해당 부동산이 그 고유업무에 직접 사용하는 용도임을 입증하는 서류를 첨부하여 감면신청을 하여야 한다. 세부적인 감면신청 절차 등에 대해서는 제183조의 해설편을 참조하면 된다.

## 6 | 관련사례

■ 청구법인이 쟁점주차장을 임대하였다고 보아 면제 또는 감면한 취득세 등을 추징한 처분의 당부

임대를 통한 사용은 해당 임차인이 용도에 맞게 사용한다고 하더라도 직접 사용으로 보기는 어려운 점, 쟁점주차장의 임대차계약서를 보면 이를 단순한 부설 주차장 운영을 위한 위 · 수탁계약으로 보기는 어려운 점, 청구법인이 쟁점주차장의 유지 · 관리만을 위탁하는 방식으로 쟁점주차장을 운영하고 있다고 보기는 어려운 점 등에 비추어 청구법인이 쟁점주차장을 학교 또는 의료업에 직접 사용하기 위하여 취득하였다고 보기는 어렵다고 판단됨(조심 2022지1142, 2024.2.20.).

# 제 47 조의 2

## 녹색건축 인증 건축물에 대한 감면

관련규정

**제47조의 2(녹색건축 인증 건축물에 대한 감면)** ① 신축(증축 또는 개축을 포함한다. 이하 이 조에서 같다)하는 건축물(「건축법」 제2조 제1항 제2호에 따른 건축물 부분으로 한정한다. 이하 이 조에서 같다)로서 다음 각 호의 요건을 모두 갖춘 건축물(취득일부터 70일 이내에 다음 각 호의 요건을 모두 갖춘 건축물을 포함한다)에 대해서는 취득세를 100분의 3부터 100분의 10까지의 범위에서 대통령령으로 정하는 바에 따라 2026년 12월 31일까지 경감한다.

**【영】 제24조(친환경건축물 등의 감면)** ① 법 제47조의 2 제1항 각 호 외의 부분에 따른 취득세의 경감률은 다음 각 호와 같다.

1. 「녹색건축물 조성 지원법」 제16조에 따라 인증받은 녹색건축 인증등급(이하 이 조에서 "녹색건축 인증등급"이라 한다) 최우수 건축물로서 같은 법 제17조에 따라 인증받은 건축물 에너지효율인증 등급(이하 이 조에서 "에너지효율등급"이라 한다)이 1+등급 이상인 건축물 : 100분의 10
   가. ~ 나. (삭제)
2. 녹색건축 인증등급 우수 건축물로서 에너지효율등급이 1+등급 이상인 건축물 : 100분의 5

1. 「녹색건축물 조성 지원법」 제16조에 따른 녹색건축의 인증(이하 이 조에서 "녹색건축의 인증'이라 한다)등급이 대통령령으로 정하는 기준 이상일 것

**【영】 제24조** ② 법 제47조의 2 제1항 제1호에서 "대통령령으로 정하는 기준 이상"이란 녹색건축 인증등급이 우수 등급 이상인 경우를 말한다.

2. 「녹색건축물 조성 지원법」 제17조에 따라 인증받은 건축물 에너지효율등급(이하 이 조에서 "에너지효율등급"이라 한다)이 대통령령으로 정하는 기준 이상일 것

**【영】 제24조** ③ 법 제47조의 2 제1항 제2호에서 "대통령령으로 정하는 기준 이상"이란 에너지효율등급이 1+등급 이상인 경우를 말한다.

② 신축하는 건축물로서 「녹색건축물 조성 지원법」 제17조에 따라 제로에너지건축물 인증(이하 이 조에서 "제로에너지건축물 인증"이라 한다)을 받은 건축물(취득일부터 100일 이내에 제로에너지건축물 인증을 받는 건축물을 포함한다)에 대해서는 취득세를 100분의 15부터 100분의 20까지의 범위에서 대통령령으로 정하는 바에 따라 2026년 12월 31일까지 경감한다.

【영】 제24조 ④ 법 제47조의 2 제2항에 따른 취득세 경감율은 다음 각 호의 구분에 따른다.

1. 「녹색건축물 조성 지원법」 제17조에 따라 인증받은 제로에너지건축물 인증 등급(이하 이 조에서"제로에너지건축물 인증등급"이라 한다)이 1등급부터 3등급까지에 해당하는 건축물: 100분의 20
2. 제로에너지건축물 인증등급이 4등급인 건축물: 100분의 18
3. 제로에너지건축물 인증등급이 5등급인 건축물: 100분의 15

③ 신축하는 주거용 건축물로서 대통령령으로 정하는 에너지절약형 친환경주택에 대해서는 취득세의 100분의 10을 2026년 12월 31일까지 경감한다.

【영】 제24조 ⑤ 법 제47조의 2 제3항에서 "대통령령으로 정하는 에너지절약형 친환경주택"이란 「주택건설기준 등에 관한 규정」 제64조에 따른 주택(이하 이 조에서 "친환경 주택"이라 한다) 중 총 에너지 절감률 또는 총 이산화탄소 저감률(이하 이 조에서 "에너지 절감율 등"이라 한다)이 65퍼센트 이상임을 「주택법」 제49조에 따른 사용검사권자로부터 확인을 받은 주택을 말한다.

④ 제1항 및 제2항에 따라 취득세를 경감받은 건축물 중 다음 각 호의 어느 하나에 해당하는 건축물에 대해서는 경감된 취득세를 추징한다.

1. 취득일부터 70일 이내에 제1항 각 호의 요건을 갖출 것을 요건으로 취득세를 경감받은 경우에는 그 요건을 70일 이내에 갖추지 못한 경우
2. 취득일부터 100일 이내에 제로에너지건축물 인증을 받을 것을 요건으로 취득세를 경감받은 경우에는 100일 이내에 제로에너지건축물 인증을 받지 못한 경우
3. 취득일부터 3년 이내에 녹색건축의 인증, 에너지효율등급 인증 또는 제로에너지건축물 인증이 취소된 경우

⑤ 녹색건축의 인증을 받거나 에너지효율등급 인증을 받은 건축물로서 대통령령으로 정하는 기준 이상인 건축물인 경우에는 한 차례에 한정하여 2018년 12월 31일까지 그 인증을 받은 날(건축물 준공일 이전에 인증을 받은 경우에는 준공일)부터 5년간 대통령령으로 정하는 바에 따라 재산세를 100분의 3부터 100분의 15까지의 범위에서 경감한다. 다만, 재산세 과세기준일 현재 녹색건축의 인증 또는 에너지효율등급 인증이 취소된 경우는 제외한다.

【영】 제24조 ⑥ 법 제47조의 2 제5항 본문에 따른 재산세 경감률은 다음 각 호와 같다.

1. 녹색건축 인증등급이 최우수인 경우

가. 에너지효율등급이 1+등급 이상인 경우 : 100분의 10
나. 에너지효율등급이 1등급인 경우 : 100분의 7
2. 녹색건축 인증등급이 우수인 경우
가. 에너지효율등급이 1+등급 이상인 경우 : 100분의 7
나. 에너지효율등급이 1등급인 경우 : 100분의 3

⑥ 제5항을 적용할 때 녹색건축의 인증을 받은 날과 에너지효율등급 인증을 받은 날이 서로 다른 경우에는 2개의 인증 중 먼저 인증을 받은 날을 기준으로 경감기간을 산정하며, 그 구체적인 경감세액의 산정방법은 대통령령으로 정한다.

**【영】** 제24조 ⑦ 법 제47조의 2 제6항에 따른 주택에 대한 재산세 경감액은 다음의 계산식에 따라 산정한다.

○ 감면액 = 산출세액 × $\frac{\text{건물시가표준액}}{\text{건물시가표준액} + \text{토지시가표준액}}$ × 감면율

※ 산출세액 : 「지방세법」 제104조 제3호에 따른 주택으로서 그 부속토지를 포함한 산출세액

# 1 | 개 요

자연친화적인 건축물 제도인 녹색건축물 인증제도 지원을 위한 세제지원이다. 처음에는 지자체 감면조례(서울시)로 도입되었고, 2009년에 구 지방세법 제286조로 신설되었으며 지특법이 제정(2010.3.31.)되면서 제47조로 이관되었다. 이후 2011년에는 에너지절약형 주택이, 2012년에는 친환경인증 건축물·에너지절약형 주택 및 신재생에너지인증 건축물까지 감면이 확대되었다. 2013년에는 친환경인증 건축물 제도가 녹색건축인증제도로 변경되면서 인용조문의 일부 내용이 변경되었다. 2015년에는 제47조를 전면 개정하여 한국환경공단 감면(§47), 녹색건축물인증·에너지절약형 주택 감면(§47의 2) 및 신재생에너지 인증 감면(§47의 3)으로 각각 분조(分條)하였으며 2017년 말에는 제로에너지인증 건축물에 대한 감면(§47의 2 ②)을 신설하고 기존 감면율에 대해 전반적으로 소폭 인하하여 연장되었다. 2019년에는 녹색건축인증 등의 감면요건을 취득시점까지에서 취득일로부터 일정기간(70일에서 100일까지)까지로 일부 완화하였으며, 현재는 감면 일몰기한이 2024년까지 지속 연장되었다.

## 2 감면대상자

주택 또는 건축물을 취득 또는 보유하면서 녹색건축인증·건축물 에너지효율등급을 받은 자가 이에 해당된다. 제47조의 2 제1항 및 제2항에서 감면요건을 "신축(증축 또는 개축을 포함한다)하는 건축물"로 규정하고 있어 녹색건축인증·건축물 에너지효율등급을 받은 자란 원칙적으로 건축주를 말한다. 다만, 경우에 따라서는 다음의 〈표 1〉과 같이 사용자도 감면대상자에 해당된다 하겠다.

〈표 1〉 **취득세 및 재산세 감면대상자 범위**

| 구분 | 취득세 | 재산세 |
|---|---|---|
| 녹색건축물 인증을 받은 자 | ☞ (감면요건, §47의 2 ①) 신축 → 건축주 | ☞ (감면요건, §47의 2 ④) 일정 기준 이상 주택, 건축물 → 건축주, 사용자 |
| 에너지효율등급(인증)을 받은 자 | ☞ (감면요건, §47의 2 ①) 증축·개축 → 건축주, 사용자 | |
| 제로에너지건축물인증을 받은 자 | ☞ (감면요건, §47의 2 ②) 신축 → 건축주 | |
| 에너지절약형 친환경주택 | ☞ (감면요건, §47의 2 ③) 신축 → 건축주 | |

## 3 감면대상 부동산

녹색건축인증·건축물 에너지효율등급·제로에너지건축물인증·에너지절약형 친환경주택 인증(아래 〈표〉의 세부사항 참조)을 받은 부동산이 이에 해당된다. 위의 녹색건축인증 등을 받은 부동산에 대한 감면취지는 건축당시 비용부담 완화를 통해 친환경건축물 보급 활성화를 위한 것으로 건축물만을 감면대상으로 하고 있음에도 주택의 부속토지까지 감면대상에 포함되는 것으로 해석될 소지가 있었으나, 2019년부터는 「건축법」 제2조 제1항 제2호에 따른 건축물 부분(주택의 경우도 같음)으로만 한정한다고 명확히 개정되었다.

한편, 에너지절약형 친환경주택(§47의 2 ③, 영 §24 ④) 감면의 경우 에너지 절감률 기준이 개정(친환경주택의 건설기준 및 성능 고시 §7, 2012.11.1.)되었으나, 그 부칙 제3조에서 종전 규정에 따라 건축심의를 받은 주택에 대해서는 종전 규정에 따르도록 되어 있어 현행 감면율 기준을 그대로 적용하면 된다.

### 3-1. 녹색건축물 인증제도

종전 친환경건축물 인증과 주택성능등급 인증제도의 인증기준 등이 중복되는 문제를 보완하여 녹색건축물조성지원법이 제정(2013.2.28.)되면서 현재는 녹색건축물 인증제도로 통합되었다. 세부적인 사항은 다음의 표의 내용과 같다.

〈표 2〉 **녹색건축물 인증제도 개요**

<table>
<tr><th>구분</th><th>주요 내용</th></tr>
<tr><td>근거법률</td><td>「친환경 건축물 인증제」(건축법)<br>• 친환경건축물의 인증에 관한 규칙<br>• 친환경건축물 인증기준(고시)<br>「주택성능등급 인정제」(주택법)<br>→<br>녹색건축인증제(녹색건축물조성지원법)<br>• (개정)녹색건축 인증에 관한 규칙<br>• (개정)녹색건축 인증기준(고시)<br>〈2013.2.28.부터〉</td></tr>
<tr><td>인증대상 건축물</td><td>공동주택(신축 · 기존), 신축복합건축물(주거), 업무용건축물(신축 · 기존), 학교 · 판매 · 숙박시설, 신축소형주택, 그 밖의 건축물(리모델링 포함)<br>※ 공공기관이 건축하는 3천㎡ 이상 공공 건축물은 의무인증대상 건축물임.</td></tr>
<tr><td>인증등급별 점수 기준</td><td>1. 공동 · 소형주택(100점 만점)
<table>
<tr><th rowspan="2">등급</th><th colspan="2">심사점수</th></tr>
<tr><th>신축건축물</th><th>기존건축물(소형주택은 제외)</th></tr>
<tr><td>최우수(그린1등급)</td><td>74점 이상</td><td>69점 이상</td></tr>
<tr><td>우수(그린2등급)</td><td>66점 이상</td><td>61점 이상</td></tr>
<tr><td>우량(그린3등급)</td><td>58점 이상</td><td>53점 이상</td></tr>
<tr><td>우수(그린4등급)</td><td>50점 이상</td><td>45점 이상</td></tr>
</table>
2. 공동 · 소형주택 이외의 건축물(100점 만점)
<table>
<tr><th rowspan="2">등급</th><th colspan="2">심사점수</th></tr>
<tr><th>신축건축물</th><th>기존건축물</th></tr>
<tr><td>최우수(그린1등급)</td><td>80점 이상</td><td>75점 이상</td></tr>
<tr><td>우수(그린2등급)</td><td>70점 이상</td><td>65점 이상</td></tr>
<tr><td>우량(그린3등급)</td><td>60점 이상</td><td>55점 이상</td></tr>
<tr><td>우수(그린4등급)</td><td>50점 이상</td><td>45점 이상</td></tr>
</table></td></tr>
</table>

<table>
<tr><th>구분</th><th>주요 내용</th></tr>
<tr><td>인증절차</td><td>〈예비인증, 운영기관은 한국건설기술연구원〉<br>신청자(건축주 등) | 인증기관 | 운영기관 | 국토교통부, 환경부<br>①설계도서, 신청서 작성 → ②신청서 접수<br>↓<br>③인증심사단 심사 및 인증심사결과서 작성<br>↓<br>④인증심사위원회 심의<br>↓<br>⑥인증서 취득 ← ⑤인증서 발급 → ⑥인증결과 송부 → ⑦분기별 인증결과 보고<br><br>〈본인증, 운영기관은 한국건설기술연구원〉<br>신청자(건축주 등) | 인증기관 | 운영기관 | 국토교통부, 환경부<br>①준공도서, 신청서 작성 → ②신청서 접수<br>↓<br>③현장확인<br>↓<br>④인증심사단 심사 및 인증심사결과서 작성<br>↓<br>⑤인증심사위원회 심의<br>↓<br>⑦인증서 취득 ← ⑥인증서 발급 → ⑦인증결과 송부 → ⑧분기별 인증결과 보고</td></tr>
<tr><td>인증기관</td><td>LH 토지주택연구원, 한국에너지기술연구원, 한국시설안전공단, 한국감정원, 크레비즈인증원, 한국교육환경연구원, 한국그린빌딩협의회, 한국생산성본부인증원, 한국환경건축연구원, 한국환경공단, 한국환경산업기술원</td></tr>
</table>

### 3-2. 제로에너지건축물 인증제도

2015년 12월 파리기후협약에 따라 우리나라는 2030년까지 건물분야 BAU 대비 18.1%를 감축하는 국가 온실가스 감축목표를 설정하게 됨에 따라 신축 건축물을 통해 발생되는 온실가스를 감축하기 위하여 제로에너지건축물의 보급정책을 추진하게 되었고 '에너지신산업 육성'을 위해 건물분야에서는 제로에너지건축을 통해 국가적으로 에너지 소비를 줄여, 4차 산업혁명에 대응하기 위한 건축물 플랫폼으로서 IoT 등 첨단 ICT 기술기반 BEMS(건축물 에너지 관리 시스템), 지능형 계량기 등이 설치되는 제로에너지건축을 신산업을 육성 중에 있다. 이에 따라, 제로에너지건축물은 일반 건축물에 비하여 약 20% 이상 추가 건축비가 소요되어 친환경건축물의 보급·확산을 촉진하고 민간의 자발적 참여를 유도하기 위하여 2017년 말 세제지원 규정을 마련하였다.

【제로에너지건축물】
- 사용에너지와 자체생산에너지의 합이 0이 되는 건물(Net Zero), 현재 기술수준과·경제성 등을 고려 에너지소비를 최소화(90% 감축)하는 건축물
- 건축물 에너지효율 등급 1++ 이상인 건축물을 대상으로, 건축물 에너지소비량 중 '신재생에너지 에너지자립률'을 기준으로 5개 등급으로 평가(녹색건축센터 인증)
- 시범사업(11개) KCC 서초사옥, 진천군 제로에너지 시범단지, 공항고등학교 등

〈표 3〉 **녹색건축인증 vs 에너지효율등급 vs 제로에너지건축물 인증제도 비교**

| 구 분 | 녹색건축인증 | 건축물 에너지효율등급 | 제로에너지건축물 |
|---|---|---|---|
| 대상 건축물 | 모든 용도의 신축(증축, 재축)·기존건축물, 그린리모델링 건축물('16년 신설) | 모든 용도의 신축(증축, 재축) | |
| 평가 기준 | ▪건축물 종류에 따라 7개 인증심사기준적용<br>-토지이용 및 교통, 에너지 및 환경오염, 재료 및 자원, 물순환 관리, 유지관리, 생태환경, 실내환경 등의 전문분야별 정성 평가<br>* '16 전면개정을 통해 기술수준 현행화 등 평가기준 강화 | ▪용도(주거용/비주거용)구분에 따른 연간 단위면적당 1차에너지소요량(냉방·난방·급탕·조명·환기) | ▪'건축물에너지효율등급' $1^{++}$ 이상<br>▪에너지자립률 20% 이상<br>▪BEMS 등 에너지관리시스템 설치 |
| 인증 등급 | ▪4개 등급<br>녹색건축인증 등급<br>1등급(최우수)<br>2등급(우수)<br>3등급(우량)<br>4등급(보통) | ▪10개 등급<br>에너지효율 등급<br>$1^{+++}$등급<br>$1^{++}$등급<br>$1^{+}$등급<br>1등급<br>2등급<br>3~7등급 | ▪5개 등급<br>제로에너지 / 에너지자립률<br>1등급 / 100% 이상<br>2등급 / 80~100%<br>3등급 / 60~80%<br>4등급 / 40~60%<br>5등급 / 20~40% |

| 구 분 | 녹색건축인증 | 건축물 에너지효율등급 | 제로에너지건축물 |
|---|---|---|---|
| 정책 기여 요소 | ▪(지속가능 건축물 보급) 자원절약, 환경훼손방지, 생태공간공급, 에너지 절감 등 | ▪(에너지절감 건축물 보급) 건축물 에너지 절감 및 온실가스 감축 | ▪(신산업 창출·미래건축모델) 에너지 신산업·미래 건축기술 창출, 에너지 절감·온실가스감축 목표 달성<br>* '10년 공공부문, '25년 민간부문 제로에너지빌딩 의무화(예정) |

### 3-3. 에너지절약형 친환경 인증제도(§47의 2 ③)

녹색건축물 인증 감면은 사업주 및 건축주가 자발적으로 인증을 받지만 에너지절약형 친환경주택 인증 감면은 사업시행자가 의무적으로 받아야 한다는 점에서 차이가 있으며 에너지절약형 친환경 인증제도의 개요는 〈표 5〉 및 〈표 6〉의 내용과 같다.

에너지절약형 친환경주택의 경우에도 한층 기준이 강화된 제로에너지건축물 인증제도와 녹색건축물 감면축소(에너지효율등급 2등급 이상에서 1등급 이상으로 상향하여 2019년부터 적용) 등과 에너지절약형 친환경주택의 의무설계기준 강화 추세[('09년) 15% → ('15년) 40% → ('17년) 60% → ('25년) 100%]를 고려하여 2018년 1월부터 감면범위를 일부 축소하였다.

〈표 4〉 **에너지절약형 친환경주택 관련 감면율 변동**

| 에너지사용·이산화탄소 배출절감률 | 2017년 | 2018~2020년 |
|---|---|---|
| 45% 이상 | 취득세 5% | - |
| 50% 이상 | 취득세 10% | - |
| 55% 이상 | 취득세 15% | 취득세 10% |

〈표 5〉 **녹색건축물 인증 vs 에너지절약형 친환경주택 인증 비교**

| 항목 | 녹색건축물 인증 | 에너지절약형 친환경주택 인증 |
|---|---|---|
| 관련근거 | 녹색건축물조성지원법 | 주택건설기준 등에 관한 규정 제64조(에너지절약형 친환경주택의 건설기준 등) |
| 주관부처 | 국토해양부, 환경부 | 국토해양부 |
| 시행시기 | 2002년(2013년부터 녹색건축물인증으로 변경) | 2009.10. |
| 인증기관 | 토지주택연구원, 한국에너지기술연구원, (주)크레비즈큐엠, 한국교육환경연구원 | 토지주택연구원, 한국건설기술연구원, 에너지관리공단 |

| 항목 | 녹색건축물 인증 | 에너지절약형 친환경주택 인증 |
|---|---|---|
| 인증대상 | 주로 공동주택, 학교시설<br>(外 업무용, 주거복합, 숙박 및 판매시설) | 20세대 이상 공동주택 |
| 평가항목 | 토지이용, 교통, 에너지, 재료 및 자원, 수자원, 환경오염, 유지관리, 생태환경, 실내환경 등 9개 분야 | 난방, 급탕, 열원, 전력 4개 분야 14개 항목(에너지 소요량 및 이산화탄소 배출량 절감률) |
| 에너지비중 | 12~14% | 100% |
| 인증수수료 | 6,640,000원~9,280,000원 | 없음(지자체 자체 승인) |
| 제도성격 | 자발적 제도 | 의무제도 |

# 4 | 특례내용

## 4-1. 세목별 감면

녹색건축물 인증 감면 등을 받은 건축물, 제로에너지건축 인증을 받은 건축물 및 에너지절약형 친환경주택에 대해서는 2026년 12월 31일까지 지방세를 감면한다.

〈표 6〉 녹색건축 · 제로에너지건축물 · 에너지절약형친환경주택 지방세 감면 현황(2024.1.1. 현재)

| 지특법 §47의 2 | 시행령 §24 | 친환경인증 | 감면 대상 | 감면기준 및 (→)감면율 | 일몰기한 |
|---|---|---|---|---|---|
| ① 항 | ① 항<br>~<br>③ 항 | 녹색건축인증 및<br>에너지효율등급 | 건축물 | (법) 취득세 3~10% 범위 내 감면<br>(령) ① 에너지효율 1+등급 이상 → 10% 감면<br>(법) 취득세 3~10% 범위 내 감면<br>(령) 취득세 → 5%<br>• ① 에너지효율 1+등급 이상 → 5% 감면 | 2026.12.31. |
| ② 항 | ④ 항 | 제로에너지<br>건축물 인증 | 건축물<br>주택 | (법) 취득세 15~20% 범위 내 감면<br>(령) 제로에너지 인증등급에 따라 차등적용<br>• 1~3등급 : 20%, 4등급 : 18%, 5등급 : 15% | 2026.12.31. |
| ③ 항 | ⑤ 항 | 에너지절약형<br>친환경주택 | 주택 | (법) 취득세 → 10% 감면<br>(령) 에너지절감률 또는 총 이산화탄소 저감률 65% 이상시 취득세 10% 감면 | 2026.12.31. |
| ④ 항 | - | 에너지효율등급인증,<br>제로에너지건축물인증 | 건축물<br>주택 | (법) 취득세 추징(3년 내 인증 취소시) | - |

| 지특법 §47의 2 | 시행령 §24 | 친환경인증 | 감면 대상 | 감면기준 및 (→)감면율 | 일몰기한 |
|---|---|---|---|---|---|
| ⑤항 | ⑥항 | 녹색건축인증 및 에너지효율등급 | 건축물 | (법) 재산세 3~15% 범위 내 감면<br>(령) 재산세 → 3%, 7%, 10% 감면<br>• ⑥1호(녹색건축인증 최우수):<br>에너지효율 1⁺등급 이상 → 10% 감면<br>1등급 → 7% 감면<br>• ⑥2호(녹색건축인증 우수) :<br>에너지효율 1⁺등급 이상 → 7% 감면<br>1등급 → 3% 감면 | 2018.1.1. |
| ⑥항 | ※ 2개 동시 인증시 기준(먼저 받은 날)으로 경감 기간 산정, 경감세액의 산정방법 | | | | |
| - | ⑦항 | 감면액 =산출세액×(건물시가표준액/건물시가표준액+토지시가표준액)×감면율 | | | |

## 4-2. 감면규정 연혁

녹색건축물 인증 등에 대한 감면규정은 수시로 감면율과 적용기준이 변경되고 있으며, 그간 감면규정의 변천내용은 다음의 〈표 8〉 내용과 같다.

〈표 7〉 **녹색건축 · 제로에너지건축물 · 에너지절약형친환경주택 연도별 감면규정 현황**

| 구분 | 감면대상 | 2014년까지 | 2017년까지 | 2018년부터 |
|---|---|---|---|---|
| 취득세 감면 | 녹색건축인증 및 에너지효율등급 건축물 | 법 §47 ② | 법 §47의 2 ① | 법 §47의 2 ① |
| | 제로에너지 건축물 인증 | - | - | 법 §47의 2 ② |
| | 에너지절약형 친환경주택 | 법 §47 ③ | 법 §47의 2 ② | 법 §47의 2 ③ |
| 취득세 추징 | 녹색건축 · 에너지효율등급 건축물 및 제로에너지 건축물 인증 | 법 §47 ⑤ | 법 §47의 2 ③ | 법 §47의 2 ④ |
| 재산세 감면 | 녹색건축인증 및 에너지효율등급 건축물 | 법 §47 ⑥ | 법 §47의 2 ④ | 법 §47의 2 ⑤ |
| 재산세 경감기간 및 세액 산정기준 | 녹색건축인증 및 에너지효율등급 건축물 | 법 §47 ⑦ | 법 §47의 2 ⑤ | 법 §47의 2 ⑥ |

〈표 8〉 **녹색건축물 · 에너지효율인증 등 지방세 감면 현황(2017년 감면규정 참고)**

※ 법 제47조의 2의 제1항은 2018년 12월 31일까지 종전 규정을 1년간 유예하여 적용하고 2019년 1월 1일 이후부터 개정(2017.12.26. 개정) 감면율을 적용하여야 함

<table>
<tr><th>규정</th><th>감면대상</th><th>인증기준</th><th>근거규정</th></tr>
<tr><td>법 §47의 2 ①<br>영 §24 ①~③<br>(취득세)</td><td>녹색건축인증 및 에너지효율 일정 등급 이상인 건축물·주택</td><td><table><tr><th>구분</th><th>녹색건축 최우수</th><th>녹색건축 우수</th></tr><tr><td>에너지효율1등급</td><td>15%</td><td>10%</td></tr><tr><td>에너지효율2등급</td><td>10%</td><td>5%</td></tr></table></td><td>건축물에너지효율등급인증기준 §4 ③<br>※ 국토부고시 2013-248, '13.5.20.<br>※ '14.1.1.부터 EPI 점수기준 삭제</td></tr>
<tr><td>법 §47의 2 ②<br>영 §24 ④, ⑤<br>(취득세)</td><td>에너지 절감률 또는 $CO_2$ 저감률 25% 이상 주택</td><td>- 절감(저감)률 25~30% : 5%<br>- 절감(저감)률 30~35% : 10%<br>- 절감(저감)률 30%~ : 15%</td><td>친환경주택의 건설기준 및 성능 §7<br>※ 국토부고시 2012-661, '12.9.27.<br>※ 절감률 기준 변경('12.11.1.부터)<br>- 60㎡ 이하 : 25% 이상<br>- 60㎡ 이하 : 30% 이상</td></tr>
<tr><td>법 §47의 2 ④<br>영 §24 ⑥, ⑦<br>(재산세)</td><td>녹색건축인증 및 에너지효율 일정 등급 이상 건축물·주택</td><td><table><tr><th colspan="2" rowspan="2">구 분</th><th colspan="6">에너지 효율 분야(등급,%)</th></tr><tr><th>1</th><th>2</th><th>3</th><th>4</th><th>5</th><th>그외</th></tr><tr><td rowspan="4">친환경분야</td><td>최우수</td><td>15</td><td>10</td><td>3</td><td>3</td><td>3</td><td>3</td></tr><tr><td>우수</td><td>10</td><td>3</td><td></td><td></td><td></td><td></td></tr><tr><td>우량</td><td>3</td><td></td><td></td><td></td><td></td><td></td></tr><tr><td>미평가</td><td>3</td><td></td><td></td><td></td><td></td><td></td></tr></table></td><td>녹색건축인증기준 §3 ⑦<br>※ 국토부고시 2013-383, '13.6.28.</td></tr>
</table>

### 4-2-1. 녹색건축인증등급 건축물 등의 취득세 감면 시점

취득세의 부과의 기준은 준공일(임시사용일 포함)이므로 감면 여부 판단은 건축물의 준공일을 기준으로 감면요건을 충족해야 한다. 취득세 감면을 위해서는 준공일 시점에 녹색건축인증서를 과세관청에 제출하여야 하지만 인증 서류보완기간, 인증기관의 부족 등으로 인증이 지연되어 녹색건축인증을 건축물 사용승인일 이전에 받기가 사실상 어려워 녹색건축인증을 해당 건축물의 취득시점인 사용승인일 이후에 받더라도 취득세를 감면(기납부한 세금 환급 포함)해야 하는지에 대해 논란이 있었으나, 2019년부터는 감면대상이 취득시점에 녹색건축인증 등을 받은 건축물로써 취득시점에서 감면이 제외되는 문제가 있었으나, 2019년부터는 취득일로부터 녹색건축물인증 건축물(§47의 2 ①)은 70일 이내에, 제로에너지건축물(§47의 2 ②)은 100일 이내에 인증을 받으면 감면이 되는 것으로 명확히 개정되었다.

### 4-2-2. 녹색건축 인증 건축물 등에 대한 재산세 경감세액 산정방법(§47의 2 ⑤, 영 §24 ⑦)

녹색건축 인증 또는 에너지효율등급 건축물 등에 대한 재산세 경감세액 산정방법은 다음의 내용과 같다.

> 영 §24(친환경건축물 등의 감면) ⑦ 법 제47조의 2 제6항에 따른 주택에 대한 재산세 감면액은 다음의 계산식에 따라 산정한다.
>
> $$감면액 = 산출세액 \times \frac{건물시가표준액}{건물시가표준액 + 토지시가표준액} \times 감면율$$
>
> ※ 산출세액 : 「지방세법」 제104조 제3호에 따른 주택으로서 그 부속토지를 포함한 산출세액

### 4-3. 자동계좌이체 납부분 재산세 세액공제(§92의 2)

녹색건축 인증 또는 에너지효율등급 인증을 받은 건축물 또는 주택에 대한 전자송달 또는 자동계좌이체 방식으로 납부할 재산세(§47의 2 ④, 영 §24 ⑥)를 자동납부 신청하는 경우에는 지방자치단체의 조례로 정하는 바에 따라 추가로 재산세를 공제(150원~1,000원)받을 수 있다. 자동납부 신청 세액공제에 관한 세부사항은 제92조의 2의 해설편을 참조하면 된다.

## 5 | 지방세특례의 제한

### 5-1. 감면된 취득세의 추징(§47의 2 ④)

녹색건축인증, 건축물 에너지효율등급 인증 및 제로에너지건축물 인증을 받고 취득일로부터 3년 이내에 그 인증이 취소된 건축물 및 2019년부터 납세의무가 성립되어 감면된 이후 녹색건축인증대상 건축물과 제로에너지인증대상 건축물이 그 취득일로부터 각각 70일 또는 100일 이내에 인증을 받지 못한 경우에는 경감된 취득세를 추징한다.

### 5-2. 녹색건축 인증 건축물 등에 대한 감면 제한(§47의 2 ⑤ 단서)

재산세 과세기준일 현재 녹색건축의 인증 또는 에너지효율등급 인증이 취소된 경우는 당해연도분 재산세 감면대상에서 제외된다.

### 5-3. 지방세 중과세 대상 부동산에 대한 감면 제한(§177)

녹색건축 인증, 건축물 에너지효율등급 인증을 받고 해당 건축물에 대해 감면을 받으려는 경우 그 해당 부동산이 지방세법 제13조 제5항에 따른 별장 등 지방세 중과세 대상인 사치성 재산인 경우에는 감면대상에서 제외된다. 세부내용은 제180조의 해설편과 같다.

## 6 | 감면신청(§183)

녹색건축 인증, 건축물 에너지효율등급 인증을 받고 본 규정에 따라 지방세를 감면받으려면 해당 지방자치단체의 장에게 해당 부동산이 해당 인증관련 서류를 입증하는 서류를 첨부하여 감면신청을 하여야 한다. 녹색건축인증 등의 감면신청 절차는 다음과 같다.

### 6-1. 녹색건축 인증 확인

녹색인증 건축물 등에 대한 감면을 적용할 때 이 법 규정에 따른 인증기준에 해당하는지의 여부는 녹색건축 인증서(표 9)의 '인증등급' 구분란을 통해 확인하면 된다.

### 6-2. 친환경 에너지절약형 주택 인증 확인

친환경주택 성능평가서(표 10)의 '에너지절감률' 구분란을 통해 확인하면 된다.

〈표 9〉 **녹색건축 인증서**

| 건축물 개요 | | 인증개요 | |
|---|---|---|---|
| 건축물명 | : | 인증번호 | : |
| 건 축 주 | : | 인증기관 | : |
| 준공(예정)일 | : | 유효기간 | : . . .까지 |
| 주 소 | : | | |
| 층 수 | : | **인증등급** | |
| 연 면 적 | : | 인증등급 | : |
| 건축물의 주된 용도 | : | 인증기준 | : |
| 설 계 자 | : | | |
| 공사시공자 | : | | |
| 공사감리자 | : | | |

위 건축물은 「녹색건축물 조성 지원법」 제16조 및 「녹색건축 인증에 관한 규칙」 제9조 제1항에 따라 녹색건축(　 등급) 건축물로 인증되었기에 인증서를 발급합니다.

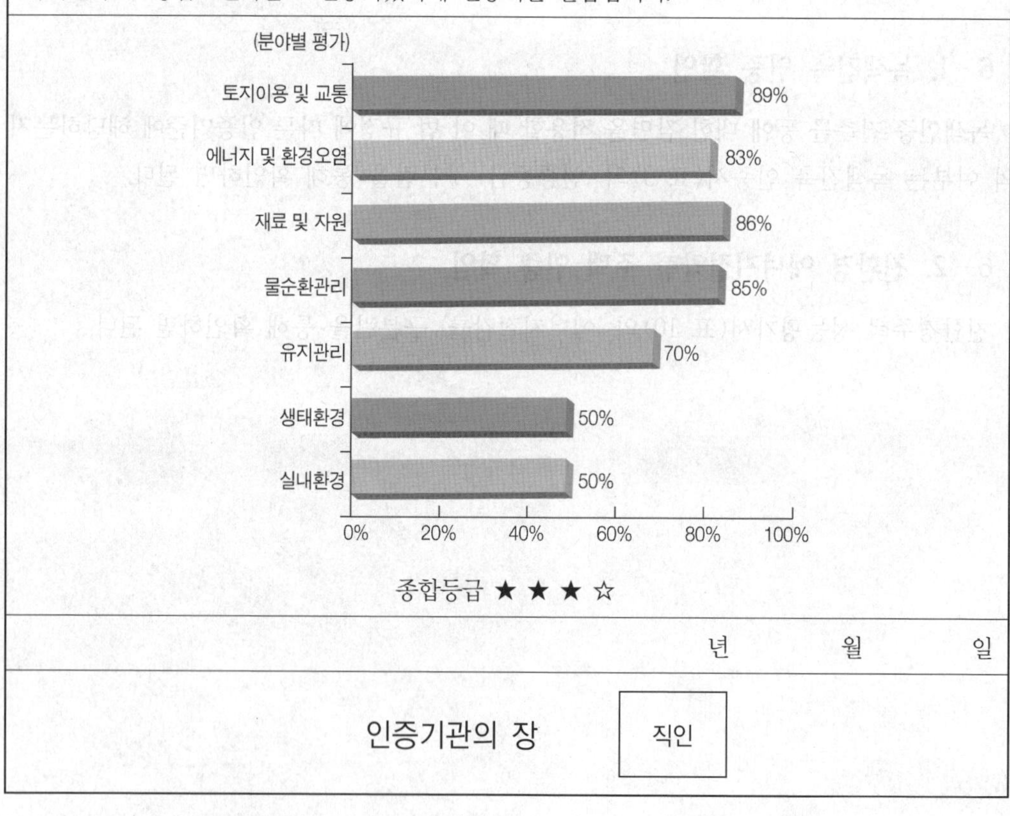


종합등급 ★ ★ ★ ☆

년　　　월　　　일

인증기관의 장　　직인

〈표 10〉 **친환경주택 성능평가서(앞쪽)**

| 1. 일반사항 | | | | | |
|---|---|---|---|---|---|
| 가. 건축주 및 설계자 | | | | | |
| 건 축 주 | | 성명(법인명) | | 전화번호 | |
| 건 축 물 | | 명 칭 | | 건축물 주소 | |
| 건 축 사 | | 사무소명 | | 등록번호 | |
| | | 성 명 | (인) | 면허번호 | |
| | | 주 소 | | 전화번호 | |
| | | 이메일 | | 휴대폰번호 | |
| 설비설계사 | 기 계 | 사무소명 | | 전화번호 | |
| | | 성 명 | (인) | 기술사등록번호<br>(전문기술분야) | |
| | | 주 소 | | | |
| | | 이메일 | | 휴대폰번호 | |
| | 전 기 | 사무소명 | | 전화번호 | |
| | | 성 명 | (인) | 기술사등록번호<br>(전문기술분야) | |
| | | 주 소 | | | |
| | | 이메일 | | 휴대폰번호 | |

| 나. 건물정보 | | | | | | | |
|---|---|---|---|---|---|---|---|
| 건축물소재지 | | | | | | | |
| 세대전용면적[㎡] | | | | | | 총세대수 | 단지평균<br>전용면적[㎡] |
| 세대수[호] | | | | | | | |

| 2. 의무사항 이행 여부 | | |
|---|---|---|
| 의무사항 | 적용여부 | 사양, 성능, 설치위치, 설치개수(필요시) |
| 고기밀 창호 | | |
| 고효율기자재 | | |
| 대기전력차단장치 | | |
| 일괄소등스위치 | | |
| 고효율조명기구 | | |
| 공용화장실 자동점멸스위치 | | |
| 실별온도조절장치 | | |
| 절수설비 | | |

3. 에너지 절감률 및 이산화탄소 저감률 평가 (세대기준) [별표 10] 이용

가. 에너지 절감률

| 전용면적[㎡] | 평가기준주택[MJ] | 평가대상주택[MJ] | 절감량[MJ] | 절감률[%] |
|---|---|---|---|---|
| | | | | |
| | | | | |
| | | | | |
| | | | | |
| | | | | |
| | | | | |
| | | | | |
| | | | | |
| | | | | |
| | | | | |

나. 이산화탄소 저감률

| 전용면적[㎡] | 평가기준주택[t-$CO_2$] | 평가대상주택[t-$CO_2$] | 저감량[t-$CO_2$] | 저감률[%] |
|---|---|---|---|---|
| | | | | |
| | | | | |
| | | | | |
| | | | | |
| | | | | |
| | | | | |
| | | | | |
| | | | | |
| | | | | |
| | | | | |

4. 총 에너지 절감률 및 이산화탄소 저감률 평가 (단지기준) [별표 11] 이용

가. 총 에너지 절감률

| 평가기준단지[MJ] | 평가대상단지[MJ] | 절감량[MJ] | 절감률[%] |
|---|---|---|---|
| | | | |

나. 총 이산화탄소 저감률

| 평가기준단지[t-$CO_2$] | 평가대상단지[t-$CO_2$] | 저감량[t-$CO_2$] | 저감률[%] |
|---|---|---|---|
| | | | |

## 7 | 관련사례

▣ 청구법인이 친환경주택을 신축하는 도중 해당 주택에 대한 지특법 시행령의 감면규정이 납세자에게 불리하게 개정되었으므로 개정 시행령 부칙의 일반적 경과규정에 따라 종전 규정을 적용하여 취득세를 감면하여야 한다는 청구주장의 당부

이 건 종전규정을 포함한 지방세특례제한법령상의 감면 조항은 입법자가 사회환경이나 정책의 변화에 따라 언제든지 새로이 규정될 수 있는 영역으로 원칙적으로 신뢰보호의 필요성이 인정되지 않는다고 할 것인바, 이 건 공동주택에 대하여 신뢰보호의 원칙을 적용하여 이 건 종전규정을 적용할 수는 없다고 보이는 점, 취득세는 납세의무 성립 당시의 법령에 따라 부과하거나 감면하여야 할 것으로 이 건 공동주택의 취득 당시 시행 중인 「지방세특례제한법」 제47조의 2 제2항, 같은 법 시행령 제25조 제4항 및 제5항에 따르면 이 건 공동주택은 에너지 절감률이 45% 이하로서 취득세 감면대상에 해당하지 않는 점, 나아가 친환경주택에 대한 취득세 감면 조항은 2010.12.27. 신설된 후 2016.12.27. 1차 개정되기까지의 기간이 6년에 불과한 바, 해당 기간은 개정 전의 감면 규정이 향후에도 계속하여 이어질 것이라는 납세자의 신뢰가 형성되기에는 충분하지 않다고 보이는 점 등에 비추어 처분청들이 이 건 취득세 등의 경정청구를 거부한 처분은 달리 잘못이 없다고 판단됨(조심 2021지556, 2021.9.9. 같은 뜻)(조심 2021지3187, 2022.12.13.).

▣ 에너지절약형 친환경주택을 신축하는 도중에 해당 주택에 대한 감면규정이 납세자에게 불리하게 개정되었으므로 일반적 경과규정에 따라 종전규정을 적용하여 취득세를 감면하여야 한다는 청구주장의 당부

청구인이 에너지절약형 친환경주택에 대한 취득세 감면 조항은 2010.12.27. 신설된 후 2016.12.27. 및 2017.12.26. 개정으로 감면요건이 강화되기까지 그 요건이 유지된 기간이 6년 정도에 불과하여, 동일한 감면요건이 향후에도 지속될 것이라는 납세자의 신뢰가 높은 수준으로 형성되었다고 보기 어려울 뿐만 아니라, 사회환경 및 정책의 변화, 기술의 발전 등으로 종전 법령에서 규정한 감면요건이 더 이상 적절치 아니하여 감면목적을 달성할 수 없다는 입법자의 판단에 따라 그 요건을 강화한 것이므로 법령 개정을 통해 얻고자 하는 공익적 목적도 함께 고려할 필요가 있다 할 것임. 이러한 법령 개정 연혁 및 취지 등에 비추어 2016.12.30. 개정된 지특법 시행령의 일반적 경과규정에 따라 이 건 건축물의 착공 당시에 적용되던 지특법 시행령을 적용하여 취득세를 감면하여야 한다는 청구주장은 받아들이기 어렵다고 판단됨(조심 2021지544, 2021.12.24. 외 다수, 같은 뜻임)(조심 2021지1277, 2022.10.12.).

▣ 에너지절약형 친환경주택의 부속토지의 취득세 감면대상 해당 여부

에너지절약형 친환경주택의 부속토지(지목변경 간주취득)는 '건축물'이 아니므로 위 규정에 따라 취득세를 감면할 수 없음(행안부 지방세특례제도과-1784, 2022.8.12.).

▣ 친환경건축물 감면시 가산세 면제의 정당한 사유 해당 여부

○○○○인증원이 인증한 EPI점수는 「건축법」 제66조에 따른 「건축물의 설비기준 등에 관

한 규칙」 및 「건축물의 에너지절약설계기준」에 의한 에너지성능점수로 인정하기 어려운 점 등에 비추어 해당 건축물은 친환경건축물로 인증받은 것으로 보기 어렵고, 취득세 신고 과정에서 의견을 조율하였다고 하더라도 이는 처분청의 공적인 견해 표명이라고 보기 어려우므로 가산세를 면제할 정당한 사유가 있다고 보기 어려움(조심 2015지0909, 2015.9.23.).

▣ 친환경건축물 신축시 납부한 부담금의 과세표준 포함 여부

법인이 공동주택용 건축물을 신축하는 과정에서 지급한 친환경건축물 인증용역비, 건물에너지효율등급 인증용역비 및 상수도원인자부담금의 경우 건축물을 신축하면서 납부한 법정부담금으로서 건축물의 취득세 과세표준에 포함되어야 함(조심 2014지1316, 2015.4.27.).

# 제 47 조의 3

# 신재생에너지 인증 건축물에 대한 감면

관련규정

제47조의 3 [일몰기한 종료로 2016.1.1.부터는 감면 효력 상실]

제47조의 3(신재생에너지 인증 건축물에 대한 감면) ① 신축하는 업무용 건축물로서 「신에너지 및 재생에너지 개발ㆍ이용ㆍ보급 촉진법」 제12조의 2 제1항에 따른 신ㆍ재생에너지 이용 건축물인증을 받은 건축물에 대해서는 2015년 12월 31일까지 취득세의 100분의 5부터 100분의 15까지의 범위에서 신ㆍ재생에너지 공급률 등을 고려하여 대통령령으로 정하는 율을 경감한다.

【영】 제24조 ⑧ 법 제47조의 3 제1항에 따른 취득세 경감률은 다음 각 호와 같다.

1. 신ㆍ재생에너지 공급률(건축물의 총에너지사용량 중 「신에너지 및 재생에너지 개발ㆍ이용ㆍ보급 촉진법」 제2조 제1호 및 제2호에 따른 신에너지 및 재생에너지를 이용하여 공급되는 에너지의 비율을 말한다. 이하 이 항에서 같다)이 20퍼센트를 초과하는 건축물 : 100분의 15
2. 신ㆍ재생에너지 공급률이 20퍼센트 이하이고 15퍼센트를 초과하는 건축물 : 100분의 10
3. 신ㆍ재생에너지 공급률이 15퍼센트 이하이고 10퍼센트를 초과하는 건축물 : 100분의 5

② 제1항에 따라 취득세를 경감받은 건축물 중 그 취득일부터 3년 이내에 신ㆍ재생에너지 이용 건축물 인증이 취소된 건축물에 대해서는 경감된 취득세를 추징한다.

## 1 | 개 요

자연친화적인 건축물 제도인 신재생에너지 건축물 인증제도 지원을 위한 세제지원이다. 본 규정은 2012년에 처음 신설되어 제47조 제4항에 규정되어 있다가 2015년부터는 제47조에서 분조(分條)하여 현재의 제47조의 3 규정으로 이관되었다.

# 2 | 감면대상자 및 감면대상 부동산

## 2-1. 감면대상자

신재생에너지인증을 받은 자가 이에 해당된다. 제47조의 3 제1항에서 감면요건을 "신축하는 건축물"로 규정하고 있어 여기서 신재생에너지인증을 받은 자란 건축주만이 해당된다.

## 2-2. 감면대상 부동산

「신에너지 및 재생에너지 개발 · 이용 · 보급 촉진법」 제12조의 2 제1항에 따른 신 · 재생에너지 이용 건축물인증을 받은 건축물을 말한다.

> 「신에너지 및 재생에너지 개발 · 이용 · 보급 촉진법」 제12조의 2(신 · 재생에너지 이용 건축물에 대한 인증 등) ① 대통령령으로 정하는 일정 규모 이상의 건축물을 소유한 자는 그 건축물에 대하여 산업통상자원부장관이 지정하는 기관(이하 "건축물인증기관"이라 한다)으로부터 총에너지사용량의 일정 비율 이상을 신 · 재생에너지를 이용하여 공급되는 에너지를 사용한다는 신 · 재생에너지 이용 건축물인증(이하 "건축물인증"이라 한다)을 받을 수 있다.
> ② 제1항에 따라 건축물인증을 받으려는 자는 해당 건축물에 대하여 건축물인증기관에 건축물인증을 신청하여야 한다.
> ③ 산업통상자원부장관은 제31조에 따른 신 · 재생에너지센터나 그 밖에 신 · 재생에너지의 기술개발 및 이용 · 보급 촉진사업을 하는 자 중 건축물인증 업무에 적합하다고 인정되는 자를 건축물인증기관으로 지정할 수 있다.
> ④ 건축물인증기관은 제2항에 따른 건축물인증의 신청을 받은 경우 산업통상자원부와 국토교통부의 공동부령으로 정하는 건축물인증 심사기준에 따라 심사한 후 그 기준에 적합한 건축물에 대하여 건축물인증을 하여야 한다.
> ⑤ 산업통상자원부장관은 제27조 제1항에 따른 보급사업을 추진하는 데에 있어 건축물인증을 받은 자를 우대하여 지원할 수 있다.

# 3 | 특례내용

## 3-1. 세목별 감면

신재생에너지인증 건축물 등에 대해서는 2015년 12월 31일까지 지방세를 다음과 같이 각각 감면한다.

〈표〉 신재생에너지인증 건축물 감면 현황(2016.1.1. 현재)

| 규정 | 감면대상 | 인증기준 |
|---|---|---|
| 법 §47의 3 ①<br>영 §24 ⑥<br>(취득세) | 신재생에너지이용 인증 건축물 | -신재생에너지공급률 20% 초과 : 15%<br>-신재생에너지공급률 15~20% : 10%<br>-신재생에너지공급률 10~15% : 5% |

### 3-2. 경과규정 특례(부칙 §6, 제13637호 2015.12.29.)

신재생에너지인증 건축물 등에 대해서는 2015년 12월 31일부로 감면기한이 종료되어 2016년 1월 1일부터는 감면대상에서 제외되었다. 다만, 감면이 종료되더라도 2016년 이전 납세의무 성립분에 한해 「지방세기본법」 제51조에 따른 경정청구 기간(최대 2020년)까지는 종전의 규정을 계속해서 적용할 수 있다.

## 4 | 지방세특례의 제한

### 4-1. 감면된 취득세의 추징(§47의 2 ②)

신재생에너지인증을 받고 취득일로부터 3년 이내에 그 인증이 취소되는 경우에는 경감된 취득세를 추징한다.

### 4-2. 지방세 중과세 대상 부동산에 대한 감면 제한(§177)

신재생에너지인증을 받고 해당 건축물에 대해 감면을 받으려는 경우 그 해당 부동산이 지방세법 제13조 제5항에 따른 별장 등 지방세 중과세 대상인 사치성 재산인 경우에는 감면대상에서 제외된다. 세부적인 사항은 제177조의 해설편을 참조하면 된다.

## 5 | 감면신청(§183)

신재생에너지인증을 받고 본 규정에 따라 지방세를 감면받으려면 해당 지방자치단체의 장에게 해당 부동산이 해당 인증관련 서류를 입증하는 서류를 첨부하여 감면신청을 하여야 한다.

# 제47조의 4

## 내진성능 확보 건축물에 대한 감면

관련규정

**제47조의 4(내진성능 확보 건축물에 대한 감면)** ①「지진·화산재해대책법」 제14조 제1항에 따른 내진설계기준의 적용 대상이 아니거나 건축 당시 내진설계기준의 적용 대상이 아니었던 건축물(「건축법」 제2조 제1항 제2호에 따른 건축물 부분으로 한정한다. 이하 이 조에서 같다)을 건축(「건축법」 제2조 제1항 제8호에 따른 건축을 말한다. 이하 이 조에서 같다) 또는 대수선(「건축법」 제2조 제1항 제9호에 따른 대수선을 말한다. 이하 이 조에서 같다)하는 경우로서 「지진·화산재해대책법」 제16조의 2에 따라 내진성능 확인을 받은 건축물에 대해서는 2027년 12월 31일까지 취득세를 면제하고, 그 건축물에 대한 재산세 납세의무가 최초로 성립하는 날부터 2년간 재산세를 면제하며 그 다음 3년간은 재산세의 100분의 50을 경감한다. 다만, 그 건축물에 대한 소유권이 이전된 이후의 재산세는 그러하지 아니하다.

② 제1항을 적용할 때 재산세 경감세액의 산정방법은 제47조의 2 제6항을 준용한다.

③ 건축 또는 대수선하는 건축물로서 「지진·화산재해대책법」 제16조의 3 제1항에 따라 지진안전 시설물의 인증을 받은 건축물(취득일부터 180일 이내 지진안전 시설물의 인증을 받은 경우를 포함한다)에 대해서는 취득세의 100분의 5부터 100분의 10까지의 범위에서 대통령령으로 정하는 율을 2027년 12월 31일까지 경감한다.

**【영】** 제24조의 2(지진안전시설물의 인증을 받은 건축물의 감면) 법 제47조의 4 제3항 본문에서 "대통령령으로 정하는 율"이란 100분의 5를 말한다.

④ 제3항에 따라 취득세를 경감받은 건축물 중 취득일부터 3년 이내에 「지진·화산재해대책법」 제16조의 3 제5항에 따라 지진안전 시설물의 인증이 취소된 건축물에 대해서는 경감된 취득세를 추징한다 〈신설 2024.12.31.〉

## 1 개 요

최근 대규모 지진피해[110]가 증가되고 있는 상황을 고려하여 내진성능 확보 건축물 확산을 유인하는 인센티브를 통해 지진으로부터 국민의 재산과 신체를 보호하기 위한 세제지원이다. 2013년에 처음 신설되어, 2015년에는 현재의 제47조의 4 규정으로 이관되었으며. 2016년에는 경주 인근지역에 지속적으로 지진이 발생됨에 따라 2016년 말 일몰이 도래하지 않았음에도 법 개정을 통해 건축당시의 의무대상이 아니었던 건축물로 감면대상을 확대하고 감면율도 상향 조정되었다. 2021년에는 지진안전 시설물 인증을 받은 건축물에 대한 감면이 신설되었고, 2022년부터는 내진성능확보 건축물에 대한 감면이 종료되는 대신에 지진안전 시설물 인증을 받은 건축물에 대한 일몰기한은 2024년까지 연장되었다. 2025년에는 민간건물의 내진비율이 저조(16.7%)함에 따라 제도 활성화를 위해 내진 의무화 대상 건물이 아님에도 자율적으로 내진보강을 하는 건물에 대해 세제지원을 강화하였다.

## 2 감면대상자 & 감면대상 부동산

### 2-1. 내진성능 의무대상

2021년부터 신설된 「지진・화재재해대책법」 제16조의 3에 따른 지진안전 시설물의 인증을 받은 건축물과 주택을 취득(보유)하는 당사자에 한정하여 적용을 하고 있다. 이 경우 180일(2021년까지는 100일) 이내에 지진안전 시설물의 건축물로 인증을 받아야 한다. 위 내진성능 또는 지진안전 시설물의 인증 건축물의 세부현황은 다음의 내용과 같다.

〈표〉 **내진성능 확보 건축물 및 지진안전 시설물 인증 건축물 현황**

| 구 분 | 내진성능 확보 건축물 | 지진안전 시설물 인증 건축물 |
|---|---|---|
| 법적근거 | 건축법 §48 ② | 지진・화산재해대책법 §16의 3 |
| 도입목적 | 건축물 건축 및 대수선 시 구조안전 확인 목적 | 지진・화재 등 재해로부터 국민의 생명과 재산 보호 목적 |
| 의무대상 또는 인증대상 | ① 층수가 2층 이상인 건축물<br>② 연면적이 200제곱미터 이상인 건축물 | ① 도시철도시설 중 역사<br>② 병원, 요양병원 및 종합병원 |

110) 일본 동부 도후쿠 대지진(2011.3., 리히터 9.0, 사망 2.5만명, 이재민 33만명), 이란 서북부 카브리즈 지진(2012.8., 리히터 6.4, 사망 306명, 이재민 15만명), 경북울진 지진(2004.5., 리히터 5.2) 등

| 구 분 | 내진성능 확보 건축물 | 지진안전 시설물 인증 건축물 |
|---|---|---|
| 건축물 | (창고, 축사, 작물 재배사는 제외)<br>③ 높이가 13미터 이상인 건축물<br>④ 처마높이가 9미터 이상인 건축물<br>⑤ 기둥과 기둥 사이의 거리가 10미터 이상인 건축물<br>⑥ 건축물의 용도 및 규모를 고려한 중요도가 높은 건축물로서 국토교통부령으로 정하는 건축물<br>⑦ 국가적 문화유산으로 보존할 가치가 있는 건축물로서 국토교통부령으로 정하는 것 | ③ 철도시설 중 역사<br>④ 교사, 체육관, 기숙사 및 급식시설과 강당<br>⑤ 여객이용시설<br>⑥ 「건축법 시행령」 제32조 제2항 각 호에 해당하는 건축물(국방·군사시설은 제외)<br>⑦ 여객시설 및 화물처리시설 |
| 확인 또는 인증기관 | 건축구조기술사사무소, 안전진단전문기관, 한국시설안전공단 | 한국시설안전공단 |

### 2-2. 내진성능 비의무대상

2021년까지는 「건축법」 제48조 제2항에 따라 내진성능이 확보된 건축물이 감면대상이었으나 일몰기한 종료로 2022년부터는 감면대상에서 제외되었으나, 비의무대상 건축물도 감면을 다시 재신설하게 되었다.

## 3 특례내용

「지진·화재재해대책법」 제16조의 3에 따른 지진안전 시설물의 인증을 받은 건축물에 대하여는 2027년 12월 31일까지 아래와 같이 취득세 및 재산세를 감면한다.

| 기간 | 현행 감면대상 | 감면 확대 | 의무대상 |
|---|---|---|---|
| '88년 이전 | | 감면 확대 | |
| '88~'95년 | | 감면 확대 | 의무대상(6층·100,000㎡ 이상 / '88년 도입) |
| '95~'05년 | 현행 감면대상 | 감면 확대 | 의무대상(6층·10,000㎡ 이상) |
| '05~'15년 | (2층·500㎡ 미만) | 감면 확대 | 의무대상(3층·1,000㎡ 이상) |
| '15년~현재 | | 의무대상(2층 이상·500㎡ 이상) | |

• 지진안전 시설물 인증 건축물 : 취득세 5~10%

• 지진안전 시설물 비인증 건축물(1층 200㎡ 미만) : 건축시 취득세 · 재산세(5년) 50%

대수선시 취득세 · 재산세(5년) 100%

• (주택 재산세경감세액의 산정방법) 시가표준액을 기준으로 건물분과 그 부속토지분을 다음과 같이 안분하여 계산한다. 이 경우 지특법 제47조 제7항의 친환경주택에 대한 감면세액 산정방법을 준용하여 계산한다.

$$건물분\ 감면액 = 전체\ 산출세액 \times \frac{건물시가표준액}{(건물시가표준액 + 토지시가표준액)} \times 감면율$$

## 4 | 특례제한(§180)

### 4-1. 최소납부세액의 부담(§177의 2)

내진설계 인증 건축물에 대해 면제되는 취득세 또는 재산세에 대해서는 2017년부터 시행되는 최소납부세액 제도에 따라 15% 최소납부세액을 부담하여야 한다. 최소납부세액에 대한 세부내용은 제177조의 2 해설편의 내용과 같다.

### 4-2. 건축물을 양도하는 경우 재산세 감면 제외(§49의 4 ① 단서)

내진성능을 확인받은 건축물(주택)을 양도하는 경우 양도일 이후에 납세의무가 성립하는 재산세에 대해서는 감면에서 제외된다. 여기서 양도란 상속을 제외한 매매 · 증여나 그 밖에 소유권변동을 수반하는 일체의 행위를 포함한다.

### 4-3. 지방세 중과세 대상 부동산 등에 대한 감면제한(§177)

내진성능 인증 건축물 감면을 받으려는 부동산이 「지방세법」 제13조 제5항에 따른 별장 등 지방세 중과세 대상인 사치성 재산인 경우에는 감면대상에서 제외된다. 세부적인 사항은 제177조의 해설편을 참조하면 된다.

### 4－4. 경과규정 특례(§47의 4 ① 단서)

2022년부터는 내진성능확보 건축물에 대한 감면이 종료되었다 하더라도 지특법 제47조의 4 제1항 제1호 및 제2호에서 건축물에 대한 재산세의 납세의무가 최초로 성립하는 날부터 5년간 재산세의 100분의 50을 경감한다고 규정하고 있으므로 2021년까지 내진성능확보 건축물에 대해 재산세를 기 감면한 경우에는 최대 2026년까지 종전 규정대로 재산세의 50%가 경감된다. 다만, 2022년 개정 규정 단서에서 건축물에 대한 소유권이 이전된 경우에는 재산세 감면을 더 이상 적용할 수 없다고 규정하고 있으므로 종전 규정에 따라 5년간 재산세를 감면하는 기간의 이익이 제한된다.

### 4－5. 경과규정 특례(부칙 §9, 법률 제18656호, 2021.12.28.)

2022년 개정된 제47조의 4 제3항의 개정규정은 이 법 시행 당시 지진안전 시설물의 인증을 받은 지 180일이 지나지 아니한 건축물에도 적용한다.

## 5 | 감면신청(§183)

내진성능 인증 건축물 감면을 받으려는 자는 내진보강 후 내진성능확인서(참고 2)를 첨부해 해당 지방자치단체의 재난부서에서 내진보강지원신청서(참고 1) 또는 지진안전시설물인증서를 교부받아 세무부서에 감면신청을 하여야 한다. 이 경우 구조분야 전문가인 건축구조기술사 등이 참여하여 내진성능확인서를 작성한다. 세부 감면신청 절차 등은 제183조의 해설편을 참조하면 된다.

〈참고 1〉 **내진보강지원신청서(「지진재해대책법」 시행규칙, 별지 제3호 서식)**

| 접수번호 | | 접수일자 | | 처리기간 | 30일 |
|---|---|---|---|---|---|
| 기본사항 | 건축물 명 | | 건 축 주 | | |
| | 위치 | | | | |
| | 용도 | | 건축면적 | ㎡ | |
| | 연면적 | ㎡ | 지상1층 바닥면적 | ㎡ | |
| | 지상1층고 | m | 층수 | 지하 층, 지상 층 | |
| | 구조형식 | | 사용승인일 | 년 월 일 | |
| 내진보강 관련사항 | 주요공법 | | 시공기간 | ~ | |
| | 시공사 | | 대표자 | | |
| | 내진성능 평가자 | | 내진성능 확인자 | | |
| 「지진재해대책법」 제16조의 2 제2항 및 같은 법 시행규칙 제3조의 2 제1항에 따라 위와 같이 내진보강 지원을 신청합니다. 년 월 일 | | | | | |

〈참고 2〉 **내진성능 확인서(지진안전성 표시〈제 업무 처리지침, 별지)**

| 1. 기본사항 | | | | | |
|---|---|---|---|---|---|
| 1) 건축물의 명칭 : | | | | 2) 건축물의 용도 : | |
| 3) 건축물의 위치 : | | | | 4) 건축물의 구조형식 : | |
| 5) 층수 : 지하 층, 지상 층 | | | | 6) 건축물의 증축 여부 : | |
| 7) 연 면 적 : ㎡ | | | | 8) 준공연도 : 경과연수 년 | |
| 9) 지진구역 : 중요도(내진등급) : | | | | 10) 지반종류 : | |
| 11) 기초형식 : | | | 12) 내진보강공사 주요공법 : | | |
| 2. 내진성능 평가시 | | | | | |
| 1단계 평가 | | 2단계 평가 | | 3단계 평가 | |
| DCR 값 | 성능수준 | DCR 값 | 성능수준 | DCR 값 | 성능수준 |
| X방향 = | | X방향 = | | X방향 = | |
| Y방향 = | | Y방향 = | | Y방향 = | |
| 2) 내진성능평가 결과 : ( )단계 내진성능 평가결과 ( )이상으로 내진성능 확보되었음. | | | | | |
| 위 건축물에 대하여 건축물 내진성능평가 가이드라인에 따라 내진성능평가를 수행한 결과 또는 내진설계 적용 확인 결과 내진성능이 확보되었음을 확인합니다. 년 월 일<br>내진성능 평가자 : 소 속 : 성 명 : (인 또는 서명)<br>내진성능 확인자 : 소 속 : 대 표 자 : (인 또는 서명) | | | | | |

# 제 47 조의 5

## 환경친화적 자동차 충전시설 취득세 감면

관련규정

제47조의 5(환경친화적 자동차 충전시설에 대한 감면) ① 환경친화적 자동차 충전시설을 설치하는 자(「환경친화적 자동차의 개발 및 보급 촉진에 관한 법률」 제11조의 2에 따른 설치 의무가 없는 자로 한정한다)가 「지방세법」 제6조 제4호에 따른 에너지 공급시설 중 환경친화적 자동차 충전시설을 설치하는 경우 그 시설에 대하여 취득세의 100분의 25를 2026년 12월 31일까지 경감한다.

② 제1항에 따라 취득세를 경감받은 경우로서 다음 각 호의 어느 하나에 해당하는 경우에는 경감된 취득세를 추징한다.

1. 정당한 사유 없이 그 취득일부터 1년이 경과할 때까지 해당 용도로 직접 사용하지 아니하는 경우
2. 해당 용도로 직접 사용한 기간이 2년 미만인 상태에서 매각·증여하거나 다른 용도로 사용하는 경우

## 1 | 개 요

친환경 자동차 보급확대를 위해 환경 친화적 자동차 충전시설 설치를 장려하기 위해 2024년에 신설된 감면이다.

## 2 | 감면대상자, 감면대상 부동산(§47의 5)

환경친화적 자동차 충전 시설을 설치하는 자가 취득하는 취득세가 이에 해당하며, 현재 「환

경친화적 자동차의 개발 및 보급 촉진에 관한 법률」 개정(2021.7.27. 법률 제18323호로 개정, 6개월후 시행 22.1.28. 시행)에 따라 전기차충전시설(충전기 및 전용주차구역)을 의무적으로 설치하여야 한다.

〈표 1〉 **친환경차량 충전시설 설치 의무 규정**

| 주요 내용 |
|---|
| • (대상확대) 설치가 의무화되는 대상 확대<br>- 신축시설 → 기축시설('22.1.28. 이전 건축허가 받은 시설)<br>- 아파트 500세대 이상 → 100세대 이상<br>- 공중이용시설, 공영주차장 총 주차면수 100면 이상 → 50면 이상<br>• (설치비율) 신축시설은 총 주차대수의 5% 이상(종전 0.5% 이상), 기축시설은 총 주차대수의 2% 이상<br>• (설치기한) '22.1.28. 이전 건축허가 받은 기축시설에 대해서는 준비기간을 확보하도록 법 시행 후 최대 4년까지 유예기간 적용(시설)<br>- 공공기축시설 : 1년<br>- 공공기축시설이 아닌 다중이용·근생·문화집회·업무·숙박시설 등 : 2년<br>- 100세대 이상 아파트 및 기숙사 : 3년<br>- 지방자치단체에서 설치한 주차장 : 1년<br>- 혁신도시 경계 5킬로미터 이내 : 급속* 수소충전소 1기 의무 설치<br>* 수소전기자동차에 수소를 시간당 25킬로그램 이상 충전할 수 있는 시설<br>• (강제이행) 시정명령 및 이행강제금 부과<br>- (시정명령) 설치의무 미이행 시 1년 이내 범위에서 시정을 명령<br>- (이행강제금) 시정명령을 받고 기간 이내 이행하지 아니한 경우 3천만원 이하의 이행강제금을 부과 |

## 3 | 특례내용

전기차 등의 충전시설을 설치하는 자가 취득하는 부동산에 대해서는 다음과 같이 취득세를 감면한다.

〈표 2〉 **전기차 충전시설 감면 현황(2024.1.1. 현재)**

| 조문 | 감면내용 | 감면율 | 일몰기한 |
|---|---|---|---|
| §47의 5 | 전기차 충전시설 | 취득세 25% | 2026..12.31. |

## 4 | 지방세특례의 제한(§47의5 ②)

전기차 충전시설을 설치하려는 자가 취득하는 부동산에 대해 감면을 받더라도 1) 정당한 사유없이 그 취득일부터 1년이 경과할 때까지 해당 용도로 직접 사용하지 않거나 2) 해당 용도로 직접 사용한 기간이 2년 미만인 상태에서 매각 · 증여하거나 다른 사용로 사용하는 경우에는 감면받은 취득세가 추징된다.

## 5 | 감면신청(§183)

본 규정에 따라 지방세를 감면받으려는 경우에는 해당 지방자치단체의 장에게 해당 부동산이 그 고유업무에 직접 사용하는 용도임을 입증하는 서류를 첨부하여 감면신청을 하여야 한다. 세부적인 사항은 제183조의 해설편을 참조하면 된다.

# 제48조 국립공원관리사업에 대한 감면

관련규정

제48조(국립공원관리사업에 대한 감면) 「국립공원관리공단법」에 따른 국립공원관리공단이 공원시설의 설치·유지·관리 등의 공원관리사업에 직접 사용하기 위하여 취득하는 부동산에 대해서는 취득세의 100분의 25를, 과세기준일 현재 그 사업에 직접 사용하는 부동산에 대해서는 재산세의 100분의 25를 각각 2025년 12월 31일까지 경감한다.

## 1 개 요

「자연공원법」에 의한 국립공원관리공단이 공원시설의 설치·유지·관리 등의 업무를 수행하는 국립공원관리사무소에 대한 세제지원이다. 2010년 이전까지는 구 지방세법 제290조에서 규정되었다가 2011년부터는 현재의 지특법 제48조로 이관되었다. 2012년도에는 국립공원관리사무소에 대한 감면 일부가 축소되었고 일몰도래시마다 연장되어 현재 2025년 12월 31일까지 감면 연장되었다.

## 2 감면대상자 및 감면대상 부동산

「자연공원법」 제44조에 따라 설립된 국립공원관리공단이 그 고유업무 등에 직접 사용하기 위해 취득 또는 보유 중인 부동산이 이에 해당된다. 주요사업으로는 19개의 국립공원[111] 관리 업무대행 및 자연생태계와 자연·문화경관 조사·연구, 야생 동·식물 복원 및 증식, 공원시설의 설치·유지관리 등의 업무를 수행하고 있다. 국립공원관리공단이 관리사

무소 등 업무용 시설과 공원관리 · 운영에 관계되는 야영장, 취사장, 화장실, 야영 숙박시설(통나무 집 등) 등이 주로 감면대상 물건에 해당된다.

## 3 | 특례내용

### 3-1. 세목별 감면

국립공원관리공단이 공원관리사업 등 그 고유업무에 직접 사용하기 위해 취득하는 부동산에 대해 취득세 및 재산세의 25%를 2025년 12월 31일까지 각각 감면한다.

### 3-2. 건축중인 부속토지에 대한 특례(영 §123)

국립공원관리공단이 그 고유업무 용도로 사용할 건축물을 건축중인 경우에는 해당 용도로 직접 사용하고 있는 것으로 의제(擬制)하여 해당 건축물의 부속토지에 대한 재산세를 계속 감면한다.

### 3-3. 자동계좌이체 납부분 재산세 세액공제(§92의 2)

국립공원관리공단이 전자송달 또는 자동계좌이체 방식으로 납부할 재산세(§48)를 자동납부 신청하는 경우에는 지방자치단체의 조례로 정하는 바에 따라 추가로 재산세를 공제(150원~1,000원)받을 수 있다. 자동납부 신청 세액공제에 관한 세부사항은 제92조의 2 해설편을 참조하면 된다.

### 3-4. 경과규정 특례(부칙 §6, 제11618호 2013.1.1.)

국립공원관리공단에 대해서는 2012년 12월 31일까지는 취득세 및 재산세의 감면율이 50%에서 2013년 1월 1일부터는 감면율이 각각 25%P 축소되어 현재에 이르고 있다. 다만, 감면이 축소되더라도 2013년 이전 납세의무 성립분에 한해 종전(최대 2017년)의 규정을 계속해서 적용한다.

111) 2012년 말 현재 20개의 국립공원이 지정되어 있다. [지리산('67.12), 경주 · 계룡산 · 한려해상('68.12), 설악산 · 속리산 · 한라산('70.3), 내장산('71.11), 가야산('72.10), 덕유산 · 오대산('75.2), 주왕산('76.3), 태안해상('78.10), 다도해해상('81.12), 북한산('83.4), 치악산 · 월악산('84.12), 소백산('87.12), 변산반도 · 월출산국립공원('88.6)] ※ 산악형공원 16개, 해상형공원 2개(한려, 다도해), 해안형공원 1개(태안), 사적형공원 1개(경주)

# 4 | 지방세특례의 제한

## 4-1. 감면된 취득세의 추징(§178)

본 규정에서는 별도의 추징규정이 없지만, 제178조를 준용하여 국립공원관리공단이 감면요건을 위반하는 경우에는 과세기관에서 추징처분을 할 수 있다. 이때 감면요건을 위반하는 경우란 대부분 해당 법인 단체 등이 고유목적사업에 직접 사용하지 않거나 임대 등 다른 용도로 사용하는 경우, 제3자에게 매각 · 증여하는 경우를 말한다. 직접 사용 및 추징에 관한 세부적인 내용은 제178조의 해설편을 참조하면 된다.

## 4-2. 지방세 중과대상 부동산 감면 제한(§177)

국립공원관리공단이 감면을 받으려는 부동산이 「지방세법」 제13조 제5항에 따른 별장 · 골프장 · 고급오락장 등 지방세 중과세 대상인 사치성 재산인 경우에는 감면대상에서 제외된다. 이에 대한 세부적인 사항은 제177조의 해설편을 참조하면 된다.

## 4-3. 임대용 부동산에 대한 부동산 감면 제한(§48)

「자연공원법」에 따른 국립공원관리공단이 공원시설의 설치 · 유지 · 관리 등의 공원관리사업에 직접 사용하기 위하여 취득하는 부동산 중 임대용 부동산은 감면대상에서 제외하며, 참고로 2023년 1월 1일부터 총칙의 "직접 사용" 정의규정에 "임대는 제외"를 명시함에 따라 본 조문을 비롯한 개별조문 내용에서는 "임대를 제외한다"는 문구는 삭제하였다.

# 5 | 감면신청(§183)

국립공원관리공단이 해당 부동산 등에 대해 지방세를 감면받으려는 경우에는 제183조의 규정에 따라 해당 지방자치단체의 장에게 감면대상임을 입증하는 서류를 첨부하여 감면신청을 하여야 한다. 세부적인 감면신청 절차 등에 대해서는 제183조의 해설을 참조하면 된다.

# 제49조

## 해양오염방제 등에 대한 감면

관련규정

제49조(해양오염방제 등에 대한 감면) 「해양환경관리법」에 따른 해양환경공단이 같은 법 제97조에 따른 사업에 직접 사용하기 위하여 취득하는 부동산(수익사업용 부동산은 제외한다. 이하 이 조에서 같다)과 해양오염방제용 및 해양환경관리용에 제공하기 위하여 취득하는 선박에 대해서는 다음 각 호에서 정하는 바에 따라 2025년 12월 31일까지 지방세를 경감한다.

1. 「해양환경관리법」 제97조 제1항 제3호 가목 및 나목의 사업을 위한 부동산에 대해서는 취득세의 100분의 25를, 과세기준일 현재 해당 사업에 직접 사용하는 부동산에 대해서는 재산세의 100분의 25를 각각 경감한다.
2. 「해양환경관리법」 제97조 제1항 제2호 나목 및 같은 항 제6호의 사업을 위한 부동산에 대해서는 취득세의 100분의 25를, 과세기준일 현재 해당 사업에 직접 사용하는 부동산에 대해서는 재산세의 100분의 25를 각각 경감한다.
3. 해양오염방제설비를 갖춘 선박에 대해서는 취득세 및 재산세의 100분의 25를 각각 경감한다.

## 1 개요

해양환경의 보전·관리 등 해양환경개선 등의 업무를 수행하는 해양환경공단에 대한 세제지원이다. 2010년 이전까지는 구 지방세법 제286조 제3항에서 규정되었다가 2011년부터는 현재의 지특법 제49조로 이관되었으며, 2016년 일몰도래시 2019년 12월 31일까지 3년간 일부감면이 축소되어 연장되었다.

## 2 | 감면대상자

「해양환경관리법」에 따라 설립된 해양환경관리공단이 이에 해당된다. 해양환경관리공단은 해양환경의 보전·관리 및 해양오염방제를 위한 기술개발, 교육훈련 등을 위해 2008년 1월에 설립된 국가공기업이다.

## 3 | 감면대상 부동산, 선박

해양환경관리공단이 「해양환경관리법」 제97조[112]에 따른 고유업무용 부동산과 업무용 선박이 이에 해당된다. 보유선박 현황은 2012년 기준 전문방제선 5척, 환경방제선 1척, 예방선 29척, 청방선 19척, 방제보조선 24척 등을 보유하고 있으며, 이 중 해양오염방제설비를 갖춘 선박이 감면대상이다.

〈표 1〉 **해양환경관리공단 주요 고유업무**

| 주요사업 | 내용 |
|---|---|
| 1. 해양환경 보전·관리 | 해양생태계 조사관찰, 해양생태계 복원, 해양보호구역(MPA) 관리, 국가해양환경측정망 운영, 해양기후변화 대응 |
| 2. 해양환경 개선 | 항만부유물 및 폐유수거, 해양폐기물 정화, 오염퇴적물 정화·복원 |
| 3. 해양오염방제 | 선진 방제체계 구축 및 전문성 강화, 효율적인 방제선·기자재 운영 |
| 4. 교육훈련 및 국제협력 | 해양환경교육 및 인식증진, 해양환경분야 국제교류 및 협력 등 |

112) 제97조(사업) ① 공단은 다음 각 호의 사업을 수행한다.
2. 해양환경개선을 위한 다음 각 목의 사업
<u>나. 오염물질 저장시설의 설치·운영 및 수탁관리</u>
3. 해양오염방제에 필요한 다음 각 목의 사업
<u>가. 해양오염방제업무 및 방제선 등의 배치·설치(위탁·대행받은 경우를 포함한다)</u>
<u>나. 해양오염방제에 필요한 자재·약제의 비치 및 보관시설의 설치 등(위탁·대행받은 경우를 포함한다)</u>
<u>6. 해양환경에 대한 교육·훈련 및 홍보</u>

〈사진〉 **해양환경관리공단 보유 선박 현황 사진**

전문방제선(방제2호)

환경방제선(환경5호)

예방선(502해룡)

유회수기(코마라20K)

# 4 | 특례내용

## 4-1. 세목별 감면

해양환경공단의 고유업무용 부동산과 오염방제용 선박 등에 대해서는 2025년 12월 31일까지 지방세를 감면한다.

〈표 2〉 **해양환경공단 감면 내용(2024.1.1. 현재)**

| 조문 | 감면내용 | 감면율 |
|---|---|---|
| §49 1호 | 해양환경공단 해양오염방제 업무 등 부동산 | 취득세, 재산세 25% |
| §49 2호 | 해양환경공단 오염물질 저장·설치용 등 부동산 | 취득세, 재산세 25% |
| §49 3호 | 해양환경공단의 해양오염방제 설비 선박 | 취득세, 재산세 25% |

### 4-2. 건축중인 부속토지에 대한 특례(영 §123)

해양환경공단이 그 고유업무 용도로 사용할 건축물을 건축중인 경우에는 해당 용도로 직접 사용하고 있는 것으로 의제(擬制)하여 해당 건축물의 부속토지에 대한 재산세를 계속 감면한다.

### 4-3. 자동계좌이체 납부분 재산세 세액공제(§92의 2)

해양환경관리공단이 전자송달 또는 자동계좌이체 방식으로 납부할 재산세(§49 1~3호)를 자동납부 신청하는 경우에는 지방자치단체의 조례로 정하는 바에 따라 추가로 재산세를 공제(150원~1,000원)받을 수 있다. 자동납부 신청 세액공제에 관한 세부사항은 제92조의 2 해설편을 참조하면 된다.

### 4-4. 경과규정 특례

#### 4-4-1. 2016년 감면축소분 경과특례(부칙 §10, 제14477호 2017.1.1.)

2017년 1월 1일부터는 해양환경공단에 대한 취득세 및 재산세 감면율이 종전 25~75%에서 25%로 축소되었다. 다만, 감면이 축소되었더라도 2013년부터 2016년까지 납세의무 성립분에 한해서는 「지방세기본법」 제51조에 따른 경정청구 기간(최대 2021년)까지는 종전(2016년)의 규정을 계속해서 적용할 수 있다.

#### 4-4-2. 2012년 감면축소분 경과특례(부칙 §6, 제11618호 2013.1.1.)

해양환경공단에 대한 감면은 2012년 감면율이 취득세는 면제에서 75%로, 재산세는 100~50%에서 75~25%로 각각 축소되었다. 다만, 감면이 축소되었더라도 2012년까지 납세의무 성립분에 한해서는 「지방세기본법」 제51조에 따른 경정청구 기간(최대 2017년)까지는 종전(2012년)의 규정을 계속해서 적용할 수 있다.

## 5 지방세특례의 제한

### 5-1. 감면된 취득세의 추징(§178)

본 규정에서는 별도의 추징규정이 없지만, 제178조를 준용하여 감면요건을 위반하는 경우에는 과세기관에서 추징처분을 할 수 있다. 이때 감면요건을 위반하는 경우란 대부분 해

당 법인 단체 등이 고유목적사업에 직접 사용하지 않거나 임대 등 다른 용도로 사용하는 경우, 제3자에게 매각·증여하는 경우를 말한다. 직접 사용 및 추징에 관한 세부적인 내용은 제178조의 해설편을 참조하면 된다.

### 5-2. 지방세 중과대상 부동산 감면 제한(§177)

해양환경공단이 감면을 받으려는 부동산이 「지방세법」 제13조 제5항에 따른 별장·골프장·고급오락장 등 지방세 중과세 대상인 사치성 재산인 경우에는 감면대상에서 제외된다. 이에 대한 세부적인 사항은 제177조의 해설편을 참조하면 된다.

### 5-3. 수익사업용 부동산 감면 제한(§49 괄호)

해양환경관리공단이 같은 법 제97조에 따른 사업에 직접 사용하기 위하여 취득하는 부동산 중 수익사업용 부동산에 대해서는 감면을 제외한다.

## 6 | 감면신청(§183)

해양환경공단이 지방세를 감면받으려는 경우에는 제183조의 규정에 따라 해당 지방자치단체의 장에게 감면대상임을 입증하는 서류를 첨부하여 감면신청을 하여야 한다. 세부적인 감면신청 절차 등에 대해서는 제183조의 해설을 참조하면 된다.

## 7 | 관련사례

■ 한국해양오염방제조합이 해양관리법 제정으로 해양환경관리공단으로 전환됨에 따른 소유권 이전에는 취득세가 발생하지 않는다고 한 사례

해양환경관리법 부칙(제8260호, 2007.1.19.) 제6조 제4항에서 이 법 시행당시 방제조합의 재산과 권리·의무는 공단의 설립과 동시에 이를 승계한다고 규정하고 있는 바, 해양오염방지법에 의하여 설립된 한국해양오염방제조합이 해양관리법 제정에 의거 해양환경관리공단으로 전환하면서 한국해양오염방제조합이 소유하고 있던 재산을 해양환경관리공단으로 이전시 취득세의 납세의무는 발생되지 않는 것이나, 등록세의 경우는 세액을 납부하는 것이 타당하다 할 것임(구 행자부 지방세정팀-1062, 2007.4.6.).

# 제49조의 2

## 5세대 이동통신 무선국에 대한 감면

**관련규정**

**제49조의 2(5세대 이동통신 무선국에 대한 감면)** 내국법인이 아이엠티이천이십(IMT-2020, 5세대 이동통신) 서비스 제공을 위하여 과밀억제권역 외의 지역에 개설한 무선국의 면허에 대해서는 등록면허세의 100분의 50을 2023년 12월 31일까지 경감한다.

☞ 일몰기한 종료(2023.12.31.)

**【부칙】** 제3조(5세대 이동통신 무선국에 대한 감면에 관한 적용례) 제49조의 2의 개정규정은 이 법 시행 이후 「전파법」 제19조의 2에 따라 신고하는 경우부터 적용한다.

## 1 | 개 요

최근 자율주행, 스마트시티, 디지털 헬스케어 등 4차 산업혁명 추진 기반 마련을 위해 범정부적으로 5G 인프라의 조기 구축을 지원함에 따라, 지방세의 경우에는 지역간 불균형을 해소하는 차원에서 수도권 등 인구밀집지역보다 지방의 구축을 유도하기 위해 과밀억제권역 외의 지역에 설치하는 5G 무선국에 대해 등록면허세 감면제도를 신설하게 하였다. 현재는 2013년말 기준으로 일몰기한이 도래하여 종료되었다.

## 2 | 현 황

### 2-1. 추진 배경

5G는 아주 빠르게(초고속) 실시간(초저지연)으로 대용량 데이터와 모든 사물을 연결(초연결)시키는 4차 산업혁명 핵심 인프라로, 대규모 투자와 전·후방 산업에 광범위한 파

급효과를 유발하며 우리 경제에 새로운 도약을 이끌 원동력으로 주목되고 있으며 5G 시장 선점을 위한 글로벌 경제 속에서 2018년 12월 1일 세계 최초로 5G 이동통신 서비스를 개시하였다.

> 1 (초고속) 최대 20Gbps속도 대용량 콘텐츠 전송 → VR생방송, 홀로그램 통화 등
> 2 (초저지연) 촉각수준(1ms) 동시반응 → 완전 자율주행, 실시간 로봇 · 드론 제어 등
> 3 (초연결) 수많은 센서 · 기기연결(2025년, 1조개) → 스마트공장, 스마트시티 등

### 2-2. 5G 지원 효과

5G는 기존 사람간의 음성과 데이터의 이동통신을 넘어 모든 사물을 연결하고, 산업의 디지털 혁신을 촉발하게 되며 조기 상용화를 통해 단발 · 장비산업의 도약, 융합서비스, 디바이스 신시장 창출 등 글로벌 시장의 선점 기회를 제공할 것이다.

또한, 데이터 생산 · 유통 · 활용을 촉진하는 핵심수단으로 5G 상용화로 경제사회 전반에서 데이터 생산이 급증하여* 자동차 · 드론 · 로봇 등 다양한 단말이 5G와 연결되며 빅데이터 생산과 아울러 ICT · 주력산업 기업들이 5G 융합서비스 시장에 진입하여 신산업을 창출하게 된다.

| 소프트뱅크 | 차이나 모바일 | 獨5G자동차협회(5GAA) |
|---|---|---|
| 자율주행트럭 군집주행 | 5G드론 | 5G자율주행 |
| | | |

※ 독일 자동차 3사(다임러 · 아우디 · BMW) 5G 자동차협회(5GAA)를 설립하여 통신사, 네트워크 장비 기업 등과 5G 기반 커넥티드카 상용화 협력 추진

## 3 | 특례 내용

현재 이동통신 무선국(2G~5G)의 경우 1개 면허 부여 시마다 제3종 등록면허세를 개설 시 수시분과 매년 정기분으로 부과하고 있으며, 인구 50만 명 이상 시의 경우 40,500원, 그 밖의 시지역은 22,500원, 군 지역은 12,000원의 등록면허세를 부과하고 있다.

2021년 1월 1일 이후 「전파법」 제19조의 2에 따라 신고하는 5G 무선국에 대해서는 등록면허세의 50%를 경감한다.

> ▣ 신고를 통한 무선국 개설(전파법 §19의 2 ①)
>
> ① 제19조 제1항에도 불구하고 다음 각 호의 어느 하나에 해당하는 무선국으로서 국가 간, 지역 간 전파혼선 방지 등을 위하여 주파수 또는 안테나공급전력을 제한할 필요가 없다고 인정되거나 인명안전 등을 목적으로 개설하는 것이 아닌 무선국 등 대통령령으로 정하는 무선국을 개설하려는 자는 과학기술정보통신부장관에게 신고하여야 한다. 신고한 사항 중 대통령령으로 정하는 사항을 변경하려는 경우에도 또한 같다.
>
> 1. 발사하는 전파가 미약한 무선국이나 무선설비의 설치공사를 할 필요가 없는 무선국
> 2. 수신전용의 무선국
> 3. 제11조 또는 제12조에 따라 주파수할당을 받은 자가 전기통신역무 등을 제공하기 위하여 개설하는 무선국
> 4. 「방송법」 제2조 제1호 라목에 따른 이동멀티미디어방송을 위하여 개설하는 무선국
>
> ② 제1항에도 불구하고 발사하는 전파가 미약한 무선국 등으로서 대통령령으로 정하는 무선국은 과학기술정보통신부장관에게 신고하지 아니하고 개설할 수 있다.

## 4 | 사후관리

이 법에서 별도로 감면추징에 관한 사항이 없으므로 등록시점에서 관련법령의 요건을 충족하지 못한 경우에 한해 추징이 가능하며, 세부적인 추징절차 등에 대해서는 제178조의 해설을 참조하면 된다.

## 5 | 감면신청

5G 무선국에 대해 등록면허세를 감면받으려는 경우에는 해당 지방자치단체의 장에게 지방세 감면신청서 외에 무선국 개설을 증명하는 서류를 첨부하여 감면신청을 하여야 한다. 세부적인 감면신청 절차는 제183조의 해설편을 참조하면 된다.

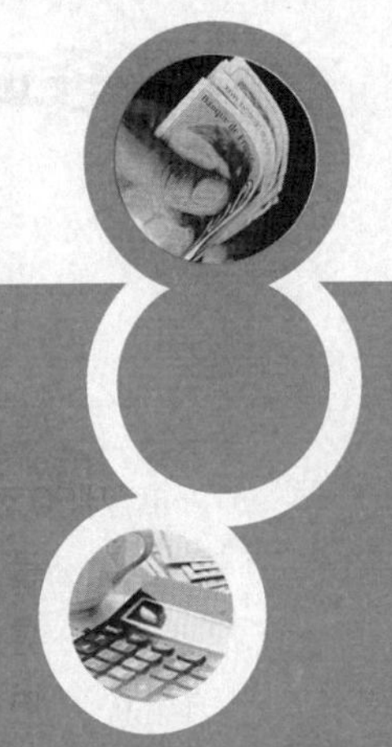

# 제 5 절

## 문화 및 관광 등에 대한 지원 (법 제50조～제55조)

# 제50조

## 종교단체 또는 향교에 대한 면제

관련규정

제50조(종교단체 또는 향교에 대한 면제) ① 종교단체 또는 향교가 종교행위 또는 제사를 목적으로 하는 사업에 직접 사용하기 위하여 취득하는 부동산에 대해서는 취득세를 면제한다. 다만, 다음 각 호의 어느 하나에 해당하는 경우 그 해당 부분에 대해서는 면제된 취득세를 추징한다. / 1. ~ 3. (생 략) ☞ 본문 해설편 참조

② 제1항의 종교단체 또는 향교가 과세기준일 현재 해당 사업에 직접 사용(종교단체 또는 향교가 제3자의 부동산을 무상으로 해당 사업에 사용하는 경우를 포함한다)하는 부동산(대통령령으로 정하는 건축물의 부속토지를 포함한다)에 대해서는 재산세(「지방세법」 제112조에 따른 부과액을 포함한다) 및 「지방세법」 제146조 제3항에 따른 지역자원시설세를 각각 면제한다. 다만, 수익사업에 사용하는 경우와 해당 재산이 유료로 사용되는 경우의 그 재산 및 해당 재산의 일부가 그 목적에 직접 사용되지 아니하는 경우의 그 일부 재산에 대해서는 면제하지 아니한다.

☞ 부칙 제1조(법률 제16865호, 2020.1.15.)에 따라, 제2항의 개정규정은 2021.1.1. 시행

【영】 제25조(종교 및 제사를 목적으로 하는 단체에 대한 면제대상 사업의 범위 등) ① 법 제50조 제2항 본문에서 "대통령령으로 정하는 건축물의 부속토지"란 해당 사업에 직접 사용할 건축물을 건축중인 경우와 건축허가 후 행정기관의 건축규제조치로 건축에 착공하지 못한 경우의 건축 예정 건축물의 부속토지를 말한다.

③ 제1항의 종교단체 또는 향교가 그 사업에 직접 사용하기 위한 면허에 대해서는 등록면허세를 면제하고, 해당 단체에 대해서는 주민세 사업소분(「지방세법」 제81조 제1항 제2호에 따라 부과되는 세액으로 한정한다. 이하 이항에서 같다) 및 종업원분을 각각 면제한다. 다만, 수익사업에 관계되는 대통령령으로 정하는 주민세 사업소분 및 종업원분은 면제하지 아니한다.

【영】 제25조 ② 법 제50조 제3항 본문에서 "제1항의 단체가 그 사업에 직접 사용하기 위한 면허"란 법 제50조 제1항에 따른 종교 및 제사를 목적으로 하는 단체가 그 비영리사업

의 경영을 위하여 필요한 면허 또는 그 면허로 인한 영업 설비나 행위에서 발생한 수익금의 전액을 그 비영리사업에 사용하는 경우의 면허를 말한다.

③ 법 제50조 제3항 단서에서 “수익사업에 관계되는 대통령령으로 정하는 주민세 재산분 및 종업원분”이란 수익사업에 직접 제공되고 있는 사업소와 종업원을 기준으로 부과하는 주민세 재산분과 종업원분을 말한다. 이 경우 면제대상 사업과 수익사업에 건축물이 겸용되거나 종업원이 겸직하는 경우에는 주된 용도 또는 직무에 따른다.

④ 종교단체 또는 향교에 생산된 전력 등을 무료로 제공하는 경우 그 부분에 대해서는 「지방세법」 제146조 제1항 및 제2항에 따른 지역자원시설세를 면제한다.

☞ 부칙 제1조(법률 제16865호, 2020.1.15.)에 따라, 제4항의 개정규정은 2021.1.1. 시행

⑤ 사찰림(寺刹林)과 「전통사찰의 보존 및 지원에 관한 법률」 제2조 제1호에 따른 전통사찰이 소유하고 있는 경우로서 같은 조 제3호에 따른 전통사찰보존지에 대해서는 재산세(지방세법 제112조에 따른 부과액을 포함한다)를 면제한다. 다만, 수익사업에 사용하는 경우와 해당 재산이 유료로 사용되는 경우의 그 재산 및 해당 재산의 일부가 그 목적에 직접 사용되지 아니하는 경우의 그 일부 재산에 대해서는 면제하지 아니한다.

⇨ 감면대상 변경 : 경내지(境內地) → 전통사찰보전지

⑥ 법인의 사업장 중 종교의식을 행하는 교회·성당·사찰·불당·향교 등에 대해서는 주민세 사업소분(「지방세법」 제81조 제1항 제1호에 따라 부과되는 세액으로 한정한다. 이하 이항에서 같다)을 면제한다.

## 1 | 개 요

종교단체 또는 향교에 대한 세제지원이다. 2010년 이전까지는 구 지방세법 제107조, 제186조, 제163조 등에 각각 규정되었다가 2011년부터는 현재의 제50조로 통합하여 이관되어 현재에 이르고 있다. 2014년에는 종교용도 직접 사용(§2의 2)에 대한 예외 규정을 신설하였다. 2016년 말에는 감면대상 주체(향교)를, 2017년 말에는 전통사찰보존지를 각각 명확히 개정하였다.

## 2 | 감면대상자

종교단체 또는 향교에 대하여 감면대상으로 한다. 다만, 제51조 제4항의 경우에는 감면주

체가 종교 및 제사 단체가 아니라 이들 단체에 전력 등을 무료로 제공하는 제3자가 이에 해당된다.

### 종교단체의 범위

'종교'란 오랜 역사 속에서 생성 · 진화해 온 인간의 다양한 정신적 또는 문화적 현상들을 개념화한 말로서, 종교를 정의할 때에는 최소한의 징표만을 포함시키는 것이 종교의 자유의 본질로부터 부합된다고 보고 있고, 헌법재판소의 판례에서도 '신과 피안에 대한 내적 확인을 의미하는 종교는 인간의 의식이 전하는 신의 가르침으로서 신의 소리이다' 라고 막연히 표현하고 있어 사실상 종교의 정의를 명확히 정하는 데에는 한계가 있다. 다만, 특례를 받지 않는 다른 일반 납세자와의 형평을 고려하여 감면대상자 등을 최소화하여 조세특례를 정하는 세법상의 개념에서 볼 때 최소한 그 단체의 대표자를 선임하고, 정관을 두며, 관할세무서장이 인정하는 법인격 있는(또는 법인격 없는) 단체로 승인(국세기본법 §13)을 받은 상태에서 일정한 공동체를 형성하고 기도 · 예배 · 수양 · 수련 등 다양할 종교 실천체계인 종교활동을 영위하는 단체를 종교단체로 정의함이 타당하다 할 것이다. 이러한 관점에서 볼 때 앞에서 열거한 최소한의 단체 요건을 갖추지 않고 초월적 존재(무속신앙 등)에 대한 체험을 바탕으로 한 종교활동을 하는 경우 등에 대해서는 감면대상 종교단체로 인정하기는 어려운 점이 있다 하겠다.

- 법인으로 보는 단체 - 관할세무서장으로부터 승인을 받은 경우
- 법인으로 보는 단체의 승인시 필요한 입증 서류 : 단체정관(규정), 소속증명(필요시), 대표자증명, 법인설립신고 및 사업자 등록신청서, 단체소유 부동산(필요시), 건축물관리대장 등

## 3 | 감면대상 부동산 등

### 3-1. 감면대상 부동산(§50 ① · ② · ④ · ⑤)

종교단체 또는 향교가 해당 사업에 직접 사용하기 위하여 취득하거나 보유중인 부동산과 전통사찰이 소유하고 있는 전통사찰보존지와 제3자가 종교단체 등에게 무료로 전력을 제공하는 경우의 부동산을 포함한다. 여기서 종교단체가 해당 부동산을 그 사업에 직접 사용한다고 함은 현실적으로 당해 부동산의 사용용도가 그 단체의 종교목적 사업에 직접 사용되는 것을 의미한다. 이 경우 그 부동산을 사용하는 사람이 목사, 신부, 스님 등으로서 그 해당

단체의 종교 활동에 필요불가결한 중추적인 지위에 있는 사람 등에 해당하는지의 여부와 사용중인 부동산이 종교활동에 필수적으로 수반되는지의 여부를 판단하여야 하는 것이다.

### 3-1-1. 종교단체가 운영하는 유치원에 대한 주민세 재산분 감면 여부

제50조 제3항에서는 '해당 단체에 대하여는 주민세 재산분 및 종업원분을 각각 면제'하는 것으로만 규정하고 있으므로 주민세 재산분의 감면대상은 '해당 단체' 즉 종교를 목적으로 하는 단체이고 그 단체가 사업주로서 사용하고 있는 사업소라면 요건을 충족한 것이라 할 것이고, 제2조 제1항 제2호에서는 "수익사업"의 정의를 「법인세법」 제3조 제3항에 따른 수익사업으로 규정하고 있고, 「법인세법」 제3조 및 「법인세법 시행령」 제2조 제1항 제3호에서는 교육서비스업 중 「유아교육법」에 따른 유치원을 경영하는 사업은 수익사업의 범위에서 제외하고 있으므로 종교를 목적으로 하는 단체가 사업주로서 유치원으로 사용하는 사업소인 경우에는 제50조 제3항의 주민세 재산분 면제 대상으로 보는 것이 타당함(행자부 지방세특례제도과-3175, 2015.11.17.).

### 3-1-2. 종교단체가 운영하는 기숙사(학사관)

최근 종교단체가 운영하는 학사관이 논란(학사관 세금폭탄, 2015.1.22. 국민일보 등)이 되고 있다. 학사관은 사실상 기숙사 형태로 운영되면서 선교 등의 목적이 혼재되고 있다. 종교단체가 그 구성원에게 제공하는 숙소의 경우는 그 종교단체의 활동에 필수적이거나 필요불가결한 중추적 지위(목사, 신부, 스님 등)에 있는 사람이 숙소에 체류하는 것이 직무수행의 성격을 겸비하는 경우에 당해 숙소는 종교 용도에 직접 사용한다고 볼 수 있다. 그러나 숙소의 제공이 단지 그 구성원의 편의도모 또는 종교단체 활동의 필수적인 중추적 지위에 있는 사람의 직무수행과 크게 관련이 없다면 여기에 제공되는 숙소는 비록 일부 선교 등의 목적이 있다 하더라도 종교 용도로 볼 수 없다 하겠다. 따라서, 학사관 형태의 기숙사의 경우는 이용 대상이 학생이고 해당 종교단체의 필수 직무수행과의 관련성도 크지 않으므로 감면대상 부동산으로 보기는 어렵다 하겠다(2014구합59849, 2014.10.10., 서울행정법원 판결 참조).

**사 례**

■ 선교용 숙소에 기숙하는 선교사를 종교단체의 중추적 지위로 인정한 사례

선교를 목적으로 하는 단체 소속의 선교사는 선교활동에 필요 불가결한 중추적인 지위에 있다고 할 수 있고, 그에 따라 선교단체가 보유하고 있는 부동산을 선교사들에 대한 성경공부 및 선교활동 장소로 제공하거나 또는 그 선교사들에 대한 숙식장소로 제공하는 것 등은 선교에 필수적으로 수반된다고 보아야 할 것임(감심 2008-262, 2008.10.23.).

▣ 주거숙소에 기숙하는 대학생을 종교단체의 중추적인 지위로 인정하지 않는 사례
대학생들을 입주시켜 엄격한 종교적 규율 아래 기도회, 성경공부 등 신앙 활동을 한다고 하더라도 종교단체 본질적 활동인 종교의식 등에 직접적으로 사용하기 위한 장소라기보다는 입주 학생들의 주된 일과이자 본분인 학교와는 별개의 침식 용도로 사용되고 부수적으로 종교적 활동을 위한 공간으로 사용되고 있다고 봄이 상당하므로 입주한 학생들이 종교 활동을 위해 반드시 있어야만 하는 필요불가결한 중추적인 지위의 사람으로 보기 어려움(대법원 2008두693, 2008.4.24. 참조).

### 3-1-3. 종교단체가 경전 해설 연구소로 활용하기 위하여 취득한 아파트

불교의 포교 등을 목적으로 설립된 재단법인이 도심지 포교를 목적으로 연락사무소 겸 불교경전을 해설하는 연구소로 활용하기 위하여 아파트를 증여받아 취득하였을 경우에 당해 부동산의 사용용도가 주거용으로 사용되도록 건축된 주거용아파트인 점, 불상을 모시거나 목탁을 치는 등 불교의식이 이루어지지 아니한 점, 포교를 위한 원고 집필 등을 포교행위로 볼 수 없는 점, 포교정책연구나 포교세미나는 직접적인 종교활동이라기보다는 연구활동인 점 등을 종합 고려시, 종교단체의 본질적인 종교활동 등에 직접 사용되는 장소로 보기 곤란함(행안부 지방세운영과-1672, 2010.4.28. 참조).

### 3-1-4. 전통사찰보존지(§50 ⑤)

2012.2.17.(2012.8.18.)자로 「전통사찰의 보존 및 지원에 관한 법률(약칭: 전통사찰법)」이 개정됨에 따라 기존 경내지에서 전통사찰보존지로 명칭이 변경[113]되었다. 그러나 경내지가 전통사찰보존지로 명칭만 바뀌었을 뿐 기존 경내지를 의미하는 여러 유형의 토지와 동일하고 이에 대한 감면 입법취지도 변경되지 않았다고 보는 것이 타당하므로 종전처럼 계속 감면대상으로 보는 것이 타당하다고 판단되어 그간에는 경내지라는 용어를 그대로 사용하여 왔으나 관련법령에서 용어를 개정함에 따라 이에 대한 혼선이 일부 발생되고 있어 이를 명확히 개정하였다.

이 경우 몇 가지 쟁점사항이 발생하는데 우선 현행 전통사찰법의 '전통사찰보존지'와 舊 전통사찰법의 '경내지'의 범위가 동일한지 여부에 대해 '경내'라는 요건을 판단하기 쉬운 '사찰소유'라는 요건으로 대체함으로써 법적 개념을 명확히 한 것이며 명칭만 변경되었을 뿐 이를 정의하는 부분이 개정 전후에 동일하여 구체적인 범위가 변경된 것은 아니라는 견

113) 경내지가 불교행사 등과 관련된 인근 토지를 포괄하고 있으나, 종전 경내지란 의미가 일정한 구역 내의 토지만을 한정하는 것으로 오해의 소지가 있어 이를 전통사찰보존지로 관련규정을 개정함.

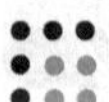

해와 舊전통사찰법에 따른 경내지는 대법원에서 당해 전통사찰과 지리적·공간적으로 밀접한 관련성이 필요하다고 판결(대법원 2003다22028)하였고 현행 전통사찰보존지는 대법원의 명시적인 판례는 없으나 최근 고등법원에서 당해 전통사찰과 지리적·공간적으로 밀접한 관련성을 가질 필요가 없다고 판결(서울고법 2016누73605)하여 별개라는 견해로 나누어진다. 본 저자의 입장에서도 사찰과 떨어져 지리적·공간적으로 밀접하지 않은 '경외지' 즉 사찰 밖에 지리적·공간적으로 원거리에 있는 토지로 전통사찰과의 직접적 종교목적과 관계가 없거나 또는 임대로 인한 수익사업으로 사용하는 경우에는 기존과 같이 과세대상으로 판단하여야 할 것으로 사료된다.

둘째로, '전통사찰보존지'의 범위 변경시 현행 감면범위의 확대 여부에 대해서는 대부분의 전문가도 현행 감면범위보다 확대된다고 판단하고 있으며 '직접 사용'되는 토지의 범위가 넓어지게 되고, 대상토지의 범위도 공양물 생산을 위하여 사용되는 토지가 추가되어 감면범위가 확대되었다고 할 수 있으며 다만, 수익사업 또는 임대로 제공하여 유료로 사용되는 경우에는 목적사업에 사용하지 않는 것으로 보아 기존과 같이 과세대상에 해당한다고 판단된다.

**경내지 개정사항을 반영하지 않더라도 종전과 같이 감면대상 부동산으로 판단**

「전통사찰의 보존 및 지원에 관한 법률」에서 "경내지"라는 용어가 "전통사찰보존지"로 변경이 되었음에도 이를 「지방세특례제한법」에서 개정사항을 반영하지 않는 경우 재산세 면제 대상을 판단함에 있어 전통사찰보존지의 하나인 경작지는 해당 법률 개정 전·후와 동일하게 보아야 할 것임(법제처 14-0145, 2014.4.8. 참조)

〈표 1〉 **전통사찰의 보존 및 지원에 관한 법률 신·구조문 대비표**

| 종전(2012.2.17. 개정 이전) | 현행(2012.2.17. 개정 이후) |
|---|---|
| 제2조(정의) 이 법에서 사용하는 용어의 뜻은 다음과 같다. 1. ~ 2. (생 략)<br>3. "경내지(境內地)"란 불교의 의식(儀式), 승려의 수행 및 생활과 신도의 교화를 위하여 사찰에 속하는 토지로서 대통령령으로 정한 것을 말한다.<br>〈시행령〉<br>제2조(경내지 등의 범위) ① 「전통사찰의 보존 및 지원에 관한 법률」(이하 "법"이라 한다) 제2조 제3호에서 "사찰에 속하는 토지로서 대통령령으로 정한 것"이란 다음 각 호의 토지를 말한다. | 제2조(정의) 이 법에서 사용하는 용어의 뜻은 다음과 같다. 1. ~ 2. (생 략)<br>3. "전통사찰보존지"란 불교의 의식(儀式), 승려의 수행 및 생활과 신도의 교화를 위하여 사찰에 속하는 토지로서 다음 각 목의 토지를 말한다.<br>가. 사찰 소유의 건조물[건물, 입목(立木), 죽(竹), 그 밖의 지상물(地上物)을 포함한다. 이하 같다]이 정착되어 있는 토지 및 이와 연결된 그 부속토지<br>나. 참배로(參拜路)로 사용되는 토지 |

| 종전(2012.2.17. 개정 이전) | 현행(2012.2.17. 개정 이후) |
|---|---|
| 1. 경내 건조물[건물, 입목(立木), 죽(竹), 그 밖의 지상물(地上物)을 포함한다. 이하 같다]이 정착되어 있는 토지 및 이와 연결된 그 부속토지<br>2. 참배로(參拜路)로 사용되는 토지<br>3. 불교의식 행사를 위하여 사용되는 토지[불공용(佛供用)・수도용(修道用) 토지를 포함한다]<br>4. 정원・산림・경작지 및 초지<br>5. 사찰의 존엄 또는 풍치(風致)의 보존을 위하여 사용되는 사찰 소유의 토지<br>6. 역사나 기록 등에 의하여 해당 사찰과 밀접한 연고가 있다고 인정되는 토지로서 그 사찰의 관리에 속하는 토지<br>7. 경내 건조물과 제1호부터 제6호까지의 규정에 따른 토지의 재해방지를 위하여 사용되는 토지 | 다. 불교의식 행사를 위하여 사용되는 토지[불공용(佛供用)・수도용(修道用) 토지를 포함한다]<br>라. 사찰 소유의 정원・산림・경작지 및 초지<br>마. 사찰의 존엄 또는 풍치(風致)의 보존을 위하여 사용되는 사찰 소유의 토지<br>바. 역사나 기록 등에 의하여 해당 사찰과 밀접한 연고가 있다고 인정되는 토지로서 그 사찰의 관리에 속하는 토지<br>사. 사찰 소유의 건조물과 가목부터 바목까지의 규정에 따른 토지의 재해방지를 위하여 사용되는 토지 |

#### 3-1-5. 종교단체가 소유하고 있는 사찰림

제50조 제5항에서 재산세 면제대상을 '사찰림'으로 규정하고 있으나, 사찰소유의 모든 임야를 감면대상으로 보는 것이 아니라 사찰소유의 임야가 종교시설 등이 설치되어 있는지, 종교용에 직접 사용하는지의 여부(안행부 지특과-2229, 2014.11.14.) 및 해당 사찰과의 거리 등을 종합적으로 판단해야 할 것이다.

### 3-2. 감면대상 면허, 시설 등(§50 ③, 영 §25 ②)

종교단체 등이 그 사업에 직접 사용하기 위한 면허, 해당 시설(면적, 종업원) 등이 이에 해당한다. 이 경우 종교단체 등이 그 사업에 직접 사용하기 위한 면허란 그 비영리사업의 경영을 위하여 필요한 면허 또는 그 면허로 인한 영업 설비나 행위에서 발생한 수익금의 전액을 그 비영리사업에 사용하는 경우를 말한다.

## 4 특례내용

### 4-1. 세목별 감면

종교단체 등이 그 고유업무에 직접 사용하기 위해 취득 또는 보유중인 부동산 등에 대해서는 일몰기한 없이 다음과 같이 지방세 및 국세(농어촌특별세)를 각각 감면한다.

〈표 2〉 **종교단체 등에 대한 감면 현황(2024.1.1. 현재)**

| 조문 | 감면내용 | 감면율 |
|---|---|---|
| §50 ① | 종교단체 등의 그 고유업무용 부동산 | 취득세 면제 |
| §50 ② | | 재산세(도시지역분 포함) 면제, 지역자원시설세 면제 |
| §50 ③ | 종교단체 등의 해당 사업을 위한 면허, 사업장 | 등록면허, 주민세(재산, 종업원분) 면제 |
| §50 ④ | 종교단체 등에 전력을 무료로 제공하는 경우 | 지역자원시설세 면제 |
| §50 ⑤ | 전통사찰보존지 | 재산세(도시지역분 포함) 면제 |
| §50 ⑥ | 종교단체 등의 해당 사업장 | 주민세(균등분) 면제 |
| 농특 §4 | 종교단체 등의 취득세 감면분에 대한 20% | 농어촌특별세 비과세 |

### 4-2. 최소납부세액 면제(§177의 2)

2015년부터 시행되는 감면 상한제도(§177의 2 본문)에 따라 면제되는 세액의 15%는 감면특례가 제한되어 종교단체 등(§50 ①·②)에 대한 취득세 또는 재산세의 경우 최저납부세액 과세대상에 해당되지만 최저납부세액 예외 특례(§177의 2 2호)에 따라 해당 세목에 대해서는 계속해서 면제를 적용한다. 이에 대한 세부 사항은 제177조의 2 해설편을 참조하면 된다.

### 4-3. 직접 사용 예외 특례

#### 4-3-1. 제3자 소유의 부동산을 종교단체가 무상으로 사용하는 경우 특례(§50 ② 괄호)

2013년까지는 종교단체 등에 대한 재산세 직접 사용의 범위를 판단함에 있어 소유자로 볼 것인지 아니면 그 시설 사용자로 볼 것인지에 대해 논란[114]이 있었으나 2014년부터는

114) 당해 재산의 용도가 직접 그 본래의 업무에 사용하는 것이면 충분하고, 그 사용의 방법이 원고 스스로 그와 같은 용도에 제공하거나 혹은 제3자에게 임대 또는 위탁하여 그와 같은 용도에 제공하는지 여부는 가리지 않는다고 할 것이므로 원고가 이 사건 건물 등을 취득한 ○○공익재단에 임대한 것만으로는 위 추징사유에 해당하지 아니한다고 판단된다(대법원 2008두15039, 2011.1.27.).

종교단체 등의 시설이 제3자에 임대되는 경우에는 감면대상으로 보지 않는다(§2 8호). 다만, 예외적으로 종교시설의 운영주체가 제3자의 부동산을 무상으로 사용하는 경우라면 직접 사용의 범위에 포함하여 계속 감면대상에 해당된다.

#### 4-3-2. 종교단체가 소유 부동산을 직접 사용하지 않고 제3자에게 무상으로 대여하는 경우

대법원에서는 비영리사업자가 당해 부동산을 "그 사업에 사용"한다고 함은 현실적으로 당해 부동산의 사용용도가 비영리사업 자체에 직접 사용되는 것(대법원 2009.6.11. 선고, 2007두20027 판결 참조)이라 판시하였으며, 감사원 또한 "직접 사용"에 대하여 부동산을 취득·등기한 자가 그 시설의 사용자로서 그 취득·등기한 부동산을 직접 사용하는 경우만을 의미(감사원 감심 2009-241, 2009.12.10.)하는 것으로 본 사례가 있다. 따라서, 종교단체 등이 취득하는 부동산이라 하더라도 면제대상 부동산은 종교단체의 해당 사업인 종교의식·예배·선교 등 종교목적으로 직접 사용하는 부동산에 한한다 할 것이며, 제2조 제1항 제8호에서 직접 사용의 정의를 "부동산의 소유자가 해당 부동산을 사업 또는 업무의 목적이나 용도에 맞게 사용하는 것을 말한다"고 그 범위를 구체적으로 규정한 입법취지(2014.1.1. 신설) 및 관련 사례 등에 비추어, 종교단체가 종교목적으로 직접 사용하지 않고 제3자에게 임대하는 부분은 비록, 종교단체가 수익을 얻고자 하는 의도 없이 종교목적을 수행에 지장이 없는 범위 안에서 제3자에게 일시적으로 종교시설을 제공한다 하더라도 추징 단서 규정인 "직접 사용" 여부를 판단함에 있어서는 별다른 영향을 미칠 수 없다고 판단된다.

#### 4-3-3. 종교단체 용도로 건축중인 건축물의 부속토지에 대한 특례(§50 ②, 영 §25 ①)

종교단체 등이 해당 감면대상 업무에 사용을 건축물을 건축중인 경우와 건축허가 후 행정기관의 건축규제조치로 건축에 착공하지 못한 경우의 건축 예정 건축물의 부속토지를 포함하여 실제로는 종교단체 등의 용도로 사용하고 있지는 않지만, 해당 용도로 사용하는 것으로 의제(擬製)하여 해당 부동산에 대한 재산세를 감면한다.

> 영 §25(종교 및 제사를 목적으로 하는 단체에 대한 면제대상 사업의 범위 등) ① 법 제50조 제2항 본문에서 "대통령령으로 정하는 건축물의 부속토지"란 해당 사업에 직접 사용할 건축물을 건축중인 경우와 건축허가 후 행정기관의 건축규제조치로 건축에 착공하지 못한 경우의 건축 예정 건축물의 부속토지를 말한다.

#### 4-3-4. 용도변경공사 중인 교회가 건축중인 경우로 볼 수 있는지 여부

재산세는 당해 건축물을 보유하는 동안 매년 독립적으로 과세기준일 현재의 건축물 현황이나 이용상황에 따라 구분 과세되는 것이다. 따라서 과세기준일 현재 종교단체의 고유목적에 사용하지 않는 이상 감면대상으로 보기는 어려우며 용도변경공사를 끝내고 실질적으로 직접 사용하고 있는 시점부터 종교단체의 고유목적사업에 직접 사용하는 부동산으로 보는 것이 합리적일 것이다. 건축이란 건축물을 신축 · 증축 · 개축 · 재축하거나 건축물을 이전하는 것을 의미하므로(건축법 §2 8호), 용도변경 공사를 건축 중으로 볼 수 없고 종교단체가 고유목적사업에 사용하기 위한 부동산을 건축중인 경우 재산세를 감면하는 것은 나대지 상태에서 목적사업에 사용하기 위한 건축물을 신축(또는 증축) 중에 있는 경우 그 부속토지를 감면한다는 의미이지, 과세기준일 현재 기존 건물이 있는 상태에서, 종교용도로 사용하기 위한 용도변경 공사를 하고 있는 경우까지 그 건축물과 부속토지를 고유목적사업에 사용하기 위한 부동산을 건축중인 경우로 보아 감면할 수는 없다고 본다.

#### 4-3-5. 종교단체가 건축물 신축을 위해 설계가 진행중인 경우 건축공사에 착수하여 목적사업에 사용한다고 보아 재산세를 감면할 수 있는지 여부

대법원에서는 '건축중'이라 함은 과세기준일 현재 공사에 착수한 경우를 말하고, 그 착공에 필요한 준비작업을 하고 있는 경우까지 포함한다고 할 수 없는 바, 종교용 건물의 설계가 진행 중이었다고 하더라도 이를 종교단체가 해당 사업에 직접 사용하고 있었다고 판단할 수 없다(대법원 2016.6.23. 선고, 2016두37676 판결, 기각)고 보아 과세기준일 현재 해당 용도에 직접 사용하지 않으므로 재산세 감면대상이 될 수 없다 하겠다.

## 5 | 지방세 특례의 제한

### 5-1. 수익사업용 부동산 등에 대한 추징(§50 ① 1~3호 등)

종교단체 등의 수익사업에 대한 추징규정은 그간 유예기간이 명시되어 있지 않아 감면받은 후 언제든 추징할 수 있는 것으로도 해석 가능하였고 부과제척기간을 적용하여 5년간을 기준으로 추징 여부를 결정하는 자치단체 사례도 있어 지속적으로 논란이 제기되어 왔으며, 최근 대법원(2012두26678, 2013.3.28.) 판결에서는 일정기간 공익용도에 사용하면 목적을 달성할 수 있다고 보는 것이 합리적인 점 등의 사유로 일반적 추징기간을 감안, 직접 사용 후 2년이 경과하면 추징대상이 아니라는 결정사례가 있어 해당 규정에 대한 개선 · 보완 필요성이 지속적으로 제기되어 왔다.

2016년 말 법 개정시에 비영리 단체에 대한 감면목적을 고려, 추징기간을 5년간으로 설정함에 따라 수익사업 추징 유예기간에 대한 논란을 해소하고 사후관리규정을 보다 명확히 규정한 것으로 보여진다. 세부적인 감면 의무요건 등에 대해서는 제178조의 해설편을 참조하면 된다.

- (취득세, §50 ① 단서) 해당 부동산을 취득한 날부터 5년 이내에 수익사업에 사용하는 경우, **정당한 사유 없이 그 취득일부터 3년이 경과할 때까지 해당 용도로 직접 사용하지 아니하는 경우**, 해당 용도로 직접 사용한 기간이 2년 미만인 상태에서 매각·증여하거나 다른 용도로 사용하는 경우
- (재산세, §50 ② 단서) 수익사업에 사용하는 경우와 해당 재산이 유료로 사용되는 경우의 그 재산 및 해당 재산의 일부가 그 목적에 직접 사용되지 아니하는 경우
- (주민세, §50 ③ 단서) 수익사업에 제공되고 있는 사업소와 종업원
- (재산세, §50 ⑤ 단서) 전통사찰보존지가 수익사업에 사용하는 경우와 유료로 사용되는 경우

### 5-1-1. 정당한 사유에 대한 판단(§50 ① 3호)

2011년 이전에는 종교단체가 매각·증여하는 경우라도 이에 대한 정당한 사유를 적용할 여지가 있었으나 "해당 용도로 직접 사용한 기간이 2년 미만인 상태에서 매각·증여하거나 다른 용도로 사용하는 경우" 그 해당부분에 대해 면제된 취득세를 추징한다고 규정(§50 ① 3호, 2011.12.31. 제11138호로 일부 개정)하고 있을 뿐 정당한 사유에 대한 규정이 삭제되어 2012년부터는 정당한 사유를 판단할 실익이 없어졌다(안행부 지방세운영과-605, 2014.2.18. 참조).

### 5-1-2. 단전호흡 등 정신수련을 하는 종교단체가 사용하는 강의장 등의 경우

단전호흡 등 정신수련을 하는 단체가 종교단체로 법인설립허가를 받았더라도 주된 활동이 일반인을 대상으로 명상프로그램을 통하여 수련활동이 어떤 종교행위를 표상하는 것이 명백한지의 여부, 당해 부동산이 주로 강의장, 수련장, 숙소 등과 그 부대시설로서 일반적으로 종교단체가 아닌 교육기관이 운영하는 시설과 별다른 차이가 있는지의 여부, 과세기관에서 당해 부동산에 대한 현지조사 당시 쟁점부동산을 종교용으로 사용하고 있다는 사실을 알 수 있는 아무런 표상이 없는 점, 특정한 종교의 지지자들이 아닌 일반인을 상대로 수련활동을 진행하면서 그 이용기간 등에 따라 고정적인 금액을 수수료로 징수하고 있는지의 여부 등을 종합 고려하여 당해 부동산이 종교용에 직접 사용되는지 수익사업에 사용되는지를 판단해야 한다(조심 2014지2036, 2015.9.23. 참조).

### 5-2. 지방세법상 중과세 대상 재산(§177)

종교단체 시설을 설치·운영하려는 자가 감면을 받으려는 부동산이 지방세법 제13조 제5항에 따른 별장 등 지방세 중과세 대상인 사치성 재산에 해당되는 경우에는 감면대상에서 제외된다.

## 6 | 감면신청(§183)

종교단체 등이 본 규정에 따라 지방세를 감면받으려는 경우에는 해당 지방자치단체의 장에게 해당 부동산이 그 고유업무에 직접 사용하는 용도임을 입증하는 서류를 첨부하여 감면신청을 하여야 한다. 세부적인 절차 등은 제183조의 해설편을 참조하면 된다.

## 7 | 관련사례

■ 취득 당시부터 청구법인 교회의 진입도로로 사용 중이던 쟁점토지가 종교단체가 해당 사업에 직접 사용하는 부동산에 해당하는지 여부

도로는 일반인들의 자유로운 통행을 목적으로 개설되는 것이므로 쟁점토지가 청구법인의 교회로 진입하는 유일한 도로라 하더라도 이를 종교 행위를 목적으로 하는 사업에 직접 사용하기 위한 것이라기 보기 어려운 점 등에 비추어 쟁점토지는 「지방세특례제한법」 제50조 제1항에 따른 감면대상에 해당하지 아니한다는 것으로 보임. 또한, 쟁점토지를 「지방세법」 제9조에 따른 비과세대상으로 보기도 어려운바, 처분청이 청구법인의 경정청구를 거부한 처분은 달리 잘못이 없다고 판단됨(조심 2024지0501, 2024.6.17).

■ 쟁점부동산은 유교적 교화(인성교육 등)에 직접 사용되는 종교용 부동산으로서 취득세 등의 감면대상이라는 청구주장의 당부

쟁점부동산의 현장사진에서 그 용도가 인성예절교육과 전통문화체험 등인 것으로 보이므로 이를 교회당·성당·불당 또는 그에 부수되는 시설(교육관 등)과 같이 종교의식에 직접적으로 사용되고 있다고 보기 어려운 점, 감면대상인 향교인 것으로도 확인되지 않는 점 등에 비추어 청구주장을 인정하기 어렵다 할 것임(조심 2023지1647, 2024.2.26.).

■ 교회구내 주택에 대하여 담임목사 사택용으로 보아 기 감면 중이므로 담임목사 사택용도로 새로이 취득한 주택(아파트)에 대하여 취득세 감면대상이 아니라고 보아 경정청구를 거부한 처분의 당부

새로운 담임목사가 부임하면서 쟁점2주택을 취득한 것으로 성환침례교회의 필요불가결한

중추적 지위에 있는 담임목사가 거주하는 것으로 확인되므로 쟁점2주택은 성환침례교회 담임목사가 거주하는 사택으로서 「지방세특례제한법」 제50조 제1항에 따른 종교용 부동산으로 보아 취득세 등을 감면하는 것이 타당하다 할 것임(조심 2023지0531, 2024.1.10.).

▣ 종교를 목적으로 하는 단체가 해당 사업에 사용하기 위하여 취득한 쟁점토지를 종교목적이 아닌 수익사업에 사용한 것으로 보아 쟁점토지에 대해 기 감면한 취득세를 추징한 처분의 당부

취득세 등의 면제대상이 되는 것은 종교의식·예배축전·종교교육·선교 등 종교목적으로 직접 사용되는 부동산에 한하는 것으로, 쟁점학습관은 자연체험을 학습하는 장소로서 그 목적이 종교용에 해당한다고 보기는 어려운 점, 소속 신도나 일반인의 휴양·위락 등의 용도로 사용하기 위하여 대관하는 것으로 보여지는 점 등에 비추어 처분청이 이 건 취득세 등을 부과한 처분은 달리 잘못이 없다고 판단됨(조심 2023지0536, 2023.10.16).

▣ 종교단체인 청구인이 말기 암 환자들을 위한 선교활동 등에 사용하는 쟁점건축물에 대하여 종교행위에 직접 사용하는 부동산으로 보아 취득세 등을 감면할 수 있는지 여부

청구법인의 정관 목적사업 등에 의료 선교 등을 목적으로 한 '암 환우 힐링센터(암 요양원)' 사업 등이 포함되어 있고, 실제로 쟁점건축물을 이러한 용도로 사용하고 있다 하더라도 이를 종교목적에 직접 사용하는 것으로 인정하기는 어렵다(조심 2022지721, 2023.4.11. 외, 같은 뜻임) 할 것이므로 처분청의 이 건 취득세 및 재산세 등의 부과처분은 달리 잘못이 있다고 보기는 어렵다고 판단됨(조심 2022지1151, 2023.7.11.).

▣ 전통사찰소유 농지이나 휴경 중인 경우 감면 여부

전통사찰로부터 20㎞ 거리에 소재한 사찰소유 농지가 휴경 중에 있는 토지라 하더라도 경작을 하지 않고 있다고 하여 해당 목적에 직접 사용되지 아니한다고 보기는 어렵고 임대 등 수익사업에 사용하거나 유료로 사용되는 경우가 아니라면 전통사찰보존지로 보아 재산세 감면 대상에 해당됨(지방세특례제도과-686, 2023.3.28.).

▣ 부과제척기간 경과 후 등기시 등록면허세 감면 여부

취득세 부과제척기간 경과 후 종교건물 부속토지를 등기·등록하는 경우 등록면허세 면제 대상 여부는 등록면허세 납세의무가 성립하는 등기일 당시의 법령에 따라 판단하여야 할 것인바, 등기 당시의 규정에서 재산권과 그 밖의 권리의 등기에 대한 등록면허세의 감면을 달리 규정하고 있지 않으므로 감면대상에 해당하지 않음(행안부 지방세특례제도과-1869, 2022.8.22.).

▣ 종교단체가 대안학교를 운영할 경우 종교단체 감면 여부

대안학교와 종교목적으로 동시에 활용되고 있을 경우 대안학교시설로 사용한 것은 종교행위를 목적으로 하는 사업에 직접 사용한 것으로 볼 수 없는 바, 종교시설로 감면받은 부동산에 대한 감면세액의 추징은 적법함(대법 2022두33392, 2022.5.12.).

▣ 유예기간(2년) 내 소속 유지재단에 명의신탁 약정에 기반한 증여로 소유권을 이전한 후 계속 종교용으로 사용하는 경우

재단 총회 결정에 따라 재산이 강제 편입되었다 하더라도 소유권 변동의 효력이 발생하였고, 취득일부터 2년 이내에 증여로 소유권이 이전된 이상 계속 종교용에 사용한다 하더라도

종교단체의 해당 사업에 직접 사용한 것으로 볼 수 없음(행안부 지방세특례제도과-642, 2021.3.15.).

▣ 쟁점부동산이 종교용도에 직접 사용되지 아니하여 감면대상이 아닌 것으로 보아 취득세 및 재산세 등을 부과한 처분의 당부

건축물대장상 쟁점부동산은 주택으로 기재되어 있고 실제로도 주거용으로 사용되고 있는 점, 처분청 담당공무원이 현지에 출장하여 작성한 출장복명서를 보면, 쟁점부동산에는 별도의 종교시설이 없고 공동체 생활에 필요한 장소 등으로 사용되고 있다고 복명하고 있는 점, 감면대상 종교용 부동산은 종교의식, 예배축전, 선교 등 종교목적으로 상시적으로 직접 사용하는 부동산으로만 한정해야 하는 점 등에 비추어, 청구법인은 쟁점부동산을 종교용이 아닌 주거용 등으로 사용하여 취득세 등의 감면대상으로 보기 어려움(조심 2019지3520, 2020.7.28.).

▣ 종교시설로 직접 사용한 기간이 2년 미만인 상태에서 판결에 의한 소유권 말소시 추징 여부

법원 판결에 따라 가처분에 의한 실효를 원인으로 소유권이 말소되었다 하더라도 이미 성립된 조세채권에는 아무런 영향을 줄 수 없다 할 것이므로, 종교용도로 직접 사용한 기간이 2년 미만인 상태에서 소유권이 이전되었다면 추징대상에 해당됨(행안부, 2017.8.25.).

▣ 종교시설의 목적사업에 직접 사용 여부

- 종교단체가 운동시설을 종교시설로 사용하면서 건물의 용도변경 신청을 하였으나 허가가 지속적으로 반려(3회)된 경우에는, 용도변경 불허가처분에도 종교시설로 사용하는 것이 임시적 · 불법적인 사용이므로 재산세 등 감면대상 종교목적 사용으로 볼 수 없음(대법원 2015지1225, 2016.8.25.).
- 건축물을 유치원 과정과 초등학교 과정을 교육하는 대안학교로 활용하고 있는 사실이 확인된 점 등에 비추어 종교목적과는 구분되는 비인가학교로 사용되고 있는 것으로 보이므로 취득세 등을 부과한 처분은 적법함(조심 2015지1225, 2016.8.25.).
- 종교시설로부터 직선거리로 약 437m 떨어진 부동산을 취득하여 주차공간으로 사용할 경우 취득세 감면대상에 해당하는 종교시설의 부설 주차장으로 볼 수 있는지 여부에 있어서 직선거리 200m 초과한 경우 부설주차장 설치기준에 불부합하여 종교시설의 부설주차장으로 볼 수 없음(대법원 2016두37340, 2016.7.7.).
- 종교단체가 건축물 신축을 위해 설계가 진행중인 경우는 건축공사에 착수한 것으로 볼 수 없어 목적사업에 사용한다고 볼 수 없음(대법원 2015두37676, 2016.6.26.).
- 수양관은 예배 · 기도를 위한 고정식 시설물이 설치되어 있지 않아 정기적인 예배시설로 사용한다고 보기 어렵고, 불특정 일반인들도 이용하고 있으며, 겨울철에는 거의 사용되지 않는 것으로 나타나는 점 등에 비추어 수양관을 종교 목적에 직접 사용하고 있다고 보기 어려움(조심 2015지1970, 2016.6.13.).
- 신축 건축물이 취득세 면제대상에서 제외된 이상 그 부속토지인 쟁점부동산 역시 종교용에 해당한다고 보기 어려움(조심 2015지0891, 2016.5.3.).
- 종교단체가 운동시설을 종교시설로 사용하면서 건물의 용도변경 신청을 하였으나 허가가 반려(3회)된 경우 용도변경 불허가처분에도 종교시설로 사용함은 임시적 · 불법적인

사용이므로 재산세 등 감면대상 종교목적 사용 시설로 볼 수 없음(대법원 2015두58928, 2016.3.10.).

- 토지를 취득한 날부터 토지를 포함한 위탁농지의 위탁경작 계약을 체결한 점 등에 비추어 토지를 수익사업용 토지 또는 종교 외 용도에 사용하는 것으로 보아 취득세 등을 부과한 처분은 적법함(조심 2015지0424, 2015.11.25.).
- 종교 등 공익사업을 목적으로 하는 비영리사업자가 유예기간 내에 당초 사용 목적과는 다르게 사용하거나 매각하는 경우에는 비과세한 취득세를 추징하는 것으로 교회가 주차장으로 사용하던 토지를 종교목적 재단법인에게 증여하였다면 추징 목적인 '매각하거나 다른 용도로 사용'하는 경우와는 다르다 할 것이라 비과세의 입법취지에 반하지 않는 이상 취득세를 추징할 수 없음(조심 2014지0402, 2015.1.12.).
- 종교용으로 사용되는 부동산에 해당하기 위해서는 직접 사용유무가 중요한 것이므로 재산세 과세기준일 현재 리모델링 공사가 이루어지지 않고 있는 상태의 공실로서 직접 사용하였다고 볼 수 없다면 재산세는 과세는 타당함(조심 2014지2049, 2014.12.24.).

■ 종중의 경우 제사를 목적으로 하는 단체 해당 여부

- 종중은 공동선조의 분묘수호와 봉제사 및 종원 상호 간의 친목을 목적으로 형성되는 종족단체로 소유한 제실 등이 제사 목적에 일부 사용된다 하더라도 재산세 감면대상인 종교 및 제사를 목적으로 하는 단체로 보기 어려움(조심 2016지0125, 2016.11.8.).
- 종중은 공동선조의 분묘수호 등을 목적으로 형성된 종족단체로 재산세 감면대상인 종교 및 제사를 목적으로 하는 단체에 해당한다고 보기 어렵고, 당초부터 재산세 감면대상이 아닌 토지에 대하여 그 이용 현황을 착오하여 과세하지 아니하였을 뿐, 재산세를 면제하겠다는 공적인 견해표명이나 쟁점토지와 유사한 형태로 사용되는 토지에 대한 비과세 관행이 있었다고 보기 어려움(조심 2016지0045, 2016.3.28.).
- 종중은 공동선조의 제사뿐만 아니라 공동선조의 분묘수호와 종중 재산의 보존·관리, 종원 상호간의 친목 등 다양한 목적을 위하여 구성되는 자연발생적인 종족집단이므로 제사만을 목적으로 한다고 보기도 어려운 점 등을 종합하여 보면, 종중은 그 목적과 본질에 비추어 볼 때 일부 제사 시설을 보유하고 선조의 제사를 봉행하더라도 '제사를 목적으로 하는 단체'에 포함되지 아니함(대법원 2014두40958, 2016.2.18.).

■ 감면받고 추징대상이 되자 1년 전 원계약서를 제출한 경우 적용 여부

종교용으로 감면받고 2년 이내 임대하여 추징대상이 되자, 취득신고 1년 전에 작성한 원계약서를 제출한 경우 취득신고한 매매계약서 이외 원계약서를 나중에 제출한 경우라도 이가 사실상 계약서로 인정된다면 이의 취득일로 소급 적용 가능(대법원 2014두54773, 2016.1.28.).

■ 종교단체의 구성원 중 필수 불가결한 중추적 역할 수행 여부

- 원로목사들이 은퇴 이후에도 설교, 강연, 심방 등의 사목활동을 담당하고 있다고 하더라도, 정기적으로 주일에 예배를 집도하고, 교회 공동체 전체를 통솔하면서 교회를 관리·책임지고 있는 담임목사와는 달리, 원로목사들은 설교나 전도, 심방 업무 등을 보조하고, 교인들의 신앙생활의 일부분을 지도하는 업무를 수행하는 데 불과하므로, 담임목사처럼 교회의 종교활동에 필요불가결한 중추적인 지위에 있다고는 할 수 없음(대법원 2016두

47611, 2016.11.24.)

- 최초 설립시부터 담임전도사가 개척한 교회로서 담임전도사는 심리일 현재 교회의 담임목사로 취임하는 등 종교활동에 필수적·중추적 역할을 수행하는 것으로 보이는 점 등에 비추어 이 건 담임전도사가 사택으로 사용한 부동산은 종교목적으로 직접 사용하였다고 보는 것이 타당함(조심 2015지0891, 2015.12.3.).
- 특수사목들을 통해 부산교구 전체를 대상으로 선교활동을 펼치고 있다고 볼 수 있다는 점 등에 비추어 보면, 특수사목 사제들 또한 본당사목과 마찬가지로 종교활동에 필요 불가결한 중추적인 역할을 수행하고 있다고 보지 않을 수 없음(대법원 2014두48495, 2015.11.26.).
- 성당에 파견되어 종교활동을 직접 담당하는 수녀들은 원고의 원활한 사업수행에 필요불가결한 존재인 점, 파견된 수녀들의 숙소로 제공된 이 사건 아파트는 그곳에서 지역 교우들을 위한 기도모임이나 교리교육, 미사 등의 종교의식이 이루어지는 등 수녀들의 공동 수도생활 및 전도생활의 공간으로 사용되는 점 등을 종합하면, 해당 아파트는 목적사업에 직접 사용되는 부동산으로서 구 지방세특례제한법 제50조 제1항 단서의 취득세 추징 대상에 해당하지 아니함(대법원 2014두557, 2015.9.15.).

▣ 종교단체가 유치원으로 사용하는 사업소에 대한 주민세 면제 여부

종교를 목적으로 하는 단체가 사업주로서 유치원으로 사용하는 사업소인 경우에는 주민세 재산분 면제 대상으로 보는 것이 타당함(행자부 지방세특례제도과-2015.11.17.).

▣ 종교시설에 대한 정당한 사유 적용 여부

자금사정은 내부적인 사정에 불과하고, 행정청의 사용승인 없이 임시·불법적으로 사용한 것은 목적사업에 사용한 것으로 볼 수 없어 취득세 등 추징을 배제할 수 있는 정당한 사유고 보기 어려움(대법원 2014두39562, 2014.11.13.).

제51조

# 신문·통신사업 등에 대한 감면

관련규정

제51조(신문·통신사업 등에 대한 감면) 「신문 등의 진흥에 관한 법률」을 적용받는 신문·통신 사업을 수행하는 사업소에 대해서는 주민세 사업소분(「지방세법」 제81조 제1항 제2호에 따라 부과되는 세액으로 한정한다) 및 종업원분의 100분의 50을 각각 2024년 12월 31일까지 경감한다.

## 1 | 개 요

「신문 등의 진흥에 관한 법률」의 적용을 받는 신문·방송·통신업을 수행하는 사업소에 대해서는 주민세 사업소분(舊 재산분) 및 종업원분의 50%를 2024년 12월 31일까지 경감한다. 신문통신사업을 수행하는 사업소에 대해서는 2010년까지는 구 지방세법 제283조에서 규정되었다가 2011년부터는 현재의 지특법 제51조로 이관되었다.

## 2 | 감면대상자, 감면대상 사업소

「신문 등의 진흥에 관한 법률」의 신문사업자와 「뉴스통신 진흥에 관한 법률」의 뉴스통신사업자가 관련 사업을 수행하기 위한 사업소가 이에 해당된다. 2012년 현재 신문사업자[115]는 2,950여 개(외국일간신문사 9개, 일반일간신문사 243개, 주간신문사 964개, 특수일간신문사 112개, 특수주간신문사 1,622개)가 있으며 통신사업자는 12개 사업자가 있다(출처 :

115) 조선·동아·중앙·매경·경향신문사 등 중앙일간지, 부산·전남·대전일보 등 지방지 등이 있다.

문화관광부 홈페이지).

## 2-1. 인터넷뉴스 및 인터넷뉴스통신사

신문 등의 진흥에 관한 법률 제2조 제1호에서 신문의 정의를 일반일간신문, 외국일간신문, 주간신문, 특수일간신문, 특수주간신문사로 규정하고 있으며 신문사업자란 신문을 발행하는 사업자로 규정하고 있다. 반면 인터넷신문[116]은 정보화·IT기술의 발전에 따른 최근의 사회상을 반영하여 2005년부터 도입된 새로운 유형의 신문사에는 해당이 되지만 지특법상 당초 입법취지를 볼 때 「신문 등의 진흥에 관한 법률」 제2조 제1호에서 정한 신문사와 그 사업자로 한정함이 타당하다고 본다면 이들 인터넷신문사의 경우에는 감면대상으로 보기 어렵다 할 것이다. 「뉴스통신 진흥에 관한 법률」상의 인터넷뉴스통신사의 경우도 동일하다 할 것이다.

## 2-2. 뉴스통신사업자의 경우 감면 여부

뉴스통신사업자는 2003년 이전까지는 「신문 등의 진흥에 관한 법률」에서 신문사업자와 뉴스통신사업자[117]를 포괄하여 규정하였으나 현재는 「뉴스통신 진흥에 관한 법률」이 제정(2003.8.)되면서 「신문 등의 진흥에 관한 법률」상에서 제외되었다. 따라서 지특법 제51조에 따른 「신문 등의 진흥에 관한 법률」상의 통신사업소가 아니기 때문에 감면대상에서 제외되는 것이라고 볼 수도 있겠으나 이는 신문·통신사업소에 대한 감면정책의 변경없이 해당 법률이 분리 이관되는 과정에서 지특법 규정을 현행화하지 못한 단순 입법미비 사항에 불과하므로 당초 통신사에 대한 감면 입법취지와 유사한 사례,[118] 신의성실 원칙 등에 비추어 통신사에 대해서는 종전과 같이 계속해서 감면을 적용하는 것이 타당하다고 본다.

116) 2012년 현재 오마이뉴스, 대한인터넷뉴스 등 6,570여 개가 있다.

117) 2012년 현재 (주)연합뉴스, (주)뉴시스, (주)합동뉴스, 주식회사 아시아뉴스통신, (주)펜타프레스, (주)뉴스비트, 주식회사 케이엔에스통신, (주)동양뉴스통신사, (주)뉴스1, (주)엔에스피뉴스통신사, (주)서울뉴스통신, (주)뉴스토마토, (주)국제뉴스 등 12개 사업자가 있다.

118) (법제처유권해석 07-146, 2007.5.28.) "○○법 제○조를 인용하고 있다는 사실을 간과한 단순한 입법상의 실수가 분명하므로 지방세법 시행령 제○○○조 제○호에서 인용하고 있는 ○○을 ○○으로 바로잡아 적용하더라도 법규정의 가능한 의미를 벗어나 법형성이나 법창조행위에 이른 것이라고 할 수 없다."

〈표 1〉 신문 등의 진흥에 관한 법률 및 뉴스통신 진흥에 관한 법률 비교

| 신문 등의 진흥에 관한 법률(2003.8. 이전) | 뉴스통신 진흥에 관한 법률(2003.8. 이후) |
|---|---|
| 제2조(용어의 정의) 이 법에서 사용하는 용어의 정의는 다음과 같다.<br>2. ~ 6. (생 략)<br>7. "통신"이라 함은 전파법에 의하여 무선국의 허가를 받아 외국의 통신사와 통신계약을 체결하고 국내외의 정치 · 경제 · 사회 · 문화 · 시사 등에 관한 보도 · 논평 및 여론 등을 전파함을 목적으로 행하는 송수신 또는 발행하는 간행물을 말한다. | 제2조(정의) 이 법에서 사용하는 용어의 뜻은 다음과 같다.<br>1. "뉴스통신"이란 「전파법」에 따라 무선국(無線局)의 허가를 받거나 그 밖의 정보통신기술을 이용하여 외국의 뉴스통신사와 뉴스통신계약을 체결하고 국내외의 정치 · 경제 · 사회 · 문화 · 시사 등에 관한 보도 · 논평 및 여론 등을 전파하는 것을 목적으로 하는 유무선을 포괄한 송수신 또는 이를 목적으로 발행하는 간행물을 말한다.<br>2. "뉴스통신사업"이란 뉴스통신을 업(業)으로 하는 것을 말한다.<br>3. "뉴스통신사업자"란 뉴스통신사업을 하기 위하여 제8조에 따라 등록한 자로서 뉴스통신을 경영하는 법인을 말한다. |

## 3 특례내용

신문사업자와 뉴스통신사업자 등에 대해서는 2024년 12월 31일까지 주민세 사업소분 및 종업원분의 50%를 각각 경감한다.

〈표 2〉 신문사업자 및 뉴스통신사업자 감면내용(2024.1.1. 현재)

| 조문 | 감면내용 | 감면율 |
|---|---|---|
| §51 | 신문사업자 및 뉴스통신사업자의 사업소와 종업원 급여분 과세 | 주민세 사업소분 50%<br>(舊 재산분)<br>주민세 종업원분 50% |

## 4 | 감면신청(§183)

신문사업자 또는 뉴스통신사 등이 지방세를 감면받으려는 경우에는 제183조의 규정에 따라 해당 지방자치단체의 장에게 감면대상임을 입증하는 서류를 첨부하여 감면신청을 하여야 한다. 세부적인 감면신청 절차 등에 대해서는 제183조의 해설을 참조하면 된다.

# 제52조

## 문화 · 예술 지원을 위한 과세특례

관련규정

제52조(문화 · 예술 지원을 위한 과세특례) ① 대통령령으로 정하는 문화예술단체가 문화예술사업에 직접 사용하기 위하여 취득하는 부동산에 대해서는 취득세를, 과세기준일 현재 문화예술사업에 직접 사용하는 부동산에 대해서는 재산세를 각각 2024년 12월 31일까지 면제한다.

【영】 제26조(문화예술단체 및 체육단체의 정의 등) ① 법 제52조 제1항에서 "대통령령으로 정하는 문화예술단체"란 「문화예술진흥법」 제2조 제1항 제1호에 따른 문화예술의 창작 · 진흥활동 등을 목적으로 하는 법인 또는 단체로서 다음 각 호의 어느 하나에 해당하는 법인 또는 단체를 말한다. 다만, 「공공기관의 운영에 관한 법률」 제4조에 따른 공공기관은 제외한다.
1. 「공익법인의 설립 · 운영에 관한 법률」 제4조에 따라 설립된 공익법인
2. 「민법」 제32조에 따라 설립된 비영리법인
3. 「민법」 및 「상법」 외의 법령에 따라 설립된 법인
4. 「비영리민간단체 지원법」 제4조에 따라 등록된 비영리민간단체

② 대통령령으로 정하는 체육단체가 체육진흥사업에 직접 사용하기 위하여 취득하는 부동산에 대해서는 취득세를, 과세기준일 현재 체육진흥사업에 직접 사용하는 부동산에 대해서는 재산세를 각각 2024년 12월 31일까지 면제한다.

【영】 제26조(문화예술단체 및 체육단체의 정의 등) ② 법 제52조 제2항에서 "대통령령으로 정하는 체육단체"란 「국민체육진흥법」 제2조 제1호에 따른 체육에 관한 활동이나 사업을 목적으로 하는 법인 또는 단체로서 제1항 각 호의 어느 하나에 해당하는 법인 또는 단체를 말한다. 다만, 해당 법인 또는 단체가 「공공기관의 운영에 관한 법률」 제4조에 따른 공공기관인 경우에는 행정안전부장관이 정하여 고시하는 법인 또는 단체로 한정한다.

③ 제1항 및 제2항에 따라 취득세를 면제받은 후 다음 각 호의 어느 하나에 해당하는 경우 그 해당 부분에 대해서는 면제된 취득세를 추징한다.

1. 정당한 사유 없이 그 취득일부터 1년이 경과할 때까지 해당 용도로 직접 사용하지 아니하는 경우
2. 해당 용도로 직접 사용한 기간이 2년 미만인 상태에서 매각·증여하거나 다른 용도로 사용하는 경우
3. 취득일부터 3년 이내에 관계 법령에 따라 설립허가가 취소되는 등 대통령령으로 정하는 사유에 해당하는 경우

**【영】** 제26조(문화예술단체 및 체육단체의 정의 등) ③ 법 제52조 제3항 제3호에서 "관계 법령에 따라 설립허가가 취소되는 등 대통령령으로 정하는 사유"란 다음 각 호의 어느 하나에 해당하는 경우를 말한다.

1. 「공익법인의 설립·운영에 관한 법률」 제16조에 따라 공익법인의 설립허가가 취소된 경우
2. 「민법」 제38조에 따라 비영리법인의 설립허가가 취소된 경우
3. 「비영리민간단체 지원법」 제4조의 2에 따라 비영리민간단체의 등록이 말소된 경우

**【법률 제16865호 부칙】** 제3조(문화예술단체 및 체육단체에 대한 감면의 추징에 관한 적용례) 제52조 제3항의 개정규정은 2020년 1월 1일 이후 취득세를 면제받는 경우부터 적용한다.

## 1 개 요

문화예술단체 및 체육단체가 그 고유업무에 직접 사용하기 위하여 취득하는 부동산에 대한 세제지원이다. 문화예술단체 등에 대한 감면은 2010년까지는 구 지방세법 제288조 및 감면조례에서 규정되었다가 2011년부터는 현재의 지특법 제52조로 이관되었다.

2020년부터는 재산세 도시지역분과 지역자원시설세는 목적세적 성격의 재원임을 고려하여 감면 종료하였으며 2021년까지 일몰기한을 연장하였다. 한편, 종전 도서관에 관한 감면규정은 국등 비과세, 학교 및 평생교육시설에 대한 감면과 중복되어 실효성이 없는 조문으로 보아 2020년부터 해당 감면규정이 삭제되었다. 2022년에는 감면기한이 2024년까지 연장되었다.

## 2 감면대상자, 감면대상 부동산(§52 ①, 영 §26)

문화예술단체 및 체육단체가 그 문화예술 · 체육진흥사업에 직접 사용하기 위해 취득 또는 보유중인 부동산이며 여기서 문화예술단체 및 체육단체란 법령에 의해 해당 목적을 위해 설립된 법인 또는 단체이다.

문화예술단체는 「문화예술진흥법」 제2조 제1항 제1호에 따른 문화예술의 창작 · 진흥활동 등을 목적으로 하는 법인 또는 단체를 말하며, 체육단체는 「국민체육진흥법」 제2조 제1호에 따른 체육에 관한 활동이나 사업을 목적으로 하여 다음에 정하는 법인과 단체가 해당된다.

① 「공익법인의 설립 · 운영에 관한 법률」 제4조에 따라 설립된 공익법인

② 「민법」 제32조에 따라 설립된 비영리법인

③ 「민법」 및 「상법」 외의 법령에 따라 설립된 법인

④ 「비영리민간단체 지원법」 제4조에 따라 등록된 비영리민간단체

다만, 해당 법인 또는 단체가 「공공기관의 운영에 관한 법률」 제4조에 따른 공공기관인 경우에는 행정안전부장관이 정하여 고시하는 법인 또는 단체로 한정하고 있으며 2020년 1월 1일 현재 기준으로 감면대상 공공기관을 고시한 사실은 없으며 이러한 현실을 반영하여 2024년부터는 관련규정을 삭제하였다.

### '문화예술의 창작 · 진흥' 및 '체육에 관한 사업 · 활동'을 주된 목적에 대한 판단 기준

문화예술진흥법 제2조(정의)

① 이 법에서 사용하는 용어의 뜻은 다음과 같다.

1. "문화예술"이란 문학, 미술(응용미술을 포함한다), 음악, 무용, 연극, 영화, 연예(演藝), 국악, 사진, 건축, 어문(語文), 출판 및 만화를 말한다.

국민체육진흥법 제2조(정의)

1. "체육"이란 운동경기 · 야외 운동 등 신체 활동을 통하여 건전한 신체와 정신을 기르고 여가를 선용하는 것을 말한다.

▷ 법령 · 법인등기 · 정관 · 설립허가사항 등에 따른 사업의 목적이 문화예술 및 체육과 관련이 높을 것

▷ 예산집행, 회계결산서, 사업실적 등을 통해 확인되는 실질적 수행 사업이 문화예술 · 체육 관련 사업일 것

※ 문화예술 또는 체육·사업이 다른 사업의 부대사업인 경우 해당 단체는 면제대상 단체로 보지 아니함.

### 문화예술단체 등이 임대용으로 사용하는 부동산

문화예술단체 등에 대한 감면은 2011년 이전까지는 임대용 부동산에 대해서는 감면을 배제하는 것으로 규정되었다가 현재의 지특법 제52조 제1항으로 이동하면서 임대용 부동산에 대해 감면배제 규정이 삭제[119] 됨에 따라 임대용 부동산에 대해서도 감면이 적용되는지에 대해 논란(아래 표 참조)이 있어 왔으나, 2014년부터는 문화예술단체 등을 포함하여 그 고유업무에 직접 사용하는 부동산의 직접 사용의 주체를 부동산의 소유자가 사용하는 것으로 명확히 개정(§2 8호)하였다. 따라서 지특법 개별규정에서 별도의 임대용 부동산에 대한 특례규정이 없는 경우에는 임대용 부동산에 대해서는 감면을 배제해야 할 것이다. 이는 직접 사용의 주체를 구분하지 않을 경우 제3자 임대 등 다른 수익적 방법이 있는 경우까지 과도한 감면혜택으로 이어지는 불합리한 점이 있어 이러한 경우는 특례를 제한하는 것이 입법목적에 부합(符合)되기 때문이라고 본다.

따라서, 〈표 3〉에서 열거한 각종 단체에 대해서도 임대용 부동산에 대해서는 동일하게 감면이 배제되는 것이 타당하다고 본다.

119) 저자 주(註) : 문화예술단체 등에 대한 감면은 지방세법 규정이 분법이 되고 지특법이 제정('10.3.31.)되면서 현재의 규정으로 신설되었다. 분법 당시의 기본원칙은 특별히 정책적 목적에 따라 감면을 축소 조정하는 경우가 아니면 종전의 감면대상, 감면범위, 감면율 등에 대해 동일하게 지특법으로 이관하는 것이므로 문화예술단체 및 체육진흥단체의 경우도 지방세법 분법 이전의 감면대상, 감면범위, 감면율 등에 대해 동일하게 현행 지특법으로 규정된 것이다. 다만, 감면대상 부동산의 범위에 종전 규정에서는 임대용을 명시적으로 감면을 배제하였으나 현행 규정은 이러한 명시적 규정이 없어 임대용 부동산에 대해서 감면을 확대한 것으로 보여질 수는 있으나, 지방세특례에서 특별한 사정이 없는 한 임대용 부동산은 감면을 배제하는 것이 원칙이고, "직접 사용"의 범위에 이미 임대용은 감면을 배제하겠다는 의미가 내포되어 있으므로 오히려 문화예술단체 및 체육진흥단체 등에 대해서만 임대용 부동산에 대해 감면을 배제한다는 것을 분법 이후에도 계속해서 명문화할 경우에는 지특법상 무수히 많은 감면규정 중에서 임대용 부동산을 제외한다고 명문화한 규정이 없는 경우에는 임대용 부동산도 감면대상에 해당된다고 해석할 여지가 있는 점을 고려하여 이 규정이 삭제된 것으로 보여진다.

〈표 1〉 문화예술단체 · 체육(진흥)단체 및 도서관 감면규정 연혁

| 연도 | 감면 내용(요약) | 감면세목 | 일몰 |
|---|---|---|---|
| 2010년 까지 | 지방세법 제288조(사회단체 등에 대한 감면) ② 정부로부터 허가 또는 인가를 받거나 「민법」 외의 법률에 의하여 설립 또는 그 적용을 받는 문화예술단체 · 체육진흥단체 · 청소년단체 | 취득세 100%<br>舊) 등록세 100%<br>재산세 100%<br>도시계획세 100%<br>공동시설세 100%*<br>(*문화예술단체만 해당) | 기한없음 |
| | 지방세법 시행령 제96조(용도구분에 의한 비과세등기) 3. 「도서관법」에 의하여 설립된 도서관에 관한 등기 또는 등록 | 舊)등록세 100% | 기한없음 |
| 2011.1 | 지특법 제52조(문화 · 예술 지원을 위한 과세특례)<br>① 대통령령으로 정하는 문화예술단체 또는 대통령령으로 정하는 체육진흥단체<br>〈시행령〉 정부로부터 허가 또는 인가를 받거나 민법 외의 법률에 따라 설립되거나 행안부장관과 문화부장관이 협의하여 고시하는 단체 | 취득세 100%<br>재산세(도시지역분 포함) 100%<br>지역자원시설세 100% | '12.12.31. |
| | ② 「도서관법」에 따라 설립된 도서관<br>〈추징규정〉<br>- 수익사업에 사용하는 경우<br>- 정당한 사유없이 취득일부터 1년 내 직접 사용하지 않는 경우<br>- 사용일부터 2년 이상 그 용도에 직접 사용하지 아니하고 매각하거나 다른 용도로 사용하는 경우 | 취득세 세율 2%만 적용<br>등록면허세(등록) 100% | 기한없음 |
| 2012.1 | 제52조(문화 · 예술 지원을 위한 과세특례)<br>① 대통령령으로 정하는 문화예술단체 또는 대통령령으로 정하는 체육진흥단체<br>〈시행령〉 상기 내용과 동일 | 취득세 100%<br>재산세(도시지역분 포함) 100%<br>지역자원시설세 100%<br>(*문화예술단체만 해당) | '12.12.31. |
| | ② 「도서관법」에 따라 설립된 도서관<br>〈추징규정〉 일부 개정(매각 → 매각 · 증여)<br>- 직접 사용한 기간이 2년 미만인 상태에서 매각 · 증여하거나 다른 용도로 사용하는 경우 | 취득세 세율 2%만 적용<br>등록면허세(등록) 100% | 기한없음 |
| 2013.1 | 제52조(문화 · 예술 지원을 위한 과세특례)<br>① 대통령령으로 정하는 문화예술단체 또는 대통령령으로 정하는 체육진흥단체<br>〈시행령〉 개정사항 없음 | 취득세<br>재산세(도시지역분 포함)<br>지역자원시설세*<br>(*문화예술단체만 해당) | '15.12.31. |

| 연도 | 감면 내용(요약) | 감면세목 | 일몰 |
|---|---|---|---|
| | ②「도서관법」에 따라 설립된 도서관<br>〈추징규정〉 개정사항 없음 | 취득세 세율 2%만 과세<br>등록면허세(등록) 100% | 기한없음 |
| 2015.1 | 제52조(문화 · 예술 지원을 위한 과세특례)<br>① 대통령령으로 정하는 문화예술단체 또는 대통령령으로 정하는 체육진흥단체<br>〈시행령〉 개정사항 없음 | 취득세<br>재산세(도시지역분 포함)<br>지역자원시설세 | '15.12.31. |
| | ②「도서관법」에 따라 설립된 도서관<br>〈추징규정〉 개정사항 없음 | 취득세 세율 2%만 과세<br>등록면허세(등록) 100% | '19.12.31. |
| 2016.1 | 제52조(문화 · 예술 지원을 위한 과세특례)<br>① 대통령령으로 정하는 문화예술단체 또는 대통령령으로 정하는 체육진흥단체<br>〈시행령〉 개정사항 없음 | 취득세 100%<br>재산세(도시지역분 포함)<br>지역자원시설세*<br>(*문화예술단체만 해당)<br>**※ 최소납부세제 적용<br>(취득세, 재산세)** | '16.12.31. |
| | ②「도서관법」에 따라 설립된 도서관<br>〈추징규정〉 개정사항 없음 | 취득세 세율 2%만 과세<br>등록면허세(등록) 100% | '19.12.31. |
| 2017.1 | 제52조(문화 · 예술 지원을 위한 과세특례)<br>① 대통령령으로 정하는 문화예술단체 또는 대통령령으로 정하는 체육진흥단체<br>〈시행령〉 개정사항 없음 | 취득세 100%<br>재산세(도시지역분 포함) 100%<br>지역자원시설세 100%*<br>(*문화예술단체만 해당)<br>**※ 최소납부세제 적용<br>(취득세, 재산세)** | '19.12.31. |
| | ②「도서관법」에 따라 설립된 도서관<br>〈추징규정〉 일부 개정, **수익사업(기한없음 → 취득한 날부터 5년 이내에 한함)** | 취득세 세율 2%만 과세<br>등록면허세(등록) 100% | |
| 2018.1 | 제52조(문화 · 예술 지원을 위한 과세특례)<br>① 대통령령으로 정하는 문화예술단체 또는 대통령령으로 정하는 체육진흥단체<br>〈시행령〉 일부 개정,<br>- **공공기관은 행정안전부장관이 고시하는 단체로 한정**('18.1.1. 현재 고시 단체 없음) | 취득세 100%<br>재산세(도시지역분 포함) 100%<br>지역자원시설세 100%*<br>(*문화예술단체만 해당)<br>**※ 최소납부세제 적용<br>(취득세, 재산세)** | '19.12.31. |
| | ②「도서관법」에 따라 설립된 도서관<br>〈추징규정〉 개정사항 없음 | 취득세 세율 2%만 과세<br>등록면허세(등록) 100% | |

| 연도 | 감면 내용(요약) | 감면세목 | 일몰 |
|---|---|---|---|
| 2020.1 | **제52조(문화 · 예술 지원을 위한 과세특례)**<br>① 문화예술진흥법에 따른 문화예술단체<br>- **공공기관은 행정안전부장관이 고시하는 단체로 한정**('20.1.1. 현재 고시 단체 없음) | 취득세 100%<br>재산세 100%<br>**재산세 도시지역분 종료**<br>**지역자원시설세 종료**<br>**※ 최소납부세제 적용 (취득세, 재산세)** | '21.12.31. |
| | 舊 ②「도서관법」에 따라 설립된 도서관<br>〈추징규정〉 개정사항 없음 | 도서관 감면 종료 | |
| | ② 국민체육진흥법에 따른 체육단체<br>- **공공기관은 행정안전부장관이 고시하는 단체로 한정**('20.1.1. 현재 고시 단체 없음) | 취득세 100%<br>재산세 100%<br>**재산세 도시지역분 종료**<br>**※ 최소납부세제 적용 (취득세, 재산세)** | |

〈표 2〉 **'11년 이전 지방세법(§288 ①~④) 규정에 따른 각종 사회단체**

| 종전 규정 | 해당 사회단체 |
|---|---|
| 제1항<br>(1호~10호) | 「대한적십자사 조직법」에 의한 대한적십자사<br>「법률구조법」에 의한 대한법률구조공단 및 법률구조법인<br>「소비자기본법」에 의한 한국소비자원<br>「스카우트활동 육성에 관한 법률」에 의한 스카우트주관 단체<br>「한국청소년연맹 육성에 관한 법률」에 의한 한국청소년연맹<br>「한국해양소년단연맹 육성에 관한 법률」에 의한 한국해양소년단연맹<br>「한국자유총연맹 육성에 관한 법률」에 의한 한국자유총연맹<br>「대한민국재향군인회법」에 의한 대한민국재향군인회<br>「문화유산과 자연환경자산에 관한 국민신탁법」에 따른 국민신탁법인<br>「2012여수세계박람회 지원특별법」 제4조에 따라 설립된 2012여수세계박람회조직위원회 |
| 제2항 | 학술연구단체, 장학단체, 기술진흥단체, 문화예술단체, 체육진흥단체, 청소년단체 |
| 제3항 | 「청소년기본법」에 의하여 청소년수련시설의 설치허가를 받은 비영리법인 |
| 제4항 | 「산업교육진흥 및 산학협력촉진에 관한 법률」에 의하여 설립된 산학협력단 |

한편, 2017년부터는 「공공기관의 운영에 관한 법률」 제4조에 따른 공공기관은 비영리단체 감면대상에서 제외하도록 시행령이 개정(영 제22조 각 호 외의 부분 단서)되었고 2018년 1월 1일부터 1년간 그 시행을 유예하도록 하였으므로 2018년부터는 공공기관 지정기관에 대해 감면적용을 배제하여야 하므로 매년 지정현황 변동자료를 참고하여 운영하여야 할 것이다.

※ 공공기관 지정현황 : 지특법 제45조 학술연구단체 등에 대한 감면(참조)

## 3 | 특례내용

### 3-1. 세목별 감면

문화예술단체 및 체육단체가 그 고유업무에 직접 사용하기 위해 취득 또는 보유중인 부동산에 대해서는 지방세 및 국세(농어촌특별세)를 2024년 12월 31일까지 각각 감면한다.

〈표 3〉 문화예술단체 등 감면 현황(2022.1.1. 현재)

| 조문 | | 감면내용 | 감면율 | 일몰기한 |
|---|---|---|---|---|
| §52 ① | | 문화예술단체 고유업무용 부동산 | 취득세 100%<br>재산세 100% | '24.12.31. |
| §52 ② | | 체육단체 고유업무용 부동산 | 취득세 100%<br>재산세 100% | '24.12.31. |
| 농특 §4 ⑥ 5호 | | §52에 따른 취득세 감면분의 20% | 농특세 비과세 | - |
| 최소납부세제 | §177의 2 | 취득세 면제세액이 200만원을 초과하는 경우 | 취득세 면제세액의 85% 감면(15% 과세) | '16.1.1.~ |

### 3-2. 건축중인 부속토지에 대한 특례(영 §123)

문화예술단체 및 체육단체가 그 고유업무 용도로 사용할 건축물을 건축중인 경우에는 해당 용도로 직접 사용하고 있는 것으로 의제(擬制)하여 해당 건축물의 부속토지에 대한 재산세를 계속 감면한다.

## 4 | 지방세특례의 제한

### 4-1. 감면된 취득세의 추징

문화예술단체ㆍ체육단체(제1항 및 제2항)에 대해서는 2019년 말까지 별도로 사후관리 규정을 두고 있지 않아 제178조(일반적 추징규정)에 따라 감면받은 취득세 및 재산세를 추징하여 왔으나, 2020년부터 비영리법인의 설립허가 취소 등의 추징사유가 발생하고 있음을 고려하여 개별 추징규정(제3항)에 신설하였다.

이에 따라, 지특법 시행령에 근거를 두어 취득일부터 3년 이내에 관계 법령에 따라 「공익

법인의 설립 · 운영에 관한 법률」 제16조에 따라 공익법인의 설립허가가 취소된 경우(제1호), 「민법」 제38조에 따라 비영리법인의 설립허가가 취소된 경우(제2호), 「비영리민간단체 지원법」 제4조의 2에 따라 비영리민간단체의 등록이 말소된 경우(제3호)의 경우에 추징할 수 있도록 해당 사유를 명확히 규정되었다.

도서관(舊 제2항) 감면의 경우, 수익사업에 대한 추징규정은 그간 유예기간이 명시되어 있지 않아 감면받은 후 언제든 추징할 수 있는 것으로도 해석 가능하였고 부과제척기간을 적용하여 5년간을 기준으로 추징 여부를 결정하는 자치단체 사례도 있어 지속적으로 논란이 되어 왔다. 특히 대법원(2012두26678, 2013.3.28.) 판결에서는 일정기간 공익용도에 사용하면 목적을 달성할 수 있다고 보는 것이 합리적인 점 등의 사유로 일반적 추징기간을 감안하여, 직접 사용 후 2년이 경과하면 추징대상이 아니라는 결정사례가 있어 해당 규정에 대한 개선 · 보완 필요성이 지속적으로 제기되어 왔다.

이에, 2016년 말 법 개정을 통해 공익법인에 대한 감면목적을 고려, 추징기간을 5년간으로 설정함에 따라 수익사업 추징 유예기간에 대한 논란을 해소하고 사후관리규정을 보다 명확히 규정하였으며 2019년 말 유사한 감면규정에서 더 높은 감면율을 적용받을 수 있고 실효성이 낮아 종료되었다.

### 4-2. 최소납부세액 부담(§177의 2)

문화예술단체 등이 그 고유업무에 사용하기 위하여 취득하는 부동산에 대해서는 취득세 또는 재산세가 면제(§52 ①)됨에도 불구하고, 2016년부터 시행되는 감면 상한제도에 따라 경우에 따라서는 면제되는 세액의 15%는 감면특례가 제한되어 최소납부세액으로 부담하여야 한다. 이에 대한 세부적인 사항은 제177조의 2 해설편을 참조하면 된다.

### 4-3. 지방세 중과대상 부동산 감면 제한(§177)

문화예술단체 등이 감면을 받으려는 부동산이 지방세법 제13조 제5항에 따른 별장 등 지방세 중과세 대상인 사치성 재산인 경우에는 감면대상에서 제외된다. 이에 대한 세부사항은 제177조의 해설편을 참조하면 된다.

## 5 | 감면신청(§183)

문화예술단체 등이 본 규정에 따라 지방세를 감면받으려는 경우에는 해당 지방자치단체의 장에게 해당 부동산이 그 고유업무에 직접 사용하는 용도임을 입증하는 서류를 첨부하여 감면신청을 하여야 한다. 세부적인 사항은 제183조의 해설편을 참조하면 된다.

## 6 | 관련사례

■ 체육시설 임대 시 직접 사용 해당 여부

법인등기부상 목적사업이 체육시설 관리·운영에 필요한 재원의 조달 및 임대사업 등이라고 하더라도 쟁점 재단법인이 보유 중인 체육시설을 임대하는 경우에는 체육단체가 체육진흥사업에 직접 사용하는 것으로 보아 임대 체육시설에 대해서 재산세를 면제할 수 없음(행안부 지방세특례제도과-2676, 2024.10.23.).

■ 대안학교가 문화예술단체 고유업무에 해당하는지 여부

전문예술법인으로 지정된 단체가 법인등기부 목적사업에 "소외계층 및 다문화 가정 청소년들을 위한 대안학교 운영"을 추가하고 학교를 운영하는 경우 해당 대안학교는 「초·중등교육법」에서 열거하는 학교의 종류에 해당되며, 교과과정 중 특성화교육(음악, 미술, 체육) 등을 포함하고 있다 하더라도 주요 교육과정이 일반 정규학교 교육과정과 다를 바 없는 학력인정 대안학교의 교지, 교사 등의 용도로 사용되는 학교 부속시설은 "문화예술단체" 등이 고유목적사업에 직접 사용하는 부동산으로 보기 어렵고, 「지방세특례제한법」 제41조 제1항에서는 학교 등의 취득세 감면대상에 대하여 '학교 등을 경영하는 자가 해당 사업에 직접 사용하기 위하여 취득하는 부동산'이라 명시하고 있어, 부동산 취득 시 감면 주체로서의 요건이 먼저 선행적으로 충족되어야 함을 규정하고 있는바, 학교의 설립인가를 받지 않았거나 설립인가를 예정하고 있는 자가 학교로 사용하기 위하여 취득하는 부동산은 「지방세특례제한법」 제41조 제1항에서 규정하는 취득세 면제 대상에 해당하지 않음(행안부 지방세특례제도과-810, 2022.4.14.).

■ 문화예술단체가 부동산 임대로 인해 직접 사용하지 못한 경우 등 추징 여부

① 쟁점토지가 문화예술단체가 고유업무에 직접 사용하는 부동산으로 「지방세특례제한법」 제52조 제1항에 따른 재산세 감면대상인지 여부로, 청구법인은 주식회사로서 위 규정에 의한 문화예술단체 등에 해당하는 것으로 보기 어렵고, 쟁점건축물을 재단법인 OOO에게 임대하여 고유업무에 직접 사용한다고 하기도 어려움.

② 쟁점토지가 「서울특별시 시세감면조례」 제4조 제1항에 따른 재산세 도시지역분 면제대상인지 여부로, 2016년도 재산세 과세기준일(6. 1.) 현재 공연장으로 사용되고 있는 사실은

다툼이 없는 점 등에 비추어 쟁점건축물은 과세기준일 현재 공연장에 직접 사용하는 부동산으로서 「서울특별시 시세감면조례」 제4조 제1항에 따른 감면요건을 충족한 것으로 보임(조심 2017지813, 2017.10.27.).

▣ 문화예술단체가 부동산 임대로 인해 직접 사용하지 못한 경우 등 추징 여부

청구법인이 임대를 준 쟁점건축물이 문화예술단체가 고유목적에 사용하고 있는 부동산에 해당되어 재산세가 면제되는지 여부와 청구법인이 임대를 준 쟁점건축물에 대하여 문화예술단체가 고유목적에 실질적으로 사용한 일수에 따라 재산세가 면제되어야 하는지 여부로, 해당 청구법인은 임차인 ○○○과 유상으로 쟁점면적에 대한 임대차계약을 체결한 점 등에 비추어 청구법인이 쟁점면적을 고유업무에 직접 사용하고 있다고 보기 어렵고, 재산세는 과세기준일 현재 그 재산의 현황에 따라 감면 여부를 결정하는 조세인 점 등에 비추어 청구법인이 쟁점면적을 실제 사용한 기간에 대해서 재산세를 감면하여 달라는 주장은 받아들이기 어려움(조심 2015지0565, 2016.3.23.).

▣ 미술관 건축시 법령상의 장애사유로 인해 직접 사용하지 못한 경우 추징 여부

문화공간의 설치 및 운영 등을 목적으로 설립된 재단법인으로서 미술관을 건축하려는 목적으로 임야를 증여받았으나 토지를 취득할 당시에 구체적인 법령상의 장애사유를 몰랐다고 하더라도 조금만 주의를 기울였으면 미술관 건축에 따르는 공법상의 제한과 같은 법령상의 장애사유가 존재함을 쉽게 알 수 있었고 토지를 고유업무에 직접 사용하지 못한 것도 동일한 사유로 인한 것이라면, 법령상의 장애사유는 고유업무에 직접 사용하지 못한 것에 대한 정당한 사유가 될 수 없음(대법원 2012.12.13. 선고, 2011두1948 판결).

▣ 문화예술단체는 문화예술사업을 주된 사업으로 하여야 한다고 한 사례

법인의 정관상 목적사업, 예산 및 사업실적 등을 고려하여 개별적으로 판단하여야 할 것이고, 문화예술사업이 당해 법인의 사업 중 부수 또는 지원업무가 아닌 주된 사업이어야 하는 것이므로 귀 세중문화재단이 우리의 민속 문화를 발굴, 수집, 전시하고 열악한 환경 속에서 활동하고 있는 작가들을 지원하여 민속예술을 발현, 승화시키는 것을 주된 사업으로 운영하는 법인이라면 문화예술단체의 요건을 갖추었다고 봄(행자부 지방세정팀-5831, 2006.11.23.).

▣ 문화예술단체의 주된 사업 판단 기준

문화예술단체 등을 판단함에 있어 법인의 정관상 목적사업·예산 및 사업실적 등을 고려하여 개별적으로 판단하여야 할 것이고, 문화예술사업이 부수 또는 지원업무가 아닌 주된 사업이어야 하며, 주된 사업의 판단은 당해 법인의 정관상 목적사업과 관련하여 사업실적 및 예산의 사용용도 등에 있어 그 비율이 높은 사업을 주된 사업으로 판단하는 것인 바, 한국조각문화의 진흥, 발전에 기여할 목적으로 문화관광부장관의 허가를 받아 설립된 ○○○ 기념사업회가 법인의 정관상 목적사업인 조각상의 제정 및 시상, 조각전문지 출간, 조각작품의 국제교류지원 및 전용전시장의 설치 및 운영을 주된 사업으로 운영하는 경우라면 이는 문화예술단체에 해당된다고 할 수 있음(구 행정자치부 지방세정팀-4647, 2006.9.26.).

• 기술진흥단체가 쟁점부동산을 유예기간 내에 그 목적사업에 직접 사용하지 못한 사유로

서 경상비용절감과 에너지 절약시책 동참 등을 들고 있으나, 이는 법령의 제한이나 행정 관청의 사용 금지·제한 등 외부적인 사유에 기인한 것이라기보다는 청구법인의 단순한 내부사정에 불과하여 정당한 사유로 보기 어려움(조심 2011지0509, 2011.10.26.).

• 문화예술단체가 고유업무에 직접 사용하기 위하여 취득한 부동산을 임대용으로 사용하고 있는 경우 취득세 등을 추징한 처분은 적법함(조심 2009지1117, 2010.7.6.).

# 제52조의 2 체육진흥기관 등에 대한 감면

관련규정

제52조의 2(체육진흥기관 등에 대한 감면) 다음 각 호의 법인이 체육진흥사업 또는 문화예술사업에 직접 사용하기 위하여 취득하는 부동산에 대해서는 취득세의 100분의 50을, 과세기준일 현재 해당 사업에 직접 사용하는 부동산에 대해서는 재산세의 100분의 50을 각각 2026년 12월 31일까지 경감한다.

1. 「국민체육진흥법」에 따른 대한체육회, 대한장애인체육회 및 서울올림픽기념국민체육진흥공단
2. 「문화산업진흥 기본법」에 따른 한국콘텐츠진흥원
3. 「문화예술진흥법」에 따른 예술의 전당
4. 「영화 및 비디오물의 진흥에 관한 법률」에 따른 영화진흥위원회 및 한국영상자료원
5. 「태권도 진흥 및 태권도공원 조성 등에 관한 법률」에 따른 태권도진흥재단

## 1 | 개 요

국민의 문화향유 및 체육진흥활동 활성화와 관련 산업 발전 지원을 위해 2024년에 신설된 감면이다.

## 2 | 감면대상자, 감면대상 부동산(§52의 2)

「국민체육진흥법」에 따른 대한체육회 · 대한장애인체육회 및 서울올림픽기념국민체육진흥공단, 「문화산업진흥 기본법」에 따른 한국콘텐츠진흥원, 「문화예술진흥법」에 따른 예술

의 전당, 「영화 및 비디오물의 진흥에 관한 법률」에 따른 영화진흥위원회 및 한국영상자료원, 「태권도 진흥 및 태권도공원 조성 등에 관한 법률」에 따른 태권도진흥재단 등 체육진흥단체가 해당 사업에 직접 사용하기 위해 취득 또는 보유중인 부동산이 이에 해당 된다.

## 3 | 특례내용

### 3-1. 세목별 감면

체육진흥단체가 그 고유업무에 직접 사용하기 위해 취득 또는 보유중인 부동산에 대해서는 지방세 및 국세(농어촌특별세)를 2026년 12월 31일까지 각각 감면한다.

〈표〉 **체육진흥단체 등 감면 현황(2024.1.1. 현재)**

| 조문 | | 감면내용 | 감면율 | 일몰기한 |
|---|---|---|---|---|
| §52의 2 | | 체육진흥단체 고유업무용 부동산 | 취득세 50%<br>재산세 50% | '26.12.31. |
| 최소납부세제 | §177의 2 | 취득세 면제세액이 200만원을 초과하는 경우 | 취득세 면제세액의 85% 감면(15% 과세) | |

### 3-2. 건축중인 부속토지에 대한 특례(영 §123)

체육진흥단체가 그 고유업무 용도로 사용할 건축물을 건축중인 경우에는 해당 용도로 직접 사용하고 있는 것으로 의제(擬制)하여 해당 건축물의 부속토지에 대한 재산세를 계속 감면한다.

## 4 | 지방세특례의 제한

### 4-1. 감면된 취득세의 추징

체육진흥단체에 대해서는 제178조(일반적 추징규정)에 따라 감면받은 취득세 및 재산세를 추징한다.

### 4-2. 지방세 중과대상 부동산 감면 제한(§177)

체육진흥단체 등이 감면을 받으려는 부동산이 지방세법 제13조 제5항에 따른 별장 등 지방세 중과세 대상인 사치성 재산인 경우에는 감면대상에서 제외된다. 이에 대한 세부사항은 제177조의 해설편을 참조하면 된다.

## 5 | 감면신청(§183)

체육예술단체 등이 본 규정에 따라 지방세를 감면받으려는 경우에는 해당 지방자치단체의 장에게 해당 부동산이 그 고유업무에 직접 사용하는 용도임을 입증하는 서류를 첨부하여 감면신청을 하여야 한다. 세부적인 사항은 제183조의 해설편을 참조하면 된다.

# 제53조 사회단체 등에 대한 감면

◈ 관련규정 ◈

제53조(사회단체 등에 대한 감면) 「문화유산과 자연환경자산에 관한 국민신탁법」에 따른 국민신탁법인이 그 고유업무에 직접 사용하기 위하여 취득하는 부동산에 대해서는 취득세를, 과세기준일 현재 그 고유업무에 직접 사용하는 부동산에 대해서는 재산세를 각각 2024년 12월 31일까지 면제한다.

☞ 부칙 제1조(법률 제16865호, 2020.1.15.)에 따라, 개정규정은 2021.1.1. 시행

## 1 개 요

문화유산 및 자연환경자산에 대한 민간의 자발적인 보전·관리 활동을 촉진하기 위한 세제지원이다. 2010년까지는 구 지방세법 제288조에 규정되었다가 2011년부터는 현재의 지특법 제53조로 이관되었으며, 2018년말과 2021년말에 각각의 법 개정에 따라 2024년 12월 31일까지 일몰기한이 연장되었다.

## 2 감면대상자

「문화유산과 자연환경자산에 관한 국민신탁법」에 따른 국민신탁법인이 이에 해당된다. 국민신탁법인이란 민간에서 추진 중인 국민신탁 운동을 활성화하기 위한 제도적 기반 마련을 위해 문화유산과 자연환경자산에 관한 국민신탁법[120] 제정(2006.3.)을 통해 자연환경국민신탁(2007.3., 비영리 특수법인)을 설립하였다. 국민신탁(National Trust)은 민간차원에

서 문화유산 및 생태적으로 보전가치가 큰 지역을 매입 또는 기부받아 공유화하고, 이를 영구 보전 · 관리하는 제도를 말한다. 외국의 국민신탁제도는 1895년 영국에서 최초로 시작된 이래 현재 호주, 미국, 일본 등 문화선진국 등 30여 개국에서 시행 중이다. 참고로 영국의 국민신탁은 전국 토지의 2.7%, 해안지역 17%를 보유하고 있다. 국민신탁의 주요 활동은 회원의 회비, 기부금 등으로 사업재원을 마련하고 보호가치가 있는 자원을 매입 또는 소유자로부터 증여[121]를 받아 관리하는 사무, 자연환경자산과 문화유산의 취득 · 보전 및 관리, 자연환경 · 문화유산 국민신탁 기본계획 및 시행계획 수립 · 시행 등이 있다. 아래 〈표 1〉에서 우리나라의 국민신탁법인의 주요 활동내역을 정리하였다.

〈표 1〉 **국민신탁의 주요 활동 분야(2012년 기준)**

| 구분 | 내용 |
|---|---|
| 자연환경 국민신탁 | • 현대모비스 숲(108ha) 조성<br>• 국내최초 사회공헌형 산림탄소상쇄시범사업 진행(구미국유림관리소MOU)<br>• 상주 생태문화마을 조성 프로젝트<br>• WCC(세계자연보전총회) 2012 발의, 보전캠퍼스, 워크샵 진행<br>• 반달곰 서식지 마련 및 생태축복원(장수군)을 위한 공유화 / 토지매입<br>• DMZ 공유화 캠페인(경기도, 강원도청)<br>• 천수만 땅한평사기 공유화 진행(서산 버드랜드)<br>• 시흥시 호조벌 공유화운동 진행<br>• 수원시 칠보산 인근 공유화 운동(산림, 습지, 생태공원 등)<br>• 둔촌동 습지 공유화 운동 진행<br>• 서울대공원육성기금펀드(토요타자동차)<br>• 제주 곶자왈 탄소발자국지우기<br>• 부산 둔치도 신탁지 보전 및 관리<br>• 신탁지 보전 및 관리(29필지) 등 |
| 문화유산 국민신탁 | • 경주 윤경렬 옛집 매입(※ 지방세 감면 7,480,000원)<br>• 부산 정란각 매입(등록 제330호)<br>• 이상 옛집 보존사업<br>• 위탁재산 보전관리(울릉 도동리 일본식 가옥) 등 |

120) 제3조(국민신탁법인의 설립) ① 문화유산을 취득하고 이를 보전 · 관리하기 위하여 문화유산국민신탁을, 자연환경자산을 취득하고 이를 보전 · 관리하기 위하여 자연환경국민신탁을 각각 설립한다.

121) 사례) DMZ 내의 농경지 매입을 통한 동식물 서식지 보호, 시인(詩人) 이상 옛집 매입을 통한 보전

## 3 감면대상 부동산

국민신탁(National Trust)은 민간 차원에서 문화유산 및 생태적으로 보전가치가 큰 지역을 출연자 등으로부터 매입 또는 기부받은 재산에 대해 취득세, 재산세 및 국세(농어촌특별세)를 2021년 12월 31일까지 각각 면제한다. 국민신탁의 2012년 현재 출연자 등으로부터 매입 또는 기부받은 재산 현황은 다음과 같다.

〈표 2〉 **자연환경자산 국민신탁 보유재산(2012년 4월 현재)**

| 순번 | 소재지 | 지목 | 면적(㎡) | 신탁계약일 | 출연자 |
|---|---|---|---|---|---|
| 1 | 제주특별자치도 서귀포시 성산읍 소재 | 전 | 1,164 | 2007.3.25. | ○○○ |
| 2 | 전라북도 진안군 성수면 구신리 소재 | 임 | 5,851 | 2007.3.25. | ○○○ |
| 3 | 충청남도 연기군 전의면 양곡리 소재 | 임 | 7,140 | 2007.3.25. | ○○○ |
| 4 | 충청남도 연기군 전의면 양곡리 소재 | 임 | 793 | 2007.3.25. | |
| 5 | 제주특별자치도 서귀포시 월평동 소재 | 과 | 629 | 2007.5.18. | ○○○ |
| 6 | 부산광역시 강서구 봉림동 소재 | 답 | 3,507 | | |
| 7 | 부산광역시 강서구 봉림동 소재 | 답 | 1,812 | 2007.6.15. | ○○○ |
| 8 | 부산광역시 강서구 봉림동 소재 | 답 | 2,020 | | |
| 9 | 부산광역시 강서구 봉림동 소재 | 답 | 1,352 | | |
| 10 | 전라북도 무주군 안성면 진도리 소재 | 대 | 582 | 2008.11.19. | ○○○ |
| 11 | 전라북도 무주군 안성면 진도리 소재 | 임 | 80 | | |
| 12 | 전라북도 무주군 안성면 진도리 소재 | 임 | 64 | 2008.11.19. | |
| 13 | 전라북도 무주군 안성면 진도리 소재 | 임 | 1,072 | | ○○○ |
| 14 | 전라북도 무주군 안성면 진도리 소재 | 임 | 4,474 | | |
| 15 | 전라북도 무주군 안성면 진도리 소재 | 임 | 63,100 | | |
| 16 | 전라남도 담양군 남면 지곡리 소재 | 대 | 371 | | |
| 17 | 전라남도 담양군 남면 지곡리 소재 | 도로 | 9 | | |
| 18 | 전라남도 담양군 남면 지곡리 소재 | 잡 | 200 | | |
| 19 | 전라남도 담양군 남면 지곡리 소재 | 답 | 785 | | |
| 20 | 전라남도 담양군 남면 지곡리 소재 | 답 | 661 | 2009.3.24. | ○○○ |
| 21 | 전라남도 담양군 남면 지곡리 소재 | 답 | 453 | | |
| 22 | 전라남도 담양군 남면 지곡리 소재 | 답 | 132 | | |
| 23 | 전라남도 담양군 남면 지곡리 소재 | 임 | 36,000 | | |
| 24 | 전라북도 남원시 산내면 부운리 소재 | 임 | 4,760 | 2010.8.4. | ○○○ |

| 순번 | 소재지 | 지목 | 면적(㎡) | 신탁계약일 | 출연자 |
|---|---|---|---|---|---|
| 25 | 전라남도 고흥군 유둔리 소재 | 대 | 969 | 2010.8.19. | ○○○ |
| 26 | 전라남도 고흥군 유둔리 소재 | 대 | 473 | | |

〈표 3〉 **○○단체 등과 보전협약 체결된 자연환경자산 국민신탁 보유재산(2012년 4월 현재)**

| 번호 | 위치(지번) | 지목 | 면적(㎡) | 보전협약 | 당사자 |
|---|---|---|---|---|---|
| 1 | 경상북도 상주시 모동면 반계리 산 45-1 | 임야 | 10,000 | 2011.12.13. | ○○○ |
| 2 | 충청북도 진천군 초평면 화산리 산 7-1 | 임야 | 1,080,000 | 2012.1.19. | 진천군 |
| 3 | 경상북도 김천시 조마면 신왕리 산 161-2 | 임야 | 27,000 | 2012.2.9. | 구미시국유림 |

〈표 4〉 **문화유산국민신탁 보유재산 및 위탁재산 현황(2012년 4월 현재)**

| 구분 | 명칭 | 소재지 | 취득일<br>(관리단체지정) |
|---|---|---|---|
| 위탁재산 | 구 보성여관(등록문화재 제132호) | 전남 보성군 벌교읍 소재 | 2008.6.20.<br>(2008.7.17.) |
| | 울릉 도동리 일본식가옥(등록문화재 제235호) | 경북 울릉군 울릉읍 소재 | 2008.7.14.<br>(2008.8.11.) |
| | 부산 정란각(등록문화재 제330호) | 부산 동구 수정동 소재 | 2010.12.22.<br>(2011.4.20.) |
| 보전재산 | 이상 옛집 터 | 서울 종로구 통인동 소재 | 2009.7.10. |
| | 윤경렬 옛집 | 경북 경주시 인왕동 소재 | 2010.12.22. |
| | 군포 동래정씨 동래군파 종택<br>(경기도 문화재자료 제95호) | 경기 군포시 속달동 소재 | 2011.7.25.(증여) |
| 지정기탁재산 | 윤경렬 옛집 주변농지 | 경북 경주시 인왕동 소재 | 2011.1.24.(증여) |
| | 군포 동래정씨 동래군파 주변농지 | 경기 군포시 속달동 소재 | 2011.7.25.(증여) |

### 국민신탁에 대한 임대용 부동산

종전 지방세법 제288조 제1항에서는 각종 사회단체에 대한 감면규정을 적용하면서 임대용 부동산에 대해서는 제1항 내지 제4항의 감면에 해당하는 단체 모두에 대해서는 모두 동일하게 감면을 배제하고 있었으나 현행 지특법 제53조는 국민신탁이 그 고유업무에 직접 사용하기 위하여 취득하는 부동산에 대해서는 취득세 및 재산세(구 도시계획세 포함), 지역자원시설세를 면제하도록 규정되어 있어 현재의 규정은 국민신탁 보유재산에

대해 임대용 부동산도 지방세가 감면대상에 포함되는지의 여부에 대해 논란이 있을 수 있으나, 이에 대한 사항은 앞에서 설명한 문화예술단체 및 체육진흥단체의 사례와 동일하게 임대용 부동산에 대해서는 감면을 배제해야 한다고 본다(제52조 해설편 참조).

## 4 | 감면내용

국민신탁법인이 그 고유업무에 직접 사용하기 위하여 취득하는 부동산에 대해서는 취득세, 재산세(도시지역분 포함), 지역자원시설세를 2024년 12월 31일까지 면제한다.

〈표 5〉 **국민신탁법인 고유업무 부동산 감면내용(2024.1.1. 현재)**

| 조문 | 감면내용 | 감면율 | 일몰 |
|---|---|---|---|
| §53 | 국민신탁법인 고유업무 부동산 | 취득세 100%<br>재산세(도시지역분 포함) 100%<br>지역자원시설세(특정부동산) 100% | '24.12.31. |
| §177의 2 | 지방세 감면 특례의 제한(최소납부세제)<br>※ '18.12.31.까지 적용 유예 | 취득세 면제세액의 15% 과세 | '19년부터 적용 |

## 5 | 지방세특례의 제한

### 5-1. 감면된 취득세의 추징(§178)

국민신탁법인에 대해서는 본 규정에서 별도로 사후관리 규정을 두고 있지 않으나 제178조에 따라 감면받은 취득세 및 재산세가 추징될 수 있다. 감면의무위반 사항에 대한 세부적인 내용은 제178조 해설편의 내용을 참조하면 된다.

### 5-2. 최소납부세액의 부담(§177의 2)

국민신탁법인이 그 고유업무에 사용하기 위하여 취득하는 부동산에 대해서는 취득세 또는 재산세가 면제(§53)됨에도 불구하고, 2019년부터 시행되는 감면 상한제도에 따라 경우에 따라서는 면제되는 세액의 15%는 감면특례가 제한되어 최소납부세액으로 부담하여야 한다. 다만, 부칙 제12조(법률 제12955호)에 따라 2018년 12월 31일까지 최소납부세제 적용을 유예받도록 규정하였으나 2019년 1월 1일부터는 취득세와 재산세에 대해 면제세액의 15%를 부과하여야 한다. 이에 대한 세부적인 사항은 제177조의 2의 해설편을 참조하면 된다.

### 5-3. 지방세 중과세 대상 부동산 감면 제한(§177)

국민신탁법인이 감면을 받으려는 부동산이 지방세법 제13조 제5항에 따른 별장 등 지방세 중과세 대상인 사치성 재산인 경우에는 감면대상에서 제외된다. 이에 대한 세부적인 사항은 제177조의 해설편을 참조하면 된다.

## 6 | 감면신청(§183)

국민신탁법인이 본 규정에 따라 지방세를 감면받으려는 경우에는 해당 지방자치단체의 장에게 해당 부동산이 그 고유업무에 직접 사용하는 용도임을 입증하는 서류를 첨부하여 감면신청을 하여야 한다. 세부적인 감면신청 절차 등에 대해서는 제183조의 해설편을 참조하면 된다.

## 7 | 관련사례

■ 타 재단법인이 부동산을 사용하는 경우 직접 사용하지 않은 경우로 보아 추징 여부

(재)△△△△가 쟁점부동산을 사용함에 있어서 전적인 재량권을 가지고 자기책임하에 사용하고 있다고 보기는 어렵다 할 것이므로, 이러한 경우까지 청구법인이 쟁점부동산을 고유업무에 직접 사용하지 아니하고 다른 용도로 사용한 것으로 보기는 어려움(조심 2015지1770, 2016.5.26.).

# 제54조

## 관광단지 등에 대한 과세특례

관련규정

제54조(관광단지 등에 대한 과세특례) ① 관광진흥법 제55조 제1항에 따른 관광단지개발사업시행자가 관광단지개발사업을 시행하기 위하여 취득하는 부동산에 대해서는 취득세의 100분의 25를 2025년 12월 31일까지 경감하며, 해당 지역의 관광단지 조성 여건, 재정 여건 등을 고려하여 100분의 25의 범위에서 조례로 정하는 율을 추가로 경감할 수 있다. 다만, 다음 각 호의 어느 하나에 해당하는 경우에는 경감된 취득세를 추징하되, 제2호부터 제4호까지의 경우에는 그 해당 부분에 한정하여 추징한다.

1. 「관광진흥법」 제56조 제2항 및 제3항에 따라 조성계획의 승인이 실효되거나 취소되는 경우
2. 그 취득일부터 3년 이내에 정당한 사유 없이 「관광진흥법」 제58조의 2에 따른 준공검사를 받지 아니한 경우
3. 「관광진흥법」 제58조의 2에 따른 준공검사를 받은 날부터 3년 이내에 정당한 사유 없이 해당 용도로 분양·임대하지 아니하거나 직접 사용하지 아니한 경우
4. 해당 용도로 직접 사용한 기간이 2년 미만인 상태에서 매각·증여하거나 다른 용도로 사용하는 경우

제54조 제2항, 제3항 [일몰기한 종료로 2015.1.1.부터는 감면 효력 상실]

② 관광진흥법에 따른 호텔업을 경영하는 자가 외국인투숙객 비율 등 대통령령으로 정하는 기준에 해당되는 경우에는 과세기준일 현재 관광진흥법 제3조 제1항 제2호 가목에 따른 호텔업에 직접 사용하는 토지(지방세법 제106조 제1항 제2호가 적용되는 경우로 한정한다) 및 건축물에 대해서는 2014년 12월 31일까지 재산세의 100분의 50(관광진흥법 제19조에 따른 관광숙박업의 등급이 특1등급 및 특2등급인 경우에는 100분의 25)을 경감한다.

【영】 제27조(외국인투숙객 비율 등의 범위) 법 제54조 제2항에서 "외국인투숙객 비율 등 대통령령으로 정하는 기준"이란 다음 각 호와 같다.

1. 「부가가치세법」에 따라 신고된 직전 연도 숙박용역 공급가액(객실요금만 해당한다) 중

에서 다음 각 목의 요건을 모두 충족하는 용역의 공급가액이 차지하는 비율이 수도권 지역은 100분의 30 이상, 수도권이 아닌 지역은 100분의 20 이상일 것

가. 「외국인관광객 등에 대한 부가가치세 및 개별소비세 특례 규정」 제2조에 따른 외국인관광객 등(이하 이 조에서 "외국인관광객"이라 한다)에게 공급하는 용역일 것

나. 숙박인의 성명·국적·여권번호·입국일 및 입국 장소 등이 적힌 외국인 숙박 및 음식매출 기록표에 의하여 외국인관광객과의 거래임이 표시될 것

다. 대금(代金)이 거주자 또는 내국법인의 부담으로 지급되지 아니할 것

2. 외국인관광객에게 조례로 정하는 객실요금 인하율에 따라 숙박용역을 제공할 것(해당 지방자치단체에서 조례로 그 인하율을 정한 경우만 해당한다)

③ 「관광진흥법」 제3조 제1항 제2호 가목에 따른 호텔업을 하기 위하여 취득하는 부동산에 대해서는 2014년 12월 31일까지 취득세를 과세할 때에는 제4조 제2항 제1호에도 불구하고 지방자치단체의 조례로 표준세율을 적용하도록 규정하는 경우에 한정하여 「지방세법」 제13조 제1항부터 제4항까지의 세율을 적용하지 아니하며, 법인등기(설립 후 5년 이내에 자본 또는 출자액을 증가하는 경우를 포함한다)에 대하여 2014년 12월 31일까지 등록면허세를 과세할 때에는 제4조 제2항 제1호에도 불구하고 지방자치단체의 조례로 표준세율을 적용하도록 규정하는 경우에 한정하여 「지방세법」 제28조 제2항 및 제3항의 세율을 적용하지 아니한다. 다만, 다음 각 호의 어느 하나에 해당하는 경우 그 해당 부분에 대해서는 경감된 취득세를 추징한다.

1. 정당한 사유 없이 그 취득일부터 3년이 경과할 때까지 해당 용도로 직접 사용하지 아니하는 경우
2. 해당 용도로 직접 사용한 기간이 2년 미만인 상태에서 매각·증여하거나 다른 용도로 사용하는 경우

**【칙】 제3조(외국인관광객 투숙 실적 신고서)** 법 제54조 제2항 및 영 제27조에 따라 재산세를 경감받으려는 자는 별지 제3호 서식의 외국인관광객 투숙 실적 신고서에 다음 각 호의 서류를 첨부하여 관할 시장·군수·구청장에게 제출하여야 한다.

1. 부가가치세 확정신고서(부가가치세 확정신고를 하지 아니한 경우에는 부가가치세 예정신고서를 말한다) 1부
2. 영 제27조 제1호 가목에 따른 외국인관광객(이하 "외국인관광객"이 라 한다)에 대한 직전 연도 숙박용역 공급가액(객실요금만 해당한다) 1부
3. 별지 제4호 서식의 외국인관광객 숙박 및 음식 매출기록표 1부
4. 외국인관광객에 대한 객실요금 인하율표(해당 지방자치단체에서 조례로 그 인하율을 정한 경우만 해당한다) 1부

④ 〈삭 제〉 [14.1.1.]

**제54조 제5항** [일몰기한 종료로 2020.1.1.부터는 감면 효력 상실]

⑤ 다음 각 호의 재단, 기업 및 사업시행자가 그 고유업무에 직접 사용하기 위하여 취득하는 부동산에 대해서는 취득세를, 과세기준일 현재 그 고유업무에 직접 사용하는 부동산에 대해서는 재산세(「지방세법」 제112조에 따른 부과액을 포함한다)를 지방자치단체가 조례

로 정하는 바에 따라 각각 2019년 12월 31일까지 감면할 수 있다. 이 경우 감면율은 100분의 50(제1호의 경우에는 100분의 100) 범위에서 정하여야 한다.
1. 「여수세계박람회 기념 및 사후활용에 관한 특별법」 제4조에 따라 설립된 2012여수세계박람회재단
2. 「여수세계박람회 기념 및 사후활용에 관한 특별법」 제15조 제1항에 따라 지정·고시된 해양박람회특구에서 창업하거나 사업장을 신설(기존 사업장을 이전하는 경우는 제외한다)하는 기업
3. 「여수세계박람회 기념 및 사후활용에 관한 특별법」 제17조에 따른 사업시행자

⑥ 「2018 평창 동계올림픽대회 및 동계패럴림픽대회 지원 등에 관한 특별법」 제2조 제2호 나목에 따른 선수촌에 대해서는 다음 각 호에서 정하는 바에 따라 지방세를 감면한다.
1. 평창군에 위치한 대회직접관련시설 중 선수촌을 건축하여 취득하는 경우에 취득세를 2017년 12월 31일까지 면제한다.
2. 제1호에 해당하는 시설이 대회 이후에 「지방세법」 제13조 제5항 제1호에 해당하는 경우에는 같은 법 제111조 제1항 제3호 가목 및 이 법 제177조에도 불구하고 2022년 12월 31일까지 「지방세법」 제111조 제1항 제3호 나목을 적용한다.

## 1 | 개 요

서비스 중심 산업으로 일자리 창출 효과가 크고, 타 산업과의 연계효과가 큰 관광산업에 대한 세제지원이다. 1982년에 신설(관광호텔은 2009년)되어 2010년까지는 구 지방세법 제277조, 제277조의 2에서 규정되었으나 2010년도에 지특법이 제정되면서 현재의 제54조로 이관(2010.3.31.)되었다. 2014년에는 관광호텔 감면 축소 및 보양온천 감면이 종료되었고 여수엑스포재단 등에 대한 감면이 신설되었다. 2015년에는 관광호텔에 대한 감면을 종료하였다. 2016년에는 국제행사의 성공적 개최를 위해 평창올림픽 선수촌에 대한 세제지원 규정이 신설되었으며 이후 지속적으로 감면이 연장되었고 현재 2023년 3월 14일자로 지특법 개정에 따라 2025년 12월 31일까지 일몰기한이 연장되었다.

## 2 | 감면대상자 및 감면대상 부동산

본 규정에 따른 감면대상자와 감면대상 부동산은 다음과 같다.

① 관광진흥법 제55조 제1항에 따른 관광단지개발 사업시행자(표 1 참조)
 - 관광단지개발사업을 시행하기 위하여 취득하는 부동산
② 여수세계박람회 기념 및 사후활용에 관한 특별법 제4조에 따라 설립된 2012여수세계박람회재단
 - 2012여수세계박람회재단이 그 고유업무에 직접 사용하기 위하여 취득 또는 보유하는 부동산
③ 여수세계박람회 기념 및 사후활용에 관한 특별법 제15조 제1항에 따라 지정·고시된 해양박람특구에서 창업하거나 사업장을 신설(기존 사업장을 이전하는 경우는 제외)하는 기업
 - 그 고유업무에 직접 사용하기 위하여 취득 또는 보유하는 부동산
④ 여수세계박람회 기념 및 사후활용에 관한 특별법 제17조에 따른 사업시행자*
 - 그 고유업무에 직접 사용하기 위하여 취득 또는 보유하는 부동산

〈표 1〉 **관광단지 및 사업시행자(2016.1.1. 기준, 총 38개 단지)**

| 단지명 | 소재지 | 개발주체 | 지정년월 |
|---|---|---|---|
| 보문 | 경북 경주시 신평동, 천군동 | 경북관광개발공사 | '75. 4 |
| 중문 | 제주 서귀포시 중문동, 색달동 | 한국관광공사 | '71. 5 |
| 해남 오시아노 | 전남 해남군 화원면 주광리, 화봉리 | 한국관광공사 | '92. 9 |
| 감포 | 경북 경주시 감포읍, 대본리, 나정리 | 경북관광개발공사 | '93.12 |
| 강동 | 울산 북구 산하동, 무룡동, 정자동 | 미정 | '09.11 |
| 안동문화 | 경북 안동시 성곡동 | 경북관광개발공사 | '03.12 |
| 동부산 | 부산 광역시 기장군 기장읍 시랑리 | 부산도시공사 | '05. 3 |
| 알펜시아 | 강원 평창군 도암면 수하리, 용산리 | 강원개발공사 | '05. 9 |
| 광주 어등산 | 광주 광산구 운수동 어등산 | 광주도시공사 | '06. 1 |
| 신화역사공원 | 제주 서귀포시 안덕면 서광리 | 제주국제자유도시개발센터 | '06.12 |
| 여수 경도해양 | 전남 여수시 경호동 대경도 | 전남개발공사 | '09.12 |
| 제주헬스케어타운 | 제주 서귀포시 동홍동 | 제주국제자유도시개발센터 | '09.12 |
| 창원 구산해양 | 경남 창원시 마산합포구 구산면 등 | 창원시 | '11. 4 |
| 송도 | 인천 연수구 동춘동 등 | 인천도시공사 | '08. 3 |
| 여수 화양 | 전남 여수시 화양면 장수리 등 | 일상해양산업주 | '03.10 |
| 원주 오크밸리 | 강원 원주시 지정면, 월송리 | 한솔개발주식회사 | '95. 3 |
| 김천 온천 | 경북 김천시 부항면 파천리 | 주식회사우촌개발 | '96. 3 |
| 휘닉스파크 | 강원 평창군 봉평면 면온리 등 | ㈜보광 | '98.10 |

| 단지명 | 소재지 | 개발주체 | 지정년월 |
|---|---|---|---|
| 평창 용평 | 강원 평창군 도암면 용산리 등 | ㈜용평리조트 | '01. 2 |
| 웰리 힐리파크 | 강원 횡성군 둔내면 두원리 등 | 신안종합리조트㈜ | '09. 6 |
| 홍천비발디파크 | 강원 홍천군 서면 팔봉리 등 | ㈜대명레저산업 | '08.11 |
| 팜파스종합휴양 | 제주 서귀포시 표선면 | 남영산업㈜ | '08.12 |
| 고흥 우주해양 | 전남 고흥군 영남면 남열리 | ㈜태인개발 | '09. 5 |
| 무릉도원 | 강원 춘천시 동산면 조양리 등 | ㈜에이엠엘앤디 | '09. 9 |
| 마우나오션 | 경북 경주시 양남면 신대리 | 마우나오션개발㈜ | '09.12 |
| 신영 | 강원 춘천시 동산면 군자리 | 신영종합개발(주) | '10. 2 |
| 설악 한화리조트 | 강원 속초시 장사동 | ㈜한화호텔 | '10. 8 |
| 골드힐카운티 | 충남 천안시 서북구 입장면 기로리 | ㈜골드힐 | '11.12 |
| 성산포해양 | 제주 서귀포시 성산읍 고성리 | ㈜보광제주 등 | '91. 6 |
| 예래휴양형주거 | 제주 서귀포시 상예동 | ㈜버자야제주 | '05.10 |
| 고성 델피노골프 | 강원 고성 토성면 원암리 | ㈜대명레저산업 | '12. 4 |
| 한원 춘천 | 강원 춘천 신동면 혈동리 | ㈜한원,㈜한원개발 | '12. 6 |
| 강화종합리조트 | 인천 강화군 길상면 선두리 | ㈜오션빌 | '12. 7 |
| 평택호 | 경기 평택시 현덕면 권관리 등 | 미정 | '09.10 |
| 록인제주체류형 | 제주 서귀포시 표선면 가시리 | ㈜록인제주 | '13.12 |
| 백제문화 | 충남 부여군 규암면 합정리, 등 | ㈜호텔롯데 | '15. 1 |
| 원주 더네이쳐 | 강원 원주시 문막읍 궁촌리 | ㈜경인개발 | '15. 1 |
| 양양 국제공항 | 강원 양양군 손양면 동호리 | ㈜새서울레저 | '15.12 |

# 3 | 특례내용

## 3-1. 세목별 감면

관광단지개발 사업시행자에 대해서는 2025년 12월 31일까지, 여수세계박람회재단 등에 대해서는 2019년 12월 31일(평창올림픽 선수촌 건립분에 대한 취득세는 2017년 12월 31일, 올림픽선수촌 별장 재산세 중과배제는 2022년 12월 31일, 2023년 이후부터는 별장 중과세 제도 폐지로 감면 종료)까지 지방세 및 국세(농어촌특별세)를 각각 감면한다.

〈표 2〉 **관광단지개발사업시행자 등 감면 현황(2023.1.1. 현재)**

| 조문 | 감면대상 | 감면율 | 일몰기한 |
|---|---|---|---|
| §54 ① | 관광단지개발사업시행자가 취득하는 부동산 | 취득세 최대 75%(법 25%+조례 25%) | '25.12.31 |
| §54 ⑤ 1호 | 2012여수세계박람회재단 고유업무용 취득 부동산 | 조례로 취득세 최대 100%<br>조례로 재산세(도시지역분 포함) 최대 100% | '19.12.31<br>종료<br>(조례이관) |
| §54 ⑤ 2호 | 여수세계박람회특구 창업기업 | 취득세 최대 50%(조례)<br>재산세(도시지역분 포함) 최대 50%(조례) | |
| §54 ⑤ 3호 | 여수세계박람회특구 사업시행자 | | |
| §54 ⑥ 1호, 2호 | 평창동계올림픽 선수촌 | 취득세 100% | '17.12.31 |
| | | 재산세 중과세율 배제 특례<br>※ 2023년부터 별장 중과세 제도 폐지 | '22.12.31 |
| 농특 §4 ⑥ 5호 | §54 ⑤에 따른 취득세 감면분의 20% | 농특세 비과세 | - |

평창동계올림픽 선수촌의 경우 국제대회의 성공적 개최를 위하여 지원되는 감면으로 평창올림픽 선수촌을 최초 건축시 소유권보존등기에 대해 감면하고, 대회 이후에 선수촌을 분양하고 이를 수분양자가 취득하여 별장으로 사용하는 경우에 해당 선수촌에 대해 별장 중과세 재산세를 배제하고 일반과세하도록 규정하였다.

### 3-2. 건축중인 부속토지에 대한 특례(영 §123)

여수세계박람회 재단 등(§54 ⑤, 2019년 말 종료), 평창동계올림픽선수촌(§54 ⑥) 등이 해당 용도로 사용할 건축물을 건축중인 경우에는 해당 용도로 직접 사용하고 있는 것으로 의제(擬制)하여 해당 건축물의 부속토지에 대한 재산세를 계속 감면한다.

### 3-3. 자동계좌이체 납부분 재산세 세액공제(§92의 2)

여수세계박람회 재단 등(§54 ⑤, 2019년 말 종료), 평창동계올림픽선수촌(§54 ⑥) 등이 전자송달 또는 자동계좌이체 방식으로 납부할 재산세(§54 ⑤~⑥)를 자동납부 신청하는 경우에는 지방자치단체의 조례로 정하는 바에 따라 추가로 재산세를 공제(150원~1,000원)받을 수 있다. 자동납부 신청 세액공제에 관한 세부사항은 제92조의 2 해설편을 참조하면 된다.

## 3-4. 경과규정 특례

### 3-4-1. 2016년 감면축소분 경과특례(부칙 §10, 제14477호 2017.1.1.)

2017년 1월 1일부터는 관광단지개발 사업시행자에 대한 지방자치단체 조례를 통한 취득세 추가 경감률이 종전 50%에서 25%로 축소되었다. 다만, 감면이 축소되었더라도 2016년 이전 납세의무 성립분까지는 「지방세기본법」 제51조에 따른 경정청구 기간(최대 2021년)까지는 종전(2016년)의 규정을 계속해서 적용할 수 있다.

### 3-4-2. 2014년 감면종료분 경과특례(부칙 §14, 제12955호 2014.12.31.)

관광호텔(§54 ②~③)에 대해서는 2014년 12월 31일까지로 감면기한이 종료되었다. 다만, 감면이 종료되더라도 2015년 1월 1일 이전 납세의무 성립분에 한해 종전(최대 2019년)의 규정을 계속해서 적용할 수 있다.

## 3-5. 지방자치단체 조례를 통한 감면

### 3-5-1. 관광단지개발 사업시행자에 대한 위임조례 감면(§54 ①)

관광단지개발 사업시행자가 취득하는 부동산에 대해서는 법정감면(취득세 25%) 이외에도 추가로 지방자치단체의 조례를 통해 50%의 범위 안에서 추가로 경감할 수 있도록 위임사항을 규정(§54 ①)하고 있다. 지방자치단체별 추가 경감 사례는 다음과 같다.

**〈자치단체별 취득세 추가 경감률 적용사례〉** ※ 추가 지자체별 경감률 확인 필요

- 부산광역시, 광주광역시, 울산광역시, 세종특별자치시, 강원도, 전라북도, 전라남도, 충청북도, 충청남도, 경상남도 ☞ 취득세 50%
- 경기도 ☞ 관광단지개발 사업시행자 취득세 25%
- 경상북도 ☞ 관광단지개발 사업시행자 취득세 35%
- 제주특별자치도 ☞ 100%

### 3-5-2. 여수엑스포재단 등에 대한 위임조례 감면(§54 ⑤)

여수엑스포재단 등에 대해서는 지방자치단체의 조례를 통해 50~100%의 범위 안에서 경감할 수 있도록 위임사항을 규정(§54 ①)하여 왔으며 2019년 말 자치단체 감면조례로 운영하도록 이관되어 법정감면은 종료되었다. 현재 전라남도 도세(여수시세) 감면조례를 통해 여수엑스포재단 등에 대해서는 다음과 같이 취득세를 각각 경감하고 있다.

〈표 3〉 **여수엑스포재단 등에 대한 전라남도세 감면조례**

| 조문 | 위임내용 | 감면율 |
|---|---|---|
| §12 1호 | 여수엑스포재단에 대해 100% 범위 이내에서 조례로 정하는 감면율(§54 ⑤ 1호) | 취득세 100%<br>재산세 100% |
| §12 2호 | 해양박람회특구에서 창업하는 기업 등에 대해 50% 범위 이내에서 조례로 정하는 감면율(§54 ⑤ 2호) | 취득세 50%<br>재산세 50% |
| §12 3호 | 해양박람회특구 사업시행자에 대해 50% 범위 이내에서 조례로 정하는 감면율(§54 ⑤ 3호) | 취득세 50%<br>재산세 50% |

# 4 | 지방세특례의 제한

## 4-1. 감면된 취득세의 추징(§54 ① 단서규정 신설, 2023.1.1. 시행)

관광단지개발 사업시행자(§54 ①)가 감면요건을 위반하는 경우에 감면받은 취득세를 추징하는 규정을 2023년 1월 1일부터 직접 본문에 규정하였는데 이는 관광단지 개발사업의 특성을 고려하여 단계별·유형별 추징규정을 적용하도록 대대적으로 개편되었으며 관광단지 조성단계에서는 조성계획의 승인이 실효되거나 취소되는 경우로, 준공단계에서는 취득일부터 3년 이내 정당한 사유없이 관광진흥법에 따른 준공검사를 받지 아니한 경우로, 준공 이후 사용단계에서는 사용 유형별로 2가지로 분류하여 사후관리의 규정을 두되, 우선 전체 대상에 대해서는 준공검사받은 날부터 3년 이내 정당한 사유 없이 해당 용도로 분양·임대하지 않거나 직접 사용하지 않는 경우로 하고 두 번째로 직접 사용 대상에 대해서는 해당 직접 사용한 기간이 2년 미만인 상태에서 매각·증여하거나 다른 용도로 사용하는 경우로 규정을 세분화하였다.

〈표 4〉 **관광단지개발 사업시행자 사후관리(추징) 요건(부칙 §6에 따라 2023.1.1. 적용)**

• (조성계획 승인 실효 또는 취소시) 관광진흥법 §56 ② 1)에 따라 조성계획의 승인이 실효되거나, 같은 법 §56 ③ 2)에 따라 승인이 취소되는 경우

1) 조성계획의 승인고시일부터 2년 이내에 해당 사업에 착수하지 아니한 경우
2) 공사 중단 등으로 환경·미관을 크게 해치거나, 조성사업의 완료가 어렵다고 판단되는 경우
   → 시도지사 승인취소 명령 가능

- (조성 준공 유예기한) 취득일부터 3년 이내에 정당한 사유없이 관광단지를 조성하지 아니한 경우
- (조성 준공 후 사용 등) 조성공사가 끝난 날부터 3년 이내에 정당한 사유없이 해당 용도로 분양·임대 또는 직접 사용하지 아니한 경우
- (시행자 직접 사용시 의무기간) 직접 사용한 기간이 2년 미만인 상태에서 매각·증여하거나 다른 용도로 사용한 경우

## 4-2. 중복감면의 배제

여수해양박람회특구에서 창업하거나 사업장을 신설하는 기업(§54 ⑤ 2호) 및 사업시행자(§54 ⑤ 2호)의 경우는 본 규정에 따른 감면 이외에도 해당 기업·법인에 대한 창업중소기업 감면, 수도권지방이전기업 감면 및 산업단지 감면 등에 해당된다면 이 중에 감면율이 높은 유리한 규정 하나만을 적용받을 수 있다.

〈표 4〉 **여수해양박람회특구 중복감면 적용 현황(2020.1.1. 현재, 2020년부터 감면조례 운영)**

| 구분 | 본 규정 (§54 ⑤) | 창업기업 감면 (§58의 3 ③) | 수도권이전 감면 (§79, §80) | 산업단지 감면 (§78) |
|---|---|---|---|---|
| 여수박람회 특구 내 창업기업 | 취득세 50% 이내<br>재산세 50% 이내 | 취득세 75%(4년)<br>법인설립 등기 등 100%<br>재산세 100%(3년)<br>+ 50%(2년) | – | 취득세 최대 35%<br>재산세 35~60% |
| 여수박람회 특구 내 사업장 이전기업 | | – | 취득세 100%<br>재산세<br>100%(5년) +50%(3년) | – |
| 사업시행자 | | – | – | 취득세 최대 35%<br>재산세 35~60% |

## 4-3. 최소납부세액 부담(§177의 2)

2012여수세계박람회재단이 그 고유업무에 사용하기 위하여 취득하는 부동산 및 2018평창동계올림픽선수촌에 대해서는 취득세 또는 재산세가 면제(§54 ①, 지방자치단체조례, §54 ⑥)됨에도 불구하고, 2016년부터 시행되는 감면 상한제도에 따라 면제되는 세액의 15%는 감면특례가 제한되어 최저납부세액으로 부담하여야 한다. 다만, 평창동계올림픽선수촌의 경우는 부칙 제12조(법률 제12955호, 2014.12.31.)에 따라 2019년 1월 1일부터 적용된다. 이에 대

한 세부적인 사항은 제177조의 2 해설편을 참조하면 된다.

### 4-4. 지방세 중과세 대상 부동산 감면 제한(§177)

관광단지개발 사업시행자 등이 감면을 받으려는 부동산이 지방세법 제13조 제5항에 따른 별장 · 골프장 · 고급오락장 등 지방세 중과세 대상인 사치성 재산인 경우에는 감면대상에서 제외된다. 세부적인 사항은 제177조의 해설편을 참조하면 된다.

## 5 감면신청(§183)

관광단지개발 사업시행자 등이 본 규정에 따라 지방세를 감면받으려는 경우에는 해당 지방자치단체의 장에게 해당 부동산이 관광단지 사업용 등에 사용하는 용도임을 입증하는 서류를 첨부하여 감면신청을 하여야 한다. 세부적인 감면신청 절차 등에 대해서는 제183조의 해설편을 참조하면 된다.

## 6 관련사례

■ 관광호텔의 객실요금 인하 방식에 대한 감면요건 충족 여부

객실에 적용한 관광호텔 요금 할인방식이 「지방세특례제한법 시행령」 제27조 제2호에 따른 감면요건을 충족하였는지 여부 및 재산세 부과처분이 비과세 관행을 위배한 처분에 해당하는지 여부에 대해, 청구법인의 경우와 같이 지방자치단체의 요금인하 정책을 적극적으로 수용하여 실질적으로 20% 이상의 요금인하 효과가 발생하였음에도 단순히 일부 객실요금의 표시가격이 단수조정과정에서 발생한 차이를 사유로 감면대상에서 제외하는 것은 감면취지에도 어긋나는 결과를 초래하게 되고, 조세법률주의 원칙을 지나치게 형식적으로 적용하여 조세형평을 저해하는 것으로서, 처분청이 감면취지의 합목적성을 고려하지 아니하고 이 건 재산세 등을 부과한 처분은 잘못이 있다고 판단됨(조심 2017지905, 2018.4.27.).

■ 다른 법률에 의제된 경우 감면 적용 여부

수족관시설의 경우 소유자가 법인이 수족관시설을 사용 · 수익하고 있는 이상 수족관시설을 직접 사용한 것으로 보기 어려우므로 처분청이 재산세 등을 부과한 처분은 적법함(조심 2015지0901, 2016.2.26.).

■ 복합쇼핑몰에 대한 관광단지 시설 해당 여부

건축물에 소재하는 복합쇼핑몰은 「유통산업발전법」에 따른 대규모 점포로서 관광단지의 관리·운영 및 기능 활성화 등을 위한 지원시설과는 특별한 관련이 없다고 보이는 점 등에 비추어 관광진흥법령에서 규정한 관광시설에 해당되지 않는다고 보이므로 그 부속토지에 대한 취득세 등의 경정청구를 거부한 처분은 정당함(조심 2015지0877, 2015.12.8.).

■ 수탁자가 관광단지 개발사업시행자가 아닌 경우 감면 여부

「신탁법」에 의한 신탁으로 수탁자에게 소유권이 이전된 토지가 지목변경된 경우의 지목변경 취득세 납세의무자는 수탁자이므로 해당 법인은 토지에 대한 지목변경 취득세 납세의무자이며 관광단지개발 사업시행자가 아니므로 취득세 감면대상에 해당하지 아니함(조심 2014지0772, 2015.3.30.).

■ 관광단지개발사업 시행자의 시행과정에서 취득한 부동산의 감면 여부

'관광단지개발사업 시행자가 관광단지개발사업을 시행하기 위하여 취득하는 부동산'이라 함은 관광단지개발사업의 시행자가 개발계획에 따라 개발사업을 완료할 때까지 취득하는 모든 부동산을 가리키는 것이 아니라, 관광단지의 개발사업을 시행하고 있는 과정에서 취득하는 부동산과 이미 관광시설에 제공된 부동산일 경우 아직 사용·수익이 개시되지 아니한 상태에 있는 부동산만을 의미한다 할 것(대법원 1992.5.8. 선고, 91누10206 판결 참조)이고, 클럽하우스 및 장비창고는 조성계획의 변경계획을 시행하는 과정에서 취득한 부동산으로서 관광단지개발 사업시행자가 관광단지개발사업을 시행하는 과정에 취득하는 부동산이라 할 것이고, 사용·수익이 개시된 부동산도 아니라 할 것이므로 「지방세특례제한법」 제54조 제1항의 관광단지개발 사업시행자가 관광단지개발사업을 시행하기 위하여 취득하는 부동산에 해당됨(행자부 지방세특례제도과-1233, 2015.5.1.).

■ 관광단지개발 사업시행자가 골프장 조성 및 준공 후 조성계획 변경에 따라 클럽하우스와 창고를 신축한 경우, 관광단지개발사업을 시행하기 위하여 취득하는 부동산에 해당하는지 여부

- 「관광진흥법」 제55조 제1항에 따른 관광단지개발 사업시행자가 관광단지개발사업을 시행하기 위하여 취득하는 부동산에 대해 취득세를 경감하는 바, 같은 법 제2조 제9호에서는 "조성계획"을 관광지나 관광단지의 보호 및 이용을 증진하기 위하여 필요한 관광시설의 조성과 관리에 관한 계획으로 정의하고 있고,
- 같은 법 제55조 제1항에서는 "조성사업"을 조성계획을 시행하기 위한 사업으로 정의하고, "사업시행자"를 이 법 또는 다른 법령에 특별한 규정이 있는 경우 외에는 조성계획의 승인을 받은 자로 정의하면서 조성사업은 사업시행자가 시행하는 것으로 규정하고 있음.
- 「지방세특례제한법」 제54조 제1항의 감면대상인 '관광단지개발사업 시행자가 관광단지개발사업을 시행하기 위하여 취득하는 부동산'이라 함은 관광단지개발사업의 시행자가 개발계획에 따라 개발사업을 완료할 때까지 취득하는 모든 부동산을 가리키는 것이 아니라, 관광단지의 개발사업을 시행하고 있는 과정에서 취득하는 부동산과 이미 관광시설에 제공된 부동산일 경우 아직 사용·수익이 개시되지 아니한 상태에 있는 부동산만을

의미한다 할 것임(대법원 1992.5.8. 선고, 91누10206 판결 참조).

- 따라서, 2006.7.23 ○○관광단지 골프장조성 사업계획 승인이 있었고, 2012.2.4 ○○ 골프클럽 등록(일반대중제 9홀)을 하고 골프장을 사용・수익을 개시하였으나, 2014.3.19 사업계획 변경승인이 있었고, 그 사업계획 변경승인에 따라 클럽하우스 및 장비창고를 신축하여 취득한 경우라면, 위 클럽하우스 및 장비창고는 조성계획의 변경계획을 시행하는 과정에서 취득한 부동산으로서 관광단지개발 사업시행자가 관광단지개발사업을 시행하는 과정에 취득하는 부동산이라 할 것이고, 사용・수익이 개시된 부동산도 아니라 할 것이므로 「지방세특례제한법」 제54조 제1항의 관광단지개발 사업시행자가 관광단지개발사업을 시행하기 위하여 취득하는 부동산에 해당된다고 보아야 함(행지부 지방세특례제도과-1233, 2015.5.1.).

■ 지식경제부장관의 경제자유구역 지정으로 관광단지 조성계획의 승인이 의제된 경우 경제자유구역개발사업자가 시행하는 관광단지개발사업에 대한 감면 가능 여부

- 「경제자유구역의 지정 및 운영에 관한 법률」 제11조 제1항에서는 개발사업시행자가 제9조의 규정에 의한 실시계획의 승인을 얻은 경우에는 「관광진흥법」 제54조의 규정에 의한 관광지・관광단지 조성계획의 승인을 받은 것으로 의제하고 있고, 「관광진흥법」 제55조 제1항에서는 조성사업은 조성계획의 승인을 받은 자가 행하는 것으로 규정하고 있어 경제자유구역개발 사업시행자가 「관광진흥법」 제55조 제1항에 따른 조성계획의 승인을 받은 자로 의제된다 하더라도,
- 어떠한 법률에서 주된 인・허가가 있으면 다른 법률에 의한 인・허가를 받은 것으로 의제한다는 규정을 둔 경우에는, 주된 인・허가가 있으면 다른 법률에 의한 인・허가가 있는 것으로 보는 데 그치는 것이고, 그에서 더 나아가 다른 법률에 의하여 인・허가를 받았음을 전제로 한 다른 법률의 모든 규정들까지 적용되는 것은 아니다(대법원 2015.4.23. 선고, 2013두11338 판결, 대법원 2004.7.22. 선고, 2004다19715 판결, 대법원 2011.2.24. 선고, 2010두22252 판결, 참조)할 것이며,
- 「지방세특례제한법」 제54조 제1항에 따른 취득세 경감취지는 「관광진흥법」 제55조 제1항에 따른 관광단지개발 사업시행자에 한정하는 것이지 다른 법률에서 관광단지개발 사업시행자로 의제되는 경우까지를 경감대상으로 포함하겠다는 것으로 보기는 어려움
- 따라서, 경제자유구역 개발사업시행자가 「관광진흥법」 제55조 제1항에 따른 조성계획의 승인을 받은 자가 아닌 이상 「지방세특례제한법」 제54조 제1항에서 정한 취득세 감면대상에 해당하지 않는 것으로 보아야 함(행자부 지방세특례제도과-3575, 2015.12.30.).

■ 호텔업을 임대한 경우 직접 사용에 해당하지 않음

1) "직접 사용"이라 함은 부동산 소유자가 당해 부동산을 해당 용도로 직접 사용하는 경우를 말하는 것으로(감심 2008-182, 2009-244, 2010-131, 조심 2008지1082 등) 납세의무자가 해당 시설을 임차인에게 임대하였다면 이는 임대사업목적으로 사용한 것이지 직접 호텔업에 사용한 것으로 볼 수 없어 감면대상이 아님(행안부 지방세운영과-3714, 2011.8.3.).
2) 호텔업 경영과 무관하게 당해 부동산을 임대수익 창출 등 별도의 용도로 사용하는 납세자까지 조세지원의 취지가 있다고는 볼 수 없어, 해당 부동산 소유자가 호텔경영자로서

호텔업에 직접 사용하는 경우만 경감대상임(행안부 지방세운영과-3352, 2011.7.13.).

▣ 관광호텔 등 직접 사용의 범위

- "직접 사용"이라 함은 부동산 소유자가 당해 부동산을 해당 용도로 직접 사용하는 경우를 말하는 것으로(감심 2008-182, 2009-244, 2010-131, 조심 2008지1082 등) 납세의무자가 해당 시설을 임차인에게 임대하였다면 이는 임대사업목적으로 사용한 것이지 직접 호텔업에 사용한 것으로 볼 수 없어 감면대상이 아님(행안부 지방세운영과-3714, 2011.8.3.).
- 호텔업 경영과 무관하게 당해 부동산을 임대수익 창출 등 별도의 용도로 사용하는 납세자까지 조세지원의 취지가 있다고는 볼 수 없어, 해당 부동산 소유자가 호텔경영자로서 호텔업에 직접 사용하는 경우만 경감대상임(행안부 지방세운영과-3352, 2011.7.13.).

▣ 관광단지개발사업 시행자의 적격성 등

1) 관광단지개발 사업시행자가 관광단지개발사업을 시행하기 위하여 취득하는 부동산에 대하여 취득세 등을 면제하는 것이고, '관광단지개발 사업시행자'는 관광진흥법 제55조 제1항의 '조성계획의 승인을 받은 자(사업시행자)'로 규정하고 있으므로 부동산을 취득한 이후에 사업시행자로 지정된 청구법인의 경우 취득세 면제 요건을 충족한 것으로 보기는 어려움(조심 2011지0851, 2012.6.21.).
2) 호텔을 경영하는 자가 호텔업에 직접 사용하는 부동산을 경감대상으로 규정함에 있어, "직접 사용"이라 함은 호텔을 경영하는 자가 그 시설의 사용자로서 해당 부동산을 직접 사용하는 경우만을 의미한다고 보아야 할 것임(감사원 감심 2008-182, 2008.6.12.).

▣ 관광단지개발사업 시행을 위해 취득한 부동산의 판단

관광진흥법에 따른 관광단지개발 사업시행자가 관광단지개발사업을 시행하기 위해 취득하는 부동산이란 사업 추진과정에서 소유한 부동산을 의미하는 것이므로 개발사업을 완료하여 사용수익에 공할 수 있는 상태의 부동산을 가리키는 것은 아니기 때문에 관광단지개발사업을 위하여 소유하고 있는 토지상에 골프장시설을 완료하여 준공을 필한 후 수시 골프장사업을 개시하여 사용·수익할 수 있는 재산은 관광단지개발사업을 위한 사업시행자로서의 재산이 아니고 골프장 사업주의 재산인 경우로 재산세 과세대상임(내무부 내심 90-98, 1990.6.4.).

# 제55조 문화재에 대한 감면

관련규정

제55조(문화재에 대한 감면) ①「문화재보호법」에 따라 사적지로 지정된 토지(소유자가 사용·수익하는 사적지는 제외한다)에 대해서는 재산세(「지방세법」 제112조에 따른 부과액을 포함한다)를 면제한다. 다만, 수익사업에 사용하는 경우와 해당 재산이 유료로 사용되는 경우의 그 재산 및 해당 재산의 일부가 그 목적에 직접 사용되지 아니하는 경우의 그 일부 재산에 대해서는 면제하지 아니한다.

②「문화재보호법」,「자연유산의 보존 및 활용에 관한 법률」에 따른 문화재 등에 대해서는 다음 각 호에 따라 재산세를 감면한다.

1. 「문화재보호법」 제2조 제3항에 따른 문화재(국가무형문화재는 제외한다) 및 「자연유산의 보존 및 활용에 관한 법률」 제2조 제5호에 따른 천연기념물등으로 지정된 부동산에 대해서는 재산세(「지방세법」 제112조에 따른 부과액을 포함한다. 이하 이 항에서 같다)를 면제하고, 「문화재보호법」 제27조 및 「자연유산의 보존 및 활용에 관한 법률」 제13조에 따라 지정된 보호구역에 있는 부동산에 대해서는 재산세의 100분의 50을 경감한다. 이 경우 지방자치단체의 장이 해당 보호구역의 재정여건 등을 고려하여 100분의 50의 범위에서 조례로 정하는 율을 추가로 경감할 수 있다.
2. 「문화재보호법」 제53조 제1항에 따른 국가등록문화재와 그 부속토지에 대해서는 재산세의 100분의 50을 경감한다.

☞ 2023.8.8., 2023.9.14.「문화재보호법」 개정에 따른 조문내용 개정

## 1 개 요

역사적 가치가 있는 문화재에 대한 국민의 문화적 향상을 고취시키기 위한 세제지원이다. 2010년까지는 사적지는 구 지방세법 제186조의 용도구분에 의한 비과세에서, 국가 및

시도 지정문화재 등은 구 표준조례에서 각각 규정되었다가 지특법 제55조로 이관(2010.3. 31.)되었다. 2015년에는 문화재보호구역 내 부동산에 대한 감면방식이 일부 조정되었다.

2023년에는 역사적 · 경관적 · 학술적 가치를 지닌 자연유산을 체계적으로 보존 · 관리하고 지속가능하게 활용하는 것을 목적으로 「자연유산의 보존 및 활용에 관한 법률」이 제정됨에 따라 기존 문화재보호법에 따른 감면대상이 각각 구분되어 규정되어 졌다.

## 2 감면대상자

「문화재보호법」 및 「자연유산의 보존 및 활용에 관한 법률」에 따른 문화재로 지정된 부동산을 소유하는 사람이 이에 해당된다. 문화재란 조상들이 남긴 삶의 지혜와 우리가 살아온 역사를 보여주는 귀중한 유산으로 크게 유형과 무형의 문화재로 구분된다. 세부사항은 〈표 1〉의 내용과 같다.

〈표 1〉 **문화재의 구분**

| 유형문화재 | 무형문화재 | 기념물 | 민속문화재 |
|---|---|---|---|
| | | | |
| 금광총 금관<br>(국보 제87호) | 종묘제례<br>(중요무형문화재 제56호) | 몽촌토성<br>(사적 제297호) | 영천정재영가옥<br>(중요민속문화재 제24호) |
| 건조물 · 전적 · 서적 · 고문서 등 유형의 문화적 소산으로서 역사적 또는 학술적 가치가 큰 것 | 연극 · 음악 · 공예기술 등 무형의 문화적 소산으로서 역사적 또는 예술적 가치가 큰 것 | 성곽 · 고분 · 가마터 등 사적지로서 역사적 · 학술적 가치가 큰 것 | 의식주 · 생업 · 신앙 등에 관한 풍속 및 이에 사용되는 의복 · 가구 · 가옥 등으로 생활사적 가치가 큰 것 |

## 3 | 감면대상 부동산

감면대상 부동산이란 유형·무형의 문화재를 말하는데 이를 다시 세분하면 국가지정문화재, 시·도 지정문화재, 문화재자료, 등록문화재로 구분한다(표 2 참조). 그 외 문화재보호구역으로 지정된 지역 내의 부동산도 감면대상이다.

다만, 그 중에서 중요무형문화재와 문화재 중 대상이 부동산이 아닌 것과 「문화재보호법」 또는 시·도의 조례에 의하여 지정되지 않은 비지정문화재는 감면에서 제외된다.

또한, 「자연유산의 보존 및 활용에 관한 법률, 2023.3.21. 제정」이 기존 「문화재보호법」에서 분리되어 법률이 제정(2024.3.22. 시행)됨에 따라 자연물 또는 자연환경과의 상호작용으로 조성된 문화적 유산으로서 역사적·경관적·학술적 가치가 큰 동물(서식지, 번식지 및 도래지를 포함), 식물(군락지를 포함), 지형, 지질, 생물학적 생성물 또는 자연현상, 천연보호구역, 자연경관, 역사문화경관, 복합경관 등의 자연유산은 소관법령이 구분되어 감면적용을 받게 된다.

**〈표 2〉 문화재보호법에 따른 문화재의 구분**

| 구분 | | 주요 내용 |
|---|---|---|
| 국가지정 문화재 (§2 ③ 1) | 국보 | 보물에 해당하는 문화재 중 인류문화의 견지에서 그 가치가 크고 유례가 드문 것(서울 숭례문, 훈민정음 등) |
| | 보물 | 건조물·서적·고문서 등의 중요한 것(홍인지문, 대동여지도 등) |
| | 사적 | 기념물 중 유적·제사·분묘 등으로서 중요한 것(수원화성 등) |
| | 명승 | 기념물 중 경승지로서 중요한 것(명주청학동 소금강 등) |
| | 천연기념물 | 기념물 중 동물·식물·지질·광물로서 중요한 것 |
| | 중요무형 문화재 | 연금, 음악, 무용, 공예기술 등 무형의 문화적 소산으로서 역사적·예술적 또는 학술적 가치가 큰 것(종묘제례악, 양주별산대놀이 등) |
| | 중요민속 문화재 | 의식주·생산·생업·교통·운수·오락 등으로서 중요한 것(덕온공주당의, 안동하회마을 등) |
| 시·도지정 문화재 (§2 ③ 2) | 유형문화재 | 국가지정문화재의 유형문화재 내용 참조 |
| | 무형문화재 | 국가지정문화재의 중요무형문화재 내용 참조 |
| | 기념물 | 패총·고분·성지·요지 등의 사적지로서 역사상, 학술상 가치가 큰 것. 경승지로서 예술상 가치가 큰 것 등 |
| | 민속문화재 | 국가지정문화재의 중요민속문화재 내용 참조 |

| 구분 | 주요 내용 |
|---|---|
| 문화재자료<br>(§2 ③ 3) | 시・도지사가 시・도지정문화재로 지정되지 아니한 문화재 중 향토문화보존상 필요하다고 인정하여 시・도 조례로 지정한 문화재 |
| 등록문화재<br>(§53 ①) | 문화재위원회의 심의를 거쳐 지정된 문화재가 아닌 문화재 중 건설・제작・형성된 후 50년 이상 지난 것으로 보존・활용 가치가 있는 것(남대문 한국전력사옥, 철원 노동당사 등) |
| 비지정문화재 | (일반동산문화재, §60) : 국외 수출・반출 금지규정이 준용되는 지정되지 아니한 문화재(동산)로 역사적 가치가 있는 것<br>(매장문화재, 매장문화재보호 및 조사에 관한 법률 §2) : 토지 또는 수중에 매장되거나 분포되어 있는 유형의 문화재 등 |

### 사적지에 대한 감면적용 여부(§55 ①, §55 ②)

사적지에 대한 감면은 지특법 제55조 제1항에서 재산세를 면제하되, 소유자가 사용수익하거나 수익사업에 사용하는 경우와 해당 재산이 유료로 사용되는 경우 등에 대해서는 그러하지 않는다고 규정하고 있다.

한편, 같은 법 제55조 제2항에서 문화재보호법 제2조 제3항에 따른 문화재(중요무형문화재는 제외)에 대해서는 재산세를 면제하되 별도로 소유자가 사용수익하거나 수익사업에 사용하는 경우 등에 대한 제한 요건이 없다. 또한, 여기서 말하는 문화재란 국가 및 시・도 지정문화재 등을 말하고 이들 문화재 중에는 제1항에 따른 사적지도 포함되어 있어 사적지에 대해서는 지특법 규정의 제1항 또는 제2항 중 어느 규정을 적용해야 하는지에 대해 논란이 있어 이에 대해 살펴보면, 제55조 제1항은 종전의 비과세 규정에서 제2항의 문화재 감면은 표준조례에서 근거를 두고 있으며, 현재의 규정으로 각각 이관하게 됨에 따라 제1항은 단서에서 수익사업 부분 감면배제 등의 규정이 있는 것이고 제2항의 경우는 해당 규정이 없는 것이다. 결론적으로 제2항의 국가 지정 및 시・도 지정문화재 중 사적지에 대해서는 제1항 또는 제2항의 규정을 모두 적용할 수 있는 것이고, 중복감면배제(§180)의 원칙에 따라 감면신청자에게 유리한 제2항을 적용하는 것이 타당하다 하겠다. 이는 구 표준조례에서 문화재 감면 신설 당시 종전 구 지방세법상의 용도구분에 의한 비과세 규정과 중복되는 점을 간과한 부분이 아닌가 생각된다.

# 4 | 특례내용

## 4-1. 세목별 감면

「문화재보호법」, 「자연유산의 보존 및 활용에 관한 법률」에 따른 문화재로 지정된 부동산 등에 대해서는 다음과 같이 지방세를 감면하며 별도로 감면 일몰기한을 두지 않고 있다.

〈표 3〉 **문화재 지정 부동산에 대한 감면 현황(2024.1.1. 현재)**

| 조문 | 감면대상 | 감면율 | 비고 |
|---|---|---|---|
| §55 ① | 문화재보호법에 따른 사적지로 지정된 토지 | 재산세(도시지역분 포함) 100% | |
| §55 ② 1호 | 문화재보호법(§2 ③)에 따른 문화재 지정 부동산 | 재산세(도시지역분 포함) 100% | '24.3.21. 이전까지 적용 (법령 제개정으로 삭제) |
| | 문화재보호법(§27)에 따른 보호지역 내 부동산 | 재산세 최대 100% (법 50%+조례 50%) | |
| §55 ② 1호 | 문화재보호법(§2 ③)에 따른 문화재 지정 부동산, 자연유산의 보존 및 활용에 관한 법률(§2, 5호)에 따른 천연기념물등으로 지정된 부동산 | 재산세(도시지역분 포함) 100% | '24.3.22. 시행 이후 적용 (타법 개정) |
| | 문화재보호법(§27)에 따른 보호지역 내 부동산, 자연유산의 보존 및 활용에 관한 법률(§13)에 따라 지정된 보호구역에 있는 부동산 | 재산세 최대 100% (법 50%+조례 50%) | |
| §55 ② 2호 | 문화재보호법(§53 ①)에 따른 문화재 부동산 | 재산세 50% | |

## 4-2. 최소납부세액 면제(§177의 2)

2015년부터 시행되는 감면 상한제도(§177의 2 본문)에 따라 면제되는 세액의 15%는 감면 특례가 제한되어 문화재(§55 ①)의 경우 재산세가 최저납부세액 과세대상에 해당되지만 제177조의 2 제2호에서 최저납부세액 예외 특례를 적용받아 해당 세목에 대해서는 본 규정대로 계속해서 면제를 적용한다. 이에 대한 세부적인 사항은 제177조의 2 해설편을 참조하면 된다.

## 4-3. 자동계좌이체 납부분 재산세 세액공제(§92의 2)

문화재보호법에 따른 문화재 등에 대해서는 전자송달 또는 자동계좌이체 방식으로 납부

할 재산세(§55 ②)를 자동납부 신청하는 경우에는 지방자치단체의 조례로 정하는 바에 따라 추가로 재산세를 공제(150원~1,000원)받을 수 있다. 자동납부 신청 세액공제에 관한 세부 사항은 제92조의 2 해설편을 참조하면 된다.

## 5 | 지방세특례의 제한

### 5-1. 수익사업용 부동산 감면 제외(§55 ① 단서)

문화재로 지정된 부동산에 대한 재산세 감면을 받은 자가 감면요건을 위반하는 경우에는 제55조 제1항 단서에 따라 수익사업에 사용하는 경우와 해당 재산이 유료로 사용되는 경우의 그 재산 및 해당 재산의 일부가 그 목적에 직접 사용되지 아니하는 경우의 그 일부 재산에 대하여는 면제하지 아니한다. 수익사업 사용, 타 용도 사용 등에 대한 세부적인 내용은 제178조 해설편의 내용을 참조하면 된다.

### 5-2. 중복감면의 배제(§180)

본 규정에 따른 문화재로 지정된 부동산에 대한 감면과 제84조에 따른 도시계획시설로서 지형도면이 고시된 후 10년간 장기간 미집행된 사권제한 토지 감면과 중복이 되는 경우에는 그 중 감면율이 높은 규정 하나만을 적용한다. 세부적인 사항은 제180조의 해설편을 참조하면 된다.

## 6 | 감면신청(§183)

문화재로 지정된 부동산에 대해 지방세를 감면받으려는 경우에는 해당 지방자치단체의 장에게 해당 부동산이 「문화재보호법」 및 「자연유산의 보존 및 활용에 관한 법률」에 따른 문화재임을 입증하는 서류를 첨부하여 감면신청을 하여야 한다. 다만, 해당 부동산에 대해 지방자치단체의 장이 감면대상임을 알 수 있을 때에는 감면을 받으려는 사람이 별도로 감면신청을 하지 않아도 해당 지방자치단체의 장이 직권으로 감면을 적용할 수 있다. 세부적인 감면신청 절차 등에 대해서는 제183조의 해설편을 참조하면 된다.

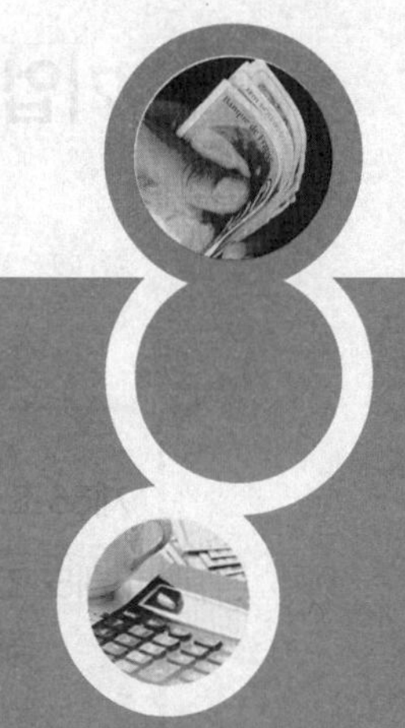

# 제 6 절

## 기업구조 및 재무조정 등에 대한 지원 (법 제56조~제62조의 2)

제56조

# 기업의 신용보증 지원을 위한 감면

관련규정

제56조 제1항, 제2항 [일몰기한 종료로 2015.1.1.부터는 감면 효력 상실]

제56조(기업의 신용보증 지원을 위한 감면) ① 「신용보증기금법」에 따른 신용보증기금이 같은 법 제23조 제1항 제2호의 신용보증 업무에 직접 사용하기 위하여 취득하는 부동산에 대하여는 2014년 12월 31일까지 취득세의 100분의 50을 경감한다.

② 「기술보증기금법」에 따라 설립된 기술보증기금이 같은 법 제28조 제1항 제2호 및 제3호의 신용보증 업무에 직접 사용하기 위하여 취득하는 부동산에 대하여는 2014년 12월 31일까지 취득세의 100분의 50을 경감한다.

③ 「지역신용보증재단법」에 따라 설립된 신용보증재단에 대해서는 다음 각 호에서 정하는 바에 따라 2025년 12월 31일까지 지방세를 경감한다.

1. 「지역신용보증재단법」 제17조 제2호에 따른 신용보증업무(이하 이 조에서 "신용보증업무"라 한다)에 직접 사용하기 위하여 취득하는 부동산에 대해서는 취득세의 100분의 50을 경감한다.
2. 〈삭 제〉 [16.12.27.]
3. 과세기준일 현재 신용보증업무에 직접 사용하는 부동산에 대해서는 재산세의 100분의 50을 경감한다.

## 1 | 개 요

자본력이 취약한 중소기업 및 소상공인 신용보증 업무를 수행하는 신용보증기금 등에 대한 세제지원이다. 1997년도에 신설되어 2010년 이전까지는 구 지방세법에서 규정되었다가 2010년 말 지특법 제정으로 현재의 규정으로 이관되었으며 지방자치단체가 출자하여 설립한 지역신용보증재단 등에 대한 감면은 2010년까지는 구 지방세법 제279조 및 구 표준조례에 규정되었다가 2011년부터 현재의 지특법 제56조로 이관되었다. 이후 신용보증기관(신용보증 및 기술신용보증)에 대한 감면은 2012년 말 지특법 개정을 통해 감면 일몰기한이 2012년에서 2014년까지 2년간 연장되었으며, 2014년 말 감면이 종료되었다. 한편, 지역신용보증재단에 대한 감면의 경우 2013년에서 2015년으로 연장되었고 유사 신용보증업무에 대한 조세형평 차원에서 사실상 종료가 바람직하나 주요 재원이 지방자치단체 출연기관임을 고려하여 2022년 말 일몰도래시 2025년 12월 31일까지 3년간 연장되었다.

## 2 감면대상자

「지역신용보증재단법」에 따라 설립된 신용보증재단이 이에 해당된다. 한편, 2014년까지는 「신용보증기금법」에 따른 신용보증기금, 「기술신용보증기금법」에 따른 기술신용보증기금도 감면대상자에 해당되었으나 2015년부터는 감면기한이 종료되어 제외되었다.

### 신용보증기금 및 기술신용보증기금 개요

신용보증이란 담보능력이 취약한 기업이지만 사업성과 성장잠재력이 유망한 기업을 대상으로 신용보증기관에서 신용을 평가한 후 보증한도를 정하여 금융기관으로부터 자금을 대출받을 수 있도록 보증서를 발급하는 제도이다. 현재 국내에는 신용보증기금, 기술신용보증기금, 각 지역 신용보증재단에서 신용보증 관련 업무를 취급하고 있다. 각 보증기관별로 신용보증 절차 등은 비슷하나 신용보증기금은 일반중소기업, 기술신용보증기금은 신기술 · 벤처기업, 지역신용보증재단은 해당 지역의 소상공인 중심으로 지원되는 것을 제외하고는 대체로 신용보증 관련 절차는 비슷하다. 지역신용보증재단은 서울신용보증재단 등 2015년 현재 세종시를 제외한 각 시도별로 16개의 본점이 있고, 지점 · 출장소 · 센터 100개를 포함하여 총 116개소가 설립되어 있다.

〈표 1〉 **주요 신용보증 기관별 현황**

| 구분 | 신용보증기금 | 기술신용보증기금 | 지역신용보증재단 |
|---|---|---|---|
| 설립연도 | 1976.6. | 1987.4. | 1996.3.~2003.8. |
| 근거법령 | 신용보증기금법 | 기술보증기금법 | 지역신용보증재단법 |
| 업무구역 | 전국 | 전국 | 각 지역 |
| 주요기능 | 신용보증, 경영지도 | 기술신용보증, 기술평가 | 신용보증, 경영지도 |

| 구분 | 신용보증기금 | 기술신용보증기금 | 지역신용보증재단 |
|---|---|---|---|
| 중점지원 | 일반중소기업 | 신기술, 벤처기업 | 각 지역 소기업, 소상공인 |
| 보증료 | 05~3% | 0.5~3% | 0.5~2% |
| 기 타 | 어음보험제도 | 벤처기술평가 | 각 지역<br>소상공인지원센터와 연계 |
| 지방세감면 | 신용보증업무에 직접 사용 부동산(취 50%)<br>- '14년 일몰 종료 | 기술(일반)신용보증업무에 직접 사용 부동산(취 50%)<br>- '14년 일몰 종료 | 신용보증업무에 직접 사용 부동산(취, 등, 재 50%)<br>- '16년까지 연장 |

## 3 감면대상 부동산

신용보증재단이 그 고유업무(신용보증)에 직접 사용하기 위해 취득·보유하는 부동산과 법인등기(지역신용보증재단으로 한정)가 이에 해당된다.

## 4 특례내용

### 4-1. 세목별 감면

지역신용보증재단(§56 ③)에 대해서는 취득세 및 재산세의 50%를 2025년 12월 31일까지 각각 감면하고 법인등기분 등록면허세 50% 감면은 2016년 12월 31일자로 종료되었다.

〈표 2〉 지역신용보증재단 감면 현황(2023.1.1. 현재)

| 조문 | 감면대상 | 감면율 |
|---|---|---|
| §56 ③ 1호 | 지역신용보증재단 직접 사용 부동산 | 취득세 50% |
| §56 ③ 2호 | 지역신용보증재단 법인등기 | 등록면허세 50%(2016.12.31. 종료) |
| §55 ③ 3호 | 지역신용보증재단 직접 사용 부동산 | 재산세 50% |

### 4-2. 건축중인 부속토지에 대한 특례(영 §123)

신용보증재단이 신용보증업무에 사용할 건축물을 건축중인 경우에는 해당 용도로 직접 사용하고 있는 것으로 의제(擬制)하여 해당 건축물의 부속토지에 대한 재산세를 계속 감면한다.

### 4-3. 경과규정 특례

#### 4-3-1. 2016년 감면종료분 경과특례(부칙 §10, 제14477호 2017.1.1.)

2017년 1월 1일부터는 제56조 제3항 제2호에 따른 지역신용보증재단에 대한 법인등기분 등록면허세 50% 감면이 종료되었다. 다만, 감면이 종료되었더라도 2016년 이전 납세의무 성립분까지는 「지방세기본법」 제51조에 따른 경정청구 기간(최대 2021년)까지는 종전의 규정을 계속해서 적용할 수 있다.

#### 4-3-2. 2014년 감면종료분 경과특례(부칙 §6, 제12955호 2014.12.31.)

「신용보증기금법」에 따른 신용보증기금(§56 ①) 및 「기술신용보증기금법」에 따른 기술신용보증기금에 대해서는 취득세가 50% 감면되었으나 2014년 12월 31일부로 감면기한이 종료되어 2016년 1월 1일부터는 감면대상에서 제외되었다.

다만, 이들 단체에 대해 감면이 종료되더라도 2015년 1월 1일 이전 납세의무 성립분에 한해 「지방세기본법」 제51조에 따른 경정청구 기간(최대 2019년)까지는 종전의 규정을 계속해서 적용할 수 있다.

### 4-4. 자동계좌이체 납부분 재산세 세액공제(§92의 2)

신용보증재단이 전자송달 또는 자동계좌이체 방식으로 납부할 재산세(§56 ③)를 자동납부 신청하는 경우에는 지방자치단체의 조례로 정하는 바에 따라 추가로 재산세를 공제(150원~1,000원)받을 수 있다. 자동납부 신청 세액공제에 관한 세부사항은 제92조의 2 해설편을 참조하면 된다.

## 5 | 지방세특례의 제한

본 규정에서는 별도의 추징규정이 없지만, 지특법 제178조를 준용하여 감면요건을 위반하는 경우에는 과세기관에서 추징처분을 할 수 있다. 이때 감면요건을 위반하는 경우란 대부분 신용보증재단 등이 신용보증과 관련된 고유목적사업에 직접 사용하지 않거나 임대 등 다른 용도로 사용하는 경우 제3자에게 매각·증여하는 경우를 의미한다. 이에 대한 세부적인 내용은 제178조의 해설편을 참조하면 된다.

# 6 관련사례

■ 기술신용보증기금의 연수원은 고유목적 직접 사용이 아니라고 한 사례

직원교육(신용보증 업무관련)을 위한 연수원이 감면대상 관련, 지방세법 제279조의 규정에 의거 기술신용보증기금법에 의하여 설립된 기술신용보증기금이 동법 제28조 제1항 제2호 및 제3호의 규정에 의한 신용보증업무에 직접 사용하기 위하여 취득하는 부동산에 대하여는 취득세와 등록세의 100분의 50을 경감토록 규정하고 있으므로, 귀 질의의 경우 기술신용보증기금의 연수원으로 사용할 목적으로 부동산을 취득하는 경우라면 기술신용보증, 일반신용보증 업무에 직접 사용되는 것이 아님(행자부 세정-1776, 2003.11.5.).

■ 신용보증기금의 고유업무 직접 사용 판단 기준

1) 신용보증기금법에 따라 설립된 ○○○기금이 그 고유의 업무에 직접 사용하기 위하여 취득·등기하는 부동산에 대하여 취득세·등록세를 감면하는 것이나, 당해 법인의 고유업무와 관계없이 운동 경기부를 설치하기 위하여 취득·등기하는 부동산에 대해서는 취득세·등록세를 감면하지 아니함(구 내무부 도세 13421-22, 1993.1.13.).
2) 신용보증재단이 기본재산인 출연금으로 이 사건 건물을 취득한 뒤 부득이한 사정으로 남는 부분을 임대한 것이 아니라 처음부터 상당부분을 임대할 목적으로 이 사건 건물을 취득하였고 그 임대수익이 적지 아니하므로 이 사건 건물 중 임대부분은 기본재산의 관리업무나 그에 부수되는 업무에 직접 사용하기 위하여 취득한 경우에 해당하지 않는다(대법원 2012.9.27. 선고, 2012두11775 판결).

■ 임대업용은 고유업무에 직접 사용하는 것으로 보기 어렵다고 한 사례

청구법인이 임대업 승인을 받은 사실이 있다 할지라도, 그 승인 취지가 재단의 효율적인 재산관리 및 위탁업무의 성실한 수행을 위해 재단업무의 목적(소상공인 등의 채무 보증 등을 통한 서울경제 활성화 기여)에 저촉되지 않는 범위 안에서 승인한다고 하고 있는 점, 청구법인의 경우처럼 비영리 공공법인이 부동산을 취득하여 비영리사업이 아닌 임대업을 영위하는 것까지 고유업무로 인정하여 세제상 혜택을 부여한다면, 동일한 사업(임대업)을 영위하는 다른 경제주체(영리법인 등)와의 과세취급상 불공평을 초래할 수 있는 점, 「지역신용보증재단법」 제17조에서 재단 기본재산의 관리 및 이에 부수되는 업무로서 시·도지사의 승인을 얻은 것을 재단업무로 본다고 규정하고는 있으나, 이 건 건축물 전체 연면적 29,472.73㎡ 중 64.13%(18,900.83㎡)는 수익사업인 임대업에 공하고 있는 반면, 청구법인이 주된 고유업무에 직접 사용하는 면적은 35.87%(10,571.9㎡)에 불과한 점에서 승인받은 임대업은 기본재산의 관리에 부수되는 업무가 아닌 주된 수익업무로 볼 수 있는 점 등을 종합적으로 고려하여 볼 때, 이 건 건축물 면적 중 청구법인이 임대업에 공하는 면적은 감면조례상 고유업무에 직접 사용하는 것으로 보기는 어려움(조심 2009지0934, 2010.10.12.).

# 제57조

## 기업구조조정 등 지원을 위한 감면

관련규정

제57조 〈삭 제〉 [14.12.31.]

제57조(기업구조조정 등 지원을 위한 감면) ① 다음 각 호에서 정하는 법인의 합병으로 양수(讓受)받은 재산의 취득에 대하여는 취득세를, 양수받은 재산의 등기 및 법인등기에 대하여는 등록면허세를 각각 2014년 12월 31일까지 면제한다. [15.1.1. ⇨ §57의 2 ②]

1. 「농업협동조합법」, 「수산업협동조합법」 및 「산림조합법」에 따라 설립된 조합 간의 합병
2. 「새마을금고법」에 따라 설립된 새마을금고 간의 합병
3. 「신용협동조합법」에 따라 설립된 신용협동조합 간의 합병
4. 제1호부터 제3호까지와 유사한 합병으로서 대통령령으로 정하는 합병

② 다음 각 호에 해당하는 적기시정조치 또는 계약이전 결정으로 인한 재산의 취득에 대하여는 취득세를, 재산의 등기에 대하여는 등록면허세를 각각 2014년 12월 31일까지 면제한다. [15.1.1. ⇨ §57의 3 ① 4]

1. 「산림조합법」에 따른 조합 및 「산림조합의 구조개선에 관한 법률」에 따른 상호금융예금자보호기금이 적기시정조치(사업 양도 또는 계약이전에 관한 명령으로 한정한다) 또는 계약이전 결정을 받은 부실산림조합으로부터 양수한 재산
2. 「산림조합의 구조개선에 관한 법률」에 따른 상호금융예금자보호기금이 취득하는 대통령령으로 정하는 재산

③ 「농업협동조합법」에 따라 설립된 농업협동조합중앙회(이하 이 조에서 "중앙회"라 한다)가 같은 법에 따라 사업구조를 개편하는 경우 다음 각 호의 구분에 따른 등기에 대해서는 등록면허세를 면제한다. [15.1.1. ⇨ §57의 2 ⑥]

1. ~ 2. 〈삭 제〉 [14.1.1.]
3. 법률 제10522호 농업협동조합법 일부개정법률 부칙 제3조에 따라 자본지원이 이

루어지는 경우 그 자본증가에 관한 등기

4. 법률 제10522호 농업협동조합법 일부개정법률 부칙 제6조에 따라 중앙회가 경제사업 이관하는 경우 다음 각 목의 어느 하나에 해당하는 등기
   가. 중앙회가 경제사업을 「농업협동조합법」 제134조의 2에 따라 설립된 농협경제지주회사에 이관하기 위하여 중앙회로부터 분리하여 설립하는 자회사의 법인설립 등기
   나. 「농업협동조합법」 제134조의 2에 따라 설립된 농협경제지주회사가 중앙회로부터 경제사업을 이관(「상법」 제360조의 2에 따른 주식의 포괄적 교환을 포함한다)받아 자본이 증가하는 경우 그 자본증가에 관한 등기

본 규정은 기업구조조정 등 지원을 위해 법인간의 합병, 부실금융기관 지원을 위한 감면, 농업협동조합 사업구조 개편을 위한 세제지원이다.

농협, 수협, 산림조합 등 구조조정 관련 감면은 2010년까지는 구 지방세법 제283조에서 규정하였다가 지특법 제정으로 2011년부터 현행 제57조로 이관되었으며 이후 2012년 말 지특법 개정을 통해 감면 일몰기한이 2012년에서 2014년까지 2년 연장되었다. 한편, 정부의 농업협동조합중앙회가 사업구조 개편(경제지주, 금융지주) 지원을 위한 1차 감면이 2012년에 신설되었고, 2차 감면으로 농협 경제자회사 감면이 2014년도에 신설되었다. 이후 2015년부터는 조세특례제한법에 있는 지방세 감면 규정이 이관되면서, 본 규정은 삭제되고 제57조의 2 규정으로 이관되었다.

# 제 57 조의 2

## 1. 합병에 대한 취득세 감면

**관련규정**

제57조의 2(기업합병·분할 등에 대한 감면) ①「법인세법」제44조 제2항 또는 제3항에 해당하는 합병으로서 대통령령으로 정하는 합병 중 법인으로서「중소기업기본법」에 따른 중소기업 간 합병 및 법인이 대통령령으로 정하는 기술혁신형사업법인과의 합병에 따라 양수하는 사업용 재산을 2027년 12월 31일까지 취득하는 경우에는「지방세법」제15조 제1항에 따라 산출한 취득세의 100분의 60을 경감한다. 다만,「지방세법」제15조 제1항 제3호 단서에 해당하는 경우에는 경감된 취득세를 추징한다.

【영】제28조의 2(법인 합병의 범위 등) ① 법 제57조의 2 제1항 각 호 외의 부분에서 "대통령령으로 정하는 합병"이란 합병일 현재「조세특례제한법 시행령」제29조 제3항에 따른 소비성서비스업(소비성서비스업과 다른 사업을 겸영하고 있는 경우로서 합병일이 속하는 사업연도의 직전 사업연도의 소비성서비스업의 사업별 수입금액이 가장 큰 경우를 포함하며, 이하 이 항에서 "소비성서비스업"이라 한다)을 제외한 사업을 1년 이상 계속하여 영위한 법인(이하 이 항에서 "합병법인"이라 한다) 간의 합병을 말한다. 이 경우 소비성서비스업을 1년 이상 영위한 법인이 합병으로 인하여 소멸하고 합병법인이 소비성서비스업을 영위하지 아니하는 경우에는 해당 합병을 포함한다.

② 법 제57조의 2 제1항 본문에서 "대통령령으로 정하는 기술혁신형사업법인"이란 다음 각 호의 어느 하나에 해당하는 법인을 말한다.

1. 합병등기일까지「벤처기업육성에 관한 특별조치법」제25조에 따라 벤처기업으로 확인받은 법인
2. 합병등기일까지「중소기업 기술혁신 촉진법」제15조와 같은 법 시행령 제13조에 따라 기술혁신형 중소기업으로 선정된 법인
3. 합병등기일이 속하는 사업연도의 직전 사업연도의「조세특례제한법」제9조 제2항 제1호에 따른 연구·인력개발비가 매출액의 100분의 5 이상인 중소기업
4. 합병등기일까지 다음 각 목의 어느 하나에 해당하는 인증 등을 받은 중소기업
   가.「보건의료기술 진흥법」제8조 제1항에 따른 보건신기술 인증
   나.「산업기술혁신 촉진법」제15조의 2 제1항에 따른 신기술 인증

다.「산업기술혁신 촉진법」 제16조 제1항에 따른 신제품 인증
라.「제약산업 육성 및 지원에 관한 특별법」 제7조 제2항에 따른 혁신형 제약기업 인증
마.「중견기업 성장촉진 및 경쟁력 강화에 관한 특별법」 제18조 제1항에 따른 중견기업 등의 선정

## 1 | 개 요

기업 간의 합병은 2개 이상의 기업이 상법 등의 규정에 따라 안정성 확보와 기업의 가치 제고를 위해 하나로 통합하는 것으로 기업구조조정 과정에서 사실상 기업의 연속성이 유지되지만 취득의 요건에 해당되는 합병기업을 지원하기 위한 세제지원이다. 2014년까지는 구 조특법 제120조 제2항에서 규정되었으나 2015년부터는 현재의 제57조의 2 제1항으로 이관(2015.1.1.)되었고 기업구조개선에 대한 지속적 지원 필요에 따라 계속적으로 연장되고 있으며 2018년 말에는 해당 규정이 법 개정에 따라 일부 감면대상이 추가되고 2021년 12월 31일까지 3년간 감면연장되었으며 감면율은 법인 적격분할 등 다른 구조개선에 대한 세제지원과의 형평 등을 고려하여 50%(다만, 중소기업법인 및 기술혁신형사업법인 간의 합병은 감면율 우대하여 60% 경감)로 축소되었다.

또한, 장기간 법인의 합병에 따른 세율특례 적용과 관련된 특례요건이나 사후관리 규정이 모호하여 합병기준에 대한 적용 혼선이 발생함에 따라 2016년부터(2015.12.29. 개정)는 「법인세법」 제44조 제2항 또는 제3항에 해당하는 적격합병의 요건과 사후관리규정을 적용하도록 하여 감면대상을 명확히 한 바 있으며 2025년부터는 일반법인의 합병 감면규정은 일몰되어 종료되었으며 중소기업 합병 및 기술혁신형사업법인과의 합병에 대한 감면규정만이 유지되어 2027년 12월 31일까지 일몰기한이 연장되었다.

## 2 | 감면대상자

2024년말까지는 합병일 현재 1년 이상 계속하여 사업을 영위한 모든 법인간의 합병으로 인한 해당 법인이 감면대상자에 해당되었으나 2025년부터는 일반법인 간의 합병의 경우에는 2024년말 이전까지 해당 법인의 합병계약에 대한 주주총회 · 사원총회의 승인결의나 총

사원의 동의가 있었던 경우에 한하여 법률 제20632호(2025.1.1. 시행) 부칙 제8조 제3항에 따라 종전 감면규정(취득세 50% 경감, 일반재산 포함)을 적용받을 수 있다.

따라서, 2025년 이후 합병 감면규정에서는 종전에 이미 합병을 추진하였던 일부 법인 외에 일반법인간의 합병은 감면대상에서 제외되었고, 「법인세법」 제44조 제2항 또는 제3항에 해당하는 합병으로서 「중소기업기본법」에 따른 중소기업 간의 합병과 기술혁신형사업법인과의 합병에 대해서만 감면적용이 가능하게 되어 종전 감면대상에 비해 대폭 축소되었다.

이 경우 합병하는 법인이 영위하는 업종은 소비성서비스업종을 제외한 모든 업종이며, 소비성서비스업과 다른 사업이 업종을 겸업하는 경우에는 합병일이 속하는 직전연도의 소비성서비스업의 사업별 수입금액이 타 업종의 수입금액보다 큰 경우에는 이를 소비성서비스업으로 간주하여 취득세 감면대상에서 제외하고 있다. 여기서 소비성서비스업종이란 조특법 시행령 제29조 제3항에 따른 업종으로서 다음과 같다.

1. 호텔업 및 여관업(관광진흥법에 따른 관광숙박업 제외한다)
2. 주점업(일반유흥주점업, 무도유흥주점업 및 식품위생법 시행령 제21조에 따른 단란주점영업만 해당하되, 관광진흥법에 따른 외국인전용유흥음식점업 및 관광유흥음식점업은 제외한다)
3. 그 밖에 오락·유흥 등을 목적으로 하는 사업으로서 기획재정부령으로 정하는 사업

감면대상자는 법인에 한해 적용하며 법인세법에 따른 일반 적격합병 법인만이 대상이었으나 2018년까지 취득세 면제 이후 현재는 50%로 감면규정이 점차 축소되었고 동 기간에 감면대상법인을 세분화하였으며 중소기업기본법에 따른 중소기업법인과 기술혁신형사업법인에 대해서는 10%p를 추가함에 따라 취득세 감면율이 60%로 규정되어 그간에는 법인합병에 대해 아래와 같이 3개 유형별로 상이하게 적용하여 왔다.

〈표 1〉 **법인합병 감면대상 및 법률근거(2025.1.1. 현재)**

<table>
<tr><th>감면대상</th><th colspan="2">법률 근거</th><th>취득세 감면율</th></tr>
<tr><td>중소기업 외 법인</td><td rowspan="3">「법인세법」 제44조<br>제2항 및 제3항</td><td>-</td><td>50%(2024년말 종료)</td></tr>
<tr><td>중소기업 법인</td><td>「중소기업기본법」</td><td rowspan="2">60%</td></tr>
<tr><td>기술혁신형사업법인</td><td>「지특법 시행령」 제28조의 2</td></tr>
</table>

여기서, 기술혁신형사업법인과의 합병인 경우란, ① 합병등기일까지 「벤처기업육성에 관

한 특별조치법」 제25조에 따라 벤처기업으로 확인받은 법인, ② 합병등기일까지 「중소기업 기술혁신 촉진법」 제15조와 같은 법 시행령 제13조에 따라 기술혁신형 중소기업으로 선정된 법인, ③ 합병등기일이 속하는 사업연도의 직전 사업연도의 「조세특례제한법」 제9조 제2항 제1호에 따른 연구·인력개발비가 매출액이 5% 이상인 중소기업, ④ 법령 등에 따라 합병등기일까지 아래 인증 등을 받은 중소기업법인이 해당된다.

■ 법령 등에 따른 인정 등을 받아 합병감면대상이 되는 중소기업(지특법 §28의 2 ② 4호)

가. 「보건의료기술 진흥법」 제8조 제1항에 따른 보건신기술 인증
나. 「산업기술혁신 촉진법」 제15조의 2 제1항에 따른 신기술 인증
다. 「산업기술혁신 촉진법」 제16조 제1항에 따른 신제품 인증
라. 「제약산업 육성 및 지원에 관한 특별법」 제7조 제2항에 따른 혁신형 제약기업 인증
마. 「중견기업 성장촉진 및 경쟁력 강화에 관한 특별법」 제18조 제1항에 따른 중견기업 등의 선정

## 3 | 감면대상 재산

합병에 따라 양수하는 사업용 재산은 부동산, 차량, 건설기계, 선박 등이 해당되며 근저당권, 임차권, 전세권 등의 권리설정에 따른 재산권은 종전 등록세에서 2011년 이후부터 등록면허세로 부과되고 있어 재산의 취득에 포함되지 아니한다. 아울러 2018년 말 지특법 개정 이전까지는 합병시 감면대상이 재산으로 규정되었으나 2019년부터는 사업용 재산에 한정되도록 개정되었다.

**합병** : 2개 이상의 법인 중 1개의 법인이 다른 법인을 흡수하는 것으로서 흡수되는 법인은 청산절차 없이 법인격이 소멸되고 흡수 법인만이 존속한다. 전체 자산·부채를 실사기준으로 평가하고, 합병의 유인책으로 출자금을 보전하여 부채와 출자금이 자산을 초과하는 금액을 손실보전한다.

○ 「지방세특례제한법」 제57조의 2 제1항에서는 「법인세법」 제44조 제2항 또는 제3항에 해당하는 합병으로서 대통령령으로 정하는 합병에 따라 양수(讓受)하는 재산을 2018년 12월 31일까지 취득하는 경우에는 「지방세법」 제15조 제1항에 따라 산출한 취득세를 면제한다고 규정하면서

- 단서에서는 다만, 합병등기일부터 3년 이내에 법인세법 제44조의 3 제3항 각 호의 어느 하나에 해당하는 사유가 발생하는 경우(같은 항 각 호 외의 부분 단서에 해당하는 경우는 제외한다)에는 경감된 취득세를 추징한다고 규정하고 있다.

○ 살피건대 합병에 대한 그간의 감면연혁을 살펴보면 구「지방세법」(법률 제10222호 2010.3.31. 일부 개정되기 이전의 것) 제110조 제4호에서 합병에 따른 부동산 및 일반시설물은 형식적 취득으로 보아 비과세하여 취득세는 과세하지 않았지만, 등록세는 합병에 따라 양수하는 부동산에 관한 등기에 대해서는 과세대상으로 규정하고 있어

- 등록세 과세대상이 되는 부동산 등기에 대해서는 구「조세특례제한법」(법률 제10406호, 2010.12.27. 일부 개정되기 이전의 것) 제119조 제1항 제2호에 따라 등록세를 전액 감면한다고 규정하였다.

- 이후 구「지방세법」 분법으로 현행「지방세특례제한법」 제57조의 2 규정이 신설되었고, 합병에 따른 감면요건은 구「조세특례제한법」 제119조 제1항 제2호에서 규정하였던 내용과 같이 합병에 따라 양수하는 부동산에 관한 등기에 대해서는 감면하도록 규정하고 있다.

- 여기에서 '합병에 따라 양수하는 부동산에 관한 등기' 중 부동산은「지방세법」 제11조에 따른 무상 취득세율(1천분의 35)에서 중과기준세율(1천분의 20)을 제외한 세액을 감면하고

- 일반시설물은「지방세법」 제15조 제2항 제7호에 따른 레저시설의 취득 등 대통령령으로 정하는 취득의 세율(1천분의 20)에서 중과기준세율(1천분의 20)을 제외하여 감면하도록 규정하고 있다.

○ 따라서 위와 같은 지방세법령의 각 규정 및 관련 법리에 비추어 보면,「지방세법」 제15조 제2항에서 규정하고 있는 일반시설물이「법인세법」 제44조 제2항 또는 제3항에 해당하는 합병 이후 추징사유가 발생하였다 하더라도 합병에 따른 일반시설물의 세율에서「지방세특례제한법」 제15조 제1항에 따른 중과기준세율을 공제할 경우 과세할 수 있는 세액이 없으므로「법인세법」 제44조 제2항 또는 제3항에서 규정하고 있는 추징사유가 발생하였다고 하더라도 추가징수 할 수 없고, 이와 관련하여「지방세특례제한법」 제177조의 2에서 규정하고 있는 지방세 감면특례의 제한 적용대상 또한 해당하지 않는다고 할 것이다.

## 4 | 특례내용

### 4-1. 감면율 및 중과세 대상 감면 적용

법인이 합병(중소기업간 합병, 기술혁신형법인과의 합병)에 따라 소비성서비스업을 제외한 사업용 재산을 2027년 12월 31일까지 취득하는 경우에 그 재산이 중과세 대상이 아닌 일반재산의 경우에는 취득세를 경감한다. 그러나 중과세 대상에 해당하는 경우에는 취득세 일부(2011년 이전 구 취득세분 과세, 구 등록세분 면제)를 과세한다.

합병시 중과세 대상이 되는 경우, 2024년말까지는 아래의 규정과 같이 지방세법 제15조 제1항 단서(법 §16 ① 1호·2호)에 해당하는 경우에는 지특법 제57조의 2 제2항 제1호에 따라 과밀억제권역 내 중과세 대상재산(법 §16 ① 3호)은 취득세 세율에서 중과기준세율(1,000분의 20)의 3배를 적용하여 산정한 금액을 빼고 감면하며, 사치성 중과세 대상 재산은 중과기준세율(1,000분의 20)의 5배를 적용하여 산정한 금액을 빼고 감면하도록 하였다.

■ 세율 특례(지방세법 §16 ①, 중과세 대상)
1. 지방세법 제13조 제1항에 따른 본점이나 주사무소의 사업용 부동산(본점 또는 주사무소용 건축물을 신축하거나 증축하는 경우와 그 부속토지만 해당)
2. 지방세법 제13조 제1항에 따른 공장의 신설용 또는 증설용 부동산
3. 지방세법 제13조 제5항에 따른 골프장, 고급주택 또는 고급오락장

다만, 2025년부터는 지특법 제57조의 2 제1항 제1호 및 제2호의 규정이 삭제되었으며 해당 규정이 삭제된 이유는 합병 후에 중과대상 재산이 되는 경우에 지방세법 제15조 제1항에서 취득세 세율특례를 배제하고 있으나, 지특법상 취득세 감면의 경우에 중과를 제외한 부분에 대해 감면을 적용함으로써 동일한 세제 지원임에도 달리 운영됨에 따라, 합병 이후(5년 이내) 중과대상 재산이 되는 경우에도 세율특례와 동일하게 적격합병에 따른 취득세 감면을 적용하지 않도록 개선되었다.

이에 따라, 법 개정(2025.1.1. 시행) 이후부터는 종전 추징규정에 따라 "합병등기일부터 3년 이내에 「법인세법」 제44조의 3 제3항 각 호의 어느 하나에 해당하는 사유가 발생하는 경우(같은 항 각 호 외의 부분 단서에 해당하는 경우는 제외)" 외에, "합병으로 취득한 과세물건이 합병 후 제16조에 따른 과세물건이 되는 경우에 경감된 취득세가 추징되는 경우"에도 경감된 취득세를 추징하게 된다.

〈표 2〉 법인합병에 대한 감면 현황(2025.1.1. 현재)

| 조문 | | 감면내용 | 취득세 감면율 | 일몰 |
|---|---|---|---|---|
| 합병 일반 과세 | 본문 §57의 2 ① | 일반 재산 | 100% | '18.12.31. |
| | | 사업용 재산 | 50%<br>일반법인간 합병 | '24.12.31. |
| | | 사업용 재산 | 60%<br>중소기업 법인간 합병<br>기술혁신형사업 법인간 합병<br>- 단, 개인기업은 제외 | '27.12.31. |
| 합병 중과세 | 단서 §57의 2 ① 1호 | 대도시 중과대상 | (감면) 중과기준세율(2%) 뺀 세율<br>(과세) 중과기준세율×3배 | '24.12.31. |
| | 단서 §57의 2 ① 2호 | 사치성재산 중과대상 | (감면) 중과기준세율(2%) 뺀 세율<br>(과세) 중과기준세율×5배 | '24.12.31. |
| 최소납부세제 | §177의 2 | 취득세 면제세액이 200만원을 초과하는 경우 | 취득세 면제세액의 85% 감면(15% 과세) | '16.1.1.~<br>'18.12.31. |

〈표 3〉 2025년 법인합병 감면 축소 개정 전후 적용례(2025.1.1.부터 시행)

| 취득재산 | | 2024.12.31. 이전 | | | | 2025.1.1. 이후 | | | 비 고 |
|---|---|---|---|---|---|---|---|---|---|
| | | 합병세율 | 세율특례 | 지특법감면 | 납부세율 | 세율특례 | 지특법감면 | 납부세율 | |
| 일반재산 | | 4% | 4%-2%<br>=2% | 2%×50%<br>=1% | 1% | 4%-2%<br>=2% | - | 2% | 세율특례적용<br>(감면삭제) |
| | | | | | | | 2%×<br>60% | 0.8% | 세율특례적용<br>감면적용<br>※현행동일 |
| 중과재산 | 합병당시 중과재산 | 본점신축등<br>4% | 4%-2%<br>=2% | 2%×50%<br>=1% | 1% | 4%-2%<br>=2% | - | 2% | 세율특례적용<br>(감면삭제) |
| | | 사치성재산<br>4% | | | | 4%-2%<br>=2% | - | 2% | 세율특례적용<br>(감면삭제) |
| | 합병이후 중과재산되는 경우 | 본점신축등<br>8% | - | (8%-6%)<br>×50%<br>=1% | 7% | - | - | 8% | 세율특례배제<br>(감면삭제) |
| | | 사치성재산<br>12% | - | (12%-10%)<br>×50%=1% | 11% | - | - | 12% | |
| 관련규정 | | 지방세법<br>§11 ⑦ | 지방세법<br>§15 ① 3 | 지특법<br>§57의 2 ① | | | | | |

## 4-2. 합병 업종의 범위

2001년까지는 소비성서비스업과 부동산업을 합병 이전의 법인의 사업 업종의 감면대상에서 제외하였으나 2002년부터 소비성서비스업으로 한하여 감면대상에서 제외하였으며 소비성서비스업과 여러 개의 다른 사업을 겸영하고 있는 경우에는 합병일이 속하는 사업연도의 직전 사업연도의 소비성서비스업의 사업별 수입금액이 가장 큰 사업이 소비성서비스업이 아닌 경우에는 감면대상에 해당된다. 다만 소비성서비스업을 영위하던 법인이 합병으로 인하여 소멸하고 존속되는 합병법인이 소비성서비스업을 영위하지 아니하는 경우에는 감면대상에 해당된다.

또한 조특법 시행령 제29조 제3항 제3호에서 "기획재정부령으로 정하는 사업"은 2006년 4월 17일부터 조특법 시행규칙 제5조의 2에서 무도장운영업, 도박장운영업(관광진흥법 제5조 또는 폐광지역개발 지원에 관한 특별법 제11조에 따라 허가를 받은 카지노업 제외), 의료행위가 아닌 안마를 행하는 안마업으로 신설 규정하였으나 2010년 4월 20일자로 조문이 삭제됨에 따라 그간에는 별도의 사업을 정하지 않고 운영되어 왔다.

이후 2024년 3월 22일 조특법 시행규칙(기획재정부령 제1042호, 2024. 3. 22.)이 개정됨에 따라 같은 법 시행령 제29조 제3호에서의 "그 밖에 오락 · 유흥 등을 목적으로 하는 사업으로서 기획재정부령으로 정하는 사업"으로서의 소비성서비스업의 세부 범위에 무도장 운영업, 기타 사행시설관리 · 운영업, 안마시술업, 마사지업이 규정되었다.

> 제17조(소비성서비스업의 범위) 영 제29조 제3항 제3호에서 "오락 · 유흥 등을 목적으로 하는 사업으로서 기획재정부령으로 정하는 사업"이란 다음 각 호의 사업을 말한다.
> 1. 무도장 운영업
> 2. 기타 사행시설 관리 및 운영업(「관광진흥법」 제5조 또는 「폐광지역 개발 지원에 관한 특별법」 제11조에 따라 허가를 받은 카지노업은 제외한다)
> 3. 유사 의료업 중 안마를 시술하는 업
> 4. 마사지업

## 4-3. 합병일 현재 1년 이상 사업 영위의 기간계산

법인의 합병일은 상법 제234조의 규정에 따라 합병으로 인해 존속하는 회사의 등기일을 기준으로 판단하여야 하며 합병일 현재 1년에 대한 시점은 합병등기일로부터 이전 1년 전까지의 기간을 의미하고 계속적으로 사업을 영위하여야 하는 것은 합병일 1년 전까지의 사업기간 중 지속적으로 사업을 영위하는 것으로 일정기간 휴업을 한 경우에는 감면대상에서

제외함이 타당하고, 사실상의 사업 영위가 명백히 입증되지 않는 경우에는 법인의 사업자 등록일을 기준으로 기간계산 등을 판단하여야 한다.

## 4-4. 법인합병 세율특례 및 감면

합병하는 법인과 금융기관에 대한 취득세 및 등록면허세의 세제지원 규정은 다음과 같다.

〈표 3〉 **법인합병에 대한 세율특례 비교(2025.1.1. 현재)**

| 구분 | 합병 세제지원 내용 | 세율(감면율) 및 세목 | |
|---|---|---|---|
| | | 취득세 | 등록면허세 |
| 세율특례 | • 법인합병에 대한 세율특례<br>〈지방세법 §15 ① 3호〉 | (2023.3.13. 이전까지)<br>- 세율 3.5% → 2% | - |
| | | (2023.3.14. 이후부터)<br>- 세율 4% → 2%<br>※ 세율특례 일몰없음 | |
| 전업종 | • 모든 업종의 법인합병(서비스업종 제외)<br>〈지특법 §57의 2 ①〉 | 100%<br>('18.12.31.한) | - |
| | | 50%<br>('24.12.31.한) | - |
| | • 중소기업 간 및 기술혁신형사업법인간 합병<br>〈지특법 §57의 2 ①〉 | 60%<br>('27.12.31.한) | - |
| 제조업<br>금융업 | • 농·수협, 새마을금고, 신협 간 합병<br>• 금융회사간 합병, 제조업종 간 합병<br>(행안부 고시), 한국산업은행<br>〈지특법 §57의 2 ②〉 | 100%<br>('18.12.31.한) | 100%<br>('14.12.31.한) |
| | | | 75%<br>('18.12.31.한) |
| | • 농·수협, 새마을금고, 신협 간 합병<br>〈지특법 §57의 2 ②〉 | 100%<br>('27.12.31.한) | 50%<br>('24.12.31.한) |
| | • 금융회사간 합병<br>〈지특법 §57의 2 ⑩〉 | 50%<br>('27.12.31.한) | 25%<br>('24.12.31.한) |
| | • 제조업종 간 합병(행안부 고시),<br>한국산업은행 | 감면종료 | 감면종료 |

### 4-5. 법인합병 감면연혁

합병하는 법인에 대해서는 본 규정에 따른 중과배제 이외에도 지방세법, 조특법 등에 따른 별도의 특례가 2014년말까지 규정되었다. 이에 대한 합병 감면연혁은 다음의 표와 같다.

〈표 4〉 **법인합병 감면연혁별 법령 현황(2015년 이후 조특법에서 이관 완료)**

| 구분 | 2010년 이전 | 2011~2014년 | 2015년 |
|---|---|---|---|
| 지방세법 | • 구)취득세 : 비과세<br>(중과대상 제외) | 〈통합 취득세〉 △2%<br>• 구)취득세 세율특례<br>(중과대상 제외) | 〈통합 취득세〉 △2%<br>• 구)취득세 세율특례<br>(중과대상 제외) |
| 조특법 | • 구)등록세 : 면제<br>(중과대상 면제) | 〈통합 취득세〉 면제<br>• 구)취득세 : 면제(중과대상 제외)<br>• 구)등록세 : 면제(중과대상 면제) | - |
| 지특법 | - | - | 〈통합 취득세〉 면제<br>• 구)취득세 : 면제<br>(중과대상 제외)<br>• 구)등록세 : 면제<br>(중과대상 면제) |

※ 일반법인 합병기준 : 종전 지특법상(§57) 조합간, 금융위원회 인가, 행안부 고시규정은 제외

2010년까지는 합병하는 법인에 대해 구 지방세법과 구 조특법에서 각각 지방세를 감면하였다. 2011년부터 지방세 세목체계 개편에 따라 구 취득세와 등록세가 통합되었으며 합병법인에 대한 감면은 종전의 감면범위 및 감면율이 동일하게 적용하도록 설계되었다. 2011년 이후 지방세법 제13조 제1항에서 과밀억제권역 안의 중과세 적용을 위해 종전 취득세율인 1,000분의 20을 기준으로 중과기준세율을 정하고 일반과세 대상의 경우 통합 취득세는 지방세법에서 중과기준세율 2%를 제외한 나머지 세율을 적용하고 지특법에서 소비성서비스업을 제외한 업종에 대해 취득세를 면제하고 있다.

중과세 대상의 경우 2003년 12월 30일 조특법 개정시, 법인합병에 따라 양수하는 재산에 대하여 등록세 중과세를 적용하지 않도록 규정을 신설하였다.

## 5 | 지방세특례의 제한

### 5-1. 합병법인의 일반적 요건 충족

이 규정에서 별도로 감면추징에 관한 사항이 없으나, 조특법에서 규정한 합병법인의 일반적 요건을 충족하여야 하며 지특법 제178조의 규정에 따른 일반적 추징요건에는 해당되지 않는 것으로 판단되며, 세부적인 추징절차 등에 대해서는 제178조의 해설을 참조하기 바란다.

### 5-2. 최소납부세액의 부담(§177의 2)

2015년부터 시행되는 최소 납부세제(§177의 2 본문)에 따라 면제되는 세액의 15%에 상당하는 취득세의 감면 특례가 제한되며 제57조의 2 제1항에 해당하는 적격합병의 경우 2016년부터 최소납부세액 과세대상에 해당되며 취득세 과세표준액에 지방세법 제15조 제1항의 세율특례에 따른 세율(2%)을 제외한 취득세율 1.5% 적용하여 산출한 세액에 대해 100분의 85에 해당하는 감면율을 적용하게 되며 여기서 법인이 중과세 대상에 해당하는 경우 100분의 300을 적용하지 않고 기본세율에서 세액을 계산함이 타당하며 그 이유는 감면대상이라 하더라도 최소한의 세금을 납부하여야 한다는 국민개세주의 입장에서 마련된 세제이므로 감면대상을 중과한 후 최소납부를 적용하게 되면 당초 도입취지에 비추어 과도한 측면이 있다고 할 것이다. 이에 대한 세부적인 사항은 제177조의 2의 해설편을 참조하면 된다.

## 6 | 감면신청

합병하는 법인 등이 양수하는 재산에 대해 지방세를 감면받으려는 경우에는 해당 지방자치단체의 장에게 지방세 감면신청서 외에 합병법인임을 증명하는 합병계약서, 법인등기부등본, 사업자등록증, 결산서(대차대조표), 주주명부 등의 서류를 첨부하여 감면신청을 하여야 한다. 세부적인 감면신청 절차는 제183조의 해설편을 참조하기 바란다.

# 7 | 관련사례

▣ 중소기업 간 통합으로 소멸하면서 사업용 고정자산을 통합 후 존속하는 법인에게 양도하는 경우 정당한 사유

'정당한 사유'란 위 법인의 지배 영역 밖에 있는 사유 또는 부득이 위 사업용 고정자산을 처분할 수밖에 없는 객관적인 사유를 말하는데, 취득세를 면제받은 위 법인이 중소기업 간의 통합으로 인하여 소멸하면서 위 사업용 고정자산을 통합에 의하여 설립되거나 통합 후 존속하는 법인에게 양도하는 것은 특별한 사정이 없는 한 위 소멸하는 법인의 지배 영역 밖에 있는 사유 또는 부득이 위 사업용 고정사산을 처분할 수밖에 없는 객관적인 사유에 해당한다고 보기 어렵다. 따라서 추징조항의 적용을 배제할 수 있는 '정당한 사유'가 있다고 볼 수 없음(대법원 2023.3.16. 선고, 2022두65924 판결).

▣ 청구법인이 합병등기일(2020.3.5.)부터 3년 이내에 「법인세법」 제44조의 3 제3항 제3호에 해당하는 사유가 발생한 것으로 보아 기 감면한 취득세 등을 추징한 처분의 당부

쟁점감면규정의 단서에 합병등기일부터 3년 이내에 「법인세법」 제44조의 3 제3항 각 호의 어느 하나에 해당하는 사유가 발생하는 경우 경감된 취득세를 추징하나, 쟁점사후관리규정에서 내국법인이 발행주식총수를 소유하고 있는 다른 법인을 적격합병을 하는 경우 추징사유에서 제외한다고 규정하고 있으므로 쟁점사후관리규정의 각 호가 발생하였다 하여 기 감면한 취득세를 추징할 수는 없다(조심 2022지1342, 2023.10.25.. 결정 참조)할 것임(조심 2023지3474, 2024.4.15.).

▣ ① (주위적) 합병등기일부터 3년 이내에 쟁점사후관리규정 제3호에 해당하는 사유가 발생한 것으로 보아 취득세 등을 추징한 처분의 당부 ② (예비적) 기납부한 쟁점부동산에 대한 과점주주 간주취득세 전액을 공제하여야 한다는 청구주장의 당부

① 쟁점감면규정의 단서에 합병등기일부터 3년 이내에 「법인세법」 제44조의 3 제3항 각 호의 어느 하나에 해당하는 사유가 발생하는 경우 경감된 취득세를 추징하고, 2018.12.24. 개정된 쟁점사후관리규정에서 '내국법인이 발행주식총수를 소유하고 있는 다른 법인을 합병하는 경우를 제외'한 적격합병을 한 합병법인이 3년 이내의 범위에서 각 호에 해당하는 사유를 규정하고 있으므로, '발행주식총수를 소유하고 있는 다른 법인(피합병법인)을 합병'한 청구법인의 경우 쟁점사후관리규정의 각 호가 발생한 이유로 감면한 취득세를 추징하여야 할 합병법인으로 볼 수 없음. ② 쟁점①이 인용됨에 따라 쟁점②는 별도로 심리할 실익이 없으므로 생략함(조심 2022지1342, 2023.10.25.).

▣ 합병법인이 피합병법인으로부터 승계받은 사업을 합병등기일부터 3년 이내에 폐지하는 경우로 보아 취득세를 추징한 처분의 당부

추징처분은 취득세를 감면받은 자가 당초 감면받은 취지에 합당한 사용을 하지 않은 것을 요건으로 한 처분으로서, 감면요건을 갖추지 못한 경우에 대한 본래의 취득세 부과처분과는 요건을 달리하는 별개의 처분이라고 할 것(대구고등법원 2010.1.22. 선고 2009누1533 판

결)이므로, 쟁점부동산을 취득한 이후 취득세 면제에 관한 규정이 개정된 경우에 있어 그 취득세의 면제대상이 되는 것인지 여부는 그 취득당시의 법률에 따라 판단되어져야 할 것이지만, 취득세를 추징할 사유에 해당하는지 여부는 특별한 사정이 없는 한 그 과세요건이 갖추어졌는지 여부가 문제된 위 추징사유의 발생 당시의 법률에 따라 판단되어져야 할 것(대법원 1992.6.9. 선고 91누10725 판결, 같은 뜻임)임. 청구법인은 개정된 「법인세법 시행령」 제80조의 4 제8항에 따라 고정자산가액(비유동자산)이 아닌 자산가액(유동자산+비유동자산)의 2분의 1 이상을 처분한 경우로 추징규정이 완화된 이후 쟁점부동산을 처분하였는바, 개정된 「법인세법 시행령」 제80조의 4 제8항에 의할 경우 쟁점부동산의 가액(2,360,000,000원)은 피합병법인 자산가액 8,571,930,081원의 27.53%에 불과한 것으로 확인되므로, 청구법인이 피합병법인으로부터 승계한 자산가액의 2분의 1 이상을 처분하여 승계받은 사업을 폐지한 것으로 보아 이 건 취득세 등을 부과·고지한 처분은 위법한 것으로 판단됨(조심 2021지2296, 2022.8.4.).

▣ 기업인수목적회사와의 합병 시 취득세 감면 여부

舊「법인세법」 제44조 제2항 제1호 단서에서 다른 법인과 합병하는 것을 유일한 목적으로 하는 기업인수목적회사에 대해서는 "합병일 현재 사업을 1년 이상 계속하여 영위한 법인"의 요건을 적용하지 않는 것으로 규정하고 있으므로, 합병 법인 중 기업인수목적회사에 대해서는 사업기간과 무관하게 다른 요건을 충족하는 경우 취득세 감면 적용이 가능함(행안부 지방세특례제도과-2589, 2024.10.14.).

▣ 합병시 양수한 콘도미니엄회원권을 사업용 재산으로 보아 취득세 감면이 가능한지 여부

직원들의 복리후생과 직원교육 및 세미나 등을 위해 사용되고 있는 콘도미니엄회원권은 사업을 영위하는 데 필요불가결하여 반드시 취득해야 할 재산으로 보기 어려우며 '회계법인'의 사업과 직접적인 관련이 없어 보이는 점 등을 고려할 때, 사업용 재산에 해당되지 않는다 할 것이므로 합병에 따라 양수(讓受)하는 사업용 재산에 대한 취득세 감면을 적용하기 어려움(행안부 지방세특례제도과-1046, 2019.10.24.).

▣ 합병으로 인한 취득세 감면시 최소납부세제 적용 검토

적격합병으로 다수 부동산에 대해 동일한 합병계약을 원인으로 하고, 동일한 「지방세특례제한법」 규정에 따라 취득세가 면제된 것에 따른 것이므로 적격합병에 따라 존속법인이 다수의 재산을 양수받는 경우라 해도 다수의 재산취득은 1건의 취득 행위로 보아야 할 것이므로 면제되는 취득세 총액을 기준으로 하여 적용 여부를 판단하여야 할 것이고 과세기관이 다수에 걸쳐있거나 과세물건이 다수라는 이유로 과세물건별 또는 과세기간별로 취득세 면제액을 산출하여 최소납부세제 적용 여부를 판단할 사항은 아님(행안부 지방세특례제도과-3617, 2018.10.4.).

▣ 법인 합병시 시설물 감면에 대한 추징 여부

「지방세법」 제15조 제2항에서 규정하고 있는 시설물이 「법인세법」 제44조 제2항 또는 제3항에 해당하는 합병 이후 추징사유가 발생하였다 하더라도 합병에 따른 시설물의 세율에서 「지방세특례제한법」 제15조 제1항에 따른 중과기준세율을 공제할 경우 과세할 수 있는 세

액이 없으므로 「법인세법」 제44조 제2항 또는 제3항에서 규정하고 있는 추징사유가 발생하였다고 하더라도 추가징수 할 수 없고, 이와 관련하여 「지방세특례제한법」 제177조의 2에서 규정하고 있는 지방세 감면특례의 제한 적용대상 또한 해당하지 않는다고 할 것임(행안부 지방세특례제도과-2261, 2017.12.18.).

■ 법인 합병에 대한 적용세율 및 최소납부세제 적용 여부

「지방세특례제한법」 제177조의 2에서 최소납부세제 적용에 대하여 "이 법에 따라 취득세 또는 재산세가 면제되는 경우"라고 규정하고 있어, 합병의 경우 같은 법 제57조의 2에 의해 산출된 과세표준액에 취득세율(1.5%)을 적용하여 산출한 세액에 대해 100분의 85에 해당하는 감면율을 적용하는 것이 타당함(행자부 지방세특례제도과-1534, 2016.7.5.).

■ 법인 합병에 대한 과점주주 적용 여부

특수관계에 있는 청구법인들은 2013.1.1. 법인의 주식 66.23%를 취득한 사실이 주식등변동상황명세서에 나타나고, 법인들은 주식을 합병에 의하여 취득한 것이 아니라 합병법인의 주주로서 취득하여 과점주주가 되었으므로 과점주주 취득세 부과처분은 잘못이 없음(조심 2015지0496, 2015.9.9.).

■ 법인 합병의 합병시점에 따른 면제 여부

해당 법인은 종전 법인 간의 합병에 따라 토지를 취득한 것이 아니라 종전 법인의 합병일(2011.4.1.) 이후 인 2011.5.16. 처분청으로부터 토지를 현물출자받아 취득하였으므로 「조세특례제한법」 제120조 규정에 의한 취득세 면제대상으로 볼 수 없음(조심 2013지0380, 2014.9.1.).

■ 합병등기일부터 소급하여 1년 이상 사업을 영위하였는지 여부

피합병법인은 법인설립으로부터 합병으로 인하여 소멸 시점까지의 기간(2010.7.20.~2011.12.22.) 동안 외국인 투자기업 등록, 공장설립계획 제출, 외국인 투자의향서 제출, 공장설비 공급계약 체결, 산업용지 입주 및 매매계약 체결, 공장용 건축물 신축 등의 대외적인 사업을 지속적으로 수행하여 온 것으로 보이므로 피합병법인 합병등기일부터 소급하여 1년 이상 사업을 영위한 것으로 볼 수 없다 하여 추징한 것은 잘못임(조심 2013지0011, 2013.5.29.).

■ 법인 합병시 중과세 대상 여부

- 대도시 내에서 신설법인이 등록세 중과세 대상에서 제외되는 주택건설용 토지를 취득한 이후 대도시 내에서 설립된 지 5년이 경과된 법인과 합병한 후 당해 토지를 주택건설용 이외의 용도로 사용한 경우에 정당한 사유에 해당하지 아니하며, 과세관청이 질의회신을 통해 견해를 표명하였다고 하더라도 그것이 중요한 사실관계와 법적인 쟁점을 제대로 드러내지 아니한 채 질의한 데 따른 것이라면 신의칙에 위배되거나 관행이 존재한다고 볼 수 없음(대법원 2011두5940, 2013.12.26.).
- 법인이 흡수합병 방식으로 합병하는 경우 피합병법인의 인격은 소멸되고, 합병법인의 인격이 그대로 존속되는 것이므로, 합병법인이 대도시 외에서 대도시 내로 전입한 후 5년이 경과되지 아니한 상태에서 부동산 취득등기를 하면 중과세 대상이 됨(행자부 세정과 2001-529, 2001.10.29.).

• 국내에서 5년 이상 계속사업을 하던 내국법인 A와 B가 C와 D로 분할하여 CD법인으로 합병하는 경우 분할된 기업이 분할되기 전부터 영위하던 계속하는 경우라면 "사업을 1년 이상 계속하여 영위한 법인인지 여부"를 판단함에 있어, 분할되기 전 법인의 사업기간을 포함하여 1년 이상 계속사업 여부를 판단하여야 하므로 양수하는 사업용 재산은 취득세 감면대상에 해당됨(행자부 지방세정팀-6489, 2007.1.2.).

〈참고 1〉 **법인 적격합병 및 적격분할의 요건(법인세법)**

| 유형 | 법인세 특례 | 특례 적용요건 |
|---|---|---|
| 법인간 적격 합병 (법인세법 §44 ②) | 피합병법인 자산을 합병법인에 양도함에 따라 발생하는 양도손익을 없는 것으로 처리 (과세이연) | 1. 합병등기일 현재 1년 이상 사업을 계속하던 내국법인 간의 합병일 것<br>2. 피합병법인 주주등이 합병대가의 80% 이상을 합병법인 주식으로 받은 경우로서, 그 주주등이 합병등기일이 속하는 사업연도의 종료일까지 그 주식등을 보유할 것<br>3. 합병법인이 합병등기일이 속하는 사업연도의 종료일까지 피합병법인으로부터 승계받은 사업을 계속할 것<br>4. 피합병법인에 종사하는 근로자의 80% 이상을 승계하고 합병등기일이 속하는 사업연도의 종료일까지 그 비율을 유지할 것 |
| | 과세이연 과세 (3년 이내 사유발생) | 1. 합병법인이 승계받은 사업을 폐지하는 경우<br>2. 피합병법인 주주등이 주식등을 처분하는 경우<br>3. 각 사업연도 종료일 현재 합병법인에 종사하는 근로자 수가 합병등기일 1개월 전 당시 피합병법인과 합병법인에 각각 종사하는 근로자 수의 합의 100분의 80 미만으로 하락하는 경우 |
| 법인 적격 분할 (법인세법 §46 ②) | 분할법인이 분할신설법인에게 양도함에 따라 발생하는 양도차익을 없는 것으로 처리 (과세이연) | 1. 분할등기일 현재 5년 이상 사업을 계속하던 내국법인<br>가. 분리 가능한 독립된 사업부문을 분할할 것<br>나. 분할사업의 자산, 부채 포괄적으로 승계될 것 (공동사용자산, 채무자 변경 불가능한 부채 등 제외)<br>다. 분할법인등만의 출자에 의하여 분할하는 것일 것<br>2. 분할법인등의 주주가 분할신설법인등으로부터 분할대가의 전액을 주식으로 받은 경우로서, 그 주식을 분할법인등의 주주가 소유하던 주식의 비율에 따라 배정되고, 분할법인등의 주주가 분할등기일이 속하는 사업연도의 종료일까지 그 주식을 보유할 것<br>3. 사업연도의 종료일까지 승계받은 사업을 계속할 것<br>4. 분할신설법인등이 승계한 근로자의 비율이 100분의 80 이상이고, 사업연도의 종료일까지 비율을 유지 |
| | 과세이연 과세 (3년 이내 사유발생) | 1. 분할신설법인등이 승계받은 사업을 폐지하는 경우<br>2. 분할법인등의 주주가 분할신설법인등으로부터 받은 주식을 처분하는 경우<br>3. 근로자수가 80% 미만으로 하락하는 경우 |

〈참고 2〉 **법인(주식회사간) 합병 절차**

| 상호출자 제한기업 | | 그 외 | 비고 | 근거 |
|---|---|---|---|---|
| 합병계약 체결 | | 합병계약 체결 | | |
| ⬇ | | ⬇ | | |
| 주주총회 소집 및 이사회결의 | 합병계약後 ~ 합병등기前 기간내<br><br>기업결합신고 및 승인 (공정위) | 주주총회 소집 및 이사회결의 | | 상법 §362 |
| ⬇ | | ⬇ | | |
| 합병주주 총회 소집공고 및 서면통지 | | 합병주주 총회 소집공고 및 서면통지* | 주주총회 2주 전 (D-15) | 상법 §363 |
| ⬇ | | ⬇ | | |
| 합병계약서, 대차대조표 비치 공시 | | 합병계약서, 대차대조표 비치 공시 | 주주총회 2주 전~ 합병일 이후 6월 | 상법 §522-2 |
| ⬇ | | ⬇ | | |
| 주주총회 (합병계약 승인) | | 합병 승인 주주총회 개최 | 주주총회 특별결의<br>(소규모 합병) 주주총회 승인은 이사회의 승인으로 갈음 | 상법 §522 |
| ⬇ | | ⬇ | | |
| 합병기일 | | 합병기일 | 실질적인 합병일 (D+33) | |
| ⬇ | | ⬇ | | |
| 합병등기 | | 합병등기 | 합병보고총회일부터 2주 이내 (D+36) | 상법 §528 |

1) 기업결합승인 : 기업결합승인은 모든 대기업집단에 적용되는 것이 아닌 매출액 독점우려 등에 따라 심사대상이 되므로 일반적 기준으로 적용할 필요는 없음.
2) 합명회사, 합자회사, 유한책임회사, 유한회사는 '출자자총회'를 통한 합병계약 승인으로 규정

* 의결권 있는 발행주식 수 1% 이하 소액주주는 주주총회 소집공고 또는 금융감독원, 한국거래소의 전자공시시스템에 공고함으로써 소집통지에 갈음(상법 §54의 4, 상법 시행령 §31)

# 제57조의 2

## 2. 농수협 · 신협 · 새마을금고 · 금융기관 등 취득세 감면

관련규정

제57조의 2(기업합병 · 분할 등에 대한 감면) ② 다음 각 호에서 정하는 법인이 「법인세법」 제44조 제2항에 따른 합병으로 양수받은 사업용 재산에 대해서는 취득세를 2027년 12월 31일까지 면제하고, 합병으로 양수받아 3년 이내에 등기하는 재산에 대해서는 2027년 12월 31일까지 등록면허세의 100분의 50을 경감한다. 다만, 합병등기일부터 3년 이내에 「법인세법」 제44조의 3 제3항 각 호의 어느 하나에 해당하는 사유가 발생하는 경우(같은 항 각 호 외의 부분 단서에 해당하는 경우는 제외한다)에는 면제된 취득세를 추징한다.

1. 「농업협동조합법」, 「수산업협동조합법」 및 「산림조합법」에 따라 설립된 조합 간의 합병
2. 「새마을금고법」에 따라 설립된 새마을금고 간의 합병
3. 「신용협동조합법」에 따라 설립된 신용협동조합 간의 합병
4. 제1호부터 제3호까지와 유사한 합병으로서 대통령령으로 정하는 합병

☞ 제4호 규정 삭제(2018.12.24.)

【제12955호-부칙】 제17조(금융기관 등의 합병에 관한 경과조치) 이 법 시행 전에 종전의 제57조 제1항에 따라 합병한 금융기관에 대해서는 제57조의 2 제2항의 개정규정에도 불구하고 2015년 12월 31일까지 종전의 제57조 제1항에 따른다.

⇨ 본 부칙은 2015년 시행 감면축소(등록면허세 100%→75%) 규정을 1년간 유예

【영】 제28조의 2(법인 합병의 범위 등) ② 법 제57조의 2 제2항 제4호에서 "대통령령으로 정하는 합병"이란 다음 각 호의 어느 하나에 해당하는 합병을 말한다.

1. 「금융산업의 구조개선에 관한 법률」 제4조에 따라 금융위원회의 인가를 받은 금융회사 간의 합병
2. 법률 제12663호 한국산업은행법 전부개정법률 부칙 제3조 제1항에 따라 한국산업은행을 존속하는 법인으로, 산은금융지주주식회사 및 한국정책금융공사를 각각 소멸하는

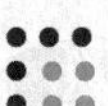

법인으로 하는 합병
3. 행정자치부장관이 산업통상자원부장관과 협의하여 고시한 업종 간의 합병

## 1 | 개 요

본 규정은 금융산업의 구조개선과 건전한 경쟁을 촉진하기 위해 농협 등 조합 간의 합병, 새마을금고 간의 합병, 신용협동조합 간의 합병 및 금융위원회의 인가를 받은 금융회사 간의 합병에 대한 취득세 및 등록면허세의 세제지원을 규정하고 있다.

농협, 수협, 산림조합 등 구조조정 관련 감면은 2010년까지는 구 지방세법 제283조에서 규정하였다가 2011년 지특법 제정으로 제57조로 이관되었으며 이후 2012년 말 지특법 개정을 통해 감면 일몰기한이 2012년에서 2014년까지 2년 연장되었다. 2014년에는 지특법의 편제상 구법에 대한 납세자의 이해를 돕기 위하여 제57조를 개정하지 않고 조문이 삭제되었으며, 이를 지특법 제57조의 2 제2항으로 개정규정이 이관되어 연장되었고, 그간 세목별로 일부 감면율이 정비되었으며 현재 2027년 12월 31일까지 감면 일몰기한이 연장되었다.

## 2 | 감면대상자

본 규정에 따른 감면대상자는 농업협동조합법, 수산업협동조합법 및 산림조합법에 따라 설립된 조합, 새마을금고법에 따라 설립된 새마을금고, 신용협동조합법에 따라 설립된 신용협동조합이 감면대상자에 해당된다.

지특법 시행령에서도 그 동안에는 이와 유사한 업종 간의 합병으로 금융산업의 구조개선에 관한 법률 제4조에 따라 금융위원회의 인가를 받은 금융회사 간의 합병, 행정안전부장관이 산업통상자원부장관과 협의하여 고시한 업종 간의 합병, 법률 제12663호 한국산업은행법 전부개정법률 부칙 제3조 제1항에 따라 산은금융지주주식회사 및 한국정책금융공사법에 따른 한국정책금융공사를 합병하는 한국산업은행을 추가하여 감면대상으로 규정하였으나 2018년 말 지특법 개정(2019.1.1. 시행)시 지특법 제57조의 2 제1항 및 같은 법 시행령 제28조의 2의 규정에서 감면종료되었고 다만, 금융위원회의 인가를 받은 금융회사 간의 합병기업은 지특법 시행령 종료와 동시에 지특법 같은 조 제10항으로 이관 신설되었다.

## 3 | 감면대상 재산

금융기관 등의 합병으로 2015년 12월 31일까지 양수받은 재산의 취득에 대해서는 취득세를 면제하고 합병한 날부터 3년 이내에 양수받은 재산의 등기에 대해서는 등록면허세를 2018년 12월 31일까지 75% 감면하도록 연장되었으며 2019년 1월 1일부터는 등록면허세 경감률이 50%로 축소 개정되었다. 2014년까지는 재산등기와 법인등기 모두 등록면허세 면제대상이었으나 2015년에는 법인등기가 감면 종료되고 재산의 등기에 한해 감면적용됨을 유의할 필요가 있다. 따라서 2015년 이후에 발생되는 합병등기 등록면허세의 경우에는, 법인설립시의 자본등기 및 자본증자등기는 일반과세로 전환되었으며, 근저당권 설정등기 등 합병법인의 재산등기에 한해 일부 경감규정을 적용받게 된다.

여기서 "합병한 날부터 3년 이내에 양수받은 재산의 등기"로 한정함에 따라 그간의 금융기관 합병시에 100% 면제규정을 감안하여 관행적으로 합병 당시에 재산권에 대해 이전하지 않고 권리관계 정리 등이 필요한 시점에야 비로소 등기가 이루어지고 감면되었으나 향후에는 합병이 이루어지고 3년 이내에 반드시 재산권 등기를 완료하여야만 감면 적용을 받을 수 있도록 개정되었다.

따라서 2016년부터는 부칙의 유예기간이 적용되지 않으므로 최근 3년 이내에 합병된 금융기관에 한하여 적용되고, 합병된 지 3년을 초과한 경우에는 등록면허세 감면을 적용받을 수 없어 대부분의 시중 금융기관은 이에 해당되지 않으며 하나은행(舊 외환은행과 합병) 등 일부 금융기관만이 감면대상에 해당된다.

또한 기존에 합병되었던 금융기관의 원활한 채권정리 지원 필요에 따라 지특법 부칙 제17조에 경과조치를 두어 2014년 12월 31일 이전에 구 지특법 제57조 제1항에 따른 금융기관 등의 합병에 대해서는 제57조의 2 제2항의 개정규정에도 불구하고 2015년 12월 31일까지 종전의 규정을 적용받을 수 있도록 개정되었으므로 금융기관 간 합병으로 인한 법인등기 및 재산등기에 대한 등록면허세를 기존과 같이 면제하여야 할 것이다.

2016년 말 "합병한 날부터 3년 이내에 양수받은 재산의 등기"를 "합병으로 양수받아 3년 이내에 등기하는 재산"으로 조문의 자구가 보완된 부분은 법인합병시점에서 합병으로 인해 발생한 재산을 3년 내에서 등기하는 경우를 더욱 명확히 한 사항으로 종전과 같이 적용되어야 할 것이다.

아울러, 2024년까지는 양수받은 "재산"에 대해 감면하였으나 2025년부터는 기업구조조정에 대한 감면규정이 일괄 정비되면서 취득세 감면 대상 범위를 양수받은 사업용 재산으로 개정되었다.

# 4 감면내용

2018년 말까지는 농업협동조합, 수산업협동조합, 산림조합(제1호), 새마을금고(제2호), 신용협동조합(제3호) 간의 합병에 대해서는 취득세를 면제하고, 양수받은 재산의 등기에 대하여는 등록면허세를 각각 75% 경감하도록 규정되었으며, 제1호부터 제3호까지와 유사한 합병을 감면대상으로 금융위원회의 인가를 받은 금융회사 간 합병, 산은금융지주주식회사, 한국정책금융공사와 합병한 한국산업은행 및 행안부장관이 산자부장관과 협의·고시한 업종 간 합병을 포함하여 감면하였으나 2019년 1월 1일부터는 유사한 합병에 대한 감면 규정이 종료되었으며 다만, 금융위원회의 인가를 받은 금융회사 간의 합병에 대한 규정만 지특법으로 이관 신설되었고 취득세 면제규정이 50%로 축소되고 등록면허세 75% 경감이 50%로 축소 개정된 바 있다.

2025년 현재 농업협동조합, 수산업협동조합, 산림조합(제1호), 새마을금고(제2호), 신용협동조합(제3호) 간의 합병에 대해서는 취득세를 면제하고 등록면허세를 50% 경감하면서 2027년 12월 31일까지 감면연장되었으며, 같은 조 제10항으로 이관된 금융회사간의 합병의 경우에는 취득세 50%만이 적용되고 등록면허세는 2024년말 종료되어 일몰기한이 연장되었다.

한편, 취득세의 과세표준은 2023년 1월 1일부터는 법인합병의 경우 「지방세법」 제10조의5 제3항 제2호의 신설로 취득세 과세표준을 시가인정액으로 적용토록 개정됨에 따라 감정가액 등이 적용되어야 할 것이며, 같은 법 제11조 제5항의 신설에 따라 취득세율도 1,000분의 40으로 종전의 유상세율을 적용하게 된다.

**〈표〉 농협 등 법인합병에 대한 감면 현황(2025.1.1. 현재)**

| 조문 | 호 | 감면내용 | 감면율 | 일몰 |
|---|---|---|---|---|
| §57의 2 ② | 1 | 농업협동조합, 수산업협동조합, 산림조합 간 합병 | 취 100%<br>등 75%<br>(3년 내 재산등기) | '18.12.31. |
| | 2 | 새마을금고 간 합병 | | |
| | 3 | 신용협동조합 간 합병 | | |
| | 4 | 1. 금융위원회의 인가를 받은 금융회사 간 합병<br>2. 산은금융지주주식회사, 한국정책금융공사와 합병한 한국산업은행<br>3. 행안부장관이 산자부장관과 협의·고시한 업종 간 합병 | | |
| | 1 | 농업협동조합, 수산업협동조합, 산림조합 간 합병 | 취 100%<br>등 50% | '27.12.31. |
| | 2 | 새마을금고 간 합병 | | |

| 조문 | 호 | 감면내용 | 감면율 | 일몰 |
|---|---|---|---|---|
| | 3 | 신용협동조합 간 합병 | (3년 내<br>재산등기) | |
| | 4 | 1. 금융위원회의 인가를 받은 금융회사 간 합병<br>※ §57의 2 ② → <u>⑩으로 감면정비 후 이관 신설</u> | 취 50%<br>등 50%<br>(3년 내<br>재산등기) | '24.12.31. |
| | | 1. 금융위원회의 인가를 받은 금융회사 간 합병 | 취 50% | '27.12.31 |
| | | 2. 산은금융지주주식회사, 한국정책금융공사와 합병한 한국산업은행<br>3. 행안부장관이 산자부장관과 협의 · 고시한 업종 간 합병 | 감면종료 | '18.12.31. |
| §57의 2 ②<br>§177의 2 | | 지방세 감면 특례의 제한(최소납부세제) 적용<br>※ 2020.12.31까지 적용 제외 | - | - |
| 부칙 §13 | 2014년까지 종전 지특법에 따라 지방세를 면제하였으나 2015년부터 일부 과세대상으로 전환된 경우 지방세법 제28조에 따른 중과세율 적용배제(2016.1.1.부터 적용) | | 과밀억제권역 내<br>등록면허세<br>중과배제 | '18.12.31. |
| 부칙 §17 | 현행 지특법(§57의 2 ②) 시행 전에 합병한 금융기관에 대해 종전 규정(舊 §57 ①) 적용 | | 취 100%<br><u>등 100%</u><br>(<u>법인등기</u><br>재산등기) | '18.12.31. |

# 5 | 사후관리

## 5-1. 최소납부세제의 적용(§177의 2)

2021년부터 시행되는 최소납부세제(§177의 2 본문)에 따라 면제되는 세액의 15%에 상당하는 취득세의 감면 특례가 제한되어 농협 등 조합간의 합병에 대한 취득세에 대해서는 15%에 상당하는 취득세를 납부하여야 한다. 이에 대한 세부적인 사항은 제177조의 2의 해설편의 내용과 같다.

## 5-2. 경과규정

이 규정은 그간 별도의 감면추징에 관한 사항이 없었으나, 2016년 말(2017.1.1. 시행) 추징규정을 신설하여 "합병등기일부터 3년 이내에 「법인세법」 제44조의 3 제3항 각 호의 어느 하나에 해당하는 사유가 발생하는 경우(같은 항 각 호 외의 부분 단서에 해당하는 경우

는 제외한다)에는 면제된 취득세를 추징한다"라고 추징규정이 신설됨에 따라 합병법인의 합병 전에 영위하던 승계사업을 폐지하거나 합병등기일이 속하는 사업연도의 다음연도 개시일부터 2년 이내에 피합병법인의 주주 등이 합병법인으로부터 받은 주식 등을 처분하는 경우에는 면제된 세액을 추징하여야 하며 해당 개정규정은 2017년 1월 1일부터 개정법률 시행 후 감면받는 분부터 적용하여야 하며 기타 세부적인 추징절차 등에 대해서는 제178조의 해설을 참조하기 바란다.

**▣ 법인세법 제44조의 3(적격합병시 합병법인에 대한 과세특례) 제3항 각 호**

1. 합병법인이 피합병법인으로부터 승계받은 사업을 폐지하는 경우
2. 대통령령으로 정하는 피합병법인의 주주 등이 합병법인으로부터 받은 주식 등을 처분하는 경우

**▣ 법인세법 시행령 제80조의 4(적격합병 과세특례에 대한 사후관리) 제3항**

법 제44조의 3 제3항 각 호 외의 부분 본문 "대통령령으로 정하는 기간"이란 합병등기일이 속하는 사업연도의 다음 사업연도의 개시일부터 2년을 말한다.

## 6 | 감면신청

금융기관 등의 합병에 대해 지방세를 감면받으려는 경우에는 해당 지방자치단체의 장에게 지방세 감면신청서 외에 합병법인임을 증명하는 합병계약서, 법인등기부등본, 사업자등록증, 결산서(대차대조표), 저당권 설정 목록 등의 필요서류를 첨부하여 감면신청을 하여야 한다. 세부적인 감면신청 절차는 제183조의 해설을 참조하기 바란다.

**운용사례**

▣ 금융위원회의 인가를 받은 금융회사 간의 합병으로 등록면허세 경감규정 적용 시한

- 금융위원회의 인가를 받은 금융회사 간의 합병으로 합병한 날부터 3년 이내에 양수받은 재산의 등기에 대해서는 2015년 12월 31일까지 등록면허세의 100분의 75를 경감하고 있고, 「지방세기본법」 제34조 제1항 제2호 가목에서는 등록에 대한 등록면허세 납세의무 성립시기를 재산권 등 그 밖의 권리를 등기 또는 등록하는 때로 규정하고 있음.
- 조세법률주의의 원칙상 과세요건이거나 비과세요건 또는 조세감면요건을 막론하고 조세법규의 해석은 특별한 사정이 없는 한 법문대로 해석할 것이고 합리적 이유 없이 확장해석하거나 유추해석하는 것은 허용되지 아니하며, 특히 감면요건 규정 가운데에 명백히 특혜규정이라고 볼 수 있는 것은 엄격하게 해석하는 것이 조세공평의 원칙에도 부합한

다 할 것(대법원 2002두9537, 2003.1.24. 참조)이고,

- 「지방세특례제한법」 제57조의 2 제2항의 양수받은 재산의 등기에 대하여 2015.12.31까지 등록면허세를 경감하는 규정은 명백히 특혜규정이라 할 것이므로, 금융위원회의 인가를 받은 금융회사 간의 합병으로 합병한 날부터 3년 이내에 양수받은 재산이라 하더라도 그 양수받은 재산 중 2015.12.31.까지 등기하는 재산으로서 등록면허세 납세의무가 성립한 재산에 한정하여 등록면허세를 경감하는 규정으로 해석하는 것이 타당함(행자부 지방세특례제도과-1088, 2015.4.17.).

▣ 합병장려업종과 비합병장려업종 간 안분은 직전연도 업종별 매출액으로 안분함이 타당

소멸법인이 합병장려업종과 비합병장려업종을 겸업하여 영위하다 합병장려업종을 영위하는 존속법인에게 흡수합병된 경우는 합병장려업종을 영위하던 부분만 등록세 면제대상에 해당되므로 합병장려업종과 비합병장려업종 간 영위부분의 안분기준은 합병일이 속하는 소멸법인의 사업의 직전연도 업종별 매출액으로 안분함이 타당함(행안부 지방세운영-136, 2008.6.20.).

▣ 새마을금고 합병시의 등록세 면제 여부 판단

甲새마을금고가 乙새마을금고를 흡수합병하면서 乙새마을금고의 근저당권을 甲새마을금고로 이전등기하는 경우라면 등록세 면제대상임(행자부 세정-381, 2007.1.22.).

▣ 계약이전 결정서상 이전대상 재산에 한해 취득세 감면대상이라고 한 사례

1) 금융기관이 계약이전결정을 받은 부실금융기관으로부터 취득세 물건을 취득한 경우라면 계약이전 결정서상 이전대상 재산에 한해 감면대상임(행자부 세정 13407-74, 2003.1.27.).
2) 법인의 합병으로 인한 법인등기와 합병으로 인하여 양수받은 재산에 관한 등기에 대해서는 등록세를 면제하는 것이므로 합병으로 인하여 양수받은 근저당권의 이전등기에 대하여도 등록세가 면제됨(행자부 세정 13407-473, 2001.4.30.).
3) △△보증보험(주)가 ☆☆보증보험(주)로 상호변경 후 ☆☆보증보험(주)가 ××보증보험(주)를 합병시 상호변경에 따라 △△보증보험(주) 명의로 설정된 근저당권 명의변경시에는 등록세를 납부하여야 하며, 소멸법인인 ××보증보험(주) 명의의 근저당권을 합병법인인 ☆☆보증보험(주)로 명의변경시는 등록세가 면제됨(행자부 세정 13407-232, 1999.2.24.).

▣ 합병으로 인한 법인등기와 별도로 자기자본 확충용 증자는 과세대상이라고 한 사례

합병으로 인한 법인등기와는 별도로 자기자본 확충을 위한 증자분은 등록세 과세대상임(행자부 세정 13407-657, 1998.7.8.).

# 제57조의 2

## 3. 형식적 취득 감면

### 3-1. 국유재산 현물출자 취득재산

관련규정

제57조의 2(기업합병 · 분할 등에 대한 감면) ③ 다음 각 호의 어느 하나에 해당하는 사업용 재산을 2027년 12월 31일까지 취득하는 경우에는 취득세의 100분의 75를 경감한다. 다만, 제7호의 경우에는 취득세를 면제한다.

☞ 제1호(「국유재산법」에 따라 현물출자한 재산) 삭제(2024.12.31.)

2. ~ 7. (생 략)

【제12955호 - 부칙】 제13조(지방세 감면 축소 · 조정에 따른 중과세율 적용에 관한 특례) 이 법 시행 당시 종전의 「조세특례제한법」 및 「지방세특례제한법」에 따라 지방세를 면제하였으나 이 법 시행에 따라 일부 또는 전부가 과세대상으로 전환된 제57조의 2(※ 기타 조문 생략)의 개정규정에 대한 「지방세법」 제13조 및 제28조에 따른 중과세율은 2016년 1월 1일부터 적용한다. (※ 단서 생략)

## 1 개 요

국유재산법 제60조에 따라 정부출자기업에 현물출자한 재산을 취득하는 경우에 대한 감면으로 정부출자기업체의 건전 육성을 목적으로 정부출자기업체가 새로 설립하거나, 정부출자기업체의 고유목적사업을 원활히 수행하기 위하여 자본의 확충이 필요한 경우 및 그 운영체제와 경영구조의 개편을 위하여 필요한 경우에 2014년까지 조특법 제119조 제1항 제1호에 등록면허세 감면이 규정되었으나 2014년 12월 31일 감면기한이 종료됨에 따라 삭제되었다. 다만, 지특법 부칙에서 등록면허세 중과세율 적용유예 규정을 두어 2015년 12월 31일까지 일반과세하도록 개정되었다.

취득세는 조특법 제120조 제1항 제1호에 취득세 감면이 규정되었다가 2014년 12월 31일 감면기한이 종료됨에 따라 등록면허세 감면규정은 폐지되고 취득세 면제는 지특법으로 이관되어 2018년 말까지 지속적으로 면제규정이 연장되었으며 2018년 말 지특법 개정시에 2021년 12월 31일까지 감면연장되었으나, 타 공공기관과의 형평성, 지방공기업 감면규정 등을 고려하여 연도별로 점차 감면축소하도록 설계되었고 2024년 12월 31일 일몰시점에 감면 종료되었다.

## 2 | 감면대상자

현물출자에 따라 감면대상이 되는 정부출자기업체는 국유재산법 시행령 [별표 1]의 범위에 해당되는 기업체로 다음과 같이 그 대상을 규정하고 있다.

〈표 1〉 **정부출자기업체의 범위**

| 국유재산법 시행령 [별표 1] | 관련 법률 |
|---|---|
| 1. 한국자산관리공사 | 「금융회사부실자산 등의 효율적 처리 및 한국자산관리공사 설립 법률」 |
| 2. 한국농수산식품유통공사 | 「한국농수산식품유통공사법」 |
| 3. 대한무역투자진흥공사 | 「대한무역투자진흥공사법」 |
| 4. 대한석탄공사 | 「대한석탄공사법」 |
| 4의 2. 한국방송광고진흥공사 | 「방송광고판매대행 등에 관한 법률」 |
| 5. 한국방송공사 | 「방송법」 |
| 6. 인천국제공항공사 | 「인천국제공항공사법」 |
| 7. 주식회사 서울신문사 | |
| 8. 주식회사 한국감정원 | |
| 9. 중소기업은행 | 「중소기업은행법」 |
| 10. 한국가스공사 | 「한국가스공사법」 |
| 11. 한국공항공사 | 「한국공항공사법」 |
| 12. 한국관광공사 | 「한국관광공사법」 |
| 13. 한국광물자원공사 | 「한국광물자원공사법」 |
| 14. 한국교육방송공사 | 「한국교육방송공사법」 |
| 15. 한국농어촌공사 | 「한국농어촌공사 및 농지관리기금법」 |
| 16. 한국도로공사 | 「한국도로공사법」 |
| 17. 한국산업은행〈삭제〉 | 〈2011.10.14. 삭제〉 |
| 18. 한국석유공사 | 「한국석유공사법」 |
| 19. 한국수자원공사 | 「한국수자원공사법」 |
| 20. 한국수출입은행 | 「한국수출입은행법」 |

| 국유재산법 시행령 [별표 1] | 관련 법률 |
|---|---|
| 21. 한국전력공사 | 「한국전력공사법」 |
| 22. 한국정책금융공사 | 「한국정책금융공사법」 |
| 23. 한국조폐공사 | 「한국조폐공사법」 |
| 24. 한국철도공사 | 「한국철도공사법」 |
| 25. 한국토지주택공사 | 「한국토지주택공사법」 |
| 26. 항만공사 | 「항만공사법」 |

## 3 | 감면대상 재산

본 규정에서 현물출자 재산에 대한 감면범위를 별도로 정하지 않았기에 취득세 과세대상이 되는 모든 물건에 대해 감면이 가능하다 할 것이다. 2014년까지는 현물출자에 대한 등기에 대해서도 등록면허세 감면규정이 있어 법인등기, 저당권설정 등기 등이 감면대상에 해당하였으나 2015년부터는 취득세에 한하여 감면받게 되며 등록면허세의 경우에는 등록이나 재산권과 그 밖의 권리의 설정 · 변경 · 소멸에 관한 사항을 공부에 등기 · 등록하는 것에 매기는 행위세적인 성격을 감안하여 과세대상으로 전환되었다.

정부출자기업체가 현물출자를 하기 위해서는 주무기관의 장에게 현물출자의 필요성, 출자재산의 규모와 명세, 출자재산의 가격평가서, 재무제표 및 경영현황, 사업계획서를 제출하여 승인을 받아야 하며 현물출자하는 경우의 출자가액은 일반재산의 출자가액과 같이 원칙적으로 「국유재산법」 제44조에 따라 산정하고 있다.

## 4 | 감면내용

국유재산법에 따른 현물출자한 재산에 대해 2018년 12월 31일까지 취득세를 100% 면제하였으나 매년 감면율이 축소되도록 설계됨에 따라 2019년 12월 31일까지는 75%, 2020년 12월 31일까지는 50%, 2024년까지는 25%의 경감률을 적용하였고 일몰도래시에 감면 종료되었다.

현물출자 등기에 대해서는 지방세법 제28조에 따른 과밀억제권역 내 등록면허세 중과세율을 적용하지 아니하고 일반과세하도록 규정되어 있다.

또한, 2015년부터 시행되는 최소 납부세제(§177의 2 본문)에 따라 면제되는 세액의 15%에 상당하는 취득세의 감면 특례가 제한되며 제57조의 2 제3항의 경우 2016년부터 최소납부세액 과세대상에 해당되었으나 향후에는 취득세 면제되지 않아 이에 해당하지 않는다.

〈표 2〉 **국유재산 현물출자 감면 현황(2025.1.1. 현재)**

| 조문 | 감면내용 | 감면율 | 일몰 |
|---|---|---|---|
| §57의 2 ③ 1호 | 국유재산법에 따른 현물출자 재산 | 취득세 75%<br>취득세 50%<br>취득세 25% | '19.12.31.<br>'20.12.31.<br>'24.12.31. |
| §177의 2 | 지방세 감면 특례의 제한(최소납부세제)<br>※ '16.1.1. ~ '18.12.31.까지 3년간 적용 | 취득세 면제세액의<br>15% 과세 | '19년부터<br>대상제외 |
| 제12955호<br>부칙 §13 | 국유재산법에 따른 현물출자 등기 | 과밀억제권역 내<br>등록면허세 중과배제 | '15.12.31. |

## 5 | 사후관리

이 법에서 별도로 감면추징에 관한 사항이 없으나, 제178조의 규정에 따라 감면요건을 위반하는 경우에는 감면받은 취득세 등을 추징받게 된다. 이때 감면요건을 위반한 경우란 해당 부동산 취득일로부터 1년 이내 고유업무 등으로 직접 사용하지 않거나 직접 사용한 기간이 2년 미만이 상태에서 매각·증여하는 경우 등을 말한다. 세부적인 추징절차 등에 대해서는 제178조의 해설을 참조하기 바란다.

## 6 | 감면신청

현물출자로 정부출자기업체가 취득하는 재산에 대해 지방세를 감면받으려는 경우에는 해당 지방자치단체의 장에게 지방세 감면신청서 외에 현물출자임을 증명하는 출자재산명세, 출자재산 가격평가서, 출자계획서 등의 서류를 첨부하여 감면신청을 하여야 한다. 세부적인 감면신청 절차는 제183조의 해설을 참조하기 바란다.

# 제57조의 2

## 3. 형식적 취득 감면
### 3-2. 법인분할 취득재산

관련규정

제57조의 2(기업합병 · 분할 등에 대한 감면) ③ 다음 각 호의 어느 하나에 해당하는 사업용 재산을 2027년 12월 31일까지 취득하는 경우에는 취득세의 100분의 50을 경감한다. 다만, 제7호의 경우에는 취득세를 면제한다.

1. (생 략)
2. 「법인세법」 제46조 제2항 각 호(물적분할의 경우에는 같은 법 제47조 제1항을 말한다)의 요건을 갖춘 분할(같은 법 제46조 제3항에 해당하는 경우는 제외한다)로 인하여 취득하는 사업용 재산. 다만, 분할등기일부터 3년 이내에 같은 법 제46조의 3 제3항(물적분할의 경우에는 같은 법 제47조 제3항을 말한다) 각 호의 어느 하나에 해당하는 사유가 발생하는 경우(같은 항 각 호 외의 부분 단서에 해당하는 경우는 제외한다)에는 경감받은 취득세를 추징한다.

3.~7. (생 략)

## 1 개 요

법인의 인적분할 또는 물적분할에 따라 취득하는 재산에 대한 감면은 사업구조 개선을 통해 사업분야별로 전문화하여 기업의 역량을 집중하고 효율성을 극대화하기 위해 분할하는 경우에 대한 지방세 세제지원으로 2014년까지는 조특법 제119조 제1항 제6호에 감면이 규정되었으나 2014년 12월 31일 감면기한이 종료됨에 따라 지특법으로 이관되어 2018년 말까지 지속적으로 취득세가 면제되었으나, 장기간 지원되어 온 점과 국세 대비 과도한 면제규정 등임을 고려하여 2018년 말 지특법 개정시에 75%로 취득세 경감률이 축소되어 2021년 12월 31일까지 3년간 연장되었다. 2024년에는 부동산 임대업 등에 대한 적격분할은 감면에서 제외하는 것으로 개정되었으며 2025년에는 취득세 50% 감면으로 축소되어 3년간 감면규정이 연장되었다.

## 2 감면대상자

상법 제530조의 2에 따라 회사가 분할에 의하여 1개 또는 수개의 회사를 설립하거나 분할에 의하여 존속되는 회사와 분할합병하는 경우와 상법 제530조의 12 규정에 의하여 분할되는 회사가 분할 또는 분할합병으로 인하여 설립되는 회사의 주식의 총수를 취득하는 물적분할 법인이 감면대상이 된다.

또한, 지방세법 시행령 제45조 제2항에 따라 분할등기일 현재 5년 이상 계속하여 사업을 경영한 대도시 내의 내국법인이 법인의 분할(법인세법 제46조 제2항 제1호 가목부터 다목까지의 요건을 갖춘 경우로 한정함)로 인하여 법인을 설립하는 경우에는 중과세 대상법인으로 보지 아니한다.

여기서 5년 이상의 계속사업의 의미는 분할의 주체를 법인으로 규정하고 있으므로 분할하는 법인의 독립된 사업부문을 의미하는 것이 아니며 법인의 총사업기간이 5년 이상으로 사업을 지속하면 감면법인의 요건을 갖춘 것이고 기존법인의 사업부문 중 분할되는 사업부문의 개시시점이 5년 이내라 하더라도 감면대상으로 보아야 하겠다.

만약 분할된 법인이 기존 법인에서 승계받았던 사업 중 일부를 다시 분할하는 경우에 최초 법인의 사업기간부터 산정하면 5년의 기간을 충족하나 분할법인의 사업기간이 5년을 충족하지 못하는 경우에는 법인분할은 회사 내에 존재하던 사업부문을 분할을 통해 각각의 법인격을 부여하는 것에 불과하므로 최초 승계한 법인을 기준으로 총사업기간을 산정하여야 함이 타당하며, 이 경우에도 요건을 충족한 것으로 판단한 것으로 본다.

## 3 감면대상 재산

법인분할에 따라 분할계약서상의 목록에 신설법인으로 이전될 재산의 목록에 명기된 재산으로 재산의 범위는 취득세 과세대상이 되는 부동산, 차량, 건설기계 등이 해당되며 근저당권, 전세권 등 권리설정에 의한 등록면허세는 과세대상에서 제외된다.

법인분할에 따른 과세표준은 상법 제50조의 2의 규정에 의한 회사분할의 경우 새로이 설립된 회사가 그 분할로 인하여 분할 전 회사 소유의 부동산을 이전받은 경우에는 무상취득으로 취득세 과세표준은 시가표준액이 되며, 상법 제530조의 12 규정에 의한 물적분할에 따라 취득하는 재산은 분할로 인한 대가로서 주식 등을 교부하므로 유상취득으로 보아 새로이 설립된 회사가 분할로 인하여 분할전 소유의 재산 등을 이전받은 경우에 법인장부에 의하여 입증되는 취득가액이 취득세의 과세표준이 된다.

〈표 1〉 **인적분할 및 물적분할 비교**

| 구분 | 인적분할 | 물적분할 |
|---|---|---|
| 상법 | 제530조의 2, 제530조의 4 | 제530조의 12 |
| 과세표준 | 시가표준액 | 취득가액 |
| 부동산 취득세율 | 무상세율(1,000분의 35) | 유상세율(1,000분의 40) |

법인분할에 대한 지방세 면제대상 재산범위는 2009년 9월 1일 이전까지는 유형고정자산에 한정하였으나, 조세현실상 같은 회사 내에 있는 사업부가 분할되어 경제적 실질에는 변함이 없어 취득세 부과의 필요성이 적다고 판단하여 안전행정부(당시)에서 면제대상을 유형고정자산에서 취득・등록세(세목 통합 전) 과세대상이 되는 모든 재산으로 확대하여 적용되도록 지방세법 해석기준을 변경하였으므로 2009년 9월 2일 이후부터는 변경된 해석기준에 따라 운영하여야 할 것이다. 한편, 2024년부터는 적격분할 대상 재산의 범위가 부동산 임대업에 사용되는 재산에 대해서는 감면적용에서 제외되었다.

아울러, 2024년까지는 법인분할에 따라 취득하는 "재산"에 대해 감면하였으나 2025년부터는 기업구조조정에 대한 감면규정이 일괄 정비되면서 취득세 감면 대상 범위를 취득하는 사업용 재산으로 개정되었다.

## 4 | 감면내용

법인세법 제46조 제2항 각 호 및 물적분할의 경우에는 같은 법 제47조 제1항의 요건을 갖춘 분할로 인하여 취득하는 재산에 대해 취득세를 2018년 12월 31일까지 면제하였고 이후 점차 축소되어 현재는 2027년 12월 31일까지 경감률 50%를 적용하고 있다.

아울러, 감면율이 축소되는 시점 즉, 개정법률 시행(2025.1.1.) 전에 분할계획에 대한 주주총회・사원총회의 승인결의나 총사원의 동의가 있었던 경우에 대해서는 개정법률에도 불구하고 부칙 제8조 제3항에 따라 종전 감면규정(75%)을 적용하도록 규정하였다.

또한, 2015년부터 시행되는 최소 납부세제(§177의 2 본문)에 따라 면제되는 세액의 15%에 상당하는 취득세의 감면 특례가 제한되어 제57조의 2의 경우 최저납부세액 과세대상에 해당되지만 제177조의 2 제2호에서 예외 특례를 적용받아 해당 취득세에 대해서는 본 규정대로 계속해서 면제를 적용하였고, 이후 2016년부터 2018년 말까지 3년간 최소납부세제를 적용하였으나 2019년부터 취득세 경감률이 75%로 축소됨에 따라 최소납부세제 적용대상에서 제외하여 적용되고 있다. 이에 대한 세부적인 사항은 제177조의 2의 해설편을 참조하면 된다.

〈표 2〉 **법인분할 감면 현황(2025.1.1. 현재)**

| 조문 | 감면내용 | 감면율 | 일몰 |
|---|---|---|---|
| §57의 2 ③ 2호 | 법인분할에 따른 취득하는 재산 | 취득세 100% | '18.12.31. |
| | | 취득세 75% | '24.12.31. |
| | 법인분할에 따른 취득하는 사업용 재산 | 취득세 50% | '27.12.31. |
| §177의 2 | 지방세 감면 특례의 제한(최소납부세제)<br>※ '16.1.1. ~ '18.12.31.까지 3년간 적용 | 취득세 면제세액의<br>15% 과세 | '19년부터<br>대상제외 |

■ **인적분할 요건(「법인세법」 §46 ②)**

1. 분할등기일 현재 5년 이상 사업을 계속하던 내국법인이 다음 각 목의 요건을 모두 갖추어 분할하는 경우일 것
   ※ 분할합병의 경우에는 소멸한 분할합병의 상대방법인 및 분할합병의 상대방법인이 분할등기일 현재 1년 이상 사업을 계속하던 내국법인일 것
   가. 분리하여 사업이 가능한 독립된 사업부문을 분할하는 것일 것
   나. 분할하는 사업부문의 자산 및 부채가 포괄적으로 승계될 것
      ※ 다만, 공동으로 사용하던 자산, 채무자의 변경이 불가능한 부채 등 분할하기 어려운 자산과 부채 등으로서 대통령령으로 정하는 것은 제외

※ 「법인세법 시행령」 제82조의 2 제4항 : 제외되는 자산 및 부채 등
1. 자산
   가. 변전시설 · 폐수처리시설 · 전력시설 · 용수시설 · 증기시설
   나. 사무실 · 창고 · 식당 · 연수원 · 사택 · 사내교육시설
   다. 물리적으로 분할이 불가능한 공동의 생산시설, 사업지원시설과 그 부속토지 및 자산
   라. 가목부터 다목까지의 자산과 유사한 자산으로서 기획재정부령으로 정하는 자산( = 공동으로 사용하는 상표권)

2. 부채
   가. 지급어음
   나. 차입조건상 차입자의 명의변경이 제한된 차입금
   다. 분할로 인하여 약정상 차입자의 차입조건이 불리하게 변경되는 차입금
   라. 분할하는 사업부문에 직접 사용되지 아니한 공동의 차입금
   마. 가목부터 라목까지의 부채와 유사한 부채로서 기획재정부령으로 정하는 부채
3. 분할하는 사업부문이 승계하여야 하는 자산・부채로서 분할 당시 시가로 평가한 총자산가액 및 총부채가액의 각각 100분의 20 이하인 자산・부채. 이 경우 분할하는 사업부문이 승계하여야 하는 자산・부채, 총자산가액 및 총부채가액은 기획재정부령으로 정하는 바에 따라 계산하되, 주식등과 제1호의 자산 및 제2호의 부채는 제외한다.

④ 법 제46조 제2항 제1호 나목 단서에서 "공동으로 사용하던 자산, 채무자의 변경이 불가능한 부채 등 분할하기 어려운 자산과 부채 등으로서 대통령령으로 정하는 것"이란 다음 각 호의 자산과 부채를 말한다.

   다. 분할법인등만의 출자에 의하여 분할하는 것일 것
2. 분할법인등의 주주가 분할신설법인등으로부터 받은 분할대가의 전액이 주식인 경우(분할합병의 경우에는 분할대가의 100분의 80 이상이 분할신설법인등의 주식인 경우 또는 분할대가의 100분의 80 이상이 분할합병의 상대방 법인의 발행주식총수 또는 출자총액을 소유하고 있는 내국법인의 주식인 경우를 말한다)로서 그 주식이 분할법인등의 주주가 소유하던 주식의 비율에 따라 배정(분할합병의 경우에는 대통령령으로 정하는 바에 따라 배정한 것을 말한다)되고 대통령령으로 정하는 분할법인등의 주주가 분할등기일이 속하는 사업연도의 종료일까지 그 주식을 보유할 것
3. 분할신설법인등이 분할등기일이 속하는 사업연도의 종료일까지 분할법인등으로부터 승계받은 사업을 계속할 것
4. 분할등기일 1개월 전 당시 분할하는 사업부문에 종사하는 대통령령으로 정하는 근로자 중 분할신설법인등이 승계한 근로자의 비율이 100분의 80 이상이고, 분할등기일이 속하는 사업연도의 종료일까지 그 비율을 유지할 것

**■ 물적분할 요건(「법인세법」 §47 ①)**

분할법인이 물적분할에 의하여 분할신설법인의 주식등을 취득한 경우로서 제46조 제2항 각 호의 요건(같은 항 제2호의 경우 전액이 주식등이어야 함)을 갖춘 경우

## 5 | 사후관리

법인세법 제46조의 3 제3항(물적분할의 경우에는 같은 법 제47조 제3항) 각 호의 사유가 발생하는 경우(같은 항 각 호 외의 부분 단서에 해당하는 경우는 제외)에는 면제받은 취득세를 추징하도록 하였으나 "각 호 중 어느 하나의 사유"로 해당 조문을 명확히 하였고 그간 추징유예기간이 명시되지 않아 계속적으로 적용할 여지가 있음에 따라 2017년 1월 1일부터 분할등기일부터 3년 이내에 추징사유가 발생한 경우로 한하도록 개정되었다.

> **■ 인적분할 추징 요건(「법인세법」 §46의 3 ③)**
>
> 1. 분할신설법인등이 분할법인등으로부터 승계받은 사업을 폐지하는 경우
> 2. 대통령령으로 정하는 분할법인등의 주주가 분할신설법인등으로부터 받은 주식을 처분하는 경우
>
> **■ 물적분할 추징 요건(「법인세법」 §47 ③)**
>
> 1. 분할신설법인이 분할법인으로부터 승계받은 사업을 분할등기일부터 3년 이내의 범위에서 대통령령으로 정하는 기간 이내에 폐지하는 경우
> 2. 분할법인이 분할신설법인의 발행주식총수 또는 출자총액의 100분의 50 미만으로 주식등을 보유하게 되는 경우

다만, 법인세법 시행령 제82조의 4 제6항에 따라 다음과 같이 부득이한 사유가 있는 경우에는 추징하지 아니한다.

> **■ 적격분할 과세특례에 대한 사후관리(「법인세법 시행령」 §82의 4 ⑥)**
>
> 1. 법 제46조의 3 제3항 제1호에 대한 부득이한 사유가 있는 것으로 보는 경우 : 분할신설법인등이 제80조의 2 제1항 제2호 각 목의 어느 하나에 해당하는 경우
>
> 【「법인세법 시행령」 제80조의 2 제1항 제2호 각 목】
>
> 가. 합병법인이 파산함에 따라 승계받은 자산을 처분한 경우
>
> 나. 합병법인이 적격합병, 적격분할, 적격물적분할 또는 적격현물출자에 따라 사업을 폐지한 경우
>
> 다. 합병법인이 자산의 포괄적 양도에 따라 자산을 장부가액으로 양도하면서 사업을 폐지한 경우
>
> 라. 합병법인이 「채무자 회생 및 파산에 관한 법률」에 따른 회생절차에 따라 법원의 허가를 받아 승계받은 자산을 처분한 경우

2. 법 제46조의 3 제3항 제2호에 대한 부득이한 사유가 있는 것으로 보는 경우 : 제8항에 따른 주주가 제80조의 2 제1항 제1호 각 목의 어느 하나에 해당하는 경우

**【「법인세법 시행령」 제80조의 2 제1항 제1호 각 목】**

가. 동 시행령 제5항에 따른 주주등(이하 이 조에서 "해당 주주등"이라 한다)이 합병으로 교부받은 전체 주식등의 2분의 1 미만을 처분한 경우. 이 경우 해당 주주등이 합병으로 교부받은 주식등을 서로 간에 처분하는 것은 해당 주주등이 그 주식등을 처분한 것으로 보지 아니하며, 합병으로 교부받은 주식등과 합병외의 다른 방법으로 취득한 주식등을 함께 보유하고 있는 해당 주주등이 주식등을 처분하는 경우에는 합병외의 다른 방법으로 취득한 주식등을 먼저 처분하는 것으로 봄.

나. 해당 주주등이 사망하거나 파산하여 주식등을 처분한 경우

다. 해당 주주등이 적격합병, 적격분할, 적격물적분할 또는 적격현물출자(법 제47조의 2 제1항 각 호의 요건을 모두 갖추어 양도차익에 해당하는 금액을 손금에 산입하는 현물출자를 말한다. 이하 같다)에 따라 주식등을 처분한 경우

라. 해당 주주등이 「조세특례제한법」 제37조 · 제38조 또는 제38조의 2에 따라 주식등을 포괄적으로 양도, 현물출자 또는 교환 · 이전하고 과세를 이연받으면서 주식등을 처분한 경우

마. 해당 주주등이 「채무자 회생 및 파산에 관한 법률」에 따른 회생절차에 따라 법원의 허가를 받아 주식등을 처분하는 경우

바. 해당 주주등이 「조세특례제한법 시행령」 제34조 제6항 제1호에 따른 경영정상화계획의 이행을 위한 약정 또는 같은 항 제2호에 따른 경영정상화계획의 이행을 위한 특별약정에 따라 주식등을 처분하는 경우

사. 해당 주주등이 법령상 의무를 이행하기 위하여 주식등을 처분하는 경우

**■ 물적분할시 추징제외 요건(「법인세법 시행령」 §84 ⑨)**

⑨ 법 제47조 제1항 단서 및 같은 조 제3항 각 호 외의 부분 단서에서 "대통령령으로 정하는 부득이한 사유가 있는 경우"란 다음 각 호의 어느 하나에 해당하는 경우를 말함.

1. 법 제46조 제2항 제2호 또는 제47조 제3항 제2호와 관련된 경우 : 분할법인이 제80조의 2 제1항 제1호 각 목의 어느 하나에 해당하는 경우(상기 참조)
2. 법 제46조 제2항 제3호 또는 제47조 제3항 제1호와 관련된 경우 : 분할신설법인등이 제80조의 2 제1항 제2호 각 목의 어느 하나에 해당하는 경우(상기 참조)

## 6 감면신청

법인분할에 따라 취득하는 재산에 대해 지방세를 감면받으려는 경우에는 해당 지방자치단체의 장에게 지방세 감면신청서 외에 법인분할임을 증명하는 법인분할계획서, 분할재산명세서, 가격평가서 등의 서류를 첨부하여 감면신청을 하여야 한다. 세부적인 감면신청 절차는 제183조의 해설을 참조하기 바란다.

### 운영사례

- 5년 이상된 A법인으로부터 분할신설된 B법인이 종전 A법인이 임차사용하던 C지점을 승계받아 새로이 지점등록을 하고 그 분할일부터 5년 내에 임차하던 부동산을 취득하여 등기하는 경우 중과세 대상에서 제외됨(안행부 지방세운영과-316, 2013.4.15.).
- 인적분할로 신설된 법인이 분할법인으로부터 승계받은 사업(폐기물 최종처리사업, 폐기물 중간처리 사업 등)을 분할등기일이 속하는 사업연도의 종료일까지 계속하여 영위하지 아니한 경우에는 감면요건을 충족한 것으로 보기 어려움(조심 2012지0061, 2012.11.5.).
- 법인분할에 따른 재산에 관한 등기하는 경우 전세권이전등기에 대한 등록면허세는 감면대상에 해당하지 아니함(조심 2012지0173, 2012.5.8.).
- 분할 등기일 현재 5년 이상 계속하여 사업을 영위한 대도시 내의 내국법인이 과밀억제권역(경기도 ○○시) 내에서 법인분할 후 서울시로 전입하여 분할신설법인을 설립하였으나 이를 법인설립이 아닌 전입등기로 보아 중과세한 것은 부당함(조심 2011지0314, 2012.4.6.).
- 법인분할에 따른 근저당권 이전등기는 취득을 원인으로 하는 취득세 과세대상이 아닌 등록면허세 과세대상으로 면제대상에 해당하지 아니함(안행부 지방세운영과-1045, 2011.3.7.).
- 분할등기일 현재 5년 이상 사업을 계속하던 내국법인의 의미가 분할등기일 현재 분할법인으로부터 분할되는 독립된 사업부문으로 구분하여 말하는 것이 아니라, 당해 분할법인의 총 사업기간을 의미하므로 분할되는 부동산임대사업부문이 5년 이상 사업을 영위하지 않았더라도 A법인의 총사업기간이 5년을 경과하였다면 요건을 충족함(안행부 지방세운영과-4733, 2010.10.7.).
- 사업을 5년 이상 계속하여 영위한 갑법인에서 물적분할을 통해 분할된 을법인이 5년 이내 갑법인으로부터 승계받은 사업부분을 인적분할로 재분할하는 경우에 5년 이상 사업영위 기간에 갑법인이 영위한 사업기간까지 포함하여 산정함이 타당함(안행부 지방세운영과-3388, 2010.8.4.).
- 물적분할시 총 32개 사업장 중 3개 사업장은 승계하고 나머진 29개 사업장의 토지는 공통차입금의 담보 설정되어 분리승계가 어렵다고 하나, 법인세법 시행규칙의 포괄승계 예외규정에 해당하지 않아 법인분할 요건을 갖추지 못한 경우로 등록세 중과세 부과는 타당함(조심 2009지0897, 2010.7.20.).
- 받을어음을 승계대상에서 제외하고 법인분할을 한 경우에, 받을어음은 당연히 포괄적 승계대상으로 보는 것이 타당하나 분할등기일 전뿐만 아니라 이후에도 분할법인의 받을어음 계

정에서 회계처리한 사실이 확인되는 바 법인세법 제46조 제1항에 규정하는 법인분할요건을 갖추었다고 보기 어려움(조심 2009지0627, 2010.3.12.).

- 물적분할로 취득한 재산의 감면대상 해당 여부(안행부 지방세운영과-5503, 2009.12.29.)
  1) 취득세 면제대상이 유형고정자산에 한정하는 것인지
     ☞ 면제범위를 한정하지 않았으므로 분할요건 충족시 취득·등록세 과세대상 재산임.
  2) 동일 필지 토지에 다수의 사업부문을 운영하던 중 일부 사업부문만을 물적 분할하는 경우
     ☞ 분할되지 않는 사업부문의 시설을 승계하지 않더라도 분할되는 사업부문의 자산 및 부채가 포괄적으로 승계된 때에는 분할요건 충족
  3) 아파트임대와 상가임대 사업을 하는 법인 상가임대부문만 물적분할하는 경우
     ☞ 상가임대부문의 자산과 부채가 포괄적으로 승계된 때에는 분할요건 충족
  4) 분할법인이 선납한 1년분 임대료는 사업연도에 손익으로 인식한 경우 분할신설법인이 승계할 수 없는 경우
     ☞ 이를 이유로 분할하는 사업부분의 자산이 포괄적으로 승계되지 아니한 것으로 볼 수 없음.
  5) 동일 필지의 토지 중 일부를 부동산임대업과 레저산업용에 사용하던 중 토지전체를 부동산임대사업으로 물적분할한 후 분할신설법인이 승계받은 토지 중 분할법인이 운영하는 레저사업용에 사용되는 부분을 무상임대하는 경우
     ☞ 분할신설법인이 승계받은 부동산임대사업을 계속하여 영위하는 것으로 봄.
  6) 분할법인이 분할신설법인에게 자산·부채를 승계함에 있어 분할하는 사업부분의 자산부채 외에 분할법인의 자산부채 일부를 포함하여 승계하는 경우
     ☞ 자산·부채의 포괄적 승계로 봄.
- 대도시 내 설립 후 5년 경과 법인의 인적분할로 신설된 법인이 설립 후 5년 이내에 대도시 소재 부동산을 취득하는 경우 법인설립등기뿐만 아니라 부동산등기까지 포함하여 중과세 제외대상으로 봄이 타당함(안행부 지방세운영과-3451, 2007.8.24.).

## 7 | 관련사례

- 분할신설법인인 주식회사 ○○로부터 폐기물처리사업 등을 승계한 이후 분할등기일이 속하는 사업연도의 종료일인 2009.12.31.까지 주식회사 ○○기술과 사이에 이 사건 토지에 관한 토목설계 및 실시계획인가에 관한 용역계약을 체결하고, 해당 관청에 도시계획시설사업(폐기물처리시설) 사업시행자지정 및 실시계획인가신청서만을 제출하였을 뿐, 그때까지 이 사건 토지에 폐기물매립장을 설치하기 위한 공사에 착수하지 아니하였음은 물론이고 해당 관청으로부터 사업시행자지정 및 실시계획인가도 받지 못하였다는 것인 바, 분할등기일이 속하는 사업연도의 종료일인 2009.12.31.까지 토지를 폐기물처리사업에 직접 사용하였다고 보기 어려움(대법원 2016.8.18. 선고, 2014두36235 판결).
- 분할법인이 물적분할에 의하여 분할신설법인의 주식 등을 취득한 경우로서 「법인세법」 제

46조 제2항 각 호의 요건을 갖춘 경우라면, 물적분할 시 양도손익이 발생할 경우에도 「지방세특례제한법」 제57조의 2 제3항 제2호에 따라 취득세를 면제할 수 있음(행자부 지방세특례제도과-405, 2016.2.23.).

- 물적분할 시 분할로 신설되는 법인에게 종전법인과의 공동차입금을 부채로 승계시킨 경우, 적격분할 요건을 갖춘 것으로 볼 수 있는지 여부와 관련,
  - 「법인세법」 제46조 제2항 제1호 나목 단서 의미는, 분할하는 사업부문의 자산 및 부채가 포괄적으로 승계되어야 하고 다만, 공동으로 사용하던 자산, 채무자의 변경이 불가능한 부채 등 분할하기 어려운 자산과 부채 등은 반드시 포괄 승계되어야 하는 것은 아닌 것으로 보아야 하고, 종전 법인과의 공동 차입금을 분할 신설법인에 승계하더라도 포괄승계 요건을 위반한 것으로 보기는 어렵다고 할 것이므로, 과세권자는 분할된 신설법인으로 승계된 공동차입금이 분할하기 어려운 자산과 부채에 해당하는지, 또한 공동차입금을 분할된 신설법인으로 승계함에 따라 「법인세법」 제46조 제2항 제1호 가목의 '분리하여 사업이 가능한 독립된 사업부문을 분할할 것'등의 요건을 갖추었는지 등에 관하여 사실관계를 면밀히 조사하여 판단(행자부 지방세특례제도과-2574, 2015.9.23.).
- 중소기업의 대형화를 통한 경쟁력 강화 입법취지를 고려시 임대면적이 확대된 경우, 일부를 분양 또는 자가 사용하였다고 하여 사업의 동질성이 유지되지 않은 것으로 보아 감면을 배제할 수 없음(대법원 2014.10.15. 선고, 2014두37931 판결).
- 인적분할로 인하여 부동산을 취득하고, 유예기간(2년) 내에 쟁점부동산을 매각한 사실이 나타나므로, 유예기간 내에 분할법인으로부터 승계받은 사업을 폐지한 것으로 보는 것이 타당함(조심 2014지0405, 2014.10.14.).
- 법인의 적격분할 과정에서 분할된 법인명의로 이전되는 전세권등기에 따른 등록면허세를 조특법 제120조 제1항 제6호 소정의 적격분할로 인하여 취득하는 재산으로 보아 감면할 수 없음(대법원 2014.3.14. 선고, 2013두24839 판결).
- 5년 이상된 A법인으로부터 분할신설된 B법인이 종전 A법인이 임차사용하던 C지점을 승계받아 새로이 지점등록을 하고 그 분할일부터 5년 내에 임차하던 부동산을 취득하여 등기하는 경우 중과세 대상에서 제외됨(안행부 지방세운영과-316, 2013.4.15.).
- 인적분할로 신설된 법인이 분할법인으로부터 승계받은 사업(폐기물 최종처리사업, 폐기물 중간처리 사업 등)을 분할등기일이 속하는 사업연도의 종료일까지 계속하여 영위하지 아니한 경우에는 감면요건을 충족한 것으로 보기 어려움(조심 2012지0061, 2012.11.5.).
- 법인분할에 따른 재산에 관한 등기하는 경우 전세권이전등기에 대한 등록면허세는 감면대상에 해당하지 아니함(조심 2012지0173, 2012.5.8.).
- 분할 등기일 현재 5년 이상 계속하여 사업을 영위한 대도시 내의 내국법인이 과밀억제권역(경기도 ○○시) 내에서 법인분할 후 서울시로 전입하여 분할신설법인을 설립하였으나 이를 법인설립이 아닌 전입등기로 보아 중과세한 것은 부당함(조심 2011지0314, 2012.4.6.).
- 법인분할에 따른 근저당권 이전등기는 취득을 원인으로 하는 취득세 과세대상이 아닌 등록면허세 과세대상으로 면제대상에 해당하지 아니함(안행부 지방세운영과-1045, 2011.3.7.).
- 분할등기일 현재 5년 이상 사업을 계속하던 내국법인의 의미가 분할등기일 현재 분할법인으로부터 분할되는 독립된 사업부문으로 구분하여 말하는 것이 아니라, 당해 분할법인의 총

사업기간을 의미하므로 분할되는 부동산임대사업부문이 5년 이상 사업을 영위하지 않았더라도 A법인의 총사업기간이 5년을 경과하였다면 요건을 충족함(안행부 지방세운영과-4733, 2010.10.7.).

• 사업을 5년 이상 계속하여 영위한 갑법인에서 물적분할을 통해 분할된 을법인이 5년 이내 갑법인으로부터 승계받은 사업부분을 인적분할로 재분할하는 경우에 5년 이상 사업영위 기간에 갑법인이 영위한 사업기간까지 포함하여 산정함이 타당함(안행부 지방세운영과-3388, 2010.8.4.).

• 물적분할시 총 32개 사업장 중 3개 사업장은 승계하고 나머진 29개 사업장의 토지는 공통차입금의 담보 설정되어 분리승계가 어렵다고 하나, 법인세법 시행규칙의 포괄승계 예외규정에 해당하지 않아 법인분할 요건을 갖추지 못한 경우로 등록세 중과세 부과는 타당함(조심 2009지0897, 2010.7.20.).

• 받을어음을 승계대상에서 제외하고 법인분할을 한 경우에, 받을어음은 당연히 포괄적 승계대상으로 보는 것이 타당하나 분할등기일 전뿐만 아니라 이후에도 분할법인의 받을어음 계정에서 회계처리한 사실이 확인되는 바 법인세법 제46조 제1항에 규정하는 법인분할요건을 갖추었다고 보기 어려움(조심 2009지0627, 2010.3.12.).

• 물적분할로 취득한 재산의 감면대상 해당 여부(안행부 지방세운영과-5503, 2009.12.29.)

1) 취득세 면제대상이 유형고정자산에 한정하는 것인지
   ☞ 면제범위를 한정하지 않았으므로 분할요건 충족시 취득·등록세 과세대상 재산임.

2) 동일 필지 토지에 다수의 사업부문을 운영하던 중 일부 사업부문만을 물적 분할하는 경우
   ☞ 분할되지 않는 사업부문의 시설을 승계하지 않더라도 분할되는 사업부문의 자산 및 부채가 포괄적으로 승계된 때에는 분할요건 충족

3) 아파트임대와 상가임대 사업을 하는 법인 상가임대부문만 물적분할하는 경우
   ☞ 상가임대부문의 자산과 부채가 포괄적으로 승계된 때에는 분할요건 충족

4) 분할법인이 선납한 1년분 임대료는 사업연도에 손익으로 인식한 경우 분할신설법인이 승계할 수 없는 경우
   ☞ 이를 이유로 분할하는 사업부분의 자산이 포괄적으로 승계되지 아니한 것으로 볼 수 없음.

5) 동일 필지의 토지 중 일부를 부동산임대업과 레저산업용에 사용하던 중 토지전체를 부동산임대사업으로 물적분할한 후 분할신설법인이 승계받은 토지 중 분할법인이 운영하는 레저사업용에 사용되는 부분을 무상임대하는 경우.
   ☞ 분할신설법인이 승계받은 부동산임대사업을 계속하여 영위하는 것으로 봄.

6) 분할법인이 분할신설법인에게 자산·부채를 승계함에 있어 분할하는 사업부문의 자산부채 외에 분할법인의 자산부채 일부를 포함하여 승계하는 경우
   ☞ 자산·부채의 포괄적 승계로 봄.

• 대도시 내 설립 후 5년 경과 법인의 인적분할로 신설된 법인이 설립 후 5년 이내에 대도시 소재 부동산을 취득하는 경우 법인설립등기뿐만 아니라 부동산등기까지 포함하여 중과세 제외대상으로 봄이 타당함(안행부 지방세운영과-3451, 2007.8.24.).

# 제57조의 2

## 3. 형식적 취득 감면

### 3-3. 법인세법에 따른 현물출자 취득재산

**관련규정**

제57조의 2(기업합병 · 분할 등에 대한 감면) ③ 다음 각 호의 어느 하나에 해당하는 사업용 재산을 2027년 12월 31일까지 취득하는 경우에는 취득세의 100분의 50을 경감한다. 다만, 제7호의 경우에는 취득세를 면제한다.

1. ~ 2. (생 략)

3. 「법인세법」 제47조의 2에 따른 현물출자에 따라 취득하는 사업용 재산. 다만, 취득일부터 3년 이내에 같은 법 제47조의 2 제3항 각 호의 어느 하나에 해당하는 사유가 발생하는 경우(같은 항 각 호 외의 부분 단서에 해당하는 경우는 제외한다)에는 경감받은 취득세를 추징한다. [15.1.1. ⇨ 조특법 §120 ① 5호에서 이관 연장(14년→15년), 3년 연장(16년→18년), 3년 재연장(18년→21년)]

4. ~ 7. (생 략)

## 1 개 요

법인세법 제47조의 2에 따른 현물출자에 따라 취득하는 재산에 감면하며 2014년까지는 조특법 제120조 제1항 제5호에 취득세 감면이 규정되었으나 2014년 12월 31일 감면기한이 일몰 종료됨에 따라 지특법으로 이관되어 2018년 말까지 지속적으로 취득세가 면제되었으며, 장기간 지원되어 온 점과 국세 대비 과도한 면제규정 등임을 고려하여 2018년 말 지특법 개정시에 75%로 경감률이 축소되었고 2024년말 지특법 개정시 50%로 재차 감면축소되어 2027년말까지 감면 연장되었다.

## 2 | 감면대상자

법인세법의 규정에 따라 출자법인의 재산을 현물출자로 받은 피출자법인에 대해 감면하며 해당 법인의 감면요건은 다음과 같이 규정하고 있다.

■ **현물출자법인과 피출자법인의 감면 요건(「법인세법」 §47의 2)**

1. 출자법인이 현물출자일 현재 5년 이상 사업을 계속한 법인일 것
2. 피출자법인이 그 현물출자일이 속하는 사업연도의 종료일까지 출자법인으로부터 승계받은 사업을 계속할 것
3. 다른 내국인 또는 외국인과 공동으로 출자하는 경우 공동으로 출자한 자가 출자법인의 제52조 제1항에 따른 특수관계인이 아닐 것
4. 출자법인 및 제3호에 따라 출자법인과 공동으로 출자한 자가 현물출자일 다음 날 현재 피출자법인의 발행주식총수 또는 출자총액의 100분의 80 이상의 주식등을 보유하고, 현물출자일이 속하는 사업연도의 종료일까지 그 주식등을 보유할 것

## 3 | 감면대상 재산

본 규정에서 현물출자 재산에 대한 감면대상 범위를 별도로 정하지 않았기에 취득세 과세대상이 되는 유형·무형자산이 감면대상이 가능할 것으로 본다.

현물출자에 따른 자산의 취득가액은 법인세법 시행령 제72조에 따라 해당 자산의 시가를 기준으로 산정하고 있다.

■ **합병, 분할 및 현물출자 자산 취득가액(「법인세법 시행령」 §72 3호)**

- 적격합병 또는 적격분할의 경우 : 「법인세법 시행령」 제80조의 4 제1항 또는 제82조의 4 제1항에 따른 장부가액
  - 합병법인은 피합병법인의 자산을 장부가액으로 양도받은 경우 양도받은 자산 및 부채의 가액을 합병등기일 현재의 시가로 계상함(영 §80의 4 ①)
  - 분할신설법인 등은 분할법인등의 자산을 장부가액으로 양도받은 경우 양도받은 자산 및 부채의 가액을 분할등기일 현재의 시가로 계상함(영 §82의 4 ①)
- 현물출자 자산 취득가액 : 해당 자산의 시가

아울러, 2024년까지는 법인의 현물출자에 따라 취득하는 "재산"에 대해 감면하였으나

2025년부터는 기업구조조정에 대한 감면규정이 일괄 정비되면서 취득세 감면 대상 범위를 취득하는 사업용 재산으로 개정되었다.

## 4 감면내용

현물출자한 재산에 대해 2018년 12월 31일까지 취득세를 100% 면제하였으나 이후부터 2024년 12월 31일까지 75%를 경감토록 규정하고 있으며, 현재는 2027년 12월 31일까지 경감률이 50%로 축소되어 적용되고 있다.

아울러, 2023년 1월 1일부터는 내국법인의 합병・분할하는 경우 지방세법 제10조의 5 제3항 제2호 신설에 따라 취득세 과세표준을 시가인정액을 적용토록 개정됨에 따라 법령 개정대상에 포함되지는 않았으나 법인의 현물출자의 경우에도 감정가액 등이 시가인정액이 적용되어야 함이 바람직할 것으로 보인다.

또한, 2015년부터 시행되는 최소 납부세제(§177의 2 본문)에 따라 면제되는 세액의 15%에 상당하는 취득세의 감면 특례가 제한되어 제57조의 2의 경우 최저납부세액 과세대상에 해당되지만 제177조의 2 제2호에서 예외 특례를 적용받아 해당 취득세에 대해서는 본 규정대로 계속해서 면제가 적용되었으나 2019년부터는 취득세 감면율이 축소되어 적용대상에서 제외된다. 이에 대한 세부적인 사항은 제177조의 2의 해설편을 참조하면 된다.

**〈표〉 법인 현물출자 감면 현황(2025.1.1. 현재)**

| 조문 | 감면내용 | 감면율 | 일몰 |
|---|---|---|---|
| §57의 2 ③ 3호 | 내국법인이 법인세법 제47조의 2에 의해 현물출자로 취득하는 재산 | 취득세 100% | '18.12.31. |
| | | 취득세 75% | '24.12.31. |
| | 내국법인이 법인세법 제47조의 2에 의해 현물출자로 취득하는 사업용 재산 | 취득세 50% | '27.12.31 |
| §177의 2 | 지방세 감면 특례의 제한(최소납부세제)<br>※ '16.1.1. ~ '18.12.31.까지 3년간 적용 | 취득세 면제세액의 15% 과세 | '19년부터 대상제외 |

# 5 사후관리

법인세법 제47조의 2 제3항에 따라 다음의 사유가 발생하는 경우에는 면제받은 취득세를 추징하도록 하였으나 "각 호 중 어느 하나의 사유"로 해당 조문을 명확히 하였고 그간 추징유예기간이 명시되지 않아 계속적으로 적용할 여지가 있음에 따라 2017년 1월 1일부터 현물출자로 인한 취득일부터 3년 이내에 추징사유가 발생한 경우로 한정하도록 개정되었다.

> ③ 제1항에 따라 양도차익 상당액을 손금에 산입한 출자법인은 현물출자일부터 3년의 범위에서 대통령령으로 정하는 기간 이내에 다음 각 호의 어느 하나에 해당하는 사유가 발생하는 경우에는 제1항에 따라 손금에 산입한 금액 중 제2항에 따라 익금에 산입하고 남은 금액을 그 사유가 발생한 날이 속하는 사업연도의 소득금액을 계산할 때 익금에 산입한다. 다만, 대통령령으로 정하는 부득이한 사유가 있는 경우에는 그러하지 아니하다.
> 1. 피출자법인이 출자법인이 현물출자한 자산으로 영위하던 사업을 폐지하는 경우
> 2. 출자법인등이 피출자법인의 발행주식총수 또는 출자총액의 100분의 50 미만으로 주식등을 보유하게 되는 경우

다만, 법인세법 제47조의 3 제3항 각 호 외의 부분 단서 및 같은 법 시행령 제84조의 2 제9항에 따라 다음과 같이 부득이한 사유가 있는 경우에는 추징하지 아니한다.

**■ 추징 제외(부득이한 사유)**

1. 「법인세법」 제47조의 2 제1항 제4호 또는 시행령 제3항 제2호와 관련된 경우

**【「법인세법 시행령」 제80조의 2 제1항 제1호 각 목】**

가. 동 시행령 제5항에 따른 주주등(이하 이 조에서 "해당 주주등"이라 한다)이 합병으로 교부받은 전체 주식등의 2분의 1 미만을 처분한 경우. 이 경우 해당 주주등이 합병으로 교부받은 주식등을 서로 간에 처분하는 것은 해당 주주등이 그 주식등을 처분한 것으로 보지 아니하며, 합병으로 교부받은 주식등과 합병외의 다른 방법으로 취득한 주식등을 함께 보유하고 있는 해당 주주등이 주식등을 처분하는 경우에는 합병외의 다른 방법으로 취득한 주식등을 먼저 처분하는 것으로 봄.

나. 해당 주주등이 사망하거나 파산하여 주식등을 처분한 경우

다. 해당 주주등이 적격합병, 적격분할, 적격물적분할 또는 적격현물출자(법 제47조의 2 제1항 각 호의 요건을 모두 갖추어 양도차익에 해당하는 금액을 손금에 산입하는 현물출자를 말한다. 이하 같다)에 따라 주식등을 처분한 경우

라. 해당 주주등이 「조세특례제한법」 제37조 · 제38조 또는 제38조의 2에 따라 주식등을 포

괄적으로 양도, 현물출자 또는 교환·이전하고 과세를 이연받으면서 주식등을 처분한 경우
마. 해당 주주등이 「채무자 회생 및 파산에 관한 법률」에 따른 회생절차에 따라 법원의 허가를 받아 주식등을 처분하는 경우
바. 해당 주주등이 「조세특례제한법 시행령」 제34조 제6항 제1호에 따른 경영정상화계획의 이행을 위한 약정 또는 같은 항 제2호에 따른 경영정상화계획의 이행을 위한 특별약정에 따라 주식등을 처분하는 경우
사. 해당 주주등이 법령상 의무를 이행하기 위하여 주식등을 처분하는 경우

2. 「법인세법」 제47조의 2 제1항 제2호 또는 시행령 제3항 제1호와 관련된 경우

【「법인세법 시행령」 제80조의 2 제1항 제2호 각 목】
가. 합병법인이 파산함에 따라 승계받은 자산을 처분한 경우
나. 합병법인이 적격합병, 적격분할, 적격물적분할 또는 적격현물출자에 따라 사업을 폐지한 경우
다. 합병법인이 자산의 포괄적 양도에 따라 자산을 장부가액으로 양도하면서 사업을 폐지한 경우
라. 합병법인이 「채무자 회생 및 파산에 관한 법률」에 따른 회생절차에 따라 법원의 허가를 받아 승계받은 자산을 처분한 경우

## 6 | 감면신청

법인세법에 따른 현물출자로 취득하는 재산에 대해 지방세를 감면받으려는 경우에는 해당 지방자치단체의 장에게 지방세 감면신청서 외에 필요시 현물출자 과세특례 내역 및 자산의 양도차익 명세서 등 현물출자임을 증명하는 서류를 첨부하여 감면신청을 하여야 한다. 세부적인 감면신청 절차는 제183조의 해설편을 참조하기 바란다.

## 7 | 관련사례

▣ 외국법인의 국내지점이 법인세법상 적격현물출자한 경우 취득세 감면 여부
외국법인 국내지점이 적격현물출자 요건을 충족한 경우 舊 「지방세특례제한법」(법률 제

15295호, 2017.12.26. 일부개정된 것) 제57조의 2 제3항 제3호에서 규정하는 현물출자를 원인으로 취득세 경감대상에 해당하는지 여부와 관련, 해당 현물출자가 「법인세법」 제47조의 2에 따른 현물출자에 해당하는지에 대한 국세청[법령해석과-2869(2020.9.4.)]과 기획재정부[법인세제과-51(2021.1.26.)]의 판단을 종합하면 적격현물출자에 해당하여 그에 따라 취득하는 재산은 취득세 면제대상에 해당하고, 감면된 취득세에 대해 추징할 사유가 발생한 사실도 확인되지 않는 것으로 판단됨(행안부 지방세특례제도과-1477, 2022.7.10.).

제 57 조의 2

# 3. 형식적 취득 감면

## 3-4. 법인세법에 따른 자산교환 취득재산

관련규정

제57조의 2(기업합병 · 분할 등에 대한 감면) ③ 다음 각 호의 어느 하나에 해당하는 사업용 재산을 2027년 12월 31일까지 취득하는 경우에는 취득세의 100분의 50을 경감한다. 다만, 제7호의 경우에는 취득세를 면제한다.

1. ~ 3. (생 략)

4. 「법인세법」 제50조에 따른 자산교환에 따라 취득하는 재산 [15.1.1. ⇨ 조특법 §120 ① 7호에서 이관 연장(14년→15년), 3년 연장(15년→18년), 3년 재연장(14년→15년)]
☞ 제4호 2021.12.28. 일몰종료(삭제)

5. ~ 7. (생 략)

## 1 개 요

법인세법 제50조에 따른 자산교환에 따라 취득하는 재산에 감면하며 2014년까지는 조특법 제120조 제1항 제7호에 취득세 감면이 규정되었으나 2014년 12월 31일 감면기한이 종료됨에 따라 지특법으로 그대로 이관되어 2018년 말까지 지속적으로 취득세가 면제되었으며, 장기간 지원되어 온 점과 국세 대비 과도한 면제규정 등임을 고려하여 2018년 말 지특법 개정시에 75%로 경감률이 축소되어 2021년 12월 31일까지 3년간 연장되었으며 2021년 말 해당 규정은 삭제되었다.

## 2 | 감면대상자

법인세법 제50조의 규정에 따라 소비성서비스업을 제외한 사업을 영위하는 내국법인이 2년 이상 그 사업에 직접 사용하던 사업용 고정자산을 법인세법 제52조 제1항에 따라 부당행위계산의 부인이 적용되는 특수관계인(본인, 친족, 법인세법 제52조 제1항에 따른 특수관계인) 외의 다른 내국법인이 2년 이상 그 사업에 직접 사용하던 동일한 종류의 사업용 고정자산과 교환하는 경우에 그 교환자산을 취득한 법인이 감면대상이 된다.

또한, 3개 이상의 법인간에 하나의 교환계약에 의하여 각 법인이 자산을 교환하는 것을 포함하며 자산교환법인의 세부 감면요건은 법인세법 제50조 제1항에서 다음과 같이 규정하고 있다.

**■ 자산교환법인 요건(「법인세법」 §50 ①)**

대통령령으로 정하는 사업을 하는 내국법인이 2년 이상 그 사업에 직접 사용하던 고정자산으로서 대통령령으로 정하는 자산(사업용고정자산)을 같은 법 제52조 제1항에 따른 특수관계인 외의 다른 내국법인이 2년 이상 그 사업에 직접 사용하던 동일한 종류의 사업용고정자산(교환취득자산)과 교환(대통령령으로 정하는 여러 법인 간의 교환을 포함)하는 경우

**【조세특례제한법 시행령 제87조 : 특수관계인의 범위】**

1. 임원의 임면권의 행사, 사업방침의 결정 등 당해 법인의 경영에 대하여 사실상 영향력을 행사하고 있다고 인정되는 자(「상법」 제401조의 2 제1항의 규정에 의하여 이사로 보는 자 포함)와 그 친족
   ※ 친족관계(국세기본법 시행령 §1의 2 ①)
   1) 6촌 이내의 혈족
   2) 4촌 이내의 인척
   3) 배우자(사실상 혼인관계에 있는 자 포함)
   4) 친생자로서 다른 사람에게 친양자 입양된 자 및 그 배우자 · 직계비속
2. 주주등(소액주주등을 제외)과 그 친족
3. 법인의 임원 · 사용인 또는 주주등의 사용인(주주등이 영리법인인 경우에는 그 임원을, 비영리법인인 경우에는 그 이사 및 설립자를 말함)이나 사용인 외의 자로서 법인 또는 주주등의 금전 기타 자산에 의하여 생계를 유지하는 자와 이들과 생계를 함께하는 친족
4. 해당 법인이 직접 또는 그와 제1호부터 제3호까지의 관계에 있는 자를 통하여 어느 법인의 경영에 대하여 지배적인 영향력을 행사하고 있는 경우 그 법인
5. 해당 법인이 직접 또는 그와 제1호부터 제4호까지의 관계에 있는 자를 통하여 어느 법인의 경영에 대하여 지배적인 영향력을 행사하고 있는 경우 그 법인
6. 당해 법인에 100분의 30 이상을 출자하고 있는 법인에 100분의 30 이상을 출자하고 있는

법인이나 개인
7. 당해 법인이 「독점규제 및 공정거래에 관한 법률」에 의한 기업집단에 속하는 법인인 경우 그 기업집단에 소속된 다른 계열회사 및 그 계열회사의 임원

## 3 | 감면대상 재산

자산교환에 따른 취득재산의 감면요건에 해당하는 사업범위는 소비성서비스업(호텔업, 여관업, 주점업 등)을 제외한 사업에 한하며, 자산교환 재산의 범위는 토지, 건축물 및 조특법 시행령 제3조 제2항에 따른 사업용 유형자산으로 규정하고 있어 이를 감면대상으로 하며 운휴중에 있는 재산은 제외한다.

교환으로 인한 자산 요건은 법인세법 시행령 제86조 등에서 다음과 같이 규정하고 있다.

**■ 교환으로 인한 자산 요건(「법인세법 시행령」 §86)**

① 법 제50조 제1항에서 "대통령령으로 정하는 사업"이란 조특법 시행령 제29조 제3항 및 같은 법 시행령 제60조의 2 제1항 제1호부터 제3호까지의 규정에 해당하는 사업을 제외한 사업을 말함.

**【조특법 시행령 제29조 제3항 : 소비성서비스업】**
1. 호텔업 및 여관업(「관광진흥법」에 따른 관광숙박업은 제외)
2. 주점업(일반유흥주점업, 무도유흥주점업 및 「식품위생법 시행령」 제21조에 따른 단란주점 영업만 해당하되, 「관광진흥법」에 따른 외국인전용유흥음식점업 및 관광유흥음식점업은 제외)
3. 그 밖에 오락·유흥 등을 목적으로 하는 사업으로서 기획재정부령으로 정하는 사업

② 법 제50조 제1항에서 "대통령령으로 정하는 자산"이란 토지·건축물·조특법 시행령 제4조 제2항에 따른 자산 기타 기획재정부령이 정하는 자산을 말함.

**【조특법 시행령 제4조 제2항 : 사업용자산】**
제조업 등 해당 사업에 주로 사용하는 사업용 유형자산 중 기획재정부령으로 정하는 것을 말함.

**【조특법 시행규칙 제3조 제1항 : 기재부령이 정하는 사업용 자산】**
1. 해당 사업에 주로 사용하는 사업용 유형자산(토지와 건축물 등 사업용 유형자산은 제외)

※ 상기 토지와 건축물에 대한 사업용 유형자산 제외의 의미는 조특법 제5조 제1항 제1호 규정에서 기계장치 등의 범위에 포함하지 않는다는 것을 말하며 토지와 건축물은 이미 규정(법인세법 시행령 제86조 제2항)

2. 운수업을 주된 사업으로 하는 중소기업(영 제2조 제1항에 따른 중소기업을 말한다. 이하 이 조에서 "중소기업"이라 한다)이 해당 사업에 주로 사용하는 차량 및 운반구(「개별소비세법」 제1조 제2항 제3호에 따른 자동차로서 자가용인 것을 제외)와 선박
3. 어업을 주된 사업으로 하는 중소기업이 해당 사업에 주로 사용하는 선박
4. 중소기업이 해당 업종의 사업에 직접 사용하는 소프트웨어. 다만, 다음 각 목의 어느 하나에 해당하는 소프트웨어는 제외함.
   가. 인사, 급여, 회계 및 재무 등 지원업무에 사용하는 소프트웨어
   나. 문서, 도표 및 발표용 자료 작성 등 일반 사무에 사용하는 소프트웨어
   다. 컴퓨터 등의 구동을 위한 기본 운영체제(Operating System) 소프트웨어

## 4 | 감면내용

자산교환법인이 법인세법 제50조 규정에 따라 취득하는 재산에 대해 2021년 12월 31일까지 취득세를 75% 경감하였으나 현재는 감면 종료되었다.

또한, 2015년부터 시행되는 최소 납부세제(§177의 2 본문)에 따라 면제되는 세액의 15%에 상당하는 취득세가 부과되어야 하나 제57조의 2 제3항 제4호의 경우 2015년 말까지 최소납부세제 적용이 유예되었고 2016년부터는 시행하게 된다. 이에 대한 세부적인 사항은 제177조의 2의 해설편을 참조하면 된다.

**〈표〉 자산교환법인 감면 현황(2022.1.1. 현재)**

| 조문 | 감면내용 | 감면율 | 일몰 |
|---|---|---|---|
| §57의 2 ③ 4호 | 자산교환법인의 취득 재산 | 취득세 100% | '16.1.1.~ '18.12.31. |
| | | 취득세 75% | '18~'21년 |
| §177의 2 | 지방세 감면 특례의 제한(최소납부세제)<br>※ '16.1.1. ~ '18.12.31.까지 3년간 적용 | 취득세 면제세액의 15% 과세 | '19년부터 대상제외 |

## 5 | 사후관리

이 규정에서 별도로 감면추징에 관한 사항이 없으므로 원칙적으로 추징대상에서 제외되어야 한다. 다만, 자산교환요건을 갖추지 못한 경우에는 사전적 요건불비로 사후에라도 추징이 되어야 할 것이다.

## 6 | 감면신청

법인세법에 따른 현물출자로 취득하는 재산에 대해 지방세를 감면받으려는 경우에는 해당 지방자치단체의 장에게 지방세 감면신청서 외에 자산교환명세서 등 자산교환임을 증명하는 서류를 첨부하여 감면신청을 하여야 한다. 세부적인 감면신청 절차는 제183조의 해설을 참조하면 된다.

# 제57조의 2

## 3. 형식적 취득 감면

### 3-5. 중소기업간 통합에 따른 취득재산

**관련규정**

제57조의 2(기업합병 · 분할 등에 대한 감면) ③ 다음 각 호의 어느 하나에 해당하는 사업용 재산을 2027년 12월 31일까지 취득하는 경우에는 취득세의 100분의 50을 경감한다. 다만, 제7호의 경우에는 취득세를 면제한다.

1. ~ 4. (생 략)

5. 「조세특례제한법」 제31조에 따른 중소기업 간의 통합에 따라 설립되거나 존속하는 법인이 양수하는 해당 사업용 재산(「통계법」 제22조에 따라 통계청장이 고시하는 한국표준산업분류에 따른 부동산 임대 및 공급업에 해당하는 중소기업이 양수하는 재산은 제외한다). 다만, 사업용 재산을 취득한 날부터 5년 이내에 같은 조 제7항 각 호의 어느 하나에 해당하는 사유가 발생하는 경우에는 경감받은 취득세를 추징한다.

6. ~ 7. (생 략)

## 1 개 요

조세특례제한법 제31조에 따른 중소기업 간의 통합에 따라 설립되거나 존속되는 법인이 취득하는 재산에 대해 감면하며 2014년까지는 조특법 제120조 제1항 제2호에 취득세 감면이 규정되었으나 2014년 12월 31일 감면기한이 종료됨에 따라 지특법으로 이관되어 2018년 말까지 지속적으로 취득세가 면제되었으며, 장기간 지원되어 온 점과 국세 대비 과도한 면제규정 등임을 고려하여 2018년 말 지특법 개정시에 75%로 경감률이 축소되어 2021년 12월 31일까지 3년간 연장되었으며 현재 일몰기한은 2024년 12월 31일까지 재차 연장되었다. 한편, 2022년부터는 중소기업 간 통합으로 인한 취득세 감면 적용시, 부동산임대업 및 공급업을 위한 재산은 감면대상에서 제외되었고 2024년말 지특법 개정시 50%로 감면 축소되어 2027년말까지 연장되었다.

## 2 감면대상자

조세특례제한법 제31조의 규정에 따라 소비성서비스업(소비성서비스업과 다른 사업을 겸영하고 있는 경우에는 부동산양도일이 속하는 사업연도의 직전사업연도의 소비성서비스업의 사업별수입금액이 가장 큰 경우에 한함)을 제외한 사업을 영위하는 법인의 사업용 고정자산을 통합에 의하여 설립된 법인과 통합 후 존속하는 중소기업에 대해 감면한다.

이 경우 설립한 지 1년이 경과되지 아니한 법인이 출자자인 개인(「국세기본법」 제39조 제2항의 규정에 의한 과점주주에 한함)의 사업을 승계하는 경우에는 통합으로 보지 아니하며 통합으로 인하여 소멸되는 사업장의 중소기업자가 통합법인의 주주 또는 출자자이어야 하며, 통합으로 인해 취득하는 주식(또는 지분)의 가액이 소멸하는 사업장의 통합일 기준 순자산가액(시가평가 자산 합계액-충당금을 포함한 부채 합계액) 이상이어야 하며 해당 법인의 세부 감면요건은 다음과 같이 규정하고 있다.

**■ 중소기업 간의 통합에 따른 감면 요건(조특법 §31)**

① 대통령령으로 정하는 업종을 경영하는 중소기업 간의 통합으로 인하여 소멸되는 중소기업이 대통령령으로 정하는 사업용고정자산을 통합에 의하여 설립된 법인 또는 통합 후 존속하는 법인에 양도하는 경우 그 사업용고정자산에 대해 적용받을 수 있음.

**【조특법 시행령 제28조 제1항】**

① "대통령령으로 정하는 업종을 경영하는 중소기업 간의 통합"이란 조특법 제29조 제3항에 따른 소비성서비스업(소비성서비스업과 다른 사업을 겸영하고 있는 경우에는 부동산양도일이 속하는 사업연도의 직전사업연도의 소비성서비스업의 사업별수입금액이 가장 큰 경우에 한한다)을 제외한 사업을 영위하는 중소기업자(「중소기업기본법」에 의한 중소기업자를 말함)가 당해 기업의 사업장별로 그 사업에 관한 주된 자산을 모두 승계하여 사업의 동일성이 유지되는 것으로서 다음 각 호의 요건을 갖춘 것을 말함.

1. 통합으로 인하여 소멸되는 사업장의 중소기업자가 통합 후 존속하는 법인 또는 통합으로 인하여 설립되는 통합법인의 주주 또는 출자자일 것
2. 통합으로 인하여 소멸하는 사업장의 중소기업자가 당해 통합으로 인하여 취득하는 주식 또는 지분의 가액이 통합으로 인하여 소멸하는 사업장의 순자산가액(통합일 현재의 시가로 평

가한 자산의 합계액에서 충당금을 포함한 부채의 합계액을 공제한 금액을 말함)이상일 것

④ 조특법 제6조 제1항 및 제2항에 따른 창업중소기업 및 창업벤처중소기업 또는 제64조 제1항에 따라 세액감면을 받는 내국인이 제6조 · 제64조 또는 제121조에 따른 감면기간이 지나기 전에 제1항에 따른 통합을 하는 경우 통합법인은 대통령령으로 정하는 바에 따라 남은 감면기간에 대하여 제6조(창업중소기업) · 제64조(농공단지 입주기업 법인세 감면) 또는 제121조(재산세의 감면)를 적용받을 수 있음.
다만, 제121조는 제1항에 따른 통합 전에 취득한 사업용재산에 대해서만 적용함.

**【舊 조특법 제121조(=현행 지특법 제58조의 3 창업중소기업 재산세 감면)】**
제121조(재산세의 감면) 2014년 12월 31일까지 창업하는 창업중소기업 및 창업벤처중소기업이 해당 사업에 직접 사용(임대는 제외한다)하는 사업용 재산(건축물 부속토지인 경우에는 대통령령으로 정하는 공장입지기준면적 이내 또는 대통령령으로 정하는 용도지역별 적용배율 이내의 부분만 해당한다)에 대해서는 창업일부터 5년간 재산세(지방세법 제111조에 따라 부과된 세액을 말함)의 100분의 50에 상당하는 세액을 감면함.

## 3 | 감면대상 재산

본 규정에서 중소기업간의 통합법인이 취득하는 자산은 사업용고정자산이다. 여기서, "사업용고정자산"이라 함은 당해 사업에 직접 사용하는 유형자산 및 무형자산(1981년 1월 1일 이후에 취득한 부동산으로서 업무무관부동산을 제외한다)을 말하며(지특령 §72 ①, 조특령 §28 ②), 부동산임대업 및 공급업을 위한 재산은 감면대상에서 제외된다. 이 경우 업무무관부동산에 해당하는지의 여부에 대한 판정은 양도일을 기준으로 한다(조특칙 §15 ③).

**■ 사업용 고정자산 요건(조특법 시행령 §28 ②)**
"대통령령으로 정하는 사업용고정자산"이란 당해 사업에 직접 사용하는 유형자산 및 무형자산(1981년 1월 1일 이후에 취득한 부동산으로서 기획재정부령이 정하는 법인의 업무와 관련이 없는 부동산의 판정기준에 해당되는 자산을 제외한다)을 말함.

**【조특법 시행규칙 제15조 제3항】**
"기획재정부령이 정하는 법인의 업무와 관련이 없는 부동산의 판정기준에 해당되는 자산"이라 함은 「법인세법 시행령」 제49조 제1항 제1호의 규정에 의한 업무와 관련이 없는 부동산(이하 이 항에서 "업무무관부동산"함)을 말함.

이 경우 업무무관부동산에 해당하는지의 여부에 대한 판정은 양도일을 기준으로 함.

※ 업무와 관련이 없는 자산의 범위(법인세법 시행령 §49 ①)

다만, 법령에 의하여 사용이 금지되거나 제한된 부동산, 「자산유동화에 관한 법률」에 의한 유동화전문회사가 동법 제3조의 규정에 의하여 등록한 자산유동화계획에 따라 양도하는 부동산 등 기획재정부령이 정하는 부득이한 사유가 있는 부동산을 제외한 다음 각 목의 어느 하나에 해당하는 부동산

가. 법인의 업무에 직접 사용하지 아니하는 부동산
다만, 기획재정부령이 정하는 유예기간이 경과하기 전까지의 기간 중에 있는 부동산을 제외함.

* 기획재정부령이 정하는 유예기간(법인세법 시행규칙 §26)

1. 건축물 또는 시설물 신축용 토지 : 취득일부터 5년(산업집적활성화 및 공장설립에 관한 법률 제2조 제1호의 규정에 의한 공장용 부지로서 산업집적활성화 및 공장설립에 관한 법률 또는 중소기업 창업지원법에 의하여 승인을 얻은 사업계획서상의 공장건설계획기간이 5년을 초과하는 경우에는 당해 공장건설계획기간)
2. 부동산매매업[한국표준산업분류에 따른 부동산 개발 및 공급업(묘지분양업을 포함한다) 및 건물 건설업(자영건설업에 한한다)을 말한다. 이하 이 조에서 같다]을 주업으로 하는 법인이 취득한 매매용부동산 : 취득일부터 5년
3. 제1호 및 제2호 외의 부동산 : 취득일부터 2년

나. 유예기간 중에 당해 법인의 업무에 직접 사용하지 아니하고 양도하는 부동산. 다만, 기획재정부령이 정하는 부동산매매업을 주업으로 영위하는 법인의 경우를 제외함.

**【조특법 시행령 제28조】**

⑨ 통합법인이 통합으로 인하여 소멸되는 사업장의 중소기업자로부터 승계받은 제2항의 사업용고정자산을 2분의 1 이상 처분하거나 사업에 사용하지 않는 경우 법 제31조 제7항 제1호에 따른 사업의 폐지로 본다. 다만, 다음 각 호의 어느 하나에 해당하는 경우에는 그러하지 아니한다.

1. 통합법인이 파산하여 승계받은 자산을 처분한 경우
2. 통합법인이 「법인세법」 제44조 제2항에 따른 합병, 같은 법 제46조 제2항에 따른 분할, 같은 법 제47조 제1항에 따른 물적분할, 같은 법 제47조의 2 제1항에 따른 현물출자의 방법으로 자산을 처분한 경우
3. 통합법인이 법 제37조에 따른 자산의 포괄적 양도에 따라 자산을 장부가액으로 양도한 경우
4. 통합법인이 「채무자 회생 및 파산에 관한 법률」에 따른 회생절차에 따라 법원의 허가를 받아 승계받은 자산을 처분한 경우

⑩ 법 제31조 제7항 제2호의 처분은 주식 또는 출자지분의 유상이전, 무상이전, 유상감자 및 무

상감자(주주 또는 출자자의 소유주식 또는 출자지분 비율에 따라 균등하게 소각하는 경우는 제외한다)를 포함한다. 다만, 다음 각 호의 어느 하나에 해당하는 경우에는 그러하지 아니하다.
1. 법 제31조 제1항을 적용받은 내국인(이하 이 조에서 "해당 내국인"이라 한다)이 사망하거나 파산하여 주식 또는 출자지분을 처분하는 경우
2. 해당 내국인이 「법인세법」 제44조 제2항에 따른 합병이나 같은 법 제46조 제2항에 따른 분할의 방법으로 주식 또는 출자지분을 처분하는 경우
3. 해당 내국인이 법 제37조에 따른 자산의 포괄적 양도, 법 제38조에 따른 주식의 포괄적 교환·이전 또는 법 제38조의 2에 따른 주식의 현물출자의 방법으로 과세특례를 적용받으면서 주식 또는 출자지분을 처분하는 경우
4. 해당 내국인이 「채무자 회생 및 파산에 관한 법률」에 따른 회생절차에 따라 법원의 허가를 받아 주식 또는 출자지분을 처분하는 경우
5. 해당 내국인이 법령상 의무를 이행하기 위하여 주식 또는 출자지분을 처분하는 경우

## 4 | 감면내용

조세특례제한법 제31조에 따라 중소기업간 통합에 따라 취득하는 재산에 대해 2018년 12월 31일까지는 취득세 100%를 적용받았으나 점차 감소되어 현재는 2027년말까지 50%의 취득세 감면이 적용된다.

또한, 2015년부터 시행되는 최소 납부세제(§177의 2 본문)에 따라 면제되는 세액의 15%에 상당하는 취득세의 감면 특례가 제한되어 제57조의 2의 경우 최소납부세제 과세대상에 해당되지만 2015년 부칙 제5조 제2호에서 예외 특례를 적용받아 해당 취득세에 대해서는 본 규정대로 계속해서 면제를 적용하여 왔으며 2019년부터는 취득세 감면율이 75%로 축소됨에 따라 최소납부세제 적용대상에서 제외되었으며 이에 대한 세부적인 사항은 제177조의 2의 해설편을 참조하면 된다.

**〈표〉 중소기업간 통합기업 감면 현황(2025.1.1. 현재)**

| 조문 | 감면내용 | 감면율 | 일몰 |
|---|---|---|---|
| §57의 2 ③ 5호 | 법인세법 제31조에 따른 중소기업 간의 통합에 따라 취득하는 재산 | 취득세 100% | '18.12.31. |
| | | 취득세 75% | '24.12.31. |
| | | 취득세 50% | '27.12.31. |
| §177의 2 | 지방세 감면 특례의 제한(최소 납부세제) 적용 예외 | 최소 납부세제 예외 특례 | '19년부터 대상제외 |

## 5 | 사후관리

조세특례제한법 제31조에 따라 중소기업간의 통합에 따라 감면적용을 받은 기업이 "사업용 재산을 취득한 날부터 5년 이내에 같은 조 제7항 각 호의 어느 하나에 해당하는 사유가 발생하는 경우에는 면제받은 취득세를 추징"하도록 2017년부터 국세수준의 유예기간을 두어 추징규정을 명시하였고 해당 개정규정은 법 시행 후 감면받는 분부터 적용한다. 다만 이 경우 법 시행 후 감면받는 분부터 적용하는 것은 신설된 단서규정에 대한 의미이므로 종전의 경우에도 조세특례제한법 제31조에 따라 추징사유가 발생하였을 경우에는 해당 조문에 따른 통합법인이고 존속법인이어야 하므로 포괄적으로 추징적용을 받아야 할 것이다.

> **■ 중소기업간 통합법인 추징사유(조특법 제31조 제7항)**
> 1. 통합법인이 소멸되는 중소기업으로부터 승계받은 사업을 폐지하는 경우
> 2. 내국인이 통합으로 취득한 통합법인의 주식 또는 출자지분의 100분의 50 이상을 처분하는 경우

또한, 조특법 시행령 제28조 제9에 따라 통합법인이 소멸되는 사업장의 중소기업자로부터 승계받은 사업용 고정자산을 2분의 1 이상 처분하거나 사업에 사용하지 않은 경우에도 사업의 폐지로 보아 추징하여야 한다.

> **【조특법 시행령 제28조 제9항】**
> 통합법인이 통합으로 인하여 소멸되는 사업장의 중소기업자로부터 승계받은 제2항의 사업용고정자산을 2분의 1 이상 처분하거나 사업에 사용하지 않는 경우 법 제31조 제7항 제1호에 따른 사업의 폐지로 봄.
> 다만, 다음 각 호의 어느 하나에 해당하는 경우에는 그러하지 아니함.
>
> ※ 부득이한 사유로 인정되는 경우(조특법 시행령 §28 ⑨ 각 호)
> 1. 통합법인이 파산하여 승계받은 자산을 처분한 경우
> 2. 통합법인이 「법인세법」 제44조 제2항에 따른 합병, 같은 법 제46조 제2항에 따른 분할, 같은 법 제47조 제1항에 따른 물적분할, 같은 법 제47조의 2 제1항에 따른 현물출자의 방법으로 자산을 처분한 경우
> 3. 통합법인이 법 제37조에 따른 자산의 포괄적 양도에 따라 자산을 장부가액으로 양도한 경우
> 4. 통합법인이 「채무자 회생 및 파산에 관한 법률」에 따른 회생절차에 따라 법원의 허가를 받아 승계받은 자산을 처분한 경우

## 6 | 감면신청

중소기업간에 통합에 따라 취득하는 재산에 대해 지방세를 감면받으려는 경우에는 해당 지방자치단체의 장에게 지방세 감면신청서 외에 필요시 양도소득세 이월과세 내역 및 통합법인의 자산취득 명세서 등 중소기업간의 통합임을 증명하는 서류를 첨부하여 감면신청을 하여야 한다. 세부적인 감면신청 절차는 제183조의 해설편을 참조하기 바란다.

## 7 | 관련사례

▣ 중소기업간 통합에 따른 현물출자와 관련하여 법원은 자산가액에서 물상보증채무(주채무자 : 존속법인)를 포함한 부채를 공제한 순자산가액을 주식발행금액으로 인가하였으나, 존속법인이 물상보증채무를 우발부채로 보아 부채로 인식하지 않고 주식발행초과금으로 계상하여 '소멸사업장의 순자산가액 이상일 것'이라는 요건을 충족한 경우 舊 등록세 감면이 가능한지 여부

- 舊「조세특례제한법」 제119조 제1항 제1호에서 중소기업간 통합에 의하여 설립되거나 존속하는 법인이 소멸되는 중소기업의 사업용 고정자산을 양수함에 따른 등기에 대하여는 등록세를 면제한다고 규정하고 있고, 같은 법 시행령 제28조 제1항 제2호에서 중소기업간 통합의 요건을 통합으로 인하여 소멸하는 사업장의 중소기업자가 당해 통합으로 인하여 취득하는 주식 또는 지분의 가액이 통합으로 인하여 소멸하는 사업장의 순자산가액(통합일 현재의 시가로 평가한 자산의 합계액에서 충당금을 포함한 부채의 합계액을 공제한 금액을 말함) 이상일 것 등으로 규정하고 있으며, 舊「법인세법」 제43조에서 내국법인의 각 사업연도의 소득금액계산에 있어서 당해 법인이 익금과 손금의 귀속사업연도와 자산·부채의 취득 및 평가에 관하여 일반적으로 공정·타당하다고 인정되는 기업회계의 기준을 적용하거나 관행을 계속적으로 적용하여 온 경우에는 이 법 및 「조세특례제한법」에서 달리 규정하고 있는 경우를 제외하고는 당해 기업회계의 기준 또는 관행에 따른다고 규정하고 있음.
- 따라서, 중소기업간 통합에 따른 등록세 감면요건의 하나를 '소멸하는 사업장의 순자산가액 이상일 것'으로 정하고 있고, 당해 순자자산가액 평가와 관련하여서는 舊 법인세법 제43조에서 이 법과 조세특례제한법으로 달리 규정하지 아니하면 기업회계기준에 따르도록 규정하고 있으며, 또한, 위 조세특례제한법 시행령 제28조 제1항 제2호에서 '통합일 현재의 시가로 평가한 자산의 합계액에서 충당금을 포함한 부채의 합계액을 공제한다'는 내용 외 달리 규정한 바가 없으므로, 존속법인이 기업회계기준에 따라 물상보증채무를 부채로 인식하지 않고 주식발행초과금을 계상하였다고 하더라도 '소멸하는 사업장의 순자산가액 이상일 것'이라는 감면요건을 충족한 경우라면 등록세 면제대상에 해당된다고

할 것임(행안부 지방세운영과-315, 2012.1.31.).

■ 법인의 물적분할 시 분할로 신설되는 법인에게 종전법인과의 공동차입금을 부채로 승계시킨 경우, 적격분할 요건을 갖춘 것으로 볼 수 있는지 여부

- 「법인세법」 제47조 제1항의 요건을 갖춘 분할 즉 적격분할로 인하여 취득하는 재산에 대해 취득세를 감면하는 바, 물적분할 시 분할로 신설되는 법인에게 종전법인과의 공동차입금을 부채로 승계시킨 경우가, 적격분할 요건을 갖춘 것으로 볼 수 있는지 여부와 관련,
  - 「법인세법」 제47조 제1항에서는 분할법인이 물적분할에 의하여 분할신설법인의 주식 등을 취득한 경우로서 제46조 제2항 각 호의 요건을 갖춘 경우에는 물적분할 시 분할법인에 대한 과세특례를 적용하는 것으로 규정하고 있고,
  - 「법인세법」 제46조 제2항 제1호 나목에서는 "분할하는 사업부문의 자산 및 부채가 포괄적으로 승계될 것. 다만, 공동으로 사용하던 자산, 채무자의 변경이 불가능한 부채 등 분할하기 어려운 자산과 부채 등으로서 대통령령으로 정하는 것은 제외한다." 고 규정하면서, 같은 법 시행령 제82조의 2 제4항에서 "대통령령으로 정하는 것"으로서 '분할하는 사업부문에 직접 사용되지 아니한 공동의 차입금'을 규정하고 있음.
  - 「법인세법」 제46조 제2항 제1호 나목 단서 의미는, 분할하는 사업부문의 자산 및 부채가 포괄적으로 승계되어야 하고 다만, 공동으로 사용하던 자산, 채무자의 변경이 불가능한 부채 등 분할하기 어려운 자산과 부채 등은 반드시 포괄 승계되어야 하는 것은 아닌 것으로 보아야 하고, 종전 법인과의 공동 차입금을 분할 신설법인에 승계하더라도 포괄승계 요건을 위반한 것으로 보기는 어려움.
  - 다만, 공동차입금이 분할하기 어려운 자산과 부채에 해당하는지 여부 및 공동차입금을 분할된 신설법인으로 승계한 경우 「법인세법」 제46조 제2항 제1호 가목의 '분리하여 사업이 가능한 독립된 사업부문을 분할할 것' 등의 요건을 갖추었는지 등에 대한 사실관계 판단이 필요한 사항임(행자부 지방세특례제도과-2574, 2015.9.23.).

■ 중소기업간 통합시 임대업 부동산 감면 여부

중소기업간의 통합으로 임대업에 사용하던 부동산을 임차자인 통합법인에게 양도한 후 통합법인이 통합일부터 약 8개월이 지난 시점부터 임대를 개시하여 일부를 6개월 임대하였고 법인등기부나 사업자등록증에 부동산임대업을 추가하거나 변경한 사실이 없으므로 사업의 동질성이 유지되었다고 보기 어려움(안행부 지방세운영과-170, 2014.1.14.).

■ 중소기업간 통합에 따른 감면시 과점주주 취득세 면제 여부

중소기업간의 통합에 의한 존속법인이 사업용 재산을 양수한 것으로 보아 취득세를 면제받았다고 하여 과점주주의 주식 증가분에 대한 취득세 납세의무가 면제되는 것은 아님(행자부 세정과-0071, 2002.1.23.).

# 제57조의2

## 3. 형식적 취득 감면

### 3-6. 자산의 포괄적 양도로 인한 취득재산

관련규정

제57조의 2(기업합병 · 분할 등에 대한 감면) ③ 다음 각 호의 어느 하나에 해당하는 사업용 재산을 2027년 12월 31일까지 취득하는 경우에는 취득세의 100분의 50을 경감한다. 다만, 제7호의 경우에는 취득세를 면제한다.

1. ~ 5. (생 략)

6. 「조세특례제한법」 제37조 제1항 각 호의 요건을 모두 갖춘 자산의 포괄적 양도(讓渡)로 인하여 취득하는 재산. 다만, 취득일부터 3년 이내에 같은 법 제37조 제6항 각 호의 어느 하나에 해당하는 사유가 발생하는 경우(같은 조 제7항에 해당하는 경우는 제외한다)에는 면제받은 취득세를 추징한다.
   ⇨ 2018.12.24. 지특법 개정시 감면 종료

7. (생 략)

## 1 개 요

조특법 제37조 제1항 각 호의 요건을 모두 갖춘 자산의 포괄적 양도로 인하여 취득하는 재산에 대해 취득세를 감면하며 2014년까지는 조특법 제120조 제1항 제18호에 규정되었으나 2014년 12월 31일 감면기한이 종료됨에 따라 지특법으로 이관되어 2015년 12월 31일까지 감면 연장되었고 2018년 12월 31일까지 재연장되었으며 감면대상이 많지 않아 실효성이 미미하고 국세 특례와의 형평성을 고려하여 2018년 말 지특법 개정(2019.1.1. 시행)시 감면 종료되었다.

## 2 | 감면대상자

자산의 포괄적 양도일 현재 1년 이상 계속하여 사업을 하던 내국법인 간에 조특법 규정에 따라 피인수법인이 일정요건에 따른 자산의 대부분을 인수법인에 자산을 포괄적으로 양도하고 그 대가로 인수법인의 주식(또는 출자지분) 등의 가액의 총합계액 중 의결권이 있는 인수법인의 주식등의 가액 100분의 95 이상을 받고 청산하는 경우 그 재산을 취득하는 인수법인에 대해 감면한다. 이 경우 인수법인은 자산 양도일이 속하는 사업연도의 종료일까지 피인수법인으로부터 승계받은 사업을 계속하여야 한다.

자산의 포괄적 양도·양수로 인한 인수법인의 세부감면요건은 다음과 같이 규정하고 있다.

**■ 자산의 포괄적 양도·양수로 인한 피인수법인 감면 요건(조특법 §37 ①)**

내국법인(피인수법인)이 다음 각 호의 요건을 모두 갖추어 자산의 대부분을 다른 내국법인(인수법인)에 양도(자산의 포괄적 양도)하고 그 대가로 인수법인의 주식 또는 출자지분(주식등)을 받고 청산하는 경우

1. 자산의 포괄적 양도일 현재 1년 이상 계속하여 사업을 하던 내국법인 간의 양도·양수일 것
2. 피인수법인이 인수법인으로부터 그 자산의 포괄적 양도로 인하여 취득하는 인수법인의 주식등의 가액과 금전, 그 밖의 재산가액의 총합계액(인수대가) 중 의결권 있는 인수법인의 주식등의 가액이 100분의 95 이상일 것
   ※ 피인수법인의 주주 등이 자산의 포괄적 양도일이 속하는 사업연도의 종료일까지 그 주식등을 보유할 것
3. 인수법인이 자산의 포괄적 양도일이 속하는 사업연도의 종료일까지 피인수법인으로부터 승계받은 사업을 계속할 것

## 3 | 감면대상 재산

본 규정에서 자산의 포괄적 양도로 인한 취득(양수)재산에 대한 감면대상 범위를 별도로 정하지 않았기에 취득세 과세대상이 되는 모든 물건에 대해 감면이 가능한 것으로 본다. 또한 자산의 포괄적 양도를 통한 M&A로 인수기업 주식을 대가로 자산을 대부분(90% 이상) 양도 후 청산하는 경우로 실질이 합병과 유사하므로 합병과 동일한 특례 적용을 받고 있다.

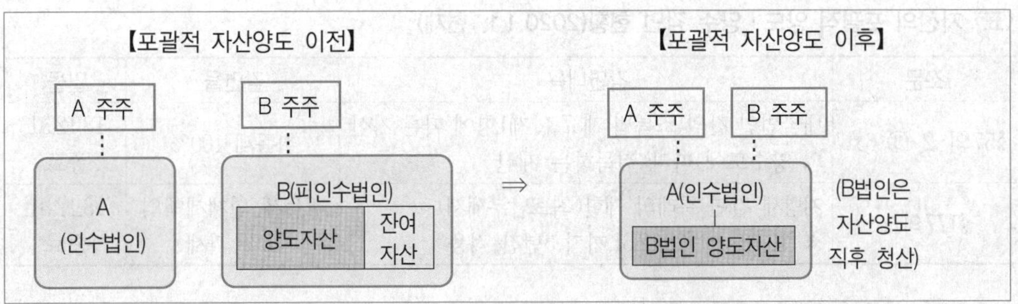


현재 각 M&A 유형별로 장점을 최대한 살려 기업이 적합한 M&A 유형의 선택이 가능하도록 함에 따라 합병, 포괄적 주식교환, 포괄적 자산양도의 효과를 비교해 보면 다음과 같다.

> ■ M&A 유형별 주요 장점 비교
> 〔합병〕 : 시너지 효과(원가절감, 관리 효율화, 조직 단순화 등)
> 〔포괄적 주식 교환〕 : 피인수기업의 면허 유지, 의무·책임의 승계 차단
> 〔포괄적 자산 양도〕 : 피인수기업의 우발채무·부외채무 등 미승계

## 4 | 감면내용

내국법인 간의 자산의 양도·양수에 따라 취득하는 재산에 대해 2018년 12월 31일까지 취득세를 면제한다.

또한, 2015년부터 시행되는 최소납부세제(§177의 2 본문)에 따라 면제되는 세액의 15%에 상당하는 취득세의 감면 특례가 제한되어 최소납부세액 과세대상에 해당되지만 2015년 12월 31일까지 적용유예됨에 따라 2016년부터 규정에 따라 최소납부제를 적용하고 있다. 이에 대한 세부적인 사항은 제177조의 2의 해설편을 참조하면 된다.

〈표〉 **자산의 포괄적 양도 · 양수 감면 현황(2020.1.1. 현재)**

| 조문 | 감면내용 | 감면율 | 일몰 |
|---|---|---|---|
| §57의 2 ③ 6호 | 내국법인 간의 조특법 제37조 제1항에 따른 자산의 양수도에 따라 취득하는 재산 | 취득세 100% | '18.12.31. 종료 |
| §177의 2 | 지방세 감면 특례의 제한(최소납부세제)<br>※ '16.1.1. ~ '18.12.31.까지 3년간 적용 | 취득세 면제세액의 15% 과세 | '18.12.31. 종료 |

## 5 | 사후관리

피인수법인의 자산을 장부가액으로 양도받은 인수법인(조특법 제37조 제4항에 따라 결손금 등을 승계받은 경우를 포함)은 3년 이내의 범위에서 대통령령으로 정하는 기간(자산의 포괄적 양도일이 속하는 사업연도의 다음 사업연도 개시일부터 2년)에 다음 각 호의 어느 하나의 사유가 발생하는 경우에는 감면한 취득세를 추징한다.

1. 인수법인이 피인수법인으로부터 승계받은 사업을 폐지하는 경우
2. 피인수법인 또는 대통령령으로 정하는 피인수법인의 주주 등이 자산의 포괄적 양도로 인하여 취득한 인수법인의 주식등을 처분하는 경우

다만, 조특법 제1항 제2호 및 제3호를 적용할 때 다음과 같이 부득이한 사유가 있는 경우에는 추징하지 아니한다.

■ **부득이한 사유로 인정되는 경우(조특법 §37 ⑦)**

제1항 제2호 및 제3호와 제6항 제1호 및 제2호를 적용할 때 대통령령으로 정하는 부득이한 사유가 있는 경우에는 주식등을 보유하거나 사업을 계속하는 것으로 봄.

【조특법 시행령 제35조】

⑭ 법 제37조 제7항에서 "대통령령으로 정하는 부득이한 사유가 있는 경우"란 다음 각 호의 어느 하나에 해당하는 경우를 말한다.

1. 법 제37조 제1항 제2호 및 같은 조 제6항 제2호에 대한 부득이한 사유가 있는 것으로 보는 경우 : 피인수법인 또는 제6항에 따른 주주 등이 「법인세법 시행령」 제80조의 2 제1항 제1호 각 목의 어느 하나에 해당하는 경우

【「법인세법 시행령」 제80조의 2 제1항 제1호 각 목】

가. 동 시행령 제5항에 따른 주주등(이하 이 조에서 "해당 주주등"이라 한다)이 합병으로 교부받은 전체 주식등의 2분의 1 미만을 처분한 경우. 이 경우 해당 주주등이 합병으로 교부받은 주식등을 서로 간에 처분하는 것은 해당 주주등이 그 주식등을 처분한 것으로 보지 아니하며, 합병으로 교부받은 주식등과 합병외의 다른 방법으로 취득한 주식등을 함께 보유하고 있는 해당 주주등이 주식등을 처분하는 경우에는 합병외의 다른 방법으로 취득한 주식등을 먼저 처분하는 것으로 봄.

나. 해당 주주등이 사망하거나 파산하여 주식등을 처분한 경우

다. 해당 주주등이 적격합병, 적격분할, 적격물적분할 또는 적격현물출자(법 제47조의 2 제1항 각 호의 요건을 모두 갖추어 양도차익에 해당하는 금액을 손금에 산입하는 현물출자를 말한다. 이하 같다)에 따라 주식등을 처분한 경우

라. 해당 주주등이 「조세특례제한법」 제37조·제38조 또는 제38조의 2에 따라 주식등을 포괄적으로 양도, 현물출자 또는 교환·이전하고 과세를 이연받으면서 주식등을 처분한 경우

마. 해당 주주등이 「채무자 회생 및 파산에 관한 법률」에 따른 회생절차에 따라 법원의 허가를 받아 주식등을 처분하는 경우

바. 해당 주주등이 「조세특례제한법 시행령」 제34조 제6항 제1호에 따른 경영정상화계획의 이행을 위한 약정 또는 같은 항 제2호에 따른 경영정상화계획의 이행을 위한 특별약정에 따라 주식등을 처분하는 경우

사. 해당 주주등이 법령상 의무를 이행하기 위하여 주식등을 처분하는 경우

2. 법 제37조 제1항 제3호 및 같은 조 제6항 제1호에 대한 부득이한 사유가 있는 것으로 보는 경우 : 인수법인이 「법인세법 시행령」 제80조의 2 제1항 제2호 각 목의 어느 하나에 해당하는 경우

【「법인세법 시행령」 제80조의 2 제1항 제2호 각 목】

가. 합병법인이 파산함에 따라 승계받은 자산을 처분한 경우

나. 합병법인이 적격합병, 적격분할, 적격물적분할 또는 적격현물출자에 따라 사업을 폐지한 경우

다. 합병법인이 자산의 포괄적 양도에 따라 자산을 장부가액으로 양도하면서 사업을 폐지한 경우

라. 합병법인이 「채무자 회생 및 파산에 관한 법률」에 따른 회생절차에 따라 법원의 허가를 받아 승계받은 자산을 처분한 경우

## 6 감면신청

법인세법에 따른 사업양수도로 취득하는 재산에 대해 지방세를 감면받으려는 경우에는 해당 지방자치단체의 장에게 지방세 감면신청서 외에 필요시 자산의 포괄적 양도일 현재 피인수법인의 대차대조표, 인수법인의 자산조정계정 명세서 등 자산의 포괄적 양도·양수임을 증명하는 서류를 첨부하여 감면신청을 하여야 한다. 세부적인 감면신청 절차는 제183조의 해설편을 참조하면 된다.

# 제57조의 2

## 3. 형식적 취득 감면

### 3-7. 특별법상 법인의 상법상 회사로 조직변경시 취득재산

관련규정

**제57조의 2(기업합병 · 분할 등에 대한 감면)** ③ 다음 각 호의 어느 하나에 해당하는 사업용 재산을 2027년 12월 31일까지 취득하는 경우에는 취득세의 100분의 50을 경감한다. 다만, 제7호의 경우에는 취득세를 면제한다.

1. ~ 6. (생 략)

7. 특별법에 따라 설립된 법인 중 「공공기관의 운영에 관한 법률」 제2조 제1항에 따른 공공기관이 그 특별법의 개정 또는 폐지로 인하여 「상법」상의 회사로 조직 변경됨에 따라 취득하는 사업용 재산

⇨ '18년까지 최소납부세제 적용 배제 → '19년부터 최소납부세제 적용

**【제12955호-부칙】 제13조(지방세 감면 축소 · 조정에 따른 중과세율 적용에 관한 특례)** 이 법 시행 당시 종전의 「조세특례제한법」 및 「지방세특례제한법」에 따라 지방세를 면제하였으나 이 법 시행에 따라 일부 또는 전부가 과세대상으로 전환된 제57조의 2(※ 기타 조문 생략)의 개정규정에 대한 「지방세법」 제13조 및 제28조에 따른 중과세율은 2016년 1월 1일부터 적용한다. (※ 단서 생략)

## 1 | 개 요

특별법에 따라 설립된 법인 중 공공기관의 운영에 관한 법률 제2조 제1항에 따른 공공기관이 그 특별법의 개정 또는 폐지로 인하여 상법상의 회사로 조직 변경됨에 따라 취득하는 사업용 재산에 대해 감면하며 2014년까지는 조특법 제119조 제1항 제2호에 법인설립등기에 대한 등록면허세 감면이 규정되었으나 2014년 12월 31일 감면기한이 종료됨에 따라 등록면허세 감면규정은 삭제되었다. 다만, 부칙에서 등록면허세 중과세율 적용유예 규정을

두어 2015년 12월 31일까지 일반과세하도록 개정되었다. 취득세는 2014년까지 조특법 제120조 제1항 제3호에 감면규정되었으나 2015년부터 지특법으로 이관되어 1년간(2015.12.31.) 감면 연장되었고 2015년 이후부터 매 3년간 지속적으로 연장되어 현재 2027년말까지 연장되었다.

## 2 | 감면대상자

공공기관의 운영에 관한 법률 제4조 내지 제6조의 규정에 따라 기획재정부장관이 지정·고시된 공공기관 중에서 국가와 지방자치단체는 비과세 대상이므로 제외하고 그 외 법인, 단체 및 기관이 대상이 된다.

공공기관은 공기업, 준정부기관 및 기타공공기관으로 구분하고, 공공기관 중 공기업과 준정부기관은 직원 정원이 50인 이상인 기관을 지정하며, 이 중 공기업은 자체수입액이 총수입액의 2분의 1 이상인 기관 중에서 지정하고, 준정부기관은 공기업이 아닌 공공기관 중에서 지정하며 공기업과 준정부기관의 포함되지 않은 공공기관은 기타공공기관으로 구분하고 있다.

이러한 공공기관 중에서 특별법의 개정 또는 폐지로 인해 상법상의 회사로 조직변경한 기관이 감면대상이며 및 공공기관과 상법상 회사의 세부요건은 다음과 같이 규정하고 있다.

**■ 공공기관 적용대상(공공기관의 운영에 관한 법률 §2 ①)**

공공기관의 운영에 관한 법률 제4조 내지 제6조의 규정에 따라 지정·고시된 공공기관에 대하여 적용함.

**■ 공공기관 지정(공공기관의 운영에 관한 법률 §4)**

〈공공기관 지정 가능 대상〉

1. 다른 법률에 따라 직접 설립되고 정부가 출연한 기관
2. 정부지원액(법령에 따라 직접 정부의 업무를 위탁받거나 독점적 사업권을 부여받은 기관의 경우에는 그 위탁업무나 독점적 사업으로 인한 수입액을 포함)이 총수입액의 2분의 1을 초과하는 기관
3. 정부가 100분의 50 이상의 지분을 가지고 있거나 100분의 30 이상의 지분을 가지고 임원 임명권한 행사 등을 통하여 당해 기관의 정책 결정에 사실상 지배력을 확보하고 있는 기관

4. 정부와 제1호 내지 제3호의 어느 하나에 해당하는 기관이 합하여 100분의 50 이상의 지분을 가지고 있거나 100분의 30 이상의 지분을 가지고 임원 임명권한 행사 등을 통하여 당해 기관의 정책 결정에 사실상 지배력을 확보하고 있는 기관
5. 제1호 내지 제4호의 어느 하나에 해당하는 기관이 단독으로 또는 두 개 이상의 기관이 합하여 100분의 50 이상의 지분을 가지고 있거나 100분의 30 이상의 지분을 가지고 임원 임명권한 행사 등을 통하여 당해 기관의 정책 결정에 사실상 지배력을 확보하고 있는 기관
6. 제1호 내지 제4호의 어느 하나에 해당하는 기관이 설립하고, 정부 또는 설립 기관이 출연한 기관

〈공공기관 지정이 불가능한 대상〉

1. 구성원 상호 간의 상호부조·복리증진·권익향상 또는 영업질서 유지 등을 목적으로 설립된 기관
2. 지방자치단체가 설립하고, 그 운영에 관여하는 기관
3. 방송법에 따른 한국방송공사와 한국교육방송공사법에 따른 한국교육방송공사

※ 사실상 지배력 확보 기준(공공기관에 관한 법률 §4)

1. 최대지분을 보유하고 지분의 분산도(分散度)로 보아 주주권 등의 행사에 따른 기관 지배가 가능한 경우
2. 법령 또는 정관에 따라 당해 기관의 기관장 또는 이사회 구성원의 과반수의 임명(승인·제청 등을 포함한다)에 관여하는 경우
3. 법령 또는 정관에 따라 당해 기관의 예산 또는 사업계획 등을 승인하는 경우

■ **공공기관 지정(공공기관의 운영에 관한 법률 §5 ③)**

1. 공기업
   가. 시장형 공기업 : 자산규모가 2조원 이상이고, 총수입액 중 자체수입액이 대통령령이 정하는 기준 이상인 공기업
   나. 준시장형 공기업 : 시장형 공기업이 아닌 공기업
2. 준정부기관
   가. 기금관리형 준정부기관 : 국가재정법에 따라 기금을 관리하거나 기금의 관리를 위탁받은 준정부기관
   나. 위탁집행형 준정부기관 : 기금관리형 준정부기관이 아닌 준정부기관
3. 기타공공기관 : 공기업과 준정부기관을 제외한 공공기관(공공기관의 운영에 관한 법률 §5 ④)

## 3 | 감면대상 재산 및 등기

본 규정에서의 감면대상 재산과 등기는 공공기관이 그 특별법의 개정 또는 폐지로 인하

여 상법상의 회사로 조직변경됨에 따라 취득하는 사업용 재산과 이에 대한 법인설립등기가 해당된다.

조직변경시 법인설립등기 등록면허세는 그간 지방세법 기본통칙에 따라 법인설립등기가 있으면 과세요건이 충족되는 것이고 등기형식에 따라 과세되기 때문에 새로운 법인설립의 등기형식으로 갖추었다면 1,000분의 4의 세율을 납부하도록 운영되었으나, 최근 판례(대법원 판결, 2012.2.9.)에 따라 조직변경시 법인격의 동일성이 유지되고 신규출자가 이루어지는 거래가 아니므로 지방세법 제28조 제1항 제6호 바목의 그 밖의 등기 세율(건당 4만 2백원)을 적용하는 것으로 해석되고 있다.

그러나 새로이 조직변경되어 설립된 법인이 자본증가를 원인으로 출자하는 것은 1,000분의 4의 세율을 적용하는 것이 타당할 것이며, 조직변경에 따른 법인설립시에 대도시 중과세 대상에 해당하는 경우에는 그 적용기준일은 법인격의 승계로 보아 조직변경 이전 최초 회사 설립일로 보아야 할 것이다.

대도시에서 조직변경으로 법인을 설립하는 경우 다음 사례와 같이 A법인은 최초 설립일로부터 5년 이내이므로 중과세 대상에 해당되고 추가 자본증자를 하는 경우(A')에도 중과대상이 된다. 다만, 공공기관의 조직변경에 대해서는 중과세 배제를 적용하도록 규정되었고 B법인의 경우에는 법인설립일로부터 5년을 넘겨 중과세 대상에 해당하지 않는다 할 것이다.

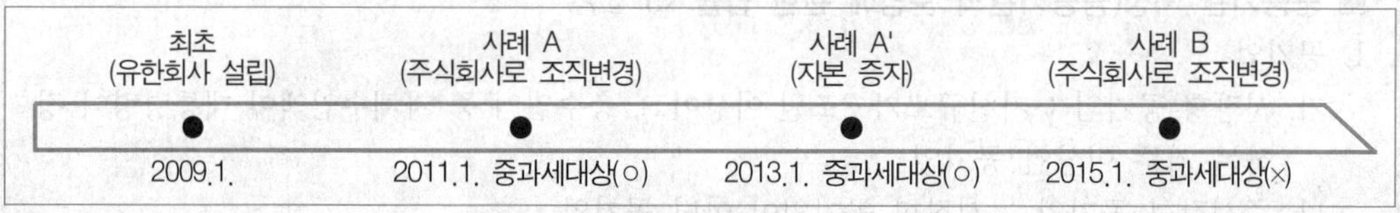

| 최초 (유한회사 설립) | 사례 A (주식회사로 조직변경) | 사례 A' (자본 증자) | 사례 B (주식회사로 조직변경) |
|---|---|---|---|
| 2009.1. | 2011.1. 중과세대상(○) | 2013.1. 중과세대상(○) | 2015.1. 중과세대상(×) |

## 4 특례내용

공공기관이 상법상의 회사로의 조직으로 변경하는 경우는 일반적으로 주식회사가 유한회사로 변경(상법 §604)되거나 유한회사가 주식회사로 변경(상법 §607)되는 것으로, 취득세는 지속적으로 일몰기한이 연장되어 2027년 12월 31일까지 면제하고 있으며 법인설립등기에 대한 등록면허세는 2014년까지 면제되었으나 2015년부터는 일반과세로 전환되었다. 다만, 2015년 12월 31일까지 종전의 규정에 따른 법인설립 등기에 대한 등록면허세에 대한 중과

세율 적용이 배제되도록 개정되었다.

또한, 2015년부터 시행되는 최소납부세제(§177의 2 본문)에 따라 면제되는 세액의 15%에 상당하는 취득세의 감면 특례가 제한되어 본 조문의 경우 최저납부세액 과세대상에 해당되지만 2015년 말 부칙 제5조 제2호에서 적용유예 특례를 적용받아 2018년 12월 31일까지 해당 취득세에 대해서는 본 규정대로 계속해서 취득세 면제를 적용하였고 2019년 1월 1일 이후부터는 최소납부세제를 적용하여 취득세 면제세액이 200만원을 초과하는 경우 그 면제세액 15%를 부과하여야 한다. 이에 대한 세부적인 사항은 제177조의 2의 해설편을 참조하면 된다.

한편, 「지방세법」 제10조의 5 제3항 제2호 신설로 인해 법인 조직변경의 경우 기존 법인 장부가액을 취득세 과세표준으로 적용하였으나, 2023년 1월 1일부터는 시가인정액을 적용하여야 함에 따라 감정가액 등을 취득세 과세표준으로 적용함을 유의하여야 한다.

〈표〉 **공공기관의 상법상 회사 변경 감면 현황(2025.1.1. 현재)**

| 조문 | 감면내용 | 감면율 | 일몰 |
|---|---|---|---|
| §57의 2 ③ 7호 | 공공기관이 상법상의 회사로 변경됨에 따라 취득하는 재산 | 취득세 100% | '27.12.31. |
| §177의 2 | 지방세 감면 특례의 제한(최소납부세제)<br>※ '18.12.31.까지 적용 제외 | 취득세 면제세액의 15% 과세 | '19년부터 적용 |
| 제12955호 부칙 §13 | 공공기관이 상법상의 회사로 변경됨에 따른 법인설립 등기 | 등록면허세 중과배제 | '15.12.31. |

# 5 지방세특례의 제한

## 5-1. 최소납부세액의 부담(§177의 2)

2019년부터 시행되는 감면 상한제도(§177의 2 본문)에 따라 면제되는 세액의 15%는 감면특례가 제한되어 공공기관이 상법상 회사로 변경됨에 따라 취득하는 재산에 취득세(§57의 2 ③ 7호)의 경우 최소납부세액을 부담해야 한다. 이에 대한 세부적인 사항은 제177조의 2 해설편의 내용과 같다.

### 5-2. 사후관리

공공기관의 조직변경에 대한 세제지원이므로 현재 별도의 추징규정이 없으므로 감면 당시 요건을 갖추지 않은 경우를 제외하는 사후적으로는 추징되지 않는다고 본다.

## 6 | 감면신청

상법에 따른 조직변경으로 취득하는 재산 및 법인설립등기에 대해 지방세를 감면받으려는 경우에는 해당 지방자치단체의 장에게 지방세 감면신청서 외에 필요시 법인등기부등본, 조직변경인가서, 자산명세서 등 조직변경임을 증명하는 서류를 첨부하여 감면신청을 하여야 한다. 세부적인 감면신청 절차는 제183조의 해설편을 참조하면 된다.

## 7 | 관련사례

- 주식회사에서 유한회사로의 조직변경은 주식회사가 법인격의 동일성을 유지하면서 유한회사로 되는 것이고, 신규출자로 이루어지지 아니하는 점을 고려할 때 설립등기(자본금의 1,000분의 4)에 대한 등록면허세가 적용되지 않고 기타등기에 해당하는 등록세율(당시 세율 건당 23,000원)을 적용하는 것이 타당함(조심 2012지0684, 2012.12.17., 조심 2013지0757, 2013.12.10.).
- 상법상 주식회사의 유한회사로의 조직변경은 주식회사가 법인격의 동일성을 유지하면서 조직을 변경하여 유한회사로 되는 것으로 유한회사의 설립등기를 하는 것은 등기기록을 새로 개설하는 방편일 뿐이므로 조직변경이 있더라도 구 지방세법 제137조 제1항 제1호 제1목(출자가액의 1,000분의 4)의 적용대상 아님(대법원 2010두67319, 2012.2.9.).
- 유한회사에서 주식회사로의 조직변경시 법인의 최초 설립일은 그 유한회사가 설립한 날이 되는 것임(내무부 세정 13407-2747, 1996.3.13.).

# 제57조의 2

## 4. 현물출자 및 사업양수도 감면

관련규정

**제57조의 2(기업합병 · 분할 등에 대한 감면)** ④ 「조세특례제한법」 제32조에 따른 현물출자 또는 사업 양도 · 양수에 따라 2027년 12월 31일까지 취득하는 사업용 고정자산(「통계법」 제22조에 따라 통계청장이 고시하는 한국표준산업분류에 따른 부동산 임대 및 공급업에 대해서는 제외한다)에 대해서는 취득세의 100분의 50을 경감한다. 다만, 취득일부터 5년 이내에 대통령령으로 정하는 정당한 사유 없이 해당 사업을 폐업하거나 해당 재산을 처분(임대를 포함한다) 또는 주식을 처분하는 경우에는 경감받은 취득세를 추징한다.

**【영】 제28조의 2(법인 합병의 범위 등)** ③ 법 제57조의 2 제4항 단서에서 "대통령령으로 정하는 정당한 사유"란 다음 각 호의 어느 하나에 해당하는 경우를 말한다.

1. 해당 사업용 재산이 「공익사업을 위한 토지 등의 취득 및 보상에 관한 법률」 또는 그 밖의 법률에 따라 수용된 경우
2. 법령에 따른 폐업 · 이전명령 등에 따라 해당 사업을 폐지하거나 사업용 재산을 처분하는 경우
3. 「조세특례제한법 시행령」 제29조 제7항 각 호의 어느 하나에 해당하는 경우
4. 「조세특례제한법」 제32조 제1항에 따른 법인전환으로 취득한 주식의 100분의 50 미만을 처분하는 경우

☞ 제3호 및 제4호 신설(2018.12.31.)

## 1 개 요

본 규정은 법인전환에 따라 자산 취득세의 부담을 완화하여 개인기업의 법인전환을 유도하고 기업경영의 투명성을 제고하기 위한 세제지원이며 법인전환 시점에서는 세부담이 없도록 함으로써 기업의 원활한 구조조정을 지원하도록 한 것이다.

조특법 제32조에 따른 현물출자 또는 사업 양도·양수에 따라 취득하는 재산에 감면하며 2014년까지는 조특법 제120조 제5항에 취득세 감면이 규정되었으며 2014년 12월 31일 감면 기한이 종료됨에 따라 지특법으로 이관되어 2018년 말까지 지속적으로 취득세가 면제되었으며, 장기간 지원되어 온 점과 국세 대비 과도한 면제규정 등임을 고려하여 2018년 말 지특법 개정시에 75%로 경감률이 축소되어 연장되었으며 2024년말 법 개정에 따라 2027년 12월 31일까지 일몰기한이 재차 연장되었다.

## 2 | 감면대상자

본 규정의 개인기업이 법인으로 전환하는 경우 토지·건축물 등의 부동산을 현물출자 또는 사업양수도 방법을 이용하는데, 이는 해당 사업을 영위하던 자가 발기인이 되어 일정 금액 이상을 출자하여 법인을 설립하는 경우 취득한 부동산 등에 세제지원하도록 함으로써 감면대상자는 기업전환으로 토지·건축물 등의 부동산을 취득하게 되는 법인이 이에 해당된다.

**■ 법인전환 이월과세 요건(조특법 §32)**

① 거주자가 사업용고정자산을 현물출자하거나 대통령령으로 정하는 사업 양도·양수의 방법에 따라 법인(대통령령으로 정하는 소비성서비스업을 경영하는 법인은 제외한다)으로 전환하는 경우 그 사업용고정자산에 대해서는 이월과세를 적용받을 수 있음.

② 새로 설립되는 법인의 자본금이 대통령령으로 정하는 금액 이상인 경우에만 적용함.

※ 법인전환 자본금 규정(조특법 시행령 §29 ⑤)

- 사업용고정자산을 현물출자하거나 사업양수도하여 법인으로 전환하는 사업장의 순자산가액으로서 제28조 제1항 제2호의 규정을 준용하여 계산한 금액

※ 사업장의 순자산가액(조특법 시행령 §28 ① 2호)

- 취득일 현재 시가로 평가한 자산합계액 – 부채합계액(충당금 포함)

## 3 | 감면대상 재산

감면대상에 해당되기 위해서는 지특법령 및 조특법령에 일정한 요건이 있는데 세부적인 사업용 고정자산의 감면요건은 다음과 같다.

### 3-1. 전환법인의 업종

거주자가 소비성서비스업 이외의 사업을 경영하는 법인으로 전환하여야 한다(지특법 §120 ①). 여기서 거주자란 국내에 주소를 두거나 1년 이상 거소를 둔 개인을(소법 §1 ①), 소비성서비스업이란 호텔업, 여관업(「관광진흥법」에 따른 관광숙박업은 제외한다), 주점업 등을 각각 말한다(지특령 §73 ①, 조특령 §29 ③).

한편, 법인전환시 개인기업 대표와 신설법인의 대표이사가 동일인일 필요는 없으나 법인전환시 동일 사업장을 분할하여 그 중 일부만 법인전환하는 경우에는 과세특례 적용을 받을 수 없다(국세청 재산 01254-611, 1988.3.2.).

### 3-2. 전환의 방법

거주자가 사업용 고정자산을 현물출자하거나 사업 양도·양수의 방법에 따라 법인으로 전환하여야 한다. 여기서 '사업 양도·양수의 방법'이란 당해 사업을 영위하던 자가 발기인이 되어 전환하는 사업장의 순자산가액 이상을 출자하여 법인을 설립하고, 그 법인설립등기일부터 3개월 이내에 당해 법인에게 사업에 관한 모든 권리와 의무를 포괄적으로 양도하는 것을 말한다(조특령 §29 ②). 종전에는 법인전환일부터 소급하여 1년 이상 사업을 영위한 자로 규정하고 있어 일정기간 이상 사업영위할 것으로 요건으로 하였으나, 2006년 2월 9일 조특령이 개정되어 1년 이상 사업요건이 폐지되었다.

### 3-3. 자본금의 규모

새로이 설립되는 법인의 자본금이 사업용고정자산을 현물출자하거나 사업양수도하여 법인으로 전환하는 사업장의 순자산가액(통합일 현재의 시가로 평가한 자산의 합계액에서 충당금을 포함한 부채의 합계액을 공제한 금액) 이상이어야 한다(지특법 §120 ②, 조특령 §29 ⑤). 개인기업의 순자산가액이 부채 합계액이 자산 합계액보다 많아 음수(陰數)가 되는 경우에는 순자산가액을 "0"으로 보고 최소 출자금액 이상으로 출자를 하였다면 감면요건을 충족하였다고 보아야 하며 새로이 설립되는 법인은 자본금은 기업회계기준에 따른 자본금을 의미하며, 순자산가액을 계산함에 있어 영업권은 포함하지 않으며 사업장의 순자산가액 계산시 사업장의 순자산가액 계산시 '시가'란 불특정다수인 사이에 자유로이 거래가 이루어지는 경우에 통상 성립된다고 인정되는 가액이며, 수용·공매가격 및 감정가액 등 시가로 인정(상증령 §49)되는 것을 포함한다.

### 3-4. 취득가액 산정

적용대상자산의 취득가액은 당해 자산 취득당시의 실제거래가액으로 한다(조특칙 §15 ①). 이 경우 취득당시의 실제거래가액이 불분명한 때에는 법인전환일 현재의 당해 자산에 대하여 다음의 규정을 순차로 적용하여 계산한 금액을 「소득세법 시행령」 제176조의 2 제2항 제2호의 규정을 준용하여 환산한 가액으로 한다(조특칙 §15 ②).

① 부동산 가격공시 및 감정평가에 관한 법률에 의한 감정평가법인이 감정한 가액이 있는 경우 그 가액. 다만, 증권거래소에 상장되지 아니한 주식 등을 제외한다.
② 상속세 및 증여세법 제38조 · 동법 제39조 및 동법 제61조 내지 제64조의 규정을 준용하여 평가한 가액

## 4 | 감면내용

조특법 제32조에 따른 현물출자 또는 사업 양도 · 양수에 따라 2024년 12월 31일까지 취득하는 사업용 재산에 대해서는 취득세를 75% 경감한다.

또한, 2015년부터 시행되는 최소 납부세제(§177의 2 본문)에 따라 면제되는 세액의 15%에 상당하는 취득세의 감면 특례가 제한되어 본 조문의 경우 최저납부세액 과세대상에 해당되지만 2015년에는 적용 제외되었고 2015년 말 부칙 제5조 제2호의 적용유예 규정에 따라 해당 취득세에 대해서는 본 규정대로 계속해서 면제를 적용하도록 하였으며 2019년부터는 취득세 경감률이 75%로 축소됨에 따라 최소납부세제 대상에서 제외된다. 이에 대한 세부적인 사항은 제177조의 2의 해설편을 참조하면 된다.

〈표〉 개인기업의 법인전환 감면 현황(2025.1.1. 현재)

| 조문 | 감면내용 | 감면율 | 일몰 |
|---|---|---|---|
| §57의 2 ④ | 사업용고정자산을 현물출자 또는 사업양수도 방식으로 취득한 법인의 재산 | 취득세 100% | '18.12.31. |
| | | 취득세 75% | '24.12.31. |
| | | 취득세 50% | '27.12.31. |
| §177의 2 | 지방세 감면 특례의 제한(최소납부세제)<br>※ '18.12.31.까지 적용 제외 | 취득세 면제세액의 15% 과세 | '19년부터 대상제외 |

## 5 사후관리

현물출자 및 사업양수도 방식으로 취득한 재산을 취득일부터 2년 이내에 대통령령으로 정하는 정당한 사유 없이 해당 사업을 폐업하거나 해당 재산을 처분(임대 포함)하는 경우에는 면제받은 취득세를 추징한다. 여기서 "대통령령으로 정하는 정당한 사유"는 해당 사업용 재산이 공익사업을 위한 토지 등의 취득 및 보상에 관한 법률 및 그 밖의 법률에 따라 수용된 경우와 법령에 따른 폐업ㆍ이전명령 등에 따라 해당 사업을 폐지하거나 사업용 재산을 처분하는 경우로 하며 2018년 말 지특법 개정(2019.1.1. 시행)을 통해 거주자가 현물출자 등의 방법으로 법인 전환한 후 해당 주식을 처분하는 등 실질적 법인전환으로 볼 수 없는 경우에 대해 추징근거를 마련하고 본 조의 제3호(「조세특례제한법 시행령」 제29조 제7항 각 호에 해당하는 경우) 및 제4호(「조세특례제한법」 제32조 제1항에 따른 법인전환으로 취득한 주식의 100분의 50 미만을 처분하는 경우)를 신설하여 정당한 사유에 따른 추징 제외 규정을 추가로 인정하였다.

■ **조세특례제한법 시행령 제29조 제7항**

1. 법 제32조 제1항을 적용받은 거주자(이하 이 조에서 "해당 거주자"라 한다)가 사망하거나 파산하여 주식 또는 출자지분을 처분하는 경우
2. 해당 거주자가 「법인세법」 제44조 제2항에 따른 합병이나 같은 법 제46조 제2항에 따른 분할의 방법으로 주식 또는 출자지분을 처분하는 경우
3. 해당 거주자가 법 제38조에 따른 주식의 포괄적 교환ㆍ이전 또는 법 제38조의 2에 따른 주식의 현물출자의 방법으로 과세특례를 적용받으면서 주식 또는 출자지분을 처분하는 경우
4. 해당 거주자가 「채무자 회생 및 파산에 관한 법률」에 따른 회생절차에 따라 법원의 허가를 받아 주식 또는 출자지분을 처분하는 경우
5. 해당 거주자가 법령상 의무를 이행하기 위하여 주식 또는 출자지분을 처분하는 경우
6. 해당 거주자가 가업의 승계를 목적으로 해당 가업의 주식 또는 출자지분을 증여하는 경우로서 수증자가 법 제30조의 6에 따른 증여세 과세특례를 적용받은 경우

■ **조세특례제한법 제32조 제1항**

거주자가 사업용고정자산을 현물출자하거나 대통령령으로 정하는 사업 양도ㆍ양수의 방법에 따라 법인(대통령령으로 정하는 소비성서비스업을 경영하는 법인은 제외한다)으로 전환하는 경우 그 사업용고정자산에 대해서는 이월과세를 적용받을 수 있다.

■ **조세특례제한법 시행령 제29조 제2항 및 제3항(사업 양도ㆍ양수의 방법, 소비성서비스업)**

② 법 제32조 제1항에서 "대통령령으로 정하는 사업 양도ㆍ양수의 방법"이란 해당 사업을 영위하던 자가 발기인이 되어 제5항에 따른 금액 이상을 출자하여 법인을 설립하고, 그 법인설

립일부터 3개월 이내에 해당 법인에게 사업에 관한 모든 권리와 의무를 포괄적으로 양도하는 것을 말한다.
③ 법 제32조 제1항에서 "대통령령으로 정하는 소비성서비스업"이란 다음 각 호의 어느 하나에 해당하는 사업(이하 "소비성서비스업"이라 한다)을 말한다.
1. 호텔업 및 여관업(「관광진흥법」에 따른 관광숙박업은 제외한다)
2. 주점업(일반유흥주점업, 무도유흥주점업 및 「식품위생법 시행령」 제21조에 따른 단란주점영업만 해당하되, 「관광진흥법」에 따른 외국인전용유흥음식점업 및 관광유흥음식점업은 제외한다.

또한, "해당 재산을 처분"이란 유상·무상을 불문하고 취득자가 아닌 타인에게 소유권이 이전되어 직접 사용할 수 없는 경우 또는 사업시설용 이외의 용도로 분양 또는 임대되어 직접 사용할 수 없는 경우를 의미하며, 위·수탁자간의 신탁계약에 따라 위탁자로부터 수탁자에게 소유권이 이전되는 경우라 하더라도 추징대상에 해당된다고 보아야 한다. 세부적인 추징절차 등에 대해서는 제178조의 해설을 참조하면 된다.

## 6 | 감면신청

법인전환기업이 지방세를 감면받으려는 경우에는 해당 지방자치단체의 장에게 지방세 감면신청서 외에 법인전환임을 증명하는 법인등기부등본, 사업자등록증, 결산서(대차대조표) 등의 서류를 첨부하여 감면신청을 하여야 한다. 세부적인 감면신청 절차는 제183조의 해설편을 참조하면 된다.

## 7 | 관련사례

- 현물출자 법인전환시, 부동산 임대 및 공급업에 대한 감면제외 적용 범위
  현물출자 또는 사업양수도 자산 중 부동산 임대와 공급업에 공여되는 부분만 한정하여 감면 적용하는 것이 타당함(행안부 지방세특례제도과-698, 2021.3.23.).
- 개인사업을 영위하던 거주자가 사업용 고정자산을 현물출자하는 방식으로 법인으로 전환하면서 종전 사업장의 순자산가액 이상을 출자하였는지 여부와 관련하여, 해당 법인의 경우 대표이사로부터 현물출자를 받으면서 교부한 주식의 가액이 종전사업장의 순자산가액에 미달

(OOO원)하는 사실에는 다툼이 없고, 이러한 미달금액에 주식발행과정에서 발행주식수의 편의를 위하여 단수처리를 하는 과정에서 발생한 것이라 하더라도 당해 미달금액이 1주당 액면가액을 초과하는 금액에 해당하는 이상 부득이하게 주식의 단수처리과정에서 미달금액이 발생한 것이라고 인정할 수는 없다 하겠으며, 이러한 미달금액을 자본잉여금으로 처리하였다 하더라도 개인사업자이었던 청구법인의 대표이사가 취득한 주식의 가액은 그 액면가액으로 평가하여야 할 것이고, 당해 액면가액이 종전 사업장의 순자산가액에 미달하는 이상 청구법인이 감면 요건을 충족하였다고 보기는 어렵다고 판단됨(조심 2019지1954, 2019.11.13.).

• 개인사업자가 법인으로 전환하면서 사업용으로 사용하던 자산의 일체(쟁점건축물 부분)를 현물출자하지 아니하여 취득세 등의 감면요건을 충족하지 못한 것으로 보아 취득세 등을 부과한 경우에, 종전 사업장의 대출금 잔액 등을 그대로 신뢰할 수 없다고 하더라도 전체 사업용 고정자산의 0.3%에 불과한 쟁점건축물의 평가액을 자산 가액에서 누락하였다고 하여 청구법인의 설립(법인전환)과정에서 그 규모가 축소되었다거나 종전사업장과의 사업의 동질성이 회복할 수 없을 정도로 훼손되었다고 볼 수는 없는 점 등에 비추어 청구법인이 쟁점건축물을 별도로 평가하여 종전사업장의 자산가액에서 포함하지 않았다는 이유만으로 청구법인의 자본금이 종전사업장의 순자산가액에 미달한다고 보아 이 건 취득세 등을 부과한 처분은 잘못이 있다고 판단됨(조심 2019지2187, 2019.9.5.).
• 개인사업자가 현물출자하여 법인 전환에 따른 순자산가액 이상 출자 여부와 관련하여 개인사업자가 인출한 것이 초과인출금에 해당하지 아니한 이상 인출한 차입금은 해당 사업에 사용했던 자기자본을 대체한 것이므로 사업과 관련된 부채로 보는 것이 합리적임(조심 2017지744, 2018.9.17.).
• 부채를 현물출자 기준일에 개인사업장의 대표자로부터 차입한 것으로 하여 부채로 계상하였으나 그에 따른 현금 유입 등이 없었는 바, 법인전환 과정에서 청구법인의 출자금을 축소하거나 향후 채무변제를 통해 자금을 유출하고자 한 것으로 볼 수 있어 개인사업자와 사업의 동일성을 유지한 것으로 인정하기 어려운 점 등에 비추어 개인의 법인전환에 따른 면제요건을 갖추지 못하였다고 보아 취득세 등을 부과한 처분은 적법함(조심 2016지1037, 2016.11.24.).
• 해당 토지 개인사업자의 사업용 자산으로 사용되었음에도 해당 법인에 현물출자하지 아니한 것은 사업이 법인에게 승계되어 사업의 동일성을 유지한 것으로 보기 어려운 점 등에 비추어 개인사업자가 법인전환으로 취득하는 주식의 가액이 해당 토지를 개인사업장의 사업용 고정자산에 포함하여 산정한 순자산가액 미만이므로 취득세 등의 면제요건을 충족하지 못한 것으로 보아 취득세 등을 부과한 처분은 적법함(조심 2016지0178, 2016.9.21.).
• 소비성서비스업이 아닌 제조업을 영위하고 있고, 법인의 정관 상 목적사업에 부동산임대업이 포함되어 있으므로 처분청이 현물출자한 사업용 재산을 변경된 업종에 사용한 것을 정당한 사유 없이 해당 사업을 폐업한 것으로 보기 어려움(조심 2015지1346, 2016.3.18.).
• 법인전환기업의 '현물출자계약서' 및 '현물출자 재산의 자산·부채실사 보고서'에 따르면, 현물출자자들이 운영하고 있는 사업 일체의 권리와 의무를 포괄적으로 현물출자 받아 설립되었고, 이 과정에서 현물출자자들이 부동산에서의 임대사업 등에 공하고 있던 일체의 사업용 자산 및 부채가 제외됨이 없이 법인에 이전되어 기업의 동질성이 그대로 유지하고 있고, 「조세특례제한법 시행령」 제29조 제5항에서 규정하고 있는 '법인으로 전환하는 사업장의 순자산

가액'이란 현물출자 대상에 포함된 것의 순자산가액을 의미하는 것이므로 자산과 부채가 그대로 이전되었다면 신설법인의 자본금은 소멸하는 개인기업의 순자산가액과 일치될 수밖에 없는 것인 바, 법인전환 과정에서 개인기업의 순자산가액을 평가함에 있어 자산 평가방법의 차이 등의 원인으로 인하여 그 가액의 일부를 수정함으로써 순자산가액이 변동되었다 하더라도 개인기업의 사업에 공하고 있던 일체의 자산 및 부채가 신설되는 법인에 그대로 이전되었고, 법인전환 과정에서 감정인이 작성한 자산 등의 실사보고서의 순자산가액에 맞추어 그 가액 이상으로 출자하였으며, 자산 및 부채의 현물출자 내지 순자산가액의 평가에 있어 조세회피 등을 위한 고의나 악의적인 의도가 있는 경우가 아니라면 「조세특례제한법」에 의한 감면 요건을 충족하고 있다고 보는 것이 타당함(조세심판원 2015지0235, 2015.8.20.).

• 법인전환 직전에 개인사업장의 현금성 자산 등을 개인사업주가 대부분 인출하여 현저하게 축소시킨 순자산가액 상당액을 출자하여 법인을 설립한 경우 개인사업과 관련된 주된 자산이 모두 신설한 법인에게 승계되어 사업의 동일성을 유지하면서 사업을 운영하는 형태만 변경한 것으로 인정하기 어려운 점 등에 비추어 취득세 면제요건을 불충족한 것으로 보아 부과 처분은 잘못이 없음(조심 2014지0937, 2015.4.16.).
• 법인전환시 취득하는 주식이 소멸하는 사업장 순자산가액 이상에 해당하여야 함에도 이에 미달하여 「조세특례제한법」 제120조 제5항의 취득세 면제 대상에 해당하지 않는 것으로 보고 취득세를 부과하였으나, 「상법」 제329조 제3항 및 제330조에 의하면 주식발생시 부득이 단주처리하는 경우에는 순자산가액에 미달하게 발행될 수 있음에도 이를 간과하고 취득세를 부과한 처분청의 부과는 잘못이 있음(조심 2014지1425, 2015.1.16.).
• 개인기업을 법인으로 전환하여 취득한 사업용 재산에 대한 취득세 등을 감면받은 후 2년 이내에 신탁계약에 따라 그 사업용 재산의 소유권을 신탁회사로 이전한 경우 조세특례제한법 제120조 제5항 단서규정의 '처분'으로 추징대상에 해당됨(행자부 지방세특례제도과-324, 2014.12.26.).
• 개인사업자의 현물출자 당시 재무제표상에 기재되어 있는 개인사업자의 정기적금(○○○백만원)과 무허가 건축물은 자산가액에 포함되어야 하고, 이 경우 청구법인의 자본금이 개인사업자의 순자산가액에 미달하므로 청구법인은 취득세 면제요건을 충족하지 못한 것으로 보는 것이 타당함(조심 2013지0240, 2014.11.6.).
• 피합병법인이 현물출자로 부동산을 취득한 날부터 2년 이내에 흡수합병되면서 피합병법인은 해산한 경우 유예기간 내에 조세특례제한법 제120조 제5항의 해당 사업을 폐업하거나 해당 재산을 처분한 것으로 봄(조심 2014지0616, 2014.7.15.).
• 개인사업자가 청구법인에게 현물출자를 추진하는 과정에서 감정평가법인에게 의뢰하여 산정한 가액이 있다하더라도, 이는 당해 부동산의 가치평가를 위한 감정가격에 불과한 것이고, 실제 현물출자는 법원의 보정명령 등에 따라 감정평가법인의 감정가액에서 개인사업자의 근저당 채권을 제외한 가액으로 이루어진 사실이 확인되므로, 청구법인의 이 건 부동산의 취득가격은 실제 현물출자가액에 취득 부대비용의 합계액으로 보는 것이 타당함(조세심판원 2013지0300, 2014.1.27.).
• 개인사업자가 사업양수도방식에 따라 법인으로 전환하는 경우 소멸하는 사업장의 중소기업자가 취득하는 주식의 가액이 소멸하는 사업장의 순자산가액 이상인 경우에 면제하는 바, 개인사업자가 출자한 금액이 소멸하는 사업장의 순자산 가액에 미달하는 경우에는 감면요

건을 충족한 것으로 보기 어려움(조심 2013지0749, 2014.1.7.).

- 개인사업자가 사업양수도방식으로 법인전환하는 과정에서 취득한 토지거래허가 대상 부동산을 법인설립일부터 3개월이 지난 후에 토지거래허가를 받아 등기한 경우에는 토지거래허가 여부와는 관계없이 매매대금을 지급할 때에 취득시기가 도래한 것으로 보는 것이므로 감면 타당함(조심 2013지0192, 2013.8.9.).
- 개인사업자가 사업양수도방식으로 법인전환하는 과정에서 취득한 임야가 조경수가 식재되어 있거나 자연림 상태의 임야는 사업용 재산으로 보기 어려워 기 감면분에 대한 추징 타당함(조심 2013지0249, 2013.6.5.).
- 개인사업자가 사업양수도방식에 따라 취득하는 사업용 재산이 취득일로부터 2년 이내에 정당한 사유 없이 해당 사업을 폐업하거나 해당 재산을 처분(임대 포함)하는 경우에는 감면한 취득세를 추징하는 것은 적법함(조심 2013지0226, 2013.5.14.).
- 개인사업자가 사업양수도방식에 따라 법인으로 전환하는 경우 소멸하는 사업장의 중소기업자가 취득하는 주식의 가액이 소멸하는 사업장의 순자산가액 이상인 경우에는 취득세를 면제하는바 법인의 정관, 주식배당표 및 감사보고서 등에 의하면 개인사업자가 출자한 금액이 소멸하는 사업장의 순자산가액에 미달하는 사실이 확인되고 이상, 법인 설립에 따른 감면요건을 충족하지 못하였다고 보아야 함(조심 2011지0387, 2011.12.20.).
- 개인사업자가 사업양수도방식으로 법인전환시 개인사업자의 자산이 기계기구의 자산가액이 개인사업자와 특수관계인에 해당하는 법인과 매매를 통하여 성립된 가액이므로 상속세 및 증여세법 시행령에서 규정하고 있는 시가로 인정할 수 없는 바, 동 순자산가액이 시가로 평가한 자산가액으로 인정하기 어려운 이상 감면요건을 충족하지 못한 상태로 법인전환한 것으로 보아야 함(조심 2010지0858, 2011.11.1.).
- 법인설립 당시에는 자본금이 순자산가액에 미달하였으나 수일내 착오신청을 원인으로 경정등기하여 자본금을 순자산가액 이상으로 증가시킨 경우 구 조세특례제한법 제119조 제3항 및 제120조 제4항에 따른 개인기업의 법인전환 취득세 등 면제대상에 해당됨(안행부 지방세운영과-5089, 2011.11.1.).
- 개인사업자가 사업양수도방식에 따라 법인전환시 사업양수도일 이전에는 부동산임대업에 사용하지 않다가 사업양수도로 취득, 등기한 날부터 2년 이내에 새로이 임대한 것으로 보아 추가 임대한 부분 상당의 기 면제된 취득세는 추징대상에 해당됨(조심 2010지0851, 2011.8.8.).
- 개인사업자가 사업양수도방식에 따라 법인으로 전환함에 있어 소멸하는 사업장의 가지급금은 개인사업체에 대한 채권임과 동시에 개인사업자의 채무로서 법인사업체에 승계시킬 자산으로 보기 어려워 순자산가액에서 제외하여 과세면제함이 타당하므로 취득세 부과처분은 취소하여야 함(조심 2010지0138, 2010.11.18.).
- 수도권과밀억제권역에서 개인사업자가 영위하던 부동산임대업을 사업양수도방식에 따라 법인전환하는 경우에 조특법 제32조 및 같은 법 시행령 제29조 제3항에서는 소비성서비스업을 경영하는 법인은 제외한다고 규정하고 있을 뿐 부동산임대업은 포함되어 있지 아니하므로 부동산임대업을 목적사업으로 하는 법인이라면 당해 임대용 부동산의 경우 사업용 부동산에 포함됨(지방세운영과-4434, 2010.9.20.).

# 제57조의 2

## 5. 과점주주 취득세 면제

관련규정

제57조의 2(기업합병 · 분할 등에 대한 감면) ⑤ 다음 각 호의 어느 하나에 해당하는 경우에는 「지방세법」 제7조 제5항에 따라 과점주주가 해당 법인의 부동산등(같은 조 제1항에 따른 부동산등을 말한다)을 취득한 것으로 보아 부과하는 취득세를 2027년 12월 31일까지 면제한다.

1. 「금융산업의 구조개선에 관한 법률」 제10조에 따른 제3자의 인수, 계약이전에 관한 명령 또는 같은 법 제14조 제2항에 따른 계약이전결정을 받은 부실금융기관으로부터 주식 또는 지분을 취득하는 경우
2. 금융기관이 법인에 대한 대출금을 출자로 전환함에 따라 해당 법인의 주식 또는 지분을 취득하는 경우
3. 「독점규제 및 공정거래에 관한 법률」에 따른 지주회사(「금융지주회사법」에 따른 금융지주회사를 포함하되, 지주회사가 「독점규제 및 공정거래에 관한 법률」 제2조 제12호에 따른 동일한 기업집단 내 계열회사가 아닌 회사의 과점주주인 경우를 제외한다. 이하 이 조에서 "지주회사"라 한다)가 되거나 지주회사가 같은 법 또는 「금융지주회사법」에 따른 자회사의 주식을 취득하는 경우. 다만, 해당 지주회사의 설립 · 전환일부터 3년 이내에 「독점규제 및 공정거래에 관한 법률」에 따른 지주회사의 요건을 상실하게 되는 경우에는 면제받은 취득세를 추징한다.
4. 「예금자보호법」 제3조에 따른 예금보험공사 또는 같은 법 제36조의 3에 따른 정리금융기관이 같은 법 제36조의 5 제1항 및 제38조에 따라 주식 또는 지분을 취득하는 경우
5. 한국자산관리공사가 「한국자산관리공사 설립 등에 관한 법률」 제26조 제1항 제1호에 따라 인수한 채권을 출자전환함에 따라 주식 또는 지분을 취득하는 경우
6. 「농업협동조합의 구조개선에 관한 법률」에 따른 농업협동조합자산관리회사가 같은 법 제30조 제3호 다목에 따라 인수한 부실자산을 출자전환함에 따라 주식 또는 지분을 취득하는 경우

7. 「조세특례제한법」 제38조 제1항 각 호의 요건을 모두 갖춘 주식의 포괄적 교환・이전으로 완전자회사의 주식을 취득하는 경우. 다만, 같은 법 제38조 제2항에 해당하는 경우(같은 조 제3항에 해당하는 경우는 제외한다)에는 면제받은 취득세를 추징한다.
8. 삭제(2024.12.31.)
   ☞ 제8호 :「자본시장과 금융투자업에 관한 법률」에 따른 증권시장으로서 대통령령으로 정하는 증권시장에 상장한 법인의 주식을 취득한 경우(코스닥시장 주식 취득)

**【영】** 제28조의 2(법인 합병의 범위 등) ④ 삭제(2024.12.31.)
법 제57조의 2 제5항 제8호에서 "대통령령으로 정하는 증권시장"이란 대통령령 제24697호 자본시장과 금융투자업에 관한 법률 시행령 일부개정령 부칙 제8조에 따른 코스닥시장을 말한다.

## 1 | 개 요

본 규정은 법인의 지분의 취득을 통해 실질적인 지배권을 행사할 수 있다고 판단되는 과점주주에 대해 기업의 경영개선, 부실자산 정리 등 국가정책적 목적에 따라 불가피하게 발생하는 경우에 대한 취득세 세제지원으로 그간 「조세특례제한법」 제120조 제6항에서 규정하여 감면되었으나 2014년 12월 31일 일몰기한이 도래하면서 그 감면내용을 「지방세특례제한법」으로 이관하여 2018년 말까지 지속적으로 취득세가 면제되었으며, 2021년 12월 31일까지 3년간 재연장되었다.

한편, 2015년에 "M&A 활성화 방안"의 일환으로 기존에 과점주주 과세대상에서 제외되었던 유가증권(코스피)시장 외에 코스닥기업에 대해서도 과점주주 취득세 면제규정이 신설되었으며, 다만 코스닥시장 지원의 경우 일정한 정책효과 분석의 필요성에 따라 당초 2016년 말까지 취득세를 면제하도록 하여 감면규정이 도입되었으나 추가적인 지원 등의 필요성을 고려하여 지속적으로 연장되어 왔으나 지방세기본법 개정(2023.3.14.)으로 유가증권시장과 동일하게 코스닥시장 상장법인의 과점주주의 경우에도 간주취득세 납세의무가 배제됨에 따라 조문의 실익이 없어져 2024년말로 해당 호(8호)는 삭제되었다.

다만, 종전에 지특법 제57조의 2 제5항 제8호에 대한 과점주주 대상을 같은 법 시행령 제28조의 2에서 1호(유가증권시장)와 2호(코스닥시장)를 분리하여 규정하였으나, 같은 법 시행령 제1호의 「자본시장과 금융투자업에 관한 법률 시행령」 제176조의 9 제1항에 따른

유가증권시장은「지방세기본법」제47조와「지방세법 시행령」제11조 제1항에서 이미 조세체계에 의해 과점주주 대상에서 배제되고 있어 별도의 면제규정이 필요하지 않아 유가증권시장에 관한 규정은 삭제되었고 2018년 말 지특법 개정(2019.1.1. 시행)시에 취득세 면제규정은 연장되었으나 최소납부세제 적용대상으로 전환되었고 지주회사 간주취득세 대상을 명확히 적용될 수 있도록 규정하는 등 조문내용이 일부개정되었다. 2024년말에는 감면기한이 2027년 12월 31일까지 3년간 연장되었다.

## 2 감면대상자

지방세관계법에서는 주식 또는 지분을 취득하는 자 및 특수관계인들이 취득한 해당 법인의 발행주식 총수 또는 출자총액의 합계액 100분의 50을 초과하면서 그에 관한 권리를 실질적으로 행사하는 경우 지방세법 제7조 제5항에 따른 과점주주 납세의무가 성립되며, 다만 법인설립시에 발행하는 주식 또는 지분을 취득하여 과점주주가 된 경우에는 취득으로 보지 않는다.

본 규정의 감면대상자는 이러한 간주취득에 해당하는 개인 또는 법인이 소유한 지분에 대해 해당 법인의 지분에 상응하는 자산을 취득한 것으로 보아 과세하여야 하나 기업구조개선, 부실금융정리 등의 세제지원 필요에 따라 다음의 경우에는 과점주주로 보지 않는다.

관련법령에 따라 부실금융기관으로부터 주식 또는 지분을 취득하는 경우, 금융기관이 법인에 대한 대출금을 출자로 전환함에 따라 해당 법인의 주식 또는 지분을 취득하는 경우, 지주회사(금융지주회사를 포함)가 되거나 자회사의 주식을 취득하는 지주회사, 관련법령에 따라 주식 또는 지분을 취득하는 예금보험공사 또는 정리금융기관, 관련법령에 따라 인수한 채권을 출자전환함에 따라 주식 또는 지분을 취득하는 한국자산관리공사, 인수한 부실자산을 출자전환함에 따라 주식 또는 지분을 취득하는 농업협동조합자산관리회사, 주식의 포괄적 교환·이전으로 완전자회사의 주식을 취득하는 경우에는 취득세를 면제받게 된다.

특히, 본 조의 제3호의 규정에서 독점규제 및 공정거래에 관한 법률에 따른 지주회사(금융지주회사 포함)가 되거나 지주회사가 같은 법 또는 금융지주회사법에 따른 자회사의 주식을 취득하는 경우에 면제하고 있으며 여기서 "지주회사가 되거나"의 의미는 주식을 취득함으로써 최초로 지주회사가 됨과 동시에 과점주주가 된 경우를 말하는 것이고 "지주회사가 자회사의 주식을 취득하는 경우"란 이미 자회사를 거느린 지주회사가 자회사의 주식 등을 취득하여 과점주주가 되는 경우를 말하는 것으로 지주회사가 자회사가 아닌 법인의 주식을 취득하여 과점주주가 되는 것은 감면대상에서 배제하여야 한다고 본다.

다만, 그간의 유권해석 사례(지방세특례제도과-315, 2014.12.14.)와 달리 대법원 판례(대법원 2017.4.13. 선고 2016두59713)의 경우 지주회사가 계열사의 주식을 취득한 경우 외에도 계열사가 아닌 국내의 일반회사 주식 취득으로 지주회사가 된 경우까지 감면대상으로 판단하여야 한다고 보고 있어 2018년 말 지특법 개정(2019.1.1. 시행)을 통해 이에 대한 입법보완이 이루어지게 되는데 당초 계열사 간 상호출자 구조에서 지주회사 체제로 전환하는 것을 지원하는 것이 지주회사 과점주주 감면 규정의 입법 취지임을 고려하여 지주회사가 동일 기업집단 내 계열회사가 아닌 회사의 주식을 취득하여 과점주주가 되는 경우에는 감면대상에서 배제되도록, 본 조 제5항 제3호의 지주회사 정의에 "「금융지주회사법」에 따른 금융지주회사를 포함하되, 지주회사가 「독점규제 및 공정거래에 관한 법률」 제2조 제12호에 따른 동일한 기업집단 내 계열회사가 아닌 회사의 과점주주인 경우를 제외"함을 규정하였다.

이에 따라, 지주회사에 대한 과점주주 감면규정을 명확히 규정하였을 뿐만 아니라 그간의 행정안전부 유권해석과 대법원 판결이 상이함에 따른 운영상 혼란을 개선하였으며 저자의 견해로는 본 개정사항은 입법목적을 충실히 하여 조세공평을 기하기 위함으로 기존의 경우에도 이와 동일하게 적용하여야 할 것이다.

또한 본조의 감면대상자에 해당되지 않으며 별도로 해당 법인에 대한 과점주주 과세제외 규정이 없는 대상자가 다른 감면조문에서 일반적 감면대상자가 되었다 할지라도 과점주주에 대한 감면 여부는 별개의 사안으로 과점주주가 성립되어 과세대상이 되는 경우 간주취득에 대해서는 과세되어야 할 것이다.

**▣ 과점주주의 정의(지방세기본법 §47 2호)**

주주 또는 유한책임사원 1명과 그의 특수관계인 중 대통령령으로 정하는 자로서 그들의 소유주식의 합계 또는 출자액의 합계가 해당 법인의 발행주식 총수 또는 출자총액의 100분의 50을 초과하면서 그에 관한 권리를 실질적으로 행사하는 자들

**▣ 과점주주 납세의무자(지방세법 §7 ⑤)**

법인의 주식 또는 지분을 취득함으로써 「지방세기본법」 제47조 제2호에 따른 과점주주가 되었을 때에는 그 과점주주가 해당 법인의 부동산등을 취득(법인설립시에 발행하는 주식 또는 지분을 취득함으로써 과점주주가 된 경우에는 취득으로 보지 않음)한 것으로 봄.

## 3 감면대상 재산

상기 법인이 취득한 주식 또는 지분을 100분의 50을 초과하여 취득함으로써 간주취득에 해당되어 모든 취득세 과세대상을 기준으로 해당 지분만큼 취득한 것으로 본다.

### 3-1. 과점주주 과세 목적

법인의 주식을 1인 또는 소수인이 독점하는 것을 방지하고 다수인이 기업경영권 행사에 참여할 수 있도록 유도하기 위한 제도로, 재산을 직접 취득하지 않고 주식을 취득하는 방법을 통해 기업을 수단화하여 실질적 지배권을 확보하거나, 우회적으로 취득함에 따라 발생할 수 있는 탈루세원을 예방하는 데 그 목적이 있다 하겠다.

### 3-2. 과세표준 및 세율

「지방세법」 제10조 제4항에 따라 법인의 소유 부동산, 차량, 기계장비 등 취득세 과세대상이 되는 과세물건의 총 장부가액에서 과점주주가 차지하는 주식의 비율에 해당하는 만큼의 금액을 과세표준으로 하여 취득한 것으로 간주하되 별도의 등기행위를 필요로 하지 않으므로 중과기준세율(구 취득세 세율)인 100분의 2를 적용하게 된다.

### 3-3. 과세대상 및 요건

「지방세기본법」 제47조 제2호에 따른 법인의 과점주주가 아닌 주주 또는 유한책임사원이 다른 주주의 주식 또는 지분을 취득하거나 증자 등으로 최초로 과점주주가 된 경우에는 그 시점에서 소유하고 있는 법인의 주식 등을 취득한 것으로 보아 취득세를 부과한다.

이미 과점주주가 된 주주의 경우에는 해당 법인의 주식 등을 취득하여 비율이 증가된 경우에는 그 증가분을 취득으로 보아 취득세를 부과하며 다만, 해당 과점주주가 이전에 가지고 있던 주식등의 최고비율보다 증가되지 않은 경우에는 취득세를 부과하지 않게 된다.

상기 단서의 취득세 제외사항은 2016년부터 개정·시행되는 규정으로 2015년까지는 주식등의 비율이 증가된 날을 기준으로 이전 5년 이내에 가지고 있던 주식등의 최고비율보다 증가되지 않은 경우에는 취득세를 부과하지 않도록 규정되었으나 과점주주에서 일반주주로 다시 과점주주가 된 경우에 5년의 기간과 관계없이 과거 최고 지분비율 초과분에 대해서만 과세하도록 2010.1.1부터 법 개정·시행하면서 과점주주의 주식증가분에 대한 5년 기간제한 규정은 삭제하지 않아 이를 명확히 하기 위하여 2015년 말 「지방세법」이 개

정되었다.

또한, 당초 과점주주였으나 양도, 증자 등으로 과점주주에 해당되지 않다가 다시 해당 법인의 주식 등을 취득하여 과점주주가 된 경우에는 다시 과점주주가 된 당시의 주식 등의 비율이 그 이전에 과점주주가 된 당시의 주식등의 비율보다 증가된 경우에 한해 그 증가분만에 대해서만 취득세를 부과하면 된다.

## 4 | 감면내용

지방세법에 따른 과점주주에 해당되나, 다음의 대상에 해당하는 경우에는 2027년 12월 31일까지 취득세를 면제한다.

〈표〉 **법인 과점주주 감면 현황(2025.1.1. 현재)**

| 조문 | 감면내용 | 감면율 | 일몰 |
|---|---|---|---|
| §57의 2 ⑤ 1호 | 「금융산업의 구조개선에 관한 법률」 제10조에 따른 제3자의 인수, 계약이전에 관한 명령 또는 같은 법 제14조 제2항에 따른 계약이전결정을 받은 부실금융기관으로부터 주식 또는 지분을 취득하는 경우 | 취득세 100%<br>(간주취득) | '27.12.31. |
| §57의 2 ⑤ 2호 | 금융기관이 법인에 대한 대출금을 출자로 전환함에 따라 해당 법인의 주식 또는 지분을 취득하는 경우 | | |
| §57의 2 ⑤ 3호 | 지주회사(금융지주회사를 포함)가 되거나 지주회사가 자회사의 주식을 취득하는 경우<br>※ 동일한 기업집단 내 계열회사가 아닌 회사 과점주주 감면 제외('18년 말 개정) | | |
| §57의 2 ⑤ 4호 | 예금보험공사 또는 정리금융기관이 주식 또는 지분을 취득하는 경우 | | |
| §57의 2 ⑤ 5호 | 한국자산관리공사가 인수한 채권을 출자전환함에 따라 주식 또는 지분을 취득하는 경우 | | |
| §57의 2 ⑤ 6호 | 농업협동조합자산관리회사가 인수한 부실자산을 출자전환함에 따라 주식 또는 지분을 취득하는 경우 | | |
| §57의 2 ⑤ 7호 | 주식의 포괄적 교환·이전으로 완전자회사의 주식을 취득하는 경우 | | |
| §57의 2 ⑤ 8호 | 코스닥 증권시장에 상장한 법인의 주식을 취득한 경우(2015년 신설) | 취득세 100%<br>(간주취득) | '24.12.31. |

| 조문 | 감면내용 | 감면율 | 일몰 |
|---|---|---|---|
| §177의 2 | 지방세 감면 특례의 제한(취득세 면제세액이 200만원을 초과하는 경우 해당)<br>※ '18.12.31.까지 적용 유예 | 취득세 면제세액의 15% 과세 | '19년부터 적용 |

## 5 지방세특례의 제한

### 5-1. 최소납부세제 적용(§177의 2)

2015년부터 시행되는 최소납부세제(§177의 2 본문)에 따라 면제되는 세액의 15%에 상당하는 취득세의 감면 특례가 제한되어 본 조문의 경우 최저납부세액 과세대상에 해당되지만 2015년까지 적용 제외되었고 2015년 말 부칙 제5조의 적용유예규정에 따라 2018년 12월 31일까지 해당 취득세에 대해서는 본 규정대로 계속해서 면제를 적용하도록 한 바 있어 2019년 1월 1일부터는 최소납부세제를 적용하여야 한다. 이에 대한 세부적인 사항은 제177조의 2의 해설편의 내용과 같다.

### 5-2. 사후관리

이 법에서는 제3호와 제7호의 단서규정에 해당하는 경우에는 면제된 취득세를 추징한다.

독점규제 및 공정거래에 관한 법률에 따른 지주회사가 되거나 지주회사가 같은 법 또는 금융지주회사법에 따른 자회사의 주식을 취득하는 경우에는 그간에 별도의 추징 규정을 두지 않았으나 면제규정을 악용하는 사례가 발생되고 사후관리의 필요성에 따라 해당 지주회사의 설립 또는 전환일부터 3년 이내에 독점규제 및 공정거래에 관한 법률에 따른 지주회사의 요건을 상실하게 되는 경우에는 면제받은 취득세를 추징하게 된다.

또한, 조특법 제38조 제1항 각 호의 요건을 모두 갖춘 주식의 포괄적 교환·이전으로 완전자회사의 주식을 취득하는 경우에도 취득 후 3년 이내에서 완전자회사가 사업을 폐지하거나 완전모회사 또는 다음의 조특법 시행령 제35조의 2 제6항에 따른 완전자회사의 주주가 주식의 포괄적 교환 등으로 취득한 주식을 처분하는 경우에는 면제받은 취득세를 추징한다. 세부적인 추징절차 등에 대해서는 제178조의 해설을 참조하면 된다.

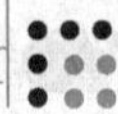

■ **완전자회사의 추징대상이 되는 주주 요건(조특법 시행령 §35의 2 ⑥)**

완전자회사의「법인세법 시행령」제43조 제3항에 따른 지배주주 중 다음 각 호의 어느 하나에 해당하는 자를 제외한 주주를 말한다.

1.「법인세법 시행령」제43조 제8항 제1호 가목의 친족 중 4촌 이상의 혈족 및 인척
2. 주식의 포괄적 교환·이전일 현재 완전자회사에 대한 지분비율이 100분의 1 미만이면서 시가로 평가한 그 지분가액이 10억원 미만인 자

**【법인세법 시행령 제43조 제8항 제1항 가목 : 친족의 범위】**

친족(국세기본법 시행령 제1조의 2 제1항에 해당하는 자를 말함)

※ 친족관계(국세기본법 시행령 §1의 2 ①)

1. 6촌 이내의 혈족
2. 4촌 이내의 인척
3. 배우자(사실상의 혼인관계에 있는 자를 포함한다)
4. 친생자로서 다른 사람에게 친양자 입양된 자 및 그 배우자·직계비속

## 6 감면신청

본 규정 각 호의 대상이 과점주주에 해당하는 경우에는 소유지분에 해당하는 재산에 대해 지방세를 감면을 받기 위해서는 해당 지방자치단체의 장에게 감면신청서를 제출하여야 하며 주주명부, 주식의 장부가액 합계액 계산서, 자산조정명세서 등의 관련서류를 첨부하여 감면신청을 하여야 한다. 세부적인 감면신청 절차는 제183조의 해설편을 참조하면 된다.

## 7 관련사례

- "자회사의 주식을 취득하는 경우"는 이미 자회사로 편입되어 있는 회사의 주식을 취득하는 경우를 의미하는바, 청구법인의 경우 지배관계가 없던 법인을 자회사로 편입하기 위해 주식을 취득한 것이므로 감면요건을 충족하였다고 보기 어려움(조심 2015지1039, 2016.6.8.).
- A법인은 2008.6.25. B법인의 주식 67.64%를 취득하였고, A법인의 2008.6.30. 현재 대차대조

표에 의하면 자산은 ○○○원으로 1,000억원 이상이고, 이 중 투자주식 가액은 ○○○원으로 A법인의 총 자산의 50% 이상인 사실이 확인되므로 A법인은 2008.6.25. B법인의 주식을 취득함으로써 B법인의 과점주주가 됨과 동시에 B법인의 지주회사가 되었다고 보는 것이 타당하여 과점주주 취득세 면제대상에 해당되는 점, A법인은 2008.7.30. 등에 B법인의 주식을 추가로 취득하여 과점주주 주식소유비율이 증가하여 과점주주 취득세 납세의무가 성립하였으나, B법인 주식의 추가 취득은 지주회사가 자회사의 주식을 취득하는 경우에 해당하여 과점주주 취득세 면제대상에 해당하는 점 등을 볼 때 취득세 등을 과세한 처분은 부당함(조심 2013지0707, 2014.3.6.).

• 구 간접투자법상 사모투자전문회사나 투자목적회사의 경우에는 공정거래법 제2조 제1호의 2 등에서 정한 지주회사의 요건을 형식적으로 갖추었더라도 이를 모두 지주회사로 취급하여 공정거래법상 각종 행위제한에 관한 규정을 적용하는 것이 적절하지 아니하므로, 구 간접투자법 제144조의 17 제1항은 앞서 본 바와 같이 일정한 요건을 충족하는 사모투자전문회사나 투자목적회사에 대하여는 10년간 공정거래법의 지주회사에 관한 규정을 적용하지 아니하도록 규정하고 있고,
  - 구 간접투자법 제144조의 17 제3항 본문은 '사모투자전문회사 및 투자목적회사에 대하여는 제144조의 7 제1항 제1호 또는 제2호의 요건을 충족하는 경우 그 요건을 충족한 날부터 10년이 되는 날까지는 금융지주회사법에 의한 금융지주회사로 보지 아니한다'고 규정하고 있으며 금융지주회사로 보지 아니하는 구 간접투자법상 사모투자전문회사나 투자목적회사에 대하여는 이 사건 법률조항이 적용되지 아니한다고 봄이 타당할 것인데, 사모투자전문회사나 투자목적회사가 일반 지주회사인지 아니면 금융지주회사인지에 따라 법률조항의 적용을 달리할 합리적인 이유가 없음
  - 이와 같은 관련 규정의 문언 내용과 입법취지 및 체계, 사모투자전문회사 또는 투자목적회사와 지주회사의 설립목적 및 기능상 차이, 그리고 1999.12.28. 법률 제6045호로 개정된 조세특례제한법에 법률조항(당시에는 제120조 제5항 제8호)이 신설될 당시에는 구 간접투자법에 사모투자전문회사나 투자목적회사에 관한 규정이 아직 도입되지 아니하였던 점 등을 종합하면, 공정거래법의 지주회사에 관한 규정이 적용되지 아니하는 구 간접투자법상 사모투자전문회사나 투자목적회사에 대하여는 법률조항도 적용되지 아니한다고 해석함이 타당함(대법원 2014.2.13. 선고, 2011두21478 판결).

• 구 조특법 제120조 제6항 제4호가 별도로 '금융기관'에 관한 정의를 하고 있지 않은 이상, '이 법에서 특별히 정하는 경우를 제외하고는 제3조 제1항 제1호부터 제19호까지에 규정된 법률에서 사용하는 용어의 예에 따른다'고 규정한 구 조특법 제2조 제2항에 의하여 '금융기관'의 의미를 파악하여야 한다고 전제한 다음, 제3조 제1항 제16호가 들고 있는 '금융실명거래 및 비밀보장에 관한 법률' 및 그 시행령에 규정된 '금융기관'에는 한국무역보험공사가 포함되어 있지 아니하여 원고를 구 조특법 제120조 제6항 제4호 소정의 '금융기관'으로 볼 수 없다는 이유로, 구 조특법 제120조 제6항 제4호의 특례규정(금융기관이 법인에 대한 대출금을 출자로 전환됨에 따라 해당 법인의 주식 또는 지분을 취득하는 경우)을 적용하지 않고 원고에게 취득세 등을 부과한 처분은 적법함(대법원 2014.1.16. 선고, 2013두18384 판결).

• 조세특례제한법 제120조 제6항 제4호의 전단에서 지주회사가 자회사가 아닌 법인의 주식을

취득하여 과점주주가 되는 것은 면제대상에 해당하지 아니함(행자부 지방세특례제도과-315, 2014.1.24.).

- 구 간접투자법상 사모투자전문회사나 투자목적회사의 경우에는 공정거래법 제2조 제1호의 2 등에서 정한 지주회사의 요건을 형식적으로 갖추었다고 하여 이를 모두 지주회사로 취급하여 공정거래법상의 각종 행위제한에 관한 규정을 적용하는 것이 적절하지 아니하므로 일정 요건을 충족하는 사모투자전문회사나 투자목적회사에 대하여는 10년간 공정거래법의 지주회사에 관한 규정을 적용하지 아니하도록 규정하고 있어 이는 공정거래법상 지주회사로 보지 않겠다는 취지이며, 또한 본질에 기초한 법적 지위의 동질성 여하, 금융지주회사 등 다른 관련제도와의 체계조화성의 관점에서 면제조항이 적용되는 않으므로 투자목적회사의 과점주주에 따른 취득세 부과는 타당함(대법원 2011두2781, 2014.1.23.).
- 설립당시에는 자산총액이 1천억원 미만이었던 회사가 같은 해 자회사의 주식을 취득해 자산총액이 1천억원 이상이 되었고 지주회사의 주된 사업의 기준을 갖추었으나 지주회사 전환신고를 하지 않은 경우 독점규제 및 공정거래에 관한 법률 시행령 제2조 제1항 제2호의 "사업연도 종료일 이전의 자산총액을 기준으로 지주회사 전환신고를 하는 경우에는 해당 전환신고 사유의 발생일 현재의 대차대조표상의 자산총액이 1천억원 이상인 회사"부분을 적용하여 위 회사가 조세특례제한법 제120조 제6항에 따라 취득세가 면제되는 지주회사에 해당됨(안행부 세정-0353, 2008.12.24.).
- 조세특례제한법 제20조 제6항 제8호에 따라 독점규제 및 공정거래에 관한 법률에 의한 지주회사가 과점주주에 해당하는 경우 면제대상이므로 지주회사가 되기 위하여 다른 회사의 주식을 수차례에 걸쳐 취득하는 경우에도 취득요건을 갖춘 지주회사이면 감면이 되며 지주회사가 되기 위하여 다른 회사의 주식을 취득하였으나 관련 법령에 의한 지주회사로의 전환신고 전에 있는 경우에도 취득세 면제대상 지주회사에 포함됨(행자부 지방세정-0366, 2007.12.21.).

# 제57조의 2

## 6. 농협중앙회 사업구조개편 등록면허세 감면

관련규정

제57조의 2(기업합병·분할 등에 대한 감면) ⑥「농업협동조합법」에 따라 설립된 농업협동조합중앙회(이하 이 조에서 "중앙회"라 한다)가 같은 법에 따라 사업구조를 개편하는 경우 제1호 및 제2호의 구분에 따른 등기에 대해서는 2017년 12월 31일까지 등록면허세를 면제하고, 제3호의 경우에는 취득세를 면제한다.

1. 법률 제10522호 농업협동조합법 일부개정법률 부칙 제3조에 따라 자본지원이 이루어지는 경우 그 자본증가에 관한 등기
2. 법률 제10522호 농업협동조합법 일부개정법률 부칙 제6조에 따라 경제사업을 이관하는 경우 다음 각 목의 어느 하나에 해당하는 등기
   가. 중앙회에서 분리되는 경제자회사의 법인설립등기
   나.「농업협동조합법」 제161조의 2에 따라 설립된 농협경제지주회사가 중앙회로부터 경제사업을 이관(「상법」 제360조의 2에 따른 주식의 포괄적 교환을 포함한다)받아 자본이 증가하는 경우 그 자본증가에 관한 등기
3.「농업협동조합법」 제134조의 2에 따라 설립된 농협경제지주회사가 이 조 제3항 제3호에 따라 중앙회로부터 경제사업을 이관받아 취득하는 재산

☞ 2017.12.31 일몰기한도래 감면 종료

## 1 | 개 요

본 규정은 기업구조조정 등 지원을 위해 농업협동조합 사업구조 개편을 위한 세제지원이다. 정부의 농업협동조합중앙회가 사업구조 개편(경제지주, 금융지주) 지원을 위한 1차 감면이 2012년에 신설되었고, 2차 감면으로 농협구조개편에 따라 농협중앙회가 경제사업을

농협경제지주회사에 이관하기 위하여 농협중앙회로부터 분리하여 설립하는 자회사에 대한 농협경제자회사 감면이 2014년도에 신설되었으며 2014년에 중앙회에서 분리하여 설립하는 경우의 취득재산과 등기에 대한 감면은 종료되었고 자본지원 등기, 경제자회사의 법인설립 등기 및 농협경제지주회사가 중앙회로부터 경제사업을 이관받는 경우의 등기에 대한 감면은 2017년 말까지 연장되었다가 이후 추가 사업재편이 없어 감면 종료되었다.

## 2 | 감면대상자

자본증자되는 농협중앙회와 중앙회에서 분리되어 설립되는 경제자회사 및 중앙회로부터 경제사업을 이관받아 자본이 증가되는 농협경제지주회사가 이에 해당된다.

## 3 | 감면대상 등기

### 자본지원에 대한 감면(§57의 2 ⑥ 1호)

농협법 부칙 제3조에 따라 정부에서는 관계기관 협의체를 구성하여 중앙회의 자체자본 조달계획과 중앙회의 의견을 토대로 사업구조 개편에 필요한 자본지원 계획서를 마련하여 국회심의를 거쳐 자본지원이 이루어지게 되면 자본증가에 대한 등록면허세가 감면되는 것이다.

### 농협경제지주회사에 대한 감면(§57의 2 ⑥ 2호)

농협법 부칙 제6조에 따라 그간 농협중앙회의 경제사업을 신설되는 농협경제지주회사에 재산을 이관하는 경우에는 신설되는 경제지주회사의 자본금이 증가하므로 이에 대한 등록면허세가 발생하게 된다.

이에 대한 지특법 면제 규정에 따라 농협경제지주회사에 대한 실제적인 세부담은 발생하지 않게 되며 농협중앙회 소속 기존 자회사 경제지주 소속 전환에 따른 자본증자 등기분에 대한 등록면허세는 농협경제지주 설립(2012.3.2.)과 동시에 감면대상에 해당되고 이후에는 단계별로 농협중앙회로부터 경제지주 소속으로 전환하는 경우에 대해서도 등록면허세가 감면되는 것이다.

■ **농협 사업분리 자본지원 규정(법률 제10522호, 2011.3.31. 개정, 2012.3.2. 시행, 부칙 제3조)**

① 정부는 이 법 공포 후 지체 없이 관계 기관 협의체를 구성하여 중앙회의 자체자본조달계획과 중앙회의 의견을 토대로 중앙회의 사업구조 개편에 필요한 자본지원 계획서를 마련하여 2012년도 예산안의 국회 제출 전에 국회 소관 상임위원회에 보고하고 심의를 받아야 함.

■ **농협 경제사업 이관 규정(법률 제10522호, 2011.3.31. 개정, 2012.3.2. 시행, 부칙 제6조)**

① 중앙회는 이 법 시행일부터 3년 이내에 판매·유통 관련 경제사업을 농협경제지주회사에 이관함.

② 중앙회는 이 법 시행일부터 3년이 경과한 날부터 2년 이내에 제1항에 따라 이관된 사업의 성과를 부칙 제5조 제2항에 따른 경제사업활성화위원회의 의견을 들어 평가하고 제1항에 따라 이관된 사업을 제외한 경제사업을 이관함.

## 4 | 특례내용

신용사업 위주에서 탈피하여 농업인 위주의 경제사업으로 전환하기 위한 농협 사업구조 개편 목적 달성을 위한 정부정책에 따른 감면으로 농협중앙회 등에 대해서는 아래와 같이 등록면허세를 2017년 12월 31일까지 면제되었다.

또한, 2015년부터 시행되는 최소 납부세제(§177의 2 본문)에 따라 면제되는 세액의 15%에 상당하는 취득세의 감면 특례가 제한되어 최저납부세액 과세대상에 해당되지만 본 조문은 등록면허세만이 해당되어 별도로 특례 제한규정을 적용받지 않는다.

〈표 1〉 **농협경제지주회사 감면 현황(2020.1.1. 현재 : 종료)**

| 조문 | 감면내용 | 감면율 | 일몰 |
|---|---|---|---|
| §57의 2 ⑥ 1호 | 농협중앙회의 사업구조 개편에 따른 자본증자등기 | 등록면허세 100% | '17.12.31. |
| §57의 2 ⑥ 2호 | 가. 중앙회에서 분리되는 경제자회사의 법인설립등기 | | |
| | 나. 농협경제지주회사가 중앙회로부터 경제사업을 이관받은 자본의 증자등기 | | |
| §57의 2 ⑥ 3호 | 농협경제지주회사가 중앙회로부터 경제사업을 이관받은 재산 취득 | 취득세 100% | '17.12.31. |

## 농협사업구조 개편 개요

농업협동조합의 사업구조 개편은 1~3차로 구분하여 진행되고 있는데 농협 경제지주회사의 설립근거는 농협법[123]에 근거하며 농협경제지주의 단계별 설립 계획은 아래 〈표 2〉와 같다. 구체적인 농업협동조합의 사업구조 개편내용은 다음의 내용을 참조하기 바란다.

〈표 2〉 **농협경제지주 회사의 단계별 이관 계획**

| 구분 | 1단계(~2012.3.) | 2단계(~2015.2.) | 3단계(~2017.2.) |
|---|---|---|---|
| 내용 | 중앙회 소속 기존 자회사 경제지주 소속 전환 | 판매, 유통관련 경제사업 경제지주 소속으로 이관 | 농협중앙회 나머지 경제사업 전부를 경제지주 소속으로 이관 |
| 관련 법률 | 경제사업활성화 계획에 의거 이관 | 농협법 부칙 제6조(경제사업의 이관) ① | 농협법 부칙 제6조(경제사업의 이관) ② |
| 지주기능 | 자회사 관리 | 자회사 관리 · 자체사업 수행 | 자회사 관리 · 자체사업 수행 |

〈1차 사업구조 개편〉

그동안 신용사업 위주로 경영하던 농업협동조합중앙회를 농업인 위주의 경제사업으로 전환하기 위해 정부정책에 따라 농협 사업구조 개편을 하였다. 주요 내용은 그간 농협중앙회가 경제산업, 축산사업, 교육지원사업, 신용사업 등을 총괄하였으나 농협중앙회 사업구조 개편에 따라 2012년 3월 2일부로 지주회사 체제로 전환하여 그간 농업경제, 축산경제, 교육지원 분야는 농업 경제지주회사가 그 외 신용사업(공제 및 상호부분 포함) 부분은 금융지주 회사를 신설하여 농협은행, 농협생명, 농협손해보험 등의 자회사를 설립하여 각각 독립적인 경영을 하는 별도의 법인형태로 사업구조를 전환하였다.

1차 사업구조 개편결과 ① 농협중앙회(농협하나로마트 등 유통부분은 존치) ② 경제지

123) 농업협동조합법 제134조의 2(농협경제지주회사) ① 중앙회는 제134조 제1항 제2호 및 제3호의 사업과 같은 항 제5호부터 제9호까지의 사업 중 농업경제와 축산경제에 관련된 사업 및 그 부대사업을 분리하여 농협경제지주회사를 설립한다.
(농협법 부칙) 제2조(농협경제지주회사등의 설립 등에 관한 준비행위) ① 중앙회는 이 법 공포 후 지체 없이 농협경제지주회사 등의 설립 등에 필요한 절차에 착수하여야 한다. ② 중앙회는 제1항에 따른 농협경제지주회사등의 설립 등에 관한 자문과 의견수렴을 위하여 농업인단체, 학계, 중앙회, 조합 및 관계 중앙행정기관 등이 참여하는 사업구조개편 준비위원회를 설치하여야 한다.
제6조(경제사업의 이관) ① 중앙회는 이 법 시행일부터 3년 이내에 판매 · 유통 관련 경제사업을 농협경제지주회사에 이관한다. ② 중앙회는 이 법 시행일부터 3년이 경과한 날부터 2년 이내에 제1항에 따라 이관된 사업의 성과를 부칙 제5조 제2항에 따른 경제사업활성화위원회의 의견을 들어 평가하고 제1항에 따라 이관된 사업을 제외한 경제사업을 이관한다.

주주식회사(남해화학, 농협유통, NH한삼인, 농협물류 등 13개사) ③ 금융지주주식회사(농협은행, 농협생명, 농협손해 등 5개사)로 분리되었다.

〈표 3〉 **농협중앙회 1차 사업구조개편 전·후 모습**

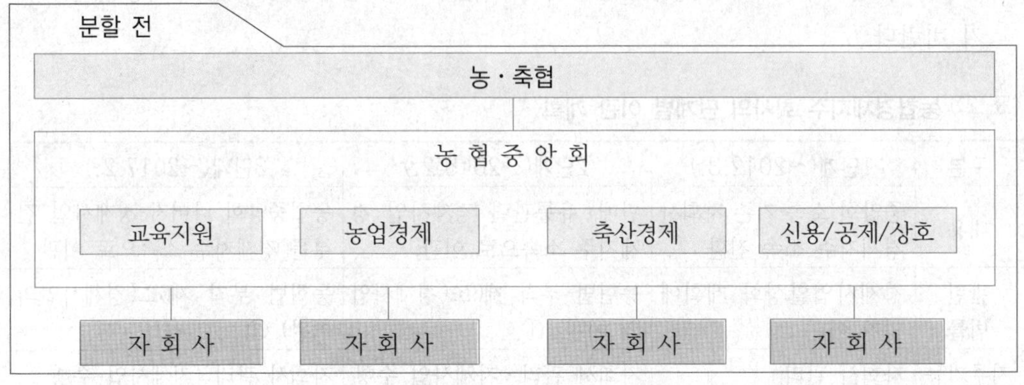


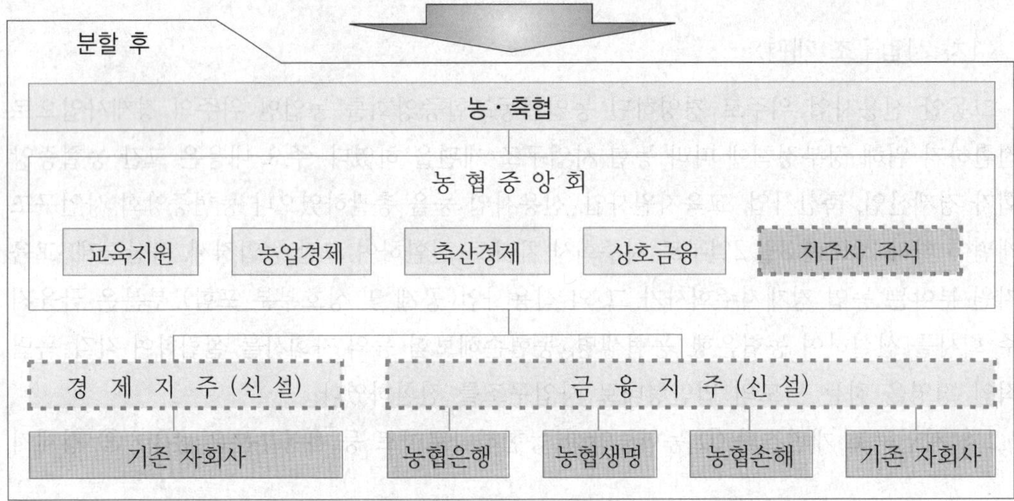


〈2차 사업구조 개편〉

농업협동조합중앙회에 대한 1차 사업구조 개편 당시 중앙회에 남아있던 농협하나로마트 등 유통자회사에 대해서도 2차로 분리하여 농협경제지주회사의 자회사로 편입하는 것을 말한다. 1차 사업구조 개편당시 유통자회사를 농협경제지주회사에 편입하지 않은 것은 중앙회 경제사업은 수익·비수익 성격이 혼재하여 모든 사업을 일시에 경제지주로 편입시키는 것이 어려워 기존 13개 자회사를 현재의 경제지주회사에 우선 편입시키고, 나머지 사업부분(유통·판매 등)은 단계적(2015~2017년)으로 이관[124]하게 되는 것이다.

〈표 4〉 **농협경제지주회사 편입 예정 자회사 현황**

| 신설자회사 | 주요사업 | 비 고<br>(현 중앙회 사업) |
|---|---|---|
| 농협마트 | 농림축수산물의 도·소매업, 생필품 소매전자상거래(인터넷매장) | 유통센터(9) |
| 농협청과 | 청과물, 화훼 경매, 정가수의거래 등 | 청과공판장(11)<br>화훼공판장(1) |
| 농협식품 | 농산물 가공식품 생산·유통, 학교급식 등 식자재 유통 | 식품사업단(1)<br>중앙급식센터(1) |
| 농협종묘 | 원예종묘 생산·유통, 원예작물 육묘 생산·유통 | 농협종묘센터(1) |
| 농협쌀 | 쌀, 잡곡 가공 및 유통 | 양곡유통센터(1) |
| 농협안심축산 | 소고기, 돼지고기 도매유통, 안심축산물 전문점(식육점) 가맹사업 | 안심축산물분사 |
| 농협축산공판 | 소, 돼지 도축·가공, 경매 | 축산공판장(4) |

〈3차 사업구조 개편〉

농협중앙회의 나머지 경제사업 전부를 경제지주 소속으로 이관한다.

〈표 5〉 **농협 사업구조개편 단계별 지방세 감면 현황**

| 구 분 | 금융 및 지주개편<br>('12.3.2.) | 경제사업 1차개편<br>('15.3.2.~5.29.) | 경제사업 2차개편<br>('17.3.2. 이내) |
|---|---|---|---|
| 사업구조<br>개편내용 | 신용사업 →<br>금융지주 분할<br>(은행·보험) | 경제사업 →<br>경제지주 분할(유통·양곡) 및 현물출자 | 경제사업 →<br>경제지주 현물출자 |
| 농협법규정<br>(법률 제10522호, '11.3.31.) | §134의 2~§134의 5 | 부칙 §6 ①, ③ | 부칙 §6 ② |
| 취득세 | 지특법 §57③1(면제)<br>※ 삭제('14.12.31.) | 지특법 §57의 2 ③ 2, 3, §177의 2. 2(면제) | 지특법 §57의 2 ③ 6(면제)<br>※ 최소납부세제 제외(부칙 §9) |
| 등록면허세<br>(설립등기) | 지특법 §57③1(면제)<br>※ 삭제('14.12.31.) | 지특법 §57의 2 ⑥ 2(면제) | 해당없음 |
| 등록면허세<br>(증자등기) | 지특법 §57③4(면제)<br>※ 삭제('14.12.31.) | 지특법 §57의 2 ⑥ 1, 2<br>(면제) | 지특법 §57의 2 ⑥ 2(면제) |

124) 「농협법」 부칙 제6조(경제사업의 이관) ② 중앙회는 이 법 시행일로부터 3년 이내에 판매·유통 관련 경제사업을 농협경제지주에 이관한다.

## 5 | 사후관리

농협 사업구조개편에 따른 감면대상 부동산이 추징대상에 해당하는지 여부에 대해 알아보면, 농협중앙회를 1중앙회-2지주회사(농협경제지주회사, 농협금융지주회사) 체제로 전환(농협은행, 농협생명보험, 농협손해보험)하는 당해 농협중앙회 사업구조 개편과 관련한 농협법의 개정으로 당해 농협중앙회 사업구조 개편을 지원하는 차원에서 지특법에 지방세 감면규정을 신설하였다.

이후 농협은행이 중앙회에서 분리하면서 취득한 재산을 1년 이내에 중앙회에 다시 환원하는 경우, 농협은행이 직접 사용하는 재산으로 보지 않아 일반적 추징규정 적용대상에 해당되는지의 여부에 대해 살펴보면 우선 부동산에 대한 감면을 적용할 때, 지특법 제94조에 따라 개별규정에서 특별히 규정한 경우를 제외하고는 일반적 추징규정을 적용해야 하나, 당해 농협은행 관련 감면규정이 농협중앙회 사업구조 개편 지원 차원에서 신설된 조문으로써 개별추징규정이 없고, 취득 이후 사용목적이나 사용용도를 별도로 규정하고 있지 않은 점을 고려할 때 당해 감면조문에 대한 사후관리가 불필요하다고 할 것이므로 일반적인 추징규정 적용대상에 해당되지 않는다고 보아야 할 것이다. 이와 관련한 일반적 추징규정 적용과 관련한 사항은 제178조의 해설편을 참조하기 바란다.

## 6 | 감면신청

법인설립 및 자본증자 등기에 대한 지방세를 감면받으려는 경우에는 해당 지방자치단체의 장에게 지방세 감면신청서 외에 법인등기부등본, 자본증감현황 등의 서류를 첨부하여 감면신청을 하여야 한다. 세부적인 감면신청 절차는 제183조의 해설편을 참조하기 바란다.

# 7 | 관련사례

■ 농협중앙회로부터 회사분할된 자회사명의로 중앙회의 근저당권의 말소나 변경등기 신청하는 경우

1) 농협법(2011.3.31. 법률 제10522호) 부칙 제18조는 "이 법 시행 당시 중앙회의 재산 중 농협경제지주회사 · 농협금융지주회사 및 그 자회사로 이관되는 재산에 관한 등기부와 그 밖의 공부에 표시된 중앙회의 명의는 각각 해당 재산을 이관받는 농협경제지주회사 · 농협금융지주회사 및 그 자회사의 명의로 본다"라고 규정하고 있어 중앙회로부터 회사분할을 원인으로 근저당권을 이전받은 신설 자회사들이 이들 근저당권에 대하여 말소 또는 변경등기를 신청하는 경우, 중앙회 명의로 등기된 기존의 근저당권을 신설되는 자회사의 명의로 이전하는 근저당권이전등기절차를 거치지 않고 자회사가 직접 자신의 명의로 위 근저당권 말소 또는 변경등기 신청가능(대법원 부동산등기과-278, 2012.2.13.)
2) 벤처기업집적시설로 지정받은 후 토지를 취득하고 건물을 사용승인받았으나, 부동산 취득일로부터 5년 이내에 벤처기업집적시설의 지정이 취소된 경우에는 취득세 등 추징대상임(감사원 감심 2004-27, 2004.4.2.).

# 7. 한국산업은행 합병 등록면허세 감면

관련규정

제57조의 2 제7항 [일몰기한 종료로 2016.1.1.부터는 감면 효력 상실]

제57조의 2(기업합병 · 분할 등에 대한 감면) ⑦ 법률 제12663호 한국산업은행법 전부개정법률 부칙 제3조 제1항에 따라 한국산업은행이 산은금융지주주식회사 및 「한국정책금융공사법」에 따른 한국정책금융공사와 합병하는 경우 그 자본증가에 관한 등기에 대해서는 2015년 12월 31일까지 등록면허세의 100분의 90을 경감한다.

## 1 | 개 요

본 규정은 2014년 5월 21일 한국산업은행법이 개정되어 한국산업은행과 한국정책금융공사가 2015년에 합병하게 됨에 따라, 그 자본증가 등기에 대한 정책적 세제지원의 필요에 따라 등록면허세 경감규정이 신설되었다.

한국정책금융공사는 2009년 한국산업은행의 민영화 추진에 따라 한국산업은행에서 분할되어 정책금융역할과 금융회사를 통한 중소기업을 지원하기 위해 설립되었다. 그러나 민영화 추진을 결정할 당시와 달리 해외 경제의 불확실성이 확대되고 경기 침체가 장기화됨에 따라 한국산업은행의 풍부한 정책금융 경험과 전문성을 활용하여 급변하는 대내외 경제환경에 체계적으로 대응할 필요성이 증가하게 되었고, 또한 한국산업은행과 한국수출입은행 등 다른 정책금융기관과 유사한 업무를 수행하고 있어 2015년에 한국정책금융공사를 한국산업은행으로 다시 통합하게 됨에 따라 지원규정이 마련되었으나 그 목적을 달성하여 2015년 12월 31일자로 종료되었다.

## 2 | 감면대상자

감면대상자는 법률 제12663호 한국산업은행법 전부개정법률 부칙 제3조 제1항에 따라 한국산업은행이 산은금융지주주식회사 및 한국정책금융공사법에 따른 한국정책금융공사를 흡수하여 합병함에 따라 해산하는 합병대상법인은 산은금융지주주식회사와 한국정책금융공사이며 한국산업은행은 감면대상자가 된다.

## 3 | 감면대상 등기

합병에 따라 승계되는 지방세법상 취득세 과세대상은 지방세법 제15조 제1항 제3호 및 지특법 제57조의 2 제1항 및 제2항에 해당하는 경우 과세특례와 감면적용을 받게 되며 본 규정에서는 한국산업은행으로의 합병으로 인해 발생되는 자본증가에 대한 등기가 대상이 된다.

## 4 | 감면내용

한국산업은행이 산은금융지주주식회사 및 한국정책금융공사법에 따른 한국정책금융공사와 합병하는 경우 그 자본증가에 관한 등기에 대해서는 2015년 12월 31일까지 등록면허세의 100분의 90을 경감받게 된다.

또한, 2015년부터 시행되는 최소 납부세제(§177의 2 본문)에 따라 면제되는 세액의 15%에 상당하는 취득세의 감면 특례가 제한되어 제57조의 2의 감면대상의 경우 최저납부세액 과세대상에 해당되지만 감면세목이 등록면허세이며 90%를 경감받고 있어 해당되지 아니한다. 이에 대한 세부적인 사항은 제177조의 2의 해설편을 참조하면 된다.

〈표〉 **한국산업은행 합병 감면 현황(2020.1.1. 현재 : 종료)**

| 조문 | 감면내용 | 감면율 | 일몰 |
|---|---|---|---|
| §57의 2 ⑦ | 한국산업은행이 산은금융지주주식회사 및 한국정책금융공사와 합병시 자본증자 등기 | 등록면허세 90% | '15.12.31. |

■ **한국산업은행법(법률 제12663호, 2014.5.21., 부칙 제3조 제1항)**
한국산업은행, 산은금융지주주식회사 및 「한국정책금융공사법」에 따른 한국정책금융공사는 한국산업은행을 존속하는 법인으로, 산은지주회사 및 공사를 각각 소멸하는 법인으로 하여 합병함.

## 5 | 사후관리

이 규정에서 별도로 감면추징에 관한 사항이 없으나, 조특법에서 규정한 합병법인의 일반적 요건을 충족하여야 하며 지특법 제178조의 규정에 따른 일반적 추징요건에는 해당되지 않는 것으로 판단되며, 세부적인 추징절차 등에 대해서는 제178조의 해설을 참조하면 된다.

## 6 | 감면신청

합병으로 인해 증가하는 자본에 대해 지방세를 감면받으려는 경우에는 해당 지방자치단체의 장에게 지방세 감면신청서 외에 합병법인임을 증명하는 합병계약서, 법인등기부등본, 주식이동사항명세서, 사업자등록증, 결산서(대차대조표), 주주명부 등의 필요서류를 첨부하여 감면신청을 하여야 한다. 세부적인 감면신청 절차는 제183조의 해설편을 참조하면 된다.

제57조의2

# 8. 사업재편기업 등록면허세 감면

◎ 관련규정 ◎

제57조의 2(기업합병 · 분할 등에 대한 감면) ⑧「기업 활력 제고를 위한 특별법」 제4조 제1항에 해당하는 내국법인이 같은 법 제10조 또는 제12조에 따라 주무부처의 장이 승인 또는 변경승인한 사업재편계획에 의해 합병 등 사업재편을 추진하는 경우 해당 사업재편에 따라 설립 또는 변경되는 법인에 대한 법인등기에 대하여 등록면허세의 100분의 50을 2027년 12월 31일까지 경감한다. 다만, 같은 법 제13조에 따라 사업재편 계획 승인이 취소된 경우에는 경감된 등록면허세를 추징한다.

## 1 | 개 요

본 규정은 기업의 자발적 사업재편을 촉진함으로써 과잉경쟁 해소, 주력분야 고부가가치화, 신산업분야 진출 등을 유도하기 위하여 이현재 의원이 대표 입법발의한 사업재편지원 특별법(5년 한시법, 일명 '원샷법')에 대한 세제지원 규정으로 국내 산업 활성화를 제고하고 일시적인 정책적 지원의 필요에 따라 등록면허세 경감규정이 2016년에 신설되어 2018년 말 지특법 개정시 2021년 12월 31일까지 3년간 연장되었다. 2022년에는 신산업진출기업 등에 대한 사업재편기업까지 감면범위가 확대되었고 현재 2027년 12월 31일까지 일몰기한이 3년간 연장되었다.

## 2 | 감면대상자

감면대상자는「지방세특례제한법 시행령」에서 정하도록 하고 있으나, 시행령에서는 다시 주무부처의 장이 승인한 사업재편계획에 의해 합병 등 사업재편을 추진하는 법인을 대상으로 하고 있다. 2021년까지는 사업재편계획에 과잉공급해소를 위한 부분만 해당되었으나, 2022년부터는 신산업진출기업・산업위기지역기업 부분까지 확대되었다. 여기서 주무부처는 사업재편계획의 대상이 되는 해당 사업 분야의 진흥업무를 수행하는「정부조직법」상의 중앙행정기관으로, 소관이 불분명한 경우에는 산업통상자원부장관이 관계 중앙행정기관의 장과 협의하여 정하게 된다.

또한, 사업재편기업에 대해서는 세제지원 외에도 관련법령에 따라 상법 및 공정거래법상의 규제완화 등이 추가 지원할 계획이며, 일본의 경우에도 1999년에「산업경쟁력강화법」이 도입되어 사업재편 기업이 약 609개에 이르고 있어 한시적 세제지원을 통한 기업의 사업재편을 촉진하고자 마련된 제도라 할 수 있다.

〈표 1〉 **사업재편기업 지원 주요 내용**

| 구분 | 주요 내용 |
|---|---|
| 절차 간소화(상법 등) | 소규모 합병 요건 완화, 채권자 보호절차 간소화, 주식매수청구권 행사 제한 |
| 규제완화(공정거래법 등) | 기업결합심사 심사기간 단축, 기업결합심사, 평가기준 완화, 지주회사 강제전환 적용 면제, 지주회사 부채비율 제한 완화 등 |
| 세제지원(조특법, 지특법) | 합병 중복자산 양도차익 감면, 주식매각시 양도차익 과세이연,<br>회사설립 및 자본증가시 등록면허세 50% 경감 등 |
| 금융지원 | 산업은행 및 중소기업진흥공단 자금 활용 검토 |

다만, 사업재편과 관련된 법률인「기업 활력 제고를 위한 특별법(기업활력법)」은 2016년 2월 12일에 제정(2016.8.13. 시행)되어 제4조 본문에서 과잉공급을 해소하기 위하여 사업재편을 하는 국내기업으로 규정되었다.「지방세특례제한법」에서도 2016년 8월 13일 이후부터 감면적용받아 왔으며 2019년 8월 12일자로 관련규정이 제4조 제1호로 개정(2019.11.13. 시행) 이관됨에 따라 지방세 감면 근거규정을 명확히 개정(2020.1.15. 개정, 2020.1.1. 소급적용)하였다.

## 3 감면대상 등기

사업재편기업이「상법」상의 일정기준에 따라 소규모 합병, 소규모 분할, 간이합병 등의 사업재편을 추진하는 경우 해당 사업재편계획에 따른 구조개선 결과 설립 또는 변경되는

법인의 설립등기와 법인의 자본증자 등기가 해당된다.

## 4 감면내용

사업재편기업의 법인등기에 대해서는 2027년 12월 31일까지 등록면허세의 100분의 50을 경감받게 된다.

〈표 2〉 **사업재편기업 법인등기 감면 현황(2025.1.1. 현재)**

| 조문 | 감면내용 | 감면율 | 일몰 |
|---|---|---|---|
| §57의 2 ⑧ | 사업재편기업의 법인등기 | 등록면허세 50% | '27년 |

**▣ 기업 활력 제고를 위한 특별법**

제4조(적용범위) ① 이 법은 다음 각 호의 어느 하나에 해당하는 국내기업에 대하여 적용한다.
1. 과잉공급 해소를 위하여 사업재편을 하는 기업
2. ~ 3(생 략)

② 제1항에도 불구하고 다음 각 호의 기업에 대해서는 이 법을 적용하지 아니한다.
1. 「기업구조조정 촉진법」 제2조 제7호에 따른 부실징후기업(고용 안정, 지역경제 활성화, 산업기술 유출 방지 등을 위하여 대통령령으로 정하는 요건에 해당하는 기업은 제외한다)
2. 「채무자 회생 및 파산에 관한 법률」 제34조에 따라 회생절차개시의 신청을 한 기업
3. 「채무자 회생 및 파산에 관한 법률」 제294조에 따라 파산신청을 한 기업
4. 「금융산업의 구조개선에 관한 법률」 제2조 제2호에 따른 부실금융기관
5. 제1호부터 제4호까지에 상당하는 것으로서 대통령령으로 정하는 경우

제10조(사업재편계획의 심의 및 승인) ① 주무부처의 장이 사업재편계획을 승인하려는 경우에는 심의위원회의 심의를 거쳐야 한다. 다만, 다음 각 호의 경우에는 해당 호에서 정한 협의로 갈음할 수 있다.
1. 대통령령으로 정하는 일정 규모 이하의 중소기업이 신청한 사업재편계획의 승인: 주무부처의 장과 중소벤처기업부장관의 협의
2. 제4조 제1항 제3호에 따른 기업이 신청한 사업재편계획의 승인: 주무부처의 장, 중소벤처기업부장관 및 「국가균형발전 특별법」 제17조에 따른 산업위기대응특별지역 관할 지방자치단체의 장의 협의

② 주무부처의 장은 사업재편계획이 접수되면 접수된 날부터 최대 60일 이내에서 대통령령으로 정하는 기간 내에 대통령령으로 정하는 내용에 따라 사업재편계획을 검토하고 심의위원회에 심의를 요청하여야 한다. 이 경우 심의위원회는 주무부처의 심의 요청을 받은 날부터 최대 60일 이내에서 대통령령으로 정하는 기간 내에 심의를 완료하여야 한다.

③ ~ ⑪(생 략)

## 5 | 사후관리

이 규정에서 별도로 감면추징에 관한 사항이 없으나, 사업재편기업 과정에서 허위, 부실기재 등을 통한 부당승인과 거짓이나 부정한 방법으로 승인취소된 경우, 사업재편에 대한 사전적 이행조건을 계획대로 준수하지 않은 경우 등은 추징이 가능할 것으로 보이고 개별적인 추징요건을 갖추고 있어 일반적 추징요건에는 해당되지 않는 것으로 판단된다.

**■ 기업 활력 제고를 위한 특별법**

제13조(사업재편계획 승인의 취소) ① 주무부처의 장은 제10조의 승인 또는 제12조의 변경 승인을 받은 사업재편계획이 다음 각 호의 어느 하나에 해당하는 경우 심의위원회의 심의를 거쳐 승인을 취소할 수 있다. 다만, 제1호 또는 제2호의 사유에 해당하는 경우에는 승인을 취소하여야 한다.

1. 거짓이나 그 밖의 부정한 방법으로 사업재편계획의 승인 및 변경 승인을 받은 경우
2. 사업재편계획을 승인받은 이후 사업재편계획의 목적이 경영권의 승계, 특수관계인의 지배구조 강화, 상호출자제한기업집단의 계열사에 대한 부당한 이익의 제공 등 대통령령으로 정하는 경우에 있다고 판명되는 경우
3. 사업재편계획상 계획기간 내에 정당한 사유 없이 사업재편을 실시하지 아니하는 경우
4. 정당한 사유 없이 제11조 제1항의 보고의무와 같은 조 제3항의 시정요청을 이행하지 아니한 경우
5. 승인기업이 사업재편계획을 추진함에 있어 대통령령으로 정하는 중대한 위법행위를 한 것이 확인되는 경우
6. 사업재편계획을 승인받은 이후 자진철회, 폐업 등으로 인하여 사업재편계획의 실시가 어렵다고 판단되는 경우

② 주무부처의 장은 제1항에 따라 승인을 취소한 경우에는 지체 없이 이를 공표하고 산업통상자원부장관에게 통보하여야 한다.

## 6 | 감면신청

과잉공급 해소를 위하여 사업재편기업으로 승인된 법인에 대해 감면을 받도록 규정하고 있어 해당 지방자치단체의 장에게 지방세감면신청서 외에 사업재편기업임을 증명하는 공표내용 등의 필요서류를 첨부하여 감면신청을 하여야 한다. 세부적인 감면신청 절차는 제183조의 해설편을 참조하면 된다.

# 제57조의2

## 9. 수협중앙회 사업구조개편 감면

관련규정

제57조의 2(기업합병 · 분할 등에 대한 감면) ⑨ 「수산업협동조합법」에 따라 설립된 수산업협동조합중앙회(이하 이 항에서 "중앙회"라 한다)가 대통령령으로 정하는 바에 따라 분할한 경우에는 다음 각 호에서 정하는 바에 따라 지방세를 면제한다.

1. 대통령령으로 정하는 바에 따른 분할로 신설된 자회사(이하 이 항에서 "수협은행"이라 한다)가 그 분리로 인하여 취득하는 재산에 대해서는 취득세를 2016년 12월 31일까지 면제한다.
2. 수협은행의 법인설립등기에 대해서는 등록면허세를 2016년 12월 31일까지 면제한다.

### 1 | 개 요

현재 수산업협동조합중앙회의 신용사업 부문은 금융기관으로서의 역할을 하고 있으나, 협동조합의 사업 부문체제로는 국제결제은행(BIS)이 정한 금융기관의 자기자본비율규제에 관한 기준(바젤Ⅲ)을 충족하기 어려워 수산업협동조합중앙회와 신용사업을 분리하게 되는 바, 농업협동조합중앙회 지원 사례와의 조세형평 차원에서 국가정책적으로 추진되는 사업구조개편에 대해 2016년 말까지 한시적으로 금융구조조정지원 필요성에 따라 신설하게 되었다.

### 2 | 감면대상자

수산업협동중앙회가 분할하여 신설된 자회사인 수협은행이 감면대상자이며 분할에 따라 취득하게 되는 재산과 새로이 설립되는 법인에 대해 감면하게 된다.

## 3 | 감면대상 등기

강화된 금융기관의 국제적인 자기자본비율규제에 관한 기준에 적합한 수산전문 금융기관을 육성하기 위하여 수산업협동조합중앙회의 신용사업 부문을 분리하여 수협은행(2016. 10.4. 예정)으로 설립하고 설립과 동시에 그 자본확충에 발생되는 법인설립등기에 대해 등록면허세를 2016년 12월 31일까지 면제한다.

## 4 | 감면내용

현재 수협중앙회의 신용사업부문을 상법에 따른 물적분할을 통해 "수협은행"으로 설립함에 따라 발생되는 지방세에 대해 국가정책 목적에 따른 감면 필요성이 제기되고, 특히 이미 지원하였던 농협중앙회의 사업재편 사례와 형평성을 고려하여 수협은행에 대해서도 아래와 같이 취득세와 등록면허세를 2016년 12월 31일까지 면제하게 되었다.

- 수협중앙회에서 분리하여 설립되는 수협은행이 취득재산에 대한 취득세 면제(제1호)
- 수협은행 신설에 따른 법인설립 등기 등록면허세 면제(제2호)

또한, 2015년부터 시행되는 최소 납부세제(§177의 2 본문)에 따라 면제되는 세액의 15%에 상당하는 취득세의 감면 특례가 제한되어 최저납부세액 과세대상에 해당되지만 부칙 제5조의 적용유예에 따라 해당 취득세에 대해서는 본 규정대로 2016년까지 면제를 적용한다. 이에 대한 세부적인 사항은 제177조의 2의 해설편을 참조하면 된다.

〈표〉 **수협중앙회 분할 감면 현황(2020.1.1. 현재 : 종료)**

| 조문 | 감면내용 | 감면율 | 일몰 |
|---|---|---|---|
| §57의 2 ⑨ | 수협은행 취득 재산 | 취득세 100% | '16.12.31. |
| | 수협은행 법인설립등기 | 등록면허세 100% | '16.12.31. |
| 부칙 §5 1호 | 지방세 감면 특례의 제한(최소납부세제) 예외 | 최저납부세액 예외 특례 | '16.12.31. |

## 수협사업구조 개편 개요

〈수협중앙회 조직체계, 2015년 기준〉

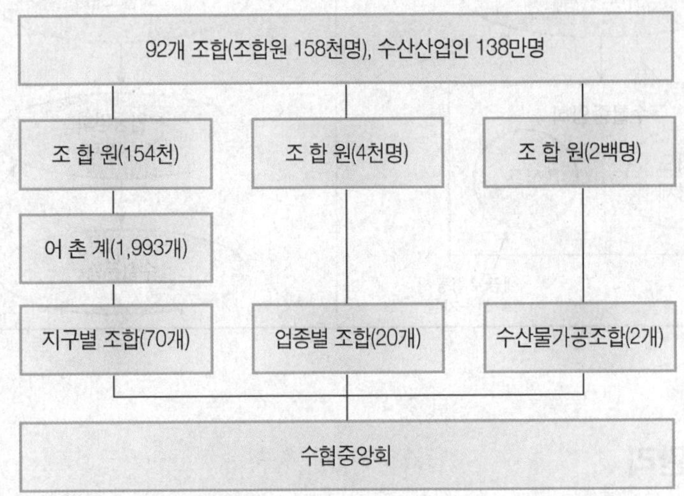


〈수협중앙회 개편배경〉

수협중앙회는 협동조합의 정체성 제고, 어업인지원 강화 및 금융규제환경(바젤Ⅲ · 국제회계기준 등) 변화 대응을 위해 신용사업부문을 분리하여, 수협은행을 설립하는 사업구조개편을 추진하게 됨.

※ 바젤Ⅲ : 은행의 경영안정성(은행보유 대출금 자산 등이 '08년 글로벌 금융위기와 같은 비상사태 발생시 부실화되는 것에 대비해 손실을 흡수할 수 있는 자본금을 얼마나 보유하고 있는가를 감독하고 평가하고자 하기 위함)을 측정하는 BISQL율을 산출하는 새로운 규정

〈수협중앙회 개편내용〉

수협중앙회는 신용사업부문을 물적분할하여 분할법인(중앙회)이 신설법인의 지분을 100% 소유하는 형태로 변경

※ 농협은 물적분할에 의해 지주(경제 · 금융)회사 및 농협은행 · 보험 설립 후 중앙회와 금융지주회사 간 주식의 포괄적 교환으로 농협은행 · 보험을 금융지주회사에 편입됨.

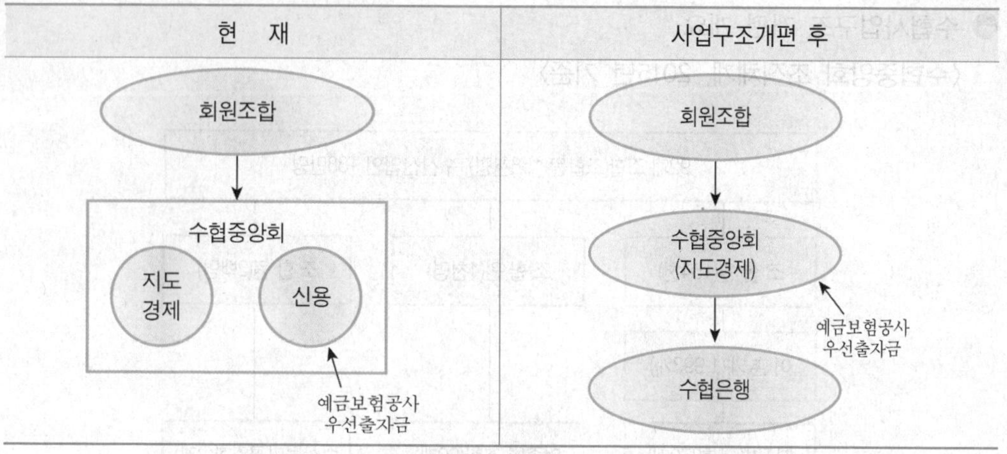


## 5 사후관리

수협은행 설립 등 수협법의 개정으로 인한 당해 수협중앙회의 사업구조 개편을 지원하는 차원에서 지방세 감면규정을 신설한 규정으로 제94조에 따라 개별규정에서 특별히 규정한 경우를 제외하고는 일반적 추징규정을 적용해야 하나, 개별추징규정이 없고, 취득 이후 사용목적이나 사용용도를 별도로 규정하고 있지 않은 점을 고려할 때 당해 감면조문에 대한 사후관리가 불필요하다고 할 것이므로 일반적인 추징규정 적용대상에 해당되지 않는다고 보아야 할 것이다. 이와 관련한 일반적 추징규정 적용과 관련한 사항은 제178조의 해설편을 참조하기 바란다.

## 6 감면신청

법인설립 및 자본증자 등기에 대한 지방세를 감면받으려는 경우에는 해당 지방자치단체의 장에게 지방세 감면신청서 외에 법인등기부등본, 자본증감현황 등의 서류를 첨부하여 감면신청을 하여야 한다. 세부적인 감면신청 절차는 제183조의 해설편을 참조하기 바란다.

# 제57조의 2

## 10. 금융회사간 합병 취득세 감면

관련규정

제57조의 2(기업합병 · 분할 등에 대한 감면) ⑩「금융산업의 구조개선에 관한 법률」 제4조에 따른 금융위원회의 인가를 받고「법인세법」 제44조 제2항에 해당하는 금융회사 간의 합병을 하는 경우 금융기관이 합병으로 양수받은 사업용 재산에 대해서는 취득세의 100분의 50을 2027년 12월 31일까지 경감하고, 합병으로 양수받아 3년 이내에 등기하는 재산에 대해서는 2024년 12월 31일까지 등록면허세의 100분의 25를 경감한다. 다만, 합병등기일부터 3년 이내에「법인세법」 제44조의 3 제3항 각 호의 어느 하나에 해당하는 사유가 발생하는 경우(같은 항 각 호 외의 부분 단서에 해당하는 경우는 제외한다)에는 경감된 취득세를 추징한다. ☞ 시행령 이관 및 조항 신설(2018.12.24.)

舊【영】 제28조의 2(법인 합병의 범위 등) ② 법 제57조의 2 제2항 제4호에서 "대통령령으로 정하는 합병"이란 다음 각 호의 어느 하나에 해당하는 합병을 말한다.

1. 「금융산업의 구조개선에 관한 법률」 제4조에 따라 금융위원회의 인가를 받은 금융회사 간의 합병
2. 법률 제12663호 한국산업은행법 전부개정법률 부칙 제3조 제1항에 따라 한국산업은행을 존속하는 법인으로, 산은금융지주주식회사 및 한국정책금융공사를 각각 소멸하는 법인으로 하는 합병
3. 행정안전부장관이 산업통상자원부장관과 협의하여 고시한 업종 간의 합병

⇨ 2018.12.31. 이전까지 舊 지특법 시행령에서 규정한 감면대상 중, 제1호는 법 제57조의 2 제10항으로 이동, 제2호와 제3호는 2018년 말 종료

## 1 개 요

본 규정은「금융산업의 구조개선에 관한 법률」 제4조에 따라 금융위원회의 인가를 받은

금융회사 간의 합병에 따른 재산에 대해서는 종전의 지특법 제57조의 2 제2항 제4호에서 대통령령으로 위임하여 종전의 시행령 제28조의 2 제2항 제1호에서 규정되어 왔으며 2018년 말 지특법 개정에 따라 일부 감면을 축소하고 합병규정을 명확히 하기 위해 법인세법상의 적격합병 요건을 추가하여 제57조의 2 제10항으로 감면규정이 이관과 동시에 3년간 재연장되었다. 2022년에는 등록면허세 감면율이 축소(50%→25%)되면서 일몰기한이 3년(2024년) 연장되었으나 2024년말 일몰 종료되었으며 취득세 경감규정은 2027년 12월 31일까지 일몰기한이 연장되었다.

## 2 | 감면대상자

본 규정에 따른 감면대상자는 「금융산업의 구조개선에 관한 법률」 제4조에 따라 금융위원회의 인가를 받은 금융회사 간의 합병인 경우에 남아 있는 금융회사가 감면대상자에 해당된다.

2018.12.31. 이전까지 舊 지특법 시행령 제28조의 2에서는 제1호의 「금융산업의 구조개선에 관한 법률」 제4조에 따라 금융위원회의 인가를 받은 금융회사 간의 합병 외에도 제2호의 한국산업은행을 존속하는 법인으로 산은금융지주주식회사 및 한국정책금융공사를 각각 소멸하는 법인으로 하는 합병(법률 제12663호 한국산업은행법 전부개정법률 부칙 제3조 제1항을 적용받는 경우)과, 제3호의 행정안전부장관이 산업통상자원부장관과 협의하여 고시한 업종 간의 합병하는 경우를 감면대상자로 하였으나, 2019년부터는 구 지특법 시행령의 제1호는 지특법으로 이관·신설(§57의 2 ⑩)하였고 제2호 및 제3호의 합병은 2018년 12월말로 종료되었다.

## 3 | 감면대상 재산

「금융산업의 구조개선에 관한 법률」 제4조에 따른 금융위원회의 인가를 받고 「법인세법」 제44조 제2항에 해당하는 금융회사 간의 합병을 하는 경우 금융기관이 합병으로 양수받은 재산과 합병으로 양수받아 3년 이내에 등기하는 재산이 이에 해당된다. 다만, 합병등기일부터 3년 이내에 「법인세법」 제44조의 3 제3항 각 호의 어느 하나에 해당하는 사유가 발생하는 경우(같은 항 각 호 외의 부분 단서에 해당하는 경우는 제외한다)에는 경감된 취득세를

추징한다.

금융회사가 금융위원회의 인가를 받고 2021년 12월 31일까지 양수받은 재산의 취득에 대해서는 취득세를 50%를 경감하고 합병한 날부터 3년 이내에 등기하는 재산에 대해서는 등록면허세를 2021년 12월 31일까지 50%를 경감한다.

2014년까지는 재산등기와 법인등기 모두 등록면허세 면제 대상이었으나 2015년부터는 법인등기가 감면 종료되고 재산의 등기에 한해 75% 감면적용되어 오다가 2019년부터는 50%로 감면규정이 축소되어 적용됨을 유의할 필요가 있다. 따라서 2015년 이후에 발생되는 합병등기 등록면허세의 경우에는, 법인 설립시의 자본등기 및 자본증자등기는 일반과세로 전환되었으며, 근저당권 설정등기 등 합병법인의 재산등기에 한해 일부 경감규정을 적용받게 된다.

여기서 "합병으로 양수받아 3년 이내에 등기하는 재산의 등기"로 한정함에 따라 그간의 금융기관 합병시에 관행적으로 합병 당시에 재산권에 대해 이전하지 않고 권리관계 정리 등이 필요한 시점에야 비로소 등기가 이루어져 등기행위가 지연되거나 부과누락되는 사례가 발생하였으나 합병이 이루어지고 그 시점부터 3년 이내에 반드시 재산권리 등의 등기를 완료하여야만 감면 적용을 받을 수 있도록 개정되었다.

다만, 2014년 말 부칙규정을 두어 1년간 유예된 점을 고려하여야 하고, 2016년부터는 부칙의 유예기간이 적용되지 않으므로 최근 3년 이내에 합병된 금융기관에 한하여 적용되고, 합병된 지 3년을 초과한 경우에는 등록면허세 감면을 적용받을 수 없어 대부분의 시중 금융기관은 이에 해당되지 않으며 하나은행(舊 외환은행과 합병) 등 일부 금융기관만이 감면대상에 해당된다.

기존에 합병되었던 금융기관의 원활한 채권정리 지원 필요에 따라 지특법 부칙 제17조에 경과조치를 두어 2014년 12월 31일 이전에 구 지특법 제57조 제1항에 따른 금융기관 등의 합병에 대해서는 제57조의 2 제2항의 개정규정에도 불구하고 2015년 12월 31일까지 종전의 규정을 적용받을 수 있도록 개정되었으므로 금융기관 간 합병으로 인한 법인등기 및 재산등기에 대한 등록면허세를 기존과 같이 면제하여야 할 것이다.

2016년 말(2017.1.1. 시행)에는 "합병한 날부터 3년 이내에 양수받은 재산의 등기"를 "합병으로 양수받아 3년 이내에 등기하는 재산"으로 조문의 자구가 보완되었으며 이는 법인합병시점에서 합병으로 인해 발생한 재산을 3년 내에서 등기하는 경우를 더욱 명확히 한 사항으로 종전과 같이 적용되어야 할 것이다.

2018년 말(2019.1.1. 시행)에는 감면대상을 명확히 하기 위하여 "「법인세법」 제44조 제2항에 해당하는 금융회사 간의 합병을 하는 경우"로 규정함으로써 ① 합병등기일 현재 1년 이상 사업을 계속하던 내국법인 간의 합병일 것, ② 피합병법인의 주주등이 합병으로 인하여 받은 합병대가의 총합계액 중 합병법인의 주식등의 가액이 100분의 80 이상이거나 합병법인의 모회사(합병등기일 현재 합병법인의 발행주식총수 또는 출자총액을 소유하고 있는 내국법인을 말함)의 주식등의 가액이 100분의 80 이상인 경우로서 그 주식등이 피합병법인의 주주등이 합병등기일이 속하는 사업연도의 종료일까지 그 주식등을 보유할 것 ② 합병법인이 합병등기일이 속하는 사업연도의 종료일까지 피합병법인으로부터 승계받은 사업을 계속할 것 ④ 합병등기일 1개월 전 당시 피합병법인에 종사하는 근로자 중 합병법인이 승계한 근로자의 비율이 100분의 80 이상이고, 합병등기일이 속하는 사업연도의 종료일까지 그 비율을 유지할 것 등의 요건을 갖춘 적격합병법인을 감면대상으로 하고 있다.

**▣ 법인세법 제44조(합병시 피합병법인에 대한 과세) 제2항**

제1항을 적용할 때 다음 각 호의 요건을 모두 갖춘 합병("적격합병")의 경우에는 제1항 제1호의 가액을 피합병법인의 합병등기일 현재의 순자산 장부가액으로 보아 양도손익이 없는 것으로 할 수 있다. 다만, 대통령령으로 정하는 부득이한 사유가 있는 경우에는 제2호 · 제3호 또는 제4호의 요건을 갖추지 못한 경우에도 적격합병으로 보아 대통령령으로 정하는 바에 따라 양도손익이 없는 것으로 할 수 있다.

※ 순자산가액 : 피합병법인의 합병등기일 현재의 자산의 장부가액 총액에서 부채의 장부가액 총액을 뺀 가액(법인세법 제44조 제1항에서 규정)

1. 합병등기일 현재 1년 이상 사업을 계속하던 내국법인 간의 합병일 것. 다만, 다른 법인과 합병하는 것을 유일한 목적으로 하는 법인으로서 대통령령으로 정하는 법인의 경우는 제외한다.
2. 피합병법인의 주주등이 합병으로 인하여 받은 합병대가의 총합계액 중 합병법인의 주식등의 가액이 100분의 80 이상이거나 합병법인의 모회사(합병등기일 현재 합병법인의 발행주식총수 또는 출자총액을 소유하고 있는 내국법인을 말한다)의 주식등의 가액이 100분의 80 이상인 경우로서 그 주식등이 대통령령으로 정하는 바에 따라 배정되고, 대통령령으로 정하는 피합병법인의 주주등이 합병등기일이 속하는 사업연도의 종료일까지 그 주식등을 보유할 것
3. 합병법인이 합병등기일이 속하는 사업연도의 종료일까지 피합병법인으로부터 승계받은 사업을 계속할 것
4. 합병등기일 1개월 전 당시 피합병법인에 종사하는 대통령령으로 정하는 근로자 중 합병법인이 승계한 근로자의 비율이 100분의 80 이상이고, 합병등기일이 속하는 사업연도의 종료일까지 그 비율을 유지할 것

## 4 특례내용

금융위원회의 인가를 받은 금융기관의 합병에 대해서는 그간 취득세 100%, 등록면허세 75%를 적용받아 왔으나 부실금융기관을 구조조정을 위해 인수하는 재산은 별도로 지원규정이 마련되어 있고 또한 금융업이 수익사업인 점을 고려하여 2019년부터는 취득세 50%, 등록면허세 50%를 각각 3년간 감면하도록 규정되었고 2022년부터는 취득세 50%, 등록면허세 25%로 변경되었다가 2025년부터 취득세 50% 감면에 한해 2027년말까지 연장되었다.

또한, 2015년부터 시행되는 최소 납부세제(§177의 2 본문)에 따라 면제되는 세액의 15%에 상당하는 취득세의 감면 특례가 제한되어 제57조의 2의 경우 최저납부세액 과세대상에 해당되지만 제177조의 2 제2호에서 예외 특례를 적용받아 해당 취득세에 대해서는 본 규정대로 계속해서 면제를 적용받았으며 2019년부터는 취득세 감면율이 축소 조정되어 적용대상에 해당하지 아니한다. 2022년부터는 등록면허세 감면율이 50%에서 25%로 축소되었다. 이에 대한 세부적인 사항은 제177조의 2의 해설편을 참조하면 된다.

**〈표〉 금융회사 간 합병에 대한 감면 현황(2025.1.1. 현재)**

| 조문 | 감면내용 | 감면율 | 일몰 |
|---|---|---|---|
| §57의 2 ⑩ (舊 §57의 2 ② 4호) | ※ 舊 지특법 시행령 제28조의 2(제1호~제3호)<br>1. 금융위원회의 인가를 받은 금융회사 간 합병<br>2. 산은금융지주주식회사, 한국정책금융공사와 합병한 한국산업은행<br>3. 행안부장관이 산자부장관과 협의·고시한 업종 간 합병 | 취 100%<br>등 75%<br>(재산등기) | '18.12.31. |
| | ※ 舊 지특법 시행령 제28조의 2(제1호)<br>1. 금융위원회의 인가를 받은 금융회사 간 합병<br>(지특법으로 규정이관, 3년간 연장) | 취 50%<br>(재산) | '24.12.31. |
| | ※ 舊 지특법 시행령 제28조의 2(제2호~제3호)<br>2. 산은금융지주주식회사, 한국정책금융공사와 합병한 한국산업은행(2018년 말 감면 종료)<br>3. 행안부장관이 산자부장관과 협의·고시한 업종 간 합병<br>(2018년 말 감면 종료) | 등 25%<br>(재산등기) | |
| | ※ 舊 지특법 시행령 제28조의 2(제1호)<br>1. 금융위원회의 인가를 받은 금융회사 간 합병<br>(지특법으로 규정이관, 3년간 연장) | 취 50%<br>사업용재산 | '27.12.31. |

| 조문 | 감면내용 | 감면율 | 일몰 |
|---|---|---|---|
| §177의 2 | 지방세 감면 특례의 제한(최소납부세제)<br>※ 2018.12.31.까지 적용 제외 | 취득세<br>면제세액의<br>15% 과세 | '19년<br>대상제외 |

## 5 | 사후관리

이 규정은 2016년까지는 별도의 감면추징에 관한 사항이 없었으나, 2016년 말(2017.1.1. 시행) 추징규정을 신설하여 "합병등기일부터 3년 이내에 「법인세법」 제44조의 3 제3항 각 호의 어느 하나에 해당하는 사유가 발생하는 경우(같은 항 각 호 외의 부분 단서에 해당하는 경우는 제외한다)에는 면제된 취득세를 추징한다"라고 추징규정이 신설됨에 따라 합병법인의 합병전에 영위하던 승계사업을 폐지하거나 합병등기일이 속하는 사업연도의 다음 연도 개시일부터 2년 이내에 피합병법인의 주주등이 합병법인으로부터 받은 주식 등을 처분하는 경우에는 면제된 세액을 추징하여야 하며 해당 개정규정은 2017년 1월 1일부터 개정법률 시행 후 감면받는 분부터 적용하여야 한다.

2017년 12월 19일부터는 법인세법 제44조의 3 제3항 제3호(2018.1.1. 시행)의 규정이 신설되어 "각 사업연도 종료일 현재(합병등기일이 속하는 사업연도의 다음 사업연도의 개시일부터 3년) 합병법인에 종사하는 근로자(「법인세법 시행령」 제10항에 따라 「근로기준법」에 따라 근로계약을 체결한 내국인 근로자를 말함) 수가 합병등기일 1개월 전 당시 피합병법인과 합병법인에 각각 종사하는 근로자 수의 합의 100분의 80 미만으로 하락하는 경우"에 추징 대상이 해당된다 할 것이다.

**▣ 법인세법 제44조의 3(적격 합병시 합병법인에 대한 과세특례) 제3항 각호**

1. 합병법인이 피합병법인으로부터 승계받은 사업을 폐지하는 경우
2. 대통령령으로 정하는 피합병법인의 주주등이 합병법인으로부터 받은 주식등을 처분하는 경우
3. 각 사업연도 종료일 현재 합병법인에 종사하는 대통령령으로 정하는 근로자(이하 "근로자"라 한다) 수가 합병등기일 1개월 전 당시 피합병법인과 합병법인에 각각 종사하는 근로자 수의 합의 100분의 80 미만으로 하락하는 경우

**▣ 법인세법 시행령 제80조의 4(적격합병 과세특례에 대한 사후관리) 제3항**

법 제44조의 3 제3항 각 호 외의 부분 본문 "대통령령으로 정하는 기간"이란 합병등기일이 속하는 사업연도의 다음 사업연도의 개시일부터 2년(제3호의 경우에는 3년)을 말한다.

다만, 법인세법 제44조의 3 제3항 단서에 따라 부득이한 사유에 해당하는 경우에는 추징 대상에서 제외하도록 2019년에 단서 규정을 두어 추징배제 사유를 명확히 규정하였다.

**▣ 법인세법 제44조의 3(적격 합병시 합병법인에 대한 과세특례) 제3항 각호**

1. 법 제44조의 3 제3항 제1호에 대한 부득이한 사유가 있는 것으로 보는 경우 : 합병법인이 제80조의 2 제1항 제2호 각 목의 어느 하나에 해당하는 경우
2. 법 제44조의 3 제3항 제2호에 대한 부득이한 사유가 있는 것으로 보는 경우 : 제9항에 따른 주주등이 제80조의 2 제1항 제1호 각 목의 어느 하나에 해당하는 경우
3. 법 제44조의 3 제3항 제3호에 대한 부득이한 사유가 있는 것으로 보는 경우 : 합병법인이 제80조의 2 제1항 제3호 가목부터 다목까지 중 어느 하나에 해당하는 경우

## 6 | 감면신청

금융기관이 합병에 대해 지방세를 감면받으려는 경우에는 해당 지방자치단체의 장에게 지방세 감면신청서 외에 합병법인임을 증명하는 합병계약서, 법인등기부등본, 사업자등록증, 결산서(대차대조표), 저당권 설정 목록 등의 필요서류를 첨부하여 감면신청을 하여야 한다. 세부적인 감면신청 절차는 제183조의 해설을 참조하기 바란다.

### 운용사례

▣ 금융위원회의 인가를 받은 금융회사 간의 합병으로 등록면허세 경감규정 적용 시한

- 금융위원회의 인가를 받은 금융회사 간의 합병으로 합병한 날부터 3년 이내에 양수받은 재산의 등기에 대해서는 2015년 12월 31일까지 등록면허세의 100분의 75을 경감하고 있고, 「지방세기본법」 제34조 제1항 제2호 가목에서는 등록에 대한 등록면허세 납세의무 성립시기를 재산권 등 그 밖의 권리를 등기 또는 등록하는 때로 규정하고 있음.
- 조세법률주의의 원칙상 과세요건이거나 비과세요건 또는 조세감면요건을 막론하고 조세법규의 해석은 특별한 사정이 없는 한 법문대로 해석할 것이고 합리적 이유 없이 확장해석하거나 유추해석하는 것은 허용되지 아니하며, 특히 감면요건 규정 가운데에 명백히 특혜규정이라고 볼 수 있는 것은 엄격하게 해석하는 것이 조세공평의 원칙에도 부합한다 할 것(대법원 2002두9537, 2003.1.24. 참조)이고,
- 「지방세특례제한법」 제57조의 2 제2항의 양수받은 재산의 등기에 대하여 2015.12.31.까지 등록면허세를 경감하는 규정은 명백히 특혜규정이라 할 것이므로, 금융위원회의 인가를 받은 금융회사 간의 합병으로 합병한 날부터 3년 이내에 양수받은 재산이라 하더라도 그 양수받은 재산 중 2015.12.31.까지 등기하는 재산으로서 등록면허세 납세의무가 성립

한 재산에 한정하여 등록면허세를 경감하는 규정으로 해석하는 것이 타당함(행자부 지방세특례제도과-1088, 2015.4.17.).

▣ 합병장려업종과 비합병장려업종 간 안분은 직전연도 업종별 매출액으로 안분함이 타당

소멸법인이 합병장려업종과 비합병장려업종을 겸업하여 영위하다 합병장려업종을 영위하는 존속법인에게 흡수합병된 경우는 합병장려업종을 영위하던 부분만 등록세 면제대상에 해당되므로 합병장려업종과 비합병장려업종 간 영위부분의 안분기준은 합병일이 속하는 소멸법인의 사업의 직전연도 업종별 매출액으로 안분함이 타당함(행안부 지방세운영-136, 2008.6.20.).

▣ 새마을금고 합병시의 등록세 면제 여부 판단

甲새마을금고가 乙새마을금고를 흡수합병하면서 乙새마을금고의 근저당권을 甲새마을금고로 이전등기하는 경우라면 등록세 면제대상임(행자부 세정-381, 2007.1.22.).

▣ 계약이전 결정서상 이전대상 재산에 한해 취득세 감면대상이라고 한 사례

1) 금융기관이 계약이전결정을 받은 부실금융기관으로부터 취득세 물건을 취득한 경우라면 계약이전 결정서상 이전대상 재산에 한해 감면대상임(행자부 세정 13407-74, 2003.1.27.).
2) 법인의 합병으로 인한 법인등기와 합병으로 인하여 양수받은 재산에 관한 등기에 대해서는 등록세를 면제하는 것이므로 합병으로 인하여 양수받은 근저당권의 이전등기에 대하여도 등록세가 면제됨(행자부 세정 13407-473, 2001.4.30.).
3) △△보증보험(주)가 ☆☆보증보험(주)로 상호변경 후 ☆☆보증보험(주)가 ××보증보험(주)를 합병시 상호변경에 따라 △△보증보험(주) 명의로 설정된 근저당권 명의변경시에는 등록세를 납부하여야 하며, 소멸법인인 ××보증보험(주) 명의의 근저당권을 합병법인인 ☆☆보증보험(주)로 명의변경시는 등록세가 면제됨(행자부 세정 13407-232, 1999.2.24.).

▣ 합병으로 인한 법인등기와 별도로 자기자본 확충용 증자는 과세대상이라고 한 사례

합병으로 인한 법인등기와는 별도로 자기자본 확충을 위한 증자분은 등록세 과세대상임(행자부 세정 13407-657, 1998.7.8.).

# 제57조의 3

## 기업 재무구조 개선 등에 대한 감면

### 관련규정

제57조의 3(기업 재무구조 개선 등에 대한 감면) ① 다음 각 호에 해당하는 재산의 취득에 대해서는 취득세를 2027년 12월 31일까지 면제한다.

1. 「금융산업의 구조개선에 관한 법률」 제2조 제1호에 따른 금융기관, 한국자산관리공사, 예금보험공사, 정리금융기관이 같은 법 제10조 제2항에 따른 적기시정조치(영업의 양도 또는 계약이전에 관한 명령으로 한정한다) 또는 같은 법 제14조 제2항에 따른 계약이전결정을 받은 부실금융기관으로부터 양수한 재산 [15.1.1. ⇨ 조특법 §120 ① 8호에서 이관 연장(14년→15년), 15년→18년, 18년→21년]
2. 「농업협동조합법」에 따른 조합, 「농업협동조합의 구조개선에 관한 법률」에 따른 상호금융예금자보호기금 및 농업협동조합자산관리회사가 같은 법 제4조에 따른 적기시정조치(사업양도 또는 계약이전에 관한 명령으로 한정한다) 또는 같은 법 제6조 제2항에 따른 계약이전결정을 받은 부실조합으로부터 양수한 재산 [15.1.1. ⇨ 조특법 §120 ① 13호에서 이관 연장(14년→15년), 15년→18년, 18년→21년] ※ 조특법 §120 ① 14호(농협 상호금융예금자보호기금) 14년 감면 종료
3. 「수산업협동조합법」에 따른 조합 및 「수산업협동조합의 부실예방 및 구조개선에 관한 법률」에 따른 상호금융예금자보호기금이 같은 법 제4조의 2에 따른 적기시정조치(사업양도 또는 계약이전에 관한 명령으로 한정한다) 또는 같은 법 제10조 제2항에 따른 계약이전결정을 받은 부실조합으로부터 양수한 재산 [15.1.1. ⇨ 조특법 §120 ① 15호에서 이관 연장(14년→15년), 15년→18년, 18년→21년] ※ 조특법 §120 ① 16호(수협 상호금융예금자보호기금) 14년 감면 종료
4. 「산림조합법」에 따른 조합 및 「산림조합의 구조개선에 관한 법률」에 따른 상호금융예금자보호기금이 같은 법 제4조에 따른 적기시정조치(사업양도 또는 계약이전에 관한 명령으로 한정한다) 또는 같은 법 제10조 제2항에 따른 계약이전결정을 받은 부실조합으로부터 양수한 재산 [15.1.1. ⇨ 지특법 §57 ② 1호에서 이관 연장(14년→15년), 15년→18년, 18년→21년] ※ 지특법 §57 ② 1호(산림조합 상호금융예금자보호기금) 감면 종료

5. 「신용협동조합법」에 따른 조합이 같은 법 제86조의 4에 따른 계약이전의 결정을 받은 부실조합으로부터 양수한 재산 [16.1.1. 신설(16년→18년), 18년→21년]
6. 「새마을금고법」에 따른 금고가 같은 법 제80조의 2에 따른 계약이전의 결정을 받은 부실금고로부터 양수한 재산 [16.1.1. 신설(16년→18년), 18년→21년]

② 한국자산관리공사가 「한국자산관리공사 설립 등에 관한 법률」 제26조 제1항 제3호 가목 및 나목에 따라 취득하는 재산에 대해서는 취득세를 2027년 12월 31일까지 면제한다.

[15.1.1. ⇨ 조특법 §120 ① 17호에서 이관 연장(14년→15년), 15년→18년, 18년→21년]
[21.8.17. ⇨ 타 법 개정으로 감면 적용규정 변경(제9호 및 제10호 → 제3호 가목 및 나목)]

③ 한국자산관리공사가 「한국자산관리공사 설립 등에 관한 법률」 제26조 제1항 제2호 라목에 따라 중소기업이 보유한 자산을 취득하는 경우에는 취득세의 100분의 50을 2026년 12월 31일까지 경감한다.

[18.1.1. ⇨ ②항 후단에서 이관 3년간 일몰기한 연장(17년 →20년)]
[21.8.17. ⇨ 타 법 개정으로 감면 적용규정 변경(제7호→제2호 라목)]

④ 제3항에 따라 한국자산관리공사에 자산을 매각한 중소기업이 매각일부터 10년 이내에 그 자산을 취득하는 경우에는 2026년 12월 31일까지 취득세를 면제한다. 다만, 취득한 가액이 한국자산관리공사에 매각한 가액을 초과하는 경우 그 초과부분에 대해서는 취득세를 부과한다.

⑤ 한국자산관리공사가 중소기업의 경영 정상화를 지원하기 위하여 대통령령으로 정하는 요건을 갖추어 중소기업의 자산을 임대조건부로 2026년 12월 31일까지 취득하여 과세기준일 현재 해당 중소기업에 임대중인 자산에 대해서는 해당 자산에 대한 납세의무가 최초로 성립하는 날부터 5년간 재산세의 100분의 50을 경감한다.

[18.1.1. ⇨ 2018.1.1. 감면규정 신설]

【영】 제28조의 3(한국자산관리공사의 자산매입 및 임대 요건) 법 제57조의 3 제5항에서 "대통령령으로 정하는 요건"이란 다음 각 호의 요건을 모두 갖출 것을 말한다.
1. 해당 중소기업으로부터 금융회사 채무내용 및 상환계획이 포함된 재무구조개선계획을 제출받을 것
2. 해당 중소기업의 보유자산을 매입하면서 해당 중소기업이 그 자산을 계속 사용하는 내용의 임대차계약을 체결할 것

제177조의 2(지방세 감면특례의 제한) 1. (생 략) 2. 제57조의 3 제1항(후단 생략)

【제12955호-부칙】 제12조(지방세 면제 특례의 제한에 관한 적용례) 제177조의 2의 개정규정은 다음 각 호의 구분에 따른 시기부터 적용한다.
1. 제57조의 3(※ 기타 조문 생략) : 2016년 1월 1일

제13조(지방세 감면 축소 · 조정에 따른 중과세율 적용에 관한 특례) 이 법 시행 당시 종전의 「조세특례제한법」 및 「지방세특례제한법」에 따라 지방세를 면제하였으나 이 법 시행에 따라 일부 또는 전부가 과세대상으로 전환된 제57조의 3(※ 기타 조문 생략)의 개정규정에 대한 「지방세법」 제13조 및 제28조에 따른 중과세율은 2016년 1월 1일부터 적용한다. (※ 단서 생략)

## 1 개 요

본 규정은 금융산업의 구조개선을 위하여 금융기관 간의 건전한 경쟁을 촉진하고, 금융기관의 일시적 유동성 부족 등에 대한 금융 시장기능의 원활한 수행을 위한 세제지원을 목적으로 한다. 그간 조특법에서 규정되었던 각 금융기관의 부실채권 인수와 관련한 감면규정인 제120조 제1항 제8호 및 같은 항 제13호 · 제15호 · 제17호가 2014년 12월 31일로 일몰기한이 도래하면서 지특법으로 이관되어 2015년 12월 31일까지 1년간 연장하였으며, 지특법에서 규정하였던 제57조 제2항 제1호의 산림조합 감면도 지특법에서 유사한 조문과의 통일성을 기하기 위해 본 조문으로 이동하여 2018년 말까지 계속해서 취득세가 면제되었으며, 부실 금융기관의 구조개선이 지원이 지속적으로 제기되고 새로이 최소납부세제가 적용되는 점을 고려하여 연장되었고 현재 2024년 12월 31일까지 3년간 재연장되었다.

한편, 신용협동조합과 새마을금고에 대해서도 부실조합과 부실금고로부터 계약이전의 결정을 받아 양수한 재산에 대해서는 유사 금융기관과의 형평성 측면에서 2016년부터 신설됨에 따라 감면을 적용받게 되었으며 2018년 말 지특법 개정시 2021년 말까지 기존 규정들과 함께 연장되었다. 다만, 농협, 수협 및 산림조합이 영업정지나 파산 등으로 고객의 예금을 지급하지 못하는 경우 예금자 보호를 위해 상호금융예금자보호기금을 조성하여 보험금(예금)을 지급하고 있는데 사실상 각 조합의 경영정상화가 불가능하다고 판단될 경우 계약이전결정 및 합병 등의 조치를 취하고 있고 기업의 경영부실은 원천적으로 해당 기업의 부담으로 처리해야 한다는 취지에 따라 상호금융예금자보호기금의 취득 재산에 대한 감면 규정인 조특법 제120조 제1항 제14호(농협 상호금융예금자보호기금), 제16호(수협 상호금융예금자보호기금) 및 지특법 제57조 제2항 제2호(산림조합 상호금융예금자보호기금)의 규정은 2014년 12월 31일 일몰기한 도래에 따라 종료되었다. 2021년에는 한국자산관리공사의 고유업무용 부동산에 대한 감면이 2023년까지 연장되었다. 2022년에는 한국자산관리공사에 자산을 매각한 중소기업이 그 자산을 재취득하는 경우에 그 취득세를 감면하는 규정이 신설되었다. 2024년에는 한국자산관리공사에 매각한 재산을 경영정상화에 따라 중소기업이 재매입하는 자산에 대하여는 종전에 매각한 가액을 한도로 취득세를 감면하는 것으로 개정되었고 한국자산관리공사에 대한 일몰기한도 2026년까지 연장되었다.

## 2 | 감면대상자

### 2-1. 부실금융기관으로 재산을 양수한 금융기관, 한국자산관리공사, 예금보험공사, 정리금융기관

금융위원회의 영업의 양도 또는 계약이전에 관한 명령에 따라 금융산업의 구조개선에 관한 법률에 따른 적기시정조치 및 계약이전결정을 받아 금융기관으로부터 재산을 양수한 제2조 제1호에 따른 금융기관, 한국자산관리공사, 예금보험공사, 정리금융기관(예금보험공사가 설립한 주식회사)이 이에 해당된다.

**■ 금융기관(금융산업의 구조개선에 관한 법률 §2 1호)**

가. 「은행법」에 따라 설립된 은행
나. 「중소기업은행법」에 따른 중소기업은행
다. 「자본시장과 금융투자업에 관한 법률」에 따른 투자매매업자 · 투자중개업자
라. 「자본시장과 금융투자업에 관한 법률」에 따른 집합투자업자, 투자자문업자 또는 투자일임업자
마. 「보험업법」에 따른 보험회사
바. 「상호저축은행법」에 따른 상호저축은행
사. 「자본시장과 금융투자업에 관한 법률」에 따른 신탁업자
아. 「자본시장과 금융투자업에 관한 법률」에 따른 종합금융회사
자. 「금융지주회사법」에 따른 금융지주회사
차. 그 밖의 법률에 따라 금융업무를 하는 기관으로서 대통령령으로 정하는 기관

**■ 부실금융기관(금융산업의 구조개선에 관한 법률 §2 2호)**

가. 경영상태를 실제 조사한 결과 부채가 자산을 초과하는 금융기관이나 거액의 금융사고 또는 부실채권의 발생으로 부채가 자산을 초과하여 정상적인 경영이 어려울 것이 명백한 금융기관으로서 금융위원회나 「예금자보호법」 제8조에 따른 예금보험위원회가 결정한 금융기관
나. 「예금자보호법」 제2조 제4호에 따른 예금등 채권의 지급이나 다른 금융기관으로부터의 차

입금 상환이 정지된 금융기관

다. 외부로부터의 지원이나 별도의 차입(정상적인 금융거래에서 발생하는 차입 제외)이 없이는 예금등 채권의 지급이나 차입금의 상환이 어렵다고 금융위원회나 「예금자보호법」 제8조에 따른 예금보험위원회가 인정한 금융기관

**■ 적기시정조치(금융산업의 구조개선에 관한 법률 §10 ①)**

금융위원회는 금융기관의 자기자본비율이 일정 수준에 미달하는 등 재무상태가 기준에 미달하거나 거액의 금융사고 또는 부실채권의 발생으로 금융기관의 재무상태가 기준에 미달하게 될 것이 명백하다고 판단되면 금융기관의 부실화를 예방하고 건전한 경영을 유도하기 위하여 해당 금융기관이나 그 임원에 대하여 권고・요구 또는 명령하거나 그 이행계획을 제출할 것을 명하여야 함.

**■ 계약이전결정(금융산업의 구조개선에 관한 법률 §14 ②)**

금융위원회는 부실금융기관이 다음 각 호의 어느 하나에 해당하는 경우에는 그 부실금융기관에 대하여 계약이전의 결정 등 필요한 처분을 할 수 있음.

1. 적기시정조치 및 자본금 감소명령 등을 이행하지 아니하거나 이행할 수 없게 된 경우
2. 적기시정조치 명령 및 영업의 양수도 알선 등에 따른 부실금융기관의 합병 등이 이루어지지 아니하는 경우
3. 부채가 자산을 뚜렷하게 초과하여 적기시정조치에 따른 명령의 이행이나 부실금융기관의 합병 등이 이루어지기 어렵다고 판단되는 경우
4. 자금사정의 급격한 악화로 예금등 채권의 지급이나 차입금의 상환이 어렵게 되어 예금자의 권익이나 신용질서를 해칠 것이 명백하다고 인정되는 경우

**■ 정리금융기관(예금자보호법 §36의 3)**

① 예금보험공사는 예금자등의 보호 및 금융제도의 안정성 유지를 위하여 필요하다고 인정하는 경우에는 금융위원회의 승인을 얻어 부실금융기관의 영업 또는 계약을 양수하거나 정리업무를 수행하기 위한 금융기관("정리금융기관")을 설립할 수 있음.

② 정리금융기관은 주식회사로 함.

③ 공사는 다음 각 호의 사항을 기재한 정리금융기관의 정관을 작성하여야 함.
1. 목적, 2. 명칭, 3. 자본금의 총액, 4. 설립시에 발행하는 주식의 총수, 5. 주식 1주당 금액, 6. 주된 사무소의 소재지, 7. 공고의 방법

④ 정리금융기관의 자본금은 예금보험기금의 부담으로 공사가 전액 출자함.

⑤ 정리금융기관은 은행・투자매매업자・투자중개업자・보험회사・종합금융회사 또는 상호저축은행 등의 명칭을 사용할 수 있음.

## 2-2. 농협조합, 농협상호금융예금자보호기금 및 농협자산관리회사

농림축산식품부장관의 적기시정조치(사업양도 또는 계약이전에 관한 명령으로 한정) 또

는 계약이전결정을 받은 부실조합으로부터 재산을 양수한 농업협동조합법에 따른 조합, 농업협동조합의 구조개선에 관한 법률에 따른 상호금융예금자보호기금 및 농업협동조합자산관리회사가 이에 해당된다.

### 2-3. 수협조합 및 수협상호금융예금자보호기금

해양수산부장관의 적기시정조치(사업양도 또는 계약이전에 관한 명령으로 한정) 또는 계약이전결정을 받은 부실조합으로부터 재산을 양수한 수산업협동조합법에 따른 조합 및 수산업협동조합의 부실예방 및 구조개선에 관한 법률에 따른 상호금융예금자보호기금이 이에 해당된다.

### 2-4. 한국자산관리공사에 자산을 매각한 중소기업

한국자산관리공사에 자산을 매각한 중소기업이 이에 해당된다.

### 2-5. 산림조합 및 산림조합상호금융예금자보호기금

산림청장이 적기시정조치(사업양도 또는 계약이전에 관한 명령으로 한정) 또는 계약이전결정을 받은 부실조합으로부터 재산을 양수한 산림조합법에 따른 조합 및 산림조합의 구조개선에 관한 법률에 따른 상호금융예금자보호기금이 이에 해당된다.

### 2-6. 한국자산관리공사

#### 2-6-1. 국가 등의 대행사업으로 재산을 취득하는 경우

한국자산관리공사 설립 등에 관한 법률 제26조 제1항 제9호 및 제10호에 따라 재산을 취득하는 한국자산관리공사가 이에 해당된다.

**■ 한국자산관리공사 설립 등에 관한 법률(§26 ① 9·10호)**

9. 법령에 따라 국가기관 등으로부터 대행을 의뢰받은 압류재산의 매각, 대금 배분 등 사후관리 및 해당 재산의 가치의 보전·증대 등을 위한 관련 재산(저당권 등 제한물권을 포함)의 매입과 개발
10. 법령에 따라 국가기관 등으로부터 수임받은 재산의 관리·처분, 채권의 보전·추심 및 해당 재산의 가치의 보전·증대 등을 위한 관련 재산의 매입과 개발

### 2-6-2. 구조개선기업 등의 재산을 취득하는 경우

한국자산관리공사 설립 등에 관한 법률 제26조 제1항 제7호에 따라 중소기업기본법에 따른 중소기업이 보유한 자산을 취득하는 한국자산관리공사가 이에 해당된다.

> **■ 한국자산관리공사 설립 등에 관한 법률(§26 ① 7호)**
>
> 7. 비업무용자산 및 합병·전환·정리 등 구조조정 또는 재무구조개선을 도모하는 법인과 그 계열기업("구조개선기업")의 자산의 관리·매각, 매매의 중개 및 금융회사 등의 건전성 향상을 위한 인수정리

### 2-6-3. 자산 매입 후 재임대 프로그램으로 취득하는 경우

한국자산관리공사의 자산 매입 후 재임대(Sales & Lease Back) 프로그램은 협업기관으로부터 추천받은 구조개선이 필요한 대상 기업들의 자산을 매입하고 자산을 매각한 양도자로부터 해당 자산을 다시 재임대하는 방식으로 서울회생법원, 중소기업진흥공단, 기술보증기금, 각종 금융기관 등에서 추천받은 기업들이 한국자산관리공사에 자산 매입 신청을 하게 되면 심사를 거쳐 자산 매입과 재임대가 이루어지게 되며 자산 매입에 해당하는 경우에 한해 감면대상에 해당된다. 다만 이 경우 한국자산관리공사는 해당 중소기업으로부터 금융회사 채무내용 및 상환계획이 포함된 재무구조개선계획을 제출받아야 하며, 중소기업의 보유자산을 매입하면서 해당 중소기업이 그 자산을 계속 사용하는 내용의 임대차계약을 체결하여야 감면요건에 해당된다.

# 3 | 감면대상 재산

## 3-1. 부실금융기관으로부터 양수한 재산

금융기관의 재무상태의 기준미달, 금융사고 및 부실채권 발생 등에 따른 적기시정조치 명령을 받은 부실금융기관과 적기시정조치 명령의 이행이 어렵고 부실금융기관의 합병 등이 이루어지기 어려우며 자금사정이 급격히 악화되어 금융위원회로부터 계약이전 결정을 받은 부실금융기관 등으로부터 금융기관, 한국자산관리공사, 예금보험공사, 정리금융기관이 양수한 재산이 해당된다.

### 3-2. 농협 조합 등의 적기시정조치 및 계약이전결정에 따른 매입 재산

금융기관의 재무상태의 기준미달, 금융사고 및 부실채권 발생 등에 따른 적기시정조치 명령을 받은 부실금융기관과 적기시정조치 명령의 이행이 어렵고 부실금융기관의 합병 등이 이루어지기 어려우며 자금사정이 급격히 악화되어 금융위원회로부터 계약이전 결정을 받은 부실금융기관 등으로부터 각각의 조합 및 상호금융예금자보호기금 등이 양수한 재산이 이에 해당된다.

### 3-3. 한국자산관리공사의 인수 재산

한국자산관리공사가 법령에 따라 국가기관 등으로부터 대행을 의뢰받은 압류재산의 매각, 대금 배분 등 사후관리 및 해당 재산의 가치의 보전·증대 등을 위한 관련 재산을 매입하거나, 국가기관 등으로부터 수임받은 재산의 관리·처분, 채권의 보전·추심 및 해당 재산의 가치의 보전·증대 등을 위한 관련 재산의 매입하는 재산에 대하여 취득세를 면제한다.

또한, 한국자산관리공사가 구조개선기업의 비업무용자산과 합병전환 등 구조조정을 도모하기 위해 법인과 그 계열기업의 자산을 관리매각, 매매의 중개 및 금융회사 등의 건전성 향상을 위해 인수하여 정리하는 자산 중에서 중소기업이 보유한 자산을 취득하는 경우 취득세의 100분의 50을 감면한다.

**〈표 1〉「한국자산관리공사 설립 등에 관한 법률」 제26조 제1항 중 지방세특례 관련 구조개선 업무**

제26조(업무) ① 공사는 이 법의 목적을 달성하기 위하여 다음 각 호의 업무를 수행한다.
2. 부실징후기업 및 구조개선기업의 경영정상화 지원을 위한 다음 각 목의 업무(가.~다. 생략)
   라. 비업무용자산 및 구조개선기업의 자산의 관리·매각, 매매의 중개 및 인수정리
3. 공공자산의 가치 제고를 위한 다음 각 목의 업무
   가. 법령에 따라 국가기관, 지방자치단체, 「공공기관의 운영에 관한 법률」 제4조에 따른 공공기관 등(이하 "국가기관등"이라 한다)으로부터 대행을 의뢰받은 압류재산의 매각, 대금 배분 등 사후관리 및 해당 재산의 가치의 보전·증대 등을 위한 관련 재산(저당권 등 제한물권을 포함한다. 이하 같다)의 매입과 개발
   나. 법령에 따라 국가기관등으로부터 수임받은 재산의 관리·처분·개발, 채권의 보전·추심 및 해당 재산의 가치의 보전·증대 등을 위한 관련 재산의 매입과 개발

〈표 2〉 한국자산관리공사 구조개선 감면 현황(2024.1.1. 현재)

| 관련 호 | 사업내용 및 자산 취득 | 감면율 | 일몰현황 |
| --- | --- | --- | --- |
| 제2호 | 비업무용자산 및 합병·전환·정리 등 구조조정 또는 재무구조개선을 도모하는 법인과 그 계열기업의 자산의 관리·매각, 매매의 중개 및 금융회사 등의 건전성 향상을 위한 인수정리 | 취 50 | 2024.12.31.(중소기업 보유자산) |
| 제3호 가목 | 국가기관 등으로부터 대행을 의뢰받은 재산 매입 | 취 100 | 2024.12.31. |
| 제3호 나목 | 국가기관 등으로부터 수임받은 재산 매입 | 취 100 | 2024.12.31. |

〈표 3〉 한국자산관리공사 구조개선 감면 현황(~2021.8.17. 캠코 관련법 개정 이전)

| 조문 | 사업내용 및 자산 취득 | 2014년 이전 | 일몰현황 |
| --- | --- | --- | --- |
| 제1호 | 부실채권 보전·추심의 수임 및 인수정리 | 취 100 | 2014.12.31. 감면 종료 |
| 제4호 | 부실채권의 보전·추심 및 채무관계자에 대한 재산조사 | 취 100 | 2014.12.31. 감면 종료 |
| 제5호 | 부실징후기업의 자구계획대상자산의 관리·매각의 수임 및 인수정리 | 취 100 | 2014.12.31. 감면 종료 |
| 제7호 | 비업무용자산 및 합병·전환·정리 등 구조조정 또는 재무구조개선을 도모하는 법인과 그 계열기업의 자산의 관리·매각, 매매의 중개 및 금융회사 등의 건전성 향상을 위한 인수정리 | 취 100 (비업무용자산) | 2014.12.31. 감면 종료 |
| | | 취 50 | 2014.12.31. (일반자산) |
| | | 취 50 | 2020.12.31. (중소기업 보유자산) |
| 제9호, 제10호 | 법령에 따라 국가기관 등으로부터 대행·수임받은 업무 관련 재산 등 | 취 100 | 2021.12.31. |
| 제12호 | 제1호~제5호, 제7호의 업무수행과 관련된 재산의 매입과 개발(제2호, 제3호 제외, 제7호는 비업무용자산 인수만) | 취 100 | 2014.12.31. 감면 종료 |

### 3-4. 한국자산관리공사의 기업회생지원 프로그램 운영시 인수 자산

한국자산관리공사에서는 2015년부터 만성적인 적자 등으로 인해 기업운영이 한계에 도달한, 이른바 '한계중소기업'에 대한 구조개선 필요에 따라 해당 기업의 유동성 지원을 위해 한국자산관리공사에서 기업의 기존 자산을 매입하였다고 경영이 정상화된 후에 다시 해당 기업이 재임대하는 방식의 '기업회생지원 프로그램'을 운영하고 있다.

〈그림〉 한국자산관리공사의 기업회생지원 프로그램(SLB) 운영 방식

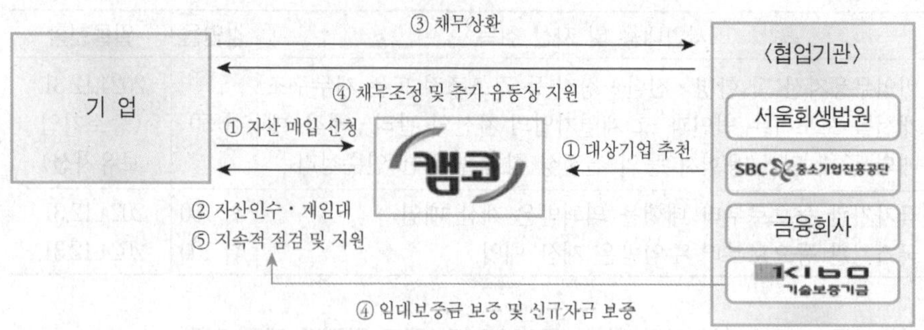


출처 : 한국자산관리공사

이러한 한계중소기업의 지속적 증가로 인해 2010년 기준 1,646개(7.8%)에서 2015년 기준 2,474(11.2%)로 급증 추세를 보이고 있어 한국자산관리공사에서 프로그램 운영기간 동안에 보유하고 있는 자산에 대해 재산세가 감면되도록 신설되었으며, 이는 재임대 기업의 임대료 등에 전가될 일부 비용을 지원하고자 하는 취지에서 2018년도부터 해당 감면규정이 신설된 것으로 보여진다.

한국자산관리공사의 기업회생지원 프로그램은 ① 기업의 자산매입 신청, ② 인수 대상 선정, ③ 가격 결정, ④ 계약 체결, ⑤ 자산의 임대 운영 ⑥ 사후관리 및 재매입(당초 매각하였던 중소기업의의 우선매수권 행사)의 절차로 진행하게 된다.

또한 「지방세특례제한법 시행령」 제28조의 3에 감면대상 요건으로 '금융회사 채무 내용 및 상환계획이 포함된 재무구조개선계획을 한국자산관리공사에 제출한 경영정상화 지원 대상 기업이 보유자산을 한국자산관리공사에게 매각하고 해당 자산을 계속 사용하기 위하여 한국자산관리공사와 임대차계약을 체결한 경우를 말한다'라고 규정하여 재무구조개선계획을 제출한 경영정상화 지원 대상기업' 및 '자산관리공사와의 임대차계약 체결' 등 요건을 신설하였다.

### 3-5. 한국자산관리공사에 자산을 매각한 중소기업이 그 자산을 재취득하는 경우

한국자산관리공사가 경영이 어려운 중소기업의 자산을 매입하여 유동성을 공급하고 중소기업은 해당 자산을 임대하여 사용하다가 경영이 정상화되면 다시 매입하는 매각 후 재임대 프로그램의 일환에 따라 한국자산관리공사에 자산을 매각한 중소기업이 그 자산을 재취득하는 재산이 이에 해당된다.

## 4 특례내용

다음의 금융기관, 농협 등 각종 조합 및 상호금융예금자보호기금, 한국자산관리공사, 예금보험공사, 정리금융기관 등이 적기시정조치(영업의 양도 또는 계약이전에 관한 명령으로 한정) 또는 계약이전결정을 받은 기관으로부터 취득하는 재산에 대해 2026년 12월 31일까지 취득세를 면제한다.

또한, 한국자산관리공사가 한국자산관리공사 설립 등에 관한 법률 제26조 제1항 제9호 및 제10호에 따라 취득하는 재산에 대해서는 2021년 12월 31일까지 면제하고 같은 항 제7호에 따라 한국자산관리공사가 「중소기업기본법」에 따른 중소기업이 보유한 자산을 취득하는 경우에는 2020년 12월 31일까지 취득세의 100분의 50을 경감한다.

참고로, 제57조의 3 제2항의 경우에는 한국자산관리공사가 국가정책에 따른 공공기관 이전 시에 매각되지 않은 공공기관의 종전 부동산 처분을 위탁받아 효율적으로 관리하고 있으며 업무 목적이 공공성이 높은 점, 최소납부세제가 현재도 적용 중인 점 등이 고려되어 취득세 면제규정이 지속적으로 연장되어 왔다 할 것이다.

〈표 4〉 **기업재무구조 개선 감면 현황(2024.1.1. 현재)**

| 조문 | 감면내용 | 감면율 | 일몰 |
|---|---|---|---|
| §57의 3 ① 1호 | 금융기관, 한국자산관리공사, 예금보험공사, 정리금융기관이 적기시정조치 및 계약이전결정을 받은 부실금융기관으로부터 양수한 재산 | 취득세 100% | '24.12.31. |
| §57의 3 ① 2호 | 농협조합, 농협상호금융예금자보호기금 및 농업협동조합자산관리회사가 적기시정조치 또는 계약이전결정을 받은 부실조합으로부터 양수한 재산 | 취득세 100% | '24.12.31. |
| §57의 3 ① 3호 | 수협조합 및 수협상호금융예금자보호기금이 적기시정조치 또는 계약이전결정을 받은 부실조합으로부터 양수한 재산 | 취득세 100% | '24.12.31. |
| §57의 3 ① 4호 | 산림조합 및 산림조합상호금융예금자보호기금이 적기시정조치 또는 계약이전결정을 받은 부실조합으로부터 양수한 재산 | 취득세 100% | '24.12.31. |
| §57의 3 ① 5호 | 신협이 계약이전 결정을 받은 부실조합으로부터 양수한 재산 | 취득세 100% | '24.12.31. |
| §57의 3 ① 6호 | 새마을금고가 계약이전 결정을 받은 부실금고로부터 양수한 재산 | 취득세 100% | '24.12.31. |
| §57의 3 ①<br>§177의 2 ① 2호 | 지방세 감면 특례의 제한(최소납부세제) 적용 제외 | – | – |

| 조문 | 감면내용 | 감면율 | 일몰 |
|---|---|---|---|
| §57의 3 ② | 한국자산관리공사가 한국자산관리공사 설립 등에 관한 법률 제26조 제1항 제3호 가목 및 나목에 따라 취득하는 재산<br>※ 舊 제26조 제1항 제9호 및 제10호 | 취득세 100% | '24.12.31. |
| §57의 3 ②<br>§177의 2 ① | 지방세 감면 특례의 제한(최소납부세제) 적용<br>- 취득세 면제세액이 200만원을 초과하는 경우 전체 면제세액의 15%, 2016.1.1.부터 | 취득세 면제세액의 15% 과세 | - |
| §57의 3 ③<br>※ ②항에서 이관 | 한국자산관리공사 설립 등에 관한 법률 제26조 제1항 제2호 나목에 따라 한국자산관리공사가 「중소기업기본법」에 따른 중소기업에서 취득한 자산<br>※ 舊 제26조 제1항 제7호 | 취득세 50% | '26.12.31. |
| §57의 3 ④<br>※ ②항에서 이관 | 한국자산관리공사가 중소기업의 경영정상화를 지원하기 위해 임대조건부로 취득한 자산 | 재산세 50% | '26.12.31.<br>*17년 말 신설 |
| §57의 3 ③, ④<br>§177의 2 | 지방세 감면 특례의 제한(최소납부세제) 적용대상 아님<br>* 취득세 및 재산세 면제 대상에 한함 | - | - |
| §57의 3 ④ | 매각일부터 10년 이내 그 자산을 재취득 시 취득세 100% 감면. 단 종전재산가액 한도내만 취득세 감면 | 취득세 100% | '26.12.31. |
| 부칙 §13 | 2015.1.1. 이전 취득세 면제가 일부 또는 전부가 과세대상으로 전환된 경우 | 취득세 중과세율 배제 | - |

### 4-1. 적기시정조치(Prompt Corrective Action) 개요

부실 경영의 소지가 있는 법인에 대해 금융 감독기관이 내리는 경영조치로 적기시정조치라는 제도가 있다. 적기시정조치란 금융기관의 건전성을 자본충실도, 경영실태평가 결과 등 경영상태를 기준으로 몇 단계의 등급으로 나누어 경영상태가 악화된 금융기관에 대하여 금융감독당국이 단계적으로 시정조치를 부과해 나가는 제도를 말한다. 부실화 징후가 있는 금융회사에 대하여 적기에 경영개선을 유도·강제함으로써 부실화를 예방하고 경영정상화를 도모, 자본적정성 지표 수준에 따라 적절한 경영개선 조치를 취하게 되며, 조기에 경영을 정상화하도록 하고 경영정상화의 가능성이 없는 금융기관은 조기에 퇴출시킨다. 산림조합은 「산림조합의 구조개선에 관한 법률」에 따라 회원조합에 대한 적기시정조치 제도를 시행하고 있으며, 적기시정조치는 상호금융예금자보호기금관리위원회의 심의를 거쳐 산림청장이 결정하되 부실우려조합(경영개선권고, 요구)에 대하여는 관리기관장이 결정토록 규정되어 있다.

〈표 5〉 **적기시정조치의 종류 및 조치사항(구조개선법 시행규칙 §2)**

| 종류 | | 해당기준<br>(어느 하나에 해당될 경우) | 조치사항<br>(일부 또는 전부를 행함) |
|---|---|---|---|
| 부실<br>우려 | 경영개선<br>권고 | ① 순자본비율이 2% 미만<br>② 종합경영상태 평가결과 4등급<br>③ 종합경영상태 3등급이나, 자본적정성 자산건전성이 4등급 이하<br>④ 위 기준에 해당될 것이 명백한 조합 | ① 인력 및 조직운영 개선<br>② 경비절감<br>③ 부실자산, 불용자산의 처분<br>④ 위험자산 취득금지<br>⑤ 자기자본의 증대<br>⑥ 예금금리수준의 제한<br>⑦ 조합 및 임직원에 대한 주의·경고·견책 또는 감봉 등 |
| | 경영개선<br>요구 | ① 순자본비율이 -3% 미만<br>② 종합경영상태 평가결과 5등급<br>③ 위 기준에 해당될 것이 명백한 조합<br>④ 경영개선권고를 받고 성실히 이행하지 아니하는 조합 | ① 임원의 직무정지<br>② 인력감축 및 점포·조직축소<br>③ 지사무소의 폐쇄·통합<br>④ 임원의 교체요구<br>⑤ 사업의 일부정지, 합병요구<br>⑥ 경영개선권고에 해당하는 조치 등 |
| 부실 | 경영개선<br>명령 | ① 순자본비율이 -15% 미만<br>② 예금등채권 또는 차입금 상환이 정지상태<br>③ 외부 자금지원 또는 차입 없이는 예금지급이나 상환이 어렵다고 기금관리위가 결정한 조합 | ① 임원을 대신할 관리인 선임<br>② 사업전부 또는 일부정지<br>③ 합병<br>④ 사업의 전부 또는 일부양도<br>⑤ 사업전부 또는 일부 계약이전<br>⑥ 경영개선권고·요구 해당조치 등 |

## 4-2. 구조조정 추진 방법

부실이 우려되는 해당 법인(경영개선권고, 요구) 등에 대하여는 관리기관장이 적기시정조치를 통해 결정한다는 내용을 앞에서 설명하였다. 부실조합 등에 대한 구조조정 방법은 합병, 사업양도, 계약이전의 결정을 통해 시행되며 구체적인 내용은 아래와 같다.

- **합병** : 2개 이상의 조합 중 1개의 조합이 다른 조합을 흡수하는 것으로서 흡수되는 조합은 청산절차 없이 법인격이 소멸되고 흡수 조합만이 존속한다. 전체 자산·부채를 실사기준으로 평가하고, 합병의 유인책으로 출자금을 보전하여 부채와 출자금이 자산을 초과하는 금액을 손실 보전한다.
- **사업양도** : 사업의 전부 또는 일부에 대해 동 사업의 동일성을 유지하면서 양도하는 사업의 자산·부채는 물론 인적·물적자산 등 일체의 사업을 포괄적으로 이전하는

것으로 (신용)사업부문의 자산·부채를 실사기준으로 평가하고, 부채가 자산을 초과하는 금액에 대해서는 손실을 보전한다.

- 계약이전 : 예금자 보호 및 계약인수의 프리미엄을 감안하여 직접비용뿐만 아니라 간접비용까지 고려하여 지원하는 것으로 전체 자산·부채를 실사기준으로 평가하고, 부채가 자산을 초과하는 금액을 손실 보전한다.

〈표 6〉 **합병, 사업양도, 계약이전 비교**

| 구분 | 합병 | 사업양도 | 계약이전 |
|---|---|---|---|
| 개념 | • 2개 이상의 조합이 법률적, 경제적으로 독립성을 잃고 계약에 의하여 법적 절차에 따라 1개의 조합으로 통합되는 행위 | • 특정사업분야의 동질성을 유지할 수 있는 범위 내에서 자산·부채 또는 사업을 할 수 있는 권리를 포괄적으로 양도(인적, 물적, 사업노하우, 거래처 등도 함께 이전) | • 사업이용 거래에 관련된 계약을 선택적으로 이전(자산, 부채 계약관계만 이전)<br>– 합병 또는 자체 경영정상화 불가시 예금자보호 및 금융제도의 안정성 유지를 위한 긴급한 조치로 실시 |
| 실제 적용 대상 | • 조합여건이 합병이 가능할 경우 조치 | • 경제사업만으로 존속이 가능할 경우 대상 | • 자본잠식 등이 심하여 회생불가능시 파산충격을 줄이기 위해 파산의 준비절차로 이용 |
| 기본 가정 | • 조건부합병명령을 받은 협동조합이 합병법인을 물색하여 합병을 추진하는 것으로 가정함. | • 경영개선명령을 받은 협동조합이 상호금융부문을 사업양도하고 일반 경제사업만 유지하는 것을 가정함. | • 조건부 계약이전명령을 받은 협동조합의 개별 자산 및 부채에 대한 처분과 계약이전을 가정함. |
| 이행 주체 | • 합의에 의해 합병 당사자 조합이 이행 | • 합의에 의한 양도·양수조합이 이행 | • 적기시정조치에 의한 계약이전<br>– 합의에 의한 이전 및 인수조합이 이행<br>• 행정처분으로 조치<br>– 합의 불요, 단, 인수조합 동의는 필요 |
| 고용 승계 | • 법인의 권리·의무의 포괄적 승계이므로 고용승계의무가 있음. | • 사업의 포괄적 승계이므로 고용승계의무가 있음. | • 사업이용에 관련된 계약의 이전이므로 이에 속하지 않는 고용계약은 이전대상이 아님. |
| 조합원 지위 | • 조합원의 권리 및 의무는 포괄적으로 이관됨. | • 조합원의 권리 및 의무는 이관되지 않음. | • 조합원의 권리 및 의무는 이관되지 않음. |
| 파산과 관계 | • 파산과는 관계없음. | • 파산과는 직접적 관계없음. | • 통상적으로 파산의 전단계로서 활용 |
| 조치 수단 | • 합병대상 : 명령<br>• 인수대상 : 권고 | • 양도대상 : 명령<br>• 양수대상 : 권고 | • 이전대상 : 명령<br>• 인수대상 : 권고 |

| 구분 | 합병 | 사업양도 | 계약이전 |
| --- | --- | --- | --- |
| 평가 방법 | • 보유자산에 대하여 실사가치로 평가하고, 합병의 유인책으로 출자금을 보전하는 것으로 가정함. | • 양도자산 및 일반경제사업자산에 대하여 실사가치로 평가함. | • 협동조합의 전체자산에 대해 청산가치로 평가하되, 자산부족액을 모두 보전하는 것으로 가정함. |

〈그림〉 **적기시정조치 프로세스**

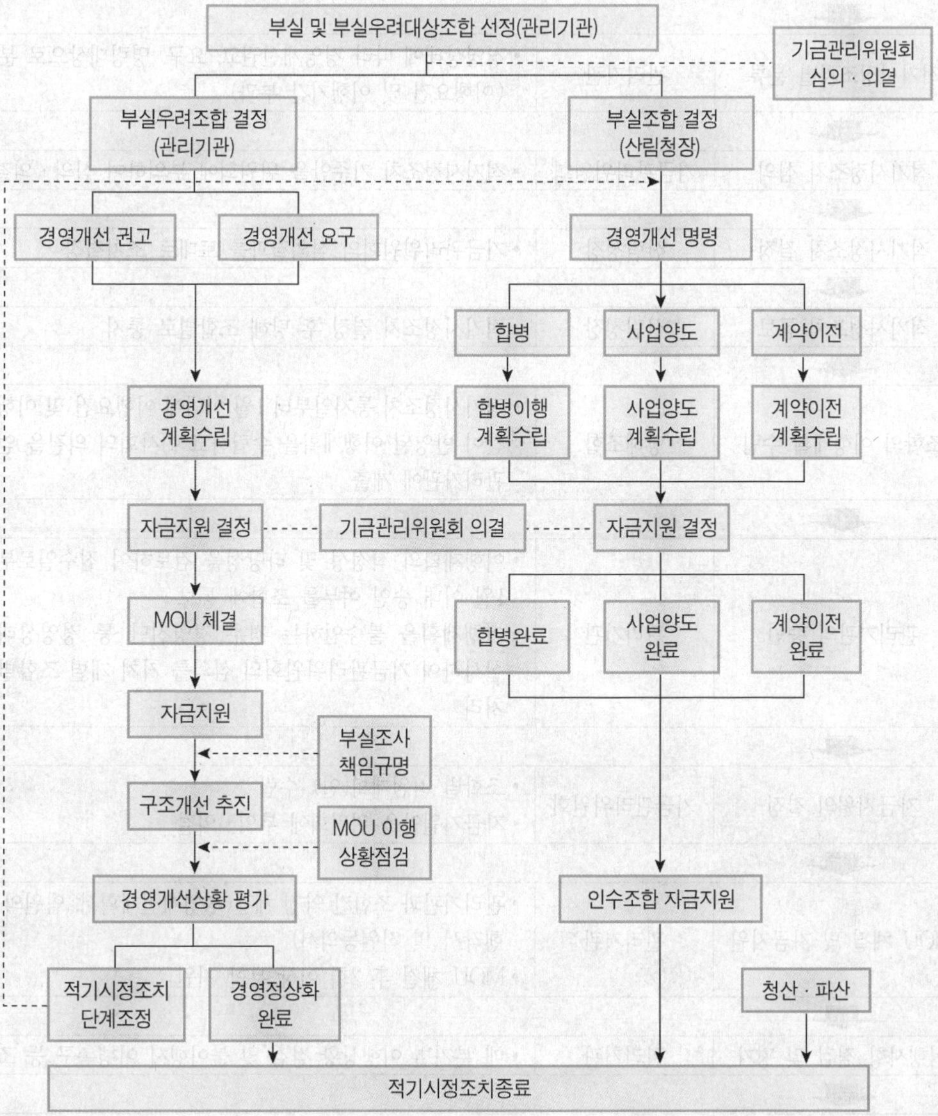

〈표 7〉 **구조개선업무 추진절차**

| 업무절차 | 추진주체 | 주요내용 |
|---|---|---|
| 대상조합의 선정 | 관리기관 | • 매 연도 말 기준으로 순자본비율, 경영상태평가결과에 의거 관리기관이 선정<br>• 사고발생 등으로 적기시정조치 기준 적용사유에 해당될 것이 명백한 경우 인지시점에서 선정 |
| 적기시정조치별 분류 | 관리기관 | • 경영상태에 따라 경영개선권고, 요구, 명령대상으로 분류(이행요건 및 이행기간 부과) |
| 적기시정조치 심의 | 기금관리위원회 | • 적기시정조치 기준안을 위원회에 부의하여 심의 · 의결 |
| 적기시정조치 결정 | 산림청장 | • 기금관리위원회의 심의결과를 토대로 조치결정 |
| 적기시정조치 통보 | 산림청장 | • 적기시정조치 결정 후 당해 조합별로 통지 |
| 조합의 이행계획 수립 | 당해조합 | • 적기시정조치 통지일부터 1월 이내에 이행요건 및 이행기간이 반영된 이행계획을 수립하고 이사회의 의결을 얻어 관리기관에 제출 |
| 관리기관의 승인 | 관리기관 | • 이행계획의 적정성 및 타당성을 검토하여 접수일로부터 1월 이내 승인 여부를 조합에 통보<br>• 이행계획을 불승인하는 경우 경영진단 등 경영상태를 실사하여 기금관리위원회의 심의를 거쳐 개별 조합별로 처리 |
| 자금지원의 결정 | 기금관리위원회 | • 조합별 지원계획(안) 수립<br>• 자금지원안을 위원회에 부의 · 의결 |
| MOU 체결 및 자금지원 | 관리기관 | • 관리기관과 조합간 약정 체결(경영개선계획서, 임원의 이행각서 및 직원동의서)<br>• MOU 체결 후 2회 이상 분할 지원 |
| 이행사항 점검 및 평가 | 관리기관 | • 매 분기별 이행상황 점검 및 불이행시 이행촉구 등 조치 |
| 적기시정조치 종료 | 산림청장 | • 관리기관장이 산림청장에게 요청<br>• 산림청장이 종료결정 및 관리기관과 조합에 통보 |

## 5 | 사후관리

이 법에서 별도로 감면추징에 관한 사항이 없으므로 취득시 관련법령의 요건을 충족하지 못한 경우에 대해서 추징이 가능하며, 세부적인 추징절차 등에 대해서는 제178조의 해설을 참조하면 된다.

## 6 | 지방세 특례의 제한(§177의 2)

2015년부터 시행되는 최소납부세제에 따라 면제되는 세액의 15%는 취득세의 감면(§57의 3 ②) 특례가 제한되어 최소납부세액으로 부담하여야 한다. 다만 시행시기는 부칙 제12조 제1호(법률 제12955호)에 따라 2016년 1월 1일부터 적용된다. 이에 대한 세부적인 사항은 제177조의 2의 해설편의 내용과 같다.

## 7 | 감면신청

금융회사의 부실자산 등 양수하는 재산에 대해 지방세를 감면받으려는 경우에는 해당 지방자치단체의 장에게 지방세 감면신청서 외에 적기시정조치서, 계약이전결정서 등 관련법령에 따라 증명하는 서류를 첨부하여 감면신청을 하여야 한다. 세부적인 감면신청 절차는 제183조의 해설편의 내용과 같다.

**적기시정조치 및 계약이전결정 평가항목(은행업감독규정 별표 5)**

1. 은행 본점, 은행 국외현지법인에 대한 평가항목

| 평가 부문 | 계량지표 | 비계량 평가항목 | 평가 비중 |
|---|---|---|---|
| 자본 적정성 | • 총자기자본비율<br>• 기본자본비율<br>• 보통주자본비율<br>• 단순자기자본비율 | • 경영지도기준 충족 여부<br>• 리스크의 성격 · 규모 등 감안한 자본규모 적정성<br>• 자본구성의 적정성 및 향후 자본증식 가능성<br>• 경영진의 자본적정성 유지정책의 타당성 | 20% |
| 자산 건전성 | • 손실위험도 가중여신비율<br>• 고정이하여신비율<br>• 연체대출채권비율*<br>• 대손충당금적립률<br><br>*계절조정연체율 | • 신용리스크 관리의 적정성<br>• 신용리스크 인식 · 측정 · 평가<br>• 여신정책의 적정성<br>• 자산건전성 분류의 적정성<br>• 충당금 적립의 적정성<br>• 여신관리의 적정성5)<br>• 문제여신 판별 및 관리실태 | 25% |
| 경영 관리의 적정성 | - | • 경영지배구조의 안정성<br>• 경영정책수립 및 집행기능의 적정성<br>• 성과보상체계운영의 적정성<br>• 경영효율성 및 경영개선추진실태<br>• 내부통제제도 및 운영실태<br>• 법규, 정책 및 검사지적사항의 이행실태<br>• 사회적 책임 이행실태 | 15% |
| 수익성 | • 총자산순이익률<br>(자산 10조원 이상)<br>(자산 10조원 미만)<br>• 총자산경비율<br>(자산 10조원 이상)<br>(자산 10조원 미만)<br>• 이익경비율<br>• 위험조정자본이익률1) | • 수익규모, 내용에 영향을 미치는 리스크 수준 등<br>• 수익구조의 적정성<br>• 비용구조의 적정성<br>• 경영합리화 및 미래수익창출능력 | 10% |
| 유동성 | • 원화유동성비율<br>• 외화유동성비율2)<br>• 원화예대율3)<br>• 중장기외화자금조달 비율4) | • 유동성리스크 관리의 적정성<br>• 유동성 변동요인의 적정성<br>• 자금조달 및 운용구조의 합리성<br>• 유동성 위기상황분석(Stress-Test)운용 적정성 | 15% |

| 평가 부문 | 계량지표 | 비계량 평가항목 | 평가 비중 |
|---|---|---|---|
| 리스크 관리 | - | • 리스크 지배구조 및 관리정책의 적정성<br>• 리스크 관리절차 및 통제실태<br>• 리스크 인식·측정·평가의 적정성 | 15% |

1),3),4) 은행 국외현지법인에 대해 적용배제
2) 외화자산이 은행계정 총자산 대비 5% 이하인 은행은 적용배제
3) 직전 분기중 분기말월 기준 원화대출금 2조원 미만인 은행은 적용배제
4) 외화대출잔액이 미화 50백만불 미만인 은행은 적용배제
5) "차주기업의 외환리스크관리 적정성" 포함

2. 외국은행 지점, 은행 국외지점에 대한 평가항목

| 평가 부문 | 계량지표 | 비계량 평가항목 | 평가 비중 |
|---|---|---|---|
| 리스크 관리 | - | • 리스크관리시스템의 적정성<br>• 리스크관리 수준 및 개선 추진 실태<br>• 부문별 리스크관리실태<br>• 본점 등에 의한 리스크관리 통합실태 | 30% |
| 경영 관리 및 내부 통제 | - | • 경영정책 수립·집행기능의 적정성<br>• 수익관리 및 회계방침<br>• 내부통제제도 운영실태<br>• 본점의 해외지점 통합기능 | 20% |
| 법규 준수 | - | • 법규준수 및 정책이행실태<br>• 법규준수체계 및 인식수준<br>• 보고서의 정확성 및 적기제출<br>• 검사결과 지적사항의 이행 | 20% |
| 자산 건전성 | • 손실위험도가중여신비율<br>• 고정이하여신비율<br>• 연체대출채권비율*<br>• 대손충당금적립률<br><br>*계절조정연체율 | • 신용리스크 및 국별리스크 관리의 적정성<br>• 위험자산 보유수준의 적정성<br>• 자산건전성분류의 적정성<br>• 충당금 적립의 적정성<br>• 여신관리의 적정성<br>• 문제여신 판별 및 관리실태 | 30% |

참고

**1997년 외환위기 이후 부실금융기관과 부실채권 정리과정**

□ 금융구조조정의 추진체계

- 금융감독기관 : 금융감독위원회(1998.4.), 금융감독원(1999.1.) 설치
- 구조조정 추진기구 : 자산관리공사(부실채권 인수 · 정리-부실채권정리기금, 1999.12.), 예보(부실금융기관 검사 · 재무지원, 예금자 보호-예금보험기금, 1997년 말)
- 적기시정조치의 제도화(금산법 개정, 1998.9.) : 자본 충실도가 부족한 금융기관에 경영개선 권고 · 요구 · 명령

□ 부실금융기관에 대한 재무적 지원

| 금융시장안정 및 금융산업구조조정 종합대책(1997.11.19.) |
|---|

⇓

| 자산관리공사 | 예금보험공사 |
|---|---|
| 서울은행, 제일은행 부실채권 매입 | 부실금융기관의 자본확충, 손실보전 |

- 부실채권의 매입(자산관리공사) : 1962년 설립(성업공사, 금융기관의 연체대출금 회수) → 1997.11. 부실채권정리기금 설치(금융기관들의 부실채권 인수, 정리기관으로 개편)
  - 1997.11. 제일 · 서울은행으로부터 부실채권 매입 / 11.28. 30개 종합금융회사 채권 인수 / 12.15. 30개 은행 부실채권 인수
- 증자지원(예금보험공사) : 제일 · 서울은행은 자산관리공사의 부실채권 매입으로 단기유동성을 확보하였으나 예금 인출 사태 발생 → 정부증자결정(국유화, 매각)
  - 이를 시작으로 예보는 국내 금융기관 증자지원
- 후순위 채권매입 : 조흥 · 한일은행 등 27개 은행으로부터 채권 매입
- 유동성 일시공급 : 예금인출로 인한 유동성 부족을 해결하기 위해 1997.12.~1997.1. 간 신용관리기금이 13개 종금사에 지원 → 1998.4. 예금보험공사 이관

□ 부실금융기관의 기관정리(적기시정조치)

- 영업정지 조치(일체 수신행위 중지, 기존 대출금 상환 연장)
  - 1997.12. 재무구조가 취약한 14개 종금사를 영업정지시키면서 전 종금사에 대해 경영정상화 계획 제출 요구
- 경영관리 조치
  - 자본잠식이 우려되거나 자력으로는 경영정상화가 곤란한 경우 관리인을 선임하여 경영관리
- 인가 취소 및 폐쇄
  - 1997.12월 말 기준 BIS비율 8% 미달 12개 은행에 경영정상화 계획을 제출하게 하고, 그 가운데 대동, 동남, 동화, 충청, 경기 5개 은행은 1998.6.29. 영업정지 및 계약이전 결정으로 강제 퇴출

• 합병 : 한빛(상업 - 한일), 조흥(조흥 - 강원 - 충북), 합병조건으로 정상화
→ 자산관리공사 부실채권매입, 예금보험공사 증자지원(공적자금)
• 매각 : 부실규모가 큰 제일 · 서울은행 조기 민영화 추진
• 금융지주회사 편입
- 지주회사가 산하 금융기관을 효율적으로 관리하여 금융기관 경쟁력 제고를 위해 2000.10.23. 금융지주회사 도입
* (2001.4.2.) 한빛, 평화, 광주, 경남, 하나로 종금은 예보가 보유하고 있는 금융기관 주식을 현물출자하여 우리금융지주회사 설립
* (2001.9.1.) 제주은행은 신한금융지주 편입

□ 부실금융기관의 자산처리
* 금융구조조정 과정에서 퇴출되는 금융기관들의 자산과 부채 처리 방법
• 계약 이전
- 보유 자산과 부채의 전부 또는 일부를 다른 금융기관에 이전하고 잔여 자산과 부채는 청산
* (1안) 인수은행 이전, (2안) 가교은행으로 이전, (3안) 신설은행 이전
• 합병, 매각, 단순청산
• 자산관리공사의 부실채권 매입
- 특별채권, 일반채권, Workout 채권 등을 여신건전성 판단 후 매입
* (특별채권) 회사정리법이나 화의법의 규정에 따라 법원의 회사정리 또는 화의절차를 밟고 있는 채권
* (Workout 채권) 금융기관 간에 기업개선약정을 체결한 기업의 채권
* (일반채권) 특별채권, Workout 채권을 제외한 채권
* (Workout) 채권 금융기관 주도로 추진하는 구조조정

□ 부실채권의 정리
• 자산의 관리 : 담보물건에 대한 경비, 시설보수 등 담보가치보존, 가압류 등 채권확보, 연대보증인에 대한 변제촉구, 의결권 행사 등
• 기업개선 작업 : 채무의 일부를 탕감해주거나 출자전환 등 채무조정을 실시하고 기업측에도 인원감축, 비업무용 자산 매각, 구주주 지분 삭감 실시
• 채권 직접 회수 : 채무자로부터 직접 변제받거나 담보물을 경매처분하여 회수
• 매각 : 일괄매각 또는 개별매각, 지분매각 실시
• 자산유동화 : 자산보유자는 동 자산을 유동화회사에 이전하고 유동화회사는 이전받은 자산을 담보로 증권(ABS)를 발행하여 투자자들에게 매각하고 그 매각대금을 자산보유자에게 지급
- ABS는 유동화전문회사가 발행한 것이기 때문에 자산보유자는 채권 원리금 상환에 책임을 지지 않음.
- 지급이 매우 확실한 금액만 선순위 채권으로 발행하여 매각하고 나머지 금액은 후순위 채권을 발행하여 자산 보유자가 도로 인수하기도 함.

## 8 관련사례

- 한국자산관리공사 금융기관으로부터 인수한 부실채권을 정리하기 위하여 2010.12.21.자로 인수계약 체결 및 인수대금을 지급한 부실채권에 대해서 2011년에 납세의무가 발생한 근저당이전등기에 대해서는 등록면허세 감면대상이 아님(안행부 지방세운영과-465, 2011.1.27.).
- 대도시 내의 신설법인이 계약이전결정을 받은 부실금융기관으로부터 본점으로 사용하던 부동산을 인수하여 그대로 본점으로 사용하였다 할지라도 법인설립 이후 5년 이내 취득하고 같은 해 소유권 이전등기를 마친 이상 구 지방세법 제13조 제1항 제3호 등록세 중과세 대상이라 하겠으며, 등록세는 감면적용되므로 감면분에 대한 농어촌특별세를 부과처분은 잘못이 없음(행자부 지방세정팀 2004-0176, 2004.6.28.).

# 제57조의 4

## 주거안정 지원에 대한 감면

관련규정

제57조의 4(주거안정 지원에 대한 감면) 「한국자산관리공사 설립 등에 관한 법률」에 따라 설립된 한국자산관리공사가 주택담보대출 상환을 연체하는 자(이하 이 조에서 "연체자"라 한다)의 채무 상환 및 주거 안정을 지원하기 위하여 해당 연체자가 그 주택에 계속 거주하는 내용의 임대차계약을 체결하는 것을 조건으로 취득하는 해당 연체자의 주택에 대해서는 취득세의 100분의 50을 2026년 12월 31일까지 경감하고, 2021년 1월 1일 이후 취득하는 주택으로서 과세기준일 현재 해당 연체자에게 임대 중인 주택에 대해서는 해당 주택에 대한 재산세 납세의무가 최초로 성립하는 날부터 5년간 재산세의 100분의 50을 경감한다.

## 1 개 요

주택담보대출 상환에 어려움을 겪는 연체자의 주거환경개선에 기여하고자 한국자산관리공사가 이들의 주거안정 지원을 위해 제공하는 주택에 대한 감면으로 2021년도에 신설되었으며 현재 2026년말까지 감면 일몰기한이 연장되었다.

## 2 감면대상자

「한국자산관리공사 설립 등에 관한 법률」에 따라 설립된 한국자산관리공사가 이에 해당한다.

## 3 | 감면대상 부동산

주택담보대출 상환에 어려움을 겪는 연체자의 주거환경개선에 기여하고자 한국자산관리공사가 이들의 주택을 매입한 후 다시 이들 연체자들에게 임대하는 경우의 주택이 이에 해당한다.

## 4 | 감면내용

한국자산관리공사가 매입하는 임대주택에 대하여 취득세 및 재산세를 2026.12.31.까지 감면한다.

〈표〉 **한국자산관리공사의 매입임대주택 현황(2024.1.1. 현재)**

| 조문 | 감면내용 | 감면율 |
|---|---|---|
| §57의 4 | 한국자산관리공사가 주택담보대출 상환을 연체하는 자의 주거안정을 지원하기 위하여 해당 연체자가 그 주택에 계속 거주하는 내용의 임대차계약을 체결하는 것을 조건으로 취득하는 해당 연체자의 주택 | 취득세 50%, 재산세 5년간 50% |

## 5 | 사후관리

이 법에서 별도로 감면추징에 관한 사항이 없으므로 취득시 관련법령의 요건을 충족하지 못한 경우에 대해서 추징이 가능하며, 세부적인 추징절차 등에 대해서는 제178조의 해설을 참조하면 된다.

## 6 | 감면신청

한국자산관리공사가 연체자의 주거안정 지원을 위해 취득하는 매입임대주택에 대하여는 이를  증명하는 서류를 첨부하여 감면신청을 하여야 한다. 세부적인 감면신청 절차는 제183조의 해설편을 참조하면 된다.

# 제57조의5

# 프로젝트금융투자회사의 사업 정상화 지원 감면

**관련규정**

제57조의5(프로젝트금융투자회사의 사업 정상화 지원을 위한 감면) ①「조세특례제한법」 제104조의 31 제1항에 해당하는 회사(이하 이 조에서 "프로젝트금융투자회사"라 한다)가 다른 프로젝트금융투자회사의 사업을 정상화하기 위하여 다른 프로젝트금융투자회사 사업장의 부동산을 취득하는 경우 해당 부동산(「자본시장과 금융투자업에 관한 법률」에 따른 집합투자기구로서 한국자산관리공사가 100분의 40 이상을 출자·투자한 집합투자기구의 자금으로 취득하는 부분에 한정한다)에 대해서는 2025년 12월 31일까지 취득세의 100분의 50을 경감한다. 이 경우 「지방세법」 제13조 제2항 본문 및 같은 조 제3항의 세율을 적용하지 아니한다.

② 제1항에 따라 취득세를 경감받은 프로젝트금융투자회사가 정당한 사유 없이 부동산의 취득일부터 2년이 경과할 때까지 해당 부동산을 그 고유업무에 사용하지 아니하는 경우에는 경감된 취득세를 추징한다.

## 1 | 개 요

PF사업의 경우 시중 금리상승 및 부동산 경기침체에 따라 수익성이 크게 악화되어 PF대출 부실과 사업중단 사태 등이 지속적으로 발생하고 있어 PF사업장의 정상화를 위해 세제지원이 필요함에 따라 한국자산관리공사가 출자·투자한 집합투자기구가 간접투자기구를 통해 자산 취득 시 취득세를 감면하도록 규정을 신설하여 2025년 12월 31일까지 한시적으로 감면적용을 받도록 일몰기한이 설계되었다.

## 2 | 감면대상자

「한국자산관리공사 설립 등에 관한 법률」에 따라 설립된 한국자산관리공사와 민간 투자 운영사 등의 공동출자를 통해 'PF 정상화펀드'를 조성하고 해당 자금으로 기존 부실이 우려되는 PFV 사업장의 부동산 등 자산을 취득하는 「조세특례제한법」 제104조의 31 제1항에 해당하는 프로젝트금융투자회사(PFV)가 취득세 감면대상자이며 해당 사업은 사업안정화 이후에는 재매각을 추진하게 된다.

〈그림 1〉 PF 정상화 펀드 조성 및 부동산 취득 구조

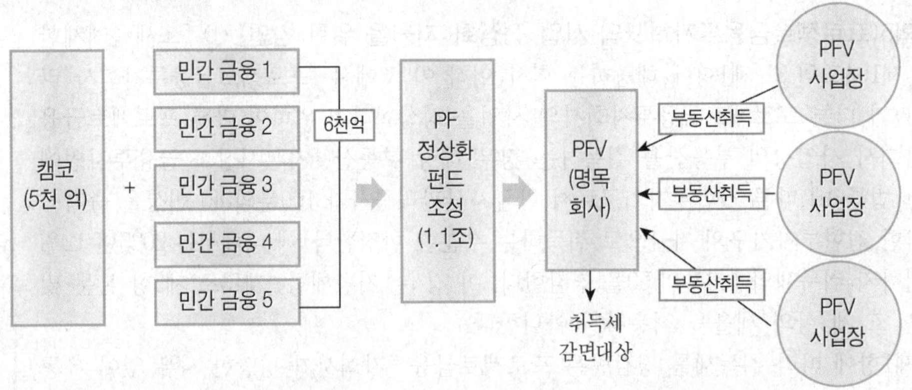


## 3 | 감면대상 부동산

프로젝트금융투자회사(PFV)가 다른 프로젝트금융투자회사의 사업을 정상화하기 위하여 다른 프로젝트금융투자회사 사업장의 부동산을 취득하는 경우 해당 부동산의 감면에 대해서는 「자본시장과 금융투자업에 관한 법률」에 따른 집합투자기구로서 한국자산관리공사가 100분의 40 이상을 출자·투자한 집합투자기구의 자금으로 취득하는 부분에 한정한다.

이 경우 「지방세법」 제13조 제2항 본문 및 같은 조 제3항의 취득세 중과세율을 적용받지 않는다.

〈표 1〉 **부동산 펀드(REF) 및 PFV 비교**

| 구분 | 부동산 펀드(REF) | | 프로젝트금융투자회사(PFV) |
|---|---|---|---|
| | 신탁형 | 회사형 | |
| 근거법령 | 자본시장법 | | 상법, 법인세법, 조특법 |
| 형 태 | 신탁계약 | 주식회사 | 주식회사 |
| 최소자본금 | - | 10억원 | 50억원 |
| 부동산 취득 | 제한 없음 | 총자산의 50%~70% | 제한없음 |
| 부동산 개발 | 제한없음(개발후 임대사업 지속) | | SOC, 주택개발, 설비투자 등 개발사업 |
| 분양(재신탁) | 분양(재신탁) 불가 | | 분양(재신탁) 가능 |
| 자금차입 | 순자산의 400% 이내 | | 제한 없음 |
| 법인세 혜택 | 없음 | 90% 이상 배당 시 비과세 | |

## 4 | 감면내용

프로젝트금융투자회사(PFV)가 부실 PFV의 부동산을 취득하는 경우 현재도 지특법 제180조의 2 제1항 제3호에 따라 대도시 중과세율 배제 특례를 적용하여 취득세 중과세를 제외하고 있으나 2025년부터 추가로 취득세 감면이 신설되었다.

〈표 2〉 **PFV의 부동산 취득 감면 현황(2025.1.1. 현재)**

| 조문 | 감면내용 | 감면율 | 일몰기한 |
|---|---|---|---|
| §57의 5 | 프로젝트금융투자회사(PFV)가<br>다른 PFV 사업장의 부동산을 취득하는 경우 | 취득세 50%<br>취득세 중과배제 | 2025.12.31. |

수도권 지역에서 부동산 취득 시 취득세 중과세율을 8% 적용하나, 상기 「지특법」 중과배제 규정에 따라 PFV가 부동산을 취득하는 경우에 중과적용을 배제하여 4%를 부과하고 있으며 건물 신축의 경우에도 중과대상인 경우 원칙적으로 6.8%의 중과세율을 적용하여야 하나 기본세율 2.8%만이 적용된다 할 것이며 여기서 감면신설로 인해 취득세의 50%를 추가로 감면적용을 받게 된다.

〈표 3〉 **PFV의 부동산 취득시 중과세 배제를 포함한 취득세 감면 효과**

| 구분 | 취득세 과세 | 지특법 특례 (현행) | 취득세 감면 신설 |
|---|---|---|---|
| 수도권 | 중과세율 8% | 중과 배제(4% 적용) | 50% 세액감면 (2% 적용효과) |
| 수도권 외 | 정상세율 4% | - | 50% 세액감면 (2% 적용효과) |

## 5 | 사후관리

취득세를 경감받은 프로젝트금융투자회사가 정당한 사유 없이 부동산의 취득일부터 2년이 경과할 때까지 해당 부동산을 그 고유업무에 사용하지 아니하는 경우에는 경감된 취득세를 추징하며 세부적인 추징절차 등에 대해서는 제178조의 해설을 참조하면 된다.

# 제58조

## 벤처기업 등에 대한 과세특례

관련규정

제58조(벤처기업 등에 대한 과세특례) ①「벤처기업육성에 관한 특별법」에 따라 지정된 벤처기업집적시설 또는 신기술창업집적지역을 개발·조성하여 분양 또는 임대하거나 직접 사용[「벤처기업육성에 관한 특별법」에 따른 벤처기업(이하 이 절에서 "벤처기업"이라 한다)이 벤처기업집적시설을 직접 사용하는 경우로 한정한다]할 목적으로 취득(「산업집적활성화 및 공장설립에 관한 법률」 제41조에 따른 환수권의 행사로 인한 취득을 포함한다)하는 부동산에 대해서는 취득세 및 재산세(벤처기업이 직접 사용하는 경우는 과세기준일 현재 직접 사용하는 부동산으로 한정한다)의 100분의 35(수도권 외의 지역에 소재하는 부동산의 재산세는 100분의 60)를 각각 2026년 12월 31일까지 경감한다. 다만, 그 취득일부터 3년 이내에 정당한 사유 없이 벤처기업집적시설 또는 신기술창업집적지역을 개발·조성하지 아니하는 경우 또는 부동산의 취득일부터 5년 이내에 벤처기업집적시설 또는 신기술창업집적지역의 지정이 취소되거나 「벤처기업육성에 관한 특별법」 제17조의 3 또는 제18조 제2항에 따른 요건을 갖춘 날부터 5년 이내에 부동산을 다른 용도로 사용하는 경우에 해당 부분에 대해서는 경감된 취득세와 재산세를 추징한다.

②「벤처기업육성에 관한 특별법」에 따라 지정된 벤처기업집적시설에 입주하는 벤처기업이 해당 사업에 직접 사용하기 위하여 취득하는 부동산에 대해서는 취득세의 100분의 50을, 과세기준일 현재 해당 사업에 직접 사용하는 부동산에 대해서는 재산세의 100분의 50(수도권 외의 지역에 소재하는 부동산의 경우에는 100분의 60)을 각각 2026년 12월 31일까지 경감한다.

③「벤처기업육성에 관한 특별법」 제17조의 2에 따라 지정된 신기술창업집적지역에서 산업용 건축물·연구시설 및 시험생산용 건축물로서 대통령령으로 정하는 건축물(이하 이 조에서 "산업용 건축물등"이라 한다)을 신축하거나 증축하려는 자(대통령령으로 정하는 공장용 부동산을 중소기업자에게 임대하려는 자를 포함한다)가 취득하는 부동산에 대해서는 2026년 12월 31일까지 취득세의 100분의 50을 경감하고, 그 부동산

에 대한 재산세의 납세의무가 최초로 성립하는 날부터 3년간 재산세의 100분의 50(수도권 외의 지역에 소재하는 부동산의 경우에는 100분의 60)을 경감한다. 다만, 다음 각 호의 어느 하나에 해당하는 경우 그 해당 부분에 대해서는 경감된 취득세 및 재산세를 추징한다.

1. ~ 2. (생 략) ☞ 본문 해설편 참조

【영】 제29조(산업용 건축물 등의 범위) ① 법 제58조 제3항 각 호 외의 부분 본문에서 "대통령령으로 정하는 건축물"이란 다음 각 호의 어느 하나에 해당하는 건축물을 말한다.

1. 「도시가스사업법」 제2조 제5호에 따른 가스공급시설용 건축물[「벤처기업육성에 관한 특별조치법」에 따른 신기술창업집적지역에 설치된 「지방세법 시행령」 제5조 제1항 제4호의 도관시설(연결시설을 포함한다. 이하 같다)의 경우에는 해당 지역에 가스를 공급하기 위한 도관시설로 한정한다] ☞ 2023.3.14. 건축물의 괄호 규정 신설(명확화)
2. 「산업기술단지 지원에 관한 특례법」에 따른 연구개발시설 및 시험생산시설용 건축물
3. 「산업입지 및 개발에 관한 법률」 제2조에 따른 공장·지식산업·문화산업·정보통신산업·자원비축시설용 건축물과 이와 직접 관련된 교육·연구·정보처리·유통시설용 건축물
4. 「산업집적활성화 및 공장설립에 관한 법률」 제30조 제2항에 따른 관리기관이 산업단지의 관리, 입주기업체 지원 및 근로자의 후생복지를 위하여 설치하는 건축물(수익사업용으로 사용되는 부분은 제외한다)
5. 「집단에너지사업법」 제2조 제6호에 따른 공급시설용 건축물[「벤처기업육성에 관한 특별조치법」에 따른 신기술창업집적지역에 설치된 「지방세법 시행령」 제5조 제1항 제4호의 도관시설의 경우에는 해당 지역에 집단에너지를 공급하기 위한 도관시설로 한정한다] ☞ 2023.3.14.. 건축물의 괄호 규정 신설(명확화)
6. 「산업집적활성화 및 공장설립에 관한 법률 시행령」 제6조 제5항 제1호부터 제5호까지, 제7호 및 제8호에 해당하는 산업용 건축물

② 법 제58조 제3항 각 호 외의 부분 본문에서 "대통령령으로 정하는 공장용 부동산"이란 「산업집적활성화 및 공장설립에 관한 법률」 제2조 제1호에 따른 공장을 말한다.

④ 벤처기업에 대해서는 다음 각 호에서 정하는 바에 따라 지방세를 경감한다.

1. 「벤처기업육성에 관한 특별법」 제18조의 4에 따른 벤처기업육성촉진지구에서 그 고유업무에 직접 사용하기 위하여 취득하는 부동산에 대해서는 취득세의 100분의 50을 2025년 12월 31일까지 경감한다.
2. 과세기준일 현재 제1호에 따른 벤처기업육성촉진지구에서 그 고유업무에 직접 사용하는 부동산에 대해서는 재산세의 100분의 35를 2025년 12월 31일까지 경감한다. 이 경우 지방자치단체의 장은 해당 지역의 재정 여건 등을 고려하여 100분의 15의 범위에서 조례로 정하는 율을 추가로 경감할 수 있다.

# 1 | 개 요

민간이나 대학 · 연구기관의 건물을 활용하여 벤처기업이 저렴한 비용으로 입주를 촉진하여 벤처기업의 경쟁력 강화를 통한 지역경제 활성화를 지원하기 위한 세제지원이다.

2010년까지는 구 지방세법 제276조 제3항, 제280조 제3항, 제276조 제1항 및 감면조례(벤처기업육성촉진지구 감면)에서 규정되었으나 2011년부터 현재의 지특법 제58조로 이관되었다. 지방재정 확충 계획에 따라 2014년에는 벤처기업육성촉진지구 감면이, 2015년에는 벤처기업집적시설 · 신기술창업집적지역 감면이 일부 축소되었고 제4항의 2016년 말 벤처기업육성촉진지구 내 벤처기업 감면의 일몰도래시 2019년 12월 31일까지 3년간 연장되었다.

2017년 말에는 제1항의 벤처기업집적시설 및 신기술창업집적지역의 개발 · 조성하기 위한 분양 임대용 부동산과 제3항의 신기술창업집적지역의 산업용 건축물 등에 대한 감면 규정이 2020년 12월 31일까지 3년간 연장되었으며, 2018년 말에는 벤처기업집적시설 및 「산업기술단지 지원에 관한 특례법」에 따라 조성된 산업기술단지에 입주하는 자에 대한 중과세 배제 규정이 유사사업 간의 일몰시기를 일치시키기 위해 2020년까지 연장되었으며, 현재 벤처기업집적시설에 대한 감면은 2025년까지 지속 연장되고 있다. 2024년에는 벤처기업시설 등에 대해 감면을 축소(취득 · 재산세 50%→35%)하되 비수도권에 대해서는 재산세의 감면을 확대(50%→60%)하면서 산업기술단지에 대한 감면을 산업단지(제78조) 감면 규정으로 이관하였고, 일몰기한도 2026년까지 연장하였다.

# 2 | 감면대상자

## 2-1. 벤처기업집적시설, 신기술창업지역 등의 사업시행자

「벤처기업육성에 관한 특별조치법」에 따라 지정된 벤처기업집적시설 또는 신기술창업집적지역을 개발 · 조성하는 자인 사업시행자가 이에 해당된다.

### 2-1-1. 벤처기업집적시설

도심 내 벤처기업의 입주를 위해 일정요건을 갖춘 건축물을 벤처기업집적시설로 지정하고 각종 세제혜택 및 부담금[125] 면제 등을 통해 벤처활성화를 도모하고자 도입된 제도이

125) 개발부담금, 농지전용부담금, 농지보전부담금, 대체초지조성비, 교통유발부담금, 미술장식설치의무 등 면제

다. 주로 도심지역에서 지정되며 지식산업센터와 입지여건 등이 유사하다. 2019년 현재 101개 시설이 지정되어 있다.

〈표 1〉 **벤처기업집적시설과 지식산업센터 비교**

| 구분 | 벤처기업집적시설 | 지식기반센터(舊 아파트형 공장) |
|---|---|---|
| 도입목적 | • 기존기업의 벤처기업 전환, 벤처기업 창업촉진 | • 산업집적 활성화, 공장설립 지원 |
| 근거법규 | • 벤처기업육성에 관한 특별조치법 | • 산업집적 활성화 및 공장설립에 관한 법률 |
| 입지요건 | • 공업지역 외 일반 상업지역까지 입지 가능 | • 기존 공업지역 내에서만 입지 가능 |
| 형 태 | • 전용 600㎡ 이상, 연면적 70%(비수도권은 50%) 이상 사용<br>• 4개 이상 벤처기업(수도권 이외는 3개) | • 3층 이상의 집합건축물<br>• 6개 이상의 공장이 입주 |
| 운영실태 | • 전국 83개 시설 지정(2011년)<br>- 수도권 55개(66%), 지방 28개(34%)<br>- 입주기업 대부분 임대 사용 | • 전국 379개 시설(2007년)<br>- 수도권 186개(49%), 지방 193개(51%)<br>- 입주기업 대부분 자가소유(약 75%) |
| 입지요건 | • 공업지역 외 일반 상업지역까지 입지 가능 | • 기존 공업지역 내에서만 입지 가능 |

#### 2-1-1-1. 벤처기업집적시설 등을 개발 · 조성하여 직접 사용하는 경우

벤처기업집적시설 또는 신기술창업집적지역에 대한 감면요건을 벤처기업집적시설 등을 개발 · 조성하는 자가 분양 또는 임대할 목적으로 취득하는 부동산만을 감면대상으로 하고 있어 벤처기업집적시설 등을 개발 · 조성하고 그 시행자가 직접 사용하는 경우라 하더라도 이는 분양 또는 임대할 목적이 아니라 자기가 직접 사용할 목적에 해당되므로 제58조 제1항에 따른 감면대상으로 보기는 어렵다 하겠다. 이는 본 규정이 벤처기업집적시설 개발 · 조성 활성화를 위한 것이지만, 사업시행자가 직접 사용하기 위해 개발 · 조성하는 경우까지를 전제로 입법을 하지 않는 것으로 보여진다. 한편, 산업단지의 경우 사업시행자가 개발 · 조성 후 직접 사용하는 경우에도 감면 규정(§73 ③)이 있다. 향후에는 벤처기업집적시설의 경우도 이에 대한 입법보완의 필요성이 있다 하겠다.

#### 2-1-1-2. 벤처기업집적시설로 지정받지 않은 상황에서 토지를 취득했고 이후 그 해당 토지가 벤처기업집적시설로 지정받는 경우

제58조 제1항에서 "벤처기업집적시설(이하 해당 시설)로 지정을 받은 후 사업시행자가 부동산을 취득하는 경우"라고 규정하고 있음에도 현실적으로 해당 시설로 사용할 목적으로 취득하는 토지에 대해서는 감면 적용에 어려운 점이 있다. 그 이유는 벤처기업집적시설의 지정 및 관리지침(중기청 고시 제2013-37호)에서 신축 예정인 건축물을 해당 시설로 지정

받기 위한 절차가 까다롭기 때문이다. 그런데 최근에 해당 시설로 지정받지 않는 상황에서 취득하는 토지에 대해 취득세 등을 감면하도록 판결(대법원 2014두35942, 2014.11.13. 참조)하였다. 이는 벤처기업집적시설로 지정되기 전에 취득한 부동산에 대하여 취득세 등을 감면받았다고 하더라도, 그 취득일부터 3년 이내에 정당한 사유 없이 벤처기업집적시설을 개발·조성하지 않는 등의 일정한 사유가 발생하면 과세관청으로서는 감면된 취득세 등을 추징할 수 있으므로, 벤처기업집적시설의 지정 전에 취득한 부동산을 취득세 등의 감면대상에서 제외할 현실적인 필요성이 크지 않은 점, 해당 시설 사업시행자에게 감면혜택을 주는 대신에 임대료를 저렴하게 하여 벤처기업을 많이 입주시키라는 점을 고려할 때 단지 토지 취득 시기가 해당 시설로 지정되기 이전이라는 이유만으로 감면을 배제하는 것은 불합리하다는 것이다. 다만, 이 법에서 굳이 "해당 시설로 지정을 받은 경우"로 한정한 취지가 당초 이 법이 처음 입법될 당시에는 토지를 취득하고 개발·조성을 통한 절차보다는 기존에 완공된 유휴 건축물을 대상으로 벤처기업집적시설의 입법 취지가 있지 않았나 판단된다. 하지만, 판례에서 보듯이 해당 시설 지정 이전과 이후를 차별할 합리적 이유가 크지 않음을 고려할 때 향후에는 이에 대한 제도개선이 필요하다고 본다.

**2-1-1-3. 벤처기업 등 재산세 감면 적용 특례 개정 취지(§58 ④ 2호, 부칙 §5의 2 ①)**

2012년 1월 1일부터 시행된 벤처기업에 대한 재산세 감면은 종전 조례 감면으로 재산세를 5년간 감면한다는 규정이 삭제되고 벤처기업육성촉진지구 내에서 입주하는 벤처기업에 대한 재산세는 감면기간에 상관없이 매년 재산세 감면이 되도록 개정되어 종전 조례의 ⅰ) 5년간 감면을 보장받아야 할 벤처기업 등에 대해서는 감면보장이 없어지고 ⅱ) 오히려 5년간 감면받은 벤처기업 등은 다시 감면되는 문제가 발생하게 되었다. 이에 종전 감면조례 운영과 동일하게 재산세 납세의무가 성립하는 날부터 5년간은 재산세를 감면하고 이후에는 감면이 종료되도록 벤처기업 취득 부동산으로서 2011년 12월 31일 이전에 취득한 부동산의 재산세 감면에 대해 기존 조례규정을 적용하도록 관련 부칙규정이 개정되었다.

〈표 2〉 **벤처기업육성촉진지구 내 입주기업 신·구조문 대비표**

| 종전 감면조례 | 현행 지특법 규정(제58조 제4항) |
|---|---|
| 표준조례(벤처기업육성촉진지구에 대한 감면)<br>「벤처기업육성에 관한 특별조치법」에 따른 벤처기업이 같은 법 제18조의 4에 따른 벤처기업육성촉진지구 내에서 해당 사업을 영위하기 위하여 취득하는 부동산에 대하여는 납세의무가 최초로 성립되는 날부터 5년간 재산세를 면제한다. | ④「벤처기업육성에 관한 특별조치법」에 따른 벤처기업에 대해서는 다음 각 호에서 정하는 바에 따라 2013년 12월 31일까지 지방세를 경감한다.<br>2. …(생 략)… 재산세의 100분의 50을 경감한다.<br>〈부칙〉 제5조의 2(벤처기업 등에 대한 재산세 감면에 관한 경과조치) ① …(생 략)… 그 고유업무에 사용하기 위하여 2011년 12월 31일 이전에 취득한 부동산에 대한 재산세 감면에 관하여는 제58조 제4항 제2호의 개정규정에도 불구하고 종전의 해당 조례에 따른다. |

**2-1-1-4. 제58조 제1항에 따른 취득세 감면대상 벤처기업집적시설(건축물)에 그 부속토지가 포함되는지 여부**

제58조 제1항에서 벤처기업육성에 관한 특별조치법에 따라 지정된 벤처기업집적시설을 개발·조성하여 분양·임대할 목적으로 취득하는 부동산에 대하여는 취득세를 면제한다고 규정하고 있는데, 여기서 벤처기업집적시설에 그 부속토지도 해당되는지에 대해 살펴보면,

벤처기업육성에 관한 특별조치법에서 "벤처기업집적시설"이란 벤처기업 및 대통령령으로 정하는 지원시설을 집중적으로 입주하게 함으로써 벤처기업의 영업활동을 활성화하기 위하여 제18조에 따라 지정된 건축물을 말한다고 규정(§2 ④)하고 있고 벤처기업집적시설을 설치하거나 기존의 건축물을 벤처기업집적시설로 사용하려는 자는 대통령령으로 정하는 연면적 이상인 경우 시·도지사로부터 그 지정을 받을 수 있다(§18 ①). 지정받은 사항을 변경하는 경우에도 또한 같다고 규정하고 있다. 한편, 같은 법 시행령 제11조의 8 제1항에서 "대통령령으로 정하는 연면적"이란 건축물의 연면적이 1,200㎡ 이상인 경우를 말한다. 다만, 건축물의 일부를 지정받으려는 경우에는 각 층 연면적의 50% 이상을 지정대상에 포함하여야 한다고 규정하고 있다. 이상을 종합하여 볼 때, 지정된 벤처기업집적시설이란 같은 법 제18조 제1항에 따라 지정된 건축물을 말한다고 할 것으로 그 부속토지의 경우 벤처기업집적시설 건축에 필수적으로 수반된다고 하더라도 벤처기업집적시설 지정대상이 아니어서 취득세 감면대상 벤처기업집적시설에 포함되지 않는다 할 것이다.

**2-1-1-5. 벤처기업집적시설 용도 이외의 부분을 사용하는 경우**

벤처기업집적시설이란 전용면적 1,200㎡ 이상 건축물에 4개 이상 벤처기업(지방은 3개)

을 유치해야 하고 연면적의 70% 이상을 벤처기업이 사용하면 이에 해당된다. 벤처기업집적시설을 개발·조성하기 위한 사업시행자는 벤처기업집적시설 개발 목적이 대부분 분양·임대용(전국 벤처기업집적시설의 약 80% 수준)에 해당된다. 벤처기업집적시설 요건을 갖추고 나머지 여유분에 대해서 사업시행자가 벤처기업집적 용도 외로 사용하는 경우에는 이는 벤처기업집적시설로의 분양·임대용이 아닌 목적 외의 사용분에 해당되므로 제58조 제1항의 감면요건에 의한 감면대상 부동산에 해당되지 않는다 하겠다.

### 2-1-2. 신기술창업집적지역

신기술창업집적지역이란 대학·연구소 내 공장등록과 각종 특례를 허용하도록 지정된 집적지역이다. 세부사항은 다음 표의 내용과 같다.

〈표 3〉 **신기술창업집적지역 제도 개요**

| 구분 | 내 용 |
|---|---|
| 도입목적 | • 대학·연구기관 등의 부지 내에서 제한적으로 공장입지 제공을 통한 산학연구 활성화 |
| 지정요건 | • 대학·연구소 전체 부지 면적의 30% 이내<br>• 집적지역 지정 면적이 3천㎡ 이상<br>• 집적지역 개발계획 실현 가능성(자금조달, 입주여건 등) |
| 지정특례 | • 대학·연구소 부지 내 공장설립이 가능하도록 건축물 용도 변경(교육시설→공장)이 용이하여 창업기업 등의 도시형공장[126] 등의 설치가 가능토록 허용<br>※ 용도 지역 내 녹지지역 등 일부 지역은 제외 |
| 운영실태 | • 전국 11개 지역 지정(2011년) : 입주기업 121개, 고용인원 1,262명 |
| 인센티브 | • 용도지역 및 용도지구 내 건축제한 완화<br>• 도시지역 내 1만㎡ 이상의 집적지역의 경우 도시첨단산업단지로 의제<br>• 입주기업 및 지원시설 설치·운영자에게 국·공유지의 임대 및 영구시설물 축조 허용, 임대료 감면, 임대기간 연장<br>• 집적지역 내 도시형공장의 설치 허용<br>• 각종 부담금 면제 및 미술장식 설치의무 배제<br>• 벤처집적시설에 적용된 각종 부담금[127] 등 면제(벤특법 §22) |

126) 첨단산업의 공장, 공해발생정도가 낮은 공장 및 도시민생활과 밀접한 관계가 있는 공장(산집법 제28조)을 말한다. 다만, 다음의 공장은 도시형공장 대상에서 제외된다.
① 특정대기유해물질을 배출하는 대기오염물질배출시설을 설치하는 공장 ② 대기오염물질배출시설을 설치하는 공장으로서 동법 시행령 별표 8의 1종사업장 내지 3종사업장에 해당하는 공장 ③ 특정수질유해물질을 배출하는 폐수배출시설을 설치하는 공장(폐수를 전량 위탁처리하는 공장은 제외) ④ 폐수배출시설을 설치하는 공장으로서 동법 시행령 별표 1의 1종사업장 내지 4종사업장에 해당하는 공장

127) ⅰ) 개발부담금(개발이익환수에 관한 법률 §5) ⅱ) 농지전용부담금(농지법 §38) ⅲ) 대체산림자원조성

〈표 4〉 **신기술창업집적지역 지정 현황(2011년 기준)**

| 지정연도 | 집적 지역명 | 사업자 | 면적(㎡) | 입주기업(개) | 고용인원(명) |
|---|---|---|---|---|---|
| 2008 | HNU Science Park | 한남대 | 9,603 | 6 | 83 |
| | 호서벤처밸리 | 호서대 | 9,917 | 5 | 380 |
| 2009 | 배재대 산학협력관 | 배재대 | 8,028 | 32 | 117 |
| | 동국바이오 파크 | 동국대 | 10,279 | 1 | 5 |
| | 영동 테크노밸리 | 영동대 | 9,800 | 3 | 45 |
| | HISTEC | 한밭대 | 8,036 | 4 | 12 |
| 2010 | Eco-Green 테크노밸리 | 전북대 | 33,000 | 15 | 300 |
| | Marine Techno Valley | 목포해양대 | 6,600 | 14 | 80 |
| | 차세대녹색기술창업플라자 | 단국대 | 6,611 | 30 | 120 |
| | 새만금 녹색융복합테크노밸리 | 군산대 | 19,800 | 6 | 100 |
| 2011 | 벤처이노베이션 팩토리단지 | 카이스트 | 11,280 | 5 | 20 |

### 2-1-3. 산업기술단지(테크노파크, TP)

지역기술혁신 촉진을 위해 연구개발 · 창업보육 · 시험생산 · 기업지원서비스 기능 등을 집적하는 거점단지(Hub)를 조성하고, 지역혁신주체 간 연계 · 조정 및 지역혁신사업 효율화를 통해 기술혁신형 중소기업 육성 및 지역별 전략산업 육성을 도모하기 위해 1998년부터 산업기술단지를 조성하였다. 운영현황은 2010년 현재 지역별로 현재 14개 TP를 지정 · 운영 중에 있으며 총 1,506개 기업이 입주해 있다.

### 2-1-4. 벤처기업육성촉진지구

벤처기업육성에 관한 특별조치법에 따라, 벤처기업이 자연발생적으로 집적되어 있거나, 대학, 연구소 등이 소재하고 벤처기업 증가세가 두드러지게 나타나는 등 성장잠재력이 큰 지역을 촉진지구로 지정하여 기반시설 구축, 경영지원, 제도개선(조세감면, 규제완화 등), 자금, 입지, 인력 등 중소기업청 지원사업시 우대 등 체계적 지원을 실시하는 제도이다. 사업추진 절차를 보면 촉진지구 지정은 시 · 도지사가 하고 심의위원회에서 심의를 거쳐 중소기업청장이 최종 지정을 한다. 대상업종은 지식기반, 정보통신업종이며 2011년 현재 25개 지역 · 지구가 지정되어 있다.

---

비(산지관리법 §19) iv) 농지보전부담금(농지법 §40) v) 대체초지조성비(초지법 §23) vi) 교통유발부담금(도시교통정비 촉진법 §18) vii) 미술장식 설치의무(문화예술진흥법 §11)

## 2-2. 벤처기업집적시설, 산업기술단지 등에 입주하는 자

위 벤처기업집적시설 또는 신기술창업집적지역 등의 사업시행자가 설립한 벤처기업집적시설 등에 입주하는 벤처기업 설립·운영자가 이에 해당한다. 2019년 현재 전국 101개 벤처기업집적시설에서 2,460여 개 업체가 입주하여 운영중에 있고 이 중 벤처기업은 약 1,000개에 이른다.

### 2-2-1. 벤처기업집적시설 입주기업의 범위(§58 ② 괄호)

벤처기업집적시설에 입주하는 자에 대해서는 취득세 등의 중과세 적용이 배제된다. 여기서 벤처기업집적시설에 입주하는 자에 대한 감면 적용범위를 벤처기업으로 한정하고 있는데, 이는 벤처기업집적시설이 해당 건물 연면적의 70% 이상, 4개 이상의 벤처기업이 입주하면 되는 것으로, 이러한 벤처기업 이외에 일반 입주기업에 대해서는 중과세 적용 예외를 인정하지 않겠다는 것이다. 한편, 벤처기업이란 「벤처기업육성에 관한 특별조치법」 제2조의 2에 따른 벤처기업을 말한다.

# 3 특례내용

## 3-1. 세목별 감면율

벤처기업집적시설, 신기술창업집적지역, 벤처기업육성촉진지구 등의 사업용 부동산 등에 대해서는 2026년 12월 31일까지 다음과 같이 지방세를 각각 감면한다.

〈표 5〉 **벤처기업집적시설 등 감면 현황(2024.1.1. 현재)**

| 조문 | 감면대상 | 감면율 |
|---|---|---|
| §58 ① | 벤처기업집적시설, 신기술창업집적지역 분양·임대용 부동산 | 취득세·재산세 35%<br>단, 비수도권은 재산세 60% |
| §58 ② | 벤처기업집적시설, 산업기술단지에 입주하는 자가 취득하는 부동산 | 취득세 50%, 재산세 35%<br>단, 비수도권은 재산세 60% |
| §58 ③ | 신기술창업집적지역에서 산업용건축물을 신·증축하는 경우 | 취득세 50%, 재산세 50%(3년간) |
| §58 ④ | 벤처기업육성촉진지구 내 고유업무 직접 사용 부동산 | 취득세 50%, 재산세 50%<br>단, 비수도권은 재산세 60%<br>* (법정)35% + (조례)15% 추가 가능 |

### 3-2. 신기술창업집적지역의 건축물 등 감면 범위

#### 3-2-1. 산업용 건축물 등 감면 범위(지특법 시행령 §29 ①)

산업용 건축물, 연구시설 및 시험생산용 건축물은 「지방세특례제한법 시행령」 제29조 제1항에서 '산업용 건축물등'을 규정하여 아래 건축물이 모두 포함되어 신축하거나 증축하는 건축물이 감면대상에 해당되며 2023년 3월 14일 시행령 개정・시행에 따라 신기술창업집적지역(지특법 §58 ③)에 대한 감면규정에서 감면대상 산업용 건축물 등의 범위 중 가스・집단에너지공급시설용 도관시설(지방세법 시행령 §5 ① 4호)에 대해서는 해당 감면지역에 공급하는 경우로 한정토록 하였으며 이는 종전의 과세운영과 동일한 운영사항으로 해당 규정을 명확히 하기 위함이다.

> 1. 「도시가스사업법」 제2조 제5호에 따른 가스공급시설용 건축물[「벤처기업육성에 관한 특별조치법」에 따른 신기술창업집적지역에 설치된 「지방세법 시행령」 제5조 제1항 제4호의 도관시설(연결시설을 포함한다. 이하 같다)의 경우에는 해당 지역에 가스를 공급하기 위한 도관시설로 한정한다]
> 2. 「산업기술단지 지원에 관한 특례법」에 따른 연구개발시설 및 시험생산시설용 건축물
> 3. 「산업입지 및 개발에 관한 법률」 제2조에 따른 공장・지식산업・문화산업・정보통신산업・자원비축시설용 건축물과 이와 직접 관련된 교육・연구・정보처리・유통시설용 건축물
> 4. 「산업집적활성화 및 공장설립에 관한 법률」 제30조 제2항에 따른 관리기관이 산업단지의 관리, 입주기업체 지원 및 근로자의 후생복지를 위하여 설치하는 건축물(수익사업용으로 사용되는 부분은 제외한다)
> 5. 「집단에너지사업법」 제2조 제6호에 따른 공급시설용 건축물 건축물[「벤처기업육성에 관한 특별조치법」에 따른 신기술창업집적지역에 설치된 「지방세법 시행령」 제5조 제1항 제4호의 도관시설의 경우에는 해당 지역에 집단에너지를 공급하기 위한 도관시설로 한정한다]
> 6. 「산업집적활성화 및 공장설립에 관한 법률 시행령」 제6조 제5항 제1호부터 제5호까지, 제7호 및 제8호에 해당하는 산업용 건축물

#### 3-2-2. 공장용 건축물 감면 범위(지특법 시행령 §29 ②)

「지방세특례제한법 시행령」 제29조 제1항 제3호에 따른 공장의 용도에 사용되는 부동산을 말하며, 이 경우 본문 규정에 따라 산업용 건축물 중 공장용 부동산을 중소기업자에게 임대하려는 자를 포함하여 감면하도록 하고 있어 공장용 부동산에 대해서는 감면기준을 완화하고 있으며 '17년 말 법조문에 위임규정을 두고 시행령에 개정사항을 반영하여 공장용 부동산과 산업용 부동산을 감면범위를 구분한 것으로 보여진다.

따라서, 「산업입지 및 개발에 관한 법률」 제2조에 따른 공장 · 지식산업 · 문화산업 · 정보통신산업 · 자원비축시설용 건축물과 이와 직접 관련된 교육 · 연구 · 정보처리 · 유통시설용 건축물의 경우에는 공장용 부동산으로서 신 · 증축 이후 직접 사용하지 않고 중소기업자에게 임대하는 경우에도 감면 적용을 받을 수 있도록 명확히 규정하게 되었다.

다만, 지방세특례제한법 제78조 제4항 가목의 산업단지 입주기업에서 감면대상인 공장은 시행령 제29조 제3호에 해당하는 공장으로서 공장용 건축물은 시행규칙에 따라 「지방세법 시행규칙」 별표 2에서 규정하는 업종의 공장으로서 생산설비를 갖춘 건축물의 연면적(옥외에 기계장치 또는 저장시설이 있는 경우에는 그 시설물의 수평투영면적을 포함한다)이 200제곱미터 이상인 것으로 건축물의 연면적에는 그 제조시설을 지원하기 위하여 공장경계구역 안에 설치되는 종업원의 후생복지시설 등 각종 부대시설(수익사업용으로 사용되는 부분은 제외한다)을 포함하도록 하고 있어 신기술창업집적지역의 공장용 부동산과 그 범위를 달리하고 있다 할 것이다.

### 3-3. 건축중인 부속토지에 대한 특례(영 §123)

벤처기업집적시설 등의 용도로 사용할 건축물을 건축중인 경우에는 해당 용도로 직접 사용하고 있는 것으로 의제(擬制)하여 해당 건축물의 부속토지에 대한 재산세를 계속 감면한다.

### 3-4. 자동계좌이체 납부분 재산세 세액공제(§92의 2)

벤처기업집적시설 등에 대해서 전자송달 또는 자동계좌이체 방식으로 납부할 재산세(§58 ①·③·④)를 자동납부 신청하는 경우에는 지방자치단체의 조례로 정하는 바에 따라 추가로 재산세를 공제(150원~1,000원)받을 수 있다. 자동납부 신청 세액공제에 관한 세부사항은 제92조의 2의 해설편을 참조하면 된다.

## 4 지방세특례의 제한(§178)

벤처기업집적시설(§58 ①), 신기술창업집적지역(§58 ③) 신·증축용 부동산 감면을 받고 다음 표의 감면요건을 위반하는 경우에는 감면받은 취득세 등을 추징한다. 그 외 벤처기업육성촉진지구(§58 ④)에 대해서는 제178조에 따라 감면요건을 위반하는 경우에는 감면받은 취득세가 추징된다. 여기서 감면요건 위반이란 대부분 해당 법인·단체 등이 그 고유업무

에 직접 사용하지 않거나 다른 용도로 사용하는 것 등을 말한다. 감면의무위반 사항에 대한 세부적인 내용은 제178조의 해설편의 내용과 같다.

> • (§58 ① 단서) 그 취득일부터 3년 이내에 정당한 사유 없이 벤처기업집적시설 또는 신기술창업집적지역을 개발 · 조성하지 아니하는 경우 또는 부동산의 취득일부터 5년 이내에 벤처기업집적시설 또는 신기술창업집적지역의 지정이 취소되거나 「벤처기업육성에 관한 특별조치법」 제17조의 3 또는 제18조 제2항에 따른 요건을 갖춘 날부터 5년 이내에 부동산을 다른 용도로 사용하는 경우에 해당 부분에 대해서는 경감된 취득세와 재산세를 추징한다.
> • (§58 ③ 단서) 다만, 다음 각 호의 어느 하나에 해당하는 경우 그 해당 부분에 대해서는 경감된 취득세 및 재산세를 추징한다.
> 1. 정당한 사유 없이 그 취득일부터 3년이 경과할 때까지 해당 용도로 직접 사용하지 아니하는 경우
> 2. 해당 용도로 직접 사용한 기간이 2년 미만인 상태에서 매각 · 증여하거나 다른 용도로 사용하는 경우

## 5 감면신청(§183)

벤처기업집적시설 등의 부동산에 대해 지방세를 감면받으려는 경우에는 해당 지방자치단체의 장에게 벤처기업집적시설 인증서 등의 서류를 첨부하여 감면신청을 하여야 한다. 세부적인 감면신청 절차 등에 대해서는 제183조의 해설편을 참조하면 된다.

## 6 관련사례

> ▣ 이 건 부동산을 벤처기업집적시설 개발 · 조성하기 위하여 취득하여 감면을 받은 후, 감면유예기간(3년) 이내 이 건 산업단지 관리기본계획의 변경에 따라 개발 · 조성하지 않고 매각한 것에 정당한 사유가 있다고 볼 수 있는지 여부
>
> 이 건 부동산을 제조업 이외의 벤처기업집적시설 및 지원시설로 개발 · 조성하기 위하여 진지한 노력을 다한 것으로 볼 수도 없어 청구법인이 감면유예기간(3년) 이내에 이 건 산업단지 관리기본계획의 변경에 따라 개발 · 조성하지 않고 매각한 것에는 정당한 사유가 있다고 볼 수 없으므로 처분청이 청구법인의 경정청구를 거부한 처분은 달리 잘못이 없다고 판단됨 (조심 2023지0590, 2024.3.11.).

■ 벤처기업집적시설 내에 입주대상 기업이 아닌 경우 감면 여부

벤처기업집적시설을 개발 · 조성한 자가 벤처기업이 아니고, 벤처기업집적시설의 입주대상 기업도 아닌 경우라면 해당 기업이 입주하여 직접 사용하는 부분은 「지방세특례제한법」 제58조 제1항에 따른 감면 대상이 아님(지방세특례제도과-2226, 2023.8.24.).

■ 벤처기업집적시설을 임차하는 자가 중소기업이 아닌 비영리법인인 경우

벤처기업집적시설을 임대하는 경우 이를 사용하는 임차인이 벤처기업으로 확인받은 기업 등 중소기업에 해당되어야 감면대상에 해당하는 것으로 중소기업자가 아닌 비영리법인에게 임대한 경우에는 취득세 감면대상이 아님(행안부 지방세특례제도과-625, 2021.3.12.).

■ 건축물 취득일로부터 5년 내 벤처기업집적시설로 사용하지 아니한 경우 추징 여부

법인이 평일에는 건축물을 벤처기업집적시설로 사용하면서 주말에 한하여 고유업무에 지장을 초래하지 않는 범위 내에서 예식장의 연회장 등의 용도로 임대한 것을 벤처기업집적시설로 사용하지 아니한 것으로 보아 기 감면한 취득세 및 재산세 등을 부과한 처분은 잘못이 있다고 판단됨 다만, 건축물 중 폐백실 등으로 사용되는 부분과 일반 식당, 치과, 문구점, 꽃집 등의 근린생활시설로 이용되고 있고 그 이용자가 불특정다수인으로 나타나므로 이를 입주기업의 종업원을 위한 업무효율 증진이나 편의를 제공하는 후생복지시설로 보기에는 무리가 있어 부과처분은 타당함(조심 2017지0548, 2018.11.15.).

■ 개인사업자가 법인으로 전환하여 벤처기업으로 확인받은 경우 감면대상 여부

법인이 개인사업자와 상호, 대표자 및 영업장 소재지가 동일한 점, 법인이 개인사업자가 영위하던 업종인 합성수지 도소매업 및 무역업을 목적사업에 포함하여 설립된 점 등에 비추어 처분청이 청구법인을 개인사업자에서 법인으로 전환한 것으로 보아 경정청구를 거부한 처분은 잘못이 없다고 판단됨(조심 2017지0201, 2017.5.17.).

■ 토지를 취득한 후 벤처기업집적시설로 지정된 경우 감면 여부

토지의 취득 당시 소프트웨어집적시설(소프트웨어진흥시설)로 지정되진 않았지만 벤처기업집적시설용으로 용도를 한정하여 법인에게 매각하였고, 토지를 벤처기업집적시설의 용도밖에 사용할 수 없는 것이 명확하며 추후 실제 사용 여부에 의해 취득세를 추징할 수 있는 점 등에 비추어 토지를 취득한 후 벤처기업집적시설로 지정된 경우라도 취득세 면제 대상에 해당됨(조심 2014지1429, 2015.3.23.).

■ 벤처기업집적시설 입주기업 중 일부가 규모의 확대로 중소기업에 해당하지 않게 되어, 벤처기업집적시설의 지정요건을 충족하지 못하게 된 경우, 다른 용도로 사용하는 경우에 해당하는지 여부

- 벤처기업집적시설은 지정받은 날부터 1년 이내에 연면적의 100분의 70(「수도권정비계획법」 제2조 제1호에 따른 수도권 외의 지역은 100분의 50) 이상을 벤처기업 등 대통령령으로 정하는 기업이 사용하게 하는 요건을 갖추어야 하나, 요건을 갖춘 날부터 5년 이내에 그 요건을 유지하지 아니한 경우라면 벤처기업집적시설에 해당되지 않는다 할 것이며 그 부동산을 다른 용도로 사용하는 경우에 해당하는 것으로 보아야 함(행자부 지방세특례제도과-768, 2015.3.13.).
- 소상공인지원 특별조치법 규정에 의한 확인을 받은 자에 대해 지방세를 과세함에 있어 3배

중과세율을 적용하지 아니한다고 규정되어 있으나, 소상공인지원 특별조치법 제5조 규정이 2002.12.29. 삭제되어 현행 지방세법(§280 ③)적용불가(행자부 세정-876, 2005.5.26.)

- 취득일부터 5년 내에 벤처기업집적시설 지정취소된 경우 그 해당 부분에 대하여는 감면된 지방세를 추징하는 것으로 벤처기업집적시설사업시행자가 일정요건을 구비하지 못하여 그 지정이 취소된 경우에는 취소된 전체면적에 대해 추징함(행자부 세정-1128, 2004.5.12.).
- 벤처기업집적시설사업시행자가 부동산 취득 후 벤처기업집적시설로 지정받은 후 일부는 벤처기업에게 임대하고 일부는 벤처기업인 벤처기업집적시설 조성자가 직접 사용하는 경우뿐만 아니라 전부를 직접 사용하는 경우라도 벤처기업집적시설 외의 다른 용도로 사용하지 아니한 경우라면 그 해당 부분은 감면됨(행자부 세정 13407-610, 2001.11.30.).
- 벤처집적시설에 대해 대수선을 한 경우 건축의 범위에는 대수선이 없더라도 취득의 범위에는 일체의 취득이기 때문에 취득세 납세의무가 있는 것이며, 벤처집적시설을 취득한 이후에 대수선하는 경우에는 이미 분양·임대가 완료된 후에 대수선한 결과가 되는 것이므로 과세대상에 해당함(행자부 세정 13407-11, 2001.7.2.).
- 건축물의 일부가 벤처기업집적시설로 지정되지 않은 부분을 증여받은 후 나중에 벤처기업집적시설로 지정받으면 그 부동산은 취·등록세 면제대상이 아니나 재산세는 과세기준일 현재 벤처기업집적시설로 지정되어 있으면 감면대상임(행자부 세정 13407-525, 2001.5.16.).
- 벤처기업집적시설시행자가 벤처기업집적시설로 지정된 기존 건축물을 분양·임대할 목적으로 취득 후 벤처기업에게 분양·임대하는 경우 동 벤처기업집적시설에 대한 취득세와 벤처기업집적시설시행자가 기존 소유하고 있는 건축물을 벤처기업집적시설로 개발조성하여 분양·임대할 경우에 재산세 감면대상임(행자부 세정 13407-869, 2000.7.7.).
- 「벤처기업특별조치법」에 따른 벤처기업집적시설로 지정받을 수 있는 건축물은 벤처기업, 지원시설물, 관련시설 등의 면적비율을 각각의 호로 규정하고 있으므로 벤처기업집적시설로 지정받은 건축물 면적 전체가 감면대상임(행자부 세정 13430-234, 1999.11.29.).
- 구 정통부장관으로부터 소프트웨어진흥시설로 지정받아 취득세를 감면받은 부동산을 대기업에 임대하였다 하더라도 그 대기업도 구 정통부장관이 지정한 입주적격업체에 해당한다면 취득세 등 추징대상이 아님(조심 2012지0478, 2012.10.12.).
- 벤처기업집적시설이 경매절차에 들어가자 입주자들을 보호하기 위하여 부득이 매각한 경우 정당한 사유에 해당하지 않음(행자부 심사 2005-6, 2005.2.3.).
- 부도발생 등으로 법정관리절차가 진행되므로 유예기간 내 벤처기업집적시설을 조성하지 못한 채 매각한 경우 정당한 사유로 볼 수 없음(행자부 심사 2004-373, 2004.12.29.).
- 부동산을 식당 및 방제·기계실로서 벤처기업집적시설로 지정을 받아 취득 후 벤처기업시설을 갖추지 않고 계속 고급오락장으로 사용하면 감면대상 아님(행자부 심사 2001-23, 2001.1.30.).
- 근생시설과 주택을 주용도로 한 건축물을 신축하여 사용승인서를 교부받고, 건축물 중 일부를 벤처기업집적시설로 지정받았다면, 건축물 취득 당시에는 아직 벤처기업집적시설의 사업시행자가 아니므로 취득세 등 면제대상이 아님(감사원 감심 1999-231, 1999.6.15.).

# 제58조의 2

## 지식산업센터 등에 대한 감면

**관련규정**

제58조의 2(지식산업센터 등에 대한 감면) ①「산업집적활성화 및 공장설립에 관한 법률」 제28조의 2에 따라 지식산업센터를 설립하는 자에 대해서는 다음 각 호에서 정하는 바에 따라 2025년 12월 31일까지 지방세를 경감한다.

1. 「산업집적활성화 및 공장설립에 관한 법률」 제28조의 5 제1항 제1호 및 제2호에 따른 시설용(이하 이 조에서 "사업시설용"이라 한다)으로 직접 사용하기 위하여 신축 또는 증축하여 취득하는 부동산(신축 또는 증축한 부분에 해당하는 부속토지를 포함한다. 이하 이 조에서 같다)과 사업시설용으로 분양 또는 임대(「중소기업기본법」 제2조에 따른 중소기업을 대상으로 분양 또는 임대하는 경우로 한정한다. 이하 이 조에서 같다)하기 위하여 신축 또는 증축하여 취득하는 부동산에 대해서는 취득세의 100분의 35를 경감한다. 다만, 다음 각 목의 어느 하나에 해당하는 경우 그 해당 부분에 대해서는 경감된 취득세를 추징한다.
   가. 직접 사용하기 위하여 부동산을 취득하는 경우로서 다음의 어느 하나에 해당하는 경우
      1) 정당한 사유 없이 그 취득일부터 1년이 경과할 때까지 착공하지 아니한 경우
      2) 정당한 사유 없이 그 취득일부터 1년이 경과할 때까지 사업시설용으로 직접 사용하지 아니한 경우
      3) 해당 용도로 직접 사용한 기간이 4년 미만인 상태에서 매각·증여하거나 다른 용도로 사용하는 경우
   나. 분양 또는 임대하기 위하여 부동산을 취득하는 경우로서 다음의 어느 하나에 해당하는 경우
      1) 정당한 사유 없이 그 취득일부터 1년이 경과할 때까지 착공하지 아니한 경우
      2) 그 취득일부터 5년 이내에 사업시설용으로 분양·임대하지 아니하거나 다른 용도로 사용하는 경우
2. 과세기준일 현재 사업시설용으로 직접 사용하거나 그 사업시설용으로 분양 또는 임

대 업무에 직접 사용하는 부동산에 대해서는 해당 부동산에 대한 재산세 납세의무가 최초로 성립한 날부터 5년간 재산세의 100분의 35를 경감한다.

② 「산업집적활성화 및 공장설립에 관한 법률」 제28조의 4에 따라 지식산업센터를 신축하거나 증축하여 설립한 자로부터 최초로 해당 지식산업센터를 분양받은 입주자(「중소기업기본법」 제2조에 따른 중소기업을 영위하는 자로 한정한다)에 대해서는 다음 각 호에서 정하는 바에 따라 지방세를 경감한다.

1. 2025년 12월 31일까지 사업시설용으로 직접 사용하기 위하여 취득하는 부동산에 대해서는 취득세의 100분의 35를 경감한다. 다만, 다음 각 목의 어느 하나에 해당하는 경우 그 해당 부분에 대해서는 경감된 취득세를 추징한다.
   가. 정당한 사유 없이 그 취득일부터 1년이 경과할 때까지 해당 용도로 직접 사용하지 아니하는 경우
   나. 해당 용도로 직접 사용한 기간이 4년 미만인 상태에서 매각·증여하거나 다른 용도로 사용하는 경우
2. 과세기준일 현재 사업시설용으로 직접 사용하는 부동산에 대해서는 해당 부동산에 대한 재산세 납세의무가 최초로 성립한 날부터 5년간 재산세의 100분의 35를 2025년 12월 31일까지 경감한다.

## 1 개 요

지식산업센터(구 아파트형공장)는 산업용지의 효율적 활용을 위해 지식·정보통신 등 고부가가치 업종에 대한 집적시설에 대한 세제지원이다. 2011년까지는 자치단체의 감면조례로 운영되다가 2012년부터는 현재의 제58조의 2로 이관되었고 2016년 말 일몰도래시 사업시행자에 대한 취득세가 일부 축소되었고 2022년 12월 31일까지 지속적으로 연장되었다.

## 2 감면대상자

「산업집적활성화 및 공장설립에 관한 법률」 제28조의 2에 따라 지식산업센터의 설립승인을 받은 자와 같은 법 제28조의 4에 따라 지식산업센터를 신축하거나 증축하여 설립한 자로부터 최초로 해당 지식산업센터를 분양받은 입주자가 이에 해당된다. 입주자는 「중소기업기본법」 제2조에 따른 중소기업을 영위하는 자로 한정한다. 2010년 현재 전국에 건립

된 지식산업센터는 335개소이며, 여기에 입주한 업체 수는 16,777개이며, 향후 조성 예정 단지 수는 142개에 이른다. 지식산업센터는 주로 도심지역 내에 지정되므로 입지여건 및 입주기업 자격 등이 벤처기업집적시설과 유사하다(법 §58 벤처기업 해설편 표 2 참조).

### 지식산업센터 설립자 변경 · 승인 없이 신탁회사 명의로 건물을 신축 · 등기 이후 설립자 승인을 받은 경우 지식산업센터 공장 설립자 해당 여부

◈ 사실관계

- 2007.9. 6. : 아파트형공장 설립목적 국가산업단지 입주계약(A사)
- 2008.3.25. : 건축허가(A사)/ 착공(5.30.)
- 2008.6. 5. : 토지신탁(A사 → B신탁회사)
- 2008.6.25. : 건축주 변경(A사 → B신탁회사)
- 2010.2.23. : 건축물사용승인(준공) 및 소유권보존등기(B신탁회사)
- 2010.3.10. : 변경(사업주 명의변경 A사 → B신탁회사)
- 2010.3.20. : 아파트형공장 설립완료 신고(B신탁회사)

아파트형 공장설립자 승인 없이 건물을 신축 · 등기한 이후 공장설립자 변경승인을 받은 신탁회사가 취득세 등 감면대상인 지식산업센터설립자에 해당하는지 여부에 대하여 살펴보면, 관련규정에서 "아파트형공장의 설립자가 그 목적에 사용하기 위하여 취득하는 부동산"으로 규정하고 있어 감면대상은 취득주체와 사용목적 두 가지 요건을 모두 충족하는 경우에 한하여 감면대상에 해당된다 할 것이며, 비록 지식산업센터 내 공장 설립 등을 규정하고 있는 산업집적활성화 및 공장설립에 관한 법률에서 '지식산업센터 설립자'의 범위에 대하여 명시적으로 정의하고 있지 않으나, 같은 법 제13조 및 제38조에서 공장의 신설 · 증설을 하려는 자는 시장 · 군수 또는 구청장의 승인을, 산업단지에서 공장 등을 하려는 자는 관리기관과 계약을 체결하여야 한다고 강행규정을 두고 있으며, 이러한 절차는 지식산업센터의 설립에도 준용한다고 볼 수 있으므로 당초 A법인은 산업단지 내 공장을 신축하고자 설립승인을 받고 공사를 진행하였으나, B신탁회사 명의로 공장을 준공 및 보존등기를 완료하고, B신탁회사는 등기일로부터 일정기일이 경과한 후 비로소 관리기관과 계약하여 공장설립자로 지정되었음이 확인되고 있으므로 사용승인일 당시 공장설립자 변경 승인을 결여한 채 아파트형공장을 신축하였고, 공장의 설립자의 지위가 아닌 상태에서 이 건 아파트형공장을 취득한 B신탁회사는 감면주체의 요건을 충족하였다 보기 어렵다 하겠다.

# 3 | 감면대상 부동산

지식산업센터의 설립승인을 받은 자와 지식산업센터를 신축하거나 증축하여 설립한 자로부터 최초로 해당 지식산업센터를 분양받은 입주자가 그 고유업무에 직접 사용하는 부동산이 이에 해당된다. 참고로 지식산업센터는 통상 오피스건물에 비해 가격이 저렴해 법인 등에서 사옥 등 마련을 위해 수요가 늘고 있는 추세에 있다.

## 3-1. 지식산업센터 사업시행자 감면요건 중 부칙 규정상 "분양한"의 범위

2012년부터 지식산업센터에 대한 취득세 감면율이 축소(100%→75%)되고 관련규정이 감면조례에서 지특법으로 이관하면서 지특법 부칙(법률 제11138호, 2011.12.31.) 제6조에서 분양한 사업시행자의 경우 종전규정을 적용한다고 규정하고 있어 당해 규정의 부칙에서 규정하는 '분양한'의 범위에 대해 ⅰ) 지식산업센터사업시행자가 분양하고 공고하는 경우로 보아야 하는지 ⅱ) '분양계약한'으로 좁게 보아야 하는지에 대한 논란이 있을 수 있으나 부칙 규정을 둔 입법취지가 취득세 감면이 축소되었지만 사업시행자에게 일정기간 동안 종전의 감면혜택을 지속시켜줌으로써 수분양자를 보호(분양가 전가문제 등)하자는 취지가 있는 점을 고려할 때 '분양계약을 체결한'으로 보는 것이 타당하겠다.

## 3-2. 승계취득한 기존공장을 증축 후 지식산업센터로 사용할 경우

기존공장을 지식산업센터로 지정받아 증축하고자 하는 경우, 기존공장의 취득은 지식산업센터를 증축하여 사업시설용으로 임대하기 위하여 취득하는 경우에 해당되므로 기존공장도 감면대상에 해당된다고 볼 수 있는데 이에 대해 살펴보면 지특법 제58조의 2 제1항에서 지식산업센터의 설립승인을 받은 자가 지식산업센터를 신·증축하여 사업시설용으로 직접 사용하거나 분양·임대하기 위하여 취득하는 부동산과 신·증축한 지식산업센터에 대해서는 취득세를 경감한다고 규정하고 있어 지식산업센터 설립승인을 받은 자가 지식산업센터 용도로 신축하거나 증축할 목적으로 취득한 토지부분과 신축 또는 증축한 건축물이 감면대상이라고 할 것이다. 한편 지식산업센터 감면이 종전(2011년 이전)에는 자치단체 감면조례로 운영되었는데 당시 감면조례상에서는 감면대상 부동산에서 이미 지식산업센터용으로 사용하던 부동산을 승계 취득하는 경우에는 제외한다고 명확하게 규정하고 있었으나 현행 규정은 이 조항이 삭제되었다 하더라도 그간 지식산업센터 신축 또는 증축 목적으로 취득하는 토지와 신축 또는 증축한 건축물로 한정하여 취득세 감면대상으로 해석(행자부 세정과-36, 2003.5.30., 세정과-3881, 2004.11.3.)하였으며 입법취지 측면에서도 위 감면조례를 지특법으로 이관하면서 감면대상을 신축·증축용으로 명확하게 규정한 것일 뿐, 감면대상을 기존공장의 취득까지 확대한 것은 아니라고 보여진다. 따라서 기존공장을 승계취득한 후 증축하여 지식산업센터로 사용하는 경우에는 기존공장 자체는 신축하거나 증축한 부동산이 아닌 승계취득한 부동산에 해당되므로 감면대상 지식산업센터로 볼 수 없다 하겠다.

### 3-3. 지식산업센터 사업시설용으로 신축·분양된 공장의 건축물대장상 보육시설, 구내식당, 관리사무소, 회의실 및 강당이 공용부분으로 등재되어 있는 경우

제58조의 2 감면규정은 산업용지의 효율적 활용을 위해 지식, 정보통신 등 고부가가치 업종에 대한 집적시설인 지식산업센터의 사업시설용 부동산에 대한 세제지원을 위한 것으로 감면대상을 산업집적활성화 및 공장설립에 관한 법률 제28조의 5 제1항 제1호 및 제2호에서 규정하고 있는 사업시설용(제조업, 지식산업, 정보통신산업, 벤처기업, 첨단산업)에 한정하며, 제3호에서 규정하고 있는 어린이집·기숙사 등 종업원의 복지증진을 위하여 필요한 시설의 경우 취득세 감면대상인 사업시설용에서 제외하고 있다. 비록 이 건 지식산업센터의 어린이집, 구내식당 등이 각 호별 집합건축물대장에 공용면적으로 등재되어 있다 하더라도, 시설을 운영하기 위하여 별도의 사업자(용역업체)가 운영하고 있는 보육시설, 구내식당, 관리사무소 등은 입주자의 사업시설용으로 보기 어렵다 할 것이며, 다만 공용부분으로 사용되는 회의실 및 강당의 경우 입주업체가 필요시 사업운영에 직접적으로 사용하는 부대시설로서 취득세의 감면대상인 사업시설용으로 봄이 타당하다 하겠다.

## 4 특례내용

### 4-1. 세목별 감면율

감면대상자를 사업시행자와 입주자로 구분하여 지방세 및 국세(농어촌특별세)를 2025년 12월 31일까지 각각 감면한다.

〈표 1〉 지식산업센터 감면 현황(2023.1.1. 현재)

| 조문 | 감면대상 | 감면율(%) |
|---|---|---|
| 법 §58의 2 ① | 지식산업센터를 설립하려는 자 | 취득세 35%, 재산세 5년간 35% |
| 법 §58의 2 ② | 지식산업센터 입주하는 자 | 취득세 35%, 재산세 5년간 35% |
| 농특령 §4 ⑥ 5호 | 지식산업센터 설립승인을 받은 자<br>지식산업센터 입주자 | 농특세 비과세 |

### 4－2. 건축중인 부속토지에 대한 특례(영 §123)

지식산업센터 용도로 사용할 건축물을 건축중인 경우에는 해당 용도로 직접 사용하고 있는 것으로 의제(擬制)하여 해당 건축물의 부속토지에 대한 재산세를 계속 감면한다.

### 4－3. 자동계좌이체 납부분 재산세 세액공제(§92의 2)

지식산업센터 설립승인을 받은 자 또는 지식산업센터에 입주한 자가 전자송달 또는 자동계좌이체 방식으로 납부할 재산세(§58의 2 ①~②)를 자동납부 신청하는 경우에는 지방자치단체의 조례로 정하는 바에 따라 추가로 재산세를 공제(150원~1,000원)받을 수 있다. 자동납부 신청 세액공제에 관한 세부사항은 제92조의 2의 해설편을 참조하면 된다.

### 4－4. 경과규정 특례

#### 4－4－1. 2023년 재산세 감면축소 경과특례(부칙 §8, 제19232호 2023.3.14.)

지식산업센터를 설립하는 자가 사업시설용으로 직접 사용하거나 그 사업시설용으로 분양 또는 임대 업무에 직접 사용하는 부동산에 대해 2023년 1월 1일 전에 종전의 제58조의 2 제1항 제2호 및 같은 조 제2항 제2호에 따른 부동산을 취득한 경우에는 제58조의 2 제1항 제2호 및 같은 조 제2항 제2호의 개정규정에도 불구하고 2023년 1월 1일부터 5년간 재산세의 100의 35를 경감하도록 특례를 적용하고 있다.

#### 4－4－2. 2023년 취득세 경감추징에 관한 경과조치(부칙 §10, 제19232호 2023.3.14.)

지식산업센터 설립자 등에 대해 취득세 경감분을 추징하는 경우 2023년 1월 1일 전에 「산업집적활성화 및 공장설립에 관한 법률」에 따른 지식산업센터의 설립자 등이 경감받은 취득세의 추징에 관하여는 제58조의 2 제1항 제1호 가목·나목 및 같은 조 제2항 제1호 나목의 개정규정에도 불구하고 종전의 규정에 따르도록 규정하고 있다.

### 4-4-3. 2016년 감면축소 경과특례(부칙 §10, 제14777호 2017.1.1.)

지식산업센터를 설립하려는 자에 대해 2017년 1월 1일부터는 취득세 감면율이 종전 50%에서 37.5%로 축소되었다. 다만, 감면이 축소되었더라도 2016년 납세의무 성립분까지는 「지방세기본법」 제51조에 따른 경정청구 기간(최대 2021년)까지는 종전(2016년)의 규정을 계속해서 적용할 수 있다.

### 4-4-4. 2012년, 2014년 감면축소 경과특례(부칙 §6, 제12175호 2014.1.1.)

지식산업센터 분양·임대용 및 입주기업의 사업용 부동산(§58의 2 ①·②)에 대한 취득세 및 재산세가 2012년, 2014년에 각각 감면이 축소되었다. 다만, 이들 세목에 대해 감면이 축소되더라도 「지방세기본법」 제51조에 따른 경정청구 기간까지는 다음 표의 내용에 따라 종전의 규정을 계속해서 적용할 수 있다.

| 감면축소 내용 | 특례사항 (근거규정) |
|---|---|
| (2012년~2013년) 취득세 75%·재산세 50%<br>→ (2014년부터) 취득세 50%·재산세 37.5% | 2012~2013년 납세의무 성립분에 한해 최대 2017~2018년까지 취득세75%·재산세 50% |

## 5 | 특례의 제한

### 5-1. 감면 사후관리 요건(2023.1.1. 개정 및 신설)

2022년 말 까지는 사업시행자와 입주기업을 구분하지 않고 사후관리 요건이 규정되었으나 2023년 이후부터 사업시행자와 입주기업의 추징규정을 분리하고 우선 사업시행자의 경우에는 직접 사용하거나 분양·임대하는 사업 특성을 고려하여 감면 용도별로 구분하는 등 사후관리 요건을 구체화하였고, 재산세의 경우 5년간에 한하여 35% 경감토록 개정한 규정을 적용시에는 개정 전에 취득하였던 부동산에 대해서도 '23년 1월 1일부터 부칙 제8조에 따라 적용하도록 규정하였으며 또한 2023년 1월 1일 이전에 경감받은 취득세를 추징하는 경우에는 부칙 제10조에 따라 종전의 추징규정을 적용하도록 하였다.

〈표 2〉 지식산업센터 사업시행자 추징 규정

| 구분 | 2022.12.31.까지 | 2023.1.1. 이후 |
|---|---|---|
| 직접사용 | • 정당한 사유없이 취득일부터 1년 이내 미착공<br>• 취득일부터 5년 이내 매각 · 증여 · 타용도사용 | • 정당한 사유없이 취득일부터 1년 이내 미착공<br>• 정당한 사유없이 취득일부터 1년 이내 사업시설용 직접 미사용<br>• 직접 사용기간 4년 이내 매각 · 증여 · 타용도사용 |
| 분양 · 임대 | | • 정당한 사유없이 취득일부터 1년 이내 미착공<br>• 취득일부터 5년 이내 사업시설용 분양 · 임대 않거나 타용도사용 |

입주기업의 경우에도 유사 감면규정과의 정합성과 형평을 고려하여 2023년부터 재설계되었으며 재산세의 경우 5년간에 한하여 35% 경감토록 개정한 규정을 적용시에는 개정 전에 취득하였던 부동산에 대해서도 2023년 1월 1일부터 부칙 제8조에 따라 적용하도록 규정하였으며 또한 2023년 1월 1일 이전에 경감받은 취득세를 추징하는 경우에는 부칙 제10조에 따라 종전의 추징규정을 적용하도록 하였다.

〈표 3〉 지식산업센터 입주기업 추징 규정

| 구분 | 2022.12.31.까지 | 2023.1.1. 이후 |
|---|---|---|
| 직접사용 | • 정당한 사유없이 취득일부터 1년 이내 미착공<br>• 취득일부터 5년 이내 매각 · 증여 · 타용도사용 | • 정당한 사유없이 취득일부터 1년 이내 미사용<br>• 직접 사용기간 4년 이내 매각 · 증여 · 타용도사용 |

### 5-2. 감면 사후관리(추징) 요건(2022.12.31.까지)

감면대상자가 취득한 부동산이 정당한 사유 없이 그 취득일부터 1년이 경과할 때까지 착공하지 아니한 경우, 그 취득일부터 5년 이내에 매각 · 증여하거나 다른 용도로 분양 · 임대하는 경우에는 감면받은 취득세를 추징하도록 규정하였었다.

한편, 지특법 제178조에서 규정하는 일반적 감면 추징 규정의 매각 · 증여하거나 다른 용도로 사용하는 경우의 유예기간을 2년으로 설정하였는데, 본 규정에서는 5년으로 적용폭이 매우 넓다. 이는, 지식산업센터가 직접 고용효과가 큰 제조업체 등의 사업특성을 고려하여 해당 지역에서 가급적이면 장기간 사업을 영위토록 유인하기 위한 방안이라 보여진다.

### 인근주민의 민원제기와 관할관청의 건축허가 지연 등이 취득일부터 1년 이내 건축공사에 미착공한 '정당한 사유'에 해당 여부

유예기간 내 건축공사를 착공하기 위한 일련의 행정적·물리적인 진지한 노력을 다하였음에도 불구하고, 건축심의 및 건축허가 과정에서 건축 공사장 인근의 민원 등을 이유로 한 건축심의 지연 및 건축허가 신청 후 허가기간 지연, 착공전 이행조건 제시 등의 귀책사유로 인하여 청구법인이 당초에는 예측하기 어려웠던 특별한 사정이 있었다고 판단되는지의 여부에 대해 알아보면 지식산업센터 건축을 목적으로 토지를 취득할 당시 조금만 주의를 기울였더라면 인근주민 및 인근학교에서 민원을 제기할 수도 있다는 사실을 사전에 예측할 수 있었던 점, 해당 지자체의 건축허가시 인근 주민의 의견을 수렴하고 반영하는 과정에서 상당한 시간이 소요될 것도 예상할 수 있었던 점, 건축허가에 따른 인근주민의 민원을 해소하였는데도 예측하지 못한 전혀 다른 사유로 그 사업에 사용하지 못하였다는 등의 특별한 사정이 있지 아니한 점 등을 종합적으로 고려하여야 하며 일반적으로 인근주민의 민원제기와 관할관청의 건축심의 등에 따른 착공 지연은 법령에 의한 금지, 제한 또는 행정관청의 귀책사유 등 당해 법인으로서는 어쩔 수 없는 외부적으로 불가피한 '정당한 사유'로 보기는 어려운 점이 있다 할 것이다.

### 지식산업센터용 부동산을 대표이사로 있는 회사에 임대시 '직접 사용' 해당 여부

5년 이내에 지식산업센터용 부동산을 대표이사로 있는 회사에 대표이사로 있는 회사에 임대하여 종전과 같은 제조업을 영위하더라도 개인과 법인은 별개의 권리의무 주체로써 직접 사용으로 볼 수 없다 하겠다.

현행 지방세특례제한법 제2조 제1항 제8호는 '직접 사용'을 '부동산의 소유자가 해당 부동산을 사업 또는 업무의 목적이나 용도에 맞게 사용하는 것을 말하는 것'이라고 정의하고 있고, 해당 조항은 지방세특례제한법(2014.1.1. 법률 제12175호)이 개정되면서 처음으로 입법되었으나 그간의 관련 법령의 취지 등에 비추어 개정 전후와 관계없이 '직접 사용'을 달리 해석하여야 할 이유가 없다 할 것이다.

# 6 | 관련사례

■ 청구법인이 쟁점부동산을 다른 용도로 분양하였다고 보아 기 감면한 취득세 등을 추징한 처분의 당부

추징규정은 청구법인에게 쟁점부동산을 사업시설용으로 직접 사용할 자에게 분양해야 하는 의무를 부여하고 있는 점, 청구법인은 쟁점부동산을 사업시설용으로 직접 사용하지 않을 부동산(임대)업자들에게 분양하였고 그 부동산(임대)업자들이 쟁점부동산을 지식산업센터 사업시설용으로 사용하기로 한 이 건 확약서를 작성하였다는 사정만으로 동 부동산을 사업시설용으로 직접 사용할 자에게 분양하였다고 볼 수 없는 점 등에 비추어 처분청이 이 건 취득세 등을 부과·고지한 처분은 달리 잘못이 없다고 판단됨(조심 2022지1074, 2023.10.26.).

■ 지식산업센터 입주자 감면부동산을 정당한 사유 없이 그 취득일부터 1년이 경과할 때까지 해당 용도로 직접 사용하지 아니한 경우에 해당하는지 여부

처분청은 청구법인이 쟁점부동산을 그 외 업체에게 무상으로 임대하였는지 여부 등 청구법인이 쟁점부동산을 유예기간 내 사업시설용으로 직접 사용하였는지 여부를 재조사하여 그 결과에 따라 과세표준과 세액을 경정하는 것이 타당하다고 판단됨(조심 2022지1845, 2023.9.1.).

■ 청구법인이 쟁점토지를 취득하고 정당한 사유 없이 3년 이내 산업용으로 사용하지 아니한 것으로 보아 기 면제한 취득세 등을 부과한 처분의 당부

청구법인이 감면유예기간(1년) 이내에 이 건 건축물 신축을 위한 공사에 착공을 하지 못한 것에는 일부 외부적 사유가 있는 것으로 보이고, 위와 같은 민원처리가 통상 민원처리기간 내 그 승인 등이 처리가 되었을 경우 감면유예기간(1년) 이내에 착공이 이루어졌을 것으로 볼 수 있는 점 등에 비추어 볼 때 청구법인이 쟁점토지를 취득한 후 감면유예기간(1년) 내 지식산업센터용 건축물을 착공하지 않은 것에는 정당한 사유가 있다고 보는 것이 타당하다 하겠으므로 처분청이 청구법인의 경정청구를 거부한 처분은 잘못이 있다고 판단됨(조심 2023지1663, 2023.8.24.).

■ 지식산업센터의 최초 분양 감면 추징 여부

「산업집적활성화 및 공장설립에 관한 법률」에서 "지식산업센터를 신축하거나 증축하여 설립한 자로부터 최초로 해당 지식산업센터를 분양받은 입주자"가 사망할 경우 입주자로서의 지위는 상속인이 승계한다고 규정하고 있고, 이는 일신전속적인 지위는 아니어서 유예기간(취득일로부터 5년 이내) 동안 직접 사용하지 않으면, 감면요건을 충족하지 못한 것이므로 피상속인이 납부하여야 할 취득세를 상속받은 재산의 한도 내에서 추징하는 것은 타당하다 판단됨(행안부 지방세특례제도과-1469, 2022.7.7.).

■ 신탁말소로 인해 위탁자로 귀속된 일부 미분양된 물건을 다른 입주자가 매수한 경우 최초 분양으로 보아 감면대상인지 여부

A위탁자가 지식산업센터 설립을 위한 토지를 취득하고 사업의 안정적 추진을 위해 당해 토

지를 신탁회사인 B수탁자에게 관리신탁을 하고, B수탁자가 지식산업센터 설립자가 되어 지식산업센터 건축물을 신축하여 분양을 진행한 상황에서 신탁계약의 종료로 A위탁자에게 귀속된 일부 미분양 물건을 최초로 분양받은 C입주자의 경우 신탁관계에도 불구하고 당해 지식산업센터를 설립한 자로부터 최초로 분양받은 입주자로 보는 것이 타당하다 할 것이다(행안부 지방세특례제도과-1475, 2021.6.23.).

▣ 부동산을 신탁등기한 후 신탁회사가 지식산업센터 설립 승인을 받은 경우 감면 여부

부동산의 신탁에 있어서 수탁자 앞으로 소유권이전등기를 마치게 되면 대내외적으로 소유권이 수탁자에게 완전히 이전되고, 위탁자와의 내부관계에 있어서 소유권이 위탁자에게 유보되어 있는 것은 아니라 할 것(대법원 2011.2.10. 선고 2010다84243 판결, 같은 뜻임)으로서, 이 건 담보신탁계약 중 특약사항 제11조 제1항에서 청구법인이 당초 이 건 부동산에 구조고도화 민간대행사업의 시행을 본사업으로 하였다가, 지식산업센터설립을 본 사업으로 변경하였고, 이 건 신탁회사가 2018.5.23. 이 건 부동산의 소유자로서 이 건 지식산업센터설립승인을 받아 2018.5.29. 건축허가를 받았으며, 2018.9.4. 주식회사 하나자산신탁과 관리형토지신탁계약을 체결하여 2018.9.7. 지식산업센터설립 변경승인이 이루어진 점에 비추어 그 설립승인을 받지 아니한 청구법인을 이 건 지식산업센터의 설립자로 보기는 어렵다고 판단됨(조심 2019지0237, 2019.11.13.).

▣ 신탁된 토지를 취득하기 이전에 지식산업센터 설립자 명의를 신탁회사로 변경한 경우 감면 여부

법인이 쟁점토지를 취득하기 전에 ㈜ ooo신탁과 신탁계약을 체결하고, 이후 사업시행자를 변경하여 사업시행자의 지위가 아닌 상태에서 토지를 취득한 점 등에 비추어 청구법인이 토지를 취득할 당시에 지식산업센터를 설립하는 자에 해당하지 아니하여 취득세 등의 감면요건을 충족한 것으로 볼 수 없음(조심 2018지3493, 2019.6.28.).

▣ 임대면적과 직접 사용 면적이 명확치 않은 경우 추징 여부

해당 부동산을 취득한 후 일부는 협력사업자에게 임대하고 일부는 직접 사용한 것으로 보이나, 청구인이 직접 사용한 면적이 확인되지 아니하므로 처분청은 직접 사용하는 면적을 재조사하고 해당 면적을 취득세 등의 추징대상에서 제외하는 것이 타당함(조심 2018지1121, 2019.6.21.).

▣ 지식산업센터 부동산을 창고형 아웃렛 용도로 사용하는 경우 감면 여부

해당 부동산은 제품 진열공간 및 창고 등은 제조시설을 영위하기 위한 필수적 시설이라고 주장하나, 처분청에서 현장조사한 결과 커피로스팅 기계가 설치되어 있는 면적(33㎡)을 제외하고는 창고형 커피용품 아웃렛으로 사용되고 있음이 확인되는 점 등에 비추어 부동산을 취득하여 제조시설을 갖추고 제조업을 영위하는 것이라기보다는 창고형 아웃렛 등의 용도로 사용하고 있는 것으로 보임(조심 2018지0339, 2019.5.24.).

▣ 지식산업센터를 직접 사용하지 않을 자에게 분양 또는 임대시 추징 여부

지식산업센터를 신축하였으나 그 취득일부터 5년 이내에 이를 사업시설용으로 직접 사용하지 않을 자에게 분양하거나 임대한 경우, 해당 부분에 대해 경감받은 취득세는 추징할 수 있음(대법원 2017두74085, 2018.4.10.).

■ 지식산업센터 건축중 신탁으로 수탁자가 설립승인을 받은 경우 위탁자를 감면대상인 설립자로 볼 수 있는지 여부

지식산업센터에 입주할 수 없는 업종(상품 판매업)에 사용한 부분에 대해서는 경감된 취득세를 추징하는 것이 타당하며 상품 판매업에 사용된 면적이 불분명한 경우, 매출액을 안분기준으로 삼아 이 건 취득세의 과세표준을 산출한 것은 잘못이 없음(조심 2014지1826, 2016.1.29.).

■ 지식산업센터 입주 제한업종의 추징면적 산정 여부

지식산업센터에 입주할 수 없는 업종(상품 판매업)에 사용한 부분에 대해서는 경감된 취득세를 추징하는 것이 타당하며 상품 판매업에 사용된 면적이 불분명한 경우, 매출액을 안분기준으로 삼아 이 건 취득세의 과세표준을 산출한 것은 잘못이 없음(조심 2014지1826, 2016.1.29.).

■ 토지를 취득한 후 지식산업센터 설립승인을 받은 경우 감면 여부

토지를 취득한 후 지식산업센터 설립승인을 받았으므로 감면요건을 충족하지 못하였다고 하나, 지식산업센터 설립절차상 토지 취득이 선행되고 난 후에야 지식산업센터 설립승인 신청 및 승인을 받을 수 있는 것으로, 입법취지를 고려하지 아니할 경우 취득세 감면요건을 충족하는 납세자가 없을 것이고 지식산업센터의 건설을 촉진하고자 도입한 입법취지에도 어긋나게 되므로 지식산업센터의 설립승인을 받은 자에 해당하는 것으로 보는 것이 타당함(조심 2013지0483, 2015.6.30., 조심 2014지1363, 0764, 2015지1958, 조심 2016지0481 외 다수)

■ 지식산업센터 설립승인을 받은 자 이외의 경우에 대한 감면 여부

지방세특례제한법 제58조의 2 및 부칙 제6조는 '지식산업센터의 설립승인을 받은 자'가 구 지방세특례제한법 시행 전에 분양한 부동산에 대한 취득세 면제에 관하여만 규정하고 있는 것으로 보이는 바, 지식산업센터의 설립승인을 받은 자가 구 지방세특례제한법 제58조의 2 시행 전에 분양한 부동산에 대하여는 그 취득세를 면제하는 것일 뿐, 수분양자 또는 그로부터 전매한 자에 대하여는 적용되지 아니하는 것이라고 보아야 함(대법원 2015.5.14. 선고, 2015두37709 판결)

■ 지식산업센터 부동산을 개인사업자가 법인을 설립하여 포괄적 양수도를 통해 이전한 경우

지식산업센터용에 직접 사용하기 위하여 취득하는 부동산에 대하여는 취득세를 면제 및 경감하되, 취득일부터 5년 이내에 매각하거나 다른 용도에 사용하는 경우에 대하여는 그 취득세를 추징하는 것이라 당초 개인사업자였지만 법인을 설립하여 사업의 포괄적 양수도를 통하여 면제된 부동산을 양도하였다면 법령에서 다른 단서 규정이 없는 이상 추징하는 것이 타당함(조심 2014지2095, 2014.12.24.).

■ 지식산업센터의 도매업 비중이 높아 제조업 외의 업종 영위에 따른 추징 여부

지식산업센터용 부동산을 취득한 후 제조업이 아닌 사무실로 사용되고 있는 것으로 나타나고, 2011년도 및 2012년도 부가가치세 총 매출액 중 도매업에 의한 상품매출액 비율은 각각 91.7% 및 90.8%이고, 제조업에 의한 제품매출액은 8.3% 및 9.2%에 불과한 것으로 나타나는 점 등을 고려할 때, 제조업이 아닌 다른 용도로 사용하는 것으로 보아 기 면제한 취득세를 추징한 처분은 정당함(조심 2014지0553, 2014.6.25.).

■ 지식산업센터의 도매업 비중이 높아 제조업 외의 업종 영위에 따른 추징 여부

건축중인 건축물이라 함은 과세기준일 현재 터파기공사 등 본격적인 공사를 착수한 경우를 말하고, 그 착공에 필요한 준비작업을 하고 있는 경우를 포함한다고 할 수는 없는바, 설계에 시간이 소요된 사유가 있다 하더라도 과세기준일 현재 나대지 상태로 있어 건축공사가 진행되지 않은 경우 직접 사용하지 않은 것으로 보아 재산세를 부과한 것은 적법함(조심 2013지0220, 2013.4.5.).

■ 지식산업센터 부동산을 모친이 사용한 경우 추징 여부

지식산업센터용 부동산을 취득하여 직접 사용하지 아니하고 모친이 사용한 경우 부동산 취득일부터 1년 이내에 정당한 사유 없이 해당 사업에 직접 사용하지 아니하는 것으로 보아 기 감면한 취득세 등을 추징한 처분은 달리 잘못이 없음(조심 2012지0192, 2013.2.12.).

■ 건물을 승계취득하여 지식산업센터 용도로 사용하는 경우 감면 여부

- 지식산업센터의 설립승인을 받아 공장 건축물을 취득하였으나, 기존 공장을 멸실하지 않고, 용도변경 및 일부 건물을 증축한 경우 승계 취득한 기존공장은 신축하거나 증축한 부동산에 해당되지 아니하므로, 취득한 기존 공장을 멸실하지 않고 용도변경 및 증축하여 사용하는 경우 취득세 경감대상이 아님(행자부 지방세특례제도과-1200, 2014.8.1.).
- 승계취득한 기존공장을 증축하여 지식산업센터로 사용할 경우 기존공장 부분은 지방세특례제한법 제58조의 2 제1항에 따른 취득세 감면대상 지식산업센터에 포함되지 않음(안전행정부 지방세운영과-1604, 2013.7.24.).

■ 인근주민의 민원제기로 착공하지 못한 경우 정당한 사유에 해당 여부

지식산업센터 건축을 목적으로 토지를 취득하여 취득세를 감면받았으나 취득일부터 1년 이내에 건축공사에 착공하지 못한 사유가 인근주민의 민원제기와 관할관청의 건축심의 지연 등인 경우 이를 감면세액 추징이 제외되는 "정당한 사유"로 볼 수 없음(안행부 지방세운영과-1077, 2013.6.17.).

■ 지식산업센터를 신축·분양할 목적으로 토지를 취득한 자가, 같은 날 신탁을 원인으로 신탁회사로 소유권이전등기를 경료하고, 신탁회사 명의로 지식산업센터를 건축중인 경우 취득세 추징 여부

- 신탁계약에 따른 신탁재산의 소유자와 관련하여 대법원은 "신탁법상의 신탁은 위탁자가 수탁자에게 특정의 재산권을 이전하거나 기타의 처분을 하여 수탁자로 하여금 신탁 목적을 위해 그 재산권을 관리·처분하는 것이므로, 부동산 신탁에 있어 수탁자 앞으로 소유권이전등기를 마치게 되면 소유권이 수탁자에게 이전되는 것이지 위탁자와의 내부관계에 있어 소유권이 위탁자에게 유보되는 것은 아니다."(대법원 2003.1.27. 선고, 2000마2997 판결, 대법원 2011.2.10. 선고, 2010다84246 판결 등 참조)고 판결하고 있고,
  - 「지방세특례제한법」 제58조의 2 제1항에서 "직접 사용"한다고 함은 해당 부동산의 소유자 또는 사실상 취득자의 지위에서 현실적으로 부동산을 그 업무 자체에 직접 사용하는 것을 의미한다고 봄이 타당하고,
  - 「지방세특례제한법」 제58조의 2 제1항 제1호 나목의 "매각·증여"의 의미는 유상 또는 무상으로 소유권이 이전된 경우를 의미하는 것으로 보는 것이 타당함(대법원 2015.3.25.

선고, 2014두43097 판결 참조).

- 따라서 지식산업센터를 신축·분양할 목적으로 토지를 취득하고 취득세를 경감 받은 자가, 같은 날 신탁을 원인으로 신탁회사로 소유권이전등기를 경료하여, 신탁회사 명의로 지식산업센터를 건축중인 경우에는 기 감면한 취득세를 추징하는 것이 타당함(행자부 지방세특례제도과-3492, 2015.12.23.).

▣ 5년 이내 공장 이외의 용도로의 임대분은 추징대상에 해당한다고 한 사례

• 신청인의 경우 비록 엔지니어링 서비스업(지식산업)이 아파트형공장에 입주할 수 있는 업종이라고 하더라도 당해 사업에 사용되는 사업장은 산집법에 의한 공장의 범위에 포함되지 않아 구 울산시세 감면조례에서 규정하고 있는 공장의 용도로 사용되는 사업장에 해당하지 아닌 사용승인서 교부일부터 5년 이내에 공장 또는 벤처기업 이외의 용도로 임대한 것에 해당되어 취득세 등 추징대상임(행안부 지방세운영과-2822, 2009.7.13.).

• 아파트형공장 목적으로 취득한 부동산을 매도자의 명도지연·오염토 처리 등으로 지연되어 유예기간(1년) 내에 착공하지 못한 경우 정당한 사유가 아님(조심 2011지0837, 2012.6.8.).

▣ 5년 이내 사업 이외의 용도로 매각시 추징대상이라고 한 사례

청구법인이 쟁점 건축물을 PF대출금의 분양보증의무 이행을 원인으로 시공사인 ○○건설(주)에 매각이 확인되는 이상 기 과세면제한 취득세 추징은 적법함(조심 2012지0044, 2012.3.5.).

▣ 1년 이내 건축공사에 착공하지 아니한 정당한 사유의 판단기준

• 공업지구의 경우 기부채납토지를 포함한 종전대지의 면적이 2만㎡ 이상이면 수도권정비위원회 심의대상에 해당됨에도 불구하고 청구인은 이를 간과하여 기한 내에 필수적인 절차를 거칠 수 없었던 것이므로 청구인이 주민제안 등에서 진지한 노력을 다한 것으로 인정하기에는 부족해 보이고, 달리 처분청에게도 이 건과 관련한 지구단위계획결정 및 건축허가 과정에서 부당하게 시간을 지연시켰다고 볼 사정도 없으므로, 유예기간(1년) 이내에 착공하지 못한 정당한 사유가 있다고 보기 어려움(조심 2010지0802, 2011.12.6.).

• 착공이라 함은 실질적으로 건축공사에 착공하여 터파기 공사 등 본격적인 공사를 착수한 경우의 토지만을 의미(대법원 96누15558, 1997.9.9.)하므로, 소음·분진 등을 이유로 펜스만을 설치했다면 착공으로 볼 수 없어 추징은 적법함(조심 2011지0347, 2011.11.23.).

▣ 공장 또는 사업에 직접 사용하지 못한 정당한 사유 판단

이 건 아파트형공장 취득 후, 1년이 경과한 시점까지도 공장등록을 하지 아니한 채, 제조시설도 없이 일부는 사무실로 나머지는 창고로 사용한 이상, 유예기간(1년) 내에 지정한 공장 또는 사업에 직접 사용하지 아니하는 경우에 해당하고, 1년 이내에 지정한 공장 또는 사업에 직접 사용하지 못한 정당한 사유가 있다고 보기 곤란함(조심 2010지0864, 2011.9.15.).

▣ 정당한 사유 판단기준(해고근로자의 건축공사를 방해 관련)

해고근로자들의 컨테이너 설치·점거로 인한 건축공사 방해로 공사가 지연되었다고 주장하나, 유예기간 날까지 착공신고 이외 공사를 하지 않은 나대지 상태로 있는 점, 근본적으로 5년 이상 지속되어온 내부적인 노사갈등 문제로 보이는 점, 현장에 건설장비가 진입하지 못하도록 출입구를 가로막고 있지도 아니한 것으로 조사된 점 등의 제반사정에 비추어 보아,

전소유자 노사분쟁으로 일부 건축공사가 방해받은 사실로 인정되더라도 유예기간 내 건축공사에 착공할 수 없는 정당한 사유로 보기 곤란함(조심 2011지0243, 2011.4.4.).

■ 사업에 직접 사용 여부 판단(아파트형공장의 임대관련)

- 당해 사업에 직접 사용한다고 함은 당해 부동산의 사용용도가 제조업 등 그 자체에 직접 사용되는 것을 뜻하고, 그 사용기간이 5년이 되지 않은 상태에서 매각하거나 타 용도로 사용하는 경우에는 추징사유인 것으로 제조시설 없이 사무실로 사용하고 있거나 제3자에게 임대하고 있는 점, 처분청은 청구인이 제출한 작업실 사진이 임대부분인 지경ENG 공장과 거의 동일하다고 진술하고 있는 점 등을 종합하면 청구인이 아파트형공장을 임대 또는 사무실 용도로 사용하였다고 봄이 상당함(조심 2010지0427, 2010.12.29.).
- 토지를 취득하고 건축허가 신청에 앞서 수개월간 용적률 완화 및 공장설립 변경 등을 시도하다가 무산되었는데 이는 법령에 의한 제한 등의 사유라기보다는 사업수익성 확보를 위한 목적인 것으로 보이므로 정당한 사유로 보기 곤란함(조심 2010지0171, 2010.10.28.).

■ 취득목적에 사용하지 못한 정당한 사유판단(취득당시의 장애사유)

부동산 매매계약 체결 당시 잔금지급일을 2008.7.30.로 하면서 재단법인 ○○○에 2009.11.30.까지 이를 임대하기로 하는 등의 내용으로 계약서를 작성한 이상, 취득 당시부터 감면요건인 유예기간(1년) 내에 아파트형 공장 설립이 어렵다는 장애사유를 알고 있었다 하겠고, 취득 이후에도 이러한 매매조건으로 유예기간 내에 건축공사에 착공하지 아니함으로써 당초 취득목적에 사용하지 못한 이상, 정당한 사유가 있다고 볼 수 없음(조심 2009지1006, 2010.10.5.).

■ 처분청의 내부 의사결정 지연 등은 정당사유에 해당한다고 한 사례

건축허가 신청일인 2008.11.13.부터 유예기간 종료시점인 2008.12.20.까지는 39일의 기간이 있어 ○○○의 건축허가가 처리기간(시·군·구의 경우 2일~20일 이내) 내 조속히 이루어졌다면 유예기간 내에 감리용역계약을 동반한 청구인들의 건축물 착공계 제출이 가능하였을 것임에도, ○○○의 건축허가신청에 대한 서류보완 요구 및 관련 건축법 해석부분에 대한 ○○○ 질의과정이 추가되는 사유로 유예기간이 경과하여 건축허가가 통보된 사실을 종합하여 보면, 이 건 부동산에 대한 건축공사 착공과 관련된 행정절차 진행상 처분청에게 전속되는 귀책사유가 존재한다고 봄이 상당하므로 취득세 부과처분은 타당함(조심 2009지1060, 2010.7.15.).

■ 건축공사 착공지연의 정당한 사유 판단

아파트형공장 건축공사에 착공하기 위한 일련의 절차를 추진하였어야 함에도 이 건 부동산 취득과 동시에 종전 부동산 소유자인 이 건 쟁점법인과 이 건 부동산의 임대차종료기간을 유예기간 만료일 1개월 전인 2008.10.15.까지로 하여 새로운 임대차계약을 맺은 사실이 이 건 부동산의 임대차계약서 등에서 입증되는 이상, 청구법인이 유예기간(1년) 내에 아파트형 공장 건축공사 착공을 하지 못한 정당한 사유가 있다고 보기 곤란함(조심 2009지0801, 2010.5.6.).

▣ 목적사업 사용 여부 판단

청구법인이 이 건 부동산 취득을 위해 최초로 처분청에 제출한 아파트형공장 사용계획 확인서상 공장배치도와 이 건 심판청구 후 제출한 회사도면을 비교해 보면 당초 공장배치도상에 존재하던 생산라인 등 제조시설이 회사도면상에는 모두 누락되어 있는 점, 청구법인이 당초 청구이유에서는 이 건 부동산을 분양받아 현재까지 연구개발 업무 용도로 사용하고 있다고 주장하는 등 진술에 신빙성이 부족한 점, 이 건 부동산은 등록된 공장으로서 제조시설을 갖추고 공장 내에서 그 시설의 운영을 위하여 필수불가결하게 설치될 수밖에 없는 사무실 등에도 해당하지 아니하여 「산업집적활성화 및 공장설립에 관한 법률 시행규칙」 제2조 제1호의 공장의 범위에 들어가는 부대시설(사무실 등)로도 볼 수 없는 점, 청구법인이 이 건 부동산을 취득한 이래 수중펌프 제조업을 영위해 온 사실을 입증할 수 있는 직접적인 자료를 제시하지 못하고 있는 점을 종합하여 보면, 청구법인이 이 건 부동산 취득을 위해 당초 처분청에 제출한 사용계획확인서상의 내용에 반하는 용도로 이 건 부동산을 사용하였다고 봄이 타당함(조심 2009지0684, 2010.3.29.).

▣ "경영상담업" 영위할 목적도 아파트형 공장용에 해당된다고 한 사례 등

- 처분청이 승인한 입주자 모집공고(안) 등에서 입주업종의 범위에 "시장조사 및 경영상담업"을 열거하고 있음을 볼 때, 동 업종이 특정 산업의 집단화 및 지역경제의 발전을 위해 아파트형 공장 입주가 필요하다고 인정해야 하므로, 청구법인이 "경영상담업"을 영위하기 위하여 취득하는 아파트형 공장은 감면대상에 해당함(조심 2009지0118, 2009.9.9.).
- 아파트형 공장 설립목적으로 취득한 부동산을 당해 공장용에 직접 사용하다가 법령에 따라 지원시설(근생)시설로 용도변경한 경우는 추징대상이 아님(대법원 2009두11184, 2009.11.26.).
- 아파트형공장에 입주할 수 있는 시설은 제조업 외에도 입주업체의 생산활동을 지원하기 위한 시설도 포함되므로 공장시설을 지원시설로 용도를 변경, 분양·임대하는 등의 경우 도세감면조례에 의한 추징사유가 아님(대법원 2009두21963, 2010.8.26.).

# 제58조의 3

## 1. 창업중소기업 등에 대한 감면

관련규정

제58조의 3(창업중소기업 등에 대한 감면) ① 2026년 12월 31일까지 과밀억제권역 외의 지역에서 창업하는 중소기업(이하 이 조에서 "창업중소기업"이라 한다)이 대통령령으로 정하는 날(이하 이 조에서 "창업일"이라 한다)부터 4년 이내(대통령령으로 정하는 청년창업기업의 경우에는 5년 이내)에 취득하는 부동산에 대해서는 다음 각 호에서 정하는 바에 따라 지방세를 경감한다.

1. 창업일 당시 업종의 사업을 계속 영위하기 위하여 취득하는 부동산에 대해서는 취득세의 100분의 75를 경감한다.
2. 창업일 당시 업종의 사업에 과세기준일 현재 직접 사용하는 부동산(건축물 부속토지인 경우에는 대통령령으로 정하는 공장입지기준면적 이내 또는 대통령령으로 정하는 용도지역별 적용배율 이내의 부분만 해당한다)에 대해서는 창업일부터 3년간 재산세를 면제하고, 그 다음 2년간은 재산세의 100분의 50을 경감한다.

【영】 제29조의 2(창업중소기업 등의 범위) ① 법 제58조의 3 제1항 각호 외의 부분 전단에서 "대통령령으로 정하는 날"이란 다음 각 호의 어느 하나에 해당하는 날을 말한다.
1. 법인이 창업하는 경우 : 설립등기일
2. 개인이 창업하는 경우 : 「부가가치세법」 제8조에 따른 사업자등록일

② 법 제58조의 3 제1항 각 호 외의 부분 전단에서 "대통령령으로 정하는 청년창업기업"이란 대표자(「소득세법」 제43조 제1항에 따른 공동사업장의 경우에는 같은 조 제2항에 따른 손익분배비율이 더 큰 사업자를 말한다)가 다음 각 호의 구분에 따른 요건을 충족하는 기업을 말한다.
1. ~ 2. (생 략) ☞ 본문 해설편 참조

③ 법 제58조의 3 제1항 제1호 및 제2항 제2호에서 "대통령령으로 정하는 공장입지기준면적"이란 각각 「지방세법 시행령」 제102조 제1항 제1호에 따른 공장입지기준면적을 말하고, "대통령령으로 정하는 용도지역별 적용배율"이란 각각 「지방세법 시행령」 제101조 제2항에 따른 용도지역별 적용배율을 말한다.

② (생략) ☞ 창업벤처중소기업 해설편 참조

③ 다음 각 호의 어느 하나에 해당하는 등기에 대해서는 등록면허세를 면제한다.

1. 2020년 12월 31일까지 창업하는 창업중소기업의 법인설립 등기(창업일부터 4년 이내에 자본 또는 출자액을 증가하는 경우를 포함한다)
2. (생 략) ☞ 창업벤처중소기업 해설편 참조

④ 창업중소기업과 창업벤처중소기업의 범위는 다음 각 호의 업종을 경영하는 중소기업으로 한정한다. 이 경우 제1호부터 제8호까지의 규정에 따른 업종은 「통계법」 제22조에 따라 통계청장이 고시하는 한국표준산업분류에 따른 업종으로 한다.

1. ~ 12. (생략) 본문 해설편 참조

☞ 다목 개정(2024.12.31.) 「통계법」 제22조에 따라 통계청장이 고시하는 블록체인기술 산업분류에 따른 블록체인 기반 암호화 자산 매매 및 중개업 → 가상자산 매매 및 중개업

**【영】** 제29조의 2 ⑥ 법 제58조의 3 제4항 제5호 각 목 외의 부분에서 "대통령령으로 정하는 엔지니어링사업"이란 「엔지니어링산업 진흥법」 제21조에 따라 엔지니어링사업자의 신고를 하거나 「기술사법」 제5조의 7에 따라 기술사의 등록(등록 갱신을 포함한다)을 한 경우로서 「엔지니어링산업 진흥법」 제2조 제1호에 따른 엔지니어링활동을 제공하는 사업을 말한다.

☞ 6항 개정(2024.12.31.) 「조세특례제한법 시행령」 제5조 제9항에 따른 엔지니어링사업 → 엔지니어링사업자 신고, 기술사 등록(갱신)을 한 경우로서 엔지니어링활동 사업

⑦ 법 제58조의 3 제4항 제9호에서 "대통령령으로 정하는 물류사업"이란 「조세특례제한법 시행령」 제5조 제7항에 따른 사업 물류사업을 말한다.

⑧ 법 제58조의 3 제4항 제11호에서 "대통령령으로 정하는 관광객이용시설업"이란 「관광진흥법 시행령」 제2조 제1항 제3호 가목 및 나목에 따른 전문휴양업과 종합휴양업을 말한다.

⑥ 제1항부터 제4항까지의 규정을 적용할 때 다음 각 호의 어느 하나에 해당하는 경우는 창업으로 보지 아니한다.

1. 합병 · 분할 · 현물출자 또는 사업의 양수를 통하여 종전의 사업을 승계하거나 종전의 사업에 사용되던 자산을 인수 또는 매입하여 같은 종류의 사업을 하는 경우. 다만, 종전의 사업에 사용되던 자산을 인수하거나 매입하여 같은 종류의 사업을 하는 경우 그 자산가액의 합계가 「부가가치세법」 제5조 제2항에 따른 사업개시 당시 토지 · 건물 및 기계장치 등 대통령령으로 정하는 사업용자산의 총가액에서 차지하는 비율이 100분의 50 미만으로서 대통령령으로 정하는 비율 이하인 경우는 제외한다.
2. 거주자가 하던 사업을 법인으로 전환하여 새로운 법인을 설립하는 경우
3. 폐업 후 사업을 다시 개시하여 폐업 전의 사업과 같은 종류의 사업을 하는 경우
4. 사업을 확장하거나 다른 업종을 추가하는 경우
5. 그 밖에 새로운 사업을 최초로 개시하는 것으로 보기 곤란한 경우로서 대통령령으로 정하는 경우

【영】 제29조의 2 ⑨ 법 제58조의 3 제6항 제1호 단서에서 "토지 · 건물 및 기계장치 등 대통령령으로 정하는 사업용자산"이란 토지와 「법인세법 시행령」 제24조에 따른 감가상각자산을 말한다.

⑩ 법 제58조의 3 제6항 제1호 단서에서 "대통령령으로 정하는 비율"이란 100분의 30을 말한다.

⑪ 법 제58조의 3 제6항 제1호 및 제3호에 따른 같은 종류의 사업은 「통계법」 제22조에 따라 통계청장이 고시하는 산업에 관한 표준분류(이하 "한국표준산업분류"라 한다)에 따른 세분류가 동일한 사업으로 한다.

⑫ 법 제58조의 3 제6항 제5호에서 "대통령령으로 정하는 경우"란 다음 각 호의 어느 하나에 해당하는 경우를 말한다.

1. 개인사업자가 동종 사업을 영위하는 법인인 중소기업을 새로 설립하여 과점주주(「지방세기본법」 제46조 제2호에 따른 과점주주를 말한다. 이하 이 조에서 같다)가 되는 경우
2. 해당 법인 또는 해당 법인의 과점주주가 신설되는 법인인 중소기업의 과점주주가 되는 경우(해당 법인과 신설되는 법인인 중소기업이 동종의 사업을 영위하는 경우로 한정한다)
3. 법인인 중소기업이 회사의 형태를 변경한 이후에도 변경 전의 사업과 동종의 사업을 영위하는 경우

⑦ 다음 각 호의 어느 하나에 해당하는 경우에는 제1항 제1호 및 제2항 제1호에 따라 경감된 취득세를 추징한다. 다만, 「조세특례제한법」 제31조 제1항에 따른 통합(이하 이 조에서 "중소기업간 통합"이라 한다)을 하는 경우와 같은 법 제32조 제1항에 따른 법인전환(이하 이 조에서 "법인전환"이라 한다)을 하는 경우는 제외한다.

1. 정당한 사유 없이 취득일부터 3년 이내에 그 부동산을 해당 사업에 직접 사용하지 아니하는 경우
2. 취득일부터 3년 이내에 다른 용도로 사용하거나 매각 · 증여하는 경우
3. 최초 사용일부터 계속하여 2년간 해당 사업에 직접 사용하지 아니하고 다른 용도로 사용하거나 매각 · 증여하는 경우

⑧ 창업중소기업 및 창업벤처중소기업이 제1항 제2호 및 제2항 제2호에 따른 경감기간이 지나기 전에 중소기업간 통합 또는 법인전환을 하는 경우 그 법인은 대통령령으로 정하는 바에 따라 남은 경감기간에 대하여 제1항 제2호 및 제2항 제2호를 적용받을 수 있다. 다만, 중소기업간 통합 및 법인전환 전에 취득한 사업용재산에 대해서만 적용한다.

⑨ 제1항부터 제4항까지의 규정에 따른 창업중소기업 및 창업벤처중소기업 감면을 적용받으려는 경우에는 행정안전부령으로 정하는 감면신청서를 관할 지방자치단체의 장에게 제출하여야 한다.

## 1 | 개 요

중소기업의 설립을 촉진하고 중소기업을 설립한 자가 그 기업을 성장 · 발전시킬 수 있도록 성장기반 조성을 지원하기 위해 1987년부터 중소기업이 창업한 경우 기업의 사업용 재산에 대해 세제지원하여 왔으며 그간 조특법 제119조 제2항(등록면허세 감면), 제120조 제3항(취득세 감면), 제121조(재산세 감면)에서 창업중소기업에 대한 감면 규정을 두었으나 2014년 12월 31일 일몰기한이 도래하여 지특법으로 감면규정이 이관되었으며 등록면허세는 주소변경등기 면제가 종료되었고, 취득세는 면제에서 100분의 75로 경감률이 축소되어 2016년 12월 31일까지 2년간 연장되었으며 2016년 말 일몰도래시 감면대상을 사업용 재산에서 부동산으로 개정하는 등 감면대상이 일부축소되어 1년간 재연장되었다. 2018년 말 지특법 개정 규정은 창업일, 청년창업기업 감면대상 추가(감면기간 창업 후 5년 이내 확대), 벤처기업 확인일 적용시점 등이 일부 적용되었고 재산세에서 도시지역분 감면을 제외하였다. 2021년에는 창업의 개념을 단순화하고 감면규정을 재설계(창업벤처기업 감면 이관)하였고, 등록면허세에 대한 감면은 종료되었다. 2024년에는 창업에서 제외되는 사유 중 사업확장 및 업종추가와 관련하여 새로운 사업 최초 개시로 보기 곤란한 경우 등 포괄적으로 규정하던 것을 세부 유형을 구체화하여 시행령으로 신설하였다.

## 2 | 감면대상자

2026년 12월 31일까지 과밀억제권역 외의 지역에서 창업하는 창업중소기업 및 창업벤처중소기업, 청년중소기업이 해당 용도에 직접 사용하기 위해 취득하는 이에 해당한다. 지특법 제100조에서 창업의 범위, 대상업종, 대상지역 및 창업배제 요건 등 감면내용이 일부 중복되는 부분이 있어 해당 규정의 해설편 내용을 참고하면 된다. 창업중소기업 등의 세부내용은 다음의 표의 내용과 같다.

〈표 1〉 **창업중소기업 등의 정의**

| 구분 | 창업중소기업 | 청년중소기업 |
|---|---|---|
| 연혁 | 1987년 신설<br>「중소기업창업 지원법」 | 2019년 신설<br>「중소기업창업 지원법」 |
| 정의 | 「중소기업창업 지원법」 제2조 제1호에 따른 창업을 한 기업 | 대표자가 아래의 요건을 충족한 자 |
| | 중소기업을 새로 설립하는 것(단, 타인으로부터 사업을 승계, 개인사업의 법인 전환, 폐업 후 사업을 개시하여 폐업 전과 같은 종류의 사업 지속하는 경우는 창업으로 보지 않음) | • (개인) 15세~34세 이하<br>• (법인) 개인(15세~34세 이하), 지배주주로서 법인의 최대주주(출자자) |
| 기간 | 창업일부터 4년 이내 | 창업일부터 5년 이내 |
| 지역 | 과밀억제권역 제외 | |

## 2-1. 창업의 범위(§58의 3 ①, ④)

2020년까지는 「중소기업창업 지원법」 제2조 제1호에 따른 창업의 개념을 준용하였으나 위 규정에서 창업으로 보지 아니하는 경우를 서로 다르게 규정하고 있어 창업의 범위가 상충되는 문제가 있었다. 이에 2021년부터는, 「중소기업창업지원법」상 창업의 준용 규정이 없어지고, 문언 그대로 새로 기업을 설립하는 경우를 창업의 개념으로 규정하였다. 다만, 창업의 개념을 기업을 새로이 설립하는 것으로 단순화하였다 하더라도 원칙적으로 사업승계, 조직변경, 폐업 후 사업재개, 업종추가 등은 기업을 새로이 창업한 경우에 해당하지 않는다.

**■ 〈참고 1〉 2020년까지 창업의 범위(지특법 §100)**

〈창업제외 대상〉

1. 합병・분할・현물출자 또는 사업의 양수를 통하여 종전의 사업을 승계하거나 종전의 사업에 사용되던 자산을 인수 또는 매입하여 같은 종류의 사업을 하는 경우.
   다만, 종전의 사업에 사용되던 자산을 인수하거나 매입하여 같은 종류의 사업을 하는 경우 그 자산가액의 합계가 사업 개시 당시 토지・건물 및 기계장치 등 대통령령으로 정하는 사업용자산의 총가액에서 차지하는 비율이 100분의 50 미만으로서 대통령령으로 정하는 비율(100분의 30) 이하인 경우는 제외함.

> ※ 대통령령으로 정하는 사업용 자산
> - 토지와 「법인세법 시행령」 제24조의 규정에 의한 감가상각자산(건물, 차량, 선박, 항공기, 기계장치 등 유·무형 고정자산을 말하여 사업에 사용하지 아니하는 것, 건설중인 것, 시간의 경과에 따라 그 가치가 감소되지 아니하는 것은 포함하지 않음)
>
> 2. 거주자가 하던 사업을 법인으로 전환하여 새로운 법인을 설립하는 경우
> 3. 폐업 후 사업을 다시 개시하여 폐업 전의 사업과 같은 종류의 사업을 하는 경우
> 4. 사업을 확장하거나 다른 업종을 추가하는 경우 등 새로운 사업을 최초로 개시하는 것으로 보기 곤란한 경우
>
> **■ 〈참고 2〉 중소기업창업지원법에 따른 창업의 범위(법 §2)**
>
> 〈창업제외 대상〉
> 1. 타인으로부터 사업을 승계하여 승계 전의 사업과 같은 종류의 사업을 계속하는 경우. 다만, 사업의 일부를 분리하여 해당 기업의 임직원이나 그 외의 자가 사업을 개시하는 경우로서 산업통상자원부령으로 정하는 요건에 해당하는 경우는 제외함.
> 2. 개인사업자인 중소기업자가 법인으로 전환하거나 법인의 조직변경 등 기업형태를 변경하여 변경 전의 사업과 같은 종류의 사업을 계속하는 경우
> 3. 폐업 후 사업을 개시하여 폐업 전의 사업과 같은 종류의 사업을 계속하는 경우
>
> 〈동종사업 판단 및 매출액 범위〉
>
> 통계청장이 작성·고시하는 한국표준산업분류상의 세분류(4자리)를 기준으로 함.
>
> ※ 기존 업종에 다른 업종 추가시 추가업종의 매출액이 총 매출액의 100분의 50 미만인 경우(기존업종 > 추가업종)에만 같은 종류의 사업을 계속하는 것으로 보며 추가업종의 매출액 또는 총 매출액은 추가된 날이 속하는 분기의 다음 2분기 동안의 매출액 또는 총 매출액을 말함.

## 2-2. 창업중소기업 등 요건

### 2-2-1. 창업일 요건

중소기업기본법 시행령 제2조 제1호에 따라 법인인 기업의 창업일은 법인설립 등기일이며 개인 기업은 소득세법 제168조나 부가가치세법 제8조에 따라 사업자등록을 한 날이다.

또한, 2018년 말에는 지특법 개정시에 청년이 중소기업을 창업하는 경우 창업 후 감면 가능한 기간을 기존 4년 이내에서 5년 이내로 확대하였으며 같은 법 시행령에 청년창업기업을 위임하여 아래와 같이 정의규정을 두고 있다.

▣ **청년창업기업(지특법 시행령 §29의 2 ② 요약)**
- 개인사업자 : 창업 당시 15세 이상 34세 이하인 사람
  ※ 병역이행시 그 기간(6년 한도)을 창업 당시 연령에서 빼고 계산한 연령이 34세 이하인 사람
- 법인사업자(대표자) : 1 + 2
  1. 창업 당시 15세 이상 34세 이하인 사람(개인사업자 기준 동일 적용)
  2. 지배주주로서 해당 법인의 최대주주 또는 최대출자자일 것

아울러, 창업벤처중소기업이 확인받은 날에 대한 조문을 벤처기업확인서를 최초로 확인받은 날로 개정(2018.12.24.)하였는데 이에 대한 개정사유는 과세관청 입장에서는 그간의 해석운영과 같이 벤처기업확인서를 최초로 받은 날로 보는 반면에 납세자는 벤처기업확인서를 매 2년마다 발급받을 경우에는 재발급을 받은 날로 해석할 수 있는 여지가 있을 수 있어, 감면적용 기준일에 대한 법률요건의 명확화를 위해 벤처기업확인서를 최초로 받은 날로 개정하게 되었다.

■ **사업자등록(소득세법 §168)**
① 사업자는 사업장마다 대통령령으로 정하는 바에 따라 사업 개시일부터 20일 이내에 사업장 관할 세무서장에게 사업자등록을 신청하여야 한다. 다만, 신규로 사업을 시작하려는 자는 사업 개시일 이전이라도 사업자등록을 신청할 수 있음.
② 사업자는 제1항에 따른 사업자등록의 신청을 사업장 관할 세무서장이 아닌 다른 세무서장에게도 할 수 있다. 이 경우 사업장 관할 세무서장에게 사업자등록을 신청한 것으로 봄.

■ **사업자등록(부가가치세법 §8)**
① 새로 사업을 시작하는 사업자는 사업장 소재지 관할 세무서장에게 등록하여야 함.
② 「부가가치세법」에 따라 사업자등록을 한 사업자는 해당 사업에 관하여 제1항에 따른 등록을 한 것으로 봄.

### 2-2-2. 지역적 요건

과밀억제권역 외의 지역에서 창업하는 중소기업만이 감면요건에 해당되며, 다만 창업벤처중소기업(벤처기업육성에 관한 특별조치법 제2조 제1항에 따른 벤처기업 중 대통령령으로 정하는 기업으로서 창업 후 3년 이내에 같은 법 제25조에 따라 벤처기업으로 확인받은 기업)은 지역적 제한 없이 모든 지역에서 감면이 가능하다. 여기서 수도권이란 수도권정비계획법 제2조 제1호에 따른 서울특별시, 인천광역시 및 경기도를 말하여 이 중 과밀억제권역은 인구와 산업 집중이 우려되는 지역으로 수도권정비계획법에서 규정하고 있다. 세부사항은 제2조 제1항 제5호의 해설편의 내용과 같다.

### 2-2-3. 창업업종 요건

창업중소기업의 창업업종은 2016년까지는 중소기업창업지원법 시행령에서 정한 창업업종과 창업에서 제외되는 업종을 인용하여 왔으나 2017년 1월 1일을 기준으로 달리 창업업종 중에서 음식점업, 노인복지업, 사회복지서비스업에 대해서는 창업업종에서 제외하였다.

음식점업의 경우 중소기업창업지원법 시행령 제4조의 규정에 따라 상시근로자가 20명 이상이며 법인인 음식점업이 해당되나 이는 소규모 음식점 업종과의 차등적용에 따른 문제가 야기되고 기타 소매업 등 유사업종과 비교시에도 조세형평에 부합하지 않아 제외된 것으로 보이며 노인복지업과 사회복지서비스업은 각각 노인복지시설과 사회복지법인에 대한 감면규정을 적용할 수 있어 제외되었다 할 것이며 다만, 개인지방소득세의 경우 개별적인 신고의 불편함 등으로 향후 3년간 국세에 해당하는 100분의 10을 세액공제 또는 감면하는 것으로 연장되어 국세와 연계필요성에 따라 제외업종을 그대로 유지하고 있다.

또한, 2019년 1월 1일부터는 정보서비스업에서 뉴스제공업, 「통계법」 제22조에 따라 통계청장이 고시한 「블록체인기술 산업분류 고시」에 따른 블록체인 기반 암호화자산 매매 및 중개업(2024.12.31. 개정, "가상 자산 매매 및 중개업")은 제외하도록 감면업종을 개정하였다. 지방세특례제한법에서는 창업에 해당하는 업종만을 규정하고 있다. 따라서 중소기업창업지원법 및 시행령에서 창업업종에서 제외하고 있는 경우에는 기본적으로 제외되는 것으로, 예를 들어 음식점업의 경우 창업에 해당되어 감면되는 업종은 다음과 같이 법에서 세부적으로 대상을 열거하고 있고, 2021년부터는 창업의 업종을 기존 24종에서 한국표준산업분류상 대분류에 해당하는 12종으로 재정비를 하였으며, 방제서비스업 등 코로나19와 관련한 업종을 새롭게 추가하였다.

〈표 2〉 **창업중소기업 감면업종 비교(2020년 이전, 2021년 이후)**

| 2020년까지의 창업중소기업 감면업종 | 구분 | 2021년 이후의 창업중소기업 감면업종 |
|---|---|---|
| 1 광업<br>2 제조업<br>3 건설업<br>14 창작 및 예술관련 서비스업<br>※ (배제) 자영예술가<br>16 물류산업(영 §29-2 ⑥)<br>17 학원 또는 직업능력개발훈련시설을 운영하는 사업<br>23 관광숙박업, 국제회의업, 유원시설업 또는 관광객이용시설업(영 §29-2 ⑦)<br>18 전시산업 | 현행 유지 | 1 광업<br>2 제조업<br>3 건설업<br>7 창작 및 예술관련 서비스업<br>※ (배제) 자영예술가<br>9 물류산업(영 §29-2 ⑦)<br>10 학원 또는 직업능력개발훈련시설을 운영하는 사업<br>11 관광숙박업, 국제회의업, 유원시설업 또는 관광객이용시설업(영 §29-2 ⑧)<br>12 전시산업 |
| 4 출판업<br>5 영상오디오기록물 제작 및 배급업<br>6 방송업<br>7 전기통신업<br>8 컴퓨터 프로그래밍, 시스템 통합 및 관리업<br>9 정보서비스업<br>※ (배제) 비디오감상실 운영업, 뉴스제공업, 블록체인 기반 암호화자산 매매 및 중개업 | 업종기준 정비 | 4 정보통신업(6종→1종)<br>※ 배제업종 열거(법 §58-3 ④ 4호 각목) |
| 10 연구개발업<br>11 광고업<br>12 전문디자인업<br>15 엔지니어링사업(영 §29-2 ⑤)<br>22 시장조사 및 여론조사업<br>24 그 밖의 과학기술업 | | 5 전문, 과학 및 기술서비스업 (6종→1종) |
| 13 전시 및 행사대행업<br>19 인력공급 및 고용알선업 (농업노동자 공급업)<br>20 건물 및 산업설비 청소업<br>21 경비 및 경호 서비스업 | 업종기준 통·폐합 및 일부추가 | 6 사업시설관리, 사업지원 및 임대서비스업(4종→1종)<br>• 사업시설관리 및 조경서비스업<br>• 고용알선 및 인력공급업<br>• 경비 및 경호 서비스업<br>• 보안시스템 서비스업<br>• 전시, 컨벤션 및 행사대행업 |

| 2020년까지의 창업중소기업 감면업종 | 구분 | 2021년 이후의 창업중소기업 감면업종 |
|---|---|---|
| - | 추가 | 8 수도하수 및 폐기물 처리, 원료재생업 |

창업중소기업에 대하여 세액감면의 혜택을 부여하는 이유는 중소기업설립을 촉진하고 성장기반을 조성하여 중소기업의 건전한 발전을 통한 건실한 사업구조 구축에 기여함을 목적으로 하고 있어 법인설립등기시에 등록면허세를 면제하여 주되, 창업의 요건과 업종을 개별적으로 열거하고 있다. 또한, 지방세특례제한법 등 지방세관계법에서는 직접적으로 '창업'에 대해 개념을 명문화하고 있지 않지만 '창업'이라 함은 「중소기업기본법」 제2조의 규정에 의한 중소기업을 새로이 설립하여 사업을 개시하는 것이며, 창업의 업종에 대해서는 「지방세특례제한법」에서 그 대상 업종을 열거하여 그 범위를 한정하고 있지만 중소기업의 주된 업종 기준은 「중소기업기본법 시행령」 제4조 제1항에서 하나의 기업이 둘 이상의 서로 다른 업종을 영위하는 경우에는 제7조에 따라 산정한 평균 매출액 등의 비중이 가장 큰 업종을 주된 업종으로 본다고 규정하고 있어, 창업중소기업에 해당되는지 여부를 판단함에 있어서는 법인등기나 사업자등록증상의 형식적인 기재뿐만 아니라 실제 영위하는 사업의 실질적 내용도 함께 감안하여 판단하는 것이 합리적일 것이며 실질적인 창업업종을 영위하는 중소기업에 세제혜택을 부여하고자 하는 감면의 입법적 측면에도 부합한다 할 것이다.

다만, 창업한 중소기업이 둘 이상의 서로 다른 업종을 영위하면서도 창업 후 매출액이 없어 실제 영위하고 있는 사업을 확인할 수는 없는 경우 주된 업종은 실질요건이 아니라 사업자등록증 및 법인등기부등본 등에 따라 형식요건을 기준으로 판단하여야 할 것이다.

그간 창업중소기업의 창업업종에 대한 판단은, 창업 개시시점에서 해당 사업을 영위하기 위하여 취득하는 경우로 보아 창업일 이후에 추가된 업종에 대해서는 감면받지 않았으나, 최근 조세심판원의 심판결정(조심 2016지536, 2017.3.15.)에 따라 창업중소기업으로 인정받은 기업이 취득세 등을 면제받을 수 있는 기간 내에 창업중소기업이 영위할 수 있는 업종 범위에 속하는 사업의 종목을 추가하는 경우라면 당초 창업중소기업으로서 지위가 지속된다는 것으로 판단하여 설립 당시 창업중소기업에 해당하고, 추가한 업종으로 해당 기업이 직접 사용할 목적으로 취득한 부동산도 면제대상에 해당한다고 판결하고 있다.

이에 따라, 2018년 말 지특법 개정(2019.1.1. 시행)을 통해 입법목적을 고려하여 창업당시 업종에 한해서만 취득세 등이 감면될 수 있도록 명확히 규정할 필요가 있어 "창업일 당시 업종의 사업을 계속 영위하기 위하여"로 개정하여 창업일 이후 업종을 추가하는 경우에 취득하는 부동산에 대해서는 본 조의 감면대상에서 제외되도록 개정하게 되었다.

또한, 정보서비스업 업종(뉴스제공업 제외)은 현재 창업중소기업 감면대상 업종이나 이 중에서 암호화 화폐 거래소의 운영은 비정상적인 투기과열 현상과 유사수신 · 자금세탁 · 해킹 등의 불법행위가 발생함에 따라 「벤처기업육성에 관한 특별조치법 시행령」에서 블록체인 기반 암호화자산 매매 및 중개업을 벤처기업에서 제외(2018.10.2.)하고 있어 지특법에서도 해당 업종에 대해서는 감면 제외되도록 예외 규정을 신설(2019.1.1. 시행)하였다.

참고로, 상기 블록체인기술 산업분류에 따른 '블록체인 기반 암호화 자산 매매 및 중개업'은 업종 명칭의 현행화를 위해 한국표준산업분류에 따른 '가상자산 매매 및 중개업(2024.12.31.)' 개정되었다.

2024년말 창업 업종에 대한 추가 개정사항으로서, 지특법 상의 '엔지니어링사업'의 범위를 「조특법 시행령」상 해당 업종의 범위를 재인용하지 않고 「지특법 시행령」에서 직접 규정함에 따라, 결과적으로 '엔지니어링사업'의 범위를 「엔지니어링산업 진흥법」 및 「기술사법」에 따른 신고 및 등록의무를 이행한 후에 엔지니어링활동을 제공하는 경우로 명확화[행안부 지방세특례제도과-1221(2024.5.27. 관련)]했다고 보아야 할 것이다.

#### 2-2-4. 기업규모 요건

중소기업의 판단기준이 2015년부터 중소기업의 성장 여부 판단의 실효성 제고를 위하여 평균매출액 또는 연간매출액을 중심으로 재편됨에 따라 자산총액이 5천억원 미만인 기업으로 기준 요건이 변경되었다.

**■ 중소기업 요건(중소기업기본법 시행령 §3 ①)**

1. 다음 각 목의 요건을 모두 갖춘 기업일 것
   가. 해당 기업이 영위하는 주된 업종과 해당 기업의 평균매출액 또는 연간매출액(이하 "평균매출액등"이라 한다)이 별표 1(아래 참조)의 기준에 맞을 것
   나. 자산총액이 5천억원 미만일 것
2. 소유와 경영의 실질적인 독립성이 다음 각 목의 어느 하나에 해당하지 아니하는 기업일 것
   가. 독점규제 및 공정거래에 관한 법률 제14조 제1항에 따른 상호출자제한기업집단 또는 채무보증제한기업집단에 속하는 회사
   나. 자산총액이 5천억원 이상인 법인(외국법인은 포함, 제3조의 2 제3항은 제외)
   ※ 중소기업창업투자회사, 신기술금융사업자, 신기술창업전문회사, 산학협력기술지주회사 및 중소기업청장이 고시하는 자(중소기업기본법 시행령 §3의 2 ③)

중소기업에 대한 업종별 세부기준은 기존 근로자, 자본금 및 매출액 기준에서 평균매출액으로 변경되고 제한금액 요건도 개정되었으며 중소기업기본법 시행령 [별표 1]상 기준

은 다음과 같다(2014.4.14. 일부개정, 2015.1.1. 시행).

〈표 3〉 **주된 업종별 평균 매출액 등의 중소기업 규모 기준**

| 해당 기업의 주된 업종 | 2015년 이후 | 2014년 이전 |
|---|---|---|
| 의복·의복액세서리·모피제품 제조업, 가죽·가방·신발 제조업, 펄프·종이·종이제품 제조업, 1차금속 제조업, 전기장비 제조업, 가구 제조업 | 평균매출액등 1,500억원 이하 | 근로자 300 or 자본금 80억원 |
| 식료품 제조업, 담배 제조업, 섬유제품 제조업(의복 제외), 목재·나무제품 제조업(가구 제외), 코크스, 연탄·석유정제품 제조업, 화학물질·화학제품 제조업(의약품 제외), 고무·플라스틱제품 제조업, 금속가공제품 제조업(기계·가구 제조업 제외), 전자부품·컴퓨터·영상·음향 및 통신장비 제조업, 그 밖의 기계·장비 제조업, 자동차·트레일러 제조업, 그 밖의 운송장비 제조업 | 평균매출액등 1,000억원 이하 | 근로자 300 or 자본금 80억원 |
| 농업·임업·어업, 도소매, 전기·가스·증기·수도사업 | | 근로자 200 or 매출 200억원 |
| 광업, 건설업 | | 근로자 300 or 자본금 30억원 |
| 음료 제조업, 인쇄 및 기록매체 복제업, 의료용 물질 및 의약품 제조업, 비금속 광물제품 제조업, 의료·정밀·광학기기·시계 제조업, 그 밖의 제품 제조업 | 평균매출액등 800억원 이하 | 근로자 300 or 자본금 80억원 |
| 운수업 | | 근로자 300 or 자본금 30억원 |
| 하수·폐기물 처리·원료재생·환경복원업 | | 근로자 100 or 매출 100억원 |
| 출판·영상·방송통신·정보서비스업 | 평균매출액등 600억원 이하 | 근로자 300 or 매출 300억원 |
| 전문·과학·기술 서비스업, 사업시설관리·사업지원 서비스업, 보건업·사회복지 서비스업 | | 근로자 300 or 매출 300억원 |
| 수리·기타 개인 서비스업 | | 근로자 100 or 매출 100억원 |
| 예술·스포츠·여가 관련 서비스업 | | 근로자 200 or 매출 200억원 |
| 숙박·음식점업, 금융·보험업 | 평균매출액등 400억원 이하 | 근로자 200 or 매출 200억원 |
| 교육서비스업 | | 근로자 100 or 매출 100억원 |
| 부동산업·임대업 | | 근로자 50 or 매출 50억원 |

■ **벤처기업 요건(벤처기업육성에 관한 특별조치법 §2의 2)**

1. 중소기업기본법 제2조에 따른 중소기업일 것
2. 다음 각 목의 어느 하나에 해당할 것
   가. 다음 각각의 어느 하나에 해당하는 자의 투자금액의 합계(이하 이 목에서 "투자금액의 합계"라 한다) 및 기업의 자본금 중 투자금액의 합계가 차지하는 비율이 각각 대통령령으로 정하는 기준 이상인 기업
      (1) 중소기업창업투자회사
      (2) 중소기업창업투자조합
      (3) 신기술사업금융업을 영위하는 자
      (4) 신기술사업투자조합
      (5) 한국벤처투자조합
      (6) 제4조의 8에 따른 전담회사
      (7) 중소기업에 대한 기술평가 및 투자를 하는 금융기관(대통령령으로 정하는 기관)
      (8) 투자실적, 경력, 자격요건 등 대통령령으로 정하는 기준을 충족하는 개인
   나. 기업(기업부설연구소를 보유한 기업만을 말함) ※ 감면대상 제외

※ 창업하는 기업 요건

기술신용보증기금이 보증(보증가능금액의 결정을 포함)을 하거나, 중소기업진흥공단 등 대통령령으로 정하는 기관이 개발기술의 사업화나 창업을 촉진하기 위하여 무담보로 자금을 대출(대출가능금액의 결정을 포함한다)할 것으로 기술성이 우수한 것으로 평가를 받을 것

### 2-2-5. 창업제외 대상(주요 유형별)

다음의 사업승계, 기업형태 변경, 폐업 후 사업재개에 해당하는 경우에는 실질적으로는 중소기업을 새로이 설립하는 효과가 없으므로 창업으로 볼 수 없다 할 것이다.

#### 사업승계

타인으로부터 사업을 승계하여 승계 전과 동종의 사업을 계속하거나 기존사업장에서 기존기업이 영위한 사업과 동종의 사업을 하는 경우로 창업중소기업에 대한 감면적용을 받지 않으나 합병·분할, 사업 양수도 등 지특법에서 창업감면 외 다른 조문에 따른 감면규정에 대해서는 별도로 적용 여부를 검토할 수 있겠다.

1) 상속이나 증여에 의해 사업체를 취득하여 동종사업을 계속하는 경우
2) 폐업한 타인의 공장을 인수하여 동일한 사업을 계속하는 경우
3) 사업의 일부 또는 전부를 양도·양수에 의해 사업을 개시하는 경우
4) 합병·분할·현물출자 등으로 사업을 승계하여 동종사업을 계속하는 경우
5) 기존사업장에서 기존기업이 영위한 사업과 동종사업을 영위하는 경우

**기업형태 변경**

개인사업자의 법인전환, 법인의 조직변경 등 기업형태를 변경하여 변경 전의 사업과 동종의 사업을 계속하는 경우 및 형식상의 창업절차에만 해당하는 경우에는 창업에 해당하지 않는다.

1) 개인사업자가 법인으로 전환
2) 합명회사와 합자회사, 유한회사와 주식회사 상호 간에 법인형태를 변경하여 동종의 사업을 계속하는 경우
3) 기업을 합병하여 동종의 사업을 영위하는 경우(창업기업이 아닌 A기업과 B기업이 합병하여 C기업을 설립하는 경우)

**폐업 후 사업재개**

폐업 후 사업을 개시하여 폐업 전의 사업과 동종의 사업을 계속하는 경우에는 창업에 해당하지 않는다(다만, 폐업을 한 후에 사업을 재개하더라도 폐업 전의 사업과는 다른 업종의 사업을 새로이 개시하는 경우는 창업으로 인정한다).

1) 사업의 일시적인 휴업이나 정지 후에 다시 사업을 재개하는 경우
2) 공장을 이전하기 위해 기존장소의 사업을 폐업하고, 새로운 장소에서 사업을 재개하는 경우

### 2-2-6. 창업사례별 기준

창업중소기업에 대한 기준은 사업주체, 사업장소, 기존 사업 폐업 여부, 신설 업종이 한국표준산업분류에 따른 동종업종인지 또는 이종업종인지에 따라 판단하여야 할 것이다.

〈표 4〉 **창업 사례 및 창업 여부**

| 주체 | 사업장소 | 사 례 | | 창업 여부 |
|---|---|---|---|---|
| A개인이 | 갑 장소에서 | 갑 장소에서의 기존사업을 폐업하고 | B법인을 설립하여 동종업종 제품 생산 | 조직변경 |
| | | | B법인을 설립하여 이종업종 제품 생산 | 창 업 |
| | | 갑 장소에서의 기존사업을 폐업 않고 | B법인을 설립하여 동종업종 제품 생산 | 형태변경 |
| | | | B법인을 설립하여 이종업종 제품 생산 | 창 업 |
| A법인이 | 갑 장소에서 | 갑 장소에서의 기존사업을 폐업하고 | B법인을 설립하여 동종업종 제품 생산 | 위장창업 |
| | | | B법인을 설립하여 이종업종 제품 생산 | 창 업 |
| | | 갑 장소에서의 기존사업을 폐업 않고 | B법인을 설립하여 동종업종 제품 생산 | 형태변경 |
| | | | B법인을 설립하여 이종업종 제품 생산 | 창 업 |

| 주체 | 사업장소 | 사 례 | | 창업 여부 |
|---|---|---|---|---|
| A개인이 | 을 장소에서 | 갑 장소에서의 기존사업을 폐업하고 | B법인을 설립하여 동종업종 제품 생산 | 법인전환 |
| | | | B법인을 설립하여 이종업종 제품 생산 | 창 업 |
| | | 갑 장소에서의 기존사업을 폐업 않고 | B법인을 설립하여 동종업종 제품 생산 | 창 업 |
| | | | B법인을 설립하여 이종업종 제품 생산 | 창 업 |
| A법인이 | 을 장소에서 | 갑 장소에서의 기존사업을 폐업하고 | B법인을 설립하여 동종업종 제품 생산 | 사업승계 |
| | | | B법인을 설립하여 이종업종 제품 생산 | 창 업 |
| | | 갑 장소에서의 기존사업을 폐업 않고 | B법인을 설립하여 동종업종 제품 생산 | 창 업 |
| | | | B법인을 설립하여 이종업종 제품 생산 | 창 업 |
| A개인이 | 을 장소에서 | 갑 장소에서의 기존사업을 폐업하고 | 다시 A명의로 동종업종 제품 생산 | 사업이전 |
| | | | 다시 A명의로 이종업종 제품 생산 | 창 업 |
| | | 갑 장소에서의 기존사업을 폐업 않고 | 다시 A명의로 동종업종 제품 생산 | 사업확장 |
| | | | 다시 A명의로 이종업종 제품 생산 | 업종추가 |
| A개인이 | 을 장소에서 | 갑 장소에서의 기존사업을 폐업하고 | 다시 A명의로 동종업종 제품 생산 | 사업이전 |
| | | | 다시 A명의로 이종업종 제품 생산 | 창 업 |
| | | 갑 장소에서의 기존사업을 폐업 않고 | 다시 A명의로 동종업종 제품 생산 | 사업확장 |
| | | | 다시 A명의로 이종업종 제품 생산<br>*별도 사업자로 등록 | 창 업 |
| | | | A명의로 동종+이종 제품 생산<br>*동일 사업자로 등록(종목만 추가) | 업종추가 |
| A개인이 | 갑 장소에서 | 갑 장소에서의 기존사업을 폐업 않고 | A명의로 이종업종 제품 생산 | 업종추가 |

〈중소기업청 사례〉

1. 업종구분은 한국표준산업분류의 세분류(4자리)를 기준으로 함.
   * 한국표준산업분류 5자리 중 앞에서 4자리까지 일치하면 "동종업종"에 해당
2. "갑"장소는 기존사업장, "을"장소는 신규사업장을 말함.
3. "A명의"란 개인사업자로서 대표자가 동일한 경우를 말함.

## 3 | 감면대상 재산

### 3-1. 감면대상 부동산(§58의 3 ① 1호)

2023년 12월 31일까지 수도권과밀억제권역 외의 지역에서 창업한 중소기업이 창업일부터 4년 이내(청년창업기업은 2019년 1월 1일부터 감면기간을 5년 이내로 확대 적용)에 취득하는 토지와 건물, 차량, 선박, 항공기, 기계장치 등 유・무형 고정자산이 감면대상이며

사업에 사용하지 않는 건설 중인 것과 시간의 경과에 따라 그 가치가 감소되지 아니하는 것은 포함하지 않으며, 통상적으로 사용되는 자가용(비영업용) 승용차의 경우 2015년부터 제외되었으며, 2017년부터는 감면대상이 사업용재산에서 산업단지, 지식산업센터 등 일반적인 지방세특례와의 조세지원 형평을 고려하여 부동산으로 축소되면서 자동차, 건설기계 등은 제외되었으며 다만 법 개정 이전 창업한 중소기업의 경우 남은 잔여기간 동안에 자동차, 건설기계 등을 취득하는 경우 감면가능할 것으로 보여진다.

또한, 지방세특례제한법 제100조 제3항 제20호의 관광진흥법에 따른 관광숙박업, 국제회의업, 유원시설업 및 관광객이용시설업(관광진흥법 시행령 제2조 제1항 제3호에 따른 전문휴양업과 종합휴양업)의 업종 중 체육시설의 설치·이용에 관한 법률에 따라 골프장을 경영하는 기업은 취득세, 재산세 및 등록면허세 감면대상이 되는 창업중소기업의 범위에서 제외하도록 2015년부터 신설되었으나 2016년 중소기업창업지원법에 따른 창업을 한 기업으로 명확히 법 개정이 되면서 해당 법률에서 제외되고 있는 창업업종은 동일하게 적용하도록 하였으며 2017년부터는 창업업종기준을 지방세특례제한법의 제100조에서 규정한 창업업종을 이관하여 해당 조문(§58의 3)에서 직접 규정하였으며 현행 감면규정과 중복되는 노인복지시설과 사회복지시설은 각각의 조문에서 감면받아야 하고 음식점업의 경우 감면여부에 대한 논란이 많고 창업기업 지원규정에 적합하지 않는 일반적 형태의 사업업종으로 해당 조문에서 삭제되었다.

재산세의 경우에도 창업중소기업이 2020년 12월 31일까지 취득하여 해당 사업에 직접 사용(임대 제외)하는 부동산이 감면대상이며 건축물 부속토지의 경우에는 지방세법 시행령 제102조 제1항 제1호에 따른 공장입지기준면적[128] 이내 및 동 시행령 제101조 제2항에 따른 용도지역별적용배율[129] 이내의 부분에 해당하는 경우 적용받게 되며, 재산세 감면 적용기간이 지나기 전에 조세특례제한법 제31조 제1항에 따른 통합을 하는 경우 통합법인은 통합으로 인하여 소멸되는 창업중소기업으로부터 승계받은 부동산에 대해 통합당시의 남은 감면기간까지 그 감면을 받을 수 있도록 규정이 2015년에 신설되었으며 2017년부터는 중소기업간 통합 외에 개인이 법인으로 전환하는 경우에도 남은 감면기간 동안 재산세를 감면받을 수 있도록 하고, 중소기업간 통합 및 법인전환을 한 경우 추징 규정에서 제외하도록 하여 세제지원을 일부 확대하여 개정된 것으로 판단된다.

---

128) 공장입지기준면적 = 공장건축물 연면적 × (100 / 업종별기준공장 면적률)

129) 도시지역 : 1. 전용주거지역(5배) 2. 상업지역·준주거지역(3배) 3. 일반주거지역·공업지역(4배) 4. 녹지지역(7배) 5. 미계획지역(4배)
도시지역 외 용도지역(7배)

### 3-2. 감면대상 등록면허세(§58의 3 ③ 1호)

2015년에는 주소변경등기에 대한 등록면허세는 감면에 대하여 낮은 세부담과, 유사기업 감면규정에서도 단순 변경등기에 대한 등록면허세 감면이 없는 점 등 조세형평을 고려하여 감면이 폐지되었으며, 2020년까지는 법인설립등기에 대한 등록면허세는 창업중소기업의 설립등기와 창업벤처중소기업으로 확인을 받은 중소기업이 확인을 받은 날부터 1년 이내에 법인설립등기에 대해 감면하며 자본출자 및 출자액 증가등기에 대한 등록면허세 면제는 창업중소기업에 한하여 적용하였으나 2021년부터는 위 주소변경등기와 같은 사유로 감면이 종료되었다.

〈표 5〉 **최근 10년간 창업기업 고용창출효과**

(단위 : 천명)

| 구 분 | 2005 | 2006 | 2007 | 2008 | 2009 | 2010 | 2011 | 2012 | 2013 | 2014 | 평 균 |
|---|---|---|---|---|---|---|---|---|---|---|---|
| 합 계 | 280 | 133 | 313 | 275 | 200 | 736 | 279 | 332 | 350 | 495 | 339 |
| 대기업 | △19 | 85 | 53 | 129 | △5 | 196 | △33 | 14 | 56 | △11 | 46 |
| 중소기업 | 299 | 48 | 259 | 146 | 205 | 540 | 312 | 318 | 294 | 505 | 293 |
| 창업 | 1,145 | 1,143 | 1,024 | 1,020 | 1,107 | 1,169 | 1,283 | 1,306 | 1,347 | 1,356 | 1,190 |
| 기존 | △846 | △1,095 | △765 | △874 | △903 | △629 | △971 | △988 | △1,053 | △851 | △897 |

* 자료: 전국사업체통계조사(통계청), 창업기업의 생존율 및 고용창출 효과 분석(한국창업경영연구원, '15.5)

## 4 특례의 내용

2020년까지는 창업중소기업과 창업벤처기업에 대하여 취득세는 제58조의 3 제1항에, 재산세는 제58조의 3 제2항에 같이 규정되어 있었으나 2021년부터는 위 두 중소기업이 다른 감면대상임을 감안하여 창업중소기업(청년창업기업 포함)은 제1항에서, 창업벤처중소기업은 제2항에 분리하여 2026년 12월 31일까지 감면이 되도록 규정되었다. 이를 통해 향후, 창업중소기업 및 창업벤처중소기업에 대한 감면 기간, 감면 수준 등을 상황에 맞게 차등적으로 규정할 수 있는 기반을 마련하였다는 데 의의가 있다 할 것이다. 한편, 등록면허세는 2020년까지는 창업중소기업의 법인설립등기에 대해서는 자본출자에 대한 등록면허세를 면제하며 창업일부터 4년 이내에 자본 또는 출자액을 증가하는 경우를 포함하여 면제하고, 창업벤처중소기업은 그 확인을 받은 날부터 1년 이내에 하는 법인설립등기에 대해 면제를 하였으나 2021년부터는 감면이 종료되었다.

〈표 6〉 **창업중소기업 감면 현황(2024.1.1. 현재)**

<table>
<tr><th colspan="2">조문</th><th>감면내용</th><th>감면율</th></tr>
<tr><td colspan="2" rowspan="2">§58의 3 ①</td><td>창업중소기업(청년창업기업 포함) 부동산 취득세 감면<br>*사업용 재산에서 부동산으로 개정(2017.1.1. 창업일부터)<br>*청년창업기업은 감면기간 확대(4년→5년 이내, 2019.1.1.부터)</td><td>75%</td></tr>
<tr><td>창업중소기업(청년창업기업 포함) 부동산 재산세 감면</td><td>100%(3년),<br>50%(2년)</td></tr>
<tr><td>§58의 3 ③</td><td>1호</td><td>창업중소기업 법인설립등기 등록면허세 감면 ☞ 일몰종료</td><td>100%</td></tr>
<tr><td colspan="2">§58의 3 ④</td><td>창업중소기업 골프장 및 창업배제대상 제외</td><td>-</td></tr>
</table>

# 5 | 지방세특례의 제한

## 5-1. 최소납부세액의 부담(§177의 2)

2018년부터 시행되는 감면 상한제도(§177의 2 본문)에 따라 경우에 따라서는 면제되는 세액의 15%는 감면특례가 제한되어 창업중소기업에 대한 재산세(§58의 3 ① 2호)의 경우 최소납부세액을 부담해야 한다. 이에 대한 세부적인 사항은 제177조의 2 해설편의 내용과 같다.

## 5-2. 사후관리

본 규정에서는 창업(벤처)중소기업이 취득일부터 2년 이내에 그 재산을 정당한 사유 없이 해당 사업에 직접 사용하지 아니하거나 다른 목적으로 사용·처분하거나 임대하는 경우 또는 정당한 사유 없이 최초 사용일부터 2년간 해당 사업에 직접 사용하지 아니하거나 처분하는 경우에는 감면받은 세액을 추징하도록 규정하고 있다.

"정당한 사유"라 함은 법령에 의한 금지·제한 등 해당 법인이 마음대로 할 수 없는 외부적 사유이거나, 사업용 재산을 목적사업에 사용하기 위하여 정상적인 노력을 다하였음에도 시간적 여유가 없거나, 기타 객관적인 사유로 부득이 당해 용도에 사용할 수 없는 내부적 사유 등이 있어야 한다.

다만, 유예기간 내에 정당한 사유를 인정받지 못한 경우에 추징하는 것을 어렵지 않으나 유예기간 이내에 목적사업에 직접 사용하지 못한 '정당한 사유'가 있음을 과세관청에서 인정받았으나, 소송 등 그 정당한 사유가 종결되었음에도 공사에 착공하지 아니한 경우 유예기간 기산일에 대해서는 합리적 판단이 필요하다 할 것이다.

즉, 창업중소기업 및 창업벤처중소기업이 취득일부터 2년 이내에 그 재산을 정당한 사유 없이 해당 사업에 직접 사용하지 아니하는 경우에는 면제받은 세액을 추징한다고 규정하고 있는 것은 취득시점에서는 해당 용도로 직접 사용할 수 없는 경우에도 목적사업에 사용할 수 있는 준비기간을 줌으로써 현실적으로 감면목적의 실효성을 확보하기 위한 것으로 취득 후 유예기간 이내에 정당한 사유만 인정된다면 목적사업에 직접 사용하지 않고 그 유예기간이 경과하여도 계속적으로 추징하지 않는다고 할 수는 없다 할 것이며 정당한 사유 종결 직후 유예기간이 도래하여 실제 사업 준비기간이 부족한 경우가 발생할 수 있다.

이와 관련하여 대법원은 정당한 사유가 있는 경우라 하더라도 추징을 위한 과세기준일은 부동산 취득일로부터 유예기간이 경과한 날이 되고, 정당한 사유가 소멸된 날로부터 다시 유예기간이 경과한 날이 되는 것은 아니라고(대법원 2003다66271, 2005.5.27.) 판시한 점을 고려할 때, 단순히 추징을 배제할 수 있는 정당한 사유가 있다고 하여 추징 유예기간 자체가 연장될 수는 없다고 할 것이며, 반대로 정당한 사유가 소멸된 즉시 해당 사업에 직접 사용하지 아니하였다는 이유로 감면된 세액을 추징함은 불합리하다 할 것인 바, 정당한 사유로 인하여 직접 사용을 위한 준비기간의 활용이 불가능했던 경우라면 그에 해당하는 기간만큼 추가로 추징을 유예할 수 있는 정당한 사유로 인정하여 주는 것이 합리적이라 할 것으로, 추가로 인정할 수 있는 기간은 과세관청에서 전체 유예기간 중 정당한 사유로 인정한 기간 등 실제 해당 업무에 직접 사용을 위한 준비행위가 불가능했던 기간을 고려하여 합리적으로 결정할 사항이라 판단되며, 세부적인 추징절차 등에 대해서는 제178조의 해설을 참조하면 된다.

2017년 법 개정사항에 따른 시행은 2017년 1월 1일부터이나 부칙 규정(제18조 제1항)을 두어 2016년 12월 31일까지 법 시행 전에 종전의 제58조의 3 제1항 각 호 외의 부분 본문(확인일) 및 같은 항 각 호에 따라 감면된 취득세의 추징에 대해서는 제58조의 3 제7항 각 호 외의 부분 본문 및 같은 항 각 호의 개정 규정에도 불구하고 종전의 제58조의 3 제1항 각 호 외의 부분 단서의 규정에 따르도록 하였으며, 개정내용에 따라 「조세특례제한법」 제31조 제1항에 따른 통합을 하는 경우와 같은 법 제32조 제1항에 따른 법인전환을 하는 경우에는 제58조의 3 제7항 각 호 외의 부분 단서에서 취득세를 추징하지 않도록 하여(부칙 제18조 제2항) 통합법인과 개인기업이 법인전환한 경우 모두 세제지원을 추가적으로 받게 되며 제58조의 3 제2항의 감면대상을 사업용 재산에서 부동산으로 개정한 사항은 2017년 이후 창업하는 분부터 적용되어야 할 것이며, 2016년 말 이전까지 창업한 기업은 신뢰보호의 원칙에 따라 잔여기간을 감면하는 것이 바람직할 것으로 보인다.

## 6 | 감면신청

창업중소기업 및 창업벤처중소기업의 지방세를 경감받으려는 경우에는 행정안전부령으로 정하는 감면신청서 서식(지특칙 별지 제1호의 3)을 관할 지방자치단체의 장에게 제출하여야 하며, 감면신청서 외에 창업(벤처)중소기업임을 증명하는 등기부등본, 사업자등록증, 벤처기업확인서 등 창업기업임을 확인할 수 있는 필요서류를 첨부하여 감면신청을 하여야 할 것이다.

이 경우 전자정부법 제36조 제1항에 따른 행정정보의 공동이용을 통한 사업자등록증 등의 확인에 동의하는 경우에는 그 확인으로 사업자등록증 등의 제출을 갈음할 수 있으며, 특히 창업중소기업은 산업단지, 기업부설연구소 등 동일한 과세대상에 대해 적용 가능한 감면규정이 둘 이상인 경우가 있을 수 있으나 중복적으로 감면적용할 수 없으며, 이러한 경우에 지특법 제180조의 중복 감면의 배제규정을 적용하여 감면율이 높은 것 하나만을 선택하되 농어촌특별세 과세 여부를 함께 고려하여 판단하여야 하며 이에 대한 감면신청 절차는 제183조의 해설편을 참조하면 된다.

[별지 제1호의 4 서식] (2020. 1. 17. 개정)

# 창업(벤처)중소기업 지방세 감면 신청서

(앞쪽)

| 접수번호 | 접수일 | 처리기간 5일 |
|---|---|---|

| 신청인 | 성명(법인) | 주민(법인)등록번호 |
|---|---|---|
| | 주소 | |
| | 전자우편주소 | 전화번호(휴대전화번호) |

| 감면대상 | 종류 | 면적(수량) |
|---|---|---|
| | 소재지 | |

| 감면세액 | 감면세목 | 과세연도 | 기분 |
|---|---|---|---|
| | 과세표준액 | 감면구분 | |
| | 당초 결정세액 | 감면받으려는 세액 | |

| 감면 신청 사유 (「지방세특례제한법」 제58조의 3) | (뒤쪽 참조) |
|---|---|

| 감면 결정 통지 방법 | 직접교부[ ] 등기우편[ ] 전자우편 [ ] |
|---|---|

신청인은 본 신청서의 유의사항 등을 충분히 검토했고, 향후에 신청인이 기재한 사항과 사실이 다른 경우에는 감면된 세액이 추징되며 별도의 가산세가 부과됨을 확인했습니다.
「지방세특례제한법」 제58조의 3, 같은 법 시행령 제29조의 2 및 같은 법 시행규칙 제2조의 2에 따라 위와 같이 지방세 감면을 신청합니다.

년 월 일

신청인 (서명 또는 인)

시장·군수·구청장 귀하

| 담당공무원 확인사항 | 1. 사업자등록증 또는 법인 등기사항증명서(창업중소기업 등을 확인하는 서류)<br>2. 벤처기업확인서(벤처기업임을 확인하는 서류) | 수수료 없 음 |
|---|---|---|

**행정정보 공동이용 동의서**

본인은 이 건 업무처리와 관련하여 담당 공무원이 「전자정부법」 제36조에 따른 행정정보의 공동이용을 통하여 위의 담당 공무원 확인 사항을 확인하는 것에 동의합니다. *동의하지 않거나 확인이 되지 않는 경우에는 신청인이 직접 관련 서류를 제출해야 합니다.

신청인 (서명 또는 인)

210mm×297mm [백상지(80/㎡) 또는 중질지(80/㎡)]

(뒤쪽)

<table>
<tr><td>감면 신청 사유<br>(「지방세특례제한법」<br>제58조의 3)</td><td>※ 창업중소기업에 해당하는지 여부 확인을 위한 기재사항입니다.<br>아래의 사항을 확인 후 해당란을 기재하십시오.<br>① 기업을 새로 설립했는지 여부 (예 [ ]+<br>아니오 [ ])<br>※ 최초 설립이 아닌, 기업조직 및 형태 변경, 사업승계, 사업이전, 사업확장, 업종추가 등에 해당하는 경우에는 새로운 설립으로 보지 않습니다.<br>② 법인인 경우 대표자, 임원 등의 인적사항을 기재합니다.<br>
<table><tr><th>관계</th><th>성명</th><th>주민등록번호</th><th>주소</th><th>연락처</th></tr><tr><td>예)대표</td><td></td><td></td><td></td><td></td></tr><tr><td>예)임원</td><td></td><td></td><td></td><td></td></tr><tr><td></td><td></td><td></td><td></td><td></td></tr><tr><td></td><td></td><td></td><td></td><td></td></tr></table>
※ 법인의 대표자 등의 동종 사업 영위 여부, 법인전환 등을 확인하기 위해 기재합니다.<br>③ 새로 설립된 기업이 중소기업의 범위에 해당될 것 (예 [ ] 아니오 [ ])<br>④ 창업하는 업종이「지방세특례제한법」제58조의 3 제4항에 따른 업종에 해당될 것 (예 [ ] 아니오 [ ])<br>-「중소기업창업 지원법」제2조 제1호에 따른 창업기업으로, 해당 법령에서 창업에서 제외되는 업종의 경우에는 창업중소기업 영위 업종으로 보지 않음<br>⑤ 창업(벤처)중소기업이「지방세특례제한법」제58조의 3 제6항에 따라 다음 중 어느 하나에 해당하지 않는지 여부 (예 [ ] 아니오 [ ])<br>- 합병 · 분할 · 현물출자 · 사업양수를 통하여 종전 사업을 승계하거나 종전 사업에 사용 되던 자산을 인수 · 매입하여 같은 종류의 사업을 하는 경우.<br>※ 다만, 종전 사업에 사용되던 자산을 인수하거나 매입하여 같은 종류의 사업을 하는 경우 그 자산가액의 합계가「부가가치세법」제5조 제2항에 따른 사업 개시 당시 토지 · 건물 및 기계장치 등「지방세특례제한법 시행령」제29조의 2 제8항에서 정하는 사업용자산의 총가액에서 차지하는 비율이 100분의 30 이하인 경우 제외<br>- 거주자가 하던 사업을 법인으로 전환하여 새로운 법인을 설립하는 경우<br>- 폐업 후 사업을 다시 개시하여 폐업 전의 사업과 같은 종류의 사업을 하는 경우<br>- 사업을 확장하거나 다른 업종을 추가하는 경우 등 새로운 사업을 최초로 개시하는 것으로 보기 곤란한 경우<br>⑥「지방세특례제한법」및 같은 법 시행령에서 정하는 공장입지기준면적 이내 또는 용도지역별적용배율 이내에 해당하는지 여부 (예 [ ] 아니오 [ ])</td></tr>
</table>

유 의 사 항

1. 신청인이 작성 · 기재한 감면신청서는「지방세기본법」제78조에 따라 진실한 것으로 추정합니다.
2. 다만, 향후에 신청인이 작성 · 기재한 사항이 사실과 다르거나 사후관리를 통해 감면요건을 준수 하지 않은 사항이 확인되는 경우에는「지방세기본법」제53조부터 제55조까지에 따라 감면받은 세액 이외에도 가산세(10~40%)가 추가되어 추징대상에 해당될 수 있음을 유의하시기 바랍니다.
3. 위에서 열거한 사례 이외에도 창업(벤처)기업의 동종업종 추가 등의 대한 다양한 개별적 사례가 발생할 수 있으므로 감면대상 해당 여부를 반드시 확인하시어 추징 등 불이익을 받지 않도록 유의하시기 바랍니다.
4. 감면 결정 통지 방법: 직접교부, 등기우편, 전자우편 중 하나를 선택합니다.

처 리 절 차

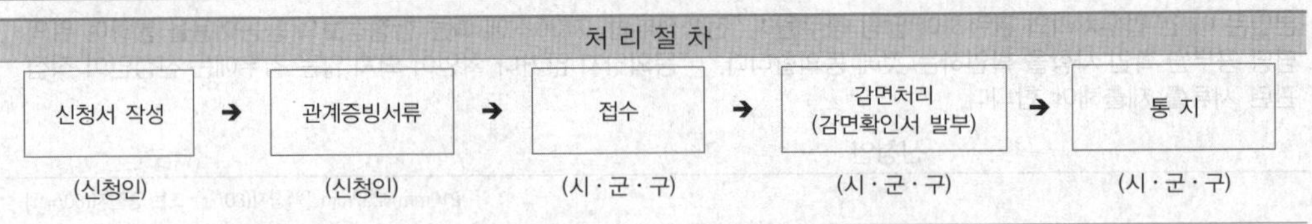

# 7 | 관련사례

■ ① 청구법인이 창업중소기업에 해당하는 지 여부 ② 청구법인이 쟁점 ③·④ 부동산을 창업일부터 4년 이내에 취득하여 취득세 등의 감면대상인지 여부

① 청구법인은 수도권과밀억제권역 외의 지역에서 제조업 등을 목적사업으로 하여 설립되었고, 종전의 사업에 사용되던 자산을 인수·매입하여 같은 종류의 사업을 하는 경우에도 해당하지 아니하여 창업중소기업으로 보는 것이 타당하므로, 창업일부터 4년 이내에 취득한 부동산 등에 대하여는 취득세의 감면대상으로 보는 것이 타당하다고 판단됨. ② 청구법인은 쟁점 ③·④ 부동산을 창업일부터 4년을 경과한 후 취득하여 취득세 감면대상으로 보기 어려우므로, 처분청이 위 부동산에 대한 취득세의 경정청구를 거부한 처분은 달리 잘못이 없다고 판단됨(조심 2023지4760, 2024.10.10.).

■ 창업중소기업에 대한 취득세 감면 여부

「지방세특례제한법」에서 지방세 감면 대상이 되는 '엔지니어링사업'의 범위를 규정하면서 「엔지니어링산업 진흥법」에 따른 엔지니어링활동을 제공하는 사업으로 관련 법을 인용하여 규정하고 있으므로, 지방세 감면 대상은 관련 법의 범위에서 해당 법률에 부합하도록 사업을 수행하는 경우로 보아야 할 것이므로 「엔지니어링산업 진흥법」에서 규정하고 있는 것과 같이 엔지니어링활동을 영업의 수단으로 하기 위해 이행해야 하는 신고 행위를 완료하고 관련 사업을 수행하는 경우에 지방세 감면 대상으로 봄이 타당함(행안부 지방세특례제도과-1221, 2024.5.27.).

■ 외국인투자기업에 대한 감면액 추징 시 일반적 추징규정 적용 여부

「지방세특례제한법」 제178조의 일반적 추징규정은 부동산에 대한 감면을 적용할 때 「지방세특례제한법」에서 특별히 추징 규정을 정하지 않은 경우 적용하려는 것으로, 외국인투자기업 대한 취득세 감면 규정 및 추징에 관한 사항을 별도로 규정하고 있는 종전 「조세특례제한법」에 따라 취득세를 감면받은 경우에 대해 「지방세특례제한법」 제178조에 따른 일반적 추징 규정을 적용하기는 어려움(행안부 지방세특례제도과-1120, 2024.5.10.).

■ 청구법인이 쟁점토지를 신탁등기한 것을 두고 매각·증여한 것으로 보아 경정청구를 거부한 처분의 당부

「지방세특례제한법」 제58조의 3 제7항 제2호에서 규정하고 있는 취득일부터 3년 이내에 '매각·증여'하는 경우란 취득자가 부동산을 창업일 당시 업종에 사용할 것을 포기하여 유상으로 매각 또는 무상으로 증여하는 것을 의미하는 것으로서 위탁자가 채무 등을 담보하기 위하여 해당 부동산을 「신탁법」에 따른 신탁등기를 통하여 수탁자에게 이전하고 그 후에도 계속하여 해당 부동산을 창업일 당시 업종에 사용하고 있는 경우에는 취득세 등 감면 규정의 입법 취지, 위 추징 규정의 문언 및 신탁의 법적 성격 등에 비추어 이에 해당하는 것으로 볼 수 없다 할 것임(조심 2016지896, 2017.1.5. 등 다수, 같은 뜻임)(조심 2023지5675, 2024.5.1.).

■ 1) 원고 주식회사들의 지배주주가 종전에 운영하다 폐업한 기존 창고업체가 사용하던 자산을 인수

하여 다시 창고업을 개시한 경우 창업중소기업으로 보아 취득세 감면을 받을 수 있는지 여부

지방세특례제한법 창업중소기업 감면은 새로운 사업을 최초로 개시함으로써 원시적인 사업 창출의 효과가 있는 경우에만 세액감면의 혜택을 주겠다는 취지임.

- 원고 1,2는 그 지배주주가 종전에 운영하다가 사실상 폐업한 기존 사업체와 동종의 사업을 다시 개시하여 확장한 것에 불과하므로 원시적인 사업창출의 효과가 있는 새로운 사업이라고 볼 수 없음.
- 원고 3은 감면을 받고 목적사업인 창고업 등을 영위하기 위해 창고시설을 착공하거나 인력을 고용하는 등 재화와 용역의 공급을 시작하는 등 사업을 개시한 사실이 없으므로 창업중소기업에 해당한다고 볼 수 없음.

2) 피고가 창업중소기업 감면에 해당하지 않는다고 판단하여 취득세를 추징하면서 처분한 가산세 부과가 위법한지 여부

납세자가 자기 나름의 해석에 의하여 납세 등의 의무가 면제된다고 잘못 판단한 것은 가산세를 부과할 수 없는 정당한 사유에 해당하지 않으며, 원고들이 감면대상이 아님에도 감면대상으로 신고한 것은 원고들의 귀책사유로 볼 수 있을 뿐이고, 피고가 이에 대해 이의를 제기하지 않았다는 것을 피고의 귀책사유로 보기는 어려움(대법원 2024.1.11. 선고, 2023두54358 판결).

■ 창업중소기업에 대한 감면대상 해당 여부

폐업한 기존 법인 사업장 인근 장소에서 새로 설립한 법인이 기존 법인과 같은 사업(건설업)을 임차사업장에서 일정기간 영위하다가 새로 설립한 법인의 목적사업에 포함된 다른 사업(제조업)을 영위하기 위해서 부동산을 취득한 다음 해당 부동산 소재지로 사업장을 이전하여 다른 사업(제조업)을 하는 경우라면, 새로 설립한 법인이 지특법 제58조의 3 제6항 각 호에서 정한 창업의 예외 사유에 해당하여 위 감면 규정을 적용할 수 없음(행안부 지방세특례제도과-2794, 2022.12.9.).

■ 전소유자가 체결한 임대차 계약을 갱신하여 재계약시에 다른 용도 사용 여부

공매로 공장 건축물을 취득하고 창업중소기업 감면을 받은 후 전 소유자와 체결한 임대차 계약을 갱신하여 임차인과 재계약한 경우에, 해당 부동산을 명도받지 않고 종전 임대차계약을 갱신하면서 당초 임차료에 보증금을 추가하는 등 주요 내용을 변경한 것은 이미 존재하는 의무를 승계한 것과 동일하다고 볼 수는 없고, 스스로 임대인의 지위에서 권리를 취득하고 의무를 부담하는 새로운 계약을 체결한 것으로 보아야 할 것이므로 이는 단순히 임대인의 지위를 승계받은 "일시적 임대"가 아닌 "다른 용도에 사용"에 해당됨(행안부 지방세특례제도과-727, 2022.3.31.).

■ 청구법인들이 창업중소기업 감면을 받은 이 건 토지를 취득일부터 2년 이내에 정당한 사유 없이 해당 사업에 직접 사용하지 아니한 것으로 보아 감면받은 취득세를 추징한 처분의 당부

공장승인일부터 4년 이내 또는 공사착공 후 1년 이상 공사를 중단한 경우에는 위 창업사업계획 승인을 취소한다고 하고 있어 청구법인들은 적어도 이 건 토지 취득일 이전부터 2018년까지는 공장신축을 완료하여야 한다는 사실을 알고 있었던 것으로 보이는 점, 처분청 담당공무원이 2017년 8월과 2018년 1월 두 차례에 걸쳐 이 건 토지를 현지 출장하여 확인한

바, 특별한 중단사유 없이 골조공사만 완료하고 방치되어 있었던 것으로 나타나는 점, 이 건 토지를 취득한 후 골조공사를 완료한 상태에서 특별한 사유 없이 방치하다가 유예기간을 3년 3개월이 경과되어 공장을 신축한 점, 청구법인들은 공사가 방치된 사유가 시공업체가 불량 건축자재를 생산하였기 때문이라고 주장하나 이의 사유만으로는 공사가 중단될 만한 중대한 사유라고 보기 어려운 점, 청구법인들이 공사 착공한 때부터 공장 신축시까지의 일련의 공사 진행 상황을 살펴보더라도 청구법인들이 공장 신축을 위해 진지한 노력을 다하였다고 보기 어려운 점 등에 비추어, 청구법인들은 감면유예 기간 이내에 정당한 사유 없이 이 건 토지를 직접 사용하지 아니한 것으로 보는 것이 타당함(조심 2019지2588, 2020.6.23.).

▣ 종전사업체와 새로이 창업한 법인간에 사실상 사업을 공유하고 있는 경우에 감면 여부

종전사업체는 법인의 설립일(2015.10.21.)부터 2주 만인 2015.11.3. 폐업하였을 뿐만 아니라 그 취급 품목, 사업 노하우 등은 법인에게 그대로 승계된 것으로 보이는 점, 종전사업체를 폐업하였음에도 현재까지 인터넷 홈페이지를 운영하고 있는데 여기에 본사 주소, 온라인 판매를 위한 입금계좌 및 운영자 등은 법인의 명의로 되어 있고 종전사업체와 상호 및 거래처 등을 사실상 공유하고 있는 점, 종전사업체의 부가가치세 신고서에 그 폐업 사유를 법인전환으로 기재하고 있는 점 등에 비추어 부과처분은 타당함(조심 2019지3569, 2020.1.13.).

▣ 유예기간 내에 토지를 직접 사용하지 못한 정당한 사유가 있는지 여부

취득일부터 2년이 경과한 시점까지 공장을 착공하는 등 토지를 해당 사업에 직접 사용하기 위한 행위를 하지 아니한 것으로 보이는 반면 일부 토지를 주식회사 00000에 매각하였을 뿐만 아니라 토지 중 일부에 주식회사 00000 및 000이 공장 신축허가를 득한 사실이 확인되는 등 토지를 다른 목적에 사용한 사실이 확인되는 점, 토지 중 일부에 대하여 소송이 진행되고 있으나 그 소송으로 인하여 토지를 해당 사업에 사용하지 못한 정당한 사유가 있다고도 보기 어려운 점 등에 비추어 부과처분은 달리 잘못이 없음(조심 2019지1925, 2019.11.21.).

▣ 제조업을 영위하지 않는 것으로 보아 창업중소기업 감면을 배제한 경우 과세적정 여부

법인의 손익계산서에서 2015년 및 2017년에는 임대료 수입만 존재하는 점, 2016년에는 일부 제품매출이 존재하나 그 비중은 18% 정도에 불과할 뿐, 그 밖의 매출 대부분은 임대료 수입인 것으로 나타나고, 재무상태표에서 기계장치 등의 제조업 설비는 나타나지 않는 점 등에 비추어 창업중소기업 등의 세액감면을 배제하고 취득세 등 부과처분은 달리 잘못이 없음(조심 2019지1771, 2019.9.6.).

▣ 창업중소기업에 직접 사용 여부

토지의 일부만 터파기 공사가 이루어진 상태에서 공사가 중단되었고, 법인이 토지를 취득할 당시 이미 관광숙박업을 영위하고 있어, '창업중소기업'으로 보기 어려움(조심 2018지737, 2018.11.16.).

▣ 창업 벤처기업 확인을 여러 번 받은 창업기업 감면의 기산일 판단 여부

창업중소기업이 최초 설립 이후 창업중소기업으로 감면받은 사실이 없는 경우에 한해 벤처기업 확인을 받게 되면 4년의 기간 내에 취득하는 부동산에 대하여 감면적용이 가능할 것이고, 창업중소기업이 벤처기업 확인을 여러 번 받은 경우라면 그 감면기산일은 최초로 벤처

기업 확인받은 날로부터 4년의 기간 내에 취득하는 부동산을 감면대상으로 보는 것이 타당하다 할 것임(행안부 지방세특례제도과-571, 2018.2.20.).

▣ 창업중소기업의 감면을 받은 후 유예기간 내 합의해제시 감면분 추징 여부

유예기간 내에 합의해제를 원인으로 소유권이전등기가 말소되어 당초 매도인에게 환원되었다 하더라도 부동산을 취득하면서 2년 이상 당해 사업에 직접 사용할 것을 조건으로 감면받았음에도 정당한 사유 없이 최초사용일부터 2년간 해당 사업에 직접 사용할 수 없게 되었다면 감면받은 취득세를 추징하는 것이 타당함(행안부 지방세특례제도과-270, 2017.8.18.).

▣ 법인이 창업시점부터 부동산개발업을 주된 업종으로 각종 공부상에 기재한 경우 감면 여부

법인이 법인설립시부터 「지방세특례제한법」 제100조 제3항에서 규정하고 창업업종이 아닌 부동산업을 목적사업으로 등재하여 왔고, 현재에는 관광단지 조성을 위한 토지매입단계로서 관광숙박업으로 등록되어 있지 않으며, 관련 사업을 수행하고 있지도 않음을 사실관계를 통해 알 수가 있으며 창업중소기업이 창업 이후 둘 이상의 서로 다른 업종을 영위한다면 주된 업종은 법인등기부나 사업자등록증상의 형식적인 기재뿐만 아니라 실제 영위하는 사업의 실질적 내용도 함께 감안하여 판단하는 것이 타당하지만, 실제 사업을 판단하기 어렵다면 사업자등록증 및 법인등기부상의 형식적인 기재요건을 가지고 판단하여야 할 것이므로 이 경우 부동산개발업이 주된 업종으로 되어 창업제외업종이 아니므로 감면대상으로 볼 수 없음(행안부 지방세특례제도과-1521, 2017.6.19.).

▣ 개인기업이 법인 기업으로 전환한 경우 잔여기간 감면 여부

개인사업자와 법인은 별개의 권리주체이므로 개인사업자에게 적용하여야 할 감면규정을 법인에게 그대로 적용하기 어렵고, 창업중소기업에 대한 취득세 감면을 규정한 「조세특례제한법」 제120조 제3항에는 법인 전환 후라도 개인사업자의 잔여 감면기간에 대하여 감면할 수 있다는 규정이 없는 점 등에 비추어 취득세 등을 부과한 처분은 잘못이 없음(조심 2016지0507, 2016.9.1.).

▣ 피합병법인의 창업업종 부동산 취득시 감면 여부

피합병법인의 목적사업 및 부동산의 인허가 현황 등에 비추어 피합병법인은 「관광진흥법」에 따른 관광객이용시설업을 영위할 목적으로 설립된 법인에 해당하고, 실제로도 부동산을 해당 사업에 사용하였으므로 피합병법인은 부동산을 창업업종에 사용하기 위하여 취득하였다 할 것이며, 부동산에 대한 「관광진흥법」에 따른 등록이 합병 후 청구법인의 명의로 이루어졌다하여 달리 볼 것은 아니므로 처분청에서 경정청구를 거부한 처분은 잘못이 있음(조심2 2015지0681, 2016.3.24.).

▣ 창업중소기업이 기존사업을 영위하면서 감면기간 내에 창업업종을 추가한 다음, 추가한 업종에 사용하고자 취득하는 사업용 재산이 취득세 감면대상인지 여부

- "창업중소기업"이 사업을 확장하거나 다른 업종을 추가하는 경우 등 새로운 사업을 최초로 개시하는 것으로 보기 곤란한 경우는 창업으로 보지 아니하는 것으로 규정하고 있으며,
- 또한 「지방세특례제한법」상 '해당 사업'은 창업 이후의 모든 사업을 의미하는 것이 아니라 창업 당시의 사업을 의미하는 것으로 보는 것이 타당하다 할 것이고, 사업을 확장하거

나 다른 업종을 추가하는 경우'의 의미에 대하여 구체적으로 규정하고 있지 아니하나, '사업의 확장'이란 중소기업을 설립하여 최초로 사업장을 두고 사업을 영위하다가 동일한 업종의 사업장을 추가하는 경우를 의미한다 할 것이고, '업종의 추가'란 최초로 영위하는 사업과 다른 사업을 영위하는 모든 경우를 의미하는 것으로 보는 것이 타당하다 할 것임(조심 2013지156, 2014.9.19. 참조).

- 따라서, 2012.10.4. 창업하여 업종을 기계조립, 가공, 음식물처리기 제작, 임대 등으로 하였으나, 창업 당시의 사업을 영위하면서 2014.12.3. ○○군에 지점을 설치하고 창업 당시 업종에 '알루미늄(동/비철금속가압) 주물주조/기타, 기타제1차비철금속산업'을 추가하고, 추가된 업종에 사용하기 위하여 2015.2.27. 00군 소재 부동산을 취득한 경우라면,
- 이는 최초로 영위하는 사업과 다른 사업을 영위하는 경우로서 창업 당시의 사업을 하기 위하여 취득하는 경우에 해당하지 않아 취득세 경감대상이 되지 않음(행자부 지방세특례제도과-1352, 2015.5.18.).

▣ 창업벤처중소기업이 지식산업센터를 취득하여 감면받고, 그 지식산업센터로 본점을 이전하고 일부 면적을 임대한 경우 감면된 취득세 추징시 중과세율을 적용하여야 하는지 여부

부동산 취득시 창업벤처중소기업이 사업용 재산으로서 취득세 등을 면제받았으며, 그 후 법인본점을 이전함에 따라 중과세율을 적용대상이 되었으나, 해당 사업에 직접 사용하다가 2년 이내에 정당한 사유 없이 일부 면적을 임대함으로써 추징요건이 성립되었으므로, 추징요건 성립 당시의 법률에 따라 중과세율을 적용하여 취득세를 추징한 과세기관의 처분은 타당함(행자부 지방세특례제도과-94, 2015.1.13.).

▣ 주민 반대, 행정심판, 행정소송 등으로 직접 사용하지 못한 경우 정당한 사유 여부

1) 정당한 사유가 있는 경우에 해당하는지 여부
   - 일반적으로 '정당한 사유'란 법령에 의한 금지 제한 등 그 법인이 마음대로 할 수 없는 외부적인 사유는 물론 고유업무에 사용하기 위한 정상적인 노력을 다하였음에도 시간적인 여유가 없어 유예기간을 넘긴 내부적인 사유도 포함되고, 정당한 사유의 유무를 판단함에 있어서는 해당 법인이 영리법인인지 아니면 비영리법인인지 여부, 토지의 취득목적에 비추어 고유목적에 사용하는 데 걸리는 준비기간의 장단, 고유목적에 사용할 수 없는 법령상 및 사실상의 장애사유 및 장애정도, 당해 법인이 토지를 고유업무에 사용하기 위한 진지한 노력을 다하였는지 여부, 행정관청의 귀책사유가 가미되었는지 여부 등을 아울러 참작하여 구체적인 사안에 따라 개별적으로 판단하여야 할 것임(대법원 1995.12.8. 선고, 95누5257 판결, 대법원 2009.1.15. 선고, 2006두14926 판결 등 참조)
   - 따라서, 창업중소기업이 토지 취득 전 공장사업계획승인을 받고 토지 취득 후 부지 조성공사 및 공장 신축사업 주민 설명회를 한 점, 인근 주민의 「공장 설립승인 취소 촉구」 주민 기자회견 및 행정심판 청구를 한 점, 건축허가 신청하였으나 충청북도 행정심판위원회의 재결(사업계획승인 처분 취소) 후 건축허가 신청이 반려된 점, 행정소송 제기(행정심판 재결 취소 청구의 소)하고 현재 행정소송이 진행 중인 점 등 일련의 과정을 고려하여 위 기준에 따라 과세권자가 사실조사 등을 통하여 판단할 사안임

2) 정당한 사유가 있는 경우, 감면 유예기간의 산정 기준일

- 「조세특례제한법」 제120조 제3항 규정에 의하여 면제된 취득세의 추징을 위한 과세요건에는 해당 부동산의 취득 외에 유예기간 2년의 경과도 포함되므로, 창업중소기업이 부동산을 취득한 날로부터 2년 이내에 고유업무에 직접 사용하지 아니한 데 정당한 사유가 있는 경우라고 하더라도, 추징을 위한 과세기준일은 부동산 취득일로부터 2년이 경과한 날이 되고, 정당한 사유가 소멸된 날로부터 2년이 경과한 날이 되는 것은 아니라 할 것임(대법원 2009.3.12. 선고, 2006두11781 판결 참조).
- 따라서, 추징을 위한 과세기준일에 정당한 사유가 있는 경우에 해당하거나 직접 사용하는 경우 중 어느 하나에 해당하는 경우라면 추징대상에 해당하지 않는다 할 것이고, 직접 사용하지 못한 정당한 사유가 소멸한 날부터 유예기간을 별도로 산정하여 과세기준일을 정할 수는 없다 할 것임(행자부 지방세특례제도과-2444, 2015.9.8.).

▣ 창업중소기업이 사업장을 다른 지역으로 이전하면서 업종을 추가하고 창업당시 업종과 추가된 업종에 사용하기 위한 사업용 재산을 취득하는 경우 감면 여부 및 그 감면 범위

- 「지방세특례제한법」 제58조의 3 제1항의 '해당 사업'은 창업 당시의 사업을 의미하는 것으로 보아야 하고, 같은 법 제100조 제6항 제4호에서 '사업을 확장하거나 다른 업종을 추가하는 경우'에 대하여 구체적으로 규정하고 있지 아니하나, '사업의 확장'이란 중소기업을 설립하여 최초로 사업장을 두고 사업을 영위하다가 동일한 업종의 사업장을 추가하는 경우를 의미한다 할 것이고, '업종의 추가'란 최초로 영위하는 사업과 다른 사업을 영위하는 모든 경우를 의미하는 것으로 보는 것이 타당하다 할 것임(조심 2013지156, 2014.9.19. 참조).
- 따라서, 2012.10.4. 창업하여 업종을 기계조립, 가공, 음식물처리기 제작, 임대 등으로 하였으나, 2014.12.3. 기계부품 가공 제조업, 통신기기 부품 제조업 등 업종을 추가하고, 2015.2.27. 당초 창업 소재지에서 다른 지역으로 이전하여 창업 당시 업종과 추가된 업종에 사용하기 위하여 부동산을 취득한 경우라면, 창업중소기업이 신고하는 면적에 따라 해당 사업용 부동산과 추가한 사업용 부동산으로 구분하여 감면대상 또는 과세대상 부동산으로 구분하는 것이 타당하고, 창업중소기업이 감면대상으로 신고한 부동산을 신고한 내용에 따라 직접 사용하지 아니하는 경우 감면한 세액을 추징하는 것이 타당함(행자부 지방세특례제도과-2444, 2015.9.8.).

▣ 음식점업(상시근로자 20명 이상의 법인인 음식점업은 제외)이 「舊 조세특례제한법」 제6조 및 제120조에 따른 창업중소기업으로 감면대상에 해당하는지 여부

- 舊 「조세특례제한법」(법률 제11614호 2013.1.1. 일부개정 이하 같다) 제6조 제3항에서 음식점업을 창업중소기업의 범위에 포함되는 것으로 규정하고 있으나, 「중소기업창업 지원법」 제2조 제1호에서는 "창업"의 정의를 중소기업을 새로 설립하는 것으로 규정하면서 창업의 범위를 대통령령으로 정하는 것으로 규정하고, 같은 법 제3조에서는 이 법은 창업에 관하여 적용하고 다만 금융 및 보험업과 부동산업 등 대통령령으로 정하는 업종의 중소기업에 대하여는 적용하지 아니하는 것으로 규정하고 있으며, 같은 법 시행령 제4조에서는 창업에서 제외되는 업종으로 숙박 및 음식점업(호텔업, 휴양콘도 운영업, 기타 관광

숙박시설 운영업 및 상시근로자 20명 이상의 법인인 음식점업은 제외한다) 등으로 규정하고 있음.

- 舊「조세특례제한법」 제6조의 창업중소기업 등에 대한 세액감면 규정은 중소기업창업 지원법과 그 시행령에서 정하고 있는 창업을 전제로 여기에 해당하는 중소기업에 대하여 세액감면의 혜택을 부여하고자 한 것으로 봄이 상당하고, 구「조세특례제한법」 제6조 제4항에서 중소기업창업 지원법 및 그 시행령에서와 같은 창업의 범위를 제한하는 규정이 신설되었다고 하더라도 달리 볼 것은 아니라 할 것임(대법원 2007.7.13. 선고, 2007두5240 판결 참조).
- 따라서, 舊「조세특례제한법」 제120조 제3항에 따라 취득세 면제대상인 창업중소기업은 「중소기업창업 지원법」 및 舊「조세특례제한법」에서 정한 창업중소기업에 해당하여야 할 것이고, 상시근로자 20명 이상의 법인이 아닌 자가 하는 음식점업은 舊「조세특례제한법」에서 정한 창업중소기업에 해당한다 하더라도 「중소기업창업 지원법」에서 정한 창업중소기업에 해당되지 않는다면 창업중소기업으로서 감면대상에 해당되지 않는 것임(행자부 지방세특례제도과-1964, 2015.7.24.).

▣ 화물운송업 영위 창업중소기업의 기계장비 감면 여부

화물운송업을 영위하는 창업중소기업이 적재량이 없는 고가사다리차와 고소작업차를 취득하는 경우, 앞서의 기계장비는 화물과 인력을 수직으로 이동시키는 장비로서 화물운송업에 직접 공여되는 기계장비로서 사업용 재산에 됨(행자부 지방세특례제도과-313, 2014.12.24.).

▣ 소송관련 정당한 사유 인정 여부

소유권 분쟁으로 인한 소송기간을 '정당한 사유'로 인정받았으나, 소송이 종결되었음에도 회사의 자금부족을 이유로 공사를 진행하지 않는 경우, 감면유예기간 기산일은 소송이 종결됨에 따라 중단된 건축공사를 재개하기 위한 준비기간이 필요한 점, 당초 토지를 취득한 이후 1년 2개월간 해당 사업에 사용이 가능하였던 점 등을 고려, 추가로 인정할 수 있는 기간은 총유예기간 중 정당한 사유로 인정한 소송기간 등 실제 해당 업무에 직접 사용을 위한 준비행위가 불가능했던 기간을 감안하여 결정할 사항임(행자부 지방세특례제도과-314, 2014.12.24.).

▣ 소송관련 정당한 사유 인정 여부

기존 건설기계대여업을 영위하는 자의 사무실과 주기장을 임대하여 매월 일정액의 사용료를 지급하기로 하고 동일한 상호 및 주소로 사업자등록을 한 경우, 건설기계대여업이 조세특례제한법 제6조 제3항에서 정한 창업업종에 해당하고 실질적으로 독자적인 사업을 운영하고 있다면 이는 독립된 회사의 사업개시로 보아 취득세 감면대상에 해당됨(행자부 지방세특례제도과-272, 2014.12.18.).

▣ 창업중소기업의 토지의 정당한 사유 해당 여부

창업중소기업이 토지를 취득하여 감면받은 후 2년 이내에 목적사업에 사용하지 못하였음이 확인되고, 해당 사업에 사용하지 못한 이유가 공장 부지의 조성공사 시공사와의 분쟁 때문인 경우, 정당한 사유가 없는 것으로 보아 추징한 것은 적법함(조심 2014지0840, 2014.8.4.).

■ 창업중소기업이 부동산을 임대한 경우 감면 여부

창업중소기업이 다른 법인과 부동산에 대한 임대차계약을 체결하고 다른 법인이 임차보증금을 지급한 사실이 법인 장부에 나타나며 다른 법인의 사업장 소재지로 지방소득세 법인세분과 주민세 법인균등할을 납부한 사실이 확인되므로 취득세를 추징한 것을 타당함(조심 2014지0599, 2014.5.21.).

■ 창업중소기업의 등록면허세 감면 여부

창업중소기업은 창업일부터 4년 이내에 자본 또는 출자액을 증가하는 경우 등록면허세를 면제할 수 있으나 창업벤처중소기업의 창업일은 벤처기업으로 확인받은 날을 의미하므로 창업벤처중소기업의 자본 또는 출자액 증가에 대해서는 면제할 수 없음(행안부 지방세운영과-387, 2014.2.6.).

■ 창업중소기업의 직접 사용 여부

창업중소기업이 제조공정의 일부를 외주업체에 용역의뢰하면서 형식상 임대차계약서를 작성함에 따라 해당 법인의 직접 사용으로 보지 않아 추징한 경우, '직접 사용'이라 함은 해당 재산을 제3자에게 임대 또는 위탁하여 자신의 사업에 사용하는 것도 포함하는 것이지만 임대 또는 위탁하는 방법으로 사업에 부동산을 직접 사용한다고 보기 위해서는 당해 사업자가 해당 부동산을 그 사업수행에 직접 사용하는 것으로 볼 수 있을 정도의 제3자에 대한 지휘, 통제 및 관리감독의 권한을 가지고 있어야 하며, 또한 이 경우에 임대보증금 및 월 임차료가 0원으로 기재되어 있는 점, 창업중소기업이 다른 법인으로부터 임대보증금이나 임차료를 수령한 사실이 나타나지 않는 점에 비추어 취득세를 추징한 것은 부당함(조심 2014지0318, 2014.1.27.).

■ 창업중소기업의 임대용 부동산 감면 여부

창업중소기업이 취득한 부동산을 유예기간 내 직접 사용하지 아니하고 이를 임대하고 있는 사실이 확인되는 이상 제조업이 아닌 부동산 임대업을 영위하고 있는 것으로 보아 취득세 추징은 적법함(조심 2014지0545, 2014.1.27.).

■ 창업중소기업의 정당한 사유 해당 여부

창업중소기업의 의사와 무관하게 해당 법인의 토지 일대가 산업단지로 지정・편입되었고 이에 대한 지정해제를 위해 노력하는 과정에서 유예기간을 넘긴 것이므로 당해 목적 사업에 직접 사용하지 못한 정당한 사유가 있음(조심 2013지0105, 2013.11.15.).

■ 법인 분할 전 업종을 승계한 경우 창업 여부

인적분할로 설립된 분할신설법인이 분할 전 법인이 영위하던 항공기부품제조업을 승계하여 이를 영위하는 경우 새로운 창업으로 보기 어려움(조심 2013지0410, 2013.7.23.).

■ 종전의 사용 자산 인수 매입 시 감면 여부

창업중소기업이 종전의 사용에 사용되던 자산을 인수 또는 매입하여 동종의 사업을 영위하고 있으며 사업개시 당시 취득한 토지와 법인세법 시행령 제24조의 규정에 의한 감가상각자산 가액의 합이 해당 법인의 토지와 감가상각자산의 총가액에서 차지하는 비율(100분의 30)

을 초과한 점 등을 고려하여 감면대상에 해당한다고 보기 어려움(조심 2013지0316, 2013. 7.16.).

▣ 국유지 취득과정에서 설계변경 등으로 추징 유예기간을 도과한 경우

창업중소기업이 창업사업계획 승인을 받은 사업인 제조시설을 신축하고자 노력하였으나, 건축허가에 필수적인 국유지를 취득하는 과정에 상당한 시일이 소요되었을 뿐만 아니라, 토지 취득 이후 이루어진 관광도로확장계획에 불가피한 설계변경 등으로 인하여 유예기간을 넘긴 것이므로 2년 내에 직접 사용하지 못한 정당한 사유가 있는 것으로 봄이 타당함(조심 2013지0146, 2013.5.29.).

▣ 창업업종 외의 업종으로 창업 후 제조업 추가시 감면 여부

창업에 해당하지 아니하는 업종(무역업 등)을 목적으로 설립된 법인이 사업실적이 없고 사업을 실제로 영위하지 않은 상태에서 당초 무역업에서 제조업 업종을 추가하였으나 사업확장 및 다른 업종을 추가하는 경우에 해당하는 것으로 보아 감면을 배제한 것은 부당하며 창업중소기업에 해당하는 여부를 판단함에 있어 법인등기부나 사업자등록증상의 형식적 기재만을 가지고 판단할 것이 아니라 실제 영위하는 사업의 실질적인 내용에 따라 판단하는 것이 합리적임(조심 2013지0146, 2013.5.29.).

▣ 창업중소기업이 2년 내 공장 건축물을 철거한 경우

창업중소기업이 사업용재산으로 공장을 취득하여 취득세 등을 감면받은 후 공장 건축물이 당해 목적사업의 "생산공정"과 맞지 않아 취득일로부터 2년 이내 철거된 경우, 당해 목적에 직접 공여되는 사업용재산에 대해 감면하는 점, 취득하기 이전에 주의를 기울였다면 사업목적에 부합사실 여부를 인지할 수 있었던 점, 법령에 의한 금지 · 제한 등 기업이 마음대로 할 수 없는 외부적 사유에 해당된다고 보기 어려운 점 등을 고려, 정당한 사유에 해당된다고 보기 어려움(행안부 지방세운영과-108, 2013.4.1.).

▣ 창업중소기업이 창업업종에 직접 사용하지 않는 경우

창업중소기업이 취득세 등을 감면받은 후 이를 창업업종(제조업 등)에 직접 사용하지 아니하고 이를 판매업에 사용하고 있는 경우 감면대상으로 보기 어려움(조심 2013지0037, 2013. 3.20.).

▣ 창업중소기업으로 감면받은 후 창업벤처중소기업으로 변경한 경우 감면적용 기간

수도권과밀억제권역 외의 지역에서 창업중소기업으로 취득세 등을 감면받고 있던 중 벤처기업으로 확인받아 창업벤처중소기업이 되는 경우에 이미 창업중소기업으로서 취득세 등을 감면받은 경우라면 이후에 창업벤처중소기업으로 되는 경우라도 추가로 4년간 감면적용은 불가함(행안부 지방세운영과-421, 2013.2.8.).

▣ 사용이 제약되는 부지를 매입한 경우

중소기업이 토지의 경사도가 24.3도에 이르러 부지를 조성하여 2년 이내에 당해 목적사업에 사용하는 데 대한 제약이 있다는 사정을 알았거나 알 수 있었던 상태에서 취득하였으므로 정당한 사유로 보기 어려움(조심 2013지0818, 2013.1.14.).

■ 사업계획 변경 등의 사유 발생

건축면적의 변경, 공장설비 설치 및 판매계획 차질로 인한 사업계획 변경 등의 사유는 청구법인의 필요에 의한 내부적인 사정에 불과하여 정당한 사유로 보기 어려움(조심 2012지0483, 2012.11.7.).

■ 벤처기업 확인 이전에 부동산을 취득한 경우

법인이 벤처기업 확인을 받기 전에 부동산을 취득하고 중소기업진흥공단으로부터 벤처기업 확인을 받은 경우 과세면제요건을 충족하고 있는 것으로 볼 수 없음(조심 2011지0594, 2012.9.26.).

■ 사업계획이 불승인되어 신축하지 못한 경우

산지관리법 등 관계법령에 따라 공장신축이 제한되거나 불가능하다는 것을 알 수 있었거나 알고 있는 상태에서 이를 취득하였고 이러한 사유로 창업사업계획승인 신청이 불승인되어 공장을 신축하지 못하고 있는 이상 2년 이내 고유업무에 직접 사용하지 못한 정당한 사유로 보기 어려움(조심 2011지0808, 2012.6.19.).

■ 회원제 골프장업이 창업중소기업에 해당하는지 여부

관광진흥법에 따른 전문휴양업은 창업업종이나 체육시설의 설치이용에 관한 법률에 따른 골프장업은 그 이용대상이나 입법목적이 다른바, 회원제 골프장업이 창업중소기업 업종인 전문휴양업에 해당한다고 볼 수 없어 감면대상이 아님(조심 2011지0682, 2011.12.2.).

■ 영농조합법인이 창업중소기업에 해당하는지 여부

농축산물가공 및 판매업, 식품가공 및 판매업 등을 목적으로 설립된 영농조합법인이 창업일부터 4년 이내에 해당 사업을 영위할 목적으로 공장용 건축물을 취득하는 경우에 영농조합법인 등 농업법인이라도 중소기업의 범위기준을 충족하는 경우 중소기업으로 보며, 영위 업종이 한국표준산업분류표에서 제조업으로 분류하고 있어 창업업종으로 볼 수 있으며 새로이 설립되는 영농조합법인이 현물출자가 아닌 현금출자 방식으로 설립된 점으로 보아 창업중소기업 감면대상에 해당됨(행안부 지방세운영과-5090, 2011.11.1.).

■ 법인의 주주 또는 대표자가 변경된 경우

제조업을 목적으로 신설된 법인의 주식을 제3자가 100% 인수함과 동시에 해당 법인의 대표자로 선임되고 종전의 업종을 그대로 영위하면서 벤처기업으로 확인받은 후 사업용 재산을 취득하는 경우, 법인의 주주 또는 대표자가 변경되었다고 하여 주주 또는 대표자와 인격을 달리하는 법인이 기존 법인의 사업을 승계하였다고 보아 창업에 따른 감면을 배제하는 것을 불합리하다고 할 것이므로 당해 법인이 창업일로부터 3년 이내에 벤처기업으로 확인받고 4년 이내에 사업용 재산을 취득한 경우라면 감면대상에 해당됨(행안부 지방세운영과-343, 2010.1.26.).

■ 피합병법인의 자산을 인수하여 동종의 업종을 영위하던 중 벤처기업 확인을 받은 경우

법인의 흡수합병에 따라 피합병법인의 자산을 인수하여 동종의 업종을 영위하던 중 벤처기업 확인서를 발급받은 경우 법률상 창업에 해당하지 않음(행자부 지방세정팀-1094, 2006.11.27.).

# 제58조의 3

## 2. 창업벤처중소기업 등에 대한 감면

관련규정

제58조의 3(창업중소기업 등에 대한 감면) ② 2026년 12월 31일까지 창업하는 벤처기업 중 대통령령으로 정하는 기업으로서 창업일부터 3년 이내에 같은 법 제25조에 따라 벤처기업으로 확인받은 기업(이하 이 조에서 "창업벤처중소기업"이라 한다)이 최초로 확인받은 날(이하 이 조에서 "확인일"이라 한다)부터 4년 이내(대통령령으로 정하는 청년창업벤처기업의 경우에는 5년 이내)에 취득하는 부동산에 대해서는 다음 각 호에서 정하는 바에 따라 지방세를 경감한다.

1. 창업일 당시 업종의 사업을 계속 영위하기 위하여 취득하는 부동산에 대해서는 취득세의 100분의 75를 경감한다.
2. 창업일 당시 업종의 사업에 과세기준일 현재 직접 사용(임대는 제외한다)하는 부동산(건축물 부속토지인 경우에는 대통령령으로 정하는 공장입지기준면적 이내 또는 대통령령으로 정하는 용도지역별 적용배율 이내의 부분만 해당한다)에 대해서는 확인일부터 3년간 재산세를 면제하고, 그 다음 2년간은 재산세의 100분의 50을 경감한다.

【영】 제29조의 2(창업중소기업 등의 범위) ③ 법 제58조의 3 제2항에서 "대통령령으로 정하는 공장입지기준면적"이란 「지방세법 시행령」 제102조 제1항 제1호에 따른 공장입지기준면적을 말하고, "대통령령으로 정하는 용도지역별 적용배율"이란 「지방세법 시행령」 제101조 제2항에 따른 용도지역별 적용배율을 말한다.

④ 법 제58조의 3 제1항 제2호에서 "대통령령으로 정하는 기업"이란 다음 각 호의 어느 하나에 해당하는 기업을 말한다.

1. 「벤처기업육성에 관한 특별조치법」 제2조의 2의 요건을 갖춘 중소기업(같은 조 제1항 제2호 나목에 해당하는 중소기업은 제외한다)
2. 연구개발 및 인력개발을 위한 비용으로서 「조세특례제한법 시행령」 별표 6의 비용이 해당 과세연도의 수입금액의 100분의 5(「벤처기업육성에 관한 특별조치법」 제25조에 따라 벤처기업 해당 여부에 대한 확인을 받은 날이 속하는 과세연도부터 연구개발 및

인력개발을 위한 비용의 비율이 100분의 5 이상을 유지하는 경우로 한정한다) 이상인 중소기업

⑤ 법 제58조의 3 제2항 각 호의 부분에서 "대통령령으로 정하는 청년창업벤처기업"이란 같은 항 각 호 외의 부분에 따른 창업벤처중소기업으로서 대표자가 제2항 각 호의 요건을 모두 충족하는 기업을 말한다.

③ 다음 각 호의 어느 하나에 해당하는 등기에 대해서는 등록면허세를 면제한다.

2. 2020년 12월 31일까지 「벤처기업육성에 관한 특별조치법」 제2조의 2 제1항 제2호 다목에 따라 창업 중에 벤처기업으로 확인받은 중소기업이 그 확인일부터 1년 이내에 하는 법인설립 등기

④ (생 략) ☞ 창업중소기업 해설편 참조

【영】 제29조의 2(창업중소기업 등의 범위) ⑥ 법 제58조의 3 제4항 제15호에서 "대통령령으로 정하는 엔지니어링사업"이란 「조세특례제한법 시행령」 제5조 제7항에 따른 사업을 말한다.

⑤ 제1항부터 제4항까지의 규정을 적용할 때 창업중소기업으로 지방세를 감면받은 경우에는 창업벤처중소기업에 대한 감면은 적용하지 아니한다.

⑥ (생 략) ☞ 창업중소기업 해설편 참조

【영】 제29조의 2 (창업중소기업 등의 범위) ⑦ ~ ⑪ (생략) ☞ 창업중소기업 해설편 참조

⑦ ~ ⑨ (생 략) ☞ 창업중소기업 해설편 참조

## 1 개 요

중소기업의 설립을 촉진하고 중소기업을 설립한 자가 그 기업을 성장 · 발전시킬 수 있도록 성장기반 조성을 지원하기 위해 1987년부터 중소기업이 창업한 경우 기업의 사업용 재산에 대해 세제지원하여 왔으며 그간 조특법 제119조 제2항(등록면허세 감면), 제120조 제3항(취득세 감면), 제121조(재산세 감면)에서 창업중소기업에 대한 감면 규정을 두었으나 2014년 12월 31일 일몰기한이 도래하여 지특법으로 감면규정이 이관되었으며 등록면허세는 주소변경등기 면제가 종료되었고, 취득세는 면제에서 100분의 75로 경감률이 축소되어 2016년 12월 31일까지 2년간 연장되었으며 2016년 말 일몰도래시 감면대상을 사업용 재산에서 부동산으로 개정하는 등 감면대상이 일부축소되어 1년간 재연장되었다. 2018년 말 지

특법 개정 규정은 창업일, 청년창업기업 감면대상 추가(감면기간 창업 후 5년 이내 확대), 벤처기업 확인일 적용시점 등이 일부 적용되었고 재산세에서 도시지역분 감면을 제외하였다. 2021년에는 창업의 개념을 단순화하고, 창업벤처중소기업에 대한 감면규정을 정비(1항→2항 이관)하였고, 등록면허세에 대한 감면은 종료되었다. 2024년에는 일몰기한이 2026년까지 연장되었다.

## 2 | 감면대상자(§58의 3 ②, 영 §29의 2 ④·⑤)

2023년 12월 31일까지 과밀억제권역 외의 지역에서 창업하는 창업벤처중소기업, 청년창업벤처기업이 해당 용도에 직접 사용하기 위해 취득하는 이에 해당한다. 지특법 제100조에서 창업의 범위, 대상업종, 대상지역 및 창업배제 요건 등 감면내용이 일부 중복되는 부분이 있어 해당 규정의 해설편 내용을 참고하면 된다. 창업벤처기업 등의 세부내용은 다음의 표의 내용과 같다.

〈표 1〉 **창업벤처중소기업, 청년창업벤처중소기업 등의 정의**

| 구분 | 창업벤처중소기업 | 청년창업벤처중소기업 |
|---|---|---|
| 연혁 | 2000년 신설<br>「벤처기업육성에 관한 특별조치법」 | 2019년 신설<br>「중소기업창업 지원법」 |
| 정의 | 「벤처기업육성에 관한 특별조치법」 제2조 제1항에 따른 벤처기업 중 대통령령으로 정한 기업 | 대표자가 아래의 요건을 충족한 자 |
| | • 「벤처기업육성에 관한 특별조치법」 제2조의 2 요건 갖춘 중소기업<br>① 「중소기업기본법」 제2조에 따른 중소기업일 것<br>② 어느 하나에 해당할 것<br>- 투자금액의 합계가 차지하는 비율이 정하는 기준 이상인 기업<br>- 기업(기업부설연구소) ※ 감면대상 제외<br>• 연구개발 및 인력개발비용을 위한 비용이 해당 과세연도 수입금액의 5% 이상인 중소기업 | • (개인) 15세~34세 이하<br>• (법인) 개인(15세~34세 이하), 지배주주로서 법인의 최대주주(출자자) |
| 기간 | 벤처기업으로 최초로 확인받은 날부터 4년 이내 | 창업일부터 5년 이내 |
| 지역 | 모든 지역 | 과밀억제권역 제외<br>※ (벤처) 모든 지역 |

### 2-1. 창업의 범위(§58의 3 ①, ④)

창업벤처중소기업 및 청년창업벤처중소기업의 창업일에 대한 세부내용은 창업중소기업에 대한 감면 해설편의 내용과 같다.

### 2-2. 창업벤처중소기업 요건

#### 2-2-1. 창업일 요건

중소기업기본법 시행령 제2조 제1호에 따라 법인인 기업의 창업일은 법인설립 등기일이며 개인 기업은 소득세법 제168조나 부가가치세법 제8조에 따라 사업자등록을 한 날이다.

또한, 2018년 말에는 지특법 개정시에 청년이 중소기업을 창업하는 경우 창업 후 감면 가능한 기간을 기존 4년 이내에서 5년 이내로 확대하였다.

#### 2-2-2. 지역적 요건

창업중소기업은 지역적 제한(과밀억제권역 외의 지역)이 있으나 창업벤처중소기업(벤처기업육성에 관한 특별조치법 제2조 제1항에 따른 벤처기업 중 대통령령으로 정하는 기업으로서 창업 후 3년 이내에 같은 법 제25조에 따라 벤처기업으로 확인받은 기업)은 지역적 제한 없이 모든 지역에서 감면이 가능하다. 세부내용은 창업중소기업 해설편의 내용과 같다.

#### 2-2-3. 창업업종 요건 등

창업벤처중소기업 및 청년창업벤처중소기업의 창업업종, 기업규모, 창업제외 대상, 창업사례별 기준 등에 대한 세부내용은 창업중소기업에 대한 감면 해설편의 내용과 같다.

## 3 | 감면대상 부동산 등

### 3-1. 감면대상 부동산(§58의 3 ②)

2023년 12월 31일까지 창업한 창업벤처중소기업, 청년창업벤처중소기업이 벤처기업 확인을 받은 날부터 창업일부터 4년 이내에 취득하는 토지, 건축물이 감면대상이다. 2016년까지는 감면대상이 부동산 외 차량, 기계장비 등도 감면대상이었으나 2017년부터 현재의 부동산으로 축소되었다. 다만, 법 개정 이전 창업한 중소기업의 경우 남은 잔여기간 동안에 자동차, 건설기계 등을 취득하는 경우 감면이 가능할 것으로 보여진다.

### 3-2. 감면대상 등록면허(§58의 3 ③ 2호)

2020년까지는 창업벤처중소기업, 청년창업벤처중소기업으로 확인을 받은 중소기업이 확인을 받은 날부터 1년 이내에 법인설립등기에 대해 감면을 하였으나, 2021년부터는 감면이 종료되었다. 한편, 2015년에도 주소변경등기에 대한 등록면허세는 감면에 대하여 낮은 세부담과, 유사기업 감면규정에서도 단순변경등기에 대한 등록면허세 감면이 없는 점 등 조세형평을 고려하여 감면이 종료되었다.

## 4 | 특례내용

창업벤처중소기업, 청년창업벤처중소기업이 취득 또는 보유하는 부동산에 대하여 2026년 12월 31일까지 감면이 적용된다. 2020년까지는 취득세는 창업중소기업과 창업벤처중소기업이 제58조의 3 제1항에서, 재산세는 제58조의 3 제2항에서 같이 규정되어 있었으나, 2021년부터는 위 두 중소기업이 다른 감면대상임을 감안하여 분리되었다. 이를 통해 향후, 창업중소기업 및 창업벤처중소기업에 대한 감면 기간, 감면 수준 등을 상황에 맞게 차등적으로 규정할 수 있는 기반을 마련하였다는 데 의의가 있다 할 것이다.

〈표 2〉 **창업벤처중소기업 등 감면 현황(2024.1.1. 현재)**

| 조문 | 감면내용 | 감면율 |
|---|---|---|
| §58의 3 ② 1호 | 창업벤처중소기업 부동산 취득세 감면<br>*사업용 재산에서 부동산으로 개정(2017.1.1. 창업일부터)<br>*청년창업벤처기업은 감면기간 확대(4년→5년 이내, 2019.1.1.부터) | 75% |
| §58의 3 ② 2호 | 창업벤처중소기업, 청년창업벤처기업 부동산 재산세 감면 | 100%(3년),<br>50%(2년) |
| §58의 3 ③ 2호 | 창업벤처중소기업 법인설립등기 등록면허세 감면 ☞ 일몰종료 | 100% |
| §58의 3 ④ | 창업벤처중소기업 골프장 및 창업배제대상 제외 | – |

## 5 | 사후관리

창업벤처중소기업 및 청년창업벤처중소기업의 사후관리(최소납부세제 포함)에 대한 세부내용은 창업중소기업에 대한 감면 해설편 내용과 같다.

## 6 | 감면신청

창업벤처중소기업 및 청년창업벤처중소기업의 감면신청에 대한 감면 해설편의 내용과 같다.

## 7 | 관련사례

▣ 창업 벤처기업 확인을 여러 번 받은 창업기업 감면의 기산일 판단 여부

창업중소기업이 최초 설립 이후 창업중소기업으로 감면받은 사실이 없는 경우에 한해 벤처기업 확인을 받게 되면 4년의 기간 내에 취득하는 부동산에 대하여 감면적용이 가능할 것이고, 창업중소기업이 벤처기업 확인을 여러 번 받은 경우라면 그 감면기산일은 최초로 벤처기업 확인받은 날로부터 4년의 기간 내에 취득하는 부동산을 감면대상으로 보는 것이 타당하다 할 것임(행안부 지방세특례제도과-571, 2018.2.20.).

▣ 창업벤처중소기업이 지식산업센터를 취득하여 감면받고, 그 지식산업센터로 본점을 이전하고 일부 면적을 임대한 경우 감면된 취득세 추징시 중과세율을 적용하여야 하는지 여부

부동산 취득시 창업벤처중소기업이 사업용 재산으로서 취득세 등을 면제받았으며, 그 후 법인본점을 이전함에 따라 중과세율을 적용대상이 되었으나, 해당 사업에 직접 사용하다가 2년 이내에 정당한 사유 없이 일부 면적을 임대함으로써 추징요건이 성립되었으므로, 추징요건 성립 당시의 법률에 따라 중과세율을 적용하여 취득세를 추징한 과세기관의 처분은 타당함(행자부 지방세특례제도과-94, 2015.1.13.).

▣ 주민 반대, 행정심판, 행정소송 등으로 직접 사용하지 못한 경우 정당한 사유 여부

1) 정당한 사유가 있는 경우에 해당하는지 여부

- 일반적으로 '정당한 사유'란 법령에 의한 금지 제한 등 그 법인이 마음대로 할 수 없는 외부적인 사유는 물론 고유업무에 사용하기 위한 정상적인 노력을 다하였음에도 시간적인 여유가 없어 유예기간을 넘긴 내부적인 사유도 포함되고, 정당한 사유의 유무를

판단함에 있어서는 해당 법인이 영리법인인지 아니면 비영리법인인지 여부, 토지의 취득목적에 비추어 고유목적에 사용하는 데 걸리는 준비기간의 장단, 고유목적에 사용할 수 없는 법령상 및 사실상의 장애사유 및 장애정도, 당해 법인이 토지를 고유업무에 사용하기 위한 진지한 노력을 다하였는지 여부, 행정관청의 귀책사유가 가미되었는지 여부 등을 아울러 참작하여 구체적인 사안에 따라 개별적으로 판단하여야 할 것임(대법원 1995.12.8. 선고, 95누5257 판결, 대법원 2009.1.15. 선고, 2006두14926 판결 등 참조).

- 따라서, 창업중소기업이 토지 취득 전 공장사업계획승인을 받고 토지 취득 후 부지 조성공사 및 공장 신축사업 주민 설명회를 한 점, 인근 주민의 「공장 설립승인 취소 촉구」 주민 기자회견 및 행정심판 청구를 한 점, 건축허가 신청하였으나 충청북도 행정심판위원회의 재결(사업계획승인 처분 취소) 후 건축허가 신청이 반려된 점, 행정소송 제기(행정심판 재결 취소 청구의 소)하고 현재 행정소송이 진행 중인 점 등 일련의 과정을 고려하여 위 기준에 따라 과세권자가 사실조사 등을 통하여 판단할 사안임.

2) 정당한 사유가 있는 경우, 감면 유예기간의 산정 기준일

- 「조세특례제한법」 제120조 제3항 규정에 의하여 면제된 취득세의 추징을 위한 과세요건에는 해당 부동산의 취득 외에 유예기간 2년의 경과도 포함되므로, 창업중소기업이 부동산을 취득한 날로부터 2년 이내에 고유업무에 직접 사용하지 아니한 데 정당한 사유가 있는 경우라고 하더라도, 추징을 위한 과세기준일은 부동산 취득일로부터 2년이 경과한 날이 되고, 정당한 사유가 소멸된 날로부터 2년이 경과한 날이 되는 것은 아니라 할 것임(대법원 2009.3.12. 선고, 2006두11781 판결 참조).
- 따라서, 추징을 위한 과세기준일에 정당한 사유가 있는 경우에 해당하거나 직접 사용하는 경우 중 어느 하나에 해당하는 경우라면 추징대상에 해당하지 않는다 할 것이고, 직접 사용하지 못한 정당한 사유가 소멸한 날부터 유예기간을 별도로 산정하여 과세기준일을 정할 수는 없다 할 것임(행자부 지방세특례제도과-2444, 2015.9.8.).

▣ 벤처기업 확인 이전에 부동산을 취득한 경우

법인이 벤처기업 확인을 받기 전에 부동산을 취득하고 중소기업진흥공단으로부터 벤처기업 확인을 받은 경우 과세면제요건을 충족하고 있는 것으로 볼 수 없음(조심 2011지0594, 2012.9.26.).

▣ 그 외 사례는 창업중소기업 감면해설편 참조

# 제59조

## 중소벤처기업진흥공단 등에 대한 감면

### 관련규정

제59조(중소벤처기업진흥공단 등에 대한 감면) ①「중소기업진흥에 관한 법률」에 따른 중소벤처기업진흥공단이 중소기업 전문기술인력 양성을 위하여 취득하는 교육시설용 부동산에 대해서는 취득세의 100분의 25를 2025년 12월 31일까지 경감한다.

②「중소기업진흥에 관한 법률」에 따른 중소벤처기업진흥공단이 중소기업자에게 분양 또는 임대할 목적으로 취득하는 부동산에 대해서는 취득세의 100분의 50을, 과세기준일 현재 해당 사업에 직접 사용하는 부동산에 대해서는 재산세의 100분의 50을 각각 2025년 12월 31일까지 경감한다. 다만, 그 취득일부터 5년 이내에 중소기업자에게 분양 또는 임대하지 아니한 경우 그 해당 부분에 대해서는 경감된 취득세를 추징한다.

③「중소기업진흥에 관한 법률」 제29조에 따라 협동화실천계획의 승인을 받은 자(과밀억제권역 및 광역시는 「산업집적 활성화 및 공장설립에 관한 법률」에 따른 산업단지에서 승인을 받은 경우로 한정한다)가 해당 사업에 직접 사용하기 위하여 최초로 취득하는 공장용 부동산(이미 해당 사업용으로 사용하던 부동산을 승계하여 취득한 경우 및 과세기준일 현재 60일 이상 휴업하고 있는 경우는 제외한다)에 대해서는 취득세의 100분의 50을 2025년 12월 31일까지 경감하고, 그 공장용 부동산을 과세기준일 현재 해당 사업에 직접 사용하는 경우에는 그 공장용 부동산에 대한 재산세의 납세의무가 최초로 성립하는 날부터 3년간 재산세의 100분의 50을 경감한다. 다만, 그 취득일부터 1년 이내에 정당한 사유 없이 공장용으로 직접 사용하지 아니하는 경우 또는 그 취득일부터 5년 이내에 공장용 외의 용도로 양도하거나 다른 용도로 사용하는 경우 해당 부분에 대해서는 감면된 취득세를 추징한다.

## 1 개 요

중소기업의 경쟁력 강화를 지원하기 위해 중소벤처기업진흥공단의 각종 사업 등에 대한 세제지원이다. 1982년도에 신설되어 2010년까지는 구 지방세법 제280조 제1항 및 제2항에서 각각 규정되었다가 2011년부터는 현재의 지특법 제59조로 이관되었다. 지방재정 확충을 위해 2015년부터 감면일부가 축소(50% → 25%)되었고 제2항의 경우에는 2015년 말 조문개정에 따라 2016년 말까지 연장되었고 2017년 말 중소기업진흥공단(제1항)과 협동화실천계획 승인을 받은 자(제3항, 취득세 75% → 50%)에 대해서는 2020년 말까지 3년간 감면 연장되었고 현재 중소벤처기업진흥공단 등에 대한 감면은 2025년 말까지 지속 연장되고 있다.

## 2 감면대상자

「중소기업진흥에 관한 법률」 제68조에 따라 설립된 중소벤처기업진흥공단(제1항, 제2항)과 「중소기업진흥에 관한 법률」 제29조에 따른 협동화실천계획의 승인을 받은 자(제3항)이다.

### 중소벤처기업진흥공단

중소벤처기업진흥공단은 1979년 1월 중소기업진흥법에 따라 현재의 중소기업부 산하 특수법인으로 설립되어 중소기업의 창조경제 역량강화 및 지속성장을 지원하기 위한 정책자금 융자사업, 수출, 마케팅, 기술지원, 판로지원, 중소기업 연수사업, 중소기업 입지지원[130] 사업, 중소기업 협동화사업 등을 수행하고 있다.

〈표 1〉 중소벤처기업진흥공단 주요사업 현황

| 구분 | 주요사업 |
|---|---|
| 1 정책자금 융자 | ▪기업 생애주기별 정책자금 재원 배분<br>▪정책목적성 높은 기업지원강화로 성장동력 확보<br>▪창업활성화 및 재도약 지원 강화 |
| 2 글로벌화 및 마케팅 지원 | ▪협업 연계지원을 통한 수출지원 성과 창출<br>▪중소기업 마케팅 역량강화 및 현지화 지원 강화 |

130) 중소기업 전용산업단지(일반산업단지)와 지식산업센터를 조성 및 건립 분양 또는 임대하는 사업으로 1991년부터 2012년 현재까지 5개 일반산업단지 및 12개 지식산업센터가 조성 및 분양중에 있다.

| 구분 | 주요사업 |
|---|---|
| 3 연수 및 인력양성 | ▪ 지역별 연수원 운영을 통한 재직자 역량 강화<br>▪ 기업 현장 맞춤형 인력 양성·공급 |
| 4 기술지원 및 현장애로 해결 | ▪ 컨설팅 전문성 강화를 통한 사업성과 증대<br>▪ 중소기업 현장애로 발굴 및 정책건의 |

**※ 연수원 운영현황**

| 구분 | 개원 | 위치 | 연면적(㎡) | 특화분야 |
|---|---|---|---|---|
| 중소기업연수원 | '82.10 | 경기안산 | 39,688 | 뿌리기술, 스마트팩토리 |
| 호남연수원 | '01.09 | 광주 | 8,367 | 지역산업연계 맞춤(6차 산업) |
| 대구경북연수원 | '03.11 | 경북경산 | 3,569 | 미래형 자동차(자율주행차, 경량소재 등) |
| 부산경남연수원 | '04.10 | 경남창원 | 9,368 | 제조기반 S/W 설계(기계, 조선) |
| 글로벌리더십연수원 | '14.09 | 강원태백 | 10,587 | CEO 리더십 역량강화 |
| 충청연수원 | '21 | 충남천안 | - | 스마트팩토리, 스마트창업 |

## 3 | 감면대상 부동산

중소벤처기업진흥공단의 연수용 부동산, 중소기업자에게 분양 또는 임대용 부동산과 협동화실천계획의 승인을 받은 자가 해당 사업에 직접 사용하기 위해 취득 또는 보유하는 부동산이 이에 해당된다. 각 감면대상 사업용 부동산 현황은 다음과 같다.

### 3-1. 중소벤처기업진흥공단 교육시설용 부동산(§59 ①)

중소기업 경영자 및 종사자를 대상으로 전문 기술연수, 품질혁신, 최신 경영기법 등에 대한 현장중심 실무교육을 실시하여 재직자의 직무능력 향상을 통한 중소기업 경쟁력 강화를 위해 중소기업진흥에 관한 법률 제57조 및 제74조에 따라 설립된 연수용 부동산이 있다. 중소기업연수원(안산) 등 4개의 지방연수원이 있으며 태백시 폐광지역의 경제 활성화 및 국가균형발전을 위해 태백시와 공동으로 중소기업 글로벌리더십이 있다.

### 3-2. 중소벤처기업진흥공단의 분양·임대용 부동산(§59 ②)

지역산업의 특성과 중소기업의 운영 및 업종분포 등에 의한 중소기업의 입지수요에 맞는

중소기업의 입지난 해소와 환경개선을 위한 중소기업 전용산업단지(일반산업단지)와 지식산업센터를 조성 및 건립하여 중소기업의 경영 및 생산활동 지원을 위해 분양 또는 임대하는 사업용 부동산이다. 중소벤처기업진흥공단이 중소기업자에게 분양 또는 임대하는 부동산이란 중소기업진흥에 관한 법률 제41조 및 제74조[131)]에 따른 사업용 부동산으로 2012년 현재 5개 일반산업단지 및 12개 지식산업센터를 조성·분양중에 있다.

### 3-3. 중소기업 판로 및 연수용 부동산(구 §59 ①, 2014년까지)

중소벤처기업진흥공단의 중소기업 판로지원사업은 2015년부터 감면이 종료되어 현재는 감면대상 부동산에 해당되지 않는다. 다만, 감면이 종료되더라도 최대 5년까지는 종전 규정대로 감면하거나 감면의무위반사항 등에 대한 사후관리가 필요하다는 점에서 중소기업진흥에 관한 법률 제74조 및 제69조에 따라 중소기업제품의 판매 지원을 위해 국내외 전시장 및 관련 시설의 설치·운영을 위한 중소기업제품 판매회사인 중소기업유통센터(주)가 있다는 점을 참고하기 바란다.

### 3-4. 협동화사업용 부동산(§59 ③)

협동화사업이란 3개 이상의 중소기업이 규합하여 공동으로 집단화, 공동화, 협업화 사업을 수행함으로써 입지문제 해결, 투자비절감, 원가절감 등 중소기업경쟁력을 강화하기 위한 사업을 말하여 협동화사업 목적으로 직접 사용하기 위하여 취득하는 토지, 건물 및 시설 등에 대한 감면이다. 2020년까지는 분양·임대를 위한 협동화사업용 부동산도 감면대상이었으나 2021년부터 감면이 종료되었다. 또한, 비영리단체의 조합으로 구성된 협동조합도 협동화사업과 유사한 집단화, 공동화, 협업화사업을 하고는 있으나 사업방식 등에서 차이가 있다. 협동화사업을 영위하기 위해서는 중소기업진흥에 관한 법률 제29조 및 제74조에 따라 중소기업청장의 승인을 받아야 한다.

131) 중소기업진흥에 관한 법률 제41조(입지 지원사업) ① 중소기업청장은 중소기업에 대한 공장입지의 원활한 공급을 위하여 중소기업진흥공단이 관련 법률에서 정하는 바에 따라 다음 각 호의 입지 지원사업을 행하게 할 수 있다.
중소기업진흥에 관한 법률 제74조(사업) ① 중소기업진흥공단은 중소기업에 관한 다음 각 호의 사업을 실시하거나 그에 관한 사업을 지원할 수 있다.
9. 입지지원

**협동화사업 개요**

• 중소기업들이 경쟁력강화를 위해 공동으로 일정한 지역에 사업장 등을 집단화, 공동화, 협업화하는 것을 말함.
  - (집단화) 중소기업자들이 공동으로 경쟁력강화를 도모할 목적으로 일정한 지역에 사업장과 부대시설을 집단화하는 경우 지원
  - (공동화) 중소기업들이 개별적으로 설치하기 어려운 고가의 생산시설, 연구개발시설, 환경오염방지시설, 물류창고, 제품전시판매장 등을 공동으로 설치하는 경우
  - (협업화) 중소기업자들이 기술개발 및 제품개발, 상표개발, 판매활동, 원자재구매, 품질관리, 정보수집, 해외시장진출, 수출협업 등을 공동으로 추진하는 경우

〈표 2〉 **협동화사업과 협동조합사업과의 비교**

| 구분 | 협동화사업 – 중소벤처기업진흥공단 | 협동조합 – 중소기업중앙회 | 비고 |
|---|---|---|---|
| 사업 대상 | 사업영위중인 3개 이상 중소기업(중기청 공고상 융자대상에 포함되지 않은 기업)으로 협동화실천계획 승인업체(중기청장이 승인) | 비영리단체성격의 59개 조합<br>– 연합회(25), 전국조합(211), 지방조합(339), 사업조합(377) | – |
| 사업참여 방법 | 3개 이상 동종 또는 관련업종 규합 후 중 진공 협동화사업 신청, 승인, 지원결정 및 대출, 사후관리 | 조합단위별로 사업목적에 따라 참여 | – |
| 주요 사업 | • 중소기업의 사업참여 목적에 따라 집단화, 공동화, 협업화 등 협동화유형으로 특정사업예정지에 대한 투자 및 사업타당성 평가 및 승인에 의해 아래 사항 지원<br>– 추진주체(신규 설립법인 또는 단체) : 공동전시장 및 판매장, 공동폐수처리장, 공동생산시설, 공동 기술개발사업 등에 소요되는 부지, 건축, 기계시설<br>– 개별업체 : 이전 또는 신규 사업장의 부지, 건축, 생산기계시설 등<br>– 협업화에 따른 시설 및 운전자금 | • 협동조합의 금융지원<br>– 공동사업자금지원(공동도매물류센터, 원부자재/제품 공동구·판매자금 등)<br>– 중소기업공제기금지원<br>• 협동조합의 세제, 기타지원<br>– 조합비 또는 회비 손비인정<br>– 공동시설용 부동산 취득에 따른 지방세 일부 감면<br>– 소액수의계약 및 다수공급자 물품계약제도 지원 등 | 협동화는 제조생산 활동을 위한 참여 중소기업 사업목적투자 부동산, 협동조합은 개별기업보다 조합사업 목적의 취득부동산 |
| 승인 규모 | 2012년도 55개 협동화사업장 승인예정<br>– 현재 승인사업장 : 9개 사업장 | 각 조합의 필요에 따라 추진 | – |
| 지원 한도 | 추진주체 : 40~50억원<br>개별업체 : 40~45억원 | – | 협동화사업정책자금 직접 지원 |

### 대규모 협동화계획 사업승인 절차(중기청장 → 시·도지사)

중소기업자가 협동화사업을 위해서는 중소기업청장으로부터 협동화실천계획 승인을 얻어야 하는데 같은 법 제29조 제2항에서 3만㎡ 이상 단지조성을 포함하는 협동화사업의 경우에는 중기청장의 사업승인 사항 외에도 해당 시·도지사의 승인을 별도로 얻어야 한다.

이는 단지조성을 수반하는 대규모 협동화단지인 경우에는 형질변경, 각종 기반시설을 수반해야 하므로 이에 대한 해당 지방자치단체와의 협력이 필요하다는 점이 고려한 것으로 보인다. 다만, 협동화사업의 대부분이 소규모 협동화사업장이므로 실제로는 단지조성을 수반하는 대규모(3만㎡) 협동화사업은 거의 없다.

> 중소기업진흥에 관한 법률 제29조(사업) ① 협동화기준에 따라 협동화실천계획을 세워 시행하려는 자는 중소기업청장의 승인을 받아야 한다.
> ② 협동화기준에 따라 협동화실천계획을 세워 시행하려는 자는 그 협동화실천계획에 형질변경이나 기반시설공사를 수반하고 대통령령으로 정하는 면적 이상인 단지조성사업(이하 "단지조성사업"이라 한다)이 포함되는 경우에는 제1항에도 불구하고 시·도지사의 승인을 받아야 한다.

### 협동화사업 사업장 승인 및 지원업체 현황

○ 사업장 승인 현황

(단위 : 건, %)

| 구 분 | '79~'10 | '14 | '15 | '16 | 계 | 비율(%) |
|---|---|---|---|---|---|---|
| 집단화 | 687 | 12 | 5 | 7 | 711 | 65.2 |
| 공동화 | 120 | 5 | 3 | 1 | 129 | 11.9 |
| 협업화 | 221 | 8 | 15 | 6 | 250 | 22.9 |
| 합 계 | 1,028 | 25 | 23 | 14 | 1,090 | 100.0 |

○ 지원 업체

(단위 : 건, %)

| 구 분 | '79~'10 | '14 | '15 | '16 | 계 | 비율(%) |
|---|---|---|---|---|---|---|
| 집단화 | 5,550 | 129 | 106 | 43 | 5,828 | 84.8 |
| 공동화 | 420 | 5 | 15 | 2 | 442 | 6.4 |
| 협업화 | 513 | 18 | 52 | 21 | 604 | 8.8 |
| 합 계 | 6,483 | 152 | 173 | 66 | 6,874 | 100.0 |

# 4 | 특례내용

## 4-1. 세목별 감면

중소벤처기업진흥공단의 교육용 시설, 분양·임대용 부동산, 협동화실천계획에 따른 부동산에 대해서는 2025년 12월 31일까지 각각 지방세를 감면한다.

〈표 3〉 중소벤처기업진흥공단 등의 감면 현황(2023.3.14. 현재)

| 조문 | 감면대상 | 감면율 |
|---|---|---|
| §59 ① | 중소벤처기업진흥공단의 교육시설용 부동산 | 취득세 25% |
| §59 ② | 중소벤처기업진흥공단의 분양·임대용 부동산 | 취득세·재산세 50% |
| §59 ③ | 협동화실천계획용 부동산(분양·임대 제외, 2021년부터) | 취득세 50%,<br>재산세 50%(3년간) |

## 4-2. 건축중인 부속토지에 대한 특례(영 §123)

중소벤처기업진흥공단의 분양·임대용, 협동화실천계획용 등의 용도로 사용할 건축물을 건축중인 경우에는 해당 용도로 직접 사용하고 있는 것으로 의제(擬制)하여 해당 건축물의 부속토지에 대한 재산세를 계속 감면한다.

## 4-3. 자동계좌이체 납부분 재산세 세액공제(§92의 2)

중소벤처기업진흥공단의 분양·임대용 및 협동화실천계획용 부동산 등에 대해 전자송달 또는 자동계좌이체 방식으로 납부할 재산세(§59 ②~③)를 자동납부 신청하는 경우에는 지방자치단체의 조례로 정하는 바에 따라 추가로 재산세를 공제(150원~1,000원)받을 수 있다. 자동납부 신청 세액공제에 관한 세부사항은 제92조의 2의 해설편을 참조하면 된다.

## 4-4. 경과규정 특례

### 4-4-1. 협동화사업용 공장용 부동산에 대한 경과특례(부칙 §10 ①, 제17771호 , 2020.12.29.)

협동화시설사업용 부동산에 대해서는 2021년부터 감면대상이 분양·임대용 부동산에서 직접 사용하는 공장용 부동산으로 축소되었다. 다만, 해당 부동산에 대한 감면범위가 축소되더라도 2020.1.1. 이전에 취득한 공장용 부동산에 대한 재산세 경감에 대해서는 종전 규정에 따라 분양·임대용 부동산도 계속 감면을 적용한다.

# 5 | 지방세특례의 제한

중소벤처기업진흥공단 및 협동화실천계획 승인을 받은 자가 제59조 제4항에 따라 감면받은 취득세가 추징된다. 정당한 사유 등에 대해서는 제178조의 해설편의 내용을 참조하면 된다.

> 그 취득일부터 1년 이내에 정당한 사유 없이 공장용으로 직접 사용하지 아니하는 경우 및 그 취득일부터 5년 이내에 공장용 외의 용도로 양도하거나 다른 용도로 사용하는 경우에 해당 부분에 대하여는 감면된 취득세와 재산세를 각각 추징한다.

## 5-1. 지방세 중과세 대상 부동산에 대한 감면제한(§177)

중소벤처기업진흥공단, 협동화사업실천계획을 받은 자가 감면을 받으려는 부동산이 지방세법 제13조 제5항에 따른 별장 등 지방세 중과세 대상인 사치성 재산인 경우에는 감면대상에서 제외된다.

# 6 | 감면신청(§183)

중소벤처기업진흥공단이 본 규정에 따라 지방세를 감면받으려는 경우에는 해당 지방자치단체의 장에게 해당 부동산이 직접 사용하는 용도임을 입증하는 서류를 첨부하여 감면신청을 하여야 한다. 세부적인 감면신청 절차 등에 대해서는 제183조의 해설편을 참조하면 된다.

## 7 | 관련사례

■ 협동화실천계획의 승인을 받은 자가 최초로 취득하는 공장용 부동산에 해당하는지 여부

법인이 토지를 취득할 당시, 이미 전소유자가 토지상에 협동화사업을 위하여 협동화사업실천계획의 승인을 받아 공장용 건축물을 건축중인 것으로 나타나므로 협동화사업용으로 사용하던 부동산을 승계취득한 것으로 보는 것이 타당함(조심 2014지0648, 2014.12.11.).

■ 중소기업자에게 분양 · 임대 목적이 아닌 직접 사용용은 감면대상이 아니라고 한 사례

협동화실천계획의 승인을 받은 자가 해당 사업에 직접 사용하기 위하여 취득하는 부동산에 대하여는 취득세 등을 면제하는 것이므로 부동산을 취득한 이후에 협동화실천계획의 승인을 받은 경우 취득세 면제 요건을 충족한 것으로 보기 어려움(조심 2012지0309, 2012.8.20.).

■ 중소기업자에게 분양 · 임대 목적이 아닌 직접 사용용은 감면대상이 아니라고 한 사례

협동화실천계획의 승인을 얻는 자가 중소기업자에게 분양 또는 임대할 목적으로 협동화사업을 위한 단지조성사업을 시행하기 위하여 취득하는 협동화사업용 부동산에 대하여는 취득세와 등록세를 면제하지만, 중소기업자에게 분양 또는 임대할 목적이 아니라 직접 사용하는 경우에는 이에 해당되지 아니함(구 내무부 세정 13407-53, 1999.1.16.).

■ 협동화사업계획 미승인자는 취득세 면제대상이 아니라고 한 사례 등

중소기업협동조합법에 따라 설립된 협동조합이나 사업협동조합이 조합원에게 분양할 목적으로 협동화사업계획 승인을 얻어 일시 취득하는 협동화사업용 부동산의 취득 · 등기에 대하여는 취득세 · 등록세가 면제되는바, 협동화사업계획 승인을 얻지 아니하고 취득한 경우에는 면제대상이 되지 않음(구 내무부 도세 22670-161, 1991.1.17.).

# 제60조

## 1. 중소기업협동조합에 대한 감면

관련규정

제60조(중소기업협동조합 등에 대한 과세특례) ①「중소기업협동조합법」에 따라 설립된 중소기업협동조합(사업협동조합, 연합회 및 중앙회를 포함한다)이 제품의 생산·가공·수주·판매·보관·운송을 위하여 취득하는 공동시설용 부동산에 대해서는 취득세의 100분의 50을 2025년 12월 31일까지 경감한다. 다만,「전통시장 및 상점가 육성을 위한 특별법」에 따른 전통시장의 상인이 조합원으로서 설립한 협동조합 또는 사업협동조합과 그 밖에 대통령령으로 정하는 사업자가 조합원으로 설립하는 협동조합과 사업협동조합의 경우에는 취득세의 100분의 75를 2025년 12월 31일까지 경감한다.

【영】 제29조의 3(취득세 경감대상 협동조합과 사업협동조합의 범위) 법 제60조 제1항 단서에서 "대통령령으로 정하는 사업자가 조합원으로 설립하는 협동조합과 사업협동조합"이란 한국표준산업분류에 따른 슈퍼마켓 또는 기타 음·식료품 위주 종합 소매업의 사업자가 조합원으로서 설립한 협동조합과 사업협동조합을 말한다.

②「중소기업협동조합법」에 따라 설립된 중소기업중앙회가 그 중앙회 및 회원 등에게 사용하게 할 목적으로 신축한 건축물의 취득에 대한 취득세는「지방세법」 제11조 제1항 제3호의 세율에도 불구하고 1천분의 20을 적용하여 2022년 12월 31일까지 과세한다. 다만, 다음 각 호의 어느 하나에 해당하는 경우 그 해당 부분에 대해서는 경감된 취득세를 추징한다.

1. 해당 부동산을 취득한 날부터 5년 이내에 수익사업에 사용하는 경우
2. 정당한 사유 없이 그 등기일부터 1년이 경과할 때까지 해당 용도로 직접 사용하지 아니하는 경우
3. 해당 용도로 직접 사용한 기간이 2년 미만인 상태에서 매각·증여하거나 다른 용도로 사용하는 경우

☞ ③항은 별도 해설편에서 설명

④ 특별시장·광역시장·특별자치시장·도지사 또는 특별자치도지사가「중소기업진

흥에 관한 법률」 제2조 제1호의 3에 따른 지방중소기업에 대하여 경영 · 산업기술 · 무역정보의 제공 등 종합적인 지원을 하게 할 목적으로 설치하는 법인으로서 대통령령으로 정하는 법인에 대해서는 다음 각 호에서 정하는 바에 따라 2025년 12월 31일까지 지방세를 경감한다.

1. 그 고유업무에 직접 사용하기 위하여 취득하는 부동산에 대해서는 취득세의 100분의 50을 경감한다.
2. 〈삭 제〉 [16.12.27.]
3. 과세기준일 현재 그 고유업무에 직접 사용하는 부동산에 대해서는 재산세의 100분의 50을 경감한다.

【영】 제29조의 4(지방중소기업 육성사업 등에 대한 감면) 법 제60조 제4항 각 호 외의 부분에서 "대통령령으로 정하는 법인"이란 「중소기업진흥에 관한 법률 시행령」 제54조의 31에 따른 지방중소기업 종합지원센터를 말한다.

## 1 | 개 요

중소기업에 대한 경쟁력 강화를 지원하기 위한 세제지원이다. 1982년에 신설(창업보육센터는 1996년, 전통시장, 슈퍼마켓협동조합은 2011년)되어 2010년까지는 구 지방세법 제280조 및 감면조례에서 규정되었다가 2011년부터는 현재의 제60조로 이관되었다.

중소기업협동조합 중 재래시장 및 슈퍼마켓협동조합에 대해서는 SSM 등 대기업과 경쟁관계에 있고 생산성 향상에 구조적 어려움이 있는 점을 감안하여 2012년부터 조합원들의 물류비 절감을 위한 공동시설용 부동산에 대해 취득세 감면을 종전 50%에서 75%로 확대 적용하였으나 슈퍼마켓협동조합의 경우 상점가 이외의 지역에서 설립된 경우에는 개정된 취지대로 감면을 적용받지 못하는 문제점이 있어 2013년부터는 상점가 이외의 지역도 동일하게 감면적용(75%)이 되도록 미비점이 개선되었으며 지속적으로 감면연장되고 있다.

또한, 제2항의 중소기업중앙회가 사용할 목적으로 신축한 건축물과 제4항의 지방중소기업의 경쟁력 강화를 위해 설립 지원되는 지방중소기업종합지원센터에 대해서는 기업의 경쟁력 강화에 경기침체에 따른 지원 활성화를 위해 2022년 12월 31일까지 연장되었고 제3항의 창업보육센터에 입주하는 자에 대한 중과세 적용제외 규정은 유사 적용 배제규정과의 형평을 위해 연장되었고 2025년까지 감면기한이 지속적으로 연장되고 있다.

## 2 | 감면대상자

중소기업협동조합법에 의해 설립된 중소기업협동조합 및 중소기업협동조합중앙회(제1항 및 제2항), 지역균형개발 및 지방중소기업 육성에 관한 법률에 따라 설립된 중소기업창업지원센터(제4항)를 말한다.

### 2-1. 중소기업협동조합

농어민 지원을 위한 1차 산업 위주의 협동조합이 농업협동조합·수산업협동조합 등이 있는데 중소기업협동조합은 이와 유사하게 2차 산업분야에 종사하는 중소기업인이 자발적으로 회원을 모집·구성하여 시설물 공동설치·운영, 공동구매 및 보관 등 기업 활동의 효율화를 도모하기 위해 설립된 협동조합을 말한다. 중소기업협동조합은 조합, 사업조합, 연합회, 중앙회로 각각 구성된다. 중소기업협동조합 현황은 2010년 말 현재 약 958개가 설립되어 운영중이다. 중소기업협동조합에 대한 세부내용은 아래의 표를 참조하기 바란다.

〈표 1〉 **중소기업협동조합 개요**

| 구분 | 중소기업협동조합 | | | |
|---|---|---|---|---|
| | 조합 | 사업조합 | 연합회 | 중앙회 |
| 명칭 | 지방명칭(업종별) | 업종, 사업명칭 | 업종, 행정구역 명칭 | - |
| | 전국조합 : 전국<br>지역조합 : 시도 | 사업조합, 시장사업조합, 상점가진흥사업조합 | 업종연합회<br>지역연합회 | 중소기업중앙회 |
| 현황(958) | 542 | 390 | 25 | 1 |
| 조합원<br>회 원 | 중소기업자로서 조합구역에서 같은 업종의 사업을 영위하는 자와 사업조합 | 중소기업자로서 정관에 정한 자 | 연합회 업무구역으로 하는 조합과 사업조합 | 연합회, 전국조합, 지방조합, 사업조합<br>중소기업관련 단체 |
| 출자금총액의 최지한도 | 전국조합 : 8천만원<br>지방조합 : 4천만원 | 4천만원 | 4천만원 | - |
| 주요업무 | 생산, 가공, 수주, 판매, 구매, 보관, 운송 등, 공동사업 및 공동시설 조성·관리 | 좌동 | 좌동 | 조합의 조직과 공동사업 등 지원 |

### 2-2. 중소기업협동조합 설립요건

중소기업협동조합의 설립요건은 중소기업기본법 제2조에 해당하는 중소기업자가 모여

한국표준산업분류의 세세분류에 의해 업종별로 구성되도록 하고 있으며, 업무구역, 발기인 수, 최저출자금 등의 설립요건을 갖추고 소정의 절차를 거쳐 주무관청의 인가를 얻어 설립을 할 수 있다.

〈표 2〉 **중소기업협동조합 설립요건**

| 종류 | 업무구역 | 법정 최저발기인수 | 법정 최저출자 |
|---|---|---|---|
| 협동조합 | 전국(전국조합) | 50인 이상(다만, 업종이 도·소매업인 경우 70인 이상) | 8,000만원 |
| | 2 이상의 특별시, 광역시, 도(지방조합) | | 4,000만원 |
| | 하나의 특별시, 광역시, 도 또는 일정지역(지방조합) | 30인 이상(다만, 업종이 도·소매업인 경우 50인 이상) | 4,000만원 |
| 연합회 | 전국(업종연합회) | 3개 이상 동일업종 지방조합(다만, 업종이 도·소매업인 경우 10개 이상) | 4,000만원 |
| | 특별시, 광역시, 도(지역연합회) | 5개 이상 지방조합 | |

### 2-3. 슈퍼마켓협동조합

2012년 기준 슈퍼마켓협동조합은 50개로, 한국슈퍼마켓협동조합연합회 산하에는 전국 46개 지역조합과 3만여 개사(준조합원 포함)가 회원으로 가입되어 있다. 슈퍼마켓협동조합의 주요사업은 유통관련 정책 개발 및 중소상인 권익 보호, 공동 구매사업 추진, 중소유통물류센터 건립사업,[132] 유통 관련 정보 및 자료 제공 등이 있다.

## 3 | 감면대상 부동산

중소기업협동조합 및 중소기업협동조합중앙회가 해당 사업에 직접 사용하기 위해 취득·보유하는 부동산을 말한다.

### 3-1. 중소기업협동조합 및 중소기업협동조합중앙회 취득 부동산(§60 ①·②)

중소기업협동조합(사업협동조합, 연합회 및 중앙회를 포함한다)이 제품의 생산·가공·

132) 2012년 현재 한국슈퍼마켓협동조합연합회에서는 18개 공동도매물류센터를 운영중에 있으며, 5개의 물류센터 건립을 추진중에 있다. 중소유통공동물류센터는 슈퍼마켓, 영세점포 등 중소유통업체가 공동구매 및 배송/판매를 통해 중소유통업의 공동화와 효율화를 도모할 수 있도록 정부와 지자체의 지원으로 건립되는 물류시설을 말한다.

수주 · 판매 · 보관 · 운송을 위하여 취득하는 공동시설용 부동산 및 중소기업중앙회가 그 중앙회 및 회원 등에게 사용하게 할 목적으로 신축한 건축물을 말한다.

### 3-2. 슈퍼마켓협동조합이 취득하는 부동산의 범위

2012년부터 취득세 감면율이 확대된 슈퍼마켓협동조합의 범위를 「유통산업발전법」 제18조에 따른 상점가진흥조합 중 「통계법」에 따라 통계청장이 공표하는 한국표준산업분류에 따른 슈퍼마켓이나 기타 음 · 식료품 위주 종합 소매업의 사업자가 조합원으로서 설립한 협동조합(사업협동조합)으로 정의하고 있다. 「유통산업발전법」 제2조 제6호 및 같은 법 시행령 제5조에서 상점가란 2㎢ 이내의 가로(街路) 또는 지하도(地下道)에 50개 이상(인구 30만 이하인 시 · 군 · 자치구의 상점가의 경우에는 30 이상) 도매점포 · 소매점포 또는 용역점포가 밀집하여 있는 지구를 말하며 이러한 상점가 지역 내에서는 다양한 형태의 점포 등이 있는데 대규모 점포, 준대규모 점포, 임시시장, 체인사업장 등으로 구분된다. 이러한 상점가의 종류로만 보면 대규모 점포, 준대규모 점포 등의 경우도 슈퍼마켓에 해당되어 지특법 제60조 규정을 적용받는 슈퍼마켓협동조합이 취득하는 부동산의 범위에 해당될 수 있는지에 대해 의문이 생길 수 있으나, 결론적으로 말하면 매장면적이 3천㎡ 이상인 대규모 점포(대형마트 등)와 준대규모 점포 등은 지특법 적용을 받는 감면대상 슈퍼마켓용 부동산에는 해당되지 않는다. 대규모와 준대규모 점포의 상점가는 별도로 유통 · 물류시설 등을 확보하고 전체의 관리기능을 중앙(본부)에 집중시켜 운영되는 대규모 점포로서 굳이 그 상인들이 조합원으로서 협동조합(사업협동조합)을 설립할 필요성이 없기 때문이다. 따라서 대형마트, 기업형 슈퍼마켓 SSM(Super SuperMarket) 등이 취득하는 부동산은 감면대상 물건에서 배제된다. 참고로 슈퍼마켓에 대해서 좀 더 알아보면 슈퍼마켓이란 식료품 및 잡화를 중심으로 자기서비스(self-service)방식으로 판매, 운영되는 염가 소매점으로 좁은 의미의 슈퍼마켓과 슈퍼마켓체인(보통 슈퍼체인)으로 나누어진다. 좁은 의미의 슈퍼마켓은 직영 내지 단독으로 운영되는 초염가 소매점을 말하여 슈퍼마켓체인은 이들 개개의 점포가 연쇄점화하여 전체의 관리기능을 중앙(본부)에 집중시켜 운영되는 대규모 소매기관을 말한다. 슈퍼마켓체인은 개개의 점포규모는 그 매장면적이 서울은 250㎡, 기타 지역은 165㎡ 이상이다. 슈퍼마켓은 크게 세 가지 형태로 구분되어진다. 이 중 기업형 슈퍼마켓인 SSM은 대형마트 등의 성장정체, 소비트렌드 변화 등으로 그간에 급속한 성장을 하였으나, 최근에 영세 소자영업자가 주를 이루는 일반 슈퍼마켓의 반대로 규제가 강화되고 있음을 참고하기 바란다.

〈표 3〉 점포의 종류, 「유통산업발전법」 제2조

| 점포의 종류 | 정의 | 사례 |
|---|---|---|
| 대규모 점포 | 매장면적이 3천㎡ 이상의 점포 | 대형마트, 전문점, 백화점, 쇼핑센터, 복합쇼핑몰이마트, 홈플러스, 롯데마트 등, 기타 |
| 준대규모 점포 | 「통계법」 한국표준산업분류상의 슈퍼마켓(47121)과 기타 음·식료품 위주 종합소매업(47129)을 영위하는 점포 | 대형유통기업에서 운영하고 있는 체인화된 슈퍼마켓 외에도(SSM) 대규모점포를 경영하지 않는 대형유통기업 및 중형유통기업133)이 운영하는 체인화 슈퍼마켓도 포함 |
| 임시시장 | 다수의 수요자와 공급자가 일정 기간 동안 상품을 매매 또는 용역을 제공하는 일정 장소 | - |
| 체인사업장 | 같은 업종의 여러 소매점포를 직영하거나 같은 업종의 여러 소매점포에 계속적으로 상품·원재료 또는 용역을 공급하는 사업 | 직영점형, 프랜차이즈형, 임의가맹점형, 조합형 체인사업 |

〈표 4〉 슈퍼마켓의 종류

| 구분 | 특징 | 주요 판매 품목 | 매장면적 (유통산업발전법) | 기타 |
|---|---|---|---|---|
| 대형마트 | 대기업 브랜드의 신뢰, 가격할인, 다양한 품목, 원거리 쇼핑 | 식료품에서 가전제품에 이르기까지 매우 다양 | 3,000㎡ 이상 | - |
| 일 반 슈퍼마켓 | 근거리 쇼핑, 소량 구매가능, 점포별 상품 구색 부족 | 식료품, 단순 생활용품 | 별도 정의 없음 (165㎡ 미만부터 그 이상까지 가능) | - |
| SSM | 근거리 쇼핑, 소량구매 가능, 브랜드 파워, 다양한 상품 | 1차 신선식품을 비롯 비교적 다양 | 165㎡ 이상 3,000㎡ 미만 | 일반적인 슈퍼마켓보다 크고 대형마트보다 작은 소매점, 가맹점 형태의 기업형 슈퍼마켓 |

## 3-3. 지방중소기업 종합지원센터 현황

지방중소기업 종합지원센터는 「지역균형개발 및 지방중소기업육성에 관한 법률」에 따라 지역 중소기업의 성장·발전을 지원하기 위하여 설립된 비영리 공익기관으로서 현재 14개 광역시·도(대구, 경남, 세종 제외)에서 출자·설립하여 기업종합지원센터 또는 진흥원의 명칭으로 운영중에 있으며 지방중소기업에 대한 종합적이고 체계적인 지원사업을 통하여 중

133) GS슈퍼마켓, 진로마트, 하모니마트, 세계로마트, 우영마트 등

소기업의 경영여건 개선과 중소기업의 경쟁력 강화에 기여함을 그 목적으로 한다.

| 명 칭 | 설립일 | 명 칭 | 설립일 |
|---|---|---|---|
| 서울산업진흥원 | 1998.3.31. | 강원산업경제진흥원 | 1997.6.24. |
| 부산경제진흥원 | 1997.12.26. | 충북지방기업진흥원 | 1997.9.4. |
| 인천경제통상진흥원 | 1996.6.25. | 충남경제진흥원 | 1998.12.2. |
| 광주경제고용진흥원 | 1998.4.8. | 전북경제통상진흥원 | 1996.11.12. |
| 대전경제통상진흥원 | 1995.6.20. | 전남중소기업종합지원센터 | 2007.1.5. |
| 울산경제진흥원 | 1999.3.8. | 경북경제진흥원 | 1997.11.27. |
| 경기중소기업종합지원센터 | 1997.7.1. | 제주중소기업종합지원센터 | 1996.7.30. |

주요 지원내용은 자금지원, 지역 특화지원, 마케팅 지원, 품질경영 및 기술지도, 창업활성화 및 소상공인 지원, 경영애로해소지원, 근로자 교육지원, 위・수탁사업 수행, 경제동향 연구 등을 지원하고 있다.

| 지원분야 | 지원내용 |
|---|---|
| 자금지원 | ○ 지역중소기업 운전자금 및 육성자금 지원 |
| 지역 특화산업 지원 | ○ 지자체별 특화산업 육성 및 지원을 위한 사업지원 |
| 마케팅지원<br>(판로・수출지원) | ○ 국내 유망전시회 참가지원 등 국내시장 개척지원<br>○ 바이어 초청 상담회 개최, 사절단 파견 등 해외시장 개척지원 |
| 품질경영<br>및 기술지도 | ○ 글로벌 인증획득 지원<br>○ 품질경영 지도 및 교육지원 |
| 창업활성화 및<br>소상공인 지원 | ○ 청년창업육성 지원 및 창업박람회 개최 등 창업촉진<br>○ 소상공인 경영컨설팅 및 교육 등 소상공인 경영개선 지원 |
| 경영애로해소지원 | ○ 중소기업 경영 컨설팅 지원, 경영 자문 상담회 개최<br>○ 기업지원 콜센터 운영, 지원정보 제공 및 안내 |
| 근로자 교육지원 | ○ 중소기업 근로자 직무교육 및 자격과정 지원 |
| 경제동향연구 등 | ○ 지역경제 현안분석, 실태조사 및 지역경제동향 간행물 발간 |

# 4 특례내용

## 4-1. 세목별 감면

본 규정에 따른 감면대상자별(§60 ①·②·④) 지방세 및 국세(농어촌특별세) 감면 현황은 아래의 〈표 5〉와 같다. 중소기업중앙회가 회원 중소기업협동조합을 위해 신축하는 건축물에 대한 감면은 2025년 12월 31일까지 다음의 표와 같이 지방세를 감면한다.

〈표 5〉 **중소기업협동조합 등 지방세 감면 현황(2023.3.14. 현재)**

| 조문 | 감면대상 | 감면율(%) 등 |
|---|---|---|
| §60 ① | 중소기업협동조합의 생산·가공·수주·판매·운송용 취득 공동시설용 부동산 | 취득세 50%<br>※ 전통시장 상점가 상인협동조합의 경우 취득세 75% |
| §60 ② | 중소기업중앙회가 그 회원 등을 위해 사용하기 위해 신축하는 건축물 | 취득세 2% 저율과세 특례 |
| §60 ④ | 지자체 출연 중소기업창업지원센터 취득 부동산 | 취득세, 등록면허세, 재산세 50% |
| 농특령 §4 ⑥ 5호 | 지자체 출연 중소기업창업지원센터 취득 부동산에 대한 취득세 감면분(§60 ④) | 농특세 비과세 |

## 4-2. 건축중인 부속토지에 대한 특례(영 §123)

중소기업창업지원센터용(§60 ④)으로 사용할 건축물을 건축중인 경우에는 해당 용도로 직접 사용하고 있는 것으로 의제(擬制)하여 해당 건축물의 부속토지에 대한 재산세를 계속 감면한다.

## 4-3. 자동계좌이체 납부분 재산세 세액공제(§92의 2)

중소기업창업지원센터용 부동산에 대해 전자송달 또는 자동계좌이체 방식으로 납부할 재산세(§60 ④)를 자동납부 신청하는 경우에는 지방자치단체의 조례로 정하는 바에 따라 추가로 재산세를 공제(150원~1,000원)받을 수 있다. 자동납부 신청 세액공제에 관한 세부사항은 제92조의 2의 해설편을 참조하면 된다.

# 5 | 지방세특례의 제한

## 5-1. 감면된 취득세의 추징

중소기업중앙회가 그 중앙회 및 회원 등에게 사용하게 할 목적으로 신축한 건축물의 취득에 대한 취득세는 수익사업에 사용하는 경우, 정당한 사유 없이 그 등기일부터 1년이 경과할 때까지 해당 용도로 직접 사용하지 아니하는 경우, 해당 용도로 직접 사용한 기간이 2년 미만인 상태에서 매각·증여하거나 다른 용도로 사용하는 경우에는 감면받은 취득세가 추징된다. 그 밖에 중소기업협동조합중앙회 등(①·④)에 대해서는 별도의 추징규정이 없지만, 제178조를 준용하여 감면요건을 위반하는 경우에는 과세기관에서 추징처분을 할 수 있다. 세부적인 감면요건은 제178조의 해설편의 내용과 같다.

## 5-2. 지방세 중과대상 부동산 감면 제한(§177)

중소기업중앙회 등이 감면을 받으려는 부동산이 「지방세법」 제13조 제5항에 따른 별장·골프장·고급오락장 등 지방세 중과세 대상인 사치성 재산인 경우에는 감면대상에서 제외된다. 이에 대한 세부적인 사항은 제177조의 해설편의 내용과 같다.

# 6 | 감면신청(§183)

중소기업협동조합 등이 본 규정에 따라 지방세를 감면받으려는 경우에는 해당 지방자치단체의 장에게 해당 부동산이 그 고유업무에 직접 사용하는 용도임을 입증하는 서류를 첨부하여 감면신청을 하여야 한다. 세부적인 감면신청 절차 등에 대해서는 제183조의 해설편의 내용과 같다.

## 7 | 관련사례

■ 창업보육센터용으로 취득한 건물 중 공실 부분에 대해서 「지방특례제한법」 제60조 제3항 제1호의 2에 따라 재산세를 감면할 수 있는지 여부

청구법인이 이 건 창업보육센터 전부를 창업보육센터용으로 취득한 이상 쟁점부동산에도 이 건 감면규정의 요건을 충족한 것으로 보이는 점, 이 건 창업보육센터는 전체적으로 본래 취득 목적대로 사용되고 있다고 보이는 점 등에 비추어 쟁점부동산은 이 건 감면규정에 따른 재산세 감면대상에 해당하므로 처분청이 이 건 재산세 등을 부과한 처분은 잘못이 있다고 판단됨(조심 2022지1525, 2023.10.16.).

■ 직접 사용이란 취득자가 목적사업에 직접 사용하는 것을 말한다고 한 사례 등

1) "그 고유업무에 직접 사용"이라 함은 해당 부동산을 취득·등기한 자가 법령에서 개별적으로 규정한 업무와 법인등기부상 목적사업으로 정하여진 업무에 대하여 그 시설의 사용주체로서 직접 사용하는 경우를 의미하는 것임. 따라서 지방중소기업종합지원센터 소유의 청사 일부를 임차한 유관기관이 중소기업지원 업무를 수행하는 경우 부동산 소유자가 아닌 다른 사용주체가 사용하는 것에 해당되어 '지방중소기업종합지원센터가 그 고유업무에 직접 사용하는 부동산'이 아니라고 할 것이므로 재산세를 경감할 수 없다고 판단됨(행안부 지방세운영과-2889, 2012.9.20.).
2) 주사무소가 문구공업의 건전한 발전과 조합원 상호 간의 복리증진을 도모하기 위해 제품의 계약관련 사무를 수행함으로써 조합원의 자주적인 경제활동을 조장하고 경제적 지위향상을 기하는 등 조합원의 사업조정이나 지원업무에 주로 사용하고 있으므로 공동시설용부동산에 해당하지 아니함(구 행자부 심사 2004-277, 2004.9.23.).
3) 주택조합과 달리 협동조합의 조합원이 공사도급금액을 부담하더라도 이를 조합이 원시취득하는 것으로 보아 취득세를 과세함은 정당하고 조합원분양분에 대하여는 경감사항이 적용되지 않음(대법원 2011.1.27. 선고, 2008두19468 판결).

# 제60조

## 2. 창업보육센터에 대한 감면

◈ 관련규정 ◈

제60조(중소기업협동조합 등에 대한 과세특례) ③ 「중소기업창업 지원법」에 따른 창업보육센터에 대해서는 다음 각 호에서 정하는 바에 따라 지방세를 감면한다.

1. 창업보육센터사업자의 지정을 받은 자가 창업보육센터용으로 직접 사용하기 위하여 취득하는 부동산에 대해서는 취득세의 100분의 50을, 과세기준일 현재 창업보육센터용으로 직접 사용하는 부동산에 대해서는 재산세의 100분의 50(수도권 외의 지역에 소재하는 부동산의 경우에는 100분의 60)을 각각 2026년 12월 31일까지 경감한다.

1의 2. 제41조 제1항에 따른 학교등이 창업보육센터사업자의 지정을 받고 창업보육센터용으로 직접 사용하기 위하여 취득하는 부동산(학교 등이 취득한 부동산을 「산업교육진흥 및 산학연협력촉진에 관한 법률」에 따른 산학협력단이 운영하는 경우의 부동산을 포함한다. 이하 이 호에서 같다)에 대해서는 취득세의 100분의 75를, 과세기준일 현재 창업보육센터용으로 직접 사용하는 부동산에 대해서는 재산세(「지방세법」 제112조에 따른 부과액을 포함한다)의 100분의 100을 각각 2026년 12월 31일까지 감면한다.

2. 창업보육센터에 입주하는 자가 해당 창업보육센터용으로 직접 사용하기 위하여 취득하는 부동산에 대하여 취득세, 등록면허세 및 재산세를 과세할 때에는 2023년 12월 31일까지 「지방세법」 제13조 제1항부터 제4항까지, 제28조 제2항·제3항 및 제111조 제2항의 세율을 적용하지 아니한다.

## 1 | 개 요

일자리와 미래 성장동력의 창출을 수행하는 창업보육센터에 대한 세제지원이다. 2013년 현재 감면액은 15억원 수준으로 세제지원 효과는 미미한 편이다. 창업보육센터에 대한 감면은 1996년에 창업보육센터 사업시행자로 신설되었으며 2006년에는 입주기업까지 감면(중과배제 세율특례)이 확대되었다. 지방세법이 분법되면서 2011년부터는 현재의 제60조 제3항으로 이관되었다. 이후 2012년에 일몰기한이 2년 연장(2012년→2014년, 창업보육센터 입주기업 중과제외 과세특례는 2015년까지 3년 연장)되었다. 2015년에는 창업보육센터에 대한 감면 일부가 축소되었으나, 학교 등이 창업보육센터 사업지정을 받고 운영하는 창업보육센터에 대해서는 청년일자리 창출과 청년 창업지원을 위해 2016년부터 재산세가 75%에서 면제로 감면율이 상향되었으며 2017년 말 창업보육센터용 부동산에 대한 감면규정은 2020년 말까지 3년간 연장되었다. 2021년에는 감면기한이 2023년까지 연장되었다. 2024년에는 감면율(취득세 75%, 재산세 50% → 50%)을 축소하면서 일몰기한을 2026년까지 연장하였다.

## 2 | 감면대상자

「중소기업창업지원법」에 따른 창업보육센터사업자의 지정을 받은 자와 그 창업보육센터에 입주하는 기업이 이에 해당된다. 창업보육센터에 대한 입주기업 현황, 각종 지원제도 등에 대해서는 해당 홈페이지(http://www.bi.go.kr)를 참조하면 된다.

**창업보육센터(BI : Business Incubator)**

기술과 사업성은 있으나 자금·시설확보가 어려운 창업자에게 해당 시설을 저렴하게 제공하는 곳을 말한다. 경영·세무·기술지도 등을 통해 창업 리스크를 줄이고 원활한 성장을 유도해 창업 성공률을 높이는 것을 목적으로 한다. 창업보육센터사업자란 「중소기업창업지원법」 제6조에 따른 창업보육센터를 설립·운영하는 자(설립·운영하려는 자를 포함)를 말하며 중소기업청장이 지정하는 사업자(대학·연구소·민간 등)가 설립·운영한다. 입주대상은 벤처 및 기술집약형 업종의 창업자 또는 예비창업자이다. 입주기간은 6개월에서 3년 이내이며 입주비용은 창업보육센터사업자와 입주자 간에 계약으로 정한다. 한편, 대학구내에 설치되는 산학협력단과의 유사점 및 차이점에 대해서는 아래 〈표 1〉의 내용을 참조하면 된다.

〈표 1〉 **창업보육센터 vs 산학협력단 비교**

| 구분 | 창업보육센터 | 산학협력단 |
|---|---|---|
| 설립근거 | 중소기업창업지원법 | 산업교육진흥 및 산학연협력촉진에 관한 법률 |
| 승인권자 | 중소기업청장(법 §6 ①) | 각 대학총학장(법 §25 ①) |
| 개요 | 대학·연구기관 내 예비 창업자 지원 | 대학의 연구개발, 기술이전 및 사업화를 총괄하는 기관 |
| 지정요건<br>설립요건 | 1) 10인 이상의 창업자가 사용할 수 있는 500㎡ 이상의 시설, 창업자가 이용할 수 있는 시험기기나 계측기기 등의 장비<br>2) 2명 이상의 전문인력<br>3) 창업보육사업을 수행하기 적합한 사업계획 | 국내 어느 대학이나 학교 규칙으로 정하는 바에 따라 대학에 산학연협력에 관한 업무를 관장하는 산학협력단을 설치하여 운영할 수 있음. |
| 주요업무 | -창업 성공가능성이 높은 예비 창업자 등에게 시설·장소 제공<br>-예비 창업자 등에게 경영·기술분야 지원 | -연구비(교내외)관리, 산업자문(기술지도, 경영지도 등)<br>-기술사업화(기술마케팅, 발명교육, 기술이전, 기술지주회사 운영) |

### 창업보육센터(BI : Business Incubator) 현황 및 입주요건

2019년 현재 기준 전국의 창업보육센터는 260개이며 이 중 195개는 대학 내에 소재(사립대학 1152개 포함)하고 있고 전국적으로 약 6,151개의 기업이 입주하고 있다.

〈표 2〉 **창업보육센터 시도별 설립 현황**

| 서울 | 부산 | 대구 | 인천 | 광주 | 대전·세종 | 울산 | 경기 | 강원·충북·충남 | 전북·전남 | 경북·경남·제주 |
|---|---|---|---|---|---|---|---|---|---|---|
| 32 | 17 | 12 | 5 | 12 | 16 | 2 | 50 | 43 | 28 | 43 |

〈표 3〉 **창업보육센터 입주요건 및 절차**

| 구분 | 입주요건 |
|---|---|
| 지정 및 설립요건 | •10인 이상의 창업자가 사용할 수 있는 500㎡ 이상의 시설<br>•창업자가 이용할 수 있는 시험기기나 계측 기기 등의 장비<br>•2명 이상 전문인력 / 창업보육사업 수행에 적합한 사업계획 |
| 입주요건 | •예비창업자 및 창업 3년 이내 기업 |
| 입주기간 | •최대 8년(기본 3년 + 연장 2년 + 연장 3년) |
| 지정절차 | •사업계획수립·공고(중기청) ⇨ 신청·접수(BI → 지방중기청)<br>⇨ 서면·현장평가(지방중기청) ⇨ 선정 결정(심사위원회, 중기청) |

## 3 | 감면대상 부동산

창업보육센터사업자와 입주기업이 창업보육센터용으로 직접 사용하기 위해 취득하는 부동산이 이에 해당된다. 2020년까지는 창업보육센터에 입주하는 자가 취득하는 부동산에 대해 감면하였으나 2021년에는 해당 용도에 직접 사용하기 위해 취득하는 부동산으로 감면요건이 강화되었다.

### 대학이 교사(校舍)를 창업보육센터(BI)로 사용하는 경우

학교는 고등교육법 및 대학설립운영규정상의 강의실 등 교사시설에 대해서만 고유목적 사용 여부를 판단하는 것으로 학교가 사용하던 건물 중 일부를 창업보육센터에 임대하는 경우 실제적으로 창업보육센터 용도로 사용하고 있으므로 형식상 취득자(학교)와 실제 운영자(창업보육센터)가 다르다는 이유만으로 창업보육센터 직접 사용 부동산으로 보지 않는 것은 부당하다고 볼 수도 있으나 ⅰ) 조세법규는 특별한 사정이 없는 한 법문대로 해석해야 한다는 점, ⅱ) 창업보육센터는 중소기업창업지원법에 따라 중소기업청장이 지정하는 단체로 기본적으로 고등교육법에 따른 학교가 아닌 점, ⅲ) 직접 사용의 범위를 부동산의 소유자로 한정하고 있다는 점(§2-8호), ⅳ) 감면주체를 창업보육센터로 하고 있다는 점(§60 ③), ⅴ) 창업보육센터와 학교는 주체가 다른 별개의 법인이라는 점 등을 고려할 때 비록 학교가 창업보육센터 용도로 사용하고 있더라도 이는 감면대상인 창업보육센터가 창업보육센터 용도로 직접 사용하는 것으로 보기는 어렵다 하겠다. (조심 2012지0470, 2012.11.12., 광주지법 2003구합2984, 2004.7.22. 등 참조).

또한, 최근 대법원 판결에서는 학교가 부동산을 그 사업에 직용 사용한다고 함은 현실적으로 학교의 교육사업 자체에 사용하는 것을 뜻하고 학교의 교육사업 자체에 사용하는 것인지는 그 실제의 사용관계를 기준으로 객관적으로 판단(대법원 2006두3238, 2002.4.36. 등 참조)하여야 한다고 보아 고등교육법에 따라 학교는 학생의 선발, 일정기간 동안의 재학, 학위의 취득, 교수 절차 등에 관하여 주무관청으로부터 엄격한 규율 받고 있어 재산세를 비과세하는 것이나, 학교가 창업보육센터 사업자로서 학생 등 그 구성원이 아닌 일반인을 대상으로 창업의 성공 가능성을 높일 수 있도록 경영, 기술분야에 대한 지원활동을 하면서 창업자를 위한 시설과 장소로 그 소유 부동산을 제공하는 경우에는 교육사업에 직접 사용하는 것으로 볼수 없다고 하였다(대법원 2014두45680, 2015.5.14. 참조). 다만, 2016년부터는 학교가 창업보육센터 용도로 사용하는 경우에 대해 감면특례를 인정하는 지특법 개정(§60 ③ 1호의 2)을 하였다.

# 4 | 특례의 내용

## 4-1. 세목별 감면율

창업보육센터사업자 및 입주기업에 대해서는 아래 〈표 4〉의 내용과 같이 취득세, 재산세 및 취득세 등에 부가되어 과세되는 농특세를 각각 감면(비과세)한다. 2015년부터는 창업보육센터사업자에 대한 취득세 감면이 면제에서 75%로 축소되었으나 2016년부터 「지방세특례제한법」 제41조 제1항에 따른 「초ㆍ중등교육법」 및 「고등교육법」에 따른 학교, 「경제자유구역 및 제주국제자유도시의 외국교육기관 설립ㆍ운영에 관한 특별법」 또는 「기업도시개발 특별법」에 따른 외국교육기관을 경영하는 자가 창업보육센터사업자의 지정을 받고 창업보육센터용으로 직접 사용하는 부동산에 대해서는 재산세(도시지역분 포함)를 면제된다. 다만, 창업보육센터에 입주하는 기업의 경우 대부분 임대로 운영되고 있어 감면 실익이 낮은 점을 고려하여 2023년 일몰기한 종료되었다.

〈표 4〉 **창업보육센터 감면 현황(2024.1.1. 현재)**

| 조문 | 감면대상 | 감면율(%) 및 중과배제 | 일몰 |
|---|---|---|---|
| §60 ③ 1호 | 창업보육센터사업자 취득 부동산 | 취득세 50%, 재산세 50%<br>단, 비수도권은 재산세 60% | '26.12.31. |
| §60 ③ 1호의 2 | 창업보육센터 사업지정을 받은 학교의 취득 부동산<br>※ 학교 등 소유 부동산을 산학협력단이 운영하는 경우 포함 | 취득세 75%,<br>재산세(도시지역분 포함) 100% | '26.12.31. |
| §60 ③ 1호의 2<br>§177의 2 | 지방세 감면 특례의 제한(최소납부세제) 적용<br>※ '18.12.31.까지 적용 유예 | 재산세 면제세액의 15% 과세 | '19년부터 적용 |
| §60 ③ 2호 | 창업보육센터 입주자 취득 부동산 | (취)(등)(재) 중과배제 | '23.12.31. |
| 농특령<br>§4 ⑥ 5호 | 지자체 출연 중소기업창업지원센터 취득 부동산에 대한 취득세 감면분(§60 ④) | 농특세 비과세 | – |

## 4-2. 건축중인 부속토지에 대한 특례(영 §123)

창업보육센터 용도(§60 ③)로 사용할 건축물을 건축중인 경우에는 해당 용도로 직접 사용하고 있는 것으로 의제(擬制)하여 해당 건축물의 부속토지에 대한 재산세를 계속 감면한다.

### 4-3. 자동계좌이체 납부분 재산세 세액공제(§92의 2)

창업보육센터 사업자가 전자송달 또는 자동계좌이체 방식으로 납부할 재산세(§60 ③ 1호)를 자동납부 신청하는 경우에는 지방자치단체의 조례로 정하는 바에 따라 추가로 재산세를 공제(150원~1,000원)받을 수 있다. 자동납부 신청 세액공제에 관한 세부사항은 제92조의 2의 해설편을 참조하면 된다.

## 5 | 지방세특례의 제한

### 5-1. 감면된 취득세의 추징(§60 ②, §178)

본 규정에서는 별도의 추징규정이 없지만, 제178조를 준용하여 감면요건을 위반하는 경우에는 과세기관에서 추징처분을 할 수 있다. 이때 감면요건을 위반하는 경우란 대부분 해당 법인 단체 등이 고유목적사업에 직접 사용하지 않거나 임대 등 다른 용도로 사용하는 경우, 제3자에게 매각·증여하는 경우를 말한다. 직접 사용 및 추징에 관한 세부적인 내용은 제178조의 해설편의 내용과 같다.

### 5-2. 최소납부세액의 부담(§177의 2, 부칙 §5, 제13637호 2015.12.29.)

학교 등이 창업보육센터 지정을 받고 고유업무에 사용하기 위하여 취득하는 부동산에 대해서는 재산세가 면제(§60 ③ 1호의 2)됨에도 불구하고, 2015년부터 시행되는 감면 상한제도에 따라 면제되는 세액의 15%는 재산세 감면특례가 제한되어 최소납부세액으로 부담하여야 한다. 다만, 시행시기는 2019년 1월 1일부터 적용된다. 이에 대한 세부적인 사항은 제177조의 2의 해설편의 내용과 같다.

### 5-3. 지방세 중과대상 부동산 감면 제한(§177)

창업보육센터가 감면을 받으려는 부동산이 「지방세법」 제13조 제5항에 따른 별장·골프장·고급오락장 등 지방세 중과세 대상인 사치성 재산인 경우에는 감면대상에서 제외된다. 이에 대한 세부적인 사항은 제177조의 해설편의 내용과 같다.

# 6 | 감면신청(§183 ① · ②)

### 6-1. 감면신청(§183 ①, 지특칙 별지 제1호 서식)

감면을 받고자 하는 창업보육센터사업자(입주기업)는 창업보육센터용으로 취득하는 부동산임을 확인하는 등의 서류를 갖추어 서면으로 관할 소재지 지방자치단체의 장에게 제출한다. 구체적인 감면신청 절차 등에 대해서는 법 제183조의 해설을 참고한다.

### 6-2. 감면 여부 통보(§183 ②, 지특칙 별지 제2호 서식)

감면신청을 받은 지방자치단체의 장은 감면 여부를 결정하여야 하고, 특히 감면에 따른 의무사항을 위반하는 경우 감면받은 세액이 추징될 수 있다는 내용과 함께 서면으로 통지해야 한다. 감면의무 위반사항에 대해서는 다음 사후관리편 설명 내용과 같다.

# 7 | 관련사례

■ 직접 사용이란 취득자가 목적사업에 직접 사용하는 것을 말한다고 한 사례 등

1) 「중소기업창업지원법」 제6조 제1항의 규정에 의거 지정을 받은 창업보육센터 사업자가 창업보육센터로 지정받은 입주기업 보육실을 재산세 과세기준일(6.1.) 현재 창업보육센터 내 입주기업 보육실로 사용하는 경우는 감면대상임(행안부 지방세운영과-243, 2009.1.19.).
2) 창업보육센터사업자의 지정을 받은 대학 갑이 창업보육센터용에 직접 사용하기 위하여 갑 소재지가 아닌 타 지역에 소재하고 있는 부동산을 취득하더라도 취득세 등이 감면되나 창업보육센터 설치 후 2년 이내에 폐쇄하거나 창업보육센터 이외의 용도로 사용하는 경우에는 면제된 취득세 등이 추징됨(행자부 세정과 13407-556, 2000.4.25.).

# 제61조

## 도시가스사업 등에 대한 감면

관련규정

제61조(도시가스사업 등에 대한 감면) ① 「한국가스공사법」에 따라 설립된 한국가스공사 또는 「도시가스사업법」 제3조에 따라 허가를 받은 도시가스사업자가 도시가스사업에 직접 사용하기 위하여 취득하는 가스관에 대해서는 취득세 및 재산세의 100분의 50을 각각 2016년 12월 31일까지 경감한다. 다만, 특별시·광역시에 있는 가스관에 대해서는 경감하지 아니한다.

② 「집단에너지사업법」에 따라 설립된 한국지역난방공사 또는 「집단에너지사업법」 제9조에 따라 허가를 받은 지역난방사업자가 열공급사업에 직접 사용하기 위하여 취득하는 열수송관에 대해서는 취득세 및 재산세의 100분의 50을 각각 2016년 12월 31일까지 경감한다. 다만, 특별시·광역시에 있는 열수송관에 대해서는 경감하지 아니한다.

### 1 | 개 요

본 규정은 국민생활의 편익 증진을 위해 청정에너지인 천연가스를 공급하는 한국가스공사, 지역난방공사 및 지역난방사업자에 대한 감면으로 2개의 감면조항으로 구성되어 있다.

한국가스공사 등에 대한 감면은 2010년까지는 구 지방세법 제281조에서 규정되었다가 2011년부터는 현재의 지특법 제61조로 이관되었다. 이후 2012년 말 지특법 개정을 통해 감면 일몰기한이 2012년에서 2015년 12월 31일까지 3년간 연장되었고, 2016년 12월 31일까지 1년간 재연장되었다.

## 2 | 감면대상자

「한국가스공사법」의 한국가스공사, 「도시가스사업법」의 일반도시가스사업자, 「집단에너지사업법」의 한국지역난방공사, 「집단에너지사업법」 제9조에 따라 허가를 받은 지역난방사업자가 해당된다. 도시가스사업자는 전국에 34개의 회사가 있으며, 한국가스공사로부터 도시가스를 매입하여 가스배관을 통해 각 권역의 주택, 영업용, 산업용, 발전용 등의 수요자에게 천연가스를 공급하고 있는 사업자를 말한다.

### 한국가스공사 사업지역 현황

| 구분 | 사업소 |
|---|---|
| 생산기지본부(4) | 평택, 인천, 통영, 삼척 |
| 공급지역본부(9) | 서울, 인천, 경기, 강원, 충청, 전북, 광주・전남, 대구・경북, 부산・경남 |

## 3 | 감면대상 물건

감면주체인 한국가스공사 및 일반도시가스사업자의 도시가스사업에 직접 사용하기 위해 취득・보유하는 가스관과 한국지역난방공사 및 지역난방사업자가 열공급사업에 직접 사용하기 위해 취득・보유하는 열수송관이다. 이 경우 특별시 및 광역시에 소재하는 가스관 및 열수송관에 대해서는 감면대상 물건에서 제외된다. 2011년 현재 한국가스공사 등의 가스배관 연장 총 38,386㎞(한국가스공사 3,658㎞, 지역난방사업자 1,810㎞, 그 외 32,918㎞)이다.

### 가스관의 범위

가스관이란 「도시가스사업법」 제2조 제5호에 따른 가스배관시설 중 가스를 운반하기 위하여 지하나 지상 등에 설치된 배관을 말하며(행자부 세정 13407-60, 2002.1.17.), 「도시가스사업법 시행규칙」(2012.10.5. 지식경제부령 제271호 개정) 제2조 제1항 제1호와 제2호에 따르면 배관, 즉 가스관은 본관, 공급관, 내관으로 구분되고 이 중 본관은 도시가스제조사업소 부지 경계에서 정압기까지에 이르는 배관을 말한다고 규정되어 있다. 따라서 가스공급관리소[134] 내 가스필터와 가스히터, 정압기는 생산설비 시설로 보아 가스관에 해당

134) 가스관(본관)의 안전관리・운영을 위해 약 20㎞마다 설치되어 있으며 전국적으로 약 300여 개소가 설치되어 있다.

되지 않으나 생산설비를 연결하는 부분은 가스관에 해당된다. 한편 현장제어설비는 공급관리소 내 가스관과 생산설비 등의 정상적인 운영을 위한 필수적인 설비로서 이와 같은 현장제어설비[135]는 공급관리소의 유지관리 등에 활용되어 그 효용가치를 증대시킨다고 보는 것이 합리적일 것이므로 공급관리소 내 가스관의 부대시설로서 이 또한 가스관에 해당된다(지방세운영과-161, 2013.1.16., 안행부).

〈그림 1〉 **가스 공급관리소 내 생산설비와 가스관 배치도**

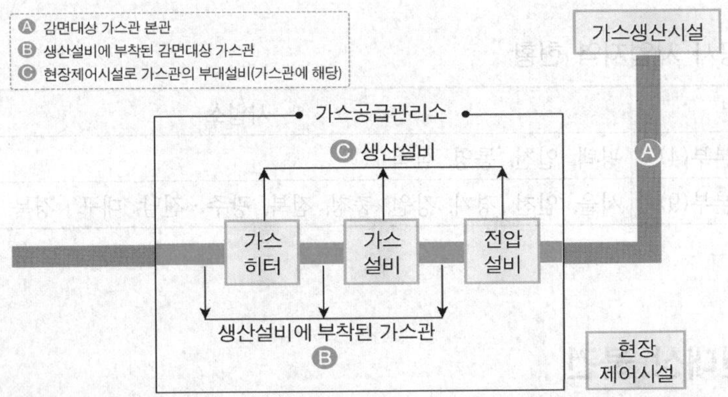


〈그림 2〉 **생산설비 및 생산설비에 부착된 가스관 사진 사례**

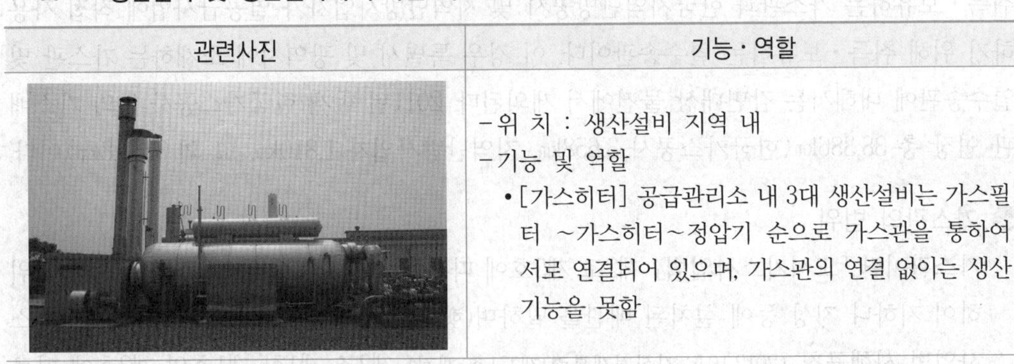

| 관련사진 | 기능 · 역할 |
|---|---|
| | -위 치 : 생산설비 지역 내<br>-기능 및 역할<br>• [가스히터] 공급관리소 내 3대 생산설비는 가스필터 ~가스히터~정압기 순으로 가스관을 통하여 서로 연결되어 있으며, 가스관의 연결 없이는 생산 기능을 못함 |

135) 현장설비는 전기 · 배선설비(전력제어반, 접지배선 등), 화재 · 지진설비(지진감지 · 가스경보장치, 피뢰침 등), 보안제어설비(울타리, 적외선 감지기, 패쇄회로 TV 등), 기타 구조물 등으로 세분됨.

| 관련사진 | 기능 · 역할 |
|---|---|
|  | • [차단밸브] 3대 생산설비의 설치 및 유지보수가 필요한 경우, 안정적인 교체 · 수선공사를 위해 필요함<br>※ 생산설비 지역 내 가스관 및 차단밸브는 생산설비의 교체 및 수리 외 다른 목적으로 전혀 사용 못함 |

# 4 | 특례내용

## 4-1. 세목별 감면율

한국가스공사 등이 도시가스사업에 직접 사용하는 가스관에 대해서는 2016년 12월 31일까지 지방세를 감면한다.

〈표 1〉 가스사업자에 대한 감면 현황

| 구분 | 시행일 | 감면내용 | 감면규정 |
|---|---|---|---|
| 신설 | '97.8.30. | 도시가스사업에 직접 사용 가스관(취, 재 면제) | 지방세법 제269조 제5항 |
| 제정 | '00.12.29. | 도시가스사업에 직접 사용 가스관(취, 재 면제) | 지방세법 제281조 제1항 |
| 개정 | '03.12.30. | 도시가스사업에 직접 사용 가스관(취, 재 50%) | |
| 이관 제정 | '11.1.1. | 도시가스사업에 직접 사용 가스관<br>('12.12.31.까지 취, 재 50%) ※ 특 · 광역시 경감 제외 | |
| 개정 | '13.1.1. | 도시가스사업에 직접 사용 가스관<br>('15.12.31.까지 취, 재 50%) ※ 특 · 광역시 경감 제외 | 지특법 제61조 제2항 |
| 현행 | '16.1.1. | 도시가스사업에 직접 사용 가스관<br>('16.12.31.까지 취, 재 50%) ※ 특 · 광역시 경감 제외 | |

〈표 2〉 열수송관에 대한 감면규정 현황

| 구분 | 시행일 | 감면내용 | 감면규정 |
|---|---|---|---|
| 비과세 | ~'00.12.31. | 열수송관 비과세(2000.12.29. 지방세법 개정) | 지방세법 제269조 제5항 |

| 구분 | 시행일 | 감면내용 | 감면규정 |
|---|---|---|---|
| 과세전환 | '01.1.1. | 자치단체별 조례로 취득세 감면율 적용 | 감면조례 |
| 제정 | '11.1.1. | 열공급사업에 직접 사용 열수송관<br>('12.12.31.까지 취, 재 50%) ※ 특·광역시 경감 제외 | 지특법<br>제61조 제2항 |
| 개정 | '13.1.1. | 열공급사업에 직접 사용 열수송관<br>('15.12.31.까지 취, 재 50%) ※ 특·광역시 경감 제외 | |
| 현행 | '16.1.1. | 열공급사업에 직접 사용 열수송관<br>('16.12.31.까지 취, 재 50%) ※ 특·광역시 경감 제외 | |

### 4-2. 지방자치단체 조례를 통한 감면

한국가스공사 등에 대한 감면은 지특법에 따른 법정 감면사항 이외에도 자치단체 감면조례로 별도로 추가감면을 적용하고 있는데 지특법 규정의 감면은 감면대상 물건이 가스관이라면 자치단체 감면조례(충북)는 부동산까지 포함하고 있다는 점에서 차이가 있다.

**※ 자치단체 조례에 따른 가스사업자 감면 현황**

| 감면근거 | ~ 2011년 | 2012년 | 2013년 이후 |
|---|---|---|---|
| 자치단체 조례<br>(강원, 충북) | • (한국가스공사)<br>2000년부터 취득세, 재산세 면제<br>• (도시가스회사)<br>취득세 50% 면제 | • (한국가스공사)<br>강원 : 소멸<br>충북 : 50%로 감소<br>• (도시가스회사)<br>취득세 50% 면제 | 없음 |
| 기초자치단체 조례<br>(한국가스공사만) | • 공공지분율(37%) 감면(2000년부터)<br>• 대상 : 등록면허세, 주민세, 지방소득세, 재산세 등 | 없음 | 없음 |

## 5 | 지방세특례의 제한(§61 ① · ② 단서)

한국가스공사(§61 ①), 한국지역난방공사 · 지역난방사업자(§60 ②) 등이 도시가스 공급을 위해 특별시 · 광역시에 설치되어 있는 가스관에 대해서는 취득세 및 재산세 감면대상에서 제외된다.

## 6 | 감면신청(§183)

한국가스공사 등이 해당 가스관에 대해 지방세를 감면받으려는 경우에는 제183조의 규정에 따라 해당 지방자치단체의 장에게 도시가스 공급사업용임을 입증하는 서류를 첨부하여 감면신청을 하여야 한다. 세부적인 감면신청 절차 등에 대해서는 제183조의 해설을 참조하면 된다.

## 7 | 관련사례

▣ 종전규정이 시행 중에 있을 때 이 건 열수송관 취득을 위한 원인행위(착공)를 하였으므로 종전규정에 따라 취득세 등을 감면(50%)하여야 한다는 청구주장의 당부

열수송관에 대한 취득세 감면규정의 입법연혁을 살펴보면, 1997년부터 2000년까지는 취득세를 면제한다는 내용이었으나, 그 이후 2001년부터 2016년까지는 취득세를 50%만 감면하는 것으로, 청구법인이 매설공사를 완료하고 매설 사용승인(2017년 이후)을 받은 당시에는 취득세 감면의 일몰기한이 종료되는 것으로 규정하는 등 그 감면범위가 계속하여 축소되어 왔고, 청구법인이 매설착공하였다고 주장할 당시에도 이미 감면율이 한차례 축소된 점 등에 비추어, 청구법인이 이 건 열수송관의 취득세 등을 종전규정에 따라 계속하여 감면받을 수 있을 것으로 신뢰하였다고 보기 어려우므로 이러한 경우에까지 일반적 경과조치에 따라 종전규정의 감면을 적용하기는 어렵다 할 것임(조심 2022지1011, 2023.6.1.).

▣ 공유수면 해저에 열수송관을 설치하여 취득한 경우 감면대상에 해당하는지 여부

- 「집단에너지사업법」 제9조 제1항에서는 사업을 하려는 자는 공급구역별로 산업통상자원부장관의 허가를 받아야 하는 것으로 규정하고 있고, 제2조 제2호에서는 "사업"이란 집단에너지를 공급하는 사업으로서 대통령령으로 정하는 기준에 맞는 사업으로 규정하고 있고,
- 같은 법 시행령 제2조 제1항에서는 법 제2조 제2호의 사업을 '지역냉난방사업'과 '산업단지집단에너지사업'으로 구분하고, 그 사업 기준으로 '지역냉난방사업'을 "난방용, 급탕용, 냉방용의 열 또는 열과 전기를 공급하는 사업으로서 자가소비량을 제외한 열생산용량이 시간당 5백만킬로칼로리 이상일 것"으로 규정하고 있고, '산업단지집단에너지사업'을 "산업단지에 공정용의 열 또는 열과 전기를 공급하는 사업으로서 자가소비량을 제외한 열생산용량이 시간당 3천만킬로칼로리 이상일 것"으로 규정하고 있음.
- 따라서, 이 건은 난방용, 급탕용, 냉방용의 열 또는 열과 전기를 공급하는 '지역냉난방사업'의 사업자로 허가받은 사실이 없으므로 「지방세특례제한법」 제61조 제2항에서 정한 지역난방사업자가 열공급 사업에 직접 사용하기 위하여 취득하는 열수송관으로서 취득

세 감면대상에 해당되지 않음(행자부 지방세특례제도과-1350, 2015.5.18.).

• 리스회사가 취득한 가스관을 도시가스사업자가 이용시 감면대상 판단기준은 리스회사를 기준으로 판단하므로 감면대상이 아님(구 행자부 세정과-2615, 2007.7.6.).

▣ 가스관 매설 도로복구포장공사비가 과세표준에 포함되는지 여부

가스관 매설에 따른 도로복구포장공사비를 가스관에 관한 취득세 과세표준에 포함하여야 하는지 여부를 보면 도로공사비는 시설물 설치공사를 위하여 필수적으로 요구되는 비용으로서 시설물의 취득시기 이전에 지급원인행위가 발생한 것에 해당하므로 취득비용에 당연히 포함되는 것이며 따라서 과세표준에 포함하는 것이 적법함(조심 2010지0074, 2010.10.18.).

# 제62조

## 광업 지원을 위한 감면

◈ 관련규정 ◈

제62조(광업 지원을 위한 감면) ① 광업권의 설정·변경·이전, 그 밖의 등록에 해당하는 면허로서 면허를 새로 받거나 변경받는 경우에는 면허에 대한 등록면허세를 2027년 12월 31일까지 면제한다.

② 출원에 의하여 취득하는 광업권과 광산용에 사용하기 위하여 취득하는 지상임목에 대하여는 취득세를 2021년 12월 31일까지 면제한다.

③ 「한국광해광업공단법」에 따라 설립된 한국광해광업공단이 과세기준일 현재 석재기능공 훈련시설과 「광산안전법」 제5조 제1항 제5호에 따른 광산근로자의 위탁교육시설에 직접 사용하는 건축물 및 그 부속토지(건축물 바닥면적의 7배 이내인 것으로 한정한다)에 대해서는 재산세의 100분의 25를 2019년 12월 31일까지 경감한다.

## 1 | 개 요

국내 광업진흥을 위해 설립된 한국광해광업공단과 광산개발과 합리적인 지하자원 개발을 지원하기 위해 광업권 설정·등록 등에 대한 세제지원이다. 이 장에서는 광업권 설정·등록 등에 대한 감면대상자, 감면대상 물건 등에 대해 설명하고 있다.

1985년에 면허세로 처음 신설되었다가 이후 1995년에 광업권 설정 취득세(지상임목 포함) 및 구 대한광업진흥공사의 광업용 부동산에 대한 감면까지 확대되어 2010년까지는 구 지방세법 제285조에서 규정되었다. 이후 지방세법이 분법이 되면서 2011년부터는 현재의 제62조로 이관되었으며 2018년 말 지특법 개정시 2021년 12월 31일까지 일몰기한을 설정하여 기한도래시 감면통합심사, 조세전문기관에 의한 사후 심층평가 등 감면 재검토를 위한

기반을 마련하였으며 이에 2021년 말 추가 감면정비를 통해 광업권 면허분에 대한 등록면허세만을 2024년 12월 31일까지 연장하였다.

## 2 | 감면대상자

광업권을 설정 · 변경 · 이전 · 등록관련 면허를 받는 자이며, 출원에 의해 광업권을 취득한 자 및 광산용에 사용하기 위해 지상임목을 취득하는 자와 한국광해광업공단법에 의해 설립된 한국광해광업공단이 이에 해당된다.

**한국광해광업공단**

한국광해광업공단은 국내 · 해외 광물자원을 개발하고, 광물자원산업의 육성 · 지원에 관한 사업을 자율적으로 수행함으로써 광물자원의 안정적인 수급을 도모하여 국민경제 발전에 기여할 목적으로 1967년에 대한광업진흥공사 설립되어 2008년부터 한국광물자원공사로 명칭을 변경하여 현재에 이르고 있다. 주요사업은 국내 · 외 광물자원개발 직접투자, 광물자원의 안정적인 공급기반 구축을 위한 광산물 비축, 국내 · 외 광물자원 확보를 위한 탐사, 개발 및 광산안전교육 및 전문기술인력양성 보급과 기술개발 등이 있다.

## 3 | 감면대상 물건

### 3-1. 출원에 의한 광업권의 취득, 광구 등록 등에 대한 면허(§62 ①, ②)

국내 광물자원 생산을 위한 출원에 의한 각종 광업권, 광산용에 사용하기 위해 취득하는 지상임목 및 광업권의 설정 · 변경 · 이전, 그 밖의 등록에 해당하는 면허로서 면허를 새로 받거나 변경받는 면허가 이에 해당된다. 한편, 국내 광물자원은 금속광물(철, 구리 등), 비금속광물(석회석, 고령토, 규석 등), 석탄 순이며 이는 시멘트, 제철, 화학용 등 산업의 주원료로 사용되고 있다.

〈표 1〉 **광업권 개요**

| | |
|---|---|
| 정의 | • 법정광물을 채굴하고 취득할 수 있도록 국가에서 부여한 배타적 권리<br>– 탐사권 : 광구에서 등록한 광물과 광상(鑛床)에 묻혀 있는 다른 광물을 탐사하는 권리<br>– 채굴권 : 광구에서 등록한 광물과 광상에 묻혀 있는 타 광물을 채굴하고 취득하는 권리<br>※ (조광권) 설정행위에 의해 타인의 광구에서 채굴권의 목적이 되어 있는 광물을 채굴하고 취득하는 권리로서 일종의 임차권 성격 |
| 성질 | • 탐사권 : 상속·양도·체납처분 또는 강제집행 외에는 권리목적 불가<br>• 채굴권 : 상속·양도, 조광권·저당권의 설정, 체납처분 또는 강제집행 외에는 권리목적 불가 |
| 존속 | • 탐사권 : 7년 내 • 채굴권 : 20년 내. 다만, 인가를 받아 20년 단위로 연장 가능 |
| 설정절차 | • (성립)광업권 설정출원 → 허가 → 등록 ※ 허가(광업등록사무소장) → 30일 이내 등록(광업등록사무소)<br>탐사권 출원 → 광상설명서 제출 → 공익 협의 → 광상설명서 검토 → 탐사권 허가<br>↓<br>광물 생산 ← 채굴권 등록 ← 채굴권 허가 ← 탐사계획 신고 ← 탐사권 등록 |

**광업권 설정 관련 정기분 면허세에 대한 감면 여부(§62 ①)**

광업권의 설정·변경·이전, 그 밖의 등록에 해당하는 면허로서 면허를 새로 받거나 변경받는 경우에는 면허에 대한 등록면허세를 면제한다고 규정하고 있어 이 경우 신규·변경면허 이외에 정기분 면허까지 감면대상에 해당되는지에 대해 알아보면,

광업권 설정 면허 등에 대한 주요 입법연혁은 신규면허(1985~1986년) → 신규·변경·정기면허(1997~2001년) → 신규·변경면허(2002년~) 순으로 개정되었다. 따라서 현행 규정의 감면은 종전에도 신규면허 및 변경면허까지만을 감면대상(1997~2001년은 제외)으로 하고 있으므로 정기분 면허에 대해서는 감면대상이 아니라고 본다.

〈표 2〉 **광업권 설정 등 면허 감면에 대한 입법연혁**

| 1985~1986년 | 1987~1996년 | 1997~2001년 | 2002~2010년 |
|---|---|---|---|
| 第163조(용도구분에 의한 비과세) ② 다음 각 호의 1에 해당하는 경우에는 (~ 생략 ~) 신규면허의 면허세를 부과하지 아니한다.<br>2. 광업권 및 어업권 등록 | 第163조(용도구분등에 의한 비과세) ② 다음 각 호의 1에 해당하는 경우에는 (~ 생략 ~) 신규면허에 대한 면허세를 부과하지 아니한다.<br>2. 광업권의 설정·변경·이전 기타 등록 | 第163조(용도구분등에 의한 비과세) ② 다음 각 호의 1에 해당하는 면허(제1호 내지 제4호의 경우에는 제165조 제1호의 규정에 의한 신규면허에 한한다)에 대하여는 면허세를 부과하지 아니한다.<br>2. 광업권의 설정·변경·이전 기타 등록 | 第163조(용도구분등에 의한 비과세) ② 다음 각 호의 1에 해당하는 면허(제2호 및 제3호의 경우에는 새로이 면허를 받거나 그 면허를 변경받는 경우에 한한다)에 대하여는 면허세를 부과하지 아니한다.<br>2. 광업권의 설정·변경·이전 기타 등록 |

### 3-2. 광해광업공단 보유 부동산(§62 ③)

한국광해광업공단이 과세기준일 현재 석재기능공 훈련시설과 「광산보안법」 제5조 제1항 제5호에 따른 보안관리직원의 위탁교육시설에 직접 사용하는 건축물 및 그 부속토지(건축물 바닥면적의 7배 이내인 것으로 한정)가 이에 해당된다. 2012년 현재 한국광해광업공단이 보유한 감면대상 물건 현황은 다음 〈표 3〉의 내용과 같다.

〈표 3〉 **한국광해광업공단 석재기능공 훈련시설 등 현황**

| 구분 | 석재기능공 훈련시설 | 보안관리직원의 위탁교육시설 |
|---|---|---|
| 시설명 | 인력개발원 | 태백사업소 |
| 소재지 | 전북 익산시 함열읍 남당리 750-1 | 강원도 태백시 황지동 80-2 |
| 주요기능 | 광업전문 기능인력 양성 | 광산안전교육을 통한 재해예방과 인명피해 방지 |
| 주요내용 | • 갱도굴착 및 채광을 위한 자원개론, 암석 및 지질학, 채광 및 탐사, 화약 및 발파, 관련법규 교육 등의 광업전문인력 양성교육<br>• 광산용 유압장비 운용 및 관리능력 배양을 위한 천공설계, 유압장비운용 실습, 발파설계, 국내현장 실습 등 실무능력향상교육 | • 보안관리자, 화약류취급자, 구호작업자, 광산안전체험 등의 광산안전교육<br>• 광산개발기술세미나, 광산장비실무, 광산실무능력향상 등의 전문교육<br>• 사업소 직원이 광산을 직접 방문하여 실시하는 현지맞춤교육 등 |
| 교육대상 | 관련광산기능직직원, 특성화대학, 광물공사 직원 등 | 422개 광산 보안관리 직원 약 7,620명 |

## 4 | 특례내용

### 4-1. 세목별 감면율

광업권의 설정 등 면허사항과 한국광해광업공단의 각 사업용 부동산에 대해서는 지속적으로 감면하여 왔으나 2021년 말 법 개정시에 본 조의 제1항은 2024년 12월 31일까지 일몰연장하고 제2항은 감면종료되었다.

〈표 4〉 **광업권 설정 등 감면 현황(2022.1.1. 현재)**

| 조문 | 감면내용 | 감면율 | 일몰 |
|---|---|---|---|
| §62 ① | 광업권의 설정 · 변경 · 이전, 그 밖의 등록에 해당하는 면허 | 등록면허세 100% | '24.12.31. |
| §62 ② | 출원에 의해 취득하는 광업권과 광산용에 사용하기 위하여 취득하는 지상임목 | 취득세 100% | '21.12.31. |
| §62 ③ | 한국광해광업공단이 석재기능공 훈련시설과 보안관리직원의 위탁교육용 부동산 | 재산세 25% | '19.12.31. |
| §177의 2 | 지방세 감면 특례의 제한(최소납부세제) 적용 제외 | 취득세 면제세액의 15% 과세 | - |

### 4-2. 최소납부세액의 면제(§177의 2)

2015년부터 시행되는 감면 상한제도(§177의 2 본문)에 따라 면제되는 세액의 15%는 감면특례가 제한되어 출원에 의해 취득하는 광업권 등의 취득세(§62 ②)의 경우 최소납부세액 과세대상에 해당되지만 제177조의 2 제2호에서 예외 특례를 적용받아 해당 세목에 대해서는 본 규정대로 계속해서 면제를 적용한다. 이에 대한 세부적인 사항은 제177조의 2의 해설편을 참조하면 된다.

### 4-3. 석재기능공 훈련시설 경과특례(부칙 §14, 제12955호 2014.12.31)

한국광해광업공단의 석재기능공 훈련시설(§62 ③)용 부동산에 대한 취득세 및 재산세가 2015년에 각각 감면(50%→25%)이 축소되었다. 다만, 이들 세목에 대해 감면이 축소되더라도 「지방세기본법」 제51조에 따른 경정청구 기간까지는 종전(최대 2019년까지 50%)의 규정을 계속해서 적용할 수 있다.

## 5 | 감면신청(§183)

광업권을 출원받는 자 등이 본 규정에 따라 지방세를 감면받으려는 경우에는 해당 지방자치단체의 장에게 그 고유업무에 의료업에 직접 사용하는 용도임을 입증하는 서류를 첨부하여 감면신청을 하여야 한다. 세부적인 감면신청 절차 등에 대해서는 제183조의 해설편을 참조하면 된다.

## 6 | 관련사례

- 취득세 과세표준이 되는 취득가격은 과세대상물건의 취득시기를 기준으로 그 이전에 당해 물건을 취득하기 위하여 거래상대방 또는 제3자에게 지급하였거나 지급하여야 할 일체의 비용을 의미하므로 광업법에 따른 광업권을 취득하기 위하여 지출한 비용에 해당하는 경우라면 영업권으로 계상된 비용은 과세표준에 포함됨(행자부 세정과 13407-587, 2000.5.3.).

# 제62조의 2

## 석유판매업 중 주유소에 대한 감면

관련규정

제62조의 2(석유판매업 중 주유소에 대한 감면) 「석유 및 석유대체연료 사업법」 제10조에 따른 석유판매업 중 주유소가 「한국석유공사법」에 따른 한국석유공사와 석유제품 구매 계약을 체결하고, 한국석유공사로부터 구매하는 석유제품의 의무구매 비율 등 대통령령으로 정하는 조건을 충족하는 경우 석유제품 판매에 직접 사용하는 부동산에 대해서는 2014년 12월 31일까지 재산세의 100분의 50을 경감한다.

【영】 제29조의 5(재산세 경감대상 주유소의 조건) 법 제62조의 2에서 "대통령령으로 정하는 조건을 충족하는 경우"란 다음 각 호의 조건을 모두 충족하는 경우를 말한다.

1. 판매하는 석유제품의 50퍼센트 이상을 「한국석유공사법」에 따른 한국석유공사로부터 의무적으로 구매할 것
2. 알뜰주유소 상표로 영업할 것

## 1 | 감면일반

석유시장 안정화 지원[136]을 위해 한국석유공사로부터 석유제품을 의무적으로 구매하는 사업자인 알뜰주유소 사업자에 대한 세제지원이다. 2013년에 신설되었다. 이후 지방재정 확충을 위한 세제개편에 따라 2015년부터는 감면이 폐지되었다.

136) 석유유통구조개선방안의 핵심은 국내 정유4사(SK, GS, S-OIL, 현대오일)에 의한 과점 생산・체계에서 신규 사업자(삼성토탈)를 참여하게 하여 석유시장 유통구조 개선을 통한 석유시장 안정화에 있음.

## 2 | 감면대상자 및 감면부동산

### 2-1. 세목별 감면

알뜰주유소 사업자가 이에 해당된다. 알뜰주유소란 정유사로부터 석유류를 공급받은 일반 주유소와는 달리 한국석유공사와 유류구매 계약을 체결하고 일반 주유소에 공급하는 가격보다 낮은 가격에 석유류를 판매하는 주유소를 말한다. 「한국석유공사법」에 따른 한국석유공사와 유류(油類) 구매계약을 체결하고, 한국석유공사로부터 구매하는 석유제품의 의무구매 비율 50% 이상을 충족하는 조건으로 유류판매에 직접 사용하는 부동산이 감면대상 부동산이다. 2012년 5월 현재 785개(자영주유소 244개, 고속도로 주유소 150개, 농협주유소 391개)소에 이른다.

### 2-2. 경과규정 특례(부칙 §14, 제12955호 2014.12.31.)

2015년 1월 1일부터 알뜰주유소에 대한 감면(재산세 50%) 종료로 감면효력은 상실되었지만 부칙 제14조(법률 제12955호) 규정에 따라 국민건강보험공단 등에 대한 감면이 부과 누락되었을 경우에는 「지방세기본법」 제51조 경정청구에 따라 종전(최대 2019년까지는 재산세 50%)의 규정을 계속해서 적용해야 한다.

**알뜰주유소와 유사한 주유소에 대한 감면 여부**

알뜰주유소란 주유소 상표는 법적인 보호를 받고 있어 일반 주유사업자가 자신이 파는 석유류가 싸다고 해서 임의로 알뜰주유소란 상호를 사용할 수 없도록 되어 있다. 알뜰주유소는 석유관리원에서 상표권이 출원되어 상표법에 따라 법적으로 보호를 받고 있어 일반 주유소가 알뜰주유소 상표 또는 상호를 사용하는 경우에는 상표권 등록 전후에 관계없이 부정경쟁방지 및 영업비밀보호에 관한 법률에 따라 민사 및 형사상 처벌된다. 또한, 상법 제22조는 동일 특별시 · 광역시 · 시 · 군에서 동종영업의 등기된 상호를 등기하지 못하며, 등기 유무를 떠나 부정한 목적으로 타인의 영업으로 오인할 수 있는 상호 사용을 금지하고 있다. 따라서 한국석유공사와 석유구매계약 체결을 하지 않는 알뜰주유소 이외의 유사 알뜰주유소에 대해서는 재산세 감면대상 물건에 해당되지 않는다. 2012년 현재 전국의 알뜰주유소 상표로 영업을 하는 주유소는 785개에 이르며 이들 주유소가 석유공사와 유류구매계약을 체결하고 있으므로 자영업자 주유소(244개)와 고속도로 주유소(150개)의 경우 모두 감면대상에 해당된다. 다만, 농협주유소(391개)의 경우에는 한국석유공사와 석유구매계약을 체결하고 석유류를 판매하고 있어 내용상으로는 알뜰주유소에 해당되나 지특령 제29조의 4 규정에서 알뜰주유소의 범위를 한국석유공사와 석유구매계약을 체결하고 알뜰주유소 상표로 영업하는 주유소라고 말하고 있어 농협주유소의 경우에는 상표가 알뜰주유소가 아닌 "NH농협주유소"로 영업을 하고 있으므로 감면대상 물건에 해당되지 않는다는 점을 유의할 필요가 있다. 이는 알뜰주유소에 대한 감면 입법취지가 석유가격유통 마진에 취약한 민간(일반 자영주유업자)에 대한 세제혜택을 통해 석유유통시장 안정화에 기여하고자 함이므로 농협주유소의 경우처럼 가격경쟁력을 갖춘 법인사업자까지 세제혜택이 필요하지 않다는 정책적 취지와도 부합하는 것이다. 또한, 고속도로 주유소의 경우는 알뜰주유소(상호)로 영업을 하고 있어 일괄 감면대상에는 해당되지만, 지특법(§62의 2)에서 알뜰주유소(석유 판매업자)가 석유제품 판매에 직접 사용하는 부동산에 대해 감면한다고 규정하고 있어 도로공사로부터 자영업자 등이 임대로 사용하는 부분은 감면대상에서 제외된다 할 것이다.

### LPG(액화석유가스)를 제공하는 충전소의 감면 여부

주유소란 석유 및 석유대체연료사업법에 따른 석유판매업의 한 종류로서 석유류인 휘발유, 경유, 등유를 판매하는 석유판매업을 말하므로 주유소에서는 석유류 외에는 LPG를 판매할 수 없다. LPG 판매는 액화석유가스의 안전관리 및 사업법에 따른 액화석유가스 충전사업자(LPG충전소)만이 LPG(프로판, 부탄)를 판매할 수 있는 것이다. 다만, 휘발유 등 석유제품과 LPG 등 액화석유가스를 동일인이 취급하는 경우는 일부 있으나, 이는 법적으로 별개의 사업임을 참고하기 바란다. 따라서 LPG를 판매하는 충전소는 주유소에 해당되지도 않으므로 감면대상 물건 자체에 해당되지 않는다.

# 제 7 절

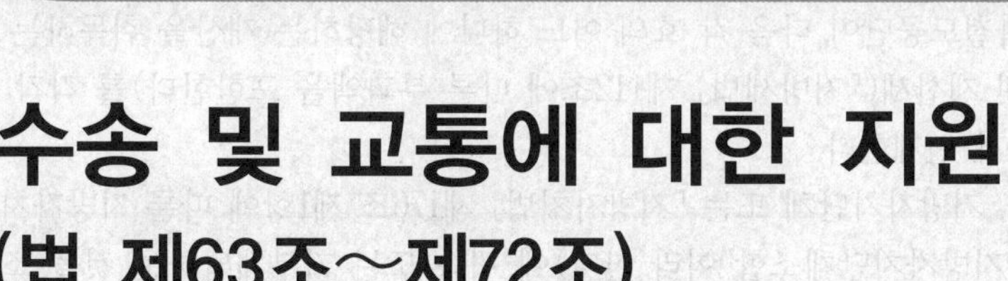

# 수송 및 교통에 대한 지원 (법 제63조~제72조)

# 제63조

## 철도시설 등에 대한 감면

관련규정

**제63조(철도시설 등에 대한 감면)** ①「국가철도공단법」에 따라 설립된 국가철도공단(이 조에서 "국가철도공단"이라 한다. 이하 이 항에서 같다)이「철도산업발전기본법」제3조 제2호에 따른 철도시설(같은 호 마목 및 바목에 따른 시설은 제외하며, 이하 이 항에서 "철도시설"이라 한다)용으로 직접 사용하기 위하여 취득하는 부동산에 대해서는 취득세의 100분의 25를 2025년 12월 31일까지 경감한다.

② 국가철도공단이 다음 각 호의 어느 하나에 해당하는 재산을 취득하는 경우에는 취득세 및 재산세(「지방세법」 제112조에 따른 부과액을 포함한다)를 각각 2025년 12월 31일까지 면제한다.

1. 국가, 지방자치단체 또는「지방자치법」제176조 제1항에 따른 지방자치단체조합(이하 "지방자치단체조합"이라 한다)에 귀속 또는 기부채납하는 것을 조건으로 취득하는「철도산업발전기본법」제3조 제4호에 따른 철도차량
2. 「철도의 건설 및 철도시설 유지관리에 관한 법률」제17조 제1항 또는 제3항에 따라 국가로 귀속되는 부동산(사업시행자가 국가철도공단인 경우에 한정한다)

③「한국철도공사법」에 따라 설립된 한국철도공사에 대해서는 다음 각 호에서 정하는 바에 따라 2025년 12월 31일까지 지방세를 경감한다.

1. 「한국철도공사법」제9조 제1항 제1호부터 제3호까지 및 제6호(같은 호의 사업 중 철도역사 개발사업으로 한정한다)의 사업(이하 이 항에서 "해당 사업"이라 한다)에 직접 사용하기 위하여 취득하는 부동산에 대해서는 취득세의 100분의 25를, 과세기준일 현재 해당 사업에 직접 사용되는 부동산에 대해서는 재산세(「지방세법」 제112조에 따른 부과액을 포함한다)의 100분의 50을 각각 경감한다.
2. 해당 사업에 직접 사용하기 위해 취득하는「철도산업발전기본법」제3조 제4호에 따른 철도차량에 대해서는 취득세의 100분의 50(「철도사업법」제4조의 2 제1호에 따른 고속철도차량의 경우에는 취득세의 100분의 25)을 경감한다.

④ 철도건설사업으로 인하여 철도건설부지로 편입된 토지의 확정 · 분할에 따른 토지

의 취득에 대해서는 취득세를 면제하고, 분할등기에 대하여는 등록면허세를 면제한다.

⑤ 「지방공기업법」 제49조에 따른 지방공사로서 「도시철도법」 제2조 제4호에 따른 도시철도사업(이하 이 항에서 "도시철도사업"이라 한다)을 수행하는 것을 목적으로 설립된 지방공사(이하 이 조에서 "도시철도공사"라 한다)에 대해서는 다음 각 호에서 정하는 바에 따라 2025년 12월 31일까지 지방세를 감면한다.

1. 도시철도공사가 도시철도사업에 직접 사용하기 위하여 취득하는 부동산 및 철도차량에 대해서는 취득세의 100분의 100(100분의 100의 범위에서 조례로 따로 정하는 경우에는 그 율)에 대통령령으로 정하는 지방자치단체 투자비율(이하 이 조에서 "지방자치단체 투자비율"이라 한다)을 곱한 금액을 감면한다.

**【영】** 제29조의 6(도시철도공사에 대한 지방자치단체 투자비율) 법 제63조 제5항 제1호에서 "대통령령으로 정하는 지방자치단체 투자비율"이란 「지방공기업법」 제49조에 따른 지방공사로서 「도시철도법」 제2조 제4호에 따른 도시철도사업을 수행하는 것을 목적으로 설립된 지방공사(이하 이 조에서 "도시철도공사"라 한다)의 자본금에 대한 지방자치단체 출자금액(둘 이상의 지방자치단체가 공동으로 설립한 경우에는 각 지방자치단체의 출자금액을 합한 금액)의 비율을 말한다. 다만, 도시철도공사가 「지방공기업법」 제53조 제3항에 따라 주식을 발행한 경우에는 해당 발행 주식 총수에 대한 지방자치단체의 소유 주식(같은 조 제4항에 따라 지방자치단체가 출자한 것으로 보는 주식을 포함한다) 수(둘 이상의 지방자치단체가 주식을 소유하고 있는 경우에는 각 지방자치단체의 소유 주식 수를 합한 수)의 비율을 말한다.

2. 도시철도공사의 법인등기 및 구분지상권설정등기에 대해서는 등록면허세의 100분의 100(100분의 100의 범위에서 조례로 따로 정하는 경우에는 그 율)에 지방자치단체 투자비율을 곱한 금액을 감면한다.
3. 도시철도공사가 과세기준일 현재 도시철도사업에 직접 사용하는 부동산에 대해서는 재산세(「지방세법」 제112조에 따른 부과액을 포함한다)의 100분의 100(100분의 100의 범위에서 조례로 따로 정하는 경우에는 그 율)에 지방자치단체 투자비율을 곱한 금액을 감면한다.

⑥ 「공공기관의 운영에 관한 법률」 제4조에 따른 공공기관으로서 「철도사업법」 제5조에 따라 철도사업면허를 받은 자가 해당 사업에 직접 사용하기 위하여 같은 법 제4조의 2 제1호에 따른 고속철도차량을 취득하는 경우에는 취득세의 100분의 25를 2025년 12월 31일까지 경감한다.

# 1 | 개 요

국가 기간 SOC 산업분야인 철도산업과 철도운영의 전문성과 효율성을 위해 설립된 철도공사에 대한 세제지원이다. 2004년도에 신설되어 2010년 이전까지는 구 지방세법 제289조 제4항, 제6항 및 감면조례에서 각각 규정하였으나 2011년부터(도시철도공사는 2012년부터)는 현재의 제63조로 통합하여 이관되었다. 지방재정 확충을 위한 감면축소 일환으로 철도공사의 주민세에 대해서는 2012년에 주민세가 일부 축소(50%→25%)되었으며, 2015년에는 감면이 종료되었다. 다만, 한국철도시설공단이 다음 국가로 귀속하는 부동산의 재산세 도시지역분에 대해서는 고유업무용 부동산과의 조세형평 차원에서 2016년부터 감면 신설되었다. 이후 일몰도래시에 지속연장되어 2025년 12월 31일까지 연장되었고 2023년 3월 14일부터는 고속철도차량에 대한 감면이 추가 신설되었다.

# 2 | 감면대상자

「국가철도공단법」에 따라 설립된 국가철도공단, 「한국철도공사법」에 따라 설립된 한국철도공사 및 「지방공기업법」에 따라 도시철도사업을 목적으로 설립된 지방공사(도시철도공사)가 이에 해당된다.

## 2-1. 국가철도공단

국가철도공단은 국가철도공단법에 따라 2004년도에 설립된 법인으로 주요사업은 철도시설의 건설 및 국유철도 재산의 관리·개발, 철도시설에 관한 기술의 개발관리 및 지원, 건널목입체화 등 철도횡단시설 사업, 철도의 안전관리 및 재해대책의 집행, 철도시설의 건설에 따른 역세권 및 철도연변의 개발·운영, 해외철도 건설과 남북연결 및 동북아 철도망 건설 등이 있다.

## 2-2. 한국철도공사

철도운영의 전문성과 효율성 제고를 통한 국민경제 발전[137]을 위해 한국철도공사법에

137) 한국철도공사는 우리나라 최초로 철도운영(1899.9.18. 노량진~제물포간 33.2㎞ 개통), 전신인 철도청(1963.9.1. 교통부 외청으로 철도청 발족) 운영, 국내 최초 고속철도운영(2004.4.1. KTX 경부·호남고속철도개통) 등 국가 기간산업 운영과 국민경제 발전에 기여하는 등 우리나라 근대사의 발전과 깊은 연관

따라 2005년도에 설립된 법인으로 주요사업은 철도여객 · 화물운송 및 다른 교통수단과의 연계 운송사업, 임대 및 수탁사업, 철도차량 · 장비의 제작 · 판매 · 정비, 철도시설 유지보수 등 국가 등으로부터 위탁받은 사업, 역세권 및 공사 자산을 활용한 각종 개발 · 운영 사업 등이 있다. 이 밖에도 2012년 현재 한국철도공사가 설립한 계열사는 6개사(코레일유통, 코레일로지스, 코레일관광개발, 코레일네트웍스, 코레일테크, 코레일공항철도)가 있으나 이들 계열사에 대해서는 별도의 감면규정을 두고 있지 않아 감면대상자에 해당되지 않는다.

### 2-3. 지방공사(도시철도공사)

도시철도공사는 도시철도운영 · 관리를 담당하기 위해 설립된 지방공기업이다. 주요사업은 도시철도운영사업이지만 이외에도 각종 부대사업을 수행한다. 2018년 현재 서울(서울교통공사, 2017년 5월에 서울메트로와 서울도시철도공사가 통합됨), 부산(부산교통공사), 대구(대구도시철도공사), 인천(인천메트로), 광주(광주도시철도공사), 대전(대전도시철도공사) 지역의 도시철도공사가 있다.

## 3 감면대상 부동산

국가철도공단, 한국철도공사, 지방공사인 도시철도공사의 철도차량, 해당 고유목적에 직접 사용하기 위해 취득 또는 보유하는 부동산이 이에 해당된다.

### 3-1. 국가철도공단이 취득 · 보유하는 부동산(§63 ①)

국가철도공단의 철도시설의 건설 및 국유철도 재산의 관리를 위해 취득하는 부동산이 주요 감면대상에 해당된다. 국가철도공단의 주요 철도건설 추진현황은 2012년 현재 고속철도분야(332㎞), 일반철도분야(1,828㎞), 광역철도분야(334㎞)에 이르고 있으며, 향후 국가철도망구축계획(2011~2020년)에 따라 각종 철도망 관련사업을 추진할 예정으로 이에 따른 철도건설 관련 각종 부동산 취득시 감면대상에 해당된다.

### 3-2. 한국철도공사가 취득 · 보유하는 부동산(§63 ②)

한국철도공사의 주요사업 분야가 철도여객 · 화물운송, 임대 및 수탁사업, 철도차량 등

---

성이 있는 국가 공기업이다.

정비사업, 역세권 및 공사 자산을 활용한 각종 개발·운영 사업 등이 있다. 주요감면대상 부동산으로는 철도차량,[138] 기계장비, 철도운영 관련 부동산(역사[139] 포함), 입목 등이 있다. 다만, 역사용 부동산 중 역세권 개발사업과 관련한 임대중인 해당 부동산 부분에 대해서는 감면대상 물건에서 제외된다.

## 4 | 특례내용

### 4-1. 세목별 감면율

국가철도공단, 한국철도공사, 지방 지하철공사에 대해서는 지방세 및 국세(농어촌특별세)를 2025년 12월 31일(§63 ④의 경우 일몰기한 없음)까지 각각 감면하며 2023년 1월 1일부터 공공기관으로서 철도사업면허를 받은 자가 직접 사용하기 위해 취득하는 고속철도차량에 대해 취득세 25% 감면을 신설하여 2025년 12월 31일까지 감면하도록 규정하고 있다.

〈표〉 국가철도공단 등에 대한 감면 현황(2023.1.1. 현재)

| 조문 | 감면대상 | 감면율 | 일몰기한 |
|---|---|---|---|
| §63 ① | 철도시설공단 고유업무용 부동산 | 취득세 25%, 재산세(도시지역분 포함) 25% | '25.12.31 |
| §63 ② | 철도시설공단 국가귀속 부동산 및 철도차량 | 취득세 100%, 재산세(도시지역분 포함) 100% | '25.12.31 |
| §63 ③ | 철도공사 고유업무용 재산 | 취득세·재산세 50% | '25.12.31 |
| §63 ④ | 철도건설부지 편입토지 | 취득세·등록면허세 100% | 일몰없음 |
| §63 ⑤ | 도시철도공사 고유업무용 재산 | (부동산) 취득·재산세(도시지역분 포함) 100%<br>(철도차량) 취득세 100%<br>(법인등기) 등록면허세 100% | '25.12.31 |
| | ※ 최소납부세제 적용 유예 | 2022년 1월 시행으로 2년간 유예(2020년 1월) | '21.12.31 |

138) KTX, 디젤기관차, 전기기관차, 간선형전기동차, 디젤동차, 객차, 발전차, 화차 등
139) 692개역(2012년 현재) : 일반 정차역(보통역 353, 간이역 261, 신호장·신호소 36, 조차장 2), 고속철도 정차역 38개(경부선 16, 호남선 11, 전라선 7, 경전선 4)

| 조문 | 감면대상 | 감면율 | 일몰기한 |
|---|---|---|---|
| §63 ⑥ | 공공기관으로서 철도사업면허를 받은 자*가 취득하는 고속철도차량<br>* (주)에스알 '19년 준시장형 공기업 지정 | 취득세 25% | '25.12.31 |
| 농특 §4 ⑥ 5호 | §63에 따른 취득세 감면분의 20% | 농어촌특별세 비과세 | - |

### 4-2. 최소납부세액의 면제(§177의 2)

2015년부터 시행되는 감면 상한제도(§177의 2 본문)에 따라 면제되는 세액의 15%는 감면특례가 제한되어 한국철도공단이 국가에 무상귀속되는 부동산에 대한 재산세(§63 ① 단서, ③)의 경우 최소납부세액 과세대상에 해당되지만 제177조의 2 제2호에서 예외 특례를 적용받아 해당 세목에 대해서는 본 규정대로 계속해서 면제를 적용하고 있으며 제4항의 도시철도공사의 경우 2022년부터 적용받도록 유예되었다. 이에 대한 세부적인 사항은 제177조의 2의 해설편을 참조하면 된다.

### 4-3. 건축중인 부속토지에 대한 특례(영 §123)

국가철도공단 등이 고유업무 용도로 사용할 건축물을 건축중인 경우에는 해당 용도로 직접 사용하고 있는 것으로 의제(擬制)하여 해당 건축물의 부속토지에 대한 재산세를 계속 감면한다.

### 4-4. 자동계좌이체 납부분 재산세 세액공제(§92의 2)

국가철도공단 등이 전자송달 또는 자동계좌이체 방식으로 납부할 재산세(§63 ① 전단, ②)를 자동납부 신청하는 경우에는 지방자치단체의 조례로 정하는 바에 따라 추가로 재산세를 공제(150원~1,000원)받을 수 있다. 자동납부 신청 세액공제에 관한 세부사항은 제92조의 2의 해설편을 참조하면 된다.

### 4-5. 지방자치단체 조례를 통한 감면

각 지방자치단체가 출자하여 운영하는 도시철도공사에 대하여는 본 규정에 따른 법정 감면율 이외에 해당 지역 실정에 맞게 조례로 감면율을 따로 정하는 경우에는 그 율을 따르도록 규정하고 있다. 다만, 2017년 1월 1일 현재 본 규정에 따른 법정 감면율 이외 따로 조례로 규정하고 있는 지방자치단체는 없다.

### 4-6. 경과규정 특례(부칙 §14, 제12955호 2014.12.31.)

#### 4-6-1. 2016년 감면축소분 경과특례(부칙 §14, 제12955호 2014.12.31.)

2017년 1월 1일부터는 한국철도시설공단에 대한 취득세 및 재산세 감면율이 종전 50%에서 25%로 축소되었다. 다만, 감면이 축소되었더라도 2015년, 2016년 납세의무 성립분까지는 「지방세기본법」 제51조에 따른 경정청구 기간(최대 2021년)까지는 종전(2016년)의 규정을 계속해서 적용할 수 있다.

#### 4-6-2. 2012년 감면축소분 경과특례(부칙 §14, 제12955호 2014.12.31.)

한국철도시설공단 및 한국철도공사의 사업장과 종업원분에 대해서는 2014년 12월 31일부(도시철도공사는 2012년 12월 31일)로 감면기한이 종료되어 2015년부터 감면대상에서 제외되었다. 다만, 감면이 종료되더라도 2015년 1월 1일 이전 납세의무 성립분에 한해 「지방세기본법」 제51조에 따른 경정청구 기간(최대 2019년까지는 한국철도시설공단은 100%, 한국철도공사는 25%, 도시철도공사는 최대 2017년까지 50%)까지는 종전의 규정을 계속해서 적용할 수 있다.

## 5 | 지방세특례의 제한

### 5-1. 감면된 취득세의 추징

국가철도공단 등이 감면요건을 위반하는 경우에는 제178조에 따라 감면받은 취득세가 추징된다. 여기서 감면요건 위반이란 대부분 한국철도공사 등이 그 고유업무에 직접 사용하지 않거나 다른 용도로 사용하는 것 등을 말한다. 감면의무 위반사항에 대한 세부적인 내용은 제178조 해설편의 내용을 참조하면 된다.

### 5-2. 도시철도공사 최소납부세액의 부담(§177의 2)

지방공사인 도시철도공사가 그 고유업무에 사용하기 위하여 취득하는 부동산에 대해서는 취득세 및 재산세가 면제(§63 ④)됨에도 불구하고, 2015년부터 시행되는 감면 상한제도

에 따라 면제되는 세액의 15%는 취득세 및 재산세의 감면특례가 제한되어 최소납부세액으로 부담하여야 한다. 다만, 시행시기는 부칙 제12조(법률 제12955호, 2014.12.31.)에 따라 2017년 1월 1일부터 적용된다. 이에 대한 세부적인 사항은 제177조의 2의 해설편과 같다.

### 5-3. 지방자치단체 조례를 통한 감면 제한(§64 ④ 1~3호)

지방공사인 도시철도공사가 고유업무용으로 취득하는 부동산 등에 대해서는 본 규정에 따른 법정 감면율을 적용하지 않고 지방자치단체의 조례로 최대 100%의 범위에서 감면을 제한할 수 있다. 도시철도공사에 대해 지방자치단체 조례를 통해 감면을 제한하는 자치단체는 아직까지는(2015.12. 현재) 없다.

### 5-4. 지방세 중과세 대상 부동산에 대한 감면 제한(§180)

국가철도공단 등이 감면을 받으려는 부동산이 지방세법 제13조 제5항에 따른 별장 등 지방세 중과세 대상인 사치성 재산인 경우에는 감면대상에서 제외된다. 세부적인 사항은 제180조의 해설편을 참조하면 된다.

## 6 감면신청(§183)

국가철도공단 등이 본 규정에 따라 지방세를 감면받으려는 경우에는 해당 지방자치단체의 장에게 해당 부동산이 해당 단체의 고유업무에 직접 사용하는 용도임을 입증하는 서류를 첨부하여 감면신청을 하여야 한다. 세부적인 감면신청 절차 등에 대해서는 제183조의 해설편을 참조하면 된다.

## 7 관련사례

■ 국가에 귀속되지 않은 철도시설부지에 대한 감면 여부

잔여지가 철도시설부지로 철도건설사업의 준공과 동시에 국가에 귀속될 부동산에 해당한다고 주장만 할 뿐 이를 입증할 구체적인 자료를 제출하지 못하고 있으며, 이후 잔여지 19필지 중 16필지가 국가에 귀속되었다 하더라도 재산세 과세기준일에는 그러하지 않아 재산세 등

의 면제대상에 해당되지 않음(조심 2016지0320, 2017.5.17.).

▣ 국가에 귀속되지 않은 철도시설부지에 대한 감면 여부

부동산 중 건축물 부분은 이 건 재산세 과세기준일 현재까지 국가에 귀속되는지 여부가 결정되지 아니하였고, 일부 건축물이 기숙사 등의 용도로 사용된 점 등에 비추어 이 건 부동산 중 건축물 부분은 국가로 귀속되는 부동산에 해당한다고 보기 어려움(조심 2016지0316, 2016.9.21.).

▣ 지형도면고시 여부 및 국가 귀속 여부 등에 대한 조사 및 감면 여부

「지방세법」 제112조 제3항에서 「국토의 계획 및 이용에 관한 법률」에 따라 지형도면이 고시된 공공시설용지는 재산세 도시지역분을 과세하지 아니한다고 규정하고 있는바, 처분청들은 토지에 대하여 지형도면고시 여부를 조사하여 공공시설용지로 지형도면이 고시된 사실이 확인된 토지 등에 대해서는 재산세 도시지역분을 취소하는 것이 타당하며, 토지의 경우에도 준공에 따라 국가로 귀속된다는 사실은 입증할 만한 객관적인 증빙을 제출하지 아니하여 토지 중 국가로 귀속되는 토지를 특정하기 어려우므로 국가로 귀속되는 부동산인지를 재조사하여 그 귀속이 확인된 토지에 대해서는 재산세 및 재산세 도시지역분을 면제하는 것이 타당함(조심 2016지0001, 2017.5.17.).

▣ 본안심리대상에 해당하는지 여부 및 철도시설용 부동산 취득에 따른 감면 여부

이의신청 등은 위법 또는 부당한 행정처분으로 인하여 권리나 이익을 침해당한 자를 구제하기 위한 불복제도라는 취지에 비추어 볼 때, 그 제기에 엄격한 형식을 요구하지 않는다고 봄이 타당하다 할 것이므로 법인이 감면신청 등을 하였다 하더라도 그 내용이 불복청구에 관한 것이라면 적법한 이의신청으로 보아야 할 것이고, 그에 대한 회신은 이의신청에 대한 거부통지에 해당하므로 심판청구는 청구기간 이내에 제기된 적법한 심판청구에 해당함. 또한 해당 감면조항의 입법취지 등에 비추어 국가에 귀속되는 부동산의 경우에도 철도시설에 직접 사용하기 위하여 취득한 재산과 같이 재산세 도시지역분을 경감대상에 포함하는 것이 타당함(조심 2015지1930, 2016.6.30.).

▣ 한국철도공사가 철도차량을 취득하여 임대하는 경우 감면 여부

- 「지방세특례제한법」 제63조 제2항에서는 「한국철도공사법」에 따라 설립된 한국철도공사가 같은 법 제9조 제1항 제1호부터 제3호까지 및 제6호의 사업에 직접 사용하기 위하여 취득하는 부동산 및 철도차량에 대해서는 취득세의 100분의 75를 경감하는 것으로 규정하고 있고,
- 「한국철도공사법」 제9조 제1항 제3호에서 공사의 사업으로 '철도 차량의 정비 및 임대사업'을 규정하고 있고, 「지방세특례제한법」 제63조 제2항에서는 '철도 차량의 정비 및 임대사업'을 감면대상 범위로 규정하고 있으므로,
- 한국철도공사가 철도차량을 취득한 후 제3자에게 임대하여 철도사업에 사용하게 하는 경우'도 철도 차량의 정비 및 임대사업'에 직접 사용하는 것으로는 보아야 하고 취득세 경감대상에 해당됨(행자부 지방세특례제도과-3599, 2015.12.31.).

▣ 한국철도공사 구 사업소세 감면대상 판단

한국철도공사의 사업소에 대하여 재산분 주민세 및 종업원분 지방소득세의 100분의 50을

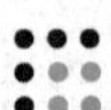

경감함에 있어, 경감대상은 한국철도공사법 제9조 제1항 제1호 내지 제3호 및 제6호의 사업에 직접 사용하는 부동산에 한하는 것(법제처 08-0385호, 2009.1.16. 참조)이라 하겠음(행안부 지방세운영과-3354, 2011.7.14.).

■ 한국철도시설공단 등록면허세 면제대상 판단

한국철도시설공단 명의로 구분지상권 설정등기를 하는 경우 등록면허세 납세의무자는 국가가 아니 한국철도시설공단이 되는 것이며, 부동산을 취득하지 아니하고 구분지상권을 설정하는 경우에는 해당 부동산을 철도시설용에 사용한다고 하더라도 「지특법」 제63조 제1항에서 한국철도시설공단에 대한 등록면허세 감면을 규정하고 있지 아니하므로 등록면허세 면제대상에 해당되지 아니함(행안부 지방세운영과-2093, 2011.5.4.).

■ 한국철도공사가 그 사업에 사용하는 부동산의 범위

한국철도공사가 당해 부동산을 "사업에 사용"한다고 함은 당해 부동산의 사용용도가 한국철도공사법 제9조 제1항 제1호부터 제3호까지 및 제6호(철도역사 개발사업)의 사업 자체에 직접 사용되는 것을 뜻하고, '그 사업에 사용'의 범위는 청구법인의 사업목적과 취득목적을 고려하여 그 실제의 사용관계를 기준으로 객관적으로 판단됨(조심 2010지0211, 2011.2.17.).

■ 종업원 후생·교양시설인 연수관은 직접 사용에 해당되지 않는다고 본 사례

연수관은 사업소 내의 종업원의 후생·교양 시설을 의미하는 것인바 사업장 전체가 철도경영연수 및 종사자 교육용에 사용되는 연수시설은 이에 해당하지 아니하며 경영연수 및 종사자 교육용에 사용되는 사업장은 철도여객·화물운송사업 및 철도와 다른 교통수단과의 연계운송사업을 간접적으로 지원하는 사업장으로서 직접 사용되는 것으로 보기는 어려우므로 부과고지 처분은 적법함(조심 2010지0066, 2010.10.19.).

# 제64조

## 해운항만 등 지원을 위한 과세특례

관련규정

제64조(해운항만 등 지원을 위한 과세특례) ①「국제선박등록법」에 따른 국제선박으로 등록하기 위하여 취득하는 선박에 대해서는 2027년 12월 31일까지「지방세법」제12조 제1항 제1호의 세율에서 1천분의 20을 경감하여 취득세를 과세하고, 과세기준일 현재 국제선박으로 등록되어 있는 선박에 대해서는 재산세의 100분의 50을 2027년 12월 31일까지 경감한다. 다만, 선박의 취득일부터 6개월 이내에 국제선박으로 등록하지 아니하는 경우에는 감면된 취득세를 추징한다.

② 연안항로에 취항하기 위하여 취득하는 대통령령으로 정하는 여객 및 화물운송용 선박과 외국항로에만 취항하기 위하여 취득하는 대통령령으로 정하는 외국항로취항용 선박에 대해서는 2027년 12월 31일까지「지방세법」제12조 제1항 제1호의 세율에서 1천분의 10을 경감하여 취득세를 과세하고, 과세기준일 현재 여객 및 화물운송용에 사용하는 선박에 대해서는 재산세의 100분의 50을 경감하며, 외국항로취항용에 사용하는 선박에 대해서는 해당 선박의 취득일 이후 해당 선박에 대한 재산세 납세의무가 최초로 성립하는 날부터 5년간 재산세의 100분의 50을 경감한다. 다만, 다음 각 호의 어느 하나에 해당하는 경우 그 해당 부분에 대해서는 경감된 취득세를 추징한다.

1. 정당한 사유 없이 그 취득일부터 1년이 경과할 때까지 해당 용도로 직접 사용하지 아니하는 경우
2. 해당 용도로 직접 사용한 기간이 2년 미만인 상태에서 매각·증여하거나 다른 용도로 사용하는 경우

【영】제30조(화물운송용 선박 등의 범위 등) ① 법 제64조 제2항 각 호 외의 부분 본문에서 "연안항로에 취항하기 위하여 취득하는 대통령령으로 정하는 여객 및 화물운송용 선박과 외국항로에만 취항하기 위하여 취득하는 대통령령으로 정하는 외국항로취항용 선박"이란 다음 각 호의 어느 하나에 해당하는 선박을 말한다.

1.「해운법」제4조에 따라 내항 여객운송사업의 면허를 받거나 같은 법 제24조에 따라 내항 화물운송사업을 등록한 자(취득일부터 30일 이내에 내항 여객운송사업의 면허를 받거나

내항 화물운송사업을 등록하는 자를 포함한다) 또는 같은 법 제33조에 따라 선박대여업을 등록한 자(취득일부터 30일 이내에 선박대여업을 등록하는 자와 「여신전문금융업법」에 따른 시설대여업자로서 선박을 대여하는 자를 포함하며, 이하 이 항에서 "선박대여업의 등록을 한 자"라 한다)가 취득하는 내항 여객 및 화물운송용 선박

2. 다음 각 목의 어느 하나에 해당하는 선박으로서 「국제선박등록법」에 따라 등록되지 아니한 선박
   가. 「해운법」 제4조에 따라 외항 여객운송사업의 면허를 받거나 같은 법 제24조에 따라 외항 화물운송사업을 등록한 자(취득일부터 30일 이내에 외항 여객운송사업의 면허를 받거나 외항 화물운송사업을 등록하는 자를 포함한다)가 외국항로에 전용하는 선박
   나. 선박대여업의 등록을 한 자가 외국항로에 전용할 것을 조건으로 대여한 선박
   다. 원양어업선박(취득일부터 3개월 이내에 「원양산업발전법」 제6조에 따라 허가를 받는 경우를 포함한다)

② 법 제64조 제3항에서 "대통령령으로 정하는 화물운송용 선박"이란 제1항 제1호에 따른 선박을 말한다.

**【통칙】** 64-1(선박 등에 대한 감면) 「지방세특례제한법」 제64조 및 같은 법 시행령 제30조 규정에 의하여 「여신전문금융업법」에 의한 시설대여회사가 외국항로에 전용할 조건으로 대여한 선박에 대하여는 취득세를 경감하는 것이며, 이 경우 시설대여회사는 「해운법」에 의한 선박대여업의 면허를 보유하고 있지 않는다 하더라도 취득세 경감대상이다.

③ 연안항로에 취항하기 위하여 대통령령으로 정하는 화물운송용 선박 중 천연가스를 연료로 사용하는 선박을 취득하는 경우에는 2024년 12월 31일까지 「지방세법」 제12조 제1항 제1호의 세율에서 1천분의 20을 경감하여 취득세를 과세한다. 다만, 다음 각 호의 어느 하나에 해당하는 경우 그 해당 부분에 대해서는 경감된 취득세를 추징한다.

1. 정당한 사유 없이 그 취득일부터 1년이 경과할 때까지 해당 용도로 직접 사용하지 아니하는 경우
2. 해당 용도로 직접 사용한 기간이 2년 미만인 상태에서 매각·증여하거나 다른 용도로 사용하는 경우

☞ 제3항은 2024.12.31.자로 일몰 종료

**【법률 제16865호 부칙】** 제4조(천연가스를 연료로 사용하는 선박에 대한 감면의 추징에 관한 적용례) 제64조 제3항 단서 및 같은 항 각 호의 개정규정은 2020년 1월 1일 이후 취득세를 경감받는 경우부터 적용한다.

④ 「환경친화적 선박의 개발 및 보급 촉진에 관한 법률」 제6조에 따라 환경친화적 선박의 인증등급(이하 "친환경선박 인증등급"이라 한다)이 3등급 이상인 선박을 취득하는 경우(선박 취득일부터 60일 이내에 친환경선박 인증등급 3등급 이상으로 인증을 받은 경우를 포함한다)에는 2026년 12월 31일까지 「지방세법」 제12조 제1항 제1호의 세율에서 다음 각 호의 구분에 따른 율을 경감하여 취득세를 과세한다. 다만, 그 취득

일부터 5년 이내에 환경친화적 선박의 인증이 취소되는 경우에는 경감된 취득세를 추징한다.

1. 친환경선박 인증등급이 1등급인 경우 : 1천분의 20
2. 친환경선박 인증등급이 2등급인 경우 : 1천분의 15
3. 친환경선박 인증등급이 3등급인 경우 : 1천분의 10

☞ 2023.12.29. 개정, 제4항 신설(2024.1.1. 시행)

## 1 | 개 요

국제선박, 외항선 및 연안화물운송선박에 대한 경쟁력 제고를 위한 세제지원이다. 2010년까지는 구 지방세법 제284조 제2항, 제4항 등에 규정되었다가 2011년부터 현재의 제64조에 이관되었다. 2012년에는 컨테이너부두공단에 대한 감면은 컨테이너부두공단법 폐지(시행 2011.8.19. 법률 제10628호, 2011.5.18. 폐지)로 컨테이너부두공단의 해산에 따라 2011년에 컨테이너부두공단과 컨테이너부두공단이 국가 등에 무상귀속될 공공시설물 등에 대한 재산세 감면을 각각 폐지하였다. 국제선박 및 연안화물용 운송선박 등에 대한 감면은 2012년 말 지특법 개정을 통해 감면 일몰기한이 2012년에서 2015년까지 3년간 연장되었고, 이후 2016년(1년간), 2018년(2년간)까지, 2021년(3년간)까지 재차 연장됨으로써 해운산업의 수주 등의 어려움을 고려 국제경쟁력확보 차원에서 지속적인 지원이 이루어지고 있다 할 수 있다.

또한, 2017년부터 선박연료와 관련한 국제환경규제 강화, 해양 환경오염 저감 등을 위해 선박건조시에 추가비용 발생이 높은 LNG 연료 추진선박에 대한 지원 필요성이 높아짐에 따라 해운・조선업계 지원과 아울러 해양산업의 글로벌 경쟁력 강화를 위해 2019년 말까지 취득세 지원규정이 신설되었고 2027년까지 지속적으로 일몰기한이 연장되었다.

아울러, 2024년에는 친환경선박에 대한 보급 촉진과 탄소중립 정책 지원을 위해 친환경선박의 등급에 따라 차등하여 취득세 세율을 경감하는 특례규정을 신설하였다.

## 2 | 감면대상자

국제선박등록법에 따른 국제선박을 등록할 목적으로 선박을 취득 또는 보유하는 자, 국제선박 외에 연안항로 취항선박으로서 여객운송용 선박과 화물운송용 선박을 취득 또는 보유하는 자, 외항여객(화물)운송사업자 및 선박대여업자가 외국항로에 투입할 목적으로 선박을 취득 또는 보유하는 자가 이에 해당된다.

다만, 천연가스 연료사용 선박을 취득하는 경우에는 친환경 연료 사용 선박(천연가스 포함)에 대한 감면규정이 2024년에 신설됨에 따라 감면 종료되었으나, 이 경우 2024년 12월 31일까지 매매계약을 체결(계약금 지급 사실 등이 증빙서류에 의하여 확인되는 경우 限)한 경우에는 그 계약을 체결한 당사자의 해당 선박의 취득에 대해서는 부칙 제10조에 따라 종전의 규정에 따라 감면적용을 받게 된다.

## 3 | 감면대상 선박 등

연안항로에 취항하기 위하여 취득하는 여객 및 화물운송용 선박과 외국항로에만 취항하기 위하여 취득하는 외국항로취항용 선박 지특법 시행령 제30조 제1항에서 규정하고 있다.

해당 규정에서 화물운송용 선박 등의 범위는 「해운법」 제4조에 따라 내항 여객운송사업의 면허를 받거나 같은 법 제24조에 따라 내항 화물운송사업을 등록한 자(취득일부터 30일 이내에 내항 여객운송사업의 면허를 받거나 내항 화물운송사업을 등록하는 자 포함) 또는 같은 법 제33조에 따라 선박대여업을 등록한 자(취득일부터 30일 이내에 선박대여업을 등록하는 자와 「여신전문금융업법」에 따른 시설대여업자로서 선박을 대여하는 자 포함)가 취득하는 내항 여객 및 화물운송용 선박을 말한다.

또한, 「국제선박등록법」에 따라 등록되지 아니한 선박으로서 「해운법」 제4조에 따라 외항 여객운송사업의 면허를 받거나 같은 법 제24조에 따라 외항 화물운송사업을 등록한 자(취득일부터 30일 이내에 외항 여객운송사업의 면허를 받거나 외항 화물운송사업을 등록하는 자 포함)가 외국항로에 전용하는 선박, 선박대여업의 등록을 한 자가 외국항로에 전용할 것을 조건으로 대여한 선박, 원양어업선박(취득일부터 3개월 이내에 「원양산업발전법」 제6조에 따라 허가를 받는 경우 포함)이 이에 해당한다.

〈표 1〉 2025년 시행령 개정 시점 감면대상 선박 규정

| 사업 | 등록 근거법률 | 감면대상 선박 | 취득 후 사업등록 기한 | |
|---|---|---|---|---|
| | | | 개정전 | 개정후 |
| 운송업 | 해운법 (제4조, 제24조) | 내항 화물선 | 30일 | 30일 |
| | | 내항 여객선 ('25.1.1. 신설) | - | |
| | | 외항 화물·여객선 | - | |
| 선박대여업 | 해운법 (제33조) | 내항 화물선 | - | |
| | | 외항 화물선 | - | |

### 국제선박 및 연안화물선 개요

국제선박이란 국제선박등록법(1998.2. 시행)에 따라 해운산업의 국제 경쟁력을 제고하고, 국적선의 해외치적[140]을 방지하여 국적선박을 증강하기 위해 국제선박으로 등록한 우리나라 국적 외항선을 말한다. 국제선박으로 등록한 우리나라 국적 외항선에 대해서는 각종 조세감면, 외국인 선원 고용제한 완화 등의 인센티브를 제공한다. 국제선박은 선장과 기관장 및 국가필수선박(국제선박등록법 §8)으로 노사합의에 따라 지정된 선박의 경우[141]를 제외하고는 승무원 전원을 외국인 선원으로도 승선이 가능하다. 국제선박 등록기준은 국적선[142] 및 국적 취득을 조건으로 임차한 외국선박으로 국제 총톤수 500톤 이상, 선령 20년 이하인 국제항로를 운행하는 상선이면 가능하고, 2014년 말 현재 국제선박등록 선박은 총 1,118척(제주특구등록 1,100척)으로 국적 외항선(총 1,125척)의 약 99.4%가 국제선박에 해당된다. 또한, 국제선박은 제주국제자유도시특별법의 시행(2002.4.)과 함께 선박등록특구제도[143]를 도입(제주, 서귀포)하여 현행 지특법 규정 외에도 조특법 규정에서 별도로 국제선박에 대한 감면제도를 운영 중에 있음을 참고하기 바란다.

연안화물선은 연안화물운송 업계의 영세성으로 경쟁력이 약화된 실정으로 연안해운의 수송분담률 제고를 통한 효율적 국가물류 체계 구축을 위한 세제지원이다. 연안운송은

140) 해외치적은 조세 및 운항·안전규제 회피, 금융기관의 저당권 확보 등을 목적으로 소유선박을 자국이 아닌 외국에 등록하는 것을 말한다.

141) 국제선박 ㉠ 일반 국제선박 - 선장·기관장을 제외한 전원 ㉡ 지정선박 - 척당 부원 8명 이내(또는 사관 1명, 부원 7명 이내) ㉢ 국가필수국제선박 - 척당 부원 6명 이내

142) 대한민국 국민 또는 대한민국 법률에 따라 설립된 상사 법인이 소유한 선박으로 「선박법」에 따른 선박원부에 등록된 선박

143) 선박등록특구제도는 특정지역의 개항을 선적항으로 하거나 또는 예정한 선박에 대해 세제지원 등 각종 혜택을 부여하는 제도

저렴한 비용으로 대량의 산업물자를 수송하여 국가 기간운송수단으로써 역할을 하고 있으며, 특히 도서민에게 각종 편의제공 및 해안지방의 지역경제 발전에 기여하는 바가 크다. 2011년 현재 연안화물선을 운영하는 업체수는 708개 사이며, 감면대상 선박수는 2,013척(1,856천톤)에 이르고 선종별로는 일반 화물선, 유조선, 시멘트운반선 등의 순이다. 또한, 국제선박 및 연안화물선 관련 제도의 이해를 돕기 위해 각종 현황 및 조세지원 비교표를 아래의 〈표 1〉과 〈표 2〉와 같이 정리하였다.

### 내항화물운송용 선박대여업을 영위하기 위해 최초로 선박을 취득하는 경우

〈사 례〉

(주)○○○○법인설립(2010.6.1.) → 선박등기(2010.7.16., 선박취득일 2010.7.13.) → 선박국적증서 취득(2010.7.19.) → 선박대여업 등록(2010.7.20.)

먼저, 선박대여업자가 선박대여업 면허 등록요건은 해운법 제33조 및 같은 법 시행령 제23조에 따라 등록요건을 구비하여 국토교통부장관에게 신청을 하도록 규정하고 있으며 세부 등록요건은 같은 법 시행규칙 별표 4의 기준인 총톤수 20톤(부선은 100톤) 이상의 선박이 1척 이상 반드시 보유하고 있어야만 선박대여업의 등록을 신청할 수 있다. 따라서, 선박대여업 등록에 있어서 관계규정(해운법 시행규칙 §23, 별표 4)에 따라 일정기준 자격(20톤 이상 선박)을 갖춘 선박을 소유한 자에 한하여 선박대여업 등록을 할 수 있으므로 선박을 취득한 후 최초로 선박대여업을 영위하고자 하는 자가 선박 취득일로부터 30일 이내에 선박대여업 등록을 하는 경우에도 감면대상에 포함할 것인지 여부에 대해 쟁점이 발생한다. 이에 대해 살펴보면, 선박대여업의 등록기준이 1999년 이전에는 총톤수가 5천톤 이상에서 100톤 이상으로 최근에는 20톤 이상으로 등록요건이 크게 완화되었다(표 3 참조). 현행 지특법 시행령의 규정은 선박대여업 등록을 하기 위해서는 상당수의 선박을 보유하고 있는 기존 해상화물운송사업자 등으로 자격요건이 제한적일 당시(1999년 이전)에 입법되었던 것으로 이후에 해운법 개정을 통해 등록자격요건이 크게 완화된 사항을 반영하지 않고 있는 것이다. 따라서, 기존의 선박대여업을 영위하였거나 20톤 이상 선박을 보유하고 있는 자의 경우에는 문제가 없으나 완화된 등록요건에 따라 선박대여업을 최초로 등록하는 경우에는 현행 규정의 입법취지가 선박보유를 전제로 선박대여업 등록을 하는 경우로만 한정하여 입법된 이상 비과세요건 또는 조세감면요건을 막론하고 조세법규의 해석은 특별한 사정이 없는 한 법문대로 해석할 것이며, 합리적 이유 없이 확장해석하거나 유추해석하는 것은 허용되지 아니한다고 볼 때 내항화물운송용 선박을 취득한 자가 해운법 제33조에 따른 선박대여업의 등록을 하지 않은 경우라면, 비록 선박 취득일로부터 30일 이내에 선박대여업 등록을 하였다 하더라도 취득세 경감 대상에 해당되지 않는다 할 것이다. 다만, 이 경우 당초 감면 입법취지와 해운법 개정 이후의 사항이 반영되지 않는 경우이므로 선박대여업을 최초로 등록하는 자의 경우까지 감면을 확대할지의 여부에 대한 판단이 필요할 것이다.

〈표 2〉 **해운중개업(선박대여업) 등의 등록기준(해운법 시행규칙 별표 4)**

| 1999년 이전 | 1999~<br>2001년까지 | 2001~<br>2011년까지 | 2011년 이후 |
|---|---|---|---|
| 1. 해상화물운송사업자 · 해상여객운송사업자 또는 외국선박운항사업자와 다음 각호에 해당하는 선박대여계약을 체결하고 있을 것<br>가. 대여기간이 1년 이상일 것<br>나. 대여료가 적정수준일 것<br>다. (생 략)<br>라. 외국선박운항사업자와 선박대여계약을 체결하는 경우에는 당해 사업자가 국내해상화물운송사업자 또는 해상여객운송사업자와 경쟁관계에 있지 아니하는 자일 것<br>2. 보유선박총선가에 대한 자기자본 부담률을 해운항만청장이 정하는 기준에 맞는 선박에 한한다)의 합계 총톤수가 5천톤 이상일 것 | 해상여객운송사업자 및 해상화물운송사업자(각각 외국인 사업자를 포함한다)와 선박대여계약을 체결할 것<br>2. 총톤수 100톤 이상의 선박이 1척 이상 있을 것 | 총톤수 100톤 이상의 선박이 1척 이상 있을 것 | 총톤수 20톤(부선은 100톤) 이상의 선박이 1척 이상 있을 것 |

# 4 | 감면내용

국제선박에 대해서는 취득세 세율경감(2%), 재산세 50% 감면, 지역자원시설세 면제를 2018년 12월 31일까지 규정하였으며 2018년 말 지특법 개정시 목적세인 지역자원시설세는 감면 종료되었고 그 외는 2024년 12월 31일까지 3년간 연장되었다가 2025년 현재 2027년 12월 31일까지 재차 연장되었다.

화물운송용과 외국항로취항용 선박의 경우 취득세 세율경감(1%) 및 재산세 50%의 감면규정이 2018년 말 지특법 개정에 따라 외국항로취항용의 재산세 감면기간은 5년에 한해 감면받도록 규정되었으며 2025년부터는 연안항로에 취항하는 여객운송용 선박에 대해서도 다른 대중교통수단과의 형평성 및 침체된 연안 여객산업 활력 제고를 위하여 감면대상에 추가되었다.

참고로 선박에 대한 감면은 지방세뿐만 아니라 국세, 유류 등에 대해서도 다양한 지원을 하고 있으며 세부적인 감면대상, 감면율 등은 다음의 표를 참고하기 바란다.

〈표 3〉 **선박 유형별 감면 현황(2025.1.1. 현재)**

| 조문 | 감면대상 | 감면율 | 일몰 |
|---|---|---|---|
| §64 ① | 국제선박 | 취득세 △2%P 세율 경감<br>재산세 50%, 지역자원시설세 100% | '18.12.31. |
| | | 취득세 △2%P 세율 경감<br>재산세 50% ※지역자원시설세 감면 종료 | '24.12.31. |
| §64 ② | 연안항로 화물운송용 선박<br>외국항로취항용 선박 | 취득세 △1%P 세율 경감<br>재산세 50% | '18.12.31. |
| | | 취득세 △1%P 세율 경감<br>재산세 50%(5년간 감면기간 설정) | '27.12.31. |
| | 연안항로 여객운송용 선박<br>(2025년 감면대상 추가) | 취득세 △1%P 세율 경감<br>재산세 50%(5년간 감면기간 설정) | '27.12.31. |
| §64 ③ | 연안항로 화물운송용 선박<br>(천연가스연료 사용) | 취득세 △2%P 세율 경감 | '24.12.31. |
| §64 ④ | 친환경 선박 | 취득세 △1%, △1.5%, △2%P 세율 경감<br>친환경 등급 / 취득세 세율특례<br>1등급 / 표준세율 - 2.0%p<br>2등급 / 표준세율 - 1.5%p<br>3등급 / 표준세율 - 1.0%p | '26.12.31. |
| §177의 2 | 지방세 감면 특례의 제한<br>(최소납부세제) | 취득세 및 재산세 면제세액의 15% 과세<br>※ 전체 면제세액이 취득세 200만원, 재산세 50만원 초과시 해당 | '17년부터 적용 |

# 5 | 지방세특례의 제한

## 5-1. 국제선박으로 등록하지 않는 경우 취득세 추징(§64 ① 단서)

국제선박으로 등록하기 위해 감면받은 취득세(§64 ①)의 경우 당해 선박의 취득일로부터 6개월 이내에 국제선박으로 등록하지 않는 경우에는 감면받은 취득세를 추징한다.

## 5-2. 국제선박으로 등록하지 않는 경우 취득세 추징(§64 ② 단서 1~2호)

연안항로에 취항하기 위해 취득한 화물운송용 선박(영 §30 ①) 등이 정당한 사유 없이 당해 선박 취득일로부터 1년 이내에 해당 용도로 사용하지 않는 경우와 해당 용도로 직접 사용한 기간이 2년 미만인 상태에서 매각·증여하는 경우에는 감면된 취득세를 추징한다.

## 5-3. 화물운송용 천연가스 연료 선박 취득세 추징(§64 ③ 단서 1~2호)

연안항로에 취항하기 위하여 취득한 화물운송용 중 천연가스를 연료로 사용하는 선박에 대해서도 국제선박, 화물운송용 선박 등 유사 선박 분야 감면에 도입되어 있는 추징규정과 일치시켜 조세형평을 제고하기 위해 취득일부터 1년이 경과할 때까지 해당 용도로 직접 사용하지 아니한 경우와 해당 용도로 직접 사용한 기간이 2년 미만인 상태에서 매각·증여하거나 목적 외 사용하는 경우에는 추징할 수 있도록 하여 개정(2020.1.)되었다.

# 6 | 감면신청

국제선박 등에 대해 본 규정에 따라 지방세를 감면받으려는 경우에는 해당 지방자치단체의 장에게 해당 선박이 그 용도에 직접 사용하는 용도임을 입증하는 서류를 첨부하여 감면신청을 하여야 한다. 세부적인 감면신청 절차 등에 대해서는 제183조의 해설편을 참조하면 된다.

# 7 관련사례

■ 내항 화물운송용 선박 감면 추징대상 여부

내항 화물운송용 선박으로 감면받은 후 실제로는 화학제품운반선으로 사용하면서 외항 화물운송사업용으로 90% 이상 운행한 사실이 확인되는 이상 내항 화물운송용 선박으로 직접 사용한 기간이 2년 미만인 상태에서 다른 용도로 사용하는 경우에 해당되어 경감된 취득세의 추징대상에 해당됨(행안부 지방세특례제도과-685, 2024.3.12.).

■ 「해운법」에 따른 선박대여업 등록을 하지 않은 상태에서 취득한 이 건 선박에 대해 「지방세특례제한법」 제64조 제2항을 적용하여 취득세를 감면할 수 있는지 여부

선박대여업의 경우 「해운법」에 따른 등록 이전에 취득한 선박에 대하여 별도의 감면 규정을 두고 있지 않은 점 등에 비추어 처분청이 이 건 취득세 등의 경정청구를 거부한 처분은 달리 잘못이 없다고 판단됨(조심 2023지5565, 2023.12.28.).

■ 쟁점선박에 관해 연안항로 취항용 선박이라는 이유로 취득세를 감면받은 뒤, '등록 외 사업구역에서의 일시적인 운송신고'를 받고 쟁점선박을 외항운송용으로 사용한 경우 취득세 추징사유에 해당하는지 여부

처분청이 쟁점선박이 감면 대상 용도로 직접 사용한 기간이 2년 미만인 상태에서 다른 용도로 사용되었다는 이유로 청구법인에게 취득세 등을 경정·고지한 이 건 처분은 잘못이 없는 것으로 판단됨(조심 2023지0374, 2023.5.4.).

■ 선박투자회사의 자회사가 취득한 선박을 임차인이 원양어선으로 사용시 감면 여부

선박투자회사 또는 그 자회사는 선박대여업 등록 여부와 관계없이 해수부장관으로부터 사업인가를 받은 때 지방세특례제한법 제64조에서 규정하고 있는 감면주체인 "선박대여업의 등록을 한 자"에 해당하는 점, 감면목적물의 범위를 규정한 시행령 제30조 제1항 제2호 다목에서 "원양어선선박"을 규정하고 있는 점 등에서 볼 때 선박대여업의 목적물 중 원양어선만을 감면대상에서 제외하는 것은 감면범위를 축소한 것으로 보이는 점, 외국항로에 전용의 의미를 선박이 정기적으로 지나다니는 항로로만 운항하는 화물운송선과 여객운송선으로 한정하는 것은 문리해석상 타당하지 않는 점 등을 고려시, 선박투자회사법에 따른 선박투자회사의 자회사가 취득한 선박을 나용선 계약으로 용선자가 원양어선으로 운영할 경우 '선박대여업의 등록을 한 자가 외국항로에 전용할 것을 조건으로 대여한 선박에 해당(영 ② 1호 나목)'된다고 할 것임(지방세특례제도과-2085, 2021.9.9.).

■ 용선기간 중 일부기간이 운항선박명세에서 제외된 경우 다른 용도로 사용하였는지 등 여부

선박이 2018.1.1.부터 2018.4.6.까지 ○○항에 6차례 입출항한 사실이 확인되므로 선박이 내항화물운송사업에 사용되지 않았다고 단정하기는 어려워 용선기간 중의 일부기간이 운항선박명세에서 제외되었다는 것만으로 「지방세특례제한법」 제64조 제2항 제2호의 "매각·증여하거나 다른 용도로 사용하는 경우"에 해당한다고 보기 어려움(조심 2018지1988, 2019.4.3.).

■ 선박 취득 후 일정기간 원양어업 허가를 받지 않은 경우 감면 여부

선박을 취득하고 3개월이 경과한 날에 선박에 대한 원양어업 허가를 받은 사실이 나타나므로 취득세 감면요건을 충족하지 못한 것으로 보는 것이 타당함(조심 2014지0949, 2014.11.4.).

■ 선박을 하역 및 설치작업 등의 목적을 위해 임대한 경우 감면분 추징 여부

선박은 화물을 운송 목적이 아닌 중량물의 하역 및 설치작업을 목적으로 한 부선(크레인선)으로서 이를 중량물의 양, 하역 및 설치작업의 목적으로 ○○(주)에 임대한 사실이 확인되는 이상, 감면된 취득세 등을 추징한 것은 달리 잘못이 없음(조심 2011지0862, 2012.4.30.).

■ 국제선박 임차인이 소유권 변경등록을 6개월 이내 하지 않은 경우

외항운송사업자가 국제선박을 임차하여 국제선박을 등록하고 항행하다가 해당 임차인이 그 국제선박을 취득하고 6개월이 경과한 후에 국제선박 변경등록(소유자 등 변경)을 한 경우 감면대상인지에 대하여 해당 선박이 취득 전에는 외항운송사업자가 국적취득조건나용선 방식으로 임차하여 국제선박으로 등록하고 있었고 취득 후에는 그 해당 선박의 국적, 소유자 명의 등을 변경등록하여 지속적으로 국제선박으로 등록중이었으므로 비록 취득한 후 6월 내에 해당 국제선박에 대하여 국적, 소유자 명의 등 변경된 사항을 반영하여 국제선박 변경등록을 하지 않았다고 하더라도 조세법률주의 원칙상 취득일인 최종연부금 지급시점에 국제선박으로 등록되어 있는 이상 감면대상임(행안부 지방세운영과-825, 2010.2.26.).

■ 연부취득 완납시점 이전에 국제선박으로 등록된 경우

연부취득 선박은 연부대금 완납시점을 기준으로 면제 여부를 판단하므로 완납시점에 이미 국제선박으로 등록되었다면 면제대상에 해당되므로 그 이전에 지급한 연부금은 모두 취득세가 면제됨(행안부 세정과-28, 2008.1.3.).

- 해상화물운송용 선박을 취득한 후 당해 선박에 대한 제반 비용과 인력을 선박소유자가 관리하면서 타법인에게 승무원을 딸려서 임대한 경우 해상화물운송사업자(선박임대자)가 그 사업에 직접 사용하는 것으로 볼 수 있음(구 행자부 세정과-5003, 2007.11.23.).

# 제64조의 2

## 지능형 해상교통정보서비스 무선국에 대한 감면

관련규정

제64조의 2(지능형 해상교통정보서비스 무선국에 대한 감면) 선박의 소유자가 「지능형 해상교통정보서비스의 제공 및 이용 활성화에 관한 법률」 제18조 제1항에 따라 같은 법 제2조 제3호에 따른 지능형 해상교통정보서비스를 송신·수신할 수 있는 설비를 선박에 설치하여 무선국을 개설한 경우에 해당 무선국의 면허에 대해서는 등록면허세를 2023년 12월 31일까지 면제한다.

【제12955호 - 부칙】 제5조(지능형 해상교통정보서비스 무선국에 대한 감면에 관한 적용례) 제64조의 2의 개정규정은 부칙 제1조 단서에 따른 시행일 이후 「전파법」 제19조에 따라 허가를 받은 경우부터 적용한다.

## 1 | 개 요

현재 정부에서는 해양사고 예방을 위해 선박(어선 포함)에 E-네비게이션 서비스 이용 활성화를 위해 송수신단말기의 구매비용을 일부 국고 보조사업으로 보급하고 있다. 해당 서비스는 선박의 운항에 필요한 정보(충돌 경보, 실시간 전자해도, 긴급항행경보 등)를 초고속 무선통신(LTE-Maritime/연안 100Km내 통신)을 통해 선박에 실시간으로 전달하는 기능을 수행하고 있다.

다만, 해당 단말기 중에서 LTE-M 송수신기의 경우에는 현재 면허분 등록면허세의 부과대상으로 공공안전서비스인 E-Nav 단말기의 이용 활성화를 위하여 선박의 소유자가 지능형 해상교통정보서비스를 송신·수신할 수 있는 E-Nav 단말기 설비를 선박에 설치하여 무선국을 개설한 경우에 해당 무선국의 면허에 대해서는 등록면허세를 2023년 12월 31일까지 면제하도록 특례규정을 신설하였다.

## 2 | 현 황

### 2-1. 추진 배경

2014년 1월 1일부터 국제해사기구(IMO)는 인적과실(人的過失)로 인한 해양사고 저감을 위해 국제표준화된 해양안전정보를 디지털 통신체계를 통해 선박에 제공하는 지능형 해상내비게이션(e-Navigation) 도입을 결정하였다.

이는 기존 항해통신장비, 해상통신체계를 디지털로 전환(음성 → 데이터 통신)하여 각종 해양안전정보를 육상-선박 간 실시간으로 공유하여 활용하는 것이다. 2016년부터 우리나라도 지능형 해상내비게이션 체계로의 전 지구적 전환에 선제적으로 대응하기 위해 e-Navigation 기술 선도국(스웨덴, 덴마크 등)과의 협력을 강화하고 지능형 해상교통정보서비스의 제공 등 체계 구축을 위한 '한국형 e-Navigation 사업을 추진하고 있다.

한국형 e-Navigation은 국적 어선 및 레저 선박 등(협약 비적용)을 서비스 대상에 포함하여 해양사고 저감 효과를 높이고, 대용량 데이터 통신이 가능한 LTE급 통신망을 세계최초로 구축하여 지능형 해상교통정보서비스 제공을 추진하고 있다.

### 2-2. 등록면허세 부과 현황

기존의 무선장비 및 위치발신장비는 준공검사 없이 운용할 수 있는 무선국 또는 해경청장 고시장치(V-Pass)에 해당하여 등록면허세 비대상(시행령 별표 1 〈제3종〉 제128호 단서)으로 등록면허세 적용에서 제외되고 있다.

> **※ 시행령 별표 1 관련 규정**
> 전파법령상 30와트 미만의 무선설비를 시설하는 어선의 "선박국"은 준공검사 면제 무선국(전파법 시행령 제45조의 2 제1항 제1호)에 해당하므로 등록면허세 부과 대상에서 제외됨.
> • (대상) "선박에 개설하여 해상이동업무를 하는 무선국"으로 선박국간 또는 육상에 설치된 해안국과 통신 가능
> • (종류) 선박에 설치되는 초단파대 무선설비(VHF-DSC 등) 및 선박자동식별장치(AIS) 등 어선위치발신장치
> 또한, 해경청 운영 V-Pass도 등록면허세의 단서 규정에 따라 부과대상이 아님.

> **[지방세법 시행령] 별표 1 〈제3종〉**
>
> 128. 「전파법」 제19조 및 제19조의 2에 따른 무선국의 개설 허가 및 신고. 다만, 준공검사 없이 운용할 수 있는 무선국과 아마추어 무선국 및 「응급의료에 관한 법률」 제27조에 따라 응급의료지원센터를 운영하기 위하여 개설한 무선국과 「어선법」 제5조의 2에 따른 어선위치발신장치 중 어선 출항·입항 신고 자동화를 위해 해양경찰청장이 정하여 고시한 장치를 운영하기 위하여 개설한 무선국은 제외한다.

그러나, e-Nav 단말기의 경우 행정안전부 PS-LTE(이동업무)와 통신망을 공유(Ran Sharing)하는 해수부 LTE-M망에 접속하여 선박에 설치하는 장비이나 "선박국"이 아닌 "이동국"으로 분류되고 있어 현행 지방세법령상 등록면허세 과세대상이 되어 왔다.

〈표〉 **선박장비 관련 법령 적용 현황(2020년 말까지)**

| 선박용 장비(무선국) | 전파법상 통신업무 | 지방세법령 |
|---|---|---|
| VHF-DSC<br>(선박국) | [해상이동업무(§28 ① 4호)]<br>☞ 선박국 ↔ 다른 선박국 또는 ↔ 해안국*<br>* (해안국) 선박국과 통신을 위해 육상에 개설하는 무선국 (전파법 §28 ② 1호) | 등록면허세 면제 |
| e-Nav 단말기<br>(이동국) | [이동업무(§28 ① 6호)]<br>☞ 이동국 ↔ (LTE-M) 육상국 ↔ (PS-LTE*) 육상국<br>* (행안부 재난안전통신망) 경찰관·소방관 등이 사용하는 이동국과 이동업무를 수행(통신)하는 육상국<br>→ LTE-M과 PS-LTE간 통신설비 공유 등을 통해 이동업무를 수행하므로 兩통신망 모두 육상국으로 분류(육상국과의 이동업무 수행을 위해 e-Nav 단말기는 이동국으로 구분 필요) | 등록면허세 면제규정 없음 |

## 3 | 특례내용

선박의 소유자가 지능형 해상교통정보서비스를 송신·수신할 수 있는 설비를 선박에 설치하여 무선국을 개설한 경우에 해당 면허분에 대하여 등록면허세를 2023년 12월 31일까지 면제한다.

> **■「지능형 해상교통정보서비스의 제공 및 이용 활성화에 관한 법률」§2 3호**
> 3. "지능형 해상교통정보서비스"란 해상교통의 관리를 과학화·고도화하기 위하여 해양수산부 장관이 정보통신기술을 기반으로 해상무선통신망을 이용하여 선박에 해상교통정보를 제공하는 것을 말한다.
>
> **■「지능형 해상교통정보서비스의 제공 및 이용 활성화에 관한 법률」§18 ①**
> **(지능형 해상교통정보서비스 단말기의 설치)**
> ① 다음 각 호의 어느 하나에 해당하는 선박의 소유자는 지능형 해상교통정보서비스를 송신·수신할 수 있는 설비(이하 "단말기"라 한다)를 선박에 설치하여야 한다. 다만, 추진기관이나 돛대가 없는 선박 등 단말기를 설치할 필요가 없거나 설치하기 곤란한 선박으로서 해양수산부령으로 정하는 선박은 그러하지 아니하다.
> 1.「선박법」제8조에 따라 등록된 선박 중 기선 및 범선
> 2.「어선법」제2조 제1호에 따른 어선
> 3.「수상레저안전법」제2조 제4호에 따른 동력수상레저기구 중 같은 법 제30조에 따라 등록된 모터보트 및 세일링요트

## 4 | 사후관리

이 법에서 별도로 감면추징에 관한 사항이 없으므로 무선국 설치시점에서 관련법령의 요건을 충족하지 못한 경우에 한해 추징이 가능하며, 세부적인 추징절차 등에 대해서는 제178조의 해설을 참조하면 된다.

## 5 | 감면신청

지능형 해상교통정보서비스를 송신·수신할 수 있는 설비를 선박에 설치하여 무선국 개

설 후 등록면허세를 감면받으려는 경우에는 지방자치단체의 장에게 지방세감면신청서 외에 해당 무선국 개설을 증명하는 서류를 첨부하여 감면신청을 하여야 한다. 세부적인 감면신청 절차는 제183조의 해설편을 참조하면 된다.

# 제65조

## 항공운송사업 등에 대한 과세특례

관련규정

제65조(항공운송사업 등에 대한 과세특례) 「항공사업법」에 따라 면허를 받거나 등록을 한 자가 국내항공운송사업, 국제항공운송사업, 소형항공운송사업 또는 항공기사용사업에 사용하기 위하여 취득하는 항공기에 대해서는 2027년 12월 31일까지 「지방세법」 제12조 제1항 제4호의 세율에서 1천분의 12를 경감하여 취득세를 과세하고, 과세기준일 현재 그 사업에 직접 사용하는 항공기에 대해서는 해당 항공기 취득일 이후 재산세 납세의무가 최초로 성립한 날부터 5년간 재산세의 100분의 50을 경감한다. 다만, 자산총액이 대통령령으로 정하는 금액 이상인 자가 취득하는 항공기는 해당 항공기 취득일 이후 재산세 납세의무가 최초로 성립한 날부터 5년간 재산세의 100분의 50을 2027년 12월 31일까지 경감한다.

【영】 제30조의 2(항공운송사업 등의 과세특례 제외 기준) 법 제65조 단서에서 "대통령령으로 정하는 금액 이상인 자"란 「자본시장과 금융투자업에 관한 법률」 제159조에 따라 사업보고서를 제출해야 하는 법인으로서 직전사업연도 재무상태표의 자산총액(새로 설립된 회사로서 직전사업연도의 재무상태표가 없는 경우에는 「지방세기본법」 제34조에 따른 납세의무 성립시기의 납입자본금으로 한다)의 합계액이 5조원 이상인 자를 말한다.
☞ 조문 신설(2018.12.31.)

【통칙】 65-1(사업용항공기에 대한 감면) 「여신전문금융업법」에 의한 시설대여회사가 항공기를 이용자에게 대여하고 그 이용자인 항공운송사업자가 「항공법」에 의하여 허가받은 정기 또는 부정기항공운송사업, 항공기사용사업에만 직접 사용하는 경우에 시설대여회사가 취득하는 항공기도 취득세 2%를 경감하여 과세한다.

# 1 | 개 요

항공운송산업의 국제경쟁력 지원을 위한 세제지원이다. 1987년에 재산세 50% 감면으로 신설된 이래 1991년에 취득세 50% 감면, 1994년에 다시 취득세 면제, 2011년에 취득세 세율특례(△2%)로 감면이 각각 확대되었으며, 2017년에는 취득세 감면이 일부 축소(△2% → △1.2%)될 예정이다. 항공기에 대한 감면 규정은 2010년까지 구 지방세법 제284조 제1항에서 규정되었다가 2011년부터는 현재의 제65조로 이관되었으며 2018년 말 지특법 개정에 따라 재산세 경감대상을 축소하여 2021년 12월 31일까지 3년간 연장되었고 2021년 말 법 개정시에 2024년 12월 31일까지 재연장하였다.

# 2 | 감면대상자

항공법에 따라 면허를 받거나 등록을 한 국내항공운송사업자, 국제항공운송사업자, 소형항공운송사업자 또는 항공기사용사업자가 이에 해당된다. 국내·국제항공운송 면허를 가진 사업자는 8개사[144]에 이르고 있으며 2019년 1월 1일부터 재산세 감면대상자는 법 개정에 따라 「자본시장과 금융투자업에 관한 법률」 제159조에 따라 사업보고서를 제출해야 하는 법인으로서 직전사업연도 재무상태표의 자산총액의 합계액이 5조원 이상인 자에 대해서는 감면대상자에서 제외되도록 규정하였다.

다만, 최근 코로나 상황 등에 따른 항공운송사업의 어려움을 고려하여 자산총액에 따른 배제대상자가 항공기를 취득하는 경우 2022년부터 2023년까지 2년 동안에는 해당 항공기의 취득일 이후 재산세 납세의무가 최초로 성립한 날부터 5년간 재산세의 100분의 50을 2023년 12월 31일까지 경감하도록 다소 완화하였다.

# 3 | 감면대상 물건

국내항공운송사업자, 국제항공운송사업자, 소형항공운송사업자 또는 항공기사용사업자가 그 해당 사업에 사용하기 위해 취득·보유하는 각종 항공기가 감면대상 물건에 해당된다.

144) 대한항공(62년 설립, 162대 보유), 아시아나항공(88년, 79대), 제주항공(05년, 13대), 진에어(08년, 11대), 에어부산(08년, 10대), 이스타항공(08년, 9대), 티웨이항공(05년, 6대), 에어인천(12년, 1대)

### 3-1. 시설대여사업자가 항공운송사업자에게 대여한 경우

본 규정에서 "해당 사업에 사용하기 위하여 취득하는 항공기"라고 되어 있을 뿐 별도로 감면대상자를 특정하지 않고 있으므로 제3자가 아닌 그 소유자가 자신의 목적사업에 사용하는 경우로 한정한다기보다는 감면대상자가 특정되지 않거나 대물적 감면 성격이 강한 경우라고 보아 사용용도 측면에서 감면 여부를 판단함이 합리적이라고 본다. 여신전문금융업법에 의한 시설대여회사가 항공기를 이용자에게 대여하고 그 이용자인 항공운송사업자가 항공법에 의하여 허가받은 정기 또는 부정기항공운송사업, 항공기사용사업에만 직접 사용하기 위해 시설대여회사가 취득하는 항공기도 감면대상으로 봄이 타당하다 하겠다(지특법 통칙 65-1 참조).

### 3-2. 임대 관계에 있는 사업용 항공기의 경우

취득세의 경우에도 시설대여회사가 항공기를 이용자에게 대여하고 그 이용자인 항공운송사업자가 항공법에 의하여 허가받은 정기항공운송사업에만 직접 사용하는 경우에 시설대여회사가 취득하는 항공기도 취득세를 감면(3-1. 해설편 참조)하고 있음을 고려할 때 동일 규정의 재산세 부분도 같은 취지로 적용할 필요가 있다고 본다. 따라서 항공기 수입업자가 항공기를 수입하여 제3자에게 임대를 하고 항공기를 임차한 자가 항공법에 따라 당해 항공기를 등록하고 과세기준일 현재 자신의 항공운송사업에 사용하고 있다면 항공기를 임대한 자도 '국내 운송사업에 직접 사용하는 항공기'로 보아 이 법에 의한 재산세 감면대상으로 봄이 타당하다고 본다(행안부 지방세운영과-4131, 2010.9.7. 참조).

## 4 감면내용

항공운송사업자가 취득·보유하는 항공기에 대해서는 취득세와 재산세를 경감하여 왔고 취득세의 경우 기간별로 차등하여 세율경감(2016년 말까지 △2%P→2018년 말까지 1.2%P)이 규정되어 지방세를 감면하여 왔으며 2018년 말 지특법 개정시 재산세는 감면대상에서 제외되었으나 사업연도 재무상태표의 자산총액의 합계액이 5조원 미만으로 경쟁력 약화가 우려되는 저비용항공사업자에 대하여는 재산세 50%(5년간 기간설정)를 경감하여 지속적으로 지원하고 있으며 자산총액의 합계액이 5조원 이상인 경우에도 일정기간 감면되도록 개정되었다.

〈표〉 **항공운송사업자 등에 대한 감면 현황(2024.1.1. 현재)**

| 조문 | 감면대상 | 세율(감면율) 등 | 일몰 |
|---|---|---|---|
| §65 | 항공운송사업용 항공기에 대한 감면 | 취득세 △2%P 세율 경감 | '16.12.31. |
| | | 취득세 △1.2%P<br>재산세 50% | '18.12.31. |
| | | 취득세 △1.2%P 세율 경감 | '24.12.31. |
| | 항공운송사업용 항공기에 대한 감면 | 재산세 50%(5년간) | '24.12.31. |
| | 직전사업연도 자산총액 5조원 미만 | | |
| | 직전사업연도 자산총액 5조원 이상 | | '24.12.31. |

## 5 | 특례의 제한

2015년부터 시행되는 감면 상한제도(§177의 2 본문)에 따라 면제되는 세액의 15%는 감면특례가 제한되어 항공운송사업자에 대한 취득세(§65 ①)의 경우 최소납부세액을 부담하여야 한다. 다만, 시행시기는 부칙 제12조(법률 제12955호, 2014.12.31.)에 따라 2017년 1월 1일부터 적용된다. 이에 대한 세부적인 사항은 제177조의 2의 해설편을 참조하면 된다.

## 6 | 감면신청(§183)

항공기사업자 등이 본 규정에 따라 지방세를 감면받으려는 경우에는 해당 지방자치단체의 장에게 해당 항공기가 항공사업 용도로 직접 사용하는 용도임을 입증하는 서류를 첨부하여 감면신청을 하여야 한다. 세부적인 감면신청 절차 등에 대해서는 제183조의 해설편을 참조하면 된다.

## 7 | 관련사례

■ 항공기 사용사업에 직접 사용 여부

「지방세특례제한법」 제2조 제1항 제8호 규정에 따라 「항공사업법」에 따라 등록을 한 항공기 소유자가 소유자 본인의 항공기 사용사업에 사용하는 경우에만 해당 항공기에 대해서 '직접 사용'한 것으로 보아 위 재산세 감면을 적용할 수 있음(행안부 지방세특례제도과-2831, 2022.12.15.).

■ 항공운송사업자가 그 사업에 직접 사용하는 항공기의 범위

시설대여회사가 항공기를 이용자에게 대여하고 그 이용자인 항공운송사업자가 「항공법」에 의하여 허가받은 정기항공운송사업에만 직접 사용하는 경우에 시설대여회사가 취득하는 항공기도 취득세 면제하는 점(해석운용 매뉴얼 284-1)을 고려할 때, 항공운송사업자인 최종 임차인이 항공기를 사용할 권리가 있는 자로서 「항공법」에 따라 당해 항공기를 등록하고, 자신의 항공운송사업에 사용하고 있는 경우라면 '항공운송사업자가 그 사업에 직접 사용하는 항공기'로 보아 재산세 감면대상임(행안부 지방세운영과-4131, 2010.9.7.).

■ 외국소재 시설대여업자와 리스계약으로 항공기를 수입한 경우

항공사가 항공기를 사용하기 위하여 외국소재 시설대여업자와 리스계약에 의해 항공기를 수입하는 경우 지방세법상 과세대상이 되는 항공기의 취득으로 볼 수 없으므로 취득세가 면제될 여지가 없으며 농특세 납세의무도 없음(대법원 2006두8860, 2006.7.28.).

# 제66조

## 교환자동차 등에 대한 감면

관련규정

제66조(교환자동차 등에 대한 감면) ① 자동차(기계장비를 포함한다. 이하 이 항에서 "자동차등"이라 한다)의 제작 결함으로 인하여 「소비자기본법」에 따른 소비자분쟁해결기준 또는 「자동차관리법」에 따른 자동차안전·하자심의위원회의 중재에 따라 반납한 자동차등과 같은 종류의 자동차등(자동차의 경우에는 자동차관리법 제3조에 따른 같은 종류의 자동차를 말한다)으로 교환받는 자동차등에 대해서는 취득세를 면제한다. 다만, 교환으로 취득하는 자동차등에 부과되어야 할 세액이 종전의 자동차등의 취득으로 납부한 세액을 초과하는 경우에는 그 초과분을 취득세로 부과한다.

② 「자동차관리법」 제13조 제7항 또는 「건설기계관리법」 제6조 제1항 제7호에 따라 말소된 자동차 또는 건설기계를 다시 등록하기 위한 등록면허세는 면제한다.

③ 「환경친화적 자동차의 개발 및 보급촉진에 관한 법률」 제2조 제5호에 따른 하이브리드자동차로서 같은 조 제2호에 따라 고시된 자동차를 취득하는 경우에는 다음 각 호에서 정하는 바에 따라 취득세를 감면한다.

1. 취득세액이 40만원 이하인 경우에는 2024년 12월 31일까지 취득세를 면제한다.
2. 취득세액이 40만원을 초과하는 경우에는 2024년 12월 31일까지 취득세액에서 40만원을 공제한다. ☞ 2023.3.14.부터 감면세액 한도 축소

④ 「환경친화적 자동차의 개발 및 보급촉진에 관한 법률」 제2조 제3호에 따른 전기자동차로서 같은 조 제2호에 따라 고시된 자동차(제5항에 따른 화물자동차는 제외한다)를 취득하는 경우에는 2021년 12월 31일까지 취득세액이 140만원 이하인 경우 취득세를 면제하고, 취득세액이 140만원을 초과하는 경우 취득세액에서 140만원을 공제한다. ☞ 2024.12.31. 제5항으로 수소전기자동차 기존 규정 이관

⑤ 「환경친화적 자동차의 개발 및 보급 촉진에 관한 법률」 제2조 제6호에 따른 수소전기자동차로서 같은 조 제2호에 따라 고시된 자동차(제6항에 따른 화물자동차는 제외한다)를 취득하는 경우에는 2027년 12월 31일까지 취득세액이 140만원 이하인 경우 취득세를 면제하고, 취득세액이 140만원을 초과하는 경우 취득세액에서 140만원을 공

제한다.
☞ 2023.3.14. 감면규정 신설, 2024.12.31. 제6항으로 수소전기화물자동차 기존 규정 이관
⑥ 「환경친화적 자동차의 개발 및 보급 촉진에 관한 법률」 제2조 제6호에 따른 수소전기자동차로서 같은 조 제2호에 따라 고시된 자동차 중 「화물자동차 운수사업법」 제2조 제1호에 따른 화물자동차를 취득하는 경우에는 취득세의 100분의 50을 2025년 12월 31일까지 경감한다. ☞ 2024.12.31. 제5항에서 감면규정 이관 신설

## 1 | 개 요

교환자동차 등에 대한 감면은 2010년까지는 구 지방세법 제268조 제1항(교환자동차 감면), 제128조 제5호(형식적 취득에 대한 비과세), 제268조의 3(하이브리드차 감면)에서 각각 규정되었다가 2011년부터 현재의 제66조로 이관되었다. 2012년에는 전기자동차에 대한 감면이 추가로 확대되었고 2018년 말 지특법 개정에 따라 매년 취득세 세액공제 한도가 인하되도록 설계되어졌으나 2024년 말까지 지속적으로 연장되었으며, 또한 2023년부터는 수소전기화물차 취득자에 대해 그간 전기 · 수소전기자동차에 대한 감면 규정에 따라 140만원을 한도로 감면 적용하였으나 해당 화물차는 고가인 점 등을 고려하여 제5항을 별도로 신설하여 2025년 말까지 취득세 특례 감면 한도액 없이 감면율 50%를 적용하여 추가적인 세제지원이 가능하도록 개정되었다.

## 2 | 감면대상자

「소비자기본법」에 따른 소비자분쟁해결기준 또는 「자동차관리법」에 따른 '자동차안전하자심의위원회의 중재'에 따라 반납한 자동차 등과 같은 종류의 자동차 등을 교환받는 자동차 소유자, 말소된 자동차 또는 건설기계를 다시 등록하는 소유자, 하이브리드 및 전기자동차를 취득하는 자가 이에 해당된다.

## 3 감면대상 자동차

자동차 제작결함으로 교환받는 자동차, 건설기계, 말소된 자동차 또는 건설기계를 재등록하는 자 및 하이브리드 및 전기자동차를 취득하는 자가 취득하는 각종 자동차 또는 건설기계가 이에 해당된다. 다만, 교환으로 취득한 자동차의 가액이 종전 가액보다 초과하는 경우 그 초과분은 제외하여 왔으며 2022년 1월 1일부터는 교환으로 취득하는 경우 초과부분에 대한 과세기준을 변경하였다.

이는 현행 지방세특례제한법에서 규정하고 있는 친환경차, 경차 등이 취득세 감면을 적용받은 후에 제작 결함이 발견되어 감면대상이 아닌 다른 자동차로 교환받는 경우에 교환받는 자동차는 감면대상이 아님에도 불구하고, 실질적으로 기존에 구입했던 차량에 대한 감면적용으로 취득세를 과소납부하게 되는 효과가 발생함에 따라 이를 개선하고자 산정방식이 개선(**2021년까지 : (교환 자동차 취득가액 - 종전 자동차 취득가액) × 취득세율 → 2022년부터 : 교환 자동차 부과될 세액 - 종전 자동차 납부세액**)되었다.

〈표 1〉 **취득세를 감면받은 후 차량 결함이 발견되어 교환 취득하는 경우(예시)**

☞ 하이브리드 승용차(A 하이브리드)를 구입하여 취득세를 감면받은 후, 차량 결함이 발견되어 하이브리드가 아닌 내연기관 승용차(B 일반차)를 교환 취득한 경우

| 구분 | 취득 | 취득 가액 | 과세 표준 | 산출세액 (세율 7%) | 감면 | 납부 세액 | 과다감면 |
|---|---|---|---|---|---|---|---|
| 취득 | 하이브리드 (A) | 4천만원 | 4천만원 | 280만원 | 40만원 | 240만원 | 40만원 (315-275) |
| 교환 | 일반차 (B) | 4.5천만원 | 5백만원 | 35만원 | - | 35만원 | |
| 제작결함 원인 교환 자동차 최종 납부세액 | | | | | | 275만원 | |
| 일반 취득 | 일반차 (B) | 4.5천만원 | 4.5천만원 | 315만원 | - | 315만원 | |

참고로 일반 자동차는 내연기관인 엔진을 동력원으로 사용하는 자동차인 데 반해 전기자동차는 모터로만 작동되는 자동차를 말하며 이의 중간단계가 하이브리드자동차에 해당된다. 국내 하이브리드차 보급은 2009년부터 본격적으로 보급되어 2011년 현재 1만 6,346대 판매되었다. 환경친화적 자동차의 요건 등에 관한 규정(지식경제부 고시)에서 하이브리드차

의 에너지소비효율 기준 및 지원 대상 모델[아반떼 · 포르테, 쏘나타 · K5(가솔린) · 알페온 등]을 규정하고 있다.

〈표 2〉 **일반자동차, 하이브리드자동차, 전기자동차 비교**

| 구분 | 일반자동차 | 하이브리드자동차 | 전기자동차 | |
|---|---|---|---|---|
| | | | 저속전기자동차 | 전기자동차 |
| 동력장치 | 엔진 | 엔진+모터 | 엔진+모터 | 모터 |
| 추진연료 | 휘발유, 경유 | 휘발유+전기배터리 | 전기배터리 | 전기배터리 |
| 도로주행속도 | ~110km | ~110km | ~60km | ~80km |
| 관련법률 | 자동차관리법 | 환경친화적 자동차의 개발 및 보급촉진에 관한 법률 | 자동차관리법 | 자동차관리법 |

〈그림〉 **국내 하이브리드차 보급지원 관련 법률 체계**

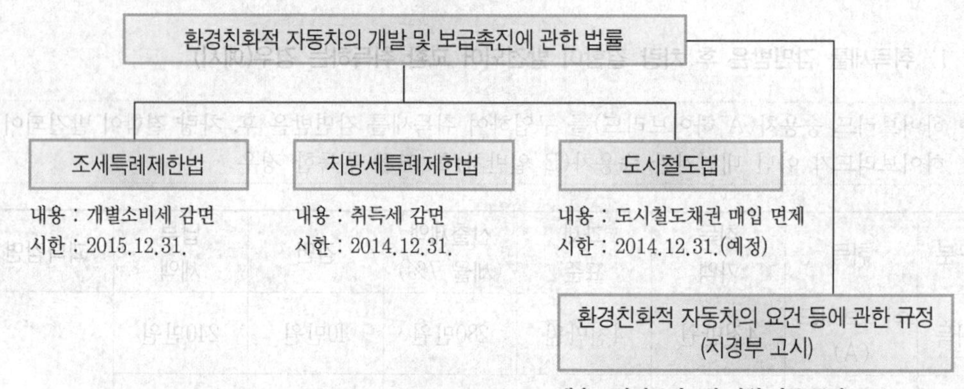


## 3-1. 교환받는 자동차의 범위(§66 ①)

소비자에게 귀책사유가 없는 제작사의 제작 결함에 따른 이중부담(종전자동차는 이미 취득세를 과세함) 피해를 최소화하기 위한 목적으로 교환받는 자동차에 대해서 취득세를 면제하는데 이때 교환받는 자동차는 종전 자동차와 동일한 종류로 교환받는 자동차를 말한다. 여기서 동일한 종류의 자동차란 소비자기본법 시행령 별표 1의 1호 라목에 「일반적 소비자 분쟁해결 기준」에 따르면 교환은 "같은 종류의 물품 등으로 하되, 같은 종류의 물품 등으로 교환하는 것이 불가능한 경우에는 같은 종류의 유사물품 등으로 교환한다"라고 하

고 있고, 자동차관리법 제3조에서 자동차의 종류를 승용자동차, 승합자동차, 화물자동차, 특수자동차, 이륜자동차로 구분하고 있어 교환하는 자동차의 범위는 원칙적으로 교환 이전의 자동차와 동일한 차종을 의미하나 동일한 차종은 아니라도 같은 종류의 승용자동차, 승합자동차간 등의 범위 내에서 유사한 차종까지를 포함한다고 볼 수 있겠다. 이와 관련해서 저자가 자동차제작회사에 문의한 바에 의하면 교환의 경우 대부분 동일한 차종으로 교환해 주는데 소비자가 원하면 유사한 차종으로도 교체를 하며 이에 따른 초과되는 차량가격은 지불해야 한다고 한다. 또한, 이렇게 자동차제작회사로 교환된 자동차의 사후처리는 종전에는 중고자동차 시장에다 내다 팔았는데 요즘은 "재생차" 또는 "부활차"라는 형식으로 신규자동차 가격보다는 저렴하게 소비자의 양해를 구하고 판매한다고 한다.

한편, 자동차 제작결함에 대한 기준은 「소비자기본법」에 따른 소비자 분쟁해결기준이 있고 소비자분쟁해결기준은 일반적 기준과 품목별 기준으로 나누어진다. 일반적 기준은 「소비자기본법」 제8조 제2항에 따라 물품 등의 하자·채무불이행 등으로 인한 소비자의 피해에 대하여 수리·교환·환급·배상 또는 계약의 해제·해지 및 이행 의무사항 등의 기준이 마련되어 있다.

**[소비자기본법]**

제8조(소비자분쟁해결기준) ① 법 제16조 제2항에 따른 소비자분쟁해결기준은 일반적 소비자분쟁해결기준과 품목별 소비자분쟁해결기준으로 구분한다.

② 제1항의 일반적 소비자분쟁해결기준은 별표 1(아래 요약)과 같다.

③ 공정거래위원회는 제2항의 일반적 소비자분쟁해결기준에 따라 품목별 소비자분쟁해결기준을 제정하여 고시할 수 있다.

④ 공정거래위원회는 품목별 소비자분쟁해결기준을 제정하여 고시하는 경우에는 품목별로 해당 물품등의 소관 중앙행정기관의 장과 협의하여야 하며, 소비자단체·사업자단체 및 해당 분야 전문가의 의견을 들어야 한다.

[별표1 요약]

1. 사업자는 물품등의 하자·채무불이행 등으로 인한 소비자의 피해에 대하여 다음 각 목의 기준에 따라 수리·교환·환급 또는 배상을 하거나, 계약의 해제·해지 및 이행 등을 하여야 한다.(이후 생략)
   가. 품질보증기간 동안의 수리·교환·환급에 드는 비용은 사업자가 부담한다.(단서 생략)
   나. 수리는 지체 없이 하되, 수리가 지체되는 불가피한 사유가 있을 때는 소비자에게 알려야 한다.(이후 생략)
   다. 물품등을 유상으로 수리한 경우 그 유상으로 수리한 날부터 2개월 이내에 소비자가 정상적으로 물품등을 사용하는 과정에서 그 수리한 부분에 종전과 동일한 고장이 재발한 경우에는 무상으로 수리하되, 수리가 불가능한 때에는 종전에 받은 수리비를 환급하여야 한다.

라. 교환은 같은 종류의 물품등으로 하되, 같은 종류의 물품등으로 교환하는 것이 불가능한 경우에는 같은 종류의 유사물품등으로 교환한다.(단서 생략)

마. 할인판매된 물품등을 교환하는 경우에는 그 정상가격과 할인가격의 차액에 관계없이 교환은 같은 종류의 물품등으로 하되, 같은 종류의 물품등으로 교환하는 것이 불가능한 경우에는 같은 종류의 유사물품등으로 교환한다.(단서 생략)

바. 환급금액은 거래 시 교부된 영수증 등에 적힌 물품등의 가격을 기준으로 한다. 다만, 영수증 등에 적힌 가격에 대하여 다툼이 있는 경우에는 영수증 등에 적힌 금액과 다른 금액을 기준으로 하려는 자가 그 다른 금액이 실제 거래가격임을 입증하여야 하며, 영수증이 없는 등의 사유로 실제 거래가격을 입증할 수 없는 경우에는 그 지역에서 거래되는 통상적인 가격을 기준으로 한다.

2. 사업자가 물품등의 거래에 부수(附隨)하여 소비자에게 제공하는 경제적 이익인 경품류의 하자·채무불이행 등으로 인한 소비자피해에 대한 분쟁해결기준은 제1호와 같다.(단서 생략)
3. 사업자는 물품등의 판매 시 품질보증기간, 부품보유기간, 수리·교환·환급 등 보상방법, 그 밖의 품질보증에 관한 사항을 표시한 증서(이하 "품질보증서"라 한다)를 교부하거나 그 내용을 물품등에 표시하여야 한다.(단서 생략)
4. (생 략)
5. 물품등에 대한 피해의 보상은 물품등의 소재지나 제공지에서 한다.(단서 생략)
6. 사업자의 귀책사유로 인한 소비자피해의 처리과정에서 발생되는 운반비용, 시험·검사비용 등의 경비는 사업자가 부담한다.

2017년 10월 24일자로 「자동차관리법」에서 자동차 하자 및 안전에 관한 규정이 신설됨에 따라 「지방세특례제한법」에서도 이를 반영하여 '자동차안전하자심의위원회의 중재'에 따른 추가기준이 신설되었으나, 그 시행시기는 「자동차관리법」의 규정에 따라 2019년 1월 1일부터 적용하게 되었다.

**[자동차관리법]**

제47조의 4(교환 또는 환불을 위한 중재 신청 등) ① 제47조의 7에 따른 자동차안전·하자심의위원회(이하 "자동차안전·하자심의위원회"라 한다)는 다음 각 호의 요건을 모두 충족하는 경우 하자차량소유자의 신청에 따라 교환 또는 환불을 위한 중재(이하 "교환·환불중재"라 한다) 절차를 개시하여야 한다. 이 경우 교환·환불중재의 신청방법 등에 필요한 사항은 국토교통부령으로 정한다.

1. 자동차제작자등이 국토교통부령으로 정하는 바에 따라 사전에 제47조의 7 제2항 제1호

나목에 따른 교환 · 환불중재 규정(이하 "교환 · 환불중재 규정"이라 한다)을 수락한 경우
2. 하자차량소유자가 매매계약을 체결할 때 또는 교환 · 환불중재를 신청할 때 국토교통부령으로 정하는 바에 따라 교환 · 환불중재 규정을 수락한 경우
② 교환 · 환불중재 규정을 사전에 수락한 자동차제작자등은 자동차를 판매할 때 교환 · 환불중재 규정을 수락한 사실을 구매자에게 안내하여야 한다.
③ 자동차안전 · 하자심의위원회는 제1항에 따른 교환 · 환불중재 신청이 적법하지 아니한 경우에는 상당한 기간을 정하여 신청인에게 흠을 보정하도록 명하여야 한다. 신청인이 그 기간 내에 흠을 보정하지 아니한 때에는 자동차안전 · 하자심의위원회는 신청을 각하하여야 한다.
④ 자동차안전 · 하자심의위원회는 교환 · 환불중재 판정을 위하여 필요하다고 인정하는 경우 자동차제작자등과 하자차량소유자에게 중재에 필요한 자료의 제출을 요구할 수 있고, 성능시험대행자에게 하자의 유무에 대한 사실조사를 의뢰할 수 있다. 이 경우 사실조사에 필요한 사항은 국토교통부령으로 정한다.

## 3-2. 말소된 건설기계를 재등록하는 경우(§66 ②)

자동차 또는 건설기계를 도난당하는 경우에는 「자동차관리법」 제13조 제7항[145] 또는 「건설기계관리법」 제6조 제1항 제8호[146]에 따라 말소등록을 할 수 있으며 이후에 도난당한 자동차 또는 건설기계를 다시 회수하여 재등록하는 경우에는 실질 과세물건의 취득에 따른 등록으로 보지 않아 등록면허세를 면제하는 것이다. 다만, 이와 같은 사유로 건설기계를 재등록할 때 감면적용 여부에 쟁점이 발생할 수 있다. 왜냐하면 현행 건설기계관리법 제6조 제1항 제8호의 경우는 "건설기계 도난의 경우"가 아니라 "건설기계를 폐기한 경우"에 해당되고 건설기계 폐기의 경우는 건설기계로서 사용이 적합하지 않는 사유이므로 재등록 대상 자체에서 완전히 배제가 된다. 그렇다면 현행 지특법 제66조 제2항의 건설기계에 대한 감면규정은 실제로 감면을 적용할 대상 물건이 없다는 불합리한 문제점이 있다고 볼 여지도 있다. 이에 대해 살펴보면 구 건설기계관리법 제6조 제1항 제8호의 "건설기계를 도난당한 때"의 조문이 현행 건설기계관리법 제6조 제1항 제8호에서는 "건설기계를 폐기한 경우"로 단순 변경에 불과한 것이지 현행 지특법 규정의 입법취지가 변경된 것은 아니므로 비록 건설기계관리법 제6조 제1항 제8호의 규정이 "건설기계를 폐기한 경우"로 규정되어

145) 제13조(말소등록) ⑦ 자동차 소유자는 자기의 자동차를 도난당한 경우에는 대통령령으로 정하는 바에 따라 시 · 도지사에게 말소등록을 신청할 수 있다.

146) 건설기계관리법 제6조(등록의 말소) ① 시 · 도지사는 등록된 건설기계가 다음 각 호의 어느 하나에 해당하는 경우에는 그 소유자의 신청이나 시 · 도지사의 직권으로 등록을 말소할 수 있다.
8. 건설기계를 폐기한 경우

있더라도 종전처럼 건설기계를 도난당한 경우로 해석하여 운영함이 타당하다 할 것이다.

2020년에는 지특법의 타법 인용규정에 대해 「건설기계관리법」('09.12.29. 개정, '10.6.30. 시행) 제6조 제1항 제7호의 '건설기계를 도난당한 경우'로 명확히 개정함에 따라 그간 불명확하였던 조문을 종전('07.4.6 개정)과 동일하게 적용할 수 있도록 하였다.

〈표 3〉 **건설기계관리법 제6조 신·구조문 대비표**

| 종전(2009.12.9. 개정 이전) | 현행(2009.12.9. 개정 이후) |
|---|---|
| 제6조(등록의 말소) ① 시·도지사는 등록된 건설기계가 다음 각 호의 어느 하나에 해당하는 경우에는 그 소유자의 신청이나 시·도지사의 직권으로 등록을 말소할 수 있다. 다만, 제1호 또는 제8호(제34조의 2 제2항에 따라 폐기한 경우로 한정한다)에 해당하는 경우에는 직권으로 등록을 말소하여야 한다.<br>8. 건설기계를 도난당한 때<br>9. 건설기계를 폐기한 때 | 제6조(등록의 말소) ① 시·도지사는 등록된 건설기계가 다음 각 호의 어느 하나에 해당하는 경우에는 그 소유자의 신청이나 시·도지사의 직권으로 등록을 말소할 수 있다. 다만, 제1호 또는 제8호(제34조의 2 제2항에 따라 폐기한 경우로 한정한다)에 해당하는 경우에는 직권으로 등록을 말소하여야 한다.<br>7. 건설기계를 도난당한 경우<br>8. 건설기계를 폐기한 경우 |

### 3-3. 외국에서 직접구매 후 이사물품으로 국내반입하는 하이브리드차

지방세법 제10조 제5항 제2호에서 외국으로부터 수입에 의한 취득은 사실상 취득가격에 의한다고 규정하고 있으며, 같은 법 시행령 제20조 제4항에서 수입에 의한 취득은 당해 물건을 국내에 반입하는 날(보세구역을 경유하는 것은 수입신고필증 교부일)을 승계취득으로 본다고 규정하고 있으나, 이는 수입을 원인으로 소유권이 변동되어 취득세의 부과대상이 되는 과세물건을 취득하는 때에만 해당되는 경우의 과세표준 및 취득시기에 관한 규정이므로 소유권의 변동이 없는 자기재산의 국내 반입은 수입에 의한 신규취득이 발생되지 않으므로 취득세 납세의무가 성립되지 않는다. 다만, 외국에서 이사물품으로 자기재산인 자동차를 국내에 반입하는 경우 취득세 과세대상에는 해당되지 않으나, 지방세법 제28조 제1항 제3호의 세율에 따라 취득을 수반하지 않은 소유권이전등기를 위해서는 등록면허세를 납부하여야 한다. 하이브리드자동차 감면과 관련한 종전 규정(구 지법 §268의 3)은 지방세 세목이 통합되기 이전의 사항으로 종전에는 등록세 감면범위를 취득 유무를 따로 구분하고 있지 않아 사실상 포괄적으로 감면이 적용되었으나 이후에 지방세법 분법으로 인한 지방세법상 '등록'의 개념 변경으로 등기시점(2011년 이후)에 취득무관분 관련 소유권이전에 대한 등록면허세의 면제조항이 별도로 규정되어 있지 않다면, 등록면허세를 면제할 수 없는

것이다(표 5 참조). 이와 유사한 사례로는 조특법 제119조 제1항 제6호에서 종전에는 등록세 감면적용을 받던 한국자산관리공사의 부실채권 보전을 위한 근저당권이전등기 등 기타 등기의 경우에도 취득을 수반하지 않으므로 등록면허세 과세대상으로 보고, 별도 등록면허세 면제규정을 두고 있지 않다. 따라서, 하이브리드자동차도 종전에는 등록세 조항으로 인해 감면을 받았다 하더라도 2011년 이후 개정된 지방세법의 취득을 수반하지 않는 다른 유사한 사례와의 과세형평을 고려하고, 국내에서 생산·제작된 하이브리드자동차의 국내소비를 촉진하기 위한 현행 감면취지를 감안할 때 해외에서 취득하여 이사물품으로 반입된 경우까지 감면을 확대하기가 곤란한 점 등의 입법취지가 있었던 것으로 보여진다.

〈표 4〉 **종전 등록세와 현행 등록면허세의 개념**

| 종전 등록세 | 현행 등록면허세 |
|---|---|
| 재산권과 기타 권리의 취득·이전·변경·소멸사항을 등기·등록하는 경우 과세 | 재산권과 기타 권리의 설정·변경·소멸사항을 등기·등록하는 경우 과세 |

### 3-4. 지분 취득시 감면한도 적용방법

친환경자동차는 종류에 따라 일정 금액을 한도로 취득세를 감면하도록 규정하고 있는바, 감면한도를 차량 1대에 대한 물적기준으로 할 것인지, 공동지분이 있는 경우 인적기준으로 하여 지분을 가진 자마다 각각 감면한도까지 적용받을 수 있는지가 쟁점이 될 수 있다.

자동차의 경우 그 특성상 공동 지분소유는 가능할 수 있으나 각각의 지분에 따른 구분소유가 불가능하며, 자동차를 지분으로 취득하는 경우에 있어 매 지분 취득시마다 한도총액을 적용한다고 명시하고 있지 않아 1대의 자동차라는 물적기준으로 그 감면 한도액을 판단함이 타당할 것이다.

자동차를 취득하는 방법에 있어 전체 지분을 한 번에 취득하는 경우와 각각의 지분으로 취득하는 경우가 있을 수 있는데, 취득방법에 따라 동일한 1대의 자동차를 취득함에도 세부담이 달라지게 되면 과세 불형평이 발생하고 법적 안정성이 훼손될 수 있을 것이다.

또한, 지분 또는 공동명의로 취득하는 경우에 있어 매 지분 취득시마다 또는 공동명의자별로 한도 총액을 각각 적용시에는 명의신탁을 통한 공동명의 취득, 지분쪼개기 등의 편법으로 세액을 면제받으려는 악용을 조장하게 될 것이다.

한편, 주택유상거래 관련 대법원 판례에 따르면(2013두7117, 2013.3.29.) 지분의 가액을 기준으로 취득세 경감 범위를 결정할 경우 이른바 지분쪼개기 등의 편법을 통하여 악용할 수 있고 중산층의 주택 구입에 따른 세부담 완화를 통한 주거안정의 도모라는 입법취지가 크게 훼손될 수 있어 부동산 전체의 가액을 기준으로 판단하여야 한다고 판시한 바 있다.

따라서, 자동차의 지분 또는 공동명의로 친환경자동차를 취득하는 경우 온전한 1대를 감면한도의 총액으로 하고 그 총액 범위 내에서 각 지분율에 해당하는 감면액을 적용하여야 할 것이다.

〈표 5〉 **친환경자동차 140만원 감면한도시 적용 방식(예시)**

| 취득방법 | | | 취득가액 | 취득세액(7%) | 감면세액 (140만원↓) | 실제 부담세액 |
|---|---|---|---|---|---|---|
| 단독취득 | | | 5,000만원 | 350만원 | 140만원 | 210만원 |
| 지분 취득 | 甲 | 合 | 5,000만원 | 350만원 | 140만원 | 210만원 |
| | | 1 | 2,500만원 | 175만원 | 70만원(1/2) | 105만원 |
| | | 2 | 2,500만원 | 175만원 | 70만원(1/2) | 105만원 |
| | 乙 | 合 | 5,000만원 | 350만원 | 280만원 | 70만원 |
| | | 1 | 2,500만원 | 175만원 | 140만원 | 35만원 |
| | | 2 | 2,500만원 | 175만원 | 140만원 | 35만원 |

# 4 | 특례내용

## 4-1. 세목별 감면율

교환자동차 등에 대해서는 다음과 같이 지방세 및 국세(농어촌특별세)를 감면한다. 특히, 하이브리드자동차에 대해서는 보급 활성화를 위해 환경친화적 자동차의 개발 및 보급 촉진에 관한 법률을 중심으로 조특법에서는 개별소비세 감면, 지특법에서는 취득세 감면, 도시철도법에서 도시철도채권 매입 면제 등의 인센티브 제도가 있다. 참고로 2015년 현재 하이브리드자동차를 구매하는 경우에는 최대 310만원의 세금 감면 및 공채 매입 면제 혜택이 주어지고 있다.

하이브리드차량은 2018년 말까지 취득세액 140만원을 한도로 감면하였으나 2019년부터는 매년 감면한도액(2019년 140만원, 2020년 90만원, 2021년 40만원)을 달리하여 설계되었으며 취득세 감면한도액 40만원으로 2024년 12월 31일까지 연장되었으며 전기자동차, 수소전기자동차는 종전과 같이 취득세 140만원을 한도로 연장되어 적용받는다.

〈표 6〉 **교환자동차 등 감면 개요(2024.1.1. 현재)**

| 조문 | 감면대상 | 감면율 등 | 일몰 |
|---|---|---|---|
| §66 ① | 자동차 제작결함으로 교환받는 자동차에 대한 감면 | 취득세 면제 | 기한없음 |
| §66 ② | 말소된 자동차(건설기계)를 다시 등록하는 경우 발생하는 등록면허세에 대한 감면 | 등록면허세 면제 | 기한없음 |
| §66 ③ | 하이브리드자동차 | 취득세 40만원 한도 | ’24.12.31 |
| 舊 §66 ③ | 하이브리드자동차 | 취득세 140만원 한도 | ’18.12.31. |
| | | 취득세 140만원 한도 | ’19.12.31. |
| | | 취득세 90만원 한도 | ’20.12.31. |
| | | 취득세 40만원 한도 | ’22.12.31. |
| §66 ④ | 전기자동차, 수소전기자동차 | 취득세 200만원 한도 | ’18.12.31. |
| | | 취득세 140만원 한도 | ’24.12.31. |
| §66 ⑤ | 수소전기화물자동차 | 취득세 50% | ’25.12.31 |
| 농특 §4 8호 | §66 ①~②에 따른 취득세, 등록면허세 감면분의 20% | 농어촌특별세 비과세 | |

〈표 7〉 **친환경자동차 개별소비세 감면 현황(2020년 기준)**

| 구분 | 하이브리드자동차 | 전기자동차 | 전기수소자동차 |
|---|---|---|---|
| 감면한도 | 100만원 | 300만원 | 400만원 |
| 일몰기한 | ’21.12.31. | ’20.12.31. | ’22.12.31. |

### 4-2. 최소납부세액의 면제(§177의 2)

2015년부터 시행되는 감면 상한제도(§177의 2)에 따라 면제되는 세액의 15%는 감면특례가 제한되어 교환자동차 · 하이브리드자동차 · 전기자동차 등에 대한 취득세(§66 ①~④)의 경우 최소납세제 과세대상에 해당되나 제177조의 2 제2호에서 예외 특례를 받아 해당 세목에 대해서는 본 규정대로 계속해서 면제를 적용한다. 세부적인 사항은 제177조의 2의 해설편을 참조하면 된다.

### 4-3. 중복특례 배제(§180)

2024년부터는 친환경자동차의 제작 결함으로 인해 교환하여 대체취득하는 경우에 대해 타 조문과의 중복특례 적용이 가능하도록 제180조에 제66조 제1항을 대상으로 추가하여 개정하였으며 다만, 종전의 경우에도 기존 해석에 따라 운영상 동일하게 적용(지방세특례제도과-676, 2023.11.14.) 되어져야 할 것이다.

## 5 | 감면신청(§183)

교환자동차 대상자, 하이브리드자동차 소유자 등이 본 규정에 따라 지방세를 감면받으려는 경우에는 해당 지방자치단체의 장에게 해당 자동차가 관련 용도임을 입증하는 서류를 첨부하여 감면신청을 하여야 한다. 세부적인 감면신청 절차 등에 대해서는 제183조의 해설편을 참조하면 된다.

## 6 | 관련사례

■ 친환경자동차를 교환하는 경우 감면 적용 여부

친환경자동차를 반납하고 같은 종류의 친환경자동차를 교환 취득하는 경우 반납한 친환경자동차와 동일하게 신규로 취득하는 친환경자동차에 대해서도 「지방세특례제한법」 제66조 제1항에 따른 취득세 납부세액 공제 외에 같은 조 제3항부터 제5항까지의 '친환경자동차 취득세 감면'규정을 함께 적용하는 것이 합리적임(지방세특례제도과-676, 2023.11.10.).

■ 제작결함으로 자동차를 반납한 후 다른 제조사로부터 취득세 자동차 면제 여부

「지방세특례제한법」 제66조에 의하여 취득세를 면제받을 수 있는 교환자동차는 제작결함으로 인하여 「소비자기본법」에 의한 소비자분쟁해결기준에 따라 자동차를 반납하고 금전환불이 아닌 같은 종류로 교환하여 취득하는 자동차를 의미한다 할 것인바, 종전자동차를 제조사에 반납하여 금전환불을 받은 후, 다른 제조사로부터 취득한 자동차는 취득세 면제 대상인 교환자동차에 해당한다고 보기 어려움(조심 2016지0601, 2016.8.18.).

■ 제작결함으로 교환한 자동차의 취득가액 범위 등

1) 소비자보호법에 의한 소비자피해보상규정 제3조(품목 및 보상기준) 〈별표 2〉 자동차 부분에서 차령 12개월 이내인 취득차량이 제작결함 등이 발생된 경우 제품을 교환할 수 있도록 하고 있는 바, 상기 규정에 의한 제작결함 등으로 취득한 자동차를 제작사에 반납하고 새로이 교환받는 자동차가 제3자가 취득하였으나 제작결함으로 제작사에 반납한 차량을 말소한 후 수리를 거친 차량으로서 자동차관리법 제3조에 의한 동일한 종류의 차량이라면 당초 취득가액 범위 내에서 감면받을 수 있음(행자부 세정-297, 2006.1.24.).
2) 7인승 승용차의 제작결함으로 인하여 5인승 승용차로 교환받은 경우에는 동일 차종인 승용차에 해당하나 7인승 승용차의 제작결함으로 이를 반납하고 다른 제작사로부터 다른

승용차를 구입하는 경우에는 해당하지 아니함(구 행자부 지방세정팀-3507, 2005.10.31.).

3) 자동차의 제작결함으로 인하여 금전을 환불받은 후, 타 제조사의 자동차를 취득한 경우 교환에 의한 감면대상 자동차에 해당하지 아니함(조심 2009지0769, 2010.3.19.).

4) 자동차 매매계약은 LPG차를 대상으로 하였으나, 착오로 휘발유 자동차가 인도되었을 경우 휘발유자동차 수령행위는 취득세 과세대상이 아님(조심 2008지0135, 2008.6.20.).

# 제66조의 2

# 노후 경유자동차 교체에 대한 취득세 감면

관련규정

제66조의 2(노후 경유자동차 교체에 대한 취득세 감면) ① 「자동차관리법」에 따라 2006년 12월 31일 이전에 신규등록된 경유를 원료로 하는 승합자동차 또는 화물자동차(「자동차관리법」에 따라 자동차매매업으로 등록한 자가 매매용으로 취득한 중고자동차는 제외한다. 이하 이 항에서 "노후 경유자동차"라 한다)를 2017년 1월 1일 현재 소유(등록일을 기준으로 한다)하고 있는 자가 노후 경유자동차를 폐차하고 말소등록한 이후 승합자동차 또는 화물자동차[신조차(新造車)에 한정한다. 이하 이 항에서 "신조차"라 한다]를 2017년 6월 30일까지 본인의 명의로 취득하여 신규등록하는 경우에는 취득세의 100분의 50을 경감한다. 이 경우 노후 경유자동차 1대당 신조차 1대만 취득세를 경감한다.
② 제1항에 따른 1대당 취득세 경감액이 100만원 이하인 경우에는 산출세액 전액을, 취득세 경감액이 100만원을 초과하는 경우에는 산출세액에서 100만원을 공제한다.
⇨ 2017.1.1.~2017.6.30.(6개월) 한시적으로 감면 적용

## 1 개 요

노후 경유자동차 교체에 대한 지원은 2016년 하반기 경제정책 방향에 포함되었던 사항에 대한 미세먼지의 주 배출원인 10년 이상된 노후 경유차의 교체를 촉진하여 국민건강과 밀접한 환경문제를 완화하고 동시에 친환경 소비촉진 차원에서 추진하게 되었으며 이에 대한 후속조치로 기획재정부에서는 개별소비세에 대한 세제지원을 하고 개별소비세 대상이 아닌 승합 · 화물 자동차에 대해서는 추가적 지원 필요성에 따라 취득세를 지원하는 것으로 판단된다.

노후 자동차 지원은 2009년에 이미 시행한 바 있으나, 2017년에 신설된 규정과 감면대상, 감면율, 폐차 여부 및 적용시기 등이 상이한 부분이 있으며 감면기간 또한 2017년 상반기에 신규 등록분에 한하여 적용하게 된다.

## 2 | 감면대상자

노후 경유 승합·화물 자동차 교체에 대한 감면대상자는 2017년 1월 1일 0시 기준으로 10년 이상 노후 경유 자동차를 소유하고 있은 자이어야 한다.

따라서, 2016년 12월 31일 이전에 신규 등록된 자동차를 소유하여야 하며 2007년 이후에 해당 자동차를 이전받은 자도 포함되고 차량 소유자는 개인과 법인 구분없이 모두 해당되며 다만 「자동차관리법」에 따라 자동차매매업으로 등록한 자가 매매용으로 취득한 중고자동차는 제외된다.

〈표 1〉 **노후 자동차 신규등록일 및 소유일 관련 사례**

| 노후 자동차 신규등록 | '17.1.1. 기준 노후 자동차 소유사례 | 기준충족 |
|---|---|---|
| '06.12.30. | '06.12.30.~'17.1.1.까지 10년 이상 지속 보유 | ○ |
| '06.12.30. | '16.12.30.(노후 자동차를 이전받아 보유) '17.1.1. 기준(보유) | ○ |
| '06.12.30. | '17.1.1. 기준(미보유), '17.1.10.(노후 자동차를 이전받아 보유) | × |
| '07.1.10. | '17.1.1. 기준(10년 미만), '17.1.11. 이후(10년 이상) | × |

## 3 | 감면대상 자동차

### 3-1. 교체한 자동차의 범위(§66의 2 ①)

노후 경유 승합·화물자동차에서 "노후"의 개념은 2017년 1월 1일 기준시점에서 10년 이상 되어야 하므로 기준시점일 이후에 10년 이상된 자동차는 대상이 될 수 없으며, "경유"를 연료로 하여야 하므로 경유를 사용하지 않는 자동차는 해당하지 않으며 승합 또는 화물자동차이어야 하므로 교체 전·후 모두 승합 또는 화물자동차이어야 한다.

이 경우 승합자동차와 승합자동차 간의 교체와, 화물자동차와 화물자동차의 교체간에는 차종의 유형 문제가 되지 않고 명백히 가능하며, 승합자동차를 폐차말소등록하고 승합자동차와 화물자동차 중 1대를 신규등록하거나 화물자동차를 폐차말소등록하거나 승합자동차와 화물자동차 1대를 신규등록하는 경우에도 모두 감면대상차량이며 폐차말소등록 자동차와 신규등록 자동차 중 어느 쪽에 1대의 자동차가 승용자동차인 경우에는 감면대상 자동차에 해당하지 않는다.

또한, 2000년 이전의 차량 중 종전에는 승합자동차이었으며 현재 자동차등록원부상에도 승합자동차로 기재되어 있는 자동차의 경우, 현행 「자동차관리법」상 승용자동차이며 이 차량을 취득할 경우 취득세 및 자동차세를 승용자동차 부과기준에 따라 납부 또는 부과하여야 할 대상이므로 승합자동차가 아닌 승용자동차로 보아야 할 것이며 특수자동차의 경우에도 승합 또는 화물자동차에 해당하지 않으므로 금번 노후 경유자동차 감면대상에서 제외된다 할 것이다.

다만, 승합자동차의 경우 「자동차관리법」 제3조 제1항에 따라 10인 이하 특수설비차량, 10인 이하 경형 전방조종자동차, 캠핑용자동차 및 캠핑용트레일러의 경우에도 승합자동차 포함되며 「자동차관리법 시행규칙」 별표 1 자동차의 종류에 따라 특수형으로 특정한 용도(장의 · 헌혈 · 구급 · 보도 · 캠핑 등)를 가진 자동차의 경우에도 감면 가능할 것이다.

**■ 「자동차관리법」 제3조(자동차의 종류) 제1항**

1. 승용자동차 : 10인 이하를 운행하기에 적합하게 제작된 자동차
2. 승합자동차 : 11인 이상을 운송하기에 적합하게 제작된 자동차. 다만, 다음 각 목의 어느 하나에 해당하는 자동차는 승차인원에 관계없이 이를 승합자동차로 본다.
   가. 내부의 특수한 설비로 인하여 승차인원이 10인 이하로 된 자동차
   나. 국토교통부령으로 정하는 경형자동차로서 승차인원이 10인 이하인 전방조종자동차
   다. 캠핑용자동차 또는 캠핑용트레일러
3. 화물자동차 : 화물을 운송하기에 적합한 화물적재공간을 갖추고, 화물적재공간의 총적재화물의 무게가 운전자를 제외한 승객이 승차공간에 모두 탑승했을 때의 승객의 무게보다 많은 자동차

〈표 2〉 **노후 자동차 교체차종 등 사례(행정자치부 운용기준, 2016.12.29.)**

| 노후 차종 | 말소 | 신규 차종 | 감면 여부 | 노후 차종 | 말소 | 신규 차종 | 감면 여부 |
|---|---|---|---|---|---|---|---|
| 승합 | 폐차 → | 승합 | ○ | 승용 | 폐차 → | 승합 | × |
| 승합 | | 화물 | ○ | 승합 | | 승용 | × |
| 화물 | | 화물 | ○ | 승합 | 수출 → | 승합 | × |
| 화물 | | 승합 | ○ | 승합 | | 화물 | × |

### 3-2. 자동차 등록일 기준(§66의 2 ①)

노후 자동차 교체 감면의 경우 모든 기준일은 등록일을 기준으로 판단하여야 한다. 노후 자동차가 10년 이상이 되었는지를 앞서와 같이 2017년 1월 1일 기준으로 보아야 하고 이는 최초 신규 등록일 기준이므로 예를 들어 2006년 12월 말경에 신조차를 취득하고 2007년에 신규 등록한 경우에는 제외되며 반드시 2006년 12월 31일 이전에 신규 등록을 완료하여야 한다.

노후 자동차 말소등록일은 폐차장 입고일이나 폐차일, 폐차인수증명서 발급일 등과 관계없이 기존 차량을 말소 등록한 날을 의미하여 이는 2017년 1월 1일부터 2017년 6월 30일 중에 말소 등록하여야 하고, 교체취득하는 신조 자동차 등록일도 2017년 1월 1일부터 2017년 6월 30일 중에 이루어져야 한다.

현행 감면조문에서는 "노후 경유자동차를 폐차하고 말소등록한 이후 승합자동차 또는 화물자동차[신조차(新造車)에 한정한다]를 2017년 6월 30일까지 본인의 명의로 취득하여 신규등록하는 경우"로 규정하고 있어 반드시 노후 자동차를 말소등록하고 신규 등록하여야 하며 신규 자동차가 노후 자동차의 말소등록일보다 등록일이 빠른 경우에는 감면되지 않으며, 이는 노후 자동차 말소를 통해 종전차량의 미세먼지가 저감되고 이후 차량을 취득하여야 지원된다는 취지이며 개별소비세 지원의 경우 차량 출고 이전에 대부분 사전 신청함에 따라 운영의 편의를 위해 차량 전·후 2개월로 하여 차량의 취득 전·후 기간을 고려한 측면이 있고 취득세 세제지원의 경우 노후 차량 말소를 전제로 하되 2017년 1월 1일 기준 차량을 말소등록할 경우 최장기간 6개월까지도 신규 등록시 감면적용을 받게 된다.

〈표 3〉 **노후 자동차 등록일 기준 교체사례(행정자치부 운용기준, 2016.12.29.)**

- 사례① : 노후 차량을 폐차하였으나 말소등록을 하지 않고, '17.1.1. 이후에 말소등록하고 신규 차량을 등록한 경우 : 감면 가능
- 사례② : 신규 차량을 취득하였으나 신규 등록을 하지 않고, 말소등록일 이후에 신규 차량을 등록한 경우 : 감면 가능

◦ 사례③ : 노후 차량 말소등록일보다 신규 차량 등록일이 빠른 경우에는 감면받지 못함.

| 구분 | 노후 자동차 | | 신규 자동차 | | 감면 여부 |
|---|---|---|---|---|---|
| | 폐차일 | 말소등록일 | 취득일 | 신차등록일 | |
| 사례① | '16.12.20. | '17.1.5. | '17.1.10. | '17.1.20. | ○ |
| | '17.1.10. | '17.1.20. | '17.1.25. | '17.1.31. | |
| 사례② | '16.12.20. | '17.1.5. | '16.12.30. | '17.1.20. | ○ |
| | '17.1.10. | '17.1.20. | '17.1.16. | '17.1.31. | |
| 사례③ | '16.12.20. | '17.1.5. | '16.12.30. | '17.1.3. | × |
| | '17.1.10. | '17.1.20. | '17.1.16. | '17.1.18. | |

### 3-3. 공동등록한 자동차의 감면 적용 범위(§66의 2 ①)

노후 경유차량을 말소등록하고 본인명의로 취득하여 신조차를 등록하는 경우에 한하여 감면 가능하지만 본인과 타인 공동으로 등록한 경우에는 해당 소유지분에 대해서 입법취지를 고려하여 감면하여야 할 것이다. 이 경우 미세먼지 저감차원에서 감면규정이 도입되었으므로 노후 경유자동차 1대당 신규 자동차 1대만이 감면되며 1대 폐차 후 지분에 따라 여러 대를 취득할 경우 신규 자동차 1대에 폐차 취득세 1대의 원칙을 준수하여 추가 취득한 자동차는 감면할 수 없다 하겠다.

예를 들어, 기존에 노후 경유자동차를 2인이 공동등록하였으나 신규 차량은 공동지분자 중 1인이 단독등록하였을 경우 기존 공동등록자 2인 중에서 신규차량을 등록한 자의 1인 지분만큼 감면율을 적용하여야 하고, 기존에 노후 경유자동차를 1인이 단독등록하였으나 신규 차량은 당초 소유자 외에 1인을 추가하여 공동등록한 경우 추가 1인 지분을 제외하고 당초 1인의 취득지분에 해당하는 만큼 감면받아야 할 것이다.

**〈표 4〉 노후 자동차 소유형태별 감면적용 사례(행정자치부 운용기준, 2016.12.29.)**

◦ 사례① : 2인이 공동등록한 노후 차량을 말소하고 신규 차량을 단독 등록한 경우, 노후 차량 소유지분만큼 감면
◦ 사례② : 2인이 공동등록한 노후 차량을 말소하고 신규 차량은 기존등록자 1인이 변경된 경우, 노후 차량 소유지분만큼 감면
◦ 사례③ : 단독등록한 노후 차량을 말소하고 신규 차량을 2인이 공동등록한 경우, 노후 차량 소유자의 신규 차량 소유지분만큼 감면
◦ 사례④ : 2인이 공동등록한 노후 차량을 말소하고 각각 1대씩 취득한 경우, 감면신청한 차량 1대의 노후 차량 소유지분만큼 감면

| 등록구분 | 노후 차량 | 신규 차량 | 감면 여부 |
|---|---|---|---|
| 사례①<br>공동→단독등록 | A(70%),<br>B(30%) | A(100%) | A의 노후 차량 지분(70%)만큼 감면 |
| 사례②<br>공동→일부변경 | A(70%),<br>B(30%) | A(70%),<br>C(30%) | A의 노후 차량 지분(70%)만큼 감면 |
| 사례③<br>단독→공동등록 | A(100%) | A(70%),<br>B(30%) | A의 신규 차량 지분(70%)만큼 감면 |
| 사례④<br>1대공동→2대 | A(70%),<br>B(30%) | A(1대),<br>B(1대) | A, B중 차량 1대에 한해 선택적 감면<br>*노후 차량 지분(A경우 70%)만큼 감면 |

# 4 | 특례내용

## 4-1. 세목별 감면율

노후 경유자동차에 대해서는 지방세는 승합·화물자동차에 한하여 취득세를 50% 경감하고 최대 100만원이 한도이고, 취득세 감면분에 대한 농어촌특별세는 법령상 별도의 비과세 규정이 없으므로 부과되어야 할 것이다.

또한 국세의 경우 개별소비세 부과 대상이 승용자동차에 적용받고 있으므로 승용자동차에 한하여 개별소비세의 70%를 경감하되 최대 100만원 한도를 적용받게 된다.

〈표 5〉 **노후 경유 승합·화물차 교체 취득 감면 현황(2017.1.1. 현재)**

| 조문 | 감면대상 | 감면율 등 | 감면기간 |
|---|---|---|---|
| §66의 2 | 노후 경유 승합·화물자동차를 폐차말소 후 신규 등록한 승합·화물자동차 | 취득세 50%<br>(100만원 한도) | '17.1.1.<br>~'17.6.30. |
| 농특세 | 취득세 감면분에 부과 | 취득세 감면액의 20% | '17.1.1.<br>~'17.6.30. |
| ※ 조특법<br>§109의 2 | 노후 경유자동차를 폐차말소(또는 수출말소) 후 말소등록 전·후 2개월 이내 신규 등록한 승용자동차 | 개별소비세 70%<br>(100만원 한도) | '16.12.5.<br>~'17.6.30. |

### 4-2. 최소납부세액의 면제(§177의 2)

최소납부세제는 취득세가 전액면제되는 경우로 제한하고 있어 취득세의 50%에 한하여 감면받게 되고 최대 100만원까지 세액공제를 받을 수 있어 최소납부세제의 적용과 무관하여 제외되며 이와 관련한 세부적인 사항은 제177조의 2의 해설편을 참조하면 된다.

## 5 감면신청(§183)

노후 경유 승합 · 화물자동차의 폐차 말소등록시 폐차인수증명서를 제출하여야 하고 신규 자동차의 경우 제작증 및 세금계산서가 발급되어 취득신고를 접수하는 경우 신규 등록 여부가 용이하나 각각의 말소등록일과 신규등록일이 상이하여 1대의 폐차 후 2대의 신차를 이중으로 감면받지 않도록 사후 전수조사에 앞서 감면신청 접수시점에서 안내를 철저히 하여야 할 것이며 일반적인 감면신청 절차 등에 대해서는 제183조의 해설편을 참조하면 된다.

또한, 2005년 이전 배출허용기준이 적용되어 제작된 노후 경유차 중에서 정상운행이 가능하며 해당 지역에 2년 이상 연속하여 등록하였고, 최종 소유자가 폐차보조금 신청일 전에 6개월 이상 소유한 노후 차량을 폐차할 경우 미세먼지 등 대기오염물질 저감을 위해 각 지방자치단체에서 폐차 보조금을 지급하고 있어 관련(아래) 신청절차에 따라 추가적인 지원을 받을 수 있으며 이 경우 보조금의 수급일자는 무관하나 폐차말소등록일은 신차등록일보다 빨라야 하므로 사전 관련기관(폐차업체, 한국자동차환경협회)에 상담 · 문의하여 폐차말소등록일 이후 감면신청하여 세세혜택을 받도록 하여야 할 것이다.

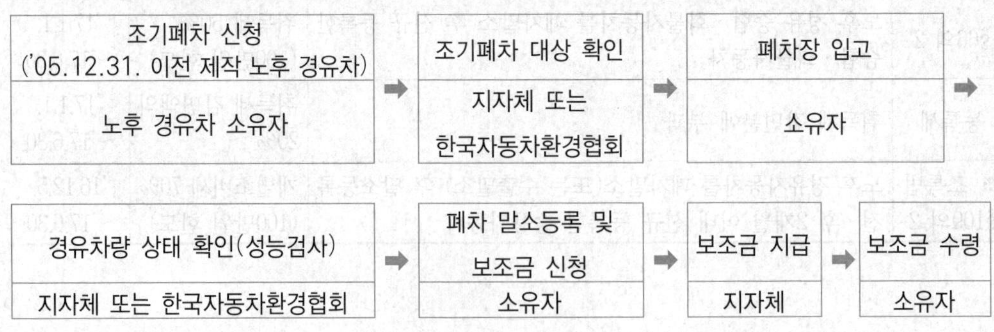

## 6 참고(개별소비세 및 조기폐차 보조금 지원)

■ 노후 경유차 교체 개별소비세 지원 내용

〈개별소비세(승용차) 감면(조특법 §109의 2)〉

- (지원대상) '06.12.31. 이전 신규 등록된 노후 경유차량을 '16.6.30. 현재 등록하여 소유한 자
- (지원요건) 폐차 또는 수출 목적으로 노후 경유차를 말소등록하고, 말소등록일 전후 2개월 이내 신조차를 구입하여 신규 등록
- (지원내용) 개별소비세 70% 감면(노후차 1대당 신차 1대 지원)
  * 감면한도 : 개소세 100만원 ⇒ 교육세 30만원, 부가세 13만원 고려시 총 143만원
- (지원기간) '16.12.5.~'17.6.30.
  * '16.12.5.부터 '17.6.30. 사이 출고/수입된 차량을 신규등록
  * 법 시행일 전일 현재 제조업자, 도소매업자, 수입업자가 보유하고 있는 차량에 대해서도 조건 충족시 환급 실시차량에 대해서도 환급 실시

□ 조세특례제한법 제109조의 2(노후 자동차 교체에 대한 개별소비세 감면) ① 「자동차관리법」에 따라 2006년 12월 31일 이전에 신규등록된 자동차로서 경유를 사용하는 것(이륜자동차와 「자동차관리법」에 따라 자동차매매업으로 등록한 자가 매매용으로 취득한 중고자동차는 제외한다. 이하 이 조에서 "노후 경유자동차"라 한다)을 2016년 6월 30일 현재 소유(등록일을 기준으로 한다. 이하 이 조에서 같다)하고 있는 자(법인을 포함한다)가 노후 경유자동차를 폐차 또는 수출하고 노후 경유자동차의 말소등록일을 전후하여 2개월 이내에 승용자동차(신조차에 한정하며, 이하 이 조에서 "신차"라 한다)를 본인의 명의로 신규등록하는 경우에는 개별소비세액의 100분의 70을 감면한다. 이 경우 노후 경유자동차 1대당 신차 1대에 한정하여 개별소비세를 감면한다.

■ 노후 경유차 교체 개별소비세 지원 내용

〈사업개요〉

- (사업내용) 운행 가능한 노후 경유차에 대하여 조기폐차를 유도함으로써 미세먼지 등 대기오염물질 저감
- (사업방식) 지자체 사업 보조(국고 50%, 지방비 50%)

〈보조금 지급 요건〉

- (대상차량) '05년 이전 배출기준이 적용되어 제작된 노후 경유차
- (등록기간) 신청지역에 2년 이상 연속하여 등록
- (소유기간) 최종 소유자가 보조금 신청일전 6개월 이상 소유
- (기타) 정부지원으로 배출가스 저감장치 부착 또는 저공해 엔진으로 개조한 사실이 없는 차량

〈보조금 지급기준〉

(단위 : 만원)

| 구 분 | '00.12.31. 이전 제작 | | '01.1.1.~'05.12.31. 제작 | |
|---|---|---|---|---|
| | 상한액 | 지원율 | 상한액 | 지원율 |
| 3.5톤 미만 | 없음 | 100% | 165 | 100% |
| 3.5톤 이상 6,000cc 이하 | | | 440 | |
| 3.5톤 이상 6,000cc 초과 | | | 770 | |

〈'17년 보조금 지급계획〉

(단위 : 억원, 대)

| 구 분 | 예산(국고) | 물 량 |
|---|---|---|
| 수도권(3개 시 · 도) | 420 | 52,230 |
| 수도권 외(14개 시 · 도) | 62 | 7,770 |
| 계 | 482 | 60,000 |

* 광역지자체(시도) 내 기초 지자체별 지원 여부는 상이

제 67 조

# 경형자동차 등에 대한 과세특례

◈ 관련규정 ◈

제67조(경형자동차 등에 대한 과세특례) ①「자동차관리법」 제3조 제1항에 따른 승용자동차 중 대통령령으로 정하는 규모의 자동차를 대통령령으로 정하는 비영업용 승용자동차로 취득하는 경우에는 다음 각 호에서 정하는 바에 따라 취득세를 2027년 12월 31일까지 감면한다. 다만, 취득일부터 1년 이내에 영업용으로 사용하는 경우에는 감면된 취득세를 추징한다.

1. 취득세액이 75만원 이하인 경우 취득세를 면제한다.
2. 취득세액이 75만원을 초과하는 경우 취득세액에서 75만원을 공제한다.

②「자동차관리법」 제3조 제1항에 따른 승합자동차 또는 화물자동차(같은 법 제3조에 따른 자동차의 유형별 세부기준이 특수용도형 화물자동차로서 피견인형 자동차는 제외한다) 중 대통령령으로 정하는 규모의 자동차를 취득하는 경우에는 취득세를 2027년 12월 31일까지 면제한다.

【영】 제31조(비영업용 승용자동차의 구분 등) ① 법 제67조 제1항 및 제2항에서 "대통령령으로 정하는 규모의 자동차"란 각각 배기량 1천시시 미만으로서 길이 3.6미터, 너비 1.6미터, 높이 2.0미터 이하인 승용자동차·승합차 및 화물자동차를 말한다. 다만, 동력원으로 전기만 사용하는 자동차의 경우에는 길이·너비 및 높이 기준만 적용한다.
② 법 제67조 제1항 각 호 외의 부분에서 "대통령령으로 정하는 비영업용 승용자동차"란 「지방세법 시행령」 제122조 제1항에 따른 비영업용으로 이용되는 승용자동차를 말한다.

③ 승차 정원 7명 이상 10명 이하 비영업용 승용자동차로서 행정자치부령으로 정하는 자동차에 대한 자동차세는 「지방세법」 제127조 제1항 제1호에도 불구하고 2027년 12월 31일까지 같은 항 제4호에 따른 소형일반버스 세율을 적용하여 과세한다. 이 경우 2007년 12월 31일 이전에 「자동차관리법」에 따라 신규등록 또는 신규로 신고된 차량으로 한정한다.

【칙】 제4조(전방조종자동차에 대한 과세특례) 법 제67조 제3항 전단에서 "행정안전부령으

로 정하는 자동차"란 「자동차 및 자동차부품의 성능과 기준에 관한 규칙」 제2조 제23호에 따른 전방조종자동차를 말한다.

## 1 | 개 요

에너지절약형 자동차인 경형자동차에 대한 세제지원이다. 2004년에 경형승용차 감면이 처음 신설되었고 이후 2009년에 경형승합 및 화물자동차에 대해서도 감면이 확대되었으며 구 지방세법 제268조의 2 및 감면조례에서 규정되었다가 2010년에 지특법이 제정(2010.3.31.)되면서 현재의 제67조로 이관되었으며 2018년 말 지특법 개정에 따라 제1항의 경형자동차 중에서 승용자동차에 대한 감면은 한도액이 설정되었고, 제2항의 경형자동차 중 승합 및 화물자동차와 제3항의 전방조종형 자동차에 대한 현행 감면규정을 유지하여 2024년 12월 31일까지 연장되었으며 주로 서민이 이용하는 경형자동차의 경우 코로나 시기의 어려움을 고려, 취득세 감면 한도액이 확대되어 연장되었다.

## 2 | 감면대상자

자동차관리법 제3조 제1항에 따른 경형 승용차, 경형 승합자동차 또는 화물자동차, 승차정원 7명 이상 10명 이하 비영업용 전방조종형 자동차를 취득하는 자가 이에 해당된다.

## 3 | 감면대상 자동차

경형 승용차, 경형 승합자동차 또는 화물자동차, 경형 전기자동차, 승차 정원 7명 이상 10명 이하 비영업용 전방조종형 자동차가 이에 해당된다. 경형 승용차 및 경형 승합자동차 또는 화물자동차의 범위는 배기량 1천시시 미만으로서 길이 3.6미터, 너비 1.6미터, 높이 2.0미터 이하인 승용자동차 · 승합차 및 화물자동차를 말한다. 다만, 경형 전기자동차의 경우는 배기량 기준을 제외한 나머지 기준만을 적용하는 자동차를 말한다.

한편, 경형자동차 중 화물자동차 중 피견인 자동차도 감면대상에 해당되었으나 2015년부터는 감면대상에서 제외되도록 개정되었다. 다만, 적용 시기는 법률 제12955호 부칙 제1조에 따라 2016년부터 시행된다.

### 3-1. 경형전기자동차 감면 입법취지(2010.5.31. 개정)

자동차관리법 규정[147]에 따라 전기저속자동차에 대해서 일반인도 경형 전기자동차 도로(제한속도 60km 이하) 주행이 가능해지고 자동차관리법 시행규칙 별표 1을 개정(2009.4.8.)하여 전기저속차의 경우 경형자동차로 분류되었다. 다만, 종전 지방세법 시행령 제268조의2의 경차 분류기준이 배기량(1천cc 미만) 및 길이·너비 및 높이 기준으로만 경형자동차를 분류하고 있어 전기모터를 동력으로 사용하는 특성 및 2009년부터 감면 중인 하이브리드자동차와의 형평을 고려하여 전기저속자동차에 대한 세제지원이 도입되었다.

한편, 2017년 말에는 경형 승용자동차에 대한 추징규정이 신설되었는데 이는 자동차를 대여하는 렌터업체에서 경형 승용자동차를 '비영업용 승용자동차'로 취득하여 취득세의 전액을 면제받은 후 수일 내에 영업용으로 용도변경하여 자동차 번호변경에 따른 등록면허세만을 납부하게 됨에 따라 이에 따른 입법보완이 필요하게 됨에 따라 취득일부터 1년 이내에 감면받은 경형 비영업용 승용자동차가 용도변경(비영업용→영업용)하는 경우 감면된 취득세를 추징하도록 개정되었다.

### 3-2. 전방조종형자동차 감면 입법취지(§67 ③, 규칙 §4)

자동차관리법의 개정(2001년)으로 2001년 이전에는 승합자동차로 분류되었던 자동차(SUV차량 등)가 승용자동차로 변경됨에 따라 급격한 자동차세 부담 경감을 위해 일정기간 과세유예(구 지방세법 부칙, 2000.1.1. 시행)를 하였고 2007년 이후부터는 현행 승용자동차 세율로 과세전환이 되었다. 다만, 전방조종자동차[148]는 대부분 서민 생계형 자동차인 특성과, 해당 자동차가 생산이 단종된 사항을 고려하여 2007년도까지 신규로 등록된 경우에만 폐차시까지 현행 승합차 세율(대당 65천원)을 적용하도록 2008년도에 관련 규정이 개정되었다.

---

147) 자동차관리법 제35조의 4(저속전기자동차 운행구역의 고시) ① 시장·군수·구청장은 운행구역을 지정, 변경 등의 경우 고시하여야 한다.

148) 전장대비 앞 범퍼에서 운전석까지의 거리가 30% 이하인 자동차를 말하며 현재는 대부분 단종됨(봉고 1990년 단종), 베스타(1996년), 타우너(2002년), 프레지오(2003년), 그레이스(2003년)

〈표 1〉 종전 승합자동차에 대한 자동차세 부과연혁

| 기간 | 舊 지방세법 | 舊 표준조례 |
|---|---|---|
| 2000~2004 | 승합차 세율 | – |
| 2005 | 승합차 세율 + (승용 – 승합) × 33% | • 전방조종자동차 : 소형일반버스세율 적용<br>• 그 외 7~10인승 : 자동차세액의 50% 감면 |
| 2006 | 승합차 세율 + (승용 – 승합) × 66% | 〃 |
| 2007 | 승용자동차 세율 | 〃 |
| 2008 | 전방조종자동차에 한해 소형일반버스세율 적용 | 조례사항을 구 지방세법으로 이관 |
| 2011 | 지방세법 분법으로 지특법으로 이관 | – |

### 3-3. 피견인 자동차인 트레일러에 대한 감면(영 §31 ①)

2014년까지는 각종 화물운송 용도로 제작되어 시중에 보급되고 있는 트레일러(Trailer, 사진 참조)에 대해 자동차관리법 시행규칙 별표 1의 유형별 세부기준에 따라 특수용도형 화물자동차로 구분이 되고 있는 점, 자동차관리법 시행규칙 별지 제25호 서식인 자동차등록증의 자동차제원표 기재항목에 화물자동차(항목 7)로 기재되어 있는 점 등을 고려하여 경형자동차로 인정하였으나 경형자동차 감면 입법 당시(2004년) 원동기를 장착한 경형자동차(당시에는 800cc)를 활성화하겠다는 취지에 맞지 않는 점을 고려하여 2015년부터는 감면대상에서 제외하도록 명확히 개정(§67 ② 괄호)되었다.

## 4 감면내용

경형자동차(비영업용 승용, 화물, 승합차) 및 전방조종자동차에 대해서는 지방세 및 국세(농어촌특별세)를 2018년 12월 31일까지 각각 감면하였으며 2019년에는 경형 비영업용 승용자동차에 대한 감면을 일부 축소하였는데 이는 중형자동차와 대비시 점차 경차가격이 지속적으로 상승하고 있고 특히 경형 승용차는 세컨드카의 비중이 현재 약 60%로 매우 높은 점 등을 고려하여 취득세 공제 한도를 50만원으로 설정되었으며 경형 승합과 화물자동차 및 전방조종형 자동차는 별도의 감면축소 없이 3년간 감면연장되어 적용되고 있다.

〈표 2〉 **경형자동차 등에 대한 감면 현황(2022.1.1. 현재)**

| 조문 | 감면대상 | 감면율 등 | 일몰 |
|---|---|---|---|
| §67 ① | 경형 비영업용 승용차 | 취득세 100% | '18.12.31. |
| | | 취득세 75만원 한도 | '24.12.31. |
| §67 ② | 경형 비영업용 화물차 및 승합차 | 취득세 100% | '24.12.31. |
| §67 ③ | 행정안전부령으로 정하는 자동차<br>(전방조종형 자동차) | 자동차세 65,0000원<br>※ 승용차 세율적용을 배제하고 소형일반버스세율 적용 | '24.12.31. |
| 농특령 §4 ⑥ 5호 | §67 ①에 따른 취득세 감면액의 20% | 농어촌특별세 비과세 | |
| §177의 2 | 지방세 감면 특례의 제한<br>(최소납부세제) | 취득세 면제세액의 15% 과세<br>※ 면제세액이 취득세 200만원 초과시 | '16년부터 적용 |

## 5 | 특례의 제한

### 5-1. 최소납부세액의 부담(§177의 2)

경형(화물)자동차 등에 대해서는 취득세가 면제(§67 ①·②)됨에도 불구하고, 2016년부터 시행되는 감면 상한제도에 따라 면제되는 세액의 15%는 취득세 감면특례가 제한되어 최소납부세액으로 부담하여야 한다. 경형 자동차의 세율이 4%인 점을 감안할 때 5천만원을 초과하는 경우에만 해당되어 실제로 납부대상은 극히 일부에 한한다 할 수 있으며, 이에 대한 세부적인 사항은 제177조의 2의 해설편을 참조하면 된다.

### 5-2. 트레일러 등에 대한 감면 제한(§67 ① 괄호)

경형자동차에 대해서는 취득세가 면제(§67 ①)됨에도 불구하고, 2015년부터는 경형자동차의 범위에서 자동차관리법 제3조에 따른 자동차 유형별 세부기준이 특수용도형 피견인형 화물차는 감면대상에서 제외한다.

### 5-3. 전방조종형 자동차의 감면 제한(§67 ③ 단서)

승차 정원 7명 이상 10명 이하의 전방조종형 자동차에 대해서는 지방세법 제127조 제1항에 따른 승용자동차 세율에도 불구하고 소형일반버스 세율(연 65천원)을 적용한다.

다만, 2007년 12월 31일 이전에 자동차관리법에 따라 신규등록 또는 신규로 신고된 차량으로만 한정한다.

## 6 | 감면신청(§183)

경형자동차 등이 취득하는 사람이 본 규정에 따라 지방세를 감면받으려는 경우에는 해당 지방자치단체의 장에게 해당 자동차가 경형자동차임을 입증하는 서류를 첨부하여 감면신청을 하여야 한다. 세부적인 감면신청 절차 등에 대해서는 제183조의 해설편을 참조하면 된다.

## 7 | 관련사례

■ 자동차 매매업자가 취득한 중고자동차를 2년 이내 매각하지 아니하여 감면 세액이 추징되자, 경형자동차 취득세 감면도 해당된다는 청구주장의 당부

쟁점자동차는 경형자동차로서 「지방세특례제한법」 제67조 제1항에 따른 경형자동차 등에 대한 과세특례와 같은 법 제68조 제1항 제1호에 따른 매매용 및 수출용 중고자동차 등에 대한 감면 등 두 개의 감면 모두에 해당된다 할 것이므로 청구인이 비록 「지방세특례제한법」 제68조 제1항 제1호에 따라 취득세를 감면받고 그로부터 2년 이내에 쟁점자동차를 매각하지 아니하여 추징 대상이 되었다 하더라도 여전히 「지방세특례제한법」 제67조 제1항에 따른 경형자동차 감면(과세특례) 요건을 충족하고 있으므로 이러한 감면규정의 적용을 배제할 수는 없다고 보는 것이 타당함(조심 2022지1098, 2022.11.22.).

■ 경형승용자동차 적용기준 등

1) 자동차관리법 제3조와 동법 시행령 제2조 제2항 및 별표 1에서 경형승용자동차의 규모별 세부기준은 배기량이 800cc 미만으로서 길이 3.5미터 · 너비 1.5미터 · 높이 2.0미터 이하인 것으로 규정한 후 그 하단 "주" 1에서 "복수의 기준 중 하나가 작은 규모에 해당되고 다른 하나가 큰 규모에 해당된다면 큰 규모로 구분한다."고 규정하고 있는바, 스마트 차량은 배기량 598cc · 길이 2.59미터 · 높이 1.55미터로서 경형차기준에 해당된다 할 것이나 너비가 자동차관리법 규정상 기준인 1.5미터보다 넓은 1.52미터이므로 경형승용자동차가 아닌 소형승용차에 해당됨(행자부 지방세정팀-3292, 2006.7.27.).
2) 전기자동차는 배기량을 제외한 규격으로만 경차기준 해당 여부를 판단하여 취득 · 등록세를 감면하고 자동차세는 기타 자동차로 과세함(행안부 지방세운영과-1424, 2010.4.7.).

3) 자동차대여업자의 영업용 경차 신규등록에 대하여 세무공무원이 취득세 등의 감면대상이 아님에도 착오로 감면된 세액이 기재된 납부서를 교부하고 납세자가 이를 믿고 따랐다 하더라도 추후 과세를 하더라도 신의성실의 원칙이나 조세관행에 위배되는 위법한 처분이라고 할 수 없으나 신고 및 납부불성실가산세 부과는 부당함(조심 2010지0579, 2010.7.9.).
4) 스타렉스 자동차는 「자동차 안전기준에 관한 규칙」 제2조 제23호의 규정에 의한 전방조정자동차가 아닌 일반RV차량에 해당되므로 감면조례에 의한 자동차세 경감대상이 아님(조심 2009지0179, 2009.12.4.).

제 68 조

# 매매용 및 수출용 중고자동차 등에 대한 감면

관련규정

제68조(매매용 및 수출용 중고자동차 등에 대한 감면) ① 다음 각 호에 해당하는 자가 매매용으로 취득(「지방세법」 제7조 제4항에 따른 취득은 제외한다. 이하 이 조에서 같다)하는 중고자동차 또는 중고건설기계(이하 이 조에서 "중고자동차등"이라 한다)에 대해서는 취득세와 자동차세를 각각 2027년 12월 31일까지 면제한다. 이 경우 자동차세는 다음 각 호에 해당하는 자의 명의로 등록된 기간에 한정하여 면제한다.

1. 「자동차관리법」 제53조에 따라 자동차매매업을 등록한 자
2. 「건설기계관리법」 제21조 제1항에 따라 건설기계매매업을 등록한 자

② 제1항에 따라 취득한 중고자동차등을 그 취득일부터 2년(「자동차관리법」 제3조 제1항에 따른 승합자동차, 화물자동차 또는 특수자동차의 경우에는 3년) 이내에 매각하지 아니하거나 수출하지 아니하는 경우에는 면제된 취득세를 추징한다. 다만, 중고자동차로서 다음 각 호의 어느 하나에 해당하여 「자동차관리법」 제2조 제5호 및 「건설기계관리법」 제2조 제1항 제6호에 따라 폐차 또는 폐기한 경우에는 감면된 취득세를 추징하지 아니한다.

1. 취득일부터 1년이 경과한 중고자동차로서 「자동차관리법」 제43조 제1항 제2호 또는 제4호에 따른 자동차 검사에서 부적합 판정을 받은 경우
2. 「재난 및 안전관리 기본법」 제3조 제1호에 따른 재난으로 인하여 피해를 입은 경우

☞ 2023.12.29. 개정, 제2항 개정 및 각 호 신설(2024.1.1. 시행)

③ 「대외무역법」에 따른 무역을 하는 자가 수출용으로 취득하는 중고선박, 중고기계장비 및 중고항공기에 대해서는 「지방세법」 제12조 제1항 제1호·제3호 및 제4호의 세율에서 각각 1천분의 20을 경감하여 취득세를 2027년 12월 31일까지 과세하고, 「대외무역법」에 따른 무역을 하는 자가 수출용으로 취득하는 중고자동차에 대하여는 취득세를 2027년 12월 31일까지 면제한다.

④ 제3항에 따른 중고선박, 중고기계장비, 중고항공기 및 중고자동차를 취득일부터 2년 이내에 수출하지 아니하는 경우에는 감면된 취득세를 추징한다. 다만, 중고자동차

로서 「재난 및 안전관리 기본법」 제3조 제1호에 따른 재난으로 인하여 피해를 입어 「자동차관리법」 제2조 제5호 및 「건설기계관리법」 제2조 제1항 제2호에 따라 폐차 또는 폐기한 경우에는 감면된 취득세를 추징하지 아니한다.

☞ 2023.12.29. 개정, 제4항 단서 개정(2024.1.1. 시행)

【통칙】 68－1(매매용 중고자동차 등의 범위) 매매용으로 제시신고를 하고 자동차매매업자 명의로 이전된 차량의 경우 중고자동차에 해당한다.

## 1 개 요

중고자동차 시장 활성화를 통한 영세한 중고자동차 또는 중고건설기계 매매업자들의 경제적 부담 완화를 위한 세제지원(2013년 현재 5,097억원, 안행부)이다. 매매용 중고자동차 등에 대한 감면은 1995년에 신설된 이래 지방세법 및 표준조례로 운영되다가 2010년부터 지특법이 제정되면서 현재의 제68조로 이관되었다. 주요 입법연혁은 다음 표와 같다.

〈표 1〉 매매용 중고자동차 등 관련법령(조례) 개정사항

| 연도 | 표준조례 | 지방세법 |
|---|---|---|
| 1995 | 중고차 감면 신설 | – |
| 2000 | 중고건설기계, 수출용 중고 선박 등 감면 신설 | – |
| 2001 | – | 중고차 자동차세 비과세 |
| 2002 | 중고차 면허세 감면 종료 | – |
| 2005 | – | 중고건설기계 자동차세 비과세 |
| 2009 | – | 중고차, 중고건설기계 취·등록세 면제 신설<br>※ 표준조례와 중복 |

| 연도 | 지방세특례제한법(2011.1.1. 시행) |
|---|---|
| 2011 | 중고차, 중고건설기계, 수출용 중고차 등 감면 이관 : 취득세, 자동차세 100% |
| 2013 | • 일몰연장('12년 → '15년)<br>• 추징 유예기간 연장(1년→2년) |
| 2016 | • 일몰연장('15년 → '18년) |
| 2019 | • 일몰연장('18년 → '21년)<br>• 매매용 중고자동차 : 취득 후 2년 이내 매각하지 않거나, 수출하지 않을 경우(신설) 추징 다만, 1년 경과 후 폐차시 추징 제외(신설)<br>• 수출용 중고자동차, 중고선박, 중고기계장비, 중고항공기 : 2년 내 수출하지 않을 경우 추징 (조문정비) |

국세인 부가가치세의 경우 재활용폐자원 및 중고자동차를 수집하는 사업자에 대하여 조세특례제한법 제108조에서 매입세액공제 특례를 적용하고 있으며 이러한 특례제도는 1993년도 최초 공제율이 10/100로 적용된 이후 현재까지 8/100~10/100 수준을 유지하고 있다.

〈표 2〉 **매매용 중고자동차 등에 대한 국세(부가가치세) 매입세액공제 입법 연혁**

| 연도 | 매입세액공제율(조세특례제한법령) | 비고 |
|---|---|---|
| '92.12.31. | 공제율 : 취득가액의 10/110(최초 법 신설 '92.12.8.) | 시행령 신설 |
| '98.12.31. | 공제대상자에 중고자동차를 수출 무역업자(대외무역법) 추가 | 시행령 개정 |
| '03.06.30. | 중고자동차 공제율 축소(10/110 → 8/108) 연장<br>('04.6.30.까지 10/110 적용) | 시행령 개정 |
| '04.10.05. | '05.6.30.까지 10/110 적용(중고자동차) | 시행령 개정 |
| '05.07.13. | 중고자동차(10/110)의 일몰시한 삭제 → 영구 | 시행령 개정 |
| '10.01.01. | 중고자동차 공제율 축소 : 10/110 → 9/109('11년 취득분부터)<br>2013.12.31. 일몰 → 2014.12.31. 일몰연장 → 2016.12.31. 일몰연장<br>→ 2018.12.31.까지 연장 | 법(§108) 개정 |
| '17.08.03. | 중고자동차 공제율 확대: 9/109 → 10/110<br>적용기한 2018.12.31.로 동일 | 법(§108) 개정 |

## 2 | 감면대상자(§68 ①~③)

자동차관리법 제53조에 따라 자동차매매업을 등록한 자, 건설기계관리법 제21조 제1항

에 따라 건설기계매매업을 등록한 자, 대외무역법에 따라 무역을 하는 자가 이에 해당된다. 따라서 중고자동차, 전동지게차 등을 실수요자에게 매매하기 위해 취득을 하였다고 하더라도 자동차관리법 등 관계법령에 따라 자동차매매업, 건설기계매매업 등으로 등록되어 있지 않았다면 이는 취득세 면제 대상자로 보지 않는다(행안부 지방세운영과-2861, 2012.9.10.).

한편, 2011년 현재 중고매매자동차 및 중고건설기계를 매매하는 등록 업체수는 중고차 4,524개사(종사자 31,000여 명), 건설기계 1,058개사에 이른다.

## 3 | 감면대상 자동차 등

감면대상자가 매매용으로 취득하는 중고자동차·중고건설기계 또는 수출용 중고차가 감면대상 물건에 해당된다. 참고로 최근의 중고자동차 거래량 현황은 자동차, 중고선박, 중고기계장비 및 중고항공기가 이에 해당된다. 중고자동차의 범위는 매매용으로 제시신고를 하고 자동차매매업자 명의로 이전된 차량으로 한정한다(통칙 68-1). 참고로 2011년 기준 중고자동차 매매 거래량은 약 93만여 대(자동차 1,700만여 대 대비 5.4%) 수준이다. 그 외 건설기계의 경우 약 38만여 대가 등록되어 있으나 정확한 거래 규모는 파악이 되지 않고 있다. 건설기계의 범위는 불도저 등 지방세법 시행규칙 별표 1(사진 참조)에서 규정하고 있다.

〈사진〉 **지방세법 시행규칙 별표 1에 따른 건설기계**

01 불도저(BULLDOZER)　02 굴삭기(EXCAVATOR)　03 로더(LOADER)

04 지게차(FORK LIFT)　05 스크레이퍼(SCRAPER)　06 덤프트럭(DUMP TRUCK)

<table>
<tr><td></td><td></td><td></td></tr>
<tr><td>07 기중기(CRANE)</td><td>08 모터그레이더(MOTOR GRADER)</td><td>09 롤러(ROLLER)</td></tr>
<tr><td></td><td></td><td></td></tr>
<tr><td>10 노상안정기(ROAD STABILIZER)</td><td>11 콘크리트뱃칭플랜트(CONCRETE BATCHING PLANT)</td><td>12 콘크리트피니셔(CONCRETE FINISHER)</td></tr>
<tr><td></td><td></td><td></td></tr>
<tr><td>13 콘크리트살포기(CONCRETE SPREADER)</td><td>14 콘크리트믹서트럭(CONCRETE MIXER TRUCK)</td><td>15 콘크리트펌프(CONCRETE PUMP)</td></tr>
<tr><td></td><td><br></td><td></td></tr>
<tr><td>16 아스팔트믹싱플랜트(ASPHALT MIXING PLANT)</td><td>17 아스팔트피니셔(ASPHALT FINISHER)</td><td>18 아스팔트살포기(ASPHALT DISTRIBUTOR)</td></tr>
<tr><td>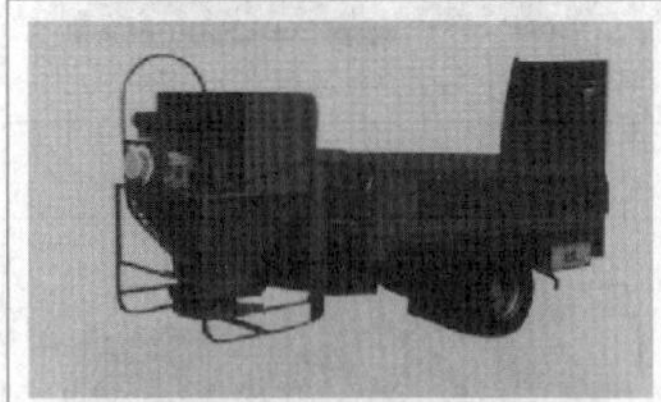</td><td></td><td></td></tr>
<tr><td>19 골재살포기(AGGREGATER)</td><td>20 쇄석기(CRUSHER)</td><td>21 공기압축기(AIR COMPRESSOR)</td></tr>
</table>

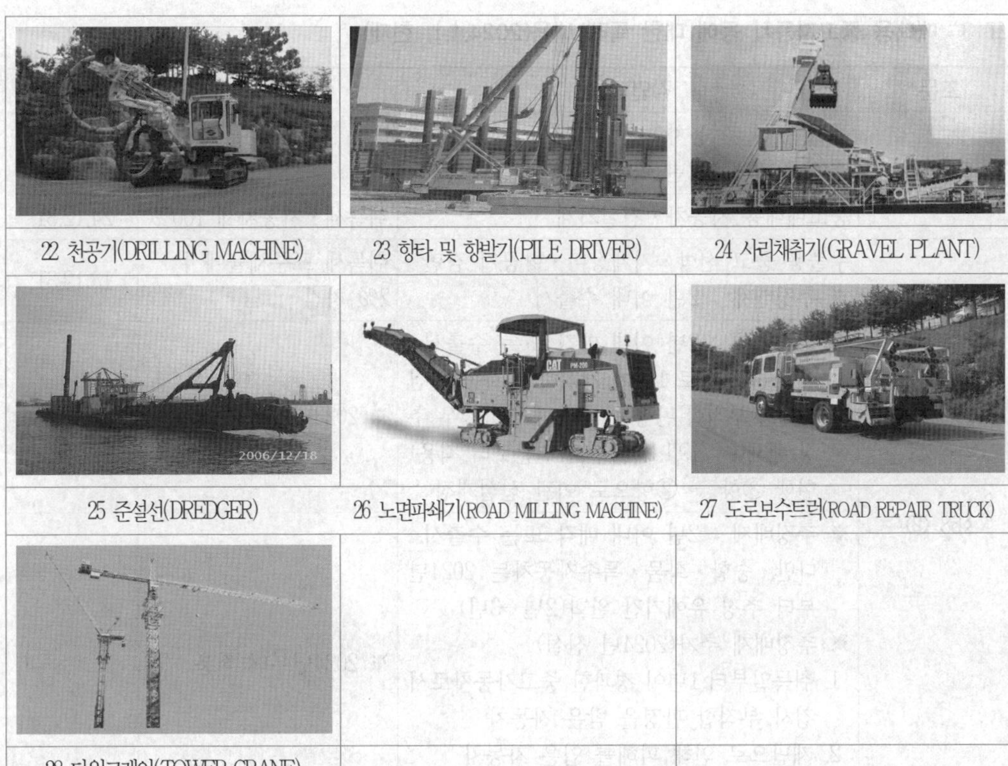

22 천공기(DRILLING MACHINE)
23 항타 및 항발기(PILE DRIVER)
24 사리채취기(GRAVEL PLANT)
25 준설선(DREDGER)
26 노면파쇄기(ROAD MILLING MACHINE)
27 도로보수트럭(ROAD REPAIR TRUCK)
28 타워크레인(TOWER CRANE)

중고매매자동차에 대한 감면취지는 중고차 시장활성화를 위해 매매용도로 차량을 취득하였을 때 감면되는 것으로 구조변경차량을 지원하는 것이 아님에도 불구하고 그간 구조변경 자동차에 대한 취득세 감면 여부가 지속적으로 문제가 야기됨에 따라, 이를 명확히 하기 위하여 2016년 말 일몰기한 도래시 해당 감면규정에 「지방세법」 제7조 제4항에 따른 취득(차량 구조변경)을 제외하도록 개정되어 감면대상을 명확히 규정하고 있다.

## 4 특례내용

감면대상자가 매매용으로 취득하는 중고자동차·중고건설기계 또는 수출용 중고자동차·선박·항공기에 대해서는 2024년 12월 31일까지 지방세 및 국세(농어촌특별세)를 각각 감면한다.

〈표 3〉 매매용 중고자동차 등에 대한 특례 내용(2024.1.1. 현재)

| 조문 | 감면대상 | 감면내용 | 일몰기한 |
|---|---|---|---|
| §68 ① | 중고매매용 자동차·건설기계<br>※ 추징배제 : 2년 이내 매각 또는 수출시 | 취득세·자동차세 100% | '18.12.31. |
| | 중고매매용 자동차·건설기계 | 취득세·자동차세 100% | '24.12.31. |
| §68 ② | 수출용 중고 선박·기계장비·항공기 감면<br>※ 추징배제 : 2년 이내 수출시 | 취득세 표준세율에서 2% 차감 | '18.12.31. |
| | ※ 추징배제 : 2년 이내 매각 또는 수출시 다만, 취득일로 1년이 경과하고 자동차 검사에서 부적합 판정을 받아 폐차한 경우 추징 배제(☞ '19.1.1. 이후 감면분부터 적용)<br>☞ 현행 ③항 → ②항으로 이관 신설개정 | ※ 2023년말까지 적용 | |
| | ※ 추징배제 : 2년 이내 매각 또는 수출시, 다만, 승합·화물·특수자동차는 2024년부터 추징 유예기간 완화(2년→3년)<br>※ 추징배제 추가(2024년 신설)<br>1. 취득일부터 1년이 경과한 중고자동차로서 검사 부적합 판정을 받은 자동차<br>2. 재난으로 인해 피해를 입은 자동차<br>(☞ '24.1.1. 이후 추징사유 발생분부터 적용) | ※ 2024년부터 적용 | |
| §68 ③ | 수출용 중고 자동차<br>※ 추징배제 : 2년 이내 수출시 | 취득세 100% | '18.12.31. |
| | 무역업자의 수출용 중고 선박·기계장비·항공기 | 취득세 표준세율에서 2% 차감 | '24.12.31. |
| | 무역업자의 수출용 중고 자동차 | 취득세 100% | '24.12.31. |
| §68 ④ | ※ 추징배제 : 중고 선박, 기계장비, 항공기 및 자동차를 취득일부터 2년 이내 수출시<br>※ 추징배제 추가(2024년 신설) : 중고자동차로서 재난 피해를 입어 폐차(또는 폐기)시<br>(☞ '24.1.1. 이후 추징사유 발생분부터 적용) | ※ 2024년부터 적용 | |
| §177의 2 | 지방세 감면 특례의 제한(취득세 면제세액이 200만원을 초과하는 경우 해당) | 취득세 면제세액의 85% 감면(15% 과세) | '17.1.1. 부터 적용 |
| 농특령 §4 ③ | §68 ①에 따른 취득세 감면액의 20% | 농어촌특별세 비과세 | – |

## 5 | 특례의 제한

### 5-1. 감면된 취득세의 추징(舊 §68 ③, '18.12.31.까지 적용, '19.1.1.부터 §68 ② 및 ④으로 구분)

감면신청인이 매매용 중고자동차 소유자에 해당되어 취득세를 감면받더라도 2년 이내에 해당 중고선박, 중고기계장비, 중고항공기, 중고자동차 등을 매각하지 아니하거나 수출하지 아니하는 경우에는 감면된 취득세를 추징한다. 최근의 경기침체 등을 고려하여 2013년부터는 추징 유예기한을 종전 1년에서 2년으로 확대하였다. 다만, 추징유예기간을 확대하면서 종전규정의 "정당한 사유" 자구를 삭제함에 따라 2013년부터는 중고매매업자가 중고자동차를 매매용으로 취득하고 2년 이내에 매각하지 않는 경우에는 정당한 사유 여부에 대한 고려 없이[149] 일괄적으로 추징이 가능하도록 개정되었다. 이 경우 매매용 중고자동차 취득시기에 따라 구분하여 다음과 같이 적용해야 할 것이다.

- (2013.1.1. 이후) 개정된 지특법에서 별도의 경과규정을 두고 있지 않아 법 시행일 이후 취득하는 분부터 감면추징 유예기간을 2년까지 적용
- (2013.1.1. 이전) 개정된 지특법 부칙 제6조에 따라 감면추징 유예기간을 종전규정대로 1년까지만 적용

#### 5-1-1. 2년 이내 매각하지 않고 폐차 등을 하는 경우 취득세 추징 여부

매매용으로 취득하는 중고자동차 등에 대하여 취득세를 면제하되 그 취득일부터 2년 이내에 해당 중고자동차 등을 매각하지 아니하거나 수출하지 아니하는 경우에는 감면된 취득세를 추징하도록 규정되어 있다. 이는 중고자동차 등 매매사업자가 해당 자동차 등에 대해 형식적 취득인 점을 고려하여 2년 이내에 매매용으로 매각을 하는 경우만을 인정하여 감면하고 있는 것이므로 매매용으로 매각을 하지 않고 폐차하는 경우는 내부적 사정에 불과하다 할 것으로 이의 경우는 감면대상인 매매용 중고자동차로서 제3자에게 매각하는 사유에 해당되지 않는 이상 추징대상으로 봄이 타당하다 하겠다.

149) 종전에는 매매업자가 매매용 중고자동차 취득 후 자동차 매각을 위해 생활정보지, 인터넷 등에 판매가격을 낮추어 가며 지속적인 매각광고를 하는 등 정당한 사유 여부를 별도로 판단하였으나 2013년부터는 취득일로부터 2년 이내 매각하였는지의 여부에 따라 추징하는 것으로 명확히 개정됨(종전 유사사례 조심 2011지0958, 2012.4.16., 조심 2010지0533, 2011.4.25., 조심 2010지0927, 2011.1.31., 조심 2010지0926, 2011.1.31., 조심 2010지0023, 2010.9.29., 조심 2009지0479, 2009.9.10. 등 참조).

5-1-2. 2년 이내 매각하지 않고 자가용으로 사용하는 경우 취득세 추징 여부

매매용으로 감면받은 자동차를 자가용으로 변경하는 경우에는 당초 감면목적인 매매용으로는 더이상 사용할 수 없게 되는 것이며, 설사 그 이후에 다시 매매용으로 재전환하는 경우라 하더라도 이미 자가용으로 전환되었던 자동차에 대해 지속적으로 매매용으로서의 목적을 유지하고 있다고 볼 수 없으므로 추징대상에 해당한다.

또한, 매매용으로 취득하였던 자가 본인의 소유권을 유지하면서 자가용으로 변경함에 따라 실질적인 취득 여부(취득세 5%) 또는 등록분 등록면허세 부과문제가 발생하게 되는데 이 경우에는 자가용 등록을 새로운 취득이 있었다고 보기는 어렵고 매매용으로 사용하지 못하게 됨에 따라 감면받은 취득세를 추징하게 되는 점을 고려하여 소유권 이전(5%)에 따른 취득세를 적용하지 않고 그 밖의 등록(15,000원)에 해당하는 등록면허세 세율을 과세하여야 한다.

5-1-3. 동일 소유자의 자동차를 매매상사 간에 이전하는 경우

자동차 소유자(개인 또는 법인)는 동일한 상태에서 매매상사(A)에서 사업자등록번호가 다른 매매상사(B)로 중고자동차가 이전등록된 경우 종전에는 자동차등록원부상 이전등록 정리되었으나 부처간의 협의(국토부 자동차운영보험과-2490호, 2020.4.9.) 등을 통해 해당 자동차의 경우 변경등록하도록 명확히 하였다(지방세특례제도과-886, 2020.4.22.).

따라서, 취득세가 아닌 변경분 등록면허세를 부과하여야 하며 지특법상 취득세를 감면하고 있으므로 감면대상에 해당하지 않게 된다. 또한 동일한 소유자와 동일한 자동차 등록이고 별도의 이전등록절차가 발생하지 않았으므로 추징유예 기산일은 당초 매매상사(A)가 취득한 날을 기준으로 판단하여야 한다.

〈표 3〉 동일 소유자의 중고자동차를 매매상사 간에 이전시 적용규정

| 구 분 | 종 전 | 변 경 | 근거법령 |
|---|---|---|---|
| 자동차등록원부 정리 | 이전등록 | 변경등록 | 자동차관리법 제11조 및 제12조 |
| 지방세 부과세목 | 취득세 | 등록면허세 | 지방세법 제6조 및 제23조 |
| 지방세 감면세목 | 취득세 | 해당없음 | 지특법 제68조 제1항 및 제2항 |
| 추징유예 기산일 | 매매상사(B) 취득일 | 매매상사(A) 당초 취득일 | |

## 5-1-4. 무역업자의 수출용 중고자동차 운영사례

### 〈사례〉 SBS-TV 언론보도

[기동] 새 차가 중고차로 둔갑? '이상한 수출'

<8뉴스>

<앵커>

주행 한 번 제대로 해보지 않은 새 차들이 중고차로 둔갑해서 수출되고 있습니다. 세금을 탈루하기 위한 수법이었는데요.

한상우 기자가 기동취재했습니다.

무역업자의 중고자동차는 수출자동승인품목으로 수출에 별다른 제한이 없어 일반적인 품목의 수출절차처럼 수출업자가 중고자동차를 확보한 후 세관에 수출 신고 후 수출신고필증을 교부받아 차적지 관할 시·군·구청에서 차량등록을 말소[150]한다. 통상적으로 중고자동차를 수출할 경우 차량 구매 후 수출하기까지 6개월 정도가 소요된다. 수출용 중고자동차에 대한 감면취지가 외국으로 수출되는 중고자동차의 가격 경쟁력 등을 지원하기 위해 수출업자가 취득하는 중고자동차에 대해 취득세를 면제하는 것이나 최근에는 아르바이트 학생, 노숙자 등의 명의로 신차를 구입 후 수출업자의 명의로 이전하여 해외로 수출되는 편법 영업행위가 일어나고 있는 것으로 최근의 언론 등에서 보도되고 있다. 이와 같은 사례 발생 주요 원인은 사실상 신차를 중고자동차로 둔갑시켜 수출하는 경우 관세, 조세 및 자동차제작사의 AS 비용 등이 발생하지 않아 그 시세차익 비용이 크기 때문인 것으로 알려지고 있다. 대외무역을 하는 수출업자에 대한 감면입법 취지와 다르게 운영되는 중고차의 편법 수출 관행이기는 하나 현재는 관세법이나 대외무역법상 불법은 아니기 때문에 감면 추징대상에 해당되지는 않는다. 향후 지특법 제68조 제3항의 추징규정을 면밀히 검토하여 추징대상의 범위에 이러한 편법 수출관행에 대한 적절한 보완 방안 마련을 검토할 필요가 있다고 본다.

## 5-2. 감면된 취득세의 추징(§68 ②·④, '19.1.1.부터 적용)

매매용 중고자동차(중고건설기계 포함)와 수출용 중고자동차(중고선박, 중고기계장비, 중고항공기 포함)는 지방세 감면 목적, 대상, 지원세목, 감면율 등이 상이함에도 불구하고 그간에 추징규정을 같은 항에서 규정하고 있어 그 적용에 관한 해석혼란이 발생하여 옴에 따라 2018년 말 지특법 개정시(2019.1.1. 시행)에 기존의 추징조항을 제2항과 제4항으로 각각 구분하였다.

우선 제2항은 舊 제3항의 규정을 이관 신설한 것으로 매매용 중고자동차(중고건설기계 포함, 이하 "매매용 중고자동차등"이라 함)에 대해 매매업자가 매매용으로 감면받고 취득

150) 자동차관리법 제13조(말소등록) ① 자동차 소유자(재산관리인 및 상속인을 포함한다. 이하 이 조에서 같다)는 등록된 자동차가 다음 각 호의 어느 하나의 사유에 해당하는 경우에는 대통령령으로 정하는 바에 따라 자동차등록증, 등록번호판 및 봉인을 반납하고 시·도지사에게 말소등록(이하 "말소등록"이라 한다)을 신청하여야 한다. 다만, 제7호 및 제8호의 사유에 해당되는 경우에는 말소등록을 신청할 수 있다.

한 중고자동차 등을 매각하거나 수출하는 경우 모두를 목적 내 사용한 것으로 보아 추징 배제하도록 명확히 규정하였으며 이는 기존 법 조문상 제1항과 제2항의 매매용 중고자동차 등은 매각하는 경우만 추징 배제되고 수출용 중고자동차 등은 수출하는 경우에만 추징 배제되는지 또는 매매용과 수출용 중고자동차 등은 모두 해당되는지에 대한 혼선에 대해 추징 기준을 분리하여 명확히 개정한 것으로 보여진다.

또한, 2024년부터는 승용자동차와 달리 승합 · 화물 · 특수자동차의 경우 매각주기가 길고 승용자동차에 비해 2년 이내에 매각하기 어려운 점 등을 고려하여 승합 · 화물 · 특수자동차에 대한 추징 유예기간을 종전 2년에서 3년으로 완화하였으며 이는 2024년 이후 추징 사유가 발생하는 경우부터 적용하게 되었다.

제4항은 舊 제3항의 규정에서 수출용 중고자동차(중고선박, 중고건설기계, 중고항공기, 이하 "수출용 중고자동차등"이라 함)등에 대한 추징 배제 규정을 둔 것으로 수출업을 영위하는 자의 경우 수출용으로 감면받고 취득한 중고자동차에 대하여 수출하는 경우에 한하여 목적 내 사용한 것으로 보아 추징 배제를 적용하도록 개정되었다.

제4항의 경우에도 추징 규정이 추가로 개정되었는데 2024년부터는 재난 피해는 예측이 불가한 측면이 있고, 중고차 매매업자에게 그 귀책사유를 묻기 어려운 점 등 고려하여 재난으로 피해를 입어 폐차하거나 폐기한 경우에는 추징 대상에서 배제하도록 개정되었다.

### 5-3. 최소납부세액의 부담(§177의 2)

2015년부터 시행되는 감면 상한제도(§177의 2 본문)에 따라 면제되는 세액의 15%는 감면특례가 제한되어 수출용 중고자동차 등에 대한 취득세(§68 ①~②)의 경우 최소납부세액을 부담하여야 한다. 다만, 시행시기는 부칙 제12조(법률 제12955호, 2014.12.31.)에 따라 2017년 1월 1일부터 적용된다. 이에 대한 세부적인 사항은 제177조의 2의 해설편을 참조하면 된다.

## 6 | 감면신청

### 6-1. 감면신청(§183 ①, 지특칙 별지 제1호 서식)

매매용 중고자동차 등에 대해 감면을 받으려는 자는 감면신청서를 해당 지방자치단체의 장에게 제출해야 한다. 감면신청서에는 구체적인 구비서류를 명시하고 있지는 않으나 본 규정에 따른 감면대상자임을 확인하는 별도의 구비서류를 첨부해야 한다. 주요 구비서류는

다음과 같다. 한편 구체적인 감면신청 절차 등에 대해서는 법 제183조의 해설편을 참조하면 된다.

• 중고자동차 등이 매매용인지 확인 : 자동차등록원부상 중고차상품매매용 등기 여부, 중고자동차 제시신고 번호, 중고자동차 매매업자 상호 등 인적사항 등

### 6-2. 감면 여부 통보(§183 ②, 지특칙 별지 제2호 서식)

신청인으로부터 감면신청을 받은 지방자치단체의 장은 감면 여부를 결정하여야 하고, 특히 감면에 따른 의무사항을 위반하는 경우 감면받은 세액이 추징될 수 있다는 내용과 함께 서면으로 통지해야 한다. 세부적인 감면의무 위반사항에 대해서는 다음의 사후관리편 설명 내용을 참조하면 된다.

## 7 관련사례

▣ 자동차 검사에서 부적합 판정으로 폐차하였으나 추징예외 사유 개정이전 취득한 차량의 추징 여부

취득일부터 1년이 경과한 중고자동차로서 자동차 검사에서 부적합 판정을 받고 폐차한 경우에는 감면된 취득세를 추징하지 아니한다고 규정하고 있으나, 해당 규정은 2019.1.1. 시행 이후 취득하여 감면되는 분부터 적용되므로 2018.8.22. 취득한 자동차이므로 개정 법률 적용 대상에 해당하지 아니함(조심 2020지3381, 2021.6.22.).

▣ 자동차 매매업자가 부활등록하는 차량의 취득세 감면 여부

말소차량(제작결함반품, 도난, 차령초과 등의 사유로 말소)의 경우 등록차량과 동일하게 제시신고를 하고 매매업자 명의로 상품용으로 부활이전등록이 가능하므로 감면적용이 타당함(행안부 지방세특례제도과-1482, 2019.12.2.).

▣ 2년 이내 매각하지 못한 경우 정당한 사유 등 적용 여부

자동차의 수리가 늦게 이루어졌고, 일부 자동차의 경우 유예기간 내에 수출계약을 체결하였으나 잔금지급을 받지 못하여 소유권이전등록을 하지 못하는 등 정당한 사유가 있으므로 감면한 취득세를 추징한 처분은 부당하다고 주장하나, 관련 법령에서 해당 사정으로 추징처분을 면할 만한 사유로 규정하고 있지 아니하고, 정당한 사유로 보기도 어려우므로 취득일부터 2년 이내에 매각하지 못한 자동차에 대하여 추징처분은 타당함(조심 2019지1896, 2019.7.17.).

■ 사업장에 매매용으로 제시하거나 신고한 사실이 없는 자동차에 대한 면제 여부

매매용 자동차로 인정받기 위해서는 「자동차관리법」 제59조 및 같은 법 시행규칙 제121조에 따라 매매용 자동차를 사업장에 제시하고, 그 사실을 시장 등에게 신고하도록 규정하고 있으나, 해당 차량들에 대하여 이러한 절차를 이행한 사실이 없으므로 취득세 면제대상인 매매용 자동차에 해당한다고 보기 어려움(조심 2016지0363, 2016.6.8.).

■ 중고자동차매매업자가 매각하거나 수출하는 경우

법정요건을 갖추고 등록한 매매업자가 매매용으로 감면받고 취득한 중고자동차를 매각하거나 수출하는 경우를 모두 목적 내 사용으로 보아 추징 배제(행안부 지방세특례제도과-2596, 2018.7.25. 종전 해석 변경).

※ 〈종전 해석〉 자동차매매업을 등록한 자가 매매용으로 취득하여 취득세를 감면받은 후 감면받은 자동차를 수출한 경우 감면받은 중고자동차의 감면은 추징대상에 해당됨(행안부 지방세특례제도과-1814, 2018.5.25.).

■ 중고자동차를 수출업자가 수출하거나 매각하는 경우

별도의 자격요건 없는 수출업자의 경우 수출용으로 감면받고 취득한 중고자동차에 대하여는 수출하는 경우에 한하여 목적 내 사용으로 보아 추징 배제(행안부 지방세특례제도과-2596, 2018.7.25.).

■ 리스회사가 리스료를 지급한 경우 부과처분 적정 여부 및 제시 미이행 차량 감면 여부

① 리스회사에게 차량들의 리스료를 모두 지급한 후 리스계약을 종료하였으므로 이는 사실상 취득에 해당하여 취득세 등을 부과한 처분은 잘못이 없음.

② 매매용 자동차로 인정받기 위해서는 「자동차관리법」 제59조 및 같은 법 시행규칙 제121조에 따라 매매용 자동차를 사업장에 제시하고, 그 사실을 시장 등에게 신고하도록 규정하고 있으나, 해당 차량들에 대하여 이러한 절차를 이행한 사실이 없으므로 차량들은 취득세 면제대상인 매매용자동차에 해당한다고 보기 어려움(조심 2016지0363, 2016.6.8.).

■ 매매용 중고차량을 구조변경한 경우 감면 여부

「지방세특례제한법」 제68조에서 말하는 "매매용으로 취득하는 중고자동차"를 해석함에 있어 "취득"이란 판매를 목적으로 중고자동차의 소유권을 득하는 행위로 한정하여 해석하여야 할 것이므로, 이미 매매용으로 취득한 중고자동차에 대한 구조변경에 따른 간주취득까지 「지방세특례제한법」 제68조의 취득세 감면대상에 포함하는 것은 타당하지 아니하다 할 것임(조심 2014지0175, 2014.5.28.).

■ 매매용 중고차량을 매각하지 못한 경우 정당한 사유 해당 여부

• 매매용 중고자동차를 취득한 후 자동차를 매각하기 위하여 생활정보지, 인터넷 등에 판매가격을 낮추어 가며 지속적인 매각광고를 하였다고 하더라도 이는 자동차 매매업자의 일반적인 영업행위로서 다른 매매업자와의 차별성이 있는 노력을 다하였다고 볼 여지가 충분하다고는 할 수 없으며, 당초 취득가격보다 판매가격을 높게 제시한 후 하향 조정한 점 등을 볼 때 유예기간(1년) 내에 자동차를 매각하지 못할 정도의 정당한 사유가 있었다고 보기 어려움(조심 2011지0958, 2012.4.16.).

- 경기불황 및 신차출고로 인한 수요 감소 등은 이 건 자동차를 유예기간 내에 매각하지 못할 정도의 법령상·사실상의 장애사유로 보기는 어려움(조심 2010지0533, 2011.4.25.).
- 자동차를 매매용으로 보관하면서 시운전 외에는 타 용도로 사용하지 않았고, 또한 자동차를 매각하기 위해 인터넷 및 신문광고, 수출방안 모색 등의 다각적인 노력을 하였다고는 하나, 이는 중고자동차 매매업자가 당해 자동차를 판매하기 위하여 행하는 일반적인 절차에 해당한다 할 것이고, 이 건 자동차를 취득일부터 1년 동안 판매광고를 주식회사 ○○○에 단 한 차례 게재한 것만이 입증되고 있는 이상, 이 건 자동차를 취득일로부터 1년 이내에 매각하기 위하여 정상적인 노력을 다하였다고 인정하기는 어려움(조심 2010지0927, 2011.1.31.).
- 중고자동차를 매각하기 위해 온라인 광고와 함께 매장을 이전하여 전시한 점, 리무진 특수차량이라는 그 특성상 판매가 원활하지 아니하였을 것으로 보여지고 그 후 유예기간 만료일부터 5월이 경과할 무렵에 실수요자에게 당초 취득가액보다 낮은 가격으로 매각된 점을 볼 때 자동차를 취득일부터 1년 내에 매각하기 위한 진지한 노력을 다하였음에도 부득이하게 유예기간을 경과한 것으로 부과고지한 처분은 부당함(조심 2010지0023, 2010.9.29.).
- 신규차량을 개인 명의로 출고하여 등록한 후 수출하는 경우 취득세 등을 개인명의자에게 과세함은 적법함(조심 2009지0479, 2009.9.10.).

# 제69조 교통안전 등을 위한 감면

관련규정

제69조(교통안전 등을 위한 감면) 「교통안전공단법」에 따라 설립된 교통안전공단이 같은 법 제6조 제6호의 사업을 위한 부동산을 취득하는 경우 및 「자동차관리법」 제44조에 따른 지정을 받아 자동차검사업무를 대행하는 자동차검사소용 부동산을 취득하는 경우에는 취득세의 100분의 25를 2025년 12월 31일까지 경감한다.

## 1 감면일반

지특법 제69조의 규정은 도로교통 예방 및 교통안전 관리를 도모하기 위해 「교통안전공단법」에 의하여 설립된 교통안전공단에 대한 감면으로 본조 1개항으로 구성되어 있으며 같은 법 제6조 제6호 및 제10호의 규정에 의한 사업용 부동산을 취득하는 경우에는 2015년 12월 31일까지 취득세를 50% 감면한다. 교통안전공단에 대한 감면은 2010년까지는 구 지방세법 제286조 제1항에서 규정하였으나 2011년부터는 현재의 지특법 규정으로 이관되었다. 이후 2012년 말 취득세 감면율이 종전 50%에서 25%로 축소되었으며 일몰기한도 2012년에서 2015년까지 3년간 연장되었고 2016년 12월 31일까지 1년간 재연장되었고, 이후 2025년 12월 31일까지 지속적으로 연장되어 왔다.

## 2 | 감면대상자

「교통안전공단법」에 따라 설립된 교통안전공단이다. 교통안전공단은 교통사고 예방사업을 수행하여 교통안전 관리의 효율화를 도모하고, 국민의 생명·신체 및 재산의 보호에 기여할 목적으로 1981년도에 교통안전진흥공단으로 설립된 단체이며 이후 1995년도에 현재의 교통안전공단으로 명칭이 변경되었다. 주요사업은 도로 교통사고 줄이기 및 교통문화 선진화 관련 사업, 운행자동차의 종합검사 관련사업, 자동차의 성능 및 안전도 향상을 위한 시험·연구 관련 사업, 항공 교통안전 관련 사업, 교통정보 서비스 제공사업 등이 있다.

「도로교통법」에 따라 설립된 도로교통공단은 주로 운전면허시험 관리 등의 업무를 수행하는 기관으로 교통안전공단과 명칭 등이 유사하나 지특법에서 별도의 감면규정을 두고 있지 않아 감면대상자에 해당되지 않는다. 참고로 운전면허시험 관리 등의 업무는 종전에는 국가기관(경찰청 운전면허관리단)에서 수행하였으나 2011년부터는 도로교통공단으로 업무가 이양되었으며 이로 인해 운전면허 관련 부동산 및 자동차의 경우 소유권이 종전 경찰청 소속이 아닌 도로교통공단 명의로 소유권을 이전하거나 새로운 재산을 취득하는 경우에는 도로교통공단에 대해서는 취득세, 자동차세 등 각종 지방세가 과세된다는 것을 참고하기 바란다.

## 3 | 감면대상 부동산 및 특례의 내용

교통안전공단이 「교통안전공단법」 제6조 제6호에 따른 자동차의 성능 및 안전도에 관한 시험·연구 및 「자동차관리법」 제44조의 2[151]에 따른 자동차 종합검사 대행관련 사업용 부동산이 이에 해당된다. 해당 사업용 부동산에 대해서는 2025년 12월 31일까지 취득세의 25%를 감면한다. 각 사업용 부동산에 대한 세부내용은 아래와 같다.

### 3-1. 자동차 성능연구 사업용 부동산

교통사고에 의한 사회적 손실 절감을 위한 정부의 자동차 정책 및 국내 자동차 산업의 기술지원을 위한 자동차 제작결함조사 및 자동차안전도평가(NCAP), 자동차 안전기준 연구

151) 제44조의 2(자동차 종합검사대행자의 지정 등) ① 국토해양부장관은 「교통안전공단법」에 따라 설립된 교통안전공단을 종합검사를 대행하는 자(이하 "종합검사대행자"라 한다)로 지정하여 종합검사 업무(그 결과의 통지를 포함한다)를 대행하게 할 수 있다.

및 R&D, 자동차관련 국제협력 기술검토 및 안전검사, 환경 인증시험(배출가스, 소음인증) 및 도로안전시설 평가, 첨단・미래형자동차 안전성 평가 시험시설 구축, 자동차 정부정책 지원 및 자동차 성능시험 및 연구를 위한 사업용 부동산이다. 시설현황은 경기도 화성시에 소재한 자동차안전연구원(구 자동차성능시험연구소)이 있다.

〈사진〉 자동차성능연구 사업용 부동산

[자동차주행시험장]

[첨단미래형자동차 평가시험동]

### 3-2. 자동차 종합검사 관련 사업용 부동산

도로운행의 적합성을 확인하여 자동차의 안전도 확보 및 교통사고로부터 국민의 생명과 재산을 보호하고 무보험・불법개조자동차 등 확인으로 국민 피해 예방 및 운행질서 확립을 위해 자동차관리법에 근거한 자동차검사[152] 대행자의 지정을 통해 교통안전공단이 수행하는 사업용 부동산이다. 2012년 현재 전국의 자동차검사소 현황은 117개소(본 검사소 56개소, 출장검사장 61개소)에 이른다.

152) 자동차정기검사 주기 : ① 자가용승용차, 피견인자동차 및 10인 이하 자가용 승합자동차(최초 4년, 이후 매 2년) ② 택시(최초 2년, 이후 매 1년) ③ 경・소형 화물 및 승합(매 1년) ④ 사업용 대형 화물(매 1년, 2년 이후 매 6월) ⑤ 기타 자동차(매 1년, 5년 이후 매 6월)

## 4 | 특례의 제한

### 4 - 1. 감면된 취득세의 추징(§178)

본 규정에서는 별도의 추징규정이 없지만, 제178조를 준용하여 감면요건을 위반하는 경우에는 과세기관에서 추징처분을 할 수 있다. 이때 감면요건을 위반하는 경우란 대부분 해당 법인 단체 등이 고유목적사업에 직접 사용하지 않거나 임대 등 다른 용도로 사용하는 경우, 제3자에게 매각 · 증여하는 경우를 말한다. 직접 사용 및 추징에 관한 세부적인 내용은 제178조의 해설편을 참조하면 된다.

### 4 - 2. 지방세 중과대상 부동산 감면 제한(§177)

한국교통공단 등이 감면을 받으려는 부동산이 「지방세법」 제13조 제5항에 따른 별장 · 골프장 · 고급오락장 등 지방세 중과세 대상인 사치성 재산인 경우에는 감면대상에서 제외된다. 이에 대한 세부적인 사항은 제177조의 해설편을 참조하면 된다.

## 5 | 감면신청(§183)

한국교통공단의 고유업무 사업용 부동산에 대해 지방세를 감면받으려는 경우에는 제183조의 규정에 따라 해당 지방자치단체의 해당 사업용 부동산이 감면대상임을 입증하는 서류를 첨부하여 감면신청을 하여야 한다. 세부적인 감면신청 절차 등에 대해서는 제183조의 해설을 참조하면 된다.

# 6 관련사례

■ 자동차검사소용 토지 감면 후 토지상에 있는 건물 일부를 다른 용도로 사용하는 경우 추징 여부

토지 및 건축물이 나타난 사진과 전체 평면배치도를 살펴보면, 토지 중 건축물의 바닥면적과 건축물의 출입구 일부를 제외한 토지가 자동차검사용 차량의 진입로, 대기차로, 검사차로, 퇴출로 및 검사소검사장 전용으로 사용중인 사실을 알 수 있는 바, 토지 중 자동차검사소 전용으로 사용되는 토지부분에 대하여는 「지방세특례제한법」 제69조 규정에 따라 자동차검사소용에 직접 사용하는 토지로 보아 취득세를 경감하고, 그 나머지 토지부분에 대하여는 건축물 면적 중 쟁점건축물에 해당하는 면적 비율에 해당하는 토지면적을 다른 용도로 사용하는 것으로 보아 감면대상에서 제외하는 것이 타당함(조심 2013지0570, 2014.2.21.).

■ 자동차검사소용으로 사용하는 부동산인지 여부 판단

지방세법 제286조 제1항에서 자동차관리법 제44조의 규정에 의한 지정을 받아 자동차검사업무를 대행하는 자동차검사소용 부동산을 취득하는 경우에는 취득세와 등록세의 100분의 50을 경감한다고 규정하고 있고, 자동차관리법 제44조 제1항에서 건설교통부장관은 교통안전공단법에 의하여 설립된 교통안전공단을 자동차의 검사를 대행하는 자로 지정하여 자동차검사를 대행하게 할 수 있도록 하는 한편, 동조 제2항, 같은 법 시행규칙 제82조 및 제83조에서 자동차검사대행자의 검사시설기준 및 지정신청절차 등을 규정하고 있으므로 지방세법 제286조 소정의 취득·등록세의 경감대상이 되는 부동산은 자동차관리법 제44조 제1항, 제2항, 같은 법 시행규칙 제82조 및 제83조에 의한 자동차검사소용 부동산에 한하는 것이며, 귀문의 경우 귀 공단의 지사용 사무실로 사용되는 부동산은 그 위치가 수도권지역 내외 또는 자동차검사소 부지 내외를 불문하고 자동차검사소용으로 사용되는 것이 아니므로 지방세법 제286조 제1항의 규정에 의한 취득·등록세의 경감대상 부동산으로 볼 수 없는 것이며, 질의 2) 후단의 경우 등록세의 세율은 지방세법 제138조 제1항의 규정에 의거 제131조 및 제137조에서 규정한 당해 세율의 100분의 300으로 하는 것임(행자부 세정-2758, 2004.8.28.).

# 제70조

## 운송사업 지원을 위한 감면

### 관련규정

제70조(운송사업 지원을 위한 감면) ①「여객자동차 운수사업법」 제4조에 따라 여객자동차운송사업 면허를 받거나 등록을 한 자가 같은 법 제3조에 따른 여객자동차운송사업 중 다음 각 호의 어느 하나에 해당하는 사업에 직접 사용하기 위하여 취득하는 자동차에 대해서는 취득세의 100분의 50을 2027년 12월 31일까지 경감한다.

1. 시내버스운송사업 · 농어촌버스운송사업 · 마을버스운송사업 또는 시외버스운송사업
2. 일반택시운송사업 또는 개인택시운송사업

**【영】** 제32조(여객자동차운송사업의 범위) 법 제70조 제1항에서 "시내버스운송사업 · 마을버스운송사업 등 대통령령으로 정하는 사업"이란 「여객자동차 운수사업법 시행령」 제3조에 따른 시내버스운송사업, 농어촌버스운송사업, 마을버스운송사업, 시외버스운송사업, 일반택시운송사업 및 개인택시운송사업을 말한다.

⇨ 조문 삭제 후 지특법 제1항 제1호 및 제2호로 이관(2018.12.31.)

② 〈삭 제〉 [14.12.31.]

③「여객자동차 운수사업법」 제4조에 따라 여객자동차운송사업 면허를 받거나 등록을 한 자가 같은 법 제3조에 따른 여객자동차운송사업에 직접 사용하기 위하여 천연가스버스를 취득하는 경우에는 2020년 12월 31일까지 취득세를 면제하고, 2021년 1월 1일부터 2024년 12월 31일까지 취득세의 100분의 75를 경감한다.

④「여객자동차 운수사업법」 제4조에 따라 여객자동차운송사업 면허를 받거나 등록을 한 자가 같은 법 제3조에 따른 여객자동차운송사업에 직접 사용하기 위하여 「환경친화적 자동차의 개발 및 보급 촉진에 관한 법률」 제2조 제3호에 따른 전기자동차 또는 같은 조 제6호에 따른 수소전기자동차로서 같은 조 제2호에 따라 고시된 전기버스 또는 수소전기버스를 취득하는 경우에는 2027년 12월 31일까지 취득세를 면제한다.

☞ 감면 신설(2020.1.1.) : 전기버스, 수소전기버스 ※ 취득세 최소납부세제 적용

## 1 | 개 요

서민대중교통 지원을 위해 시내버스 등 대중교통운송사업자에 대한 세제지원이다. 2010년까지는 구 표준조례에서 규정되었으나 2011년부터는 현재의 지특법 제70조로 이관되었고 2015년에는 중복되어 규정된 천연가스버스에 대한 감면규정을 일원화하였다.

2018년 말 지특법 개정시에 여객버스운송사업자 및 택시운송사업에 대한 감면 범위를 명확히 하고 여객자동차운송사업 면허를 받거나 등록을 한 자가 취득하는 천연가스 버스에 대해 2021년 12월 31일까지 연장하되 2021년에는 감면율을 일부 축소 적용하도록 개정하였다. 2020년에는 미세먼지 저감 등 친환경정책의 일환으로 전기버스 · 수소전기버스에 대한 취득세 면제규정을 도입 · 신설되었으며 2024년 12월 31일까지 연장되었다.

## 2 | 감면대상자

「여객자동차 운수사업법」 제2조 제3호에서 "여객자동차운송사업"이란 다른 사람의 수요에 응하여 자동차를 사용하여 유상(有償)으로 여객을 운송하는 사업으로 노선(路線)형, 구역(區域)형, 수요응답형으로 구분하고 있다.

「지방세특례제한법」 제70조 제1항에 따른 감면대상자는 「여객자동차 운수사업법 시행령」 제3조에 따른 시내버스운송사업자, 농어촌버스운송사업자, 마을버스운송사업자, 시외버스운송사업자, 일반택시운송사업자 및 개인택시운송사업자를 말한다. 대중교통운송사업자는 크게 시내버스, 농어촌버스, 마을버스, 시외버스 등 노선운송사업과 택시, 전세버스, 특수여객(장의)과 같은 구역운송사업자가 있다. 이 중 전세버스사업자, 특수여객(장의)사업자, 자동차대여사업자, 여객자동차터미널사업자 등의 경우에는 본 규정에서 별도로 감면을 규정하고 있지 않아 감면대상자에 해당되지 않는다.

다만, 「지방세특례제한법」 제70조 제2항의 규정은 여객자동차운송사업 면허를 받은 자가 운송사업용으로 직접 사용하기 위하여 천연가스버스를 취득하는 자에 대한 감면으로 노선(路線)형, 구역(區域)형, 수요응답형 구분없이 모두 감면대상에 해당되며 제70조 제1항보다 제2항의 감면대상범위가 넓다 할 것이다.

〈표 1〉 **여객자동차운송사업 종류(여객자동차 운수사업법 제2조 제3호)**

| 종류 | 사업내용 | 사업유형 |
|---|---|---|
| 1. 노선(路線)형 | 자동차를 정기적으로 운행하려는 구간을 정하여 여객을 운송하는 사업 | 가. 시내버스운송사업<br>나. 농어촌버스운송사업<br>다. 마을버스운송사업<br>라. 시외버스운송사업 |
| 2. 구역(區域)형 | 사업구역을 정하여 그 사업구역 안에서 여객을 운송하는 사업 | 가. 전세버스운송사업<br>나. 특수여객자동차운송사업<br>다. 일반택시운송사업<br>라. 개인택시운송사업 |
| 3. 수요응답형 | 「농업·농촌 및 식품산업 기본법」 제3조 제5호에 따른 농촌과 「수산업·어촌 발전 기본법」 제3조 제6호에 따른 어촌을 기점 또는 종점으로 하고, 운행계통·운행시간·운행횟수를 여객의 요청에 따라 탄력적으로 운영하여 여객을 운송하는 사업 | 가. 「농업·농촌 및 식품산업 기본법」 제3조 제5호에 따른 농촌과 「수산업·어촌 발전 기본법」 제3조 제6호에 따른 어촌을 기점 또는 종점으로 하는 경우<br>나. 「대중교통의 육성 및 이용촉진에 관한 법률」 제16조에 따라 실시하는 대중교통현황조사에서 대중교통이 부족하다고 인정되는 지역을 운행하는 경우 |

〈표 2〉 **시내버스 등 대중교통운송사업자 현황(2011년 기준)**

| 구분 | | | 사업자수 | 노선수 | 면허·등록 대수 |
|---|---|---|---|---|---|
| 노선운송 사업 | 시내버스 | | 356 | 7,253 | 32,484 |
| | 농어촌버스 | | 100 | 4,417 | 2,016 |
| | 마을버스 | | 376 | 963 | 3,957 |
| | 시외 버스 | 일반·직행(고속) | 83(21) | 4,489(57) | 7,848(436) |
| | | 고속형 | 8 | 144 | 1,904 |
| | | 시외 계 | 91 | 4,633 | 9,752 |
| | 노선업 계 | | 923 | 17,266 | 48,209 |
| 구역운송 사업 | 택시 | 일반택시 | 1,726 | – | 91,530 |
| | | 개인택시 | 163,443 | – | 163,443 |
| | | 택시 계 | 165,169 | – | 254,973 |

### 대중교통 운송사업을 위한 재정지원 제도

시내·농어촌·시외버스 및 택시는 고유가 등으로 인한 경영악화에 따른 운임인상 등 서민의 보편적인 교통수단으로 공익적 기능을 저해할 우려가 있어 국가(국비) 및 각 자치단체는 지방세 지원 이외에도 각종 재정지원, 유가보조금 등의 지원을 시행 중에 있다. 2011년 기준 재정지원 현황은 일반버스 재정지원(8,200억원), 벽지노선지원(608억원), 공영버스 지원(149억원) 순이며, 유가보조금 지급현황은 7,665억원(버스 3,277억원, 택시 4,383억원)이다. 유가보조금은 주행분 자동차세 부과분을 재원으로 하고 있다. 유가보조금은 지방세인 주행분 자동차세를 재원으로 하고 있으므로 지방세제 이해차원에서 좀 더 살펴볼 필요가 있다. 유가보조금이란 유류세 연동 보조금으로 에너지 세제개편(2001년)에 따른 유류세 인상분의 일부 또는 전부를 보조해 주는 제도로 유가보조금 지급대상은 경유·LPG를 연료로 사용하는 노선버스 및 택시, 화물자동차, 연안화물선이다. 노선버스·택시(여객운수자동차운수사업법 §50) 및 화물자동차(화물자동차운수사업법 §43)에 대한 유가보조금 지급재원은 지방세법 제135조에 따른 주행분 자동차세이며, 연안화물선의 경우에는 에너지 및 자원사업 특별회계에 따른다. 각 운송수단별 유가보조금 지급기준은 아래의 표를 참조하기 바란다.

〈표 3〉 **운송수단별 유가보조금 지급기준**

| 구분 | 차종별 | 유류세 연동 보조금 | 유류세 |
|---|---|---|---|
| 경유 | 고속버스<br>화물차 | 345.54원/ℓ－현재 유류세－2001.6월 유류세 | 528.75원/ℓ－교통·에너지·환경세＋교육세＋주행세 |
| | 일반버스 | 380.09원/ℓ－유류세연동보조금＋ VAT환급액 | |
| 부탄 | 택시 | 197.97원/ℓ－개별소비세＋교육세＋판매부과금－감면액 | 221.36원/ℓ－개별소비세＋교육세＋판매부과금 |

# 3 | 감면대상 자동차 및 특례내용

## 3－1. 세목별 감면율

여객운송사업자가 운송사업용에 직접 사용하기 위해 취득하는 자동차와 할부매입 등의 사유로 저당권설정 등록을 하는 경우에 대해 2018년 12월 31일까지 지방세를 각각 감면한다. 여객운송사업자가 취득하는 천연가스버스의 경우에는 2014년까지는 여객자동차운송사업 면허 여부에 따라 취득세 감면율(50~100%)에 차등을 두었으나, 여객운송사업자는 이미 해당 운송 면허를 받은 자에 해당되어 관련 제도의 실효성이 없음을 고려하여 2015년부터는 감면율을 전액 면제로 일원화하였다(§70 ② 삭제).

2019년까지 전기버스와 수소버스의 경우 천연가스(CNG)버스에 대하여 취득세를 면제하는 것과 달리, 일반 버스와 동일한 수준의 여객운수사업용으로 보아 취득세 감면(50%)을 적용하여 왔으나, 미세먼지 등 지역 대기환경 개선 및 수소 등 신기술 육성 등을 위해 전기버스와 수소버스에 대한 세제지원을 확대할 필요가 있어 취득세 감면율을 종전 50%에서 100%로 조정되었다.

〈표 4〉 **버스운송사업자 등에 대한 지방세 감면 현황(2022.1.1. 현재)**

| 조문 | 감면대상 | 감면율 | 일몰 |
|---|---|---|---|
| §70 ① | 여객자동차운송사업자가 운송사업을 위해 취득하는 자동차(일반버스) | 취득세 50% | '24.12.31. |
| | 금융기관이 여객자동차운송사업자에게 할부매입 등의 사유로 해당 자동차에 대한 저당권 설정 등록 | 등록면허세 75% | '15.12.31. 종료 |
| §70 ② | 여객자동차운송사업자가 운송사업을 위해 취득하는 자동차(천연가스버스) | 취득세 50% | '14.12.31. 조문삭제 |
| §70 ③ | 여객자동차운송사업자가 운송사업을 위해 취득하는 자동차(천연가스버스) | 취득세 100%<br>취득세 75% | '20.12.31.<br>'24.12.31. |
| | 지방세 감면 특례의 제한(최소납부세제) 적용<br>※ '18.12.31.까지 3년간 적용 유예 | 취득세 면제세액의 15% 과세 | '19~20년 적용 |
| §70 ④ | 여객자동차운송사업자가 운송사업을 위해 취득하는 전기버스와 수소전기버스 | 취득세 100% | '24.12.31. |
| | 지방세 감면 특례의 제한(최소납부세제) 적용 | 취득세 면제세액의 15% 과세 | '20년부터 적용 |

### 3-2. 저당권 설정 등기분 감면 경과 특례

금융기관이 여객운송사업자에게 할부 매입 등의 사유로 저당권설정 관련 등록에 따른 등록면허세는 최근에 공정거래위원회에서 근저당권 설정비용을 은행 등 금융기관이 직접 부담하도록 대출거래표준약관제도가 개선(2011.4.)되는 등 담보대출관련 근저당권 설정비는 은행이 부담토록 관련제도가 개선된 점을 반영하여 2013년부터 감면율이 종전 면제에서 75%로 축소되었으며 이후 2016년부터는 일몰기한 종료로 감면대상에서 제외되었다.

다만, 감면이 축소·종료되더라도「지방세기본법」제51조에 따른 경정청구 기간까지는 종전의 규정을 계속해서 적용할 수 있다.

## 4 | 지방세특례의 제한(§177의 2)

여객운송사업자 등이 운송사업용에 사용하기 위하여 취득하는 천연가스버스 자동차에 대해서는 취득세가 면제(§70 ③)됨에도 불구하고, 2015년부터 시행되는 감면 상한제도에 따라 면제되는 세액의 15%는 취득세 감면특례가 제한되어 최소납부세액으로 부담하여야 한다. 다만, 시행시기는 부칙 제12조(법률 제12955호, 2014.12.31.) 개정규정에 따라 그간에는 최소납부세제가 적용되지 않았으나 2019년 1월 1일부터 적용하게 된다. 이에 대한 세부적인 사항은 제177조의 2의 해설편을 참조하면 된다.

## 5 | 감면신청(§183)

여객운송사업자 등이 본 규정에 따라 지방세를 감면받으려는 경우에는 해당 지방자치단체의 장에게 해당 자동차가 여객운송사업용에 직접 사용하는 자동차 용도임을 입증하는 서류를 첨부하여 감면신청을 하여야 한다. 세부적인 감면신청 절차 등에 대해서는 제183조의 해설편을 참조하면 된다.

## 6 | 관련사례

■ 여객자동차 운송사업자의 주식을 취득한 과점주주의 취득세 감면 적용 여부

취득세 감면대상 천연가스 버스를 소유하고 있는 여객자동차 운송사업자(A)의 주식을 취득하여 과점주주(B)가 된 경우, 과점주주 간주취득세는 B가 여객자동차 운송사업 면허를 보유하고 있는 여부에 관계없이 감면대상에 해당하지 아니함(행안부 지방세특례제도과-1707, 2020.7.20.).

■ 천연가스버스 취득세 면제 적용 여부

마을버스운송사업의 경우 2000.8.2.부터 여객자동차운송사업법에 따른 '등록대상'이었음에도 불구하고, 2003.1.1. 지방세감면조례상 감면대상에 신설 당시부터 감면주체를 '면허를 받은 자'로 하여 도입되었던 점, 그간 지방자치단체도 여객자동차운송사업에 마을버스운송사업을 포함한 지방세 지원취지와 등록기준을 갖춘 경우에 등록이 가능한 점 등을 감안하여 광의적으로 '면허를 받은 자'의 범주에 마을버스운송사업도 포함하여 감면을 적용하여 왔던 점, 2011.1.1. 지방세법 분법에 따른 세목과 세율의 변경 이외 감면내용의 변경 없이 오직 마을버스운송사업이 면허대상이 아니라는 사유만으로 갑자기 감면적용을 배제할 경우 그간 감면적용을 받아 왔고 현행 감면규정이 유지되는 한 감면대상으로 예측하고 있었던 납세자의 신뢰보호를 위반하는 문제가 있는 점 등을 종합적으로 고려해 볼 때, 비록 마을버스운송사업자가 관련법령에 따른 등록대상에 해당된다고 하더라도 종전과 동일하게 '면허를 받은 자'의 범주에 포함하여 천연가스버스 취득에 대해서는 취득세 50% 감면이 아니라 면제를 적용함이 타당함(안행부 지방세운영과-546, 2013.2.21.).

■ 시설대여업자가 대여할 목적으로 천연가스 버스를 취득하는 경우 면제 여부

여신전문금융업법에 의한 시설대여업자가 여객자동차운수사업법에 의한 시내버스운송사업자에게 대여할 목적으로 천연가스 버스를 취득 · 대여하는 경우에도 취득세가 면제됨(행자부 세정과 13407-497, 2002.5.28.).

■ 시외운송사업용 버스 취득세 면제 여부

여객자동차운수사업법에 의한 시내버스 및 마을버스 운송사업용으로 취득하는 버스로서 천연가스를 연료로 사용하는 것에 대하여는 취득세를 면제한다고 규정하고 있으므로, 시외운송 사업용으로 사용하기 위해 취득한 버스의 경우 취득세 면제대상이 아님(조심 2009지0941, 2010.9.7.).

# 제71조

## 물류단지 등에 대한 감면

관련규정

제71조(물류단지 등에 대한 감면) ①「물류시설의 개발 및 운영에 관한 법률」 제27조에 따른 물류단지개발사업의 시행자가 같은 법 제22조 제1항에 따라 지정된 물류단지(이하 이 조에서 "물류단지"라 한다)를 개발하기 위하여 취득하는 부동산에 대해서는 취득세의 100분의 35를, 과세기준일 현재 해당 사업에 직접 사용하는 부동산에 대해서는 재산세의 100분의 25를 각각 2025년 12월 31일까지 경감하며, 지방자치단체의 장은 재산세에 대해서는 해당 지역의 재정 여건 등을 고려하여 100분의 10의 범위에서 조례로 정하는 율을 추가로 경감할 수 있다. 다만, 다음 각 호의 어느 하나에 해당하는 경우에는 경감된 취득세와 재산세를 추징하되, 제2호부터 제4호까지의 경우에는 그 해당 부분에 한정하여 추징한다.

☞ 2020.1.15. 개정 : 재산세 감면축소(35→25%), 자치단체 조례로 10% 추가경감 단서 신설

1. 「물류시설의 개발 및 운영에 관한 법률」 제26조 제1항 및 제2조 제1호에 따라 물류단지의 지정이 해제되는 경우
2. 그 취득일부터 3년 이내에 정당한 사유 없이 「물류시설의 개발 및 운영에 관한 법률」 제46조에 따른 준공인가를 받지 아니한 경우
3. 「물류시설의 개발 및 운영에 관한 법률」 제46조에 따른 준공인가를 받은 날부터 3년 이내에 정당한 사유 없이 해당 용도로 분양·임대하지 아니하거나 직접 사용하지 아니한 경우
4. 해당 용도로 직접 사용한 기간이 2년 미만인 상태에서 매각·증여하거나 다른 용도로 사용하는 경우

☞ 2024.12.31. 개정 : 추징규정 신설

② 물류단지에서 대통령령으로 정하는 물류사업(이하 이 항에서 "물류사업"이라 한다)을 직접 하려는 자가 물류사업에 직접 사용하기 위해 취득하는 대통령령으로 정하는 물류시설용 부동산(이하 이 항에서 "물류시설용 부동산"이라 한다)에 대해서는 2025년 12월 31일까지 취득세의 100분의 50을 경감하고, 2025년 12월 31일까지 취득하

여 과세기준일 현재 물류사업에 직접 사용하는 물류시설용 부동산에 대해서는 그 물류시설용 부동산을 취득한 날부터 5년간 재산세의 100분의 35를 경감한다.

【법률 제16865호 부칙】 제16조(물류사업용 부동산에 대한 경감에 관한 경과조치) 이 법 시행 전에 취득한 물류사업용 부동산에 대한 재산세의 경감에 관하여는 제71조 제2항의 개정규정에도 불구하고 종전의 규정에 따른다.

【영】 제33조(물류사업의 범위 등) ① 법 제71조 제2항에서 "대통령령으로 정하는 물류사업"이란 「물류정책기본법」 제2조 제1항 제2호에 따른 물류사업을 말한다.

☞ 제1항 개정(2020. 1. 15.)

② 법 제71조 제2항에서 "대통령령으로 정하는 물류시설용 부동산"이란 「물류시설의 개발 및 운영에 관한 법률」 제2조 제7호에 따른 일반물류단지시설(「유통산업발전법」 제2조 제3호에 따른 대규모점포는 제외한다)을 설치하기 위해 「물류시설의 개발 및 운영에 관한 법률」 제27조에 따른 물류단지개발사업의 시행자로부터 취득하는 토지와 그 토지 취득일부터 5년 이내에 해당 토지에 신축하거나 증축하여 취득하는 건축물(토지 취득일 전에 신축하거나 증축한 건축물을 포함한다)을 말한다.

☞ 제2항 신설(2020. 1. 15.)

③ 「물류시설의 개발 및 운영에 관한 법률」 제7조에 따라 복합물류터미널사업(「사회기반시설에 대한 민간투자법」 제2조 제5호에 따른 민간투자사업 방식의 사업으로 한정한다. 이하 이 항에서 같다)의 등록을 한 자(이하 이 항에서 "복합물류터미널사업자"라 한다)가 사용하는 부동산에 대해서는 다음 각 호에서 정하는 바에 따라 지방세를 경감한다.

1. 복합물류터미널사업자가 「물류시설의 개발 및 운영에 관한 법률」 제9조 제1항에 따라 인가받은 공사계획을 시행하기 위하여 취득하는 부동산에 대해서는 2025년 12월 31일까지 취득세의 100분의 25를 경감한다. 다만, 그 취득일부터 3년이 경과할 때까지 정당한 사유 없이 그 사업에 직접 사용하지 아니하는 경우에는 경감된 취득세를 추징한다.
2. 복합물류터미널사업자가 과세기준일 현재 복합물류터미널사업에 직접 사용하는 부동산에 대해서는 2022년 12월 31일까지 재산세의 100분의 25를 경감한다.

# 1 개 요

화물의 운송·집화·하역 등을 수행하는 물류단지 및 복합물류터미널 단지를 위한 세제 지원이다. 1996년도 신설되어 2010년까지는 구 지방세법 제280조 제5항, 제6항 및 제7항에서 규정되었다가 2011년 지특법이 제정되면서 현재의 제71조로 통합하여 이관되었다. 최근 지방세 감면정비 추진에 따라 물류단지에 대한 감면율의 경우 지속적으로 축소되어 왔으며 2019년 말과 2022년 말 일몰도래시 각각 3년간 연장되었으며 다만, 복합물류터미널사업자가 직접 사용하는 부동산에 대한 재산세 감면규정은 2022년 12월 31일 종료되었으며 2023년 1월 1일부터 물류단지개발사업시행자에 대한 재산세 감면율을 35%에서 25%로 축소하되, 지방자치단체의 재정 여건 등을 고려하여 10%p 범위에서 해당 재산세의 감면율을 가산할 수 있도록 조례 자율성을 강화하는 방안을 마련하였다.

## 2 | 감면대상자

「물류시설의 개발 및 운영에 관한 법률」 제27조에 따른 물류단지개발사업의 시행자, 물류단지에서 물류사업을 영위하려는 입주기업 및 사회기반시설에 대한 민간투자법에 따라 복합물류터미널사업시행자로 지정된 자가 이에 해당된다. 물류단지사업시행자, 복합물류사업시행자의 범위는 다음(복합물류단지사업시행자의 민간투자방식은 제46조의 해설편 참조)과 같다.

■ 물류단지사업시행자로 지정받을 수 있는 자

【물류시설의 개발 및 운영에 관한 법률 §27 ②】 ② 제1항에 따라 물류단지개발사업의 시행자로 지정받을 수 있는 자는 다음 각 호의 자로 한다.

1. 국가 또는 지방자치단체 2. 대통령령으로 정하는 공공기관 3. 지방공기업법에 따른 지방공사
4. 특별법에 따라 설립된 법인 5. 민법 또는 상법에 따라 설립된 법인

(복합물류단지사업시행자, 사회기반시설에 대한 민간투자법 §4) 민간투자사업 방식

※ 제46조의 해설편 참조

■ 물류단지개발사업용 부동산의 범위

【물류시설의 개발 및 운영에 관한 법률】 제22조(물류단지의 지정) ① 물류단지는 국토교통부장관이 지정한다. 다만, 대통령령으로 정하는 규모 이하의 물류단지는 관할 시·도지사가 지정

【같은 법 시행령】 제13조(물류단지의 지정) ① 법 제22조 제1항 단서에서 "대통령령으로 정하는 규모"란 100만 제곱미터를 말한다.

■ 복합물류터미널사업의 경영하려는 자

【물류시설의 개발 및 운영에 관한 법률 §7 ②】 ② 제1항에 따른 등록을 할 수 있는 자는 다음

각 호의 어느 하나에 해당하는 자로 한다.
1. 국가 또는 지방자치단체 2.「공공기관의 운영에 관한 법률」에 따른 공공기관 중 대통령령으로 정하는 공공기관 3.「지방공기업법」에 따른 지방공사
4. 특별법에 따라 설립된 법인 5.「민법」 또는 「상법」에 따라 설립된 법인

## 3 | 감면대상 부동산

물류단지사업시행자가 물류단지를 개발하기 위하여 취득하는 부동산(물류단지로 조성중인 부동산을 포함한다)과 그 물류단지에서 물류사업을 직접 하려는 자가 취득하는 부동산이 이에 해당된다. 이 경우 물류사업을 직접 하려는 범위는 법인·단체 및 개인사업자 모두를 포함한다.

■ **물류단지개발사업용 부동산의 범위**
【물류시설의 개발 및 운영에 관한 법률】 제22조(물류단지의 지정) ① 물류단지는 국토교통부장관이 지정한다. 다만, 대통령령으로 정하는 규모 이하의 물류단지는 관할 시·도지사가 지정
【같은 법 시행령】 제13조(물류단지의 지정) ① 법 제22조 제1항 단서에서 "대통령령으로 정하는 규모"란 100만 제곱미터를 말한다.

한편, 2020년에는 '물류사업' 및 '물류시설용 부동산'의 정의 등을 당초의 입법취지와 기존 유권해석 등 전반적인 사항을 고려하여 해당 정의 규정을 아래와 같이 명확히 하였으며 불명확한 조문 체계가 정비되었다.

〈표 1〉 **물류사업 및 감면대상 부동산 개정 내용(2020.1.1.부터 적용)**

| 구 분 | 2019년까지 | 2020년 이후 |
|---|---|---|
| 물류사업 | 별도로 규정하지 않음 | 물류정책기본법 제2조 제1항 제2호에 따른 물류사업으로 규정 |
| 감면대상 부동산 | 물류사업용 부동산<br>물류단지시설 설치 목적 토지·건물 | 물류시설용 부동산<br>일반물류단지시설 목적 토지·건물 |
| | ▷최초로 취득하는 토지<br>▷최초 취득 후 5년 이내 취득 토지 | ▷시행자로부터 취득하는 토지 |
| | ▷최초 취득 후 5년 이내 취득 건물(기존 건물 취득하는 경우 제외) | ▷토지 취득 후 5년 이내 그 토지상에 신·증축하는 건물 |

| 구 분 | 2019년까지 | 2020년 이후 |
|---|---|---|
| | ※ 토지 취득일 전에 토지사용을 허락받아 건물을 미리 신축한 경우도 감면대상 | ※ 토지 취득일 전에 토지사용을 허락받아 건물을 미리 신·증축한 경우도 감면대상 |
| 대규모점포 | 감면대상 | 감면배제 |

### 3-1. 물류사업의 범위

물류사업의 정의를 「물류정책기본법」에 따른 물류사업으로 규정하여 감면대상 사업의 성격 및 물류사업의 범위를 명확히 개정하였다.

지특법 시행령에서는 「물류정책기본법」 제2조 제1항 제2호에 따른 물류사업을 규정하고 있으며, 해당 법률에서 "물류사업"이란 화주(貨主)의 수요에 따라 유상(有償)으로 물류활동을 영위하는 것을 업(業)으로 하는 것으로 자동차 · 철도차량 · 선박 · 항공기 또는 파이프라인 등의 운송수단을 통하여 화물을 운송하는 화물운송업, 물류터미널이나 창고 등의 물류시설을 운영하는 물류시설운영업, 화물운송의 주선(周旋), 물류장비의 임대, 물류정보의 처리 또는 물류컨설팅 등의 업무를 하는 물류서비스업 및 그 외 물류사업을 종합적 · 복합적으로 영위하는 종합물류서비스업으로 규정하고 있다.

**〈표 2〉 물류사업의 범위(물류정책기본법 시행령 : 별표 1)**

| 대분류 | 세분류 | 세세분류 |
|---|---|---|
| 화물 운송업 | 육상화물운송업 | 화물자동차운송사업, 화물자동차운송가맹사업, 철도사업 |
| | 해상화물운송업 | 외항정기 · 외항부정기화물운송사업, 내항화물운송사업 |
| | 항공화물운송업 | 정기 · 부정기항공운송사업, 상업서류송달업 |
| | 파이프라인운송업 | 파이프라인운송업 |
| 물류시설 운영업 | 창고업 (공동집배송센터운영업 포함) | 일반창고업, 냉장 및 냉동 창고업, 농 · 수산물 창고업, 위험물품보관업, 그 밖의 창고업 |
| | 물류터미널운영업 | 복합물류터미널, 일반물류터미널, 해상터미널, 공항화물터미널, 화물차전용터미널, 컨테이너화물조작장(CFS), 컨테이너장치장(CY), 물류단지, 집배송단지 등 물류시설의 운영업 |

| 대분류 | 세분류 | 세세분류 |
|---|---|---|
| 물류 서비스업 | 화물취급업 (하역업 포함) | 화물의 하역, 포장, 가공, 조립, 상표부착, 프로그램 설치, 품질검사 등 부가적인 물류업 |
| | 화물주선업 | 국제물류주선업, 화물자동차운송주선사업 |
| | 물류장비임대업 | 운송장비임대업, 산업용 기계·장비 임대업, 운반용기 임대업, 화물자동차임대업, 화물선박임대업, 화물항공기임대업, 운반·적치·하역장비 임대업, 컨테이너·파렛트 등 포장용기 임대업, 선박대여업 |
| | 물류정보처리업 | 물류정보 데이터베이스 구축, 물류지원 소프트웨어 개발·운영, 물류 관련 전자문서 처리업 |
| | 물류컨설팅업 | 물류 관련 업무프로세스 개선 관련 컨설팅, 자동창고, 물류자동화 설비 등 도입 관련 컨설팅, 물류 관련 정보시스템 도입 관련 컨설팅 |
| | 해운부대사업 | 해운대리점업, 해운중개업, 선박관리업 |
| | 항만운송관련업 | 항만용역업, 선용품공급업, 선박연료공급업, 선박수리업, 컨테이너 수리업, 예선업 |
| | 항만운송사업 | 항만하역사업, 검수사업, 감정사업, 검량사업 |
| 종합물류 서비스업 | 종합물류서비스업 | 종합물류서비스업 |

## 3-2. 물류사업의 정의

물류사업의 정의를 별도로 규정함에 따라 2020년부터는 종전 '물류사업용 부동산'에서 '물류시설용 부동산'으로 명확히 규정되었고, 감면대상과 인용된 관련법률이 함께 정비되었다.

특히, 지특법에서 도시첨단물류단지시설은 감면대상이 해당하지 않으므로 인용 법률 규정을 종전의 '물류시설의 개발 및 운영에 관한 법률 제2조 제6호의 4에 따른 물류단지시설에서 같은 법 제2조 제7호에 따른 일반물류단지시설로 개정하였다.

〈표 3〉 물류단지시설의 종류

※ **물류시설의 개발 및 운영에 관한 법률 제2조 제7호에 따른 일반물류단지시설**

- 물류터미널, 창고
- 「유통산업발전법」상 대규모점포 · 전문상가단지 · 공동집배송센터 · 중소유통공동도매물류센터
- 「농수산물유통 및 가격안정에 관한 법률」상 농수산물도매시장 · 공판장 · 종합유통센터
- 「궤도운송법」상 궤도사업 경영자가 그 사업에 사용하는 화물의 운송 · 하역 · 보관 시설
- 「축산물위생관리법」상 작업장
- 농협 · 수협 · 산림조합 · 중소기업협동조합 또는 그 중앙회 설치 구매 · 판매사업 관련 시설
- 「화물자동차 운수사업법」상 화물자동차운수사업 이용 차고 · 화물취급소 · 화물처리시설
- 「약사법」상 의약품 도매상의 창고 · 영업소시설
- 「관세법」상 보세창고, 「식품산업진흥법」상 수산물가공업시설
- 「항만법」상 항만시설 중 항만구역 내 화물하역시설 및 화물보관 · 처리 시설
- 「공항시설법」상 공항시설 중 공항구역 내 화물운송 시설과 그 부대 · 지원시설
- 「철도사업법」상 철도사업자가 그 사업에 사용하는 화물운송 · 하역 및 보관 시설
- 「자동차관리법」상 자동차매매업 공동사업장 · 자동차경매장
- 위의 시설에 딸린 시설(물류터미널, 대규모점포 등과 동일한 건축물에 설치되는 시설 포함)

### 3-3. 대규모 점포 배제

물류단지시설(상류시설) 중에서 「유통산업발전법」 제2조 제3호에 따른 대규모 점포(매장면적 3천㎡ 이상 상시운영 매장)로서 대형마트, 전문점, 백화점, 쇼핑센터, 복합쇼핑몰, 그 밖의 대규모점포는 규모화에 따른 담세력을 고려하여 2020년부터 물류시설용 감면부동산에서 배제하도록 규정되었다.

다만, 2019년 말까지 종전 지특법에 따라 5년간 재산세 감면대상인 물류단지 입주기업의 물류사업용 부동산에 대해서는 개정 규정(법률 16865호, 2020.1.15.)에 불구하고 종전 규정을 적용(부칙 제16조)하도록 함으로써 취득 후 5년이 경과하지 않은 대규모점포시설에 관하여는 납세자 신뢰보호를 위해 남은 기간에 대해 종전과 같이 감면 적용을 받을 수 있다.

### 3-4. 감면대상 부동산

2020년부터 물류단지 육성 및 사업장 신설 촉진 등의 입법취지를 반영해 감면대상 부동산을 명확히 규정하였으며 토지의 경우 2019년까지 종전의 규정에 따라 물류단지 내에 최초로 취득하는 토지와 그 토지 취득일부터 5년 이내에 취득 사업용 토지로 규정하였으나

2020년 이후부터는 물류단지개발사업의 시행자로부터 취득하는 토지(5년 기간 제한 없음)로서 사업시행자가 직접 매각하는(최초 분양) 토지는 기간제한 없이 감면하고 기존 물류시설을 승계하는 경우에는 해당 부동산은 감면을 받지 않도록 명확히 규정되었다.

건축물의 경우에는 2019년까지는 최초로 토지를 취득하는 날부터 5년 이내에 취득하는 사업용 건축물만을 의미하므로 기존 건축물은 제외하였으나 2020년부터는 토지 취득일부터 5년 이내에 해당 토지에 신·증축하여 취득하는 건축물로서 토지 취득 후 그 토지상에 일반물류단지시설로 사용할 목적으로 신축하는 건축물 및 동일한 목적으로 5년 이내에 증축하는 건축물을 감면대상에 포함하고 있으며 토지 취득일 전에 그 사용을 미리 허락받아 건축하는 건축물은 종전과 동일하게 감면하되, 그 대상은 종전 신축 건물에서 증축 건물까지 확대 적용하도록 개정되었다.

### 3-5. 복합물류터미널사업자

한편, 복합물류터미널사업자에 대한 감면대상자는 사회기반시설에 대한 민간투자법 제4조에 따라 복합물류터미널사업시행자로 지정된 자에서 물류시설법 제7조에 따라 복합물류터미널사업 등록을 한 자(민간투자법에 따른 민간투자사업 방식에 한정)가 관련 공사계획을 시행하기 위해 취득하거나 그 사업에 직접 사용하는 부동산이 해당된다. 세부적인 사업용 부동산의 범위는 다음과 같다.

### 3-6. 물류단지 및 복합물류터미널 현황

물류단지는 물류단지시설과 그 지원시설을 집단적으로 설치 또는 육성하기 위하여 체계적으로 지정·개발된 단지로서 다음 표의 ① 물류시설 ② 상류시설 ③ 복합시설 및 ④ 지원시설을 통칭한 것을 말한다. 2014년 현재 전국에 25개소(운영중 15개, 공사중 10개)가 있다.

또한, 물류단지 개발사업이란 물류시설을 설치하기 위한 부지의 조성 및 기반시설의 설치에 대한 사업을 말하며 국가, 지자체, 공기업 및 민간법인 등 누구나 사업시행자 가능하지만 대규모 사업비와 고도의 Know-How가 필요하여, 공기업 및 대기업 중심으로 사업이 시행중에 있다. 관련법령으로는 물류시설법과 산업단지특례법이 있다.

〈표 4〉 물류단지 개발사업 적용 법률

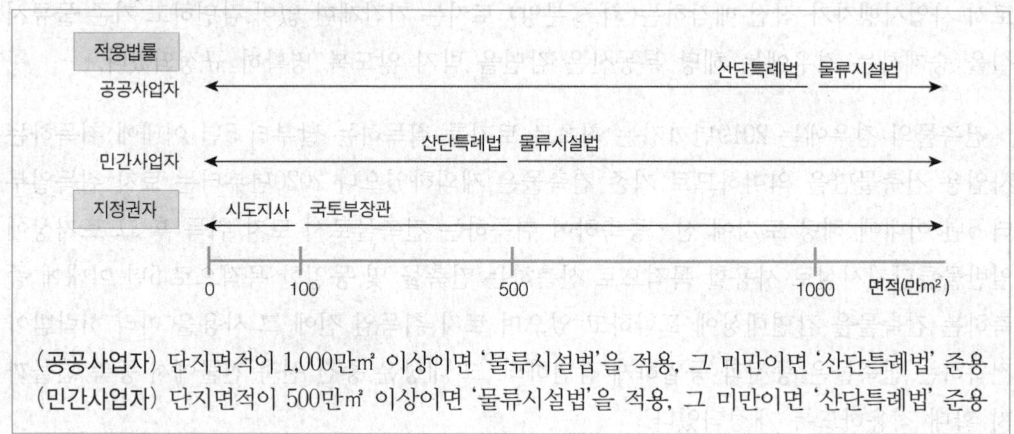


〈표 5〉 물류단지 현황(2016년 기준)

| 구분 | 사업명 | 위치 | 사업기관 | 준공현황 |
|---|---|---|---|---|
| 합 계 | | 27개소 | | |
| 운영중<br>공공13<br>민간5 | 부산 감천항(주)원양어업개발 | 부산 서구 암남동 | '91~'14 | 단지조성 100% |
| | 대전 대전도시공사 | 대전 유성구 대정동 | '98~'03 | '03.3.31. 준공 |
| | 울산진장(1단계) LH공사 | 울산 북구 진장동 | '00~'07 | '07.10.11. 준공 |
| | 음성 LH공사 | 충북 음성군 대소면 | '98~'07 | '07.7.31. 준공 |
| | 안동 LH공사 | 경북 안동시 풍산읍 | '05~'07 | 07.12.31. 준공 |
| | 전주장동 LH공사 | 전북 전주시 덕진구 장동 | '04~'07 | '07.12.31. 준공 |
| | 평택도일 평택시 | 경기 평택시 일동 | '03~'08 | '08.3.31. 준공 |
| | 여주 (주)신세계사이먼 | 경기 여주군 여주읍 | '99~'10 | '10.3.30. 준공 |
| | 광주 (주)현대F&G | 경기 광주시 도척면 | '03~'09 | '09.4.28. 준공 |
| | 서울 동남권 SH공사 | 서울 송파구 정동 | '04~'15 | '15.5.1. 준공 |
| | 천안 LH공사 | 충남 천안시 백석동 | '00~'11 | '11.11.28. 준공 |
| | 남대전 종합 대전도시공사 | 대전 동구 구도동 | '08~'13 | '13.6.14. 준공 |
| | 김포 고촌 한국수자원공사 | 경기 김포시 고촌면 | '10~'13 | '13.6.21. 준공 |
| | 이천 패션 한국패션물류(주) | 경기 이천시 마장면 | '09~'13 | '13.12.24. 준공 |
| | 경인아라뱃길 인천 수자원공사 | 인천 서구 경서동 인근 | '10~'14 | '14.3.18. 준공 |
| | 안성 원곡 경기도시공사 | 경기 안성시 원곡면 | '09~'14 | '14.12.10. 준공 |

| 구분 | 사업명 | 위치 | 사업기관 | 준공현황 |
|---|---|---|---|---|
| 합 계 | | 27개소 | | |
| | 광주 초월 (주)미래로지텍 | 경기 광주시 초월읍 | '09~'14 | '14.12.15. 준공 |
| | 영동 황간 영동군수 | 충북 영동군 황간면 | '09~'15 | '15.4.10. 준공 |
| | 소 계 | 18개소 | | |
| 공사중<br>공공2<br>민간7 | 강릉 (주)원익 | 강원 강릉시 구정면 | '99~'14 | 조성 80%(사업중지) |
| | 제천 (주)장평 | 충북 제천시 봉양읍 | '03~'12 | 보상 50%(사업중지) |
| | 화성 동탄 마르스PFV(주) | 경기 화성시 동탄면 | '10~'15 | 단지조성 95% |
| | 부천 오정 LH공사 | 경기 부천시 오정동 | '08~'16 | 단지조성 5% |
| | 울산 진장(2단계) 울산도시공사 | 울산 북구 진장동 | '11~'15 | 단지조성 46% |
| | 무등 (주)진흥개발 | 경남 고성군 거류면 | '13~'15 | 공사진행중 |
| | 안성 미양 (주)농업협동조합 | 경기 안성시 미양면 | '14~'16 | 공사준비중 |
| | 김해 풍유 (주)김해풍유물류 | 경남 김해시 풍유동 | '14~'16 | 보상중 |
| | 울산 삼남 (주)메가마트 | 울산 울주군 삼남면 | '14~'17 | 공사진행중 |
| | 소 계 | 9개소 | | |

### 3-7. 복합물류터미널

2가지 이상 운송수단(도로, 철도, 항만, 공항)간 연계운송을 할 수 있는 규모 및 시설을 갖춘 물류터미널로 '물류시설개발종합계획'(국토부, 2010년)에 따라 2014년 현재 전국 5대 권역별 복합물류 터미널 설치·운영(7개) 중에 있다.

〈표 6〉 **복합물류터미널 현황(2014년 기준)**

| 구분 | | 사업명 | 시행사 |
|---|---|---|---|
| 운영중(5) | 수도권 | 군포 복합물류터미널 | 한국복합물류(주) |
| | | 군포 복합물류터미널(확장) | |
| | 부산권 | 양산 복합물류터미널 | |
| | 호남권 | 장성 복합물류터미널 및 내륙컨테이너기지 | |
| | 중부권 | 중부 복합물류터미널 및 내륙컨테이너기지 | |
| | 영남권 | 칠곡 복합물류터미널 및 내륙컨테이너기지 | |
| 공사중(1) | 호남권(2단계) | 장성 복합물류터미널 및 내륙컨테이너기지 | (주)영남복합물류 |
| 계획중(1) | 수도권 북부 | 파주 복합물류터미널 및 내륙컨테이너기지 | |

## 4 특례내용

### 4-1. 세목별 감면율

물류단지개발사업시행자, 물류단지에서 물류사업을 직접 하려는 자 등에 대해서는 2025년 12월 31일까지 다음과 같이 각각 지방세를 감면한다.

〈표 5〉 물류단지개발사업시행자 등 지방세 감면 현황(2023.1.1. 현재)

| 조문 | 감면대상 | 감면율 |
|---|---|---|
| §71 ① | 물류단지개발사업시행자가 물류단지 개발을 위해 취득하는 부동산 | 취득세 35%<br>재산세 25%<br>※ 조례 10% 추가가능 |
| §71 ② | 물류단지에서 물류사업을 직접 하려는 자가 취득하는 부동산<br>※ 대규모 점포 제외(2020.1.1. 시행) | 취득세 50%<br>재산세 35%(5년간) |
| §71 ③ | 복합물류터미널사업시행자로 지정된 자가 해당 공사계획 시행을 위해 취득 또는 직접 사용하기 위해 보유하는 부동산 | 취득세 25%<br>재산세 25%<br>※ '22년 말 종료 |
| §71 ④ | 제1항 및 제2항에 따른 취득세 경감률 이외 조례로 추가 경감 | 취득세 25%(추가)<br>※ '16.12.31. 삭제 |
| §71 ⑤ | 제3항의 취득세, 재산세 경감률 이외 조례로 추가 경감 | 취득세, 재산세 최대 100%까지 가능 |

### 4-2. 건축중인 부속토지에 대한 특례(영 §123)

물류단지사업시행자가 해당 사업용도로 사용할 건축물을 건축중인 경우에는 해당 용도로 직접 사용하고 있는 것으로 의제(擬制)하여 해당 건축물의 부속토지에 대한 재산세를 계속 감면한다.

### 4-3. 자동계좌이체 납부분 재산세 세액공제(§92의 2)

물류사업시행자 등이 전자송달 또는 자동계좌이체 방식으로 납부할 재산세(§71 ①·②·③)를 자동납부 신청하는 경우에는 지방자치단체의 조례로 정하는 바에 따라 추가로 재산세를 공제(150원~1,000원)받을 수 있다. 자동납부 신청 세액공제에 관한 세부사항은 제92조의 2의 해설편을 참조하면 된다.

### 4-4. 지방자치단체 조례를 통한 감면특례

#### 4-4-1. 물류단지사업시행자 등에 대한 추가 감면(§71 ④ 전단)

물류단지사업시행자(§71 ①), 물류단지에서 물류사업을 직접 하려는 자(§71 ②) 등에 대해서는 본 규정에 따른 법정 감면율 이외에도 지방자치단체의 조례로 최대 25%의 범위에서 추가로 취득세 감면을 확대할 수 있다. 이에 따라 대전광역시 등 9개 자치단체에서는 물류단지사업시행자가 취득하는 부동산 등에 대해서는 취득세가 60%까지 감면되었으며 이후 지방자치단체마다 감면율을 달리하고 있어 각각의 감면조례를 통해 적용하여야 한다.

**〈물류단지사업시행자 등에 대한 취득세 25% 추가 경감률 적용 자치단체, 2015.12.31. 현재〉**
대전·울산광역시, 세종특별자치시, 경기도, 강원도, 충청북도, 전라남도, 경상북도, 경상남도

#### 4-4-2. 지방자치단체 감면조례 신설 예외특례(§71 ④ 후단)

가. 지방자치단체 감면조례 추가 확대 예외특례(§71 ④ 후단)

법 제4조 제1항에서 지특법에 이미 감면 규정을 두고 있는 경우에는 지방자치단체의 조례로 감면을 추가로 확대할 수 없도록 규정하고 있다. 따라서 물류단지사업시행자 등에 대해서는 이미 법 제71조에서 감면 규정을 두고 있어 지방자치단체의 조례로 감면을 확대할 수 없음에도 제71조 제4항 후단의 규정에 따라 조례로 감면을 확대할 수 있다.

나. 지방자치단체 감면조례 총량 산정 예외특례(§71 ④ 후단)

지특법 제4조 제6항 및 제7항에서 해당 지방자치단체의 전전연도 지방세 징수액 대비 5% 범위 이내에서만 지방자치단체가 조례를 통해 감면을 할 수 있도록 감면조례 총량 제도를 운영하고 있다. 따라서 제71조 제4항(전단)에 따라 감면을 하는 경우에는 그 감면액만큼은 전전연도 지방세 총량비율 산정에서 제외하도록 하여 지방자치단체가 감면조례 자율권을 행사하는 데 불이익이 발생하지 않도록 특례 규정을 두었다.

다. 복합물류터미널사업시행자 감면조례 추가 확대 예외특례(§71 ⑤)

복합물류터미널사업시행자에 대해서는 법정 감면율인 취득세 및 재산세 25%를 초과하여 지방자치단체의 조례로 추가로 감면할 수 있도록 법 제71조 제5항에서 특례 규정을 두었으나 2017년부터 조례 추가 감면이 삭제됨에 따라 감면총량제도를 적용받게 되었다.

# 5 | 특례의 제한

## 5-1. 감면된 취득세의 추징(§72 ③, §178)

물류단지사업시행자 등이 감면요건을 위반하는 경우에는 본 규정에서는 별도로 사후관리 규정을 두고 있지 않으나 제178조에 따라 감면받은 취득세가 추징된다. 여기서 감면요건 위반이란 대부분 물류단지사업시행자 등이 그 고유업무에 직접 사용하지 않거나 다른 용도로 사용하는 것 등을 말한다.

한편, 복합물류터미널사업시행자의 경우는 제72조 제3항 단서에서 별도로 사후관리 규정을 두고 있다. 감면의무위반 사항에 대한 세부적인 내용은 제178조의 해설편 내용을 참조하면 된다.

## 5-2. 지방세 중과대상 부동산 감면 제한(§177)

물류단지사업시행자 등이 감면을 받으려는 부동산이 「지방세법」 제13조 제5항에 따른 별장·골프장·고급오락장 등 지방세 중과세 대상인 사치성 재산인 경우에는 감면대상에서 제외된다. 이에 대한 세부적인 사항은 제177조의 해설편을 참조하면 된다.

# 6 | 감면신청(§183)

물류단지사업시행자 등이 본 규정에 따라 지방세를 감면받으려는 경우에는 해당 지방자치단체의 장에게 해당 부동산이 물류단지사업용 부동산 등에 직접 사용하는 용도임을 입증하는 서류를 첨부하여 감면신청을 하여야 한다. 세부적인 감면신청 절차 등에 대해서는 제183조의 해설편을 참조하면 된다.

## 7 관련사례

■ 물류단지 개발사업용 부동산 추징 대상 여부 회신해당 여부

물류단지를 준공하지 못한 사실만으로 감면된 취득세를 추징할 수 없고, 1년 이내에 직접 사용하지 못한 데 대한 정당한 사유의 유무를 판단하여 추징 여부를 결정해야 할 것임(행안부 지방세특례제도과-2244, 2024.9.6.).

■ 물류단지 내의 토지를 취득하지 않고 물류사업용 건축물만을 신축한 경우 취득세 감면대상에 해당하지 아니한 것으로 보아 가산세를 포함하여 이 건 취득세 등을 추징한 처분의 당부

청구법인과 같이 물류단지 안의 토지를 취득하지 않은 상태에서 물류시설용 건축물을 신축(취득)하는 경우 해당 건축물은 그 사업에 직접 사용한다고 하더라도 「지방세특례제한법」 제71조 제2항 및 같은 법 시행령 제33조 제2항에서 규정하고 있는 취득세 감면대상에서 제외하는 것이 타당하다고 판단됨(조심 2023지5251, 2024.5.29.).

■ 감면된 취득세를 추징하는 경우 과소신고가산세 부과 여부

「舊 지방세법」 제21조에서 부족세액의 징수방법을 구체적으로 정하면서 가산세는 「지방세기본법」 제53조부터 제55조까지의 규정에 따라 산출한 가산세를 징수하도록 하고 있는 점, 「舊 지방세기본법」 제54조는 신고하여야 할 납부세액보다 납부세액을 적게 신고한 경우에는 과소신고한 납부세액의 100분의 10에 상당하는 금액을 가산세로 부과한다고 규정하여 납세자가 감면판단을 그르쳐서 납부세액을 과소신고한 경우에도 적용되는 것으로 보이는 점, 신고·납부 확정방식의 취득세는 납세자가 스스로 그 과세표준과 세액을 신고하면 그 내용대로 확정되는 점 등을 고려시 「지방세기본법」 제54조 제1항에 따른 과소신고가산세는 부과되는 것이 타당함(행안부 지방세특례제도과-1002, 2024.4.26.).

■ 쟁점건축물이 소재한 인천국제공항 공항물류단지는 「물류시설법」 제22조 제1항에 따른 물류단지에 해당하므로 쟁점건축물은 「지방세특례제한법」 제71조 제2항*에 따른 재산세 감면대상에 해당한다는 청구주장의 당부

청구법인과 같이 물류단지 안의 토지를 취득하지 않은 상태에서 물류시설용 건축물을 신축(취득)하는 경우 해당 건축물은 그 사업에 직접 사용한다고 하더라도 「지방세특례제한법」 제71조 제2항 및 같은 법 시행령 제33조에서 규정하고 있는 재산세 감면대상에서 제외된다고 보는 것이 타당하다 할 것으로 청구주장을 받아들이기 어렵다 할 것임(조심 2020지3574, 2023.10.17.).

■ 사업자등록 및 임대차계약서상 관련 약정에 따른 물류사업용 판단 여부

법인의 사업자등록증에는 부동산업만 등록되어 있을 뿐 창고업이 등록되어 있지 아니하고, 물류시설법 제21조의 2 제1항에서 전체 바닥면적의 합계가 1천제곱미터 이상인 보관시설을 소유하여 물류창고업을 경영하려는 자는 국토부장관에게 등록하도록 하고 있는데, 등록한 사실이 없으며 임대차계약서를 보면, 일반적인 임대차관계에서 임대인과 임차인이 지켜야 할 원론적인 내용만 명시하고 있고, 물류시설에 보관된 화물과 관련한 책임소재에 관한 명

시적인 약정의 내용은 없는 것으로 나타나므로 일반적인 부동산 임대차계약과 차이가 없어 물류사업에 해당하지 않는 것으로 보임(조심 2021지0655, 2021.9.16.).

■ 물류사업용 토지의 유예기간 내 직접 사용 여부 및 정당한 사유 적용 여부

토지 상에 도로를 기준으로 하여 일부분은 창고를 축조하고, 일부 토지는 나대지 상태로 있다가 취득일부터 2년 11개월이 경과한 시점에서야 증축을 위한 착공이 이루어져 3년 8개월 경과 후 준공된 점과 토지의 경계에 조경공사를 하고, 일부를 주차공간으로 사용하였다 하더라도 이를 물류사업에 직접 사용한 것으로 보기는 어렵다고 판단됨.

또 다른 토지의 경우 취득일부터 4년 7개월 경과 이후 현장확인조사 당시 나대지 상태인 것으로 확인된 점, 해당 법인이 토지에 대한 건축허가를 받은 후 3년 4개월이 경과한 이후에 착공한 것으로 보이는 점, 그 착공의 지연 사유에 법률적 문제나 행정기관의 귀책 등의 외부적 장애사유가 있었던 것으로 보기 어려운 점 등에 비추어 부과처분은 달리 잘못이 없음(조심 2019지0575, 2019.12.4.).

■ 토지의 진출입로 설치로 인해 건축공사가 지연된 경우 감면 여부

토지의 진출입로 설치문제는 토지를 취득할 당시 목적사업에 직접 사용할 수 없는 행정관청이나 법령 등에 의한 금지 · 제한이라기보다는 기존 축산물공판장과 토지로의 진출입을 공동으로 사용하게 됨으로써 교차 오염 가능성에 따른 사업 운영의 차질이 예상되어 이를 해결하기 위한 내부적인 판단으로 보이는 점, 토지상에 착공허가를 받고 불량토 제거 및 토지 정리 등을 하였으나 진출입로 개설 문제로 공사가 중단되어 유예기간 내에 어떠한 건축공사도 이루어지고 있지 아니한 점, 진입로 변경이 승인되고 진출입로가 확정되었음에도 토지상에 실질적인 건축공사가 이루어지고 있지 아니한 점 등에 비추어 부과처분은 달리 잘못이 없음(조심 2018지2279, 2019.11.25.).

■ 물류사업이 아니라 도매업 및 제조업에 사용하는 경우 감면 여부

부동산을 철제적재 등 법인의 주된 사업인 철제도매업 및 고철가공제조업을 위한 창고시설로 활용하고 있고, 이는 물류사업의 요건인 유사성이 없는 점 등에 비추어 취득세 등을 부과한 처분은 잘못이 없음(조심 2015지1159, 2015.12.18.).

■ 물류사업용 부동산에 해당하는지 여부

토지상에 증축한 건축물은 기존에 신축한 건축물과 동일한 형태로 운영되고 있어 해당 건축물과 기존 건축물을 달리 볼 만한 사정이 없으므로 건축물을 물류사업용으로 공여되고 있는 부동산으로 보는 것이 타당하고, 물류단지(구 유통단지)에 대한 취득세 감면조항은 구 「지방세법」 제280조 제5항에서 규정하고 있었으나, 2011.1.1. 지방세법령의 분법으로 인해 「지방세특례제한법」 제72조 제2항으로 이관되었을 뿐 그 감면요건이 변경된 것은 아닌 점 등에 비추어 건축물을 직접 물류사업용(대규모점포용)으로 사용한 것으로 보는 것이 타당함(조심 2014지0604, 2015.8.13.).

■ 물류사업용 부동산을 2년 이내에 매각하는 경우 추징 여부

• 물류사업용 건축물을 신축하기 위하여 취득하는 토지는 그 지상에 물류사업용 건축물이 준공된 시점에 비로소 물류사업에 제공되어 직접 사용되는 것으로 보는 것이 타당하고,

건축물을 신축하고 2년 이내에 토지 등을 매각하였으므로 취득세 등을 부과한 처분은 잘못이 없음(조심 2015지1255, 2015.11.12.).

- 건축물이 준공된 후 2년 이내 물류사업에 직접 사용하지 아니하고 이를 매각한 사실이 확인된 부동산이나, 매각하지는 않았으나 주 부동산의 매각으로 물류사업과 관련이 없는 토지가 된 경우 기 감면한 취득세(가산세 포함)를 추징한 처분은 달리 잘못이 없음(조심 2013지0009, 2013.2.22.).

▣ 주유소 시설의 물류단지 해당 여부

- 주유소는 물류단지시설과 관련성이 있기는 하지만, 그 자체로서는 물류기능을 가지고 있지 아니하므로, 주유소가 물류단지 내에 위치한다는 사정만으로 바로 물류단지시설에 딸려 있는 시설 내지 유통시설에 부대되는 시설이라고 보기는 부족하고 물류단지시설과 그 구조, 물류터미널 내에서의 위치 및 접근가능성, 일반 도로에서의 접근가능성 및 독자적인 영업가능성 등 구조적 · 지리적으로 결합 또는 접속되어 기능적으로 밀접한 관계에 있다는 사정이 인정되어야 비로소 물류단지시설에 딸린 시설로서 물류단지시설에 해당하게 된다고 할 것이므로 물류터미널과 구조적 · 지리적으로 결합 또는 접속되어 있어 밀접한 관계에 있다거나, 기능적 보조관계에 있다고 보기는 어려워 물류터미널의 부대시설로 볼 수 없음(대법원 2015두40514, 2015.7.9.).
- 물류단지시설이라 함은 화물의 운송 · 집하 · 하역 · 분류 · 포장 · 가공 · 조립 · 통관 · 보관 · 판매 · 정보처리 등을 위하여 설치되는 시설로서 물류터미널, 창고 및 이에 딸린 시설을 말하는 것인 바, 불특정 다수인이 이용하는 주유소는 물류단지시설 내지는 화물터미널에 딸린 시설로 보기는 어려워 보이므로 주유소에 대하여 면제한 취득세 등을 추징한 것은 달리 잘못이 없음(조심 2013지0409, 2013.9.16.).

▣ 토지 취득 후 유예기간 내에 미사용에 따른 정당한 사유 해당 여부

- 토지의 「토지분양계약서」에 의하면 청구법인이 분양대금의 100분의 50 이상을 납부하는 등 일정요건이 충족된 경우 해당 법인이 토지 사용이 가능하였던 점, 건축허가를 받고 착공신고필증을 교부받았음에도 착공하지 아니하였던 점 등에 비추어 토지를 취득한 후 1년 이내에 물류사업용으로 사용하지 못한 정당한 사유가 있다고 보기 어려움(조심 2015지0632, 2015.6.24.).
- 물류사업용 토지를 취득한 후 시공사와 도급계약해지로 착공이 늦어지는 경우는 납세자의 내부적인 사정으로 1년 이내에 물류사업용으로 직접 사용하지 못한 정당한 사유에 해당되지 않으므로 감면 받은 취득세 추징은 정당함(조세심판원 2012지0046, 2012.6.26.).

▣ 물류사업용 부동산의 임대면적에 대한 직접 사용 여부

물류단지에서 물류사업을 직접 하려는 자가 취득하는 물류사업용 부동산에 대해서 취득 등을 경감한다고 규정하고 있을 뿐 임대의 경우도 포함한다는 별도의 규정이 없어 임대를 직접 사용에 해당한다고 보기 어려운 점 등에 비추어 해당 법인이 물류사업에 직접 사용하였다고 보기는 어려움(조심 2014지1438, 2015.6.15.).

▣ 물류터미널 시설물을 임대 등의 방식으로 운영하고 사용료를 징수하는 경우 감면 여부

물류터미널사업은 물류터미널사업시행자가 물류터미널시설물을 직영하는 것뿐만 아니라 임대 등의 방식으로 운영하고 그 사용자로부터 시설사용료를 징수하는 형태로 운영하는 것을 포함하는 것이므로, 물류용역을 체결하고 물류터미널사업을 영위하였다고 하여 이를 달리 볼 수는 없음(조심 2015지1524, 2015.2.18.).

■ 이미 설치한 물류단지시설을 취득한 경우 감면 여부

이미 설치한 물류단지시설(토지 및 건축물)을 취득한 것이므로 물류단지시설을 설치하기 위하여 토지를 취득한 것으로 보기는 어려움(조심 2013지0021, 2013.2.14.).

■ 복합물류터미널 일부를 공실상태로 두고 있는 경우, 직접 사용으로 볼 수 있는지 여부

(주)○○공사는 2010.1.19. 복합물류터미널사업 등록 및 2010.4.1. 사업자 등록(업태 : 서비스, 종목 : 화물자동차터미널시설운영)을 하였고, 그 후 2010년 임대율 23.4%, 2011년 임대율 34.2% 등으로 2010년도부터 계속하여 공실이 발생하고 있고, 2014.6.1. 재산세과세기준일 현재 사용현황은 공실면적 52,947㎡(31.76%), 사용・임대면적 113,765(68.24%)로 되어 있는 바, '그 사업에 직접 사용'의 의미는 부동산의 소유자가 해당 부동산을 현실적으로 그 사업 또는 업무의 목적이나 용도에 맞게 직접 사용하는 것을 말하고, 복합물류터미널사업 등록 조건으로 「물류시설의 개발 및 운영에 관한 법률」에서 정한 등록기준 및 물류터미널의 구조 및 설비를 유지하도록 하고 있고, 같은 법 제17조 제2호 및 제3호에서는 변경등록을 하지 아니하고 등록사항을 변경하거나, 등록기준에 맞지 아니하게 된 때에 등록을 취소하거나 사업의 정지를 명할 수 있도록 규정하고 있으므로 공실부분이 등록조건에 적합하고 사업의 휴업・폐업 등을 한 경우가 아니라면 그 사업 또는 업무의 목적이나 용도에 맞게 직접 사용하는 것으로 보는 것이 타당함(행자부 지방세특례제도과-1568, 2015.6.12.).

■ 주유소 신축에 따른 물류사업용 부동산 해당 여부

운송사업자가 물류단지 내 물류단지시설(물류창고)을 설치 후 5년 이내 같은 구역에 주유소를 신축하는 경우 지특법 제71조 제2항에 따른 취득세 등 면제대상인 물류사업을 직접 하려는 자가 취득하는 물류사업용 부동산에 해당되지 않음(행안부 지방세운영과-4021, 2011.8.26.).

■ 물류단지 개발 사업시행자의 기존 보유 건축물 감면 해당 여부

물류사업용 부동산 해당 여부 기준은 물류단지개발 사업시행자가 최초 토지 취득 후 5년 이내 취득한 토지 및 신축건축물을 의미하므로 기존 건축물을 취득하는 경우에는 취득・등록세 면제대상인 물류사업용 부동산이 아님(행안부 지방세운영과-1358, 2009.4.3.).

■ 물류사업용 토지에 대한 정당한 사유 해당 여부

물류사업용 토지를 취득한 후 시공사와 도급계약해지로 착공이 늦어지는 경우는 납세자의 내부적인 사정으로 1년 이내에 물류사업용으로 직접 사용하지 못한 정당한 사유에 해당되지 않으므로 감면받은 취득세 추징은 정당함(조심 2012지0046, 2012.6.26.).

■ 임원으로 참여한 법인에게 소유권을 이전한 경우

물류사업용으로 취득한 부동산을 법원의 화해조서에 의하여 채무를 승계하는 조건으로 청구인이 임원으로 참여한 당해 법인에게 취득일로부터 2년 이내에 소유권을 이전한 경우 취

득세 추징대상 여부를 판단해 보면, 물류사업을 영위하고자 하는 자가 취득하는 물류사업용 부동산이란 물류사업의 운영주체로서 자기 책임 하에 물류사업을 경영하는 자가 물류사업에 직접 사용하는 부동산을 의미하는 것이므로 임원으로 참여한다는 것은 직접 사용하는 것으로 볼 수 없음(조심 2009지0941, 2010.9.7.).

# 제71조의2

## 도시첨단물류단지에 대한 감면

관련규정

제71조의 2(도시첨단물류단지에 대한 감면) ① 「물류시설의 개발 및 운영에 관한 법률」 제22조의 2 제1항에 따라 지정된 도시첨단물류단지(이하 이 조에서 "도시첨단물류단지"라 한다) 개발에 직접 사용하기 위하여 취득하는 토지 및 물류시설(「물류시설의 개발 및 운영에 관한 법률」 제2조 제1호 가목부터 다목까지의 시설을 말한다. 이하 이 조에서 "물류시설"이라 한다)용 건축물에 대해서는 취득세의 100분의 15를 2025년 12월 31일까지 경감한다. 다만, 다음 각 호의 어느 하나에 해당하는 경우 그 해당 부분에 대해서는 경감된 취득세를 추징한다.

1. 정당한 사유 없이 그 취득일부터 2년이 경과할 때까지 해당 용도로 직접 사용하지 아니하는 경우
2. 「물류시설의 개발 및 운영에 관한 법률」 제46조에 따른 준공인가를 받은 날부터 3년 이내에 정당한 사유 없이 물류시설용으로 분양 또는 임대하지 아니하거나 직접 사용하지 아니한 경우
3. 해당 용도로 직접 사용한 기간이 2년 미만인 상태에서 매각 · 증여하거나 다른 용도로 사용하는 경우

② 도시첨단물류단지에서 제71조 제2항에 따른 물류사업을 직접 하려는 자가 물류사업에 직접 사용하기 위해 취득하는 물류시설용 부동산에 대해서는 취득세의 100분의 40(제1항에 따른 자가 직접 사용하는 경우에는 100분의 15)을 2025년 12월 31일까지 경감한다. 다만, 다음 각 호의 어느 하나에 해당하는 경우 그 해당 부분에 대해서는 경감된 취득세를 추징한다.

1. 정당한 사유 없이 그 취득일부터 2년이 경과할 때까지 해당 용도로 직접 사용하지 아니하는 경우
2. 해당 용도로 직접 사용한 기간이 2년 미만인 상태에서 매각 · 증여하거나 다른 용도로 사용하는 경우

③ 제1항 및 제2항을 적용할 때 지방자치단체의 장은 해당 지역의 재정 여건 등을 고

려하여 100분의 10의 범위에서 조례로 정하는 율을 추가로 경감할 수 있다.
☞ 2023.12.29. 개정, 조문 신설(2024.1.1. 시행)

## 1 | 개 요

도시첨단물류단지는 도시물류, 기업과 소비자간 거래의 급증에 대응하여 낙후된 도시물류와 유통시설을 물류, 유통 및 첨단사업 융복합단지로 재정비할 수 있도록 도입된 제도로 해당 물류단지 개발사업 시행자와 입주기업에 대해 2024년부터 취득세 감면규정을 신설하였고 2026년 12월 31일까지 일몰기한을 설정하였다.

## 2 | 감면대상자

도시첨단물류단지의 감면대상자는 도시 물류 서비스 개선과 신산업 활성화를 위해 도시첨단물류단지를 개발하는 사업시행자와 입주기업이다. 해당 감면 물건은 「물류시설의 개발 및 운영에 관한 법률」 제22조의 2 제1항에 따라 지정된 도시첨단물류단지 개발에 직접 사용하기 위하여 취득하는 토지 및 「물류시설의 개발 및 운영에 관한 법률」 제2조 제1호 가목부터 다목까지의 시설용 건축물과 도시첨단물류단지에서 「지방세특례제한법」 제71조 제2항에 따른 물류사업을 직접 하려는 자가 물류사업에 직접 사용하기 위해 취득하는 물류시설용 부동산을 대상으로 하고 있다.

〈표 1〉 **물류시설의 개발 및 운영에 관한 법률**

| |
|---|
| 제2조 【정의】 1. "물류시설"이란 다음 각 목의 시설을 말한다.<br>가. 화물의 운송·보관·하역을 위한 시설<br>나. 화물의 운송·보관·하역과 관련된 가공·조립·분류·수리·포장·상표부착·판매·정보통신 등의 활동을 위한 시설<br>다. 물류의 공동화·자동화 및 정보화를 위한 시설 |

제22조【일반물류단지의 지정】① 일반물류단지는 다음 각 호의 구분에 따른 자가 지정한다.
1. 국가정책사업으로 물류단지를 개발하거나 물류단지 개발사업의 대상지역이 2개 이상의 특별시·광역시·특별자치시·도 또는 특별자치도(이하 "시·도"라 한다)에 걸쳐 있는 경우 : 국토교통부장관
2. 제1호 외의 경우: 시·도지사

2015년 12월 도시첨단물류단지 제도 도입 이후에 시범단지는 총 6개소로 서울 3개소(서초, 금천, 양천), 충북 청주, 광주 북구, 대구 달서가 선정되어 사업이 추진되고 있다.

〈표 2〉 **일반물류단지와 도시첨단물류단지 비교**

| 구분 | 기존 물류단지 | 도시첨단물류단지 |
|---|---|---|
| 개발목적 및 규모 | 물동량 처리 중심의 지역물류서비스 제공<br>오프라인 판매시설 중심 | 물동량 창출 ACL 집적화를 통한 도심물류서비스 제공<br>온라인/오프라인 연계형 판매시설 중심(옴니채널) |
| 건축물 | 중대형 규모(10만㎡ 이상) | 중소형 규모(3만~10만㎡) |
| | 토지용도별 개별 건축 | 일체형 복합 건축 |
| 주기능 | 기업물류(B2B): 제조 및 생산, 유통 및 도소매 물류 | 생활물류(B2C) : 전자상거래 기반생활밀착형 물류 |
| 크기/가치 | 중대형, 중저가 화물 | 소형, 고부가가치 화물 |
| 운송/차량 | 간선운송, 중대형 화물차 이용 | 지선운송, 중소용 화물차 이용 |
| 회전율 | 1일~수개월 | 반일~수일 |
| 수익원천 | 물류시설 운영 수익 | 물류 효율화서비스 개선, 수배송 시간절감 |

## 3 | 특례의 내용

도시 물류 서비스 개선과 신산업 활성화를 위해 도시첨단물류단지 개발사업 시행자 및 입주기업이 취득하는 도시첨단물류단지 개발용 토지 및 물류시설용 건축물과 도시첨단물류단지 내 물류사업을 직접 사용하기 위한 물류시설용 부동산을 취득하는 경우에 취득세 경감한다.

〈표 3〉 **도시첨단물류단지내 부동산 감면내용(2024.1.1. 현재)**

| 조문 | 감면대상 | 감면내용(감면율) | 일몰 |
|---|---|---|---|
| §71의 2 ① | 도시첨단물류단지 개발용 토지 및 부동산(사업시행자) | 취득세 15%(조례10%P 추가 경감) | '25.12.31. |
| §71의 2 ② | 도시첨단물류단지 내 물류시설용 토지 및 건축물(입주기업) | 취득세 40%(조례10%P 추가 경감) | '25.12.31 |
| | 도시첨단물류단지 내 물류시설용 토지 및 건축물(사업시행자) | 취득세 15%(조례10%P 추가 경감) | '25.12.31 |

# 4 | 특례의 제한

## 4-1. 감면된 취득세 등의 추징(§71의 2 ①·②)

이 법 제71조의 2 제1항에 따라 도시첨단물류단지를 개발하는 사업시행자에 대해 감면된 취득세를 추징하는 경우는 다음과 같다.

1. 정당한 사유 없이 그 취득일부터 2년이 경과할 때까지 해당 용도로 직접 사용하지 아니하는 경우
2. 「물류시설의 개발 및 운영에 관한 법률」 제46조에 따른 준공인가를 받은 날부터 3년 이내에 정당한 사유 없이 물류시설용으로 분양 또는 임대하지 아니하거나 직접 사용하지 아니한 경우
3. 해당 용도로 직접 사용한 기간이 2년 미만인 상태에서 매각·증여하거나 다른 용도로 사용하는 경우

이 법 제71조의 2 제2항에 따라 도시첨단물류단지에 입주하는 기업과 개발사업 시행자가 직접 사용하는 경우 감면된 취득세를 추징하는 경우는 다음과 같다.

1. 정당한 사유 없이 그 취득일부터 2년이 경과할 때까지 해당 용도로 직접 사용하지 아니하는 경우
2. 해당 용도로 직접 사용한 기간이 2년 미만인 상태에서 매각 · 증여하거나 다른 용도로 사용하는 경우

## 5 | 감면신청(§183)

도시첨단물류단지 내에서 부동산을 취득한 자가 본 규정에 따라 지방세를 감면받으려는 경우에는 해당 지방자치단체의 장에게 해당 부동산이 감면물건임을 입증하는 서류 등을 첨부하여 감면신청을 하여야 한다. 세부적인 감면신청 절차 등에 대해서는 제183조의 해설편을 참조하면 된다.

# 제72조 별정우체국에 대한 과세특례

◈ 관련규정 ◈

제72조(별정우체국에 대한 과세특례) ①「별정우체국법」 제3조에 따라 과학기술정보통신부장관의 지정을 받은 사람(같은 법 제3조의 3에 따라 별정우체국의 지정을 승계한 사람을 포함한다. 이하 이 조에서 "피지정인"이라 한다)이 별정우체국사업에 직접 사용(같은 법 제4조 제2호에 해당하는 사람을 별정우체국의 국장으로 임용하는 경우에도 피지정인이 직접 사용하는 것으로 본다. 이하 이 조에서 같다)하기 위하여 취득하는 부동산에 대한 취득세는 2025년 12월 31일까지 「지방세법」 제11조 제1항의 세율에서 1천분의 20을 경감하여 과세한다. 다만, 다음 각 호의 어느 하나에 해당하는 경우 그 해당 부분에 대해서는 경감된 취득세를 추징한다.

1. 해당 부동산을 취득한 날부터 5년 이내에 수익사업에 사용하는 경우
2. 정당한 사유 없이 그 취득일부터 1년이 경과할 때까지 해당 용도로 직접 사용하지 아니하는 경우
3. 해당 용도로 직접 사용한 기간이 2년 미만인 상태에서 매각·증여하거나 다른 용도로 사용하는 경우

② 피지정인이 과세기준일 현재 별정우체국 사업에 직접 사용하는 부동산(「별정우체국법」 제3조의 3에 따라 별정우체국의 지정을 승계한 경우로서 피승계인 명의의 부동산을 무상으로 직접 사용하는 경우를 포함한다)에 대해서는 재산세(「지방세법」 제112조에 따른 부과액을 포함한다)를 2025년 12월 31일까지 면제하고, 별정우체국에 대한 주민세 사업소분(「지방세법」 제81조 제1항 제2호에 따라 부과되는 세액으로 한정한다) 및 종업원분을 2025년 12월 31일까지 각각 면제한다. 다만, 수익사업에 사용하는 경우와 해당 재산이 유료로 사용되는 경우의 그 재산 및 해당 재산의 일부가 그 목적에 직접 사용되지 아니하는 경우의 그 일부 재산에 대해서는 면제하지 아니한다.

③ 「별정우체국법」에 따라 설립된 별정우체국 연금관리단이 같은 법 제16조 제1항의 업무에 직접 사용하기 위하여 취득하는 부동산에 대하여는 다음 각 호에서 정하는 바에 따라 2014년 12월 31일까지 지방세를 감면한다.

1. 「별정우체국법」 제16조 제1항 제4호의 복리증진사업을 위한 부동산에 대하여는 취득세 및 재산세를 각각 면제한다.
2. 「별정우체국법」 제16조 제1항 제3호 및 제5호의 업무를 위한 부동산에 대하여는 취득세 및 재산세의 100분의 50을 각각 경감한다.

## 1 | 개 요

국가 지정 우체국이 없는 도서 지역 등에 보편적 우편 서비스 등을 담당하는 별정우체국 등에 대한 세제지원이다. 2010년 이전까지는 구 지방세법 제107조, 제174조, 제176조 및 제273조 제6항 등에서 각각 규정되었다가 2011년 지특법이 제정되면서 현재의 제72조로 이관되었다. 그간 별정우체국 등에 대해서는 일몰기한 없이 무기한으로 감면되었으나 2015년에 세법 개정을 통해 유기한(2019년) 일몰 규정으로 변경되었으며, 별정우체국 연금관리단에 대한 감면 일몰기한을 더 이상 연장하지 않아 해당 감면이 자동으로 종료되었으며 이후 2022년까지 지속적으로 재연장되어 왔다.

## 2 | 감면대상자 및 감면부동산

2019년까지는 별정우체국법에 따른 별정우체국이 해당 고유업무에 직접 사용하기 위해 취득하는 부동산과 공용 또는 공공용으로 사용하는 부동산이 감면되어 납세의무자와 무관하게 별정우체국 사업용도에 따른 물적감면을 적용하였으나 2020년부터는 납세의무자를 중심으로 한 인적감면으로 전환하였다.

따라서, 2020년 이후 시행되는 지특법 개정법률에 따라 별정우체국의 피지정인을 감면대상자로 새로이 규정하였는데 이는 기존 지특법 체계와 법률 등 과세현실에 부합하도록 한 조치로 보여진다. 민간분야에서는 시설과 자본을 투자하여 설치하는 별정우체국 특성상 취득세와 재산세 납세의무자는 별정우체국과 상이하다 할 수 있다. 주민세 납세의무자의 경우에는 별정우체국(세법상 법인으로 보는 단체) 자신이나 취득세와 재산세의 납세의무자는 당해 부동산을 취득 · 보유하는 자로 별정우체국이 아닌 인적기준으로 변경하게 되었고 관련법령에 따라 별정우체국법에 따른 피지정인(피지정인을 승계한 경우 포함)이 감면대상자가 된다.

또한, 별정우체국이 사용하는 사업장과 종업원분에 대해서도 감면대상에 해당된다.

**별정우체국 개요**

국가가 설립한 일반 우체국과 달리 별정우체국은 민간이 우체국 청사와 그 밖의 시설을 갖추고 국가로부터 우편 등의 업무를 위탁받은 사설 우체국이다. 업무는 일반 우체국과 차이가 없으며 직원 신분 등에 대해서는 국가공무원에 준한 대우를 받는다. 이는 1960년대 국가재정이 열악했던 시절 공공서비스의 사각지대인 농어촌, 산간벽지에 보편적인 우편서비스를 제공하기 위해 도입한 것이다. 별정우체국 제도로 지역사회의 각종 민원 해결 및 지역사회 발전에 기여해오고 있으며 소외된 농어촌지역 등에서도 우편·금융 등의 보편적 서비스가 가능해졌다. 별정우체국 도입 초기부터 민간투자 유치를 위해 정부는 별정우체국 사업권을 자녀나 배우자에게 승계를 할 수 있으며 승계가 어려울 경우에는 제3자에게 위임할 수 있는 권한도 부여하였으나, 2015년부터는 1회에 한하여 승계를 허용하고 제3자 위임권을 계속 행사하도록 하되, 추천사유와 자격 요건을 강화하는 것으로 별정우체국법이 개정되었다. 한편 2014년 8월 현재 전국에 754개국의 별정우체국이 있다.

# 3 | 특례내용

## 3-1. 세목별 감면율

별정우체국 등에 대해서는 지방세와 국세(농어촌특별세)를 2022년 12월 31일까지 다음 표의 내용과 같이 각각 감면한다.

**〈표〉 별정우체국 등 지방세 감면 현황(2023.3.14. 현재)**

| 조문 | 감면대상 | 감면율 | 일몰기한 |
|---|---|---|---|
| §72 ① | 별정우체국 고유업무용 취득 부동산 | 취득세 △2% | '25.12.31 |
| §72 ② | 별정우체국이 공용 또는 공공용으로 사용하는 부동산 | 재산세(도시계획분 포함), 주민세 사업소분(구 재산분)·종업원분 면제 | '25.12.31 |
| | | 지역자원시설세 | '19.12.31 |
| 농특령 §4 ⑥ 5호 | §72 ①에 따른 취득세 감면분에 대한 20% | 농어촌특별세 비과세 | - |

| 조문 | 감면대상 | 감면율 | 일몰기한 |
|---|---|---|---|
| 최소납부세 제 §177의 2 | 취득세 면제세액이 200만원을 초과하는 경우 | 재산세 면제세액의 85% 감면(15% 과세) | '20.1.1 부터 적용 |

### 3-2. 건축중인 부속토지에 대한 특례(영 §123)

별정우체국이 고유업무용 등으로 사용할 건축물을 건축중인 경우에는 해당 용도로 직접 사용하고 있는 것으로 의제(擬制)하여 해당 건축물의 부속토지에 대한 재산세를 계속 감면한다.

### 3-3. 별정우체국연금관리단 경과특례(부칙 §14, 제12955호 2014.12.31.)

별정우체국연금관리단에 대해서는 취득세 및 재산세가 감면(감면율 50~100%)되었으나 2014년 12월 31일부로 감면기한이 종료되어 2015년 1월 1일부터는 감면에서 제외되었다.

다만, 감면이 종료되더라도 2015년 1월 1일 이전 납세의무 성립분에 한해서는「지방세기본법」 제51조에 따른 경정청구 기간(최대 2019년)까지는 종전의 규정을 계속해서 적용할 수 있다.

### 3-4. 별정우체국을 임차하여 사용하는 경우

별정우체국의 시설이 피지정인의 소유가 아니고 피지정인이 임차한 시설인 경우에는 2020년 개정된 지특법 규정에 따라 해당 납세의무자는 감면대상에서 배제하도록 규정하였는 바 2019년까지는 임차한 시설인 경우에는 감면 적용을 받을 수 있었으나 향후에는 인적기준을 적용하여야 할 것이다.

### 3-5. 별정우체국을 승계(피지정인)받아 사용하는 경우

피승계인 명의의 별정우체국 부동산을 피지정인이 무상으로 사용하는 경우에는 예외적으로 감면을 인정하고 있는데 이 경우에는 일반적으로 자녀나 배우자에 승계가 가능하고 별정우체국의 특성상 실제 피지정인에게 승계 이후에도 재산권을 이전하지 아니하고 피승계인 명의로 계속 유지하는 현실 등을 고려한 규정이라 할 수 있다.

# 4 | 특례의 제한

## 4-1. 감면받은 취득세의 추징

별정우체국이 감면요건을 위반하는 경우에는 본 규정에 따라 감면받은 취득세 또는 재산세가 추징된다.

> **【제72조 제1항 단서, 취득세 추징】** 다만, 다음 각 호의 어느 하나에 해당하는 경우 그 해당 부분에 대해서는 경감된 취득세를 추징한다.
> 1. 수익사업에 사용하는 경우
> 2. 정당한 사유 없이 그 취득일부터 1년이 경과할 때까지 해당 용도로 직접 사용하지 아니하는 경우
> 3. 해당 용도로 직접 사용한 기간이 2년 미만인 상태에서 매각·증여하거나 다른 용도로 사용하는 경우
>
> **【제72조 제2항 단서, 재산세 추징】** 다만, 수익사업에 사용하는 경우와 해당 재산이 유료로 사용되는 경우의 그 재산 및 해당 재산의 일부가 그 목적에 직접 사용되지 아니하는 경우의 그 일부 재산에 대해서는 면제하지 아니한다.

## 4-2. 최소납부세액의 부담(§177의 2, 부칙 §12, 제12955호 2014.12.31.)

별정우체국이 그 고유업무에 사용하기 위하여 취득하는 부동산에 대해서는 취득세 또는 재산세 면제(§72 ①, ②)됨에도 불구하고, 2015년부터 시행되는 감면 상한제도에 따라 면제되는 세액의 15%는 취득세 또는 재산세의 감면특례가 제한되어 최소납부세액으로 부담하여야 한다. 다만, 시행시기는 2020년 1월 1일부터 적용받게 된다. 이에 대한 세부적인 사항은 제177조의 2의 해설편을 참조하면 된다.

## 4-3. 지방세 중과세 대상 부동산에 대한 감면 제한(§177)

별정우체국이 감면을 받으려는 부동산이 지방세법 제13조 제5항에 따른 별장 등 지방세 중과세 대상인 사치성 재산인 경우에는 감면대상에서 제외된다. 세부적인 사항은 제180조의 해설편을 참조하면 된다.

## 5 | 감면신청(§183)

별정우체국이 본 규정에 따라 지방세를 감면받으려는 경우에는 해당 지방자치단체의 장에게 해당 부동산이 별정우체국 해당 사업용 부동산 용도임을 입증하는 서류를 첨부하여 감면신청을 하여야 한다. 세부적인 감면신청 절차 등에 대해서는 제183조의 해설편을 참조하면 된다.

## 6 | 관련사례

■ 별정우체국 부속토지에 대한 재산세 과세처분의 정당성 여부

토지 중 별정우체국의 공용 및 공공용 건축물의 부속토지에 해당하는 것으로 보기 어려운 해당 건축물 2층 부분의 부속토지는 「지방세특례제한법」 제72조에 따른 재산세 등의 면제 대상에 해당하지 아니하나 1층 부분의 부속토지는 재산세 과세대상구분과 상관없이 재산세 등의 면제되는 것이고 나머지 면적은 별도합산과세대상 및 종합합산과세대상으로 구분하여 과세하여야 함(조심 2017지1175, 2018.1.15.).

■ 별정우체국의 관사로 취득한 부동산의 비과세 여부

별정우체국이 공용 또는 공공용으로 사용하기 위하여 취득하는 부동산은 취득세가 비과세된다 할 것이나, 귀문과 같이 별정우체국 직원이나 국장의 관사로 사용하기 위하여 취득하는 부동산은 위 규정에 의한 취득세 비과세대상에 해당된다고 볼 수는 없음(행자부 지방세정팀-1824, 2007.5.18.).

■ 별정우체국장이 주택용으로 취득하는 경우 감면 여부

별정우체국장이 본인의 주택용으로 사용하는 건물은 별정우체국용 부동산으로 볼 수 없어 취득세와 재산세가 감면되지 아니함(행자부 지방세정팀-1146, 2000.9.26.).

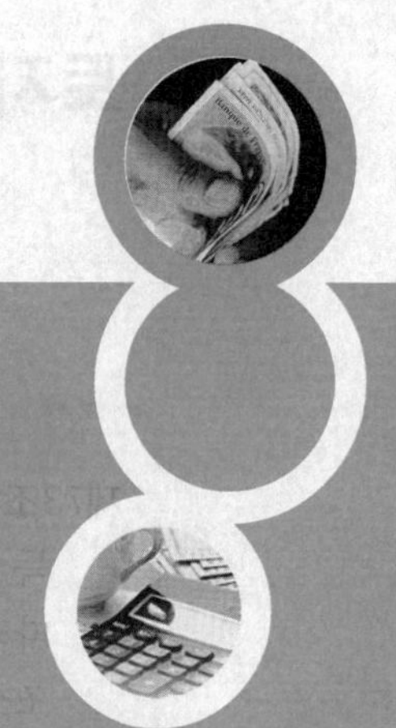

# 제 8 절

# 국토 및 지역개발에 대한 지원 (법 제73조~제84조)

# 제73조

## 토지수용 등으로 인한 대체취득에 대한 감면

관련규정

제73조(토지수용 등으로 인한 대체취득에 대한 감면) ① 공익사업을 위한 토지 등의 취득 및 보상에 관한 법률, 국토의 계획 및 이용에 관한 법률, 도시개발법 등 관계 법령에 따라 토지 등을 수용할 수 있는 사업인정을 받은 자(관광진흥법 제55조 제1항에 따른 조성계획의 승인을 받은 자 및 농어촌정비법 제56조에 따른 농어촌정비사업 시행자를 포함한다)에게 부동산(선박·어업권·양식업권 및 광업권을 포함한다. 이하 이 조에서 "부동산등"이라 한다)이 매수, 수용 또는 철거된 자(공익사업을 위한 토지 등의 취득 및 보상에 관한 법률이 적용되는 공공사업에 필요한 부동산등을 해당 공공사업의 시행자에게 매도한 자 및 같은 법 제78조 제1항부터 제4항까지 및 제81조에 따른 이주대책의 대상이 되는 자를 포함한다)가 계약일 또는 해당 사업인정 고시일(관광진흥법에 따른 조성계획 고시일 및 농어촌정비법에 따른 개발계획 고시일을 포함한다) 이후에 대체취득할 부동산등에 관한 계약을 체결하거나 건축허가를 받고, 그 보상금을 마지막으로 받은 날(사업인정을 받은 자의 사정으로 대체취득이 불가능한 경우에는 취득이 가능한 날을 말하고, 공익사업을 위한 토지 등의 취득 및 보상에 관한 법률 제63조 제1항에 따라 토지로 보상을 받는 경우에는 해당 토지에 대한 취득이 가능한 날을 말하며, 같은 법 제63조 제6항 및 제7항에 따라 보상금을 채권으로 받는 경우에는 채권상환기간 만료일을 말한다)부터 1년 이내(제6조 제1항에 따른 농지의 경우는 2년 이내)에 다음 각 호의 구분에 따른 지역에서 종전의 부동산등을 대체할 부동산등을 취득하였을 때(건축중인 주택을 분양받는 경우에는 분양계약을 체결한 때를 말한다)에는 그 취득에 대한 취득세를 면제한다. 다만, 새로 취득한 부동산등의 가액 합계액이 종전의 부동산등의 가액 합계액을 초과하는 경우에 그 초과액에 대해서는 취득세를 부과하며, 초과액의 산정 기준과 방법 등은 대통령령으로 정한다.

1. 농지 외의 부동산등
   가. 매수·수용·철거된 부동산등이 있는 특별시·광역시·특별자치시·도·특별자치도 내의 지역

나. 가목 외의 지역으로서 매수·수용·철거된 부동산등이 있는 특별자치시·시·군·구와 잇닿아 있는 특별자치시·시·군·구 내의 지역

다. 매수·수용·철거된 부동산등이 있는 특별시·광역시·특별자치시·도·특별자치도와 잇닿아 있는 특별시·광역시·특별자치시·도·특별자치도 내의 지역. 다만, 「소득세법」 제104조의 2 제1항에 따른 지정지역은 제외한다.

2. 농지(제6조 제1항에 따른 자경농민이 농지 경작을 위하여 총 보상금액의 100분의 50 미만의 가액으로 취득하는 주택을 포함한다)

가. 제1호에 따른 지역

나. 가목 외의 지역으로서 「소득세법」 제104조의 2 제1항에 따른 지정지역을 제외한 지역

**【영】 제34조(수용 시의 초과액 산정기준)** ① 법 제73조 제1항 각 호 외의 부분 단서에 따른 초과액의 산정 기준과 산정 방법은 다음 각 호와 같다.

1. 법 제73조 제1항 각 호 외의 부분 본문에 따른 부동산등(이하 이 조에서 "부동산등"이라 한다)의 대체취득이 「지방세법」 제10조 제5항 각 호에 따른 취득에 해당하는 경우의 초과액 : 대체취득한 부동산등의 사실상의 취득가격에서 매수·수용·철거된 부동산등의 보상금액을 뺀 금액
2. 부동산등의 대체취득이 「지방세법」 제10조 제5항 각 호에 따른 취득 외의 취득에 해당하는 경우의 초과액 : 대체취득한 부동산등의 취득세 과세표준(「지방세법」 제10조에 따른 과세표준을 말한다)에서 매수·수용·철거된 부동산 등의 매수·수용·철거 당시의 보상금액을 뺀 금액

**【칙】 제5조(부동산등의 수용 등 확인서)** 법 제73조 제1항에 따른 부동산등(이하 이 조에서 "부동산등"이라 한다)이 매수, 수용 또는 철거된 자가 종전의 부동산등을 대체할 부동산등을 취득함에 따라 취득세를 면제받으려는 경우에는 별지 제5호 서식의 부동산등 매수, 수용 또는 철거 확인서를 관할 시장·군수·구청장에게 제출하여야 한다.

② 제1항에도 불구하고 지방세법 제13조 제5항에 따른 과세대상을 취득하는 경우와 대통령령으로 정하는 부재부동산 소유자가 부동산을 대체취득하는 경우에는 취득세를 부과한다.

**【영】 제34조** ② 법 제73조 제2항에서 "대통령령으로 정하는 부재부동산 소유자"란 「공익사업을 위한 토지 등의 취득 및 보상에 관한 법률」 등 관계 법령에 따른 사업고시지구 내에 매수·수용 또는 철거되는 부동산을 소유하는 자로서 다음 각 호에 따른 지역에 계약일(사업인정고시일 전에 체결된 경우로 한정한다) 또는 사업인정고시일 현재 1년 전부터 계속하여 주민등록 또는 사업자등록을 하지 아니하거나 1년 전부터 계속하여 주민등록 또는 사업자등록을 한 경우라도 사실상 거주 또는 사업을 하고 있지 아니한 거주자 또는 사업자(법인을 포함한다)를 말한다. 이 경우 상속으로 부동산을 취득하였을 때에는 상속인과 피상속인의 거주기간을 합한 것을 상속인의 거주기간으로 본다.

1. 매수 또는 수용된 부동산이 농지인 경우 : 그 소재지 시·군·구 및 그와 잇닿아 있는 시·군·구 또는 농지의 소재지로부터 20킬로미터 이내의 지역
2. 매수·수용 또는 철거된 부동산이 농지가 아닌 경우 : 그 소재지 구[자치구가 아닌 구를 포함하며, 도농복합형태의 시의 경우에는 동(洞) 지역만 해당한다. 이하 이 호에서 같다]·시(자치구가 아닌 구를 두지 아니한 시를 말하며, 도농복합형태의 시의 경우에는 동 지역만 해당한다. 이하 이 호에서 같다)·읍·면 및 그와 잇닿아 있는 구·시·읍·면 지역

③ 「공익사업을 위한 토지 등의 취득 및 보상에 관한 법률」에 따른 환매권을 행사하여 매수하는 부동산에 대해서는 취득세를 면제한다.

## 1 | 개 요

택지개발사업 등 각종 개발사업 등에 따라 보상을 받고 수용되는 부동산을 대체하여 취득하려는 자에 대한 세제지원이다.

본 규정은 대체취득 감면요건(제1항), 취득세 감면제외 요건(제2항), 환매권행사에 따른 토지취득 감면요건(제3항)과 법에서 위임된 지방세중과세 대상 물건 및 대체취득 이전·이후 초과취득분에 대한 감면배제(영 §34 ①), 부재부동산 소유자의 범위(영 §34 ②)로 구성된다.

2010년까지는 구 지방세법 제109조 제1항 및 제2항에서 각각 규정되었다가 2011년부터는 현재의 제73조로 이관되었으며 본 규정은 별도의 일몰기한이 설정되어 있지 않으며 2018년 말 지특법 개정시에 대체취득 부동산 초과액 산정방법이 합리적으로 개선되었다.

## 2 | 감면대상자

관련법령에 따라 부동산을 수용할 수 있는 사업인정을 받은 자에게 해당 부동산이 매수·수용 또는 철거되어 그 보상금으로 다른 지역에서 대체하는 부동산을 취득하는 자가 이에 해당된다. 여기서 관련법령이란 ① 공익사업을 위한 토지 등의 취득 및 보상에 관한 법률 ② 국토의 계획 및 이용에 관한 법률 ③ 도시개발법 등을 말하며, 이 법령 등에 따라 사업인정을 받은 자(관광진흥법 제55조 제1항에 따른 조성계획의 승인을 받은 자 및 농어

촌정비법 제56조에 따른 농어촌정비사업 시행자 포함)로부터 보상금 수령 및 대체취득 부동산 취득이라는 요건을 충족해야 한다.

## 3 | 감면대상 부동산

본 규정에 따른 감면대상자가 관련법령에 따라 사업인정을 받은 자로부터 보상금을 수령하고 다른 지역에서 대체하여 취득하는 부동산을 말하며, 여기에는 선박·어업권·양식업권 및 광업권을 포함한다.

토지수용에 의한 대체취득이란 토지·건물이 공익사업지구 내로 편입되어 보상을 받은 소유자가 동 보상금으로 다른 지역에서 토지나 건물을 취득하는 것을 말한다. 토지수용에 의한 대체취득 감면의 일반적인 요건은 관계법령에 의하여 토지 등을 수용할 수 있는 사업인정을 받은 자에게 부동산이 매수, 수용, 철거된 자이며 감면기간은 계약일 또는 사업인정 고시일 이후에 대체취득할 부동산 등의 계약을 체결하거나 건축허가를 받고 그 보상금을 마지막으로 받은 날부터 1년 이내(농지의 경우 2년)에 이에 대체할 부동산 등을 취득하는 경우이다.

감면요건으로는 대체취득한 부동산 소재지가 그 소재지 특별시·광역시·도 내의 지역 및 그와 연접한 시·군·구의 지역 또는 부동산 가격이 급등하였거나 급등할 우려가 있는 지정지역을 제외한 지역에서 대체취득을 해야 하고, 보상금으로 받아 취득한 종전 부동산의 가액 범위 이내이며 그 초과분에 대해서는 취득세를 과세한다. 이때 그 초과액 산정기준은 대체취득한 부동산의 과세표준에서 환지이전의 부동산 과세표준을 공제한 금액으로 하고 있다.

### 3-1. 대체취득하는 부동산의 소재지(§73 ① 각 호)

대체취득하는 부동산의 소재지를 일정지역으로 한정하는 취지는 관련법령 등에 의한 공익사업시행으로 소유부동산이 수용됨에 따라 받은 보상금이 부동산가격 상승요인으로 작용하는 투기성 자금으로 전환되는 것을 방지하기 위하여 토지수용 등으로 인하여 대체취득하는 부동산에 대해 취득세가 면제되는 대체취득 지역의 범위를 일정지역으로 한정하고 있는 것으로 이해된다. 대체취득하는 부동산의 소재지에 대해서는 비농지와 농지로 구분한다. 우선 농지 이외의 부동산에 대한 감면은 원칙적으로는 매수·수용·철거된 부동산 등이 있는 특별시・광역시・도 내의 지역으로 한정(제1호 가목)하고 있으나, 그 경계지역 인근에서 매수・수용・철거된 부동산이 있는 경우에는 그 인근지역에서 대체취득을 하는 경우 감면이 배제되는 문제점이 있어 이를 보완하여 매수・수용・철거된 부동산이 있는 특별시・광역시・도(시・군・구)와 잇닿아 있는 특별시・광역시・도(시・군・구) 내의 인근 지역까지 취득세 면제대상 지역(제1호 나목, 다목)을 확대하고 있다. 다만, 이 경우에도 부동산 투기우려가 높은 지역[153]에서 대체취득하는 부동산의 경우에는 감면에서 제외된다. 농지(논・밭・과수원・목장용지)인 경우는 비농지 부동산보다는 대체취득 대상 지역이 넓다. 농지의 대체취득은 앞에서 설명한 대상지역 외에도 부동산 투기우려가 높은 지정지역을 제외한 전국 어디서나 대체취득이 가능하다(제2호 가~나목). 소재지별 감면 여부는 다음과 같다.

〈표 1〉 **대체취득 부동산 소재지별 취득세 감면적용 현황**

| 구분 | | 대체취득 부동산 등 감면대상 지역 판단 | | | |
|---|---|---|---|---|---|
| | | 매수 등 부동산 소재지 시도(A) | A와 연접한 시군구(B) | A와 연접한 시도(C) | (A+B+C) 이외 지역(D) |
| 비농지 | | 면제 | 면제 | 면제(지정지역 이외) | 면제 아님 |
| | | | | 면제 아님(투기지역) | 면제 아님 |
| 농지 | 농지 | 면제 | 면제 | 면제(지정지역 이외) | 면제(지정지역 이외) |
| | | | | 면제 아님(지정지역) | 면제 아님(지정지역) |
| 농지 | 자경농민의 주택 (50% 미만) | 면제 | 면제 | 면제(지정지역 이외) | 면제(지정지역 이외) |
| | | | | 면제 아님(지정지역) | 면제 아님(지정지역) |

**이주자 수를 초과한 공급택지의 대체취득의 경우(안행부 지방세운영과-454, 2013.5.1.)**

부동산 등이 수용된 자가 보상금 수령일로부터 1년 내에 대체취득하는 경우 취득세 감면대상이나, 사업시행자의 사정으로 대체취득이 불가능한 경우는 취득이 가능한 날부터 1년 이내로 규정하고 있는데, 여러 차례에 걸쳐 택지분양이 이루어지고 당초 공급한 택지 수가 당초 이주자택지 공급대상자(이주자) 수를 초과하는 사업장으로서 이주자가 원하는 택지를 공급받기 위하여 추가 공급분 이후에 분양신청하는 경우도 사업시행자의 사정으로 대체취득이 불가능한 경우로 볼 수 있는지 알아보면(다음 사례 참조),

153) 소득세법 제104조의 2(지정지역의 운영) ① 기획재정부장관은 해당 지역의 부동산 가격 상승률이 전국 소비자물가 상승률보다 높은 지역으로서 전국 부동산 가격 상승률 등을 고려할 때 그 지역의 부동산 가격이 급등하였거나 급등할 우려가 있는 경우에는 대령으로 정하는 기준 및 방법에 따라 그 지역을 지정지역으로 지정할 수 있다.

■ 이주자택지 공급현황 : 3차분까지 대체취득 감면 적용

| 공급대상자 | | | 공급 내역 | | |
|---|---|---|---|---|---|
| 계(명) | 기 행사자 | 미 행사자 | 택지(필지) | 구분 | 계약체결기간 |
| 2,319 | 1,526 | 793 | 2,426 | 1차 | '09.10.28.~'09.11.03. |
| | | | | 2차 | '10.12.20.~'10.12.24. |
| | | | | 3차 | '11.12.14.~'11.12.21. |

■ 공급계약서 주요내용

• 신청자격 : 행정중심복합도시 이주자택지 공급대상자로 선정된 자
• 공급방법 : 분양신청 → 대상자 선정(이주자택지 공급신청기간 내 분양신청 이후 당첨되지 않거나, 금회 분양신청을 않더라도 차회 이주자택지 공급 시 신청 가능)
• 유의사항 : 신청자(당첨자 포함)가 지정기한 내 계약을 체결하지 않을 경우 이주자택지를 공급받을 권리를 포기한 것으로 간주
• 추가 공급예정 : (4차) 2013년 6월, (5차) 2013년 12월

대체취득 부동산을 보상금 수령일로부터 1년 이내에 취득하는 경우는 감면대상이나, 사업시행자의 사정으로 대체취득이 불가능한 경우는 그 사유가 해소되는 날부터 1년 이내로 그 범위를 확대하여 시행사의 귀책사유를 최대한 고려하고 있다고 할 것이고, 위 사업인정을 받은 자의 사정으로 대체취득이 불가능할 경우라 함은 사업인정을 받은 자가 토지 등을 수용하는 대가로 대체할 토지를 특별공급하기로 약정하고, 공사가 지연되거나 사업장이 넓어 장기간에 걸쳐 이루어지는 등 보상금 수령일로부터 1년 이내에 대체취득이 불가능한 경우를 뜻한다고 보아야 할 것이다. 위의 사례의 경우처럼 비록, 1~3차분까지의 택지 공급물량이 이주자택지 공급대상자 수를 초과하였다고 하더라도 위 감면규정 사업시행자의 사정으로 대체취득이 불가능한 경우란 택지분양이 장기간에 걸쳐 이루어지는 등의 사유로 보상금 수령일부터 1년 이내라는 기간개념으로 판단하고 있어 공급물량의 과다로 판단할 것은 아니라고 할 것이다. 또한, 이주자택지 공급대상자들이 원하는 택지를 일시에 공급하지 못한 것은 사업시행자의 귀책사유에 해당된다고 할 것이고 이주자택지 공급 공고문에도 "이주자택지 공급신청기간 내 분양신청을 하였으나 당첨되지 않거나, 금회 분양신청을 하지 않더라도 차회 이주자택지 공급시 신청 가능합니다"라고 이주대책 대상자들에게 3차 이후 4~5차분까지 분양신청할 수 있는 선택권을 부여하고 있음을 고려할 필요가 있는 것이다.

따라서 이주자택지 공급대상자들이 원하는 택지를 일시에 공급하지 못한 것은 사업시행자의 귀책사유임에도 불구하고 1~3차분까지의 택지 공급물량이 이주자택지 공급대상자

수를 초과하였다는 사유만으로 3차 이후 공급되는 이주자택지에 대해 감면혜택을 배제하는 것은 대체취득 감면취지에 부합하지 않는다고 보는 것이다.

한편, 사업시행자의 공급 당시 차회 이주자택지 공급 신청이 가능하다는 일단의 공고 계약사항을 들어 위와 같이 사실상 보상을 받은 자의 입장에서 취득이 가능한 날을 넓게 해석한 것으로 보여지나 사업시행자가 3차까지 충분히 공급 중에 있음을 고려할 때 향후 유사한 사례에서 이주자가 원하는 지역에 이주할 수 없다는 사유만으로 대체취득이 가능한 기한이 무한히 넓어지는 문제점도 고려할 필요가 있다고 본다.

### 3－2. 보상금으로 취득하는 유상 승계취득 또는 원시취득 이외의 경우

토지수용 등에 의한 대체취득이란 토지 · 건물이 공익사업지구 내로 편입되어 보상을 받은 자가 보상금으로 다른 지역에서 토지나 건물을 취득하는 경우 생활기반 회복을 보충적으로 지원하기 위하여 취득세 등의 감면을 규정하고 있다. 제73조의 감면요건에서 "대체취득할 부동산등에 관한 계약을 체결하거나 건축허가를 받고 1년 이내에 종전 부동산을 대체할 부동산"이라 규정하고 있으며, 사전적 의미에서 "계약"이란 '복수당사자의 반대방향의 의사표시의 합치에 의하여 성립하는 법률행위이며 법률의 효과가 대립적 · 교환적'이라 명시하고 있고, 행정안전부에서도 "유상양도가 아닌 지분비율을 분할하여 집중 · 존속시키는 공유물분할의 경우 취득세 면제대상인 대체취득에 해당되지 않는다(행안부 2012.8.9., 지방세운영과－2570)"고 해석한 사례가 있다. 또한, 대체취득 비과세 요건은 소유 부동산 등이 수용된 자가 그 보상금으로 대체취득하는 것이라 할 것이나, 증여, 유증 등 일방의 의사표시에 대한 승낙으로 무상으로 취득하는 부동산은 비과세의 충족요건을 충족하였다고 보기 어려운바, 감면대상인 대체취득 부동산은 보상금으로 취득하는 유상 승계취득 또는 원시취득에 한하여 감면대상으로 봄이 타당하다 하겠다.

### 3－3. 사업시행자가 아닌 이주택지 공사시행자의 사정으로 대체취득이 불가능한 경우

제73조 제1항에서 대체취득 가능기한을 보상금을 마지막으로 받은 날부터 1년 이내라고 규정하면서, 사업인정을 받은 자의 사정으로 대체취득이 불가능한 경우는 취득이 가능한 날이라고 부연되고 있어 이에 대해 살펴보면, 공익사업을 위한 토지 등의 취득 및 보상에 관한 법률은 공익사업을 위한 토지 수용 절차 및 효과, 손실보상 등을 규정하면서 사업시행자에게 공익사업에 의해 생활근거지를 상실하게 되는 자를 위해 이주대책을 수립 · 실시하거나 이주정착금을 지급토록 규정하고 있다(공익사업법 §78). 또한, 사업시행자는 이주대책

에 관한 업무를 발주처 등에 위탁하여 처리할 수 있도록 규정하고 있어(공익사업법 §81) LH 공사 등 발주자가 공익사업법에 따라 이주대책 업무를 위탁받았다면, 수탁자는 위탁받은 범위 내에서 위탁자의 권리·의무를 행사하게 되고 아울러 수탁자의 행위에 대한 권리·의무 또한 위탁자의 행위와 동일한 효력을 발휘하게 된다. 또한, 제73조 제1항 본문의 "사업인정을 받은 자의 사정으로 대체취득이 불가능한 경우에는 취득이 가능한 날을 말하고,"은 사업인정자의 이주대책에 대한 피수용자의 신뢰를 보호하자는 취지가 크다고 할 수 있다. 따라서 이주택지 공사시행자의 사정도 사업인정자의 사정으로 보아 제73조 제1항에 따른 감면대상으로 봄이 타당하다 하겠다.

### 3-4. 대체취득 부동산 초과액 산정방법

토지수용 등으로 인한 대체취득 감면을 받은 경우 지특법 본 조 제1항의 단서에는 새로 취득한 부동산등의 가액 합계액이 종전의 부동산등의 가액 합계액을 초과하는 경우에 그 초과액에 대해서는 취득세를 부과하고, 그 초과액의 산정 기준과 방법 등은 시행령에 위임하여 정하도록 하고 있다.

같은 법 시행령 제34조 제1항 제1호에서는 토지수용시의 초과액 산정 기준을 두고 있는데 그 대체취득이 「지방세법」 제10조 제5항 각호에 따른 취득에 해당하는 경우에 초과액이라 함은 대체취득한 부동산등의 사실상의 취득가격에서 매수·수용·철거된 부동산의 보상금액을 뺀 금액을 적용하도록 하고 있다.

> ▣ 사실상의 취득가액 입증시 대체취득 초과액 산정기준(지방세법 §10 ⑤ 인용)
>
> ⑤ 취득(증여·기부, 그 밖의 무상취득 및 「소득세법」 제101조 제1항 또는 「법인세법」 제52조 제1항에 따른 거래로 인한 취득은 제외한다 : 부당행위계산 부인)에 대하여는 제2항 단서 및 제3항 후단에도 불구하고 사실상의 취득가격 또는 연부금액을 과세표준으로 한다.
>
> 1. 국가, 지방자치단체 또는 지방자치단체조합으로부터의 취득
> 2. 외국으로부터의 수입에 의한 취득
> 3. 판결문·법인장부 중 대통령령으로 정하는 것에 따라 취득가격이 증명되는 취득
> 4. 공매방법에 의한 취득
> 5. 「부동산 거래신고 등에 관한 법률」 제3조에 따른 신고서를 제출하여 같은 법 제5조에 따라 검증이 이루어진 취득

다만, 舊 제34조 제1항 제2호에서는 그 동안 부동산등의 대체취득이 「지방세법」 제10조 제5항 각 호에 따른 취득 외의 취득에 해당하는 경우의 초과액은 대체취득한 부동산등의 시간표준액에서 매수·수용·철거된 부동산 등의 매수수용철거 당시의 시가표준액을 뺀 금액으로 규정되어 있었으나 2018년 말 지특법 개정(2019.1.1. 시행)에 따라 취득세 과세표준(「지방세법」 제10조에 따른 과세표준을 말한다)에서 매수·수용·철거된 부동산 등의 매수·수용·철거 당시의 보상금액을 뺀 금액으로 개정되었다.

이에 대한 개정사유는, 상가 건물의 경우 부동산 실거래신고 검증대상 등 사실상의 취득금액 적용 대상이 아니므로 상가 건물을 수용 등에 따라 대체취득하는 경우에는 그간 초과액은 대체취득한 상가 건물의 시가표준액에서 매수·수용된 부동산 시가표준액을 뺀 금액으로 산정하여 왔고, 상가 건물의 시가표준액은 원가방식*에 따라 산정되므로 실제 거래가격보다 훨씬 낮게 산정되어 초과액이 상대적으로 과소한 문제가 발생하게 되어 산정기준을 합리적으로 적용할 수 있도록 개선되었고 이는 해당 기준이 변경된 사항으로 2019년 1월 1일 납세의무가 성립하는 분부터 적용되어야 할 것이다.

■ 상가 건물을 수용 등에 따라 대체취득하는 경우 사실상의 취득금액 적용방식 개선
–('18년까지) 초과액 = 대체취득 부동산 시가표준액 – 수용 등 당시 시가표준액
–('19년 이후) 초과액 = 취득세 과세표준(취득가액과 시가표준액 중 큰 금액) – 보상금액

〈표 2〉 시행령 조문 개정('18.12.24.) 전·후 초과액 비교(예시)

| 구분 | 매수·수용된 부동산(주택) | 대체취득 부동산(상가) | 초과액 | |
|---|---|---|---|---|
| | | | 현행 | 개정 |
| 보상금/취득가액 | 10억 | 15억 | 5억 | 5억 |
| 시가표준액 | 8억 | 9억 | 1억 | 5억 |

–('18년까지) 초과액 = 대체취득 부동산 시가표준액 – 수용 등 당시 시가표준액
= 9억–8억 = 1억
–('19년 이후) 초과액 = 취득세 과세표준 – 보상금액 = Max(15억, 9억) – 10억
= 15억–10억 = 5억

### 3–5. 최초 사업시행계획인가 고시일과 변경인가 고시일의 감면 판단

대체취득하는 부동산에 대하여 취득세를 부과하지 않으면서 부재부동산 소유자에 대하여는 취득세를 부과하는 각 규정의 취지는 수용 등으로 인하여 부득이하게 생활의 기반이

나 사업의 기반을 잃게 되는 거주자 또는 사업자를 조세정책적인 차원에서 지원하기 위함이다.

대체취득하는 부동산에 대하여 취득세를 비과세하되, 수용 등이 이루어지는 부동산 소재지에서 일정기간 계속하여 주민등록 또는 사업자등록을 하지 아니하거나 주민등록 또는 사업자등록을 한 경우에도 사실상 거주 또는 사업을 하고 있지 않는 경우에는 지원의 필요성이 있다고 할 수 없으므로 이러한 부재부동산 소유자는 비과세 대상에서 제외하고자 하는 것인 바(대법원 2010.12.23. 선고 2008두19864 판결, 대법원 2014.4.24. 선고 2013두15590 판결 등 참조), 이와 같은 취지를 고려하면 지방세특례제한법 시행령 제34조 제2항이 정한 '사업인정고시일'이란 관계법령에 따라 부동산이 매수, 수용 또는 철거되는 것으로 고시된 '최초 사업인정 고시일'을 의미하는 것으로 봄이 타당하고, 최초 사업시행계획인가의 주요 부분을 실질적으로 변경하는 내용의 사업시행계획변경인가가 있었다고 하더라도 특별한 사정이 없는 한 사업시행변경인가의 고시일을 기준으로 부재부동산 소유자에 해당하는지 여부를 판단하여야 한다고 볼 수 없다(대법원 2020.2.27. 선고 2019두57084 참조).

### 3-6. 사업인정 고시일 이후 신탁계약을 체결하고 사업을 시작한 경우 토지 수용에 대한 감면 여부

신탁법에 의한 신탁으로 수탁자에게 소유권이 이전된 토지에 대해서는 취득세 납세의무자인 수탁자를 기준으로 판단하여야 하며, 토지의 취득세 납세의무자로서 수탁자가 사업인정 고시일 당시 종전 토지의 소유자가 아닌데다가 그 1년 전부터 계속하여 종전 토지의 소재지에서 사업을 영위하는 사업자에 해당하지 않으므로, 지방세특례제한법 제73조 제2항 및 같은 법 시행령 제34조 제2항에서 정한 부재부동산 소유자에 해당하여 감면 적용되지 않는다(대법원 2020. 2. 27. 선고 2019두57084 참조).

## 4 | 감면제외 대상 부동산

### 4-1. 부재부동산 소유자 판단(§73 ②, 영 §34 ②)

부재부동산이라 함은 관련법령에 따라 부동산을 수용할 수 있는 사업인정을 받은 자에게 해당 부동산이 매수·수용 또는 철거되어 그 보상금으로 다른 지역에서 대체하는 부동산을 취득하더라도 지특법에서 규정하는 거주기간 및 거주요건 등이 충족되지 않아 감면대상에서 제외되는 경우를 말한다. 지특법 시행령 제34조 제2항에서 부재부동산 여부는 형식적 요건과 실질적 요건을 모두 충족하지 않는 경우 부재부동산으로 보고 있다. 주민등록 또는 사업자등록이라는 형식적 요건과 실질적으로 거주 또는 사업을 하고 있느냐의 여부에 따라 부재부동산 여부를 판단하는 것이다.

#### 4-1-1. 거주기간 및 거주요건

사업고시지구 내에서 매수·수용 또는 철거되는 부동산을 소유하는 자로서 계약일(이하 "사업인정고시일 전에 체결된 경우로 한정한다") 또는 사업인정고시일 현재 1년 전부터 계속하여 주민등록 또는 사업자등록을 하지 아니하거나 1년 전부터 계속하여 주민등록 또는 사업자등록을 한 경우에도 사실상 거주 또는 사업을 하고 있지 아니한 거주자 또는 사업자(법인을 포함한다)를 말한다. 이 경우 상속으로 부동산을 취득하였을 때에는 상속인과 피상속인의 거주기간을 합한 것을 상속인의 거주기간으로 본다. 따라서, 대체취득 전의 부동산에 대한 보유기간을 명확히 하기 위하여 계약일 또는 사업인정고시일 현재 1년 전부터 계속하여 주민등록이 되어 있고 사실상 거주하는 경우로 한정하여 적용하고 있다. 여기서, 부재부동산 여부 판단기준의 주요 착안점은 우선 형식적으로는 주민등록과 사업자등록 요건을 반드시 갖추어야 하며, 이러한 형식적 요건을 갖추었다 하더라도 사실상 거주 또는 사업을 영위하지 않는 경우라면 부재부동산에 해당될 수 있다는 점이다. 따라서, 부재부동산 판단 주요 착안사항은 형식적 요건과 사실상 요건을 모두 충족해야 한다는 점이다. 다만, 여기서 유의할 점은 부재부동산 소유자 판단과 관련한 유사사례(법제처 2008-0370, 2008.12.2. 아래 〈표 2〉 참조)에서 「공익사업을 위한 토지 등의 취득 및 보상에 관한 법률 시행령」 제26조 제2항[154] 단서에서 질병으로 인한 요양, 징집으로 인한 입영, 공무, 취학 등 부득이한

---

154) 제26조(부재부동산 소유자의 토지) ① 법 제63조 제7항 제2호에 따른 부재부동산 소유자의 토지는 사업인정고시일 1년 전부터 다음 각 호의 어느 하나의 지역에 계속하여 주민등록을 하지 아니한 자가 소유하는 토지로 한다.

1. 해당 토지의 소재지와 동일한 시(행정시를 포함한다. 이하 이 조에서 같다)·구(자치구를 말한다. 이하 이 조에서 같다)·읍·면(도농복합형태인 시의 읍·면을 포함한다. 이하 이 조에서 같다)
2. 제1호의 지역과 연접한 시·구·읍·면

② 제1항 각 호의 1의 지역에 주민등록을 하였으나 당해 지역에 사실상 거주하고 있지 아니한 자가 소유하는 토지는 제1항의 규정에 의한 부재부동산 소유자의 토지로 본다. 다만, 질병으로 인한 요양, 징집으로 인한 입영, 공무, 취학 그 밖에 이에 준하는 부득이한 사유로 인하여 거주하지 아니한 경우에는 그러하지 아니하다.

③ 제1항에도 불구하고 다음 각 호의 어느 하나에 해당하는 토지는 부재부동산 소유자의 토지로 보지 아니한다.

1. 상속에 의하여 취득한 경우로서 상속받은 날부터 1년이 경과되지 아니한 토지
2. 사업인정고시일 1년 전부터 계속하여 제1항 각 호의 어느 하나의 지역에 사실상 거주하고 있음을 국토해양부령으로 정하는 바에 따라 입증하는 자가 소유하는 토지
3. 사업인정고시일 1년 전부터 계속하여 제1항 각 호의 어느 하나의 지역에서 사실상 영업하고 있음을 국

경우로 토지소재지 인근이 아닌 지역에서 주민등록을 하는 경우에 대해 부득이한 사유로 보아 부재부동산 소유자에 해당되지 않는다고 보는 견해도 있으나, 이는 취득세 면제를 위한 지특법에서 별도로 부재부동산 거주요건인 주민등록 거주지 요건을 명확히 규정하고 있으며, 별도로 그에 대한 예외적 규정을 두고 있지 않음을 고려할 때 토지보상 관련 법령상에서 부재부동산이 아니라 해서 반드시 취득세 면제대상으로 볼 수는 없다는 점에 유의해야 할 것이다. 또한, 부재부동산 판단 기준에 "계약일"과 "사업인정고시일"을 병기(영 §34②)한 것은 공익사업을 위한 토지 등의 취득 및 보상에 관한 법률 등 관련 법령에 의하여 토지 등을 수용할 수 있는 사업인정을 받은 자에게 부동산이 협의매수(수용)된 경우, 비록 사업인정고시일 전에 당해 매매계약을 체결하였다 하더라도 "계약일" 이후에 취득한 대체취득 부동산에 대해서도 사업인정고시일 이후에 대체취득한 부동산에 대한 세제혜택과 동일하게 취득세 등을 면제하겠다는 취지(행심 2007-32, 2007.1.29.)라 할 것이므로, 부재부동산 소유자 판단기준일은 원칙적으로는 사업인정고시일이나 예외적으로 사업인정고시일 전에 부동산을 협의매수한 경우 부재부동산 소유자의 판단기준일은 그 협의매수 "계약일"을 기준으로 부재부동산 소유자 해당 여부를 판단하는 것이라 하겠다.

〈표 3〉 **부재부동산 판단**

| 실질요건 | | 형식요건 | | | |
|---|---|---|---|---|---|
| | | 주민등록 | | 사업자 등록 | |
| | | ○ | × | ○ | × |
| 거주사실 | ○ | 거주자 | 부재자 | 거주자 | 부재자 |
| | × | 부재자 | 부재자 | 부재자 | 부재자 |
| 사업영위 사실 | ○ | 거주자 | 부재자 | 거주자 | 부재자 |
| | × | 부재자 | 부재자 | 부재자 | 부재자 |

**운용사례**

■ 부재부동산 판단기준일

부재부동산 판단기준일은 관계법령의 규정에 의한 사업고시 지구 내에 수용된 토지가 추가 또는 변경지정으로 새로이 편입된 토지가 아닌 경우에는 최초로 고시된 사업인정고시일이 되며, 최초 사업인정고시일 현재 1년 전부터 계속하여 주민등록이 설정되어 있고 사실상 거주한 사실이 객관적으로 인정되는 경우라면 부재부동산 소유자에 해당되지 아니함(행자부 세정-3922, 2007.9.27.). ☞ 사업인정고시일 이후 추가 면적 변경고시 등이 발생된 경우라

토해양부령으로 정하는 바에 따라 입증하는 사람이 해당 영업을 하기 위하여 소유하는 토지

도 당초 사업인정고시일을 기준으로 판단하고 있음.

■ 부재부동산 판단기준일(계약일 또는 사업인정고시일)

구 지방세법 제109조 제1항 본문 및 위 규정에서 "계약일"과 "사업인정고시일"을 병기한 것은 「공익사업을 위한 토지 등의 취득 및 보상에 관한 법률」 등 관련 법령에 의하여 토지 등을 수용할 수 있는 사업인정을 받은 자에게 부동산이 협의매수(수용)된 경우, 비록 사업인정고시일 전에 당해 매매계약을 체결하였다 하더라도 "계약일" 이후에 취득한 대체취득 부동산에 대해서도 사업인정고시일 이후에 대체취득한 부동산에 대한 세제혜택과 동일하게 취득세 등을 비과세하겠다는 취지(행심 2007-32, 2007.1.29.)라 할 것이므로 사업인정고시일 이후에 부동산을 협의매수(수용)한 경우의 부재부동산 소유자 판단 기준일은 사업인정고시일이라 할 것이지만, 예외적으로 사업인정고시일 전에 부동산을 협의매수한 경우의 부재부동산 소유자 판단 기준일은 그 협의매수 "계약일"을 기준으로 부재부동산 소유자 해당 여부를 판단함(행안부 지방세운영-2195, 2008.11.17.).

■ 수용당한 부동산이 위치한 지역에 사업자등록을 내지 않고 공장등록만 한 경우

구 지방세법 시행령 제79조의 3 제2항에서 규정한 "사업자등록"은 부가가치세법 제5조의 규정에 의한 사업자등록을 의미한다 할 것이고, 당해 규정에 대한 해석은 법문 그대로 엄격히 해석하여야 할 것인바, 수용당한 부동산이 위치한 지역에 사업자등록이 되어 있지 않고 공장등록만 되어 있는 경우에, 비록 공장등록을 하고 사업을 영위하고 있다고 하더라도 수용당한 부동산이 소재한 지역에 계약일 또는 사업인정고시일 현재 1년 전부터 계속 사업자등록을 하지 아니한 이상 부재부동산 소유자에 해당되므로 취득세 등의 비과세대상에 해당하지 아니할 것임(행안부 도세-275, 2008.4.1.).

■ 공무상 사유로 토지소재지 인근이 아닌 다른 지역에 주민등록을 한 경우 부재지주 여부

〈질의요지〉 공무상 사유로 인하여 소유하는 토지 소재지와 동일하거나 연접한 시ㆍ구 또는 읍ㆍ면에 거주하지 않으면서 실제 거주하는 지역에 주민등록을 한 경우, 「공익사업을 위한 토지 등의 취득 및 보상에 관한 법률 시행령」(이하 "토지보상법 시행령"이라 함) 제26조 제2항 단서에 따라 부재부동산 소유자에서 제외되는지?

〈회답〉 토지보상법 시행령 제26조 제2항 단서에 따라 공무 등과 같이 부득이한 사유가 인정되는 경우라면 해당 토지소재지 등에의 주민등록 여부와 관계없이 부재부동산 소유자에서 제외된다고 할 것임. 다만, 부득이한 사유로 인정되는 공무 등에 해당되는지 여부에 대하여는 개별적 사안에 대하여 제반 사정을 고려하여 구체적으로 판단하여야 할 것임.

〈이유〉

- 「공익사업을 위한 토지 등의 취득 및 보상에 관한 법률」 제63조 제1항 본문에서는 손실보상은 다른 법률에 특별한 규정이 있는 경우를 제외하고는 현금으로 지급하여야 한다고 규정하고 있고, 같은 조 제6항에서는 사업시행자가 국가ㆍ지방자치단체 그 밖에 대통령령으로 정하는 「공공기관의 운영에 관한 법률」에 따라 지정ㆍ고시된 공공기관 및 공공단체인 경우로서, 토지소유자 또는 관계인이 원하는 경우(제1호)와 사업인정을 받은 사업에 있어서 대통령령이 정하는 부재부동산 소유자의 토지에 대한 보상금이 대통령령이 정하는 일정금액을 초과하는 경우로서 그 초과하는 금액에 대하여 보상하는 경우(제2호)

에는 사업시행자가 발행하는 채권으로 지급할 수 있도록 규정하고 있음.

• 이에 따라 토지보상법 시행령 제26조에서는 현금보상의 원칙에 대한 예외로 채권으로 보상하는 것이 가능한 경우로서의 부재부동산 소유자의 토지의 범위를 정하고 있는바, 같은 조 제1항에서는 위 부재부동산 소유자의 토지를 사업인정고시일 1년 전부터 해당 토지의 소재지와 동일한 시·구 또는 읍·면(제1호), 제1호의 지역과 연접한 시·구 또는 읍·면(제2호) 중 어느 하나의 지역에 계속하여 주민등록을 하지 아니한 자가 소유하는 토지로 정하고 있고, 같은 조 제2항에서는 제1항 각 호의 어느 하나의 지역에 주민등록을 하였으나 해당 지역에 사실상 거주하고 있지 아니한 자가 소유하는 토지는 제1항에 의한 부재부동산 소유자의 토지로 본다고 하면서, 같은 조 제2항 단서에서는 질병으로 인한 요양, 징집으로 인한 입영, 공무, 취학 그 밖에 이에 준하는 부득이한 사유로 인하여 거주하지 아니한 경우에는 그러하지 아니하다고 규정하고 있으며, 같은 조 제3항에서는 제1항에도 불구하고 상속에 의하여 취득한 경우로서 상속받은 날부터 1년이 경과되지 아니한 토지 또는 사업인정고시일 1년 전부터 계속하여 제1항 각 호의 어느 하나의 지역에 사실상 거주하고 있음을 입증하는 자가 소유하는 토지의 경우는 부재부동산 소유자의 토지로 보지 아니한다고 규정하고 있음.

• 토지보상법 시행령 제26조 제1항에서는 해당 토지 소재지 등에 주민등록이 되어 있지 않은 경우를 부재부동산 소유자로 보면서도, 같은 조 제2항에서는 주민등록을 하였더라도 해당 지역에 사실상 거주하지 않은 경우 부재부동산 소유자로 보고 있으며, 같은 조 제3항 제2호에서는 해당 토지 소재지 등에 주민등록을 하지 않은 경우에도 사실상 거주하고 있음을 입증하는 경우에는 부재부동산 소유자로 보지 않도록 규정하고 있는바, 이러한 규정들을 종합하여 볼 때, 부재부동산 소유자인지 여부는 실제 해당 토지 소재지 등에 거주하고 있는지를 기준으로 판단하도록 하고 있으며, 주민등록이 되어 있는지 여부는 일응 실제 거주하는지 여부를 추정하는 사정에 불과하다고 할 것임.

• 토지보상법 시행령 제26조 제2항 단서에서는 해당 토지 소재지 등에 실제 거주하지 않는 데에 질병으로 인한 요양, 징집으로 인한 입영, 공무, 취학 등과 같이 부득이한 사유가 있는 경우에는 비록 실제 거주하지 않는다 하더라도 부재부동산 소유자로 보지 않도록 예외를 인정한 것으로, 같은 법 시행령 제26조를 종합적으로 살펴볼 때, 이러한 예외 사유를 인정함에 있어서도 해당 토지 소재지 등에의 주민등록 여부에 따라 판단을 달리할 사항은 아니라고 할 것임.

• 따라서 토지보상법 시행령 제26조 제2항 단서에 따라 공무 등과 같이 부득이한 사유가 인정되는 경우라면 해당 토지소재지 등에의 주민등록 여부와 관계없이 부재부동산 소유자에서 제외된다고 할 것임. 다만, 부득이한 사유로 인정되는 공무 등에 해당되는지 여부에 대하여는 개별적 사안에 대하여 제반 사정을 고려하여 구체적으로 판단하여야 할 것임(법제처 2008-0370, 2008.12.2.).

▣ 대체취득 비과세 적용

소유하고 있던 부동산이 토지 등을 수용할 수 있는 사업인정을 받은 자에게 수용되어 토지보상금과 건축물 보상금(지장물 보상금 포함)을 각각 별도로 수령한 경우라면 토지보상금을 수령한 이후 지장물 보상금을 포함한 건축물 보상금을 수령한 날부터 1년 이내에 다른 부동산을 대체취득하는 경우에는 취득세 등의 비과세 대상임(행자부 세정-141, 2007.2.9.).

▣ 종중토지에 대한 대체취득 시 비과세 적용요건

종중토지를 종원의 개인명의로 등기하고 있던 중 국가의 도로개설사업에 수용된 후 그 보상금으로 종중명의의 부동산을 대체취득한 경우라면 취득세의 비과세 대상이 되지 않는 것이나, 종중토지를 다수의 종원명의로 합유등기를 하고 있던 중 수용되어 그 보상금으로 종중명의의 부동산을 대체취득한 경우라면 상기 규정에 의한 취득세 등의 비과세 대상이 되는 것임(행자부 세정-3459, 2005.10.27.).-종중토지의 경우 합유물에 해당하는 것이므로 합유물에 대한 보상금을 받고 대체취득 시 비과세 적용대상임.

▣ 대체취득의 비과세 적용범위

남편명의로 등기되어 있던 부동산이 수용되어 그 보상금으로 부인 명의로 부동산을 대체취득 하는 경우 취득세 등이 비과세되지 않는 바, 그 이유는 부부라 하더라도 우리나라의 민법상 부부별산제를 채택하고 있어 남편이나 부인명의로 등기되어 있는 부동산은 각자가 관리·처분·수익할 수 있는 권리자이므로 남편 명의로 된 부동산이 수용되어 부인 명의로 부동산을 대체취득하는 경우 취득세 등의 비과세 대상이 아님(행자부 세정-68, 2005.12.14.).

▣ 사업인정고시일 이전에 협의매수 시 취득세 비과세 적용 판단

○○신도시개발 조성사업이 공익사업을 위한 토지 등의 취득 및 보상에 관한 법률 제4조 규정이 적용되는 공익사업에 해당되는 경우라면 당해 ○○신도시 개발조성사업 추진을 위한 사업인정고시일 이전에 개발사업시행자인 한국토지공사의 협의매수에 응하여 토지를 매도하였다면 부동산 대체취득 시 취득세와 등록세의 비과세 대상임(행자부 세정-3810, 2005.11.16.).

▣ 대체취득 비과세 대상 과세표준 범위 판단

토지, 건물, 임목, 선박, 어업권 및 광업권을 수용당한 대가로 받은 금액은 이에 해당하나 권리, 영업권 등의 보상금, 영농, 이농보상금, 주거 이전비, 동산의 이전비 보상금 등은 이에 해당하지 아니함(행자부 세정-113, 2004.1.8.).

▣ 대체취득 시 등록방법과 등록세 등기시의 구비서류 범위

공익사업을 위한 토지 등의 취득 및 손실보상에 관한 법률에 따른 사업시행자의 토지 수용 시 상속인이 상속등기를 이행하지 아니하여 토지보상금을 공탁하고 상속인에 갈음하여 대위에 의한 상속등기를 하는 경우에 사업시행자가 소유권이전등기신청 시 첨부서류로는 공익사업을 위한 토지 등의 취득 및 손실보상에 관한 법률 제18조 등과 공익사업을 위한 토지 등의 취득 및 손실보상에 관한 법률에 의한 등기사무처리지침(등기예규 제1067호)에 의거 시장, 구청장 또는 읍면장이 발급한 정당한 권리자 확인서, 보상금의 지급을 증명하는 서류(보상금수령증원부 또는 공탁서 원본), 재결에 의한 수용인 경우 토지수용위원회의 재결서 등본 등이 해당함(행자부 세정-142, 2004.1.12.).

▣ 부동산이 수용된 자 간에 조합을 결성하여 조합명의로 대체취득하는 경우

부동산이 수용되어 수용된 자 명의로 보상금을 수령한 후, 각 수용된 자가 조합을 결성하여 조합명의로 부동산을 대체취득하는 경우라면, 수용자된 자와 대체취득한 자 간의 명의를

달리하였다고 할 것이므로 대체취득 취·등록세 비과세 대상으로 보기는 어려움(행안부, 지방세운영과-1483, 2010.4.12.).

▣ 공유물 분할등기는 대체취득에 해당되지 않는다고 한 사례

공유물이었던 1필지 토지를 2필지로 분할하여 각 공유자 지분비율로 단독 등기하는 경우로서 등기절차상 필지분할등기를 한 후 공유물 분할등기 과정에서 지분교환 형식으로 이루어진 상대방 지분의 취득은 유상양도가 아닌 공유물의 지분비율에 따라 제한적으로 행사되던 권리를 분할을 통해 특정부분에만 집중·존속시키는 공유물 분할의 한 유형(대법원 1995.9.5. 선고, 95누5653 판결 참조)이라고 할 것이어서 「지특법」 제73조 제1항의 취득세 면제대상인 대체취득에 해당되지 아니한다고 할 것임(행안부 지방세운영과-2570, 2012.8.9.).

▣ 보상금 수령일의 판단기준

「공익사업을 위한 토지 등의 취득 및 보상에 관한 법률」에서는 취득하는 토지의 손실보상은 사전보상, 현금보상, 개인별보상, 일괄보상을 원칙으로 하고 있으며, 같은 법 제65조에서 사업시행자는 동일한 사업지역 안에서 보상시기를 달리하는 동일인 소유의 토지 등이 수개 있는 경우 토지소유자 또는 관계인의 요구가 있는 때에는 일괄하여 보상금을 지급하도록 규정하고 있음. 국가가 토지보상관계법이 정하는 절차에 따라 수용 목적물이 결정되는 판정 기준일인 사업인정고시일 당시 한 필지였던 토지가 사업시행자의 예산부족으로 인하여 토지분할을 요청함에 따라, 토지 등을 수용당하는 당사자의 입장에서 보상금을 가능한 빨리 지급받고자 한 필지의 토지를 수필지로 분할하여 보상금을 수령하였다하여 각각의 토지 매수계약을 별 건으로 간주하여 취득세 감면기준을 적용하는 것은 행정행위의 신뢰성 및 입법취지에도 어긋난다 할 것이며, 사업인정고시일 당시 동일한 사업지역 내에서 한 필지의 토지를 사업인정고시일 이후 보상금 수령 등 사유로 편의상 분할하여 사업시행자와 개별적으로 매수계약을 체결하여 보상금 지급시기를 달리하여 수령하였다 하더라도, 일단의 토지로 보아 마지막 보상을 받은 토지에 대한 보상금을 받은 날을 기준으로 1년 이내에 대체취득하는 부동산에 대하여 취득세 감면규정을 적용하는 것이 타당하다 할 것임(행안부 지방세운영과-1308, 2011.3.21.).

▣ 대체취득 비과세 요건

대체취득 비과세 요건은 "소유 부동산등이 수용된 자가 그 보상금으로 대체취득하는 것"을 충족요건으로 규정하고 있으므로 대체취득 비과세 대상이 되려면 반드시 소유 부동산등의 수용이 전제되어야 할 것이므로, A법인의 경우 B법인에게 흡수합병될 당시 이미 보상금을 수령한 상태로서 수용된 부동산은 이미 사업시행자의 소유가 된 것이라 할 것인 바, B법인의 경우 A법인 소유의 부동산을 승계한 것이 아니라 A법인이 이미 수령한 보상금을 승계한 것이라고 할 것이므로 수용된 부동산 소유자와 대체취득자가 같은 것을 요구하고 있는 위 규정 대체취득 비과세 요건을 충족하였다고 볼 수 없다고 판단됨(행안부 지방세운영과-2339, 2010.6.3.).

▣ 대체취득 비과세 요건

소유 부동산 등이 수용되어 그 보상금으로 다른 부동산 등을 대체취득하는 경우, 수용되기

전 부동산 소유자 명의로 대체취득하는 경우에 한하여 비과세대상이 되는 것이므로, 부동산이 수용되어 수용된 자 명의로 보상금을 수령한 후, 각 수용된 자가 조합을 결성하여 조합명의로 부동산을 대체취득하는 경우라면, 수용된 자와 대체취득한 자 간의 명의를 달리하였다고 할 것이므로 대체취득 비과세 대상이 아님(행안부 지방세운영과-1505, 2010.4.13.).

■ 개인사업자가 법인전환의 경우 대체취득 비과세 적용 가능 여부

1. 법인은 독립된 법인격을 가지고 권리의무의 주체가 되는 것이므로 그 대표자인 개인과 동일시할 수 없음. 이러한 법리에 따라 원심이 확정한 사실을 살펴보면, 원고와 이 사건 회사는 별개의 독립된 법인격체이므로 이 사건 회사가 이 사건 토지들에서 사업자등록을 하고 폐지 등을 수집, 가공하는 사업을 한 것을 원고 개인이 사업한 것으로 볼 수는 없다고 할 것이고, 원고는 이 사건 토지들에서 개인사업자로서 사업자등록을 하고 사업을 영위하다가 이 사건 회사가 2008.7.15.경 법인 등기 및 사업자등록을 마치고 사업을 개시한 이후인 2008.12.31. 폐업하였고, 그 이후 2009.8.14. 이 사건 근린공원 조성사업인정고시가 있었으므로 원고는 위 사업인정고시일 현재 1년 전부터 사실상 사업을 하고 있지 않은 것임(대법원 2011두14524, 2012.3.15.).
2. 수용부동산에 대한 마지막 보상금을 받은 날(사업인정을 받은 자의 사정으로 대체취득이 불가능한 경우에는 취득이 가능한 날)부터 1년 이내에 부동산을 대체취득하는 경우에는 취득세를 비과세하는 것인바, 국토해양부의 이축 제한으로 이 건 토지의 대체취득이 지연되었다고 하더라도 국토해양부는 이 건 수용토지를 매수하거나 수용한 사업시행자에 해당하지 아니하는 이상 사업인정을 받은 자의 사정으로 대체취득이 불가능한 경우로는 볼 수는 없음(조심 2011지0556, 2012.3.29.).
3. 관계법령에 의하여 부동산을 수용할 수 있는 사업인정을 받은 자에 해당되지 않는 처분청에 부동산을 협의 매도 후 취득하는 부동산에 대해서는 토지수용 등으로 인한 대체취득에 해당되지 아니함(조심 2010지0309, 2011.2.17.).
4. 수용토지의 보상금 수령 후 그 보상금에 대한 이의재결 및 소송을 제기하여 추가적인 보상금을 수령한 사실이 확인될 경우 추가 보상금 수령일을 기산일로 하여 1년 이내 토지를 취득한 것으로 보아야 함(조심 2010지0506, 2010.12.9.).
5. 피상속인이 보상금을 수령하고 사망한 경우에는 상속인이 부동산을 상속받은 것이 아니기 때문에 동 보상금으로 대체부동산을 취득하더라도 비과세 대상에 해당되지 아니함(조심 2009지0689, 2010.3.12.).

■ 주택 대체취득의 판단 기준

구 소득세법 시행령(2008.2.29. 대통령령 제20720호로 개정되기 전의 것) 제168조의 3은 지정지역의 지정기준을 주택매매가격상승률과 지가상승률로 이원화하고 있고, 그에 따라 재정경제부장관도 지정지역을 주택에 관한 지정지역과 주택 외의 부동산에 관한 지정지역으로 구분하여 지정하고 있는 점, 주택에 관한 지정지역은 그 지역에 있는 주택의 매매가격상승률이 일정수준 이상으로 높아 주택에 대한 투기적 수요가 우려되어 그에 대한 세제상의 불이익을 가할 목적으로 지정된 지역이므로 그와 같은 투기적 수요의 우려가 없는 주택 외의 부동산에 대해서까지 지정지역에 있다는 이유만으로 주택의 경우와 동일하게 세제상의

불이익을 가하는 것은 지정지역의 취지에 반하는 점 등을 고려하면, 주택에 관한 지정지역은 그 지역에 소재하는 주택에 관해서만 지정지역으로서 법적 효력을 지니고 그 외의 부동산에 관하여는 그와 같은 법적 효력이 없다고 보아야 하며, 이러한 법리는 구 지방세법(2010.3.31. 법률 제10221호로 전부 개정되기 전의 것, 이하 '구 지방세법'이라 한다)에서 인용하고 있는 지정지역에 관하여도 그대로 적용된다고 할 것이므로, 주택에 관한 지정지역에서 주택 외의 부동산을 대체취득하는 경우는 구 지방세법 제109조 제1항 제1호 (다)목 단서 조항에 해당하지 않는다고 해석하는 것이 타당함(대법원 2009두23082, 2011.8.25.).

#### 4-1-2. 거주지역

매수 또는 수용된 부동산이 농지인 경우에는 그 소재지 시·군·구 및 그와 잇닿아 있는 시·군·구 또는 농지의 소재지로부터 20킬로미터 이내의 지역이어야 하며, 매수·수용 또는 철거된 부동산이 농지가 아닌 경우에는 그 소재지 구[자치구가 아닌 구를 포함하며, 도농복합형태의 시의 경우에는 동(洞) 지역만 해당한다. 이하 이 호에서 같다]·시(자치구가 아닌 구를 두지 아니한 시를 말하며, 도농복합형태의 시의 경우에는 동 지역만 해당한다. 이하 이 호에서 같다)·읍·면 및 그와 잇닿아 있는 구·시·읍·면 지역을 말한다.

## 5 | 특례내용

### 5-1. 취득세 감면

관련법령에 따라 부동산을 수용할 수 있는 사업인정을 받은 자에게 해당 부동산이 매수·수용 또는 철거되어 그 보상금으로 다른 지역에서 대체하는 부동산을 취득하는 자에 대해서는 그 취득세가 면제된다.

### 5-2. 최소납부세액의 면제(§177의 2)

2015년부터 시행되는 감면 상한제도(§177의 2 본문)에 따라 면제되는 세액의 15%는 감면특례가 제한되어 본 규정에 따라 대체로 취득하는 부동산에 대한 취득세(§73 ①)의 경우 최저납부세액 과세대상에 해당되지만 제177조의 2 제2호에서 예외 특례를 적용받아 해당 세목에 대해서는 본 규정대로 계속해서 면제를 적용한다. 이에 대한 세부적인 사항은 제177조의 2의 해설편을 참조하면 된다.

## 6 특례의 제한(§73 ②, §177)

대체취득에 따른 취득세 감면을 받으려는 부동산이 지방세법 제13조 제5항에 따른 별장 · 골프장 · 고급오락장 등 지방세 중과세 대상인 사치성 재산인 경우와 제73조 제2항에 따른 부재부동산의 소유자가 대체로 취득하는 경우에는 감면대상에서 제외된다.

## 7 감면신청(§183)

대체취득으로 해당 부동산에 대한 취득세를 지방세를 감면받으려는 경우에는 해당 지방자치단체의 장에게 해당 부동산이 종전 소재지에서 대체로 취득하는 부동산임을 입증하는 서류를 첨부하여 감면신청을 하여야 한다. 세부적인 감면신청 절차 등에 대해서는 제183조의 해설편을 참조하면 된다.

## 8 관련사례

▣ 대체취득 감면 적용 시 부재부동산 범위 여부

"도농복합형태의 시"는 일반 시와 달리 도시의 형태를 갖춘 지역에는 동을, 그 밖의 지역에는 읍 · 면을 둘 수 있는데, 제주특별자치도 내 행정시에 동과 읍 · 면이 공존하기는 하나, 이는 「지방자치법」이 아니라, 「제주특별자치도 설치 및 국제자유도시 조성을 위한 특별법」(이하 "「제주특별법」") 제16조 제1항에 따른 것인 점, 행정시는 지방자치단체인 시에 해당하지 않는 점(「제주특별법」 제10조 제1항 및 제2항 참조), 「제주특별법」 외에 다른 법령에서 시 · 군을 인용한 경우에는 제주자치도를 포함한 것으로 보아 해당 법령을 적용해야 하는 점(「제주특별법」 제9조 제1항 참조) 등을 종합하여 고려했을 때, 제주특별자치도 내 행정시를 「지방세특례제한법 시행령」 제34조 제2항 제2호에서 규정하는 도농복합형태의 시로 볼 수 없음(행안부 지방세특례제도과-2622, 2024.10.17.).

▣ ① 쟁점토지는 영농을 위해 취득한 토지로서 이후 종전토지가 공공부지로 수용되어 대체취득 감면대상이라는 청구주장의 당부 ② 쟁점토지를 취득일부터 1년 이내 해당 용도(영농)대로 직접 사용하지 못한 정당한 사유가 있는지 여부

① 상기 각 규정에 따른 부재부동산 소유자의 요건을 모두 갖춘 바, 처분청의 이 건 경정청구 거부처분은 달리 잘못이 없는 것으로 판단됨 ② 처분청이 청구법인에 대하여 구 「지방세특례제한법」 제11조는 제3항 제1호를 근거로 경감된 취득세 등을 추징한 이 건 취득세 등

부과처분은 달리 잘못이 없는 것으로 판단됨(조심 2023지5575, 2024.7.23.).

■ 감면대상 대체 부동산 등 취득기간 1년의 기산일 여부

토지 등 수용을 당한 자가 토지수용위원회의 재결에 대하여 이의신청이나 행정소송을 제기하지 않고, 공탁금의 수령에도 제약이 없는 상태에서 단순히 공탁금 수령만 늦게 한 경우라면, 보상금 공탁일(공탁통지를 받은 날)이 사업시행자에게는 토지 등의 취득시기가 되고, 상대방인 토지 등 수용을 당한 자에게는 토지 등의 양도시기(그 보상금을 마지막으로 받은 날)가 된다고 할 것임(행안부 지방세특례제도과-1373, 2022.6.27.).

■ 토지수용 대체취득 감면시 부재부동산 소유자 판단 여부

주민등록지와 종전부동산이 행정구역상 연접하고 있지 않고, 해당 사업장은 지역적 요건은 충족하지만 사업자등록을 한 시점이 2017.1.11.이라서 사업인정고시일(2017.12.27.) 현재 1년 전부터 계속하여 그 지역에 사업자등록을 두고 있다고 보기도 어려운 점 등에 비추어 「지방세특례제한법」 제73조 제2항 및 같은 법 시행령 제34조 제2항에 따른 부재부동산 소유자로 볼 수 없다는 주장은 받아들이기 어려움(조심 2021지0840, 2021.12.6.).

■ 토지수용 대체취득 감면시 대체할 부동산등의 지역 범위

대체취득할 지역의 부동산이 §73 ① 1호 나목 및 다목에 중복 해당될 경우 나목에 따른 대체취득 지역 소재지 감면 요건 적용(다목에서 소득세법에 따른 지정지역은 제외토록 규정하고 있더라도, 나목의 지역에도 해당하는 경우라면 나목에 따른 지역적 요건을 충족한 것으로 보아 감면 가능함(지방세특례제도과-2463, 2021.11.5.).

■ 농지 대체취득시 자경농민의 요건을 갖춘 경우에만 2년의 기간을 적용할 수 있는지 여부

일반인이 농지를 대체취득하는 경우와 농지 외의 부동산을 대체취득하는 경우에 있어 양자간 기간의 차이를 둘 합리적 이유가 없음에도 농지를 취득한다하여 무분별하게 1년의 감면기간을 연장하여 부여할 경우에는, 보상금 수령일부터 1년이 초과되어 감면 요건을 상실하게 된 자에게 영농 여부와는 관련없이 농지 취득을 유도하게 되는 결과를 초래하여 헌법상 경자유전의 원칙에 반하게 되는 문제가 발생할 여지가 있는 점 등을 종합해 볼 때, 농지를 대체취득하는 경우로서 자경농민의 요건을 갖춘 경우에 한해 쟁점규정의 "보상금을 마지막으로 받은 날부터 2년 이내"라는 완화된 규정을 적용하여야 할 것임(행안부 지방세특례제도과-13, 2021.1.4).

■ 수탁자가 부동산을 소유한 시점에서 수용되었을 경우 위탁자에 대한 감면대상 여부

부동산신탁을 통해 수탁자들에게 소유권이 이전된 후에 해당 토지가 한국토지주택공사에 수용(편입)되었으므로 위탁자들이 아닌 수탁자들이 "「공익사업을 위한 토지 등의 취득 및 보상에 관한 법률」 등에 따라 토지 등을 수용할 수 있는 사업인정을 받은 자에게 부동산이 매수, 수용 또는 철거된 자"에 해당하므로 감면대상에 해당하지 않음(조심 2017지579, 2020.5.28.).

■ 사업승인고시 전에 매수한 경우 사업자의 지위에서 매수한 것으로 볼 수 있는지 여부

사업시행자가 사업승인고시일 전이라도 공익사업 등 수행을 위해 토지등을 수용하거나 사용할 수 있는 지위에서 부동산등의 매매계약을 체결한 경우라면 '사업인정을 받은 자에게 매수된'이라는 요건을 충족한 것으로 보아야 함(행안부 지방세특례제도과-307, 2020.2.14.)

■ 사업인정고시일 현재 1년 전부터 주민등록을 하지 않은 부재부동산 소유자에 대한 감면 여부

「지방세법 시행령」 제34조 제2항에서 부재부동산 소유자의 범위를 정하여 사업인정고시일 현재 1년 전부터 계속하여 그 소재지 구·시·읍·면 및 그와 잇닿아 있는 구·시·읍·면 지역에 주민등록을 하지 아니하거나 사실상 거주하지 아니한 거주자로 규정하고 있는 점, 관련규정에서 부재부동산 소유자 중에서 주민등록을 하지 아니한 부득이한 사유 등에 대하여 별도의 예외 규정을 두고 있지 아니한 점 등에 비추어 사업인정고시일 현재 1년 전부터 종전부동산 소재지 시 및 그와 연접한 구·시·읍·면에 주민등록을 하지 아니한 부재부동산 소유자에 해당하여 대체취득에 따른 취득세 등의 감면대상으로 보기 어려우므로 부과처분은 달리 잘못이 없음(조심 2019지2576, 2020.1.31.).

■ 사업인정고시일 현재 1년 전부터 주민등록을 하지 않은 부재부동산 소유자에 대한 감면 여부

「지방세법 시행령」 제34조 제2항에서 부재부동산 소유자의 범위를 정하여 사업인정고시일 현재 1년 전부터 계속하여 그 소재지 구·시·읍·면 및 그와 잇닿아 있는 구·시·읍·면 지역에 주민등록을 하지 아니하거나 사실상 거주하지 아니한 거주자로 규정하고 있는 점, 관련규정에서 부재부동산 소유자 중에서 주민등록을 하지 아니한 부득이한 사유 등에 대하여 별도의 예외 규정을 두고 있지 아니한 점 등에 비추어 사업인정고시일 현재 1년 전부터 종전부동산 소재지 시 및 그와 연접한 구·시·읍·면에 주민등록을 하지 아니한 부재부동산 소유자에 해당하여 대체취득에 따른 취득세 등의 감면대상으로 보기 어려우므로 부과처분은 달리 잘못이 없음(조심 2019지2576, 2020.1.31.).

■ 사업인정고시일 현재 1년 전부터 사업자등록을 하지 않은 부재부동산 소유자에 대한 감면 여부

사업인정고시일 이후에 종중 고유번호증을 신규로 발급받았고, 같은 날 통지받은 '법인으로 보는 단체의 승인여부통지서' 상에 단체 결성연월일이 1994.4.15.로 기재되어 있기는 하지만, 사업인정고시일 현재 1년 전부터 계속하여 수용부동산 등의 지역에서 사업자등록을 하고 실질적으로 사업을 수행하였다는 사실이 달리 확인되지 아니하여 「지방세특례제한법」 제73조 제2항에서 규정한 부재부동산 소유자로 보는 것이 타당하다(조심 2017지118, 2017.4.410., 같은 뜻임)하겠으므로 부과처분은 달리 잘못이 없음(조심 2019지1823, 2019.12.20.).

■ 보상금 수령일로부터 1년이 경과한 후 상가를 대체취득한 경우에 감면 여부

수용부동산의 마지막 보상금 수령일부터 1년이 경과한 이후에야 상가를 대체취득하였고 「지방세특례제한법」 제58조 제1항에서 건축중인 상가를 분양받는 경우에 대하여 별도의 규정을 두고 있지 아니한 점 등에 비추어 처분청이 경정청구를 거부한 처분은 달리 잘못이 없음(조심 2018지1084, 2018.9.20.).

■ 사업인정고시일 전에 토지를 취득하기 위한 매매계약을 체결한 경우 대체취득 해당 여부

수용토지의 도시계획시설사업상 사업인정고시일 전에 해당 토지를 취득하기 위한 매매계약을 체결하였으므로 「지방세특례제한법」 제73조 제1항의 토지수용 등으로 인한 대체취득에 대한 감면요건을 충족하지 못한 것으로 판단됨(조심 2018지0041, 2018.2.28.).

■ 감면기간 내에 대체 부동산을 취득하지 않은 경우 감면 여부

수용부동산의 수용보상금을 지급받은 날부터 1년이 경과하여 쟁점부동산을 취득하였고,

「지방세특례제한법」 제73조 제1항에서 감면기간이 지난 대체토지 등 취득에 대해 감면을 적용할 수 있는 정당한 사유에 대한 별도의 규정을 두고 있지 아니한 점 등에 비추어 감면기한 내에 대체 부동산을 취득하지 않은 부동산 취득은 토지수용 등으로 인한 대체취득에 대한 감면대상에 해당한다고 보기 어려움(조심 2015지1258, 2015.11.10.).

■ 사업인정고시일 이전에 매매계약을 체결하고 보상금 수령 후 대체 부동산을 취득한 경우

사업인정고시일 이전에 분양매매계약을 체결하고 보상금 수령일 이후 대체부동산을 취득한 경우 대체취득에 따른 취득세 면제대상에 해당한다고 보기는 어려움(조세심판원 2015지1219, 2015.11.30.).

■ 상속인이 특별공급 대상자를 변경받아 부동산을 취득한 경우

피상속인이 보상금을 수령하고, 이주 및 생활대책으로 공공분양주택 특별공급 대상자로 선정된 상태에서 사망하여 상속인이 그 특별공급 대상자를 변경 받아 부동산을 취득한 경우에는 취득세 등 감면대상이 아님(조심 2012지0794, 2013.4.9.).

■ 수용 부동산이 수탁자에게 이전된 경우

「신탁법」상 신탁은 위탁자가 수탁자에게 특정의 재산권의 소유권 내지 권리를 이전하는 것으로서 신탁재산의 소유권이 수탁자에게 이전된 이후에는 위탁자를 당해 부동산의 소유자로 볼 수는 없는 것이므로, 수용된 부동산이 수탁자에게 이전된 이상 청구인이 보상금을 직접 수령하고 대체 부동산을 취득하였다 하더라도 취득세 감면대상으로 보기는 어려움(조심 2012지0527 2012.11.28.).

■ 법령에 따라 부동산을 수용할 수 있는 사업인정을 받은 자에 해당하지 않는 경우

관계법령에 의하여 부동산을 수용할 수 있는 사업인정을 받은 자에 해당되지 아니하는 경우 부동산을 협의 매도 후 취득하는 부동산에 대해서는 토지수용 등으로 인한 대체취득에 해당되지 아니하므로 취득세 비과세 대상에 해당되지 않음(조심 2010지0309, 2011.2.17.).

■ 토지수용시에 현금 대신 토지를 보상받은 경우 보상금의 범위에 토지보상이 포함되는지 여부

- 「공익사업을 위한 토지 등의 취득 및 보상에 관한 법률」 제63조 제1항 단서에서는 토지소유자가 원하는 경우로서 토지로 보상이 가능한 경우에는 토지소유자가 받을 보상금 중 현금 또는 채권으로 보상받는 금액을 제외한 부분에 대하여 그 공익사업의 시행으로 조성한 토지로 보상할 수 있는 것으로 규정하고 있음
- 따라서, 「지방세특례제한법」 제73조 제1항에서는 "그 보상금을 마지막으로 받은 날"을 "「공익사업을 위한 토지 등의 취득 및 보상에 관한 법률」 제63조 제1항에 따라 토지로 보상을 받는 경우에는 해당 토지에 대한 취득이 가능한 날"로 규정하고 있는 바, "그 보상금을 마지막으로 받은 날"은 대체취득 유예기간 1년의 기산일을 의미하므로 토지로 보상을 받는 경우에는 해당 토지에 대한 취득이 가능한 날부터 대체취득 유예기간 1년을 기산하여야 하므로 그 보상금의 범위에는 현금은 물론 토지보상도 포함되는 것으로 보는 것이 타당함(행자부 지방세특례제도과-506, 2015.2.27.).

■ 대체취득 비과세 지역적 적용범위

지방자치단체에서 시행하는 도로개설사업에 소유하고 있던 경기도 성남시 소재 부동산이

사업부지에 포함됨에 따라 2006.12.19. 사업인정을 받은 자에게 협의매도계약을 체결한 후 2006.12.22. 충남 ○○시 소재 근린생활시설을 대체취득하는 계약을 체결하였으나 사업부지에 포함된 부동산의 최초보상금을 2007.1.2. 최초로 수령한 경우라면 개정된 구 지방세법 제109조 제1항(법률 제8099호로 개정된 것, 2006.12.28.) 규정이 적용되는 것이므로 대체취득하는 부동산이 수용된 부동산 소재지도인 경기도와 연접된 충청남도로서 취득세의 비과세 대상에 해당된다 할 수 있으나 대체취득하는 물건 소재지인 충남 천안시 전 지역은 소득세법 제104조의 2 제1항 규정에 의한 토지 및 주택투기지역에 해당되는 지역이므로 상기 규정에 의한 취득세 등의 비과세 대상이 되지 않는 것임(행자부 세정-427, 2007.1.24.).

■ 부재부동산 소유자 판단기준

택지개발사업으로 수용되는 부동산을 소유하고 있는 종교법인의 소속성당이 당해 부동산 내에 종교시설(성당)을 설치하고 사업인정고시일 현재 1년 전부터 계속하여 사업자등록대상이 아닌 종교사업만을 영위하여 온 경우라면, 이를 부재 부동산 소유자로 보아 취득세 등 비과세를 배제하기는 어렵다고 판단됨(행안부 지방세운영과-2497, 2009.6.19.).

■ 부재부동산 소유자 판단기준일

지방세법 제109조 제1항 규정에서 계약일과 사업인정고시일을 병기한 것은 관련 법령에 의하여 토지 등을 수용할 수 있는 사업인정을 받은 자에게 부동산이 협의매수(수용)된 경우 비록 사업인정고시일 전에 당해 매매계약을 체결하였다 하더라도 계약일 이후에 취득한 대체취득 부동산에 대해서도 사업인정고시일 이후에 대체취득한 부동산에 대한 세제혜택과 동일하게 취득세 등을 감면하겠다는 취지(행심 2007-32, 2007.1.29.)로 사업인정고시일 이후에 부동산을 협의매수(수용)한 경우의 부재부동산 소유자 판단기준일은 사업인정고시일이라 할 것이지만 예외적으로 사업인정고시일 전에 부동산을 협의매수한 경우의 부재부동산 소유자 판단기준일은 그 협의매수 계약일을 기준으로 부재부동산 소유자 해당 여부를 판단함(행안부 지방세운영과-2195, 2008.11.17.).

■ 부재부동산 소유자 판단기준

지방세법 시행령 제79조의 3 제2항에서 규정한 사업자등록은 부가가치세법 제5조의 규정에 의한 사업자등록을 의미하므로, 해석은 법문 그대로 엄격히 해석되어야 할 것인바, 수용당한 부동산이 위치한 지역에 사업자등록이 되어 있지 않고 공장등록만 되어 있는 경우에 비록 공장등록을 하고 사업을 영위하고 있다고 하더라도 수용당한 부동산이 소재한 지역에 계약일 또는 사업인정고시일 현재 1년 전부터 계속 사업자등록을 하지 아니한 이상 부재부동산 소유자에 해당되므로 취득세 등의 감면대상이 아님(행안부 도세-275, 2008.4.1.).

1) 종전토지를 수용당한 청구인이 사업인정을 받은 자로부터 특별공급받기로 한 당첨된 택지를 포기하고, 제3자가 분양받은 특별공급택지에 대한 권리·의무를 승계하여 이 건 토지를 취득한 이상 수용으로 인한 대체취득 부동산이 아님(조심 2012지0469, 2012.9.18.).
2) 관계법령에 의하여 토지 등을 수용할 수 있는 사업인정을 받은 자에게 부동산이 수용된 자가 보상금을 마지막으로 받은 날부터 1년 이내에 대체취득할 부동산을 취득한 때에는 취득세 등을 비과세하는 것인바, 청구법인은 이 건 수용토지에 대한 마지막 보상금을 수령한 날(2004.10.5.)부터 1년이 경과한 2006.7.11. 이 건 토지를 대체취득한 사실이 확인되

는 이상 비과세 대상에 해당하지 아니한다 할 것임(조심 2011지0394, 2011.12.1.).

3) 부재부동산 판단기준(행정구역변경)

지방세법 제1조 제1항 제1호에서 "구"를 지방자치단체인 "구"(자치구)를 말한다고 정의하고 있으나, 같은 법 시행령 제79조의 3 제2항 제2호에서는 이와는 달리 "구"의 의미를 제한(도농복합형태의 시에 있어서는 동지역에 한함)하여 규정하고 있어 여기에서 말하는 "구"라 함은 지방자치단체인 구(자치구) 외에 일반구도 포함하는 것으로 봄이 타당하다 하겠으므로, 사업인정고시일 현재 이 건 수용토지 소재지인 ○○○와 청구인의 주소인 ○○○는 서로 연접되어 있다고 인정하기는 어렵다 할 것이나, 2001.12.24. 처분청의 행정구역변경으로 인해 청구인의 주소가 ○○○으로 변경됨으로써 이 건 수용토지 소재지인 ○○○와 연접하게 되었다가 2005.10.31. 다시 처분청의 행정구역변경으로 인해 일반구인 ○○○가 설치됨으로써 이 건 수용토지 소재지와 청구인의 주소가 연접되지 아니하게 되면서 사업인정고시일 현재 청구인이 이 건 수용 토지의 소재지 또는 연접된 지역에서 1년 이상 거주라는 비과세요건을 충족하지 못하게 되었는바, 청구인의 자유의사에 의한 주소(거주지) 이전이 아닌 단순히 행정구역변경으로 인해 연접지역에서 벗어나게 됨으로써 부재부동산 소유자가 된 경우까지 취득세 등의 비과세대상에서 배제하는 것은 수용 등으로 인한 대체부동산 취득에 대하여 취득세 등을 비과세하는 입법취지를 오인한 잘못이 있다 하겠으므로, 행정구역변경을 이유로 청구인을 부재부동산 소유자에 해당된다고 보기보다는 청구인이 위 사업인정고시일 현재 1년 이상 이 건 수용토지 소재지의 연접지역에서 거주하였다고 봄이 타당함(조심 2009지1135, 2010.10.8.).

■ 부재부동산 소유자의 판단시기

구 지방세법 시행령 제79조의 3 제2항에서 계약일 또는 사업인정고시일 현재 1년 전부터 계속 사업자등록을 하고 사실상 사업을 한 경우에 부재부동산 소유자에 해당되지 않는다고 규정하고 있는데, 동 규정에서 "계약일"과 "사업인정고시일"을 병기한 것은 공익사업을 위한 토지 등의 취득 및 보상에 관한 법률 등 관련법령에 의하여 토지 등을 수용할 수 있는 사업인정을 받은 자에게 부동산이 매수된 경우 비록 사업인정고시 전에 당해 매매계약을 체결하였다 하더라도 "계약일" 이후에 취득한 대체취득 부동산에 대해서도 사업인정고시일 이후에 대체취득한 부동산에 대한 세제혜택과 동일하게 취득세 등을 비과세하겠다는 취지이고, 사업인정고시일 현재 사업기간이 1년 미만이었으나 사업인정고시 후 "사업인정을 받은 자"의 협의매수에 응하지 않고 있던 중 사업기간이 1년을 경과하여 비로소 매매계약을 체결한 경우까지 부재부동산 소유자가 아니라고 한 것은 아니므로 부재부동산 소유자의 판단시기는 사업인정고시일 현재라고 보아야 할 것이며, 청구인의 경우는 부가가치세법 제5조 제1항에서 신규로 사업을 개시하는 자는 사업장마다 대통령령이 정하는 바에 의하여 사업개시일부터 20일 이내에 사업장 관할세무서장에게 등록하여야 한다고 규정하고 있음에도 2003.2.20. 이 사건 수용부동산에 부동산 임대업으로 사업자등록신청을 하면서 개업일을 신고일로부터 6개월 이상 소급한 2002.7.31.로 신고하였음이 하남세무서 사업자기본사항조회 자료에서 확인되고 있고, 하남풍산지구 택지개발사업 인가(건설교통부 고시 제2003-168호, 한국토지공사) 시점이 2003.6.30.이므로 부재부동산 소유자 판단시점인 사업인정고시일

(2003.6.30.) 현재는 1년 이상 사업을 계속하였다고 볼 수 없어 청구인은 부재부동산 소유자에 해당된다고 할 것임(행자부 심사 2007-0032, 2007.1.1.).

■ 부재부동산 소유자 판단기준(종중)

종중인 원고는 비법인사단으로서 이 사건 시행령 조항의 사업자이지만 수용된 토지에 사업자등록을 하지도 아니하고 실제 위 토지에서 사업을 수행하지도 아니한 이상 부재부동산 소유자에 해당한다고 판단한 후, 원고 자신은 법인이 아니어서 이 사건 시행령조항의 '사업자'가 아니므로 부재부동산 소유자가 될 수 없다는 원고의 주장에 대하여는 원고가 '법인 아닌 사단 · 재단 및 외국인의 부동산등기용 등록번호 부여절차에 관한 규정'에 따라 등록번호를 부여받았으므로 국세기본법 제13조 제1항 제1호 소정의 주무관청에 등록한 '법인으로 보는 단체'에 해당한다는 이유로 배척하였다. 앞서 본 법리와 관계 규정 및 기록에 비추어 살펴보면, 부동산등기용 등록번호를 부여받은 것만으로 주무관청에 등록한 것으로 볼 수 없으므로 원심이 비법인사단인 원고가 국세기본법 제13조 제1항 제1호 소정의 '법인으로 보는 단체'라고 판단한 부분은 잘못임. 그러나 결국 원고가 이 사건 시행령조항의 사업자인 부재부동산 소유자에 해당한다고 본 결론은 정당하고, 거기에 상고이유에서 주장하는 부재부동산 소유자의 범위에 관한 법리오해 등 위법이 없음(대법원 2008두19864, 2010.12.23.).

# 제 73 조의 2

## 기부채납용 부동산 등에 대한 감면

관련규정

제73조의 2(기부채납용 부동산 등에 대한 감면) ① 「지방세법」 제9조 제2항에 따른 부동산 및 사회기반시설 중에서 국가, 지방자치단체 또는 지방자치단체조합(이하 이 조에서 "국가등"이라 한다)에 귀속 또는 기부채납(이하 이 조에서 "귀속등"이라 한다)의 반대급부로 국가등이 소유하고 있는 부동산 또는 사회기반시설을 무상으로 양여받거나 기부채납 대상물의 무상사용권을 제공받는 조건으로 취득하는 부동산 또는 사회기반시설에 대해서는 다음 각 호의 구분에 따라 감면한다.

1. 2020년 12월 31일까지 취득세를 면제한다.
2. 2021년 1월 1일부터 2027년 12월 31일까지는 취득세의 100분의 50을 경감한다.

② 제1항의 경우 국가등에 귀속등의 조건을 이행하지 아니하고 타인에게 매각·증여하거나 국가등에 귀속등을 이행하지 아니하는 것으로 조건이 변경된 경우에는 그 감면된 취득세를 추징한다.

## 1 | 개 요

지방세법에서 기부채납 부동산에 대한 비과세는 조건없이 무상으로 소유권을 국가 또는 지방자치단체에 이전하는 경우 세부담을 완화하여 주고자 하는 것이 입법취지이나 국가 등의 소유재산과 교환, 장기무상사용권 제공 등의 조건을 통해 경제적 이익을 취득할 목적으로 취득하는 기부채납하는 경우까지 비과세하는 것은 지원목적에 불부합함에 따라 반대급부 없는 기부채납에 대해서는 종전과 같이 지방세법에 근거를 두되 반대급부가 있는 경우에는 2016년부터 면제규정으로 이관하여 신설되었고, 다만 2018년 12월 31일까지 면제규정에 대해서도 일몰기한을 적용하는 것은 종전에 비과세 대상에서 일시에 과세전환하는 것은 민간투자 사업 위축 우려가 있어 바람직하지 않으며, 또한 반대급부 여부가 명확치 않거나 상호 교환 등 감면기준 마련이 필요함에 따라 과세전환에 따른 유예 기간을 둔 것으로 판단된다.

2018년 말 지특법 개정시에는 2021년 12월 31일까지 감면규정을 연장하되, 단계적으로 감면을 축소할 수 있도록 설계하였으나 최근 코로나 시기에도 불구하고 국가 등에 귀속되는 기부채납임을 고려하여 2024년 12월 31일까지 3년간 연장되었다.

## 2 | 감면대상자

기부채납은 국가, 지방자치단체, 지방자치단체조합(국가등) 외의 자가 재산의 소유권을 무상으로 국가등에 이전하여 국가등이 이를 취득하는 것을 말하며, 기부채납용 부동산 및 사회기반시설을 취득하는 자 중에서 국가등에 「지방세법」 제9조 제2항에 따라 반대급부 없이 국가 등 무상 귀속용 과세물건을 취득하는 경우에는 지방세 비과세 대상자가 되는 것이나, 국가등이 소유하고 있는 부동산 또는 사회기반시설을 무상으로 양여받거나 기부채납 대상물의 무상사용권을 제공받는 조건으로 취득하는 경우에는 「지방세특례제한법」에 따라 지방세 면제대상자가 된다.

## 3 | 특례의 내용

### 3-1. 취득세 감면

국가, 지방자치단체 또는 지방자치단체조합에 대해 경제적 목적에 따라 반대급부가 있는 기부채납용 부동산 또는 사회기반시설에 대해서 지방세 및 국세(농어촌특별세)를 2018년 12월 31일까지 각각 면제한다. 다만, 2019년 이후부터는 지방세법상의 비과세에서 감면규정으로 반대급부 있는 경우에 한해 지방세특례제한법상 감면규정으로 이관된 취지를 고려하여 반대급부의 다양한 지원사례를 기준으로 하여 일부과세 적용함이 타당할 것이다.

〈표〉 **기부채납용 취득 부동산 및 사회기반시설 감면(2022.1.1. 현재)**

| 조문 | 감면대상 | 감면율 | 일몰 |
|---|---|---|---|
| §73의 2 | (지특법) 반대급부 있는 기부채납 부동산 및 사회기반시설<br>※ (지방세법) 반대급부 없는 기부채납 부동산 및 사회기반시설 | 취득세 100%<br>취득세 50%<br>취득세 비과세 | '20.12.31.<br>'24.12.31.<br>- |
| 농특 §4 | 기부채납 부동산 취득세 감면분의 20% | 농특세 비과세 | - |
| §177의 2 | 지방세 감면 특례의 제한<br>(최소납부세제) | 취득세 면제세액의 15% 과세<br>※ 전체 면제세액이 취득세 200만원 초과시 해당 | '19~'20년 까지 적용 |

국가 등에 귀속 및 기부채납의 조건을 이행하지 아니하여 면제된 취득세를 추징하는 경우는 ① 타인에게 매각・증여하거나 ② 국가등에 귀속등을 이행하지 아니하는 것으로 조건이 변경된 경우이며, 면제된 취득세가 추징되지 않는 경우는 ③ 국가등이 소유하고 있는 부동산 및 사회기반시설을 반대급부로 무상양여받거나 기부채납 대상물의 무상사용권을 제공받는 경우에는 추징하지 않는다.

### 반대급부 없는 기부채납인 경우 취득세 비과세 규정(지방세법 제9조 제2항 참조)

국가, 지방자치단체 또는 지방자치단체조합(국가등)에 귀속 또는 기부채납(「사회기반시설에 대한 민간투자법」 제4조 제3호에 따른 방식으로 귀속되는 경우를 포함)을 조건으로 취득하는 부동산 및 「사회기반시설에 대한 민간투자법」 제2조 제1호 각 목에 해당하는 사회기반시설에 대해서는 취득세를 부과하지 아니함

※ 기부채납에 대한 취득세 비과세에 해당하지 않는 경우

1. 국가등에 귀속등의 조건을 이행하지 아니하고 타인에게 매각・증여하거나 귀속등을 이행하지 아니하는 것으로 조건이 변경된 경우('15.7.24. 지방세법 개정내용)
2. 국가등에 귀속등의 반대급부로 국가등이 소유하고 있는 부동산 및 사회기반시설을 무상으로 양여받거나 기부채납 대상물의 무상사용권을 제공받는 경우('15.12.31. 지방세법 개정내용)

**국가 기부재산 조건이 있으나 귀속 가능한 경우(국유재산법 제13조 제2항 참조)**

1. 행정재산으로 기부하는 재산에 대하여 기부자, 그 상속인, 그 밖의 포괄승계인에게 무상으로 사용허가하여 줄 것을 조건으로 그 재산을 기부하는 경우
2. 행정재산의 용도를 폐지하는 경우 그 용도에 사용될 대체시설을 제공한 자, 그 상속인, 그 밖의 포괄승계인이 그 부담한 비용의 범위에서 용도폐지된 재산을 양여할 것을 조건으로 그 대체시설을 기부하는 경우

**민간투자사업 방식(사회기반시설에 대한 민간투자법 제4조 요약 참조)**

1. 준공과 동시에 해당 시설의 소유권이 국가 등에 귀속되며, 사업시행자에게 일정기간의 시설 관리운영권을 인정하는 방식
2. 준공과 동시에 해당 시설의 소유권이 국가 등에 귀속되며, 사업시행자에게 일정기간의 시설 관리운영권을 인정하되, 그 시설을 국가 등이 협약에서 정한 기간 동안 임차하여 사용·수익하는 방식
3. 준공 후 일정기간 동안 사업시행자에게 해당 시설의 소유권이 인정되며 그 기간이 만료되면 시설소유권이 국가 또는 지방자치단체에 귀속되는 방식(BOT)
4. 준공과 동시에 사업시행자에게 해당 시설의 소유권이 인정되는 방식
5. 제1호부터 제4호까지 외의 방식을 민간이 제시하여 주무관청이 타당하다고 인정하여 채택한 방식
6. 그 밖에 주무관청이 수립한 민간투자시설사업기본계획에 제시한 방식

### 3-2. 최소납부세액의 면제(§177의 2)

2015년부터 시행되는 최소납부세액 제도에 따라 면제되는 세액의 15%는 감면특례가 제한되어 국가 등이 경제적 목적에 따라 반대급부가 있는 기부채납용 부동산(§73의 2 ①)에 대해서는 취득세가 최소납부세액 과세대상에 해당되지만 제177조의 2 제2호에서 예외 특례를 적용받아 해당 세목에 대해서는 본 규정대로 계속해서 취득세 면제를 적용한다. 이에 대한 세부적인 사항은 제177조의 2의 해설편을 참조하면 된다.

## 4 | 특례의 제한(§74 ③ 단서)

국가 등에 귀속 등의 조건을 이행하지 아니하고 타인에게 매각·증여하거나 국가 등에 귀속 등을 이행하지 아니하는 것으로 조건이 변경된 경우에는 그 면제된 취득세를 추징하

며 추징특례 규정 있어 제178조의 일반적 추징규정을 적용하지 않는다.

## 5 | 감면신청(§183)

기부채납용 부동산 등을 취득한 자가 본 규정에 따라 지방세를 감면받으려는 경우에는 해당 지방자치단체의 장에게 해당 부동산이 국가 귀속 또는 기부채납 대상물건임을 입증하는 서류를 첨부하여 감면신청을 하여야 한다. 세부적인 감면신청 절차 등에 대해서는 제183조의 해설편을 참조하면 된다.

## 6 | 관련사례

■ 기존 공공시설을 무상양도받고 이에 대한 반대급부로 새로운 공공시설을 설치하여 국가등에 무상귀속할 목적으로 취득한 쟁점토지가 「지방세특례제한법」 제73조의 2 제1항에 따른 취득세 감면대상에 해당하는지 여부

청구법인은 처분청과의 협의를 통해 처분청 소유의 기존주차장 부지를 무상으로 양도받고, 그 반대급부로 새로운 대체주차장을 설치하여 무상귀속하기로 한 점, 이에 따라 청구법인은 대체주차장의 위치와 면적을 특정하기 위해 처분청과 수차례 협의를 한 결과, 대체주차장 부지로 확정된 쟁점토지를 포함한 이 건 부동산에 대한 매매계약을 체결하고 취득한 것으로 나타나는 점, 청구법인은 처분청과 쟁점협약서를 작성하고, 동 협약서에 따라 이 건 신축사업계획승인을 득한 3일 후 대체주차장 부지로 쟁점토지를 처분청에 실제 기부채납한 것으로 확인되는 점 등에 비추어 쟁점토지는 「지방세특례제한법」 제73조의 2 제1항에서 규정하는 국가등에 기부채납하기 위해 취득한 부동산으로서 취득세 감면대상에 해당한다고 판단됨(조심 2021지2704, 2023.11.22.).

■ 지방세 감면 특례의 제한 적용대상 해당 여부

기부채납용 부동산 등 감면(제73조의 2)의 경우에는 기부채납용 부동산 등에 대한 취득세 경감에 관한 경과조치(법률 제16041호 지방세특례제한법 일부개정법률 부칙 제11조)에 따라 2019.1.1. 이전에 「사회기반시설에 대한 민간투자법」 제15조에 따른 실시계획의 승인을 받고, 2022년 6월에 해당 기부채납용 부동산을 취득하는 경우라면 종전의 규정에 따라 취득세를 면제받는다고 하더라도 제177조의 2 제1항 단서 외 본문에 따른 지방세 감면 특례의 제한 적용대상에 해당한다고 판단됨(행안부 지방세특례제도과-1788, 2022.8.12.).

■ 용도폐지되는 종전 정비기반시설을 기부채납용으로 보아 감면할 수 있는지 여부

민간 사업시행자에 의하여 새로이 설치된 정비기반시설은 당연히 국가 또는 자치단체에 무상귀속되는 것으로 국가 등에 그 관리권과 함께 소유권까지 일률적으로 귀속되도록 하는 한편, 그로 인한 사업시행자의 재산상 손실을 합리적인 범위 안에서 보전해 주기 위하여 새로 설치한 정비기반시설의 설치비용에 상당하는 범위 안에서 용도폐지되는 정비기반시설은 사업시행자에게 무상양도하도록 강제하는 것임.

따라서, 용도폐지되는 정비기반시설을 국가 등으로부터 무상으로 양도받아 취득할 따름이고 따로 그에 대한 대가를 출연하거나 소유권을 창설적으로 취득한다고 볼 사정도 없는 이상, 정비기반시설을 구성하는 부동산을 취득한 것은 무상의 승계취득에 해당하므로, 그에 따른 해당 부동산에 관한 취득 당시를 기준으로 한 과세표준과 구 지방세법 제11조 제1항 제2호에서 정한 세율 등을 적용한 취득세 등을 납부할 의무가 있음(대법원 2020두33428, 2020.5.14.).

■ 철거예정 건축물이 기부채납 감면대상인지와 지장물로 볼 수 있는지 여부

국방부로부터 토지를 양여받으면서 그 지상에 있던 건축물은 철거가 예정되어 있으므로 향후 국가 등이 승계취득 할 건축물이 아니고, 나아가 국가 등에 귀속시키는 것이 불가능하여 건축물을 국가 등에게 기부채납하는 부동산으로 보기 어렵다고 판단되며, 또한 철거예정인 건축물은 이전비를 지급하고 이전시켜야 할 대상이거나 취득비로 보상하여야 할 것으로 보기 어렵고, 건축물에 대하여 이미 건축물로 보고 감정평가하여 사업비를 안분하는 한편 건축물에 대한 취득세 등을 신고 · 납부하였으므로 지장물로 보기 어렵다고 판단됨(조심 2018지2008, 2019.9.26.).

■ 국가 소유 토지를 무상양여받는 조건으로 우체국 건물과 그 부속토지를 기부채납한 경우

국유재산법 제9조에서 기부채납의 개념을 순수하게 대가성이 없는 무상(無償)의 기증만으로 한정하고 있지 아니한 점에 비추어 보면, 부동산을 국가에 공여함에 있어 인허가조건의 성취, 무상사용권 취득 또는 무상양여 등 다른 경제적 이익을 취득할 목적이 있었다고 하더라도 당해 부동산의 공여 자체가 기부채납의 형식으로 되어 있고, 국가도 이를 승낙하는 채납의 의사표시를 한 이상, 지방세법 제106조 제2항, 제126조 제2항에 정한 취득세 등의 비과세 대상에 해당된다고 보아야 할 것임(대법원 2005두14998, 2006.1.26.).

■ 기부채납 시설물을 일정기간 운영할 목적인 경우 감면 여부

시설물을 설치하는 데 있어서 이 시설물을 운영기간 동안 운영함으로써 발생하는 경제적 이익을 취득할 목적이 존재하나 위와 같은 목적이 있었다고 하더라도 운영기간 종료시 이 시설물을 00시에 무상으로 기부채납하기로 약정한 이상 이 시설물은 00시에 기부채납을 조건으로 취득하는 부동산에 해당한다고 보아야 할 것임(의정부지법 2011구합1332 판결, 대법원 2012두21130, 2013.2.14. 심리불속행 기각 판결).

■ 국가 귀속에 대한 입법취지

국가 등에 귀속을 조건으로 부동산을 취득하는 것은 부동산을 국가 등에 귀속시키기 위한 잠정적이고 일시적인 조치에 불과하므로 국가 등이 직접 부동산을 취득하는 경우와 동일하게 평가할 수 있다고 보아 그 경우 취득세를 비과세하는 지방세법 제9조 제1항과 같은 취지에서 취득세를 비과세하겠다는 데 있음(대법원 2010두6977, 2011.7.28.).

■ 국가 귀속 후에 유상으로 다시 매입하는 조건인 경우 비과세 요건에 해당하지 않음

국가 등에 귀속을 조건으로 부동산을 취득하는 것은 부동산을 국가 등에 귀속시키기 위한 잠정적이고 일시적인 조치에 불과하므로 국가 등이 직접 부동산을 취득하는 경우와 동 기부채납은 '국가 등 외의 자가 부동산 등 재산의 소유권을 무상으로 국가 등에 이전하여 국가 등이 이를 취득하는 것'으로 이 건 부동산을 유상으로 재매입하기로 한 것이라면 이는 기부채납에 해당되지 않으며, 귀속의 의미에 대해서는 지방세법이나 다른 법률에서 정의된 바 없지만, 국토의 계획 및 이용에 관한 법률 제65조, 도시 및 주거환경정비법 제65조 등 다른 법률에서는 법률행위가 아닌 법률의 규정에 의한 소유권의 취득이란 의미로 사용되고 있는 점(대법원 1999.4.15. 선고, 96다24897 전원합의체 판결 참조), 지방세법 제9조에서 귀속과 병렬적으로 규정된 기부채납은 민법상 증여계약에 해당하는데(대법원 1996.11.8. 선고, 96다20581 판결 등 참조), 만약 위 '귀속'에 유무상의 법률행위에 의한 귀속, 이를테면 유상의 매매계약 등이 포함된다고 보는 경우 '기부채납' 부분은 독자적인 의미가 없게 되는 점, 지방세법 제9조 제2항이 법률의 규정에 의한 소유권의 취득 여부가 다소 명확하지 않은 사회기반시설에 대한 민간투자법 제4조 제3호에 따른 방식으로 귀속되는 경우에 관하여 '귀속 또는 기부채납'에 이어 그 포함 여부를 별도로 명시한 점, 결국 지방세법 제9조 제2항에서의 비과세는 법률의 규정에 의한 소유권의 일방적 이전(귀속)과 무상성(기부채납)에 각기 근거하고 있다고 볼 수 있는 점 등을 종합하면, 지방세법 제9조 제2항에서 말하는 '귀속'이란 법률행위가 아닌 법률의 규정에 의한 소유권의 취득을 의미한다고 보아야 하므로, 이 건 인가조건을 부가하여 이 사건 주택재개발사업을 인가할 당시 인가조건에 따라 취득할 이 사건 부동산에 대해 피고가 이를 유상으로 재매입하기로 했다 하더라도, 이는 법률행위에 의한 소유권의 취득에 불과하여 지방세법 제9조 제2항의 '귀속'의 조건이 있었다고 볼 수 없으므로 이 건 부동산을 유상으로 재매입하기로 한 것이 지방세법 제9조 제2항의 '귀속'에 해당됨을 전제로 한 주장은 받아들이기 어려움(부산지법 2013구합2342, 2014.4.18. 판결, 대법원 2014두40975, 2014.11.14. 심리불속행 기각 판결).

# 제74조 도시개발사업 등에 대한 감면

◈ 관련규정 ◈

제74조(도시개발사업 등에 대한 감면) ① 「도시개발법」 제2조 제1항 제2호에 따른 도시개발사업(이하 이 조에서 "도시개발사업"이라 한다)과 「도시 및 주거환경정비법」 제2조 제2호 나목에 따른 재개발사업(이하 이 조에서 "재개발사업"이라 한다)의 시행으로 해당 사업의 대상이 되는 부동산의 소유자(상속인을 포함한다. 이하 이 조에서 같다)가 환지계획 및 토지상환채권에 따라 취득하는 토지, 관리처분계획에 따라 취득하는 토지 및 건축물(이하 이 항에서 "환지계획 등에 따른 취득부동산"이라 한다)에 대해서는 취득세를 2022년 12월 31일까지 면제한다. 다만, 다음 각 호에 해당하는 부동산에 대해서는 취득세를 부과한다. ☞ 삭제(관련규정은 지방세법으로 이관)

1. 환지계획 등에 따른 취득부동산의 가액 합계액이 종전의 부동산 가액의 합계액을 초과하여 「도시 및 주거환경정비법」 등 관계 법령에 따라 청산금을 부담하는 경우에는 그 청산금에 상당하는 부동산
2. 환지계획 등에 따른 취득부동산의 가액 합계액이 종전의 부동산 가액 합계액을 초과하는 경우에는 그 초과액에 상당하는 부동산. 이 경우 사업시행인가(승계취득일 현재 취득부동산 소재지가 「소득세법」 제104조의 2 제1항에 따른 지정지역으로 지정된 경우에는 도시개발구역 지정 또는 정비구역 지정) 이후 환지 이전에 부동산을 승계취득한 자로 한정한다.

**【영】** 제35조(환지계획 등에 따른 취득부동산의 초과액 산정기준 등) ① 법 제74조 제1항의 환지계획 등에 따른 취득부동산은 그 토지의 지목이 사실상 변경되는 부동산을 포함한다.

② 제1항 제2호의 초과액의 산정 기준과 방법 등은 대통령령으로 정한다. ☞ 삭제

**【영】** 제35조 ② 법 제74조 제2항에 따른 초과액은 같은 조 제1항의 환지계획 등에 따른 취득부동산의 과세표준(「지방세법」 제10조 제5항에 따른 사실상의 취득가격이 증명되는 경우에는 사실상의 취득가격을 말한다)에서 환지 이전의 부동산의 과세표준(승계취득할

당시의 취득세 과세표준을 말한다)을 뺀 금액으로 한다.

③ 「도시개발법」에 따른 도시개발사업의 사업시행자가 해당 도시개발사업의 시행으로 취득하는 체비지 또는 보류지에 대해서는 취득세의 100분의 75를 2025년 12월 31일까지 경감한다.

④ 「도시 및 주거환경정비법」 제2조 제2호 가목에 따른 주거환경개선사업(이하 이 조에서 "주거환경개선사업"이라 한다)의 시행에 따라 취득하는 주택에 대해서는 다음 각 호의 구분에 따라 취득세를 2025년 12월 31일까지 감면한다. 다만, 그 취득일부터 5년 이내에 「지방세법」 제13조 제5항 제1호부터 제4호까지의 규정에 해당하는 부동산이 되거나 관계 법령을 위반하여 건축한 경우에는 감면된 취득세를 추징한다.

1. 주거환경개선사업의 시행자가 주거환경개선사업의 대지조성을 위하여 취득하는 주택에 대해서는 취득세의 100분의 75를 경감한다.
2. 주거환경개선사업의 시행자가 「도시 및 주거환경정비법」 제74조에 따라 해당 사업의 시행으로 취득하는 체비지 또는 보류지에 대해서는 취득세의 100분의 75를 경감한다.
3. 「도시 및 주거환경정비법」에 따른 주거환경개선사업의 정비구역지정 고시일 현재 부동산의 소유자가 같은 법 제23조 제1항 제1호에 따라 스스로 개량하는 방법으로 취득하는 주택 또는 같은 항 제4호에 따른 주거환경개선사업의 시행으로 취득하는 전용면적 85제곱미터 이하의 주택에 대해서는 취득세를 면제한다.

⑤ 「도시 및 주거환경정비법」에 따른 재개발사업(이하 이 조에서 "재개발사업"이라 한다)의 시행에 따라 취득하는 부동산에 대해서는 다음 각 호의 구분에 따라 취득세를 2025년 12월 31일까지 경감한다. 다만, 그 취득일부터 5년 이내에 「지방세법」 제13조 제5항 제1호부터 제4호까지의 규정에 해당하는 부동산이 되거나 관계 법령을 위반하여 건축한 경우 및 제3호에 따라 대통령령으로 정하는 일시적 2주택자에 해당하여 취득세를 경감받은 사람이 그 취득일부터 3년 이내에 대통령령으로 정하는 1가구 1주택이 되지 아니한 경우에는 감면된 취득세를 추징한다.

1. 재개발사업의 시행자가 재개발사업의 대지 조성을 위하여 취득하는 부동산에 대해서는 취득세의 100분의 50을 경감한다.
2. 재개발사업의 시행자가 「도시 및 주거환경정비법」 제74조에 따른 해당 사업의 관리처분계획에 따라 취득하는 주택에 대해서는 취득세의 100분의 50을 경감한다.
3. 재개발사업의 정비구역지정 고시일 현재 부동산의 소유자가 재개발사업의 시행으로 주택을 취득함으로써 대통령령으로 정하는 1가구 1주택이 되는 경우(취득 당시 대통령령으로 정하는 일시적으로 2주택이 되는 경우를 포함한다)에는 다음 각 목에서 정하는 바에 따라 취득세를 경감한다.
   가. 전용면적 60제곱미터 이하의 주택을 취득하는 경우에는 취득세의 100분의 75를

경감한다.

나. 전용면적 60제곱미터 초과 85제곱미터 이하의 주택을 취득하는 경우에는 취득세의 100분의 50을 경감한다.

**【영】 제35조(환지계획 등에 따른 취득부동산의 초과액 산정기준 등)** ③ 법 제74조 제5항 각 호 외의 부분 단서에서 "대통령령으로 정하는 일시적 2주택자"란 취득일 현재 같은 항 제3호에 따른 재개발사업의 시행으로 취득하는 주택을 포함하여 2개의 주택을 소유한 자를 말한다. 이 경우 주택의 부속토지만을 소유하는 경우에도 주택을 소유한 것으로 보며, 상속으로 인하여 주택의 공유지분을 소유한 경우(주택 부속토지의 공유지분만을 소유하는 경우를 포함한다)에는 주택을 소유한 것으로 보지 않는다.
④ 법 제74조 제5항 각 호 외의 부분 단서 및 같은 항 제3호 각 목 외의 부분에서 "대통령령으로 정하는 1가구 1주택"이란 각각 주택 취득자와 같은 세대별 주민등록표에 기재되어 있는 가족(동거인은 제외한다)으로 구성된 1가구(취득자의 배우자, 취득자의 미혼인 30세 미만의 직계비속은 각각 취득자와 같은 세대별 주민등록표에 기재되어 있지 않더라도 같은 가구에 속한 것으로 본다)가 국내에 1개의 주택을 소유하고, 그 소유한 주택이 「도시 및 주거환경정비법」 제2조 제2호 나목에 따른 재개발사업의 시행에 따라 취득한 주택일 것을 말한다. 이 경우 주택의 부속토지만을 소유하는 경우에도 주택을 소유한 것으로 본다.
⑤ 법 제74조 제5항 제3호 각 목 외의 부분에서 "대통령령으로 정하는 일시적으로 2주택이 되는 경우"란 제3항에 해당하게 되는 경우를 말한다.
☞ 제3항부터 제5항까지 신설(2020.1.15)

**【법률 제16865호 부칙】 제5조(도시개발사업 등에 대한 감면에 관한 적용례)** ① 제74조 제1항 및 제3항의 개정규정은 「도시개발법」 제2조 제1항 제2호에 따른 도시개발사업 또는 「도시 및 주거환경정비법」 제2조 제2호 나목에 따른 재개발사업으로서 이 법 시행 이후 「도시개발법」 제17조에 따른 실시계획 인가를 받거나 「도시 및 주거환경정비법」 제50조에 따른 사업시행계획 인가를 받는 사업부터 적용한다.
② 제74조 제4항 제1호 및 제3호와 제5항의 개정규정은 「도시 및 주거환경정비법」 제2조 제2호 가목에 따른 주거환경개선사업 또는 같은 호 나목에 따른 재개발사업으로서 이 법 시행 이후 「도시 및 주거환경정비법」 제50조에 따른 사업시행계획 인가를 받는 사업부터 적용한다.

**【법률 제16865호 부칙】 제17조(도시개발사업 등에 대한 감면 및 추징에 관한 경과조치)** ① 이 법 시행 전에 「도시개발법」 제17조에 따른 실시계획 인가를 받거나 「도시 및 주거환경정비법」 제50조에 따른 사업시행계획 인가를 받은 사업의 시행으로 이 법 시행 이후 취득하는 부동산에 대한 취득세 감면에 대해서는 제74조 제1항 및 제3항의 개정규정에도 불구하고 종전의 제74조 제1항에 따른다.
② 「도시 및 주거환경정비법」 제2조 제2호 가목에 따른 주거환경개선사업 중 도시저소득 주민이 집단거주하는 지역으로서 정비기반시설이 극히 열악하고 노후·불량건축물이 과도하게 밀집한 지역의 주거환경을 개선하기 위한 사업으로서 이 법 시행 전에 「도시 및 주거

환경정비법」 제50조에 따른 사업시행계획 인가를 받은 사업의 시행에 따라 이 법 시행 이후 취득하는 부동산에 대한 취득세 감면 및 추징에 대해서는 제74조 제3항과 제4항 제1호 및 제3호의 개정규정에도 불구하고 종전의 제74조 제3항에 따른다.
③「도시 및 주거환경정비법」 제2조 제2호 나목에 따른 재개발사업 중 정비기반시설이 열악하고 노후·불량건축물이 밀집한 지역에서 주거환경을 개선하기 위한 사업으로서 이 법 시행 전에「도시 및 주거환경정비법」 제50조에 따른 사업시행계획 인가를 받은 사업의 시행에 따라 이 법 시행 이후 취득하는 부동산에 대한 취득세 감면 및 추징에 대해서는 제74조 제3항 및 제5항의 개정규정에도 불구하고 종전의 제74조 제3항에 따른다.

## 1 | 개 요

도시개발사업, 주거환경개선사업, 주택재개발사업을 통해 도심 내 노후 불량주택의 정비를 통한 서민주거안정 지원을 위한 세제지원이다. 2010년까지는 구 지방세법 제109조 제3항 및 제4항, 감면조례(주택재개발사업 감면)에 각각 규정되었다가 2011년부터는 현재의 지특법 제74조로 통합하여 이관되었다. 2015년에는 그간 무기한 일몰규정이 2019년까지 유기한 일몰 규정으로 변경되었으며, 2016년부터는 지특법 시행령 제35조 제3항의 규정을 법으로 이관하여 규정하였고 2018년 말 지특법 개정시에 2021년 12월 31일까지 3년간 연장되었으며 2019년 말에는 도시개발사업 등 3개 사업에 대해 감면대상사업을 명확히 구분하고 관련규정을 이관·재편함에 따라 큰 폭으로 개정되었고, 2023년부터는 도시개발 및 재개발사업의 시행으로 대상이 되는 부동산의 소유자가 환지계획 및 토지상환채권에 따라 취득하는 부동산(종전 제1항)은 지방세법으로 이관되었으며 그 외 규정은 2025년까지 연장되었다.

### 1-1. 도시개발사업

도시개발사업은 도시개발과 도시환경의 조성을 목적으로 하고 있으며 도시개발법 제2조에서 "도시개발구역에서 주거, 상업, 산업, 유통, 정보통신, 생태, 문화, 보건 및 복지 등의 기능이 있는 단지 또는 시가지를 조성하기 위하여 시행하는 사업을 말한다"라고 정의하고 있다. 그 형식은 일단의 주택지조성사업, 시가지조성사업(구 도시계획법), 토지구획정리사업(구 토지구획정리사업법), 일단의 공업용지 조성사업 등이 있다. 도시개발사업을 정리하면 도시관리계획으로 입안해서 결정·고시하면 사업시행자가 정해지고, 지정된 사업시행

자는 실시계획을 작성해서 인가신청을 하게 되고 하자가 없으면 실시계획이 고시된다. 이후 본격적인 사업이 시행되어 공사가 완료되면 준공검사를 하고 공사완료 공고를 하여 사업이 종료되는 것이다. 도시개발법에 의한 도시개발사업은 구역지정단계, 실시계획단계, 사업시행단계로 나누어지고 도시개발의 구역지정은 광역자치단체장이나 국토해양부장관 또는 시장이 도지사에게 구역지정을 요청하는 형식으로 구역지정을 할 수 있다. 좀 더 세부적으로 살펴보면 구역지정과 동시에 개발계획을 수립해야 하는데 여기에는 도시개발구역의 명칭·위치 및 면적, 도시개발구역의 지정 목적과 도시개발사업의 시행기간, 도시개발사업의 시행자에 관한 사항, 시행방식, 인구수용계획, 토지이용계획, 교통처리계획, 도로, 상하수도 등 주요 기반시설의 설치계획, 재원조달계획, 수용 또는 사용의 대상이 되는 토지 등을 포함하여야 한다. 실시계획 단계에서는 지구단위계획과 이주대책을 포함하여 환경, 교통, 재해, 인구 등의 영향평가의 협의를 받아서 실시계획인가를 신청하게 된다. 계획된 공사가 공기 내에 완성하도록 각 부문별 공사의 방법, 진행법, 수단 등을 합리적으로 계획하여 승인을 신청하여 법적인 하자가 없으면 실시계획이 승인되고 이를 고시하여 이해관계인 혹은 일반인에게 열람하게 한다. 시행방식은 수용방식, 환지방식, 혼용방식이 있다.

- **수용방식** : 토지를 매수 또는 「공익사업을 위한 토지 등의 보상에 관한 법률」에 따라 수용하여 시행하는 방식으로 공공사업시행자의 경우는 별도의 동의요건이 없으나 민간사업자의 경우는 토지면적의 2/3 소유 및 토지소유자 총수의 1/2 이상 동의를 확보해야 한다.
- **환지방식** : 구역 내 토지의 소유권과 소유권 이외의 권리를 유지한 채 사업시행 후 사업시행 전의 위치 또는 다른 위치에 토지의 권리면적(사업수익 반영)을 이전하는 방식으로 개발계획수립 및 조합인가시 토지면적 2/3 이상 소유자와 토지 소유자 총수의 1/2 이상 동의를 확보해야 한다.
- **혼용방식** : 수용방식 + 환지방식

이러한 도시개발사업의 주요 특징은 다양한 사업유형(주거, 상업, 업무, 관광 등)을 제공한다는 점, 사업 가능지역도 광범위(도심 내·외)하다는 점, 다양한 사업방식(수용·환지·혼용방식)으로 진행한다는 점, 폭넓은 사업시행자(공공, 민간, 토지소유자, 공동출자법인 등)를 지정할 수 있다는 점, 중앙정부(국토해양부)의 개입 없이 해당 자치단체에서 자율적으로 사업시행을 할 수 있다는 점이다. 정리하면 도시개발사업은 국토계획법상 도시계획사업을 실현하는 가장 기본적인 수단이며, 최근의 도시 패러다임 변화에 대응할 수 있는 가장 기본적인 수단이라고 말할 수 있다.

〈표 1〉 도시개발사업 개요

| 구분 | 주요내용 |
| --- | --- |
| 법령연혁 | • 2000.1.28. 제정(구 토지구획정리사업법, 도시계획법 흡수) |
| 목 적 | • 계획적이고 체계적인 도시개발 도모, 쾌적한 도시환경조성과 공공복리 증진 |
| 상위계획 | • 도시기본계획 및 도시관리계획 |
| 구역(사업) | • 도시개발구역(도시개발사업) |
| 성 격 | • 주거 · 상업 · 산업 · 유통 · 정보통신 · 보건 및 복지 등의 기능 있는 단지 또는 시가지 조정 |
| 지정권자 | • 원칙 : 시 · 도지사, 50만 이상 대도시 시장<br>- 100만㎡ 이상인 경우 : 국토부장관 협의<br>- 국가시행 또는 국가계획 관련사업 시, 국토해양부장관 |
| 구역지정요건 | • 주거, 상업, 자연녹지지역 : 1만㎡ 이상, 공업지역 : 3만㎡ 이상<br>• 비도시지역 : 30만㎡ 이상<br>- 초등학교용지 확보 등 법적기준 충족 시, 20만㎡ 이상 |
| 구역지정 제안요건 | • 민간의 구역지정 제안 시 대상 구역 토지면적의 2/3 이상 동의 필요 |
| 구역지정 절차 | • 제안자 구역지정 제안 → 시장 · 군수 · 구청장 요청 → 지정권자 구역지정<br>- 국토부장관 구역지정 사업, 국토부장관에게 제안서 제출<br>• 주민 등의 의견청취(공람 · 공고) : 100만㎡ 이상 공청회 개최<br>• 관계행정기관 협의<br>• 도시계획심의위원회 심의 |
| 시행자 | • 공공시행자 : 국가 · 지자체, 공공기관 · 정부출연기관, 지방공사<br>• 민간시행자 : 토지소유자(수용사용방식시 사유지 2/3 이상 소유), 조합(환지사업 한정), 수도권과밀억제권역 내 지방이전 법인, 토목공사업 또는 토목건축공사업 면허자, 주택사업등록업자, 부동산개발업자 또는 부동산투자회사<br>• 공동출자법인 : 조합 외 시행자 자격을 가진 자가 50% 이상 출자한 법인 |
| 구역지정 제안요건 | • 민간 구역지정 제안 시, 토지면적의 2/3 이상 동의 필요 |
| 개발계획 수립 | • 구역지정 시 개발계획수립 : 자연녹지지역, 비도시지역 등의 경우, 구역지정 후 2년 이내 개발계획 수립 가능 |
| 사업방식 | • 수용 또는 사용방식(민간시행시), 환지방식, 혼용방식(구역분할, 구역미분할) |
| 재원지원 | • 도시개발특별회계(지자체에 설치) : 도시개발사업비 또는 도시 · 군계획시설설치비용 등 지원<br>• 도시개발채권(지자체 발행) : 도시개발사업비 또는 도시 · 군계획시설설치비용 등 지원 공공시행자, 도시개발채권 매입의무 면제 |

〈표 2〉 **도시개발사업 절차 흐름도**

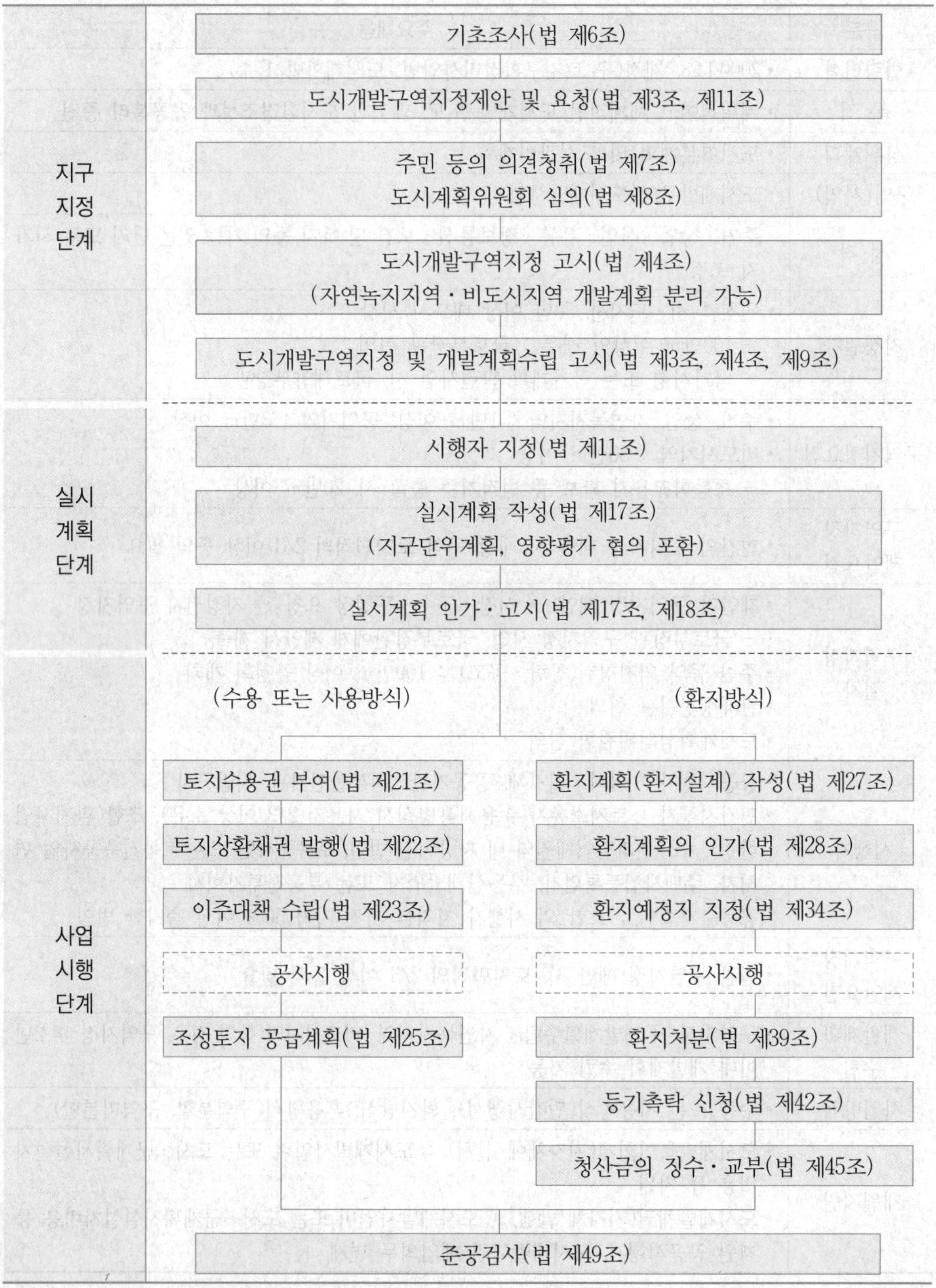

|  |  | |
|---|---|---|
| 지구 지정 단계 | 기초조사(법 제6조) | |
| | 도시개발구역지정제안 및 요청(법 제3조, 제11조) | |
| | 주민 등의 의견청취(법 제7조)<br>도시계획위원회 심의(법 제8조) | |
| | 도시개발구역지정 고시(법 제4조)<br>(자연녹지지역 · 비도시지역 개발계획 분리 가능) | |
| | 도시개발구역지정 및 개발계획수립 고시(법 제3조, 제4조, 제9조) | |
| 실시 계획 단계 | 시행자 지정(법 제11조) | |
| | 실시계획 작성(법 제17조)<br>(지구단위계획, 영향평가 협의 포함) | |
| | 실시계획 인가 · 고시(법 제17조, 제18조) | |
| 사업 시행 단계 | (수용 또는 사용방식) | (환지방식) |
| | 토지수용권 부여(법 제21조) | 환지계획(환지설계) 작성(법 제27조) |
| | 토지상환채권 발행(법 제22조) | 환지계획의 인가(법 제28조) |
| | 이주대책 수립(법 제23조) | 환지예정지 지정(법 제34조) |
| | 공사시행 | 공사시행 |
| | 조성토지 공급계획(법 제25조) | 환지처분(법 제39조) |
| | | 등기촉탁 신청(법 제42조) |
| | | 청산금의 징수 · 교부(법 제45조) |
| | 준공검사(법 제49조) | |

## 1-2. 도시개발사업과 택지개발사업, 도시정비사업과의 비교

도시개발사업과 유사한 방식의 사업이 있는데 바로 택지개발사업이 있다. 이들 사업의 차이점을 개괄적으로 알아보면 도시개발사업이란 「도시개발법」의 적용을 받고 택지개발사업이란 「택지개발촉진법」의 적용을 받는 것이다. 즉, 대규모(일산신도시, 분당신도시 등)개발사업을 하는 것은 택지개발사업법의 적용을 받고 어느 지역(구역)의 일정부분을 개발하는 것은 도시개발법을 적용받는 것이라 하겠다. 택지개발촉진법의 목적이 도시지역의 시급한 주택난을 해소하기 위하여 주택건설에 필요한 택지의 취득·개발·공급 및 관리 등에 관한 특례를 규정함으로써 국민주거생활의 안정과 복지향상에 기여함을 목적으로 한다라고 정의한 점, 사업시행 방식도 수용방식에 따른 공공사업자(LH공사, 지방공사 등)만 사업시행이 가능하여 공공성이 강하다는 점 등으로 택지개발사업이 도시개발사업보다 더 큰 공간을 개발하는 방식이라고 보면 이해가 쉬울 것이다. 그 외 「도시 및 주거환경정비법」에 따른 각종 도시정비사업도 있는데 도시개발 및 택지개발과의 주요 차이점은 재개발, 재건축 등 일정지역의 주거정비가 주목적이고 주로 민간(조합) 위주의 사업시행을 한다는 점에서 차이가 있다. 그 외 도시정비사업에 대한 좀 더 자세한 사항은 다음에서 설명할 도시정비사업 개요편을 참고하기 바란다.

〈표 3〉 **도시개발, 택지개발, 도시정비사업 비교**

| 구분 | 도시개발사업 | 택지개발사업 | 도시정비사업 |
|---|---|---|---|
| 근거법률 | • 도시개발법 | • 택지개발촉진법 | • 도시 및 주거환경정비법 |
| 사업목적 | • 다양한 용도 및 기능의 단지나 시가지 조성 | • 특별법의 지위로서 주택공급을 목적으로 도시외곽의 신도시 개발 등에 적용 | • 주거지 정비가 목적 (재개발, 재건축 등) |
| 상위계획 | • 도시기본계획 | • 주택종합계획 | • 정비기본계획 |
| 사업방식 | • 수용, 환지, 혼용방식 중 선택 | • 수용방식 | • 관리처분 |
| 시행자 | • 공공, 민간, 민관 공동 등 | • 공공(LH, 지방공사)만 시행<br>* 민간 공동시행은 가능 | • 민간(조합) 위주 |

## 1-3. 도시정비사업 개요

도시정비사업은 도시기능의 회복이 필요하거나 도시 내 주거환경이 불량한 지역의 물리적 환경개선을 위한 계획적 개발과정 또는 사업방식을 의미하고, 노후하거나 불량한 건축물이 밀집되어 있는 지역을 대상으로 도로, 공원, 공용주차장 등 정비기반시설을 효율적으로 설치하여 도시환경개선 및 주거생활의 질을 향상시키기 위한 일련의 과정을 말하는 것으로 「도시 및 주거환경정비법」 이하 "도정법"에서 정한 절차에 따라 도시기능을 회복하기 위하여 정비구역 안에서 정비기반시설을 정비하고 주택 등 건축물을 개량하거나 건설하는 것으로, 대상 지역의 기반시설의 열악한 정도, 용도지역, 시행목적 등에 따라 주거환경개선사업, 주택재개발사업, 재건축사업, 도시환경정비사업으로 구분한다. 다만, 재건축사업의 경우에는 정비구역이 아닌 구역에서 시행하는 재건축사업도 포함(법 §2 2호)하고 있다. 좀 더 세부적인 내용은 아래의 표와 설명을 참조하기 바란다.

〈표 4〉 **도시정비사업의 유형**

| 사업유형 | 기반시설 | 용도지역 | 노후 · 불량건축물 | 비 고 |
|---|---|---|---|---|
| 주거환경개선사업 | 극히 열악 | 주거지역 | 과도하게 밀집 | 주거환경 개선 |
| 재개발사업 | 열악 | 주거지역 | 밀집 | 주거환경 개선 |
| 재건축사업 | 양호 | 주거지역 | 밀집 | 주거환경 개선 |
| 도시환경정비사업 | – | 상업 · 공업지역 | – | 도시환경 개선 |

### 주거환경개선사업

도시저소득 주민이 집단으로 거주하는 지역으로서 정비기반시설이 극히 열악하고 노후 · 불량건축물이 과도하게 밀집한 지역에서 주거환경을 개선하기 위하여 시행하는 사업으로 도로 등 정비기반시설 설치비용을 국고에서 지원하고 당해 구역 내 국 · 공유지를 무상양여하는 정부 정책사업으로 현지개량방식, 공동주택건설방식, 환지방식 및 이를 혼용하는 방식으로도 시행이 가능한 사업을 말한다.

### 재개발사업

정비기반시설이 열악하고 노후 · 불량건축물이 밀집한 지역에서 주거환경을 개선하기 위하여 시행하는 사업으로 사업시행자는 주민이 설립한 조합 또는 토지 등 소유자가 지정 요청한 토지주택공사, 지방공사 등이며 시행자에게는 토지수용권이 부여되며 주민이 소유한 토지 등을 출자하는 형식의 사업으로서 토지매입 자금 투입비율이 매우 낮은 장점이 있고 주로 관리처분방식으로 시행되는 사업을 말한다.

### 재건축사업

정비기반시설은 양호하나 노후 · 불량건축물이 밀집한 지역에서 주거환경을 개선하기 위하여 시행하는 사업으로 사업시행자는 주민이 설립한 조합 또는 토지 등 소유자가 지정 요청한 토지주택공사, 지방공사 등이며 시행자에게 매도청구권이 부여되며, 재개발사업과 같이 주민이 소유한 토지 · 건축물 등을 출자하는 형식의 사업으로서 토지매입자금 투입비율이 매우 낮고 주로 관리처분방식으로 시행되는 사업을 말한다.

### 도시환경정비사업

상업 · 공업지역 등으로서 토지의 효율적 이용과 도심 또는 부도심 등 도시기능의 회복이나 상권 활성화 등이 필요한 지역에서 도시환경을 개선하기 위하여 시행하는 사업으로 재개발사업과 사업방식이 유사하며 주로 관리처분방식으로 시행되는 사업을 말한다.

〈표 5〉 **도시정비사업의 구분**

| 구분 | 주거환경정비사업 | 재개발사업 | 재건축사업 | 도시환경정비사업 |
|---|---|---|---|---|
| 대상 | •도시저소득층 집단거주<br>*정비기간시설 극히 열악<br>*노후 · 불량건축물 밀집 과도 | •단독주택 밀집지역<br>*정비기간시설 극히 열악<br>*노후 · 불량건축물 밀집 | •공동주택 | •상업 · 공업지역 등 |
| 시행자 | •LH등(현지개량 방식)<br>*공공 : 정비기반시설 정비<br>*주민 : 주택 개량<br>•LH등(수용방식등) | •조합(단독) | •좌동 | •조합, 토지 등 소유자 |
| | | •LH 등(단독) : 토지면적 1/2 이상의 토지소유자와 토지등 소유자 2/3 이상 동의 | •좌동 | •좌동 |
| | | •조합+지자체, LH 등, 건설업자 또는 등록사업자(공동) | •조합+지자체, LH 등 | •조합+지자체, LH 등 건설업자 또는 등록사업자(공동) |
| 시행 절차 | •기본계획 수립→정비계획 수립 및 구역지정→사업시행인가→분양→공사→준공 및 이전 | •기본계획 수립→정비계획 수립 및 구역지정→추진위원회 승인→조합설립→시공자선정→사업시행인가→관리처분계획인가→분양→공사→준공 및 이전 | •좌동<br>*재개발사업의 정비계획 수립단계에서 안전진단 절차 추가 | •조합방식은 재개발과 동일 |

| 구분 | 주거환경정비사업 | 재개발사업 | 재건축사업 | 도시환경정비사업 |
|---|---|---|---|---|
| 주택 규모 | •국토부 고시<br>-85㎡ 이하 : 90% 이상<br>-임대주택 : 20% 이상 | •국토부 고시<br>-85㎡ 이하 : 80% 이상<br>-임대주택 : 17%<br>*수도권 이외 지역 : 임대주택 50% 내 완화 | •국토부 고시<br>-85㎡ 이하 : 60% 이상<br>*법정상한용적률까지 건축을 허용하되 완화용적률의 30~50%를 소형주택(60㎡ 건설) | •제한없음 |
| 공급 대상 | •토지등 소유자<br>•세입자 : 임대주택<br>•잔여분 : 일반분양 | •좌동 | •조합원(건물 및 부속토지)<br>•잔여분 : 일반분양 | •토지 등 소유자 |
| 세입자 대책 | •세입자용 임대주택 건설·공급<br>•주거이전비 지급 | •좌동 | •없음 | •주거이전비, 휴업보상금 지급 |
| 주민 동의 | •토지등 소유자 2/3 이상 +세입자 세대수 과반 | •조합방식<br>-추진위 인가 : 토지 등 소유자의 과반<br>-조합인가 : 토지 등 소유자의 3/4 이상+토지면적의 1/2 이상의 토지소유자 동의<br>•LH 등 방식<br>-주민대표회의인가 : 토지 등 소유자의 과반<br>-시행자지정 : 토지 등 소유자의 2/3 이상 | •조합방식<br>-추진위 인가 : 토지 등 소유자의 과반<br>-조합인가 : 동별 구분소유자의 2/3 이상+토지면적 1/2 이상의 토지소유자 동의+ 전체 구분소유자 3/4 및 토지면적 3/4 이상 토지소유자 동의<br>*LH 등 방식 : 좌동 | •조합방식 : 재개발과 동일<br>-토지소유자 방식 : 사업시행인가 신청전 토지 등 소유자의 3/4 이상<br>* LH등 방식 : 좌동 |
| 용지 확보 | •전면 수용에 의한 매수(공동주택) | •주민이 토지 및 건축물을 제공후 환지 또는 관리처분 | •좌동 | •좌동 |
| 미동의자토지 | •수용(시행인가 이후) | •수용(시행인가 이후) | •매도청구(조합설립 이후) | •수용(시행인가 이후) |

### 1-4. 도시정비사업과 도시재정비촉진사업과의 비교

도시정비사업이 도시 내 주거환경이 노후하거나 불량한 건축물이 밀집되어 있는 지역을 대상으로 도시환경개선 및 주거생활의 질을 향상시키기 위한 사업으로 주거환경정비사업, 재개발·재건축사업, 도시환경정비사업이 있다고 앞에서 설명하였다. 이와 유사한 방식으로 진행하는 사업이 있는데 바로 “도시재정비촉진사업”이다. 도시재정비촉진사업도 도시정비사업과 마찬가지로 도시의 낙후된 지역에 대한 주거환경개선, 기반시설 확충 등 도시기능의 회복을 위한 사업을 진행하는 것으로 일반 도시정비사업과 거의 유사하나 차이점은 보다 광역적으로 개발사업을 계획하고 효율적으로 사업을 추진한다는 점이다. 도시정비사업은 「도시 및 주거환경정비법」에 따라 정해진 절차대로 시행하는 사업을 말하며, 도시재정비촉진 사업은 「도시재정비 촉진을 위한 특별법」 이하 “도촉법”에 따라 도정법 등에 의한 지역별 도시정비사업(주로 재개발사업)을 묶어서(재정비촉진지구) 진행하는 사업이라고 이해하면 되겠다. 재정비촉진사업은 일명 뉴타운사업[155]으로 널리 알려져 있다. 이외에도 「도개법」에 따른 도시개발사업, 「재래시장 육성 특별법」에 의한 시장정비사업, 「국토법」에 의한 도시계획시설사업이 있다. 도시정비사업과 도시재정비촉진사업 간의 차이점 등은 아래의 〈표 6〉을 참고하기 바란다.

〈표 6〉 **도시정비사업과 재정비촉진사업의 비교**

| 구분 | 도시정비사업 | 재정비촉진사업 |
|---|---|---|
| 근거법률 | • 도시 및 주거환경정비법 | • 도시재정비 촉진을 위한 특별법 |
| 개발방식 | • 소규모 블록별 개발 | • 광역단위(생활권역)별 선계획, 후개발 |
| 개발형태 | • 주택개발 위주 | • 자치단체에서 촉진계획 수립<br>- 민간(조합)은 촉진계획 고시 후 사업시행 |
| 임대주택<br>(소형주택) | • 전체 세대수의 17%(재개발)<br>- 추가 용적률의 30~50%를 소형주택 건설(재건축) | • 정비사업 임대주택 의무비율<br>- 건축규제 완화로 증가하는 용적률의 25~75% 이상 |
| 비용지원 | - | • 기반시설 설치비용의 국고 지원 |
| 행위규제 | • 정비구역지정 고시일부터 개발행위 제한 | • 촉진지구 지정, 고시일로부터 토지거래허가 등 개발행위 제한 |
| 사업관리 | - | • LH, 지방공사 등 공공기관 |

155) 도입배경 : 재정비촉진사업(일명 뉴타운사업)은 2002년도에 서울시가 강남·북의 지역균형발전을 위해 도입한 생활권대상의 광역적·종합적인 도시정비 수법으로 공공부문에서 먼저 종합개발계획을 수립한 후 구역 내 개별지구는 민간이 중심이 되어 재개발이나 재건축사업 등을 적용하여 추진하는 방식이다. 2005년도에 「도촉법」이 제정되어 재정비촉진사업은 정비사업 외에 도시개발사업, 시장정비사업 등 다종다수의 사업을 하나의 광역사업으로 연계하여 개발함으로써 기반시설을 효율적으로 확보·배치하고 도시의 균형발전을 도모하는 새로운 개념의 기성시가지 정비방식으로 자리 잡고 있다.

| 구분 | 도시정비사업 | 재정비촉진사업 |
|---|---|---|
| 사업유형 | • 주택재개발, 주택재건축, 도시환경정비사업, 주거환경개선사업<br>※ 정비구역 내 1개의 사업 존재 | • 정비사업, 도시개발사업, 시장정비사업, 도시계획시설사업<br>※ 촉진지구 내 수개의 개별구역이 존재 |
| 사업절차 | • 정비기본계획 → 정비계획 수립 및 구역지정 → 조합 인가 → 시공자 선정 → 사업시행인가 → 분양 → 공사 → 준공 및 이전 | • 지구지정 → 재정비촉진계획 수립 및 결정 → 개별법에 따른 절차 이행 |
| 특례사항 | - | • 용도규제 완화<br>- 건폐율, 용적률 등 건축규제 완화<br>- 주택의 규모별 비율 완화<br>- 지방세 및 과밀부담금 감면<br>- 교육환경개선 특례 등 |

## 2 | 감면대상자

도시 및 주거환경정비법에 따른 주택재개발사업과 주거환경개선사업을 시행으로 해당 사업의 대상이 사업시행자와 그 해당 부동산의 소유자가 이에 해당된다.

### 취득세 감면대상 주택재개발사업의 정비구역 지정고시일 현재 부동산 소유자에 상속인이 포함되는지 여부

피상속인이 도시 및 주거환경정비법에 따른 주택재개발사업의 보상금을 수령하지 않은 상태에서 정비구역지정 고시일 이후에 상속이 개시되었다면 비록 상속인이라고 하더라도 해당 사업의 대상이 되는 부동산의 소유자로 본다는 명문의 규정이 없는 이상 당해 상속인은 정비구역지정 고시일 현재 부동산의 소유자가 아니기 때문에 취득세를 감면(감심 2008-106, 2008.4.10., 조심 2010지0536, 2011.7.4.)할 수 없다고 볼 수도 있어 이에 대해 살펴보면, 사업시행자로부터 85㎡ 이하 주거용 부동산을 취득하여 취득세 면제대상자에 해당하려면, 우선 정비구역지정 고시일 현재 부동산을 소유하는 자에 해당되어야 할 것이고, 이는 사업시행자로부터 85㎡ 이하 주택 취득자와 정비구역지정 고시일 현재 부동산 소유자가 동일인일 것을 취득세 면제요건으로 삼고 있다. 한편, 정비구역 지정고시일 현재 부동산 소유자에 상속인을 포함한다는 규정은 별도로 마련되어 있지 않다. 상속인에 대한 그간 세정운영 현황을 살펴보면 지특법으로 이관되기 전까지는 감면조례에 '주택재개발사업 지정고시일 현재 부동산 소유자에 상속인을 포함한다'는 규정이 별도로 마련되어 있지 아니하다는 사유로 감면대상에서 상속인을 제외(감사원 2008-106, 2008. 4.10., 조심 2010지0536, 2011.7.4.)하였다. 반면, 감면조례의 규정이 지특법으로 이관된 이후 부동산 소유자의 범위에 상속인도 포함하는 취지로 유권해석(행안부 지방세운영과-2170, 2012.7.10.)하고 있다. 그렇다면 지특법으로 이관 이후 상속인을 포함하는 것으로 법령해석을 하는 이유는 현행 지방세특례제한법상 도시 및 주거환경정비법에 따른 주택재개발사업에 대한 감면을 3곳에서 규정(아래 표 참조)하고 있는 바, 특히 제74조 제1항과 제3항은 공히 주택재개발사업 대상부동산을 소유한 조합원이 관리처분계획 등에 따라 주택을 취득하는 경우 취득세를 면제한다는 규정으로 연면적 85㎡를 기준으로 85㎡ 초과한 경우는 제1항에 따라 청산금 부담분은 취득세를 부과한다는 규정이고, 85㎡ 이하의 경우는 제3항에 따라 청산금 부담분까지 취득세를 면제한다는 규정이다. 한편, 85㎡ 초과한 경우 제1항에서 부동산 소유자에 상속인을 포함한다는 규정이 있는 반면, 85㎡ 이하의 경우 제3항에서는 부동산 소유자에 상속인을 포함한다는 규정이 그간에는 없었다. 따라서 당초 조합원의 부동산을 상속받은 상속인이 85㎡ 초과 주택을 취득하는 경우 감면대상이 되는 반면, 조세지원이 많이 필요한 85㎡ 이하 소규모주택을 취득하는 경우 감면대상에서 제외되는 불형평성이 발생하게 되는 것이다. 이에 종전 지방세법과 감면조례에서 각각 달리 규정하던 주택재개발사업 감면규정을 현재는 하나의 조문인 지특법 제74조 제1항 및 제3항에서 함께 규정하고 있으므로 상속인 포함 여부의 경우도 일관성 있게 적용할 필요가 있는 점, 현행 감면규정을 문리적으로만 해석하면 상속인의 경우 85㎡ 초과 주택 취득시는 감면대상이 되고, 85㎡ 이하 소규모주택 취득시는 감면대상에서 제외되는 불형평성이 있는 점, 부동산 상속인이 주택재개발사업 관련 피상속인 조합원 지위 등을 포괄적으로 승계하는 점, 법규 상호 간의 해석을 통하여 그 의미를 명백히 할 필요가 있는 경우에는 조세법률주의가 지향하는 법적 안정성 및 예측가능성을 해치지 않는 범위 내에서 입법취지 및 목적 등을 고려한 합목적적 해석을 하는 것은 허용된다고 할 것(대법원 2007두4438, 2008.2.15.)인 점 등을 고려하여 제3항의 부동산 소유자에 제1항과 같이 상속인이 포함되는 취지로 해석하여 왔다.

그런데 2017년 말 지방세특례제한법 개정으로 제74조 제3항 제4호의 주택재개발사업의 정비구역 지정고시일 현재 부동산 소유자가 시행자로부터 취득하는 주택과 제5호의 정비구역 지정고시일 현재 주거환경 개선사업의 시행자가 정비구역 안에서 정비기반시설을 새로이 설치하거나 확대하고 토지 등 소유자가 스스로 주택을 개량하는 방법으로 취득하는 주택에 대해서도 동일하게 상속인을 포함할 수 있도록 보완되었다.

〈표 7〉 **지특법상 주택재개발사업 관련 취득세 감면규정 현황**

| 구분 | 제73조 제1항 | 제74조 제1항(종전) | 제74조 제3항 |
|---|---|---|---|
| 감면내용 | 부동산 수용 등에 따라 1년 이내 대체취득 종전부동산가액 범위까지 취득세 면제 | 85㎡ 초과 주택 취득시 종전부동산가액 범위까지 취득세 면제 | 85㎡ 이하 주택 취득시 청산금 부담분까지 취득세 면제 |
| 감 면 대상자 | 수용등 부동산 소유자 | 지정고시일 현재 부동산 소유자(조합원) | 지정고시일 현재 부동산 소유자(조합원) |
| 상속인 포함 여부 | 포 함 | 포 함 | 미포함(2017.12.31. 이전)<br>포 함(2017.12.31. 이후) |

**주택재개발사업 관련 부칙 적용의 범위(행안부 지방세운영과-786, 2011.2.22.)**

주택재개발사업 감면은 2008년도에 신설되어 2010년까지는 지방자치단체 조례로 운영되었는데 대부분의 자치단체는 재개발사업의 정비구역 고시일 현재의 부동산 소유자를 대상으로 감면을 적용하였으나 일부 자치단체에서는 재개발사업의 사업시행인가일 현재의 부동산 소유자를 대상으로 감면을 적용하고 있었다. 이후 해당 자치단체의 감면조례에서 재개발주택 조합원에 대한 감면대상이 사업시행인가일 당시 소유자에서 정비구역 지정일 현재 소유자가 사업시행자로부터 취득하는 85㎡ 이하 주택에 대하여 취득세를 감면한다고 하면서 그 개정 부칙에서 "개정규정은 이 조례 시행 이후 최초 정비구역으로 지정고시일 현재 소유자가 취득하는 부동산에 적용한다"고 명시하여 납세의무자의 기득권 내지 신뢰보호를 위하여 종전 규정을 적용하도록 경과규정을 두었다. 그러나 분법으로 지특법이 전면 개정되어 재건축조합원과 관련된 조례 감면규정이 이 법 제73조 제3항으로 신설되면서 기존 해당 자치단체 조례의 부칙규정이 반영되지 않았을 경우 현행 지특법상 재개발사업의 정비구역지정 고시일 현재 부동산 소유자로 보아 감면대상자에 해당되는지의 여부에 대한 쟁점이 발생하였다. 이는 종전 해당 감면조례에서 신뢰보호를 위해 부칙규정에 경과규정을 두고 있었으나, 이 감면조례가 법으로 상향 이관되면서 거기에 딸린 부칙규정을 포함하여 이관하지 않을 경우에 계속해서 납세자의 신뢰보호가 가능한지의 여부라 할 것인 바, 일반적인 부칙적용의 범위는 종전 법률(조례) 부칙의 경과규정을 두지 않았어도 당연히 실효되는 것은 아니지만, 이는 일부 개정법률의 경우에 한정하는 것이고 전부개정 법률일 경우에는 기존 법률을 폐지하고 새로운 법률을 제정하는 것과 같은 것으로 종전의 본칙은 물론이고 부칙규정도 모두 소멸된 것으로 보아야 하므로 특별한 사정이 없는 한 종전 법률 부칙의 경과규정도 모두 실효된다고 판시한 사례(대법원 2001두11168, 2002.7.26.)를 비추어 볼 때, 지특법은 제정된 법률에 해당되므로 종전의 감면조례상의 부칙규정도 모두 실효가 되기 때문에 이의 경우에는 현행 법률에 따라 주택재개발사업 관련 감면대상자를 정비구역 고시일 현재의 부동산 소유자로 한정된다는 판단에 이르게 된다. 다만, 이에 대한 저자의 의견은 감면조례 개별규정을 법으로 이관하여 지특법을 제정할 당시 특별한 감면축소를 위한 정책변경이 없었다는 점, 지특법 제정에 따른 종전 감면조례 부칙규정이 소멸된다는 것이 맞다는 "합법성을 희생하여서라도 종전의 규정에 따라 납세자의 신뢰를 보호함이 정의, 형평에 부합하는 것으로 인정되는 특별한 사정이 있는 경우에는 신의성실의 원칙이 적용"된다는 판례(대법원 2007두7741, 2009.10.29.)에 비추어 볼 때 신의성실 원칙에 따라 종전 감면조례 부칙 규정에 따른 사업시행인가일 현재 부동산 소유자까지 감면대상으로 보는 것도 가능하다고 본다.

「도시 및 주거환경정비법」 개정 관련 적용(행안부 지방세특례제도과-2884, 2018.8.21.)

〈표 8〉 「도시 및 주거환경정비법」 개정(시행 2018.2.9. 법률 제14567호) 전후 비교

| 개정 전 | 개정 후 |
|---|---|
| 주택재개발사업, 도시환경정비사업 | 재개발사업 |
| 주거환경개선사업, 주거환경관리사업 | 주건환경개선사업 |

舊 지방세특례제한법(시행 2018.1.1. 법률 제14939호) 제74조 제3항에서 「도시 및 주거환경정비법」에 따른 주택재개발사업과 주거환경개선사업의 시행에 따라 취득하는 부동산에 대해서는 취득세 등 지방세를 면제한다고 하면서 그 제1호에서 도시 및 주거환경정비법(시행 2018.1.18. 법률 제14545호) 제8조에 따른 주택재개발사업의 시행자가 같은 법 제2조 제2호 나목에 따른 주택재개발사업의 대지 조성을 위하여 취득하는 부동산을 규정하고 있다.

舊 도시 및 주거환경정비법(시행 2018.1.18. 법률 제14545호) 제2조 제2호에서 "정비사업"을 정의하면서 그 '나'목에서는 주택재개발사업(정비기반시설이 열악하고 노후・불량건축물이 밀집한 지역에서 주거환경을 개선하기 위하여 시행하는 사업)을, 그 '라'호에서는 도시환경정비사업(상업지역・공업지역 등으로서 토지의 효율적 이용과 도심 또는 부도심 등 도시기능의 회복이나 상권활성화 등이 필요한 지역에서 도시환경을 개선하기 위하여 시행하는 사업)으로 구분하여 규정하던 것을 2017년 2월 8일에 알기 쉬운 법률로 개편하고 불필요한 분쟁을 저감할 목적으로 개정한 新 도시 및 주거환경정비법(시행 2018.2.9. 법률 제14567호)에서는 종전의 주택재개발사업과 도시환경정비사업을 같은 법 제2조 제2호 '나'목의 '재개발사업'으로 통합하고 그 정의를 '정비기반시설이 열악하고 노

후·불량건축물이 밀집한 지역에서 주거환경을 개선하거나 상업지역·공업지역 등에서 도시기능의 회복 및 상권활성화 등을 위하여 도시환경을 개선하기 위한 사업'이라고 규정하면서 그 부칙(법률 제14567호, 2017.2.8.) 제39조 제23항 본문에서 지방세특례제한법 일부를 타법개정 방식으로 개정하였으며 주요 개정사항을 살펴보면 "「지방세특례제한법」 제74조 제3항 각 호 외의 부분 본문 중 "주택재개발사업"을 "재개발사업"으로 하며, 같은 항 제1호 중 "「도시 및 주거환경정비법」 제8조에 따른 주택재개발사업"을 "「도시 및 주거환경정비법」 제25조에 따른 재개발사업"으로, "주택재개발사업"을 "재개발사업"으로 개정하였다.

「지방세특례제한법」 제181조에서는 무분별한 지방세 감면의 신설이나 확대를 방지하기 위한 지방세 특례의 사전·사후관리 절차를 상세하게 규정하고 있고, 같은 조 제1항에서 행정안전부장관은 지방세 특례 및 그 제한에 관한 기본계획을 수립하여 지방재정부담심의위원회 및 국무회의의 심의를 거쳐 중앙행정기관의 장에게 통보하여야 한다고 규정하고 있으며, 제2항에서는 중앙행정기관의 장은 그 소관 사무로서 지방세를 감면하려는 경우에는 감면이 필요한 사유 등을 적은 지방세 감면건의서를 행정안전부장관에게 제출하여야 한다고 규정하고 있으며, 제5항에서는 각 지방자치단체의 의견을 청취해야 한다고 규정하고 있으나 이에 따른 절차적 규정을 준수하지 않아 감면대상 여부에 대한 적용상 일부 혼란이 발생한 부분이 있다.

국토교통부에서는 2017년 2월 8일자로 국민들이 도시 등 정비사업을 알기 쉽게 할 목적으로 개정한 「도시 및 주거환경정비법」(시행 2018.2.9., 법률 제14567호)에서 '주택재개발사업과 도시환경정비사업'을 '재개발사업'으로 통합하고 이 법과 차용 법률 간 용어불일치 해소를 위해 24개 다른 법률을 '타법개정'의 형식으로 개정하면서 구 「지방세특례제한법」 제74조 제3항과 같은 항 제1호 등에서 차용하고 있는 '주택재개발사업'을 '재개발사업'으로 조정한 것으로서 무분별한 지방세 감면의 신설이나 확대를 방지하기 위해 거치도록 하고 있는 지방세 특례의 사전·사후관리 절차(지특법 §181)를 거치지 않은 단순 자구조정에 불과하다 할 것이다.

따라서 「지방세특례제한법」(시행 2018.2.9. 법률 제14569호) 제74조 제3항 제1호에 따라 취득한 부동산에 대한 취득세가 감면되는 재개발사업의 범위는 지방세 특례의 사전·사후관리절차를 거쳐 감면대상으로 승인된 사업에 한하여 적용함이 타당하므로 舊 「도시 및 주거환경정비법」(시행 2018.1.18. 법률 제14545호) 제2조 제1조 나목에 따라 '정비기반시설이 열악하고 노후·불량건축물이 밀집한 지역에서 주거환경을 개선하기 위하여 시행하는 사업'(주택재개발사업)으로 제한하여 감면 여부를 판단하여야 한다.

## 2-1. 도시개발사업 등 조문 재편(법률 제16865호, 2020.1.1. 시행)

2020년부터는 도시개발사업·재개발사업·주거환경개선사업에 대해 감면주체와 대상사업별로 담세력과 수익성·공공성을 고려하여 지특법 제74조의 감면규정 전반에 대해 재설계하여 감면연장 및 조문 재정비를 하였다. 다만, 2019년 12월 31일 이전에 도시개발사업의 실시계획인가를 받거나 재개발사업 및 주거환경개선사업의 사업시행인가를 받아 사업이 이미 진행중인 경우에는 종전 감면율을 적용(법률 제16865호 2020.1.1. 시행, 부칙 제17조)받도록 개정되었다.

**〈표 9〉 도시개발사업 등에 대한 사업별·주체별 취득세 감면 개정(2020.1.1. 시행) 전·후 비교**

| 구 분 | | 2019년까지 | | 2020년부터 | |
|---|---|---|---|---|---|
| 도시개발 | 시행자 | 체비지·보류지 | 취득세 100% | 취득세 75%(감면 축소) | |
| | 원조합원 | 과표공제 | | 과표공제(감면 연장) | |
| 재개발 | 시행자 | 체비지·보류지 | 취득세 100% | 주택 | 관리처분계획 주택 취득세 50%(이관) |
| | | | | 상가 | (감면 종료) |
| | | 조성용 부동산 | 취득세 75% | 취득세 50%<br>• 대상 : 舊주택재개발 + 舊도시환경 정비사업(확대) | |
| | | 관리처분계획 주택 | | | |
| | 원조합원 | ~85㎡ | 취득세 100% | ~60㎡ | 취득세 75% |
| | | | | ~85㎡ | 취득세 50% |
| 주거환경 개선 | 시행자 | 취득세 75% | | 취득세 75%(감면 연장) | |
| | | 규정없음 | | 체비지·보류지 | 취득세 75%(감면 신설) |
| | 원조합원 | ~85㎡ | 취득세 100% | 취득세 100%(감면 연장) | |

〈표 10〉 도시개발사업 등에 대한 감면대상 물건별 취득세 감면 개정(2020.1.1. 시행) 전 · 후 비교

| 취득세 감면대상 물건 | | 조항(호)변경 | | 취득세 감면율 | |
|---|---|---|---|---|---|
| | | 2019년 | 2020년 | 2019년 | 2020년 |
| (기존) 도시개발, 재개발사업의 환지계획 등에 따라 취득하는 부동산 | | ① | ① | 100% | 100% |
| (기존) 도시개발, 재개발사업의 체비지 또는 보류지 | | ① | ③ | 100% | 75% |
| 재개발 | (기존) 대지조성하기 위한 부동산 | ③ 1호 | ⑤ 1호 | 75% | 50% |
| | (기존) 관리처분에 따라 취득하는 주택 | ③ 2호 | ⑤ 2호 | 75% | 50% |
| | (신설) 60㎡ 이하 주택(청산금) | - | ⑤ 3호 | - | 75% |
| | (변경) 85㎡ 이하 주택(청산금) → 60~85㎡ 이하 주택(청산금) | ③ 4호 | ⑤ 3호 | 100% | 50% |
| 주거환경개선 | (변경) 시행을 위하여 취득하는 주택 → 대지조성하기 위한 주택 | ③ 3호 | ④ 1호 | 75% | 75% |
| | (신설) 체비지 또는 보류지 | - | ④ 2호 | - | 75% |
| | (기존) 고시일 기준 현재 소유자 개량 주택 및 85㎡ 이하 주택(청산금) | ③ 5호 | ④ 3호 | 100% | 100% |

※ (기존) 종전 감면대상과 동일, (변경) 일부 감면대상 조정 및 명확화

## 2-2. 각 사업별 주요 개정사항(법률 제16865호, 2020.1.1. 시행)

주거환경개선사업은 지역개발과 주민 생활환경시설 정비를 위한 것으로 당초 감면도입에 따른 입법취지와 달리 사업시행자가 대지를 조성한 후 신축하는 주택을 감면대상에 포함하여 해석될 우려가 있고 재개발사업의 시행자가 대지조성을 위하여 취득하는 부동산과의 감면대상 형평성을 고려하여 감면대상을 명확화하였다. 또한, 2012년부터 주거환경개선사업방법으로 관리처분방식이 도입되면서 사업방식 및 시행절차 등을 고려하여 체비지 및 보류지를 감면대상에 포함하여 신설되었다.

재개발사업은 2019년 기준 지특법에 따라 지방세를 감면 적용할 경우 '체비지 및 보류지'(§74 ①)와 '관리처분계획에 따라 취득하는 주택'(§74 ③ 2호)으로 중복 적용하여 과세혼란이 발생하고 있어 동일한 감면대상에 대하여 통일성 있게 감면 적용될 수 있도록 '관리처분계획에 따라 취득하는 주택'으로 조문을 정비하였다. 또한, 재개발사업의 임대주택은 체비지가 아닌 '관리처분계획에 따라 취득하는 주택'으로 보아 감면 적용(감면율 75%)되어야 함에도 불구하고, 일반분양 주택을 체비지로 보아 공공성이 높은 재개발사업의 임대주택보

다 높은 감면을 적용(감면율 100%)받는 과세불형평성을 방지하도록 개정되었다.

한편, 재개발사업에 대한 감면대상에 1가구 1주택(일시적 2주택 요건 포함) 기준을 신설하여 재개발사업의 원주민이 취득한 주택에 대한 실질적 정착과 투기 악용을 방지하도록 규정하였는데 여기서 '1가구 1주택'은 지특법상 서민주택(§33)과 신혼부부 생애최초 주택(§36의 2)의 감면 요건과 동일하게 규정하였고 재개발사업의 사업시행자로부터 취득하는 주택(§74 ⑤ 3호)을 포함하여 2주택 보유하는 경우에는 시행령에 위임하여 "대통령령으로 정하는 일시적 2주택자"란 취득일 현재 같은 항 제3호에 따른 재개발사업의 시행으로 취득하는 주택을 포함하여 2개의 주택을 소유한 자를 말한다"라고 예외규정을 신설하였다. 다만, 일시적 2주택자가 감면받은 후 취득일부터 3년 이내에 대통령령으로 정하는 1가구 1주택이 되지 아니한 경우에는 추징되며 또한, 이 경우에 주택의 부속토지만을 소유하는 경우에도 주택을 소유한 것으로 보며, 상속으로 인하여 주택의 공유지분을 소유한 경우(주택 부속토지의 공유지분만을 소유하는 경우를 포함)에는 주택을 소유한 것으로 보지 않도록 하여 주택 수에 산입하지 않아야 한다.

#### 2-2-1. 재개발사업 원조합원이 취득하는 주택 취득세 감면 요건

원조합원은 재개발사업의 정비구역지정 고시일 현재 부동산의 소유자를 말하며 취득하는 주택의 전용면적 기준에 따라 취득세 감면율을 차등(60㎡ 이하 75%, 60~85㎡ 50%) 적용받게 되는데 취득 시점을 기준으로 세대별 주민등록표에 기재되어 있는 가족(동거인 제외)을 합산하여 1가구 1주택의 요건을 충족하여야 한다. 여기서 주택의 기준은 「주택법」 제2조 제1호에 따른 주택으로서 단독주택 및 아파트, 다세대, 연립 등 공동주택이 해당되며 주거용 오피스텔은 건축법상 업무시설용에 해당되므로 취득세 감면대상인 주택으로 볼 수 없다 하겠다.

한편, 부부간 공동명의로 주택을 보유하고 있는 경우 동일한 주택이면 지분율과 관계없이 1주택자에 해당하지만 부부가 각각 다른 주택에 대해 일정비율을 보유하고 있다는 2주택자로 보아야 할 것이다.

#### 2-2-2. 재개발사업 원조합원의 취득세 추징 요건

원조합원과 세대별 주민등록표상의 가족이 주택 취득일부터 3년 이내에 1주택으로 되지 않는 경우에 추징대상에 해당하게 되며 원조합원이 일시적 2주택자에 해당하는 경우에는 아래의 예시에 따른 추징대상과 추징배제대상으로 구분되며 기존 보유한 주택을 처분하는 등 1주택 요건을 갖추어야 추징대상에서 제외될 것이다.

〈표 11〉 (예시) 취득일로부터 3년 내 주택 처분(①, ②는 처분 순서)시 추징 여부

| 기존주택(A) | 재개발사업주택(B) | 신규 취득주택(C) | | 추징 여부 |
|---|---|---|---|---|
| 보유 | ①처분 | | 기존주택 보유, 재개발주택 처분<br>※ 재개발주택 미보유 | 추징대상 |
| ②처분 | ①처분 | | 재개발주택 처분 후 기존주택 처분<br>※ 재개발주택 미보유 | 추징대상 |
| ①처분 | ②처분 | | 기존주택 처분 후 재개발주택 처분<br>※ 3년 내 1주택 요건 충족 | 추징배제 |
| ①처분 | 보유 | 추가 취득 | 기존주택 처분 후 추가 주택 구입<br>※ 추가 취득한 주택은 추징과 무관 | 추징배제 |

# 3 | 감면대상 부동산 및 감면내용

## 3-1. 취득세 감면

도시개발사업, 재개발사업, 주거환경개선사업에 해당하는 사업용 부동산에 대해서는 제1항(도시개발사업, 재개발사업), 제3항(도시개발사업), 제4항(주거환경개선사업) 및 제5항(재개발사업)으로 관련사업을 재분류하여 2025년 12월 31일까지 취득세를 경감한다.

특히, 2023년부터는 도시개발사업・재개발사업 조합원 취득세 과세표준 산정방식이 지방세특례제한법에서 지방세법으로 이관됨에 따라 지방세특례제한법 및 같은 법 시행령 상 해당 과표공제 방식을 규정하던 법 §74 ①②, 영 §35 ①②을 삭제하고 원조합원은 청산금 부담 유무에 관계없이 1가구 1주택 감면을 적용받을 수 있도록 개정되었다.

〈표 12〉 도시개발사업・주택재개발사업 및 주거환경개선사업 감면 현황(2023.1.1. 현재)

| 조문 | 대상사업 | 감면대상 | 감면율 | 일몰 |
|---|---|---|---|---|
| §74 ① | 도시개발 사업 | 부동산소유자의 환지 및 토지상환채권에 따라 취득하는 토지 및 건축물<br>※ 지방세 감면 특례의 제한(최소납부세제) 대상 아님 | 취득세 100% | '22.12.31. |
| | 재개발 사업 | | | |

| 조문 | | 대상사업 | 감면대상 | 감면율 | 일몰 |
|---|---|---|---|---|---|
| §74 ③ | | 도시개발 사업 | 사업시행자가 취득하는 체비지 또는 보류지 | 취득세 75% | '25.12.31. |
| §74 ④ | 1호 | 주거환경 개선사업 | 사업시행자가 대지조성을 위하여 취득하는 주택 | 취득세 75% | '25.12.31. |
| | 2호 | | 사업시행자가 취득하는 체비지 또는 보류지 | 취득세 75% | |
| | 3호 | | 원주민이 스스로 개량하는 방법으로 취득하는 주택 또는 주거환경개선사업 시행자로부터 취득하는 주택 (전용면적 85㎡ 이하) | 취득세 100% | |
| ※ §74 ④ 1호 (舊 §74 ③ 3호) | | | 지방세 감면 특례의 제한(최소납부세제) ※ '16년 ~ '17년 2년간 적용 | 면제세액의 15% 과세 | '18년부터 대상제외 |
| ※ §74 ④ 3호 (舊 §74 ③ 5호) | | | 지방세 감면 특례의 제한(최소납부세제) ※ '19년부터 적용('18년까지 적용 유예) | 취득세 면제세액의 15% 과세 | '19년부터 적용 |
| §74 ⑤ | 1호 | 재개발 사업 | 사업시행자가 대지조성을 위하여 취득하는 부동산 | 취득세 50% | '22.12.31. |
| | 2호 | | 사업시행자가 관리처분계획에 따라 취득하는 주택 | 취득세 50% | |
| | 3호 가목 | | 원주민이 재개발사업 시행자로부터 취득하는 주택 (전용면적 60㎡ 이하) | 취득세 75% | |
| | 3호 나목 | | 원주민이 재개발사업 시행자로부터 취득하는 주택 (전용면적 60㎡ 초과 ~ 85㎡ 이하) | 취득세 50% | |
| ※ §74 ⑤ 3호 (舊 §74 ③ 4호) | | | 지방세 감면 특례의 제한(최소납부세제) ※ '19년 1년간 적용('18년까지 적용 유예) | 면제세액의 15% 과세 | '19년적용 |

### 3-2. 최소납부세액의 면제(§177의 2)

2015년부터 시행되는 감면 상한제도(§177의 2 본문)에 따라 면제되는 세액의 15%는 감면특례가 제한되어 도시개발사업 등에 따른 취득세(§74)의 경우 최저납부세액 과세대상에 해당되지만 제177조의 2 제2호에서 최저납부세액 예외 특례를 적용받아 해당 세목에 대해서는 본 규정대로 계속해서 면제를 적용하였으나 2019년 1월 1일부터 제4호 및 제5호에 대해서는 최소납부세제를 대상에 포함되어 적용받도록 규정되었으며 2020년부터는 제1항에 대해서도 최소납부세제를 적용하여야 한다.

이 경우 도시개발사업과 재개발사업의 시행으로 해당 사업의 대상이 되는 부동산의 소유자가 환지계획 등에 따른 취득 부동산에 대하여 취득세를 면제(§74 ①)하고 있으나, 환지계획 등에 따른 취득부동산의 가액 합계액에서 종전 부동산 가액의 합계액을 초과하는 경우 그 해당하는 부동산에 대하여 취득세를 부과하는 것은 취득세 과표공제 성격으로서 최소납부세제 적용대상에 해당하지 않는다 할 것이다.

제74조 제1항(1호 및 2호)은 환지계획에 따른 취득 부동산의 가액 합계가 종전 부동산 가액을 초과하는 경우 그 초과액에 상당하는 부동산에 대하여 취득세 감면되지 않는 규정이며 환지계획 등에 따른 부동산 취득세 면제 규정은 과표공제 성격으로서 최소납부세제 미적용 대상임을 명확히 하기 위해 2021년 말 법 개정시 제177조의 2(지방세 감면특례의 제한)에 제74조 제1항을 신설하였다.

〈표 13〉 **제74조 최소납부세제 적용 대상 : 과세표준 전체에 대한 취득세 면제**

| 구 분 | 감 면 내 용 | 개정 전 | 개정 후('20년) |
|---|---|---|---|
| 소유자 | 현지개량주택 또는<br>85㎡ 이하 주택 | 취 100%(§74 ③ 5호)<br>* 최소납부세제 적용('19년~) | 연장(§74 ④ 3호)<br>* 최소납부세제 적용 |

한편 이 법에서 과세표준 공제에 따라 최소납부세제가 적용되지 않는 대표적인 경우로 제73조의 토지수용 등으로 인한 대체취득은 새로 취득한 부동산 등의 가액 합계액이 종전의 부동산 등의 가액 합계액을 초과하는 경우에 그 초과액에 대해서는 취득세를 부과하고 있고 제92조의 천재지변 등으로 인한 대체취득에 대한 감면은 새로 취득한 건축물의 연면적이 종전의 건축물의 연면적을 초과하거나, 새로 취득한 자동차 또는 기계장비의 가액이 종전의 자동차 또는 기계장비의 가액(신제품구입가액을 말한다)을 초과하는 경우에 그 초과부분에 대해서는 취득세를 부과하도록 규정하고 있어 이 경우에도 최소납부세제가 배제되고 있다.

다만, 제74조에서 체비지 및 보류지에 대하여는 2020년부터 최소납부세제 적용대상에 해당하며 이에 대한 세부적인 사항은 제177조의 2의 해설편을 참조하면 된다.

참고로 대법원은 최근 판결(2020두50904, 2021.2.4.)을 살펴보면, 취득세가 비과세되는 체비지 또는 보류지는 사업시행자가 미리 환지계획이나 관리처분계획에서 체비지 또는 보류지로 정하거나 그에 따라 체비지 또는 보류지로 간주되는 것만을 의미하며 도정법상 도시환경정비사업의 체비지 또는 보류지는 환지계획이나 관리처분계획에서 미리 정해지는 것으로서, 그에 따른 환지처분의 공고나 이전고시가 있어야 비로소 사업시행자 등의 소유권취득이 확정되거나 일반에게 분양하는 대지 또는 건축물이 체비지 또는 보류지로 간주되게 되므로 환지계획이나 관리처분계획에서 정하지 아니한 체비지 또는 보류지의 취득은 있을 수 없는 점, 도정법 제57조, 제61조 등의 규정에 비추어 보면, 도시환경정비사업의 경비를 반드시 체비지의 지정을 통하여 충당하여야 하는 것은 아니고 토지 등 소유자가 부담하는 청산금 등으로 충당할 수도 있는데, 사업시행인가 당시부터의 토지 등 소유자와 승계취득자에 대해서도 청산금에 상당하는 부동산에 해당하는 부분은 과세하는 점, 따라서 관리처분계획에서 체비지 등을 정하지 아니한 채 사업이 시행되어 완료된 경우에는 비과세조항에 의하여 취득세가 비과세되는 범위를 확정할 객관적인 기준이 없게 되는 점 등에 비추어 보면, 구 지방세특례제한법 제74조 제1항에 의하여 취득세가 비과세되는 체비지 또는 보류지는 사업시행자가 미리 환지계획이나 관리처분계획에서 체비지 또는 보류지로 정하거나 그에 따라 체비지 또는 보류지로 간주되는 것만을 의미한다고 봄이 타당하다고 판시하고 있다.

## 3-3. 도시개발사업 등의 경과규정 특례

### 3-3-1. 경과규정 특례(부칙 §11, 제19232호 2023.3.14.)

2023년 1월 1일 전에「도시개발법」제29조에 따른 환지계획 인가 또는「도시 및 주거환경정비법」제74조에 따른 관리처분계획 인가를 받은 도시개발사업 또는 재개발사업의 시행으로 해당 사업의 대상이 되는 부동산의 소유자가 2023년 1월 1일 이후 취득(토지상환채권으로 취득하는 경우를 포함한다)하는 부동산에 대해서는 제74조 제1항 및 제2항의 개정규정에도 불구하고 종전의 제74조 제1항 및 제2항에 따라 취득세를 면제하거나 부과하며 이 경우 종전의 제74조 제1항 각 호 외의 부분 본문 중 "2022년 12월 31일"을 "2025년 12월 31일"로 보도록 하였으며, 이에 따라 취득세가 부과되는 자에 대해서는 종전의 제74조 제5항 제3호에 따라 2025년 12월 31일까지 그 취득세를 경감하도록 하였고, 2023년 1월 1일 전에 종전의 제74조 제5항 제3호에 따라 청산금에 상당하는 부동산을 취득하여 해당 부동산에 대한 취득세를 경감받았거나 제2항에 따라 취득세를 경감받는 경우 그 경감된 취득세는 제74조 제5항 각 호 외의 부분 단서에 따라 추징토록 하였다.

### 3-3-2. 경과규정 특례(부칙 §10, 제14777호 2017.1.1.)

주택재개발사업과 주거환경개선 사업용 부동산으로서 제73조 제3항 제1호부터 제3호에 따른 감면율이 종전 면제에서 75%로 축소되었다. 다만, 감면이 축소되었더라도 2016년 이전 납세의무 성립분까지는「지방세기본법」제51조에 따른 경정청구 기간(최대 2021년)까지는 종전(2016년)의 규정을 계속해서 적용할 수 있다.

## 4 | 지방세특례의 제한(§74 ③ 단서)

도시개발사업에 대해 다음과 같이 감면의무사항을 위반하는 경우에는 감면받은 취득세가 추징될 수 있다. 지방세법 제13조 제5항에 따른 부동산이란 별장 · 골프장 · 고급오락장 등 지방세 중과세 대상인 사치성 재산을 말한다.

> 그 취득일부터 5년 이내에 지방세법 제13조 제5항에 따른 과세대상이 되거나 관계 법령을 위반하여 건축한 경우에는 면제된 취득세를 추징한다.

## 5 | 감면신청(§183)

도시개발사업시행자, 해당 부동산 소유자 등이 본 규정에 따라 지방세를 감면받으려는 경우에는 해당 지방자치단체의 장에게 해당 부동산이 도시개발사업 등에 직접 사용하는 용도임을 입증하는 서류를 첨부하여 감면신청을 하여야 한다. 세부적인 감면신청 절차 등에 대해서는 제183조의 해설편을 참조하면 된다.

## 6 | 관련사례

▣ 청구법인이 쟁점토지를 취득한 후 감면 유예기간(3년) 이내에 해당 용도로 직접 사용하지 아니한 데에 정당한 사유가 있는지 여부

청구법인은 쟁점토지를 취득한 후 3년이 지난 2021.7.12.에야 착공계를 제출하였고, 이 건 심리일 현재(2024.8.13.) 산업용 건축물의 사용승인을 받지 못한 것으로 확인되는 점 등에 비추어 청구법인은 감면 유예기간 내에 쟁점토지를 해당 용도로 직접 사용하기 위한 정상적인 노력을 다하였다고 보기 어렵다 할 것임(조심 2023지5273, 2024.9.10.).

▣ 관리처분인가일 전 승계취득한 조합원이 관리처분계획에 따른 부동산 취득 시 프리미엄 반영 여부

- 승계조합원의 취득세 과세표준의 산정방식을 별도로 규정한 것은 사업시행인가 당시 소유자(원조합원)의 경우와 같이 종전의 부동산가액에 해당하는 만큼은 비과세하되, 이를 초과하는 재산적 가치만큼은 새로운 취득에 해당하므로 취득세를 부과함이 조세평등원칙에 부합하기 때문임(지방세특례제도과-2207, 2023.8.22. 참조).

- 舊 지방세법 제10조, 제10조의 4 제1항에서 환지등 계획에 따른 취득부동산에 대한 과세표준을 산정함에 있어, 그 과세-표준을 '사실상취득가격'으로 규정하고 있고, 이 건 승계조합원이 환지계획 등에 따른 취득부동산을 취득하는 당시에는 관리처분계획인가에 따라 권리가액과 분양가액 등이 확정되어 있는 점 등을 고려할 때, 프리미엄은 승계조합원이 재개발사업으로 준공된 아파트를 취득하기 위하여 원조합원에게 실제로 지급한 비용이므로 舊 지방세특례제한법 시행령 제35조 제2항에 따른 초과액을 산정할 때 환지계획 등에 따른 취득부동산의 과세표준에 그 프리미엄을 포함하는 것이 타당함(행안부 지방세특례제도과-2279, 2024.9.10.).

■ 쟁점부동산은 사실상 소유권 이전고시 이전에 적법하게 인가받은 체비지이므로 취득세 감면을 적용하여야 한다는 청구주장의 당부

청구법인의 소유권 이전고시일(2021.4.28.) 당시의 관리처분계획은 기존 관리처분계획이고, 기존 관리처분계획상 쟁점부동산은 체비지로 정해져 있지 않았던 점 등에 비추어 보면, 쟁점부동산은 구 「지방세특례제한법」 제74조 제1항에 따른 취득세 면제 대상에 해당한다고 보기 어려우므로, 처분청이 청구법인의 경정청구를 거부한 이 건 처분은 달리 잘못이 없는 것으로 판단됨(조심 2023지2002, 2024.5.20.).

■ ① 쟁점관리처분계획에서 체비지시설로 지정된 쟁점체비지를 일반에게 분양하지 않고 사업시행자가 직접 사용하거나 임대용으로 사용한 경우 「지방세특례제한법」 제74조 제1항에 따른 감면으로 볼 수 있는지 여부 ② 쟁점체비지에 대한 취득세 가산세 부과처분의 당부

① 쟁점체비지는 일반에게 분양되지 아니하고 청구법인의 본점 및 임대용으로 사용되어 취득세 등의 감면대상이 되는 체비지로 보기는 어렵다 할 것이므로 처분청이 이 건 취득세를 부과한 처분은 달리 잘못이 없다고 판단됨. ② 처분청이 쟁점체비지에 대하여 취득세를 면제한 때부터 면제한 취득세를 추징할 때까지 쟁점체비지의 취득세 부과 대상에 해당하는지 여부에 대해 세법해석상의 의의(疑意)가 있었고 이는 단순한 법률의 부지나 오해의 범위를 넘어서는 것으로 볼 수 있음(조심 2020지1628, 2024.4.24.).

■ 구 도시정비법상 도시환경정비사업도 「지방세특례제한법」상 재개발사업에 포함되므로 청구법인이 취득한 쟁점부동산은 취득세 감면 적용 대상이라는 청구주장의 당부

청구법인은 쟁점부동산을 구 도시정비법(2017.2.8. 법률 제14567호로 일부 개정되기 전의 것)상 도시환경정비사업을 시행하기 위하여 취득하여 개정전 「지방세특례제한법」 제74조 제3항 제1호의 감면 대상으로 보기 어려우므로, 처분청이 이 건 경정청구를 거부한 처분은 달리 잘못이 없는 것으로 판단됨(조심 2023지3572, 2024.3.26.).

■ ① 쟁점주택의 취득에 대해 종전 감면규정 및 일반적 경과조치에 따라 취득세를 면제하여야 한다는 청구주장의 당부, ② 쟁점토지의 취득에 대해 종전 감면규정 및 일반적 경과조치에 따라 취득세를 면제하여야 한다는 청구주장의 당부

① 쟁점주택의 착공일이 종전규정이 개정되기 전인 2016.12.31. 이전인 것으로 보이는 점 등에 비추어 쟁점주택의 취득에 대하여 쟁점부칙규정에 따라 종전감면규정을 적용하여 취득세를 면제하는 것이 타당하다 할 것이다. 다만, 청구법인은 2016.1.1. 이후 쟁점주택의 신

축공사에 착공하였으므로「지방세특례제한법」제177조의 2를 적용하여 취득세 100분의 85의 감면대상으로 보는 것이 타당함. ② 청구법인은 종전감면규정이 개정되어 취득세 감면율이 75%로 축소된 후인 2019.12.24. 쟁점토지를 취득하여 개정 후 법률에 따라 취득세 75% 감면대상으로 보는 것이 타당하므로 처분청이 쟁점토지의 취득세 등에 대한 경정청구를 거부한 처분은 달리 잘못이 없다고 판단됨(조심 2022지1050, 2023.10.17.).

▣ 사업시행자가 체비지를 취득하는 경우 감면 적용 여부

재개발사업으로 사업시행자가 취득하는 체비지(관리처분계획에 따라 취득하는 일반분양분 주택)의 경우「지방세특례제한법」(2020.1.15., 법률 제16865호 개정 전의 것) 제74조 제1항(면제) 또는 제74조 제3항 제2호(75% 경감)에 대한 적용여부와 관련, 재개발 사업시행자가 2020.1.1. 전에 재개발 사업시행계획 인가를 받고 2020.1.1. 이후에 이 건 부동산을 체비지로 취득하는 경우에는 취득세가 면제(최소납부세제 적용)될 것임(지방세특례제도과-347, 2023.10.16.).

▣ ① 일반분양하지 않고 1인에게 매각된 쟁점면적① 부분을 취득세 면제대상인 "체비지"로 볼 수 있는지 여부 및 ② 쟁점면적② 부분에 대한 신축비용을 취득세 과세대상인 "청산금"으로 볼 수 있는지 여부

① 토지등 소유자 1인이 시행하는 청구법인이 위와 같이 분양공고를 하지 않고 체비지인 쟁점면적① 부분을 1인에게 매각하는 것과 2인 이상에게 매각하여 사업경비에 충당하는 것은 사실상 그 실질이 동일하므로 쟁점면적① 부분을 1인에게 일괄매각하였다고 하더라도 감면대상인 체비지로 인정하는 것이 합리적이라 할 것인 점 등에 비추어 쟁점면적① 부분은「지방세특례제한법」제78조 제1항에서 규정한 체비지로 보는 것이 타당하다고 판단됨. ② 청구법인과 같이 사업시행자가 사업시행구역 내의 1인 토지 등 소유자여서 형식적으로는 관계 법령에 의하여 청구법인 자신에게 청산금을 부담하는 경우가 발생하지 않는다 하더라도, 위에서 설시한 바와 같이「지방세특례제한법」제74조 제1항 본문 단서 및 제1호 규정의 입법 취지가 환지계획 등에 따른 취득 부동산 가액이 종전 부동산의 가액보다 증가된 재산의 취득이라는 실질에 담세력을 인정하고, 그에 따른 청산금에 상당하는 부동산을 포착하여 취득세를 과세하는 데 있다 하겠는바, 청구법인의 경우, 청산금의 부과라는 외형은 달리 나타나지 않지만, 청구법인이 사업경비를 부담하여 환지인 쟁점면적② 부분을 취득하면서 종전 소유 부동산의 가액보다 증가된 재산을 취득하였다는 실질적인 면을 부정할 수 없다 하겠는 점 등에 비추어 쟁점면적② 부분의 가액의 합계액이 그에 해당하는 종전 소유 부동산 가액의 합계액을 초과한 금액에 상당하는 부분에 대하여는 취득세 과세대상으로 보는 것이 타당하다고 하겠음. 다만, 처분청과 청구법인이 제출한 자료만으로는 쟁점면적② 부분에 대한 가액의 합계액과 그에 해당하는 종전 소유 부동산에 대한 가액의 합계액을 정확히 알 수 없으므로 처분청이 쟁점면적② 부분의 가액의 합계액이 그에 해당하는 종전 소유 부동산 가액의 합계액을 초과하는 해당금액을 재조사하여「지방세특례제한법」제74조 제1항 제1호의 청산금에 상당하는 부동산으로 보고 이를 취득세 과세대상으로 하여 과세표준 및 세액을 경정하는 것이 타당한 것으로 판단됨(조심 2021지2372, 2023.9.27.).

▣ 승계조합원의 프리미엄에 대한 취득세 과세표준 포함 여부

프리미엄은 승계조합원이 재개발사업으로 준공된 아파트를 취득하기 위하여 원조합원에게 실제로 지급한 비용에 포함되므로 승계조합원 취득부동산의 과세표준에 그 프리미엄을 포함하는 것이 타당함(지방세특례제도과-2207, 2023.8.22.).

▣ 사업시행자의 체비지에 대한 취득세 과세표준 여부

「지방세특례제한법」(2020.1.15. 법률 제16865호로 개정되기 전의 것, 이하 '구 지방세특례제한법'이라 함) 부칙 제17조 제1항 및 제74조 제1항 관련 재개발사업시행자가 취득하는 체비지(건축물)에 대한 취득세 과세표준에 있어, 법인인 재개발사업시행자가 취득하는 체비지(건축물)의 경우에는 지방세법령에 따라 취득시기 이전에 해당 건축물을 취득하기 위하여 거래상대방 또는 제3자에게 지급하였거나 지급하여야 할 직·간접비용의 합계액에 체비지 비율을 곱하여 산출한 가액을 취득세 과세표준으로 적용하는 것이 타당하다고 판단됨(행안부 지방세특례제도과-2308, 2022.10.12.).

▣ 사업시행자가 체비지·보류지를 취득하는 경우 취득세 과세방법 여부

① 사업시행자의 체비지 등 취득을 원시취득으로 볼 수 있는지 여부

- 과세대상이 이미 존재하는 상태에서 취득하는 경우는 원시취득에서 제외하고 있으며, 이는 건축물의 신축, 공유수면 매립 등과 같이 과세물건이 새롭게 생성되는 경우에만 원시취득에 해당하고 수용재결 등과 같이 과세물건이 존재하는 상태에서 관련 법률에 따라 취득하는 경우는 원시취득에서 제외하는 것으로 명확히 하여 개정(2017.1.1. 시행, 법률 제14475호)한 것임.

② 사업시행자의 체비지 등 취득을 유상취득으로 볼 수 있는지 여부

- 당해 체비지는 사업시행자가 「도시 및 주거환경정비법」 및 「도시개발법」 제45조 제5항 법률 규정에 따라 취득할 따름이고 그에 대한 대가를 지급한 것으로 볼 사정도 없는 이상, 사업시행자가 위 체비지 등을 취득한 것이 유상취득에 해당한다고 볼 수 없음.

③ 사업시행자의 체비지 등 취득에 따른 과세표준을 산정함에 있어서 대지조성용으로 보유하고 있던 토지의 과세표준을 차감할 수 있는지 여부

- 사업시행자의 경우 체비지 등에 대하여 그 취득세를 면제하도록 하고 있을 뿐 그 과세표준의 조정에 대하여 달리 규정하고 있지 않으므로 대지조성용으로 보유하고 있던 토지의 가액을 그 과세표준에서 차감할 수 없음(행안부 지방세특례제도과-1511, 2022.7.13.).

▣ 도시환경정비사업 상의 체비지를 분양하지 않고 직접 사용하는 경우 감면 여부

토지 등의 소유자인 1인 사업시행자가 관리처분계획에 체비지로 등재한 후 일반인에게 분양하지 아니하고 직접 또는 임대용으로 사용하는 부동산은 비록 관리처분계획에 체비지로 등재되어 있다 하더라도 일반인에게 분양하지 않은 부동산의 실질은 부동산의 소유자가 취득하는 환지부동산과 다를 것이 없으므로 이를 구 지방세특례제한법 제74조 제1항에 따라 취득세 감면대상이 되는 체비지로 보기 어려울 것임(행안부 지방세특례제도과-1503, 2022.7.12.).

▣ 관리처분계획 인가 당시 개별 호수별로 구분되지 않았을 경우 체납지에 대한 감면 여부

재개발사업 등의 관리처분계획 인가 당시에 일반분양하는 상가 전체 면적은 확정되어 있었으나 개별 호수별로는 구분되지 아니한 경우라도 소유권이전고시가 분양하는 상가의 개별 호수별로 되었고 그에 따라 개별 호수별로 취득이 이루어졌다면 취득세 면제대상 체비지에 해당함(행안부 지방세특례제도과-2362, 2020.10.5.).

■ 대지조성용으로 예정된 용도폐지되는 도로를 국가로부터 무상받는 경우 감면 여부

재개발조합이 관리처분계획서상 대지조성용으로 예정된 용도폐지되는 도로를 국가로부터 무상양여받아 준공일에 취득하는 경우 취득세 감면대상 대지조성용 토지에 해당함(행안부 지방세특례제도과-1948, 2020.8.20.).

■ 최초 관리처분계획 인가 당시 등재하지 않은 체비지에 대한 감면 여부

최초 관리처분계획을 인가받을 당시에는 체비지를 등재하지 않았으나 소유권이전고시일인 이전에 처분청으로부터 적법하게 체비지를 관리처분계획의 변경인가를 받았음에도 취득세 등을 부과한 것은 부당함(조심 2019지1758, 2020.5.12.).

■ 임대아파트가 취득세 면제대상인 체비지 또는 보류지로 볼 수 있는지 여부

법인이 인가받은 관리처분계획에서 임대아파트가 임대용으로 지정되어 있을 뿐 체비지 또는 보류지로 지정되어 있지 않았고, 법인의 정관 제50조 제1항에서 조합원 분양분과 보류지를 제외한 잔여대지 및 건축물을 체비지로 정하여야 한다고 규정하면서 제2항 및 제3항에서 '체비지 중 공동주택', '체비지 중 분양대상 부대 · 복리시설'에 관하여 규정하고 있을 뿐 임대주택에 대하여 아무런 언급이 없는 점 등에 비추어 부과처분은 달리 잘못이 없음(조심 2019지1777, 2020.1.22.).

■ 「지방세특례제한법」 제74조 제3항 제1호에 따른 취득세 감면대상에 해당하는지 여부

해당 시설은 건축물 벽면에 구조물(H빔, 메인 · 서브 빔 등) 및 파이프 등과 연결되어 있으나 나사와 볼트를 이용한 것이라 이를 철거하면 해당 시설도 같이 철거하여야 하고 이설이 가능하도록 설계되어 있는 점, 건축물을 임차하는 계약을 하면서 그 임대차 계약이 만료되는 경우 건축물에서 해당 시설을 철거하여 원상복구하도록 임대차 계약을 체결한 점 등에 비추어 건축물의 일부로 보기는 어려우므로 시설 설치비용을 취득세 등의 과세표준에 포함되는 것으로 보아 취득세 등을 부과한 처분은 잘못이 없음(조심 2019지1668, 2019.12.4.).

■ 1인 도시환경정비사업의 시행자가 신축 건축물(일반분양분) 전부를 체비지로 인가받은 경우

도시환경정비사업 시행인가 전에 사업구역의 토지 등을 단독으로 취득한 甲법인이 사업시행인가를 받고, 신축하는 건물을 '토지 등 소유자 공급분'과 '일반분양(체비지)분'으로 구분표시하여 관리처분계획인가를 받고 '토지 등 소유자 공급분'에 대해서 「도시 및 주거환경정비법」 제57조 제1항의 청산금이 발생하지 않는 경우라면, 「도시 및 주거환경정비법」 제55조 제2항에 따르면 일반에게 분양하는 대지 또는 건축물은 「도시개발법」 제34조 제1항에 의한 체비지로 규정하고 있고, 「도시개발법」 제34조 제1항에서는 도시개발사업에 필요한 경비에 충당할 수 있는 것을 체비지로 정하여 규정하고 있으므로, 그 '일반분양(체비지)분'은 「지방세특례제한법」 제74조 제1항에서 정한 체비지로서 취득세 면제대상에 해당된다 할 것임(행자부 지방세특례제도과-2772, 2015.10.12.).

■ 도시개발사업의 청산시 정산방법

동일 사업지구 내에서 여러 필지의 토지를 소유하고 있어 환지계획 등으로 대체취득하는 토지의 필지별로는 청산금을 부담하는 토지와 청산금을 수령하는 토지가 동시에 있는 경우 토지 필지별로 취득세 과세 여부를 판단하는 것이 아니라, 소유자가 환지계획 등에 의거 취득한 토지 전체 필지 가액의 합계액이 종전의 토지 전체 필지 가액의 합계액을 초과하여 청산금을 실제로 부담하는 경우에 취득세를 과세하는 것임(행자부 세정-3412, 2004.10.11.).

☞ 다른 사업지구 내에서는 각각의 토지에 대한 청산금을 정산하여 과세하는 것이나, 동일 사업지구 내에서는 토지소유자별로 청산금을 청산하여 과세함.

■ 도시재개발용 부동산에 대한 감면 적용 범위 판단

구 지방세법 제109조 제3항에서 규정하고 있는 "부동산의 소유자"는 사업시행인가 당시의 소유자뿐 아니라 그로부터 분양처분 이전까지 대지나 건축시설의 소유권을 승계취득한 자를 포함하는 개념이라고 해석하여야 할 것이므로(대법원 95누5172, 1995.8.25. 참조) 귀 사가 분양처분 이전까지 다른 분양예정자로부터 소유권 지분을 전부 취득한 경우에도 환지 및 체비지에 대한 취득세가 비과세되는 것임(행자부 세정-2371, 2004.8.5.).

■ 피상속인이 보상금을 이미 수령한 경우, 상속인의 비과세 여부

피상속인이 사망 이전에 수용 부동산에 대하여 보상금을 이미 수령한 경우라면, 상속일 현재 당해 수용 부동산의 소유자는 사업시행자라고 할 것이므로 상속자의 경우 사업시행자가 공급하는 전용면적 85제곱미터 이하의 주거용 부동산에 대한 특별분양대상자로서 지위(특별분양권)를 상속받은 경우에 해당될 뿐이고, 피상속인으로부터 부동산을 상속받은 것은 아니라고 할 것이므로 위 규정 취득세 면제대상인 '정비구역지정 고시일 현재 부동산을 소유하는 자'라고 보기는 어렵다고 할 것임(행안부 지방세운영과-2170, 2012.7.10.).

■ 체비지를 원시적으로 취득하지 아니한 이상 면제대상이 아니라고 한 사례

체비지는 「도시개발법」 제42조 제5항에 따라 환지처분이 공고된 날의 다음 날에 사업시행자가 원시취득한다고 할 것이고, 이는 지방세법 제74조 제1항에 따라 취득세 면제대상이라고 할 것이나 이후 사업시행자(조합)로부터 매수(소유권이전)하는 경우는 승계취득에 해당된다고 할 것이고, 사업시행자로부터 승계취득에 대한 경우에는 별도의 면제규정이 없어 취득세 납세의무가 있다고 할 것이며, 그 승계취득자가 공동시행자이거나 공사비 대가로 취득하는 경우라 하더라도 체비지를 원시적으로 취득하지 아니한 이상 취득세 면제대상에 해당된다고 보기는 어렵다고 할 것임(행안부 지방세운영과-4733, 2011.10.10.).

■ 사업시행일 이후 환지예정지 승계 취득시의 과세표준

사업시행일 이후 환지예정지 승계 취득자의 경우 실질적으로 사업시행 결과 그보다 재산적 가치가 증가한 새로운 부동산을 취득하는 것을 목적으로 하고 있어 당초부터 부동산을 소유한 원 조합원과 달리 부동산투기 등을 목적으로 취득한 부재지주로 간주하여 취득세 비과세를 배제하는 입법 및 판례취지 등에 비추어 볼 때, 승계 취득자로서 환지계획 등에 의한 취득부동산가액의 합계액이 종전 부동산 가액의 합계액을 초과한 경우로서 관계법령

에 따라 청산금을 부담한 경우, 그 청산금에 대한 취득세 과세와는 별도로 그 초과액, 즉 환지계획 등에 의한 취득부동산의 가액에서 승계 취득할 당시의 취득가액을 공제한 금액을 과세표준으로 하여 취득세를 과세함이 타당하다고 할 것임(행안부 지방세운영과-4861, 2010.10.15.).

▣ 주택재건축사업으로 취득하는 신축아파트의 비과세 여부

「지방세법」 제109조 제3항에서 비과세 대상사업을 「도시 및 주거환경 정비법」에 의한 정비사업 중 주택재개발사업 및 도시환경정비사업으로만 한정하고 있는 이상 주택재건축사업은 이에 해당하지 않는다고 할 것이므로, 주택재건축사업의 일환으로 재건축아파트 조합원이 원시취득하는 신축아파트의 경우에는 동 규정에 의한 비과세 대상에 해당하지 않는다고 판단됨(행안부 지방세운영과-3997, 2009.9.22.).

▣ 사업시행자의 금전청산 대상토지의 비과세대상 여부

지방세법 제109조 제3항에서 도시개발법에 의한 도시개발사업시행자가 취득하는 체비지 또는 보류지에 대하여는 취득세를 부과하지 아니한다고 규정하고 있으며, 체비지는 사업시행자가, 보류지는 환지계획에서 정한 자가 각각 환지처분 공고가 있은 다음 소유권을 취득하는 경우 비과세하는 것이므로 귀문의 경우와 같이 환지처분 공고와 함께 체비지 또는 보류지로 정하기 위하여 사업시행자가 금전청산 대상 토지를 취득하는 토지는 체비지나 보류지에 해당되지 아니하므로 상기 규정에 의한 취득세 등의 비과세 대상이 되지 아니함(구 행자부 지방세정팀-3756, 2006.8.17.).

- 도시개발법에 의한 보류지인 쟁점토지의 경우 청구법인이 한시적으로 관리할 뿐이고 환지처분이 완료되면 지방자치단체에 기부채납된다 하더라도 도시개발사업의 보류지인 쟁점토지의 납세의무자를 동 사업의 시행자인 청구법인으로 하여 이 건 재산세를 부과한 처분은 잘못이 없다(조심 2010지0954, 2011.7.13.).

▣ 사업시행자가 환지예정지를 현금청산한 경우 등 감면대상이라고 한 사례

1) 도시개발사업의 환지예정지가 목적사업에 부적합하다는 이유로 사업완료 후 현금청산하기로 합의한 상태에서 대체토지를 취득한 경우, 환지처분은 사업준공 후 확정되는 것이고 사업시행자가 환지예정지를 현금청산한다는 것은 사업시행자가 당초 환지계획을 철회하여 당해 토지를 환지대상에서 제외하고 이에 대한 대가를 금전으로 보상한다는 것이므로 이는 사업시행자가 청구법인의 소유토지를 수용한 것으로 보아 감면대상에 해당됨(조심 2009지0682, 2010.4.16.).
2) 토지구획정리사업을 하면서 환지를 체비지로, 체비지를 환지로 변경한 다음, 체비지환지매매 교환계약에 의하여 체비지(환지에서 체비지로 변경토지)대장의 소유자를 조합에서 당초 환지소유자로 변경등록한 경우 환지계획에 의하여 취득하는 토지에 해당되지 않으므로 감면대상에 해당하지 않음(조심 2009지0476, 2009.11.24.).

▣ 취득세가 비과세되는 체비지 등의 범위

구 도시재개발법 및 도시개발법의 관련 규정에 의하면, 체비지 등은 환지계획이나 관리처분계획에서 미리 정해지는 것으로서, 그에 따른 환지처분의 공고나 분양처분의 고시가 있

어야 비로소 사업시행자 등의 소유권취득이 확정되므로 환지계획이나 관리처분계획에서 정하지 아니한 체비지 등의 취득은 있을 수 없는 점, 구 도시재개발법 제20조, 제42조 등의 규정에 비추어 보면, 재개발사업의 경비를 반드시 체비지의 지정을 통하여 충당하여야 하는 것은 아니고 토지 등 소유자가 부담하는 청산금 등으로 충당할 수도 있는데, 사업시행인가 당시부터의 토지 등 소유자와 승계취득자에 대해서도 청산금에 상당하는 부동산에 해당하는 부분은 과세하는 점, 따라서 관리처분계획에서 체비지 등을 정하지 아니한 채 재개발사업이 시행되어 완료된 경우에는 이 사건 비과세조항에 의하여 취득세가 비과세되는 범위를 확정할 객관적인 기준이 없게 되는 점 등을 종합하면, 이 사건 비과세조항에 의하여 취득세가 비과세되는 체비지 등은 사업시행자가 미리 환지계획이나 관리처분계획에서 체비지 등으로 정하여 환지처분의 공고나 분양처분의 고시가 있은 후에 취득하는 것만을 의미한다고 봄이 타당함(대법원 2009.6.23. 선고, 2007두3275 판결).

■ 분양처분 전까지는 종전의 토지 및 건축물이나 장차 부동산을 취득할 수 있는 권리만이 취득의 대상이 될 수 있다고 한 사례

지방세법상 취득세의 과세요건을 충족하기 위해서는 법령에 정해진 과세대상 부동산이 존재한다는 것만으로는 부족하고 그 부동산의 취득자가 특정되어야 할 뿐 아니라 그 취득시기가 도래하여야 하는 것인데, 이 사건과 같은 재개발 아파트의 경우 도시재개발법 제39조 제1항, 제2항에는 도시재개발사업에 의하여 대지 또는 건축시설을 분양받은 자는 분양처분의 고시가 있은 날의 다음날에 대지 또는 건축시설에 대한 소유권을 취득하게 되고, 이로 인하여 취득한 대지 또는 건축시설은 토지구획정리사업법에 의한 환지로 본다고 규정하고 있으며, 한편 재개발조합의 조합원이 재개발조합에 종전의 토지 및 건축물을 제공함으로써 관리처분계획에 따라 취득하게 되는 권리는, 재개발사업이 시행됨에 따라 장차 분양처분의 고시가 있은 다음날에 그 대지 또는 건축시설에 대한 소유권을 취득하기까지는 "부동산을 취득할 수 있는 권리"로 보아야 할 것이고(대법원 1993.11.23. 선고, 93누1633 판결, 1996.8.23. 선고, 95누6618 판결 등 참조), 종전의 토지 및 건축물에 대한 재개발조합원의 권리는 분양처분에 의하여 비로소 새로운 대지 또는 건축시설로 변환된다고 볼 수 있어 분양처분이 있기 전까지는 종전의 토지 및 건축물이나 장차 부동산을 취득할 수 있는 권리만이 취득의 대상이 될 수 있을 뿐 이 사건 아파트 자체는 그 취득의 대상이 될 수 없다고 할 것임(대법원 2004.4.28. 선고, 2003두4515 판결).

# 제74조의 2

## 도심 공공주택 복합사업 등에 대한 감면

관련규정

제74조의 2(도심 공공주택 복합사업 등에 대한 감면) ①「공공주택 특별법」 제2조 제3호 마목에 따른 도심 공공주택 복합사업(이하 이 조에서 "복합사업"이라 한다) 및「도시재생 활성화 및 지원에 관한 특별법」 제2조 제7호 나목에 따른 혁신지구재생사업(「도시재생 활성화 및 지원에 관한 특별법」 제2조 제1항 제6호의 3에 따른 주거재생혁신지구에서 시행하는 사업에 한정한다. 이하 이 조에서 "주거혁신지구재생사업"이라 한다)의 시행으로 해당 사업의 대상이 되는 부동산의 소유자(상속인을 포함한다. 이하 이 조에서 같다)가「공공주택 특별법」 제40조의 10 제3항 및「도시재생 활성화 및 지원에 관한 특별법」 제55조의 3 제1항에 따른 현물보상(이하 이 조에서 "현물보상"이라 한다)에 따라 취득하는 건축물(건축물에 부속된 토지를 포함한다. 이하 이 조에서 같다)에 대해서는 취득세를 2027년 12월 31일까지 면제한다. 다만, 현물보상에 따라 취득하는 건축물의 가액 합계액이 종전의 부동산 가액의 합계액을 초과하는 경우에는 그 초과액에 상당하는 부동산에 대해서는 취득세를 부과한다.

② 제1항 단서에 따른 초과액의 산정 기준과 방법 등은 대통령령으로 정한다.

☞ 2023.3.14. 시행령 규정 신설

③ 복합사업 및 주거혁신지구재생사업(이하 이 항에서 "복합사업등"이라 한다)의 시행에 따라 취득하는 부동산에 대해서는 다음 각 호의 구분에 따라 취득세를 2027년 12월 31일까지 감면한다. 다만, 그 취득일부터 5년 이내에「지방세법」 제13조 제5항 제1호부터 제4호까지의 규정에 해당하는 부동산이 되거나 관계 법령을 위반하여 건축한 경우 및 제3호에 따라 대통령령으로 정하는 일시적 2주택자에 해당하여 취득세를 경감받은 사람이 그 취득일부터 3년 이내에 대통령령으로 정하는 1가구 1주택자가 되지 아니한 경우에는 감면된 취득세를 추징한다.

1. 복합사업등의 시행자가 사업 시행을 위하여 취득하는 부동산에 대해서는 다음 각 목의 구분에 따른다.

   가. 현물보상의 약정을 체결한 소유자의 부동산을 취득하는 경우에는 취득세를 면

제한다.

나. 현물보상의 약정을 체결하지 아니한 소유자의 부동산을 취득하는 경우에는 취득세의 100분의 50을 경감한다.

2. 복합사업등의 시행자가 사업계획에 따라 건축하여 취득하는 주택에 대해서는 취득세의 100분의 50을 경감한다.

3. 「공공주택 특별법」에 따른 복합사업의 복합지구 지정 고시일 또는 「도시재생 활성화 및 지원에 관한 특별법」에 따른 혁신지구재생사업의 주거재생혁신지구 지정 고시일 현재 부동산의 소유자가 복합사업등의 시행으로 주택을 취득함으로써 대통령령으로 정하는 1가구 1주택자가 되는 경우(취득 당시 대통령령으로 정하는 일시적 2주택자가 되는 경우를 포함한다)에는 다음 각 목에서 정하는 바에 따라 취득세를 경감한다.

가. 전용면적 60제곱미터 이하의 주택을 취득하는 경우에는 취득세의 100분의 75를 경감한다.

나. 전용면적 60제곱미터 초과 85제곱미터 이하의 주택을 취득하는 경우에는 취득세의 100분의 50을 경감한다.

**【영】** 제35조의 2(현물보상에 따라 취득하는 건축물의 초과액 산정기준 등) ① 법 제74조의 2 제1항 단서에 따른 초과액은 다음 각 호의 구분에 따라 산정한다.

1. 「공공주택 특별법」 제40조의 10 제3항에 따른 현물보상에 따라 취득하는 건축물(건축물에 부속된 토지를 포함한다. 이하 이 호 및 제2호에서 같다)의 경우 : 같은 법 시행령 제35조의 9 제6항 전단에 따라 현물보상한 건축물의 분양가격에서 지급을 유보한 금액을 뺀 금액
2. 「도시재생 활성화 및 지원에 관한 특별법」 제55조의 3 제1항에 따른 현물보상에 따라 취득하는 건축물의 경우 : 같은 법 시행령 제53조의 5 제8항 전단에 따라 현물보상한 건축물의 분양가격에서 지급을 유보한 금액을 뺀 금액

② 법 제74조의 2 제3항 각 호 외의 부분 단서에서 "대통령령으로 정하는 일시적 2주택자"란 제35조 제3항에 따른 일시적 2주택자를 말한다. 이 경우 제35조 제3항 전단의 "같은 항 제3호에 따른 재개발사업"은 "법 제74조의 2 제3항에 따른 복합사업 및 주거혁신지구재생사업"으로 본다.

③ 법 제74조의 2 제3항 각 호 외의 부분 단서에서 "대통령령으로 정하는 1가구 1주택자"란 제35조 제4항에 따른 1가구 1주택을 소유한 자를 말한다. 이 경우 제35조 제4항 전단의 "「도시 및 주거환경정비법」 제2조 제2호 나목에 따른 재개발사업"은 "법 제74조의 2 제3항에 따른 복합사업 및 주거혁신지구재생사업"으로 본다.

④ 법 제74조의 2 제3항 제3호 각 목 외의 부분에서 "대통령령으로 정하는 1가구 1주택자"란 제35조 제4항에 따른 1가구 1주택을 소유한 자를 말한다. 이 경우 제35조 제4항 전단의 "「도시 및 주거환경정비법」 제2조 제2호 나목에 따른 재개발사업"은 "법 제74조의 2 제3항에 따른 복합사업 및 주거혁신지구재생사업"으로 본다.

⑤ 법 제74조의 2 제3항 제3호 각 목 외의 부분에서 "대통령령으로 정하는 일시적 2주택자"란 제35조 제3항에 따른 일시적 2주택자를 말한다. 이 경우 제35조 제3항 전단의 "같은 항 제3호에 따른 재개발사업"은 "법 제74조의 2 제3항에 따른 복합사업 및 주거혁신지구 재생사업"으로 본다.

## 1 | 개 요

도심 내의 역세권, 준공업지역, 저층주거지에서 공공주택과 각종 시설 등을 복합하여 건설하는 도심 공공주택 사업의 신속한 건설과 공공재건축 및 재개발 등 효과적인 사업추진, 공공매입사업이 민간 방식에 비해 불리한 점 등을 전반적으로 고려하여 사업추진이 원활히 진행될 수 있도록 사업시행자와 토지소유자의 부동산 취득에 대한 세제지원제도를 신설하였으며 감면제외되는 초과액 산정 기준과 방식 등은 2023년 3월 14일 시행령 신설로 마련되었다.

## 2 | 현 황

### 2-1. 감면대상 사업

① 공공주택복합사업(「공공주택 특별법」 제2조 제3호 마목에 따른 도심 공공주택 복합사업으로 도심 내의 역세권, 준공업지역, 저층주거지에서 공공주택과 업무시설, 판매시설, 산업시설 등을 복합하여 건설하는 사업)과 ② 주거혁신지구재생사업(도시재생 활성화 및 지원에 관한 특별법」 제2조 제1항 제7호 나목에 따른 혁신지구재생사업 중 같은 법 제2조 제1항 제6호의 3에 따른 주거재생혁신지구에서 시행하는 사업에 한정함)이 이에 해당한다.

### 2-2. 현물보상

① 공공주택 특별법 제40조의 10 제3항에 따라 토지 등의 소유자가 공익사업에 따른 보상 협의에 응하여 소유하는 복합지구 내 토지 등의 전부를 공공주택사업자에게 양도하는

경우에 해당 건축물(건축물 부속토지 포함)을 대체하여 주택(「주택법」 제2조 제6호에 따른 국민주택규모를 초과하는 경우에도 공공주택으로 봄)을 현물로 보상받는 경우와 ② 도시재생 활성화 및 지원에 관한 특별법 제55조의 3 제1항에 따라 토지 등 소유자가 「공익사업을 위한 토지 등의 취득 및 보상에 관한 법률」에 따른 협의에 응하여 소유하는 주거재생혁신지구 내 토지 등의 전부를 혁신지구사업시행자에게 양도하는 경우로서 토지 등 소유자가 원하는 경우 혁신지구재생사업으로 건설되는 건축물(건축물 부속토지 포함)로 현물보상받는 경우가 해당된다.

### 2-3. 사업시점별 감면 구분

부동산 수용시점에는 사업에 동의하여 현물보상 약정을 체결한 원 부동산 소유자의 부동산 취득시 취득세를 면제하고 비동의자의 부동산 취득시에는 취득세를 50% 경감하고 있으며 부동산 준공시점에서는 사업시행자가 주택을 신축하여 취득하는 경우 취득세 50%를 경감하고 있고 부동산 분양시점에서는 종전 부동산 가액 합계범위 내에서 취득세를 면제하고 초과분에 대하는 1가구 1주택자에 해당하면 면적에 따라 50%와 75%를 각각 경감받게 된다.

### 2-4. 감면 제외대상인 초과액 산정기준과 방법(2023.3.14. 개정 신설)

법 규정에서 위임한 초과액의 산정 기준과 방법으로 취득세 과세방식 및 감면·추징요건은 2023년 3월 14일 지특법 시행령 개정에 따라 추가 마련된 규정으로 우선 과세방식은 사업대상 부동산 소유자가 사업시행자에게 부담하는 금액을 취득세로 부과하는 것으로 현물보상한 건축물의 분양가격에서 지급을 유보한 금액을 제외하도록 하여 산정하여야 한다.

| ▣ (과세분 과세표준) 현물보상한 건축물의 분양가격 - 지급을 유보한 금액 |
|---|

감면 및 추징요건은 취득 시점에서 1가구 1주택(일시적 2주택 포함)이 되는 경우 감면하고 취득일부터 3년 이내 1가구 주택자가 되지 아니하는 경우 추징토록 하였으며 이는 시행령 제35조의 1가구 1주택자 및 일시적 2주택자 규정과 동일한 요건으로 이를 적용하도록 신설되었다.

■ (1가구 1주택) 1가구*가 국내에 1개의 주택을 소유하고, 그 소유한 주택이 개발사업 시행으로 취득한 주택일 것(주택 부속토지도 주택수 포함)

* 취득자와 같은 주민등록표에 기재되어 있는 가족(동거인 제외)으로 취득자의 배우자 및 미혼인 30세 미만 직계비속은 주민등록표에 없더라도 있는 것으로 간주

■ (일시적 2주택자) 개발사업 시행으로 취득한 주택을 포함하여 2개의 주택을 소유한 자(주택 부속토지도 주택수 포함)

※ 상속으로 인하여 주택(부속토지만 소유 포함) 공유지분을 소유한 것은 제외

## 3 특례 내용

공공매입 사업에 따른 세제지원 규정으로 수용, 준공, 분양의 3단계에 걸쳐 지원하고 있으며 사업시행자와 부동산 소유자가 감면대상자이며 감면적용은 현물보상에 따른 수용 여부, 종전 부동산 가액의 초과 여부, 면적규모 등에 따라 차등하여 감면하고 있다.

**〈표〉 도심 공공주택 복합사업 등에 대한 조세 감면 현황(2023.3.14. 현재)**

| 조문 | 감면내용 | | 감면율 | 일몰 |
|---|---|---|---|---|
| §74-2 ③ 1호 | 수용 시 | 사업시행자 | 취득세 면제(수용 동의자)<br>취득세 50%(수용 비동의자) | '24.12.31. |
| §74-2 ③ 2호 | 준공 시 | 사업시행자 | 취득세 50% | '24.12.31. |
| §74-2 ①<br>§74-2 ③ 3호 | 분양 시 | 부동산 소유자 중 동의자156) | 취득세 100%<br>* 종전 부동산 가액 한도 | '24.12.31. |
| §74-2 ③ 3호 가목 | | | 취득세 75%(전용 60㎡ 이하 주택)<br>* 가액 초과분에 대한 1가구 1주택자 | |
| §74-2 ③ 3호 나목 | | | 취득세 50%(전용 60㎡~85㎡ 이하 주택)<br>* 가액 초과분에 대한 1가구 1주택자 | |
| §177의 2 | 지방세 감면 특례의 제한<br>(최소납부세제 제외) | | 취득세 면제세액의 15% 과세<br>※ 세목별로 전체 면제세액이 취득세 200만원 초과시 적용 | '23년부터 제외 |

156) 사업에 동의하여 현물보상 약정을 체결한 당초 부동산 소유자

■ 도심 공공주택 사업(공공주택특별법 §2 3호 나목)

마. 도심 공공주택 복합사업: 도심 내 역세권, 준공업지역, 저층주거지에서 공공주택과 업무시설, 판매시설, 산업시설 등을 복합하여 건설하는 사업

■ 도시재생사업 중 혁신지구재생사업(도시재생 활성화 및 지원에 관한 특별법 §2 7호 나목)

7. "도시재생사업"이란 다음 각 목의 사업을 말한다.

가. 도시재생활성화지역에서 도시재생활성화계획에 따라 시행하는 사업(14개 사업 등)

나. 혁신지구에서 혁신지구계획 및 시행계획에 따라 시행하는 사업( "혁신지구재생사업")

■ 주거재생혁신지구(도시재생 활성화 및 지원에 관한 특별법 §2 6호의 3)

6의 3. "주거재생혁신지구"란 혁신지구 중 다음 각 목의 요건을 모두 갖춘 지구를 말한다.

가. 빈집, 노후·불량건축물 등이 밀집하여 주거환경 개선이 시급한 지역으로서 대통령령으로 정하는 지역일 것

나. 신규 주택공급이 필요한 지역으로서 지구의 면적이 대통령령으로 정하는 면적 이내일 것

■ 주거재생혁신지구의 요건(도시재생 활성화 및 지원에 관한 특별법 시행령 §2의 2 ①·②)

① 법 제2조 제1항 제6호의 3 가목에서 "대통령령으로 정하는 지역"이란 법 제41조 제3항에 따른 주민 공람 또는 공청회의 개최 공고가 있은 날 중 먼저 도래한 날(이하 "공람공고일"이라 한다) 현재 다음 각 호의 어느 하나에 해당하는 건축물 수의 합이 혁신지구 전체 건축물 수의 3분의 2 이상인 지역을 말한다.

1. 「건축법」 제2조 제1항 제2호의 건축물 중 준공된 후 20년 이상 지난 건축물
2. 「빈집 및 소규모주택 정비에 관한 특례법」 제2조 제1항 제1호의 빈집
3. 「공사중단 장기방치 건축물의 정비 등에 관한 특별조치법」 제2조 제1호의 공사중단 건축물
4. 「시설물의 안전 및 유지관리에 관한 특별법 시행령」 별표 8에 따른 안전등급이 D(미흡) 또는 E(불량)에 해당하는 건축물

② 법 제2조 제1항 제6호의 3 나목에서 "대통령령으로 정하는 면적"이란 2만제곱미터를 말한다. 이 경우 국가나 법 제44조 제1호부터 제4호까지의 규정에 해당하는 자가 소유한 토지의 면적은 해당 면적 산정에서 제외한다.

■ 공공주택사업자의 현물보상 수용(공공주택 특별법 §40의 10 ③)

③ 공공주택사업자는 토지 등 소유자가 「공익사업을 위한 토지 등의 취득 및 보상에 관한 법률」에 따른 협의에 응하여 그가 소유하는 복합지구 내 토지 등의 전부를 공공주택사업자에게 양도하는 경우로서 토지 등 소유자가 원하는 경우에는 다음 각 호에서 정하는 기준과 절차에 따라 사업시행으로 건설되는 건축물(건축물에 부속된 토지를 포함한다. 이하 이 조에서 같다)로 보상(이하 "현물보상"이라 한다)할 수 있다. 이 경우 현물보상으로 공급하는 주택은 「주택법」 제2조 제6호에 따른 국민주택규모를 초과하는 경우에도 공공주택으로 본다.

1. 건축물로 보상받을 수 있는 자: 그가 소유하는 복합지구 내 토지 등의 전부를 공공주택사업자에게 양도한 자로서 대통령령으로 정하는 요건을 충족하는 자가 된다. 이 경우 대상자가 경합할 때에는 보상금 총액이 높은 자에게 우선하여 건축물로 보상하며, 그 밖의 우선순위 및 대상자 결정방법 등은 공공주택사업자가 정하여 공고한다.
2. 보상하는 건축물 가격의 산정 기준금액: 제40조의11에 따른 분양가격으로 한다.
3. 보상기준 등의 공고: 「공익사업을 위한 토지 등의 취득 및 보상에 관한 법률」 제15조에 따라 보상계획을 공고할 때 건축물로 보상하는 기준을 포함하여 공고하거나 건축물로 보상하는 기준을 따로 일간신문에 공고할 것이라는 내용을 포함하여 공고한다.

■ 혁신지구사업시행자의 현물보상 수용(도시재생 활성화 및 지원에 관한 특별법 §55의 3 ①)

① 혁신지구사업시행자는 토지 등 소유자가 「공익사업을 위한 토지 등의 취득 및 보상에 관한 법률」에 따른 협의에 응하여 그가 소유하는 주거재생혁신지구 내 토지 등의 전부를 혁신지구사업시행자에게 양도하는 경우로서 토지 등 소유자가 원하는 경우에는 다음 각 호에서 정하는 기준과 절차에 따라 혁신지구재생사업으로 건설되는 건축물(건축물에 부속된 토지를 포함한다. 이하 이 조에서 같다)로 보상(이하 "현물보상"이라 한다)할 수 있다. 이 경우 현물보상으로 공급하는 주택은 「주택법」 제2조 제6호에 따른 국민주택규모를 초과하는 경우에도 「공공주택 특별법」 제2조 제1호에 따른 공공주택으로 본다.

1. 건축물로 보상받을 수 있는 자: 그가 소유하는 주거재생혁신지구 내 토지 등의 전부를 혁신지구사업시행자에게 양도한 자로서 대통령령으로 정하는 요건을 충족하는 자가 된다. 이 경우 대상자가 경합할 때에는 보상금 총액이 높은 자에게 우선하여 건축물로 보상하며, 그 밖의 우선순위 및 대상자 결정방법 등은 혁신지구사업시행자가 정하여 공고한다.
2. 보상하는 건축물 가격의 산정 기준금액 : 제55조의 4에 따른 분양가격으로 한다.
3. 보상기준 등의 공고 : 「공익사업을 위한 토지 등의 취득 및 보상에 관한 법률」 제15조에 따라 보상계획을 공고할 때 건축물로 보상하는 기준을 포함하여 공고하거나 건축물로 보상하는 기준을 따로 일간신문에 공고할 것이라는 내용을 포함하여 공고한다.

## 4 | 사후관리

취득일부터 5년 이내에 「지방세법」 제13조 제5항 제1호부터 제4호(별장, 골프장, 고급주택, 고급오락장)까지의 규정에 해당하는 부동산이 되거나 관계법령을 위반하여 건축한 경우 및 제3호에 따라 대통령령으로 정하는 일시적 2주택자에 해당하여 취득세를 경감받은 사람이 그 취득일부터 3년 이내에 대통령령(2022년 이후에 지방세특례제한법에 시행령 조문을 신설할 예정)으로 정하는 1가구 1주택자가 되지 아니한 경우에는 감면된 취득세를 추

징한다. 아울러 세부적인 추징절차 등에 대해서는 제178조의 해설을 참조하면 된다.

## 5 | 감면신청

도심 공공주택 복합사업 등의 사업시행자 또는 부동산 수용에 동의한 원 소유자가 취득세 및 등록면허세를 감면받으려는 경우에는 해당 지방자치단체의 장에게 지방세 감면신청서 외에 증명하는 서류를 첨부하여 감면신청을 하여야 한다. 세부적인 감면신청 절차는 제183조의 해설편을 참조하면 된다.

제 75 조

# 지역개발사업에 대한 감면

**관련규정**

제75조 [일몰기한 종료로 2016.1.1.부터는 감면 효력 상실]

제75조(지역개발사업에 대한 감면) 「지역균형개발 및 지방중소기업 육성에 관한 법률」 제9조에 따라 개발촉진지구로 지정된 지역에서 사업시행자로 지정된 자가 같은 법에 따라 고시된 개발사업을 시행하기 위하여 취득하는 부동산에 대하여는 2015년 12월 31일까지 취득세를 면제하고, 그 부동산에 대한 재산세의 납세의무가 최초로 성립하는 날부터 5년간 재산세의 100분의 50을 경감한다. 다만, 그 취득일부터 3년 이내에 정당한 사유 없이 그 사업에 직접 사용하지 아니하거나 매각·증여하는 경우에 해당 부분에 대하여는 감면된 취득세와 재산세를 추징한다.

## 1 | 개 요

상대적으로 낙후된 지역에 대한 도로 등 기반시설 지원을 통하여 지역경제 활성화 및 주민 삶의 질 향상을 위한 개발촉진지구 개발사업 지원을 위한 감면으로 본조 1개항으로 구성되어 있다. 지역개발사업시행자로 지정된 사업시행자가 취득한 부동산에 대해서는 취득세를 면제한다. 지역개발사업에 대한 감면은 2010년까지는 구 지방세법 제277조 제2항에서 규정되었다가 2011년부터는 현재의 제75조로 이관되었고 관련법령이 폐지됨에 따라 본 감면규정은 2015년 말로 종료되었다.

## 2 | 감면대상자

지역균형개발 및 지방중소기업 육성에 관한 법률 제9조에 따라 개발촉진지구로 지정된 지역에서 사업시행자로 지정된 자가 이에 해당된다. 이 법령에 의한 개발촉진지구란 개발수준이 다른 지역에 비해 현저하게 낮은 지역을 대상으로 소득기반 및 생활환경의 개선을 위해 중앙정부가 지원하고 민간의 자율적인 참여를 유도함으로써 인구와 산업의 지방정착을 도모하고, 국토의 균형개발을 유도하기 위한 제도로 낙후지역형, 균형개발형, 도농통합형의 형태로 지구지정을 통해 개발사업을 추진하고 있다. 다만, 지역개발의 인프라가 비교적 충분한 수도권지역과 광역시·도별 총면적 제한[157]에 따라 시·도별 면적 20% 범위 내에서만 제한적으로 지정된다. 개발촉진지구로 지정이 되면 지방세 지원 이외에도 입주하는 중소기업에 대해 소득·법인세를 4년간 50% 감면(조특법 §64)하고, 접근교통망(도로), 소득기반조성(지역특화사업, 관광휴양사업), 생활환경개선사업(상하수도 등)에 국고지원이 가능하며, 사업시행자에게 토지수용권 부여 및 실시계획승인으로 농지전용 등 25개 법률의 인·허가의 의제처리가 가능하는 등 각종 행·재정적 지원이 병행된다. 각 유형별 개요 및 현황은 다음과 같다.

### 낙후지역형

지역의 인구밀도, 연평균 인구변화율, 소득세할 주민세 총액, 재정력 지수지표 중 1개 이상과 사업체 총종사자의 인구비율, 도로율, 노령화지수, 지역접근성 지표 중 1개 이상이 전국의 하위 30% 미만에 속하는 시·군 지역으로 2011년 현재 51개 지구, 50여 개 시·군이 지정되어 있다. 이들 지역에 대해서는 도로 등 기반시설 설치 등을 위해 지구당 약 500억원의 국고가 지원되고 있다. 지구지정 현황은 다음의 〈표 1〉을 참조하기 바란다.

---

157) 지균법 제12조(개발촉진지구 지정의 제한) ① 수도권정비계획법 제2조에 따른 수도권에는 개발촉진지구를 지정할 수 없다.
② 국토해양부장관은 지역 간의 균형 있는 개발을 위하여 필요하다고 인정하는 경우에는 대통령령으로 정하는 바에 따라 광역시·도별로 개발촉진지구의 총면적을 정할 수 있다.
지균법 시행령 제15조(개발촉진지구 총면적의 제한) 법 제12조 제2항에 따른 광역시·도별 개발촉진지구의 총면적은 그 광역시·도 총면적의 1/5을 초과할 수 없도록 하되, 제12조 제1항 제1호의 기준에 해당하는 지역을 고려하여야 한다.

〈표 1〉 낙후지역 개발을 위한 지구지정 현황

| 구분 | 1차(7개) | 2차(7개) | 3차(6개) | 4차(6개) | 5차(7개) | 6차(6개) | 7차(8개) | 8차(4개) |
|---|---|---|---|---|---|---|---|---|
| 강원(6개) | 탄광지역<br>(태백·삼척·영월·정선) | 영월·화천 | 평창·인제·정선 | 양구·양양 | 횡성 | 고성 | - | 철원 |
| 충북(5개) | 보은 | 영동 | - | - | 단양·괴산 | - | 증평 | - |
| 충남(6개) | 청양 | 홍성 | 태안 | 보령 | - | 서천/금산 | - | - |
| 전북(8개) | 진안·임실 | 장수 | 순창 | 고창 | 무주 | - | 남원/김제 | 부안 |
| 전남(8개) | 신안·완도 | 곡성·구례 | 장흥·진도 | 보성·영광 | 화순·강진 | 장성 | 함평 | 고흥 |
| 경북(10개) | 소백산주변<br>(봉화·예천·문경) | 신악휴양형<br>(영주·영양) | 중서부평야<br>(상주·의성) | 안동호주변<br>(안동·청송) | 동해연안<br>(울진·영덕) | 영천/울릉 | 청도/군위<br>고령 | 성주 |
| 경남(6개) | 지리산주변<br>(하동·산청·함양) | 의령·합천 | 남해·하동 | 합천·산청 | 함양 | - | 거창 | - |

## 균형개발형

지역균형개발법상의 광역권역에 속하는 지역으로서, 지역 간 균형 있는 개발을 위해 특히 민간자본을 유치하여 집중적인 개발이 필요한 지역을 대상으로 지정하고 있다. 2011년 현재 지구지정 현황[158]은 아산만 배후 신시가지(1998년 지정)가 있다.

## 도농통합형

「도농복합형태의 시 설치 등에 관한 법률」의 규정에 의하여 새로이 설치된 시 중 인구 30만명 이하인 시를 대상으로 하며, 새로운 소득기반 조성을 위하여 인근 도시지역과 연계하여 개발할 필요가 있는 지역을 대상으로 지정하고 있다. 2011년 현재 지구지정 현황은 강릉(1998년 지정), 춘천(2001년), 제천(2004년)지역이 있다.

# 3 감면대상 부동산

개발촉진지구로 지정된 지역에서 사업시행자로 지정된 자가 개발사업을 시행하기 위하여 취득하는 부동산으로 앞에서 설명한 해당 지구지역 내에서 관광휴양사업(리조트, 골프장, 스키장, 온천 등 소득기반조성사업), 지역특화사업(화훼단지, 도예단지, 한우육성단지 등 소득기반 조성사업), 기반시설설치 사업(도로 접근교통망 시설, 상하수도 등 생활환경 개선사업) 등에 직접 사용하기 위해 취득하는 부동산이 이에 해당된다.

158) 2001년도에 지정된 백제문화권 지구는 2010년도 지구지정이 해제됨.

### 〈표 2〉 개발지구지정 사업추진 절차

| 절차 | 내용 |
| --- | --- |
| 개발촉진지구 지정 신청(시 · 도지사) | • 시 · 도지사(요청) → 국토해양부장관<br>–관계중앙부처 등협의(지균법 제11조)<br>–중앙도시계획위원회 심의(국토법 제8조) |
| ↓ 관계부처 협의 등 | |
| 개발촉진지구 지정(국토해양부장관) | • 개발촉진지구 지정(지균법 제9조)<br>※ 낙후형, 도농통합형, 균형개발형(지균령 제12조) |
| ↓ 고 시 | |
| 개발계획수립(시장 · 군수 · 도지사)<br>국고지원사업(국토부장관 승인)<br>자체 및 민자사업(지자체 확정) | • 개발계획수립(지균법 제14조)<br>• 국고지원사업은 사전 승인(국토해양부장관 승인)<br>–관계중앙부처 등 협의(지균법 제14조)<br>• 공통(국비지원, 자체 및 민자사업)<br>–사전환경성검토협의(환경법령 제7조)<br>–주민의견 청취(지균법 제14조)<br>–관계(예산, 법률) 행정기관과 협의(지균법 제14조) |
| ↓ 고 시 | |
| 사업시행자 지정(시장 · 군수 · 도지사) | • 국가, 지자체 직접 시행<br>• 정부투자기관, 지방공사<br>• 지구개발사업 시행자로 지정받은 자 |
| ↓ 고 시 | |
| 실시계획의 작성(시행자) | • 신청서(신청인, 사업명, 위치, 면적, 기간, 토지이용현황, 토지이용계획)<br>• 첨부서류(위치도, 계획평면도, 실시설계도서, 자금조달계획, 연차별 투자계획, 토지와 시설물 관리 및 처분계획, 도시관리계획결정 및 변경서류와 도면, 환경영향평가서 등 |
| ↓ 승인요청 | |
| 실시계획 승인(지정권자) | • 지정권자 : 시장, 군수, 도지사<br>–관계(예산, 법률)행정기관 협의<br>–중앙도시계획위원회심의(국토법 제9조 : 1㎢ 이상)<br>–지방도시계획위원회심의(국토법 제9조 : 30만㎡ 이상~1㎢까지)<br>–토지 등 수용할 세목고시 및 소유자에게 통보 |
| ↓ | |
| 개발사업시행 | • 인 · 허가 등의 의제(제18조)<br>• 토지수용 등(제19조)<br>• 공공시설 및 토지 등의 귀속(제20조)<br>• 국공유지의 처분제한 등(제21조)<br>• 조성토지 등의 양도 등(22조)<br>• 기반시설의 설치지원 등(제23조)<br>• 이주대책 등(제24조) |
| ↓ | |
| 개발사업 준공인가(지정권자) | • 준공인가(제26조) |

# 4 | 특례의 제한

## 4-1. 감면된 취득세의 추징

개발촉진지구 사업시행자에 대해서는 본 규정에서 별도로 사후관리 규정을 두고 있지 않으나 제178조(일반적 추징규정)에 따라 감면받은 취득세 및 재산세가 추징될 수 있다. 감면의무위반 사항에 대한 세부적인 내용은 제178조의 해설편 내용을 참조하면 된다.

## 4-2. 최소납부세액의 부담(§177)

개발촉진지구 사업시행자가 해당 사업을 위해 취득하는 부동산에 대해서는 취득세가 면제(§75)됨에도 불구하고, 2015년부터 시행되는 감면 상한제도에 따라 면제되는 세액의 15%는 취득세 감면특례가 제한되어 최소납부세액으로 부담하여야 한다. 다만, 시행시기는 부칙 제12조(법률 제12955호)에 따라 2016년 1월 1일부터 적용하도록 하였으나 감면 종료에 따라 그 실효성이 없어졌다.

## 4-3. 지방세 중과세 대상 부동산에 대한 감면 제한(§177)

개발촉진지구 사업시행자가 감면을 받으려는 부동산이 지방세법 제13조 제5항에 따른 별장 등 지방세 중과세 대상인 사치성 재산인 경우에는 감면대상에서 제외된다.

# 5 | 감면신청(§183)

개발촉진지구 사업시행자가 본 규정에 따라 지방세를 감면받으려는 경우에는 해당 지방자치단체의 장에게 해당 부동산이 관련 사업용 부동산임을 입증하는 서류를 첨부하여 감면신청을 하여야 한다. 세부적인 감면신청 절차 등에 대해서는 제183조의 해설편을 참조하면 된다.

## 6 | 관련사례

▣ 사업시행자로 지정된 자가 아닌 제3자가 고시된 개발사업을 시행한 경우인 '직접사용'에 여부

구 조세감면규제법(1981.12.31. 법률 제3481호로 개정되기 전의 것, 이하 '구 조세감면규제법'이라 한다)에서는 법인이 그 고유의 업무에 '직접 사용'하기 위하여 취득하는 재산에 대하여 취득세를 면제하도록 정하고 있고, 위 규정에서 "그 고유의 업무에 직접 사용"한다 함은 당해 재산의 사용용도가 직접 그 고유의 업무에 사용하는 것이면 족하고, 그 사용의 방법이 해당 법인 스스로 그와 같은 용도에 제공하거나 혹은 제3자에게 임대 또는 위탁하여 그와 같은 용도에 제공하는지 여부는 가리지 않는다(대법원 1984. 7. 24. 선고 84누297 판결 등 참조)하였으나 지방세특례제한법이 2014. 1. 1. 법률 제12175호로 개정되면서 "'직접 사용'이란 부동산의 소유자가 해당 부동산을 사업 또는 업무의 목적이나 용도에 맞게 사용하는 것을 말한다."라는 정의 규정이 신설되었으며, 이와 같은 법률 개정은 종래의 해석을 재확인하였다기보다는 입법자가 사업시행자 스스로가 부동산을 사용하는 경우에만 적용되도록 새로이 규정을 둔 것으로 보아야 함(대법원 2020.3.12. 선고, 2019두57916 판결 참조).

▣ 사업시행자로 지정되기 이전 취득한 토지에 대한 감면 여부

토지를 취득한 후에 개발촉진지구의 사업시행자로 지정된 점 등에 비추어 그 전에 취득한 토지는 감면요건을 충족하지 못한 상태에서 취득한 것이므로 토지에 대한 경정청구를 거부한 처분은 잘못이 없다고 판단되며 해당 부동산을 직접 사용한 사실이 없고 임대한 사실이 확인되므로 처분청이 취득세 등을 결정·통지한 처분은 잘못이 없음(조심 2017지0192, 2017.6.5.).

▣ 지목변경 취득세 부과처분과 가산세 면제에 대한 정당한 사유 여부

「신탁법」에 의한 신탁으로 수탁자에게 소유권이 이전된 토지에 있어 지목의 변경으로 인한 취득세 납세의무자는 수탁자로 봄이 타당하고, 해당 법인은 사업시행자의 지위를 갖추지 못하였으므로 취득세 등을 부과한 처분은 잘못이 없으며, 해당 토지에 대한 취득세를 위탁자가 이미 신고납부한 상태에서 토지의 수탁자인 법인에게 처분청에 스스로 다시 취득신고할 것을 기대하기 어려운 점 등에 비추어 취득세를 신고하지 못한 데에 정당한 사유가 있다고 보이므로 신고불성실가산세를 부과한 처분은 잘못이 있다고 할 것이고, 다만, 납부불성실가산세의 경우, 지연이자의 성격도 있다고 할 것이므로 처분청에서 정상적으로 취득세를 납부하지 않은 법인에게 납부불성실가산세를 부과한 처분은 잘못이 없음(조심 2015지, 2016.6.14.).

▣ 개발촉진지구 내 개발사업 시행자가 골프장조성사업을 위하여 취득한 부동산을 신탁하고 수탁자가 골프장을 준공한 경우, 취득세 추징대상에 해당하는지 여부

- 「지역균형개발 및 지방중소기업 육성에 관한 법률」 제9조에 따라 개발촉진지구로 지정된 지역에서 사업시행자로 지정된 자가 같은 법에 따라 고시된 개발사업을 시행하기 위하여 취득하는 부동산에 대하여는 취득세를 면제하고, 취득일부터 3년 이내에 정당한 사유 없이 그 사업에 직접 사용하지 아니하거나, 매각·증여하는 경우 감면된 취득세를 추

징함.

- 신탁법상의 신탁은 위탁자가 수탁자에게 특정의 재산권을 이전하거나 기타의 처분을 하여 수탁자로 하여금 신탁 목적을 위하여 그 재산권을 관리 · 처분하게 하는 것이므로, 부동산 신탁에 있어 수탁자 앞으로 소유권이전등기를 마치게 되면 대내외적으로 소유권이 수탁자에게 완전히 이전되고 위탁자와의 내부관계에서 소유권이 위탁자에게 유보되는 것이 아니며, 이와 같이 신탁의 효력으로서 신탁재산의 소유권이 수탁자에게 이전되는 결과 수탁자는 대내외적으로 신탁재산에 대한 관리권을 갖게 되고(대법원 2011.2.10. 선고, 2010다84246 판결 참조), 따라서 신탁계약이나 신탁법에 의하여 수탁자가 위탁자에 대한 관계에서 신탁 부동산에 관한 권한을 행사할 때 일정한 의무를 부담하거나 제한을 받게 되더라도 그것만으로는 위탁자가 신탁 부동산을 사실상 임의처분하거나 관리 · 운용할 수 있는 지위에 있다고 보기도 어렵다 할 것이고(대법원 2014.9.4. 선고, 2014두36266 판결 참조).
- 「지방세특례제한법」 제75조에서 "직접 사용"의 의미는 같은 법 제2조 제1항 제8호에서 정한 바와 같이 '부동산의 소유자'가 해당 부동산을 사업 또는 업무의 목적이나 용도에 맞게 사용하는 것을 의미하는 것으로 보아야 함.
- 위탁자인 ○○○○(주)가 (주)국민은행에게 해당 부동산을 신탁등기를 하여 소유권을 이전한 이상, 장수레저(주)는 해당 부동산을 사실상 임의처분하거나 관리 · 운용할 수 있는 지위에 있다고 보기도 어렵다 할 것이고, 취득 당시의 소유자인 장수레저(주)가 사업시행자로서 위 부동산을 장수 골프장 개발사업에 현실적으로 사용하였다 하더라도 부동산의 소유자로서 사용한 것이 아니므로 직접 사용하는 경우에 해당되지 않는 것임. 따라서, 장수레저(주)가 해당 부동산의 소유권을 이전한 데 정당한 사유가 있는 경우가 아니라면 「지방세특례제한법」 제75조에서 정한 취득일부터 3년 이내에 정당한 사유 없이 그 사업에 직접 사용하지 아니하는 경우로서 취득세 추징대상에 해당하는 것으로 보임. 다만 지방세 감면에 관한 사항은 구체적인 사실관계를 면밀히 검토하여 과세권자가 판단할 사항임(행자부 지방세특례제도과-1709, 2015.6.30.).

■ 개발촉진지구 내 지목변경의 경우

개발촉진지구 안에서 사업시행자로 지정된 귀사가 개발사업(○○하모니리조트)을 시행하기 위하여 토지를 취득한 후 지목변경을 하는 경우에는 지목변경도 개발사업을 시행하기 위한 부동산의 취득으로 보아 취득세 면제 대상에 포함됨(행자부 지방세정팀-2726, 2006. 7.4.).

■ 개발촉진지구 내 사치성재산은 취득세 감면대상이 아니라고 한 사례

개발촉진지구로 지정된 지역 안에서 사업시행자로 지정된 자가 개발사업을 시행하기 위하여 취득하는 부동산에 대하여는 취득세를 면제하되, 지방세법 제112조의 규정에 의한 사치성재산의 취득에 대하여는 감면대상에서 제외하는 것인바, 청구인은 개발촉진지구로 지정된 이 건 토지상에 사치성재산에 해당하는 회원제 골프장을 신설한 사실이 확인되는 이상 취득세 등의 감면 제외대상에 해당함(조심 2011지0459, 2012.3.30.).

■ 개발촉진지구 내 사업시행자에 대한 추징사유

개발촉진지구 내 개발사업 시행자가 취득한 부동산을 유예기간 내에 당초 취득목적대로 개

발사업에 직접 사용하지 아니하거나 매각하는 경우 면제된 취득세 등을 추징할 수 있다는 것으로 해석함이 타당하다 하겠으므로, 개발촉진지구로 지정된 지역 안에서 사업시행자로 지정된 자가 고시된 개발사업을 시행하기 위하여 일단의 부동산을 취득한 다음 당초 목적대로 개발사업을 완료하면 그 취득목적을 달성하였다고 보아야 하겠고, 일단 개발사업이 완료된 이후에는 사업시행자가 이를 직접 사용하는 것뿐만 아니라 제3자에게 위탁 또는 임대하는 것도 허용된다고 봄이 타당함(조심 2008지1102, 2009.8.24.).

# 제75조의 2 기업도시개발구역 및 지역개발사업구역 내 창업기업 등에 대한 감면

관련규정

제75조의 2(기업도시개발구역 및 지역개발사업구역 내 창업기업 등에 대한 감면) 다음 각 호의 어느 하나에 해당하는 사업을 영위하기 위하여 취득하는 부동산으로서 그 업종, 투자금액 및 고용인원이 대통령령으로 정하는 기준에 해당하는 경우에 대해서는 취득세 및 재산세의 100분의 50의 범위에서 조례로 정하는 경감률을 각각 2025년 12월 31일까지 적용한다.

1. 「기업도시개발 특별법」 제2조 제2호에 따른 기업도시개발구역에 2025년 12월 31일까지 창업하거나 사업장을 신설(기존 사업장을 이전하는 경우는 제외한다)하는 기업이 그 구역의 사업장에서 하는 사업
2. 「기업도시개발 특별법」 제10조에 따라 지정된 사업시행자가 하는 사업으로서 같은 법 제2조 제3호에 따른 기업도시개발사업
3. 「지역 개발 및 지원에 관한 법률」 제11조에 따라 지정된 지역개발사업구역(같은 법 제7조 제1항 제1호에 해당하는 지역개발사업으로 한정한다)에 2025년 12월 31일까지 창업하거나 사업장을 신설(기존 사업장을 이전하는 경우는 제외한다)하는 기업(법률 제12737호 지역 개발 및 지원에 관한 법률 부칙 제4조에 따라 의제된 지역개발사업구역 중 「폐광지역 개발 지원에 관한 특별법」에 따라 지정된 폐광지역진흥지구에 개발사업시행자로 선정되어 입주하는 경우에는 「관광진흥법」에 따른 관광숙박업 및 종합휴양업과 축산업을 경영하는 내국인을 포함한다)이 그 구역 또는 지역의 사업장에서 하는 사업
4. 「지역 개발 및 지원에 관한 법률」 제11조(같은 법 제7조 제1항 제1호에 해당하는 지역개발사업으로 한정한다)에 따른 지역개발사업구역에서 같은 법 제19조에 따라 지정된 사업시행자가 하는 지역개발사업

② 제1항에 따른 지방세 감면세액은 대통령령으로 정하는 바에 따라 추징할 수 있다.

【영】 제35조의 2(기업도시 및 지역개발사업구역 내 창업기업 등) ① 법 제75조의 2 제1항 각 호 외의 부분 본문에서 "대통령령으로 정하는 기준"이란 다음 각 호의 구분에 따른 기준을 말한다.

1. 법 제75조의 2 제1항 제1호 및 제3호에 따라 취득세 또는 재산세를 감면하는 사업 : 다음 각 목의 어느 하나에 해당하는 사업일 것
   가. 「조세특례제한법 시행령」 제116조의 2 제17항 제1호·제4호 또는 제5호에 해당하는 사업으로서 투자금액이 20억원 이상이고 상시근로자 수가 30명 이상일 것
   나. 「조세특례제한법 시행령」 제116조의 2 제17항 제2호에 해당하는 사업으로서 투자금액이 5억원 이상이고 상시근로자 수가 10명 이상일 것
   다. 「조세특례제한법 시행령」 제116조의 2 제17항 제3호에 해당하는 사업으로서 투자금액이 10억원 이상이고 상시근로자 수가 15명 이상일 것
   ☞ 가목부터 다목까지 신설(2020.1.15.)
2. 법 제75조의 2 제1항 제2호 및 제4호에 따라 취득세 또는 재산세를 감면하는 사업 : 다음 각 목의 어느 하나에 해당하는 경우로서 총 개발사업비가 500억원 이상인 사업일 것
   가. 기업도시개발구역 (생 략)
   나. 지역개발사업구역 (생 략)
   다. 지역활성화지역 (생 략)

② 감면세액 추징규정 (생 략)

③ 「조세특례제한법 시행령」 제11조의 2 제5항~제7항 규정 준용 (생 략)
   ☞ 제3항 신설(2020.1.15.)

【법률 제16865호 부칙】 제18조(기업도시개발구역 및 지역개발사업 구역 내 창업기업 등의 감면에 관한 경과조치) 이 법 시행 전 기업도시개발구역 등에 창업하거나 사업장을 신설한 기업과 투자를 개시한 사업시행자가 이 법 시행 이전 취득한 부동산에 대한 감면 기준은 제75조의 2의 개정규정에도 불구하고 종전의 규정에 따른다.

## 1 | 개 요

기업도시는 2005년에 도입된 국책사업으로 부동산 경기 침체 속에서도 도시개발사업을 추진하고 있는 사업시행자와 이에 입주하는 창업기업의 비용부담을 완화하여 사업의 원활한 추진에 기여하고자 「조세특례제한법」 제121조의 17에서 지방세 감면이 지원되었고, 기업도시 선정지역에 민간투자를 확대하고 국토의 균형적 개발을 기함은 물론, 사업 초기 토지매입 등에 따른 자금부담이 큰 기업도시 외에도 지역개발사업구역 사업시행자와 이에 입주하는 창업기업에 대해서 지원하는 규정을 지특법에 이관하였다.

아울러 2016년부터 「지방세특례제한법」으로 감면규정이 이관되어 신설되었으나 지방세(취득 · 재산세) 감면은 해당 지방자치단체의 장이 15년 범위 내 조례 감면할 수 있도록 위임되어 감면율도 조례로 정하도록 하고 있고 이 규정의 경우 일부 지역에 국한된 감면임을 감안하여 감면조례로 운영함이 바람직하다고 판단된다. 다만, 2019년 말과 2022년 말 일몰기한 도래시에 연장되어 2025년 12월 31일까지 법정감면규정이 3년간 연장되었으며, 기업도시개발구역 및 지역개발사업구역에 대한 감면 투자규모 기준은 완화하였으나 고용인원 기준 신설을 통해 입주촉진 및 고용창출 효과를 강화하도록 설계되어졌다.

## 2 감면대상자

기업도시는 각계 기업의 건의를 수렴하여 민간기업의 국내투자촉진과 국가균형발전을 위한 기업도시특별법이 2004년 12월 제정되었고 2005년 7월에 6개 기업도시가 도시 지정됨에 따라 해당 지역에 사업시행자와 입주하는 창업기업이 감면대상자이며, 현재는 무주지역('11.1.)과 무안지역('13.2.)은 사업 추진이 어려워 지정이 해제된 상태에 있다.

〈표 1〉 **기업도시 유형 및 기준**

| 유형 | 주된 기능 | 소관부처 | 최소 면적기준 | 기업도시 |
|---|---|---|---|---|
| 산업교역형 | 제조업과 교역중심의 도시 | 국토해양부 | 500만㎡ 이상 | 무안 |
| 지식기반형 | 연구 · 개발 등 Science-Park형 | | 330만㎡ 이상 | 충주, 원주 |
| 관광레저형 | 관광 · 레저 · 문화 위주의 도시 | 문화관광부 | 660만㎡ 이상 | 무주, 태안, 영암 · 해남 |

지역개발사업구역은 종전의 개발촉진지구, 신발전지역 등 5개 지역개발 제도를 「지역개발 및 지원에 관한 법률」이 제정('14.6.3.)되어 2015년 1월 1일부터 시행됨에 따라 '지역개발 사업구역'과 '지역활성화지역'으로 통합하여 일원화되었다. 지역활성화지역은 70개의 성장촉진지역 시군 중에서 낙후도가 상위 30%인 22개 시군이 지정되었고 이를 낙후형 지역개발사업구역이라 하며, 종전의 신발전지역지원법에 따른 신발전지역과 지역균형개발법에 따른 개발촉진지구가 이에 해당되고 그 외 지역은 거점형 지역개발사업구역이 된다. 따라서 이러한 해당 법령에 따라 지역개발사업구역 내 사업시행자와 창업기업 등이 감면대상자가 된다.

〈표 2〉 **지역개발 제도 개편**

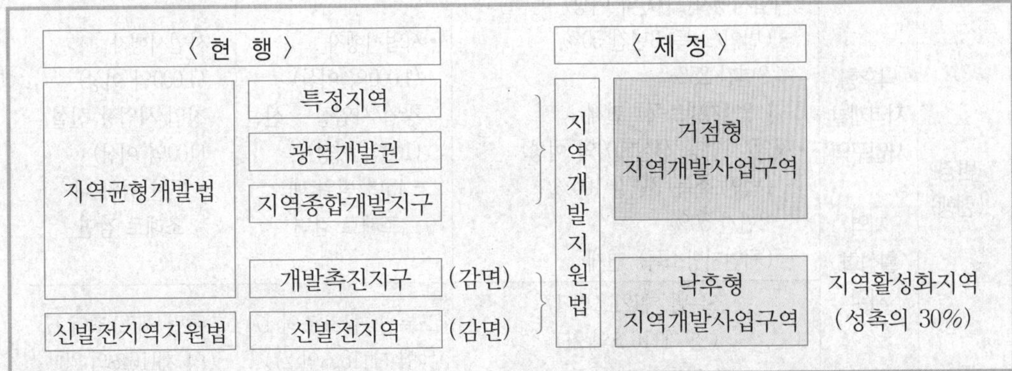


〈표 3〉 **감면기준 변경내용**

| 구분 | 제도 | 법인/소득/지방소득세 | 취득세 | 재산세 |
|---|---|---|---|---|
| 종전 | 개발촉진 지구 | • 입주 중소기업<br>– (법인/소득) 5년간 50% 감면<br>– (개인지방소득) 면제 | • 사업시행자<br>– 면제 | • 사업시행자<br>– 5년간 50% 감면 |
| | | 조특법 제64조 – ① – 2<br>지특법 제125조 | 지특법 제75조 | 지특법 제75조 |
| | 신발전 지역 | • 사업시행자(1,000억 이상)<br>– (법인/소득) 3년간 50%, 2년간 25%<br>– (개인지방소득) 면제<br>• 창업/사업장 신설(100억 이상)<br>– (법인/소득) 3년간 100%, 2년간 50%<br>– (개인지방소득) 면제 | • 사업시행자<br>(1,000억 이상)<br>창업/사업장 신설<br>(100억 이상)<br>– 15년 범위 내 조례로 감면 | • 사업시행자<br>(1,000억 이상)<br>창업/사업장 신설<br>(100억 이상)<br>– 15년 범위 내 조례로 감면 |
| | | 조특법 제121조의 17<br>(영 제116조의 21)<br>지특법 제156조 | 조특법 제121조의 17<br>(영 제116조의 21) | 조특법 제121조의 17<br>(영 제116조의 21) |

⇩ 〈2015.1.1.〉

| | | | | |
|---|---|---|---|---|
| 변경<br>(현행) | 낙후형<br>지역개발<br>사업구역<br><br>지역<br>활성화<br>지역 | • 사업시행자(1,000억 이상)<br>– (법인/소득) 3년간 50%, 2년간 25%<br>– (개인지방소득) 면제<br>• 창업/사업장 신설(100억 이상)<br>– (법인/소득) 3년간 100%, 2년간 50%<br>– (개인지방소득) 면제 | • 사업시행자 (1,000억 이상) 창업/사업장 신설 (100억 이상)<br>– 15년 범위 내 조례로 감면 | • 사업시행자 (1,000억 이상) 창업/사업장 신설 (100억 이상)<br>– 15년 범위 내 조례로 감면 |
| | | 조특법 제121조의 17<br>(영 제116조의 21)<br>지특법 제156조 | 조특법 제121조의 17<br>(영 제116조의 21) | 조특법 제121조의 17<br>(영 제116조의 21) |

## 2-1. 사업시행자 및 창업·신설기업 투자요건

2020년 전·후로 하여 기업도시 및 지역개발사업구역에 대한 감면요건을 완화하였으며 사업시행자의 경우에는 총 개발사업비 투자하한액이 1천억원 이상에서 500억원 이상으로 조정되었고 창업·신설기업에 대해서도 다음과 같이 관련규정의 각 호별로 투자하한액이 인하되었다.

〈표 4〉 **기업도시 및 지역개발사업구역 신설·창업기업의 투자요건**

| 관련규정 및 감면업종 | 투자금액 및 상시근로자 요건 | |
|---|---|---|
| | 2019년까지 | 2020년 이후 |
| 「조세특례제한법 시행령」 제116조의 2 제17항 제1호·제4호 또는 제5호 : 제조업 등 | 투자금액 100억원 이상<br>상시근로자 기준(×) | 투자금액 20억원 이상<br>상시근로자 30명 이상 |
| 「조세특례제한법 시행령」 제116조의 2 제17항 제2호 : 연구개발업 | 투자금액 20억원 이상<br>상시근로자 기준(×) | 투자금액 5억원 이상<br>상시근로자 10명 이상 |
| 「조세특례제한법 시행령」 제116조의 2 제17항 제3호 : 복합물류터미널사업 등 | 투자금액 50억원 이상<br>상시근로자 기준(×) | 투자금액 10억원 이상<br>상시근로자 15명 이상 |

## 2-2. 상시근로자 수 계산

2020년부터 적용되는 상시근로자 기준에 대해서는 그 범위 및 상시근로자 수의 계산은 「조세특례제한법 시행령」 제11조의 2 제5항부터 제7항까지의 규정을 준용하도록 하고 있다.

■ 상시근로자 범위 및 근로자 수 계산

【상시근로자 범위 : 조세특례제한법 시행령 제11조의 2 ⑤】

1. 상시근로자의 범위: 제23조 제10항에 따른 상시근로자

1. 근로계약기간이 1년 미만인 근로자. 다만, 근로계약의 연속된 갱신으로 인하여 그 근로계약의 총 기간이 1년 이상인 근로자는 상시근로자로 본다.
2. 「근로기준법」 제2조 제1항 제9호에 따른 단시간근로자. 다만, 1개월간의 소정근로시간이 60시간 이상인 근로자는 상시근로자로 본다.
3. 「법인세법 시행령」 제40조 제1항 각 호의 어느 하나에 해당하는 임원
4. 해당 기업의 최대주주 또는 최대출자자(개인사업자의 경우에는 대표자)와 그 배우자
5. 제4호에 해당하는 자의 직계존비속(그 배우자를 포함한다) 및 「국세기본법 시행령」 제1조의 2 제1항에 따른 친족관계인 사람
6. 「소득세법 시행령」 제196조에 따른 근로소득원천징수부에 의하여 근로소득세를 원천징수한 사실이 확인되지 아니하고, 다음 각 목의 어느 하나에 해당하는 금액의 납부사실도 확인되지 아니하는 자
   가. 「국민연금법」 제3조 제1항 제11호 및 제12호에 따른 부담금 및 기여금
   나. 「국민건강보험법」 제69조에 따른 직장가입자의 보험료

2. 청년상시근로자의 범위: 제26조의 7 제3항 제1호에 해당하는 사람

1. 15세 이상 29세 이하인 사람 중 다음 각 목의 어느 하나에 해당하는 사람을 제외한 사람. 다만, 해당 근로자가 제27조 제1항 제1호 각 목의 어느 하나에 해당하는 병역을 이행한 경우에는 그 기간(6년 한도)을 현재 연령에서 빼고 계산한 연령이 29세 이하인 사람을 포함한다.
   가. 「기간제 및 단시간근로자 보호 등에 관한 법률」에 따른 기간제근로자 및 단시간근로자
   나. 「파견근로자보호 등에 관한 법률」에 따른 파견근로자
   다. 「청소년 보호법」 제2조 제5호 각 목에 따른 업소에 근무하는 같은 조 제1호에 따른 청소년

【근로자 수 계산 : 조세특례제한법 시행령 제11조의 2 ⑥】

1. 상시근로자의 수 : 해당 과세연도의 매월 말 현재 상시근로자 수의 합 / 해당 과세연도의 개월 수
2. 청년상시근로자 수 : 해당 과세연도의 매월 말 현재 청년 상시근로자 수의 합 / 해당 과세연도의 개월 수

【근로자 수 계산 준용 : 조세특례제한법 시행령 제11조의 2 ⑦】 ⑦ 제6항에 따른 상시근로자 수 및 청년상시근로자 수의 계산에 관하여는 제23조 제11항 각 호 외의 부분 후단 및 같은 항 제2호를 준용한다.

1. (전단 생략) 근로자 1명은 0.5명으로 하여 계산하되, 제2호 각 목의 지원요건을 모두 충족하는 경우에는 0.75명으로 하여 계산한다.

   상시근로자수 - 해당 과세연도의 매월 말 상시근로자 수의 합 ÷ 해당 과세연도의 개월

2. 지원 요건
   가. 해당 과세연도의 상시근로자 수(제10항 제2호 단서에 따른 근로자 제외)가 직전 과세연도의 상시근로자 수(제10항 제2호 단서에 따른 근로자 제외)보다 감소하지 아니하였을 것
   나. 기간의 정함이 없는 근로계약을 체결하였을 것
   다. 상시근로자와 시간당 임금(임금, 정기상여금·명절상여금 등 정기적으로 지급되는 상여금과 경영성과에 따른 성과금 포함), 그 밖에 근로조건과 복리후생 등에 관한 사항에서 「기간제 및 단시간근로자 보호 등에 관한 법률」 제2조 제3호에 따른 차별적 처우가 없을 것
   라. 시간당 임금이 「최저임금법」 제5조에 따른 최저임금액의 100분의 130(중소기업의 경우에는 100분의 120) 이상일 것

# 3 특례의 내용

## 3-1. 세목별 감면율

기업도시 및 지역개발사업구역에 대한 각 호별 감면규정은 아래에 해당하는 사업을 영위하기 위하여 취득하는 부동산으로서 그 업종 및 투자금액은 대통령령으로 정하는 기준으로 정하고 있으며 취득세 및 재산세의 50% 범위에서 조례로 정하는 감면율을 정하도록 규정되어 있어 법에서는 감면범위와 감면율의 상한기준만을 정하고 있고 지방자치단체의 감면조례에 따라 감면율 등이 적용된다.

다만, 기업도시개발구역 내에서 창업하거나 사업장을 신설하는 기업 및 사업시행자가 2017년에 취득하는 부동산에 대해서는 현재 유치되었거나 협약계약이 체결되어 추진되는 사항임을 고려하여 개정규정에도 불구하고 2017년 12월 31일까지 종전의 감면율(조례로 100% 범위 내에서 가능) 적용하도록 하고 있다.

〈표 4〉 **기업도시 및 지역개발사업구역 등 부동산 감면내용(2023.3.14. 현재)**

| 조문 | 감면대상 | 감면내용 | 일몰 |
|---|---|---|---|
| §75의 2 ① 1호 | 기업도시개발구역에 2025년 12월 31일까지 창업하거나 사업장을 신설(기존 사업장 제외)하는 기업 | 50% 조례범위 15년간 | '25.12.31. |
| §75의 2 ① 2호 | 기업도시개발구역 내 지정 사업시행자 | | |
| §75의 2 ① 3호 | 지역개발사업구역 또는 지역활성화지역에 2025년 12월 31일까지 창업하거나 사업장을 신설(기존 사업장 제외)하는 기업 | | |
| §75의 2 ① 4호 | 지역개발사업구역과 지역활성화지역 내 지정 사업시행자 | | |

### 3-2. 경과규정 특례(부칙 §10, 제14777호 2017.1.1.)

2017년 1월 1일부터는 기업도시 및 지역개발사업구역에 대한 취득세 및 재산세의 조례 감면율 위임범위가 종전 면제에서 50%로 축소되었다. 다만, 감면율 범위가 축소되었더라도 2016년 이전 납세의무 성립분까지는 「지방세기본법」 제51조에 따른 경정청구 기간(최대 2021년)까지는 종전(2016년)의 규정을 계속해서 적용할 수 있다.

### 3-3. 경과규정 특례(부칙 §18, 제16865호 2020.1.1. 개정, 2020.1.1. 시행)

2020년 1월 1일 이전에는 기업도시개발구역 등에 창업하거나 사업장을 신설한 기업과 투자를 개시한 사업시행자가 취득한 부동산에 대한 감면 기준은 종전의 감면요건과 기준을 적용할 수 있으며 지특법령 개정에 따라 감면조례에 개정사항이 반영되어 운영되어야 할 것이다.

## 4 | 특례의 제한

### 4-1. 감면된 취득세 등의 추징(§75의 2 ②)

이 법 제75조의 2 제2항 및 시행령 제35조의 2 제2항에 따라 감면된 취득세 또는 재산세를 추징하는 경우는 다음과 같다.

■ 아래 사유가 발생한 날부터 소급하여 5년 이내 감면세액 전액 추징 요건

가. 「기업도시개발 특별법」 제7조에 따라 기업도시개발구역의 지정이 해제된 경우

나. 기업도시개발구역에 창업한 기업이 폐업하거나 신설한 사업장을 폐쇄한 경우

다. 「지역 개발 및 지원에 관한 법률」 제18조에 따라 지역개발사업구역의 지정이 해제되거나 같은 법 제69조에 따라 지역활성화지역의 지정이 해제된 경우

라. 지역개발사업구역과 지역활성화지역에 창업한 기업이 폐업하거나 신설한 사업장을 폐쇄한 경우

■ 기타 감면세액 전액 추징 요건

가. 해당 감면대상사업에서 최초로 소득이 발생한 과세연도(사업개시일부터 3년이 되는 날이 속하는 과세연도까지 해당 사업에서 소득이 발생하지 아니한 경우에는 사업개시일부터 3년이 되는 날이 속하는 과세연도를 말한다. 이하 이 목에서 같다)의 종료일부터 2년 이내에 제1항에 따른 감면기준을 충족하지 못한 경우. 다만, 제1항 제1호 각 목의 기준 중 상시근로자 수의 경우 해당 감면대상사업에서 최초로 소득이 발생한 과세연도의 종료일 이후 2년 이내의 과세연도 종료일까지의 기간 중 하나 이상의 과세연도에 해당 기준을 충족하는 경우에는 추징하지 않는다.

나. 정당한 사유 없이 부동산 취득일부터 3년이 경과할 때까지 취득한 부동산을 해당 용도로 직접 사용하지 아니하거나 해당 용도로 직접 사용한 기간이 2년 미만인 상태에서 그 부동산을 매각·증여하거나 다른 용도로 사용하는 경우

## 4-2. 최소납부세제 적용(§177의 2)

2016년에 최소납부세제 적용(§177의 2 본문)에 따라 면제되는 세액의 15%는 감면특례가 제한되어 기업도시 및 지역개발사업구역 내 개발사업에 따른 취득세 및 재산세의 경우 최소납부세제가 적용되었으나 현재는 50%의 범위 내에서 감면받고 있어 적용되지 않는다.

## 4-3. 상시근로자 수 대한 추징 제외(령 §35의 2 ② 2호)

상시근로자 수의 경우, 해당 감면대상사업에서 최초로 소득이 발생한 과세연도의 종료일 이후를 기준으로 2년 이내에서 과세연도 종료일까지의 기간 중 어느 하나 이상의 과세연도에 해당 기준을 충족시에는 감면분을 추징하지 않는다.

## 4-4. 창업기업 등에 대한 감면 경과 조치(§18, 법률 제16865호, 2020.1.15. 개정)

2020년 이전에 기업도시개발구역 등에서 창업하거나 사업장을 신설하여 기업과 투자를 개시한 사업시행자가 취득한 부동산에 대해서는 개정된 감면 기준을 적용하지 않고 종전의

규정을 적용받는다.

### 4-5. 지방세 중과세 대상 부동산에 대한 감면 제한(§177)

기업도시 및 지역개발사업구역 등에서 감면을 받으려는 부동산이 지방세법 제13조 제5항에 따른 별장 등 지방세 중과세 대상인 사치성 재산인 경우에는 감면대상에서 제외된다.

## 5 | 감면신청(§183)

기업도시 및 지역개발사업구역 등에서 부동산을 취득한 자가 본 규정에 따라 지방세를 감면받으려는 경우에는 해당 지방자치단체의 장에게 해당 부동산이 감면물건임을 입증하는 서류와 감면투자 규모 등을 첨부하여 감면신청을 하여야 한다. 세부적인 감면신청 절차 등에 대해서는 제183조의 해설편을 참조하면 된다.

## 6 | 관련사례

▣ 기업도시 내 감면법인이 타 법인과 시설이용계약을 체결한 경우

기업도시개발구역 내 사업장 신설로 취득세를 감면받은 법인이 다른 법인과 시설 이용계약을 체결하고 시설물을 이용하게 한 경우, 해당 시설물이 감면받은 목적 사업에 사용하고 있고, 투자금액이나 상시근로자 수 등 감면요건이 충족된 상태를 유지하고 있는 경우라면 해당 시설물의 소유자가 감면받은 사업의 목적이나 용도에 맞게 직접 사용한 경우에 해당됨(지방세특례제도과-1209, 2023.5.15.).

▣ 지역개발사업을 위해 취득한 부동산에 해당하는지 여부

- 해당 지역은 2019.9.10. 처음으로 낙후지역에 해당하는 성장촉진지역으로 지정·고시되었으므로 2018.6.12. 사용승인을 받은 워터파크는 「지방세특례제한법」 제75조의 2 제1항 제4호에서 규정하고 있는 성장촉진지역(낙후지역)에서 지역개발사업을 영위하기 위하여 취득하는 부동산에 해당되지 아니하므로 취득세 감면대상이 되는 지역개발사업을 영위하기 위하여 취득하는 부동산에 해당되지 않는다고 보는 것이 타당함(조심 2020지1243, 2021.12.9.).
- 「지방세특례제한법」 제75조의 2 제1항 제3호 본문에서 취득세 감면대상을 지역개발사업구역(낙후지역)에서 창업 또는 사업장을 신설하는 기업으로 규정하고 있는바, 해당 워터

파크의 사용승인일 당시 지역은 낙후지역에 해당하지 않음(조심 2020지1243, 2021.12.9.).

▣ 기업도시개발사업 시행자가 조성된 토지를 개발계획에 따라 분양시 추징 여부

기업도시개발사업 시행자가 조성된 토지를 개발계획에 따라 분양할 경우 취득세 감면세액 추징대상이 되는 '직접사용한 기간 2년 이내 매각한 경우'에 해당되는지에 대해서는, 사업시행자가 승인받은 사업계획에 따라 분양면적을 분양(매각)하여야만 당초 사업계획을 준수하는 것이 되므로 조성에 대한 준공검사까지 모두 마친 후 당초 개발사업계획대로 분양(매각)한 것은 승인받은 개발사업의 조건대로 운영한 것에 불과하다고 할 것이므로, 개발계획 승인 당시부터 납세자가 마음대로 할 수 없는 법령상의 외부적 사유에 포함된다고 할 것이므로 직접 사용하지 못한 '정당한 사유'에 해당된다고 할 것임(행안부 지방세특례제도과-864, 2021.4.12.).

# 제75조의 3

## 위기지역 내 중소기업 등에 대한 감면

### 관련규정

**제75조의 3(위기지역 내 중소기업 등에 대한 감면)** ① 다음 각 호의 지역(이하 이 조에서 "위기지역"이라 한다)에서 제58조의 3 제4항 각 호의 업종을 경영하는 중소기업이 위기지역으로 지정된 기간 내에 「중소기업 사업전환 촉진에 관한 특별법」 제2조 제2호에 따른 사업전환을 위하여 같은 법 제8조에 따라 2027년 12월 31일까지 사업전환계획 승인을 받고 사업전환계획 승인일부터 3년 이내에 그 전환한 사업에 직접 사용하기 위하여 취득하는 부동산에 대해서는 취득세의 100분의 50(100분의 50 범위에서 조례로 따로 정하는 경우에는 그 율)을 경감하고, 2027년 12월 31일까지 사업전환계획 승인을 받은 중소기업이 과세기준일 현재 전환한 사업에 직접 사용하는 부동산에 대해서는 사업전환일 이후 재산세 납세의무가 최초로 성립하는 날부터 5년간 재산세의 100분의 50(100분의 50 범위에서 조례로 따로 정하는 경우에는 그 율)을 경감한다.

1. 「고용정책 기본법」 제32조 제1항에 따라 지원할 수 있는 지역으로서 대통령령으로 정하는 지역
2. 「고용정책 기본법」 제32조의 2 제2항에 따라 선포된 고용재난지역
3. 「지역 산업위기 대응 및 지역경제 회복을 위한 특별법」 제10조 제1항에 따라 지정된 산업위기대응특별지역
4. 「인구감소지역 지원 특별법」에 따라 지정된 인구감소지역 ☞ 감면지역 신설

② 다음 각 호의 어느 하나에 해당하는 경우에는 제1항에 따라 경감된 취득세를 추징한다.

1. 정당한 사유 없이 취득일부터 3년이 지날 때까지 그 부동산을 해당 사업에 직접 사용하지 아니하는 경우
2. 취득일부터 3년 이내에 다른 용도로 사용하거나 매각·증여하는 경우
3. 최초 사용일부터 계속하여 2년 이상 해당 사업에 직접 사용하지 아니하고 매각·증여하거나 다른 용도로 사용하는 경우

③ 제58조의 3에 따라 감면받은 중소기업이 제1항에 따른 경감 대상에 해당하는 경우

에는 제58조의 3 제7항 본문에 따른 추징을 하지 아니한다.
☞ 조문 신설(2018.12.24.)

【영】 제35조의 3(고용위기지역의 범위) 법 제75조의 3 제1항 제1호에서 "대통령령으로 정하는 지역"이란 「고용정책 기본법 시행령」 제29조 제1항에 따라 고용노동부장관이 지정·고시하는 지역을 말한다.
☞ 조문 신설(2018.12.31.)

## 1 | 개 요

국가가 근로자의 고용안정, 기업의 일자리 창출과 원활한 인력 확보를 지원하고 노동시장의 효율성과 인력수급의 균형을 도모하는 한편, 지역 간의 불균형을 해소하고, 지역의 특성에 맞는 자립적 발전을 지원하기 위해 2018년 말 지특법 개정시 고용과 산업위기에 봉착한 지역에 대한 세제지원규정을 신설하게 되었으며 2024년 12월 31일까지 지속적으로 연장되어 왔으며 2023년부터는 인구감소지역에서 사업전환한 중소기업에 대해서도 감면 지원되도록 신설되었다.

## 2 | 감면대상자

고용 및 산업의 "위기지역"에서 창업중소기업의 지방세 감면 업종 범위에 해당하는 경우(지특법 §58의 3 ④) 해당 업종을 경영하는 중소기업이 위기지역으로 지정된 기간 내에 「중소기업 사업전환 촉진에 관한 특별법」 제2조 제2호에 따른 사업전환을 위하여 2021년 12월 31일까지 사업전환계획 승인을 받고 사업전환계획 승인일부터 3년 이내에 그 전환한 사업에 직접 사용하기 위하여 부동산을 취득하는 중소기업으로 「고용정책 기본법」 제32조 제1항에 따라 지원할 수 있는 지역, 「고용정책 기본법」 제32조의 2 제2항에 따라 선포된 고용재난지역 및 「지역 산업위기 대응 및 지역경제 회복을 위한 특별법」 제10조 제1항(舊 「국가균형발전 특별법」 §17 ②)에 따라 지정된 산업위기대응특별지역 내에서 사업을 전환하여야 한다.

〈표 1〉 위기지역 유형 및 지정지역(2019.1.1. 현재)

| 유형 | 지역 특성 | 지정 지역 | 소관부처 |
|---|---|---|---|
| 고용위기지역 | 국내외 경제사정의 변화 등으로 고용사정이 급격히 악화되거나 악화될 우려가 있는 업종 또는 지역 | 전북 군산시, 울산 동구, 거제시, 통영시, 고성군, 창원 진해구, 영암, 목포 등 | 고용노동부 |
| 고용재난지역 | 대규모로 기업이 도산하거나 구조조정 등으로 지역의 고용안정에 중대한 문제가 발생하여 특별한 조치가 필요하다고 인정되어 국가에서 선포한 지역 | - | |
| 산업위기대응 특별지역 | 해당 지방자치단체의 주된 산업이 위기에 처하여 지역경제여건이 악화되거나 악화될 우려가 있어 일정기간 동안 정부의 지원이 필요한 지역 | 전북 군산시, 울산 동구, 거제시, 통영시, 고성군, 창원 진해구, 영암, 목포, 해남 등 | 산업통상부 |

지특법 제75조의 3 제1항 제1호에서 대통령령으로 정하는 고용위기지역은 고용정책 기본법 시행령 제29조 제1항에 따라 고용노동부장관이 지정 고시하는 지역을 말한다.

〈표 2〉 고용위기 지정지역 지정고시 및 특별 지원 내용(참고)

□ 사업주의 고용유지조치에 대한 지원

「고용보험법」 제21조, 같은 법 시행령 제18조 제3항에 따라 1. 지정지역에 위치하는 사업의 사업주에 대한 고용유지조치에 대한 지원 요건과 지원 수준은 아래와 같다.

1) 고용유지지원금 지급 요건 완화

| 구분 | 지원요건 |
|---|---|
| 유급휴업 · 휴직 고용유지 지원금 | 지정지역에 위치하는 사업의 사업주는 고용보험법 시행규칙 제24조에 따른 고용조정이 불가피한 사업주로 봄 |
| 무급휴직 고용유지 지원금 | 휴직기간이 시작되기 전 1년 이내에 관련규정*에 따른 고용유지 조치를 1개월 이상 실시하고, 30일 이상 무급휴직을 실시한 경우<br>* 대통령령 제27966호 고용보험법 시행령 일부개정령 시행 이후부터 제19조 제1항 제1호 또는 제2호 |

2) 고용유지지원금 지원 수준 확대

「고용보험법 시행령」 제19조 제1항 제1호 및 제3호에 따른 근로시간 조정, 교대제 개편, 휴업 또는 휴직 등을 행하는 경우 아래의 금액을 지원한다. 다만, 1명당 1일 지원 금액 상한액은 「고용유지지원금 지원금액 상한액 고시」(「고용보험법 시행령」 제12조에 따른 우선지원 대상기업의 경우에는 7만원)에 따른다.

가) 단축된 근로시간이 역에 따른 1개월의 기간 동안 100분의 50 미만인 경우 : 사업주가 피보험자의 임금을 보전하기 위하여 지급한 금품의 100분의 90(「고용보험법 시행령」 제21조에 따른 대규모기업의 경우에는 3분의 2)에 해당하는 금액

나) 단축된 근로시간이 역에 따른 1개월의 기간 동안 100분의 50 이상인 경우 : 사업주가 피보험자의 임금을 보전하기 위하여 지급한 금품의 100분의 90(「고용보험법 시행령」 제21조에 따른 대규모기업의 경우에는 4분의 3)에 해당하는 금액

3) 사업주의 무급휴업·휴직 고용유지 조치에 대한 지원

「고용보험법 시행령」 제21조의 3 제2항에 의한 피보험자 1명당 1일 지원금액 상한액은 「고용유지지원금 지원금액 상한액 고시」에 따른다.

□ **사업주의 직업능력개발훈련에 대한 지원**

「고용보험법」 제28조, 같은 법 시행령 제42조에 따라 1. 지정지역에 위치하는 사업의 사업주에 대해 지급되는 직업능력개발훈련 비용 지원의 한도 등은 아래와 같다.

1) 사업주에게 지급할 수 있는 비용의 총 한도

사업주가 해당 연도에 납부하여야 할 고용안정직업능력개발사업의 보험료의 100분의 130(우선지원대상기업의 경우에는 100분의 300)

2) 훈련비 단가 지원

① (우선지원 대상기업) 「사업주 직업능력개발훈련 지원 규정」 제12조 별표 2에 따른 지원 단가의 150%

② (1,000인 미만 기업) 「사업주 직업능력개발훈련 지원 규정」 제12조 별표 2에 따른 지원 단가의 100%

③ (1,000인 이상 기업) 「사업주 직업능력개발훈련 지원 규정」 제12조 별표 2에 따른 지원 단가의 90%

□ **지역고용촉진지원금의 지원**

「고용보험법」 제22조, 같은 법 시행령 제24조에 따른 지역고용촉진 지원금 지원 대상은 아래와 같다.

1) 지원 수준

지정지역으로 사업을 이전하거나 지정지역에서 사업을 신설 또는 증설하는 사업주가 지정지역에 3개월 이상 거주한 구직자를 6개월 이상 피보험자로 고용하는 경우 : 임금의 2분의 1(대규모기업의 경우 3분의 1)을 1년간 지원. 다만, 특정 기업에 신규 고용된 피보험자수가 200명을 초과하는 경우에는 그 초과하는 인원 중 100분의 30에 대하여만 지급한다.

2) 지원 대상 산업

한국표준산업분류의 대분류에 따른 ① 농업·임업 및 어업, ② 광업, ③ 제조업, ④ 전기·가스·증기 및 공기 조절 공급업, ⑤ 수도·하수 및 폐기물 처리·원료재생업, ⑥ 건설업, ⑦ 도매 및 소매업, ⑧ 운수 및 창고업, ⑨ 숙박 및 음식점업(주점업 제외), ⑩ 정보통신업, ⑪ 금융 및 보험업, ⑫

전문·과학 및 기술 서비스업, ⑬ 교육 서비스업, ⑭ 보건업 및 사회복지 서비스업, ⑮ 예술·스포츠 및 여가관련 서비스업, ⑯ 국제 및 외국기관

3) 2)에도 불구하고 다음의 경우에는 지원 대상에서 제외한다.
① 「청소년 보호법」 제2조 제5호에 따른 청소년유해업소, ② 계절적·한시적 사업
③ 다른 법령 또는 예산에 따라 이미 지원을 받고 있는 사업
④ 근로자의 고용 여부가 불분명한 사업, ⑤ 그 밖에 선량한 풍속 기타 사회질서에 반하는 사업

## 3 | 특례의 내용

위기지역 내에서 사업을 전환하는 중소기업이 2021년 12월 31일까지 사업전환계획 승인을 받고 사업전환계획 승인일부터 3년 이내에 그 전환한 사업에 직접 사용하기 위하여 취득하는 부동산에 대해서는 취득세를 50% 경감하고, 재산세 과세기준일 현재 전환한 사업에 직접 사용하는 부동산에 대해서는 재산세를 5년간 50%를 경감하되 취득세 및 재산세의 50% 범위에서 지방자치단체의 감면조례로 별도로 정하는 감면율이 있는 경우 법에서는 감면범위와 감면율의 상한기준만을 정하고 있고 지방자치단체의 감면조례에 따라 감면율 등이 적용된다.

〈표 3〉 **위기지역 사업전환 중소기업 부동산 감면내용(2023.1.1. 현재)**

| 조문 | 감면대상 | 감면내용(감면율) | 일몰 |
|---|---|---|---|
| §75의 3 ① 1호 | 고용위기지역 | 취득세 50%<br>재산세 50%(5년간)<br>※ 다만, 50% 범위 내에서 지방자치단체 감면 조례에 따라 정하는 경우에는 그 감면율 적용 | '24.12.31. |
| §75의 3 ① 2호 | 고용재난지역 | | |
| §75의 3 ① 3호 | 산업위기대응특별지역 | | |
| §75의 3 ① 4호 | 인구감소지역<br>*23.1.1 감면 신설 | | |

# 4 | 특례의 제한

## 4-1. 감면된 취득세 등의 추징(§75의 3 ②)

이 법 제75조의 2 제3항에 따라 감면된 취득세를 추징하는 경우는 다음과 같다.

> 1. 정당한 사유 없이 취득일부터 3년이 지날 때까지 그 부동산을 해당 사업에 직접 사용하지 아니하는 경우
> 2. 취득일부터 3년 이내에 다른 용도로 사용하거나 매각·증여하는 경우
> 3. 최초 사용일부터 계속하여 2년 이상 해당 사업에 직접 사용하지 아니하고 매각·증여하거나 다른 용도(임대를 포함한다)로 사용하는 경우

## 4-2. 감면된 취득세 등의 추징(§75의 3 ③)

지특법 제58조의 3에 감면규정에 따라 창업중소기업으로 감면받은 기업이 본 조문(§75의 3)의 위기지역 사업전환 중소기업에도 해당하는 경우, 감면분에 대한 추징사유 발생시 제58조의 3 제7항 본문에 따라 추징하지 아니하고 본 조문의 제2항에 따른 추징사유 발생시에 한하여 적용받게 된다.

## 4-3. 지방세 중과세 대상 부동산에 대한 감면 제한(§177)

기업도시 및 지역개발사업구역 등에서 감면을 받으려는 부동산이 지방세법 제13조 제5항에 따른 별장 등 지방세 중과세 대상인 사치성 재산인 경우에는 감면대상에서 제외된다.

# 5 | 감면신청(§183)

위기지역 내에서 사업전환한 중소기업이 부동산을 취득한 자가 본 규정에 따라 지방세를 감면받으려는 경우에는 해당 지방자치단체의 장에게 해당 부동산이 감면물건임을 입증하는 서류와 사업전환 승인 자료 등을 첨부하여 감면신청을 하여야 한다. 세부적인 감면신청 절차 등에 대해서는 제183조의 해설편을 참조하면 된다.

# 제 75 조의 4

## 반환공여구역 등에 대한 감면

관련규정

제75조의 4(반환공여구역등에 대한 감면) ① 「주한미군 공여구역주변지역 등 지원 특별법」 제2조에 따른 반환공여구역 및 반환공여구역주변지역에 대통령령으로 정하는 업종을 창업하기 위하여 취득하는 사업용 재산이나 대통령령으로 정하는 사업장을 신설(기존 사업장을 이전하는 경우를 포함한다)하기 위하여 취득하는 부동산에 대하여는 2025년 12월 31일까지 취득세를 면제한다. 다만, 다음 각 호의 어느 하나에 해당하는 경우 그 해당 부분에 대해서는 면제된 취득세를 추징한다.

1. 정당한 사유 없이 그 취득일부터 3년이 경과할 때까지 해당 용도로 직접 사용하지 아니하는 경우
2. 해당 용도로 직접 사용한 기간이 2년 미만인 상태에서 매각·증여하거나 다른 용도로 사용하는 경우

☞ 2023.12.29. 개정, 추징규정 각 호 신설(2024.1.1. 시행)

② 제1항을 적용받으려는 자는 대통령령으로 정하는 바에 따라 그 감면신청을 하여야 한다.

【영】 제35조의 5(반환공여구역등에 대한 감면 등) ① 법 제75조의 4 제1항 본문에서 "대통령령으로 정하는 업종"이란 법 제58조의 3 제4항 각 호의 업종을 말한다.
② 법 제75조의 4 제1항 본문에서 "대통령령으로 정하는 사업장"이란 「중소기업기본법」에 따른 중소기업이 제1항의 업종을 영위하기 위해 신설(기존 사업장을 이전하는 경우를 포함한다)하는 사업장을 말한다. 이 경우 기존 사업장을 이전하여 설치하는 사업장은 과밀억제권역(「산업집적활성화 및 공장설립에 관한 법률」을 적용받는 산업단지는 제외한다)에서 이전하는 사업장으로 한정한다.
☞ 2023.3.14. 시행령 신설

# 1 | 개 요

우리나라의 방위를 위해 대한민국 영역 내에 미합중국 군대에 공여되거나 공여되었던 구역으로 인해 낙후된 주변지역의 경제를 진흥시켜 지역간의 균형 있는 발전과 지역경제 활성화를 도모하고자, 「주한미군 공여구역주변지역 등 지원 특별법」이 제정되었으며, 이에 따라 반환공여구역 등에 일정 업종을 창업하기 위해 취득하는 부동산 등에 대한 취득세 세제지원을 위해 2021년 말에 신설된 규정으로 2025년 12월 12일까지 일몰기한을 두고 있으며, 다만 해당 감면규정은 지방세법 시행령에 감면대상 업종 등을 위임하여 규정하여야 하므로 2023년 1월 1일부터 시행하고 있다.

# 2 | 현 황

## 2-1. 감면대상 지역

### 2-1-1. 반환공여구역

반환공여구역은 「대한민국과 아메리카합중국 간의 상호방위조약」 제4조에 의한 시설과 구역 및 「대한민국에서의 합중국군대의 지위에 관한 협정」 제2조의 규정에 의하여 대한민국이 미합중국에게 주한미군의 사용을 위하여 제공한 시설 및 구역 중에서 미합중국이 대한민국에 반환한 공여구역*을 말하며 **캠프잭슨 · 캠프스탠리(의정부), 캠프마켓(인천 부평), 캠프워커(대구 남구) 등 80개소에** 이른다.

### 2-1-2. 반환공여구역주변지역

반환공여구역주변지역은 공여구역이 소재한 읍 · 면 · 동 및 공여구역이 소재한 읍 · 면 · 동에 연접한 읍 · 면 · 동 지역으로서 관련 시행령에서 정하는 지역*인데, 상기의 반환공여구역은 제외되며 **공여구역주변지역은 경기 수원 · 성남 등 46개 시 · 군 · 구(160개 읍 · 면 · 동)에 해당하고 반환공여구역주변지역은 경기 의정부 · 포천 등 30개 시 · 군 · 구(178개 읍 · 면 · 동)에 위치하고 있다.**

## 2-2. 감면대상 업종 등 감면요건

감면대상 창업 업종은 시행령 규정사항으로 감면규정 신설시에는 별도 규정을 두고 있지

않으나 해당 감면규정을 2023년 1월 1일부터 시행하도록 하였으며 2023년 3월 14일 시행령 개정에 따라 2023년 1월 1일 이후 납세의무가 성립하는 분부터 적용된다.

반환공여구역등에 대한 감면요건은 전체기업에 대한 공통요건과 사업장 이전기업에 대한 추가요건을 시행령 제35조의 6에서 규정하고 있으며, 공통요건은 ❶ 대통령령으로 정하는 업종을 창업하기 위하여 취득하는 부동산이나 대통령령으로 정하는 ❷ 사업장을 신설(❸ 기존 사업장을 이전하는 경우를 포함한다)하기 위하여 취득하는 부동산으로서「지방세특례제한법」 제58조의 3 제4항의 창업중소기업에 대한 감면 업종을 영위하여야 한다.

〈표 1〉 **창업중소기업 감면대상 업종(지방세특례제한법 §58의 3 ④)**

① 광업 ② 제조업 ③ 건설업 ④ 정보통신업 ⑤ 과학 및 기술서비스업 ⑥ 시설관리 · 경비 · 보안 · 행사대행 등 지원서비스업 ⑦ 창작 및 예술관련 서비스업 ⑧ 폐기물 처리 및 원료 재생업 ⑨ 물류산업 ⑩ 직업능력개발훈련시설 ⑪ 관광숙박 · 국제회의업 · 유원시설업 ⑫ 전시산업 등 12개 대분류

다만, 사업장을 이전하는 기업의 경우 감면 공통요건 외에 추가요건을 갖추어야 하는데 대도시(과밀억제권역 내의 지역 중 산업단지를 제외한 지역)에서 대도시 외로 이전한 기업을 한정하고 있다.

〈표 2〉 **반환공여구역 감면 요건 개요**

| 감면요건 | 구 분 | ❶ 창업기업 | 사업장 설치 기업 | |
|---|---|---|---|---|
| | | | ❷ 신설 | ❸ 이전 |
| | 업 종 | 제조업 등 창업중소기업 감면 업종과 동일 | | |
| | 지 역 | - | | 대도시에서 이전限 |

〈표 3〉 **인구감소지역 지원 특별법**

제1조(목적) 이 법은 인구감소 위기 대응을 위한 지방자치단체의 자율적 · 주도적 지역발전과 국가 차원의 지역 맞춤형 종합지원 체계를 구축하고, 지방자치단체 간 및 국가와 지방자치단체 간 연계 · 협력 활성화 방안과 인구감소지역에 대한 특례 등을 규정함으로써 인구감소지역의 정주 여건을 개선하고 지역의 활력을 도모하여 국가 균형발전에 기여하는 것을 목적으로 한다.

제2조(정의) 이 법에서 사용하는 용어의 뜻은 다음과 같다.

1. "인구감소지역"이란 「국가균형발전 특별법」 제2조 제9호에 따라 지정된 지역을 말한다.
2. "생활인구"란 특정 지역에 거주하거나 체류하면서 생활을 영위하는 사람으로서 다음 각 목의 어느 하나에 해당하는 사람을 말한다.
   가. 「주민등록법」 제6조 제1항에 따라 주민으로 등록한 사람
   나. 통근, 통학, 관광, 휴양, 업무, 정기적 교류 등의 목적으로 특정 지역을 방문하여 체류하는 사람으로서 대통령령으로 정하는 요건에 해당하는 사람
   다. 외국인 중 대통령령으로 정하는 요건에 해당하는 사람

## 3 | 특례내용

「주한미군 공여구역주변지역 등 지원 특별법」 제2조에 따른 반환공여구역 및 반환공여구역주변지역에 일정 업종을 창업하기 위해 취득하는 사업용 재산이나 일정 사업장을 신설(기존 사업장 이전 포함)하기 위하여 취득하는 부동산에 대해 2025년 12월 31일까지 취득세를 면제하는 규정이다.

〈표 4〉 **반환공여구역 및 주변지역에 대한 조세 감면 현황(2023.1.1. 현재)**

| 조문 | 감면내용 | 감면율 | 일몰 |
|---|---|---|---|
| §75의 4 ① | 반환공여구역 및 반환공여구역주변지역에<br>- 창업(일정 업종)용 사업용재산 및 신설 사업장 | 취득세 면제 | '23.1.1~'25.12.31. |
| §177의 2 | 지방세 감면 특례의 제한 (최소납부세제) | 취득세 면제세액의 15% 과세<br>※ 세목별로 전체 면제세액이 취득세 200만원 초과시 적용 | '23년부터 적용 |

■ 주한미군 반환공여구역 및 주변지역(주한미군 공여구역주변지역 등 지원 특별법 §2)
3. "반환공여구역"이라 함은 공여구역 중 미합중국이 대한민국에 반환한 공여구역을 말한다.
4. "반환공여구역주변지역"이라 함은 반환공여구역이 소재한 읍·면·동 및 반환공여구역이 소재한 읍·면·동에 연접한 읍·면·동 지역으로서 대통령령이 정하는 지역을 말한다. 다만, 제3호의 "반환공여구역"은 제외한다.

## 4 사후관리

감면 이후에 정당한 사유 없이 그 취득일부터 3년이 경과할 때까지 해당 용도로 직접 사용하지 아니하는 경우와 해당 용도로 직접 사용한 기간이 2년 미만인 상태에서 매각·증여하거나 다른 용도로 사용하는 경우 추징하되, 그 세부적인 추징절차 등에 대해서는 제178조의 해설을 참조하면 된다.

2023년 최초 감면규정 신설시에 추징규정(취득일부터 3년내 매각·증여)은 인구감소지역 등 유사 감면규정에 비해 일반적 추징요건이 완화되어 규정하였으나 반환공여구역 감면의 의무사용과 관련된 추징요건을 인구감소지역에 대한 감면규정 등 일반적 추징요건과 동일하게 적용되도록 개선·보완되었다.

〈표 5〉 2023년 최초 감면규정 신설시 타 규정과 비교

■ 인구감소지역 : 사후관리 체계에 부합(=일반적 추징규정(§178①)과 동일)
- ② 직접 사용일부터 2년내 ③ 매각·증여·他용도 사용시 추징

■ 반환공여구역 : 의무사용 요건 정합성 훼손
- ① 정당한 사유없이 ② 취득일부터 3년내 ③ 매각- 증여시 추징

| 구분 | 개정 前 | | 개정 後 |
|---|---|---|---|
| ① 의무사용 위배 | 예외 인정 | ⇨ | 예외 未인정 |
| ② 의무사용 개시일 | 취득일 | | 직접 사용일 |
| ③ 他용도 사용시 | 未추징 | | 추징 |

다만, 개정된 추징규정은 부칙 제12조의 반환공여구역 등에서의 창업 등에 따른 감면 취득세 추징에 관한 경과조치에 따라 2024년 이후 감면분부터 적용하여야 하며, 2024년 이전

에 반환공여구역 및 반환공여구역주변지역에서의 창업 또는 사업장을 신설함에 따라 감면받은 부동산 취득세의 추징에 대하여는 종전의 제75조의 4 제1항 단서를 적용하여 추징하여야 한다.

## 5 | 감면신청

감면을 적용받으려는 경우에는 시행령에서 정하는 바에 따라 별도로 감면신청을 하여야 하나 현재 세부규정이 마련되어 있지 않으며 2023년 1월 이후부터 해당 지방자치단체의 장에게 지방세 감면신청서 및 증명하는 서류를 첨부하여 감면신청을 하여야 한다. 세부적인 감면신청 절차는 제183조의 해설편을 참조하면 된다.

### 관련법상 지역 범위와 감면대상 지역

(감면대상 지역) 반환공여구역 및 그 주변지역 限

○ (공여구역) 주한미군 사용을 위해 제공한 시설 및 구역
○ (반환공여구역) 공여구역 중 미국이 대한민국에 반환한 공여구역
※ 캠프잭슨 · 캠프스탠리(의정부), 캠프마켓(인천 부평) 등 80개소
○ (주변지역) 공여구역 및 반환공여구역이 소재한 읍 · 면 · 동 및 연접 읍 · 면 · 동 지역으로서 공여구역 및 반환공여구역을 제외한 지역
※ (공여구역주변지역) 경기 수원 · 성남 등 46개 시 · 군 · 구(160개 읍 · 면 · 동)
(반환공여구역주변지역) 경기 의정부 · 포천 등 30개 시 · 군 · 구(178개 읍 · 면 · 동)

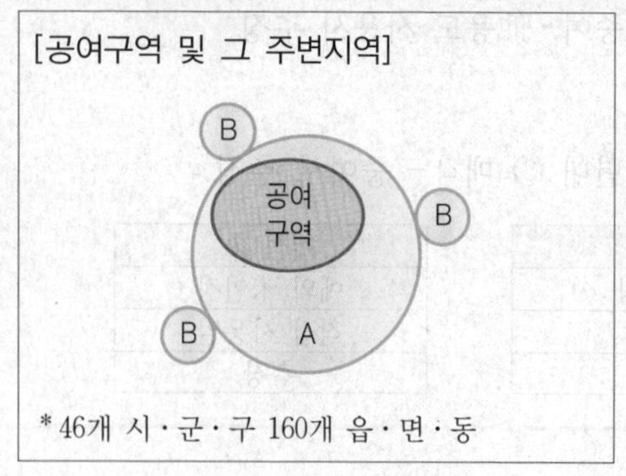


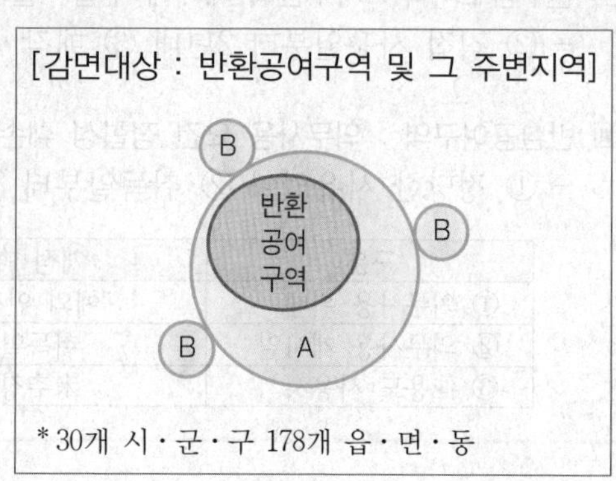

■ 주한미군 공여구역주변지역 등 지원 특별법 시행령 [별표 2] 〈개정 2016.9.13.〉
반환공여구역주변지역의 범위(제2조 제2항 및 제17조 관련)

| 구분 | 기초단체(30개) | 행정구역(178개) |
|---|---|---|
| 합계 | 시(20개) · 군(7개) · 구(3개) | 읍(20개) · 면(62개) · 동(96동) |
| 부산 (6개) | 부산진구(6동) | 양정1동, 연지동, 범전동, 개금3동, 부전1동, 부암1동 |
| 대구 (11개) | 남구(11동) | 봉덕1동, 봉덕2동, 봉덕3동, 대명1동, 대명2동, 대명3동, 대명5동, 대명6동, 대명9동, 대명10동, 이천동 |
| 인천 (6개) | 부평구(6동) | 산곡1동, 산곡2동, 산곡3동, 산곡4동, 부평1동, 부평3동 |
| 경기 (102개) | 성남시(1동) | 복정동 |
| | 고양시(3동) | 고봉동, 관산동, 고양동 |
| | 의정부시(15동) | 가능1동, 가능2동, 가능3동, 의정부1동, 의정부2동, 의정부3동, 송산1동, 송산2동, 호원1동, 호원2동, 신곡1동, 신곡2동, 자금동, 녹양동, 장암동 |
| | 남양주시 (2읍 · 2면) | 와부읍, 진접읍, 별내면, 조안면 |
| | 평택시(2읍 · 4면 · 5동) | 팽성읍, 안중읍, 청북면, 고덕면, 오성면, 현덕면, 신평동, 원평동, 중앙동, 서정동, 세교동 |
| | 화성시(1읍 · 2면 · 1동) | 우정읍, 장안면, 서신면, 남양동 |
| | 파주시(5읍 · 9면 · 2동) | 조리읍, 문산읍, 파주읍, 법원읍, 교하읍, 월롱면, 광탄면, 군내면, 장단면, 진동면, 적성면, 파평면, 탄현면, 진서면, 금촌1동, 금촌2동 |
| | 포천시 (1읍 · 9면 · 2동) | 소흘읍, 영중면, 창수면, 영북면, 관인면, 일동면, 이동면, 군내면, 가산면, 신북면, 선단동, 포천동 |
| | 광주시(2면) | 남종면, 중부면 |
| | 하남시(7동) | 천현동, 감북동, 신장1동, 신장2동, 덕풍1동, 춘궁동, 초이동 |
| | 양주시(1읍 · 4면 · 6동) | 백석읍, 남면, 광적면, 은현면, 장흥면, 양주1동, 양주2동, 회천1동, 회천2동, 회천3동, 회천4동 |
| | 동두천시(7동) | 생연1동, 생연2동, 중앙동, 보산동, 불현동, 소요동, 상패동 |
| | 연천군(2읍 · 6면) | 전곡읍, 연천읍, 장남면, 미산면, 군남면, 왕징면, 백학면, 청산면 |
| | 양평군(1면) | 양동면 |
| 강원 (27개) | 춘천시(4동) | 근화동, 소양동, 약사명동, 강남동 |
| | 원주시(3면 · 5동) | 소초면, 호저면, 지정면, 태장1동, 태장2동, 우산동, 봉산동, 행구동 |

| 구분 | 기초단체(30개) | 행정구역(178개) |
|---|---|---|
| | 태백시(1동) | 문곡소도동 |
| | 횡성군(1읍·7면) | 횡성읍, 서원면, 청일면, 공근면, 갑천면, 둔내면, 우천면, 강림면 |
| | 영월군(1읍·2면) | 상동읍, 중동면, 하동면 |
| | 홍천군(2면) | 동면, 서석면 |
| | 철원군(1읍) | 갈말읍 |
| 경북<br>(17개) | 포항시(1읍·14동) | 흥해읍, 죽도1동, 죽도2동, 중앙동, 해도1동, 용흥동, 상대1동, 상대2동, 대이동, 장량동, 두호동, 우창동, 환여동, 학산동, 양학동 |
| | 봉화군(2면) | 춘양면, 소천면 |
| 경남<br>(6개) | 사천시(1읍·3면) | 사천읍, 축동면, 사남면, 정동면 |
| | 진주시(2면) | 정촌면, 금곡면 |
| 제주<br>(3개) | 서귀포시<br>(1읍·1면) | 대정읍, 안덕면 |
| | 제주시(1면) | 한경면 |

# 제 75 조의 5

## 인구감소지역에 대한 감면

관련규정

제75조의 5(인구감소지역에 대한 감면) ① 「인구감소지역 지원 특별법」에 따라 지정된 인구감소지역에서 대통령령으로 정하는 업종을 창업하기 위하여 취득하는 부동산이나 대통령령으로 정하는 사업장을 신설(기존 사업장을 이전하는 경우를 포함한다)하기 위하여 취득하는 부동산에 대해서는 다음 각 호에서 정하는 바에 따라 지방세를 감면한다. ☞ 2023.3.14. 감면규정 신설

1. 2025년 12월 31일까지 취득세를 면제한다.
2. 과세기준일 현재 해당 용도로 직접 사용하는 부동산(2023년 1월 1일부터 2025년 12월 31일까지 취득한 부동산만 해당한다)에 대해서는 재산세 납세의무가 최초로 성립한 날부터 5년간 재산세를 면제하며, 그 다음 3년간은 재산세의 100분의 50을 경감한다.

② 제1항에 따라 지방세를 감면받은 자가 다음 각 호의 어느 하나에 해당하는 경우 그 해당 부분에 대해서는 감면된 취득세 및 재산세를 추징한다.

1. 정당한 사유 없이 그 취득일부터 1년이 경과할 때까지 해당 용도로 직접 사용하지 아니하는 경우
2. 해당 용도로 직접 사용한 기간이 2년 미만인 상태에서 매각·증여하거나 다른 용도로 사용하는 경우

③ 무주택자 또는 대통령령으로 정하는 1가구 1주택을 소유한 자가 「인구감소지역 지원 특별법」에 따라 지정된 인구감소지역에서 「지방세법」 제11조 제1항 제8호에 따른 주택으로서 대통령령으로 정하는 주택을 유상거래(부담부증여는 제외한다)로 취득하는 경우에는 취득세의 100분의 25를 2026년 12월 31일까지 경감한다. 이 경우 지방자치단체의 장은 해당 지역의 재정 여건 등을 고려하여 100분의 25의 범위에서 조례로 정하는 율을 추가로 경감할 수 있다.

☞ 2024.12.31. 감면규정 신설 : 무주택·1주택자가 인구감소 지역 내 3억원 이하 주택의 취득세 50% 감면 신설(조례 25% 포함)

④ 제3항에 따라 취득세를 경감받은 자가 해당 주택을 취득일부터 3년 이내에 매각·증여하는 경우에는 경감된 취득세를 추징한다.

【영】 제35조의 6(인구감소지역에 대한 감면 등) ① 법 제75조의 5 제1항 각 호 외의 부분에서 "대통령령으로 정하는 업종"이란 법 제58조의 3 제4항 각 호의 업종을 말한다.

② 법 제75조의 5 제1항 각 호 외의 부분에서 "대통령령으로 정하는 사업장"이란 제1항의 업종을 영위하기 위해 신설(기존 사업장을 이전하는 경우를 포함한다)하는 사업장을 말한다. 이 경우 기존 사업장을 이전하여 설치하는 사업장은 과밀억제권역(「산업집적활성화 및 공장설립에 관한 법률」을 적용받는 산업단지는 제외한다)에서 이전하는 사업장으로 한정한다. ☞ 조문 및 조항 신설(2023.3.14.)

③ 법 제75조의 5 제3항 전단에서 "대통령령으로 정하는 1가구 1주택"이란 취득일 현재 취득자와 같은 세대별 주민등록표에 기재되어 있는 가족(동거인은 제외한다)으로 구성된 1가구(취득자의 배우자, 취득자의 미혼인 30세 미만의 직계비속 또는 취득자가 미혼이고 30세 미만인 경우 그 부모는 각각 취득자와 같은 세대별 주민등록표에 기재되어 있지 아니하더라도 같은 가구에 속한 것으로 본다)가 국내에 1개의 주택을 소유하는 것을 말하며, 주택의 부속토지만을 소유하거나 「지방세법」 제13조의 3 제2호에 따른 조합원입주권 또는 같은 조 제3호에 따른 주택분양권을 소유하는 경우에도 주택을 소유한 것으로 본다. ☞ 조항 신설(2023.3.14.)

④ 법 제75조의 5 제3항 전단에서 "대통령령으로 정하는 주택"이란 다음 각 호의 요건을 모두 갖춘 주택을 말한다. ☞ 조항 신설(2023.3.14.)

1. 「지방세법」 제10조의 3에 따른 취득당시가액이 3억원 이하인 주택일 것
2. 「인구감소지역 지원 특별법」에 따라 지정된 인구감소지역 중 「수도권정비계획법」 제2조 제1호에 따른 수도권(「접경지역 지원 특별법」 제2조 제1호에 따른 접경지역은 제외한다), 광역시(군 지역은 제외한다) 및 특별자치시를 제외한 지역에 소재하는 주택일 것
3. 제3항에 따른 1가구 1주택을 소유한 자의 경우 해당 1가구 1주택과 동일한 시·군·구의 관할구역에 소재하는 주택이 아닐 것

## 1 개 요

인구감소지역은 지역소멸이 우려되는 지역으로, 인구유입 및 기업 유치 등을 통한 경제 활성화 유도를 위해 인구감소지역내에서 창업하는 기업, 사업장을 신설(이전)하는 기업에 대해 2023년초 지방세 감면규정을 신설하였고 2025년 12월 31일까지 일몰기한을 설정하였

으며 2025년부터 인구감소지역 내의 세컨드홈 마련 활성화를 위해 무주택자 또는 1주택자가 취득하는 주택에 대해서도 취득세 경감규정이 신설되었고 2026년 12월 31일까지 일몰기한이 설정되었다.

## 2 | 감면대상자

'인구감소지역'이란 지역소멸이 우려되는 시·군·구를 대상으로 출생률, 65세 이상 고령인구, 14세 이하 유소년인구 등을 고려하여 「지역균형발전특별법」 제2조 제12호에서 정하는 지역으로 매 5년마다 지방시대위원회의 심의를 거쳐 행정안전부장관이 지정·고시토록 하고 있으며 2021년 10월에 지정·고시된 인구감소지역은 전국적으로 총 89개 기초지자체에 해당한다.

상기 인구감소지역에서 창업기업이 취득하는 부동산에 대한 감면요건은 전체기업에 대한 공통요건과 사업장 이전기업에 대한 추가요건을 시행령 제35조의6에서 규정하고 있으며, 공통요건은 ① 대통령령으로 정하는 업종을 창업하기 위하여 취득하는 부동산이나 대통령령으로 정하는 ② 사업장을 신설(③ 기존 사업장을 이전하는 경우를 포함한다)하기 위하여 취득하는 부동산으로서 「지방세특례제한법」 제58조의 3 제4항의 창업중소기업에 대한 감면 업종을 영위하여야 한다.

〈표 1〉 **창업중소기업 감면대상 업종(지방세특례제한법 §58의 3 ④)**

| ① 광업 ② 제조업 ③ 건설업 ④ 정보통신업 ⑤ 과학 및 기술서비스업 ⑥ 시설관리·경비·보안·행사대행 등 지원서비스업 ⑦ 창작 및 예술관련 서비스업 ⑧ 폐기물 처리 및 원료 재생업 ⑨ 물류산업 ⑩ 직업능력개발훈련시설 ⑪관광숙박·국제회의업·유원시설업 ⑫ 전시산업 등 12개 대분류 |
|---|

다만, 사업장을 이전하는 기업의 경우 감면 공통요건 외에 추가요건을 갖추어야 하는데 대도시(과밀억제권역 내의 지역 중 산업단지를 제외한 지역)에서 대도시 외로 이전한 기업을 한정하고 있다.

2025년부터 무주택자 또는 1가구 1주택자가 인구감소지역에서 취득가액 3억원 이하의 주택을 유상거래로 취득하는 경우 취득세 경감규정을 신설하였는데(제3항), 이 경우 인구감소지역 중 수도권(접경지역 제외)·광역시(군지역 제외)·특별자치시를 제외한 지역에 소재한 주택을 취득하여야 하며 1가구 1주택자에 해당하는 경우에는 기존주택과 동일 시·군·구 소재 주택 외의 지역에서 주택을 취득하여야 감면적용을 받게 된다.

또한, 생애최초 취득 주택 감면과 인구감소지역 내의 주택 취득에 대한 취득세 감면규정이 중복될 경우에는 지특법 제180조의 규정에 따라 동일한 과세대상·세목에 대하여 둘 이상의 특례 규정이 적용되는 경우에는 납세자에게 유리하도록 그 중 감면세액이 큰 규정을 적용하여야 하며 무주택자가 생애최초 주택을 구입하여 취득세를 감면받고, 인구감소지역에서 1주택을 추가로 구입하는 경우에도 순차적으로 감면 적용이 가능할 것이다.

〈표 2〉 **인구감소지역 재산세 특례세율과 취득세 특례 비교**

| 구 분 | 재산세(지방세법 시행령) | 취득세(지방세특례제한법) |
|---|---|---|
| 지원대상 | 1주택자 | 무주택 및 1주택자 |
| 가액기준 | 시가표준액 4억원 | 취득가액 3억원 |
| 적용지역 | 83개 지자체<br>※ 수도권 및 광역시 제외(부산 동구 등 6개).<br>단, 접경지역(강화,옹진,연천)·광역시내<br>군지역(군위)은 포함 | 좌동 |
| 지원내용 | 1세대 1주택 세율 특례적용 | 취득세 감면 50%(조례 25% 포함) |

〈표 3〉 **인구감소지역 감면 요건**

<table>
<tr><td rowspan="4">감<br>면<br>요<br>건</td><td rowspan="2">구 분</td><td rowspan="2">❶ 창업기업</td><td colspan="2">사업장 설치 기업</td></tr>
<tr><td>❷ 신설</td><td>❸ 이전</td></tr>
<tr><td>업 종</td><td colspan="3">제조업 등 창업중소기업 감면 업종과 동일</td></tr>
<tr><td>지 역</td><td colspan="2">-</td><td>대도시에서 이전限</td></tr>
</table>

〈표 4〉 **인구감소지역 지원 특별법**

제1조(목적) 이 법은 인구감소 위기 대응을 위한 지방자치단체의 자율적·주도적 지역발전과 국가 차원의 지역 맞춤형 종합지원 체계를 구축하고, 지방자치단체 간 및 국가와 지방자치단체 간 연계·협력 활성화 방안과 인구감소지역에 대한 특례 등을 규정함으로써 인구감소지역의 정주 여건을 개선하고 지역의 활력을 도모하여 국가 균형발전에 기여하는 것을 목적으로 한다.

제2조(정의) 이 법에서 사용하는 용어의 뜻은 다음과 같다.

1. "인구감소지역"이란 「국가균형발전 특별법」 제2조 제9호에 따라 지정된 지역을 말한다.
2. "생활인구"란 특정 지역에 거주하거나 체류하면서 생활을 영위하는 사람으로서 다음 각 목의 어느 하나에 해당하는 사람을 말한다.
   가. 「주민등록법」 제6조 제1항에 따라 주민으로 등록한 사람
   나. 통근, 통학, 관광, 휴양, 업무, 정기적 교류 등의 목적으로 특정 지역을 방문하여 체류하는 사람으로서 대통령령으로 정하는 요건에 해당하는 사람
   다. 외국인 중 대통령령으로 정하는 요건에 해당하는 사람

〈표 5〉 **균형발전 특별법**

제2조(정의) 이 법에서 사용하는 용어의 뜻은 다음과 같다.

2. "기초생활권"이란 지역 주민의 삶의 질 향상에 필요한 일자리 및 교육·문화·복지·주거·안전·환경 등의 생활기반을 확충하기 위하여 시(특별시, 광역시, 특별자치시 및 「제주특별자치도 설치 및 국제자유도시 조성을 위한 특별법」 제10조에 따른 행정시를 포함한다. 이하 같다)·군(광역시의 군을 포함한다. 이하 같다)·구(자치구를 말한다. 이하 같다)가 인근 시·군·구와 협의하여 설정한 권역을 말한다.
3. "광역협력권"이란 지역의 경제발전과 성장잠재력 확충에 필요한 산업 및 교통 등의 협력사업 추진을 위하여 특별시·광역시·특별자치시 및 도·특별자치도(이하 "시·도"라 한다)가 상호 협의하여 설정한 권역을 말한다.
9. "인구감소지역"이란 인구감소로 인한 지역소멸이 우려되는 시(특별시는 제외한다)·군·구를 대상으로 출생률, 65세 이상 고령인구, 14세 이하 유소년인구 또는 생산가능인구의 수 등을 고려하여 대통령령으로 정하는 지역을 말한다.

## 3 | 특례의 내용

「인구감소지역 지원 특별법」에 따라 지정된 인구감소지역에서 일정 업종을 창업하기 위하여 취득하는 부동산이나 사업장을 신설(기존 사업장 이전 포함)하기 위하여 취득하는 부동산에 대해 취득세와 재산세를 감면한다.

2025년부터는 무주택 또는 1가구 1주택자가 인구감소 지역에서 취득가액 3억원 이하의 주택을 유상거래로 취득하는 경우에도 취득세 경감규정이 신설되었다.

〈표 6〉 **인구감소지역 부동산 감면내용(2025.1.1. 현재)**

| 조문 | 감면지역 | 감면대상 | 감면내용(감면율) | 일몰 |
|---|---|---|---|---|
| §75의 5 ① 1호 | 인구감소지역 (2023년 기준 89개 지역) | 창업 또는 사업장 신설용 부동산 ('23.1.1.~'25.12.31 취득분에 한정) | 취득세 100%<br>재산세 100%(5년간), 50%(3년간) | '25.12.31. |
| §75의 5 ① 2호 | | | | |
| §75의 5 ③ | | 무주택 및 1가구 1주택자의 취득 주택 | 취득세 50%(법 25%+조례 25%*)<br>*지자체 조례로 추가 감면 可 | '26.12.31. |

## 4 | 특례의 제한

### 4-1. 감면된 취득세 등의 추징(§75의 5 ②)

이 법 제75조의 5 제2항에 따라 감면된 취득세를 추징하는 경우는 다음과 같다.

1. 정당한 사유 없이 그 취득일부터 1년이 경과할 때까지 해당 용도로 직접 사용하지 아니하는 경우
2. 해당 용도로 직접 사용한 기간이 2년 미만인 상태에서 매각 · 증여하거나 다른 용도로 사용하는 경우

또한, 이 법 제75조의 5 제3항에 따라 감면된 취득세를 추징하는 경우는 취득세를 경감받은 자가 해당 주택을 취득일부터 3년 이내에 매각 · 증여하는 경우로서 같은 조 제4항에 경감된 취득세를 추징하도록 규정하고 있다.

## 5 | 감면신청(§183)

인구감소지역 내에서 부동산을 취득한 자가 본 규정에 따라 지방세를 감면받으려는 경우에는 해당 지방자치단체의 장에게 해당 부동산이 감면물건임을 입증하는 서류 등을 첨부하여 감면신청을 하여야 한다. 세부적인 감면신청 절차 등에 대해서는 제183조의 해설편을 참조하면 된다.

## 6 | 관련사례

▣ 인구감소지역에 입주한 기업의 창업 등 해당 여부

① 법인설립·운영과 공장 신축이 제조업을 창업하기 위한 일련의 창업과정에 있는 것으로서 공장을 신축하여 취득하는 것이라면, '창업하기 위하여 취득하는 부동산'에 해당됨 ② 기존의 공장 일부를 철거하고 동일 장소에서 동일 제조업 공장을 증설한 것은 기존의 사업장과 연계선상에 있는 것으로 보이므로 독립된 사업장으로 보기 어려움 ③ 기존에 제조업 사업장을 가지고 있는 상태에서 동일 지역내 다른 장소에 물류창고업을 영위할 목적으로 건축물을 신축하는 경우는 기존의 사업장과 구분된 단독 사업장으로서 물류창고업을 영위하는 것인지 여부에 따라 판단해야 함(지방세특례제도과-760, 2023.11.22.).

■ 행정안전부 고시 제2021-66호에 따라 고시된 인구감소지역

| 구분 | 인구감소지역(89개) |
|---|---|
| 부산 (3개) | 동구, 서구, 영도구 |
| 대구 (2개) | 남구, 서구 |
| 인천 (2개) | 강화군, 옹진군 |
| 경기 (2개) | 가평군, 연천군 |
| 강원 (12개) | 고성군, 삼척시, 양구군, 양양군, 영월군, 정선군, 철원군, 태백시, 평창군, 홍천군, 화천군, 횡성군 |
| 충북 (6개) | 괴산군, 단양군, 보은군, 영동군, 옥천군, 제천시 |
| 충남 (9개) | 공주시, 금산군, 논산시, 보령시, 부여군, 서천군, 예산군, 청양군, 태안군 |
| 전북 (10개) | 고창군, 김제시, 남원시, 무주군, 부안군, 순창군, 임실군, 장수군, 정읍시, 진안군 |
| 전남 (16개) | 강진군, 고흥군, 곡성군, 구례군, 담양군, 보성군, 신안군, 영광군, 영암군, 완도군, 장성군, 장흥군, 진도군, 함평군, 해남군, 화순군 |
| 경북 (16개) | 고령군, 군위군, 문경시, 봉화군, 상주시, 성주군, 안동시, 영덕군, 영양군, 영주시, 영천시, 울릉군, 울진군, 의성군, 청도군, 청송군 |
| 경남 (11개) | 거창군, 고성군, 남해군, 밀양시, 산청군, 의령군, 창녕군, 하동군, 함안군, 함양군, 합천군 |

# 제76조

## 택지개발용 토지 등에 대한 감면

관련규정

제76조(택지개발용 토지 등에 대한 감면) ① 한국토지주택공사가 국가 또는 지방자치단체의 계획에 따라 제3자에게 공급할 목적으로 대통령령으로 정하는 사업에 사용하기 위하여 일시 취득하는 부동산에 대해서는 취득세의 100분의 20을 2019년 12월 31일까지 경감한다.

【영】 제36조(공급목적사업의 범위 등) ① 법 제76조 제1항 및 같은 조 제2항 본문에서 "대통령령으로 정하는 사업"이란 각각 다음 각 호의 어느 하나에 해당하는 사업을 말한다.

1. 「한국토지주택공사법」 제8조 제1항 제1호(국가 또는 지방자치단체가 매입을 지시하거나 의뢰한 것으로 한정한다)에 따른 사업
2. 「한국토지주택공사법」 제8조 제1항 제2호 가목부터 라목까지의 사업
3. 「한국토지주택공사법」 제8조 제1항 제3호 · 제7호에 따른 사업. 다만 「주택법」 제2조 제14호 가목에 따른 근린생활시설 또는 같은 호 나목에 따른 공동시설을 건설 · 개량 · 매입 · 비축 · 공급 · 임대 및 관리하는 사업은 제외한다.
4. 「한국토지주택공사법」 제8조 제1항 제10호(공공기관으로부터 위탁받은 사업은 제외한다)에 따른 사업
5. 제1호부터 제3호까지의 규정에 따른 사업 및 「한국토지주택공사법」 제8조 제1항 제4호 · 제5호의 사업에 따라 같은 법 시행령 제11조 각 호의 공공복리시설을 건설 · 공급하는 사업
6. 「공공토지의 비축에 관한 법률」 제14조 및 제15조에 따른 공공개발용 토지의 비축 사업

② 한국토지주택공사가 국가 또는 지방자치단체의 계획에 따라 제3자에게 공급할 목적으로 대통령령으로 정하는 사업에 직접 사용하기 위하여 취득하는 부동산 중 택지개발사업지구 및 단지조성사업지구에 있는 부동산으로서 관계 법령에 따라 국가 또는 지방자치단체에 무상으로 귀속될 공공시설물 및 그 부속토지와 공공시설용지(이하 이 항 및 제3항에서 "공공시설물등"이라 한다)에 대해서는 재산세를 2027년 12월 31일까지 면제한다. 다만, 국가 또는 지방자치단체에 무상으로 귀속될 공공시설물등의 반대

급부로 국가 또는 지방자치단체가 소유하고 있는 부동산 또는 사회기반시설을 무상으로 양여받거나 해당 공공시설물등의 무상사용권을 제공받는 경우에는 재산세의 100분의 50을 2027년 12월 31일까지 경감한다.

**【영】** 제36조 ② 법 제76조 제2항에 따른 공공시설물 및 그 부속토지와 공공시설용지의 범위는 제6조에 따른다.

③ 〈삭 제〉 [11.12.31.]

## 1 | 개 요

국토의 효율적 개발 수행을 위한 한국토지주택공사의 택지개발 관련 사업지원을 위한 세제지원이다. 1982년도에 신설되어 2010년까지는 구 지방세법 제289조 제1항, 제5항 및 제8항에서 각각 규정되었다가 2011년부터는 현재의 지특법 제76조로 이관되었다. 2012년에는 한국토지주택공사가 기업 부채를 상환하게 하기 위하여 매입하여 보유하는 토지에 대한 감면이 종료되었으며 이후 2013년 및 2015년에는 제3자 공급용 일시취득 부동산에 대한 취득세 감면이 점차 축소되어 2019년말 종료되었으며 재산세 감면의 경우에는 도시지역분을 포함하여 지속적으로 연장되었으나 2024년말 목적세적 성격의 도시지역분에 대해서는 일몰종료되었고 재산세 감면의 경우 2027년 12월 31일까지 일몰기한이 연장되었다.

## 2 | 감면대상자

한국토지주택공사법에 따라 설립된 한국토지주택공사가 이에 해당된다. 한국토지주택공사는 각종 택지개발, 신도시개발사업, 세종・혁신도시 기반시설 조성, 토지 공급 사업, 국가산업단지 사업착수, 청라・영종 등 경제자유구역 정주여건 개선 등 각종 국책사업을 추진하는 국가 공기업이다. 1962년에 대한주택공사로 설립하여 이후에 전신인 대한주택공사와 토지공사를 통합하여 현재의 한국토지주택공사로 설립(1996.10.1.)되었다.

## 3 | 감면대상 부동산(§76 ① · ②, 영 §36 ①)

한국토지주택공사가 국가 또는 지방자치단체의 계획에 따라 제3자에게 공급할 목적으로 직접 사용하기 위하여 일시 취득하는 부동산과 이러한 부동산 중 택지개발사업지구 및 단지조성사업지구에 있는 부동산으로서 관계 법령에 따라 국가 또는 지방자치단체에 무상으로 귀속될 공공시설물 및 그 부속토지와 공공시설용지(제13조 해설편 참조)가 이에 해당되어 재산세 면제대상이 된다.

다만, 국가 또는 지방자치단체에 무상으로 귀속될 공공시설물등의 반대급부로 국가 또는 지방자치단체가 소유하고 있는 부동산 또는 사회기반시설을 무상으로 양여받거나 해당 공공시설물등의 무상사용권을 제공받는 경우에는 재산세 감면율을 차등적용하도록 개정됨(2025.1.1. 시행)에 따라 반대급부가 발생하는 경우 재산세 50%를 경감한다.

이는 택지개발사업 등의 공기업사업 수행 과정에서 공공시설물 등을 국가 등에 무상 귀속시키는 것으로, 그 과정에서 개발수익 등이 발생하므로 이러한 수익사업에 대해서는 지방세 감면을 최소화할 필요가 있고 아울러 기존 기부채납용 부동산 등에 대한 취득세 감면과 세목간 정합성 등을 고려하여 동일한 방식으로 감면율을 적용하기 위함이라 할 것이다.

현행「지방세법」제9조 제2항에서는 반대급부 없는 부동산 및 사회기반시설을 귀속 또는 기부채납시에 취득세를 비과세하는 반면에,「지방세특례제한법」제73조의 2 제1항에서는 반대급부로 국가등이 소유하고 있는 부동산 또는 사회기반시설을 무상으로 양여받거나 기부채납 대상물의 무상사용권을 제공받는 조건으로 취득하는 경우에 취득세의 50%만을 경감하도록 규정됨에 따라 이와 동일한 감면율 적용방식으로 개정되었다.

또한, 제76조의 제3자 공급용 부동산은 좁게는 택지개발 관련 사업이 주로 해당되나 넓게는 한국토지주택공사가 수행하는 각종 개발사업용 부동산도 이에 해당된다. 한국토지주택공사는 국가정책 등에 따라 각종 개발사업을 도맡아 수행하는 국가대표 공기업으로 택지 · 신도시개발, 경제자유구역사업, 국민임대사업, 혁신도시사업, 연구개발특구, 도시개발사업, 산업단지사업 등 매우 광범위한 분야에서 각종 개발사업용 부동산을 취득 · 보유 또는 비축하고 있다. LH공사의 각종 개발사업에 대한 사항은 다음 표의 내용과 같다.

〈표 1〉 LH공사가 수행하는 각종 사업 중 제3자 공급용 일시 취득 사업 현황

| 지특령 위임규정 | 주요 사업 |
|---|---|
| §36 ① 1호 | 〈한국토지공사법 제8조 제1항 제1호〉<br>• 토지의 취득 · 개발 · 비축 · 관리 · 공급 및 임대(단, 국가 또는 자치단체가 매입을 지시하거나 의뢰한 것으로 한정)<br>〈한국토지공사법 제8조 제1항 제2호 가~라목〉<br>• 주택건설용지 · 산업시설용지 및 대통령령으로 정하는 공공시설용지의 개발사업<br>• 도시개발사업과 도시 및 주거환경정비사업<br>• 주거 · 산업 · 교육 · 연구 · 문화 · 관광 · 휴양 · 행정 · 정보통신 · 복지 · 유통 등의 기능을 가지는 단지 또는 주거 등의 기능의 단지 및 기반시설 등을 종합적으로 계획 · 개발하는 복합단지의 개발사업, 간척 및 매립사업 |
| | 〈한국토지공사법 제8조 제1항 제3, 7, 8, 10호〉<br>• 주택(복리시설을 포함한다)의 건설 · 개량 · 매입 · 비축 · 공급 · 임대 및 관리<br>• 「주택법」, 「택지개발촉진법」, 「도시개발법」, 「지역균형개발 및 지방중소기업 육성에 관한 법률」, 「산업입지 및 개발에 관한 법률」, 他 법률에 따라 공사가 시행할 수 있는 사업<br>• 제1호부터 제5호까지 및 제7호의 사업에 따른 대통령령으로 정하는 공공복리시설의 건설 · 공급<br>• 국가 · 지방자치단체 또는 「국가균형발전 특별법」 제2조 제10호에 따른 공공기관으로부터 위탁받은 제1호, 제3호부터 제5호까지 및 제7호부터 제9호까지의 사업 |
| §36 ① 2호 | 〈「공공토지의 비축에 관한 법률」 제14조 및 제15조〉<br>• 공공개발용 토지의 비축 관련 사업 |

## 3-1. 택지개발(도시개발) 사업 및 신도시 등 도시조성사업

지역별 주택수급 균형을 위해 광명역세권 등 2011년 현재 43개 지구(52㎢)에서 사업을 추진 중으로 수요에 맞추어 소형주택 중심의 택지공급을 추진하고 있으며 신규사업은 대토방식, 공모를 통해 민간사업자 선정, 협약 또는 공동출자법인(SPC)으로 공동사업 시행 등 민간공동개발 등 다양한 방식으로 사업을 시행하고 있다. 또한 도시개발사업은 2011년 현재 뉴타운 등 21개 지구(24㎢)에서 주거 · 상업 · 산업 · 유통 및 문화 등을 갖춘 복합기능도시로 체계적으로 조성을 위한 사업을 추진중에 있다. 주택건설에 필요한 택지조성과 구도심의 도시기능 회복 등을 위해 신도시 · 택지 · 도시개발사업 및 도시재생사업을 시행하는 사업으로 주거위주에서 탈피하여 산업과 기업유치로 일자리를 창출하는 테마별 자족형 복합도시로 조성하는 도시활성화 사업[159] 등이 있다.

159) (동탄 2) 문화디자인밸리, (김포) 수변상업지구, (고덕) 복합레저유통단지 등

### 3-1-1. 60㎡ 초과 공동주택도 제3자 공급목적의 일시 취득 부동산에 해당 여부

시행령 제36조 제1항에서 대통령령으로 정하는 사업 중에 하나로 주택(복리시설을 포함한다)의 건설·개량·매입·비축·공급·임대 및 관리를 규정(한국토지주택공사법 §8 ① 3호)하고 있다. 한국토지주택공사의 취득세 감면대상을 제3자에게 공급할 목적으로 일시 취득하는 부동산이라고 규정하고 있고 그 부동산의 범위를 토지로만 한정하고 있지 않다. 따라서 감면대상 사업의 범위에 주택의 건설뿐만 아니라 주택의 공급도 포함하고 있다고 보아야 할 것이다. 분양용으로 신축한 공동주택도 제3자에게 공급할 목적으로 일시 취득하는 부동산에 포함된다고 할 것이며, 나아가 위 분양용 공동주택의 규모를 60㎡ 이하로 제한한다는 별도의 규정도 없으므로 60㎡ 초과 공동주택도 이에 포함된다고 할 것이다. 종합하면, 제3자에게 공급할 목적으로 일시취득하는 부동산이라 함은 토지의 공급뿐만 아니라 LH공사가 직접 신축하여 수분양자에게 공급하는 60㎡ 초과 공동주택도 포함된다 하겠다.

### 3-1-2. 구법 제289조 제1항과 제76조 제1항 비교

구 지방세법 제289조 제1항은 한국토지주택공사의 공공사업용 부동산에 대한 감면규정인 데 반해, 현행 제76조는 택지개발용 토지 등에 대한 감면으로서 그 적용대상이 다른지에 대해 살펴보면, 지특법 제정당시 국회에 제출(2009.3.)된 입법제안서에 따르면, '현행 단일법 체계인 지방세법을 분야별로 전문화·체계화하기 위하여 과세면제 및 경감에 관한 규정 등 지방세 감면규정을 이관한다'라고 밝히고 있다. 즉, 구 지방세법에 규정되어 있던 면제 및 경감 규정을 별도의 법으로 규정하는 것을 목적으로 지특법이 제정된 것이라고 볼 수 있어 비록 조문상 제목의 자구가 일부 변경되었더라도 구 지방세법 제289조 제1항과 현행 제76조 제1항의 경감대상 등이 서로 다르다고 할 수는 없겠다.

〈표 2〉 **관련규정 신구조문 비교표**

| 舊 지방세법 제289조<br>(공공사업용 토지 등에 대한 감면) | 現 지방세특례제한법 제76조<br>(택지개발용 토지 등에 대한 감면) |
|---|---|
| ① 한국토지공사법에 의하여 설립된 한국토지공사와 대한주택공사법에 의하여 설립된 대한주택공사가 국가 또는 지방자치단체의 계획에 따라 제3자에게 공급할 목적으로 대통령령이 정하는 사업에 사용하기 위하여 일시 취득하는 부동산에 대하여는 취득세 및 등록세를 면제한다. | ① 한국토지주택공사가 국가 또는 지방자치단체의 계획에 따라 제3자에게 공급할 목적으로 대통령령으로 정하는 사업에 사용하기 위하여 일시 취득하는 부동산에 대하여는 2016년 12월 31일까지 취득세의 30% 경감한다. |

### 3-1-3. 개발사업용 토지 감면축소에 따른 과세면적 산정

한국토지주택공사가 수행하는 개발사업 지구 내에 제3자 공급용 일시취득 부동산, 기부채납을 조건으로 하는 부동산 및 임대·분양용 60㎡ 이하 소규모 공동주택용 부동산 등이 혼재되어 있을 경우 2012년까지는 LH공사가 수행하는 개발사업용 모든 부동산에 대해 취득세가 면제되었기 때문에 사실상 사업지구 내 토지를 용도별(다음 그림 참조)로 구분하여 감면 여부를 판단할 실익이 없었으나 2015년부터는 취득세 감면율이 종전 면제에서 30%(2013년~2014년까지는 75%)로 축소됨에 따라 이 부분을 판단할 필요성이 있게 되었다. 현행 규정은 제3자 공급용 일시 취득하는 부동산은 취득세가 30% 감면이지만 기부채납을 조건으로 취득하는 부동산은 비과세(지법 §9 ②), 임대(분양)용 소규모 공동주택은 면제(법 §32 ①, ②)가 되고 있다. 따라서 한국토지주택공사가 택지개발사업 등을 위하여 취득하는 부동산에 대하여는 용도별로 구분하여 전체 사업면적에서 취득세 비과세 대상인 기부채납용 부동산과 면제 대상인 소규모 분양·임대용 공동주택 면적을 각각 공제하고 나머지 면적을 기준으로 취득세를 30%만 감면하고 이후 70%를 과세하면 되는 것이다. 다만, 한국토지주택공사가 취득하는 토지가 대부분 거주지역 주민들로부터 토지수용을 통해 각각 필지별로 취득을 하고 있는 현실을 감안할 때 한국토지주택공사가 필지별로 각각 해당 토지를 취득할 때 취득세 납세의무가 성립하므로 이에 대한 과세면적 산출이 정확히 계산되지 않게 된다. 이 경우에는 전체 과세면적에서 일정비율을 산정하여 그 비율만큼 안분(다음의 산식 참조)하여 취득세를 납부함이 타당하다고 본다. 이 경우도 향후 사업지구가 준공이 되면 당초 개발 실시계획보다 해당 용지면적이 다소 변동이 발생하므로 이때에는 최종 사업준공시 정산을 하여 추가로 취득세를 납부하거나 환부하면 될 것이다.

**과세면적 산출방식**

① 과세면적이 일정할 경우

과세면적 = 총사업지구 면적 − [비과세 면적(기부채납용) + 지특법상 감면되는 토지면적]

② 과세면적이 일정하지 않을 경우

과세면적 = 개별 필지 면적 × 과세비율

$$\text{과세비율} = \frac{[\text{사업지구 전체면적} - (\text{비과세 토지면적} + \text{지특법상 감면되는 토지면적})]}{\text{사업지구 전체면적}} \times 100$$

〈그림〉 **택지개발사업 지구 내 개발사업 전 · 후 비교**

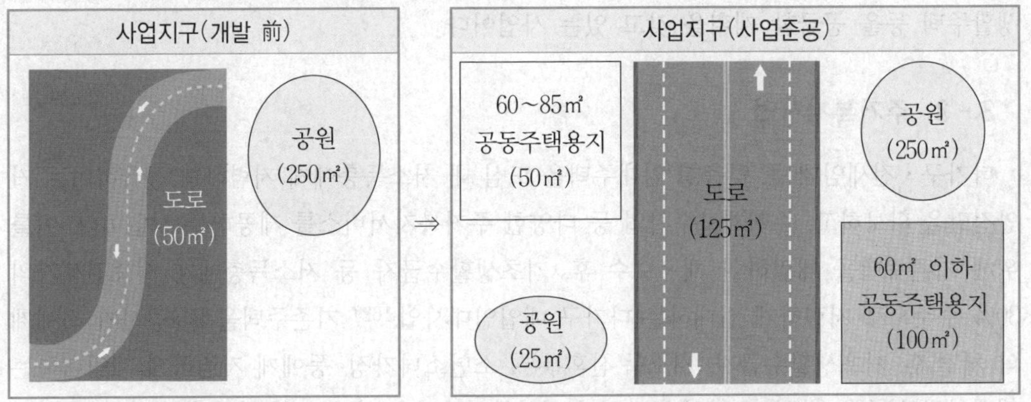


### 3-1-4. 장기(10년 이상) 임대용 부동산에 대한 제3자 공급용 감면 여부

한국토지주택공사가 분양을 전제로 10년간 임대하는 경우에도 이 법 규정에 의한 제3자 공급용 일시 취득 감면에 해당된다는 대법원 판례(2010두19492, 2011.12.22.)가 결정된 바 있다. 이에 따라 10년 이상 장기간 임대하는 모든 부동산에 대해서도 위 판례와 동일하게 감면대상으로 보아야 하는지에 대한 논란[160]이 있겠으나 일단 10년 이상 장기간 임대하는 경우라도 분양을 전제로 적용해야 하며 그 대상도 주택으로만 한정해야 한다고 할 것이다. 따라서 주택 이외에 토지(상가 등) 등에 대한 경우 위 대법원 판례에서도 공급에는 임대가 포함될 수 없다고 판시한 점, 10년 이상 장기간을 사회통념상 일시취득으로 보기는 어려운 점을 종합할 때 제3자 공급을 위한 일시 취득 토지로 보기는 어렵다 하겠다.

## 3-2. 보금자리주택 건설사업

무주택 서민의 내집마련 촉진과 주거안정을 위해 소득계층별 수요에 대응하는 다양한 유형의 주택을 저렴하게 공급하는 취지에서 정부는 2009년부터 2018년까지 총 150만호[161] 건설(사업승인) 계획이며, 이 중 LH가 약 80% 이상을 건설 공급할 계획을 갖고 있다. 서민 주거안정을 위하여 보금자리 주택은 임대주택, 60㎡ 이하 소형평형 착공에 중점을 두고 있으며 단기간 내 공급이 가능한 도심 내 신축 다세대주택을 매입하여 보금자리주택(장기전

---

160) (사례소개) LH공사가 인천 ○○소재 10백만㎡(취득가 7,931억원) 공급목적 일시취득 부동산 취득(2004.5.) → 2007년 당해 토지에 대해 20년간 골프장 용도로 장기 임대계약 체결(2007년, 이후 10년간 재임대, 20년간 임대수익 : 2,552억원) → 인천 ○○청 취득세 추징(2011.9.)

161) 정부 보금자리 건설 공급계획 : (2009년) 13, (2010년) 18, (2011년) 15, (2012년) 15, (2013~2018년) 89만호

세)으로 공급과 1 · 2인 가구 증가, 고령화 등에 따라「원룸+공동생활형」이 가능한 도시형 생활주택 등을 공급할 계획을 갖고 있는 사업이다.

### 3-3. 주거복지사업

다가구 · 전세임대 등 맞춤형 임대주택을 도심 내 저소득층에게 저렴하게 공급하여 주거안전망을 확보하고, 주택개보수사업 등 다양한 주거복지서비스를 제공하는 사업이다. 이를 위해 기존주택을 매입하여 개 · 보수 후, 기초생활수급자 등 저소득층에게 시중전세가의 30% 수준으로 저렴하게 임대하는 다가구 매입임대사업,[162] 기존주택을 LH공사가 전세계약 체결 후, 기초생활수급자, 저소득 신혼부부, 소년소녀가정 등에게 저렴하게 재임대하는 전세임대사업[163]이 있다. 이외에도 일반 서민주거안정을 위한 도심 전세난 해소를 위한 신축 다세대주택 매입사업, 기 공공임대주택 여유부지를 활용, 도심 내 직주근접형 임대주택과 사회복지관 등을 건설하는 주거복지동 건설사업, 사회취약계층 소유의 열악한 주택을 개 · 보수하여 주거환경을 개선하는 사회취약계층 주택 개 · 보수 등이 있다.

### 3-4. 임대주택사업

임대주택 신규 공급 및 운영을 통해 전세난 해소 등 저소득층 주거안전망 역할 수행하는 임대주택사업으로 임대료는 시중시세 대비 영구임대 30%, 국민임대 55~83% 수준의 저렴하다. 2012년 말까지 임대주택 71만호를 공급할 계획을 갖고 있었다.

### 3-5. 세종시 · 혁신도시 조성사업

국가균형발전과 지역경제 활성화를 위해 세종 · 혁신도시조성사업을 추진중에 있다. 첫마을 2단계 주민입주, 중앙행정기관 및 소속기관 이전[164]에 차질이 없도록 기반시설 및 생활편익시설 등을 완료할 예정이다. 혁신도시 조정사업은 2012년 현재 전국 10개 혁신도시 중 LH공사가 9개 도시(44㎢)에 단독 또는 공동시행자로 참여중이며 9개 혁신도시의 평균 공정률은 85% 수준이다. 향후에도 산학연 클러스터용지 수요 창출을 위해 지방 공공기관

162) 임대료 수준 : 보증금 400만원, 월 임대료 10만원 수준으로 매우 저렴하며 2004년에 시범사업을 시작하여 2011년 말까지 40,146호 매입 · 임대 중

163) 2005년에 사업을 시작하여 2011년 말까지 61,438호 공급중이며 이 중 기초생활수급자 등 7,440호, 신혼부부 5,000호, 소년소녀가정 1,000호 등에게 저렴하게 전세임대를 공급하고 있다.

164) 2012년 6월 현재 첫마을 2단계 4,278가구 입주 중에 있고, 정부기관이전은 (2012년) 총리실 등 12개 기관, (2013년) 22개 기관, (2014년) 18개 기관이 예정되어 있다.

합동청사, 기업, 연구소 등 유치를 통해 자족기능을 확충하는 사업을 추진 중에 있다. 또한, 평택미군기지 시설물 일부(164동, 3.4조)를 LH공사가 건설·기부하고, 용산의 미군기지캠프킴 등 4개 부지(23만㎡, 3.4조)를 양여하여 현재 부지조성공사가 진행 중(2013.7. 준공예정), 시설물은 학교시설을 시작(2011.6. 착공)으로 순차적으로 착공하고 2016년까지 완료할 계획을 갖고 있다.

### 3-6. 산업단지 등 생산기반 조성사업

국가경쟁력 확보, 일자리 창출을 위해 산업·물류단지, 경제자유구역 등을 조성하고, 해외사업을 통해 민간 해외진출 지원을 위한 사업으로 저렴하고 안정적인 산업용지 공급을 위해 2012년 현재 석문 국가산단 등 13개 지구(38㎢)에서 사업을 추진 중에 있으며, 인천권 및 부산진해권 내 4개 지구(42㎢)에 경제자유구역 관련 사업을 추진 중으로 외국인 투자를 촉진하여 국제비즈니스 도시 건설을 목표로 하고 있다.

### 3-7. 토지비축용 등 사업

공익목적으로 장래 이용·개발이 필요한 토지를 미리 확보하고 관리하여 향후 토지수급 원활화 및 정부정책 지원을 위한 토지비축 사업으로 2009년 7월 토지은행 설립 이후 2011년까지 24개 사업(1.9조원 규모) 비축사업계획에 따라 도로 20개 사업 9,179억원, 산단 4개 사업 9,964억원 등이 비축승인이 나있고 2012년 4월 말 현재 21개 사업(도로 20, 산단 1)을 보상 착수하여 6,516억원 규모의 토지를 비축 중에 있다.

### 3-8. 주택토지비축용 등 사업

LH공사의 공동주택 건설사업에 대한 감면은 무주택 서민의 주거안정을 지원할 목적인 바, 근린생활시설은 세제지원 대상이 아님에도 최근, 조세심판원에서는 사업용 부동산의 범위에 '복리시설'이 포함되고, 「주택법」상 '복리시설'에는 '상가'가 포함되어 '상가'도 감면대상인 것으로 결정(조심 2016지886, 2017.2.28.)함에 따라, 이에 대해 당초 입법취지를 감안, 해당 조문의 감면범위를 명확히 판단할 수 있도록 2017년 말 지특법 시행령 제36조 제1항 제3호에 단서규정을 신설하여 「주택법」 제2조 제14호 가목에 따른 근린생활시설 또는 같은 호 나목에 따른 공동시설을 건설·개량·매입·비축·공급·임대 및 관리하는 사업은 제외하도록 개정되었다.

# 4 | 특례의 내용

한국토지주택공사의 제3자 공급용 일시취득 토지 등에 대해서는 2019년 12월 31일까지 다음과 같이 지방세 및 국세(농어촌특별세)를 감면한다.

2018년 말 지특법 개정시(2018.12.24.)에 법 조문에서는 제76조 제1항의 취득세와 같은 조 제2항의 재산세 모두 시행령에 목적사업 범위를 위임하고 있으나 지특법 시행령 제36조 제1항에서는 목적사업 범위를 위임하는 상위법 조항을 제76조 제1항의 취득세 감면규정만을 명시하고 위임 근거를 명확히 하기 위해 시행령 제36조 제1항에 재산세 규정을 추가하였으며 관련 규정은 종전과 동일하게 적용되어야 할 것이다.

### 4-1. 세목별 감면

한국토지주택공사의 국가 등에 무상귀속될 공공시설물 택지개발사업지구 및 단지조성사업지구 내의 부동산과 공공시설물 및 그 부속토지와 공공시설용지로 해당 감면대상은 2022년 일몰기한 도래시 다른 조문(지특법 §13 ③)과의 일몰기한을 맞추어 일괄적으로 평가할 수 있도록 하기 위해 2024년 말까지 일몰기한이 설정되었다.

이에, 2025년부터는 국가 등에 무상귀속 공공시설물의 재산세를 감면하는 경우 반대급부가 있는지 여부에 따라 면제와 50% 경감으로 구분하였고 2027년 말까지 일몰기한이 재설정되었으며 다음 표의 내용과 같이 지방세를 각각 감면한다.

〈표 3〉 **한국토지주택공사의 제3자 공급용 부동산 감면 현황(2025.1.1. 현재)**

| 조문 | 감면내용 | 감면율 | 일몰기한 |
|---|---|---|---|
| §76 ① | 택지개발용 등 제3자 공급용 토지 | 취득세 20% | 2019.12.31. |
| §76 ② | 제3자 공급 일시취득용 부동산<br>(국가 등에 귀속되는 공공시설용 및 부속토지와 공공시설용지) | 반대급부 無 : 재산세 100% | '27.12.31. |
| | | 도시지역분 100% | '24.12.31. |
| | | 반대급부 有 : 재산세 50% | '27.12.31. |
| | | 도시지역분 100% | '24.12.31. |
| 농특령 §4 ⑥ 5호 | §76 ①에 따라 감면되는 취득세액의 20% | 농어촌특별세 비과세 | |

### 4-2. 최소납부세액의 면제(§177의 2)

2015년부터 시행되는 감면 상한제도(§177의 2 본문)에 따라 면제되는 세액의 15%는 감면

특례가 제한되어 한국토지주택공사가 국가 등에 무상으로 귀속되는 공공시설용 토지에 대한 재산세(§76 ②)의 경우 최소납부세액 과세대상에 해당되지만 제177조의 2 제2호에서 외 특례를 적용받아 해당 세목에 대해서는 본 규정대로 계속해서 면제를 적용한다. 이에 대한 세부적인 사항은 제177조의 2의 해설편을 참조하면 된다.

### 4-3. 경과규정 특례

#### 4-3-1. 2016년 감면축소분 경과특례(부칙 §10, 제14477호 2017.1.1.)

2017년 1월 1일부터는 한국토지주택공사의 제3자 공급용 부동산에 대한 감면이 종전 30%에서 20%로 축소되었다. 다만, 감면이 축소되었더라도 2016년 이전 납세의무 성립분까지는 「지방세기본법」 제51조에 따른 경정청구 기간(최대 2021년)까지는 종전의 규정을 계속해서 적용할 수 있다.

#### 4-3-2. 2014년 감면축소분 경과특례(부칙 §14, 제12955호 2014.12.31.)

한국토지주택공사의 제3자 공급 일시취득용 부동산에 대해서는 취득세가 75% 감면되었으나 2015년 1월 1일부터는 감면율이 35%로 축소되었다. 다만, 감면이 축소되더라도 2015년 1월 1일 이전 납세의무 성립분에 한해서는 「지방세기본법」 제51조에 따른 경정청구 기간(최대 2019년)까지는 종전(취득세 75%)의 규정을 계속해서 적용할 수 있다.

## 5 | 사후관리(§178)

본 규정에서는 한국토지주택공사에 대해 별도로 사후관리 규정을 두고 있지 않으나 제178조(일반적 추징규정)에 따라 감면받은 취득세 및 재산세가 추징될 수 있다. 감면의무위반 사항에 대한 세부적인 내용은 제178조의 해설편 내용을 참조하면 된다.

## 6 지방세특례의 제한(§180)

한국토지주택공사의 제3자 공급용 부동산은 택지개발 관련 사업뿐만 아니라 경제자유구역사업, 국민임대사업 등 다양한 분야의 각종 개발사업용 부동산도 포함된다고 앞장에서 설명하였다. 본 규정에 따른 감면 외에도 다른 규정에서 감면대상에 해당하는 경우에는 이에 대한 중복감면 여부를 적용하여 그 중 감면율이 높은 규정을 적용할 수 있다. 다음의 표에서 직접 규정은 한국토지주택공사를 직접 지칭하여 감면을 하는 경우를 말하며, 간접규정은 한국토지주택공사를 지칭하지는 않았지만 해당 부동산이 당해 감면규정에 부합되는 경우를 말한다.

**〈표 4〉 한국토지주택공사에 대한 지방세 감면 현황(2025.1.1. 현재)**

<table>
<tr><th colspan="2">조문</th><th>감면내용(일몰기한)</th><th>감면율</th></tr>
<tr><td rowspan="10">직접규정</td><td>§31 ⑥</td><td>공공주택특별법에 따라 매입・공급('27년말限)</td><td>취득세 25%, 재산세 50%</td></tr>
<tr><td>§31 ⑧</td><td>공공주택사업자의 지분적립형 분양주택('26년말限)</td><td>재산세 25%(3년간)</td></tr>
<tr><td>§31의4</td><td>LH 출자 위탁관리부동산투자회사('21년말限)</td><td>취득세 20%</td></tr>
<tr><td>§32 ①</td><td>소규모 공동주택(임대) 감면('27년말限)</td><td>취득세 25%, 재산세 25%</td></tr>
<tr><td>§32 ②</td><td>소규모 공동주택(분양) 감면('16년말限)</td><td>취득세 25%</td></tr>
<tr><td>§32의 2</td><td>방치건축물 사업재개 감면('21년말限)</td><td>취득세 35%, 재산세 25%</td></tr>
<tr><td>§76 ①</td><td>택지개발용 토지 감면연장('19년말限)</td><td>취득세 20%</td></tr>
<tr><td rowspan="2">§76 ②</td><td>LH 제3자 공급용 부동산 감면('27년말限) 반대급부 無</td><td>재산세 100%</td></tr>
<tr><td>LH 제3자 공급용 부동산 감면('27년말限) 반대급부 有</td><td>재산세 50%</td></tr>
<tr><td>§86</td><td>주한미군 임대용 주택 감면('16년말限)</td><td>취득세 100%, 재산세 50%</td></tr>
<tr><td rowspan="4">간접규정</td><td>§31</td><td>임대주택(공동주택)에 대한 감면('27년말限)</td><td>취득세, 재산세 25~100%</td></tr>
<tr><td>§71 ①</td><td>물류단지개발사업시행자 감면('25년말限)</td><td>취득세 35%, 재산세 25%</td></tr>
<tr><td>§78</td><td>산업단지에 대한 부동산 감면연장('25년말限)</td><td>취득세 35%, 재산세 35~60%</td></tr>
<tr><td>§81</td><td>이전공공기관 지방이전에 대한 감면연장('25년말限)</td><td>취득세 50%, 재산세 50%(5년간)</td></tr>
</table>

## 7 | 감면신청(§183)

한국토지주택공사가 본 규정에 따라 지방세를 감면받으려는 경우에는 해당 지방자치단체의 장에게 해당 부동산이 제3자 공급용에 직접 사용하는 용도임을 입증하는 서류를 첨부하여 감면신청을 하여야 한다. 세부적인 감면신청 절차 등에 대해서는 제183조의 해설편을 참조하면 된다.

## 8 | 관련사례

■ 쟁점토지가 한국토지주택공사가 시행하는 단지조성사업지구에 있는 부동산이므로 「지방세특례제한법」 제76조 제2항에 따른 재산세 감면대상에 해당한다는 청구주장의 당부

쟁점토지는 해당 사업의 완료 이후 처분청에 무상으로 귀속(또는 기부채납)되는 토지이므로 청구법인에게 그 소유권이 일시적·잠정적으로 유보되는 제3자공급용 토지에 해당하는 점, 제1·2사업 및 역사공원사업은 모두 남양주장현5지구 내 사업으로서 일단의 단지조성사업에 해당하는 것으로 보이는 점 등에 비추어 「지방세특례제한법」 제76조 제2항에 따른 재산세 감면대상에 해당하는 것으로 보임(조심 2022지1203, 2024.2.22.).

■ 개발사업지구가 재산세 면제대상인 단지조성사업지구에 해당되는지 여부

법인의 개발사업의 목적은 국가 등의 계획에 따라 주거단지(공동주택 및 행정타운) 및 복합단지(공동주택 및 상업시설)를 조성하는 데 있고 해당 토지는 그 사업부지 중 공공시설용지에 해당하는 것으로 나타나는 점 등에 비추어 해당 토지는 「지방세특례제한법」 제76조 제2항에 따른 재산세 면제대상이라 할 것이므로 재산세 등을 부과한 처분은 잘못이 있음(조심 2018지2006, 2019.1.22.).

■ 지방자치단체에 무상 귀속용 토지인지에 대한 판단 여부

- 택지개발사업의 시행자가 공공기관이고, 그 시행자가 교육감의 의견을 듣고 학교용지의 조성·개발계획을 포함한 실시계획을 수립하여 지정권자로부터 승인을 받은 경우, 그 실시계획에 포함된 학교용지는 아직 자치단체에 학교용지를 무상으로 귀속시킨다는 내용의 수의계약이 체결되지 않았다고 하더라도, 특별한 사정이 없는 한 실시계획에 따라 자치단체에 무상으로 귀속될 토지라고 봄이 타당함(대법원 2015두56236, 2016.3.24.).
- 토지가 자치단체에 무상으로 귀속될 공공시설용 토지에 해당하는 사실에 대하여는 과세관청과 법인 사이에 다툼이 없는 이상 해당 토지는 재산세 면제대상으로 보아야 함(조심 2012지0319, 2012.8.31.).

■ 철거예정인 지상 건축물을 취득한 경우 등 감면 여부

한국토지주택공사가 보금자리주택건설사업지구 내 주택 및 공공복리시설에 사용하기 위하여 취득하는 부동산에 대하여 취득세를 감면하는 것으로 근린생활시설은 거주자의 생활복리를 위하여 필요한 시설로서 공공복리시설 즉 공원·녹지·주차장·어린이놀이터·노인정·관리시설·사회복지시설, 문화·체육·업무 시설에 해당하는 것으로 보기 어렵다고 판단되며, 「지방세특례제한법」 제76조 제1항에서 "일시 취득하는 부동산"이라는 규정에 있어서 "일시 취득"의 개념은 취득행위가 잠정적·임시적인 것으로 취득시점 이후 소유권변동을 전제로 하고 있는 규정이라 할 것이어서 보금자리주택건설사업지구 내 토지를 취득하면서 그 지상의 건축물을 취득하여 철거 예정인 건축물은 감면대상에 해당하지 아니하는 것으로 사료됨(행자부 지방세특례제도과-772, 2015.3.19.).

■ 공공시설용지에 해당하지 않는 토지에 대한 재산세 면제 여부

해당 토지는 관련 법령상 공공시설용지에 해당되지 아니하고, 택지개발사업 실시계획 승인서에도 무상으로 귀속될 공공시설물 및 토지 조성에 포함되어 있지 아니하므로 재산세 면제대상에 해당하지 아니함(조심 2014지0009, 2014.4.3.).

■ 한국토지주택공사 공동주택 취득세 감면대상의 면적 제한 여부

한국토지주택공사가 국가 또는 지방자치단체의 계획에 따라 '제3자에게 공급할 목적으로 일시 취득하는 부동산'의 범위에 토지를 제외한다는 규정이 별도로 없고, 한국토지주택공사의 사업범위에 토지뿐만 아니라 주택의 신축·공급 등도 포함하고 있으므로 공동주택의 신축·공급분도 취득세 감면대상에 해당된다고 할 것이고, 그 규모를 60㎡ 이하로 제한한다는 규정도 별도로 없으므로 60㎡ 초과도 포함된다고 할 것임(안행부 지방세운영과-1128, 2013.6.20.)

■ 한국토지주택공사의 복합상업시설에 대한 감면 여부

건축물을 협약에 따라 복합상업시설로 신축하였는바, 건축물은 주택단지의 입주자 등의 생활복리를 위하여 일시적으로 취득한 공동시설이라기보다는 판매 및 업무시설에 해당하므로 취득세 감면대상에 해당하지 아니함(조심 2015지0600, 2015.6.11.).

■ 한국토지주택공사가 토지를 매입한 후 장기임대한 경우 감면 여부

토지를 매입한 후 제3자에게 골프장으로 장기임대한 것은 그 목적 자체가 공급보다는 임대에 있다고 보는 것이 타당하다 할 것이고, 임대기간이 끝난 후 매각을 통하여 소유권이 이전된다는 사실이 명확하게 나타나지도 아니하므로 국가 등의 계획에 따라 제3자에게 공급할 목적으로 일시 취득하는 부동산으로 볼 수 없어 감면대상에 해당되지 아니함(조심 2012지0568, 2013.2.22.).

■ 「도시개발법」에 따른 도시개발사업지구가 택지개발사업지구 등에 포함되는지 여부

지특법 제76조 제2항은 국가 등의 계획에 따른 택지개발사업 등의 원활한 추진을 위해 LH의 비용으로 부동산을 매입 및 공공시설공사를 이행한 후 국가 등에게 귀속시키는 공공시설용지 등에 대한 재산세를 면제하는 것으로 감면 취지, 개별법령을 인용하지 않은 점 등으로 보아 "택지개발사업지구"라 함은 택지개발촉진법 등에 따른 택지개발사업지구를 포함하여 일단(一團)의 토지를 활용하여 주택을 건설하거나 주거생활이 가능한 택지를 조성하는 사

업지구를, "단지조성사업지구"라 함은 산업입지 및 개발에 관한 법률에 따른 산업단지 및 개별법령에서 정한 단지조성사업 등을 포함하여 일단(一團)의 토지를 활용하여 주거, 상업, 산업, 유통, 정보통신, 생태, 문화, 보건 및 복지 등의 기능이 있는 단지를 조성하거나 조성하기 위하여 토지를 계획적으로 집단화하는 사업지구를 의미한다고 보아야 할 것임. 따라서 도시개발법에 따른 도시개발사업 사업지구의 경우 도시개발사업이 주거 등의 기능이 있는 단지 또는 시가지를 조성하기 위하여 시행하는 사업으로 정의되고 있는 점과 시·도지사가 도시개발구역의 지정 및 개발계획을 수립하고 사업시행자가 일단(一團)의 토지를 활용하여 계획적으로 시행하는 사업인 점으로 보아 "택지개발사업지구 및 단지조성사업지구"에 포함됨(행안부 지방세운영과-2670, 2012.8.22.).

▣ 「가계주거 부담완화 및 건설부문 유동성 지원·구조조정 방안」의 일환으로 취득한 토지가 제3자 공급목적 일시취득 부동산에 해당하는지 여부

정부(기재부, 국토부, 금융위)에서 발표한 가계주거 부담완화 및 건설부문 유동성 기원·구조조정 방안(2008.10.21.)의 일환으로 한국토지공사가 매입·비축하는 토지는, 국가가 주택건설사업자의 부채상환을 위한 유동성지원을 목적으로 정책차원에서 한국토지공사에 요청한 것이므로, 이는 한국토지공사법 제9조 제1항 제1호상의 사업을 위해 국가의 의뢰에 의하여 매입한 토지로 보는 것이 타당하다고 할 것임. 따라서 한국토지공사가 취득한 토지는 지방세법 제289조 제1항에서 규정하고 있는 한국토지공사가 국가의 계획에 따라 제3자에게 공급할 목적으로 일시 취득하는 부동산에 해당함(행안부 지방세운영-1526, 2009.4.17.).

▣ 관련 법령 개정이 내용변경 없이 호수만 변경된 경우의 법적용 사례

○○공사가 국가 등의 계획에 따라 일시 취득하는 부동산에 대해 감면을 신설(1994.12.22.)한 취지는 ○○공사의 대지의 조성 및 공급사업용 부동산에 대하여 취득세 등을 면제함으로써 부동산의 원활한 공급을 지원하고자 하는데 그 입법취지가 있다고 할 것인 바, 대한주택공사법 제3조 제5호의 규정에 의한 감면규정을 신설후 대한주택공사법이 개정(1997.8.22.)되어 대지의 조성 및 공급에 관한 규정이 종전의 제5호에서 제4호로 내용 변경없이 호수만 변경된 경우라면 ○○공사의 부동산 공급사업용 부동산은 면제대상임(행자부 세정-1228, 2007.4.17.).

▣ 제3자 공급용 해당 여부

취득세 등이 면제되는 일시취득할 목적으로 취득하는 복리시설이라 함은 주택단지 입주자 등의 생활복리를 위한 공동시설에 한정되는 것인바, 청구법인이 분양용으로 건축한 상가는 주택단지 입주자의 생활복리를 위한 공동시설로 보기 곤란함(조심 2011지0421 2012.3.23.).

▣ 10년 임대 후 분양예정 부동산도 일시취득 부동산에 해당된다고 한 사례

구 지방세법 제289조 제1항의 입법취지에 비추어 그 문언상의 "일시취득"은 소유권 처분시까지의 일시적 취득·보유를 의미하고, 구 지방세법 시행령 제225조에서 인용하는 구 대한주택공사법 제3조 제1항 제3호는 주택의 "공급"을 주택의 "임대"와 구분하고 있고, 구 지방세법 제289조 제1항의 "공급"에는 소유권 처분이 수반되지 아니하는 "임대"가 포함된다고 볼 수 없음에도, 원심이 구 지방세법 제289조 제1항의 "공급"에 "임대"가 포함된다고 본 것

은 적절하다고 볼 수 없다. 그러나 이 사건 아파트는 그 취득 당시부터 10년의 임대기간 경과 후 분양전환되어 제3자에게 매각될 것이 예정되어 있음을 알 수 있으므로(입주자모집공고에 이러한 취지가 공고되기도 하였다), 이 사건 아파트를 그 매각시까지 일시적으로 취득·보유하는 것이라 할 것이므로 원고가 취득한 이 사건 아파트가 구 지방세법 제289조 제1항에서 말하는 제3자 공급용 일시 취득 부동산 해당함(대법원 2011두6516, 2011.12.22.).

■ 제3자 공급 일시취득 부동산 해당 여부

1) 노후 청사 교체를 위해 한국토지주택공사에 매입을 의뢰, 이를 「공공토지의 비축에 관한 법률」 제14조 및 제15조에 따른 공공개발용 토지의 비축사업으로 취득된 토지는 공공개발용 토지의 공익사업시행자에 해당하는 공공비축토지에 해당되어 제3자에게 공급할 목적의 일시취득 토지로 감면대상에 해당됨(조심 2010지0466, 2011.3.25.).
2) 택지개발지구의 사업시행자인 법인이 국가와 교환으로 취득한 택지개발지구 내 토지는 법인이 제3자에게 공급할 목적으로 일시 취득하는 부동산에 해당되므로 공공사업용 토지로 인정되어 취득세 감면대상이 됨(조심 2010지0404, 2011.2.7.).
3) 국가계획에 따라 미분양아파트를 매입하여 10년간 임대하는 것은 제3자에게 소유권을 이전하기 위한 경과적·잠정적 활용이 아니라 취득의 주요목적이 임대에 있다할 것으로 감면대상에 해당하지 아니한다고 보아 과세한 처분은 적법함(조심 2010지0908, 2010.12.28.).
4) 사업지구 밖에 위치한 토지(잔여지)를 매입하여 보유하다 연접토지 소유자에게 수의계약으로 매각한 경우는 구 지방세법 제289조 제1항에서 규정하고 있는 대통령령이 정하는 사업에 사용하기 위한 일시 취득용 부동산이 아님(조심 2009지0799, 2010.6.24.).
5) 무주택세대주에게 5년간 임대 후 분양전환하는 경우는 일시 취득하는 부동산에 해당되어 취득세 등이 감면됨(조심 2009지0006, 2009.4.20.).

# 제 77 조

## 수자원공사의 단지조성용 토지에 대한 감면

**관련규정**

제77조(수자원공사의 단지조성용 토지에 대한 감면) ① 「한국수자원공사법」에 따라 설립된 한국수자원공사가 국가 또는 지방자치단체의 계획에 따라 분양의 목적으로 취득하는 단지조성용 토지에 대해서는 취득세의 100분의 30을 2019년 12월 31일까지 경감한다.

② 「한국수자원공사법」에 따라 설립된 한국수자원공사가 국가 또는 지방자치단체의 계획에 따라 분양의 목적으로 취득하는 부동산 중 택지개발사업지구 및 단지조성사업지구에 있는 부동산으로서 관계 법령에 따라 국가 또는 지방자치단체에 무상으로 귀속될 공공시설물 및 그 부속토지와 공공시설용지(이하 이 조에서 "공공시설물등"이라 한다)에 대해서는 재산세를 2027년 12월 31일까지 면제한다. 다만, 국가 또는 지방자치단체에 무상으로 귀속될 공공시설물등의 반대급부로 국가 또는 지방자치단체가 소유하고 있는 부동산 또는 사회기반시설을 무상으로 양여받거나 해당 공공시설물등의 무상사용권을 제공받는 경우에는 재산세의 100분의 50을 2027년 12월 31일까지 경감한다.

【영】 제37조(공공시설물 등의 범위) 법 제77조 제2항에 따른 공공시설물 및 그 부속토지와 공공시설용지의 범위는 제6조에 따른다.

## 1 개 요

다목적 댐관리, 상하수도 건설 등 수자원을 관리하는 한국수자원공사에 대한 세제지원이다. 1989년도에 신설되어 2010년까지는 구 지방세법 제289조 제2항 및 제5항에 규정되었다가 2011년부터는 지특법이 제정되면서 현재의 제76조 규정으로 이관되었다. 2013년 및

2015년에는 한국수자원공사에 대한 감면이 일부 축소되었으며 2016년 일몰도래시 2019년 12월 31일까지 연장되었으며 단지조성지구 내 국가 등의 무상귀속용 부동산을 2022년 12월 31일까지 재연장되었다.

## 2 | 감면대상자

한국수자원공사법에 따라 설립된 한국수자원공사가 이에 해당된다. 한국수자원공사는 수자원을 종합적으로 개발·관리하여 생활용수등의 공급을 원활하게 하고 수질을 개선함으로써 국민생활의 향상 및 공공복리의 증진을 위해 설립된 국가공기업으로 전신인 한국수자원개발공사로 창립(1967.11.)된 이후 현재의 한국수자원공사로 개편(1988.7.)되었다. 한국수자원공사는 수자원의 종합적인 이용·개발을 위한 시설의 건설·운영관리, 광역상수도(공업용수도 포함)시설의 건설·관리, 산업단지 및 특수지역 개발, 지방상·하수도 수탁운영, 신재생에너지 설비의 설치·운영관리 등의 사업을 수행하고 있다.

## 3 | 감면대상 부동산

한국수자원공사가 국가 또는 지방자치단체의 계획에 따라 분양의 목적으로 취득하는 단지조성용 토지(취득세)와 이 중 택지개발사업지구 및 단지조성사업지구에 있는 부동산으로서 관계 법령에 따라 국가 또는 지방자치단체에 무상으로 귀속될 공공시설물 및 그 부속토지와 공공시설용지(제13조 해설편 참조)가 이에 해당되어 재산세 면제대상이 된다.

다만, 국가 또는 지방자치단체에 무상으로 귀속될 공공시설물등의 반대급부로 국가 또는 지방자치단체가 소유하고 있는 부동산 또는 사회기반시설을 무상으로 양여받거나 해당 공공시설물등의 무상사용권을 제공받는 경우에는 재산세 감면율을 차등적용하도록 개정됨(2025.1.1. 시행)에 재산세 50%를 경감한다.

한국수자원공사는 다목적 댐 등 수자원과 관련된 건설·관리·운영사업 이외에도 산업단지 등 단지조성 관련 사업도 병행하고 있다. 다음은 한국수자원공사가 시행하는 단지조성용 사업 현황이다.

〈표 1〉 **한국수자원공사 단지조성용 부동산 현황**

| 단지조성 사업현황(사업기간) |
|---|
| 〈국가산업단지〉<br>• 여수국가산업단지 : 7단지 · 중방단지(1974~2000), 확장단지(1990~2012)<br>• 창원국가산업단지(1974~2002)<br>• 온산국가산업단지(1974~1999)<br>• 구미국가산업단지 : 2 · 3단지(1977~1995), 4단지(1996~2010), 확장단지(2008~2015), 이테크밸리(2009~2014)<br>• 구미디지털산업지구(2008~2020) |
| 〈반월특수지역〉<br>• 안산신도시 : Ⅰ단계(1977~1993), Ⅱ단계(1992~2009)<br>• 시화지구 : Ⅰ단계(1986~2010), 멀티테크노밸리(2002~2016), 송산그린시티(2007~2022) |
| 〈친수구역〉 • 에코델타(2012~2018), 나주노안(2012~2016), 부여규암(2012~2016) |

# 4 | 특례의 내용

## 4-1. 세목별 감면율

한국수자원공사의 국가 등에 무상귀속될 공공시설물 택지개발사업지구 및 단지조성사업지구 내의 부동산과 공공시설물 및 그 부속토지와 공공시설용지로 해당 감면대상은 2022년 일몰기한 도래시 다른 조문(지특법 §13 ③)과의 일몰기한을 맞추어 일괄적으로 평가할 수 있도록 하기 위해 2024년 말까지 일몰기한이 설정되었다.

이에, 2025년부터는 국가 등에 무상귀속 공공시설물의 재산세를 감면하는 경우 반대급부가 있는지 여부에 따라 면제와 50% 경감으로 구분하였고 2027년 말까지 일몰기한이 재설정되었으며 다음 표의 내용과 같이 지방세를 각각 감면한다.

〈표 2〉 **한국수자원공사 단지조성용 토지 감면 현황(2025.1.1. 현재)**

| 조문 | 감면대상 | 감면율 | 일몰기한 |
|---|---|---|---|
| §77 ① | 한국수자원공사의 단지조성용 토지 | 취득세 30% | '19.12.31. |
| §77 ② | 한국수자원공사의 단지조성지구 내 국가 등 무상귀속용 부동산 | 반대급부 無 : 재산세 100% | '27.12.31. |
| | | 도시지역분 100% | '24.12.31. |
| | | 반대급부 有 : 재산세 50% | '27.12.31. |
| | | 도시지역분 100% | '24.12.31. |

### 4-2. 최소납부세액의 면제(§177의 2)

2015년부터 시행되는 감면 상한제도(§177의 2 본문)에 따라 면제되는 세액의 15%는 감면특례가 제한되어 한국수자원공사가 국가 등에 무상귀속되는 공동시설용 부동산에 대한 재산세(§77 ②)의 경우 최소납부세액 과세대상에 해당되지만 제177조의 2 제2호에서 예외 특례를 적용받아 해당 세목에 대해서는 본 규정대로 계속해서 면제를 적용한다. 이에 대한 세부적인 사항은 제177조의 2의 해설편을 참조하면 된다.

### 4-3. 경과규정 특례(부칙 §14, 제12955호 2014.12.31.)

한국수자원공사의 단지조성용 일시취득용 토지에 대해서는 취득세가 75% 감면되었으나 2015년 1월 1일부터는 감면율이 35%로 축소되었다.

다만, 감면이 축소되더라도 2015년 1월 1일 이전 납세의무 성립분에 한해서는 「지방세기본법」 제51조에 따른 경정청구 기간(최대 2019년)까지는 종전(취득세 75%)의 규정을 계속해서 적용할 수 있다.

## 5 | 특례의 제한

### 5-1. 감면된 취득세의 추징(§178)

본 규정에서는 한국수자원공사에 대해 별도로 사후관리 규정을 두고 있지 않으나 제178조(일반적 추징규정)에 따라 감면받은 취득세가 추징될 수 있다. 감면의무위반 사항에 대한 세부적인 내용은 제178조의 해설편 내용을 참조하면 된다.

### 5 - 2. 중복감면의 배제(§18)

한국수자원공사의 단지조성용 사업과 제78조의 산업단지 감면대상에 모두 해당하는 경우에는 그 중 감면율이 높은 규정 하나만을 적용한다.

### 5 - 3. 지방세 중과세 대상 부동산에 대한 감면 제한(§177)

한국수자원공사가 감면을 받으려는 부동산이 지방세법 제13조 제5항에 따른 별장 · 골프장 · 고급오락장 등 지방세 중과세 대상인 사치성 재산인 경우에는 감면대상에서 제외된다. 세부적인 사항은 제180조의 해설편을 참조하면 된다.

## 6 | 감면신청(§183)

한국수자원공사가 본 규정에 따라 지방세를 감면받으려는 경우에는 해당 지방자치단체의 장에게 해당 부동산이 단지조성용에 직접 사용하는 용도임을 입증하는 서류를 첨부하여 감면신청을 하여야 한다. 세부적인 감면신청 절차 등에 대해서는 제183조의 해설편을 참조하면 된다.

# 제 78 조

## 산업단지 등에 대한 감면

### 관련규정

제78조(산업단지 등에 대한 감면) ①「산업입지 및 개발에 관한 법률」 제16조에 따른 산업단지개발사업의 시행자 또는 「산업기술단지 지원에 관한 특례법」 제4조에 따른 사업시행자가 산업단지 또는 산업기술단지를 조성하기 위하여 취득하는 부동산에 대해서는 취득세의 100분의 35를, 조성공사가 시행되고 있는 토지에 대해서는 재산세의 100분의 35(수도권 외의 지역에 있는 산업단지의 경우에는 100분의 60)를 각각 2025년 12월 31일까지 경감한다. 다만, 다음 각 호의 어느 하나에 해당하는 경우에는 경감된 취득세 및 재산세를 추징한다.

1. 산업단지 또는 산업기술단지를 조성하기 위하여 취득한 부동산의 취득일부터 3년 이내에 정당한 사유 없이 산업단지 또는 산업기술단지를 조성하지 아니하는 경우에 해당 부분에 대해서는 경감된 취득세를 추징한다.
2. 산업단지 또는 산업기술단지를 조성하기 위하여 취득한 토지의 취득일(「산업입지 및 개발에 관한 법률」 제19조의 2에 따른 실시계획의 승인 고시 이전에 취득한 경우에는 실시계획 승인 고시일)부터 3년 이내에 정당한 사유 없이 산업단지 또는 산업기술단지를 조성하지 아니하는 경우에 해당 부분에 대해서는 경감된 재산세를 추징한다.

② 제1항에 따른 사업시행자가 산업단지 또는 산업기술단지를 개발 · 조성한 후 대통령령으로 정하는 산업용 건축물등(이하 이 조에서 "산업용 건축물"이라 한다)의 용도로 분양 또는 임대할 목적으로 취득 · 보유하는 부동산에 대해서는 다음 각 호에서 정하는 바에 따라 지방세를 경감한다.

1. 제1항에 따른 사업시행자가 신축 또는 증축으로 2025년 12월 31일까지 취득하는 산업용 건축물등에 대해서는 취득세의 100분의 35를, 그 산업용 건축물등에 대한 재산세의 100분의 35(수도권 외의 지역에 있는 산업단지에 대해서는 100분의 60)를 각각 경감한다. 다만, 그 취득일부터 3년 이내에 정당한 사유 없이 해당 용도로 분양 또는 임대하지 아니하는 경우에 해당 부분에 대해서는 경감된 지방세를 추징한다.

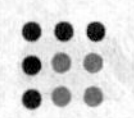

2. 제1항에 따른 사업시행자가 2025년 12월 31일까지 취득하여 보유하는 조성공사가 끝난 토지(사용승인을 받거나 사실상 사용하는 경우를 포함한다)에 대해서는 재산세 납세의무가 최초로 성립하는 날부터 5년간 재산세의 100분의 35(수도권 외의 지역에 있는 산업단지의 경우에는 100분의 60)를 경감한다. 다만, 조성공사가 끝난 날부터 3년 이내에 정당한 사유 없이 해당 용도로 분양 또는 임대하지 아니하는 경우에 해당 부분에 대해서는 경감된 재산세를 추징한다.

**【영】 제38조(산업용 건축물 등의 범위)** 법 제78조 제2항 각 호 외의 부분에서 "대통령령으로 정하는 산업용 건축물등"이란 다음 각 호의 어느 하나에 해당하는 건축물을 말한다.
☞ 각 호(1~6호) 신설, 시행령 제29조와 동일하게 산업용 건축물 범위 규정
1. 「도시가스사업법」 제2조 제5호에 따른 가스공급시설용 건축물(「산업입지 및 개발에 관한 법률」에 따른 산업단지에 설치된 「지방세법 시행령」 제5조 제1항 제4호의 도관시설의 경우에는 해당 지역에 가스를 공급하기 위한 도관시설로 한정한다)
2. 「산업기술단지 지원에 관한 특례법」에 따른 연구개발시설 및 시험생산시설용 건축물
3. 「산업입지 및 개발에 관한 법률」 제2조에 따른 공장 · 지식산업 · 문화산업 · 정보통신산업 · 자원비축시설용 건축물과 이와 직접 관련된 교육 · 연구 · 정보처리 · 유통시설용 건축물. 다만, 공장용 건축물은 행정안전부령으로 정하는 업종 및 면적기준 등을 갖추어야 한다.
4. 「산업집적활성화 및 공장설립에 관한 법률」 제30조 제2항에 따른 관리기관이 산업단지의 관리, 입주기업체 지원 및 근로자의 후생복지를 위하여 설치하는 건축물(수익사업용으로 사용되는 부분은 제외한다)
5. 「집단에너지사업법」 제2조 제6호에 따른 공급시설용 건축물(「산업기술단지 지원에 관한 특례법」에 따른 산업기술단지에 설치된 「지방세법 시행령」 제5조 제1항 제4호의 도관시설의 경우에는 해당 지역에 집단에너지를 공급하기 위한 도관시설로 한정한다)
6. 「산업집적활성화 및 공장설립에 관한 법률 시행령」 제6조 제5항 제1호부터 제5호까지, 제7호 및 제8호에 해당하는 산업용 건축물

③ 제1항에 따른 사업시행자가 산업단지 또는 산업기술단지를 개발 · 조성한 후 직접 사용하기 위하여 취득 · 보유하는 부동산에 대해서는 다음 각 호에서 정하는 바에 따라 지방세를 경감한다.

1. 제1항에 따른 사업시행자가 신축 또는 증축으로 2025년 12월 31일까지 취득하는 산업용 건축물등에 대해서는 취득세의 100분의 35를, 그 산업용 건축물등에 대한 재산세의 납세의무가 최초로 성립하는 날부터 5년간 재산세의 100분의 35(수도권 외의 지역에 있는 산업단지의 경우에는 100분의 60)를 각각 경감한다. 다만, 다음 각 목의 어느 하나에 해당하는 경우 그 해당 부분에 대해서는 경감된 지방세를 추징한다.
   가. 정당한 사유 없이 그 취득일부터 3년 이내에 해당 용도로 직접 사용하지 아니하는 경우

나. 해당 용도로 직접 사용한 기간이 2년 미만인 상태에서 매각·증여하거나 다른 용도로 사용하는 경우

2. 제1항에 따른 사업시행자가 2025년 12월 31일까지 취득하여 보유하는 조성공사가 끝난 토지(사용승인을 받거나 사실상 사용하는 경우를 포함한다)에 대해서는 재산세의 납세의무가 최초로 성립하는 날부터 5년간 재산세의 100분의 35(수도권 외의 지역에 있는 산업단지의 경우에는 100분의 60)를 경감한다. 다만, 다음 각 목의 어느 하나에 해당하는 경우 그 해당 부분에 대해서는 경감된 재산세를 추징한다.

가. 정당한 사유 없이 그 조성공사가 끝난 날부터 3년 이내에 해당 용도로 직접 사용하지 아니하는 경우

나. 해당 용도로 직접 사용한 기간이 2년 미만인 상태에서 매각·증여하거나 다른 용도로 사용하는 경우

④ 제1항에 따른 사업시행자 외의 자가 제1호 각 목의 지역(이하 "산업단지등"이라 한다)에서 취득하는 부동산에 대해서는 제2호 각 목에서 정하는 바에 따라 지방세를 경감한다.

1. 대상 지역

가. 「산업입지 및 개발에 관한 법률」에 따라 지정된 산업단지

나. 「산업집적활성화 및 공장설립에 관한 법률」에 따른 유치지역

다. 「산업기술단지 지원에 관한 특례법」에 따라 조성된 산업기술단지

2. 경감 내용

가. 산업용 건축물등을 신축하기 위하여 취득하는 토지와 신축 또는 증축하여 취득(취득하여 중소기업자에게 임대하는 경우를 포함한다)하는 산업용 건축물등에 대해서는 취득세의 100분의 50을 2025년 12월 31일까지 경감한다.

나. 산업단지등에서 산업용 건축물등을 대수선(「건축법」 제2조 제1항 제9호에 해당하는 경우로 한정한다)하여 취득하는 산업용 건축물등에 대해서는 취득세의 100분의 25를 2025년 12월 31일까지 경감한다.

다. 가목의 부동산에 대해서는 해당 납세의무가 최초로 성립하는 날부터 5년간 재산세의 100분의 35를 경감(수도권 외의 지역에 있는 산업단지의 경우에는 100분의 75를 경감)한다.

**【법률 제12955호 부칙】** 제25조(산업단지 입주기업 등에 대한 경감세율 특례) 제78조 제1항에 따른 사업시행자와 2015년 12월 31일까지 분양계약을 체결하고 제78조 제4항 제1호의 대상지역에서 산업용 건축물 등을 건축[공장용 건축물(「건축법」 제2조 제1항 제2호에 따른 건축물을 말한다)을 건축하여 중소기업자에게 임대하려는 자를 포함한다] 또는 대수선하려는 자가 제78조 제4항에 따라 취득하는 부동산에 대해서는 이 법 개정 법률에도 불구하고 2017년 12월 31일까지 종전의 법률을 적용한다.

⑤ 다음 각 호의 어느 하나에 해당하는 경우 그 해당 부분에 대해서는 제4항에 따라 감면된 취득세 및 재산세를 추징한다.

1. 정당한 사유 없이 그 취득일부터 3년(2019년 1월 1일부터 2020년 12월 31일까지의 기간동안 취득한 경우에는 4년)이 경과할 때까지 해당 용도로 직접 사용하지 아니하는 경우
2. 해당 용도로 직접 사용한 기간이 2년 미만인 상태에서 매각(해당 산업단지관리기관 또는 산업기술단지관리기관이 환매하는 경우는 제외한다)·증여하거나 다른 용도로 사용하는 경우

⑥ 「산업집적활성화 및 공장설립에 관한 법률」에 따른 한국산업단지공단(이하 이 항에서 "한국산업단지공단"이라 한다)이 같은 법 제45조의 13 제1항 제3호 및 제5호의 사업을 위하여 취득하는 부동산(같은 법 제41조에 따른 환수권의 행사로 인한 취득하는 경우를 포함한다)에 대해서는 취득세의 100분의 35, 재산세의 100분의 50(수도권 외의 지역에 있는 산업단지의 재산세에 대해서는 100분의 75)를 각각 2019년 12월 31일까지 경감한다. 다만, 취득일부터 3년 이내에 정당한 사유 없이 한국산업단지공단이 「산업집적활성화 및 공장설립에 관한 법률」 제45조의 13 제1항 제3호 및 제5호의 사업에 사용하지 아니하는 경우에 해당 부분에 대해서는 경감된 취득세 및 재산세를 추징한다.

☞ 제6항 2020.1.15. 삭제

**【법률 제16865호 부칙】** 제19조(산업단지 등에 대한 감면의 추징에 관한 경과조치) 이 법 시행 전에 감면받은 취득세 및 재산세의 추징에 관하여는 제78조 제1항 및 제6항의 개정 규정에도 불구하고 종전의 규정에 따른다.

⑦ 〈삭 제〉

☞ 제7항 2021.12.28. 삭제

**【칙】 제6조(산업단지 등 입주 공장의 범위)** 법 제78조 제7항 및 영 제38조 단서에 따른 공장의 범위는 「지방세법 시행규칙」 별표 2에서 규정하는 업종의 공장으로서 생산설비를 갖춘 건축물의 연면적(옥외에 기계장치 또는 저장시설이 있는 경우에는 그 시설물의 수평투영면적을 포함한다)이 200제곱미터 이상인 것을 말한다. 이 경우 건축물의 연면적에는 그 제조시설을 지원하기 위하여 공장 경계구역 안에 설치되는 종업원의 후생복지시설 등 각종 부대시설(수익사업용으로 사용되는 부분은 제외한다)을 포함한다.

☞ 제6조 2021.12.31. 삭제

⑧ 제4항에 따라 취득세를 경감하는 경우 지방자치단체의 장은 해당 지역의 재정여건 등을 고려하여 100분의 25(같은 항 제2호 나목에 따라 취득세를 경감하는 경우에는 100분의 15)의 범위에서 조례로 정하는 율을 추가로 경감할 수 있다. 이 경우 제4조 제1항 각 호 외의 부분, 같은 조 제6항 및 제7항을 적용하지 아니한다.

☞ 2024.12.31. 개정(후단 삭제) : 조례감면 총량 예외규정

⑨ 「산업기술단지 지원에 관한 특례법」에 따라 조성된 산업기술단지에 입주하는 자에 대하여 취득세, 등록면허세 및 재산세를 과세할 때에는 2025년 12월 31일까지 「지방세법」 제13조 제1항부터 제4항까지, 제28조 제2항 · 제3항 및 제111조 제2항의 세율을 적용하지 아니한다.

☞ 2023.12.29. 개정, 제58조 제2항 본문에서 산업기술단지 감면규정 이관 신설(2024.1.1. 시행)

## 1 개 요

산업단지 감면은 공장의 집적 및 원활한 설립지원을 통한 산업 및 지역발전을 위해 산업단지 조성부터 조성완료 이후 공장 입주단계까지의 세제지원규정이다.

1982년도에 신설되어 2010년까지는 구 지방세법 제276조에서 규정되었다가 지방세법이 분법이 되면서 현재의 지특법 제78조로 이관되었다. 2012년도에는 산업단지 입주기업 감면규정(제4항) 중 일괄 감면요건 규정을 각 호로 분리하는 조문정비를 하였고, 감면요건을 신 · 증축을 건축하려는 자로 개정하였으며 조례에 있던 산업단지 내 대수선용 부동산에 대한 감면규정을 법으로 상향 이관하였다. 2015년에는 지방재정 확충의 일환으로 세제개편을 통해 산업단지 사업시행자 및 입주자에 대한 감면 일부가 축소되었으며, 2016년 말 일몰도래시 현행 수준(산업단지 사업시행자 감면율에 한하여 조례 추가 감면율이 종료되었으나 2017년 말까지 1년 유예)으로 유지되어 2020년 12월 31일까지 연장되었다. 또한, 2019년 말 일몰도래시에 산업단지 입주기업이 증축 · 대수선하는 경우 그 부속토지를 감면대상에서 제외하였고 한국산업단지공단의 특정사업목적 부동산 감면율이 수도권과 비수도권에 대한 차등이 없도록 감면율이 조정되었으며 2021년 말에는 감면대상을 명확히 하고 추징요건을 완화하는 등 관련규정이 지속적으로 개선되고 있다.

2024년에는 종전 「지방세특례제한법」 제58조 제2항에서 규정하고 있는 산업기술단지에 대해 대도시 중과배제 지원을 그대로 유지하며 본 조 제9항으로 이관하였으며 이는 유사한 감면 규정을 통합하고 일몰도래 시점에서 산업단지 관련 감면규정을 일괄 재정립하기 위해 개정되어진 것으로 보여진다.

## 2 감면대상자

사업단계별로 산업단지를 조성하는 사업시행자와 산업단지 조성 이후 입주하는 자가 이에 해당되며, 산업단지공단을 관리 · 운영하는 한국산업단지관리공단도 이에 해당된다. 이 경우 산업단지 등에 입주하는 자란 법인 · 단체 및 개인사업자 모두를 포함한다. 산업단지 등 사업시행자 및 산업단지 등 입주자에 대한 세부 범위는 다음과 같다.

### 2-1. 사업시행자(§78 ①~③)

산입법 제16조(산업기술단지법 §4)에 의한 산업(산업기술)단지사업시행자 산업단지(산업기술단지)를 조성할 목적으로 취득하는 부동산이란 산업단지 조성 이전의 나대지, 잡종지 등 주로 토지에 해당되며 다만 부지 조성과정에서 기존 건축물을 매입하여 멸실하는 경우에도 조성용 부동산으로 볼 수 있다고 보아야 할 것이다. 단지조성사업이란 산입법 제2조 제6호에 따른 i) 조성사업, ii) 기반시설사업, iii) 기타 부대사업 등으로 구분할 수 있다. 사업시행자의 범위는 국가, 지자체, 공기업, 특수법인(산단공, 중진공, 농어촌공사), 실수요기업, 민관합작법인 등 중에서 개발계획(관리권자가 승인)에서 정하는 자이다. 산업단지조성 사업을 수행하는 사업시행자에 대한 판단은 산업단지 조성단계 중 어느 시점에서 사업시행자로서의 지위가 확정(획득)되는지에 있다. 관련규정을 살펴보면 산업단지사업시행자에 대해 산입법 제16조에서 산업단지지정권자의 지정에 의하여 산업단지개발계획에서 정하는 자로 규정하고 있으므로 산업단지개발계획 단계에서 관리권자로부터 사업시행자가 최종 확정된다고 볼 수 있다. 따라서 산업단지개발계획 승인단계에서 최종 사업시행자로 확정되기 이전에 취득하는 부동산이라면 사업시행자의 신분에서 취득하는 부동산이 아님으로 감면대상에서 제외된다고 하겠으며, 반대로 관리권자로부터 개발계획 승인시 사업시행자로 인정을 받은 이후에 단지조성을 목적으로 취득하는 부동산은 감면대상으로 보아야 하는 것이다(표 1 참조).

【산업단지사업시행자, 산업입지 및 개발에 관한 법률】 제16조(산업단지개발사업의 시행자) ① 산업단지개발사업은 다음 각 호의 자 중에서 산업단지지정권자의 지정에 의하여 산업단지개발계획에서 정하는 자가 이를 시행한다.

1. 국가, 지방자치단체, 공기업, 「지방공기업법」에 따른 지방공기업 또는 다른 법률에 따라 산업단지개발사업을 시행할 수 있는 자
2. 중소기업진흥에 관한 법률에 따른 중소기업진흥공단, 산업집적활성화 및 공장설립에 관한

법률 제45조의 9에 따라 설립된 한국산업단지공단 또는 한국농어촌공사 및 농지관리기금법에 따른 농어촌공사
2의 2. 대통령령으로 정하는 요건에 해당하는 「중소기업협동조합법」에 따른 중소기업협동조합 또는 「상공회의소법」에 따른 상공회의소
3. 해당 산업단지개발계획에 적합한 시설을 설치하여 입주하려는 자 또는 해당 산업단지개발계획에서 적합하게 산업단지를 개발할 능력이 있다고 인정되는 자로서 대령으로 정하는 요건에 해당하는 자
4. 제1호부터 제3호까지에 해당하는 자가 산업단지의 개발을 목적으로 출자에 참여하여 설립한 법인으로서 대통령령으로 정하는 요건에 해당하는 법인
5. 제3호에 해당하는 사업시행자와 제20조의 2에 따라 산업단지개발에 관한 신탁계약을 체결한 부동산신탁업자
6. 산업단지 안의 토지의 소유자 또는 그들이 산업단지개발을 위하여 설립한 조합

〈표 1〉 산업단지 개발 · 조성 주요 프로세스(산입법)

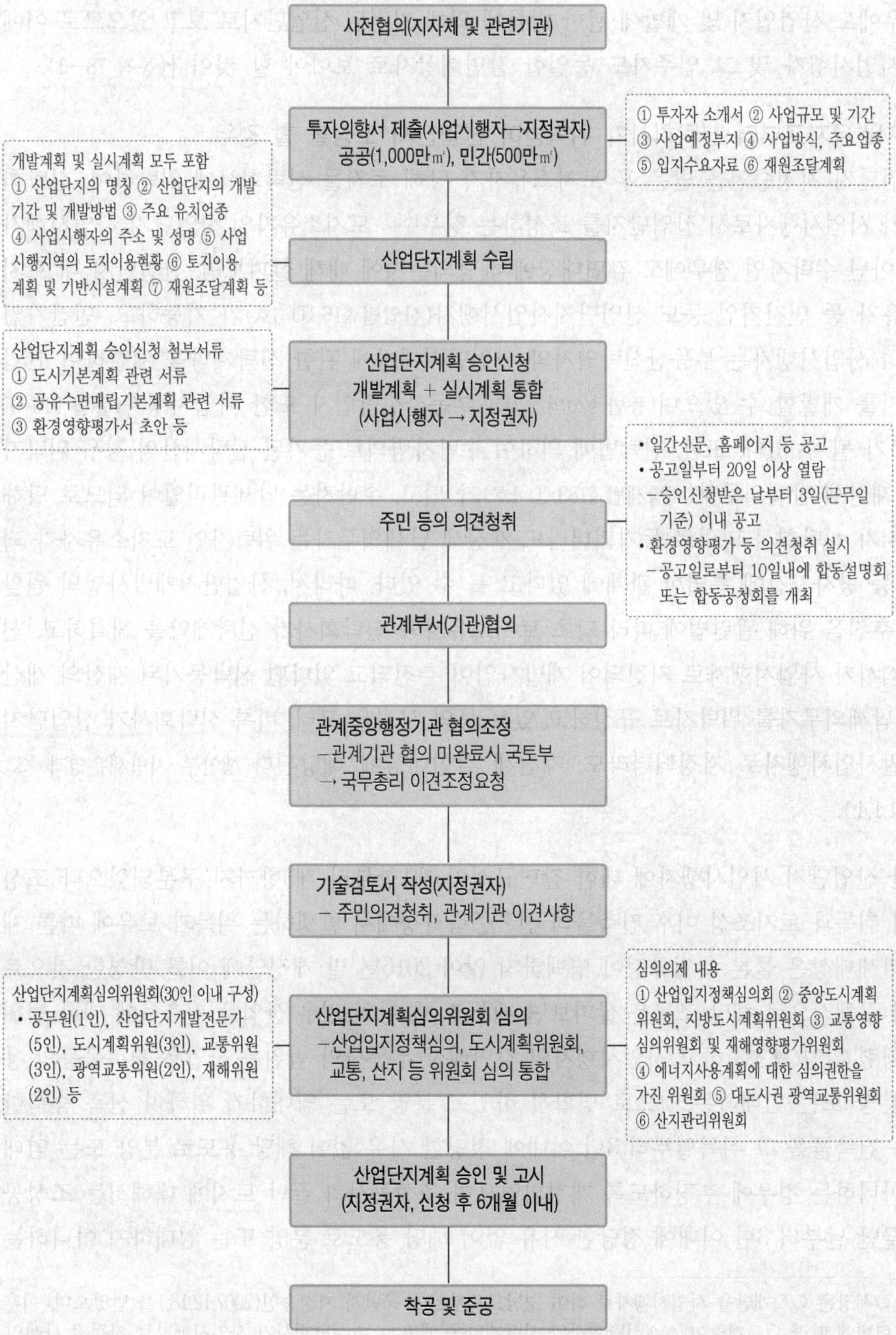

사전협의(지자체 및 관련기관)

↓

투자의향서 제출(사업시행자→지정권자)
공공(1,000만㎡), 민간(500만㎡)

- ① 투자자 소개서 ② 사업규모 및 기간 ③ 사업예정부지 ④ 사업방식, 주요업종 ⑤ 입지수요자료 ⑥ 재원조달계획

↓

산업단지계획 수립

- 개발계획 및 실시계획 모두 포함
① 산업단지의 명칭 ② 산업단지의 개발기간 및 개발방법 ③ 주요 유치업종 ④ 사업시행자의 주소 및 성명 ⑤ 사업시행지역의 토지이용현황 ⑥ 토지이용계획 및 기반시설계획 ⑦ 재원조달계획 등

↓

산업단지계획 승인신청
개발계획 + 실시계획 통합
(사업시행자 → 지정권자)

- 산업단지계획 승인신청 첨부서류
① 도시기본계획 관련 서류
② 공유수면매립기본계획 관련 서류
③ 환경영향평가서 초안 등

↓

주민 등의 의견청취

- • 일간신문, 홈페이지 등 공고
• 공고일부터 20일 이상 열람
－승인신청받은 날부터 3일(근무일 기준) 이내 공고
• 환경영향평가 등 의견청취 실시
－공고일로부터 10일내에 합동설명회 또는 합동공청회를 개최

↓

관계부서(기관)협의

↓

관계중앙행정기관 협의조정
－관계기관 협의 미완료시 국토부 → 국무총리 이견조정요청

↓

기술검토서 작성(지정권자)
－ 주민의견청취, 관계기관 이견사항

↓

산업단지계획심의위원회 심의
－산업입지정책심의, 도시계획위원회, 교통, 산지 등 위원회 심의 통합

- 산업단지계획심의위원회(30인 이내 구성)
• 공무원(1인), 산업단지개발전문가(5인), 도시계획위원(3인), 교통위원(3인), 광역교통위원(2인), 재해위원(2인) 등
- 심의의제 내용
① 산업입지정책심의회 ② 중앙도시계획위원회, 지방도시계획위원회 ③ 교통영향심의위원회 및 재해영향평가위원회 ④ 에너지사용계획에 대한 심의권한을 가진 위원회 ⑤ 대도시권 광역교통위원회 ⑥ 산지관리위원회

↓

산업단지계획 승인 및 고시
(지정권자, 신청 후 6개월 이내)

↓

착공 및 준공

그 외 경제자유구역의 지정 및 운영에 관한 특별법 제8조에 따라 산업단지로 지정(의제)된 경우에도 산업입지 및 개발에 관한 법률에 의해 지정된 산업단지로 보고 있으므로 이에 따른 사업시행자 및 그 입주자도 동일한 감면대상자로 보아야 할 것이다(통칙 78-1).

#### 토지소유자로부터 신탁회사가 위탁받아 산업단지 조성을 할 경우

산업단지 지정승인을 받은 후 토지소유자가 당해 토지를 신탁회사에 위탁하여, 신탁회사가 사업시행자로서 산업단지를 조성하는 경우[165] 토지소유자인 산업단지 사업시행자가 아닌 수탁자인 경우에도 감면대상에 해당되는지에 대해 살펴보면, 산업단지 내 토지소유자 등 민간기업 등도 산업단지사업시행자(산입법 §16 ① 3호)가 가능하고, 민간기업 등의 사업시행자는 부동산신탁업자와 산업단지개발에 관한 신탁계약을 체결하여 산업단지를 개발할 수 있으며(동법 §20의 2 ①) 부동산신탁업자 또한 사업시행자(동법 §16 ① 5호)가 될 수 있다. 또한, 신탁법에 의하여 수탁자명의로 등기된 신탁재산의 경우 위탁자가 재산세 납세의무자(지방세법 §183 ① 4호)가 되고, 수탁자는 납세관리인이 되므로 당해 토지가 신탁회사 명의로 등기되더라도 재산세 납세의무자는 위탁자인 토지소유자가 되는 등 당사자간에 특별한 관계에 있다고 볼 수 있다. 따라서, 산업단지개발사업의 원활한 추진을 위해 관련법에 따라 당초 토지소유자와 신탁회사가 신탁계약을 체결하고, 신탁회사가 사업시행자로 지정되어 개발사업이 추진되고 있다면 신탁등기된 재산의 재산세 납세의무자를 위탁자로 규정하고 있는 등의 사정을 고려, 비록 신탁회사가 산업단지 개발사업시행자로 지정되더라도, 재산세 감면대상에 해당된다(행안부 지방세운영과-33, 2011.1.4.).

그간 산업단지 사업시행자에 대한 감면규정이 제1항부터 제3항까지 구분되었으나 조성용토지 취득과 토지조성 이후 건축물의 신·증축과정에서 발생하는 취득과 보유에 따른 재산세 과세대상은 물론 추징규정이 명백하지 않아 2016년 말 개정안에 이를 반영한 것으로 보이며 구체적으로 해당 조문을 살펴보면 제78조 제2항의 경우 산업용 건축물에 대한 범위를 시행령 위임(영 §38)하고 사업시행자의 감면대상 부동산의 범위를 산업용 건축물등의 용도로 분양 또는 임대하는 것으로 명확히 하였고 분양 또는 임대하기 위하여 신축 증축한 산업용 건축물을 그 취득일부터 3년 이내에 정당한 사유 없이 해당 용도로 분양 또는 임대하지 아니하는 경우에 추징하도록 개정되었으며 조성공사가 끝난 토지에 대해서는 조성공사가 끝난 날부터 3년 이내에 정당한 사유 없이 해당 용도로 분양 또는 임대하지 아니하는

165) ○○시장은 ○○개발을 사업시행자로 하여 경남도로부터 농공단지 지정승인(2007.12.18.)을 받았으며, 이후 관련법에 따라 ○○개발이 △△신탁회사와 신탁계약을 맺고, △△신탁회사가 사업시행자로 지정된 사례임.

경우에 해당 부분에 대해서는 경감된 재산세를 추징하도록 하였으며 제3항의 경우 사업시행자가 직접 사용하는 부동산으로 제2항과 마찬가지로 사업시행자가 직접 사용하기 위하여 신축 또는 증축하여 취득한 산업용 건축물등과 조성공사가 끝난 토지에 대한 추징규정을 각각 명확히 규정하여 납세자가 보다 이해하기 쉽게 감면대상과 추징기한 등을 명확히 적용할 수 있도록 개정한 것으로 보여진다.

## 2-2. 산업단지 등에 입주기업(공장)(§78 ④ 1, 2호)

산업단지사업시행자가 산입법 등에 따라 지정된 산업단지, 산업단지 유치지역 및 산업기술단지 지역에서 산업단지를 개발·조성한 이후 입주자모집공고 등을 통해 입주하는 기업(공장주)이 감면대상자에 해당되며 이를 2016년 법 개정시에 사업시행자 외의 자에 대한 감면임을 명확히 하였고 2017년에는 종전의 '산업용 건축물등을 건축하려는 자가 취득하는 부동산'에서 '산업용 건축물등을 신축 또는 증축하여 취득하는 부동산'으로 하여 산업용 건축물등의 부속토지를 포함하여 감면하되, 신축 또는 증축한 부분에 해당하는 부속토지로 각각 구분하여 필요시 해당 면적으로 안분하여 감면할 수 있도록 개정되었다.

그러나 2020년부터는 신축 또는 증축한 부분에 해당하는 부속토지에 대해 안분방식을 택하였던 규정을 개정하여 반드시 산업단지 입주기업이 부속토지에 신축한 경우에 한하여 해당 토지분에 대해 감면하도록 하여 증축에 따른 부속토지는 감면대상에서 제외함으로써 감면시점은 토지를 취득할 때 기존 승계된 건축물이 없는 경우로 한정하여 토지분에 대해 감면 적용을 받아야 한다. 또한, 2019년 말 기준 감면 규정에 따라 그 이전에 기존 건축물 등을 승계취득한 후 2020년 1월 이후에 건축물을 증축하여 취득한 경우에는 해당 증축 건물의 부속토지는 별도의 경과규정이 없으므로 개정규정을 적용받아 감면대상이 되지 않는다 할 것이다.

〈표 2〉 **입주기업 신·증축 건축물 및 부속토지 과세방식 변경**

| 구분 | 감면시점 | | 감면범위 | |
|---|---|---|---|---|
| | 2019년까지 | 2020년 이후 | 2019년까지 | 2020년 이후 |
| 건축물 | 신·증축 시점 | 신·증축 시점 | 신·증축 건물 | 신·증축 건물 |
| 부속토지 | 신·증축 시점 | 신축하기 위한 취득 시점 | 신·증축 건물만큼 부속토지 면적 안분 | 신축 건물 면적만큼 부속토지 산정 |

그 외 산업단지 내에서 중소기업자에게 공장을 임대할 목적으로 취득(건축)하는 경우도 동일한 감면혜택이 적용된다. 산업단지 내 입주기업 선정 및 공장설립 절차는 다음 표를

참고하기 바란다.

〈표 3〉 산업단지 개발 · 조성 및 공장설립 주요 프로세스 비교

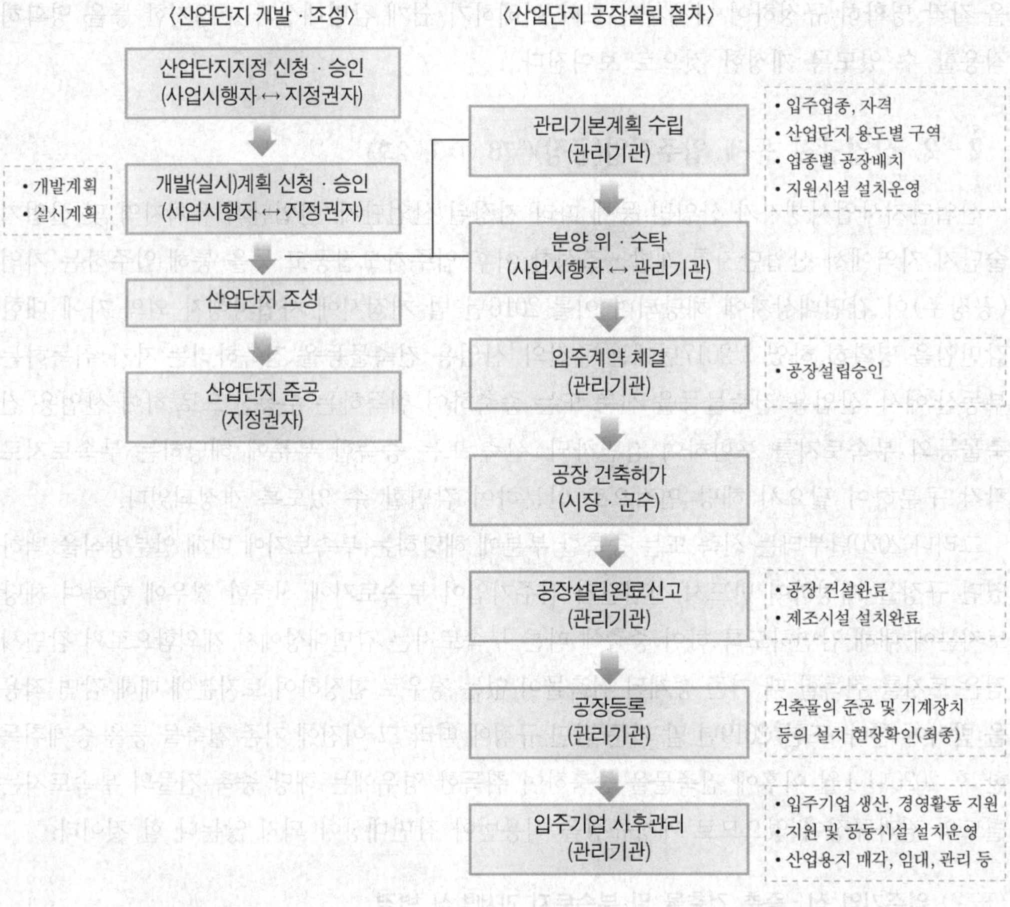

〈산업단지 개발 · 조성〉

- 산업단지지정 신청 · 승인 (사업시행자 ↔ 지정권자)
- 개발(실시)계획 신청 · 승인 (사업시행자 ↔ 지정권자) — • 개발계획 • 실시계획
- 산업단지 조성
- 산업단지 준공 (지정권자)

〈산업단지 공장설립 절차〉

- 관리기본계획 수립 (관리기관) — • 입주업종, 자격 • 산업단지 용도별 구역 • 업종별 공장배치 • 지원시설 설치운영
- 분양 위 · 수탁 (사업시행자 ↔ 관리기관)
- 입주계약 체결 (관리기관) — • 공장설립승인
- 공장 건축허가 (시장 · 군수)
- 공장설립완료신고 (관리기관) — • 공장 건설완료 • 제조시설 설치완료
- 공장등록 (관리기관) — 건축물의 준공 및 기계장치 등의 설치 현장확인(최종)
- 입주기업 사후관리 (관리기관) — • 입주기업 생산, 경영활동 지원 • 지원 및 공동시설 설치운영 • 산업용지 매각, 임대, 관리 등

## 2-3. 한국산업단지공단 사업시행자(§78 ⑥) : 삭 제(2019.12.31.)

한국산업단지관리공단(이하 공단)은 산업단지 개발계획 수립 및 입주기업체의 산업활동 지원을 위해 설립된 단체로 원래는 공단이 임대산업단지 운영, 산업용지의 환수 등의 사업을 수행하고 있으며, 2020년부터 지방세특례제한법 제78조의 2 규정으로 이관되어 별도 규정이 신설되었다.

# 3 | 감면대상 부동산

## 3-1. 산업단지 개요

산업단지란 공장 · 지식산업관련시설 · 정보통신산업관련시설 등과 이와 관련된 교육 · 연구 · 정보처리 · 유통 시설 종사자와 이용자를 위한 주거 · 문화 · 복지시설 등을 집단적으로 설치하기 위하여 지정 · 개발되는 일단의 토지를 말한다(산입법 §2 7-2호).

산업단지 조성 이후 입주가능 업종은 제조업, 연구개발업, 광고물작성업, 출판업, 전문디자인업, 교육서비스업 등 일부 지식서비스업종 등이 있다(산집법 시행령 §6). 입주기업에게는 최초 분양 시 조성원가대로 분양, 세제감면, 자금융자 등의 인센티브가 있다. 산업단지는 관리주체에 따라 국가산업단지(정부), 일반산업단지(광역단체), 농공단지(시 · 군 · 구)로 분류되며 산업단지 조성 및 개발 관련사항은 국토해양부(산입법)가 이후 기업유치 및 공장설립 등 관리지원은 산업통상부(산집법)가 역할을 분담하여 운영중이다.

관련법령으로는 산업단지 개발 · 조성을 위한 입지지원을 위한 산업입지 및 개발에 관한 법률, 산입법이 있으며, 공장배치의 합리화와 공장설립 효율화를 위한 산업집적활성화 및 공장설립에 관한 법률, 산집법이 있다. 2014년 6월 현재 전국의 산업단지는 1,033개(국가 41, 일반 528, 도시첨단 11, 농공 453)이며, 여기에 8만여 개 기업이 입주해 있다.

〈표 4〉 **산업단지 조성 · 개발 및 관리 · 운영 주체**

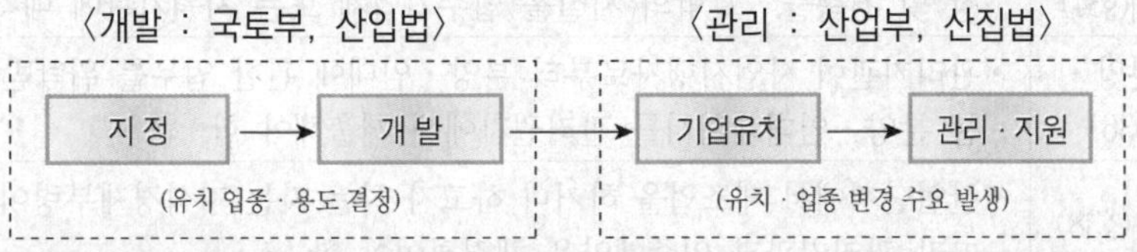


〈표 5〉 **국가 · 일반 · 농공단지 및 도시첨단산업단지 비교**

| 구분 | 국가 · 일반산업단지 · 농공단지(3만㎡ 이상) | 도시첨단산업단지(1만㎡ 이상) |
|---|---|---|
| 근거법규 | 산업입지 및 개발에 관한 법률 제6조(1990년) | 같은 법 제7조의 2(2001년) |
| 추진목적 | • 국가 · 지방의 산업발전을 위한 입지지원 | • 지식산업, 정보통신업 등 첨단 산업의 육성 |
| 지정권자 | • 국가산업단지 : 국토부장관<br>• 일반산업단지 : 시 · 도지사, 인구 50만 이상 시장 | • 시 · 도지사<br>• 인구 50만명 이상인 시의 시장 |
| 지정요건 | • 산업육성을 위해 필요시 공업지역에 우선지정 | • 첨단산업육성(집적화)이 필요한 지역 |
| 지원내용 | • 세제지원 : 취득세 면제, 재산세 5년간 50~100% 감면, 양도소득세 과세특례(개발사업시행시)<br>• 시설자금융자 : 용지매입비 및 건축비(8억 이내, 3년거치 5년균등상환) | |

〈표 6〉 산업집적활성화법 주요 내용(2016.1.1. 기준)

| 구분 | 주요내용 |
| --- | --- |
| 산업집적활성화 기본계획(§3) | • 지식경제부장관은 5년 단위로 전 국토의 산업집적의 활성화에 관한 기본계획(산업집적활성화 기본계획)을 수립 고시 |
| 공장설립 등 승인(§13) | • 공장건축면적이 500㎡ 이상인 공장의 신·증설, 업종변경시 시장, 군수 승인 |
| 공장설립 등의 완료신고(§15) | • 공장설립 등 승인받은 자가 공장건설을 완료, 제조시설설치승인자가 제조시설 등의 설치를 완료한 때에는 시장 등에게 공장설립 완료신고 및 관리기관에 완료신고 |
| 공장의 등록(§16) | • 시장 등은 공장설립 등의 완료신고를 받을 때에는 지식경제부령이 정하는 바에 의하여 공장등록대장에 등록해야 함. |
| 공장의 신설 등의 제한(§20) | • 수도권정비계획법상 과밀억제·성장관리·자연보전권역 내는 공장면적 500㎡ 이상의 공장을 신·증설, 이전·업종변경 행위 불가 |
| 지식산업센터의 설립 등(§28의 2) | • 지식산업센터의 설립승인, 인·허가 등의 의제, 설립 등의 승인에 대한 특례, 처리기준의 고시, 제조시설설치승인, 제조시설설치승인의 취소 및 협의에 관하여 준용 |
| 산업단지 관리권자 등(§30) | • 관리권자는 국가산업단지는 지식경제부장관, 일반 및 도시첨단산업단지는 시·도지사, 농공단지는 시장·군수 또는 구청장 |
| 산업단지관리지침 등(§32) | • 지식경제부장관은 산업단지의 관리의 기본적인 사항에 관하여 대통령령이 정하는 바에 따라 산업단지 관리지침을 수립 고시 |
| 산업단지관리기본계획의 수립(§33) | • 관리기관은 산업단지가 지정된 경우에는 산업단지로 관리할 필요가 있는 지역에 대하여 산업단지관리기본계획(이하 '관리기본계획')을 수립하여야 함. |
| 산업단지 내 국공유지 매각·임대(§34) | • 산업부장관 또는 지자체 장은 산업단지에 있는 국유 또는 공유의 토지 또는 공장 및 건축물, 그 밖의 시설을 입주기업체 또는 지원기관에 매각·임대 가능 |
| 개발토지 분양·임대 등(§36) | • 관리기관이 사업시행자로부터 분양·임대에 관한 업무를 위탁받고자 할 때에는 분양·임대계획서를 관리권자에게 제출해야 함. |
| 입주계약 등(§38) | • 산업단지에서 제조업을 하거나 하고자 하는 자는 지식경제부령이 정하는 바에 따라 관리기관과 입주계약을 체결하여야 함. |
| 산업용지 등의 처분제한(§39) | • 산업시설구역의 산업용지 또는 공장 등을 소유하고 있는 입주기업체가 대통령령으로 정하는 경우에는 산업용지 또는 공장 등을 관리기관에 양도하여야 함. |
| 산업용지의 환수(§41) | • 관리기관은 입주기업체 또는 지원기관이 분양받은 산업용지의 전부 또는 일부가 입주계약에 의한 용도에 사용되지 아니하고 있을 때에는 그 용지 환수가능 |
| 입주계약의 해지 등(§42) | • 관리기관은 입주기업체 또는 지원기관이 아래의 각 사항에 해당하는 경우에는 6개월 내에 시정을 명하고 미이행시 그 입주계약을 해지할 수 있음. |
| 산업단지구조고도화계획 수립(§45의 2) | • 관리권자는 산업단지가 다음에 해당하는 경우에 관리기관으로 하여금 산업단지구조고도화사업계획을 수립 시행하게 할 수 있음. |
| 기타(§45-9) | • 산업단지 개발·관리와 산업활동 지원을 위해 한국산업단지공단을 설립 |

## 3-2. 산업기술단지 개요

지역기술혁신 촉진을 위해 연구개발·창업보육·기업지원서비스 기능 등을 집적하는 거점단지를 조성하고, 지역혁신주체 간 연계·조정 및 지역혁신사업 효율화를 통해 기술혁신형 중소기업 육성 및 지역별 전략산업 육성을 도모하기 위해 1998년부터 산업기술단지를 조성중에 있다.

〈표 7〉 **산업기술단지 현황(2010년 기준)**

| 지역 | 위치 | 규모 | 참여기관 | 주력사업 |
|---|---|---|---|---|
| 송도 | 송도 매립지 | 13.7만평 | 인천시, 대학(2), 연구소(1) | 정밀기계, 부품소재 |
| 경기 | 한양대 | 5만평 | 경기도, 안산시, 대학(6) | 전자, 기계, 정밀화학 |
| 대구 | 경북대 | 3.5만평 | 대구시, 대학(3) | 정보통신, 전자, 생명공학 |
| 경북 | 영남대 | 4.6만평 | 경북도, 경산시, 대학(5) | 기계, 섬유, 자동차 |
| 광주 | 첨단산업단지 | 3만평 | 광주시, 전남도, 대학(8) | 정보통신, 정밀화학, 생명공학 |
| 충남 | 천안, 아산 | 6만평 | 충남도, 천안, 아산, 대학(11), 기타(2) | 반도체, 생명공학, 영상기술 |
| 포항 | 포항공대 | 4.2만평 | 경북, 포항, 대학(5), 기업(18), 기타 | 신소재, 생명공학, 환경, 에너지 |
| 부산 | 동아대 | 3.7만평 | 부산시, 대학(12) | 항만, 물류, 해양, 정보통신 |
| 전북 | 첨단기계벤처단지 | 2만평 | 전북도, 전주시, 대학(7) | 기계, 자동차 |
| 충북 | 오창과학단지 | 7.7만평 | 지자체(4), 민간(49), 대학(10) | BT, IT |
| 전남 | 율촌산업단지 | 2만평 | 지자체(4), 대학(6), 기타(5) | 신소재 |
| 강원 | 춘천, 원주, 강릉 | 4.1만평 | 지자체(4), 대학(12), 기타(11) | 바이오, 의료기기, 해양생물 |
| 울산 | 울산 중구 | 3만평 | 지자체(1), 대학(3), 기업(4) | 정밀화학 |
| 경남 | 창원 | 2만평 | 지자체(5), 대학(6), 기업(19), 연구소 | 정밀기기 |

## 3-3. 산업용 건축물(§78 ③·④, 영 §38)

산업단지사업시행자 및 입주기업이 직접 사용하기 위해 건축하는 산업용건축물의 범위는 산집법에서 정하는 바에 따라 아래와 같다. 이때 산업단지에 입주하는 기업이 산업용건축물을 건축 또는 재축하는 부동산에 대하여는 2012년부터 건축물을 신·증축하는 경우와 동일하게 취득세 면제대상에 해당된다. 다만, 기존 산업용 건축물을 승계하여 취득하는 경우에는 건축(신축, 증축, 개축, 재축)하려는 부동산이 아니므로 감면대상 부동산에서 제외되지만, 승계 취득하려는 자가 향후 공장 등 건축물을 멸실할 것을 전제로 취득하는 경우는 감면대상에 해당한다. 이 경우 취득일 현재 멸실이 진행중 또는 관할 시·군·구에 멸실

신고가 되어 있거나, 멸실 실시계획이 있는 경우로 한정해야 할 것이다.

한편, 시행령 제38조는 2023년 1월 14일 개정에 따라 산업(기술)단지에 대한 감면규정에서 감면대상 산업용 건축물 등의 범위 중 가스・집단에너지공급시설용 도관시설(지방세법 시행령 §5 ① 4호)에 대해서는 해당 감면지역에 공급하는 경우로 한정토록 하였으며 이는 기존의 과세운영방식과 동일한 것으로 건축물의 범위를 명확히 한 규정이라 할 수 있다.

■ 건축의 정의(건축법 시행령 §2)

1. "신축"이란 건축물이 없는 대지(기존 건축물이 철거되거나 멸실된 대지를 포함한다)에 새로 건축물을 축조(築造)하는 것[부속건축물만 있는 대지에 새로 주된 건축물을 축조하는 것을 포함하되, 개축(改築) 또는 재축(再築)하는 것은 제외한다]을 말한다.
2. "증축"이란 기존 건축물이 있는 대지에서 건축물의 건축면적, 연면적, 층수 또는 높이를 늘리는 것을 말한다.
3. "개축"이란 기존 건축물의 전부 또는 일부[내력벽・기둥・보・지붕틀(제16호에 따른 한옥의 경우에는 지붕틀의 범위에서 서까래는 제외한다) 중 셋 이상이 포함되는 경우를 말한다]를 철거하고 그 대지에 종전과 같은 규모의 범위에서 건축물을 다시 축조하는 것을 말한다.
4. "재축"이란 건축물이 천재지변이나 그 밖의 재해(災害)로 멸실된 경우 그 대지에 종전과 같은 규모의 범위에서 다시 축조하는 것을 말한다.
5. "이전"이란 건축물의 주요구조부를 해체하지 아니하고 같은 대지의 다른 위치로 옮기는 것을 말한다.

■ 산집법에 따른 산업용 건축물의 범위

1. 「산업입지 및 개발에 관한 법률」 제2조의 규정에 의한 공장・지식산업・문화산업・정보통신산업・자원비축시설용 건축물 및 이와 직접 관련된 교육・연구・정보처리・유통시설용 건축물
2. 「산업집적활성화 및 공장설립에 관한 법률 시행령」 제6조 제5항의 규정에 의한 폐수처리업・폐기물수집 및 처리업・보관 및 창고업・화물터미널 그 밖에 물류시설을 설치 및 운영하는 사업・운송업(여객운송업을 제외한다)・산업용기계장비임대업・전기업・농공단지에 입주하는 지역특화산업・「도시가스사업법」 제2조 제5호의 규정에 의한 가스공급시설용 및 「집단에너지사업법」 제2조 제6호의 규정에 의한 집단에너지공급시설용 건축물
3. 「산업기술단지지원에 관한 특례법」의 규정에 의한 연구개발시설 및 시험생산시설용 건축물
4. 「산업집적활성화 및 공장설립에 관한 법률」 제30조 제2항의 규정에 의한 관리기관이 산업단지의 관리, 입주기업체 지원 및 근로자의 후생복지를 위하여 설치하는 건축물(법 제107조의 규정에 의한 수익사업용으로 사용되는 부분을 제외한다)

### 3-3-1. 산업단지 내에서 도・소매업을 주업으로 하는 자가 취득하는 물류시설

구 지방세법 개정(2005.1.5. 법률 제7332호)으로 산업단지 내에서 감면대상의 범위를 '공장용

건축물 등'에서 '산업용 건축물 등'으로 변경되어 '화물터미널 그 밖에 물류시설을 설치 및 운영하는 사업용 건축물'은 취득세 감면대상에 포함된다. 따라서, 2005년 1월 5일부터 취득하는 부동산 가운데 산업단지 내 물류시설관련 건축물도 취득세 등이 감면대상에 포함된다 하겠다(감면대상 범위 : 공장용 건축물 → 산업용 건축물). 한편, 물류시설의 개발 및 운영에 관한 법률 제2조에서 '물류시설'이란 "가. 화물의 운송 · 보관 · 하역을 위한 시설, 나. 화물의 운송 · 보관 · 하역과 관련된 가공 · 조립 · 분류 · 수리 · 포장 · 상표부착 · 판매 · 정보통신 등의 활동을 위한 시설, 다. 물류의 공동화 · 자동화 및 정보화를 위한 시설, 라. 가목부터 다목까지의 시설이 모여 있는 물류터미널 및 물류단지"라 규정하고 있다. 조세법규는 특별한 사정이 없는 한 법문대로 해석하여야 하고 합리적인 이유 없이 확장해석하거나 유추해석하는 것은 허용되지 아니한다 할 것으로, 제78조 제4항 및 같은 법 시행령 제29조에서는 산업용 건축물에 대한 인정가능 범위에 대해서만 명시하고 사용주체에 관하여 아무런 규정이 없으므로, 비록 도 · 소매업을 주업으로 하는 자가 국토교통부장관이 고시한 물류단지 내 부동산을 취득하여 자사의 편의점에 상품을 제공하기 위한 물류시설로 사용하는 경우라 하더라도 취득세 감면대상인 산업용 건축물에 해당된다고 봄이 타당하다 하겠다.

### 3-3-2. 재생사업지구 사업시행계획이 승인 · 고시되지 않은 경우

산업입지 및 개발에 관한 법률 제39조의 11에서 '재생사업지구'는 산업단지가 지정된 것으로 의제한다고 규정하고 있어, 재생사업지구로 지정된 토지를 취득하는 경우 감면대상에 포함되는지 여부에 대하여 살펴보면, '재생사업지구'란 산업구조의 변화, 산업시설의 노후화 및 도시지역의 확산 등으로 산업단지 또는 공업지역의 재생이 필요한 경우 체계적인 기반시설, 지원시설 등 개량사업의 추진을 위하여 기존 산업단지 등에 지정되는 지역이라 할 것이며, 산입법 제39조의 11 제1항은 "제39조의 2 및 제39조의 3에 따라 재생사업지구가 지정 · 고시된 때에는 산업단지가 지정 · 고시된 것으로 본다"라고, 같은 조 제2항은 "제39조의 9에 따라 재생시행계획이 승인 · 고시된 때에는 산업단지개발실시계획이 승인 · 고시된 것으로 본다"고 규정하고 있다. 그러나 산입법 제39조의 10에서 재생사업에 관하여는 산업단지의 지정, 개발에 대한 조문을 준용하도록 규정하면서, 이 경우 '산업단지'는 '재생사업지구'로, '산업단지개발계획'은 '재생계획'으로, '산업단지지정권자' 및 '실시계획승인권자'는 각각 '시 · 도지사 또는 시장 · 군수 · 구청장'으로 명시하고 있으며, 같은 법 제39조의 8 및 제39조의 9에서 재생사업의 시행방식은 재생사업의 시행자가 재생사업지구의 토지 등을 수용하거나 사용하는 방식으로 수행하며, 재생사업을 시행하려는 자는 재생시행계획을 수립하여 재생사업지구 지정권자의 승인을 받아야 한다고 규정하고 있음을 고려할 때, 제

78조 제4항에서 취득세 등이 감면되는 산업단지 내 입주기업이 취득하는 부동산은 산업단지지정권자의 지정에 의한 산업단지개발사업의 시행자가 실시계획승인을 받아 조성공사가 완료된 산업단지 내 토지로 산업용 건축물을 신축 또는 증축하기 위하여 취득하는 부동산에 한정하고 있고, 산업단지에 의제되는 재생사업지구 감면 부동산 또한 이에 준용되어야 할 것이며, 이와 유사한 취지로 대법원은 "산업단지개발사업을 시행하려는 자가 그 개발사업의 사업자로 지정되기 전에 취득한 토지는 장차 그 토지가 산업단지개발사업의 완료에 의한 산업단지로 변화된다고 하더라도 취득세의 감면대상에 해당하지 아니한다(대법원 2011두21133, 2011.12.27.)"라는 사례가 있다. 따라서 재생사업지구 지정고시 이후 산업용 건축물을 신축하기 위하여 제3자로부터 부동산을 취득하였다 하더라도 재생시행계획이 승인·고시되지 아니한 재생사업지구는 산업단지에 의제한 취득세 감면적용대상에 해당되지 않는다고 봄이 타당하겠다.

### 3-3-3. 입주기업이 건축물 신축 후 제조시설 없이 타 지역에서 생산된 자동차를 보관·출고하는 시설로만 사용하고 있는 경우 산업용건축물 해당 여부

산업용건축물에 해당하는 공장이라 함은 통계청장이 고시하는 표준산업분류에 의한 제조업을 영위하기 위한 사업장과 그 제조업을 영위함에 필요한 제조시설 및 당해 공장부지 안에 설치하는 부대시설을 말하며, 관련 유통시설이란 산업단지 내의 공장에서 제조업을 영위함에 있어서 필요한 자재나 부품, 설비 등을 지원하거나 공장에서 제조된 물품의 판매 등 유통을 지원하는 역할을 직접적으로 수행하는 유통시설을 의미한다 할 것이다. 따라서, 산업용 건축물로서 취득세 감면대상인 공장 및 유통시설용 건축물이 되기 위해서는 제조시설을 갖추고 제조업을 영위하는 공장과 산업단지 내에 위치한 공장, 자원비축시설용 건축물 등과 이와 직접 관련된 부대시설에 해당되는 유통시설에 한정된다 할 것으로 산업단지 내 입주기업이 건축물을 신축한 후 사실상 제조시설 없이 타 지역에서 생산된 자동차를 보관·출고하는 시설로만 사용하고 있다면 이는 취득세 등의 감면대상이 되는 공장과 직접 관련된 유통시설용 건축물이라 보기는 어렵다고 할 것으로 보여진다.

### 3-3-4. 산업단지 물류시설부지 내 물류센터의 산업용건축물 해당 여부

지특법 시행령 제29조 제3호에서는 산업용 건축물의 범위를 「산업입지 및 개발에 관한 법률」 제2조에 따른 공장·지식산업·문화산업·정보통신산업·자원비축시설용 건축물 및 이와 직접 관련된 교육·연구·정보처리·유통시설용 건축물로 규정하고 있고 같은 조 제6호에서는 「산업집적활성화 및 공장설립에 관한 법률 시행령」 제6조 제5항에 따른 창고

업, 화물터미널 또는 그 밖에 물류시설을 설치 및 운영하는 사업 등으로 규정하고 있다.

또한, 「산업입지 및 개발에 관한 법률」 제2조 제7호 및 「물류시설의 개발 및 운영에 관한 법률」 제2조 제1호에서는 물류시설을 화물의 운송·보관·하역을 위한 시설과 이에 관련된 가공·조립·분류·수리·포장·상표부착·판매·정보통신 등의 활동을 위한 시설, 물류의 공동화·자동화 및 정보화를 위한 시설, 위 각 시설이 모여 있는 물류터미널 및 물류단지라고 규정하고 있으며, 「물류정책기본법」 제2조 제1항 제1호에서 물류란 재화가 공급자로부터 조달·생산되어 수요자에게 전달되거나 소비자로부터 회수되어 폐기될 때까지 이루어지는 운송·보관·하역(荷役) 등과 이에 부가되어 가치를 창출하는 가공·조립·분류·수리·포장·상표부착·판매·정보통신 등을 말한다고 규정하고 있고, 같은 항 제2호에서 물류사업이란 화주(貨主)의 수요에 따라 유상(有償)으로 물류활동을 영위하는 것을 업(業)으로 하는 것으로, 같은 호 나목에서 물류터미널이나 창고 등의 물류시설을 운영하는 물류시설운영업을 물류사업으로 규정하고 있다.

산업용 건축물 등의 범위로 열거된 「산업집적활성화 및 공장설립에 관한 법률 시행령」 제6조 제5항에 따른 "창고업, 화물터미널 또는 그 밖에 물류시설을 설치 및 운영하는 사업"은 예시적 규정이 아닌 한정적 규정이라고 할 것이고, 산업용 건축물등의 범위에 포함되는 물류시설이란 "창고업, 화물터미널 또는 그 밖에 물류시설을 설치 및 운영하는 사업"을 위한 건축물을 의미한다고 할 것이므로 이는 화물의 운송·보관·하역과 이와 관련된 가공·조립·분류·수리·포장·상표부착·판매·정보통신 등의 활동 등 물류시설로서의 기능을 수행할 뿐만 아니라 창고업, 화물터미널 등과 같은 물류사업에 사용되는 건축물을 의미한다고 할 것이다.

또한, 「물류정책기본법」 제2조 제1항 제2호에서 물류사업을 화주(貨主)의 수요에 따라 유상(有償)으로 물류활동을 영위하는 것을 업(業)으로 하는 것이라고 정의하고 있으므로 산업용 건축물등의 범위에 포함되는 물류시설이 되기 위해서는 해당 시설이 물류시설의 기능과 함께 물류사업의 요건인 "유상성(有償性)"을 충족해야 한다.

따라서, 제품을 제조하여 인터넷으로 판매하는 법인이 산업단지 내 물류시설부지에 물류센터를 신축하여 물류시설로 사용한다고 하더라도 자사제품의 판매를 위한 창고시설로서 자가물류시설로 사용하는 경우라면 '물류사업'의 요건인 유상성이 없어 산업용 건축물등의 범위에 포함되는 물류시설에 해당하지 않아 감면규정을 적용받을 수 없다 할 것이다.

### 3-3-5. 산업단지에 입주한 기업부설연구소의 산업용건축물 해당 여부

「산업입지 및 개발에 관한 법률」 제2조에서 "지식산업"이란 컴퓨터소프트웨어개발업,

연구개발업 등 전문분야의 지식을 기반으로 하여 창의적 정신활동에 의하여 고부가가치의 지식서비스를 창출하는 데에 이바지할 수 있는 산업이라고 규정하고 있으며 여기에서 '연구개발업'은 한국표준산업분류(통계청 고시 제2017-13.2017.1.13.)의 해설에 의하면 대분류를 "M 전문, 과학 및 기술서비스업(70~73)"으로 분류하고, '다른 사업체를 위하여 전문, 과학 및 기술적 업무를 계약에 의하여 수행하며, 이러한 전문, 과학 및 기술서비스는 동일 기업 내의 다른 사업체에 의하여 수행될 수 있다'라고 하면서, '0. 연구개발업'은 '자연과학, 인문과학 및 사회과학 등의 각 연구 분야에서 새로운 지식을 얻기 위한 기초탐구, 실용적 목적으로 연구하는 응용연구, 제품의 공정개발을 위한 실험개발 등 연구 활동을 말한다'라고 규정하고 있고 「지방세특례제한법 시행령」 제29조에서는 '산업용 건축물등'의 범위는 공장을 포함하여 지식산업 · 문화산업 등의 건축물과 이와 직접 관련된 교육 · 연구 · 정보처리 · 유통시설용 건축물을 산업용 건축물 등의 범위에 포함하고 있다.

「산업집적활성화 및 공장설립에 관한 법률」 제2조에서 '입주기업체'란 산업단지에 입주하여 제조업, 지식산업, 정보통신산업, 자원비축시설, 그 밖에 대통령령으로 정하는 산업을 운영하려는 자 중 대통령령으로 정하는 자격을 가진 자로서 제38조 제1항 또는 제3항에 따라 입주계약을 체결한 기업체를 말한다고 규정하면서 같은 법 시행령 제6조 제2항 법 제2조 제18호에서 '지식산업'이란 창의적 정신활동에 의하여 고부가가치의 지식서비스를 창출하는 산업으로서 「기초연구진흥 및 기술개발지원에 관한 법률」 제14조 제1항 각 호에 따른 기관의 연구개발업을 말한다고 규정하고 있다.

따라서, 지식산업에 속하는 연구개발업은 고부가가치의 지식서비스를 창출하는 산업으로 독자적으로 수행하는 기업과 함께 동일기업 내에 다른 사업체에서 전문, 과학 및 기술서비스를 수행할 수 있다는 모든 경우를 포함하고 있다는 점을 감안할 때 산업단지 내에 연구개발업에 속하는 기업부설연구소를 신축하여 실용적 목적으로 연구하는 응용연구, 제품의 공정개발을 위한 실험개발 등 연구 활동용도로 사용하고 있는 경우라면 '산업용 건축물등'에 해당하는 것으로 봄이 타당할 것이다.

### 3-4. 공장용 건축물(§78 ③ · ④ · ⑥ · ⑦, 규칙 §6)

산업단지에서 감면대상인 공장이란 규칙 제6조에서 「지방세법 시행규칙」 별표 2 업종의 공장과 생산설비를 갖춘 그 공장의 건축물 연면적이 200㎡(2000년 이전까지는 500㎡ 이상) 이상인 것을 말하며, 여기에는 종업원의 후생복지시설 등 각종 부대시설을 포함한다. 이미 공장용 건축물의 규모가 200㎡ 이상인 경우 그 증축분에 대해서는 그 규모에 관계없이 취득세 및 재산세가 감면된다. 법 제78조 제6항에서 같은 법 제2항(사업시행자 분양·임대용 부동산) 및 제4항(입주기업의 건축용 부동산 등)의 감면을 적용할 때 공장적용 기준을 규정하고 있는데 종전 규정(구 지법 §276 ④, 지특법 2010.3.31. 제정 이전)과 비교하여 볼 때 그 적용기준이 다르다(표 9 참조). 현행 제2항의 경우 사업시행자가 산업단지 조성에 대한 감면으로 공장용 건축물을 적용할 기준이 없는데도 제2항의 규정을 인용하고 있다. 이는 지특법 입법과정의 단순착오로 보여지고, 입법과정에서 관련규정을 인용하는 경우에 단순한 착오 등으로 인하여 그 인용조문에 혼선이 발생하는 경우에는 "그 인용조문을 바로잡아 적용하더라도 법규정의 가능한 의미를 벗어나 법형성이나 새로운 법 창조행위에 이른다고 할 수 없다"는 법제처 사례(법제처 07-146, 2007.5.28.) 등을 종합하여 볼 때, 현행 법 제78조 제7항의 공장적용 기준 범위는 제2항과 제4항을 종전처럼 제3항과 제4항으로 바로잡아 해석을 하는 것이 타당하다고 본다.

〈표 8〉 **산업단지 내 공장의 범위와 적용기준 신·구조문 비교**

| 종전(구 지방세법 §276 ④) | 2021.12.31.까지(신 지방세법 §78 ⑦) |
|---|---|
| 제4항<br>제1항 및 제2항의 규정에 의한 공장의 범위와 적용기준은 행안부령으로 정한다. | 제7항<br>제2항부터 제4항까지에 따른 공장의 업종 및 그 규모, 감면 등의 적용기준은 행자부령으로 정한다. |
| 〈제2항, 개발·조성 이후〉<br>• 사업시행자가 산업단지 조성 이후 산업용 건축물을 신·증축하기 위해 취득하는 부동산 | 〈제2항, 개발·조성 중〉<br>• 사업시행자가 산업단지를 개발·조성하여 분양·임대할 목적으로 취득하는 부동산 |
| 〈제1항, 개발·조성 이후〉<br>• 산업단지 내 입주하는 기업이 산업용 건축물을 신·증축하기 위하여 취득하는 부동산 | 〈제4항, 개발·조성 이후〉<br>• 산업단지 내 입주하는 기업이 산업용 건축물을 신·증축하기 위하여 취득하는 부동산 |

아울러, 그간 공장용 건축물 외 산업용 건축물을 중소기업자에게 임대(취득 후 2년 이내)하는 경우 추징 여부가 불명확하였으나 법원 판결(대법원 2020두43586, 2020.11.5., 대법원 2012두17179, 2020.11.29.)에 따른 관련규정의 입법취지, 개정연혁, 본문과 단서의 관계 등을 고려, '산업용 건축물'과 '공장용 건축물'을 달리 보기 어렵다고 판단하였고 또한 공장용 건축물 외 산업용 건축물을 중소기업자에게 임대(취득 후 2년 이내)하는 경우 추징대상 아니라고 유권해석(행안부 지방세특례제도과-116,. 2021.1.11.)한 바 있어 이를 토대로 2022년부터 제78조 제4항을 개정하고 제7항을 삭제하였다.

〈표 9〉 산업단지 내 공장의 범위와 적용기준 신 · 구조문 비교

| 2021.12.31. (§78 ④,⑦) | 2022.12.31. 개정(§78 ④) |
| --- | --- |
| 제78조(산업단지 등에 대한 감면) ① ~ ③ (생　략) | 제78조(산업단지 등에 대한 감면) ① ~ ③ (현행과 같음) |
| ④ 제1항에 따른 사업시행자 외의 자가 제1호 각 목의 지역(이하 "산업단지등"이라 한다)에서 취득하는 부동산에 대해서는 제2호 각 목에서 정하는 바에 따라 지방세를 경감한다. | ④ ---------------------------------------------------------------------------------------------------------. |
| 1. (생　략) | 1. (현행과 같음) |
| 2. 경감 내용 | 2. -------- |
| 가. 산업용 건축물등을 신축하기 위하여 취득하는 토지와 신축 또는 증축하여 <u>취득하는 산업용 건축물등에 대해서는 취득세의 100분의 50을 2022년 12월 31일까지 경감한다. 이 경우 공장용 건축물(「건축법」 제2조 제1항 제2호에 따른 건축물을 말한다)을 신축 또는 증축하여 중소기업자에게 임대하는 경우를 포함한다.</u> | 가. ---------------------------------------------취득(취득하여 중소기업자에게 임대하는 경우를 포함한다)하는 산업용 건축물등---------. 〈후단 삭제〉 |
| <u>⑦ 제2항부터 제4항까지의 규정에 따른 공장의 업종 및 그 규모, 감면 등의 적용기준은 행정안전부령으로 정한다.</u> | <u>〈삭　제〉</u> |

# 4 | 특례의 내용

## 4-1. 세목별 감면율

산업단지개발사업시행자 및 산업단지 등의 입주자에 대해서는 2022년 12월 31일까지 다음과 같이 지방세를 각각 감면한다. 2015년부터는 사업시행자 및 입주기업 등에 대한 감면율이 종전 면제에서 일부 축소되었으며, 산업단지관리공단에 대해서는 원칙적으로는 산업단지사업시행자에 해당되지 않음을 고려하여 별도의 감면 규정을 신설하였다.

감면방식의 경우에도 법정감면 이외에 지방자치단체의 재정여건에 맞게 조례로 추가적으로 감면하는 방식으로 변경되었으며, 제8항 후단의 감면 총량 제한을 적용하지 않는 규정은 제4조 제3항 및 제6항에 따라 이미 실무적으로 운영되고 있어 해당 규정이 불필요함에

따라 삭제하였다.

〈표 10〉 **산업단지 사업시행자 및 입주기업 감면 현황(2024.1.1. 현재)**

| 조문 | 감 면 대상자 | 감면부동산 | 감면내용 | 비고 |
|---|---|---|---|---|
| §78 ① | 시행자 | • 산업(기술)단지 조성용 부동산(주로 토지이며, 조성을 위해 기존 취득 후 멸실부동산 등 포함) | • 취득세 35%<br>• 재산세 35~60%<br>(수도권 외 지역 60%) | • 시행자가 단지조성시 |
| §78 ② | 시행자 | • 사업시행자가 산업(기술)단지 분양·임대용 부동산으로 취득하는 경우 및 조성공사가 끝나 토지(재산세분) | • 취득세 35~60%<br>• 재산세 35~60%<br>(수도권 외 지역 60%) | • 사업시행자가 건물을 건축(신·증축)하여 분양·임대하는 경우 |
| §78 ③ | 시행자 | • 사업시행자가 직접 산업단지에 산업용건축물을 신·증축하는 경우(주로 건축물) 및 조성공사가 끝난 토지(재산세분) | • 취득세 35%<br>• 재산세 35~60% 감면<br>(수도권 외 지역 60%) | • 사업시행자가 산업단지를 조성하여 직접 사용하는 경우 |
| §78 ④ | 입주 기업 | • 입주업체가 산업(기술)단지에서 분양받아 산업용건축물을 건축(신증축 및 대수선)하는 경우<br>※ 당초 건축물 부속토지 취득 포함 | • 취득세 50%(신축)<br>• 취득세 25%(대수선)<br>• 재산세 35~75% 감면<br>(수도권 외 지역 75%) | • 입주기업체가 부지를 분양받아 직접 건축하는 경우 |
| §78 ⑥ | 산단 공단 | • 산업단지공단이 환수하는 부동산(주로 토지) | • 취득세 35%<br>• 재산세 50%<br>('19년) 재산세 35%(수도권), 재산세 75%(비수도권) | • 산업단지공단이 환수하는 경우 등 |
| §78 ⑧ | 시행자 | • 산단조성, 개발 및 산업용건축물 등 신·증축용 부동산 | • 조례로 §78 ①~③에 따른 취득세 감면 이외 25% 조례로 추가 감면 가능<br>※ '17년까지 1년 유예 가능 | • 단, 산업단지공단 제외 |
| | 입주 기업 | • 산단조성, 개발 및 산업용건축물 등 신·증축용 부동산 | • 조례로 §78 ④에 따른 취득세 감면 이외 25% 조례로 추가 감면 가능 | • 산업단지 입주기업 대수선용 부동산은 15% |

| 조문 | 감 면 대상자 | 감면부동산 | 감면내용 | 비고 |
| --- | --- | --- | --- | --- |
| §78 ⑨ | 산업 기술 단지 입주 기업 | • 산업기술단지 내 산업용 부동산 | • 취득세, 등록면허세, 재산세 중과배제 | |

## 4-2. 2017년까지 산업단지에 입주하는 기업에 대한 특례(부칙 §25, 제12955호 2014.12.31.)

### 4-2-1. 최소납부세액의 면제

2015년부터 법 제177조의 2 규정에 따라 취득세 또는 재산세가 전액 면제되더라도 면제받는 금액의 15%를 최소납부세액으로 부담하여야 한다. 제78조에 따른 산업단지에 대한 감면은 2015년부터는 취득세 또는 재산세의 감면율이 종전 면제에서 최대 75% 이하로 축소되어 최소납부세액 대상에는 해당되지 않는다. 다만, 입주기업의 경우에는 2017년 12월 31일까지는 종전대로 면제가 적용되므로 이 경우 최소납부세액 대상에 해당되는지에 대해 알아보면, 개정 부칙에서 "개정법률"이 아닌 "개정규정"으로 할 경우에는 최소납부세액(§177의 2) 규정을 적용할 여지가 있겠으나, 동 부칙에서 "이 법 개정법률에도 불구하고 2017년까지는 종전의 법률을 적용한다"라고 하여 2015년부터 시행되는 제177조에 따른 규정을 적용할 여지가 없도록 명확하게 개정되었다. 따라서 동 부칙에 따른 입주기업의 경우에는 2017년까지는 종전대로 계속해서 취득세 또는 재산세가 계속 면제대상에 해당된다. 최소납부세액에 대한 세부적인 사항은 제177조의 2의 해설편을 참조하면 된다.

〈표 11〉 **법률 제12955호 부칙 입법사례**

| 부칙 제25조 | 부칙 제18조 |
| --- | --- |
| 제25조(산업단지 입주기업 등에 대한 경감세율 특례)------------------------------<br>-------------------------------------<br>---이 법 <u>개정법률</u>에도 불구하고 2017년까지는 <u>종전의 법률</u>을 적용한다. | 제18조(신기술창업집적지역 등 입주기업 재산세 감면기간에 관한 경과조치)------<br>-------------------------------------<br>--------- <u>개정규정</u>에도 불구하고 <u>종전의 규정</u>을 적용한다. |

#### 4-2-2. 산업단지공단에 대한 경감세율 특례(부칙 §10, 제14477호 2017.1.1.)

2017년 1월 1일부터는 산업단지공단에 대한 제78조 제6항에 따른 취득세 감면율이 종전 60%에서 35%로 축소되었다. 다만, 감면이 축소되었더라도 2016년 납세의무 성립분까지는 「지방세기본법」 제51조에 따른 경정청구 기간(최대 2021년)까지는 종전(2016년)의 규정을 계속해서 적용할 수 있다.

#### 4-2-3. 산업단지 입주기업에 대한 경감세율 특례

2015년부터 산업단지에 입주하는 기업에 대해서는 취득세 면제에서 최대 75%(법 50%, 조례 25%)까지만 감면된다. 다만, 제78조 제1항에 따른 산업단지개발사업시행자와 2015년 12월 31일까지 분양계약을 체결하는 경우에는 법률 제12955호 부칙 제25조의 규정에 따라 2017년 12월 31일까지는 2014년 이전의 규정대로 취득세가 계속 면제된다.

이는 2014년 12월 31일 이전에 이미 분양계약을 체결한 입주기업에 대해서는 개정 법률에도 불구하고 종전 규정을 계속 적용하여 산업단지입주기업들의 경쟁력 확보와 입주여건을 조성·지원하기 위함이라 하겠다. 그 외 분양계약을 체결하지 않고 사업시행자와 입주기업 간에 증여, 일반 매매 등의 사유로 취득하는 경우에는 감면대상에서 제외된다.

한편, 제78조 제3항에 따라 산업단지사업시행자가 산업단지를 개발·조성하고 그 시행자가 직접 입주하는 경우에는 사업시행자와 입주기업간의 분양계약을 체결하는 사유에 해당되지 않으며, 제78조 제4항에서 입주기업에 대한 범위를 별도로 규정하고 있지 않고 있어 산업단지사업시행자와 분양계약을 체결하는 경우에는 중소기업, 대기업 등 모두 면제대상에 해당된다 하겠다.

또한, 재산세의 경우에도 2017년 12월 31일까지 세율특례를 적용하도록 하고 있어 2015년 12월 31일까지 사업시행자와 분양계약을 체결하고 산업용 건축물 등 해당 부동산에 대해 재산세 과세기준일을 기준으로 종전의 세율을 적용하여 감면하되 연도별로 차등을 두어 적용되어야 할 것이며 부칙에 따른 본 특례규정은 2017년 12월 31일 말 종료되는 것으로 일반적 경과조치와 달리 2017년 12월 31일 이후에는 종전의 법률을 적용하지 않아야 할 것이며 2018년부터는 해당 연도의 법 규정에 따른 재산세 감면율을 적용하여야 할 것으로 부칙에서 종전의 규정을 적용하도록 한 것은 해당기한까지만을 종전의 규정을 적용하여 일반적 경과조치의 중복적인 지속 적용이 되지 않도록 함이 합목적적이라 할 것이다.

**예1) '14.5월 취득 : '14년 분양계약을 체결하고 입주한 기업(일반적 경과조치 적용)**

| 과세연도 / 취득시점 | 지역 | '15년 | '16년 | '17년 | '18년 | '19.6 |
|---|---|---|---|---|---|---|
| '14.5월 | 수도권 | 50 | 50 | 50 | 50 | 50 |
| | 비수도권 | 100 | 100 | 100 | 100 | 100 |

**예2) '15.5월 취득 : '15년에 분양계약을 체결하고 입주한 기업('17.12.31. 세율특례 종료)**

| 과세연도 / 취득시점 | 지역 | '15년 | '16년 | '17년 | '18년 | '19년 |
|---|---|---|---|---|---|---|
| '15.5월 | 수도권 | 50 | 50 | 50 | 해당연도 감면율 | |
| | 비수도권 | 100 | 100 | 100 | | |

**예3) '16.5월 또는 '17.5월 취득 : '15년에 분양계약을 체결하고, '16년 또는 '17년에 입주한 기업 ('17.12.31. 세율특례 종료)**

| 과세연도 / 취득시점 | 지역 | '15년 | '16년 | '17년 | '18년 | '19년 |
|---|---|---|---|---|---|---|
| '16.5월 | 수도권 | × | 50 | 50 | 해당연도 감면율 | |
| | 비수도권 | × | 100 | 100 | | |
| '17.5월 | 수도권 | × | × | 50 | | |
| | 비수도권 | × | × | 100 | | |

**예4) '16.5월 또는 '17.5월 취득 : '16년에 분양계약을 체결하고 '16년 또는 '17년에 입주한 기업('16년 일몰 도래, 일반적 경과조치 적용, 법률 제12955호 부칙 제25조 세율특례 미적용)**

| 과세연도 / 취득시점 | 지역 | '16년 | '17년 | '18년 | '19년 | '20년 |
|---|---|---|---|---|---|---|
| '16.5월 | 수도권 | 35 | 35 | 35 | 35 | 35 |
| | 비수도권 | 75 | 75 | 75 | 75 | 75 |
| '17.5월 | 수도권 | × | 해당연도 감면율 | | | |
| | 비수도권 | × | | | | |

참고로, 舊「지방세특례제한법」 개정 전('14.12.31. 이전) 사업시행자와 분양 계약을 체결한 법인이 인적분할하고 분할신설법인은 종전 법인의 권리 · 의무를 승계받아 산업단지 내의 토지, 건축물을 취득하는 경우에 해당 분할신설법인은 「상법」에 규정된 분할절차에 따

라 분할 전 법인으로부터 산업단지 시행자와 분양계약을 체결한 계약상의 당사자 지위뿐만 아니라 토지 분양계약에 관한 권리·의무를 일괄하여 포괄승계 받고, 「지방세특례제한법」 개정('14.12.29.) 이전에 분할신설법인 명의로 토지 매매 잔금을 납부하고 소유권을 취득한 점 등을 고려, 분할신설법인은 분할 전 법인과 동일한 지위에서 산업단지 사업시행자와 분양계약을 체결한 입주기업에 해당한다 할 것이므로, '16년 말 이전, 산업단지 내 신축한 연구소용 건축물은 부칙 제25조(법률 제12955호, '14.12.31.) 적용요건을 충족하여 산업용 건축물에 대해 취득세를 감면받아야 할 것이다(지방세특례제도과-517, 2022.3.2.).

### 4-3. 지방자치단체 조례를 통한 추가 감면

#### 4-3-1. 산업단지사업시행자, 입주기업에 대한 취득세 추가 감면(§78 ⑧)

제78조 제1항부터 제4항까지 규정에 따른 산업단지사업시행자 또는 입주기업에 대해서는 최대 25%의 범위에서 본 규정에 따른 취득세 감면율 이외에 추가로 지방자치단체의 조례가 정하는바에 따라 추가로 감면할 수 있다.

〈자치단체별 취득세 추가 25% 감면 적용사례〉
- 부산·대구·광주·대전·울산광역시, 세종특별자치시, 경기도, 강원도, 충청북도, 충청남도, 전라북도, 전라남도, 경상북도, 경상남도 ☞ 취득세 25%(대수선의 경우 15%)

#### 4-3-2. 지방자치단체 감면조례 추가 확대 예외특례(§78 ⑧ 후단)

법 제4조 제1항에서 지특법에 이미 감면 규정을 두고 있는 경우에는 지방자치단체의 조례로 감면을 추가로 확대할 수 없도록 규정하고 있다. 따라서 산업단지사업시행자 등에 대해서는 이미 법 제78조에서 감면 규정을 두고 있어 지방자치단체의 조례로 감면을 확대할 수 없음에도 제78조 제8항 후단의 규정에 따라 조례로 감면을 확대할 수 있다.

#### 4-3-3. 지방자치단체 감면조례 총량 산정 예외특례(§78 ⑧ 후단)

법 제4조 제6항 및 제7항에서 해당 지방자치단체의 전전연도 지방세 징수액 대비 5% 범위 이내에서만 지방자치단체가 조례를 통해 감면을 할 수 있도록 감면조례 총량 제도를 운영하고 있다. 따라서 제78조에 따라 감면을 하는 경우에는 그 감면액만큼은 전전연도 지방세 총량비율 산정에서 제외하도록 하여 지방자치단체가 감면조례 자율권을 행사하는데 불이익이 발생하지 않도록 특례 규정을 두고 있다.

### 4-4. 경과규정 특례(부칙 §14, 제12955호 2014.12.31.)

산업단지사업시행자(§78 ①~③), 입주기업(§78 ④)에 대해서는 취득세 및 재산세(수도권 이외 지역)가 면제되었으나 2015년 1월 1일부터는 감면율이 축소(취득세 35~60%, 재산세 35~75%)되었다. 다만, 감면이 축소되더라도 2015년 1월 1일 이전 납세의무 성립분에 한해 「지방세기본법」 제51조에 따른 경정청구 기간(최대 2019년, 입주기업은 최대 2020년)까지는 종전의 규정을 계속해서 적용할 수 있다.

### 4-5. 건축중인 부속토지에 대한 특례(영 §123)

산업단지사업시행자, 입주기업 등이 해당 사업용도로 사용할 건축물을 건축중인 경우에는 해당 용도로 직접 사용하고 있는 것으로 의제(擬制)하여 해당 건축물의 부속토지에 대한 재산세를 계속 감면한다.

### 4-6. 자동계좌이체 납부분 재산세 세액공제(§92의 2)

산업단지사업시행자, 입주기업 등이 전자송달 또는 자동계좌이체 방식으로 납부할 재산세(§78 ①~④)를 자동납부 신청하는 경우에는 지방자치단체의 조례로 정하는 바에 따라 추가로 재산세를 공제(150원~1,000원)받을 수 있다. 자동납부 신청 세액공제에 관한 세부사항은 제92조의 2의 해설편을 참조하면 된다.

## 5 | 사업단계별 지방세 감면

산업단지 감면은 크게 사업시행자와 산업단지 내 입주기업으로 구분되며 산업단지사업시행자의 경우는 단지 조성 전·후로 세분되는 복잡하게 법령이 구성되어 있다. 이에 현행 조문별 규정이 감면대상자별로 어떻게 감면적용이 되는지에 대해 사례별로 살펴본다.

### 5-1. 사업시행자가 산업단지 조성하고 이후에 입주기업이 분양받아 산업용 공장을 건축하는 경우(§78 ①·④)

산업단지조성 사업시행자가 산업단지를 조성하기 위해 취득하는 부동산과 이후에 산업단지에 입주하는 기업이 사업시행자로부터 토지를 분양받아 산업용 건축물을 건축하는 경우에 대한 감면이다. 이 경우가 산업단지를 개발·조성하는 가장 일반적인 절차에 해당된

다. 이때 개발절차는 산업단지 승인권자(국가산업단지는 국토해양부장관, 지방산업단지는 시·도지사, 표 12 참조)가 산업단지 개발계획을 승인할 때 비로소 사업시행자가 지정된다. 사업시행자는 산입법 제16조 제1항, 시행령 제19조에 따른 시행자를 말한다.

〈표 12〉 **산업단지개발 주요 과정**

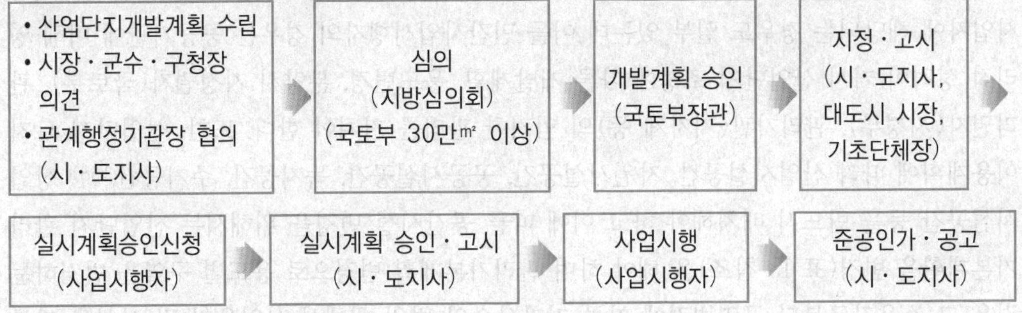


### 5-2. 사업시행자가 산업단지를 조성하고 이후에 사업시행자가 직접 산업용 공장을 건축하는 경우(§78 ③)

산업단지를 필요로 하는 기업이 직접 산업단지 조성공사를 수행하고 조성공사가 완료되면 사업시행자인 당해 기업이 산업용 건축물을 건축하는 경우에 해당된다. 이 경우의 사업시행자에 대에서는 산입법 제16조 제1항 제3호[166]를 참고하기 바란다.

### 5-3. 사업시행자가 분양·임대하기 위해 취득하는 부동산(§78 ②)

산업단지 사업시행자가 산업단지 준공 이전에 분양·임대할 목적으로 부동산을 취득하는 경우로 지특법 제78조 제2항의 감면규정을 적용한다. 이 경우에 해당하는 사업시행자는 산업단지관리공단, 산업기술단지(TP) 등 공공기관이 주로 해당되나 민간사업시행자도 가능하다. 산업단지관리공단은 산업단지 내 임대단지 운영, 환수부지 재매각, 임대전용 지식산업센터 운영 등 입주기업 지원을 위한 분양·임대사업을, 산업기술단지(TP)는 R&D지원사업, 기술형 중소벤처기업 육성을 위한 분양·임대사업을 각각 고유목적사업[167]으로

166) 산업단지개발계획에 적합한 시설을 설치하여 입주하고자 하는 자 : 산업단지를 개발하여 산업시설용지 일부를 실수요 산업시설로 사용(30%)하고 잔여면적을 입주를 희망하는 자에게 공급하는 경우
산업단지 개발계획에 적합하게 산업단지를 개발할 자 : 지식산업센터를 설립할 수 있는 자로서 산업단지 안에서 지식산업센터에 필요한 용지를 직접 개발하고자 하는 자

167) 산집법 제45조의 13 제1항
3. 공장·지식산업센터 및 지원시설·산업집적기반시설의 설치·운영과 분양·임대 및 매각에 관한 사업

하는 공공기관에 해당된다. 따라서 산업기술단지(TP) 관리기관이 산업단지를 조성하고 이후에 R&D개발 창업중소기업 지원 등 임대사업을 위해 취득하는 부동산과 산업단지관리공단이 산업단지 관리기관의 고유목적사업을 위해 취득하는 부동산 등이 이에 해당된다.

이 경우에는 산업단지 사업시행자가 대부분 공공목적에 따른 분양·임대를 고유목적으로 하는 산업단지관리공단 등 공공기관이 주로 해당되지만 예외적으로 사업시행자가 민간사업자에 해당되는 경우도 일부 있는데 이들 민간사업시행자의 경우는 공공기관에 비해 영리적 성격이 커서 산업단지 조성에 따른 개발계획, 용도변경, 분양시 지정권자(국토부), 관리권자(지경부), 관리기관(지자체 등)의 엄격한 관리를 거쳐야 한다. 또한, 산업단지 토지이용계획에 따라 산업시설공간, 자원시설공간, 공공시설공간, 녹지공간, 주거공간,[168] 상업시설공간 등을 반드시 배치해야 하고 이에 따른 공간시설 변경을 위해서는 산업단지 관리기본계획을 변경(표 13 참조)을 해야 하며 관리기본계획 변경으로 용도별 구역을 변경하는 경우 그 소유자로부터 구역변경에 따른 지가상승의 범위 내에서 산업용지 및 시설을 기부받아 기반시설 확충 등 입주기업 지원용도로 사용하는 등 개발이익[169]을 기부해야 한다. 따라서 순수 민간 사업시행자가 산업단지를 준공하기 이전에 호텔, 오피스텔, 상가 등을 건설해 지방세 감면을 받는 것은 현실적으로 어렵다는 점을 참고하기 바란다.

〈표 13〉 **산업단지 관리기본계획 변경 절차**

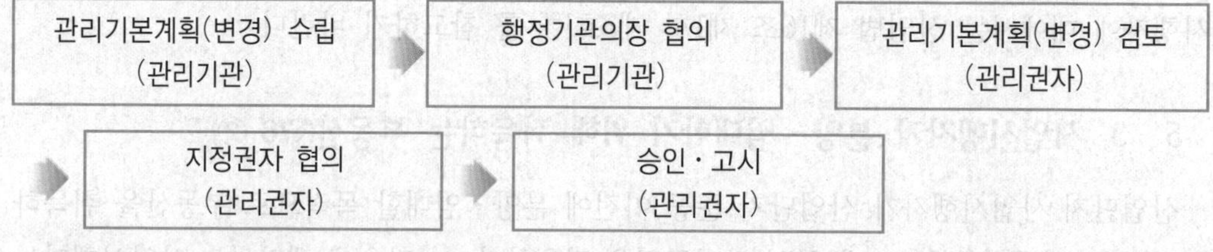


## 5-4. 사업시행자가 지정 전 취득한 토지(§78 ①, ③)

본 조 제1항의 규정에 따른 재산세 감면을 살펴보면 "조성공사가 시행되고 있는 토지"를 감면대상물건으로 하였을 뿐이며, 그 토지의 취득시기 등 그 외 감면요건에 관하여 달리 정한 바 없고, 재산세 과세기준일(매년 6월 1일) 현재 재산을 사실상 소유하고 있는 자에게

(환수포함) / 5. 입주기업체 근로자의 후생복지·교육사업 및 주택건설사업

168) •산업시설공간 : 국가, 일반, 도시첨단은 50%, 농공단지는 60% 이상(영 §7 ③) •공공시설공간 : 준공 후 지자체에 무상 귀속(산입법 §26) •주거지역 내 공동주택용지의 25% 이상을 국민임대주택용지로 확보

169) •개발된 토지·시설 등의 분양, •공공사업시행자는 조성원가로 분양, •민간사업시행자는 조성원가에 적정이윤(15% 이내)을 합한 금액으로 분양

부과되는 재산세는 그 과세기준일 현황에 따라 재산세의 부과 및 감면 요건의 충족 여부를 판단하여야 할 것이므로, 비록 사업시행자 지정 전 대상 토지를 취득하였다 하더라도 사업시행자의 지위에서 토지 조성공사를 진행하고 있다면 감면요건이 충족되었다고 보아야 할 것이다. 한편, 취득세 감면에 관하여는 사업시행자로서 취득하는 토지로 대상물건을 한정하고 있다고 하나 그 취득세 감면 요건이 그대로 재산세 감면 요건으로도 적용되는 것이라 볼 수 있는 근거는 없으므로 대상 토지의 취득시기와 상관없이 사업시행자로서 조성공사를 진행하고 있다면 재산세 감면이 가능하다 할 것이다.

본 조 제2항의 규정에 따른 재산세 감면을 살펴보면, 제1항에 따른 사업시행자가 산업단지 또는 산업기술단지를 개발·조성한 후 직접 사용하기 위하여 취득·보유하는 부동산에 대해서는 다음 각 호에서 정하는 바에 따라 지방세를 경감한다고 규정하면서, 제2호에서 제1항에 따른 사업시행자가 취득하여 보유하는 조성공사가 끝난 토지(사용승인을 받거나 사실상 사용하는 경우를 포함한다)에 대하여 재산세의 납세의무가 최초로 성립하는 날부터 5년간 재산세를 경감한다고 규정하고 있어, 사업시행자 지위 보유 이후 취득한 토지만을 대상으로 한다는 취지의 감면요건은 제3항에서도 별도 규정하지 않았으므로 재산세 감면이 가능(행안부 지방세특례제도과-788, 2019.10.1.)하며 제3항 제2호가 정한 제1항에 따른 사업시행자가 취득하여 보유하는 조성공사가 끝난 토지는 반드시 토지 취득시점에 이미 사업시행자 지정이 있어야 했음을 의미하는 것이라고 할 수 없는 것으로, 조성공사 완료된 토지의 보유시점에서 사업시행자이면 되는 것이므로 재산세를 감면함이 타당하다 할 것이다.

## 6 | 사후관리

산업단지사업시행자 및 입주기업 등이 감면의무요건을 위반하는 경우에는 감면받은 취득세 및 재산세가 추징될 수 있다. 감면의무위반 사항에 대한 일반적인 내용은 제178조의 해설편의 내용을 참조하면 된다. 본 규정에 따른 감면의무위반 사항은 다음과 같다.

- (산단사업시행자, §78 ① 단서) 다만, 산업단지 또는 산업기술단지를 조성하기 위하여 취득한 부동산의 취득일부터 3년 이내에 정당한 사유 없이 산업단지 또는 산업기술단지를 조성하지 아니하는 경우에 해당 부분에 대해서는 경감된 취득세 및 재산세를 추징한다.
- (산단사업시행자, §78 ② 1~2호 단서)

1. 다만, 그 취득일부터 3년 이내에 정당한 사유 없이 해당 용도로 분양 또는 임대하지 아니하는 경우에 해당 부분에 대해서는 경감된 지방세를 추징한다.
2. 다만, 조성공사가 끝난 날부터 3년 이내에 정당한 사유 없이 해당 용도로 분양 또는 임대하지 아니하는 경우에 해당 부분에 대해서는 경감된 재산세를 추징한다.

• (산단사업시행자, §78 ③ 1~2호 단서)

1. 다만, 다음 각 목의 어느 하나에 해당하는 경우 그 해당 부분에 대해서는 경감된 지방세를 추징한다.
   가. 정당한 사유 없이 그 취득일부터 3년 이내에 해당 용도로 직접 사용하지 아니하는 경우
   나. 해당 용도로 직접 사용한 기간이 2년 미만인 상태에서 매각 · 증여하거나 다른 용도로 사용하는 경우
2. 다만, 다음 각 목의 어느 하나에 해당하는 경우 그 해당 부분에 대해서는 경감된 재산세를 추징한다.
   가. 정당한 사유 없이 그 조성공사가 끝난 날부터 3년 이내에 해당 용도로 직접 사용하지 아니하는 경우
   나. 해당 용도로 직접 사용한 기간이 2년 미만인 상태에서 매각 · 증여하거나 다른 용도로 사용하는 경우

• (산단사업시행자, §78 ⑤) 다음 각 호의 어느 하나에 해당하는 경우 그 해당 부분에 대해서는 제4항에 따라 감면된 취득세 및 재산세를 추징한다.

1. 정당한 사유 없이 그 취득일부터 3년이 경과할 때까지 해당 용도로 직접 사용하지 아니하는 경우
2. 해당 용도로 직접 사용한 기간이 2년 미만인 상태에서 매각(해당 산업단지관리기관 또는 산업기술단지관리기관이 환매하는 경우는 제외한다) · 증여하거나 다른 용도로 사용하는 경우

• (산단관리공단, §78 ⑥ 단서) 다만, 취득일부터 3년 이내에 정당한 사유 없이 한국산업단지공단이 「산업집적활성화 및 공장설립에 관한 법률」 제45조의 13 제1항 제3호 및 제5호의 사업에 사용하지 아니하는 경우에 해당 부분에 대해서는 경감된 취득세 및 재산세를 추징한다.

### 6-1. 공장용 토지 일부를 경작한 경우

공장용으로 취득한 토지 중 일부를 도로나 나무 식재 등으로 그 경계를 명백히 하고 농작물 경작 등 직원들의 텃밭으로 사용하는 경우 당초 감면받은 취득세 등을 추징하는지의 여부에 대해 공장용도로 토지를 취득 후 산업단지 내에서 공장을 신축하여 감면 목적대로 사용하였으므로 비록 일부를 직원용 텃밭으로 사용하더라도 추징대상이 아니라도 보는 견해

도 있을 수 있겠으나 산업단지 내 부동산에 대한 감면취지가 공장용지 활용에 있으므로 취득세 감면 유예기간(3년)이 지나서도 공장용도로 사용하지 않고 다른 용도(직원 텃밭용 등)로 사용하고 있는 이상 공장용 건축물 신축이라는 당초의 용도로 사용되고 있다고 보기 어려우므로 추징대상에 해당된다고 보는 것이 타당할 것이다. 이는 공장용 부속토지의 범위를 지상정착물의 효용과 편익을 위해 사용하는 토지를 말하고 그 부속토지인지의 여부는 필지수나 공부상의 기재와 관계없이 토지의 이용현황에 따라 객관적으로 결정되는 것이므로 공장용 부속토지는 어디까지나 실제 공장으로 활용되는 경우를 한정하는 것이지 다른 용도까지를 공장용 부속토지로 볼 수 없다는 사례(대법원 95누3312, 1995.11.21.)를 인용한 것임을 참고하기 바란다.

### 6-2. 산업단지관리기관 이외 제3자가 환매하는 경우(§78 ⑤ 2호 괄호)

산업단지에서 감면을 받은 입주기업이 2년 이상 공장용도로 사용하지 않고 매각하는 경우 추징하도록 규정하면서 산업단지관리기관 등이 직접 환매하는 경우에는 예외적으로 추징을 면제해 주는 특례규정이 있다. 여기서 산업용지의 동일한 환매절차임에도 산업관리기관이 환매하는 경우에는 감면된 취득세 및 재산세 추징을 면제하나 관리기관이 지정한 자가 환매하는 경우에는 추징을 하는 것에 대해 형평성 논란이 있었으나 최근 헌법재판소 판례(2007헌가87, 2012.4.24.)에서 추징면제 대상 범위의 설정은 입법자의 재량범위 내에서 합리적인 기준에 따른 것이고 그 합리적인 기준이란 환매 주체가 누구냐에 따라 관리기관이 환매한 경우만으로 그 대상을 제한하고 있는 것이며, 만약 이와 같이 단기에 매각하는 경우 중 관리기관이 지정하는 자가 환매하는 경우까지 취득세 등의 추징을 면제한다면, 구 산업집적활성화법 제39조에 의한 거의 모든 환매[170]에 대하여 취득세 등의 추징을 면제하게 됨으로써 일반 토지취득자와 비교하여 조세부담의 불평등이 가중되는 문제 등의 발생으로 위헌소송을 기각한 사례가 있음을 참고하기 바란다.

### 6-3. 사업시행자가 기존 보유토지에 지정받는 경우 추징 개선(§78 ① 2호)

산업단지 또는 산업기술단지를 조성하기 위하여 취득한 토지의 취득일부터 3년 이내에 정당한 사유 없이 산업단지 또는 산업기술단지를 조성하지 아니하는 경우에 해당 부분에 대해서는 경감된 재산세를 추징하여야 한다. 다만, 2020년부터 추징 관련규정을 개선하여

170) 산업단지관리기관 이외의 제3자까지 환매추징 배제규정을 적용할 경우 산업단지 입주기업과 승계취득하는 기업 간의 내부적인 거래도 감면을 해야 하는 등 사실상 추징규정이 사문화되는 문제가 있음.

「산업입지 및 개발에 관한 법률」 제19조의 2에 따른 실시계획의 승인 고시 이전에 취득한 경우로 재산세 추징시에 실시계획 승인 고시일이 취득일보다 나중인 경우에 고시일을 기준으로 3년 이내에 산업단지를 조성하지 않는 경우 추징하도록 하였다.

### 6-4. 산업단지 등에 대한 감면추징 경과 조치(§19, 법률 16865호, 2020.1.15. 개정)

2020년 이전에 감면받은 취득세 및 재산세의 추징에 관하여는 지특법 제78조 제1항 및 제6항의 개정규정에도 불구하고 종전의 규정에 따른다.

### 6-5. 산업단지 등에 대한 감면추징 사유(§19, 법률 16865호, 2020.1.15. 개정)

산업단지 신 · 증축 등에 따른 추징규정인 제78조 제5항 제1호에는 정당한 사유 없이 그 취득일부터 3년이 경과할 때까지 해당 용도로 직접 사용하지 아니한 경우 같은 조 제4항에 따라 감면된 취득세 및 재산세를 추징하도록 규정하고 있으나 코로나 시기에 토지 등을 매입하고도 불가피하게 사업이 지연되는 경우를 고려하여 일정기간(2019.1.1.~2020.12.31.)에 취득한 경우에는 4년이 경과할 때까지 해당 용도로 직접 사용하지 아니한 경우 추징하도록 일부 완화하였다.

## 7 | 지방세특례의 제한(§180)

산업단지사업시행자 및 입주기업 등이 감면을 받으려는 부동산이 지방세법 제13조 제5항에 따른 별장 · 골프장 · 고급오락장 등 지방세 중과세 대상인 사치성 재산인 경우에는 감면대상에서 제외된다. 세부적인 사항은 제180조의 해설편을 참조하면 된다.

## 8 | 감면신청(§183)

산업단지사업시행자 및 입주기업 등이 본 규정에 따라 지방세를 감면받으려는 경우에는 해당 지방자치단체의 장에게 해당 부동산이 산업단지 조성용 또는 산업단지 내 산업단지 건축물을 건축하려는 용도임을 입증하는 서류를 첨부하여 감면신청을 하여야 한다. 세부적인 감면신청 절차 등에 대해서는 제183조의 해설편을 참조하면 된다.

## 9 | 관련사례

■ 산업단지 내 공사현장사무실, 주차장 등 사용 시 직접 사용 여부

- 지상정착물의 부속토지란 지상정착물의 효용과 편익을 위해 사용되고 있는 토지를 말하고, 부속토지인지 여부는 필지 수나 공부상의 기재와 관계없이 토지의 이용 현황에 따라 객관적으로 결정(대법원 1995.11.21. 1995누3312 판결 등 참조)하여야 하는 것으로 취득목적, 인근 공장용 건축물과의 거리, 토지용도, 실제 이용현황, 경제적 일체성 등을 종합적으로 고려하여 전체가 하나의 유기적인 공장구역을 이루고 있다면 하나의 공장경계구역으로 판단하는 것이 합리적이라 할 것(지방세특례제도과-1094, 2015.4.17. 참조)임.
- 이 건 토지를 제조시설 부지(이하 "연접지"라고 함)에 있는 공장 부지로서 직접 사용하였다고 볼 수 있는지 여부를 판단하기 위해서는, 토지와 연접지가 하나의 공장경계구역을 이루고 있는지 여부에 대한 판단이 선행되어야 하고, 토지와 연접지가 하나의 공장경계구역을 이루고 있는지 여부는 토지와 연접지의 취득 경위·시기와 활용 현황, 연접지 내 제조시설과 이 건 토지 내 부대시설 간 물리적 또는 기능적 관련성 등을 종합적으로 고려하여야 할 것임(행안부 지방세특례제도과-2404, 2024.9.25.).

■ 산업단지 내 설치한 수소충전소가 산업용 건축물등 해당 여부

- 지특법 제78조 제4항의 경우 취득세를 경감받을 수 있는 요건을 지특법과 산입법에서 규정하고 있고, 산입법에 따른 자원비축시설은 에너지 공급 위기 발생 시 수급의 어려움에 대비하여 자원을 비축함으로써 에너지 공급 차질을 해소하기 위한 시설을 말하는 것으로, 해당 수소충전소는 운송장비용 가스충전업으로 입주 계약을 체결한 사실이 있고, 「한국표준산업분류표」(통계청 고시, 제2024-2호(2024.1.1.))에 따르면 이는 도매 및 소매업 중 운송장비용 수소 충전업으로 분류되어, 운송장비용 수소가스를 판매(충전)하는 산업활동으로 설명되고 있는 점을 고려했을 때, 자원비축시설의 기능이 아닌 단순 수소가스 판매시설로 보아야 할 것임.
- 따라서, 해당 수소충전소는 산업용 건축물등에 해당하지 않으므로 「지특법」 제78조 제4항에 따라 취득세 감면 대상에 해당한다고 볼 수 없을 것임(행안부 지방세특례제도과-1475, 2024.6.26.).

■ 1. 지특법 제78조 제5항의 추징사유에 해당하는지 여부

취득 이후 3년 이상 보유하면서 이를 해당 용도로 사용하지 않은 경우뿐만 아니라, 3년이 경과하기 전에 매각처분하는 등 3년이 경과할 때까지 해당 용도로 사용하지 않게 된 경우도 포함된다고 해석함이 타당함.

- 따라서, 원고가 취득일인 2015. 6. 30.부터 3년이 경과하기 전에 해당 용도로 직접 사용하지 않을 것임을 적극적·확정적으로 표시(서울특별시장에게 처분 신청)한 후 이를 매도한바, 이 사건 각 토지가 3년이 경과할 때까지 해당 용도로 사용하지 않게 된 경우로 볼 수 있음.

2. 직접 사용하지 않은 정당한 사유에 해당하는지 여부

'정당한 사유'라 함은 준비기간의 장단, 고유목적에 사용할 수 없는 법령·사실상의 장애사유 및 장애정도, 당해 법인이 토지를 고유업무에 사용하기 위한 진지한 노력을 다하였는지의 여부, 행정관청의 귀책사유가 가미되었는지 여부 등을 아울러 참작하여 구체적인 사안에 따라 개별적으로 판단

① 원고가 주채권자인 한국산업은행과 체결한 약정에 원고의 자구계획으로 '매매대금 회수'가 포함되어 있었는데, 이는 원고의 자금사정 등의 악화로 인해 초래된 상황에 불과한 점, ② 당시 위 약정이 원고와 무관한 외부적인 사유에 해당한다고 볼 수도 없는 점 등에 비추어 보면, 지특법 제78조 제5항 제1호에서 정한 정당한 사유가 존재한다고 볼 수 없음(대법원 2002.9.4. 선고 2001두229 판결 등 참조)(대법원 2024.5.30. 선고, 2024두35170 판결).

▣ 청구법인이 산업단지조성공사에 대한 착공신고를 하고 실제 조성공사에 착공한 이상, 착공신고서에 기재된 전체 면적을 「지방세법 시행령」 제102조 제7항 제5호에 따른 분리과세대상 및 「지방특례제한법」 제78조 제1항에 따른 재산세 감면대상(35%)으로 보아야 한다는 청구주장의 당부

"산업단지조성공사"는 산업입지법 제2조 제8호 및 제9호에 비추어 용지, 도로, 전기·통신시설, 용수공급시설, 하수·폐기물처리시설 등을 아우르는 일단의 토지를 조성하는 사업을 통칭하는 것이고, 이러한 사업은 그 특성 상 용지조성공사를 시작으로 하여 순차적으로 진행될 수밖에 없다. 그런데 용지조성공사는 수직적으로 건축물을 쌓아 올리는 건축공사와 달리 수평적으로 일단의 토지를 조성하는 것이라서 착공신고서에 기재된 면적 중 일부분에 대하여 흙깎기나 흙쌓기 등의 작업이 시작된 이상, 해당 착공신고에 따른 산업단지조성공사는 시작되었다고 보아야 할 것임. 따라서 이 건 분리과세 규정 등의 문언과 취지에 비추어 보면, 청구법인이 이 건 토지를 포함하여 이 건 산업단지 전체면적(1,121,000㎡)에 대하여 착공신고를 한 후, 이 건 재산세 과세기준일(6.1.) 전에 단지 내 도로 부분의 공사를 시작한 사실이 확인되는 이상, 이 건 토지는 이 건 분리과세 규정 및 이 건 감면규정에 따라 재산세 감면대상 및 분리과세대상으로 보는 것이 타당하므로 처분청이 이 건 토지의 일부가 재산세 감면대상 등이 아닌 것으로 보아 이 건 재산세 등을 부과한 처분은 잘못이 있다고 판단됨(조심 2022지0056, 2024.2.14.).

▣ 착공 당시에 적용되던 종전감면규정(기업부설연구소)에 따라 취득세를 면제하여야 한다는 청구주장의 당부

종전 「지방세특례제한법」에서 2014년 12월 31일까지 취득세 등을 면제한다고 규정하고 있을 뿐 취득을 위한 원인행위가 일몰기한 내에 있으면 일몰기한 후에 기업부설연구소를 취득하더라도 취득세를 면제한다고 규정하고 있지 아니하므로 일몰기한까지 취득을 위한 원인행위만 하여도 종전 「지방세특례제한법」 및 개정 「지방세특례제한법」 부칙에 따라 취득세가 면제될 것이라는 청구법인들의 기대는 종전감면규정의 문언을 벗어나 자의적으로 확대해석한 것이거나 별다른 법적 근거가 없는 것인 점(대법원 2022.12.15. 선고 2022두57633 판결, 같은 뜻임) 등에 비추어 종전 「지방세특례제한법」 규정이 개정되어 취득세 감면율이 100%에서 50%로 축소된 후에 납세의무가 성립한 쟁점연구소의 취득은 개정 「지방세특례제한법」 적용대상으로서 취득세 50% 감면대상으로 보는 것이 타당하므로 처분청이 쟁점연

구소의 취득세에 대한 경정청구를 거부한 처분은 달리 잘못이 없다고 판단됨(조심 2021지5692, 2023.11.22.).

■ 청구법인이 승계취득한 이 건 부동산에는 쟁점건축물이 소재하고 있어 "신축 또는 증축하여 취득하는 산업용 건축물등"에 해당하지 아니하므로 취득세 감면을 적용하여야 한다는 경정청구를 거부한 처분의 당부

청구법인 역시 쟁점건축물을 포함한 이 건 부동산을 취득당시 현황 그대로 사용하고자 하는 것이 아니라 쟁점건축물을 활용하되 이를 제외한 나머지 토지는 생산 및 연구시설(자율주행 모빌리티 사업용 등)의 부지로 사용할 목적으로 취득한 것으로 보이는 점 등에 비추어, 이 건 토지 중 쟁점건축물 부속토지를 제외한 부분은 산업용 건축물 등을 신축하기 위하여 취득하는 토지'에 해당한다고 판단됨(조심 2023지0069, 2023.7.25.).

■ 산업단지사업시행자를 산업단지 입주기업으로 보아 감면을 적용한 처분

지방세특례제한법 제78조 제1항 내지 제3항과 달리 제4항은 감면주체가 명시되어 있지는 않으나 제4항은 조문 전체의 체계 및 문언상, 조성이 완료된 산업단지에서 산업용 건축물 등을 취득하는 경우에 관한 규정으로 해석되고, 사업시행자가 산업단지 조성 완료 후 직접 사용하기 위해 취득하는 산업용 건축물 등에 관하여는 같은 조 제3항에서 별도로 규율하고 있는 것으로 보이는 점에서, 제4항의 적용대상은 '산업단지가 조성된 후 산업단지에 입주하는 기업이 취득하는 산업용 건축물 등'이라고 보는 것이 논리적 · 체계적임(대법원 2023.3.30. 선고, 2023두30246 판결).

■ 산업단지 조성의 의미와 유예기간 내 착공을 하지 못한 정당한 사유

'산업단지를 조성하지 아니하는 경우'란 '산업단지의 조성을 완료하지 아니한 경우'로 해석함이 타당하고, 지장물 철거공사를 마친 이후에도 2년 10개월 이상 조성공사를 전혀 시행하지 않았을 뿐만 아니라 임차료를 지급받기도 하는 등 문화재 발굴조사나 지장물 철거공사로 인하여 조성공사가 장기간 지연된 것으로 볼 수 없는 등 3년 이내에 산업단지를 조성하지 않은 데에 정당한 사유가 있다고 보기 어려움(대법원 2023.1.12. 선고, 2022두58087 판결).

■ ① 임차법인이 산업단지 감면부동산인 쟁점1부동산을 제조시설 없이 공실상태로 방치한 경우 기 감면한 취득세 및 재산세 등을 추징한 처분이 적법한지 여부 ② 산업단지 감면부동산인 쟁점2부동산의 일부를 종합건설업을 영위하는 임차법인에게 임대한 경우 기 감면한 취득세 등을 추징한 처분이 적법한지 여부

① 청구법인은 쟁점1토지 취득 후 3년 이내인 2019.12.20.에 그 지상에 쟁점1건축물을 신축하여 2019.12.30. 쟁점1부동산을 중소기업자로서 제조업을 영위하는 ○○산업에게 임대한 것으로 나타나는 점, 비록 ○○산업이 쟁점1부동산을 임차한 후 2021.8.11.에 이르러서야 사업장 소재지를 변경하여 산업용 건축물로서의 사용을 개시한 것으로 나타나나, 중소기업자의 사정으로 산업용 건축물로의 사용개시가 지체되었다고 하여 청구법인에게 그 귀책을 묻는 것이 다소 과도한 측면이 있는 점 등에 비추어 청구법인이 쟁점1토지를 「지방세특례제한법」 제78조 제5항 제1호의 추징사유에 해당한다고 보아 기 감면한 취득세 및 재산세를 부과한 처분에 잘못이 있다고 판단됨. ② 공장용 건축물을 건축하여 직접 사용하지 아니하고 중

소기업자에게 임대하는 경우를 감면대상으로 삼으면서, 공장용 이외의 용도로 임대하는 것까지 감면대상으로 허용하기는 어려워 보이는바, 청구법인으로부터 쟁점2부동산의 일부를 임차한 ○○○○○○○○은 종합건설업 등을 주업으로 영위하는 법인으로서 쟁점2부동산의 일부를 공장용 등이 아닌 사무실 용도로 사용하고 있는 사실이 확인된 이상 「지방세특례제한법」 제78조 제4항에 따른 감면대상에 해당하지 아니한 것으로 보아 이 건 취득세 등을 추징한 처분은 달리 잘못이 없다고 판단됨(조심 2021지5780, 2022.12.22.).

▣ 산업단지 조성용 부동산 해당 여부

산업단지의 준공에 따라 산업단지개발사업시행자가 취득(무상귀속)하는 용도폐지된 기존의 공공시설용 토지가 「지방세특례제한법」 제78조 제1항의 산업단지를 조성하기 위하여 취득하는 부동산에 해당하는지 여부 및 「지방세특례제한법」 제78조의 3 제1항 또는 「지방세법」 제9조 제2항의 국가등에 귀속등을 조건으로 취득하는 부동산에 해당하는지 여부

- 감면 규정에서 '산업단지를 조성하기 위하여 취득하는 부동산'이라고 규정하고 있으므로, 조세 법규의 엄격해석의 원칙상 산업단지의 개발이 완료된 이후에 취득하는 부동산의 경우에는 감면 규정을 적용할 수 없는데, 산업단지개발사업시행자가 취득(무상취득)하는 용도폐지된 기존의 공공시설용 토지는 시간 순서상 이미 조성이 완료된 산업단지 내 토지를 법률의 규정에 따라 취득하는 것이므로 감면의 대상으로 볼 수 없으며 국가 등에 귀속된 것에 대한 반대급부로서 사업시행자가 용도폐지된 공공시설용 토지를 취득한 것일 뿐, '국가등에 귀속등을 조건으로 취득하는 당해 부동산'이 아니므로 「지방세법」 제9조 제2항 비과세 규정이나 위 감면 규정을 적용할 수 없음(행안부 지방세특례제도과-2765, 2022.12.9.).

▣ 산업용 건축물 취득에 따른 직접 사용 여부 판단 시기

산업용 건축물 등을 신축할 목적으로 취득한 토지의 취득세 등의 감면규정을 적용함에 있어서 특별한 사정이 없는 한 그 신축한 건축물의 사용승인을 받은 시점에 그 토지를 산업용 건축물 등의 용도로 직접 사용하는지의 여부로 판단하여야 하며 취득세를 면제받은 후에 취득세 추징대상이 되었을 경우에도 60일 이내에 신고납부를 해야 하고, 이와 같은 의무를 미이행했을 경우 무신고 등의 가산세 부과대상임(대법 2022두49748, 2022.11.10.).

▣ 감면 산업단지 감면 부동산의 직접 사용기간 계산에 따른 기산일

사업시행자 외의 자가 산업단지 등에서 취득하여 취득세를 감면받은 부동산을 정당한 사유 없이 유예기간이 경과할 때까지 해당 용도로 직접 사용하였는지의 여부를 판단할 때의 기간 계산은 특별한 사정이 없는 한 사용 가능일이 아닌 그 취득일을 기준으로 기산하여 판단해야 함(대법 2022두47063, 2022.11.17.).

▣ 산업용 건축물의 신축용 토지 취득세 추징 여부

① 「지방세특례제한법」 제78조 제5항 제2호 관련 신탁계약에 따라 신탁회사 명의로 소유권을 이전한 것이 매각·증여 또는 다른 용도로 사용하는 것으로 볼 수 있는지 여부

- 위탁법인이 산업용 건축물을 신축하기 위해 토지를 취득한 다음 위 규정에 따라 취득세를 감면받은 후 신탁을 원인으로 하여 신탁회사 명의로 감면받은 토지의 소유권이

전등기를 하였는바,

- 위탁법인은 소유자 지위를 상실하였으므로 감면받은 토지를 직접 사용하는 것으로 볼 수 없을 뿐만 아니라, 이후 신탁회사가 감면받은 토지 지상에 산업용 건축물을 신축하여 취득하였다고 하더라도 이는 위탁법인이 감면받은 토지를 감면목적이나 용도(산업용 건축물 신축용)에 맞게 사용하는 것으로 볼 수 없음.

② 「지방세특례제한법」 제78조 제4항 관련 신탁회사 명의로 신축한 산업용 건축물에 대하여 취득세 감면을 적용할 수 있는지 여부

- 감면 규정에서 감면대상자는 '사업시행자 외의 자'이면 족하고, 사업시행자 외의 자가 '신축 또는 증축하여 취득하는 산업용 건축물등'에 해당하면 취득세를 감면하는 것임.
- 따라서 신탁회사 명의로 신축한 산업용 건축물에 대하여 해당 규정에 따라 취득세 감면을 적용할 수 있을 것임(행안부 지방세특례제도과-1793, 2022.8.12.).

▣ 산업단지 내 분할법인 산업용 건축물의 취득세 감면 여부

분할신설법인은 「상법」에 규정된 분할절차에 따라 분할 전 법인으로부터 산업단지 시행자와 분양계약을 체결한 계약상의 당사자 지위뿐만 아니라 토지 분양계약에 관한 권리·의무를 일괄하여 포괄승계 받고, 「지방세특례제한법」 개정(2014.12.29.) 이전(以前)에 분할신설법인 명의로 토지 매매 잔금을 납부하고 소유권을 취득한 점 등을 고려할 때, 분할신설법인은 분할 전 법인과 동일한 지위에서 산업단지 사업시행자와 분양계약을 체결한 입주기업에 해당한다 할 것이므로, '16. 9. 2. 산업단지 내 신축한 연구소용 건축물은 부칙 제25조 적용요건을 충족함(행안부 지방세특례제도과-517, 2022.3.2.).

▣ 산업단지 감면대상 가스공급시설용 건축물에 대해 산업단지 내 입주기업체에게 가스를 공급, 지원하기 위한 요건이 추가로 필요하다고 볼 수 없음

산업용 건축물 등의 범위를 정하고 있는 구 지방세특례제한법 시행령 제29조는 제1호 후문에서 '「산업입지 및 개발에 관한 법률」 제2조에 따른 공장·지식산업·문화산업·정보통신산업·자원비축시설용 건축물과 직접 관련된 교육·연구·정보처리·유통시설용 건축물'을, 제4호에서 '「산업집적활성화 및 공장설립에 관한 법률」 제30조 제2항에 따른 관리기관이 산업단지의 관리, 입주기업체 지원 및 근로자의 후생복지를 위하여 설치하는 건축물(수익사업용으로 사용되는 부분은 제외한다)'을 각 산업용 건축물에 해당하는 것으로 규정하여 입주기업체 사업과의 관련성을 요건으로 하는 경우도 있으나, 제2호의 '「도시가스사업법」 제2조 제5호에 따른 가스공급시설용 건축물'의 경우에는 입주기업체 사업과의 관련성을 별도의 요건으로 규정하고 있지 않으므로 경감조항이 적용되어야 함(대법 2021두42863, 2021.11.25. 판결).

▣ 산업단지 내 건축물을 중소기업이 아닌 회사에 임대한 경우 감면 여부

소유자가 제3자에게 임대하여 사용하는 것까지 위 직접 사용의 범위에 포함되는 것으로 해석한다면 소유자에게 제3자 임대 등 다른 수익적 방법을 이용한 경우까지 과도한 감면혜택을 주는 것으로 감면요건이 확장될 수 있어 불합리하며 구 지방세특례제한법 제78조 제4항 제2호 가목, 제5항의 문언, 체계, 연혁, 입법취지 등을 고려하면, 산업용 건축물 등을 건축하려는 자가 부동산을 취득하더라도 이를 스스로 산업용 건축물 등의 용도에 직접 사용하지 아니하고 제3자에게 임대하는 경우에는 그 임대가 중소기업자에 대한 임대가 아닌 한 취득

세 면제대상에 해당하지 않는다고 봄이 타당하다 할 것이며 산업단지 내에 있는 이 사건 건물을 소외 회사에게 임대하기로 약정하고 건물의 신축 직후부터 이를 스스로 사용하지 아니하고 중소기업이 아닌 소외 회사에 임대하였으므로, 이는 구 지방세특례제한법 제78조 제5항 제2호에서 정한 '해당 용도로 직접 사용한 기간이 2년 미만인 상태에서 매각 · 증여하거나 다른 용도로 사용하는 경우'에 해당함(대법 2021두41921, 2021.9.30. 판결).

▣ 산업단지 내 공장용 건축물을 특허분쟁으로 인해 직접 사용하지 못한 경우 추징 여부

특허분쟁만으로는 행정관청의 금지 · 제한 등 외부적인 사유에 해당한다고 보기 어렵고, 특허분쟁이 종료된 이후 현재까지 해당 부동산에 직원이 상주하거나 생산설비를 가동한 사실이 확인되지 않는 등 청구법인이 특허분쟁 전 · 후로 공장용으로 사용하기 위한 정상적인 노력을 다하였다고 볼 만한 사정도 나타나지 않는 것으로 보이는 점, 제조시설이 없는 상태에서 건축물 일부에 화공약품 등의 자재를 보관하고 있다 하더라도 이를 공장용 건축물의 부수시설로 보기 어려운 점 등에 비추어, 정당한 사유 없이 취득일부터 3년이 경과할 때까지 쟁점부동산을 공장용으로 직접 사용하지 아니하여 「지방세특례제한법」 제78조 제5항 제1호에 따른 취득세 등의 추징사유가 발생하였으므로 부과처분은 잘못이 없음(조심 2020지1285, 2021.9.2.).

▣ 산업용 건축물을 신축하기 위해 취득하는 토지의 범위

§78 ④ 2호 가목의 '산업용 건축물 등을 신축하기 위하여 취득하는 토지'에는 산업용 건축물을 신축하기 전에 취득하는 부속토지뿐 아니라, 사용승낙 또는 임대하여 산업용 건축물 先신축한 후에 취득한 부속토지도 포함됨(행안부 지방세특례제도과-1732, 2021.7.23.).

▣ 산업단지 내 공장입지기준면적 이내에 해당하는 토지 중 미사용 토지 추징 여부

산업단지 등에서 산업용 건축물 등을 건축하려는 자가 토지를 취득하여 감면을 적용받은 후 해당 건축물을 건축하였으나 그 부지 일부가 유예기간이 지나도록 나대지 상태인 경우에 있어, 감면받은 토지가 단일 필지의 공장용지로서 하나의 울타리로 둘러싸여 있으며 하나의 출입문을 가지고 있는 공장의 경계구역 안에 있는 토지로서 재산세 분리과세 또는 공장입지기준고시의 공장용도 기준면적 이내라고 하더라도 나대지 상태로 방치되고 있다면, 당해 공장용 건축물의 효용과 편익을 위해 직접 사용된다고 보기는 어려우므로 추징대상에 해당됨(행안부 지방세특례제도과-626, 2021.3.12.).

▣ 산업단지에서 감면대상인 임대가 허용되는 중소기업자의 범위

중소기업자에 대해 「지방세특례제한법」에서 별도의 정의가 없지만, 「지방세특례제한법」 제46조 제1항에서 중소기업을 「중소기업기본법」 제2조 제1항에 따른 중소기업으로 규정하면서 이하 "이 장"에서 "중소기업"이라 한다고 규정하고 있고, 「중소기업기본법」 제2조 제1항에서 "중소기업자"를 "중소기업을 영위하는 자"로 규정하고 있으므로, 「지방세특례제한법」 제78조 제4항은 "제2장(같은 장)"에 포함되어 있으므로, 여기서의 중소기업자는 「중소기업기본법」 제2조 제1항에 따른 중소기업자를 의미한다고 할 것임. 또한, 임대시점에는 중소기업자에 해당하였으나 2년 이내 중소기업자가 아니게 된 경우에 대해서는, 「중소기업기본법」 제2조 제3항에서 중소기업이 그 규모의 확대 등으로 중소기업에 해당하지 아니하게 된 경우

그 사유가 발생한 연도의 다음 연도부터 3년간 중소기업으로 본다고 규정하고 있으므로 중소기업자가 임차 후 매출액 증가 등 규모의 확대 등으로 중소기업자에 해당하지 아니하게 된 경우라도 그 사유발생 다음 연도부터 3년간은 중소기업으로 봄이 타당하다고 할 것임(행안부 지방세특례제도과-627, 2021.3.12.).

▣ 지형도면 고시상 국가산업단지 경계 밖에서 취득한 항만신설의 감면 여부

구「지방세특례제한법」제78조 제3항의 문언과 입법취지, 규정의 체계 등을 종합하여 보면, 산업단지개발사업의 시행자가 산업단지개발사업의 조성공사를 끝내기 전에 산업용 건축물 등의 신축이나 증축으로 취득하는 부동산의 경우에도 구 지방세특례제한법 제78조 제3항이 적용되어 그 취득세 및 재산세의 감면을 받을 수 있는 것으로 봄이 타당하고, 산업단지개발사업의 시행자가 그 조성공사를 끝낸 이후에 취득하는 부동산에 대해서만 위 규정이 적용되는 것으로 볼 수 없음.

따라서 '산업단지개발계획에 따라 지정 · 개발되는 지역'이면 산업단지에 해당하는 것으로 볼 수 있으며, 고시된 산업단지의 지형도면은 산업단지의 형상이나 경계를 확인하기 위한 하나의 근거자료가 될 수 있을 뿐이라고 보는 것이 타당한 점 등을 모두 종합하여 보면, 제1 항만시설은 산업단지개발계획에 따라 지정된 위치에서 개발된 항만시설이고, 제2 항만시설은 제1 항만시설의 조성을 위하여 설치된 항만시설인바, 결국 제1, 2 항만시설은 모두 '안정 국가산업단지' 안에서 신축한 것으로 봄이 타당함(대법 2019두62628, 2020.4.9. 판결).

▣ 기존 건축물을 철거하고 새로이 신축하는 경우 건축물을 건축하려는 자에 해당 여부

산업용 건축물을 건축하려는 자가 취득하는 부동산이란, 기존 건물을 취득하여 증축을 하거나 기존 건물을 철거하고 신축을 하거나 건물을 신축하여 취득하는 경우의 건물, 건물이 없는 토지를 취득하여 그 지상에 건물을 신축하거나 기존 건물이 있는 토지를 취득하여 그 건물을 증축하거나 기존 건물을 철거하고 신축하는 경우의 토지를 모두 포함한 것으로 보아야 할 것이고, 기존 건물이 있는 토지를 취득하여 그 건물을 증축하거나 다른 건물을 신축하는 경우의 토지를 제외하는 것으로 해석하여야 할 근거가 없다 할 것(대법원 2010.1.14. 선고 2007두21341 판결, 같은 뜻임)이므로 기존 건축물의 철거신고를 하고 멸실한 점, 건축물을 신축하는 설계계약을 체결하였고 건축허가를 받아 신축을 위한 도급계약을 체결한 후 건축공사를 진행하여 건축물 사용승인을 받은 사실로 보아 감면대상에 해당함(조심 2019지2194, 2020.7.21.).

▣ 법인의 자회사에 토지를 임대한 경우 재산세 등 추징 여부

산업단지 내 토지를 취득한 후 3년 내에 해당 법인이 직접 사용하지 아니하고 자회사인 ○○○유통에 임대하였는 바,「○○협동조합법」제134조의 2 제5항에서 해당 법인 및 그 자회사가 중앙회의 사업을 수행하는 경우에 중앙회로 본다는 규정을 지방세 감면에까지 확장하여 해당법인 · ○○중앙회 · ○○○유통의 법인격이 동일하다고 보기 어려우며, 관련법령에 법인이 토지를 ○○○유통에게 임대할 것을 명시적으로 규정하고 있지도 아니하므로 해당 법인의 선택에 의해 토지를 ○○○유통에게 임대한 것으로 보이므로 해당 용도로 직접 사용하지 아니한 정당한 사유가 있다고 보기 어려워, 재산세 등의 추징사유가 발생한 것으로 보는 것이 타당함(조심 2019지3812, 2020.12.2.).

▣ 특수 시설 설치를 위해 기간이 소요된 경우 정당한 사유 여부

태양광 발전설비를 설치하려 했다는 사정이나 특허기술을 구현하기 위한 제조설비를 설계하는 데에 많은 시간이 소요되었다는 사정은 법인의 내부적인 사정으로 토지 취득 전부터 충분히 예견된 것이라 할 것이므로 이로 인한 착공 지연은 정당한 사유에 해당하지 않음(조심 2020지302, 2020.10.6.).

▣ 산업단지 내에서 경영 총괄업무만 수행하는 경우 감면 여부

관할 사무소의 주된 업무를 지휘・감독하면서 기획, 인사, 총무 등 경영활동을 총괄하는 부분은 취득세 감면대상 산업용 건축물등에 해당하지 아니함(행안부 지방세특례제도과-1947, 2020.8.20.).

▣ 승계받은 공장용 부동산에 대한 감면 적용 여부

이미 취득세를 감면받았던 산업단지 내의 공장용 부동산을 승계취득하는 경우는 산업단지 준공 후 공장설립 촉진이라는 입법목적이 달성된 상태인 점에 비추어 기존의 승계취득 부동산은 감면대상에서 제외됨(조심 2019지2532, 2020.4.7.).

▣ 연구개발 시설을 무상임차한 경우 감면 적용 여부

산업용 건축물(연구개발시설)에 대해 산업단지 감면을 적용받은 후 창업기업에 무상임차한 경우 공장용 건축물을 임대하는 경우에 해당하지 않으므로 추징대상에 해당함(행안부 지방세특례제도과-273, 2020.2.11.).

▣ 산업용 건축물을 신축 후 임차하였던 토지를 취득하는 경우 감면 적용 여부

토지를 임차하여 산업용 건축물등을 신축하고 의무임대기간 종료 후 해당 부속토지를 매수하는 경우에도 산업단지에 대한 취득세 감면이 적용됨(행안부 지방세특례제도과-914, 2020.4.24.).

▣ 물류사업에 직접 사용한 경우 산업단지 등에 대한 감면 적용 여부

부동산의 용도가 물류시설(창고)이고 실제 그렇게 사용되고 있다고 하더라도 지방세법령상 직접 사용의 의미를 고려한다면 제3자 등에게 임대하여 사용되는 부분까지 직접 사용한 것으로 보기 어렵고 부동산의 취득일부터 3년이 경과할 때까지 해당 용도로 직접 사용하지 못한 정당한 사유도 확인되지 않는 점 등에 비추어 부과처분은 달리 잘못이 없음(조심 2019지2259, 2019.12.26.).

▣ 공유수면매립을 통해 산업단지를 조성한 후 취득한 토지에 대한 감면 적용 여부

「산업입지 및 개발에 관한 법률」 제37조 제1항에서 사업시행자가 산업단지 개발사업을 완료하였을 때에는 실시계획승인권자의 준공인가를 받아야 하며, 같은 법 시행령 제36조 제2항 제6호에서 준공인가 신청시 공유수면매립을 동반하는 경우에는 사업시행자가 취득할 대상토지와 국가 등에 귀속될 토지 등의 내역서 등을 첨부토록 하고 있어 관계법령과 준공인가필증을 검토해볼 때 공유수면매립공사의 준공인가로 취득한 토지의 취득일과 산업단지에 대한 조성완료로 인한 준공인가를 받은 날이 동일하므로 해당 토지는 산업단지를 조성하기 위하여 취득하는 토지에 해당됨(행안부 지방세특례제도과-1481, 2019.12.2.).

■ 3년 이내에 산업단지 조성사업에 사용하지 아니한 정당한 사유 인정 여부

해당 토지들은 취득 당시의 임야 또는 농지 원형 그대로 방치되어 있는 것으로 나타나는 점, 2014년부터 2018년까지 제3자와 용지임대차계약을 체결하고 산업단지 조성용이 아닌 다른 용도로 사용한 사실이 확인되는 점, 토지들에서 문화재 발굴조사와 지장물 철거공사를 하였다는 사실만으로 산업단지 조성공사에 본격적으로 착공하였다고 보기 어려운 점, 해당 법인이 제①구간부터 우선적으로 조성공사에 착공함에 따라 제②구간인 해당 토지들에 대해 공사착공을 하지 못하였다 하더라도 이는 법인의 내부사정으로서 정당한 사유에 해당한다고 보기 어려운 점 등에 비추어 부과처분은 달리 잘못이 없음(조심 2019지1983, 22019.11.21.).

■ 모법인이 감면받은 자법인에게 추징 가능한지와 정당한 사유 해당 여부

① 모법인이 토지를 취득한 날부터 3년이 경과할 때까지 해당 용도로 직접 사용하지 아니한 것으로 보아 모법인이 감면받은 취득세 등을 자법인에게 추징 가능한지 여부

해당 법인이 모법인으로부터 물적 분할에 따라 토지를 자산으로 이전받으면서 감면이 확정된 모법인의 취득세 및 재산세의 채무까지 승계하였다고 보기 어려운 점 등에 비추어 모법인이 감면받은 취득세 및 재산세 등이 추징대상이 되었다 하더라도 그 세액을 모법인에게 과세할 수 있을 뿐 해당 법인에게 추징하는 것은 타당하지 아니하므로 모법인이 감면받은 2014년도 취득세와 2014년도분 및 2015년도분 재산세 등을 추징한 처분은 잘못이 있음(조심 2019지2219, 2019.11.12.).

② 3년이 경과할 때까지 해당 용도로 직접 사용하지 못한 정당한 사유가 있는지 여부

당초 모법인이 정제사업을 추진하기 위하여 해당 토지를 취득하였으나 글로벌 시장상황의 변화, 공급처의 공급 중단 등으로 사업추진이 어렵게 되자 물적 분할을 통하여 신재생에너지 발전사업에 사용하기 위하여 법인을 설립한 점, 법인은 2017.6.1. 건축허가를 완료하고 2018.12.1. 착공예정이었으나 외부 시장상황의 변화로 인한 자금조달 지연 등으로 2019.5.31.까지 착공연기를 신청하고 그 이후로도 진척 상황이 없는 점, 법인이 추진하고 있는 바이오에너지의 인증서 가격이 폭락하고 원재료 가격이 폭등하는 외부 시장상황, 이에 따른 자금조달의 어려움 등은 법인의 내부적인 경영상의 문제로 보이는 점 등에 비추어 이를 정당한 사유에 해당한다고 보기 어려움(조심 2019지2219, 2019.11.12.).

■ 산업단지 내 토지 취득시기 판단과 정당한 사유 인정 여부

① 토지의 취득시기를 최종 잔금정산일이나 토지 사용가능일로 볼 수 있는지 여부

해당 법인이 사업시행자와 체결한 매매계약서상 매매대금, 토지위치가 특정되어 있고, 이러한 매매계약에 따른 매매대금 중 선납할인액 OOO원을 제외한 나머지 매매대금을 모두 지급하였으므로, 당초 매매대금을 모두 지급한 시점에서 토지를 사실상 취득하였다고 보아야 할 것이고, 취득세가 취득행위를 과세객체로 하는 유통세인 점에 비추어 토지에 대한 매매계약을 체결하고 잔금을 지급하였지만 그 사용에 제한이 있다고 하여 사실상 취득이 이루어지지 아니하였다고 볼 수는 없는 점 등에 비추어 부과처분은 달리 잘못이 없음(조심 2019지1955, 2019.11.5.).

② 토지 취득 후 유예기간 이내에 건축하지 못한데 정당한 사유 인정 여부

항공사진에서 이 건 토지 인근에 공장이 신축되어 있는 점에서 청구법인도 그 무렵 사용

승낙을 받아 이 건 토지를 사용할 수 있다고 보아야 할 것이므로 공장용 건축물을 신축할 시간적인 여유가 있었다고 할 것인데, 청구법인은 2017.12.5.에 비로소 건축허가를 받아 유예기간을 경과한 2018.7.24. 착공신고를 한 점에서 토지를 유예기간 이내에 취득 목적대로 사용하기 위한 정상적인 노력을 다하였다고 보기 어렵다 하겠으므로 부과처분은 달리 잘못이 없음(조심 2019지1955, 2019.11.5.).

■ 지목변경에 대한 조성공사를 시작한 후 감면규정이 불리하게 개정된 경우 일반적 경과조치를 적용하여 개정전 법률에 따라 취득세를 면제할 수 있는지 여부

사업이 2015.11.17.에 준공되었으나, 2002년 개발계획을 수립한 이후 준공시까지 개발계획의 취소됨이 없이 동일한 사업으로 진행되었고, 청구법인은 전 사업시행자가 시행한 공정률 85% 상태로 인수받아 잔여 공정률 15%를 추진한 것에 불과하여, 청구법인이 새로운 지목변경 행위를 하였다기보다는 기존의 지목변경 행위를 승계하여 잔여 공사를 마무리한 것이므로 보이는 점, 준공 시점의 「지방세특례제한법」의 부칙 제14조(일반적 경과조치)에 '이 법 시행 전에 종전의 규정에 따라 부과 또는 감면하였거나 부과 또는 감면하여야 할 지방세에 대해서는 종전의 규정에 따른다'고 규정하고 있는바, 해당 사업의 지목변경 행위와 같이 개정된 법령 시행 후에 과세요건이 완성된 경우에도 종전 규정을 적용하여 납세의무자의 정당한 신뢰를 보호하는 것이 타당하다 할 것인 점 등에 비추어 이 건 과세처분은 잘못이 있는 것으로 판단됨(조심 2019지2072, 2019.10.22.).

■ 현물출자를 추징사유로 규정한 "매각"으로 볼 수 있는지 여부

청구인과 법인은 별개의 권리의무 주체이므로 법인이 토지를 취득하여 사용하는 것을 청구인이 여전히 직접 사용하고 있다고 보기 어려운 점, 청구인은 토지를 현물출자하면서 그 대가로 주식을 교부받아 그 실질이 대가를 받고 토지를 매각한 것과 달리 보기 어려운 점 등에 비추어 청구인은 토지를 해당 용도에 직접 사용한 기간이 2년 미만인 상태에서 매각한 것으로 판단됨(조심 2019지1574, 2019.10.11.).

■ 물적분할에 의하여 부동산 소유권을 분할신설법인에게 이전한 경우 감면받은 취득세 추징 여부

「지방세특례제한법」 제78조 제5항 제2호의 추징사유인 '매각·증여'는 상대방에게 대가를 받고 재산 등을 이전하는 특정승계 또는 당사자 일방이 무상으로 재산 등을 상대방에게 수여하는 무상승계를 의미하는 반면, 분할은 분할계획서에 정한바대로 분할법인의 권리·의무를 분할신설법인이 포괄승계하는 것을 의미한다는 점에서 그 법률효과가 상이하다 할 것인 점점 등에 비추어 해당 법인이 건축물을 매각·증여한 것으로 보기는 어려우므로 처분청이 취득세 등을 부과한 처분은 잘못이 있음(조심 2019지2056, 2019.10.7.).

■ 정보통신과 관련한 사업을 추진하면서 사실상 본점용으로 사용중인 부동산에 대한 감면 여부

정보통신제품을 개발·제조·생산 또는 유통하거나 이에 관련한 서비스를 제공하는 산업용 건축물에 해당되지 않고, 이와 직접 관련된 교육·연구·정보처리·유통시설용 건축물에도 해당되지 않는 사실상 본점용으로 사용 중인 부동산은 감면대상에 해당되지 않으며 또한, 부동산 관련 해당 지자체의 관리 기본계획 및 건축물 임시사용승인서 등에 연구개발업 법인만 입주가능하고, 부동산의 용도가 연구시설용으로 활용이 가능하여, 만약 건물을 사실상

본점사무실로 사용하는 것이 용도에 관한 법적 규제를 위반하여 사용하는 것으로서 언제든지 법적규제를 위반하여 사용하는 것으로서 언제든지 시정명령의 대상이 되는 임시적·불법적인 사용이라고 할 수 밖에 없는 경우라면 감면대상으로 보기에는 어려움이 있음(대법원 15두58928, 2016.3.10. 참조, 행안부 지방세특례제도과-559, 2019.9.10.).

▣ 개인사업자가 산업단지 감면을 받은 후 법인전환을 하는 경우 추징 여부

취득세 감면 요건의 구비 여부나 추징규정에 따른 추징사유의 존부는 특별한 사정이 없는 한 취득세 납세의무자별로 개별적으로 판단하여야 할 것이므로(대법 20145두43097, 2015.3.26. 참조) 개인사업자의 법인전환으로 새롭게 설립된 법인이 해당 부동산을 양수받게 되는 경우에 해당 법인은 개인사업자와는 별개의 법인격을 갖는 권리주체로서 해당 부동산을 소유하게 되는 것이고 더 이상 개인사업자가 해당 부동산을 '직접 사용'한다 할 수 없다 할 것임(행안부 지방세특례제도과-1914, 2019.5.17.).

▣ 산업단지 사업시행자가 본점용 건물을 건축하는 경우 감면 적용 여부

공장 및 그 제조시설을 지원하기 위한 부대시설(사무실 포함)과는 별도의 건축물로서 법인의 전체 경영활동을 총괄하면서 총무, 재무, 회계 등 법인의 주된 업무를 지휘·통제하는 활동이 이루어지는 주된 사무소로 사용되는 경우라면 본점용 부동산에 해당되어 해당 공장(제조시설) 기능의 효용이나 편익을 증진시키기 위한 '제조시설의 관리·지원용 부대시설'로 보기 어려움(행안부 지방세특례제도과-1913, 2019.5.17.).

▣ 산업단지 내 토지 일부만 산업용 건축물로 사용되는 경우 직접 사용하지 않는 토지의 추징 여부

산업단지 내 감면이 적용된 토지 전체가 「지방세법 시행령」 제102조 제1항 제1호에 따라 분리과세대상 토지에 해당되는 공장입지기준면적의 범위 이내라 하더라도 그 토지 중 일부를 유예기간 이내에 산업용 건축물 등을 신축 또는 증축에 사용하지 아니하는 경우에는 해당 토지에 대하여 감면된 취득세 등을 추징하여야 할 것임(행안부 지방세특례제도과-1848, 2019.5.14.).

▣ 산업단지 내 산업용 건축물 등 증축하는 경우 부속토지 감면 범위

산업단지 내 입주기업이 토지를 최초로 분양받아 산업용 건축물 등을 신축하는 경우뿐만 아니라, 이미 건축된 산업용 건축물 등을 승계취득한 후 이를 멸실하고 신축하거나 증축하는 경우를 포함하는 것이고 이 경우 그 부속토지도 감면범위에 포함되는 것{지방세특례제도과-598(2017.4.6.)}으로 승계하여 취득한 기존의 산업용 건축물 등은 이미 취득세를 감면받아 산업단지 내 공장설립 촉진이라는 입법목적이 달성된 상태로서 「지방세특례제한법」 제78조 제4항에서 "증축한 부분에 해당하는 부속토지를 포함한다"고 함은 승계하여 취득한 기존의 산업용 건축물 등과 증축한 부분을 포함한 전체 부속토지가 아닌, 증축한 부분만큼의 부속토지를 의미한다 할 것임(행안부 지방세특례제도과-4219, 2018.11.8.).

▣ 산업단지 개발사업 시행자의 임대 부동산 추징 여부

- 산업단지 개발사업 시행자가 3년 이내 산업단지개발·조성사업을 완료하고 사업시행자가 3년 이내에 산업용 건축물을 신·증축하였다면 당해 토지를 제3자에게 임대하였다 하더라도 단서에서 추징대상으로 규정하고 있는 '3년 내에 정당한 사유 없이 산업용 건축물

등을 신·증축하지 아니하는 경우'에 해당하지 아니하므로 추징대상에 해당하지 않음(행안부 지방세특례제도과－1199, 2018.4.10.).

- 산업단지 개발사업 시행자가 천연가스 및 제조시설의 안전 및 홍보를 통하여 가스 제조의 원활한 사업추진을 목적으로 관련 업무에 사용되고 있다 하더라도 당해 신축 건축물은 가스제조시설 구내에 있지 않아 부대시설용 건축물로 보기 어렵고 가스제조시설 용도가 아닌 불특정 다수인을 위한 LNG 홍보시설로 사용되고 있는 경우라면 산업용 건축물등의 범위에 포함되지 않아 추징대상임(행안부 지방세특례제도과－1199, 2018.4.10.).

■ 산업단지 내 입주기업이 분양변경 계약 체결 및 법인전환에 대한 추징 여부

산업단지 입주기업이 산업단지 관리기관의 승인을 거쳐 처리되었다 하더라도, 당초 분양계약자가 유예기간(2년) 내에 공동대표를 추가하여 법인을 공동소유로 분양변경 계약 체결한 것은 당초 분양계약자가 일부 지분을 매각·증여한 것에 해당되고, 또한 개인사업자와 법인은 별개의 권리주체인 바, 당초 개인사업자가 취득세 감면을 받았다 하더라도 유예기간 내에 개인사업자가 법인으로 전환하여 새로운 법인을 설립하는 것은 추징요건인 매각·증여에 해당된다 할 것이므로 모두 추징대상임(행자부 지방세특례제도과－2914, 2016.10.10.).

■ 산업단지 내 물적분할로 부동산을 취득한 경우 감면분 추징 여부

분할 신설된 회사로 하여금 취득 당시 목적하였던 사업계획을 승계하여 공장용에 직접 사용하였다 하더라도 부동산 등에 '자산의 승계'를 통한 물적분할은 무상으로 부동산을 취득하는 것에 해당되고, 감면 유예기간 이내에 소유권 이전이 되었다면 당해 부동산은 취득세 추징대상임(행자부 지방세특례제도과－1803, 2016.7.27.).

■ 산업단지 내 아파트에 대한 감면 여부

「지방세특례제한법」 제78조 제2항은 그 문언상 산업단지를 조성하면서 분양 또는 임대할 목적으로 취득한 부동산이 모두 포함된다고 해석하여야 할 것이고, 같은 조 제3항에서 산업용 건축물 등에 대하여 별도로 규정하고 있으므로 같은 조 제2항의 부동산을 산업용 건축물로 한정하여 해석하는 것은 해당 조문의 체계상 타당하지 아니한 점 등에 비추어 처분청이 아파트에 대하여 취득세 등의 면제대상에 해당되지 아니한 것으로 보아 취득세 등을 부과한 처분은 잘못임(조심 2015지0185, 2016.6.10.).

■ 산업단지 내 근리생활시설 예정토지에 대한 감면 여부

해당 토지는 지원시설인 근린생활시설 등으로 사용이 예정되어 있어 당초부터 「지방세특례제한법」 제78조 제4항에 따른 취득세 감면요건에 해당하지 않는 것으로 보이는 점, 설령 토지취득 시점에서 감면대상에 해당한다 하더라도 토지 취득일부터 3년이 경과한 후에도 해당 토지는 나대지 상태에 있어 추징대상에 해당하는 점, 토지를 대물로 취득하였다거나 과세관청이 감면을 확약한 내용 등은 나타나지 않고 있고, 법인이 토지에 대한 취득세 감면신청을 한 것으로 보아 부과처분이 신뢰보호에 반하는 처분으로 보기도 어려운 점 등에 비추어 취득세 등을 부과한 처분은 잘못이 없음(조심 2016지0143 2016.6.8.).

■ 산업단지 외의 공유수면 해저에 열수송관을 설치하여 취득한 경우 제78조 제3항·제4항의 감면대상에 해당하는지 여부

제78조 제3항의 전체적 의미를 종합하면 조성공사가 끝난 산업단지 안에서 산업용 건축물 등의 신·증축으로 취득하는 부동산을 의미하는 것이며, 제78조 제4항에서는 "산업단지에서"라고 명시적으로 규정하고 있으므로 감면대상은 산업단지 안에서 취득하는 부동산에 한정되는 것이므로 산업단지 밖에서 취득하는 열수송관은 「지방세특례제한법」 제78조 제3항 및 제4항의 감면대상에 해당하지 않음(행자부 지방세특례제도과-1350, 2015.5.18.).

■ 산업단지 입주기업이 산업용 건축물을 신축한 후 법인분할로 신설법인에게 그 산업용 건축물을 이전한 경우 재산세 감면대상에 해당하는지 여부

신설법인은 기존법인과 법인격을 달리하므로 신설법인은 「지방세특례제한법」 제78조 제4항 제2호 다목의 '해당 납세의무자'에 해당하지 아니하므로 재산세 감면대상에서 제외됨(행자부 지방세특례제도과-96, 2015.1.13.).

■ 산업단지 내에서 산업용 건축물을 건축하려는 자가 공장용지를 취득하면서 기존건축물 중 일부를 일정기간 동안 철거하지 않고 사용하는 경우 감면 여부

- 「지방세특례제한법」 제183조 제1항에서는 지방세 감면을 받으려는 자는 지방세 감면 신청을 하여야 하고, 지방자치단체의 장이 감면대상을 알 수 있을 때에는 직권으로 감면할 수 있는 것으로 규정하고 있고 「지방세특례제한법」 제78조 제4항에서는 "산업용 건축물 등을 건축하려는 자가 취득하는 부동산"에 대하여 취득세 감면대상으로 규정하고 있으나, 기존 건축물의 부속토지의 범위에 대하여 「지방세특례제한법」 및 관련법령에서 달리 규정하고 있지 아니함.
- 따라서 산업단지 내에서 공장용지를 취득하면서 기존 건축물 중 일부를 철거하지 않고 일정기간 동안 전 소유자가 사용하는 경우, 그 건축물의 부속토지 면적 산정방법 및 감면대상에 해당되는지 여부는 취득하는 토지상에 건축물이 존재하는지 여부에 관계없이 부동산 취득자가 신고하는 내용에 따라 과세대상 토지 또는 감면대상 토지로 판단하는 것이 타당하고, 다만, 취득자가 감면대상으로 신고한 토지를 신고하는 내용에 따라 직접 사용하지 아니하는 경우에는 「지방세특례제한법」 제78조 제5항에 따라 이미 감면한 세액을 추징하는 것이 타당하다 할 것임(행자부 지방세특례제도과-532, 2015.3.3.).

■ 산업단지에서 토지를 임차하여 공장용 건축물을 신축한 자로부터 그 건축물을 승계취득하여 공장용 건축물을 증축하고 토지를 분양받은 경우 감면 여부

- 「지방세특례제한법」 제78조 제4항에서는 「산업입지 및 개발에 관한 법률」에 따라 지정된 산업단지에서 산업용 건축물 등을 건축하려는 자가 취득하는 부동산에 대해서는 취득세의 100분의 50을 경감하는 것으로 규정하고 있음.
- 위 규정에서 "산업용 건축물 등을 건축하려는 자가 취득하는 부동산"이란 기존 건물을 취득하여 증축을 하거나 기존 건물을 철거하고 신축을 하거나 건물을 신축하여 취득하는 경우의 건물, 건물이 없는 토지를 취득하여 그 지상에 건물을 신축하거나 기존 건물이 있는 토지를 취득하여 그 건물을 증축하거나 기존 건물을 철거하고 신축하는 경우의 토지를 모두 포함한 것으로 보아야 함(부산고법 2006누5557, 2009.9.14. 대법원 2007두21341, 2010.1.14. 참조).
- 따라서, 산업단지에서 토지를 임차하여 산업용 건축물을 신축한 자로부터 그 건축물을 승

계취득한 다음, 그 토지상에 산업용 건축물을 증축하고 기존 건축물 및 증축한 건축물의 부속토지를 취득하는 경우라면, 비록 토지를 취득하기 전에 건축물을 증축하였다하더라도 기존 건축물 및 증축한 건축물의 부속토지는 산업용 건축물 등을 건축하려는 자가 취득하는 부동산에 해당하는 것으로 보는 것이 타당함(행자부 지방세특례제도과-915, 2015.4.1.).

▣ 산업단지 내에서 도로로 구획된 2개의 산업시설용지를 취득 후 공장과 부대시설을 설치하고 부대시설만 설치하는 용지를 1개의 공장경계구역으로 보아 감면대상에 해당하는지 여부

- 지상정착물의 부속토지란 지상정착물의 효용과 편익을 위해 사용되고 있는 토지를 말하고, 부속토지인지 여부는 필지 수나 공부상의 기재와 관계없이 토지의 이용현황에 따라 객관적으로 결정(대법원 1995누3312, 1995.11.21. 등 참조)하여야 하는 것으로 공장이 도로에 의하여 외형상 분리되어 있지만 취득 목적, 인근 공장용 건축물과의 거리, 토지용도, 실제이용 현황, 경제적 일체성 등을 종합적으로 고려하여 전체가 하나의 유기적인 공장구역을 이루고 있다면 하나의 공장경계구역으로 판단하는 것이 합리적이라 할 것임
- 따라서, 도로로 각각 구획되어 있는 A1블록과 A2블록의 토지를 일괄 취득한 후, A1블록에는 반도체 제조시설의 부대시설인 폐기물보관시설을 설치하고, A2블록에는 반도체 제조시설 및 부대시설을 설치하는 경우라면, 폐기물보관시설의 설치목적, 반도체 제조시설과의 거리, 실제이용 현황, 관계 법령에 따라 설치가 의무화된 시설인지 여부 등을 종합적으로 고려하여 A1블록과 A2블록의 토지를 하나의 공장경계구역에 속하는 토지로 볼 수 있는지 여부를 판단하는 것이 합리적이라 할 것임(행자부 지방세특례제도과-1094, 2015.4.17.).

▣ 산업단지에서 사업시행자가 아닌 자로부터 부동산을 취득하는 경우 건축물 증축허가 시기를 기준으로 「지방세특례제한법」(2014.12.31. 법률 제12955호) 부칙 제25조를 적용할 수 있는지 여부

- 「지방세특례제한법」 부칙 제25조 입법 취지는 산업단지에 대한 지방세 감면 혜택을 일시에 축소할 경우 입주 기업들의 경영 악화가 우려되므로 기존 및 2015년까지 분양계약을 체결한 입주 예정 기업들이 취득하는 부동산에 대해서는 2017년도까지 종전의 지방세 감면 혜택이 유지될 수 있도록 하는 데 있음(국회 제330회-법제사법 제2차 회의, 2014.12.29. 참조).

따라서, 「지방세특례제한법」 부칙 제25조에서는,

- 첫째 산업단지 사업시행자와 2015.12.31까지 분양계약을 체결하여야 하고, 둘째 산업단지에서 산업용 건축물 등을 건축하려는 자가 부동산을 취득하는 경우에 한하여 종전법률을 적용하는 것으로 규정하고 있고, 조세법규의 엄격해석 원칙 및 입법취지 등에 비추어 보면, 사업시행자다 아닌 자와 분양계약을 체결한 입주기업의 경우에 「지방세특례제한법」 부칙 제25조를 적용하는 것은 타당하지 않고,
- 또한, 같은 법 부칙 제25조에서는 2017.12.31까지 취득하는 부동산에 대하여 종전의 법률을 적용할 수 있도록 규정하고 있으므로, 부칙 제25조를 적용할 수 있는지 여부는 건축물 취득시기를 기준으로 판단해야 함(행자부 지방세특례제도과-1774, 2015.7.3.).

■ 공장을 운영하고 있는 토지와 연접한 토지를 구입하여 그 연접토지의 일부만 사용하는 경우 취득세 추징 여부 및 공장용 건축물의 부속토지 산정방법

- 「지방세특례제한법」 제78조 제4항에서 산업용 건축물등을 건축하려는 자가 취득하는 부동산에 대해서 취득세를 면제하고 같은 법 제5항에서는 ⅰ) 정당한 사유 없이 그 취득일부터 3년이 경과할 때까지 해당 용도로 직접 사용하지 아니하는 경우 ⅱ) 해당 용도로 직접 사용한 기간이 2년 미만인 상태에서 매각·증여하거나 다른 용도로 사용하는 경우에 추징하는 것으로 규정하고 있음.
- 지상정착물의 부속토지란 지상정착물의 효용과 편익을 위해 사용되고 있는 토지를 말하며, 부속토지인지 여부는 필지 수나 공부상의 기재와 관계없이 토지의 이용현황에 따라 객관적으로 결정하여야 할 것이므로(대법원 95누3312, 1995.11.21. 참조)
- 산업용 건축물(공장) 부속토지는 해당 건축물의 효용과 편익을 위해 직접 사용되고 있는 여부에 따라 판단하여야 하고, 그 부속토지 면적 산정에 대해서는 과세권자가 해당 토지의 사실상 사용 현황 등을 면밀히 파악하여 객관적으로 결정할 사항임(행자부 지방세특례제도과-1961, 2015.7.24.).

■ 산업단지 사업시행자가 산업단지 조성을 위하여 취득한 토지를 신탁한 경우

「지방세특례제한법」 제78조 제1항 감면 규정은 산업단지개발사업의 시행자가 산업단지를 조성하기 위하여 취득 및 소유하는 부동산으로서 조성공사가 시행되고 있는 토지에 대해서 재산세를 경감하도록 규정하고 있으므로, 산업단지 사업시행자가 산업단지 조성을 위하여 취득한 토지를 제3자에게 신탁하여 그 토지의 소유권을 신탁회사에게 이전등기한 경우에는, 그 토지는 신탁회사가 소유하는 토지에 해당하고 재산세 납세의무자는 수탁자인 신탁회사가 되는 것이므로 사업시행자가 아닌 신탁회사 소유의 토지에 대한 재산세를 감면하는 것은 타당하지 않음(행자부 지방세특례제도과-2728, 2015.10.7.).

■ 산업용 건축이 있는 부동산을 승계취득하고 기존 건축물 중 일부만 철거하여 산업용 건축물을 신(증)축하고, 나머지 건축물을 직접 사용하는 경우, 그 부속토지에 대한 감면 범위

- 「지방세특례제한법」 제78조 제4항에서 규정한 "산업용 건축물 등을 건축하려는 자가 취득하는 부동산"이란 기존 건물을 취득하여 증축을 하거나 기존 건물을 철거하고 신축을 하거나 건물을 신축하여 취득하는 경우의 건물, 건물이 없는 토지를 취득하여 그 지상에 건물을 신축하거나 기존 건물이 있는 토지를 취득하여 그 건물을 증축하거나 기존 건물을 철거하고 신축하는 경우의 토지를 모두 포함한 것(부산고법 2006누5557, 2009.9.14., 대법원 2007두21341, 2010.1.14. 참조)으로 보아야 함.
- 따라서 산업단지에서 건축물 및 부속토지를 승계취득한 자가 기존 건축물 일부를 철거한 다음, 그 토지상에 산업용 건축물을 신(증)축하는 경우라면, 기존 건축물 및 증축한 건축물의 부속토지는 산업용 건축물 등을 건축하려는 자가 취득하는 부동산에 해당됨(행자부 지방세특례제도과-3174, 2015.11.17.).

■ 한국전력공사가 산업단지 내 설치한 송전철탑 감면 여부

- 「지방세특례제한법」에서 건축물에 대한 정의를 달리 규정하고 있지 아니하나, 같은 법 제

2조 제2항에서는 이 법에서 사용하는 용어의 뜻은 특별한 규정이 없으면 「지방세기본법」과 「지방세법」에서 정하는 바에 따르도록 하고 있음.

- 「지방세법」 제6조 및 같은 법 시행령 제5조 제1항 제6호에 따라 에너지 공급시설에 송전철탑(전압 20만 볼트 미만을 송전하는 것과 주민들의 요구로 「전기사업법」 제72조에 따라 이전·설치하는 것은 제외)은 에너지 공급시설로서 "건축물"의 정의에 포함되고,
- "전기업"은 「산업집적활성화 및 공장설립에 관한 법률 시행령」 제6조 제5항에 따른 입주기업체 자격요건으로 규정되고 있는바, 표준산업분류 해설에 의하면 "401 전기업"은 가정, 산업 및 상업사용자에게 전력을 공급하기 위하여 발전, 송·배전 및 판매하는 산업활동으로 규정하고 있음.
- 따라서, 20만볼트 이상 송전철탑은 「지방세법」 제6조 제4호 및 「지방세법 시행령」 제5조 제1항 제6호의 에너지공급시설에 해당한다 할 것이므로 – 전기업을 하는 한국전력공사가 산업단지 내에 설치한 20만볼트 이상 송전철탑은 「지방세특례제한법」 제78조 제4항 제2호 가목에서 정한 산업용 건축물등으로서 감면대상에 해당하는 것으로 보는 것이 타당함(행자부 지방세특례제도과-3598, 2015.12.31.).

■ 산업단지를 조성하지 않음에 대한 정당한 사유(외환위기 등)

1) IMF로 인한 사업시행자의 내부사정이나 수익상 문제로 산업단지를 조성을 하지 않는 것은 정당한 사유에 포함되지 않는다 할 것임(행안부 지방세운영과-5447, 2011.11.28.).
2) 산업단지 개발·조성하여 분양·임대할 목적으로 취득하는 부동산에 대해 취득세 감면규정이 적용되는 부동산은 산업용 건축물 외 판매·문화·집회시설등 포괄적으로 해당됨(행안부 지방세운영과-2614, 2011.6.5.).
3) 사업시행자가 산업단지 조성 후 자동차 수출을 위한 수출전용 부두의 자동차 선적대기장소가 독립적으로 타용도로 사용되지 않고 관리동, 접안시설, 폰툰, 잔교, 급·배수시설등을 갖추어 하나의 항만 부두시설의 필수불가결한 기능을 수행하는 자동차 선적장소는 산업용 건축물에 해당되어 감면대상임(행안부 지방세운영과-1997, 2010.7.13.).
4) 산업단지 내 토지 취득 후 공장 보상금 지급협의가 늦었다는 이유로 토지 취득일부터 3년 이내에 공장착공을 하지 않은 경우 정당한 사유가 아님(행자부 세정과-5480, 2006.11.7.).
5) 산업단지 내 공장용지를 취득한 후 3년 이내에 건축공사를 착공 후 공장용 건축물 신축한 경우 감면된 취득세의 추징대상에 해당되지 않음(행자부 세정과-3762, 2004.10.27.).

■ 산업단지를 공유로 조성한 후 분할시 등록세 면제대상이라고 한 사례

산업단지사업의 공동시행자들이 산업단지를 조성하는 과정에서 그 부지용 토지를 공동으로 취득 후 각자 소유할 토지의 위치와 면적을 특정할 수 있게 되어 그 지상에 산업용 건축물을 신축하거나 그 토지를 분양·임대할 목적으로 그에 관한 공유물분할등기를 마친 경우 그 분할등기도 등록세가 면제됨(대법원 2011두26077, 2012.3.15.).

■ 산업단지를 조성하지 않음에 대한 정당한 사유(외환위기 등)

산업단지사업을 시행하려는 자가 그 개발사업의 사업자로 지정되기 전에 취득한 토지는 장차 그 토지가 산업단지사업의 완료에 의해 산업단지로 변환된다고 하더라도 위 규정에서

말하는 '산업단지에서 취득하는 부동산'에 해당하지 않음(대법원 2011두21133, 2011.12.27.).

▣ 한국산업단지공단의 임대 및 매각용 보유 부동산의 재산세 면제 여부

산업단지사업시행자가 아니라도 한국산업단지공단은 사업시행자로서 산업단지 개발·조성 단계에서 취득 여부와 상관없이 제3호·제5호의 사업용 부동산은 면세된다고 해석함이 상당하므로 한국산업단지공단이 아파트형공장을 임대·매각하기 위해 보유중인 부동산은 재산세가 면제됨(조심 2010지0715, 2011.10.12.).

▣ 고유업무에 직접 사용하지 못한 정당한 사유

1) 건축공사는 원칙적으로 건축물의 용도로 직접 사용하는 행위라기보다는 이를 위한 준비행위에 불과하고, 토지 취득 후 고유업무에 직접 사용하기 위한 건축 등의 공사를 하였더라도 그 토지를 고유업무에 직접 사용한 것이 아님(대법원 2006두11781, 2009.3.12.).
2) 농공단지지정승인 당시 지정고시 내용에서 사업시행자로 표시되어 있으나 실제 개발사업시행자 지정서는 그 이후에 교부받은 경우 농공단지지정고시 후 사업시행자 지정서 교부 전에 취득한 사업부지가 취득세 등 감면대상임(조심 2008지0635, 2009.5.14.).

▣ 오피스텔과 근린생활시설이 산업단지 지원시설인지 여부

개발·조성이 완료된 산단에서 한국산업단지공단이 관리기관의 지위에서 산업단지에 신축한 오피스텔이 사실상 근린생활시설인 상점인 점을 볼 때 오피스텔과 근생시설의 용도가 명확하지 않은 상태에서 그 전부가 산단 지원사업용 및 근로자 후생복지용에 제공된다고 단정하기 어려우므로 지방세 감면대상으로 보기 곤란함(대법원 2008다78262, 2009.8.20.).

▣ 정당한 사유(IMF 및 정부의 구조조정 요구 등)

원고가 이 사건 토지 매각 당시 IMF 구제금융사태로 인한 경제환경의 변화와 정부의 구조조정 요구 등이 있다 하더라도 이는 원고 내부적인 사정에 불과하므로 이 사건 토지 취득 후 3년 이내에 매각한 데에 따른 정당한 사유가 없다고 판단됨(대법원 2002두11752, 2004.4.28.).

▣ 산업용건축물 공장 판단기준

제조시설과 그 부대시설 등으로 구성되는 '공장'이라 함은 반드시 제조시설을 필요로 한다고 할 것이므로 제조시설을 설치하지 않고 그 부대시설만을 설치한 경우는 취득세 면제대상 산업용 건축물인 공장으로 보기 어려움(행안부 지방세운영과-1476, 2012.5.14.).

▣ 당해 산업단지 외의 생산품 보관창고는 '유통시설용 건축물'로 볼 수 없다고 한 사례 등

볼트 생산용으로 공장을 신축하였으나, 당해 산업단지 내 공장이 아닌 타지역 공장에서 생산한 제품(볼트)을 보관하는 창고용으로만 사용하는 경우, 구 지방세법 제276조 제1항에 따른 취득세 감면대상으로 볼 수 없음(행안부 지방세운영과-4022, 2011.8.26.).

1) 공장용지 취득 후 일정기간 동안 전 소유자가 사용함에 따라 기존 건축물 철거 및 산업용 건축물을 신·증축 못하는 경우 감면대상 아님(행안부 지방세운영과-2011, 2010.5.12.).
2) 매매계약 약정에 따라 산업용건축물을 先 신축 후 그 산업용건축물을 담보로 대출을 받아 그 산업용 건축물 등의 부속토지 취득하는 경우 산업용건축물을 신축하고자 하는 자의 취득으로 보아 지방세 감면대상에 해당됨(행안부 지방세운영과-1785, 2010.4.29.).

3) 산업단지 조사공사가 완료된 쟁점부동산을 임대하거나 나대지로 방치하고 있는 사실이 확인되는 이상 재산세 감면대상으로 보기는 어려움(조심 2012지0306, 2012.6.27.).
4) 청구법인이 이 건 토지 취득 후, 유예기간(3년) 내에 건축물을 신축하였으나, 청구법인이 이를 직접 사용하지 아니한 채 이를 멸실한 사실 등이 확인되는 이상 기 과세면제한 취득세 등을 추징한 처분은 잘못이 없음(조심 2011지0799, 2012.6.5.).

▣ 산업용 건축물 등의 용도로 직접 사용의 의미

"산업용 건축물 등의 용도로 직접 사용"이라 함은 공장 및 연구시설 등으로 직접 사용하는 것을 의미하고, "건축공사에 착공한 때에는 토지를 고유업무에 직접 사용하는 것으로 본다"는 규정이 없어 토지를 고유업무에 직접 사용하기 위한 건축 등의 공사를 하였다고 하더라도 그것만으로 고유업무에 직접 사용으로 보기 곤란함(조심 2011지0650, 2011.11.23.).

1) 청구법인이 관련법령에 규정된 절차에 따라 이 건 토지를 매각하였더라도 이 건 토지는 산업단지관리기관이 환매하는 경우가 아닌 산업단지관리기관이 지정하는 자가 환매하는 경우이므로 취득세 등 추징 처분은 적법함(조심 2011지0302, 2011.11.8.).
2) 원고가 2005.9.22. 이 건 토지 취득 후 현물출자 전인 2005.12.1. 쟁점토지를 ○○주식회사에게 임대하였으므로 쟁점토지는 유예기간 중에 그 취득목적이 부동산임대용으로 전환되었으므로 지방세 추징대상임(조심 2010지0519, 2011.6.14.).

▣ 분양토지를 승계하여 건축물을 신·증축한 경우 감면대상에 해당된다고 한 사례

- 산업단지에서 공장용 건축물을 신축·증축하고자 하는 자가 산업단지 안의 토지를 분양받은 자로부터 그 지위를 승계하여 당해 토지에 대한 분양잔금을 지급하고 최초로 그 소유권을 취득하고, 그 지상에 공장용 건축물을 증축한 이상 공장용 건축물에 관한 토지부분을 포함하여 전부가 취득세 감면대상임(대법원 2007두21341, 2010.1.14.).
- 원고가 이 사건 가설건축물에 대한 공사로 인해 건축면적과 건폐율이 다소 증가되었더라도 구 지방세법 제276조 제1항은 「공장용 건축물을 증축하고자 하는 자가」라고 규정하고 있으므로 원고의 변경공사가 구 건축법상의 증축에 해당한다고 하더라도 이는 구 지방세법 제276조 제1항의 감면대상에 포함한다고 볼 수 없음(대법원 2007두8348, 2007.6.28.).

# 제78조의 2

# 한국산업단지공단에 대한 감면

**관련규정**

제78조의 2(한국산업단지공단에 대한 감면) 「산업집적활성화 및 공장설립에 관한 법률」에 따른 한국산업단지공단(이하 이 조에서 "한국산업단지공단"이라 한다)이 같은 법 제45조의 21 제1항 제3호 및 제5호의 사업을 위하여 취득하는 부동산(같은 법 제41조에 따른 환수권의 행사로 취득하는 경우를 포함한다)에 대해서는 취득세의 100분의 35, 재산세의 100분의 50을 각각 2025년 12월 31일까지 경감한다. 다만, 취득일부터 3년 이내에 정당한 사유 없이 한국산업단지공단이 「산업집적활성화 및 공장설립에 관한 법률」 제45조의 21 제1항 제3호 및 제5호의 사업에 사용하지 아니하는 경우에 해당 부분에 대해서는 경감된 취득세 및 재산세를 추징한다.

☞ 종전(2019.12.31.까지) 지특법 제78조 제6항의 한국산업단지공단 감면규정을 이관

## 1 개 요

한국산업단지공단에 대한 감면규정은 산업단지 내에 입주한 기업에 대해 원활한 업무지원을 위해 마련된 제도로 2019년 12월 31일까지 지방세특례제한법 제78조 제6항에 규정되어 있었으나 한국산업단지공단의 감면대상과 기준을 명확히 구분하기 위하여 별도의 규정으로 분리·신설하였다.

다만, 2020년 1월 1일부터는 수도권 외의 지역에 있는 산업단지공단의 재산세에 대해서는 종전의 감면율(75%)을 정비(50%)하여 3년간 연장되었고 2025년 12월 31일까지 재차 연장되었다.

## 2 | 감면대상자(§78 ⑥)

산업단지공단을 관리·운영하는 한국산업단지공단이 이에 해당되며 해당 공단은 산업단지 개발계획 수립 및 입주기업체의 산업활동 지원을 위해 설립된 단체로 원칙적으로는 산업단지를 조성·개발하는 시행자는 아니지만 공단이 임대산업단지 운영, 산업용지의 환수 등의 사업을 수행하고 있는 점을 고려하여 공단의 해당 사업에 대해서는 사업시행자의 역할을 인정하고 있다.

〈한국산업단지공단의 주요 사업〉
- 관리권자·관리기관 및 사업시행자가 소유하고 있는 산업용지의 분할 매각(§39의 2)
- 산업용지의 환수(§41)
- 산단 개발, 조성, 분양, 임대 및 매각에 관한 사업(§45의 13 ① 2호)
- 공장·지식산업센터·지원시설·산업집적기반시설의 설치·운영, 분양·임대·매각 사업(3호)
- 입주기업체 근로자의 후생복지·교육사업 및 주택건설사업(5호)
- 입주기업체를 지원하기 위한 사업(13호) 등

〈표 1〉 **한국산업단지공단 산업단지 현황(2016년 기준)**

| 구분 | 산업단지명 |
|---|---|
| 국가(31) | 한국수출(서울), 파주출판, 파주탄현, 부평·주안, 남동, 반월, 시화, 시화MTV, 아산, 석문, 오송생명, 구미, 대구, 창원, 안정, 울산미포, 온산, 명지녹산, 광주첨단, 대불, 광양, 여수, 군산, 군산2, 북평, 익산, 국가식품클러스터, 포항, 포항블루밸리, 진해, 빛그린 |
| 일반(16) | 양주홍죽, 아산제2테크노, 달성2차, 신호, 부산화전, 모라도시첨단, 강서보고, 신평장림, 김해골든루트, 이천장호원, 북평지방, 원주문막반계, 대월, 사천임대전용, 부산과학, 오송제2생명과학 |
| 외투(13) | 구미(구미부품소재 포함), 대구달성, 대불, 사천, 오창, 인주, 천안, 천안5, 월전중소협력, 문막중소협력, 진천산수, 송산2, 국가식품외투 |
| 농공(2) | 동화, 삼계 |

### 한국산업단지공단이 사업시행자에 해당하는지의 여부

한국산업단지공단은 산업단지 공단을 운영·관리하는 자에 해당될 뿐 원칙적으로 사업시행자로 볼 수 없으나 공단 주요 사업에 대해 예외적으로 사업시행자의 지위를 인정하고 있다고 하였으므로 산업단지의 관리 또는 개발·조성 단계인지 여부를 묻지 않는 사업으로 보아야 하므로 공단의 경우에는 사업시행자로서 산업단지 개발·조성 단계에서 취득한 것인지 여부와 상관없이 취득세 및 재산세가 면세된다고 해석하는 것이 타당하다 하겠다(대법원 2008다78262, 2009.8.20.).

## 3 감면대상 부동산

한국산업단지공단에 대한 감면대상 부동산은 「산업집적활성화 및 공장설립에 관한 법률」 제45조의 21 제1항 제3호 및 제5호의 사업을 위하여 취득하는 부동산과 같은 법 제41조에 따른 환수권의 행사로 취득하는 부동산 및 산업용지의 분할하는 경우에 취득하는 부동산으로 한정하여 감면적용을 받는다.

### 3-1. 한국산업단지관리공단의 업무 중 감면대상 사업

「산업집적활성화 및 공장설립에 관한 법률」에 제45조의 21 제1항 제3호의 사업은 공장·지식산업센터 및 지원시설·산업집적기반시설의 설치·운영과 분양·임대 및 매각에 관한 사업이며 같은 항 제5호의 사업은 입주기업체 근로자의 후생복지·교육사업 및 주택건설사업으로 그 외 산업단지 관리(1호), 입주기업체 근로자의 자녀들을 위한 보육시설의 운영에 관한 사업(5호의 2), 산업단지의 안전관리 및 안전교육에 관한 사업산업단지 입주기업의 산업기술혁신에 필요한 현장전문인력 양성과 산학협력, 근로자의 재교육 등을 위한 「사립학교법」에 따른 학교의 설립·운영 지원(5호의 3), 안전교육시설(11호의 2) 등의 사업을 위해 취득하는 부동산은 감면대상에서 배제된다.

### 3-2. 한국산업단지관리공단의 분할에 따른 감면대상 사업

「산업집적활성화 및 공장설립에 관한 법률」에 제39조의 2 제1항에 따라 관리권자·관리기관 및 사업시행자가 소유하고 있는 산업용지 중 건축물이 없는 토지를 양도받아 산업용지 또는 공장등의 매각을 위해 분할하는 경우에 수반되는 사업에 해당하면 감면대상 사업으로 보아야 하며, 산업시설구역 등의 산업용지는 산업통상자원부령(같은 법 시행규칙 §39의 3)으로 정하는 일정 면적(1천650제곱미터) 이상으로 분할하는 경우로 한정한다.

다만, 다음 각 호의 어느 하나에 해당하는 산업용지의 경우에는 그 분할면적기준을 해당 호에서 정한 면적의 범위에서 같은 법 제33조에 따른 산업단지관리기본계획으로 달리 정할 수 있다.

〈한국산업단지공단의 매각대상 분할토지 면적 기준〉

1. 「공익사업을 위한 토지 등의 취득 및 보상에 관한 법률」 제78조의 2에 따라 공급되는 산업용지 : 900제곱미터 이상 1천650제곱미터 미만
2. 「산업입지 및 개발에 관한 법률」 제46조의 6 제1항에 따른 임대전용산업단지의 산업용지 : 900제곱미터 이상 1천650제곱미터 미만
3. 「산업입지 및 개발에 관한 법률」 제7조의 2에 따라 지정된 도시첨단산업단지의 산업용지 : 900제곱미터 이상 1천650제곱미터 미만
4. 그 밖에 1천650제곱미터 미만으로 분할할 필요가 있고 그와 같이 분할하더라도 제39조의 4에 따른 기반시설 이용에 지장이 없다고 관리기관이 인정하는 산업용지로서 법 제32조 제1항에 따른 산업단지관리지침에서 정하는 기준을 충족하는 산업용지 : 1천650제곱미터 미만

## 3-3. 한국산업단지공단의 산업용지 환수에 따른 감면대상 사업

「산업집적활성화 및 공장설립에 관한 법률」에 제41조 제1항에 따라 산업단지 관리기관은 입주기업체 또는 지원기관이 분양받은 산업용지의 전부 또는 일부가 입주계약에 의한 용도에 사용되지 아니하고 있을 때에는 대통령령으로 정하는 바에 따라 같은 법 제39조 제5항 본문에 따른 가격을 지급하고 그 용지를 환수(還收)할 수 있으며 이 경우 취득하는 부동산에 대해서도 감면대상에 포함한다.

■ **한국산업단지공단의 환수용지**(산업집적법 §39 ⑤)

산업용지의 양도가격은 그가 취득한 가격에 대통령령으로 정하는 이자 및 비용을 합산한 금액으로 하고, 공장등의 양도가격은 「감정평가 및 감정평가사에 관한 법률」에 따른 감정평가업자의 시가 감정액을 고려하여 결정할 수 있다. 다만, 입주기업체의 요청이 있는 경우 산업용지의 양도가격은 그가 취득한 가격에 대통령령으로 정하는 이자 및 비용을 합산한 금액 이하로 할 수 있다.

○ 산업집적법 시행령 제52조 각 호(이자 및 비용)

1. 양도할 산업용지의 취득가격에 그 취득일부터 양도일까지의 기간 중의 생산자물가총지수를 곱하여 계산한 금액
2. 양도할 산업용지의 취득에 소요된 취득세, 그 밖의 제세공과금(다만, 산업용지를 취득한 자의 귀책사유로 추징된 세금은 제외)
3. 양도할 산업용지의 유지·보존 또는 개량을 위하여 지출한 비용

## 4 | 특례의 내용

한국산업단지공단이 감면대상 사업을 위하여 취득하는 부동산에 대해서는 취득세의 100분의 35, 재산세의 100분의 50(수도권 외 지역의 경우 2019년 말까지는 재산세 100분의 75)을 2025년 12월 31일까지 경감한다.

〈표 2〉 **한국산업단지관리공단 감면 현황(2023.1.1. 현재)**

| 조문 | 감면대상자 | 감면대상 사업 부동산 | 감면내용 | 일몰기한 |
|---|---|---|---|---|
| §78 ⑥ | 한국산업단지공단 | • 산업집적법 제45조의 21 제1항 제3호 및 제5호의 사업을 위하여 취득하는 부동산<br>• 제39조의 2 제1항에 따라 산업용지 또는 공장등의 매각을 위한 분할시 수반되는 사업에 따라 취득하는 부동산<br>• 산업집적법 제41조에 따른 환수권의 행사로 취득하는 부동산 | • 취득세 35%<br>• 재산세 50% (2019년까지 수도권 외 지역 75%) | '25.12.31 |

## 5 | 사후관리

한국산업단지공단 등이 감면의무요건을 위반하는 경우에는 감면받은 취득세 및 재산세가 추징될 수 있으며 취득일로부터 3년 이내에 미사용하는 경우 추징하게 된다.

• (지특법 §78 ⑥ 단서) 다만, 취득일부터 3년 이내에 정당한 사유 없이 한국산업단지공단이 「산업집적활성화 및 공장설립에 관한 법률」 제45조의 21 제1항 제3호 및 제5호의 사업에 사용하지 아니하는 경우에 해당 부분에 대해서는 경감된 취득세 및 재산세를 추징한다.

## 6 | 지방세특례의 제한(§180)

한국산업단지공단이 감면을 받으려는 부동산이 지방세법 제13조 제5항에 따른 별장·골프장·고급오락장 등 지방세 중과세 대상인 사치성 재산인 경우에는 감면대상에서 제외된다. 세부적인 사항은 제180조의 해설편을 참조하면 된다.

## 7 | 감면신청(§183)

한국산업단지공단이 본 규정에 따라 지방세를 감면받으려는 경우에는 해당 지방자치단체의 장에게 해당 부동산이 산업집적활성화 및 공장설립에 관한 법률에 따라 감면대상사업용 부동산임을 입증하는 서류를 첨부하여 감면신청을 하여야 한다. 세부적인 감면신청 절차 등에 대해서는 제183조의 해설편을 참조하면 된다.

## 8 | 관련사례

■ 한국산업단지공단의 임대 및 매각용 보유 부동산의 재산세 면제 여부

산업단지 사업시행자가 아니라도 한국산업단지공단은 사업시행자로서 산업단지 개발·조성 단계에서 취득 여부와 상관없이 제3호·제5호의 사업용 부동산은 면세된다고 해석함이 상당하므로 한국산업단지공단이 아파트형공장을 임대·매각하기 위해 보유중인 부동산은 재산세가 면제됨(조심 2010지0715, 2011.10.12.).

# 제78조의 3

## 외국인 투자에 대한 감면

관련규정

제78조의 3(외국인 투자에 대한 감면) ①「외국인 투자 촉진법」 제2조 제1항 제6호에 따른 외국인 투자기업이나 출연을 한 비영리법인(이하 이 조에서 "외국인 투자기업"이라 한다)이「조세특례제한법」 제121조의 2 제1항에 해당하는 외국인 투자(이하 이 조에서 "외국인 투자"라 한다)에 대해서 2025년 12월 31일까지 같은 법 제121조의 2 제6항에 따른 감면신청(이하 이 조에서 "조세감면신청"이라 한다)을 하여 같은 조 제8항에 따라 감면결정(이하 이 조에서 "조세감면결정"이라 한다)을 받은 경우에는 다음 각 호에서 정하는 바에 따라 지방세를 감면한다. 다만, 지방자치단체가 조례로 정하는 바에 따라 감면기간을 15년까지 연장하거나 감면율을 높인 경우에는 다음 각 호에도 불구하고 조례로 정한 기간 및 비율에 따른다.

1. 외국인 투자기업이「외국인 투자 촉진법」 제5조 제1항 또는 제2항에 따라 신고한 사업(이하 이 조에서 "외국인 투자신고사업"이라 한다)에 직접 사용하기 위하여 대통령령으로 정하는 사업개시일(이하 이 조에서 "사업개시일"이라 한다)부터 5년(「조세특례제한법」 제121조의 2 제1항 제2호의 2부터 제2호의 9까지 및 제3호에 따른 감면대상이 되는 사업의 경우 3년) 이내에 취득하는 부동산에 대해서는「지방세법」에 따른 취득세 산출세액에 대통령령으로 정하는 외국인 투자비율(이하 이 조에서 "외국인 투자비율"이라 한다)을 곱한 세액(이하 이 조에서 "취득세 감면대상세액"이라 한다)의 100분의 100을 감면하고, 그 다음 2년 이내에 취득하는 부동산에 대해서는 취득세 감면대상세액의 100분의 50을 경감한다.
2. 외국인 투자기업이 과세기준일 현재 외국인 투자신고사업에 직접 사용하는 부동산에 대해서는 사업개시일 이후 최초로 재산세 납세의무가 성립하는 날부터 5년(「조세특례제한법」 제121조의 2 제1항 제2호의 2부터 제2호의 9까지 및 제3호에 따른 감면대상이 되는 사업의 경우 3년) 동안은「지방세법」에 따른 재산세 산출세액에 외국인 투자비율을 곱한 세액(이하 이 조에서 "재산세 감면대상세액"이라 한다)의 100분의 100을 감면하고, 그 다음 2년 동안은 재산세 감면대상세액의 100분의 50을

경감한다.

② 2025년 12월 31일까지 외국인 투자에 대해서 조세감면신청을 하여 조세감면결정을 받은 외국인 투자기업이 사업개시일 전에 「조세특례제한법」 제121조의 2 제1항 각 호의 사업에 직접 사용하기 위하여 취득하거나 과세기준일 현재 직접 사용하는 부동산에 대해서는 제1항에도 불구하고 다음 각 호에서 정하는 바에 따라 지방세를 감면한다. 다만, 지방자치단체가 조례로 정하는 바에 따라 감면기간을 15년까지 연장하거나 감면율을 높인 경우에는 제2호에도 불구하고 조례로 정한 기간 및 비율에 따른다.

1. 조세감면결정을 받은 날 이후 취득하는 부동산에 대해서는 취득세 감면대상세액의 100분의 100을 감면한다.
2. 제1호에 따라 해당 부동산을 취득한 후 최초로 재산세 납세의무가 성립하는 날부터 5년(「조세특례제한법」 제121조의 2 제1항 제2호의 2부터 제2호의 9까지 및 제3호에 따른 감면대상이 되는 사업의 경우 3년) 동안은 재산세 감면대상세액의 100분의 100을 감면하고, 그 다음 2년 동안은 재산세 감면대상세액의 100분의 50을 경감한다.

③ 「조세특례제한법」 제121조의 2 제1항 제1호의 사업에 대한 외국인 투자 중 사업의 양수 등 대통령령으로 정하는 방식에 해당하는 외국인 투자에 대해서는 제1항 및 제2항에도 불구하고 다음 각 호에서 정하는 바에 따라 지방세를 감면한다. 다만, 지방자치단체가 조례로 정하는 바에 따라 감면기간을 10년까지 연장하거나 감면율을 높인 경우에는 다음 각 호에도 불구하고 조례로 정한 기간 및 비율에 따른다.

1. 2025년 12월 31일까지 조세감면신청을 하여 조세감면결정을 받은 외국인 투자기업이 「조세특례제한법」 제121조의 2 제1항 제1호의 사업에 직접 사용하기 위하여 취득하는 부동산 및 과세기준일 현재 해당 사업에 직접 사용하는 부동산에 대해서는 다음 각 목의 구분에 따라 지방세를 감면한다.
   가. 사업개시일부터 3년 이내에 취득하는 부동산에 대해서는 취득세 감면대상세액의 100분의 50을, 그 다음 2년 이내에 취득하는 부동산에 대해서는 취득세 감면대상세액의 100분의 30을 경감한다.
   나. 사업개시일 이후 최초로 재산세 납세의무가 성립하는 날부터 3년 동안은 재산세 감면대상세액의 100분의 50을, 그 다음 2년 동안은 재산세 감면대상세액의 100분의 30을 경감한다.
2. 2025년 12월 31일까지 조세감면신청을 하여 조세감면결정을 받은 외국인 투자기업이 사업개시일 전에 「조세특례제한법」 제121조의 2 제1항 제1호의 사업에 직접 사용하기 위하여 취득하는 부동산 및 과세기준일 현재 해당 사업에 직접 사용하는 부동산에 대해서는 다음 각 목의 구분에 따라 지방세를 감면한다.
   가. 조세감면결정을 받은 날 이후 취득하는 부동산에 대해서는 취득세 감면대상세액의 100분의 50을 경감한다.

나. 해당 부동산을 취득한 후 최초로 재산세 납세의무가 성립하는 날부터 3년 동안은 재산세 감면대상세액의 100분의 50을, 그 다음 2년 동안은 재산세 감면대상세액의 100분의 30을 경감한다.

④ 「외국인 투자 촉진법」 제2조 제1항 제8호 사목 또는 같은 항 제4호 가목 2), 제5조 제2항 제1호 및 제6조에 따른 외국인 투자에 대해서는 제1항부터 제3항까지의 규정을 적용하지 아니한다.

⑤ 외국인 투자기업이 조세감면신청 기한이 지난 후 감면신청을 하여 조세감면결정을 받은 경우에는 조세감면결정을 받은 날 이후의 남은 감면기간에 대해서만 제1항부터 제3항까지의 규정을 적용한다. 이 경우 외국인 투자기업이 조세감면결정을 받기 이전에 이미 납부한 세액이 있을 때에는 그 세액은 환급하지 아니한다.

⑥ 제1항부터 제3항까지의 규정을 적용할 때 다음 각 호의 어느 하나에 해당하는 외국인 투자의 경우 대통령령으로 정하는 바에 따라 계산한 주식 또는 출자지분(이하 이 조에서 "주식등"이라 한다)의 소유비율(소유비율이 100분의 5 미만인 경우에는 100분의 5로 본다) 상당액, 대여금 상당액 또는 외국인 투자금액에 대해서는 조세감면대상으로 보지 아니한다.

1. 외국법인 또는 외국기업(이하 이 항에서 "외국법인등"이라 한다)이 외국인 투자를 하는 경우로서 다음 각 목의 어느 하나에 해당하는 경우
   가. 대한민국 국민(외국에 영주하고 있는 사람으로서 거주지국의 영주권을 취득하거나 영주권을 갈음하는 체류허가를 받은 사람은 제외한다) 또는 대한민국 법인(이하 이 항에서 "대한민국국민등"이라 한다)이 해당 외국법인등의 의결권 있는 주식등의 100분의 5 이상을 직접 또는 간접으로 소유하고 있는 경우
   나. 대한민국국민등이 단독으로 또는 다른 주주와의 합의·계약 등에 따라 해당 외국법인등의 대표이사 또는 이사의 과반수를 선임한 주주에 해당하는 경우
2. 다음 각 목의 어느 하나에 해당하는 자가 「외국인 투자 촉진법」 제2조 제1항 제5호에 따른 외국투자가(이하 이 조에서 "외국투자가"라 한다)에게 대여한 금액이 있는 경우
   가. 외국인 투자기업
   나. 외국인 투자기업의 의결권 있는 주식등을 100분의 5 이상 직접 또는 간접으로 소유하고 있는 대한민국국민등
   다. 단독으로 또는 다른 주주와의 합의·계약 등에 따라 외국인 투자기업의 대표이사 또는 이사의 과반수를 선임한 주주인 대한민국국민등
3. 외국인이 「국제조세조정에 관한 법률」 제2조 제1항 제7호에 따른 조세조약 또는 투자보장협정을 체결하지 아니한 국가 또는 지역 중 대통령령으로 정하는 국가 또는 지역을 통하여 외국인 투자를 하는 경우

⑦ 외국인 투자기업이 증자하는 경우에 그 증자분에 대한 취득세 및 재산세 감면에 대해서는 제1항부터 제6항까지의 규정을 준용하며, 이 경우 제1항부터 제3항까지의 규정에 따른 사업개시일은 자본증가에 관한 변경등기를 한 날로 본다. 다만, 대통령령으로 정하는 기준에 해당하는 조세감면신청에 대해서는 「조세특례제한법」 제121조의 2 제8항에 따른 행정안전부장관 또는 지방자치단체의 장과의 협의를 생략할 수 있다.

⑧ 제7항에 따라 외국인 투자기업에 대한 취득세 감면대상세액 및 재산세 감면대상세액을 계산하는 경우 다음 각 호의 주식등에 대해서는 그 발생근거가 되는 주식등에 대한 감면의 예에 따라 그 감면기간의 남은 기간과 남은 기간의 감면비율에 따라 감면한다.

1. 「외국인 투자 촉진법」 제5조 제2항 제2호에 따라 준비금·재평가적립금과 그 밖에 다른 법령에 따른 적립금이 자본으로 전입됨으로써 외국투자가가 취득한 주식등
2. 「외국인 투자 촉진법」 제5조 제2항 제5호에 따라 외국투자가가 취득한 주식등으로부터 생긴 과실(주식등으로 한정한다)을 출자하여 취득한 주식등

⑨ 제7항에 따라 외국인 투자기업에 대한 취득세 감면대상세액 및 재산세 감면대상세액을 계산하는 경우 제1항부터 제3항까지의 규정에 따른 감면기간이 종료된 사업의 사업용 고정자산을 제7항에 따른 증자분에 대한 조세감면을 받는 사업(이하 이 항에서 "증자분사업"이라 한다)에 계속 사용하는 경우 등 대통령령으로 정하는 사유가 있는 경우에는 다음 계산식에 따라 계산한 금액을 증자분사업에 대한 취득세 감면대상세액 및 재산세 감면대상세액으로 한다.

$$\text{취득세 감면대상세액 및 재산세 감면대상세액} \times \frac{\text{자본증가에 관한 변경등기를 한 날 이후 새로 취득·설치되는 사업용 고정자산의 가액}}{\text{증자분사업의 사업용 고정자산의 총가액}}$$

⑩ 제7항에도 불구하고 외국인 투자신고 후 최초의 조세감면결정 통지일부터 3년이 되는 날 이전에 외국인 투자기업이 조세감면결정 시 확인된 외국인 투자신고금액의 범위에서 증자하는 경우에는 조세감면신청을 하지 아니하는 경우에도 그 증자분에 대하여 조세감면결정을 받은 것으로 본다.

⑪ 외국인 투자신고 후 최초의 조세감면결정 통지일부터 3년이 경과한 날까지 최초의 출자(증자를 포함한다. 이하 이 항에서 같다)를 하지 아니하는 경우에는 조세감면결정의 효력이 상실되며, 외국인 투자신고 후 최초의 조세감면결정 통지일부터 3년 이내에 최초의 출자를 한 경우로서 최초의 조세감면결정 통지일부터 5년이 되는 날까지 사업을 개시하지 아니한 경우에는 최초의 조세감면결정 통지일부터 5년이 되는 날을 그 사업을 개시한 날로 보아 제1항부터 제3항까지의 규정을 적용한다.

⑫ 지방자치단체의 장은 다음 각 호의 어느 하나에 해당하는 경우에는 제1항부터 제3항까지의 규정에 따라 감면된 취득세 및 재산세를 추징한다. 이 경우 추징할 세액의

범위 및 여러 추징사유에 해당하는 경우의 추징 방법 등 그 밖에 필요한 사항은 대통령령으로 정한다.

1. 제1항 및 제3항에 따라 취득세 또는 재산세가 감면된 후 외국투자가가 이 법에 따라 소유하는 주식등을 대한민국 국민 또는 대한민국 법인에 양도하는 경우
2. 제2항 및 제3항에 따라 취득세 또는 재산세가 감면된 후 외국투자가의 주식등의 비율이 감면 당시의 주식등의 비율에 미달하게 된 경우
3. 「외국인 투자 촉진법」에 따라 등록이 말소된 경우
4. 해당 외국인 투자기업이 폐업하는 경우
5. 외국인 투자기업이 외국인 투자신고 후 5년(고용 관련 조세감면기준은 3년) 이내에 출자목적물의 납입, 「외국인 투자 촉진법」 제2조 제1항 제4호 나목에 따른 장기차관의 도입 또는 고용인원이 「조세특례제한법」 제121조의 2 제1항에 따른 조세감면기준에 미달하는 경우
6. 정당한 사유 없이 그 취득일부터 3년이 경과할 때까지 해당 용도로 직접 사용하지 아니하는 경우
7. 해당 용도로 직접 사용한 기간이 2년 미만인 상태에서 매각·증여하거나 다른 용도로 사용하는 경우

⑬ 제12항에도 불구하고 다음 각 호의 어느 하나에 해당하는 경우에는 대통령령으로 정하는 바에 따라 그 감면된 세액을 추징하지 아니할 수 있다.

1. 외국인 투자기업이 합병으로 인하여 해산됨으로써 외국인 투자기업의 등록이 말소된 경우
2. 「조세특례제한법」 제121조의 3에 따라 관세 등을 면제받고 도입되어 사용 중인 자본재를 천재지변이나 그 밖의 불가항력적인 사유, 감가상각, 기술의 진보, 그 밖에 경제여건의 변동 등으로 그 본래의 목적에 사용할 수 없게 되어 기획재정부장관의 승인을 받아 본래의 목적 외의 목적에 사용하거나 처분하는 경우
3. 「자본시장과 금융투자업에 관한 법률」에 따라 해당 외국인 투자기업을 공개하기 위하여 주식등을 대한민국 국민 또는 대한민국 법인에 양도하는 경우
4. 「외국인 투자 촉진법」에 따라 시·도지사가 연장한 이행기간 내에 출자목적물을 납입하여 해당 조세감면기준을 충족한 경우
5. 그 밖에 조세감면의 목적을 달성하였다고 인정되는 경우로서 대통령령으로 정하는 경우

⑭ 조세감면결정을 받은 외국인 투자기업이 제12항 제3호부터 제7호까지의 어느 하나에 해당하는 경우에는 대통령령으로 정하는 바에 따라 해당 과세연도와 남은 감면기간 동안 제1항부터 제3항까지의 규정 및 제7항에 따른 감면을 적용하지 아니한다.

⑮ 제1항부터 제14항까지의 규정에 따른 조세감면신청 및 조세감면결정에 관한 절차

등에 대해서는「조세특례제한법」 제121조의 2 제6항부터 제8항까지의 규정에 따른다.

【영】 제38조의 2(외국인 투자기업의 사업개시일 등) : 생 략
제38조의 3(외국인 투자기업 증자 시의 감면 적용 방법 등) : 생 략
제38조의 4(외국인 투자기업 감면세액의 추징 등) : 생 략
☞ 제38조의 2부터 제38조의 4 신설(2020.1.15.)

【법률 제16865호 부칙】 제6조(외국인 투자에 대한 감면에 관한 적용례) 제78조의 3의 개정규정은 이 법 시행 이후「조세특례제한법」 제121조의 2 제6항에 따라 감면신청을 하는 경우부터 적용한다.

## 1 개 요

외국인 투자에 대한 지방세특례제도는 외국인 투자가가 가장 많이 활용하는 인센티브 제도로서 경제적 파급효과가 큰 우수기술을 수반한 외국인 투자 유치 촉진에 기여하였으며, 외국인 투자를 우리 산업구조 고도화 및 취약한 부품 · 소재산업부문의 경쟁력 제고 및 전략산업화에 적극 활용할 필요가 있다고 할 것이다.

따라서, 외국인 투자에 대하여 그동안 조세특례제한법에서는 다양한 세제 인센티브를 마련하여 왔으며 지방세의 경우 외국인의 투자를 원활히 하기 위해 2019년 말까지 유일하게 조세특례제한법 제121조의 2에 지방세 감면규정이 남아 있었으나 2018년 말 국세인 법인세와 소득세 특례규정이 일몰됨에 따라 2020년부터는 지방세특례제한법으로 이관하여 규정하게 되었다. 외투기업 조문 이관과 함께 달라진 내용 중 핵심적인 부분은 ① 우선, 일몰기한이 2022년 말까지 설정되었고, ② 종전 조특법 규정에서의 취득 · 보유 외에 직접 사용의 개념을 적용하게 되었으며, ③ 감면대상물건에 있어 재산을 부동산으로 한정하였고, ④ 감면분 추징시에 미사용 또는 매각 · 증여에 대한 규정을 신설하였으며, ⑤ 최소납부세제(면제인 경우 일정 감면액 초과시 85%)를 적용토록 개정되었다.

## 2 | 외국인 투자의 정의

### 2-1. 외국인 투자

'외국인 투자'라 함은 다음의 어느 하나에 해당하는 것을 말한다(외투법 §2 ① 4호, 외투령 §2 ②·③).

① 외국인이 대한민국법인(설립 중인 법인을 포함) 또는 대한민국국민이 경영하는 기업의 경영활동에 참여하는 등 당해 법인 또는 기업과 지속적인 경제관계를 수립할 목적으로 그 법인이나 기업의 주식 또는 지분을 소유하는 것

② 외국인 투자기업의 해외모기업, 그 모기업과 자본출자관계가 있는 기업, 외국투자가 및 그 외국투자가와 자본출자관계가 있는 기업이 해당 외국인 투자기업에 대부하는 5년 이상의 차관(최초의 대부계약 시에 정해진 대부기간을 기준으로 한다)

### 2-2. 외국인

'외국인'이라 함은 외국의 국적을 보유하고 있는 개인, 외국의 법률에 의하여 설립된 법인 및 외국정부의 대외경제협력업무 등을 대행하는 기관을 말한다(외투법 §2 ① 1호).

### 2-3. 외국투자가

'외국투자가'라 함은 외투법에 의하여 주식 등을 소유하고 있는 외국인을 말한다(외투법 §2 ① 5호).

### 2-4. 외국인 투자기업

'외국인 투자기업'이라 함은 외국투자가가 출자한 기업을 말한다(외투법 §2 ① 6호).

### 2-5. 출자목적물

'출자목적물'이라 함은 외투법에 의하여 외국투자가가 주식 등을 소유하기 위하여 출자하는 것으로서 다음의 어느 하나에 해당하는 것을 말한다(외투법 §2 ① 8호).

① 외국환거래법에 의한 대외지급수단 또는 이의 교환으로 생기는 내국지급수단

② 자본재

③ 외투법에 의하여 취득한 주식 등으로부터 생긴 과실

④ 산업재산권, 저작권법에 의한 저작권 중 산업활동에 이용되는 권리와 「반도체집적회로의 배치설계에 관한 법률」 제2조 제5호의 규정에 의한 배치설계권, 기타 이에 준하는 기술과 이의 사용에 관한 권리

⑤ 외국인이 국내에 있는 지점 또는 사무소를 폐쇄하여 다른 내국법인으로 전환하거나 외국인이 주식 등을 소유하고 있는 내국법인이 해산하는 경우 해당 지점 · 사무소 또는 법인의 청산에 따라 당해 외국인에게 분배되는 남은 재산

⑥ 외투법 제2조 제4호 나목의 규정에 의한 차관 기타 해외로부터의 차입금의 상환액

⑦ 다음의 주식

㉠ 외국의 유가증권시장에 상장 또는 등록된 외국법인의 주식

㉡ 외투법 또는 외국환거래법에 따라 외국인이 소유하고 있는 주식

⑧ 국내에 소재하는 부동산

⑨ 외투법 및 외국환거래법에 따라 외국인이 소유하고 있는 대한민국법인 또는 대한민국국민이 경영하는 기업의 주식 또는 지분과 부동산을 처분한 대금

### 2-6. 자본재

'자본재'라 함은 산업시설(선박 · 차량 · 항공기 등을 포함)로서의 기계 · 기자재 · 시설품 · 기구 · 부분품 · 부속품 및 농업 · 임업 · 수산업의 발전에 필요한 가축 · 종자 · 수목 · 어패류 기타 주무부장관(당해 사업을 관장하는 중앙행정기관의 장을 말한다)이 당해 시설의 첫 시험운전(시험사업을 포함)에 필요하다고 인정하는 원료 · 예비품 및 이의 도입에 따르는 운임 · 보험료와 시설을 하거나 조언을 하는 기술 또는 용역을 말한다(외투법 §2 ① 9호).

### 2-7. 기술도입계약

'기술도입계약'이라 함은 대한민국국민 또는 대한민국법인이 외국인으로부터 산업재산권 기타 기술을 양수하거나 그 사용에 관한 권리를 도입하는 계약을 말한다(외투법 §2 ① 10호).

사업단계별로 산업단지를 조성하는 사업시행자와 산업단지 조성 이후 입주하는 자가 이에 해당되며, 산업단지공단을 관리 · 운영하는 한국산업단지관리공단도 이에 해당된다. 이 경우 산업단지 등에 입주하는 자란 법인 · 단체 및 개인사업자 모두를 포함한다. 산업단지 등 사업시행자 및 산업단지 등 입주자에 대한 세부 범위는 다음과 같다.

# 3 | 감면대상자

## 3-1. 대상사업의 범위(조특법 §121의 2 ①)

### 3-1-1. 신성장동력산업기술을 수반하는 사업

2016. 12. 20. 조특법 개정시 외국인 투자에 대한 감면대상이 되는 사업을 기존의 산업지원서비스업 및 고도기술 수반사업에서 국내산업구조의 고도화와 국제경쟁력 강화에 긴요한 신성장동력·원천기술을 수반하는 사업으로 개정하였다.

조특법 제121조의 2 제1항 제1호에 따라 취득세 및 재산세를 감면하는 외국인 투자는 다음의 요건을 모두 갖추어야 하며, 여기서 말하는 신성장동력·원천기술이란 조특령 별표 7에 따른 신성장동력·원천기술 분야별 대상기술 및 이와 직접 관련된 소재, 생산공정 등에 관한 기술로서 조특칙 별표 14에 따른 기술(이하 "신성장동력산업기술"이라 한다)을 말한다.

2016. 12. 20. 조특법 개정시 외국인 투자에 대한 감면대상이 되는 사업을 기존의 산업지원서비스업 및 고도기술 수반사업에서 국내산업구조의 고도화와 국제경쟁력 강화에 긴요한 신성장동력·원천기술을 수반하는 사업으로 개정하였다.

조특법 제121조의 2 제1항 제1호에 따라 취득세 및 재산세를 감면하는 외국인 투자는 다음의 요건을 모두 갖추어야 하며, 여기서 말하는 신성장동력·원천기술이란 조특령 별표 7에 따른 신성장동력·원천기술 분야별 대상기술 및 이와 직접 관련된 소재, 생산공정 등에 관한 기술로서 조특칙 별표 14에 따른 기술(이하 "신성장동력산업기술"이라 한다)을 말한다.

〈표 1〉 **조특칙 [별표 14]** (2017. 3. 17. 신설)

| **신성장기술 직접 관련 소재·공정 기술(제51조 관련)** |

| 유형분류 | 대상기술 | 적용분야 |
|---|---|---|
| 1. 소재 기술 | 가. 고집적도 반도체 소재 기술 : 기존 반도체 메모리와 달리 얇은 자성 박막으로 만들어진 새로운 비휘발성(nonvolatile, 非揮發性) 메모리 소자로 외부 전원 공급이 없는 상태에서 정보를 유지할 수 있고 고속 동작과 집적도(degree of integration, 集積度)를 높일 수 있는 소재를 개발·제작하는 기술 | 5-가. 지능형반도체·센서 |

| 유형분류 | 대상기술 | 적용분야 |
|---|---|---|
| | 나. 플렉서블 전도성 소재 기술 : 초소형 웨어러블 부품 등에 활용되는 인체 신호 전달용 전극 디스플레이용 소재[플라스틱, 금속, 탄소나노튜브(carbon-nanotube), 그래핀(Graphene) 등]를 개발·제작하는 기술 | 2-마. 착용형 스마트기기<br>9-가. 고기능섬유 |
| | 다. 마이크로 LED 소재 기술 : 광 응용 분야에 적용할 수 있는 플렉서블 디스플레이, 스마트 섬유, 바이오 콘택트렌즈, HMD(Head Mounted Display), 인체 부착 및 무선 통신 분야에 활용되는 칩 사이즈가 0~100㎛ 수준의 마이크로 LED 소재를 개발·제작하는 기술 | 1-가. 자율주행차<br>1-나. 전기구동차<br>2-마. 착용형 스마트기기<br>3-나. 융합보안<br>5-가. 지능형반도체·센서<br>5-다. OLED<br>7-가. 바이오화합물·의약<br>7-나. 의료기기·헬스케어 |
| | 라. 전기자동차용 배터리 소재 : 소형의 고에너지(high energy) 밀도를 가지는 나트륨-유황 전지, 아연-브롬 전지, 아연-염소 전지 등의 리튬이온 이차전지로 주로 전기자동차 또는 전력저장을 위한 배터리 소재를 개발·제작하는 기술 | 1-나. 전기구동차 |
| 1. 소재기술 | 마. 지능형·기능성 센서 소재 : 자동차, 로봇, 등의 카메라, 라이다, 레이더 등에 적용하여 전방위 물체 정보 처리, 주변 상황 인지, 자율주행 등과 가스, 광 등 주변 변화에 민감하게 반응하는 전극용 소재 기술 | 1-가. 자율주행차<br>2-나. IoT<br>5-가. 지능형반도체·센서<br>10-나. 안전로봇 |
| | 바. 탄소복합체 신소재 기술 : 탄소섬유 강화 플라스틱(CFRP, Carbon Fiber Reinforced Plastics), 경량화 미래형 핵심소재로서 아크릴섬유를 1000℃~2000℃의 초고온 환경에서 특수 열처리해(코팅 등) 만드는 특수 소재 기술 | 11-나. 우주 |
| | 사. 3D프린팅용 복합소재기술(친환경, 의료용, 심미용) : 인체유해성을 배제한 프린팅용 소재기술로 3D 프린팅 원료를 출력 가능한 형태로 가공하여 공정성 및 흐름성을 부여하고, 3차원 형상물 제조 공정 중 상변화가 용이하거나 고른 분산성을 유지하여 강한 층간결합력 및 높은 해상도를 달성할 수 있도록 하는 생체적합성(biocompatibility, 生體適合性) 소재, 능동형 하이브리드(hybrid: 혼합) 스마트 소재, 복합기능성 고분자 소재 기술 | 5-라. 3D프린팅 |

| 유형분류 | 대상기술 | 적용분야 |
| --- | --- | --- |
| | 아. 고기능성 화학품 신소재 기술 : AMOLED(Active Matrix Organic Light-Emitting Diode ; 능동형 유기 발광다이오드) 패널 및 플렉서블 디스플레이용 회로 형성에 필요한 식각액(etchant), 박리액(Stripper), 세정액 등에 사용되는 화학품 신소재 | 5-다. OLED |
| | 자. 유전자 검사용 초소형 바이오 반도체 소재 : 나노반도체 기술을 바이오 분야에 접목하여 멀티 센싱(multi-sensing)을 이용해 미량의 생체분자(organic molecule, 生體分子) 혹은 생체표지자(biomarker, 生體標識子)를 검출하는 등 실시간 진단이 가능한 고기능 바이오 반도체 및 센서용 소재 기술 | 7-나. 의료기기, 헬스케어 |
| 1. 소재 기술 | 차. 유무기 나노 하이브리드소재(Organic-Inorganic Hybrid Nano-Materials)기술 : OLED, 연료전지, 이차전지, 태양전지 등의 고경도, 친수(親水), 발수(撥水), 방청(防銹), 전자파 차단 등 표면 특성 강화를 위한 코팅용 유무기(有無機) 소재 기술 | 5-다. OLED<br>8-나. 신재생에너지<br>8-다. 에너지효율향상 |
| | 카. 슈퍼 엔지니어링 플라스틱(SEP, Super engineering plastics) 소재기술 : 무인기, 위성 및 우주발사체, 플렉서블 디스플레이 등의 경량화, 전자기기 오작동 방지 등을 위한 PPS(Poly Phenylene Sulfide) 소재, PI(Polyimide) 소재, 컴파운딩, TPEE(thermoplastic polyester elastomer) 소재, 친환경 PETG(Polyethylene terephthalate glycol- modified)소재, 생분해성(生分解性, biodegradability) 플라스틱 등 금속을 대체하는 플라스틱 소재 기술 | 9-나. 초경량금속<br>11-나. 우주 |
| 2. 공정 기술 | 가. 지능형 전력반도체 모듈 기술 : 가전기기, 산업용 전동기, 자동차, 신재생 에너지 분야에 적용 가능한 전력용 반도체 모듈로서 전력 소자, 구동 회로, 보호회로 및 기타 주변회로를 한 패키지 안에 집적한 제품의 설계 및 제조 기술 | 8-다. 에너지효율향상 |
| | 나. 대화면 플렉서블 OLED 제작 기술 : 대면적 플렉서블 OLED 디스플레이의 제작을 위해 유리 봉지기술, 하이브리드 봉지기술 등을 통한 플라스틱 기판 소재 및 투명 필름 제작 공정 기술 | 5-다. OLED |

| 유형분류 | 대상기술 | 적용분야 |
|---|---|---|
| 2. 공정 기술 | 다. 난삭(難削) 메탈소재 가공 및 공정 기술 : 항공/우주 산업의 티타늄, 복합재료 및 니켈합금, 자동차 산업의 CGI(Compacted Graphite Iron), 세라믹 및 고경도강, 바이오 산업의 바이오 세라믹 및 코발트 크롬 등 난삭(難削) 메탈소재 가공 및 공정 기술 | 9-라. 타이타늄 |
| | 라. 기능성(내열성, 초소형) 렌즈 수지 및 제조 공정 기술 : 내충격성이 우수한 고굴절 광학렌즈용 수지 조성물을 이용하여 가공성을 향상시키고 아베수(Abbe's number), 투명성, 자외선 차단성 등의 광학 특성이 우수한 기능성 광학렌즈 제조 및 공정기술 | 1-가. 자율주행차<br>2-나. IoT<br>2-마. 착용형스마트기기 |
| | 마. OLED 소재 패턴 정밀화 향상 기술 : Fine Metal Mask (FMM) 방식으로 주로 저분자 재료를 적용하여 고진공(高眞空)하에서 박막의 금속 마스크(Metal mask)를 기판에 밀착시켜서 원하는 위치에만 OLED 재료를 증착하여 화소를 형성시키는 방법으로 주로 OLED에 이용되는 금속 박막을 이용한 제조 기술 | 5-다. OLED |

비고 : 적용분야란 「조세특례제한법 시행령」 별표 7에 따른 신성장동력·원천기술 분야별 대상기술과 관련된 분야를 말한다.

### 3-1-2. 외국인 투자지역에 입주하는 외국인 투자기업이 경영하는 사업

외투법 제18조 제1항 제2호[171]에 따른 외국인 투자지역에 입주하는 같은 법 제2조 제1항 제6호에 따른 외국인 투자기업이 경영하는 사업 및 제2호의 2(경제자유구역), 제2호의 8, 제121조의 8 제1항 또는 제121조의 9 제1항 제1호의 사업 중 외국인 투자기업이 경영하는 사업으로서 경제자유구역위원회, 「새만금사업 추진 및 지원에 관한 특별법」 제33조에 따른 새만금위원회, 제주특별자치도지원위원회, 제주국제자유도시종합계획심의회의 심의·의결을 거치는 사업[172][173][174]이 그 대상이다.[175] 여기서 취득세 및 재산세를 감면하는 외국

171) 외투법 제18조 제1항 제2호의 규정에 의한 외국인 투자지역은 특정지역에 대규모로 공단을 조성한 후 외국인 투자를 유치하던 종래의 방식에서 탈피하여 외국투자가가 입주를 희망하는 지역을 대상으로 하여 외국인 투자위원회의 심의를 거쳐 시·도지사가 지정하게 된다.

172) 경제자유구역의 지정 및 운영에 관한 특별법 제2조 제1호의 규정에 의한 경제자유구역에 입주하는 외국인 투자기업이 경제자유구역 안에서 새로이 시설을 설치하는 것으로서 조특령 제116조의 2 제3항 제1호, 제2호, 제3호 가목부터 라목까지 및 제4호 중 어느 하나에 해당하는 사업을 경제자유구역의 지정 및 운영에 관한 특별법 제25조에 따른 경제자유구역위원회의 심의·의결을 거쳐 영위하는 경우를 말한다(조특령 §116의 2 ⑲).

173) 제주특별자치도 설치 및 국제자유도시 조성을 위한 특별법 제216조의 규정에 의하여 지정된 제주첨단과

인 투자는 외투법 제18조 제1항 제2호의 규정에 의한 외국인 투자지역 안에서 새로이 시설을 설치하는 것으로서 다음의 어느 하나에 해당하는 것으로 한다(조특법 §121의 2 ① 2호, 조특령 §116의 2 ③).

① 외국인 투자금액이 미화 3천만불 이상으로서 다음의 어느 하나에 해당하는 사업을 영위하기 위한 시설을 새로 설치하는 경우

㉠ 제조업

㉡ 컴퓨터프로그래밍, 시스템통합 및 관리업

㉢ 자료처리 · 호스팅 및 관련 서비스업

② 외국인 투자금액이 미화 2천만불 이상으로서 다음의 어느 하나에 해당하는 사업을 경영하기 위한 시설을 새로이 설치하는 경우

㉠ 관광호텔업, 수상관광호텔업 및 한국전통호텔업[176]

㉡ 전문휴양업,[177] 종합휴양업 및 종합유원시설업

㉢ 국제회의시설

㉣ 휴양콘도미니엄업[178]

㉤ 청소년수련시설[179]

③ 외국인 투자금액이 미화 1천만불 이상으로서 다음의 어느 하나에 해당하는 사업을

학기술단지에 입주한 외국인 투자기업이 제주첨단과학기술단지 안에서 새로이 시설을 설치하는 것으로서, 조특령 제116조의 2 제3항 제1호, 제2호, 제3호 가목부터 라목까지 및 제4호 중 어느 하나에 해당하면서 조특령 제116조의 14 제1항 각 호의 어느 하나에 해당하는 사업을 제주특별자치도 설치 및 국제자유도시 조성을 위한 특별법 제7조에 따른 제주특별자치도지원위원회의 심의 · 의결을 거쳐 영위하는 경우를 말한다(조특령 §116의 2 ⑳).

174) 제주특별자치도 설치 및 국제자유도시 조성을 위한 특별법 제217조에 따라 지정되는 제주투자진흥지구에 입주하는 외국인 투자기업이 제주투자진흥지구 안에서 새로이 시설을 설치하는 것으로서 조특령 제116조 제3항 제1호, 제2호, 제3호 가목부터 라목까지 및 제4호 중 어느 하나에 해당하면서 조특령 제116조의 15 제1항 각 호의 어느 하나에 해당하는 감면대상사업을 제주특별자치도 설치 및 국제자유도시 조성을 위한 특별법 제226조에 따른 제주국제자유도시종합계획심의회의 심의 · 의결을 거쳐 영위하는 경우를 말한다(조특령 §116의 2 ㉑).

175) 경제자유구역, 제주첨단과학기술단지, 제주투자진흥지구 내 대규모 외국인 투자에 대해서는 별도의 외투지역 지정 없이 각 지역위원회(경제자유구역위원회, 제주지원위원회, 제주종합계획심의회)의 의결로 법인세 등 5년 100%, 2년 50% 감면(경제자유구역 등에 대한 대규모 외국인 투자시 7년간 조세감면 적용절차를 간소화하여 외국인 투자기업 편의 제고, 외국인 투자지역으로 지정받기 위해서는 지자체 투자유치 심의위원회 개최, 주민의견청취 등의 절차를 거쳐야 하나, 향후 이러한 절차 없이 각 지역위원회 심의만을 거침으로써 절차간소화 및 소요시간 단축 기대됨)

176) 한국전통호텔업 추가(2008. 2. 22. 개정)

177) 전문휴양업 추가(2008. 2. 22. 개정)

178) 2010. 2. 18. 이후 최초로 외국인 투자신고를 하는 분부터 적용한다.

179) 2010. 2. 18. 이후 최초로 외국인 투자신고를 하는 분부터 적용한다.

경영하기 위한 시설을 새로이 설치하는 경우

㉠ 복합물류터미널사업

㉡ 공동집배송센터를 조성하여 운영하는 사업

㉢ 항만시설을 운영하는 사업과 항만배후단지에서 경영하는 물류산업

㉣ 공항시설을 운영하는 사업 및 공항구역 내에서 경영하는 물류산업

㉤ 「사회기반시설에 대한 민간투자법」 제2조 제5호의 규정에 의한 민간투자사업 중 동법 제2조 제3호의 규정에 의한 귀속시설을 조성하는 사업

④ 상기 '3-1-1.'의 사업을 위한 연구개발활동을 수행하기 위하여 연구시설을 새로이 설치하거나 증설하는 경우로서 다음의 요건을 갖춘 경우

㉠ 외국인 투자금액이 미합중국 화폐 2백만불[180] 이상일 것

㉡ 사업과 관련된 분야의 석사 이상의 학위를 가진 자로서 3년 이상 연구경력을 가진 연구전담인력의 상시 고용규모가 10인 이상일 것

⑤ 외투법 제18조 제1항 제2호의 규정에 의한 동일한 외국인 투자지역에 입주하는 2 이상의 외국인 투자기업이 경영하는 사업으로서 다음의 요건을 갖춘 경우

㉠ 외국인 투자금액의 합계액이 미화 3천만불 이상일 것

㉡ 상기 ①부터 ④까지 규정하는 사업을 경영하기 위한 시설을 새로이 설치하는 경우일 것

〈표 2〉 **외국인 투자지역과 산업단지와의 차이점**

| 구 분 | 외국인 투자지역 | 지방산업단지 |
|---|---|---|
| 지정권자 | 시 · 도지사(외국인 투자위원회 심의) | 시 · 도지사(건설교통부 산업입지 정책심의회 심의) |
| 지정방식 | 사후지정 | 사전지정 |
| 입주업종 | 제조업, 고도기술수반사업, 산업지원서비스업, 관광업 | 제조업 위주 |

한편, 법률 제5982호 정부조직법 중 개정법률 부칙 제5조 제3항의 규정에 의하여 외국인 투자지역으로 보는 종전의 수출자유지역은 외투법 제18조 제1항 제2호의 규정에 의한 외국인 투자지역으로 하며, 이 지역에서 공장시설을 설치하는 경우에는 제3항의 규정에 불구하고 조특법 제121조의 2 내지 제121조의 7의 규정을 적용한다(조특령 §116의 2 ④).

180) 5백만불 → 2백만불(2008.2.22. 개정)

참고

**법률 제5982호(1999. 5. 24.) 정부조직법 중 개정법률 부칙 제5조 제3항**

이 법 시행 당시 수출자유지역설치법에 의하여 설치된 수출자유지역은 부칙 제3조 제69항의 규정에 의하여 개정되는 조세특례제한법 제5장의 개정규정에 의한 조세감면에 있어서는 이를 외국인 투자지역으로 본다.

### 3-1-3. 경제자유구역[181]에 입주하는 외국인 투자기업이 경영하는 사업

「경제자유구역의 지정 및 운영에 관한 특별법」 제2조 제1호에 따른 경제자유구역에 입주하는 외국인 투자기업이 경영하는 사업이 이에 해당한다. 여기에서 취득세 및 재산세를 감면하는 외국인 투자는 「경제자유구역의 지정 및 운영에 관한 특별법」 제2조 제1호의 규정에 의한 경제자유구역 안에서 새로이 시설을 설치하는 것으로서 다음의 어느 하나에 해당하는 것으로 한다(조특령 §116의 2 ⑤).

① 외국인 투자금액이 미화 1천만불 이상으로서 제조업을 경영하기 위하여 새로이 공장시설을 설치하는 경우

② 외국인 투자금액이 미화 1천만불 이상으로서 다음의 어느 하나에 해당하는 사업을 경영하기 위한 시설을 새로이 설치하는 경우

㉠ 관광호텔업, 수상관광호텔업 및 한국전통호텔업[182]

㉡ 전문휴양업,[183] 종합휴양업 및 종합유원시설업

㉢ 국제회의시설

③ 외국인 투자금액이 미화 5백만불 이상으로서 다음의 어느 하나에 해당하는 사업을 경영하기 위한 시설을 새로이 설치하는 경우

㉠ 복합물류터미널사업

㉡ 공동집배송센터를 조성하여 운영하는 사업

㉢ 항만시설을 운영하는 사업과 항만배후단지에서 경영하는 물류산업

㉣ 공항시설을 운영하는 사업 및 공항구역 내에서 경영하는 물류산업

④ 외국인 투자금액이 미화 5백만불 이상으로서 「경제자유구역의 지정 및 운영에 관한

181) 경제자유구역은 외국인 투자기업의 경영환경과 외국인의 생활여건을 개선하기 위하여 조성된 지역으로서 기획재정부장관이 대상구역의 시·도지사가 제출한 경제자유구역개발계획의 심의·의결절차를 거쳐 확정 및 지정하는 지역을 말한다.

182) 한국전통호텔업 추가(2008. 2. 22. 개정)

183) 전문휴양업 추가(2008. 2. 22. 개정)

특별법」 제23조 제1항의 규정에 따라 새로이 의료기관을 개설하는 경우

⑤ 상기 '3-1-1.'의 사업을 위한 연구개발활동을 수행하기 위하여 연구시설을 새로이 설치하거나 증설하는 경우로서 다음의 요건을 갖춘 경우

㉠ 외국인 투자금액이 미합중국 화폐 1백만불 이상일 것

㉡ 사업과 관련된 분야의 석사 이상의 학위가 있는 자로서 3년 이상 연구경력이 있는 자를 상시 10인 이상 고용할 것

⑥ 외국인 투자금액이 미화 1천만불 이상으로서 다음의 어느 하나에 해당하는 사업을 영위하기 위하여 시설을 새로 설치하는 경우

㉠ 엔지니어링사업

㉡ 전기통신업

㉢ 컴퓨터프로그래밍·시스템 통합 및 관리업

㉣ 정보서비스업

㉤ 그 밖의 과학기술서비스업

㉥ 영화·비디오물 및 방송프로그램 제작업, 영화·비디오물 및 방송프로그램 제작 관련 서비스업, 녹음시설 운영업, 음악 및 기타 오디오물 출판업

㉦ 게임 소프트웨어 개발 및 공급업

㉧ 공연시설 운영업, 공연단체, 기타 창작 및 예술 관련 서비스업

### 3-1-4. 경제자유구역 개발사업시행자에 해당하는 외국인 투자기업이 경영하는 사업

「경제자유구역의 지정 및 운영에 관한 특별법」 제8조의 3 제1항 및 제2항에 따른 개발사업시행자에 해당하는 외국인 투자기업이 경영하는 사업이 이에 해당한다. 여기서 취득세 및 재산세를 감면하는 외국인 투자는 「경제자유구역의 지정 및 운영에 관한 특별법」 제6조의 규정에 의한 경제자유구역개발계획에 따라 경제자유구역을 개발하기 위하여 기획·금융·설계·건축·마케팅·임대·분양 등을 일괄적으로 수행하는 개발사업으로서 다음의 어느 하나에 해당하는 것으로 한다(조특령 §116의 2 ⑥).

① 외국인 투자금액이 미화 3천만불 이상인 경우

② 외국인 투자비율이 50% 이상으로서 당해 경제자유구역의 총개발사업비가 미화 5억불 이상인 경우

### 3-1-5. 제주투자진흥지구의 개발사업시행자에 해당하는 외국인 투자기업이 경영하는 사업

「제주특별자치도 설치 및 국제자유도시 조성을 위한 특별법」 제162조에 따라 지정되는

제주투자진흥지구의 개발사업시행자에 해당하는 외국인 투자기업이 경영하는 사업이 이에 해당한다. 여기서 취득세 및 재산세를 감면하는 외국인 투자는 「제주특별자치도 설치 및 국제자유도시 조성을 위한 특별법」 제162조의 규정에 의한 제주투자진흥지구를 개발하기 위하여 기획·금융·설계·건축·마케팅·임대·분양 등을 일괄적으로 수행하는 개발사업으로서 다음의 어느 하나에 해당하는 것으로 한다(조특령 §116의 2 ⑦).

① 외국인 투자금액이 미화 1천만불 이상인 경우

② 외국인 투자비율이 50% 이상으로서 당해 제주투자진흥지구의 총개발사업비가 미화 1억불 이상인 경우

### 3-1-6. 외국인기업전용단지에 입주하는 외국인 투자기업이 경영하는 사업

「외국인 투자촉진법」 제18조 제1항 제1호에 따른 외국인 투자지역에 입주하는 외국인 투자기업이 경영하는 사업이 이에 해당한다. 여기서 취득세 및 재산세를 감면하는 외국인 투자는 외투법 제18조 제1항 제1호[184]의 규정에 의한 외국인 투자지역 안에서 새로이 시설을 설치하는 것으로서 다음의 어느 하나에 해당하는 것으로 한다(조특령 §116의 2 ⑯).

① 외국인 투자금액이 미화 1천만불 이상으로서 제조업을 경영하기 위하여 새로이 공장시설을 설치하는 경우

② 외국인 투자금액이 미화 5백만불 이상으로서 다음의 어느 하나에 해당하는 사업을 경영하기 위한 시설을 새로이 설치하는 경우

㉠ 복합물류터미널사업

㉡ 공동집배송센터를 조성하여 운영하는 사업

㉢ 항만시설을 운영하는 사업과 항만배후단지에서 경영하는 물류산업

### 3-1-7. 기업도시개발구역[185]에 입주하는 외국인 투자기업이 경영하는 사업

「기업도시개발 특별법」 제2조 제2호에 따른 기업도시개발구역(이하 "기업도시개발구역"이라 한다)에 입주하는 외국인 투자기업이 경영하는 사업이 이에 해당한다. 여기서 취득세 및 재산세를 감면하는 외국인 투자는 투자금액이 미화 1천만불 이상(아래 ②의 경우

184) 외투법 제18조 제1항 제1호의 규정에 의한 외국인 투자지역은 산업입지 및 개발에 관한 법률 제6조의 규정에 의한 국가산업단지 및 동법 제7조의 규정에 의한 일반지방산업단지 중 외국인 투자기업에 전용으로 임대 또는 양도하기 위하여 지정하는 지역을 대상으로 하여 외국인 투자위원회의 심의를 거쳐 지정하게 된다.

185) 산업입지와 경제활동을 위하여 민간기업이 산업·연구·관광·레저·업무 등의 주된 기능과 주거·교육·의료·문화 등의 자족적 복합기능을 고루 갖춘 기업도시를 조성하기 위한 기업도시개발사업을 시행하기 위하여 지정·고시된 구역을 말한다.

에는 미화 2백만불 이상, ③의 경우에는 미화 5백만불 이상)으로서 「기업도시개발 특별법」 제2조 제2호의 규정에 의한 기업도시개발구역 안에서 다음의 어느 하나에 해당하는 사업을 경영하기 위하여 시설을 새로이 설치하는 경우를 말하며, 감면대상이 되는 사업을 경영함으로써 발생한 소득은 기업도시개발구역 안에 설치된 시설로부터 직접 발생한 소득에 한한다(조특령 §116의 2 ⑰).

① 제조업

② 연구개발업

③ 다음의 어느 하나에 해당하는 사업

㉠ 복합물류터미널사업

㉡ 공동집배송센터를 조성하여 운영하는 사업

㉢ 항만시설을 운영하는 사업과 항만배후단지에서 경영하는 물류산업

④ 다음의 어느 하나에 해당하는 사업

㉠ 엔지니어링사업

㉡ 전기통신업

㉢ 컴퓨터프로그래밍·시스템 통합 및 관리업

㉣ 정보서비스업

㉤ 그 밖의 과학기술서비스업

㉥ 영화·비디오물 및 방송프로그램 제작업, 영화·비디오물 및 방송프로그램 제작 관련 서비스업, 녹음시설 운영업, 음악 및 기타 오디오물 출판업

㉦ 게임 소프트웨어 개발 및 공급업

㉧ 공연시설 운영업, 공연단체, 기타 창작 및 예술 관련 서비스업

⑤ 다음의 어느 하나에 해당하는 사업

㉠ 「관광진흥법 시행령」 제2조 제1항 제2호에 따른 관광호텔업·수상관광호텔업·한국전통호텔

㉡ 「관광진흥법 시행령」 제2조 제1항 제3호에 따른 전문휴양업·종합휴양업·관광유람선업·관광공연장업. 다만, 전문휴양업과 종합휴양업 중 「체육시설의 설치·이용에 관한 법률」 제10조 제1항 제1호에 따른 골프장업은 제외한다.

㉢ 「관광진흥법 시행령」 제2조 제1항 제4호에 따른 국제회의시설업

㉣ 「관광진흥법 시행령」 제2조 제1항 제5호에 따른 종합유원시설

㉤ 「관광진흥법 시행령」 제2조 제1항 제6호에 따른 관광식당업

㉥ 「노인복지법」 제31조에 따른 노인복지시설을 운영하는 사업

ⓐ「청소년활동 진흥법」 제10조 제1호에 따른 청소년수련시설을 운영하는 사업

ⓞ「궤도운송법」 제2조 제7호에 따른 궤도사업

ⓩ「신에너지 및 재생에너지 개발·이용·보급 촉진법」 제2조 제1호 및 제2호에 따른 신에너지·재생에너지를 이용하여 전기를 생산하는 사업

### 3-1-8. 기업도시개발사업시행자로 지정된 외국인 투자기업이 경영하는 기업도시개발사업

「기업도시개발 특별법」 제10조 제1항에 따라 기업도시 개발사업의 시행자(이하 "기업도시개발사업시행자"라 한다)로 지정된 외국인 투자기업이 경영하는 사업으로서 같은 법 제2조 제3호에 따른 기업도시개발사업이 이에 해당한다. 여기서 취득세 및 재산세를 감면하는 외국인 투자는「기업도시개발 특별법」 제11조의 규정에 의한 기업도시개발계획에 따라 기업도시개발구역을 개발하기 위한 개발사업으로서 다음의 어느 하나에 해당하는 것을 말한다(조특령 §116의 2 ⑱).

① 외국인 투자금액이 미화 3천만불 이상인 경우

② 외국인 투자비율이 100분의 50 이상으로서 당해 기업도시개발구역의 총개발사업비가 미화 5억불 이상인 경우

### 3-1-9. 새만금사업지역에 입주하는 외국인 투자기업이 경영하는 사업

「새만금사업 추진 및 지원에 관한 특별법」 제2조에 따라 지정되는 새만금사업지역 안에서 새로 시설을 설치하는 것으로서 다음의 어느 하나에 해당하는 것을 말한다(조특법 §121의 2 ① 2호의 8, 조특령 §116의 2 ⑤·⑥).

① 외국인 투자금액이 미화 1천만불 이상으로서 제조업을 영위하기 위하여 새로이 공장시설을 설치하는 경우

② 외국인 투자금액이 미화 1천만불 이상으로서 다음 어느 하나에 해당하는 사업을 영위하기 위한 시설을 새로이 설치하는 경우

㉠「관광진흥법 시행령」 제2조 제1항 제2호 가목부터 다목까지의 규정에 따른 관광호텔업, 수상관광호텔업 및 한국전통호텔업

㉡「관광진흥법 시행령」 제2조 제1항 제3호 가목 및 나목에 따른 전문휴양업, 종합휴양업 및 같은 항 제5호 가목에 따른 종합유원시설업

㉢「국제회의산업 육성에 관한 법률」 제2조 제3호의 규정에 의한 국제회의시설

㉣「관광진흥법」 제3조 제1항 제2호 나목에 따른 휴양콘도미니엄업

㉤「청소년활동진흥법」 제10조 제1호에 따른 청소년수련시설

③ 외국인 투자금액이 미화 5백만불 이상으로서 다음의 어느 하나에 해당하는 사업을 영위하기 위한 시설을 새로이 설치하는 경우

㉠ 「물류시설의 개발 및 운영에 관한 법률」 제2조 제4호에 따른 복합물류터미널사업

㉡ 「유통산업발전법」 제2조 제15호의 규정에 의한 공동집배송센터를 조성하여 운영하는 사업

㉢ 「항만법」 제2조 제5호의 규정에 의한 항만시설을 운영하는 사업과 동조 제7호의 규정에 의한 항만배후단지에서 영위하는 물류산업

㉣ 「항공법」 제2조 제8호에 따른 공항시설을 운영하는 사업 및 같은 조 제9호에 따른 공항구역 내에서 영위하는 물류산업

④ 외국인 투자금액이 미화 5백만불 이상으로서 「경제자유구역의 지정 및 운영에 관한 특별법」 제23조 제1항의 규정에 따라 새로이 의료기관을 개설하는 경우

⑤ 산업지원서비스업, 고도기술수반사업(법 §121의 2 ① 1호 각 목) 중 어느 하나의 사업을 위한 연구개발 활동을 수행하기 위하여 연구시설을 새로 설치하거나 증설하는 경우로서 다음의 요건을 모두 갖춘 경우

㉠ 외국인 투자금액이 미합중국 화폐 1백만불 이상일 것

㉡ 동 사업과 관련된 분야의 석사 이상의 학위가 있는 자로서 3년 이상 연구경력이 있는 자를 상시 10인 이상 고용할 것

⑥ 외국인 투자금액이 미화 1천만불 이상으로서 다음의 어느 하나에 해당하는 사업을 영위하기 위하여 시설을 새로 설치하는 경우

㉠ 엔지니어링사업

㉡ 전기통신업

㉢ 컴퓨터프로그래밍 · 시스템 통합 및 관리업

㉣ 정보서비스업

㉤ 그 밖의 과학기술서비스업

㉥ 영화 · 비디오물 및 방송프로그램 제작업, 영화 · 비디오물 및 방송프로그램 제작 관련 서비스업, 녹음시설 운영업, 음악 및 기타 오디오물 출판업

㉦ 게임 소프트웨어 개발 및 공급업

㉧ 공연시설 운영업, 공연단체, 기타 창작 및 예술 관련 서비스업

3-1-10. 「새만금사업 추진 및 지원에 관한 특별법」 제8조 제1항에 따른 사업시행자에 해당하는 외국인 투자기업이 경영하는 사업

「새만금사업 추진 및 지원에 관한 특별법」 제6조에 따른 기본계획에 따라 새만금사업지역을 개발하기 위하여 기획 · 금융 · 설계 · 건축 · 마케팅 · 임대 · 분양 등을 일괄적으로 수행하는 개발사업으로서 다음의 어느 하나에 해당하는 것을 말한다.

① 외국인 투자금액이 미화 3천만불 이상인 경우

② 외국인 투자비율이 50% 이상으로서 당해 경제자유구역의 총개발사업비가 미화 5억불 이상인 경우

3-1-11. 외국인 투자유치를 위하여 조세감면이 불가피한 사업

'외국인 투자유치를 위하여 조세감면이 불가피한 사업'이라 함은 다음의 어느 하나에 해당하는 사업을 말한다(조특법 §121의 2 ① 3호, 조특령 §116의 2 ⑨).

① 「자유무역지역의 지정 및 운영에 관한 특별법」 제10조 제1항 제2호에 따른 입주기업체의 사업(제조업으로 한정)

② 「자유무역지역의 지정 및 운영에 관한 법률」 제10조 제1항 제5호에 따른 입주기업체의 사업

한편, 위에 따라 취득세 및 재산세를 감면하는 외국인 투자는 다음의 기준에 해당하는 공장시설을 새로이 설치하는 경우로 한다(조특령 §116의 2 ⑩).

㉠ 위 ①에 의한 사업 : 외국인 투자금액이 미화 1천만불 이상일 것

㉡ 위 ②에 의한 사업 : 외국인 투자금액이 미화 5백만불 이상일 것

참고

**기획재정부고시 제2017 - 10호**

외국인 투자에 대한 조세감면규정을 다음과 같이 개정 고시합니다.

2017년 7월 7일

기획재정부장관

<외국인 투자에 대한 조세감면규정 전문>

제1장 총 칙

제1조 【목적】 이 규정은 조세특례제한법(이하 "법"이라 한다) 제121조의 2 내지 제121조의 7 및 동법 시행령(이하 "영"이라 한다) 제116조의 2 내지 제116조의 13, 동법 시행규칙(이하 "규칙"이라 한다) 제51조 내지 제51조의 3에서 규정하고 있는 외국인 투자에 대한 조세감면에 관하여 필요한 사항을 정함을 그 목적으로 한다.

제2조 【영업비밀의 보호】 기획재정부장관 또는 주무부장관은 외국인 투자에 대한 조세감면 신청을 처리함에 있어서 신청인의 영업상 비밀에 관한 사항으로서 공개될 경우 당사자의 정당한 이익을 현저히 해할 우려가 있다고 인정되는 자료를 대외에 공개하여서는 아니된다.

제3조 【민원사무처리에 관한 법령의 적용】 외국인 투자에 대한 조세감면 신청에 관하여 법·영·규칙 또는 이 규정에 규정된 것을 제외하고는 민원사무처리에 관한 법률과 그 하위법령을 적용한다.

제2장 외국인 투자에 대한 조세감면

제4조 【조세감면대상사업】 외국인 투자에 대한 조세감면대상사업은 법 제121조의 2 제1항에 따른 사업을 말한다.

제5조 【조세감면 신청서류등】 ① 외국투자가 또는 외국인 투자기업이 법 제121조의 2 제6항의 규정에 의한 조세감면신청이나 조세감면내용 변경신청 또는 동조 제7항의 규정에 의한 조세감면대상 해당 여부의 사전확인을 신청하는 경우에는 각 해당 신청서에 이 규정 별표 2에 게기된 서류를 첨부하여야 한다.

② 외국투자가가 외국인 투자촉진법 제5조 제1항에 의한 외국인 투자신고와 법 제121조의 2 제6항에 의한 조세감면신청을 동시에 하고자 하는 경우에는 그 신고서 및 신청서를 외국인 투자촉진법 시행령 제40조 제2항의 규정에 의하여 산업통상자원부장관의 권한을 위탁받은 외국환은행의 장(이하 "수탁기관장"이라 한다)에게 제출하여야 한다. 이 경우 수탁기관장은 외국인 투자 신고필증을 교부한 때에는 지체없이 외국인 투자 신고필증 사본과 조세감면 신청서류 일체를 기획재정부장관에게 이송하여야 한다.

③ 기획재정부장관은 제1항의 규정에 의한 신청에 대하여 조세감면결정·조세감면내용 변경결정 또는 조세감면대상 사전확인결정을 한 경우에는 지체없이 그 사실을 당해 사업의 주무부장관, 산업통상자원부장관, 지방자치단체의 장, 국세청장, 관세청장 및 해당 수탁기관장에게 통보하여야 한다.

제6조 【조세감면에 관한 협의】 ① 법 제121조의 2 제8항의 규정에 의하여 의견의 요청을 받

은 주무부장관 및 지방자치단체의 장은 그 요청을 받은 날부터 20일 이내에 그에 대한 의견을 기획재정부장관에게 제출하고 이를 신청인에게 알려야 한다. 다만, 조세감면 여부를 결정함에 있어 부득이하게 장기간이 소요된다고 인정되는 경우에는 20일의 범위 내에서 이를 연장할 수 있다. 이 경우에는 기획재정부장관 및 신청인에게 그 사유 및 연장기간을 통보하여야 한다.

② 기획재정부장관 또는 제1항의 규정에 의하여 의견의 요청을 받은 주무부장관 또는 지방자치단체의 장은 신청서류 또는 기재사항이 누락되었거나 기재내용이 불명확한 경우 기타 조세감면 여부를 결정함에 있어 불가피하다고 인정되는 경우에는 7일 이상의 기간을 정하여 신청서류의 보완 또는 보정을 요구할 수 있다. 이 경우 신청인의 신청이 있는 때에는 보완 또는 보정기간을 연장할 수 있다.

③ 제2항 전단의 규정에 의하여 주무부장관 또는 지방자치단체의 장이 신청서류의 보완 또는 보정을 요구한 때에는 그 사실을 지체없이 기획재정부장관에게 통보하여야 한다.

④ 제2항의 규정에 의하여 신청서류의 보완 또는 보정에 소요된 기간은 영 제116조의 3 제1항·제2항의 규정에 의한 처리기간 및 제1항의 규정에 의한 의견제출기간에 이를 산입하지 아니한다.

제7조【법인세등의 감면신고】법 제121조의 2 제8항 본문의 규정에 의하여 조세감면결정 또는 조세감면내용 변경결정의 통지를 받은 외국투자가 또는 외국인 투자기업이 법인세 또는 소득세를 감면받고자 하는 경우에는 법인세법 또는 소득세법의 규정에 의한 과세표준신고서와 국세청장이 정하는 서식에 의한 세액감면신청서를 관할 세무서장에게 제출하여야 한다.

제8조【조세감면을 받은 자에 대한 사후관리등】① 지방자치단체의 장·국세청장 또는 관세청장은 법 제121조의 2 제1항 제2호의 규정에 의하여 조세감면을 받은 외국투자가 또는 외국인 투자기업의 조세감면기간 중 외국인 투자촉진법 시행령 제25조 제6항의 규정에 의하여 외국인 투자지역의 지정이 해제된 때에는 지체없이 조세감면을 중지하여야 한다.

② 지방자치단체의 장·국세청장 또는 관세청장은 법 제121조의 2 내지 제121조의 4의 규정에 의하여 조세감면을 받은 외국투자가 또는 외국인 투자기업의 사후관리에 관하여 필요한 사항을 정할 수 있다. 이 경우 지방자치단체의 장·국세청장 또는 관세청장은 미리 기획재정부장관과 협의하여야 한다.

제9조【재검토기한】「훈령·예규 등의 발령 및 관리에 관한 규정」에 따라 이 고시 발령 후의 법령이나 현실여건의 변화 등을 검토하여 이 고시의 개정 등의 조치를 하여야 하는 기한은 2020년 12월 31일까지로 한다.

부 칙(기획재정부고시 제2017－10호)

제1조【시행일】이 규정은 고시일부터 시행한다.

[별표 2]

조세감면(조세감면내용 변경, 조세감면대상 해당 여부 사전확인)신청시 첨부서류(제5조 관련)

1. 당해 기술에 대한 설명서(영어 등 외국어로 된 자료는 국문으로 번역하여 제출)
   - 그 기술로 생산 또는 공급하는 제품이나 서비스에 대한 Catalog 등 참고자료
2. 당해 기술로 생산 또는 공급하는 제품이나 서비스의 활용 범위를 기재한 서류
3. 생산방식 및 공정표(제조기술에 한한다)
   - 전공정에 걸쳐 작성하되, 신성장동력산업기술을 요하는 공정을 구분 표시할 것
   - 공정별로 생산행위가 국내에서 이루어지는지의 여부를 표시할 것
4. 경제적 효과 또는 기술적 성능을 증빙하는 자료
   - 당해 기술로 생산 또는 공급한 제품·서비스와 동종 또는 유사의 제품·서비스를 비교한 성능, 품질 또는 비용절감 등에 관한 사항
5. 신성장동력산업 대상기술임을 증빙하는 다음의 자료
   - 당해 기술로 생산 또는 공급하는 제품 등에 대한 외국정부 기타 공인기관이 발행한 인증서, 시험합격서, 평가서 등
   - 당해 기술에 대한 특허권 등 산업재산권에 관한 자료
   - 당해 기술의 개발과 관련된 자료
     (연구개발기관, 개발참가자, 개발비용 또는 소요기간 등)
   - 당해 기술과 동종의 기술을 활용하기 위하여 제3국에 투자한 실적과 이를 제3국에 공여한 실적
   - 기타 기술성을 증빙하는 서류
6. 외국인 투자 신고필증 사본(법 제121조의 2 제6항의 규정에 의한 조세감면신청 또는 조세감면내용 변경신청의 경우에 한한다)
7. 조세감면결정내용 공문 사본(법 제121조의 2 제6항의 규정에 의한 조세감면내용 변경신청의 경우에 한한다)
8. 신성장동력산업과 직접 관련된 사업임을 증빙하는 다음의 자료(시행령 제116조의 2 제25항)
   - 감면대상 사업과 직접 관련된 사업(이하, 감면관련 사업)은 제품 전체 공정 중 신성장산업기술이 사용되는 감면공정을 제외한 비감면공정의 사업을 의미하며 감면대상 사업과 감면관련 사업의 생산방식 및 공정표 등의 자료

## 3-2. 지방세 감면대상

### 3-2-1. 사업개시일 후에 취득·보유하는 부동산

외국인 투자기업이 신고한 사업(새만금 관련 사업은 제외한다)을 경영에 직접 사용하기 위하여 2022년 말까지 취득·보유하는 부동산에 대한 취득세 및 재산세에 대하여는 다음과 같이 그 세액을 감면하거나 일정금액을 과세표준에서 공제한다. 다만, 지방자치단체가 「지방세

특례제한법」 제4조에 따른 조례가 정하는 바에 따라 감면기간 또는 공제기간을 15년까지 연장하거나 연장한 기간 내에서 감면비율 또는 공제비율을 높인 때에는 ① 및 ②에 불구하고 그 기간 및 비율에 따른다(지특법 §78의 3 ①, 2019년 말까지 舊조특법 §121의 2 ④).

① 취득세 및 재산세는 사업개시일부터 5년 이내에 있어서는 당해 부동산에 대한 산출세액에 외국인 투자비율을 곱한 금액(이하 "감면대상세액"이라 한다)의 전액을, 그 다음 2년 이내에 있어서는 감면대상세액의 50%에 상당하는 세액을 감면. 다만, 제1항 제2호의 2(경제자유구역에 입주하는 외국인 투자기업이 경영하는 사업) · 제2호의 3(경제자유구역 개발사업시행자에 해당하는 외국인 투자기업이 경영하는 사업) · 제2호의 4(제주투자진흥지구의 개발사업시행자에 해당하는 외국인 투자기업이 경영하는 사업) · 제2호의 5(외국인기업전용단지에 입주하는 외국인 투자기업이 경영하는 사업) · 제2호의 6(기업도시개발구역에 입주하는 외국인 투자기업이 경영하는 사업) · 제2호의 7(기업도시개발사업시행자로 지정된 외국인 투자기업이 경영하는 기업도시개발사업) · 제2호의 8(새만금사업지역에 입주하는 외국인 투자기업이 경영하는 사업) · 제2호의 9(새만금사업 추진 및 지원에 관한 특별법 제8조 제1항에 따른 사업시행자에 해당하는 외국인 투자기업이 경영하는 사업) 및 제3호(외국인 투자유치를 위하여 조세감면이 불가피한 사업)에 따른 감면대상이 되는 사업을 경영하기 위하여 직접 사용은 부동산에 대한 취득세 및 재산세는 사업개시일부터 3년 이내에 있어서는 감면대상세액의 전액을, 그 다음 2년 이내에 있어서는 감면대상세액의 50%에 상당하는 세액을 각각 감면한다.

② 토지에 대한 재산세는 사업개시일부터 5년 동안은 당해 부동산의 과세표준에 외국인 투자비율을 곱한 금액(이하 "공제대상금액"이라 한다)의 전액을, 그 다음 2년 동안은 공제대상금액의 50%에 상당하는 금액을 과세표준에서 공제. 다만, 제1항 제2호의 2(경제자유구역에 입주하는 외국인 투자기업이 경영하는 사업) · 제2호의 3(경제자유구역 개발사업시행자에 해당하는 외국인 투자기업이 경영하는 사업) · 제2호의 4(제주투자진흥지구의 개발사업시행자에 해당하는 외국인 투자기업이 경영하는 사업) · 제2호의 5(외국인기업전용단지에 입주하는 외국인 투자기업이 경영하는 사업) · 제2호의 6(기업도시개발구역에 입주하는 외국인 투자기업이 경영하는 사업) · 제2호의 7(기업도시개발사업시행자로 지정된 외국인 투자기업이 경영하는 기업도시개발사업) · 제2호의 8(새만금사업지역에 입주하는 외국인 투자기업이 경영하는 사업) · 제2호의 9(새만금사업 추진 및 지원에 관한 특별법 제8조 제1항에 따른 사업시행자에 해당하는 외국인 투자기업이 경영하는 사업) 및 제3호(외국인 투자유치를 위하여 조세감면이 불

가피한 사업)에 따른 감면대상이 되는 사업을 경영하기 위하여 취득·보유하는 토지에 대한 재산세는 사업개시일부터 3년 동안은 공제대상금액의 전액을, 그 다음 2년 동안은 공제대상금액의 50%에 상당하는 금액을 과세표준에서 각각 공제한다.

3-2-2. 사업개시일 전에 취득·보유하는 부동산

외국인 투자기업이 사업개시일 전에 감면대상사업에 직접 사용할 목적으로 2022년 말까지 취득·보유하는 부동산이 있는 경우에는 당해 부동산에 대한 취득세 및 재산세에 대하여 다음과 같이 그 세액을 감면하거나 일정금액을 그 과세표준에서 공제한다. 다만, 지방자치단체가 「지방세특례제한법」 제4조에 따른 조례가 정하는 바에 따라 감면기간 또는 공제기간을 15년까지 연장하거나 연장한 기간 내에서 감면비율 또는 공제비율을 높인 때에는 ② 및 ③에 불구하고 그 기간 및 비율에 의한다(지특법 §78의 3 ②, 2019년 말까지 舊조특법 §121의 2 ⑤).

① 조세감면결정을 받은 날 이후에 취득하는 부동산에 대한 취득세는 감면대상세액의 전액을 감면

② 재산세는 당해 부동산을 취득한 날부터 5년 동안은 감면대상세액의 전액을, 그 다음 2년 동안은 감면대상세액의 50%에 상당하는 세액을 감면. 다만, 제1항 제2호의 2(경제자유구역에 입주하는 외국인 투자기업이 경영하는 사업)·제2호의 3(경제자유구역 개발사업시행자에 해당하는 외국인 투자기업이 경영하는 사업)·제2호의 4(제주투자진흥지구의 개발사업시행자에 해당하는 외국인 투자기업이 경영하는 사업)·제2호의 5(외국인기업전용단지에 입주하는 외국인 투자기업이 경영하는 사업)·제2호의 6(기업도시개발구역에 입주하는 외국인 투자기업이 경영하는 사업)·제2호의 7(기업도시개발사업시행자로 지정된 외국인 투자기업이 경영하는 기업도시개발사업)·제2호의 8(새만금사업지역에 입주하는 외국인 투자기업이 경영하는 사업)·제2호의 9(새만금사업 추진 및 지원에 관한 특별법 제8조 제1항에 따른 사업시행자에 해당하는 외국인투자기업이 경영하는 사업) 및 제3호(외국인 투자유치를 위하여 조세감면이 불가피한 사업)에 따른 감면대상이 되는 사업을 경영하기 위하여 직접 사용하는 부동산에 대한 재산세는 당해 부동산을 취득한 날부터 3년 동안은 감면대상세액의 전액을, 그 다음 2년 동안은 감면대상세액의 50%에 상당하는 세액을 각각 감면한다.

③ 토지에 대한 재산세는 당해 부동산을 취득한 날부터 5년 동안은 공제대상금액의 전액을, 그 다음 2년 동안은 공제대상금액의 50%에 상당하는 금액을 과세표준에서 공제. 다만, 제1항 제2호의 2(경제자유구역에 입주하는 외국인 투자기업이 경영하는 사

업)·제2호의 3(경제자유구역 개발사업시행자에 해당하는 외국인 투자기업이 경영하는 사업)·제2호의 4(제주투자진흥지구의 개발사업시행자에 해당하는 외국인 투자기업이 경영하는 사업)·제2호의 5(외국인기업전용단지에 입주하는 외국인 투자기업이 경영하는 사업)·제2호의 6(기업도시개발구역에 입주하는 외국인 투자기업이 경영하는 사업)·제2호의 7(기업도시개발사업시행자로 지정된 외국인 투자기업이 경영하는 기업도시개발사업)·제2호의 8(새만금사업지역에 입주하는 외국인 투자기업이 경영하는 사업)·제2호의 9(새만금사업 추진 및 지원에 관한 특별법 제8조 제1항에 따른 사업시행자에 해당하는 외국인 투자기업이 경영하는 사업) 및 제3호(외국인 투자유치를 위하여 조세감면이 불가피한 사업)에 따른 감면대상이 되는 사업을 경영하기 위하여 취득·보유하는 토지에 대한 재산세는 해당 부동산을 취득한 날부터 3년 동안은 공제대상금액의 전액을, 그 다음 2년 동안은 공제대상금액의 50%에 상당하는 금액을 과세표준에서 각각 공제한다.

## 3-3. 조세감면신청 등

### 3-3-1. 조세감면신청 및 변경신청

외국투자가 또는 외국인 투자기업이 감면을 받고자 할 때에는 당해 외국인 투자기업의 사업개시일이 속하는 과세연도의 종료일까지 기획재정부장관에게 감면신청을 하여야 한다.

조세감면결정을 받은 사업내용을 변경한 경우 그 변경된 사업에 대한 감면을 받고자 할 때에는 당해 변경사유가 발생한 날부터 2년이 되는 날까지 기획재정부장관에게 조세감면내용 변경신청을 하여야 하며, 이에 따른 조세감면내용 변경결정이 있는 경우 그 변경결정의 내용은 당초 감면기간의 잔여기간에 한하여 적용된다(조특법 §121의 2 ⑥).

기획재정부장관은 조세감면신청 또는 조세감면내용의 변경신청이 있는 때에는 당해 신청이 조세감면기준에 해당되는지의 여부 등을 검토하여 20일 이내에 감면 여부 또는 감면내용의 변경 여부를 결정하고 이를 신청인에게 통지하여야 한다(조특령 §116의 3 ①).

하지만, 기획재정부장관이 조특법 제121조의 2 제1항 제1호의 사업(국내산업의 국제경쟁력 강화에 긴요한 산업지원서비스업 및 고도의 기술을 수반하는 사업)에 대하여 조특법 제121조의 2 제6항에 따른 신청을 받아 비감면대상사업으로 결정하려는 때에는 해당 신청일부터 20일 이내에 결정예고통지를 하여야 한다(조특령 §116의 3 ②).

결정예고통지를 받은 자는 기획재정부장관에게 그 통지를 받은 날부터 20일 이내에 통지내용에 대한 적정성 여부에 대한 심사를 소명자료를 첨부하여 서면으로 요청할 수 있다(조특령 §116의 3 ③).

기획재정부장관은 요청을 받은 날부터 20일 이내에 감면 여부 또는 감면내용의 변경 여부를 결정하고 그 결과를 신청인에게 통지하여야 한다(조특령 §116의 3 ④).

기획재정부장관은 감면 여부 또는 감면내용의 변경 여부를 결정하는 경우 부득이하게 장기간이 소요된다고 인정되는 때에는 20일의 범위 내에서 그 처리기간을 연장할 수 있다. 이 경우에는 그 사유 및 처리기간을 신청인에게 통지하여야 한다(조특령 §116의 3 ⑤).

기획재정부장관은 조세감면 또는 조세감면내용의 변경을 결정한 때에는 그 사실을 국세청장 · 관세청장 및 당해 공장시설을 관할하는 지방자치단체의 장에게 통보하여야 한다(조특령 §116의 3 ⑥).

### 3-3-2. 사업개시의 신고 등

사업개시일(「부가가치세법」 제8조 제1항의 규정에 의한 사업개시일을 말한다) 이전에 조세감면결정을 받은 외국인 투자기업은 사업개시일부터 20일 이내에 그 사업장을 관할하는 세무서장에게 사업개시의 신고를 하여야 한다(조특령 §116의 4 ①). 신고를 받은 세무서장은 당해 외국인 투자기업의 사업개시일의 적정 여부를 확인하여야 한다(조특령 §116의 4 ②). 한편, 사업개시일 이전에 조세감면결정을 받고 신고를 하지 아니한 외국인 투자기업 또는 사업개시일 후에 조세감면결정을 받은 외국인 투자기업의 사업개시일은 그 사업장을 관할하는 세무서장이 이를 조사 · 확인한다(조특령 §116의 4 ③). 세무서장이 외국인 투자기업의 사업개시일을 확인한 때에는 지체 없이 이를 당해 외국인 투자기업 및 그 사업장을 관할하는 지방자치단체의 장에게 통보하여야 한다(조특령 §116의 4 ④). 조세감면결정을 받은 외국인 투자기업은 감면받은 과세연도의 과세표준을 신고할 때 그 사업장을 관할하는 세무서장에게 투자명세서를 제출하여야 한다(조특령 §116의 4 ⑤).

### 3-3-3. 사전확인신청

외국인 · 외국투자가 또는 외국인 투자기업은 외투법 제5조 제1항의 규정에 의한 신고를 하기 전에 그 경영하고자 하는 사업이 감면대상에 해당하는지의 여부를 확인하여 줄 것을 기획재정부장관에게 신청할 수 있다(조특법 §121의 2 ⑦).

위 '3-3-1.'의 절차는 조세감면대상 해당 여부의 사전확인신청에 관하여 이를 준용한다(조특령 §116의 3 ⑦).

### 3-3-4. 감면·감면내용변경·감면대상 해당 여부의 통지

기획재정부장관은 조세감면신청 또는 조세감면내용 변경신청을 받거나 사전확인신청을 받은 때에는 관계 중앙관서의 장(지특법 제78조의 3에 따른 취득세 및 재산세의 감면의 경우에는 행정안전부장관 및 해당 사업장을 관할하는 지방자치단체의 장을 말한다)과 협의하여 그 감면·감면내용변경·감면대상 해당 여부를 결정하고 이를 신청인에게 통지하여야 한다. 다만, 조특법 제121조의 2 제1항 제1호(신성장동력산업기술을 수반하는 사업)에 따른 감면에 대해서는 그 감면·감면내용변경·감면대상 해당 여부를 결정할 수 있다(조특법 §121의 2 ⑧).

한편, 외국인 투자신고 후 최초의 조세감면결정 통지일부터 3년이 되는 날 이전에 외국인 투자기업이 조세감면결정 시 확인된 외국인 투자신고금액의 범위에서 증자하는 경우에는 조특법 제121조의 2 제6항에 따른 감면신청을 하지 아니하는 경우에도 그 증자분에 대하여 조특법 제121조의 2 제8항에 따른 감면결정을 받은 것으로 본다(조특법 §121의 4 ⑤).

**〈표 3〉 외국인 투자시 조세감면신청 및 결정절차(국내산업의 국제경쟁력 강화에 긴요한 산업지원 서비스업 및 고도의 기술을 수반하는 사업)**

### 3-3-5. 감면신청기한이 경과한 후 감면신청한 경우

외국투자가 또는 외국인 투자기업이 감면신청기한이 경과한 후 감면신청을 하여 감면결정을 받은 경우에는 그 감면신청일이 속하는 과세연도와 그 후의 잔존감면기간에 한하여 과세특례(조특법 §121의 2 ① 내지 지특법 §78의 3)[186]의 규정을 적용한다. 이 경우 외국인 투자가 또는 외국인 투자기업이 감면결정을 받기 이전에 이미 납부한 세액이 있는 때에는 당해 세액은 환급하지 아니한다(조특법 §121의 2 ⑩).

### 3-3-6. 조세감면결정의 효력 상실 등

외국인 투자신고 후 최초의 조세감면결정 통지일부터 3년이 경과하는 날까지 최초의 출자(증자를 포함한다)가 없는 경우에는 조세감면결정의 효력은 상실되며, 외국인 투자신고 후 최초의 조세감면결정 통지일부터 3년 이내에 최초의 출자를 한 경우로서 최초의 조세감면결정 통지일부터 5년이 되는 날까지 사업을 개시하지 아니한 경우에는 최초의 조세감면결정 통지일부터 5년이 되는 날을 그 사업을 개시한 날로 본다[187](조특법 §121의 2 ⑬).

186) 해당 사업, 감면대상세액, 지방세 감면, 사업양수방식 투자

187) 외국인 투자 신고 후 조세감면결정을 받은 외국인 투자기업이 증자를 하는 경우 증자시마다 증자분에 대한 조세감면결정을 받도록 되어 있는 제도를 개선하여 조세감면 결정통지일로부터 3년 이내의 증자분에

## 3-4. 배 제

외투법 제2조 제1항 제8호 사목(① 외국의 유가증권시장에 상장 또는 등록된 외국법인의 주식, ② 외투법 또는 「외국환거래법」에 따라 외국인이 소유하고 있는 주식) 또는 동법 제2조 제1항 제4호 가목 2), 제5조 제2항 제1호 및 제6조(기존 주식 등의 취득에 의한 외국인 투자)에 따른 외국인 투자에 대하여는 과세특례를 적용하지 아니한다(지특법 §78의 3 ④).

## 3-5. 우회투자

다음의 어느 하나에 해당하는 외국인 투자의 경우 주식등 소유비율(소유비율이 100분의 5 미만인 경우에는 100분의 5로 본다) 상당액 또는 대여금 상당액 또는 외국인 투자금액에 대해서는 조세감면대상으로 보지 아니한다(지특법 §78의 3 ⑥).

① 외국법인 또는 외국기업(이하 "외국법인등"이라 한다)이 외국인 투자를 하는 경우로서 다음의 어느 하나에 해당하는 경우

㉠ 대한민국 국민(외국에 영주하고 있는 사람으로서 거주지국의 영주권을 취득하거나 영주권을 갈음하는 체류허가를 받은 사람은 제외한다) 또는 대한민국 법인(이하 "대한민국국민등"이라 한다)이 해당 외국법인등의 의결권 있는 주식등의 100분의 5 이상을 직접 또는 간접으로 소유하고 있는 경우

㉡ 대한민국국민등이 단독으로 또는 다른 주주와의 합의·계약 등에 따라 해당 외국법인등의 대표이사 또는 이사의 과반수를 선임한 주주에 해당하는 경우

② 다음의 어느 하나에 해당하는 자가 「외국인 투자 촉진법」 제2조 제1항 제5호에 따른 외국투자가(이하 "외국투자가"라 한다)에게 대여한 금액이 있는 경우

㉠ 외국인 투자기업

㉡ 외국인 투자기업의 의결권 있는 주식등을 100분의 5 이상 직접 또는 간접으로 소유하고 있는 대한민국국민등

㉢ 단독으로 또는 다른 주주와의 합의·계약 등에 따라 외국인 투자기업의 대표이사 또는 이사의 과반수를 선임한 주주인 대한민국국민등

③ 외국인이 「국제조세조정에 관한 법률」 제2조 제1항 제7호에 따른 조세조약 또는 투자보장협정을 체결하지 아니한 국가 또는 지역 중 대통령령으로 정하는 국가 또는 지역(조특령 별표 13)을 통하여 외국인 투자를 하는 경우

---

대하여는 조세감면신청 및 결정 면제함으로써 외국인 투자 활성화 지원. 단 외국인 투자 신고 후 최초의 조세감면결정 통지일부터 3년 이내에 최초의 출자(증자 포함)가 없는 경우 조세감면결정 효력 상실 (2006. 1. 1. 이후 최초로 증자하는 분부터 적용)

〈표 4〉 **조특령 [별표 13]** (2014. 2. 21. 신설)

**| 외국인 투자 조세감면 배제국가(조특령 제116조의 2 제13항 관련) |**

| | | |
|---|---|---|
| 1. 레바논 | 2. 보츠와나 | 3. 도미니카 연방 |
| 4. 과테말라 | 5. 나우루 | 6. 니우에 |
| 7. 트리니다드 토바고 | 8. 키프로스 | 9. 세이셸 |

여기서, 주식의 직접 또는 간접소유비율은 조특법 제121조의 2(외국인 투자에 대한 취득세 등의 감면), 조특법 제121조의 4(증자의 조세감면)에 따라 조세감면 또는 조세면제의 대상이 되는 당해 조세의 납세의무 성립일을 기준으로 산출한다(조특령 §116의 2 ⑪).

한편, 위의 주식의 간접소유비율은 다음의 구분에 따라 계산한다(조특령 §116의 2 ⑫).

① 대한민국국민 등이 외국법인 등의 주주 또는 출자자인 법인(이하 "주주법인"이라 한다)의 의결권 있는 주식의 50% 이상을 소유하고 있는 경우에는 주주법인이 소유하고 있는 당해 외국법인 등의 의결권 있는 주식이 그 외국법인 등이 발행한 의결권 있는 주식의 총수에서 차지하는 비율(이하 "주주법인의 주식소유비율"이라 한다)을 대한민국국민 등의 당해 외국법인 등에 대한 간접소유비율로 한다.

② 대한민국국민 등이 외국법인 등의 주주법인의 의결권 있는 주식의 50% 미만을 소유하고 있는 경우에는 그 소유비율에 주주법인의 주식소유비율을 곱한 비율을 대한민국국민 등의 당해 외국법인 등에 대한 간접소유비율로 한다.

③ 위 ① 및 ②를 적용함에 있어서 주주법인이 둘 이상인 경우에는 ① 및 ②에 따라 각 주주법인별로 계산한 비율을 합계한 비율을 대한민국국민 등의 당해 외국법인 등에 대한 간접소유비율로 한다.

④ 위 ①부터 ③까지의 계산방법은 외국법인 등의 주주법인과 대한민국국민 등 사이에 하나 이상의 법인이 게재되어 있고 이들 법인이 주식소유관계를 통하여 연결되어 있는 경우에 이를 준용한다.

### 3-6. 사업양수방식에 의한 외국인 투자

국내산업의 국제경쟁력 강화에 긴요한 산업지원서비스업 및 고도의 기술을 수반하는 사업에 대한 외국인 투자 중 그 사업에 관한 권리와 의무를 포괄적 또는 부분적으로 승계하는 것(지특령 §38의 2 ③)에 대하여는 지특법 제1항 및 제2항에 따른 감면기간·공제기간 및 감면비율·공제비율에 불구하고 다음에서 정하는 바에 따라 취득세 및 재산세를 각각 감면한

다. 다만, '3-6-2.' "㉠" 및 '3-6-2.' "㉡"을 적용함에 있어서 지방자치단체가 「지방세특례제한법」 제4조에 따른 조례가 정하는 바에 따라 감면기간 또는 공제기간을 10년까지 연장하거나 연장한 기간 내에서 감면비율 또는 공제비율을 높인 때에는 '3-6-2.' "㉠" 및 '3-6-2.' "㉡"에 불구하고 그 기간 및 비율에 의한다(지특법 §78의 3 ③).

### 3-6-1. 사업개시 후 취득 · 보유 부동산

외국인 투자기업이 국내산업의 국제경쟁력 강화에 긴요한 산업지원서비스업 및 고도의 기술을 수반하는 사업을 경영에 직접 사용하기 위하여 2022년 말까지 취득 · 보유하는 부동산에 대한 취득세 및 재산세는 다음의 구분에 따라 그 세액을 감면하거나 과세표준에서 공제한다.

㉠ 취득세 및 재산세는 사업개시일부터 3년 이내에 있어서는 감면대상세액의 50%를, 그 다음 2년 동안은 감면대상세액의 30%에 상당하는 세액을 각각 감면한다.

㉡ 토지에 대한 재산세는 사업개시일부터 3년 동안은 공제대상금액의 50%를, 그 다음 2년 동안은 공제대상금액의 30%에 상당하는 금액을 과세표준에서 각각 공제한다.

### 3-6-2. 사업개시 전 취득 · 보유 부동산

외국인 투자기업이 사업개시일 전에 국내산업의 국제경쟁력 강화에 긴요한 산업지원서비스업 및 고도의 기술을 수반하는 사업에 사용할 목적으로 직접 사용하기 위하여 2022년까지 취득 · 보유 부동산이 있는 경우의 취득세 및 재산세는 다음의 구분에 따라 그 세액을 감면하거나 과세표준에서 공제한다.

㉠ 조세감면결정을 받은 날 이후에 취득하는 부동산에 대한 취득세는 감면대상세액의 50%를 감면한다.

㉡ 재산세는 당해 부동산을 취득한 날부터 3년 동안은 감면대상세액의 50%를, 그 다음 2년 동안은 감면대상세액의 30%에 상당하는 세액을 각각 감면한다.

㉢ 토지에 대한 재산세는 당해 부동산을 취득한 날부터 3년 동안은 공제대상금액의 50%를, 그 다음 2년 동안은 공제대상금액의 30%에 상당하는 금액을 과세표준에서 각각 공제한다.

## 4 | 특례의 내용

외국인 투자기업이 직접 사용하기 위해 취득하는 부동산에 대해서는 2022년 말까지 취득세와 재산세를 감면하고 있으며 지방자치단체 감면조례에 규정을 두어 운영하고 있다.

〈표 5〉 **외국인 투자기업에 대한 감면 현황(2022.1.1. 현재)**

| 조 문 | 감면내용 | 취득세 | 재산세 | 일몰기한 |
|---|---|---|---|---|
| §78의 3 ① | 외국인 투자지역 내 입주기업에 대한 감면<br>(감면결정 후, 취 · 재 5년+2년) | 100(5년)<br>50(2년) | 100(5년)<br>50(2년) | '22.12.31. |
| §78의 3 ① | 외국인 투자지역 내 사업시행자에 대한 감면<br>(감면결정 후, 취 · 재 3년+2년) | 100(3년)<br>50(2년) | 100(3년)<br>50(2년) | '22.12.31. |
| §78의 3 ② | 외국인 투자지역 내 입주기업에 대한 감면<br>(사업개시 전, 취-기간없음, 재 5년+2년) | 100 | 100(5년)<br>50(2년) | '22.12.31. |
| §78의 3 ② | 외국인 투자지역 내 사업시행자에 대한 감면<br>(사업개시 전, 취-기간없음, 재 3년+2년) | 100 | 100(3년)<br>50(2년) | '22.12.31. |
| §78의 3 ③<br>1호 | 외국인 투자 사업양수도방식업에 대한 감면<br>(사업개시 후, 취 · 재 3년+2년) | 50(3년)<br>30(2년) | 50(3년)<br>30(2년) | '22.12.31. |
| §78의 3 ③<br>2호 | 외국인 투자 사업양수도방식업에 대한 감면<br>(사업개시 전, 취-기간없음, 재 3년+2년) | 50 | 50(3년)<br>30(2년) | '22.12.31. |
| 최소납부<br>세제 | 취득세와 재산세가 면제인 경우<br>일정감면액 초과시 85% 경감 | 200만원<br>초과시 | 50만원<br>초과시 | '20.1.1.부터<br>적용 |

## 5 | 지방세특례의 제한

### 5-1. 지방세 감면분 추징

지방자치단체의 장은 다음의 어느 하나에 해당하는 경우에는 감면된 취득세 및 재산세를 추징한다. 이 경우 ①에 해당하는 경우에는 그 미달된 비율에 상응하는 금액에 해당하는 세액을 추징한다(지특법 §78의 3).

① 지특법 제78조의 3 제1항 및 제3항(2019년 말까지 舊조특법 제121조의 2 제4항 및 제12항)의 규정에 의하여 조세가 감면된 후 외국투자가의 주식 등의 비율이 감면 당시의 주식 등의 비율에 미달하게 된 경우

② 조특법 제121조의 2 제2항 및 제3항(2019년 말까지 舊조특법 제121조의 2 제5항 및 제12항)의 규정에 의하여 조세가 감면된 후 외국투자가가 이 법에 의하여 소유하는 주식 등을 대한민국국민 또는 대한민국법인에게 양도하는 경우

③ 외투법 제21조 제3항의 규정에 의하여 등록이 말소된 경우

④ 당해 외국인 투자기업이 폐업하는 경우

⑤ 외국인 투자기업이 외국인 투자신고 후 5년(고용 관련 조세 감면기준은 3년) 이내에 출자목적물의 납입 및 외투법 제2조 제1항 제4호 나목에 따른 장기차관의 도입 또는 고용인원이 조특법 제121조의 2 제1항에 따른 조세감면기준에 미달하는 경우

감면된 세액이란 해당 기준일부터 소급하여 5년이 되는 날이 속하는 과세연도 및 그 이후의 과세연도의 소득에 대하여 감면된 세액을 말하며, 각 사유가 동시에 발생하는 경우 세액이 큰 사유를 적용하고 순차적으로 발생하는 경우에는 감면받은 세액의 범위에서 발생순서에 따라 먼저 발생한 사유부터 순차적으로 적용한다(지특령 §38의 4 ②).

## 5-2. 지방세 감면분 추징 배제

다음의 어느 하나에 해당하는 경우에는 그 감면된 세액을 추징하지 아니할 수 있다(지특법 §78의 3 ⑬, 지특령 §34의 4 ④).

〈표 6〉 **지방세 감면분 추징 배제 사유**

| 추징 배제사유 | 대상세목 |
|---|---|
| ① 외국인 투자기업이 합병으로 인하여 해산됨으로써 외국인 투자기업의 등록이 말소된 경우 | 취득세, 재산세 |
| ② 관세 등을 면제받고 도입되어 사용 중인 자본재가 천재지변 기타 불가항력의 사유가 있거나, 감가상각, 기술진보 기타 여건의 변동 등으로 그 본래의 목적에 사용할 수 없게 되어 기획재정부장관의 승인을 얻어 본래의 목적 외의 목적에 사용하거나 처분하는 경우 | 관세 등 |
| ③ 「자본시장과 금융투자업에 관한 법률」에 따라 해당 외국인 투자기업을 공개하기 위하여 주식 등을 대한민국국민 또는 대한민국법인에게 양도하는 경우 | 취득세, 재산세 |
| ④ 「외국인 투자 촉진법」에 따라 시·도지사가 연장한 이행기간 내에 출자목적물을 납입하여 해당 조세감면기준을 충족한 경우 | 취득세, 재산세 |
| ⑤ 기타 조세감면의 목적을 달성하였다고 인정되는 다음의 경우<br>㉠ 신성장동력산업기술을 수반하는 사업에 투자한 외국투자가가 그 감면사업 또는 소유주식 등을 대한민국국민 또는 대한민국법인에게 양도한 경우로 | 취득세, 재산세 |

| 추징 배제사유 | 대상세목 |
|---|---|
| 서 당해 기업이 그 신성장동력산업기술을 수반하는 사업에서 생산되거나 제공되는 제품 또는 서비스를 국내에서 자체적으로 생산하는 데 지장이 없다고 기획재정부장관이 확인하는 경우<br>㉡ 외국투자가가 소유하는 주식 등을 다른 법령이나 정부의 시책에 따라 대한민국국민 또는 대한민국법인에게 양도한 경우로서 기획재정부장관이 확인하는 경우<br>㉢ 경제자유구역 개발사업시행자가 경제자유구역의 개발사업을 완료한 후 조세특례제한법 제121조의 5 제1항부터 제3항에 따른 조세의 추징사유가 발생한 경우<br>㉣ 제주투자진흥지구 개발사업시행자가 제주투자진흥지구의 개발사업을 완료한 후 조세특례제한법 제121조의 5 제1항부터 제3항에 따른 조세의 추징사유가 발생한 경우<br>㉤ 기업도시 개발사업시행자가 기업도시개발구역의 개발사업을 완료한 후 조세특례제한법 제121조의 5 제1항부터 제3항에 따른 조세의 추징사유가 발생한 경우[188)]<br>㉥ 새만금사업지역개발사업시행자가 새만금사업지역의 개발사업을 완료한 후 조세특례제한법 제121조의 5 제1항부터 제3항까지에 따른 조세의 추징사유가 발생한 경우<br>㉦ 외국투자가가 소유하는 주식등을 대한민국 국민 또는 법인에 양도한 후 양도받은 대한민국 국민 또는 법인이 7일 이내에 다른 외국투자가에게 양도한 경우로서 당초 사업을 계속 이행하는 데 지장이 없다고 기획재정부장관이 확인하는 경우 | |

### 5-3. 감면세액 추징면제 절차

외국투자가가 대한민국 국민 또는 대한민국 법인에게 주식 등을 양도한 경우로서 조세추징 면제를 위해 확인을 받고자 하는 자는 감면사업 또는 주식 및 지분의 양도일부터 2월 이내에 조세추징 면제사유를 증명할 수 있는 서류를 첨부하여 조세추징면제 여부 확인신청서를 기획재정부장관에게 제출하여야 한다.

이에 따라 조세추징 여부 확인신청을 받은 기획재정부장관은 주무부장관과 협의하여 조세추징면제 여부를 확인하고 신청을 받은 날부터 30일 이내에 그 결과를 신청인에게 통지하며, 그 사실을 국세청장·관세청장 및 당해 외국인 투자기업의 사업장을 관할하는 지방

188) 경제자유구역 개발사업시행자 등과 동일하게 단기간의 개발사업을 완료한 이후에는 당해 개발사업을 진행한 법인을 청산하는 것이 일반적이므로 법인해산으로 추징사유가 발생하더라도 개발사업이라는 조세감면의 목적을 달성한 것으로 보아 추징면제

자치단체의 장에게 통보하여야 한다. 다만, 부득이한 사정이 있을 때에는 30일의 범위 내에서 그 처리기간을 연장할 수 있으며 이 경우 그 사실 및 처리기간을 신청인에게 통지하여야 한다.

### 5-4. 조세추징사유의 통보 등

기획재정부장관 · 산업통상자원부장관 · 세무서장 · 세관장 및 지방자치단체의 장과 외투법 시행령 제40조 제2항의 규정에 의하여 산업통상자원부장관의 권한을 위탁받은 대한무역투자진흥공사의 장 및 외국환은행의 장은 조특법 제121조의 5 제1항 내지 제3항에 따른 조세의 추징사유가 발생한 사실을 안 때에는 이를 지체 없이 해당 추징권자에게 통보하여야 한다.

산업통상자원부장관 · 세무서장 · 세관장 및 지방자치단체의 장과 외투법 시행령 제40조 제2항의 규정에 의하여 산업통상자원부장관의 권한을 위탁받은 대한무역투자진흥공사의 장 및 외국환은행의 장은 위의 추징사유발생을 통보하거나 조특법 제121조의 5 제1항 내지 제3항에 따른 조세의 추징을 한 경우에는 그 사실을 지체 없이 기획재정부장관에게 통보 또는 보고하여야 한다.

한편, 조특법 제121조의 5 제1항 제5호 · 동조 제2항 제4호 및 동조 제3항 제4호에 따른 외국인 투자기업의 폐업일은 「부가가치세법」 제8조 제6항 및 제7항에 따른 폐업일과 말소일 중 빠른 날로 한다.

세무서장은 외국인 투자기업의 폐업일을 확인한 때에는 기획재정부장관 및 산업통상자원부장관에게 보고하고, 외투법 시행령 제40조 제2항의 규정에 의하여 당해 외국인 투자기업의 사후관리를 위탁받은 수탁기관의 장과 당해 외국인 투자기업의 사업장을 관할하는 세관장 및 지방자치단체의 장에게 이를 지체 없이 통보하여야 한다.

### 5-5. 사치성 재산의 감면 제외(§180)

외국인 투자기업이 감면을 받으려는 부동산이 지방세법 제13조 제5항에 따른 별장 · 골프장 · 고급오락장 등 지방세 중과세 대상인 사치성 재산인 경우에는 감면대상에서 제외된다. 세부적인 사항은 제180조의 해설편을 참조하면 된다.

### 5-6. 최소납부세액의 부담(§177의 2)

외국인 투자기업이 직접 사용에 사용하기 위하여 취득하는 부동산에 대해서는 취득세 또는 재산세 면제됨에도 불구하고, 2015년부터 시행되는 감면 상한제도에 따라 면제되는 세액의 15%는 감면특례가 제한되어 최소납부세액으로 부담하여야 한다. 다만, 시행시기는 조문이 지특법으로 이관된 2020년 1월 1일부터 적용된다. 이에 대한 세부적인 사항은 제177조의 2의 해설편을 참조하면 된다.

## 6 | 관련사례

■ 외국인투자기업에 대한 지방세 감면 여부

시설의 일부를 타인에게 임대하여 조세감면결정에 따른 감면 대상 사업의 용도로 사용하게 하는 경우는 조세감면결정에 따른 사업이 아닌 용도로 부동산을 사용한 것으로 舊「조특법」 제121조의 2 제1항 및 제2항에 따른 '외국인투자기업이 신고한 사업을 하기 위하여 취득·보유하는 재산'에 해당되지 않는 것으로, 별도의 추징 규정이 아닌 감면 요건에 부합하지 않는 것으로 보아서 감면을 취소하는 것이 타당함(행안부 지방세특례제도과-2569, 2024.10.11.).

■ 외투기업의 미처분이익잉여금 투자에 대한 감면 여부

- 「외국인투자촉진법」에서 미처분이익잉여금을 재투자하는 경우를 외국인투자로 규정하고 있더라도, 위의 규정에 따라 취득세 및 재산세를 감면하기 위해서는 감면 요건 즉 조세감면결정, 사업개시일부터 감면 적용 가능한 기간 내 부동산 취득 등 「지방세특례제한법」에서 규정하고 있는 제반 감면 요건에 부합하여야 할 것임.
- 따라서 미처분이익잉여금 재투자로 동일 사업장 내에서 공장을 증설하는 경우는 사업개시일 변경이 없으므로 종전 사업장의 「부가가치세법」 제8조 제1항에 따른 사업개시일로 보아야 하고, 사업개시일을 기준으로 하여 감면 기간 이후에 미처분이익잉여금 재투자에 의한 외국인투자로 부동산을 취득한 경우에는 감면 대상이 아님(행안부 지방세특례제도과-799, 2024.3.29.).

■ 외국인 투자법인의 조세감면 적용 범위

① 감면 적용기준인 외국인 투자금액(미화 3천만불*)이 차입금 상환으로 축소된 경우 감면된 취득세 추징 및 향후 재산세 감면 여부

* 개발사업 외국인 투자금액은 미화 3천만불 이상(조특법 시행령 §116의 2 ⑥)

- 「지방세특례제한법」 제78조의 3 제12항에서는 차관 방식의 외국인투자에 대한 차입금 상환 자체를 취득세 또는 재산세의 추징요건으로 열거하고 있지 않으므로 외국인투자가 차입금을 상환하더라도 외국투자신고 후 5년 이내 조세감면 기준에 미달하는 등 상기의 열거된 추징요건에 해당하지 않는다면 감면된 취득세와 재산세는 추징되지 않는다 할 것이며,

- 재산세 감면 여부는 외국인투자가 차입금 상환 여부와 별론하고 매년 재산세 과세기준일(매년 6.1.) 현황에 따라 감면 여부가 결정되는 것으로 과세기준일 현재 "조세감면의 기준"에 충족한 외국투자기업 등이 인가받은 사업을 영위하기 위해 등록한 후 취득 · 보유하면서 외국인 투자신고 사업에 직접 사용하는 부동산에 한하여 "재산세 감면대상액"을 감면한다 할 것임.

② 감면요건인 총개발사업비(5억불 이상)에는 외국인 투자법인 외의 자가 직접 수행하는 개발사업비도 포함되는지 여부

- 감면 주체인 경제자유구역 개발사업 시행자로 지정된 해당 외국인 투자법인만을 기준으로 외국인 투자비율 100분의 50 이상의 출자와 총개발사업비 미화 5억불 이상의 요건을 모두 충족함.

③ 개발사업시행자인 외국인 투자법인이 생활형 숙박시설을 분양 · 임대하기 위하여 건축하는 건축물에 대한 취득세, 재산세 감면 여부, 외국인 투자법인이 생활형 숙박시설을 직접 건축한 후 2년 이내 분양한 경우 감면된 취득세, 재산세 추징 여부 및 개발사업 완료 시점이 인가받은 개발사업 전체완료 시점인지, 용도별 · 구역별 각각의 개별토지의 개발 완료 시점인지 여부

- 경제자유구역의 총괄 개발사업자인 외국인투자기업이 지방세 등 조세감면을 받을 수 있는 범위는 기획재정부장관으로부터 감면 결정을 받은 사업에 한정되는 것이고, 감면 대상인 경제자유구역 개발사업의 범위는 조성된 개발토지 및 시설물의 전체를 실시계획의 처분조건에 따라 수의계약으로 매각함으로써 개발사업이 완료된 것으로 보아야 할 것이므로, 외국인투자기업이 조성된 토지에 직접 생활형 숙박시설을 건축하거나 건축한 생활형 숙박시설을 제3자에게 분양하는 것은 취득세 및 재산세 감면대상인 사업범위에 해당하지 않음.

④ 외국인 투자법인에 대한 감면 기산일이 조세감면 결정일과 사업개시일 중 언제인지

- 외국인 투자기업의 사업개시일은 「부가가치세법」 제8조 제1항에 따른 "사업자등록일"로 봄이 타당함(행안부 지방세특례제도과-1031, 2022.5.9.).

▣ 외국인 투자기업이 조세감면 결정 전에 취득한 건축물에 대한 감면 여부

외국인 투자기업이 외국인 투자지분만큼 지방세를 감면받고자 한다면 해당 부동산을 취득하기 전에 기획재정부장관으로부터 조세감면 결정을 받아야 하며, 취득세와 재산세는 그 취득시점 또는 과세기준일(매년 6.1.)에 따라 감면여부가 결정되는 것으로 조세감면결정을 받기 전에 취득한 건축물은 그 취득세뿐만 아니라 취득 후 납세의무가 성립하는 재산세도 감면대상이 아니라 할 것임(조세 2019지2585, 2019.11.28.).

▣ 당초 지정 · 고시되지 않은 사업의 객실 등에 대한 감면 여부

OO투자진흥지구에서 취득세 등의 감면대상이 되는 사업은 OOO국제자유도시종합계획심의회의 심의를 거쳐 OO도지사가 지정 · 고시하여야 하고 여기에는 해당 사업의 규모 등도 당연히 포함됨이 마땅하므로 당초 OO도지사가 OO투자진흥지구 내 콘도미니엄의 객실 수, 건축물 연면적 및 부속토지를 지정고시를 하였고, 이후 변경고시에서 그대로 확정되었는바, 그 외의 객실의 경우에는 단 한 번도 OO투자진흥지구 내 감면대상사업으로 지정 · 고시된

사실이 없고 OO투자진흥지구가 OO공원 내에 있다는 이유로 이를 동일한 것으로 볼 수 없으므로 OO투자진흥지구 내 감면대상사업으로 지정·고시하지 아니한 사업의 객실 부속토지는 취득세 감면대상에 해당하지 않음(조심 2017지0951, 2018.3.6.).

■ 외국인 투자기업의 투자시점 및 감면 적용 비율

기존의 외국인 투자기업이 기획재정부장관로으부터 조세감면 결정을 받은 후에 경제자유구역에「조세특례제한법 시행령」제116조의 2 제3항 제1호에서 규정한 제조업의 미화 3천만불이상의 투자를 통해 외국인 투자지역 안에서 새로이 시설을 설치하는 것은 경제자유구역에 투자되는 새로운 투자로 보아 '외국인 투자비율"은 외국인 투자가가 조세감면 결정을 받은 후 그 비율에 따라 결정받은 신고서상의 비율이 아니라 실제로 외국인 투자가 된 때의 비율에 따라 감면을 적용하는 것이 타당함(행안부 지방세특례제도과-2078, 2017.7.21.).

■ 외국인 투자기업의 재산세 감면 적용시점에 따른 감면율 적용

기존에 외국인 투자기업으로 재산세를 감면받던 법인이 새로이 외국인 투자지역으로 지정된 지역에 증자를 하고 기획재정부장관으로부터 새로이 조세감면결정받았다 하더라도 재산세 감면의 적용에 있어서는 종전 외국인 투자에 따라 재산세를 감면받았다면 그 부동산은 종전 감면요건에 따라 감면기간을 적용하여야 하고 새로 외국인 투자지역으로 지정된 지역에 신축한 부동산에 대해서는 증자 범위 내에서 새로운 사업개시일로 보아 매년 감면율을 적용하는 것이 타당함(행자부 지방세특례제도과-4002, 2016.12.29.).

■ 외국인 투자기업이 취득한 기숙사에 대한 감면 여부

조세특례제한법 제121조의 2 제1항 제1호의 규정에 의하여 취득세 및 재산세를 감면하는 외국인 투자자는 기획재정부장관이 외국인 투자위원회의 심의를 거쳐 정하는 산업지원서비스업 또는 고도의 기술을 수반하는 사업을 영위하기 위하여 공장시설을 설치 또는 운영하는 경우로 규정하고 있는데, 해당 규정은 법 제121조의 2 제1항 제1호의 규정에 의하여 감면하는 '외국인 투자'의 요건을 규정한 것이므로, 조세특례제한법 제121조의 2 제4항에 따른 재산세 감면 규정과 관계가 없는 것으로 보아야 함, 따라서 조세특례제한법 시행령 제116조의 2 제1항 규정에 따라 공장시설만 재산세 감면대상이 됨을 전제로 하여 구 공업배치및공장설립에관한법률 시행령 및 시행규칙 규정을 근거로 공장용지 밖에 설치된 기숙사는 공장시설로 볼 수 없다는 주장은 부당하며 기숙사도 신고한 사업을 하기 위하여 보유하는 재산에 해당한다고 봄이 타당함(대법원 2015.11.17. 선고, 2015두48464).

■ 외국인 투자기업의 사업개시일 판단 기준 여부 등

1) 「경제자유구역의 지정 및 운영에 관한 특별법」에 따른 개발사업시행자에 해당하는 외국인 투자기업의「조세특례제한법」제121조의 2 제4항의 사업개시일은「부가가치세법」제5조 제1항의 규정에 따라 개별 사업장별로 판단하여야 함
2) 「조세특례제한법」제121조의 2 제4항 및「인천광역시세 감면조례」제27조, 제36조와 관련한 회원제골프장에 대한 감면 범위는 조례에 의하여 감면 기간이 연장되는 기간 동안은 감면기간과 감면비율에 한정하여 감면되는 것으로 보아야 함(행자부 지방세특례제도과-366, 2015.2.11.).

▣ 외국인 투자기업이 아닌 수탁법인이 취득한 건물의 감면 여부

부동산을 신탁받은 수탁법인이 외국인 투자기업과의 신탁계약에 따라 해당 건물을 신축하였다 하더라도 건물을 최초로 취득한 자는 수탁법인이기 때문에 취득세 납세의무자인 수탁법인을 기준으로 건물의 취득이 취득세 감면대상에 해당되는지 여부를 판단하여야 할 것인바, 외국인 투자기업이 아닌 수탁법인이 건물을 취득한 이후에 건물이 신탁재산에 편입되었다는 사유로 소급하여 당초부터 외국인 투자기업이 이를 개발사업을 위하여 취득한 것으로 볼 수 없음으로 감면대상에 해당하지 않음(조심 2013지0546, 2013.12.17.).

▣ 외국인 투자기업에 대한 조세감면 기준

- 외국인 투자촉진법 제5조에 따른 신주 등의 취득에 의한 외국인 투자 신고시 및 같은 법 제18조에 따른 외국인 투자지역 지정시의 외국인 투자금액이 서로 다른 경우 조세특례제한법 제121조의 2 제6항에 따른 조세감면 신청시 적용하는 외국인 투자금액은 외국인 투자지역 지정시의 외국인 투자금액으로 하는 것임(재국조-465, 2011.10.5.).
- 외국인 투자기업이 내국인지분주식을 감자함에 따라 외국인의 지분율이 증가한 경우 감자에 따른 자본금변경등기일 이후의 외국인 투자비율 계산은 감자 전의 외국인 투자비율이 아닌 자본금변경등기일 이후의 외국인 투자비율로 계산함(국제세원-168, 2011.4.13.).
- 외국인 투자기업이 「외국인 투자촉진법」 제18조 제1항 제2호에 규정에 의한 외국인 투자지역에 새로이 공장시설을 설치하기 위하여 외국인 투자에 의한 증자를 함에 있어 외국인 투자가가 해외로 송금되지 않은 현금배당금을 출자목적물로 하여 미화 3천만불 이상의 외국인 투자를 하는 경우 「조세특례제한법」 제121조의 2 제1항 제2호와 같은 법 제121조의 4 제1항에 따른 감면대상에 해당하는 것임(국제세원-591, 2011.12.29.).

▣ 외국인 투자기업의 감면 신청

외국인 투자에 대한 감면세액을 추징할 수 있는 경우를 규정한 조세특례제한법에는 외국인 투자기업의 등록말소사유를 '외국투자가가 등록말소를 신청한 경우'로 한정적으로 규정하고 있을 뿐이므로 외국인 투자기업이 등록말소를 신청하여 산업자원부장관이 이를 말소하거나 직권으로 말소한 경우도 포함된다고 볼 수 없음(국패)(수원지법 2011구합2027, 2012.7.5.).

▣ 외국인 투자기업의 지방세 감면

- 외국인 투자와 관련하여 취득세 및 재산세가 감면되는 재산이란 기획재정부장관이 감면대상으로 정한 사업 외의 여타 기술사업을 포함하는 전체 공장시설이 아닌, 외국인 투자에 해당하는 사업을 영위하는 공장시설에 한정되는 것임(지방세운영-5034, 2011.10.26.).
- 2008. 10. 23. 외국인 투자기업의 증자등기는 등록세 감면대상이라고 회신하였으므로 2009. 12. 18.자의 변경된 유권해석은 그 이후 납세의무가 성립하는 분부터 적용하는 것이 타당함(조심 2010지595, 2011.3.10.).
- 조세특례제한법 제121조의 2 제1항 제1호의 고도의 기술을 수반하는 외국인 투자기업이 기획재정부장관으로부터 조세감면결정 통보를 받았을 당시의 당초 공장입지를 타 지역으로 변경하였을 경우에도 조세감면대상으로 결정통보받은 사업을 영위하기 위하여 취

득하는 부동산이면 취득세 등의 감면대상에 해당됨(세정-729, 2005.5.17.).

- 조세특례제한법 시행령 제116조의 2 제1항 및 제2항의 규정에 의하면 외국인 투자기업이 '신고한 사업을 영위하기 위하여 취득하는 재산'은 공장시설(제조업 외의 사업의 경우에는 사업장) 등을 말하며 골프회원권은 사업용재산에 해당되지 않음(세정-1683, 2004.6.22.).
- 청구인은 이 사건 건축물을 2000. 3. 22. 신축한 후 일부는 그로부터 3일 후인 2000. 3. 25.에 청구 외 (주)○○○○○정유에게 임대하였고, 일부는 3개월이 경과할 무렵인 2000. 6. 17.(3일 경과)에 청구 외 (주)○○캐피탈에 임대한 사실을 볼 때, 임대부분은 취득시점부터 신고된 사업을 영위하기 위하여 취득한 재산으로 인정할 수 없다 하겠으므로, 처분청이 이러한 임대부분에 대하여 감면한 취득세 등을 추징한 처분은 잘못이 없는 것이라 하겠음(지방세심사 2004-129, 2004.5.31.).
- 외국인 투자기업이 기획재정부장관에게 신고한 사업을 영위하기 위하여 취득·보유하는 재산은 등록세감면대상이 되나 국내법인과 합작투자설립등기에 따른 등록세는 상기 규정에 의한 감면대상이 되지 않는 것임(세정-624, 2004.3.29.).
- 조세특례제한법 제121조의 2 제4항 단서에 따라 지방자치단체 감면조례가 정하는 취득세 및 등록세 감면은 농어촌특별세법 시행령 제4조 제6항 제1호에 따라 농어촌특별세 비과세 대상에 포함됨(재조특-290, 2009.3.23.).

■ 외국인 투자기업에 대한 추징분 감면 배제

- 종업원에게 제공하기 위하여 취득한 사택(다른 주거선택의 여지가 없는 경우는 제외)은 외국인 투자와 관련된 사업용자산에 해당하지 않아 취득세 등의 감면을 배제함.

  ※ 조세특례제한법 제121조의 2 제4항의 규정에 따르면 외국인 투자기업이 신고한 사업을 영위하기 위하여 취득·보유하는 재산에 대한 취득세·등록세 등에 대하여 일정기간 감면하도록 되어 있는바, 여기서 감면대상이 되는 재산은 그 위치가 공장구역 밖이라 하더라도 외국인 투자기업이 신고한 사업을 영위하는 데 필요불가결한 것이라면 사업용재산으로 봄이 타당하다. 그러므로 복리후생시설 용도로 취득한 이 사건 주택과 청구법인의 외국인 투자 신고사업과의 연관성 정도가 중요한 판단요인이라 하겠음(감심 2005-94, 2005.9.8.).

- 증자를 통하여 감면대상사업을 영위하는 외국인 투자기업이 새롭게 조세감면결정을 받은 증자분 감면대상사업을 영위하는 경우 「조세특례제한법」 제121조의 4에 따라 새로운 증자분 감면대상사업에 대한 조세감면을 적용할 수 있는 것이며, 새로운 증자분 감면대상사업을 기존의 증자분 감면대상사업과 구분경리하여 과세표준 신고를 하는 경우에는 해당 새로운 증자분 감면대상사업을 기준으로 감면세액을 계산할 수 있는 것임(법규국조 2013-64, 2013.2.25.).
- 조특법 제121조의 4 제1항에서 외국인 투자기업이 증자하는 경우 감면대상으로 하는 재산에 대한 등록세는 재산에 관한 등기에 대한 등록세를 의미하는 것으로 자본증가에 따른 회사등기는 감면대상이 아님(감심 2011-142, 2011.7.29.).

■ 외국인 투자기업 증자 조세감면

외국인 투자기업이 증자하는 경우에 당해 증자분에 대한 조세감면에 대하여는 제121조의

2 및 제121조의 3의 규정을 준용한다고 규정하고 있는바, 외국인 투자기업의 자본증자 등기도 외국인 투자비율에 따라 등록세를 감면하는 것임(세정-1495, 2004.6.8.).

# 제79조

## 법인의 지방 이전에 대한 감면

관련규정

제79조(법인의 지방 이전에 대한 감면) ① 대통령령으로 정하는 대도시(이하 이 절에서 "대도시"라 한다)에 본점 또는 주사무소를 설치하여 사업을 직접 하는 법인이 해당 본점 또는 주사무소를 매각하거나 임차를 종료하고 대통령령으로 정하는 과밀억제권역 외의 지역으로 본점 또는 주사무소를 이전하는 경우에 해당 사업을 직접 하기 위하여 취득하는 부동산에 대해서는 취득세를 2027년 12월 31일까지 면제하고, 재산세의 경우 그 부동산에 대한 재산세의 납세의무가 최초로 성립하는 날부터 5년간 면제하며 그 다음 3년간 재산세의 100분의 50을 경감한다. 다만, 다음 각 호의 어느 하나에 해당하는 경우에는 감면한 취득세 및 재산세를 추징한다.

1. 법인을 이전하여 5년 이내에 법인이 해산된 경우(합병·분할 또는 분할합병으로 인한 경우는 제외한다)와 법인을 이전하여 과세감면을 받고 있는 기간에 과밀억제권역에서 이전 전에 생산하던 제품을 생산하는 법인을 다시 설치한 경우
2. 해당 사업에 직접 사용한 기간이 2년 미만인 상태에서 매각·증여하거나 다른 용도로 사용하는 경우

【영】 제39조(대도시의 범위) 법 제79조 제1항 본문에서 "대통령령으로 정하는 대도시"란 과밀억제권역(「산업집적활성화 및 공장설립에 관한 법률」을 적용받는 산업단지는 제외한다)을 말한다.

【칙】 제7조(과밀억제권역 외의 지역으로 이전하는 본점 또는 주사무소에 대한 감면 등의 적용기준) ① 법 제79조 제1항 본문에 따라 대도시(영 제39조에 따른 대도시를 말한다. 이하 같다) 외의 지역으로 본점 또는 주사무소를 이전(移轉)하여 해당 사업을 직접 하기 위하여 취득하는 부동산의 범위는 법인의 본점 또는 주사무소로 사용하는 부동산과 그 부대시설용 부동산으로서 다음 각 호의 요건을 모두 갖춘 것으로 한다.

1. 과밀억제권역 외의 지역으로 이전하기 위하여 취득한 본점 또는 주사무소용 부동산으로서 사업을 시작하기 이전에 취득한 것일 것
2. 과밀억제권역 내의 본점 또는 주사무소를 과밀억제권역 외의 지역으로 이전하기 위하여 사업을 중단한 날까지 6개월(임차한 경우에는 2년을 말한다) 이상 사업을 한 실적이 있

을 것
3. 과밀억제권역 외의 지역에서 그 사업을 시작한 날부터 6개월 이내에 과밀억제권역 내에 있는 종전의 본점 또는 주사무소를 폐쇄할 것
4. 과밀억제권역 외의 지역에서 본점 또는 주사무소용 부동산을 취득한 날부터 6개월 이내에 건축공사를 시작하거나 직접 그 용도에 사용할 것. 다만, 정당한 사유가 있는 경우에는 6개월 이내에 건축공사를 시작하지 아니하거나 직접 그 용도에 사용하지 아니할 수 있다.

② 제1항에 따른 감면대상이 되는 본점 또는 주사무소용 부동산 가액의 합계액이 이전하기 전의 본점 또는 주사무소용 부동산 가액의 합계액을 초과하는 경우 그 초과액에 대해서는 취득세를 과세한다. 이 경우 그 초과액의 산정방법과 적용기준은 다음 각 호와 같다.
1. 이전한 본점 또는 주사무소용 부동산의 가액과 이전하기 전의 본점 또는 주사무소용 부동산의 가액이 각각 「지방세법」 제10조 제5항에 따른 사실상의 취득가격 및 연부금액으로 증명되는 경우에는 그 차액
2. 제1호 외의 경우에는 이전한 본점 또는 주사무소용 부동산의 시가표준액(「지방세법」 제4조에 따른 시가표준액을 말한다. 이하 같다)과 이전하기 전의 본점 또는 주사무소용 부동산의 시가표준액의 차액

② 대도시에 등기되어 있는 법인이 과밀억제권역 외의 지역으로 본점 또는 주사무소를 이전하는 경우에 그 이전에 따른 법인등기 및 부동산등기에 대해서는 2027년 12월 31일까지 등록면허세를 면제한다.

③ 제1항 및 제2항에 따른 과밀억제권역 외의 지역으로 이전하는 본점 또는 주사무소의 범위와 감면 등의 적용기준은 행정안전부령으로 정한다.

## 1 개 요

국가균형발전 및 지역경제 활성화를 위해 수도권 등 대도시에서 지방으로 이전하는 지방이전 법인에 대한 세제지원이다. 지방이전 법인에 대한 감면은 1995년에 처음 신설되어 2010년까지는 구 지방세법 제274조에서 규정되었으나 2011년부터 지특법이 제정이 되면서 본 규정으로 이관되었으며 2015년 말 본 조문의 개정에 따라 편법 감면사례를 방지하고자 추징규정이 일부 보완되었고 감면규정은 지속적으로 연장되어 왔으며 2021년 말 지특법 개정시 2024년 12월 31일까지 3년간 재연장되었다.

이 장에서는 지방으로 이전하는 법인의 유형, 감면 부동산의 범위, 감면신고 절차 등에 대해 설명하고 있다.

# 2 | 감면대상자

일반적으로는 수도권 지역에서 지방으로 이전하는 법인을 말하지만 경우에 따라서는 동일 수도권 지역 내에서 이전하는 법인의 경우에도 감면대상자에 해당된다. 수도권에서 지방으로 이전하는 법인을 감면대상자로 떠올리게 되는 것은 본 규정의 제목이 법인의 지방이전에 대한 감면이므로 지방의 반대개념 차원에서 자연스럽게 수도권(서울 · 경기 · 인천)을 지칭한다고 볼 수 있으나 세법의 기준으로 보면 이는 정확한 표현이 아니다. 감면대상 지방이전 법인이 되는 각각의 경우를 살펴보면 다음과 같다.

## 2-1. 수도권에서 지방으로 이전(§79 ①, 영 §39)

지방이전 법인이란 대도시에서 대도시 외의 지역으로 이전하는 법인을 말하고 여기서 대도시란 과밀억제권역 지역을 의미한다. 과밀억제권역이 모두 수도권지역에 위치하고 있으므로 일반적으로 수도권에서 지방(수도권 이외 지역)으로 이전하는 기업을 말한다. 이하 과밀억제권역에 대한 설명은 제2조 제5호 정의편의 내용을 참조하기 바란다.

## 2-2. 수도권에서 수도권 지역으로 이전(§79 ①, 영 §39)

과밀억제권역은 수도권정비계획법에 따라 결정되는데 행정구역상 수도권이라고 하더라도 일부 지역은 과밀억제권역에서 제외되고 있기 때문에 이 법에 따른 감면대상자를 판단하는 올바른 표현은 수도권에서 지방으로 이전하는 법인에 대한 감면이 아니라 수도권 과밀억제권역에서 과밀억제권역 이외의 지역으로 이전하는 법인이 이에 해당된다. 따라서 동일한 수도권 지역이라 하더라도 과밀억제권역 이외의 지역으로 이전하는 경우에도 지방이전 기업에 해당된다.

## 2-3. 수도권 지역 산업단지에서 수도권 지역으로 이전(§79 ①, 영 §39 괄호)

대도시의 범위에 「산업집적활성화 및 공장설립에 관한 법률」에 의한 산업단지의 경우에는 이를 대도시로 인정하고 있지 않다. 따라서 수도권 과밀억제권역 지역 내에 소재하는 산업단지의 경우라도 지특법상으로는 지방에 해당되어 이 법의 감면적용을 받게 된다는 것이다. 다시 말하면 이 법에 따른 지방이란 행정구역상의 개념이 아닌 과밀억제권역 이외의 지역을 모두 지방으로 보고 있고 예외적으로 과밀억제권역이라 하더라도 산업단지는 지방으로 보고 있다는 점을 유의해야 한다.

〈표 1〉 **사례별 지방이전 법인 해당 여부**

| 사례 | 이전유형 | 감면 여부 |
|---|---|---|
| 서울 강남구(과밀권역) → 충북 제천시(지방) | 과밀억제권역 → 지방 | ○ |
| 경기 양주시(비과밀권역) → 충남 당진시(지방) | 지방 → 지방 | × |
| 서울 구로디지털산업단지 → 강원 원주시 | 지방 → 지방 | × |
| 서울 강남구(과밀권역) → 경기 양주시(지방) | 과밀억제권역 → 지방 | ○ |
| 서울 강남구(과밀권역) → 서울구로디지털산업단지(지방) | 과밀억제권역 → 지방 | ○ |
| 서울 구로디지털산업단지 → 경기 평택국가산업단지 | 지방 → 지방 | × |
| 충남 당진시 → 강원 원주시 | 지방 → 지방 | × |

## 3 | 감면대상 부동산 등

지방으로 이전하려는 법인이 과밀억제권역에서 과밀억제권역 외의 지역으로 본점 또는 주사무소를 이전하는 경우 해당 사업을 직접 하기 위하여 취득하는 부동산이 이에 해당된다. 이 경우 해당 법인이 소유하고 있던 본점 또는 주사무소(이하 본점 등)를 매각하여야 하며, 임차 중인 경우에는 임차를 종료하여야 한다. 한편, 대도시 외의 지역으로 이전함에 따른 법인등기 및 부동산등기 행위에 대한 등기·등록 사항도 감면대상에 해당된다.

### 3-1. 감면대상 부동산의 범위(§79 ①, 칙 §7 ①)

본점 등을 이전하기 위해 취득하는 부동산의 범위는 법인의 본점 등으로 직접 사용하는 부동산과 그 부대시설용 부동산으로서 다음의 요건을 모두 갖춘 것을 말한다.

1. 대도시 외의 지역으로 이전하기 위하여 매입한 본점 또는 주사무소용 부동산으로서 사업을 시작하기 이전에 취득한 것일 것
2. 과밀억제권역 내의 본점 또는 주사무소를 대도시 외의 지역으로 이전하기 위하여 사업을 중단한 날까지 6개월(임차한 경우에는 2년을 말한다) 이상 사업을 한 실적이 있을 것
3. 대도시 외의 지역에서 그 사업을 시작한 날부터 6개월 이내에 과밀억제권역 내에 있는 종전의 본점 또는 주사무소를 폐쇄할 것
4. 대도시 외의 지역에서 본점 또는 주사무소용 부동산을 취득한 날부터 6개월 이내에 건축공사를 시작하거나 직접 그 용도에 사용할 것. 다만, 정당한 사유가 있는 경우에는 6개월 이내에 건축공사를 시작하지 아니하거나 직접 그 용도에 사용하지 아니할 수 있다.

여기서, 「수도권정비계획법」 제6조에 따른 과밀억제권지역에서 "대통령령으로 정하는 본점이나 주사무소의 사업용 부동산"을 취득하는 경우 취득세 중과세율 적용을 규정하면서, 같은 법 시행령 제25조에서 '법 제13조 제1항에서 "대통령령으로 정하는 본점이나 주사무소의 사업용 부동산"이란 법인의 본점 또는 주사무소의 사무소로 사용하는 부동산과 그 부대시설용 부동산'이라고 규정하고 있어 취득세 중과세율 적용 대상의 범위는 "본점용 사무소와 그 부대시설"이라 할 것이다.

따라서, 대도시 내 법인의 본점 또는 주사무소를 대도시 외 지역으로 이전을 유도하기 위한 「지방세특례제한법」 제79조에서 규정하는 "법인의 본점 또는 주사무소의 범위"는 같은 법 시행규칙 제7조에서 "본점 또는 주사무소로 사용하는 부동산과 그 부대시설용 부동산"이라 명시하고 있음에도 이를 취득세 중과세율 적용대상 범위와 동일하게 유추 적용하여 "법인의 중추적인 의사결정이 이루어지는 장소"인 본점용 사무실로 감면대상 범위를 한정하는 견해는 감면대상의 범위를 지나치게 축소한 것이며, 본점 사업장 범위는 사무실 용도로 사용하는 부동산뿐만 아니라 본점의 사업활동 장소로 사용되는 본점에 속하는 부대시설도 포함하는 것이 타당한 해석일 것이다.

### 3-2. 과밀억제권역에서 본점 등을 임차하여 사용 후 임차를 종료하고 대도시 외의 지역으로 이전하는 경우 감면대상 부동산의 범위(§79 ①)

과밀억제권역 안에서 본점 등의 부동산을 임차하여 사용하다가 임차를 종료하고 대도시 외의 지역으로 본점 등을 이전하여 부동산을 취득하는 경우 본 규정에서는 별도로 감면대상 부동산의 범위를 규정하고 있지는 않으나, 당초 과밀억제권역에서 부동산을 소유하고 있던 지방이전 법인의 경우(규칙 §7 ②)의 사례를 준용하여 볼 때 대도시 외의 지역으로 이전하기 전에 임차하여 사용하고 있는 임대인 소유의 본점 등의 부동산에 대한 가액(지방세법 제10조 제5항에 따른 사실상의 취득가격 및 연부금액) 또는 지방세법 제4조에 따른 시가표준액의 범위까지를 감면대상으로 봄이 타당하다(행자부 도세-3, 2008.3.12.). 다만, 이 경우는 지방이전 법인의 종전 임대인의 부동산 가액(시가표준액)에 따라 감면대상이 달라지는 불형평이 발생되는 문제점이 있으므로 향후 이에 대한 합리적 기준을 보완할 필요가 있다.

**운용사례**

이 사건 심판청구일 현재 과밀억제권역 내 기존 임차물을 대표이사실 · 기획관리본부 · 영업지원본부 등으로 계속하여 사용하고 있는 점, 등 기존 본점의 임차를 종료하지 아니하였을 뿐 아니라 이 사건 건축물에서 사업을 개시한 2008.12.26.부터 6월 이내에 기존 본점을 폐쇄한 경우에 해당되지 아니하고, **법인등기부상 본점 소재지를 대도시 외 지역으로 이전하였으나 실제로는 물류본부만 형식적인 이전이므로 감면대상이 아님**(조심 2009지0789, 2010.5.6.).

## 4 특례의 내용

### 4-1. 세목별 감면

지방이전 법인이 취득하는 부동산에 대해서는 지방세 이외에도 국세인 법인세, 농특세 등 조세지원(표 2)과 보조금[189] 등 다음 표와 같은 다양한 지원제도가 있다.

〈표 2〉 **지방이전 기업에 대한 조세 감면 현황(2023.1.1. 현재)**

| 조문 | 감면내용 | 감면율 | 일몰 |
|---|---|---|---|
| §79 ① | 대도시에서 과밀억제권역 외 지역으로 이전하는 법인 | 취득세 면제 | '24.12.31. |
| §79 ② | | 등록면허세 면제<br>(법인등기, 부동산등기) | '24.12.31. |
| §79 ① | | 재산세 100%(5년), 50%(3년) | '24.12.31. |
| 농특 §4-12 | | 비과세 | - |
| §177의 2 | 지방세 감면 특례의 제한<br>(최소납부세제)<br>※ '18.12.31.까지 적용 유예 | 취득세 및 재산세 면제세액의<br>15% 과세<br>※ 세목별로 전체 면제세액이 취득세 200만원, 재산세 50만원 초과시 적용 | '19년부터 적용 |

189) **(지방투자촉진보조금)** : 수도권 내 대상지역에서 3년 이상 사업을 영위하고 상시고용인원이 30인 이상인 기업의 전부 또는 일부가 지방으로 이전하는 경우 입지지원(입지금액의 최대 55%), 설비투자, 교육훈련(6개월간 1인당 월 60만원) 등 최대 60억원 이내 지원

**(금융지원)** 수도권 내 3년 이상 계속하여 공장시설을 갖추고 사업을 영위하거나 3년 이상 계속하여 본사 또는 주사무소를 둔 법인으로서 공장시설의 전부 또는 본사를 수도권 이외 지역으로 이전하는 기업의 이전자금 저리 대출(대기업 : 산금채 1년 기준금리 × 4/5 + 0.15%, 중소기업 : 산금채 1년 기준금리 × 4/5 - 0.15%, 한국산업은행) * 산금채 1년 기준금리 : 3.55%(2012.4.3. 현재)

### 4 – 2. 감면대상지역

현행 지방세법상 대도시는 과밀억제권역에서 산업단지를 배제하여 그 범위를 정하고 있어 과밀억제권역과 구분되고 있는데 산업단지의 경우 지방세특례제한법 제78조에서 감면규정을 두고 있어 이미 감면받은 법인이 지방이전으로 인해 추가로 감면받은 것은 형평성 문제가 있다고 보여진다.

이에 본 감면 규정은 수도권의 법인이 지방이전을 통해 국토의 균형 발전을 도모하고 자 하는 목적이 있으므로 과밀억제권역의 산업단지 내 법인이 지방으로 이전하는 경우에는 감면을 배제하도록 개정(2022.1.1. 시행)되었으며 감면세목과 감면대상 지역 범위는 법인인지 또는 공장인지 여부와 관계없이 감면요건을 동일하게 규정하고 있다.

또한, 법 개정 이전(2021.12.31.)에 대도시에서 본점 또는 주사무소를 설치하여 사업을 직접 하던 법인이 과밀억제권역 외의 지역으로 본점 또는 주사무소를 이전한 경우의 취득세 및 재산세 감면적용과 추징에 관하여는 제79조 제1항의 개정규정에도 불구하고 종전의 규정에 따르도록 하고 있고 대도시에 등기되어 있던 법인이 과밀억제권역 외의 지역으로 본점 또는 주사무소를 이전하는 경우의 등록면허세 면제에 대해서도 제79조 제2항의 개정규정에도 불구하고 종전의 규정에 따르도록 해당 부칙 제15조에서 경과규정을 두고 있다.

③ 이 법 시행 전에 대도시에서 공장시설을 갖추고 사업을 직접 하던 자가 그 공장을 폐쇄하고 과밀억제권역 외의 지역으로서 공장 설치가 금지되거나 제한되지 아니한 지역으로 공장을 이전한 경우의 취득세 및 재산세 감면·추징에 관하여는 제80조 제1항의 개정규정에도 불구하고 종전의 규정에 따른다.

〈표 3〉 **종전지역 및 이전지역 범위 조정(2022.1.1. 납세의무성립분부터 시행)**

| 구분 | 조문 | 2021.12.31.까지 | 2022.1.1. 이후 | 비고 |
|---|---|---|---|---|
| 감면대상 지역조정 | §79 ① | 과밀억제권역<br>→ 대도시 외 지역 | 대도시<br>→ 과밀억제권역 외 지역 | 대도시 내 산업단지에서 지방이전시 감면(×) |
| | §79 ② | 대도시<br>→ 대도시 외 지역 | | |

#### 감면대상 부동산 초과액의 산정방법과 적용기준(칙 §7 ②)

감면대상 부동산의 가액의 합계액과 이전하는 본점 등의 부동산 가액 합계액을 비교하여 초과하는 부분에 대해서는 취득세를 감면하지 않는다. 이 경우 초과액 산정방법은 실제 취득가격(연부금액)과 사실상 그 취득가격을 확인하기 어려운 경우는 시가표준액을 기준으로 한다.

1. 이전한 본점 또는 주사무소용 부동산의 가액과 이전하기 전의 본점 또는 주사무소용 부동산의 가액이 각각 「지방세법」 제10조 제5항에 따른 사실상의 취득가격 및 연부금액으로 증명되는 경우에는 그 차액
2. 제1호 외의 경우에는 이전한 본점 또는 주사무소용 부동산의 시가표준액(「지방세법」 제4조에 따른 시가표준액을 말한다. 이하 같다)과 이전하기 전의 본점·주사무소용 부동산의 시가표준액

### 4-3. 건축중인 부속토지에 대한 특례(영 §123)

대도시에서 지방으로 이전할 법인 등이 해당 사업용 용도로 사용할 건축물을 건축중인 경우에는 해당 용도로 직접 사용하고 있는 것으로 의제(擬制)하여 해당 건축물의 부속토지에 대한 재산세를 계속 감면한다.

### 4-4. 자동계좌이체 납부분 재산세 세액공제(§92의 2)

대도시에서 지방으로 이전하는 법인 등이 전자송달 또는 자동계좌이체 방식으로 납부할 재산세(§79 ①, 이후 3년간 50%)를 자동납부 신청하는 경우에는 지방자치단체의 조례로 정하는 바에 따라 추가로 재산세를 공제받을 수 있다. 자동납부 신청 세액공제에 관한 세부사항은 제92조의 2의 해설편을 참조하면 된다.

## 5 | 특례의 제한

### 5-1. 감면된 취득세의 추징(§79 ① 각 호, 칙 §7 ②)

제79조 제1항 단서 및 규칙 제7조 제1항에 따른 감면대상 부동산의 범위 기준을 충족하지 못하는 경우에는 면제된 취득세를 추징한다. 2015년까지는 법인을 이전하여 감면을 받고 있는 기간에 과밀억제권역에서 이전에 생산하던 제품을 생산하는 법인을 다시 설치한 경우에 한해 추징되었으나 추징 조항을 추가로 신설하여 법인을 이전하여 5년 이내에 법인이 합병·분할 또는 분할합병 외의 사유로 해산된 경우에 추징되며, 아울러 일반적 추징규정으로 해당 사업에 직접 사용한 기간이 2년 미만인 상태에서 매각·증여하거나 다른 용도로 사용하는 경우를 사후관리 차원에서 추가하였다. 다만, 새로이 신설된 추징규정은 부칙 제4조(법률 제13637호, 2015.12.29.)에 따라 이 법 시행 후 이전하는 법인부터 감면세액 추징

규정을 적용하도록 개정하였다. 구체적인 추징사유 및 추징대상을 확인하는 사항 등에 대해서는 제178조의 해설편을 참조하고, 그 밖에 직접 사용의 범위, 감면기한 등 세부적인 추징과 관련된 사항에 대해서도 같은 조의 해설편을 참조하면 된다.

### 5-2. 최소납부세액의 부담(§177의 2)

지방으로 이전하는 대도시 지역 내 법인이 고유업무에 사용하기 위하여 취득하는 부동산에 대해서는 취득세 또는 재산세 면제(§79 ①, 재산세는 5년간)됨에도 불구하고, 2015년부터 시행되는 감면 상한제도에 따라 면제되는 세액의 15%는 감면특례가 제한되어 최소납부세액으로 부담하여야 한다. 다만, 시행시기는 부칙 제12조(법률 제12955호)에 따라 2019년 1월 1일부터 적용된다. 이에 대한 세부적인 사항은 제177조의 2의 해설편을 참조하면 된다.

### 5-3. 대도시의 범위 제한(영 §39)

본 규정에 따라 대도시에서 지방으로 이전하는 법인에 대해서는 감면규정을 두고 있다. 여기서 대도시란 과밀억제권역을 말한다. 다만, 「산업집적활성화 및 공장설립에 관한 법률」을 적용받는 산업단지의 경우에는 비록 행정구역상으로는 과밀억제권역 내에 포함되어 있더라도 지방으로 간주하고 있다. 따라서 과밀억제권역 내 산업단지 지역에서 지방으로 이전하는 경우라도 본 규정에 따른 감면대상인 대도시에서 지방으로 이전하는 법인으로 보지 않는 것이다(2-3. 해설편 참조).

### 5-4. 지방세 중과세 대상 부동산에 대한 감면 제한(§177)

지방이전 법인이 감면을 받으려는 부동산이 지방세법 제13조 제5항에 따른 별장·골프장·고급오락장 등 지방세 중과세 대상인 사치성 재산인 경우에는 감면대상에서 제외된다.

## 6 | 감면신청

감면신청인은 지방이전 법인에 해당하는지에 대한 각종 구비서류를 갖추어 지특법 시행규칙 별지 제1호에서 정하는 서식을 첨부하여 지방자치단체의 장에게 감면신청을 해야 한다. 구체적인 감면신청 등과 관련한 사항은 제183조(감면신청) 해설편을 참조하기 바란다.

〈표 3〉 감면신청인에 대한 감면 여부 주요 확인사항

| 규칙 | 신고사항 | 중점 확인사항 | 입법취지 |
|---|---|---|---|
| §7 ① 1호 | 지방이전 법인의 실제 본점 등 부동산 여부 | 법인이전등기(사업자등록증)의 이전일자 ↔ 부동산취득일자 확인 | 지방이전 법인 지원 목적달성으로 이후 취득재산부터는 감면배제 |
| §7 ① 2호 | 지방이전 법인의 종전 사업 실적 여부 | 부가세 매입자료, 법인세납부 실적 등 | 형식적인 지방이전의 경우 감면배제 |
| §7 ① 3호 | 지방이전 법인의 종전 사업장 폐쇄 여부 | 종전 사업장 소재지 사업자등록증(이전일), 법인균등, 특별징수분 과세 및 현지확인 등 | 형식적인 지방이전의 경우 감면배제 |
| §7 ① 4호 | 지방이전 법인의 직접 사용 등 | 현지확인 등 | 직접 사용 여부 확인 등 |

## 7 관련사례

■ 쟁점부동산이 「지방세특례제한법」(2021.12.28. 법률 제18656호로 개정되기 전의 것) 제79조 제1항에 따른 취득세 등의 감면요건을 충족하여 취득세 등의 감면대상인지 여부

쟁점부동산은 「지방세특례제한법」(2021.12.28. 법률 제18656호로 개정되기 전의 것) 제79조 제1항에서 정한 취득세 등의 감면요건을 모두 충족하여 취득세 등의 감면대상에 해당한다고 보는 것이 타당하다고 할 것임. 다만, 「지방세법 시행규칙」(2020.12.31. 행정안전부령 제225호로 개정된 것) 제7조 제2항에서 제1항에 따른 감면대상이 되는 본점용 부동산 가액의 합계액이 이전하기 전의 본점용 부동산 가액의 합계액을 초과하는 경우 그 초과액에 대해서는 취득세를 과세한다고 규정하고 있으나, 청구법인 및 처분청은 종전본점 및 이전하여 본점으로 사용하는 부동산의 가액에 대한 자료를 제출한바 없으므로, 처분청은 이들 가액을 재조사하여 이전하여 본점으로 사용하는 면적 중 종전본점의 가액을 초과하는 가액에 해당하는 부분을 제외한 면적에 대하여만 취득세를 감면하는 것이 타당한 것으로 판단됨(조심 2023지5586, 2024.5.16.).

■ 쟁점건물은 본점의 지방이전에 따라 취득한 것으로서 재산세 감면대상이라는 청구주장의 당부

청구법인은 수도권 과밀억제권역 내에 있는 본점을 대도시 외의 지역에 소재한 쟁점건물로 이전하고 종전 본점을 폐쇄하여 쟁점건물은 법인의 지방이전에 대한 재산세 등의 감면요건을 충족하고, 추징사유가 발생한 것으로 보기는 어렵다고 판단됨(조심 2023지3524, 2024.1.26.).

■ 법인의 본점 지방이전 시 재산세 감면 범위

대도시 외의 지역으로 본점 또는 주사무소를 이전(移轉)하여 해당 사업을 직접 수행하기 위하여 취득하는 부동산에는 사무실 용도로 사용하는 부동산뿐만 아니라 본점을 지원하기 위하여 동일한 구내에 설치되는 복리후생시설도 부대시설로서 본점 등에 포함된다고 할 것이나, 공장 또는 제조시설을 지원하기 위하여 공장 경계구역 안에 설치되는 종업원의 후생복지시설 등 별도의 감면규정(법 제80조)을 두고 있는 각종 부대시설은 법인의 지방이전에 대한 감면(법 제79조)의 적용대상에서 제외(시행규칙 제8조)되어야 할 것임(행안부 지방세특례제도과-2270, 2022.10.7.).

■ 대도시 외 지역으로 이전하는 감면대상인 본점 범위 여부

법인이 대도시 내 지역에서 사업장을 임차하여 의류 도・소매업 등 사업을 개시한 후 별도의 지점이나 사업장을 두지 않고 단일 사업장에서 2년 이상 사업을 영위한 실적이 있으며, 대도시 외 지역에 소재한 부동산을 취득하여 종전 본점 사업장을 전부 폐쇄를 준비하고 있고, 본점의 모든 시설을 대도시 외 지역으로 이전하는 등 감면요건을 충족하였는바, 종전 본점용 부동산에 부속되어 실질적으로 본점의 일부 시설로 사용되었던 "물품보관 창고"는 본점의 부대시설로서 이전(移轉) 전 본점용 부동산의 가액에 포함하는 것이 입법 취지 및 사실 현황 등에 비추어 타당하다 할 것이며, 기존 건축물 취득 후 6개월 이내에 본점용 부동산으로 사용하기 위하여 사업을 개시하기 전 "대수선" 공사를 시행한 해당 법인은 감면요건을 충족함(행안부 지방세특례제도과-638, 2022.3.25.).

■ 본점이전일 이후 2년 이상 종전소재지 부동산을 매각하지 않은 경우 등의 추징 여부

「지방세특례제한법」 제79조 제1항에서 본점 또는 주사무소를 매각하거나 임차를 종료하고 본점 또는 주사무소를 대도시 외의 지역으로 이전할 것을 감면 요건으로 규정하고 있는 점, 본점 이전 직후 단기간 내에 부동산을 매각하는 데 현실적인 어려움이 있을 수 있어 같은 법 시행규칙 제7조 제1항 제3항에서 본점의 '6개월 이내에 과밀억제권역 내에 있는 종전의 본점 또는 주사무소를 폐쇄할 것'을 별도로 규정한 것이라고 하더라도, 본점 이전일로부터 2년 이상 장기간이 경과하였고 현재도 종전소재지 부동산을 매각하지 아니한 경우까지 감면 적용하기는 어렵다고 보이는 점, 종전소재지 부동산을 매각하지 못한데 법령상 제한이나 기타 정당한 사유가 있다고 보이지도 아니한 점 등에 비추어 취득세 및 재산세 면제 대상이 아닌 것으로 보아 부과처분 한 것은 달리 잘못이 없음(조심 2019지1790, 2019.6.19.).

■ 지방이전 전의 주사무소용 부동산 가액 초과에 대해 취득세 등 세목별 적용 여부

「지방세특례제한법 시행규칙」 제7조 제2항은 지방으로 이전하기 전의 주사무소용 부동산 등의 가액을 초과하는 부분에 대해서는 취득세를 과세한다고 규정하고 있을 뿐, 재산세까지 부과한다고 규정하고 있지 않음에도 초과한 부분에 대하여 재산세를 부과한 것은 부당하다고 주장하고 있으나 「지방세특례제한법」 제78조 제1항에서 지방이전에 따라 취득하는 부동산에 대해서 취득세를 면제하고, 그 부동산에 대해서 5년간 재산세를 면제한다고 규정하고 있으므로 취득세와 재산세에 대해서 면제대상이 동일하다고 해석된다고 보아야 함(조심 2018지1106, 2018.10.16.).

# 제79조의 2

## 해외진출기업의 국내복귀에 대한 감면

관련규정

제79조의 2(해외진출기업의 국내복귀에 대한 감면) ①「해외진출기업의 국내복귀 지원에 관한 법률」 제7조 제3항에 따라 선정된 지원대상 국내복귀기업(이하 "지원대상 국내복귀기업"이라 한다)으로서 다음 각 호의 요건을 모두 충족하는 지원대상 국내복귀기업이 제3호에 따른 업종(「통계법」 제22조에 따라 통계청장이 고시하는 한국표준산업분류에 따른 세분류를 기준으로 한 업종을 말한다. 이하 이 조에서 같다)을 영위하기 위하여 취득하는 사업용 부동산에 대해서는 취득세의 100분의 50을 2026년 12월 31일까지 경감하고, 과세기준일 현재 해당 용도로 직접 사용하는 부동산에 대해서는 재산세 납세의무가 최초로 성립한 날부터 5년간 재산세의 100분의 75를 경감한다.

1. 해외 사업장을 청산·양도할 것
2. 과밀억제권역 외의 지역에서 사업장을 신설 또는 증설할 것
3. 해외 사업장에서 영위하던 업종과 동일한 업종을 영위할 것

② 지방자치단체의 장은 제1항에 따라 취득세를 경감하는 경우 해당 지역의 재정여건 등을 고려하여 100분의 50의 범위에서 조례로 정하는 율을 추가로 경감할 수 있다.

③ 제1항 및 제2항에 따라 지방세를 경감받은 자가 다음 각 호의 어느 하나에 해당하는 경우 그 해당 부분에 대해서는 경감된 취득세 및 재산세를 추징한다.

1. 정당한 사유 없이 그 취득일부터 1년이 경과할 때까지 해당 용도로 직접 사용하지 아니하는 경우
2. 해당 용도로 직접 사용한 기간이 2년 미만인 상태에서 매각·증여하거나 다른 용도로 사용하는 경우
3. 지원대상 국내복귀기업으로 선정된 날부터 4년 이내에 해외 사업장을 청산·양도하지 아니하는 경우
4. 지원대상 국내복귀기업으로 선정된 날부터 5년 이내에 국내 사업장 신설 또는 증설을 완료하지 아니하는 경우
5. 해당 사업용 부동산의 취득일부터 5년 이내에 지원대상 국내복귀기업 선정이 취소

된 경우
☞ 2023.12.29. 개정, 조문 신설(2024.1.1. 시행)

## 1 개 요

전 세계적인 공급망 재편 과정에서 반도체, 모바일 등 첨단업종과 공급망 핵심기업들이 해외사업장을 청산하거나 폐쇄·양도·축소 후 국내로 복귀를 추진할 경우에 원활한 국내 복귀와 입지·설비투자에 따른 초기의 비용부담 완화 및 안정적인 정착이 필요하고 또한 해당 지역의 경우 경제활력 제고에 기여할 수 있게 되므로 이에 대한 정책적 세제지원 차원에서 국내 복귀기업에 대한 지방세 감면을 신설하게 되었고 2026년 12월 31일까지 일몰기한을 설정하였다.

## 2 감면대상자

국내 복귀기업으로서의 감면대상은 2024년 1월 1일 이후 「해외진출기업의 국내복귀 지원에 관한 법률」 제7조 제3항에 따라 선정된 지원대상 국내복귀기업으로서 일정한 요건과 「통계법」 제22조에 따라 통계청장이 고시하는 한국표준산업분류에 따른 세분류를 기준으로 한 업종 기준을 충족하여야만 감면을 적용받게 된다.

해당 감면을 적용받기 위해서는 지원대상 기업으로 선정된 날로부터 4년 이내에 해외사업장을 청산하거나 양도하여야 하고 국내에서 과밀억제권역 외 지역에서 공장 및 사업장을 신·증설하여야 하며 해외 사업장에서 영위하던 업종과 동일업종을 영위하는 것을 요건으로 하고 있다.

〈표 1〉 **해외진출기업의 국내복귀 지원에 관한 법률 제73조 제3항**

③ 산업통상자원부장관은 국내복귀가 진행 중인 기업의 경우에는 다음 각 호를 조건으로 하여 지원대상 국내복귀기업으로 선정할 수 있다. 이 경우 해당 기업은 제2항에 따른 국내복귀계획서에 조건의 이행에 관한 내용을 포함하여야 한다.
1. 국내사업장의 신설·증설이 완료되지 아니한 기업의 경우 산업통상자원부장관이 정하는 기

한 내에 국내사업장의 신설·증설을 완료할 것
2. 해외사업장의 청산·양도가 완료되지 아니한 기업의 경우 산업통상자원부장관이 정하는 기한 내에 해외사업장의 청산·양도를 완료할 것
3. 해외사업장의 축소가 완료되지 아니한 기업의 경우 산업통상자원부장관이 정하는 기한과 기준에 따라 해외사업장을 축소할 것

최근 해외진출기업의 국내로 복귀하는 추이는 매년 약 15~25개의 업체가 추진하고 있으나 대부분 국내 복귀시에 80% 이상이 산업단지로 복귀하고 있어, 장기간 감면하는 재산세의 경우에는 산업단지 입주기업과의 형평을 고려하여 감면규정이 신설되었다.

〈표 2〉 **해외진출기업의 국내복귀기업 입주현황**

(단위 : 개사)

| 구분 | | 2014 | 2015 | 2016 | 2017 | 2018 | 2019 | 2020 | 2021 | 2022 | 2023 |
|---|---|---|---|---|---|---|---|---|---|---|---|
| 합계 | 136 | 15 | 2 | 8 | 4 | 8 | 14 | 23 | 26 | 24 | 12 |
| 산단 | 109 | 15 | 1 | 6 | 2 | 6 | 10 | 23 | 19 | 15 | 12 |
| 개별 | 27 | - | 1 | 2 | 2 | 2 | 4 | - | 7 | 9 | 12 |

〈표 3〉 **해외진출기업의 국내복귀 적용 요건**

- (대상) 과밀억제권역 外로 복귀, 국내복귀기업(해외사업장 2년 이상 운영)으로 선정
- (요건) 해외사업장 폐쇄·양도(축소 제외*) → 국내에 공장 및 사업장 신·증설 등
- (물건) 국내복귀기업 선정 후 4년 이내 취득하는 사업용 부동산
- (추징) 국내복귀기업 이행요건 충족(4년내 해외사업장 양도·폐쇄, 국내 신증설 완료)
  취득 후 1년 이내 직접사용 → 2년 이상 직접사용 → 충족 후 매각·증여

* 해외사업장 유지(생산량 25% 감축) 기업은 해외이탈 가능성, 감면 취지(복귀시 초기비용 지원) 고려 제외

## 3 | 특례의 내용

국가 경쟁력 강화 및 지역 경제 활성화 지원을 위해 대상기업으로 선정된 국내복귀기업이 취득하는 사업용 부동산에 대해서는 취득세 및 재산세를 2026년 12월 31일까지 경감한다.

〈표 4〉 해외진출기업의 국내복귀기업에 대한 감면내용(2024.1.1. 현재)

| 조문 | 감면대상 | 감면내용(감면율) | 일몰 |
|---|---|---|---|
| §79의 2 | '24.1.1. 이후 지원대상 국내복귀기업으로 선정된 기업 | 취득세 50%(조례50%P 추가 경감)<br>재산세 5년간 75% | '26.12.31. |

# 4 | 특례의 제한

## 4-1. 감면된 취득세 등의 추징(§79의 2 ③)

이 법 제79조의 2 제3항에 따라 해외진출기업 중 세제지원대상으로 선정된 국내복귀기업의 부동산에 대해 경감된 취득세 및 재산세를 추징하는 경우는 다음과 같다.

1. 정당한 사유 없이 그 취득일부터 1년이 경과할 때까지 해당 용도로 직접 사용하지 아니하는 경우
2. 해당 용도로 직접 사용한 기간이 2년 미만인 상태에서 매각·증여하거나 다른 용도로 사용하는 경우
3. 지원대상 국내복귀기업으로 선정된 날부터 4년 이내에 해외 사업장을 청산·양도하지 아니하는 경우
4. 지원대상 국내복귀기업으로 선정된 날부터 5년 이내에 국내 사업장 신설 또는 증설을 완료하지 아니하는 경우
5. 해당 사업용 부동산의 취득일부터 5년 이내에 지원대상 국내복귀기업 선정이 취소된 경우

# 5 | 감면신청(§183)

해외진출기업 중 세제지원대상으로 선정된 국내복귀기업의 부동산을 취득한 자가 본 규정에 따라 지방세를 감면받으려는 경우에는 해당 지방자치단체의 장에게 해당 부동산이 감면물건임을 입증하는 서류 등을 첨부하여 감면신청을 하여야 한다. 세부적인 감면신청 절차 등에 대해서는 제183조의 해설편을 참조하면 된다.

# 제80조 공장의 지방 이전에 따른 감면

관련규정

제80조(공장의 지방 이전에 따른 감면) ① 대도시에서 공장시설을 갖추고 사업을 직접 하는 자가 그 공장을 폐쇄하고 과밀억제권역 외의 지역으로서 공장 설치가 금지되거나 제한되지 아니한 지역으로 이전한 후 해당 사업을 계속하기 위하여 취득하는 부동산에 대해서는 취득세를 2027년 12월 31일까지 면제하고, 재산세의 경우 그 부동산에 대한 납세의무가 최초로 성립하는 날부터 5년간 면제하고 그 다음 3년간 재산세의 100분의 50을 경감한다. 다만, 다음 각 호의 어느 하나에 해당하는 경우에는 감면한 취득세 및 재산세를 추징한다.

1. 공장을 이전하여 지방세를 감면받고 있는 기간에 대도시에서 이전 전에 생산하던 제품을 생산하는 공장을 다시 설치한 경우
2. 해당 사업에 직접 사용한 기간이 2년 미만인 상태에서 매각·증여하거나 다른 용도로 사용하는 경우

② 제1항에 따른 공장의 업종 및 그 규모, 감면 등의 적용기준은 행정안전부령으로 정한다.

【칙】 제8조(과밀억제권역 외의 지역으로 이전하는 공장의 범위와 적용기준) ① 법 제80조 제1항에 따른 공장의 범위는 「지방세법 시행규칙」 별표 2에서 규정하는 업종의 공장으로서 생산설비를 갖춘 건축물의 연면적(옥외에 기계장치 또는 저장시설이 있는 경우에는 그 시설물의 수평투영면적을 포함한다)이 200제곱미터 이상인 것을 말한다. 이 경우 건축물의 연면적에는 그 제조시설을 지원하기 위하여 공장 경계구역 안에 설치되는 종업원의 후생복지시설 등 각종 부대시설(수익사업용으로 사용되는 부분은 제외한다)을 포함한다.

② 법 제80조 제1항에 따라 감면대상이 되는 공장용 부동산은 다음 각 호의 요건을 모두 갖춘 것이어야 한다.

1. 이전한 공장의 사업을 시작하기 이전에 취득한 부동산일 것
2. 공장시설(제조장 단위별로 독립된 시설을 말한다. 이하 같다)을 이전하기 위하여 대도시 내에 있는 공장의 조업을 중단한 날까지 6개월(임차한 공장의 경우에는 2년을 말한

다) 이상 계속하여 조업한 실적이 있을 것. 이 경우 「수질 및 수생태계 보전에 관한 법률」 또는 「대기환경보전법」에 따라 폐수배출시설 또는 대기오염물질배출시설 등의 개선명령·이전명령·조업정지나 그 밖의 처분을 받아 조업을 중단하였을 때의 그 조업 중지기간은 조업한 기간으로 본다.

3. 과밀억제권역 외에서 그 사업을 시작한 날부터 6개월(시운전 기간은 제외한다) 이내에 대도시 내에 있는 해당 공장시설을 완전히 철거하거나 폐쇄할 것
4. 토지를 취득하였을 때에는 그 취득일부터 6개월 이내에 공장용 건축물 공사를 시작하여야 하며, 건축물을 취득하거나 토지와 건축물을 동시에 취득하였을 때에는 그 취득일부터 6개월 이내에 사업을 시작할 것. 다만, 정당한 사유가 있을 때에는 6개월 이내에 공장용 건축물 공사를 시작하지 아니하거나 사업을 시작하지 아니할 수 있다.

③ 제2항에 따른 감면대상이 되는 공장용 부동산 가액의 합계액이 이전하기 전의 공장용 부동산 가액의 합계액을 초과하는 경우 그 초과액에 대해서는 취득세를 과세한다. 이 경우 초과액의 산정기준은 다음 각 호와 같다.

1. 이전한 공장용 부동산의 가액과 이전하기 전의 공장용 부동산의 가액이 각각 「지방세법」 제10조 제5항에 따른 사실상의 취득가격 및 연부금액으로 증명되는 경우에는 그 차액
2. 제1호 외의 경우에는 이전한 공장용 부동산의 시가표준액과 이전하기 전의 공장용 부동산의 시가표준액의 차액

④ 제3항에 따른 부동산의 초과액에 대하여 과세하는 경우에는 이전한 공장용 토지와 건축물 가액의 비율로 나누어 계산한 후 각각 과세한다.

# 1 개 요

국가균형발전 및 지역경제 활성화를 위한 지방이전 공장에 대한 세제지원이며 과밀억제권역 외의 지역으로 이전하는 공장에 대한 취득세, 재산세 감면(제1항), 법에서 위임한 세부 공장의 업종 등 감면요건(제2항) 규정으로 구성되어 있다. 이 밖에 국세(법인세)분야도 이와 관련된 감면규정이 있다. 지방이전 공장에 대한 감면은 2010년까지는 구 지방세법 제275조 제1항 및 제2항에 규정되었다가 2011년부터는 현재의 지특법 규정으로 이관되었다. 이후 2012년 말 지특법 개정을 통해 일몰기한이 2015년까지 3년간 연장된 이후로 계속하여 연장되고 있으며 2021년 말 지특법 개정시에 2024년 12월 31일까지 3년간 재연장되었다.

## 2 | 감면대상자

대도시 지역에서 과밀억제권역 외의 지역으로 이전하는 공장을 건축하려는 자가 이에 해당된다. 대도시 지역과 과밀억제권역에 대한 범위는 앞에서 설명된 지방이전 법인(법 §79)의 내용과 동일하다.

## 3 | 감면대상 부동산

대도시 지역에서 과밀억제권역 이외의 지역으로 이전한 후 해당 사업을 계속하기 위하여 취득하는 부동산이 이에 해당된다.

### 3-1. 이전공장의 범위(칙 §8 ①)

- [별표 2]에 규정한 업종의 공장(도시형공장 및 비도시형공장 포함)으로서 생산설비를 갖춘 건축물의 연면적(옥외에 기계장치 또는 저장시설이 있는 경우에는 그 시설물의 수평투영면적을 포함)이 200㎡ 이상인 공장
- 건축물의 연면적에는 그 제조시설을 지원하기 위하여 공장경계구역 안에서 설치되는 종업원의 후생복지시설 등 각종 부대시설을 포함

#### 본점용 부동산과 공장을 함께 사용하는 경우 감면대상 판단

지방 이전에 대한 지방세 감면은 인구 및 산업과 경제활동이 대도시에 집중되는 것을 분산하기 위하여 본점 및 공장의 지방이전을 촉진할 목적으로 도입된 규정으로 "본점"은 법인의 중추적인 의사결정 기능을 수행하는 장소로 사용되는 부동산과 창고 등 그 부대시설용 부동산을 범위로 하고, "공장"은 제조설비를 설치한 건축물 및 그 제조설비를 지원하기 위한 공장경계 내 사무실, 후생복지시설 등 각종 부대시설을 범위로 하고 있으며 "본점"은 면적에 대한 제한규정이 없으나 "공장"은 연면적 200제곱미터 이상인 경우로 한정하고 있어 1동의 건축물 내에서 상품의 제조와 사무업무를 같이 수행하고 있어 사실상 사무실과 공장의 구분이 명확하지 않은 경우에 법인의 본점과 공장의 구분은 단지 법인등기부 등본상 본점등기 여부를 기준으로 판단할 것이 아니라 그 형식보다는 실질에 의하여 판단하여야 하는 바(대법원 1997.5.7. 선고 96누2330 판결), 해당 건축물이 실질적으로 공장으로 사용되고 있고, 건축물 내에서 본점용 사무실이 공장과 독립적으

로 구분되어 있지 않는 경우라면 본점용 사무실은 공장을 지원하기 위한 사무실로서 공장의 부대시설에 해당된다고 보아야 함(지방세특례제도과-3674, 2018.10.5.)으로 이러한 경우에는 공장 연면적 제한 기준(200㎡ 이상)에 해당하는지에 따라 감면대상 여부를 결정하게 될 것이다.

### 3-2. 이전공장의 요건(칙 §8 ②)

- 이전한 공장의 사업을 개시하기 이전에 취득한 부동산일 것
- 공장시설(제조장 단위별로 독립된 시설)을 이전하기 위하여 대도시 내에 있는 공장의 조업을 중단한 날까지 6월(임차공장의 경우에는 2년) 이상 계속하여 조업한 실적이 있을 것. 이 경우 수질환경보전법 및 대기환경보전법의 규정에 의하여 배출시설이나 오염물질 배출시설의 개선명령, 이전명령 또는 조업정지의 처분을 받아 조업을 중단한 때의 그 조업 중지기간은 이를 조업한 기간으로 본다.
- 대도시 외에서 그 사업을 개시한 날부터 6월(시운전 기간을 제외한다) 내에 대도시 내에 있는 당해 공장시설을 완전히 철거하거나 폐쇄할 것
- 토지를 취득한 때에는 그 취득일부터 6월 이내에 공장용 건축물을 착공하여야 하며, 건축물을 취득하거나 토지와 건축물을 동시에 취득한 때에는 그 취득일부터 6월 내에 사업을 개시할 것. 다만, 정당한 사유가 있을 때에는 그러하지 아니하다.

### 3-3. 감면범위 : 이전 전 공장용 부동산 가액 범위 내(칙 §8 ③)

- 감면대상이 되는 공장용 부동산 가액의 합계액이 이전 전 공장의 부동산 가액을 초과하는 경우 그 초과액에 대하여는 취득세 과세
- 이전공장용 부동산 가액과 이전 전 공장용 부동산 가액이 각각 법률 제111조 제5항의 규정에 의한 법인장부 등에 의하여 입증되는 경우에는 그 차액
- 법 제111조 제2항 각 호의 규정에 의한 시가표준액에 의한 이전공장용 부동산 가액과 이전 전 공장용 부동산 가액의 차액

  ※ 양도가액을 이전공장용 부동산 가액의 기준으로 산정하여서는 아니됨.

- 초과부동산의 과세방법 : 부동산의 초과액에 대하여 과세하는 때에는 이전 공장용 토지와 건축물가액의 비율로 안분하여 계산한 후 각각 과세

# 4 특례의 내용

## 4-1. 세목별 감면

대도시 지역에서 과밀억제권역 외의 지역으로 이전하는 공장을 건축하려는 자에 대해서는 2024년 12월 31일까지 다음과 같이 지방세를 감면한다. 한편 국세인 법인세 등의 경우도 대도시 이외로 이전하는 공장에 대해서는 특례를 적용하고 있음을 참고하기 바란다.

〈표 1〉 **지방이전 공장에 대한 지방세 감면 현황(2022.1.1. 현재)**

| 조문 | 감면내용 | 감면율 | 일몰 |
|---|---|---|---|
| §80 ①·② | 대도시에서 대도시 이외의 지역으로 이전하는 공장 | 취득세 100%<br>재산세 100%(5년), 50%(이후 3년) | '24.12.31. |
| 농특령<br>§4 ⑥ 5호 | | 농어촌특별세 비과세<br>(취득세 감면분의 20%) | – |
| §177의 2 | 지방세 감면 특례의 제한<br>(최소납부세제)<br>※ '18.12.31.까지 적용 유예 | 취득세 및 재산세 면제세액의<br>15% 과세<br>※ 세목별로 전체 면제세액이 취득세 200만원, 재산세 50만원 초과시 적용 | '19년부터 적용 |

## 4-2. 감면대상지역

현행 지방세법상 대도시는 과밀억제권역에서 산업단지를 배제하여 그 범위를 정하고 있어 과밀억제권역과 구분되고 있는데 산업단지의 경우 지방세특례제한법 제78조에서 감면규정을 두고 있어 이미 감면받은 공장이 지방이전으로 인해 추가로 감면받은 것은 형평성 문제가 있다고 보여진다.

이에 본 감면 규정은 수도권의 공장이 지방 이전을 통해 국토의 균형 발전을 도모하고자 하는 목적이 있으므로 과밀억제권역의 산업단지 내 공장이 지방으로 이전하는 경우에는 감면을 배제하도록 개정(2022.1.1. 시행)되었으며 감면세목과 감면대상 지역 범위는 법인과 마찬가지로 감면요건을 동일하게 규정하고 있다.

또한, 법 개정 이전(2021.12.31.)에 대도시에서 공장시설을 갖추고 사업을 직접 하던 자가 그 공장을 폐쇄하고 과밀억제권역 외의 지역으로서 공장 설치가 금지되거나 제한되지 아니한 지역으로 공장을 이전한 경우의 취득세 및 재산세 감면요건과 추징에 관하여는 제80조 제1항의 개정규정에도 불구하고 종전의 규정에 따르도록 해당 부칙 제15조 제3항에서 경과

규정을 두고 있다.

〈표 3〉 종전지역 및 이전지역 범위 조정(2022.1.1. 납세의무성립분부터 시행)

| 구분 | 조문 | 2021.12.31.까지 | 2022.1.1. 이후 | 비고 |
|---|---|---|---|---|
| 감면대상 지역조정 | §79 ① | 과밀억제권역 → 대도시 외 지역 | 대도시 → 과밀억제권역 외 지역 | 대도시 내 산업단지에서 지방이전시 감면(×) |
| | §79 ② | 대도시 → 대도시 외 지역 | | |

### 4-3. 건축중인 부속토지에 대한 특례(영 §123)

대도시 지역에서 과밀억제권역 외의 지역으로 이전하는 공장용도로 사용할 건축물을 건축중인 경우에는 해당 용도로 직접 사용하고 있는 것으로 의제(擬制)하여 해당 건축물의 부속토지에 대한 재산세를 계속 감면한다.

### 4-4. 자동계좌이체 납부분 재산세 세액공제(§92의 2)

대도시 지역에서 과밀억제권역 외의 지역으로 이전하는 공장에 대해 전자송달 또는 자동계좌이체 방식으로 납부할 재산세(§80 ①)를 자동납부 신청하는 경우에는 지방자치단체의 조례로 정하는 바에 따라 추가로 재산세를 공제받을 수 있다. 자동납부 신청 세액공제에 관한 세부사항은 제92조의 2의 해설편을 참조하면 된다.

## 5 | 특례의 제한

### 5-1. 감면된 취득세의 추징(§80 ① 단서)

대도시에서 지방으로 이전하는 공장이 공장을 이전하여 과세감면을 받고 있는 기간에 대도시에서 이전 전에 생산하던 제품을 생산하는 공장을 다시 설치한 경우에는 감면한 취득세 및 재산세를 추징하며 아울러 2016년부터 일반적 추징 규정인 해당 사업에 직접 사용한 기간이 2년 미만인 상태에서 매각·증여하거나 다른 용도로 사용하는 경우에도 추징하도록 개정되었다. 다만, 새로이 신설된 추징규정은 부칙 제4조(법률 제13637호, 2015.12.29.)에 따라 이 법 시행 후 이전하는 법인부터 감면세액 추징규정을 적용하도록 개정하였다. 구체적인 추징사유 및 추징대상을 확인하는 사항 등에 대해서는 제178조의 해설편을 참조하고,

그 밖에 직접 사용의 범위, 감면기한 등 세부적인 추징과 관련된 사항에 대해서도 같은 조의 해설편을 참조하면 된다.

### 5-2. 최소납부세액의 부담(§177의 2)

2015년부터 시행되는 감면 상한제도(§177의 2 본문)에 따라 면제되는 세액의 15%는 감면특례가 제한되어 과밀억제권역 외(舊 규정은 대도시)의 지역으로 이전하는 공장에 대한 취득세 및 재산세(§80 ①·②)의 경우 최소납부세액을 부담해야 한다. 다만, 시행시기는 2015년말 개정 부칙 제5조 제2호(법률 제13637호)에 따라 2019년 1월 1일부터 적용하도록 조문 이관되어 재개정되었다. 이에 대한 세부적인 사항은 제177조의 2의 해설편을 참조하면 된다.

### 5-3. 공장설립이 제한되는 지역으로 이전하는 경우 감면제한(§80 ①)

대도시 지역에서 과밀억제권역 외의 지역으로 이전하는 지역적 요건을 충족하였더라도 공장설립이 제한되거나 금지되는 지역에서의 공장용 부동산에 대해서는 감면대상에서 제외된다.

신규 공장설립이 제한되는 사유란 개별법령에 각각 별도로 정한 경우를 말한다. 주요 법령인 산집법, 수도법, 농어촌정비법상 공장설립 제한 관련 규정은 다음 표의 내용과 같다.

〈표 2〉 **개별법에서 공장설립이 제한되는 사례**

| 개별법 | 주요내용 |
|---|---|
| 산업집적활성화 및 공장설립에 관한 법률 (§20) | 수도권정비계획법상 과밀억제권역, 성장관리권역 및 자연보전권역 안에서는 공장건축면적 500㎡ 이상의 공장(지식산업센터 포함)을 신설·증설 또는 이전하거나 업종을 변경하는 행위를 하여서는 안 됨. 다만, 국민경제의 발전과 지역주민의 생활환경 조성 등 부득이하다고 인정하여 대통령령으로 정하는 경우에는 그러하지 아니함. |
| 수도법(§7의 2) | ① 상수원보호구역의 상류지역이나 취수시설(광역상수도 및 지방상수도의 취수시설만을 말한다)의 상류·하류 일정지역으로서 대통령령으로 정하는 지역에서는 「산업집적활성화 및 공장설립에 관한 법률」 제2조 제1호에 따른 공장을 설립할 수 없다.<br>② 시장·군수·구청장은 제1항에도 불구하고 공장설립이 제한되는 지역 중 상수원에 미치는 영향 등을 고려하여 대통령령으로 정하는 지역에는 환경부령으로 정하는 공장의 설립을 승인할 수 있다. 이 경우 상수원보호구역이 다른 시장·군수·구청장의 관할에 속하는 경우에는 해당 시장·군수·구청장과 미리 협의하여야 한다. |

### 5-4. 지방세 중과세 대상 부동산에 대한 감면 제한(§177)

대도시에서 지방으로 이전하는 공장으로 감면을 받으려는 부동산이 지방세법 제13조 제5항에 따른 별장 등 지방세 중과세 대상인 사치성 재산인 경우에는 감면대상에서 제외된다.

## 6 감면신청(§183)

대도시에서 지방으로 이전하는 공장이 본 규정에 따라 지방세를 감면받으려는 경우에는 해당 지방자치단체의 장에게 해당 부동산이 그 해당 사업에 직접 사용하는 용도임을 입증하는 서류를 첨부하여 감면신청을 하여야 한다. 세부적인 감면신청 절차 등에 대해서는 제183조의 해설편을 참조하면 된다.

## 7 관련사례

▣ 청구법인이 취득한 쟁점부동산이 공장의 지방이전에 따른 감면요건을 충족하는지 여부
청구법인이 법인전환일부터 2년 이내인 2020.3.17. 등에 대도시 외의 지역에 있는 쟁점부동산을 취득한 것으로 확인되는 이상, 청구법인은 「지방세특례제한법」 제80조 제1항 및 같은 법 시행규칙 제8조 제2항에서 규정하고 있는 2년 이상 계속하여 조업한 실적이 있어야 한다는 감면요건을 처음부터 충족하지 못하였다고 보아야 하므로, 쟁점부동산을 「지방세특례제한법」 제80조 제1항에 따른 공장의 지방이전을 위해 취득하는 공장용 부동산으로 보아야 한다는 청구주장은 받아들이기 어렵다고 판단됨(조심 2022지1247, 2024.1.9.).

▣ 전 소유자의 사정으로 인해 공장이전 후 분할·합병형식으로 취득한 경우 감면 여부
당초 대도시 내 공장을 지방으로 이전할 목적으로 해당 부동산을 매수할 생각이었으나 전 소유자가 산업단지 입주계약에 따라 일정 기간 매도가 불가능하다고 하여 8개월 정도 이를 임차하여 사용하다가 분할·합병의 형식을 통하여 부동산을 취득한 경우에 감면대상에 해당하지 않으며, 전 소유자의 사정으로 인해 부득이 하게 취득하지 못하였다는 사정이 감면요건을 충족하였는지 여부에 대한 판단에 영향을 미칠 수 없음(조심 2020지668, 2020.11.20.).

▣ 과밀억제권역 내 산업단지 내 공장을 지방으로 이전한 경우 감면 여부
과밀억제권역 내 산업단지의 공장을 대도시 외의 지역으로 이전한 경우 취득세 등 감면대상 공장의 지방이전에 해당하지 아니함(행안부 지방세특례제도과-2742, 2020.11.18.).

■ 공장의 지방 이전에 따른 이전하기 전의 공장용 부동산의 시가표준액 산정이 정당한지 여부

「지방세특례제한법」 제80조 제1항의 문언과 공장의 지방이전을 지원하겠다는 감면취지 등에 비추어 해당 법인이 실제 공장으로 사용하다가 현재 공장으로 이전한 후에 폐쇄한 부분을 종전 공장으로 보아 감면의 범위를 산정해야 할 것이며 종전 공장으로 실제 사용했던 부분의 시가표준액과 현재 공장의 시가표준액을 기준으로 경정청구를 했다는 데에 이견이 없으므로 경정청구를 거부한 처분은 잘못임(조심 2018지0380, 2018.10.30.).

■ 공장의 지방이전에 대한 감면 후 법인전환에 따라 부동산을 양도한 경우 추징 여부

개인사업자가 사업양수도를 통해 해당 법인을 설립하여 부동산을 양도하였다 하더라도 개인과 법인은 별개의 권리주체인 점, 일반적으로 개인사업자가 사업양수도를 하여 법인을 설립하면 주식을 교부하게 됨에 따라 양자 간에는 대가관계에 있는 점, 「지방세특례제한법」 제80조 제1항 제2호의 추징규정에서 개인사업자가 사업양수도를 통해 법인으로 전환하여 그 재산을 양도한 경우를 제외하거나 또는 추징하지 아니할 정당한 사유가 있다고 하지 아니한 점 등에 비추어 부동산을 쟁점법인에게 양도한 것은 해당 용도로 직접 사용한 기간이 2년 미만인 상태에서 매각한 것으로 보는 것이 타당함(조심 2017지0687, 2017.8.28.).

■ 공장이전 전의 부동산에 대한 취득가액을 지방이전 시점에 감정평가액으로 할 수 있는지 여부

공장의 지방 이전에 따른 감면의 취지상 폐쇄되는 공장만 종전부동산에 포함되어야 할 것이고, 그 가액 또한 감가상각누계액을 차감하기 전의 취득가격으로 해야 할 것인 점에서 청구법인이 제출한 '기존공장 폐쇄확인신청서'상에 나타나는 토지의 취득가격과 2011사업연도 법인장부상 건물의 취득가격을 합하여 이전하기 전의 공장용 부동산 가액으로 산정하는 것이 타당해 보이나, 이 경우, 처분청이 산정한 종전부동산의 가액보다 적어 청구법인에게 불이익한 결과를 초래하게 되므로 경정청구 거부처분은 불이익변경금지에 따라 이를 유지하는 것이 타당함(조심 2015지0580, 2016.6.21.).

■ 토지 취득 후 6월 이내 착공해야 감면대상에 해당한다고 한 사례

공장의 지방 이전에 따른 감면 적용시 감면대상 부동산의 범위는 공장의 설치가 금지되거나 제한되지 아니한 지역으로 감면대상을 한정하고 있으므로, 건설협약서(MOU)를 체결하여 지방자치단체의 지방이전기업유치에 대한 재정자금 지원금 등 국가보조금을 지원하였다 하더라도 별도 세제감면 규정이 없는 한 대도시 안에서 공장을 영위하는 자가 대도시 외의 지역으로 공장을 이전하면서 토지의 취득일로부터 6월이 경과한 후, 공장용 건축물을 착공한 경우 인·허가권자의 보완요구 등은 정당한 사유에 해당되지 않음(행안부 지방세운영과-5118, 2010.10.27.).

■ 공장시설을 이전하기 전 취득 부동산도 감면대상에 해당한다고 한 사례

지방세법 시행규칙 제115조 제2항 본문에서 법 제275조 제1항의 규정에 의하여 감면대상이 되는 공장용 부동산은 다음 각 호의 요건을 갖춘 것이어야 한다고 하면서, 그 제1호 내지 제4호에서 이전한 공장의 사업을 개시하기 이전에 취득한 부동산이어야 하고, 공장시설(제조장 단위별로 독립된 시설)을 이전하기 위하여 대도시 내에 있는 공장의 조업을 중단한 날까지 6월(임차공장의 경우에는 2년) 이상 계속하여 조업한 실적이 있어야 하며, 대도시

외에서 그 사업을 개시한 날부터 6월(시운전기간을 제외) 내에 대도시 내에 있는 당해 공장 시설을 완전히 철거하거나 폐쇄하여야 하고, 토지를 취득한 때에는 그 취득일로부터 6월 이내에 공장용 건축물을 착공하여야 하며, 건축물을 취득하거나 토지와 건축물을 동시에 취득한 때에는 그 취득일로부터 6월 내에 사업을 개시하여야 한다고 규정하고 있으므로 위 규정에 의하여 취득세와 등록세가 면제되는 부동산의 범위에 대항해 사업을 계속하기 위하여 공장시설을 이전하기 전에 취득한 부동산도 포함함(구 행자부 지방세정팀-1441, 2007.4.27.).

• 대도시 내 기존공장을 폐쇄하고 대도시 외의 건축물을 임차하여 공장을 이전한 후 사업을 개시하여 공장을 신축하였을 경우 취득세 등이 면제되지 않음(조심 2008지0568, 2009.4.17.).

# 제 80 조의 2

## 기회발전특구로의 이전 등에 대한 감면

관련규정

제80조의 2(기회발전특구로의 이전 등에 대한 감면) ①「지방자치분권 및 지역균형발전에 관한 특별법」 제23조에 따라 지정된 기회발전특구(이하 이 조에서 "기회발전특구"라 한다)에서 대통령령으로 정하는 업종을 창업하는 기업에 대해서는 다음 각 호에서 정하는 바에 따라 지방세를 감면한다.

1. 창업하기 위하여 취득하는 사업용 부동산에 대해서는 2026년 12월 31일까지 취득세의 100분의 50을 경감하고, 과세기준일 현재 해당 용도로 직접 사용하는 그 사업용 부동산에 대해서는 재산세 납세의무가 최초로 성립한 날부터 5년간 재산세를 면제(수도권 지역에 있는 기회발전특구의 경우에는 3년간 재산세를 면제하며, 그 다음 2년간은 재산세의 100분의 50을 경감)한다. 다만, 다음 각 목의 어느 하나에 해당하는 경우 감면한 취득세를 추징한다.
   가. 정당한 사유 없이 부동산 취득일부터 3년이 경과할 때까지 해당 사업에 직접 사용하지 아니하거나 다른 용도로 사용하는 경우
   나. 해당 사업에 직접 사용한 기간이 2년 미만인 상태에서 매각·증여하거나 다른 용도로 사용하는 경우
2. 지방자치단체의 장은 해당 지역의 재정 여건 등을 고려하여 제1호에 따라 취득세를 감면하는 경우에는 100분의 50(수도권 지역에 있는 기회발전특구의 경우에는 100분의 25) 범위에서 조례로 정하는 율을 추가로 경감할 수 있고, 재산세를 감면하는 경우에는 5년간 감면기간을 연장하여 100분의 50(수도권 지역에 있는 기회발전특구는 제외한다)의 범위에서 조례로 정하는 율에 따라 경감할 수 있다.

② 수도권(제75조의 5에 따른 인구감소지역 또는「접경지역 지원 특별법」 제2조 제1호에 따른 접경지역을 제외한다)에서 본점 또는 주사무소를 설치하거나 공장시설을 갖추고 사업을 영위하는 기업이 해당 본점이나 주사무소 또는 공장을 폐쇄하고 수도권 외의 기회발전특구로 이전하는 경우 다음 각 호에서 정하는 바에 따라 지방세를 감면한다. 이 경우 이전하는 본점 또는 주사무소의 범위 및 공장의 범위, 업종, 규모

및 공장용 부동산의 요건은 행정안전부령으로 정한다.

1. 해당 사업에 직접 사용하기 위하여 취득하는 사업용 부동산에 대해서는 2026년 12월 31일까지 취득세의 100분의 50을 경감하고, 과세기준일 현재 해당 용도로 직접 사용하는 그 사업용 부동산에 대해서는 재산세 납세의무가 최초로 성립한 날부터 5년간 재산세를 면제한다. 다만, 다음 각 목의 어느 하나에 해당하는 경우 감면한 취득세와 재산세를 추징한다.
   가. 본점이나 주사무소 또는 공장을 이전하여 지방세를 감면받고 있는 기간에 수도권에서 이전하기 전에 하던 사업과 동일한 사업을 수행하는 본점, 주사무소, 공장을 수도권에 다시 설치하는 경우
   나. 본점이나 주사무소 또는 공장을 이전하여 취득한 날부터 5년 이내에 해당 사업을 폐업한 경우
   다. 정당한 사유 없이 부동산 취득일부터 3년이 경과할 때까지 해당 사업에 직접 사용하지 아니하거나 다른 용도로 사용하는 경우
   라. 해당 사업에 직접 사용한 기간이 2년 미만인 상태에서 매각·증여하거나 다른 용도로 사용하는 경우
2. 지방자치단체의 장은 해당 지역의 재정 여건 등을 고려하여 제1호에 따라 취득세를 감면하는 경우에는 100분의 50의 범위에서 조례로 정하는 율을 추가로 경감할 수 있고, 재산세를 감면하는 경우에는 5년간 감면기간을 연장하여 100분의 50의 범위에서 조례로 정하는 율에 따라 경감할 수 있다.

③ 기회발전특구에서 공장을 신·증설하는 기업에 대해서는 다음 각 호에서 정하는 바에 따라 지방세를 감면한다. 이 경우 공장의 범위, 업종, 요건 등은 행정안전부령으로 정한다.

1. 해당 사업에 직접 사용하기 위하여 취득하는 사업용 부동산에 대해서는 2026년 12월 31일까지 취득세의 100분의 50을 경감하고, 과세기준일 현재 해당 용도로 직접 사용하는 그 사업용 부동산에 대해서는 재산세 납세의무가 최초로 성립한 날부터 5년간 재산세의 100분의 75(수도권 지역에 있는 기회발전특구의 경우에는 100분의 35)를 경감한다. 다만, 다음 각 목의 어느 하나에 해당하는 경우 감면한 취득세 및 재산세를 추징한다.
   가. 공장을 신·증설하여 취득한 날부터 5년 이내에 해당 사업을 폐업한 경우
   나. 정당한 사유 없이 부동산 취득일부터 3년이 경과할 때까지 해당 사업에 직접 사용하지 아니하거나 다른 용도로 사용하는 경우
   다. 해당 사업에 직접 사용한 기간이 2년 미만인 상태에서 매각·증여하거나 다른 용도로 사용하는 경우
2. 지방자치단체의 장은 해당 지역의 재정 여건 등을 고려하여 제1호에 따라 취득세를

경감하는 경우 100분의 25의 범위에서 조례로 정하는 율을 추가로 경감할 수 있다.
☞ 2023.12.29. 개정, 조문 신설(2024.1.1. 시행)

【영】 제39조의 2(기회발전특구 창업 기업의 범위) 법 제80조의 2 제1항 각 호 외의 부분에서 "대통령령으로 정하는 업종을 창업하는 기업"이란 법 제58조의 3 제6항 각 호에 해당하지 않는 경우로서 별표 2에 따른 업종을 창업하는 기업을 말한다. 이 경우 별표 2 제1호부터 제8호까지 및 같은 표 제9호 가목부터 사목까지의 규정에 따른 업종은 한국표준산업분류에 따른 업종으로 한다.

## 1 개 요

기회발전특구는 지역별 특성에 맞는 자립적 발전전략을 수립하고 투자를 유치함으로써 지역경제를 활성화하고 국토의 균형 발전을 도모하기 위한 정책이며, 이에 각 지방자치단체가 주도할 수 있도록 설계한 균형발전 전략에 따라 지방시대 실현을 위해 도입된 제도이다. 이에 따라 기회발전특구의 성공적 정착지원을 위해 적극적 세제지원의 추진이 필요하게 되었으며 지방세에서도 2024년부터 감면규정을 신설하였고 2026년 12월 31일까지 일몰기한을 설정하였다.

## 2 감면대상자

기회발전특구에 대한 지방세 세제지원은 '비수도권 지역경제 활성화를 통한 지역 균형발전'이라는 기회발전특구의 제도 취지를 고려하여 수도권과 비수도권을 차등 지원하거나 수도권에서 비수도권 특구로 이전하는 기업을 중심으로 지원되도록 설계되었다.

현행 「지방자치분권 및 지역균형발전에 관한 특별법」 제23조에 따라 지정된 기회발전특구에서 창업하는 기업에 대해서는 수도권(제75조의 5에 따른 인구감소지역 또는 「접경지역 지원 특별법」 제2조 제1호에 따른 접경지역을 제외)에서 본점 또는 주사무소를 설치하거나 공장시설을 갖추고 사업을 영위하는 기업이 해당 본점이나 주사무소 또는 공장을 폐쇄하고 수도권 외의 기회발전특구로 이전하는 경우에 대해 지방세를 감면한다.

또한, 기회발전특구에서 공장을 신·증설하는 기업에 대해서는 지방세를 감면한다.

〈표 1〉 **물류시설의 개발 및 운영에 관한 법률**

> 제2조 【정의】 1. "물류시설"이란 다음 각 목의 시설을 말한다.
> 가. 화물의 운송·보관·하역을 위한 시설
> 나. 화물의 운송·보관·하역과 관련된 가공·조립·분류·수리·포장·상표부착·판매·정보통신 등의 활동을 위한 시설
> 다. 물류의 공동화·자동화 및 정보화를 위한 시설
>
> 제22조 【일반물류단지의 지정】 ① 일반물류단지는 다음 각 호의 구분에 따른 자가 지정한다.
> 1. 국가정책사업으로 물류단지를 개발하거나 물류단지 개발사업의 대상지역이 2개 이상의 특별시·광역시·특별자치시·도 또는 특별자치도(이하 "시·도"라 한다)에 걸쳐 있는 경우 : 국토교통부장관
> 2. 제1호 외의 경우 : 시·도지사

기회발전특구의 경우 지방에 기업의 대규모 투자를 유치하기 위해 세제·재정지원, 규제특례, 정주여건 개선 등을 패키지로 지원하는 구역이며 이에 대한 근거법령은 「지방자치분권 및 지역균형발전에 관한 특별법」으로 2023년 5월에 국회에서 제정되어 산업부장관이 관련구역을 지정·고시하는 지역으로 하고 있다.

주요 대상지역은 지방자치단체가 투자기업과 협의하여 정한 비수도권과 수도권 중 일부지역이 해당되며 수도권은 인구감소지역과 접경지역에 한정하고 있는데 인구감소지역의 경우 행정안전부 고시(제2021-66호)에 따라 11개 시·도 89개 시·군·구*가 해당되고 접경지역은 인천 등 15개 지역이 해당된다.

〈표 2〉 **수도권 지역 중 기회발전특구 가능 지역**

> ▣ 인구감소지역 : 11개 시·도 89개 시·군·구 : 인천 2(강화, 옹진), 경기 2(가평, 연천), 부산 3, 대구 2, 강원 12, 충북 6, 충남 9, 전북 10, 전남 16, 경북 16, 경남 11
> ▣ 접경지역 : 인천(강화·옹진), 경기(김포·파주·연천·고양·포천·양주·동두천), 강원(철원·화천·양구·인제·고성·춘천) 등 15개 지역

〈표 3〉 **기회발전특구 입지 등 요건**

| |
|---|
| ▣ (입지) 개별입지, 기 조성된 계획입지(산업단지*, 기업도시 등) 모두 가능<br>▣ (면적상한) 획기적인 인센티브 제공 등을 감안하여 시·도별 면적총량을 제한 (예 : 100~200만평)하고, 면적총량 내 복수의 특구 지정 허용<br>▣ (지정절차) 지방정부(시·도지사)가 투자 예정기업과 협의하여 신청하면 지방시대위원회에서 심의·의결<br>* 지방정부-기업 간 투자협약 체결 → 지방정부의 기회발전특구 기본계획 수립 → 지방정부의 지정 신청 → 관계부처 협의 → 지방시대위원회 심의·의결 → 산업부장관 지정<br>▣ (지정요건) 기업의 입주수요, 근로자 정주여건, 기반시설 및 전문인력 확보 가능성, 특구 개발의 경제성, 지역 주요산업과의 연계발전 가능성 등 |

〈표 4〉 **기회발전특구 이전 유형별 감면 여부**

| 이전 유형 | 감면 |
|---|---|
| ① 수도권(기회특구 or 특구가능지역 제외) → 비수도권(기회특구) | 감면(○) |
| ② 수도권 中 특구 or 특구가능지역 → 비수도권(기회특구) | 감면(×) |
| ③ 비수도권(기회특구 제외) → 비수도권(기회특구) | 감면(×) |
| ④ 비수도권(기회특구) → 비수도권(기회특구) | 감면(×) |

기회발전특구 내에서 창업하는 기업의 업종은 지특법 시행령 제39조의 2에서 규정하고 있으며 우선 창업중소기업에 대한 감면 규정인 같은 법 제58조의 3 제6항의 각 호에 해당하지 않는 경우 〈표 5〉이어야 하며 아울러, 같은 조 제6조 제5호에 따른 사업을 최초로 개시하는 것으로 보기 곤란한 경우 〈표 6〉에도 해당하지 않아야 한다.

〈표 5〉 **창업중소기업 감면대상 중 창업으로 보지 않는 경우(지특법 제58조의 3 제6항 각 호)**

| |
|---|
| 1. 합병·분할·현물출자 또는 사업의 양수를 통하여 종전의 사업을 승계하거나 종전의 사업에 사용되던 자산을 인수 또는 매입하여 같은 종류의 사업을 하는 경우. 다만, 종전의 사업에 사용되던 자산을 인수하거나 매입하여 같은 종류의 사업을 하는 경우 그 자산가액의 합계가 「부가가치세법」 제5조 제2항에 따른 사업개시 당시 토지·건물 및 기계장치 등 대통령령으로 정하는 사업용자산의 총가액에서 차지하는 비율이 100분의 50 미만으로서 대통령령으로 정하는 비율 이하인 경우는 제외한다.<br>2. 거주자가 하던 사업을 법인으로 전환하여 새로운 법인을 설립하는 경우<br>3. 폐업 후 사업을 다시 개시하여 폐업 전의 사업과 같은 종류의 사업을 하는 경우 |

4. 사업을 확장하거나 다른 업종을 추가하는 경우
5. 그 밖에 새로운 사업을 최초로 개시하는 것으로 보기 곤란한 경우로서 대통령령으로 정하는 경우

〈표 6〉 **사업을 최초로 개시하는 것으로 보기 곤란한 경우(지특법 시행령 제29조의 2 제12항 각 호)**

1. 개인사업자가 동종 사업을 영위하는 법인인 중소기업을 새로 설립하여 과점주주(「지방세기본법」 제46조 제2호에 따른 과점주주를 말한다. 이하 이 조에서 같다)가 되는 경우
2. 해당 법인 또는 해당 법인의 과점주주가 신설되는 법인인 중소기업의 과점주주가 되는 경우(해당 법인과 신설되는 법인인 중소기업이 동종의 사업을 영위하는 경우로 한정한다)
3. 법인인 중소기업이 회사의 형태를 변경한 이후에도 변경 전의 사업과 동종의 사업을 영위하는 경우

기회발전특구의 창업기업에 대한 업종의 범위(지특법 시행령 제39조의 2 관련) 「별표 2」에 따른 업종을 창업하는 기업을 말하며, 이 경우 별표 2 제1호부터 제8호까지 및 같은 표 제9호 가목부터 사목까지의 규정에 따른 업종은 한국표준산업분류에 따른 업종으로 한다.

〈표 7〉 **기회발전특구 창업기업 업종(지특법 시행령 제39조의 2 관련, 별표 2)**

1. 건설업
2. 공연시설 운영업, 공연단체, 기타 창작 및 예술관련 서비스업
3. 광업
4. 다음 각 목의 어느 하나에 해당하는 사업시설 관리, 사업지원 및 임대서비스업
   가. 경비 및 경호 서비스업, 나. 고용알선 및 인력공급업, 다. 보안시스템 서비스업, 라. 사업시설 관리 및 조경 서비스업, 마. 전시, 컨벤션 및 행사대행업
5. 수도, 하수 및 폐기물 처리, 원료 재생업
6. 다음 각 목의 어느 하나에 해당하는 전문, 과학 및 기술 서비스업(제29조의 2 제6항에 따른 엔지니어링사업을 포함한다)
   가. 광고업, 나. 기타 과학기술 서비스업, 다. 시장조사 및 여론조사업, 라. 연구개발업, 마. 전문 디자인업
7. 정보통신업. 다만, 다음 각 목의 어느 하나에 해당하는 업종은 제외한다.
   가. 가상자산 매매 및 중개업, 나. 뉴스 제공업, 다. 비디오물 감상실 운영업
8. 제조업
9. 다음 각 목의 어느 하나에 해당하는 물류산업
   가. 기타 산업용 기계·장비 임대업 중 파렛트 임대업, 나. 보관 및 창고업

다. 육상·수상·항공 운송업, 라. 육상·수상·항공 운송지원 서비스업
마. 화물 취급업, 바. 화물운송 중개·대리 및 관련 서비스업
사. 화물 포장·검수 및 계량 서비스업
아.「선박의 입항 및 출항 등에 관한 법률」 제24조 제1항에 따른 예선업
자.「유선 및 도선 사업법」 제2조 제2호에 따른 도선사업
10.「물류시설의 개발 및 운영에 관한 법률」 제2조 제4호에 따른 복합물류터미널사업
11.「신에너지 및 재생에너지 개발·이용·보급 촉진법」 제2조 제1호에 따른 신에너지 또는 같은 조 제2호에 따른 재생에너지를 이용하여 전기를 생산하는 사업
12.「유통산업발전법」 제2조 제16호에 따른 공동집배송센터를 조성하여 운영하는 사업
13. 금융 및 보험업 중 정보통신을 활용하여 금융서비스를 제공하는 업종으로서 다음 각 목의 어느 하나에 해당하는 행위를 업으로 영위하는 업종
가.「자본시장과 금융투자업에 관한 법률」 제9조 제27항에 따른 온라인소액투자중개
나.「전자금융거래법」 제2조 제1호에 따른 전자금융거래
다.「외국환거래법 시행령」 제15조의 2 제1항에 따른 소액해외송금
14.「전시산업발전법」 제2조 제1호에 따른 전시산업
15.「학원의 설립·운영 및 과외교습에 관한 법률」 제2조의 2 제1조 제2호에 따른 평생직업교육학원 중 직업기술 분야를 교습하는 학원을 운영하는 사업 또는「국민 평생 직업능력 개발법」 제2조 제3호에 따른 직업능력개발훈련시설을 운영하는 사업(직업능력개발훈련을 주된 사업으로 하는 경우로 한정한다)
16.「항만법」 제2조 제5호에 따른 항만시설을 운영하는 사업과 같은 조 제11호에 따른 항만배후단지에서 경영하는 물류산업
17.「관광진흥법 시행령」 제2조 제1조 제2호 가목부터 라목까지, 바목 및 사목에 따른 관광호텔업, 수상관광호텔업, 한국전통호텔업, 가족호텔업, 소형호텔업 및 의료관광호텔업. 다만, 해당 호텔업과 함께「관광진흥법」 제3조 제1항 제5호에 따른 카지노업 또는「관세법」 제196조에 따른 보세판매장을 경영하는 경우 그 카지노업 또는 보세판매장 사업은 제외한다.
18.「관광진흥법 시행령」 제2조 제1항 제3호 가목, 나목, 라목 및 마목에 따른 전문휴양업, 종합휴양업, 관광유람선업 및 관광공연장업. 다만, 전문휴양업 또는 종합휴양업과 함께「관광진흥법」 제3조 제1항 제2호 나목에 따른 휴양 콘도미니엄업 또는「체육시설의 설치·이용에 관한 법률」 제10조 제1조 제1호에 따른 골프장업을 경영하는 경우 그 휴양 콘도미니엄업 또는 골프장업은 제외한다.
19.「관광진흥법 시행령」 제2조 제1조 제4호 가목에 따른 국제회의시설업
20.「관광진흥법 시행령」 제2조 제1조 제5호 가목에 따른 종합유원시설업
21.「관광진흥법 시행령」 제2조 제1조 제6호 라목에 따른 관광식당업(해당 법인과 신설되는 법인인 중소기업이 동종의 사업을 영위하는 경우로 한정한다)

## 3 | 특례의 내용

기회발전특구에 대한 세제지원을 위해 특구로 이전하거나 특구 내 창업공장을 신·증설하는 기업에 대해서는 아래 각 항별로 지방세 감면이 신설되었으며 다만, 기회발전특구에 대한 감면규정은 2024년부터 납세의무가 성립하는 경우부터 적용하도록 규정하고 있으나 현재 각 본점·주사무소의 범위 및 공장의 범위, 업종, 규모 및 공장용 부동산의 요건 등 시행규칙 규정 신설 및 구체적인 운영기준에 따라 적용되어야 한다.

〈표 5〉 **기회발전특구에 대한 감면내용(2024.1.1. 현재)**

| 조문 | 감면대상 | 감면내용(감면율) | 일몰 |
|---|---|---|---|
| §80의 2 ① | 비수도권 특구로 본점·주사무소·공장을 이전하는 기업<br>(수도권 사업장을 양도·청산) | - 취득세: 50% + 50%(조례)<br>- 재산세: 5년간 100%<br>+5년간 50%(조례) | '26.12.31. |
| §80의 2 ② | 특구내에서 창업하는 기업<br>(최초로 사업을 개시) | 【비수도권】 ※ 이전 감면율과 동일<br>- 취득세: 50% + 50%(조례)<br>- 재산세: 5년간 100%<br>+ 5년간 50%(조례)<br>【수도권】 ※ 창업 감면과 동일<br>- 취득세: 50% + 25%(조례)<br>- 재산세: 3년간 100% + 2년간 50% | '26.12.31. |
| §80의 2 ③ | 특구내에서 공장 신증설<br>(기존 사업장 유지, 신증축) | 【비수도권】 ※ 산단 감면과 동일<br>- 취득세: 50% + 25%(조례)<br>- 재산세: 5년간 75%<br>【수도권】 ※ 산단 감면과 동일<br>- 취득세: 50%+25%(조례)<br>- 재산세: 5년간 35% | '26.12.31. |

## 4 | 특례의 제한

### 4-1. 감면된 취득세 등의 추징(§80의 2 ①·②·③)

이 법 제80조의 2 제1항에 따라 기회발전특구 지역에 대해 감면된 취득세를 추징하는 경우는 다음과 같다.

> 가. 정당한 사유 없이 부동산 취득일부터 3년이 경과할 때까지 해당 사업에 직접 사용하지 아니하거나 다른 용도로 사용하는 경우
> 나. 해당 사업에 직접 사용한 기간이 2년 미만인 상태에서 매각·증여하거나 다른 용도로 사용하는 경우

이 법 제80조의 2 제2항에 따라 기회발전특구 감면된 취득세를 추징하는 경우는 다음과 같다.

> 가. 본점이나 주사무소 또는 공장을 이전하여 지방세를 감면받고 있는 기간에 수도권에서 이전하기 전에 하던 사업과 동일한 사업을 수행하는 본점, 주사무소, 공장을 수도권에 다시 설치하는 경우
> 나. 본점이나 주사무소 또는 공장을 이전하여 취득한 날부터 5년 이내에 해당 사업을 폐업한 경우
> 다. 정당한 사유 없이 부동산 취득일부터 3년이 경과할 때까지 해당 사업에 직접 사용하지 아니하거나 다른 용도로 사용하는 경우
> 라. 해당 사업에 직접 사용한 기간이 2년 미만인 상태에서 매각·증여하거나 다른 용도로 사용하는 경우

이 법 제80조의 2 제3항에 따라 도시첨단물류단지에 입주하는 기업과 개발사업 시행자가 직접 사용하는 경우 감면된 취득세를 추징하는 경우는 다음과 같다.

> 가. 공장을 신·증설하여 취득한 날부터 5년 이내에 해당 사업을 폐업한 경우
> 나. 정당한 사유 없이 부동산 취득일부터 3년이 경과할 때까지 해당 사업에 직접 사용하지 아니하거나 다른 용도로 사용하는 경우
> 다. 해당 사업에 직접 사용한 기간이 2년 미만인 상태에서 매각·증여하거나 다른 용도로 사용하는 경우

## 5 감면신청(§183)

기회발전특구 내의 부동산을 취득한 자가 본 규정에 따라 지방세를 감면받으려는 경우에는 해당 지방자치단체의 장에게 해당 부동산이 감면물건임을 입증하는 서류 등을 첨부하여

감면신청을 하여야 한다. 세부적인 감면신청 절차 등에 대해서는 제183조의 해설편을 참조하면 된다.

〈참고 1〉 **기회발전특구 지정 현황**

| 지역(입지) | | 분야 | 면적(만평) | 지정여부 |
|---|---|---|---|---|
| 경북 | 구미(구미국가산단 1~5단지) | 반도체 · 이차전지 · 방산 | 57 | 지정 |
| | 안동(경북바이오 2차 일반산단) | 바이오 | 7 | 지정 |
| | 포항(블루밸리 국가산단, 영일만 일반산단) | 이차전지 소재 | 77 | 지정 |
| | 상주(청리 일반산단) | 이차전지 소재 | 11 | 지정 |
| | 경주(명계3 일반산단) | 물류센터, 자동차부품 | 7 | |
| | 영주(반구농공단지) | 자동차부품 | 3 | |
| 전남 | 광양(광양국가산단 동호안)<br>여수(율촌 제1일반산단)<br>순천(세풍 일반산단) | 이차전지 소재 | 47 | 지정 |
| | 목포(목포신항 배후단지)<br>해남(해남 화원조선산단) | 해상풍력 터빈 등 | 19 | 지정 |
| | 해남(기업도시 솔라시도) | 데이터센터 단지 | 20 | 지정 |
| | 여수(묘도 항만 재개발사업지) | LNG터미널, 수소 생산 · 발전 | 34 | 지정 |
| | | ▶ 일부 구역 | 2 | 지정 |
| | 순천<br>(순천만 국가정원) | 문화콘텐츠 | 3.1 | 지정 |
| | (원도심 시민로) | ▶ 일부 구역 | 0.4 | |
| | 무안(무안 항공특화산단) | 항공정비 | 3 | |
| | | 화합물 반도체 | 6 | |
| 전북 | 전주(친환경첨단복합산단, 탄소소재국가산단) | 탄소섬유 | 29.9 | 지정 |
| | 익산(제3일반산단, 국가식품클러스터)<br>정읍(첨단과학일반단지) | 동물용 의약품 · 건강기능식품 | 21.7 | 지정 |
| | 김제(지평선 제2일반산단, 백구 일반산단) | 자동차부품, 특장차 | 36.9 | 지정 |
| 대구 | 수성구(수성알파시티) | 데이터센터, ICT/SW | 7.7 | 지정 |
| | 달성군(대구국가산단) | 이차전지 소재, 전기차 부품 | 64.9 | 지정 |

| 지역(입지) | | 분야 | 면적(만평) | 지정여부 |
|---|---|---|---|---|
| 대전 | 북구(금호워터폴리스) | 전기차 · 로봇 부품 | 10.1 | 지정 |
| | 유성구(원촌 첨단바이오혁신지구) | 바이오 | 12.2 | 지정 |
| | 유성구(안산 첨단국방산단) | 방산 | 48.1 | 지정 |
| 경남 | 고성(양촌 · 용정 일반산단) | 해상풍력 구조물 | 47.6 | 지정 |
| 부산 | 동구(북항재개발 2단계지역)<br>남구(문현금융단지) | 금융 | 22.7 | 지정 |
| 제주 | 서귀포(하원 테크노캠퍼스) | 우주항공 | 9.1 | 지정 |

# 제81조

## 이전공공기관 등 지방이전에 대한 감면

관련규정

제81조(이전공공기관 등 지방이전에 대한 감면) ① 「혁신도시 조성 및 발전에 관한 특별법」에 따른 이전공공기관(이하 이 조에서 "이전공공기관"이라 한다)이 같은 법 제4조에 따라 국토교통부장관의 지방이전계획 승인을 받아 이전할 목적으로 취득하는 부동산에 대해서는 취득세의 100분의 50을 2025년 12월 31일까지 경감하고, 재산세의 경우 그 부동산에 대한 납세의무가 최초로 성립하는 날부터 5년간 재산세의 100분의 50을 경감한다.

② 이전공공기관의 법인등기에 대해서는 2025년 12월 31일까지 등록면허세를 면제한다.

③ 제1호 각 목의 자가 해당 지역에 거주할 목적으로 주택을 취득함으로써 대통령령으로 정하는 1가구 1주택이 되는 경우에는 제2호 각 목에서 정하는 바에 따라 취득세를 2025년 12월 31일까지 감면한다.

1. 감면대상자
   가. 이전공공기관을 따라 이주하는 소속 임직원
   나. 「신행정수도 후속대책을 위한 연기·공주지역 행정중심복합도시 건설을 위한 특별법」 제16조에 따른 이전계획에 따라 행정중심복합도시로 이전하는 중앙행정기관 및 그 소속기관(이전계획에 포함되어 있지 않은 중앙행정기관의 소속기관으로서 행정중심복합도시로 이전하는 소속기관을 포함하며, 이하 이 조에서 "중앙행정기관등"이라 한다)을 따라 이주하는 공무원(1년 이상 근무한 기간제근로자로서 해당 소속기관이 이전하는 날까지 계약이 유지되는 종사자 및 「국가공무원법」 제26조의 4에 따라 수습으로 근무하는 자를 포함한다. 이하 이 조에서 같다)
   다. 행정중심복합도시건설청 소속 공무원(2019년 12월 31일 이전에 소속된 경우로 한정한다)

☞ 2020.1.1.부터 세종청사관리소 소속 공무원 감면규정 삭제

【영】 제40조(1가구 1주택의 범위) 법 제81조 제3항 각 호 외의 부분에서 "대통령령으로 정하는 1가구 1주택"이란 취득일 현재 취득자와 같은 세대별 주민등록표에 기재되어 있는 가족(동거인은 제외한다)으로 구성된 1가구(취득자의 배우자와 취득자의 미혼인 30세 미만의 직계비속은 각각 취득자와 같은 세대별 주민등록표에 기재되어 있지 아니하더라도 같은 가구에 속한 것으로 본다)가 다음 각 호의 구분에 따른 지역에서 해당 기관에 대한 「신행정수도 후속대책을 위한 연기·공주지역 행정중심복합도시 건설을 위한 특별법」 제16조 제5항에 따른 이전계획의 고시일이나 「혁신도시 조성 및 발전에 관한 특별법」 제4조 제4항에 따른 지방이전계획의 승인일 또는 업무개시일(법 제81조 제3항 제1호 다목의 경우에만 해당한다) 이후 1개의 주택을 최초로 취득하는 것을 말한다. 이 경우 주택의 부속토지만을 소유하는 경우에도 주택을 소유한 것으로 본다.

1. 법 제81조 제3항 제1호 가목의 감면대상자의 경우 : 다음 각 목의 지역
   가. 법 제81조 제1항에 따른 이전공공기관(이하 이 조에서 "이전공공기관"이라 한다)이 「혁신도시 조성 및 발전에 관한 특별법」 제31조에 따른 공동혁신도시로 이전하는 경우 : 그 혁신도시를 공동으로 건설한 광역시·도 또는 특별자치도 내
   나. 가목 외의 경우 : 다음의 구분에 따른 지역
      1) 2012년 6월 30일까지 : 이전공공기관의 소재지 특별시·광역시·도·특별자치도 또는 「신행정수도 후속대책을 위한 연기·공주지역 행정중심복합도시 건설을 위한 특별법」 제2조 제1호에 따른 예정지역(이하 이 조에서 "예정지역"이라 한다) 내
      2) 2012년 7월 1일 이후 : 이전공공기관의 소재지 특별시·광역시·특별자치시·도 또는 특별자치도 내
2. 법 제81조 제3항 제1호 나목 및 다목의 감면대상자의 경우 : 다음 각 목의 구분에 따른 지역
   가. 2012년 6월 30일까지 : 법 제81조 제3항에 따른 중앙행정기관등(이하 이 조에서 "중앙행정기관등"이라 한다)의 소재지 특별시·광역시·도·특별자치도 또는 예정지역 내
   나. 2012년 7월 1일 이후 : 중앙행정기관등의 소재지 특별시·광역시·특별자치시 또는 특별자치도 내

2. 감면 내용
   가. 전용면적 85제곱미터 이하의 주택 : 면제
   나. 전용면적 85제곱미터 초과 102제곱미터 이하의 주택 : 1천분의 750을 경감
   다. 전용면적 102제곱미터 초과 135제곱미터 이하의 주택 : 1천분의 625를 경감

④ 제3항에 따라 취득세를 감면받은 사람이 사망, 혼인, 정년퇴직 또는 파견근무로 인한 근무지역의 변동 등의 정당한 사유 없이 다음 각 호의 어느 하나에 해당하는 경우에는 감면된 취득세를 추징한다. 다만, 파견근무의 경우에는 제1호와 제3호(해당 주택을 매각·증여하는 경우로 한정한다)의 경우에만 감면된 취득세를 추징한다.

1. 이전공공기관 또는 중앙행정기관등의 이전일(이전공공기관의 경우에는 이전에 따른 등기일 또는 업무개시일 중 빠른 날을 말하며, 중앙행정기관등의 경우에는 업무

개시일을 말한다. 이하 이 조에서 같다) 전에 주택을 매각·증여한 경우
2. 주택을 취득한 날(이전일이 취득일보다 늦은 경우에는 해당 이전일을 말한다)부터 3개월 이내에 상시거주(「주민등록법」에 따른 전입신고를 하고 계속하여 거주하는 것을 말한다. 이하 이 조에서 같다)를 시작하지 아니한 경우
3. 상시거주한 기간이 3년 미만인 상태에서 해당 주택을 매각·증여하거나 다른 용도(임대를 포함한다)로 사용하는 경우

⑤ 제3항 제1호에 따른 이전공공기관, 중앙행정기관등, 행정중심복합도시건설청 및 세종청사관리소(이하 이 항에서 "감면대상기관"이라 한다)의 소속 임직원 또는 공무원(소속기관의 장이 인정하여 주택특별공급을 받은 사람을 포함한다)으로서 해당 지역에 거주할 목적으로 주택을 취득하기 위한 계약을 체결하였으나 취득 시에 인사발령으로 감면대상기관 외의 기관에서 근무하게 되어 제3항에 따른 취득세 감면을 받지 못한 사람이 3년 이내의 근무기간을 종료하고 감면대상기관으로 복귀하였을 때에는 이미 납부한 세액에서 제3항 제2호에 따른 감면을 적용하였을 경우의 납부세액을 뺀 금액을 환급한다.

⑥ 제5항에 따라 환급받은 사람이 제4항 각 호의 어느 하나에 해당하는 경우 환급받은 세액을 추징한다. 이 경우 제4항 제2호의 "주택을 취득한 날"은 "감면대상기관으로 복귀한 날"로 본다.

## 1 개 요

국토의 균형발전을 위해 수도권에서 지방으로 이전하는 공공기관(중앙부처)과 그 소속기관 임직원(공무원)에 대한 세제지원[190]이다. 처음에는 지방자치단체 조례로 규정되었으나 2010년 지특법이 제정되면서 조례에서 법으로 상향하여 이관되었다. 조례에서 법으로 이관할 당시에는 지방혁신도시로 이주하는 공공기관 및 그 소속 임직원에 대한 감면만 있었으나 2012년부터는 세종시로 이주하는 중앙부처 소속 공무원까지 감면이 확대되었다. 이후 2013년부터는 감면대상 공무원의 범위 확대 및 추징 요건 일부를 완화한 바 있으며 그간 기관에 대한 감면은 종료되었고 거주 목적으로 취득하는 주택에 한하여 2025년 말까지 감면연장되어 왔다. 2023년 3월 14일에는 지방이전 공공기관에 대한 지방세 감면이 2017년

190) "공공기관 지방이전사업평가 보고서"(2016.6.8., 국회예산정책처)에 따르면 공공기관의 입주가 완료된 혁신도시의 지방세 수입은 2015년 현재 7,442억원에 이르고 있다.

말 일몰 종료되었으나, 최근 추가적으로 지방이전이 결정된 공공기관이 발생함에 따라 기존 종료된 내용과 동일요건으로 감면규정이 재신설됨에 따라 2023년 1월 1일부터 취득하거나 이전 등록분부터 감면적용이 가능하도록 하였으며 2025년 말까지 일몰기한을 두고 있다.

## 2 | 감면대상자

### 2-1. 혁신도시 이주 공공기관(개별 이주기관 포함) 그 소속 임직원

「혁신도시 건설 및 지원에 관한 특별법」 제2조 제2호에 따른 공공기관과 그 소속 임직원이 이에 해당된다. 이주 공공기관이란 관련법에 따라 국가균형발전위원회의 심의를 거쳐 수도권 소재 공공기관(345개) 중 154개(2015년 현재) 기관을 이전대상기관으로 선정하여 지방혁신도시(115개) 및 세종시(20개, 개별이전 19개)로 각각 이전하는 기관을 말한다.

〈표 1〉 **지방이전 공공기관 현황(154개 기관, 2017년 기준)**

◈ 혁신도시로 이주하는 공공기관 (115개)
(부산) 한국해양과학기술원, 한국해양수산개발원, 국립해양조사원 등 13개
(대구) 한국장학재단, 한국교육학술정보원, 한국사학진흥재단, 중앙교육연수원 등 11개
(광주전남) 한국전력공사, 한국방송통신전파진흥원, 국립전파연구원 등 16개
(울산) 에너지경제연구원, 근로복지공단, 노동부고객상담센터, 한국산업인력공단 등 9개
(강원) 도로교통공단, 한국보훈복지의료공단, 한국관광공사, 건강보험심사평가원 등 12개
(충북) 한국소비자원, 한국과학기술기획평가원, 정보통신정책연구원 등 11개
(전북) 대한지적공사, 농촌진흥청, 국립농업과학원, 국립원예특작과학원 등 12개
(경북) 한국도로공사, 교통안전공단, 한국건설관리공사, 기상통신소 등 12개
(경남) 중앙관세분석소, 주택관리공단, 한국시설안전공단, 한국토지주택공사 등 11개
(제주) 국세공무원교육원, 국세청고객만족센터, 국세청주류면허지원센터 등 8개
◈ 개별적으로 이주하는 공공기관(39개)
〈세종〉 기초기술연구회, 국토연구원, 한국법제연구원, 한국조세재정연구원 등 20개
〈천안〉 관세국경관리연수원 〈논산〉 국방대학교 〈오송〉 질병관리본부, 한국보건산업진흥원, 한국보건복지인력개발원, 식품의약품안전평가원, 식품의약품안전처 〈원주〉 산림항공본부 〈대구〉 중앙119구조본부 〈경주〉 한국수력원자력㈜ 〈보령〉 한국중부발전㈜ 〈태안〉 한국서부발전㈜ 〈경주〉 한국원자력환경공단 〈여수〉 해양경찰교육원 〈전북〉 농업기술실용화재단
※ 154개 이전 공공기관은 공공기관지방이전추진단(http://innocity.mltm.go.kr) 사이트 참조

「혁신도시 조성 및 발전에 관한 특별법」에 따라 이전하는 공공기관의 소속 임직원에 대해서는 이전공공기관 감면의 취지는 공공기관이 정치적 · 정책적 결단 등에 따라 혁신도시 등으로 이전하게 되면서 자신의 의사와 관계없이 거주지를 옮기게 됨에 따라 혜택을 주기 위해 마련된 감면규정으로 원칙적으로 기관이전과 함께 이전하여야 하나 지방으로 2회 이상에 걸쳐 순차적으로 이전하는 경우에는 그 순차이전계획에 따라 감면대상에 해당할 것으로 판단하여야 할 것이며 1차로 공공기관이 이전한 이후에 신규로 발령받은 직원의 경우에도 해당 기관의 추가 이전시에 입사하여 함께 이전하는 경우 감면대상에 해당할 것이다. 다만 1차로 이전된 공공기관에 신규로 발령받아 입사한 직원은 이전공공기관을 따라 이주하는 소속 임직원으로 볼 수 없으며, 1차 기관 이전 이후 신규로 입사한 직원이 해당 기관의 2차 이전계획에 따라 추가로 혁신도시로 이주하는 경우에는 감면대상에 해당될 것이다.

### 2-2. 행정중심복합도시 이주 중앙부처 소속 공무원

「신행정수도 후속대책을 위한 연기 · 공주지역 행정중심복합도시 건설을 위한 특별법」 제16조의 중앙행정기관 이전계획에 따라 행정중심복합도시인 세종시로 이전하는 중앙행정기관에 소속된 공무원이 이에 해당된다. 여기서 중앙행정기관[191]이란 명시적으로 이전이 제외된 외교부, 통일부, 법무부, 국방부, 여성가족부, 행정자치부를 제외한 모든 중앙행정기관을 말한다.

한편, 이주하는 중앙행정기관 소속 공무원의 범위에는 1년 이상 계약된 기간제 근로자, 견습직원, 행정중심복합도시건설청, 대통령기록관 및 세종청사관리본부 소속 공무원까지 포함된다. 감면대상 공무원인지의 여부는 그 소속기관의 재직증명서(지방세운영과-290, 2012.1.30.)를 통해 감면대상 여부를 판단해야 하나 인사발령 등으로 소속 신분 등이 변동이 될 수 있으므로 이를 유형별로 구분하여 살펴보면 다음과 같다.

#### 2-2-1. 사실상 이주하는 중앙행정기관 소속 재직자로 볼 수 있는 경우

'중앙행정기관 등을 따라 이주하는 공무원'이란 주택을 취득할 당시를 기준으로 이전 중앙행정기관에 소속된 재직자로 한정하여 감면 여부를 판단해야 한다. 따라서, 주택을 취득할 당시 이주하는 중앙행정기관의 소속 공무원이 아닌 경우에는 감면대상이 아니다.

다만, 주택 취득일로부터 3년 이내에 다시 원 소속기관으로 복귀하는 경우에는 다시 감면대상(§81 ⑤)에 해당되어 당초 납부한 취득세를 환부받을 수 있게 된다. 외교부 소속으로

191) 미래창조과학부, 해양수산부의 경우에는 중앙행정기관 등의 이전계획변경 고시(2010.8.20., 2015.10.16., 행자부)에는 포함되어 있지 않아 법률상 이주대상 중앙행정기관에는 해당되지 않음(2016년 12월 현재).

해외에 파견되는 주재관[192], 타부처 전출자 등이 이의 경우에 해당된다.

2-2-2. 주택 취득시점에 비이주 중앙행정기관 등으로 전출한 경우

중앙행정기관 등을 따라 이주하는 공무원이라 하더라도 법 제81조 제3항 전단에서 해당 지역에 거주할 목적으로 감면의 전제조건으로 규정하고 있어 당초 이주대상 중앙행정기관에서 주택 취득 당시에 비이전기관으로 전출한 공무원의 경우는 감면대상에 해당되지 않는 것이다. 다만, 이 경우도 3년 이내에 세종시로 이주하는 기관의 소속직원으로 복귀하는 경우에는 다시 감면대상자(§81 ⑤)에 해당되어 납부한 취득세를 환부받을 수 있겠다.

2-2-3. 취득시점에 이주기관으로 전입한 경우

이 경우는 앞에서 설명한(2-2-2.) 경우와 반대되는 사항에 해당되며, 법 제81조 제3항 제1호에서 감면대상자를 이전공공기관을 따라 이주하는 소속 임직원 또는 「신행정수도 후속대책을 위한 연기·공주지역 행정중심복합도시 건설을 위한 특별법」 제16조에 따른 이전계획에 따라 행정중심복합도시로 이전하는 중앙행정기관 및 그 소속기관으로 한정하고 있어 주택분양(취득)당시 비 이주기관 소속 공무원이었다면 이는 본인 스스로의 의지에 따라 주거지를 이주하는 경우에 해당된다고 볼 수 있으므로 이주하는 소속기관을 따라 비자발적으로 주거를 옮겨야 하는 소속직원들을 위한 감면취지와는 맞지 않는 경우라 하겠다.

2-2-4. 중앙행정기관 소속기관 직원이 취득시점에 중앙행정기관으로 인사발령이 난 경우

「지방세특례제한법」 제81조 제3항 제1호에서 규정하는 '중앙행정기관 및 그 소속기관을 따라 이주하는 공무원'에 대한 감면 범위는 취득세의 납세의무 성립시기에 이주공무원에 해당하는 경우라면 타당하다 할 것이며 중앙행정기관의 이전 당시에 소속기관에 근무하였다 하더라도 공무원이 소속기관에 근무하다 본부로 배치되는 인사발령은 조직에 필요한 인원을 확보하여 적절한 자리에 배치하는 행정적인 업무로서 당사자가 자발적인 의사에 의해 선택할 수 없다는 점을 고려할 때, 그 대상기관을 따라 이주하는 자가 해당 지역에 거주할 목적으로 취득하는 1가구 1주택이 되는 경우라면 감면대상에 해당하는 것으로 보아야 할 것이다.

---

192) 해외주재관으로 파견 근무할 경우에는 세종시로 이주하지 않는 외교통상부 소속직원으로 일정기간(3년 이내) 동안 신분이 전환되는 공무원

# 3 | 감면대상 부동산

## 3-1. 이주 공공기관

이주 공공기관이 지방이전계획[193] 승인을 받아 해당 지방혁신도시로 이전할 목적으로 취득하는 부동산(§81 ①)과 이주 공공기관의 법인등기(§81 ②)가 이에 해당된다.

지방이전계획은 인적 자원의 이전을 위한 사항뿐 아니라 물적 요소에 관한 사항까지 포함하고 있으므로, 지방이전계획이 변경승인 등을 거쳐 최종적으로 구체화된 시점에 이전계획에 이전할 목적으로 취득하는 부동산에 대한 사항이 포함되어 있어야 한다. 따라서 국토교통부에 이전승인이 되지 않은 부동산의 취득은 국토교통부장관의 지방이전계획승인을 받아 이전할 목적으로 취득한 것으로 볼 수 없다 할 것이다.

한편 이주 공공기관이 지방혁신도시로 이주할 목적으로 취득하는 부동산의 범위에 소속기관의 직원들에게 공급할 목적으로 취득하는 기숙사용 부동산에 대해서는 본 규정(§81 ①)에서 '국토교통부장관의 지방이전계획 승인을 받아 이전할 목적으로 취득하는 부동산'이라고만 규정되어 있을 뿐 별도의 요건이 없음을 고려할 때 이의 경우도 감면대상 부동산에 해당된다고 본다.

〈표 2〉 **공공기관별 이전 현황(2017년 기준)**

| 구분 | 합계 | '08 | '09 | '10 | '11 | '12 | '13 | '14 | '15 | '16 | '17이후 |
|---|---|---|---|---|---|---|---|---|---|---|---|
| 이전 기관 | 154 | 2 | 1 | 6 | - | 4 | 22 | 60 | 40 | 9 | 10 |

## 3-2. 이주 공공기관 또는 중앙행정기관 소속 공무원 감면

이주 공공기관 또는 행정중심복합도시인 세종시로 이주하는 중앙행정기관 소속 공무원이 취득하는 주거용 부동산(§81 ③)이 이에 해당된다. 이때 감면대상 주택이란 관련규정에서 '해당 지역에 거주할 목적'으로 하고 있고, 주택 취득 방법 및 주택유형에 대해서는 별도로 규정하고 있지 않으므로 유상거래(증여 포함)로 취득하는 단독주택, 공동주택 모두 감면대상에 해당된다.

193) 「공공기관 지방이전에 따른 혁신도시건설 및 지원에 관한 특별법」 제4조(이전공공기관 지방이전계획의 수립) ④ 소관 행정기관의 장은 제3항의 규정에 따라 제출된 지방이전계획을 검토·조정하여 국토교통부장관에게 제출하여야 하며, 국토교통부장관은 「국가균형발전 특별법」 제22조에 따른 지역발전위원회의 심의를 거쳐 승인하여야 한다. (단서 생략)

# 4 | 특례내용

## 4-1. 이주 공공기관 감면

지방혁신도시 및 행정중심복합도시인 세종시로 이전하는 공공기관 소속 임직원 및 중앙행정기관 소속 공무원 등에 대해서는 취득세, 재산세를 다음과 같이 감면한다.

〈표 4〉 **혁신도시, 행정중심복합도시 이주 직원 등에 대한 감면 현황(2023.1.1. 현재)**

| 조문 | 감면내용 | 감면율 | 일몰 |
|---|---|---|---|
| §81 ① | 이전공공기관이 이전할 목적으로 취득하는 부동산('23년 재신설) | 취득세 50%<br>재산세 50%(5년간) | '25..12.31. |
| 舊<br>§81 ① | 이전공공기관이 이전할 목적으로 취득하는 부동산 | 취득세 50%<br>재산세 50%(5년간) | '17.12.31. |
| §81 ② | 이전공공기관의 법인등기('23년 재신설) | 등록면허세 100% | '25.12.31. |
| 舊<br>§81 ② | 이전공공기관의 법인등기 | 등록면허세 100% | '16.12.31. |
| §81 ③ | 혁신도시 이전공공기관 및 중앙행정기관 소속 직원<br>(1가구 1주택 : '17.1.1.부터 1채에 한함) | 취득세 100%(85㎡ 이하)<br>취득세 75%(102㎡ 이하)<br>취득세 62.5%(102㎡~135㎡ 이하) | '25.12.31. |
| §177의 2 | 지방세 감면 특례의 제한<br>(최소납부세제) | 취득세 면제세액의 15% 과세<br>※ 면제세액이 취득세 200만원 초과시 | '16년부터 적용 |

## 4-2. 취득세 환부 특례

2013년부터 시행되는 제81조 제5항의 규정에 따라 외교부 소속으로 해외에 파견되는 주재관 등의 경우(2-2-1. 해설 참조)에는 3년 이내에 감면대상 소속 기관으로 복귀하였을 경우에는 주택 취득시점에 이미 납부한 취득세를 환부받을 수 있다.

## 4-3. 취득세, 재산세 최소납부세액 면제 특례(§177의 2)

2015년부터 시행되는 감면 상한제도(§177의 2 본문)에 따라 면제되는 세액의 15%는 감면특례가 제한되어 이전 공공기관 및 중앙행정기관 소속 직원 등에 대한 취득세 및 재산세(§81 ①·②)의 경우 최저납부세액 과세대상에 해당되지만 제177조의 2 제2호에서 최저납부세액 예외 특례를 적용받아 해당 세목에 대해서는 본 규정대로 계속해서 면제를 적용한다.

이에 대한 세부적인 사항은 제177조의 2의 해설편을 참조하면 된다.

### 4-4. 건축중인 부속토지에 대한 특례(영 §123)

이주 공공기관 등이 이주할 목적의 용도대로 사용할 건축물을 건축중인 경우에는 해당 용도로 직접 사용하고 있는 것으로 의제(擬制)하여 해당 건축물의 부속토지에 대한 재산세를 계속 감면한다.

### 4-5. 경과규정 특례(부칙 §12, 제14477호 2017.1.1.)

2023년 1월 1일 전에 이전공공기관의 임직원 또는 중앙행정기관의 공무원 등이 감면받은 취득세의 추징에 관하여는 제81조 제4항 및 제6항의 개정규정에도 불구하고 종전의 규정에 따라, 이전공공기관 또는 중앙행정기관 등의 이전일 전에 주택을 매각·증여하거나 해당 기관의 이전일(이전공공기관 또는 중앙행정기관 등에 소속된 임직원 또는 공무원의 경우에만 해당한다) 및 주택의 취득일에 해당하는 날부터 2년 이내에 주택을 매각·증여한 경우에 한하여 추징규정을 적용하도록 하였다.

### 4-6. 경과규정 특례(부칙 §10, 제14477호 2017.1.1.)

2017년 1월 1일부터는 제81조 제1항에 따른 혁신도시 이전공공기관에 대한 취득세 감면율이 종전 면제에서 50%로 축소되었다. 다만, 감면이 축소되었더라도 2016년 이전 납세의무 성립분까지는 「지방세기본법」 제51조에 따른 경정청구 기간(최대 2021년)까지는 종전(2016년)의 규정을 계속해서 적용할 수 있다.

## 5 | 특례의 제한(§81 ④~⑥)

2022년 말까지는 사망, 혼인, 해외이주, 정년퇴직, 파견근무 또는 부처교류로 인한 근무지역의 변동을 정당한 사유로 하여 감면받은 취득세를 추징토록 하였으나 2023년부터는 해외이주, 부처교류를 정당한 사유에서 배제하여 감면받은 취득세를 추징하도록 개정하여 이전공공기관 임직원 등 취득세 감면에 대한 사후관리 규정을 강화하였다.

### 5-1. 정당한 사유없이 감면받은 주택을 처분하는 경우(舊 §81 ④, 2022.12.31.까지)

세종시로 이주하는 공공기관의 소속 직원 등이 제81조 제3항에 따라 감면받은 주택을 2년 이내에 사망·혼인·해외이주·정년퇴직, 파견근무 또는 부처교류 등의 정당한 사유없이 다시 파는 경우(전매 등)에는 감면받은 취득세를 추징한다.

해당 조문에 열거된 사유와 관련하여 인사발령으로 다른 지역으로 근무하게 되어 취득일로부터 2년 이내 매각하는 경우 추징이 배제되는지 여부를 살펴보면, 법령에서 열거된 추징 배제사유 중에서 파견근무의 경우, 우선 「국가공무원법」에서의 파견근무는 소속 공무원이 다른 공공단체 등에 일정기간 파견하여 근무하는 것을 말하므로 한 기관 내에서 지방청 발령과 같은 순환보직은 파견근무와 동일하게 보기 어렵다 할 것이고(조심 2016지0473, 2016.6.22.), 또한 사망, 혼인 등과 이에 준하는 '정당한 사유'라 함은 납세자가 해당 감면물건을 취득일로부터 2년 이상 보유하기 위해 정상적인 노력을 하였음에도 불구하고 부득이하게 매각할 수밖에 없었던 경우를 말하는 것으로 소속 임직원이 정기적인 순환보직을 통해 이전하고, 해당 부동산에도 실제 거주하지 않는다면 해당 주택을 2년 이상 보유하기 위해 정상적인 노력을 기울였다고 하기 어려워 추징대상이 될 것이다.

이러한 경우에 추징하는 이유는 이전공공기관의 임직원에 대한 감면은 소속 임직원 등의 안정적인 주거정착을 통해 공공기관의 원활한 지방이전을 촉진하려는 데 입법취지가 있다고 할 것인데 순환보직으로 인하여 감면받은 물건을 매각한 것은 주거안정이라는 감면도입 법취지에 부합하지 않기 때문이며 순환보직으로 인하여 유예기간 이내 감면받은 주택을 매각한 경우에 정당한 사유로도 인정하기 어렵다 할 것이다.

### 5-2. 이전공공기관 직원의 추징규정 강화 및 정당한 사유 축소(§81 ④ 본문 개정, 2023.1.1. 시행)

매각·증여 외에도 일정기간 내 상시거주하지 않거나, 임대 등 다른 용도로 사용하는 경우에는 추징하도록 그 요건을 확대하고, 추징요건에 해당하더라도 추징을 배제하는 정당한 사유를 개정 전의 "사망, 혼인, 정년퇴직, 파견근무, 해외이주, 부처교류"에서 개정 후에는 사망, 혼인, 정년퇴직, 파견근무로 축소하였고 파견근무는 상시거주를 개시하지 못한 경우, 임대 등 다른 용도로 사용한 경우에 한하여 정당한 사유를 인정하고 제1호와 제3호의 매각·증여의 경우에는 추징하도록 하였다.

〈표 4〉 **2023.3.14. 개정** 前, 後 **사후관리 규정 비교(**§81 ④, **'23.1.1. 시행)**

<table>
<tr><th colspan="3">개정 前(~2022.12.31.)</th><th colspan="3">개정 後(2023.1.1.~)</th></tr>
<tr><th colspan="2">추징 요건</th><th>추징 제외</th><th colspan="2">추징 요건</th><th>추징 제외</th></tr>
<tr><td rowspan="4">매각<br>증여</td><td rowspan="2">• 이전일 · 업무개시일 전 매각 · 증여</td><td rowspan="4">사망<br>혼인<br>정년퇴직<br>파견근무<br>해외이주<br>부처교류</td><td rowspan="2">매각<br>증여</td><td>• 이전일 · 업무개시일 전 매각 · 증여</td><td rowspan="2">사망<br>혼인<br>정년퇴직</td></tr>
<tr><td>• 상시거주 3년 미만 매각 · 증여</td></tr>
<tr><td>• 이전일부터 2년 이내 매각 · 증여</td><td>他용도<br>사용</td><td>• 상시거주 3년 미만 다른 용도(임대) 사용</td><td rowspan="2">사망<br>혼인<br>정년퇴직<br>파견근무</td></tr>
<tr><td>• 취득일부터 2년 이내 매각 · 증여</td><td>상시<br>거주</td><td>• 취득일* 3개월 이내 상시거주 미이행<br>* 이전일이 늦은 경우 이전일</td></tr>
</table>

### 5-3. 업무개시일 이전에 부동산을 처분하는 경우(§81 ④ 1호)

이주 공공기관 소속 임직원 또는 중앙행정기관 소속 공무원 등이 해당 주거용 부동산을 이전공공기관 또는 중앙행정기관 등의 이전일 전에 주거용 건축물과 그 부속토지를 매각하거나 증여한 경우에는 감면받은 취득세를 추징하게 된다. 여기서 이전일이란 이전공공기관의 경우에는 이전에 따른 등기일 또는 업무개시일 중 빠른 날을 말하며, 중앙행정기관 등의 경우에는 업무개시일을 말하며, 업무개시일이란 해당 이주기관의 개청식 행사일 등 업무의 본격적 개시일을 기준으로 적용한다.

**운용사례**

공공기관 이전을 이전에 따른 법인등기일과 더불어 업무개시일로 별도로 규정하고 있음은 이전에 따른 법인등기일보다 업무개시가 빠른 경우, 이를 사실상 이전일로 보겠다는 입법을 대상으로 수행하고 있으므로 (구)청사에서 수행하던 업무를 (신)청사에서 새로이 이전하여 개시한다는 사실을 전 국민이 쉽게 알 수 있도록 이전 공공기관은 개청식 행사를 통하여 전 국민에게 업무개시를 알리고 업무를 개시하고 있는 점에 비추어 볼 때 이전 공공기관의 「개청식 행사일」 등을 고려하여 이전 공공기관의 업무가 본격적으로 개시하는 날을 위 감면규정상 「업무개시일」로 봄이 타당함(행안부 지방세운영과-3912, 2010.8.27.).

### 5-4. 해당 주택 취득 후 2년 이내에 처분하는 경우(舊 §81 ④ 2호, 2022.12.31.까지)

해당 기관의 이전일 이전에 또는 주거용 건축물과 그 부속토지의 취득일 이후 2년 이내에 매각하거나 증여하는 경우에는 감면받은 취득세를 추징하게 된다.

한편, 제81조 제5항에 따라 주택 취득시점에는 이주 중앙행정기관 소속 공무원이 아니었으나, 인사발령 이후 3년 이내에 이주 중앙행정기관 소속으로 복귀하여 이미 납부한 취득세를 환부받고 주택 취득일 시점으로 2년이 경과한 상태에서 매각 또는 증여하는 경우라면 법 제81조 제4항 제2호에서 추징요건을 주택 취득일 이후 2년 이내로 한정하고 있는 점, 법 제81조 제5항에서 별도로 추징요건이 없는 점을 고려할 때 추징대상으로 보지 않는 것이 타당하다 하겠다.

### 5-5. 주택을 취득한 날부터 3개월 이내에 상시거주하는 경우 등(§81 ④ 2호 개정 및 3호 신설, 2023.1.1. 시행)

주택을 취득한 날(공공기관 이전일이 취득일보다 늦은 경우 해당 이전일)부터 3개월 이내에 「주민등록법」에 따른 전입신고를 하고 계속하여 거주하지 아니한 경우와 상시거주한 기간이 3년 미만인 상태에서 해당 주택을 매각·증여하거나 다른 용도(임대 포함)로 사용하는 경우에 추징하도록 규정을 신설하였다.

### 5-6. 1가구 1주택 요건을 갖추지 못한 경우(§81 ③, 영 §40)

법 제81조 제3항에 따른 1가구 1주택 요건을 갖추지 못한 경우에는 감면받은 취득세를 추징하게 된다. 1가구 1주택 요건이란 다음과 같다.

▸(1가구 1주택) 주택 취득일 현재 세대별 주민등록표에 기재되어 있는 세대주와 그 가족으로 구성된 1가구가 소유하는 1주택. 이 경우 가족의 범위에 동거인은 제외하며, 세대주의 배우자와 미혼인 30세 미만의 직계비속은 같은 세대별 주민등록표에 기재되어 있지 않더라도 같은 가구에 속한 것으로 본다.

▸(지역제한)

1) 공공기관이 지방혁신도시로 이주하는 경우 : 그 혁신도시를 공동으로 건설한 광역시·특별자치시·도 또는 특별자치도 내 1가구 1주택(표 1 참조)
2) 공공기관이 지방혁신도시 외 개별적으로 이주하는 경우 : 이전 공공기관의 소재지 특별시·광역시·특별자치시·도 또는 특별자치도 내 1가구 1주택. 단, 2012년 6월 30일까지는 이전 공공기관의 소재지 특별시·광역시·도·특별자치도 또는 행정중심복합도시 예정지역 내 1가구 1주택(표 1 참조)
3) 중앙행정기관이 행정중심복합도시(세종시)로 이전하는 경우 : 중앙행정기관 등의 소재지 특별시·광역시·특별자치시 또는 특별자치도 내 1가구 1주택. 단, 2012년

6월 30일까지는 중앙행정기관 등의 소재지 특별시・광역시・도・특별자치도 또는 예정지역 내 1가구 1주택

▸(주택취득 횟수제한) 해당 지역에 1개의 주택을 최초로 소유하는 것을 말하며 이 경우 주택의 부속토지만을 소유하는 경우에도 주택을 소유하는 것으로 봄.('17년 시행)

### 5-7. 이전공공기관 직원의 사후감면대상의 추징 강화(§81 ⑥ 신설, 2023.1.1. 시행)

제3항 제1호에 따른 이전공공기관 등의 소속 임직원 또는 공무원(소속기관장이 인정하여 주택특별공급을 받은 자 포함)으로서 해당 지역에 거주할 목적으로 주택을 취득하기 위한 계약을 체결하였으나 취득 시에 인사발령으로 감면대상기관 외의 기관에서 근무하게 되어 제3항에 따른 취득세 감면을 받지 못한 사람이 3년 이내의 근무기간을 종료하고 감면대상기관으로 복귀하였을 때에는 이미 납부한 세액에서 제3항 제2호에 따른 감면을 적용하였을 경우의 납부세액을 뺀 금액을 환급하도록 하여 사후적으로 감면을 적용(제5항)받는 납세자에 대해서도 제4항의 추징규정을 적용하도록 규정을 신설하였고 이 경우 제4항 제2호의 '주택을 취득한 날'을 '감면대상기관으로 복귀한 날'로 보아 동일하게 적용하여야 한다.

### 5-8. 사치성 재산 등에 대한 감면 제외(§177)

이주 공공기관 소속 임직원 및 중앙행정기관 소속 공무원 등이 감면을 받으려는 부동산이 지방세법 제13조 제5항에 따른 별장 등 지방세 중과세 대상인 사치성 재산인 경우에는 감면대상에서 제외된다.

## 6 | 감면신청(§183)

이주 공공기관 및 중앙행정기관 소속 임직원 등이 본 규정에 따라 지방세를 감면받으려는 경우에는 해당 지방자치단체의 장에게 해당 부동산이 그 고유업무용 또는 해당 지역에 거주할 목적의 주거용 부동산임을 입증하는 서류(재직증명서, 주민등록등본, 가족관계증명서 등)를 첨부하여 감면신청을 하여야 한다. 세부적인 감면신청 절차 등에 대해서는 제183조의 해설편을 참조하면 된다.

**【관련 판례】 대법 2020두33589, 2020.5.14. 판결 : 심리불소행기각 (과세기관 승)**
-「지방세특례제한법」 제81조

〈쟁점요지〉 부설기관인 연구소의 지방이전에 따른 변경승인계획 등 별도 사후승인을 받지 않고 취득한 부동산이 '이전공공기관 등 지방이전'에 따른 감면 대상에 해당하는지 여부

☞〈판결요지〉 변경승인 등을 신청하지 않은 이 건 토지 취득은 국토부장관의 지방이전계획을 승인받아 이전할 목적으로 취득한 것이라 볼 수 없음.

## 7 관련사례

■ 혁신도시 이전공공기관 부동산에 대한 감면 여부

「혁신도시 조성 및 발전에 관한 특별법」에 따른 이전공공기관이 같은 법 제4조에 따라 국토교통부장관의 지방이전계획 승인을 받아 이전을 완료한 후, 새로이 청사를 신축하여 취득하는 경우는 해당 공공기관이 이전할 목적으로 취득하는 부동산에 해당하지 않아 감면 대상 아님(지방세특례제도과-1790, 2023.7.6.).

■ 공공기관이 이전할 당시에는 공공기관에 파견근무자 신분인 경우 감면 여부

공공기관이 세종시로 이전할 당시에는 해당 공공기관의 직원이 아닌 주식회사 ○○의 소속 근로자 신분이었으므로, 주택특별분양을 받은 사실이 있다 하더라도「지방세특례제한법」에서 감면대상자를 해당 이전공공기관의 소속 임직원으로 한정하고 있어, 감면대상자 범위에 영향을 줄 수 없으며 감면대상으로 보기 어려움(조심-2018지615, 2019.4.16.).

■ 이전 공공기관(본사)의 지방 이전일 후 지사 직원이 본사로 인사발령된 경우 감면 여부

임직원이 이전 공공기관의 공고일이나 이전일 당시에는 그 대상기관에 소속되어 있지 않더라도 당사자의 자발적인 의사에 따라 선택할 수 없는 순환보직 등으로 인한 인사발령에 따라 언제든지 그 대상기관에 근무하게 되는 점,「지방세특례제한법」 제81조 제3항 제1호 가목에서 감면대상자인 '이전 공공기관을 따라 이주하는 소속 임직원'에 해당되는 시점을 달리 규정하고 있지 않은 점 등을 고려할 때, 이전공공기관 이전일 당시에는 지사에서 근무하고 있었으나 이후 이전공공기관에 순환보직 등으로 인한 인사발령으로 거주지를 옮기게 되는 직원에 대해서도 취득세 등을 감면하는 것이 타당함(행안부 지방세특례제도과-1856, 2019.5.14.).

■ 지방이전계획 승인 이전 취득한 토지에 대한 감면 여부

토지가 국토교통부장관의 지방이전계획 승인을 받아 이전할 목적으로 취득한 것으로 취득

세 면제대상이라고 주장하나, 토지를 취득하기 전에 이미 본사를 이전함으로써 지방이전을 완료했다고 보이는 점, 청구법인의 규모 확장에 따라 추가로 취득했다고 보이는 점 등에 비추어 청구주장을 받아들이기 어려움(조심 2018지0425, 2018.4.30.).

▣ 주택을 취득한 후 2년 이내 매각한 경우 정당한 사유 적용 및 추징 여부

층간 소음으로 인한 거주의 불편함을 해소하거나 가족의 질병 치료 등을 목적으로 주택을 매각한 것을 정당한 사유로 보기에는 곤란하다 할 것이고, 취득세는 신고・납부 세목으로서 취득신고를 하지 아니한 책임은 원칙적으로 그 취득자에게 있으며, 처분청의 사전안내는 납세서비스 차원으로 이를 이행하지 아니하였다 하여 가산세를 면제할 만한 정당한 사유에 해당하지 아니함(조심 2017지0045, 2017.8.25.).

▣ 토지를 취득하여 지상에 주택을 신축한 경우 주택 외에 토지분에 대한 감면 여부

토지를 취득할 당시 해당 토지는 나대지 상태로 주택의 부속토지가 아니었고, 관련 법령에서 감면대상을 주택으로만 규정하고 있을 뿐 주택 신축을 위해 취득하는 토지를 별도로 감면대상으로 규정하고 있지 아니한 점 등에 비추어 경정청구를 거부한 처분은 잘못이 없음(조심 2016지1022, 2016.12.27.).

▣ 3년 이내 근무기간에 대한 기산일 판단 여부

「지방세특례제한법」 제81조 제5항 중 '3년 이내의 근무기간'을 해석함에 있어 감면대상기관으로의 복귀시 3년의 기산점을 해당 주택의 '취득시'로 할 것인지 '인사발령일'로 할 것인지에 대한 것으로, 조세감면 등 납세자에게 혜택을 주는 세법규정은 엄격하게 해석하여야 하는 것이므로 조문체계상 '3년 이내의 근무기간을 종료하고 감면대상기관으로 복귀하였을 때'라 함은 '취득세 납세의무 성립일인 취득시에는 인사발령으로 취득세 감면대상이 될 수 없지만 그 인사발령일부터 3년 이내의 근무기간을 종료하고 감면대상기관으로 복귀하였을 때'로 해석하는 것이 타당하다 하겠으며 3년의 기산점이 주택의 취득일로 볼 수 없음(조심 2015지1099, 2015.10.27. 외 다수, 같은 뜻임)할 것임(조세심판원 2016지0879, 2016.9.20.).

▣ 이전공공기관의 지사를 "감면대상기관 외의 기관"으로 볼 수 있는지 여부

「지방세특례제한법」 제81조 제5항 중 "감면대상기관"이란 「공공기관 지방이전에 따른 혁신도시 건설 및 지원에 관한 특별법」 제2조 제2호에 따른 "이전공공기관"을 말하는 것으로 「공공기관 지방이전에 따른 혁신도시 건설 및 지원에 관한 특별법」 제2조 제2호에서 "이전공공기관"이라 함은 수도권에서 수도권이 아닌 지역으로 이전하는 공공기관이라고 규정하면서 같은 법 제4조 제1항 및 제2항에서 이전공공기관의 장은 이전기관의 본사 또는 주사무소 및 그 기능의 수행을 위한 조직을 지방으로 이전하는 것을 목적으로 수립하여야 한다고 규정하고 있으므로 「지방세특례제한법」 제81조 제5항에 따른 "감면대상기관"인 "이전공공기관"은 수도권에 소재하는 본사만을 의미하는 것이고, 그 외 지사 등은 "감면대상기관 외의 기관"에 해당하는 것으로 해석하는 것이 타당한 바, 처분청이 이전공공기관의 지사를 '감면대상기관 외의 기관'으로 볼 수 없다는 이유로 경정청구를 거부한 처분은 잘못이 있다고 판단됨(조심 2016지0530, 2016.10.19.).

▣ 이전공공기관이 기관명의로 매입하는 주택의 감면 여부

이전공공기관이 취득하는 부동산 중에서 감면이 되는 부동산은 국토교통부장관의 지방이전 계획 승인을 받은 부동산으로 한정해야 할 것으로, 이전공공기관이 이전대상 소속 임직원의 주거용으로 사용하기 위해 기관명의로 매입하는 주택이 감면대상인지 여부는 당해 기관이 공공기관 이전 계획을 수립하여 승인을 받은 경우라면 취득세 감면대상으로 볼 수 있다 할 것임(행자부 지방세특례제도과-1802, 2016.7.27.).

▣ 이전공공기관의 법인등기에 대한 감면 범위

이전공공기관의 법인등기에 대해서는 등록면허세를 면제하도록 규정하고 있으며, 세금의 부과는 납세의무 성립시에 유효한 법령의 규정에 의하여야 하고, '법인등기'는 설립등기, 변경등기, 분사무소 설치 등기, 사무소이전 및 해산등기 등을 지칭하는 것이라 할 것으로, '법인등기'에 관하여 지방세 관계법에서 일반적인 법리와는 다른 별도의 정의 규정을 두고 있지 아니한 이상, 회사의 자본을 늘리는 '자본증가 또는 출자증가'는 자본의 증자인 '변경등기' 사항으로서 이전공공기관의 '법인등기'에 해당한다 할 것이므로 등록면허세를 감면하는 것이 타당하다 할 것임(행자부 지방세특례제도과-2472, 2016.9.9.).

▣ 이전공공기관 감면 추징시 파면이 정당한 사유에 해당하는지 여부

'파면'은 정당한 사유로 열거하고 있지 않을 뿐만 아니라, 파면은 조직구성원이 명령의 위반, 직무의 태만 등 자발적인 과오에 대한 제재이므로 파면은 법령에 의한 금지 · 제한 등 당사자가 마음대로 할 수 없는 외부적인 정당한 사유로 보기는 어렵다 할 것이며, 따라서, 위 조항의 문언과 규정 취지 등을 종합적으로 고려할 때, 파면 후 감면받은 부동산을 유예기간 이내에 매각하는 것까지 감면대상에 포함하는 것으로 해석할 수 없으며, 인사발령의 경우 파견근무 또는 부처교류로 인한 근무지역 변동, 감면대상기관 외의 기관으로 근무하여 3년 이내에 복귀하는 인사발령에 한정하여 정당한 사유로 보는 것이 타당하다고 할 것임(행정자치부 지방세특례제도과-2199, 2016.8.23.).

▣ 지방이전계획의 범위를 벗어나 부동산을 취득한 경우 감면 여부

세금의 부과는 납세의무의 성립시에 유효한 법령의 규정에 의하여야 하고, 취득세의 경우 과세물건을 취득하는 때 납세의무가 성립하므로 취득세는 과세물건을 취득하는 때의 법령을 적용하여야 할 것(원심 서울행정법원 2014구합61699, 2014.10.24., 대법원 2015두45694, 2015.9.24.)으로, 이전공공기관이 국토교통부장관의 승인을 받은 지방이전계획의 범위를 벗어나 부동산을 취득한 경우라면, 취득세 납세의무가 성립되는 취득일 현재에는 "지방이전계획 승인을 받아 이전할 목적으로 취득하는 부동산"에 해당되지 아니하므로 감면대상으로 볼 수 없음(행자부 지방세특례제도과-308, 2016.2.15.).

▣ 중앙행정기관의 소속 공무원이 주택을 취득하고 취득세를 감면받았으나, 정부조직법 개정으로 소속기관이 이전기관에서 제외된 경우 취득세 추징 여부

취득일 당시에는 행정중심복합도시로 이전하는 공무원이 거주하고자 주거용 건축물과 그 부속토지를 취득한 경우에 해당하므로 감면된다 할 것이고, 취득일 이후에 중앙행정기관 등의 이전계획의 변경으로 행정중심복합도시로 이전하는 공무원에 해당하지 않게 된 경우라도 별도의 추징규정을 두고 있지 않은 이상 적법하게 감면된 취득세를 추징하는 것은 타당

하지 않다고 판단됨(행자부 지방특례제도과-1089, 2015.4.17.).

▣ 이전공공기관을 따라 이주한 임직원이 명예퇴직으로 주택을 매각한 경우 정당한 사유 여부

- 「지방세특례제한법」 제81조 제4항에서는 제3항에 따라 취득세를 감면받은 사람이 사망, 혼인, 해외이주, 정년퇴직, 파견근무 또는 부처교류로 인한 근무지역의 변동 등의 정당한 사유 없이 해당 공공기관 이전일 이전에 매각하거나 증여하는 경우 등에 해당하면 감면된 취득세를 추징하는 것으로 규정하고 있음.
- '정당한 사유'란 법령에 의한 금지 · 제한 등 그 개인이 마음대로 할 수 없는 외부적인 사유로 보아야 할 것이고 법률에서 '정년퇴직'을 정당한 사유로 규정하고 있으나 명예퇴직은 정당한 사유로 열거하고 있지 않으며, 명예퇴직은 본인의 자발적인 의사에 의해 선택하는 점을 고려할 때 명예퇴직은 법령에 의한 금지나 외부적 사유로 보기 어렵다 할 것이므로 명예퇴직 후 주거용 부동산을 매각하는 경우를 정당한 사유가 있는 것으로 보는 것은 타당하지 않음(행자부 지방특례제도과-2729, 2010.10.7.).

▣ 이전공공기관을 따라 이주하는 임직원이 집합건축물대장의 용도가 숙박시설(레지던스호텔)인 부동산을 거주목적으로 취득하는 경우

- 이전공공기관을 따라 이주하는 소속 임직원이 거주할 목적으로 주거용 건축물과 그 부속토지를 취득함으로써 1가구 1주택이 되는 경우에 감면대상인 것으로 규정하고 있고 또한 「지방세특례제한법」 제2조 제2항에서 이 법에서 사용하는 용어의 뜻은 특별한 규정이 없으면 「지방세기본법」과 「지방세법」에서 정하는 바에 따르도록 하고 있음.
- 「지방세법」 제104조 제3호에서 "주택"의 정의를 「주택법」 제2조 제1호에 따른 주택 즉 세대(世帶)의 구성원이 장기간 독립된 주거생활을 할 수 있는 구조로 된 건축물의 전부 또는 일부 및 그 부속토지로서, 이를 단독주택과 공동주택으로 구분하고, 주택은 토지와 건축물의 범위에서 제외하도록 규정하고 있음, 따라서 집합건축물대장의 용도가 숙박시설(레지던스호텔)인 건축물은 「건축법 시행령」 별표 제15호에 따른 숙박시설에 포함되고 「주택법」 및 「건축법」에서 정하는 주택에 해당하지 않으므로 「지방세특례제한법」 제81조 제3항의 1가구 1주택 산정 대상에서 제외하는 것이 타당함.
- 따라서, 이전공공기관을 따라 이주하는 소속 임직원이 1가구 1주택이 산정대상에서 제외되는 부동산을 거주할 목적으로 구입하였다 하더라도 그 부동산은 「지방세특례제한법」 제81조 제3항의 주거용 건축물 및 그 부속토지에 해당하지 않는 것임(행자부 지방특례제도과-2478, 2015.9.15.).

▣ 업무개시일은 「개청식 행사일」 등 업무의 본격적 개시일이라고 한 사례

도세감면조례 제30조의 3에서 공공기관 지방이전에 따른 「혁신도시건설 및 지원에 관한 특별법」 제2조 제2호의 규정에 따른 이전공공기관을 따라 이주하는 소속 직원이 공공기관 이전일(이전에 따른 법인등기일 또는 업무개시일)로부터 2년 이내 주택을 취득하여 1가구 1주택이 되는 경우에는 취 · 등록세 63~100%를 감면한다고 규정하고 있음. 위 규정 공공기관 이전을 이전에 따른 법인등기일과 더불어 업무개시일로 별도로 규정하고 있음은 이전에 따른 법인등기일보다 업무개시가 빠른 경우, 이를 사실상 이전일로 보겠다는 입법을 대상으로 수행하고 있으므로 (구)청사에서 수행하던 업무를 (신)청사에서 새로이 이전하여

개시한다는 사실을 전 국민이 쉽게 알 수 있도록 이전 공공기관은 개청식 행사를 통하여 전 국민에게 업무개시를 알리고 업무를 개시하고 있는 점에 비추어 볼 때 이전 공공기관의 「개청식 행사일」 등을 고려하여 이전 공공기관의 업무가 본격적으로 개시하는 날을 위 감면규정상 「업무개시일」로 봄이 타당함(행안부 지방세운영과-3912, 2010.8.27.).

# 제 81 조의 2

## 주한미군 한국인 근로자 평택이주에 대한 감면

관련규정

제81조의 2(주한미군 한국인 근로자 평택이주에 대한 감면) ①「대한민국과 미합중국간의 미합중국군대의 서울지역으로부터의 이전에 관한 협정」 및 「대한민국과 미합중국간의 연합토지관리계획협정」에 따른 주한미군기지 이전(평택시 외의 지역에서 평택시로 이전하는 경우로 한정한다)에 따라 제1호 각 목의 자가 평택시에 거주할 목적으로 주택(해당 지역에서 최초로 취득하는 주택으로 한정한다)을 취득함으로써 대통령령으로 정하는 1가구 1주택이 되는 경우에는 제2호 각 목에서 정하는 바에 따라 취득세를 2027년 12월 31일까지 감면한다.

1. 감면대상자
   가. 「대한민국과 아메리카합중국 간의 상호방위조약 제4조에 의한 시설과 구역 및 대한민국에서의 합중국 군대의 지위에 관한 협정」 제17조에 따른 미합중국군대의 민간인 고용원 및 같은 협정 제15조에 따른 법인인 초청 계약자의 민간인 고용원 중 주한미군기지 이전에 따라 평택시로 이주하는 한국인 근로자
   나. 「대한민국과 미합중국간의 한국노무단의 지위에 관한 협정」 제1조에 따른 민간인 고용원 중 주한미군기지를 따라 평택시로 이주하는 한국인 근로자
2. 감면내용
   가. 전용면적 85제곱미터 이하인 주택 : 면제
   나. 전용면적 85제곱미터 초과 102제곱미터 이하인 주택 : 1천분의 750을 경감
   다. 전용면적 102제곱미터 초과 135제곱미터 이하인 주택 : 1천분의 625를 경감

② 제1항에 따라 취득세를 감면받은 사람이 사망, 혼인, 해외이주, 정년퇴직, 파견근무 등의 정당한 사유 없이 주택 취득일부터 2년 이내에 주택을 매각·증여하거나 다른 용도로 사용(임대를 포함한다)하는 경우에는 감면된 취득세를 추징한다.

☞ 조문 신설(2018.12.24.)

【영】 제40조의 2(주한미군 한국인 근로자 1가구 1주택의 범위) 법 제81조의 2 제1항 각 호

외의 부분에서 "대통령령으로 정하는 1가구 1주택이 되는 경우"란 취득일 현재 취득자와 같은 세대별 주민등록표에 기재되어 있는 가족(동거인은 제외한다)으로 구성된 1가구(취득자의 배우자, 취득자의 미혼인 30세 미만의 직계비속은 각각 취득자와 같은 세대별 주민등록표에 기재되어 있지 않더라도 같은 가구에 속한 것으로 본다)가 평택시에 1개의 주택을 소유하는 경우를 말하며, 주택의 부속토지만을 소유하는 경우에도 주택을 소유한 것으로 본다.

☞ 조문 신설(2018.12.31.)

## 1 | 개 요

주한미군기지가 이전되는 평택시 등에는 이전지역 주민의 권익을 보호하기 위하여 「주한미군기지 이전에 따른 평택시 등의 지원 등에 관한 특별법」과 주한미군에 공여된 구역으로 인해 낙후된 주변지역의 경제 진흥과 주민의 복리증진을 위해 「주한미군 공여구역주변지역 등 지원 특별법」이 시행되고 있다.

그러나, 주한미군기지 이전이 국가정책적 사업임에도 이전에 따른 고용관계, 생활안정 및 주거지원을 위한 세제지원 규정이 마련되어 있지 않아, 이에 따른 주한미군 한국인근로자에 대한 지원방안을 마련함으로써 주한미군기지 이전을 원활히 추진하고, 주한미군 내 한국인근로자에 대한 안정적 주거 지원을 위해 2018년 말 지특법 개정(2019.12.31. 시행)시에 해당 조문을 신설하게 되었으며 2024년까지 일몰기한을 두고 있다.

## 2 | 감면대상자

### 2-1. 감면대상 적용규정

그간에 주한미군에 대한 지원규정은 마련되었으나 주한미군 한국인 근로자 이주와 관련된 규정은 직접 적용하기 어려운 부분이 있어, 우리나라와 미국의 주한미군부대 이전관련 상호협정(2개)에 따라 해당 협정(조약)을 지방세 지원근거 규정으로 인용하여 지원근거를 규정하였고 조약의 경우 법률 이상의 효력을 갖고 있어, 협정서 등을 근거로 지원 가능하다 할 것이다.

이에, 관련협정 중 「대한민국과 미합중국간의 미합중국군대의 서울지역으로부터의 이전에 관한 협정」 및 「대한민국과 미합중국간의 연합토지관리계획협정」에 따른 주한미군기지 이전(평택시 외의 지역에서 평택시로 이전하는 경우로 한정한다)에 대해 규정하게 되었다.

■ **평택이전 관련 협정**
- (용산 → 평택) 「대한민국과 미합중국간의 미합중국군대의 서울지역으로부터의 이전에 관한 협정의 이행을 위한 합의권고에 관한 합의서」(용산기지이전협정, '04.12.17. 발효)
- (기타지역 → 평택) 「2002년 3월 29일 서명된 대한민국과 미합중국간의 연합토지관리계획협정에 관한 개정 협정」('04.12.17. 발효)

## 2-2. 주한미군 한국인 근로자(평택거주에 한정)

상기 관련 협약에 따라 평택시에 거주할 목적으로 주택(해당 지역에서 최초로 취득하는 주택으로 한정한다)을 취득함으로써 대통령령으로 정하는 1가구 1주택이 되는 경우에는 제2호 각 목에서 정하는 바에 따라 취득세를 2021년 12월 31일까지 감면하며 구체적인 감면대상은 ① 「대한민국과 아메리카합중국 간의 상호방위조약 제4조에 의한 시설과 구역 및 대한민국에서의 합중국 군대의 지위에 관한 협정」 제17조에 따른 미합중국군대의 민간인 고용원 및 같은 협정 제15조에 따른 법인인 초청 계약자의 민간인 고용원 중 주한미군기지 이전에 따라 평택시로 이주하는 한국인 근로자, ② 「대한민국과 미합중국간의 한국노무단의 지위에 관한 협정」 제1조에 따른 민간인 고용원 중 주한미군기지를 따라 평택시로 이주하는 한국인 근로자가 감면 적용을 받게 된다.

SOFA 협정 및 한국노무단 지위협정에 따라 주한미군부대에 직접적으로 고용된 한국인 근로자 중 부대이전에 따라 이주한 자가 해당될 것이며 간접 고용의 경우에는 감면대상에 해당하지 않을 것으로 판단된다.

■ **평택이주 주한미군 한국인 근로자 감면대상자**

i) 대한민국 국민으로서, SOFA 제17조에 따른 민간인인 고용원

ii) 대한민국 국민으로서, 「대한민국과 미합중국간의 한국노무단의 지위에 관한 협정」 제1조에 따른 한국노무단의 민간인인 고용원

※ 식품업체(식당), PX 등에 고용된 민간인 또는 간접고용된 직원은 제외

### 2-3. 1가구 1주택 범위

본 조에서 주한미군기지 이전으로 이주하는 한국인근로자가 취득하는 평택시 내에 1가구 1주택에 대한 취득세 감면 적용시, 취득일 현재 취득자와 같은 세대별 주민등록표에 기재되어 있는 가족으로 구성된 1가구(배우자, 미혼인 30세 미만의 직계비속은 같은 세대별 주민등록표에 기재되어 있지 않더라도 같은 가구에 속한 것으로 봄)가 평택시에 1개의 주택을 소유하는 경우를 말하며, 주택의 부속토지만을 소유하는 경우에도 주택을 소유한 것으로 본다.

감면기준일은 2019년 1월 1일 납세의무가 성립하는 분부터 적용되지만 부칙 제4조에 규정을 두어 주택을 취득한 날부터 시행일(2019.1.1.)까지의 기간이 60일 미만이 되는 경우에도 감면적용을 받을 수 있도록 하였다.

> ■ 한국인 근로자 평택이주 감면에 관한 적용례(지특법 부칙 §4)
> 제81조의 2의 개정규정은 감면대상자가 주택을 취득한 날부터 이 법 시행일까지의 기간이 60일 미만이 되는 경우에도 적용하고, 같은 조 제2항의 개정규정은 이 법 시행 이후 감면받는 분부터 적용한다.

## 3 | 특례내용

### 3-1. 주한미군 한국인 근로자 평택이주 주택 감면

주한미군 한국인 근로자가 평택으로 이주하기 위해 취득하는 주택에 대해서는 면적에 따라 차등하여 취득세를 감면한다.

〈표〉 **주한미군 한국인 근로자 평택이주 직원에 대한 감면 현황(2022.1.1. 현재)**

| 조문 | 감면내용 | 감면율 | 일몰 |
|---|---|---|---|
| §81의 2<br>① 2호 | 주한미군 한국인 근로자<br>※ 평택거주 1가구 1주택자 | 취득세 100%(85㎡ 이하)<br>취득세 75%(85~102㎡ 이하)<br>취득세 62.5%(102~135㎡ 이상) | '24.12.31. |

■ 〈참고〉 혁신도시, 이전공공기관 및 이전중앙행정기관 이전 주택 취득세 감면(지특법 §81)
- (면적별 감면율) 85㎡ 이하 100%, 85㎡~102㎡ 75%, 102㎡~135㎡ 62.5%
- (근거) '공공기관 이전 특별법, 행정중심복합도시 특별법'에 따른 이전
- (대상) 이전공공기관 소속 임직원* 및 세종시 이전중앙행정기관 소속 공무원
  * 1년 이상 근무 기간제근로자(소속기관 이전일까지 계약 유지) 및 수습근무자 포함
- (요건) 이전기관 소재 특별시·광역시·도·특별자치도 내 1가구 1주택(1회에 한정)

### 3-2. 취득세, 재산세 최소납부세액 면제 특례(§177의 2)

2015년부터 시행되는 감면 상한제도(§177의 2 본문)에 따라 면제되는 세액의 15%는 감면특례가 제한되어 이전 공공기관 및 중앙행정기관 소속 직원 등에 대한 취득세 및 재산세(§81 ①·②)의 경우 최저납부세액 과세대상에 해당되지만 제177조의 2 제2호에서 최저납부세액 예외 특례를 적용받아 해당 세목에 대해서는 본 규정대로 계속해서 면제를 적용한다. 이에 대한 세부적인 사항은 제177조의 2의 해설편을 참조하면 된다.

## 4 | 특례의 제한(§81의 2 ②)

취득세를 감면받은 자가 사망, 혼인, 해외이주, 정년퇴직, 파견근무 등의 정당한 사유 없이 주택 취득일부터 2년 이내에 주택을 매각·증여하거나 다른 용도로 사용하거나 또는 임대하는 경우에는 감면된 취득세를 추징한다.

## 5 | 감면신청(§183)

이주 직원이 본 규정에 따라 지방세를 감면받으려는 경우에는 해당 지방자치단체의 장에게 해당 부동산이 그 고유업무용 또는 해당 지역에 거주할 목적의 주거용 부동산임을 입증하는 서류(재직증명서, 주민등록등본, 가족관계증명서 등)를 첨부하여 감면신청을 하여야 한다. 세부적인 감면신청 절차 등에 대해서는 제183조의 해설편을 참조하면 된다.

# 제82조

## 개발제한구역에 있는 주택의 개량에 대한 감면

관련규정

제82조(개발제한구역에 있는 주택의 개량에 대한 감면) 「개발제한구역의 지정 및 관리에 관한 특별조치법」 제3조에 따른 개발제한구역에 거주하는 사람(과밀억제권역에 거주하는 경우에는 1년 이상 거주한 사실이 「주민등록법」에 따른 세대별 주민등록표 등에 따라 입증되는 사람으로 한정한다) 및 그 가족이 해당 지역에 상시 거주할 목적으로 취득하는 취락지구 지정대상 지역에 있는 주택으로서 취락정비계획에 따라 개량하는 전용면적 100제곱미터 이하인 주택(그 부속토지는 주거용 건축물 바닥면적의 7배를 초과하지 아니하는 부분으로 한정한다)에 대해서는 2027년 12월 31일까지 주거용 건축물 취득 후 납세의무가 최초로 성립하는 날부터 5년간 재산세를 면제한다.

## 1 개 요

도시 개발제한구역에서 사권을 제한받는 해당 지역 거주민에 대한 세제지원이다. 2010년까지는 지방자치단체의 감면조례에서 규정되었다가 2011년부터 지특법이 제정되면서 현재의 제82조로 이관하게 되었다. 2015년에는 장기간 감면규정에 대한 심층평가 등을 위해 그 동안 일몰기한이 설정되지 않고 무기한 감면이었으나 2018년 12월 31일까지 일몰기한을 설정하게 되었고 2018년 말 지특법 개정시 2021년 12월 31일까지 3년간 연장되었다.

## 2 | 감면대상자

개발제한구역에 거주하는 사람 및 그 가족이 해당 지역에 상시 거주하는 사람이 이에 해당된다. 이 경우 개발제한구역에 거주하는 사람이란 재산세 과세기준일 현재 그 해당 지역에 실질적으로 거주하는 사람을 말한다. 다만, 과밀억제권역인 경우에는 반드시 주민등록표에 따라 1년 이상 거주한 사실이 확인되어야 한다.

## 3 | 감면대상 부동산

개발제한구역에 거주하는 사람과 그 가족이 해당 지역에 상시 거주할 목적으로 취득하는 취락지구 지정대상에 있는 부동산으로서 취락정비계획에 따라 개량하는 전용면적 100㎡ 이하의 주택이 이에 해당된다. 이 경우 부속토지는 주거용 건축물 바닥면적의 7배까지로 한정한다. 개발제한구역의 지정은 국토의 계획 및 이용에 관한 법률 제3조[194]에 따라 도시·군관리계획으로 결정한다.

한편, 개발제한구역 내 주거용 건축물 등에 대해서는 납세의무가 성립한 날로부터 5년간 재산세를 면제한다.

### 취락지구 개요

취락이란 가옥들이 모여 있는 집단적인 생활근거지라고 할 수 있는데, 취락지구는 이러한 취락의 정비를 목적으로 지정되는 용도지구의 하나이다. 취락지구는 종전에는 국토이용관리법에서 농어민의 집단적 생활 근거지를 말하였으나, 현재는 그 범위를 확대하여 녹지지역·관리지역·농림지역·자연환경보전지역·개발제한구역 또는 도시자연공원구역 안의 취락을 정비하기 위한 지구로 국토의 계획 및 이용에 관한 법률에 따른 용도지구의 하나로 정의되고 있다. 취락지구는 크게 두 가지로 구분된다.

---

194) 제3조(개발제한구역의 지정 등) ① 국토교통부장관은 도시의 무질서한 확산을 방지하고 도시 주변의 자연환경을 보전하여 도시민의 건전한 생활환경을 확보하기 위하여 도시의 개발을 제한할 필요가 있거나 국방부장관의 요청으로 보안상 도시의 개발을 제한할 필요가 있다고 인정되면 개발제한구역의 지정 및 해제를 도시·군관리계획으로 결정할 수 있다.
② 개발제한구역의 지정 및 해제의 기준은 대상 도시의 인구·산업·교통 및 토지이용 등 경제적·사회적 여건과 도시 확산 추세, 그 밖의 지형 등 자연환경 여건을 종합적으로 고려하여 대통령령으로 정한다.

• 자연취락지구 : 녹지지역 · 관리지역 · 농림지역 또는 자연환경보전지역 내의 취락을 정비하기 위하여 필요한 지구
• 집단취락지구 : 개발제한구역 안의 취락을 정비하기 위하여 필요한 지구

취락지구로 지정된 지역에는 해당 용도지역 및 용도구역에서의 규제보다 완화된 건축제한과 건폐율을 적용받게 되며, 공공에서는 취락지구 안의 주민의 생활편익과 복지 증진 등을 위한 사업을 시행하거나 이를 지원할 수 있도록 하고 있다. 개발제한구역 내 집단 취락지구 지정 요건은 다음과 같다.

1. 취락을 구성하는 주택의 수가 10호 이상일 것
2. 취락지구 1만㎡당 주택의 수(호수밀도)가 10호 이상일 것. 다만, 필요시 국토교통부장관과 협의 후 도시계획조례에 따라 호수밀도를 5호 이상으로 조정할 수 있다.
3. 취락지구의 경계설정은 도시관리계획 경계선, 다른 법률에 의한 지역 · 지구 및 구역의 경계선, 도로, 하천, 임야, 지적경계선 기타 자연적 또는 인공적 지형지물을 이용하여 설정하되, 지목이 대인 경우에는 가능한 한 필지가 분할되지 아니하도록 할 것

## 4 | 특례의 내용

### 4-1. 세목별 감면

개발제한구역에 거주하는 사람과 그 가족이 해당 지역에 상시 거주할 목적으로 취득하는 취락지구 지정대상에 있는 부동산에 대해서는 취득세를 면제하고 재산세를 5년간 면제한다. 2014년까지는 일몰기한 없이 무기한으로 감면을 적용하였으나 2015년 말 지특법 개정시에 2018년 12월 31일까지로 일몰기한을 설정하였고 현재는 2024년 12월 31일까지 재차 감면연장되었다.

〈표〉 **개발제한구역 내 주택 개량 감면 현황(2022.1.1. 현재)**

| 조문 | 감면내용 | 감면율 | 일몰 |
|---|---|---|---|
| §82 | 개발제한구역에 거주자 및 가족이 거주목적으로 취득하는 취락지구 지정대상 지역에 있는 주택<br>※ 전용면적 100제곱미터 이하 주택 | 재산세 100%<br>(5년간) | '24.12.31. |
| §177의 2 | 지방세 감면 특례의 제한(최소납부세제) 예외 | 재산세 면제세액의 15% 과세 | - |

### 4-2. 최소납부세액의 면제(§177의 2)

한편, 2015년부터 시행되는 감면 상한제도(§177의 2 본문)에 따라 면제되는 세액의 15%는 감면특례가 제한되어 개발제한구역 취락지구 내 주택에 대해서는 취득세 및 재산세(§82)가 최소납부세액 과세대상에 해당되지만 제177조의 2에서 예외 특례를 적용받아 해당 세목에 대해서는 본 규정대로 계속해서 면제를 적용한다. 이에 대한 세부적인 사항은 제177조의 2의 해설편을 참조하면 된다.

## 5 | 특례의 제한(§180)

개발제한구역에서 주택을 개량하여 감면을 받으려는 부동산이 「지방세법」 제13조 제5항에 따른 별장 등 지방세 중과세 대상인 사치성 재산인 경우에는 감면대상에서 제외된다. 세부적인 사항은 제180조의 해설편을 참조하면 된다.

## 6 | 감면신청(§183)

개발제한구역에서 주택을 개량하여 감면을 받으려는 자는 해당 지방자치단체의 장에게 해당 부동산이 직접 사용하는 용도임을 입증하는 서류를 첨부하여 감면신청을 하여야 한다. 세부적인 감면신청 절차 등에 대해서는 제183조의 해설편을 참조하면 된다.

# 제83조

## 시장정비사업에 대한 감면

관련규정

제83조(시장정비사업에 대한 감면) ①「전통시장 및 상점가 육성을 위한 특별법」 제37조에 따라 승인된 시장정비구역에서 같은 법 제41조에 따른 사업시행자(이하 이 조에서 "시장정비사업시행자"라 한다)가 시장정비사업의 시행에 따라 취득하는 다음 각 호의 부동산에 대해서는 취득세의 100분의 50을, 시장정비사업에 관한 공사가 시행되고 있는 토지에 대해서는 재산세의 100분의 50을 각각 2027년 12월 31일까지 경감한다. 다만, 재산세에 대한 경감은 해당 공사의 착공일부터 적용한다.

☞ 2023.12.29. 개정, 제1항 재산세 납세의무 명확화(2024.1.1. 시행)

1. 시장정비사업의 대지 조성을 위하여 취득하는 부동산
2. 「전통시장 및 상점가 육성을 위한 특별법」 제4조 및 「도시 및 주거환경정비법」 제74조에 따른 관리처분계획에 따라 취득하는 부동산

☞ 2024.12.31. 개정, 사업시행자에 대한 감면 대상 재설계(2024.1.1. 시행)

② 제1항을 적용할 때 다음 각 호의 어느 하나에 해당하는 경우 그 해당 부분에 대해서는 경감된 취득세를 추징한다.

1. 「전통시장 및 상점가 육성을 위한 특별법」 제38조에 따라 사업추진계획의 승인이 취소되는 경우
2. 정당한 사유 없이 그 취득일부터 3년이 경과할 때까지 해당 용도로 직접 사용하지 아니하는 경우

☞ 2024.12.31. 개정 : 사업시행자에 대한 추징규정 개선(2024.1.1. 시행)

【영】 제41조(입점한 상인 등 감면대상자) 법 제83조 제3항에서 "대통령령으로 정하는 자"란 시장정비사업 시행인가일 현재 기존의 전통시장(「전통시장 및 상점가 육성을 위한 특별법」 제2조 제1호에 따른 전통시장을 말한다. 이하 이 조에서 같다)에서 3년 전부터 계속하여 입점한 상인 또는 시장정비사업 시행인가일 현재 전통시장에서 부동산을 소유한 자를 말한다.

③ 제1항에 따른 시장정비구역에서 대통령령으로 정하는 자가 시장정비사업시행자로

부터 시장정비사업시행에 따른 부동산을 최초로 취득하는 경우 해당 부동산(주택은 제외한다)에 대해서는 취득세를 2027년 12월 31일까지 면제하고, 시장정비사업시행으로 인하여 취득하는 건축물에 대해서는 재산세의 납세의무가 최초로 성립하는 날부터 5년간 재산세의 100분의 50을 경감한다.

☞ 2024.12.31. 개정 : 기존 2항의 입점상인 감면규정을 3항으로 이관(2024.1.1. 시행)

④ 제3항을 적용할 때 다음 각 호의 어느 하나에 해당하는 경우 그 해당 부분에 대해서는 면제된 취득세를 추징한다.

1. 정당한 사유 없이 그 취득일부터 1년이 경과할 때까지 해당 용도로 직접 사용하지 아니하는 경우
2. 해당 용도로 직접 사용한 기간이 2년 미만인 상태에서 매각·증여하거나 다른 용도로 사용하는 경우

☞ 2024.12.31. 개정 : 입점상인에 대한 추징규정 개선(2024.1.1. 시행)

## 1 감면일반

전통시장 활성화 지원을 위한 감면으로 시장정비사업시행자에 대한 감면(제1항), 시장정비구역 내 입점상인 등에 대한 감면(제2항) 및 추징규정(제3항)으로 구성되어 있다. 시장정비사업에 대한 감면은 2010년 이전까지는 구 표준조례에서 규정되었다가 2011년부터는 현재의 지특법 제83조로 이관되었다. 이후 2012년 말 지특법 개정을 통해 일몰기한이 연장되었으며 이후에도 매 3년마다 지속적으로 연장되었으며 20241년 말 지특법 개정시에 2027년 12월 31일까지 3년간 일몰기한이 재차 연장되었다.

## 2 감면대상자

전통시장 및 상점가 육성을 위한 특별법 제41조에 따라 시장정비사업을 추진하는 사업시행자와 시장정비구역에서 시장정비사업 시행인가일 현재 기존의 전통시장에서 3년 전부터 계속하여 입점한 상인 또는 시장정비사업 시행인가일 현재 전통시장에서 부동산을 소유한 자가 이에 해당한다.

다만, 지특법 부칙(제20632호, 2024.12.31.) 제11조에 따라 법 개정·시행 전에 「전통시장 및 상점가 육성을 위한 특별법」 제39조 제1항에 따른 사업시행인가를 받은 경우에는 감면축소

되기 전의 종전 감면율 및 추징규정을 적용받게 된다.

### 시장정비사업 개요

전통시장 건물의 노후화, 붕괴위험 등으로 경쟁력이 저하된 전통시장을 활성화하기 위하여 대규모 점포(주상복합)가 포함된 건축물로 현대화하는 사업을 말한다. 시장정비사업과 관련된 법령은 중소기업의 구조개선 및 경영안정지원을 위한 특별조치법(1996.3.), 중소기업구조개선과 재래시장활성화를 위한 특별조치법(2002.1.), 재래시장육성을 위한 특별법(2005.3.)을 거쳐 현재의 재래시장 및 상점가육성을 위한 특별법(2006.4.)에 이르고 있다. 주요내용으로는 사업정비지구 내의 건폐율, 건축물의 높이제한 특례 등과 건축선 특례 도입, 실효된 무등록 시장의 정비사업 허용 등의 사항이 있다. 시장정비사업 구역지정 현황은 1996년 이후 2011년까지 150개가 지정되어 있으며, 이 중 정상추진 사업장은 100여 개 사업장이고 나머지 사업장은 조합원 간 이견 및 경기침체에 따른 시공자 경영난 등으로 정상사업 추진에 곤란을 겪고 있는 것으로 파악되고 있다. 시장정비사업 주요 추진절차에 대해서는 다음의 〈표 1〉을 참고하기 바란다.

〈표 1〉 **시장정비사업추진 절차도**

| | | |
|---|---|---|
| 사업 추진 계획 승인 단계 | 시장정비사업추진위원회 설립(토지 등 소유자 5인) | • 토지 등 소유자 과반수 이상의 동의 설립 |
| | 시장정비사업추진위원회 승인(시장·군수·구청장) | • 도시 및 주거환경정비법 제13조에 따라 승인 |
| | 시장정비사업추진계획 수립(추진위) | |
| | 사업추진계획승인 추천 신청<br>(추진위원회 → 시장·군수·구청장) | • 토지면적의 5분의 3 이상의 동의 및 토지 등 소유자 총수의 5분의 3 이상의 동의 |
| | 사업추진계획승인신청(시장·군수 → 시·도지사) | • 이해관계인 의견 청취 |
| | 시장정비사업심의위원회 심의 | |
| | 사업추진계획승인·고시<br>(시·도지사) | • 도시 및 주거환경정비법 제2조 제1호의 규정에 의한 정비구역으로 지정된 것으로 봄. |
| 조합 설립 단계 | 시장정비사업조합인가 신청<br>(추진위원회 → 시장·군수·구청장) | • 토지면적의 5분의 3 이상의 동의 및 토지 등 소유자 총수의 5분의 3 이상의 동의 |
| | 시장정비사업조합인가<br>(시장·군수·구청장) | • 도시 및 주거환경정비법 제16조에 의하여 인가 |
| 사업 시행 계획 인가 단계 | 사업시행계획 수립(사업시행자) | |
| | 사업시행계획인가 신청<br>(사업시행자 → 시장·군수·구청장) | • 토지면적의 5분의 3 이상의 동의 및 토지 등 소유자 총수의 5분의 3 이상의 동의 |
| | 사업시행계획인가·고시(시장·군수·구청장) | • 공람공고, 의견청취 |
| | 관리처분계획 신청<br>(사업시행자 → 시장·군수·구청장) | • 분양통지 및 공고 → 분양신청 → 관리처분계획 수립 및 총회 결의 |
| | 관리처분계획인가·고시(시장·군수·구청장) | • 공람공고, 의견청취 |
| | 공사착공(사업시행자) | |
| 완료 단계 | 사업준공 및 소유권이전<br>(사업시행자) | • 준공인가신청 → 준공검사, 인가 및 고시(구청장) → 확정측량 및 토지분할 → 소유권 이전 고시 및 보고(구청장) → 등기촉탁 → 대규모점포 등록 |
| | 청산(사업시행자) | • 청산금 징수 및 지급 |
| | 조합해산(조합) | • 서류이관(조합 → 구청장)<br>• 조합해산결의 → 조합해산 |

시장정비사업에 대한 지방세 감면 규정은 도시재생 활성화 및 영세상인 지원을 위해 필요하나 2024년말까지 사업단계 구분 없이 시행자와 입점상인으로만 규정하여 감면 적용하였으나 2025년부터는 사업시행자의 경우에 유사 개발사업과의 형평성 및 각 사업단계별(조성 및 준공) 취득목적에 부합하도록 감면 대상규정을 재설계(조성단계 : 대지조성용 부동산 취득세 50%, 공사 중 토지 재산세 50%, 준공단계 : 관리처분계획에 따라 취득하는 부동산 취득세 50%)함으로써 사업단계별로 감면적용이 되도록 이를 명확히 개정하였다.

〈표 2〉 **시장정비사업 감면규정 재설계(2025.1.1. 개정 · 시행)**

| 개정 전 | | |
|---|---|---|
| 단계 | "사업단계 구분 없음" | |
| 시행자 | 사업용 부동산 | 취 100%, 재 50%(5년) |
| 입점상인 | 판매시설 (주택 제외) | 취 100%, 재 50%(5년) |

| 개정 후 | | | |
|---|---|---|---|
| ① 사업 조성 | | ② 사업 준공 | |
| 사업용 부동산 | 취50% 재 50% | 사업시행 후 취득 (입점상인, 일반인 분양) | 취 50% |
| - | - | 판매시설(주택 제외) | 취 100%, 재 50%(5년) |

### 시장정비사업을 추진하려는 자의 의미

「지방세특례제한법」 제83조 제1항에서 시장정비사업 감면대상에 대하여 행정관청의 인가 · 승인 등을 득하는 법률요건을 규정하지 않고, '시장정비사업을 추진하려는 자'로 규정하고 있음은 별도 시장정비사업구역 내의 부동산 취득 시까지 사업승인을 받아 시장정비사업 시행자의 지위를 받지 못하였다고 하더라도 토지 등 취득으로 사업시행자 승인의 주요 요건을 갖추는 경우라면 시장정비사업을 추진하려는 자로 볼 수 있을 것이다. 이는 지방세법이 2010년 말 분법이 되면서 서울시 등 지방자치단체에서 운영중이었던 감면조례를 이관한 조문으로 당시에도 시장정비사업을 추진하고자 규정하여 별도의 감면규정을 운영하여 온 바 있다.

한편, 「전통시장법」 제33조 제2항 제1호 및 제41조 제1항에서는 사업시행자 승인에 대한 구청장 등의 추천을 신청할 수 있는 자는 토지 등 소유자(개인이나 법인이 단독으로 소유한 경우만 해당한다) 등이라고 규정하고 있고, 같은 법 제34조 제1항에서는 사업시행자 승인에 대한 구청장 등에게 추천을 신청하려는 자는 시장정비사업구역 토지면적의 5분의 3 이상에 해당하는 토지 소유자의 동의 및 토지 등 소유자 총수의 5분의 3 이상의 동의를 받는다면 사업시행자 승인을 위해 구청장 등이 시장 등에게 추천할 수 있다고 규정하고 있으므로 단독으로 시장정비사업을 추진하려는 자가 시장정비사업구역 토지 면적의 5분의 3 이상을 취득하는 경우라면 시장정비사업의 시행자 승인 요건을 충족한 것으로 보아야 한다.

## 3 감면대상 부동산

시장정비사업시행자가 해당 사업에 직접 사용하기 위하여 취득하는 부동산과 시장정비사업자로부터 입점하는 상인과 전통시장 부동산 소유자(사업시행인가일 현재 부동산을 소유한 자)가 최초로 취득하는 부동산이 이에 해당된다. 여기서 말하는 부동산이란 해당 사업용 토지와 주상복합을 포함한 대규모 점포를 말한다. 이 경우 시장정비사업시행자의 경우 해당 사업용 부동산에 대해서는 모두 감면대상에 해당되나 입점상인 등의 경우에는 주거용 부동산은 제외된다.

### 시장정비사업 시행으로 건축공사 착공 이후 공사가 중단된 경우(§83 ①)

시장정비사업 시행구역 안의 주거용 건축물 및 그 부속토지를 제외한 부동산에 대하여는 재산세를 50% 감면하며, 시장정비사업 시행용 토지에 대하여는 건축공사 착공 후 당해 납세의무가 최초로 성립하는 날부터 5년간 재산세를 감면하도록 규정하고 있다. 이때 착공중인 건축물 부속토지는 일정기간(6개월 이상 정당한 사유 없이 공사가 중단된 경우)까지도 당해 토지를 시장정비사업용 토지로 볼 수 있는지가 쟁점이 될 수 있다. 착공중인 건축물 부속토지는 재산세 별도합산 과세대상에 해당되지만 6개월 이상 정당한 사유 없이 공사가 중단된 경우는 건축물 부속토지로 볼 수 없어 종합합산 과세가 되며, 여기에 감면대상 토지로 볼 수 없다면 그만큼 사업시행자에게는 세부담이 증가하게 되는 것이다.

시장정비사업 시행으로 건축공사가 중간에 중단되었더라도 이 경우에는 중단된 사유만을 기준으로 감면대상 부동산 여부를 바로 판단하기보다는 당해 토지가 ⅰ) 시장정비사업시행구역 내의 토지에 해당되는지, ⅱ) 시장정비사업시행용 토지에 해당되는지, ⅲ) 건축공사 착공이 이루어졌는지, ⅳ) 무엇보다도 입법취지인 착공 후 한시적으로 5년까지만 감면대상 토지라는 점을 종합적으로 고려해야 할 것이다. 이에 대해 살펴보면 시장정비사업시행구역이란 「전통시장 및 상점가 육성을 위한 특별법」 제37조 제3항 제1호상의 사업계획승인서상의 시장정비구역을 의미한다고 보아야 하고 이에 대한 시장정비사업시행용 토지란 시행구역 안의 토지로서 시장정비사업 시행에 제공되거나 제공될 토지를 의미한다고 해야 하며, 착공이란 건축허가를 받아 착공신고서를 제출한 후 규준틀 설치, 터파기, 구조물공사 등 실제로 건축공사를 진행하고 있는 「건축중」인 것을 의미(대법원 1995.9.26. 선고, 95누7857 판결, 심사결정 2004-68, 2004.8.12.)하므로 비록 세 번째 요건인 건축 중에는 해당되지 않더라도 나머지 요건을 갖추었다면 무엇보다도 입법취지인 5년의 한도까지는 시장정비사업 활성화를 위한 유예기간으로 볼 수 있다는 점을 종합하여 고려할 때 감면대상 5년간은 시장정비사업용 토지로 봄이 타당하다 할 것이다. 이와 관련한 사례(행안부 지방세운영과-4470, 2010.9.24.)도 감면 요건상 공사가 진행중이라거나, 직접 사용 등을 요건으로 하지 않고 "시장정비사업 시행용 토지"로 한정하고 있으며 공사중단 여부를 감면요건으로 별도로 규정하고 있지 아니하고, 공사중단이 시장정비사업 시행용 토지의 배제사유로 볼 수 없어 사업시행구역 내의 토지로써 공사는 중단되었더라도 작업구역이 펜스로 둘러싸인 채 다른 용도로 전용되지 아니한 상태라면 사업시행용 토지로 보는 것이 타당하다는 유권해석도 이러한 견해를 반영한 취지로 보인다.

## 4 | 특례의 내용

시장정비사업시행자 및 입점상인에 대해서는 2027년 12월 31일까지 다음과 같이 각각 지방세 및 국세(농어촌특별세)를 감면하고 지방세 감면 특례의 제한(최소납부세제)의 경우 시장정비사업시행자는 2016년부터 적용되었으나 2025년부터 면제규정이 축소됨에 따라 적용대상에서도 제외되었고 입점상인의 경우 2019년 1월 1일부터 적용되고 있다.

〈표 2〉 **시장정비사업시행자 및 입점상인 감면 현황(2025.1.1. 현재)**

| 조문 | 감면대상 | 감면율 | 일몰 |
|---|---|---|---|
| §83 ① | 시장정비사업시행자가 해당 사업용에 직접 사용하기 위해 취득하는 부동산 | 취득세 면제<br>재산세(5년간) 50% | '24.12.31. |
| §83 ① | 시장정비사업시행자 감면<br>-(조성) 대지조성용 부동산<br>-(준공) 관리처분계획에 따라 취득하는 부동산 | 취득세 50%<br>재산세(조성기간) 50% | '27.12.31. |
| §83 ①<br>§177의 2 | 지방세 감면 특례의 제한(최소납부세제) 적용 | 취득세 면제세액의 15% 과세 | '16년부터 적용 |

| 조문 | 감면대상 | 감면율 | 일몰 |
|---|---|---|---|
| §83 ③<br>(기존 ②) | 시장정비사업시행자로부터 입점상인 등이 취득하는 해당 사업용 부동산 | 취득세 면제<br>재산세(5년간) 50% | '27.12.31. |
| §83 ③<br>§177의 2 | 지방세 감면 특례의 제한(최소납부세제) 적용<br>※ '16.12.31. ~ '18.12.31.까지 3년간 유예 | 취득세 면제세액의 15% 과세 | '19년부터 적용 |
| 농특령<br>§4 ⑥ 5호 | §83 ①~②에 따른 취득세 감면분의 20% | 농어촌특별세 비과세 | - |

### 4-1. 건축중인 부속토지에 대한 특례(영 §123)

시장정비사업시행자가 해당 사업에 사용할 건축물을 건축중인 경우에는 해당 용도로 직접 사용하고 있는 것으로 의제(擬制)하여 해당 건축물의 부속토지에 대한 재산세를 계속 감면한다.

### 4-2. 자동계좌이체 납부분 재산세 세액공제(§92의 2)

시장정비사업시행자 또는 입점상인 등이 전자송달 또는 자동계좌이체 방식으로 납부할 재산세(§83 ①~②)를 자동납부 신청하는 경우에는 지방자치단체의 조례로 정하는 바에 따라 추가로 재산세를 공제(150원~1,000원)받을 수 있다. 자동납부 신청 세액공제에 관한 세부사항은 제92조의 2의 해설편을 참조하면 된다.

## 5 | 특례의 제한

### 5-1. 감면된 취득세의 추징(§83 ③)

2024년말까지는 시장정비사업시행자와 입점상인에 대한 사후관리 즉, 추징 요건이 동일하게 적용하였으나, 사업주체별(사업시행자, 입점상인)로 적용받도록 추징 규정을 개정하였으며 기타 감면의무위반 사항에 대한 세부적인 내용은 제178조의 해설편의 내용을 참조하면 된다.

| 구분 | 개정 전 | 개정 후 |
|---|---|---|
| 규정 | 추징요건 통일(§83 ③) | 맞춤형 추징요건(§83 ②, ④) |
| 시행자 | • 사업추진계획의 승인 취소<br>• 취득일부터 3년 이내 직접 미사용, 매각·증여, 타 용도 사용 | • 사업추진계획의 승인 취소<br>• 취득일부터 3년 내 직접 미사용 |
| 입점상인 | | • 취득일부터 1년 내 직접 미사용<br>• 직접 사용 2년 이내 매각·증여, 타 용도 사용 |

### 5－2. 감면된 취득세의 추징(§83 ③) : 2024.12.31까지

시장정비사업시행자(입점상인)가 「전통시장 및 상점가 육성을 위한 특별법」 제38조에 따라 사업추진계획의 승인이 취소되는 경우, 그 취득일부터 3년 이내에 정당한 사유 없이 그 사업에 직접 사용하지 아니하거나 매각·증여하는 경우와 다른 용도에 사용하는 경우에 해당 부분에 대해서는 제1항 및 제2항에 따라 감면된 취득세를 추징한다.

### 5－3. 최소납부세액의 부담(§177의 2)

시장정비사업시행자(입점상인)의 해당 사업용 부동산에 대해서는 취득세가 면제(§83 ①, ②)됨에도 불구하고, 2015년부터 시행되는 최소납부세제에 따라 면제되는 세액의 15%는 취득세 감면특례가 제한되어 최소납부세액을 부담하여야 한다. 다만, 시행시기는 부칙 제12조 제1호(법률 제12955호)에 따라 2019년 1월 1일(시장정비사업시행자는 2016년 1월 1일)부터 적용하도록 부칙 제12조 제3호(법률 제12955호) 개정하였다. 이에 대한 세부적인 사항은 제177조 및 제177조의 2의 해설편을 참조하면 된다.

### 5－4. 지방세 중과세 대상 부동산에 대한 감면 제한(§177)

시장정비사업시행자(입점상인)가 감면을 받으려는 부동산이 지방세법 제13조 제5항에 따른 별장 등 지방세 중과세 대상인 사치성 재산인 경우에는 감면대상에서 제외된다.

## 6 | 감면신청(§183)

시장정비사업시행자(입점상인)가 본 규정에 따라 지방세를 감면받으려는 경우에는 해당 지방자치단체의 장에게 해당 부동산이 시장정비사업용에 직접 사용하는 용도임을 입증하

는 서류를 첨부하여 감면신청을 하여야 한다. 세부적인 감면신청 절차 등에 대해서는 제183조의 해설편을 참조하면 된다.

## 7 | 관련사례

▣ 시장정비사업시행자 취득 주택 감면 여부

시장정비사업에 직접 사용하기 위하여 취득하는 부동산의 범위에 시장정비사업 시행으로 인하여 취득하는 신축 주택의 경우, 시장정비구역으로 승인된 구역 안에서 해당 사업에 직접 사용하기 위하여 취득하거나 그 사업시행으로 인하여 취득하는 부동산이라면 주택일지라도 취득세 감면대상에 해당된다고 보는 것이 타당함(행안부 지방세특례제도과-1767, 2022.8.10.).

▣ 시장정비구역에서 감면대상 부동산의 범위

시장정비대상은 도매업·소매업 및 용역업을 영위하는 점포와 상업시설, 편의시설을 포함한 상업기반시설 등이 해당되므로 시장정비구역에서 대통령령이 정하는 자가 취득하는 주거용 부동산을 제외한 도·소매업은 물론 용역업이라도 시장 내의 점포에서 영업을 위한 부동산은 감면대상에 해당함(행안부 지방세운영과-1227, 2011.3.17.).

▣ '시장정비사업을 추진하려고 하는 자가 취득하는 부동산'의 의미

1) 취득세가 감면되는 시장정비사업을 추진하고자 하는 자라 함은 조합 또는 토지 등의 소유자의 과반수의 동의를 얻어 소정의 요건을 갖춘 자를 말하고, 청구법인은 조합의 조합원 총회에서 참여조합원의 만장일치로 조합의 공동시행자로 지정된 사실과, 청구법인이 공동시행자의 지위에서 제2부동산을 취득한 사실이 확인되는 이상 제2부동산은 시장정비사업을 추진하고자 하는 자가 해당 사업에 직접 사용하기 위하여 취득하는 부동산에 해당한다 할 것임(조심 2011지0553, 2012.7.26.).
2) 시장재건축 등의 사업시행구역의 선정절차 없이 진행된 시장재건축 등의 사업과 관련하여 취득세 등에 관한 감면대상이 아닌 것으로 본 사례(대법원 2009두18325, 2010.4.29.)

# 제84조

## 사권 제한토지 등에 대한 감면

❁ 관련규정 ❁

제84조(사권 제한토지 등에 대한 감면) ①「국토의 계획 및 이용에 관한 법률」 제2조 제7호에 따른 도시·군계획시설로서 같은 법 제32조에 따라 지형도면이 고시된 후 10년 이상 장기간 미집행된 토지, 지상건축물, 「지방세법」 제104조 제3호에 따른 주택(각각 그 해당 부분으로 한정한다)에 대해서는 2027년 12월 31일까지 재산세의 100분의 50을 경감하고, 「지방세법」 제112조에 따라 부과되는 세액을 면제한다.

②「국토의 계획 및 이용에 관한 법률」 제2조 제13호에 따른 공공시설을 위한 토지(주택의 부속토지를 포함한다)로서 같은 법 제30조 및 제32조에 따라 도시·군관리계획의 결정 및 도시·군관리계획에 관한 지형도면의 고시가 된 후 과세기준일 현재 미집행된 토지의 경우 해당 부분에 대해서는 재산세의 100분의 50을 2027년 12월 31일까지 경감한다.

③「철도안전법」 제45조에 따라 건축 등이 제한된 토지의 경우 해당 부분에 대해서는 재산세의 100분의 50을 2027년 12월 31일까지 경감한다.

## 1 개 요

국가나 지방자치단체가 추진하는 사업 등 공공의 이익을 위해 개인 토지소유주의 권리가 일정부분 제한되고 있는 사권제한 부동산에 대한 세제지원이다. 여기서 사권제한이란 개별법에 의해 지정된 지역으로서 토지 등을 종래의 목적대로 사용할 수 없고 실질적으로 토지를 사용·수익을 할 수 없는 토지를 말한다.

2010년 이전까지는 구 지방자치단체의 조례에서 규정되어 있었으나, 지특법이 제정이 되면서 2011년부터는 현재의 지특법 제84조로 이관되었다. 2015년 감면일몰이 도래하여 그간

일몰기한 없이 감면하였으나 2018년 12월 31일까지 감면일몰기한이 최초로 규정되었고 2021년 말 지특법 개정시 2024년 12월 31일까지 3년간 재차 연장되었다.

## 2 | 감면대상자

국가 또는 해당 지방자치단체에서 도시관리계획 등에 따라 그 용도가 지정되어 있으나 장기간에 걸쳐 그 용도대로 개발·사용되지 않은 상태에서 각종 개인의 권리가 전부 또는 일정부분 제한을 받고 있는 부동산의 소유자가 이에 해당된다.

## 3 | 감면대상 부동산

무수히 많은 사권제한 법령(2012년 기준 약 58개 법령 200여 개 지구 등) 중 그 제한의 정도가 극히 큰 일부 토지에 대하여만 사권제한토지로 보아 일부 재산세가 경감되고 있다. 따라서, 법령 근거가 국토의 계획 및 이용에 관한 법률(도시계획시설, 공공시설 포함) 및 철도안전법(철도보호구역지구) 이외 개별법령상의 사권제한토지라 해서 반드시 이 법 규정상의 감면대상 부동산에는 해당되지 않는다 할 것이다.

### 3-1. 도시계획시설 중 10년 이상 장기간 미집행된 토지 등

감면대상자가 그 해당 지역에서 보유하고 있는 부동산 중 그 용도가 도시계획시설로서 지형도면이 고시된 후 10년 이상 장기간에 걸쳐 미집행된 토지, 지상건축물, 주택이 해당된다. 여기서 지형도면의 고시와 도시계획시설이란 다음과 같다.

#### 지형도면의 고시

「국토의 계획 및 이용에 관한 법률」 제30조 및 같은 법 시행령 제25조와 이의 위임을 받은 지방자치단체의 조례로 도시관리계획(도시계획시설 : 공원, 학교)을 변경 결정하고, 「토지이용규제 기본법」 제8조 및 같은 법 시행령 제7조 규정에 의거 지형도면을 작성하여 이를 고시하는 것을 말한다. 지형도면이란 「토지이용규제 기본법」 제8조 제2항에 따라 지적이 표시된 지형도에 해당 지방자치단체에서 고시할 용도지역·지구 등을 표시한 도면이다.

〈지형도면 작성의 예시〉

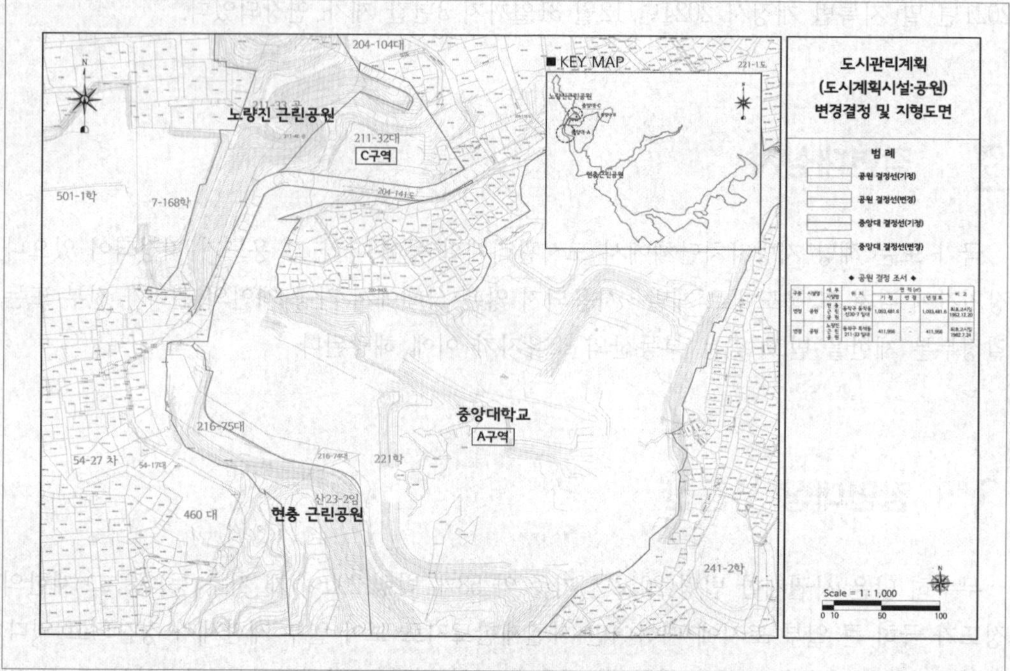


### 도시계획시설

「국토의 계획 및 이용에 관한 법률」 제2조 제6호에 따른 기반시설로서 같은 법 제2조 제7호에 따른 도시 · 군관리계획[195]으로 결정된 시설(도시계획시설)을 말한다. 세부적인 시설의 범위는 아래 〈표 1〉의 내용과 같다.

〈표 1〉 **국토계획 및 이용에 관한 법률 제7호에 따른 도시계획시설**

- 교통시설 : 도로 · 철도 · 항만 · 공항 · 주차장 · 자동차정류장 · 궤도 · 운하, 자동차건설기계 검사시설 및 운전학원
- 공간시설 : 광장 · 공원 · 녹지 · 유원지 · 공공공지
- 유통 · 공급시설 : 유통업무설비, 수도 · 전기 · 가스 · 열공급설비, 방송 · 통신시설, 공동구 · 시장, 유류저장 송유설비
- 공공 · 문화체육시설 : 학교 · 운동장 · 공공청사 · 문화시설 · 체육시설 · 도서관 · 연구시설 ·

195) 국토의 계획 및 이용에 관한 법률 제2조 제4호 : "도시 · 군관리계획"이란 특별시 · 광역시 · 특별자치시 · 특별자치도 · 시 또는 군의 개발 · 정비 및 보전을 위하여 수립하는 토지 이용, 교통, 환경, 경관, 안전, 산업, 정보통신, 보건, 복지, 안보, 문화 등에 관한 다음 각 목의 계획을 말한다. 가. ~ 마. (생 략)

사회복지시설 · 공공직업훈련시설 · 청소년수련시설
• 방재시설 : 하천 · 유수지 · 저수지 · 방화설비 · 방풍설비 · 방수설비 · 사방설비 · 방조설비
• 보건위생시설 : 화장시설 · 공동묘지 · 봉안시설 · 자연장지 · 장례식장 · 도축장 · 종합의료시설
• 환경기초시설 : 하수도 · 폐기물처리시설 · 수질오염방지시설 · 폐차장

## 3-2. 도시계획시설 중 10년 이상 장기간 미집행된 토지 등

감면대상자의 토지 중 「국토의 계획 및 이용에 관한 법률」 제2조 제13호에 따른 공공시설을 위한 토지(2016년부터 토지에 대한 개념을 명확히 하고자 주택의 부속토지를 포함하도록 개정)로서 같은 법 제30조 및 제32조에 따라 도시관리계획의 결정 및 도시관리계획에 관한 지형도면(3-1. 설명내용 참조)의 고시가 된 토지의 경우가 이에 해당된다. 세부적인 시설의 범위는 아래 표의 내용과 같다.

〈표 2〉 **「국토의 계획 및 이용에 관한 법률」 제2조 제13호에 따른 도시계획시설(공공시설)**

• 도로 · 공원 · 철도 · 수도
• 항만 · 공항 · 운하 · 광장 · 녹지 · 공공공지 · 공동구 · 하천 · 유수지 · 방화설비 · 방풍설비 · 방수설비 · 사방설비 · 방조설비 · 하수도 · 구거
• 행정청이 설치하는 주차장 · 운동장 · 저수지 · 화장장 · 공동묘지 · 봉안시설

## 3-3. 도시자연공원과 도시자연공원구역의 토지 감면 여부

헌법재판소에서 도시 · 군계획시설 지정 후에 장기간 미집행으로 개인 소유토지의 사적 이용권을 제한하는 것을 헌법불합치 결정(1999.10.21., 97헌바26)됨에 따라 20년 이상 도시계획시설로 미집행 된 토지에 대해 2020년 7월부터 그 효력이 상실될 예정(국토의 계획 및 이용에 관한 법률, '12.4월 개정)이다.

이에 따라 해당 지방자치단체에서는 실효예정인 도시자연공원을 '도시자연공원구역'으로 전환할 계획으로 도시자연공원구역의 경우에는 도시계획시설과 같이 재산세 부과시에 낮은 분리과세 세율을 적용하고 있으나 지방세특례는 도시계획시설에 한정하고 있다.

도시자연공원구역에 대해 행위제한을 이유로 감면규정을 둘 경우, 유사 행위제한구역인 개발제한구역, 시가화조정구역, 수산자원보호구역 등까지로 감면범위가 확대로 여지가 크며 타 구역과의 조세형평을 고려하여 현재 별도의 감면규정을 두지 않고 있다.

2016년 말 기준, 도시계획시설로 지정 후 미집행된 토지는 총 1,256.9㎢이며 이 중에서

10년 이상 미집행된 시설은 총 833㎢(약 7만여 건, 서울의 1.38배)이며 공원은 433.4㎢(52.0%), 도가가 242.3㎢(29.1%), 기타 시설지역이 157.5㎢(18.9%)이고, 여기서 2020년 7월 도시계획시설 지정효력이 상실되는 대상은 703㎢(약 85%) 수준이다.

〈표 3〉 **도시자연공원 vs 도시자연공원구역 비교**

| 구분 | 도시자연공원 | 도시자연공원구역 |
|---|---|---|
| 관계법령 | 도시공원 및 녹지 등에 관한 법률 | 국토의 계획 및 이용에 관한 법률 |
| 지정목적 | 도시자연경관의 보호와 시민의 건강·휴양 및 정서생활의 향상에 기여(도시 및 녹지 등에 관한 법률 §2) | 도시의 자연환경 및 경관을 보호하고 도시민에게 건전한 여가·휴식공간을 제공(국토의 계획 및 이용에 관한 법률 §38의 2) |
| 관리권자 | 시장·군수·구청장 | 시장·군수·구청장 |
| 지정면적 ('13년 기준) | 386.7㎢(235개소) | 229.1㎢(148개소) |
| 행위제한 | 공원에서 신축 제한, 증축 등은 점용허가 | 구역에서 증축 등은 행위허가, 취락지구에서 주택 등 신축 가능 |
| 차이점 | • 도시계획시설<br>• 일몰제(공원효력 상실) 적용<br>• 토지 등 보상 대상<br>• 지방세 감면(지특법 §84, 50%) | • 용도구역<br>• 일몰제 적용 제외<br>• 토지 등 보상 제외<br>• 지방세 감면규정 없음 |

### 3-4. 철도안전법에 따른 사권 제한 토지(§84 ③)

감면대상자의 토지 중 「철도안전법」 제45조에 따라 건축 등이 제한된 토지가 이에 해당된다. 여기서 건축 등이 제한된 경우란 철도의 경계선으로부터 30m 이내의 지역인 철도보호지구 내의 토지 모두를 감면대상으로 보는 것이 아니라 해당 지역에서 건축물의 신축·개축·증축 또는 인공구조물의 설치가 제한되는 경우 등을 말한다. 한편 철도보호지구 내에서 실제로 건축 등이 제한되고 있는지의 여부는 감면대상자로부터 구체적인 입증자료 등 사실관계를 통해 확인해야 할 것이다.

# 4 | 특례의 내용

## 4-1. 재산세의 감면

감면대상자가 보유중인 부동산 중 사권제한을 받는 도시계획시설, 철도보호지구 내의 토지에 대해서는 재산세(도시지역분 포함)를 50% 경감한다. 이 경우 도시계획시설 토지 등을 보유한 사람에 대한 감면적용은 일반 도시계획시설인 경우에는 지형도면이 고시된 후 10년이 경과한 이후부터 감면을 적용하고, 도시계획시설 중 공공시설인 경우에는 유예기간 없이 그 공공시설이 확정된 이후부터 재산세를 감면하며, 다만 재산세 도시지역분은 감면되지 않는 차이가 있으며 2018년 말 지특법 개정시 사권제한토지와 관련한 본 조의 감면대상은 모두 2021년 12월 31일까지 3년간 연장되었다.

〈표 4〉 **사권제한토지 감면 현황(2022.1.1. 현재)**

| 조문 | 감면내용 | 감면율 | 일몰 |
|---|---|---|---|
| §84 ① | 사권제한토지(도시계획시설) | 재산세<br>(도시지역분 포함) 50% | '24.12.31. |
| §84 ② | 사권제한토지(공공시설용) | 재산세 50% | '24.12.31. |
| §84 ③ | 철도안전법에 의한 사권제한토지 | 재산세 50% | '24.12.31. |

■ **인적분할 요건(「법인세법」 §46 ②)**

1. 분할등기일 현재 5년 이상 사업을 계속하던 내국법인이 다음 각 목의 요건을 모두 갖추어 분할하는 경우일 것
   ※ 분할합병의 경우에는 소멸한 분할합병의 상대방법인 및 분할합병의 상대방법인이 분할등기일 현재 1년 이상 사업을 계속하던 내국법인일 것
   가. 분리하여 사업이 가능한 독립된 사업부문을 분할하는 것일 것
   나. 분할하는 사업부문의 자산 및 부채가 포괄적으로 승계될 것
      ※ 다만, 공동으로 사용하던 자산, 채무자의 변경이 불가능한 부채 등 분할하기 어려운 자산과 부채 등으로서 대통령령으로 정하는 것은 제외

※ 「법인세법 시행령」 제82조의 2 제4항 : 제외되는 자산 및 부채 등
1. 자산
   가. 변전시설 · 폐수처리시설 · 전력시설 · 용수시설 · 증기시설
   나. 사무실 · 창고 · 식당 · 연수원 · 사택 · 사내교육시설
   다. 물리적으로 분할이 불가능한 공동의 생산시설, 사업지원시설과 그 부속토지 및 자산

라. 가목부터 다목까지의 자산과 유사한 자산으로서 기획재정부령으로 정하는 자산(= 공동으로 사용하는 상표권)

2. 부채

가. 지급어음

나. 차입조건상 차입자의 명의변경이 제한된 차입금

다. 분할로 인하여 약정상 차입자의 차입조건이 불리하게 변경되는 차입금

라. 분할하는 사업부문에 직접 사용되지 아니한 공동의 차입금

마. 가목부터 라목까지의 부채와 유사한 부채로서 기획재정부령으로 정하는 부채

3. 분할하는 사업부문이 승계하여야 하는 자산·부채로서 분할 당시 시가로 평가한 총자산가액 및 총부채가액의 각각 100분의 20 이하인 자산·부채. 이 경우 분할하는 사업부문이 승계하여야 하는 자산·부채, 총자산가액 및 총부채가액은 기획재정부령으로 정하는 바에 따라 계산하되, 주식등과 제1호의 자산 및 제2호의 부채는 제외한다.

2. 분할법인등의 주주가 분할신설법인등으로부터 받은 분할대가의 전액이 주식인 경우(분할합병의 경우에는 분할대가의 100분의 80 이상이 분할신설법인등의 주식인 경우 또는 분할대가의 100분의 80 이상이 분할합병의 상대방법인의 발행주식총수 또는 출자총액을 소유하고 있는 내국법인의 주식인 경우를 말한다)로서 그 주식이 분할법인등의 주주가 소유하던 주식의 비율에 따라 배정(분할합병의 경우에는 대통령령으로 정하는 바에 따라 배정한 것을 말한다)되고 대통령령으로 정하는 분할법인등의 주주가 분할등기일이 속하는 사업연도의 종료일까지 그 주식을 보유할 것

3. 분할신설법인등이 분할등기일이 속하는 사업연도의 종료일까지 분할법인등으로부터 승계받은 사업을 계속할 것

4. 분할등기일 1개월 전 당시 분할하는 사업부문에 종사하는 대통령령으로 정하는 근로자 중 분할신설법인등이 승계한 근로자의 비율이 100분의 80 이상이고, 분할등기일이 속하는 사업연도의 종료일까지 그 비율을 유지할 것

**■ 물적분할 요건(「법인세법」 §47 ①)**

분할법인이 물적분할에 의하여 분할신설법인의 주식등을 취득한 경우로서 제46조 제2항 각 호의 요건(같은 항 제2호의 경우 전액이 주식등이어야 함)을 갖춘 경우

## 4-2. 자동계좌이체 납부분 재산세 세액공제(§92의 2)

감면대상자가 보유중인 사권제한을 받는 토지가 전자송달 또는 자동계좌이체 방식으로 납부할 재산세(§84 ①~③)를 자동납부 신청하는 경우에는 지방자치단체의 조례로 정하는 바에 따라 추가로 재산세를 공제(150원~1,000원)받을 수 있다. 자동납부 신청 세액공제에 관한 세부사항은 제92조의 2 해설편을 참조하면 된다.

### 4-3. 지방세 중과세 대상 부동산에 대한 감면 제한(§177)

사권제한 중인 부동산으로서 감면을 받으려는 부동산이 지방세법 제13조 제5항에 따른 별장·골프장·고급오락장 등 지방세 중과세 대상인 사치성 재산인 경우에는 감면대상에서 제외된다. 세부적인 사항은 제180조의 해설편을 참조하면 된다.

## 5 감면신청(§183)

사권제한 중인 부동산을 보유하고 있는 자가 본 규정에 따라 지방세를 감면받으려는 경우에는 해당 지방자치단체의 장에게 해당 부동산이 사권제한 중임을 입증하는 서류를 첨부하여 감면신청을 하여야 한다. 세부적인 감면신청 절차 등에 대해서는 제183조의 해설편을 참조하면 된다.

## 6 관련사례

▣ 쟁점주택을 「지방세특례제한법」 제84조 제1항에서 규정하고 있는 사권제한 부동산으로 보아 재산세의 100분의 50을 감면하고, 도시지역분을 면제하여야 한다는 청구주장의 당부

이 건 토지는 「지방세특례제한법」 제84조 제1항에서 규정하고 있는 재산세 감면 대상에 해당된다고 보는 것이 타당하다 하겠으므로 처분청이 이 건 토지에 소재하는 쟁점주택에 대하여 이 건 재산세 등을 부과한 처분은 잘못이 있다(조심 2022지1386, 2022.11.17. 외 다수, 같은 뜻임)고 판단됨(조심 2023지5294, 2024.9.10.).

▣ 사권제한토지 감면 적용 여부

- 「지방세특례제한법」 제84조 제1항 및 제2항에서 규정하는 감면대상이 되기 위하여는, ① 도시·군관리계획으로 결정된 기반시설로서 ② 국토계획법에 따라 지형도면이 고시된 후 ③ 10년 이상 장기간 미집행된 토지이거나, ❶ 공공시설용 토지로서 ❷ 국토계획법에 따른 도시·군관리계획의 결정 및 도시·군관리계획에 관한 지형도면의 고시가 된 후 ❸ 과세기준일 현재 미집행된 토지여야 함.
- 해당 '수용 또는 사용할 토지의 세목조서'는 사업시행자가 관광지 조성사업의 시행을 위하여 수용하거나 사용하려는 토지의 세목을 적은 서류로서, 해당 세목조서에 기재된 모든 토지가 도시·군계획시설이거나 공공시설용 토지임을 의미하는 것은 아니므로, 수용 또는 사용할 토지의 세목조서에 기재된 사실만으로는 「지방세특례제한법」 제84조 제1항 및

제2항에 따른 감면을 적용할 수 없고, 도시·군계획시설용지 또는 공공시설용 토지에 해당해야 감면 적용이 가능함(행안부 지방세특례제도과-1468, 2024.6.25.).

■ 쟁점토지를 「지방세특례제한법」 제84조 제2항에서 규정하고 있는 사권제한 토지로 보아 재산세의 100분의 50을 감면하여야 한다는 청구주장의 당부

공동주택의 부속토지로 사용될 예정인 쟁점1토지는 「지방세특례제한법」 제84조 제2항에서 규정하고 있는 공공시설용 토지에 해당되지 아니하므로 쟁점1토지에 대하여 재산세를 감면하여야 한다는 청구주장은 이유 없다고 할 것임. 2023년 과세기준일(6.1.) 현재 청구법인은 쟁점2토지를 주택건설사업용에 사용 중인 것으로 볼 수 있으므로, 쟁점2토지를 미집행된 공공시설 용지(사권제한토지)로 보아 재산세를 감면하여야 한다는 청구주장 또한 받아들이기 어렵다고 판단됨(조심 2024지0102, 2024.5.28.).

■ 이 건 토지가 「지방세특례제한법」 제84조 제2항에서 규정하고 있는 미집행 공공시설용 토지에 해당하는지 여부

이 건 토지의 일부가 「도시 및 주거환경정비법」에 따라 기반시설(도로)로 지정되었다고 하여 이를 「지방세특례제한법」 제84조 제2항에서 규정하고 있는 재산세 감면 대상에 해당된다고 볼 수는 없으므로 처분청이 재산세 감면대상이 아닌 이 건 토지에 대하여 재산세의 100분의 50을 감면하였다가 그 후 청구인에게 이 건 재산세 등을 부과한 처분은 달리 잘못이 없다고 판단됨(조심 2023지4107, 2023.12.22.).

■ 장기간 미집행된 토지에 해당하는지 여부

- 해당 토지 일대를 학교부지로 개발하는 것으로 도시관리계획 결정을 받고도 법인 스스로 그 사업을 진행하지 아니한 것으로 보여 이를 사권제한 토지 등에 대한 감면대상인 '장기간 미집행된 토지'에 해당하는 것으로 보기는 어려움(조심 2020지1346, 2021.9.27.).
- 해당 토지는 ○○택지지구 내 도시계획시설(의료시설)로 결정되어 그 지형도면이 고시된 후, ○○지구 택지개발사업의 시행자인 한국토지공사가 그 택지개발사업을 완료하여 준공된 토지로, 법인이 도시계획결정에 따른 택지개발사업이 완료된 이후에 토지를 취득하였으므로 이를 사권제한 토지 등에 대한 감면대상인 '장기간 미집행된 토지'로 보기 어려움(조심 2020지1346, 2021.9.27.).

■ 도정법상 정비구역 내 공원용지가 사권제한토지에 해당하는지 여부

해당 '공원'용지는 「국토의 계획 및 이용에 관한 법률」에 따른 도시·군계획시설로 고시되지 아니한 점, 도시·군관리계획과 정비계획은 사업계획의 결정권자나 사업진행방식, 비용부담의 주체 등이 다름에도 유사 개발사업이라 하여 이를 동일시하는 것은 특례원칙에도 부합하지 않는 점, 「지방세특례제한법」에서 감면요건을 위임한 법령조문이 아닌 타 법령의 의제규정을 적용하여 감면범위를 확대하는 것은 조세공평의 원칙에 어긋나는 점 등을 종합해 볼 때, 「도시 및 주거환경정비법」에 따라 지형도면이 고시된 공원의 경우 토지 소유자의 권리가 일정부분 제한된 토지라 하더라도 「지방세특례제한법」 제84조에서 규정하는 재산세 등의 경감대상인 '사권제한토지'에는 해당되지 아니함(행안부 지방세특례제도과-1991, 2021.8.30.).

■ 토지 일부가 사권제한토지에 해당하는지 여부

토지 일대가 「도시 및 주거환경정비법」 제4조에 따라 도시 · 주거환경정비기본계획 및 정비구역으로 지정 고시되었다 하더라도 동 고시 및 지형도면고시는 「국토의 계획 및 이용에 관한 법률」 제30조 및 제32조에 따른 것으로 보는 것이 타당한 점, 서울특별시장이 청구인의 동 고시 관련 질의에 대하여 「국토의 계획 및 이용에 관한 법률」 제30조에 따른 것으로 회신한 점 등에 비추어 쟁점토지 중 도로에 저촉된 부분인 350㎡는 재산세 감면대상 및 도시지역분 과세제외대상으로 보는 것이 타당함(조심 2018지0690, 2018.8.3.).

■ 「도시개발법」에 따른 공공시설의 재산세 감면 여부

「국토의 계획 및 이용에 관한 법률」 제2조 제11호에서는 "도시 · 군계획사업"은 도시 · 군관리계획을 시행하기 위한 사업으로서 도시 · 군계획시설사업, 「도시개발법」에 따른 도시개발사업, 「도시 및 주거환경정비법」에 따른 정비사업을 규정하고 있는 바, 감면대상은 도시 · 군관리계획 결정 및 지형도면이 고시된 후에 "도시 · 군계획사업"에 따른 공공시설 토지로 사용되는 경우에만 해당된다고 할 것이므로, 도시 · 군관리계획 결정 및 지형도면 고시가 되기 전에 사업 시행자가 토지소유자의 토지를 수용한 경우 해당 토지는 미집행된 공공시설 토지로 보기 어려우므로 재산세 감면대상에 해당하지 않음(행안부 지방세특례제도과-3552, 2018.10.1.).

■ 사권제한토지에 대해 종전 법률에 따른 감면규정을 적용받을 수 있는지 여부

재산세는 매년 과세기준일(6.1.)에 그 납세의무가 성립하는 조세로서 감면대상에 해당하는지 여부는 과세기준일 현재의 현황 및 감면규정에 따라야 하며 이 건 재산세는 2017.6.1.에 그 납세의무가 성립된 것이므로 그 당시 시행 중인 개정 법률에 따라야 하는 점, 개정법률에서는 미집행된 토지'만을 감면대상으로 규정하고 있는데 해당 토지는 이미 도로가 설치되어 있으므로 그 요건을 충족하지 못하는 점 등에 비추어 받아들이기 어려움(조심 2018지0007, 2018.7.5.).

■ 항만시설용 토지에 대한 감면 여부

지특법 제84조 제2항에서는 "공공시설을 위한 토지"라고 규정하고 있고, 그 의미는 공공시설에 직접 사용되는 토지는 물론이고 공공시설에 관리 · 운영에 필요한 토지도 포함된다 할 것이므로 해당 토지는 항만기능을 효율화하고 항만시설을 관리 · 운영하기 위하여 필요한 지구(국토계획법 시행령 §31) 인 '항만시설보호지구'로 도시관리계획 결정 및 도면고시가 이루어진 점, 지방해양수산청장 등은 쟁점토지의 현황이 항만시설에 해당한다고 확인하고 있는 점 등에 비추어 토지는 항만을 위한 토지로서 도시관리계획의 결정 및 지형도면의 고시가 된 토지에 해당하므로 지특법 제84조 제2항에 따른 감면대상에 해당함(조심 2017지0712, 2018.6.4.).

■ 학교건립으로 도시계획시설로 집행되었으나 일부 잔여부분이 있는 경우 감면 여부

사권제한 토지 등에 대한 재산세 등의 경감규정의 취지는 당해 토지의 이용가능성이 배제되거나, 토지소유자가 토지를 종래 허용된 용도대로도 사용할 수 없어 이로 말미암아 현저한 재산적 손실이 발생하는 경우, 사회적 제약의 범위를 넘는 수용적 효과를 인정하여 이에 대한 보상을 위한 것이며, 도시계획시설의 집행이라 함은 일반적으로 사회통념상 토지의 전부가 도시계획시설로 되었다고 볼 만한 정도의 이행되었음을 뜻한다고 보아야 하고, 도시계획

시설의 거의 전부가 집행되었다고 볼 수 있는지 여부는 개별적·구체적 사안에 따라 잔여 면적, 그것이 전체 면적에서 차지하는 비율, 잔여면적이 남게 된 경위 등 제반 사정을 종합적으로 고려하여 판단하여야 할 것이므로, 앞서 본 규정과 법리 등에 비추어 살펴보면, 학교용지 전체 166,585.2㎡ 중 미분양 용지 31,709.2㎡는 사회 통념상 위 학교용지 166,585.2㎡를 모두 집행된 것으로 볼 수 있을 정도로 적은 면적이라고 할 수는 없는 바, 도시관리계획 결정·고시된 당해 토지는 이미 학교가 건립되어 도시계획시설로 집행되었다 하더라도, 도시관리계획 결정·고시된 당해 토지는 잔여부분은 미분양 용지로서 당해 토지의 이용가능성이 배제되거나, 토지소유자가 토지를 종래 허용된 용도대로도 사용할 수 없는 경우에는 장기간 미집행된 토지로 보아 감면대상으로 보는 것이 타당하다 할 것임(행자부 지방세특례제도과-1533, 2016.7.5.).

▣ 도시관리계획을 결정하고 지형도면을 고시한 경우 사권제한토지 포함 여부

• 도로구역인 토지는 「도로법」에 따라 「국토의 계획 및 이용에 관한 법률」에 의한 공공시설로서 도시관리계획의 결정이 있었던 것으로 의제되고, 이후 국토해양부장관이 해당 토지를 포함하여 경부고속국도 등 25개 노선에 대한 도면고시까지 완료하였으므로 「국토의 계획 및 이용에 관한 법률」에 의한 공공시설을 위한 토지로서 도시관리계획의 결정 및 지형도면의 고시가 완료된 감면대상 토지에 해당한다고 보는 것이 타당함(조심 2016지0550, 2016.6.30.).

• 토지에 정비기반시설을 설치한다는 내용을 담아 「국토의 계획 및 이용에 관한 법률」 제30조 및 제32조에 따라 도시관리계획을 결정하고, 그 지형도면을 고시하였으므로 관련 토지는 「지방세특례제한법」 제84조 제2항에 따른 사권제한토지에 해당함(조심 2015지0921, 2015.10.19.).

▣ 한국도로공사가 공공시설인 도로에 휴게소를 운영하는 것에 대해 도시관리계획에 따른 사업 집행이 완료된 토지로 보아 감면대상에서 제외하여야 하는지 여부

「지방세특례제한법」 제84조 제2항의 입법 경위는 헌법재판소에서 "도시계획시설 지정으로 말미암아 당해 토지의 이용가능성이 배제되거나 또는 토지소유자가 토지를 종래 허용된 용도대로 사용할 수 없어 현저한 손실이 발생한 경우 보상을 하여야 함에도 손실보장 규정을 두지 아니하였다"하여 위헌('99.10.21. 97헌바26)이라고 결정함에 따라, 건설교통부의 요구에 의하여 사권이 제한되는 토지 등에 대하여 지자체가 재산세 등 감면조례를 신설한 것(서울고법 '07.12.4. 2007누10510)으로, 이처럼 공공시설을 위한 토지에 대하여 재산세 경감을 규정하고 있는 취지는 「국토의 계획 및 이용에 관한 법률」 제30조에 따라 도시관리계획 결정이 있는 경우, 같은 법 제58조, 제64조에 따라 도시계획시설부지는 공공시설이 설치되기 전이라도 공공시설의 설치가 예정되어 있으므로 도시관리계획의 내용에 배치되거나 도시계획사업의 시행에 지장이 있는 개발행위 또는 도시계획시설이 아닌 건축물의 건축이나 공작물의 설치를 할 수 없게 되는 등 해당 도시계획시설부지에 관한 재산권을 제한하는 결과를 초래하게 되므로, 이러한 토지에 대하여 재산세의 100분의 50을 경감해 주려는 것(법제처-12-0261, 2012.6.28.)으로, 감면대상을 "공공시설을 위한 토지"로 규정하고 있기 때문에, 감면대상은 공공시설로 예정되었으나 미집행된 경우로 한정하는 것이 타당하다고 사료되어,

한국도로공사가 공공시설인 도로에 휴게소를 운영하는 것은 도시관리계획에 따른 사업 집행이 완료된 토지라 할 것이므로 「지방세특례제한법」 제84조 제2항에 따른 감면대상에서 제외하는 것이 타당하다 할 것임(행자부 지방세특례제도과-797, 2016.4.19.).

▣ 사권제한토지의 판단기준

쟁점토지가 공공시설을 위한 토지에 해당하는지를 살펴보면, 주차장의 경우 「국토의 계획 및 이용에 관한 법률」 및 같은 법률 시행령에서 행정청이 설치하는 주차장을 공공시설로 규정하고 있으며 설치 이후에도 계속하여 행정청에서 소유·운영할 것까지 요구하고 있지는 않음. 또한, 노외주차장의 경우 「주차장법」과 같은 법 시행령 및 시행규칙에서 시장·군수·구청장이 설치하도록 규정하면서 토지구획정리사업을 시행할 때 그 시행자에게 일정규모 이상의 노외주차장을 설치할 것을 의무화하고 있으므로 행정청이 토지구획정리사업을 시행하여 사업을 준공하였다면 그 사업지구 내의 노외주차장은 시행자인 행정청이 설치한 것으로 보아야 함. 다음으로 쟁점토지는 1991.8.19. 주차장으로 도시관리계획의 결정 및 도시관리계획에 관한 지형도면의 고시가 완료되어 현재에 이르기까지 사권제한 상태가 유지되고 있으므로 쟁점토지는 사권제한토지로서 재산세 50% 경감 대상으로 타당할 것임(행안부 지방세운영과-1074, 2012.4.7.).

▣ 사권제한토지라도 별도·분리과세 대상이 아니면 종합합산 과세대상이라고 한 사례

재산세 과세기준일(6.1.) 현재 「국토의 계획 및 이용에 관한 법률」 제2조 제7호의 규정에 의한 도시계획시설로서 동법 제32조의 규정에 의하여 지형도면이 고시된 후 10년 이상 장기간 미집행토지로 재산세 50%가 감면되는 토지라 할지라도 그 감면되는 토지의 비율 이외의 토지에 대하여는 지방세 관련 규정에서 별도합산·분리과세 대상으로 분류하고 있는 경우가 아니라면 종합합산 과세대상임(행안부 지방세운영과-2791, 2008.12.31.).

▣ 송전선로용 임야를 사권제한토지로 보아야 하는지 여부

초고압선 송전선로로 이용되는 임야에 대해서 별도합산 또는 분리과세하여야 할 법령상의 근거가 없으며, 사권제한대상토지로 보아 세제지원이 가능한지 여부와 관련해서는 "사권제한 관련 개별법에 의해 지정된 지역으로서 토지를 종래의 목적대로 사용할 수 없고 실질적으로 토지를 사용·수익을 할 수 없는 토지" 중 그 제한의 정도가 극히 큰 일부 토지에 대하여만 사권제한토지로 보아 일부 재산세가 경감되고 있음(행안부 지방세정팀-111, 2008.5.27.).

▣ 사권제한토지라도 주차장으로 사용시 종합합산대상이라고 한 사례

「국토의 계획 및 이용에 관한 법률」 제32조 규정에 의하여 1986.5.15. 주차용지로 지형고시되어 10년이 경과하였고, 관광진흥법에 의한 사업계획 승인시에도 당해 토지가 도시계획시설로 이용에 제한이 있었다면 당해 토지는 「아산시세감면조례」 제18조 제2항에서 규정한 사권 제한토지로 보아지며, 당해 토지가 사권제한토지에 해당한다 하더라도 건물이 없는 주차장으로 사용되고 있다면 아산시 관내에 소유하고 있는 다른 종합합산토지와 함께 합산하여 과세되어야 함(구 행자부 지방세정팀-4874, 2006.10.10.).

▣ 사권제한토지에 대한 판단기준

1) 1985.9.17. ○○○신도시 도시계획시설로 결정되었고, 1987.9.17. ○○도시계획지적승인을

통하여 지형도면이 고시된 후, 2011년 재산세 과세기준일(6.1.) 현재까지 도시계획시설로 지정된 후 장기간 집행되지 못한 토지에 해당하여 「지특법」 제84조 제1항의 요건을 충족하는 이상, 청구법인이 쟁점토지를 취득한 이후 도시계획시설로 이용할 수 있는 가능성이 있었는지 여부 등은 사권제한토지를 판단함에 있어서 고려대상이 될 수 없다할 것임. 따라서, 쟁점토지를 사권제한토지로 보지 않고 재산세 등의 감면을 배제한 처분은 잘못이 있는 것으로 판단됨. 따라서 쟁점토지는 재산세 경감대상으로 보아야 함(조심 2012지0315, 2012.9.19.).

2) 재산세가 분리과세되는 토지는 "「도로법」에 따라 지정된 접도구역안의 임야"만이 해당되므로 지목이 대지인 쟁점토지는 해당하지 아니할 뿐만 아니라, 재산세가 감면되는 도시계획시설로서 지형도면이 고시된 후 장기간 미집행된 사권제한토지에도 해당하지 아니하므로 쟁점토지에 대한 재산세 부과처분은 적법함(조심 2011지0769, 2012.6.13.).

3) 보류지 중 공공시설용지의 경우 체비지와 달리 수익 없이 부득이 한시적으로 보유할 뿐이고 환지처분이 완료되면 지방자치단체에 무상으로 귀속된다 하더라도 지방세법령에서 동 토지를 별도의 비과세대상 등으로 규정하고 있지 아니한 이상 재산세 과세대상임(조심 2010지0450, 2011.2.22.).

▣ 공유수면 매립토지는 도시계획시설 결정으로 이용권이 제한된 토지가 아니라고 한 사례

공유수면매립법에 의하여 매립한 토지가 도시계획시설로 지정되고 지형도면이 고시된 후 10년 이상 장기간 미집행된 경우 감면대상에 해당하는지 여부를 살펴보면, 공유수면매립법에 의해 매립한 토지로서 매립당시부터 토지의 사용이 제한된 토지로서 도시계획시설 결정으로 인하여 토지 이용권이 제한되는 경우가 아닌바, 토지소유자의 재산권에 대한 과도한 침해라고 할 수 없으므로 위 조례에서 규정하고 있는 재산세 등의 감면대상에 해당하지 아니함(조심 2010지0151, 2010.5.31.).

▣ 도시계획시설 결정고시된 매립지라면 감면대상이라고 한 사례

건설부장관이 1970.2.9. 건설부 고시 제54호로 당시 공유수면으로서 매립예정지였던 이 사건 토지 등에 ○○유원지를 설치하는 내용의 도시계획시설결정을 하여 이를 고시하였고, 주식회사 ○○은 1983.4.5. 관광위락시설부지 조성을 목적으로 공유수면매립면허를 받은 후 1989.6.30. 준공인가를 받음으로써 이 사건 토지의 소유권을 원시취득하였으며, 원고가 1997.7.경 주식회사 ○○을 합병하여 그 소유권을 승계취득한 사실, 한편 이 사건 토지 등에 대해서는 1989.11.8. ○○직할시 고시 제1588호로 위 도시계획시설결정에 따른 지형도면이 고시되었으나, 그 후 피고의 이 사건 재산세 등 부과처분의 과세기준일 당시까지 10년 이상 그 집행이 이루어지지 않고 있었던 사실 등을 인정한 다음, 조세법규에 대한 엄격해석의 원칙상 이 사건 각 감면조항에 정한 감면대상에 해당하는지 여부를 판단하는 데에는 그 토지 등이 도시계획시설로서 10년 이상 장기 미집행된 토지 등에 해당하는지를 따져보는 것만으로 충분하므로, 위 요건을 충족하는 이상 이 사건 토지는 공유수면매립 당시부터 그 조성 목적이 관광위락시설부지로 한정되어 있었다고 하더라도 이 사건 각 감면조항 소정의 감면대상에 해당한다고 판단함(대법원 2010.1.28. 선고, 2007두26599 판결).

〈참고 1〉 **도시 · 군계획시설 및 공공시설 개요**

□ 용어 정의 (국토계획법 제2조)

- (기반시설) 교통시설, 공간시설, 유통 · 공급시설, 공공시설 등
- (도시 · 군계획시설) 기반시설 중 도시 · 군관리계획으로 결정된 시설
- (공공시설) 도로 · 공원 · 철도 · 수도, 항만 등 공공용 시설 등

□ 도시 · 군계획시설 및 공공시설 비교

〈기반시설 〉

〈 도시 · 군계획시설 〉

〈 공공시설 〉

- 도로 · 공원 · 철도 · 수도
- 항만 · 공항 · 운하 · 광장 · 녹지 · 공공공지 · 공동구 · 하천 · 유수지 · 방화설비 · 방풍설비 · 방수설비 · 사방설비 · 방조설비 · 하수도 · 구거
- 행정청이 설치하는 주차장 · 운동장 · 저수지 · 화장장 · 공동묘지 · 봉안시설
- 「스마트도시 조성 및 산업진흥 등에 관한 법률」 제2조 제3호 다목에 따른 시설

파란색은 공공시설

- 교통시설 : 도로 · 철도 · 항만 · 공항 · 주차장 · 자동차정류장 · 궤도 · 운하, 자동차건설기계검사시설 및 운전학원
- 공간시설 : 광장 · 공원 · 녹지 · 유원지 · 공공공지
- 유통 · 공급시설 : 유통업무설비, 수도 · 전기 · 가스 · 열공급설비, 방송 · 통신시설, 공동구 · 시장, 유류저장 및 송유설비
- 공공 · 문화체육시설 : 학교 · 운동장 · 공공청사 · 문화시설 · 체육시설 · 도서관 · 연구시설 · 사회복지시설 · 공공직업훈련시설 · 청소년수련시설
- 방재시설 : 하천 · 유수지 · 저수지 · 방화설비 · 방풍설비 · 방수설비 · 사방설비 · 방조설비
- 환경기초시설 : 하수도 · 폐기물처리시설 · 수질오염방지시설 · 폐차장
- 보건위생시설 : 화장시설 · 공동묘지 · 봉안시설 · 자연장지 · 장례식장 · 도축장 · 종합의료시설

※ 공공시설 중 구거, 스마트도시 통합운영센터는 기반시설이 아님.

## 〈참고 2〉 도시·군계획시설 및 공공시설 개요

| 단계 | 절차 | 비고 |
|---|---|---|
| 기초 조사 단계 | 여건의 분석<br>(시장·군수·구청장/제안자) | ■ 타당성조사 및 기본계획 용역 발주<br>- 사회여건, 부지여건, 시장여건 등 |
| | 문화재지표조사 / 현황측량 | |
| | 도시개발사업 목표설정 | - 사업성격, 기능(용도)/개발규모 등 |
| | 도시개발사업 타당성 검토 | - 법적, 제도적, 기술적, 경제적, 재무적 타당성 |
| 도시 개발 구역 지정 및 개발 계획 수립 단계 | 주민제안시 해당 구역<br>토지면적의 2/3 이상<br>토지소유자 동의서 징구 | 도시개발구역지정 및 개발계획 요청/제안<br>(시장·군수·구청장/제안자)<br>- 구역지정제안 : 제안서접수일로부터 3월 이내 수용 여부 통보 |
| | 도시개발구역지정<br>(시·도지사/국토해양부 장관)<br>(100만㎡ 이상: 국토부장관 협의) | 개발계획(변경) 승인요청(시행자) |
| | 시행자 지정(지정권자) | 개발계획(변경)승인(지정권자) |
| | 도시개발구역지정 고시<br>(지정권자/시장·군수)<br>사업인정고시일 | * 구역 지정과 동시에 지구단위계획구역으로 결정 고시된 것으로 봄<br>* 토지수용가능 |
| 실시 계획 수립 단계 | 지구계분할측량(지적공사) / 토질조사및시험/감정평가 | ■ 기본 및 실시설계, 관련영향평가 용역 발주 |
| | 실시계획작성 (시행자) | (환지방식 : 환지계획용역 병행발주)<br>·환경영향평가 협의 : 부지면적 25만㎡ 이상<br>- 공업용지개발 : 15만㎡ 이상<br>·사전재해영향성검토 협의 : 5천㎡ 이상<br>·교통영향분석·개선대책 : 부지면적 10만㎡ 이상<br>·에너지사용계획협의 : 부지면적 30만㎡ 이상<br>- 민간 : 부지면적 60만㎡ 이상<br>- 공업용지개발 : 30만㎡ 이상 |
| | 실시계획인가신청 (시행자) | 의견청취 (시·도지사/시장·군수·구청장) |
| | 실시계획인가 (지정권자) | 수도권정비위원회 심의(대규모개발사업 대상)<br>·인구영향평가 포함 각종 영향평가 결과 첨부 |
| | 실시계획고시 (지정권자) | * 지구단위계획 포함<br>- 도시관리계획 결정 고시내용 포함 |
| 사업 시행 단계 | 사업시행 (시행자) | ■ 공사 시행 발주<br>(환지방식: 환지계획승인, 환지예정지지정·공고) |
| | 확정측량(지적공사) / 계획변경절차 이행 | |
| | 준공검사 (지정권자)<br>(환지방식 : 감정평가) | (환지방식 : 환지확정처분, 등기촉탁) |
| | 공사완료 공고, 준공검사필증 교부 및 보완시공 조치 (지정권자) | - 각종 인허가 일괄 변경 절차 이행<br>(공사준공 및 확정측량 결과 반영) |

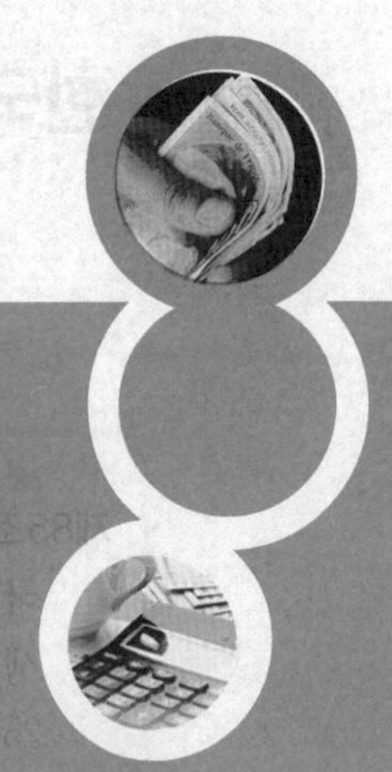

# 제 9 절

## 공공행정 등에 대한 지원 (법 제85조~제92조의 2)

# 제85조

## 한국법무보호복지공단 등에 대한 감면

관련규정

**제85조(한국법무보호복지공단 등에 대한 감면)** ① 「보호관찰 등에 관한 법률」에 따른 한국법무보호복지공단 및 같은 법에 따라 갱생보호사업의 허가를 받은 비영리법인이 갱생보호사업에 직접 사용하기 위하여 취득하는 부동산에 대해서는 취득세의 100분의 25를, 과세기준일 현재 그 사업에 직접 사용하는 부동산에 대해서는 재산세의 100분의 25를 2025년 12월 31일까지 각각 경감한다.

☞ 기존 각 1~3호 조문 삭제(2023.3.14.)

1. 2020년 12월 31일까지는 취득세 및 재산세(「지방세법」 제112조에 따른 부과액을 포함한다)를 각각 면제한다. ※ 삭제
2. 2021년 1월 1일부터 2021년 12월 31일까지는 취득세 및 재산세의 100분의 50을 각각 경감한다. ※ 삭제
3. 2022년 1월 1일부터 2022년 12월 31일까지는 취득세 및 재산세의 100분의 25를 각각 경감한다. ※ 삭제

**제85조 제2항** [일몰기한 종료로 2015.1.1.부터는 감면 효력 상실]

② 「민영교도소 등의 설치·운영에 관한 법률」 제2조 제4호에 따른 민영교도소등을 설치·운영하기 위하여 취득하는 부동산에 대해서는 취득세의 100분의 50을, 과세기준일 현재 민영교도소등에 직접 사용하는 부동산에 대하여는 재산세의 100분의 50를 각각 2014년 12월 31일까지 경감한다.

## 1 개 요

「보호관찰 등에 관한 법률」에 따른 재소자의 보호선도 공익사업과 비영리단체의 교화프

로그램 도입을 통한 재소자 과밀화 해소 및 재범률 증가방지를 목적으로 1999년에 도입된 세제지원이다. 한국법무보호복지공단 등에 대한 감면은 2010년까지는 구 지방세법 제271조에서 규정되었으나 이후 지방세법이 분법(2010.3.31.)되면서 현재의 제85조로 이관되었고 2016년 12월 31일까지 연장되면서 현재의 제85조로 이관되었고 일몰도래시마다 연장되어 2025년 12월 31일까지 지속적으로 연장되고 있다.

한편, 민영교도소는 2009년에 감면이 신설되었다가 2013년에 일부 축소, 이후 2015년부터는 일몰기한 종료로 감면이 폐지되었다. 다만, 감면이 종료되더라도 부칙 제16조(법률 제12955호) 및 지방세기본법 제38조 부과제척기간 규정에 따라 민영교도소에 대한 감면 누락 등의 사유에 해당하는 경우에는 최대 5년까지는 종전의 규정을 계속해서 적용해야 하므로 감면대상자, 감면부동산 및 감면내용 등에 대한 해설을 참조할 필요가 있다.

## 2 | 감면대상자

「보호관찰 등에 관한 법률」에 따른 한국법무보호복지공단 및 같은 법에 따라 갱생보호사업의 허가를 받은 비영리법인과 「민영교도소 등의 설치 · 운영에 관한 법률」 제2조 제4호에 따른 민영교도소(2015년부터는 일몰기한 종료로 감면대상에서 제외)가 이에 해당된다.

한국법무보호복지공단은 법무부 산하의 소속기관으로 출소자의 재범 방지를 위한 사회서비스 제공기관으로 구 한국갱생보호공단에서 한국법무보호복지공단으로 명칭을 변경(2009.3.)하여 현재에 이르고 있는 단체이다. 주요사업은 갱생보호서비스 전문화, 전문가 양성, 갱생보호사업 홍보, 기부금 모금을 위한 재원 확보 사업 등이 있다. 민영교도소는 비영리단체의 교화프로그램 도입을 통한 재소자 과밀화 해소, 예산절감 및 재범률 증가방지를 목적으로 1999년부터 도입되어 현재는 소망교도소(경기 여주 소재) 1곳에서 운영 중에 있다.

## 3 | 감면대상 부동산

한국법무보호복지공단 및 갱생보호 비영리단체가 갱생보호사업에 직접 사용하기 위한 부동산 및 민영교도소(2015년부터는 일몰기한 종료로 감면대상에서 제외)가 재소자 교화 용도로 직접 사용하는 부동산이 이에 해당된다. 여기서 말하는 갱생보호사업이란 무연고 · 무의탁 불우 출소자들의 사회복귀를 지원하는 사회복지사업의 일종으로 갱생보호사업의

주요내용은 숙식제공, 직업훈련, 취업알선, 창업지원, 주거지원, 긴급원호 등이 있다. 갱생보호사업의 주요 절차는 다음 표의 내용을 참조할 필요가 있다.

〈표 1〉 갱생보호사업 프로세스

|  |  | |
|---|---|---|
| 출소예정자 사전상담 | • 출소 100일 전 교정기관 재소자 개인별 특성에 맞는 보호 · 지원대책 수립을 위한 출소예정자 사전상담 실시(D-100일 프로젝트) | |
| ↓ | | |
| 출 소 | • 교정시설 출소 : 가족 및 친지, 연고지 등 지역사회로 복귀 | |
| ↓ | | |
| 보호신청 | • 본인의 신청 및 법원, 검찰청, 보호관찰소, 교정기관 등의 보호의뢰 | |
| ↓ | | |
| 갱생보호 실 시 | 보호방법 | |
| | 숙식제공 | 생활관에서 무의탁 출소자에게 숙소 · 음식물 및 의복 등을 제공하고 취업알선, 생활지도 및 정신교육 실시<br>(보호기간 : 기본 6개월, 6개월 범위 내 3회 연장 가능) |
| | 사회성향상 | 사회복귀에 필요한 기본소양, 심리치료 등 프로그램 실시 |
| | 긴급원호 | 질병 · 부상 등으로 어려움을 겪고 있는 출소자에게 치료비, 취업교통비, 구호양곡 등 긴급 구호금품 지원(1회 제한 20만원 상당 지원) |
| | 직업훈련 | 기술이 없거나 직업능력이 부족한 출소자에게 취업에 필요한 자격증을 취득하도록 위탁 직업훈련 실시 |
| | 취업알선 | 취업성공패키지, HUG일자프로그램 등을 통해 구직 출소자에게 지역사회 기업체 연계 취업알선 및 지속취업 등 사후지도 실시 |
| | 창업지원 | 자격취득 또는 숙련기술 습득한 출소자 중 소규모 창업 희망자에게 창업자금 지원(최고 5,000만원, 최장 4년) |
| | 주거지원 | 범죄로 해체된 가정기능 회복을 위하여 부양가족이 있는 출소자에게 저렴한 임대주택 지원(LH공사 연계, 최장 10년) |
| | 사후관리 및 멘토링 | 갱생보호서비스 수혜자들에게 직원 또는 후원회원 등이 면접 · 통신 · 방문 등의 방법으로 가정 · 주거 · 교우관계 조정 · 개선 등 선행지도 실시 |
| | 기타지원 | 결연보호, 호적취적, 주민등록 재등록, 의료시혜, 가족찾기, 합동결혼, 법률구조 등 기타 자립지원 실시 |
| ↓ | | |
| 보호종료 | • 자립한 사람, 보호기간 만료된 사람 등 | |

# 4 특례의 내용

## 4-1. 세목별 감면

한국법무보호복지공단, 갱생보호사업허가를 받은 비영리법인에 대해서는 2025년 12월 31일까지 연도별·단계별로 다음과 같이 지방세 및 국세(농어촌특별세)를 각각 감면한다.

〈표 2〉 **한국법무보호복지공단 등 감면제도 개요(2023.1.1. 현재)**

| 조문 | 감면대상 | 감면율 | 일몰기한 |
|---|---|---|---|
| §85 ① | 한국법무보호복지공단 및 갱생보호사업허가를 받은 비영리법인이 갱생보호사업에 직접 사용하는 부동산 | 취득세·재산세(도시지역분 포함) 면제 | '20.12.31. |
| | | 취득세·재산세 50% | '21.12.31. |
| | | 취득세·재산세 25% | '25.12.31. |
| 농특령 §4 ⑥ 5호 | 한국법무보호복지공단 및 갱생보호사업허가를 받은 비영리법인이 감면받는 부동산에 대한 취득세 | 농특세 비과세 | - |
| §177의 2 | 지방세 감면 특례의 제한(최소납부세제) | 취득세 및 재산세 면제세액의 15% 과세<br>※ 전체 면제세액이 취득세 200만원, 재산세 50만원 초과시 | '16~'19년까지 적용 |

## 4-2. 건축중인 부속토지에 대한 특례(영 §123)

한국법무보호복지공단 등이 해당 사업 용도로 사용할 건축물을 건축중인 경우에는 해당 용도로 직접 사용하고 있는 것으로 의제(擬制)하여 해당 건축물의 부속토지에 대한 재산세를 계속 감면한다.

## 4-3. 경과규정 특례

민영교도소(§85 ②)에 대해서는 2014년 12월 31일까지는 취득세 및 재산세(도시지역분 포함)가 50% 감면되었으나 감면기한이 종료되어 2015년 1월 1일부터는 감면대상에서 제외되었다. 다만, 감면이 종료되더라도 2015년 이전 납세의무 성립분에 한해 「지방세기본법」 제51조에 따른 경정청구 기간까지는 종전(최대 2019년)의 규정을 계속해서 적용할 수 있다.

# 5 | 특례의 제한

## 5-1. 감면된 취득세의 추징

한국법무보호복지공단 등에 대해서는 본 규정에서 별도로 사후관리 규정을 두고 있지 않으나 제178조(일반적 추징규정)에 따라 감면받은 취득세가 추징될 수 있다. 감면의무위반 사항에 대한 세부적인 내용은 제178조의 해설편의 내용을 참조하면 된다.

## 5-2. 감면된 취득세의 추징

한국법무보호복지공단(갱생보호사업을 영위하는 비영리법인 포함)에 대해서는 취득세가 면제(§85 ①)됨에도 불구하고, 2016년부터 시행되는 최소납부제도에 따라 면제되는 세액의 15%는 취득세 감면특례가 제한되어 최소납부세액을 부담하여야 한다. 이에 대한 세부적인 사항은 제177조의 2 해설편을 참조하면 된다.

## 5-3. 지방세 중과세 대상 부동산에 대한 감면 제한(§177)

한국법무보호복지공단 등이 감면을 받으려는 부동산이 「지방세법」 제13조 제5항에 따른 별장 등 지방세 중과세 대상인 사치성 재산인 경우에는 감면대상에서 제외된다.

# 6 | 감면신청(§183)

한국법무보호복지공단이 본 규정에 따라 지방세를 감면받으려는 경우에는 해당 지방자치단체의 장에게 해당 부동산이 그 고유업무에 직접 사용하는 용도임을 입증하는 서류를 첨부하여 감면신청을 하여야 한다. 세부적인 감면신청 절차 등에 대해서는 제183조의 해설편을 참조하면 된다.

## 7 관련사례

■ 민영교도소 재산세 감면 여부

민영교도소 신축을 위한 건축허가를 받았으나 민영교도소 신축을 위한 준비작업만 하고 신축공사를 하지 않은 경우 재산세를 과세한 처분은 정당함(조심 2008지1050, 2009.8.31.).

# 제 85 조의 2

## 지방공기업 등에 대한 감면

관련규정

**제85조의 2(지방공기업 등에 대한 감면)** ①「지방공기업법」 제49조에 따라 설립된 지방공사(이하 이 조에서 "지방공사"라 한다)에 대해서는 다음 각 호에서 정하는 바에 따라 2025년 12월 31일(제4호의 경우에는 2027년 12월 31일)까지 지방세를 감면한다.

1. 지방공사가 그 설립 목적과 직접 관계되는 사업(그 사업에 필수적으로 부대되는 사업을 포함한다. 이하 이 조에서 "목적사업"이라 한다)에 직접 사용하기 위하여 취득하는 부동산에 대해서는 취득세의 100분의 50(100분의 50의 범위에서 조례로 따로 정하는 경우에는 그 율)에 대통령령으로 정하는 지방자치단체 투자비율(이하 이 조에서 "지방자치단체 투자비율"이라 한다)을 곱한 금액을 경감한다.

**【영】 제41조의 2(지방공기업 등에 대한 지방자치단체 투자비율 및 공공시설물의 범위)** ① 법 제85조의 2 제1조 제4호에서 "대통령령으로 정하는 지방자치단체 투자비율"이란 다음 각 호의 구분에 따른 비율을 말한다.

1. 「지방공기업법」 제49조에 따라 설립된 지방공사(이하 이 조에서 "지방공사"라 한다)에 대한 투자비율 : 지방공사의 자본금에 대한 지방자치단체의 출자금액(둘 이상의 지방자치단체가 공동으로 설립한 경우에는 각 지방자치단체의 출자금액을 합한 금액)의 비율. 다만, 지방공사가 「지방공기업법」 제53조 제3항에 따라 주식을 발행한 경우에는 해당 발행 주식 총수에 대한 지방자치단체의 소유 주식(같은 조 제4항에 따라 지방자치단체가 출자한 것으로 보는 주식을 포함한다) 수(둘 이상의 지방자치단체가 주식을 소유하고 있는 경우에는 각 지방자치단체의 소유 주식 수를 합한 수)의 비율을 말한다.
2. 「지방자치단체 출자·출연 기관의 운영에 관한 법률」 제5조에 따라 지정·고시된 출자·출연기관(이하 이 조에서 "지방출자·출연기관"이라 한다)에 대한 투자비율 : 지방출자·출연기관의 자본금 또는 출연금에 대한 지방자치단체의 출자·출연금액(같은 법 제4조 제2항에 따라 지방자치단체가 출자하거나 출연한 것으로 보는 금액을 포함하며, 둘 이상의 지방자치단체가 출자·출연한 경우 각 지방자치단체의 출자·출연금액을 합한 금액)의 비율

☞ 제1항 본문 개정 및 각 호 신설(2020.1.15.)

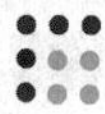

2. 그 법인등기에 대해서는 등록면허세의 100분의 50(100분의 50 범위에서 조례로 따로 정하는 경우에는 그 율)에 지방자치단체의 주식소유비율을 곱한 금액을 경감한다.

☞ 제2호 감면 종료(2019.12.31.)

3. 지방공사가 과세기준일 현재 그 목적사업에 직접 사용하는 부동산(「지방공기업법」 제2조 제1항 제7호 및 제8호에 따른 사업용 부동산은 제외한다)에 대해서는 재산세의 100분의 50(100분의 50의 범위에서 조례로 따로 정하는 경우에는 그 율)에 지방자치단체 투자비율을 곱한 금액을 경감한다.
4. 「지방공기업법」 제2조 제1항 제7호 및 제8호에 따른 사업용 부동산 중 택지개발사업지구 및 단지조성사업지구에 있는 부동산으로서 관계 법령에 따라 국가 또는 지방자치단체에 무상으로 귀속될 공공시설물 및 그 부속토지와 공공시설용지(이하 이 호 및 제5호에서 "공공시설물등"이라 한다)에 대해서는 재산세를 면제한다. 다만, 국가 또는 지방자치단체에 무상으로 귀속될 공공시설물등의 반대급부로 국가 또는 지방자치단체가 소유하고 있는 부동산 또는 사회기반시설을 무상으로 양여받거나 해당 공공시설물등의 무상사용권을 제공받는 경우에는 재산세의 100분의 50을 경감한다.

☞ 2024.12.31. 개정 : 반대급부 유무에 따라 차등 감면(50%, 100%)

5. 제4호를 적용할 때 공공시설물등의 범위는 대통령령으로 정한다.

**【영】** 제41조의 2(지방공기업 등에 대한 지방자치단체 투자비율 및 공공시설물의 범위) ① 법 제85조의 2 제1항 제1호에서 "대통령령으로 정하는 지방자치단체 투자비율"이란 다음 각 호의 구분에 따른 비율을 말한다.

1. 「지방공기업법」 제49조에 따라 설립된 지방공사(이하 이 조에서 "지방공사"라 한다)에 대한 투자비율 : 지방공사의 자본금에 대한 지방자치단체의 출자금액(둘 이상의 지방자치단체가 공동으로 설립한 경우에는 각 지방자치단체의 출자금액을 합한 금액)의 비율. 다만, 지방공사가 「지방공기업법」 제53조 제3항에 따라 주식을 발행한 경우에는 해당 발행 주식 총수에 대한 지방자치단체의 소유 주식(같은 조 제4항에 따라 지방자치단체가 출자한 것으로 보는 주식을 포함한다) 수(둘 이상의 지방자치단체가 주식을 소유하고 있는 경우에는 각 지방자치단체의 소유 주식 수를 합한 수)의 비율을 말한다.
2. 「지방자치단체 출자·출연 기관의 운영에 관한 법률」 제5조에 따라 지정·고시된 출자·출연기관(이하 이 조에서 "지방출자·출연기관"이라 한다)에 대한 투자비율 : 지방출자·출연기관의 자본금 또는 출연금에 대한 지방자치단체의 출자·출연금액(같은 법 제4조 제2항에 따라 지방자치단체가 출자하거나 출연한 것으로 보는 금액을 포함하며, 둘 이상의 지방자치단체가 출자·출연한 경우 각 지방자치단체의 출자·출연금액을 합한 금액)의 비율

② 법 제85조의 2 제1항 제4호에 따라 재산세를 면제하는 공공시설물 및 그 부속토지와 공공시설용지의 범위는 제6조에 따른다.

②「지방공기업법」 제76조에 따라 설립된 지방공단(이하 이 조에서 "지방공단"이라 한다)에 대해서는 다음 각 호에서 정하는 바에 따라 2025년 12월 31일까지 지방세를 감면한다.

1. 지방공단이 그 목적사업에 직접 사용하기 위하여 취득하는 부동산에 대해서는 취득세의 100분의 100(100분의 100의 범위에서 조례로 따로 정하는 경우에는 그 율)을 감면한다.
2. 그 법인등기에 대해서는 등록면허세의 100분의 100(100분의 100의 범위에서 조례로 따로 정하는 경우에는 그 율)을 감면한다.

☞ 2019.12.31. 제2호 종료

3. 지방공단이 과세기준일 현재 그 목적사업에 직접 사용하는 부동산에 대해서는 재산세의 100분의 100(100분의 100의 범위에서 조례로 따로 정하는 경우에는 그 율)을 감면한다.

③「지방자치단체 출자·출연 기관의 운영에 관한 법률」 제5조에 따라 지정·고시된 출자·출연기관(이하 이 항에서 "지방출자·출연기관"이라 한다)에 대해서는 다음 각 호에서 정하는 바에 따라 2025년 12월 31일까지 지방세를 경감한다.

1. 지방출자·출연기관이 그 목적사업에 직접 사용하기 위하여 취득하는 부동산에 대해서는 취득세의 100분의 50(100분의 50의 범위에서 조례로 따로 정하는 경우에는 그 율)에 지방자치단체 투자비율을 곱한 금액을 경감한다.
2. 지방출자·출연기관이 과세기준일 현재 그 목적사업에 직접 사용하는 부동산에 대해서는 재산세의 100분의 50(100분의 50의 범위에서 조례로 따로 정하는 경우에는 그 율)에 지방자치단체 투자비율을 곱한 금액을 경감한다.

제85조의 2 제4항 [2016.12.31. 일몰기한 종료, 2019.12.31. 조문 삭제]

④「전자정부법」 제72조에 따른 한국지역정보개발원이 그 고유업무에 직접 사용하기 위하여 취득하는 부동산에 대해서는 취득세의 100분의 25를 2016년 12월 31일까지 경감한다.

## 1 개 요

지방공기업법에 따라 설립된 지방공사 등에 대한 세제지원이다. 2011년까지 지방공사에 대한 감면은 각 지방자치단체의 감면조례로 규정되었다가 2012년부터는 현재의 지특법 제85조의 2 규정으로 이관되었다. 이후 2013년에는 한국지역정보개발원에 대한 감면이 신설되었으나 지원목적이 달성되어 2016년에 종료되었으며, 지방공사는 2014년에 감면이 일부 축소되었고 2016년 말과 2019년말 일몰도래시에 지속적으로 3년간 연장되어 왔다.

## 2 | 감면대상자

지방공기업법에 따라 설립된 지방공기업, 지방공단이 및 지방자치단체가 출자·출연하여 설립된 법인 중 상법상 주식회사와 민법상 재단법인이 이에 해당된다.

지방공기업이란 지방공기업법의 적용을 받는 기업을 말하며 지방자치단체가 50% 이상 출자한 독립법인으로 자치단체와 별도 독립적으로 운영하고 종사자의 신분은 민간인이 되는 간접 경영 방식으로 운영하는 지방공사·공단과 자치단체가 직접 사업수행을 위해 공기업특별회계를 설치, 일반회계와 구분하여 독립적으로 회계를 운영하는 형태로, 조직·인력은 자치단체 소속으로 운영하는 직영기업 형태로 운영하는 공기업(상수도, 하수도, 공영개발 등)이 있다. 그 밖에도 지방자치단체가 자본금 또는 재산의 50% 미만을 출자, 자치단체 이외의 자와 함께 설립한 상법상 주식회사 또는 민법상 재단법인인 형태로 운영되는 지방공기업형 제3섹터가 있다. 따라서 지방공기업이란 자치단체가 출자하여 설립한 i) 지방공사·공단, ii) 자치단체가 직영으로 운영하는 직영기업, iii) 자치단체가 출자·출연하고 상법상 주식회사 형태 등으로 운영하는 제3섹터 방식의 기업을 총칭한다. 지방공기업 현황은 2012년 기준으로 381개가 있다. 각각의 지방공기업에 대한 현황은 다음과 같다.

### 2-1. 지방공사(§85의 2 ①, 2012년 기준 55개)

| 형태별 | 사업별 | 계 | 공기업별 |
|---|---|---|---|
| 지방공사(54개) | 지하철 | 7 | 서울(2), 부산, 대구, 인천, 광주, 대전, 서울메트로, 서울도시철도공사 |
| | 도시개발 | 16 | SH공사 (서울) 등 각 시·도 |
| | 기타공사 (지자체 100% 출자) | 27 | 서울시농수산물공사, 김대중컨벤션센터, 대전마케팅공사, 경기관광공사, 남양주시도시공사, 평택도시공사, 화성도시공사, 광주지방공사, 구리농수산물도매시장관리공사, 하남시도시개발공사, 양평지방공사, 안산도시공사, 김포시도시공사, 용인도시공사, 의왕도시공사, 춘천도시공사, 강릉관광개발공사, 충남농축산물류센터관리공사, 여수시도시공사, 완도개발공사, 영양고추유통공사, 청도공영사업공사, 청송사과유통공사, 통영관광개발공사, 창녕군개발공사, 거제해양관광개발공사, 함안지방공사 |
| | 기타공사 (지자체 50% 이상 출자) | 5 | 경기평택항만공사, 고양도시관리공사, 태백관광개발공사, 당진해양관광공사, 제주관광공사 |

## 2-2. 지방공단(§85의 2 ②, 2012년 현재 78개)

| 형태별 | 사업별 | 계 | 공기업별 |
|---|---|---|---|
| 지방 공단 (78개) | 시설 · 환경 · 경륜공단 | 78 | 서울, 강남구, 강동구, 강북구, 강서구, 광진구, 구로구, 금천구, 도봉구, 동대문구, 동작구, 마포구, 서대문구, 성동구, 성북구, 송파구, 양천구, 영등포구, 용산구, 종로구, 중랑구, 은평구, 관악구, 중구, 노원구, 부산, 기장군, 대구, 인천, 인천남구, 인천남동구, 인천부평구, 인천계양구, 인천서구, 인천중구, 강화군, 대전, 울산, 울산남구, 울주군, 수원시, 성남시, 부천시, 안양시, 시흥시, 안성시, 오산시, 과천시, 의정부시, 파주시, 양주시, 군포시, 가평군, 연천군, 포천시, 여주군시관공, 속초시, 동해시, 정선군, 영월군시관공, 청주시, 단양관광관리공단, 보령시, 천안시관공, 전주시, 구미시설공단, 안동시, 문경관광진흥공단, 포항시관공, 창원시, 김해시, 양산시, 부산환경, 대구환경, 인천환경, 광주환경, 부산경륜공단, 창원경륜공단 |

## 2-3. 지방 직영기업(비과세 대상, 2012년 현재 215개)

| 세부 사업별 | 기업수 | 공기업별 |
|---|---|---|
| 상수도 | 115 | 서울, 부산, 대구, 인천, 광주, 대전, 울산, 제주, 수원, 성남, 고양, 부천, 안양, 안산, 용인, 의정부, 남양주, 평택, 광명, 시흥, 군포, 화성, 파주, 이천, 구리, 포천군, 광주, 안성, 하남, 의왕, 양주군, 오산, 여주군, 양평군, 동두천, 과천, 가평, 김포, 연천군, 춘천, 원주, 강릉, 동해, 태백, 속초, 삼척, 홍천군, 정선군, 철원군, 영월군, 평창군, 인제군, 고성군, 양양군, 청주, 충주, 제천, 옥천군, 청원군, 음성군, 단양, 영동, 천안, 공주, 보령, 아산, 서산, 논산, 예산군, 당진군, 홍성군, 계룡시, 연기군, 전주, 군산, 익산, 정읍, 남원, 김제, 완주, 부안, 고창, 목포, 여수, 순천, 나주, 영암군, 광양, 영광, 화순, 포항, 경주, 김천, 안동, 구미, 영주, 영천, 상주, 문경, 울진군, 경산, 칠곡, 의성, 영덕, 창원, 진주, 통영, 사천, 김해, 밀양, 거제, 양산, 창녕군, 거창군, 함안군 |
| 하수도 | 85 | 부산, 대구, 인천, 광주, 대전, 울산, 제주, 수원, 성남, 부천, 안산, 의정부, 광명, 구리, 과천, 시흥, 포천, 오산, 여주, 용인, 군포, 의왕, 남양주, 안성, 광주, 안양, 김포, 가평, 평택, 화성, 동두천, 파주, 이천, 고양, 연천, 양평, 춘천, 속초, 강릉, 충주, 청주, 제천, 증평, 음성, 옥천, 공주, 천안, 아산, 서산, 보령, 당진, 계룡시, 전주, 익산, 정읍, 남원, 완주, 나주, 목포, 순천, 영암, 화순, 광양, 영광, 경주, 상주, 구미, 영천, 경산, 안동, 영주, 포항, 칠곡, 김천시, 창원, 김해, 진주, 사천, 통영, 밀양, 양산, 거제, 거창, 창녕, 여수 |
| 공영개발 | 34 | 인천경제지구, 인천도시개발사업, 수원, 성남, 의정부, 시흥, 구리, 안성, 의왕, 오산, 고양관광문화단지, 경기도판교테크노밸리, 경기고덕국제화지구, 춘천, 원주, 강릉, 속초, 충주, 음성군, 계룡시, 천안, 보령, 아산, 연기군, 익산, 목포, 순천, 광양, 창원, 마산, 진주, 김해, 양산, 의령친환경골프장관리사업소 |

| 세 부 사업별 | 기업수 | 공기업별 |
|---|---|---|
| 지역개발 기금 | 17 | 서울, 부산, 대구, 인천, 광주, 대전, 울산, 경기, 강원, 충북, 충남, 전북, 전남, 경북, 경남, 창원, 제주 |

### 2-4. 지방공사 · 공단 이외 제3섹터(§85의 2 ③, 2012년 현재 33개)

| 사업별 | 단체수 | 단체별 |
|---|---|---|
| 지자체 25~50% 미만 출자 | 24 | 서울관광마케팅(주), (주)벡스코, 부산관광개발(주), (주)엑스코, (주)광주광역정보센터, 안산도시개발(주), (주)강원심층수, 농업회사법인(주)속리산유통, (주)홍주미트, 농업회사법인(주)고창황토배기유통, (주)무안황토랑유통공사, 청해진미완도전복(주), 농업회사법인 고흥군유통주식회사, 농업회사법인 화순농특산물유통회사, 농업회사법인 영광군유통주식회사, 경북통상(주), (주)울진로하스코리아, (주)울진농수산물유통농업회사법인, (주)경남무역, 가온소프트(주), 농업회사법인 합천유통(주), 토요애유통(주), 마산해양신도시(주), (주)제주국제컨벤션센터 |
| 지자체 25% 미만 출자 | 9 | 인천대교(주), 한국씨이에스(주), 수완에너지(주), (주)아름다운인제관광, (주)청주테크노폴리스, 지앤아이(주), (주)탑글로리, (주)완도수산물유통, (주)케이씨피드 |

## 3 감면대상 부동산

지방공사, 지방공단, 출자 · 출연법인 등이 그 고유업무에 사용하기 위해 취득하는 부동산이 이에 해당된다.

### 3-1. 지방공사의 감면대상 부동산 범위(§85의 2)

「지방자치단체 출자 · 출연 기관의 운영에 관한 법률」 제정(2014.3.24. 개정, 2014.9.25. 시행) 등 관계 법령 개정사항을 반영하여, 2020년 법 개정시에 지방공기업 등의 감면대상 부동산을 구체화하도록 개정되었다. 특히, 지방농수산물공사 및 도시철도공사의 개정 규정 등과 연계하여 부동산의 감면 범위를 종전에 고유업무에서 목적사업으로 개정하여 지방공기업의 설립 목적과 직접 관계되는 사업과 그 사업에 필수적으로 부대되는 사업을 기준으로 하도록 하여 감면대상 사업용 부동산의 범위를 보다 명확히 하였다.

지방공기업 및 지방출자 · 출연기관의 설립 목적과 직접 관계되는 사업 여부는 고유성, 공공성, 공익성 등을 기준으로 개별 판단하되, 그 세부적인 판단기준은 다음과 같다.

〈표 1〉 **지방공기업 등의 설립 목적과 직전 관계된 사업 여부 판단기준**

| |
|---|
| • 관계 법령 및 설치근거 조례 등에 해당 기업의 설립 목적으로 규정되어 있는 사업으로서, 해당 지방자치단체가 그 기업에 부여한 고유사업일 것<br>• 주민 복지증진, 지역개발, 산업 · 교육 · 체육 · 문화 · 예술의 진흥 등 지방자치단체로부터 위탁받은 공공사무에 해당하거나 공공시설을 관리하는 사업일 것<br>• 지역주민의 소득 증대 및 지역경제 발전 촉진 등에 기여하는 사업으로서 해당 지방자치단체의 장이 인정하여 지원하는 사업일 것<br>※ 해당 기업의 설립목적과 직접 관계되는 사업에 필수적으로 부대되는 사업을 포함함 |

## 3-2. 지방공사의 감면세액 범위(§85의 2)

지방공기업에 대한 지방세 감면세액의 범위를 정하는 '지방자치단체의 주식소유비율' 등을 2020년 법 개정시에 '지방자치단체 투자비율'로 개정하여 주식발행이 없거나 출연재산비율이 있는 경우에도 적용할 수 있도록 구체화하고 지방자치단체 조례로 별도로 정하는 경우에는 해당 감면율을 포함하도록 하였다.

〈표 2〉 **지방공사 · 공단 및 지방출자 · 출연기관 감면세액의 범위**

| 지역 | | 2019년까지 | 2020년부터 |
|---|---|---|---|
| 지방공사 | 주식발행無 | 100%* / 지자체 주식 소유비율 | 지자체 출자금액 비율 |
| | 주식발행有 | | 지자체 주식소유 비율 |
| 지방공단 | | 100%* / 제한 없음 | 제한 없음 |
| 지방출자 출연기관 | 주식회사 | 50%* / 지자체 주식소유 비율 | 지자체 주식소유 비율 |
| | 재단법인 | 50%* / 지자체 출연재산 비율 | 지자체 출연재산 비율 |

* 법정 최대 감면율 / 지방자치단체 조례로 별도로 정하는 경우 해당 감면율

또한, 종전에는 지방자치단체가 출자하거나 출연하는 비율을 산정할 때에 지방공사가 출자 · 출연한 부분은 지방자치단체가 출자 · 출연한 것으로 보았으나 2020년 개정된 규정에 따라 「지방자치단체 출자 · 출연에 관한 법률」 제4조 제2항에 따른 지방자치단체 출자 · 출연금액을 포함하도록 하여 그 지방자치단체가 설립한 출자 · 출연 기관이 출자하거나 출연한 경우에는 그 지방자치단체가 출자하거나 출연한 것으로 보도록 한 출자 · 출연 주체의 의제규정을 적용하도록 하였다.

다만, 「지방자치단체 출자 · 출연에 관한 법률」 제4조 제2항의 규정은 2020년 6월 4일 시

행 예정으로 해당 규정의 시행 이전에도 종전 규정과 입법 취지 등 전반적인 사항을 고려하여 지방공기업을 포함하여 운영하도록 개정되었다.

〈표 3〉 **「지방자치단체 출자·출연에 관한 법률」 제4조 제2항 개정·시행 현황**

| 지자체 출자·출연법 (2020.6.3.까지 시행) | 지자체 출자·출연법 (2019.12.3. 개정, 2020.6.4. 시행) |
|---|---|
| 제4조(지방자치단체의 출자·출연과 대상 사업 등)<br>② 제1항에 따라 지방자치단체가 출자하거나 출연하는 비율을 산정할 때에 그 지방자치단체가 설립한 출자·출연 기관이 출자하거나 출연한 경우에는 그 지방자치단체가 출자하거나 출연한 것으로 본다. | 제4조(지방자치단체의 출자·출연과 대상 사업 등)<br>② 제1항에 따라 지방자치단체가 출자하거나 출연하는 비율을 산정할 때에 그 지방자치단체가 설립한 출자·출연 기관 또는 지방공기업이 출자하거나 출연한 경우에는 그 지방자치단체가 출자하거나 출연한 것으로 본다. 〈2019.12.3. 개정〉 (2020.6.4. 시행 예정) |

〈표 4〉 **지방자치단체 간주 출자·출연자(기관) 연혁**

| 구 분 | 2019년까지 | 2020년 이후 | 비 고 |
|---|---|---|---|
| 지자체로 간주하는 출자·출연자(기관) | 지방공사 | 지방출자·출연기관 지방공기업 | '20.6.3. 이전에도 지방공기업 포함 적용 |

※ 구) 지방공기업법 및 지방출자출연법에 따른 지자체 출자·출연 간주 대상 출자자

| ~'14.9.24. *구) 지방공기업법 제77조의 3 | '14.9.25.~'20.6.3. *지방출자출연법 제정법률 시행 | '20.6.4.~ *지방출자출연법 개정('19.12.3.) 시행 |
|---|---|---|
| 지방공사 | 출자·출연기관 | 출자·출연기관 또는 지방공기업 |

【지방자치단체 출자·출연에 관한 법률 §4 ①】 지방자치단체는 다음 각 호의 어느 하나에 해당하는 사업을 효율적으로 수행하기 위하여 자본금 또는 재산의 전액을 출자 또는 출연하거나 지방자치단체 외의 자(외국인 및 외국법인을 포함한다)와 공동으로 출자하거나 출연하여 「상법」에 따른 주식회사나 「민법」 또는 「공익법인의 설립·운영에 관한 법률」에 따른 재단법인을 설립할 수 있다.

1. 문화, 예술, 장학, 체육, 의료 등의 분야에서 주민의 복리 증진에 이바지할 수 있는 사업
2. 지역주민의 소득을 증대시키고 지역경제를 발전시키며 지역개발을 활성화하고 촉진하는 데에 이바지할 수 있다고 인정되는 사업

② 제1항에 따라 지방자치단체가 출자하거나 출연하는 비율을 산정할 때에 그 지방자치단체가 설립한 출자·출연 기관이 출자하거나 출연한 경우에는 그 지방자치단체가 출자하거나 출연한 것으로 본다.

### 3-3. 지방자치단체의 투자비율 계산 기준(영 §41 ①)

지방공사와, 지방출자 · 출연기관의 감면세액은 해당 산출세액에 법정 감면율을 적용한 후 지방자치단체의 투자비율을 곱하여 계산하되 다만, 지방자치단체가 50% 범위 내에서 조례로 따로 정하는 경우 해당 감면율을 적용하면 될 것이다.

이 경우 지방자치단체의 투자비율 계산기준은 2020년에 지특법 시행령 개정에 따라 이를 명확히 하였는데, 지방공사의 출자자가 지방자치단체로만 구성되어 있는 경우에는 납세의무 성립 당시의 지방공사 자본금에 대한 지방자치단체 출자금액의 비율을 적용하여야 하며, 지방자치단체 외의 출자자가 있는 경우(자본금을 주식으로 분할 발행)에는 납세의무 성립 당시의 총 주식 수에 대한 지자체 소유주식 비율을 적용하여야 한다.

〈표 5〉 **지방공사의 지방자치단체 투자비율(영 §41의 2 ① 1호)**

| |
|---|
| • 지방공사의 자본금에 대한 지방자치단체 출자금액의 비율(주식 발행 시 전체 발행 주식 중 지방자치단체 소유 주식의 비율)<br>- 둘 이상의 지자체가 공동으로 출자하거나 주식을 소유한 지자체가 둘 이상인 경우, 합산하여 비율을 계산함(물건 소재 지자체 외의 지자체 지분도 감면대상).<br>- 지자체가 설립한 다른 지방공사를 통해 감면대상인 지방공사에 출자하는 경우, 그 공사가 출자한 부분은 해당 지자체가 감면대상인 지방공사에 출자한 것으로 보아 비율을 계산함. |

지방자치단체의 출자 · 출연기관 중 「상법」상 주식회사는 해당 기관의 전체 발행주식 수에 대한 지방자치단체의 소유주식 수의 비율을 적용하고, 「민법」상 재단법인은 전체 출연재산 중 지방자치단체 출연재산의 비율을 적용하도록 규정되었다.

〈표 6〉 **지방공사의 지방자치단체 투자비율(영 §41의 2 ① 2호)**

| |
|---|
| • 지방출자 · 출연기관의 자본금 · 출연금에 대한 지방자치단체 출자 · 출연금액의 비율(주식회사는 지자체 소유 주식의 비율, 재단법인은 지자체 출연재산의 비율)<br>- 출자기관(주식회사)의 주식을 소유한 지자체가 둘 이상인 경우 또는 출연기관(재단법인)에 재산을 출연한 지자체가 둘 이상인 경우에는, 각 지자체의 주식 또는 출연재산에 상당하는 금액을 합산하여 비율을 계산함(감면 물건 소재 지자체 외의 지자체 지분도 감면대상으로 인정).<br>- 감면대상자에 해당하는 지방출자 · 출연기관 외의 해당 지자체가 설립한 다른 지방출자 · 출연기관을 통해 감면대상인 지방출자 · 출연기관을 소유하거나 재산을 출연하는 경우, 그 지방출자 · 출연기관이 출자 · 출연한 부분은 해당 지자체가 감면대상인 지방출자 · 출연기관에 출자 · 출연한 것으로 보아 비율을 계산함. |

### 3-4. 지방공사의 임대주택 사업용 부동산(§85의 2 ① 3호)

지방공사의 임대주택사업의 경우 2013년까지는 재산세 감면대상에 해당되었으나 2014년부터는 제85조의 2 제1항 제3호에서 지방공기업법 제2조 제1항 제7호 및 제8호의 사업을 감면대상 지방공사의 고유업무에서 배제함에 따라 재산세에서 제외되었다. 이는 2013년도 세법개정을 지방공사의 과세부담이 큰 종합부동산세 과세 면제를 위해 지방공사가 보유중인 단지조성용 토지에 대해서는 재산세 감면을 배제하는 대신 종전의 종합합산 과세대상을 분리과세 대상으로 전환한 것이다. 한편, 취득세의 경우는 임대주택사업 등 단지조성용 사업에 대해서는 계속해서 감면대상(취득세 50%)에 해당된다.

## 4 | 특례의 내용

### 4-1. 세목별 감면

지방공사, 지방공단, 지방자치단체 출자·출연법인 등에 대해서는 2025년 12월 31일까지(제4호의 지방공기업 주택사업 및 토지개발사업용 부동산으로서 국가 또는 지방자치단체에 무상으로 귀속될 공공시설물 및 그 부속토지와 공공시설용지의 경우에는 2024년 12월 31일) 다음과 같이 각각 지방세 및 국세(농어촌특별세)를 감면한다.

〈표〉 **지방공사 등에 대한 감면 현황(2023.1.1. 현재)**

| 조문 | 감면대상 | 감면율 | 일몰기한 |
|---|---|---|---|
| §85의 2 ① 1,2,3호 | 지방공사 고유업무용 부동산 | 취득세, 재산세 각각 50%(지자체 지분율) | '25.12.31 |
| | | 재산세 도시지역분, 등록면허세 각각 50% | '19.12.31 |
| §85의 2 ① 4호 | 지방공기업 주택사업, 토지개발 사업용 부동산(무상귀속 예정) | 재산세 100% | '24.12.31 |
| | | 재산세 도시지역분 100% | '19.12.31 |
| §85의 2 ② | 지방공단에 대한 감면 | 취득세, 재산세 100% | '22.12.31 |
| | | 재산세 도시지역분, 등록면허세 각각 50% | '19.12.31 |
| | | ※ 최소납부세제 적용<br>취득세, 재산세 면제액의 15% | '20.1.1.<br>부터 적용 |
| §85의 2 ③ | 지방자치단체가 출자·출연한 상법상 주식회사 등 감면 | 취득세, 재산세 각각 50%(지자체 지분율) | '22.12.31 |
| | | 재산세 도시지역분, 등록면허세 각각 50% | '19.12.31 |
| §85의 2 ④ | 한국지역정보개발원 감면 | 취득세 25% | '16.12.31 |

## 4-2. 최소납부세액의 면제(§177의 2)

2015년부터 시행되는 감면 상한제도(§177의 2 본문)에 따라 면제되는 세액의 15%는 감면특례가 제한되어 지방공사가 국가 등에 무상으로 귀속되는 공공시설용 부동산 등에 대한 재산세(§85의 2 ① 4호)의 경우 최소납부세액 과세대상에 해당되지만 법 제85조의 2 제1항의 경우에는 제외되고 같은 조 제2항의 경우에는 2020년부터 적용대상에 해당된다.

## 4-3. 건축중인 부속토지에 대한 특례(영 §123)

지방공사 · 지방공단 등이 고유업무 용도로 사용할 건축물을 건축중인 경우에는 해당 용도로 직접 사용하고 있는 것으로 의제(擬制)하여 해당 건축물의 부속토지에 대한 재산세를 계속 감면한다.

## 4-4. 자동계좌이체 납부분 재산세 세액공제(§92의 2)

지방공단 또는 지자체가 출자한 회사가 전자송달 또는 자동계좌이체 방식으로 납부할 재산세(§85의 2 ②~③)를 자동납부 신청하는 경우에는 지방자치단체의 조례로 정하는 바에 따라 추가로 재산세를 공제(150원~1,000원)받을 수 있다. 자동납부 신청 세액공제에 관한 세부사항은 제92조의 2 해설편을 참조하면 된다.

## 4-5. 감면적용 경과조치 특례

### 4-5-1. 지방공사에 대한 감면 경과특례(부칙 §2, 제11138호 2011.12.31.)

지방공사 등에 대해서는 2011년 12월 31일까지는 취득세, 재산세, 주민세가 전액 면제이었으나 2012년 1월 1일부터는 감면율이 75%로 축소되었고 지역자원시설세, 주민세 재산분 및 종업원분은 과세로 전환되었다. 다만, 이들 세목에 대해 감면이 축소 · 종료되더라도 2012년 납세의무 성립분에 한해 「지방세기본법」 제51조에 따른 경정청구 기간까지는 종전(최대 2016년)의 규정을 계속해서 적용할 수 있다.

### 4-5-2. 한국지역정보개발원 감면 경과특례(부칙 §14, 제12955호 2014.12.31.)

한국지역정보개발원에 대해서는 2014년 12월 31일까지는 취득세가 50% 감면되었으나 2015년 1월 1일부터는 25%로 축소되었다. 다만, 감면이 축소 · 종료되더라도 2015년 이전 납세의무 성립분에 한해 「지방세기본법」 제51조에 따른 경정청구 기간까지는 종전(최대 2019년)의 규정을 계속해서 적용할 수 있다.

## 5 | 특례의 제한

### 5-1. 감면받은 취득세의 추징

지방공사 등에 대해서는 별도의 추징규정이 없으나, 제178조에 따라 감면요건을 위반하는 경우에는 감면받은 취득세 등이 추징될 수 있다. 이때 감면요건을 위반하는 경우란 대부분 해당 법인 단체 등이 고유목적사업에 직접 사용하지 않거나 임대 등 다른 용도로 사용하는 경우 제3자에게 매각·증여하는 경우를 의미한다. 직접 사용에 관한 세부적인 내용은 제178조의 해설편을 참조하면 된다.

#### 5-1-1. 지방공사가 취득세 감면 이후 특수목적회사(PFV)로 이전한 경우

지방공사가 공동주택건설에 직접 사용할 목적으로 토지를 취득하여 취득세를 면제받은 후, 취득 당시 계획대로 PFV에 부지를 매각하여 사업을 추진하는 경우, 취득일부터 1년 이내에 정당한 사유 없이 고유업무에 직접 사용하지 아니한 경우에 해당되는지 여부에 대해 살펴보면, "직접 사용"이란 취득자가 그 토지의 사용주체로서 목적사업에 직접 사용하는 것을 의미(조심 2011지827, 2012.2.29.)하므로 공사가 취득 당시부터 특수목적회사에 소유권을 이전하여 사업을 추진하도록 계획되어 있다면 해당 지방공사가 취득주체로서 고유업무에 "직접" 사용할 목적으로 취득하는 부동산에 해당되기는 어렵다 할 것이다.

- (2011.3.31.) ○○시는 ○○ 소재 토지에 공동주택개발을 위해 ○○도시공사에 현물출자하고, 공사는 공동주택을 건립하기 위해 경험과 자본이 있는 대기업 컨소시엄과 합동으로 특수목적회사를 설립 후 해당 토지를 특수목적회사에 매각하여 사업을 추진하는 개발계획결정(안) 확정
- (2011.8.10.) 공사는 ○○소재 토지를 ○○시로부터 취득하여(현물출자) 공사의 고유목적용 부동산으로 취득세 등 7억여 원을 감면받음.
- (2012.7.5.) ㈜○○PFV 설립(공사 24.9%, ○○건설 75.1%)
- (2012.10.9.) 공사는 해당 토지를 공사가 출자한 ㈜○○PFV에 매각(소유권 이전등기)
- (2012.11.9.) ㈜○○PFV 및 ㈜대우건설은 사업주체로서 ○○시로부터 위 사업부지에 대한 주택건설사업 승인

#### 5-1-2. 지방공사가 현물출자로 취득한 부동산을 이사회 및 출자자의 승인을 득한 후 취득세 추징 유예기간 내 처분한 경우

○○도시공사 정관에서 수행하는 사업의 종류에 '시장이 필요하다고 인정하는 사업'을 명시하고 있고, 취득한 부동산을 처분하기 위하여 사전에 시장의 허가를 득하였다 하더라

도 이는 사업수행을 위한 내부 운영방법에 불과한 것으로 출자자의 허가를 받았다 하여 유예기간 이내에 매각한 정당한 사유 또는 고유업무에 직접 사용한 부동산으로 볼 수 없으므로 현물출자로 취득한 사업용 부동산을 감면유예기간 이내에 매각한 경우는 기 감면된 취득세 추징대상에 해당된다 하겠다.

【사건번호】
- 구 조특법 제120조 제2항 및 구 경기도세감면조례 제13조 제1항

〈쟁점요지〉 지방공사 또는 지방공단의 비축용 토지가 취득세 감면대상인 고유업무에 직접 사용하기 위하여 취득하는 부동산으로 볼 수 있는지 여부

〈요지〉 비축용 토지가 당장 구체적인 특정용도에 현실적으로 사용하고 있지 않더라도 사전적 의미 등을 고려시 직접 사용으로 볼 수 있음

5-1-3. 지방공사 등(지방공단)의 비축용 토지를 고유목적 사업용 부동산으로 취득한 경우

'비축'의 사전적 의미는 '만약의 경우를 대비하여 미리 갖추어 모아 두거나 저축'하는 것으로서 지방공사 등이 당장 해당 토지를 구체적이고 특정한 용도에 사용하고 있지 않더라도 '비축'에 해당한다고 보아야 하므로 직접 사용하는 것으로 볼 수 있다[대법원 2016두40306, 2016.9.8. : 기각(과세기관 패)].

지방공사의 부동산 취득세를 면제하는 취지는 지방공기업의 세제감면을 통한 재정지원 등에 있고, 면제한 취득세를 다시 추징하도록 하는 것은 법인이 고유목적 이외의 재산을 취득·보유함으로써 발생할 수 있는 비생산적인 투기의 조장을 방지하고 토지의 효율적인 이용을 꾀함에 그 취지가 있다고 보아야 할 것이다.

또한, 지방공사등이 비영리법인으로서 설립되었고 해당 공사를 운영하는 지방자치단체로부터 현물출자 또는 예산지원을 통해 부동산을 취득하고 있으므로 취득 목적 및 과정에서 투기 내지 투자의 의사가 존재한다고 보기 어려우므로 취득세 감면 취지에 부합된다고 판단된다.

5-1-4. 지방공사의 주택분양 사업용으로 취득한 경우(고유업무와 직접 사용 판단)

우선 관련규정을 살펴보면, 지특법 제2조 제1항 제1호에서 '고유업무'란 '법령에서 개별적으로 규정한 업무와 법인등기부에 목적사업으로 정하여진 업무를 말한다.'고 규정하고, 「지방공기업법」 제2조 제7호에 주택사업을 적용범위로 하였으며, 지방자치단체의 조례 중

「○○주택도시공사 설립 및 운영에 관한 조례」 제1조에서는 택지의 개발과 공급, 주택의 건설과 공급 등을 위하여 지방공기업법에 따라 ○○주택도시공사를 설립하며, 같은 조례 제21조 제1항 제2호에서 주택 등의 공급(분양 또는 임대)을 해당 공사의 사업으로 규정하고 있다. 한편, 지방공사에서 수행하는 임대사업에 대하여 지방공사의 정관에서 택지개발 및 주택건설 등 도시개발사업과 시장이 지정하는 공공시설물을 효율적으로 운영하기 위하여 일반건축물의 취득, 개발, 분양, 임대, 관리 및 부대사업을 고유업무로 규정하고 있으므로 감면대상에 해당된다고 해석(행안부 지방세특례제도과－367, 2014.12.31.)한 바가 있는 등으로 비추어 지방공사가 시민의 주거생활 안정을 위하여 주택을 신축하여 임대하거나 분양하는 것은 고유업무에 해당한다고 판단하여야 할 것이다.

지방공사의 주택분양이 '직접 사용'에 해당되는지에 대해서는, 지특법 제2조 제1항 제8호에서는 '직접 사용'이란 '부동산의 소유자가 해당 부동산을 사업 또는 업무의 목적이나 용도에 맞게 사용하는 것을 말한다.'고 규정하였고, 여기서 직접 사용의 범위는 부동산의 소유자가 사업목적과 취득목적을 고려하여 그 실제의 사용관계를 기준으로 객관적으로 판단하면 된다고 할 것이고(대법원 2018.10.4. 선고 2018두46643 판결), 대법원도 ○○도시공사가 ○○신항 개발사업과 관련하여 공유수면매립, 항만 및 배후부지조성공사를 준공하여 취득 후 대한민국 및 ○○항만공사에게 그 소유권을 이전하였지만, 이는 납세자의 고유업무 수행을 위한 일련의 행위로 사업의 수행자체에 해당되므로 직접 사용으로 인정하여 취득세 감면대상이라고 판단(대법원 2013.10.31. 선고 2013두14580 판결)한 바 있어, 지방공사가 건축한 주택을 일반에게 분양하여 소유권이 이전된다 할지라도 이는 지방공사의 설립목적에 부합하는 것으로 고유업무 수행을 위한 일련의 행위이므로 직접 사용에 해당(지방세특례제도과－1734, 2019.12.31.)한다고 보아야 할 것이다.

### 5－2. 최소납부세액의 부담(§177의 2)

지방공단이 그 고유업무에 사용하기 위하여 취득하는 부동산에 대해서는 취득세가 면제(§85의 2 ②)됨에도 불구하고, 2015년부터 시행되는 감면 상한제도에 따라 면제되는 세액의 15%는 취득세 감면특례가 제한되어 최저납부세액으로 부담하여야 한다. 다만, 시행시기는 당초에 부칙 제12조(법률 제12955호)에 따라 2017년 1월 1일부터 적용하도록 하였으나 그 간 유예되어 2020년부터 적용받게 된다. 이에 대한 세부적인 사항은 제177조의 2 해설편을 참조하면 된다.

### 5-3. 농수산물공사, 도시철도공사에 대한 감면 배제(§85의 2 ① 괄호)

「지방공기업법」에 따라 설립된 지방공사 중 농수산물공사 및 도시철도공사에 대해서는 당초 2019년 말까지 본 규정의 감면대상에서 제외하였는데 이는 농수산물공사에 대해서는 제15조 제2항에서, 도시철도공사는 제63조 제4항에서 별도로 각각 규정하고 있음을 이유로 중복적으로 감면적용을 받지 않도록 함이 목적이었다. 2020년에는 다시 지방공사 감면규정에 포함하여 개정하였는데 이는 지방자치단체에서 출연하고 있고 지방공사의 공익적 목적으로 고려하여 감면율이 더 높은 규정을 적용받을 수 있도록 개정한 것으로 보인다.

### 5-4. 지방자치단체 조례를 통한 감면 제한(§85의 2 ①~②)

지방공사 및 지방공단이 고유업무용으로 취득하는 부동산 등에 대해서는 본 규정에 따른 법정 감면율을 적용하지 않고 지방자치단체의 조례로 최대 100%의 범위에서 감면을 제한할 수 있다. 지방공사 및 지방공단에 대해 지방자치단체 조례를 통해 감면을 제한하는 자치단체는 아직까지는(2015.12. 현재) 없다.

### 5-5. 중복감면의 배제(§180)

지방공사의 경우 고유목적사업 중 단지조성용 사업, 임대주택사업 등의 경우에는 본 규정에 따른 감면 이외에도 산업단지에 대한 감면(§78), 임대주택에 대한 감면(§31) 중 감면율이 높은 어느 하나의 감면을 적용받을 수 있다.

### 5-6. 지방세 중과세 대상 부동산에 대한 감면 제한(§177)

지방공사가 감면을 받으려는 부동산이 「지방세법」 제13조 제5항에 따른 별장 · 골프장 · 고급오락장 등 지방세 중과세 대상인 사치성 재산인 경우에는 감면대상에서 제외된다.

## 6 | 감면신청(§183)

지방공사 등이 본 규정에 따라 지방세를 감면받으려는 경우에는 해당 지방자치단체의 장에게 해당 부동산이 그 고유업무에 직접 사용하는 용도임을 입증하는 서류를 첨부하여 감면신청을 하여야 한다. 세부적인 감면신청 절차 등에 대해서는 제183조의 해설편을 참조하면 된다.

○○○공사는 쟁점공동주택을 신축하여 단독으로 사용승인을 받아 원시취득하였다고 보는 것이 타당하고, 청구법인이 이 건 사업협약에 따라 공동사업시행자가 되었다는 사실만으로 ○○○○공사가 사용승인을 받아 소유권보존 등기한 쟁점공동주택 전체를 원시취득한 것으로 보기는 어려우므로 처분청이 이 건 취득세 등을 부과한 처분은 잘못이 있다고 판단된다.

청구법인과 경기도시공사는 이 건 사업협약에 따라 쟁점건설사업의 시공사와 시행자의 지위에 있었고, 이후 경기도시공사가 분양가격의 산정 등 분양업무 일체를 수행하면서 단독명의로 분양계약을 체결하고 분양대금을 관리한 것으로 나타나고 있으므로 경기도시공사가 실질적인 단독시행사의 권리를 행사한 것으로 보이는 점,

청구법인은 쟁점건설사업 관련한 비용 및 이익을 분양원가 및 재고자산 등이 아닌 공사원가 및 공사수익으로 인식하였고, 회수비 및 분양대금 증가분 배분액에 대하여는 이를 도급용역의 대가로 보아 경기도시공사에 세금계산서를 교부하였으며, 쟁점건설사업에 대한 청구법인과 경기도시공사의 회계처리에 대하여 외부감사인이 적정의견으로 표시한 점 등에 비추어,

경기도시공사는 쟁점공동주택을 신축하여 단독으로 사용승인을 받아 원시취득하였다고 보는 것이 타당하고, 청구법인이 이 건 사업협약에 따라 공동사업시행자가 되었다는 사실만으로 경기도시공사가 사용승인을 받아 소유권 보존등기한 쟁점공동주택을 원시취득한 것으로 보아 처분청이 이 건 취득세 등을 부과한 처분에는 잘못이 있다고 판단된다.

## 7 관련사례

▣ 공공주택 건설사업을 시행하면서 임대주택과 함께 쟁점근린생활시설(상가)을 제3자에게 임대한 것에 대하여 그 목적사업에 직접 사용하지 아니한 것으로 보아 취득세 등을 추징한 처분의 당부

청구법인 근린생활시설의 임대를 청구법인의 설립 목적과 직접 관계되는 사업 및 그 사업에 필수적으로 부대되는 사업으로 보기 어려운 점, 임대사업에 대하여 그 대상의 제한 없이 지방세 감면의 혜택이 적용된다고 할 경우 해당 지방공사의 목적에 필수적으로 관련되지 아니하는 시설들까지 필요 이상으로 과다하게 설치할 유인을 제공할 수 있어 세제 지원이 불합리한 경제적 효과를 유발할 수 있는 점 등에 비추어 청구주장을 받아들이기 어려운바, 청구법인이 쟁점근린생활시설을 제3자에게 임대하여 그 목적사업에 직접 사용하지 아니한 것으로 보아 청구법인에게 이 건 취득세 등을 부과고지한 처분은 달리 잘못이 없는 것으로

판단됨(조심 2023지0156, 2024.1.11.).

▣ 건설사업의 공동사업시행자로서 공동주택을 원시취득한 것으로 볼 수 있는지 여부

청구법인과 ○○도시공사는 사업협약에 따라 건설사업의 시공사와 시행자의 지위에 있었고, ○○도시공사가 분양업무 일체를 수행하면서 단독명의로 분양계약을 체결하고 분양대금을 관리한 것으로 ○○도시공사가 실질적인 단독시행사의 권리를 행사한 것으로 보이는 점, 청구법인은 건설사업 관련비용 및 이익을 분양원가 및 재고자산 등이 아닌 공사원가 및 공사수익으로 인식하였고, 회수비 및 분양대금 증가분 배분액에 대해 이를 도급용역의 대가로 보아 ○○도시공사에 세금계산서를 교부하였으며, 건설사업에 대한 회계처리에 대해 외부감사인이 적정의견으로 표시한 점 등에 비추어, ○○도시공사는 공동주택을 신축하여 단독으로 사용승인을 받아 원시취득하였다고 보는 것이 타당하고, 청구법인이 사업협약에 따라 공동사업시행자가 되었다는 사실만으로 ○○도시공사가 사용승인을 받아 소유권보존등기한 공동주택을 원시취득한 것으로 보아 취득세 등을 부과한 처분에는 잘못이 있음(조심 2020지0931, 2021.12.24.).

▣ BTO 방식을 통해 제3자에게 운영권과 수익권을 부여한 경우 감면 적용 여부

○○랜드를 조성한 후 그 시설의 소유권은 청구법인이 갖되, 운영권을 청구법인과 AAA(주)컨소시엄 등 민간사업자가 공동출자하여 설립한 BBB(주)에 부여하기로 하는 BTO방식으로 BBB(주)가 ○○랜드의 운영권과 수익권을 부여받은 사실이 나타나므로 청구법인이 직접 사용 또는 직접 사용하기 위하여 조성한 것으로 보기 어렵고, 직접 사용하지 아니한 정당한 사유가 있다고 볼 수 없으며 아울러 부동산의 소유자가 직접 사용하지 아니하고 제3자에게 위탁하여 경영하게 하거나 임대한 경우에는 사업에 직접 사용하기 위하여 취득하는 부동산으로 보기 어려움(조심 2020지1829, 2021.11.3.).

▣ 지방공사의 목적사업으로 임대사업을 규정하고 있는 경우 감면 적용 여부

지방공사의 법인정관 등에 임대사업이 해당 목적사업으로 규정되어 있다고 하더라도 설립목적과 직접 관계되는 사업 및 그 사업에 필수적으로 부대되는 사업에 해당되지 않는 등 그 취득자가 현실적인 사용주체로서 자신의 목적사업에 사용하지 않는 경우라면 고유업무에 직접 사용으로 볼 수 없다(행자부 지방세운영과-3772, 2011.8.8.)고 할 것임. 따라서 지방공사가 임대주택과 함께 신축한 부속 근린생활시설(상가)과 사옥건축물 내 상가를 설립목적과 직접 관계되는 사업 및 그 사업에 필수적으로 부대되는 사업이 아닌 제3자에게 임대한 경우에는 그 고유업무에 직접 사용하는 경우로 볼 수 없다고 할 것이므로 지방세 감면대상에 해당되지 아니함(행안부 지방세특례제도과-1606, 2021.7.7.).

▣ 해당 공사가 공동사업시행자로서 공동주택을 원시취득한 것으로 보아 부과한 처분의 적정 여부

○○도시공사는 공동주택을 신축하여 단독으로 사용승인을 받아 원시취득하였다고 보는 것이 타당하고, 법인이 이 건 사업협약에 따라 공동사업시행자가 되었다는 사실만으로 ○○도시공사가 사용승인을 받아 소유권보존 등기한 공동주택 전체를 원시취득한 것으로 보기는 어려우므로 취득세 등을 부과한 처분은 잘못이 있음(조심 2020지223, 2020.6.30.).

▣ 해당 공사가 공동사업시행자로서 공동주택을 원시취득한 것으로 보아 부과한 처분의 적정 여부

○○도시공사는 공동주택을 신축하여 단독으로 사용승인을 받아 원시취득하였다고 보는 것이 타당하고, 법인이 이 건 사업협약에 따라 공동사업시행자가 되었다는 사실만으로 ○○도시공사가 사용승인을 받아 소유권보존 등기한 공동주택 전체를 원시취득한 것으로 보기는 어려우므로 취득세 등을 부과한 처분은 잘못이 있음(조심 2019지2370, 2020.1.31.).

▣ 종전의 시세감면조례를 적용하여 취득세를 면제하여야 하는지 여부

2010.1.1. 토지를 착공하여 2013.10.30. 준공한 것으로 토지의 택지분양일은 개정 법률 시행일(2012.1.1.) 이후인 점 등에 비추어 기존의 감면율(100%)을 적용하여 취득세 감면을 적용하여야 한다는 주장은 받아들이기 어려움(조심 2018지1434, 2019.10.1.).

▣ 자치단체가 자본금 또한 재산을 출연하여 설립한 「상법」에 따른 주식회사에 해당하는지 여부

해당 법인은 국가 및 한국전력공사가 출자하여 설립되었고, 법인설립된 이후에 지방자치단체가 자본금의 일부를 출자하고 있을 뿐, 지방자치단체가 자본금 또는 재산을 출연하여 설립한 법인에 해당하지 아니하므로 「지방세특례제한법」 제85조의 2 제3항에 따른 재산세 감면대상으로 보기 어려움(조심 2015지1355, 2015.12.23.).

▣ 한국지역난방공사는 「상법」에 따른 주식회사로 볼 수 없다고 한 사례

한국지역난방공사는 집단에너지사업의 합리적 운영, 에너지절약과 국민생활의 편익증진에 이바지하는 등을 목적으로 하는 「집단에너지사업법」 제29조에 근거하여 설립된 공공법인이고, 「상법」상 「집단에너지사업법」은 「상법」의 특별법에 해당되므로 비록, 지자체의 출자금(10.4%)이 있더라도 한국지역난방공사의 경우 특별법인 「집단에너지사업법」에 근거한 특별법인이므로 「상법」에 따른 주식회사로 보기 곤란함(행안부 지방세운영과-2308, 2012.7.19.).

▣ '분양한'이란 '분양계약을 체결한' 것을 의미한다고 한 사례

○○지방공사는 지방공기업법(제49조)에 따라 주택사업·토지개발사업을 목적으로 설립된 법인인 점, 임대주택사업 자체가 임대를 전제로 하는 사업인 점 등을 고려시 ○○지방공사가 임대주택 건설 후 과세기준일 현재 임대용으로 제공하고 있더라도 해당 임대주택은 ○○지방공사가 고유업무에 직접 사용하는 부동산으로 보아야 하며, 부칙조항의 입법 취지 등을 고려시 '분양한'이란 '분양계약을 체결한' 경우에 해당함(행안부 지방세운영과-1398, 2012.5.4.).

▣ 단순히 교환용으로 취득한 것은 직접 사용에 해당되지 않는다고 한 사례

법인 고유업무용 직접 사용 부동산이란 그 부동산의 취득자가 그 토지의 사용주체로서 자신의 목적사업에 직접 사용하기 위하여 취득하는 것만을 의미한다 할 것이고, 쟁점토지를 고유목적사업인 ○○사업지구 내의 국유림과 교환하기 위하여 취득한 사실이 확인되는 바, 이는 청구법인이 고유목적사업에 직접 사용하기 위하여 취득한 것이라기보다는 단순히 교환용으로 취득한 것에 불과하므로 취득세 등의 감면대상이 아님(조심 2011지0840, 2012.1.11.).

# 제86조 주한미군 임대용 주택 등에 대한 감면

관련규정

제86조 [일몰기한 종료로 2017.1.1.부터는 감면 효력 상실]

제86조(주한미군 임대용 주택 등에 대한 감면) 한국토지주택공사가 주한미군에 임대하기 위하여 취득하는 임대주택용 부동산에 대해서는 취득세를 2016년 12월 31일까지 면제하고, 과세기준일 현재 임대주택용으로 사용되는 부동산에 대해서는 재산세의 100분의 50을 2016년 12월 31일까지 경감한다.

## 1 개 요

주한미군의 주거안정 지원을 위한 세제지원 감면으로 한국토지주택공사가 주한미군에 임대하기 위하여 취득하는 부동산에 대해 2015년까지 취득세 면제 및 재산세 50%를 감면한다. 이 감면은 2010년까지는 구 지방세법 제269조 제4항에서 규정되었으나 이후 지방세법이 분법되면서 현재의 지특법 제86조 규정으로 이관되었고, 2012년 말 지특법 개정을 통해 일몰기한이 2012년에 2015년 말까지 3년간 연장되었고 2016년 12월 31일까지 재연장되었으나 한국토지주택공사 소유로 주택 임대료 수입이 발생하는 영리사업이며, 담세력이 충분한 것으로 보아 감면 종료되었다.

## 2 | 감면대상자 등

한국토지주택공사법에 따라 설립된 한국토지주택공사가 이에 해당된다. 한국토지주택공사가 감면적용을 받는 부동산은 주한미군의 주택난 해결과 한국에 대한 주한미군의 평화유지노력 등을 고려하여 주한미군용 임대아파트를 건설, 주거안정 지원하고자 추진하는 사업으로 한미행정협정(SOFA)에 따라 주한미군용 아파트 건설을 조건으로 미군측이 대한민국정부에 반환한 부지에 아파트를 신축하여 주한미군에게 다시 임대하는 부동산이 이에 해당된다. 2012년 현재 한국토지주택공사가 주한미군에게 임대주택용으로 사용하는 부동산은 용산외인(1982년), 한남외인(1978년), 대구외인(1979년) 아파트 단지 등이 이에 해당된다. 해당 부동산에 대해서는 2016년 12월 31일까지 취득세가 면제되고 재산세가 100분의 50이 감면된다.

## 3 | 특례의 제한

### 3-1. 감면된 취득세의 추징(§178)

한국토지주택공사에 대해 별도로 사후관리 규정을 두고 있지 않으나 제178조(일반적 추징규정)에 따라 감면받은 취득세가 추징될 수 있다. 감면의무위반 사항에 대한 세부적인 내용은 제178조의 해설편의 내용을 참조하면 된다.

### 3-2. 최소납부세액의 부담(§177의 2)

한국토지주택공사가 그 고유업무에 사용하기 위하여 취득하는 부동산에 대해서는 취득세 및 재산세가 면제(§86)됨에도 불구하고, 2016년부터 시행되는 최소납부세제에 따라 면제되는 세액의 15%는 취득세 및 재산세의 감면특례가 제한되어 최소납부세액으로 부담하여야 한다. 이에 대한 세부적인 사항은 제177조의 2 해설편을 참조하면 된다.

### 3-3. 지방세 중과세 대상 부동산에 대한 감면 제한(§177)

한국토지주택공사가 감면을 받으려는 부동산이 「지방세법」 제13조 제5항에 따른 별장 등 지방세 중과세 대상인 사치성 재산인 경우에는 감면대상에서 제외된다.

## 4 | 감면신청(§183)

한국토지주택공사가 본 규정에 따라 지방세를 감면받으려는 경우에는 해당 지방자치단체의 장에게 해당 부동산이 해당 용도로 직접 사용하는 용도임을 입증하는 서류를 첨부하여 감면신청을 하여야 한다. 세부적인 감면신청 절차 등에 대해서는 제183조의 해설편을 참조하면 된다.

# 제87조

## 새마을금고 등에 대한 감면

◈ 관련규정 ◈

제87조(새마을금고 등에 대한 감면) ① 「신용협동조합법」에 따라 설립된 신용협동조합(중앙회는 제외하며, 이하 제1호 및 제2호에서 "신용협동조합"이라 한다)에 대해서는 다음 각 호에서 정하는 바에 따라 지방세를 각각 감면한다.

1. 신용협동조합이 「신용협동조합법」 제39조 제1항 제1호의 업무에 직접 사용하기 위하여 취득하는 부동산에 대해서는 취득세를, 과세기준일 현재 그 업무에 직접 사용하는 부동산에 대해서는 재산세를 각각 2026년 12월 31일까지 면제한다.
2. 신용협동조합이 「신용협동조합법」 제39조 제1항 제2호 및 제4호의 업무에 직접 사용하기 위하여 취득하는 부동산에 대해서는 취득세를, 과세기준일 현재 그 업무에 직접 사용하는 부동산에 대해서는 재산세를 각각 2026년 12월 31일까지 면제한다.
3. 「신용협동조합법」에 따라 설립된 신용협동조합중앙회가 같은 법 제78조 제1항 제1호 및 제2호의 업무에 직접 사용하기 위하여 취득하는 부동산에 대해서는 취득세의 100분의 25를, 과세기준일 현재 그 사업에 직접 사용하는 부동산에 대해서는 재산세의 100분의 25를 각각 2017년 12월 31일까지 경감한다.

② 「새마을금고법」에 따라 설립된 새마을금고(중앙회는 제외하며, 이하 제1호 및 제2호에서 "새마을금고"라 한다)에 대해서는 다음 각 호에서 정하는 바에 따라 지방세를 각각 감면한다.

1. 새마을금고가 「새마을금고법」 제28조 제1항 제1호의 업무에 직접 사용하기 위하여 취득하는 부동산에 대해서는 취득세를, 과세기준일 현재 그 업무에 직접 사용하는 부동산에 대해서는 재산세를 각각 2026년 12월 31일까지 면제한다.
2. 새마을금고가 「새마을금고법」 제28조 제1항 제2호부터 제4호까지의 업무에 직접 사용하기 위하여 취득하는 부동산에 대해서는 취득세를, 과세기준일 현재 그 업무에 직접 사용하는 부동산에 대해서는 재산세를 각각 2026년 12월 31일까지 면제한다.
3. 「새마을금고법」에 따라 설립된 새마을금고중앙회가 같은 법 제67조 제1항 제1호 및 제2호의 업무에 직접 사용하기 위하여 취득하는 부동산에 대해서는 취득세의 100분

의 25를, 과세기준일 현재 그 사업에 직접 사용하는 부동산에 대해서는 재산세의 100분의 25를 각각 2017년 12월 31일까지 경감한다.

## 1 | 개 요

서민 · 소상공인 · 영세자영업자 · 저소득근로자 등을 위한 서민금융기관 지원을 위한 세제지원 감면이다. 1982년도(새마을금고는 1954년)에 처음 취득세 면제가 신설(지법 §110의 3)되었다가 1987년에 등록세 면제(지법 §127), 1995년에 재산세(종토세, 지법 §290) 면제, 2001년에 사업소세 50% 감면(지법 §269)이 각각 추가되었고 2006년부터 구 지방세법 제272조로 이관되었다. 이후 지방세법이 분법되면서 현재의 지특법 제87조로 이관되었다. 2015년에는 새마을금고 · 신용협동조합 중앙회 등에 대한 감면을 축소하였다.

2015년 말에는 2017년 12월 31일까지 2년간 감면연장되면서 최근의 감면축소 기조와 달리 신용협동조합중앙회와 새마을금고중앙회에 대한 재산세 25% 감면이 신설되었으며 이는 농업협동조합중앙회, 수산업협동조합중앙회, 산림조합중앙회 등 유사 금융기관의 구매 · 판매 사업에 대한 재산세 감면과 조세형평을 고려하여 신설한 것으로 보여진다.

그간 신협과 새마을금고에 대한 감면은 지속적으로 연장되었고, 2017년 말 개정시 감면율에는 변동이 없으나 향후 관리의 원활함을 위하여 업무를 세분화하여 각 호를 구분하였다.

## 2 | 감면대상자

신용협동조합법에 따라 설립된 신협과 새마을금고법에 따라 설립된 새마을금고(중앙회 포함)이다. 신협과 새마을금고[196]는 경제적 약자인 조합원과 회원을 대상으로 신용사업 · 복지사업 · 공제사업 · 교육지원사업 등 다양한 사업을 실시하는 서민금융기관이다. 2012년 현재 신협은 942개 조합에 1,700개의 영업점, 586만명의 조합원을 보유하고 있고 새마을금고 지역점포는 3,221개(연합회 1개 포함)이다.

196) 새마을금고는 1963.5. 경남지역에서 지역 · 직장 · 단체 등의 상호유대를 가진 개인이나 단체간 협동조직을 기반으로 자금의 조성 · 이용을 도모할 목적으로 시작되었다.

# 3 | 감면부동산

## 3-1. 신용협동조합

신용협동조합에 대한 감면대상 부동산은 다음과 같다. 한편, 신용협동조합 중앙회의 신용사업용 부동산은 감면종료로 2015년부터는 감면대상에서 제외되었다.

(**중앙회를 제외한 신협**) 신용협동조합법 제39조 제1항에 따른 업무에 직접 사용하기 위하여 취득하는 부동산이 이에 해당된다. 고유업무용 부동산이란 신용사업용(제1호), 복지사업용(제2호), 조합원의 경제적·사회적 지위향상을 위한 교육 사업용(제4호) 부동산이 해당된다.
(**신협중앙회**) 같은 법 제78조 제1항의 업무에 직접 사용하기 위하여 취득하는 부동산이 이에 해당된다. 고유업무용 부동산이란 신협의 사업에 관한 지도·조정·조사연구 및 홍보용(제1호) 조합원 및 조합의 임·직원을 위한 교육사업용(제2호) 부동산이 이에 해당된다.

〈표 1〉 **지특법 제정·시행(2011.1.1.) 이후 신용협동조합 감면 연혁**

| 감면대상 | | 감면내용 | '11.1.1. | '15.1.1. | '16.1.1. | '18.1.1. |
|---|---|---|---|---|---|---|
| 신협 | 조합 | 신용사업 | 취득 100%<br>재산 100%<br>주민(재산) 50% | 취득 100%<br>재산 100% | 취득 100%<br>재산 100% | 취득 100%<br>재산 100%<br>※최소납부 세제 적용 |
| | | 복지사업 | | | | |
| | | 조합원 교육사업 | | | | |
| | 중앙회 | 지도·조사사업 등<br>조합원 교육사업 | 취득 25% | 취득 25% | 취득 25%<br>재산 25% | '17년 말 종료 |

## 3-2. 새마을금고

새마을금고에 대한 감면대상 부동산은 다음과 같다. 한편, 새마을금고 중앙회의 신용사업용 부동산은 감면이 종료되어 2015년부터는 감면대상에서 제외되었다.

(**중앙회를 제외 새마을금고**) 새마을금고가 고유업무에 직접 사용하기 위한 부동산이 이에 해당된다. 고유업무용 부동산이란 새마을금고법 제28조 제1항에 따른 신용사업(제1호), 문화·복지 후생사업(제2호), 회원에 대한 교육사업(제3호), 지역사회 개발사업(제4호)용 부동산이 이에 해당된다.
(**그외 새마을금고**) 새마을금고법 제67조 제1항에 따른 사업에 직접 사용하기 위해 취득·보유하는 부동산이 이에 해당된다. 감면대상 부동산이란 새마을금고의 사업 및 경영의 지도 사업

(제1호), 교육·훈련·계몽 및 조사연구와 보급·홍보(제2호) 사업에 대해 직접 사용하기 위하여 취득하는 부동산을 말한다.

〈표 2〉 지특법 제정·시행(2011.1) 이후 새마을금고 감면 연혁

<table>
<tr><th colspan="2">감면대상</th><th>감면내용</th><th>'11.1.1.</th><th>'15.1.1.</th><th>'16.1.1.</th><th>'18.1.1.</th></tr>
<tr><td rowspan="5">새마을<br>금고</td><td rowspan="4">조합</td><td>신용사업</td><td rowspan="4">취득 100%<br>재산 100%<br>주민(재산)<br>50%</td><td rowspan="4">취득 100%<br>재산 100%</td><td rowspan="4">취득 100%<br>재산 100%</td><td rowspan="4">취득 100%<br>재산 100%<br>※최소납부<br>세제 적용</td></tr>
<tr><td>문화복지후생사업</td></tr>
<tr><td>회원교육사업</td></tr>
<tr><td>지역사회개발사업</td></tr>
<tr><td>중앙회</td><td>금고경영지도<br>교육훈련·조사연구</td><td>취득 25%</td><td>취득 25%</td><td>취득 25%<br>재산 25%</td><td>'17년 말<br>종료</td></tr>
</table>

### 소매점 및 금융 자동화코너시설이 감면대상 부동산인지 여부

새마을금고의 감면대상 부동산이란 신용사업, 회원의 경제·사회·문화적 지위향상과 지역사회개발 등의 고유업무에 직접 사용하는 것을 말하므로 자동화코너(365일 코너) 시설의 경우 신용사업인 금융업소 부분의 부속시설에 해당한다고 봄이 타당하므로 감면대상에 해당된다. 반면, 소매점의 경우 사실상 근생시설의 일부이지 회원의 지위향상 및 지역사회개발 등의 사업(아래 내용 참조)에 사용된다고 보기 어려운 시설이므로 감면대상에 해당되지 않는다고 보아야 한다(대법원 2011두18441, 2013.6.13. 판례 참조). 이외에도 일부 새마을금고 등에서 주유소, 장례식장, 가스충전소 등의 사업을 영위하고 있어 당해 고유목적사업(회원의 지위향상 등)에 해당되는지의 여부를 여기에 소개된 사례를 참조하여 판단할 필요가 있다. 한편, 농협·수협 등의 경우도 고유목적사업과 신용사업에 대한 감면(§14)을 두고 있어, 여기에 소개된 새마을금고 등의 경우와 고유업무 판단에 유사성이 있음을 참고하기 바란다.

**새마을금고 고유업무 사업 예시(회원 지위향상 및 지역개발사업)**

- 문화복지후생사업 : 노인복지, 체육시설, 불우이웃돕기 등
- 회원교육사업 : 장학금지원, 교육시설지원 등
- 지역사회개발사업 : 구판사업, 공동출하, 의료보건사업 등
- 사랑의좀도리운동 : 과거 근검절약의 절미(節米)운동을 모태로 한 이웃사랑운동

## 4 | 특례의 내용

### 4-1. 세목별 감면

신협 및 새마을금고의 고유업무용 부동산에 대해서는 2026년 12월 31일까지 다음과 같이 각각 지방세를 감면한다.

〈표 3〉 **신협 · 새마을금고 감면 현황(2024.1.1. 현재)**

| 조문 | 감면대상 | 감면율 | 일몰 |
|---|---|---|---|
| §87 ① 1~2호<br>§87 ② 1~2호 | 신협, 새마을금고의 신용사업 · 복지사업용 부동산(중앙회 제외) | 취득세 · 재산세 면제 | '26.12.31. |
| §87 ① 3호<br>§87 ② 3호 | 신협, 새마을금고 중앙회의 고유업무용 부동산 | 취득세 · 재산세 25% | '17.12.31. |
| §87 ① 1~2호<br>§87 ② 1~2호<br>§177의 2 | 지방세 감면 특례의 제한<br>(최소납부세제) | 취득세 및 재산세 면제세액의 15% 과세<br>※ 세목별로 전체 면제세액이 취득세 200만원, 재산세 50만원 초과시 해당 | '18년부터 적용 |

### 4-2. 최소납부세액의 면제(§177의 2)

2015년부터 시행되는 감면 상한제도(§177의 2 본문)에 따라 면제되는 세액의 15%는 감면특례가 제한되어 신협 및 새마을금고에 대한 취득세 및 재산세(§87 ①~②)의 경우 최저납부세액 과세대상에 해당되지만 제177조의 2에서 최소납부세액 예외 특례를 적용받아 해당 세목에 대해서는 본 규정대로 계속해서 면제를 적용한다. 이에 대한 세부적인 사항은 제177조의 2 해설편을 참조하면 된다.

### 4-3. 건축중인 부속토지에 대한 특례(영 §123)

신협 및 새마을금고가 고유업무 용도로 사용할 건축물을 건축중인 경우에는 해당 용도로 직접 사용하고 있는 것으로 의제(擬制)하여 해당 건축물의 부속토지에 대한 재산세를 계속 감면한다.

### 4-4. 자동계좌이체 납부분 재산세 세액공제(§92의 2)

신협 및 새마을금고가 전자송달 또는 자동계좌이체 방식으로 납부할 재산세(§87 ①·② 2호)를 자동납부 신청하는 경우에는 지방자치단체의 조례로 정하는 바에 따라 추가로 재산세를 공제(150원~1,000원)받을 수 있다. 자동납부 신청 세액공제에 관한 세부사항은 제92조의 2 해설편을 참조하면 된다.

### 4-5. 경과규정 특례(부칙 §14, 제12955호 2014.12.31.)

2015년 1월 1일부터 신협 및 새마을금고 중앙회의 신용사업용 등 부동산에 대해서는 취득세(50%→25%, 신용사업용은 25%→종료)의 감면율이 축소되었다. 다만, 감면이 축소·종료되더라도 2015년 이전 납세의무 성립분에 한해서는 「지방세기본법」 제51조에 따른 경정청구 기간(최대 2019년)까지는 종전의 규정을 계속해서 적용할 수 있다.

## 5 | 특례의 제한

### 5-1. 감면된 취득세의 추징(§178)

신용협동조합, 새마을금고가 감면요건을 위반하는 경우에는 제178조에 따라 감면받은 취득세가 추징된다. 여기서 감면요건 위반이란 대부분 신용협동조합 등이 그 고유업무에 직접 사용하지 않거나 다른 용도로 사용하는 것 등을 말한다. 감면의무위반 사항에 대한 세부적인 내용은 제178조의 해설편의 내용을 참조하면 된다.

### 5-2. 지방세 중과세 대상 부동산에 대한 감면 제한(§177)

신용협동조합, 새마을금고가 감면을 받으려는 부동산이 지방세법 제13조 제5항에 따른 별장·골프장·고급오락장 등 지방세 중과세 대상인 사치성 재산인 경우에는 감면대상에서 제외된다. 세부적인 사항은 제177조의 해설편을 참조하면 된다.

## 6 감면신청(§183)

신용협동조합, 새마을금고가 본 규정에 따라 지방세를 감면받으려는 경우에는 해당 지방자치단체의 장에게 해당 부동산이 의료업에 직접 사용하는 용도임을 입증하는 서류를 첨부하여 감면신청을 하여야 한다. 세부적인 감면신청 절차 등에 대해서는 제183조의 해설편을 참조하면 된다.

## 7 관련사례

▣ 마을의 복지증진을 위하여 주민들로 구성된 마을회에 해당하는지 여부

1) 임차인들이 최종 퇴거한 이후로도 상당기간이 지나고 부동산 취득일부터 1년이 지난 후에야 '건축(대수선)허가'를 받고 인테리어공사를 위한 도급계약을 체결한 점, 해당 부동산에 대한 임대차계약 해지 및 명도가 제대로 이루어지지 않아 지점을 설치하는 것에 중대한 장애 사유가 있을 수 있음을 충분히 알 수 있었고 그 장애를 해소하기 위한 노력도 충분히 한 것으로 보기 어려운 점 등에 비추어 직접 사용하지 아니한 정당한 사유가 있다고 보기 어려움(조심 2019지2028, 2020.4.8.).
2) 「한국은행법」은 제1조 제1항에서 한국은행 이외에 은행업을 영위하는 은행에 대한 규정을 두고 있지 아니한 바, 새마을금고가 「한국은행법」에 따른 은행업을 영위하는 법인으로서 「지방세법 시행령」 제26조 제1항 제2호에 따라 대도시 중과 제외 업종에 해당한다는 주장은 받아들이기 어려움(조심 2019지2028, 2020.4.8.).

▣ 마을의 복지증진을 위하여 주민들로 구성된 마을회에 해당하는지 여부

해당 법인은 마을회에 해당한다고 주장하나, 법인과 별개로 ○○○마을회가 존재하고 있고, 법인의 조합원 자격도 19xx.x.xx. 이전에 ○○○에 거주했던 주민 또는 그 후예로 제한하고 있는 점 등에 비추어 주민공동체인 마을회로 보기는 어려우므로 토지를 마을회가 소유한 부동산에 해당되지 아니한 것으로 보아 재산세 등을 부과한 처분은 잘못이 없음(조심 2019지0801, 2019.7.26.).

▣ 취득한 토지가 마을회 등 주민공동소유를 위한 부동산에 해당하는지 여부

정관상 목적사업이 주민의 복지 증진 등에 있는 점은 인정되나, OOO은 당초 전원주택단지를 조성하여 일반인들에게 분양한 지역이고, 해당 토지가 단지의 수분양자들에게 귀속시켜 주기로 약정된 토지로서 주민공동체 구성원들이 생활하면서 공동의 복지증진 등을 위한 필요에 따라 취득하는 부동산으로 보기 어려운 점, 전체 125가구 중 79세대만이 주민등록상 전입신고가 되어 있고, 46세대는 전입신고가 되어 있지 아니하므로 「지방세특례제한법」 제

43조에서 규정한 '마을주민만으로 구성된 조직'이라고 보기 어려운 점 등에 비추어 취득한 토지는 「지방세특례제한법」 제90조 제1항의 감면요건을 충족한 것으로 볼 수 없음(조심 2019지0831, 2019.7.17.).

▣ 도시계획 결정에 따라 신협 업무용 부동산이 수용된 경우 추징 여부

부동산 소유자의 의사에 반하여 '수용'이 이루어진다 하더라도 수용의 경우 수용물건에 대한 반대급부로서 보상금이 지급되므로 이를 매각과 달리 볼 수 없으며, 일반적 추징 조건을 규정하고 있는 「지방세특례제한법」 제178조 제2호에서 매각의 경우에는 정당한 사유를 명시하고 있지 않아 유예기간 이내 매각으로 소유권이 이전되는 경우 수용에 의한 것인지 여부는 추징을 판단하는 고려사항이 아니므로 도시계획 결정에 따라 수용되었다면 이는 매각과 달리 볼 수 없으며, 감면 유예기간 내에 매각된 이 건 부동산의 경우 정당한 사유를 불문하고 추징대상임(행자부 지방세특례제도과-1532, 2016.7.5.).

▣ 새마을금고가 운영중인 주유소가 조합원 복지사업용 부동산에 해당하는지 여부

법인이 주유소를 운영하면서 조합원·비조합원 구분없이 불특정 다수를 상대로 영업을 하고 있고, 가격 또한 조합원과 차별이 없는 경우는 조합원과 관계없는 영리를 도모하는 것으로 봄이 상당하므로 고유업무(복지사업)용 부동산이 아님(조심 2012지0380, 2012.10.10.).

▣ 유예기간 내 사용하지 못한 정당한 사유(일괄공사 필요 등)

임차인의 명도지연으로 불가피하게 쟁점부동산을 유예기간 내에 고유업무에 사용하지 못하였더라도 업무추진의 비효율성 및 일괄공사 필요 등의 사유로 이를 유예기간 내에 사용하지 않은 이상, 이는 단순 내부사정이므로 정당한 사유가 아님(조심 2011지0026, 2012.1.20.).

▣ 새마을금고가 골프연습장으로 사용하는 부동산이 고유업무용 부동산 해당 여부

골프연습장 이용대상이 회원 외 사실상 일반인 점, 이용요금이 명백히 관내 타 골프장보다 저렴하지 않는 점, 골프연습장 운영에 필요한 실비변상적인 비용이 아닌 점을 종합하면, 법인의 영리도모를 위한 것으로 보아 고유업무용 부동산이 아님(조심 2010지0699, 2011.10.18.).

▣ 신협이 운영중인 가스충전소에 대한 직접 사용 부동산의 판단기준

당해 가스충전소의 매출액 중 조합원 비중이 상당(74.7%)하고, 매출액 일부를 조합원에게 판매장려금으로 환급하는 등 비조합원에 대해 사실상 가격차별을 하고 있어, 귀문 가스충전소는 신협법(§39 ① 2호)에서 규정한 복지사업 부동산임(행자부 세정-2653, 2006.6.27.).

▣ 장례식장용 부동산이 고유업무에 직접 사용하기 위한 부동산인지 여부

새마을금고가 불특정다수인이 유료로 이용하는 장례식장용 부동산을 취득한 경우라면 장례식장용 부동산은 회원의 문화복지 후생사업용으로 사용하는 것이 아니므로 감면대상이 아님(행자부 지방세정담당관-2087, 2003.11.29.).

▣ 목적사업에 사용하지 못한 정당한 사유 해당 여부

1) 종전 소유자와 임차계약을 체결한 임차인들에게 계약해지를 내용증명으로 통보하고 건물명도를 요구하는 등 적극적인 노력을 하였더라도 유예기간 내 직접 사용하기 위한 정상적인 노력을 다하였다고 보기는 어렵다 할 것임(조심 2010지0433, 2011.3.29.).

2) 청구법인이 상호간 업무협약 체결 후 한방진료 무상진료, 임대료 무상사용, 상호변경 등을 하기로 하더라도 문화복지 후생사업, 지역사회 개발사업의 업무에 직접 사용하기 위하여 취득한 부동산으로 볼 수 없음(조심 2010지0474, 2011.2.18.).

3) 법인이 사옥신축을 위해 건축허가를 받았지만, 경영상 곤란과 새마을금고법의 저촉사항으로 건축공사를 착공하지 못한 것일 뿐 1년 내에 정당한 사유 없이 새마을금고가 업무에 직접 사용하지 아니하였으므로 추징은 정당함(조심 2009지0875, 2010.6.17.).

4) 신협이 부동산 취득 후 인접부지 추가매입에 따른 자금사정 및 설계변경 등으로 유예기간을 경과하여 공사착공한 경우 정당한 사유가 아님(조심 2008지0397, 2008.11.25.).

# 제88조

## 새마을운동조직 등에 대한 감면

관련규정

제88조(새마을운동조직 등에 대한 감면) ①「새마을운동 조직육성법」을 적용받는 새마을운동조직이 그 고유업무에 직접 사용하기 위하여 취득하는 부동산에 대해서는 취득세를, 과세기준일 현재 그 고유업무에 직접 사용하는 부동산에 대하여는 재산세를 각각 2025년 12월 31일까지 면제한다.

② 다음 각 호의 법인이 그 고유업무에 직접 사용하기 위하여 취득하는 부동산(임대용 부동산은 제외한다)에 대하여는 취득세를, 과세기준일 현재 그 고유업무에 직접 사용하는 부동산에 대하여는 재산세(「지방세법」 제112조에 따른 부과액을 포함한다)를 각각 2014년 12월 31일까지 면제한다. ⇨ 2014년 12월 31일부로 일몰기한 만료

1.「한국자유총연맹 육성에 관한 법률」에 따른 한국자유총연맹

2.「대한민국재향군인회법」에 따른 대한민국재향군인회

②「한국자유총연맹 육성에 관한 법률」에 따른 한국자유총연맹이 그 고유업무에 직접 사용하기 위하여 취득하는 부동산에 대하여는 취득세를, 과세기준일 현재 그 고유업무에 직접 사용하는 부동산에 대하여는 재산세를 각각 2025년 12월 31일까지 면제한다.

⇨ 2022년 1월 1일부터 감면규정 재신설

## 1 개 요

「새마을운동조직육성법」에 따라 설립된 새마을운동조직 등 비영리 국민운동조직에 대한 세제지원이다. 1982년도에 신설(재향군인회는 1961년, 자유총연맹은 1995년)되어 2010년 이전까지는 구 지방세법 제272조 및 제288조에 각각 규정되어 있었으나 이후 지방세법이 분법(2010.3.31.)되면서 현재의 지특법 제88조로 이관되었다. 2013년에는 이들 단체에 대한

지역자원시설세가, 2015년부터는 한국자유총연맹 · 대한민국재향군인회에 대한 감면이 각각 종료되었으나 한국자유총연맹에 대한 감면의 경우 재 신설되어 2022년부터 감면 적용을 받게 되며 같은 조 제1항의 새마을운동조직과 유사한 성격의 단체이므로 일몰기한 일치를 위해 2025년 12월 31일까지 감면기한이 설정되었다.

## 2 감면대상자

「새마을운동 조직육성법」을 적용받는 새마을운동조직인 새마을운동중앙회가 이에 해당된다. 새마을운동을 국민운동으로 추진하는 구심체적 역할을 수행하는 것을 목적으로 하는 단체인 새마을운동조직은 1970년에 새마을가꾸기운동이라는 단체로 출발하여 1980년 사단법인 민간기구로 명칭을 변경하여 현재에 이르고 있다. 2012년 현재 중앙회 산하에 17개 시 · 도지부 및 230개 시 · 군 · 구 지회로 구성된 단체이며 회원은 211만명 규모이다.

한편, 한국자유총연맹 육성에 관한 법률에 의한 한국자유총연맹, 대한민국재향군인회법에 의한 대한민국재향군인회의 경우에는 2014년까지는 감면대상이었으나 2015년부터 감면이 종료됨에 따라 감면대상자에서 제외되었으나 한국자유총연맹은 2021년 말 법 개정시 신설되었다.

## 3 감면대상 부동산

새마을운동중앙회가 그 고유업무에 직접 사용하기 위하여 취득하는 부동산에 대해서는 다음과 같이 지방세를 감면한다. 여기서 고유업무에 사용하는 부동산이란 새마을운동의 계획수립 및 시행, 회원 및 단체에 대한 업무조정, 새마을교육 계획 수립 및 실시, 새마을운동 국내외 홍보 및 국제협력, 새마을운동 조사 및 연구 등을 수행하는 사업용 부동산[197]이 이에 해당된다.

197) 2014년 현재 사옥(서울 강남소재), 88체육관(서울 강서소재), 새마을운동중앙연수원 · 골프연습장(경기 성남소재), 청소년수련시설(전남 장성소재) 등이 있다.

### 새마을운동중앙회가 무상으로 당해 부동산을 타 단체 등에 제공하는 경우

한국방송공사가 지상권을 소유중인 88체육관의 경우는 다른 일반 사업용 부동산과 달리 당해 부동산의 부속토지는 새마을운동중앙회(이하 "중앙회")에 있으나 그 지상권의 경우는 중앙회가 1986년부터 60년간 KBS에 무상으로 사용·수익하는 것으로 계약이 체결되어 있다. 이 경우 중앙회가 소유하고 있는 부속토지를 그 고유업무용 부동산으로 볼 수 있는지의 여부에 대해 살펴보면 중앙회의 새마을지도자 육성, 농어촌소득증대사업, 국민의식개혁운동, 다문화 사업 등에 사용되는 사업용부동산의 경우에는 감면대상에 해당되지만 비영리단체의 수익사업은 과세가 원칙이므로 이 단체가 고유목적에 직접 사용하는 경우 이외로 사용하는 임대 등 수익사업은 감면대상에서 제외된다 할 것이다. 따라서 중앙회가 당해 소유 토지를 다른 단체에 무상임대한 경우는 고유목적사업으로 볼 수 없고, 이는 유상 또는 무상에 관계없는 임대사업에 해당하고 다른 단체가 건립·운영하는 88체육관은 문화·예술 공연에 대관되고 있는 점, 부속시설도 일반인용 체육시설 등 수익사업으로 사용 중인 점을 고려할 때 중앙회가 고유업무에 사용된다고 볼 수 없다 할 것이다. 비록 중앙회가 유상수입이 아닌 무상으로 당해 부동산을 제공하고 있다고 하더라도 이는 당사자 간의 계약에 관한 사항으로 이러한 경우까지 중앙회의 고유업무용 부동산으로 보기는 어렵다 할 것이다.

## 4 | 특례의 내용

### 4-1. 세목별 감면

새마을운동중앙회와 한국자유총연맹이 그 고유업무에 사용하기 위하여 취득 또는 보유중인 부동산에 대해서는 2025년 12월 31일까지 지방세 및 국세(농어촌특별세)를 각각 경감한다.

〈표〉 **새마을운동중앙회 및 한국자유총연맹에 대한 감면 현황(2023.1.1. 현재)**

| 조문 | 감면대상 | 감면율 | 일몰기한 |
|---|---|---|---|
| §88 ① | 새마을운동조직(중앙회)의 고유업무용 부동산 | 취득세 면제<br>재산세 면제 | '25.12.31. |
| §88 ② | 한국자유총연맹의 고유업무용 부동산 | 취득세 면제<br>재산세 면제 | '25.12.31. |

| 조문 | 감면대상 | 감면율 | 일몰기한 |
|---|---|---|---|
| 농특령 §4 ⑥ 5호 | §88에 따른 취득세 감면분의 20% | 농어촌특별세 비과세 | - |
| §177의 2 | 지방세 감면 특례의 제한 (최소납부세제)<br>※ '19.12.31.까지 적용유예 | 취득세 및 재산세 면제세액의 15% 과세<br>※ 전체 면제세액이 취득세 200만원, 재산세 50만원 초과시 해당 | §88 ①: '20년부터<br>§88 ②: '22년부터 적용 |

### 4-2. 건축중인 부속토지에 대한 특례(영 §123)

새마을운동중앙회와 한국자유총연맹이 그 고유업무 용도로 사용할 건축물을 건축중인 경우에는 해당 용도로 직접 사용하고 있는 것으로 의제(擬制)하여 해당 건축물의 부속토지에 대한 재산세를 계속 감면한다.

### 4-3. 임대용 부동산에 대한 부동산 감면 제한(§88)

새마을운동중앙회와 한국자유총연맹이 직접 사용하기 위하여 취득한 부동산 중 임대용 부동산은 감면대상에서 제외하며, 참고로 2023년 1월 1일부터 총칙의 "직접 사용" 정의규정에 "임대는 제외"를 명시함에 따라 본 조문을 비롯한 개별조문 내용에서는 "임대를 제외한다"는 문구는 삭제되었다.

### 4-4. 경과규정 특례(부칙 §14, 제12955호 2014.12.31.)

한국자유총연맹(§88 ② 1호), 대한민국재향군인회(§88 ② 2호)에 대해서는 2014년 12월 31일부로 감면기한이 종료되어 2015년 1월 1일부터는 감면대상에서 제외되었다.

다만, 감면이 종료되더라도 2015년 이전 납세의무 성립분에 한해 「지방세기본법」 제51조에 따른 경정청구 기간(최대 2019년)까지는 종전의 규정을 계속해서 적용할 수 있으며 2022년 한국자유총연맹은 다시 감면 적용을 받게 된다.

# 5 특례의 제한

## 5-1. 감면된 취득세의 추징

새마을운동중앙회와 한국자유총연맹이 감면요건을 위반하는 경우에는 제178조에 따라 감면받은 취득세가 추징된다. 여기서 감면요건 위반이란 대부분 새마을운동중앙회와 한국자유총연맹이 그 고유업무에 직접 사용하지 않거나 다른 용도로 사용하는 것 등을 말한다. 감면의무위반 사항에 대한 세부적인 내용은 제178조의 해설편 내용을 참조하면 된다.

## 5-2. 최소납부세액의 부담(§177의 2)

새마을운동중앙회와 한국자유총연맹이 고유업무에 사용하기 위하여 취득하는 부동산에 대해서는 취득세 및 재산세가 면제(§88 ①)됨에도 불구하고, 2015년부터 시행되는 감면 상한제도에 따라 면제되는 세액의 15%는 감면특례가 제한되어 최소납부세액으로 부담하여야 한다. 다만, 시행시기는 부칙 제5조(법률 제13637호)에 따라 2017년 1월 1일부터 적용된다. 이에 대한 세부적인 사항은 제177조의 2 해설편을 참조하면 된다.

## 5-3. 지방세 중과세 대상 부동산에 대한 감면 제한(§177)

새마을운동중앙회와 한국자유총연맹이 감면을 받으려는 부동산이 지방세법 제13조 제5항에 따른 별장 · 골프장 · 고급오락장 등 지방세 중과세 대상인 사치성 재산인 경우에는 감면대상에서 제외된다. 세부적인 사항은 제177조의 해설편을 참조하면 된다.

# 6 감면신청(§183)

새마을운동중앙회와 한국자유총연맹이 본 규정에 따라 지방세를 감면받으려는 경우에는 해당 지방자치단체의 장에게 해당 부동산이 그 고유업무에 직접 사용하는 용도임을 입증하는 서류를 첨부하여 감면신청을 하여야 한다. 세부적인 감면신청 절차 등에 대해서는 제183조의 해설편을 참조하면 된다.

## 7 | 관련사례

■ 임대용 부동산으로 사용에 따라 부과한 취득세 등의 적법 여부

청구인은 매년 지방자치단체로부터 정액보조금을 받아 지역새마을운동사업을 수행하여 왔으나 2004년도부터는 정액보조금이 폐지되고 임의보조단체로 변경됨에 따라 지방자치단체의 보조금이 축소되어 새마을사업이 중대한 위기에 처함으로써 부득이 이 사건 부동산을 임대하였음에도, 이 사건 부동산의 취득세 등을 부과고지하면서 가산세를 포함하여 부과고지한 것은 부당하다고 주장하고 있지만, 지방세법 제27조의 2 제2항과 같은법 시행령 제13조의 2 및 같은법 시행령 제11조 제1항에서 지방자치단체의 장은 이 법에 의하여 부과하였거나 부과할 가산세에 있어서 그 부과의 원인이 되는 사유가 천재·지변·사변·화재 그 밖에 이와 유사한 사유로 납세의무자 또는 특별징수의무자가 그 사업에 심한 손해를 입거나 그 사업이 중대한 위기에 처한 때에는 면제한다고 규정하고 있으므로 세법상의 가산세는 과세권의 행사 및 조세채권의 실현을 용이하게 하기 위하여 납세자가 정당한 이유 없이 법에 규정된 신고, 납세 등 각종 의무를 위반한 경우에 개별세법이 정하는 바에 따라 부과되는 행정상의 제재로서 납세자의 고의, 과실은 고려되지 않는 것(같은 취지의 대법원판례 2002두4761, 2003.12.11.)이지만, 부과의 원인이 되는 사유가 천재·지변·사변·화재 등 이와 유사한 사유로 그 사업에 손해를 입거나 중대한 위기에 처한 때에만 가산세를 면제하는 것이므로 청구인의 경우는 천재·지변·화재 등으로 인하여 사업에 중대한 위기에 처하여 이 사건 부동산을 임대한 것이 아니라 이 사건 부동산 취득과 동시에 ○○실업(대표○○○) 등에 임대하고 있는 사실이 임대차계약서 등에서 입증되고 있는 이상 비록 지방자치단체의 정액 보조단체에서 임의 보조단체로 변경됨에 따라 보조금이 다소 축소되었다고 하더라도 이는 이 사건 취득세 등의 가산세 면제대상에 해당되지 아니하므로 처분청에서 가산세를 포함하여 이 사건 취득세 등을 부과고지한 것은 적법한 부과처분이라고 판단됨(행자부 지방세심사 2005-33, 2005.2.3.).

# 제89조

## 정당에 대한 면제

관련규정

제89조(정당에 대한 면제) ①「정당법」에 따라 설립된 정당(이하 이 조에서 "정당"이라 한다)이 해당 사업에 직접 사용하기 위하여 취득하는 부동산에 대해서는 취득세를 2025년 12월 31일까지 면제한다. 다만, 다음 각 호의 어느 하나에 해당하는 경우 그 해당 부분에 대해서는 면제된 취득세를 추징한다.

1. 해당 부동산을 취득한 날부터 5년 이내에 수익사업에 사용하는 경우
2. 정당한 사유 없이 그 취득일부터 3년이 경과할 때까지 해당 용도로 직접 사용하지 아니하는 경우
3. 해당 용도로 직접 사용한 기간이 2년 미만인 상태에서 매각·증여하거나 다른 용도로 사용하는 경우

② 정당이 과세기준일 현재 해당 사업에 직접 사용하는 부동산(대통령령으로 정하는 건축물의 부속토지를 포함한다)에 대해서는 재산세(「지방세법」 제112조에 따른 부과액을 포함한다) 및 「지방세법」 제146조 제3항에 따른 지역자원시설세를 각각 2025년 12월 31일까지 면제한다. 다만, 수익사업에 사용하는 경우와 해당 재산이 유료로 사용되는 경우의 그 재산 및 해당 재산의 일부가 그 목적에 직접 사용되지 아니하는 경우의 그 일부 재산에 대하여는 면제하지 아니한다.

☞ 부칙 제1조(법률 제16865호, 2020.1.15)에 따라, 제2항 개정규정(「지방세법」 제146조를 인용하는 부분에 한정)은 2021.1.1. 시행

【영】 제42조(정당에 대한 면제대상 사업의 범위 등) ① 법 제89조 제2항 본문에서 "대통령령으로 정하는 건축물의 부속토지"란 해당 사업에 직접 사용할 건축물을 건축중인 경우와 건축허가 후 행정기관의 건축규제조치로 건축에 착공하지 못한 경우의 건축 예정 건축물의 부속토지를 말한다.

③ 정당이 그 사업에 직접 사용하기 위한 면허에 대해서는 등록면허세를, 정당에 대해서는 주민세 사업소분(「지방세법」 제81조 제1항 제2호에 따라 부과되는 세액으로 한

정한다. 이하 이 항에서 같다) 및 종업원분을 각각 2025년 12월 31일까지 면제한다. 다만, 수익사업에 관계되는 대통령령으로 정하는 주민세 사업소분 및 종업원분은 면제하지 아니한다.

【영】 제42조 ② 법 제89조 제3항 본문에서 "정당이 그 사업에 직접 사용하기 위한 면허"란 법 제89조 제1항에 따른 정당이 그 비영리사업의 경영을 위하여 필요한 면허 또는 그 면허로 인한 영업 설비나 행위에서 발생한 수익금의 전액을 그 비영리사업에 사용하는 경우의 면허를 말한다.
③ 법 제89조 제3항 단서에서 "수익사업에 관계되는 대통령령으로 정하는 주민세 재산분 및 종업원분"이란 수익사업에 직접 제공되고 있는 사업소와 종업원을 기준으로 부과하는 주민세 재산분과 종업원분을 말한다. 이 경우 면제대상 사업과 수익사업에 건축물이 겸용되거나 종업원이 겸직하는 경우에는 주된 용도 또는 직무에 따른다.

④ 정당에 생산된 전력 등을 무료로 제공하는 경우 해당 부분에 대해서는 「지방세법」 제146조 제1항 및 제2항에 따른 지역자원시설세를 2019년 12월 31일까지 면제한다.
☞ 2019.12.31. 일몰기한 종료

## 1 감면대상자 등

정당법에 따라 설립된 정당이 해당 사업에 사용하기 위하여 취득하는 부동산에 대해서는 취득세, 재산세(구 도시계획세 포함), 소방분 지역자원시설세, 등록면허세, 주민세 사업소분 및 종업원분을 면제한다. 본 감면은 구 지방세법 제107조 등[198]에 규정되어 있었으나 이후 지방세법이 분법되면서 현재의 지특법 제89조에 이관되었다. 2012년부터는 취득세 추징규정에 매각의 범위를 매각 또는 증여하는 것으로 자구정비를 하였으며, 2014년 말 세법 개정을 통해 감면기한은 지속적으로 규율하였다가 2025년 말까지로 재차 연장되었다. 감면대상자는 정당법에 따라 설립된 정당(政黨)이 해당되며, 정당 등에 전력 등을 무료로 제공하는 전기생산업자도 이에 해당된다.

198) 정당 등 비영리사업자에 대한 지방세 비과세는 2010년까지는 구 지방세법 제104조(취득세), 제127조(등록면허세), 제163조(면허세), 제174조(주민세), 제186조(재산세), 제255조(지역개발세)에 각각 규정되었다.

## 2 감면대상 부동산 및 감면내용

정당이 직접 사용하기 위해 취득하는 부동산과 그에 따른 면허와 해당 사업장에 대한 주민세 사업소분 및 종업원분에 대해서는 2022년 12월 31일까지 면제한다.

〈표〉 **정당에 대한 감면 현황(2023.1.1. 현재)**

| 조문 | 감면대상 | 감면율 | 일몰기한 |
|---|---|---|---|
| §89 ① | 정당의 직접 사용 부동산 | 취득세 100% | '25.12.31. |
| §89 ② | 정당의 직접 사용 부동산 | 재산세(도시지역분) 100%<br>지역자원시설세(소방분) 100% | '25.12.31. |
| §89 ③ | 정당에 직접 사용하기 위한 면허 및 사업장 | 등록면허세 면허분<br>주민세 사업소분(구 재산분) 및 종업원분 | '25.12.31. |
| §89 ④ | 정당에 생산된 전력을 무료 제공하는 경우 | 지역자원시설세 | '19.12.31. |
| §177의 2 | 지방세 감면 특례의 제한<br>(최소납부세제)<br>※ '19.12.31.까지 적용유예 | 취득세 및 재산세 면제세액의 15% 과세<br>※ 전체 면제세액이 취득세 200만원, 재산세 50만원 초과시 해당 | '20년부터 적용 |

## 3 지방세특례의 제한(§177, §177의 2)

### 3-1. 최소납부세액의 부담(§177)

정당 등이 그 고유업무에 사용하기 위하여 취득하는 부동산에 대해서는 취득세 및 재산세가 면제(§89)됨에도 불구하고, 2015년부터 시행되는 감면 상한제도에 따라 면제되는 세액의 15%는 감면특례가 제한되어 최소납부세액으로 부담하여야 한다. 다만, 시행시기는 부칙 제12조 제4호(법률 제12955호)에 따라 2019년 1월 1일부터 적용된다. 이에 대한 세부적인 사항은 제177조의 2 해설편을 참조하면 된다.

### 3-2. 지방세 중과대상 부동산 감면 제한(§177)

정당 등이 감면을 받으려는 부동산이 「지방세법」 제13조 제5항에 따른 별장·골프장·

고급오락장 등 지방세 중과세 대상인 사치성 재산인 경우에는 감면대상에서 제외된다. 이에 대한 세부적인 사항은 제177조의 해설편을 참조하면 된다.

## 4 | 감면신청(§183)

정당 등이 본 규정에 따라 지방세를 감면받으려는 경우에는 해당 지방자치단체의 장에게 해당 부동산이 그 고유업무에 직접 사용하는 용도임을 입증하는 서류를 첨부하여 감면신청을 하여야 한다. 세부적인 감면신청 절차 등에 대해서는 제183조의 해설편을 참조하면 된다.

# 제90조

## 마을회 등에 대한 감면

관련규정

제90조(마을회 등에 대한 감면) ① 대통령령으로 정하는 마을회 등 주민공동체(이하 "마을회등"이라 한다)의 주민 공동소유를 위한 부동산 및 선박을 취득하는 경우 취득세를 2025년 12월 31일까지 면제한다. 다만, 다음 각 호의 어느 하나에 해당하는 경우 그 해당 부분에 대해서는 면제된 취득세를 추징한다.

1. 해당 부동산을 취득한 날부터 5년 이내에 수익사업에 사용하는 경우
2. 정당한 사유 없이 그 취득일부터 1년이 경과할 때까지 해당 용도로 직접 사용하지 아니하는 경우
3. 해당 용도로 직접 사용한 기간이 2년 미만인 상태에서 매각·증여(해당 용도로 사용하기 위하여 국가나 지방자치단체에 기부채납하는 경우는 제외한다)하거나 다른 용도로 사용하는 경우

【영】 제43조(마을회등의 정의) 법 제90조 제1항 각 호 외의 부분 본문에서 "대통령령으로 정하는 마을회 등 주민공동체"란 마을주민의 복지증진 등을 도모하기 위하여 마을주민만으로 구성된 조직을 말한다.

② 마을회등이 소유한 부동산에 대해서는 재산세(「지방세법」 제112조에 따른 부과액을 포함한다) 및 「지방세법」 제146조 제3항에 따른 지역자원시설세를, 마을회등에 대해서는 주민세 사업소분(「지방세법」 제81조 제1항 제2호에 따라 부과되는 세액으로 한정한다. 이하 이 항에서 같다) 및 종업원분을 2025년 12월 31일까지 각각 면제한다. 다만, 수익사업에 사용하는 경우와 해당 재산이 유료로 사용되는 경우의 그 재산 및 해당 재산의 일부가 그 목적에 직접 사용되지 아니하는 경우의 그 일부 재산에 대해서는 면제하지 아니한다.

☞ 부칙 제1조(법률 제16865호, 2020.1.15.)에 따라, 제2항 개정규정(「지방세법」 제146조를 인용하는 부분에 한정)은 2021.1.1. 시행

## 1 | 개 요

마을주민의 복지증진 등을 도모하기 위하여 마을주민만으로 구성된 조직에 대한 세제지원이다. 2010년까지는 제107조(취득세), 제127조(등록세), 제174조(주민세), 제186조(재산세)에 각각 규정되었다가 이후 지방세법이 분법되면서 현재의 지특법 제90조로 통합하여 이관되었고 2012년부터는 취득세 추징규정에 매각의 범위에 증여를 포함하는 것으로 조문이 개정되었으며 2014년 말 세법개정을 통해 2019년까지 감면기한을 규율하였다가 2022년 12월 31일까지 연장되었다.

## 2 | 감면대상자

주민공동체 조직인 마을회가 이에 해당된다. 여기서 마을회란 마을주민의 복지증진 등을 도모하기 위하여 순수 마을주민만으로 구성된 조직을 말한다.

마을회의 정의에 대한 별도의 세부 규정은 없으나 사전적 의미 등을 종합하여 보면 마을회란 주로 시골에서 여러 집이 이웃하여 살아가는 동네로 촌락(村落) 또는 촌리(村里)를 중심으로 자연발생한 친목적 성격의 자생조직이라 할 것이므로 관계법령 등에 따라 의무적으로 설립해야 하는 단체 등의 경우에는 비록 그 구성원 조직을 위한 친목 성격이 일부 있다 하더라도 지방세 감면대상으로서의 마을회에 해당되지 않는다고 본다. 이런 견지에서 살펴보면 최근 도시지역 등에서 아파트 단지 등을 중심으로 공동시설에 대한 재산세 감면 등을 받기 위해 인위적으로 조직한 공동주택입주자대표회의 단체의 경우도 감면대상자인 마을회에 해당되는지의 여부에 대해 쟁점이 발생하고 있는데 아파트 등 공동주택의 입주자대표회의의 성격은 주택법[199]에서 공동주택의 특성상 공동주택 입주민의 양호한 주거환경을 위한 자치관리기구에 해당하고 이를 통해 아파트 관리 전반에 대한 업무를 수행하고 있는 점 등 입주자대표회의의 구성목적, 업무내용 등을 볼 때 순수 마을주민의 복지증진을 위한 자생조직인 마을회로 보기에는 무리가 있다 할 것이다. 따라서 마을회의 여부를 판단

199) 입주자는 공동주택의 관리를 위해 “입주자대표회의”를 구성하고, 아파트관리규약 제・개정, 관리비・사용료 산정, 전기・도로・상하수도・주차장・가스설비・냉난방설비 및 승강기 등의 유지 및 운영기준 마련 등 공동주택 관리 전반에 대한 운영 및 결정을 할 수 있다(주택법 §43・§44・§51 등).

(아파트 관리규약) 공동주택 입주자의 공동소유인 부대시설 및 복리시설과 그 대지 및 부속물을 관리 및 사용함에 있어서 필요한 사항을 규정함으로써 입주자의 공동이익을 증진하고 양호한 주거환경을 확보함이 그 목적이다.

하는 기준은 ⅰ) 마을주민의 복지증진을 위해 결성한 조직으로 마을주민만으로 구성된 조직인지, ⅱ) 당해 부동산의 소유권을 마을회의 공동소유를 전제로 취득 · 보유하는 것인지, ⅲ) 그 부동산의 이용현황이 유료 및 수익사업에 사용되는 것인지를 종합 고려하여 판단하여야 할 것이다. 향후에는 친목성격의 자생적 단체인 마을회에 대한 입법취지 등을 고려하여 행정구역의 단위가 최하단위인 "리(里)"를 구성하는 지역으로 범위를 제한하는 등 마을회에 대한 세부 규정 등 별도의 제도보완이 필요할 것으로 본다.

### 비영리단체로 등록된 마을회의 회원 중 일부가 다른 지역으로 이주한 경우

▣ 사실관계
- 2013.8.29. : 비영리단체 등록(○○○체육공원관리위원회, 30명 / ○○세무서)
  - 회원자격 : ○○초등학교 졸업자 중 주민 공동체모임의 추천을 받은 자
- 2014.5.12. : 전북 ○○면 ○○리 건물 사용승인 및 감면신청
  - 납세자 : ○○○체육공원관리위원회
  - 사용용도 : 각종 마을주민의 체육행사 장소 및 회의장소로 활용
- 2014.6.17. : 감면취소 결정 통지
  - 취소사유 : 회원 30명 중 6명의 주소가 ○○○마을에서 인근 지역으로 이전

지방세 관계법령에서 마을회의 구성조건에 대한 별도의 세부 규정은 두고 있지 않으나, 사전적 의미 등을 종합하여 보면, 마을회란 마을주민 전체의 복리증진을 위한 친목 성격의 조직이라 할 것이며, 그 구성은 전체 주민 대다수가 참여하는 자생적 조직이라 정의할 수 있는 바, 정관상 목적사업이 체육공원의 조성사업 및 유지, 주민의 건강증진 및 향우간의 화합을 도모하며 내 고장의 발전에 이바지함을 규정하고 있으며, 건물의 용도가 체육행사 및 주민회의 장소 등 주민공동시설로 사용하고 있음은 확인되고 있으나, 특정 초등학교 졸업자를 중심으로 전체 마을주민 ○○○○여 명 중 ○○명의 회원으로 구성된 단체를 순수하게 마을주민의 복지증진을 도모하기 위한 목적으로 설립되었다거나, 조직구성에 있어 마을주민만으로 구성된 것이 아닌 상기의 단체를 지방세특례제한법에서 규정하고 있는 마을회 등으로 보기 어렵다 하겠다.

## 3 | 감면대상 부동산 및 감면내용

마을회가 주민 공동소유를 위한 부동산 및 선박을 취득 · 보유하는 경우에는 취득세 면제

(제1항), 마을회 등이 소유한 부동산과 임야에 대해서는 재산세(법 §112 부과액 포함), 지역자원시설세 면제, 주민세 사업소분 및 종업원분을 면제(제2항)한다.

〈표〉 **마을회 등에 대한 감면 현황(2022.1.1. 현재)**

| 조문 | 감면대상 | 감면율 | 일몰기한 |
|---|---|---|---|
| §90 ① | 마을회 등 주민공동체 소유 부동산 및 선박 | 취득세 100% | '22.12.31. |
| §90 ② | 마을회 등 주민공동체 소유 부동산 | 재산세(도시지역분 포함) 100%<br>지역자원시설세(소방분) 100%<br>주민세(사업소분, 종업원분) 100% | '22.12.31. |
| §177의 2 | 지방세 감면 특례의 제한<br>(최소납부세제)<br>※ '19.12.31.까지 적용 유예 | 취득세 및 재산세 면제세액의 15% 과세<br>※ 전체 면제세액이 취득세 200만원, 재산세 50만원 초과시 해당 | '20년부터 적용 |

## 4 | 특례의 제한

### 4-1. 감면된 취득세의 추징

마을회가 감면요건을 위반하는 경우에는 제178조에 따라 감면받은 취득세가 추징된다. 여기서 감면요건 위반이란 대부분 마을회 용도로 직접 사용하지 않거나 다른 용도로 사용하는 것 등을 말한다. 감면의무 위반사항에 대한 세부적인 내용은 제178조의 해설편의 내용을 참조하면 된다.

2017년 말에는 경로당에 대한 추징규정을 합리적으로 일부 보완하게 되었는데, 구체적인 사례를 살펴보면, 마을주민이 공동으로 이용하는 경로당을 신축하기 위해 마을회에서 토지를 매입하여 지방자치단체에 기부채납하는 방식으로 건축한 사례로, 이에 대해 지방자치단체에서 마을회가 토지 취득 및 건축물 신축 후 2년 이상 해당 용도로 직접 사용하지 않고 소유권을 이전한 것으로 보아 추징하는 사례가 발생되었다.

그러나, 지방예산을 지원받아 경로당 등을 신축하여 지방자치단체에 기부채납을 통해 경로당으로 사용하는 경우까지 감면된 지방세를 추징하는 것은 다소 과도한 측면이 있는 것으로 보아 경로당 용도로 직접 사용하기 위하여 국가나 지방자치단체에 기부채납하는 경우에는 추징에서 제외하도록 단서규정을 개선・보완하게 되었다.

### 4-2. 최소납부세액의 부담(§177의 2)

마을회가 그 고유업무에 사용하기 위하여 취득하는 부동산에 대해서는 취득세 및 재산세가 면제(§90)됨에도 불구하고, 2015년부터 시행되는 감면 상한제도에 따라 면제되는 세액의 15%는 감면특례가 제한되어 최저납부세액으로 부담하여야 한다. 다만, 시행시기는 부칙 제12조 제4호(법률 제12955호)에 따라 2020년 1월 1일부터 적용된다. 이에 대한 세부적인 사항은 제177조의 2 해설편을 참조하면 된다.

### 4-3. 지방세 중과세 대상 부동산에 대한 감면 제한(§177)

마을회가 감면을 받으려는 부동산이 지방세법 제13조 제5항에 따른 별장・골프장・고급오락장 등 지방세 중과세 대상인 사치성 재산인 경우에는 감면대상에서 제외된다. 세부적인 사항은 제177조의 해설편을 참조하면 된다.

## 5 감면신청(§183)

마을회가 본 규정에 따라 지방세를 감면받으려는 경우에는 해당 지방자치단체의 장에게 해당 부동산이 해당 용도로 직접 사용하는 용도임을 입증하는 서류를 첨부하여 감면신청을 하여야 한다. 세부적인 감면신청 절차 등에 대해서는 제183조의 해설편을 참조하면 된다.

## 6 관련사례

■ 청구법인이 새마을회관 건축목적으로 취득하여 감면을 받은 이 건 토지를 정당한 사유 없이 취득일로부터 1년이 경과할 때까지 해당 용도로 직접 사용하지 아니한 것으로 보아 쟁점가산세를 포함하여 취득세를 추징한 처분의 당부

새마을회관 신축비용 보조금 예산을 지원받기 위해 어떠한 노력과 추진을 다하였는지 등에 대한 구체적 입증자료들이 확인되지 않고 있는 점, 이 건 토지 취득일부터 1년의 유예기간이 훨씬 경과한 현재(3년 6월 경과)까지 새마을회관에 대한 건축허가 신청조차 하지 않은 것으로 보이는 점 등에 비추어, 유예기간(1년) 내에 직접 사용하지 못한 정당한 사유를 인정하기는 어렵다 하겠음(조심 2023지4717, 2024.6.11.).

■ 마을회 등 주민공동체 해당 여부

'마을회 등 주민공동체'란 '마을주민의 복지를 위해 금전을 지급 · 지원하거나, 용역 또는 시설을 설치 · 운영 또는 제공하거나 지원하는 사업을 주된 목적으로 하는 마을주민만으로 구성된 조직'을 의미하고, 마을주민의 보편적 이익 증진이 그 부대사업의 하나에 불과한 조직은 '마을회 등'에 해당한다고 볼 수 없음(대법 2021두54194, 2022.1.27.).

■ 동 위원회가 마을회를 구성한 경우 감면대상 여부

특정 동 위원회가 주민들의 복지증진을 도모할 목적으로 설립하였더라도 마을 단위의 개념에 부합하지 아니하고 조직 구성 및 운영에 있어 마을주민만으로 구성되었다고 볼 수 없으므로 감면대상 "마을회등"에 해당하지 아니함(행안부 지방세특례제도과-2020.11.18.).

■ 부동산 취득일로부터 1년 이내에 해당 용도로 직접 사용하지 못한 정당한 사유가 있는지 여부

부동산 취득으로부터 임차인들의 퇴거, 도급계약 체결 등을 마치고 유예기간 내에 착공에 이르게 된 일련의 과정으로 볼 때 직접 사용을 위한 정상적인 노력을 다하였다고 보는 것이 타당하므로 유예기간 내에 직접 사용하지 못한 데에 정당한 사유가 있음(조심 2018지0145, 2018.6.28.).

■ 토지 취득당시 제한 사실을 인지한 경우에 정당한 사유 적용 여부

도시계획의 변경이 지연되어 토지를 1년 이내에 해당 용도에 사용하지 못하였으므로 이를 정당한 사유로 보아야 한다고 주장하나, 토지를 취득할 당시 그 일대가 이미 지구단위계획으로 결정 · 고시되어 있어 그와 같은 제한 사실을 이미 인지하고 있었다고 보이는 점 등에 비추어 토지를 해당 용도로 직접 사용하지 아니하는 경우로 보아 경정청구를 거부한 처분은 잘못이 없음(조심 2017지0258, 2017.5.17.).

■ 공동주택 입주민 전체가 이용하는 체육시설용 부동산이 집합건물 공용부분에 해당하는 경우 마을주민공동체 소유부동산에 해당되는지 여부

공동주택 입주민 전체가 이용하는 체육시설용 부동산이 「집합건물의 소유 및 관리에 관한 법률」 제12조 규정에 의한 집합건물 공용부분에 해당하는 경우라면 「지방세법」 제186조 제2호에서 규정하는 마을주민공동체 소유부동산에 해당되지 않고, 집합건물 구분소유자 개개인 소유 부동산에 해당되므로 재산세 비과세 대상에 해당되지 않는 것으로 보여짐(행안부 지방세운영과-573, 2008.8.11.).

■ 마을당사계, 아파트입주자 대표회의 등 마을회에 해당하는지 여부

1. 마을당사계가 당사신을 모시는 계원간의 친목 및 상부상조를 통하여 지역발전에 기여할 목적으로 조직되었다면 마을주민의 복지증진을 도모하기 위하여 마을주민만으로 구성된 "마을회 등"에 해당한다고 보기 어렵다 할 것임(행안부 지방세운영과-933, 2008.9.2.).
2. 공동주택 입주자 중 세대주 또는 배우자, 60세 이상의 노인으로 구성된 마을노인회가 부동산을 취득하여 마을회관 및 노인복지법에 의한 노인여가복지시설인 경로당으로 사용하는 경우라도 이는 지방세를 비과세할 수 없는 것임(행안부 지방세정팀-139, 2008.1.11.).
3. 사단법인으로 등록된 번영회에서 읍민공동소유로 취득한 번영회관은 취득세와 등록세 비과세대상이 아닌 것임(행자부 지방세정팀-3751, 2005.11.14.).

4. 아파트입주자들에 의하여 구성된 관리기구가 아파트관리사무소의 운영에 필요한 소장, 경비원, 전기요원, 기계요원 등 아파트입주자들(주민)이 아닌 외부직원을 고용한 경우라면 비과세대상에 해당되지 아니하는 것이며 귀 아파트입주자 대표회의인 자치관리기구가 마을회에 해당 여부는 과세권자가 사실조사 후 판단할 사항임(행자부 세정 13407-202, 2001.8.9.).
5. 저유소 건설과정에서 반대하는 마을주민들의 민원해소를 위해 주민공동소유인 마을회관을 신축하여 주는 경우 취득세 등 비과세대상 여부
   - 마을회관건축(소유)명의는 마을공동체이나 당사가 건축비를 부담하고 동 건축비를 당사의 저유소 건축물 건설원가에 포함할 경우, 마을회 등이 주민공동체의 주민공동소유로 마을회관을 취득하였다면 이에 따른 취득세와 등록세는 비과세함이 타당하다고 봄(행자부 세정 13407-210, 2001.2.26.).
6. 마을회는 마을주민의 복지증진 등을 도모하기 위하여 마을주민만으로 구성된 조직을 말하는 것이므로 공동주택관리를 전문업으로 하는 귀사 소속의 아파트관리사무소 업무는 "마을회"로 볼 수 없음(내무부 세정 13407-15, 1994.1.26., 행자부 세정-146, 2005.4.12.).
7. 아파트 입주민들은 자치관리를 위하여 입주민들의 대표로 구성된 입주자대표회의를 구성하고 입주자대표회의에서 관리사무소를 설치하고, 관리사무소 운영에 필요한 직원을 고용계약에 의거 채용하도록 하는 관리규약을 정하였으며, 이에 따라 청구인은 관리사무소장, 경비, 서무, 경비원, 기관실요원, 변전실요원 등을 채용하고 직원들의 급여를 부담해 온 사실을 확인할 수 있으므로 이 사건 아파트의 관리사무소의 모든 직원들은 청구인의 종업원으로 봄이 타당하다 하겠으며, 청구인은 지방세법 제245조의 2 제2호 규정에 의한 마을회로서 주민의 복지증진 등을 도모하기 위하여 구성된 조직이라 할 것이므로 이 사건 종업원할 사업소세는 비과세되어야 할 것임(행자부 지방세심사 2002-191, 2002.4.29.).
8. 마을회 등 주민공동체 해당 여부 관련, 「지특법」 제90조 및 같은 법 시행령 제43조에 의하면 "마을회 등 주민공동체란 마을 주민의 복지증진 등을 도모하기 위하여 마을주민만으로 구성된 조직"이라고 규정하고 있으므로 '향린공영회'의 정관 및 회의록에 의하면 '향린공영회'의 회원자격을 정관상 향린촌 내에 토지 등을 소유하고 본회에 가입한 회원으로 규정하고 있으므로 '향린공영회'를 마을주민만으로 구성된 조직으로 볼 수는 없는 것으로 보여지며, '향린공영회' 명의로 등기된 부동산은 「지특법」 제90조 및 같은 법 시행령 제43조 규정에 의한 재산세 등 면제대상에 해당되지 않은 것으로 판단됨(행안부 지방세운영과-395, 2012.2.8.).
9. 아파트 입주자대표회의가 주민들의 공동이익을 대변하고 복지증진을 목적으로 하는 단체인 마을회 등으로 볼 수 있어 재산세 비과세 대상 토지라 사료됨(행안부 지방세운영과-3723, 2010.8.18.).
10. 지역주민의 복지증진과 체육·청소년 지원사업을 통한 지역사회 발전도모를 목적으로 설립된 비영리법인이 주민복지타운 건립을 위하여 취득한 부동산을 마을회 등으로 보아 비과세 주장에 대하여 살펴보면, 마을회 등은 행정구역의 최하단위인 리를 구성하는 지역으로 범위를 제한해서 해석하는 것이 타당함(조심 2009지0824, 2010.6.11.).

11. 건축물은 국고보조금 및 주민공동부담으로 신축하였고, 소유권도 주민공동체인 ○○○으로 되어 있으며, 수익금액도 마을주민의 복지증진 등을 위한 마을공동사업비로 사용하고 있으므로 취득한 건축물은 마을회 등에 해당하는 것으로 보아 비과세 주장에 대하여 살펴보면, 마을회 등이라 함은 마을주민 전체를 말하는 것이나, 청구인은 마을전체를 위한 마을회가 아니고 마을전체 47세대 중 10세대만으로 구성된 특정조직으로서 이 건 건축물을 취득하여 수익사업에 사용하고 있으므로 취득세 등의 비과세 대상이 되는 "마을회"에 해당되지 아니함(조심 2009지1096, 2010.6.7.).

# 제 91 조

## 재외 외교관 자녀 기숙사용 부동산에 대한 과세특례

관련규정

**제91조(재외 외교관 자녀 기숙사용 부동산에 대한 과세특례)** 사단법인 한국외교협회의 재외 외교관 자녀 기숙사용 토지 및 건축물에 대한 취득세는 「지방세법」 제11조 제1항의 세율에도 불구하고 2025년 12월 31일까지 1천분의 20을 적용하여 과세하고, 그 부동산의 등기에 대하여는 등록면허세를 2022년 12월 31일까지 면제한다. 다만, 다음 각 호의 어느 하나에 해당하는 경우 그 해당 부분에 대해서는 감면된 취득세 및 등록면허세를 추징한다. ☞ 등록면허세 일몰 종료(2022.12.31.)

1. 해당 부동산을 취득한 날부터 5년 이내에 수익사업에 사용하는 경우
2. 정당한 사유 없이 그 취득일부터 1년이 경과할 때까지 해당 용도로 직접 사용하지 아니하는 경우
3. 해당 용도로 직접 사용한 기간이 2년 미만인 상태에서 매각·증여하거나 다른 용도로 사용하는 경우

☞ 2020.1.1. 세목별 일몰기한 설정

이 법 규정에 의한 재외 외교관 자녀 기숙사용 부동산에 대한 과세특례는 사단법인 한국외교협회의 재외 외교관 자녀 기숙사용 토지 및 건축물에 대한 취득세는 지방세법 규정의 세율에 불구하고 2% 세율만 적용하고 그 부동산 등기에 대해서는 등록면허세를 면제한다. 재외 외교관 자녀 기숙사용 부동산 감면은 2010년까지는 구 지방세법 시행령 제96조에 규정되었다가 이후 지방세법이 분법이 되면서 현재의 지특법 제96조로 이관되었고 2012년부터 매각의 범위에 증여를 포함하는 것으로 개정되었다.

이 법에서 재외 외교관 자녀 기숙사용 부동산 감면을 '과세특례'라는 용어를 사용하는 것은 산출된 세액을 바로 감면하는 것이 아니라 지방세법 제11조 제1항에서 규정된 표준세율(4%)에서 일부(2%)를 공제하고 있는 방식을 취하기 때문이다. 이는 지특법 제2조 제6호

에서 정의하는 지방세 특례의 정의 중에서 세율경감에 해당된다고 보면 된다. 이와 유사한 사례는 지특법 제38조(의료법인에 대한 과세특례), 제52조(문화예술 지원을 위한 과세특례), 제54조(관광단지에 대한 과세특례), 제58조(벤처기업에 대한 과세특례), 제60조(중소기업협동조합 등에 대한 과세특례), 제64조(해운항만 등 지원을 위한 과세특례), 제65조(항공운송사업 등에 대한 과세특례), 제67조(경형자동차 등에 대한 과세특례), 제72조(별정우체국에 대한 과세특례) 규정이 해당되며, 아울러 2023년 1월 1일 이후부터는 재외 외교관 자녀 기숙사의 노후화로 인해 이전이 진행 중인 점 등을 고려하여 취득세 저율세율 적용 특례는 연장하였으나 행정서비스에 대한 수수료적 성격인 등록면허세 감면은 종료되었다.

# 제92조 천재지변 등으로 인한 대체취득에 대한 감면

관련규정

제92조(천재지변 등으로 인한 대체취득에 대한 감면) ① 천재지변, 그 밖의 불가항력으로 멸실 또는 파손된 건축물·선박·자동차 및 기계장비를 그 멸실일 또는 파손일부터 2년 이내에 다음 각 호의 어느 하나에 해당하는 취득을 하는 경우에는 취득세를 면제한다. 다만, 새로 취득한 건축물의 연면적이 종전의 건축물의 연면적을 초과하거나 새로 건조, 종류 변경 또는 대체취득한 선박의 톤수가 종전의 선박의 톤수를 초과하는 경우 및 새로 취득한 자동차 또는 기계장비의 가액이 종전의 자동차 또는 기계장비의 가액(신제품구입가액을 말한다)을 초과하는 경우에 그 초과부분에 대해서는 취득세를 부과한다.

1. 복구를 위하여 건축물을 건축 또는 개수하는 경우
2. 선박을 건조하거나 종류 변경을 하는 경우
3. 건축물·선박·자동차 및 기계장비를 대체취득하는 경우

② 천재지변, 그 밖의 불가항력으로 멸실 또는 파손된 건축물·선박·자동차·기계장비의 말소등기 또는 말소등록과 멸실 또는 파손된 건축물을 복구하기 위하여 그 멸실일 또는 파손일부터 2년 이내에 신축 또는 개축을 위한 건축허가 면허에 대해서는 등록면허세를 면제한다.

③ 천재지변·화재·교통사고 등으로 소멸·멸실 또는 파손되어 해당 자동차를 회수하거나 사용할 수 없는 것으로 시장·군수가 인정하는 자동차에 대하여는 자동차세를 면제한다.

☞ 2015.12.31. 개정, 「지방세특례제한법 시행령」 제44조(불가항력의 의의 등) 삭제
☞ 2023.12.29. 개정, 제3항 삭제

④ 지방자치단체는 「재난 및 안전관리 기본법」 제60조에 따른 특별재난지역 내의 재산(부동산·차량·건설기계·선박·항공기를 말하며, 이하 이 항에서 같다)으로서 같은 법 제3조 제1호에 따른 재난으로 피해를 입은 재산에 대해서는 그 피해가 발생한 날이 속하는 회계연도의 지방세를 100분의 100의 범위에서 조례로 정하거나 해당 지

방의회의 의결을 얻어 감면할 수 있다.

⑤「재난 및 안전관리 기본법」 제60조에 따른 특별재난지역의 선포와 관련된 재난으로 인하여 사망한 자(이하 이 항에서 "사망자"라 한다) 또는 사망자의 부모, 배우자 및 자녀(이하 이 항에서 "유족"이라 한다)에 대해서는 다음 각 호에서 정하는 바에 따라 지방세를 면제한다.

1. 사망자의 경우에는 다음 각 목의 지방세(사망일이 속하는 회계연도로 한정한다)를 면제한다.
   가. 주민세[개인분 및 사업소분(사업소분의 경우에는 「지방세법」 제81조 제1항 제1호 가목에 따라 부과되는 세액으로 한정한다)]
   나. 자동차세(「지방세법」 제125조 제1항에 따른 자동차세로 한정한다)
   다. 재산세(「지방세법」 제112조에 따른 부과액을 포함한다)
   라. 지역자원시설세(「지방세법」 제146조 제3항에 따른 지역자원시설세로 한정한다)
2. 유족의 경우에는 다음 각 목의 지방세를 면제한다.
   가. 제1호 가목부터 라목까지의 규정에 따른 지방세(사망자의 사망일이 속하는 회계연도로 한정한다)
   나. 취득세[당해 재난으로 인한 사망자 소유의 부동산등(「지방세법」 제7조에 따른 부동산등을 말한다)을 상속으로 취득하는 경우로 한정한다]

## 1 개 요

천재지변으로 인해 더 이상 지방세 과세대상으로서 효용가치가 없는 물건에 대해서는 과세가 적절치 않은 점을 고려한 감면으로 멸실된 각종 재산에 대한 취득세 감면(제1항), 이에 따른 멸실 재산의 말소등기 등 등록사항에 대한 감면(제2항), 멸실된 자동차에 대한 감면(제3항)으로 구성되어 있다.

2010년 이전까지는 구 지방세법 제108조, 제163조, 동법 시행령 제146조의 2 규정에 비과세로 각각 규정되어 있었다가 이후 지방세법이 분법되면서 현재의 제92조로 일괄하여 통합하여 이관되었다. 2011년부터는 천재지변 등으로 멸실된 건축물을 복구하는 과정에서 발생하는 등기·등록분 등록면허세 감면범위가 선박·자동차·기계장비까지 확대되었다.

## 2 | 감면대상자

천재지변, 그 밖의 불가항력으로 멸실 또는 파손된 각종 재산 등을 보유하고 있던 자가 이와 유사한 각종 재산을 대체로 취득하는 자(제1항), 멸실 또는 파손된 건축물 · 선박 · 자동차 · 기계장비의 말소등기 또는 말소등록하는 자 또는 멸실 · 파손된 건축물을 복구하는 자(제2항), 천재지변 · 화재 · 교통사고 등으로 소멸 · 멸실 또는 파손되어 해당 자동차를 회수하거나 사용할 수 없는 것으로 시장 · 군수가 인정하는 자동차를 보유한 자(제3항)가 이에 해당된다.

## 3 | 감면대상 부동산 등

### 3-1. 감면대상 여부

#### 3-1-1. 대체취득 감면대상 범위

천재지변 등으로 인한 대체취득 감면대상 부동산 등은 지진, 풍수해, 벼락 등과 같이 자연현상에 의한 것이어야 함을 말한다. 따라서, 사람으로서는 어떠한 수단에 의하여서도 회피하거나 방지하기 어려운 천재지변이 아닌, 사람의 행위가 개입할 여지가 많은 '소실' 또는 '화재' 등은 감면대상이 아니며 '지진 · 풍수해 · 낙뢰'와 동일한 수준의 '불가항력적인 소실, 화재' 등을 의미하는 것으로 보아야 할 것[대법원 2016두50044, 2016.12.15. : 기각(과세기관 승)]이며, 2019년부터는 법조문을 명확히 하기 위하여 "소실, 도괴(倒壞)"의 용어를 삭제하고 불가항력의 의미에 포함하여 적용되도록 개정되었다.

'불가항력'이란 언어의 사전적 의미는 사람의 힘으로는 저항할 수 없는 힘으로서 사람의 행위와 무관하게 외부로부터 발생하여 사람으로서는 어떠한 수단에 의하여서도 회피하거나 방지할 수 없는 일을 의미하는 개념이라고 할 것이며, 어떠한 재해가 '불가항력'의 개념에 포섭되기 위해서는 사람의 행위 지배영역 밖에서 발생하여 예측 가능성이나 회피 가능성이 없어야 하므로 만약 화재의 발생원인이 미확인된 것으로 인정된다고 하더라도 불가항력은 무과실보다 좁은 개념으로서 귀책사유 유무와 직접적 관련이 없으므로 화재가 사람의 행위 지배영역 밖에서 발생하였다고 보기 부족하고, 달리 불가항력적이라고 인정하기 어려운 경우라면 감면대상이 아닌 것으로 판단하여야 할 것이다.

1. 복구를 위하여 건축물을 건축 또는 개수하는 경우
2. 선박을 건조하거나 종류 변경을 하는 경우
3. 건축물 · 선박 · 자동차 및 기계장비를 대체취득하는 경우

3-1-2. 종전 가액을 초과하는 경우 감면대상 여부

천재지변, 그 밖의 불가항력으로 멸실 또는 파손된 부동산 등을 대체로 취득하는 건축물 · 선박 · 자동차(시장 · 군수가 해당 자동차를 회수하거나 사용할 수 없다고 인정하는 경우 포함) 및 기계장비가 이에 해당된다. 다만, 새로 취득한 건축물의 연면적이 종전의 건축물의 연면적을 초과하거나 새로 건조, 종류 변경 또는 대체취득한 선박의 톤수가 종전의 선박의 톤수를 초과하는 경우 및 새로 취득한 자동차 또는 기계장비의 가액이 종전의 자동차 또는 기계장비의 가액(신제품 구입가액을 말한다)을 초과하는 경우에 대체취득을 하더라도 그 초과분에 대해서는 감면대상 부동산에 해당되지 않는다.

3-1-3. 유 · 무상을 불문한 모든 대체취득이 감면대상 여부

「공익사업을 위한 토지 등의 취득 및 보상에 관한 법률」 등 관계 법령에 따라 수용 등의 원인으로 대체취득하는 경우 취득세 감면요건은 소유 부동산을 수용된 자가 그 보상금 범위 내에서 대체취득하는 부동산이라 규정하고 있어 보상금으로 취득하는 유상승계 취득 또는 원시취득에 한하여 감면대상이나, 「지방세특례제한법」에서 천재지변 등으로 대체 취득하는 부동산의 감면요건은 취득의 종류를 별도 제한을 규정하고 있지 않으므로, 「지방세법」 제6조 제1호에서 '정의'하는 원시취득, 승계취득 또는 유상 · 무상의 모든 취득(매매, 교환, 상속, 증여, 기부 등)이 감면대상에 포함된다 할 것이다.

3-1-4. 무허가 또는 미등기 건축물의 감면대상 여부

「지방세법」에서 "건축물"이란 건축허가나 신고 또는 등기 여부와 관계 없이 「건축법」 제2조 제1항 제2호에서 규정하는 건축물의 요건을 갖추고 있는 경우라면 지방세 과세대상에 포함되는 것이므로, 지방세 과세대상인 무허가, 미등기 건축물이 천재지변 또는 불가항력적인 사유로 파손 또는 멸실된 경우 복구를 위해 대체취득하는 부동산의 연면적에 포함하여 감면대상으로 보아 합리적으로 운영되어야 할 것이다.

### 3-2. 감면 기산일 적용

천재지변, 그 밖의 불가항력으로 멸실 또는 파손된 건축물 · 선박 · 자동차 및 기계장비를 '멸실일 또는 파손일부터 2년 이내 복구를 위해 종전 건축물의 연면적 범위 내 취득하는 건축물에 대한 취득세를 면제한다'고 규정하고 있는데 이에 따라 천재지변 등으로 피해를 입고 대체 취득하는 재산에 대한 감면 기산일은 '멸실일 또는 파손일'이라 명시하고 있는 바, 공부상 멸실일을 감면 기산일의 기준으로 본다면 천재지변 등으로 발생한 피해의 범위가 멸실 정도가 아닌 일부 파손되거나 등기 · 등록이 강제되지 않는 신축, 가설 건축물 등의 경우 피해의 정도를 확인할 수 없으며, 멸실의 피해를 입고 이를 방치하다 수년이 경과 후 공부상 멸실하는 경우 감면기간이 장기간 연장되거나 동일한 재난에 대해 감면기간이 다르게 적용되는 불형평을 초래할 수 있는 점 등을 고려할 때, 천재지변으로 인한 피해에 대해 대체취득 감면 기산일은 부동산의 공부상 멸실일이 아닌 사실상의 피해 발생일을 감면 기산일인 "멸실일 또는 파손일"로 보아야 할 것이다.

### 3-3. 대체취득시 종전 지분을 달리하는 경우

여기서 '대체취득'이란 천재지변 등으로 피해를 입은 소유자가 종전과 동일한 종류의 취득세 과세대상 물건을 취득하였을 때이며, 이는 종전에 본인이 취득했던 가액에 상당하는 부분까지는 취득세 면제를 지원하여 생활안정을 도모하기 위한 것이다.

천재지변 등의 피해 이전에 자동차를 공동 소유하여 각각의 지분을 갖고 있었으나 대체취득시 종전 자동차의 지분을 변경하였다면 해당 지분 변동은 취득자 간의 내부적 사정에 의한 것으로 이를 천재지변 등 불가항력적 원인에 따른 필연적 결과로 보기 어렵다 할 것이다.

취득세는 특별한 사정이 없는 보유자 각각의 개별 납세자를 과세단위로 하고 있어 세대나 부부관계에 있다하여 공동지분을 하나의 주체로 적용하여서는 안될 것이다. 즉, 취득세 과세대상을 공동취득자가 각각의 지분을 정하여 취득하는 경우라면 해당 지분을 기준에 한정하여 판단하여야 할 것이다.

일반적인 취득의 경우 소유권 전체를 취득하는 행위뿐 아니라, 소유권의 일부를 이전하는 경우에도 그 이전한 지분에 대한 취득세 납세의무가 성립한다고 할 것으로, 대체취득 시점에서 지분을 이전하는 경우와 대체취득 후에 지분을 이전하는 경우*가 있을 수 있는데, 양자 간 세부담을 달리 적용할 합리적 이유가 없으므로 동일한 과세방식 또는 감면방식을 적용하여야 한다.

〈표 1〉 **소유 지분을 달리하는 경우 대체(대체취득 시 vs 대체취득 후)**

| 종전자동차 지분 | 소유 지분 변동 | | 초과 취득분 과세 |
|---|---|---|---|
| A 50%, B 50% | 대체취득 시 지분 이전 | A20%, B80% | B 30% |
| | 대체취득 후 지분 이전 | A20%, B80% | |

그 외 자동차 소유 형태별로 초과 여부의 판단(행안부 유권해석)기준은 다음과 같다.

〈표 2〉 **자동차 소유 형태**

| 사례 | 소유 형태 | 종전 자동차 | 대체취득 자동차 | 감면대상 가액(초과액) |
|---|---|---|---|---|
| 1 | 단독→단독 | 4천만원(A) | 2천만원(A) | 없음 |
| 2 | | 2천만원(A) | 4천만원(A) | 2천만원(A) |
| 3 | 단독→공동 | 4천만원(A) | 4천만원(A · B 각 50%) | 2천만원(B) |
| 4 | 공동→단독 | 4천만원(A · B 각 50%) | 4천만원(A) | 2천만원(A) |
| 5 | 공동→공동 | 4천만원(A10% · B 90%) | 4천마원(A · B 각 50%) | 1.6천만원(A) |

### 3-4. 천재지변 당시 바로 파손되지 않았으나, 이후 멸실하고 신축한 경우

천재지변 등으로 인한 대체취득 감면은 천재지변 또는 불가항력적인 사유로 인해 재산적 효용가치가 전부 또는 일부 상실되는 피해를 입은 소유자가 종전과 동일한 종류의 건축물 등을 취득하는 경우, 복구를 위해 종전 건축물의 연면적까지는 취득세를 면제함으로써 자연재해로 인한 생활안정을 지원하기 위한 목적이므로, 천재지변 등의 직접적인 원인으로 "침수"가 발생한 경우라면 외관상 파손이 발생하지 않았다 하더라도 침수된 사실이 "피해사실확인서"나 "자연재난 피해신고서"에서 확인되고 침수로 건축물의 주요 구조부가 손상되어 시간이 경과함에 따라 건축물의 효용과 사용상 위험부담으로 멸실하는 경우 천재지변, 그밖의 불가항력으로 인한 피해에 해당하는 것이므로 건축물이 "침수"한 경우에도 취득세 면제 대상인 "멸실 또는 파손"의 범위에 포함된다 할 것이다.

# 4 | 특례의 내용

## 4-1. 세목별 감면

천재지변, 그 밖의 불가항력으로 멸실 또는 파손된 부동산 등을 보유하고 있는 자에 대해서는 일몰기한 없이 다음과 같이 지방세를 감면한다.

〈표 3〉 **천재지변 등에 따른 멸실 · 파손 부동산 등 감면 현황(2023.1.1. 현재)**

| 조문 | 감면내용 | 감면율 |
|---|---|---|
| §92 ① | 천재지변, 그 밖의 불가항력으로 멸실 · 파손된 건축물 · 선박 · 자동차 및 기계장비를 2년 이내에 취득하는 경우 | 취득세 |
| §92 ② | 천재지변, 그 밖의 불가항력으로 멸실 · 파손된 건축물 · 선박 · 자동차 및 기계장비의 말소등기 또는 파손된 건축물을 복구하기 위해 2년 이내에 신축 · 개축을 위한 건축면허 | 등록면허세 면제 |
| §92 ③ | 천재지변 · 화재 · 교통사고 등으로 소멸 · 멸실 또는 파손되어 자동차를 회수하거나 사용할 수 없는 것으로 시장 · 군수가 인정하는 자동차 | 자동차세 면제 |

## 4-2. 최소납부세액의 면제(§177의 2)

2015년부터 시행되는 감면 상한제도(§177의 2 본문)에 따라 면제되는 세액의 15%는 감면특례가 제한되어 천재지변 등에 의해 파손 · 멸실된 부동산 등에 대한 취득세 및 재산세(§92 ①)의 경우 최저납부세액 과세대상에 해당되지만 제177조의 2 제2호에서 예외 특례를 적용받아 해당 세목에 대해서는 본 규정대로 계속해서 면제를 적용한다. 이에 대한 세부적인 사항은 제177조의 2 해설편을 참조하면 된다.

# 5 | 특례의 제한

천재지변으로 인한 대체취득시 감면을 받으려는 대상물건이 지방세법 제13조 제5항에 따른 별장 · 골프장 · 고급오락장 등 지방세 중과세 대상인 사치성 재산인 경우에는 감면대상에서 제외된다.

# 6 | 감면신청(§183)

산불, 집중호우, 폭설 등의 재해에 따라 주택, 선박, 축사 등이 파손·멸실되어 2년 이내에 이를 복구 또는 대체하여 취득하는 경우에는 재해발생시점에서 사전 조사된 자료를 근거로 해당 지방자치단체의 장 또는 읍·면·동장이 발행하는 「피해사실확인서」를 첨부하여 납세자가 직접 감면 신청하거나, 필요시 시장·군수·구청장이 직권으로 감면처리할 수 있으며 이에 대한 세부적인 감면신청 절차 등에 대해서는 제183조의 해설편을 참조하면 된다.

# 7 | 관련사례

▣ 화재로 인하여 소실된 건축물을 재축하는 경우 취득세 감면대상에 해당되는지 여부

종전건축물에서 부주의·가연물 근접방치를 원인으로 화재가 발생한 사실이 나타나고 있고, 설령 화재원인이 귀책사유와 무관하게 원인미상이라 하더라도 이는 자연재해 등과 같은 불가항력적으로 발생한 화재에 해당한다고 보기는 어려운 점 등에 비추어 처분청이 건축물에 대하여 취득세 등의 경정청구를 거부한 처분은 달리 잘못이 없음(조심 2019지2175, 2019.9.5.).

▣ 화재로 인해 건축 피해가 발생한 경우 감면 및 가산세 부과처분의 적정성 여부

종전건축물에 원인미상의 개별적인 화재가 발생한 사실이 나타나므로 이는 자연재해 등과 같은 불가항력으로 인하여 발생한 화재에 해당한다고 보기는 어렵고 가산세 중 무신고가산세 부과처분은 잘못이 있으나 납부불성실가산세는 미납부한 세액에 대한 지연이자의 성격으로 제대로 납부한 납세의무자와의 형평을 맞추기 위한 것이므로 세액을 미납부하여 가산세를 부과한 처분은 달리 잘못이 없음(조심 2017지0745, 2018.3.13.).

▣ 방화로 인하여 건물을 대체취득하는 경우 감면대상에 해당되는지 여부

납세자의 귀책사유로 화재가 발생할 경우에도 취득세가 감면되는 것을 방지할 필요가 있는 점, 방화로 소실된 것을 자연재해 등과 같은 불가항력으로 인하여 발생한 화재에 해당한다고 보기 어려운 점 등에 비추어 경정청구를 거부한 처분은 잘못이 없음(조심 2015지0747, 2015.6.26.).

▣ 차량 화재와 비과세 적용 여부

비과세 대상은 지진이나 산불, 낙뢰 등으로 인한 화재와 풍수해, 폭설, 산사태 등으로 인하여 멸실 또는 파손된 자동차의 대체취득시 비과세 대상이 된다 할 것으로 천재·지변 등에 의한 자동차 화재나 소실이 아닌 운행 중 화재가 발생하여 새로운 자동차를 취득하는 경우라면 상기 규정에 의한 취득세 등의 비과세 대상으로 보기는 곤란함(행자부 세정-533, 2007.3.8.).

■ 소멸·멸실 또는 파손되어 회수하거나 사용할 수 없는 자동차 판단기준

횡령당한 자동차에 대한 자동차세 비과세 여부 관련 천재지변·화재·교통사고 등으로 인하여 소멸·멸실 또는 파손되어 당해 자동차를 회수하거나 사용할 수 없는 것으로 시장·군수가 인정하는 자동차를 비과세하도록 규정하고 있고, 이와 관련 소멸·멸실된 자동차로 인정 여부에 대하여는 차령이 10년 이상 경과하고 최근 자동차세를 계속해서 4회 이상 체납된 자동차로서 자동차검사를 최근 계속하여 2회 이상 미이행하고 책임보험 미가입기간이 최근 계속하여 2년 초과 차량 중 교통법규 위반사실이 있는지 등을 확인(고질체납차량 자동차세 처리방안, 행자부 지방세정팀-39, 2006.1.3.)하여 자동차세 비과세 여부를 판단하도록 하고 있으나, 횡령당한 차량으로서 그 차령이 10년이 경과되지 아니한 경우라면 위 고질체납차량 자동차세 처리방안에 의한 비과세 대상 자동차에는 해당되지 아니함. 따라서 해당 자동차가 소멸·멸실 또는 파손되어 회수하거나 사용할 수 없는 자동차로서 비과세 대상에 포함되는지 여부는 시장·군수가 관할 경찰관서 신고접수 사실, 차량운행사실 등 사실관계를 종합적으로 고려하여 판단함이 타당함(행안부 지방세운영과-707, 2009.2.13.).

■ 운행중 화재가 소멸·멸실 등에 따른 대체취득에 해당되는지 여부

재해라 함은 자연재해대책법 제1조 제1호에서 재난 및 안전관리기본법 제3조 제1호의 규정에 의한 재난으로 인하여 발생한 피해를 말한다고 규정하고 있고, 재난 및 안전관리기본법 제3조 제1호 및 같은 법 시행령 제2조에서 재해의 범위를 규정하고 있으므로 동 법령을 기준으로 지방세법상의 대통령령이 정하는 특수사유에 해당하는지 여부를 판단하는 것이 타당함(구 행자부 지방세정팀-38, 2006.1.3.).

■ 지하주차장 전기합선 화재로 대체취득시는 감면대상으로 보기 어렵다고 한 사례

천재 등으로 인한 대체취득에 대한 취득세 비과세 요건은 자연재해 등 불가항력으로 인하여 발생하는 '화재'로 인하여 자동차 등이 멸실되어 새로운 자동차 등을 대체취득한 경우로 한정함. 2008.8.16. 청구인 거주 아파트 지하주차장 내 천장에서 전기합선으로 화재가 발생하여 청구인 소유 자동차가 전소되어 같은 해 9.25. 이 사건 자동차를 취득하였음. 따라서 이 사건 자동차는 자연재해 등 불가항력으로 인하여 발생한 화재가 아닌 지하주차장 내 천장에서 전기합선으로 인하여 발생한 화재로 전소되어 새로이 취득하였으므로 취득세 등 비과세 대상이 되는 대체취득에 해당되지 않는다 할 것임(감사원 감심 2009-212, 2009.11.5.).

# 제92조의 2

## 자동이체 등 납부에 대한 세액공제

관련규정

제92조의 2(자동이체 등 납부에 대한 세액공제) ①「지방세기본법」 제35조 제1항 제3호에 따른 지방세(수시로 부과하여 징수하는 지방세는 제외한다)에 대하여 그 납부기한이 속하는 달의 전달 말일까지 같은 법 제30조 제1항에 따른 전자송달 방식(이하 이 조에서 "전자송달 방식"이라 한다) 및 「지방세징수법」 제23조에 따른 신용카드 자동이체 방식 또는 같은 법 제24조에 따른 계좌 자동이체 방식(이하 이 조에서 "자동이체 방식"이라 한다)에 따른 납부를 신청하는 납세의무자에 대해서는 다음 각 호의 구분에 따른 금액을 「지방세법」에 따라 부과할 해당 지방세의 세액에서 공제한다.

1. 전자송달 방식에 따른 납부만을 신청하거나 자동이체 방식에 따른 납부만을 신청한 경우 : 고지서 1장당 250원부터 800원까지의 범위에서 조례로 정하는 금액
2. 전자송달 방식과 자동이체 방식에 의한 납부를 모두 신청한 경우 : 고지서 1장당 500원부터 1천600원까지의 범위에서 조례로 정하는 금액

② 제1항에 따른 세액의 공제는 「지방세법」에 따라 부과할 해당 지방세의 세액에서 같은 법에 따른 지방세의 소액 징수면제 기준금액을 한도로 한다.

③ 제1항에 따라 세액공제를 받은 자가 그 납부기한까지 그 지방세를 납부하지 아니한 경우에는 그 공제받은 세액을 추징한다.

## 1 | 배 경

그동안 각 지방자치단체의 지방세 납세고지[200]는 주로 우편(郵便) 방식에 의존하고 있었으며 납세편의 차원에서 일부 자동이체 등 전자송달 방식을 보조적으로 운영하고 있었

200) 2010년 기준 각 지방자치단체의 지방세 납세고지 및 수납방식은 우편방식에 의한 OCR 고지서에 의한 납부방식이 96.5%인 반면, 자동이체 납부는 3.5%에 불과하였다.

다. 또한, 자동이체 등 전자송달의 경우에도 납세자가 직접 과세관청을 방문하여 신청해야 했고 해당 지방자치단체의 금고 은행만 제한적으로 이용이 가능한 점 등 여러모로 불편한 점이 있었고 이에 따른 특별한 혜택도 없어 최근 급속도로 발전하고 있는 IT/정보화 분야에서 지방세 분야는 후진성을 면치 못하였던 것이 사실이다. 이에 따라 지방세를 납부하는 국민들의 불편은 물론이고 과세관청에서도 적지 않은 행정비용이 발생하는 등 이의 제도개선 필요성이 제기되었던 것이다.

## 2 | 제도개선

이 법 규정에 따른 자동계좌이체 납부에 대한 세액공제 감면은 그동안 후진성[201]을 면치 못했던 지방세 분야의 정보화가 2007년 이후 전국 단위의 표준지방세정보시스템 체계로 개편이 되고 이후 이를 기반으로 하는 전자수납 등을 지원하는 포털시스템인 위택스(Wetax.go.kr)가 개통되면서 지방세의 납세고지 분야도 그동안의 우편송달 방식에 의한 국민 개개인별 OCR 고지서 은행창고 수납방식에서 국민들이 은행창고를 방문하지 않고도 편리하게 지방세를 수납할 수 있는 환경을 조성하기 위해 지방세 전자고지 및 자동이체 신청 시 인센티브를 제공하는 근거가 마련되었다. 2011년 3월 1일부터 우선 재산세, 자동차세 등에 대해 납세자가 전자송달을 신청하고 자동계좌이체 방식으로 납부하는 경우에는 지방세 업무처리 시스템이 전자적 방식으로 전환된다. 이에 따라 절감되는 지방세 징세비용을 납세자에게 되돌려 주는 취지에서 지방세 납부고지서의 전자송달 및 전자적 납부자에 대해서는 고지서 1장당 150원에서 1천원 이하의 범위에서 자치단체의 조례로 정하는 금액을 부과세액에서 공제하는 세액공제 제도가 신설되었다. 이는 지방세를 전자적으로 고지 · 납부함에 따라 종이고지서 발급에 따른 자원낭비를 방지하고, 자치단체의 징세비용 절감 및 납세편의 제고에 기여할 수 있다는 점에서 제도의 활성화를 기대해 본다.

201) 2007년 이전까지는 지방세 부과 및 징수업무를 각 지방자치단체별로 자체 전산업무시스템에서 처리하였고, 이로 인해 지방세 관련 각종 연계정보가 지역적으로 제한되는 등의 한계로 전국 단위의 표준업무처리 시스템 도입이 필요하게 되었다.

## 3 | 특례내용

2018년부터는 신용카드 자동이체 또는 계좌 자동이체 방식을 '자동이체 방식'으로 하고 자동이체 또는 전자송달 방식에 의한 납부를 각각 신청한 경우에도 세액공제 적용이 가능하도록 개정됨에 따라 세액공제액은 250원부터 800원까지의 범위에서 조례로 정하도록 하였고 전자송달과 자동이체를 동시에 택한 경우에는 기존과 같이 500원부터 1,600원까지 공제받게 된다.

〈표〉 납부편의시책에 따른 세액공제 적용 비교(2022.1.1. 현재)

| 2017년 이전 | | 2018년 이후 | | 2022년 이후 | |
|---|---|---|---|---|---|
| 고지서 1장당 공제 가능 범위 | | 고지서 1장당 공제 가능 범위 | | 고지서 1장당 공제 가능 범위 | |
| 자동계좌이체 | 150원~500원 | 자동이체 | 150원~500원 | 자동이체 | 300원~800원 |
| 전자송달+<br>자동계좌이체 | 300원~1,000원 | 전자송달 | 150원~500원 | 전자송달 | 300원~800원 |
| | | 전자송달+<br>자동이체 | 300원~1,000원 | 전자송달+<br>자동이체 | 500원~1,600원 |
| | | * 자동이체 : 신용카드 자동이체 or 계좌 자동이체 | | | |

## 4 | 운영사항

지방세기본법 제35조 제1항 제3호에 따라 해당 지방세의 과세표준과 세액을 지방자치단체가 결정하는 경우에는 각 지방자치단체에서는 신용카드 자동이체 및 전자송달 방식 납부 세액공제의 공제 범위를 정하는 감면조례를 통해 개별적으로 법령의 공제 가능범위 내에서 개정·운영할 수 있을 것이다.

# 제 3 장

# 지방소득세 특례

2013년 지방세제 개편 내용 중 가장 중요한 사항으로 2013년 8월 28일 전월세 시장안정화 대책의 일환으로 발표한 8.28대책의 주택유상거래 취득세율 인하와 그에 따른 지방재정 보전방안에 대하여 관계부처와의 협의시 취득세 인하분은 지방소비세율 인상(6%P)을 통해 보전하기로 입법을 완료(2013.12.26. 공포시행)하였다. 그 과정에서 지방소득세 독립세 전환 문제가 함께 논의되었는데 지방의 과세자주권 확대 차원에서 독립세로 전환하는 데 합의가 이루어졌다. 그 외로 종합부동산세를 지방세로 환원하는 사항도 추진되었으나, 국회 입법과정에서 여야 간의 이견이 있었고 특히 기재위에서의 종합부동산세 폐지법안의 심사가 완료되지 않고 보류되는 관계로 더 이상 심사되지 못하고 계류되었다. 지방소득세의 독립세 전환은 향후 지방세 발전에 크게 기여할 수 있는 획기적인 변화라 아니할 수 없다. 그간의 지방소득세는 국세인 법인세·소득세의 결정세액을 과세표준으로 하여 10%를 과세하는 부가세 형식이었다. 그러나 앞으로는 국세의 과세표준만을 공동으로 활용할 뿐 세율[202]과 세액공제·감면에 대해서는 각각 달리 적용하는 체계로 바뀌게 된 것이다. 이와 관련하여 지특법에서 세액공제, 감면에 관한 사항을 별도로 규정하게 된 것이다.

즉, 다시 말해서 종전의 지방소득세는 소득·법인세의 부가세 형태(결정세액의 10%)로 운영됨에 따라 국세의 세율조정, 공제·감면 정책 등에 의해 지방소득세 세입이 변동되는 등의 문제가 있었다. 그로 인해 그간 지방자치단체 등에서 독립세 전환을 지속적으로 요구해 왔었는데 이번 관계부처 간 합의를 통해 지방소득세를 독립세화한 것이다. 그 내용을 표로 정리하면 다음과 같다.

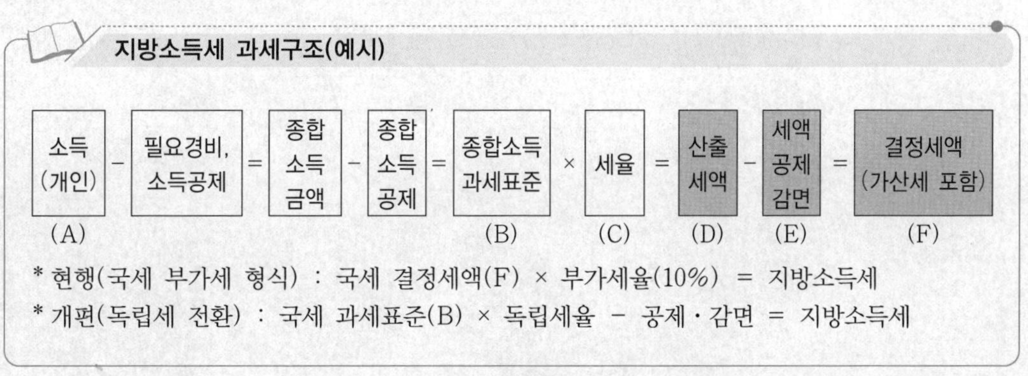

지방소득세 과세구조(예시)
소득 (개인)
–
필요경비, 소득공제
=
종합 소득 금액
–
종합 소득 공제
=
종합소득 과세표준
×
세율
=
산출 세액
–
세액 공제 감면
=
결정세액 (가산세 포함)
(A)
(B)
(C)
(D)
(E)
(F)
* 현행(국세 부가세 형식) : 국세 결정세액(F) × 부가세율(10%) = 지방소득세
* 개편(독립세 전환) : 국세 과세표준(B) × 독립세율 – 공제·감면 = 지방소득세


202)

| | | 〈부가세 구조〉 | | 〈독립세 전환〉 |
|---|---|---|---|---|
| 지방소득세 | 개인분 | 부가세율 10% | ➡ | 독립세율 0.6~4.2% |
| | 법인분 | | | 독립세율 1.0~2.5% |

여기에서 지특법에서 규정한 사항은 그간의 내용과 달라지는 국세에서의 세액공제나 감면사항을 따로 정하여 규정하였는데, 개인 및 개인사업자의 소득에 대하여는 종전의 세부담에 변화가 없도록 함에 따라 현재 「소득세법」 및 「조세특례제한법」의 개인 소득분 세액공제 · 감면에 관한 사항을 동일하게 규정하여 세액공제 · 감면 규모를 국세의 10% 수준으로 현행과 동일하게 산출되도록 반영하였다. 또한, 「조세특례제한법」상 중복감면 배제, 공제 · 감면액 한도 제한 등에 관한 사항을 동일하게 규정[203]하였고, 그 밖에 공제액 이월공제 및 감면세액의 추징, 세액공제 · 감면의 적용 순위에 관한 사항 등도 국세와 동일하게 적용되도록 하였다. 그러나 법인에 대해서는 세액공제 · 감면을 지방소득세에서는 인정하지 않는 것으로 정책결정이 되어 별도로 규정한 사항이 없으나 법인 중에서 농협 등 조합법인(중앙회 제외)에 한해서만 특별히 한정하여 규정하였다. 이 체제는 특별한 사정이 없는 한 2016년까지는 유지될 것으로 본다.

203) 조특법 등 국세의 세액공제 · 감면사항은 개인지방소득세에서도 그대로 적용되므로 그에 대한 해석 및 관련자료는 조세특례제한법 해설과 실무(윤충식 외 1인 공저)에 대하여 저자로부터 관련사항을 인용하는데 동의를 구하였음을 밝히며, 각 조문별 개별 사항에 대하여도 언급하였다.

# 제 1 절

# 종합소득 세액공제와 세액감면 (법 제93조~제98조)

제 93 조

# 기장세액공제

관련규정

**제93조(기장세액공제)** ① 「소득세법」 제160조 제3항에 따른 간편장부대상자가 「지방세법」 제95조에 따른 과세표준확정신고를 할 때 복식부기에 따라 기장(記帳)하여 소득금액을 계산하고 「소득세법」 제70조 제4항 제3호에 따른 서류를 제출하는 경우에는 해당 장부에 의하여 계산한 사업소득금액이 종합소득금액에서 차지하는 비율을 종합소득분 개인지방소득 산출세액에 곱하여 계산한 금액의 100분의 20에 해당하는 금액을 종합소득분 개인지방소득 산출세액에서 공제한다. 다만, 공제세액이 10만원을 초과하는 경우에는 10만원을 공제한다.

② 다음 각 호의 어느 하나에 해당하는 경우에는 제1항에 따른 공제[이하 "기장세액공제"(記帳稅額控除)라 한다]를 적용하지 아니한다.

1. 비치·기록한 장부에 의하여 신고하여야 할 소득금액의 100분의 20 이상을 누락하여 신고한 경우
2. 기장세액공제와 관련된 장부 및 증명서류를 해당 과세표준확정신고기간 종료일부터 5년간 보관하지 아니한 경우. 다만, 천재지변 등 대통령령으로 정하는 부득이한 사유에 해당하는 경우에는 그러하지 아니하다.

③ 기장세액공제에 관하여 필요한 사항은 대통령령으로 정한다.

**【영】 제45조(기장세액공제)** ① 법 제93조 제2항 제2호 단서에서 "천재지변 등 대통령령으로 정하는 부득이한 사유"란 「소득세법 시행령」 제116조의 3 제2항 각 호의 어느 하나에 해당하는 경우를 말한다.

② 법 제93조에 따른 기장세액공제를 받으려는 자는 과세표준확정신고서에 행정안전부령으로 정하는 기장세액공제신청서를 첨부하여 납세지 관할 지방자치단체의 장에게 신청하여야 한다. 다만, 「소득세법 시행령」 제116조의 3 제3항에 따라 납세지 관할 세무서장에게 소득세 공제를 신청하는 경우에는 법 제93조에 따른 개인지방소득세에 대한 세액공제도 함께 신청한 것으로 본다.

본 규정은 간편장부 대상자가 과세표준 확정신고시에 복식부기로 기장하여 소득금액을 계산하고 서류를 제출하는 경우에 그 장부에 의해 계산한 사업소득금액이 종합소득금액에서 차지하는 비율을 종합소득분 개인지방소득 산출세액에 곱하여 계산한 금액의 100분의 20에 해당하는 금액을 종합소득분 개인지방소득 산출세액에서 공제하도록 하고, 그 밖의 공제 제외대상 등을 규정하고 있다. 한편, 조특법 제56조의 2 규정과는 별도로 지방소득세의 독립세화를 위한 지방세제 개편계획(2013.9.)에 따라 2014년부터 현재의 지특법 제93조로 신설되었다.

# 제94조

## 근로소득세액공제

관련규정

제94조(근로소득세액공제) ① 근로소득이 있는 거주자 또는 비거주자에 대해서는 그 근로소득에 대한 종합소득분 개인지방소득 산출세액에서 다음의 금액을 공제한다.

| 근로소득에 대한 종합소득분 개인지방소득 산출세액 | 공제액 |
|---|---|
| 13만원 이하 | 산출세액의 100분의 55 |
| 13만원 초과 | 7만1,500원+(13만원을 초과하는 금액의 100분의 30) |

② 제1항에도 불구하고 공제세액이 다음 각 호의 구분에 따른 금액을 초과하는 경우에 그 초과하는 금액은 없는 것으로 한다.

1. 총급여액이 3천300만원 이하인 경우 : 7만4천원
2. 총급여액이 3천300만원 초과 7천만원 이하인 경우 : 7만4천원 - [(총급여액 - 3천300만원) × 8/10,000]. 다만, 위 금액이 6만6천원보다 적은 경우에는 6만6천원으로 한다.
3. 총급여액이 7천만원을 초과하는 경우 : 6만6천원 - [(총급여액 - 7천만원) × 1/20]. 다만, 위 금액이 5만원보다 적은 경우에는 5만원으로 한다.

본 규정은 근로소득이 있는 거주자에 대해서는 그 근로소득에 대한 종합소득분 개인지방소득 산출세액에서 산출세액(5만원 기준)별로 차등하여 세액을 공제하는 제도이다.

한편, 소득세법 제59조의 규정과는 별도로 지방소득세의 독립세화를 위한 지방세제 개편계획(2013.9.)에 따라 2014년부터는 현재의 지특법 제94조로 신설되었다.

# 제95조

## 배당세액공제

관련규정

제95조(배당세액공제) ① 거주자 또는 비거주자의 종합소득금액에 「소득세법」 제17조 제3항 각 호 외의 부분 단서가 적용되는 배당소득금액이 합산되어 있는 경우에는 같은 항 각 호 외의 부분 단서에 따라 해당 과세기간의 총수입금액에 더한 금액에 해당하는 금액의 100분의 10에 상당하는 금액을 종합소득분 개인지방소득 산출세액에서 공제한다.

② 제1항에 따른 공제를 "배당세액공제"라 한다.

③ 제1항을 적용할 때 배당세액공제의 대상이 되는 배당소득금액은 「소득세법」 제14조 제2항의 종합소득과세표준에 포함된 배당소득금액으로서 이자소득등의 종합과세기준금액을 초과하는 것으로 한다.

④ 배당세액공제액의 계산 등에 필요한 사항은 대통령령으로 정한다.

【영】 제46조(배당세액공제대상 배당소득금액의 계산방법) 법 제95조를 적용할 때 같은 조 제3항에서 정하는 이자소득등의 종합과세기준금액을 초과하는 배당소득금액의 계산은 「소득세법 시행령」 제116조의 2에 따른다.

본 규정은 거주자의 종합소득금액에 의제배당 등을 제외한 배당소득금액(「소득세법」 제17조 제3항 각 호 외의 단서가 적용되는 배당소득)이 합산되어 있는 경우에는 해당 과세기간의 총수입금액에 더한 금액에 해당하는 금액의 100분의 10에 상당하는 금액을 종합소득분 개인지방소득 산출세액에서 공제하도록 하고, 그 밖의 공제대상 배당소득금액 등을 규정하고 있다. 한편, 소득세법 제56조의 규정과는 별도로 지방소득세의 독립세화를 위한 지방세제 개편계획(2013.9.)에 따라 2014년부터 현재의 지특법 제95조로 신설되었다.

# 제96조

## 재해손실세액공제

관련규정

제96조(재해손실세액공제) ① 사업자가 해당 과세기간에 천재지변이나 그 밖의 재해(이하 "재해"라 한다)로 대통령령으로 정하는 자산총액(이하 이 항에서 "자산총액"이라 한다)의 100분의 20 이상에 해당하는 자산을 상실하여 납세가 곤란하다고 인정되는 경우에는 다음 각 호의 개인지방소득세액(사업소득에 대한 개인지방소득세액을 말한다. 이하 이 조에서 같다)에 그 상실된 가액이 상실 전의 자산총액에서 차지하는 비율(이하 이 조에서 "자산상실비율"이라 한다)을 곱하여 계산한 금액(상실된 자산의 가액을 한도로 한다)을 그 세액에서 공제한다. 이 경우 자산의 가액에는 토지의 가액을 포함하지 아니한다.

1. 재해 발생일 현재 부과되지 아니한 소득세와 부과된 소득세로서 미납된 개인지방소득세액(가산금을 포함한다)
2. 재해 발생일이 속하는 과세기간의 소득에 대한 개인지방소득세액

② 제1항의 경우에 제93조 · 제95조 및 제97조에 따라 공제할 세액이 있을 때에는 이를 공제한 후의 세액을 개인지방소득세액으로 하여 제1항을 적용한다.

③ 제1항에 따른 공제를 "재해손실세액공제"라 한다.

④ 재해손실세액공제를 적용받으려는 자는 대통령령으로 정하는 바에 따라 납세지 관할 지방자치단체의 장에게 신청할 수 있다. 다만, 「소득세법」 제58조에 따라 납세지 관할 세무서장에게 소득세 재해손실세액공제를 신청하는 경우에는 개인지방소득세에 대한 세액공제도 함께 신청한 것으로 본다.

⑤ 납세지 관할 지방자치단체의 장이 제4항의 신청을 받았을 때에는 그 공제할 세액을 결정하여 신청인에게 알려야 한다.

⑥ 제4항의 신청이 없는 경우에도 제1항을 적용한다.

⑦ 집단적으로 재해가 발생한 경우에는 대통령령으로 정하는 바에 따라 납세지 관할 지방자치단체의 장이 조사결정한 자산상실비율에 따라 제1항을 적용한다.

⑧ 재해손실세액공제에 관하여 필요한 사항은 대통령령으로 정한다.

【영】 제47조(재해손실세액공제) ① 법 제96조 제1항 각 호 외의 부분 전단에서 "대통령령으로 정하는 자산"이란 「소득세법 시행령」 제118조 제1항 각 호의 어느 하나에 해당하는 것을 말한다.
② 법 제96조 제1항을 적용할 때 재해발생 비율의 계산은 「소득세법 시행령」 제118조 제2항에 따른다.
③ 법 제96조 제1항에 따라 재해손실세액공제를 받으려는 자는 다음 각 호의 구분에 따른 기한 내에 행정자치부령으로 정하는 재해손실세액공제신청서를 납세지 관할 지방자치단체의 장에게 제출하여야 한다. [14.11.19. 개정]
1. 과세표준확정신고기한이 경과되지 아니한 개인지방소득세의 경우 : 그 신고기한. 다만, 재해 발생일부터 신고기한까지의 기간이 1개월 미만인 경우에는 재해 발생일부터 1개월이 지난 날로 한다.
2. 제1호 외의 재해 발생일 현재 미납된 개인지방소득세와 납부하여야 할 개인지방소득세의 경우 : 재해 발생일부터 1개월
④ 법 제96조 제7항에 따른 자산상실비율의 계산은 「소득세법 시행령」 제118조 제4항에 따른다.

본 규정은 사업자가 해당 과세기간에 천재지변이나 그 밖의 재해로 자산총액의 100분의 20 이상에 해당하는 자산을 상실하여 납세가 곤란하다고 인정되는 경우, 재해 발생일 현재 부과되지 아니한 개인지방소득세와 부과된 개인지방소득세로서 미납된 개인지방소득세액 및 재해 발생일이 속하는 과세기간의 소득에 대한 개인지방소득세액에 그 상실된 가액이 상실 전의 자산총액에서 차지하는 비율을 곱하여 계산한 금액을 그 세액에서 공제하도록 하고, 그 밖의 공제절차 등을 규정하고 있다.

한편, 소득세법 제58조의 규정과는 별도로 지방소득세의 독립세화를 위한 지방세제 개편계획(2013.9.)에 따라 2014년부터 현재의 지특법 제96조로 신설되었다.

# 제97조

## 종합소득 외국납부세액공제 등

관련규정

제97조(종합소득 외국납부세액공제 등) ① 거주자의 종합소득금액 또는 퇴직소득금액에 국외원천소득이 합산되어 있는 경우에 그 국외원천소득에 대하여 외국에서 대통령령으로 정하는 외국소득세액을 납부하였거나 납부할 것이 있어 「소득세법」 제57조 제1항 제1호에 따라 종합소득 산출세액 또는 퇴직소득 산출세액에서 공제한 경우 그 공제액의 100분의 10에 상당하는 금액을 종합소득분 개인지방소득 산출세액 또는 퇴직소득에 대한 개인지방소득세 산출세액에서 공제받을 수 있다. 다만, 거주자가 「소득세법」 제57조 제1항 제2호에 따라 처리한 경우에는 본문을 적용하지 아니한다.

② 제1항을 적용할 때 외국정부에 납부하였거나 납부할 외국소득세액의 100분의 10에 상당하는 금액이 「소득세법」 제57조 제1항 제1호의 공제한도의 100분의 10을 초과하는 경우 그 초과하는 금액은 해당 과세기간의 다음 과세기간부터 5년 이내에 끝나는 과세기간으로 이월하여 그 이월된 과세기간의 공제한도 범위에서 공제받을 수 있다.

③ 국외자산의 양도소득에 대하여 해당 외국에서 과세를 하는 경우 그 양도소득에 대하여 「소득세법」 제118조의 6 제1항 제1호에 따라 납부세액을 공제한 경우 그 공제금액의 100분의 10에 상당하는 금액을 양도소득분 개인지방소득 산출세액에서 공제받을 수 있다.

④ 제1항부터 제3항까지의 규정에 따른 세액공제 등에 필요한 사항은 대통령령으로 정한다.

【영】 제48조(종합소득 외국납부세액공제 등) ① 법 제97조 제1항 본문에서 "대통령령으로 정하는 외국소득세액"이란 「소득세법 시행령」 제117조 제1항에 따른 세액을 말한다.

② 법 제97조 제1항에 따른 외국납부세액의 공제를 받으려는 사람은 국외 원천소득이 산입된 과세기간의 과세표준확정신고 또는 연말정산을 할 때에 행정안전부령으로 정하는 외국납부세액공제신청서를 납세지 관할 지방자치단체의 장 또는 특별징수의무자에게 제출하여야 한다. 다만, 「소득세법 시행령」 제117조 제3항에 따라 납세지 관할 세무서장에게 소득세 공제를 신청하는 경우에는 법 제97조에 따른 개인지방소득세에 대한 세액공제도 함께 신청한 것으로 본다.

본 규정은 거주자의 종합소득금액에 국외원천소득이 합산되어 있어 그 국외원천소득에 대하여 「소득세법」 제57조 제1항 제1호에 따라 공제받는 경우, 그 공제받은 금액의 100분의 10에 상당하는 금액을 종합소득분 개인지방소득 산출세액에서 공제받을 수 있도록 하며, 국외자산의 양도소득에 대하여 해당 외국에서 과세를 하는 경우에 「소득세법」 제118조의 6 제1항 제1호에 따라 납부세액을 공제받는 경우, 그 공제받은 금액의 100분의 10에 상당하는 금액을 양도소득분 개인지방소득 산출세액에서 공제받을 수 있도록 하고, 그 밖의 공제 절차 등을 규정하고 있다.

한편, 소득세법 제57조의 규정과는 별도로 지방소득세의 독립세화를 위한 지방세제 개편계획(2013.9.)에 따라 2014년부터 현재의 지특법 제97조로 신설되었다.

# 제 97 조의 2

## 자녀세액공제

◈ 관련규정 ◈

제97조의 2(자녀세액공제) ① 종합소득이 있는 거주자의 기본공제대상자에 해당하는 자녀(입양자 및 위탁아동을 포함한다)에 대해서는 다음 각 호의 구분에 따른 금액을 종합소득분 개인지방소득 산출세액에서 공제한다.

1. 1명인 경우 : 연 1만5천원
2. 2명인 경우 : 연 3만원
3. 3명 이상인 경우 : 연 3만원과 2명을 초과하는 1명당 연 3만원을 합한 금액

② 6세 이하의 공제대상자녀가 2명 이상인 경우 1명을 초과하는 1명당 연 1만5천원을 종합소득분 개인지방소득 산출세액에서 공제한다.

③ 해당 과세기간에 출생하거나 입양 신고한 공제대상자녀가 있는 경우 다음 각 호의 구분에 따른 금액을 종합소득분 개인지방소득 산출세액에서 공제한다.

1. 출생하거나 입양 신고한 공제대상자녀가 첫째인 경우 : 연 3만원
2. 출생하거나 입양 신고한 공제대상자녀가 둘째인 경우 : 연 5만원
3. 출생하거나 입양 신고한 공제대상자녀가 셋째 이상인 경우 : 연 7만원

④ 제1항부터 제3항까지의 규정에 따른 공제를 "자녀세액공제"라 한다.

2014년부터 「소득세법」 제59조의 2부터 제59조의 4까지의 규정이 종전 소득공제에서 세액공제 방식으로 전환된 내용을 반영하여 종합소득에 대한 개인지방소득세에 자녀세액공제 부분을 신설(2014.3.24.)하였다.

지방세특례제한법

# 제97조의 3

## 연금계좌세액공제

관련규정

제97조의 3(연금계좌세액공제) ① 종합소득이 있는 거주자 또는 비거주자 연금계좌에 납입한 금액 중 다음 각 호에 해당하는 금액을 제외한 금액(이하 "연금계좌 납입액"이라 한다)의 1,000분의 12에 해당하는 금액을 해당 과세기간의 종합소득분 개인지방소득 산출세액에서 공제한다. 다만, 연금계좌 중 연금저축계좌에 납입한 금액이 연 400만원을 초과하는 경우에는 그 초과하는 금액은 없는 것으로 하고, 연금저축계좌에 납입한 금액 중 400만원 이내의 금액과 퇴직연금계좌에 납입한 금액을 합한 금액이 연 700만원을 초과하는 경우에는 그 초과하는 금액은 없는 것으로 한다.

1. 「소득세법」 제146조 제2항에 따라 소득세가 원천징수되지 아니한 퇴직소득 등 과세가 이연된 소득
2. 연금계좌에서 다른 연금계좌로 계약을 이전함으로써 납입되는 금액

② 제1항에 따른 공제를 "연금계좌세액공제"라 한다.

③ 〈삭 제〉 [14.12.31.]

④ 연금계좌세액공제의 신청 절차 등에 관하여 필요한 사항은 대통령령으로 정한다.

【영】 제48조의 2(연금계좌세액공제) ① 법 제97조의 3 제1항에 따라 연금계좌세액공제를 받으려는 자는 「소득세법 시행령」 제118조의 2 제1항에 따른 연금납입확인서를 같은 법 시행령 제113조 제1항 각 호에 따른 날까지 특별징수의무자, 납세조합 또는 납세지 관할 지방자치단체의 장에게 제출하여야 한다. 다만, 「소득세법 시행령」 제118조의 2 제1항에 따라 납세지 관할 세무서장에게 연금납입확인서를 제출한 경우에는 납세지 관할 지방자치단체의 장에게도 함께 제출한 것으로 본다.

② 제1항을 적용하는 경우 「소득세법 시행령」 제216조의 3에 따라 세액공제 증명서류가 국세청장에게 제출된 경우에는 같은 법 시행령 제118조의 2 제2항에 따른 서류를 같은 법 시행령 제113조 제1항 각 호에 따른 날까지 납세지 관할 지방자치단체의 장에게 제출할 수 있다. 다만, 「소득세법 시행령」 제118조의 2 제2항에 따라 납세지 관할 세무서장에게 제출한 경우에는 납세지 관할 지방자치단체의 장에게도 함께 제출한 것으로 본다.

③ 연금계좌 가입자가 이전 과세기간에 연금계좌에 납입한 연금보험료 중 법 제97조의 3에 따른 연금계좌세액공제를 받지 아니한 금액이 있는 경우로서 그 금액의 전부 또는 일부를 해당 과세기간에 연금계좌에 납입한 연금보험료로 전환하여 줄 것을 연금계좌 취급자에게 신청한 경우에는 법 제97조의 3을 적용할 때 그 전환을 신청한 금액을 연금계좌에서 가장 먼저 인출하여 그 신청을 한 날에 다시 해당 연금계좌에 납입한 연금보험료로 본다. 이 경우 전환을 신청한 금액은 그 신청한 날에 연금계좌에 납입한 연금보험료로 보아 「소득세법 시행령」 제40조의 2 제2항 각 호의 요건을 충족하여야 한다.
④ 제3항에 따른 납입한 연금보험료의 전환 신청 등에 필요한 사항은 「소득세법 시행령」 제118조의 3에 따른다.

2014년부터 「소득세법」 제59조의 2부터 제59조의 4까지의 규정이 소득공제에서 세액공제 방식으로 전환된 내용을 반영하여 종합소득에 대한 개인지방소득세에 연금계좌세액공제를 신설(2014.3.24.)하였다.

지방세특례제한법

# 제97조의4

## 특별세액공제

◈ 관련규정 ◈

제97조의 4(특별세액공제) ① 근로소득이 있는 거주자(일용근로자는 제외한다. 이하 이 조에서 같다)가 해당 과세기간에 만기에 환급되는 금액이 납입보험료를 초과하지 아니하는 보험의 보험계약에 따라 지급하는 다음 각 호의 보험료를 지급한 경우 그 금액의 1,000분의 12(제1호의 경우에는 1,000분의 15)에 해당하는 금액을 해당 과세기간의 종합소득분 개인지방소득 산출세액에서 공제한다. 다만, 다음 각 호의 보험료별로 그 합계액이 각각 연 100만원을 초과하는 경우 그 초과하는 금액은 각각 없는 것으로 한다.

1. 기본공제대상자 중 장애인을 피보험자 또는 수익자로 하는 장애인전용보험으로서 대통령령으로 정하는 장애인전용보장성보험료
2. 기본공제대상자를 피보험자로 하는 대통령령으로 정하는 보험료(제1호에 따른 장애인전용보장성보험료는 제외한다)

② 근로소득이 있는 거주자가 기본공제대상자(나이 및 소득의 제한을 받지 아니한다)를 위하여 해당 과세기간에 대통령령으로 정하는 의료비를 지급한 경우 다음 각 호의 금액의 1,000분의 15에 해당하는 금액을 해당 과세기간의 종합소득분 개인지방소득 산출세액에서 공제한다.

1. 기본공제대상자를 위하여 지급한 의료비(제2호에 따른 의료비는 제외한다)로서 총급여액에 100분의 3을 곱하여 계산한 금액을 초과하는 금액. 다만, 그 금액이 연 700만원을 초과하는 경우에는 연 700만원으로 한다.
2. 해당 거주자, 과세기간 종료일 현재 65세 이상인 사람과 장애인을 위하여 지급한 의료비와 대통령령으로 정하는 난임시술비. 다만, 제1호의 의료비가 총급여액에 100분의 3을 곱하여 계산한 금액에 미달하는 경우에는 그 미달하는 금액을 뺀다.

③ 근로소득이 있는 거주자가 그 거주자와 기본공제대상자(나이의 제한을 받지 아니하되, 제3호 나목의 기관에 대해서는 과세기간 종료일 현재 18세 미만인 사람만 해당한다)를 위하여 해당 과세기간에 대통령령으로 정하는 교육비를 지급한 경우 다음 각 호의 금액의 1,000분의 15에 해당하는 금액을 해당 과세기간의 종합소득분 개인지방소

득 산출세액에서 공제한다. 다만, 소득세 또는 증여세가 비과세되는 대통령령으로 정하는 교육비는 공제하지 아니한다.

1. 기본공제대상자인 배우자 · 직계비속 · 형제자매 · 입양자 및 위탁아동을 위하여 지급한 다음 각 목의 교육비를 합산한 금액. 다만, 대학원에 지급하거나 제2호 라목의 학자금 대출을 받아 지급하는 교육비는 제외하며, 대학생인 경우에는 1명당 연 900만원, 초등학교 취학 전 아동과 초 · 중 · 고등학생인 경우에는 1명당 연 300만원을 한도로 한다.
   가. 「유아교육법」, 「초 · 중등교육법」, 「고등교육법」 및 특별법에 따른 학교에 지급한 교육비
   나. 다음의 평생교육시설 또는 과정을 위하여 지급한 교육비
      1) 「평생교육법」 제31조 제2항에 따라 고등학교졸업 이하의 학력이 인정되는 학교형태의 평생교육시설
      2) 「평생교육법」 제31조 제4항에 따라 전공대학의 명칭을 사용할 수 있는 평생교육시설(이하 "전공대학"이라 한다)
      3) 「평생교육법」 제33조에 따른 원격대학 형태의 평생교육시설(이하 "원격대학"이라 한다) 중 대통령령으로 정하는 교육과정(이하 이 항에서 "학위취득과정"이라 한다)
      4) 「학점인정 등에 관한 법률」 제3조에 따른 평가인정을 받은 학습과정과 「독학에 의한 학위취득에 관한 법률」 제5조 제1항에 따른 과정 중 대통령령으로 정하는 교육과정(이하 이 항에서 "학위취득과정"이라 한다)
   다. 대통령령으로 정하는 국외교육기관(국외교육기관의 학생을 위하여 교육비를 지급하는 거주자가 국내에서 근무하는 경우에는 대통령령으로 정하는 학생만 해당한다)에 지급한 교육비
   라. 초등학교 취학 전 아동을 위하여 「영유아보육법」에 따른 어린이집, 「학원의 설립 · 운영 및 과외교습에 관한 법률」에 따른 학원 또는 대통령령으로 정하는 체육시설에 지급한 교육비(학원 및 체육시설에 지급하는 비용의 경우에는 대통령령으로 정하는 금액만 해당한다)
2. 해당 거주자를 위하여 지급한 다음 각 목의 교육비를 합산한 금액
   가. 제1호 가목부터 다목까지의 규정에 해당하는 교육비
   나. 대학(전공대학, 원격대학 및 학위취득과정을 포함한다) 또는 대학원의 1학기 이상에 해당하는 교육과정과 「고등교육법」 제36조에 따른 시간제 과정에 지급하는 교육비
   다. 「근로자직업능력 개발법」 제2조에 따른 직업능력개발훈련시설에서 실시하는 직업능력개발훈련을 위하여 지급한 수강료. 다만, 대통령령으로 정하는 지원금

등을 받는 경우에는 이를 뺀 금액으로 한다.

라. 대통령령으로 정하는 학자금 대출의 원리금 상환액(상환 연체로 인하여 추가로 지급하는 금액은 제외한다)

3. 기본공제대상자인 장애인(소득의 제한을 받지 아니한다)을 위하여 다음 각 목의 어느 하나에 해당하는 자에게 지급하는 대통령령으로 정하는 특수교육비

가. 대통령령으로 정하는 사회복지시설 및 비영리법인

나. 장애인의 기능향상과 행동발달을 위한 발달재활서비스를 제공하는 대통령령으로 정하는 기관

다. 가목의 시설 또는 법인과 유사한 것으로서 외국에 있는 시설 또는 법인

④ 거주자(사업소득만 있는 자는 제외하되, 「소득세법」 제73조 제1항 제4호에 따른 자 등 대통령령으로 정하는 자는 포함한다)가 해당 과세기간에 지급한 기부금[「소득세법」 제50조 제1항 제2호 및 제3호(나이의 제한을 받지 아니한다)에 해당하는 사람(다른 거주자의 기본공제를 적용받은 사람은 제외한다)이 지급한 기부금을 포함한다]이 있는 경우 다음 각 호의 기부금을 합한 금액에서 사업소득금액을 계산할 때 필요경비에 산입한 기부금을 뺀 금액의 1,000분의 15(해당 금액이 2천만원을 초과하는 경우 그 초과분에 대해서는 1,000분의 30)에 해당하는 금액(이하 이 조에서 "기부금 세액공제액"이라 한다)을 해당 과세기간의 합산과세되는 종합소득분 개인지방소득 산출세액(필요경비에 산입한 기부금이 있는 경우 사업소득에 대한 산출세액은 제외한다)에서 공제한다. 이 경우 제1호의 기부금과 제2호의 기부금이 함께 있으면 제1호의 기부금을 먼저 공제하되, 2013년 12월 31일 이전에 지급한 기부금을 2014년 1월 1일 이후에 개시하는 과세기간에 이월하여 소득공제하는 경우에는 해당 과세기간에 지급한 기부금보다 먼저 공제한다.

1. 법정기부금
2. 지정기부금. 이 경우 지정기부금의 한도액은 다음 각 목의 구분에 따른다.

가. 종교단체에 기부한 금액이 있는 경우

한도액 = [종합소득금액(「소득세법」 제62조에 따른 원천징수세율을 적용받는 이자소득 및 배당소득은 제외한다)에서 제1호에 따른 기부금을 뺀 금액을 말하며, 이하 이 항에서 "소득금액"이라 한다] × 100분의 10 + [소득금액의 100분의 20과 종교단체 외에 지급한 금액 중 적은 금액]

나. 가목 외의 경우

한도액 = 소득금액의 100분의 30

⑤ 제1항부터 제3항까지의 규정을 적용할 때 과세기간 종료일 이전에 혼인·이혼·별거·취업 등의 사유로 기본공제대상자에 해당되지 아니하게 되는 종전의 배우자·부양가족·장애인 또는 과세기간 종료일 현재 65세 이상인 사람을 위하여 이미 지급한

금액이 있는 경우에는 그 사유가 발생한 날까지 지급한 금액에 제1항부터 제3항까지의 규정에 따른 율을 적용한 금액을 해당 과세기간의 종합소득분 개인지방소득 산출세액에서 공제한다.

⑥ 제1항부터 제4항까지의 규정에 따른 공제는 해당 거주자가 대통령령으로 정하는 바에 따라 신청한 경우에 적용한다.

⑦ 〈삭 제〉 [14.12.31.]

⑧ 〈삭 제〉 [14.12.31.]

⑨ 근로소득이 있는 거주자로서 제6항, 「소득세법」 제52조 제8항, 「조세특례제한법」 제95조의 2 제2항에 따른 소득공제 신청이나 세액공제 신청을 하지 아니한 사람에 대해서는 연 1만3천원을 종합소득분 개인지방소득 산출세액에서 공제하고, 「소득세법」 제160조의 5 제3항에 따른 사업용계좌의 신고 등 대통령령으로 정하는 요건에 해당하는 사업자(이하 "성실사업자"라 한다)로서 「조세특례제한법」 제122조의 3에 따른 세액공제 신청을 하지 아니한 사업자에 대해서는 연 1만2천원을 종합소득분 개인지방소득 산출세액에서 공제하며, 근로소득이 없는 거주자로서 종합소득이 있는 사람(성실사업자는 제외한다)에 대해서는 연 7천원을 종합소득분 개인지방소득 산출세액에서 공제(이하 "표준세액공제"라 한다)한다.

⑩ 제1항부터 제6항까지 및 제9항에 따른 공제를 "특별세액공제"라 한다.

⑪ 특별세액공제에 관하여 그 밖에 필요한 사항은 대통령령으로 정한다.

2014년부터 「소득세법」 제59조의 2부터 제59조의 4까지의 규정이 소득공제에서 세액공제 방식으로 전환된 내용을 반영하여 종합소득에 대한 개인지방소득세에 특별세액공제를 신설(2014.3.24.)하였다.

# 제98조

## 급여 등에 대한 세액의 감면

관련규정

제98조(급여 등에 대한 세액의 감면) ① 종합소득금액 중 다음 각 호의 어느 하나의 소득이 있을 때에는 종합소득분 개인지방소득 산출세액에서 그 세액에 해당 근로소득금액 또는 사업소득금액이 종합소득금액에서 차지하는 비율을 곱하여 계산한 금액 상당액을 감면한다.

1. 정부 간의 협약에 따라 우리나라에 파견된 외국인이 그 양쪽 또는 한쪽 당사국의 정부로부터 받는 급여
2. 거주자 중 대한민국의 국적을 가지지 아니한 자가 대통령령으로 정하는 선박과 항공기의 외국항행사업으로부터 얻는 소득. 다만, 그 거주자의 국적지국(國籍地國)에서 대한민국 국민이 운용하는 선박과 항공기에 대해서도 동일한 면제를 하는 경우만 해당한다.

【영】 제49조(근로소득 세액감면) ① 법 제98조 제1항 또는 다른 법률에 따라 감면되는 사업과 그 밖의 사업을 겸영(兼營)하는 경우에 감면사업과 그 밖의 사업의 공통필요경비와 공통수입금액은 「소득세법 시행령」 제119조에 따라 구분 계산한다.
② 법 제98조 제1항 제1호에 따라 근로소득에 대한 세액을 감면받으려는 자는 행정안전부령으로 정하는 세액감면신청서를 국내에서 근로소득금액을 지급하는 자를 거쳐 그 감면을 받으려는 달의 다음 달 10일까지 특별징수 관할 지방자치단체의 장에게 제출하여야 한다. 다만, 「소득세법 시행령」 제138조 제2항에 따라 납세지 관할 세무서장에게 소득세 감면을 신청하는 경우에는 법 제98조 제1항에 따른 개인지방소득세에 대한 세액감면도 함께 신청한 것으로 본다.

제50조(외국항행소득 세액감면) ① 법 제98조 제1항 제2호 본문에서 "대통령령으로 정하는 선박과 항공기의 외국항행사업으로부터 얻는 소득"이란 「소득세법 시행령」 제119조의 2 각 호의 어느 하나에 해당하는 소득을 말한다.
② 법 제98조 제1항 제2호에 따라 외국항행사업으로부터 얻는 소득에 대한 세액을 감면받으려는 자는 「지방세법」 제93조 제5항 또는 제95조에 따른 신고와 함께 행정안전부령

으로 정하는 세액감면신청서를 납세지 관할 지방자치단체의 장에게 제출하여야 한다. 다만, 「소득세법 시행령」 제138조 제1항에 따라 납세지 관할 세무서장에게 소득세 감면을 신청하는 경우에는 법 제98조 제1항에 따른 개인지방소득세에 대한 세액감면도 함께 신청한 것으로 본다.

② 이 법 외의 법률에 따라 개인지방소득세가 감면되는 경우에도 그 법률에 특별한 규정이 있는 경우 외에는 제1항을 준용하여 계산한 개인지방소득세를 감면한다.
③ 제1항에 따른 세액감면의 신청 등 필요한 사항은 대통령령으로 정한다. [14.3.24. 신설]
[14.1.1. 본조 신설 ⇨ 소법 §59의 2에서 이관]

본 규정은 정부 간의 협약에 따라 대한민국에 파견된 외국인이 그 양쪽 또는 한쪽 당사국의 정부로부터 받는 급여, 대한민국의 국적을 가지지 아니한 자가 선박과 항공기의 외국항행사업으로부터 얻는 소득 등에 대하여 종합소득분 개인지방소득 산출세액에서 그 세액에 해당 근로소득금액 또는 사업소득금액이 종합소득금액에서 차지하는 비율을 곱하여 계산한 금액 상당액을 감면하도록 규정하고 있다.

한편, 소득세법 제59조의 2 규정과는 별도로 지방소득세의 독립세화를 위한 지방세제 개편계획(2013.9.)에 따라 2014년부터 현재의 지특법 제98조로 신설되었다.

# 제 2 절

## 중소기업에 대한 특례 (법 제99조~제101조의 2)

# 제99조

## 중소기업 투자 세액공제

관련규정

제99조(중소기업 투자 세액공제) ① 대통령령으로 정하는 중소기업(이하 "중소기업"이라 한다) 및 2015년 1월 1일부터 2015년 12월 31일까지 「자본시장과 금융투자업에 관한 법률」에 따른 증권시장(이하 이 조에서 "증권시장"이라 한다)에 최초로 신규 상장한 대통령령으로 정하는 중견기업(이하 이 조에서 "신규상장 중견기업"이라 한다)을 경영하는 내국인이 다음 각 호의 어느 하나에 해당하는 자산에 2018년 12월 31일까지 [중소기업 중 2015년 1월 1일부터 2015년 12월 31일까지 증권시장에 최초로 신규 상장한 중소기업(이하 이 조에서 "신규상장 중소기업"이라 한다)과 신규상장 중견기업의 경우는 상장일이 속하는 과세연도와 그 다음 과세연도의 개시일부터 3년 이내에 끝나는 과세연도까지] 투자(중고품 및 대통령령으로 정하는 리스에 의한 투자는 제외한다)하는 경우에는 해당 투자금액의 1,000분의 3(신규상장 중소기업과 신규상장 중견기업의 경우는 1,000분의 4)에 상당하는 금액을 그 투자를 완료한 날이 속하는 과세연도의 개인지방소득세[사업소득(「소득세법」 제45조 제2항에 따른 부동산임대업에서 발생하는 소득은 포함하지 아니한다. 제166조 및 제172조를 제외하고 이하에서 같다)에 대한 개인지방소득세만 해당한다]에서 공제한다.

1. 기계장치 등 대통령령으로 정하는 사업용자산(이하 "사업용자산"이라 한다)
2. 「유통산업발전법」에 따른 판매시점 정보관리 시스템설비(이하 "판매시점 정보관리 시스템설비"라 한다)
3. 「국가정보화 기본법」 제3조 제6호에 따른 정보보호시스템에 사용되는 설비로서 감가상각 기간이 2년 이상인 설비(이하 "정보보호 시스템설비"라 한다)

② 제1항에 따른 투자가 2개 이상의 과세연도에 걸쳐서 이루어지는 경우에는 그 투자가 이루어지는 과세연도마다 해당 과세연도에 투자한 금액에 대하여 제1항을 적용받을 수 있다.

③ 제2항에 따른 투자금액의 계산에 필요한 사항은 대통령령으로 정한다.

④ 제1항과 제2항을 적용받으려는 내국인은 대통령령으로 정하는 바에 따라 세액공제 신청을 하여야 한다.

【영】 제51조(중소기업의 범위) 법 제99조 제1항 각 호 외의 부분에 따른 중소기업의 범위는 「조세특례제한법 시행령」 제2조에 따른다.

제52조(투자세액공제 제외 대상 리스) 법 제99조 제1항 각 호 외의 부분, 제103조 제1항, 제109조 제1항 각 호 외의 부분, 제110조 제1항 각 호 외의 부분 전단, 제111조 제1항, 제112조 제1항 전단, 제113조 제1항 전단 및 제114조 제1항 각 호 외의 부분 본문에서 "대통령령으로 정하는 리스"란 각각 「조세특례제한법 시행령」 제3조에 따른 리스를 말한다.

제53조(중소기업 투자 세액공제) ① 중소기업이 「조세특례제한법 시행령」 제2조 제1항에 따른 중소기업의 범위에 해당하는 사업과 그 밖의 사업에 공동으로 사용되는 사업용자산, 판매시점정보관리시스템설비 및 정보보호시스템설비를 취득한 경우에는 해당 자산은 그 자산을 주로 사용하는 사업의 자산으로 보아 법 제99조를 적용한다.

② 법 제99조 제1항 제1호에서 "대통령령으로 정하는 사업용자산"이란 「조세특례제한법 시행령」 제4조 제2항에 따른 자산을 말한다.

③ 법 제99조 제3항에 따른 투자금액의 계산에 필요한 사항은 「조세특례제한법 시행령」 제4조 제3항에 따른다.

④ 법 제99조에 따른 투자 세액공제를 받으려는 자는 투자완료일이 속하는 과세연도(같은 조 제2항을 적용받으려는 경우에는 해당 투자가 이루어지는 각 과세연도를 말한다)의 과세표준신고와 함께 행정안전부령으로 정하는 투자세액공제신청서를 납세지 관할 지방자치단체의 장에게 제출하여야 한다. 다만, 「조세특례제한법 시행령」 제4조 제4항에 따라 납세지 관할 세무서장에게 소득세 공제를 신청하는 경우에는 법 제99조에 따른 개인지방소득세에 대한 세액공제도 함께 신청한 것으로 본다.

## 1 개 요

대기업에 비해 자본력이 부족한 중소기업의 경쟁력 강화를 통해 고용창출과 국가 및 지역경제의 발전을 유인하기 위한 세제지원이다. 중소기업이 투자 기계・장치 등 사업용자산(운수업의 경우에는 차량운반구・선박 포함), 판매시점정보관리시스템설비 및 정보보호시스템설비를 새로이 취득하기 위하여 투자한 금액에 대하여는 투자완료일이 속하는 과세연도의 지방소득세(사업소득세에 한함)에서 당해 투자금액의 0.3%에 상당하는 세액을 공제한다. 본 제도는 지방소득세의 독립세화 세제개편 계획(2013.9.)에 따라 조특법 제5조에서 현재의 규정으로 이관되었다.

한편, 2017년 2월 7일 조특령 개정시에는 세제지원 대상이 되는 중소기업의 업종을 종전의

Positive 방식에서 Negative 방식으로 전환하였으며, 2018년 12월 24일 조특법 개정시 위기지역의 경우 투자 리스크가 높다는 점을 고려하여 세액공제를 대폭 확대하는 내용을 신설하였다.

## 2 | 감면실무

### 2-1. 개 요

중소기업이라 함은 내국인으로서 매출액기준(규모기준), 상한기준(자산총액)과 소유 및 경영의 실질적인 독립성(독립성기준)을 충족한 기업으로서 조특령 제29조 제3항에 따른 소비성서비스업을 주된 사업으로 영위하지 않는 기업(업종기준)을 말한다(조특령 §2 ①). 이하에서 중소기업의 범위에 대하여 상세히 설명하도록 한다.

중소기업 = 업종기준 + 규모기준 + 상한기준 + 독립성기준

### 2-2. 업종기준

#### 2-2-1. 중소기업 업종기준을 네거티브 방식으로 전환

종전(2017.2.7. 조특령 개정 전)에는 중소기업의 업종기준에 대해 포지티브 방식을 택하여 제조업 등 법령에 열거된 업종을 주된 사업으로 영위하여야 하는 것으로 정하고 있었다. 그러나 정부는 서비스업 지원 등을 통한 일자리 창출을 제고하기 위해 2017년 2월 7일 조특령 제2조 제1항을 개정하여 중소기업 업종기준을 Negative(네거티브) 방식으로 전환하였다. 즉, 종전에는 농업 · 제조업 · 건설업 등 49개 업종을 주된 사업으로 영위하는 경우 [Positive(포지티브) 방식]에만 중소기업 해당 업종으로 보았으나, 조특령 개정을 통해 조특령 제29조 제3항에 따른 소비성서비스업을 주된 사업으로 영위하지 않는 경우에는 모두 적용대상이 되는 것으로 업종범위를 대폭 확대한 것이다(조특령 §2 ① 4호).

#### 2-2-2. 중소기업 업종기준에서 제외되는 '소비성서비스업'의 의미

조특령 제29조 제3항에 따른 소비성서비스업이란 다음의 어느 하나에 해당하는 사업을 말한다.

① 호텔업 및 여관업(「관광진흥법」에 따른 관광숙박업은 제외한다)

② 주점업(일반유흥주점업, 무도유흥주점업 및 「식품위생법 시행령」 제21조에 따른 단란주점 영업만 해당하되, 「관광진흥법」에 따른 외국인전용유흥음식점업 및 관광유흥음식점업은 제외한다)

③ 그 밖에 오락·유흥 등을 목적으로 하는 사업으로서 기획재정부령[204]으로 정하는 사업

이와 같은 업종범위 확대는 고용·투자·연구개발 세제지원 제도상 중소기업 업종에도 동일하게 적용되며, 동 개정규정은 2017년 1월 1일 이후 개시하는 과세연도 분(투자, 고용 또는 연구·인력개발비의 경우에는 2017. 1. 1. 이후 개시하는 과세연도에 투자하거나 고용을 개시하거나 연구·인력개발비가 발생하는 분을 말한다)부터 적용한다.

## 2-3. 규모기준

### 2-3-1. 매출액기준

매출액이 업종별로 「중소기업기본법 시행령」 별표 1에 따른 규모기준(별표 1의 평균매출액등은 매출액으로 본다) 이내인 경우에만 중소기업이 될 수 있다(조특령 §2 ① 1호).

매출액은 기업회계기준에 따라 작성한 손익계산서상의 매출액을 말한다. 다만, 창업·분할·합병의 경우 그 등기일의 다음 날(창업의 경우에는 창업일)이 속하는 과세연도의 매출액을 연간 매출액으로 환산한 금액을 말한다(조특칙 §2 ④).

**중기령 〔별표 1〕** (2017.10.17. 개정)

| **주된 업종별 평균매출액의 중소기업 규모기준**(제3조 제1항 제1호 가목 관련) |

| 해당 기업의 주된 업종 | 분류기호 | 규모기준 |
|---|---|---|
| 1. 의복, 의복액세서리 및 모피제품 제조업 | C14 | 평균매출액등 1,500억원 이하 |
| 2. 가죽, 가방 및 신발 제조업 | C15 | |
| 3. 펄프, 종이 및 종이제품 제조업 | C17 | |
| 4. 1차 금속 제조업 | C24 | |
| 5. 전기장비 제조업 | C28 | |
| 6. 가구 제조업 | C32 | |

204) 현재 위임사항을 규정한 하위법령이 없다.

| 해당 기업의 주된 업종 | 분류기호 | 규모기준 |
|---|---|---|
| 7. 농업, 임업 및 어업 | A | 평균매출액등 1,000억원 이하 |
| 8. 광업 | B | |
| 9. 식료품 제조업 | C10 | |
| 10. 담배 제조업 | C12 | |
| 11. 섬유제품 제조업(의복 제조업은 제외) | C13 | |
| 12. 목재 및 나무제품 제조업(가구 제조업은 제외) | C16 | |
| 13. 코크스, 연탄 및 석유정제품 제조업 | C19 | |
| 14. 화학물질 및 화학제품 제조업(의약품 제조업은 제외) | C20 | |
| 15. 고무제품 및 플라스틱제품 제조업 | C22 | |
| 16. 금속가공제품 제조업(기계 및 가구 제조업은 제외) | C25 | |
| 17. 전자부품, 컴퓨터, 영상, 음향 및 통신장비 제조업 | C26 | |
| 18. 그 밖의 기계 및 장비 제조업 | C29 | |
| 19. 자동차 및 트레일러 제조업 | C30 | |
| 20. 그 밖의 운송장비 제조업 | C31 | |
| 21. 전기, 가스, 증기 및 공기조절 공급업 | D | |
| 22. 수도업 | E36 | |
| 23. 건설업 | F | |
| 24. 도매 및 소매업 | G | |
| 25. 음료 제조업 | C11 | 평균매출액등 800억원 이하 |
| 26. 인쇄 및 기록매체 복제업 | C18 | |
| 27. 의료용 물질 및 의약품 제조업 | C21 | |
| 28. 비금속 광물제품 제조업 | C23 | 평균매출액등 800억원 이하 |
| 29. 의료, 정밀, 광학기기 및 시계 제조업 | C27 | |
| 30. 그 밖의 제품 제조업 | C33 | |
| 31. 수도, 하수 및 폐기물 처리, 원료재생업<br>(수도업은 제외한다) | E<br>(E36 제외) | |
| 32. 운수 및 창고업 | H | |
| 33. 정보통신업 | J | |

| 해당 기업의 주된 업종 | 분류기호 | 규모기준 |
|---|---|---|
| 34. 산업용 기계 및 장비 수리업 | C34 | 평균매출액등 600억원 이하 |
| 35. 전문, 과학 및 기술 서비스업 | M | |
| 36. 사업시설관리, 사업지원 및 임대 서비스업(임대업은 제외한다) | N (N76 제외) | |
| 37. 보건업 및 사회복지 서비스업 | Q | |
| 38. 예술, 스포츠 및 여가 관련 서비스업 | R | |
| 39. 수리(修理) 및 기타 개인 서비스업 | S | |
| 40. 숙박 및 음식점업 | I | 평균매출액등 400억원 이하 |
| 41. 금융 및 보험업 | K | |
| 42. 부동산업 | L | |
| 43. 임대업 | N76 | |
| 44. 교육 서비스업 | P | |

### 2-3-2. 자산총액기준

매출액 기준만으로 중소기업 판정제도를 운영할 경우 자본집약적 초대형 기업이 중소기업에 포함될 수 있으므로 이러한 문제점을 시정하기 위하여 자산총액이 5천억원 이상인 경우에는 매출액 기준이 충족되더라도 중소기업으로 보지 아니한다.

자산총액은 과세연도 종료일 현재 기업회계기준에 따라 작성한 재무상태표상의 자산총액을 말한다(조특칙 §2 ⑤).

이 경우 자산총액은 연결재무제표가 아닌 개별재무제표를 기준으로 판단한다(법인-1205, 2010.12.30.).

## 2-4. 독립성기준

중소기업은 업종기준 및 규모기준과 함께 소유경영독립 요건도 충족되어야 한다.

즉, 업종기준 및 규모기준이 중소기업의 범위에 해당하더라도 소유 및 경영의 실질적인 독립성이 없다면 중소기업으로 보지 아니한다(조특령 §2 ① 3호). 구체적으로 살펴보면, 아래와 같이 실질적인 독립성이 「중소기업기본법 시행령」 제3조 제1항 제2호(소유와 경영의 실질적인 독립성이 다음의 어느 하나에 해당하지 아니하는 기업)에 적합하여야 한다.

① 「독점규제 및 공정거래에 관한 법률」 제14조 제1항에 따른 상호출자제한기업집단 또는 채무보증제한기업집단에 속하는 회사

② 자산총액이 5천억원 이상인 법인이 주식등의 30% 이상을 직접적 또는 간접적으로 소유한 경우(「자본시장과 금융투자업에 관한 법률」에 따른 집합투자기구를 통하여 간접소유한 경우는 제외)로서 최다출자자인 기업. 이 경우 최다출자자는 해당 기업의 주식 등을 소유한 법인 또는 개인으로서 단독으로 또는 다음의 어느 하나에 해당하는 자와 합산하여 해당 기업의 주식 등을 가장 많이 소유한 자를 말하며, 주식 등의 간접소유 비율에 관하여는 「국제조세조정에 관한 법률 시행령」 제2조 제2항을 준용한다(조특령 §2 ④, 조특칙 §2 ⑦).

㉮ 주식 등을 소유한 자가 법인인 경우 : 그 법인의 임원

㉯ 주식 등을 소유한 자가 ㉮에 해당하지 아니하는 개인인 경우 : 그 개인의 친족

③ 관계기업에 속하는 기업의 경우에는 중기령 제7조의 4 및 같은 영 별표 2에 따라 산정한 평균매출액등이 같은 영 별표 1(주된 업종별 평균매출액등의 규모기준)의 기준에 맞지 아니하는 기업. 이 경우 관계기업에 속하는 기업인지의 판단은 과세연도 종료일 현재를 기준으로 한다(조특칙 §2 ⑧). 부연하면 본 관계기업기준은 비록 독립성기준이나 지배기업과 종속기업의 매출액을 합산하여 규모기준을 판단하는 것으로서 규모기준의 성격도 갖고 있다.

**중기령 〔별표 2〕** (2014.4.14. 개정)

| **관계기업의 평균매출액등의 산정기준**(제7조의 4 제1항 관련) |

1. 이 표에서 사용하는 용어의 뜻은 다음과 같다.
   가. "형식적 지배"란 지배기업이 종속기업의 주식등을 100분의 50 미만으로 소유하고 있는 것을 말한다.
   나. "실질적 지배"란 지배기업이 종속기업의 주식등을 100분의 50 이상으로 소유하고 있는 것을 말한다.
   다. "직접 지배"란 지배기업이 자회사(지배기업의 종속기업을 말한다. 이하 이 표에서 같다) 또는 손자기업(자회사의 종속기업을 말하며, 지배기업의 종속기업으로 되는 경우를 포함한다. 이하 이 표에서 같다)의 주식등을 직접 소유하고 있는 것을 말한다.
   라. "간접 지배"란 지배기업이 손자기업의 주주인 자회사의 주식등을 직접 소유하고 있는 것을 말한다.
2. 지배기업이 종속기업에 대하여 직접 지배하되 형식적 지배를 하는 경우에는 지배기업 또는 종속기업의 평균매출액등으로 보아야 할 평균매출액등(이하 "전체 평균매출액등"이라 한다)은 다음 각 목에 따라 계산한다.
   가. 지배기업의 전체 평균매출액등은 그 지배기업의 평균매출액등에 지배기업의 종속기업에 대한 주식등의 소유비율과 종속기업의 평균매출액등을 곱하여 산출한 평균매출액등을 합산한다.

나. 종속기업의 전체 평균매출액등은 그 종속기업의 평균매출액등에 지배기업의 종속기업에 대한 주식등의 소유비율과 지배기업의 평균매출액등을 곱하여 산출한 평균매출액등을 합산한다.

3. 지배기업이 종속기업에 대하여 직접 지배하되 실질적 지배를 하는 경우에는 지배기업 또는 종속기업의 전체 평균매출액등은 다음 각 목에 따라 계산한다.

가. 지배기업의 전체 평균매출액등은 그 지배기업의 평균매출액등에 종속기업의 평균매출액등을 합산한다.

나. 종속기업의 전체 평균매출액등은 그 종속기업의 평균매출액등에 지배기업의 평균매출액등을 합산한다.

4. 지배기업이 손자기업에 대하여 간접 지배를 하는 경우에는 지배기업 또는 손자기업의 전체 평균매출액등은 다음 각 목에 따라 계산한다.

가. 지배기업의 전체 평균매출액등은 그 지배기업의 평균매출액등에 지배기업의 손자기업에 대한 주식등의 간접 소유비율과 손자기업의 평균매출액등을 곱하여 산출한 평균매출액등을 합산한다.

나. 손자기업의 전체 평균매출액등은 그 손자기업의 평균매출액등에 지배기업의 손자기업에 대한 주식등의 간접 소유비율과 지배기업의 평균매출액등을 곱하여 산출한 평균매출액등을 합산한다.

5. 제4호에서 지배기업의 손자기업에 대한 주식등의 간접 소유비율은 다음과 같다. 다만, 자회사가 둘 이상인 경우에는 각 자회사별로 계산한 소유비율을 합한 비율로 한다.

가. 지배기업이 자회사에 대하여 실질적 지배를 하는 경우에는 그 자회사가 소유하고 있는 손자기업의 주식등의 소유비율

나. 지배기업이 자회사에 대하여 형식적 지배를 하는 경우에는 그 소유비율과 그 자회사의 손자기업에 대한 주식등의 소유비율을 곱한 비율

〈표 1〉 **중소기업 범위에 관한 중소기업기본법과 조세특례제한법 비교**

| 구 분 | 중소기업기본법 시행령(§3) | 조세특례제한법 시행령(§2) |
|---|---|---|
| 중소기업 적용기간 | • (직전 사업연도 말일+3개월이 경과한 날)부터 1년 | • 해당 사업연도 |
| 업종기준 | • 모든 업종(업종 제한 없음) | • 소비성서비스업을 제외한 업종 |
| 주업종 | • 매출액이 큰 업종 | • 사업수입금액이 큰 업종 |
| 규 모 기 준 | • 주된 업종에 따른 평균매출액등이 중기령 별표 1을 충족한 기업 | • 좌동<br>(다만, 평균매출액등이 아닌 매출액) |
| 상한기준 (중소기업 제외기준) | • 자산총액 5,000억원 이상 | • 좌동 |

| 구 분 | 중소기업기본법 시행령(§3) | 조세특례제한법 시행령(§2) |
|---|---|---|
| 독립성 기 준 | 소유 및 경영의 독립성 충족<br>• 독점규제 및 공정거래에 관한 법률에 의한 상호출자제한기업집단에 속하지 않을 것<br>• 자산총액 5천억원 이상 회사가 30% 이상의 지분을 직·간접적으로 소유하면서 최다출자자인 회사를 제외(다만, 자산총액 5천억원 이상인 회사가 창업투자회사, 사모집합투자기구, 금융투자업자일 경우에는 적용 예외를 인정) | <br>• 좌동<br><br>• 좌동<br>다만, 집합투자기구를 통해 간접적으로 소유한 경우는 적용하지 아니함. |
| | • 관계기업 간에 합산한 평균매출액등이 업종별 규모기준을 충족하지 못하면 중소기업에서 제외 | • 좌동<br>(다만, 평균매출액등이 아닌 매출액) |
| 유예기간 | 사유발생연도의 다음 연도부터 3년간<br>(유예기간 반복 적용) | 사유발생연도와 그 다음 3개연도까지<br>(동 기간 경과 후에는 과세연도별로 중소기업 여부 판정) |
| | 유예기간 제외 사유<br>• 대기업과의 합병<br>• 유예기간 중인 기업과의 합병<br>• 독립성 기준 미충족(관계기업은 유예 적용)<br>• 유예기간 중인 중소기업이 중소기업이 되었다가 그 평균매출액 등의 증가 등으로 다시 중소기업에 해당하지 아니하게 된 경우(유예기간 적용 횟수를 1회로 제한) | 유예기간 제외 사유<br>• 좌동<br>• 좌동<br>• 좌동<br>• 창업일이 속하는 과세연도 종료일부터 2년 이내의 과세연도 종료일 현재 규모기준 초과 |
| 소기업 | • 평균매출액 등 120억원 이하(업종별 상이)<br>* 제7조 해설 참조 | • 좌동 |

## 2-5. 중소기업 유예기간

### 2-5-1. 개 요

중소기업이었던 자가 규모의 확장 등의 사유에 의하여 중소기업에 해당하지 아니하게 되거나 「중소기업기본법 시행령」 별표의 개정에 의하여 중소기업에 해당되지 아니하게 된 때에 그 사유발생 즉시 중소기업 범위에서 제외된다면 중소기업이 대기업으로 성장하지 않으려 할 유인이 발생(피터팬 증후군)하고 중소기업의 투자촉진책이라는 당초 취지를 효과적으로 살릴 수 없다고 보고, 특정사유 발생의 경우에 대하여 경과적인 적용에 관한 규정을 두고 있는데, 이를 '중소기업 유예기간'이라 한다. 이에 대하여는 「중소기업기본법」에 규정되어 있고, 조특법도 기본적으로 「중소기업기본법」이 정한 바를 따르고 있다.

### 2-5-2. 유예기간의 적용

중소기업이 그 규모의 확대 등으로 다음에 해당하여 중소기업에 해당하지 아니하게 된 때에는 최초로[205] 그 사유가 발생한 날이 속하는 과세연도와 그 다음 3개 과세연도(총 4년을 유예기간이라 한다)까지는 중소기업으로 본다(조특령 §2 ② 본문).

① 자산총액이 5천억원 이상이 되는 경우
② 매출액이 업종별로 「중소기업기본법 시행령」 별표 1에 따른 규모 기준을 초과하는 경우
③ 관계기업에 속하는 기업의 경우에는 ②의 기준에 맞지 아니하는 경우

유예기간이 경과한 후에는 과세연도별로 중소기업 해당 여부를 판정한다(조특령 §2 ② 본문).

중소기업의 주된 사업이 중소기업 해당 업종인 다른 업종으로 변경됨으로써 중소기업에 해당하지 아니하게 된 경우에는 본 유예기간이 적용된다. 다만, 주된 사업이 중소기업 해당 사업이 아닌 사업으로 변경되어 중소기업에 해당하지 않는 경우에는 그러하지 아니하다(조기통 4-2…5 ①).

### 2-5-3. 유예기간 적용의 예외

중소기업이 다음의 사유로 중소기업에 해당하지 아니하게 된 경우에는 유예기간을 적용하지 아니하고, 유예기간 중에 있는 기업에 대해서는 해당 사유가 발생한 날(②에 따른 유예기간 중에 있는 기업이 중소기업과 합병하는 경우에는 합병일로 한다)이 속하는 과세연도부터 유예기간을 적용하지 아니한다(조특령 §2 ② 단서).

① 「중소기업기본법」의 규정에 의한 중소기업 외의 기업과 합병하는 경우
② 유예기간 중에 있는 기업과 합병하는 경우
③ 소유 및 경영의 실질적인 독립성 요건을 갖추지 못하게 되는 경우(다만, 독립성 요건 중 관계기업 기준은 제외하여 관계기업의 경우에는 유예기간을 적용받을 수 있다)
④ 창업일이 속하는 과세연도 종료일[206]부터 2년 이내의 과세연도 종료일 현재 중소기업기준을 초과하는 경우

205) 종전에는 기업 평생 1회에 한하여 유예기간을 적용하였으나 2010. 12. 30. 조특령 개정으로 유예기간 적용 횟수 제한을 폐지하여 중소기업이 중견기업으로 성장하는 데 도움이 되도록 하였다.

206) 일반적으로 창업 후 정상영업개시까지는 매출이 발생하지 않고 사업연도 중에는 자본금계산이 곤란한 점을 고려한 것임.

2017년 2월 7일 조특령 개정시에는 유예기간 중에 있는 중소기업이 유예기간 적용 배제 사유에 해당하는 경우에는 해당 사유가 발생한 과세연도부터 잔존 유예기간의 중소기업 적용을 배제하도록 개정하였다.

#### 2-5-4. 중기령 개정에 따른 유예

중소기업이 중기령의 개정에 따른 중소기업 범위 기준의 변동으로 중소기업에 해당되지 않는 경우는 기업의 규모 등에 변화가 없음에도 불구하고 예상치 못한 경영상의 어려움을 겪게 될 것이므로 이러한 충격을 완화하기 위한 장치를 두고 있다.

기업이 「중소기업기본법 시행령」 제3조 제1항 제2호(소유와 경영의 실질적 독립성 기준), 별표 1(주된 업종별 매출액등의 중소기업 규모기준), 별표 2(관계기업의 매출액등의 산정기준)의 개정으로 새로이 중소기업에 해당하게 되는 때에는 그 사유가 발생한 날이 속하는 과세연도부터 중소기업으로 보고, 중소기업에 해당하지 아니하게 되는 때에는 그 사유가 발생한 날이 속하는 과세연도와 그 다음 3개 과세연도까지 중소기업으로 본다(조특령 §2 ⑤).

종전에는 중기령의 경우 영 개정시마다 별도의 부칙을 두어 중소기업 적용에 관한 유예기간을 두고 있으나 중기령을 인용하고 있는 조특령의 경우 별도의 조특령 개정 없이 조특법상 중소기업의 유예기간을 적용할 수 있는지가 모호하였는바, 조특령 제2조 제5항을 신설하여 조특법상으로도 유예기간이 자동으로 적용될 수 있도록 제도화한 것이다.

## 3 | 과세특례의 내용

#### 3-1. 투자세액공제액의 계산

중소기업 및 중견기업이 사업용자산, 판매시점 정보관리시스템설비 및 정보보호 시스템설비를 새로이 취득하기 위하여 투자한 금액이 있는 경우에는 투자금액에 공제율을 곱한 금액을 그 투자가 완료한 날이 속하는 과세연도의 법인세 또는 소득세[사업소득(「소득세법」 제45조 제2항에 따른 부동산임대업에서 발생하는 소득은 포함하지 아니한다)에 대한 소득세만 해당한다]에서 공제한다(조특법 §5 ①).

투자세액공제액 = 사업용자산, 판매시점정보관리시스템설비 및 정보보호시스템설비 투자금액 × 공제율

### 3-2. 대상자산

중소기업 등 투자세액공제가 적용되는 대상은 중소기업 및 중견기업이 새로이 취득하여 투자(중고품 및 금융리스가 아닌 리스에 의한 투자 제외)한 사업용자산, 판매시점 정보관리시스템설비 및 정보보호 시스템설비이다. 중고품에 대해 투자세액공제를 허용하지 않는 이유는 만일 동 공제를 허용할 경우 기업이 중고품을 매입 후 즉시 매각한 후 다시 동일 제품을 매입하는 것을 반복할 경우 실질적인 투자유인 효과는 없으면서 세액공제만 중복으로 받게 되는 문제가 있기 때문으로 이해된다.

#### 3-2-1. 사업용자산

사업용자산은 제조업 등 당해 사업에 주로 사용하는 사업용유형자산 중 다음의 자산을 말하며, 이 중 운휴 중에 있는 것은 제외한다(조특령 §4 ②, 조특칙 §3 ①·②).

① 해당 사업에 주로 사용하는 사업용 유형자산(토지와 조특칙 별표 1의 건축물 등 사업용 유형자산은 제외한다)
② 운수업을 주된 사업으로 하는 중소기업(영 제2조 제1항에 따른 중소기업을 말한다)이 해당 사업에 주로 사용하는 차량 및 운반구(「개별소비세법」 제1조 제2항 제3호에 따른 자동차[207]로서 자가용인 것을 제외한다)와 선박
③ 어업을 주된 사업으로 하는 중소기업이 해당 사업에 주로 사용하는 선박(사업용 선박)
④ 중소기업이 해당 업종의 사업에 직접 사용하는 소프트웨어. 다만, 다음 각 목의 어느 하나에 해당하는 소프트웨어는 제외한다.
가. 인사, 급여, 회계 및 재무 등 지원업무에 사용하는 소프트웨어
나. 문서, 도표 및 발표용 자료 작성 등 일반 사무에 사용하는 소프트웨어
다. 컴퓨터 등의 구동을 위한 기본 운영체제(Operating System) 소프트웨어

---

207) 다음 각 목의 자동차
가. 배기량이 2천씨씨를 초과하는 승용자동차와 캠핑용자동차
나. 배기량이 2천씨씨 이하인 승용자동차(배기량이 1천씨씨 이하인 것으로서 대통령령으로 정하는 규격의 것은 제외한다)와 이륜자동차
다. 전기승용자동차(「자동차관리법」 제3조 제2항에 따른 세부기준을 고려하여 대통령령으로 정하는 규격의 것은 제외한다)

**조특칙 〔별표 1〕** (2009. 4. 7. 신설)

| **건축물 등 사업용 유형자산**(제3조 제1항 관련) |

| 구분 | 구조 또는 자산명 |
|---|---|
| 1 | 차량 및 운반구, 공구, 기구 및 비품 |
| 2 | 선박 및 항공기 |
| 3 | 연와조, 블록조, 콘크리트조, 토조, 토벽조, 목조, 목골모르타르조, 기타 조의 모든 건물(부속설비를 포함한다)과 구축물 |
| 4 | 철골 · 철근콘크리트조, 철근콘크리트조, 석조, 연와석조, 철골조의 모든 건물(부속설비를 포함한다)과 구축물 |

1. 제1호를 적용할 때 취득가액이 거래단위(취득한 자가 그 취득한 자산을 독립적으로 사업에 직접 사용할 수 있는 것)별로 20만원 이상으로서 그 고유업무의 성질상 대량으로 보유하고 그 자산으로부터 직접 수익을 얻는 비품은 제1호의 비품에 포함하지 아니한다.[208)]
2. 제3호 및 제4호를 적용할 때 부속설비에는 해당 건물과 관련된 전기설비, 급배수 · 위생설비, 가스설비, 냉방 · 난방 · 통풍 및 보일러설비, 승강기설비 등 모든 부속설비를 포함하고, 구축물에는 하수도, 굴뚝, 경륜장, 포장도로, 교량, 도크, 방벽, 철탑, 터널 그 밖에 토지에 정착한 모든 토목설비나 공작물을 포함한다.

### 3-2-2. 판매시점 정보관리시스템설비(POS)

「유통산업발전법」에 의한 판매시점 정보관리시스템설비를 말한다.

> ※「유통산업발전법」 제2조 제12호
> "판매시점정보관리시스템"이라 함은 상품을 판매할 때 활용하는 시스템으로서 광학적 자동판독방식에 의하여 상품의 판매 · 매입 또는 배송 등에 관한 정보가 수록된 것을 말한다.

### 3-2-3. 정보보호시스템설비

「국가정보화기본법」 제3조 제6호의 규정에 의한 정보보호시스템에 사용되는 설비로서 감가상각기간이 2년 이상인 설비를 말한다.

208) 비품이라 하더라도 기업의 고유업무 목적상 대량 보유자산으로서 그 자산으로부터 수익을 얻는 경우 투자세액공제 대상 자산임을 명확히 하여 납세편의 제공(2009.4.7.이 속하는 과세연도분부터 적용)

〈표 2〉 **정보보호시스템의 분류**

| 분 류 | | 정의 및 기능 |
|---|---|---|
| 정보보호 제품(S/W 또는 H/W) | 바이러스백신 (Anti-Virus) | 컴퓨터바이러스 등 시스템 유해요소 진입차단 및 손상된 시스템 복구용 제품 |
| | 침입차단시스템 (Firewall) | 외부망에서 해커 등 비인가자가 내부망으로 침입하는 것을 차단시키는 소프트웨어 또는 하드웨어. 방화벽이라고도 함. |
| | 가상사설망 (VPN) | 공공망에서 지점 간 안전한 터널링을 설정하여 전용회선을 사용하는 것처럼 실질적인 사설망 기능을 제공해 주는 제품 |
| | 공개키기반구조 (PKI) | 공개키 암호기술을 이용한 인증 프레임워크로 인터넷과 같은 개방형 환경에서 인증기관이 발행하는 인증서를 통해 전자문서의 무결성, 기밀성, 부인방지 등을 보장해 주는 제품 |
| | 인증 (Authentication) | 패스워드 및 전자서명인증서와 같은 소프트웨어나 지문 및 생체인식과 같은 하드웨어 등을 통해 사용자신원을 확인하기 위한 제품. 동일한 인증기술 유형인 PKI와는 독립된 제품으로 간주함. |
| | 데이터보안 (Encryption) | 저장한 파일내용을 암호화하여 적정한 해독키 없이는 복호화하여 사용할 수 없도록 보안기능을 지닌 제품. 전자우편 보안, 웹보안, 인터넷 보안 등 암호화제품 |
| | 침입탐지시스템 (IDS) | 실시간으로 네트워크 또는 컴퓨터시스템에서 내·외부사용자에 의한 불법행위를 탐지하는 소프트웨어 |
| | 보안IC카드 | IC카드에 암호알고리즘을 이식, 접근제어나 사용자신원확인 기능을 수행하는 제품. 스마트카드 등 |
| | 보안관리 (Security Management) | 패킷 모니터링, 취약점 점검 등을 통해 정보시스템의 보안취약점을 분석해주는 제품. 위험분석 도구, 취약점분석 도구, 패킷분석기, 스캐너 등. 사용자나 관리자가 보안관리를 쉽게 할 수 있도록 돕는 제품 |
| 정보보호 서비스 | 정보보호컨설팅 | 정보보호시스템 구축 및 운영, 정보보호 정책 수립 등 정보보호 전반에 걸쳐 자문상담 및 기술을 지원하는 서비스 |
| | 인증서비스 | 사용자신원확인 및 전자문서의 안전·신뢰성을 보장하기 위한 인증기관의 인증서발급 및 검증수단을 제공하는 서비스 |
| | 정보보호통합서비스 (SI) | 기타 여러 가지 정보보호제품을 통합하여 정보보호 솔루션을 제공하는 서비스. 보안관제서비스, 사이버아파트 보안관리서비스 등 |

한편, 조특령 제29조 제3항에 따른 소비성서비스업에 해당하는 사업과 그 밖의 사업에 공동으로 사용되는 사업용자산, 「유통산업발전법」에 따른 판매시점 정보관리시스템설비와 「국가정보화 기본법」 제3조 제6호에 따른 정보보호시스템에 사용되는 설비로서 감가상각

기간이 2년 이상인 설비를 취득한 경우에는 해당 자산은 그 자산을 주로 사용하는 사업의 자산으로 보게 되며(조특령 §4 ④), 주로 사용하는 사업은 자산의 사용시간 또는 사용정도를 비교하여 그 사용비율이 큰 사업을 말한다(조특칙 §4).

### 3-3. 투자금액의 계산

#### 3-3-1. 투자금액

세액공제의 대상이 되는 투자금액은 다음과 같다(조특령 §4 ③).

Max(①, ②)-(③+④)
① 총투자금액에 작업진행률(법인령 §69 ②)에 의하여 계산한 금액
② 해당 과세연도까지 실제로 지출한 금액
③ 해당 과세연도 이전에 투자세액공제를 받은 투자금액
④ 투자세액공제제도를 적용받기 전에 투자한 분에 대하여 작업진행률에 의하여 계산한 금액

이 경우 '지출한 금액'이라 함은 당해 과세연도 중 실제로 지출된 현금지급분만을 말하는 것이며, 따라서 어음지급분으로서 당해 과세연도 중에 결제된 것은 포함되는 것이나 선급금은 제외된다(조기통 4-3…2). 투자금액에는 건설자금이자를 포함한다(조기통 5-0…1). 조특법에 의한 투자세액공제는 시설에 투자한 내국인이 당해 시설의 사용자인 경우에 한하여 적용하지만, 조특법 제25조 제1항 제4호에 해당하는 경우와 자기가 제품을 직접 제조하지 아니하고 투자세액공제 적용시설을 수탁가공업체의 사업장에 설치하고 그 시설에 대한 유지 · 관리비용을 부담하면서 생산한 제품을 전량 인수하여 자기 책임하에 직접 판매하는 경우에도 당해 시설을 설치한 자가 사용한 것으로 보아(조기통 5-0…4) 세액공제가 적용된다.

한편 종전에는 국고보조금 등으로 사업용자산을 취득하고 손금에 산입된 부분에 대하여는 이중혜택을 배제한다는 취지에서 조특법에 의한 투자세액공제를 적용하지 아니하며 또한 동법에 의한 준비금을 당해 목적에 사용한 것으로 보지 아니하도록 동법 기본통칙에 규정되어 있었다. 그러나 법인세법 제36조 내지 제38조는 국고보조금 등에 의한 사업용자산 취득이나 개량에 대한 법인세의 과세이연이고 감면특혜에 관한 조항은 아니므로 조세의 특혜조항이라 할 수 있는 조특법상의 투자세액공제는 국고보조금 등의 손금산입과는 관계없이 적용되어야 할 것이다(대법원 1987.5.26. 선고 85누521 판결). 이를 반영하여 구 기본통칙 4-0…3에서도 투자세액공제와의 중복적용 배제문구가 삭제되었고, 따라서 국고보조금으로 취득한 사업용자산에 대하여도 투자세액공제가 적용된다고 판단된다.

3-3-2. 투자금액에 포함되지 않는 금액

본조를 포함하여 조특법에 의한 투자세액공제 적용대상이 되는 투자에는 다음의 금액을 포함하지 아니한다(조기통 5-0…3).

① 기존 설비에 대한 보수

② 기존 설비에 대한 자본적지출. 다만, 증설은 제외한다. 여기서 증설은 기존 설비를 생산능력이 큰 설비로 개체하거나 생산능력이 현저히 증가되도록 기존 설비를 확장하는 것을 포함하고 원상의 회복을 위한 부품의 개체는 제외한다(조기통 60-56…6).

### 3-4. 대상자 및 공제율

2017~2018년에 조특법 일부 개정을 거치면서 중소기업 등 투자세액공제가 확대되었으며, 적용대상자에 따라 공제율도 세분화되었다.

3-4-1. 일반적인 중소기업 및 중견기업의 경우

중소기업 및 중견기업이 앞에서 설명한 대상 자산에 2021년 12월 31일까지 투자하는 경우 해당 투자금액의 100분의 3(중견기업이 「수도권정비계획법」 제6조 제1항 제2호의 성장관리권역 또는 같은 항 제3호의 자연보전권역 내에 투자하는 경우에는 100분의 1, 수도권 밖의 지역에 투자하는 경우에는 100분의 2)에 상당하는 금액을 공제한다(조특법 §5 ①). 중소기업 및 중견기업의 범위는 다음과 같다.

① 중소기업

중소기업의 범위에 대해서는 앞에서 자세히 설명하였다.

② 중견기업

여기서 중견기업이란 다음의 요건을 모두 갖춘 기업을 말한다(조특법 §5 ②, 조특령 §4 ①).

ⓐ 중소기업이 아닐 것

ⓑ 다음의 어느 하나에 해당하는 업종을 주된 사업으로 영위하지 아니할 것. 이 경우 둘 이상의 서로 다른 사업을 영위하는 경우에는 사업별 사업수입금액이 큰 사업을 주된 사업으로 본다.

ⅰ) 조특령 제29조 제3항에 따른 소비성서비스업

ⅱ) 금융업, 보험 및 연금업, 금융 및 보험 관련 서비스업(업종 분류 기준 : 통계청장이 고시하는 한국표준산업분류)

ⓒ 소유와 경영의 실질적인 독립성이 「중견기업 성장촉진 및 경쟁력 강화에 관한 특

별법 시행령」 제2조 제2항 제1호에 적합할 것

ⓓ 해당 과세연도의 상시근로자 수가 직전 과세연도의 상시근로자 수보다 감소하지 아니할 것

ⓔ 직전 3개 과세연도의 매출액의 평균금액이 3천억원 미만인 기업일 것

중견기업의 경우 2017년 조특법 개정시 ⓓ의 요건을 신설하여 고용이 유지되는 경우에 한하여 투자세액공제가 적용되도록 하였다. 또한 2019년 조특령 개정시 주된 업종 판단기준을 중소기업과 동일하게 사업별 사업수입금액이 큰 사업을 주된 사업으로 보도록 조문을 명확히 하였다.[209)]

여기서 매출액은 기업회계기준에 따라 작성한 손익계산서상의 매출액으로 한다. 다만, 창업 · 분할 · 합병의 경우 그 등기일의 다음 날(창업의 경우에는 창업일)이 속하는 과세연도의 매출액을 연간 매출액으로 환산한 금액을 말한다. 또한, 과세연도가 1년 미만인 과세연도의 매출액도 1년으로 환산한 매출액을 말한다(조특령 §4 ① 4호 및 §2 ④, 조특칙 §2 ④).

### 3-4-2. 최초상장 중소기업 및 중견기업의 경우

조특법 제5조 제1항 및 제2항에도 불구하고 다음의 중소기업 및 중견기업은 상장일이 속하는 과세연도와 그 다음 과세연도의 개시일부터 3년 이내에 끝나는 과세연도까지 투자하는 경우에는 해당 투자금액의 100분의 4에 상당하는 금액을 공제한다(조특법 §5 ③).

① 중소기업

2015년 1월 1일부터 2015년 12월 31일까지 「자본시장과 금융투자업에 관한 법률」에 따른 증권시장에 최초로 상장한 중소기업

② 중견기업

여기서 중견기업이란 다음의 요건을 모두 갖춘 기업을 말한다(조특령 §4 ⑥).

ⓐ 3-4-1. ②의 ⓐ~ⓒ의 요건을 갖출 것

ⓑ 직전 3개 과세연도의 매출액의 평균금액이 1천500억원 미만인 기업일 것

여기의 매출액도 3-4-1.에서 설명한 내용과 동일하다.

209) 이는 조특령 제9조, 제10조도 마찬가지다.

#### 3-4-3. 위기지역에서의 중소기업 및 중견기업의 경우

고용위기 또는 산업위기 등으로 위기지역으로 지정된 지역의 경우 투자 리스크가 높다는 점을 고려하여 2018년 조특법 개정시 이 지역에 대한 세제지원을 대폭 확대하였다. 위기지역 내 중소·중견기업의 일반 사업용자산 신규투자에 대해 특정설비 수준으로 세제지원을 확대하여 투자를 촉진하고자 한 입법취지에 기인한 것이다.

중소기업 및 중견기업이 위기지역에서 대상자산에 2021년 12월 31일까지 투자(위기지역으로 지정 또는 선포된 기간이 속하는 과세연도에 투자하는 경우로 한정한다)하는 경우에는 해당 투자금액의 100분의 10(중견기업의 경우에는 100분의 5)에 상당하는 금액을 공제한다. 중소기업 및 중견기업의 범위는 3-4-1.에서 설명한 바와 동일하며, 위기지역의 범위는 다음과 같다(조특법 §5 ④, 조특령 §4 ⑦).

ⓐ 「고용정책 기본법」 제32조 제1항에 따라 지원할 수 있는 지역으로서 「고용정책 기본법 시행령」 제29조에 따라 고용노동부장관이 지정·고시한 지역
ⓑ 「고용정책 기본법」 제32조의 2 제2항에 따라 선포된 고용재난지역
ⓒ 「국가균형발전 특별법」 제17조 제2항에 따라 지정된 산업위기대응특별지역

### 3-5. 공제시기

중소기업투자세액공제는 기본적으로 투자를 완료한 날이 속하는 사업연도에 일괄공제하는 것이나, 투자(제작·건설 등)기간이 2개 이상의 과세연도에 걸친다면 당해 투자가 이루어지고 각 과세연도마다 당해 과세연도에 투자한 금액에 대하여 세액공제를 받을 수 있다(조특법 §5 ⑤). 이때 투자를 완료한 날이란 목적에 실제로 사용한 날을 말한다(조기통 5-0…2).

## 4 | 절 차

투자세액공제를 받으려는 자는 투자완료일이 속하는 과세연도(투자가 2개 이상의 과세연도에 걸쳐 이루어진 경우에는 해당 투자가 이루어지는 각 과세연도)의 과세표준 신고와 함께 기획재정부령으로 정하는 투자세액공제신청서를 납세지 관할 세무서장에게 제출하여야 한다(조특령 §4 ⑧).

그러나 이러한 신청서의 제출사실이 조세특례규정의 요건은 아니다. 따라서 이러한 서류를 소정기한 내에 제출하지 아니한 경우에도 수정신고기한 또는 추후에 보완하여 제출하면 되고 또 이러한 서류 없이 당해 납세지 관할 세무서장 등이 투자사실을 확인할 수 있으면 특례규정을 적용할 수 있다.

## 5 | 조세특례제한 등

### 5-1. 개 요

조특법은 사회 · 경제적인 정책목적을 달성하기 위하여 광범위한 조세감면제도를 두고 있다. 그런데, 특정 납세자군이 여러 가지 조세감면을 과다하게 받게 될 경우 그 감면으로 인한 조세부담은 다른 납세자군에게 전가되는 결과가 되며, 정도가 심할 경우 조세평등주의 및 조세의 중립성을 훼손하게 된다. 이런 사유로 현행 조특법에서는 조세감면에 관한 사항 외에도 과다한 조세감면을 제한할 수 있는 여러 법적 장치를 마련하고 있다.

또한, 조세감면 제한 이외에도 검토하여야 할 사항이 있는바, 그 주된 사항은 아래의 표와 같다. 이하에서는 중소기업투자세액공제와 관련된 사항에 대하여 알아본다.

| |
|---|
| ① 중복지원 배제<br>② 최저한세 적용<br>③ 이월공제 여부<br>④ 추계과세시 적용 여부<br>⑤ 수도권 규제 적용 여부<br>⑥ 감면세액 추징 및 이자상당액 납부 여부<br>⑦ 농어촌특별세 납부 의무 |

### 5-2. 중복지원 배제

#### 5-2-1. 다른 투자세액공제제도와의 중복금지

동일한 사업용자산에 대하여 본조에서 규정하는 조세특례 외에 제127조 제2항에서 규정하는 다른 투자세액공제 등이 동시에 적용되는 경우에는 그 중 하나만을 선택하여 적용받을 수 있다. 이에 대한 자세한 내용은 제127조에서 설명하기로 한다.

#### 5-2-2. 외국인투자에 대한 감면 적용시 조세지원 제한

외국인투자에 대한 법인세 등의 감면규정에 의하여 소득세 또는 법인세를 감면받는 내국인에 있어서는 본조에 따른 투자세액공제액 계산시 내국인투자비율에 상당하는 금액 범위 내에서만 공제한다. 이에 대한 자세한 설명은 제127조의 해설을 참조하기로 한다.

#### 5-2-3. 감면제도와의 중복금지

내국인이 동일한 과세연도에 제127조 제4항의 규정에 의하여 소득세 또는 법인세를 감면받는 경우와 본조의 투자세액공제를 동시에 적용받을 수 있는 경우에는 그 중 하나만을 선택하여 이를 적용한다. 이에 대한 자세한 설명은 제127조의 해설을 참조하기로 한다.

### 5-3. 최저한세의 적용

본조의 규정에 의한 투자세액공제를 포함한 조세특례에 관하여는 제132조의 최저한세 규정을 적용받아 그 특례범위가 제한된다. 최저한세에 대한 자세한 설명은 제132조에서 하기로 한다.

### 5-4. 세액공제의 이월공제

본조의 규정에 의한 투자세액공제가 당해 과세연도에 납부할 세액이 없거나 제132조의 최저한세 규정의 적용을 받아 당해 연도에 공제받지 못한 금액이 있다면 이는 당해 과세연도의 다음 과세연도의 개시일로부터 5년(2004.1.1. 당시 종전의 법 제144조 제1항의 규정에 의한 이월세액공제액은 4년) 이내에 종료하는 각 과세연도까지 이월하여 공제받을 수 있다. 이월공제에 대한 자세한 설명은 제144조에서 하기로 한다.

### 5-5. 추계과세시 적용 배제

소득세법 또는 법인세법의 규정에 따라 각 과세연도의 소득에 대하여 추계과세하는 경우에는 본조에서 규정하는 투자세액공제의 적용이 배제된다. 다만, 거주자가 투자증빙서류를 제출하는 경우 추계과세시에도 중소기업투자세액공제가 가능하다(조특법 §128 ①).

이에 대한 자세한 설명은 제128조에서 하기로 한다.

### 5-6. 수도권과밀억제권역의 투자에 대한 조세감면 배제

아래에 해당하는 자가 수도권과밀억제권역에 소재하는 사업장에서 사용하기 위하여 취득하는 사업용고정자산으로서 증설투자에 해당하는 것에 대하여는 일정한 조세감면제도의 적용이 배제되는바, 중소기업투자세액공제의 경우 사업용자산과 판매시점 정보관리시스템 설비는 본 규정에 따라 적용이 배제되나, 정보보호시스템설비는 적용가능하다. 이에 대한 자세한 설명은 제130조에서 하기로 한다.

### 5-7. 감면세액의 납부

중소기업투자세액공제를 적용받은 내국인이 투자완료일부터 2년이 경과되기 전에 당해 자산을 처분한 경우(임대하는 경우 등을 포함)에는 처분한 날이 속하는 과세연도의 과세표준신고시에 당해 자산에 대한 세액공제액 상당액에 대통령령이 정하는 바에 따라 계산한 이자상당가산액을 가산하여 소득세 또는 법인세로 납부하여야 하며, 당해 세액은 소득세법 제76조 또는 법인세법 제64조의 규정에 의하여 납부하여야 할 세액으로 본다. 이에 대한 자세한 설명은 제146조에서 하기로 한다.

### 5-8. 농어촌특별세의 납부

원칙적으로 조특법에 따라 감면받는 소득세, 법인세, 관세, 취득세에 대하여는 농어촌특별세가 과세되는바(농특세법 §3), 중소기업투자세액공제의 경우 공제받은 세액의 20%를 농어촌특별세로 납부하여야 한다(농특세법 §5 ①).

### 5-9. 감면대상자

중소기업투자세액공제의 대상자는 중소기업을 영위하는 내국인이다(지특법 §99 ①). 여기서 말하는 중소기업이란 내국인으로서 제조업・광업 등의 중소기업 해당 사업을 주된 사업으로 영위하며(업종기준), 종업원수・자본금 또는 매출액 범위기준(규모기준)과 소유 및 경영의 실질적인 독립성(독립성기준)을 모두 충족한 기업을 의미(지특령 §51 ①, 표 3 참조)하는데 이는 중소기업기본법상 중소기업과 대체로 일치하나 모든 업종이 아닌 제조업 등 열거(조특령 §2 ①)하는 업종만을 중소기업으로 인정하고 있다는 점이 차이점이라 하겠다. 중소기업 범위에 대한 세부적인 사항은 아래와 같다.

〈표 3〉 중소기업 범위에 관한 중소기업기본법과 조세특례제한법 비교

| 구 분 | 중소기업기본법 시행령(§3) | 조세특례제한법 시행령(§2) |
|---|---|---|
| 업종기준 | 모든 업종(업종 제한 없음) | 제조업 등 열거규정 |
| 규 모 기 준 | 상시 근로자수, 자본금, 매출액 중 하나 이상 요건 충족<br>• 제조업 : 300인 미만 또는 자본금 80억원 이하<br>• 도매업 : 200인 미만 또는 매출액 200억원 이하 | 중소기업기본법과 동일 |
| 독립성 기 준 | 소유 및 경영의 독립성 충족<br>• 독점규제 및 공정거래에 관한 법률에 의한 상호출자제한기업집단에 속하지 않을 것<br>• 자산총액 5천억원 이상 회사가 30% 이상의 지분을 직·간접적으로 소유하면서 최다출자자인 회사를 제외(다만, 자산총액 5천억원 이상인 회사가 창업투자회사, 사모집합투자기구, 금융투자업자일 경우에는 적용 예외를 인정) | • 중소기업기본법과 동일<br>• 중소기업기본법과 동일하나, 집합투자기구를 통해 간접적으로 소유한 경우는 적용하지 아니함 |

### 5-9-1. 중소기업에 해당하는 업종의 범위

중소기업에 해당하는 업종의 범위라 하면, 제조업 등 법령에서 열거하는 일정한 업종을 주된 사업으로 영위하여야 한다. 이 경우 업종의 분류는 사업의 실질내용에 따라 판단하되, 조특법 등 관계법령에 특별한 규정이 없는 경우에는 통계법 제22조의 규정에 따라 통계청장이 고시하는 한국표준산업분류를 기준[210]으로 하여 적용한다(조특법 §2 ③). 중소기업 해당 업종은 아래 참고와 같고, 유사제조업은 자기가 제품을 직접 제조하지 아니하고 제조업체에 의뢰하여 제조하는 사업으로서 그 사업이 ① 생산할 제품을 직접 기획(고안·디자인 및 견본제작 등을 말한다)할 것, ② 해당 제품을 자기명의로 제조할 것, ③ 해당 제품을 인수하여 자기책임 하에 직접 판매할 것의 요건을 충족하는 경우를 말한다(조특칙 §2 ①).

참고

**중소기업 해당 업종 현황**

작물재배업, 축산업, 어업, 광업, 제조업(의제 제조업 포함), 하수·폐기물 처리(재활용 포함)·원료재생 및 환경복원업, 건설업, 도매 및 소매업, 운수업 중 여객운송업, 음식점업, 출판업, 영상·오디오 기록물 제작 및 배급업(비디오물 감상실 운영업은 제외), 방송업, 전기통신업, 컴퓨터 프로그래밍·시스템 통합 및 관리업, 정보서비스업, 연구개발업, 광고업, 그 밖의

210) 새로운 한국표준산업분류 기준(제9차)이 개정·고시(통계청 고시 제2007-53호)되어 2008.2.1.부터 시행되고 있다.

과학기술서비스업, 포장 및 충전업, 전문디자인업, 전시 및 행사대행업, 창작 및 예술관련 서비스업, 인력공급 및 고용알선업(농업노동자 공급업 포함), 콜센터 및 텔레마케팅 서비스업, 직업기술 분야 학원, 엔지니어링사업, 물류산업, 주문자상표부착방식에 따른 수탁생산업, 자동차정비공장을 운영하는 사업, 「해운법」에 따른 선박관리업, 「의료법」에 따른 의료기관을 운영하는 사업, 「관광진흥법」에 따른 관광사업(카지노, 관광유흥음식점업 및 외국인전용 유흥음식점업은 제외한다), 「노인복지법」에 따른 노인복지시설을 운영하는 사업, 「노인장기요양보험법」 제32조에 따른 재가장기요양기관을 운영하는 사업, 「전시산업발전법」에 따른 전시산업, 「에너지이용 합리화법」 제25조에 따른 에너지절약전문기업이 하는 사업, 「근로자직업능력 개발법」에 따른 직업능력개발훈련시설을 운영하는 사업, 건물 및 산업설비 청소업, 경비 및 경호 서비스업, 시장조사 및 여론조사업, 사회복지 서비스업, 「도시가스사업법」에 따른 일반도시가스사업

### 5-9-2. 규모기준

#### (1) 매출액기준

중소기업 해당 사업을 주된 사업[211]으로 영위하는 기업이라 하더라도 상시 사용하는 종업원수 · 자본금 또는 매출액이 업종별로 중소기업기본법 시행령 [별표 1]의 규정에 의한 규모기준("중소기업기준"이라 한다) 이내인 경우에만 중소기업이 될 수 있다. 다만, 중소기업기본법 시행령 [별표 1]에 따르면 종업원, 자본금, 매출액 기준 중 한 가지만 충족해도 중소기업에 해당되므로 자본집약적 초대형 중견기업이 중소기업에 포함될 수 있으므로 이러한 문제점을 개선하기 위하여 상시 사용하는 종업원수가 1천명 이상, 자기자본이 1천억원 이상, 매출액이 1천억원 이상 또는 자산총액이 5천억원 이상(주권상장 · 코스닥상장법인은 2003년 1월 1일 이후 최초로 개시하는 과세연도분부터 적용하며, 기타 법인[212]은 2007년 1월 1일 이후 5천억원 이상인 경우에 해당하는 분부터 적용)인 경우(통상 "졸업기준"이라 함)에는 중소기업으로 보지 아니한다.

211) 2 이상의 서로 다른 사업을 영위하는 경우 사업별 사업수입금액이 큰 사업을 주된 사업으로 보며(조특령 §2 ③), 주된 사업 판정기준인 사업별 '사업수익금액'은 손익계산서상의 매출액임(서면2팀-108, 2005.1.14.).

212) 상장기업과 마찬가지로 자산총액 5천만원 이상인 비상장법인을 중소기업 졸업기준에 포함하여 상장 · 비상장법인 간 과세형평 제고(2007.1.1. 이후 자산총액이 5천억원 이상인 경우에 해당하는 분부터 적용)

〈표 4〉 중소기업의 업종별 상시 근로자수, 자본금 또는 매출액의 규모기준(중기령 별표 1)

| 해당 업종 | 분류 | 규모 기준 |
|---|---|---|
| 제조업 | C | 상시 근로자수 300명 미만 또는 자본금 80억원 이하 |
| 광업 | B | 상시 근로자수 300명 미만 또는 자본금 30억원 이하 |
| 건설업 | F | |
| 운수업 | H | |
| 출판, 영상, 방송통신 및 정보서비스업 | J | 상시 근로자수 300명 미만 또는 매출액 300억원 이하 |
| 사업시설관리 및 사업지원 서비스업 | N | |
| 전문, 과학 및 기술 서비스업 | M | |
| 보건업 및 사회복지 서비스업 | Q | |
| 농업, 임업 및 어업 | A | 상시 근로자수 200명 미만 또는 매출액 200억원 이하 |
| 전기, 가스, 증기 및 수도사업 | D | |
| 도매 및 소매업 | G | |
| 숙박 및 음식점업 | I | |
| 금융 및 보험업 | K | |
| 예술, 스포츠 및 여가관련 서비스업 | R | |
| 하수·폐기물 처리, 원료재생 및 환경복원업 | E | 상시 근로자수 100명 미만 또는 매출액 100억원 이하 |
| 교육 서비스업 | P | |
| 수리 및 기타 개인 서비스업 | S | |
| 부동산업 및 임대업 | L | 상시 근로자수 50명 미만, 매출액 50억원 이하 |

### (2) 상시 사용하는 종업원수의 개념

상시 사용하는 종업원수[213]라 함은 해당 기업에 계속하여 고용되어 있는 근로자[주주인 임원, 「소득세법 시행령」 제20조에 따른 일용근로자, 「기초연구진흥 및 기술개발지원에 관한 법률」 제14조 제1항 제2호에 따른 기업부설연구소 및 연구개발전담부서의 연구전담요원[214] 및 「근로기준법」 제2조 제1항 제8호에 따른 단시간근로자 중 1개월간의 소정근로시

213) 중소기업에 대한 특례규정들은 중소기업 육성이라는 조세정책적 차원에서 제정된 것이므로 그 적용의 전제가 되는 중소기업 여부 판단은 그 형식보다는 실질에 의하여야 하므로, 기업이 종업원 수를 위 법령 소정의 중소기업 규모로 줄이기 위하여 관계 회사에 종업원을 대규모로 전출발령하고 같은 날 관계 회사와 인적 용역계약을 체결하여 전출발령한 종업원을 그대로 공급받아 위 기업의 사업장에서 계속 근무하도록 하였다면 같은 법 소정의 중소기업으로 보기 곤란(대법원 96두2330, 1997.5.7.)

214) 중소기업 판정기준인 "상시 사용하는 종업원수" 계산시 "연구개발전담부서의 연구전담요원 수"를 제외

간이 60시간 미만인 근로자는 제외한다] 수로 한다. 이 경우 종업원수는 해당 과세연도의 매월 말일 현재의 인원을 합하여 해당 월수로 나눈 인원을 기준으로 하여 계산하며, 단시간 근로자 중 1개월간의 소정근로시간이 60시간 이상인 근로자 1명은 0.5명[215]으로 하여 계산한다(조특칙 §2 ②).

(3) 자기자본 · 매출액 · 자산총액 · 자본금 기준

자기자본은 과세연도 종료일 현재 기업회계기준에 따라 작성한 대차대조표상의 자산에서 부채를 차감한 금액을 말한다. 그리고 매출액은 기업회계기준에 따라 작성한 손익계산서상의 매출액을 말하며, 다만 창업 · 분할 · 합병의 경우 그 등기일의 다음 날(창업의 경우에는 창업일)이 속하는 과세연도의 매출액을 연간 매출액으로 환산한 금액을 말한다. 또한 자산총액은 과세연도 종료일 현재 대차대조표상의 자산총액을 말하며, 자본금이라 함은 다음 각각의 금액을 말한다(조특령 §2 ④, 조특칙 §2 ③ 내지 ⑥).

① 주권상장법인[216]과 외부감사의 대상이 되는 기업[217]의 경우 : 대차대조표상의 자본금 + 자본잉여금
② 상기 ① 외의 기업인 경우 : Max〔대차대조표상의 자본금, 대차대조표상(자산 − 부채)〕

### 5-9-3. 독립성 기준

중소기업은 주업종기준 및 규모기준과 함께 소유경영독립 요건도 충족되어야 한다. 즉, 업종기준 및 규모기준이 중소기업의 범위에 해당하더라도 소유 및 경영의 실질적인 독립성이 없다면 중소기업으로 보지 아니한다(조특령 §2 ①). 구체적으로 살펴보면, 아래와 같이 실질적인 독립성이 「중소기업기본법 시행령」 제3조 제1항 제2호(소유와 경영의 실질적인 독립성이 다음의 어느 하나에 해당하지 아니하는 기업)에 적합하여야 한다.

① 상호출자제한기업집단에 속하는 회사[218]

② 자산총액이 5천억원 이상인 법인이 주식 등[219]의 100분의 30 이상을 직접적 또는 간

하여 중소기업의 연구개발(R&D)을 지원

215) 파트타임 근로자(1주 동안의 소정근로시간이 그 사업장의 통상근로자의 소정근로시간에 비하여 짧은 근로자)는 중소기업 범위 산정시 통상시간 근로자와 동일하게 "1인"으로 계산하여 파트타임 고용 저해요인으로 작용함에 따라 유연근무제 활성화 지원을 위해 파트타임 근로자(파트타임 근로자 중 월 60시간 이상인 근로자)를 중소기업 범위 산정시 "0.5인"으로 계산(2011.4.7.이 속하는 과세연도분부터 적용)
216) 「자본시장과 금융투자업에 관한 법률」 제9조 제15항 제3호
217) 「주식회사의 외부감사에 관한 법률」 제2조
218) 「독점규제 및 공정거래에 관한 법률」 제14조 제1항

접적으로 소유한 경우(「자본시장과 금융투자업에 관한 법률」에 따른 집합투자기구를 통하여 간접소유한 경우는 제외)로서 최다출자자인 기업. 이 경우 최다출자자는 해당 기업의 주식 등을 소유한 법인 또는 개인으로서 단독으로 또는 다음의 어느 하나에 해당하는 자와 합산하여 해당 기업의 주식 등을 가장 많이 소유한 자를 말하며, 주식 등의 간접소유 비율에 관하여는 「국제조세조정에 관한 법률 시행령」 제2조 제2항을 준용한다(조특령 §2 ④, 조특칙 §2 ⑦).

㉮ 주식 등을 소유한 자가 법인인 경우 : 그 법인의 임원

㉯ 주식 등을 소유한 자가 ㉮에 해당하지 아니하는 개인인 경우 : 그 개인의 친족

③ 관계기업[220]에 속하는 기업의 경우에는 중기령 별표 2에 따라 산정한 지배기업과 종속기업의 상시 근로자수, 자본금, 매출액, 자기자본 또는 자산총액이 졸업기준[221]의 어느 하나에 해당하는 기업

## 5-10. 감면대상 자산

중소기업을 영위하는 내국인이 2015년 12월 31일까지 사업용자산, 판매시점 정보관리시스템설비 및 정보보호시스템설비를 새로이 취득하여 투자(중고품 및 금융리스[222)223)]가 아닌 리스에 의한 투자 제외)하는 경우에 중소기업투자세액공제를 적용한다. 이 경우 2개 이상의 사업에 공동으로 사용되는 사업용자산, 판매시점 정보관리시스템설비 및 정보보호시스템설비는 주로 사용하는 사업의 자산으로 보게 되며(조특령 §4 ①), 주로 사용하는 사업은 자산의 사용시간 또는 사용정도를 비교하여 그 사용비율이 큰 사업을 말한다(조특칙 §4).

219) '주식 등'이란 발행주식 총수 또는 출자총액으로서 종전에는 상법상 주식회사에만 적용되었으나, 2012년부터는 상법상 모든 회사(유한회사, 합자회사 등)에 적용된다. → 중소기업기본법 시행령 부칙(대통령령 제23412호, 2011.12.28. 개정된 것) 제3조(중소기업의 범위에 관한 경과조치) 이 영 시행 당시 종전의 규정에 따라 중소기업에 해당하는 기업이 이 영 시행으로 중소기업에 해당하지 아니하게 되는 경우에는 2012.12. 31.까지는 중소기업으로 본다.

220) 「주식회사의 외부감사에 관한 법률」 제2조에 따라 외부감사의 대상이 되는 기업이 중기령 제3조의 2에 따라 다른 국내기업을 지배함으로써 지배 또는 종속의 관계에 있는 기업의 집단을 말한다.

221) 상시 근로자수가 1천명 이상인 기업, 자산총액이 5천억원 이상인 기업, 자기자본이 1천억원 이상인 기업, 매출액이 1천억원 이상인 기업

222) 조특칙 제3조의 2 【금융리스의 범위】 "금융리스"란 다음의 어느 하나에 해당하는 경우의 자산 대여를 말한다. ① ~ ⑤ (생 략)

223) 법 제5조 제1항 각 호 외의 부분, 제11조 제1항, 제24조 제1항 각 호 외의 부분, 제25조 제1항 각 호 외의 부분 전단, 제25조의 2 제1항, 제25조의 3 제1항 전단, 제25조의 4 제1항 전단, 제26조 제1항 본문에서 같다.

### 5-10-1. 사업용자산

사업용자산은 제조업 등 당해 사업에 주로 사용하는 사업용유형자산 중 다음의 자산을 말하며, 이 중 운휴 중에 있는 것은 제외한다(조특령 §4 ②, 조특칙 §3 ① 및 ②).

① 해당 사업에 주로 사용하는 사업용 유형자산(토지와 조특칙 별표 1의 건축물 등 사업용 유형자산은 제외한다)
② 운수업을 주된 사업으로 하는 중소기업(영 제2조 제1항에 따른 중소기업을 말한다)이 해당 사업에 주로 사용하는 차량 및 운반구(「개별소비세법」 제1조 제2항 제3호에 따른 자동차[224]로서 자가용인 것을 제외한다)와 선박
③ 어업을 주된 사업으로 하는 중소기업이 해당 사업에 주로 사용하는 선박(사업용 선박)

〈표 5〉 **건축물 등 사업용 유형자산**(제3조 제1항 관련, 별표 1)

| 구분 | 구조 또는 자산명 |
|---|---|
| 1 | 차량 및 운반구, 공구, 기구 및 비품 |
| 2 | 선박 및 항공기 |
| 3 | 연와조, 블록조, 콘크리트조, 토조, 토벽조, 목조, 목골모르타르조, 기타 조의 모든 건물(부속설비를 포함한다)과 구축물 |
| 4 | 철골·철근콘크리트조, 철근콘크리트조, 석조, 연와석조, 철골조의 모든 건물(부속설비를 포함한다)과 구축물 |

1. 제1호를 적용할 때 취득가액이 거래단위(취득한 자가 그 취득한 자산을 독립적으로 사업에 직접 사용할 수 있는 것)별로 20만원 이상으로서 그 고유업무의 성질상 대량으로 보유하고 그 자산으로부터 직접 수익을 얻는 비품은 제1호의 비품에 포함하지 아니한다.[225]
2. 제3호 및 제4호를 적용할 때 부속설비에는 해당 건물과 관련된 전기설비, 급배수·위생설비, 가스설비, 냉방·난방·통풍 및 보일러설비, 승강기설비 등 모든 부속설비를 포함하고, 구축물에는 하수도, 굴뚝, 경륜장, 포장도로, 교량, 도크, 방벽, 철탑, 터널 그 밖에 토지에 정착한 모든 토목설비나 공작물을 포함한다.

---

224) 다음 각 목의 자동차
가. 배기량이 2천씨씨를 초과하는 승용자동차와 캠핑용자동차
나. 배기량이 2천씨씨 이하인 승용자동차(배기량이 1천씨씨 이하인 것으로서 대통령령으로 정하는 규격의 것은 제외한다)와 이륜자동차
다. 전기승용자동차(「자동차관리법」 제3조 제2항에 따른 세부기준을 고려하여 대통령령으로 정하는 규격의 것은 제외한다)

225) 비품이라 하더라도 기업의 고유업무 목적상 대량 보유자산으로서 그 자산으로부터 수익을 얻는 경우 투자세액공제 대상 자산임을 명확히 하여 납세편의 제공(2009.4.7.이 속하는 과세연도분부터 적용)

5-10-2. 판매시점 정보관리시스템설비(POS)

「유통산업발전법」에 의한 판매시점 정보관리시스템설비를 말한다. 판매시점 정보관리시스템이란 「유통산업발전법」 제2조 제11호에 따른 "판매시점 정보관리시스템"이라 함은 상품을 판매할 때 활용하는 시스템으로서 광학적 자동판독방식에 의하여 상품의 판매·매입 또는 배송 등에 관한 정보가 수록된 것을 말한다.

5-10-3. 정보보호시스템설비

「국가정보화기본법」 제3조 제6호의 규정에 의한 정보보호시스템에 사용되는 설비로서 감가상각기간이 2년 이상인 설비를 말한다.

〈표 6〉 **정보보호시스템의 분류**

| 분 류 | | 정의 및 기능 |
|---|---|---|
| 정보보호 제품(S/W 또는 H/W) | 바이러스백신 (Anti-Virus) | 컴퓨터바이러스 등 시스템 유해요소 진입차단 및 손상된 시스템 복구용 제품 |
| | 침입차단시스템 (Firewall) | 외부망에서 해커 등 비인가자가 내부망으로 침입하는 것을 차단시키는 소프트웨어 또는 하드웨어. 방화벽이라고도 함. |
| | 가상사설망 (VPN) | 공공망에서 지점 간 안전한 터널링을 설정하여 전용회선을 사용하는 것처럼 실질적인 사설망 기능을 제공해 주는 제품 |
| | 공개키기반구조 (PKI) | 공개키 암호기술을 이용한 인증 프레임워크로 인터넷과 같은 개방형 환경에서 인증기관이 발행하는 인증서를 통해 전자문서의 무결성, 기밀성, 부인방지 등을 보장해 주는 제품 |
| | 인증 (Authentication) | 패스워드 및 전자서명인증서와 같은 소프트웨어나 지문 및 생체인식과 같은 하드웨어 등을 통해 사용자신원을 확인하기 위한 제품. 동일한 인증기술 유형인 PKI와는 독립된 제품으로 간주함. |
| | 데이터보안 (Encryption) | 저장한 파일내용을 암호화하여 적정한 해독키 없이는 복호화하여 사용할 수 없도록 보안기능을 지닌 제품. 전자우편 보안, 웹 보안, 인터넷 보안 등 암호화제품 |
| | 침입탐지시스템 (IDS) | 실시간으로 네트워크 또는 컴퓨터시스템에서 내·외부사용자에 의한 불법행위를 탐지하는 소프트웨어 |
| | 보안IC카드 | IC카드에 암호알고리즘을 이식, 접근제어나 사용자신원확인 기능을 수행하는 제품. 스마트카드 등 |
| | 보안관리 (Security Management) | 패킷 모니터링, 취약점 점검 등을 통해 정보시스템의 보안취약점을 분석해주는 제품. 위험분석 도구, 취약점분석 도구, 패킷분석기, 스캐너 등. 사용자나 관리자가 보안관리를 쉽게 할 수 있도록 돕는 제품 |

| 분 류 | | 정의 및 기능 |
|---|---|---|
| 정보보호 서비스 | 정보보호컨설팅 | 정보보호시스템 구축 및 운영, 정보보호 정책 수립 등 정보보호 전반에 걸쳐 자문상담 및 기술을 지원하는 서비스 |
| | 인증서비스 | 사용자신원확인 및 전자문서의 안전·신뢰성을 보장하기 위한 인증기관의 인증서발급 및 검증수단을 제공하는 서비스 |
| | 정보보호통합서비스 (SI) | 기타 여러 가지 정보보호제품을 통합하여 정보보호 솔루션을 제공하는 서비스, 보안관제서비스, 사이버아파트 보안관리서비스 등 |

## 5-11. 공제율

중소기업이 사업용자산, 판매시점 정보관리시스템설비 및 정보보호시스템설비를 새로이 취득하기 위하여 투자한 금액이 있는 경우에는 당해 투자금액의 1,000분의 3에 상당하는 금액을 그 투자가 완료한 날이 속하는 과세연도 또는 당해 투자가 이루어지는 각 과세연도의 종합소득분 개인지방소득세[사업소득(「소득세법」 제45조 제2항에 따른 부동산임대업에서 발생하는 소득은 포함하지 아니한다. 조특법 제126조의 2 및 제132조를 제외하고 이하에서 같다)에 대한 소득세만 해당한다]에서 다음에 상당하는 세액을 공제한다(지특법 §99 ①).

$$\text{투자세액공제액} = \frac{\text{사업용자산, 판매시점 정보관리시스템설비 및}}{\text{정보보호시스템설비 투자금액}} \times 3/1,000$$

## 5-12. 투자금액의 계산(세액공제의 방법)

### 5-12-1. 투자금액

세액공제의 대상이 되는 투자금액은 다음과 같다(지특령 §53 ③, 조특령 §4 ③).

Max(①, ②) − (③+④)

① 총투자금액에 작업진행률(법인령 §69 ②)에 의하여 계산한 금액
② 당해 과세연도까지 실제로 지출한 금액
③ 당해 과세연도 이전에 투자세액공제를 받은 투자금액
④ 투자세액공제제도를 적용받기 전에 투자한 분에 대하여 작업진행률에 의하여 계산한 금액

이 경우 '지출한 금액'이라 함은 당해 과세연도 중 실제로 지출된 현금지급분만을 말하는 것으로 어음지급분으로서 당해 과세연도 중에 결제된 것은 포함되는 것이나 선급금은 제외된다. 투자금액에는 건설자금이자를 포함[226]한다. 조특법에 의한 투자세액공제는 시설에 투자한 내국인이 당해 시설의 사용자인 경우에 한하여 적용하지만, 조특법 제25조 제1항 제4호에 해당하는 경우와 자기가 제품을 직접 제조하지 아니하고 투자세액공제 적용시설을 수탁가공업체의 사업장에 설치하고 그 시설에 대한 유지·관리비용을 부담하면서 생산한 제품을 전량 인수하여 자기 책임 하에 직접 판매하는 경우에는 당해 시설을 설치한 자가 사용한 것으로 본다.

#### 5-12-2. 투자금액에 포함되지 않는 금액

본조를 포함하여 조특법에 의한 투자세액공제 적용대상이 되는 투자에는 다음의 금액을 포함하지 아니한다.

① 기존 설비에 대한 보수

② 기존 설비에 대한 자본적지출. 다만, 증설은 제외한다. 여기서 증설은 기존 설비를 생산능력이 큰 설비로 개체하거나 생산능력이 현저히 증가되도록 기존 설비를 확장하는 것을 포함하고 원상의 회복을 위한 부품의 개체는 제외한다.

#### 5-12-3. 공제시기

중소기업투자세액공제는 기본적으로 투자를 완료한 날이 속하는 사업연도에 일괄공제하는 것이나, 투자(제작·건설 등)기간이 2개 이상의 과세연도에 걸친다면 당해 투자가 이루어지고 각 과세연도마다 당해 과세연도에 투자한 금액에 대하여 세액공제를 받을 수 있다(조특법 §5 ②). 이때 투자를 완료한 날이란 목적에 실제로 사용한 날을 말한다(조기통 5-0…2).

### 5-13. 절 차

중소기업투자세액공제를 적용받고자 하는 내국인은 해당 과세기간의 종합소득분 개인지방소득세 과세표준 확정신고(지법 §95 ①, 소법 §70)를 할 때 투자세액공제신청서를 함께 거주지 지방자치단체의 장에게 제출하여야 한다(지특령 §53 ④, 조특령 §4 ④). 그러나 이러한 신청서의 제출사실이 조세특례규정의 필수 요건은 아니므로 이러한 투자세액 공제신청을 소정기한 내에 제출하지 않더라도 수정신고기한 또는 추후에 보완하여 제출하면 된다.

226) 조특법 제5조, 제11조, 제24조 내지 제26조, 제62조, 제94조에서 같다.

## 5-14. 지방세특례제한 등

### 5-14-1. 개 요

지특법은 사회·경제적인 정책목적을 달성하기 위하여 광범위한 지방세감면제도를 두고 있다. 그런데 특정 납세자군이 여러 가지 지방세감면을 과다하게 받게 될 경우 그 감면으로 인한 조세부담은 다른 납세자군에게 전가되는 결과가 되며, 정도가 심할 경우 조세평등주의 및 조세의 중립성을 훼손하게 된다. 이런 사유로 현행 지특법에서는 조세감면에 관한 사항 외에도 과다한 조세감면을 제한할 수 있는 여러 법적 장치들을 마련하고 있다. 또한 조세감면 제한 이외에도 검토하여야 할 사항이 있는 바, 그 주된 사항은 아래의 표와 같다. 이하에서는 중소기업투자세액공제와 관련된 사항에 대하여 알아본다.

| | | |
|---|---|---|
| ① 중복지원 배제 | ② 최저한세 적용 | ③ 이월공제 여부 |
| ④ 추계과세시 적용 여부 | ⑤ 수도권 규제 적용 여부 | |
| ⑥ 감면세액 추징 및 이자상당액 납부 여부 | | |
| ⑦ 농어촌특별세 납부 의무 | | |

## 5-15. 중복지원 배제

### 5-15-1. 다른 투자세액공제제도와의 중복금지

동일한 사업용자산에 대하여 본조에서 규정하는 지방세특례 외에 제168조 제2항에서 규정하는 다른 투자세액공제 등이 동시에 적용되는 경우에는 그 중 하나만을 선택하여 적용받을 수 있다. 이에 대한 자세한 내용은 제168조에서 설명하기로 한다.

### 5-15-2. 외국인투자에 대한 감면 적용시 조세지원 제한

외국인투자에 대한 법인세 등의 감면규정에 의하여 지방소득세를 감면받는 내국인에 있어서는 본조에 따른 투자세액공제액 계산시 내국인투자비율에 상당하는 금액 범위 내에서만 공제한다. 이에 대한 자세한 설명은 제168조의 해설을 참조하기로 한다.

### 5-15-3. 감면제도와의 중복금지

내국인이 동일한 과세연도에 제168조 제4항의 규정에 의하여 지방소득세를 감면받는 경우와 본조의 투자세액공제를 동시에 적용받을 수 있는 경우에는 그 중 하나만을 선택하여 이를 적용한다. 이에 대한 자세한 설명은 제168조의 해설을 참조하기로 한다.

### 5-16. 최저한세의 적용

본조의 규정에 의한 투자세액공제를 포함한 조세특례에 관하여는 제172조의 최저한세 규정을 적용받아 그 특례범위가 제한된다. 최저한세에 대한 자세한 설명은 제172조에서 하기로 한다.

### 5-17. 세액공제의 이월공제

본조의 규정에 의한 투자세액공제가 당해 과세연도에 납부할 세액이 없거나 제172조의 최저한세 규정의 적용을 받아 당해 연도에 공제받지 못한 금액이 있다면 이는 당해 과세연도의 다음 과세연도의 개시일로부터 5년(2004.1.1. 당시 종전의 법 제174조 제1항의 규정에 의한 이월세액공제액은 4년) 이내에 종료하는 각 과세연도까지 이월하여 공제받을 수 있다. 이월공제에 대한 자세한 설명은 제174조에서 하기로 한다.

### 5-18. 추계과세시 적용 배제

소득세법 또는 법인세법의 규정에 따라 각 과세연도의 소득에 대하여 추계과세하는 경우에는 본조에서 규정하는 투자세액공제의 적용이 배제된다. 다만, 거주자가 투자증빙서류를 제출하는 경우 추계과세시에도 중소기업투자세액공제가 가능하다(지특법 §169 ①). 이에 대한 자세한 설명은 제169조에서 하기로 한다.

### 5-19. 수도권과밀억제권역의 투자에 대한 조세감면 배제

아래에 해당하는 자가 수도권과밀억제권역에 소재하는 사업장에서 사용하기 위하여 취득하는 사업용고정자산으로서 증설투자에 해당하는 것에 대하여는 일정한 조세감면제도의 적용이 배제되는바, 중소기업투자세액공제의 경우 사업용자산과 판매시점 정보관리시스템설비는 본 규정에 따라 적용이 배제되나, 정보보호시스템설비는 적용이 가능하다. 이에 대한 자세한 설명은 제171조에서 하기로 한다.

① 1989년 12월 31일 이전부터 수도권과밀억제권역에서 계속하여 사업을 영위하고 있는 내국인
② 1990년 1월 1일 이후 수도권과밀억제권역에서 새로이 사업장을 설치하여 사업을 개시하거나 종전의 사업장(1989.12.31. 이전에 설치한 사업장 포함)을 이전하여 설치하는 중소기업

### 5-20. 감면세액의 납부

중소기업투자세액공제를 적용받은 내국인이 투자완료일부터 2년이 경과되기 전에 당해 자산을 처분한 경우(임대하는 경우 등을 포함)에는 처분한 날이 속하는 과세연도의 과세표준신고시에 당해 자산에 대한 세액공제액 상당액에 대통령령이 정하는 바에 따라 계산한 이자상당가산액을 가산하여 지방소득세로 납부하여야 하며, 당해 세액은 소득세법 제76조 또는 법인세법 제64조의 규정에 의하여 납부하여야 할 세액으로 본다. 이에 대한 자세한 설명은 제175조에서 하기로 한다.

### 5-21. 농어촌특별세의 납부

원칙적으로 지특법에 따라 감면받는 지방소득세에 대하여는 농어촌특별세가 과세하도록 규정(농특세법 §3)되어 있으므로 중소기업투자세액공제의 경우 공제받은 세액의 20%를 농어촌특별세로 납부하여야 한다(농특세법 §5 ①).

## 6 관련사례

▣ 중소기업 업종기준

- 법인이 직접 건설 활동을 수행하지 아니하고 다른 건설업체에 의뢰하여 주거용 건축물을 건설하고 이를 분양판매하는 것은 부동산공급업에 해당함(서면2팀-836, 2007.5.3.).
- 법인이 자기가 제품을 직접 제조하지 아니하고 국외에 소재하는 제조업체에 의뢰하여 제품을 제조하는 경우 제조업의 범위에 포함되지 아니함(서면2팀-1020, 2005.7.6.).
- 조세특례제한법상 업종의 분류는 특별한 규정이 있는 경우를 제외하고는 '한국표준분류'에 의하며, 한국표준산업분류상 '출판업'은 제조업에 해당함(서이 46012-12274, 2002.12.18.).
- 둘 이상의 사업을 겸영하는 경우 전체 종업원수가 주된 사업의 종업원수 기준 이하인 경우는 중소기업으로 봄(법인 46012-2159, 1998.8.1.).
- 중소기업 해당 사업을 2개 이상 겸영하는 경우 상시 사용하는 종업원수는 당해 기업 전체 종업원수를 기준으로 판단함(법인 46012-1056, 1998.4.28.).
- 「관광진흥법」에 따른 관광사업(카지노, 관광유흥음식점업 및 외국인전용 유흥음식점업은 제외한다)에 포함되는 펜션업은 중소기업 업종에 해당하는 것임(법인-924, 2009.8.27.).

▣ 중소기업 규모기준

- 「조세특례제한법 시행령」(2017. 2. 7. 대통령령 제27848호로 개정된 것) 제2조 제1항 제4호(이하 "업종기준"이라고 함)는 2017. 1. 1. 이후 개시하는 과세연도부터 적용하는 것이고, 내국법인이 2017. 1. 1. 이후 과세연도에 업종기준을 충족하는 경우라도 같은 법 시행령 제2조 제1항을 모두 충족하는 경우에 한하여 중소기업에 해당하는 것임(기획재정부 조세특례제도과-358, 2019.5.7.).
- 파견근로자는 당해 파견근로자를 고용(파견)한 파견사업주의 상시 근로자에 해당하며, 사용사업주의 상시 근로자에 해당하지 않음(재조예 46019-43, 2003.2.4.).
- 자본금이란 과세연도 종료일 현재 기업회계기준에 따라 작성한 대차대조표상의 자본금(자본잉여금)을 말하며, 자본조정을 차감하지 않음(서면2팀-2208, 2004.11.1.).
- 중소기업기본법 시행령 [별표 2]에서 '거래소 또는 코스닥 상장법인으로서 자산총액이 5천억원 이상인 법인이 발행주식 총수의 100분의 30 이상을 소유'하는지 여부는 거래소 또는 상장법인이 직접 출자한 가액을 기준으로 판단하는 것임(서면2팀-728, 2005.5.26.).
- 주된 사업 판정기준인 사업별 '사업수익금액'은 기업회계기준에 따라 작성한 손익계산서상의 매출액을 의미하는 것임(서면2팀-108, 2005.1.14.).
- 해당 기업이 2 이상의 서로 다른 사업을 영위하는 경우 당해 법인 또는 거주자가 영위하는 사업 전체의 종업원수·자본금 또는 매출액을 기준으로 하여 판정하는 것이며, 1주당 증여세 과세가액 산정은 「상속세 및 증여세법 시행령」 제15조 제5항 제2호의 산식을 준용하여 계산함(서면법규-634, 2013.5.31.).

▣ 중소기업 독립성기준

- 자산총액이 5천억원 이상인 비영리법인이 기업의 주식을 100분의 30 이상 직접적 또는 간접적으로 소유하는 경우 해당 기업은 「조세특례제한법 시행령」 제2조 제1항 제3호 및 「중소기업기본법 시행령」(2009. 3. 25. 대통령령 제21368호로 개정된 것) 제3조 제2호 나목에 따른 중소기업 요건 중 실질적인 독립성 기준에 위배되지 않는 것임(기획재정부 조세특례제도과-674, 2018.9.5.).
- 중소기업 소유-독립성기준 개정으로 중소기업 범위에서 제외시 2008.12.27.까지는 중소기업으로 보는 것임(서면2팀-839, 2008.5.2.).
- 사업연도가 2008.1.1.~2008.12.31.인 법인의 경우 개정된 중소기업기본법 시행령 부칙 제2조의 규정에 의한 중소기업 유예기간이 적용되지 아니함(서면2팀-706, 2008.4.16.).
- 「중소기업기본법 시행령」(2005.12.27. 대통령령 제19189호로 개정된 것을 말하며, 이하 "개정령"이라 함) 시행일 현재 자산총액 5천억원 이상인 비상장법인이 발행주식 총수의 30% 이상을 소유하고 있었던 기업은 개정령 시행일부터 2008년 12월 31일까지 조특법령 제2조 제1항의 중소기업에 해당하는 것(기획재정부 조세특례제도과-325, 2009.3.31.)으로, 귀 질의의 경우 유예기간을 적용하지 아니하는 것임(법인-1196, 2010.12.30.)
- 「조세특례제한법 시행령」 제2조 제3호의 실질적인 독립성 기준을 판단함에 있어 「중소기업기본법 시행령」 제3조 제1호 '나'목에서 규정하는 법인에는 외국법인을 포함하는 것이며, 이 경우 외국법인의 자산총액은 '외국법인의 직전 사업연도 말일 현재의 대차대조표상의 자산총액을 원화로 환산한 금액'으로 판단하는 것임(법인-1172, 2009.10.20.).

• 중소기업 독립성 기준을 충족하지 못하여 중소기업 적용이 배제되는 경우 해당 사업연도와 그 다음 3개 사업연도까지 중소기업으로 보는 것임(재조특-972, 2011.10.26.).

▣ 중소기업 유예기준

• 「조세특례제한법」 제7조에 따른 중소기업에 대한 특별세액감면을 적용함에 있어 같은 법 시행령 제6조 제5항에 따른 소기업이 매출액 100억원 이상이 된 경우에는 같은 령 제2조 제2항에 따른 유예기간을 적용하지 않는 것임(서면법규-217, 2013.2.27.).
• 업종변경에 의한 해당 사업의 폐지는 투자준비금의 일시환입사유가 되나, 중소기업 유예기간의 경과는 사유가 되지 않으며, 중소기업 해당 여부는 비용의 사용일이 속하는 사업연도 종료일을 기준으로 판단함(서면2팀-1893, 2004.9.10.).
• 중소기업 유예기간 중에 있는 기업이 다른 중소기업과 합병하는 경우에는 합병일이 속하는 과세연도부터 중소기업으로 보지 아니하는 것임(서면2팀-352, 2008.2.27.).
• 중소기업 유예기간 중에 있던 기업의 인적분할로 설립된 분할신설법인이 분할등기일의 다음 달이 속하는 최초 사업연도에 중소기업기준을 초과하는 경우 최초 사업연도에 중소기업으로 보지 아니함(서면2팀-187, 2008.1.29.).
• 중소기업에 해당하는 기업이 중소기업에 해당하지 아니하게 되는 경우에는 그 시행일부터 3년간 그 기업을 중소기업으로 보는 것임(서면법규-634, 2013.5.31.).
• 중소기업 유예기간을 적용받던 내국법인이 물적분할한 경우로서, 2012사업연도에 분할법인과 분할신설법인이 관계기업기준을 적용함에 따라 '실질적인 독립성' 요건을 갖추지 못하게 된 경우 해당 분할법인과 분할신설법인은 그 사유가 발생한 사업연도부터 유예기간을 적용받을 수 없는 것임(서면법규-286, 2013.3.14.).
• 2012.1.1. 이후 관계기업기준을 적용함에 따라 중소기업에서 제외되는 경우에는 중소기업기본법 시행령의 개정으로 중소기업에서 제외된 것이 아니며, 실질적 독립성 위반에 해당하기에 유예기간을 적용하지 아니함(법규법인 2012-437, 2013.3.7.).
• 중소기업이 유예기간 중의 기업을 흡수합병하여 중소기업에 해당하지 아니하게 된 경우와 달리 유예기간 중의 기업이 중소기업을 흡수합병한 경우는 유예기간 제외규정이 적용되지 아니하므로 여전히 유예기간이 적용되는 것임(수원지법 2011구합15740, 2012.12.28.).
• 청구외법인은 비상장법인으로 청구법인은 종전규정에 의하여 중소기업에 해당한 자가 개정으로 인하여 중소기업에 해당하지 아니하게 된 경우에 해당하지 않아 중소기업유예규정 적용 안됨(심사법인 2011-21, 2011.11.30.).

▣ 중소기업 사업용 자산 범위

• 의료법에 의한 의료법인이 사업에 주로 사용하기 위해 의료기기를 취득하는 경우 '사업용자산'에 해당함(재조예-111, 2005.2.5.).
• 제품창고에 설치한 천정크레인을 감면사업에 주로 사용하는 경우 사업용자산에 해당하여 임시투자세액공제를 적용받을 수 있음(서이 46012-12035, 2003.11.27.).
• 물류산업 영위 법인의 양곡보관용 철탱크가 '건축물 등의 감가상각 내용연수(법인세법 시행규칙 [별표 5])'를 적용받는 자산인 경우에는 임시투자세액 등 공제대상인 '사업용자산'에 해당하지 않음(서이 46012-11333, 2003.7.15.).

- 화학제품제조업 법인의 지하배관 및 제품저장탱크가 '건축물 등의 감가상각 내용연수(법인세법 시행규칙 [별표 5])'를 적용받는 자산인 경우에는 임시투자세액 등 공제대상인 '사업용자산'에 해당하지 않음(서이 46012-11312, 2003.7.11.).

▣ 중소기업 투자세액 공제 범위

- 당해 과세연도에 투자를 위해 실제 지출한 금액과 작업진행률에 의해 계산한 금액 중 많은 금액을 투자금액으로 하여 중소기업투자세액공제를 적용함(서면2팀-2090, 2004.10.13.).
- 중고품에 해당하는 기계장치를 국외에서 수입해 설치하는 방법으로 투자하는 경우에는 중소기업투자세액공제대상에서 제외됨(서이 46012-10795, 2002.4.16.).
- 현재가치할인차금·연지급수입시의 지급이자·특수관계자로부터 취득한 자산의 시가초과액은 '투자금액'에 포함하지 않음(법인 46012-235, 2003.4.14.).
- 법인이 투자세액공제대상 시설을 취득하여 이를 타인에게 임대하는 경우에는 본조의 투자세액공제를 적용받을 수 없음(서이 46012-12149, 2002.12.2.).
- 목적에 실제로 사용한 날이란 당해 사업용자산의 설치를 전부 완료하여 판매가능한 정상제품의 제조를 개시한 날을 의미(법인 1264.21-4423, 1983.12.27.)
- 당해 과세연도에 실제로 지출한 금액에는 어음발행분으로 투자금액계산기간 종료일 현재 지급기일 미도래분은 포함 안 됨(법인 46012-195, 2001.1.26.).

# 제100조

## 창업중소기업 등에 대한 세액감면

관련규정

제100조(창업중소기업 등에 대한 세액감면) ① 2018년 12월 31일 이전에 수도권과밀억제권역 외의 지역에서 창업한 중소기업(이하 "창업중소기업"이라 한다)과 「중소기업창업 지원법」 제6조 제1항에 따라 창업보육센터사업자로 지정받은 내국인에 대해서는 해당 사업에서 최초로 소득이 발생한 과세연도(사업 개시일부터 5년이 되는 날이 속하는 과세연도까지 해당 사업에서 소득이 발생하지 아니하는 경우에는 5년이 되는 날이 속하는 과세연도)와 그 다음 과세연도의 개시일부터 4년 이내에 끝나는 과세연도까지 해당 사업에서 발생한 소득에 대한 개인지방소득세의 100분의 50에 상당하는 세액을 경감한다.

② 「벤처기업육성에 관한 특별조치법」 제2조 제1항에 따른 벤처기업(이하 "벤처기업"이라 한다) 중 대통령령으로 정하는 기업으로서 창업 후 3년 이내에 같은 법 제25조에 따라 2018년 12월 31일까지 벤처기업으로 확인받은 기업(이하 "창업벤처중소기업"이라 한다)의 경우에는 그 확인받은 날 이후 최초로 소득이 발생한 과세연도(벤처기업으로 확인받은 날부터 5년이 되는 날이 속하는 과세연도까지 해당 사업에서 소득이 발생하지 아니하는 경우에는 5년이 되는 날이 속하는 과세연도)와 그 다음 과세연도의 개시일부터 4년 이내에 끝나는 과세연도까지 해당 사업에서 발생한 소득에 대한 개인지방소득세의 100분의 50에 상당하는 세액을 경감한다. 다만, 제1항을 적용받는 경우는 제외하며, 감면기간 중 다음 각 호의 사유가 있는 경우에는 다음 각 호의 구분에 따른 날이 속하는 과세연도부터 감면을 적용하지 아니한다.

1. 벤처기업의 확인이 취소된 경우 : 취소일
2. 「벤처기업육성에 관한 특별조치법」 제25조 제2항에 따른 벤처기업확인서의 유효기간이 만료된 경우(해당 과세연도 종료일 현재 벤처기업으로 재확인받은 경우는 제외한다) : 유효기간 만료일

③ 창업중소기업과 창업벤처중소기업의 범위는 「조세특례제한법」 제6조 제3항 각 호의 업종을 경영하는 중소기업으로 한다.

④ 창업일이 속하는 과세연도와 그 다음 3개 과세연도가 지나지 아니한 중소기업으로서 2015년 12월 31일까지 대통령령으로 정하는 에너지신기술중소기업(이하 "에너지신기술중소기업"이라 한다)에 해당하는 경우에는 그 해당하는 날 이후 최초로 해당 사업에서 소득이 발생한 과세연도(에너지신기술중소기업에 해당하는 날부터 5년이 되는 날이 속하는 과세연도까지 해당 사업에서 소득이 발생하지 아니하는 경우에는 5년이 되는 날이 속하는 과세연도)와 그 다음 과세연도의 개시일부터 4년 이내에 끝나는 과세연도까지 해당 사업에서 발생한 소득에 대한 개인지방소득세의 100분의 50에 상당하는 세액을 감면한다. 다만, 제1항 및 제2항을 적용받는 경우는 제외하며, 감면기간 중 에너지신기술중소기업에 해당하지 않게 되는 경우에는 그 날이 속하는 과세연도부터 감면하지 아니한다.
⑤ 제4항을 적용할 때 해당 사업에서 발생한 소득의 계산은 대통령령으로 정한다.
⑥ 제1항부터 제5항까지의 규정을 적용할 때 다음 각 호의 어느 하나에 해당하는 경우는 창업으로 보지 아니한다. 다만, 「조세특례제한법」 제99조의 6 제1항에 따른 재기중소기업인이 2018년 12월 31일까지 이 조에 따른 창업, 지정 또는 확인을 받은 경우에는 제3호를 적용하지 아니한다.

1. 합병 · 분할 · 현물출자 또는 사업의 양수를 통하여 종전의 사업을 승계하거나 종전의 사업에 사용 되던 자산을 인수 또는 매입하여 같은 종류의 사업을 하는 경우. 다만, 종전의 사업에 사용되던 자산을 인수하거나 매입하여 같은 종류의 사업을 하는 경우 그 자산가액의 합계가 사업 개시 당시 토지 · 건물 및 기계장치 등 대통령령으로 정하는 사업용자산의 총가액에서 차지하는 비율이 100분의 50 미만으로서 대통령령으로 정하는 비율 이하인 경우는 제외한다.
2. 거주자가 하던 사업을 법인으로 전환하여 새로운 법인을 설립하는 경우
3. 폐업 후 사업을 다시 개시하여 폐업 전의 사업과 같은 종류의 사업을 하는 경우
4. 사업을 확장하거나 다른 업종을 추가하는 경우 등 새로운 사업을 최초로 개시하는 것으로 보기 곤란한 경우

⑦ 제1항, 제2항 및 제4항에 따라 감면을 적용받은 기업이 「중소기업기본법」에 따른 중소기업이 아닌 기업과 합병하는 등 대통령령으로 정하는 사유에 따라 중소기업에 해당하지 아니하게 된 경우에는 해당 사유 발생일이 속하는 과세연도부터 감면하지 아니한다.
⑧ 제1항, 제2항 및 제4항을 적용받으려는 내국인 및 제6항 단서를 적용받으려는 재기중소기업인은 대통령령으로 정하는 바에 따라 세액감면신청을 하여야 한다.

【영】 제54조(창업중소기업 등에 대한 세액감면) ① 법 제100조 제2항 각 호 외의 부분 본문에서 "대통령령으로 정하는 기업"이란 「조세특례제한법 시행령」 제5조 제4항 및 제5항에 따른 기업을 말한다.

② 〈삭 제〉 [16.12.30.]
③ 〈삭 제〉 [16.12.30.]
④ 〈삭 제〉 [16.12.30.]
⑤ 법 제100조 제4항 본문에서 "대통령령으로 정하는 에너지신기술중소기업"이란 「조세특례제한법 시행령」 제5조 제10항 각 호의 제품을 제조하는 중소기업을 말한다.
⑥ 법 제100조 제5항에 따른 해당 사업에서 발생한 소득의 계산은 「조세특례제한법 시행령」 제5조 제11항 및 제12항에 따른다.
⑦ 법 제100조 제6항 제1호 단서에서 "토지 · 건물 및 기계장치 등 대통령령으로 정하는 사업용자산"이란 토지와 「법인세법 시행령」 제24조에 따른 감가상각자산을 말한다.
⑧ 법 제100조 제6항 제1호 단서에서 "대통령령으로 정하는 비율"이란 100분의 30을 말한다.
⑨ 법 제100조 제6항을 적용할 때 같은 종류의 사업의 분류는 한국표준산업분류에 따른 세분류를 따른다.
⑩ 법 제100조 제1항 · 제2항 · 제4항 및 제7항에 따라 개인지방소득세를 감면받으려는 자는 과세표준신고와 함께 행정안전부령으로 정하는 세액감면신청서를 납세지 관할 지방자치단체의 장에게 제출하여야 한다. 다만, 「조세특례제한법 시행령」 제5조 제16항 및 제99조의 6 제11항에 따라 납세지 관할 세무서장에게 소득세 감면을 신청하는 경우에는 법 제100조에 따른 개인지방소득세에 대한 세액감면도 함께 신청한 것으로 본다.

## 1 개 요

중소기업의 설립을 촉진하고 성장 기반을 조성하여 중소기업의 건전한 발전을 통한 건실한 산업구조의 구축에 기여함을 목적으로 중소기업이 창업한 경우 최초로 소득이 발생한 과세연도와 그 다음 과세연도 개시일부터 4년까지 발생한 소득의 50%를 감면하고 있다. 창업중소기업에 대한 세액감면은 여러 중소기업에 대한 세제지원 중 핵심적인 제도이다. 본 규정 이하에서 기술하는 세액감면 제도도 상당부분 본 규정을 준용하고 있음을 참고하기 바란다.

최근에는 2017~2018년 조특법 개정으로 청년이 창업한 중소기업에 대한 세액 감면율을 상향 조정하고, 신성장 서비스업을 영위하는 기업에 대한 세액 감면 및 업종별 최소고용인원 이상을 고용하는 창업중소기업 등에 대한 추가 감면을 신설하는 등 세제지원을 대폭 확대하고 있다.

## 2 | 감면실무

### 2-1. 감면대상자

본 규정에 따른 감면적용 대상자는 창업중소기업, 창업보육센터 사업자로 지정받은 내국인, 창업벤처기업, 에너지신기술중소기업이 이에 해당된다.

#### 창업의 범위

본 규정은 '창업'과 '창업일'에 대한 명문상의 정의는 없다. 다만, 「중소기업창업지원법」에서는 창업을 '중소기업을 새로 설립하는 것'으로 정의(중소기업창업지원법 §2 1호)하고 있고, 「중소기업기본법」에서는 창업일을 개인인 기업의 경우에는 소득세법 및 부가가치세법상의 사업자등록을 한 날로 정의(중소기업기본법 시행령 §2 1호)하고 있으며, 지특법에서도 이를 준용하여 해석하고 있다.227) 다만, 창업으로 보지 않는 경우에 대하여는 지특법에 열거하여 규정하고 있는바, 다음에 해당하는 경우에는 창업으로 보지 아니한다(지특법 §100 ⑥, 지특령 §54 ⑦·⑧). 이 경우 동종의 사업의 분류는 한국표준산업분류에 따른 세분류228)를 따른다(지특령 §54 ⑨).

① 합병·분할·현물출자 또는 사업의 양수를 통하여 종전의 사업을 승계하거나 종전의 사업에 사용되던 자산을 인수 또는 매입하여 같은 종류의 사업을 하는 경우. 다만, 종전의 사업에 사용되던 자산을 인수하거나 매입하여 같은 종류의 사업을 하는 경우 그 자산가액의 합계가 사업 개시 당시 토지와 법인세법 시행령 제24조의 규정229)에 의한 감가상각자산의 총가액에서 차지하는 비율이 30% 이하인 경우에는 제외)
② 거주자가 하던 사업을 법인으로 전환230)하여 새로운 법인을 설립하는 경우
③ 폐업 후 사업을 다시 개시하여 폐업 전의 사업과 같은 종류의 사업을 하는 경우231)
④ 사업을 확장하거나 다른 업종을 추가하는 경우 등 새로운 사업을 최초로 개시하는 것으로 보기 곤란한 경우232)233)

227) "창업이란 실질적으로 중소기업을 새로 설립하여 사업을 개시하는 것", "실제로 제조활동을 시작한 시점이 창업일 내지 사업개시일"(대법원 2008.10.23. 선고, 2008두14142, 대전고법 2008.7.17. 2008누882 판결)
228) 납세편의 제고를 위해 동종사업 판정은 한국표준분류표는 5단계(대분류 〉 중분류 〉 소분류 〉 세분류 〉 세세분류)로 구분 * (예시) 제조업 〉 식료품제조업 〉 기타식품제조업 〉 떡, 빵. 과자류제조업 〉 떡제조업
229) 법인세법 시행령 제24조에서 규정하는 자산 : 유·무형고정자산(단, 건설 중인 자산과 사업에 사용하지 않는 자산은 제외)
230) 청구법인은 형식적으로 새로운 법인을 설립하였다 하더라도, 개인사업자와 대표자, 소재지 및 목적사업 등이 동일한 점 등을 볼 때, 실질적으로 법인전환 또는 사업의 양수를 통하여 개인사업체의 사업을 승계한 다음 그 사업을 확장하거나 업종을 추가한 것에 불과하여 새로운 중소기업을 창업한 것이라고 보기는

종전에는 사업에 사용되던 자산을 일부만 인수 · 매입하여 동종 사업을 영위하는 경우에도 감면대상 창업에서 제외되는 문제가 있어, 창업 당시 자산총액(토지 · 건물 포함)에서 차지하는 비율이 30% 이하인 경우에는 창업으로 인정할 수 있도록 2004년 말에 국세인 조특법이 개정되었으며, 창업으로 인정되는 자산인수비율은 산식으로 나타내면 다음과 같다.

$$\text{창업으로 인정되는 자산인수비율} = \frac{\text{인수 또는 매입한 자산가액}}{\text{사업개시 당시(토지+감가상각자산)의 가액}} \leq 30\%$$

■ **창업으로 보지 않는 경우**

- 합병 · 분할 · 현물출자 또는 사업의 양수를 통하여 종전의 사업을 승계하는 경우
  - 예 타인이 운영하던 공장 · 사업장을 매수하여 창업하는 경우
- 종전의 사업에 사용되던 자산을 인수 또는 매입하여 동종의 사업을 영위하는 경우
  - 예 타인이 사용하던 창고 · 화물자동차를 인수하여 물류산업을 새로이 시작하는 경우
- 기존의 사업을 법인으로 전환하는 경우
- 폐업 후 종전의 사업과 동종의 사업을 다시 개시하는 경우
- 사업을 확장하거나 새로운 업종을 추가하는 경우 등

■ **창업요건을 완화한 이유(국세인 조특법, 2005년부터)**

- 종전(2004. 12. 31. 이전) 규정에 따르면, 종전사업에 사용되던 기계를 극히 일부만 인수 · 매입하여 동종사업 영위시에도 창업에서 제외되는 문제점 발생
  - 이러한 문제점을 해소하기 위해 사업의 일부를 양수하거나, 종전의 사업에 사용되던 개별자산의 인수 · 매입을 통하여 창업한 경우
  - 창업당시 자산총액(토지 · 건물 포함)에서 인수 자산이 차지하는 비율이 일정률(예 : 30%) 미만인 경우에는 창업으로 인정

---

어려움(조심 2011지797, 2012.5.16.).

231) 제조업을 경영하는 거주자가 해당 사업장을 폐업한 후 다른 장소에서 사업을 다시 개시하여 폐업 전의 사업과 같은 종류의 사업을 하는 경우 신규로 개업한 사업장에 대하여 「조세특례제한법」 제6조에 따른 창업중소기업에 대한 세액감면을 적용할 수 없는 것임(법규소득 2011-105, 2011.3.28.).

232) 개인사업자가 임차기간 만료로 사실상 폐업한 후, 개인사업자의 주요 거래처의 약 71%와 종업원 12명 중 6명이 청구법인으로 고용이 승계된 사실이 확인되는 이상, 실질적으로는 법인전환 내지는 사업의 양수를 통하여 개인사업체의 사업을 승계하여 사업을 확장하거나 업종을 추가한 것에 불과하여 새로운 사업을 개시한 것으로 보기는 어렵다 할 것임(조심 2011지335, 2012.3.5.).

233) 청구법인은 2010.11.24. 이 사건 부동산인 공장을 신축하고 한국표준산업분류 항목표상의 식품제조업(10)에 속하는 이종업종인 면류, 마카로니 및 유사식품제조업 OOO으로 업종을 추가하여 2010.12.3. 공장등록을 한 점을 고려할 때 식품제조업(10)의 사업을 확장하거나 업종을 추가한 경우에 해당하여 창업으로 보기 곤란한 것으로 보임(조심 2011지493, 2012.6.8.).

〈사 례〉
(종 전) 종전사업에 사용되던 자산을 극히 일부라도 매입하여 사업개시
→ 창업 ×
(개 정) 총 자산 10억원 중 종전사업에 사용되던 자산을 매입·인수한 금액이 3억원 미만인 경우
→ 창업 ○

### 감면대상 업종[234]

본 규정의 감면이 적용되는 업종은 지특법상 중소기업 업종 중 일부 업종에 한하며, 대상 업종의 분류는 지특법에 특별한 규정이 있는 경우를 제외하고는 통계법 제22조의 규정에 의하여 통계청장이 고시하는 한국표준산업분류에 의한다.

한편, 중소기업창업지원법상 창업에서 제외되는 업종[235]은 금융 및 보험업, 부동산업, 숙박 및 음식점업(호텔업, 휴양콘도 운영업 및 상시 근로자 20명 이상의 법인인 음식점업은 제외한다), 무도장운영업, 골프장 및 스키장운영업, 기타 갬블링 및 베팅업, 기타 개인 서비스업(산업용 세탁업은 제외한다), 그 밖에 제조업이 아닌 업종으로서 지식경제부령으로 정하는 업종이다. 이 경우 업종의 분류는 한국표준산업분류를 기준으로 한다.

1. 광업, 2. 제조업, 3. 건설업, 4. 음식점업, 5. 출판업, 6. 영상·오디오 기록물 제작 및 배급업(비디오물 감상실 운영업은 제외한다), 7. 방송업, 8. 전기통신업, 9. 컴퓨터 프로그래밍, 시스템통합 및 관리업, 10. 정보서비스업(뉴스제공업은 제외한다), 11. 연구개발업, 12. 광고업, 13. 그 밖의 과학기술서비스업, 14. 전문디자인업, 15. 전시 및 행사대행업, 16. 창작 및 예술관련 서비스업(자영예술가는 제외한다), 17. 엔지니어링사업,[236] 18. 물류산업,[237] 19. 「학원의 설립·운영 및 과외교습에 관한 법률」에 따른 직업기술 분야를 교습하는 학원을 운영하는 사업 또는 「근로자직업능력 개발법」에 따른 직업능력개발훈련시설을 운영하는 사업(직업능력개발훈련을 주된 사업으로 하는 경우에 한한다), 20. 「관광진흥법」에 따른 관광숙박업, 국제회의업, 유원시설업 및 관광객이용시설업,[238][239] 21. 「노인복지법」에 따른 노인복지시설을 운영하는 사업, 22. 「전시산업발전법」에 따른 전시산업, 23. 인력공급 및 고용알선업(농업노동자 공급업을 포함한다), 24. 건물 및 산업설비 청소업, 25. 경비 및 경호 서비스업, 26. 시장조사 및 여론조사업, 27. 사회복지 서비스업

234) 현재 중소기업 해당 업종 중 '농업(01)'에 해당하는 업종은 '작물 재배업(011)', '축산업(012)'이 시행령에 열거되어 있고 해석상으로 '작물 재배 및 축산 복합농업(013)'도 포함되는 것으로 볼 수 있으나, 창업중소기업 해당 업종에는 포함되지 않으므로, 농업이 창업중소기업 세액감면을 적용받을 여지는 없음(재경부 조세지출예산과-293, 2007.5.1.).

235) 중소기업창업지원법 시행령 제4조

236) 「엔지니어링산업 진흥법」에 따른 엔지니어링활동(「기술사법」의 적용을 받는 기술사의 엔지니어링활동을 포함한다)을 제공하는 사업을 말한다(조특령 §5 ⑥).

지특법은 중소기업에 해당하는 업종을 열거 규정한 후 이 중에서 각 조세지원 제도별로 의도하는 정책 취지에 맞는 업종을 선별하여 규정하는 방식을 취하고 있다. 따라서 창업중소기업세액감면의 경우 전체 중소기업 해당 업종보다 적게 선별되어 규정하고 있는 것이다.

### 감면대상 지역

창업중소기업은 감면대상 업종을 영위하는 중소기업으로서 수도권 과밀억제권역 외의 지역[240]에서 창업한 중소기업을 말한다. 수도권 과밀억제권역에 대한 자세한 사항은 지특법 제2조의 용어의 정의 해설을 참고하기 바란다.

#### 2-1-1. 창업보육센터 사업자

창업의 성공가능성을 높이기 위해 각종 시설・장소를 제공하는 사업자인 민간창업보육센터의 활성화를 지원하기 위해 1996년 12월 30일 국세인 조특법 개정시 중소기업창업지원법 제2조 제7호 및 제5조 제2항에 규정된 창업보육센터로 지정받은 내국인을 본조에 의한 세액감면대상에 추가하였다. 창업보육센터로 지정을 받기 위해서는 중소기업창업지원법 제6조 제1항의 규정에 따라야 한다.

#### 2-1-2. 창업벤처중소기업

세액감면대상 창업벤처중소기업이란 벤처기업육성에 관한 특별조치법(§2 ①)에 따른 벤처기업[241][242][243] 중 다음에 해당하는 기업으로서 창업 후 3년 이내[244]에 동법(§25)에 따

237) 운수업 중 화물운송업, 화물취급업, 보관 및 창고업, 화물터미널운영업, 화물운송 중개・대리 및 관련 서비스업, 화물포장・검수 및 형량 서비스업 및 「항만법」에 따른 예선업과 기타 산업용 기계장비 임대업 중 파렛트임대업(이하 "물류산업"이라 한다)을 말한다(조특령 §5 ⑧).

238) 「관광진흥법 시행령」 제2조에 따른 전문휴양업과 종합휴양업을 말한다(조특령 §5 ⑨).

239) 내국법인이 영위하는 골프장업이 「관광진흥법 시행령」 제2조 제1항 제3호 가목에 따른 전문휴양업의 시설 요건을 모두 갖춘 경우 「조세특례제한법」 제6조 【창업중소기업 등에 대한 세액감면】(2004.10.5. 법률 제7220호로 개정된 것) 제3항에 따른 관광객이용시설업에 해당하는 것임(법인-118, 2012.2.22.).

240) 창업중소기업은 창업 당시부터 법 제6조 제1항에서 규정한 수도권 과밀억제권역 외의 지역에서 창업하는 자에 한하여 적용한다. 한편 창업 당시 수도권 과밀억제권역 외의 지역이었으나 그 후 행정구역의 변경으로 인하여 수도권 과밀억제권역으로 변경된 경우에는 계속하여 창업중소기업으로 본다(조기통 6-0…1 ①・②).

241) 벤처기업육성에 관한 특별조치법 제2조 【정 의】 ① "벤처기업"이란 제2조의 2의 요건을 갖춘 기업을 말한다. 제2조의 2 【벤처기업의 요건】 ① 벤처기업은 다음 각 호의 요건을 갖추어야 한다.
1. 「중소기업기본법」 제2조에 따른 중소기업(이하 "중소기업"이라 한다)일 것
2. 다음 각 목의 어느 하나에 해당할 것
가. 다음 각각의 어느 하나에 해당하는 자의 투자금액의 합계(이하 이 목에서 "투자금액의 합계"라 한다) 및 기업의 자본금 중 투자금액의 합계가 차지하는 비율이 각각 대통령령으로 정하는 기준 이상인 기업

라 2015년 12월 31일까지 벤처기업으로 확인받은 기업을 말한다(지특법 §100 ②, 지특령 §5 ④·⑤). 창업벤처중소기업의 경우 감면 요건에 지역제한은 없다. 창업벤처중소기업에 대한 업종 범위는 창업중소기업과 같다(조특법 §100 ③).

① 「벤처기업육성에 관한 특별조치법」 제2조의 2의 요건을 갖춘 중소기업(같은 조 제1항 제2호 나목에 해당하는 중소기업을 제외한다)
② 연구개발 및 인력개발을 위한 비용으로서 조특령 별표 6의 비용("연구개발비"라 한다)이 당해 과세연도의 수입금액의 100분의 5 이상인 중소기업(벤처기업 해당 여부의 확인을 받은 날이 속하는 과세연도부터 연구개발비가 동호의 규정에 의한 비율을 계속 유지하는 경우에 한하여 적용한다)

### 2-1-3. 에너지신기술중소기업

에너지효율 향상 기술개발을 위해서는 대규모 투자가 요구되고 위험성이 커서 중소기업의 진입이 쉽지 않으므로 에너지신기술중소기업에 대해 창업벤처기업 수준의 세제지원을 통해 원활한 시장 진입과 사업화를 촉진할 필요가 있어 에너지신기술중소기업에 대한 세액

(1) 「중소기업창업 지원법」 제2조 제4호에 따른 중소기업창업투자회사
(2)~(7) 생략

나. 기업(「기초연구진흥 및 기술개발지원에 관한 법률」 제14조 제1항 제2호에 따른 기업부설연구소를 보유한 기업만을 말한다)의 연간 연구개발비와 연간 총매출액에 대한 연구개발비의 합계가 차지하는 비율이 각각 대통령령으로 정하는 기준 이상이고, 대통령령으로 정하는 기관으로부터 사업성이 우수한 것으로 평가받은 기업

다. 다음 각각의 요건을 모두 갖춘 기업[창업하는 기업에 대하여는 (3)의 요건만 적용한다]
(1) 「기술신용보증기금법」에 따른 기술신용보증기금(이하 "기술신용보증기금"이라 한다)이 보증(보증가능금액의 결정을 포함한다)을 하거나, 「중소기업진흥에 관한 법률」 제68조에 따른 중소기업진흥공단(이하 "중소기업진흥공단"이라 한다) 등 대통령령으로 정하는 기관이 개발기술의 사업화나 창업을 촉진하기 위하여 무담보로 자금을 대출(대출가능금액의 결정을 포함한다)할 것
(2) (1)의 보증 또는 대출금액과 그 보증 또는 대출금액이 기업의 총자산에서 차지하는 비율이 각각 대통령령으로 정하는 기준 이상일 것
(3) (1)의 보증 또는 대출기관으로부터 기술성이 우수한 것으로 평가를 받을 것

242) 벤처기업육성에 관한 특별조치법 시행령 §2의 3, 벤처기업 확인요령(중소기업청 고시 제2010-19호, 2010. 4.28.) 참조

243) 벤처기업 대상에서 제외되는 업종[중소기업청 고시 제2010-19호(2010.4.28.) 별표 1, 음식점업은 사실상 적용불가] 참조

244) 창업초기 기업의 경우 벤처확인 요건을 충족하기가 어려워 창업벤처중소기업에 대한 조세감면을 활용하기 힘든 실정을 감안하고 특히 벤처확인제도 개편(2006.6.4.)에 따라 기존 요건이 강화되어 신기술기업(특허권을 이용한 기업 중 사업성·기술성이 뛰어난 것으로 평가받은 기업 등 종래 창업 2년 내 벤처확인 기업의 94%를 차지) 벤처유형이 폐지됨에 따라 창업초기 기업이 벤처확인을 받을 수 있는 가능성이 보다 축소되었다. 이에 따라 벤처기업으로 확인받은 기간을 창업 후 2년에서 3년으로 늘려 창업벤처기업에 대한 세제지원 요건을 완화하였다(2008.1.1. 이후 벤처기업으로 확인받는 분부터 적용).

감면을 신설하였는데, 이는 2010년 1월 1일 현재 창업 후 3년이 경과하지 않은 기업 중 2010년 1월 1일 이후 에너지신기술중소기업에 해당하는 분부터 적용한다. 세액감면대상 에너지신기술중소기업이란 창업일이 속하는 과세연도와 그 다음 3개 과세연도가 지나지 아니한 중소기업으로서 2015년 12월 31일까지 다음의 제품("고효율제품 등"이라 한다)을 제조하는 중소기업을 말한다(조특법 §100 ④, 지특령 §5 ⑩).

① 「에너지이용 합리화법」 제15조에 따른 에너지소비효율 1등급 제품 및 같은 법 제22조에 따라 고효율에너지 기자재로 인증받은 제품

② 「신에너지 및 재생에너지 개발·이용·보급 촉진법」 제13조에 따라 신·재생에너지 설비로 인증받은 제품

### 2-1-4. 청년 창업중소기업에 대한 세제지원 확대

2021년 12월 31일 이전에 창업한 창업중소기업으로서 법 소정의 청년창업중소기업에 대해서는 창업중소기업보다 확대된 세제지원을 받게 된다. 구체적인 감면율은 후술한다.

'법 소정의 청년창업중소기업'이란 대표자[「소득세법」 제43조 제1항에 따른 공동사업장의 경우에는 같은 조 제2항에 따른 손익분배비율이 가장 큰 사업자(손익분배비율이 가장 큰 사업자가 둘 이상인 경우에는 그 모두를 말한다)]가 다음의 구분에 따른 요건을 충족하는 기업("청년창업중소기업")을 말한다(조특령 §5 ①).

① 개인사업자로 창업하는 경우 : 창업 당시 15세 이상 34세 이하인 사람. 다만, 조특령 제27조 제1항 제1호 각 목의 어느 하나에 해당하는 병역을 이행한 경우에는 그 기간(6년을 한도로 한다)을 창업 당시 연령에서 빼고 계산한 연령이 34세 이하인 사람을 포함한다.

② 법인으로 창업하는 경우 : 다음의 요건을 모두 갖춘 사람

㉠ 위 ①의 요건을 갖출 것

㉡ 「법인세법 시행령」 제43조 제7항에 따른 지배주주등으로서 해당 법인의 최대주주 또는 최대출자자일 것

## 2-2. 과세특례의 내용

지특법에 따른 창업중소기업이 적용받을 수 있는 감면대상 지방세는 개인지방소득세 이외에도 취득세·재산세가 있다. 취득세 및 재산세는 지방세 감면 조문에서 규정하고 있으며(§119, §120, §121 참고), 제100조에서는 개인지방소득세의 감면에 대하여 규정하고 있으므로 여기에서는 개인지방소득세에 대하여 설명한다.

개인지방소득세에 대한 감면대상 세액은 다음과 같이 산출한다. 여기서 감면대상 사업소득 산출은 창업중소기업 등의 지방세특례를 적용받는 사업과 기타의 사업을 구분하여 경리하여야 한다.

개인의 경우 : 감면대상세액 = 종합소득산출세액 × (감면대상 사업소득 / 종합소득금액)

## 2-3. 감면기간

### 2-3-1. 감면기간

창업 후 당해 사업에서 최초로 소득이 발생한 과세연도(창업벤처중소기업의 경우에는 벤처기업으로 확인받은 날 이후 최초로 소득이 발생한 과세연도, 에너지신기술중소기업의 경우에는 그 해당하는 날 이후 최초로 해당 사업에서 소득이 발생한 과세연도)와 그 다음 과세연도의 개시일부터 4년 이내에 종료하는 과세연도까지 당해 사업에서 발생한 소득에 대한 개인지방소득세의 100분의 50에 상당하는 세액을 감면한다. 단, 사업개시일부터 5년이 되는 날이 속하는 과세연도까지(창업벤처중소기업의 경우에는 벤처기업으로 확인받은 날부터 5년이 되는 날이 속하는 과세연도까지, 에너지신기술중소기업에 해당하는 날부터 5년이 되는 날이 속하는 과세연도까지 해당 사업에서 소득이 발생하지 아니하는 경우에는 5년이 되는 날이 속하는 과세연도) 당해 사업에서 소득이 발생하지 아니하는 경우에는 그 5년이 되는 날이 속하는 과세연도와 그 다음 과세연도의 개시일부터 3년 이내에 종료하는 과세연도까지 감면기간을 적용한다(지특법 §100 ①·②).

한편, 창업벤처중소기업의 경우 창업중소기업에 대한 감면을 적용받는 경우는 제외하며, 감면기간 중 벤처기업의 확인이 취소된 경우에는 취소일이 속하는 과세연도부터 감면을 적용하지 아니한다. 그리고 에너지신기술중소기업의 경우 창업중소기업 및 창업벤처중소기업 감면을 적용받는 경우는 제외하며, 감면기간 중 에너지신기술중소기업에 해당하지 않게 되는 경우에는 그 날이 속하는 과세연도부터 감면하지 아니한다(지특법 §100 ④).

### 2-3-2. 감면대상 소득의 범위

감면대상이 되는 당해 사업에서 발생한 소득이란 당해 영업활동과 어느 정도 부수적 연관을 갖고 정상적인 업무에서 발생한 소득을 말한다. 따라서 이자수익 · 유가증권처분이익 및 유가증권처분손실 등은 이에 해당하지 아니한다[245](조기통 6-0…2).

에너지신기술중소기업의 경우 해당 사업에서 발생한 소득의 계산은 [해당 과세연도의

제조업에서 발생한 소득 × (해당 과세연도의 고효율제품 등의 매출액/해당 과세연도의 제조업에서 발생한 총매출액)]에 따른다(조특법 §100 ⑤, 지특령 §54 ⑥). 이 경우 고효율제품 등의 매출액은 제조업 분야의 다른 제품의 매출액과 구분경리하여야 한다(지특령 §54 ⑥).

감면대상 소득의 포함 여부에 대한 자세한 내용은 제101조(중소기업특별세액감면)의 해설을 참고하기로 한다.

#### 2-3-3. 감면기간의 기산

여기에서 '당해 사업에서 최초로 소득이 발생한 과세연도'라 함은 감면대상 사업에서 소득이 최초로 발생한 과세연도를 말하는 것으로서 이월결손금에 관계없이 해당 사업에서 각 사업연도의 소득이 최초로 발생한 과세연도를 말하는 것이며, 사업개시일(또는 벤처확인을 받은 날)부터 5년이 되는 날이 속하는 과세연도까지 소득이 발생하지 아니하는 경우에는 당해 5년이 되는 과세연도를 감면개시연도로 하여야 한다.

#### 2-3-4. 감면기간의 종료

(1) 독립성기준 위반시

창업중소기업이 실질적 독립성기준에 부적합하게 된 경우에는 그 사유가 발생한 날이 속하는 과세연도부터 세액감면을 적용받을 수 없다. 다만, 잔존감면기간 중에 실질적인 독립성기준에 적합하게 된 경우에는 그 사유가 발생한 날이 속하는 과세연도부터 잔존감면기간 동안 세액감면을 적용받을 수 있으며, 이 경우 잔존감면기간은 당해 사업에서 최초로 소득이 발생한 날이 속하는 과세연도부터 기산하여 계산한다(조기통 6-0…1 ③).

(2) 지역 이전시

창업중소기업이 수도권과밀억제권역으로 이전하여 사업을 영위하거나 수도권과밀억제권역에 지점을 설치하는 경우에는 그 이전일 또는 설치일이 속하는 과세연도 이후부터는 감면을 적용받을 수 없다. 다만, 잔존감면기간 중 수도권과밀억제권역 외 지역으로 다시 이전하거나 수도권과밀억제권역에 설치한 지점을 폐쇄하는 경우에는 그 사유가 발생한 날이 속하는 과세연도부터 잔존감면기간 동안 세액감면을 적용받을 수 있으며, 이 경우도 잔존감면기간은 당해 사업에서 최초로 소득이 발생한 날이 속하는 과세연도부터 기산하여 계산한다(조기통 6-0…1 ④).

245) 조특법 제6조 제1항 및 제2항 · 제7조 제1항 · 제63조 제1항 · 제64조 제1항 · 제66조 제1항 · 제67조 제1항 · 제68조 제1항의 규정에 의한 감면대상 소득계산시 같다(조기통 6-0…2).

## 2-4. 절 차

창업중소기업 등에 대한 세액감면을 받고자 하는 자(내국인으로서 외국법인은 해당 안 됨)는 과세표준신고와 함께 세액감면신청서를 납세지 관할 지방자치단체의 장(세무서장을 포함한다)에게 제출하여야 한다(지특령 §54 ⑩).

## 2-5. 지방세특례의 제한 등

### 2-5-1. 세액공제와 중복지원 배제

내국인이 동일한 과세연도에 중소기업에 대한 창업중소기업세액감면 규정과 투자세액공제 중 그 지원의 성격이 유사한 것은 중복적용이 배제되므로, 그 중 하나만을 선택하여 적용받아야 한다. 이에 대한 자세한 내용은 제168조의 해설을 참고하기로 한다.

### 2-5-2. 세액감면과 중복지원 배제

내국인이 동일한 사업장에 대하여 동일한 과세연도에 창업중소기업세액감면 규정과 일정한 세액감면 규정 중 둘 이상이 적용될 수 있는 경우에는 그 중 하나만을 선택하여 적용받아야 한다. 자세한 내용은 제168조에서 설명하도록 한다.

## 2-6. 결정시 등 감면 배제

### 2-6-1. 무신고 결정 및 기한 후 신고에 대한 감면 배제

개인지방소득세 무신고에 따른 결정(소법 §80 ①)과 기한 후 신고(국기법 §45의 3)를 하는 경우에는 본조의 세액감면을 적용하지 아니한다. 이에 대한 자세한 내용은 제169조의 해설을 참고하기로 한다.

### 2-6-2. 경정 및 수정신고시 감면 배제되는 경우

개인지방소득세의 신고내용에 오류 등이 있어 경정(소법 §80 ②)하는 경우와 과세표준 수정신고서를 제출한 과세표준과 세액을 경정할 것을 미리 알고 제출한 경우에는 과소신고금액(지특령 §117)에 대한 본조의 세액감면을 적용하지 아니한다. 이에 대한 자세한 내용은 법 제169조의 해설을 참고하기로 한다.

### 2-6-3. 최저한세의 적용 및 기타 사항

본조의 세액감면 규정을 포함한 조세특례에 대하여는 제172조의 최저한세 규정을 적용받아 그 특례범위가 제한되며, 본조의 규정을 적용받는 사업과 기타 사업을 겸영하는 경우에는 법인세법 제113조의 규정을 준용하여 구분경리하여야 한다. 최저한세는 제172조의 내용을 참고하기로 한다.

## 2-7. 감면율

2017~2018년 조특법 개정시 세제지원을 확대하면서 다음과 같이 감면율이 세분화되었다.

### 2-7-1. 일반적인 창업중소기업 및 창업보육센터사업자의 경우

창업중소기업과 창업보육센터사업자에 해당하는 경우 해당 사업에서 최초로 소득이 발생한 과세연도(사업 개시일부터 5년이 되는 날이 속하는 과세연도까지 해당 사업에서 소득이 발생하지 아니하는 경우에는 5년이 되는 날이 속하는 과세연도)와 그 다음 과세연도의 개시일부터 4년 이내에 끝나는 과세연도까지 해당 사업에서 발생한 소득에 대한 소득세 또는 법인세에 다음의 비율을 곱한 금액에 상당하는 세액을 감면한다(조특법 §6 ①).

① 창업중소기업의 경우 : 다음의 구분에 따른 비율

ⓐ 수도권과밀억제권역 외의 지역에서 창업한 청년창업중소기업의 경우 : 100분의 100

ⓑ 수도권과밀억제권역에서 창업한 청년창업중소기업 및 수도권과밀억제권역 외의 지역에서 창업한 창업중소기업의 경우 : 100분의 50

② 창업보육센터사업자의 경우 : 100분의 50

청년창업중소기업은 일정한 경우 위의 감면 적용이 배제된다. 즉, ①-ⓐ를 적용할 때 수도권과밀억제권역 외의 지역에서 창업한 청년창업중소기업의 대표자가 감면기간 중 ⅰ) 「법인세법 시행령」 제43조 제7항에 따른 지배주주등으로서 해당 법인의 최대주주 또는 최대출자자에 해당하지 않게 되거나 ⅱ) 개인사업자로서 손익분배비율이 가장 큰 사업자가 아니게 된 경우에는 ①-ⓐ에 따른 감면을 적용하지 아니하고, 해당 사유가 발생한 날이 속하는 과세연도부터 남은 감면기간 동안 ①-ⓑ에 따른 감면을 적용한다(조특령 §5 ②).

또한 ①-ⓑ를 적용할 때 수도권과밀억제권역에서 창업한 청년창업중소기업의 대표자가 감면기간 중 ⅰ) 「법인세법 시행령」 제43조 제7항에 따른 지배주주등으로서 해당 법인의 최대주주 또는 최대출자자에 해당하지 않게 되거나 ⅱ) 개인사업자로서 손익분배비율이 가장 큰 사업자가 아니게 된 경우에는 해당 사유가 발생한 날이 속하는 과세연도부터 남은 감면기간 동안 위의 감면을 적용하지 아니한다(조특령 §5 ③).

### 2-7-2. 창업벤처중소기업의 경우

창업벤처중소기업에 해당하는 경우 벤처기업으로 확인받은 날 이후 최초로 소득이 발생한 과세연도(벤처기업으로 확인받은 날부터 5년이 되는 날이 속하는 과세연도까지 해당 사업에서 소득이 발생하지 아니하는 경우에는 5년이 되는 날이 속하는 과세연도)와 그 다음 과세연도의 개시일부터 4년 이내에 끝나는 과세연도까지 해당 사업에서 발생한 소득에 대한 소득세 또는 법인세의 100분의 50에 상당하는 세액을 감면한다.

다만, 창업중소기업에 대한 세액감면을 적용받는 경우(조특법 §6 ①)는 제외하며, 감면기간 중 다음의 사유가 있는 경우에는 다음의 구분에 따른 날이 속하는 과세연도부터 감면을 적용하지 아니한다(조특법 §6 ②).

① 벤처기업의 확인이 취소된 경우 : 취소일

② 「벤처기업육성에 관한 특별조치법」 제25조 제2항에 따른 벤처기업확인서의 유효기간이 만료된 경우(해당 과세연도 종료일 현재 벤처기업으로 재확인받은 경우는 제외한다) : 유효기간 만료일

### 2-7-3. 에너지신기술중소기업의 경우

에너지신기술중소기업에 해당하는 경우 그 해당하는 날 이후 최초로 해당 사업에서 소득이 발생한 과세연도(에너지신기술중소기업에 해당하는 날부터 5년이 되는 날이 속하는 과세연도까지 해당 사업에서 소득이 발생하지 아니하는 경우에는 5년이 되는 날이 속하는 과세연도)와 그 다음 과세연도의 개시일부터 4년 이내에 끝나는 과세연도까지 해당 사업에서 발생한 소득에 대한 소득세 또는 법인세의 100분의 50에 상당하는 세액을 감면한다.

다만, 창업중소기업 및 창업벤처중소기업 감면을 적용받는 경우(조특법 §6 ①·②)는 제외하며, 감면기간 중 에너지신기술중소기업에 해당하지 않게 되는 경우에는 그 날이 속하는 과세연도부터 감면하지 아니한다(조특법 §6 ④).

### 2-7-4. 신성장 서비스업을 영위하는 중소기업의 경우

신성장 서비스업을 영위하는 중소기업에 해당하는 경우 2-7-1.부터 2-7-3.에도 불구하고 다음의 감면율이 적용된다. 즉, 최초로 세액을 감면받는 과세연도와 그 다음 과세연도의 개시일부터 2년 이내에 끝나는 과세연도에는 소득세 또는 법인세의 100분의 75에 상당하는 세액을 감면하고, 그 다음 2년 이내에 끝나는 과세연도에는 소득세 또는 법인세의 100

분의 50에 상당하는 세액을 감면한다(조특법 §6 ⑤).

다만, 감면기간 중 신성장서비스업종 이외의 업종으로 주된 사업이 변경되는 경우에는 위의 감면을 적용하지 아니하고, 해당 사유가 발생한 날이 속하는 과세연도부터 남은 감면기간 동안 조특법 제6조 제1·2·4항(2-7-1.부터 2-7-3.까지)에 따른 감면을 적용한다(조특령 §5 ⑫).

### 2-7-5. 수입금액이 4천8백만원 이하인 창업중소기업의 경우

2021년 12월 31일 이전에 창업한 창업중소기업(청년창업중소기업은 제외)은 2-7-1.과 2-7-4.에도 불구하고 최초로 소득이 발생한 과세연도와 그 다음 과세연도의 개시일부터 4년 이내에 끝나는 과세연도까지의 기간에 속하는 과세연도의 수입금액(과세기간이 1년 미만인 과세연도의 수입금액은 1년으로 환산한 총수입금액을 말한다)이 4천800만원 이하인 경우 그 과세연도의 소득세 또는 법인세에 다음의 비율을 곱한 금액에 상당하는 세액을 감면한다.

① 수도권과밀억제권역 외의 지역에서 창업한 창업중소기업의 경우 : 100분의 100
② 수도권과밀억제권역에서 창업한 창업중소기업의 경우 : 100분의 50

다만, 창업벤처중소기업 감면 또는 에너지신기술중소기업 감면을 적용받는 경우(조특법 §6 ②·④)는 제외한다(조특법 §6 ⑥).

### 2-7-6. 고용창출형 창업중소기업에 대한 추가 감면

업종별최소고용인원 이상을 고용하는 고용창출형 창업중소기업이 2-7-1.부터 2-7-4.까지에 따라 감면을 적용받는 감면기간 중 해당 과세연도의 상시근로자 수가 직전 과세연도의 상시근로자 수(직전 과세연도의 상시근로자 수가 업종별최소고용인원에 미달하는 경우에는 업종별최소고용인원을 말한다)보다 큰 경우에는 추가 감면이 적용된다.

즉, 다음의 ①의 세액에 ②의 율을 곱하여 산출한 금액을 상술한 감면세액에 추가하여 감면한다.

① 해당 사업에서 발생한 소득에 대한 소득세 또는 법인세
② 다음의 계산식에 따라 계산한 율. 다만, 100분의 50(신성장 서비스업에 대한 감면에 따라 100분의 75에 상당하는 세액을 감면받는 과세연도의 경우에는 100분의 25)을 한도로 하고, 100분의 1 미만인 부분은 없는 것으로 본다.

$$\frac{(\text{해당 과세연도의 상시근로자 수} - \text{직전 과세연도의 상시근로자 수})}{\text{직전 과세연도의 상시근로자 수}} \times \frac{50}{100}$$

다만, 조특법 제6조 제6항(2-7-5.)에 따라 100분의 100에 상당하는 세액을 감면받는 과세연도에는 추가 감면을 적용하지 아니한다(조특법 §6 ⑦).

### 2-8. 감면대상 소득의 범위

감면대상이 되는 당해 사업에서 발생한 소득이란 당해 영업활동과 어느 정도 부수적 연관을 갖고 정상적인 업무에서 발생한 소득을 말한다. 따라서 이자수익 · 유가증권처분이익 및 유가증권처분손실 등은 이에 해당하지 아니한다[246](조기통 6-0…2).[247]

에너지신기술중소기업의 경우 해당 사업에서 발생한 소득의 계산은 [해당 과세연도의 제조업에서 발생한 소득 × (해당 과세연도의 고효율제품 등의 매출액/해당 과세연도의 제조업에서 발생한 총매출액)]에 따른다(조특법 §6 ⑧, 조특령 §5 ⑭). 이 경우 고효율제품 등의 매출액은 제조업 분야의 다른 제품의 매출액과 구분경리하여야 한다(조특령 §5 ⑮).

> 국세심판례(국심 92부3467, 1992.12.11.)
> 창업중소기업에 대한 감면대상 소득의 범위는 '당해 사업에서 발생한 소득'으로 한정하여 감면 규정이 적용되는 것이며, '당해 사업에서 발생한 소득'이라 함은 당해 영업활동과 어느 정도 부수적 연관을 갖고 정상적인 업무에서 발생한 소득이라고 보아야 할 것인바, 그 소득에 대응하는 비용이 아닌 고정자산 처분손실은 고정자산 처분익과 더불어 과세사업과 감면사업을 구분하지 아니하는 과세대상 소득의 개별손금이라고 판단

## 3 관련사례

- 주거용 건물을 신축하여 분양 · 판매하는 사업자가 그 사업을 폐업하고 주거용 건물 및 비주거용 건물을 건설하여 분양 · 판매하는 법인을 설립하는 경우에는 「조세특례제한법」 제6조의 창업에 해당하지 아니하므로 같은 법에 따른 세액감면을 받을 수 없는 것임(사전-2018

246) 조특법 제6조 제1항 및 제2항 · 제7조 제1항 · 제63조 제1항 · 제64조 제1항 · 제66조 제1항 · 제67조 제1항 · 제68조 제1항의 규정에 의한 감면대상 소득계산시 같다(조기통 6-0…2).

247) 감면대상 소득의 포함 여부에 대한 자세한 내용은 제7조(중소기업특별세액감면)의 해설을 참고하기로 한다.

-법령해석소득-0717, 2018.12.10.).

• 한국표준산업분류의 목적이 국내산업의 구조분석에 있는 것으로 산업활동의 주된 내용이 국외에서 이루어지는 경우 이를 준거로 업종을 분류하는 것은 적절하지 아니하며, 국외에서 이루어진 생산활동의 업종 분류는 제조업이 아닌 도매업으로 보아야 할 것(조심 2010중2154, 2011.12.6., 통계청 통계기준팀 10811-260, 1992.7.13. 참조)이나, 청구법인의 경우 기획 및 디자인 공정은 모두 국내에서 이루어지나 주자재·부자재·봉제 공정은 각 생산유형별로 국내 및 국외의 업체에서 생산활동이 이루어지고 있어, 주된 산업활동이 무엇인가에 따라 청구법인의 업종을 판단하여야 할 것인 바, 주된 산업활동은 부가가치가 가장 많이 창출되는 활동을 말하고, 부가가치의 측정이 어려운 경우는 산출액 또는 종업원수 및 노동시간·임금·설비의 정도 등을 고려하여 결정하여야 할 것임(통계청 통계기준팀-1290, 2011.6.16. 참조)(조심 2012서1837, 2013.7.5.).
• 청구법인은 쟁점부동산을 직접 사용하지 아니하고 이를 임대하고 있는 사실이 확인되는 이상 창고업이 아닌 부동산임대업을 영위하고 있는 것으로 보아 기 감면한 취득세 등을 추징한 처분은 달리 잘못이 없음(조심 2013지189, 2013.8.14.).
• 청구법인은 분할신설되면서 분할 전 법인이 영위하던 항공기부품제조업을 승계하여 이를 영위한 사실이 확인되므로 새로운 창업으로 보기 곤란함(조심 2013지410, 2013.7.23.).
• 청구법인은 종전의 사업에 사용되던 자산을 인수 또는 매입하여 동종의 사업을 영위하고 있는 사실이 확인되므로 이 건 부동산은 감면 대상이 아님(조심 2013지316, 2013.7.16.).
• 벤처기업 확인서 유효기간의 공백이 일시적인 점, 벤처기업 확인의 취소사유가 있었던 것으로 보이지 않는 점 등을 종합할 때, 처분청의 창업중소기업 세액감면 배제처분은 부당함(조심 2012서5377, 2013.5.16.).
• 전기통신사업법에 의하면 전기통신회선설비를 임차한 경우에도 부가통신사업에 해당할 수 있는 점, 한국표준산업분류에서 부가통신업의 예시로 '인터넷망 운영 ISP' 이외에도 '온라인 통신망 운영'과 '온라인 정보검색망 운영'을 규정하고 있는 점, 정보를 송수신하고 검색할 수 있는 네트워크 일체를 의미하는 것으로 해석하는 것이 타당하므로 원고는 부가통신업에 해당함(서울고법 2012누35414, 2013.5.10.).
• 법인이 주방용품 제조업 등에 사용하던 부동산을 임차하여 동일한 업종을 영위하고, 법인설립 이후 법인으로부터 기계장치, 차량, 집기비품 등을 매입하여 주방용품 제조업 등에 사용하고 있는 사실이 확인되므로 창업으로 보기 곤란함(조심 2012지264, 2013.4.24.).
• 조특법 제6조에 규정하는 창업중소기업 등에 대한 세액감면은 수도권과밀억제권역 외의 지역에서 창업 당시부터 같은법 제6조 제3항의 규정에 의한 업종을 영위하는 중소기업에 한하여 적용하는 것이며, 업종의 분류는 같은법에 특별한 규정이 있는 경우를 제외하고는 통계법 제22조에 따라 통계청장이 고시하는 한국표준산업분류에 의함(소득-149, 2013.3.9.).

# 제 101 조

## 중소기업에 대한 특별세액감면

관련규정

제101조(중소기업에 대한 특별세액감면) ① 중소기업 중 다음 제1호의 감면 업종을 경영하는 기업에 대해서는 2017년 12월 31일 이전에 끝나는 과세연도까지 해당 사업장에서 발생한 소득에 대한 개인지방소득세에 제2호의 감면 비율을 곱하여 계산한 세액상당액을 감면한다.

1. 감면 업종
   가. 작물재배업
   나. 축산업
   다. 어업
   라. 광업
   마. 제조업
   바. 하수 · 폐기물 처리(재활용을 포함한다), 원료재생 및 환경복원업
   사. 건설업
   아. 도매 및 소매업
   자. 운수업 중 여객운송업
   차. 출판업
   카. 영화 · 비디오물 및 방송프로그램 제작업, 영화 · 비디오물 및 방송프로그램 제작 관련 서비스업, 영화 · 비디오물 및 방송프로그램 배급업, 오디오물 출판 및 원판녹음업
   타. 방송업
   파. 전기통신업
   하. 컴퓨터프로그래밍, 시스템 통합 및 관리업
   거. 정보서비스업
   너. 연구개발업
   더. 광고업

러. 그 밖의 과학기술서비스업
머. 포장 및 충전업
버. 전문디자인업
서. 창작 및 예술관련 서비스업(자영예술가는 제외한다)
어. 대통령령으로 정하는 주문자상표부착방식에 따른 수탁생산업(受託生産業)
저. 엔지니어링사업
처. 물류산업
커. 「학원의 설립 · 운영 및 과외교습에 관한 법률」에 따른 직업기술 분야를 교습하는 학원을 운영하는 사업 또는 「근로자직업능력 개발법」에 따른 직업능력개발훈련시설을 운영하는 사업(직업능력개발훈련을 주된 사업으로 하는 경우에 한한다)
터. 대통령령으로 정하는 자동차정비공장을 운영하는 사업
퍼. 「해운법」에 따른 선박관리업
허. 「의료법」에 따른 의료기관을 운영하는 사업(의원 · 치과의원 및 한의원은 제외한다. 이하 이 조에서 "의료업"이라 한다)
고. 「관광진흥법」에 따른 관광사업(카지노, 관광유흥음식점 및 외국인전용유흥음식점업은 제외한다)
노. 「노인복지법」에 따른 노인복지시설을 운영하는 사업
도. 「전시산업발전법」에 따른 전시산업
로. 인력공급 및 고용알선업(농업노동자 공급업을 포함한다)
모. 콜센터 및 텔레마케팅 서비스업
보. 「에너지이용 합리화법」 제25조에 따른 에너지절약전문기업이 하는 사업
소. 「노인장기요양보험법」 제32조에 따른 재가장기요양기관을 운영하는 사업
오. 건물 및 산업설비 청소업
조. 경비 및 경호 서비스업
초. 시장조사 및 여론조사업
코. 사회복지 서비스업
토. 무형재산권 임대업(「지식재산 기본법」 제3조 제1호에 따른 지식재산을 임대하는 경우에 한정한다)
포. 「연구산업진흥법」 제2조 제1호 나목의 산업
호. 개인 간병인 및 유사 서비스업, 사회교육시설, 직원훈련기관, 기타 기술 및 직업훈련 학원, 도서관 · 사적지 및 유사 여가관련 서비스업(독서실 운영업을 제외한다)
구. 「민간임대주택에 관한 특별법」에 따른 주택임대관리업
누. 「신에너지 및 재생에너지 개발 · 이용 · 보급 촉진법」에 따른 신 · 재생에너지

발전사업

두. 보안시스템 서비스

루. 임업

2. 감면 비율

가. 대통령령으로 정하는 소기업(이하 이 조에서 "소기업"이라 한다)이 도매 및 소매업, 의료업(이하 이 조에서 "도매업등"이라 한다)을 경영하는 사업장 : 100분의 10

나. 소기업이 수도권에서 제1호에 따른 감면 업종 중 도매업등을 제외한 업종을 경영하는 사업장 : 100분의 20

다. 소기업이 수도권 외의 지역에서 제1호에 따른 감면 업종 중 도매업등을 제외한 업종을 경영하는 사업장 : 100분의 30

라. 소기업을 제외한 중소기업(이하 이 조에서 "중기업"이라 한다)이 수도권 외의 지역에서 도매업등을 경영하는 사업장 : 100분의 5

마. 중기업의 사업장으로서 수도권에서 대통령령으로 정하는 지식기반산업을 경영하는 사업장 : 100분의 10

바. 중기업이 수도권 외의 지역에서 제1호에 따른 감면 업종 중 도매업등을 제외한 업종을 경영하는 사업장 : 100분의 15

②「여객자동차 운수사업법」 제28조에 따라 자동차대여사업의 등록을 한 중소기업이 그 사업용 자동차 총대수 중「환경친화적 자동차의 개발 및 보급 촉진에 관한 법률」 제2조 제3호에 따른 전기자동차를 100분의 50 이상 보유한 경우에는 제1항의 규정에도 불구하고 2019년 12월 31일까지 해당 자동차대여사업에서 발생하는 소득에 대한 개인지방소득세의 100분의 30을 경감한다.

③ 제1항 및 제2항을 적용받으려는 내국인은 대통령령으로 정하는 바에 따라 감면신청을 하여야 한다.

**【영】** 제55조(중소기업에 대한 특별세액감면) ① 법 제101조 제1항 제1호 어목에서 "대통령령으로 정하는 주문자상표부착방식에 따른 수탁생산업"이란「조세특례제한법 시행령」 제6조 제1항에 따른 사업을 말한다.

② 법 제101조 제1항 제1호 터목에서 "대통령령으로 정하는 자동차정비공장"이란「조세특례제한법 시행령」 제54조 제1항에 따른 자동차정비공장을 말한다.

③ 법 제101조 제1항 제2호 가목에서 "대통령령으로 정하는 소기업"이란「조세특례제한법 시행령」 제6조 제5항에 따른 기업을 말한다.

④ 법 제101조 제1항 제2호 마목에서 "대통령령으로 정하는 지식기반산업"이란「조세특례제한법 시행령」 제6조 제6항 각 호의 어느 하나에 해당하는 사업을 말한다.

⑤ 법 제101조에 따라 개인지방소득세를 감면받으려는 자는 과세표준신고와 함께 행정안전부령으로 정하는 세액감면신청서를 납세지 관할 지방자치단체의 장에게 제출하여야 한

다. 다만, 「조세특례제한법 시행령」 제6조 제8항에 따라 납세지 관할 세무서장에게 소득세 감면을 신청하는 경우에는 법 제101조에 따른 개인지방소득세에 대한 세액감면도 함께 신청한 것으로 본다.

# 1 | 개 요

중소기업특별세액감면제도는 대기업에 비해 열악한 중소기업의 경영여건을 감안하여 납부할 세액에서 5~30%를 감면하는 것으로, 제100조의 창업중소기업에 대한 세액감면제도가 창업단계에서 일정한 기간 동안 감면(기간감면)하고 있는 것과 달리 사업(영업)단계에서 기간에 상관없이 감면해 주는 제도이며, 중소기업 관련 지원세제 중 가장 일반적이고 넓게 활용되고 있다.

본 제도는 국세인 조특법에서 1992년에 신설되어 여러 번의 개정을 거쳐오다가 지방소득세의 독립세화를 위한 지방세제 개편계획(2013.9.)에 따라 조특법 제12조의 규정과는 별도로 2014년부터 현재의 지특법 제101조로 신설되었다.

2016년 12월 20일 조특법 개정시 임업 및 수입금액에서 요양급여비용이 차지하는 비율이 100분의 80 이상으로서 해당 과세연도의 종합소득금액이 1억원 이하인 의원·치과의원 및 한의원을 중소기업특별세액감면 적용대상 업종에 추가하였으며, 10년 이상 해당 중소기업 업종을 영위하고 해당 과세연도의 종합소득금액이 1억원 이하인 장수성실 중소기업에 대해 감면율을 10%p 상향 조정하였다.

한편, 2017년 12월 19일 법 개정시 감면한도를 신설하여 소득이 많은 기업일수록 혜택이 증가하는 불합리를 개선하게 되었다.

# 2 | 감면실무

## 2-1. 감면대상자

본 규정의 감면대상은 내국인으로서 감면대상 업종을 영위하는 중소기업이다. 중소기업에 대하여는 지특령 제51조에서 규정하고 있으며, 본 규정에서는 중소기업을 다시 중기업

과 소기업으로 구분하고 있다. 중소기업에 대한 세부적인 해설은 제99조의 해설을 참고하기로 하고, 여기에서는 소기업의 범위에 대하여 알아본다.

### 2-1-1. 중기업과 소기업의 구분

'소기업'이란 중소기업 중 매출액이 업종별로 「중소기업기본법 시행령」 별표 3을 준용하여 산정(이 경우 "평균매출액등"은 "매출액"으로 본다)한 다음의 규모 기준 이내인 기업을 말하고, 중기업은 소기업을 제외한 모든 중소기업을 말한다(조특법 §7 ① 2호 가목 · 라목, 조특령 §6 ⑤).

| 업 종 | 매출액 |
|---|---|
| 제조업, 전기 · 가스 · 수도사업 등 | 120억원 |
| 농업, 광업, 건설업 등 | 80억원 |
| 도 · 소매업, 출판업 등 | 50억원 |
| 전문 · 과학 · 기술서비스업 등 | 30억원 |
| 숙박 · 음식점업 등 | 10억원 |

### 2-1-2. 감면대상 단위

#### (1) 인격단위와 사업장단위

특별세액감면은 업종 또는 사업장 소재지에 따라 상이한 감면율이 적용된다. 따라서 동일한 사업자가 2개 이상의 다른 업종 또는 사업장으로 사업을 영위하는 경우 2개 이상의 다른 감면율이 적용될 수 있다. 다만, 특별세액감면도 소득세에 대한 감면이므로, 과세단위는 법인 또는 개인의 인격단위로 적용되어야 할 것이다. 이와 같이 감면요건을 판정함에 있어 인격단위와 사업장단위 등 기준에 따라 감면요건의 충족 여부가 변경될 수 있는바, 이에 대한 판단이 필요하다. 감면요건 중 중소기업 또는 소기업의 판정은 기업 규모에 대한 것이므로, 사업장단위가 아닌 인격단위로 판정하여야 할 것이다. 다만, 감면율을 결정하는 수도권 소재 여부는 종전에는 본점 또는 주사무소의 소재지에 따라 판단하였으나, 국세인 조특법에서 2004년 세법을 개정하여 사업장별로 판단하도록 개정되었다. 다만, 본점 또는 주사무소가 수도권 안에 소재하는 경우에는 모든 사업장이 수도권 안에 소재하는 것으로 보아 특별세액감면 적용 여부를 판정한다.

**|입법취지| 수도권 소재 여부는 사업장 소재지별로 판단**

▣ 본점 기준으로 수도권 소재 여부를 판단함에 따른 미비점 보완

• 본점은 지방에 있으나, 공장이 수도권에 있는 기업이 높은 감면율을 적용받는 불합리 개선
⇨ 2005년 1월 1일 이후 최초로 개시하는 과세연도부터 적용

(2) 사업장이 수도권 안에 있는 경우 감면의 적용

수도권 안에서 감면대상 업종을 영위하는 중소기업의 경우에는 소기업(지특령 §55 ③, 조특령 §6 ⑤)의 사업장과 지식기반산업(엔지니어링사업, 부가통신업, 연구 및 개발업, 정보처리 및 기타 컴퓨터운영 관련업)을 영위하는 중기업의 사업장에 한하여 본조의 특별세액감면을 적용받을 수 있다. 따라서 중기업이 수도권 안에서 지식기반산업 이외의 감면업종을 영위하는 사업장을 두고 있는 경우 당해 사업장에 대하여는 본조의 특별세액감면을 적용받을 수 없다.

### 2-1-3. 감면대상 업종

중소기업에 대한 특별세액감면 적용대상 업종은 중소기업 범위에 포함되는 업종과 대부분 동일하다. 각 감면대상 업종은 지특법에 특별한 규정이 있는 경우를 제외하고는 통계법 제22조의 규정에 의하여 통계청장이 고시하는 한국표준산업분류에 따라야 한다.

▣ 감면대상 업종

가. 작물재배업, 나. 축산업, 다. 어업, 라. 광업, 마. 제조업
바. 하수·폐기물 처리(재활용을 포함한다), 원료재생 및 환경복원업
사. 건설업, 아. 도매 및 소매업, 자. 운수업 중 여객운송업, 차. 출판업
카. 영화·비디오물 및 방송프로그램 제작업, 영화·비디오물 및 방송프로그램 제작 관련 서비스업, 영화·비디오물 및 방송프로그램 배급업, 오디오물 출판 및 원판녹음업
타. 방송업, 파. 전기통신업, 하. 컴퓨터프로그래밍, 시스템 통합 및 관리업
거. 정보서비스업, 너. 연구개발업, 더. 광고업
러. 그 밖의 과학기술서비스업, 머. 포장 및 충전업, 버. 전문디자인업
서. 창작 및 예술관련 서비스업(자영예술가는 제외한다[248])
어. 주문자상표부착방식에 따른 수탁생산업(受託生産業)[249)250)251)252)253)]
저. 엔지니어링사업, 처. 물류산업
커. 「학원의 설립·운영 및 과외교습에 관한 법률」에 따른 직업기술 분야를 교습하는 학원을 운영하는 사업 또는 「근로자직업능력 개발법」에 따른 직업능력개발훈련시설을 운영하는 사업(직업능력개발훈련을 주된 사업으로 하는 경우에 한한다)

터. 자동차정비공장을 운영하는 사업[254)]
퍼. 「해운법」에 따른 선박관리업
허. 「의료법」에 따른 의료기관을 운영하는 사업(의원 · 치과의원 및 한의원은 제외한다[255)])
고. 「관광진흥법」에 따른 관광사업[256)257)](카지노, 관광유흥음식점 및 외국인전용유흥음식점업은 제외한다)
노. 「노인복지법」에 따른 노인복지시설을 운영하는 사업
도. 「전시산업발전법」에 따른 전시산업
로. 인력공급 및 고용알선업(농업노동자 공급업을 포함한다)[258)]
모. 콜센터 및 텔레마케팅 서비스업
보. 「에너지이용 합리화법」 제25조에 따른 에너지절약전문기업이 하는 사업[259)]
소. 「노인장기요양보험법」 제32조에 따른 재가장기요양기관을 운영하는 사업[260)]
오. 건물 및 산업설비 청소업, 조. 경비 및 경호 서비스업
초. 시장조사 및 여론조사업
코. 사회복지 서비스업

---

248) 공연산업 중 영화배우, 가수 등 자영예술가는 고소득 전문직으로서 근로소득자 등과의 과세형평을 감안하여 특별세액감면대상에서 제외(2003.1.1. 이후 최초로 개시하는 과세연도분부터 적용)

249) 위탁자로부터 주문자상표부착방식에 따른 제품생산을 위탁받아 이를 재위탁하여 제품을 생산 · 공급하는 사업을 말한다(조특령 §6 ①).

250) 국내 임금상승에 따라 해외현지법인 등에 제품생산을 재위탁하는 방법 등으로 제품을 제조하여 주문자상표를 부착하여 수출하는 기업에 대하여는 제조업과 같은 수준으로 지원(2003.1.1. 이후 최초로 개시하는 과세연도분부터 적용)

251) 원자재 등을 해외현지법인에게 무환반출 후 동 현지법인이 봉제하여 해외유명상표를 부착 후 판매한 것으로 이는 주문자상표부착방식에 의한 수탁생산업이며 종업원수가 10명 초과로 소기업이 아니어서 중소기업특별세액감면대상이 아님(조심 2009중1998, 2011.1.28.).

252) 국내 자체생산시설을 갖추지 아니하고 외국에 재위탁하여 납품한 쟁점외주업체에 제품생산을 위탁한 청구법인에게 조세감면을 허용할 경우 국내 제조업의 생산기반을 유지 · 발전시키고자 하는 「조세특례제한법」 제7조의 취지에 맞지 아니하고, 이러한 경우까지 조세감면의 혜택을 부여하는 것은 납세의무자들 사이의 공평을 해할 뿐만 아니라 국내에 생산기반을 둔 동종 업체와의 경쟁에서 유리한 지위를 갖게 하여 위 법 조항을 통하여 달성하고자 하는 목적에 오히려 저촉되는 결과를 초래할 수 있으므로 청구법인이 「조세특례제한법」 제7조 중소기업에 대한 특별세액감면 요건에 해당하지 아니하는 것으로 보아 법인세를 과세한 처분은 잘못이 없는 것으로 판단됨(조심 2011서2389, 2012.4.30.).

253) 조세특례제한법 제7조를 적용함에 있어 위탁자로부터 주문자상표부착방식에 따른 제품생산을 위탁받아 이를 재위탁하여 제품을 생산 · 공급하는 사업의 경우 동법 시행령 제6조 제5항 제3호의 인원기준이 적용됨(재조특-635, 2010.7.1.).

254) 「자동차관리법 시행규칙」 제131조의 규정에 의한 자동차종합정비업 또는 소형자동차정비업의 사업장을 말한다(조특령 §6 ②).

255) 개인의원은 고소득 전문직으로서 근로소득자 등과의 과세형평을 감안하여 특별세액감면대상에서 제외(2003.1.1. 이후 최초로 개시하는 과세연도분부터 적용)

256) 관광사업의 경우 음식 · 숙박업, 소매업 등이 포함되어 있어 업종 간 형평 차원에서 10% 감면율 적용(2003.1.1. 이후 최초로 개시하는 과세연도분부터 적용)

## 2-2. 과세특례의 내용

### 2-2-1. 감면대상 소득

중소기업에 대한 특별세액감면은 제조업 등 해당 업종에서 발생하는 소득에 한하여만 적용된다. 따라서 제조업소득 등(감면대상 소득)과 기타의 소득(과세대상 소득)이 함께 있는 경우에는 제조업소득 등을 구분계산하여야 한다. 이 경우 구분경리(조특법 §143, 조특령 §136, 법인법 §113, 법인령 §156, 법기통 113-156…6)의 규정을 준용하여 제조업소득 등을 구분계산하여야 한다.

### 2-2-2. 감면세액의 계산

$$\text{감면세액} = \text{산출세액} \times \frac{\text{감면대상 소득}}{\text{과세표준}} \times \text{감면율}$$

위 산식의 세액 중 공제액이 감면대상소득에서 발생한 여부가 불분명한 경우에는 소득금액에 비례하여 안분계산한 금액으로 한다.

$$\text{감면대상 소득} = \text{감면대상 사업의 각사업연도 소득금액} - \left[\text{공제액} \times \frac{\text{감면대상 사업의 각사업연도 소득금액}}{\text{각사업연도 소득금액}}\right]$$

---

※ 관광진흥법상 관광사업의 종류 : 여행업, 호텔업, 관광객이용시설업, 국제회의업(국제회의시설업, 국제회의기획업), 카지노업, 유원시설업, 관광편의시설업(관광유흥음식점업, 외국인전용유흥음식점업 등)

257) 「조세특례제한법」 제7조 제1항 제1호 고목의 「관광진흥법」에 따른 관광사업에는 「관광진흥법」 제3조 제1항 및 같은 법 시행령 제2조 제1항 제3호 가목에 따라 숙박시설이나 음식점시설을 갖추고 전문휴양시설 중 한 종류의 시설을 갖추었으나 같은 법 제4조에 따른 등록을 하지 아니하고 관광사업을 영위하는 경우도 포함되는 것임(재조특-928, 2011.10.13.).

258) 서비스산업의 경쟁력 강화 지원에서 인력공급 및 고용알선업, 콜센터 및 텔레마케팅업을 감면업종 추가(2010.1.1. 이후 개시하는 과세연도분부터 적용)

259) 에너지절감시설 등의 투자 활성화를 위하여 ESCO(에너지절약전문기업)가 하는 사업을 중소기업특별세액감면 대상업종에 추가(2010.1.1. 이후 개시하는 과세연도분부터 적용)

260) 고령화사회로의 진행에 따라 노인복지서비스 확충을 지원하고 중소기업특별세액감면 업종에 포함되어 있는 노인복지법상 노인복지시설 운영사업과의 형평성 제고를 위해 「노인장기요양보험법」에 따른 재가장기요양기관(방문요양 · 주야간보호 · 단기보호 · 방문목욕 · 방문간호 · 복지용구서비스기관) 운영사업을 중소기업 특별세액감면의 대상업종 추가(2011.1.1. 이후 최초로 개시하는 과세연도분부터 적용)

### 2-2-3. 감면율

제조업 등 감면대상 업종을 영위하는 사업장에서 발생한 소득에 대한 지방소득세는 다음의 구분에 의한 감면비율을 적용하여 산출한 세액 상당액을 감면한다(지특령 §55 ③·④, 조특령 §6 ⑤·⑥).

| 구 분 | | 감면율 |
|---|---|---|
| 소기업 | 도매 및 소매업, 의료업("도매업 등"이라 한다)을 경영하는 사업장 | 10% |
| | 수도권에서 도매업 등을 제외한 업종을 경영하는 사업장 | 20% |
| | 수도권 외의 지역에서 도매업 등을 제외한 업종을 경영하는 사업장 | 30% |
| 중기업 | 수도권 외의 지역에서 도매업 등을 경영하는 사업장 | 5% |
| | 수도권에서 지식기반산업(엔지니어링사업, 전기통신업, 연구개발업, 컴퓨터 프로그래밍, 시스템 통합 및 관리업, 영화·비디오물 및 방송프로그램 제작업, 전문디자인업, 오디오물 출판 및 원판 녹음업, 광고업 중 광고물 작성업,261) 소프트웨어 개발 및 공급업, 방송업, 정보서비스업)을 경영하는 사업장 | 10% |
| | 수도권 외의 지역에서 도매업 등을 제외한 업종을 경영하는 사업장 | 15% |

## 2-3. 절 차

중소기업에 대한 특별세액감면을 받고자 하는 자는 과세표준신고와 함께 세액감면신청서를 납세지 관할 지방자치단체의 장(세무서장 포함)에게 제출하여야 한다. 그러나 특별세액감면은 당연감면사항이므로 감면신청서를 제출하지 아니하였다 하더라도 감면 자체가 배제되는 것은 아니다(지특령 §55 ⑤).

261) 지식기반산업 추가(영화 및 비디오제작업, 전문디자인업, 오디오 기록매체출판업, 광고물작성업) : 문화산업의 성장잠재력을 확충하고 경쟁력을 강화하기 위해 「산업집적활성화 및 공장설립에 관한 법률」상 지식기반산업으로 인정되는 문화산업 업종을 조특법상 지식기반산업에 포함하여 수도권 중기업도 감면 혜택을 부여(2008.1.1. 이후 최초로 개시하는 과세연도분부터 적용)

## 2-4. 지방세특례의 제한[262)]

### 2-4-1. 중복지원 배제

#### (1) 세액공제와 중복지원 배제

내국인이 동일한 과세연도에 중소기업에 대한 특별세액감면 규정과 중소기업투자세액공제 등의 규정을 동시에 적용받을 수 있는 경우에는 그 중 하나만을 선택하여 적용받아야 한다. 이에 대한 자세한 내용은 제168조 제4항의 해설을 참고하기로 한다.

#### (2) 세액감면과 중복지원 배제

내국인이 동일한 사업장에 대하여 동일한 과세연도에 중소기업에 대한 특별세액감면 규정과 창업중소기업 등에 대한 세액감면 등의 규정 중 둘 이상이 적용될 수 있는 경우에는 그 중 하나만을 선택하여 적용받아야 한다. 자세한 내용은 제168조의 해설을 참고하기로 한다.

### 2-4-2. 최저한세 적용 등 기타 사항

중소기업특별세액감면은 최저한세 적용대상이 되며, 감면대상 업종과 기타 업종을 겸업하는 중소기업은 감면대상 업종과 기타 사업을 구분경리하여야 한다. 또한 중소기업특별세액감면은 농어촌특별세가 비과세된다. 이에 대한 자세한 사항은 제172조(최저한세), 제168조 제1항 및 조특법 제143조를 참조하기 바라며, 농어촌특별세는 동법 제4조(비과세)를 참고하기 바란다.

---

262) 중소기업특별세액감면과 감가상각의제 규정을 비교해서 실무상 적용하는 것이 필요하다. 법인의 경우 추후 처분·폐기시 손금처리가 가능하나 개인의 경우에는 처분·폐기시 인정이 되지 아니하므로 이에 대한 고려가 필요하다.

법인령 제30조(감가상각의 의제) ① 각 사업연도의 소득에 대하여 법인세가 면제되거나 감면되는 사업을 영위하는 법인으로서 법인세를 면제받거나 감면받은 경우에는 법 제23조 제1항 및 제2항에 따라 손금에 산입하는 개별자산에 대한 감가상각비가 상각범위액 이상이 되도록 감가상각비를 손금으로 계상하거나 손금에 산입하여야 한다. ② 제1항에 따라 감가상각비를 손금으로 계상하거나 손금에 산입하지 아니한 법인은 그 후 사업연도의 상각범위액 계산의 기초가 될 자산의 가액에서 그 감가상각비에 상당하는 금액을 공제한 잔액을 기초가액으로 하여 상각범위액을 계산한다.

## 3 | 관련사례

- 개정 전·후의 조특법 제7조의 규정 내용과 개정이유서, 한국표준산업분류(9차) 개정의 특성, 주요내용 및 동종업체인 타 신용평가사의 업종 등을 감안할 때, 청구법인이 영위하는 사업이 정보서비스업에 해당한다고 보기는 어려움(조심 2013서1037, 2013.9.11.).
- 재용선자에게 선박뿐 아니라 선장을 비롯한 선원까지 제공하였고, 재용선자가 원고에게 지급한 재용선료에는 선원비가 포함되어 있으며, 원고의 권한은 원고가 선주에게 선원비가 포함된 용선료를 지급하고 취득한 선박 및 선원에 대한 사용권에 근거하고 있는 것으로 화물운송업에 해당하며 물류산업에 포함됨(대법원 2013두3894, 2013.6.13.).
- 2005사업연도 말일 현재 자산총액이 9,383억여 원인 △△△(주)가 2006사업연도에 청구인 발행주식 총수의 100분의 40을 소유하고 있으므로 구 「조특법 시행령」 제2조 제2항 단서규정 소정의 "실질적 독립성이 「중소기업기본법 시행령」 제3조 제2호의 규정에 적합한 기업 외의 기업에 해당되는 경우"에 해당하여 중소기업 유예기간의 적용이 배제됨에 따라 당해 사업연도, 즉 2006사업연도에 중소기업 특별세액감면 및 중소기업 연구·인력개발비 세액공제 대상인 중소기업에 해당되지 않게 된 것임(감심 2013-51, 2013.4.11.).
- 여객운송업에 해당하는 시내버스 운송사업을 영위하는 내국법인이 지방자치단체와 '시내버스 준공영제 협약'을 체결·시행함에 있어 해당법인의 운송수입금이 당초 지자체가 정한 표준운송원가에 미달하여 그 차액분을 지자체로부터 보전받는 경우 해당 운송수입 보전금은 감면대상소득에 해당함(서면법규-365, 2013.3.29.).
- 청구법인이 ○○○건설에 쟁점아파트 공사도급시 일부 사항은 제외한 것으로 나타나고, 청구법인이 설계를 직접 기획하고 인허가 업무를 직접 수행하였으며, 일부공사는 ○○○건설 외의 법인에 하도급 준 것으로 나타나는 점 등으로 볼 때, 청구법인의 책임하에 쟁점아파트 건설공사가 이루어진 것으로 보이므로 당해 건설·분양수입은 중소기업특별세액감면 대상 건설업 수입금액으로 봄이 타당함(조심 2012서1977, 2013.3.26.).
- 중소기업에 대한 특별세액감면에 대한 소기업 요건인 상시 사용하는 종업원수 계산에 있어서 수습기간 중에 있는 종업원이라 하더라도 일용근로자에 해당하지 않는다면 일반근로자로 보아 상시 사용하는 종업원수에 포함되는 것임(심사법인 2012-52, 2013.3.22.).
- 소기업이 매출액 100억원 이상이 되어 소기업 범위를 초과하여 중기업이 되는 경우에는 유예기간을 적용받을 수 없음(서면법규-217, 2013.2.27.).
- 재용선자에게 선박뿐 아니라 선장을 비롯한 선원까지 제공하였고, 재용선자가 원고에게 지급한 재용선료에는 선원비가 포함되어 있으며, 원고의 권한은 원고가 선주에게 선원비가 포함된 용선료를 지급하고 취득한 선박 및 선원에 대한 사용권에 근거하고 있는 것으로 화물운송업에 해당하며 물류산업에 포함됨(대전고법 2012누1363, 2013.1.17.).
- 「여객자동차운수사업법」에 따른 시내버스 운송사업자가 지급받은 환승할인보조금과 유가보조금은 중소기업 특별세액감면 대상 소득에 포함됨(법인-31, 2013.1.14.).
- 조특법상 업종 분류는 한국표준산업분류에 의하도록 규정하고 있고 한국표준산업분류에서

건설공사분야별로 하도급을 주는 경우를 포함하여 주거용 건물을 건설하는 산업활동을 건설업으로 분류하고 있는 바, 다수 공사업자가 청구인으로부터 하도급받았다는 사실을 인정하고 있는 점, 청구인이 이와 관련한 다수의 영수증 등을 제출한 점 등에 비추어 볼 때, 청구인이 건설업을 영위한 것으로 봄이 타당함(조심 2012중4002, 2012.12.5.).

• 한국표준산업분류표에 의하더라도 원고가 영위하는 사업을 '제조업'으로 분류하기는 어려우므로 주문자상표부착방식에 의한 수탁생산업을 영위한 것으로 보아 특별세액감면을 배제한 처분은 적법함(서울고법 2012누5734, 2012.8.17.).

• 복수의 사업을 영위하는 자에 대하여 사업용계좌를 개설하지 아니한 해당 사업장에 대하여만 중소기업에 대한 특별세액감면이 배제되는 것으로 보는 것이 합리적으로 보이므로 일부 사업장에 대한 사업용계좌를 개설하지 아니하였다 하여 청구인의 다른 사업장에 대해서도 중소기업에 대한 특별세액감면을 배제함은 부당함(조심 2012서1890, 2012.7.2.).

# 제 101 조의 2

## 상생결제 지급금액에 대한 세액공제

**관련규정**

**제101조의 2(상생결제 지급금액에 대한 세액공제)** ① 중소기업을 경영하는 내국인이 2022년 12월 31일까지 중소기업에 지급한 구매대금(「조세특례제한법」 제7조의 2 제3항 제1호에 따른 구매대금을 말한다. 이하 이 조에서 같다) 중 대통령령으로 정하는 상생결제제도(이하 이 조에서 "상생결제제도"라 한다)를 통하여 지급한 금액이 있는 경우로서 다음 각 호의 요건을 모두 충족하는 경우에는 제2항에 따라 계산한 금액을 개인지방소득세(사업소득에 대한 소득세만 해당한다)에서 공제한다. 다만, 공제받는 금액이 해당 과세연도의 개인지방소득세의 100분의 10을 초과하는 경우에는 100분의 10을 한도로 한다.

1. 해당 과세연도에 지급한 구매대금 중 대통령령으로 정하는 현금성결제 금액이 차지하는 비율이 직전 과세연도보다 낮아지지 아니할 것
2. 해당 과세연도에 구매대금을 지급하기 위하여 결제한 약속어음의 금액이 직전 과세연도보다 증가하지 아니할 것

② 제1항에 따라 공제할 금액은 제1호의 금액에 제2호의 금액을 합하여 계산한 금액으로 한다.

1. 상생결제제도를 통한 지급금액 중 지급기한이 세금계산서등(「조세특례제한법」 제7조의 2 제1항 제2호에 따른 세금계산서등을 말한다. 이하 이 조에서 같다)의 작성일부터 15일 이내인 금액 × 1만분의 2
2. 상생결제제도를 통한 지급금액 중 지급기한이 세금계산서등의 작성일부터 15일 초과 60일 이내인 금액 × 1만분의 1

③ 제1항과 제2항을 적용받으려는 내국인은 대통령령으로 정하는 바에 따라 감면신청을 하여야 한다.

## 1 개 요

상생결제시스템은 대기업 수준의 낮은 수수료로 2 · 3차 협력사가 주요 은행에서 현금화할 수 있도록 대기업 발행 매출채권을 현금처럼 융통하는 시스템으로, 기존 1차 협력사만 받을 수 있었던 전자방식의 외상매출채권 담보대출을 2 · 3차 협력사에까지 확대하여 2 · 3차 협력사도 대기업이 발행한 외상매출채권으로 담보된 1차 협력사의 외상매출채권을 판매대금으로 지급받을 수 있도록 한 제도이다.

본 제도의 적용대상은 중소기업으로 한정되어 있었으나, 중견기업에 대한 인센티브 도입 시 상생결제 참여 기업 및 지급금액이 확대될 것으로 기대됨에 따라 2017년 12월 19일 조특법 개정시 중견기업까지 그 범위를 확대하였다. 또한 2017년 12월 19일 조특법 개정시 2~3차 이하 납품단계 중소협력기업들의 열악한 대금결제 환경을 개선하기 위해 상생결제지원제도의 일몰기한이 연장되어 현재 2022년 12월 31일까지 연장하였다.

〈상생결제시스템 기본 구조〉

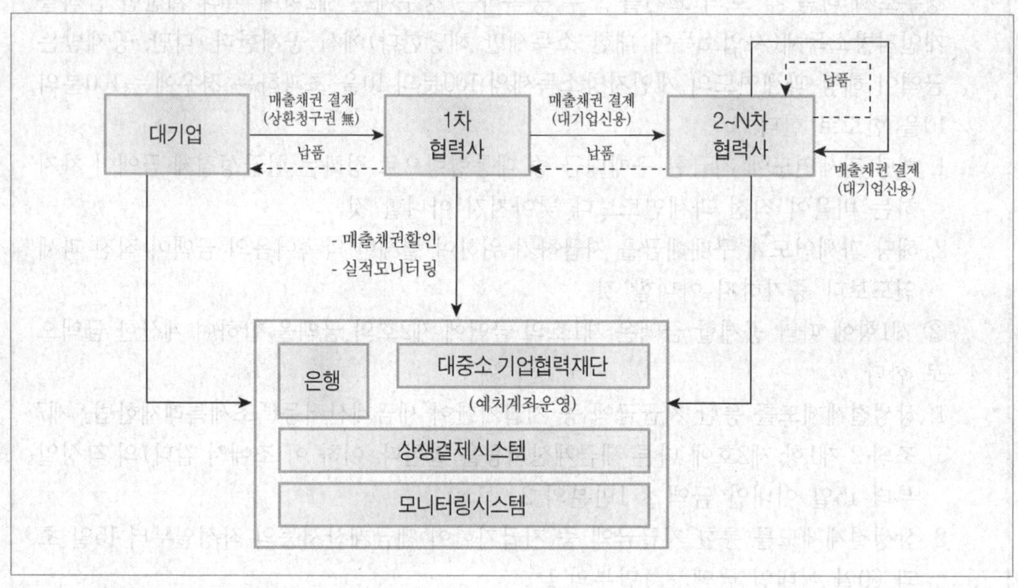

# 2 | 요 건

## 2-1. 적용대상

중소기업 및 조특령 제4조 제1항에 따른 중견기업(이하 "중견기업"이라 한다)을 경영하는 내국인이 적용대상이다.

## 2-2. 적용요건

중소기업 및 중견기업을 경영하는 내국인이 2020년 12월 31일까지 중소기업 및 중견기업에 지급한 구매대금 중 상생결제제도를 통하여 지급한 금액이 있는 경우로서 다음의 요건을 모두 충족하여야 한다. 이 경우 구매대금이란 구매기업이 그 기업의 사업 목적에 맞는 경상적 영업활동과 관련하여 판매기업으로부터 재화를 공급받거나 용역을 제공받고 그 대가로 지급하는 금액을 말한다(조특법 §7의 4 ① 및 §7의 2 ③ 1호).

① 해당 과세연도에 지급한 구매대금 중 현금성결제 금액이 차지하는 비율이 직전 과세연도보다 낮아지지 아니할 것

② 해당 과세연도에 구매대금을 지급하기 위하여 결제한 약속어음의 금액이 직전 과세연도보다 증가하지 아니할 것

# 3 | 과세특례의 내용

## 3-1. 세액공제액의 계산

중소기업 및 중견기업을 영위하는 내국인이 2020년 12월 31일까지 중소기업 및 중견기업에게 지급한 구매대금 중 상생결제제도를 통하여 지급한 금액이 있는 경우에는 다음의 금액을 합하여 계산한 금액을 소득세(사업소득에 대한 소득세만 해당) 또는 법인세에서 공제한다. 다만, 공제받는 금액이 해당 과세연도의 소득세 또는 법인세의 100분의 10을 초과하는 경우에는 100분의 10을 한도로 한다(조특법 §7의 4 ①·②).

① 상생결제제도를 통한 지급금액 중 지급기한이 세금계산서등의 작성일부터 15일 이내인 금액 × 1천분의 2

② 상생결제제도를 통한 지급금액 중 지급기한이 세금계산서등의 작성일부터 15일 초과 60일 이내인 금액 × 1천분의 1

# 제 3 절

# 연구 및 인력개발에 대한 특례 (법 제102조～제106조의 2)

# 제 102 조

## 연구 · 인력개발비에 대한 세액공제

관련규정

**제102조(연구 · 인력개발비에 대한 세액공제)** ① 내국인이 각 과세연도에 연구 · 인력개발비가 있는 경우에는 다음 각 호의 금액을 합한 금액의 100분의 10을 해당 과세연도의 개인지방소득세(사업소득에 대한 개인지방소득세만 해당한다)에서 공제한다. 이 경우 제1호는 2018년 12월 31일까지 발생한 해당 연구 · 인력개발비에 대해서만 적용한다.

1. 연구 · 인력개발비 중 대통령령으로 정하는 신성장동력 분야의 연구개발비 또는 원천기술을 얻기 위한 연구개발비(이하 이 조에서 "신성장동력 · 원천기술연구개발비"라 한다)에 대해서는 해당 과세연도에 발생한 신성장동력 · 원천기술연구개발비에 다음 각 목의 구분에 따른 비율을 곱하여 계산한 금액
   가. 중소기업의 경우 : 100분의 30
   나. 중소기업에 해당하지 아니하는 경우 : 다음의 계산식에 따른 비율(100분의 30을 한도로 한다)
   100분의 20 + (해당 과세연도의 수입금액에서 신성장동력 · 원천기술연구개발비 비율 × 대통령령으로 정하는 일정 배수)

**【영】 제56조(연구 및 인력개발비에 대한 세액공제)** ① 법 제102조 제1항 제1호 각 목 외의 부분에서 "대통령령으로 정하는 신성장동력산업 분야의 연구개발비"란 「조세특례제한법 시행령」 제9조 제1항에 따른 비용을 말한다.

2. 〈삭 제〉 [16.12.27.]
3. 제1호에 해당하지 아니하거나 제1호를 선택하지 아니한 내국인의 연구 · 인력개발비(이하 이 조에서 "일반연구 · 인력개발비"라 한다)의 경우에는 다음 각 목 중에서 선택하는 어느 하나에 해당하는 금액. 다만, 해당 과세연도의 개시일부터 소급하여 4년간 일반연구 · 인력개발비가 발생하지 아니하거나 직전 과세연도에 발생한 일반연구 · 인력개발비가 해당 과세연도의 개시일부터 소급하여 4년간 발생한 일반연구 · 인력개발비의 연평균 발생액보다 적은 경우에는 나목에 해당하는 금액

가. 해당 과세연도에 발생한 일반연구·인력개발비가 직전 과세연도에 발생한 일반연구·인력개발비를 초과하는 경우 그 초과하는 금액의 100분의 40(중소기업의 경우에는 100분의 50)에 상당하는 금액

나. 해당 과세연도에 발생한 일반연구·인력개발비에 다음의 구분에 따른 비율을 곱하여 계산한 금액

1) 중소기업인 경우 : 100분의 25

2) 중소기업이 대통령령으로 정하는 바에 따라 최초로 중소기업에 해당하지 아니하게 된 경우 : 다음의 구분에 따른 비율

가) 최초로 중소기업에 해당하지 아니하게 된 과세연도의 개시일부터 3년 이내에 끝나는 과세연도까지 : 100분의 15

나) 가)의 기간 이후부터 2년 이내에 끝나는 과세연도까지 : 100분의 10

**【영】** 제56조 ③ 법 제102조 제1항 제3호 나목 2)에서 "대통령령으로 정하는 바에 따라 최초로 중소기업에 해당하지 아니하게 된 경우"란 「조세특례제한법 시행령」 제9조 제3항에 따른 경우를 말하고, 같은 목 3)에서 "대통령령으로 정하는 중견기업"이란 「조세특례제한법 시행령」 제9조 제4항 각 호의 요건을 모두 갖춘 기업을 말한다.

3) 대통령령으로 정하는 중견기업(이하 "중견기업"이라 한다)이 2)에 해당하지 아니하는 경우 : 100분의 8

4) 1)부터 3)까지의 어느 하나에 해당하지 아니하는 경우 : 다음 계산식에 따른 비율(100분의 3을 한도로 한다)

| 100분의 2 + 해당 과세연도의 수입금액에서 일반연구·인력개발비가 차지하는 비율 × 2분의 1 |
|---|

[14.3.24. 세액공제율 축소(6% → 4%)]

② 제1항 제3호에 따른 4년간의 일반연구·인력개발비의 연평균 발생액의 구분 및 계산과 그 밖에 필요한 사항은 대통령령으로 정한다.

**【영】** 제56조 ④ 법 제102조 제2항에 따른 4년간의 일반연구·인력개발비의 연평균 발생액의 계산은 「조세특례제한법 시행령」 제9조 제5항부터 제7항까지의 규정에 따른다.

③ 제1항을 적용받으려는 내국인은 대통령령으로 정하는 바에 따라 세액공제신청을 하여야 한다.

④ 제1항 제1호를 적용받으려는 내국인은 일반연구·인력개발비와 신성장동력·원천기술연구개발비를 대통령령이 정하는 바에 따라 구분경리(區分經理)하여야 한다.

**【영】** 제56조 ⑤ 법 제102조 제1항 제1호를 적용받으려는 내국인은 신성장동력연구개발비, 원천기술연구개발비 및 일반연구·인력개발비를 각각 별개의 회계로 구분경리하여야 한

다. 이 경우 신성장동력연구개발비 또는 원천기술연구개발비가 일반연구 · 인력개발비와 공통되는 경우에는 해당 비용 전액을 일반연구 · 인력개발비로 한다.

⑥ 법 제102조 제1항을 적용받으려는 내국인은 과세표준신고를 할 때 행정안전부령으로 정하는 세액공제신청서, 연구및인력개발비명세서 및 연구개발계획서 등 증거서류를 납세지 관할 지방자치단체의 장에게 제출하여야 한다. 다만, 「조세특례제한법 시행령」 제9조 제9항에 따라 납세지 관할 세무서장에게 소득세 공제를 신청하는 경우에는 법 제102조에 따른 개인지방소득세에 대한 세액공제도 함께 신청한 것으로 본다.

# 1 | 개 요

이 법 규정은 각 과세연도에 연구 · 인력개발비가 있는 경우 일정액을 세액공제함으로써 기업의 연구 및 인력개발을 촉진을 통하여 기업의 대외경쟁력을 향상시키고 성장잠재력을 확충하기 위한 세제지원이다. 이 제도는 국세인 조특법에서 1981년에 신설되었으며 2009년에 일몰기한이 도래하였으나, 연구 · 개발 분야의 성장잠재력 확충을 지원하기 위하여 일몰기한을 없애 영구적으로 적용받도록 하였으며, 이후에 신성장동력 및 원천기술 관련 연구개발비에 대한 세액공제를 추가로 신설하여 2015년 12월 31일까지 적용하도록 하였다.

본 제도는 조특법 제10조의 규정과는 별도로 지방소득세를 독립세화하는 지방세제 개편계획(2013.9.)에 따라 2014년부터 현재의 지특법 제102조로 신설되었다.

한편, 대기업 비과세 · 감면 축소 차원에서 대기업에 대한 일반R&D 지원은 최근 지속적으로 축소하는 방향으로 개정이 되었으며 2016년 12월 20일 조특법 개정시 대기업의 일반 R&D 세액공제 공제율에 대해서는 증가분의 경우 기존 40%에서 30%로, 당기분의 경우 기존 2~3%에서 1~3%로 각 하향 조정하였고, 2017년 12월 19일 조특법 개정시 증가분의 경우 기존 30%에서 25%로, 당기분의 경우 기존 1~3%에서 0~2%로 각각 하향 조정하였다.

# 2 | 감면실무

## 2-1. 대상자

내국인이 연구 및 인력개발비세액공제 대상자에 속한다.

## 2-2. 적용기한

① 신성장동력 · 원천기술연구개발비263) : 2021년 12월 31일까지 발생한 해당 연구 · 인력개발비에 대해서만 적용한다.

② 일반연구 · 인력개발비 : 적용기한이 없다.

## 2-3. 공제대상 비용

(1) 신성장동력 · 원천기술연구개발비

다음의 어느 하나에 해당하는 비용을 말한다(조특령 §9 ①).

(가) 자체 연구개발의 경우 : 다음의 비용

1) 연구소 또는 전담부서에서 조특령 별표 7에 따른 신성장동력 · 원천기술 분야별 대상기술의 연구개발업무(이하 "신성장동력 · 원천기술연구개발업무"이라 한다)에 종사하는 연구원 및 이들의 연구개발업무를 직접적으로 지원하는 사람에 대한 인건비(조특령 §9 ① 1호 가목)

연구소 또는 전담부서란 아래의 전담부서 등(이하 "전담부서등"이라 한다) 및 연구개발서비스업을 영위하는 기업으로서 신성장동력 · 원천기술연구개발업무만을 수행하는 국내 소재 전담부서등 및 연구개발서비스업을 영위하는 기업(이하 "신성장동력 · 원천기술연구개발 전담부서등"이라 한다)을 말한다(조특칙 §7 ① · ② 본문).

①「기초연구진흥 및 기술개발지원에 관한 법률」 제14조의 2 제1항에 따라 과학기술정보통신부장관의 인정을 받은 기업부설연구소 또는 연구개발전담부서

②「문화산업진흥 기본법」 제17조의 3 제1항에 따른 기업부설창작연구소 또는 기업창작전담부서

③「산업디자인진흥법」 제9조에 따른 산업디자인전문회사(이하 "산업디자인전문회사"라 한다)

다만, 일반연구개발을 수행하는 전담부서등 및 연구개발서비스업을 영위하는 기업의 경우에는 다음에 따른 조직을 신성장동력 · 원천기술연구개발 전담부서등으로 본다(조특칙 §7 ② 단서).

ⓐ 신성장동력 · 원천기술연구개발업무에 관한 별도의 조직을 구분하여 운영하는

263) 미래성장동력 확보를 위한 기업투자 확대를 지원하기 위하여 성장동력산업 및 원천기술 R&D비용에 대한 세액공제를 확대(2010.1.1. 이후 최초로 개시하는 과세연도분부터 적용)

경우 : 그 내부 조직

ⓑ ⓐ 외의 경우 : 신성장동력 · 원천기술연구개발업무 및 일반연구개발을 모두 수행하는 전담부서등 및 연구개발서비스업을 영위하는 기업

한편, 다음의 어느 하나에 해당하는 자의 인건비는 제외한다(조특칙 §7 ③ · ④).

① 주주인 임원으로서 다음의 어느 하나에 해당하는 사람

ⓐ 부여받은 주식매수선택권을 모두 행사하는 경우 당해 법인의 총발행주식의 100분의 10을 초과하여 소유하게 되는 자

ⓑ 당해 법인의 주주로서 「법인세법 시행령」 제43조 제7항에 따른 지배주주등 및 당해 법인의 총발행주식의 100분의 10을 초과하여 소유하는 주주

ⓒ ⓑ에 해당하는 자(법인을 포함한다)와 「소득세법 시행령」 제98조 제1항 또는 「법인세법 시행령」 제2조 제5항에 따른 특수관계인. 이 경우 「법인세법 시행령」 제2조 제5항 제7호에 해당하는 자가 당해 법인의 임원인 경우를 제외한다.

② 조특칙 제2항 제2호에 해당하는 경우로서 신성장동력 · 원천기술연구개발업무 와 일반연구개발을 동시에 수행한 사람

2) 신성장동력 · 원천기술연구개발업무를 위하여 사용하는 견본품, 부품, 원재료와 시약류 구입비 및 소프트웨어(「문화산업진흥 기본법」 제2조 제2호에 따른 문화상품 제작을 목적으로 사용하는 경우에 한정한다) · 서체 · 음원 · 이미지의 대여 · 구입비(조특령 §9 ① 1호 나목)[264)]

(나) 위탁 및 공동연구개발의 경우

다음의 기관에 신성장동력 · 원천기술연구개발업무를 위탁(재위탁을 포함한다)함에 따른 비용(전사적 기업자원 관리설비, 판매시점 정보관리시스템설비 등 기업의 사업운영 · 관리 · 지원 활동과 관련된 시스템 개발을 위한 위탁비용은 제외한다) 및 이들 기관과의 공동연구개발을 수행함에 따른 비용(조특령 §9 ① 2호, 조특칙 §7 ⑥)

다만, 4)부터 6)까지의 기관에 신성장동력 · 원천기술 분야별 대상기술의 연구개발업무를 위탁하는 경우(영 별표 7의 제7호 가목 6)부터 8)까지의 규정에 따른 임상1상 · 2상 · 3상 시험과 같은 목 7)에 따른 임상2상 시험 및 「희귀질환관리법」 제2조 제1호에 따른 희귀질환의 진단 및 치료를 위한 의약품 개발을 위하여 실시하는 임상시험의 경우는 제외한다)

---

264) 2019.2.12. 조특령 개정시 콘텐츠분야 연구개발시 사용되는 서체 · 음원 · 창작용S/W 등 대여 · 구입비를 R&D비용에 포함하여, 제조업의 원재료 · 부품 등 구입비를 공제하는 것과의 형평성을 확보하였다.

에는 국내에 소재한 기관으로 한정한다.

1) 「고등교육법」에 따른 대학 또는 전문대학

2) 국공립연구기관

3) 정부출연연구기관

4) 비영리법인(비영리법인에 부설된 연구기관을 포함한다)

5) 기업의 연구기관 또는 전담부서등(신성장동력 · 원천기술연구개발업무만을 수행하는 전담부서등에서 직접 수행한 부분에 한정한다)

6) 「국가과학기술 경쟁력 강화를 위한 이공계지원 특별법」에 따른 연구개발서비스업을 영위하는 기업

(2) 일반연구 · 인력개발비

신성장동력 · 원천기술연구개발비에 해당하지 아니하거나 신성장동력 · 원천기술연구개발비를 선택하지 아니한 내국인의 연구 · 인력개발비를 말한다(조특법 §10 ① 3호).

(3) 신성장동력 · 원천기술심의위원회[265)]

내국인이 지출한 신성장동력 · 원천기술연구개발비의 연구개발 대상 기술이 별표 7에 해당되는지 여부에 관한 사항을 심의하기 위하여 기획재정부장관 및 산업통상자원부장관이 공동으로 운영하는 신성장동력 · 원천기술심의위원회를 둘 수 있다(조특령 §9 ⑪). 이 경우 신성장동력 · 원천기술심의위원회의 구성 및 운영 등에 필요한 사항은 기획재정부와 산업통상자원부의 공동부령으로 정한다(조특령 §9 ⑫).

## 3 과세특례의 내용

내국인이 각 과세연도에 연구 · 인력개발비가 있는 경우에는 다음의 금액을 합한 금액을 해당 과세연도의 소득세(사업소득에 대한 소득세만 해당한다) 또는 법인세에서 공제한다. 이 경우 (1)은 2021. 12. 31.까지 발생한 해당 연구 · 인력개발비에 대해서만 적용한다(조특법 §10 ①). 본조는 총액발생기준에 의한 세액공제와 증가발생기준에 의한 세액공제로 구분할 수 있는데, 소급 4년간 일반연구 · 인력개발비[266)]가 발생하지 않거나, 직전연도 일반연

265) 이하 위원회와 관련하여 설명된 내용은 2019.2.12. 조특령 개정 내용이며, 이는 2020.1.1.부터 시행된다.

266) 신성장동력연구개발비 및 원천기술연구개발비에 해당하지 아니하거나 신성장동력연구개발비 및 원천기술연구개발비를 선택하지 아니한 내국인의 연구 · 인력개발비가 이에 해당한다.

구 · 인력개발비가 소급 4년간 일반연구 · 인력개발비보다 적은 경우에는 총액발생기준에 의한 세액공제 방식만 인정된다. 한편 신성장동력 · 원천기술연구개발비를 적용받으려는 내국인은 일반연구 · 인력개발비와 신성장동력 · 원천기술연구개발비를 구분경리(區分經理)하여야 한다(조특법 §10 ④).

세액공제액 = (1) + (2)

(1) 해당 과세연도에 발생한 신성장동력 · 원천기술연구개발비 × [{중소기업은 100분의 30, 그 밖의 경우 100분의 20(중견기업 중 코스닥상장중견기업[267]은 100분의 25)} + (해당 과세연도의 수입금액에서 신성장동력 · 원천기술연구개발비가 차지하는 비율 × 3배)]

(2) 일반연구 · 인력개발비 : 다음의 ①~② 중 선택하는 어느 하나에 해당하는 금액

* 단, 소급 4년간 일반연구 · 인력개발비가 발생하지 않거나, 직전연도 일반연구 · 인력개발비가 소급 4년간 일반연구 · 인력개발비보다 적은 경우에는 ②에 해당하는 금액

① (해당 과세연도에 발생한 일반연구 · 인력개발비 − 직전연도 일반연구 · 인력개발비) × 25%(중견기업은 40%, 중소기업은 50%)

② 해당 과세연도에 발생한 일반연구 · 인력개발비에 다음의 구분에 따른 비율을 곱하여 계산한 금액

㉮ 중소기업인 경우 : 25%

㉯ 중소기업이 그 규모의 확대 등으로 졸업기준에 해당되거나 중소기업요건을 갖추지 못하게 되는 경우 및 「중소기업기본법 시행령」의 독립성 기준, 별표 1 및 별표 2의 개정에 따라 중소기업에 해당하지 아니하게 된 사유가 발생한 날이 속하는 과세연도와 그 다음 3개 과세연도가 경과하여 최초로 중소기업에 해당하지 아니하게 된 경우 : 다음의 구분에 따른 비율

㉠ 최초로 중소기업에 해당하지 아니하게 된 과세연도의 개시일부터 3년 이내에 끝나는 과세연도까지 : 15%

㉡ 위 ㉠의 기간 이후부터 2년 이내에 끝나는 과세연도까지 : 10%

㉰ 중견기업이 ㉯에 해당하지 아니하는 경우 : 8%

㉱ 위 ㉮~㉰의 어느 하나에 해당하지 아니하는 경우 : 다음 계산식에 따른 비율(한도 : 2%)
해당 과세연도의 수입금액에서 일반연구 · 인력개발비가 차지하는 비율 × 2분의 1

여기서, 중견기업이란 다음의 요건을 모두 갖춘 기업을 말한다(조특령 §9 ②).

ⓐ 중소기업이 아닐 것

ⓑ 다음의 어느 하나에 해당하는 업종을 주된 사업으로 영위하지 아니할 것

i ) 조특령 제29조 제3항에 따른 소비성서비스업

ii ) 금융업, 보험 및 연금업, 금융 및 보험 관련 서비스업(업종 분류 기준 : 통계청장이 고시하는 한국표준산업분류)

267) 「자본시장과 금융투자업에 관한 법률」에 따른 코스닥시장에 상장한 중견기업

ⓒ 소유와 경영의 실질적인 독립성이 「중견기업 성장촉진 및 경쟁력 강화에 관한 특별법 시행령」 제2조 제2항 제1호에 적합할 것

ⓓ 직전 3개 과세연도의 매출액의 평균금액이 5천억원 미만인 기업일 것

여기서, 매출액은 기업회계기준에 따라 작성한 손익계산서상의 매출액으로 한다. 다만, 창업·분할·합병의 경우 그 등기일의 다음 날(창업의 경우에는 창업일)이 속하는 과세연도의 매출액을 연간 매출액으로 환산한 금액을 말한다. 또한, 과세연도가 1년 미만인 과세연도의 매출액도 1년으로 환산한 매출액을 말한다(조특령 §2 ④, 조특칙 §2 ④).

기업이 분할한 경우 분할신설법인은 분할 전 발생한 각 사업연도 매출액 중 승계한 사업부문에 상당하는 매출액을 기준으로 '직전 3개 과세연도 매출액의 평균금액'을 계산하며, 승계한 사업부문에 상당하는 매출액이 구분경리되지 않은 경우에는 각 사업연도 말 승계사업의 자산가액이 총자산가액에서 차지하는 비율로 각 사업연도의 매출액을 안분한다. 이때 관계기업에 속하는 법인이라 하더라도 중견기업 판단시에는 직전 3년 매출액을 합산하지 아니한다(서면법규-500, 2014. 5. 19.).

〈일반 R&D 세액공제율〉

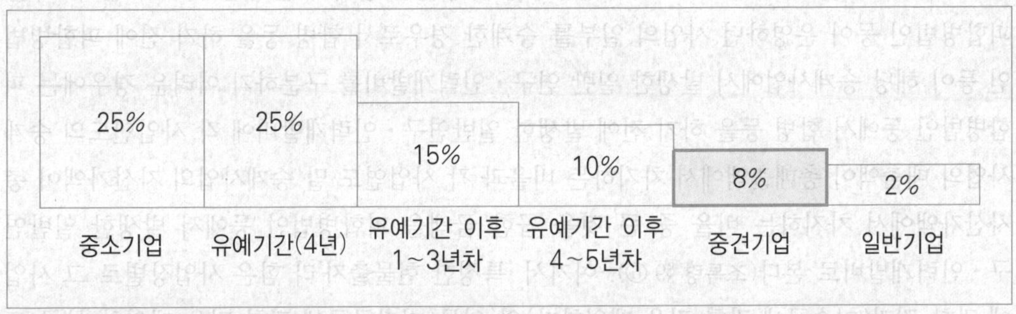


## 3-1. 연평균발생액

### 3-1-1. 일반적인 경우

소급 4년간의 일반연구·인력개발비의 연평균 발생액[268]은 다음 계산식에 따라 계산한 금액으로 한다(조특령 §9 ⑤).

---

268) 조기통 10-9…2 【연구·인력개발비의 연평균발생액 계산】 법령의 개정으로 최초로 세액공제대상이 되거나 제외되는 비용이 있는 경우 당해 과세연도 개시일부터 소급하여 4년간 발생한 연구 및 인력개발비의 합계액은 당해 과세연도와 동일한 기준에 상응하는 연구 및 인력개발비를 포함하여 계산한다.

해당 과세연도 개시일부터 소급하여 4년간 발생한 일반연구 · 인력개발비의 합계액/해당 과세연도 개시일부터 소급하여 4년간 일반연구 · 인력개발비가 발생한 과세연도의 수(그 수가 4 이상인 경우 4로 한다) × 해당 과세연도의 개월 수/12

위 계산식을 적용할 때 개월 수는 월력에 따라 계산하되, 과세연도 개시일이 속하는 달이 1개월 미만인 경우에는 1개월로 하고, 과세연도 종료일이 속하는 달이 1개월 미만인 경우에는 산입하지 아니한다(조특령 §9 ⑦).

### 3-2. 합병법인 등의 경우

위에서 언급한 계산식(3-1-1) 중 해당 과세연도 개시일부터 소급하여 4년간 발생한 일반연구 · 인력개발비의 합계액을 계산할 때 합병법인, 분할신설법인, 분할합병의 상대방법인, 사업양수법인 또는 특정한 현물출자를 받은 법인(이하 "합병법인 등"이라 한다)의 경우에는 합병, 분할, 분할합병, 사업양도 또는 특정한 현물출자(이하 "합병 등"이라 한다)를 하기 전에 피합병법인, 분할법인, 사업양도인 또는 현물출자자(이하 "피합병법인 등"이라 한다)로부터 발생한 일반연구 · 인력개발비는 합병법인 등에서 발생한 것으로 본다. 다만, 피합병법인 등이 운영하던 사업의 일부를 승계한 경우로서 합병 등을 하기 전에 피합병법인 등이 해당 승계사업에서 발생한 일반 연구 · 인력개발비를 구분하기 어려운 경우에는 피합병법인 등에서 합병 등을 하기 전에 발생한 일반연구 · 인력개발비에 각 사업연도의 승계사업의 매출액이 총매출액에서 차지하는 비율과 각 사업연도 말 승계사업의 자산가액이 총자산가액에서 차지하는 비율 중 큰 것을 곱한 금액을 피합병법인 등에서 발생한 일반연구 · 인력개발비로 본다(조특령 §9 ⑥). 여기서 '특정한 현물출자'라 함은 사업장별로 그 사업에 관한 권리(미수금에 관한 것을 제외한다)와 의무(미지급금에 관한 것을 제외한다)를 포괄적으로 출자하는 것을 말한다(조특칙 §7의 2).

### 3-3. 발생금액 및 세액공제연도

연구 · 인력개발비에 대한 세액공제는 당해 과세연도 중 발생주의 기준으로 발생한 각 과세연도마다 공제한다(조기통 10-0…1). 종전의 지급주의에서 2000년 조특법 개정시 기업회계에 맞추어 발생주의 기준으로 변경하였고 이는 2001년 1월 1일 이후 최초로 개시하는 과세연도분부터 적용한다.

# 4 | 구분경리

조특법 제10조 제1항 제1호를 적용받으려는 내국인은 신성장동력 · 원천기술연구개발비 및 일반연구 · 인력개발비를 각각 별개의 회계로 구분경리하여야 한다. 이 경우 신성장동력 · 원천기술연구개발비가 일반연구 · 인력개발비와 공통되는 경우에는 해당 비용을 전액 일반연구 · 인력개발비로 하거나 다음의 구분에 따라 신성장동력 · 원천기술연구개발비 및 일반연구 · 인력개발비로 안분계산하여 구분경리해야 한다(조특령 §9 ⑧, 조특칙 §7 ⑭[269]).

① 인건비 및 위탁 · 공동연구개발비에 해당하는 공통비용의 경우 : 전액 일반연구 · 인력개발비로 한다.

② ① 외의 공통비용의 경우 : 다음의 ㉮ 및 ㉯의 구분에 따른다.

㉮ 신성장동력 · 원천기술연구개발비 : 다음의 계산식에 따른 비용

$$\text{제1호 외의 공통비용} \times \frac{\text{영 제9조 제1항 제1호 가목에 해당하는 비용}}{\text{영 제9조 제1항 제1호 가목에 해당하는 비용 및 영 별표 6 제1호 가목 1)에 해당하는 비용의 합계}}$$

㉯ 일반연구 · 인력개발비 : ① 외의 공통비용에서 ㉮의 비용을 제외한 비용

(1) 원천기술연구개발비(지특령 §56 ②, 조특령 §9 ②) : 다음의 어느 하나에 해당하는 비용을 말한다.

1) 전담부서 등[270]으로서 원천기술연구개발 전담부서[271]에서 원천기술연구개발업무(조특령 별표 8)에 종사하는 연구원 및 이들의 연구개발업무를 직접적으로 지원하는 사람에 대한 인건비. 다만, 다음의 어느 하나에 해당하는 자의 인건비는 제

---

269) 2019년 개정시 신설된 내용이다.

270) 다음 중 어느 하나에 해당하는 곳을 말한다(조특칙 §7 ①).
① 「기초연구진흥 및 기술개발지원에 관한 법률 시행령」 제16조 제1항 및 제2항에 따라 교육과학기술부장관의 인정을 받은 기업부설연구소 또는 연구개발전담부서
② 「문화산업진흥 기본법」 제17조의 3에 따라 인정받은 기업부설창작연구소 또는 기업창작전담부서로서 문화체육관광부장관의 추천을 받아 기획재정부장관이 문화산업의 연구개발활동 여부를 고려하여 고시하는 연구소 또는 전담부서

271) 원천기술연구개발업무만을 수행하는 전담부서 등을 말한다. 다만, 일반연구개발을 수행하는 전담부서 등이 있는 경우로서 그 전담부서 등 내에 해당 업무에 관한 별도의 조직을 구분하여 운영하는 경우에는 이를 원천기술연구개발 전담부서로 본다(조특칙 §7 ②).

외한다(조특칙 §7 ④).

① 부여받은 주식매수선택권을 모두 행사하는 경우 당해 법인의 총발행주식의 100분의 10을 초과하여 소유하게 되는 자

② 당해 법인의 주주로서 「법인세법 시행령」 제43조 제7항에 따른 지배주주 등 및 당해 법인의 총발행주식의 100분의 10을 초과하여 소유하는 주주

③ 위 ②에 해당하는 자(법인을 포함한다)와 「소득세법 시행령」 제98조 제1항 또는 「법인세법 시행령」 제87조 제1항에 따른 특수관계인. 이 경우 「법인세법 시행령」 제87조 제1항 제7호에 해당하는 자가 당해 법인의 임원인 경우를 제외한다.

2) 원천기술연구개발업무를 위하여 사용하는 견본품, 부품, 원재료와 시약류 구입비

(2) 일반연구 · 인력개발비

신성장동력연구개발비 및 원천기술연구개발비에 해당하지 아니하거나 신성장동력연구개발비 또는 원천기술연구개발비를 선택하지 아니한 내국인의 연구 · 인력개발비를 말한다(지특법 §102 ① 3호).

### 4-1. 과세특례의 내용

내국인이 각 과세연도에 연구 · 인력개발비가 있는 경우에는 다음의 금액을 합한 금액을 해당 과세연도의 개인분 지방소득세(사업소득에 대한 소득세만 해당한다)에서 공제한다. 이 경우 ① 및 ②는 2015년 12월 31일까지 발생한 해당 연구 · 인력개발비에 대해서만 적용한다(지특법 §102 ①). 이 법 규정은 총액발생기준에 의한 세액공제와 증가발생기준에 의한 세액공제로 구분할 수 있는데, 소급 4년간 일반연구 · 인력개발비가 발생하지 않거나, 직전연도 일반연구 · 인력개발비가 소급 4년간 일반연구 · 인력개발비보다 적은 경우에는 총액발생기준에 의한 세액공제 방식만 인정된다. 한편 신성장동력연구개발비 및 원천기술연구개발비를 적용받으려는 내국인은 일반연구 · 인력개발비와 신성장동력연구개발비, 원천기술연구개발비를 구분경리(區分經理)하여야 한다(조특법 §10 참조).

세액공제액 = (1) + (2) + (3)

(1) 해당 과세연도에 발생한 신성장동력연구개발비 × 20%(중소기업은 30%)

(2) 해당 과세연도에 발생한 원천기술연구개발비 × 20%(중소기업은 30%)

(3) 일반연구 · 인력개발비 : Max(①, ②)

* 단, 소급 4년간 일반연구 · 인력개발비가 발생하지 않거나, 직전연도 일반연구 · 인력개발비가 소급 4년간 일반연구 · 인력개발비보다 적은 경우에는 ②에 해당하는 금액

① (해당 과세연도에 발생한 일반연구·인력개발비 − 직전연도 일반연구·인력개발비) × 40%(중소기업은 50%)
② 해당 과세연도에 발생한 일반연구·인력개발비에 다음의 구분에 따른 비율을 곱하여 계산한 금액
㉮ 중소기업인 경우 : 25%
㉯ 중소기업이 그 규모의 확대 등으로 졸업기준에 해당되거나 중소기업기준을 초과하는 경우 및 「중소기업기본법 시행령」의 독립성 기준, 별표 1 및 별표 2의 개정에 따라 중소기업에 해당하지 아니하게 된 사유가 발생한 날이 속하는 과세연도와 그 다음 3개 과세연도가 경과하여 최초로 중소기업에 해당하지 아니하게 된 경우 : 다음의 구분에 따른 비율
㉠ 최초로 중소기업에 해당하지 아니하게 된 과세연도의 개시일부터 3년 이내에 끝나는 과세연도까지 : 15%
㉡ 위 ㉠의 기간 이후부터 2년 이내에 끝나는 과세연도까지 : 10%
㉰ 중견기업이 ㉯에 해당하지 아니하는 경우 : 8%
위 ㉮~㉰의 어느 하나에 해당하지 아니하는 경우 : 다음 계산식에 따른 비율(한도 : 6%)
3% + 해당 과세연도의 수입금액에서 일반연구·인력개발비가 차지하는 비율 × 2분의 1

## 4-2. 연평균 발생액

### 4-2-1. 일반적인 경우

소급 4년간의 일반연구·인력개발비의 연평균 발생액은 다음 계산식에 따라 계산한 금액으로 한다(지특령 §56 ③, 조특령 §9 ④).

해당 과세연도 개시일부터 소급하여 4년간 발생한 일반연구·인력개발비의 합계액/해당 과세연도 개시일부터 소급하여 4년간 일반연구·인력개발비가 발생한 과세연도의 수(그 수가 4 이상인 경우 4로 한다) × 해당 과세연도의 개월 수/12

위 계산식을 적용할 때 개월 수는 월력에 따라 계산하되, 과세연도 개시일이 속하는 달이 1개월 미만인 경우에는 1개월로 하고, 과세연도 종료일이 속하는 달이 1개월 미만인 경우에는 산입하지 아니한다(지특령 §56 ⑤, 조특령 §9 ⑥).

### 4-2-2. 합병법인 등의 경우

해당 과세연도 개시일부터 소급하여 4년간 발생한 일반연구·인력개발비의 합계액을 계산할 때 합병법인, 분할신설법인, 분할합병의 상대방법인, 사업양수법인 또는 특정한 현물출자를 받은 법인("합병법인 등"이라 한다)의 경우에는 합병, 분할, 분할합병, 사업양도 또는 특정한 현물출자("합병 등"이라 한다)를 하기 전에 피합병법인, 분할법인, 사업양도인 또는 현물출자자("피합병법인 등"이라 한다)로부터 발생한 일반연구 · 인력개발비는 합병법인 등에서 발생한 것으로 본다. 다만, 피합병법인 등이 운영하던 사업의 일부를 승계한 경우에는 피합병법인 등에서 합병 등을 하기 전에 발생한 일반연구 · 인력개발비에 각 사업연도의 승계사업의 매출액이 총매출액에서 차지하는 비율과 각 사업연도 말 승계사업의 자산가액이 총자산가액에서 차지하는 비율 중 큰 것을 곱한 금액을 피합병법인 등에서 발생한 일반연구 · 인력개발비로 본다(지특령 §56 ⑤, 조특령 §9 ⑤). 여기서 '특정한 현물출자'라 함은 사업장별로 그 사업에 관한 권리(미수금에 관한 것을 제외한다)와 의무(미지급금에 관한 것을 제외한다)를 포괄적으로 출자하는 것을 말한다(조특칙 §7의 2).

### 4-3. 구분경리

신성장동력연구개발비에 대해서 해당 과세연도에 발생한 신성장동력연구개발비에 100분의 20(중소기업의 경우에는 100분의 30)을 곱하여 계산한 금액 또는 원천기술연구개발비에 대해 해당 과세연도에 발생한 원천기술연구개발비에 100분의 20(중소기업의 경우에는 100분의 30)을 곱하여 계산한 금액을 적용받으려는 내국인은 신성장동력연구개발비, 원천기술연구개발비 및 일반연구 · 인력개발비를 각각 별개의 회계로 구분경리하여야 한다. 이 경우 신성장동력연구개발비 또는 원천기술연구개발비가 일반연구 · 인력개발비와 공통되는 경우에는 해당 비용 전액을 일반연구 · 인력개발비로 한다(지특령 §56 ⑤, 조특령 §9 ⑦). 여기서 말하는 구분경리란 사업 또는 수입별로 자산과 부채 및 익금과 손금을 장부상 각각 독립된 계정과목에 의하여 구분기장하는 것을 말한다.

이는 세법상 특정사업소득에 대하여만 납세의무를 부여하거나 특정사업소득에 대하여만 소득공제 · 세액감면 · 준비금손금산입 등 조세감면혜택을 부여하는 경우에 해당 사업소득과 기타 사업소득을 구분하여 경리하는 것을 말한다.

### 4-4. 신고절차

이 법 규정의 세액공제를 적용받고자 하는 내국인은 과세표준신고와 함께 세액공제신청서, 연구 및 인력개발비명세서 및 연구개발계획서 등 증거서류를 납세지 관할 지방자치단체의 장(세무서장 포함)에게 제출하여야 한다(지특법 §102 ③, 지특령 §56 ⑦).

### 4-5. 지방세특례의 제한

#### 4-5-1. 최저한세의 적용

2003년 말 국세인 조특법을 개정하여 중소기업의 연구개발 활성화를 지원하기 위하여 연구 및 인력개발비세액공제액 전액에 대하여 최저한세 적용을 배제하였으며 이에 대한 적용시기는 2004년 1월 1일 이후 개시하는 과세연도에 발생하는 분부터 적용해오고 있다. 자세한 내용은 제172조의 해설을 참고하기로 한다.

#### 4-5-2. 공제세액의 이월공제

최저한세 규정의 적용으로 인하여 당해 과세연도에 공제받지 못한 부분에 상당하는 연구 및 인력개발비에 대한 세액공제액은 차기 이후의 과세연도에 이월하여 공제가 가능하다.

#### 4-5-3. 추계과세시 적용배제

각 과세연도의 소득금액을 계산함에 있어서 소득세법 제80조 제3항 단서 규정에 의하여 추계과세를 하는 경우에는 연구 및 인력개발비세액공제는 적용하지 아니한다.

## 5 | 관련사례

- 분할신설법인이 분할일이 속는 사업연도의 다음 사업연도에 연구·인력개발비에 대한 세액공제액을 계산하는 경우, 분할신설법인의 직전 4년간 연구·인력개발비 연평균발생액은 해당 과세연도 직전 4년간 발생한 연구·인력개발비의 합계액을 4로 나누어 계산(재조특-824, 2013.9.24.)
- 해당 직원들의 근무기간이 짧고, 그들이 고유디자인의 개발을 위한 업무를 전담한 사실이 객관적인 자료로 확인되지 아니한 점 등으로 볼 때, 해당 인건비를 고유디자인 개발비용으로 인정하기 어려움(심사법인 2013-34, 2013.8.28.).
- 제조업을 영위하는 법인의 전사적 자원관리시스템 개발비는 구 조세특례제한법 제10조 제1항의 연구인력개발비 세액공제 대상에 해당함(조심 2012서3991, 2013.7.23.).
- 연구 및 인력개발비 세액공제 관련 규정상 ERP 등 시스템 개발을 위한 위탁비용에 대해서는 명확한 규정이고, 위탁연구개발비용의 일종으로 해석하여 세액공제를 적용하여 오다가, 조특법 시행령 [별표 6]을 개정하여 ERP시스템 개발용역비를 세액공제의 적용대상에서 제외하였으며, [부칙]에는 2010.1.1. 이후 개시하는 과세연도분부터 적용하는 것으로 규정되어 있는 점, 청구법인이 소비성서비스업이 아닌 도소매업을 영위하고 있고, 기업부설연구소를

보유하고 있는 청구외법인에게 쟁점시스템 구축을 위탁한 사실이 확인되는 점, 청구법인이 3월 말 결산법인임이 정관에 의하여 확인되는 점 등을 종합할 때 청구법인의 쟁점 ERP위탁 용역비는 연구및인력개발비 세액공제 대상임(조심 2013서134, 2013.7.23.).

- 수탁받은 업체의 전담부서에서 연구개발용역을 수행하지 아니하였다 하더라도 이를 수탁받은 업체가 수행한 것으로 확인되는 이상, 연구및인력개발비 세액공제 적용대상으로 봄이 타당함(조심 2012서4268, 2013.7.17.).
- 대법원판례에 따르면 조특법상 연구개발비 세액공제가 적용되는 직무발명보상금 지급 대상 종업원에 임원도 포함되므로 AAA의 임원 여부와 관계없이 AAA의 직무발명보상금은 연구인력개발비 세액공제 대상임(심사법인 2013-30, 2013.7.16.).
- 위탁연구개발의 경우 수탁업체가 전담부서를 보유하기만 하면 재수탁업체가 전담부서를 보유하지 않더라도 세액공제비용에 해당하는 것으로 해석하는 것은 자체연구개발의 경우와의 조세형평에 반하는 것으로 재수탁업체가 전담부서를 보유한 경우에만 세액공제 대상이 되는 것으로 봄이 타당함(서울행법 2013구합2600, 2013.7.5.).
- 이 사건 각 발명은 원고의 기술연구개발 업무에 종사하여 온 직원이 그 재직 중에 원고의 업무범위에 속하는 토목공사, 조경공사와 관련한 발명을 한 것이므로 구 특허법 또는 발명진흥법에 따른 직무발명에 해당한다고 볼 여지가 많으므로 직무발명보상금에 해당하지 않는다고 보아 연구 · 인력개발비 세액공제를 부인한 처분은 잘못임(대법원 2013두2655, 2013.6.27.).
- 연구 및 인력개발비가 최초로 발생한 과세연도 개시일부터 당해 과세연도 개시일까지의 기간이 48개월 미만이므로, 그 기간에 발생한 합계액을 48개월로 환산하여 직전 4년간 발생한 연구 및 인력개발비의 연평균 발생액을 계산함이 타당함(조심 2013중2215, 2013.6.25.).
- 연구인력개발비가 최초로 발생한 과세연도 그 전부를 초과발생액으로 보아 세액공제를 적용함이 타당함(조심 2013중1184, 2013.6.19.).
- 기업이 위탁한 연구개발비에 대해 수탁받은 기업이 이를 제3자에게 재위탁하는 경우 재수탁받은 업체의 전담부서 보유 여부에 불문하고 이는 세액공제 대상에 해당된다 봄이 타당함(서울행법 2012구합31878 · 32550, 2013.6.14.).
- 위탁연구개발의 경우 수탁업체가 전담부서를 보유하기만 하면 재수탁업체가 전담부서를 보유하지 않더라도 세액공제비용에 해당하는 것으로 해석하는 것은 자체연구개발의 경우와의 조세형평에 반하는 것으로 재수탁업체가 전담부서를 보유한 경우에만 세액공제 대상이 되는 것으로 봄이 타당함(서울행법 2012구합34440 · 41059, 2013.6.14.).
- 내국법인이 연구개발 전담부서를 보유하고 있지 않은 업체에 연구개발 용역을 위탁한 경우에도 동 연구개발용역비는 연구인력개발비세액공제 대상에 해당하는 것임(서울행법 2012구합36088, 2013.6.14.).
- 연구 · 인력개발비가 해당 과세연도의 직전 4년간 지출되지 아니하고 해당 과세연도에 비로소 발생하였다 하더라도 그 발생액 전부를 초과발생액으로 보아 세액공제를 하는 것이 타당함(조심 2013전52, 2013.5.20.).

# 제 103 조

## 연구 및 인력개발을 위한 설비투자에 대한 세액공제

관련규정

제103조(연구 및 인력개발을 위한 설비투자에 대한 세액공제) ① 내국인이 2018년 12월 31일까지 연구 및 인력개발을 위한 시설에 투자(중고품 및 대통령령으로 정하는 리스에 의한 투자는 제외한다)하는 경우에는 해당 투자금액의 1,000분의 1(대통령령으로 정하는 중견기업의 경우에는 1,000분의 3, 중소기업의 경우에는 1,000분의 6)에 상당하는 금액을 그 투자를 완료한 날이 속하는 과세연도의 개인지방소득세(사업소득에 대한 개인지방소득세만 해당한다)에서 공제한다.

【영】 제57조(연구시험용시설의 범위 등) ① 법 제103조 제1항에서 "대통령령으로 정하는 중견기업"이란 「조세특례제한법 시행령」 제10조 제1항 각 호의 요건을 모두 갖춘 기업을 말한다.

② 제1항에서 "연구 및 인력개발을 위한 시설"이란 다음 각 호의 어느 하나에 해당하는 것을 말한다.

1. 연구시험용 시설로서 대통령령으로 정하는 시설
2. 직업훈련용 시설로서 대통령령으로 정하는 시설
3. 〈삭 제〉 [16.12.27.]

【영】 제57조 ② 법 제103조 제2항 제1호에서 "대통령령으로 정하는 시설"이란 「조세특례제한법 시행령」 제10조 제2항에 따른 시설을 말하고, 같은 항 제2호에서 "대통령령으로 정하는 시설"은 「조세특례제한법 시행령」 제10조 제3항에 따른 시설을 말한다.

③ 제1항에 따른 투자가 2개 이상의 과세연도에 걸쳐서 이루어지는 경우에는 그 투자가 이루어지는 과세연도마다 해당 과세연도에 투자한 금액에 대하여 제1항을 적용받을 수 있다.

④ 제3항에 따른 투자금액의 계산에 필요한 사항은 대통령령으로 정한다.

⑤ 제1항이나 제3항을 적용받으려는 내국인은 대통령령으로 정하는 바에 따라 세액공

제신청을 하여야 한다.
[14.1.1. 본조 신설 ⇨ 조특법 §11에서 이관]

【영】 제57조 ⑤ 법 제103조에 따른 투자세액공제를 받으려는 자는 투자완료일이 속하는 과세연도(같은 조 제3항을 적용받으려는 경우에는 해당 투자가 이루어지는 각 과세연도를 말한다. 이하 제62조 제2항, 제63조 제2항, 제64조 제2항, 제65조 제2항 및 제66조 제2항에서 같다)의 과세표준신고와 함께 행정안전부령으로 정하는 세액공제신청서를 납세지 관할 지방자치단체의 장에게 제출하여야 한다. 다만, 「조세특례제한법 시행령」 제10조 제7항에 따라 납세지 관할 세무서장에게 소득세 공제를 신청하는 경우 법 제103조에 따른 개인지방소득세에 대한 세액공제도 함께 신청한 것으로 본다.

# 1 | 개 요

연구개발 인프라 확충을 통해 기업의 경쟁력을 제고하고 우리 경제의 선순환을 유도하고자 도입되었다. 본조는 앞에서 살펴본 연구 및 인력개발비 세액공제(지특법 §102)와 더불어 기업의 연구개발능력을 확충하는 데 중요한 역할을 하고 있다.

본 제도는 조특법 제11조의 규정과는 별도로 지방소득세를 독립세화하는 지방세제 개편계획(2013.9.)에 따라 2014년부터 현재의 지특법 제103조로 신설되었다.

# 2 | 감면일반

## 2-1. 감면대상자

내국인에 한하여 적용한다.

## 2-2. 투자대상의 범위

'연구 및 인력개발을 위한 시설 또는 신기술의 기업화를 위한 시설'이라 함은 다음에 해당하는 것을 말한다(조특법 §103 ②, 지특령 §57 ①~③, 조특령 §10 ①~③).

① 전담부서 등, 교육과학기술부장관에게 신고한 연구개발서비스업자 및 산업기술연구조합에서 직접 사용하기 위한 연구시험용시설로서 다음의 것을 말한다. 다만, 운휴 중에 있는 것은 제외한다(조특칙 §8 ①).

㉠ 공구 또는 사무기기 및 통신기기, 시계 · 시험기기 및 계측기기, 광학기기 및 사진 제작기기

㉡ 「법인세법 시행규칙」 [별표 6][272]의 업종별 자산의 기준내용연수 및 내용연수범위표의 적용을 받는 자산

② 인력개발을 위한 직업능력개발훈련시설(내국인이 중소기업을 위하여 설치하는 직업훈련용 시설을 포함한다)로서 다음에 해당하는 것을 말한다. 다만, 운휴 중에 있는 것을 제외한다(조특칙 §8 ②).

㉠ 공구 또는 사무기기 및 통신기기, 시계 · 시험기기 및 계측기기, 광학기기 및 사진 제작기기

㉡ 「법인세법 시행규칙」 [별표 6]의 업종별 자산의 기준내용연수 및 내용연수범위표의 적용을 받는 자산

③ 신기술을 기업화하기 위한 사업용자산. 여기에서 사업용자산은 교육과학기술부장관이 주무부장관의 의견을 들어 인정하는 다음의 사업에 사용하기 위한 사업용자산을 말한다. 교육과학기술부장관은 신기술기업화사업으로 인정한 경우에는 즉시 그 내용을 기획재정부장관에게 통지하여야 한다(조특령 §10 ③ · ④).

㉠ 특허받은 국내기술의 개발성과를 처음으로 기업화한 것

㉡ 신기술로 인정한 것을 처음으로 기업화한 것

㉢ 특정기관 및 비영리법인의 연구기관(과학기술분야를 연구하는 경우에 한한다)이 개발한 기술의 성과를 처음으로 기업화한 것

㉣ 「실용신안법」에 의하여 등록을 한 신규의 고안을 처음으로 기업화한 것

㉤ 「저작권법」에 의하여 등록을 한 컴퓨터프로그램저작물을 처음으로 기업화한 것

㉥ 「반도체집적회로의 배치설계에 관한 법률」에 의하여 설정등록된 반도체집적회로의 배치설계를 처음으로 기업화한 것

272) 제26조(고용창출투자세액공제) 해설 참조

**법인칙 〔별표 2〕** (1999.5.24. 개정)

**| 시험연구용자산의 내용연수표(제15조 제1항 및 제2항 관련) |**

| 자 산 범 위 | 자 산 명 | 내용연수 |
|---|---|---|
| 1. 새로운 지식이나 기술의 발견을 위한 실험 연구시설<br>2. 신제품이나 신기술을 개발할 목적으로 관련된 지식과 경험을 응용하는 연구시설<br>3. 신제품이나 신기술과 관련된 시제품, 원형, 모형 또는 시험설비 등의 설계, 제작 및 시설을 위한 설비<br>4. 새로운 기술에 수반되는 공구, 기구, 금형 등의 설계 및 시험적 제작을 위한 시설<br>5. 직업훈련용 시설 | (1) 건물부속설비<br>(2) 구축물<br>(3) 기계장치 | 5년 |
| | (4) 광학기기<br>(5) 시험기기<br>(6) 측정기기<br>(7) 공구<br>(8) 기타 시험연구용 설비 | 3년 |

### 2-3. 적용의 기한

2015년 12월 31일까지 연구 및 인력개발을 위한 시설 또는 신기술의 기업화를 위한 시설에 투자(중고품에 의한 투자와 금융리스 외 투자를 제외한다)하는 경우에 한하여 적용한다.

### 2-4. 지방세특례의 내용

당해 투자금액의 100분의 10에 상당하는 금액을 그 투자를 완료한 날이 속하는 과세연도의 개인분 지방소득세(사업소득에 대한 소득세에 한한다)에서 공제한다(지특법 §103 ①·③·④). 자세한 내용은 제99조의 해설을 참고하기로 한다.

* 투자가 2개 이상의 과세연도에 걸쳐서 이루어지는 경우 투자금액의 범위(조특령 §4 ③)
Max(①, ②)−③
① 총투자금액에 「법인세법 시행령」 제69조 제2항의 규정에 의한 작업진행률에 의하여 계산한 금액
② 당해 과세연도까지 실제로 지출한 금액
③ 당해 과세연도 이전에 투자세액공제를 받은 투자금액과 투자세액공제제도를 적용받기 전에 투자한 분에 대하여 ①을 준용하여 계산한 금액을 합한 금액

### 2-5. 사후관리

본조의 세액공제를 받은 자가 투자완료일부터 2년이 경과되기 전에 당해 자산을 처분한 경우(임대하는 경우를 포함)에는 처분한 날이 속하는 과세연도의 과세표준신고시에 당해

자산에 대한 세액공제액상당액에 이자상당액을 가산하여 개인지방소득세로 납부하여야 한다(지특법 §175).

### 2-6. 신고 절차

연구 및 인력개발을 위한 설비투자에 대한 세액공제를 받고자 하는 자는 투자완료일이 속하는 과세연도(2개 이상의 과세연도에 걸쳐서 이루어지는 경우에는 당해 투자가 이루어지는 각 과세연도를 말한다. 이하 제62조 제2항, 제63조 제2항, 제64조 제2항, 제65조 제2항 및 제66조 제2항에서 같다)의 과세표준신고와 함께 세액공제신청서를 납세지 관할 세무서장에게 제출하여야 한다(지특령 §57 ⑤).

## 3 | 관련사례

- 내국법인이 연구개발 전담부서 등에서 연구용으로 사용하는 부품을 구입하면서 해당부품 제작을 위해 사용하는 프로토 금형을 부품 납품업체에 설치하여 사용하도록 하는 경우 동 프로토 금형은 연구 및 인력개발을 위한 설비투자가 아님(재조특-552, 2012.6.19.).
- 연구시험용시설에 투자하여 당해 법인의 자체연구개발과 수탁연구개발용역에 같이 사용하는 경우 연구 및 인력개발을 위한 설비투자에 대한 세액공제를 적용받을 수 있는 것임(법인-148, 2012.2.24.).
- 내국인이 연구시험용시설에 투자하는 경우로서 해당 시설을 자체 및 수탁연구개발에 함께 사용하는 경우에는 연구 및 인력개발을 위한 설비투자에 대한 세액공제를 적용받을 수 있는 것임(재조특-58, 2012.1.26.).
- 청구법인이 외주가공을 통하여 제작한 성능시험기는 당해 시제품 성능 및 내구성 시험에만 사용되는 특정용도 기기로서 다른 공정 등의 시험에 계속·반복적으로 사용되는 범용성 기기와는 달리 시험 후에는 잔존가치가 없어 폐기되는 것이므로 이와 관련한 외주가공비는 시제품 개발을 위한 기술개발비용으로 보아 연구 및 인력개발비에 대한 세액공제 대상에 해당함(조심 2011전2458, 2011.12.6.).
- 내국법인이 연구개발 전담부서에서 연구용으로 사용하는 부품을 구입하면서 당해 부품 제작을 위해 사용한 Proto 금형 비용을 납품업체에 지급하는 경우 그 비용은 연구 및 인력개발을 위한 설비투자에 대한 세액공제 적용 안 됨(법인-883, 2011.11.8.).
- 연구개발시설 가동에 필요한 도시가스 등의 배관설치비는 연구시험용 시설이 아님(법인-797, 2011.10.26.).
- 타 법인(중소기업에 한함)의 근로자를 위한 훈련장비는 연구 및 인력개발을 위한 설비투자에 대한 세액공제 대상에 해당하지 아니함(법인-1104, 2010.11.30.).

• 엘리베이터의 성능시험 및 연구개발을 위해 취득·설치한 초고속 엘리베이터 테스트전용 타워를 전담부서 등에서 직접 사용하는 경우 동 시설은 연구시험용 시설임(법인-84, 2010.1.28.).

• 내국인이 2009.12.31.까지 연구 및 인력개발을 위한 시설 또는 신기술의 기업화를 위한 시설에 투자(중고품 제외)하는 경우 연구 및 인력개발을 위한 설비투자에 대한 세액공제를 적용받을 수 있음(법인-380, 2009.3.31.).

• 연구 및 인력개발을 위한 설비투자세액공제 대상 설비를 투자하는 경우 당해 세액공제는 법인세법 시행령 제31조 제6항 규정에 따른 즉시상각 여부와 관계없이 적용되는 것임(법인-3510, 2008.11.20.).

• 일반인에 대한 위탁훈련이 가능한 근로자직업능력개발법상 직업능력개발훈련시설은 연구 및 인력개발 설비투자세액공제의 적용대상이 아님(서면2팀-1381, 2007.7.26.).

• 연구전담부서 및 연구소에서 사용하는 시설이라 하더라도 일반 사무용 집기, 비품 등은 연구인력개발 설비투자 세액공제대상에 해당하지 않는 것이나 이에 해당하는지는 사실판단사항임(서면2팀-1039, 2007.5.29.).

• 시험연구소에서 사용하는 설비라고 하더라도 일반 사무용 집기, 비품 등은 연구 및 인력개발을 위한 설비투자에 대한 세액공제 대상이 아님(서면2팀-2189, 2005.12.28.).

• 업종별자산 중 기계장치 등을 시험연구용으로 취득하여 연구소 등에서 연구전담용으로 사용하는 자산은 연구 및 인력개발을 위한 설비투자에 대한 세액공제 대상임(서면2팀-2189, 2005.12.28.).

• 연구 및 인력개발을 위한 설비투자세액공제 중 조세특례제한법 제11조 제2항 제3호의 규정에 의한 사업용자산에 대하여는 동법 제130조의 규정에 의한 세액공제 배제가 적용됨(서면2팀-2189, 2005.12.28.).

• 연구 및 인력개발을 위한 설비투자에 대한 세액공제는 연구전담부서에서 직접 사용하기 위한 연구실험용시설로 조세특례제한법 시행규칙 제8조 제1항에 열거한 자산에 해당하는 경우 적용함(서면2팀-2049, 2005.12.13.).

• 내국법인이 공동연구개발을 수행함에 있어 전담부서에서 사용하는 연구시험용시설에 투자하는 경우 연구및인력개발설비투자세액공제 받을 수 있음(서면2팀-1611, 2005.10.6.).

• 관계회사 계열 법인이 통합연구소를 설치하여 한 법인이 연구용 장비를 구입하고 다른 법인들은 연구용 장비에 대한 임차비용을 지급하는 경우 연구 및 인력개발비세액공제를 적용받을 수 있음(서면2팀-503, 2005.4.8.).

• 연구개발전담부서에서 신제품개발에 사용하기 위하여 구입하는 금형은 연구 및 인력개발을 위한 설비투자에 대한 세액공제를 적용받을 수 있음(서면2팀-696, 2004.4.2.).

• 연구·인력개발 설비투자가 2001.9.3.을 포함하는 2개 이상 사업연도에 걸치는 경우, 투자 완료일 또는 그 연도마다 동 세액공제를 하더라도, 2001.9.3. 이후 투자분으로서 2002.1.1. 이후 최초 법인세신고('기한후 신고' 제외)분부터는 '10%' 공제율 적용됨(서이 46012-10812, 2003.4.18.).

• 연구·인력개발 설비투자가 2001.9.3.을 포함하는 2개 이상의 사업연도에 걸치는 경우 동 투자세액 공제율 적용방법(법인 46012-231, 2003.4.14.)

• 중소기업투자세액공제 등의 '투자세액'공제에 있어 현재가치할인차금·연지급수입시의 지급이자·특수관계자로부터 취득한 자산의 시가초과액은 '투자금액'에 포함하지 않음(법인

46012-235, 2003.4.14.).

- 연구전담부서에서 실질적으로 연구시험 위해 직접 사용하는 특정 연구용 소프트웨어는 연구·인력개발 설비투자세액공제 대상임(서이 46012-10172, 2003.1.24.).
- 화학공장에서 공정기술 노-하우를 취득하기 위한 기술개발 연구에 소비된 기기는 '전담부서에서 연구용으로 사용하는 견본품·부품·원재료와 시약류 구입비'에 해당하지 않음(서이 46012-12123, 2002.11.27.).
- 법인이 기술 및 인력개발을 위하여 지출한 비용 중 조세특례제한법 시행령 별표 6에서 정한 "기술개발 또는 인력개발" 비용은 같은법 제10조의 규정을 적용받을 수 있는 것임(법인 46012-2495, 2000.12.29.).
- 연구전담부서가 직접 사용하기 위한 시설에 해당돼야 세액공제(법인 46012-502, 1995.2.27.)
- 기술개발비 세액공제는 대가로 실제 지출한 금액임(법인 46012-3931, 1993.12.14.).
- 기술및인력개발비 세액공제는 당해 비용 지출연도에 공제(법인 46012-3335, 1993.11.3.)
- 제조업에 직접 사용하지 않는 연구시험용 시설은 특별상각 대상자산이 아님(법인 22601-1242, 1991.6.22.).
- 기술개발 위한 연구시험용시설은 공제 가능함(법인 22601-1047, 1991.5.28.).
- 투자가액에는 설치부대비용이 포함됨(법인 22601-2474, 1988.9.2.).
- 다수 공정에 신기술투자 성립시 조세특례 적용(소득 22601-19, 1988.1.9.)
- 특별상각 대상자산은 일반감가상각 못함(법인 22601-2314, 1987.8.28.).
- 연구시험용시설의 공장제조설비 전용시 공제함(법인 22601-124, 1987.1.17.).
- 운용리스 사용 후 취득자산은 공제대상 아님(법인 22601-2574, 1986.8.19.).
- 승강기 연구개발시험시설의 공제대상 여부(법인 22601-277, 1985.1.28.)

# 제104조

## 기술이전소득등에 대한 과세특례

관련규정

제104조(기술이전소득등에 대한 과세특례) ① 중소기업 및 대통령령으로 정하는 중견기업이 대통령령으로 정하는 자체 연구·개발한 특허권 및 실용신안권, 기술비법 또는 기술(이하 이 조에서 "특허권등"이라 한다)을 2018년 12월 31일까지 내국인에게 이전(대통령령으로 정하는 특수관계인에게 이전한 경우는 제외한다)함으로써 발생하는 소득에 대하여는 해당 소득에 대한 개인지방소득세의 100분의 50에 상당하는 세액을 경감한다.

② 내국인이 특허권등을 자체 연구·개발한 내국인으로부터 2018년 12월 31일까지 특허권등을 취득(대통령령으로 정하는 특수관계인으로부터 취득한 경우는 제외한다)한 경우에는 취득금액에 다음 각 호의 구분에 따른 비율을 곱하여 계산한 금액을 해당 과세연도의 개인지방소득세(사업소득에 대한 개인 지방소득세만 해당한다)에서 공제한다. 이 경우 공제받을 수 있는 금액은 해당 과세연도의 개인지방소득세의 100분의 10을 한도로 한다.

1. 중소기업이 취득하는 경우 : 100분의 10
2. 중소기업에 해당하지 아니하는 자가 취득하는 경우 : 100분의 5(중소기업으로부터 특허권등을 취득한 경우에 한정한다)

③ 중소기업이 특허권등을 2018년 12월 31일까지 대여(대통령령으로 정하는 특수관계인에게 대여한 경우는 제외한다)함으로써 발생하는 소득에 대해서는 해당 소득에 대한 개인지방소득세의 100분의 25를 경감한다.

④ 제1항부터 제3항까지의 규정을 적용받으려는 내국인은 대통령령으로 정하는 바에 따라 세액감면 또는 세액공제신청을 하여야 한다.

【영】 제58조(기술비법의 범위 등) ① 법 제104조 제1항 및 제2항에서 "대통령령으로 정하는 특수관계인"이란 「소득세법 시행령」 제98조 제1항에 따른 특수관계인을 말한다.
② 법 제104조 제1항에서 "대통령령으로 정하는 기술비법"이란 「조세특례제한법 시행령」

제11조 제3항에 따른 기술비법을 말하고, “대통령령으로 정하는 기술”이란 「조세특례제한법 시행령」 제11조 제4항에 따른 기술을 말한다.
③ 법 제104조 제3항을 적용받으려는 자는 과세표준신고와 함께 행정안전부령으로 정하는 세액감면신청서 또는 세액공제신청서를 납세지 관할 지방자치단체의 장에게 제출하여야 한다. 다만, 「조세특례제한법 시행령」 제11조 제6항에 따라 납세지 관할 세무서장에게 소득세 감면 또는 공제를 신청하는 경우에는 법 제104조에 따른 개인지방소득세에 대한 세액감면 또는 세액공제도 함께 신청한 것으로 본다.

# 1 | 개 요

활발한 기술거래를 통하여 연구개발 성과의 사장을 방지하고 사업화를 촉진하여 산업 전반의 기술경쟁력 강화를 도모하고자 도입하였다.

국세인 조특법에서는 종전에는 양도자(양도소득에 대한 세액감면)와 취득자(취득비용에 대한 세액공제) 모두에게 조세혜택을 부여하였으나, 이전소득에 대한 세액감면은 일부 대기업에게만 혜택이 편중되는 측면이 있어 2005년 일몰도래시 폐지하였으며, 현재는 기술취득에 대한 세액공제제도만 유지되고 있다.

한편, 조특법 제12조의 규정과는 별도로 지방소득세의 독립세화를 위한 지방세제 개편계획(2013.9.)에 따라 2014년부터 현재의 지특법 제104조로 신설되었다.

# 2 | 감면실무

## 2-1. 감면대상자

조특법상 중소기업이 특허권 등(아래의 취득대상을 말한다)을 설정등록, 보유 및 연구·개발한 내국인으로부터 2015년 12월 31일까지 취득하여야 한다. 단, 특수관계인으로부터 취득한 경우는 제외한다(조특법 §104 ②).

## 2-2. 취득대상

① 특허권, ② 실용신안권, ③ 내국인이 스스로 연구·개발한 것으로서 과학기술분야에

속하는 기술비법(공업소유권, 「해외건설 촉진법」에 의한 해외건설용역 및 「엔지니어링산업 진흥법」에 의한 엔지니어링활동을 제외)(지특령 §58 ②, 조특령 §11 ②), ④ 특정 기술을 한국산업기술진흥원 및 기술거래기관[273]을 통하여 취득하는 것을 말한다(조특령 §11 ③).

### 2-3. 과세특례의 내용

취득금액의 1,000분의 7에 상당하는 금액을 당해 과세연도의 개인지방소득세(사업소득에 대한 소득세에 한함)에서 공제(한도액 : 소득세의 100분의 10)한다.

### 2-4. 신고절차

특허권 등의 취득기업에 대한 세액공제를 적용받고자 하는 내국인은 과세표준신고와 함께 세액공제신청서를 제출하여야 한다(지특령 §58 ③).

### 2-5. 지방세특례의 제한

#### 2-5-1. 추계과세시 등의 감면배제

소득세법 제80조 제3항 단서의 규정에 의하여 추계를 하는 경우에는 특허권 등의 취득기업에 대한 세액공제가 적용되지 아니한다. 자세한 내용은 제169조 해설을 참고하기로 한다.

#### 2-5-2. 최저한세의 적용

특허권 등의 취득기업에 대한 세액공제를 포함한 조세특례제한법상의 각종 조세특례는 제172조의 최저한세 규정에 따라 사실상 그 특례범위가 제한되기도 한다. 자세한 내용은 제172조 해설을 참고하기로 한다.

#### 2-5-3. 세액공제액의 이월공제

특허권 등의 취득기업에 대한 세액공제와 기타의 세액공제액이 전술한 최저한세 규정의 적용을 받아 당해 연도에 공제받지 못한 세액공제액은 당해 과세연도의 다음 과세연도의 개시일로부터 5년 이내에 종료하는 각 과세연도에 이월하여 공제받을 수 있다. 자세한 내용은 제174조 해설을 참고하기로 한다.

273) 「기술의 이전 및 사업화 촉진에 관한 법률」 제10조

## 3 | 관련사례

- 세무조사 사전통지 전에 수정신고를 하는 경우에는 과소신고금액에 대하여도 기술이전소득 등에 대한 과세특례를 적용받을 수 있는 것임(국심 2007서4672, 2008.7.23.).
- 쟁점기술을 연구, 개발한 법인으로부터 영업양도에 의해 유상취득한 양수법인이 기술비법을 이전함으로 발생하는 소득은 스스로 연구, 개발한 기술비법에 해당하지 않아 감면특례규정의 적용을 배제하여 법인세 부과처분은 정당함(울산지법 2007구합1686, 2007.11.7., 부산고법 2007누4964, 2008.4.25.).
- 기술이전소득이 발생하는 경우 2006년 이후에는 적용받을 수 없음(서면2팀-884, 2007.5.9.).
- 사업양수도에 의하여 쟁점기술을 취득한 것은 쟁점기술을 매수한 것으로서 쟁점기술은 '내국인이 스스로 연구・개발한 기술비법'에 해당되지 않으므로 쟁점기술을 제공하고 발생한 소득은 세액감면대상 기술이전소득에 해당되지 않음(심사법인 2006-74, 2007.3.21.).
- 내국법인이 (구)조세특례제한법 제12조에 의한 특허권 등을 설정등록, 보유 및 연구・개발한 내국인으로부터 2006.12.31.까지 취득한 경우 취득금액의 3%(중소기업 7%)를 세액공제함(서면2팀-320, 2007.2.21.).
- 기술이전소득에 대한 감면비율 적용시 1998.12.31. 이전에 체결한 계약분에 대하여 종전규정에 따른 감면율을 적용하는 것임(국심 2006서1600, 2006.12.1.).
- 내국법인이 특허권을 설정등록, 보유 및 연구・개발한 내국인으로부터 취득(특수관계자 제외)한 경우 세액공제를 할 수 있으며, 기한 내 법인세과세표준을 신고한 경우 경정청구의 방법으로 감면이 가능함(서면2팀-270, 2006.2.3.).
- 지적재산권의 공급은 부가가치세 과세대상에 해당하는 것으로서 지적재산권을 사업상 독립적으로 공급하는 경우 또는 당해 지적재산권을 사용하게 하고 그 대가를 받는 경우에는 부가가치세가 과세되는 것임(법인 46012-1481, 2000.7.3.).
- 이미 공개된 타인의 기술비법을 개량 발전시킨 경우와 국내에서 당해 기술비법을 이용해 생산한 제품과 동종의 제품이 다른 방법으로 생산되는 경우는 기술이전소득에 대한 세액감면 대상 기술비법에 해당하지 않음(법인 46012-200, 2000.1.20.).
- 매월 세액감면 대상소득을 지급하는 경우에도 세액감면액의 계산은 과세연도별로 세액감면을 적용받고자 하는 자가 종합소득세 또는 법인세과세표준신고와 함께 세액감면신청서를 납세지 관할세무서장에게 제출하여 적용하는 것임(법인 46013-43, 2000.1.7.).
- 특허권 등 대여소득에 대한 소득세 50% 감면세액 계산은, 전체 종합소득금액에서 당해 감면소득이 차지하는 비율을 산출세액에 곱한 금액의 50% 상당액으로 함(소득 46011-3368, 1999.8.28.).

# 제105조

## 연구개발특구에 입주하는 첨단기술기업 등에 대한 개인지방소득세 등의 감면

관련규정

제105조(연구개발특구에 입주하는 첨단기술기업 등에 대한 개인지방소득세 등의 감면)
① 「연구개발특구의 육성에 관한 특별법」 제2조 제1호에 따른 연구개발특구에 입주한 기업으로서 다음 각 호의 어느 하나에 해당하는 기업이 해당 구역의 사업장(이하 이 조에서 "감면대상사업장"이라 한다)에서 생물산업·정보통신산업 등 대통령령으로 정하는 사업(이하 이 조에서 "감면대상사업"이라 한다)을 하는 경우에는 제2항부터 제6항까지의 규정에 따라 개인지방소득세를 감면한다.

1. 「연구개발특구의 육성에 관한 특별법」 제9조 제1항에 따라 2018년 12월 31일까지 지정을 받은 첨단기술기업
2. 「연구개발특구의 육성에 관한 특별법」 제9조의 3 제2항에 따라 2018년 12월 31일까지 등록한 연구소기업

【영】 제59조(연구개발특구에 입주하는 첨단기술기업 등에 대한 개인지방소득세의 감면) ① 법 제105조 제1항에서 "생물산업·정보통신산업 등 대통령령으로 정하는 사업"이란 「조세특례제한법 시행령」 제11조의 2 제1항 각 호의 산업을 하는 사업을 말한다.

② 제1항에 따른 요건을 갖춘 기업의 감면대상사업에서 발생한 소득에 대해서는 해당 감면대상사업에서 최초로 소득이 발생한 과세연도(지정을 받은 날 또는 등록한 날부터 5년이 되는 날이 속하는 과세연도까지 해당 감면대상사업에서 소득이 발생하지 아니한 경우에는 5년이 되는 날이 속하는 과세연도)의 개시일부터 3년 이내에 끝나는 과세연도의 경우에는 개인지방소득세의 100분의 100에 상당하는 세액을 감면하고, 그 다음 2년 이내에 끝나는 과세연도의 경우에는 개인지방소득세의 100분의 50에 상당하는 세액을 감면한다.

③ 제2항이 적용되는 감면기간 동안 감면받는 개인지방소득세의 총합계액이 제1호와 제2호의 금액을 합한 금액을 초과하는 경우에는 그 합한 금액을 한도(이하 이 조에서 "감면한도"라 한다)로 하여 세액을 감면한다. 다만, 대통령령으로 정하는 서비스업(이

하 이 조에서 "서비스업"이라 한다)을 영위하는 경우로서 해당 서비스업에서 발생한 소득에 대하여 제2항이 적용되는 감면기간 동안 감면받는 소득세 또는 법인세 총합계액이 제1호와 제2호의 금액을 합한 금액과 제3호의 금액 중 큰 금액을 초과하는 경우에는 그 큰 금액을 한도로 하여 세액을 감면할 수 있다.

1. 대통령령으로 정하는 투자누계액의 100분의 5
2. 다음 각 목의 금액 중 적은 금액
   가. 해당 과세연도의 감면대상사업장의 상시근로자 수 × 100만원
   나. 제1호의 투자누계액의 100분의 2
3. 다음 각 목의 금액 중 적은 금액
   가. 해당 과세연도의 감면대상사업장의 상시근로자 수 × 2백만원
   나. 제1호의 투자누계액의 100분의 10

**【영】 제59조** ② 법 제105조 제3항 제1호에서 "대통령령으로 정하는 투자누계액"이란 「조세특례제한법 시행령」 제11조의 2 제2항에 따른 투자 합계액을 말한다.

④ 제2항에 따라 각 과세연도에 감면받을 개인지방소득세에 대하여 감면한도를 적용할 때에는 제3항 제1호의 금액을 먼저 적용한 후 같은 항 제2호의 금액을 적용한다.

⑤ 제3항 제2호 및 제3호를 적용받아 개인지방소득세를 감면받은 기업이 감면받은 과세연도 종료일부터 2년이 되는 날이 속하는 과세연도 종료일까지의 기간 중 각 과세연도의 감면대상사업장의 상시근로자 수가 감면받은 과세연도의 상시근로자 수보다 감소한 경우에는 대통령령으로 정하는 바에 따라 감면받은 세액에 상당하는 금액의 개인지방소득세를 납부하여야 한다.

**【영】 제59조** ③ 법 제105조 제5항에 따라 납부하여야 할 개인지방소득세액은 다음의 계산식에 따라 계산한 금액(그 수가 음수이면 영으로 보고, 감면받은 과세연도 종료일 이후 2개 과세연도 연속으로 상시근로자 수가 감소한 경우에는 두 번째 과세연도에는 첫 번째 과세연도에 납부한 금액을 뺀 금액을 말한다)으로 하고, 이를 상시근로자 수가 감소된 과세연도의 과세표준을 신고할 때 개인지방소득세로 납부하여야 한다.

| 해당 기업의 상시근로자 수가 감소된 과세연도의 직전 2년 이내 과세연도에 법 제105조 제3항 제2호에 따라 감면받은 세액의 합계액 - (상시근로자 수가 감소된 과세연도의 감면대상사업장의 상시근로자 수 × 1백만원) |
|---|

⑥ 제3항 및 제5항을 적용할 때 상시근로자의 범위, 상시근로자 수의 계산방법, 그 밖에 필요한 사항은 대통령령으로 정한다.

**【영】 제59조** ④ 법 제105조 제6항에 따른 상시근로자의 범위 및 상시근로자 수의 계산방법은 「조세특례제한법 시행령」 제23조 제10항부터 제12항까지의 규정에 따른다.

⑦ 제2항을 적용받으려는 자는 대통령령으로 정하는 바에 따라 감면신청을 하여야 한다.

【영】 제59조 ⑤ 법 제105조 제7항에 따라 개인지방소득세를 감면받으려는 자는 과세표준 신고와 함께 행정안전부령으로 정하는 세액감면신청서를 납세지 관할 지방자치단체의 장에게 제출하여야 한다. 다만, 「조세특례제한법 시행령」 제11조의 2 제5항에 따라 납세지 관할 세무서장에게 소득세 감면을 신청하는 경우에는 법 제105조에 따른 개인지방소득세에 대한 세액감면도 함께 신청한 것으로 본다.

⑧ 제3항 각 호 외의 부분 단서에 따라 감면한도를 적용하는 경우에는 「조세특례제한법」 제143조를 준용하여 서비스업과 그 밖의 업종을 각각 구분하여 경리하여야 한다.

# 1 개 요

이 제도는 대덕특구 등 연구개발특구를 세계 유수의 혁신클러스터로 육성하여 세계 각국과의 경쟁에서 우위를 확보하기 위한 세제지원이다. 본 제도는 2007년에 신설되어 국세인 조특법에서 운영되어 오다가 지방소득세 독립세화를 위한 지방세제 개편계획(2013.9.)에 따라 조특법 제12조의 2 규정과는 별개로 2014년부터 현재의 지특법 제105조로 신설되었다.

2016년 12월 20일 조특법 개정시에는 연구개발특구에 입주하는 첨단기술기업 등의 고용창출 유인을 강화하기 위해 서비스업(소비성 서비스업 제외)의 경우 고용인원에 비례한 감면한도 선택도 허용하였으나 2018년 12월 24일 조특법 개정시 삭제된 바 있다. 또한 2018년 12월 24일 조특법 개정시 적용기한을 2021년 12월 31일로 연장하였고, 2019년 2월 12일 조특령 개정시에는 상시근로자 및 청년상시근로자의 범위와 수를 구체화하였다.

# 2 감면실무

## 2-1. 감면대상자

「대덕연구개발특구 등의 육성에 관한 특별법」 제2조 제1호의 규정에 따른 연구개발특구에 입주한 기업으로서 다음의 어느 하나에 해당하는 기업을 말한다(지특법 §105 ①). 여기서 연구개발특구란 연구개발특구의 육성에 관한 특별법 제2조 제1호에서 정의하는 지역을 말한다.

① 「연구개발특구의 육성에 관한 특별법」 제9조 제1항에 따라 2021년 12월 31일까지 지

정을 받은 첨단기술기업

② 「연구개발특구의 육성에 관한 특별법」 제9조의 3 제2항에 따라 2021년 12월 31일까지 등록한 연구소기업

### 2-2. 감면대상사업

해당 구역 안의 사업장에서 다음의 사업을 영위하여야 한다(지특령 §59 ①, 조특령 §11의 3 ①).

① 「생명공학육성법」 제2조에 따른 생명공학과 관련된 산업(종자 및 묘목생산업, 수산물부화 및 종묘생산업을 포함한다)

② 「정보통신산업 진흥법」 제2조 제2호에 따른 정보통신산업

③ 「정보통신망 이용촉진 및 정보보호 등에 관한 법률」 제2조 제1항 제2호에 따른 정보통신서비스를 제공하는 산업

④ 「산업발전법」 제5조 제1항에 따라 지식경제부장관이 고시[274]한 첨단기술 및 첨단제품과 관련된 산업

### 2-3. 지방세특례의 내용

위 기업의 감면대상사업에서 발생한 소득에 대하여는 해당 감면대상사업에서 최초로 소득이 발생한 과세연도(지정을 받은 날 또는 승인을 받은 날부터 5년이 되는 날이 속하는 과세연도까지 해당 감면대상사업에서 소득이 발생하지 아니한 경우에는 5년이 되는 날이 속하는 과세연도)의 개시일부터 3년 이내에 종료하는 과세연도의 경우에는 지방소득세의 100분의 100에 상당하는 세액을 감면하고, 그 다음 2년 이내에 종료하는 과세연도의 경우에는 법인세 또는 소득세의 100분의 50에 상당하는 세액을 감면한다(지특법 §105 ②).

### 2-4. 감면한도

위 감면기간 동안 감면받는 소득세 또는 법인세의 총합계액은 다음의 ①과 ②의 금액을 합한 금액을 한도(이하 "감면한도"라 한다)로 한다(조특법 §12의 2 ③, 조특령 §11의 2 ③).

① 사업용자산에 대한 투자 합계액[법인세 또는 소득세를 감면받는 해당 과세연도까지의 사업용자산(조특칙 제8조의 3 : 해당 사업에 주로 사용하는 사업용 유형자산, 건설 중인 자산 및 법인칙 별표 3[275]에 따른 무형자산)에 대한 투자 합계액] × 50%

274) 「첨단기술 및 제품의 범위」 고시(지식경제부 고시 제2010-233호)

② 해당 과세연도의 감면대상사업장의 상시근로자 수 × 1천5백만원[청년 상시근로자와 조특령 제23조 제4항에 따른 서비스업(이하 "서비스업"이라 한다)[276]을 하는 감면대상사업장의 상시근로자의 경우에는 2천만원]

각 과세연도에 감면받을 소득세 또는 법인세에 대하여 감면한도를 적용할 때에는 ①의 금액을 먼저 적용한 후 ②의 금액을 적용한다(조특법 §12의 2 ④). 또한 위 ②에 따라 서비스업에 대한 한도를 적용받는 기업은 조특법 제143조를 준용하여 서비스업과 그 밖의 사업을 각각 구분하여 경리하여야 한다(조특법 §12의 2 ⑧).

한편, 여기서 상시근로자 및 청년상시근로자의 범위는 다음의 구분에 따른다(조특법 §12의 2 ⑥, 조특령 §11의 2 ⑤).

① 상시근로자의 범위 : 조특령 제23조 제10항[277]에 따른 상시근로자

275) 법인칙 [별표 3] (2019. 3. 20. 개정)

| 무형자산의 내용연수표(제15조 제2항 관련) |

| 구분 | 내용연수 | 무형고정자산 |
|---|---|---|
| 1 | 5년 | 영업권, 디자인권, 실용신안권, 상표권 |
| 2 | 7년 | 특허권 |
| 3 | 10년 | 어업권, 「해저광물자원 개발법」에 따른 채취권(생산량비례법 선택 적용), 유료도로관리권, 수리권, 전기가스공급시설이용권, 공업용수도시설이용권, 수도시설이용권, 열공급시설이용권 |
| 4 | 20년 | 광업권(생산량비례법 선택 적용), 전신전화전용시설이용권, 전용측선이용권, 하수종말처리장시설관리권, 수도시설관리권 |
| 5 | 50년 | 댐사용권 |

276) 조특령 제23조【고용창출투자세액공제】④ 법 제26조 제1항 제2호 각 목 외의 부분 본문에서 "대통령령으로 정하는 서비스업"이란 다음 각 호의 어느 하나에 해당하는 사업을 제외한 사업(이하 이 조에서 "서비스업"이라 한다)을 말한다.
1. 농업, 임업 및 어업
2. 광업
3. 제조업
4. 전기, 가스, 증기 및 수도사업
5. 건설업
6. 제29조 제3항에 따른 소비성서비스업

277) 조특령 제23조【고용창출투자세액공제】⑩ 제7항부터 제9항까지의 규정을 적용할 때 상시근로자는 「근로기준법」에 따라 근로계약을 체결한 내국인 근로자로 한다. 다만, 다음 각 호의 어느 하나에 해당하는 사람은 제외한다.
1. 근로계약기간이 1년 미만인 근로자. 다만, 근로계약의 연속된 갱신으로 인하여 그 근로계약의 총 기간이 1년 이상인 근로자는 상시근로자로 본다.
2. 「근로기준법」 제2조 제1항 제9호에 따른 단시간근로자. 다만, 1개월간의 소정근로시간이 60시간 이상

② 청년상시근로자의 범위 : 조특령 제26조의 7 제3항 제1호[278]에 해당하는 사람

또한 상시근로자 수 및 청년상시근로자 수는 다음의 구분에 따른 계산식에 따라 계산한 수(100분의 1 미만의 부분은 없는 것으로 한다)로 하며(조특령 §11의 2 ⑥), 조특령 제23조 제11항 각호 외의 부분 후단 및 같은 항 제2호를 준용한다[279](조특령 §11의 2 ⑦).

㉠ 상시근로자 수 :

$$\frac{\text{해당 과세연도의 매월 말 현재 상시근로자 수의 합}}{\text{해당 과세연도의 개월 수}}$$

㉡ 청년상시근로자 수 :

$$\frac{\text{해당 과세연도의 매월 말 현재 청년상시근로자 수의 합}}{\text{해당 과세연도의 개월 수}}$$

---

인 근로자는 상시근로자로 본다.

3. 「법인세법 시행령」 제40조 제1항 각 호의 어느 하나에 해당하는 임원
4. 해당 기업의 최대주주 또는 최대출자자(개인사업자의 경우에는 대표자를 말한다)와 그 배우자
5. 제4호에 해당하는 자의 직계존비속(그 배우자를 포함한다) 및 「국세기본법 시행령」 제1조의 2 제1항에 따른 친족관계인 사람
6. 「소득세법 시행령」 제196조에 따른 근로소득원천징수부에 의하여 근로소득세를 원천징수한 사실이 확인되지 아니하고, 다음 각 목의 어느 하나에 해당하는 금액의 납부사실도 확인되지 아니하는 자
   가. 「국민연금법」 제3조 제1항 제11호 및 제12호에 따른 부담금 및 기여금
   나. 「국민건강보험법」 제69조에 따른 직장가입자의 보험료

278) 조특령 제26조의7【고용을 증대시킨 기업에 대한 세액공제】 ③ 법 제29조의7 제1항 제1호에서 "청년 정규직 근로자와 장애인 근로자 등 대통령령으로 정하는 상시근로자"란 상시근로자 중 다음 각 호의 어느 하나에 해당하는 사람(이하 이 조에서 "청년등 상시근로자"라 한다)을 말한다.

1. 15세 이상 29세 이하인 사람 중 다음 각 목의 어느 하나에 해당하는 사람을 제외한 사람. 다만, 해당 근로자 가 제27조 제1항 제1호 각 목의 어느 하나에 해당하는 병역을 이행한 경우에는 그 기간(6년을 한도로 한다)을 현재 연령에서 빼고 계산한 연령이 29세 이하인 사람을 포함한다.
   가. 「기간제 및 단시간근로자 보호 등에 관한 법률」에 따른 기간제근로자 및 단시간근로자
   나. 「파견근로자보호 등에 관한 법률」에 따른 파견근로자
   다. 「청소년 보호법」 제2조 제5호 각 목에 따른 업소에 근무하는 같은 조 제1호에 따른 청소년

279) 조특법 제26조 고용창출투자세액공제의 내용을 참조하기 바란다.

# 3 관련사례

## 운용사례

- 회사의 분할이 적격분할에 해당하고 분할신설법인이 첨단기술기업 지정서를 재발급받는 경우 분할존속법인의 분할등기일이 속하는 과세연도의 개시일부터 분할등기일 전까지 감면대상사업에서 발생한 소득에 대하여 법인세를 감면할 수 있음(재조특-581, 2011.6.24.).
- 연구개발특구에 입주하는 첨단기술기업 등에 대한 법인세 등의 감면규정을 적용받는 법인이 적격분할 요건을 갖추어 인적분할을 하고 분할신설법인이 분할법인의 감면대상사업을 승계하여 첨단기술기업 지정서를 재발급받은 경우 세액감면 해당(법인-297, 2011.4.25.)
- 조특법 제12조의 2는 대덕연구개발특구에 입주하여 첨단기술기업으로 지정된 법인이 같은 법 시행령 제11조의 3 제1항에 규정된 사업을 영위하는 경우 감면 적용되는 것으로, 첨단기술기업으로 기지정된 기술만을 활용하여 제품을 생산・판매하는 경우 동 규정을 적용하는 것이 아니고 첨단기술기업으로 지정된 기업의 경우로서 시행령에 규정된 사업을 영위하면 감면적용이 가능한 것임. 따라서 지정 후 새로이 취득한 특허기술을 활용하여 제품을 생산・판매하는 경우 동 활동이 지정받은 대상특허기술이 아닌 경우에도 조특법 시행령 제11조의 3 제1항에 열거된 사업인 경우 감면 가능함(법인-130, 2011.2.17.).
- 연구개발특구 입주 첨단기업에 대한 법인세 감면대상기업이 유효기간 만료로 감면배제되었더라도, 잔존감면기간 중에 첨단기술기업으로 재지정받은 경우는 그 재지정일이 속하는 사업연도부터 잔존감면기간 동안 동 감면 적용 가능(법규법인 2011-13, 2011.1.14.)
- 연구개발특구에 입주하는 첨단기술기업 등에 대한 감면적용시 당해 기업이 첨단기술제품을 직접 판매하거나 임대방식의 수익창출 여부에도 감면대상소득에 포함(법인-1339, 2009.11.30.)
- 연구개발특구에 입주하는 첨단기술기업 등의 법인세 감면은 해당 구역 내 사업장의 감면대상사업에서 발생한 소득에 대하여 적용함(서면2팀-788, 2008.4.28.).

# 제106조 외국인기술자에 대한 개인지방소득세의 감면

관련규정

제106조(외국인기술자에 대한 개인지방소득세의 감면) ① 대통령령으로 정하는 외국인기술자가 국내에서 내국인에게 근로를 제공하고 받는 근로소득으로서 그 외국인기술자가 국내에서 최초로 근로를 제공한 날(2018년 12월 31일 이전인 경우만 해당한다)부터 2년이 되는 날이 속하는 달까지 발생한 근로소득에 대해서는 개인지방소득세의 100분의 50에 상당하는 세액을 감면한다.

② 〈삭 제〉 [14.12.31.]

③ 제1항을 적용받으려는 자는 대통령령으로 정하는 바에 따라 그 감면신청을 하여야 한다.

【영】 제60조(외국인기술자의 범위 등) ① 법 제106조 제1항에서 "대통령령으로 정하는 외국인기술자"란 대한민국의 국적을 가지지 아니한 사람으로서 「조세특례제한법 시행령」 제16조 제1항 각 호의 어느 하나에 해당하는 사람을 말한다.

② 법 제106조 제2항에서 "대통령령으로 정하는 고도기술"이란 「조세특례제한법 시행령」 제16조 제2항에 따른 기술을 말한다.

③ 법 제106조 제1항 및 제2항에 따라 개인지방소득세를 감면받으려는 사람은 근로를 제공한 날이 속하는 달의 다음 달 10일까지 행정안전부령으로 정하는 바에 따라 특별징수의무자를 거쳐 특별징수 관할 지방자치단체의 장에게 세액감면신청서를 제출하여야 한다. 다만, 「조세특례제한법 시행령」 제16조 제3항에 따라 원천징수 관할 세무서장에게 소득세 감면을 신청하는 경우에는 법 제106조에 따른 개인지방소득세에 대한 세액감면도 함께 신청한 것으로 본다.

# 1 | 개 요

본 규정은 선진기술 도입을 통한 국가경쟁력 제고를 위해 외국인기술자에 대한 세제지원이다. 본 제도는 조특법 제18조의 규정과는 별도로 지방소득세의 독립세화를 위한 지방세제 개편계획(2013.9.)에 따라 2014년부터 현재의 지특법 제106조로 신설되었다.

# 2 | 감면실무

## 2-1. 외국인기술자의 범위

'외국인기술자'라 함은 대한민국의 국적을 가지지 아니한 사람으로서 다음에 해당하는 외국인을 말한다(지특법 §106 ①, 지특령 §60 ①, 조특령 §16 ①, 조특칙 §9 ①).

① 「엔지니어링산업진흥법」 제2조 제5호의 규정에 의한 엔지니어링기술의 도입계약(30만불 이상의 도입계약에 한정)에 의하여 국내에서 기술을 제공하는 자

② 「특정연구기관육성법」의 적용을 받는 특정연구기관에서 연구원으로 근무하는 자

③ 「정부출연연구기관 등의 설립·운영 및 육성에 관한 법률」 또는 「과학기술분야 정부출연연구기관 등의 설립·운영 및 육성에 관한 법률」에 의한 정부출연연구기관 중 다음의 어느 하나에 해당하는 연구기관에서 연구원으로 근무하는 자

> 과학기술정책연구원, 한국과학기술연구원, 한국기초과학지원연구원, 한국천문연구원, 한국생명공학연구원, 한국과학기술정보연구원, 한국전자통신연구원, 한국표준과학연구원, 한국해양연구원, 한국지질자원연구원, 한국기계연구원, 한국항공우주연구원, 한국에너지기술연구원, 한국전기연구원, 한국화학연구원

④ 외국에서 다음의 산업분야에 5년 이상 종사하였거나 학사학위 이상의 학력을 가지고 당해 분야에 3년 이상 종사한 기술자로서 다음의 어느 하나에 해당하는 사업을 영위하는 사업자와의 고용계약에 의하여 근무하는 자

> 기술집약적인 산업(조특령 [별표 4]의 산업), 광업, 건설업, 엔지니어링사업, 물류산업, 시장조사 및 여론조사업, 사업 및 경영상담업, 기술시험·검사 및 분석업, 기타 과학 및 기술서비스업, 전문디자인업, 연구개발서비스업, 의료업(국제의료관광코디네이터에 한정한다)

⑤ 과학기술연구를 목적으로 하여 설립된 비영리법인으로서, 다음의 요건을 갖추고 있음을 교육과학기술부장관이 확인한 연구기관에서 연구원으로 근무하는 자(지특령 §60 ①, 조특령 §16 ① 4호, 조특칙 §9 ②)

가. 자연계분야의 학사 이상의 학위를 가진 연구전담요원 10인 이상을 상시 확보하고 있을 것

나. 독립된 연구시설을 갖추고 있을 것

### 2-2. 지방세특례의 내용

외국인기술자가 국내에서 내국인에게 근로를 제공하고 받는 근로소득으로서 그 외국인기술자가 국내에서 최초로 근로를 제공한 날(2018.12.31. 이전인 경우만 해당한다)부터 2년이 되는 날이 속하는 달까지 발생한 근로소득에 대해서는 소득세의 100분의 50에 상당하는 세액을 감면한다(지특법 §106 ①).

## 3 | 관련사례

- 조특법 제18조의 규정에 의한 외국인기술자에 대한 소득세 면제와 관련하여 동법 시행령 제16조 제1항 제3호 라목의 규정에 의한 '엔지니어링사업'은 엔지니어링기술진흥법 제4조의 규정에 의한 엔지니어링활동주체 신고유무에 관계없이 실질적으로 엔지니어링기술진흥법 제2조의 규정에 의한 엔지니어링활동을 하는 사업을 말함(재국조 46017-52, 2001.3.28.).

# 제106조의 2

## 외국인근로자에 대한 과세특례

관련규정

제106조의 2(외국인근로자에 대한 과세특례) 「조세특례제한법」 제18조의 2 제2항을 적용(법률 제12173호 「조세특례제한법」 부칙 제59조에 따른 경과조치를 포함한다)받는 외국인근로자에 대하여는 「지방세법」 제92조 제1항에도 불구하고 「조세특례제한법」 제18조의 2 제2항에서 규정하는 소득세 세율의 100분의 10에 해당하는 세율을 적용한다. 이 경우 이 법에 따른 개인지방소득세와 관련된 세액공제·감면에 관한 규정은 적용하지 아니한다.

[14.3.24. 본조 신설 ⇨ 조특법 §18의 2에서 이관]

## 1 | 개 요

우수한 외국인근로자의 국내유치를 촉진하기 위하여 2003년 12월 30일 조특법 개정시 우리나라에서 근무하는 외국인근로자의 근로소득세 과세제도를 개선하였다.

최근 개정내용으로는 2016년 12월 20일 조특법 개정시에 외국인근로자 과세특례의 적용기한을 연장하여 2018년 12월 31일까지 국내에서 근무를 시작한 경우에는 5년간 특례를 적용하도록 하였으며, 특례세율을 종전의 17%에서 19%로 인상하였다. 또한 2018년 12월 24일 조특법 개정시에는 적용기한을 2021년 12월 31일까지로 연장하였다.

## 2 | 과세특례의 내용

### 2-1. 단일세율에 의한 분리과세특례의 선택

#### 2-1-1. 일반기업

외국인인 임원 또는 사용인(일용근로자는 제외하며, "외국인근로자"라 한다)이 2021년 12월 31일 이전에 국내에서 최초로 근로를 제공하기 시작하는 경우 국내에서 근무함으로써 받는 근로소득으로서 국내에서 최초로 근로를 제공한 날부터 5년 이내에 끝나는 과세기간까지 받는 근로소득에 대한 소득세는 소득세법 제55조 제1항에도 불구하고 해당 근로소득에 19%를 곱한 금액을 그 세액으로 할 수 있다(조특법 §18의 2 ① 본문).

다만, 외국인근로자가 특수관계기업(외국인투자기업은 제외)에게 근로를 제공하는 경우는 과세특례 적용이 제외된다. 여기서, 특수관계기업이란 해당 과세연도 종료일 현재 외국인근로자가 근로를 제공하는 기업과 「국세기본법 시행령」 제1조의 2 제1항 및 제3항에 따른 친족계 또는 경영지배관계에 있는 경우의 해당 기업을 말한다. 다만, 경영지배관계에 있는지를 판단할 때 같은 조 제4항 제1호 나목의 요건은 적용하지 아니한다(조특령 §16의 2 ②).

또한, 과세특례 적용시에는 「소득세법」 및 「조세특례제한법」에 따른 소득세와 관련된 비과세, 공제, 감면 및 세액공제에 관한 규정은 적용하지 아니한다(조특법 §18의 2 ③).

아울러, 단일세율에 의하여 근로소득세액을 계산하는 경우 당해 근로소득은 「소득세법」 제14조 제2항에 따른 종합소득과세표준의 계산에 있어서 이를 합산하지 아니한다(조특법 §18의 2 ③).

#### 2-1-2. 헤드쿼터 인증기업

「외국인투자 촉진법 시행령」 제20조의 2 제4항 제1호에 따른 지역본부에 근무함으로써 받는 근로소득의 경우에는 국내에서 최초로 근로를 제공한 날부터 5년 이내에 끝나는 과세기간까지(적용기한이 없음) 받는 근로소득에 대한 소득세에 대하여 「소득세법」 제55조 제1항에도 불구하고 해당 근로소득에 19%를 곱한 금액을 그 세액으로 할 수 있다(조특법 §18의 2 ① 단서, 조특령 §16의 2 ③). 다른 사항은 일반기업과 동일하다.

### 2-2. 원천징수

원천징수의무자는 외국인근로자에게 매월분의 근로소득을 지급할 때 「소득세법」 제134조 제1항에도 불구하고 해당 근로소득에 19%를 곱한 금액을 원천징수할 수 있다(조특법 §18의 2 ④).

## 제 4 절

# 국제자본거래에 대한 특례
## (법 제107조~제108조)

# 제107조

## 공공차관 도입에 따른 과세특례

관련규정

**제107조(공공차관 도입에 따른 과세특례)** ①「공공차관의 도입 및 관리에 관한 법률」 제2조 제6호에 따른 공공차관의 도입과 관련하여 외국인에게 지급되는 기술 또는 용역의 대가에 대해서는 해당 공공차관협약(「공공차관의 도입 및 관리에 관한 법률」 제2조 제7호에 따른 공공차관협약을 말한다)에서 정하는 바에 따라 개인지방소득세를 감면한다.

② 제1항에 따른 개인지방소득세 감면은「공공차관의 도입 및 관리에 관한 법률」 제2조 제10호에 따른 대주 또는 기술제공자의 신청에 의하여 감면하지 아니할 수 있다.

## 1 개 요

본조의 규정은 공공차관의 도입 및 관리에 관한 법률(법률 제5551호, 1998.9.16. 제정) 제8조에 규정되어 있는 것으로, 당해 지방세 혜택에 대하여 지특법에서 명확히 언급하고 있는 것이다. 지방소득세의 독립세화를 위한 지방세제 개편계획(2013.9.)에 따라 2014년부터 조특법 제12조의 규정과는 별도로 현재의 지특법 제107조로 신설되었다.

한편, 본조에서 인용하고 있는 공공차관, 대주, 공공차관협약 등의 의미는 공공차관의 도입 및 관리에 관한 법률에서 규정하고 있는바, 이에 대하여는 다음에서 설명하는 바와 같다.

# 2 | 감면실무

## 2-1. 용어의 정의

### 2-1-1. 공공차관

'공공차관'이라 함은 대한민국정부가 외국정부 등 및 외국법인으로부터 또는 아래의 대한민국법인이 대한민국정부의 지급보증을 받아 외국정부 등으로부터 차용하는 대외지급수단 및 수출신용제도에 의하여 도입하는 자본재 · 원자재를 말한다(공공차관의 도입 및 관리에 관한 법률 §2 6호 및 동법 시행령 §2 ②). 여기서 대한민국법인이란 지방자치단체, 정부투자기관관리기본법 제2조의 규정에 의한 정부투자기관, 정부출자기관, 정부출연기관(한국철도시설공단 및 수도권신공항건설공단에 한한다)을 말한다.

### 2-1-2. 대주

'대주'란 공공차관협약에 의하여 차주에 대하여 채권을 가지고 있는 외국정부 등 외국법인 또는 그 채권을 양도받은 자를 말한다(공공차관의 도입 및 관리에 관한 법률 §2 10호).

### 2-1-3. 공공차관협약

'공공차관협약'이라 함은 공공차관을 도입하기 위하여 체결하는 협정 · 협약 또는 계약을 말한다(공공차관의 도입 및 관리에 관한 법률 §2 7호).

## 2-2. 지방세특례의 내용

### 2-2-1. 대주가 부담하여야 할 조세

공공차관의 도입과 직접 관련하여 대주가 부담하여야 할 조세는 공공차관협약이 정하는 바에 따라 이를 감면한다(지특법 §107 ①).

**「공공차관의 도입 및 관리에 관한 법률」**

제6조【공공차관도입계획】① 정부기관 또는 대한민국법인은 공공차관을 도입하고자 할 때에는 기획재정부장관에게 이를 신청하여야 한다. 이 경우 대한민국법인은 당해 공공차관의 도입과 관련하여 정부의 지급보증을 받고자 하는 채무의 범위를 명시하여야 한다.

② 제1항의 규정에 의한 신청을 받은 기획재정부장관은 공공차관의 도입을 추진하기로 결정한 때에는 도입하고자 하는 공공차관의 사업별 내용, 차관액, 예상차관선, 차관조건, 정부의 지급보증이 필요한 채무의 범위 기타 필요한 사항을 기재한 공공차관도입계획안을 작성하여

야 한다.
③ 정부는 제2항의 규정에 의한 공공차관도입계획안에 대하여 미리 국회의 의결을 얻어야 한다. 다음 각호의 1에 해당하는 변경이 있는 경우에도 또한 같다.
1. 사업별 차관액이 국회의 의결을 얻은 금액을 초과하게 된 경우
2. 사업별 차관조건이 국회의 의결을 얻은 조건보다 불리하게 된 경우
3. 사업별 내용이 국회의 의결이 있은 때보다 현저하게 변경된 경우
④ 기획재정부장관은 제3항의 규정에 의하여 국회의 의결을 얻은 때에는 그 내용을 지체없이 당해 정부기관 또는 대한민국법인에게 통보하여야 한다.

제7조【공공차관협약의 체결】① 기획재정부장관은 정부를 대표하여 공공차관을 도입하기 위한 교섭과 이에 필요한 조정을 행하며, 제6조 제3항 전단의 규정에 의하여 국회의 의결을 얻은 후 공공차관협약을 체결한다. 다만, 대한민국법인이 공공차관의 차주가 되는 경우에는 당해 법인이 공공차관협약을 체결한다.
② 대한민국법인은 제1항 단서의 규정에 의하여 공공차관협약을 체결하거나 당해 공공차관협약의 체결에 직접 영향을 미치는 계약을 체결하고자 할 때에는 미리 기획재정부장관의 승인을 얻어야 한다. 이를 변경하고자 할 때에도 또한 같다.
③ 기획재정부장관은 제1항 본문의 규정에 의하여 공공차관협약을 체결한 때에는 지체없이 이를 관보에 공고하여야 한다.

### 2-2-2. 외국인에게 지급되는 기술 또는 용역의 대가

공공차관의 도입과 관련하여 외국인에게 지급되는 기술 또는 용역의 대가에 대하여는 당해 공공차관협약이 정하는 바에 따라 소득세 또는 법인세를 감면한다(지특법 §107 ②).

### 2-2-3. 신청에 의한 감면 배제

공공차관 도입에 따른 조세감면 및 기술 또는 용역의 대가에 대한 지방소득세 감면은 대주 또는 기술제공자의 신청에 의하여 감면하지 아니할 수 있다(지특법 §107 ②).

# 제108조

## 국제금융거래에 따른 이자소득 등에 대한 개인지방소득세 면제

관련규정

제108조(국제금융거래에 따른 이자소득 등에 대한 개인지방소득세 면제) ① 다음 각 호의 어느 하나의 소득을 받는 자(거주자의 국내사업장은 제외한다)에 대해서는 개인지방소득세를 면제한다.

1. 국가·지방자치단체 또는 내국법인이 국외에서 발행하는 외화표시채권의 이자 및 수수료
2. 「외국환거래법」에 따른 외국환업무취급기관이 같은 법에 따른 외국환업무를 하기 위하여 외국금융기관으로부터 차입하여 외화로 상환하여야 할 외화채무에 대하여 지급하는 이자 및 수수료
3. 대통령령으로 정하는 금융회사 등이 「외국환거래법」에서 정하는 바에 따라 국외에서 발행하거나 매각하는 외화표시어음과 외화예금증서의 이자 및 수수료

② 국가·지방자치단체 또는 내국법인이 발행한 대통령령으로 정하는 유가증권을 비거주자가 국외에서 양도함으로써 발생하는 소득에 대한 개인지방소득세를 면제한다.

【영】 제61조(국제금융거래에 따른 이자소득 등에 대한 개인지방소득세 면제) ① 법 제108조 제1항 제3호에서 "대통령령으로 정하는 금융회사 등"이란 「조세특례제한법 시행령」 제18조 제2항 각 호의 어느 하나에 해당하는 금융회사 등을 말한다.
② 법 제108조 제2항에서 "대통령령으로 정하는 유가증권"이란 「조세특례제한법 시행령」 제18조 제4항 각 호의 어느 하나에 해당하는 것을 말한다.

# 1 개 요

본 규정은 국가 · 지방자치단체 또는 내국법인이 국외에서 발행하는 외화표시채권의 이자 및 수수료, 국가 · 지방자치단체 또는 내국법인이 발행한 유가증권을 비거주자가 국외에서 양도함으로써 발생하는 소득 등에 대하여 개인지방세를 면제하도록 규정하고 있다.

한편, 조특법 제21조의 규정과는 별도로 지방소득세의 독립세화를 위한 지방세제 개편계획(2013.9.)에 따라 2014년부터 현재의 지특법 제108조로 신설되었다.

사업수행에 필요한 자금조달의 방식의 하나로 외국차관뿐만 아니라 불특정다수인 간에 유통될 수 있는 채권을 발행하는 방식도 활용되고 있으며, 이의 대표적인 유형이 외화표시사채의 발행이다. 국제적인 자금조달을 원활히 하여 기업의 국제화를 지원하고 대외신뢰도를 제고시킬 필요가 있는바, 국가 · 지방자치단체 및 내국법인이 발행하는 외화표시채권에 대해 지급하는 이자 및 수수료에 대한 소득세 및 법인세 등 발생소득과 관련된 조세를 면제하도록 하고 있는 것이다.

한편, 거주자, 내국법인 및 외국법인의 국내사업장이 지급받는 이자소득 등에 대하여는 조세면제혜택을 부여하지 않고 있는바, 이는 거주자 등의 경우에도 외화표시채권 등을 자유로이 취득할 수 있게 됨에 따라 원화표시채권이자소득에 대한 과세와의 형평성을 유지하기 위함이다.

# 2 과세특례의 내용

## 2-1. 소득세의 면제

다음 중 어느 하나의 소득을 지급받는 자에 대하여는 소득세를 면제한다. 다만, 거주자, 내국법인[280] 및 외국법인의 국내사업장이 지급받는 경우에는 그러하지 아니하다(조특법 §21 ①).

① 국가 · 지방자치단체 또는 내국법인이 국외에서 발행하는 외화표시채권의 이자 및 수수료

여기서 수수료라 함은 외화표시채권*의 발행자가 채권발행의 중개역할을 수행하는

280) 비거주자나 외국법인과는 달리 내국법인의 국외사업장(예 국내금융기관의 해외지점)이 보유한 외화는 어차피 국내에 송금될 자금이므로 신규외화의 유입이라고 보기 어려우며 내국법인의 절세수단으로 악용 가능성이 있어 이를 차단하고, 원화표시채권이자소득에 대한 과세와의 형평성 유지(2006.2.9. 이후 최초로 발생하는 소득분부터 적용)

금융기관에게 채권의 인수 및 판매 등의 중개대가로 지급하는 인수수수료 등 채권의 발행과 직접 관련된 수수료를 말하는 것이다(재국조 46017-118, 2000.9.22.).

* 외화표시채권 : 외국환거래법 제3조에서 규정하는 외국통화로 표시된 채권 또는 외국에서 지급을 받을 수 있는 채권을 말한다. 통상 국제 간에 발행되어 통용되는 외화표시채권을 예시하면, 보통사채(Straight Bond), 전환사채(Convertible Bond), 신주인수권부사채(Bond With Warrant), 금리연동부사채(Floating Rate Note), 예탁증서(Depositary Receipt) 등이 있다(외국환거래법 §3 9).

② 외국환거래법에 의한 외국환업무취급기관*이 동법이 정하는 바에 따라 외국금융기관으로부터 차입하여 외화로 상환하여야 할 외화채무에 대하여 지급하는 이자 및 수수료. 이 규정은 외국환업무취급기관이 외국환거래법에 따라 외국금융기관으로부터 차입하여 외화로 상환하는 외화채무에 대하여 적용하는 것이므로, 외국은행 국내지점으로부터 차입하여 외국금융기관에 이관한 외화채무에 대하여는 적용하지 아니한다(재국조 46017-25, 1999. 10. 19.).

* 외국환업무취급기관이란 기획재정부장관으로부터 외국환업무의 인가를 받은 자를 말하는데, 일반은행, 특수은행, 국책은행 및 외국은행지점 모두가 대부분 외국환업무의 인가를 받은 자들이다.

③ 아래의 금융기관이 외국환거래법이 정하는 바에 따라 국외에서 발행 또는 매각하는 외화표시어음과 외화예금증서의 이자 및 수수료(조특령 §18 ②)

㉠ 「은행법」에 의하여 은행업의 인가를 받은 은행

㉡ 「한국산업은행법」에 의하여 설립된 한국산업은행

㉢ 「한국수출입은행법」에 의하여 설립된 한국수출입은행

㉣ 「중소기업은행법」에 의하여 설립된 중소기업은행

㉤ 「농업협동조합법」에 따른 농협은행[281)][282)]

㉥ 「수산업협동조합법」에 따라 설립된 수협은행

㉦ 「자본시장 및 금융투자업에 관한 법률」에 따른 종합금융회사

281) 「농업협동조합법」 개정으로 현행 농업협동중앙회의 신용사업이 농협은행으로 분할신설되는 점을 반영하여 발행주체 명칭을 농협에서 농협은행으로 변경(2012.3.2. 이후 최초로 지급받는 이자 및 수수료부터 적용)

282) 「농업협동조합법」 제134조의4 【농협은행】 ① 중앙회는 농업인과 조합에 필요한 금융을 제공함으로써 농업인과 조합의 자율적인 경제활동을 지원하고 그 경제적 지위의 향상을 촉진하기 위하여 신용사업을 분리하여 농협은행을 설립한다(법률 제10522호, 시행일 : 2012.3.2.).

## 2-2. 유가증권양도소득의 조세 면제

국가 · 지방자치단체 또는 내국법인이 발행한 다음의 유가증권을 비거주자 또는 외국법인이 국외에서 양도함으로써 발생하는 소득에 대하여는 소득세를 면제한다(조특법 §21③).

① 국외에서 발행한 유가증권 중 외국통화로 표시된 것 또는 외국에서 지급받을 수 있는 것으로서 외국환거래에 관하여 기획재정부장관이 정하는 기준에 따라 발행된 외화증권[283](조특칙 §11 ①). 다만, 주식 · 출자증권 또는 그 밖의 유가증권("과세대상 주식 등"이라 한다)을 기초로 발행된 예탁증서를 양도하는 경우로서 예탁증서를 발행하기 전 과세대상 주식 등의 소유자가 예탁증서를 발행한 후에도 계속하여 해당 예탁증서를 양도하기 전까지 소유한 경우는 제외한다(조특령 §18 ④ 1호).

② 「자본시장과 금융투자업에 관한 법률」에 따른 유가증권시장 또는 코스닥시장과 기능이 유사한 외국의 유가증권시장(조특칙 §11 ②)에 상장 또는 등록된 내국법인의 주식 또는 출자지분으로서 당해 유가증권시장을 통하여 양도되는 것. 다만, 해당 외국의 유가증권시장에서 취득하지 아니한 과세대상 주식 등으로서 해당 외국의 유가증권시장에서 최초로 양도하는 경우는 제외하되, 외국의 유가증권시장의 상장규정상 주식분산요건을 충족하기 위해 모집 · 매출되는 과세대상 주식 등을 취득하여 양도하는 경우에는 그러하지 아니하다[284](조특령 §18 ④ 2호).

283) 종전에는 기획재정부장관이 정하는 기준에 따라 발행된 외화증권으로 규정되어 기획재정부장관이 정하는 기준이 무엇인지 조문상 드러나지 않는 문제점이 있어 이를 외국환거래에 관하여 기획재정부장관이 정하는 기준에 따라 발행된 외화증권으로 개정하여 기획재정부장관이 정하는 기준이 증권발행에 관한 외국환거래규정임을 조문상 명확화(그 이전분은 해석으로 적용)

284) 내국법인의 외국 유가증권시장 상장을 통한 자금조달을 지원하기 위하여 외국의 유가증권시장에서 취득 · 양도한 것으로 간주하여 면세될 수 있도록 2013.2.15. 개정되었고, 2013.2.15. 이후 양도하는 분부터 적용된다.

# 제 5 절

## 투자촉진을 위한 특례 (법 제109조~제114조)

# 제 109 조

## 특정 시설 투자 등에 대한 세액공제 (現 지특법 제109조, 제110조, 제111조, 제112조, 제137조 등)

관련규정

제109조(생산성향상시설 투자 등에 대한 세액공제) ① 내국인이 생산성 향상을 위하여 다음 각 호의 어느 하나에 해당하는 시설에 2017년 12월 31일까지 투자(중고품 및 대통령령으로 정하는 리스에 의한 투자는 제외한다)하는 경우에는 그 투자금액의 1,000분의 3(대통령령으로 정하는 중견기업의 경우에는 1,000분의 5, 중소기업의 경우에는 1,000분의 7)에 상당하는 금액을 개인지방소득세(사업소득에 대한 개인지방소득세만 해당한다)에서 공제한다.

1. 공정(工程) 개선 및 자동화 시설 중 대통령령으로 정하는 시설
2. 첨단기술설비 중 대통령령으로 정하는 설비
3. 자재조달 · 생산계획 · 재고관리 등 공급망을 전자적 형태로 관리하기 위하여 사용되는 컴퓨터와 그 주변기기, 소프트웨어, 통신설비, 그 밖의 유형 · 무형의 설비로서 감가상각기간이 2년 이상인 설비(이하 "공급망관리 시스템설비"라 한다)
4. 고객자료의 통합 · 분석, 마케팅 등 고객관계를 전자적 형태로 관리하기 위하여 사용되는 컴퓨터와 그 주변기기, 소프트웨어, 통신설비, 그 밖의 유형 · 무형의 설비로서 감가상각기간이 2년 이상인 설비(이하 "고객관계관리 시스템설비"라 한다)
5. 구매 · 주문관리 · 수송 · 생산 · 창고운영 · 재고관리 · 유통망 등 물류 프로세스를 전략적으로 관리하고 효율화하기 위하여 사용되는 컴퓨터와 그 주변기기, 소프트웨어, 통신설비, 그 밖의 유형 · 무형의 설비로서 감가상각 기간이 2년 이상인 설비
6. 내국인이 고용하고 있는 임원 또는 사용인이 보유하고 있는 지식을 체계화하고 공유하기 위한 지식관리시스템 등 대통령령으로 정하는 시스템

② 중소기업이 생산성 향상을 위하여 타인이 보유한 제1항 제3호 및 제4호에 해당하는 설비를 2017년 12월 31일까지 인터넷을 통하여 이용하는 경우에는 그 이용비용의 1,000분의 7에 상당하는 금액을 개인지방소득세(사업소득에 대한 개인지방소득세만 해당한다)에서 공제한다.

③ 제1항 또는 제2항에 따른 세액공제의 방법에 관하여는 제103조 제1항 · 제3항 및

제4항을 준용한다.

④ 제1항 및 제2항을 적용받으려는 내국인은 대통령령으로 정하는 바에 따라 세액공제신청을 하여야 한다.

【영】 제62조(생산성향상시설투자의 범위) ① 법 제109조 제1항 제1호에서 "대통령령으로 정하는 시설"이란 「조세특례제한법 시행령」 제21조 제2항에 따른 시설을 말하고, 같은 항 제2호에서 "대통령령으로 정하는 설비"란 「조세특례제한법 시행령」 제21조 제3항에 따른 설비를 말하며, 같은 항 제6호에서 "대통령령으로 정하는 시스템"이란 「조세특례제한법 시행령」 제21조 제4항에 따른 시스템을 말한다.
② 법 제109조 제1항을 적용받으려는 자는 투자완료일이 속하는 과세연도의 과세표준신고와 함께 행정안전부령으로 정하는 세액공제신청서를 납세지 관할 지방자치단체의 장에게 제출하여야 한다. 다만, 「조세특례제한법 시행령」 제21조 제5항에 따라 납세지 관할 세무서장에게 소득세 공제를 신청하는 경우에는 법 제109조에 따른 개인지방소득세에 대한 세액공제도 함께 신청한 것으로 본다.

**제110조(안전설비 투자 등에 대한 세액공제)** ① 내국인이 다음 각 호의 어느 하나에 해당하는 시설(제1호의 경우에는 물품을 포함한다. 이하 이 조에서 같다) 중 산업정책 및 안전정책상 필요하다고 인정하여 대통령령으로 정하는 시설에 2017년 12월 31일까지 투자(중고품 및 대통령령으로 정하는 리스에 의한 투자는 제외한다)하는 경우에는 그 투자금액의 1,000분의 3[대통령령으로 정하는 중견기업의 경우에는 1,000분의 5, 중소기업의 경우에는 1,000분의 7(중소기업이 제7호의 설비에 투자하는 경우에는 1,000분의 10)]에 상당하는 금액을 개인지방소득세(사업소득에 대한 개인지방소득세만 해당한다)에서 공제한다. 이 경우 세액공제의 방법에 관하여는 제103조 제1항 · 제3항 및 제4항을 준용한다.

1. 「유통산업발전법」에 따라 시행되는 유통사업을 위한 시설

1의 2. 「화재예방, 소방시설 설치 · 유지 및 안전관리에 관한 법률」 제2조에 따른 소방시설(같은 법 제9조에 따라 특정소방대상물에 설치하여야 하는 소방시설은 제외한다)과 그 밖에 대통령령으로 정하는 소방 관련 물품

1의 3. 내진보강 설비

2. 「대 · 중소기업 상생협력 촉진에 관한 법률」에 따라 위탁기업체가 수탁기업체에 설치하는 시설

3. 산업재해 예방시설

4. 광산보안시설

5. 「비상대비자원 관리법」에 따라 중점관리대상으로 지정된 자가 정부의 시설 보강 및 확장 명령에 따라 비상대비업무를 수행하기 위하여 보강하거나 확장한 시설

6. 「축산물 위생관리법」 제9조에 따라 안전관리인증기준을 적용받거나 「식품위생법」

제48조에 따라 위해요소중점관리기준을 적용받는 영업자 등이 설치하는 위해요소 방지시설

7. 기술유출 방지설비
8. 해외자원 개발설비

② 제1항을 적용받으려는 내국인은 대통령령으로 정하는 바에 따라 세액공제신청을 하여야 한다.

**【영】 제63조(안전설비 투자 등의 범위)** ① 법 제110조 제1항 각 호 외의 부분 전단에서 "대통령령으로 정하는 시설"이란 「조세특례제한법 시행령」 제22조 제1항 각 호의 어느 하나에 해당하는 시설을 말한다.

② 법 제110조 제1항을 적용받으려는 자는 투자완료일이 속하는 과세연도의 과세표준신고와 함께 행정안전부령으로 정하는 세액공제신청서를 납세지 관할 지방자치단체의 장에게 제출하여야 한다. 다만, 「조세특례제한법 시행령」 제22조 제4항에 따라 납세지 관할 세무서장에게 소득세 공제를 신청하는 경우에는 법 제110조에 따른 개인지방소득세에 대한 세액공제도 함께 신청한 것으로 본다.

**제111조(에너지절약시설 투자에 대한 세액공제)** ① 내국인이 대통령령으로 정하는 에너지절약시설에 2019년 12월 31일까지 투자(중고품 및 대통령령으로 정하는 리스에 의한 투자는 제외한다)하는 경우에는 그 투자금액의 1,000분의 1(대통령령으로 정하는 중견기업의 경우에는 1,000분의 3, 중소기업의 경우에는 1,000분의 6)에 상당하는 금액을 개인지방소득세(사업소득에 대한 개인지방소득세만 해당한다)에서 공제한다.

**【영】 제64조(에너지절약시설의 범위)** ① 법 제111조 제1항에서 "대통령령으로 정하는 에너지절약시설"이란 「조세특례제한법 시행령」 제22조의 2 제1항 각 호의 어느 하나에 해당하는 시설을 말한다.

② 법 제111조 제1항에 따른 중견기업은 「조세특례제한법 시행령」 제10조 제1항에 따른 중견기업으로 한다.

② 제1항을 적용할 때 세액공제의 방법에 관하여는 제103조 제1항 · 제3항 및 제4항을 준용한다.

③ 제1항을 적용받으려는 내국인은 대통령령으로 정하는 바에 따라 세액공제신청을 하여야 한다.

[14.1.1. 본조 신설 ⇨ 조특법 §25의 2에서 이관]

**제112조(환경보전시설 투자에 대한 세액공제)** ① 내국인이 대통령령으로 정하는 환경보전시설에 2019년 12월 31일까지 투자(중고품 및 대통령령으로 정하는 리스에 의한 투자는 제외한다)하는 경우에는 그 투자금액의 1,000분의 3(중견기업의 경우에는 1,000분의 5, 중소기업의 경우에는 1,000분의 10)에 상당하는 금액을 개인지방소득세(사업

소득에 대한 개인지방소득세만 해당한다)에서 공제한다. 이 경우 세액공제의 방법은 제103조 제1항·제3항 및 제4항을 준용한다.

② 제1항을 적용받으려는 내국인은 대통령령으로 정하는 바에 따라 세액공제신청을 하여야 한다.

【영】 제65조(환경보전설비의 범위 등) ① 법 제112조 제1항 전단에서 "대통령령으로 정하는 환경보전시설"이란 「조세특례제한법 시행령」 제22조의 3 제1항 각 호의 어느 하나에 해당하는 시설을 말한다.

② 법 제112조 제1항 전단에 따른 중견기업은 「조세특례제한법 시행령」 제10조 제1항에 따른 중견기업으로 한다.

③ 법 제112조 제1항을 적용받으려는 자는 투자완료일이 속하는 과세연도에 과세표준신고와 함께 행정안전부령으로 정하는 세액공제신청서를 납세지 관할 지방자치단체의 장에게 제출하여야 한다. 다만, 「조세특례제한법 시행령」 제22조의 3 제2항에 따라 납세지 관할 세무서장에게 소득세 공제를 신청하는 경우에는 법 제112조에 따른 개인지방소득세에 대한 세액공제도 함께 신청한 것으로 본다.

【영】 제64조 ③ 법 제111조 제1항을 적용받으려는 자는 투자완료일이 속하는 과세연도의 과세표준신고와 함께 행정안전부령으로 정하는 세액공제신청서를 납세지 관할 지방자치단체의 장에게 제출하여야 한다. 다만, 「조세특례제한법 시행령」 제22조의 2 제3항에 따라 납세지 관할 세무서장에게 소득세 공제를 신청하는 경우에는 법 제111조에 따른 개인지방소득세에 대한 세액공제도 함께 신청한 것으로 본다.

제137조(근로자복지 증진을 위한 시설투자에 대한 세액공제) ① 대통령령으로 정하는 내국인이 그 종업원의 주거 안정 등 복지 증진을 위하여 다음 각 호의 어느 하나에 해당하는 시설을 2018년 12월 31일까지 취득(신축, 증축, 개축 또는 구입을 포함한다. 이하 이 조에서 같다)한 경우에는 해당 시설의 취득금액(해당 시설에 딸린 토지의 매입대금은 제외한다)의 1,000분의 7(취득주체가 중소기업인 경우와 제1호 또는 제2호의 시설로서 수도권 밖의 지역에 있는 대통령령으로 정하는 주택과 제3호의 시설을 취득한 경우에는 1,000분의 10)에 상당하는 금액을 취득일이 속하는 과세연도의 개인지방소득세(사업소득에 대한 개인지방소득세로 한정한다)에서 공제한다.

1. 무주택 종업원(출자자인 임원은 제외한다)에게 임대하기 위한 국민주택
2. 종업원용 기숙사
3. 「영유아보육법」에 따른 직장어린이집
4. 장애인·노인·임산부 등의 편의 증진을 위한 시설로서 대통령령으로 정하는 시설
5. 종업원의 휴식 또는 체력단련 등을 위한 시설로서 대통령령으로 정하는 시설
6. 종업원의 건강관리를 위하여 의료법 제35조에 따라 개설한 부속 의료기관

② 제1항 제1호의 국민주택과 그 밖의 주택을 함께 취득하는 경우 또는 제1항 제2호의

기숙사와 그 밖의 건물을 함께 취득하는 경우에 공제세액의 계산에 필요한 사항은 대통령령으로 정한다.

③ 제1항을 적용받으려는 내국인은 대통령령으로 정하는 바에 따라 세액공제신청을 하여야 한다.

④ 제1항 및 제2항에 따라 개인지방소득세를 공제받은 자가 해당 자산의 준공일 또는 구입일부터 5년 이내에 그 자산을 다른 목적에 전용한 경우에는 전용한 날이 속하는 과세연도의 개인지방소득 과세표준신고를 할 때 그 자산에 대한 세액공제액 상당액에 대통령령으로 정하는 바에 따라 계산한 이자 상당 가산액을 가산하여 개인지방소득세로 납부하여야 하며, 해당 세액은 「지방세법」 제95조에 따라 납부하여야 할 세액으로 본다.

# 1 | 개 요

본 제도는 내국인이 공정개선 및 자동화시설 등에 투자하는 경우 투자금액의 일부를 세액공제함으로써 생산성향상시설, 안전설비, 에너지절약시설, 환경보전시설 등에 대한 투자의 촉진을 유도하여 기업의 경쟁력을 제고하기 위한 제도이다. 본 제도는 2014년부터는 지방소득세 독립세를 위한 세제개편 계획(2013.9.)에 따라 조특법 제24조의 규정과는 별도로 지특법 제109조로 신설되었다.

2018년 12월 24일 조특법 개정시 종전의 법 제11조, 제24조부터 제25조의 3 및 제94조에서 각각 규정하고 있던 각종 설비 투자세액공제 제도를 조특법 제25조에 특정 시설 투자 등에 대한 세액공제 제도로 통합·재설계하였다.

2018년 12월 24일 조특법 개정은 대상설비의 사회·경제적 특성 및 중요성, 자발적 투자 가능성 등을 고려하여 공제율을 조정한 점에 그 특징이 있다. 안전·환경·근로자복지 관련 투자세액공제의 경우 복지·환경과 관련되어 있고, 기업의 수익성과 연관성이 낮은 점을 감안하여 우선 지원한다는 취지로 중소기업 공제율을 10%로 통일하였다. 근로자복지시설 투자세액공제는 타 투자세액공제와의 형평성을 감안하여 대·중견기업 공제율을 인하하였는데, 이에 따라 직장어린이집을 제외한 근로자복지증진시설의 공제율을 중견기업은 7%에서 5%로, 대기업은 5%에서 3%로 각각 하향조정하였다. 대·중견기업 직장어린이집은 공제율(10%)을 유지하였는데, 이는 출산장려 및 양육 지원의 입법의도에 기인한 것이다. R&D·생산성향상·에너지절약 관련 투자세액공제의 경우 기업의 수익성과 연관성이 높다는 점 및 중소기업 세부담 증가를 감안하여 중소기업 공제율을 7%로 통일하였다.

## 2 | 대상자

내국인에 한하여 적용한다. 내국인이므로 거주자인 개인 및 내국법인이 모두 해당되나 조특법 제72조 제2항의 규정에 따라 조합법인은 본조의 적용대상에서 제외된다.

## 3 | 시설의 범위

내국인이 투자하거나 취득하는 다음의 시설에 대해 세액공제가 인정된다.

### 3-1. 연구시험용 시설 및 직업훈련용 시설

#### 3-1-1. 연구시험용 시설

연구시험용 시설이란 전담부서등, 「국가과학기술 경쟁력강화를 위한 이공계지원특별법」 제18조 및 같은 법 시행령 제17조에 따라 과학기술정보통신부장관에게 신고한 연구개발서비스업자 및 「산업기술연구조합 육성법」에 따른 산업기술연구조합에서 직접 사용하기 위한 연구시험용시설로서 다음의 어느 하나에 해당하는 것을 말한다. 다만, 운휴 중에 있는 것은 제외한다(조특령 §22 1호, 조특칙 §13 ①).

① 공구 또는 사무기기 및 통신기기, 시계 · 시험기기 및 계측기기, 광학기기 및 사진제작기기

② 「법인세법 시행규칙」 별표 6의 업종별 자산의 기준내용연수 및 내용연수범위표의 적용을 받는 자산

연구시험용 시설에 대한 투자세액공제는 전담부서 등에서 직접 사용하기 위한 연구시험용 시설에 대해 적용하는 것이므로 전담부서 등에서 사용하는 시설이라 하더라도 일반 사무용 집기 · 비품 등은 세액공제 대상에 해당하지 않는다.285) 한편, 범용성 소프트웨어가 아닌 전담부서 등에서 연구시험용으로 사용하는 특정 연구용 소프트웨어는 연구시험용 시설에 대한 투자세액공제 적용대상에 포함된다.286)

연구시험용 시설을 자체 및 수탁연구개발에 함께 사용하는 경우287)와 공동 연구개발을

285) 서면인터넷방문상담2팀-1039, 2007.5.29. ; 서면인터넷방문상담2팀-2189, 2005.12.28.

286) 서이 46012-10172, 2003.1.24.

287) 기획재정부 조세특례제도과-58, 2012.1.26. ; 서면-2014-법인-21722, 2015.5.29.

수행함에 있어 연구시험용 시설에 투자한 경우[288]에는 연구시험용 시설에 대한 투자세액공제를 적용할 수 있다.

3-1-2. 직업훈련용 시설

직업훈련용 시설이란 인력개발을 위한 직업능력개발훈련시설(조특령 제2조 제1항에 의한 중소기업을 위하여 설치하는 직업훈련용 시설을 포함함)로서 다음의 어느 하나에 해당하는 것을 말한다. 다만, 운휴 중인 것은 제외한다(조특령 §22 2호, 조특칙 §13 ②).

① 공구 또는 사무기기 및 통신기기, 시계 · 시험기기 및 계측기기, 광학기기 및 사진제작기기

② 「법인세법 시행규칙」 별표 6의 업종별 자산의 기준내용연수 및 내용연수범위표의 적용을 받는 자산

## 3 - 2. 에너지절약시설

3-2-1. 에너지절약형시설

에너지절약형시설이란 「에너지이용 합리화법」에 따른 에너지절약형시설(대가를 분할상환한 후 소유권을 취득하는 조건으로 같은 법에 따른 에너지절약전문기업이 설치한 경우를 포함함) 등으로서 조특칙 별표 8의 3의 시설을 말한다(조특령 §22의 2 1호, 조특칙 §13의 2 ①).[289]

3-2-2. 중수도, 절수설비 및 절수기기

중수도, 절수설비 및 절수기기란 「물의 재이용 촉진 및 지원에 관한 법률」에 따른 중수도와 수도법에 따른 절수설비 및 절수기기를 말한다(조특령 §22의 2 2호).

3-2-3. 신에너지 및 재생에너지 생산설비의 제조시설

신에너지 및 재생에너지 생산설비의 제조시설이란 「신에너지 및 재생에너지 개발 · 이용 · 보급 촉진법」 제2조에 따른 신에너지 및 재생에너지를 생산하는 설비의 부품 · 중간재 또는 완제품을 제조하기 위한 시설로서 조특칙 별표 8의 4에 따른 시설을 말한다(조특령 §22의 2 3호, 조특칙 §13의 2 ②).

288) 서면인터넷방문상담2팀-1611, 2005.10.6.

289) 2019.3.20. 시행규칙 개정시 실효성이 낮은 초고온 공랭식 넌씰 캔드 모터 펌프, 압축공기 제습장치 및 스프링쿨 시스템을 공제 대상에서 삭제하고, 신성장산업 시설인 수소 생산 · 압축 · 저장시설을 공제 대상에 추가하였다. 동 개정규정은 2019.3.20. 이후 투자하는 분부터 적용하되, 2019.12.31. 이전에 종전의 규칙 별표 8의 3의 규정에 해당하는 시설에 투자하는 경우에는 종전의 규정에 따른다.

## 3-3. 환경보전시설

환경보전시설이란 조특칙 별표 8의 5에 따른 다음의 어느 하나에 해당하는 시설을 말한다(조특령 §22의 3, 조특칙 §13의 3).

① 「대기환경보전법」에 따른 대기오염방지시설 및 무공해·저공해자동차 연료공급시설
② 「소음·진동관리법」에 따른 소음·진동방지시설 및 방음·방진시설
③ 「가축분뇨의 관리 및 이용에 관한 법률」에 따른 처리시설
④ 「하수도법 시행령」에 따른 오수처리시설
⑤ 「물환경보전법」에 따른 수질오염방지시설
⑥ 「폐기물관리법」에 따른 폐기물처리시설 및 폐기물 감량화시설
⑦ 「건설폐기물의 재활용촉진에 관한 법률」에 따른 건설폐기물 처리시설
⑧ 「자원의 절약과 재활용촉진에 관한 법률」에 따른 재활용시설
⑨ 「해양환경관리법」에 따른 해양오염방제업의 선박·장비·자재
⑩ 「석유 및 석유대체연료 사업법」에 따른 석유정제시설 중 탈황시설
⑪ 「토양환경보전법」 제12조 제3항에 따른 토양오염방지시설(같은 법 시행령 제7조의 2 제2항에 따른 권장 설치·유지·관리기준에 적합한 시설로 한정한다)
⑫ 청정생산시설
⑬ 온실가스 감축을 위한 시설

## 3-4. 근로자복지증진시설

### 3-4-1. 무주택종업원용 임대주택

무주택종업원용 임대주택은 출자자인 임원을 제외한 무주택 종업원에게 임대하기 위한 국민주택을 말한다(조특법 §25 ① 4호 가목). 여기서 무주택 종업원이란 종업원 및 그 배우자가 그들과 동일한 주소 또는 거소에서 생계를 같이하는 가족과 함께 구성하는 1세대가 국내에서 주택을 소유하지 않은 경우를 말한다(법인 22601-741, 1987.3.23.).

무주택·유주택 종업원에게 같이 임대한 경우에는 무주택 종업원에게 임대한 부분은 공제대상에 포함된다(법인 22601-279, 1991.2.11.).

### 3-4-2. 종업원용 기숙사

종업원용 기숙사(조특법 §25 ① 4호 나목)란 건축법상 기숙사만을 의미하는 것이 아니라 실제 종업원용 기숙사로 사용되는 시설을 말하는 것이므로, 건축법상 업무시설에 해당하는

오피스텔, 아파트 및 단독주택을 취득하여 종업원용 기숙사로 사용하는 경우에도 세액공제 대상에 포함된다.290)

또한 종업원용 기숙사의 범위에는 기존 건물을 증축 또는 개축하여 건립한 기숙사를 포함한다(조기통 94-0…1).

### 3-4-3. 장애인 · 노인 · 임산부 등의 편의증진시설

장애인 · 노인 · 임산부 등의 편의증진을 위한 시설은 다음의 어느 하나에 해당하는 시설로서 조특칙 별표 9의 시설을 말한다(조특법 §25 ① 4호 다목, 조특령 §22의 4 ①, 조특칙 §13의 4 ①).

① 장애인 · 노인 · 임산부 등을 위한 편의시설

② 장애인을 고용하기 위한 시설

### 3-4-4. 종업원의 휴식 · 체력단련 시설 등

종업원의 휴식 · 체력단련 시설 등은 다음의 어느 하나에 해당하는 시설을 말하며, 건물 등의 구조를 변경하여 해당 시설을 취득하는 경우를 포함한다(조특법 §25 ① 4호 라목, 조특령 §22의 4 ②, 조특칙 §13의 4 ②).

① 휴게실

② 체력단련실

③ 샤워시설 또는 목욕시설

한편, 건축물을 신축하면서 일부를 휴게실과 옥외정원으로 설치한 경우, 휴게전용시설과 이에 딸린 화장실, 부속창고, 계단은 공제대상에 포함되는 것이나, 옥외정원은 공제대상에서 제외한다.291)

### 3-4-5. 종업원을 위한 부속 의료기관

종업원을 위한 부속 의료기관은 종업원의 건강관리를 위해 「의료법」 제35조에 따라 개설한 부속 의료기관을 말한다(조특법 §25 ① 4호 마목).

### 3-4-6. 직장어린이집

직장어린이집은 「영유아보육법」에 따른 직장어린이집을 말한다(조특법 §25 ① 4호 바목).

290) 법규법인 2013-2, 2013.1.25. ; 서면2팀-531, 2005.4.11. ; 법인 46012-793, 1999.3.3.
291) 서면법규과-1233, 2013.11.8.

영유아보육법 제10조 제4호에서는 직장어린이집을 사업주가 사업장의 근로자를 위하여 설치·운영하는 어린이집(국가나 지방자치단체의 장이 소속 공무원 및 국가나 지방자치단체의 장과 근로계약을 체결한 자로서 공무원이 아닌 자를 위하여 설치·운영하는 어린이집을 포함함)으로 정의하고 있으며, 영유아보육법 제14조 제1항 및 같은 법 시행령 제20조 제1항은 상시 여성근로자 300명 이상 또는 상시근로자 500명 이상을 고용하고 있는 사업장에 대하여 직장어린이집의 설치를 의무화하고 있다.

내국인이 타인 소유의 건물을 임차하거나 또는 기존 건물을 개축하여 직장어린이집을 설치하고 당해 내국인의 소유자산으로 계상하는 경우에도 세액공제를 적용할 수 있다.[292]

### 3-5. 안전시설

안전시설이란 후술하는 소방시설, 산업재해예방시설, 광산보안시설, 비상대비자원관리를 위한 보강·확장시설, 위해요소 방지시설, 기술유출 방지시설, 해외자원 개발시설 및 내진보강시설을 말한다.

#### 3-5-1. 소방시설

소방시설이란 「화재예방, 소방시설 설치·유지 및 안전관리에 관한 법률」 제2조에 따른 소방시설을 말한다. 소방시설의 범위에는 같은 법 제9조에 따라 특정소방대상물에 설치하여야 하는 소방시설을 제외하되, 같은 법 제11조 제1항 각 호 외의 부분 단서에 따라 강화된 기준을 적용받아 설치된 소방시설은 포함한다. 또한, 「위험물안전관리법」 제19조에 따라 자체소방대를 설치하여야 하는 사업소의 관계인이 설치하는 소방자동차(단, 화학소방자동차를 제외함)로서 「소방장비관리규칙」 별표 3의 2의 기준에 적합한 장비를 모두 갖춘 자동차도 소방시설의 범위에 포함한다(조특법 §25 ① 5호 가목, 조특령 §22의 5 ①·②, 조특칙 §13의 5 ①).

#### 3-5-2. 산업재해예방시설

산업재해예방시설이란 다음의 어느 하나에 해당하는 시설을 말한다(조특법 §25 ① 5호 나목, 조특령 §22의 5 ③, 조특칙 §13의 5 ②~④).[293]

---

292) 법인-3054, 2008.10.23. ; 법인-1022, 2010.10.29.

293) 2019년 3월 20일 시행규칙 개정시 안전인증 및 자율안전확인 대상 설비로 산업재해예방시설의 범위를 조정하고, 보일러 압력 방출용 안전밸브 및 유해화학물질 처리시설 등을 공제 대상에 추가하는 한편, 잠금장치 및 셔틀빠짐 방지장치 등을 공제대상에서 제외하였다. 동 개정규정은 2019년 3월 20일 이후 투자하는 분부터 적용하되, 2019년 12월 31일 이전에 종전의 시행규칙 별표 4의 시설에 투자하는 경우에는 종전의 규정에 따른다.

① 「산업안전보건법」에 따른 산업재해예방시설 중 사업장 안에서 발생하는 산업재해를 예방하기 위한 기계 · 기구의 방호시설로서 조특칙 별표 4의 산업재해예방시설(이 경우 프레스 · 전단기 · 목재가공용 둥근톱 · 롤러기 및 양중기로서 해당 기계 · 기구의 방호시설 가액이 해당 방호시설이 완비된 전체 기계 · 기구가액의 30% 이상인 경우 그 전체 기계 · 기구를 산업재해예방시설로 봄)

② 「도시가스사업법」에 따른 가스공급시설의 안전유지를 위한 시설 중 도시가스사업자가 당해 사업에 직접 사용하기 위한 시설로서 조특칙 별표 5의 가스안전관리시설

③ 「화학물질관리법」에 따른 유해화학물질 취급시설의 안전유지를 위한 시설로서 조특칙 별표 5의 2의 화학물질 안전관리시설

### 3-5-3. 광산보안시설

광산보안시설이란 광산안전법에 따른 광산안전시설로서 조특칙 별표 6의 시설을 말한다(조특법 §25 ① 5호 다목, 조특령 §22의 5 ④, 조특칙 §13의 5 ⑤).

### 3-5-4. 비상대비자원관리를 위한 보강 · 확장시설

비상대비자원관리를 위한 보강 · 확장시설은 「비상대비자원 관리법」에 따라 중점관리대상으로 지정된 자가 정부의 시설 보강 및 확장 명령에 따라 비상대비업무를 수행하기 위하여 보강하거나 확장한 시설을 말한다(조특법 §25 ① 5호 라목).

### 3-5-5. 위해요소 방지시설

위해요소 방지시설은 「축산물 위생관리법」 제9조에 따라 안전관리인증기준을 적용받거나 「식품위생법」 제48조에 따라 식품안전관리인증기준을 적용받는 영업자 등이 축산물 또는 식품의 원료관리 · 처리 · 가공 및 유통의 모든 과정에서 위해한 물질이 해당 축산물 또는 식품에 혼입되거나 해당 축산물 또는 식품이 오염되는 것을 방지하기 위하여 설치하는 검사장비 등으로서 조특칙 별표 7의 시설을 말한다(조특법 §25 ① 5호 마목, 조특령 §22의 5 ⑤, 조특칙 §13의 5 ⑥).

### 3-5-6. 기술유출 방지시설

기술유출 방지시설이란 정보보호시스템시설 등 기술유출을 방지하기 위한 시설로서 조특칙 별표 8의 시설을 말한다(조특법 §25 ① 5호 바목, 조특령 §22의 5 ⑥, 조특칙 §13의 5 ⑦).

### 3-5-7. 해외자원 개발시설

해외자원 개발시설이란「해외자원개발 사업법」에 따른 해외자원개발사업자가 해외광물자원을 개발하기 위해 사용하는 시추·채광시설 등으로서 조특칙 별표 8의 2의 해원자원개발설비를 말한다(조특법 §25 ① 5호 사목, 조특령 §22의 5 ⑦, 조특칙 §13의 5 ⑧).

### 3-5-8. 내진보강시설

내진보강시설이란「지진·화산재해대책법 시행규칙」제3조의 4에 따라 내진성능 확인을 받은 건축물에 보강된 시설로서 조특칙 별표 8의 7에 따른 시설을 말한다. 여기서 건축물은 다음의 어느 하나에 해당하는 건축물로서「건축법」제2조 제1항 제2호에 따른 것으로 한정한다. 즉, 건축법상 내진설계 의무가 없음에도 불구하고 시장·군수·구청장으로부터 건축물 내진성능 확인서를 통해 내진성능 확인을 받은 건축물에 보강된 시설에 한하여 세액공제가 적용된다(조특법 §25 ① 5호 아목, 조특령 §22의 5 ⑧, 조특칙 §13의 5 ⑨·⑩).

①「건축법」제48조 제2항에 따른 구조 안전 확인 대상 건축물이 아닌 건축물

② 건축 당시 법령에 따라 구조 안전 확인 대상 건축물이 아닌 건축물

## 3-6. 생산성향상시설

생산성향상시설이란 후술하는 공정 개선 및 자동화 시설, 첨단기술시설 및 공급망관리 시스템시설을 말한다.[294]

### 3-6-1. 공정 개선 및 자동화 시설, 첨단기술시설

공정 개선 및 자동화 시설이란 공정을 개선하거나 시설의 자동화 및 정보화를 위해 투자하는 조특칙 별표 2의 시설로서 해당 사업에 직접 사용되는 것을 말하고, 첨단기술시설이란 첨단기술을 이용하거나 응용하여 제작된 조특칙 별표 2의 시설로서 해당 사업에 직접 사용되는 것을 말한다(조특법 §25 ① 6호 가목·나목, 조특령 §22의 6, 조특칙 §13의 6).

---

294) 2018년 12월 24일 법 개정시 고객관계관리 시스템·물류관리 정보시스템·지식관리 시스템 설비와 공급망관리 시스템·고객관계관리 시스템 설비에 대한 중소기업의 이용비용을 공제대상에서 삭제하였다. 동 개정규정은 2019년 1월 1일 이후 개시하는 과세연도 분부터 적용한다. 다만, 종전의 법 제24조 제1항 제7호부터 제9호까지에 해당하는 시설(고객관계관리 시스템·물류관리 정보시스템·지식관리시스템 설비)에 2019년 12월 31일까지 투자하는 경우 및 종전의 법 제24조 제2항에 규정된 설비를 2019년 12월 31일까지 이용하는 경우(공급망관리 시스템·고객관계관리 시스템 설비의 중소기업 이용비용)에는 종전의 규정에 따른다.

### 3-6-2. 공급망관리 시스템시설

공급망관리 시스템시설이란 자재조달·생산계획·재고관리 등 공급망을 전자적 형태로 관리하기 위해 사용되는 컴퓨터와 그 주변기기, 소프트웨어, 통신시설, 그 밖의 유형·무형의 시설로서 감가상각기간이 2년 이상인 시설[295]을 말한다(조특법 §25 ① 6호 다목).

## 4 | 과세특례의 내용

### 4-1. 개 요

내국인이 3-1.부터 3-3.까지의 규정에 해당하는 시설에 2021년 12월 31일까지 투자(중고품 및 대통령령으로 정하는 리스에 의한 투자는 제외한다)하거나 3-4.에 해당하는 시설을 2021년 12월 31일까지 취득(신축, 증축, 개축 또는 구입을 포함한다)하는 경우 또는 3-5. 및 3-6.에 해당하는 시설에 2019년 12월 31일까지 투자하는 경우에는 다음의 계산식에 따라 계산한 금액에 상당하는 세액을 투자를 완료한 날 또는 취득일이 속하는 과세연도의 소득세(사업소득에 대한 소득세만 해당한다) 또는 법인세에서 공제한다(조특법 §25 ①).

공제금액 = 투자금액 또는 취득금액[296] × 공제율

### 4-2. 투자금액

본조의 세액공제를 적용함에 있어 해당 시설의 투자금액은 법인세법 시행령 제72조 제2항의 규정에 따라 취득가액으로 계상되는 금액으로 한다. 한편, 투자금액의 계산에 관하여는 조특령 제4조 제3항을 준용한다(조특령 §22의 7 ①).

295) SCM(Supply Chain Management, 공급망관리) : 부품조달, 생산계획, 재고관리 등을 효율적으로 처리할 수 있도록 지원하는 시스템(납품업체와의 외부관계에 중점)

296) 해당 시설에 딸린 토지의 매입대금은 제외한다.

*투자금액의 범위(조특령 §4 ③)
Max(①, ②)-③

① 총투자금액에 「법인세법 시행령」 제69조 제1항에 따른 작업진행률에 의하여 계산한 금액
② 해당 과세연도까지 실제로 지출한 금액
③ 해당 과세연도 이전에 투자세액공제를 받은 투자금액과 투자세액공제제도를 적용받기 전에 투자한 분에 대하여 ①을 준용하여 계산한 금액을 합한 금액

### 4-3. 공제율

다음 표에 따른다(조특법 §25 ②).

| 시 설 | 공제율 | | |
|---|---|---|---|
| | 중소기업 | 중견기업 | 그 밖의 기업 |
| 연구시험용 및 직업훈련용 시설, 에너지절약시설, 생산성향상시설 | 7% | 3% | 1% |
| 환경보전시설, 근로자복지증진시설(직장어린이집 제외) | 10% | 5% | 3% |
| 근로자복지증진시설 중 직장어린이집 | 10% | 10% | 10% |
| 안전시설 | 10% | 5% | 1% |

### 4-4. 공제시기

본조의 세액공제액은 해당 시설에 대한 투자를 완료한 날 또는 취득일이 속하는 과세연도에 공제한다. 이때 "투자를 완료한 날"이란 당해 시설을 그 목적에 실제로 사용한 날을 말한다(조기통 5-0…2). 한편, 투자가 2개 이상의 과세연도에 걸쳐서 이루어지는 경우에는 그 투자가 이루어지는 과세연도마다 해당 과세연도에 투자한 금액에 대하여 세액공제를 적용받을 수 있다(조특법 §25 ③).

### 4-5. 투자공제세액의 안분계산

3-4-1.의 국민주택과 그 밖의 주택을 함께 취득하는 경우 또는 3-4-2.의 기숙사와 그 밖의 건물을 함께 취득하는 경우에 공제세액은 다음의 계산식에 따라 계산한다(조특법 §25 ⑤, 조특령 §22의 7 ②).

$$\text{공제세액} = \text{해당 주택 등의 취득금액} \times \text{공제율} \times \frac{\text{무주택종업원용 임대 국민주택 또는 기숙사의 총연면적}}{\text{주택 등의 총연면적}}$$

내국인이 종업원 기숙사를 건축하여 내국인의 소속 종업원과 종업원 외의 자가 함께 해당 기숙사를 이용하는 경우에도 위의 계산식에 따라 공제세액을 산정한다.[297)]

과세관청은 내국법인이 직장어린이집을 신축하여 해당 법인과 계열사가 함께 이용하는 경우에는 해당 시설의 취득금액을 전체 이용인원 중 해당 법인의 이용인원이 차지하는 비율로 안분한 금액에 공제율을 적용하는 것이며, 해당 직장어린이집이 본래 목적대로 운영되고 있다면 세액공제를 적용할 당시의 이용인원 비율이 이후 감소하더라도 추징사유에 해당하지 않는 것으로 해석하고 있다.[298)]

## 5 사후관리

3-4.의 근로자복지증진시설을 취득하여 소득세 또는 법인세를 공제받은 자가 해당 자산의 준공일 또는 구입일부터 5년 이내에 그 자산을 다른 목적에 전용한 경우에는 그 전용일이 속하는 과세연도의 과세표준 신고를 할 때 그 자산에 대한 세액공제액 상당액에 다음의 계산식에 따라 계산한 이자상당가산액을 가산하여 소득세 또는 법인세로 납부하여야 하며, 해당 세액은 소득세법 제76조 또는 법인세법 제64조에 따라 납부하여야 할 세액으로 본다(조특법 §25 ⑦, 조특령 §22의 7 ④).[299)]

이자상당가산액 = 공제받은 과세연도의 과세표준신고일의 다음 날부터 자산을 다른 목적에 전용한 날이 속하는 과세연도의 과세표준신고일까지의 기간 × 10만분의 25

297) 법인세과-1116, 2010.11.30.

298) 법규법인 2013-473, 2014.1.10.

299) 2019년 2월 12일 시행령 개정시 납세자 부담 경감을 위해 이자상당가산액 계산에 적용되는 이자율을 일당 1만분의 3에서 10만분의 25로 인하하였다. 동 개정규정은 2019년 2월 12일 이후 납부 또는 부과하는 경우부터 적용하되, 해당 이자상당가산액의 계산의 기준이 되는 기간 중 2019년 2월 11일까지의 기간에 대한 이자율은 종전의 규정에 따른다.

근로자복지증진시설을 다른 목적에 전용한 것으로 보고 세액공제액 상당액과 이자상당가산액을 납부해야 하는 경우를 예시하면 다음과 같다.

- 종업원용으로 신축한 직원공동숙소 중 일부를 외부인에게 임대한 경우[300)]
- 사원용 임대주택을 무주택 종업원이 아닌 자에게 임대한 경우[301)]

## 6 | 관련사례

▣ 생산성향상시설

- 개별 모듈이「조세특례제한법」제24조에 따른 투자세액공제 대상 설비에 해당하는지 여부는 종합적인 시스템 내에서 독립성, 그 실질용도 등에 비추어 사실판단한 사항임(법규법인 2012-103, 2012.7.24.).
- 통신업 영위 내국법인이 전기통신설비에 투자하는 경우 생산성향상시설 투자 등에 대한 세액공제 적용 여부(재조특-240, 2012.3.26.)
- 통신업 법인이 전기통신설비에 투자하여 해당 사업에 직접 사용되는 경우 생산성향상시설 투자 등에 대한 세액공제 대상이 됨(재조특-241, 2012.3.26.).
- 전자상거래업을 영위하는 법인이 전자상거래시설을 실제 구입하여 설치하였는지 여부 및 시설보수나 자본적지출에 해당하는 금액이 있는지 여부 등을 재조사하여 생산성향상시설 투자세액공제 적용 여부를 결정하도록 한 사례(조심 2010서1538, 2011.5.17.)
- 사업연도가 1.1.~12.31.인 법인이 2011.1.1. 이후 전사적 기업자원관리설비에 투자하는 금액은 생산성향상시설 투자 등에 대한 세액공제가 적용되지 않음(법인-246, 2011.3.30.).
- 질의법인의 차세대시스템은 기존설비에 대한 보수나 자본적 지출에 해당되지 않으며, 기존 시스템과는 별도로 새롭게 구축한 전사적 기업자원관리설비에 해당되는 것으로 보이나, 한정된 자료로 판단하기 곤란하여 기존 사례와 같이 사실판단함이 타당하고, 세액공제를 이미 받았다 하더라도 새로이 구축하는 차세대시스템이 ERP 투자에 해당되고, 기존 시스템의 자본적 지출 또는 중고품에 의한 투자가 아니라면 기존 특정 시스템과의 연계 비용은 새로운 ERP 구축비용과 동일하게 생산성향상시설 투자세액공제 가능(법인-94, 2011.1.31.)
- 2010.12.31. 이전에 관계회사간 공동투자로 ERP시스템 구축시, 각 회사별로 부담액을 자산계상하고 각 회사별 ID와 Password에 의해 데이터를 별도관리하는 경우, 각 회사별 투자금액에 대하여 생산성향성시설 투자세액공제를 적용받을 수 있음(법규법인 2010-389, 2011.1.28.).
- 조특법 제24조 제1항 제1호에서 제7호까지의 시설을 인터넷을 통하여 이용함에 따라 발생하는 수수료를 지급하는 경우에는 생산성향상시설 투자 등에 대한 세액공제를 적용받을 수

300) 법규법인 2012-37, 2012.4.4.
301) 법인 22601-2234, 1991.11.25.

있는 것임(법인-991, 2010.10.27.).

• 조세특례제한법 투자세액공제를 적용함에 있어 양수한 투자 중 자산이 "중고설비"인 경우 해당 양수금액은 세액공제대상 투자금액에서 제외함(재조특-290, 2010.3.25.).

• 한국은행이 기존의 결제시스템을 선진형 결제시스템으로 전환하고자 전산장비 구입 및 소프트웨어 개발에 투자하여 신한은금융망을 구축한 경우 생산성향상시설 투자세액공제 대상이 아님(법규법인 2009-398, 2009.12.14.).

• 생산성향상시설 투자세액공제 적용시 기존 설비에 대한 보수나 자본적 지출액은 세액공제 대상이 되지 않는 것이며, 새로운 ERP로 대체하기 위한 투자금액은 투자세액공제 대상에 해당됨(법인-927, 2009.8.27.).

• 생산성향상시설 투자세액공제 대상인 ERP에 대한 투자의 범위는 하드웨어 및 소프트웨어 취득가액 외에 시스템구축을 위하여 직접 소요된 개발전담직원 인건비, 외부자문료, 설치비 등 기타 부대비용 중 취득가액으로 계상되는 금액을 포함함(법인-942, 2009.8.27.).

• 고객자동호출기, 순번대기표발행기 및 제품수리관련 계측기 등의 단순 통신·계측기기는 생산성향상시설 투자세액공제대상이 아님(법인-883, 2009.7.31.).

• ERP를 설치하여 운용하여 왔으나 진부화 및 노후화되어 폐기한 후 기존 ERP에서 지원하지 않는 새로운 기능을 추가하고 성능을 향상시킨 새로운 ERP로 대체하는 경우 생산성향상시설 투자세액공제 대상임(법규법인 2009-218, 2009.6.8.).

• 보험업을 영위하는 법인의 회계·세무부문 신규 ERP구축이 생산성향상시설투자에 대한 세액공제 대상인지 여부는 당해 구축 시스템의 실질적인 내용에 따라 사실판단할 사항임(법인-3276, 2008.11.5.).

• 생산성향상시설투자 등에 대한 세액공제는 당해 투자자산의 개발비 계상 여부에 관계없이 투자를 완료한 날이 속하는 과세연도의 법인세에서 공제하는 것임(법인-2919, 2008.10.16.).

• 비영리법인이 회원사인 법인으로부터 전산시스템 구축비용을 징수하고 개별 회원사는 비영리법 소유인 동 시스템의 사용권을 부여받은 경우 개별 회원사는 생산성향상시설투자 등에 대한 세액공제를 받을 수 없음(서면2팀-1585, 2007.8.29.).

• 경영관리 솔루션이 전사적 기업자원관리설비에 해당하는지는 실질 내용에 따라 사실판단함(서면2팀-1134, 2007.6.12.).

• 통신업을 주업으로 하는 회사로서 프로젝트 관리 시스템 구축비용이 생산성 향상투자 세액공제에 해당되는지 여부는 실질내용에 따라 판단함(서면2팀-796, 2007.5.1.).

▣ 안전설비(시설)

• 세액공제 제외대상인 중고품은 그 제작목적에 따라 실제 사용된 바 있는지 여부에 따라 판단하는 것이며, 설비를 공급자와 공급받는 자간에 약정내용에 따라 달라지는 것은 아님(대법원 2008두18205, 2010.11.25.).

• 보안장비시스템 전체를 하나의 투자단위로 보아 그 보안장비시스템의 신규, 증설 및 기존시스템을 대체하는 투자는 안전설비투자세액공제를 적용하나 개별 보안장비의 보수 및 자본적지출은 적용하지 아니함(법규법인 2009-399, 2009.12.14.).

• 안전설비투자 등에 대한 세액공제 적용시 별표 8에 규정한 기술유출방지설비 중 스마트카

드 시스템 등의 등의 물리적 보안장비는 기업부설연구소와 연구개발 전담부서에 설치된 것에 한하여 적용함(법인-3637, 2008.11.26.).

- 세액공제 제외대상인 중고품은 그 제작목적에 따라 실제 사용된 바 있는지 여부에 따라 판단하는 것이며, 설비를 공급자와 공급받는 자간에 약정내용에 따라 달라지는 것은 아님(서울고법 2008누7689, 2008.9.25.).
- 조세특례제한법 시행규칙 제13조 제9항(별표 8의 3)의 기술유출방지설비중 물리적 보안장비에 해당하는지 여부는 실지내용에 따라 사실판단할 사항임(서면2팀-599, 2008.4.2.).
- 세액공제 제외대상인 중고품은 그 제작목적에 따라 실제 사용된 바 있는지 여부에 따라 판단하는 것이며, 설비를 공급자와 공급받는 자간에 약정내용에 따라 달라지는 것은 아님(서울행법 2007구합15636, 2008.2.5.).
- 악취방지법에 의한 악취방지시설은 환경·안전설비투자 등에 대한 세액공제 적용대상임(서면2팀-1437, 2007.8.1.).
- 폐기물을 처리하기 위하여 설치한 폐기물처리시설 및 폐기물감량화시설에 전용으로 사용되는 구축물은 세액공제 대상에 해당함(서면2팀-558, 2006.3.31.).
- 조특법 별표 6 구분19. 추락방지시설 가호에 '높이가 2미터 이상인 작업장 및 통로 등의 추락방지 핸드레일 및 가드레일'은 높이가 2미터 이상인 추락방지 핸드레일 및 가드레일을 의미함(서면2팀-67, 2006.1.10.).
- 조세특례제한법 제24조 및 제25조의 규정을 적용함에 있어 투자한 시설물의 범위는 해당 거래의 명칭이나 형식에 불구하고 그 실질내용에 따라 적용하는 것임(서면2팀-2149, 2005.12.22.).
- 특정설비투자에 대한 세액공제를 적용함에 있어 다른 법인이 현물출자에 의해 설립된 법인은 현물출자에 의해 취득한 자산에 대하여 투자세액 공제를 적용하지 아니함(서면2팀-2039, 2005.12.12.).
- 수질오염방지 공정상 필수적이고 동 시설 전용으로 사용되는 건물 및 구축물은 조특법 제25조(환경, 안전설비투자 등에 대한 세액공제)의 대상자산임(서면2팀-1562, 2005.9.27.).
- 환경안전설비투자세액공제 대상은 '산업재해예방시설'로서 가습기실린더, 항온온습기, 크린룸 공기정화기는 공제대상 아님(서면2팀-285, 2005.2.14.).
- 폐염산을 주원료로 재활용제품을 생산하는 건물 및 기계장치의 경우, 환경·안전설비에 해당하는 시설(기계장치)은 환경·안전설비 투자 등에 대한 세액공제가 가능하나 건물·구축물은 투자세액공제 대상이 아님(서면2팀-2709, 2004.12.22.).
- 수질환경보전법에 의한 폐수배출시설로부터 배출되는 수질오염물질을 제거하거나 감소시키는 시설에 대한 투자는 '특정시설투자에 대한 세액공제' 대상에 해당함(서이 46012-12157, 2003.12.19.).
- 특정설비투자에 대한 세액공제규정은 2000.12.31.까지 투자하는 경우에 적용받을 수 있는 것이고 조세특례제한법 제25조의 2(2000.12.29. 법률 제6297호로 개정된 것)의 개정규정은 2001.1.1. 이후 최초로 투자하는 분부터 적용하는 것임(서이 46012-10831, 2001.12.28.).
- 철강제조업법인이 제조공정상 발생하는 폐열을 이용한 온수를 난방열원으로 공급하는 지역난방사업을 개시하는 경우, 에너지절약 투자시설 투자세액 및 특정설비 투자세액 공제대상

여부(서이 46012-10706, 2001.12.8.)

• 1990.1.1. 이후 '수도권'에서 창업한 법인이 수도권 이외의 지역으로 사업장 이전한 후 2001년도 중 그 이전 후 사업장에서 공해방지시설에 투자하는 경우, '특정설비'투자세액 공제대상인 바, 이 경우 '수도권'의 범위임(서이 46012-10502, 2001.11.13.).

▣ 환경보전시설

• 내국법인이 조특법 제25조의 3(환경보전시설 투자에 대한 세액공제)을 적용함에 있어 같은 법 시행령 제22조의 3 제1항 제1호에 해당하는 환경보전시설은 같은 법 시행규칙 별표 8의 5의 환경보전시설을 말하는 것임(법인-829, 2011.10.28.).

• 2010.12.27.(법률 제10406호) 개정된 조특법 제25조의 2(에너지절약시설에 대한 투자세액공제) 및 제25조의 3(환경보전시설에 대한 투자세액공제)의 개정규정은 같은 법 부칙 제11조 및 제12조에 따라 이 법 시행일 이후 투자하는 분부터 적용함(법인-430, 2011.6.29.).

• 조세특례제한법 시행규칙 별표 8의 5에서 대기환경보전법에 따른 무공해자동차나 저공해자동차의 연료공급시설의 범위(법인-741, 2009.2.23.)

▣ 근로자 복지 증진 시설

• 오피스텔을 종업원용 기숙사로 사용하기 위하여 취득한 경우에는 근로자복지증진을 위한 시설투자에 대한 세액공제를 할 수 있음(법규법인 2013-2, 2013.1.25.).

• 직원공동숙소 준공일로부터 3년 내에 일부 임대시 조세특례제한법 시행령 제94조 제3항을 준용하여 계산한 임대 자산에 대한 세액공제 상당액에 같은 조 제5항에 따라 계산한 이자상당액을 가산하여 법인세로 납부하는 것임(법규법인 2012-37, 2012.4.4.).

• 근로자복지증진을 위한 시설투자에 대한 세액공제액을 계산시, 종업원의 주거안정 등을 위해 종업원 기숙사를 건축하여 종업원과 종업원외의 자와 함께 기숙사를 이용하는 경우 조특법 시행령 제94조 제3항의 산식에 따라 산정하는 것임(법인-1116, 2010.11.30.).

• 법인이 기존건물을 개축하여 직장보육시설을 설치하고 동 직장보육시설을 법인의 소유자산으로 계상하는 경우, 근로자복지증진세액공제대상 투자금액은 건축물 및 부속설비에 대하여 적용하는 것으로 토지가액, 집기, 비품 등은 제외됨(법인-1022, 2010.10.29.).

• 내국법인이 설치한 직장보유기설을 기존 건물에 대한 자본적 지출로 회계처리하였더라도 실제 종업원의 주거안정 등 복지증진을 위해 직장보유시설을 설치한 경우 근로자복지증진을 위한 시설투자에 대한 세액공제를 적용받을 수 있음(법인-992, 2010.10.27.).

• 타인 소유의 건물을 임차하여 직장보육시설을 설치하고 이를 소유자산으로 계상한 경우, 근로자복지증진을 위한 시설투자의 세액공제 규정을 적용받을 수 있음(법인-3054, 2008.10.23.).

• 무주택종업원에게 임대하기 위하여 국민주택을 취득하는 경우 당해 시설의 취득금액은 근로자복지증진 시설투자에 대한 세액공제를 적용받을 수 있음(서면2팀-1118, 2008.6.4.).

• 포괄적 사업양수도의 경우 양수법인은 이월된 "근로복지증진을 위한 시설에 대한 투자세액공제"를 승계하여 적용받을 수 없으며, 양도양수일에 임대주택을 취득한 것으로 보아 취득한 날이 속하는 과세연도에 공제받을 수 있는 것임(재조예-668, 2006.9.27.).

• 법인이 업무에 사용하던 부동산을 재건축 후 법인의 업무에 직접 사용하지 아니하는 경우 유예기간의 기산일로 보는 부동산의 취득시기는 사용검사필증교부일 · 사용일 · 사용승인일

중 빠른날임(서면2팀-1403, 2006.7.27.).

- 사업용 임대주택을 포함한 사업용 자산·부채 등은 포괄적으로 양수한 법인은 양도·양수일에 동 사업용 임대주택을 취득한 것으로 보아 근로자복지증진을 위한 시설투자세액공제를 적용받을 수 있음(서면2팀-1979, 2005.12.5.).
- 고용계약 없이 골프장이용객으로부터 급여의 형식으로 일정금액을 지급받는 골프장보조원을 위한 기숙사 시설의 투자금액은 근로자복지증진을 위한 투자세액공제 적용대상이 아님(서면2팀-1657, 2005.10.17.).
- 근로자복지증진을 위한 시설투자에 대한 세액공제 적용시 2003.12.31. 이전 투자분과 2004년 투자분 전액(부수되는 토지 제외)에 대해 취득일이 속하는 공제율인 100분의 7을 적용하는 것임(서면2팀-1386, 2005.8.26.).
- 종업원용 기숙사 신축시 투자금액의 범위는 법인세법 시행령 제72조 제1항의 규정에 기타 부대비용이 포함됨(서면2팀-1370, 2005.8.25.).
- 법인이 건물을 신축하면서 종업원의 주거안정 등 복지증진을 위해 건물의 일부를 종업원의 기숙사로 사용하며 실제 현장근로자들에게 숙식을 제공하는 경우 '종업원용 기숙사'에 해당하는 것임(서면2팀-946, 2005.6.28.).
- 법인이 종업원의 기숙사 용도로 구입한 국민주택규모 이하의 아파트를 실제 현장 근로자들에게 숙식 제공하는 경우에는 "근로자복지증진을 위한 시설투자에 대한 세액공제"를 적용받을 수 있음(서면2팀-531, 2005.4.11.).
- 종업원 기숙사 용도 목적으로 주택건물을 구입한 경우 근로자복지증진을 위한 시설투자에 대한 세액공제가 됨(서면2팀-225, 2005.2.1.).
- 2003. 8월부터 투자가 개시되어 2004.1.1. 현재 투자가 진행중인 경우 2004.1.1. 이후 5월까지 투자한 분에 대하여 근로자복지증진을 위한 시설투자세액공제(7%)를 적용함(서면2팀-185, 2005.1.27.).
- "근로자복지증진을 위한 시설투자에 대한 세액공제" 규정을 적용함에 있어서, 사업의 양도양수계약에 의하여 건설중인 임대아파트를 취득하는 경우 투자개시시기는 사업의 양도양수일로 보는 것임(서이 46012-11891, 2003.10.31.).
- 근로자의 복지시설을 위한 조세특례 및 임대주택건설과 관련된 조세특례내역을 참고하기 바람(법인 46012-763, 2000.3.23.).
- 제조업·광업·운수업을 영위하는 사업자가 아파트 및 단독주택을 취득하여 기숙사용도로 실제 사용하는 경우는 '근로자 복지증진을 위한 설비투자에 대한 세액공제' 적용됨(법인 46012-793, 1999.3.3.).
- 사원용 임대아파트 구입일로부터 3년 이내에 주택을 소유한 종업원에게 임대한 경우 다른 목적에 전용한 경우로서 근로자 복지증진을 위한 설비투자에 대한 세액공제액 추징됨(심사 법인 98-376, 1999.2.5.).
- 시설투자세액공제대상 '종업원용 기숙사'는 건축물의 용도분류상 기숙사를 말하므로 일반주거용 건물은 해당 안됨(법인 46012-322, 1999.1.26.).

# 제110조

## 안전설비 투자 등에 대한 세액공제

관련규정

**제110조(안전설비 투자 등에 대한 세액공제)** ① 내국인이 다음 각 호의 어느 하나에 해당하는 시설(제1호의 경우에는 물품을 포함한다. 이하 이 조에서 같다) 중 산업정책 및 안전정책상 필요하다고 인정하여 대통령령으로 정하는 시설에 2017년 12월 31일까지 투자(중고품 및 대통령령으로 정하는 리스에 의한 투자는 제외한다)하는 경우에는 그 투자금액의 1,000분의 3[대통령령으로 정하는 중견기업의 경우에는 1,000분의 5, 중소기업의 경우에는 1,000분의 7(중소기업이 제7호의 설비에 투자하는 경우에는 1,000분의 10)]에 상당하는 금액을 개인지방소득세(사업소득에 대한 개인지방소득세만 해당한다)에서 공제한다. 이 경우 세액공제의 방법에 관하여는 제103조 제1항·제3항 및 제4항을 준용한다.

1. 「유통산업발전법」에 따라 시행되는 유통사업을 위한 시설

1의 2. 「화재예방, 소방시설 설치·유지 및 안전관리에 관한 법률」 제2조에 따른 소방시설(같은 법 제9조에 따라 특정소방대상물에 설치하여야 하는 소방시설은 제외한다)과 그 밖에 대통령령으로 정하는 소방 관련 물품

1의 3. 내진보강 설비

2. 「대·중소기업 상생협력 촉진에 관한 법률」에 따라 위탁기업체가 수탁기업체에 설치하는 시설
3. 산업재해 예방시설
4. 광산보안시설
5. 「비상대비자원 관리법」에 따라 중점관리대상으로 지정된 자가 정부의 시설 보강 및 확장 명령에 따라 비상대비업무를 수행하기 위하여 보강하거나 확장한 시설
6. 「축산물 위생관리법」 제9조에 따라 안전관리인증기준을 적용받거나 「식품위생법」 제48조에 따라 위해요소중점관리기준을 적용받는 영업자 등이 설치하는 위해요소 방지시설
7. 기술유출 방지설비

8. 해외자원 개발설비

② 제1항을 적용받으려는 내국인은 대통령령으로 정하는 바에 따라 세액공제신청을 하여야 한다.

**【영】 제63조(안전설비 투자 등의 범위)** ① 법 제110조 제1항 각 호 외의 부분 전단에서 "대통령령으로 정하는 시설"이란 「조세특례제한법 시행령」 제22조 제1항 각 호의 어느 하나에 해당하는 시설을 말한다.

② 법 제110조 제1항을 적용받으려는 자는 투자완료일이 속하는 과세연도의 과세표준신고와 함께 행정자치부령으로 정하는 세액공제신청서를 납세지 관할 지방자치단체의 장에게 제출하여야 한다. 다만, 「조세특례제한법 시행령」 제22조 제2항에 따라 납세지 관할 세무서장에게 소득세 공제를 신청하는 경우에는 법 제110조에 따른 개인지방소득세에 대한 세액공제도 함께 신청한 것으로 본다.

# 1 | 개 요

본 제도는 내국인이 산업재해예방시설 등에 투자하는 경우 투자금액의 일부를 세액공제함으로써 기업의 부담을 완화하기 위한 세제지원이다. 본 제도는 국세인 조특법에서 2007년 말 조특법 개정시 환경부분이 분리되어 현재는 안전설비 등에 대하여만 규정되어 있다가 지방소득세의 독립세를 위한 세제개편(2013.9.)에 따라 조특법 제25조의 규정과는 별개로 지특법 제110조로 신설되었다.

# 2 | 감면실무

## 2-1. 감면대상자 및 투자대상의 범위

내국인인 거주자 개인이 이에 해당되며, 안전설비투자 등에 대한 세액공제의 대상이 되는 시설은 대부분의 경우가 법 · 영 · 규칙에서 차례대로 위임하여 시행규칙 [별표]에서 규정하고 있으며 2014년 12월 31일까지 투자하는 경우에 한하여 적용한다.

① 「유통산업발전법」에 따라 시행되는 유통사업을 위한 시설

② 「대 · 중소기업 상생협력 촉진에 관한 법률」에 따라 위탁기업체가 수탁기업체에 설치

하는 시설

③ 산업재해예방시설

④ 광산보안시설

⑤「비상대비자원 관리법」에 따라 중점관리대상으로 지정된 자가 정부의 시설 보강 및 확장 명령에 따라 비상대비업무를 수행하기 위하여 보강하거나 확장한 시설

⑥「축산물위생관리법」 제9조 및「식품위생법」 제48조에 따라 위해요소중점관리기준을 적용받는 영업자 등이 설치하는 위해요소 방지시설

⑦ 기술유출방지설비302)

⑧ 해외자원개발설비

2-1-1.「유통산업발전법」에 의하여 시행되는 유통산업을 위한 시설

- **(지특령 §63 ①, 조특령 §22 ① 4호)**「유통산업발전법」에 의한 유통산업의 합리화를 촉진하기 위한 시설로서 기획재정부령이 정하는 것
- **(조특칙 §13 ①, 별표 3)** 다음에 해당하는 자가 당해 사업에 직접 사용하기 위한 시설로서 [별표 3]의 유통산업합리화시설
  ① 제조업을 영위하는 자
  ② 물류산업(조특령 §5 ⑧)을 영위하는 자
  ③「유통산업발전법」 제17조의 규정에 의한 우수체인사업자303)304)
  ④「유통산업발전법」 제28조의 규정에 의한 우수도매배송서비스사업자

〈표 1〉 **유통산업합리화시설(조특칙 별표 3)**

| 구 분 | 적용범위 |
|---|---|
| 1. 저온보관고 | 농수산물과 그 가공품을 위한 저온보관고 및 저온보관고의 온도조절을 위한 기계장치 |
| 2. 운반용 화물자동차 | 적재정량 1톤 이상의 상품운반화물자동차로 냉장·냉동·보냉이나 인양장비가 된 것 |
| 3. 포장기 | 농수산물 및 공사품의 규격화와 상품성제고를 위한 동력포장기 |

302) 핵심기술보호 차원에서 필요

303)「유통산업발전법」 부칙(제6959호, 2003.7.30.)
- 제1조(시행일) 이 법은 공포 후 6월이 경과한 날부터 시행한다.
- 제2조(유효기간) 제17조 및 제28조의 개정규정은 이 법 시행 후 5년까지 효력을 가진다.

304) 우수체인사업자에 관한 운영요령(중소기업청 고시 제2008-45호, 2008.8.25.) 참조

305) 발전설비, 선박설비, 대형시설재 등 초대형 화물의 증가로 모듈 트레일러, 트랜스포터의 수요 증가로 유통

| 구 분 | 적용범위 |
|---|---|
| 4. 판매용 진열대 | 농수산물과 이의 가공품을 진열·판매하는 고정식 용기로서 냉동·냉장 또는 온장의 기능을 갖는 것(냉동·냉장 또는 온장을 위하여 필요한 부수설비를 포함한다) |
| 5. 무인반송차 | 컴퓨터시스템에 의하여 물품을 필요로 하는 위치까지 자동으로 반송하는 기능을 갖춘 무인 반송시스템 |
| 6. 자동분류기 | 상품을 규격별로 자동으로 분류하는 기계장치 |
| 7. 컨베이어시스템 | 물품을 배송하는 기본시스템으로 동력을 사용하여 물품을 연속적으로 운반하는 기계장치 |
| 8. 창고시설 등 | 물품의 보관·저장 및 반출을 위한 창고로서 「건축법 시행령」 별표 1 제18호 가목의 창고(상품의 보관·저장 및 반출이 자동적으로 이루어질 수 있도록 시스템화된 창고시설을 포함한다) 및 물품의 보관·저장 및 반입·반출을 위한 탱크시설(지상 또는 지하에 고정설치된 것에 한정하고, 탱크시설에 필수적으로 부수되는 배관시설 등을 포함한다) |
| 9. 파렛트 | 한국산업규격에 의하여 제정된 일관수송용 평파렛트 |
| 10. 파렛타이저 | 물품을 파렛트에 적재하는 기계식·로보트식 파렛타이저 |
| 11. 선반(랙) | 파렛트화물을 보관·저장하는 선반(랙) |
| 12. 파렛트트럭 | 파렛트화물을 창고 내·외에서 운반하는 전동식 파렛트트럭 |
| 13. 컨테이너와 컨테이너 하역·운반장비 | 물품수송에 직접 사용되는 컨테이너, 지게차, 부두 위에 설치되어 컨테이너 선박으로부터 컨테이너를 하역하거나 부두에 있는 컨테이너를 선박에 선적하는 컨테이너크레인(Container crane)과 하버크레인(Habor crane), 장치장에 운반되어진 컨테이너를 적재 또는 반출하는데 사용되는 트랜스퍼크레인(Transfer crane), 부두와 장치장 사이에서 야드샤시(Yardchassis)를 견인하여 컨테이너를 운반하는 야드트랙터(Yard tractor 및 유압식 지브크레인이 설치된 형상으로 크레인 끝에 스프레이더를 장착한 컨테이너핸들러로 컨테이너를 하역하는 리치스태커(Reach Stacker) |
| 14. 무선상품리더기(Reader) 및 안테나 | 무선상품인식기술을 이용하여 상품의 정보를 읽는 기능을 갖춘 무선상품리더기(RFID Reader) 및 안테나(Antenna) (2004.3.6. 신설) |
| 15. 초대형 화물 하역장비[305)] | 모듈 트레일러(Module Trailer), 트랜스포터(Transporter) |

〈비고〉 1. 제조업을 영위하는 자의 경우에는 제9호의 파렛트에 한하여 적용한다.
2. 제5호·제7호·제10호 내지 제12호의 시설의 경우에는 제9호의 파렛트와 정합성이 있는 시설에 한하여 적용한다.

---

305) 산업합리화시설에 추가(2009.4.7. 이후 투자하는 분부터 적용)

2-1-2. 「대 · 중소기업 상생협력촉진에 관한 법률」에 의하여 위탁기업체가 수탁기업체에 설치하는 시설

- **(지특령 §63 ①, 조특령 §22 ① 5호)** 「대 · 중소기업 상생협력촉진에 관한 법률」에 따라 위탁기업이 수탁기업에 설치하는 검사대 또는 연구시설

2-1-3. 산업재해예방시설

- **(지특령 §63 ①, 조특령 §22 ① 6호)** 「산업안전보건법」에 의한 산업재해예방시설 및 「도시가스사업법」에 의한 가스공급시설의 안전유지를 위한 시설
- **(조특칙 §13 ②, 별표 4·5)** 1) 산업재해예방시설은 사업장 안에서 발생하는 산업재해를 예방하기 위한 기계 · 기구의 방호시설로서 [별표 4]의 산업재해예방시설. 이 경우 프레스 · 절단기 · 목재가공용 둥근톱 · 로울러 및 양중기로서 당해 기계 · 기구의 방호시설의 가액이 당해 방호시설이 완비된 전체 기계 · 기구가액의 100분의 30 이상인 경우에는 그 전체 기계 · 기구를 산업재해예방시설로 본다.
  2) 가스공급시설의 안전유지를 위한 시설은 「도시가스사업법」에 의한 도시가스사업자가 당해 사업에 직접 사용하기 위한 시설 중 [별표 5]의 가스안전관리시설

〈표 2〉 **산업재해예방시설(조특칙 별표 4)**

| 구 분 | 적용범위 |
|---|---|
| 1. 동력차단장치 | 동력으로 운전하는 기계의 동력차단장치 및 접촉예방장치 |
| 2. 프레스 또는 절단기의 방호장치 | 동력으로 운전하는 프레스 또는 절단기에 있어서 금형 또는 칼날로 인한 위험을 방지하기 위한 방호장치로서 노동부장관의 성능검정에 합력한 것 |
| 3. 연삭기의 방호장치 | 회전중에 파괴될 위험이 있는 연삭기의 덥개장치로서 노동부장관의 성능검정에 합격한 것 |
| 4. 목재가공용 둥근톱의 방호장치 | 가. 목재가공기계로서 둥근톱의 날접촉예방장치와 반발예방장치로서 노동부장관의 성능검정에 합격한 것<br>나. 소음방지장치 |
| 5. 동력식 수동대패의 방호장치 | 동력식 수동대패의 날접촉예방장치로서 노동부장관의 성능검정에 합격한 것 |
| 6. 로울러기의 방호장치 | 가. 고무 · 고무화합물 또는 합성수지를 인화하는 로울러기의 급정지장치로서 노동부장관의 성능검정에 합격한 것<br>나. 지물 또는 포물 등을 통하게 하는 로울러기의 안전장치<br>다. 로울러기의 접촉예방장치 |

| 구 분 | 적용범위 |
| --- | --- |
| 7. 잠금장치 | 가. 면사방직기계에 있어서 황타면기의 실린더커버손잡이 및 타면기의 비타커버<br>나. 견사방직기계에 있어서의 타면기의 실린더커버<br>다. 제면기의 실린더커버 |
| 8. 셧틀빠짐방지장치 | 직기에 있어서 셧틀의 빠짐으로 인한 위험을 방지하기 위한 장치 |
| 9. 양중기 등의 방호장치 | 가. 크레인 등의 양중기·권양기 또는 인양기의 과부하방지 장치로서 노동부장관의 성능검정에 합격한 것<br>나. 양중기·권양기 또는 인양기의 권과방지장치·최종통제스위치·조속기·완충기·비상멈춤장치 및 출입문인터록 |
| 10. 아세틸렌 용접장치 또는 가스집합 용접장치의 방호장치 | 아세틸렌 용접장치 또는 가스집합 용접장치에 부착되는 건식 또는 수봉식의 역화방지기로서 노동부장관의 성능검정에 합격한 것 |
| 11. 교류아아크 용접기의 방호장치 | 교루아아크 용접기용의 자동 전기충격방지기로서 노동부장관의 성능검정에 합격한 것 |
| 12. 국소배기장치 등 | 가. 유기용제증기의 발산원 밀폐설비·국소배기장치 또는 전체환기장치<br>나. 분진제거를 위한 국소배기장치·전체환기장치 및 제진·집진장치<br>다. 유기용제·특정화학물질 기타 유해물질 사용하는 사업장에 설치하는 전체환기장치·국소배기장치 및 공기정화장치 |
| 13. 가스검지기 등 | 폭발성가스검지기 및 경보장치 |
| 14. 작업환경측정기기 | 산업안전보건법 제42조의 규정에 의한 작업환경측정용장치 |
| 15. 소음방지장치 | 가. 동력으로 운전하는 장치의 소음발생 방지장치<br>나. 소음방지를 위한 격벽 등 방지시설 |
| 16. 시험전원차단장치 | 감전사고 방지용 및 시험전원 차단용 장치 |
| 17. 정전작업 및 활선작업의 절연용방호구와 활선작업용기구 | 절연관·절연카바 등의 절연용 방호구와 절연봉 등의 활선작업용 기구로서 노동부장관 성능검정에 합격한 것 |
| 18. 화학설비 | 가. 온도경보시스템, 나. 압력경보시스템, 다. 레벨경보시스템, 라. 교반기 경보장치, 마. 긴급차단장치, 바. 압력방출장치 및 누출방지장치, 사. 역화방지기(프레임 에레스터) |
| 19. 추락방지시설 | 가. 높이가 2미터 이상인 작업장 및 통로 등의 추락방지 핸드레일 및 가드레일, 나. 안전블록, 다. 자동윈치 |
| 20. 기 타 | 가. 감전방지용 누전차단장치, 나. 공업용 가열로의 연소설비용 안전장치<br>다. 화학설비공장 등 폭발위험성이 있는 장소에 설치하는 폭발을 방지하기 위한 전기기기·배선 및 공구와 폭발피해의 확산을 방지하기 위한 격벽 |

| 구 분 | 적용범위 |
|---|---|
| 20. 기 타 | 라. 컨베이어의 급정지장치<br>마. 양중기의 안전장치<br>바. 원심분리기 · 원심탈수기 · 원심주조기 · 원심분쇄기 및 원심혼합기 등에 설치된 덮개 또는 연동장치 |

〈표 3〉 **가스안전관리시설(조특칙 별표 5)**

| 구 분 | 적용범위 |
|---|---|
| 1. 안전장비 | 분동식 표준압력계, 가스누출검지기, 안전밸브 성능시험기, 접지저항 측정기, 전위 측정기, 초음파두께 측정기, 지하매설배관 탐지장치, 부식탐지장치 및 가스누출 탐지장치, 가스 크로마토그래프, 잔가스처리설비 및 회전측정기, 송기마스크, 양압식 공기호흡기, 수소염이온화분석장비, 스토퍼, 일산화탄소 · 이산화탄소 측정기, 연소분석측정기, 전류계(클립프메타), 토양비저항측정기, 도막두께측정기, 피복손상탐지장치(핀홀테스트기), 메탄검지기, 부식감지장치, 위치정보시스템, 폴리에틸렌배관융착검사장비, 배관내부검사용 내시경카메라 (2004.3.6. 개정) |
| 2. 안전시설 | 가. 제조소 및 공급소의 안전시설<br>안전밸브, 원격 가스차단장치, 가스누출 검지통보설비 및 인터록 기구<br>나. 가스발생설비의 안전시설<br>압력상승 방지장치, 긴급 정지장치, 역류방지장치 및 액화가스 유출방지장치<br>다. 저장탱크의 안전시설<br>폭발방지장치, 물분무장치, 긴급 가스차단장치 및 안전밸브<br>라. 정압기의 안전시설<br>① 원격 가스차단장치, 가스압력 자동기록장치 및 안전밸브<br>② 감지장치 또는 화상감시카메라를 통하여 정압기실의 입 · 출구 압력, 가스누출 여부 등을 감시 · 제어할 수 있는 원격감시장치 (2004.3.6. 개정)<br>마. 배관의 안전시설<br>① 지하매설 배관의 부식방지를 위한 전기설비 및 파손 방지를 위한 보호관 · 보호판(검지공을 포함한다)<br>② 수취기 및 원격 가스차단장치<br>③ 도시가스배관망전산화를 위한 설비로서 컴퓨터본체, 배관정보용 소프트웨어, 도면관리용 소프트웨어, 주변기기(보조기억장치 · 프린터 · 워크스테이션 · 단말기 · 정전압전원공급장치 · 스캐너), 가스배관탐사장비 및 휴대용거리측정장비 (2004.3.6. 신설) |

2-1-4. 광산보안시설

- **(지특령 §63 ①, 조특령 §22 ① 7호)**「광산보안법」에 의한 광산보안시설로서 기획재정부령이 정하는 것
- **(조특칙 별표 6)**

〈표 4〉 **광산보안시설(조특칙 별표 6)**

| 구 분 | 용 도 | 시설 및 장비명 |
|---|---|---|
| 1. 시설 | 가. 갱내방폭 및 내화시설 | 방폭형모타, 방폭형축전지기관차, 갱내변압기, 갱내 각종 기기류의 방화 및 내화시설, 방폭형전자개폐기, 방폭형배전함, 기동보상기 |
| | 나. 인원운반시설 | 인차 및 구급차, 궤도안전조절장치, 사갱보행장치, 삭도보호망시설 |
| | 다. 출수방지 및 배수시설 | 갱내출수와 관련된 그라우팅시설, 갱내펌프 및 그 부대시설, 하상방수시설, 갱내방수댐을 위한 시설 |
| 2. 장비 | 가. 검정장비 | 산소측정기, 메탄가스측정기, 메탄가스자동경보기, 갱내공기분석기, 수질분석기, 일산화탄소측정기, 탄산가스측정기, 로프테스타, 반압계, 엑스레이탐상기, 접지 및 절연지형측정기, 이상기압경보장치 |
| | 나. 구호장비 | 산소호흡기기, 산소구급기, 고압산소펌프, 구급차량(앰블런스), 인명구조용 굴착기 |
| | 다. 소화장비 | 갱내 각종 소화기기, 갱도밀폐용 시설(공기주머니), 방열복 |
| | 라. 통신장비 | 광산유도무선통신시설 |
| | 마. 기타장비 | 선진천공기, 수압식철주 |

2-1-5. 비상대비자원관리법에 의하여 중점관리대상으로 지정된 자가 정부의 시설보강 및 확장명령에 따라 비상대비업무를 수행하기 위하여 보강 또는 확장한 시설

- **(지특령 §63 ①, 조특령 §22 ① 8호)**「비상대비자원관리법」에 의하여 중점관리대상으로 지정된 자가 주무부장관의 시설의 보강 및 확장명령에 따라 비상대비업무를 수행하기 위하여 보강하거나 확장한 시설

2-1-6. 축산물가공처리법 제9조 및 식품위생법 제32조의 2의 규정에 의하여 위해요소중점관리기준을 적용받는 영업자 등이 설치하는 위해요소방지시설

- **(지특령 §63 ①, 조특령 §22 ① 9호)** 축산물 또는 식품의 원료관리 · 처리 · 가공 및 유통의 전과정에서 위해한 물질이 당해 축산물 또는 식품에 혼입되거나 당해 축산물

또는 식품이 오염되는 것을 방지하기 위한 검사장비 등으로서 기획재정부령이 정하는 것

- **(조특칙 별표 7)**

〈표 5〉 **위해요소방지시설(조특칙 제13조 제5항 관련, 조특칙 별표 7)**

| |
|---|
| 1. 「축산물위생관리법」 제9조 및 「식품위생법」 제48조에 따른 위해요소중점관리기준(이하 "위해요소중점관리기준"이라 한다)의 적용에 필요한 감시기기<br>2. 위해요소중점관리기준을 준수하는 데 필요한 소독설비 · 살균설비 및 분진방지설비<br>3. 생물학적 · 화학적 · 물리적 위해요소의 분석에 필요한 기기<br>4. 원료 · 제조공정 및 제품의 검사에 필요한 기기<br>5. 세척기 · 에어샤워기 등 종업원의 위생을 관리하는 데 필요한 설비<br>6. 공조설비 등 작업장의 환기와 온도관리에 필요한 설비<br>7. 오염구역 · 비오염구역의 구분시설 및 교차오염을 방지하는 데 필요한 시설 |

2-1-7. 기술유출방지설비[306]

- **(지특령 §63 ①, 조특령 §22 ① 10호)** 정보보호시스템설비 등 기술유출방지설비로서 기획재정부령이 정하는 것
- **(조특칙 별표 8)**

〈표 6〉 **기술유출방지설비(조특칙 별표 8)**

| 구 분 | 적용범위 |
|---|---|
| 1. 물리적 보안장비 | 스마트카드시스템, 스피드게이트, 무인방범시스템, 생체인식시스템, 디지털비디오 레코더(Digital Video Recorder), 엑스레이(X-Ray) 검색시스템, 금속탐지기 |
| 2. 정보보호시스템 | 가. 암호화 및 인증제품<br>공개키기반구조(PKI)적용제품, 무선공개키기반구조(WPKI)적용제품, 통합권한관리시스템(EAM), 싱글사인온(SSO), 통합계정관리시스템(IM 또는 IAM)<br>나. 네트워크 보안제품<br>침입차단시스템(Firewall), 침입탐지시스템(IDS), 침입방지시스템(IPS), 가상사설망(VAN), 통합보안관리제품(ESM), 로그관리 · 분석제품, 취약성분석제품, 망전환장치, 무선랜(WLAN)보안제품<br>다. 시스템 보안제품 |

306) 기술유출로 인한 산업피해 방지 목적(2005.1.1. 이후 최초로 투자하는 분부터 적용)

| 구 분 | 적용범위 |
|---|---|
| 2. 정보보호시스템 | 바이러스백신제품, 운영체계 보안시스템, 데이터베이스 · 문서보안제품, 저작권관리제품(DRM), 스팸차단 · 전자메일보안제품, 유해정보차단제품, 웹보안제품 |
| 3. 보안목표시설의 보안장비[307)] | 가. 카메라<br>CCTV카메라 · 모니터, 디지털녹화기, 백업장치<br>나. 출입통제시스템<br>스피드게이트, 전자카드키, 생체 · 홍체인식기, 문형검색대, 보안회전문, 차량번호인식기, 진입방지시스템, 무게인식시스템, 금속탐지기, 차량하부검색기, 바리케이트 및 차단기<br>다. 경보시스템<br>적외선감지기, 유리파손감지기, 진동감지기, 유리충격감지기, 비상호출벨, 위치인식시스템, 경고방송시스템, 자동화재탐지시설, 방범필름 |

### 2-1-8. 해외자원개발설비[308)]

- **(지특령 §63 ①, 조특령 §22 ① 11호)** 「해외자원개발사업법」에 의한 해외자원개발사업자가 해외광물자원을 개발하기 위하여 사용하는 시추 · 채광설비 등의 설비로서 기획재정부령이 정하는 것
- **(조특칙 별표 8의 2)**

〈표 7〉 **해외자원개발설비(조특칙 별표 8의 2)**

| 구 분 | 적용범위 |
|---|---|
| 1. 석유 · 가스 자원 개발설비 | 가. 생산정, 개발정 및 주입정시설<br>(1) 고압 석유(가스)유출을 조절하는 정두장치와 크리스마스트리(X-mastree)<br>(2) 유체생산을 증대시키는 정내 생산보조장치(펌프, 가스리프팅장치)<br>(3) 생산정 내 설치되는 강관<br>(4) 시추장비(試錐裝備)<br>나. 생산시설<br>(1) 생산정과 생산시설을 연결해 주는 매니폴드(Manifold), 라이저(Riser) 및 엄빌리컬라인(Umbilical Line) |

307) 국가안보 및 국민경제의 위해를 막기 위한 보안시설에 대한 투자를 촉진하기 위해 국가보안목표시설(파괴 · 태업 또는 비밀누설로 인하여 국가안보 및 국민경제에 막대한 손해를 초래할 우려가 있는 시설)의 보안장비 시설 추가(2008.12.31. 이후 투자하는 분부터 적용)

308) 2005.1.1. 이후 최초로 투자하는 분부터 적용

| 구 분 | 적용범위 |
|---|---|
| 1. 석유 · 가스 자원 개발설비 | (2) 원유나 가스에 포함된 각종 불순물을 제거하거나 함유물을 분리하기 위한 처리시설<br>(3) 저류층에 스팀, 가스 또는 물을 주입하기 위한 시설<br>(4) 잉여가스 또는 탄화수소를 소각하는 장치(Flaring)<br>(5) 생산된 가스를 액화천연가스화 또는 액화석유가스화하기 위한 시설<br>다. 원유나 가스를 운반하는 송유관 · 가스관<br>라. 해상구조물시설(Jacket, Deck)<br>해저시설물 장착을 위한 철강 · 콘크리트구조물과 파일(Pile)<br>마. 해상부유시설(Floater)<br>(1) 부유생산저장하역시설(FPSO)<br>(2) 부유저장하역시설(FSO)<br>(3) 해저시설과 해상부유시설을 연결시키는 투렛(Turret)<br>바. 해저시설(Subsea Facilities)<br>(1) 생산정 슬롯 및 정두장치 등을 장착하기 위한 템플레이트(Template)<br>(2) 생산정에서 해저생산시설까지 연결하는 플로우라인(Flowline)<br>(3) 삭제 〈2010.4.20.〉 |
| 2. 석유 · 가스 외 광물 자원개발설비 | 가. 조사 · 채광시설<br>천공기, 화약장전기, 스크래퍼(Scraper), 노천채광장비[드래그라인(Drag-line), 굴착기(Shovel, Excavator)], 갱내채광장비(장벽식채탄기, 갱도굴착기), 마인트럭(Mine Truck), 롤러<br>나. 선광시설<br>파쇄기, 분쇄기, 저장조, 세척기, 공급기, 선광기, 흡착기, 탈착기, 분급기, 탈수기, 압축기, 반응조, 침전조, 소성로, 숙성기, 혼합기, 포장기, 성형기, 건조기, 컨베이어시설<br>다. 제련 및 정련시설<br>용광로, 환원로, 정제로, 배소로, 습식제련기, 부산물 회수 설비, 전기분해조, 용해조, 정액조, 침출조, 주조기 |

## 2-2. 과세특례의 내용

내국인이 산업정책상 필요하다고 인정하여 안전설비시설에 2014년 12월 31일까지 투자(중고품에 의한 투자와 금융리스 외의 투자를 제외)하는 경우에는 당해 투자금액의 0.3%(중소기업의 기술유출방지설비는 0.7%)에 상당하는 금액을 개인지방소득세(사업소득에 대한 개인지방소득세에 한한다)에서 공제한다. 이 경우 세액공제의 방법에 관하여는 제99조(중소기업 투자 세액공제)의 해설을 참고하기 바란다.

### 2-3. 사후관리

공제세액의 추징, 추징 제외사유 및 이자상당가산액에 대하여는 제175조(감면세액의 추징)의 해설을 참고하기로 한다.

### 2-4. 절 차

안전설비투자 등에 대한 세액공제를 받고자 하는 자는 투자완료일이 속하는 과세연도(2개 이상의 과세연도에 걸쳐서 이루어지는 경우에는 당해 투자가 이루어지는 각 과세연도를 말한다)의 과세표준신고와 함께 세액공제신청서를 납세지 관할 지방자치단체의 장(세무서장 포함)에게 제출하여야 한다(지특령 §63 ②).

### 2-5. 지방세특례제한

제99조(중소기업 투자 세액공제)의 해설을 참고하기로 한다.

## 3 관련사례

- 세액공제 제외대상인 중고품은 그 제작목적에 따라 실제 사용된 바 있는지 여부에 따라 판단하는 것이며, 설비를 공급자와 공급받는 자간에 약정내용에 따라 달라지는 것은 아님(대법원 2008두18205, 2010.11.25.).
- 보안장비시스템 전체를 하나의 투자단위로 보아 그 보안장비시스템의 신규, 증설 및 기존시스템을 대체하는 투자는 안전설비투자세액공제를 적용하나 개별 보안장비의 보수 및 자본적지출은 적용하지 아니함(법규법인 2009-399, 2009.12.14.).
- 안전설비투자 등에 대한 세액공제 적용시 별표 8에 규정한 기술유출방지설비 중 스마트카드 시스템 등의 등의 물리적 보안장비는 기업부설연구소와 연구개발 전담부서에 설치된 것에 한하여 적용함(법인-3637, 2008.11.26.).
- 세액공제 제외대상인 중고품은 그 제작목적에 따라 실제 사용된 바 있는지 여부에 따라 판단하는 것이며, 설비를 공급자와 공급받는 자간에 약정내용에 따라 달라지는 것은 아님(서울고법 2008누7689, 2008.9.25.).
- 조세특례제한법 시행규칙 제13조 제9항(별표 8의 3)의 기술유출방지설비중 물리적 보안장비에 해당하는지 여부는 실지내용에 따라 사실판단할 사항임(서면2팀-599, 2008.4.2.).
- 세액공제 제외대상인 중고품은 그 제작목적에 따라 실제 사용된 바 있는지 여부에 따라 판

단하는 것이며, 설비를 공급자와 공급받는 자간에 약정내용에 따라 달라지는 것은 아님(서울행법 2007구합15636, 2008.2.5.).

- 악취방지법에 의한 악취방지시설은 환경 · 안전설비투자 등에 대한 세액공제 적용대상임(서면2팀-1437, 2007.8.1.).
- 폐기물을 처리하기 위하여 설치한 폐기물처리시설 및 폐기물감량화시설에 전용으로 사용되는 구축물은 세액공제 대상에 해당함(서면2팀-558, 2006.3.31.).
- 조특법 별표 6 구분19. 추락방지시설 가호에 '높이가 2미터 이상인 작업장 및 통로 등의 추락방지 핸드레일 및 가드레일'은 높이가 2미터 이상인 추락방지 핸드레일 및 가드레일을 의미함(서면2팀-67, 2006.1.10.).
- 조세특례제한법 제24조 및 제25조의 규정을 적용함에 있어 투자한 시설물의 범위는 해당 거래의 명칭이나 형식에 불구하고 그 실질내용에 따라 적용하는 것임(서면2팀-2149, 2005.12.22.).
- 특정설비투자에 대한 세액공제를 적용함에 있어 다른 법인이 현물출자에 의해 설립된 법인은 현물출자에 의해 취득한 자산에 대하여 투자세액 공제를 적용하지 아니함(서면2팀-2039, 2005.12.12.).
- 수질오염방지 공정상 필수적이고 동 시설 전용으로 사용되는 건물 및 구축물은 조특법 제25조(환경, 안전설비투자 등에 대한 세액공제)의 대상자산임(서면2팀-1562, 2005.9.27.).
- 환경안전설비투자세액공제 대상은 '산업재해예방시설'로서 가습기실린더, 항온온습기, 크린룸 공기정화기는 공제대상 아님(서면2팀-285, 2005.2.14.).
- 폐염산을 주원료로 재활용제품을 생산하는 건물 및 기계장치의 경우, 환경 · 안전설비에 해당하는 시설(기계장치)은 환경 · 안전설비 투자 등에 대한 세액공제가 가능하나 건물 · 구축물은 투자세액공제 대상이 아님(서면2팀-2709, 2004.12.22.).
- 수질환경보전법에 의한 폐수배출시설로부터 배출되는 수질오염물질을 제거하거나 감소시키는 시설에 대한 투자는 '특정시설투자에 대한 세액공제' 대상에 해당함(서이 46012-12157, 2003.12.19.).
- 특정설비투자에 대한 세액공제규정은 2000.12.31.까지 투자하는 경우에 적용받을 수 있는 것이고 조세특례제한법 제25조의 2(2000.12.29. 법률 제6297호로 개정된 것)의 개정규정은 2001.1.1. 이후 최초로 투자하는 분부터 적용하는 것임(서이 46012-10831, 2001.12.28.).
- 철강제조업법인이 제조공정상 발생하는 폐열을 이용한 온수를 난방열원으로 공급하는 지역난방사업을 개시하는 경우, 에너지절약 투자시설 투자세액 및 특정설비 투자세액 공제대상 여부(서이 46012-10706, 2001.12.8.)
- 1990.1.1. 이후 '수도권'에서 창업한 법인이 수도권 이외의 지역으로 사업장 이전한 후 2001년도 중 그 이전 후 사업장에서 공해방지시설에 투자하는 경우, '특정설비'투자세액 공제대상인 바, 이 경우 '수도권'의 범위임(서이 46012-10502, 2001.11.13.).

# 제 111 조

## 에너지절약시설 투자에 대한 세액공제

관련규정

**제111조(에너지절약시설 투자에 대한 세액공제)** ① 내국인이 대통령령으로 정하는 에너지절약시설에 2019년 12월 31일까지 투자(중고품 및 대통령령으로 정하는 리스에 의한 투자는 제외한다)하는 경우에는 그 투자금액의 1,000분의 1(대통령령으로 정하는 중견기업의 경우에는 1,000분의 3, 중소기업의 경우에는 1,000분의 6)에 상당하는 금액을 개인지방소득세(사업소득에 대한 개인지방소득세만 해당한다)에서 공제한다.

**【영】 제64조(에너지절약시설의 범위)** ① 법 제111조 제1항에서 "대통령령으로 정하는 에너지절약시설"이란 「조세특례제한법 시행령」 제22조의 2 제1항 각 호의 어느 하나에 해당하는 시설을 말한다.
② 법 제111조 제1항에 따른 중견기업은 「조세특례제한법 시행령」 제10조 제1항에 따른 중견기업으로 한다.

② 제1항을 적용할 때 세액공제의 방법에 관하여는 제103조 제1항ㆍ제3항 및 제4항을 준용한다.
③ 제1항을 적용받으려는 내국인은 대통령령으로 정하는 바에 따라 세액공제신청을 하여야 한다.
[14.1.1. 본조 신설 ⇨ 조특법 §25의 2에서 이관]

**【영】 제64조** ③ 법 제111조 제1항을 적용받으려는 자는 투자완료일이 속하는 과세연도의 과세표준신고와 함께 행정자치부령으로 정하는 세액공제신청서를 납세지 관할 지방자치단체의 장에게 제출하여야 한다. 다만, 「조세특례제한법 시행령」 제22조의 2 제3항에 따라 납세지 관할 세무서장에게 소득세 공제를 신청하는 경우에는 법 제111조에 따른 개인지방소득세에 대한 세액공제도 함께 신청한 것으로 본다.

본 규정은 내국인이 2016년 12월 31일까지 에너지절약시설에 투자하는 경우 그 투자금액의 1,000분의 3(중견기업의 경우에는 1,000분의 4, 중소기업의 경우에는 1,000분의 5)에 상당하는 금액을 개인지방소득세에서 공제하도록 하고, 세액공제신청에 관한 사항을 규정하고 있다. 한편, 조특법 제25조의 2 규정과는 별도로 지방소득세의 독립세화를 위한 지방세제 개편계획(2013.9.)에 따라 2014년부터 현재의 지특법 제111조로 신설되었다.

# 제112조

## 환경보전시설 투자에 대한 세액공제

관련규정

제112조(환경보전시설 투자에 대한 세액공제) ① 내국인이 대통령령으로 정하는 환경보전시설에 2019년 12월 31일까지 투자(중고품 및 대통령령으로 정하는 리스에 의한 투자는 제외한다)하는 경우에는 그 투자금액의 1,000분의 3(중견기업의 경우에는 1,000분의 5, 중소기업의 경우에는 1,000분의 10)에 상당하는 금액을 개인지방소득세(사업소득에 대한 개인지방소득세만 해당한다)에서 공제한다. 이 경우 세액공제의 방법은 제103조 제1항 · 제3항 및 제4항을 준용한다.

② 제1항을 적용받으려는 내국인은 대통령령으로 정하는 바에 따라 세액공제신청을 하여야 한다.

【영】 제65조(환경보전설비의 범위 등) ① 법 제112조 제1항 전단에서 "대통령령으로 정하는 환경보전시설"이란 「조세특례제한법 시행령」 제22조의 3 제1항 각 호의 어느 하나에 해당하는 시설을 말한다.

② 법 제112조 제1항 전단에 따른 중견기업은 「조세특례제한법 시행령」 제10조 제1항에 따른 중견기업으로 한다.

③ 법 제112조 제1항을 적용받으려는 자는 투자완료일이 속하는 과세연도에 과세표준신고와 함께 행정자치부령으로 정하는 세액공제신청서를 납세지 관할 지방자치단체의 장에게 제출하여야 한다. 다만, 「조세특례제한법 시행령」 제22조의 3 제2항에 따라 납세지 관할 세무서장에게 소득세 공제를 신청하는 경우에는 법 제112조에 따른 개인지방소득세에 대한 세액공제도 함께 신청한 것으로 본다.

# 1 | 개 요

본 규정은 국세인 조특법에서 규정되었던 '환경 · 안전설비투자에 대한 세액공제'에서 환경부분을 분리하여 2007년 말 조특법 개정시 '환경보전시설투자에 대한 세액공제'를 별도로 신설하여 환경보전시설에 대한 조세지원을 확대하기 위한 세제지원이다. 본 제도는 지방소득세의 독립세를 위한 세제개편 계획(2013.9.)에 따라 조특법 제25조의 3 규정과는 별개로 지특법 제112조로 신설되었다.

# 2 | 감면실무

## 2-1. 감면대상자 및 투자대상의 범위

내국인인 거주자로 개인이 이이 해당되며, 환경보전시설에 대한 세액공제의 대상이 되는 시설은 다음과 같다(조특법 §112 ①, 지특령 §65 ①, 조특령 §22의 3 ①).

① 「대기환경보전법」에 따른 대기오염방지시설 및 무공해 · 저공해자동차 연료공급시설, 「소음 · 진동관리법」에 따른 소음 · 진동방지시설 및 방음 · 방진시설, 「가축분뇨의 관리 및 이용에 관한 법률」에 따른 처리시설과 「하수도법 시행령」에 따른 오수처리시설, 「수질 및 수생태계 보전에 관한 법률」에 따른 수질오염방지시설, 「폐기물관리법」에 따른 폐기물처리시설 및 폐기물 감량화시설, 「건설폐기물의 재활용촉진에 관한 법률」에 따른 건설폐기물 처리시설, 「자원의 절약과 재활용촉진에 관한 법률」에 따른 재활용시설, 「해양환경관리법」에 따른 해양오염방제업의 선박 · 장비 · 자재 및 「석유 및 석유대체연료 사업법」에 따른 석유정제시설 중 탈황시설로서 조특칙 별표 8의 5 시설

〈표〉 환경보전시설(조특칙 별표 8의 5)

| 구분 | 적용범위 |
|---|---|
| 1. 대기오염 및 악취방지시설 | 가. 「대기환경보전법」에 의한 대기오염방지시설, 휘발성 유기화합물질 및 비산먼지로 인한 대기오염을 방지하기 위한 시설<br>나. 「악취방지법」에 따른 악취방지시설 |
| 2. 폐수처리시설 | 가. 「수질 및 수생태계 보전에 관한 법률」에 의한 폐수배출시설로부터 배출되는 폐수를 처리하기 위한 시설 |

| 구분 | 적용범위 |
|---|---|
| 2. 폐수처리시설 | 나. 「가축분뇨의 관리 및 이용에 관한 법률」에 따른 처리시설과 「하수도법 시행령」에 따른 오수처리시설 |
| 3. 소음・진동방지시설, 방음시설, 방진시설 | 「소음・진동관리법」에 의한 소음・진동방지시설, 방음시설, 방진시설 |
| 4. 건설폐기물처리시설・폐기물처리시설・폐기물감량화시설 및 재활용시설 | 「건설폐기물의 재활용촉진에 관한 법률」에 의한 건설폐기물처리시설・「폐기물관리법」에 의한 폐기물처리시설・폐기물감량화시설 및 「자원의 절약과 재활용촉진에 관한 법률」에 의한 재활용시설 |
| 5. 방제시설 | 「해양환경관리법」에 따른 오염방지・오염물질 처리시설 및 방제시설 |
| 6. 탈황시설 | 「석유 및 석유대체연료 사업법」에 의한 석유 속에 함유된 황을 제거 또는 감소시키는 시설 |
| 7. 무공해・저공해 자동차연료공급시설 | 「대기환경보전법」에 따른 무공해자동차나 저공해자동차의 연료공급시설 |

② 투자일 현재 「환경친화적 산업구조로의 전환촉진에 관한 법률」 제4조에 따른 산업환경실천과제에 포함된 청정생산시설(조특칙 §13의 3 ②)

③ 온실가스 감축시설[309)]

### 2-2. 과세특례의 내용

내국인이 환경보전시설에 투자(중고품에 의한 투자와 금융리스가 아닌 투자는 제외한다)하는 경우에는 해당 투자금액의 1,000분의 3(중견기업의 경우는 1,000분의 5, 중소기업인 경우는 1,000분의 10)에 상당하는 금액을 소득세(사업소득에 대한 개인지방소득세에 한한다)에서 공제한다(지특법 §112 ①). 이는 환경보전의 중요성을 감안하여 다른 투자세액공제보다 상대적으로 공제율이 높다.

### 2-3. 사후관리

공제세액의 추징, 추징 제외사유 및 이자상당가산액에 대하여는 제175조(감면세액의 추

309) 다음의 기술이 적용된 시설
1. 이산화탄소($CO_2$) 저장, 수송, 전환 및 포집기술
2. 메탄($CH_4$) 포집, 정제 및 활용기술
3. 아산화질소($N_2O$) 재사용 및 분해기술
4. 불소화합물(HFCs, PFCs, $SF_6$) 처리, 회수 및 대체물질 제조기술

징)의 해설을 참고하기로 한다.

### 2-4. 절 차

환경보전시설투자에 대한 세액공제를 받고자 하는 자는 투자완료일이 속하는 과세연도(2개 이상의 과세연도에 걸쳐서 이루어지는 경우에는 당해 투자가 이루어지는 각 과세연도를 말한다)의 과세표준신고와 함께 세액공제신청서를 납세지 관할 지방자치단체의 장(세무서장 포함)에게 제출하여야 한다(지특법 §112 ②, 지특령 §65 ②).

### 2-5. 지방세특례의 제한

세부적인 사항은 제99조(중소기업 투자 세액공제)의 해설을 참고하기 바란다.

## 3 관련사례

- 내국법인이 조특법 제25조의 3(환경보전시설 투자에 대한 세액공제)을 적용함에 있어 같은 법 시행령 제22조의 3 제1항 제1호에 해당하는 환경보전시설은 같은 법 시행규칙 별표 8의 5의 환경보전시설을 말하는 것임(법인-829, 2011.10.28.).
- 2010.12.27.(법률 제10406호) 개정된 조특법 제25조의 2(에너지절약시설에 대한 투자세액공제) 및 제25조의 3(환경보전시설에 대한 투자세액공제)의 개정규정은 같은 법 부칙 제11조 및 제12조에 따라 이 법 시행일 이후 투자하는 분부터 적용함(법인-430, 2011.6.29.).
- 조세특례제한법 시행규칙 별표 8의 5에서 대기환경보전법에 따른 무공해자동차나 저공해자동차의 연료공급시설의 범위(법인-741, 2009.2.23.)

# 제 113 조

## 의약품 품질관리 개선시설투자에 대한 세액공제

관련규정

제113조(의약품 품질관리 개선시설투자에 대한 세액공제) ① 내국인이 대통령령으로 정하는 의약품품질관리 개선시설에 2019년 12월 31일까지 투자(중고품 및 대통령령으로 정하는 리스에 의한 투자는 제외한다)하는 경우에는 그 투자금액의 1,000분의 3(중견기업의 경우에는 1,000분의 5, 중소기업의 경우에는 1,000분의 7)에 상당하는 금액을 개인지방소득세(사업소득에 대한 개인지방소득세만 해당한다)에서 공제한다. 이 경우 세액공제의 방법은 제103조 제1항 · 제3항 및 제4항을 준용한다. [14.3.24. 공제율 확대 ⇨ (0.4~0.5% → 0.4~0.7%)]

【영】 제66조(의약품 품질관리 개선시설의 범위 등) ① 법 제113조 제1항 전단에서 "대통령령으로 정하는 의약품 품질관리 개선시설"이란 「조세특례제한법 시행령」 제22조의 4 제1항에 따른 시설을 말한다.
② 법 제113조 제1항 전단에 따른 중견기업은 「조세특례제한법 시행령」 제10조 제1항에 따른 중견기업으로 한다.

② 제1항을 적용받으려는 내국인은 대통령령으로 정하는 바에 따라 세액공제신청을 하여야 한다.

【영】 제66조 ③ 법 제113조 제1항을 적용받으려는 자는 투자완료일이 속하는 과세연도에 과세표준 신고와 함께 행정안전부령으로 정하는 세액공제신청서를 납세지 관할 지방자치단체의 장에게 제출하여야 한다. 다만, 「조세특례제한법 시행령」 제22조의 4 제3항에 따라 납세지 관할 세무서장에게 소득세 공제를 신청하는 경우에는 법 제113조에 따른 개인지방소득세에 대한 세액공제도 함께 신청한 것으로 본다.

# 1 개 요

본 규정은 내국인이 2016년 12월 31일까지 의약품 품질관리 개선시설에 투자하는 경우 그 투자금액의 1,000분의 3(중견기업의 경우에는 1,000분의 5, 중소기업의 경우에는 1,000분의 7)에 상당하는 금액을 개인지방소득세에서 공제하도록 하고, 세액공제신청 등에 관한 사항을 규정하고 있다. 한편, 조특법 제25조의 4 규정과는 별도로 지방소득세의 독립세화를 위한 지방세제 개편계획(2013.9.)에 따라 2014년부터 현재의 지특법 제113조로 신설되었다. 2016년 12월 20일 조특법 개정시에는 적용기한을 2019년 12월 31일까지로 연장하고, 공제율을 대기업 3% → 1%, 중견기업 5% → 3%, 중소기업 7% → 6%로 각각 인하하였다.

# 2 요 건

## 2-1. 대상자

내국인에 한하여 적용한다. 내국인이므로 거주자인 개인 및 내국법인이 모두 해당되나 조특법 제72조 제2항의 규정에 따라 조합법인은 본조의 적용대상에서 제외된다.

## 2-2. 투자대상의 범위

의약품 품질관리 개선시설이 대상이다. 여기서 '의약품 품질관리 개선시설'이란 품질이 우수한 의약품을 제조하거나 공급하기 위한 시설[310]로서 「의약품 등의 안전에 관한 규칙」 별표 1 및 별표 3에 따른 의약품 및 생물학적 제제 등 제조 및 품질관리기준의 적용대상이 되는 시설[311](토지는 제외한다)을 말한다(조특령 §22의 8 ①, 조특칙 §13의 7).

310) 투자금액의 범위에는 의약품 품질관리 개선시설에 대한 건축비 외에 법인세법 시행령 제72조 제2항에 따라 해당시설의 취득가액으로 계상되는 기타 부대비용을 포함하는 것이며, 기계장치와 공기구에 투자한 금액이 같은 법에 따른 세액공제 대상인지는 약사법 시행규칙에 따라 판단하기 바람(서면법규-1385, 2013.12.20.).

311) 의약품 제조를 영위하는 내국법인이 「조세특례제한법 시행규칙」 제13조의4에 따른 의약품 품질관리 개선시설에 해당하는 제조공장에 대해 기존공장을 리모델링하고 추가로 증축한 경우 「조세특례제한법」 제25조의4에 따른 의약품 품질관리 개선시설투자에 대한 세액공제를 적용하는 투자의 범위에는 리모델링에 대한 투자는 제외되지만 증가된 공장의 연면적에 대한 투자는 포함되는 것이나, 증가된 해당 공장의 연면적 중 같은 법 시행규칙 제53조 단서에 해당하는 식당 등에 대한 부분은 투자세액공제의 대상에서 제외되는 것임(법규법인 2011-466, 2011.12.8.).

* 조특칙 제53조 단서 : 다만, 식당 · 휴게실 · 목욕실 · 세탁장 · 의료실 · 옥외체육시설 및 기숙사 등 종업

## 2 - 3. 적용기한

2019년 12월 31일까지 투자하는 경우에 한하여 적용한다.

# 3 | 과세특례의 내용

내국인이 의약품 품질관리 개선시설에 투자(중고품에 의한 투자와 금융리스 외 투자는 제외한다[312]))하는 경우에는 해당 투자금액의 1%(중견기업은 3%, 중소기업은 6%)에 상당하는 금액을 소득세(사업소득에 대한 소득세에 한한다) 또는 법인세에서 공제한다(조특법 §25의 4 ① 전단).

여기서, 중견기업이란 다음의 요건을 모두 갖춘 기업을 말한다(조특령 §22의 8 ②, §4 ①).

① 중소기업이 아닐 것

② 다음의 어느 하나에 해당하는 업종을 주된 사업으로 영위하지 아니할 것. 이 경우 둘 이상의 서로 다른 사업을 영위하는 경우에는 사업별 사업수입금액이 큰 사업을 주된 사업으로 본다.

ⓐ 조특령 제29조 제3항에 따른 소비성서비스업

ⓑ 금융업, 보험 및 연금업, 금융 및 보험 관련 서비스업(업종 분류 기준 : 통계청장이 고시하는 한국표준산업분류)[313]

③ 소유와 경영의 실질적인 독립성이 「중견기업 성장촉진 및 경쟁력 강화에 관한 특별법 시행령」 제2조 제2항 제1호[314]에 적합할 것

---

원의 후생복지증진에 공여되는 시설의 면적과 대피소·무기고·탄약고 및 교육시설의 면적은 당해 공장의 연면적에 포함하지 아니한다.

312) 제5조 해설 참조

313) 「중견기업 성장촉진 및 경쟁력 강화에 관한 특별법 시행령」 제2조 제2항 제2호 각 목

314) 소유와 경영의 실질적인 독립성이 다음 각 목의 어느 하나에 해당하지 아니하는 기업일 것
가. 「독점규제 및 공정거래에 관한 법률」 제14조 제1항에 따른 상호출자제한기업집단에 속하는 기업
나. 「독점규제 및 공정거래에 관한 법률 시행령」 제21조 제2항에 따른 상호출자제한기업집단 지정기준인 자산총액 이상인 기업 또는 법인(외국법인을 포함한다. 이하 같다)이 해당 기업의 주식(「상법」 제344조의 3에 따른 의결권 없는 주식은 제외한다) 또는 출자지분(이하 "주식등"이라 한다)의 100분의 30 이상을 직접적 또는 간접적으로 소유하면서 최다출자자인 기업. 이 경우 최다출자자는 해당 기업의 주식등을 소유한 법인 또는 개인으로서 단독으로 또는 다음의 어느 하나에 해당하는 자와 합산하여 해당 기업의 주식등을 가장 많이 소유한 자로 하며, 주식등의 간접소유비율에 관하여는 「국제조세조정에 관한 법률 시행령」 제2조 제2항을 준용한다.
1) 주식등을 소유한 자가 법인인 경우 : 그 법인의 임원

④ 직전 3개 과세연도의 매출액의 평균금액이 3천억원 미만인 기업일 것

여기서, 매출액은 기업회계기준에 따라 작성한 손익계산서상의 매출액으로 한다. 다만, 창업·분할·합병의 경우 그 등기일의 다음 날(창업의 경우에는 창업일)이 속하는 과세연도의 매출액을 연간 매출액으로 환산한 금액을 말한다. 또한, 과세연도가 1년 미만인 과세연도의 매출액도 1년으로 환산한 매출액을 말한다(조특령 §4 ① 4호 및 §2 ④, 조특칙 §2 ④).

## 4 관련사례

• 의약품 제조사업을 영위하는 내국법인이 「조세특례제한법 시행규칙」 제13조의 4에 따른 의약품 품질관리 개선시설에 해당하는 제조공장을 신축하거나 신규품목 제조를 위하여 기존공장에 생산라인을 신설하는 등 생산능력이 현저히 증가되도록 기존설비를 확장한 증설투자에 해당되는 경우의 투자금액은 「조세특례제한법」 제25조의 4에 따른 의약품 품질관리 개선시설투자에 대한 세액공제를 적용받을 수 있는 것임. 다만, 「약사법」 제31조에 따른 의약품제조품질관리기준(GMP기준)을 충족하기 위하여 기존공장에 지출하는 투자금액 중 기존설비의 보수비, 주기적인 수선비 및 기존설비의 가치를 증가시키는 자본적지출 비용은 투자세액공제의 대상에서 제외하는 것임(법규법인 2012-408, 2012.11.30.).

2) 주식등을 소유한 자가 개인인 경우 : 그 개인의 친족

# 제 113 조의 2

## 신성장기술 사업화를 위한 시설투자에 대한 세액공제

**관련규정**

제113조의 2(신성장기술 사업화를 위한 시설투자에 대한 세액공제) ① 내국인이 대통령령으로 정하는 신성장기술의 사업화를 위한 시설에 2018년 12월 31일까지 투자(중고품 및 대통령령으로 정하는 리스에 의한 투자는 제외한다)하는 경우로서 다음 각 호의 요건을 모두 충족하는 경우에는 그 투자금액의 1,000분의 7(대통령령으로 정하는 중견기업의 경우에는 1,000분의 8, 중소기업의 경우에는 1,000분의 10)에 상당하는 금액을 개인지방소득세(사업소득에 대한 개인지방소득세만 해당한다)에서 공제한다.

1. 해당 투자를 개시하는 날이 속하는 과세연도의 직전 과세연도의 수입금액에서 연구·인력개발비가 차지하는 비율이 100분의 5 이상이고, 신성장동력·원천기술연구개발비 등이 대통령령으로 정하는 요건을 충족할 것
2. 해당 과세연도의 상시근로자 수가 직전 과세연도의 상시근로자 수보다 감소하지 아니할 것. 다만, 중소기업의 경우에는 해당 과세연도의 상시근로자 수가 직전 과세연도의 상시근로자 수보다 감소한 경우에도 세액 공제대상으로 하되, 공제대상 세액에서 감소한 상시근로자 1명당 1천만원씩 뺀 금액을 공제[해당 금액이 음수(陰數)인 경우에는 영으로 한다]한다.

② 제1항 또는 제174조 제4항에 따라 개인지방소득세를 공제받은 자가 그 공제받은 과세연도종료일부터 2년이 되는 날이 속하는 과세연도종료일까지의 기간 중 각 과세연도의 상시근로자 수가 공제받은 과세연도의 상시근로자 수보다 감소할 경우에는 대통령령으로 정하는 바에 따라 공제받은 세액에 상당하는 금액을 개인지방소득세로 납부하여야 한다.

③ 제1항을 적용받으려는 내국인은 대통령령으로 정하는 바에 따라 세액공제 신청을 하여야 한다.

④ 제1항부터 제3항까지의 규정을 적용하거나 제174조 제4항을 적용할 때의 해당 신성장기술·원천기술 등의 판정방법, 상시근로자의 범위, 상시근로자 수, 그 밖에 필요한 사항은 대통령령으로 정한다.

# 1 | 개 요

본 제도는 2016년 12월 20일 법 개정시 신설된 제도이다. 2016년 초 한류 열풍이 확산되었고, 그로 인해 직접 상품 수출, 간접 수출 확대가 가시적으로 나타나는 등 영상콘텐츠가 우리 경제에 상당한 영향을 미칠 것이 예상됨에 따라 이와 같은 긍정적 효과를 극대화하기 위해 영상산업 지원책이 도입되었다.

2018년 12월 24일 조특법 개정시 매출액 대비 R&D 비중 요건(당시 5% 이상)이 지나치게 엄격하여 실효성 부족이 우려된다는 인식에 따라 그 비중을 5%에서 2%로 완화하였고, 미래 성장동력 확보를 위한 동 제도의 필요성, 공제대상을 판정하기 위한 신성장동력 · 원천기술 심의위원회가 2018년부터 운영되기 시작한 점 등을 고려하여 적용기한을 2021년 12월 31일까지로 연장하였다.

# 2 | 요 건

## 2-1. 대상자

내국인에 한하여 적용한다. 내국인이므로 거주자인 개인 및 내국법인이 모두 해당되나 조특법 제72조 제2항의 규정에 따라 당기순이익과세특례 적용대상인 조합법인은 본조의 적용대상에서 제외된다.

## 2-2. 투자대상의 범위

신성장동력 · 원천기술 분야별 대상기술을 연구개발한 기업이 해당 기술을 사업화하는 조특칙 별표 8의 8에 따른 시설로서 조특령 제9조 제11항에 따른 신성장동력 · 원천기술심의위원회의 심의를 거쳐 기획재정부장관과 산업통상자원부장관이 공동으로 인정하는 조특령 제4조 제2항에 따른 사업용자산이 그 대상이다(조특법 §25의 5 ①, 조특령 §22의 9 ①,[315] 조특칙 §13의 8 ①).

## 2-3. 적용기한

2021년 12월 31일까지 투자하는 경우에 한하여 적용한다.

315) 이하 조특령 제22조의 9 제1항의 개정 내용은 2020.1.1.부터 시행된다.

## 3 적용요건

신성장기술의 사업화를 위한 시설에 투자한 금액에 대해 세액공제를 받기 위해서는 다음의 요건을 모두 충족하는 경우여야 한다(조특법 §25의 5 ①).

(1) 해당 투자를 개시하는 날이 속하는 과세연도의 직전 과세연도(기업을 설립한 날이 속하는 과세연도에 투자를 개시하는 경우에는 해당 과세연도로 한다)의 수입금액(기업회계기준에 따라 계산한 매출액을 말한다)에서 연구·인력개발비가 차지하는 비율이 100분의 5 이상이고, 조특법 제10조 제1항 제1호에 따른 신성장동력·원천기술연구개발비 등이 다음의 어느 하나의 요건을 충족할 것(조특령 §22의 9 ④, 조특칙 §13의 8 ②)

① 해당 투자를 개시하는 날이 속하는 과세연도의 직전 과세연도(기업을 설립한 날이 속하는 과세연도에 투자를 개시한 경우에는 해당 과세연도로 한다)의 전체 연구·인력개발비에서 신성장동력·원천기술연구개발비가 차지하는 비율이 100분의 10 이상일 것

② 신성장동력·원천기술 분야별 대상기술을 해당 기업이 연구·개발하여 최초로 설정등록받은 특허권을 보유하는 경우로서 해당 특허권이 해당 기술의 사업화 시설에 필수적인 것으로 조특령 제9조 제11항에 따른 신성장동력·원천기술심의위원회가 인정하는 경우

여기서 투자의 개시시기는 조특령 제23조 제14항에 따른 투자의 개시시기를 말하는바, 구체적으로는 다음 중 어느 하나에 해당하는 때를 말한다(조특령 §22의 9 ⑧, §23 ⑭).

㉠ 국내·국외 제작계약에 따라 발주하는 경우에는 발주자가 최초로 주문서를 발송한 때

㉡ 위 ㉠의 규정에 의한 발주에 의하지 아니하고 매매계약에 의하여 매입하는 경우에는 계약금 또는 대가의 일부를 지급한 때(계약금 또는 대가의 일부를 지급하기 전에 당해 시설을 인수한 경우에는 실제로 인수한 때)

㉢ 당해 시설을 수입하는 경우로서 승인을 얻어야 하는 경우에는 ㉠ 및 ㉡의 규정에 불구하고 수입승인을 얻은 때

㉣ 자기가 직접 건설 또는 제작하는 경우에는 실제로 건설 또는 제작에 착수한 때. 이 경우 사업의 타당성 및 예비적 준비를 위한 것은 착수한 때에 포함하지

아니한다.

⑰ 타인에게 건설을 의뢰하는 경우에는 실제로 건설에 착공한 때. 이 경우 사업의 타당성 및 예비적 준비를 위한 것은 착공한 때에 포함하지 아니한다.

(2) 해당 과세연도의 상시근로자 수가 직전 과세연도의 상시근로자 수보다 감소하지 아니할 것. 다만, 중소기업의 경우에는 해당 과세연도의 상시근로자 수가 직전 과세연도의 상시근로자 수보다 감소한 경우에도 적용한다(다만, 이 경우에는 감소한 상시근로자 1명당 1천만원씩을 세액공제액에서 차감하여 적용하고, 그 금액이 음수인 경우에는 영으로 한다).

## 4 과세특례의 내용

내국인이 신성장기술 사업화를 위한 시설에 투자하는 경우에는 그 투자금액의 5%(중견기업은 7%, 중소기업은 10%)에 상당하는 금액을 해당 투자가 이루어지는 각 과세연도의 소득세(사업소득에 대한 소득세에 한한다) 또는 법인세에서 공제한다(조특법 §25의 5 ①).

여기서, 중견기업이란 다음의 요건을 모두 갖춘 기업을 말한다(조특령 §22의 9 ②, §4 ①).

① 중소기업이 아닐 것

② 다음의 어느 하나에 해당하는 업종을 주된 사업으로 영위하지 아니할 것. 이 경우 둘 이상의 서로 다른 사업을 영위하는 경우에는 사업별 사업수입금액이 큰 사업을 주된 사업으로 본다.

㉠ 조특령 제29조 제3항에 따른 소비성서비스업

㉡ 금융업, 보험 및 연금업, 금융 및 보험 관련 서비스업(업종 분류 기준 : 통계청장이 고시하는 한국표준산업분류)316)

③ 소유와 경영의 실질적인 독립성이 「중견기업 성장촉진 및 경쟁력 강화에 관한 특별법 시행령」 제2조 제2항 제1호에 적합할 것

④ 직전 3개 과세연도의 매출액의 평균금액이 3천억원 미만인 기업일 것

여기서, 매출액은 기업회계기준에 따라 작성한 손익계산서상의 매출액으로 한다. 다만, 창업 · 분할 · 합병의 경우 그 등기일의 다음 날(창업의 경우에는 창업일)이 속하는 과세연도의 매출액을 연간 매출액으로 환산한 금액을 말한다. 또한, 과세연도가 1

316) 「중견기업 성장촉진 및 경쟁력 강화에 관한 특별법 시행령」 제2조 제2항 제2호 각 목

년 미만인 과세연도의 매출액도 1년으로 환산한 매출액을 말한다(조특령 §4 ① 4호 및 §2 ④, 조특칙 §2 ④).

투자금액의 산정방법은 다음 ①의 금액에서 ②의 금액을 뺀 금액으로 한다(조특령 §22의 9 ③).

① 총투자금액에 법인령 제69조 제1항에 따른 작업진행률에 따라 계산한 금액과 해당 과세연도까지 실제로 지출한 금액 중 큰 금액

② 다음의 금액을 더한 금액

㉠ 해당 과세연도 전에 신성장기술 사업화시설 투자 세액공제를 적용받은 투자금액

㉡ 해당 과세연도 전의 투자분으로서 위 ㉠의 금액을 제외한 투자분에 대하여 위 ①을 준용하여 계산한 금액

## 5 사후관리

동 제도를 통해 세액공제를 받은 자가 공제받은 과세연도 종료일부터 2년이 되는 날이 속하는 과세연도 종료일까지의 기간 중 각 과세연도의 상시근로자 수가 공제받은 과세연도의 상시근로자 수보다 감소한 경우 또는 해당 시설의 투자완료일부터 3년 이내에 그 자산을 다른 목적에 전용한 경우에는 공제받은 세액에 상당하는 금액(해당 시설의 투자완료일부터 3년 이내에 그 자산을 다른 목적에 전용한 경우는 이자상당가산액을 가산한다)을 소득세 또는 법인세로 납부하여야 한다(조특법 §25의 5 ②).

공제연도 이후 2년 이내 상시근로자 수가 감소한 경우 납부하여야 할 소득세액 또는 법인세액은 다음의 구분에 따라 계산한 금액[① 및 ②(㉠ 및 ㉡의 금액을 합한 금액을 말한다)의 금액은 상시근로자 수가 감소된 과세연도의 직전 2년 이내의 과세연도에 공제받은 세액의 합계액을 한도로 한다]으로 하며, 이를 상시근로자 수가 감소된 과세연도의 과세표준을 신고할 때 소득세 또는 법인세로 납부하여야 한다(조특령 §22의 9 ⑤).

① 상시근로자 수가 1개 과세연도에만 감소한 경우 : 공제받은 과세연도(2개 과세연도 연속으로 공제받은 경우에는 두 번째 과세연도로 한다)보다 감소한 상시근로자 수 × 1천만원

② 상시근로자 수가 2개 과세연도 연속으로 감소한 경우 :

㉠ 상시근로자 수가 감소한 첫 번째 과세연도 : 위 ①에 따라 계산한 금액

㉡ 상시근로자 수가 감소한 두 번째 과세연도 : 해당 과세연도의 직전 과세연도보다 감소한 상시근로자 수 × 1천만원

여기서 상시근로자의 범위 및 상시근로자 수의 계산방법에 관하여는 조특령 제23조 제10항부터 제13항까지의 규정을 준용한다(조특령 §22의 9 ⑥).

투자완료일부터 3년 이내에 다른 목적에 전용한 경우 가산하는 이자상당가산액은 공제받은 세액에 다음 ①의 기간 및 ②의 율을 곱하여 계산한 금액으로 한다(조특령 §22의 9 ⑦).

① 공제받은 과세연도의 과세표준신고일의 다음 날부터 조특법 제25조의 5 제2항 제2호에 따른 사유가 발생한 날(다른 목적에 전용한 날)이 속하는 과세연도의 과세표준신고일까지의 기간

② 1일 10만분의 25

# 제113조의 3

## 영상콘텐츠 제작비용에 대한 세액공제

관련규정

제113조의 3(영상콘텐츠 제작비용에 대한 세액공제) ① 대통령령으로 정하는 내국인이 2019년 12월 31일이 속하는 과세연도까지 다음 각 호의 어느 하나에 해당하는 것으로서 대통령령으로 정하는 방송프로그램 또는 영화(이하 이 조에서 "영상콘텐츠"라 한다)의 제작을 위하여 국내에서 발생한 비용 중 대통령령으로 정하는 비용(이하 이 조에서 "영상콘텐츠 제작비용"이라 한다)이 있는 경우에는 해당 영상콘텐츠 제작비용의 1,000분의 7(중소기업의 경우에는 1,000분의 10)에 상당하는 금액을 대통령령으로 정하는 바에 따라 해당 영상콘텐츠가 처음으로 방송되거나 영화관에서 상영된 과세연도의 개인지방소득세(사업소득에 대한 개인지방소득세만 해당한다)에서 공제한다.

1.「방송법」 제2조에 따른 방송프로그램

2.「영화 및 비디오물의 진흥에 관한 법률」 제2조에 따른 영화

② 제1항을 적용받으려는 내국인은 대통령령으로 정하는 바에 따라 세액공제 신청을 하여야 한다.

③ 제1항을 적용할 때 영상콘텐츠의 범위, 제작비용의 계산방법과 그 밖에 필요한 사항은 대통령령으로 정한다.

## 1 개 요

본 제도는 2016년 12월 20일 지특법 개정시 신설된 제도이다. 2016년 초 KBS 드라마 "태양의 후예" 방영 등을 통해 한류 열풍이 확산되었고, 그로 인해 직접 상품 수출, 간접 수출 확대가 가시적으로 나타나 동 드라마로 인한 경제 효과가 약 1조원에 달하는 것으로 추정(2016. 4, 수출입은행 해외경제연구소)되는 등 영상콘텐츠가 우리 경제에 상당한 영향을 미

칠 것이 예상됨에 따라 이와 같은 긍정적 효과를 극대화하기 위해 영상산업 지원책으로 도입되었다.

본 제도는 관광・상품수출 및 국가이미지 등에 대한 파급효과가 큰 영화・드라마 등 제작비용에 대하여 제조업 시설투자에 준하여 지원하기 위한 제도이며, 2017년 1월 1일 이후 발생한 영상콘텐츠의 제작비용을 지출하는 경우부터 적용되며, 적용기한은 2019년 12월 31일이다.

## 2 | 요 건

### 2-1. 공제대상 내국인

본 제도의 공제대상이 되는 내국인은 「저작권법」 제2조 제14호에 따른 영상제작자로서 다음의 구분에 따른 요건을 갖춘 자를 말한다(조특법 §25의 6 ①, 조특령 §22의 10 ①, 조특칙 §13의 9 ①).

① 드라마등을 제작하는 자의 경우 : 영상콘텐츠의 실질적인 제작을 담당하는 자로서 다음의 요건 중 3개 이상의 요건을 갖출 것

㉠ 작가(극본, 시나리오 등을 집필하는 자를 말한다)와의 계약 체결을 담당할 것

㉡ 주요 출연자와의 계약 체결을 담당할 것

㉢ 주요 스태프(연출, 촬영, 편집, 조명 또는 미술 스태프) 중 2가지 이상 분야의 책임자와의 계약 체결을 담당할 것

㉣ 제작비의 집행 및 관리와 관련된 모든 의사 결정을 담당할 것

② 영화를 제작하는 자의 경우 : 영상콘텐츠의 실질적인 제작을 담당하는 「영화 및 비디오물의 진흥에 관한 법률」 제2조 제9호 가목에 따른 영화제작업자로서 위 ①의 각 요건 중 3개 이상의 요건을 갖출 것

### 2-2. 공제대상

본 제도의 공제대상은 「방송법」 제2조에 따른 방송프로그램 또는 「영화 및 비디오물의 진흥에 관한 법률」 제2조에 따른 영화로서 다음의 어느 하나에 해당하는 것(이하 "영상콘텐츠"라 한다)을 말한다(조특법 §25의 6 ①, 조특령 §22의 10 ②, 조특칙 §13의 9 ②~⑤).

① 「방송법」 제2조 제17호에 따른 방송프로그램으로서 같은 조 제3호에 따른 방송사업자의 텔레비전방송으로 방송된 드라마, 애니메이션, 다큐멘터리[한국의 자연 또는 문화

유산(「문화재보호법」 제2조 제1항에 따른 유형문화재, 무형문화재, 기념물 또는 민속문화재를 말한다)을 소재로 제작한 것으로 한정한다](이하 "드라마등"이라 한다) 다만, 다음의 어느 하나에 해당하는 방송프로그램은 드라마등에서 제외한다.

㉠ 광고물 또는 그 밖의 판촉물

㉡ 보도, 시사 프로그램 또는 토론 프로그램

㉢ 퀴즈 쇼, 게임 쇼, 패널 쇼, 버라이어티 쇼 또는 토크 쇼 등 오락을 위한 프로그램

㉣ 경쟁이나 대회를 포함하거나 경쟁이나 대회의 결과를 발표하는 프로그램

㉤ 연극 또는 예술 공연을 생방송이나 녹화로 방송하는 프로그램

㉥ 훈련을 목적으로 제작된 프로그램

㉦ 운동경기 또는 각종 시상식 등을 중계하는 프로그램

② 「영화 및 비디오물의 진흥에 관한 법률」 제2조 제1호에 따른 영화로서 영화상영관에서 7일 이상 연속하여 상영된 것(「영화 및 비디오물의 진흥에 관한 법률」 제4조에 따른 영화진흥위원회가 예술영화 및 독립영화로 인정하는 경우에는 1일 이상 상영된 것을 말한다). 여기서 상영 기간의 확인은 「영화 및 비디오물의 진흥에 관한 법률」 제39조에 따른 영화상영관입장권 통합전산망으로 한다.

### 2-3. 공제대상 비용

공제대상 내국인이 2019년 12월 31일까지 영상콘텐츠의 제작을 위하여 국내에서 발행한 비용 중 영상콘텐츠 제작에 참여한 사람 등에 대한 인건비 등 조특칙 별표 8의 9에 따른 영상콘텐츠 제작비용(이하 "영상콘텐츠 제작비용"이라 한다)을 말한다(조특법 §25의 6 ①, 조특령 §22의 10 ③ 본문, 조특칙 §13의 9 ⑥).

다만, 다음에 해당하는 비용은 제외한다(조특령 §22의 10 ③ 단서, 조특칙 §13의 9 ⑦).

① 국가, 지방자치단체, 「공공기관의 운영에 관한 법률」에 따른 공공기관 및 「지방공기업법」에 따른 지방공기업으로부터 출연금 등의 자산을 지급받아 영상콘텐츠 제작비용으로 사용한 금액

② 국외에서 사용한 제작비용 등 다음의 어느 하나에 해당하는 비용

㉠ 국외에서 사용한 제작비용

㉡ 광고 및 홍보비용

㉢ 「소득세법」 제35조 및 「법인세법」 제25조에 따른 접대비

㉣ 다음 중 어느 하나에 해당하는 인건비

i ) 소법 제22조에 따른 퇴직소득에 해당하는 금액

ii ) 소법 제29조 및 「법인세법」 제33조에 따른 퇴직급여충당금

iii) 법인령 제20조 제1항 각 호에 따른 성과급 등

㉤ 조특칙 별표 8의 9 제2호 가목에 따른 배우출연료가 가장 많은 배우 5인의 배우출연료 합계액이 제작비용 합계액(위 ㉠~㉣까지의 규정에 따른 금액은 제외한다)의 100분의 30을 초과하는 경우 해당 초과 금액

### 2-4. 공제시기

해당 영상콘텐츠가 처음으로 방송되거나 영화상영관에서 상영된 과세연도의 소득세(사업소득에 대한 소득세만 해당한다) 또는 법인세를 공제한다. 다만, 드라마등이 여러 과세연도 기간 동안 연속하여 방송되는 경우에는 해당 드라마등의 마지막 회차가 방송된 날이 속하는 과세연도에 전체 제작비용에 대하여 세액공제를 신청하거나, 방송된 각 과세연도에 발생한 제작비용에 대하여 다음에서 정하는 바에 따라 세액공제를 신청할 수 있다(조특법 §25의 6 ①, 조특령 §22의 10 ⑤, 조특칙 §13의 9 ⑧).

① 드라마등의 첫 번째 회차가 방송된 날이 속하는 과세연도 : 드라마등과 관련하여 해당 과세연도까지 발생한 제작비용

② 드라마등의 첫 번째 회차가 방송된 날이 속하는 과세연도 이후 과세연도 : 해당 과세연도까지 발생한 제작비용에서 직전 과세연도까지 발생한 제작비용을 뺀 금액(조특칙 제13조의 6 제7항 제5호에 따라 세액공제 대상에서 제외된 제작비용은 빼지 아니한다)

### 2-5. 적용기한

2019년 12월 31일까지 발생한 비용에 한하여 적용한다.

## 3 | 과세특례의 내용

내국인이 2019. 12. 31.까지 영상콘텐츠 제작을 위하여 국내에서 발생한 비용 중 위 각 요건을 충족하는 영상콘텐츠 제작비용의 3%(중견기업은 7%, 중소기업은 10%)에 상당하는 금액을 소득세(사업소득에 대한 소득세만 해당한다) 또는 법인세에서 공제한다(조특법

§25의 6 ①).

여기서, 중견기업이란 다음의 요건을 모두 갖춘 기업을 말한다(조특령 §22의 10 ④, §4 ①).

① 중소기업이 아닐 것

② 다음의 어느 하나에 해당하는 업종을 주된 사업으로 영위하지 아니할 것. 이 경우 둘 이상의 서로 다른 사업을 영위하는 경우에는 사업별 사업수입금액이 큰 사업을 주된 사업으로 본다.

ⓐ 조특령 제29조 제3항에 따른 소비성서비스업

ⓑ 금융업, 보험 및 연금업, 금융 및 보험 관련 서비스업(업종 분류 기준 : 통계청장이 고시하는 한국표준산업분류)

③ 소유와 경영의 실질적인 독립성이 「중견기업 성장촉진 및 경쟁력 강화에 관한 특별법 시행령」 제2조 제2항 제1호에 적합할 것

④ 직전 3개 과세연도의 매출액의 평균금액이 3천억원 미만인 기업일 것

여기서, 매출액은 기업회계기준에 따라 작성한 손익계산서상의 매출액으로 한다. 다만, 창업·분할·합병의 경우 그 등기일의 다음 날(창업의 경우에는 창업일)이 속하는 과세연도의 매출액을 연간 매출액으로 환산한 금액을 말한다. 또한, 과세연도가 1년 미만인 과세연도의 매출액도 1년으로 환산한 매출액을 말한다(조특령 §4 ① 4호 및 §2 ④, 조특칙 §2 ④).

# 제 114 조

## 고용창출투자세액공제

관련규정

제114조(고용창출투자세액공제) ① 내국인이 2017년 12월 31일까지 대통령령으로 정하는 투자(중고품 및 대통령령으로 정하는 리스에 의한 투자와 수도권과밀억제권역 내에 투자하는 경우는 제외한다. 이하 이 조에서 같다)를 하는 경우로서 해당 과세연도의 상시근로자 수가 직전 과세연도의 상시근로자 수보다 감소하지 아니한 경우에는 다음 각 호의 구분에 따라 계산한 금액을 더한 금액을 해당 투자가 이루어지는 각 과세연도의 개인지방소득세(사업소득에 대한 개인지방소득세만 해당한다)에서 공제한다. 다만, 중소기업의 경우에는 해당 과세연도의 상시근로자 수가 직전 과세연도의 상시근로자 수보다 감소한 경우에도 제1호를 적용한다. 이 경우 제1호의 금액에서 감소한 상시근로자 1명당 100만원씩 뺀 금액으로 하며, 해당 금액이 음수인 경우에는 영으로 한다.

1. 기본공제금액 : 중소기업의 경우 해당 투자금액의 1,000분의 3에 상당하는 금액으로 하고, 대통령령으로 정하는 중견기업(이하 이 조에서 "중견기업"이라 한다)의 경우 다음 각 목에서 정한 바에 따른다.
   가. 「수도권정비계획법」 제6조 제1항 제2호의 성장관리권역 또는 같은 항 제3호의 자연보전권역 내에 투자하는 경우에는 해당 투자금액의 1,000분의 1에 상당하는 금액
   나. 수도권 밖의 지역에 투자하는 경우에는 해당 투자금액의 1,000분의 2에 상당하는 금액
2. 추가공제금액 : 해당 투자금액의 1,000분의 3(중소기업 및 중견기업은 1,000분의 4)에 상당하는 금액으로 하고, 수도권 밖의 지역에 투자하는 경우에는 해당 투자금액의 1,000분의 4(중소기업 및 중견기업은 1,000분의 5)에 상당하는 금액으로 하되, 대통령령으로 정하는 서비스업을 영위하는 경우에는 각각 해당 투자금액의 1,000분의 1에 상당하는 금액을 가산한 금액으로 한다. 다만, 그 금액이 가목부터 다목까지의 금액을 순서대로 더한 금액에서 라목의 금액을 뺀 금액을 초과하는 경우에는 그 초과하는 금액은 없는 것으로 한다.

가. 해당 과세연도에 최초로 근로계약을 체결한 상시근로자 중 「초·중등교육법」 제2조에 따른 학교로서 산업계의 수요에 직접 연계된 맞춤형 교육과정을 운영하는 고등학교 등 직업교육훈련을 실시하는 대통령령으로 정하는 학교(이하 "산업수요맞춤형고등학교등"이라 한다)의 졸업생 수 × 200만원(중소기업의 경우는 250만원)

나. 해당 과세연도에 최초로 근로계약을 체결한 가목 외의 상시근로자 중 청년근로자, 장애인근로자, 60세 이상인 근로자 수 × 150만원(중소기업의 경우는 200만원)

다. (해당 과세연도의 상시근로자 수 - 직전 과세연도의 상시근로자 수 - 가목에 따른 졸업생 수 - 나목에 따른 청년근로자, 장애인근로자, 60세 이상인 근로자 수) × 100만원(중소기업의 경우는 150만원)

라. 해당 과세연도에 제174조 제3항에 따라 이월공제받는 금액의 100분의 10

② 제1항에 따라 개인지방소득세를 공제받은 자가 그 공제받은 과세연도 종료일부터 2년이 되는 날이 속하는 과세연도 종료일까지의 기간 중 각 과세연도의 상시근로자 수가 공제받은 과세연도의 상시근로자 수보다 감소한 경우에는 대통령령으로 정하는 바에 따라 공제받은 세액에 상당하는 금액을 개인지방소득세로 납부하여야 한다.

③ 제1항 및 제2항을 적용할 때 상시근로자 및 청년근로자, 장애인근로자, 60세 이상인 근로자의 범위와 상시근로자, 산업수요맞춤형고등학교등의 졸업생 및 청년근로자, 장애인근로자, 60세 이상인 근로자 수의 계산방법, 그 밖에 필요한 사항은 대통령령으로 정한다.

④ 제1항의 규정을 적용받으려는 내국인은 대통령령으로 정하는 바에 따라 세액공제 신청을 하여야 한다.

**【영】** 제67조(고용창출투자세액공제) ① 법 제114조 제1항 각 호 외의 부분 전단에서 "대통령령으로 정하는 투자"란 「조세특례제한법 시행령」 제23조 제1항에 따른 투자를 말한다.

② 법 제114조 제1항에 따른 투자금액은 「조세특례제한법 시행령」 제23조 제2항에 따른 금액으로 한다.

③ 법 제114조 제1항 제1호 가목에 따른 중견기업은 「조세특례제한법 시행령」 제10조 제1항에 따른 중견기업으로 한다.

④ 법 제114조 제1항 제2호 가목에서 "대통령령으로 정하는 학교"란 「조세특례제한법 시행령」 제23조 제5항 각 호의 어느 하나에 해당하는 학교를 말한다.

⑤ 법 제114조 제1항 제2호 가목에 따른 산업수요맞춤형고등학교등의 졸업생 수는 「조세특례제한법 시행령」 제23조 제7항에 따른 졸업생 수로 한다.

⑥ 법 제114조 제1항 제2호 나목에 따른 청년근로자 수, 장애인근로자 수 및 60세 이상인 근로자 수는 「조세특례제한법 시행령」 제23조 제8항 각 호에 따른 청년근로자 수, 장애인근로자 수 및 60세 이상인 근로자 수로 한다.

⑦ 법 제114조 제2항에 따라 납부하여야 할 개인지방소득세액은 「조세특례제한법 시행령」 제23조 제9항에 따라 산출한 금액의 100분의 10으로 한다.

⑧ 제5항부터 제7항까지의 규정을 적용할 때 상시근로자는 「조세특례제한법 시행령」 제23조 제10항에 따른 상시근로자로 한다.
⑨ 제5항 및 제6항을 적용할 때 상시근로자 수는 「조세특례제한법 시행령」 제23조 제11항 및 제12항에 따른 상시근로자 수로 한다.
⑩ 제5항 및 제6항을 적용할 때 해당 과세연도에 창업 등을 한 내국인의 경우에는 「조세특례제한법 시행령」 제23조 제13항 각 호의 구분에 따른 수를 직전 또는 해당 과세연도의 상시근로자 수로 본다.
⑪ 제1항 및 제2항을 적용할 때 투자의 개시 시기는 「조세특례제한법 시행령」 제23조 제14항 각 호의 어느 하나에 해당하는 때로 한다.
⑫ 법 제114조 제1항에 따라 세액공제를 받으려는 자는 과세표준신고와 함께 행정안전부령으로 정하는 세액공제신청서 및 공제세액계산서를 납세지 관할 지방자치단체의 장에게 제출하여야 한다. 다만, 「조세특례제한법 시행령」 제23조 제15항에 따라 납세지 관할 세무서장에게 소득세 공제를 신청하는 경우에는 법 제114조에 따른 개인지방소득세에 대한 세액공제도 함께 신청한 것으로 본다.
⑬ 「개성공업지구 지원에 관한 법률」 제2조 제1호에 따른 개성공업지구에 제1항에 따른 투자를 하는 경우에도 제2항부터 제12항까지의 규정을 준용한다.

## 1 개 요

본 제도는 국세인 조특법에서 투자진작을 위해 임시로 운영하려던 임시투자세액공제 제도가 1982년부터 상시화됨에 따라 이를 2011년 말 일몰 종료하고, 고용창출과 연계된 투자에 대해서만 지원하는 고용창출투자세액공제 제도가 2010년 말 신설되어 2011년 1월 1일부터 시행되었다. 고용창출투자세액공제의 최초 시행 과세연도인 2011년에는 임시투자세액공제(공제율 4~5%)와 병행하여 운영되었는 바 공제율이 투자금액의 1%에 불과하였으나, 2012년에는 임시투자세액공제가 2011년 말 일몰 종료로 폐지되면서 공제율이 3~7%(기본공제율[317] 3~4%, 추가공제율[318] 2~3%)로 확대되었다. 2013년에는 일자리창출을 위해 일반기업의 기본공제율은 1%p 인하하고 추가공제율은 1%p 인상하는 한편, 중소기업의 경우 고용이 감소하는 경우에도 기본공제를 적용받을 수 있도록 개선하였는 바 기본공제율은 2~4%, 추가공제율은 3%가 되었다. 한편, 본 제도는 지방소득세의 독립세를 위한 세제개편 계획(2013.9.)에 따라 조특법 제26조의 규정과는 별개로 지특법 제114조로 신설되었다.

317) 고용이 감소하지 않은 경우 받을 수 있는 공제, 고용이 1명이라도 감소한 경우 받을 수 없음.
318) 고용의 증가에 비례하여 더 많이 받을 수 있는 공제

2016년 12월 20일 조특법 개정시에 서비스업 지원 등을 통한 일자리 창출을 제고하기 위해 고용창출 투자세액공제 대상 업종을 종전의 농업, 제조업 등 49개 업종(Positive 방식)에서 소비성 서비스업을 제외한 모든 업종(Negative 방식)으로 확대하고, 1%p의 공제율이 가산(추가공제)되는 서비스 업종을 종전의 도매 및 소매업, 방송업 등 42개 업종(Positive 방식)에서 소비성 서비스업 등을 제외한 모든 서비스 업종(Negative 방식)으로 확대하였다.

# 2 감면실무

## 2-1. 감면대상자

내국인인 거주자로 개인이 이에 해당되며, 지방소득세 독립세 세제개편 계획 당시 법인에 대한 세액공제 감면은 배제하기로 함에 따라 법인은 감면대상자에 해당되지 않는다.

## 2-2. 투자업종(지특령 §67 ①, 조특령 §23 ①)

고용창출투자세액공제 적용대상 업종은 종전의 경우 Positive 방식으로 열거하고 있었으나, 서비스업 지원 확대를 위해 2016년 12월 20일 조특법 개정시 조특령 제29조 제3항에 따른 소비성 서비스업 등을 제외한 모든 서비스 업종으로 확대(Negative 방식)하였다(조특령 §23 ①).

## 2-3. 투자대상 자산의 범위

사업용자산에 해당하는 시설을 새로이 취득하여 사업에 사용하기 위한 투자(중고품 및 금융리스 외 리스에 의한 투자와 수도권과밀억제권역 내에 투자하는 경우는 제외)를 말하고, 운휴 중에 있는 것을 제외한다(지특법 §114 ①, 지특령 §67 ①, 조특령 §23 ①, 조특칙 §3, §14). 여기서 사업용자산이란 조특칙 제3조의 사업용자산(제99조 해설 참조)과 다음의 자산을 말한다.

① 건설업을 영위하는 자가 당해 사업에 직접 사용하는 사업용자산으로서 「지방세법 시행규칙」 제3조에 따른 기계장비

② 도매업·소매업 또는 물류산업을 영위하는 자가 당해 사업에 직접 사용하는 사업용자산으로서 조특칙 [별표 3]의 유통산업합리화시설

③ 「관광진흥법」에 의하여 등록한 관광숙박업 및 국제회의기획업, 「노인복지법」에 의한 노인복지시설을 운영하는 사업을 영위하는 자가 당해 사업에 직접 사용하는 사업용자산으로서 「건축법」에 의한 건축물과 당해 건축물에 부착설치된 시설물 중 「지방세법 시행령」 제6조에 따른 시설물

④ 전기통신업을 영위하는 자가 타인에게 임대 또는 위탁운용하거나 공동으로 사용하기 위하여 취득하는 사업용자산으로서 「전파법 시행령」 제68조 및 제69조에 따른 무선설비

⑤ 「관광진흥법」에 따라 등록한 전문휴양업 또는 종합휴양업을 영위하는 자가 해당 사업에 직접 사용하는 사업용자산으로서 「관광진흥법 시행령」 제2조 제1항 제3호 가목 또는 제5호 가목에 따른 숙박시설 · 전문휴양시설(골프장 시설은 제외한다) 또는 종합유원시설업의 시설. 이 경우 「관광진흥법」에 따라 등록한 전문휴양업 또는 종합휴양업을 영위하는 자에 한정하여 적용한다.

### 구체적 사례[319]

#### (1) 부도크(플로팅도크)의 업종별 자산 해당 여부

선박을 제조하는 법인이 해상에 선박 건조용으로 설치한 부도크는 법인세법 시행규칙 [별표 5]의 구축물에 해당하여 「조세특례제한법」 제26조의 임시투자세액공제를 적용받을 수 없다(재경부 조세지출예산과-485, 2007.6.26.).

#### (2) 전지생산공정에 필수적인 X-Ray 검사설비 및 IR/OCV 측정설비의 업종별 자산 해당 여부

제조업을 영위하는 내국인이 다른 생산설비와 함께 유기적으로 결합[320] 되어 생산라인에 고정설치되고 제품생산에 필수적인 역할을 하는 X-Ray 검사설비 및 IR/OCV 측정설비를 투자하는 경우 동 설비는 조세특례제한법 시행규칙 제3조의 사업용자산에 해당되어 임시투자세액공제를 적용할 수 있음(재경부 조세지출예산과-858, 2006.12.26.).

---

319) 임시투자세액공제제도와 고용창출투자세액공제제도의 공제대상 자산인 사업용자산의 범위에 대하여는 크게 차이가 없으므로 이를 혼용하여 사례를 제시하기로 한다.

320) 개별 투자설비 등이 유기적으로 결합되어야 당해 공장의 설립목적에 따른 특정제품의 생산이 가능한 경우에는 당해 공장용 투자설비 전체를 하나의 투자단위로 보는 것임(재조예 46019-40, 2002.3.18., 서이 46012-10846, 2001.12.31.).

**일반적인 기구 및 비품의 범위**

- 기구 및 비품의 정의에 대한 현행 세법의 명문규정은 없으나 가구, 개인용컴퓨터, 전화기기, 시계, 시험 또는 측정기기와 같이 업종 고유의 생산설비가 아닌 범용성 있고 비교적 설치 및 이동이 간편한 자산을 의미한다고 볼 수 있음.
  ※ 기구 및 비품의 종류를 직접 열거하였던 법인세법(1995.3.30. 개정 전의 것) 규정 참고
- 기구 및 비품 중 시험 또는 측정기기는 각종 물리량(物理量)이나 현상을 측정 또는 계량하기 위한 저울, 시험기, 측정기, 계량기 등을 의미하는 것으로서, 주로 재료, 재공품, 완제품 등의 물리량 등을 측정하거나 계량하기 위한 것으로 생산설비와는 별도로 분리되어 독립적으로 기능을 수행함.

(3) 창고외부건물 및 내부의 자동화시설의 포함 여부

물류산업을 영위하는 자가 「조세특례제한법 시행규칙」 [별표 5]의 유통산업합리화시설 중 '8. 창고시설'에 투자하는 경우 「조세특례제한법」 제26조의 임시투자세액공제를 적용할 수 있는 것이며, 동 창고시설에 대한 투자에는 창고외부건물 및 내부의 자동화시설이 모두 포함되는 것이다. 이 경우 창고는 「건축법 시행령」 [별표 1] 제18호(2006.5.8. 개정 전의 경우 14호) 가목의 창고를 말하는 것이다(재경부 조세지출예산과-667, 2006.9.27.).

(4) BOT, BTO 방식으로 민간투자시

조세특례제한법상 투자요건 측면에서 투자세액공제 대상은
ⅰ) 투자에 의해 소유권을 취득하고
ⅱ) 시설에 투자한 내국인이 당해 시설의 사용자인 경우에 한하여 적용한다.

우선 BOT(Build-Own-Transfer) 방식 투자는 세액공제대상 투자에 해당된다(재경부 조세지출예산과-166, 2005.3.11.). 그 이유는 세액공제대상 시설을 일정기간 동안 사업시행자가 소유하고 일정기간 만료 후* 시설의 소유권을 국가 또는 지방자치단체에 귀속하므로 투자요건을 충족하기 때문이다.

* 사업시행자의 소유기간이 투자를 완료한 날이 속하는 과세연도의 종료일로부터 2년(2004년 이전은 3년)이 경과하기 전에 만료되는 경우에는 조세특례제한법 제146조의 규정에 의해 감면세액을 추징함.

### 사회기반시설에 대한 민간투자사업의 추진방식(민간투자법 §4)

1. 사회기반시설의 준공과 동시에 당해 시설의 소유권이 국가 또는 지방자치단체에 귀속되며 사업시행자에게 일정기간의 시설관리운영권을 인정하는 방식 → BTO 방식
2. 사회기반시설의 준공과 동시에 당해 시설의 소유권이 국가 또는 지방자치단체에 귀속되며 사업시행자에게 일정기간의 시설관리운영권을 인정하되, 그 시설을 국가 또는 지방자치단체 등이 협약에서 정한 기간 동안 임차하여 사용·수익하는 방식 → BTL 방식
3. 사회기반시설의 준공 후 일정기간 동안 사업시행자에게 당해 시설의 소유권이 인정되며 그 기간의 만료시 시설소유권이 국가 또는 지방자치단체에 귀속되는 방식 → BOT 방식
4. 사회기반시설의 준공과 동시에 사업시행자에게 당해 시설의 소유권이 인정되는 방식 → BOO 방식
5. 민간부문이 제9조의 규정에 의하여 사업을 제안하거나 제12조의 규정에 의하여 변경제안을 하는 경우 당해 사업의 추진을 위하여 제1호 내지 제3호 이외의 방식을 제시하여 주무관청이 불가피하다고 인정하여 채택한 방식
6. 기타 주무관청이 제10조의 규정에 의하여 수립한 민간투자시설사업기본계획에 제시한 방식

한편, BTO(Build－Transfer－Operate) 방식 투자는 세액공제대상 투자에 해당하지 아니한다. 그 이유는 사회기반시설의 준공과 동시에 소유권이 국가 또는 지방자치단체에 귀속되고, 사업시행자는 일정기간 동안 시설관리운영권을 가지게 되므로 투자요건을 충족하지 못하기 때문이다. 또한, 소유권 이전 후 계약내용을 변경하여 소유권을 다시 취득하는 경우에도 신규투자로 볼 수 없어 임시투자세액공제를 받을 수 없다.

〈표 1〉 BOT, BTO 투자의 비교

| 구 분 | BOT | BTO |
|---|---|---|
| 소유권 | 사업시행자 | 국가·지방자치단체 |
| 시설사용내용 | 무상사용수익 | 소유수익 |
| 감가상각 | 사용수익기간 동안 균등상각(사용수익기부자산) | |
| 기부채납시 | 영세율 적용 | 영세율 적용 |
| 재산세 | 사업시행자 부담 | 재산세 부담 없음. |
| 유지관리비부담 | 사업시행자 | 국가·지방자치단체 |
| 주요사업 | 복합물류시설 등 | 민자도로 등 |
| 임시투자세액공제 | 공제 가능 | 공제 안 됨. |

(5) 폐기물처리업의 사업용자산의 범위

폐기물처리업을 영위하는 사업자의 임시투자세액공제대상 사업용자산은 「폐기물관리법 시행령」 [별표 2]에서 규정하고 있는 폐기물처리시설(동 시설이 건물・구축물에 해당하지 아니하는 경우에 한함)인 것이며 폐기물수집운반용차량, 폐기물수집용구인 박스, 폐기물수집품정리 및 소각로투입용 굴삭기, 소각로 및 집진기계장치 보호용 건축물은 당해 사업에 주로 사용하는 경우라도 「법인세법 시행규칙」 [별표 5]의 적용을 받는 자산에 해당하므로 임시투자세액공제대상 사업용자산에 해당하지 않는 것이다(재경부 조세지출예산과-281, 2005.5.6.).

〈표 2〉 폐기물처리업의 주요자산 및 분류

| 구 분 | 사업자 자산분류 | 법인세법 별표 구분 | 임시투자세액 공제 여부 |
|---|---|---|---|
| 폐기물수집운반용차량 | 차량운반구 | 별표 5(차량운반구) | 공제 안 됨. |
| 폐기물수집용구(박스) | 공구, 기구 | 별표 5(기구 및 비품) | 공제 안 됨. |
| 폐기물 정리 및 소각로 투입장비(굴삭기) | 중장비 | 별표 5(차량운반구) | 공제 안 됨. |
| 폐기물처리용 소각로 및 집진기계장치 | 기계장치 | 별표 6*<br>(업종별 자산) | 공제 가능 |
| 소각로 및 집진기계장치 보호용건축물 | 건물, 구축물 | 별표 5<br>(건물, 구축물) | 공제 안 됨. |

(6) 제조업에서 사용하는 굴삭기 등의 사업용자산 해당 여부

제조업을 영위하는 법인이 당해 사업에 주로 사용하는 천공기, 쇄석기, 로우더, 굴삭기, 불도우저 등(원동기를 장치하여 무한궤도 또는 타이어 등에 의해 이동하는 것에 한함)은 법인세법 시행규칙 [별표 5]의 차량운반구에 해당하는 것으로서 사업용자산에 해당하지 않는 것이며, 계측기기는 법인세법 시행규칙 [별표 5]의 "기구 및 비품"에 해당하는 것이므로 사업용자산에 해당하지 아니하는 것이다(재경부 조세지출예산과-110, 2005.2.5.).

〈견해〉

① '차량 및 운반구'에 대하여 특정한 규정은 없으나 지방세법, 자동차관리법, 구 법인세법 시행규칙 [별표 1]의 차량 및 운반구 분류표 등을 종합하여 판단하면

㉠ 원동기를 장치하여 육상에서 이동할 목적으로 제작된 용구
(자동차, 승합차, 화물차 등 승객 또는 화물 운송용 차량 및 불도우저, 굴삭기, 지게차 등 이동이 가능한 기계장비 등)

㉡ 위 ㉠에 의해 견인되어 이동할 목적으로 제작된 용구(트레일러 등)

㉢ 삭도나 궤도에 의해 승객이나 화물을 운송하는 모든 기구이므로

[궤도운송(기차, 화차, 광차 등), 삭도운송(케이블카 등)]

천공기, 쇄석기, 로우더, 굴삭기, 불도우저 등 기계장비에 원동기를 장치하여 무한 궤도 또는 타이어 등에 의해 이동하는 것은 차량운반구로 분류하는 것이 타당함.

※ 다른 차량에 의해 운반되고 작업장에 설치되어 작업을 수행하는 고정식 기계장치 등은 차량운반구가 아니다.

② '차량 및 운반구'는

㉠ 종류별로 구체적으로 열거하여 내용연수를 달리 적용하다가

㉡ 1995.3.30.에 자산분류 기준을 개편하면서 감가상각비가 판매비와 일반관리비를 구성하는 경우에 한하여 차량운반구로 분류하도록 변경하였고

* 국세청 예규(법인 46012-3794, 1995.10.9.)는 ②의 내용을 감안하여 감가상각비가 제조원가를 구성하면 [별표 6]의 업종별 자산에 해당한다고 해석

㉢ 1999.5.24.에 모든 차량운반구를 [별표 5]의 자산으로 분류 후

㉣ 2000.3.9.에 현행과 같이 운수업(60. 육상, 61. 수상, 62. 항공, 63. 여행알선, 창고 및 운송관련 서비스업)과 기계장비 및 소비용품 임대업(71)을 제외한 모든 업종의 차량운반구를 [별표 5]에 의한 자산으로 분류하도록 하고 있다. 따라서 제조업을 영위하는 법인의 차량운반구는 법인세법 시행규칙 [별표 5]의 적용을 받는 자산에 해당한다.

③ **계측기기**의 사전적 정의는 각종 물리량(物理量)이나 현상을 측정 또는 계량하기 위한 기계 · 기구의 총칭을 말하며, 아래의 계측기기의 자산분류 변경 연혁에서 보듯이 **시험기기 및 측정기기**는 "기구 및 비품"으로 분류되어 왔음을 알 수 있다.

〈표 3〉 [1995.3.30. 이전] [별표 1] 기계장치 이외의 고정자산내용연수표

| 종 류 | 구조 및 용도 | 세 목 | | 내용연수 |
|---|---|---|---|---|
| 6. 기구 및 비품 | (2) 사무기기 및 통신기기 | • 사무용기기 및 컴퓨터 | 신용카드임프린터 | 3 |
| | | | 개인용 컴퓨터 | 4 |
| | | | 소프트웨어 | 4 |
| | | | 기타의 것 | 5 |
| | | • 전화설비 및 기타의 통신기기 | 팩시밀리 및 데이터 단말장치 | 5 |
| | | | 전화기기 및 전화교환 설비 | 6 |
| | | | 기타의 것 | 10 |
| | (3) 시계·시험 기기 및 측정기기 | • 시계 | | 10 |
| | | • 도량형기 | | 5 |
| | | • 시험 또는 측정기기(도자기제·유리제) | | 3 |
| | | • 〃 (금속제) | | 5 |
| | | • 〃 (기타의 것) | | 3 |
| | (4) 광학기기 및 사진제작기기 | | | 8 |

〈표 4〉 [1995.3.30.] [별표 1] 건축물 등의 기준내용연수 및 내용연수범위표

| 구 분 | 기준내용연수 및 내용연수범위 | 구조 또는 자산명 |
|---|---|---|
| 1 | 4년(3~5년) | 차량 및 운반구, 공구, 기구 및 비품(감가상각비가 판매비와 일반관리비를 구성하는 경우에 한한다) |

〈표 5〉 [1999.5.24.] [별표 5] 건축물 등의 기준내용연수 및 내용연수범위표 → 현행과 같음.

| 구 분 | 기준내용연수 및 내용연수범위 | 구조 또는 자산명 |
|---|---|---|
| 1 | 5년(4~6년) | 차량 및 운반구, 공구, 기구 및 비품 |

④ 조세특례제한법 시행규칙 제8조(연구시험용시설 등의 범위)와의 관계에 대하여 살펴보면, 같은 법 제8조 제1항 제1호에서 "공구 또는 사무기기 및 통신기기, 시계·시험기기 및 계측기기, 광학기기 및 사진제작기기"를 규정하고 있다. 이는 기구 및 비품으로서 사업용자산이 아님에도 연구시험용시설로 분류하여 연구 및 인력개발 설비투자 세액공제대상으로 포함하고 있음을 알 수 있다.

### (7) 사업용자산을 둘 이상의 사업에 사용시 임시투자세액공제 적용 방법

도매업과 세소입을 겸입하는 시업지기 「조세특례제한법 시행규칙」「별표 5]의 유통산업합리화시설 중 '창고시설'을 신축하고 도매업과 제조업에 공동으로 사용하는 경우 임시투자세액공제를 적용함에 있어, 당해 창고시설을 도매업에 주로 사용하는 경우에는 투자금액 전체에 대하여 임시투자세액공제를 적용하는 것이며, 당해 창고시설을 제조업에 주로 사용하는 경우에는 임시투자세액공제를 적용할 수 없는 것임(재경부 조세지출예산과-230, 2006.4.20.).

※ 사업용자산을 공제대상사업과 공제대상 외의 사업에 공동으로 사용하는 경우
㉠ 임시투자세액공제는 별도의 규정이 없으나
㉡ 중소기업투자세액공제의 경우 당해 사업용자산을 주로 사용하는 사업의 자산으로 보아 투자세액공제를 적용하는 것이며(조특령 §4) "주로 사용하는 사업"이라 함은 사용시간, 사용정도를 비교하여 사용비율이 큰 사업으로 규정하고 있다(조특칙 §4).

※ 주로 사용하는 사업은 사용시간, 사용정도를 비교하여 사용비율이 큰 사업을 말하는 것으로, 당해 시설의 종류에 따라 사용시간, 사용면적, 운행거리 등 객관적이고 합리적인 기준을 사용할 수 있다.

### (8) 송유관, 가압장치, 저유탱크의 세액공제 대상 여부

화물운송업을 영위하는 내국법인이 송유관, 가압장치, 저유탱크를 새로이 취득하여 사업에 사용하기 위한 투자를 하는 경우, 구축물인 송유관은 「법인세법 시행규칙」 [별표 5]의 건축물 등의 기준내용연수 및 내용연수범위표를 적용받는 자산에 해당하여 「조세특례제한법」(2004.12.31. 법률 제7261호로 일부개정된 것) 제26조에 따른 임시투자세액공제가 적용되지 아니하는 것이나, 사업용 자산인 가압장치는 「조세특례제한법 시행규칙」(2008.4.29. 기획재정부령 제16호로 일부개정된 것) 제3조 제1항 제1호에 따른 「법인세법 시행규칙」 [별표 6]의 업종별 자산의 기준내용연수 및 내용연수범위표의 적용을 받는 자산에 해당하여 임시투자세액공제 적용대상이 되는 것이며, 물품의 보관 · 저장 및 반출을 위한 탱크시설(지상 또는 지하에 고정설치된 것에 한한다)인 저유탱크는 위 「조세특례제한법 시행규칙」 [별표 3]의 유통산업합리화시설에 해당하는 경우 임시투자세액공제 적용대상이 되는 것이다(재조특-697, 2012.7.31.).

물류산업을 영위하는 내국법인이 윤활유 등의 보관 · 저장 및 반입 · 반출을 위한 배관설비와 해당 배관설비를 지지하기 위한 파이프랙을 취득하는 경우, 그 시설은 「조세특례제한법 시행규칙」 제14조 제2호 및 같은 법 시행규칙 [별표 3] 제8호에 따른 "물품의 보관 · 저장 및 반입 · 반출을 위한 탱크시설(지상 또는 지하에 고정설치된 것에 한정하고, 탱크시설에 필수적으로 부수되는 배관시설 등을 포함한다)"에 해당하는 것이며, 해당 배관설비와 파이프랙이 이에 해당하는지 여부는 사실판단할 사항이다(재조특-199, 2013.3.12.).

### (9) 진열대, 조명 등 인테리어의 세액공제 대상 여부

도매 및 소매업을 영위하는 내국인이 「조세특례제한법 시행규칙」 제3조에 의한 사업용 자산에 해당하는 취득가액이 거래단위(취득한 자가 그 취득한 자산을 독립적으로 사업에 직접 사용할 수 있는 것)별로 20만원 이상으로서 그 고유업무의 성질상 대량으로 보유하고 그 자산으로부터 직접 수익을 얻는 비품에 투자하는 경우 「조세특례제한법」 제26조에 따른 고용창출투자세액공제를 적용할 수 있는 것이며, 이 경우 당해 자산의 고유업무의 성질상 대량으로 보유하는지 여부는 당해 법인의 사업규모, 자산구성, 종업원수 등을 종합적으로 참작하여 사실판단할 사항이다(법인세과-67, 2013.2.4.).

## 2-4. 고용 요건

해당 과세연도의 상시 근로자수가 직전 과세연도의 상시 근로자수보다 감소하지 아니하여야 한다(지특법 §114 ①).

### 2-4-1. 상시 근로자의 범위

상시 근로자는 「근로기준법」에 따라 근로계약을 체결한 내국인 근로자로 한다. 다만, 다음의 어느 하나에 해당하는 사람은 제외한다(지특령 §67 ⑥, 조특령 §23 ⑦).

① 근로계약기간이 1년 미만인 근로자. 다만, 근로계약의 연속된 갱신으로 인하여 그 근로계약의 총 기간이 1년 이상인 근로자는 상시 근로자로 본다.

② 단시간 근로자.[321] 다만, 1개월간의 소정근로시간이 60시간 이상인 근로자는 상시 근로자로 본다.

③ 임원[322]

④ 해당 기업의 최대주주 또는 최대출자자(개인사업자의 경우에는 대표자)와 그 배우자

⑤ 위 ④에 해당하는 자의 직계존비속(그 배우자를 포함) 및 친족관계[323]인 사람

⑥ 근로소득원천징수부[324]에 의하여 근로소득세를 원천징수한 사실이 확인되지 아니하고, 다음의 어느 하나에 해당하는 금액의 납부사실도 확인되지 아니하는 자 ㉠ 부담금 및 기여금[325] ㉡ 직장가입자의 보험료[326]

321) 「근로기준법」 제2조 제1항 제8호

322) 「법인세법 시행령」 제20조 제1항 제4호 각 목의 어느 하나에 해당하는 임원을 말한다.

323) 「국세기본법 시행령」 제1조의 2 제1항

324) 「소득세법 시행령」 제196조

325) 「국민연금법」 제3조 제1항 제11호 및 제12호

326) 「국민건강보험법」 제62조

### 2-4-2. 상시 근로자수

상시 근로자수는 다음 계산식에 따라 계산한 수로 한다. 다만, 1개월간의 소정근로시간이 60시간 이상인 근로자 1명은 0.5명으로 하여 계산한다(지특령 §67 ⑦, 조특령 §23 ⑧). 이 경우 계산한 상시 근로자수 중 100분의 1 미만 부분은 없는 것으로 한다(지특령 §67 ⑦, 조특령 §23 ⑨).

> 상시 근로자수 = 해당 기간의 매월 말 현재 상시 근로자수의 합 / 해당 기간의 개월 수

### 2-4-3. 직전 과세연도 상시 근로자수 의제

해당 과세연도에 창업 등을 한 내국인의 경우에는 다음의 구분에 따른 수를 직전 과세연도의 상시 근로자수로 본다(지특령 §67 ⑧, 조특령 §23 ⑩).

① 창업[327][328]한 경우 : 0

② 조특법 제6조 제6항 제1호(합병・분할・현물출자 또는 사업의 양수 등을 통하여 종전의 사업을 승계하는 경우는 제외)부터 제3호[329]까지의 어느 하나에 해당하는 경우 : 종전 사업, 법인전환 전의 사업 또는 폐업 전의 사업의 직전 과세연도 상시 근로자수

③ 해당 과세연도에 합병・분할・현물출자 또는 사업의 양수 등에 의하여 종전의 사업부문에서 종사하던 상시 근로자를 승계한 경우 또는 특수관계인[330]으로부터 상시 근로자를 승계한 경우

- (승계시킨 기업) 직전 과세연도 상시 근로자수 - 승계시킨 상시 근로자수
- (승계한 기업) 직전 과세연도 상시 근로자수 + 승계한 상시 근로자수

---

327) 조특법 제6조 제6항 제1호부터 제3호까지의 규정에 해당하는 경우는 제외한다.

328) 조특법 제6조 제6항 : 제1항부터 제5항까지의 규정을 적용할 때 다음 각 호의 어느 하나에 해당하는 경우는 창업으로 보지 아니한다.

1. 합병・분할・현물출자 또는 사업의 양수를 통하여 종전의 사업을 승계하거나 종전의 사업에 사용되던 자산을 인수 또는 매입하여 같은 종류의 사업을 하는 경우. 다만, 종전의 사업에 사용되던 자산을 인수하거나 매입하여 같은 종류의 사업을 하는 경우 그 자산가액의 합계가 사업 개시 당시 토지・건물 및 기계장치 등 대통령령으로 정하는 사업용자산의 총가액에서 차지하는 비율이 100분의 50 미만으로서 대통령령으로 정하는 비율 이하인 경우는 제외한다.
2. 거주자가 하던 사업을 법인으로 전환하여 새로운 법인을 설립하는 경우
3. 폐업 후 사업을 다시 개시하여 폐업 전의 사업과 같은 종류의 사업을 하는 경우

329) 위 ① 조문 참조

330) 조특령 제11조 제1항(특수관계인) : 「법인세법 시행령」 제87조 및 「소득세법 시행령」 제98조 제1항에 따른 특수관계인을 말한다. 이 경우 「법인세법 시행령」 제87조 제1항 제2호의 소액주주 등을 판정할 때 「법인세법 시행령」 제50조 제2항 중 "100분의 1"은 "100분의 30"으로 본다.

#### 2-4-4. 적용기한

2014년 12월 31일까지 사업용자산에 해당하는 시설을 새로이 취득하기 위하여 투자하는 경우에 한하여 적용한다.

#### 2-4-5. 투자의 개시시기

투자의 개시시기는 다음의 어느 하나에 해당하는 때로 한다(지특령 §67 ⑨, 조특령 §4 ⑪).

① 국내·국외 제작계약에 따라 발주하는 경우에는 발주자가 최초로 주문서를 발송한 때

② 위 ①에 의한 발주에 의하지 아니하고 매매계약에 의하여 매입하는 경우에는 계약금 또는 대가의 일부를 지급한 때(계약금 또는 대가의 일부를 지급하기 전에 당해 시설을 인수한 경우에는 실제로 인수한 때)

③ 당해 시설을 수입하는 경우로서 승인을 얻어야 하는 경우에는 제1호 및 제2호의 규정에 불구하고 수입승인을 얻은 때

④ 자기가 직접 건설 또는 제작하는 경우에는 실제로 건설 또는 제작에 착수한 때. 이 경우 사업의 타당성 및 예비적 준비를 위한 것은 착수한 때에 포함하지 아니한다.

⑤ 타인에게 건설을 의뢰하는 경우에는 실제로 건설에 착공한 때. 이 경우 사업의 타당성 및 예비적 준비를 위한 것은 착공한 때에 포함하지 아니한다.

투자의 개시시기와 관련하여 위 ①~⑤에 동시에 적용되는 경우가 발생할 수 있다. 이에 대한 우선 순위는 정하여져 있지 아니하지만 가장 합리적인 방법을 적용하여야 할 것이다. 예를 들어 장기공사 및 대규모 프로젝트의 경우 사업의 타당성 및 예비적 준비로 인하여 투자의 개시시기가 문제가 될 수 있다. 이런 사업의 경우 실제 공사 착공 전에 사업의 타당성 검토 등 사전준비단계를 거치는데 이를 투자 개시시기에서 제외됨을 명확히 하고, 투자 개시시기의 미비점을 보완하기 위해 2008년 10월 7일 조특령 개정시 위 ⑤가 신설되었다. 따라서 이에 대한 요건이 충족되면 이를 우선 적용함이 입법취지 등을 감안할 때 타당하다고 판단된다.

### 2-5. 지방세특례의 내용

#### 2-5-1. 세액공제액

다음의 구분에 따라 계산한 금액을 더한 금액을 해당 투자가 이루어지는 각 과세연도의 소득세(사업소득에 대한 소득세만 해당한다) 또는 법인세에서 공제한다(지특법 §114 ①).

① 기본공제금액

㉠ (중소기업) 투자금액의 0.4%. 다만, 해당 과세연도의 상시 근로자수가 직전 과세연도의 상시 근로자수보다 감소한 경우에는 감소한 상시 근로자 1명당 1백만원씩 뺀 금액

㉡ (중소기업이 아닌 자) 다음의 금액, 해당 과세연도의 상시 근로자수가 직전 과세연도의 상시 근로자수보다 감소하지 아니한 경우에만 적용

가. 「수도권정비계획법」 제6조 제1항 제2호의 성장관리권역 또는 같은 항 제3호의 자연보전권역 내에 투자하는 경우에는 투자금액의 0.2%

나. 수도권 밖의 지역에 투자하는 경우에는 투자금액의 0.3%

② 추가공제금액 : 중소기업 여부 등과 관계없이 투자금액의 0.3%

다만, 그 금액이 ㉠부터 ㉢까지의 금액을 순서대로 더한 금액에서 ㉣의 금액을 뺀 금액을 초과하는 경우에는 그 초과하는 금액은 없는 것으로 한다.

㉠ 해당 과세연도에 최초로 근로계약을 체결한 상시 근로자 중 산업수요맞춤형고등학교 등[331]의 졸업생수[332] × 2백만원

㉡ 해당 과세연도에 최초로 근로계약을 체결한 ㉠ 외의 상시 근로자 중 청년 근로자수 × 150만원

㉢ (해당 과세연도의 상시 근로자수 − 직전 과세연도의 상시 근로자수 − ㉠에 따른 졸업생수 − ㉡에 따른 청년 근로자수) × 1천만원

㉣ 해당 과세연도에 조특법 제144조 제3항에 따라 이월공제받는 금액

### 2-5-2. 투자금액의 계산

투자금액은 ①에서 ②를 뺀 금액으로 한다(지특령 §67 ②, 조특령 §23 ②).

① 총투자금액에 「법인세법 시행령」 제69조 제1항에 따른 작업진행률에 따라 계산한 금액과 해당 과세연도까지 실제로 지출한 금액 중 큰 금액

② 다음의 금액을 더한 금액

331) 「초・중등교육법」 제2조에 따른 학교로서 산업계의 수요에 직접 연계된 맞춤형 교육과정을 운영하는 고등학교 등 직업교육훈련을 실시하는 다음의 어느 하나에 해당하는 학교를 말한다(조특령 §23 ③).
① 「초・중등교육법 시행령」 제90조 제1항 제10호에 따른 산업수요 맞춤형 고등학교
② 「초・중등교육법 시행령」 제91조 제1항에 따른 특성화고등학교
③ 「초・중등교육법」 제2조 제6호에 따른 각종학교(같은 법 시행령 제76조의 2 제1호에 따른 일반고등학교 재학생에 대한 직업과정 위탁교육을 수행하는 학교만 해당한다)

332) 근로계약 체결일 현재 산업수요맞춤형고등학교 등을 졸업한 날부터 2년 이상 경과하지 아니한 상시 근로자수(해당 과세연도의 상시 근로자수에서 직전 과세연도의 상시 근로자수를 뺀 수를 한도로 한다)로 한다(조특령 §23 ④).

㉠ 해당 과세연도 전에 기본공제금액[333]을 적용받은 투자금액

㉡ 해당 과세연도 전의 투자분으로서 ㉠의 금액을 제외한 투자분에 대하여 위 ①을 준용하여 계산한 금액

#### 2-5-3. 개성공업지구에 투자하는 경우

「개성공업지구 지원에 관한 법률」 제2조 제1호에 따른 개성공업지구에 위의 투자를 하는 경우에도 본조의 규정을 준용한다[334][335][336](지특령 §67 ⑪, 조특령 §23 ⑮).

### 2-6. 사후관리

본조의 규정에 따라 개인지방소득세를 공제받은 자가 그 공제받은 과세연도 종료일부터 2년이 되는 날이 속하는 과세연도 종료일까지의 기간 중 각 과세연도의 상시 근로자수가 공제받은 과세연도의 상시 근로자수보다 감소한 경우에는 공제받은 세액에 상당하는 금액을 개인지방소득세로 납부하여야 한다(지특법 §114 ②). 이 경우 납부하여야 할 개인지방소득세액은 다음의 구분에 따라 계산한 금액[① 및 ②(㉠ 및 ㉡의 금액을 합한 금액)의 금액은 상시 근로자수가 감소된 과세연도의 직전 2년 이내의 과세연도에 추가공제금액 및 이월공제받은 세액의 합계액을 한도로 한다]으로 하며, 이를 상시 근로자수가 감소된 과세연도의

333) 조특법 제26조 제1항 제1호

334) 〈적용례〉 조세특례제한법 시행령 부칙(2008.3.10. 대통령령 제20743호)
제1조(시행일) 이 영은 공포한 날부터 시행한다.
제2조(임시투자세액공제에 관한 적용례) 제23조 제1항 및 제9항의 개정규정은 2008년 1월 1일 이후 투자를 개시하는 분부터 적용한다. 다만, 2008년 1월 1일 현재 투자가 진행 중에 있는 것으로서 2000년 7월 1일 이후 투자가 개시된 것에 대하여는 2008년 1월 1일 이후 투자분에 대하여도 제23조 제1항 및 제9항의 개정규정을 적용한다.

335) 종전에는 유권해석[제조업을 영위하는 내국법인이 북한 개성공단에 소재하는 자회사에서 사용할 기계장치를 국내에서 취득하여 그 자회사에게 소유권을 이전하지 아니하는 조건으로 무상임대하는 경우, 해당 내국법인이 취득하는 기계장치에 대하여는 현행 「조세특례제한법」 제26조의 규정에 의한 임시투자세액공제를 적용하지 아니하는 것임(재경부 조세지출예산과-1040, 2007.12.17.)]으로 개성공업지구에 투자시 세액공제 대상이 되지 아니하였다. 하지만 조세특례제한법 시행령이 2008.3.10. 개정(대통령령 제20743호)되어 2008년 1월 1일 이후 개성공업지구에 투자를 개시하는 분부터는 임시투자세액공제(현재는 고용창출투자세액공제로 전환)가 가능하도록 입법화되었다.

336) 개성공단에 대한 투자를 장려하기 위하여 개성공업지구에 투자하는 경우에도 이를 국내투자로 보아 세액공제 허용
※ 적용사례 : ① 기업이 개성공단에 사업장(지점)을 설치하고, 그 사업장에서 사용하기 위하여 기계장치 등 사업용자산을 신규로 설치한 경우, ② 개성공단에 있는 위탁가공업체에 자신의 제품을 제조하기 위한 기계장치 등을 설치하고 그 유지·관리비용을 부담하면서 생산한 제품을 전량 인수하는 경우 당해 시설

과세표준을 신고할 때 개인지방소득세로 납부하여야 한다(지특령 §67 ⑥, 조특령 §23 ⑥).

① 상시 근로자수가 1개 과세연도에만 감소한 경우 : 추가공제금액 또는 이월공제받은 과세연도(2개 과세연도 연속으로 공제받은 경우에는 두 번째 과세연도)보다 감소한 상시 근로자수×1백만원

② 상시 근로자수가 2개 과세연도 연속으로 감소한 경우

㉠ 상시 근로자수가 감소한 첫 번째 과세연도 : 제1호에 따라 계산한 금액

㉡ 상시 근로자수가 감소한 두 번째 과세연도 : 해당 과세연도의 직전 과세연도보다 감소한 상시 근로자수×1백만원

### 2-7. 절 차

본조의 세액공제를 받으려는 자는 과세표준신고와 함께 세액공제신청서 및 공제세액계산서를 납세지 관할 지방자치단체의 장(세무서장 포함)에게 제출하여야 한다(지특법 §114 ④, 지특령 §67 ⑩).

### 2-8. 지방세특례의 제한

제99조(중소기업 투자 세액공제)의 해설을 참고하기로 한다.

## 3 관련사례

- 고용창출투자세액공제를 적용함에 있어 상시근로자는 근로기준법에 따라 근로계약을 체결한 내국인 근로자를 말하며, 조세특례제한법 시행령 제23조 제7항 각 호의 어느 하나에 해당하는 사람은 제외하는 것임(법인-384, 2013.7.19.).
- 청구법인은 쟁점물류센터를 ○○협동○○중앙회와 임대차계약을 체결하여 건물 전체를 임대 중에 있으며, ○○중앙회는 임차한 건물을 전표, 어음, 중요문서 등을 보관하는 서고로 사용중인 것으로 확인되는 점, 청구법인은 매월 소정의 임대료를 ○○중앙회로부터 수년간 수령하고 있으며, 결산서 상에 임대매출과 운송용역매출로 구분계상하고 있는 점 등으로 볼 때, 처분청이 청구법인의 쟁점물류센터가 임시투자세액공제 대상자산에 해당하지 아니한 것으로 보아 세액공제를 배제하여 청구법인에게 법인세를 과세한 처분은 잘못이 없음(조심 2013서1415, 2013.6.24.).
- 제척기간 내에 경정청구를 제기하였으나, 심리 중에 제척기간 도과를 이유로 경정이 불과하다고 경정청구를 거부한 처분은 잘못이 있다고 판단되며, 관광숙박업을 영위하는 청구법인

이 당해 사업에 직접 사용하는 사업용자산인 건축물에 부착된 시설물 중 승강기 등에 투자하는 경우 임시투자세액공제가 가능한 것이나, 쟁점금액이 이에 해당하는지 불분명하므로 이를 재조사함이 타당함(조심 2012서1276, 2013.5.31.).

- 물류산업을 영위하는 법인이 윤활유 등의 보관·저장 및 반입·반출을 위한 배관설비와 해당 배관설비를 지지하기 위한 파이프랙은 물품의 보관·저장 및 반입·반출을 위한 탱크시설에 해당(재조특-199, 13.3.12)
- 2011년부터 2013년까지 설비투자를 진행하는 경우, 2012년 투자분에 대하여는 「조세특례제한법」(2011.12.31. 법률 제11133호로 개정된 것) 제26조에 따라 고용창출투자세액공제를 적용하는 것임(법규법인 2013-25, 2013.2.15.).
- 해당 과세연도의 (전체)상시근로자 수가 직전 과세연도의 (전체)상시근로자 수보다 감소하지 아니한 경우에 「조세특례제한법」 제26조의 고용창출투자세액공제를 적용받을 수 있는 것임(법인-93, 2013.2.15.)
- 내국법인이 2011년에 투자를 개시하여 2012년에 완료한 경우, 2012년 투자분에 대하여는 2011년 12월 31일 법률 제11133호로 개정된 「조세특례제한법」 부칙 제10조에 따라 같은 법(2011.12.31. 법률 제11133호로 개정된 것) 제26조의 규정을 적용하여 계산한 금액을 공제하는 것임(법인-96, 2013.2.15.).
- 물류산업을 영위하는 자가 「조세특례제한법 시행규칙」 별표 3의 유통산업합리화시설 중 "8. 창고시설"에 투자하는 경우와 같은법 시행규칙 별표 1의 차량운반구(원동기를 장치하여 무한궤도 또는 타이어 등에 의해 이동하는 것에 한함)에 해당하지 아니하는 기계설비에 투자하는 경우에는 고용창출투자세액공제 대상 사업용자산의 범위에 해당하는 것임(법인-73, 2013.2.5.).
- 도매 및 소매업을 영위하는 내국인이 조특법 시행규칙 제3조에서 규정하는 사업용자산에 투자하는 경우 고용창출투자세액공제 대상임(법인-67, 2013.2.4.).
- 판매후금융리스계약을 체결하고 당해 사업용 기계장치를 직접 사용하는 경우에는 금융리스에 준하여 「조세특례제한법」 제26조의 규정을 적용받을 수 있는 것이며, 이 경우 새로이 취득하는 사업용 기계장치는 리스실행일에 투자를 한 것으로 보는 것임(법인-48, 2013.1.17.).
- 위험물보관업을 영위하는 내국법인이 설치한 창고시설의 배관설비 및 여러 가닥의 배관을 지지하기 위한 철재빔으로 만든 파이프랙은 고용창출투자세액공제 대상 자산에 해당하지 아니함(법규법인 2012-312, 2012.9.26.).
- 쟁점 크레인은 임시투자세액공제 대상자산에 해당함(조심 2012서1005, 2012.9.13.).
- 제출된 증빙자료만으로는 임시투자세액공제대상금액을 확인하기에는 미흡하므로 처분청이 임시투자세액공제대상금액을 확인하여 그 세액을 경정함이 타당함(조심 2012서2641, 2012.8.17.).
- 정유공장의 정제설비 관련 프로젝트성 건설공사를 타인에게 의뢰하는 경우 투자의 개시 시기는 "실제로 건설에 착공한 때"이며, 사업의 타당성 및 예비적 준비를 위한 것은 착공한 때에 해당하지 아니하는 것임(재조특-695, 2012.7.31.).
- 내국법인이 송유관, 가압장치, 저유탱크에 투자하는 경우, 구축물인 송유관은 임시투자세액공제가 적용되지 아니하며, 사업용 자산인 가압장치와 유통산업합리화시설에 해당하는 탱크시설인 저유탱크는 임시투자세액공제 적용대상임(재조특-697, 2012.7.31.).

- 종업원을 자회사에 전출하면서 해당 직원이 퇴직시 전출법인의 근속기간을 합산하여 퇴직 급여를 지급하기로 한 경우 「조세특례제한법 시행령」(2012.2.2. 대통령령 제23590호로 개정되기 전의 것) 제27조의 4 제10항 제3호 나목에 따라 "감소된 상시근로자 수"로 보지 아니하는 것임(법규법인 2012-222, 2012.6.5.).
- 「조세특례제한법」 제130조 제1항 본문에서 내국인이 1990년 1월 1일 이후 수도권 안에서 새로이 사업장을 설치하여 사업을 개시하는 경우에는 임시투자세액의 감면이 배제되는 것으로 규정되어 있고, 청구법인이 예시한 국세청 예규는 증설투자에 관한 것으로 새로운 사업장의 신설에 관한 내용은 없어 이건에 적용하기 어려운 점 등에 비추어 보아 처분청이 청구법인의 임시투자세액의 감면신청을 배제한 당초 처분은 잘못이 없는 것으로 판단됨(조심 2011서2460, 2012.4.20.).
- 중소기업에 해당하였던 법인에 새로이 실질적 독립성 요건에 변동이 생겨 중소기업에 해당하지 아니하게 된 것이므로 이에 대하여는 중기법 개정령의 경과규정을 적용할 수 없고, 중기법 개정령의 기준에 따라 실질적 독립성 요건을 상실하여 중소기업에 해당하지 아니하는 것으로 보는 것이 타당함(조심 2011부5016, 2012.3.6.).
- 임시투자세액공제를 적용하는 자산에는 해당 자산과 관련하여 지급받은 보험금으로 그 소실한 자산을 대체하여 취득한 것이 포함되는 것임(소득-108, 2012.2.9.).
- 송유관을 이용하는 화물운송업자가 송유관시설에 투자하는 경우 「조세특례제한법」 제26조(임시투자세액공제)(2010.12.27. 법률 제10406호로 개정되기 전의 것)를 적용할 수 없는 것임(법인-84, 2012.1.25.).
- 대규모 프로젝트성 투자시 기계장치 제작을 위한 발주와 타인에게 의뢰한 건설이 병행되는 경우에는 발주자가 최초로 기계장치 등에 대한 주문서를 발송한 때와 실제로 건설에 착공한 때 중 빠른 날을 기준으로 투자개시 여부를 판단함(법인-69, 2012.1.17.).

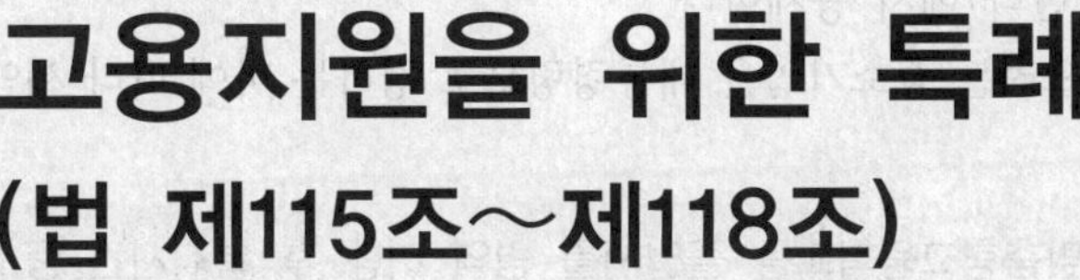

# 제 6 절

# 고용지원을 위한 특례 (법 제115조~제118조)

# 제115조

## 산업수요맞춤형고등학교등 졸업자를 병역 이행후 복직시킨 중소기업에 대한 세액공제

관련규정

제115조(산업수요맞춤형고등학교등 졸업자를 병역 이행후 복직시킨 중소기업에 대한 세액공제) ① 중소기업이 산업수요맞춤형고등학교등을 졸업한 사람 중 대통령령으로 정하는 사람을 고용한 경우 그 근로자가 대통령령으로 정하는 병역을 이행한 후 2017년 12월 31일까지 복직된 경우(병역을 이행한 후 1년 이내에 복직된 경우만 해당한다)에는 해당 복직자에게 복직일 이후 2년 이내에 지급한 대통령령으로 정하는 인건비의 100분의 1에 상당하는 금액을 해당 과세연도의 개인지방소득세(사업소득에 대한 개인지방소득세만 해당한다)에서 공제한다.

② 제1항을 적용받으려는 중소기업은 대통령령으로 정하는 바에 따라 세액공제신청을 하여야 한다.

【영】 제68조(산업수요맞춤형고등학교등 졸업자를 병역 이행 후 복직시킨 중소기업에 대한 세액공제) ① 법 제115조 제1항에서 "대통령령으로 정하는 사람"이란 「조세특례제한법 시행령」 제26조의 2 제1항에 따른 사람을 말하고, "대통령령으로 정하는 병역"이란 「조세특례제한법 시행령」 제27조 제1항 제1호 각 목의 어느 하나에 해당하는 병역을 말하며, "대통령령으로 정하는 인건비"란 「조세특례제한법 시행령」 제26조의 2 제1항에 따른 인건비를 말한다.

② 법 제115조 제1항에 따라 세액공제를 받으려는 자는 과세표준신고와 함께 행정안전부령으로 정하는 세액공제신청서를 납세지 관할 지방자치단체의 장에게 제출하여야 한다. 다만, 「조세특례제한법 시행령」 제26조의 2 제2항에 따라 납세지 관할 세무서장에게 소득세 공제를 신청하는 경우에는 법 제115조에 따른 개인지방소득세에 대한 세액공제도 함께 신청한 것으로 본다.

# 1 | 개 요

산업수요맞춤형고등학교 등 졸업자의 병역이행에 따른 취업상 불이익을 방지하고자 국세인 조특법에서 2013년부터 신설된 제도이다. 한편, 지방소득세의 독립세를 위한 세제개편 계획(2013.9.)에 따라 조특법 제29조의 2 규정과는 별개로 지특법 제115조로 신설되었다. 2017년 12월 19일 조특법 개정시 적용 대상에 중견기업을 추가하였고, 적용기한을 2020년 12월 31일까지로 연장하였다.

# 2 | 감면실무

## 2-1. 감면대상자

지특법에서 현재 중소기업을 적용대상으로 규정하고 있으나 조특법 신설 규정에 따라 중견기업을 포함하여야 한다. 중소기업의 범위에 대해서는 앞에서(§99) 설명한 바와 같다. 중소기업이 산업수요맞춤형고등학교등을 졸업한 사람 중 근로계약 체결일 현재 산업수요맞춤형고등학교등을 졸업한 날부터 2년 이상 경과하지 아니한 사람을 고용하여야 한다.

중견기업이란 다음의 요건을 모두 갖춘 기업을 말한다(조특법 §29의 2 ①, 조특령 §26의 2 ①·§4 ①).

① 중소기업이 아닐 것

② 다음의 어느 하나에 해당하는 업종을 주된 사업으로 영위하지 아니할 것. 이 경우 둘 이상의 서로 다른 사업을 영위하는 경우에는 사업별 사업수입금액이 큰 사업을 주된 사업으로 본다.

ⓐ 조특령 제29조 제3항에 따른 소비성서비스업

ⓑ 금융업, 보험 및 연금업, 금융 및 보험 관련 서비스업(업종 분류 기준 : 통계청장이 고시하는 한국표준산업분류)[337)]

③ 소유와 경영의 실질적인 독립성이 「중견기업 성장촉진 및 경쟁력 강화에 관한 특별법 시행령」 제2조 제2항 제1호[338)]에 적합할 것

---

337) 「중견기업 성장촉진 및 경쟁력 강화에 관한 특별법 시행령」 제2조 제2항 제2호 각 목

338) 소유와 경영의 실질적인 독립성이 다음 각 목의 어느 하나에 해당하지 아니하는 기업일 것
가. 「독점규제 및 공정거래에 관한 법률」 제14조 제1항에 따른 상호출자제한기업집단에 속하는 기업
나. 「독점규제 및 공정거래에 관한 법률 시행령」 제21조 제2항에 따른 상호출자제한기업집단 지정기준인

④ 직전 3개 과세연도의 매출액의 평균금액이 3천억원 미만인 기업일 것

여기서, 매출액은 기업회계기준에 따라 작성한 손익계산서상의 매출액으로 한다. 다만, 창업·분할·합병의 경우 그 등기일의 다음 날(창업의 경우에는 창업일)이 속하는 과세연도의 매출액을 연간 매출액으로 환산한 금액을 말한다. 또한, 과세연도가 1년 미만인 과세연도의 매출액도 1년으로 환산한 매출액을 말한다(조특령 §4 ① 4호 및 §2 ④, 조특칙 §2 ④).

### 복직기한

해당 근로자가 병역을 이행 후 2017년 12월 31일까지 복직되어야 한다. 이 경우 병역을 이행한 후 1년 이내에 복직된 경우만 해당된다. 여기서 병역이란 조특법 시행령 제27조 제1항 각 호의 어느 하나에 해당하는 병역을 말한다.

## 2-2. 과세특례의 내용

해당 복직자에게 복직일 이후 2년 이내에 지급한 인건비의 0.1%에 상당하는 금액을 해당 과세연도의 개인지방소득세에서 공제한다. 여기서 인건비란 근로의 대가로 지급하는 비용으로서 「소득세법」 제22조에 따른 퇴직소득에 해당하는 금액과 같은 법 제29조 및 「법인세법」 제33조에 따른 퇴직급여충당금을 제외한 인건비를 말한다.

## 2-3. 중복적용

고용창출투자세액공제, 연구·인력개발비에 대한 세액공제, 중소기업 고용증가인원에 대한 사회보험료 세액공제와 중복적용이 가능하다.

## 2-4. 사후관리 및 절차

세액공제를 적용받으려는 중소기업은 과세표준신고와 함께 세액공제신청서를 납세지 관할 지방자치단체의 장(세무서장 포함)에게 제출하여야 한다(조특법 §115 ①, 지특령 §68 ②).

---

자산총액 이상인 기업 또는 법인(외국법인을 포함한다. 이하 같다)이 해당 기업의 주식(「상법」 제344조의 3에 따른 의결권 없는 주식은 제외한다) 또는 출자지분(이하 "주식등"이라 한다)의 100분의 30 이상을 직접적 또는 간접적으로 소유하면서 최다출자자인 기업. 이 경우 최다출자자는 해당 기업의 주식등을 소유한 법인 또는 개인으로서 단독으로 또는 다음의 어느 하나에 해당하는 자와 합산하여 해당 기업의 주식등을 가장 많이 소유한 자로 하며, 주식등의 간접소유비율에 관하여는 「국제조세조정에 관한 법률 시행령」 제2조 제2항을 준용한다.

1) 주식등을 소유한 자가 법인인 경우 : 그 법인의 임원
2) 주식등을 소유한 자가 개인인 경우 : 그 개인의 친족

# 제 115 조의 2

## 경력단절 여성 재고용 중소기업에 대한 세액공제

관련규정

제115조의 2(경력단절 여성 재고용 중소기업에 대한 세액공제) ① 중소기업이 다음 각 호의 요건을 모두 충족하는 여성(이하 이 조 및 제118조 제1항 제1호에서 "경력단절 여성"이라 한다)과 2017년 12월 31일까지 1년 이상의 근로계약을 체결(이하 이 조에서 "재고용"이라 한다)하는 경우에는 재고용한 날부터 2년이 되는 날이 속하는 달까지 해당 경력단절 여성에게 지급한 대통령령으로 정하는 인건비의 100분의 1에 상당하는 금액을 해당 과세연도의 개인지방소득세(사업소득에 대한 개인지방소득세만 해당한다)에서 공제한다.

1. 해당 중소기업에서 1년 이상 근무하였을 것(대통령령으로 정하는 바에 따라 해당 중소기업이 경력단절 여성의 근로소득세를 원천징수하였던 사실이 확인되는 경우로 한정한다)
2. 대통령령으로 정하는 임신·출산·육아의 사유로 해당 중소기업에서 퇴직하였을 것
3. 해당 중소기업에서 퇴직한 날부터 3년 이상 10년 미만의 기간이 지났을 것
4. 해당 중소기업의 최대주주 또는 최대출자자(개인사업자의 경우에는 대표자를 말한다)나 그와 대통령령으로 정하는 특수관계인이 아닐 것

② 제1항을 적용받으려는 중소기업은 대통령령으로 정하는 바에 따라 세액공제 신청을 하여야 한다.

# 1 | 개 요

본 제도는 임신·출산·육아와 가족구성원의 돌봄 등을 이유로 경제활동을 중단한 여성의 재취업을 통하여 저출산·고령화 사회에 대응하기 위하여 여성인력을 우리 경제의 새로운 성장동력으로 활용하고, 여성의 직업적 역량을 보존하여 여성의 권익을 강화하기 위해 2014년 12월 23일 조특법 개정시 도입되었으며 2015년 1월 1일 이후 경력단절 여성을 고용하는 분부터 적용되었다.

2017년 12월 19일 조특법 개정시 적용대상에 중견기업을 추가하고 중소기업의 경우 세액공제율을 10%에서 30%까지 상향 조정하여 경단녀 재고용에 따른 기업의 인건비 부담을 축소하였다. 또한 2018년 12월 24일 법 개정시에는 육아휴직 후 고용을 유지하는 기업에 대한 세액공제를 신설하였다.

# 2 | 요 건

## 2-1. 중소기업 또는 중견기업일 것

중소기업의 범위에 대해서는 제5조에서 설명한 바와 같으며, 중견기업의 범위는 제29조의 2와 같다.

## 2-2. 경력단절여성의 재고용 등

### 2-2-1. 경력단절여성의 재고용

경력단절여성과 2020년 12월 31일까지 1년 이상의 근로계약을 체결하여 재고용하여야 한다(조특법 §29의 3 ①).

여기서 경력단절여성이란 다음의 요건을 모두 충족하는 여성을 말한다.

① 해당 기업에서 1년 이상 근무하였을 것(「소득세법 시행령」 제196조 제1항에 따른 근로소득원천징수부를 통하여 근로소득세를 원천징수한 사실이 확인되는 경우로 한정한다)(조특령 §26의 3 ②)

② 대통령령으로 정하는 임신·출산·육아의 사유[퇴직한 날부터 2년 이내에 임신하거나 기획재정부령으로 정하는 난임시술을 받은 경우(의료기관의 진단서 또는 확인서를 통하여 확인되는 경우에 한정한다)이거나 퇴직일 당시 임신한 상태인 경우(의료

기관의 진단서를 통하여 확인되는 경우로 한정한다) 또는 퇴직일 당시 8세 이하 또는 초등학교 2학년 이하의 직계비속이 있는 경우]로 해당 기업에서 퇴직하였을 것(조특령 §26의 3 ③)

③ 해당 기업에서 퇴직한 날부터 3년 이상 10년 미만의 기간이 지났을 것

④ 해당 기업의 최대주주 또는 최대출자자(개인사업자의 경우에는 대표자를 말한다)나 그와 「국세기본법 시행령」 제1조의 2 제1항에 따른 친족관계가 아닐 것(조특령 §26의 3 ④)

#### 2-2-2. 육아휴직복귀자의 복직

중소기업 또는 중견기업이 다음의 요건을 모두 충족하는 사람(이하 "육아휴직 복귀자"라 한다)을 2020년 12월 31일까지 복직시킨 경우여야 한다(조특법 §29의 3 ②).

① 해당 기업에서 1년 이상 근무하였을 것(「소득세법 시행령」 제196조 제1항에 따른 근로소득원천징수부를 통하여 근로소득세를 원천징수한 사실이 확인되는 경우로 한정한다)(조특령 §26의 3 ②)

② 「남녀고용평등과 일·가정 양립 지원에 관한 법률」 제19조 제1항에 따라 육아휴직한 경우로서 육아휴직 기간이 연속하여 6개월 이상일 것

③ 해당 기업의 최대주주 또는 최대출자자(개인사업자의 경우에는 대표자를 말한다)나 그와 「국세기본법 시행령」 제1조의 2 제1항에 따른 친족관계가 아닐 것(조특령 §26의 3 ④)

## 3 과세특례의 내용

### 3-1. 경력단절여성의 재고용시 과세특례

중소기업 또는 중견기업이 경력단절여성을 재고용한 날부터 2년이 되는 날이 속하는 달까지 해당 경력단절 여성에게 지급한 인건비의 30%(중견기업의 경우에는 15%)에 상당하는 금액을 중소기업의 해당 과세연도의 소득세(사업소득에 대한 소득세만 해당한다) 또는 법인세에서 공제한다(조특법 §29의 3 ①).

### 3-2. 육아휴직복귀자의 복직시 과세특례

중소기업 또는 중견기업이 육아휴직복귀자가 복직한 날부터 1년이 되는 날이 속하는 달까지 해당 육아휴직복귀자에게 지급한 인건비의 10%(중견기업의 경우에는 5%)에 상당하는 금액을 해당 과세연도의 소득세(사업소득에 대한 소득세만 해당한다) 또는 법인세에서 공제한다(조특법 §29의 3 ② 본문).

다만, 위 세액공제는 육아휴직복귀자의 자녀 1명당 한 차례에 한정하여 적용하며,339) 해당 중소기업 또는 중견기업의 해당 과세연도의 상시근로자 수가 직전 과세연도의 상시근로자 수보다 감소한 경우에는 공제하지 아니한다(조특법 §29의 3 ② 단서 · ④)

## 4 사후관리

육아휴직복귀자의 복직으로 소득세 또는 법인세를 공제받은 기업이 해당 기업에 복직한 날부터 1년이 지나기 전에 해당 육아휴직복귀자와의 근로관계를 끝내는 경우에는 근로관계가 끝나는 날이 속하는 과세연도의 과세표준신고를 할 때 공제받은 세액상당액에 이자상당액을 가산하여 소득세 또는 법인세로 납부하여야 한다(조특법 §29의 3 ③). 여기서 이자상당액은 같은 조 공제받은 세액에 ①의 기간과 ②의 율을 곱하여 계산한 금액으로 한다(조특령 §26의 3 ⑥).

① 공제받은 과세연도의 종료일의 다음 날부터 납부사유가 발생한 날이 속하는 과세연도의 종료일까지의 기간

② 1일 10만분의 25

339) 악용사례(예: 육아휴직 기간을 짧게 나누어 휴직, 복직 반복)를 방지하기 위해 아이 1명당 1번만 세액공제를 적용하도록 개정하였다.

# 제115조의3

## 근로소득을 증대시킨 기업에 대한 세액공제

관련규정

제115조의 3(근로소득을 증대시킨 기업에 대한 세액공제) ① 내국인이 다음 각 호의 요건을 모두 충족하는 경우에는 2017년 12월 31일이 속하는 과세연도까지 직전 3년 평균 초과 임금증가분의 1,000분의 5(중소기업과 대통령령으로 정하는 중견기업의 경우에는 100분의 1)에 상당하는 금액을 해당 과세연도의 개인지방소득세(사업소득에 대한 개인지방소득세만 해당한다)에서 공제한다.

1. 대통령령으로 정하는 상시근로자(이하 이 조에서 "상시근로자"라 한다)의 해당 과세연도의 평균임금 증가율이 직전 3개 과세연도의 평균임금 증가율의 평균(이하 이 조에서 "직전 3년 평균임금 증가율의 평균"이라 한다)보다 클 것
2. 해당 과세연도의 상시근로자 수가 직전 과세연도의 상시근로자 수보다 크거나 같을 것

② 제1항에 따른 직전 3년 평균 초과 임금증가분은 다음의 계산식에 따라 계산한 금액으로 한다.

직전 3년 평균 초과 임금증가분 = [해당 과세연도 상시근로자의 평균임금 - 직전 과세연도 상시근로자의 평균임금 × (1 + 직전 3년 평균임금 증가율의 평균)] × 직전 과세연도 상시근로자 수

③ 내국인이 다음 각 호의 요건을 모두 충족하는 경우에는 2017년 12월 31일이 속하는 과세연도까지 근로기간 및 근로형태 등 대통령령으로 정하는 요건을 충족하는 정규직 전환 근로자(이하 이 조에서 "정규직 전환 근로자"라 한다)에 대한 임금증가분 합계액의 1,000분의 5(대통령령으로 정하는 중견기업의 경우에는 100분의 1, 중소기업의 경우에는 100분의 2)에 상당하는 금액을 해당 과세연도의 개인지방소득세(사업소득에 대한 개인지방소득세만 해당한다)에서 공제한다.

1. 해당 과세연도에 정규직 전환 근로자가 있을 것
2. 해당 과세연도의 상시근로자 수가 직전 과세연도의 상시근로자 수보다 크거나 같을 것

④ 제3항에 따라 개인지방소득세를 공제받은 내국인이 공제를 받은 과세연도 종료일부터 1년이 되는 날이 속하는 과세연도의 종료일까지의 기간 중 정규직 전환 근로자와의 근로관계를 끝내는 경우에는 근로관계가 끝나는 날이 속하는 과세연도의 과세표준신고를 할 때 대통령령으로 정하는 바에 따라 계산한 세액을 개인지방소득세로 납부하여야 한다.

⑤ 제1항에도 불구하고 중소기업이 다음 각 호의 요건을 모두 충족하는 경우에는 2017년 12월 31일이 속하는 과세연도까지 전체 중소기업의 평균임금증가분을 초과하는 임금증가분의 1,000분의 10에 상당하는 금액을 제1항에 따른 금액 대신 해당 과세연도의 개인지방소득세(사업소득에 대한 개인지방소득세만 해당한다)에서 공제할 수 있다.

1. 상시근로자의 해당 과세연도의 평균임금 증가율이 전체 중소기업 임금증가율을 고려하여 대통령령으로 정하는 비율보다 클 것
2. 해당 과세연도의 상시근로자 수가 직전 과세연도의 상시근로자 수보다 크거나 같을 것
3. 직전 과세연도의 평균임금 증가율이 음수가 아닐 것

⑥ 제5항에 따른 전체 중소기업의 임금증가분을 초과하는 임금증가분은 다음의 계산식에 따라 계산한 금액으로 한다.

전체 중소기업의 평균임금증가분을 초과하는 임금증가분 = [해당 과세연도 상시근로자의 평균임금 - 직전 과세연도 상시근로자의 평균임금 × (1 + 전체 중소기업 임금증가율을 고려하여 대통령령으로 정하는 비율)] × 직전 과세연도 상시근로자 수

⑦ 제1항 또는 제3항을 적용받으려는 내국인은 대통령령으로 정하는 바에 따라 세액공제신청을 하여야 한다.

⑧ 제1항부터 제4항까지의 규정을 적용할 때 임금의 범위, 평균임금 증가율 및 직전 3년 평균임금 증가율의 평균의 계산방법, 정규직 전환 근로자의 임금 증가분 합계액과 그 밖에 필요한 사항은 대통령령으로 정한다.

## 1 | 개 요

본 제도는 근로소득 증대세제에 해당하는 것으로, 2015년 12월 15일 조특법 개정시 정규직 전환 근로자의 임금증가액에 대한 추가공제를 도입하여 비정규직 근로자의 정규직 전환을 유도하기 위해 운영되고 있으며 2016년 12월 20일 조특법 개정시 중소기업에 한하여 임금증가 요건을 완화하여 임금증가율이 높은 중소기업에 더 많은 혜택이 돌아갈 수 있도록 하였으며, 2017년 12월 19일 조특법 개정시에는 중소기업의 세액공제율을 상향하고 적용기한을 2020년 12월 31일까지로 연장하였다.

# 2 | 요 건

## 2-1. 내국인

내국인에 한하여 적용한다. 내국인이므로 거주자인 개인 및 내국법인이 모두 해당된다.

## 2-2. 상시근로자의 경우

### 2-2-1. 상시근로자의 해당 과세연도의 평균임금이 증가할 것

상시근로자의 해당 과세연도의 평균임금 증가율이 직전 3개 과세연도의 평균임금 증가율의 평균보다 커야 한다(조특법 §29의 4 ① 1호).

(1) 먼저, 임금은 소법 제20조 제1항 제1호 및 제2호에 따른 소득의 합계액을 말한다(조특령 §26의 4 ④).

평균임금은 다음 계산식에 따라 계산한 금액으로 한다. 이 경우 1천원 이하 부분은 없는 것으로 한다(조특령 §26의 4 ⑤, 조특칙 §14의 2 ②).

① 아래 ② 외의 경우

> 해당 과세연도 상시근로자의 임금의 합계 / 해당 과세연도의 상시근로자 수

② 직전 과세연도의 평균임금 증가율이 음수(-)이거나 직전 3년 평균임금 증가율의 평균(양수인 경우로 한정한다)의 30% 미만인 경우

> (해당 과세연도 평균임금 + 직전 과세연도 평균임금) / 2

(2) 평균임금 증가율은 다음 계산식에 따라 계산하며, 1만분의 1 미만의 부분은 없는 것으로 한다(조특령 §26의 4 ⑥, 조특칙 §14의 2 ②).

① 아래 ② 외의 경우

> (해당 과세연도 평균임금 - 직전 과세연도 평균임금) / 직전 과세연도 평균임금

② 직전 과세연도의 평균임금 증가율이 음수(-)이거나 직전 3년 평균임금 증가율의 평균(양수인 경우로 한정한다)의 30% 미만인 경우

(해당 과세연도 평균임금 − 직전 2년 과세연도 평균임금) / 직전 2년 과세연도 평균임금

(3) 직전 3개 과세연도의 평균임금 증가율의 평균은 다음 계산식에 따라 계산하며, 1만분의 1 미만의 부분은 없는 것으로 한다. 이 경우 직전 2년 과세연도 평균임금 증가율 또는 직전 3년 과세연도 평균임금 증가율이 음수인 경우에는 각각 영(0)으로 보아 계산한다(조특령 §26의 4 ⑦, 조특칙 §14의 2 ②).

① 아래 ② 외의 경우

(직전 과세연도 평균임금 증가율 + 직전 2년 과세연도 평균임금 증가율 + 직전 3년 과세연도 평균임금 증가율) / 3

② 직전 과세연도의 평균임금 증가율이 음수(−)이거나 직전 3년 평균임금 증가율의 평균(양수인 경우로 한정한다)의 30% 미만인 경우

(직전 2년 과세연도 평균임금 증가율 + 직전 3년 과세연도 평균임금 증가율) / 2

(4) 여기서 상시근로자란 「근로기준법」에 따라 근로계약을 체결한 근로자를 말한다. 다만, 다음의 어느 하나에 해당하는 자는 제외한다(조특령 §26의 4 ②).

① 법인령 제40조 제1항 각 호[340]의 어느 하나에 해당하는 임원

② 소법 제20조 제1항 제1호 및 제2호에 따른 근로소득의 금액[341]이 7천만원 이상인 근로자

③ 해당 기업의 최대주주 또는 최대출자자(개인사업자의 경우에는 대표자를 말한다) 및 그와 「국세기본법 시행령」 제1조의 2 제1항에 따른 친족관계인 근로자

여기서, 최대주주 또는 최대출자자란 다음의 어느 하나에 해당되는 자를 말한다(조특칙 §14의 2 ①).

340) 1. 법인의 회장, 사장, 부사장, 이사장, 대표이사, 전무이사 및 상무이사 등 이사회의 구성원 전원과 청산인
2. 합명회사, 합자회사 및 유한회사의 업무집행사원 또는 이사
3. 유한책임회사의 업무집행자
4. 감사
5. 그 밖에 제1호부터 제4호까지의 규정에 준하는 직무에 종사하는 자

341) 제2항 제2호에 따른 근로소득의 금액 및 제5항에 따른 평균임금을 계산할 때 해당 과세연도의 근로제공기간이 1년 미만인 상시근로자가 있는 경우에는 해당 상시근로자의 근로소득의 금액 또는 임금을 해당 과세연도 근무제공월수로 나눈 금액에 12를 곱하여 산출한 금액을 해당 상시근로자의 근로소득의 금액 또는 임금으로 본다(조특령 §26의 4 ⑨).

ⓐ 해당 법인에 대한 직접보유비율[보유하고 있는 법인의 주식 또는 출자지분을 그 법인의 발행주식총수 또는 출자총액(자기주식과 자기출자지분은 제외한다)으로 나눈 비율을 말한다]이 가장 높은 자가 개인인 경우에는 그 개인

ⓑ 해당 법인에 대한 직접보유비율이 가장 높은 자가 법인인 경우에는 해당 법인에 대한 직접보유비율과 「국제조세조정에 관한 법률 시행령」 제2조 제2항을 준용하여 계산한 간접소유비율을 합하여 계산한 비율이 가장 높은 개인

④ 소령 제196조에 따른 근로소득원천징수부에 의하여 근로소득세를 원천징수한 사실이 확인되지 아니하는 근로자

⑤ 근로계약기간이 1년 미만인 근로자(다만, 근로계약의 연속된 갱신으로 인하여 그 근로계약의 총 기간이 1년 이상인 근로자는 제외한다)

⑥ 「근로기준법」 제2조 제1항 제8호[342]에 따른 단시간근로자

상시근로자 수는 다음 계산식에 따라 계산한다. 이 경우 100분의 1 미만의 부분은 없는 것으로 한다(조특령 §26의 4 ③).[343]

$$\frac{\text{해당 과세연도의 매월 말 현재 상시근로자 수의 합}}{\text{해당 과세연도의 개월 수}}$$

상시근로자의 임금증가분에 대한 세액공제를 받으려는 과세연도의 종료일 전 5년 이내의 기간 중에 퇴사하거나 새로 상시근로자에 해당하게 된 근로자가 있는 경우에는 상시근로자 수 및 평균임금을 계산할 때 해당 근로자를 제외하고 계산하며, 세액공제를 받으려는 과세연도의 종료일 전 5년 이내의 기간 중에 입사한 근로자가 있는 경우에는 해당 근로자가 입사한 과세연도의 평균임금 증가율을 계산할 때 해당 근로자를 제외하고 계산한다(조특령 §26의 4 ⑩).

한편 합병, 분할, 현물출자 또는 사업의 양수 등으로 인하여 종전의 사업부문에서 종사하던 상시근로자를 합병법인, 분할신설법인, 피출자법인 등(이하 "합병법인등"이라 한다)이 승계하는 경우에는 해당 상시근로자는 종전부터 합병법인등에 근무한 것으로 본다(조특령 §26의 4 ⑪).

342) 1주 동안의 소정근로시간이 그 사업장에서 같은 종류의 업무에 종사하는 통상 근로자의 1주 동안의 소정근로시간에 비하여 짧은 근로자

343) 이러한 계산 방법은 법 제29조의 4 제1항부터 제6항까지의 규정을 적용할 때 모두 동일하다.

#### 2-2-2. 중소기업의 상시근로자의 당해연도 평균임금 증가율이 중소기업 평균임금 증가율을 고려한 일정률보다 클 것

중소기업의 경우 다음의 요건을 모두 충족하는 경우 2020년 12월 31일이 속하는 과세연도까지 전체 중소기업의 평균임금 증가분을 초과하는 임금증가분의 100분의 20에 상당하는 금액을 위 조특법 제29조의 4 제1항에 따른 금액(2-2-1.에 따른 금액) 대신 해당 과세연도의 소득세(사업소득에 대한 소득세만 해당한다) 또는 법인세에서 공제할 수 있다(조특법 §29의 4 ⑤).

① 상시 근로자의 해당 과세연도의 평균임금 증가율이 전체 중소기업 임금증가율을 고려하여 정한 비율(1,000분의 36)보다 클 것(조특법 §29의 4 ⑤ 1, 조특령 §26의 4 ⑯, 조특칙 §14의 2 ③).

② 직전 과세연도의 평균임금 증가율이 음수가 아닐 것

### 2-3. 정규직 전환 근로자의 경우 : 해당 과세연도에 정규직 전환 근로자가 존재하며 그의 전년 대비 임금이 증가할 것

해당 과세연도에 정규직 전환 근로자가 있을 것을 요건으로 하며, 여기서 정규직 전환 근로자란 「근로기준법」에 따라 근로계약을 체결한 근로자로서 다음의 요건을 모두 갖춘 자를 말한다(조특법 §29의 4 ③, 조특령 §26의 4 ⑬).

① 직전 과세연도 개시일부터 해당 과세연도 종료일까지 계속하여 근무한 자로서 「소득세법 시행령」 제196조의 근로소득원천징수부에 따라 매월분의 근로소득세를 원천징수한 사실이 확인될 것

② 해당 과세연도 중에 비정규직 근로자(「기간제 및 단시간근로자 보호 등에 관한 법률」에 따른 기간제근로자 또는 단시간근로자를 말한다. 이하 같다)에서 비정규직 근로자가 아닌 근로자로 전환하였을 것

③ 직전 과세연도 또는 해당 과세연도 중에 임원 · 고액연봉자 등(조특령 §26의 4 ② 1~3호)[344]에 해당하는 자가 아닐 것

정규직 전환 근로자의 임금증가분 합계액은 정규직 전환 근로자의 해당 과세연도 임금 합계액에서 직전 과세연도 임금 합계액을 뺀 금액을 말한다. 이 경우 직전 과세연도 또는

344) 1. 「법인세법 시행령」 제40조 제1항 각 호의 어느 하나에 해당하는 임원
2. 「소득세법」 제20조 제1항 제1호 및 제2호에 따른 근로소득의 금액이 7천만원 이상인 근로자
3. 기획재정부령으로 정하는 해당 기업의 최대주주 또는 최대출자자(개인사업자의 경우에는 대표자를 말한다) 및 그와 「국세기본법 시행령」 제1조의 2 제1항에 따른 친족관계인 근로자

해당 과세연도의 기간이 1년 미만인 경우에는 임금 합계액을 그 과세연도의 월수(1월 미만의 일수는 1월로 한다)로 나눈 금액에 12를 곱하여 산출한 금액을 임금 합계액으로 본다(조특령 §26의 4 ⑭).

### 2-4. 공통요건 : 고용유지 또는 확대(미감소)

근로소득 증대세제를 적용받기 위한 공통요건으로, 해당 과세연도의 상시근로자 수가 직전 과세연도의 상시근로자 수보다 크거나 같아야 한다. 이는 기업이 근로자의 근로소득은 증가시켰으나 그만큼 고용인원을 감소시킬 경우 본 제도의 취지에 맞지 않게 세제혜택이 부여되는 것을 막고자 하는 데 그 취지가 있다(조특법 §29의 4 ① 2호 · ③ 2호 · ⑤ 2호).

## 3 | 과세특례의 내용

### 3-1. 상시근로자 요건 충족시

#### 3-1-1. 상시근로자의 해당 과세연도의 평균임금이 증가한 경우

내국인이 상시근로자의 근로소득을 증가시킬 경우 2020년 12월 31일이 속하는 과세연도까지 직전 3년 평균 초과 임금증가분의 5%(중견기업의 경우에는 10%, 중소기업의 경우에는 20%)에 상당하는 금액을 해당 과세연도의 소득세(사업소득에 대한 소득세만 해당한다) 또는 법인세에서 공제한다(조특법 §29의 4 ①).

여기서, 직전 3년 평균 초과 임금증가분은 다음 계산식에 따라 계산한다(조특법 §29의 4 ②, 조특칙 §14의 2 ② 4호).[345)]

① 아래 ② 외의 경우

> 직전 3년 평균 초과 임금증가분 = 〔해당 과세연도 상시근로자의 평균임금 − 직전 과세연도 상시근로자의 평균임금 × (1 + 직전 3년 평균임금 증가율의 평균)〕 × 직전 과세연도 상시근로자 수

② 직전 과세연도의 평균임금 증가율이 음수(−)이거나 직전 3년 평균임금 증가율의 평균(양수인 경우로 한정한다)의 30% 미만인 경우

345) 창업 및 휴업 등의 사유로 제7항 및 제8항에 따라 직전 3년 평균임금 증가율의 평균을 계산할 수 없는 경우에는 법 제29조의 4 제1항 및 제5항을 적용하지 아니한다(조특령 §26의 4 ⑫).

> 직전 3년 평균 초과 임금증가분 = [해당 과세연도 상시근로자의 평균임금 − 직전 2년 과세연도 상시근로자의 평균임금 × (1 + 직전 3년 평균임금 증가율의 평균)] × 직전 과세연도 상시근로자 수

### 3-1-2. 중소기업의 상시근로자의 당해연도 평균임금 증가율이 3.6%를 초과한 경우

중소기업 상시근로자의 당해연도 평균임금 증가율이 3.6%를 초과한 경우 2020년 12월 31일이 속하는 과세연도까지 전체 중소기업의 평균임금 증가분을 초과하는 임금증가분의 100분의 20에 상당하는 금액을 위 조특법 제29조의 4 제1항에 따른 금액(2-2-1.에 따른 금액) 대신 해당 과세연도의 소득세(사업소득에 대한 소득세만 해당한다) 또는 법인세에서 공제할 수 있다(조특법 §29의 4 ⑤).

여기서 전체 중소기업의 평균임금 증가분을 초과하는 임금증가분은 다음 계산식에 따라 계산한 금액으로 한다.

> 전체 중소기업의 평균임금 증가분을 초과하는 임금증가분 = [해당 과세연도 상시근로자의 평균임금 − 직전 과세연도 상시근로자의 평균임금 × (1 + 전체 중소기업 임금증가율을 고려하여 정한 비율(1,000분의 36)] × 직전 과세연도 상시근로자 수

평균임금 및 평균임금 증가율은 위 상시근로자의 해당 과세연도의 평균임금이 증가한 경우(3-1-1.)와 동일하게 적용된다(조특령 §26의 4 ⑤・⑥・⑧, 조특칙 §14의 2 ②).

## 3-2. 정규직 전환 근로자 요건 충족시

내국인이 정규직 전환 근로자에 대한 임금을 전년 대비 증가시킬 경우 2020년 12월 31일이 속하는 과세연도까지 임금증가분 합계액의 100분의 5(중견기업의 경우에는 100분의 10, 중소기업의 경우에는 100분의 20)에 상당하는 금액을 해당 과세연도의 소득세(사업소득에 대한 소득세만 해당한다) 또는 법인세에서 공제한다(조특법 §29의 4 ③). 다만, 소득세 또는 법인세를 공제받은 내국인이 공제를 받은 과세연도 종료일부터 1년이 되는 날이 속하는 과세연도의 종료일까지의 기간 중 정규직 전환 근로자와의 관계를 끝내는 경우에는 근로관계가 끝나는 날이 속하는 과세연도의 과세표준신고를 할 때 공제받은 세액과 그에 대한 이자상당액[346]을 합한 금액을 소득세 또는 법인세로 납부하여야 한다(조특법 §29의 4 ④).

346) 법 제29조의 4 제4항에 따라 납부하여야 할 세액은 다음 각 호의 세액을 합한 세액으로 한다(조특령 §26의 4 ⑮).

여기서 중견기업은 다음의 요건을 모두 갖춘 기업을 말한다(조특령 §26의 4 ①, §4 ①).

① 중소기업이 아닐 것

② 다음의 어느 하나에 해당하는 업종을 주된 사업으로 영위하지 아니할 것. 이 경우 둘 이상의 서로 다른 사업을 영위하는 경우에는 사업별 사업수입금액이 큰 사업을 주된 사업으로 본다.

ⓐ 조특령 제29조 제3항에 따른 소비성서비스업

ⓑ 금융업, 보험 및 연금업, 금융 및 보험 관련 서비스업(업종 분류 기준 : 통계청장이 고시하는 한국표준산업분류)

③ 소유와 경영의 실질적인 독립성이 「중견기업 성장촉진 및 경쟁력 강화에 관한 특별법 시행령」 제2조 제2항 제1호[347])에 적합할 것

④ 직전 3개 과세연도의 매출액의 평균금액이 3천억원 미만인 기업일 것

여기서, 매출액은 기업회계기준에 따라 작성한 손익계산서상의 매출액으로 한다. 다만, 창업·분할·합병의 경우 그 등기일의 다음 날(창업의 경우에는 창업일)이 속하는 과세연도의 매출액을 연간 매출액으로 환산한 금액을 말한다. 또한, 과세연도가 1년 미만인 과세연도의 매출액도 1년으로 환산한 매출액을 말한다(조특령 §4 ① 4호 및 §2 ④, 조특칙 §2 ④).

---

1. 다음 계산식에 따라 계산한 금액

| 법 제29조의 4 제3항에 따라 공제받은 세액 | × | 공제받은 과세연도의 정규직 전환근로자 중 근로관계를 끝낸 근로자 수 / 공제받은 과세연도의 정규직 전환 근로자 수 |
|---|---|---|

2. 제1호의 세액에 가목의 기간과 나목의 율을 곱하여 계산한 세액

가. 공제받은 과세연도의 종료일의 다음 날부터 납부사유가 발생한 날이 속하는 과세연도의 종료일까지의 기간

나. 1일 10만분의 25

347) 소유와 경영의 실질적인 독립성이 다음 각 목의 어느 하나에 해당하지 아니하는 기업일 것

가. 「독점규제 및 공정거래에 관한 법률」 제14조 제1항에 따른 상호출자제한기업집단에 속하는 기업

나. 「독점규제 및 공정거래에 관한 법률 시행령」 제21조 제2항에 따른 상호출자제한기업집단 지정기준인 자산총액 이상인 기업 또는 법인(외국법인을 포함한다. 이하 같다)이 해당 기업의 주식(「상법」 제344조의 3에 따른 의결권 없는 주식은 제외한다) 또는 출자지분(이하 "주식등"이라 한다)의 100분의 30 이상을 직접적 또는 간접적으로 소유하면서 최다출자자인 기업. 이 경우 최다출자자는 해당 기업의 주식등을 소유한 법인 또는 개인으로서 단독으로 또는 다음의 어느 하나에 해당하는 자와 합산하여 해당 기업의 주식등을 가장 많이 소유한 자로 하며, 주식등의 간접소유비율에 관하여는 「국제조세조정에 관한 법률 시행령」 제2조 제2항을 준용한다.

1) 주식등을 소유한 자가 법인인 경우 : 그 법인의 임원

2) 주식등을 소유한 자가 개인인 경우 : 그 개인의 친족

# 제115조의 4

## 청년고용을 증대시킨 기업에 대한 세액공제

관련규정

제115조의 4(청년고용을 증대시킨 기업에 대한 세액공제) ① 내국인(소비성서비스업 등 대통령령으로 정하는 업종을 경영하는 내국인은 제외한다)의 2017년 12월 31일이 속하는 과세연도까지의 기간 중 해당 과세연도의 대통령령으로 정하는 청년 정규직 근로자의 수(이하 이 조에서 "청년 정규직 근로자 수"라 한다)가 직전 과세연도의 청년 정규직 근로자 수보다 증가한 경우에는 증가한 인원 수[대통령령으로 정하는 정규직 근로자(이하 이 조에서 "전체 정규직 근로자"라 한다)의 증가한 인원 수와 대통령령으로 정하는 상시근로자(이하 이 조에서 "상시근로자"라 한다)의 증가한 인원 수 중 작은 수를 한도로 한다]에 20만원(중소기업 또는 대통령령으로 정하는 중견기업의 경우에는 50만원)을 곱한 금액을 해당 과세연도의 개인지방소득세(사업소득에 대한 개인지방소득세만 해당한다)에서 공제한다.

② 제1항에 따라 개인지방소득세를 공제받은 내국인이 공제를 받은 과세연도의 종료일부터 2년이 되는 날이 속하는 과세연도의 종료일까지의 기간 중 각 과세연도의 청년 정규직 근로자 수, 전체 정규직 근로자 수 또는 상시근로자 수가 공제를 받은 과세연도보다 감소한 경우에는 대통령령으로 정하는 바에 따라 공제받은 세액에 상당하는 금액을 개인지방소득세로 납부하여야 한다.

③ 제1항을 적용받으려는 내국인은 대통령령으로 정하는 바에 따라 세액공제신청을 하여야 한다.

④ 제1항 및 제2항을 적용할 때 청년 정규직 근로자, 전체 정규직 근로자 및 상시근로자 수의 계산방법과 그 밖에 필요한 사항은 대통령령으로 정한다.

## 1 | 개 요

본 제도는 60세 정년 의무화 등으로 청년 고용절벽 우려가 지속되는 상황에서 청년실업 해소를 위해 2015년 12월 15일 법 개정시 신설된 제도로, 청년 정규직 근로자 수가 증가한 기업에 대해 1인당 일정 금액의 세액을 공제함으로써 양질의 청년 일자리 창출을 지원하는 제도이다. 정규직 증가인원을 지원 대상으로 하여 기업이 청년 근로자를 정규직으로 채용하도록 유도하여 고용의 양적·질적 측면을 동시에 개선하고자 하였다. 중소기업의 경우 기존의 고용증가 인원에 대한 사회보험료 세액공제(조특법 §30의 4)와 동시적용을 허용하여 고용창출 효과를 강화하였고, 대·중견기업의 경우 투자와 무관하게 고용창출로만 지원받을 수 있는 제도를 신설함으로써 고용유인을 증대하였다.

또한, 본 제도는 지원의 시급성 등을 감안하여 2015년 청년 고용분부터 바로 적용할 수 있도록 2015년 12월 31일이 속하는 과세연도부터 시행되고 있으며, 적용기한은 2017년 12월 31일이다.

## 2 | 요 건

### 2-1. 적용대상

조특령 제29조 제3항에 따른 소비성서비스업[348]을 제외한 모든 기업이다(조특법 §29의 5 ①, 조특령 §26의 5 ①).

### 2-2. 적용요건

해당 과세연도의 대통령령으로 정하는 청년 정규직 근로자의 수(이하 "청년 정규직 근로자 수"라 한다)가 직전 과세연도의 청년 정규직 근로자 수보다 증가한 경우여야 한다(조특법 §29의 5 ①). 여기서 대통령령으로 정하는 청년 정규직 근로자란 「근로기준법」에 따라 근로계약을 체결한 내국인 근로자 중 다음 어느 하나에 해당하는 사람을 제외한 근로자(이하 "전체 정규직 근로자"라 한다)로서 15세 이상 29세 이하인 자를 말한다(조특령 §26의 5 ②·③ 본문).

---

348) 1. 호텔업 및 여관업(「관광진흥법」에 따른 관광숙박업은 제외한다)
2. 주점업(일반유흥주점업, 무도유흥주점업 및 「식품위생법 시행령」 제21조에 따른 단란주점 영업만 해당하되, 「관광진흥법」에 따른 외국인전용유흥음식점업 및 관광유흥음식점업은 제외한다)
3. 그 밖에 오락·유흥 등을 목적으로 하는 사업으로서 기획재정부령으로 정하는 사업

① 「기간제 및 단시간근로자 보호 등에 관한 법률」에 따른 기간제근로자 및 단시간근로자
② 「파견근로자보호 등에 관한 법률」에 따른 파견근로자
③ 조특령 제23조 제10항 제3호부터 제6호까지의 근로자 중 어느 하나에 해당하는 근로자
④ 「청소년 보호법」 제2조 제5호 각 목에 따른 업소에 근무하는 같은 조 제1호에 따른 청소년

다만, 해당 근로자가 조특령 제27조 제1항 제1호 각 목의 어느 하나에 해당하는 병역을 이행한 경우에는 그 기간(6년을 한도로 한다)을 현재 연령에서 빼고 계산한 연령이 29세 이하인 사람을 포함한다(조특령 §26의 5 ③ 단서).

## 3 과세특례의 내용

청년 정규직 근로자 증가인원에 대기업은 300만원, 중소기업은 1천만원, 중견기업[349)]은 700만원을 곱한 금액을 해당 과세연도의 소득세(사업소득에 대한 소득세만 해당한다) 또는 법인세에서 공제한다. 이때 청년 정규직 근로자 증가인원은 전체 정규직 근로자 증가인원과 전체 상시근로자[350)]의 증가한 인원 수 중 작은 수를 한도로 한다(조특법 §29의 5 ①).

청년 정규직 근로자 수는 매월 말 현재 인원을 합산한 후 해당 기간의 개월 수로 나누어 계산한다. 전체 정규직 근로자 수 및 상시근로자 수 역시 동일하게 해당 기간의 매월 말 현재 근로자 수의 합을 해당 기간의 개월 수로 나눈 방식으로 계산하며, 구체적인 산식은 아래와 같다(조특령 §26의 5 ⑧).

① 청년 정규직 근로자 수

$$\frac{\text{해당 과세연도의 매월 말 현재 청년 정규직 근로자 수의 합}}{\text{해당 과세연도의 개월 수}}$$

349) 조특령 제4조 제1항에 따른 중견기업을 말한다(조특령 §26의 5 ⑤).
350) 조특령 제23조 제10항에 따른 상시근로자를 말한다(조특령 §26의 5 ④).

② 전체 정규직 근로자 수

$$\frac{\text{해당 과세연도의 매월 말 현재 전체 정규직 근로자 수의 합}}{\text{해당 과세연도의 개월 수}}$$

③ 상시근로자 수[351)]

$$\frac{\text{해당 과세연도의 매월 말 현재 상시근로자 수의 합}}{\text{해당 과세연도의 개월 수}}$$

## 4 | 사후관리

동 과세특례에 따라 세액공제를 받은 내국인이 공제를 받은 과세연도의 종료일부터 2년이 되는 날이 속하는 과세연도의 종료일까지의 기간 중 각 과세연도의 청년 정규직 근로자 수, 전체 정규직 근로자 수 또는 상시근로자 수가 공제를 받은 과세연도보다 감소한 경우에는 공제받은 금액에 상당하는 금액을 소득세 또는 법인세로 납부하여야 한다(조특법 §29의 5 ②).

고용감소시 납부하여야 할 소득세액 또는 법인세액은 다음 ①의 금액(해당 과세연도의 직전 2년 이내의 과세연도에 법 제29조의 5 제1항에 따라 공제받은 세액의 합계액을 한도로 한다)에서 ②의 금액을 뺀 금액(해당 금액이 음수인 경우에는 영으로 본다)으로 하며, 이를 해당 과세연도의 과세표준을 신고할 때 소득세 또는 법인세로 납부하여야 한다(조특령 §26의 5 ⑥). 이때 공제받은 과세연도의 종료일 현재 29세 이하인 자(해당 근로자가 조특령 제27조 제1항 제1호 각 목의 어느 하나에 해당하는 병역을 이행한 경우에는 6년을 한도로 하여 그 기간을 현재 연령에서 빼고 계산한 연령이 29세 이하인 사람을 포함한다)는 이후 과세연도에도 29세 이하인 것으로 본다(조특령 §26의 5 ⑦).[352)]

351) 조특령 제26조의 5 제8항 제3호에 따른 상시근로자 수의 계산에 관하여는 조특령 제23조 제11항 각 호 외의 부분 후단 및 같은 항 제2호를 준용한다(조특령 §26의 5 ⑨).

352) 직전과세연도에 29세(직전과세연도 중에 30세 이상이 되는 경우를 포함)인 청년 정규직 근로자가 해당 과세연도에 30세 이상이 되는 경우 「조세특례제한법 시행령」 제26조의 5 제7항의 규정은 「조세특례제한법」 제29조의 5 제1항의 "청년 정규직 근로자 수" 계산시 적용되지 아니하는 것임(기획재정부 조세특례제도과-365, 2019.5.9).

① 법 제29조의 5 제1항에 따라 공제받은 과세연도(2개 과세연도 이상 연속으로 공제받은 경우에는 공제받은 마지막 과세연도로 하며, 이하 "공제받은 과세연도"라 한다) 대비 해당 과세연도의 청년 정규직 근로자 감소 인원, 전체 정규직 근로자 감소 인원 또는 상시근로자 감소 인원 중 가장 큰 수에 300만원(공제받은 과세연도에 중소기업의 경우에는 1,000만원, 중견기업의 경우에는 700만원)을 곱한 금액

② 공제받은 과세연도 대비 직전 과세연도의 청년 정규직 근로자 감소 인원, 전체 정규직 근로자 감소 인원 또는 상시근로자 감소 인원 중 가장 큰 수에 300만원(공제받은 과세연도에 중소기업의 경우에는 1,000만원, 중견기업의 경우에는 700만원)을 곱한 금액(공제받은 과세연도가 직전 과세연도인 경우에는 영으로 본다)

⇒ 조특령 제26조의 5 제7항의 규정은 동 조 제6항에 따른 사후관리규정에 적용되는 것일 뿐, 조특법 제29조의 5 제1항에 따른 세액공제에는 적용되지 않는다고 해석함.

# 제 115 조의 5

## 중소기업 핵심인력 성과보상기금 수령액에 대한 개인지방소득세 감면 등

관련규정

제115조의 5(중소기업 핵심인력 성과보상기금 수령액에 대한 개인지방소득세 감면 등)
① 「중소기업 인력지원 특별법」 제2조 제6호에 따른 중소기업 핵심인력(해당 기업의 최대주주 등 대통령령으로 정하는 사람은 제외하며, 이하 이 조에서 "핵심인력"이라 한다)이 같은 법 제35조의 2에 따른 중소기업 핵심인력 성과보상기금(이하 이 조에서 "성과보상기금"이라 한다)의 공제사업에 2018년 12월 31일까지 가입하여 공제납입금을 5년 이상 납입하고 그 성과보상기금으로부터 공제금을 수령하는 경우에 해당 공제금 중 같은 법 제35조의 3 제1호에 따라 중소기업이 부담한 기여금(이하 이 조에서 "기여금"이라 한다) 부분에 대해서는 「소득세법」 제20조에 따른 근로소득으로 보아 개인지방소득세를 부과하되, 개인지방소득세의 100분의 50에 상당하는 세액을 경감한다.
② 공제금 중 핵심인력이 납부한 공제납입금과 기여금을 제외한 금액은 「소득세법」 제16조 제1항의 이자소득으로 보아 개인지방소득세를 부과한다.
③ 제1항에서 규정한 사항 외에 개인지방소득세 감면의 계산방법, 신청절차 및 그 밖에 필요한 사항은 대통령령으로 정한다.

## 1 | 개 요

본 제도는 중소기업 핵심인력의 장기재직 촉진 및 인력양성을 위해 「중소기업 인력지원 특별법」상 2014년 1월 21일 신설된 중소기업 핵심인력 성과보상기금 제도에 대한 세제지원의 성격을 지니는 제도로, 핵심인력 성과보상금(내일채움공제) 중 기업 납입분이 성과보상금(근로소득)에 해당하여 근로소득으로 과세할 필요가 있으나 중소기업 핵심인력의 장기재직 유도 및 관련 근로자에 대한 세제지원이 없는 점 등을 감안하여 50%의 소득세 감면혜택을 부여하고 있다. 2018년 12월 24일 조특법 개정으로 적용기한은 2021년 12월 31일까지 연장되었다.

## 2 | 요 건

### 2-1. 적용대상

「중소기업 인력지원 특별법」 제2조 제6호[353]에 따른 중소기업 핵심인력(이하 "핵심인력"이라 한다)이 적용대상이며, 다음 어느 하나에 해당하는 사람을 제외한다(조특법 §29의 6 ①, 조특령 §26의 6 ②).

① 해당 기업의 최대주주 또는 최대출자자(개인사업자의 경우에는 대표자를 말한다)와 그 배우자

② ①에 해당하는 자의 직계존비속(그 배우자를 포함한다) 또는 ①에 해당하는 사람과 「국세기본법 시행령」 제1조의 2 제1항에 따른 친족관계에 있는 사람

### 2-2. 적용요건

「중소기업 인력지원 특별법」 제35조의 2에 따른 중소기업 핵심인력 성과보상기금의 공제사업에 2021년 12월 31일까지 가입한 중소기업 또는 중견기업의 근로자가 공제납입금을 5년 이상 납입하고 그 성과보상기금으로부터 공제금을 수령하는 경우에 적용한다(조특법 §29의 6 ①).

## 3 | 과세특례의 내용

핵심인력이 성과보상기금으로부터 수령한 공제금 중 「중소기업 인력지원 특별법」 제35조의 3 제1호에 따라 해당 기업이 부담한 기여금(이하 "기여금"이라 한다) 부분에 대해서 「소득세법」 제20조에 따른 근로소득으로 보아 소득세를 부과하되, 소득세의 100분의 50(중

353) 제2조【정의】 이 법에서 사용하는 용어의 뜻은 다음과 같다.
6. "중소기업 핵심인력"이란 직무 기여도가 높아 해당 중소기업의 대표자가 장기재직이 필요하다고 지정하는 근로자를 말한다.

견기업 근로자의 경우에는 100분의 30)에 상당하는 세액을 감면한다. 이 경우 감면세액은 다음 계산식에 따라 계산한 금액으로 한다(조특법 §29의 6 ①, 조특령 §26의 6 ③).

$$\text{「소득세법」 제137조 제1항 제2호에 따른 종합소득산출 세액} \times \frac{\text{「소득세법」 제20조 제2항에 따른 근로소득금액}}{\text{「소득세법」 제14조 제2항에 따른 종합소득금액}} \times \frac{\text{법 제29조의 6 제1항에 따라 부담한 기여금}}{\text{해당 근로자의 총급여액}} \times \text{감면율}$$

공제금 중 핵심인력이 납부한 공제납입금과 기여금을 제외한 부분은 「소득세법」 제16조 제1항의 이자소득으로 보아 소득세를 부과한다(조특법 §29의 6 ②).

# 제 116 조

## 중소기업에 취업하는 취업자에 대한 개인지방소득세 감면

관련규정

제116조(중소기업에 취업하는 취업자에 대한 개인지방소득세 감면) ① 대통령령으로 정하는 청년(이하 이 항에서 "청년"이라 한다), 60세 이상의 사람 및 장애인이 「중소기업기본법」 제2조에 따른 중소기업(비영리기업을 포함한다)으로서 대통령령으로 정하는 기업(이하 이 조에서 "중소기업체"라 한다)에 2012년 1월 1일(60세 이상의 사람 또는 장애인의 경우 2014년 1월 1일)부터 2018년 12월 31일까지 취업하는 경우 그 중소기업체로부터 받는 근로소득으로서 취업일부터 3년이 되는 날(청년으로서 대통령령으로 정하는 병역을 이행한 후 1년 이내에 병역 이행 전에 근로를 제공한 중소기업체에 복직하는 경우에는 복직한 날부터 2년이 되는 날을 말하며, 그 복직한 날이 최초 취업일부터 3년이 지나지 아니한 경우에는 최초 취업일부터 5년이 되는 날을 말한다)이 속하는 달까지 발생한 소득에 대해서는 개인지방소득세의 100분의 70에 상당하는 세액을 감면(과세기간별로 15만원을 한도로 한다)한다. 이 경우 개인지방소득세 감면기간은 개인지방소득세를 감면받은 사람이 다른 중소기업체에 취업하거나 해당 중소기업체에 재취업하는 경우에 관계없이 개인지방소득세를 감면받은 최초 취업일부터 계산한다.

② 제1항을 적용받으려는 근로자는 대통령령으로 정하는 바에 따라 신청을 하여야 한다.

③ 제1항에 따라 감면 신청을 한 근로자가 제1항의 요건을 갖추지 못한 사실을 안 특별징수의무자는 해당 근로자가 퇴직하여 제1항을 적용받음에 따라 과소징수된 금액을 특별징수할 수 없는 경우에는 그 사실을 납세지 관할 지방자치단체의 장에게 통지하여야 하며 납세지 관할 지방자치단체의 장은 제1항을 적용받음에 따라 과소징수된 금액에 100분의 105를 곱한 금액을 해당 근로자에게 개인지방소득세로 즉시 부과·징수하여야 한다.

④ 제1항부터 제3항까지 규정한 사항 외에 개인지방소득세 감면의 신청절차, 제출서류, 그 밖의 필요한 사항은 대통령령으로 정한다.

【영】 제69조(중소기업 취업자에 대한 개인지방소득세 감면) ① 법 제116조 제1항 전단에서 "대통령령으로 정하는 청년, 60세 이상의 사람 및 장애인"이란 「조세특례제한법 시행령」 제27조 제1항 각 호의 구분에 따른 사람을 말한다.

② 제1항을 적용할 때 「조세특례제한법 시행령」 제27조 제2항 각 호의 어느 하나에 해당하는 사람은 제외한다.

③ 법 제116조 제1항 전단에서 "대통령령으로 정하는 기업"이란 「조세특례제한법 시행령」 제27조 제3항에 따른 기업을 말한다.

④ 법 제116조 제1항을 적용받으려는 근로자는 행정안전부령으로 정하는 감면신청서에 병역복무기간을 증명하는 서류 등을 첨부하여 취업일이 속하는 달의 다음 달 말일까지 특별징수의무자에게 제출하여야 한다. 다만, 「조세특례제한법 시행령」 제27조 제5항에 따라 원천징수의무자에게 소득세 감면을 신청한 경우에는 법 제116조에 따른 개인지방소득세에 대한 세액감면도 함께 신청한 것으로 본다.

⑤ 특별징수의무자는 「조세특례제한법 시행령」 제27조 제6항 및 제7항에 따라 원천징수 관할 세무서장에게 제출한 자료를 특별징수 관할 지방자치단체의 장에게도 제출하여야 한다.

⑥ 법 제116조 제1항에 따른 중소기업체로부터 받는 근로소득(이하 이 조에서 "감면소득"이라 한다)과 그 외의 종합소득이 있는 경우에 해당 과세기간의 감면세액은 「조세특례제한법 시행령」 제27조 제8항에 따른 감면세액의 100분의 10으로 한다.

⑦ 법 제94조에 따른 근로소득세액공제를 할 때 감면소득과 다른 근로소득이 있는 경우(감면소득 외에 다른 근로소득이 없는 경우를 포함한다)에는 다음 계산식에 따라 계산한 금액을 근로소득세액공제액으로 한다.

> 세액공제액 = 법 제94조에 따라 계산한 근로소득세액공제액 × (1 - 법 제116조 제1항에 따른 중소기업체로부터 받는 총급여액이 해당 근로자의 총급여액에서 차지하는 비율)

## 1 개 요

청년층의 중소기업 취업을 유도하여 중소기업의 인력난 및 청년 취업난 해소를 지원하기 위한 세제지원이다. 본 규정은 국세인 조특법에서 2012년도에 도입되었다. 한편, 지방소득세의 독립세를 위한 세제개편 계획(2013.9.)에 따라 조특법 제30조의 규정과는 별개로 지특법 제116조로 신설되었다.

2016년 12월 20일 조특법 개정시 적용대상에 경력단절여성을 추가하여 경력단절여성의 재취업 지원을 확대하였으며, 2018년 8월 28일 조특령 개정시 청년의 연령을 29세에서 34세로 확대하고 같은 해 12월 24일 조특법 개정시 적용기한을 2021년 12월 31일까지 연장하였다.

# 2 | 요 건

## 2-1. 적용대상자

### 2-1-1. 청 년

청년이란 근로계약 체결일 현재 연령이 15세 이상 34세 이하인 사람을 말한다. 다만, ㉠ 현역병,[354] ㉡ 사회복무요원,[355] ㉢ 현역에 복무하는 장교, 준사관 및 부사관[356]의 어느 하나에 해당하는 병역을 이행한 경우에는 그 기간(6년을 한도로 한다)을 근로계약 체결일 현재 연령에서 빼고 계산한 연령이 34세 이하인 사람을 포함[357]한다(조특법 §30 ①, 조특령 §27 ① 1호).

여기서 다음의 어느 하나에 해당하는 사람은 제외한다(조특법 §30 ①, 조특령 §27 ②).

① 임원[358]

② 해당 기업의 최대주주 또는 최대출자자(개인사업자의 경우에는 대표자)와 그 배우자

③ 위 ②에 해당하는 자의 직계존속 · 비속(그 배우자를 포함) 및 친족관계[359]인 사람

④ 일용근로자[360]

⑤ 다음의 어느 하나에 해당하는 보험료 등의 납부사실이 확인되지 아니하는 사람. 다만, 「국민연금법」 제6조 단서에 따라 국민연금 가입 대상이 되지 아니하는 자와 「국민건강보험법」 제5조 제1항 단서에 따라 건강보험 가입자가 되지 아니하는 자는 제외한다.

ⓐ 부담금 및 기여금[361]

ⓑ 직장가입자의 보험료[362]

---

354) 「병역법」 제16조 또는 제20조에 따른 현역병(같은 법 제21조 · 제25조에 따라 복무한 상근예비역 및 의무경찰 · 의무소방원을 포함한다)

355) 「병역법」 제26조 제1항

356) 「군인사법」 제2조 제1호

357) 현역 · 상근예비역 · 공익근무요원, 현역장교 · 준사관 · 부사관 등의 군복무기간을 가산하여 최고 40세까지 대상연령 확대

358) 「법인세법 시행령」 제40조 제1항 각 호의 어느 하나에 해당하는 임원을 말한다.

359) 「국세기본법 시행령」 제1조의 2 제1항

360) 「소득세법」 제14조 제3항 제2호

361) 「국민연금법」 제3조 제1항 제11호 및 제12호

362) 「국민건강보험법」 제69조

#### 2-1-2. 60세 이상자

근로계약 체결일 현재 연령이 60세 이상인 사람의 경우도 2014년 1월 1일~2021년 12월 31일까지 취업하는 경우 본 제도의 적용대상이 된다(조특법 §30 ①, 조특령 §27 ① 2호).

#### 2-1-3. 장애인

「장애인복지법」의 적용을 받는 장애인, 「국가유공자 등 예우 및 지원에 관한 법률」에 따른 상이자, 「5·18민주유공자예우에 관한 법률」 제4조 제2호에 따른 5·18민주화운동부상자, 「고엽제후유의증 등 환자지원 및 단체 설립에 관한 법률」에 따른 고엽제후유의증환자로서 장애등급 판정을 받은 사람은 2014년 1월 1일~2021년 12월 31일까지 취업하는 경우 본 제도의 적용대상이 된다(조특법 §30 ①, 조특령 §27 ① 3호).

#### 2-1-4. 경력단절여성

조특법 제29조의 3 제1항에 따른 경력단절여성도 그 적용대상이 된다. 여기서 경력단절여성이란 다음의 각 요건을 모두 충족하는 여성을 말한다(조특법 §29의 3 ①, 조특령 §27 ① 4호).

① 해당 기업에서 1년 이상 근무하였을 것(소령 제196조 제1항에 따른 근로소득원천징수부를 통하여 근로소득세를 원천징수한 사실이 확인되는 경우로 한정한다[363])

② 다음의 어느 하나에 해당하는 임신·출산·육아의 사유로 해당 기업에서 퇴직하였을 것[364]

　ⓐ 퇴직한 날부터 2년 이내에 임신하거나 난임시술[「국민건강보험 요양급여의 기준에 관한 규칙」 별표 2의 제4호 라목에 따른 보조생식술(체내·체외인공수정을 포함)]을 받은 경우(의료기관의 진단서 또는 확인서를 통하여 확인되는 경우에 한정한다)

　ⓑ 퇴직일 당시 임신한 상태인 경우(의료기관의 진단서를 통하여 확인되는 경우로 한정한다)

　ⓒ 퇴직일 당시 8세 이하 또는 초등학교 2학년 이하의 직계비속이 있는 경우

③ 해당 기업에서 퇴직한 날부터 3년 이상 10년 미만의 기간이 지났을 것

④ 해당 기업의 최대주주 또는 최대출자자(개인사업자의 경우에는 대표자를 말한다)나 그와 특수관계인(「국세기본법 시행령」 제1조의 2 제1항에 따른 친족관계인 사람[365])이 아닐 것

---

363) 조특령 제26조의 3 제2항

364) 조특령 제26조의 3 제3항

365) 조특령 제26조의 3 제4항

## 2-2. 중소기업체에 취업할 것

중소기업체[366]란 「중소기업기본법」 제2조에 따른 중소기업(비영리기업을 포함한다)으로서 농업, 임업 및 어업, 광업, 제조업, 전기 · 가스 · 증기 및 수도사업, 하수 · 폐기물처리 · 원료재생 및 환경복원업, 건설업, 도매 및 소매업, 운수업, 숙박 및 음식점업(주점 및 비알콜 음료점업은 제외), 출판 · 영상 · 방송통신 및 정보서비스업(비디오물 감상실 운영업은 제외), 부동산업 및 임대업, 연구개발업, 광고업, 시장조사 및 여론조사업, 건축기술 · 엔지니어링 및 기타 과학기술서비스업, 기타 전문 · 과학 및 기술 서비스업, 사업시설관리 및 사업지원 서비스업, 기술 및 직업훈련 학원, 사회복지 서비스업, 수리업을 주된 사업으로 영위하는 기업[367]을 말한다. 다만, 국가, 지방자치단체(지방자치단체조합을 포함), 「공공기관의 운영에 관한 법률」에 따른 공공기관 및 「지방공기업법」에 따른 지방공기업은 제외한다(조특법 §30 ①, 조특령 §27 ③).

## 2-3. 취업기한

2012년 1월 1일(60세 이상인 사람 또는 장애인의 경우 2014.1.1.)부터 2021년 12월 31일까지 취업(경력단절여성의 경우에는 동일한 중소기업체에 재취업)하는 경우에 해당한다.[368]

---

366) 취업일이 속하는 과세연도에는 「조세특례제한법」 제30조 제1항에서 규정하는 중소기업체에 해당하였으나 해당 중소기업체가 그 규모의 확대 등으로 그 다음 연도부터 중소기업체에 해당하지 아니하게 된 경우라도 「중소기업기본법」 제2조 제3항과 「조세특례제한법 시행령」 제2조 제2항에서 규정하고 있는 기간까지는 중소기업으로 보고 있으므로 중소기업으로 보는 유예기간까지는 중소기업체로 보아 「조세특례제한법」 제30조에 따른 감면규정을 적용받을 수 있는 것임(원천-307, 2012.6.1.).

367) 주점 및 비알콜 음료점업, 금융보험업, 공공기관 등 일부 업종은 제외

368) 「조세특례제한법」 제30조 제1항 전단의 대통령령으로 정하는 청년이 대(중소)기업 등에 정규직이나 비정규직으로 근무한 사실 여부와 관계없이 2012.1.1.~2013.12.31.까지 「중소기업기본법」 제2조에 따른 중소기업으로서 「조세특례제한법 시행령」 제27조 제3항에 해당하는 중소기업체에 정규직으로 취업하여 근무하는 경우 취업일로부터 3년간 중소기업에 취업하는 청년에 대한 소득세 감면을 적용받는 것임(법규소득 2012-213, 2012.5.31.).

## 3 과세특례의 내용

### 3-1. 세액감면

중소기업체로부터 받는 근로소득으로서 취업일(경력단절여성의 경우에는 재취업일을 말한다)부터 3년(청년의 경우에는 5년)이 되는 날(청년으로서 병역을 이행한 후 1년 이내에 병역 이행 전에 근로를 제공한 중소기업체에 복직하는 경우에는 복직한 날부터 2년이 되는 날을 말하며, 그 복직한 날이 최초 취업일부터 5년이 지나지 아니한 경우에는 최초 취업일부터 7년이 되는 날을 말한다)이 속하는 달까지 발생한 소득에 대해서는 소득세의 70%(청년의 경우에는 90%)에 상당하는 세액을 감면(과세기간별로 150만원을 한도로 한다)한다. 이 경우 소득세 감면기간은 소득세를 감면받은 사람이 다른 중소기업체에 취업하거나 해당 중소기업체에 재취업하는 경우 또는 합병·분할·사업 양도 등으로 다른 중소기업체로 고용이 승계되는 경우에 관계없이 소득세를 감면받은 최초 취업일부터 계산한다(조특법 §30 ①).

### 3-2. 감면배제

위 세액감면을 적용할 때 2011. 12. 31. 이전에 중소기업체에 취업한 자(경력단절여성은 제외한다)가 2012. 1. 1. 이후 계약기간 연장 등을 통해 해당 중소기업체에 재취업하는 경우에는 소득세 감면을 적용하지 아니한다(조특법 §30 ⑧).

### 3-3. 감면소득과 그 외의 종합소득이 있는 경우

중소기업체로부터 받는 근로소득(이하 "감면소득"이라 한다)과 그 외의 종합소득이 있는 경우에 해당 과세기간의 감면세액은 과세기간별로 150만원을 한도로 다음 계산식에 따라 계산한 금액으로 한다(조특령 §27 ⑧).

$$\text{감면세액} = \text{종합소득산출세액}^{369)} \times \frac{\text{근로소득금액}^{370)}}{\text{종합소득금액}^{373)}} \times \frac{\text{중소기업체로부터 받는 총급여액}^{371)}}{\text{해당 근로자의 총급여액}} \times \text{감면율}^{372)}$$

369) 「소득세법」 제137조 제1항 제2호

370) 「소득세법」 제20조 제2항

371) 조특법 제30조 제1항에 따른 중소기업체로부터 받는 총급여액

372) 조특법 제30조 제1항의 감면율

### 3-4. 근로소득세액공제액

근로소득세액공제[374]를 할 때 감면소득과 다른 근로소득이 있는 경우(감면소득 외에 다른 근로소득이 없는 경우를 포함)에는 다음 계산식에 따라 계산한 금액을 근로소득세액공제액으로 한다(조특령 §27 ⑨).

$$\text{세액공제액} = \text{근로소득세액공제액}^{375)} \times \left(1 - \frac{\text{감면세액}}{\text{산출세액}}\right)$$

## 4 관련사례

- 중소기업에 취업하는 청년에 대한 소득세 감면시 근로계약 체결일 현재 만 30세 미만인 경우 "29세 이하"에 포함됨(재소득-163, 2013.4.1.).
- 대통령령으로 정하는 청년이 파견사업주에 고용되어 중소기업에 파견근무를 하다가 퇴직한 후 2012.1.1.부터 2013.12.31.까지 해당 중소기업의 정규직 근로자로 취업하여 근무하는 경우 그 해당 중소기업의 취업일로부터 3년간 중소기업 취업 청년 소득세 감면을 적용받을 수 있는 것임(서면법규-42, 2013.1.16.).
- 청년이 2011년 12월 31일 이전에 중소기업체에 취업하였다가 퇴사한 후 2012년 1월 1일 이후 해당 중소기업체에 다시 재취업하는 경우 「조세특례제한법」 제30조에 따른 중소기업에 취업하는 청년에 대한 소득세 감면을 적용하지 않음(원천-576, 2012.10.25.).
- 연령이 15세 이상 29세 이하인 청년이 「민법」 제32조에 따라 설립된 법인으로서 「중소기업기본법」 제2조에 따른 중소기업의 기준을 충족하고 「조세특례제한법 시행령」 제27조 제3항에 해당하는 사업을 영위하는 경우 중소기업 취업 청년 소득세 감면대상임(원천-542, 2012.10.11.).
- 2011.12.31. 이전 중소기업에 취업한 자가 「법인세법 시행령」 제87조에 따른 특수관계 있는 다른 중소기업에 2012.1.1.부터 2013.12.31.까지 전입하여 근무하는 경우 중소기업에 취업하는 청년에 대한 소득세를 감면받을 수 없는 것임(원천-480, 2012.9.13.).
- 중소기업 취업 청년 소득세 감면신청서를 신청기한까지 제출하지 아니하고 신청기한 경과 후 제출하는 경우에도 「조세특례제한법」 제30조에 따른 중소기업에 취업하는 청년에 대한 소득세 감면을 적용받을 수 있는 것임(원천-428, 2012.8.17.).

373) 「소득세법」 제14조 제2항
374) 「소득세법」 제59조 제1항
375) 「소득세법」 제59조 제1항

- 부동산의 취득시기가 2003.7.1. 이후이므로 개정된 조세특례제한법상 감가상각특례자산으로 20년의 특례내용연수와 상각률을 적용하여 감가상각비를 계산하여 신고조정으로 손금산입함은 적법함(국패)(서울행법 2012구합7011, 2012.7.13.).
- 취업일이 속하는 과세연도에는 중소기업체에 해당하였으나 해당 중소기업체가 그 규모의 확대 등으로 그 다음연도부터 중소기업체에 해당하지 아니하게 된 경우라도 유예기간까지는 중소기업체로 보아 「조세특례제한법」 제30조에 따른 감면규정을 적용함(원천-307, 2012.6.1.).
- 2012.1.1. 이전에 대(중소)기업 등에 정규직이나 비정규직으로 근무한 사실 여부와 관계없이 대통령령으로 정하는 청년은 소득세 감면대상자이고 취업일이 속하는 과세연도의 다음연도부터 중소기업에 해당하지 아니하게 된 경우 중소기업 유예기간을 적용받는 것임(법규소득 2012-213, 2012.5.31.).

# 제117조

## 정규직 근로자로의 전환에 따른 세액공제

관련규정

제117조(정규직 근로자로의 전환에 따른 세액공제) ① 중소기업이 2016년 6월 30일 당시 고용하고 있는 「기간제 및 단시간근로자 보호 등에 관한 법률」에 따른 기간제근로자 및 단시간근로자와 「파견근로자 보호 등에 관한 법률」에 따른 파견근로자, 「하도급거래 공정화에 관한 법률」에 따른 수급사업자에게 고용된 기간제근로자 및 단시간근로자를 2017년 12월 31일까지 기간의 정함이 없는 근로계약을 체결한 근로자로 전환하거나 「파견근로자 보호 등에 관한 법률」에 따라 사용사업주가 직접 고용하거나 「하도급거래 공정화에 관한 법률」 제2조 제2항 제2호에 따른 원사업자가 기간의 정함이 없는 근로계약을 체결하여 직접 고용하는 경우(이하 이 조에서 "정규직 근로자로의 전환"이라 한다)에는 정규직 근로자로의 전환에 해당하는 인원에 20만원을 곱한 금액을 해당 과세연도의 개인지방소득세(사업소득에 대한 개인지방소득세만 해당한다)에서 공제한다.

② 제1항에 따라 개인지방소득세를 공제받은 자가 정규직 근로자로의 전환을 한 날부터 1년이 지나기 전에 해당 정규직 근로자와의 근로관계를 끝내는 경우에는 근로관계가 끝나는 날이 속하는 과세연도의 과세표준신고를 할 때 공제받은 세액상당액에 대통령령으로 정하는 바에 따라 계산한 이자상당액을 가산하여 개인지방소득세로 납부하여야 한다.

③ 제1항의 적용을 위한 세액공제 신청 등에 관해 필요한 사항은 대통령령으로 정한다.

【영】 제70조(정규직 근로자로의 전환에 따른 세액공제) ① 법 제117조 제2항에서 "대통령령으로 정하는 바에 따라 계산한 이자상당액"이란 법 제117조 제1항에 따라 공제받은 세액에 제1호의 기간과 제2호의 율을 곱하여 계산한 금액을 말한다.

1. 공제받은 과세연도의 종료일의 다음 날부터 납부사유가 발생한 날이 속하는 과세연도의 종료일까지의 기간
2. 1일 1만분의 3

② 법 제117조 제3항에 따라 세액공제를 받으려는 자는 과세표준신고와 함께 행정안전부령으로 정하는 세액공제신청서를 납세지 관할 지방자치단체의 장에게 제출하여야 한다. 다만, 「조세특례제한법」 제30조의 2 제3항에 따라 납세지 관할 세무서장에게 소득세 공제를 신청하는 경우에는 법 제117조에 따른 개인지방소득세에 대한 세액공제도 함께 신청한 것으로 본다.

# 1 | 개 요

본 규정은 중소기업이 기간제 근로자 및 단시간근로자와 파견근로자를 2014년 12월 31일까지 정규직 근로자로 전환하는 경우 해당하는 인원에 10만원을 곱한 금액을 개인지방소득세에서 공제하도록 하고, 그 밖의 신청 등에 관한 사항을 규정하고 있다.

한편, 조특법 제30조의 2 규정과는 별도로 지방소득세의 독립세화를 위한 지방세제 개편계획(2013.9.)에 따라 2014년부터 현재의 지특법 제117조로 신설되었다.

2014년 12월 23일 조특법 개정시에는 1인당 공제금액을 200만원으로 또다시 대폭 인상하고, 공제대상 근로자를 2013년 6월 30일 현재 고용인원에서 2014년 6월 30일 현재 고용인원으로 확대하였으며 2015년 1월 1일 이후 정규직으로 전환하는 분부터 적용되도록 하였고, 2015년 12월 15일 법 개정시 적용기한을 다시 1년 연장하여 2015년 6월 30일 현재 비정규직인 근로자는 2016년 12월 31일까지 정규직으로 전환하는 경우 1인당 200만원을 세액공제하도록 하였다.

2017년 4월 18일 세액공제금액을 대폭 인상하여 700만원(중견기업의 경우 500만원)으로 인상하였으며, 2017년 12월 19일 개정시에는 공제금액을 1,000만원(중견기업의 경우 700만원)까지 확장하였고 2018년 12월 24일 개정시에는 동 제도의 적용기한을 2019년 12월 31일까지 연장하였다.

# 2 | 요 건

## 2-1. 중소기업 또는 중견기업일 것

중소기업의 범위에 대해서는 제5조에서 설명한 바와 같으며, 중견기업은 조특령 제4조

제1항에 따른 중견기업을 말한다(조특법 §30의 2 ①, 조특령 §27의 2 ①).

### 2-2. 정규직 전환

2018년 11월 30일 당시 고용하고 있는 「기간제 및 단시간근로자 보호 등에 관한 법률」에 따른 기간제근로자 및 단시간근로자, 「파견근로자 보호 등에 관한 법률」에 따른 파견근로자 및 「하도급거래 공정화에 관한 법률」에 따른 수급사업자에게 고용된 기간제근로자 및 단시간근로자를 2019년 12월 31일까지 기간의 정함이 없는 근로계약을 체결한 근로자로 전환하거나 「파견근로자 보호 등에 관한 법률」에 따라 사용사업주가 직접 고용하거나 「하도급거래 공정화에 관한 법률」 제2조 제2항 제2호에 따른 원사업자가 기간의 정함이 없는 근로계약을 체결하여 직접 고용하는 경우이어야 한다(조특법 §30의 2 ①).

## 3 | 과세특례의 내용

정규직 근로자로의 전환에 해당하는 인원에 1천만원(중견기업의 경우에는 700만원)을 곱한 금액을 해당 과세연도의 소득세(사업소득에 대한 소득세만 해당한다) 또는 법인세에서 공제한다(조특법 §30의 2 ①).

## 4 | 사후관리

소득세 또는 법인세를 공제받은 자가 정규직 근로자로의 전환을 한 날부터 2년이 지나기 전에 해당 정규직 근로자와의 근로관계를 끝내는 경우에는 근로관계가 끝나는 날이 속하는 과세연도의 과세표준신고를 할 때 공제받은 세액상당액에 아래의 이자상당액을 가산하여 소득세 또는 법인세로 납부하여야 한다(조특법 §30의 2 ②, 조특령 §27의 2 ②).

이자상당액 = 공제받은 과세연도의 종료일의 다음 날부터 납부사유가 발생한 날이 속하는 과세연도의 종료일까지의 기간 × 1일 0.025%

# 제 118 조

## 중소기업 고용증가 인원에 대한 사회보험료 세액공제

◈ 관련규정 ◈

**제118조(중소기업 고용증가 인원에 대한 사회보험료 세액공제)** ① 중소기업이 2018년 12월 31일이 속하는 과세연도까지의 기간 중 해당 과세연도의 상시 근로자 수가 직전 과세연도의 상시근로자 수보다 증가한 경우에는 다음 각 호의 따른 금액을 더한 금액을 해당 과세연도의 개인지방소득세(사업소득에 대한 소득세만 해당한다)에서 공제한다.

1. 청년 및 경력단절 여성(이하 이 조에서 "청년등"이라 한다) 상시근로자 고용증가인원에 대하여 사용자가 부담하는 사회보험료 상당액 : 청년등 상시근로자 고용증가 인원으로서 대통령령으로 정하는 인원 × 청년등 상시근로자 고용증가 인원에 대한 사용자의 사회보험료 부담금액으로서 대통령령으로 정하는 금액 × 100분의 10
2. 청년등 외 상시근로자 고용증가 인원에 대하여 사용자가 부담하는 사회보험료 상당액 : 청년등 외 상시근로자 고용증가 인원으로서 대통령령으로 정하는 인원 × 청년등 외 상시근로자 외의 상시근로자 고용증가 인원에 대한 사용자의 사회보험료 부담금액으로서 대통령령으로 정하는 금액 × 100분의 5(대통령령으로 정하는 신성장 서비스업을 영위하는 중소기업의 경우 1,000분의 75)

**【영】 제71조(중소기업 고용증가 인원에 대한 사회보험료 세액 공제 적용 시 상시근로자의 범위 등)** ① 법 제118조 제1항에 따른 상시근로자는 「조세특례제한법 시행령」 제27조의 4 제1항에 따른 근로자로 한다.

② 법 제118조 제1항 제1호에 따른 청년 상시근로자 및 같은 항 제2호에 따른 청년 외 상시근로자는 「조세특례제한법 시행령」 제27조의 4 제2항에 따른다.

③ 법 제118조 제1항 제1호에서 "대통령령으로 정하는 인원"이란 「조세특례제한법 시행령」 제27조의 4 제3항에 따른 상시근로자 수를 말하고, 법 제118조 제1항 제2호에서 "대통령령으로 정하는 인원"이란 「조세특례제한법 시행령」 제27조의 4 제4항에 따른 상시근로자 수를 말한다.

④ 제3항에 따른 상시근로자와 청년 상시근로자의 수에 대한 계산은 「조세특례제한법 시

행령」 제27조의 4 제5항 및 제6항에 따른다.
⑤ 법 제118조 제1항 제1호에서 "대통령령으로 정하는 금액"이란 「조세특례제한법 시행령」 제27조의 4 제7항에 따라 계산한 금액을 말하고, 같은 항 제2호에서 "대통령령으로 정하는 금액"이란 「조세특례제한법 시행령」 제27조의 4 제8항에 따라 계산한 금액을 말한다.
⑥ 법 제118조 제1항을 적용받으려는 중소기업은 해당 과세연도의 과세표준신고를 할 때 행정안전부령으로 정하는 세액공제신청서 및 공제세액계산서를 납세지 관할 지방자치단체의 장에게 제출하여야 한다. 다만, 「조세특례제한법」 제30조의 4 제3항에 따라 납세지 관할 세무서장에게 소득세 공제를 신청하는 경우에는 법 제118조 제1항에 따른 개인지방소득세에 대한 세액공제도 함께 신청한 것으로 본다.

② 제1항에 따른 사회보험이란 다음 각 호의 것을 말한다. 1. ~ 5. (생 략)
③ 제1항을 적용할 때 세액공제 신청, 상시근로자, 청년등 상시근로자의 범위 및 제115조의 2에 따른 세액공제를 적용받은 경우 청년등 상시근로자 고용증가인원의 계산방법과 그 밖에 필요한 사항은 대통령령으로 정한다.

## 1 | 개 요

본 규정은 고용인원이 증가한 중소기업에 대해 신규고용에 따라 사용자가 추가로 부담하는 사회보험료를 세액공제하여 일자리 창출을 지원하고자 2012년부터 국세인 조특법에서 도입되었다. 한편, 지방소득세의 독립세를 위한 세제개편 계획(2013.9.)에 따라 조특법 제30조의 4 규정과는 별개로 지특법 제118조로 신설되었다. 지원대상은 전년대비 고용이 증가한 조특법상 중소기업이고 적용시기는 2012년 1월 1일 이후 최초로 개시하는 과세연도분부터 적용한다.

2014년 1월 1일 조특법 개정시 중소기업의 고용증대를 지속적으로 지원하기 위해 적용기한을 2년 연장하고 상용형 시간제 근로자에 대한 혜택을 강화하였으며, 2016년 12월 20일 조특법 개정시 경력단절여성 및 신성장 서비스업 고용증가 인원에 대해 공제율을 인상하여 이들에 대한 고용 지원을 확대하였다. 2017년 12월 19일 조특법 개정시 영세 중소기업의 사회보험 신규가입에 대한 세액공제를 신설하였고, 2018년 12월 24일 조특법 개정시 적용기한을 2021년 12월 31일까지 연장하였다.

## 2 | 감면실무

### 2-1. 감면요건

#### 2-1-1. 중소기업의 범위

여기서 중소기업이란 중소기업기본법상 중소기업이 아닌 조특법상 중소기업을 말한다. 이에 대한 내용은 제99조(중소기업 투자 세액공제)의 해설을 참고하기로 한다.

#### 2-1-2. 상시 근로자수가 증가할 것

2013년 12월 31일(적용기한 : 2012.1.1.~2013.12.31. 2년)이 속하는 과세연도까지의 기간 중 해당 과세연도의 상시 근로자수가 직전 과세연도의 상시 근로자수보다 증가하여야 한다(지특법 §118 ①).

(1) 상시 근로자

여기서 상시 근로자는 「근로기준법」에 따라 근로계약을 체결한 내국인 근로자로 한다. 다만, 다음의 어느 하나에 해당하는 사람은 제외한다(지특령 §71 ①, 조특령 §27의 4 ①).

① 근로계약기간이 1년 미만인 근로자. 다만, 근로계약의 연속된 갱신으로 인하여 그 근로계약의 총기간이 1년 이상인 근로자는 상시 근로자로 본다.

② 단시간 근로자(「근로기준법」 제2조 제1항 제8호에 따른 근로자). 다만, 1개월간의 소정 근로시간이 60시간 이상인 근로자는 상시 근로자로 본다.

③ 임원(「법인세법 시행령」 제20조 제1항 제4호 각 목의 어느 하나에 해당하는 임원)

④ 해당 기업의 최대주주 또는 최대출자자(개인사업자의 경우에는 대표자)와 그 배우자

⑤ 위 ④에 해당하는 자의 직계존비속(그 배우자 포함) 및 친족관계(「국세기본법 시행령」 §1의 2 ①)인 사람

⑥ 「소득세법 시행령」 제196조에 따른 근로소득원천징수부에 의하여 근로소득세를 원천징수한 사실이 확인되지 아니하는 사람

⑦ 사회보험(조특법 §30의 4 ②에 따른 보험)에 대하여 사용자가 부담하여야 하는 부담금 또는 보험료의 납부 사실이 확인되지 아니하는 근로자

(2) 청년 상시 근로자 및 청년 외 상시 근로자

청년 상시 근로자는 15세 이상 29세 이하인 상시 근로자(㉠ 현역병, ㉡ 공익근무요원, ㉢ 현역에 복무하는 장교, 준사관 및 부사관을 포함)로 하고, 청년 외 상시 근로자는 청년 상시

근로자가 아닌 상시 근로자로 한다. 다만, 직전 과세연도 중 청년 상시 근로자인 경우 또는 해당 과세연도 근로계약 체결일 현재 청년 상시 근로자인 경우에는 2013년 12월 31일이 속하는 과세연도까지 청년 상시 근로자로 본다(지특령 §71 ②, 조특령 §27의 4 ②).

#### 2-1-3. 사회보험료를 부담할 것

여기서 사회보험이란 다음의 어느 하나를 말한다(지특법 §118 ②).

① 「국민연금법」에 따른 국민연금

② 「고용보험법」에 따른 고용보험

③ 「산업재해보상보험법」에 따른 산업재해보상보험

④ 「국민건강보험법」에 따른 국민건강보험

⑤ 「노인장기요양보험법」에 따른 장기요양보험

### 2-2. 과세특례의 내용

다음에 따른 금액을 더한 금액(①+②)을 해당 과세연도의 개인지방소득세(사업소득에 대한 개인지방소득세만 해당한다)에서 공제한다(지특법 §118 ①).

① 청년 상시 근로자 고용증가 인원에 대하여 사용자가 부담하는 사회보험료 상당액 : 청년 상시 근로자 고용증가인원 × 청년 상시 근로자 고용증가인원에 대한 사용자의 사회보험료 부담금액 × 100분의 10

② 청년 외 상시 근로자 고용증가 인원에 대하여 사용자가 부담하는 사회보험료 상당액 : 청년 외 상시 근로자 고용증가인원 × 청년 외 상시 근로자 고용증가인원에 대한 사용자의 사회보험료 부담금액 × 100분의 5

**세액공제액**

• 고용증가 인원에 대한 사용자의 사회보험료 부담증가 상당액

(ⅰ) 청년(15~29세)근로자 순증인원의 사회보험료 : 10%

$$\frac{\text{해당 과세연도 청년 상시 근로자에 대한 사회보험료}}{\text{해당 과세연도 청년 상시 근로자수}} \times \text{ⓐ Min(청년 상시 근로자 증가인원, 상시 근로자 증가인원)}$$

* ⓐ의 값이 '0'보다 작은 경우는 '0'으로 계산

(ⅱ) 청년 외 근로자 순증인원의 사회보험료 : 5%

$$\frac{\text{해당 과세연도 청년 외 상시 근로자 사회보험료}}{\text{해당 과세연도 청년 외 상시 근로자수}} \times (\text{상시 근로자 증가인원} - \text{ⓐ}) \times 5\%$$

2-2-1. 청년 상시 근로자 고용증가인원 및 청년 외 상시 근로자 고용증가인원

여기서 청년 상시 근로자 고용증가인원은 해당 과세연도에 직전 과세연도 대비 증가한 청년 상시 근로자수(그 수가 음수인 경우 영으로 본다)를 말한다. 다만, 해당 과세연도에 직전 과세연도 대비 증가한 상시 근로자수를 한도로 한다(지특령 §71 ③, 조특령 §27의 4 ③). 또한 청년 외 상시 근로자 고용증가인원은 해당 과세연도에 직전 과세연도 대비 증가한 상시 근로자수에서 청년 상시 근로자 고용증가인원을 뺀 수(그 수가 음수인 경우 영으로 본다)를 말한다(지특령 §71 ③, 조특령 §27의 4 ④). 그리고 상시 근로자수와 청년 상시 근로자수는 다음의 구분에 따른 계산식에 따라 계산한 수로 한다. 다만, 1개월간의 소정근로시간이 60시간 이상인 근로자 1명은 0.5명으로 하여 계산하고 100분의 1 미만의 부분은 없는 것으로 한다(지특령 §71 ④, 조특령 §27의 4 ⑤).

① 상시 근로자수 : 해당 기간의 매월 말 현재 상시 근로자수의 합 / 해당 기간의 개월 수
② 청년 상시 근로자수 : 해당 기간의 매월 말 현재 청년 상시 근로자수의 합 / 해당 기간의 개월 수

2-2-2. 창업 등을 한 기업의 경우 전 과세연도의 청년 상시 근로자수 등

한편 청년 상시 근로자 또는 상시 근로자 증가인원을 계산할 때 해당 과세연도에 창업 등을 한 기업의 경우에는 다음의 구분에 따른 수를 직전 과세연도의 청년 상시 근로자수 또는 상시 근로자수로 본다(지특령 §71 ④, 조특령 §27의 4 ⑥).

① 창업(조특법 §6 ⑥ 1~3호까지의 규정에 해당하는 경우는 제외)한 경우 : 0
② 조특법 제6조 제6항 제1호(합병·분할·현물출자 또는 사업의 양수 등을 통하여 종전의 사업을 승계하는 경우는 제외한다)부터 제3호까지의 어느 하나에 해당하는 경우 : 종전 사업, 법인전환 전의 사업 또는 폐업 전의 사업의 직전 과세연도 청년 상시 근로자수 또는 상시 근로자수
③ 다음의 어느 하나에 해당하는 경우 : 승계한 기업의 직전 과세연도 청년 상시 근로자수 또는 상시 근로자수에 승계받은 청년 상시 근로자수 또는 상시 근로자수를 더한 수
   ㉠ 해당 과세연도에 합병·분할·현물출자 또는 사업의 양수 등에 의하여 종전의 사업부문에서 종사하던 청년 상시 근로자 또는 상시 근로자를 승계한 경우
   ㉡ 특수관계인(조특령 §11 ①)으로부터 청년 상시 근로자 또는 상시 근로자를 승계한 경우

### 2-2-3. 사회보험료 부담금액

#### (1) 청년 상시 근로자 고용증가인원의 경우

청년 상시 근로자 고용증가인원에 대한 사용자의 사회보험료 부담금액은 다음 계산식에 따라 계산한 금액을 말한다(지특령 §71 ⑤, 조특령 §27의 4 ⑦).

> (해당 과세연도에 청년 상시 근로자에게 지급하는 「소득세법」 제20조 제1항에 따른 총급여액 / 해당 과세연도의 청년 상시 근로자수) × 사회보험료율

#### (2) 청년 외 상시 근로자 고용증가인원의 경우

청년 외 상시 근로자 고용증가인원에 대한 사용자의 사회보험료 부담금액 다음 계산식에 따라 계산한 금액을 말한다(지특령 §71 ⑤, 조특령 §27의 4 ⑧).

> [해당 과세연도에 청년 외 상시 근로자에게 지급하는 「소득세법」 제20조 제1항에 따른 총급여액 / (해당 과세연도의 상시 근로자수 − 해당 과세연도의 청년 상시 근로자수)] × 사회보험료율

#### (3) 사회보험료율

사회보험료율은 해당 과세연도 종료일 현재 적용되는 다음의 수를 더한 수로 한다(지특령 §71 ⑥, 조특령 §27의 4 ⑨).

① 「국민건강보험법 시행령」 제44조 제1항[376]에 따른 보험료율의 2분의 1

② 위 ①의 수에 「노인장기요양보험법 시행령」 제4조[377]에 따른 장기요양보험료율을 곱한 수

③ 「국민연금법」 제88조[378]에 따른 보험료율

---

376) 제44조 【보험료율 및 보험료부과점수당 금액】 ① 법 제73조 제1항에 따른 직장가입자의 보험료율은 1만분의 580으로 한다.

377) 노인장기요양보험법 시행령 제4조 【장기요양보험료율】 법 제9조 제1항에 따른 장기요양보험료율은 1만분의 655로 한다.

378) 국민연금법 제88조 【연금보험료의 부과·징수 등】 ① 보건복지부장관은 국민연금사업 중 연금보험료의 징수에 관하여 이 법에서 정하는 사항을 건강보험공단에 위탁한다.
② 공단은 국민연금사업에 드는 비용에 충당하기 위하여 가입자와 사용자에게 가입기간 동안 매월 연금보험료를 부과하고, 건강보험공단이 이를 징수한다.
③ 사업장가입자의 연금보험료 중 기여금은 사업장가입자 본인이, 부담금은 사용자가 각각 부담하되, 그 금액은 각각 기준소득월액의 1천분의 45에 해당하는 금액으로 한다.
④ 지역가입자, 임의가입자 및 임의계속가입자의 연금보험료는 지역가입자, 임의가입자 또는 임의계속가

④ 「고용보험 및 산업재해보상보험의 보험료 징수 등에 관한 법률」 제13조 제4항 각 호[379]에 따른 수를 합한 수

⑤ 「고용보험 및 산업재해보상보험의 보험료 징수 등에 관한 법률」 제14조 제3항[380]에 따른 산재보험료율

## 3 | 영세 중소기업의 사회보험 신규가입에 대한 세액공제

### 3-1. 요 건

#### 3-1-1. 영세 중소기업일 것

중소기업 중 다음의 요건을 모두 갖춘 중소기업을 말한다(조특령 §27의 4 ⑪).

① 해당 과세연도의 상시근로자 수가 10명 미만일 것

② 해당 과세연도의 소득세 또는 법인세 과세표준이 5억원 이하일 것. 이 경우 소득세 과세표준은 사업소득에 대한 것에 한정하며, 그 계산방법은 다음의 계산식에 따른다(조특칙 §14의 4 ②).

> 해당 과세연도의 종합소득 과세표준 × (해당 과세연도의 사업소득금액 / 해당 과세연도의 종합소득금액)

입자 본인이 부담하되, 그 금액은 기준소득월액의 1천분의 90으로 한다.
⑤ 공단은 기준소득월액 정정 등의 사유로 당초 징수 결정한 금액을 다시 산정함으로써 연금보험료를 추가로 징수하여야 하는 경우 가입자 또는 사용자에게 그 추가되는 연금보험료를 나누어 내도록 할 수 있다. 이 경우 분할 납부 신청 대상, 분할 납부 방법 및 납부 기한 등 연금보험료의 분할 납부에 필요한 사항은 대통령령으로 정한다.

379) **고용보험 및 산업재해보상보험의 보험료 징수 등에 관한 법률 제13조 【보험료】** ④ 제1항에 따라 사업주가 부담하여야 하는 고용보험료는 그 사업에 종사하는 고용보험 가입자인 근로자의 보수총액(제2항 단서에 따른 보수로 보는 금품의 총액과 보수의 총액은 제외한다)에 다음 각 호를 각각 곱하여 산출한 각각의 금액을 합한 금액으로 한다.
1. 제14조 제1항에 따른 고용안정·직업능력개발사업의 보험료율
2. 실업급여의 보험료율의 2분의 1

380) **고용보험 및 산업재해보상보험의 보험료 징수 등에 관한 법률 제14조 【보험료율의 결정】** ③ 산재보험료율은 매년 6월 30일 현재 과거 3년 동안의 보수총액에 대한 산재보험급여총액의 비율을 기초로 하여, 「산업재해보상보험법」에 따른 연금 등 산재보험급여에 드는 금액, 재해예방 및 재해근로자의 복지증진에 드는 비용 등을 고려하여 사업의 종류별로 구분하여 고용노동부령으로 정한다.

### 3-1-2. 근로자 요건

「근로기준법」에 따라 근로계약을 체결한 내국인 근로자 중 시간당 임금이 「최저임금법」 제5조에 따른 최저임금액의 100분의 100 이상 100분의 120 이하인 근로자여야 하며(조특령 §27의 4 ⑫), 2019년 1월 1일 현재 위의 중소기업이 고용 중인 근로자 중 2019년 12월 31일까지 사회보험에 신규 가입하는 근로자여야 한다(조특법 §30의 4 ③).

### 3-2. 과세특례의 내용

위의 요건을 모두 충족하는 경우 근로자가 사회보험에 신규 가입을 한 날부터 2년이 되는 날이 속하는 달까지 다음의 계산식에 따른 금액을 해당 과세연도의 개인지방소득세(사업소득에 대한 소득세만 해당한다)에서 공제한다(조특법 §30의 4 ③, 조특령 §27의 4 ⑭).

(사용자가 부담하는 사회보험료 상당액 − 국가 등의 지원금) × 50%

여기서 국가 등의 지원금이란 조특법 제30조의 4 제4항 각 호의 어느 하나에 해당하는 사회보험에 관하여 사용자가 부담하는 사회보험료 상당액에 대하여 국가 및 「공공기관의 운영에 관한 법률」 제4조에 따른 공공기관이 지급하였거나 지급하기로 한 보조금 및 감면액의 합계액을 말한다(조특령 §27의 4 ⑬).

## 4 절 차

본조의 과세특례를 적용받으려는 중소기업은 해당 과세연도의 과세표준신고를 할 때 세액공제신청서 및 공제세액계산서를 제출하여야 한다(지특령 §71 ⑥).

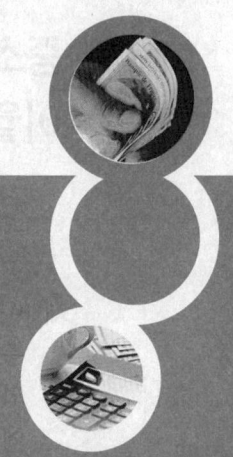

# 제 7 절

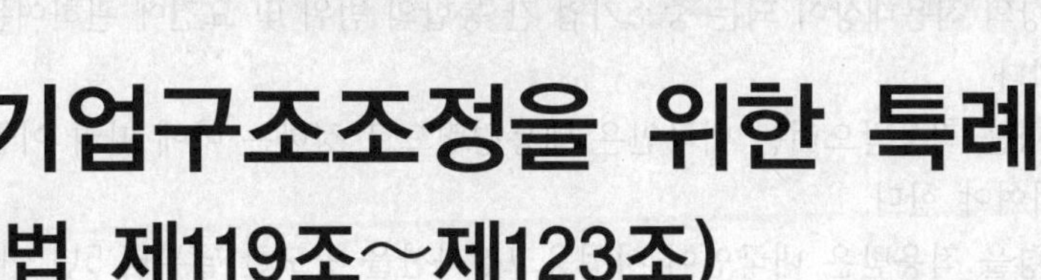

## 기업구조조정을 위한 특례 (법 제119조~제123조)

# 제 119 조

## 중소기업 간의 통합에 대한 양도소득분 개인지방소득세의 이월과세 등

관련규정

제119조(중소기업 간의 통합에 대한 양도소득분 개인지방소득세의 이월과세 등) ① 대통령령으로 정하는 업종을 경영하는 중소기업 간의 통합으로 인하여 소멸되는 중소기업이 대통령령으로 정하는 사업용고정자산(이하 "사업용고정자산"이라 한다)을 통합에 의하여 설립된 법인 또는 통합 후 존속하는 법인(이하 이 조에서 "통합법인"이라 한다)에 양도하는 경우 그 사업용고정자산에 대해서는 이월과세를 적용받을 수 있다.

② 제1항의 적용대상이 되는 중소기업 간 통합의 범위 및 요건에 관하여는 대통령령으로 정한다.

③ 제1항을 적용받으려는 내국인은 대통령령으로 정하는 바에 따라 이월과세 적용신청을 하여야 한다.

④ 제1항을 적용받은 내국인이 사업용고정자산을 양도한 날부터 5년 이내에 다음 각 호의 어느 하나에 해당하는 사유가 발생하는 경우에는 해당 내국인은 사유발생일이 속하는 달의 말일부터 2개월 이내에 제1항에 따른 이월과세액(통합법인이 이미 납부한 세액을 제외한 금액을 말한다)을 양도소득분 개인지방소득세로 납부하여야 한다. 이 경우 사업 폐지의 판단기준 등에 관하여 필요한 사항은 대통령령으로 정한다.

1. 통합법인이 소멸되는 중소기업으로부터 승계받은 사업을 폐지하는 경우
2. 제1항을 적용받은 내국인이 통합으로 취득한 통합법인의 주식 또는 출자지분의 100분의 50 이상을 처분하는 경우

【영】 제72조(중소기업 간의 통합에 대한 양도소득분 개인지방소득세의 이월과세 등) ① 법 제119조 제1항에서 "대통령령으로 정하는 업종을 경영하는 중소기업 간의 통합"이란 「조세특례제한법 시행령」 제28조 제1항에 따른 통합을 말하고, "대통령령으로 정하는 사업용고정자산"이란 「조세특례제한법 시행령」 제28조 제2항에 따른 자산을 말한다.

② 법 제119조 제1항에 따라 양도소득분 개인지방소득세의 이월과세를 적용받으려는 자는 통합일이 속하는 과세연도의 과세표준신고 시 통합법인과 함께 행정안전부령으로 정하는 이월과세적용신청서를 납세지 관할 지방자치단체의 장에게 제출하여야 한다. 다만,

「조세특례제한법」 제28조 제3항에 따라 납세지 관할 세무서장에게 양도소득세 이월과세를 신청하는 경우에는 법 제119조에 따른 개인지방소득세에 대한 이월과세도 함께 신청한 것으로 본다.
③ 법 제119조 제4항 각 호 외의 부분 후단에 따른 사업 폐지의 판단기준 등에 관하여는 「조세특례제한법 시행령」 제28조 제9항부터 제11항까지의 규정을 준용한다.

## 1 | 개 요

중소기업 간 통합으로 인하여 소멸되는 중소기업이 사업용고정자산을 통합법인(통합으로 설립된 법인 또는 통합 후 존속하는 법인)에게 양도하는 경우 당해 사업용고정자산에 대하여는 이월과세 등의 세제지원을 적용받을 수 있다.

## 2 | 감면실무

### 2-1. 감면요건

#### 2-1-1. 중소기업 간의 통합

소비성서비스업[381]을 제외한 사업을 영위하는 중소기업자[382]가 당해 기업의 사업장별로 그 사업에 관한 주된 자산을 모두 승계하여 사업의 동일성이 유지되는 것으로서 다음의 요건을 갖춘 것을 말한다. 이 경우 설립[383] 후 1년이 경과되지 아니한 법인이 출자자인 개인(「국세기본법」 제39조 제2항의 규정에 의한 과점주주에 한한다)의 사업을 승계하는 것은 이를 통합으로 보지 아니한다(지특법 §119 ①, 지특령 §72 ①, 조특령 §28 ①).

① 통합으로 인하여 소멸되는 사업장의 중소기업자가 통합 후 존속하는 법인 또는 통합으로 인하여 설립되는 법인의 주주 또는 출자자일 것

381) 소비성서비스업과 다른 사업을 겸영하고 있는 경우에는 부동산양도일이 속하는 사업연도의 직전 사업연도의 소비성서비스업의 사업별 수입금액이 가장 큰 경우에 한한다(조특령 §28 ①).
382) 「중소기업기본법」에 의한 중소기업자를 말한다(조특령 §28 ①).
383) "설립"이란 "법인설립등기일"을 의미하는 것이며, 법인설립 후 1년이 경과되었다면 "과점주주"라 하더라도 이월과세를 적용받을 수 있는 것임(서면4팀-2048, 2004.12.15.).
※ 법인설립 후 1년이 경과하였더라도 조세의무를 면탈하기 위하여 휴업기간이 있는 경우에는 그 휴업기간을 제외하고 같은 규정을 적용하는 것임(서일 46014-10940, 2003.7.16.).

② 통합으로 인하여 소멸하는 사업장의 중소기업자가 당해 통합으로 인하여 취득하는 주식 또는 지분의 가액이 통합으로 인하여 소멸하는 사업장의 순자산가액 이상일 것

여기서, '순자산가액'은 통합일 현재의 시가로 평가한 자산의 합계액에서 부채(충당금 포함)의 합계액을 공제한 금액을 말한다.

#### 2-1-2. 대상자산

본조의 적용대상자산은 '사업용고정자산'이다. 여기서, "사업용고정자산"이라 함은 당해 사업에 직접 사용하는 유형자산 및 무형자산(1981년 1월 1일 이후에 취득한 부동산으로서 업무무관부동산[384]을 제외한다)을 말한다(조특법 §119 ①, 지특령 §72 ①, 조특령 §28 ②). 이 경우 업무무관부동산에 해당하는지의 여부에 대한 판정은 양도일을 기준으로 한다(조특칙 §15 ③).

### 2-2. 과세특례의 내용

#### 2-2-1. 이월과세

중소기업 간의 통합으로 인하여 소멸되는 중소기업이 사업용고정자산을 통합법인[385]에게 양도하는 경우 당해 사업용고정자산에 대하여는 이월과세를 적용받을 수 있다(지특법 §119 ①).

즉, 중소기업자가 사업용고정자산을 통합법인에게 양도하는 경우 이를 양도하는 중소기업자에 대하여는 양도소득세를 과세하지 않고, 그 대신 이를 양수한 통합법인이 당해 사업용고정자산을 양도하는 경우 중소기업자가 법인에게 양도한 날이 속하는 과세기간에 다른 양도자산은 없다고 보아 계산한 산출세액 상당액을 법인세로 납부한다.

이월과세를 적용함에 있어서 이월과세 적용대상자산의 취득가액은 당해 자산 취득당시의 실지거래가액으로 한다(조특칙 §15 ①). 이 경우 취득당시의 실지거래가액이 불분명한 때에는 통합일 현재의 당해 자산에 대하여 다음의 규정을 순차로 적용하여 계산한 금액을 「소득세법 시행령」 제176조의 2 제2항 제2호[386]의 규정을 준용하여 환산한 가액으로 한다

384) 「법인세법 시행령」 제49조 제1항 제1호의 규정에 의한 업무와 관련이 없는 부동산을 말한다(조특칙 §15 ③).
385) 통합에 의하여 설립된 법인 또는 통합 후 존속하는 법인을 말한다.
386) 소득세법 시행령 제176조의 2(추계결정 및 경정) ② 법 제114조 제7항에서 "대통령령이 정하는 방법에 의하여 환산한 취득가액"이라 함은 다음 각호의 방법에 의하여 환산한 취득가액을 말한다.
2. 법 제96조 제1항 및 동조 제2항 제1호 내지 제9호(제6호의 규정은 제4항의 규정에 의한 의제취득일 전에 취득한 자산에 한하여 적용한다)의 규정에 의한 토지 · 건물 및 부동산을 취득할 수 있는 권리의 경우에는 다음 산식에 의하여 계산한 가액

(조특칙 §15 ②).

① 「부동산 가격공시 및 감정평가에 관한 법률」에 의한 감정평가법인이 감정한 가액이 있는 경우 그 가액. 다만, 증권거래소에 상장되지 아니한 주식 등을 제외한다.

② 「상속세 및 증여세법」 제38조 · 동법 제39조 및 동법 제61조 내지 제64조의 규정을 준용하여 평가한 가액

#### 2-2-2. 취득세의 면제

중소기업 간 통합에 의해 통합법인이 양수하는 해당 사업용재산의 취득에 대하여는 취득세를 면제한다(조특법 §120 ①).

### 2-3. 사후관리

사업용고정자산을 양도한 날부터 5년 이내에 다음의 어느 하나에 해당하는 사유가 발생하는 경우에는 사유발생일이 속하는 과세연도의 과세표준신고를 할 때 이월과세액(통합법인이 이미 납부한 세액을 제외한 금액)을 양도소득분 개인지방소득세로 납부하여야 한다.

#### 2-3-1. 통합법인이 소멸되는 중소기업으로부터 승계받은 사업을 폐지하는 경우

통합법인이 통합으로 인하여 소멸되는 사업장의 중소기업자로부터 승계받은 사업용고정자산을 2분의 1 이상 처분하거나 사업에 사용하지 않는 경우 사업의 폐지로 본다. 다만, 다음의 어느 하나에 해당하는 경우에는 그러하지 아니한다.

1. 통합법인이 파산하여 승계받은 자산을 처분한 경우
2. 통합법인이 「법인세법」 제44조 제2항에 따른 합병, 같은 법 제46조 제2항에 따른 분할, 같은 법 제47조 제1항에 따른 물적분할, 같은 법 제47조의 2 제1항에 따른 현물출자의 방법으로 자산을 처분한 경우
3. 통합법인이 조특법 제37조에 따른 자산의 포괄적 양도에 따라 자산을 장부가액으로 양도한 경우
4. 통합법인이 「채무자 회생 및 파산에 관한 법률」에 따른 회생절차에 따라 법원의 허가를 받아 승계받은 자산을 처분한 경우

---

$$\text{양도당시의 실지거래가액, 제3항 제1호의 매매사례가액 또는 동항 제2호의 감정가액} \times \frac{\text{취득당시의 기준시가}}{\text{양도당시의 기준시가(제164조 제8항의 규정에 해당하는 경우에는 동항의 규정에 의한 양도당시의 기준시가)}}$$

#### 2-3-2. 통합으로 취득한 통합법인의 주식 또는 출자지분의 100분의 50 이상을 처분하는 경우

여기서 처분은 주식 또는 출자지분의 유상이전, 무상이전, 유상감자 및 무상감자를 포함한다. 다만, 다음의 어느 하나에 해당하는 경우에는 그러하지 아니한다.

1. 중소기업자가 사망하거나 파산하여 주식 또는 출자지분을 처분하는 경우
2. 중소기업자가 「법인세법」 제44조 제2항에 따른 합병이나 같은 법 제46조 제2항에 따른 분할의 방법으로 주식 또는 출자지분을 처분하는 경우
3. 중소기업자가 조특법 제37조에 따른 자산의 포괄적 양도, 조특법 제38조에 따른 주식의 포괄적 교환·이전 또는 조특법 제38조의 2에 따른 주식의 현물출자의 방법으로 과세특례를 적용받으면서 주식 또는 출자지분을 처분하는 경우
4. 중소기업자가 「채무자 회생 및 파산에 관한 법률」에 따른 회생절차에 따라 법원의 허가를 받아 주식 또는 출자지분을 처분하는 경우
5. 중소기업자가 법령상 의무를 이행하기 위하여 주식 또는 출자지분을 처분하는 경우

### 2-4. 절 차

양도소득분 지방소득세의 이월과세를 적용받고자 하는 자는 통합일이 속하는 과세연도의 과세표준신고(예정신고 포함)시 이월과세적용신청서를 납세지 관할 지방자치단체의 장(세무서장 포함)에게 제출하여야 한다(지특법 §119 ③, 지특령 §72 ②).

## 3 | 조세특례제한 등

### 3-1. 구분경리

본조 제1항의 규정에 의하여 창업중소기업이나 농공단지입주기업의 조세감면을 승계한 법인 또는 위탁영농회사 등의 조세감면을 승계한 자는 당해 감면사업과 기타 사업에서 발생하는 소득금액을 구분경리하여야 한다. 구분경리에 관한 자세한 설명은 조특법 제143조의 내용을 참조하기로 한다.

### 3-2. 중복지원의 배제

본조 제1항의 규정에 의하여 법인세 또는 소득세가 감면되는 경우에는 조특법 제127조

제4항 및 제5항의 규정에 의하여 동 규정에 열거된 일부의 조세특례를 중복적용할 수 없다.

### 3-3. 결정시 등 감면배제

소득세법 제80조 제1항 또는 법인세법 제66조 제1항의 규정에 의하여 결정을 하는 경우와 국세기본법 제45조의 3의 규정에 의하여 기한 후 신고를 하는 경우에는 본조 제1항의 규정을 적용하지 아니하며, 또한 소득세법 제80조 제2항 또는 법인세법 제66조 제2항의 규정에 의하여 경정을 하는 경우 등 부당과소신고금액에 대하여 본조 제1항의 규정을 적용하지 아니한다.

## 4 관련사례

- 부동산임대업을 영위하던 거주자가 법인과의 통합계약에 따라 임대에 사용하던 구 건물을 철거하던 중 구 건물을 포함한 사업용 고정자산을 법인에게 양도하고 법인이 양수한 구 건물의 철거를 완료하여 건물을 신축한 후 부동산임대업에 사용하는 경우 조특법 제31조 적용 가능함(서면법규-973, 2013.9.9.).
- 법인전환에 대한 이월과세 규정을 합리적 근거 없이 유추·확장 해석할 수 없고, 이월과세 적용신청서에 취득가액 적용의 오류로 세액이 적게 기재된 것을 단순착오로 보기 어려운바, 처분청이 추가납부할 세액은 이월과세가 적용되지 아니한다고 보아 양도세를 과세한 처분은 잘못이 없음(조심 2013부2675, 2013.8.12.).
- 소멸한 중소기업이 "임대업"에 사용하던 쟁점부동산을 취득한 통합법인인 청구법인은 이를 "임대업"에 사용하지 아니하고, 쟁점부동산의 건축물을 철거한 후 건축물을 신축하여 "분양업" 내지는 "매매업"을 영위하고 있는 사실이 확인되는 이상 통합 후 사업의 동질성이 유지되지 아니하는 것으로 보아 기 감면한 취득세 등(가산세 포함)을 추징한 것은 달리 잘못이 없음(조심 2013지59, 2013.4.25.).
- 청구법인은 법인설립(2011.1.14.)한 후 1년이 경과한 2012.2.23. 개인사업자의 사업용 재산을 취득하였으므로 과세면제 요건을 충족한 것으로 보이고, 법인설립 후 매출실적이 없다 하여 휴업으로 볼 수는 없다 할 것임(조심 2012지708, 2013.4.10.).
- 우발부채(물상보증채무)를 소멸하는 사업장의 순자산가액 산정시 자산가액에서 공제하는 부채에 해당하지 않는 점 등을 종합할 때, 청구인의 쟁점부동산 현물출자는 조특법 제31조의 이월과세 요건을 충족하지 못한 것으로 보임(조심 2012광3701, 2012.12.5.).
- 중소기업 간의 통합이란 중소기업이 사업장별로 그 사업에 관한 주된 자산을 모두 승계하여 사업의 동일성이 유지되는 것이며, 임대업에 사용되는 토지가 법인에게 양도된 후에도 임대업에 사용되는 경우 사업의 동질성이 유지되는 것으로 보는 것임(부동산거래-207, 2012.4.18.).

- 경매로 취득한 부동산을 현물출자하여 중소기업 간 통합방식으로 통합하면서 양도소득세를 신고하지도 않고 조특법상 이월과세신청서를 제출하지도 않은 것으로 보아 실거래가액에 의해 양도소득세를 과세한 처분이 정당하다고 본 사례(소심 2010구4060, 2011.8.10.)
- 부동산임대업을 영위하던 개인이 제조업만을 영위하던 법인과 중소기업 간 통합 이후 제조업만 영위하더라도 사업의 동일성이 유지되지 않는 것이므로 중소기업 간 통합에 따른 양도소득세 이월과세를 적용받을 수 없음(부동산거래-468, 2011.6.8.).
- 설립 후 1년이 경과되지 아니한 법인이 출자자인 개인의 사업을 승계하는 것은 중소기업 간 통합으로 보지 아니함(부동산거래-1161, 2010.9.17.).
- 임대사업에 사용하던 토지를 임차자인 통합법인에게 양도한 후 통합법인이 동 토지를 자가사용 및 일부 임대하는 경우 사업의 동일성이 유지되지 않는 것임(부동산거래-859, 2010.6.29.).

# 제 120 조

## 법인전환에 대한 양도소득분 개인지방소득세의 이월과세

관련규정

제120조(법인전환에 대한 양도소득분 개인지방소득세의 이월과세) ① 거주자가 사업용 고정자산을 현물출자하거나 대통령령으로 정하는 사업 양도·양수의 방법에 따라 법인(대통령령으로 정하는 소비성서비스업을 경영하는 법인은 제외한다)으로 전환하는 경우 그 사업용고정자산에 대해서는 이월과세를 적용받을 수 있다.

② 제1항은 새로 설립되는 법인의 자본금이 대통령령으로 정하는 금액 이상인 경우에만 적용한다.

③ 제1항을 적용받으려는 거주자는 대통령령으로 정하는 바에 따라 이월과세 적용신청을 하여야 한다.

④ 제1항에 따라 설립된 법인의 설립일부터 5년 이내에 다음 각 호의 어느 하나에 해당하는 사유가 발생하는 경우에는 제1항을 적용받은 거주자가 사유발생일이 속하는 과세연도의 개인지방소득 과세표준신고를 할 때 제1항에 따른 이월과세액(해당 법인이 이미 납부한 세액을 제외한 금액을 말한다)에 대하여는 양도소득분 개인지방소득세로 납부하여야 한다. 이 경우 사업 폐지의 판단기준 등에 관하여 필요한 사항은 대통령령으로 정한다.

1. 제1항에 따라 설립된 법인이 제1항을 적용받은 거주자로부터 승계받은 사업을 폐지하는 경우
2. 제1항을 적용받은 거주자가 법인전환으로 취득한 주식 또는 출자지분의 100분의 50 이상을 처분하는 경우

【영】 제73조(법인전환에 대한 양도소득분 개인지방소득세의 이월과세) ① 법 제120조 제1항에서 "대통령령으로 정하는 사업 양도·양수의 방법"이란 「조세특례제한법 시행령」 제29조 제2항에 따른 방법을 말하고, "대통령령으로 정하는 소비성서비스업"이란 「조세특례제한법 시행령」 제29조 제3항 각 호의 어느 하나에 해당하는 사업을 말한다.

② 법 제120조 제2항에서 "대통령령으로 정하는 금액"이란 「조세특례제한법 시행령」 제29조 제5항에 따라 계산한 금액을 말한다.

③ 법 제120조 제1항에 따라 양도소득분 개인지방소득세의 이월과세를 적용받으려는 자는 현물출자 또는 사업 양도·양수를 한 날이 속하는 과세연도의 과세표준신고 시 새롭게 설립되는 법인과 함께 행정안전부령으로 정하는 이월과세적용신청서를 납세지 관할 지방자치단체의 장에게 제출하여야 한다. 다만, 「조세특례제한법 시행령」 제29조 제4항에 따라 납세지 관할 세무서장에게 양도소득세 이월과세를 신청하는 경우에는 법 제120조에 따른 개인지방소득세에 대한 이월과세도 함께 신청한 것으로 본다.
④ 법 제120조 제4항 각 호 외의 부분 후단에 따른 사업 폐지의 판단기준 등에 관하여 필요한 사항은 「조세특례제한법 시행령」 제29조 제6항부터 제8항까지의 규정을 준용한다.

## 1 개 요

본 제도는 법인전환시 발생하는 양도소득분 지방소득세 부담을 완화하여 개인기업의 법인전환을 유도하고 기업경영의 투명성을 제고하기 위한 세제지원이다.

개인기업이 법인기업으로 전환하는 경우 토지·건축물 등의 부동산을 현물출자 또는 사업양수도 방법을 이용하는데, 이는 「소득세법」상 양도에 해당(소법 §88 ①)하여 양도소득분 개인지방소득세의 부담문제가 발생하기 때문이다. 따라서 종전 사업자의 부동산양도에 대하여는 과세하지 아니하고, 새로이 취득한 부동산을 양도할 경우에만 과세하도록 하여 기업의 구조조정시점에서는 양도소득분 지방소득세의 부담이 없도록 함으로써 기업의 원활한 구조조정을 지원하도록 한 것이다. 본 제도는 지방세제 개편계획(2013.9.)에 따라 조특법 제120조와는 별도로 2014년부터 현재의 지특법 제32조에서 양도소득분 지방소득세로 신설되었다.

## 2 감면실무

### 2-1. 감면대상자

개인기업이 법인기업으로 전환하는 경우 토지·건축물 등의 부동산을 소유하고 있던 거주자, 즉 종전 사업자가 이에 해당된다. 거주자라도 감면대상에 해당되기 위해서는 일정한 요건이 있는데 세부적인 사항은 다음과 같다.

### 2-1-1. 전환법인의 업종

거주자가 소비성서비스업 이외의 사업을 경영하는 법인으로 전환하여야 한다(지특법 §120 ①). 여기서 거주자란 국내에 주소를 두거나 1년 이상 거소를 둔 개인을(소법 §1 ①), 소비성서비스업이란 호텔업, 여관업(「관광진흥법」에 따른 관광숙박업은 제외한다), 주점업 등을 각각 말한다(지특령 §73 ①, 조특령 §29 ③).

한편 법인전환시 개인기업대표와 신설법인의 대표이사가 동일인일 필요는 없으나 법인전환시 동일 사업장을 분할하여 그 중 일부만 법인전환하는 경우에는 과세특례 적용을 받을 수 없다(국세청 재산 01254-611, 1988.3.2.).

### 2-1-2. 전환의 방법

거주자가 사업용고정자산을 현물출자하거나 사업 양도·양수의 방법에 따라 법인으로 전환하여야 한다. 여기서 '사업 양도·양수의 방법'이란 당해 사업을 영위하던 자가 발기인이 되어 전환하는 사업장의 순자산가액 이상을 출자하여 법인을 설립하고, 그 법인설립등기일부터 3개월 이내에 당해 법인에게 사업에 관한 모든 권리와 의무를 포괄적으로 양도하는 것을 말한다(조특령 §29 ②). 종전에는 법인전환일부터 소급하여 1년 이상 사업을 영위한 자로 규정하고 있어 일정기간 이상 사업영위할 것으로 요건으로 하였으나, 2006년 2월 9일 조특령이 개정되어 1년 이상 사업요건이 폐지되었다.

### 2-1-3. 자본금의 규모

새로이 설립되는 법인의 자본금이 사업용고정자산을 현물출자하거나 사업양수도하여 법인으로 전환하는 사업장의 순자산가액(통합일 현재의 시가로 평가한 자산의 합계액에서 충당금을 포함한 부채의 합계액을 공제한 금액) 이상이어야 한다(지특법 §120 ②, 조특령 §29 ⑤). 이 경우 새로이 설립되는 법인은 자본금은 기업회계기준에 따른 자본금을 의미(서면4팀-709, 2005.5.7.)하며, 순자산가액의 범위(조기통 32-29…2 참조)는 아래와 같다.

① 사업장의 순자산가액을 계산함에 있어 영업권은 포함하지 아니함.
② 사업장의 순자산가액 계산시 '시가'란 불특정다수인 사이에 자유로이 거래가 이루어지는 경우에 통상 성립된다고 인정되는 가액을 말하며, 수용·공매가격 및 감정가액 등 시가로 인정(상증령 §49)되는 것을 포함함.

## 2-2. 이월과세

이상에서 설명한 전환법인의 업종, 전환 방법, 자본금의 규모 요건을 충족하여 법인으로 전환하는 경우 당해 사업용고정자산에 대하여는 양도소득세의 이월과세를 적용받을 수 있다. 즉, 거주자(종전 사업자)가 사업용고정자산을 법인에게 양도하는 경우 이를 양도하는 거주자에 대하여는 양도소득세를 과세하지 않고, 그 대신 이를 양수한 법인이 당해 사업용고정자산을 양도하는 경우 거주자가 사업용고정자산을 법인에게 양도한 날이 속하는 과세기간에 다른 양도자산은 없다고 보아 계산한 양도소득세 산출세액 상당액을 양도소득분 지방소득세로 납부한다(지특법 §120 ①).

이월과세를 적용함에 있어서 이월과세 적용대상자산의 취득가액은 당해 자산 취득당시의 실제거래가액으로 한다(조특칙 §15 ①). 이 경우 취득당시의 실제거래가액이 불분명한 때에는 법인전환일 현재의 당해 자산에 대하여 다음의 규정을 순차로 적용하여 계산한 금액을 「소득세법 시행령」 제176조의 2 제2항 제2호의 규정을 준용하여 환산한 가액으로 한다(조특칙 §15 ②).

① 「부동산 가격공시 및 감정평가에 관한 법률」에 의한 감정평가법인이 감정한 가액이 있는 경우 그 가액. 다만, 증권거래소에 상장되지 아니한 주식 등을 제외한다.
② 「상속세 및 증여세법」 제38조・동법 제39조 및 동법 제61조 내지 제64조의 규정을 준용하여 평가한 가액

### 운용사례

▣ 이월과세 적용방법

개인 또는 법인이 통합 또는 법인으로 전환함에 따라 사업용고정자산을 법인에게 양도하는 경우 양도소득세분 지방소득세를 과세하지 아니하고,

- 사업용고정자산을 양수한 법인이 당해 자산을 양도하는 경우 종전사업용고정자산의 취득가액을 양도가액에서 차감하여 과세

| 개인<br>(취득가액 : 1억원) | 현물출자 → | 법인<br>(시가 : 2억원) | 양도 →<br>3억원 | 제3자 |
|---|---|---|---|---|

① 법인전환시 : 양도소득분 지방소득세를 과세하지 아니하고, 법인에서는 사업용고정자산가액을 시가로 평가한 가액(2억원)을 취득가액으로 기장
② 당해 자산을 제3자에게 양도시 : 3억원에서 2억원을 차감한 금액(법인 소유기간 동안 발생한 자산가치 증대분)에 대하여는 지방소득세를 과세하고, 2억원에서 1억원을 차감한 금액(개인 소유기간 동안 발생한 자산가치 증대분)에 대하여는 법인에 현물출자시

개인에게 다른 양도자산이 없다고 보아 계산한 양도소득분 지방소득세 산출세액상당액을 지방소득세로 납부
- 개인의 당초 취득가액이 불분명한 경우에는 법인전환 당시의 시가를 다음 산식에 따라 환산
  취득 환산가액 = 2억원(시가) × (취득당시 기준시가 / 법인전환시 기준시가)

## 2-3. 취득세의 면제

개인에서 법인으로 전환되는 신설법인이 현물출자 또는 사업양수도에 따라 취득하는 사업용재산의 취득에 대하여는 취득세를 면제한다.387) 다만, 취득일부터 2년 이내에 정당한 사유 없이 해당 사업을 폐지하거나 해당 재산을 처분(임대 포함)하는 경우에는 감면받은 세액을 추징한다(조특법 §120 ⑤).

## 2-4. 사후관리

전환법인이 설립일로부터 5년 이내에 다음 중 어느 하나에 해당하는 경우에는 사유발생일이 속하는 과세연도의 과세표준신고를 할 때 이월과세액(해당 법인이 이미 납부한 세액을 제외한 금액을 말한다)을 양도소득세로 납부해야 하는데(지특법 §120 ⑤, 지특령 §73 ③, 조특령 §29 ⑥), 이는 거주자(종전 사업자)가 납세의무를 변경하는 이월과세 규정을 부동산 등에 대한 양도세 회피수단으로 악용하는 사례를 방지하기 위함이다.

① 전환법인이 사업을 폐지하는 경우이다. 전환법인이 현물출자 또는 사업 양도·양수의 방법으로 취득한 사업용고정자산의 2분의 1 이상을 처분하거나 사업에 사용하지 않는 경우 사업의 폐지로 본다. 다만, 다음의 어느 하나에 해당하는 경우에는 그러하지 아니한다.

가. 전환법인이 파산하여 승계받은 자산을 처분한 경우

나. 전환법인이 「법인세법」 제44조 제2항에 따른 합병, 같은 법 제46조 제2항에 따른 분할, 같은 법 제47조 제1항에 따른 물적분할, 같은 법 제47조의 2 제1항에 따른 현물출자의 방법으로 자산을 처분한 경우

다. 전환법인이 조특법 제37조에 따른 자산의 포괄적 양도에 따라 자산을 장부가액으로 양도한 경우

---

387) 사업용 고정자산을 현물출자하여 법인으로 전환하는 경우에는 거주자의 출자금액의 크기(종전 개인사업장의 순자산가액 이상인지 여부)와 상관없이 새로이 설립되는 법인의 자본금이 종전 개인사업장의 순자산가액 이상이면 취득세 등의 면제대상임(조심 2010지516, 2011.11.22.).

라. 전환법인이 「채무자 회생 및 파산에 관한 법률」에 따른 회생절차에 따라 법원의 허가를 받아 승계받은 자산을 처분한 경우

② 거주자가 법인전환으로 취득한 주식 또는 출자지분의 100분의 50 이상을 처분하는 경우이다. 여기서 처분은 주식 또는 출자지분의 유상이전, 무상이전, 유상감자 및 무상감자를 포함한다. 다만, 다음의 어느 하나에 해당하는 경우에는 그러하지 아니한다.

가. 거주자가 사망하거나 파산하여 주식 또는 출자지분을 처분하는 경우

나. 거주자가 「법인세법」 제44조 제2항에 따른 합병이나 같은 법 제46조 제2항에 따른 분할의 방법으로 주식 또는 출자지분을 처분하는 경우

다. 거주자가 조특법 제37조에 따른 자산의 포괄적 양도, 조특법 제38조에 따른 주식의 포괄적 교환・이전 또는 조특법 제38조의 2에 따른 주식의 현물출자의 방법으로 과세특례를 적용받으면서 주식 또는 출자지분을 처분하는 경우

라. 거주자가 「채무자 회생 및 파산에 관한 법률」에 따른 회생절차에 따라 법원의 허가를 받아 주식 또는 출자지분을 처분하는 경우

마. 거주자가 법령상 의무를 이행하기 위하여 주식 또는 출자지분을 처분하는 경우

### 2-5. 절 차

양도소득분 지방소득세의 이월과세를 적용받고자 하는 자는 현물출자 또는 사업양수도를 한 날이 속하는 과세연도의 과세표준신고(예정신고 포함)시 새로이 설립되는 법인과 함께 이월과세적용신청서를 납세지 관할 지방자치단체의 장에게 제출하여야 한다(지특령 §73 ③). 다만, 이월과세적용신청서를 관할 세무서장에게 신고한 경우에는 이를 지방자치단체의 장에게 제출한 것으로 본다.

### 2-6. 지방세특례의 제한 적용 배제

조특법 제32조 제4항의 규정에 의하여 국세인 양도소득세의 경우에는 창업중소기업이나 농공단지입주기업의 조세감면을 승계한 법인 또는 위탁영농회사 등의 조세감면을 승계한 자는 당해 감면사업과 기타 사업에서 발생하는 소득금액을 구분경리하고 있으나, 양도소득분 지방소득세인 경우에는 관련 규정(조특법 §32 ④)을 준용하고 있지 않아 구분경리 대상에 해당되지 않는다. 여기서 말하는 구분경리란 구분하여야 할 사업 또는 수입별로 자산과 부채 및 익금과 손금을 법인의 장부상 각각 독립된 계정과목에 의하여 구분기장하는 것을 말한다.

이는 세법상 특정사업소득에 대하여만 납세의무를 부여하거나 특정사업소득에 대하여만 소득공제·세액감면 등의 지방세 감면혜택을 부여하는 경우에 해당 사업소득과 기타 사업소득을 구분하여 경리하는 것을 말한다.

그 밖에도 국세의 경우는 중복지원의 배제, 최저한세의 적용 및 잔존 감면기간 미공제세액의 승계에 대해 특례적용을 배제하고 있으나 양도소득분 지방소득세에서는 관련규정을 인용하지 않고 있어 앞에서 설명한 구분경리의 경우와 동일하다 하겠다.

## 3 관련사례

▣ 이월과세 적용 여부

- 이월과세를 적용받은 자산을 재해로 상실한 경우에는 양수한 법인이 그 사업용고정자산 등을 양도하는 경우에 해당하지 않음(재법인-429, 2011.5.24.).
- 조특법 시행령 제28조 제1항 후단에서 "설립 후 1년이 경과되지 아니한 법인"은 중소기업 간의 통합에 의하여 설립된 법인 또는 통합 후 존속하는 법인이 설립 후 1년이 경과되지 아니한 경우가 해당되는 것이며, 거주자인 부부가 각각 영위하던 개인기업의 사업장별 사업용고정자산의 전부를 현물출자하여 2012년 12월 31일까지 법인(「조세특례제한법 시행령」 제29조 제3항에 따른 소비성서비스업을 경영하는 경우는 제외)으로 전환하는 경우 그 사업용고정자산에 대해서는 「조세특례제한법」 제32조를 적용받을 수 있는 것임(재재산-278, 2011.4.19.).
- 재산출연으로 설립되는 의료법인으로의 전환의 경우는 조세특례제한법 제32조 등에서 규정한 양도소득세 이월과세 대상에 해당하지 아니함(감심 2010-94, 2010.9.17.).
- 현물출자로 인하여 취득하는 주식의 가액이 현물출자로 인하여 소멸하는 사업장의 순자산가액(현물출자일 현재의 시가로 평가한 자산의 합계액에서 충당금을 포함한 부채의 합계액을 공제한 금액을 말함) 이상인 경우에 해당하는지는 현물출자로 인하여 취득하는 주식의 가액과 현물출자로 인하여 소멸하는 사업장의 순자산가액과 비교하는 것이지 현물출자하는 사업용 고정자산의 가액으로 비교하는 것이 아니므로, 회수 가능성이 없다고 판단한 관계회사 출자주식과 대여금, 부실채권으로 판단한 장기외상매출금을 현물출자 자산에서 제외한다 하더라도 해당 자산이 현물출자일 현재 소멸하는 사업장의 순자산가액에 포함된 경우에는 현물출자로 인하여 소멸하는 사업장의 순자산가액에서 제외할 수 없는 것임(법규재산 2009-18, 2009.2.17.).
- 법인전환 후 부동산을 임대하는 업종의 변동은 없으나, 해당 부동산을 임차하여 사용하는 임차인이 소비성서비스업(예 : 호텔업)을 영위하는 경우 이월과세 적용 여부 : 부동산임대업을 영위하는 개인사업자가 사업용고정자산인 부동산을 현물출자하여 법인(소비

성서비스업 제외)으로 전환하는 경우 당해 부동산에 대하여는 이월과세 적용 가능(서면2팀-85, 2006.1.11.)

- 2개 이상의 사업장을 소유하고 있는 거주자가 그 중 1개의 사업장만 사업양수도 방식에 의하여 법인전환시 적용방법 : 거주자가 2개 이상의 사업장을 사업양수도 방법에 의하여 법인으로 전환시 각 사업장별로 당해 사업용고정자산에 대한 이월과세 적용 가능(서면5팀-245, 2006.9.26.)
- 새로이 설립되는 법인의 설립시점에는 현물출자 없이 법인이 설립되고, 3월 후 현물출자된 경우 이월과세 적용 여부 : 법인을 설립한 후에 사업용고정자산을 현물출자한 경우에는 동 규정을 적용받을 수 없는 것임(서면2팀-1176, 2007.6.15.).
- 거주자가 현물출자 대상 자산을 단기보유하고 현물출자할 경우 중과(1년 미만 보유시 양도소득세율 50%, 1~2년 보유시 40%의 세율적용) 여부 : '이월과세'는 개인이 종전사업용고정자산 등을 법인에게 양도한 날이 속하는 과세기간에 다른 양도자산이 없다고 보아 「소득세법」 제104조에 따라 양도소득산출세액 상당액을 계산 후 법인세로 납부(서면2팀-993, 2007.5.23.)
- 2인이 1/2씩 공동 소유 중이던 부동산을 1인이 법인전환을 위해 현물출자한 경우 이월과세 적용 여부 : 조특법상 법인전환에 대한 양도소득세 이월과세 요건을 모두 충족하였다면, 등기부등본상 청구인의 지분 1/2만 양도되었음을 근거로 사업장 전체가 법인전환되지 아니하고 그 중 일부만 법인전환되었다는 이유로 과세한 처분은 잘못되었음(국심2004전2754, 2005.8.31.).

▣ 이월과세의 적용 신청

- 과세연도의 과세표준 신고시 '이월과세적용신청서의 제출'이 이월과세의 적용 요건으로 규정되어 있는 점, 이월과세는 조세감면과는 달리 납세자가 개인에서 법인으로 변경되므로 부과되어야 할 조세가 타인으로 전가되는 문제가 있어 납세자의 명확한 의사표시가 요구되는 점, 조세감면은 당초 납세의무자에게 세부담을 덜어주는 직접적인 조세지원의 형태이고 이월과세는 당초 납세의무자의 세부담을 타인에게 전가하는 간접적인 조세지원의 형태로 양자가 구별되는 점, 앞에서 본 바와 같이 명문의 규정이 없는 이상 특혜규정이라고 볼 수 있는 법인전환에 대한 양도소득세의 이월과세규정을 합리적 근거없이 유추·확장해석할 수 없는 점 등에 비추어 보면 당해 과세연도의 과세표준 신고시까지 이월과세적용신청서를 제출하도록 한 것은 조세감면에서와 같이 납세자의 단순한 협력의무라고 볼 수 없고, 납세자가 양도소득세 직접 부담 또는 이월과세를 선택하도록 한 것이어서 그 신청이 필수적인 요건이라고 봄이 타당하므로, 원고가 당해 과세연도의 과세표준 신고시까지 이월과세적용신청서를 제출하지 아니하여 피고가 이월과세 적용을 배제하여 원고에게 양도소득세를 부과한 이 사건 처분이 위법하다고 볼 수 없음(수원지법 2010구합16272, 2011.4.28.).
- 개인사업자의 법인사업자 전환에 따른 양도소득세 이월과세적용신청서를 양도소득세 과세표준 확정신고기한까지 제출하지 아니하여 이월과세를 배제하고 양도소득세를 과세한 것은 정당함(조심 2010중1618, 2010.9.15.).

▣ 사업용고정자산

양도한 토지는 부동산임대사업에 직접 사용되는 고정자산이 아니므로, 조특법 제32조에서 규정한 사업용고정자산에 해당하지 않으므로 양도소득세 이월과세 적용대상이 아니라고 본 과세처분은 적법함(대법원 2011두11747, 2011.8.25.).

# 제121조

## 사업전환 무역조정지원기업에 대한 세액감면

관련규정

제121조(사업전환 무역조정지원기업에 대한 세액감면) ①「자유무역협정 체결에 따른 무역조정 지원에 관한 법률」 제6조에 따른 무역조정지원기업(이하 이 조 및 제122조에서 "무역조정지원기업"이라 한다)이 경영하던 사업(이하 이 조에서 "전환전사업"이라 한다)을「조세특례제한법」 제6조 제3항 각 호의 어느 하나에 해당하는 사업(이하 이 조에서 "전환사업"이라 한다)으로 전환하기 위하여 해당 전환전사업에 직접 사용하는 사업용고정자산(이하 이 조에서 "전환전사업용고정자산"이라 한다)을 2018년 12월 31일까지 양도하고 양도일부터 1년 이내에 전환사업에 직접 사용할 사업용고정자산을 취득하는 경우로써 그 전환전사업의 사업장 건물 및 그 부속토지의 양도가액(이하 이 조에서 "전환전사업양도가액"이라 한다)으로 전환사업의 기계장치를 취득한 경우에는 대통령령으로 정하는 바에 따라 양도소득분 개인지방소득세의 100분의 50에 상당하는 세액을 감면받을 수 있다. 다만, 거주자가「조세특례제한법」 제33조 제2항에 의한 과세이연을 받은 경우에는 본문을 적용하지 아니한다.

② 제1항을 적용받은 내국인이 사업전환을 하지 아니하거나 전환사업 개시일부터 3년 이내에 해당 사업을 폐업하거나 해산한 경우에는 그 사유가 발생한 날이 속하는 사업연도의 소득금액을 계산할 때 감면받은 세액을 양도소득분 개인지방소득세로 납부하여야 한다. 이 경우 대통령령으로 정하는 바에 따라 계산한 이자 상당 가산액을 양도소득분 개인지방소득세에 가산하여 납부하여야 하며 해당 세액은「지방세법」 제103조의 7에 따라 납부하여야 할 세액으로 본다.

③ 제1항부터 제2항까지의 규정을 적용하는 경우 사업전환의 범위, 사업용고정자산의 범위, 세액감면신청서 및 사업용고정자산 양도차익명세서의 제출, 그 밖에 필요한 사항은 대통령령으로 정한다.

【영】 제74조(사업전환 무역조정지원기업에 대한 세액감면) ① 법 제121조 제1항 본문에 따른 사업용고정자산은「조세특례제한법 시행령」 제30조 제2항에 따른 자산으로 한다.

② 법 제121조 제1항의 적용대상이 되는 사업전환은 「조세특례제한법 시행령」 제30조 제3항에 따른 사업전환으로 한다.

③ 법 제121조 제1항에 따라 감면하는 세액은 다음 계산식에 따라 계산한 금액으로 한다.

| | | | | |
|---|---|---|---|---|
| 전환전사업의 사업장 건물 및 그 부속토지의 양도에 따른 「지방세법」 제103조 및 제103조의 2에 따른 양도소득분 개인지방소득세 산출세액 | × | 전환전사업의 양도가액 중 전환사업의 기계장치 취득가액이 차지하는 비율 | × | $\frac{50}{100}$ |

④ 제3항을 적용할 때 전환전사업용고정자산의 양도일이 속하는 사업연도 종료일까지 전환사업용고정자산, 전환사업의 기계장치·사업장건물 및 그 부속토지를 취득하지 아니한 경우 해당 취득가액은 사업전환(예정)명세서상의 예정가액으로 한다.

⑤ 법 제121조 제2항 전단에 따라 납부할 세액은 다음 각 호의 금액으로 한다.

1. 제3항에 따라 양도소득분 개인지방소득세를 감면받은 경우 : 감면받은 세액 전액
2. 제4항에 따른 예정가액에 따라 세액감면을 받은 경우 : 실제 가액을 기준으로 제3항에 따라 계산한 금액을 초과하여 적용받은 금액

⑥ 법 제121조 제2항 후단에서 "대통령령으로 정하는 바에 따라 계산한 이자 상당 가산액"이란 제5항에 따라 납부하여야 할 감면세액에 대하여 제1호에 따른 기간과 제2호에 따른 율을 곱하여 계산한 금액을 말한다.

1. 감면을 받은 과세연도 종료일의 다음 날부터 납부사유가 발생한 과세연도 종료일까지의 기간
2. 1일 1만분의 3

⑦ 법 제121조를 적용하는 경우 사업의 분류는 한국표준산업분류에 따른 세세분류를 따른다.

⑧ 법 제121조 제1항에 따라 양도소득분 개인지방소득세 감면을 적용받으려는 거주자는 전환전사업용고정자산의 양도일이 속하는 과세연도의 과세표준신고와 함께 행정안전부령으로 정하는 세액감면신청서와 사업전환(예정)명세서를 납세지 관할 지방자치단체의 장에게 제출하여야 한다. 다만, 「조세특례제한법 시행령」 제30조 제12항에 따라 납세지 관할 세무서장에게 소득세 감면을 신청하는 경우에는 법 제121조에 따른 개인지방소득세에 대한 세액감면도 함께 신청한 것으로 본다.

⑨ 제4항을 적용받은 후 전환사업을 개시한 경우에는 그 사업개시일이 속하는 과세연도의 과세표준신고와 함께 행정안전부령으로 정하는 사업전환완료보고서를 납세지 관할 지방자치단체의 장에게 제출하여야 한다. 다만, 「조세특례제한법 시행령」 제30조 제13항에 따라 납세지 관할 세무서장에게 사업전환완료보고서를 제출한 경우에는 납세지 관할 지방자치단체의 장에게도 함께 제출한 것으로 본다.

## 1 | 의 의

본 규정은 무역조정지원기업이 사업을 전환하기 위하여 전환전사업에 직접 사용하는 사업용고정자산을 양도하고 양도일로부터 1년 이내에 전환사업에 직접 사용할 사업용고정자산을 취득하는 경우 발생하는 양도차익에 대해서는 세액을 감면받을 수 있도록 하고, 그 밖의 추징, 절차 등에 관한 사항을 규정하고 있다.

한편, 조특법 제33조의 규정과는 별도로 지방소득세의 독립세화를 위한 지방세제 개편계획(2013.9.)에 따라 2014년부터 현재의 지특법 제121조로 신설되었다.

2015년 12월 15일 법 개정시 적용기한을 2018년 12월 31일(공장을 신설하는 경우에는 2020년 12월 31일)까지로 연장하였다.

2016년 12월 20일 조특법 개정시에는 사업전환 중소기업에 대한 지원을 확대하기 위해 전환전사업의 규모를 축소하고 전환사업을 추가하는 경우 사업전환 기간을 종전의 3년에서 5년으로 연장하였다.

## 2 | 요 건

### 2-1. 전환전사업 영위기간

① 중소기업을 영위하는 내국인이 5년 이상 계속하여 영위하던 사업(이하 "전환전사업"이라 한다)을 전환하여야 한다. 여기서 전환전사업의 범위에 대하여 제한은 없지만 중소기업을 영위하는 내국인에게 한하여 적용되므로 조특법상 중소기업 업종에는 최소한 해당되어야 할 것이다.

② 무역조정지원기업이 영위하던 사업을 전환하여야 한다.

이 경우 무역조정기업은 중소기업 요건과 5년 이상 계속 사업 요건을 충족하지 아니하여도 무방하다.

③ 사업의 분류는 한국표준산업분류에 따른 세세분류를 따른다(조특령 §30의 2 ⑤).

### 2-2. 전환사업의 소재지 및 업종

전환전사업을 2018년 12월 31일(공장을 신설하는 경우에는 2020.12.31.)까지 수도권과밀억제권역 밖에서 창업중소기업이 영위하는 사업(이하 "전환사업"이라 한다)으로 사업전환하여야 한다(조특법 §33의 2 ①). 여기서 주의하여야 할 점은 무역조정기업의 경우에는 수도권과밀억제권역에서 사업을 전환하는 경우에도 포함된다는 점이다.

### 2-3. 사업전환 요건

#### 2-3-1. 전환전사업 정리 후 신사업으로 전환하는 경우

전환전사업을 양도 또는 폐업하고 양도 또는 폐업한 날부터 1년(공장을 신설하는 경우에는 3년) 이내에 전환사업으로 전환하여야 한다(조특법 §33의 2 ① 1호).

#### 2-3-2. 전환전사업 축소 후 신사업을 추가하는 경우

전환전사업의 규모를 축소하고 전환사업을 추가하는 경우 이에 따른 사업전환은 전환사업을 추가한 날이 속하는 과세연도의 다음 과세연도 개시일부터 5년 이내에 전환전사업의 매출액을 전환사업을 추가한 날이 속하는 과세연도의 직전 과세연도의 총매출액(기준총매출액)의 50% 이하로 축소하고, 전환사업의 매출액을 해당 기간 내에 기준총매출액의 50% 이상으로 확대하는 경우로 한다(조특법 §33의 2 ① 2호, 조특령 §30의 2 ③). 만약, 전환전사업의 매출액이 기준총매출액의 50%를 초과하거나 새로 추가한 전환사업의 매출액이 기준총매출액의 50%에 미달하는 과세연도에 대하여는 세액감면을 적용하지 않는다(조특법 §33의 2 ②, 조특령 §30의 2 ④).

## 3 | 특례의 내용

### 3-1. 최초로 소득이 발생한 과세연도부터 4년간 50% 세액감면

사업전환중소기업에 대해서는 사업전환일 이후 최초로 소득이 발생한 날이 속하는 과세연도와 그 다음 과세연도의 개시일부터 3년 이내에 종료하는 과세연도까지 해당 전환사업에서 발생하는 소득에 대하여는 해당 소득에 대한 법인세 또는 소득세의 50%에 상당하는 세액을 감면한다(조특법 §33의 2 ①).

### 3-2. 세액감면의 기산일

사업전환일이란 전환전사업 정리 후 신사업으로 전환하는 경우에는 전환사업의 개시일, 전환전사업을 축소한 후 신사업을 추가하는 방법으로 전환하는 경우에는 사업전환에 해당하게 되는 과세연도의 종료일을 말하며, 만일 사업전환일부터 5년이 되는 날이 속하는 과세연도까지 해당 사업에서 소득이 발생하지 않은 경우에는 5년이 되는 날이 속하는 과세연도부터 감면기간을 기산한다(조특법 §33의 2 ①, 조특령 §30의 2 ②).

# 제 122 조

## 사업전환 중소기업 및 무역조정지원기업에 대한 세액감면

관련규정

제122조(사업전환 중소기업 및 무역조정지원기업에 대한 세액감면) ① 중소기업을 경영하는 내국인이 5년 이상 계속하여 경영하던 사업 및 무역조정지원기업이 경영하던 사업(이하 이 조에서 "전환전사업"이라 한다)을 다음 각 호에 따라 2018년 12월 31일(공장을 신설하는 경우에는 2020년 12월 31일)까지 수도권과밀억제권역 밖(무역조정지원기업은 수도권과밀억제권역에서 사업을 전환하는 경우를 포함한다)에서 「조세특례제한법」 제6조 제3항 각 호의 어느 하나에 해당하는 사업(이하 이 조에서 "전환사업"이라 한다)으로 전환하는 경우에는 대통령령으로 정하는 사업전환일(이하 이 조에서 "사업전환일"이라 한다) 이후 최초로 소득이 발생한 날이 속하는 과세연도(사업전환일부터 5년이 되는 날이 속하는 과세연도까지 해당 사업에서 소득이 발생하지 아니하는 경우에는 5년이 되는 날이 속하는 과세연도)와 그 다음 과세연도의 개시일부터 3년 이내에 끝나는 과세연도까지 해당 전환사업에서 발생하는 소득에 대한 개인지방소득세의 100분의 50에 상당하는 세액을 감면한다.

1. ~ 2. (생 략)

② 제1항 제2호를 적용하는 경우 감면기간 중 대통령령으로 정하는 과세연도에 대해서는 같은 항에 따른 감면을 적용하지 아니한다.

③ 제1항을 적용받은 내국인이 사업전환을 하지 아니하거나 사업전환일부터 3년 이내에 해당 사업을 폐업하거나 해산한 경우에는 그 사유가 발생한 날이 속하는 과세연도의 소득금액을 계산할 때 감면받은 세액을 개인지방소득세로 납부하여야 한다.

④ 제1항에 따라 감면받은 개인지방소득세액을 제3항에 따라 납부하는 경우에는 대통령령으로 정하는 바에 따라 계산한 이자 상당 가산액을 개인지방소득세에 가산하여 납부하여야 하며 해당 세액은 「지방세법」 제95조에 따라 납부하여야 할 세액으로 본다.

⑤ 제1항을 적용받으려는 내국인은 대통령령으로 정하는 바에 따라 세액감면신청을 하여야 한다.

【영】 제75조(사업전환 중소기업에 대한 세액감면) ① 법 제122조 제1항 각 호 외의 부분에서 "대통령령으로 정하는 사업전환일"이란 「조세특례제한법 시행령」 제30조의 2 제2항 각 호의 어느 하나에 해당하는 날을 말한다.

② 법 제122조 제1항 제2호에 따른 사업전환은 「조세특례제한법 시행령」 제30조의 2 제3항에 따른 사업전환으로 한다.

③ 법 제122조 제2항에서 "대통령령으로 정하는 과세연도"란 「조세특례제한법 시행령」 제30조의 2 제4항에 따른 과세연도를 말한다.

④ 법 제122조를 적용하는 경우 사업의 분류는 한국표준산업분류에 따른 세세분류를 따른다.

⑤ 법 제122조 제4항에서 "대통령령으로 정하는 바에 따라 계산한 이자 상당 가산액"이란 같은 조 제3항에 따라 납부하여야 할 세액에 상당하는 금액에 제1호에 따른 기간과 제2호에 따른 율을 곱하여 계산한 금액을 말한다.

1. 감면을 받은 과세연도의 종료일 다음 날부터 법 제122조 제3항에 해당하는 사유가 발생한 과세연도의 종료일까지의 기간
2. 1일 1만분의 3

⑥ 법 제122조 제1항에 따라 개인지방소득세를 감면받으려는 내국인은 사업전환일이 속하는 과세연도의 과세표준신고와 함께 행정안전부령으로 정하는 세액감면신청서를 납세지 관할 지방자치단체의 장에게 제출하여야 한다. 다만, 「조세특례제한법 시행령」 제30조의 2 제7항에 따라 납세지 관할 세무서장에게 소득세 감면을 신청하는 경우에는 법 제122조에 따른 개인지방소득세에 대한 세액감면도 함께 신청한 것으로 본다.

## 1 | 개 요

본 규정은 중소기업을 경영하는 내국인이 5년 이상 계속하여 경영하던 사업, 무역조정지원기업이 경영하던 사업을 양도하는 등의 형태로 2015년 12월 31일(공장을 신설하는 경우에는 2017.12.31.)까지 수도권과밀억제권역 밖(무역조정지원기업은 제외)에서 제100조 제3항 각 호의 사업으로 전환하는 경우 해당 전환사업에서 발생하는 소득에 대한 개인지방소득세의 100분의 50에 상당하는 세액을 감면하도록 하고, 그 밖의 추징, 절차 등에 관한 사항을 규정하고 있다.

한편, 조특법 제33조의 2의 규정과는 별도로 지방소득세의 독립세화를 위한 지방세제 개편계획(2013.9.)에 따라 2014년부터 현재의 지특법 제122조로 신설되었다.

2015년 12월 15일 조특법 개정시에는 적용기한을 2018년 12월 31일(공장을 신설하는 경우에는 2020.12.31.)까지로 연장하였다.

2016년 12월 20일 조특법 개정시에는 사업전환 중소기업에 대한 지원을 확대하기 위해 전환전사업의 규모를 축소하고 전환사업을 추가하는 경우 사업전환 기간을 종전의 3년에서 5년으로 연장하였다.

## 2 | 요 건

### 2-1. 전환전사업 영위기간

① 중소기업[388]을 영위하는 내국인이 5년 이상 계속하여 영위하던 사업(이하 "전환전사업"이라 한다)을 전환하여야 한다. 여기서 전환전사업의 범위에 대하여 제한은 없지만 중소기업을 영위하는 내국인에게 한하여 적용되므로 조특법상 중소기업 업종에는 최소한 해당되어야 할 것이다.

② 무역조정지원기업이 영위하던 사업을 전환하여야 한다.

이 경우 무역조정기업은 중소기업 요건과 5년 이상 계속사업 요건을 충족하지 아니하여도 무방하다.

③ 이 경우 사업의 분류는 한국표준산업분류에 따른 세세분류를 따른다(조특령 §30의 2 ⑤).

### 2-2. 전환사업의 소재지 및 업종

전환전사업을 2018년 12월 31일(공장을 신설하는 경우에는 2020.12.31.)까지 수도권과밀억제권역 밖에서 창업중소기업이 영위하는 사업(이하 "전환사업"이라 한다)으로 사업전환하여야 한다(조특법 §33의 2 ①). 여기서 주의하여야 할 점은 무역조정기업의 경우에는 수도권과밀억제권역에서 사업을 전환하는 경우에도 포함된다는 점이다.

388) 사업전환중소기업에 대한 세액감면을 적용받던 중소기업이 매출액 1천억원 이상으로 중소기업에 해당하지 아니하게 된 때에는 최초 1회에 한하여 그 사유가 발생한 과세연도와 그 다음 3개 과세연도까지는 이를 중소기업으로 보고 사업전환중소기업에 대한 세액감면을 적용받을 수 있는 것이나 유예기간 경과 후에는 동 세액감면을 적용받을 수 없는 것임(법규법인 2011-459, 2011.12.19.).

## 2-3. 사업전환[389] 요건

### 2-3-1. 전환전사업 정리 후 신사업으로 전환하는 경우

전환전사업을 양도 또는 폐업하고 양도 또는 폐업한 날부터 1년(공장을 신설하는 경우에는 3년) 이내에 전환사업으로 전환하여야 한다(조특법 §33의 2 ① 1호).

### 2-3-2. 전환전사업 축소 후 신사업을 추가하는 경우

전환전사업의 규모를 축소하고 전환사업을 추가하는 경우 이에 따른 사업전환은 전환사업을 추가한 날이 속하는 과세연도의 다음 과세연도 개시일부터 5년 이내에 전환전사업의 매출액을 전환사업을 추가한 날[390]이 속하는 과세연도의 직전 과세연도의 총매출액(기준총매출액)의 50% 이하로 축소하고, 전환사업의 매출액을 해당 기간 내에 기준총매출액의 50% 이상으로 확대하는 경우로 한다(조특법 §33의 2 ① 2호, 조특령 §30의 2 ③). 만약, 전환전사업의 매출액이 기준총매출액의 50%를 초과하거나 새로 추가한 전환사업의 매출액이 기준총매출액의 50%에 미달하는 과세연도에 대하여는 세액감면을 적용하지 않는다(조특법 §33의 2 ②, 조특령 §30의 2 ④).

---

389) 분할전법인이 5년 이상 영위하던 건설업종을 물적분할한 후, 골프장 운영업으로 사업을 전환한 경우 본조의 감면 적용 여부 : 물적분할로 자산이 주식으로 변한 것 외에 회사의 경제적 실체가 바뀐 것은 없는 점, 사업전환 중소기업에 대한 세액감면규정의 취지가 경제적 실체가 전혀 다른 회사에 실질적으로 회사를 양도하고 새로운 사업을 하는 경우 중소기업의 경쟁력 확보 등을 위해 감면혜택이 부여되나 이 건은 분할전법인이 여전히 분할신설법인의 지분을 100% 보유하고 있어 분할전법인과 분할신설법인의 경제적 실체가 전혀 다르지 않는 점을 고려하면 청구법인의 골프장 운영업을 주된 사업으로 전환한 것은 단순한 업종추가와 같이 볼 수 있는 점, 청구법인의 물적분할 목적이 기존의 건설업을 하지 않고 골프장 사업을 영위하기 위해 물적분할을 통해 사업을 전환한 것이 아니라, 공사입찰을 용이하기 위하여 건설업에 대하여 물적분할을 한 점 등을 종합적으로 고려하면 조세특례제도로 인한 세액감면은 엄격하게 해석하여 적용되어야 하므로 청구법인의 주장을 받아들이기 어렵다고 판단됨(조심 2011전4817, 2012.6.4.).

390) 「중소기업 사업전환 촉진에 관한 특별법」 제18조에서 중소기업이 합병을 통하여 사업전환을 하는 것을 지원하기 위하여 「상법」에도 불구하고 여러 가지 합병절차를 간소화할 수 있도록 하고 있으므로 합병을 통한 사업전환이 조특법 제33조의 2에서 규정하는 사업전환에서 배제된다고 보기 어렵고, 청구법인의 등기사항전부증명서에 의하면, 청구법인은 반도체 소자를 이용한 광원개발 제조 및 유통, 화합물 반도체를 이용한 소자 및 회로 설계 등의 사업을 추가하여 외부에 전환사업을 추가한 사실을 공식적으로 표명한 점, 청구법인은 2007.10.24. 흡수합병계약을 체결하고, 2007.12.10. 주주총회를 개최하여 그 계약의 내용대로 합병을 승인한 점 등에 비추어 처분청처럼 합병등기일(2008.1.16.)이 속하는 2008년을 사업전환일로 볼 것이 아니라 청구법인이 2007년에 전환사업을 추가한 것으로 봄이 타당함(조심 2016중4368, 2017.7.12.).
→ 합병을 통한 사업전환이 본조의 적용대상이 되고, 합병시 전환사업을 추가한 날을 외부에 전환사업을 추가한 사실을 공식적으로 표명한 날이라고 명확히 표명한 점 등에서 그 의의가 있다고 보임.

## 3 | 조세특례의 내용

### 3-1. 최초로 소득이 발생한 과세연도부터 4년간 50% 세액감면

사업전환중소기업에 대해서는 사업전환일 이후 최초로 소득이 발생한 날이 속하는 과세연도와 그 다음 과세연도의 개시일부터 3년 이내에 종료하는 과세연도까지 해당 전환사업에서 발생하는 소득에 대하여는 해당 소득에 대한 법인세 또는 소득세의 50%에 상당하는 세액을 감면한다(조특법 §33의 2 ①).

### 3-2. 세액감면의 기산일

사업전환일이란 전환전사업 정리 후 신사업으로 전환하는 경우에는 전환사업의 개시일, 전환전사업을 축소한 후 신사업을 추가하는 방법으로 전환하는 경우에는 사업전환에 해당하게 되는 과세연도의 종료일을 말하며, 만일 사업전환일부터 5년이 되는 날이 속하는 과세연도까지 해당 사업에서 소득이 발생하지 않은 경우에는 5년이 되는 날이 속하는 과세연도부터 감면기간을 기산한다(조특법 §33의 2 ①, 조특령 §30의 2 ②).

# 제 123 조

## 주주등의 자산양도에 관한 개인지방소득세 과세특례

관련규정

**제123조(주주등의 자산양도에 관한 개인지방소득세 과세특례)** ①「조세특례제한법」 제40조 제1항에 따라 주주등이 법인에 자산을 증여할 때 거주자인 주주등이 소유하던 자산을 양도하고 2018년 12월 31일 이전에 그 양도대금을 해당 법인에 증여하는 경우에는 해당 자산을 양도함으로써 발생하는 양도차익 중 대통령령으로 정하는 증여금액에 상당하는 금액(이하 이 조에서 "양도차익상당액"이라 한다)에 대한 양도소득분 개인지방소득세를 면제한다.

② 제1항에 따라 자산을 증여받은 법인이「조세특례제한법」 제40조 제4항 각 호의 어느 하나에 해당하는 경우에는 제1항에 따라 감면한 세액을 해당 법인이 납부할 법인지방소득세액에 가산하여 징수한다. [14.3.24. 추징규정 신설]

③ 제2항에 따라 법인이 납부할 세액에는 대통령령으로 정하는 바에 따라 계산한 이자상당가산액을 가산하며 해당 세액은「지방세법」 제103조의 23 제3항에 따라 납부하여야 할 세액으로 본다. 다만,「조세특례제한법」 제40조 제4항 제3호 단서에 해당하는 경우에는 그러하지 아니하다. [14.3.24. 신설]

④ 제1항부터 제3항까지 규정을 적용할 때 세액감면의 신청 등 필요한 사항은 대통령령으로 정한다. [14.3.24. 추징규정 신설]

**【영】 제76조(주주등의 자산양도에 관한 개인지방소득세 과세특례)** ① 법 제123조 제1항에서 "대통령령으로 정하는 증여금액에 상당하는 금액"이란「조세특례제한법 시행령」 제37조 제12항에 따라 계산한 금액을 말한다.

② 법 제123조 제1항에 따라 주주등이 감면받은 세액 중 같은 조 제2항에 따라 해당 법인이 납부하여야 할 법인지방소득세액에 가산하여 징수하는 금액은「조세특례제한법 시행령」 제37조 제15항 제1호 각 목에서 계산한 금액의 100분의 10에 해당하는 금액으로 한다.

③ 법 제123조 제3항 본문에서 "대통령령으로 정하는 바에 따라 계산한 이자상당가산액"이란 제2항에 따른 세액에 제1호에 따른 기간과 제2호에 따른 율을 곱하여 계산한 금액을 말한다.

1. 제2항에 따른 세액을 납부하지 아니한 사업연도 종료일의 다음 날부터 제2항에 따른 세액을 납부하는 사업연도 종료일까지의 기간
2. 1일 1만분의 3

④ 법 제123조 제1항을 적용받으려는 주주등은 같은 항에 따라 자산을 양도한 날이 속하는 과세연도의 과세표준신고와 함께 자산매매계약서, 증여계약서, 행정안전부령으로 정하는 채무상환(예정)명세서 및 세액감면신청서를 납세지 관할 지방자치단체의 장에게 제출하여야 한다. 다만, 「조세특례제한법 시행령」 제37조 제25항에 따라 납세지 관할 세무서장에게 소득세 감면을 신청하는 경우에는 법 제123조에 따른 개인지방소득세에 대한 세액감면도 함께 신청한 것으로 본다.

본 규정은 거주자인 주주등이 법인에 자산을 증여할 때 소유하던 자산을 양도하고 2015년 12월 31일 이전에 그 양도대금을 해당 법인에 증여하는 경우에는 양도차익 중 증여금액에 상당하는 금액은 양도소득분 개인지방소득세를 면제하는 것으로 규정하고 있다. 한편, 조특법 제40조의 규정과는 별도로 지방소득세의 독립세화를 위한 지방세제 개편계획(2013.9.)에 따라 2014년부터 현재의 지특법 제123조로 신설되었다.

## 제 8 절

# 지역 간의 균형발전을 위한 특례 (법 제124조~제131조의 2)

# 제124조

## 수도권과밀억제권역 밖으로 이전하는 중소기업에 대한 세액감면

관련규정

제124조(수도권과밀억제권역 밖으로 이전하는 중소기업에 대한 세액감면) ① 수도권과밀억제권역에서 2년 이상 계속하여 공장시설을 갖추고 사업을 하는 중소기업(내국인만 해당한다)이 대통령령으로 정하는 바에 따라 수도권과밀억제권역 밖으로 그 공장시설을 전부 이전(본점이나 주사무소가 수도권과밀억제권역에 있는 경우에는 해당 본점이나 주사무소도 함께 이전하는 경우만 해당한다)하여 2017년 12월 31일까지 사업을 개시한 경우에는 이전 후의 공장에서 발생하는 소득에 대하여 이전일 이후 해당 공장에서 최초로 소득이 발생한 과세연도(이전일부터 5년이 되는 날이 속하는 과세연도까지 소득이 발생하지 아니한 경우에는 이전일부터 5년이 되는 날이 속하는 과세연도)와 그 다음 과세연도 개시일부터 6년(「수도권정비계획법」 제6조 제1항 제2호의 성장관리권역, 같은 항 제3호의 자연보전권역, 수도권 외 지역에 소재하는 광역시 및 대통령령으로 정하는 지역으로 이전하는 경우에는 4년) 이내에 끝나는 과세연도에는 개인지방소득세의 100분의 100에 상당하는 세액을 감면하고, 그 다음 3년(「수도권정비계획법」 제6조 제1항 제2호의 성장관리권역, 같은 항 제3호의 자연보전권역, 수도권 외 지역에 소재하는 광역시 및 대통령령으로 정하는 지역으로 이전하는 경우에는 2년) 이내에 끝나는 과세연도에는 개인지방소득세의 100분의 50에 상당하는 세액을 감면한다.

② 제1항에 따라 감면을 적용받은 중소기업이 다음 각 호의 어느 하나에 해당하는 경우에는 그 사유가 발생한 과세연도의 개인지방소득 과세표준신고를 할 때 대통령령으로 정하는 바에 따라 계산한 세액을 개인지방소득세로 납부하여야 한다.

1. 공장을 이전하여 사업을 개시한 날부터 3년 이내에 그 사업을 폐업하는 경우. 다만, 합병·분할 또는 분할합병으로 인한 경우에는 그러하지 아니하다.
2. 대통령령으로 정하는 바에 따라 공장을 수도권과밀억제권역 밖으로 이전하여 사업을 개시한 경우에 해당하지 아니하는 경우
3. 제1항에 따라 감면을 받는 기간에 수도권과밀억제권역에 제1항에 따라 이전한 공장

에서 생산하는 제품과 같은 제품을 생산하는 공장을 설치하거나 본사를 설치한 경우

③ 제1항에 따라 감면받은 개인지방소득세를 제2항에 따라 납부하는 경우에는 제122조 제4항의 이자 상당 가산액에 관한 규정을 준용한다.

④ 제1항을 적용받으려는 자는 대통령령으로 정하는 바에 따라 세액감면신청을 하여야 한다.

⑤ 제1항을 적용받으려는 중소기업은 대통령령으로 정하는 분류를 기준으로 이전 전의 공장에서 영위하던 업종과 이전 후의 공장에서 영위하는 업종이 같아야 한다.

⑥ 제1항에 따라 감면을 적용받은 기업이 「중소기업기본법」에 따른 중소기업이 아닌 기업과 합병 등 대통령령으로 정하는 사유에 따라 중소기업에 해당하지 아니하게 된 경우에는 해당 사유 발생일이 속하는 과세연도부터 감면하지 아니한다.

**【영】** 제77조(수도권과밀억제권역 밖으로 이전하는 중소기업에 대한 세액감면) ① 법 제124조 제1항에 따라 세액을 감면받을 수 있는 경우는 「조세특례제한법 시행령」 제60조 제1항에 따른 경우로 하고, 법 제124조 제1항에서 "대통령령으로 정하는 지역"이란 「조세특례제한법 시행령」 제60조 제2항에 따른 지역을 말한다.

② 법 제124조 제2항 각 호 외의 부분에서 "대통령령으로 정하는 바에 따라 계산한 세액"이란 공장의 이전일 이후 법 제124조 제1항에 따라 감면받은 개인지방소득세를 말한다. 이 경우 수도권과밀억제권역 밖으로 이전한 공장이 둘 이상인 경우로서 법 제124조 제2항 제3호에 해당하는 때(본사를 설치한 때는 제외한다)에는 수도권 과밀억제권역 안에 설치된 공장의 제품과 동일한 제품을 생산하는 공장의 이전으로 감면받은 분으로 한정한다.

③ 법 제124조 제2항 제2호에서 "대통령령으로 정하는 바에 따라 공장을 수도권과밀억제권역 밖으로 이전하여 사업을 개시한 경우"란 제1항에서 정하는 바에 따라 공장을 이전하여 사업을 개시한 경우를 말한다.

④ 법 제124조 제1항을 적용받으려 자는 과세표준신고와 함께 행정안전부령으로 정하는 세액감면신청서 및 감면세액계산서를 납세지 관할 지방자치단체의 장에게 제출하여야 한다. 다만, 「조세특례제한법 시행령」 제60조 제5항에 따라 납세지 관할 세무서장에게 소득세 감면을 신청하는 경우에는 법 제124조에 따른 개인지방소득세에 대한 세액감면도 함께 신청한 것으로 본다.

⑤ 법 제124조 제5항에서 "대통령령으로 정하는 분류"란 한국표준산업분류상의 세분류를 말한다.

## 1 | 개 요

수도권 과밀화를 억제하고 지역균형발전을 촉진함으로써 국토의 균형 있는 발전을 도모하기 위하여, 범정부적으로 지속 추진되고 있는 지역균형발전 방안의 일환으로 지방이전기업에 대한 세제지원이다. 본 규정은 수도권과밀억제권역 안에서 공장시설을 갖추고 사업을 영위하는 중소기업이 수도권과밀억제권역 밖으로 공장시설을 전부 이전하여 사업을 개시한 때에는 이전 후 공장에서 발생하는 소득에 대하여 일정기간 동안 개인지방소득세를 감면한다. 본 규정은 지방소득세의 독립세를 위한 세제개편 계획(2013.9.)에 따라 조특법 제63조의 규정과는 별개로 지특법 제124조로 신설되었다.

# 2 | 감면실무

## 2-1. 감면대상자

본조의 적용대상자는 수도권과밀억제권역 안에서 2년 이상[391] 계속하여 공장시설을 갖추고 사업을 영위하는 중소기업(내국인에 한함)으로서 수도권과밀억제권역 밖의 지역으로 그 공장을 전부 이전(본점이나 주사무소가 수도권과밀억제권역에 있는 경우에는 해당 본점이나 주사무소도 함께[392] 이전하는 경우만 해당한다)하여 2014년 12월 31일까지 사업을 개시한 자이다(지특법 §124 ①, 지특령 §77 ①, 조특령 §60 ①). 이 경우 이전 후 공장은 이전 전 공장과 동일한 업종을 영위하여야 한다. '수도권과밀억제권역'은 제2조의 해설을 참고하기 바란다.

### 2-1-1. 종전 공장의 조업실적

공장시설의 소유자가 그 공장시설을 과밀억제권역 밖으로 이전하기 위하여 조업을 중단한 날부터 소급하여 2년 이상 계속 조업[393]한 실적이 있어야 한다는 것인데, '2년 이상 계속 조업한 실적이 있는 공장'이라 함은 ① 제조장단위별로 2년 이상 조업한 경우를 말하며, 제조시설 중 일부가 2년 미만 조업한 경우에도 당해 제조장을 2년 이상 조업한 경우에는 2년 이상 조업한 것으로 보고, ② 개인사업자가 대도시 안에서 영위하던 사업을 조특법 제

391) 공동사업을 단독사업으로 전환 후 공장이전 시 기산일 : 수도권과밀억제권역에서 2년 이상 계속하여 공장시설을 갖추고 공동사업을 하던 내국인이 단독사업으로 전환한 후 수도권과밀억제권역 밖으로 해당 공장시설을 전부 이전하여 2011년 12월 31일까지 사업을 개시한 경우, 해당 내국인에 대하여 「조세특례제한법」(2010.12.27. 법률 제10406호로 일부개정된 것) 제63조 제1항을 적용함에 있어서 "2년"의 기산일은 단독사업 전환 전의 해당 공동사업을 개시한 날이 되는 것임(재조특-63, 2012.1.27.).

392) 본사·공장의 동시 이전을 의미함(재조특-745, 2008.10.27.).

393) 「대기환경보전법」, 「수질 및 수생태계 보전에 관한 법률」 또는 「소음·진동관리법」에 의하여 배출시설이나 오염물질배출방지시설의 개선·이전 또는 조업정지명령을 받아 조업을 중단한 기간은 이를 조업한 것으로 본다(조특령 §60 ①).

32조의 규정에 의하여 법인으로 전환하고 당해 공장시설을 지방으로 이전하는 경우에는 당해 개인사업자가 조업한 기간을 합산한다(조기통 63-60…1).

2-1-2. 공장시설 전부 이전

중소기업이 과밀억제권역 밖으로 그 공장시설을 전부 이전(본점 또는 주사무소가 수도권과밀억제권역에 소재하는 경우에는 당해 본점 또는 주사무소도 함께 이전하는 경우에 한함)하여 2014년 12월 31일까지 사업을 개시하여야 한다. 따라서 당해 공장을 전부 이전하여야 하며 일부만을 이전하는 경우에는 적용대상이 되지 아니한다. 다만, 본점 또는 주사무소가 아닌 지점이나 다른 공장 등은 함께 이전하지 아니하더라도 무방하다.

2-1-3. 구공장 양도 및 신공장 사업개시

본조의 세액감면대상 공장이전은 다음에 해당하는 경우로 한다(지특령 §77 ①, 조특령 §60 ①).

① 공장을 과밀억제권역 외의 지역으로 이전한 후 이전일부터 1년 이내에 과밀억제권역 안에 소재하는 구공장을 다른 사람에게 양도하거나 구공장에 남아 있는 공장시설의 전부를 철거 또는 폐쇄하여 당해 공장시설에 의한 조업이 불가능한 상태에 있을 것(선이전 후양도)
② 과밀억제권역 안에 소재하는 공장을 양도 또는 폐쇄한 날부터 1년 이내에 과밀억제권역 밖의 지역에서 사업을 개시할 것. 다만, 신공장을 신설하는 경우에는 구공장을 양도 또는 폐쇄한 날부터 3년 이내에 사업을 개시할 것(선양도 후이전)

공장이전시 이전일, 양도일, 철거 또는 폐쇄일, 사업개시일 및 동일업종 요건의 판정은 다음과 같이 적용한다.

① 공장이전일 : 수도권과밀억제권역 안의 공장시설을 수도권과밀억제권역 외의 지역으로 전부 이전하여 이전 후의 공장에서 제조를 개시한 날(법인 46012-647, 2000.3.8.)
② 양도일 : 소득세법상의 양도일(소법 §98, 소령 §162)
③ 철거 또는 폐쇄일 : 조업이 불가능한 상태에 있게 된 사실상의 철거 또는 폐쇄일
④ 사업개시일 : 신공장 시설을 이용하여 정상상품으로 판매할 수 있는 완성품 제조를 개시한 날(법인 22601-633, 1988.3.4.)
⑤ 동일업종 : 한국표준산업분류상의 세분류 범위 내에서 동일할 것(지특령 §77 ⑤, 조특령 §54 ②)

#### 2-1-4. 동일업종 영위

본조의 과세특례의 규정을 적용받을 수 있는 공장이전은 한국표준산업분류상의 세분류[394]를 기준으로 이전 전의 공장에서 영위하던 업종과 이전 후의 공장에서 영위하는 업종이 동일하여야 한다(지특령 §77 ⑤, 조특령 §54 ②). 한국표준산업분류는 '대 > 중 > 소 > 세 > 세세' 등 5단계로 분류하고 있는데, 이 중 4번째 단계까지는 같아야 한다는 것이다. 한국표준산업분류에 대한 자세한 내용은 제99조(중소기업 투자 세액공제)의 해설을 참고하기 바란다.

### 2-2. 과세특례의 내용

#### 2-2-1. 감면기간 및 감면비율

위의 요건을 충족한 지방이전 중소기업은 이전 후의 공장에서 발생하는 소득에 대하여 이전일이 속하는 과세연도와 그 다음 과세연도 개시일부터 6년(성장관리권역, 자연보전권역, 수도권 외 지역에 소재하는 광역시 및 수도권 인접지역 및 인구 30만 이상 도시 등으로 이전하는 경우에는 4년) 이내에 끝나는 과세연도에는 개인지방소득세의 100분의 100에 상당하는 세액을 감면하고, 그 다음 3년(성장관리권역, 자연보전권역, 수도권 외 지역에 소재하는 광역시 및 수도권 연접지역 등으로 이전하는 경우에는 2년) 이내에 끝나는 과세연도에는 개인지방소득세의 100분의 50에 상당하는 세액을 감면한다(지특법 §124 ①). 또한 감면기간 중 지특법 및 조특법상 중소기업에 해당되지 아니하게 되는 경우에는 유예기간 동안만 세액감면을 적용한다.

#### 2-2-2. 감면대상 소득

수도권과밀억제권역 외 지방이전 중소기업에 대한 세액감면은 수도권과밀억제권역 외의 지역으로 이전한 후의 공장에서 발생하는 소득에 한하여 적용한다. 따라서 사업연도 중에 이전한 경우에는 이전 전 소득과 이전 후 소득을 구분경리하여야 한다. 그 밖에 감면대상 소득에 대한 기존 유권해석 사례는 다음과 같다.

394) 조기통 63-60…2 【공장 이전 후 추가 업종에서 발생한 소득의 세액감면 적용 여부】 수도권 과밀억제권역에서 공장시설을 갖추고 제조업을 영위하던 법인이 당해 공장시설과 수도권 과밀억제권역 안에 소재하던 본점을 수도권 과밀억제권역 밖으로 함께 이전한 후 한국표준산업분류상의 세분류를 기준으로 이전전의 업종과 다른 새로운 업종을 추가한 경우, 그 추가한 업종에서 발생한 소득에 대하여는 법 제63조 규정의 수도권 과밀억제권역 밖으로 이전하는 중소기업에 대한 세액감면을 적용하지 아니한다(2011.2.1. 신설).

## 2-3. 사후관리

### 2-3-1. 감면세액의 납부

본조의 규정에 의하여 감면을 받은 중소기업이 다음에 해당하는 때에는 당해 사유가 발생한 과세연도의 과세표준신고시 공장의 이전일 이후 감면받은 지방소득세액을 납부하여야 한다(지특법 §124 ②, 지특령 §77 ②, 조특령 §60 ③).

| 납부사유 | 납부세액 |
|---|---|
| ① 공장을 이전하여 사업을 개시한 날부터 3년 이내에 당해 사업을 폐업하거나 해산한 때(합병·분할 또는 분할합병으로 인한 경우 제외) | 공장의 이전일 이후 감면받은 법인세액 또는 소득세액<br>(③의 경우 이전한 공장이 2 이상인 경우에는 수도권과밀억제권역 안에 설치된 공장의 제품과 동일한 제품을 생산하는 공장의 이전으로 감면받은 분에 한함) |
| ② 공장을 수도권과밀억제권역 밖의 지역으로 이전하여 사업을 개시한 경우에 해당하지 아니하는 때(이전요건 미비) | |
| ③ 감면기간 중 수도권과밀억제권역 안에 본조의 규정에 따라 이전한 공장에서 생산하는 제품과 동일한 제품을 생산하는 공장을 설치하거나 본사를 설치한 때 | |

### 2-3-2. 이자상당가산액의 납부

본조의 규정에 의하여 감면받은 개인지방소득세액을 사후관리 사유가 발생하여 납부하는 경우에는 이자상당가산액에 관한 규정을 준용하여 계산한 이자상당가산액을 개인지방소득세로 납부하여야 한다.

이자상당가산액 = 납부하여야 할 세액상당액 × 3/10,000

## 2-4. 절 차

세액감면을 받고자 하는 자는 과세표준신고와 함께 세액감면신청서 및 감면세액계산서를 납세지 관할 지방자치단체의 장(세무서장 포함)에게 제출하여야 한다(지특령 §77 ④).

## 2-5. 지방세특례제한

### 2-5-1. 중복지원의 배제

(1) 일정한 세액공제와의 중복지원 배제

내국인이 동일한 과세연도에 수도권과밀억제권역 외의 지역으로 이전하는 중소기업에 대한 개인지방소득세가 감면되는 경우와 지방세특례제한법상의 일부 세액공제 규정을 동시에 적용받을 수 있는 경우에는 그 중 하나만을 선택하여 적용받을 수 있다. ⇨ 제168조 해설 참조

(2) 세액감면과의 중복지원 배제

내국인의 동일한 사업장에 대하여 동일한 과세연도에 수도권과밀억제권역 외의 지역으로 이전하는 중소기업에 대한 개인지방소득세가 감면되는 경우와 제168조에서 규정하는 다른 세액감면이 동시에 적용되는 경우에는 그 중 하나만을 선택하여 적용받을 수 있다. 자세한 내용은 제168조의 해설을 참고하기로 한다.

#### 2-5-2. 결정시 등의 감면 배제

개인지방소득세의 무신고에 따른 결정(소법 §80 ①)과 기한 후 신고(국기법 §45의 3)를 하는 경우에는 본조의 세액감면을 적용하지 아니한다. 경정 등 감면배제되는 경우와 관련하여서는 제169조의 해설을 참고하기로 한다.

#### 2-5-3. 최저한세의 적용

본조에 따른 감면세액은 일반적으로 최저한세가 적용[395] 되지 않으나 수도권 안에서 이전하는 경우에는 최저한세가 적용된다. 여기에서 "수도권 내 이동"이란 수도권과밀억제권역에서 성장관리권역 또는 자연보전권역으로 이전하는 경우를 뜻한다. 과밀억제권역, 성장관리권역, 자연보전권역에 대한 자세한 사항은 제2조(정의)의 해설을 참고하기 바란다. 최저한세에 대한 자세한 사항은 제172조 해설을 참고하기 바란다.

---

395) 중소기업의 지방이전을 통한 지역 간 균형발전을 지원하기 위하여 지방이전 중소기업의 최저한세 적용범위를 축소 : 수도권 외로 이전하는 경우 최저한세 적용 배제(2007년 1월 1일 이후 최초로 이전하는 분부터 적용)

## 3 | 관련사례

▣ 공장의 범위 및 이전시기

- 이전 전·후의 공장이 '공장'의 정의에 부합하는 경우로서, 제조활동의 일부만을 외주가공에 의하는 경우에는 공장시설을 갖춘 것으로 보는 것이나, 사실상 공장시설을 갖추지 아니하고 제조활동의 대부분을 외주가공에 의하는 경우에는 그러하지 아니함(서면2팀-2604, 2004.12.13.).
- '공장'이라 함은 영업을 목적으로 물품의 제조·가공·수선이나 인쇄 등의 목적에 사용할 수 있도록 생산설비를 갖춘 건축물 또는 사업장과 그 부속토지를 갖추고 제조 또는 사업단위로 독립된 것을 말하는 것으로, 공장시설은 일체없이 제조활동의 대부분을 외주가공에 의하는 경우에는 동 규정의 공장시설을 갖춘 경우에 해당하지 아니함(서이 46012-11810, 2003.10.20.).
- 수도권에서 서로 다른 제품을 생산하면서 2개 이상의 공장시설을 갖추고 사업을 영위하는 법인이 수도권 밖으로 그 공장시설을 전부 이전한다는 것은 '독립된 제조장(공장) 단위별로 전부 이전'하는 것을 말함(서이 46012-11834, 2002.10.7.).
- 출판제조공정 중 직접작업공정은 일부분에 해당하고 대부분의 인쇄·제본 등은 외주가공을 하는 형태이더라도 공장에 해당하므로 지방이전중소기업에 대한 세액감면을 적용함이 타당함(출판업의 경우 업종의 특성을 고려하지 않고 단순히 외주가공비율만 가지고 '공장' 여부를 판단하는 것은 현실에 맞지 않는 기준으로 보이는 점 등 감안)(조심 2009서2805, 2010.3.11.).
- 수도권 밖에 있는 공장건물을 취득하는 것만으로는 종전 공장시설을 모두 이전할 수가 없어 종전 공장시설의 일부는 기존의 공장을 취득하여 이전하고, 종전 공장시설의 다른 일부는 공장을 신축하여 이전한 후에야 비로소 종전 공장에서 생산하던 제품을 생산할 수 있게 된 경우에는, 이를 신공장의 신설로 보아 「조세특례제한법」 제63조(수도권과밀억제권역 밖으로 이전하는 중소기업에 대한 세액감면)을 적용하는 것임(법규과-1681, 2011.12.19.).
- 「조세특례제한법」 제63조 제1항에서 규정하는 공장시설의 전부이전이라 함은 서로 다른 여러 종류의 제품 중 한 제품만을 생산하는 독립된 공장시설을 완전히 이전하고 당해 공장건물을 사무실이나 창고 등으로 사용하는 경우에는 동 부분에 한하여 공장시설을 전부 이전한 것으로 보아 세액감면을 적용하는 것이고, 본점 이전일의 판단은 법인등기부 및 사업자등록변경일 등을 기준으로 하는 것이 원칙이나 법인등기부와 달리 본점을 실제로 이전한 사실이 확인된다면 실질과세원칙을 적용하여 등기이전일과 관계없이 실제 이전일로 적용하여야 할 것임(국심 2007전5018, 2008.4.25. 같은 뜻)(조심 2011중2769, 2012.2.13.).

▣ 지방이전 후 업종추가

수도권과밀억제권역 외 이전 후 새로운 업종이 추가되는 경우 추가되는 업종을 포함한 전체소득에 대하여 적용되는지 여부 : 수도권 과밀억제권역에서 공장시설을 갖추고 제조업을 영위하던 법인이 당해 공장시설과 수도권 과밀억제권역에 소재하던 본점을 수도권 과밀억제권역 외의 지역으로 함께 이전한 후 한국표준산업분류상의 세분류를 기준으로 이전전의 업종과 다른 새로운 업종을 추가한 경우, 그 추가한 업종에서 발생한 소득에 대하여는 지역이전 세액감면을 적용하지 아니함(서면2팀-1076, 2007.6.1.).

# 제 125 조

## 농공단지 입주기업 등에 대한 세액감면

관련규정

제125조(농공단지 입주기업 등에 대한 세액감면) ① 다음 각 호의 어느 하나에 해당하는 자에 대해서는 제100조 제1항을 준용하여 해당 사업에서 발생한 소득에 대한 개인지방소득세를 감면한다.

1. 2018년 12월 31일까지 「산업입지 및 개발에 관한 법률」에 따른 농공단지 중 대통령령으로 정하는 농공단지에 입주하여 농어촌소득원개발사업을 하는 내국인
2. 2018년 12월 31일까지 「중소기업진흥에 관한 법률」 제62조의 23에 따른 지방중소기업 특별지원지역으로서 대통령령으로 정하는 지역에 입주하여 사업을 하는 중소기업

② 제1항을 적용받으려는 자는 대통령령으로 정하는 바에 따라 세액감면신청을 하여야 한다.

【영】 제78조(농공단지 입주기업 등에 대한 세액감면) ① 법 제125조 제1항 제1호에서 "대통령령으로 정하는 농공단지"란 「조세특례제한법 시행령」 제61조 제1항에 따른 농공단지를 말하고, 같은 항 제2호에서 "대통령령으로 정하는 지구·지역"이란 「조세특례제한법 시행령」 제61조 제2항에 따른 지역을 말한다.

② 법 제125조 제1항을 적용받으려는 자는 과세표준신고와 함께 행정안전부령으로 정하는 세액감면신청서를 납세지 관할 지방자치단체의 장에게 제출하여야 한다. 다만, 「조세특례제한법 시행령」 제61조 제3항에 따라 납세지 관할 세무서장에게 소득세 감면을 신청하는 경우에는 법 제125조에 따른 개인지방소득세에 대한 세액감면도 함께 신청한 것으로 본다.

# 1 | 개 요

농어촌지역에 농어민의 소득증대를 위한 산업을 유지・육성함으로써 지역 간 균형발전의 기틀을 마련하고, 지방 농공단지로의 기업입주를 촉진함으로써 일자리 창출 및 지속성장 기반을 구축하기 위하여 농공단지에 입주하는 기업에 대하여는 창업중소기업 수준(최초 소득발생 과세연도를 포함하여 4년 이내 50%)의 세제지원이다.

본 제도는 국세인 조특법에서 1985년에 신설된 후 여러 번의 연장을 거쳐 오늘에 이르고 있으며, 지방소득세의 독립세화 계획(2013.9.)에 따라 조특법 제64조의 규정과는 별도로 지특법 제125조로 신설되었다.

2018년 12월 24일 조특법 개정시 지역균형발전 및 농어가 소득 신장을 위한 지원을 지속할 필요가 있다는 취지에서 대폭 그 내용을 개정하였다. 즉, 종전에 창업중소기업 감면 규정을 준용하던 것을 삭제하고 직접 감면율을 규정하여 법인세・소득세 5년간 50%로 단일화하였으며, 감면한도를 신설하고 적용기한을 2021년 12월 31일까지 연장하였다.

# 2 | 감면실무

## 2-1. 감면대상자

농공단지 입주기업 등에 대한 개인지방소득세의 감면규정을 적용받는 자는 다음과 같다(조특법 §126 ①).

① 2015년 12월 31일까지 농공단지에 입주[396]하여 농어촌소득원개발사업을 영위하는 내국인

② 2015년 12월 31일까지 「지역균형개발 및 지방중소기업 육성에 관한 법률」 제50조에 따른 지방중소기업특별지원지역에 입주하여 사업을 영위하는 중소기업

## 2-2. 적용대상 농공단지 등의 범위

### 2-2-1. 농공단지

산업입지 및 개발에 관한 법률의 규정에 따라 시장・군수가 지정한 농공단지 중에서, 수도권과밀억제권역 외의 지역으로서 농공단지지정일 현재 인구 20만 이상인 시지역 외의 지

396) 입주의 개념은 창업과 이전의 개념을 합하여 사용된다.

역을 말한다(지특령 §78 ①, 조특령 §61 ①). 수도권과밀억제권역에 대한 자세한 설명은 제2조의 해설을 참고한다.

### 2-2-2. 개발촉진지구 및 지방중소기업특별지원지역

「중소기업진흥에 관한 법률」(§62의 23)에 따른 지방중소기업 특별지원지역 중 수도권과밀억제권역 외의 지역으로서 지방중소기업 특별지원지역의 지정일 현재 인구 20만 이상인 시지역 외의 지역에 소재하는 다음의 지역을 말한다(지특령 §78 ①, 조특령 §61 ②, 조특칙 §25).

① 나주 일반산업단지
② 김제지평선 일반산업단지
③ 장흥바이오식품 일반산업단지
④ 북평 국가산업단지
⑤ 북평 일반산업단지
⑥ 나주혁신 일반산업단지
⑦ 강진환경 일반산업단지
⑧ 정읍 첨단과학산업단지
⑨ 담양 일반산업단지
⑩ 대마 전기자동차 산업단지

### 2-2-3. 세액감면이 배제되는 경우

다음의 경우에는 농공단지에서 사업을 영위하더라도 농공단지 입주기업 등에 대한 세액감면을 적용하지 아니한다(조기통 64-0…1).

① 농공단지·개발촉진지구 또는 지방중소기업특별지원지역(이하 '농공단지 등'이라 한다) 안의 기존공장을 매입하여 사업을 영위하는 경우
② 공장을 설치하여 사업을 개시한 날 이후 새로이 농공단지 등으로 지정되는 경우

## 2-3. 과세특례의 내용

### 2-3-1. 지방소득세의 감면

위에서 설명한 농공단지 또는 개발촉진지구 및 지방중소기업 특별지원지역에 입주한 자에 대하여는 최초로 소득이 발생한 날이 속하는 과세연도(사업개시일부터 5년이 되는 날이 속하는 과세연도까지 당해 사업에서 소득이 발생하지 아니하는 경우에는 5년이 되는 날이 속하는 과세연도)와 그 다음 과세연도의 개시일로부터 3년 이내에 종료하는 과세연도까지

당해 사업에서 발생한 소득에 대한 개인지방소득세의 50%에 상당하는 세액을 감면한다(지특법 §126 ①). 창업중소기업 등에 대한 세액감면의 규정을 준용한다. 따라서 감면기간 등에 대하여는 제100조의 해설을 참고한다.

#### 2-3-2. 감면대상 소득

농공단지 입주공장에 대한 세액감면대상 소득은 농공단지에 입주한 내국인이 당해 사업에서 발생한 소득이다. 종전에는 당해 공장에서 발생한 소득으로 규정하여 제조업에 한정되었으나, 강원도 폐광지역 등의 관광숙박업, 종합휴양업 등을 세제지원대상에 포함시키기 위하여 당해 사업에서 발생한 소득으로 개정되었다. 그러나 문구 수정에도 불구하고 조특법 소관부처인 기획재정부에서는 이를 농공단지 내의 공장을 설치・운영하여 발생시킨 소득으로 해석하고 있다(재경부 조세지출예산과 46070-163, 2002.10.7.). 따라서 감면대상 소득과 기타 소득이 함께 있는 경우에는 구분경리를 하여야 한다. 또한 농공단지 등의 공장에서 생산된 반제품으로 농공단지 등의 밖의 공장에서 완제품을 생산하여 매출하는 경우와 그 반대의 경우에 농공단지 등의 공장에서 발생한 소득금액의 계산에 있어서는 특수관계가 없는 서로 독립된 타인에 의하여 경영되고 있는 경우로 보아 완제품 제조공장으로 반출되는 부품의 가격은 독립된 사업자 간에 통상의 거래조건에 따라 매매할 경우 적용되는 시가에 의하고, 각 공장의 공통손금에 대하여는 법인세법 시행규칙 제76조 제6항의 규정을 준용하여 계산한다(조기통 64-0…2).

### 2-4. 절 차

농공단지 입주기업 등에 대한 지방세특례의 적용을 받고자 하는 자는 과세표준신고와 함께 세액감면신청서를 관할 지방자치단체의 장(세무서장 포함)에게 제출하여야 한다(지특령 §78 ②).

### 2-5. 지방세특례의 제한

#### 2-5-1. 중복지원의 배제

(1) 세액공제와 중복지원 배제

내국인이 동일한 과세연도에 본조에 따른 세액감면과 지방세특례제한법상의 일부 세액공제 규정이 동시에 해당하는 경우에는 그 중 하나만을 선택하여 적용받을 수 있다. 이에 대한 자세한 내용은 제168조의 해설을 참고하기로 한다.

(2) 세액감면과 중복지원 배제

내국인의 동일한 사업장에 대하여 동일한 과세연도에 본조에 따른 세액감면과 조세특례제한법상의 일부 세액감면이 동시에 적용되는 경우에는 그 중 하나만을 선택하여 적용받을 수 있다. 이에 대한 자세한 내용은 제168조의 해설을 참고하기로 한다.

2-5-2. 결정시 등의 감면 배제

(1) 무신고결정 및 기한 후 신고에 대한 감면 배제

지방소득세의 무신고에 따른 결정(소법 §80 ①)과 기한 후 신고(국기법 §45의 3)를 하는 경우에는 본조의 세액감면을 적용하지 아니한다. 이에 대한 자세한 내용은 제169조의 해설을 참고하기로 한다.

(2) 경정 및 수정신고시 감면 배제되는 경우

지방소득세의 신고내용에 오류 등이 있어 경정(소법 §80 ②)하는 경우와 과세표준 수정신고서를 제출한 과세표준과 세액을 경정할 것을 미리 알고 제출한 경우에는 과소신고금액에 대하여 본조의 세액감면을 적용하지 아니한다. 이에 대한 자세한 내용은 제169조의 해설을 참고하기로 한다.

(3) 의무 불이행시 감면 배제되는 경우

사업자가 다음의 어느 하나에 해당하는 경우에는 해당 과세기간의 해당 사업장에 대하여 본조의 세액감면을 적용하지 아니한다. 다만, 사업자가 ① 또는 ②의 의무 불이행에 대하여 정당한 사유가 있는 경우에는 그러하지 아니하다. 이에 대한 자세한 내용은 제169조의 해설을 참고하기로 한다.

① 사업용계좌를 신고(소법 §160의 5 ③)하여야 할 사업자가 이를 이행하지 아니한 경우

② 현금영수증가맹점으로 가입하여야 할 사업자(소법 §162의 3 ①)가 이를 이행하지 아니한 경우

③ 신용카드가맹점으로 가입한 사업자(소법 §162의 2) 또는 현금영수증가맹점으로 가입한 사업자(소법 §162의 3 ①) 중 신용카드에 의한 거래 또는 현금영수증의 발급을 거부하거나 신용카드매출전표 또는 현금영수증을 사실과 다르게 발급한 것을 이유로 관할 세무서장으로부터 신고금액(소법 §162의 2 ④ 후단, §162의 3 ⑥ 후단)을 통보받은 사업자로서 다음의 어느 하나에 해당하는 경우(조특령 §122 ②).

㉮ 해당 과세연도(신용카드에 의한 거래 또는 현금영수증의 발급을 거부하거나 신용

카드매출전표 또는 현금영수증을 사실과 다르게 발급한 날이 속하는 해당 과세연도를 말한다)에 신고금액을 3회 이상 통보받은 경우로서 그 금액의 합계액이 100만원 이상인 경우

㉯ 해당 과세연도에 신고금액을 5회 이상 통보받은 경우

#### 2-5-3. 최저한세의 적용

본조의 세액감면을 적용받는 내국인은 법 제172조의 최저한세 규정이 적용되는 바, 이에 대한 자세한 내용은 조특법 제172조의 해설을 참고하기로 한다.

## 3 | 관련사례

- 쟁점부동산의 전 소유자가 쟁점부동산을 소재지로 하여 공장등록을 하여 공장을 가동하거나 사업자등록 등을 한 사실이 없는 이상 청구법인을 농공단지 휴·폐업된 공장의 대체입주자로 보기는 어려움(조심 2012지317, 2012.10.10.).
- 내국법인의 농공단지입주기업 등에 대한 세액감면 적용시 농공단지 입주시기는 사업자등록증을 재교부하는 날부터 적용함(법인-1277, 2009.11.13.).
- 산업입지 및 개발에 관한 법률에 의해 지정된 농공단지에 입주하여 공장을 설치하고 농어촌소득원개발 사업으로 식품소분업을 영위하는 내국법인은 농공단지 입주기업 등에 대한 세액감면을 적용받을 수 있음(법인-592, 2009.5.19.).
- 구조감법에 의한 농공단지 입주기업 조세특례를 적용받은 내국법인이 그 감면기간 경과 후 조특법에 의한 세액감면이 적용되는 다른 농공단지에 공장을 신축하여 기존의 제품과는 별개의 제품을 생산하는 경우, 당해 공장에서 발생하는 소득은 세액감면의 적용대상임(법인-1832, 2008.8.4.).
- 조특법 제64조 제1항 제1호의 농공단지에 입주하여 농어촌소득원개발사업을 영위하는 내국인이라는 표현 중 내국인은 소득세법에 따른 거주자 및 법인세법에 따른 내국법인을 말함(재조특-347, 2008.6.25.).
- 농공단지 입주기업 등에 대한 세액감면규정은 조특법 제64조 제1항 제1호 및 제2호의 어느 하나에 해당하는 자에게 적용하는 것임(서면2팀-1201, 2008.6.13.).
- 제조업을 영위하는 법인이 농공단지 내의 토지를 적법하게 임차하여 당해 법인 소유의 공장건물을 신축하고 제조설비를 매입·설치하여 사업을 영위하는 경우 농공단지 입주기업 등에 대한 세액감면의 적용대상임(서면2팀-1415, 2007.7.30.).
- 농공단지 입주기업 등에 대한 세액감면을 적용함에 있어 중소기업이란 조특법 제4조 제1항의 중소기업을 말함(서면2팀-741, 2007.4.26.).

- 농공단지 안의 기존공장을 임차하여 다른 사업을 영위하는 경우 농공단지 입주기업 등에 대한 세액감면을 적용받을 수 없음(서면2팀-110, 2007.1.15.).
- 농공단지입주기업에 대한 세액감면 적용시 농공단지에 입주한 법인이 직접 공장을 설치·운영하여 소득이 발생된 경우에 한해서 세액감면을 적용할 수 있는 것임(서면2팀-1958, 2005.11.30.).
- 농공단지 입주기업 세액감면을 적용받던 법인이 사업확장을 위하여 동 단지 내의 인근 공장건물을 매입하여 이전하고 사업을 영위하는 경우에는 잔존 감면기간 내에서 당해 조세특례를 계속하여 적용하는 것임(서면2팀-1143, 2005.7.20.).
- 농공단지 입주기업 등에 대한 세액감면을 적용받은 법인이 감면기간 경과 후 공장을 신축하여 신제품을 생산하는 경우 당해 소득에 대하여 세액감면을 적용받을 수 있는 것임(서이 46012-12044, 2003.11.28.).
- 농공단지 안의 기존공장을 매입해 신·개축 후 사업영위시는 농공단지입주기업 등에 대한 세액감면 대상 아님(서이 46012-10598, 2003.3.24.).
- 농공단지입주기업에 대한 세액감면대상소득은 농공단지 내에 공장을 설치·운영하여 발생시킨 소득을 말함(재조예 46070-163, 2002.10.7.).
- 농공단지 입주법인이 동일한 사업장에서 제조업과 도매업 겸영시 도매업의 농공단지입주기업 세액감면 해당 여부(서이 46012-11734, 2002.9.17.)
- 농공단지 안의 기존공장을 매입해 신·개축 후 사업영위시는 '농공단지 입주기업 등에 대한 세액감면'을 적용할 수 없음(서일 46011-10606, 2002.5.8.).
- 농공단지에 공장을 새로이 설치해 사업영위시 '농공단지 입주기업 감면대상'이며, 타업체가 입주한 기존공장을 현물출자받은 경우에는 동 감면대상 아님(국심 2001부3162, 2002.1.31.).
- 농공단지 입주기업 등에 대한 세액감면 규정을 적용하는 "농공단지"는 조세특례제한법 시행령 별표 7 제1호에 규정된 수도권 이외의 지역으로서 농공단지지정일 현재 인구 20만 이상인 시지역 외의 지역에 소재하는 농공단지를 말하는 것임(서이 46012-10045, 2001.8.29.).
- 조세특례제한법 제64조의 규정을 적용받을 수 있는 농공단지라 함은 동법 시행령 (별표 7) 제1호에 규정된 수도권 외의 지역으로서 농공단지지정일 현재 인구 20만 이상인 시지역 외의 지역에 소재하는 농공단지를 말하는 것임(제도 46012-10471, 2001.4.2.).
- '농공단지'란 수도권 이외의 지역으로서 농공단지지정일 현재 인구 20만 이상인 시지역 외의 지역에 소재하는 농공단지를 말함(법인 46012-1588, 2000.7.18.).
- '농공단지입주기업'에 대한 세액 감면요건을 충족하므로 '입주일'을 사업자등록증교부일로 보아 감면기간 및 감면율을 적용하며, '지방이전 중소기업' 세액감면과는 중복적용 배제됨(심사종소 99-858, 2000.3.24.).
- 공장을 농공단지 안으로 이전하는 경우, 사업자 등록증 재교부일을 감면기산일인 창업일로 보아 '농공단지 입주기업에 대한 조세특례' 적용됨(구조감법)(재조예 46019-56, 2000.2.15.).
- 농공단지안의 기존공장을 매입해 신·개축 후 사업을 영위하는 경우는 '농공단지입주기업 등에 대한 세액감면' 적용 안 됨(법인 46012-4167, 1999.12.2.).
- 농공단지입주기업 등에 대한 세액감면을 구조감법에 의해 적용받는 내국법인이 감면기간 경과 후, 현 조특법상 동 세액감면이 적용되는 다른 농공단지에 공장신축해 기존 제품과는

별개의 제품을 생산하는 경우, 당해 세액감면 적용됨(법인 46012-3792, 1999.10.23.).

- 농공단지 입주기업 등에 대한 세액감면을 신청해야 하나 착오로 감면조항을 잘못 신청한 경우, 명백히 확인되고 기업합리화적립금이 적립됐으면 동 세액감면 적용됨(법인 46012-3690, 1999.10.9.).
- 농공단지 입주기업 등에 대한 세액감면 적용대상 중소기업이 결손신고 후 정부의 경정결정으로 당해 공장 소득에 대해 산출세액 발생시는 동 세액감면 적용됨(법인 46012-3690, 1999.10.9.).
- 농공단지 입주기업 등에 대한 세액감면 적용 법인이 동일지역 내에서 지점공장을 신축해 사업하는 경우, 동 사업소득은 본점법인의 잔존감면기간 내에 조세특례를 적용함(법인 46012-3553, 1999.9.21.).
- 법인세 경정시의 '부당과소신고금액'에 대하여는 농공단지 입주기업에 대한 세액감면 안됨(법인 46012-1977, 1999.5.27).
- 농공단지 입주기업에 대한 세액감면 적용되는 개인사업자가 감면기간 중 사업양수도 방법 등으로 법인전환한 경우 감면방법 및 추징 여부 등(법인 46012-1556, 1999.4.26.)
- 농공단지 안의 기존공장을 매입하여 법인을 설립하고 사업을 승계받아 동종의 사업을 계속하는 경우, '창업중소기업 세액감면' 및 '농공단지입주기업 세액감면' 적용 안됨(법인 46012-1254, 1999.4.3.).
- 지방중소기업특별지원지역안의 타인공장에 인력을 공급하거나 중기대여업을 영위하는 사업은 법인세 감면을 적용할 수 없음(법인 46012-405, 1999.2.1.).
- 농공단지 외 지역에서 사업을 영위하는 법인이 농공단지로 이전하는 경우 감면적용을 받을 수 있음(법인 46012-3802, 1998.12.7.).
- 농공단지 밖에서 발생한 소득에 대하여는 감면적용 배제(법인 46012-2468, 1998.9.2.)
- 농공단지 입주기업에 대한 소득세감면을 적용받던 거주자가 그 감면기간 만료 전에 신농공단지로 이전 후 동일사업 계속시는 이전 전 잔존감면기간에 한하여 감면함(소득 46011-2308, 1997.8.29.).

# 제126조 영농조합법인의 조합원에 대한 개인지방소득세의 면제

관련규정

제126조(영농조합법인의 조합원에 대한 개인지방소득세의 면제) ①「농어업경영체 육성 및 지원에 관한 법률」에 따른 영농조합법인(이하 "영농조합법인"이라 한다)의 조합원이 영농조합법인으로부터 2018년 12월 31일까지 받는 배당소득 중 곡물 및 기타 식량작물 재배업에서 발생하는 소득(이하 "식량작물재배업소득"이라 한다)에서 발생한 배당소득 전액과 식량작물재배업소득 외의 소득에서 발생한 배당소득 중 대통령령으로 정하는 범위의 금액에 대해서는 개인지방소득세를 면제한다. 이 경우 식량작물재배업소득에서 발생한 배당소득과 식량작물재배업소득 외의 소득에서 발생한 배당소득의 계산은 대통령령으로 정하는 바에 따른다.

② 대통령령으로 정하는 농업인이 2018년 12월 31일 이전에 농지 또는「초지법」제5조에 따른 초지조성허가를 받은 초지(이하 "초지"라 한다)를 영농조합법인에 현물출자함으로써 발생하는 소득에 대해서는 양도소득분 개인지방소득세의 100분의 100에 상당하는 세액을 감면한다. 다만, 해당 농지 또는 초지가「국토의 계획 및 이용에 관한 법률」에 따른 주거지역·상업지역 또는 공업지역(이하 이 조부터 제131조까지에서 "주거지역등"이라 한다)에 편입되거나「도시개발법」또는 그 밖의 법률에 따라 환지처분 전에 농지 또는 초지 외의 토지로 환지예정지 지정을 받은 경우에는 주거지역등에 편입되거나 환지예정지 지정을 받은 날까지 발생한 소득으로서 대통령령으로 정하는 소득에 대해서만 양도소득분 개인지방소득세의 100분의 100에 상당하는 세액을 감면한다.

③ 제2항에 따라 양도소득분 개인지방소득세를 감면받은 자가 그 출자지분을 출자일부터 3년 이내에 다른 사람에게 양도하는 경우에는 그 양도일이 속하는 과세연도의 개인지방소득 과세표준신고를 할 때 대통령령으로 정하는 바에 따라 계산한 세액을 양도소득분 개인지방소득세로 납부하여야 한다. 다만, 대통령령으로 정하는 경우에는 그러하지 아니하다.

④ 제2항에 따라 감면받은 양도소득분 개인지방소득세를 제3항 본문에 따라 납부하는

경우에는 대통령령으로 정하는 바에 따라 계산한 이자 상당액을 가산한다.

⑤ 대통령령으로 정하는 농업인이 2018년 12월 31일 이전에 영농조합법인에 「농업·농촌 및 식품산업 기본법」 제3조 제1호에 따른 농작물재배업·축산업 및 임업에 직접 사용되는 부동산(제2항에 따른 농지 및 초지는 제외한다)을 현물출자하는 경우에는 이월과세를 적용받을 수 있다.

⑥ 제1항·제2항 및 제5항을 적용받으려는 자는 대통령령으로 정하는 바에 따라 신청을 하여야 한다.

⑦ 제5항을 적용받은 농업인이 현물출자로 취득한 주식 또는 출자지분의 100분의 50 이상을 출자일부터 3년 이내에 처분하는 경우에는 처분일이 속하는 달의 말일부터 2개월 이내에 제7항에 따른 이월과세액(해당 영농조합법인이 이미 납부한 세액을 제외한 금액을 말한다)을 대통령령으로 정하는 바에 따라 양도소득분 개인지방소득세로 납부하여야 한다.

⑧ 제5항에 따른 이월과세액을 제7항에 따라 납부하는 경우 주식 또는 출자지분의 100분의 50 이상을 처분하는 경우의 판단기준 등에 관하여 필요한 사항은 대통령령으로 정하며, 대통령령으로 정하는 바에 따라 계산한 이자상당액을 가산한다.

**【영】** 제79조(영농조합법인의 조합원에 대한 개인지방소득세의 면제) ① 법 제126조 제1항 전단에 따라 면제되는 배당소득은 「조세특례제한법 시행령」 제63조 제2항에 따라 소득세가 면제되는 배당소득으로 한다.

② 법 제126조 제1항 후단에 따른 배당소득의 계산은 「조세특례제한법 시행령」 제63조 제3항에 따른다.

③ 법 제126조 제2항에서 "대통령령으로 정하는 농업인"이란 「조세특례제한법」 제66조 제4항 및 「조세특례제한법 시행령」 제63조 제4항에 따른 농업인을 말한다.

④ 법 제126조 제5항, 제128조 제1항 전단 및 같은 조 제2항에서 "대통령령으로 정하는 농업인"이란 「조세특례제한법」 제66조 제7항, 제68조 제2항 전단, 같은 조 제3항 및 「조세특례제한법 시행령」 제63조 제4항에 따른 농업인을 말한다.

⑤ 법 제126조 제2항 및 제128조 제1항에 따라 현물출자함으로써 발생한 소득에 대하여 양도소득분 개인지방소득세가 면제되는 농지는 「조세특례제한법 시행령」 제63조 제5항에 따른 농지로 한다.

⑥ 법 제126조 제3항에 따른 세액의 납부에 관하여는 「조세특례제한법 시행령」 제63조 제6항을 준용하되, 그 세액은 같은 항에서 산출한 금액의 100분의 10에 해당하는 금액으로 한다.

⑦ 법 제126조 제1항에 따라 배당소득에 대한 개인지방소득세를 면제받으려는 자는 해당 배당소득을 지급받는 때에 행정안전부령으로 정하는 세액면제신청서를 영농조합법인에 제출하여야 하고, 영농조합법인은 배당금을 지급한 날이 속하는 달의 다음 달 말일까지 조합원이 제출한 세액면제신청서를 특별징수 관할 지방자치단체의 장에게 제출하여야 한다. 다만, 「조세특례제한법 시행령」 제63조 제8항에 따라 원천징수 관할 세무서장에게 소

득세 면제를 신청하는 경우에는 법 제126조 제1항에 따른 개인지방소득세에 대한 면제도 함께 신청한 것으로 본다.

⑧ 법 제126조 제4항 및 제8항에서 "대통령령으로 정하는 바에 따라 계산한 이자 상당액"이란 법 제126조 제3항 및 제7항에 따라 납부하여야 할 세액에 상당하는 금액에 제1호의 기간과 제2호의 율을 곱하여 계산한 금액을 말한다.

1. 당초 현물출자한 농지등에 대한 양도소득분 개인지방소득세 예정신고 납부기한의 다음 날부터 법 제126조 제3항 또는 제7항에 따른 납부일까지의 기간
2. 1일 1만분의 3

⑨ 법 제126조 제2항 또는 제5항에 따라 양도소득분 개인지방소득세를 면제받거나 이월과세를 적용받으려는 자는 과세표준신고와 함께 행정안전부령으로 정하는 세액면제신청서 또는 이월과세적용신청서에 현물출자계약서 사본을 첨부하여 납세지 관할 지방자치단체의 장에게 제출하되, 이월과세적용신청서는 영농조합법인과 함께 제출하여야 한다. 다만, 「조세특례제한법 시행령」 제63조 제10항에 따라 납세지 관할 세무서장에게 양도소득세 면제 또는 이월과세를 신청하는 경우에는 법 제126조 제2항 또는 제5항에 따른 개인지방소득세에 대한 면제 또는 이월과세도 함께 신청한 것으로 본다.

⑩ 법 제126조 제7항을 적용할 때 현물출자로 취득한 주식 또는 출자지분의 100분의 50 이상을 처분하는 경우의 판단기준은 「조세특례제한법 시행령」 제28조 제10항에 따른다.

⑪ 법 제126조 제7항에 따른 세액의 납부는 해당 부동산을 현물출자하기 전에 직접 사용하였던 기간과 현물출자 후 주식 또는 출자지분 처분일까지의 기간을 합한 기간이 8년 미만인 경우에 한다. 이 경우 상속받은 부동산의 사용기간을 계산할 때 피상속인이 사용한 기간은 상속인이 이를 사용한 기간으로 본다.

⑫ 법 제126조에 따른 면제에 관하여는 제1항부터 제11항까지에서 규정한 사항 외에는 「조세특례제한법 시행령」 제63조를 준용한다.

## 1 개 요

쌀 시장 개방 등으로 어려움을 겪고 있는 농촌경제의 현실을 감안하고, 한・칠레 FTA, DDA 협상 등에 대비한 농어업 경쟁력 강화를 위해서 농어업 분야의 지원을 계속한다는 취지의 세제지원이다. 본 제도는 지방소득세의 독립세를 위한 세제개편(2013.9.)에 따라 조특법 제66조의 규정과는 별개로 지특법 제126조로 신설되었다.

## 2 | 감면실무

### 2-1. 감면대상자 및 적용대상 소득

이 조의 지방세특례 적용대상자 및 적용대상 소득 등은 다음과 같다.

① 조합원 : 영농조합법인은 농업인과 농업생산자단체 중 정관으로 정하는 자를 조합원(농어업경영체 육성 및 지원에 관한 법률 §17 ③)으로 한다.

② 농업인 : 「농업·농촌 및 식품산업 기본법」 제3조 제1호에 따른 농업인으로서 현물출자하는 농지·초지 또는 부동산("농지 등"이라 한다)이 소재하는 시·군·구(자치구인 구를 말한다), 그와 연접한 시·군·구 또는 해당 농지 등으로부터 직선거리 20킬로미터 이내에 거주하면서 직접 경작한 자(지특령 §79 ③, 조특령 §63 ④)

③ 농업소득 : 통계법 제22조의 규정에 따라 통계청장이 작성·고시하는 한국표준산업분류표상의 농업 중 작물재배업의 분류에 속하는 작물(곡물 및 기타 식량작물 재배업으로 분류되는 작물의 경우에는 벼에 한함)의 재배로 발생하는 소득(지특법 §126 ①, 지방세법 §197)

### 2-2. 과세특례의 내용

#### 2-2-1. 배당소득에 대한 개인지방소득세 면제

영농조합법인의 조합원이 영농조합법인으로부터 2015년 12월 31일까지 지급받은 배당소득 중에서 농업소득에서 발생한 배당소득 전액과 농업소득 이외의 소득에서 발생한 배당소득 중 과세연도별로 120만원 이하의 금액에 대하여는 지방소득세를 면제한다(지특법 §126 ①, 지특령 §79 ①).

조합원이 받는 배당소득 중 농업소득에서 발생한 배당소득과 그 이외의 소득에서 발생한 배당소득은 다음과 같이 구분한다(지특령 §79 ②, 조특령 §63 ②·③).

① 농업소득에서 발생한 소득

> 배당소득 총액 − 농업소득 외의 소득에서 발생하는 배당소득

② 농업소득 외의 소득에서 발생하는 배당소득

$$\text{영농조합법인으로부터 지급받은 배당소득} \times \frac{\text{배당확정일이 속하는 사업연도의 직전 사업연도 농업소득 외의 소득금액}}{\text{배당소득확정일이 속하는 사업연도의 직전 사업연도의 총소득금액}}$$

### 2-2-2. 저율분리과세 배당소득

영농조합법인이 조합원에게 지급하는 배당소득 중 소득세가 면제되는 금액을 제외한 배당소득으로서 2015년 12월 31일까지 지급받는 지방소득에 대한 지방소득세의 원천징수세율은 소득세법상 규정에 불구하고 5%로 원천징수하고, 이에 대하여는 지방소득세 소득분을 부과하지 아니하며, 당해 배당소득에 대하여는 종합소득과세표준의 계산에 있어서도 합산하지 아니한다[397](지특법 §126 ①).

### 2-2-3. 양도소득세 과세특례

농업인이 영농조합법인의 설립을 위하여 실제로 경작에 사용되던 농지 또는 초지법에 의한 초지를 2015년 12월 31일 이전에 현물출자하는 경우에는 농지 또는 초지의 현물출자에 따른 양도소득분 지방소득세를 면제한다.

양도소득분 지방소득세 등의 면제대상이 되는 농지는 전・답으로서 지적공부상의 지목에 관계없이 실제로 경작에 사용되는 토지와 그 경작에 직접 필요한 농막・퇴비사・양수장・지소・농로・수로 등에 사용되는 토지로 한다. 다만, 다음의 농지는 제외한다(지특령 §79 ②, 조특령 §63 ⑤).

① 양도일 현재 특별시・광역시(광역시에 있는 군 제외) 또는 시(지방자치법 제3조 제4항에 따라 설치된 도・농복합형태의 시의 읍・면지역 제외)에 있는 농지 중 국토의 계획 및 이용에 관한 법률에 의한 주거지역・상업지역 및 공업지역 안에 있는 농지로서 이들 지역에 편입된 날부터 3년이 지난 농지. 다만, 다음에 해당하는 대규모 개발사업지역(사업인정고시일이 동일한 하나의 사업시행지역) 안에서 개발사업의 시행으로 인하여 국토의 계획 및 이용에 관한 법률에 의한 주거지역・상업지역 또는 공업지역에 편입된 농지로서 사업시행자의 단계적 사업시행 또는 보상지연으로 이들 지역에 편입된 날부터 3년이 지난 농지는 제외

397) 조합원 배당소득 저율과세의 경우 저율과세되는 금융소득을 다시 신고하도록 하는 것은 제도의 신뢰성에 문제가 있으므로 종합과세대상에서 제외(분리과세)

가. 사업시행지역 안의 토지소유자가 1천명 이상인 지역
나. 사업시행면적이 재정경제부령이 정하는 규모 이상인 지역
② 환지처분 이전에 농지 외의 토지로 환지예정지를 지정하는 경우에는 그 환지예정지 지정일부터 3년이 지난 농지

#### 2-2-4. 양도소득분 지방소득세의 이월과세

농업인이 2015년 12월 31일 이전에 영농조합법인에게 「농어업 · 농어촌 및 식품산업 기본법」 제3조 제1호 가목[398]의 규정에 의한 농작물생산업, 축산업 및 임업에 직접 사용되는 부동산(농지 또는 초지법에 의한 초지 제외)을 현물출자하는 경우, 현물출자시에는 과세되지 아니하고 당해 자산 처분시에 과세되는 이월과세를 적용받을 수 있다.[399]

### 2-3. 사후관리

농지 또는 초지의 현물출자에 따른 양도소득분 지방소득세를 면제받은 농민이 출자일로부터 3년 이내에 자신의 출자지분을 타인에게 양도하는 경우에는 당해 양도일이 속하는 과세연도의 과세표준신고시 다음의 세액과 이자상당가산액을 양도소득분 지방소득세로 납부하여야 한다(지특법 §126 ⑦). 다만, 세액의 납부는 농지를 현물출자하기 전에 자경하였던 기간과 현물출자 후 출자지분 양도시까지의 기간을 합한 기간이 8년 미만인 경우에 납부하며, 이 경우 상속받은 농지의 경작기간을 계산함에 있어서 피상속인이 경작한 기간은 상속인이 이를 경작한 기간으로 본다(지특령 §79 ⑪, 조특령 §63 ⑥).

$$\text{당해 농지에 대한 감면세액} \times \frac{\text{3년 내 양도한 출자지분}}{\text{총 출자지분}}$$

398) 「농어업 · 농어촌 및 식품산업 기본법 시행령」 제2조(농업의 범위) 「농어업 · 농어촌 및 식품산업 기본법」(이하 "법"이라 한다) 제3조 제1호 가목에 따른 농업은 다음 각 호와 같다.
1. 농작물재배업 : 식량작물 재배업, 채소작물 재배업, 과실작물 재배업, 화훼작물 재배업, 특용작물 재배업, 약용작물 재배업, 버섯 재배업, 양잠업 및 종자 · 묘목 재배업(임업용 종자 · 묘목 재배업은 제외한다)
2. 축산업 : 동물(수생동물은 제외한다)의 사육업 · 증식업 · 부화업 및 종축업(種畜業)
3. 임업 : 육림업(자연휴양림 · 자연수목원의 조성 · 관리 · 운영업을 포함한다), 임산물 생산 · 채취업 및 임업용 종자 · 묘목 재배업

399) 영농사업 규모화를 지원하기 위해 영농 · 유통 · 가공 등의 사업용 부동산 현물출자시 세부담이 없도록 하고 당해 자산 처분시 과세(2005.1.1. 이후 양도하는 분부터 적용)

이자상당가산액 = 납부할 양도소득세액 × 기간(일수) × 0.03%

## 2-4. 절 차

### 2-4-1. 배당소득에 대한 특례 신청

배당소득에 대한 소득세를 면제받고자 하는 자는 당해 배당소득을 지급받는 때에 세액면제신청서를 영농조합법인에 제출하여야 한다. 이 경우 영농조합법인은 배당금을 지급한 날이 속하는 달의 다음 달 말일까지 조합원이 제출한 세액면제신청서를 원천징수 관할 지방자치단체의 장(세무서장 포함)에게 제출하여야 한다(지특령 §79 ⑦).

### 2-4-2. 양도소득에 대한 특례 신청

양도소득세를 면제 또는 이월과세를 적용받고자 하는 자는 과세표준신고와 함께 세액면제신청서 또는 이월과세신청서에 현물출자계약서 사본과 당해 농지의 등기부등본을 첨부하여 납세지 관할 지방자치단체의 장(세무서장 포함)에게 제출하여야 한다. 이 경우 이월과세적용신청서는 영농조합법인과 함께 제출하여야 한다(지특령 §79 ⑨).

## 2-5. 지방세특례의 제한

### 2-5-1. 세액공제와 중복지원 배제

내국인이 동일한 과세연도에 본조에 따른 세액감면과 조세특례제한법상의 일부 세액공제 규정이 동시에 해당하는 경우에는 그 중 하나만을 선택하여 적용받을 수 있다. 이에 대한 자세한 내용은 제168조의 해설을 참고하기로 한다.

### 2-5-2. 세액감면과 중복지원 배제

내국인의 동일한 사업장에 대하여 동일한 과세연도에 본조에 따른 세액감면과 조세특례제한법상의 일부 세액감면이 동시에 적용되는 경우에는 그 중 하나만을 선택하여 적용받을 수 있다. 이에 대한 자세한 내용은 제168조의 해설을 참고하기로 한다.

## 3 | 관련사례

- 구 조특법 제66조 · 제68조에서 말하는 농업인은 「농어업 · 농어촌 및 식품산업 기본법」 제3조 제2호 가목에 따른 농업인으로서 현물출자하는 농지 등이 소재하는 시 · 군 · 구, 그와 연접한 시 · 군 · 구 또는 해당 농지 등으로부터 직선거리 20㎞ 이내에 거주하면서 직접 경작한 자를 말함(상속증여 - 275, 2013.6.26.).
- 조특법 제66조에서 말하는 농업인은 「농어업 · 농어촌 및 식품산업 기본법」 제3조 제2호 가목에 따른 농업인으로서 현물출자하는 농지 등이 소재하는 시 · 군 · 구, 그와 연접한 시 · 군 · 구 또는 해당 농지 등으로부터 직선거리 20㎞ 이내에 거주하면서 직접 경작한 자를 말함(상속증여 - 156, 2013.5.28.).
- 영농조합법인이 국가 또는 지방자치단체로부터 사업개발비 보조금 등을 지급받는 경우 농업소득외 소득에 해당하지 아니함(법인 - 817, 2012.12.31.).
- 영농조합법인이 조합원이 아닌 자로부터 구입한 농산물의 유통 및 가공 · 판매를 함으로써 발생한 소득은 과세특례 대상인 농업소득 외의 소득에 해당하지 아니함(서면법규 - 1427, 2012.11.30.).
- 현물출자받은 영농조합법인에 대하여 영농조합법인에 요건에 해당하지 아니한 것으로 보아 청구인에게 양도소득세를 부과한 처분은 잘못이 없음(조심 2012부3693, 2012.11.13.).
- 청구법인의 농산물유통 관련 소득은 영농조합법인에 대한 법인세 면제대상인 농업소득 외의 소득에 해당한다고 보기 어려움(조심 2012부1484, 2012.9.6.).
- 원고가 판매한 사료가 원고에 의하여 생산 또는 가공된 것이 아님은 주장 자체로 명백하므로 원고의 사료도매업은 '농업의 경영 및 부대사업'에 해당하지 아니하므로 법인세가 면제되는 사업이라 할 수 없음(대전고법 2011누2000, 2012.3.29.).
- 농업 · 농촌기본법 시행령 제21조에서 규정하는 농업회사법인의 부대사업에서 발생하지 아니한 쟁점양도차익을 법인세가 감면되는 농업소득 외의 소득으로 인정하기는 어려움(조심 2011전1299, 2011.10.24.).
- 사료가 축산업에 필요한 자재라는 이유만으로는 원고가 영위하는 사료판매업이 영농조합의 고유 사업 또는 이에 준하는 사업의 목적으로 달성하는데 필요한 사업에 해당된다고 보기 어려우므로 감면대상 사업으로 볼 수 없음(대전지법 2011구합916, 2011.9.28.).
- 배추 모종을 구입, 농지 임차 후 일용직을 고용하여 일정기간 재배 및 수확하여 도매시장 등에 출하하는 경우, 농작물재배가 주된 산업활동인 경우에는 채소작물재배업이고 농산물 판매사업체가 이를 부수활동으로 하는 경우에는 도소매업임(법인 - 466, 2011.7.13.).
- 영농조합법인의 석유판매사업은 영농조합법인의 고유한 사업을 달성하는 데 필요한 사업이라고 보기 어려우므로 법인세 면제소득에 해당되지 않음(서울고법(춘천) 2010누660, 2011.4.27.).
- 영농조합법인이 계란집하장 및 관리실 신축, 계란포장재 디자인 및 구입을 위해 지급받은 보조금과 제3자로부터 무상으로 받은 자산수증이익이나 기타 이자수익, 장려금, 후원금 등은 법인세가 면제되는 농업소득 외의 소득에 해당하지 아니함(재법인 - 346, 2011.4.21.).

- 영농조합법인의 농업소득 외의 소득 중 면세소득을 '농업기본법 시행령 제13조에 따른 영농조합법인의 사업에서 발생한 소득'으로 제한한 것은, 법령에서 정한 사업을 고유목적으로 하는 영농조합법인의 설립을 촉진하기 위한 구 조세특례제한법 제66조 제1항의 입법 취지에 따라 해석되는 면세소득의 대상을 명시한 것임(의정부지법 2010구합3683, 2011.4.5.).
- 영농조합법인 소유의 농지가 공공용지로 수용되면서 발생한 유형자산처분이익을 조세특례제한법 시행령 제63조 제1항의 농업소득 외의 소득 중 법인세가 면제되는 소득금액으로 볼 수 있는지 여부(조심 2010중3546, 2011.1.6.)
- 법인의 주차장 운영업에 따른 소득이 조세특례제한법 제66조 제1항에 따라 법인세가 면제되는 농업소득 외의 소득에 해당한다고 볼 수 있는지 여부(조심 2010중1664, 2010.12.31.)
- 농어업경영체 육성 및 지원에 관한 법률 제11조 제1항 제5호에 따라 영농조합법인이 정관에서 정하는 사업목적을 달성하기 위해 영위하는 농산물 유통업에서 발생하는 소득은 조특법 제66조 제1항의 '농업소득 외의 소득'에 해당함(법인-1214, 2010.12.30.).
- 영농조합법인 소유의 농지가 공공용지로 수용되면서 발생한 유형자산처분이익을 조특법 시행령 제63조 제1항의 법인세가 면제되는 농업소득 외의 소득으로 볼 수 있는지 여부(조심 2010부1773, 2010.11.23.)
- 조합원총회 의사록에 명시된 조합원수를 실제 조합원으로 보아 조세특례제한법 시행령 제63조의 규정을 적용하여 감면세액을 계산한 것은 정당함(심사법인 2010-42, 2010.9.28.).
- 영농조합법인의 석유판매사업은 영농조합법인의 고유한 사업을 달성하는데 필요한 사업이라고 보기 어려우므로 면세소득에 해당되지 않음(춘천지법 2010구합618, 2010.9.9.).
- 영농조합법인이 국가 등으로부터 계란 집하장 및 관리실 신축을 위해 지급받는 축산분야 지역특화사업 보조금 및 제3자로부터 무상으로 받은 자산수증익이나 기타 이자수익·후원금 등은 법인세가 면제되는 "농업소득 외의 소득"이 아님(법인-813, 2010.8.30.).
- 영농조합법인이 지방자치단체로부터 현대화된 산지유통시설 건립, 농산물관리제도 시설보완, 찰보리 건조 및 저장시설의 지원과 관련하여 지급받은 보조금은 조세특례제한법 제66조 제1항의 농업소득 외의 소득이 아님(법인-604, 2010.6.29.).

# 제127조 영어조합법인의 조합원에 대한 개인지방소득세의 면제

관련규정

제127조(영어조합법인의 조합원에 대한 개인지방소득세의 면제) ①「농어업경영체 육성 및 지원에 관한 법률」에 따른 영어조합법인(이하 "영어조합법인"(營漁組合法人)이라 한다)의 조합원이 영어조합법인으로부터 2018년 12월 31일까지 받는 배당소득 중 대통령령으로 정하는 범위의 금액에 대해서는 개인지방소득세를 면제한다.

② 대통령령으로 정하는 어업인이 2018년 12월 31일 이전에 대통령령으로 정하는 어업용 토지 등(이하 이 조에서 "어업용 토지등"이라 한다)을 영어조합법인과「농어업경영체 육성 및 지원에 관한 법률」에 따른 어업회사법인에 현물출자함으로써 발생하는 소득에 대해서는 양도소득분 개인지방소득세의 100분의 100에 상당하는 세액을 감면한다. 다만, 해당 어업용 토지등이 주거지역등에 편입되거나「도시개발법」또는 그 밖의 법률에 따라 환지처분 전에 어업용 토지등 외의 토지로 환지예정지 지정을 받은 경우에는 주거지역등에 편입되거나 환지예정지 지정을 받은 날까지 발생한 소득으로서 대통령령으로 정하는 소득에 대해서만 양도소득분 개인지방소득세의 100분의 100에 상당하는 세액을 감면한다.

③ 제2항에 따라 양도소득분 개인지방소득세를 감면받은 자가 그 출자지분을 출자일부터 3년 이내에 다른 사람에게 양도하는 경우에는 그 양도일이 속하는 과세연도의 개인지방소득 과세표준신고를 할 때 대통령령으로 정하는 바에 따라 계산한 세액을 양도소득분 개인지방소득세를 납부하여야 한다. 다만, 대통령령으로 정하는 경우에는 그러하지 아니하다.

④ 제1항·제2항에 따른 감면신청과 제4항 본문에 따른 세액의 납부에 관하여는 제127조 제4항 및 제6항을 준용한다.

【영】 제80조(영어조합법인의 조합원에 대한 개인지방소득세의 면제) ① 법 제127조 제1항에서 "대통령령으로 정하는 범위의 금액"이란「조세특례제한법 시행령」제64조 제2항에 따른 금액을 말한다.

② 법 제127조 제2항에서 "대통령령으로 정하는 어업인"이란 「조세특례제한법 시행령」 제64조 제3항에 따른 자를 말한다.
③ 법 제127조 제2항에서 "대통령령으로 정하는 어업용 토지 등"이란 「조세특례제한법 시행령」 제64조 제4항에 따른 토지 및 건물을 말한다.
④ 법 제127조 제3항에 따라 납부하여야 하는 세액은 「조세특례제한법 시행령」 제64조 제5항에 따라 산출한 금액의 100분의 10에 해당하는 금액으로 한다.
⑤ 법 제127조 제3항 단서에서 "대통령령으로 정하는 경우"란 「해외이주법」에 따른 해외이주에 의하여 세대전원이 출국하는 경우를 말한다.
⑥ 법 제127조 제1항에 따라 배당소득에 대한 개인지방소득세를 면제받으려는 자는 해당 배당소득을 지급받는 때에 행정안전부령으로 정하는 세액면제신청서를 영어조합법인에 제출하여야 하고, 영어조합법인은 배당금을 지급한 날이 속하는 달의 다음 달 말일까지 조합원이 제출한 세액면제신청서를 특별징수 관할 지방자치단체의 장에게 제출하여야 한다. 다만, 「조세특례제한법 시행령」 제64조 제8항에 따라 원천징수 관할 세무서장에게 소득세 면제를 신청하는 경우에는 법 제127조 제1항에 따른 개인지방소득세에 대한 면제도 함께 신청한 것으로 본다.
⑦ 법 제127조 제1항 및 제2항에 따라 양도소득분 개인지방소득세의 면제신청을 하려는 자는 해당 어업용 토지 등을 양도한 날이 속하는 과세연도의 과세표준신고와 함께 행정안전부령으로 정하는 세액면제신청서에 현물출자계약서 사본 1부를 첨부하여 납세지 관할 지방자치단체의 장에게 제출하여야 한다. 다만, 「조세특례제한법 시행령」 제64조 제9항에 따라 납세지 관할 세무서장에게 양도소득세 면제를 신청하는 경우에는 법 제127조 제1항 및 제2항에 따른 개인지방소득세에 대한 면제도 함께 신청한 것으로 본다.

## 1 | 개 요

앞 장에서 설명한 제126조의 영농조합법인 조합원에 대한 과세특례 도입과 함께 영어조합법인에게도 과세특례를 인정하기 위하여 본 제도가 도입되었다. 영어조합법인은 어업인이 생산성을 높이고 어가소득을 증대시키기 위하여 설립한 조합이며, 본 제도의 주된 목적은 영어조합법인과 어업인인 조합원 사이에서 발생하는 출자・배당 등에 대하여 과세특례를 인정하는 것이다. 한편, 조특법 제67조의 규정과는 별도로 지방소득세의 독립세화를 위한 지방세제 개편계획(2013.9.)에 따라 2014년부터 현재의 지특법 제127조로 신설되었다.

# 2 | 감면실무

## 2-1. 감면요건

이 조의 특례 적용대상자 및 적용대상 소득 등은 다음과 같다.

① 조합원 : 영어조합법인의 조합원을 말한다.

② 어업인 : 「수산업법」에 의한 어업인으로서 현물출자하는 어업용 토지 등이 소재하는 시·군·구(자치구인 구를 말한다), 그와 연접한 시·군·구 또는 해당 어업용 토지 등으로부터 직선거리 20킬로미터 이내에 거주하면서 직접 어업에 종사하는 자를 말한다(지특령 §80 ②, 조특령 §64 ③).

## 2-2. 과세특례의 내용

### 2-2-1. 배당소득에 대한 지방소득세 면제

영어조합법인의 조합원이 영어조합법인으로부터 2015년 12월 31일까지 지급받은 배당소득에 대하여 과세연도별로 120만원 이하의 금액에 대하여는 지방소득세를 면제한다(지특법 §127 ①, 지특령 §80 ③).

### 2-2-2. 저율분리과세 배당소득

영어조합법인이 조합원에게 지급하는 배당소득 중 소득세가 면제되는 금액을 제외한 배당소득으로서 2015년 12월 31일까지 지급받는 소득에 대한 지방소득세의 원천징수세율은 소득세법상 규정에 불구하고 5%로 원천징수하고, 이에 대하여는 지방소득세 소득분을 부과하지 아니하며, 당해 배당소득에 대하여는 종합소득과세표준의 계산에 있어서도 합산하지 아니한다(지특법 §127 ②).

### 2-2-3. 양도소득분 지방소득세 과세특례

어업인이 2015년 12월 31일 이전에 어업용 토지 등을 영어조합법인과 「농어업경영체 육성 및 지원에 관한 법률」에 따른 어업회사법인[400]에 현물출자함으로써 발생하는 소득에 대해서는 양도소득세를 면제한다(지특법 §127 ③).

양도소득세 등의 면제대상이 되는 어업용 토지는 양식어업에 직접 사용되는 토지 및 건물을 말한다(지특령 §80 ②, 조특령 §64 ④).

400) 어업회사법인을 추가(2010.1.1. 이후 양도분부터 적용)

## 2-3. 사후관리

어업용 토지를 현물출자하여 양도소득분 지방소득세를 면제받은 자가 그 출자지분을 출자일로부터 3년 이내에 다른 사람에게 양도하는 경우에는 양도일이 속하는 과세연도의 과세표준신고시 다음의 세액과 이자상당가산액을 양도소득세로 납부하여야 한다(지특법 §127 ③). 다만, 「해외이주법」에 따른 해외이주에 의하여 세대전원이 출국하는 경우는 제외한다(지특령 §80 ⑤, 조특령 §64 ⑥).

$$\text{당해 농지에 대한 감면세액} \times \frac{\text{3년 내 양도한 출자지분}}{\text{총 출자지분}}$$

$$\text{이자상당가산액} = \text{납부할 양도소득세액} \times \text{기간(일수)} \times 0.03\%$$

## 2-4. 절 차

### 2-4-1. 배당소득에 대한 지방세 특례 신청

배당소득에 대한 지방소득세를 면제받고자 하는 자는 당해 배당소득을 지급받는 때에 세액면제신청서를 영어조합법인에 제출하여야 한다. 이 경우 영어조합법인은 배당금을 지급한 날이 속하는 달의 다음 달 말일까지 조합원이 제출한 세액면제신청서를 원천징수 관할 지방자치단체의 장(세무서장 포함)에게 제출하여야 한다(지특령 §80 ⑥, 조특령 §64 ⑧).

### 2-4-2. 양도소득분 지방소득세에 대한 특례 신청

양도소득분 지방소득세의 면제신청을 하고자 하는 자는 당해 어업용 토지 등을 양도한 날이 속하는 과세연도의 과세표준신고와 함께 세액면제신청서에 현물출자계약서 사본을 첨부하여 납세지 관할 지방자치단체의 장(세무서장 포함)에게 제출하여야 한다(지특령 §80 ⑦, 조특령 §64 ⑨).

## 2-5. 지방세특례의 제한

### 2-5-1. 세액공제와 중복지원 배제

내국인이 동일한 과세연도에 본조에 따른 세액감면과 지방세특례제한법상의 일부 세액공제 규정이 동시에 해당하는 경우에는 그 중 하나만을 선택하여 적용받을 수 있다. 이에 대한 자세한 내용은 제168조의 해설을 참고하기로 한다.

2-5-2. 세액감면과 중복지원 배제

내국인의 동일한 사업장에 대하여 동일한 과세연도에 본조에 따른 세액감면과 조세특례제한법상의 일부 세액감면이 동시에 적용되는 경우에는 그 중 하나만을 선택하여 적용받을 수 있다. 이에 대한 자세한 내용은 제168조의 해설을 참고하기로 한다.

# 3 | 관련사례

- 근로소득자이기는 하나 농지면적이 주말농장 규모 이하이고 농업기계은행으로부터 농기계를 대여한 사실 등 농작업의 1/2 이상을 자기의 노동력으로 직접 경작하였다고 보아 농지대토에 따른 양도소득세 감면대상으로 본 사례(조심 2010중28, 2010.7.12.)
- 조세특례제한법 시행령 제67조 제3항 제1호는 3년 이상 종전의 농지소재지에 거주하면서 경작한 자가 종전의 농지의 양도일부터 1년 내에 다른 농지를 취득하여 3년 이상 새로운 농지소재지에 거주하면서 경작한 경우에 적용함(재산-852, 2009.11.25.).
- 조세특례제한법 시행령 제67조 제1항에 따른 농지소재지의 시에는 광역시는 포함되지 아니함(재산-852, 2009.11.25.).
- 수산업법에 의한 영어조합법인에 대한 법인세는 각 사업연도의 소득 중 소정산식에 의해 계산한 금액 이하에 대해 면제됨(법인 46012-1566, 2000.7.13.).

# 제 128 조

## 농업인 등에 대한 양도소득분 개인지방소득세의 면제 등

관련규정

제128조(농업인 등에 대한 양도소득분 개인지방소득세의 면제 등) ① 대통령령으로 정하는 농업인이 2018년 12월 31일 이전에 농지 또는 초지를 「농어업경영체 육성 및 지원에 관한 법률」에 따른 농업회사법인(이하 "농업회사법인"이라 한다. 본 항에서 농업회사법인은 「농지법」에 따른 농업법인의 요건을 갖춘 경우만 해당한다)에 현물출자함으로써 발생하는 소득에 대해서는 양도소득분 개인지방소득세의 100분의 100에 상당하는 세액을 감면한다. 다만, 해당 농지 또는 초지가 주거지역등에 편입되거나 「도시개발법」 또는 그 밖의 법률에 따라 환지처분 전에 농지 또는 초지 외의 토지로 환지예정지 지정을 받은 경우에는 주거지역등에 편입되거나 환지예정지 지정을 받은 날까지 발생한 소득으로서 대통령령으로 정하는 소득에 대해서만 양도소득분 개인지방소득세의 100분의 100에 상당하는 세액을 감면한다.

② 대통령령으로 정하는 농업인이 2018년 12월 31일 이전에 농업회사법인에 「농업·농촌 및 식품산업 기본법」 제3조 제1호에 따른 농작물재배업·축산업 및 임업에 직접 사용되는 부동산(제1항에 따른 농지 및 초지는 제외한다)을 현물출자하는 경우에는 이월과세를 적용받을 수 있다. 이 경우 제126조 제7항 및 제8항을 준용한다.

③ 농업회사법인에 출자한 거주자가 2018년 12월 31일까지 받는 배당소득 중 식량작물재배업소득에서 발생한 배당소득 전액에 대해서는 개인지방소득세를 면제한다.

④ 제1항부터 제3항까지를 적용받으려는 자는 대통령령으로 정하는 바에 따라 신청을 하여야 한다.

⑤ 제1항에 따른 양도소득분 개인지방소득세의 감면에 관하여는 제126조 제3항·제4항 및 제6항을 준용한다.

【영】 제81조(농업인 등에 대한 개인지방소득세의 감면 등) ① 법 제128조 제3항에 따른 농업소득에서 발생한 배당소득은 「조세특례제한법 시행령」 제65조 제2항 제1호에 따라 계산한 금액을 말한다.

② 법 제128조 제2항에 따라 양도소득분 개인지방소득세 이월과세를 적용받으려는 자는 과세표준신고와 함께 행정안전부령으로 정하는 이월과세적용신청서를 납세지 관할 지방자치단체의 장에게 제출하되, 이월과세적용신청서는 농업회사법인과 함께 제출하여야 한다. 다만, 「조세특례제한법 시행령」 제65조 제5항에 따라 납세지 관할 세무서장에게 양도소득세 이월과세를 신청하는 경우에는 법 제128조 제1항에 따른 개인지방소득세에 대한 이월과세도 함께 신청한 것으로 본다.

③ 법 제128조 제3항에 따라 배당소득에 대한 개인지방소득세를 면제받으려는 자는 해당 배당소득을 지급받는 때에 행정안전부령으로 정하는 세액면제신청서를 영농조합법인에 제출하여야 하고, 영농조합법인은 배당금을 지급한 날이 속하는 달의 다음 달 말일까지 조합원이 제출한 세액면제신청서를 특별징수 관할 지방자치단체의 장에게 제출하여야 한다. 다만, 「조세특례제한법 시행령」 제65조 제5항에 따라 원천징수 관할 세무서장에게 소득세 면제를 신청하는 경우에는 법 제128조 제3항에 따른 개인지방소득세에 대한 면제도 함께 신청한 것으로 본다.

# 1 | 개 요

농어가 인구는 매년 감소할 뿐만 아니라, 특히 60대 이상 노령자의 비율이 매년 증가하고 있어 농어촌 지역은 생산인력의 부족현상이 심화되고 있다. 이러한 문제점을 보완하고자 이에 대한 세제지원이다.

한편, 지방소득세의 독립세를 위한 세제개편 계획(2013.9.)에 따라 조특법 제68조의 규정과는 별개로 지특법 제128조로 신설되었다.

# 2 | 감면실무

## 2-1. 감면요건

이 조의 지방세특례 적용대상자 및 적용대상 소득 등은 다음과 같다.

① 농업인 : 「농어업・농어촌 및 식품산업 기본법」 제3조 제2호 가목에 따른 농업인으로서 현물출자하는 농지・초지 또는 부동산("농지 등"이라 한다)이 소재하는 시・군・구(자치구인 구를 말한다), 그와 연접한 시・군・구 또는 해당 농지 등으로부터 직선거리 20킬로미터 이내에 거주하면서 직접 경작한 자

② 농업소득 : 통계법 제22조의 규정에 따라 통계청장이 작성·고시하는 한국표준산업분류표상의 농업 중 작물재배업의 분류에 속하는 작물(곡물 및 기타 식량작물재배업으로 분류되는 작물의 경우에는 벼에 한함)의 재배로 발생하는 소득을 말한다(조특법 §66 ①, 지법 §197).

## 2-2. 과세특례의 내용

### 2-2-1. 배당소득에 대한 지방세특례

농업회사법인에 출자한 거주자가 2015년 12월 31일까지 지급받는 배당소득 중 농업소득에서 발생한 배당소득 전액에 대하여는 소득세를 면제하고, 농업소득 외의 소득에서 발생한 배당소득에 대하여는 종합소득과세표준계산의 경우 합산하지 아니한다(지특법 §128 ①).

농업소득에서 발생한 배당소득 및 농업소득 외 소득에서 발생한 배당소득은 각 배당시마다 다음의 계산식에 따라 계산한 금액으로 한다. 이 경우 각 소득금액은 배당확정일이 속하는 사업연도의 직전 사업연도에 해당하는 분으로 하며, 각 소득금액이 음수인 경우 영으로 본다(지특령 §81 ①, 조특령 §65 ②).

① 농업소득에서 발생한 소득

| 농업소득에서 발생한 배당소득401) | = | 농업회사법인으로부터 지급받은 배당소득 | × | 농업소득금액 / 〔농업소득금액 + 농업소득 외 소득금액 + 농업소득 외 소득을 제외한 그 밖의 농업소득 외 소득금액("기타농업소득 외 소득금액"이라 한다)〕 |
|---|---|---|---|---|

② 농업소득 외 소득에서 발생하는 배당소득

| 농업소득 외 소득에서 발생한 배당소득 | = | 농업회사법인으로부터 지급받은 배당소득 | × | 농업소득 외 소득금액 / (농업소득금액 + 농업소득 외 소득금액 + 기타농업소득 외 소득금액402)) |
|---|---|---|---|---|

401) 2012년 2월 시행령 개정 전에는 "배당소득 총액 - 농업소득 외의 소득에서 발생하는 배당소득"으로 규정되어 있었다.

402) 종전에는 농업회사법인으로부터 받는 농업소득에서 발생한 배당은 비과세하고 농업소득 외 소득에서 발생한 배당에 대하여는 14% 분리과세하는 것으로 규정되어 있었다. 농업소득 외 소득(축산업·임업, 농업

### 2-2-2. 양도소득분 지방소득세 면제

농업인이 2015년 12월 31일 이전에 농지 또는 초지[403]를 농업회사법인에게 현물출자함으로써 발생하는 소득에 대하여는 양도소득분 지방소득세를 면제한다(지특법 §128 ①). 이 경우 농업회사법인은 농지법에 따른 농업법인의 요건을 갖추어야 하며, 그 요건은 다음과 같다(농지법 §2).

① 농업인이 출자한 출자액의 합계가 그 농업회사법인의 총출자액의 2분의 1을 초과할 것
② 농업회사법인을 대표하는 자가 농업인일 것
③ 농업회사법인의 업무집행권을 갖는 자의 2분의 1 이상이 농업인일 것

또한, 양도소득분 지방소득세의 면제대상이 되는 농지는 전·답으로서 지적공부상의 지목에 관계없이 실제로 경작에 사용되는 토지와 그 경작에 직접 필요한 농막·퇴비사·양수장·지소·농로·수로 등에 사용되는 토지로 한다. 다만, 다음의 농지는 제외한다(조특령 §63 ⑤).

① 양도일 현재 특별시·광역시(광역시에 있는 군 제외) 또는 시(지방자치법 제3조 제4항에 따라 설치된 도·농복합형태의 시의 읍·면지역 제외)에 있는 농지 중 국토의 계획 및 이용에 관한 법률에 의한 주거지역·상업지역 및 공업지역 안에 있는 농지로서 이들 지역에 편입된 날부터 3년이 지난 농지. 다만, 다음에 해당하는 대규모 개발사업지역(사업인정고시일이 동일한 하나의 사업시행지역) 안에서 개발사업의 시행으로 인하여 국토의 계획 및 이용에 관한 법률에 의한 주거지역·상업지역 또는 공업지역에 편입된 농지로서 사업시행자의 단계적 사업시행 또는 보상지연으로 이들 지역에 편입된 날부터 3년이 지난 농지는 제외
   가. 사업시행지역 안의 토지소유자가 1천명 이상인 지역
   나. 사업시행면적이 재정경제부령이 정하는 규모 이상인 지역
② 환지처분 이전에 농지 외의 토지로 환지예정지를 지정하는 경우에는 그 환지예정지 지정일부터 3년이 지난 농지

### 2-2-3. 양도소득분 지방소득세의 이월과세

농업인이 2015년 12월 31일 이전에 농업회사법인에게 「농업·농촌 및 식품산업 기본법」

---

회사법인의 부대사업, 농산물 유통·가공·판매 등)에서 발생한 배당은 14% 분리과세하고 기타배당은 일반 과세함을 명확화하였다(2012.1.1. 이후 발생하는 소득분부터 적용).

403) 축산업에 직접 사용되는 초지도 현물출자대상에 포함하여 축산업 농가의 법인화를 유도(2001.1.1. 이후 최초로 현물출자하는 분부터 적용)

제3조 제1호[404]의 규정에 의한 농작물생산업, 축산업 및 임업에 직접 사용되는 부동산(농지 또는 초지법에 의한 초지 제외)을 현물출자하는 경우, 현물출자시에는 과세되지 아니하고 당해 자산 처분시에 과세되는 이월과세를 적용받을 수 있다.[405]

## 2-3. 사후관리

농지 또는 초지의 현물출자에 따른 양도소득분 지방소득세를 면제받은 자가 출자일로부터 3년 이내에 자신의 출자지분을 타인에게 양도하는 경우에는 당해 양도일이 속하는 과세연도의 과세표준신고시 다음의 세액과 이자상당가산액을 양도소득분 지방소득세로 납부하여야 한다(조특법 §66 ⑤). 다만, 세액의 납부는 농지를 현물출자하기 전에 자경하였던 기간과 현물출자 후 출자지분 양도시까지의 기간을 합한 기간이 8년 미만인 경우에 납부하며, 이 경우 상속받은 농지의 경작기간을 계산함에 있어서 피상속인이 경작한 기간은 상속인이 이를 경작한 기간으로 본다(조특령 §63 ⑥).

$$\text{당해 농지에 대한 감면세액} \times \frac{\text{3년 내 양도한 출자지분}}{\text{총 출자지분}}$$

$$\text{이자상당가산액} = \text{납부할 양도소득세액} \times \text{기간(일수)} \times 0.03\%$$

## 2-4. 절 차

### 2-4-1. 배당소득에 대한 특례 신청

배당소득에 대한 지방소득세를 면제받고자 하는 자는 당해 배당소득을 지급받는 때에 세액면제신청서를 농업회사법인에 제출하여야 한다. 이 경우 농업회사법인은 배당금을 지급한 날이 속하는 달의 다음 달 말일까지 조합원이 제출한 세액면제신청서를 원천징수 관할

404) 농업·농촌 및 식품산업 기본법 시행령 제2조(농업의 범위) 「농업·농촌 및 식품산업 기본법」(이하 "법"이라 한다) 제3조 제1호에 따른 농업은 다음 각 호와 같다.
1. 농작물재배업 : 식량작물 재배업, 채소작물 재배업, 과실작물 재배업, 화훼작물 재배업, 특용작물 재배업, 약용작물 재배업, 버섯 재배업, 양잠업 및 종자·묘목 재배업(임업용 종자·묘목 재배업은 제외한다)
2. 축산업 : 동물(수생동물은 제외한다)의 사육업·증식업·부화업 및 종축업(種畜業)
3. 임업 : 육림업(자연휴양림·자연수목원의 조성·관리·운영업을 포함한다), 임산물 생산·채취업 및 임업용 종자·묘목 재배업

405) 영농사업 규모화를 지원하기 위해 영농·유통·가공 등의 사업용 부동산 현물출자시 세부담이 없도록 하고 당해 자산 처분시 과세(2005.1.1. 이후 양도하는 분부터 적용)

지방자치단체의 장(세무서장 포함)에게 제출하여야 한다(지특령 §81 ②·③).

#### 2-4-2. 양도소득분 지방소득세에 대한 특례 신청

양도소득세의 면제 또는 이월과세를 적용받고자 하는 자는 과세표준신고와 함께 세액면제신청서 또는 이월과세신청서에 현물출자계약서 사본과 당해 농지의 등기부등본을 첨부하여 납세지 관할 지방자치단체의 장(세무서장 포함)에게 제출하여야 한다. 이 경우 이월과세적용신청서는 농업회사법인과 함께 제출하여야 한다(지특령 §81 ②·③).

### 2-5. 지방세특례의 제한

#### 2-5-1. 세액공제와 중복지원 배제

내국인이 동일한 과세연도에 본조에 따른 세액감면과 조세특례제한법상의 일부 세액공제 규정이 동시에 해당하는 경우에는 그 중 하나만을 선택하여 적용받을 수 있다. 이에 대한 자세한 내용은 제168조의 해설을 참고하기로 한다.

#### 2-5-2. 세액감면과 중복지원 배제

내국인의 동일한 사업장에 대하여 동일한 과세연도에 본조에 따른 세액감면과 조세특례제한법상의 일부 세액감면이 동시에 적용되는 경우에는 그 중 하나만을 선택하여 적용받을 수 있다. 이에 대한 자세한 내용은 제168조의 해설을 참고하기로 한다.

## 3 | 관련사례

- 단순히 '농업소득에서 발생한 배당소득'의 계산방법을 규정할 뿐인 구 조세특례제한법 시행령 제65조 제2항을 근거로 모법에서 '농업소득'으로 보지 않는 소득에서 발생한 배당소득까지 '농업소득에서 발생한 배당소득'으로 인정할 수 없음(의정부지법 2012구합4543, 2013.6.25.).
- 농업회사법인의 농업외소득에 대한 법인세 감면기간은 전환 전 법인에서 최초로 소득이 발생한 과세연도나 전환전 법인의 사업개시일로부터 5년이 되는 날이 속하는 과세연도부터 기산함이 타당하다고 보이는 점 등을 종합할 때, 처분청의 이 건 감면배제는 잘못이 없음(조심 2013부771, 2013.6.20.).
- 청구인은 부수적으로 농업에 종사하는 것이지 영농에 상시 또는 직접 종사하여 이를 주업으로 하는 영농자녀로 인정하기 어려움(조심 2012중5251, 2013.4.17.).
- 초지법 제5조 초지조성의 허가에 따라 초지조성의 대상이 되는 토지의 소재지를 관할하는

시장·군수로부터 허가를 받아서 조성된 초지를 말함(재재산-158, 2013.3.12.).

- 농산물 유통·가공·판매 및 농작업 대행에서 발생한 소득은 농업소득 외의 소득에 해당하며 이에 해당하는지 여부는 구체적인 사업내용에 따라 사실판단할 사항임(법인-66, 2013.2.4.).
- 「조세특례제한법」 제68조 제1항에 따라 같은 법 시행령 제65조 제1항에 규정하고 있는 농업소득 외의 소득에 대해 같은 법 제6조 제1항을 준용하여 법인세를 감면함에 있어서 해당 감면기간의 기산은 전환 전 법인에서 최초로 소득이 발생한 과세연도를 기준으로 하는 것임(법인-781, 2012.12.17.).
- 현물출자일 현재에는 주택으로 사용하고 있으나 출자기한(2012.12.31.) 이전 자치단체에 해당 주택을 농업용으로 승인받아 농업용으로 사용하였음으로 이월과세를 받을 수 있음(조심 2012전3292, 2012.11.15.).
- 처분청이 청구법인의 입장료수입을 농업소득이 아닌 것으로 보아 이 건 배당소득세를 과세하고 경정청구를 거부한 처분은 잘못이 없음(조심 2012중3122, 2012.9.19.).
- 2006.12.30. 개정 전 구 조특법 제68조에서는 법인세의 감면대상인 농업소득 외의 소득의 종류를 한정하지 않았고, 개정 이후 법인세의 감면대상인 농업소득외의 소득의 범위를 정하는 소득으로 한정한 것으로 볼 때 농업회사법인의 소유 부동산 양도차익은 농업소득 외 소득에 해당함(대전지법 2012구합456, 2012.6.27.).
- 농업회사법인의 축산물 유통·가공·판매에서 발생하는 소득은 조특법 제68조 제1항과 같은 법 시행령 제65조 제1항에 따라 법인세가 감면되는 "농업소득 외의 소득"에 해당하지 아니하는 것임(법인-356, 2012.6.4.).
- 수목원 입장료는 농업소득이 아닌 한국표준산업분류상 식물원이나 동물원으로 구분하는 것이 타당하며, 법인이 법인세 신고 당시 2007년까지 입장료 수입은 농업소득으로 보아 법인세 면제 적용하였다가 그 후 농업소득 외의 소득으로 보거나 두 가지 소득 모두에 해당하지 아니하는 것으로 하여서 법인의 주장과는 다르게 신고한 점을 감안할 때 입장료 수입을 농업소득으로 인정하기는 어려움(조심 2011중20, 2011.11.30.).
- 농업회사법인에 대한 법인세의 면제 등을 적용함에 있어 중소기업 해당 여부와 관계없이 농업회사법인에 대해서는 2012.12.31. 이전에 끝나는 과세연도까지 농업소득에 대한 법인세를 면제하고 농업소득 외의 소득에 대한 법인세를 같은 법 제6조 제1항을 준용하여 감면하는 것임(법인-704, 2011.9.27.).
- 배추 모종을 구입, 농지 임차 후 일용직을 고용하여 일정기간 재배 및 수확하여 도매시장 등에 출하하는 경우, 농작물재배가 주된 산업활동인 경우에는 채소작물재배업이고 농산물 판매사업체가 이를 부수활동으로 하는 경우에는 도소매업임(법인-466, 2011.7.13.).
- 농업회사법인이 원예수목원을 운영하면서 받는 입장료 소득은 농업소득에 해당하지 아니하여 법인세를 면제받을 수 없으나 원예수목원에서 재배한 화초를 판매함으로써 발생한 소득은 농업소득에 해당되어 법인세가 면제됨(법인-770, 2010.8.18.).
- 농업회사법인이 보유하고 있는 토지, 건물, 기계장치 등 고정자산을 양도함으로 인해 발생하는 소득은 조특법 제68조 제1항의 감면되는 농업소득 외의 소득에 해당되지 아니함(재법인-425, 2010.6.3.).
- 농업회사법인의 종자생산 소득이 주업에서 발생한 소득에 해당하는 경우에는 농업소득에

포함하는 것이고 부대사업에서 발생한 소득에 해당하는 경우에는 농업소득 외의 소득에 해당함(법인-480, 2010.5.26.).

• 농업회사 법인이 농산물 유통 · 가공 · 판매 및 농작업 대행에서 발생한 소득은 농업소득 외의 소득에 해당하나 이에 해당하는지 여부는 사실판단함(법인-320, 2010.4.1.).

• 토지 임대 후 현물출자의 경우는 조특법 제68조 제3항 적용받을 수 없음(부동산거래-395, 2010.3.16.).

• 농업회사법인이 부동산수용에 따라 받는 보상수익은 감면되는 농업소득외의 소득에 해당하지 아니하는 것임(법인-196, 2010.3.8.).

• 농업회사법인이 수도권과밀억제권역 안으로 본점을 이전하는 경우에도 조세특례제한법 제68조 제1항에 따라 법인세를 감면받을 수 있는지 여부(법인-845, 2009.7.22.)

• 거주자가 농업회사법인에 출자하여 2009.12.31.까지 지급받는 배당소득 중 농산물 유통 · 가공 · 판매에서 발생한 소득으로부터 받는 배당소득은 종합소득과세표준에 합산하지 아니함(소득-4809, 2008.12.19.).

• 농업 · 농촌기본법 제16조의 농업회사법인의 농산물 유통 · 가공 · 판매에서 발생한 소득에 대해서는 법인세가 감면되는 것임(2008.2.22. 이후 최초로 신고분부터 적용)(법인-3225, 2008.11.4.).

• 농업회사법인이 경주마 사육업을 영위하면서 경주마를 매각함에 따라 발생하는 소득은 조세특례제한법 제68조에 규정된 축산업에서 발생한 소득으로 봄(법인-1522, 2008.7.10.).

• 법인세 과세표준을 기한후 신고한 사실에 대하여는 다툼이 없으므로 농업회사법인에 대한 법인세 면제규정을 배제하여 법인세를 과세한 처분은 정당함(조심 2008전985, 2008.6.25.).

• 2009.12.31. 이전에 농지 또는 초지를 농업회사법인에 현물출자함으로써 발생하는 소득에 대하여는 양도소득세가 면제되는 것임(서면5팀-1141, 2008.5.28.).

• 농업인이 2009.12.31. 이전에 농지 또는 초지를 농업회사법인(농지법에 의한 농업법인)에 현물출자함으로써 발생하는 소득은 양도소득세가 면제됨(서면5팀-1885, 2007.6.25.).

• 농업회사법인이 다른 사업자로부터 양수받은 사업에서 농업회사법인의 부대사업소득이 발생하는 경우 농업회사법인에 대한 법인세 감면이 적용되는 것임(서면2팀-799, 2007.5.1.).

• 농업회사법인이 받는 은행예금 이자수입은 법인세 면제(감면) 소득이 아님(서면2팀-586, 2007.4.3.).

• 농업 · 농촌기본법에 의하여 설립된 농업회사법인이 쌀소득등의보전에관한법률에 의하여 지급받는 직접지불금은 법인세가 면제되는 농업소득에 해당함(서면2팀-128, 2007.1.17.).

• 농업회사법인이 미곡분(쌀가루)를 제조하여 가맹점에 공급하기 위하여 가맹점계약을 체결하고 가맹점으로부터 받은 수입금액은 농업소득으로 볼 수 없음(국심 2005중1072, 2006.6.15.).

# 제129조

## 자경농지에 대한 양도소득분 개인지방소득세의 감면

관련규정

제129조(자경농지에 대한 양도소득분 개인지방소득세의 감면) ① 농지 소재지에 거주하는 대통령령으로 정하는 거주자가 8년 이상[대통령령으로 정하는 경영이양 직접지불보조금의 지급대상이 되는 농지를 「한국농어촌공사 및 농지관리기금법」에 따른 한국농어촌공사 또는 농업을 주업으로 하는 법인으로서 대통령령으로 정하는 법인(이하 이 조에서 "농업법인"이라 한다)에 2018년 12월 31일까지 양도하는 경우에는 3년 이상] 대통령령으로 정하는 방법으로 직접 경작한 토지 중 대통령령으로 정하는 토지의 양도로 인하여 발생하는 양도소득분 개인지방소득세를 면제한다. 다만, 해당 토지가 주거지역등에 편입되거나 「도시개발법」 또는 그 밖의 법률에 따라 환지처분 전에 농지 외의 토지로 환지예정지 지정을 받은 경우에는 주거지역등에 편입되거나, 환지예정지 지정을 받은 날까지 발생한 소득으로서 대통령령으로 정하는 소득에 대해서만 양도소득분 개인지방소득세를 면제한다.

② 농업법인이 해당 토지를 취득한 날부터 3년 이내에 그 토지를 양도하거나 대통령령으로 정하는 사유가 발생한 경우에는 그 법인이 그 사유가 발생한 과세연도의 과세표준신고를 할 때 제1항에 따라 감면된 세액에 상당하는 금액을 법인지방소득세로 납부하여야 한다.

③ 제1항을 적용받으려는 자는 대통령령으로 정하는 바에 따라 감면신청을 하여야 한다.

【영】 제82조(자경농지에 대한 양도소득분 개인지방소득세의 감면) ① 법 제129조 제1항 본문에서 "농지 소재지에 거주하는 대통령령으로 정하는 거주자"란 「조세특례제한법 시행령」 제66조 제1항 및 제6항에 따른 자를 말한다.

② 법 제129조 제1항 본문에서 "대통령령으로 정하는 경영이양 직접지불보조금"이란 「농산물의 생산자를 위한 직접지불제도 시행규정」 제4조에 따른 경영이양보조금을 말하고, "대통령령으로 정하는 법인"이란 「조세특례제한법 시행령」 제66조 제2항에 따른 법인을 말한다.

③ 법 제129조 제1항 본문에서 "대통령령으로 정하는 방법으로 직접 경작"이란 「조세특례

제한법 시행령」 제66조 제13항에 따른 경작 또는 재배를 말하고, "대통령령으로 정하는 도지"란 「조세특례제한법 시행령」 제66조 제4항 · 제5항 · 제11항 및 제12항에 따른 농지를 말한다.

④ 법 제129조 제1항 단서에서 "대통령령으로 정하는 소득"이란 「조세특례제한법 시행령」 제66조 제7항에 따라 계산한 금액을 말한다.

⑤ 법 제129조 제2항에서 "대통령령으로 정하는 사유가 발생한 경우"란 「조세특례제한법 시행령」 제66조 제8항 각 호의 어느 하나에 해당하는 경우를 말한다.

⑥ 법 제129조 제3항에 따라 양도소득분 개인지방소득세의 감면신청을 하려는 자는 해당 농지를 양도한 날이 속하는 과세연도의 과세표준신고와 함께 행정안전부령으로 정하는 세액감면신청서를 납세지 관할 지방자치단체의 장에게 제출하되, 제2항에 따른 법인에게 양도한 경우에는 해당 양수인과 함께 세액감면신청서를 제출하여야 한다. 다만, 「조세특례제한법 시행령」 제66조 제9항에 따라 납세지 관할 세무서장에게 양도소득세 감면을 신청하는 경우에는 법 제129조에 따른 개인지방소득세에 대한 감면도 함께 신청한 것으로 본다.

⑦ 제6항에 따른 세액감면신청서를 접수한 해당 지방자치단체의 장은 제2항에 따른 법인의 납세지 관할 지방자치단체의 장에게 이를 즉시 통지하여야 한다.

## 1 | 개 요

농어촌소득원 개발을 지원하고, 토지를 농지로서 사용될 수 있도록 유도하기 위하여 장기간 실질적으로 농작물을 자경하여 온 자경농민에 대한 세제지원이다. 다만, 토지 양도시 발생하는 양도차익은 자본이득에 해당하고 이에 대한 세액감면은 근로소득 등 다른 소득에 비하여 혜택이 지나칠 우려가 있으며 세부담을 회피하는 수단으로 악용될 소지가 있는 등 조세형평성을 저해할 우려가 크므로, 과세특례의 요건을 엄격하게 규정하여 적용되고 있다. 본 제도는 지방세제 개편계획(2013.9.)에 따라 조특법 제69조와는 별도로 2014년부터 현재의 지특법 제129조에서 양도소득분 지방소득세로 신설되었다. 한편 취득세의 경우에도 농업을 주업으로 하는 자 등 자경농민이 영농을 목적으로 취득하는 농지에 대한 세제지원 제도가 있다.

# 2 | 감면일반

## 2-1. 감면대상자

### 2-1-1. 자경농민 자경기간

이 법 규정에 따라 양도소득분 지방소득세의 감면을 적용받기 위해서는 감면대상 농지의 양도자가 양도할 때까지의 사이에 8년 또는 3년(경영이양 직접지불보조금의 지급대상 농지를 한국농어촌공사 또는 영농조합법인·농업회사법인에게 2015.12.31.까지 양도하는 경우) 이상을 농지소재지에 거주하면서 자기가 경작한 자[406]가 이에 해당한다(지특령 §82 ①).

여기서 말하는 경영이양 직접지불보조금이란 고령농가의 소득보장을 통한 경영이양촉진과 쌀 전업농의 경영규모확대를 위해 고령농업인이 희망에 따라 쌀농사를 그만 두고자 할 경우 정부가 직접 지급하는 보조금을 말한다(조특령 §83 ①, 농산물의 생산자를 위한 직접지불제도 시행규정 §4).

(1) 자경기간의 계산

'계속하여 8년(3년) 이상 직접 경작한 토지'라 함은 양도일 현재 농지이고, 당해 농지 보유기간 동안에 8년 이상 농지소재지에 거주하면서 자기가 직접 경작한 사실이 있어야 한다. 농지의 보유기간 중 8년(3년) 이상 자경사실을 계산하여야 한다. 자경기간 계산에 관한 주요 사항은 다음과 같다.

(가) 교환 등의 농지가 협의매수된 경우

농지를 교환·분합 및 대토한 경우(소법 §89, 지특법 §131)로서 새로이 취득하는 농지가 「공익사업을 위한 토지 등의 취득 및 보상에 관한 법률」에 의한 협의매수·수용 및 그 밖의 법률에 의하여 수용되는 경우에 있어서는 교환·분합 및 대토 전의 농지에서 경작한 기간을 당해 농지에서 경작한 기간으로 본다(지특령 §82 ③).

(나) 상속받은 경우

경작한 기간을 계산할 때 상속인이 상속받은 농지를 1년 이상 계속하여 경작하는 경우(농촌소재지에 거주하면서 경작하는 경우를 말한다) 다음의 기간은 상속인이 이를 경작한 기간으로 본다(지특령 §82 ③, 조특령 §66 ⑪).

406) 농지 양도일 현재 「소득세법」 제1조의 2 제1항 제1호에 따른 거주자인 자를 말하며, 비거주자는 감면대상에서 배제되며 2013.2.15. 이후 최초로 양도하는 분부터 적용된다. 다만, 비거주자가 된 날부터 2년 이내인 자는 거주자로 보도록 유예기간을 둠으로써, 납세자의 불편을 최소화하였다.

① 피상속인이 취득하여 경작한 기간(직전 피상속인의 경작기간으로 한정한다)

② 피상속인이 배우자로부터 상속받아 경작한 사실이 있는 경우에는 피상속인의 배우자가 취득하여 경작한 기간

다만, 상속인이 상속받은 농지를 1년 이상 계속하여 경작하지 아니하더라도 상속받은 날부터 3년이 되는 날까지 양도하거나 협의매수 또는 수용[407] 되는 경우로서 상속받은 날부터 3년이 되는 날까지 다음의 어느 하나에 해당하는 지역으로 지정[408] 되는 경우(상속받은 날 전에 지정된 경우를 포함한다)에는 위 ① 및 ②의 경작기간을 상속인이 경작한 기간으로 본다[409] (지특령 §82 ③, 조특령 §66 ⑫).

① 「택지개발촉진법」 제3조에 따라 지정된 택지개발지구

② 「산업입지 및 개발에 관한 법률」 제6조·제7조·제7조의 2 또는 제8조에 따라 지정된 산업단지

③ 다음의 어느 하나에 해당하는 지역(조특칙 §27 ⑦)

㉮ 「보금자리주택건설 등에 관한 특별법」 제6조에 따라 지정된 보금자리주택지구

㉯ 「도시 및 주거환경정비법」 제4조에 따라 지정된 정비구역

㉰ 「신항만건설촉진법」 제5조에 따라 지정된 신항만건설예정지역

㉱ 「도시개발법」 제9조에 따라 지정된 도시개발구역

㉲ 「철도건설법」 제9조에 따라 철도건설사업실시계획 승인을 받은 지역

㉳ 위 ㉮부터 ㉲까지와 유사한 경우로서 다른 법률에 따라 예정지구 또는 실시계획 승인을 받은 지역 등 해당 공익사업으로 인해 해당 주민이 직접적인 행위제한(건축물의 건축, 토지의 형질변경·분할 등)을 받는 지역

(다) 기타 농지의 환지 등의 경우 자경기간의 계산(조기통 69-0…1)

① 환지된 농지의 자경기간 계산은 환지 전 자경기간도 합산하여 계산한다.

② 증여받은 농지는 수증일 이후 수증인이 경작한 기간으로 계산한다.

③ 교환으로 인하여 취득하는 농지에 대하여는 교환일 이후 경작한 기간으로 계산한다.

그 밖에 농지의 자경기간 계산에 관한 주요 사례는 이 조 규정의 관련사례편을 참조하면 된다.

---

407) 「공익사업을 위한 토지 등의 취득 및 보상에 관한 법률」 및 그 밖의 법률

408) 관계 행정기관의 장이 관보 또는 공보에 고시한 날을 말한다.

409) 경과조치 : 2006.2.9. 이전 상속받은 농지가 2008.12.31.까지 공익사업용으로 지정된 경우 양도기한의 제한 없이 피상속인의 경작기간 통산 허용

2-1-2. 자경농민 경작 기준

이 법 적용대상자는 농촌소재지에 거주하면서 직접 경작하여야 한다. 농촌소재지란 다음의 지역(경작개시 당시에는 당해 지역에 해당하였으나, 행정구역의 개편 등으로 이에 해당하지 아니하게 된 지역 포함)에 거주하는 것을 말한다(지특령 §82 ①).

① 농지가 소재하는 시·군·구(자치구인 구) 안의 지역

② 위 ①의 지역과 연접한 시·군·구 안의 지역

③ 해당 농지로부터 직선거리 20km 이내의 지역[410]

2-1-3. 자경의 범위

직접 경작이라 함은 거주자가 그 소유농지에서 농작물의 경작 또는 다년성식물의 재배에 상시 종사하거나 농작업의 2분의 1 이상을 자기의 노동력에 의하여 경작 또는 재배하는 것[411]을 말한다(지특령 §82 ①, 조특령 §66 ⑬). 자경의 범위에 대하여는 실무상 다수의 사례가 있으며, 그 주요한 사례는 이 조의 "관련사례"편을 참고하면 된다.

## 2-2. 감면대상 농지

2-2-1. 자경의 범위

감면대상 농지는 취득한 때부터 양도할 때까지의 사이에 8년(경영이양 직접지불보조금의 지급대상이 되는 농지를 한국농어촌공사 또는 농업법인에게 양도하는 경우에는 3년) 이상 자기가 경작한 사실이 있는 농지로서 아래에서 설명하는 농지를 제외한 것을 말한다(지특령 §82 ①, 조특령 §66 ④).

감면대상 농지는 거주자가 농지를 취득한 때부터 양도한 때까지 경작한 전·답으로서 지적공부상의 지목에 관계없이 실지로 경작에 사용되는 토지로 하며, 농지경영에 직접 필요한 농막·퇴비사·양수장·지소·농도·수로 등을 포함하는 것으로 한다(조특칙 §27 ①).

2-2-2. 감면대상 농지 여부의 판정기준일

이 법 규정을 적용받는 농지는 소득세법상 양도일(소령 §162) 현재 농지이어야 한다. 다만, 양도일 이전에 매매계약조건에 따라 매수자가 형질변경, 건축착공 등을 한 경우에는 매매

410) 해당 농지로부터 직선거리 20킬로미터 이내의 지역은 해당 농지의 소재지로부터 농지소유자가 거주하는 시·군·구의 경계선까지의 거리가 아닌 농지소유자의 거주지까지의 거리가 직선거리로 20킬로미터 이내의 지역을 의미함(대법 2010두3794, 2010.6.24.).

411) 농지의 효율적 이용관리를 위한 농지법의 자경 개념과 일치(2006.1.1. 이후 양도하는 분부터 적용)

계약일 현재의 농지를 기준으로 하고, 환지처분 전에 당해 농지가 농지 외의 토지로 환지예정지 지정이 되고 그 환지예정지 지정일부터 3년이 경과하기 전의 토지로서 환지예정지 지정 후 토지조성공사의 시행으로 경작을 못하게 된 경우에는 토지조성공사 착수일 현재의 농지를 기준[412]으로 하며, 「광산피해의 방지 및 복구에 관한 법률」, 지방자치단체의 조례 및 지방자치단체의 예산에 따라 광산피해를 방지하기 위하여 휴경하고 있는 경우에는 휴경계약일 현재의 농지를 기준으로 한다(지특령 §82 ①, 조특령 §66 ⑤). 또한 양도일 현재 실제로 경작에 사용되고 있던 농지를 대지가액에 상당하는 가액으로 양도하거나 또는 양도 후 건축용 대지로 사용하기 위하여 매각되는 경우라 하더라도 매각 이후의 사용용도와는 관계없이 양도일 현재 농지로 본다.

참고

**토지구획정리사업법 제56조**

환지라 함은 토지구획정리사업법 또는 농촌근대화촉진법에 의하여 사업시행자가 사업완료 후에 사업구역 내의 토지소유자 또는 관계인에게 종전토지 대신에 그 구역 내의 다른 토지로 바꾸어 주는 것을 말하며, 사업시행으로 인한 분할·합병 또는 교환의 경우를 포함한다.

### 2-2-3. 감면대상 농지의 제한

다음에 해당하는 농지는 감면대상에서 제외한다(지특령 §82 ①, 조특령 §66 ④, 조특칙 §27 ③~⑤).

412) 환지예정지로 지정되는 경우 사업시행자는 언제든지 토지조성공사를 시행할 수 있게 되며, 공사 시행 후에는 토지소유자가 본인의 의사와는 관계없이 농지로 사용할 수 없게 되는 점을 고려하여 예외적으로 농지로 인정(2001.1.1. 이후 최초로 양도하는 분부터 적용)

| 구 분 | 감면제외 농지 |
|---|---|
| 주거지역 등 편입농지 | 양도일 현재 특별시·광역시(광역시에 있는 군을 제외한다) 또는 시{「지방자치법」 제3조 제4항에 따라 설치된 도농(都農) 복합형태의 시의 읍·면 지역 및 「제주특별자치도 설치 및 국제자유도시 조성을 위한 특별법」 제15조 제2항에 따라 설치된 행정시의 읍·면 지역은 제외한다}에 있는 농지 중 「국토의 계획 및 이용에 관한 법률」에 의한 주거지역·상업지역 및 공업지역 안에 있는 농지로서 이들 지역에 편입된 날부터 3년이 지난 농지.413) 다만, 다음에 해당하는 경우는 제외한다.<br>① 사업시행지역 안의 토지소유자가 1천명 이상이거나 사업시행면적이 100만m²(「택지개발촉진법」에 의한 택지개발사업 또는 「주택법」에 의한 대지조성사업의 경우 10만㎡) 이상인 개발사업("대규모개발사업"이라 함)지역(사업인정고시일이 같은 하나의 사업시행지역을 말함) 안에서 개발사업의 시행으로 「국토의 계획 및 이용에 관한 법률」에 따른 주거지역·상업지역 또는 공업지역에 편입된 농지로서 사업시행자의 단계적 사업시행 또는 보상지연으로 이들 지역에 편입된 날부터 3년이 지난 경우<br>② 사업시행자가 국가, 지방자치단체, 그 밖에 「공공기관의 운영에 관한 법률」에 의해 지정된 공공기관과 「지방공기업법」에 따라 설립된 지방직영기업·지방공사·지방공단인 개발사업지역 안에서 개발사업의 시행으로 「국토의 계획 및 이용에 관한 법률」에 따른 주거지역·상업지역 또는 공업지역에 편입된 농지로서 사업 또는 보상을 지연시키는 사유로서 그 책임이 사업시행자에게 있다고 인정되는 사유414)에 해당하는 경우415)<br>③ 「국토의 계획 및 이용에 관한 법률」에 따른 주거지역·상업지역 및 공업지역에 편입된 농지로서 편입된 후 3년 이내에 대규모개발사업이 시행되고, 대규모개발사업 시행자의 단계적 사업시행 또는 보상지연으로 이들 지역에 편입된 날부터 3년이 지난 경우(대규모개발사업지역 안에 있는 경우로 한정)416) |
| 환지예정지 | 「도시개발법」 또는 그 밖의 법률에 따라 환지처분 이전에 농지 외의 토지로 환지예정지를 지정하는 경우에는 그 환지예정지 지정일부터 3년이 지난 농지. 다만, 환지처분에 따라 교부받는 환지청산금에 해당하는 부분은 제외한다. |

413) 「국토의 계획 및 이용에 관한 법률」 등에 의하여 주거지역 등에 편입된 후의 농지는 사실상 대지화된 것으로 더 이상 농지로 보기 어렵고, 주거지역에 편입된 여타 토지에서 발생하는 개발이익에 대해 과세하는 것과 형평 고려(2002.1.1. 이후 주거지역 등에 편입되는 분부터 적용)

414) (예시) ① 사업시행자 지정 후 1년 내 사업계획(실시계획) 인가 미신청, ② 사업계획 인가 후 1년 내 보상계획(수용방식)·환지계획(환지방식) 미공고, ③ 보상계약에서 정한 지급일·수용개시일까지 보상금 미지급·미공탁(수용방식) 또는 준공검사·사업완료공고 후 60일 내 불환지청산금 미지급(환지방식) 등

415) 개발사업 규모가 작더라도 사업시행자의 사업지연·보상지연 등으로 도시지역 편입 후 3년이 경과될 소지가 있는 점을 감안할 필요가 있다. 다만, 예외적으로 감면을 적용하는 범위는 제한적으로 운용하여 민간사업자의 사업지연으로 인한 부담을 국가에 전가하는 것은 부당하므로 사업시행자가 국가·지자체 등 공공시행자인 경우에 한정하고, 보상지연이 사업시행자 측 귀책사유로 인한 경우에 한정할 필요가 있으나 그 판단이 용이하지 않은 점을 감안 명백히 사업시행자 측에게 귀책사유가 있다고 인정되는 경우로 한다(2008.2.22. 이후 양도분부터 적용).

### 2-2-4. 감면대상 농지의 확인

감면대상 농지에 해당하는지의 여부를 확인하여야 하는바, 이에 대한 판정기준은 다음과 같다(조특칙 §27 ②).

| 확인항목 | 증빙방법 |
|---|---|
| ① 8년(3년) 이상 소유 확인 | 등기부등본 또는 토지대장등본 및 기타 증빙 |
| ② 8년(3년) 이상 농지소재지에 거주 | 주민등록등본 |
| ③ 8년(3년) 이상 자경한 사실의 입증 | 시·구·읍·면장이 교부 또는 발급하는 농지원부 등본과 자경증명 |
| ④ 양도일 현재 농지의 증명 | 규정 없음. |

### 2-3. 과세특례의 내용

이상의 요건을 갖춘 농지의 양도로 인하여 발생하는 소득에 대하여는 양도소득분 지방소득세의 100%에 상당하는 세액을 감면한다. 이 경우 당해 농지가 주거지역 등에 편입되거나 도시개발법에 의하여 환지처분 전에 농지 외의 토지로 환지예정지 지정을 받은 경우에는 주거지역 등에 편입되거나 환지예정지 지정을 받은 날까지 발생한 소득으로서 다음의 금액에 한하여 양도소득분 지방소득세의 100%에 상당하는 세액을 감면한다. 다만, 「공익사업을 위한 토지 등의 취득 및 보상에 관한 법률」 및 그 밖의 법률에 따라 협의매수되거나 수용되는 경우에는 다음 산식 중 양도당시의 기준시가를 보상가액 산정의 기초가 되는 기준시가로 한다[417](지특법 §129 ①, 조특법 §69 ① 후단, 지특령 §82 ②, 조특령 §66 ⑦). 이때 보상가액 산정의 기초가 되는 기준시가는 보상금 산정 당시 해당 토지의 개별공시지가로 한다(조특칙 §27 ⑥).

$$\text{양도소득금액} \times \frac{\text{편입·환지예정지 지정을 받은 날의 기준시가}-\text{취득 당시의 기준시가}}{\text{양도 당시의 기준시가}-\text{취득 당시의 기준시가}}$$

416) 기획재정부 재산세제과 46014-130(1999.4.19.), 재산세제과-166(2011.3.18.) 예규를 반영

417) 양도시기에 따라 감면세액이 달라지는 문제점 보완[보상가액은 양도시기(보상금수령시기)와 관계없이 보상금 산정의 기준이 되는 개별공시지가에 의해 결정됨]하였고, 2008.1.1. 이후 최초로 양도하는 분부터 적용한다.

## 2-4. 절 차

### 2-4-1. 일반적인 양도의 경우

이 법 규정에 따른 양도소득분 지방소득세의 감면신청을 하고자 하는 자는 당해 농지를 양도한 날이 속하는 과세연도의 과세표준신고(예정신고 포함)와 함께 세액감면신청서를 납세지 관할 지방자치단체 장에게 제출하여야 한다(지특령 §83 ④). 다만, 이를 관할 세무서 장에게 납부한 경우에는 이를 관할 지방자치단체의 장에게 신고한 것으로 본다.

### 2-4-2. 농업법인에게 양도하는 경우

농업법인(영농조합법인 또는 농업회사법인)에게 양도한 경우에는 당해 양수인과 함께 세액감면신청서를 제출하여야 하며, 세액감면신청서를 접수한 당해 지방자치단체의 장은 동 농업법인의 납세지 관할 지방자치단체의 장에게 이를 즉시 통지하여야 한다(지특령 §82 ④).

## 2-5. 지방세특례제한 등

### 2-5-1. 중복지원의 배제

거주자가 토지 등을 양도하여 2 이상의 양도소득세의 감면규정을 동시에 적용받는 경우에는 당해 거주자가 선택하는 하나의 감면규정만을 적용한다. 이에 대한 자세한 내용은 지특법 제168조 해설을 참고하기로 한다.

### 2-5-2. 양도소득세 감면의 종합한도

이 법에 따른 양도소득분 지방소득세 감면세액은 지특법 제173조에서 규정하는 양도소득분 지방소득세 감면의 종합한도 계산시 포함된다. 이에 대한 설명은 제173조를 참조하기로 한다.

# 3 | 관련사례

■ 농지 범위 및 판단

- '농업소득세 과세대상(비과세 · 감면, 소액부징수대상을 포함)이 되는 토지'란 지방세법 규정에 의하여 통계청장이 작성 · 고시하는 한국표준산업분류표상의 농업 중 작물재배업의 분류에 속하는 작물(버섯재배 포함)을 재배하는 농지를 말함(서면4팀-1224, 2006.5.2.).
- 토지가 주로 젖소사육업의 경영에 이용되는 토지인 경우 양도소득세의 면제대상이 되는 자경농지에 해당하지 아니함(대법원 2006두4462, 2007.2.22.).
- 양도일 현재 농지가 일시적인 휴경상태로 보기 어려우므로 자경농지에 대한 양도소득세 감면을 적용할 수 없음(국심 2006전936, 2006.9.6.).
- 일시적으로 경작을 쉬고 있는 농지이거나 언제든지 농지로 회복할 수 있는 토지에 해당하지 아니하므로 양도 당시 농지로 인정될 수 없음(대법원 2006두5724, 2006.6.9.).
- 관상수 판매를 통한 농업소득을 얻기 위해 관상수를 심은 것이 아니라 양도시 자경농지에 대한 감면을 적용받기 위하여 관리가 용이한 관상수를 심은 것이므로 자경농지에 해당하지 아니함(심사양도 2005-228, 2006.4.24.).
- 건물이 정착되어 있는 한 필지의 토지가 건물정착면적 이외의 일부분에서 텃밭으로 8년 이상 자경한 사실이 확인되므로 당해 면적을 자경농지로 보아 양도소득세를 감면함(국심 2005중596, 2005.6.24.).

■ 경작 기준

- 연접한 시 · 군 · 구(자치구인 구)라 함은 행정구역상 동일한 경계선을 사이에 두고 서로 붙어있는 시 · 군 · 구를 말함(서면4팀-268, 2007.1.19.).
- 직접경작이라 함은 거주자가 그 소유농지에서 농작물의 경작 또는 다년성식물의 재배에 상시 종사하거나 농작업의 2분의 1 이상을 자기의 노동력에 의하여 경작 또는 재배하는 것을 말하는 것으로, 남편소유 농지를 부인이 경작한 경우는 이에 해당하지 아니함(서면4팀-359, 2007.1.26.).
- 농지소재지 인근에 거주하면서 8년 이상 자경했다 하나 그 입증책임은 납세자에게 있고 그 사실을 인정할 만한 증거가 없어 양도세 면제대상 아님(대법원 2002두7074, 2002.11.22.).
- 자경이란 농지소재지에 거주하면서 자신이 직접 경작한 것 이외에도 양도자의 책임과 계산하에 타인을 고용하여 경작한 것을 포함하는 것으로 비료값, 인부임금 등 영농비를 자기 명의로 부담하고 영농하는 형식으로 경작한 경우를 포함(대법원 89누5409, 1990.2.13.)
- 법인의 대표자소유 농지를 당해 법인의 직원이 경작한 경우는 대표자 개인의 고용인으로 볼 수 없어 자경에 해당하지 않음(심사양도 2002-95, 2002.6.7.).

■ 자경기간의 계산 및 판단

- 농지 양도자의 8년 이상 자경기간을 계산함에 있어 2회 이상 상속된 농지의 경우에는 양

도자(상속인)의 직전 피상속인이 취득하여 경작한 기간만 양도자의 경작기간에 통산하여 계산하는 것임(재재산-940, 2006.8.4.).

- 상속받은 농지란 상속개시 후 최초로 협의분할 등에 의하여 취득한 농지를 말하며, 당해 농지를 법정상속인으로 상속등기 후 다른 상속인들의 소유지분을 취득하는 경우에는 취득하는 날부터 계산함(서면4팀-576, 2005.4.14.).
- 공동상속으로 인하여 수인이 지분으로 취득한 후 이를 양도하는 경우에 법정상속지분 범위 내에서는 피상속인이 거주경작한 때로부터 기산하나, 지분초과 취득분의 자경기간 기산일은 지분취득일로부터 기산함(국심 86서1232, 1986.10.8.).
- 민법 규정에 의한 협의분할 또는 상속의 포기로 인하여 특정부분의 토지를 분할하여 취득하였거나 단독으로 상속받은 경우에는 그 범위 내의 토지에 대하여는 직접 상속받은 것이 되어 피상속인이 경작한 때로부터 자경기간을 계산함(국심 86중458, 1986.6.7.).
- 상속받은 농지의 경작한 기간 계산시 양도인인 상속인과 직전 피상속인 사이에만 적용되는 것이 아니라 직전 피상속인과 전전 피상속인 사이에도 적용된다고 보아야 함(2006.2.9. 대통령령 제19329호로 개정되기 전의 것)(대법원 2009두22218, 2010.3.25.).
- 생계를 함께 하는 동일 세대원이 아닌 자가 경작하는 경우 자경으로 볼 수 없어 8년 이상 자경농지에 대한 양도세 감면을 적용할 수 없음(국심 2005서867, 2005.8.17.).
- 피상속인으로부터 상속받은 농지에 대한 피상속인 소유 당시의 경작기간을 계산함에 있어 상속인이 상속 전 대리경작하였다 하더라도 별도세대원인 경우 대리경작기간을 피상속인의 경작기간으로 볼 수 없음(국심 2006중3726, 2007.4.20.).
- 상속받은 농지의 경작기간 계산시 피상속인의 경작기간을 포함하는 것이나, 동일세대원이 아닌 가족이 대리경작한 기간은 포함하지 아니함(서면4팀-2528, 2006.7.27.).
- 자경농지에 대한 양도소득세의 감면 규정 적용시 상속농지의 경작기간에는 양도자(상속인)의 직전 피상속인의 경작기간만을 통산하는 것임(서면4팀-1906, 2006.6.22.).
- 일부 기간 양도토지에 관상수와 채소류를 재배하여 온 사실을 인정할 수 있으나 8년 이상 자경하였다는 점에 대하여는 이를 인정할 증거가 없어 8년 이상 자경감면 신청을 부인하고 양도소득세를 부과한 처분은 적법함(국승)(대법원 2012두935, 2012.4.26.).
- 여러 법인의 등기부 및 사업자등록상 대표자로 기재되어 있고, 사업에 어느 정도 관여한 것으로 보여 양도토지에서 농작물 등의 경작을 하기 어려운 처지에 있었던 것으로 보이는 점, 양도토지의 주요 농작업을 제3자가 하였다고 진술한 점 등에 비추어 양도토지에서 8년 이상 자경한 것으로 인정하기 어려움(국승)(대법원 2011두29618, 2012.1.30.).
- 군복무기간은 거주기간에 산입하지 아니하므로 재촌요건을 갖추지 못하였고, 자경하였음을 인정할 증거가 없어 8년 이상의 자경요건을 갖추지 못하였으므로 양도소득세 감면을 배제한 처분은 적법함(국승)(대법원 2011두19505, 2011.11.10.).
- 벼농사에 필요한 농작업 중 못자리 만들기와 기계로 할 수 있는 작업 등 대부분을 타인에게 돈을 주고 맡겨 수행하여 직접 작업한 부분은 전체 농작업 중 50%에 미치지 못할 것으로 보이므로 자경 요건을 갖추지 못하였음(국승)(대법원 2011두16452, 2011.10.27.).
- 직접 영농에 종사하는 이상 다른 직업을 겸업하더라도 자경농민에 해당하나, 다른 직업에 전념하면서 농업을 간접적으로 경영 하는 것에 불과한 경우에는 자경농민에 해당한다

고 할 수 없음(대법원 2009두21574, 2010.2.16.).

- 8년 자경농지의 경작기간을 계산함에 있어 대토 후 새로 취득한 농지가 수용되는 경우 경작기간을 대토 전 농지의 경작기간을 합산함(서면4팀-549, 2006.3.13.).
- 부부의 일방이 혼인 중에 자기 명의로 취득한 재산은 그 명의자 특유재산이므로 대가를 부담한 사실이 입증되지 않는다면 공동재산으로 볼 수 없어 자경농지의 감면을 배제함(국심 2005부2323, 2006.1.2.).

▣ 주거지역 등 편입

- 토지가 주거지역 등에 편입된 경우 8년 이상 자경농지에 대한 양도소득세 감면은 주거지역 등에 편입된 날까지 발생한 양도소득에 대하여만 적용됨(국심 2006중1012, 2006.9.13.).
- 주거지역 편입일까지의 감면대상 자경농지의 양도소득금액이 0원 이하인 경우 감면소득금액이 없는 것임(서면5팀-1079, 2007.4.3.).
- 주거지역 등에 편입된 자경농지에 대한 감면소득금액 산정시 주거지역 편입시에는 그 연도의 개별공시지가가 고시되지 않았더라도 사후에 그 연도의 개별공시지가를 알 수 있다면 '편입시의 기준시가'는 편입일이 속한 연도의 개별공시지가를 적용하는 것이 타당함(국패)(대법원 2010두26841, 2012.8.30.).

▣ 재촌요건

- 농가신축을 위한 농지전용허가는 농지소재지에 거주하면서 농사를 짓지 않는 자에게 허가되지 않는 것으로 보여져 토지소재지에 거주한 것으로 보아 자경농지에 대한 양도소득세를 감면함(국심 2006부1119, 2006.6.8.).
- '농지소재지에 거주하는 거주자'에 관하여 종래의 통작거리규정을 삭제하고 행정구역만으로 농지소재지 거주 여부를 판단하도록 하였다고 하여도 그러한 사정만으로 헌법상 평등권을 침해하거나 국세기본법에 규정된 조세평등주의 또는 신뢰보호의 원칙에 위반되어 무효라고 할 수는 없음(대법원 2003두13076, 2004.12.9.).
- '농지소재지에 거주하는 거주자'라 함은 농지가 소재하는 시·군·구 안의 지역 또는 그 연접한 시·군·구 안의 지역에 거주하는 자를 말하며, 경작개시 당시에는 당해 지역에 해당(당해 지역 내 거주이전한 경우 포함)하였으나 행정구역의 개편 등으로 이에 해당하지 아니하게 된 지역을 포함함(재재산-1047, 2004.8.16.).

▣ 기타

- 양도일 현재 2필지 이상으로 분할된 농지를 양도함에 있어 당해 농지가 농지대토 비과세 또는 자경농지 감면요건에 해당하는지 여부는 각각의 필지별로 적용하는 것임(서면4팀-2601, 2005.12.23.).
- 1필지의 토지를 관념상 구분하여 자경농지에 대한 감면과 농지대토에 따른 비과세를 혼용하여 적용할 수 없음(서면4팀-1720, 2005.9.23.).
- 8년 자경으로 보아 양도소득세 비과세 재결을 내린 농지에 대하여 부동산거래현황 등을 종합적으로 검토하여 부동산매매업으로 보아 사업소득으로 과세한 것은 중복처분이나 이중과세가 아님(국심 2006중245, 2006.7.10.).

# 제130조

## 축사용지에 대한 양도소득분 개인지방소득세의 감면

관련규정

제130조(축사용지에 대한 양도소득분 개인지방소득세의 감면) ① 축산에 사용하는 축사와 이에 딸린 토지(이하 이 조에서 "축사용지"라 한다) 소재지에 거주하는 대통령령으로 정하는 거주자가 8년 이상 대통령령으로 정하는 방법으로 직접 축산에 사용한 대통령령으로 정하는 축사용지(1명당 1,650제곱미터를 한도로 한다)를 폐업을 위하여 2017년 12월 31일까지 양도함에 따라 발생하는 소득에 대해서는 양도소득분 개인지방소득세를 면제한다. 다만, 해당 토지가 주거지역등에 편입되거나 「도시개발법」 또는 그 밖의 법률에 따라 환지처분 전에 해당 축사용지 외의 토지로 환지예정지 지정을 받은 경우에는 주거지역등에 편입되거나, 환지예정지 지정을 받은 날까지 발생한 소득으로서 대통령령으로 정하는 소득에 대하여만 양도소득분 개인지방소득세를 면제한다.

② 제1항에 따라 양도하거나 취득하는 토지가 주거지역등에 편입되거나 「도시개발법」 또는 그 밖의 법률에 따라 환지처분 전에 농지 외의 토지로 환지예정지 지정을 받은 토지로서 대통령령으로 정하는 토지의 경우에는 제1항을 적용하지 아니한다.

③ ~ ④ (생 략)

【영】 제83조(축사용지에 대한 양도소득분 개인지방소득세의 감면) ① 법 제130조 제1항 본문에서 "대통령령으로 정하는 거주자"란 「조세특례제한법 시행령」 제66조의 2 제1항에 따른 자를 말하고, "대통령령으로 정하는 방법으로 직접 축산"이란 「조세특례제한법 시행령」 제66조의 2 제2항에 따른 것을 말하며, "대통령령으로 정하는 축사용지"란 「조세특례제한법 시행령」 제66조의 2 제3항부터 제7항까지의 규정에 따른 축사용지를 말한다.

② 법 제130조 제1항 본문에 따른 폐업은 「조세특례제한법 시행령」 제66조의 2 제8항에 따라 축산기간 및 폐업 확인서에 폐업임을 확인받은 경우로 한다.

③ 법 제130조 제1항에 따라 감면하는 세액은 다음 계산식에 따라 계산한다.

| | | | |
|---|---|---|---|
| 감면세액 = | 양도소득분 개인지방소득세 산출세액 | × | 축사용지면적(다만, 990제곱미터를 초과하는 경우 990제곱미터로 한다) / 총 양도면적 |

④ 법 제130조 제1항 단서에서 "대통령령으로 정하는 소득"이란 「조세특례제한법 시행령」 제66조의 2 제10항에 따라 계산한 금액을 말한다.
⑤ 법 제130조 제2항 단서에서 "상속 등 대통령령으로 정하는 경우"란 「조세특례제한법 시행령」 제66조의 2 제11항에 따른 경우를 말한다.
⑥ 법 제130조 제3항에 따라 양도소득분 개인지방소득세 감면신청을 하려는 사람은 해당 축사용지를 양도한 날이 속하는 과세기간의 과세표준신고와 함께 행정안전부령으로 정하는 세액감면신청서 및 제2항에 따른 축산기간 및 폐업 확인서를 납세지 관할 지방자치단체의 장에게 제출하여야 한다. 다만, 「조세특례제한법 시행령」 제66조의 2 제12항에 따라 납세지 관할 세무서장에게 양도소득세 감면을 신청하는 경우에는 법 제130조에 따른 개인지방소득세에 대한 감면도 함께 신청한 것으로 본다.

## 1 | 개 요

FTA로 어려움을 겪는 축산농가의 구조조정 지원을 위해 도입되었고, 축사용지 소재지에 거주하는 거주자가 8년 이상 직접 축산에 사용한 축사용지를 폐업[418] 하고 2017년 12월 31일까지 양도함에 따라 발생하는 소득에 대하여는 양도소득세의 100분의 100에 상당하는 세액을 감면한다. 이는 2011년 7월 25일 이후 양도분부터 적용하고, 조문 구조가 제69조(자경농민 양도세 감면)와 유사하므로 이를 참고하기로 한다. 본 제도는 지방세제 개편계획(2013.9.)에 따라 조특법 제69조의 2 규정과는 별도로 2014년부터 현재의 지특법 제130조에서 양도소득분 지방소득세로 신설되었다.

418) 폐업은 거주자가 축산을 사실상 중단하는 것으로서 해당 축사용지 소재지의 시장(「제주특별자치도 설치 및 국제자유도시 조성을 위한 특별법」에 따른 행정시장을 포함)·군수·구청장(자치구의 구청장을 말한다)으로부터 축산기간 및 폐업 확인서에 폐업임을 확인받은 경우를 말한다(조특령 §66의 2 ⑧).

# 2 | 감면실무

## 2-1. 감면대상자

8년 이상 다음의 어느 하나에 해당하는 지역(축산 개시 당시에는 그 지역에 해당하였으나 행정구역의 개편 등으로 이에 해당하지 아니하게 된 지역을 포함한다)에 거주하는 사람을 말한다(지특령 §83 ①, 조특령 §66의 2 ①).

① 축사용지(축산에 사용하는 축사와 이에 딸린 토지)가 소재하는 시[419]·군·구(자치구인 구) 안의 지역

② 위 ①의 지역과 연접한 시·군·구 안의 지역

③ 해당 축사용지로부터 직선거리로 20킬로미터 이내의 지역

### 2-1-1. 축산의 범위

"직접 축산"이란 거주자가 그 소유 축사용지에서 「축산법」 제2조 제1호에 따른 가축의 사육에 상시 종사하거나 축산작업의 2분의 1 이상을 자기의 노동력에 의하여 수행하는 것을 말한다(지특령 §83 ①, 조특령 §66의 2 ②).

### 2-1-2. 축산기간의 계산

8년 이상 직접 축산에 사용한 기간을 계산할 때는 아래의 경우에 따라 상이한데, 그 내용은 다음과 같다.

① 축사용지를 교환·분합 및 대토한 경우(지특령 §83 ①, 조특령 §66의 2 ⑤)

새로이 취득하는 축사용지가 「공익사업을 위한 토지 등의 취득 및 보상에 관한 법률」 및 그 밖의 법률에 따라 협의매수되거나 수용되는 경우에는 교환·분합 및 대토 전의 축사용지를 축산에 사용한 기간을 포함하여 계산한다.

② 상속인이 상속받은 축사용지를 1년 이상 계속 축산에 사용한 경우(지특령 §83 ①, 조특령 §66의 2 ⑥)

㉮ 피상속인이 취득하여 축산에 사용한 기간(직전 피상속인이 축산에 사용한 기간으로 한정한다)

㉯ 피상속인이 그 배우자로부터 상속받은 축사용지를 축산에 사용한 사실이 있는 경우에는 피상속인의 배우자가 취득한 축사용지를 축산에 사용한 기간

419) 「제주특별자치도 설치 및 국제자유도시 조성을 위한 특별법」에 따른 행정시를 포함한다.

㉰ 상속인이 상속받은 축사용지를 1년 이상 계속하여 축산에 사용하지 아니하더라도 상속받은 날부터 3년이 되는 날까지 양도하거나 「공익사업을 위한 토지 등의 취득 및 보상에 관한 법률」 및 그 밖의 법률에 따라 협의매수 또는 수용되는 경우로서 상속받은 날부터 3년이 되는 날까지 다음의 어느 하나에 해당하는 지역으로 지정(관계 행정기관의 장이 관보 또는 공보에 고시한 날을 말한다)되는 경우(상속받은 날 전에 지정된 경우를 포함한다)에는 축산에 사용한 기간을 상속인이 축산에 사용한 기간으로 본다(조특령 §66의 2 ⑦).

① 「택지개발촉진법」 제3조에 따라 지정된 택지개발지구
② 「산업입지 및 개발에 관한 법률」 제6조 · 제7조 · 제7조의 2 또는 제8조에 따라 지정된 산업단지
③ 그 외의 지역(조특칙 §27 ⑦)
㉮ 「보금자리주택건설 등에 관한 특별법」 제6조에 따라 지정된 보금자리주택지구
㉯ 「도시 및 주거환경정비법」 제4조에 따라 지정된 정비구역
㉰ 「신항만건설촉진법」 제5조에 따라 지정된 신항만건설예정지역
㉱ 「도시개발법」 제9조에 따라 지정된 도시개발구역
㉲ 「철도건설법」 제9조에 따라 철도건설사업실시계획 승인을 받은 지역
㉳ 위 ㉮부터 ㉲까지와 유사한 경우로서 다른 법률에 따라 예정지구 또는 실시계획 승인을 받은 지역 등 해당 공익사업으로 인해 해당 주민이 직접적인 행위제한(건축물의 건축, 토지의 형질변경 · 분할 등)을 받는 지역

### 2-1-3. 축사용지의 범위

해당 토지를 취득한 때부터 양도할 때까지의 사이에 8년 이상 자기가 직접 축산에 사용한 축사용지[420](1명당 990㎡를 한도로 한다. 축사용지 여부 확인은 조특칙 §27의 2 ② 참조)가 이에 해당되나, 다음의 어느 하나에 해당하는 지역에서 3년이 지난 축사용지는 제외한다(지특령 §83 ①, 조특령 §66의 2 ③).

① 양도일 현재 특별시 · 광역시(광역시에 있는 군은 제외한다) 또는 시[421]에 있는 축사용지 중 「국토의 계획 및 이용에 관한 법률」에 따른 주거지역 · 상업지역 또는 공업지역 안에 있는 축사용지로서 이들 지역에 편입된 날부터 3년이 지난 축사용지. 다만, 다음의 어느 하나에 해당하는 경우는 제외한다.

420) 축사용지는 지적공부상의 지목에 관계없이 실지 가축의 사육에 사용한 축사와 이의 부속토지로 한다.
421) 「지방자치법」 제3조 제4항에 따라 설치된 도농(都農)복합형태의 시의 읍 · 면 지역 및 「제주특별자치도 설치 및 국제자유도시 조성을 위한 특별법」 제15조 제2항에 따라 설치된 행정시의 읍 · 면 지역은 제외

㉮ 사업시행지역 안의 토지소유자가 1천명 이상이거나 사업시행면적이 100만제곱미터(「택지개발촉진법」에 따른 택지개발사업 또는 「주택법」에 따른 대지조성사업의 경우에는 10만제곱미터) 이상인 개발사업지역(사업인정고시일이 같은 하나의 사업시행지역을 말한다) 안에서 개발사업의 시행으로 인하여 「국토의 계획 및 이용에 관한 법률」에 따른 주거지역·상업지역 또는 공업지역에 편입된 축사용지로서 사업시행자의 단계적 사업시행 또는 보상지연으로 이들 지역에 편입된 날부터 3년이 지난 경우

㉯ 사업시행자가 국가, 지방자치단체, 그 밖에 공공기관[422] 인 개발사업지역 안에서 개발사업의 시행으로 인하여 「국토의 계획 및 이용에 관한 법률」에 따른 주거지역·상업지역 또는 공업지역에 편입된 축사용지로서 부득이한 사유[423] 에 해당하는 경우

② 「도시개발법」 또는 그 밖의 법률에 따라 환지처분 이전에 축사용지 외의 토지로 환지예정지를 지정하는 경우에는 그 환지 예정지 지정일부터 3년이 지난 축사용지. 다만, 환지처분에 따라 교부받는 환지 청산금에 해당하는 부분은 제외한다.

### 2-2. 특례의 내용

위의 요건을 갖춘 축사용지의 양도로 인하여 발생하는 소득에 대하여는 양도소득분 지방소득세를 면제하는데, 다음 산식에 따라 계산한다(지특령 §83 ③).

감면세액 = 양도소득분 지방소득세 산출세액 × 축산용지면적(다만, 990제곱미터를 초과하는 경우 990제곱미터로 한다) / 총 양도면적 × 100%

다만, 해당 토지가 「국토의 계획 및 이용에 관한 법률」에 따른 주거지역·상업지역 및 공업지역에 편입되거나 「도시개발법」 또는 그 밖의 법률에 따라 환지처분 전에 해당 축사용지 외의 토지로 환지예정지 지정을 받은 경우에는 주거지역 등에 편입되거나, 환지예정지 지정을 받은 날까지 발생한 다음의 소득에 대해서만 양도소득분 지방소득세를 면제한다(지특법 §130 ①, 지특령 §83 ④, 조특령 §66의 2 ⑩).

---

422) 「공공기관의 운영에 관한 법률」에 따라 지정된 공공기관과 「지방공기업법」에 따라 설립된 지방직영기업·지방공사·지방공단을 말한다(조특칙 §27의 4 ④).

423) 사업 또는 보상을 지연시키는 사유로서 그 책임이 사업시행자에게 있다고 인정되는 사유를 말한다(조특칙 §27의 4 ⑤).

양도소득분 지방소득금액 × (편입 · 환지예정지 지정을 받은 날의 기준시가－취득당시의 기준시가) / (양도당시의 기준시가 － 취득당시의 기준시가)

* 「공익사업을 위한 토지 등의 취득 및 보상에 관한 법률」 및 그 밖의 법률에 따라 협의매수되거나 수용되는 경우에는 다음 산식 중 양도 당시의 기준시가를 보상액 산정의 기초가 되는 기준시가로 한다.

## 2-3. 사후관리 및 절차

양도소득분 지방소득세를 감면받은 거주자가 해당 축사용지 양도 후 5년 이내에 축산업을 다시 하는 경우에는 감면받은 세액을 추징한다. 다만, 축산용지에 대한 양도소득세 감면을 받은 사람이 그 이후에 상속으로 인하여 축산업을 하게 되는 경우에는 그러하지 아니한다(지특법 §130 ①, 지특령 §83 ⑤, 조특령 §66의 2 ⑪).

양도소득분 지방소득세 감면신청을 하려는 사람은 해당 축사용지를 양도한 날이 속하는 과세기간의 과세표준신고(예정신고를 포함한다)와 함께 세액감면신청서 및 축산기간 및 폐업 확인서를 납세지 관할 지방자치단체의 장에게 제출하여야 한다(지특령 §83 ⑥).

### 운용사례

▣ 축산의 범위

- 축산업 등록대상이 아닌 가축인 메추리를 사육하여 해당 축사용지 소재지의 시장 · 군수로부터 조특법 시행령 제66조의 2 제8항에 따른 축산기간 및 폐업 확인서를 발급받지 못하는 경우라도 8년 이상 축사용지 소재지에 거주하면서 직접 가축의 사육에 종사한 사실과 축산업의 폐업사실이 모두 인정되는 경우에는 같은 법 제69조의 2에 따른 감면을 적용받을 수 있는 것임(부동산거래-348, 2012.7.5.).
- 거주자가 조특법 제69조의 2 제1항에 따른 축사용지를 양도한 경우 감면세액은 소득세법 제90조 및 조특법 시행령 제66조의 2 제9항에 따라 계산하는 것임(부동산거래-633, 2012.11.20.).
- 조세특례제한법 제69조의 2에 따른 축산에 사용하는 축사와 이에 딸린 토지소재지에 거주하는 거주자가 8년 이상 직접 축산에 사용한 축사용지(1명당 990제곱미터를 한도로 한다)를 폐업을 위하여 2014.12.31.까지 양도함에 따라 발생하는 소득에 대하여는 양도소득세의 100분의 100에 상당하는 세액을 감면하는 것임(부동산거래-983, 2011.11.21.).

▣ 축사용지 적용범위

- 거주자가 8년 이상 직접 축산에 사용한 축사용지(1명당 990제곱미터를 한도)를 폐업을 위하여 2014.12.31.까지 양도함에 따라 발생하는 소득에 대하여 양도소득세를 감면하는

것이며 계속 축산업을 영위하는 경우 축사용지 양도소득세 감면을 적용받을 수 없는 것임(부동산거래-1048, 2011.12.16.).

- 종전 축사를 양도하고 현재 축사용지와 보유기간을 통산하는 규정은 조세특례제한법 시행령 제66조의 2 제3항 및 제5항에 해당하는 경우에 적용됨(부동산거래-967, 2011.11.15.).

# 제 131 조

## 농지대토에 대한 양도소득분 개인지방소득세 감면

관련규정

제131조(농지대토에 대한 양도소득분 개인지방소득세 감면) ① 농지 소재지에 거주하는 대통령령으로 정하는 거주자가 대통령령으로 정하는 방법으로 직접 경작한 토지를 경작상의 필요에 의하여 대통령령으로 정하는 경우에 해당하는 농지로 대토(代土)함으로써 발생하는 소득에 대해서는 양도소득분 개인지방소득세를 면제한다. 다만, 해당 토지가 주거지역등에 편입되거나 「도시개발법」 또는 그 밖의 법률에 따라 환지처분 전에 농지 외의 토지로 환지예정지 지정을 받은 경우에는 주거지역등에 편입되거나, 환지예정지 지정을 받은 날까지 발생한 소득으로서 대통령령으로 정하는 소득에 대해서만 양도소득분 개인지방소득세를 면제한다.

② 제1항에 따라 양도하거나 취득하는 토지가 주거지역등에 편입되거나 「도시개발법」 또는 그 밖의 법률에 따라 환지처분 전에 농지 외의 토지로 환지예정지 지정을 받은 토지로서 대통령령으로 정하는 토지의 경우에는 제1항을 적용하지 아니한다.

③ ~ ④ (생 략)

⑤ 제1항에 따라 감면받은 양도소득분 개인지방소득세를 제4항에 따라 납부하는 경우에는 대통령령으로 정하는 바에 따라 계산한 이자상당액을 가산한다.

【영】 제84조(농지대토에 대한 양도소득분 개인지방소득세 감면요건 등) ① 법 제131조 제1항 본문에서 "대통령령으로 정하는 거주자"란 「조세특례제한법 시행령」 제67조 제1항에 따른 자를 말하고, "대통령령으로 정하는 방법으로 직접 경작"이란 「조세특례제한법 시행령」 제67조 제2항에 따른 경작 또는 재배를 말하며, "대통령령으로 정하는 경우"란 「조세특례제한법 시행령」 제67조 제3항부터 제6항까지의 규정에 해당하는 경우를 말한다.

② 법 제131조 제1항 단서에서 "대통령령으로 정하는 소득"이란 「조세특례제한법 시행령」 제67조 제7항에 따라 계산한 금액을 말한다.

③ 법 제131조 제2항에서 "대통령령으로 정하는 토지"란 「조세특례제한법 시행령」 제67조 제8항 각 호의 어느 하나에 해당하는 농지를 말한다.

④ 법 제131조 제3항에 따라 양도소득분 개인지방소득세의 감면신청을 하려는 자는 해당

농지를 양도한 날이 속하는 과세연도의 과세표준신고와 함께 행정안전부령으로 정하는 세액감면신청서를 납세지 관할 지방자치단체의 장에게 제출하여야 한다. 다만, 「조세특례제한법 시행령」 제67조 제9항에 따라 납세지 관할 세무서장에게 양도소득세 감면을 신청하는 경우에는 법 제131조에 따른 개인지방소득세에 대한 감면도 함께 신청한 것으로 본다.
⑤ 법 제131조 제4항에서 "대통령령으로 정하는 사유"란 「조세특례제한법 시행령」 제67조 제10항 각 호의 어느 하나에 해당하는 경우를 말한다.
⑥ 법 제131조 제5항에서 "대통령령으로 정하는 바에 따라 계산한 이자상당액"이란 법 제131조 제4항에 따라 납부하여야 할 세액에 상당하는 금액에 제1호의 기간과 제2호의 율을 곱하여 계산한 금액으로 한다.
1. 종전의 농지에 대한 양도소득분 개인지방세 예정신고 납부기한의 다음 날부터 법 제131조 제4항에 따른 양도소득분 개인지방세 납부일까지의 기간
2. 1일 1만분의 3

# 1 | 개 요

거주자가 경작상 필요에 의하여 농지를 대토함으로써 발생하는 소득에 대하여는 양도소득분 지방소득세의 100%를 감면한다. 종전에는 국세인 소득세법에서 양도소득세를 비과세하도록 규정하고 있다가 2005년 말 지가상승 요인인 대토수요를 억제하여 지가안정을 도모하고자 조특법상의 양도소득세 감면제도로 전환하였고, 이후 지방세제 개편계획(2013.9.)에 따라 조특법 제70조의 규정과는 별도로 2014년부터 현재의 지특법 제131조에서 양도소득분 지방소득세로 신설되었다.

감면제도는 비과세제도와 달리 감면신청절차가 필요하며, 감면액이 과다한 경우 감면한도액의 적용을 받아 실질적으로는 100%가 감면되지 못하는 경우가 발생한다. 농지대토에 대한 양도소득분 지방소득세 감면도 앞서 설명한 8년 이상 자경농지와 마찬가지로 자본이득에 대한 세액감면이므로, 근로소득 등 타소득과의 과세형평성을 저해할 우려가 매우 크므로, 과세특례 요건을 엄격하게 적용하여야 한다고 본다.

한편, 2014년 12월 23일 조특법 개정시 채권보상의 경우와 동일하게 감면율을 20%로 적용받을 수 있도록 하여 세제지원을 강화하였으며, 2015년 12월 15일 개정시 채권보상의 경우와 맞추어 감면율을 15%로 조정하였다.

## 2 | 감면실무

### 2-1. 감면대상자

이 법 규정에 따른 감면대상자인 농지소재지에 거주하는 거주자라 함은 3년 이상 다음의 지역(경작을 개시할 당시에는 당해 지역에 해당하였으나 행정구역의 개편 등으로 이에 해당하지 아니하게 된 지역 포함)에 거주한 자를 말한다(지특령 §84 ①, 조특령 §67 ①).

① 농지가 소재하는 시 · 군 · 구(자치구인 구를 말한다) 안의 지역

② 위 ①의 지역과 연접한 시 · 군 · 구(자치구인 구를 말한다) 안의 지역

③ 해당 농지로부터 직선거리 20km 이내의 지역[424]

### 2-2. 감면대상 소득

농지소재지 거주자가 농지로 대토(代土)함으로써 발생하는 소득이 이에 해당한다. 여기서 대토란 종전 농지를 양도하고 새로운 농지를 취득하는 것을 말한다.

### 2-3. 감면대상 농지

#### 2-3-1. 농지 대체취득의 요건(지특령 §84 ①, 조특령 §67 ③)

농지소재지 거주자가 감면을 받기 위해서는 토지를 경작상 필요에 의하여 대체취득하는 농지가 아래 표의 선양도 후취득 또는 선취득 후양도 방식에 해당하는 경우이다. 선양도 후취득의 경우 종전 농지의 양도일로부터 1년 이내에 다른 농지를 취득하는 것이 원칙이나, 「공익사업을 위한 토지 등의 취득 및 보상에 관한 법률」에 따른 협의매수 · 수용 및 그 밖의 법률에 따라 수용되는 경우에는 2년[425]으로 한다. 이는 종전농지를 양도하고 1년 내 새로운 농지를 취득하여야 하나, 수용되는 경우에는 대체농지 취득에 많은 시일이 소요될 수 있는 점을 감안하여 종전 농지 수용시는 2년 내 새로운 농지를 취득할 수 있도록 한 것이다(2007.2.28. 이후 수용되어 대체취득하는 분부터 적용).

---

424) 행정구역 간 거리 편차 등으로 인한 현행 행정구역 기준의 불형평 문제 보완(2008.2.22. 이후 양도분부터 적용)

425) 수용시 대체농지 취득에 많은 시일이 소요될 수 있는 점 감안(2007.2.28. 이후 수용되어 대체취득하는 분부터 적용)

| 구 분 | 대체취득의 요건 |
|---|---|
| 선양도 후취득 | 3년 이상 종전의 농지소재지에 거주하면서 경작한 자가 종전의 농지의 양도일부터 1년 내에 다른 농지를 취득한 후 계속하여[426] 3년 이상 새로운 농지소재지에 거주하면서 경작한 경우로서 다음의 어느 하나에 해당하는 경우<br>① 새로 취득하는 농지의 면적이 양도하는 농지의 면적의 2분의 1 이상일 것<br>② 새로 취득하는 농지의 가액이 양도하는 농지의 가액의 3분의 1 이상일 것 |
| 선취득 후양도 | 3년 이상 종전의 농지소재지에 거주하면서 경작한 자가 새로운 농지의 취득일부터 1년 내에 종전의 농지를 양도하고 새로이 취득한 농지를 계속하여 3년 이상 새로운 농지소재지에 거주하면서 경작한 경우로서 다음의 어느 하나에 해당하는 경우<br>① 새로 취득하는 농지의 면적이 양도하는 농지의 면적의 2분의 1 이상일 것<br>② 새로 취득하는 농지의 가액이 양도하는 농지의 가액의 3분의 1 이상일 것 |

### 2-3-2. 대토로 취득한 농지 경작기간 계산(지특령 §84 ①, 조특령 §67 ④·⑤)

농지대토 요건 중 새로이 취득한 농지를 3년 이상 새로운 농지소재지에 거주하면서 경작하는 기간 계산은 다음과 같다.

① 새로운 농지를 취득한 후 3년 이내에 「공익사업을 위한 토지 등의 취득 및 보상에 관한 법률」에 따른 협의매수·수용 및 그 밖의 법률에 따라 수용되는 경우에는 3년 이상 농지소재지에 거주하면서 경작한 것으로 본다.

② 새로운 농지를 취득한 후 3년 이내에 농지소유자가 사망한 경우로서 상속인이 농지소재지에 거주하면서 계속 경작한 때에는 피상속인의 경작기간과 상속인의 경작기간을 통산한다.

### 2-3-3. 농지의 범위

농지란 전·답으로서 지적공부상의 지목에 관계없이 실지로 경작에 사용되는 토지로 하며, 농지경영에 직접 필요한 농막·퇴비사·양수장·지소·농도·수로 등을 포함하는 것으로(조특칙 §27 ①), 감면대상 농지의 범위에 대하여는 앞서 설명한 제130조의 내용을 참고하기 바란다.

### 2-3-4. 감면대상 농지의 제한(지특법 §131 ①, 지특령 §84 ②, 조특령 §67 ⑥)

다음 중 어느 하나에 해당하는 농지의 경우에는 대토로 인한 양도소득세의 감면규정을 적용하지 아니한다.

426) 계속 농업에 종사하는 경우에 한하여 농지대토시 비과세 적용함을 명확화

| 구 분 | 감면 제외 농지 |
|---|---|
| 주거지역 등 편입농지 | 양도일 현재 특별시·광역시(군지역 제외) 또는 시[427] 지역에 있는 농지 중 「국토의 계획 및 이용에 관한 법률」에 따른 주거지역·상업지역 또는 공업지역 안의 농지로서 이들 지역에 편입된 날부터 3년이 지난 농지. 다만, 다음의 어느 하나에 해당하는 경우는 제외한다.<br>① 사업시행지역 안의 토지소유자가 1천명 이상이거나 사업시행면적이 100만 제곱미터[428] 이상인 개발사업지역(사업인정고시일이 동일한 하나의 사업시행지역을 말한다) 안에서 개발사업의 시행으로 인하여 「국토의 계획 및 이용에 관한 법률」에 따른 주거지역·상업지역 또는 공업지역에 편입된 농지로서 사업시행자의 단계적 사업시행 또는 보상지연으로 이들 지역에 편입된 날부터 3년이 지난 경우<br>② 사업시행자가 국가, 지방자치단체, 그 밖에 공공기관인 개발사업지역 안에서 개발사업의 시행으로 인하여 「국토의 계획 및 이용에 관한 법률」에 따른 주거지역·상업지역 또는 공업지역에 편입된 농지로서 사업 또는 보상을 지연시키는 사유로서 그 책임이 사업시행자에게 있다고 인정되는 사유에 해당하는 경우 |
| 환지예정지 | 「도시개발법」 또는 그 밖의 법률에 따라 환지처분 이전에 농지 외의 토지로 환지예정지를 지정하는 경우에는 그 환지예정지 지정일부터 3년이 지난 농지. 다만, 환지처분에 따라 교부받는 환지청산금에 해당하는 부분은 제외한다. |

### 2-3-5. 감면대상 농지의 확인(조특칙 §27 ②)

감면대상 농지에 해당하는지의 여부를 확인하여야 하는 바, 이에 대한 판정기준은 다음과 같다. 감면대상 농지의 확인과 관련된 사례는 앞서 설명한 제130조의 해설을 참고하기 바란다.

| 확인항목 | 증빙방법 |
|---|---|
| ① 3년 이상 소유 확인 | 등기부등본 또는 토지대장등본 및 기타 증빙 |
| ② 3년 이상 농지소재지에 거주 | 주민등록등본 |
| ③ 3년 이상 자경한 사실의 입증 | 시·구·읍·면장이 교부 또는 발급하는 농지원부등본과 자경증명 |
| ④ 양도일 현재 농지의 증명 | 규정 없음 |

427) 「지방자치법」 제3조 제4항에 따라 설치된 도농(都農)복합형태의 시의 읍·면 지역 및 「제주특별자치도 설치 및 국제자유도시 조성을 위한 특별법」 제15조 제2항에 따라 설치된 행정시의 읍·면 지역은 제외

428) 「택지개발촉진법」에 의한 택지개발사업, 「주택법」에 의한 대지조성사업의 경우는 10만㎡로 한다.

2-3-6. 자경의 범위(지특령 §84 ①, 조특령 §67 ②)

'직접 경작'이라 함은 거주자가 그 소유농지에서 농작물의 경작 또는 다년성식물의 재배에 상시 종사하거나 농작업의 2분의 1 이상을 자기의 노동력에 의하여 경작 또는 재배하는 것을 말한다. 이에 대한 자세한 설명은 제130조 해설을 참고하기로 한다.

## 2-4. 과세특례의 내용

농지소재지에 거주하는 거주자가 직접 경작한 토지로서 경작상의 필요에 의하여 농지를 대토하는 경우 이로 인하여 발생하는 소득에 대하여는 양도소득분 지방소득세의 100%를 감면한다. 다만, 해당 토지가 「국토의 계획 및 이용에 관한 법률」에 따른 주거지역·상업지역 및 공업지역에 편입되거나 「도시개발법」 또는 그 밖의 법률에 따라 환지처분(換地處分) 전에 농지 외의 토지로 환지예정지 지정을 받은 경우에는 주거지역 등에 편입되거나, 환지예정지 지정을 받은 날까지 발생한 다음의 소득에 대해서만 양도소득분 지방소득세를 면제한다(지특법 §131 ①).

거주자가 공익사업의 시행자에게 토지 등을 양도하고 토지 등의 양도대금의 전부 또는 일부를 대토(공익사업의 시행으로 조성한 토지)로 보상받은 경우 다음의 구분에 따라 양도소득세 과세특례를 적용한다(조특법 §77의 2 ①).

2-4-1. 세액의 감면을 신청하는 경우

거주자가 해당 토지등을 사업시행자에게 양도하여 발생하는 양도차익 중 다음 계산식에 따라 계산한 금액에 대한 양도소득세의 15%에 상당하는 세액을 감면한다(조특령 §73 ① 1호).

$$\text{감면대상금액} = \text{양도소득금액}^{*} \times \frac{\text{대토보상상당액}}{\text{총보상액}}$$

* 양도소득금액 = 양도차익(소법 §95 ①) - 장기보유특별공제액(소법 §95 ②)

2-4-2. 과세이연을 신청하는 경우

거주자가 해당 토지등을 사업시행자에게 양도하여 발생하는 양도차익 중 과세이연금액에 대하여는 양도소득세를 과세하지 아니하되, 해당 대토를 양도할 때에 대토의 취득가액에서 과세이연금액을 뺀 금액을 취득가액으로 보아 양도소득세를 과세한다. 이 경우 장기보유특별공제액을 계산할 때 보유기간은 대토의 취득시부터 양도시까지로 본다. 이 경우 과세이연금액은 다음 산식에 따라 계산한 금액으로 한다(조특령 §73 ① 2호).

$$\text{과세이연금액} = \text{양도소득금액}^* \times \frac{\text{대토보상상당액}}{\text{총보상액}}$$

* 양도소득금액 = 양도차익(소법 §95 ①) - 장기보유특별공제액(소법 §95 ②)

### 2-5. 감면신청 절차(지특령 §85 ④)

양도소득분 지방소득세의 감면신청을 하고자 하는 자는 당해 농지를 양도한 날이 속하는 과세연도의 과세표준신고(예정신고 포함)와 함께 세액감면신청서를 납세지 관할 지방자치단체의 장(관할 세무서장에게 제출한 경우를 포함한다)에게 제출하여야 한다.

### 2-6. 지방세특례제한 등

#### 2-6-1. 양도소득분 지방소득세 감면의 종합한도

제173조 해설을 참고하기로 한다.

#### 2-6-2. 중복지원의 배제

거주자가 토지 등을 양도하여 2 이상의 양도소득분 지방소득세의 감면규정을 동시에 적용받는 경우에는 당해 거주자가 선택하는 하나의 감면규정만을 적용한다. 이에 대한 자세한 내용은 제168조 해설을 참고하기로 한다.

## 3 | 관련사례

■ 직접 경작의 범위

- 토지 소재지에서 멀리 떨어진 지역에 거주하며 개인택시업에 종사한 점 등에 비추어 토지의 직접 경작 사실을 인정하기 어렵고 도시 및 주거환경 정비법에 의한 정비구역 내의 토지도 아니므로 양도소득세 감면대상에 해당하지 아니함(대법원 2011두28233, 2012.3.15.).
- 종전농지 소재지의 주택 일부를 임차하였다고 주장하나 소유주의 아들이나 인근 주민이 작성한 확인서에 의하면 대토감면을 위하여 주민등록만 이전한 것으로 보여 종전농지 소재지에 거주한 사실을 인정할 수 없고 대토농지 중 일부는 제3자가 벼농사를 지은 것으로 확인되므로 대토농지 면적 요건을 충족하지 아니함(대법원 2013두3993, 2013.5.24.).
- 청구인이 쟁점토지를 취득하기 전부터 건강보험공단에 근무하면서 근로소득이 발생한

점, 쌀 직불금 및 영농손실보상금을 모친이 수령한 점, 자경사실이 객관적으로 확인되지 아니한 점 등에 비추어 감면적용을 배제함은 정당함(심사양도 2013-133, 2013.8.9.).

- 반도체 회사에서 3교대로 근무하며 근로소득을 얻었는바 근무형태 및 소득금액에 비추어 대토농지에서 벼농사를 직접 짓기는 어려웠을 것으로 보이고 농지 소재지 이장의 확인서 및 진술 등에 비추어 이장이 대리경작하였을 가능성이 높아 농지대토에 따른 양도소득세 감면요건을 갖추었다고 보기 어려움(대전지법 2013구단173, 2013.7.26.).
- 종전농지가 야적장 진입로 등으로 사용되었고 항공사진에 의하여도 농지로 이용되었다고 볼만한 흔적이 발견되지 아니한 점 등에 비추어 종전농지를 3년 이상 자경하였다고 보기 어렵고 성토공사를 도급하였다고 주장하는 업체는 직권폐업된 업체로 관련 제세를 신고한 사실도 없어 성토비용 지출사실을 인정할 수 없음(서울고법 2012누38222, 2013.7.24.).
- 처분청 현지확인시 대토농지는 잡풀이 무성하여 육안으로 쉽게 구분되지 않을 정도의 작은 감나무 및 매실나무 40여 그루만 식재되어 있었고, 그 나무마저도 빗물 등에 의해 내려앉는 등 방치된 것으로 조사된 점, 청구인은 종전농지 취득 이전부터 자영업을 영위하면서 다른 농지의 경작사실이 없는 개인사업자로서 대토농지 취득기한 3일을 남겨 두고 종전농지 양도가액 대비 4.57%에 불과한 대토농지를 취득한 점 등으로 볼 때, 종전농지 양도 감면대상으로 볼 수 없음(조심 2013전2310, 2013.7.9.).
- 청구인 아버지의 주민등록이 쟁점주소지로는 되어 있으나, 청구인 아버지가 쟁점주소지에서 거주하였다는 사실이 객관적인 증빙에 의하여 확인되지 아니한 점, 쟁점주소지에 거주하는 ○○○이 청구인 아버지가 쟁점주소지에서 거주하지 아니하였다고 확인한 점, 대토농지 소재지 거주주민 ○○○가 대토농지를 직접 경작하였다고 확인한 점, 청구인이 제시하는 확인서 등만으로 청구인 아버지가 대토농지를 직접 경작한 것으로 보기에 부족한 점 등을 종합할 때, 청구인 아버지가 대토농지 소재지에서 3년 이상 거주하면서 대토농지를 직접 경작한 것으로 보기는 어려움(조심 2013중1562, 2013.6.28.).
- 토지를 종중으로부터 명의신탁받았다는 점을 인정할 증거가 없고, 토지 취득 이후 제3자로 하여금 선산을 관리하여 주는 대가로 토지에서 농사를 짓거나 사용하도록 한 사실을 인정할 수 있으므로 8년 이상 직접 경작한 것으로 볼 수 없음(대법원 2013두5425, 2013.6.27.).
- 처분청의 조사보고서, 청구인 및 인근 주민들의 문답서에 따르면 쟁점토지는 2008년까지 인근 주민이 대리경작한 것으로 나타나고, 2009년부터는 청구인이 벼농사에 관여한 것은 인정되나, 자기의 노동력으로 쟁점토지를 경작한 것으로 보기는 어려우므로, 청구인이 쟁점토지를 경작한 것이 관계규정에서 정하는 직접자경 또는 자경에는 해당하지 아니하는 것으로 보이는바, 쟁점토지를 비사업용토지로 보아 대토농지 양도세 감면과 장기보유특별공제를 배제하여 양도세를 과세한 처분은 잘못이 없음(조심 2013부540, 2013.6.26.).
- 처분청의 조사보고서, 청구인 및 인근 주민들의 문답서에 따르면 쟁점토지는 2008년까지 인근 주민이 대리경작한 것으로 나타나고, 2009년부터는 청구인이 벼농사에 관여한 것은 인정되나, 자기의 노동력으로 쟁점토지를 경작한 것으로 보기는 어려우므로, 청구인이 쟁점토지를 경작한 것이 관계규정에서 정하는 직접자경 또는 자경에는 해당하지 아니하는 것으로 보이는바, 쟁점토지를 비사업용토지로 보아 대토농지 양도세 감면과 장기보유특별공제를 배제하여 양도세를 과세한 처분은 잘못이 없음(조심 2013부830, 2013.6.26.).

• 전기·수도시설도 없는 기도원에서 소유자의 승낙도 받지 않은 채 가족과 떨어져 혼자 3년 이상 거주하였다는 것은 상식적으로 믿기 어렵고 과세관청의 현지확인시 대토농지는 잡초가 무성한 나지상태였던 점 등에 비추어 보면 대토농지 소재지에서 3년 이상 실제로 거주·경작하였음을 인정하기 부족함(대구지법 2012구합3721, 2013.6.21.).

• 청구인이 대토농지를 3년 이상 계속하여 직접 경작한 사실이 확인되지 아니하고 납세의무의 해태를 탓할 수 없는 정당한 사유가 있다고 보기도 어려우므로 처분청이 농지대토에 대한 양도소득세 감면을 배제하면서 납부불성실가산세를 부과한 처분은 잘못이 없는 것으로 판단됨(조심 2013서2200, 2013.6.21.).

• 주업은 식당 영업에 있었던 것으로 보이고 식당을 경영하여 상당한 수입을 얻으면서 동시에 종전 및 대토농지의 농사를 어떻게 지어왔는지 명확히 설명되지 않는 점, 농지원부에도 종전 및 대토농지는 등재되어 있지 않은 점 등에 비추어 농지를 직접 경작하였다는 사실을 인정할 증거가 없음(서울고법 2012누18563, 2013.5.31.).

• 쟁점토지는 잡초가 무성한 상태로 방치되어 진입도 불가능하였고, 청구인의 주소지를 방문하여 거주 여부를 확인하여 보니 실제 거주하지 아니한 것으로 조사되었으며, 쟁점토지 취득 전·후에 법인을 운영하고 근로소득이 발생한 점 등으로 보아, 청구인이 쟁점토지 소재지에 상주하면서 쟁점토지를 자경하였다고 보기는 어려움(조심 2013부1322, 2013.5.31.).

• 항공사진에 나타난 쟁점토지 이용현황, 청구인의 경작기간 등을 종합할 때, 농지대토 감면을 적용하기 어려움(조심 2013중1635, 2013.5.30.).

• 청구인이 취득한 대토농지의 경우 취득일(2011.7.18.) 이전인 2010.3.4. 국토해양부고시에 의하여 고속도로 민간투자사업에 편입이 예정되어 있던 토지이고, 그 중 1필지는 취득 후 1년도 되지 않아 양도된 사실 등을 감안할 때, 사회통념상 이 건 대토농지의 경우 취득 전에 이미 경작 등 사용에 제한이 있을 것으로 예상되었다고 봄이 타당하고, 대토농지에 대한 양도소득세 감면의 취지상 그 자격 요건은 엄격하게 해석할 필요가 있다고 하겠는바, 청구인이 대토농지를 경작상 필요에 의하여 취득하였다고 보기는 어려우므로, 대토농지에 대한 감면요건을 충족하였다고 보기 어려움(조심 2013중757, 2013.5.29.).

• 종전토지에 관한 양도소득세 부과가 적법한 이상 원고 스스로 납득할 수 있도록 충분한 설명과 시간적 여유를 주지 아니하였다거나 업무처리에 있어 오류를 범한 세무서 직원에 대한 응분의 조치를 취하지 아니하였다고 하여 양도소득세 부과처분이 위법하게 되는 것은 아님(대법원 2013두2914, 2013.5.23.).

• 청구인이 대토농지를 취득한 이후부터 상당한 규모의 포장재 제조업을 영위하고 있는 점, 처분청 조사시 청구인이 한 진술내용 등으로 보아 청구인이 대토농지 농작업의 1/2 이상을 자기노동력에 의하여 한 것으로 보이지 아니하고, 청구인이 제출한 자료만으로는 청구주장을 인정하기 어려울 뿐 아니라, 농지대토에 의한 양도소득세 감면규정은 전업농민에 대하여 조세정책상 특혜규정으로 엄격히 해석하여야 하는 점 등에 비추어 볼 때, 처분청이 종전농지의 양도에 대하여 농지대토에 의한 양도소득세 감면을 적용하지 아니하고 양도소득세를 과세한 처분은 정당함(조심 2012전4205, 2013.5.22.).

• 청구인이 쟁점주소지에서 ○년 ○개월간 주민등록이 되어 있는 것으로 나타나는 점, 종전농지 취득 이후 별다른 소득이 발생하지 아니한 것으로 확인되는 점, 청구인의 자경사

실에 대하여는 다툼이 없을 뿐만 아니라 2008년의 영농지원금 수령확인서 등의 주소지가 쟁점주소지로 되어 있는 점 등을 감안하면, 청구인이 쟁점주소지에 거주하면서 영농에 종사하였다는 청구주장은 신빙성이 있어 보임(조심 2013부622, 2013.5.14.).

- 청구인이 종전농지 보유기간 동안 학생 및 군인 신분이었고, 대토농지 취득당시에도 대학생 신분이었던 점에서 청구인이 자기 노동력의 2분의 1 이상을 투입하여 농지를 직접 경작하였다고 보기 어렵고, 청구인이 제출한 증빙자료를 보면 종전농지 및 대토농지를 공동으로 경작하였다고 보기보다는 청구인의 모친이 직접 경작한 것으로 보이므로 처분청이 청구인의 농지대토에 대한 양도소득세 감면신청을 부인하고 이 건 양도소득세를 부과한 처분은 달리 잘못이 없다고 판단됨(조심 2013부1182, 2013.5.9.).
- 청구인은 교육청에 근무하는 상시근로자인 점 등에 비추어 볼 때 농작업의 1/2 이상을 자기의 노동력에 의하여 경작 또는 재배하였다고 보기 어려우므로 농지대토 감면을 부인하여 양도소득세를 부과한 처분은 잘못이 없음(심사양도 2013-39, 2013.4.30.).

# 제131조의 2

## 경영회생 지원을 위한 농지 매매 등에 대한 양도소득분 개인지방소득세 과세특례

### 관련규정

제131조의 2(경영회생 지원을 위한 농지 매매 등에 대한 양도소득분 개인지방소득세 과세특례) ① 「농지법」 제2조에 따른 농업인(이하 이 조에서 "농업인"이라 한다)이 「한국농어촌공사 및 농지관리기금법」 제24조의 3 제1항에 따라 직접 경작한 농지 및 그 농지에 딸린 농업용시설(이하 이 조에서 "농지등"이라 한다)을 같은 법 제3조에 따른 한국농어촌공사(이하 이 조에서 "한국농어촌공사"라 한다)에 양도한 후 같은 법 제24조의 3 제3항에 따라 임차하여 직접 경작한 경우로서 해당 농지등을 같은 법 제24조의 3 제3항에 따른 임차기간 내에 환매한 경우 대통령령이 정하는 바에 따라 해당 농지등의 양도소득에 대하여 납부한 양도소득분 개인지방소득세를 환급받을 수 있다.

② 제1항에 따라 양도소득분 개인지방소득세를 환급받은 농업인이 환매한 해당 농지등을 다시 양도하는 경우 그 취득가액과 취득시기는 「조세특례제한법」 제70조의 2 제2항을 준용한다.

③ 제1항에 따라 환급받으려는 자는 대통령령으로 정하는 바에 따라 환급신청을 하여야 한다.

④ 제1항 및 제2항을 적용함에 있어 환매한 농지등을 다시 양도하는 경우 제129조에 따른 자경농지에 대한 양도소득분 개인지방소득세의 감면의 적용방법 등 그 밖에 필요한 사항은 대통령령으로 정한다.

# 1 | 개 요

경영회생지원 농지매입사업을 지원하기 위한 제도로서, 경영회생지원 농지매입사업은 경영난을 겪고 있는 농민·농업법인이 농지 등을 환매조건부로 한국농어촌공사에 양도하면, 한국농어촌공사는 해당 농지 등을 양도한 농민·농업법인에게 일정기간(7~10년) 임대하는 제도로서 농민·농업법인이 임대기간 동안 환매권을 행사할 경우 해당 농지 등을 다시 돌려받을 수 있다.

종전에는 해당 사업에 따라 농지 등을 한국농어촌공사에 양도하는 경우 양도소득세 및 법인세가 부과되므로 경영난을 겪고 있는 농가 및 농업법인의 경제적 어려움이 가중되어 환매능력이 저하되는 문제점이 있다는 지적이 있어 이를 개선하는 데 그 취지가 있다.

# 2 | 요 건

## 2-1. 적용대상

「농지법」 제2조에 따른 농업인이다.

## 2-2. 농지 등 양도 및 환매권 행사

농업인이 「한국농어촌공사 및 농지관리기금법」 제24조의 3 제1항에 따라 직접 경작한 농지 및 그 농지에 딸린 농업용시설(이하 "농지등"이라 한다)을 같은 법 제3조에 따른 한국농어촌공사에 양도하여야 한다.

농업인은 그 후 같은 법 제24조의 3 제3항에 따라 임차하여 직접 경작한 경우로서 해당 농지등을 같은 법 제24조의 3 제3항에 따른 임차기간 내에 환매하여야 한다.

# 3 | 과세특례의 내용

## 3-1. 양도소득세 환급

해당 농지등의 양도소득에 대하여 납부한 양도소득분 개인지방소득세를 환급받을 수 있다. 다만, 「한국농어촌공사 및 농지관리기금법 시행령」 제19조의 6 제2항에 따라 농지등의 일부에 대하여 환매를 신청한 경우 환급세액은 환매한 농지등에 대하여 납부한 양도소득분 개인지방소득세에 상당하는 금액으로 한다.

### 3-2. 환매농지의 취득가액 및 취득시기

양도소득세를 환급받은 농업인이 환매한 해당 농지등을 다시 양도하는 경우 그 농지등에 대한 양도소득세액은 「소득세법」 제95조 제4항, 제97조 제1항 제1호, 제98조 및 제104조 제2항에도 불구하고 다음의 취득가액 및 취득시기를 적용하여 계산한다(조특법 §70의 2 ②).

① 취득가액 : 한국농어촌공사에 양도하기 전 농업인의 해당 농지등 취득 당시의 취득가액

② 취득시기 : 한국농어촌공사에 양도하기 전 해당 농지등의 취득일

### 3-3. 환매농지의 재양도시 경작기간

양도소득세를 환급받은 농업인이 환매한 농지등을 다시 양도하는 경우 「한국농어촌공사 및 농지관리기금법」 제24조의 3 제3항에 따른 임차기간 내에 경작한 기간은 해당 농업인이 직접 농지등을 경작한 것으로 보아 제66조(자경농지에 대한 양도소득세의 감면)를 적용한다.

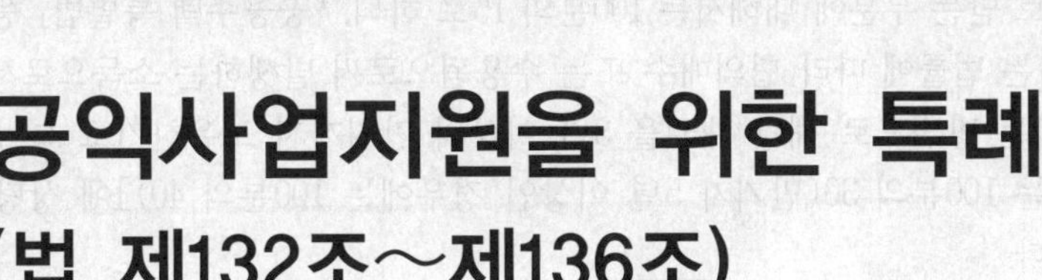

# 제 9 절

## 공익사업지원을 위한 특례
## (법 제132조~제136조)

# 제132조

## 공익사업용 토지 등에 대한 양도소득분 개인지방소득세의 감면

관련규정

제132조(공익사업용 토지 등에 대한 양도소득분 개인지방소득세의 감면) ① 다음 각 호의 어느 하나에 해당하는 소득으로서 해당 토지등이 속한 사업지역에 대한 사업인정고시일(사업인정고시일 전에 양도하는 경우에는 양도일)부터 소급하여 2년 이전에 취득한 토지등을 2018년 12월 31일 이전에 양도함으로써 발생하는 소득에 대해서는 양도소득분 개인지방소득세의 100분의 10[토지등의 양도대금을 대통령령으로 정하는 채권으로 받는 부분에 대해서는 100분의 15로 하되, 「공공주택 특별법」 등 대통령령으로 정하는 법률에 따라 협의매수 또는 수용됨으로써 발생하는 소득으로서 대통령령으로 정하는 방법으로 해당 채권을 3년 이상의 만기까지 보유하기로 특약을 체결하는 경우에는 100분의 30(만기가 5년 이상인 경우에는 100분의 40)]에 상당하는 세액을 감면한다.

1. ~ 3. (생 략)

② 거주자가 제1항 제1호에 따른 공익사업의 시행자 및 같은 항 제2호에 따른 사업시행자(이하 이 조에서 "사업시행자"라 한다)로 지정되기 전의 사업자(이하 이 항에서 "지정 전 사업자"라 한다)에게 2년 이상 보유한 토지등(제1항 제1호의 공익사업에 필요한 토지등 또는 같은 항 제2호에 따른 정비구역의 토지등을 말한다. 이하 이 항에서 같다)을 2015년 12월 31일 이전에 양도하고 해당 토지등을 양도한 날이 속하는 과세기간의 개인지방소득 과세표준신고(예정신고를 포함한다)를 법정신고기한까지 한 경우로서 지정 전 사업자가 그 토지등의 양도일부터 5년 이내에 사업시행자로 지정받은 경우에는 대통령령으로 정하는 바에 따라 제1항에 따른 양도소득분 개인지방소득세 감면을 받을 수 있다. 이 경우 감면할 양도소득분 개인지방소득세의 계산은 감면율 등이 변경되더라도 양도 당시 법률에 따른다.

③ 다음 각 호의 어느 하나에 해당하는 경우 해당 사업시행자는 제1항 또는 제2항에 따라 감면된 세액에 상당하는 금액을 그 사유가 발생한 과세연도의 과세표준신고를 할 때 지방소득세로 납부하여야 한다. 1. ~ 2. (생 략)

④ 제1항에 따라 해당 채권을 만기까지 보유하기로 특약을 체결하고 양도소득분 개인지방소득세의 100분의 30(만기가 5년 이상인 경우에는 100분의 40)에 상당하는 세액을 감면받은 자가 그 특약을 위반하게 된 경우에는 즉시 감면받은 세액 중 양도소득분 개인지방소득세의 100분의 10(만기가 5년 이상인 경우에는 100분의 20)에 상당하는 금액을 징수한다.

⑤ 제1항 제1호 · 제2호 또는 제2항에 따라 감면받은 세액을 제3항에 따라 납부하는 경우에는 제122조 제4항의 이자 상당 가산액에 관한 규정을 준용하고 제1항에 따라 감면받은 세액을 제4항에 따라 징수하는 경우에는 제126조 제4항을 준용한다.

⑥ ~ ⑨ (생 략)

**【영】 제85조(공익사업용 토지 등에 대한 양도소득분 개인지방소득세의 감면)** ① 법 제132조 제1항 각 호 외의 부분에서 "대통령령으로 정하는 채권"이란 「조세특례제한법 시행령」 제72조 제1항에 따른 보상채권을 말하고, "「보금자리주택 건설 등에 관한 특별법」 등 대통령령으로 정하는 법률"이란 「조세특례제한법 시행령」 제72조 제2항 각 호의 어느 하나에 해당하는 법률을 말하며, "대통령령으로 정하는 방법"이란 「조세특례제한법 시행령」 제72조 제3항에 따른 방법을 말한다.

② 법 제132조 제2항에 따라 공익사업용 토지등을 양도한 자가 양도소득분 개인지방소득세를 감면받으려는 경우에는 법 제132조 제1항 제1호에 따른 공익사업의 시행자 및 같은 항 제2호에 따른 사업시행자(이하 이 조에서 "사업시행자"라 한다)가 해당 사업시행자로 지정받은 날부터 2개월 이내에 행정안전부령으로 정하는 세액감면신청서에 해당 사업시행자임을 확인할 수 있는 서류를 첨부하여 양도자의 납세지 관할 지방자치단체의 장에게 제출하여야 한다. 다만, 「조세특례제한법 시행령」 제72조 제4항에 따라 양도자의 납세지 관할 세무서장에게 소득세 감면을 신청하는 경우에는 법 제132조 제2항에 따른 개인지방소득세에 대한 세액감면도 함께 신청한 것으로 본다.

③ 법 제132조 제3항 제2호에서 "대통령령으로 정하는 기한"이란 「조세특례제한법 시행령」 제72조 제5항에 따른 기한을 말한다.

④ 사업시행자는 법 제132조 제1항에 따라 보상채권을 만기까지 보유하기로 특약을 체결한 자(이하 이 조에서 "특약체결자"라 한다)가 있으면 그 특약체결자에 대한 보상명세를, 특약체결자가 그 특약을 위반하는 경우 그 위반사실을 다음 달 말일까지 납세지 관할 지방자치단체의 장에게 통보하여야 한다. 다만, 「조세특례제한법 시행령」 제72조 제6항에 따라 납세지 관할 세무서장에게 위반사실을 통보한 경우에는 납세지 관할 지방자치단체의 장에게도 함께 통보한 것으로 본다.

⑤ 법 제132조 제6항에 따른 감면신청을 하려는 사업시행자는 해당 토지등을 양도한 날이 속하는 과세연도의 과세표준신고와 함께 행정안전부령으로 정하는 세액감면신청서에 해당 사업시행자임을 확인할 수 있는 서류(특약체결자의 경우에는 특약체결 사실 및 보상채권 예탁사실을 확인할 수 있는 서류를 포함한다)를 첨부하여 양도자의 납세지 관할 지방자치단체의 장에게 제출하여야 한다. 다만, 「조세특례제한법 시행령」 제72조 제7항에 따라 사업시행자가 양도자의 납세지 관할 세무서장에게 소득세 감면을 신청하는 경우에는

법 제132조 제6항에 따른 개인지방소득세에 대한 감면도 함께 신청한 것으로 본다.
⑥ 법 제132조 제7항에 따른 감면신청을 하려는 자는 해당 토지등을 양도한 날이 속하는 과세연도의 과세표준신고(예정신고를 포함한다)와 함께 행정안전부령으로 정하는 세액감면신청서에 수용된 사실을 확인할 수 있는 서류(특약체결자의 경우에는 특약체결 사실 및 보상채권 예탁사실을 확인할 수 있는 서류를 포함한다)를 첨부하여 납세지 관할 지방자치단체의 장에게 제출하여야 한다. 다만, 「조세특례제한법 시행령」 제72조 제8항에 따라 납세지 관할 세무서장에게 양도소득세 감면을 신청하는 경우에는 법 제132조 제7항에 따른 개인지방소득세에 대한 감면도 함께 신청한 것으로 본다.

## 1 | 개 요

토지 등이 국가・지방자치단체 등 공공사업시행자에게 양도되거나 수용되는 경우 토지 소유자의 의사와 관계없이 소유권이 이전될 수 있다는 점과 시가보상을 해주지 못하는 여건을 감안하고, 공공사업의 원활한 수행을 위해 1989년 이전까지는 양도소득세 등을 전액 면제하는 예외를 인정했었으나 공공정책을 지원할 필요가 있는 경우라도 보유기간 동안의 지가상승으로 얻은 자본이득에 대해 세금을 전액 면제하는 것은 근로소득 등 타 소득과의 불형평 문제점이 있어 토지 등 양도차익에 대한 감면을 전반적으로 축소하였다. 공익사업용토지 등에 대한 양도소득분 지방소득분 감면비율은 다음과 같다.

본 제도는 지방세제 개편계획(2013.9.)에 따라 조특법 제77조 규정과는 별도로 2014년부터 현재의 지특법 제132조에서 양도소득분 지방소득세로 신설되었다.

또한, 2014년 1월 1일 조특법 개정시에도 보상수준이 현실화된 점을 감안하여 감면율을 축소하였으며(2014.1.1. 이후 양도분부터 적용), 2015년 12월 15일 조특법 개정시에도 현금보상의 경우 감면율을 15%에서 10%로, 채권보상의 경우 감면율을 20%에서 15%로 다시 축소하였다.

| 구 분 | 감면비율 |
|---|---|
| 현금보상의 경우 | 10% |
| 채권보상의 경우 | 15%(일반적인 경우)<br>채권을 만기까지 보유하기로 특약을 체결한 경우[429]<br>• 만기가 3년 이상 5년 미만인 경우 : 20%, 만기가 5년 이상인 경우 : 25% |

## 2 | 감면일반

### 2-1. 감면대상자

조특법상 적용대상자의 범위에 대하여 명문 규정을 두고 있지 않으나 소득세법상 양도소득세 과세대상자인 거주자나 소득세법 제94조의 양도소득이 있는 비거주자(소득을 발생하게 하는 자산이 국내에 있는 경우에 한함)를 감면적용 대상자로 보아야 할 것이다.

### 2-2. 감면대상 소득(지특법 §132 ①)

'감면대상 소득'이란 당해 토지 등이 속한 사업지역에 대한 사업인정고시일(고시일 전에 양도하는 경우에는 양도일)부터 2년 이전에 취득한 토지 등을 양도함으로써 발생하는 다음의 소득을 말한다. 여기서 사업인정고시일이라 함은 사업지역에 대한 최초의 사업인정고시일을 말하는 것이며, 추가 또는 변경지정으로 새로이 편입된 토지의 경우 추가로 사업인정을 고시한 날 또는 사업인정을 변경고시한 날을 말하는 것이다(재일 46014-468, 1998.3.16.).

> ① 「공익사업을 위한 토지 등의 취득 및 보상에 관한 법률」이 적용되는 공익사업에 필요한 토지 등을 그 공익사업의 시행자에게 양도함으로써 발생하는 소득
> ② 「도시 및 주거환경정비법」에 따른 정비구역(정비기반시설을 수반하지 아니하는 정비구역은 제외한다)의 토지 등을 같은 법에 따른 사업시행자에게 양도함으로써 발생하는 소득
> ③ 「공익사업을 위한 토지 등의 취득 및 보상에 관한 법률」이나 그 밖의 법률에 따른 토지 등의 수용으로 인하여 발생하는 소득

이 경우 상속받거나 사업인정고시일부터 소급하여 2년 이전에 증여받은 경우로서 법률에 따라 협의매수 또는 수용되어 소득세법에 따른 이월과세가 적용배제되는 토지 등은 피상속인 또는 증여자가 해당 토지 등을 취득한 날을 해당 토지 등의 취득일로 본다(지특법 §77 ⑨). 이하에서는 각 소득에 대하여 살펴본다.

#### 2-2-1. 공익사업시행자에게 양도

「공익사업을 위한 토지 등의 취득 및 보상에 관한 법률」이 적용되는 공익사업에 필요한

---

429) 「보금자리주택 건설 등에 관한 특별법」 등 법률에 따라 협의매수 또는 수용됨으로써 발생하는 소득으로서 보상채권을 해당 사업시행자를 예탁자로 하여 개설된 계좌를 통하여 한국결제원에 만기까지 예탁하는 방법으로 해당 채권을 만기까지 보유하기로 특약을 체결하는 경우를 말한다.

토지 등을 당해 공익사업의 시행자에게 양도함으로써 발생하는 소득에 대한 양도소득세가 그 대상으로 여기서 공익사업이라 함은 공익사업을 위한 토지 등의 취득 및 보상에 관한 법률(§4)의 규정에 의한 것으로 다음과 같다.

① 국방 · 군사에 관한 사업
② 관계 법률에 따라 허가 · 인가 · 승인 · 지정 등을 받아 공익을 목적으로 시행하는 철도 · 도로 · 공항 · 항만 · 주차장 · 공영차고지 · 화물터미널 · 궤도(軌道) · 하천 · 제방 · 댐 · 운하 · 수도 · 하수도 · 하수종말처리 · 폐수처리 · 사방(砂防) · 방풍(防風) · 방화(防火) · 방조(防潮) · 방수(防水) · 저수지 · 용수로 · 배수로 · 석유비축 · 송유 · 폐기물처리 · 전기 · 전기통신 · 방송 · 가스 및 기상 관측에 관한 사업
③ 국가나 지방자치단체가 설치하는 청사 · 공장 · 연구소 · 시험소 · 보건시설 · 문화시설 · 공원 · 수목원 · 광장 · 운동장 · 시장 · 묘지 · 화장장 · 도축장 또는 그 밖의 공공용 시설에 관한 사업
④ 관계 법률에 따라 허가 · 인가 · 승인 · 지정 등을 받아 공익을 목적으로 시행하는 학교 · 도서관 · 박물관 및 미술관 건립에 관한 사업
⑤ 국가, 지방자치단체, 「공공기관의 운영에 관한 법률」 제4조에 따른 공공기관, 「지방공기업법」에 따른 지방공기업 또는 국가나 지방자치단체가 지정한 자가 임대나 양도의 목적으로 시행하는 주택 건설 또는 택지 조성에 관한 사업
⑥ ①~⑤의 사업을 시행하기 위하여 필요한 주택, 공장 등의 이주단지 조성에 관한 사업 및 통로, 교량, 전선로, 재료 적치장 또는 그 밖의 부속 사업
⑦ 그 밖에 다른 법률에 따라 토지 등을 수용하거나 사용할 수 있는 사업

#### 2-2-2. 정비구역 안의 사업시행자에게 양도

「도시 및 주거환경정비법」에 의한 정비구역(정비기반시설을 수반하지 아니하는 정비구역은 제외) 안의 토지 등을 동법에 의한 사업시행자에게 양도함으로써 발생하는 소득에 대한 양도소득세가 감면대상이다. 여기서 「도시 및 주거환경정비법」에 의한 사업시행자의 범위는 다음과 같다.

① 주거환경개선사업의 시행자(「도시 및 주거환경정비법」 §7)
② 주택재개발사업 등의 시행자(「도시 및 주거환경정비법」 §8)
③ 사업대행자(「도시 및 주거환경정비법」 §9)

2-2-3. **법률에 의한 수용**

「공익사업을 위한 토지 등의 취득 및 보상에 관한 법률 및 기타 법률」에 의한 토지 등의 수용으로 인하여 발생하는 소득에 대한 양도소득분 지방소득세가 그 적용대상이다. 여기에 해당하는 토지 등의 수용에는 양도소득세의 경우 다음을 포함한다.

① 토지수용법에 의한 사업인정고시일 이후 협의에 의하여 매매계약이 체결되어 양도한 경우
② 소유하던 토지 및 건물 등을 도시계획법(현 국토의 계획 및 이용에 관한 법률) 제25조의 규정에 따라 건설교통부장관의 실시계획의 인가일 이후 매매계약이 체결되어 사업시행자에게 양도한 경우, 이 경우 당해 사업시행자의 주체를 불문한다(조기통 77-0…2).

2-2-4. **지정 전 사업자에게 양도**(지특법 §132 ②)

거주자가 사업시행자로 지정되기 전의 사업자에게 2년 이상 보유한 토지 등을 2015년 12월 31일 이전에 양도하고 해당 토지 등을 양도한 날이 속하는 과세기간의 과세표준신고(예정신고를 포함한다)를 법정신고기한까지 한 경우로서 지정 전 사업자가 그 토지 등의 양도일부터 5년 이내에 사업시행자로 지정받은 경우에는 양도소득분 지방소득세 감면을 받을 수 있다.

## 2-3. 과세특례의 내용

2-3-1. **보상방법에 따른 감면율**(조특법 §77 ①, 지특령 §85 ①, 조특령 §72 ②·③)

토지 등이 속한 사업지역에 대한 사업인정고시일[430](사업인정고시일 전에 양도하는 경우에는 양도일)부터 소급하여 2년 이전에 취득한 토지 등을 2015년 12월 31일 이전에 양도함으로써 발생하는 소득에 대해서는 양도소득분 지방소득세의 100분의 15에 상당하는 세액을 감면한다. 이 경우 토지 등의 양도대금을 「토지수용법」[431] 제45조 또는 「공익사업을 위한 토지 등의 취득 및 보상에 관한 법률」 제63조의 규정에 의한 보상채권으로 받는 부분에 대해서는 100분의 20으로 하되, 「보금자리주택 건설 등에 관한 특별법」 등 법률에 따라 협의매수 또는 수용됨으로써 발생하는 소득으로서 보상채권을 해당 사업시행자를 예탁자

430) 토지가 자연공원법 제76조에 따라 공원관리청에 양도되었으나 같은 법 제19조, 제22조에 따른 사업인정고시 절차 없이 양도된 경우 동 토지는 조세특례제한법 제77조의 양도소득세 감면대상에 해당되지 않는 것임(재재산-441, 2012.6.1.).

431) 「토지수용법」은 「공익사업을 위한 토지 등의 취득 및 보상에 관한 법률」에 따라 폐지(법률 제6656호, 2002.2.4.)로 폐지되었다.

로 하여 개설된 계좌를 통하여 한국예탁결제원에 만기까지 예탁하는 방법으로 해당 채권을 3년 이상의 만기까지 보유하기로 특약을 체결하는 경우에는 100분의 30[432](만기가 5년 이상인 경우에는 100분의 40)으로 한다. 「공익사업을 위한 토지 등의 취득 및 보상에 관한 법률」에 따른 채권보상은 같은 법 제63조의 규정을 참고하기로 한다.

#### 2-3-2. 사후관리(조특법 §77 ④)

토지 등이 수용됨에 따라 양도소득분 지방소득세 등을 감면한 경우에 대하여는 사후관리에 관한 규정이 없다. 그러나 사업시행자에게 양도하여 양도소득분 지방소득세 등을 감면한 경우로서 다음에 특약을 위반하는 경우에는 감면받은 양도소득분 지방소득세에 상당하는 금액과 이자상당액을 가산하여 납부하여야 한다. 이자상당가산액은 다음과 같이 계산한다.

이자상당가산액 = 양도소득분 개인지방소득세의 100분의 5 × 기간* × (3/10,000)

* 기간 : 감면을 받은 과세연도 종료일 다음 날부터 납부사유가 발생한 과세연도 종료일까지의 기간

#### (1) 사업시행자가 공익사업 등을 진행하지 아니한 경우(지특법 §132 ③)

사업시행자가 다음의 어느 하나에 해당하는 경우 당해 사업시행자는 감면된 양도소득분 지방소득세액에 상당하는 금액을 그 사유가 발생한 과세연도의 과세표준신고시 지방소득세로 납부하여야 한다.

① 공익사업의 시행자가 사업시행의 인가 등을 받은 날부터 3년 이내에 당해 공익사업에 착수하지 아니하는 경우. 다만, 공공사업시행자 등이 소유토지 등을 새로이 지정된 공공사업시행자 등에게 다시 양도함으로써 발생하는 소득에 대하여는 감면이 적용된다(조기통 77-0…1).

② 정비구역의 사업시행자가 「도시 및 주거환경정비법」에 따라 사업시행자의 지정을 받은 날부터 1년이 되는 날까지 사업시행인가를 받지 아니하거나, 사업시행인가를 받은 사업시행계획서상의 공사완료일까지 사업을 완료하지 아니하는 경우

432) 보상자금의 부동산시장 유입으로 인한 부동산 가격상승을 억제하기 위해 채권보상 이용을 활성화하고 보상채권의 만기보유를 유도

(2) 채권을 만기까지 보유하지 아니한 경우(지특법 §132 ④)

채권을 만기까지 보유하기로 특약을 체결하고 양도소득분 지방소득세의 100분의 30(만기가 5년 이상인 경우에는 100분의 40)에 상당하는 세액을 감면받은 자가 그 특약을 위반하게 된 경우에는 즉시 감면받은 세액 중 양도소득분 지방소득세의 100분의 10(만기가 5년 이상인 경우에는 100분의 20)에 상당하는 금액을 징수한다.

## 2-4. 감면신청의 절차

### 2-4-1. 사업시행자에게 양도하는 경우 감면신청(지특법 §132 ⑥, 지특령 §85 ⑤, 조특령 §72 ⑦)

당해 공익사업 또는 정비사업의 시행자는 당해 토지 등을 양도한 날이 속하는 과세연도의 과세표준신고와 함께 세액감면신청서에 당해 공익사업 또는 사업시행자임을 확인할 수 있는 서류(특약체결자의 경우에는 특약체결 사실 및 보상채권 예탁사실을 확인할 수 있는 서류를 포함한다)를 첨부하여 양도자의 납세지 관할 지방자치단체의 장(세무서장 포함)에게 제출하여야 한다.

### 2-4-2. 토지 등이 수용되는 경우 감면신청(조특법 §77 ⑧, 지특령 §85 ⑥, 조특령 §72 ⑧)

감면을 적용받고자 하는 자는 당해 토지 등을 양도한 날이 속하는 과세연도의 과세표준신고[거주자와 법인세법상(§62의 2 ⑦) 예정신고를 한 비영리내국법인의 경우에는 예정신고 포함]와 함께 세액감면신청서에 수용된 사실을 확인할 수 있는 서류(특약체결자의 경우에는 특약체결 사실 및 보상채권 예탁사실을 확인할 수 있는 서류를 포함한다)를 첨부하여 납세지 관할 지방자치단체의 장(세무서장)에게 제출하여야 한다.

### 2-4-3. 지정 전 사업자에게 양도한 경우 감면신청(지특령 §85 ②, 조특령 §72 ④)

공익사업용 토지 등을 양도한 자가 양도소득분 지방소득세를 감면받으려는 경우에는 사업시행자가 해당 사업시행자로 지정받은 날부터 2개월 이내에 세액감면신청서에 해당 사업시행자임을 확인할 수 있는 서류를 첨부하여 양도자의 납세지 관할 지방자치단체의 장(세무서장 포함)에게 제출하여야 한다.

### 2-4-4. 보상채권 만기보유 특약사실 등의 통보(지특령 §85 ④, 조특령 §72 ⑥)

사업시행자는 보상채권을 만기까지 보유하기로 특약을 체결한 자가 있으면 그 특약체결자에 대한 보상명세를, 특약체결자가 그 특약을 위반하는 경우 그 위반사실을 다음 달 말일까지 납세지 관할 지방자치단체의 장에게 통보하여야 한다.

## 2-5. 지방세특례의 제한 등

### 2-5-1. 중복적용 배제

거주자가 토지 등을 양도하여 2 이상의 양도소득분 지방소득세의 감면규정을 동시에 적용받는 경우에는 당해 거주자가 선택하는 하나의 감면규정만을 적용한다. 다만, 토지 등의 일부에 대하여 특정의 감면규정을 적용받는 경우에는 잔여부분에 대하여 다른 감면규정을 적용받을 수 있다. 자세한 내용은 제168조에서 설명한다.

### 2-5-2. 양도소득분 지방소득세 감면의 종합한도

공공사업용토지 등에 대한 양도소득세 감면에 대하여는 양도소득분 지방소득세 감면세액의 종합한도의 규정을 적용받는다. 자세한 사항은 제173조에서 설명한다.

# 3 | 관련사례

- 청구인과 ○○군청은 「공익사업을 위한 토지등의 취득 및 보상에 관한 법률」에 정한 절차 및 방법을 거치지 아니하는 방식으로 쟁점토지에 대한 부동산매매계약을 체결하였으므로 공익사업용 토지 등에 대한 양도소득세 감면요건을 충족하지 아니함(조심 2013전955, 2013.8.8.).
- 쟁점토지의 경우와 같이 「국토의 계획 및 이용에 관한 법률」의 규정에 의하여 장기간 도시계획시설 사업이 시행되지 아니하여 그 도시계획시설의 부지로 되어 있는 토지를 소유자가 서울특별시장에게 매수청구를 거쳐 협의매수 형태로 양도하는 경우에는 사업인정고시일이 존재하지 아니하여, 조특법 제77조 제1항의 양도소득세 감면 규정이 적용되지 아니한다고 할 것임(조심 2012서4798, 2013.7.10.).
- 주택법에 따른 지역주택조합에 지역주택조합 사업부지내의 토지를 양도하는 경우 해당 토지는 「조세특례제한법」 제77조의 양도소득세 감면대상에 해당되지 아니함(법규재산 2013-176, 2013.6.13.).
- 주택법에 따른 주택건설사업에서는 그 사업계획 승인을 받은 사업주체에게 부동산을 양도한 경우에만 과세특례규정이 적용되고 양도 당시 주택건설사업을 시행하려고 하는 자가 사업계획승인을 받지 않은 경우라면 사후에 승인을 받았다고 하더라도 과세특례규정의 적용대상이 될 수 없음(수원지법 2013구단1489, 2013.5.29.).
- 거주자가 공익사업용 토지로 수용되어 대토보상에 따른 양도소득세 과세이연을 받고도 과세이연된 양도소득세를 납부할 경우 공익사업용 토지 등에 대한 양도소득세 감면규정을 적용받을 수 없는 것임(상속증여-17, 2013.3.28.).
- 청구인은 구 「조세특례제한법」 제77조의 2 제1항과 제3항, 「조세특례제한법 시행령」 제73조

제5항 제2호의 규정에 따라 과세이연금액에 상당하는 세액을 양도소득세로 납부하여야 하므로, 공익사업용 토지 등에 대한 양도소득세의 감면이 적용될 수 없는 것으로 판단됨(감심 2012-199, 2012.12.27.).

- 「조세특례제한법」 제77조를 적용할 때 같은 법 제20조에 따른 사업인정을 받지 아니한 경우에는 같은 법 제15조에서 따른 보상계획 공고일(공고를 생략한 경우에는 토지 소유자에게 보상계획을 통지한 날)을 사업인정고시일로 보는 것임(부동산거래-632, 2012.11.20.).
- 「조세특례제한법」 제77조 제2항에 따라 공익사업용 토지 등에 대한 양도소득세 감면요건을 충족하는 경우에는 양도소득세를 감면받을 수 있는 것임(부동산거래-538, 2012.10.8.).
- 「도시 및 주거환경정비법」에 따른 정비구역(정비기반시설을 수반하지 아니하는 정비구역 제외)의 토지등을 같은 법에 따른 사업시행자에게 양도함으로써 발생하는 소득에 대해서는 공익사업용 토지등에 대한 양도소득세 감면을 적용받을 수 있음(부동산거래-532, 2012.10.5.).
- 청구인은 주민등록상 쟁점①토지 소재지에 17개월만 거주한 것으로 나타나고, 실제 8년 이상 거주 및 자경 여부에 대한 객관적인 증빙이 부족한 점, 쟁점① ② ③토지가 포함된 도시개발사업은 수용 방식이 아닌 환지 방식에 의하여 추진된 것으로 「조특법」 제77조의 규정을 적용하기 어려우므로, 청구주장을 받아들이기 어려움(조심 2012서3095, 2012.10.4.).
- 2010.12.27. 개정된 조세특례제한법 제77조는 그 부칙 제25조에 따라 공포일(2010.12.27.)이 속하는 과세기간에 최초로 양도하는 분부터 적용되는 것인바, 2009년에 공익사업시행자로 지정되기 전의 사업자에게 양도한 쟁점토지에 대하여 동 개정법령을 적용하여 달라는 청구주장은 받아들이기 어려움(조심 2012중1992, 2012.9.24.).
- 토지 등을 「공익사업을 위한 토지 등의 취득 및 보상에 관한 법률」에 따라 공익사업의 사업자에게 양도함으로써 발생하는 소득에 대해서는 「조세특례제한법」 제77조에 따른 양도소득세의 감면을 적용받을 수 있는 것임(부동산거래-493, 2012.9.17.).
- 2010.12.27. 개정된 조세특례제한법 제77조는 그 부칙 제25조에 따라 공포일(2010.12.27.)이 속하는 과세기간에 최초로 양도하는 분부터 적용되는 것인바, 2009년에 공익사업시행자로 지정되기 전의 사업자에게 양도한 쟁점토지에 대하여 동 개정법령을 적용하여 달라는 청구주장은 받아들이기 어려움(조심 2012서1864, 2012.9.14.).
- 「공익사업을 위한 토지 등의 취득 및 보상에 관한 법률 시행규칙」 제15조의 3에 따라 대토보상을 현금보상으로 전환한 때에는 「조세특례제한법」 제77조(공익사업용 토지 등에 대한 양도소득세의 감면)의 감면 규정은 적용되지 아니함(부동산거래-423, 2012.8.10.).
- 회원제골프장 용지의 경우 「도시계획시설의 결정·구조 및 설치기준에 관한 규칙」(2011.11.1. 국토해양부령 제394호로 개정된 것) 시행 전에 「국토의 계획 및 이용에 관한 법률」에 따라 도시계획시설의 사업시행인가를 받은 경우로서 해당 사업 시행자에게 양도하는 경우에는 「조세특례제한법」 제77조에 따른 감면 규정을 적용받을 수 있는 것임(부동산거래-312, 2012.6.8.).
- 사업인정고시 절차 없이 양도된 경우 동 토지는 조세특례제한법 제77조의 양도소득세 감면대상에 해당되지 않는 것임(재재산-441, 2012.6.1.).
- 2010.12.31. 이전에 「조세특례제한법」 제77조 중 100분의 20 및 100분의 25의 감면율을 적용받아 감면받은 세액은 같은 법 제133조에 따른 5개 과세기간 한도 3억원을 적용함에 있어서

이를 합산하지 아니하는 것(2010.12.27. 법률 제10406호 부칙 제49조)임(부동산거래-249, 2012.5.7.).
- 양수법인이 사업시행자로 지정되기 이전에 양도한 부동산에 대하여 공익사업용토지 등에 대한 양도소득세의 감면 대상에 해당되지 아니하는 것으로 보아 경정청구를 거부한 처분은 잘못이 없음(조심 2011서1566, 2012.2.17.).
- 거주자가 공익사업의 시행자에게 양도하고 대토로 보상받기로 한 보상금을 현금으로 받은 경우 대토로 과세이연 받아 납부하여야 할 양도소득세는 8년자경 감면과 대토 보상과세이연이 적용되지 아니함(부동산거래-70, 2012.2.1.).
- ○○○소방서장은 쟁점토지의 매수 계약은「지방자치단체를 당사자로 하는 계약에 관한 법률 시행령」제25조 제4항 타목에 의하여 당사자간 합의에 따라 수의계약에 의하여 체결한 것으로 나타나, 쟁점토지는 공익사업을 위한 협의절차 및 방법 등에 의하여 매매계약을 체결한 것으로 보이지 않으므로 감면대상에 해당하지 않음(조심 2011광4822, 2011.12.27.).
- 쟁점부동산의 매매에 대하여는 사업인정고시가 없는 등 청구인과 부여군청은「공익사업을 위한 토지 등의 취득 및 보상에 관한 법률」에 정한 절차 및 방법을 거치지 아니하는 방식으로 2011.6.27. 쟁점부동산에 대한 부동산매매계약을 체결하였으므로 이 건 쟁점부동산의 양도는 공익사업용 토지 등에 대한 양도소득세 감면요건을 충족하지 아니한 것으로 보임(조심 2013전0955, 2013.8.8.).
- 2010.12.27. 신설된 조세특례제한법 제77조 제2항은 그 부칙 규정 등을 종합할 때, 2009년 양도한 쟁점부동산에 대하여 소급적용하기 어려움(조심 2012부1872, 2012.6.26.).
- 양수법인이 사업시행자로 지정되기 이전에 양도한 부동산에 대하여 공익사업용토지 등에 대한 양도소득세의 감면 대상에 해당되지 아니하는 것으로 보아 경정청구를 거부한 처분은 잘못이 없음(조심 2011서1566, 2012.2.17.).

# 제133조

## 개발제한구역 지정에 따른 매수대상 토지등에 대한 양도소득분 개인지방소득세의 감면

관련규정

제133조(개발제한구역 지정에 따른 매수대상 토지등에 대한 양도소득분 개인지방소득세의 감면) ①「개발제한구역의 지정 및 관리에 관한 특별조치법」 제3조에 따라 지정된 개발제한구역(이하 이 조에서 "개발제한구역"이라 한다) 내의 해당 토지등을 같은 법 제17조에 따른 토지매수의 청구 또는 같은 법 제20조에 따른 협의매수를 통하여 2017년 12월 31일까지 양도함으로써 발생하는 소득에 대해서는 다음 각 호에 따른 세액을 감면한다.

1. 개발제한구역 지정일 이전에 해당 토지등을 취득하여 취득일부터 매수청구일 또는 협의매수일까지 해당 토지등의 소재지에서 거주하는 대통령령으로 정하는 거주자가 소유한 토지등 : 양도소득분 개인지방소득세의 100분의 40에 상당하는 세액
2. 매수청구일 또는 협의매수일부터 20년 이전에 취득하여 취득일부터 매수청구일 또는 협의매수일까지 해당 토지 등의 소재지에서 거주하는 대통령령으로 정하는 거주자가 소유한 토지 등 : 양도소득분 개인지방소득세의 100분의 25에 상당하는 세액

② 개발제한구역에서 해제된 해당 토지 등을「공익사업을 위한 토지 등의 취득 및 보상에 관한 법률」 및 그 밖의 법률에 따른 협의매수 또는 수용을 통하여 2017년 12월 31일까지 양도함으로써 발생하는 소득에 대해서는 다음 각 호에 따른 세액을 감면한다. 다만, 개발제한구역 해제일부터 1년(개발제한구역 해제 이전에「경제자유구역의 지정 및 운영에 관한 법률」에 따른 경제자유구역의 지정 등 대통령령으로 정하는 지역으로 지정이 된 경우에는 5년) 이내에「공익사업을 위한 토지 등의 취득 및 보상에 관한 법률」 및 그 밖의 법률에 따라 사업인정고시가 된 경우에 한정한다.

1. 개발제한구역 지정일 이전에 해당 토지 등을 취득하여 취득일부터 사업인정고시일까지 해당 토지 등의 소재지에서 거주하는 대통령령으로 정하는 거주자가 소유한 토지등 : 양도소득분 개인지방소득세의 100분의 40에 상당하는 세액
2. 사업인정고시일부터 20년 이전에 취득하여 취득일부터 사업인정고시일까지 해당 토지등의 소재지에서 거주하는 대통령령으로 정하는 거주자가 소유한 토지등 : 양

도소득분 개인지방소득세의 100분의 25에 상당하는 세액

③ 제1항 및 제2항을 적용하는 경우 상속받은 토지등은 피상속인이 해당 토지등을 취득한 날을 해당 토지등의 취득일로 본다.

④ 제1항 및 제2항을 적용할 때 감면신청, 거주기간의 계산, 그 밖에 필요한 사항은 대통령령으로 정한다.

【영】 제86조(개발제한구역 지정에 따른 매수대상 토지등에 대한 양도소득분 개인지방소득세의 감면) ① 법 제133조 제1항 제1호·제2호 및 같은 조 제2항 제1호·제2호에서 "해당 토지등의 소재지에서 거주하는 대통령령으로 정하는 거주자"란 각각 「조세특례제한법 시행령」 제74조 제1항 각 호의 어느 하나에 해당하는 지역(거주 시작 당시에는 해당 지역에 해당하였으나 행정구역의 개편 등으로 이에 해당하지 아니하게 된 지역을 포함한다)에 거주한 자를 말한다.

② 법 제133조 제2항 각 호 외의 부분 단서에서 "「경제자유구역의 지정 및 운영에 관한 특별법」에 따른 경제자유구역의 지정 등 대통령령으로 정하는 지역"이란 「조세특례제한법 시행령」 제74조 제2항 각 호의 어느 하나에 해당하는 지역을 말한다.

③ 법 제133조 제4항에 따라 양도소득분 개인지방소득세의 감면신청을 하려는 자는 해당 토지등을 양도한 날이 속하는 과세연도의 과세표준신고(예정신고를 포함한다)와 함께 행정안전부령으로 정하는 세액감면신청서에 토지매수 청구 또는 협의매수된 사실을 확인할 수 있는 서류를 첨부하여 납세지 관할 지방자치단체의 장에게 제출하여야 한다. 다만, 「조세특례제한법 시행령」 제74조 제3항에 따라 납세지 관할 세무서장에게 양도소득세 감면을 신청하는 경우에는 법 제133조에 따른 개인지방소득세에 대한 감면도 함께 신청한 것으로 본다.

④ 법 제133조 제4항에 따라 거주기간을 계산하는 경우에는 「조세특례제한법 시행령」 제74조 제4항에 따른다.

# 1 개 요

매도청구 또는 협의매수의 대상이 되는 토지는 대부분 공공성 등을 이유로 장기간 사회적 제약의 한계를 넘는 제한을 받아 온 점을 감안하여 개발제한구역 내 거주민의 민원을 해소하고 보금자리주택 등 공익사업의 원활한 수행을 지원하기 위해 도입되었으며 2009년 1월 1일 이후 최초로 양도하는 분부터 적용된다.

본 제도는 지방세제 개편계획(2013.9.)에 따라 조특법 제77조의 3과는 별도로 2014년부터 현재의 지특법 제133조에서 양도소득분 지방소득세로 신설되었다.

한편, 2014년 1월 1일 조특법 개정시에 토지 수용 등의 보상수준이 현실화된 점 등을 감

안하여 감면율을 인하(50 → 40%, 30 → 25%)하였고, 2014년 1월 1일 이후 양도하는 분부터 적용되었으며, 2017년 12월 19일 개정시 적용기한을 2020년 12월 31일까지 연장하였다.

## 2 | 감면일반

### 2-1. 감면대상자(지특법 §133 ①, 지특령 §86 ①, 조특령 §74 ①)

다음의 어느 하나에 해당하는 지역(거주 개시 당시에는 해당 지역에 해당하였으나 행정구역의 개편 등으로 이에 해당하지 아니하게 된 지역을 포함한다)에 거주한 자를 말한다.

① 해당 토지 등이 소재하는 시·군·구(자치구인 구를 말한다. 이하 이 항에서 같다) 안의 지역

② 위 ①의 지역과 연접한 시·군·구 안의 지역

③ 해당 토지 등으로부터 직선거리 20킬로미터 이내의 지역

한편, 개발제한구역에서 해제된 해당 토지 등을 「공익사업을 위한 토지 등의 취득 및 보상에 관한 법률」 및 그 밖의 법률에 따른 협의매수 또는 수용을 통하여 2017년 12월 31일까지 양도하여야 한다(지특법 §133 ②).

#### 2-1-1. 적용대상 토지 등(지특법 §133 ①)

「개발제한구역의 지정 및 관리에 관한 특별조치법」 제3조에 따라 지정된 개발제한구역 내의 해당 토지 등을 같은 법 제17조에 따른 토지매수의 청구 또는 같은 법 제20조에 따른 협의매수를 통하여 2017년 12월 31일까지 양도하여야 한다.

#### 2-1-2. 거주기간의 계산(지특령 §86 ④, 조특령 §74 ④, 조특칙 §30)

피상속인이 해당 토지 등을 취득하여 거주한 기간은 상속인이 거주한 기간으로 보고, 취학 등 아래와 같은 사유로 해당 토지 등의 소재지에 거주하지 못하는 기간은 거주한 것으로 본다.

① 「초·중등교육법」에 따른 학교(유치원·초등학교 및 중학교를 제외한다) 및 「고등교육법」에 의한 학교에의 취학

② 「병역법」에 따른 징집

③ 1년 이상의 치료나 요양을 필요로 하는 질병의 치료 또는 요양

### 2-2. 과세특례의 내용(지특법 §134 ①·②)

위 요건을 충족하는 토지 등을 양도함으로써 발생하는 소득에 대해서는 다음에 따른 세액을 감면한다.

#### 2-2-1. 개발제한구역 지정 이전 취득 및 거주

개발제한구역 지정일 이전에 해당 토지 등을 취득하여 취득일부터 매수청구일 또는 협의매수일까지 해당 토지 등의 소재지에서 거주자가 소유한 토지 등 : 양도소득분 지방소득세의 100분의 40(개발제한구역에서 해제된 토지의 경우 포함)에 상당하는 세액

#### 2-2-2. 매수청구일 또는 협의매수일부터 20년 이전 취득 및 거주

매수청구일 또는 협의매수일부터 20년 이전에 취득하여 취득일부터 매수청구일 또는 협의매수일까지 해당 토지 등의 소재지에서 거주자가 소유한 토지 등 : 양도소득분 지방소득세의 100분의 25(개발제한구역에서 해제된 토지의 경우 포함)에 상당하는 세액

### 2-3. 감면신청의 절차(지특령 §86 ③)

양도소득분 지방소득세의 감면신청을 하려는 자는 해당 토지 등을 양도한 날이 속하는 과세연도의 과세표준신고(예정신고를 포함한다)와 함께 세액감면신청서에 토지매수 청구 또는 협의매수된 사실을 확인할 수 있는 서류를 첨부하여 납세지 관할 지방자치단체의 장(세무서장 포함)에게 제출하여야 한다.

## 3 | 관련사례

▣ 과세요건 및 특례의 내용

- 「개발제한구역의 지정 및 관리에 관한 특별조치법」 제3조에 따라 지정된 개발제한구역 내의 토지 등을 「공익사업을 위한 토지 등의 취득 및 보상에 관한 법률」에 따른 협의매수 또는 수용을 통하여 2011.12.31.까지 양도하는 경우로서 개발제한구역에서 해제되기 전에 「공익사업을 위한 토지 등의 취득 및 보상에 관한 법률」 및 그 밖의 법률에 따른 사업인정고시가 된 경우에도 「조세특례제한법」 제77조의 3 제2항은 적용되는 것임(재산-978, 2009.12.10.).
- 개발제한구역 토지 등에 대한 양도소득세 감면 규정은 해당 토지 등의 취득일부터 사업

인정고시일까지 해당 토지 등의 소재지에 계속하여 거주한 경우(같은 법 시행규칙 제30조에 따른 부득이한 사유로 거주하지 못한 기간은 거주한 것으로 봄)에 적용되는 것임(부동산거래-515, 2010.4.7.).

- 개발제한구역 지정에 따른 매수대상토지 등에 대한 양도소득세 감면 규정을 적용함에 있어서 거주요건 예외사유 중 근무상 형편은 부득이한 사유에 해당하지 아니함(조심 2010중3648, 2010.12.30.).
- 「개발제한구역의 지정 및 관리에 관한 특별조치법」에 따른 개발제한구역 내의 종중 소유 토지 등을 같은 법 규정에 따라 매수청구 또는 협의매수를 통해 양도한 경우 종중은 「조세특례제한법 시행령」 제74조 제1항의 해당 토지 등의 소재지에서 거주하는 거주자에 해당하지 않아 동법 규정의 양도소득세 감면을 적용받을 수 없는 것임(재산-1474, 2009.7.20.).
- 「개발제한구역의 지정 및 관리에 관한 특별조치법」 제3조에 따라 지정된 개발제한구역 내의 해당 토지 등으로 「조세특례제한법」 제77조의 3의 요건을 갖춘 경우가 아닌, 「온천법」 제4조에 따른 온천원보호지구로 지정된 지역에 소재하는 토지 등에 해당하는 경우에는 「조세특례제한법」 제77조의 3 제1항의 양도소득세의 감면을 적용받을 수가 없는 것임(재산-1109, 2009.6.8.).
- 사업인정고시라 함은 토지수용법 제16조 및 토지수용법의 준용규정이 있는 기타 법률에 의하여 건설교통부장관 또는 건설교통부장관의 위임을 받은 지방자치단체장이 사업인정을 고시하는 것을 의미함(재산-885, 2009.3.12.).
- 조특법 제77조의 3에 의한 양도소득세의 감면을 적용함에 있어 같은 법 제77조에 의한 "공익사업용토지 등에 대한 양도세의 감면"과 중복되는 경우 선택해서 감면규정을 적용하는 것임(재산-656, 2009.2.25.).

▣ 기타

- 사업인정고시라 함은 토지수용법 제16조 및 토지수용법의 준용규정이 있는 기타 법률에 의하여 건설교통부장관 또는 건설교통부장관의 위임을 받은 지방자치단체장이 사업인정을 고시하는 것을 의미함(재산-885, 2009.3.12.).
- 조특법 제77조의 3에 의한 양도소득세의 감면을 적용함에 있어 같은 법 제77조에 의한 "공익사업용토지 등에 대한 양도소득세의 감면"과 중복되는 경우 선택해서 감면규정을 적용하는 것임(재산-656, 2009.2.25.).
- 종중도 「소득세법」상 거주자로 보아 양도소득세를 과세하나, 종중은 자연인이 아니라서 쟁점토지 소재지에 거주할 수 없는 점 등으로 볼 때, 청구종중은 거주요건을 충족하지 못한 것으로 보아 처분청이 청구종중에게 한 이 건 양도소득세의 과세처분은 정당함(조심 2012중3600, 2013.9.6.).

# 제134조

## 행정중심복합도시 · 혁신도시 개발예정지구 내 공장의 지방 이전에 대한 세액감면

관련규정

제134조(행정중심복합도시 · 혁신도시 개발예정지구 내 공장의 지방 이전에 대한 세액감면) ①「신행정수도 후속대책을 위한 연기 · 공주지역 행정중심복합도시 건설을 위한 특별법」에 따른 행정중심복합도시 예정지역 또는「혁신도시 조성 및 발전에 관한 특별법」에 따른 혁신도시개발예정지구(이하 이 조에서 "행정중심복합도시등"이라 한다)에서 공장시설을 갖추고 사업을 하던 내국인이 대통령령으로 정하는 행정중심복합도시등 밖(이하 이 조에서 "지방"이라 한다)으로 이전하여 사업을 개시하는 경우 이전사업에서 발생하는 소득에 대해서는 이전일 이후 최초로 소득이 발생한 날이 속하는 과세연도(이전일부터 5년이 되는 날이 속하는 과세연도까지 해당 사업에서 소득이 발생하지 아니하는 경우에는 5년이 되는 날이 속하는 과세연도)와 그 다음 과세연도의 개시일부터 3년 이내에 끝나는 과세연도까지 이전사업에서 발생하는 소득에 대한 개인지방소득세의 100분의 50에 상당하는 세액을 감면한다.

② 제1항을 적용받으려는 내국인은 해당 과세연도의 과세표준신고와 함께 대통령령으로 정하는 세액감면신청서를 관할 지방자치단체의 장에게 제출하여야 한다. 이 경우 관할 세무서장에게 정하는 서식에 따라 신청한 경우에는 이를 관할 지방자치단체의 장에게 신청한 것으로 본다.

【영】 제87조(행정중심복합도시 · 혁신도시 개발예정지구 내 공장의 지방 이전에 대한 세액감면) ① 법 제134조 제1항에서 "대통령령으로 정하는 행정중심복합도시 등 밖"이란「조세특례제한법 시행령」 제79조의 3 제1항에 따른 지역을 말하고, 법 제134조 제1항에 따른 공장은「조세특례제한법 시행령」 제54조 제1항에 따른 공장으로 한다.

② 법 제134조 제1항이 적용되는 지방 이전은「조세특례제한법 시행령」 제79조의 3 제5항에 따른 지방 이전으로 한다.

③ 법 제134조 제2항에 따른 감면신청을 하려는 자는 지방공장을 취득하여 사업을 개시한 때에 그 사업개시일이 속하는 과세연도의 과세표준신고와 함께 행정안전부령으로 정하는 세액감면신청서를 납세지 관할 지방자치단체의 장에게 제출하여야 한다. 다만,「조세특례제한법」 제85조의 2 제5항에 따라 납세지 관할 세무서장에게 소득세 감면을 신청하는 경우에는 법 제134조에 따른 개인지방소득세에 대한 감면도 함께 신청한 것으로 본다.

# 1 | 개 요

내국인인 개인사업자가 행정중심복합도시 또는 혁신도시 내 기존 공장을 수용·협의매수당하고 행정중심복합도시 또는 혁신도시 밖의 지역으로 이전하여 대체취득하는 경우 기존공장 매각에 대한 양도차익에 대하여 과세이연 등에 대한 세제지원이다. 국세인 조특법에서 본 제도 도입시에는 행정중심복합도시만을 위한 제도였으나, 2007년 세법 개정시 「공공기관 지방이전에 따른 혁신도시 건설 및 지원에 관한 법률」에 따른 혁신도시가 포함되었다. 이는 혁신도시에 대하여 행정중심복합도시와 동일한 혜택을 주고자 하는 것으로서 「국가균형발전특별법」 제18조에 따라 수도권 공공기관을 지방으로 이전하기 위해 추진되는 공공사업[433]이라는 점에서 동일한 성격으로 볼 수 있다고 하겠다. 한편, 지방소득세의 독립세를 위한 세제개편 계획(2013.9.)에 따라 조특법 제85조의 2 규정과는 별개로 지특법 제134조로 신설되었다.

한편, 2016년 12월 20일 조특법 개정시 동 과세특례제도에 따라 과세이연을 받은 거주자에 대한 사후관리 조문을 신설하여 거주자가 지방으로 이전하여 취득한 공장에 대한 증여 또는 상속이 이루어지는 경우 각 일정기한 내에 과세이연받은 세액을 양도소득세로 납부하도록 하였다.

# 2 | 감면실무

## 2-1. 감면요건

### 2-1-1. 적용대상자

행정중심복합도시 또는 혁신도시 안에서 공장시설을 갖추고 사업을 영위하는 내국인이 행정중심복합도시 또는 혁신도시 사업시행자에게 공장을 2012년 12월 31일까지 양도하여야 한다. 행정중심복합도시란 「신행정수도후속대책을 위한 연기·공주지역 행정중심복합도시 건설을 위한 특별법」 제2조에 따른 행정중심복합도시 예정지역을 말하고, 혁신도시란 「공공기관 지방이전에 따른 혁신도시 건설 및 지원에 관한 특별법」에 따른 혁신도시 개발예정지구를 말한다(지특법 §134 ①).

433) 국가균형발전위원회는 2005년 6월 수도권소재 345개 공공기관 중 175개 기관을 지방이전 대상기관으로 선정하였고, 이 중 50개 기관은 행정중심복합도시에서 수용하며 나머지 125개 기관은 혁신도시에서 수용하기로 계획을 수립한 바 있다.

### 2-1-2. 지방으로 이전할 것

행정중심복합도시 또는 혁신도시 내에서 공장시설을 갖추고 사업을 영위하던 자가 지방으로 이전하여야 하며, 여기에서 '지방'이란 행정중심복합도시 또는 혁신도시 밖의 지역으로서 다음의 지역을 제외한 지역을 말하며(지특령 §87 ②, 조특령 §79의 3 ①), '공장'이란 제조장 또는 「자동차관리법 시행규칙」 제131조의 규정에 따른 자동차종합정비업 또는 소형자동차 정비업의 사업장으로서 제조 또는 사업단위로 독립된 것을 말한다.

> ① 수도권과밀억제권역
> ② 부산광역시(기장군 제외) · 대구광역시(달성군 제외) · 광주광역시 · 대전광역시 및 울산광역시의 관할구역. 다만, 「산업입지 및 개발에 관한 법률」에 따라 지정된 산업단지는 제외

### 2-1-3. 이전기한

지방으로 이전하는 방법은 다음에 해당하는 방법에 따른다(지특령 §87 ③, 조특령 §79의 3 ⑤, 조특칙 §32의 2).

> ① 지방공장을 취득하여 사업을 개시하는 경우 사업을 개시한 날부터 2년 이내에 기존공장을 양도하는 방법(선이전 후양도)
> ② 기존공장을 양도한 날부터 3년(공사의 허가 또는 인가의 지연 등 부득이한 사유가 있는 경우에는 6년) 이내에 지방공장을 취득하여 사업을 개시하는 방법(선양도 후이전)
> 이 경우 부득이한 사유란 다음과 같다.
> 1. 공사의 허가 또는 인가 등이 지연되는 경우
> 2. 용지의 보상 등에 관한 소송이 진행되는 경우
> 3. 「신행정수도후속대책을 위한 연기 · 공주지역 행정중심복합도시건설을 위한 특별법」 제19조 제4항에 따라 국토해양부장관이 고시하는 행정중심복합도시건설기본계획에서 기존공장을 이전할 장소의 미확정 등으로 인하여 같은 장소에서 일정기간 영업이 가능하도록 한 경우
> 4. 「공공기관 지방이전에 따른 혁신도시 건설 및 지원에 관한 특별법」 제11조 제5항에 따라 국토해양부장관이 고시하는 혁신도시 개발계획에서 기존공장을 이전할 장소의 미확정 등으로 인하여 같은 장소에서 일정기간 영업이 가능하도록 한 경우
> 5. 「공익사업을 위한 토지 등의 취득 및 보상에 관한 법률」 제78조의 2에 따라 사업시행자가 수립한 공장에 대한 이주대책에서 기존공장을 이전할 장소의 미확정 등으로 인하여 같은 장소에서 일정기간 영업이 가능하도록 한 경우
> 6. 그 밖에 제1호 내지 제3호에 준하는 사유가 발생한 경우

## 2-2. 과세특례의 내용

### 2-2-1. 거주자에 대한 과세이연

다음의 금액에 대하여 양도소득분 지방소득세의 과세이연을 받는 방법이며, 기타 사항은 내국법인의 경우와 동일하다(조특령 §79의 3 ③).

$$\text{과세이연금액} = (\text{기존공장의 양도가액} - \text{필요경비}) \times ① \times ②$$

① $\dfrac{\text{지방공장의 취득가액}}{\text{기존공장의 양도가액}}$ (100% 한도)

② $1 - \dfrac{\text{지방공장 면적} - \text{기존공장 면적} \times 120\%}{\text{기존공장 면적} \times 120\%}$ (100% 한도)

### 2-2-2. 세액감면

행정중심복합도시 등에서 공장시설을 갖추고 사업을 하던 내국인이 지방으로 이전하여 사업을 개시하는 경우 이전사업에서 발생하는 소득에 대해서는 이전일 이후 최초로 소득이 발생한 날이 속하는 과세연도(이전일부터 5년이 되는 날이 속하는 과세연도까지 해당 사업에서 소득이 발생하지 아니하는 경우에는 5년이 되는 날이 속하는 과세연도)와 그 다음 과세연도의 개시일부터 3년 이내에 끝나는 과세연도까지 이전사업에서 발생하는 소득에 대한 개인지방소득세의 100분의 50에 상당하는 세액을 감면한다[434](지특법 §134 ①).

## 2-3. 절 차

기존공장의 양도일이 속하는 과세연도의 과세표준신고(예정신고 포함)와 함께 과세이연신청서와 이전(예정)명세서를 제출하여야 한다. 또한, 지방공장의 취득예정가액과 취득예정면적을 사용하여 과세이연금액을 계산한 경우에는 지방공장을 취득하여 사업을 개시한 날이 속하는 과세연도의 과세표준신고와 함께 이전완료보고서를 납세지 관할 지방자치단체의 장(세무서장 포함)에게 제출하여야 한다(지특법 §134 ②, 지특령 §87 ④).

434) 행정중심복합도시 건설에 따른 공장의 강제이전으로 수용되는 부동산의 양도차익에 대해서는 과세이연되고 있으나 이전 후에 대해서도 세제지원이 필요하여 행복도시에서 더 낙후된 지역으로 이전하는 경우 재설비투자 및 인력충원 부족 등으로 경쟁력이 상실되므로 지방 창업 수준(사업전환 및 지방 창업시 4년간 50% 세액감면)으로 지원(2009.1.1. 이후 최초로 개시하는 과세연도분부터 적용)

## 3 관련사례

- 행정중심복합도시 · 혁신도시 개발예정지구 내 공장의 지방이전에 대한 과세특례를 적용함에 지방공장의 취득시한의 시기는 대지와 건물의 양도가 모두 이루어진 날을 기준으로 하는 것임(법인-721, 2011.9.29.).
- 혁신도시내 공장의 지방이전 과세특례를 적용함에 있어 기존공장의 대지와 건물의 양도시기가 다른 경우에는 각각의 양도시기를 기준으로 개별적으로 과세특례를 적용하며 지방공장의 취득시한의 시기는 대지와 건물의 양도가 모두 이루어진 날을 기준으로 함(부동산거래-1483, 2010.12.17.).
- 행정중심복합도시에서 공장시설을 갖추고 사업을 영위하던 내국법인이 공장대지와 건물을 2012년 말까지 사업시행자에게 양도하여 발생한 양도차익은 과세특례대상이나 타인에게 임대한 공장의 대지와 건물을 양도한 경우에는 적용대상이 아님(법인-811, 10.8.30.).
- 조특법 제85조의 2 제3항의 개정규정은 2009.1.1. 이후 지방으로 이전하여 사업을 개시하는 분부터 적용함(재조특-1029, 2009.12.24.).
- 내국법인이 혁신도시 개발예정지구 내 공장을 지방으로 이전하는 경우에 있어서 지방공장의 면적이 기존공장 면적대비 240% 이상인 경우에는 조세특례제한법 제85조의 2 제1항의 과세특례를 적용할 수 없음(법인-1325, 2009.11.27.).
- 행정중심복합도시내 공장의 지방이전에 대한 과세특례 적용시 기존공장의 대지와 건물의 양도시기가 다른 경우에는 각각의 양도시기를 기준으로 하여 개별적으로 과세특례를 적용함(법인-727, 2009.6.22.).
- 충북 혁신도시 개발예정지구에서 동일 군지역의 예정지구 이외의 지역으로 공장을 이전하여 사업을 개시하는 경우 행정중심복합도시 내 공장의 이전에 따른 세액감면이 적용됨(법규법인2009-132, 2009.4.30.).
- 행정중심복합도시내 공장의 지방이전에 대한 과세특례 적용시 지방공장의 면적비율을 적용시 공장의 면적은 공장 건물의 연면적과 그 부수토지 면적의 합계를 말하는 것임(법인-292, 2009.3.20.).
- 행정중심복합도시 내 공장의 지방이전에 대한 과세특례 적용시 공장면적은 공장 건물의 연면적과 그 부수토지의 면적을 합계한 면적을 말함(재조특-243, 2009.3.16.).
- 행정중심복합도시내 공장의 지방이전에 대한 과세특례를 적용함에 있어 조세특례제한법 시행령 제54조 제2항은 적용되지 아니함(서면2팀-680, 2008.4.14.).
- 행정중심복합도시의 건설을 위해 대지와 건물이 수용되는 경우로서 대지와 건물의 양도시기가 다른 경우 행정중심복합도시 과세특례는 각각의 양도시기를 기준으로 적용함(재법인-1130, 2007.12.20.).
- 조세특례제한법 제85조의 2를 적용함에 있어 양도일 및 양도에 따른 손익귀속시기는 법인세법 제40조의 규정을 준용하여 판단함(서면2팀-2002, 2007.11.5.).
- 법인이 행정중심복합도시 안의 공장시설을 이전하지 아니하고 처분한 경우에는 행정중심복

합도시 내 공장의 이전에 따른 과세이연의 규정을 적용할 수 없음(서면2팀-1536, 2007.8.21.).

- 행정중심복합도시 내 공장이전에 대한 과세특례는 조세특례제한법 제85조의 2 제1항의 규정에 따라 공장시설을 갖추고 사업을 영위하는 내국인에 대하여 적용됨(재재산-923, 2007.7.27.).
- 행정중심복합도시 내 공장의 지방이전에 대한 과세특례 규정을 적용함에 있어서 사업을 영위하지 아니하는 거주자는 동 규정에 의한 과세이연을 받을 수 없는 것임(서면5팀-1711, 2007.5.30.).
- "신공장"이라 함은 영리를 목적으로 물품의 제조시설, 제품의 가공시설 · 수선시설 · 인쇄시설 등을 갖춘 건축물(구축물 포함)과 그 부속토지가 관계법령(공업 배치 및 공장설립에 관한 법률 등)에 따라서 공장으로 등록된 것을 말하는 것임(서일 46014-10118, 2001.9.5.).

제 135 조

# 사회적기업 및 장애인 표준사업장에 대한 개인지방소득세 등의 감면

관련규정

제135조(사회적기업 및 장애인 표준사업장에 대한 개인지방소득세 등의 감면) ①「사회적기업 육성법」 제2조 제1호에 따라 2019년 12월 31일까지 사회적기업으로 인증받은 내국인은 해당 사업에서 최초로 소득이 발생한 과세연도(인증을 받은 날부터 5년이 되는 날이 속하는 과세연도까지 해당 사업에서 소득이 발생하지 아니한 경우에는 5년이 되는 날이 속하는 과세연도)와 그 다음 과세연도의 개시일부터 2년 이내에 끝나는 과세연도까지 해당 사업에서 발생한 소득에 대한 개인지방소득세의 100분의 100에 상당하는 세액을 감면하고, 그 다음 2년 이내에 끝나는 과세연도에는 개인지방소득세의 100분의 50에 상당하는 세액을 경감한다.

② 2019년 12월 31일까지 「장애인고용촉진 및 직업재활법」 제2조 제8호에 따른 장애인 표준사업장으로 인정받은 내국인은 해당 사업에서 최초로 소득이 발생한 과세연도(인정을 받은 날부터 5년이 되는 날이 속하는 과세연도까지 해당 사업에서 소득이 발생하지 아니한 경우에는 5년이 되는 날이 속하는 과세연도)와 그 다음 과세연도의 개시일부터 2년 이내에 끝나는 과세연도까지 해당 사업에서 발생한 소득에 대한 개인지방소득세의 100분의 100에 상당하는 세액을 감면하고, 그 다음 2년 이내에 끝나는 과세연도에는 개인지방소득세의 100분의 50에 상당하는 세액을 경감한다.

③ 제1항을 적용할 때 세액감면기간 중 다음 각 호의 어느 하나에 해당하여 「사회적기업 육성법」 제18조에 따라 사회적기업의 인증이 취소되었을 때에는 해당 과세연도부터 제1항에 따른 개인지방소득세를 감면받을 수 없다.

1. 거짓이나 그 밖의 부정한 방법으로 인증을 받은 경우
2. 「사회적기업 육성법」 제8조의 인증요건을 갖추지 못하게 된 경우

④ 제2항을 적용할 때 세액감면기간 중 해당 장애인 표준사업장이 다음 각 호의 어느 하나에 해당하는 경우에는 해당 과세연도부터 제2항에 따른 개인지방소득세를 감면받을 수 없다.

1. 「장애인고용촉진 및 직업재활법」 제21조 또는 제22조에 따른 융자 또는 지원을 거

짓이나 그 밖의 부정한 방법으로 받은 경우

2. 사업주가 「장애인고용촉진 및 직업재활법」 제21조 또는 제22조에 따라 받은 융자금 또는 지원금을 같은 규정에 따른 용도에 사용하지 아니한 경우

3. 「장애인고용촉진 및 직업재활법」 제2조 제8호에 따른 기준에 미달하게 된 경우

⑤ 제1항 및 제2항에 따라 세액을 감면받은 내국인이 제3항 제1호 또는 제4항 제1호에 해당하는 경우에는 그 사유가 발생한 과세연도의 과세표준신고를 할 때 감면받은 세액에 대통령령으로 정하는 이자상당가산액을 계산한 금액을 가산하여 개인지방소득세로 납부하여야 한다.

⑥ 제1항 및 제2항을 적용받으려는 자는 대통령령으로 정하는 바에 따라 감면신청을 하여야 한다.

**【영】 제88조(사회적기업 및 장애인 표준사업장에 대한 개인지방소득세 등의 감면)** ① 법 제135조 제5항에서 "대통령령으로 정하는 이자상당가산액을 계산한 금액"이란 제75조 제4항을 준용하여 계산한 금액을 말한다.

② 법 제135조 제6항에 따른 감면신청을 하려는 자는 과세표준신고와 함께 행정안전부령으로 정하는 세액감면신청서를 납세지 관할 지방자치단체의 장에게 제출하여야 한다. 다만, 「조세특례제한법 시행령」 제79조의 7에 따라 납세지 관할 세무서장에게 소득세 감면을 신청하는 경우에는 법 제135조에 따른 개인지방소득세에 대한 감면도 함께 신청한 것으로 본다.

## 1 | 개 요

사회적기업이란 취약계층에게 일자리를 제공하거나 지역사회에 필요한 사회서비스를 제공하는 것을 목적으로 생산·판매 활동을 하는 기업을 말한다. 즉, 일반 기업처럼 재화나 서비스를 생산하지만, 이윤극대화나 배당이 아닌 취약계층 지원 등을 통해 영리적 기업 활동과 사회적 사명 수행을 동시에 추구하는 사회적기업에 대한 세제지원이다.

한편, 지방소득세의 독립세를 위한 세제개편 계획(2013.9.)에 따라 조특법 제85조의 6 규정과는 별개로 지특법 제135조로 신설되었고 2016년 12월 20일 조특법 개정시 적용기한을 2019년 12월 31일로 연장하였다.

〈표〉 **사회적기업과 기존 조직과의 차이**

| 구 분 | 소 합 | 사회적기업 | 기 업 |
|---|---|---|---|
| 목 적 | 주로 경제적 목적 | 경제적 활동을 통한 사회적 목적 실현 | 경제적 목적(이윤창출 · 배당) |
| 지 향 | 조합원 지향 | 수혜자 지향 | 투자자 지향 |
| 연대성의 범위 | 자조(self-help) 좁은 연대성 | 지역사회, 공익, 넓은 연대성 | 사회적 연대성 고려 미약 |
| 통 제 | 조합원의 자체 통제 | 다양한 이해관계자 | 투자자 |
| 동기부여 | 조합원의 이익 증진 | 사회적 사명, 연대성 | 이윤 극대화 |

# 2 | 감면실무

## 2-1. 감면대상자

2016년 12월 31일까지 사회적기업으로 인증받은 내국인과 2016년 12월 31일까지 장애인 표준사업장으로 인정받은 내국인에 대하여 적용한다(지특법 §135 ①, ②).

## 2-2. 과세특례의 내용

사회적기업으로 인증[435)]받은 내국인은 해당 사업에서 최초로 소득이 발생한 과세연도(인증을 받은 날부터 5년이 되는 날이 속하는 과세연도까지 해당 사업에서 소득이 발생하지 아니한 때에는 5년이 되는 날이 속하는 과세연도)와 그 다음 과세연도의 개시일부터 4년 이내에 종료하는 과세연도까지 해당 사업에서 발생한 소득에 개인지방소득세의 100분의 50에 상당하는 세액을 감면한다(지특법 §135 ①).

또한 장애인 표준사업장으로 인정받은 내국인은 해당 사업에서 최초로 소득이 발생한 과세연도(인정을 받은 날부터 5년이 되는 날이 속하는 과세연도까지 해당 사업에서 소득이 발생하지 아니한 경우에는 5년이 되는 날이 속하는 과세연도)와 그 다음 과세연도의 개시일부터 4년 이내에 끝나는 과세연도까지 해당 사업에서 발생한 소득에 대한 법인세 또는

435) 사업연도 중에 사회적기업 인증을 받은 경우 인증일 이후 매출에 대한 소득분에 대한 법인세 감면을 받는 것인지 아니면 해당 사업연도 전체 소득분에 대한 법인세 감면을 받는 것인지와 관련하여 그 인증을 받은 날이 속하는 사업연도에 발생한 해당 사업의 소득 전체에 대하여 사회적기업에 대한 법인세 등의 감면을 적용하는 것임(법규법인 2012-116, 2012.3.27.).

소득세의 100분의 50에 상당하는 세액을 감면한다(지특법 §135 ②).

본 제도의 감면수준은 창업중소기업세액감면(지특법 §100)과 동일한 수준으로 사회적기업 등이 창업중소기업에 해당할 경우에는 세액감면의 중복지원 배제 규정(지특법 §166 ⑤)에 따라 동시에 세액감면의 적용이 어려운 점을 감안하면 창업중소기업세액감면의 적용을 받게 되는 경우가 일반적일 것이나, 본 제도는 창업중소기업[436]의 요건을 갖추지 못한 경우에도 노동부장관으로부터 사회적기업으로 인증을 받게 될 경우 등에 적용이 가능하다는 차이가 있다.

### 2-3. 사후관리

#### 2-3-1. 사회적기업

세액감면기간 중 다음의 어느 하나에 해당하여 사회적기업의 인증이 취소(「사회적기업 육성법」 §18)되었을 때에는 해당 과세연도부터 개인지방소득세를 감면받을 수 없다(지특법 §135 ③).

① 거짓이나 그 밖의 부정한 방법으로 인증을 받은 경우

② 「사회적기업 육성법」 제8조의 인증요건을 갖추지 못하게 된 경우

#### 2-3-2. 장애인 표준사업장

세액감면기간 중 해당 장애인 표준사업장이 다음의 어느 하나에 해당하는 경우에는 해당 과세연도부터 개인지방소득세를 감면받을 수 없다(지특법 §135 ④).

① 융자 또는 지원(「장애인고용촉진 및 직업재활법」 §21 또는 §22 또는 「장애인고용촉진 및 직업재활법」 §21)을 거짓이나 그 밖의 부정한 방법으로 받은 경우

② 사업주가 받은(「장애인고용촉진 및 직업재활법」 §21 또는 §22) 융자금 또는 지원금을 같은 규정에 따른 용도에 사용하지 아니한 경우

③ 장애인 표준사업장 기준(「장애인고용촉진 및 직업재활법」 §2 8호)에 미달하게 된 경우

436) 창업중소기업세액감면의 경우 조특법상 중소기업 해당 여부, 제조업 등 21개 업종에 포함되는지 여부, 수도권 외 지역에서의 창업 또는 창업벤처중소기업으로 인증받았는지 여부 등의 요건이 있다.

# 제 136 조

## 국가에 양도하는 산지에 대한 양도소득분 개인지방소득세의 감면

**관련규정**

제136조(국가에 양도하는 산지에 대한 양도소득분 개인지방소득세의 감면) ① 거주자가 「산지관리법」에 따른 산지(「국토의 계획 및 이용에 관한 법률」에 따른 도시지역에 소재하는 산지를 제외하며, 이하 이 항에서 "산지"라 한다)로서 2년 이상 보유한 산지를 2017년 12월 31일 이전에 「국유림의 경영 및 관리에 관한 법률」 제18조에 따라 국가에 양도함으로써 발생하는 소득에 대해서는 양도소득분 개인지방소득세의 100분의 10에 상당하는 세액을 감면한다.

② 제1항을 적용받으려는 자는 대통령령으로 정하는 바에 따라 감면신청을 하여야 한다.

【영】 제89조(국가에 양도하는 산지에 대한 양도소득분 개인지방소득세의 감면신청) 법 제136조 제2항에 따른 감면신청을 하려는 자는 해당 산지를 양도한 날이 속하는 과세연도의 과세표준신고(예정신고를 포함한다)를 할 때 행정안전부령으로 정하는 세액감면신청서에 「국유림의 경영 및 관리에 관한 법률」 제18조 제2항에 따라 산림청장이 매수한 사실을 확인할 수 있는 매매계약서 사본을 첨부하여 납세지 관할 지방자치단체의 장에게 제출하여야 한다. 다만, 「조세특례제한법 시행령」 제79조의 11에 따라 납세지 관할 세무서장에게 양도소득세 감면을 신청하는 경우에는 법 제136조에 따른 개인지방소득세에 대한 감면도 함께 신청한 것으로 본다.

## 1 | 개 요

산림보호 등 공익사업의 원활한 수행을 지원하기 위해 도입되었고, 2010년 1월 1일 이후 양도분부터 적용된다. 본 제도는 지방세제 개편계획(2013.9.)에 따라 조특법 제85조의 10과는 별도로 2014년부터 현재의 지특법 제136조에서 양도소득분 지방소득세로 신설되었다.

## 2 감면실무

### 2-1. 감면요건

① 「국유림 경영 및 관리에 관한 법률」에 따라 산림의 공익기능과 국유림 경영관리의 효율성 제고를 위해 국가가 매수하는 산지(임야)437)일 것

② 2년 이상 보유한 산지일 것

③ 「국토의 계획 및 이용에 관한 법률」에 따른 도시지역 밖에 소재하는 산지일 것

④ 거주자가 2017년 12월 31일 이전에 양도할 것

### 2-2. 특례의 내용(지특법 §136 ①)

국가에 양도함으로써 발생하는 소득에 대해서는 양도소득분 지방소득세의 100분의 15에 상당하는 세액을 감면한다.

### 2-3. 감면신청의 절차(지특령 §89)

감면신청을 하려는 자는 해당 산지를 양도한 날이 속하는 과세연도의 과세표준신고(예정신고를 포함한다)를 할 때 세액감면신청서에 「국유림의 경영 및 관리에 관한 법률」 제18조 제2항(국유림 확대·매수사업의 근거규정)에 따라 산림청장이 매수한 사실을 확인할 수 있는 매매계약서 사본을 첨부하여 납세지 관할 지방자치단체의 장(세무서장 포함)에게 제출하여야 한다.

### 2-4. 절 차

본 조에 따라 법인세 또는 소득세를 감면받으려는 자는 과세표준신고와 함께 세액감면(면제)신청서를 납세지 관할 세무서장에게 제출하여야 한다(조특법 §135 ⑥).

### 2-5. 지방세특례의 제한

#### 2-5-1. 세액공제와 중복지원 배제

내국인이 동일한 과세연도에 본조에 따른 세액감면과 조세특례제한법상의 일부 세액공제 규정이 동시에 해당하는 경우에는 그 중 하나만을 선택하여 적용받을 수 있다. 이에 대

437) 「국토의 계획 및 이용에 관한 법률」에 따른 도시지역에 소재하는 산지를 제외한다.

한 자세한 내용은 제166조의 해설을 참고하기로 한다.

### 2-5-2. 세액감면과 중복지원배제

내국인의 동일한 사업장에 대하여 동일한 과세연도에 본조에 따른 세액감면과 조세특례제한법상의 일부 세액감면이 동시에 적용되는 경우에는 그 중 하나만을 선택하여 적용받을 수 있다. 이에 대한 자세한 내용은 제127조의 해설을 참고하기로 한다.

### 2-5-3. 최저한세의 적용

본조의 세액감면을 적용받는 내국인은 조특법 제170조의 최저한세 규정이 우대 적용되는바, 이에 대한 자세한 내용은 제170조의 해설을 참고하기로 한다.

# 제 10 절

## 국민생활의 안정을 위한 특례
## (법 제137조~제148조)

# 제 137 조

## 근로자복지 증진을 위한 시설투자에 대한 세액공제

관련규정

제137조(근로자복지 증진을 위한 시설투자에 대한 세액공제) ① 대통령령으로 정하는 내국인이 그 종업원의 주거 안정 등 복지 증진을 위하여 다음 각 호의 어느 하나에 해당하는 시설을 2018년 12월 31일까지 취득(신축, 증축, 개축 또는 구입을 포함한다. 이하 이 조에서 같다)한 경우에는 해당 시설의 취득금액(해당 시설에 딸린 토지의 매입대금은 제외한다)의 1,000분의 7(취득주체가 중소기업인 경우와 제1호 또는 제2호의 시설로서 수도권 밖의 지역에 있는 대통령령으로 정하는 주택과 제3호의 시설을 취득한 경우에는 1,000분의 10)에 상당하는 금액을 취득일이 속하는 과세연도의 개인지방소득세(사업소득에 대한 개인지방소득세로 한정한다)에서 공제한다.

1. 무주택 종업원(출자자인 임원은 제외한다)에게 임대하기 위한 국민주택
2. 종업원용 기숙사
3. 「영유아보육법」에 따른 직장어린이집
4. 장애인·노인·임산부 등의 편의 증진을 위한 시설로서 대통령령으로 정하는 시설
5. 종업원의 휴식 또는 체력단련 등을 위한 시설로서 대통령령으로 정하는 시설
6. 종업원의 건강관리를 위하여 의료법 제35조에 따라 개설한 부속 의료기관

② 제1항 제1호의 국민주택과 그 밖의 주택을 함께 취득하는 경우 또는 제1항 제2호의 기숙사와 그 밖의 건물을 함께 취득하는 경우에 공제세액의 계산에 필요한 사항은 대통령령으로 정한다.

③ 제1항을 적용받으려는 내국인은 대통령령으로 정하는 바에 따라 세액공제신청을 하여야 한다.

④ 제1항 및 제2항에 따라 개인지방소득세를 공제받은 자가 해당 자산의 준공일 또는 구입일부터 5년 이내에 그 자산을 다른 목적에 전용한 경우에는 전용한 날이 속하는 과세연도의 개인지방소득 과세표준신고를 할 때 그 자산에 대한 세액공제액 상당액에 대통령령으로 정하는 바에 따라 계산한 이자 상당 가산액을 가산하여 개인지방소득세로 납부하여야 하며, 해당 세액은 「지방세법」 제95조에 따라 납부하여야 할 세액으로 본다.

【영】 제90조(근로자복지 증진을 위한 시설투자에 대한 세액공제) ① 법 제137조 제1항 각 호 외의 부분에서 "대통령령으로 정하는 내국인"이란 「조세특례제한법 시행령」 제94조 제1항 각 호의 어느 하나에 해당하는 시설을 신축하거나 구입하는 자를 말하고, "대통령령으로 정하는 미분양주택"이란 「조세특례제한법 시행령」 제94조 제2항에 따른 주택을 말하며, 법 제137조 제1항 제4호에서 "대통령령으로 정하는 시설"이란 「조세특례제한법 시행령」 제94조 제3항에 따른 시설을 말하고, 법 제137조 제1항 제5호에서 "대통령령으로 정하는 시설"이란 「조세특례제한법 시행령」 제94조 제4항에 따른 시설을 말한다.
② 법 제137조 제2항에 따른 공제세액은 「조세특례제한법 시행령」 제94조 제5항에 따라 계산한 공제세액의 100분의 10에 상당하는 금액으로 한다.
③ 법 제137조 제1항을 적용받으려는 자는 해당 시설의 취득일이 속하는 과세연도의 과세표준신고와 함께 행정자치부령으로 정하는 세액공제신청서를 납세지 관할 지방자치단체의 장에게 제출하여야 한다. 다만, 「조세특례제한법 시행령」 제94조 제6항에 따라 납세지 관할 세무서장에게 소득세 공제를 신청하는 경우에는 법 제137조에 따른 개인지방소득세에 대한 세액공제도 함께 신청한 것으로 본다.
④ 제1항에 따른 미분양주택을 취득한 경우 관련 증명서류의 제출에 관하여는 제97조 제3항을 준용하고, 관련 증명서류의 작성 · 보관은 「조세특례제한법 시행령」 제98조의 4 제8항에 따른다.
⑤ 법 제137조 제4항에서 "대통령령으로 정하는 바에 따라 계산한 이자 상당 가산액"이란 공제받은 세액에 제1호의 기간 및 제2호의 율을 곱하여 계산한 금액을 말한다.
1. 공제받은 과세연도의 과세표준신고일의 다음 날부터 법 제137조 제4항의 사유가 발생한 날이 속하는 과세연도의 과세표준신고일까지의 기간
2. 1일 1만분의 3

## 1 | 개 요

근로자복지증진을 위한 시설투자는 근로자의 애사심을 고취하여 노사화합에도 도움이 되고, 생산성 향상에도 기여하며, 특히 일하는 여성의 자녀양육을 지원하기 위하여 기업의 직장보육시설투자에 대한 세제지원이 필요할 뿐만 아니라 종업원용 임대주택 등에 대한 투자확대를 유도하여 무주택근로자의 주거안정 등을 지원하기 위해 도입되었다. 주요 내용은 내국인이 종업원의 주거안정 등 복지증진을 위하여 근로자복지증진시설을 2015년 12월 31일까지 취득한 경우에는 당해 시설 취득금액의 일정액을 지방소득세에서 공제한다. 한편, 본 제도는 조특법 제94조의 규정과는 별개로 지방소득세의 독립세를 위한 세제개편 계획(2013.9.)에 따라 현재의 지특법 제137조로 신설되었다.

## 2 | 감면실무

### 2-1. 감면요건

본 제도의 적용대상자는 내국인으로서 다음의 근로자복지증진시설을 신축하거나 구입한 자를 말한다(지특령 §90 ①, 조특령 §91 ①·②). 내국인이라 함은 사업을 영위하는 거주자, 즉 사업소득이 있는 거주자(소법 §19 ①)를 말한다.

| 시설의 종류 | 추가 검토사항 |
|---|---|
| ① 무주택종업원용 임대주택(사원용 임대주택, 국민주택 규모) | • 무주택종업원이란 종업원 및 그 배우자가 그들과 동일한 주소 또는 거소에서 생계를 같이하는 가족과 함께 구성하는 1세대가 국내에서 주택을 소유하지 않은 경우를 말하고, 이때 무주택의 사실은 종업원의 주민등록표에 기재된 주소지의 등기부등본 또는 토지·가옥대장등본에 의하여 확인하는 등의 방법으로 반드시 무주택임을 확인함(법인 22601-741, 1987.3.23.).<br>• 임대에는 무상임대 포함(법인 1264.21-363, 1984.1.31.)<br>• 종업원에는 출자임원 제외(상장법인 소액주주임원은 포함) |
| ② 소속근로자를 위하여 건설하는 기숙사(종업원용 기숙사)<br>* 단, 소비성서비스업을 영위하는 자는 제외 | • 신축이란 건축법 시행령상 신축을 말함(법인 22601-1258, 1988.5.3.).<br>• 기숙사에 부속되는 식당, 보일러실, 목욕탕, 휴게실은 부대시설로서 공제대상에 포함(법인 22601-2930, 1987.11.3.)<br>• 기숙사 내에 설치한 '기구 및 비품'은 공제대상에서 제외(법인 22601-1167, 1988.4.22.)<br>• 기존건물의 증축 또는 개축으로 인한 기숙사의 건립도 공제대상(조기통 94-0…1) |
| ③ 영유아보육법에 의한 직장어린이집 | • 영유아보육법 시행령 제20조<br>- 상시 300인 이상의 여성근로자 또는 근로자 500인 이상을 고용하고 있는 기업에 대하여 보육시설 설치를 의무화하고 있음. |
| ④ 장애인·노인·임산부 등의 편의시설(조특칙 [별표 9]) | • 「장애인·노인·임산부 등의 편의증진보장에 관한 법률 시행규칙」 [별표 1]의 규정에 의한 편의시설의 구조·재질 등에 관한 세부기준에 적합하여야 함.<br>• 장애인용 승강기, 장애인용 에스컬레이터, 휠체어 리프트, 장애인용 화장실, 시각 및 청각장애인 유도·안내설비, 시각 및 청각장애인 경보·피난설비 등(조특칙 §43, [별표 9]) |
| ⑤ 휴게실 등 | • 다음의 어느 하나에 해당하는 시설(건물 등의 구조를 변경하여 해당 시설을 취득하는 것을 포함)을 말함(조특령 §94 ④, 조특칙 §43의 2).<br>① 종업원용 휴게실, ② 체력단련실, ③ 샤워시설 또는 목욕시설 |

〈표〉 **장애인·노인·임산부 등의 편의시설(조특칙 별표 9)**

| 구 분 | 적용범위 |
|---|---|
| 1. 장애인·노인·임산부 등을 위한 편의시설 | 가. 장애인용 승강기, 장애인용 에스컬레이터, 휠체어 리프트, 시각 및 청각 장애인 유도·안내설비, 점자블록, 시각 및 청각 장애인 경보·피난설비, 장애인용 화장실에 설치되는 장애인용 대변기·소변기·세면대, 장애인 등이 이용가능한 접수대·작업대 및 장애인 등이 출입가능한 자동문<br>나. 장애인 등이 통행할 수 있는 계단·경사로, 장애인 등이 이용할 수 있는 객실·침실 및 장애인 등이 이용할 수 있는 관람석·열람석 |
| 2. 버스, 기차 등 교통수단에 설치하는 편의시설 | 자동안내방송장치, 전자문자안내판, 휠체어승강설비 |
| 3. 통신시설 | 점자표시전화기, 큰문자버튼전화기, 음량증폭전화기, 보청기호환성전화기, 골도전화기(청각장애인을 위하여 두개골에 진동을 주는 방법으로 통화가 가능한 전화기를 말한다) |
| 4. 장애인의 직업생활을 위한 편의시설 | 가. 장애인용으로 제작된 작업대 및 작업장비(작업물 운송 및 운반장치, 특수작업의자, 휠체어용 작업테이블, 경사각작업테이블, 높낮이 조절 작업 테이블)<br>나. 장애인용으로 제작된 작업보조공학기기(청각장애인용 신호장치, 소리증폭장치, 화상전화기, 문자전화기, 보완대체의사소통장치, 특수키보드, 특수마우스, 점자정보단말기, 점자프린트, 음성지원카드, 컴퓨터 화면확대 소프트웨어, 확대독서기, 문서인식 소프트웨어, 음성메모기, 대형모니터)<br>다. 장애인근로자의 통근용 승합자동차 및 특수설비<br>라. 의무실 또는 물리치료실 등 장애인 고용에 필요한 부대시설(장애인근로자가 10인 이상이고 전체 근로자의 100분의 30 이상일 경우에 한함) |

비고 : 1. 제1호 나목에 규정된 시설의 경우에는 장애인 등이 이용 가능하도록 건물 등의 구조를 변경함에 따라 발생하는 비용에 한정한다.
2. 장애인·노인·임산부 등의 편의시설은 「장애인·노인·임산부 등의 편의증진보장에 관한 법률 시행령」 별표 1에 따른 편의시설의 구조·재질 등에 관한 세부기준에 적합한 것에 한정한다.

## 2-2. 과세특례의 내용

### 2-2-1. 공제세액의 계산

공제세액은 당해 시설의 취득금액(해당 시설에 딸린 토지의 매입대금은 제외)의 0.7%(사원용 임대주택, 종업원용 기숙사로서 수도권 밖의 지역에 있는 미분양주택438)439)과 직

438) 「주택법」에 따른 국민주택규모의 주택으로서 2011년 1월 1일 현재 미분양주택을 말한다. 이 경우 미분양주택에 해당하는지를 판단할 때에는 제98조의 4 제1항 및 제2항을 준용하되, 제98조의 4 제1항 제1호의

장어린이집을 취득한 경우에는 1%)를 개인지방소득세에서 공제한다(지특법 §137 ①). 취득금액에는 건축물 및 부속설비에 대하여만 적용하는 것이므로 토지의 매입대금, 집기, 비품 등은 제외한다(조기통 94-0…2).

**공제대상 지방미분양주택의 범위[440] (지특령 §91 ①, 조특령 §94 ②)**

▣ 세액공제 대상 미분양주택의 범위

- (기준일자) 2011.1.1. 현재
- (적용대상) ※ 조특령 제98조의 4 제1항 준용
  - i) 「주택법」 제38조에 따른 사업주체가 입주자모집공고에 따른 분양계약이 체결되지 아니하여 선착순으로 공급하는 주택
  - ii) 「주택법」상 대한주택보증주식회사가 매입하여 공급하는 주택
  - iii) 시공자가 공사대금으로 받아 공급하는 주택
  - iv) 기업구조조정부동산투자회사 등(법인령 §92의 2)이 취득하여 공급하는 주택
  - v) 「자본시장과 금융투자업에 관한 법률」상 신탁업자가 취득하여 공급하는 주택
- (제외대상) ※ 조특령 제98조의 4 제2항 준용
  - i) 국민주택규모*를 초과하는 주택(신설)
    - * 지방의 경우 : 도시 85㎡, 읍 · 면 100㎡
  - ii) 매매계약일 현재 입주사실이 있는 주택
  - iii) 사업주체 등과 매매계약을 체결하고 계약해제 후 매매계약자 또는 배우자(직계존비속 및 형제자매 포함)가 재계약한 주택
  - iv) 사업주체 등과 매매계약을 체결했던 당초 주택을 대체하여 취득하는 다른 주택

▣ 증빙서류 보관 · 제출의무(※ 조특령 §98의 4 ⑤ 및 ⑧ 준용)

- (사업주체 등의 의무) 사업주체 등은 미분양주택 매매계약 체결시 2부의 매매계약서에 시장 · 군수 · 구청장으로부터 미분양주택 확인날인을 받아 1부를 매매계약자에게 교부하고, 그 내용을 미분양주택확인대장에 작성 · 보관
- (세액공제 신청자의 의무) 세액공제 신청자는 세액공제 신청시 시장 · 군수 · 구청장으로부터 미분양주택 확인날인을 받은 매매계약서 사본을 관할 세무서장에게 제출

"2010년 2월 11일"은 "2011년 1월 1일"로, 같은 조 제2항 제2호의 "2010년 5월 14일부터 2011년 4월 30일까지"는 "2011년 1월 1일부터 2012년 12월 31일까지"로 본다(조특령 §94 ②).

439) 미분양주택을 취득한 경우 관련 증명서류의 제출 및 작성 · 보관에 관하여는 조특령 제98조의 4 제5항 및 제8항을 준용한다(조특령 §94 ⑦).

440) 2011.1.1. 이후 취득하는 분부터 적용

#### 2-2-2. 겸용주택 등의 경우 공제세액의 계산

무주택종업원에게 임대하기 위한 국민주택과 그 밖의 주택을 함께 취득하는 경우 또는 종업원용 기숙사와 그 밖의 건물을 함께 취득하는 경우에 공제받을 근로자복지시설에 대한 투자세액공제액의 계산은 다음과 같다(지특령 §90 ①, 조특령 §94 ③).

$$\text{투자세액공제액} = \text{당해 주택 등의 취득가액} \times \frac{7^*}{1,000} \times \frac{\text{사원용 임대주택 또는 기숙사의 총면적}}{\text{주택 등의 총면적}}$$

* 해당 주택 등이 수도권 밖의 지역에 있는 미분양주택인 경우에는 10/1,000

### 2-3. 사후관리

본 제도에 따라 투자세액공제를 받은 자가 당해 자산의 준공일 또는 구입일로부터 5년 이내에 당해 자산을 다른 목적에 전용한 때에는 당해 자산에 대하여 공제받은 세액에 이자상당가산액을 가산한 금액을 소득세 또는 법인세로 납부하여야 한다. 이 경우 이자상당가산액은 공제받은 과세연도의 과세표준신고일의 다음 날부터 당해 자산을 다른 목적으로 전용한 날이 속하는 과세연도의 과세표준신고일까지의 기간에 일당 1만분의 3의 율을 곱하여 계산한 금액으로 한다(지특법 §137 ④, 지특령 §90 ①·④, 조특령 §94 ⑧).

### 2-4. 절 차

본 제도에 따른 세액공제를 받고자 하는 내국인은 당해 설비의 취득일이 속하는 과세연도의 과세표준신고와 함께 세액공제신청서를 납세지 관할 지방자치단체의 장(세무서장 포함)에게 제출하여야 한다(지특령 §90 ③).

### 2-5. 지방세특례 제한

본 제도에 따라 투자세액공제를 적용받은 경우에는 다음과 같은 각종 세제지원이 제한된다. 자세한 사항은 각 조문에서 설명하도록 한다.

① 동일한 사업용자산에 대한 세액공제의 중복 배제(지특법 §168)
② 창업중소기업 및 농공단지입주기업에 대하여 지방소득세가 감면되는 경우 동일과세연도 내에서는 중복적용 배제(지특법 §168 ④)
③ 최저한세가 적용되고 초과분은 향후 5년간 이월공제를 받을 수 있음(지특법 §172, §174).
④ 추계를 하는 경우 공제 배제(지특법 §169)
⑤ 투자완료일부터 2년이 경과되기 전에 당해 자산을 처분하는 경우 감면세액 및 이자상당가산액 납부(지특법 §175)

## 3 | 관련사례

- 오피스텔을 종업원용 기숙사로 사용하기 위하여 취득한 경우에는 근로자복지증진을 위한 시설투자에 대한 세액공제를 할 수 있음(법규법인 2013-2, 2013.1.25.).
- 직원공동숙소 준공일로부터 3년 내에 일부 임대시 조세특례제한법 시행령 제94조 제3항을 준용하여 계산한 임대 자산에 대한 세액공제 상당액에 같은 조 제5항에 따라 계산한 이자상당액을 가산하여 법인세로 납부하는 것임(법규법인 2012-37, 2012.4.4.).
- 근로자복지증진을 위한 시설투자에 대한 세액공제액을 계산시, 종업원의 주거안정 등을 위해 종업원 기숙사를 건축하여 종업원과 종업원외의 자와 함께 기숙사를 이용하는 경우 조특법 시행령 제94조 제3항의 산식에 따라 산정하는 것임(법인-1116, 2010.11.30.).
- 법인이 기존건물을 개축하여 직장보육시설을 설치하고 동 직장보육시설을 법인의 소유자산으로 계상하는 경우, 근로자복지증진세액공제대상 투자금액은 건축물 및 부속설비에 대하여 적용하는 것으로 토지가액, 집기, 비품 등은 제외됨(법인-1022, 2010.10.29.).
- 내국법인이 설치한 직장보유기설을 기존 건물에 대한 자본적 지출로 회계처리하였더라도 실제 종업원의 주거안정 등 복지증진을 위해 직장보유시설을 설치한 경우 근로자복지증진을 위한 시설투자에 대한 세액공제를 적용받을 수 있음(법인-992, 2010.10.27.).
- 타인 소유의 건물을 임차하여 직장보육시설을 설치하고 이를 소유자산으로 계상한 경우, 근로자복지증진을 위한 시설투자의 세액공제 규정을 적용받을 수 있음(법인-3054, 2008.10.23.).
- 무주택종업원에게 임대하기 위하여 국민주택을 취득하는 경우 당해 시설의 취득금액은 근로자복지증진 시설투자에 대한 세액공제를 적용받을 수 있음(서면2팀-1118, 2008.6.4.).
- 포괄적 사업양수도의 경우 양수법인은 이월된 "근로복지증진을 위한 시설에 대한 투자세액공제"를 승계하여 적용받을 수 없으며, 양도양수일에 임대주택을 취득한 것으로 보아 취득한 날이 속하는 과세연도에 공제받을 수 있는 것임(재조예-668, 2006.9.27.).
- 법인이 업무에 사용하던 부동산을 재건축 후 법인의 업무에 직접 사용하지 아니하는 경우

유예기간의 기산일로 보는 부동산의 취득시기는 사용검사필증교부일 · 사용일 · 사용승인일 중 빠른날임(서면2팀-1403, 2006.7.27.).

• 사업용 임대주택을 포함한 사업용 자산 · 부채 등은 포괄적으로 양수한 법인은 양도 · 양수일에 동 사업용 임대주택을 취득한 것으로 보아 근로자복지증진을 위한 시설투자세액공제를 적용받을 수 있음(서면2팀-1979, 2005.12.5.).

• 고용계약 없이 골프장이용객으로부터 급여의 형식으로 일정금액을 지급받는 골프장보조원을 위한 기숙사 시설의 투자금액은 근로자복지증진을 위한 투자세액공제 적용대상이 아님(서면2팀-1657, 2005.10.17.).

• 근로자복지증진을 위한 시설투자에 대한 세액공제 적용시 2003.12.31. 이전 투자분과 2004년 투자분 전액(부수되는 토지 제외)에 대해 취득일이 속하는 공제율인 100분의 7을 적용하는 것임(서면2팀-1386, 2005.8.26.).

• 종업원용 기숙사 신축시 투자금액의 범위는 법인세법 시행령 제72조 제1항의 규정에 기타 부대비용이 포함됨(서면2팀-1370, 2005.8.25.).

• 법인이 건물을 신축하면서 종업원의 주거안정 등 복지증진을 위해 건물의 일부를 종업원의 기숙사로 사용하며 실제 현장근로자들에게 숙식을 제공하는 경우 '종업원용 기숙사'에 해당하는 것임(서면2팀-946, 2005.6.28.).

• 법인이 종업원의 기숙사 용도로 구입한 국민주택규모 이하의 아파트를 실제 현장 근로자들에게 숙식 제공하는 경우에는 "근로자복지증진을 위한 시설투자에 대한 세액공제"를 적용받을 수 있음(서면2팀-531, 2005.4.11.).

• 종업원 기숙사 용도 목적으로 주택건물을 구입한 경우 근로자복지증진을 위한 시설투자에 대한 세액공제가 됨(서면2팀-225, 2005.2.1.).

• 2003. 8월부터 투자가 개시되어 2004.1.1. 현재 투자가 진행중인 경우 2004.1.1. 이후 5월까지 투자한 분에 대하여 근로자복지증진을 위한 시설투자세액공제(7%)를 적용함(서면2팀-185, 2005.1.27.).

• "근로자복지증진을 위한 시설투자에 대한 세액공제" 규정을 적용함에 있어서, 사업의 양도양수계약에 의하여 건설중인 임대아파트를 취득하는 경우 투자개시시기는 사업의 양도양수일로 보는 것임(서이 46012-11891, 2003.10.31.).

• 근로자의 복지시설을 위한 조세특례 및 임대주택건설과 관련된 조세특례내역을 참고하기 바람(법인 46012-763, 2000.3.23.).

• 제조업 · 광업 · 운수업을 영위하는 사업자가 아파트 및 단독주택을 취득하여 기숙사용도로 실제 사용하는 경우는 '근로자 복지증진을 위한 설비투자에 대한 세액공제' 적용됨(법인 46012-793, 1999.3.3.).

• 사원용 임대아파트 구입일로부터 3년 이내에 주택을 소유한 종업원에게 임대한 경우 다른 목적에 전용한 경우로서 근로자 복지증진을 위한 설비투자에 대한 세액공제액 추징됨(심사법인 98-376, 1999.2.5.).

• 시설투자세액공제대상 '종업원종 기숙사'는 건축물의 용도분류상 기숙사를 말하므로 일반주거용 건물은 해당 안됨(법인 46012-322, 1999.1.26.).

# 제137조의 2

## 월세액에 대한 세액공제

관련규정

제137조의 2(월세액에 대한 세액공제) 「조세특례제한법」 제95조의 2 제1항에 따라 월세액 지급금액을 종합소득산출세액에서 공제하는 경우 그 공제금액의 100분의 12에 해당하는 금액을 해당 과세기간의 종합소득분 개인지방소득산출세액에서 공제한다.

# 제138조

## 소형주택 임대사업자에 대한 세액감면

관련규정

제138조(소형주택 임대사업자에 대한 세액감면) ① 대통령령으로 정하는 내국인이 대통령령으로 정하는 임대주택(이하 이 조에서 "임대주택"이라 한다)을 3호 이상 임대하는 경우에는 2019년 12월 31일 이전에 끝나는 과세연도까지 해당 임대사업에서 발생한 소득에 대한 개인지방소득세의 100분의 30 [임대주택 중 「민간임대주택에 관한 특별법」 제2조 제4호에 따른 공공지원민간임대주택 또는 같은 법 제2조 제5호에 따른 장기일반민간임대주택(이하 이 조에서 "장기일반민간임대주택등"이라 한다)의 경우에는 100분의 75]에 상당하는 세액을 경감한다.

② 제1항 따라 개인지방소득세를 감면받은 내국인이 대통령령으로 정하는 바에 따라 3호 이상의 임대주택을 4년(장기일반민간임대주택등의 경우에는 8년) 이상 임대하지 아니하는 경우 그 사유가 발생한 날이 속하는 과세연도의 과세표준신고를 할 때 감면받은 세액을 개인지방소득세로 납부하여야 한다.

③ 제1항에 따라 감면받은 개인지방소득세액을 제2항에 따라 납부하는 경우에는 제122조 제4항의 이자 상당 가산액에 관한 규정을 준용한다. 다만, 대통령령으로 정하는 부득이한 사유가 있는 경우에는 그러하지 아니하다.

④ 제1항에 따라 개인지방소득세를 감면받으려는 자는 대통령령으로 정하는 바에 따라 세액의 감면을 신청하여야 한다.

⑤ 제1항부터 제4항까지의 규정을 적용할 때 임대주택의 수, 세액감면의 신청 등 그 밖에 필요한 사항은 대통령령으로 정한다.

【영】 제91조(소형주택 임대사업자에 대한 세액감면) ① 법 제138조 제1항에서 "대통령령으로 정하는 내국인"이란 「조세특례제한법 시행령」 제96조 제1항 각 호의 요건을 모두 충족하는 내국인을 말한다.

② 법 제138조 제1항에서 "대통령령으로 정하는 임대주택"이란 제1항에 따른 내국인이 임대주택으로 등록한 「민간임대주택에 관한 특별법」 제2조에 따른 민간임대주택과 「공공주택 특별법」 제2조 제1호 가목에 따른 공공임대주택으로서 「조세특례제한법 시행령」 제96

조 제2항 각 호의 요건을 모두 충족하는 임대주택을 말한다.
③ 법 제138조 제1항 및 제2항에 따른 3호 이상의 임대주택을 5년 이상 임대하는지를 판단하는 기준은 「조세특례제한법 시행령」 제96조 제3항 각 호에 따른다.
④ 법 제138조 제3항 단서에서 "대통령령으로 정하는 부득이한 사유가 있는 경우"란 「조세특례제한법 시행령」 제96조 제5항 각 호의 어느 하나에 해당하는 경우를 말한다.
⑤ 법 제138조 제1항을 적용받으려는 자는 해당 과세연도의 과세표준신고와 함께 행정안전부령으로 정하는 세액감면신청서에 「조세특례제한법 시행령」 제96조 제6항 각 호의 서류를 첨부하여 납세지 관할 지방자치단체의 장에게 제출하여야 한다. 다만, 「조세특례제한법 시행령」 제96조 제6항에 따라 납세지 관할 세무서장에게 소득세 감면을 신청하는 경우에는 법 제138조에 따른 개인지방소득세에 대한 감면도 함께 신청한 것으로 본다.

# 1 | 개 요

본 규정은 임대주택을 3호 이상 임대하는 경우에는 2016년 12월 31일 이전에 끝나는 과세연도까지 해당 임대사업에서 발생하는 개인지방소득세의 100분의 20을 감면하도록 하고, 3호 이상의 임대주택을 5년 이상 임대하지 않은 경우의 추징 등에 관한 사항을 규정하고 있다. 한편, 조특법 제96조의 규정과는 별도로 지방소득세의 독립세화를 위한 지방세제 개편계획(2013.9.)에 따라 2014년부터 현재의 지특법 제138조로 신설되었다.

# 2 | 요 건

## 2-1. 임대사업자 요건

다음의 요건을 모두 충족하는 내국인이어야 한다(조특령 §96 ①).

① 「소득세법」 제168조 또는 「법인세법」 제111조에 따른 사업자등록을 하였을 것
② 「민간임대주택에 관한 특별법」 제5조에 따른 임대사업자등록을 하였거나 「공공주택 특별법」 제4조에 따른 공공주택사업자로 지정되었을 것

## 2-2. 임대주택 요건

내국인이 임대주택으로 등록한 「민간임대주택에 관한 특별법」 및 「공공주택 특별법」에

따른 건설임대주택, 매입임대주택, 공공지원민간임대주택 또는 장기일반민간임대주택으로서 다음의 요건을 모두 충족하는 임대주택(이하 "임대주택"이라 한다)을 말한다(조특령 §96 ②).

① 「주택법」 제2조 제6호에 따른 국민주택규모의 주택일 것

다가구주택일 경우에는 가구당 전용면적을 기준으로 한다. 또한, 주거에 사용하는 오피스텔과 주택 및 오피스텔에 딸린 토지를 포함하며, 그 딸린 토지가 건물이 정착된 면적에 지역별로 다음에서 정하는 배율을 곱하여 산정한 면적을 초과하는 경우 해당 주택 및 오피스텔은 제외한다.

㉮ 「국토의 계획 및 이용에 관한 법률」 제6조 제1호에 따른 도시지역의 토지 : 5배

㉯ 그 밖의 토지 : 10배

② 주택 및 이에 부수되는 토지의 기준시가의 합계액이 해당 주택의 임대개시일 당시 6억원을 초과하지 아니할 것

③ 임대보증금 또는 임대료의 연 증가율이 100분의 5를 초과하지 않을 것

### 2-3. 임대주택 수 및 임대기간 요건

1호 이상의 임대주택을 4년[「민간임대주택에 관한 특별법」 제2조 제4호에 따른 공공지원민간임대주택 또는 같은 조 제5호에 따른 장기일반민간임대주택(이하 "장기일반민간임대주택등"이라 한다)의 경우에는 8년] 이상 임대하여야 하며, 그 판단기준은 다음과 같다(조특법 §96 ②, 조특령 §96 ③).

① 해당 과세연도의 매월 말 현재 실제 임대하는 임대주택이 1호 이상인 개월 수가 해당 과세연도 개월 수(1호 이상의 임대주택의 임대개시일이 속하는 과세연도의 경우에는 1호 이상의 임대주택의 임대개시일이 속하는 월부터 과세연도 종료일이 속하는 월까지의 개월 수)의 12분의 9 이상인 경우에는 1호 이상의 임대주택을 임대하고 있는 것으로 본다.

② 1호 이상의 임대주택의 임대개시일부터 4년(장기일반민간임대주택등의 경우에는 8년)이 되는 날이 속하는 달의 말일까지의 기간 중 매월 말 현재 실제 임대하는 임대주택이 1호 이상인 개월 수가 43개월(장기일반민간임대주택등의 경우에는 87개월) 이상인 경우에는 1호 이상의 임대주택을 4년(장기일반민간임대주택등의 경우에는 8년) 이상 임대하고 있는 것으로 본다.

③ ① 및 ②를 적용할 때 기존 임차인의 퇴거일부터 다음 임차인의 입주일까지의 기간으

로서 3개월 이내의 기간은 임대한 기간으로 본다.

④ ① 및 ②를 적용할 때 상속, 합병, 분할, 물적분할, 현물출자로 인하여 피상속인, 피합병법인, 분할법인, 출자법인(이하 "피상속인등"이라 한다)이 임대하던 임대주택을 상속인, 합병법인, 분할신설법인, 피출자법인(이하 "상속인등"이라 한다)이 취득하여 임대하는 경우에는 피상속인등의 임대기간은 상속인등의 임대기간으로 본다.

⑤ ① 및 ②를 적용할 때 「공익사업을 위한 토지 등의 취득 및 보상에 관한 법률」 또는 그 밖의 법률에 따른 수용(협의 매수를 포함한다)으로 임대주택을 처분하거나 임대를 할 수 없는 경우에는 해당 임대주택을 계속 임대하는 것으로 본다.

⑥ ① 및 ②를 적용할 때 「도시 및 주거환경정비법」에 따른 재건축사업, 재개발사업 또는 「빈집 및 소규모주택 정비에 관한 특례법」에 따른 소규모주택정비사업의 사유로 임대주택을 처분하거나 임대를 할 수 없는 경우에는 해당 주택의 관리처분계획(소규모주택정비사업의 경우에는 사업시행계획을 말한다) 인가일 전 6개월부터 준공일 후 6개월까지의 기간은 임대한 기간으로 본다.

## 3 과세특례의 내용

2019년 12월 31일 이전에 끝나는 과세연도까지 해당 임대사업에서 발생한 소득에 대한 소득세 또는 법인세의 30%(임대주택 중 장기일반민간임대주택등의 경우에는 75%)에 상당하는 세액을 감면한다(조특법 §96 ①).

## 4 사후관리

소득세 또는 법인세를 감면받은 내국인이 1호 이상의 임대주택을 4년(장기일반민간임대주택등의 경우에는 8년) 이상 임대하지 아니하는 경우 그 사유가 발생한 날이 속하는 과세연도의 과세표준신고를 할 때 감면받은 세액 전액(장기일반민간임대주택등을 4년 이상 8년 미만 임대한 경우에는 해당 감면받은 세액의 100분의 60에 상당하는 금액)에 아래의 이자상당가산액을 가산한 금액을 소득세 또는 법인세로 납부하여야 한다(조특법 §96 ②·③, 조특령 §96 ④).

이자상당가산액 = 감면을 받은 과세연도의 종료일 다음 날부터 추징사유가 발생한 과세연도의 종료일까지의 기간 × 1일 0.025%

다만, 다음의 부득이한 사유가 있는 경우에는 이자상당가산액은 납부하지 않아도 된다(조특령 §96 ⑤).

① 파산, 강제집행에 따라 임대주택을 처분하거나 임대를 할 수 없는 경우
② 법령상 의무를 이행하기 위하여 임대주택을 처분하거나 임대를 할 수 없는 경우
③ 「채무자 회생 및 파산에 관한 법률」에 따른 회생절차에 따라 법원의 허가를 받아 임대주택을 처분한 경우

**2014년 주택임대차 선진화 방안**

1. 개 요

2014. 2. 26. 정부는 전세에서 월세로 전환되는 주택임대차 시장 구조변화에 대응하여 월세 세입자에 대한 지원을 확대하기 위해 월세소득공제를 세액공제로 전환하고, 민간임대주택의 공급을 확충하기 위하여 소규모 주택임대사업자에 대한 소득세 부담을 경감하는 방안이 포함된 주택임대차 선진화 방안을 발표하였다.

과세자료의 제출 및 관리에 관한 법률 시행령 개정(2014.2.21. 시행)으로 국세청이 국토교통부에서 관리하는 주택 확정일자 자료를 수집할 수 있게 됨에 따라 주택임대사업에 대한 과세표준 양성화에 따른 주택임대차 시장의 불안을 완화하기 위해 2014. 3. 5. 수정되었고, 2014. 6. 13. 정부와 새누리당 간 협의를 거쳐 다시 보완되어, 2014. 7. 17. 국회에 조세특례제한법 일부개정법률안이 제출된 상태로 향후 국회에서 논의될 전망이다.

2. 현행 주택임대사업자에 대한 소득세 과세제도

주택임대업은 부동산업 및 임대업의 하나로서 해당 사업에서 발생하는 소득은 사업소득으로서 소득세 과세대상 소득이다(소법 §19 ① 12호).

다만, 1개의 주택을 소유하는 자의 주택임대소득(소득세법 제99조에 따른 기준시가가 9억원을 초과하는 주택 및 국외에 소재하는 주택의 임대소득은 제외)은 소득세를 비과세하고 있는데, 이는 1주택 소유자의 경우 본인 소유주택에 거주하지 못하고 새로이 주택을 임차하여 추가 임차료가 발생하는 점 등을 고려한 것으로 보인다(소법 §12 2호 나목).

또한, 3주택 이상을 소유하는 주택임대사업자의 경우 보증금 및 전세금을 받는 경우 해당 보증금에 대해서도 간주임대료 상당액을 총수입금액에 산입하여 과세하고 있는데, 이는 동일한 주택을 임대하고 월세로 받는 경우 과세되나 전세로 받는 경우 과세되지 않는 점, 상가의 경우 보증금에 대해 과세하고 있는 점을 고려하여 임대소득 과세의 형평을 제고하기 위해 도입된 제도이다(소법 §25). 다만, 주거의 용도로만 쓰이는 면적이 1호(戶) 또는

1세대당 85㎡ 이하인 주택으로서 해당 과세기간의 기준시가가 3억원 이하인 주택은 2016. 12. 31.까지는 주택 수에 포함하지 아니하여 보증금 등에 과세하지 아니한다.

소유주택수별로 과세제도를 요약하면 다음과 같다.

| 소유주택 수 | 월세 | 보증금 및 전세금 |
|---|---|---|
| 1채 | 비과세 | 과세 제외 |
| 2채 | 과세 | 과세 제외 |
| 3채 이상 | 과세 | 과세 |

주택임대사업을 포함한 부동산임대업에서 발생한 결손금은 종합소득 과세표준을 계산할 때 공제하지 아니하며, 해당 과세기간에 공제하고 남은 이월결손금은 해당 이월결손금이 발생한 과세기간의 종료일부터 10년 이내에 끝나는 과세기간의 소득금액을 계산할 때 부동산임대업의 소득금액에서만 먼저 발생한 과세기간의 이월결손금부터 순서대로 공제한다(소법 §45).

과세대상 주택임대소득은 근로소득 등 다른 종합소득과 합산하여 6~38%의 세율로 과세된다.

3. 주택임대차 선진화 방안 최종결과

① 주택소유수와 관련없이 주택임대 수입금액이 연간 2천만원 이하인 사업자의 경우 2014~2016년에 발생한 소득에 대하여 비과세하고, 2017년 이후 발생하는 소득에 대해서는 종합소득에 합산하여 6~38%의 세율로 과세하지 않고, 해당 소득을 다른 종합소득과 별도로 분리하여 14%의 세율로 과세

※ 분리과세 방법

○ **필요경비율 60%*, 단일세율 14%**

* 현재 장기임대사업자(국토부 등록 임대사업자) 단순경비율 약 60%

○ **기본공제 4백만원 인정**

* 다른 소득이 없는 경우에만 적용(다만, 2,000만원 이하인 경우 포함)
(기본공제 300만원(2인×1인당 150만원) + 표준공제 상당액)

○ **종합소득 과세방식과 비교하여 낮은 금액으로 과세**

* 노인 · 장애인(200만원 추가공제) 등 특별한 경우에는 과세금액이 늘지 않도록 보완

② 주택임대사업에서 발생한 결손금과 이월결손금을 근로소득 등 다른 소득의 과세표준에서 공제 허용

③ 주택임대소득 과세표준 양성화에 따른 건강보험료 부담 경감

④ 준공공임대주택 소득세 및 법인세 감면율 확대(20% → 30%)

⑤ 신규 · 미분양주택 및 기존주택을 향후 3년간 구입하여 준공공임대주택으로 활용할 경우, 임대기간 중 발생한 양도소득에 대해 양도세 면제 신설

⑥ 월세 소득공제를 월세 세액공제(공제율 10%)로 전환하고 적용대상을 확대(총급여 5천만원 이하 근로자 → 7천만원 이하 근로자)

# 제 139 조

## 장기임대주택에 대한 양도소득분 개인지방소득세의 감면

관련규정

제139조(장기임대주택에 대한 양도소득분 개인지방소득세의 감면) ① 대통령령으로 정하는 거주자가 다음 각 호의 어느 하나에 해당하는 국민주택(이에 딸린 해당 건물 연면적의 2배 이내의 토지를 포함한다)을 2000년 12월 31일 이전에 임대를 개시하여 5년 이상 임대한 후 양도하는 경우에는 그 주택(이하 "임대주택"이라 한다)을 양도함으로써 발생하는 소득에 대한 양도소득분 개인지방소득세의 100분의 50을 감면한다. 다만, 「민간임대주택에 관한 특별법」 또는 「공공주택 특별법」에 따른 건설임대주택 중 5년 이상 임대한 임대주택과 같은 법에 따른 매입임대주택 중 1995년 1월 1일 이후 취득 및 임대를 개시하여 5년 이상 임대한 임대주택(취득 당시 입주된 사실이 없는 주택만 해당한다) 및 10년 이상 임대한 임대주택의 경우에는 양도소득분 개인지방소득세를 면제한다.

1. 1986년 1월 1일부터 2000년 12월 31일까지의 기간 중 신축된 주택
2. 1985년 12월 31일 이전에 신축된 공동주택으로서 1986년 1월 1일 현재 입주된 사실이 없는 주택

② 「소득세법」 제89조 제1항 제3호를 적용할 때 임대주택은 그 거주자의 소유주택으로 보지 아니한다.

③ 제1항에 따라 양도소득분 개인지방소득세를 감면받으려는 자는 대통령령으로 정하는 바에 따라 주택임대에 관한 사항을 신고하고 세액의 감면신청을 하여야 한다.

④ 제1항에 따른 임대주택에 대한 임대기간의 계산과 그 밖에 필요한 사항은 대통령령으로 정한다.

【영】 제92조(장기임대주택에 대한 양도소득분 개인지방소득세의 감면) ① 법 제139조 제1항 각 호 외의 부분 본문에서 "대통령령으로 정하는 거주자"란 임대주택을 5호 이상 임대하는 거주자를 말한다.

② 법 제139조 제1항 단서에 따른 건설임대주택의 일부 또는 동일한 지번상에 상가 등 다른 목적의 건물이 설치된 경우의 주택으로 보는 범위 및 필요경비 계산은 「소득세법 시행

령」 제122조 제4항 및 제5항에 따른다.
③ 법 제139조 제3항에 따라 세액의 감면신청을 하려는 자는 해당 임대주택을 양도한 날이 속하는 과세연도의 과세표준신고와 함께 행정안전부령으로 정하는 세액감면신청서에 「조세특례제한법 시행령」 제97조 제4항 각 호의 서류를 첨부하여 납세지 관할 지방자치단체의 장에게 제출하여야 한다. 다만, 「조세특례제한법 시행령」 제97조 제4항에 따라 납세지 관할 세무서장에게 양도소득세 감면을 신청하는 경우에는 법 제139조에 따른 개인지방소득세에 대한 감면도 함께 신청한 것으로 본다.
④ 법 제139조 제4항에 따른 임대주택에 대한 임대기간의 계산은 「조세특례제한법 시행령」 제97조 제5항에 따른다.
⑤ 법 제139조 제3항에 따라 세액의 감면신청을 받은 납세지 관할 지방자치단체의 장은 「전자정부법」 제36조 제1항에 따른 행정정보의 공동이용을 통하여 임대주택에 대한 등기부등본 또는 토지 및 건축물대장 등본을 확인하여야 한다.

## 1 개 요

소형 임대주택건설을 촉진을 통한 무주택서민의 주거안정을 위해 임대주택을 5호 이상 임대하는 거주자가 국민주택(이에 부수되는 당해 건물연면적의 2배 이내의 토지 포함)을 2000년 12월 31일 이전에 임대를 개시하여 5년 이상 임대한 후 양도하는 경우에는 당해 주택(임대주택)을 양도함으로써 발생하는 소득에 대한 양도소득분 지방소득세의 100분의 50에 상당하는 세액을 감면한다. 다만, 2000년 12월 31일 이전에 임대를 개시한 경우에만 적용대상이므로, 본 제도의 일몰은 종료되어 더 이상 추가 수혜자는 발생하지 않으나 2000년 12월 31일 이전에 임대를 개시하여 5년 이상 임대한 자가 지금 현재까지 보유 중인 임대주택을 양도하는 경우에도 감면이 적용되어야 하므로, 일몰이 종료되었음에도 의의가 있는 것이다.

본 제도는 지방세제 개편계획(2013.9.)에 따라 조특법 제97조와는 별도로 2014년부터 현재의 지특법 제139조에서 양도소득분 지방소득세로 신설되었다.

# 2 | 감면실무

## 2-1. 감면요건

### 2-1-1. 거주자의 소득구분

거주자가 5호 이상의 임대주택을 신축하여 5년 이상 임대 후에 양도하는 경우에 본 규정에 따라 양도소득세를 감면받을 수 있다. 다만, 거주자가 주택을 신축하여 판매하는 사업을 영위하는 경우 동 사업은 건설업에 해당하게 되고 분양수입금액은 동 거주자의 사업소득을 형성하게 되므로 동 사업소득에 대한 지방소득세가 부과되며, 양도소득분 지방소득세는 부과되지 아니한다.

### 2-1-2. 임대주택의 범위

다음의 국민주택(건물연면적의 2배 이내의 부수토지를 포함)으로서 2000년 12월 31일 이전에 임대를 개시하여 5년 이상 임대한 당해 주택을 말한다.

① 1986년 1월 1일부터 2000년 12월 31일까지의 기간 중 신축된 주택
② 1985년 12월 31일 이전에 신축된 공동주택으로서 1986년 1월 1일 현재 입주된 사실이 없는 주택

### 2-1-3. 임대기간의 계산(조특령 §97 ⑤)

2000년 12월 31일 이전에 임대를 개시하여 5년 이상 임대한 후 양도하여야 하며, 임대기간은 다음의 규정에 따른다.

① 주택임대기간의 기산일은 주택의 임대를 개시한 날로 한다. 다만, 5호 미만의 주택을 임대한 기간은 주택임대기간으로 보지 아니한다.
② 상속인이 상속으로 인하여 피상속인의 임대주택을 취득하여 임대하는 경우에는 피상속인의 주택임대기간을 상속인의 주택임대기간에 합산한다.
③ ① 및 ②의 규정을 적용함에 있어서 기존 임차인의 퇴거일로부터 다음 임차인의 입주일까지의 기간으로서 3월 이내의 기간은 주택임대기간에 산입한다. 이 경우 그 기간이 3월을 초과하는 경우 그 초과하는 기간은 이를 산입하지 아니한다(조특칙 §44).

## 2-2. 과세특례의 내용

### 2-2-1. 양도소득세 감면

상기 요건을 갖춘 거주자가 임대주택을 양도함으로써 발생하는 소득에 대하여는 양도소득세의 50%를 감면한다. 다만, 다음에 해당하는 임대주택의 경우에는 양도소득세의 100%에 상당하는 세액을 감면한다.

① 임대주택법에 의한 건설임대주택으로 5년 이상 임대한 임대주택
② 임대주택법에 의한 매입임대주택 중 1995년 1월 1일 이후 취득 및 임대를 개시하여 5년 이상 임대한 주택(단, 취득 당시 입주된 사실이 없는 주택에 한함)
③ 10년 이상 임대한 임대주택

〈표〉 임대주택 유형별 감면율

| 구 분 | 주택임대기간 | 감면율 |
|---|---|---|
| 일반 임대주택 | 5년 이상 10년 미만 | 50% |
| | 10년 이상 | 100% |
| 임대주택법에 따른 건설임대주택<br>임대주택법에 따른 매입임대주택 | 5년 이상 | 100% |

이 경우 임대주택법 등의 용어는 임대주택법에 규정되어 있으며 다음과 같다(임대주택법 §2).

① 임대주택 : 임대목적에 제공되는 건설임대주택 및 매입임대주택을 말한다.
② 건설임대주택 : 다음에 해당하는 주택
- 임대사업자가 임대를 목적으로 건설하여 임대하는 주택
- 주택건설사업자가 사업계획승인을 얻어 건설한 주택 중 사용검사시까지 분양되지 아니한 주택으로서 임대사업자등록을 마치고 건설교통부령이 정하는 바에 따라 임대하는 주택
③ 매입임대주택 : 임대사업자가 매매 등에 의하여 소유권을 취득하여 임대하는 주택

### 2-2-2. 1세대 1주택 판정시 임대주택의 소유주택에서의 배제(조특법 §139 ②)

소득세법상 거주자가 1세대 1주택에 해당하는 토지 등을 양도함으로써 발생하는 소득에 대하여는 양도소득세를 비과세한다. 이때 1세대 1주택을 소유하고 있는 거주자가 본조의

규정에 따른 임대주택을 추가로 소유하고 있는 경우에는 동 임대주택을 거주자의 소유로 보지 않음으로써 1세대 1주택의 비과세에 영향을 미치지 아니한다.

### 2-3. 감면신청 절차 : 주택임대신고 및 세액의 감면신청(지특령 §92 ③·④, 조특령 §97 ③·④)

거주자가 임대주택 양도에 따른 양도소득세 등을 감면받고자 하는 경우에는 주택임대에 관한 사항을 신고하고, 당해 임대주택을 양도한 날이 속하는 과세연도의 과세표준신고와 함께 세액감면신청서를 납세지 관할 지방자치단체의 장(세무서장 포함)에게 제출하여야 한다.

## 3 관련사례

- 1986.1.1.~2000.12.31.까지의 기간 중 신축된 국민주택을 제5호 이상(다가구주택의 경우 한 가구가 독립하여 거주할 수 있도록 구획된 부분을 각각 하나의 호로 봄)을 5년 이상 임대한 후 양도하는 경우 양도소득세의 100분의 50(10년 이상 임대한 경우에는 100분의 100)에 상당하는 세액을 감면받을 수 있는 것임(상속증여-465, 2013.8.12.).
- 임대주택의 경우 임대주택 호수에 지분비율을 곱하여 5호 이상일 때 양도세가 감면되나, 이와 달리 취득원인이 상속일 경우에 대하여 상속지분의 다과에 관계없이 피상속인의 임대주택 수를 그대로 상속인의 임대주택 수로 보게 되면 공동상속인 모두에게 양도세 감면이 인정되어 일반적인 경우에 비하여 감면범위가 지나치게 확대되고 이는 감면대상을 '5호 이상'으로 제한하는 동 규정 취지에 부합하지 아니하므로, 상속으로 취득한 임대주택 수를 상속지분 비율로 환산하여 호수를 산정한 것은 잘못이 없음(조심 2013서1061, 2013.8.12.).
- 용도변경은 조특법 제97조에서 감면대상으로 규정한 주택의 신축에 해당한다고 보기 어려우므로, 쟁점부동산에 대하여는 동 감면규정을 적용하기 어려움(조심 2013중380, 2013.5.27.).
- 10년 이상 장기임대주택이라고 하더라도 조세특례제한법 제97조 및 제97조의 2의 감면요건을 갖춘 장기임대주택 또는 신축임대주택에 한하여 양도소득세가 면제되는 것임(상속증여-44, 2013.4.10.).
- 청구인은 쟁점부동산을 2002.5.31. 취득하였으므로 조특법 제97조에 의한 감면대상 장기임대주택에 해당하지 않으며, 공무원의 상담내용은 공적인 견해표명이라고 보기 어려워 이 건 과세처분이 신뢰보호의 원칙에 위반되지 아니함(심사양도 2012-233, 2013.2.4.).
- 조세특례제한법 제97조 제1항에 임대개시일은 당해 주택의 임차임이 실제 입주한 날을 말하는 것인 바, 사용승인일은 2000.12.28.로 확인되나 2000.12.31. 이전에 임차인이 입주한 사

실을 객관적이고 구체적인 증빙에 의해 확인할 수 없음으로 감면대상에 해당하지 않음(조심 2012전4122, 2012.12.11.).

• 조특법 제97조 제3항은 임대개시일로부터 3월 이내에 주택임대신고서를 임대주택 소재시 관할세무서장에게 제출하도록 하고 있으나, 이는 협력의무에 관한 훈시규정에 불과하므로, 주택임대신고서를 미제출하였다고 하여 조특법 제97조의 감면을 배제하는 것은 타당하지 아니함(조심 2012부3096, 2012.11.20.).

• 청구인이 보유한 쟁점주택 외의 주택은 임대기간이 5년 미만으로 장기임대주택에 대한 감면요건을 충족하지 아니한 것으로 보이고, 쟁점주택 취득시 불법점유자 처리 등을 위하여 지출한 비용을 입증할 객관적 증빙자료 등을 제시가 부족하므로, 청구주장을 받아들이기 어려움(조심 2012중2370, 2012.8.7.).

• 임대주택이 1세대 1주택 판정시 제외되는 주택에 해당되기 위해서는 2000.12.31. 이전에 신축 및 5호 이상의 임대개시가 완료되어야 하나, 임대 ①·②주택은 이에 해당되지 아니하고, 환산취득가액을 적용하여 개산공제액을 필요경비로 인정하는 경우에는 실지 필요경비가 확인된다 하더라도 이를 추가로 공제하기 어려우므로, 청구주장을 받아들이기 어려움(조심 2012중577, 2012.4.18.).

• "장기임대주택"이라 함은 1986.1.1. 현재 입주된 사실이 없는 국민주택을 5호 이상 임대하는 거주자가 5년 이상 임대한 후 양도하는 주택을 말함(부동산거래-196, 2012.4.10.).

• 감면요건 중 명백히 특혜규정이라고 볼 수 있는 것은 엄격하게 해석하는 것이 조세공평의 원칙에 부합하므로 장기임대주택에 관한 감면규정은 감면요건을 충족한 장기임대주택에만 적용되는 것으로 해석함이 타당하고 조세법률주의나 헌법상 평등원칙을 위반한 것으로 볼 수 없음(대법원 2011두26053, 2012.2.9.).

• 쟁점주택은 양도가액이 9억원을 초과하는 고가주택이면서 장기임대주택인바, 1세대1주택 비과세 및 장기임대주택감면을 동시에 적용하면 과다한 감면이 되어 양도소득세 과세체계에 어긋날 수 있으므로 어느 하나의 방법만을 적용하여야 할 것으로 판단됨(조심 2011중3342, 2011.12.22.).

• 청구인이 쟁점주택 103호의 전기·가스 사용료 및 신문구독료 등을 납부한 사실이 확인되는 점, 매매계약서상 양도당시 103호는 임차인이 없는 것으로 되어 있는 점 등을 종합할 때, 청구인이 쟁점주택에서 2년 이상 실제 거주하였다고 봄이 타당함(조심 2011서410, 2011.10.31.).

• 임대주택이 1세대 1주택 판정시 주택수에서 제외되려면 총 임대주택수에 지분비율을 곱한 임대주택 수가 5호 이상이 되어야 하고, 또한 조특법 §97는 '00.12.31. 이전에 임대개시를 요구하고 있으므로, 청구인이 2004.1.30. 취득한 지분은 임대주택 호수를 산정함에 있어 제외함이 합리적임(조심 2011서2650, 2011.10.24.).

• 5호 이상의 임대주택을 2000.12.31. 이전에 임대를 개시하여 5년 이상 임대한 후 양도하여야 하는 경우 장기임대주택의 감면을 받을 수 있으며 2001.1.1. 이후 임대를 개시한 장기 임대주택에 대하여는 양도소득세가 감면되지 않음(부동산거래-882, 2011.10.19.).

• 임대주택법에 따른 임대사업자 등록을 하지 아니하여 임대사업자에 해당하지 않을 뿐만 아니라 관할세무서장에게 주택임대신고서를 제출하지도 않았으므로 신축임대주택의 양도소득세 감면요건을 충족하지 못하였음(서울고법 2011누13561, 2011.10.19.).

- 장기임대주택에 대한 양도소득세 감면대상 주택에는 무허가주택은 포함되지 않는 것임(부동산거래-864, 2011.10.12.).
- 주택(13호)에 대한 소유지분(4/12)이 5호 이상에 해당하지 않는다고 보아 장기임대주택에 대한 감면규정의 적용을 배제하여 양도소득세를 과세한 처분은 정당함(조심 2010중3939, 2011.10.6.).
- 장기임대주택에 관한 감면규정은 특정기간 임대주택의 건설을 촉진하여 무주택서민의 주거생활 안정을 도모하기 위한 정책적 목적으로 비과세 특례를 설정한 것으로 입법자의 광범위한 입법형성권에 속하는 것이므로 헌법상 평등권이나 조세법률주의 등을 위반한 것으로 볼 수 없음(대전고법 2011누1106, 2011.9.29.).
- 장기임대주택에 대한 양도소득세 감면규정을 적용함에 있어 지분형태로 소유하는 공동사업자의 경우 임대주택의 호수에 지분비율을 곱하여 5호 이상 이어야 동 감면규정이 적용됨(부동산거래-777, 2011.9.1.).
- 조세특례제한법 제97조 및 제97조의 2의 규정에 해당하는 임대주택은 거주자의 1세대1주택 비과세 판정 시 주택 수에 포함하지 아니하는 것이나, 그 이외의 임대주택은 거주자의 주택 수에 포함하는 것임(부동산거래-764, 2011.8.31.).
- 임대주택을 5호 이상 임대하는 거주자가 조특법 제97조에 따른 국민주택을 2000.12.31. 이전에 임대개시하여 5년 이상 임대후 양도하는 경우에는 그 주택을 양도함으로써 발생하는 소득에 대한 양도소득세의 50%에 상당하는 세액을 감면하는 것임(부동산거래-714, 2011.8.16.).
- 임대하던 주택을 헐고 재건축하여 임대한 경우에는 재건축공사기간은 임대기간에 포함되지 아니하는 것임(서면4팀-363, 2007.1.26.).
- 임대 중인 다가구주택을 당초 독립하여 거주할 수 있도록 구획된 각 가구에 대한 구조 및 지분 변동없이 다세대주택으로 전환한 경우에 당해 임대주택의 임대기간 기산일은 당초 주택 임대를 개시한 날로 보는 것임(서면4팀-3891, 2006.11.28.).
- 임대주택을 지분형태로 소유하는 공동사업자의 경우에는 임대주택의 호수에 지분비율을 곱하여 5호 이상(예 임대주택 10호를 공유하는 공동사업자 1인의 지분이 50%인 경우 5호를 보유하는 것으로 인정)이어야 동 감면규정이 적용됨(재재산-771, 2006.7.3.).
- 다가구주택이 임대주택법에 의한 임대사업자등록이 불가하여 관할 지방자치단체에 임대사업자등록을 하지 못한 경우에도 5호 이상 임대한 사실을 관할 세무서장에게 신고하고 5년 이상 임대하는 경우에는 동 법령을 적용받을 수 있는 것임(서면4팀-870, 2006.4.7.).

# 제140조

## 신축임대주택에 대한 양도소득분 개인지방소득세의 면제

관련규정

제140조(신축임대주택에 대한 양도소득분 개인지방소득세의 면제) ① 대통령령으로 정하는 거주자가 다음 어느 각 호에 해당하는 국민주택(이에 딸린 해당 건물 연면적의 2배 이내의 토지를 포함한다)을 5년 이상 임대한 후 양도하는 경우에는 그 주택(이하 이 조에서 "신축임대주택"이라 한다)을 양도함으로써 발생하는 소득에 대한 양도소득분 개인지방소득세를 면제한다.

1. 다음 각 목의 어느 하나에 해당하는 「민간임대주택에 관한 특별법」 또는 「공공주택 특별법」에 따른 건설임대주택
   가. 1999년 8월 20일부터 2001년 12월 31일까지의 기간 중에 신축된 주택
   나. 1999년 8월 19일 이전에 신축된 공동주택으로서 1999년 8월 20일 현재 입주된 사실이 없는 주택
2. 다음 각 목의 어느 하나에 해당하는 「민간임대주택에 관한 특별법」 또는 「공공주택 특별법」에 따른 매입임대주택 중 1999년 8월 20일 이후 취득(1999년 8월 20일부터 2001년 12월 31일까지 기간 중에 매매계약을 체결하고 계약금을 지급한 경우만 해당한다) 및 임대를 개시한 임대주택(취득 당시 입주된 사실이 없는 주택만 해당한다)
   가. 1999년 8월 20일 이후 신축된 주택
   나. 제1호 나목에 따른 주택

② 신축임대주택에 관하여는 제139조 제2항부터 제4항까지의 규정을 준용한다.

**【영】** 제93조(신축임대주택에 대한 양도소득분 개인지방소득세의 면제) ① 법 제140조 제1항 각 호 외의 부분에서 "대통령령으로 정하는 거주자"란 「조세특례제한법 시행령」 제97조의 2 제1항에 따른 거주자를 말한다.

② 법 제140조 제1항에 따른 신축임대주택의 주택임대사항의 신고, 세액감면의 신청 및 임대기간의 계산 등에 관하여는 제92조 제2항부터 제5항까지를 준용하되, 법 제140조 제1항 제2호에 따른 매입임대주택의 경우에는 제92조 제3항 각 호의 서류 외에 매매계약서 사본과 계약금 지급일을 증명할 수 있는 증명서류를 첨부하여 납세지 관할 지방자치단체의 장

에게 제출하여야 한다. 다만, 「조세특례제한법 시행령」 제97조의 2 제2항에 따라 납세지 관할 세무서장에게 양도소득세 감면 특례를 신청하는 경우에는 법 제140조에 따른 개인지방소득세에 대한 면제도 함께 신청한 것으로 본다.

## 1 | 개 요

중산층 및 서민층 주택의 전세값 안정을 도모함과 아울러 침체된 주택경기의 활성화를 지원하기 위하여, 1호 이상의 신축임대주택을 포함하여 2호 이상의 임대주택을 5년 이상 임대하는 거주자가 당해 5년 이상 임대한 신축임대주택을 양도하는 경우에는 양도소득분 지방소득세를 면제한다. 한편, 본 제도는 조특법 제97조의 2 규정과는 별개로 지방소득세의 독립세를 위한 세제개편 계획(2013.9.)에 따라 현재의 지특법 제140조로 신설되었다.

## 2 | 감면실무

### 2-1. 감면요건

본조의 특례규정은 1호 이상의 신축임대주택을 포함하여 2호 이상의 임대주택을 5년 이상 임대하는 거주자가 당해 신축임대주택을 양도하는 경우에 적용된다(지특령 §93 ①, 조특령 §97의 2 ①). 이 경우 신축임대주택 이외의 기존 임대주택은 2호 이상의 임대주택을 판정하는 경우에는 보유주택의 호수에 포함되나, 본조의 양도소득분 개인지방소득세의 면제대상에는 포함되지 아니한다.

### 2-2. 감면대상자

#### 2-2-1. 신축임대주택

신축임대주택에 대한 양도소득분 개인지방소득세 등의 감면특례를 적용받기 위해서는 다음의 국민주택(이에 부수되는 당해 건물연면적의 2배 이내의 토지 포함)을 5년 이상 임대하여야 한다(지특법 §140 ①).

| 임대주택 관계법에 따른 건설임대주택 | 임대주택 관계법에 따른 매입임대주택 |
| --- | --- |
| ① 1999년 8월 20일부터 2001년 12월 31일까지의 기간 중에 신축된 주택<br>② 1999년 8월 19일 이전에 신축된 공동주택으로서 1999년 8월 20일 현재 입주된 사실이 없는 주택 | 아래의 ① 또는 ② 중 1999년 8월 20일 이후 취득(1999년 8월 20일부터 2001년 12월 31일까지의 기간 중에 매매계약을 체결하고 계약금을 지급한 경우에 한함) 및 임대를 개시한 임대주택(취득 당시 입주된 사실이 없는 주택에 한함)<br>① 1999년 8월 20일 이후 신축된 주택<br>② 1999년 8월 19일 이전에 신축된 공동주택으로서 1999년 8월 20일 현재 입주된 사실이 없는 주택 |

#### 2-2-2. 임대기간의 계산

임대기간 계산에 관한 사항은 제139조의 해설을 참고한다.

### 2-3. 과세특례의 내용

이상의 요건을 갖춘 거주자가 신축임대주택을 양도함으로써 발생하는 소득에 대하여는 양도소득분 개인지방소득세를 면제한다.

### 2-4. 절차 : 주택임대신고 및 세액의 감면신청

신축임대주택에 대한 양도소득분 지방소득세의 감면특례를 적용받고자 하는 경우에는 신축주택임대에 관한 사항을 신고하고 세액의 감면신청을 하여야 한다. 다만, 매입임대주택의 경우에는 조세특례제한법 시행령 제97조 제4항 각호에 규정된 서류 외에 매매계약서 사본과 계약금 지급일을 입증할 수 있는 증빙서류를 첨부하여야 한다(지특령 §93 ②, 조특령 §97 ③·④, §97의 2 ②).

# 제 140 조의 2

## 장기일반민간임대주택등에 대한 양도소득분 개인지방소득세 세액감면

관련규정

제140조의 2(장기일반민간임대주택등에 대한 양도소득분 개인지방소득세 세액감면)
거주자가 「조세특례제한법」 제97조의 5 제1항에 따라 양도소득세를 감면받는 경우에는 그 감면금액의 100분의 10에 해당하는 금액을 양도소득분 개인지방소득세로 감면한다.

# 제 140 조의 3

## 임대사업자에게 양도한 토지에 대한 과세특례

관련규정

제140조의 3(임대사업자에게 양도한 토지에 대한 과세특례) ① 거주자가 공공지원민간임대주택을 300호 이상 건설하려는 「민간임대주택에 관한 특별법」 제2조 제7호에 따른 임대사업자(이하 이 조에서 "임대사업자"라 한다)에게 2018년 12월 31일까지 토지를 양도함으로써 발생하는 소득에 대해서는 양도소득분 개인지방소득세의 100분의 10에 상당하는 세액을 경감한다.

② 제1항에 따라 세액감면을 적용받으려는 자는 대통령령으로 정하는 바에 따라 세액감면 신청을 하여야 한다.

③ 임대사업자가 다음 각 호의 어느 하나에 해당하는 경우 제1항에 따라 감면된 세액에 상당하는 금액을 그 사유가 발생한 과세연도의 과세표준을 신고할 때 양도소득분 개인지방소득세로 납부하여야 한다.

1. 「민간임대주택에 관한 특별법」 제23조에 따라 공공지원민간임대주택 개발사업의 시행자로 지정받은 자인 경우 : 토지 양도일부터 대통령령으로 정하는 기간 이내에 해당 토지가 「민간임대주택에 관한 특별법」 제22조에 따른 공급촉진지구로 지정을 받지 못하거나, 공급촉진지구로 지정을 받았으나 공급촉진지구 지정일로부터 대통령령으로 정한 기간 내에 공급촉진지구 내 유상공급면적의 100분의 50 이상을 공공지원민간임대주택으로 건설하여 취득하지 아니하는 경우
2. 제1호 외의 임대사업자의 경우 : 토지 양도일부터 대통령령으로 정하는 기간 이내에 해당 토지에 공공지원민간임대주택 건설을 위한 「주택법」 제15조에 따른 사업계획승인 또는 「건축법」 제11조에 따른 건축허가(이하 이 조에서 "사업계획승인등"이라 한다)를 받지 못하거나, 사업계획승인등을 받았으나 사업계획승인등을 받은 날부터 대통령령으로 정하는 기간 내에 사업부지 내 전체 건축물 연면적 대비 공공지원민간임대주택 연면적의 비율이 100분의 50 이상이 되지 아니하는 경우

④ 제1항에 따라 감면받은 세액을 제3항에 따라 납부하는 경우에는 제121조 제2항의 이자 상당 가산액에 관한 규정을 준용한다.

# 제141조

## 미분양주택에 대한 과세특례

관련규정

제141조(미분양주택에 대한 과세특례) ① 거주자가 대통령령으로 정하는 미분양 국민주택(이하 이 조에서 "미분양주택"이라 한다)을 1995년 11월 1일부터 1997년 12월 31일까지의 기간 중에 취득(1997년 12월 31일까지 매매계약을 체결하고 계약금을 납부한 경우를 포함한다)하여 5년 이상 보유·임대한 후에 양도하는 경우 그 주택을 양도함으로써 발생하는 양도소득분 개인지방소득세에 대해서는 다음 각 호의 방법 중 하나를 선택하여 적용받을 수 있다.

1. 「지방세법」에 따른 양도소득분 개인지방소득세의 과세표준과 세액을 계산하여 양도소득분 개인지방소득세를 납부하는 방법. 이 경우 양도소득분 개인지방소득세의 세율은 「지방세법」 제103조의 2에도 불구하고 1,000분의 20으로 한다.
2. 「지방세법」에 따라 종합소득분 개인지방소득세의 과세표준과 세액을 계산하여 종합소득분 개인지방소득세를 납부하는 방법. 이 경우 해당 주택을 양도함으로써 발생하는 소득금액의 계산에 관하여는 「소득세법」 제19조 제2항을 준용한다.

② 제1항을 적용할 때 「소득세법」 제89조 제1항 제3호 각 목의 어느 하나에 해당하는 주택에 따른 1세대 1주택의 판정, 과세특례 적용의 신청 등 미분양주택에 대한 과세특례에 관하여 필요한 사항은 대통령령으로 정한다. [14.3.24. 양도세 중과폐지에 따른 조문 정비]

③ 거주자가 대통령령으로 정하는 미분양 국민주택을 1998년 3월 1일부터 1998년 12월 31일까지의 기간 중에 취득(1998년 12월 31일까지 매매계약을 체결하고 계약금을 납부한 경우를 포함한다)하여 5년 이상 보유·임대한 후에 양도하는 경우 그 주택을 양도함으로써 발생하는 소득에 대한 개인지방소득세는 제1항을 준용한다.

【영】 제94조(미분양 국민주택에 대한 과세특례) ① 법 제141조 제1항 각 호 외의 부분에서 "대통령령으로 정하는 미분양 국민주택"이란 「조세특례제한법 시행령」 제98조 제1항 각 호의 요건을 모두 갖춘 국민주택규모 이하의 주택으로서 서울특별시 외의 지역에 소재하는 것을 말한다.

② 1995년 11월 1일부터 1997년 12월 31일 사이에 취득(1997년 12월 31일까지 매매계약을

체결하고 계약금을 납부한 경우를 포함한다)한 제1항에 따른 미분양 국민주택 외의 주택을 소유하고 있는 거주자가 그 주택을 양도할 경우에는 해당 미분양 국민주택 외의 주택만을 기준으로 하여 「소득세법」 제89조 제1항 제3호의 1세대 1주택에 관한 규정을 적용한다.
③ 법 제141조 제1항에 따른 미분양 국민주택 보유기간의 계산은 「소득세법」 제95조 제4항에 따른다.
④ 법 제141조 제1항에 따라 과세특례 적용을 신청하려는 자는 해당 주택을 양도한 날이 속하는 과세연도의 과세표준확정신고(같은 항 제1호의 방법을 선택한 경우에는 예정신고를 포함한다)와 함께 행정안전부령으로 정하는 미분양국민주택과세특례적용신고서에 다음 각 호의 서류를 첨부하여 납세지 관할 지방자치단체의 장에게 제출하여야 한다. 다만, 「조세특례제한법 시행령」 제98조 제4항에 따라 납세지 관할 세무서장에게 양도소득세 과세특례를 신청하는 경우에는 법 제141조에 따른 개인지방소득세에 대한 과세특례도 함께 신청한 것으로 본다.
1. 시장・군수・구청장이 발행한 미분양국민주택확인서 사본
2. 미분양 국민주택 취득 시의 매매계약서 사본(1998년 1월 1일 이후 취득등기하는 분에 한정한다) [대통령령 제25253호(2014.3.14.) 부칙 제2조 규정에 의하여 제4항 각 호 외의 부분 단서는 2016.12.31.까지 유효]
⑤ 법 제141조 제3항에서 "대통령령으로 정하는 미분양 국민주택"이란 「조세특례제한법 시행령」 제98조 제5항 각 호의 요건을 모두 갖춘 국민주택규모 이하의 주택으로서 서울특별시 외의 지역에 소재하는 것을 말한다.
⑥ 1998년 3월 1일부터 1998년 12월 31일 사이에 취득(1998년 12월 31일까지 매매계약을 체결하고 계약금을 납부한 경우를 포함한다)한 제5항에 따른 미분양 국민주택 외의 주택을 소유하고 있는 거주자가 그 주택을 양도할 경우에는 해당 미분양 국민주택 외의 주택만을 기준으로 하여 「소득세법」 제89조 제1항 제3호의 1세대 1주택에 관한 규정을 적용한다.
⑦ 법 제141조 제3항에 따른 과세특례 적용의 신청에 관하여는 제4항을 준용하고, 미분양 국민주택 보유기간의 계산은 「소득세법」 제95조 제4항에 따른다.

## 1 개 요

본 제도는 거주자가 미분양국민주택을 1995년 11월 1일부터 1997년 12월 31일까지의 기간 중 취득하여 5년 이상 보유・임대 후 양도하는 경우에는 특례세율을 적용하여 양도소득분 지방소득세로 납부하는 방법과 종합소득세로 납부하는 방법 중 선택하여 적용받을 수 있으며 감면대상 취득시한은 1997년 12월 31일자로 만료되었으나, 미분양주택이 실질적으로 축소되지 않음에 따라 1998년 4월 10일 국회에서 1998년 3월 1일부터 1998년 12월 31일까지의 기간 중 취득(1998.12.31.까지 매매계약을 체결하고 계약금을 납부한 경우를 포함)

하여 5년 이상 보유·임대한 후 양도하는 경우에도 20% 특례세율 적용과 종합소득과세를 선택 적용받을 수 있도록 조세특례제한법을 개정하였다. 현재에는 본 제도의 일몰이 종료하여 신규주택 취득분에 대하여는 수혜자가 발생하지 않으나 과세특례대상 미분양주택을 현재까지 보유하고 있는 자에 대하여는 양도시 본 제도가 적용되어야 하므로 현재의 규정이 유지되고 있는 것이다.

한편, 지방세제 개편계획(2013.9.)에 따라 조특법 제98조와는 별도로 2014년부터 현재의 지특법 제141조에서 양도소득분 지방소득세로 신설되었다.

## 2 | 감면실무

### 2-1. 감면대상 미분양국민주택(지특령 §94 ①, 조특령 §98 ①)

다음의 요건을 모두 충족한 국민주택규모 이하의 주택으로서 서울특별시 외의 지역에 소재하는 것을 말한다.

> ① 주택법에 의하여 시·도지사(국가·대한주택공사 및 한국토지공사가 시행하는 경우와 대통령령이 정하는 경우에는 건설교통부장관)의 사업계획승인을 얻어 건설하는 주택(임대주택법 제2조에 규정하는 임대주택을 제외)으로서 당해 주택의 소재지를 관할하는 시장·군수·구청장이 1995년 10월 31일 현재 미분양주택임을 확인한 국민주택규모 이하의 주택
> ② 주택건설업자로부터 최초로 분양받은 주택으로서 당해 주택이 완공된 후 다른 자가 입주한 사실이 없는 주택

### 2-2. 보유기간(지특령 §94 ③, 조특령 §98 ④·⑦)

미분양주택에 대한 과세특례 규정은 5년 이상 보유·임대한 후에 양도하는 주택에 한하여 적용되며, 보유기간은 당해 자산의 취득일부터 양도일까지로 한다.

### 2-3. 과세특례의 내용

미분양주택에 대한 과세특례방법은 1,000분의 20의 양도소득분 지방소득세 특례세율을 적용하는 방법과 지방소득세를 납부하는 방법으로 구분할 수 있으며, 납세자의 선택적용이 가능하다.

**2-3-1. 양도소득세 특례세율 적용방법**(지특법 §141 ① 1호)

일반적인 주택의 양도소득세 세율은 지방세법 제103조의 3에 의하여 누진세율 등을 적용하여야 하나, 미분양주택에 대한 양도소득분 지방소득세 특례세율은 1,000분의 20 단일세율로 적용한다.

**2-3-2. 지방소득세 납부방법**(지특법 §141 ① 2호)

양도소득분 지방소득세 금액은 지방소득금액과는 별개로 구분하여 과세(분류과세)하나, 소득세법 제19조 제2항의 사업소득금액 계산방법을 준용하여 양도소득금액을 계산한 뒤 동 양도소득분 지방소득금액을 지방소득금액에 합산하여 지방소득세 과세표준과 세액을 계산하여 지방소득세를 납부하는 방법으로 적용한다.

**2-4. 감면신청의 절차(지특령 §94 ④, 조특령 §98 ④·⑦)**

미분양주택에 대한 과세특례를 적용받고자 하는 자는 당해 주택을 양도한 날이 속하는 과세연도의 과세표준확정신고기한(2%의 양도소득분 지방소득세 특례세율 적용방법 선택시는 예정신고를 포함한다) 내에 미분양주택 과세특례적용신고서에 다음의 서류를 첨부하여 납세지 관할 지방자치단체의 장(세무서장 포함)에게 제출하여야 한다.

① 시장·군수·구청장이 발행한 미분양주택확인서 사본
② 미분양주택 취득시 매매계약서 사본(1998년 1월 1일 이후 취득등기하는 분에 한함)

## 3 | 관련사례

• 미분양주택을 대물변제받은 경우 해당 사업주체로부터 최초 분양받아 취득한 것으로 볼 수 있는지 여부(조심 2011지615, 2012.2.17.)
• 미분양국민주택을 1995.11.1.부터 1996.12.31.까지의 기간 중에 취득하여 5년 이상 보유하다 양도함으로써 발생하는 소득은 양도소득세를 납부하는 방법과 종합소득세를 납부하는 방법 중 선택하여 적용받을 수 있음(서면5팀-1134, 2008.5.28.).
• 다른 주택을 1세대 1주택 비과세 적용받은 이후 조세특례제한법 제98조의 미분양주택을 양도하는 경우로서 보유기간 계산은 당해 미분양주택외의 다른 주택을 양도한 날의 다음 날부터 기산함(서면5팀-635, 2008.3.24.).
• 조특법 제98조의 미분양주택과 그 외의 일반주택을 소유한 1세대가 일반주택을 양도하고

나중에 미분양주택을 양도하는 경우 비과세 요건(서면5팀-616, 2008.3.21.)

- 조특법 제98조의 규정에 의한 미분양주택을 취득하여 5년 이상 보유 또는 임대하다 양도함으로써 발생하는 소득에 대하여는 양도소득세와 종합소득세 방식 중 선택하여 적용 가능함(서면4팀-1122, 2006.4.25.).
- 분양 전에 타인에게 임대한 사실이 있으면 조세특례제한법 제98조의 미분양주택에 대한 과세특례규정을 적용할 수 없음(심사양도 2004-7099, 2005.3.9.).
- 조특법 제98조 제3항 및 같은법 시행령 제98조 제5항에서 규정하는 미분양주택이라 함은 1998.3.1.~1998.12.31. 기간 중에 취득(1998.12.31.까지 매매계약을 체결하고 계약금을 납부한 경우를 포함)한 국민주택규모 이하의 주택으로서 다음의 요건을 모두 갖추고 서울특별시 외의 지역에 소재하는 것을 말하는 것임. 가. 주택건설촉진법에 의하여 사업계획승인을 얻어 건설하는 주택으로서 당해 주택의 소재지를 관할하는 시장·군수·구청장이 1998.2.28. 현재 미분양주택임을 확인한 주택. 나. 주택건설사업자로부터 최초로 분양받은 주택으로서 당해 주택이 완공된 후 다른 자가 입주한 사실이 없는 주택(재산 46014-312, 2000.3.14.)
- 1998.5.22.~1999.6.30.에 최초로 분양계약을 체결(해약 후 제3자 계약분 포함 및 계약금을 납부한 경우에 한함)해 취득한 신축주택(고급주택 제외)에 대해 5년 내의 양도차익을 면제하는 입법예정내용(재재산 46014-231, 1998.8.25.)
- 1998.5.22.~1999.6.30.에 분양계약한 신축주택(고급주택 제외)에 대해 취득 후 5년간의 양도차익에 대한 양도세 면제할 입법예정내용(재재산 46014-232, 1998.8.25.)
- 아파트분양권을 매입하여 등기한 후 매각할 경우에는 현재 추진중에 있는 신축주택에 대한 양도소득세감면은 적용되지 않음(재재산 46014-217, 1998.8.11.).
- 1998.5.22.~1999.6.30.에 분양계약해 취득한 신축주택에 대해 입법예정인 양도세 면제범위에서 제외할 '고급주택'이 공동주택인 경우 그 범위(재재산 46014-218, 1998.8.11.)
- 1998.5.22.~1999.6.30.에 분양계약한 신축주택에 대해 취득 후 5년간의 양도차익에 대한 양도세 면제 입법예정이나, 아파트 분양권을 매입한 경우는 제외됨(재재산 46014-219, 1998.8.11.).
- 미분양국민주택 분양받아 5년 이상 보유·임대 후 양도시 종합소득세 계산방식 선택의 경우 실지양도금액에서 필요경비공제되고 결손금 통산됨(소득 46011-2678, 1997.10.17.).
- 1995.11.1.~1996.12.31. 기간 중 취득한 미분양국민주택 외의 다른 주택을 소유하다 그 다른 주택을 양도시 당해 미분양주택을 제외하고 1세대 1주택 여부 판정함(재일 46014-2551, 1996.11.19.).
- 미분양주택 외의 다른 주택을 소유시 그 다른 주택만을 대상으로 1세대 1주택 비과세요건 해당 여부를 판정함(재일 46014-2273, 1996.10.9.).

# 제142조

## 지방 미분양주택 취득에 대한 양도소득분 개인지방소득세 등 과세특례

관련규정

제142조(지방 미분양주택 취득에 대한 양도소득분 개인지방소득세 등 과세특례) ① 거주자가 2008년 11월 3일부터 2010년 12월 31일까지의 기간 중에 취득(2010년 12월 31일까지 매매계약을 체결하고 계약금을 납부한 경우를 포함한다)한 수도권 밖에 있는 대통령령으로 정하는 미분양주택(이하 이 조에서 "지방 미분양주택"이라 한다)을 양도함으로써 발생하는 소득에 대해서는 「지방세법」 제103조의 3 제1항 제3호에도 불구하고 같은 항 제1호에 따른 세율을 적용한다.

② 「지방세법」 제90조를 적용할 때 제1항을 적용받는 지방 미분양주택은 해당 거주자의 소유주택으로 보지 아니한다.

③ 제1항부터 제2항까지 규정을 적용할 때 과세표준확정신고와 그 밖에 필요한 사항은 대통령령으로 정한다.

【영】 제95조(지방 미분양주택 취득에 대한 양도소득분 개인지방소득세 등 과세특례) ① 법 제142조 제1항에서 "대통령령으로 정하는 미분양주택"이란 「조세특례제한법 시행령」 제98조의 2 제1항 각 호의 어느 하나에 해당하는 주택(이하 이 조에서 "미분양주택"이라 한다)을 말한다.

② 법 제142조에 따라 과세특례를 적용받으려는 자는 해당 주택을 양도하는 날이 속하는 과세연도의 과세표준확정신고 또는 과세표준예정신고와 함께 시장·군수·구청장으로부터 「조세특례제한법 시행령」 제98조의 2 제2항에 따라 미분양주택임을 확인하는 날인을 받은 매매계약서 사본 또는 다음 각 호의 서류를 납세지 관할 지방자치단체의 장에게 제출하여야 한다. 다만, 「조세특례제한법 시행령」 제98조의 2 제2항에 따라 납세지 관할 세무서장에게 양도소득세 과세표준신고와 함께 매매계약서 사본 등을 제출한 경우에는 납세지 관할 지방자치단체의 장에게도 함께 제출한 것으로 본다.

1. 「조세특례제한법 시행령」 제98조의 2 제1항 제1호의 주택 : 시장·군수·구청장이 확인한 미분양주택 확인서 및 매매계약서 사본
2. 「조세특례제한법 시행령」 제98조의 2 제1항 제2호의 주택 : 시장·군수·구청장이 확인한 사업계획승인 사실·사업계획승인신청 사실을 확인할 수 있는 서류 및 매매계약

서 사본
③ 법 제142조에 따른 과세특례의 적용에 관하여는 제1항 및 제2항에서 규정한 사항 외에는 「조세특례제한법 시행령」 제98조의 2를 준용한다.

# 1 | 개 요

지방의 미분양주택 해소 및 부동산 · 건설경기 활성화를 지원하기 위해 도입되었고, 2009년 1월 1일 이후 최초로 양도하는 분부터 적용한다. 본 제도는 지방세제 개편계획(2013.9.)에 따라 조특법 제98조의 2와는 별도로 2014년부터 현재의 지특법 제142조에서 양도소득분 지방소득세로 신설되었다.

# 2 | 감면실무

## 2-1. 감면요건 및 과세특례의 내용

2008년 11월 3일~2010년 12월 31일 기간 중 취득(2010.12.31.까지 매매계약을 체결하고 계약금을 납부한 경우 포함)하는 지방 미분양주택 양도시 일반세율 적용 및 장기보유특별공제(연 0.8%, 최대 8%, 1세대 1주택자와 동일한 수준)를 적용하는 과세특례를 말한다.

구체적 내용

① 미분양주택 소재지 : 수도권 밖의 지역
② 특례대상 미분양주택 범위
- 2008.11.3. 현재 준공 여부에 관계없이 미분양 상태인 주택
- 2008.11.3. 현재 사업승인을 얻었거나 사업승인을 신청한 자가 분양하는 주택
③ 미분양주택수 : 취득하는 미분양주택수에 제한 없음.
④ 미분양주택 양도시기 : 양도기한은 제한 없음.

### 2-2. 감면신청 절차(지특령 §95 ②)

#### 2-2-1. 시장·군수·구청장 및 사업주체의 미분양주택확인대장 제출

시장·군수·구청장 및 사업주체는 각각 주택 소재지 관할 세무서장에게 미분양주택확인대장을 다음 연도 2월 말까지 제출한다.

#### 2-2-2. 납세의무자의 서류제출

지방 미분양주택 양도 후 과세표준확정신고 또는 과세표준예정신고와 함께 ① 또는 ②의 서류를 납세지 관할 지방자치단체의 장(세무서장을 포함)에게 제출한다.

① 지방 미분양주택임을 확인하는 날인을 받은 매매계약서 사본

② 시장·군수 또는 구청장이 발행한 미분양주택 확인서(사업승인을 얻었거나 사업승인 신청사실을 입증하는 서류를 포함) 사본 및 매매계약서 사본

※ 주택 소재지 관할 세무서장이 미분양주택임을 확인할 수 있는 경우 납세의무자는 ① 또는 ②의 서류제출 생략 가능함.

## 3 | 관련사례

- 소득세법 제89조 제1항 제3호에 따른 1세대 1주택 비과세를 적용할 때 조특법」 제98조의 2 제1항을 적용받는 지방 미분양주택은 해당 거주자의 소유주택으로 보지 아니하는 것임(상속증여-398, 2013.7.23.).
- 「임대주택법」 제21조에 따라 분양전환된 건설임대주택은 「조세특례제한법」 제98조의 2 및 같은 법 시행령 제98조의 2에 따른 지방 미분양주택 취득에 대한 양도소득세 등 과세특례 대상에 해당하지 아니하는 것임(부동산거래-340, 2012.6.28.).
- 매매계약일 현재 입주한 사실이 있는 주택은 조세특례제한법 제98조의 2에 따른 미분양주택의 취득자에 대한 양도소득세 과세특례가 적용되지 않는 것임(부동산거래-1012, 2011.12.2.).
- 장기할부조건에 해당하여 소유권이전등기(등록 및 명의개서 포함) 접수일·인도일 또는 사용수익일 중 빠른 날을 취득시기로 하는 것이며, 장기할부조건으로 취득한 자산으로서 그 계약조건에 의하여 양도 당시 그 자산의 취득에 관한 등기가 불가능한 자산은 미등기 양도로 보지 않으며, 조특법 제98조의 2 지방 미분양주택에 대하여는 양도차익에 소득세법 제95조 제2항 표2에 따른 보유기간별 공제율을 곱하여 계산한 금액을 장기보유특별공제액으로 하고, 세율은 동조 동항 제1호에 따른 세율(누진세율)을 적용하는 것임(부동산거래-926, 2011.11.3.).
- 지방 미분양주택을 상속받아 양도하는 경우 지방 미분양주택 취득에 대한 양도소득세 등

과세특례 및 미분양주택의 취득자에 대한 양도소득세의 과세특례규정 적용되지 않는 것임(부동산거래-337, 2011.4.19.).

- 임대주택법 제21조에 따라 임대사업자가 임대의무기간이 지난 후 분양전환한 임대주택은 조특법 제98조의 2의 지방 미분양주택 취득에 대한 양도소득세 등 과세특례가 적용되지 아니함(부동산거래-43, 2010.1.14.).
- 2008.11.3.까지 사업계획승인을 얻었거나 사업계획승인신청을 한 사업주체가 공급하는 주택으로서 2008.11.3.~2010.12.31.까지 최초로 매매계약을 체결하고 취득하는 주택은 양도소득세 등 과세특례 대상 지방 미분양주택에 해당됨(재산-267, 2009.9.21.).
- 분양권을 상속받아 취득하는 주택은 지방 미분양주택 취득에 대한 양도소득세 등 과세특례가 적용되지 아니함(재산-1442, 2009.7.15.).

# 제143조

## 미분양주택의 취득자에 대한 양도소득분 개인지방소득세의 과세특례

관련규정

제143조(미분양주택의 취득자에 대한 양도소득분 개인지방소득세 과세특례) ① 거주자 또는 「소득세법」 제120조에 따른 국내사업장이 없는 비거주자가 서울특별시 밖의 지역(「소득세법」 제104조의 2 제1항에 따른 지정지역은 제외한다)에 있는 대통령령으로 정하는 미분양주택(이하 이 조에서 "미분양주택"이라 한다)을 다음 각 호의 기간 중에 「주택법」 제54조에 따라 주택을 공급하는 해당 사업주체(20호 미만의 주택을 공급하는 경우 해당 주택건설사업자를 포함한다)와 최초로 매매계약을 체결하고 취득(2010년 2월 11일까지 매매계약을 체결하고 계약금을 납부한 경우를 포함한다)하여 그 취득일부터 5년 이내에 양도함으로써 발생하는 소득에 대해서는 양도소득분 개인지방소득세의 100분의 100(수도권과밀억제권역인 경우에는 100분의 60)에 상당하는 세액을 감면한다.

1. 거주자인 경우 : 2009년 2월 12일부터 2010년 2월 11일까지의 기간
2. 비거주자인 경우 : 2009년 3월 16일부터 2010년 2월 11일까지의 기간

② 제1항을 적용할 때 자기가 건설한 신축주택으로서 2009년 2월 12일부터 2010년 2월 11일까지의 기간 중에 공사에 착공(착공일이 불분명한 경우에는 착공신고서 제출일을 기준으로 한다)하고, 사용승인 또는 사용검사(임시사용승인을 포함한다)를 받은 주택을 포함한다. 다만, 다음 각 호의 경우에는 이를 적용하지 아니한다.

1. 「도시 및 주거환경정비법」에 따른 재개발사업 또는 재건축사업, 「빈집 및 소규모주택 정비에 관한 특례법」에 따른 소규모재건축사업을 시행하는 정비사업조합의 조합원이 해당 관리처분계획에 따라 취득하는 주택
2. 거주하거나 보유하는 중에 소실·붕괴·노후 등으로 인하여 멸실되어 재건축한 주택

③ 「지방세법」 제90조를 적용할 때 제1항 및 제2항을 적용받는 지방 미분양주택은 해당 거주자의 소유주택으로 보지 아니한다.

④ 제1항 및 제2항을 적용받는 주택을 양도함으로써 발생하는 소득에 대해서는 「지방세법」 제103조의 3 제1항 제3호에도 불구하고 같은 항 제1호에 따른 세율을 적용한다.

⑤ 제1항 및 제2항을 적용할 때 과세특례의 신청 및 그 밖에 필요한 사항은 대통령령으로 정한다.

**【영】** 제96조(미분양주택 취득자에 대한 양도소득분 개인지방소득세의 과세특례) ① 법 제143조 제1항 각 호 외의 부분에서 "대통령령으로 정하는 미분양주택"이란 「조세특례제한법 시행령」 제98조의 3 제1항 및 제2항에 따른 주택을 말한다.

② 법 제143조에 따라 과세특례를 적용받으려는 자는 해당 주택의 양도소득분 개인지방소득세 과세표준예정신고 또는 과세표준확정신고와 함께 시장·군수·구청장으로부터 「조세특례제한법 시행령」 제98조의 3 제5항에 따라 미분양주택임을 확인하는 날인을 받은 매매계약서 사본을 납세지 관할 지방자치단체의 장에게 제출하여야 하고, 법 제143조 제2항 각 호 외의 부분에 따른 주택에 대해서는 시장·군수·구청장에게 제출한 건축착공신고서 사본과 사용검사 또는 사용승인(임시사용승인을 포함한다) 사실을 확인할 수 있는 서류를 납세지 관할 지방자치단체의 장에게 제출하여야 한다. 다만, 「조세특례제한법 시행령」 제98조의 3 제5항에 따라 납세지 관할 세무서장에게 양도소득세 과세표준신고와 함께 매매계약서 사본 등을 제출한 경우에는 납세지 관할 지방자치단체의 장에게도 함께 제출한 것으로 본다.

③ 법 제143조에 따른 과세특례의 적용에 관하여는 제1항 및 제2항에서 규정한 사항 외에는 「조세특례제한법 시행령」 제98조의 3을 준용한다.

## 1 개 요

본조는 미분양주택 해소를 통한 건설경기 활성화를 지원하기 위해 도입되었고, 2009년 2월 12일 이후 최초로 매매계약을 체결하고 계약금을 납부한 주택을 2009년 3월 25일 이후 양도하는 분부터 적용한다. 본 제도는 지방세제 개편계획(2013.9.)에 따라 조특법 제98조의 3 규정과는 별도로 2014년부터 현재의 지특법 제143조에서 양도소득분 개인지방소득세로 신설되었다.

## 2 감면실무

### 2-1. 과세요건 및 과세특례의 내용

미분양주택 취득시 5년간 양도소득세를 감면한다. 세부적인 감면내용은 다음과 같다.

① 2009년 2월 12일~2010년 2월 11일까지의 취득한 미분양주택에 대해서는 양도시 취득 후 5년간 발생한 양도소득분 지방소득세 100%(수도권과밀억제권역은 60%) 감면
② 일반주택 양도시 미분양주택은 주택수에서 제외
③ 5년 경과 후 발생한 양도세는 일반세율(0.6~3.3%) 및 장기보유특별공제 적용

## 2-2. 미분양주택의 범위

수도권과밀억제권역은 전용면적(단독주택은 연면적) 149㎡ 이하이나, 그 밖의 지역은 면적에 제한이 없다.

① 「주택법」 제38조에 따라 주택을 공급하는 사업주체가 같은 조에 따라 공급하는 주택으로서 해당 사업주체가 입주자모집공고에 따른 입주자의 계약일이 지난 주택단지에서 2009년 2월 11일까지 분양계약이 체결되지 아니하여 2009년 2월 12일 이후 선착순의 방법으로 공급하는 주택
② 「주택법」 제16조에 따른 사업계획승인(「건축법」 제11조에 따른 건축허가를 포함한다)을 받아 해당 사업계획과 「주택법」 제38조에 따라 사업주체가 공급하는 주택(2009년 2월 12일 이후 입주자모집공고에 따른 입주자의 계약일이 도래하는 주택에 한정한다)
③ 주택건설사업자(20호 미만의 주택을 공급하는 자를 말하며, 상기 ①과 ②에 해당하는 사업주체는 제외한다)가 공급하는 주택(2009년 2월 11일까지 매매계약이 체결되지 아니한 주택을 포함한다)
④ 「주택법」에 따른 대한주택보증주식회사가 같은 법 시행령 제107조 제1항에 따라 매입한 주택으로서 해당 대한주택보증주식회사가 공급하는 주택
⑤ 주택의 시공자가 해당 주택의 공사대금으로 받은 주택으로서 해당 시공자가 공급하는 주택
⑥ 「법인세법 시행령」 제92조의 2 제2항 제1호의 5에 따른 기업구조조정부동산투자회사 등이 취득한 주택으로서 해당 기업구조조정부동산투자회사 등이 공급하는 주택
⑦ 주택 외의 시설과 주택을 동일건축물로 건설·공급하는 건축주가 2004년 3월 30일 전에 「건축법」 제11조에 따라 건축허가를 신청하여 건설한 주택(2009년 2월 11일까지 매매계약이 체결되지 아니한 주택에 한정한다)으로서 해당 건축주가 공급하는 주택
⑧ 「자본시장과 금융투자업에 관한 법률」에 따른 신탁업자가 「법인세법 시행령」 제92조의 2 제2항 제1호의 7에 따라 취득한 주택으로서 해당 신탁업자가 공급하는 주택

## 2-3. 양도소득분 지방소득세액 계산방법

실지거래가액에 따라 계산한 양도소득금액을 취득당시, 5년이 되는 시점, 양도당시의 기준시가로 안분하여 계산한다.

## 2-4. 미분양주택의 확인 절차

① 사업주체는 미분양주택(분양주택 포함) 현황을 2009년 4월 30일까지 시장·군수·구청장에게 제출한다.

* 신규분양분은 최초 매매계약이 있는 달의 다음 달 말까지 현황을 제출한다.

② 시장·군수·구청장은 사업주체로부터 매매계약서에 미분양주택임을 확인하는 날인을 요청받은 경우 확인 후 날인하고 미분양주택확인대장을 작성·보관한다.

③ 시장·군수·구청장 및 사업주체는 미분양주택 확인 발급현황을 2010년 4월 30일까지 지방자치단체의 장(세무서장에게 제출 포함)에게 제출한다.

## 2-5. 신고시 제출서류

미분양주택 양도 후 과세표준확정(예정)신고와 함께 미분양주택임을 확인받은 매매계약서 사본을 제출하여야 한다.

# 제 144 조

## 비거주자의 주택취득에 대한 양도소득분 지방소득세의 과세특례

관련규정

제144조(비거주자의 주택취득에 대한 양도소득분 지방소득세의 과세특례) 「소득세법」 제120조에 따른 국내사업장이 없는 비거주자가 2009년 3월 16일부터 2010년 2월 11일까지의 기간 중에 제143조 제1항에 따른 미분양주택 외의 주택을 취득(2010년 2월 11일까지 매매계약을 체결하고 계약금을 납부한 경우를 포함한다)하여 양도함으로써 발생하는 소득에 대해서는 양도소득분 개인지방소득세의 100분의 10에 상당하는 세액을 감면한다.

## 1 | 감면일반

본조는 거주자뿐만 아니라 국내사업장이 없는 비거주자도 미분양주택에 대한 과세특례를 적용받을 수 있도록 하기 위해 도입된 제도이다. 이 제도는 2009년 5월 21일 이후 양도하는 분부터 적용한다. 본 제도는 지방세제 개편계획(2013.9.)에 따라 조특법 제98조의 4의 규정과는 별도로 2014년부터 현재의 지특법 제144조에서 양도소득분 지방소득세로 신설되었다.

## 2 | 감면실무

「소득세법」 제120조에 따른 국내사업장이 없는 비거주자가 2009년 3월 16일부터 2010년 2월 11일까지의 기간 중에 제98조의 3 제1항에 따른 미분양주택 외의 주택을 취득(2010년 2월 11일까지 매매계약을 체결하고 계약금을 납부한 경우를 포함한다)하여 양도함으로써 발생하는 소득에 대해서는 양도소득분 지방소득세의 100분의 10에 상당하는 세액을 감면한다.

## 3 | 관련사례

- 텃밭 등도 부수토지에 해당되므로 쟁점토지의 부수토지(1,134㎡)는 관련 법령상의 기준면적을 초과하고, 청구인은 쟁점주택(舊)을 양도주택 취득하기 이전부터 소유하고 있었고, 배우자 요양과 쟁점주택 신축과의 연관성도 확신하기 어려우므로, 결국, 청구주장을 받아들이기 어려움(조심 2012광1457, 2012.7.24.).

# 제 145 조

# 수도권 밖의 지역에 있는 미분양주택의 취득자에 대한 양도소득분 개인지방소득세의 과세특례

## 관련규정

제145조(수도권 밖의 지역에 있는 미분양주택의 취득자에 대한 양도소득분 개인지방소득세의 과세특례) ① 거주자 또는 「소득세법」 제120조에 따른 국내사업장이 없는 비거주자가 2010년 2월 11일 현재 수도권 밖의 지역에 있는 대통령령으로 정하는 미분양주택(이하 이 조에서 "미분양주택"이라 한다)을 2011년 4월 30일까지 「주택법」 제54조에 따라 주택을 공급하는 해당 사업주체 등과 최초로 매매계약을 체결하고 취득(2011년 4월 30일까지 매매계약을 체결하고 계약금을 납부한 경우를 포함한다)하여 그 취득일부터 5년 이내에 양도함으로써 발생하는 소득에 대하여는 양도소득분개인지방소득세에 다음 각 호의 분양가격(「주택법」에 따른 입주자 모집공고안에 공시된 분양가격을 말한다. 이하 이 조에서 같다) 인하율에 따른 감면율을 곱하여 계산한 세액을 감면한다.

1. 분양가격 인하율이 100분의 10 이하인 경우 : 100분의 60
2. 분양가격 인하율이 100분의 10을 초과하고 100분의 20 이하인 경우 : 100분의 80
3. 분양가격 인하율이 100분의 20을 초과하는 경우 : 100분의 100

② 「지방세법」 제90조를 적용할 때 제1항을 적용받는 미분양주택은 해당 거주자의 소유주택으로 보지 아니한다.

③ 제1항을 적용받는 미분양주택을 양도함으로써 발생하는 소득에 대하여는 「지방세법」 제103조의 3 제1항 제3호에도 불구하고 같은 항 제1호에 따른 세율을 적용한다.

④ 제1항을 적용할 때 미분양주택의 분양가격 인하율의 산정방법과 그 밖에 필요한 사항은 대통령령으로 정한다.

【영】 제97조(수도권 밖의 지역에 있는 미분양주택의 취득자에 대한 양도소득분 개인지방소득세의 과세특례) ① 법 제145조 제1항 각 호 외의 부분에서 "대통령령으로 정하는 미분양주택"이란 「조세특례제한법 시행령」 제98조의 4 제1항 및 제2항에 따른 주택을 말한다.
② 법 제145조 제1항에 따른 분양가격 인하율은 「조세특례제한법 시행령」 제98조의 4 제4항에 따라 산정한 것으로 한다.

③ 법 제145조에 따라 과세특례를 적용받으려는 자는 해당 미분양주택의 양도소득분 개인지방소득세 과세표준예정신고 또는 과세표준확정신고와 함께 시장 · 군수 · 구청장으로부터 「조세특례제한법 시행령」 제98조의 4 제5항에 따라 미분양주택임을 확인하는 날인을 받은 매매계약서 사본을 납세지 관할 지방자치단체의 장에게 제출하여야 한다. 다만, 「조세특례제한법 시행령」 제98조의 4 제5항에 따라 납세지 관할 세무서장에게 양도소득세 과세표준신고와 함께 매매계약서 사본 등을 제출한 경우에는 납세지 관할 지방자치단체의 장에게도 함께 제출한 것으로 본다.
④ 법 제145조에 따른 과세특례의 적용에 관하여는 제1항부터 제3항까지에서 규정한 사항 외에는 「조세특례제한법 시행령」 제98조의 4를 준용한다.

# 1 | 개 요

지방 미분양주택 해소 지원 차원에서 도입되었고, 2010년 5월 14일 이후 양도분부터 적용한다. 본 제도는 지방세제 개편계획(2013.9.)에 따라 조특법 제98조의 4 규정과는 별도로 2014년부터 현재의 지특법 제145조에서 양도소득분 개인지방소득세로 신설되었다.

# 2 | 감면일반

## 2-1. 감면대상 미분양주택

2010년 2월 11일 현재 지방(서울 · 경기 · 인천 제외)의 미분양주택(약 9.3만호 추정)으로서 2010년 5월 14일~2011년 4월 30일까지 주택건설업자와 최초로 매매계약을 체결하고 취득(매매계약일 기준)하는 주택이 이에 해당된다.

## 2-2. 특례의 내용

① 취득 후 5년간 발생한 양도차익에 대해 분양가 인하율에 비례하여 양도소득세분 지방소득세를 다음과 같이 감면한다.

| 분양가 인하 수준 | 양도세분 지방소득세 감면율 |
|---|---|
| 가격 인하 無 · 10% 이하 | 60% |
| 10% 초과 ~ 20% 이하 | 80% |
| 20% 초과 | 100% |

② 기존 일반주택 양도시 미분양주택은 주택수 산정에서 제외

*1주택 소유자가 미분양주택을 취득한 경우에도 일반주택 양도시 1세대 1주택 비과세 적용

③ 다주택자일 경우라도 동 감면을 적용받는 미분양주택을 양도함으로 인해 발생하는 소득에 대해서는 장기보유특별공제(30%, 1세대 1주택은 80%)와 기본세율(6~35%)을 적용한다.

## 3 | 관련사례

- 미분양주택현황을 제출하지 않은 경우에도 2010.2.11. 현재 미분양주택임이 확인되고, 미분양주택취득기간 중에 사업주체 등과 최초로 매매계약을 체결하고 계약금을 납부한 사실이 확인되는 경우 조세특례제한법 제98조의 5에 따른 과세특례를 적용받을 수 있는 것임(부동산거래-18, 2012.1.10.).
- 2011.3.30. 시행사와 수분양권자 간에 수도권 밖에 소재하는 미분양주택에 대한 매매계약을 체결한 후 2011.10.25. 해당주택의 신탁업자와 수분양권자 간에 신탁재산 처분에 따른 매매계약서를 작성하여 2011.11.30. 수분양권자 명의로 소유권을 이전한 경우 해당주택은 조세특례제한법 제98조의 5가 적용되지 않는 것임(부동산거래-1089, 2011.12.30.).
- 조세특례제한법(2010.5.14. 법률 제10285호로 개정된 것) 제98조의 5의 개정규정은 이 법 시행(2010.5.14.) 후 최초로 계약하는 분부터 적용하는 것임(부동산거래-1020, 2011.12.7.).
- 과세특례 적용 대상이 되는 수도권 밖의 지역에 있는 미분양주택에는 분양전환된 건설임대주택은 제외되는 것임(부동산거래-833, 2011.9.30.).
- 미분양주택 확인 날인을 받지 못한 경우 또는 미분양주택취득기간 경과 후에 미분양주택 확인 날인을 받는 경우에도 2009.2.12. 현재 미분양주택임이 확인되고 미분양주택취득기간 중에 사업주체와 최초로 매매계약을 체결하고 계약금을 납부한 사실이 확인되면 과세특례 적용됨(부동산거래-536, 2011.6.30.).
- 미분양주택 취득기간 중에 계약이 체결되고 해제된 주택을 당초 매매계약자 또는 그 배우자 등이 아닌 제3자가 같은 기간 중에 계약하고 취득하는 주택은 미분양주택에 해당되는 것임(부동산거래-436, 2011.5.25.).
- 미분양주택 취득기간 중에 계약이 체결되고 해제된 주택을 당초 매매계약자 또는 그 배우자

등이 아닌 제3자가 같은 기간 중에 계약하고 취득하는 주택은 미분양주택에 해당되는 것임(부동산거래-130, 2011.2.10.).

- 주택시공자가 해당 주택의 공사대금으로 받은 주택으로서 해당 시공자가 공급하는 주택은 조특법상 미분양주택에 해당하는 것으로, 이의 해당 여부는 사업주체와 시공사 간의 대물변제 약정 내용 등에 따라 판정함(부동산거래-68, 2011.1.25.).

# 제146조

## 준공후미분양주택의 취득자에 대한 양도소득분 개인지방소득세의 과세특례

관련규정

제146조(준공후미분양주택의 취득자에 대한 양도소득분 개인지방소득세의 과세특례)
① 거주자 또는 「소득세법」 제120조에 따른 국내사업장이 없는 비거주자(이하 이 조에서 "비거주자"라 한다)가 다음 각 호의 어느 하나에 해당하는 주택을 양도하는 경우에는 해당 주택의 취득일부터 5년 이내에 양도함으로써 발생하는 소득에 대하여는 양도소득분 개인지방소득세의 100분의 50에 상당하는 세액을 감면(제1호의 요건을 갖춘 주택에 한정한다)한다.

1. 「주택법」 제54조에 따라 주택을 공급하는 사업주체 및 그 밖에 대통령령으로 정하는 사업자(이하 이 조에서 "사업주체등"이라 한다)가 대통령령으로 정하는 준공후미분양주택(이하 이 조에서 "준공후미분양주택"이라 한다)을 2011년 12월 31일까지 임대계약을 체결하여 2년 이상 임대한 주택으로서 거주자 또는 비거주자가 해당 사업주체등과 최초로 매매계약을 체결하고 취득한 주택
2. 거주자 또는 비거주자가 준공후미분양주택을 사업주체등과 최초로 매매계약을 체결하여 취득하고 5년 이상 임대한 주택(거주자 또는 비거주자가 「소득세법」 제168조에 따른 사업자등록과 「민간임대주택에 관한 특별법」 제5조에 따른 임대사업자등록을 하고 2011년 12월 31일 이전에 임대계약을 체결한 경우에 한정한다)

② 「지방세법」 제90조를 적용할 때 제1항을 적용받는 주택은 해당 거주자의 소유주택으로 보지 아니한다.
③ 제1항을 적용받는 주택을 양도함으로써 발생하는 소득에 대하여는 「지방세법」 제103조의 3 제1항 제3호에도 불구하고 같은 항 제1호에 따른 세율을 적용한다.
④ 제1항을 적용할 때 준공후미분양주택·임대기간의 확인절차 및 그 밖에 필요한 사항은 대통령령으로 정한다.

【영】 제98조(준공후미분양주택의 취득자에 대한 양도소득분 개인지방소득세의 과세특례)
① 법 제146조 제1항 제1호에서 "대통령령으로 정하는 사업자"란 「조세특례제한법 시행령」

제98조의 5 제1항 각 호의 어느 하나에 해당하는 자를 말하고, "대통령령으로 정하는 준공후미분양주택"이란 「조세특례제한법 시행령」 제98조의 5 제2항 및 제3항에 따른 주택을 말한다.
② 법 제146조 제1항을 적용할 때 해당 준공후미분양주택의 임대기간은 「조세특례제한법 시행령」 제98조의 5 제5항에 따라 계산한 기간을 말한다.
③ 법 제146조에 따라 과세특례를 적용받으려는 자는 해당 준공후미분양주택의 양도소득분 개인지방소득세 과세표준예정신고 또는 과세표준확정신고와 함께 「조세특례제한법 시행령」 제98조의 5 제6항 각 호의 서류를 납세지 관할 지방자치단체의 장에게 제출하여야 한다. 다만, 「조세특례제한법 시행령」 제98조의 5 제6항에 따라 납세지 관할 세무서장에게 양도소득세 과세표준신고와 함께 매매계약서 사본 등을 제출한 경우에는 납세지 관할 지방자치단체의 장에게도 함께 제출한 것으로 본다.
④ 법 제146조에 따른 과세특례의 적용에 관하여는 제1항부터 제3항까지에서 규정한 사항 외에는 「조세특례제한법 시행령」 제98조의 5를 준용한다.

## 1 | 개 요

임대주택 공급 활성화를 위해 준공 후 미분양주택을 임대주택에 사용하도록 유도하기 위해 도입되었고, 2011년 3월 29일 현재 준공 후 미분양주택에 해당되는 주택을 최초로 양도하는 분부터 적용한다. 본 제도는 지방세제 개편계획(2013.9.)에 따라 조특법 제98조의 6 규정과는 별도로 2014년부터 현재의 지특법 제146조에서 양도소득분 지방소득세로 신설되었다.

## 2 | 감면일반

### 2-1. 대상주택

2011년 3월 29일 현재 준공 후 미분양 상태인 주택으로 입주한 사실이 없는 주택이다. 준공 후 미분양주택의 범위는 2011년 3월 29일 현재 미분양으로 선착순의 방법으로 공급하는 주택이다. 다만, 기준시가 6억원 또는 전용면적 149 $m^2$ 초과 주택은 제외한다.

### 2-2. 감면 대상자

① 건설사가 2년 이상 임대 후 분양한 대상주택을 취득한 자
② 대상주택을 취득하여 5년 이상 임대한 자

### 2-3. 임대요건

2011년 3월 29일~2011년 12월 31일까지 임대계약 체결분이 이에 해당한다.

### 2-4. 과세특례의 내용

① 취득 후 5년 경과 후 양도시 : (양도분 지방소득세 과세대상소득금액) - (취득일부터 5년간 발생한 양도소득분 지방소득세 금액 × 50%)
② 취득 후 5년 이내 양도시(위 대상자 중 ①만 해당) : (양도소득분 지방소득세액) × 50%
③ 취득일부터 5년간 발생한 양도소득금액의 계산

$$\text{양도소득금액} \times \frac{\text{취득일부터 5년이 되는 날의 기준시가} - \text{취득당시 기준시가}}{\text{양도당시 기준시가} - \text{취득당시 기준시가}}$$

### 2-5. 준공 후 미분양주택의 확인 절차

① 준공 후 미분양주택 현황 제출
  ㉠ 사업주체 등은 2011년 9월 30일까지 준공 후 미분양주택 현황을 관할 시장 · 군수 · 구청장에게 제출한다.
  ㉡ 시장 · 군수 · 구청장은 동 현황을 2011년 10월 31일까지 주택소재지 관할 세무서장에게 제출
② 준공 후 미분양주택 확인대장 작성 및 제출
  ㉠ 사업주체 등은 매매계약 체결 후 준공 후 미분양주택 확인날인(시장 · 군수 · 구청장이 준공 후 미분양주택 현황 등을 확인 후 날인하며, 동 사항을 준공 후 미분양주택확인대장에 작성하여 보관)을 받은 매매계약서 사본, 임대기간 확인을 위한 임대사업자등록증 사본, 임대차계약서 사본, 임차인의 주민등록등본을 매매계약자(양도분 지방소득세 감면 신청자)에게 제공하고, 제공내용을 준공 후 미분양주택확인대장에 작성하여 보관

㉡ 시장·군수·구청장과 사업주체 등은 작성한 준공 후 미분양주택확인대장을 2012년 6월 30일까지 전자매체(디스켓 등) 형태로 주택소재지 관할 지방자치단체의 장(세무서장 포함)에게 제출

## 3 관련사례

- 「조세특례제한법」 제98조의 6에 따른 준공 후 미분양주택의 취득자에 대한 양도소득세의 과세특례를 적용할 경우 2011년 3월 29일 현재 입주한 사실이 있는 주택은 해당 준공 후 미분양주택에 해당하지 아니하는 것임(부동산거래-492, 2012.9.17.).

제 147 조

# 미분양주택의 취득자에 대한 양도소득분 개인지방소득세의 과세특례

관련규정

제147조(미분양주택의 취득자에 대한 양도소득분 개인지방소득세의 과세특례) ① 내국인이 2012년 9월 24일 현재 대통령령으로 정하는 미분양주택으로서 취득가액이 9억원 이하인 주택(이하 이 조에서 "미분양주택"이라 한다)을 2012년 9월 24일부터 2012년 12월 31일까지 「주택법」 제54조에 따라 주택을 공급하는 해당 사업주체 또는 그 밖에 대통령령으로 정하는 사업자와 최초로 매매계약(계약금을 납부한 경우에 한정한다)을 체결하거나 그 계약에 따라 취득한 경우에는 취득일부터 5년 이내에 양도함으로써 발생하는 소득에 대하여는 양도소득분 개인지방소득세를 면제한다.

② 「지방세법」 제103조의 3 제1항 제3호를 적용할 때 제1항을 적용받는 미분양주택은 해당 거주자의 소유주택으로 보지 아니한다.

③ 제1항을 적용할 때 과세특례 신청 및 그 밖에 필요한 사항은 대통령령으로 정한다.

【영】 제99조(미분양주택의 취득자에 대한 양도소득분 개인지방소득세의 과세특례) ① 법 제147조 제1항에서 "대통령령으로 정하는 미분양주택"이란 「조세특례제한법 시행령」 제98조의 6 제1항 및 제2항에 따른 주택을 말하고, "대통령령으로 정하는 사업자"란 「조세특례제한법 시행령」 제98조의 6 제3항 각 호의 어느 하나에 해당하는 자를 말한다.

② 법 제147조에 따라 과세특례를 적용받으려는 사람은 해당 미분양주택의 양도소득분 개인지방소득세 과세표준예정신고 또는 과세표준확정신고와 함께 「조세특례제한법 시행령」 제98조의 6 제8항에 따라 사업주체등으로부터 교부받은 매매계약서 사본을 납세지 관할 지방자치단체의 장에게 제출하여야 한다. 다만, 「조세특례제한법 시행령」 제98조의 6 제5항에 따라 납세지 관할 세무서장에게 양도소득세 과세표준신고와 함께 매매계약서 사본 등을 제출한 경우에는 납세지 관할 지방자치단체의 장에게도 함께 제출한 것으로 본다.

③ 법 제147조에 따른 과세특례의 적용에 관하여는 제1항 및 제2항에서 규정한 사항 외에는 「조세특례제한법 시행령」 제98조의 6을 준용한다.

# 1 | 개 요

본 규정은 2013년 1월 1일 침체된 부동산시장 활성화를 위하여 도입된 제도로서 2012년 10월 2일 이후 최초로 양도하는 분부터 적용된다. 본 제도는 조특법 제98조의 7 규정과는 별개로 지방소득세의 독립세를 위한 세제개편 계획(2013.9.)에 따라 2014년부터 현재의 지특법 제147조로 신설되었다.

# 2 | 감면실무

## 2-1. 감면요건

### 2-1-1. 대상주택

2012년 9월 24일 현재 「주택법」 제38조에 따라 주택을 공급하는 사업주체가 같은 조에 따라 공급하는 주택으로서 해당 사업주체가 입주자모집공고에 따른 입주자의 계약일이 지난 주택단지에서 2012년 9월 23일까지 분양계약이 체결되지 아니하여 선착순의 방법으로 공급하는 주택으로서 취득가액이 9억원 이하인 주택이다(이하 "미분양주택"). 다만, 다음의 주택은 제외한다.

① 사업주체 등(「주택법」 제38조에 따라 주택을 공급하는 해당 사업주체 및 제3항 각 호의 어느 하나에 해당하는 사업자[441])과 양수자 간에 실제로 거래한 가액이 9억원을 초과하는 주택. 이 경우 양수자가 부담하는 취득세 및 그 밖의 부대비용은 포함하지 아니한다.

② 매매계약일 현재 입주한 사실이 있는 주택

③ 2012년 9월 23일 이전에 사업주체 등과 체결한 매매계약이 2012년 9월 24일부터 2012년 12월 31일까지의 기간 중에 해제된 주택

441) 다음의 어느 하나에 해당하는 자를 말함.
1. 「주택법 시행령」 제107조 제1항에 따라 주택을 매입한 대한주택보증주식회사
2. 주택의 공사대금으로 해당 주택을 받은 주택의 시공자
3. 「법인세법 시행령」 제92조의 2 제2항 제1호의 5, 제1호의 8 및 제1호의 10에 따라 주택을 취득한 기업구조조정부동산투자회사 등
4. 「법인세법 시행령」 제92조의 2 제2항 제1호의 7, 제1호의 9 및 제1호의 11에 따라 주택을 취득한 「자본시장과 금융투자업에 관한 법률」에 따른 신탁업자

④ ③에 따른 매매계약을 해제한 매매계약자가 미분양주택 취득기간 중에 계약을 체결하여 취득한 미뷴양주택 및 해당 매매계약자의 배우자[매매계약자 또는 그 배우자의 직계존비속(그 배우자를 포함한다) 및 형제자매를 포함한다]가 미분양주택 취득기간 중에 원래 매매계약을 체결하였던 사업주체 등과 계약을 체결하여 취득한 미분양주택

2-1-2. 취득기간

거주자가 미분양주택을 2012년 9월 24일부터 2012년 12월 31일까지 사업주체 등과 최초로 매매계약(계약금을 납부한 경우에 한정한다)을 체결하거나 그 계약에 따라 취득해야 한다.

## 2-2. 과세특례의 내용

① 미분양주택의 취득일부터 5년 이내에 양도함으로써 발생하는 소득 : 양도소득분 개인지방소득세의 100% 세액감면
② 미분양주택의 취득일부터 5년이 지난 후에 양도하는 경우 : 미분양주택의 취득일부터 5년간 발생한 양도소득금액을 양도소득분 개인지방소득세 과세대상소득금액에서 공제. 이 경우 공제하는 금액이 과세대상소득금액을 초과하는 경우 그 초과금액은 없는 것으로 한다.

| **미분양주택의 취득일부터 5년간 발생한 양도소득분 지방소득세액** |

$$\text{총양도소득금액} \times \frac{\text{취득일로부터 5년이 되는 날의 기준시가} - \text{취득당시의 기준시가}}{\text{양도당시 기준시가} - \text{취득당시 기준시가}}$$

③ 1세대 1주택자가 미분양주택을 취득하는 경우 미분양주택 취득에도 불구하고 1세대 1주택으로 보아 비과세한다(소득세법 §89 ① 3호).
④ 다주택자 중과세율 적용에 있어 일반주택 양도시 미분양주택을 거주자의 소유주택으로 보지 않는다(소득세법 §104 ① 4~7호).

## 2-3. 절 차

① 미분양주택의 양도소득 과세표준예정신고 또는 과세표준확정신고와 함께 사업주체 등으로부터 교부받은 매매계약서 사본을 납세지 관할 지방자치단체의 장(세무서장 포함)에게 제출하여야 한다.

② 사업주체 등은 미분양주택 현황을 2012년 11월 30일까지 시장(특별자치시장과 「제주특별자치도 설치 및 국제자유도시 조성을 위한 특별법」 제17조 제2항에 따른 행정시장을 포함)·군수·구청장(자치구의 구청장)에게 제출하여야 한다.

③ 시장·군수·구청장은 제출받은 미분양주택 현황을 관리하여야 하며, 그 현황을 2012년 12월 31일까지 주택 소재지 관할 지방자치단체의 장(세무서장 포함)에게 제출하여야 한다.

④ 사업주체 등은 제1항에 따른 미분양주택의 매매계약을 체결한 즉시 2부의 매매계약서에 시장·군수·구청장으로부터 미분양주택임을 확인하는 날인을 받아 그 중 1부를 해당 매매계약자에게 교부하여야 하며, 그 내용을 미분양주택확인대장에 작성하여 보관하여야 한다.

⑤ 매매계약서에 미분양주택임을 확인하는 날인을 요청받은 시장·군수·구청장은 미분양주택 현황 및 「주택법」 제16조에 따른 사업계획승인신청서류 등에 따라 미분양주택임을 확인하고, 해당 매매계약서에 미분양주택임을 확인하는 날인을 하여야 하며, 그 내용을 미분양주택확인대장에 작성하여 보관하여야 한다.

⑥ 시장·군수·구청장과 사업주체 등은 각각 미분양주택확인대장을 2013년 3월 31일까지 전자매체로 주택 소재지 관할 세무서장에게 제출하여야 한다.

# 제148조

## 신축주택 등 취득자에 대한 양도소득분 개인지방소득세의 과세특례

관련규정

제148조(신축주택 등 취득자에 대한 양도소득분 개인지방소득세의 과세특례) ① 거주자 또는 비거주자가 대통령령으로 정하는 신축주택, 미분양주택 또는 1세대 1주택자의 주택으로서 취득가액이 6억원 이하이거나 주택의 연면적(공동주택의 경우에는 전용면적)이 85제곱미터 이하인 주택을 2013년 4월 1일부터 2013년 12월 31일까지 「주택법」 제54조에 따라 주택을 공급하는 사업주체 등 대통령령으로 정하는 자와 최초로 매매계약을 체결하여 그 계약에 따라 취득(2013년 12월 31일까지 매매계약을 체결하고 계약금을 지급한 경우를 포함한다)한 경우에 해당 주택을 취득일부터 5년 이내에 양도함으로써 발생하는 양도소득에 대하여는 양도소득분 개인지방소득세를 면제한다.

② 「지방세법」 제103조의 3 제1항 제3호를 적용할 때 제1항을 적용받는 주택은 해당 거주자의 소유주택으로 보지 아니한다.

③ 제1항은 전국 소비자물가상승률 및 전국 주택매매가격상승률을 고려하여 부동산 가격이 급등하거나 급등할 우려가 있는 지역으로서 대통령령으로 정하는 지역에는 적용하지 아니한다.

④ 제1항을 적용받으려는 자는 대통령령으로 정하는 바에 따라 감면신청을 하여야 한다.

⑤ 제1항을 적용할 때 과세특례 신청 및 그 밖에 필요한 사항은 대통령령으로 정한다.

【영】 제100조(신축주택 등 취득자에 대한 양도소득분 개인지방소득세의 과세특례) ① 법 제148조 제1항에서 "대통령령으로 정하는 신축주택, 미분양주택 또는 1세대 1주택자의 주택"이란 다음 각 호의 구분에 따른 주택을 말한다.

1. 신규주택 또는 미분양주택 : 「조세특례제한법 시행령」 제99조의 2 제1항 및 제2항에 따른 주택
2. 1세대 1주택자의 주택 : 「조세특례제한법 시행령」 제99조의 2 제3항부터 제5항까지의 규정에 따른 주택

② 법 제148조 제1항에서 "대통령령으로 정하는 자"란 「조세특례제한법 시행령」 제99조의 2 제6항 각 호의 구분에 따른 자를 말한다.

③ 법 제148조에 따라 과세특례를 적용받으려는 자는 해당 주택의 양도소득 과세표준예정신고 또는 과세표준확정신고와 함께 「조세특례제한법 시행령」 제99조의 2 제11항 또는 제12항에 따라 신축주택, 미분양주택 또는 1세대 1주택자의 주택임을 확인하는 날인을 받아 교부받은 매매계약서 사본을 납세지 관할 지방자치단체의 장에게 제출하여야 한다. 다만, 「조세특례제한법 시행령」 제99조의 2 제8항에 따라 납세지 관할 세무서장에게 양도소득세 과세표준신고와 함께 매매계약서 사본 등을 제출한 경우에는 납세지 관할 지방자치단체의 장에게도 함께 제출한 것으로 본다.

④ 법 제148조에 따른 과세특례의 적용에 관하여는 제1항 및 제2항에서 규정한 사항 외에는 「조세특례제한법 시행령」 제99조의 2를 준용한다.

# 1 | 개 요

본 제도는 침체현상이 지속되고 있는 부동산시장의 수급불균형을 완화하고, 보유주택이 매각되지 않아 어려움을 겪고 있는 하우스푸어를 지원하기 위하여 2013년 4월 1일 부동산 대책의 일환으로 국세인 조특법에서 2013년 5월 10일 신설되고 2013년 5월 10일 이후 최초로 양도하는 분부터 적용되었다.

본 제도는 조특법 제99조의 2 규정과는 별개로 지방소득세의 독립세를 위한 세제개편 계획(2013.9.)에 따라 2014년부터 현재의 지특법 제148조로 신설되었다.

# 2 | 감면실무

## 2-1. 감면요건

### 2-1-1. 과세특례 대상 주택의 범위

취득가액이 6억원 이하이거나 주택의 연면적(공동주택의 경우에는 전용면적)이 85제곱미터 이하인 다음의 주택

(1) 신축주택 또는 미분양주택으로서 다음의 주택

1) 「주택법」 제38조에 따라 주택을 공급하는 사업주체(이하 "사업주체")가 같은 조에 따라 공급하는 주택으로서 해당 사업주체가 입주자모집공고에 따른 입주자의 계약일이 지난 주택단지에서 2013년 3월 31일까지 분양계약이 체결되지 아니하여 2013년 4월 1일 이후 선착순의 방법으로 공급하는 주택
2) 「주택법」 제16조에 따른 사업계획승인(「건축법」 제11조에 따른 건축허가를 포함함)을 받아 해당 사업계획과 「주택법」 제38조에 따라 사업주체가 공급하는 주택(입주자모집공고에 따른 입주자의 계약일이 2013년 4월 1일 이후 도래하는 주택으로 한정함)
3) 주택건설사업자(20호 미만의 주택을 공급하는 자를 말하며, 제1호와 제2호에 해당하는 사업주체는 제외한다)가 공급하는 주택(「주택법」에 따른 주택을 말함)
4) 「주택법」에 따른 대한주택보증주식회사가 같은 법 시행령 제107조 제1항에 따라 매입한 주택으로서 해당 대한주택보증주식회사가 공급하는 주택
5) 주택의 시공자가 해당 주택의 공사대금으로 받은 주택으로서 해당 시공자가 공급하는 주택
6) 「법인세법 시행령」 제92조의 2 제2항 제1호의 5, 제1호의 8 및 제1호의 10에 따른 기업구조조정부동산투자회사 등이 취득한 주택으로서 해당 기업구조조정부동산투자회사 등이 공급하는 주택
7) 「자본시장과 금융투자업에 관한 법률」에 따른 신탁업자가 「법인세법 시행령」 제92조의 2 제2항 제1호의 7, 제1호의 9 및 제1호의 11에 따라 취득한 주택으로서 해당 신탁업자가 공급하는 주택
8) 자기가 건설한 주택으로서 2013년 4월 1일부터 2013년 12월 31일까지의 기간(이하 "과세특례 취득기간") 중에 사용승인 또는 사용검사(임시사용승인을 포함함)를 받은 주택. 다만, 다음의 주택은 제외한다.
   - 「도시 및 주거환경정비법」에 따른 주택재개발사업 또는 주택재건축사업을 시행하는 정비사업조합의 조합원이 해당 관리처분계획에 따라 취득하는 주택
   - 거주하거나 보유하는 중에 소실 · 붕괴 · 노후 등으로 인하여 멸실되어 재건축한 주택
9) 「주택법 시행령」 제2조의 2 제4호에 따른 오피스텔(이하 "오피스텔") 중 「건축법」 제11조에 따른 건축허가를 받아 「건축물의 분양에 관한 법률」 제6조에 따라 분양사업자가 공급(분양 광고에 따른 입주예정일이 지나고 2013년 3월 31일까지 분양계약이 체결되지 아니하여 수의계약으로 공급하는 경우를 포함한다)하거나 「건축법」 제22조에 따른 건축물의 사용승인을 받아 공급하는 오피스텔[4)부터 8)까지의 방법으로 공급 등을 하는 오피스텔을 포함함]

다만, 다음의 주택은 제외한다.

1) 사업주체 등[442]과 양수자 간에 실제로 거래한 가액이 6억원을 초과하고 연면적(공동주택 및 오피스텔의 경우에는 전용면적을 말한다)이 85제곱미터를 초과하는 신축주택 등. 이 경우 양수자가 부담하는 취득세 및 그 밖의 부대비용은 포함하지 아니한다.
2) 2013년 3월 31일 이전에 사업주체 등과 체결한 매매계약이 과세특례 취득기간 중에 해제된 신축주택 등
3) 2)에 따른 매매계약을 해제한 매매계약자가 과세특례 취득기간 중에 계약을 체결하여 취득한

신축주택 등 및 해당 매매계약자의 배우자[매매계약자 또는 그 배우자의 직계존비속(그 배우자를 포함한다) 및 형제자매를 포함한다]가 과세특례 취득기간 중에 원래 매매계약을 체결하였던 사업주체 등과 계약을 체결하여 취득한 신축주택 등

4) 위 9)에 따른 오피스텔을 취득한 자가 다음 각 목의 모두에 해당하지 아니하게 된 경우의 해당 오피스텔
   - 취득자가 취득일부터 60일이 지난 날부터 양도일까지 해당 오피스텔의 주소지에 「주민등록법」에 따른 주민등록이 되어 있거나 임차인의 주민등록이 되어 있는 경우
   - 「임대주택법」 제6조에 따른 임대사업자(취득 후 「임대주택법」 제6조에 따른 임대사업자로 등록한 경우를 포함한다)가 취득한 경우로서 취득일부터 60일 이내에 임대용 주택으로 등록한 경우

(2) 1세대 1주택자의 주택

다음의 어느 하나에 해당하는 주택(주택에 부수되는 토지로서 건물이 정착된 면적에 지역별로 정하는 배율[443]을 곱하여 산정한 면적 이내의 토지를 포함하며, 이하 "감면대상기존주택")을 말한다. 이 경우 다음의 각각에 해당하는지를 판정할 때 1주택을 여러 사람이 공동으로 소유한 경우 공동소유자 각자가 그 주택을 소유한 것으로 보되, 1세대의 구성원이 1주택을 공동으로 소유하는 경우에는 그러하지 아니한다.

① 2013년 4월 1일 현재 「주민등록법」상 1세대[444]가 매매계약일 현재 국내에 1주택[445]을 보유하고 있는 경우로서 해당 주택의 취득등기일부터 매매계약일까지의 기간이 2년 이상인 주택

② 국내에 1주택을 보유한 1세대가 그 주택(이하 "종전의 주택")을 양도하기 전에 다른 주택을 취득함으로써 일시적으로 2주택이 된 경우[446]로서, 종전의 주택의 취득등기일부터 1년 이상이 지난 후 다른 주택을 취득하고 그 다른 주택을 취득한 날(등기일을 말한다)부터 3년 이내에 양도하는 종전의 주택. 다만, 취득등기일부터 매매계약일까지의 기간이 2년 이상인 종전의 주택으로 한정한다.

---

442) 조특령 제99조의 2 제6항 제1호에 해당하는 사업자를 말함.

443) 도시지역 안의 토지 : 5배, 도시지역 밖의 토지 : 10배

444) 부부가 각각 세대를 구성하고 있는 경우에는 이를 1세대로 보며, 이하 "1세대"

445) 주택은 「주택법」에 따른 주택을 말하며, 「주택법」에 따른 주택을 소유하지 아니하고 2013년 4월 1일 현재 「주민등록법」에 따른 주민등록이 되어 있는 오피스텔을 소유하고 있는 경우에는 그 1오피스텔을 1주택으로 본다. 이하 "1주택"

446) 1)에 따라 1주택으로 보는 오피스텔을 소유하고 있는 자가 다른 주택을 취득하는 경우를 포함함.

다만, 다음의 감면대상 기존주택은 제외한다.

> • 감면대상 기존주택 양도자와 양수자 간에 실제로 거래한 가액이 6억원을 초과하고 연면적(공동주택 및 오피스텔의 경우에는 전용면적을 말한다)이 85제곱미터를 초과하는 감면대상 기존주택. 이 경우 양수자가 부담하는 취득세 및 그 밖의 부대비용은 포함하지 아니함.
> • 2013년 3월 31일 이전에 체결한 매매계약을 과세특례 취득기간 중에 해제한 매매계약자 또는 그 배우자[매매계약자 또는 그 배우자의 직계존비속(그 배우자를 포함한다) 및 형제자매를 포함한다]가 과세특례 취득기간 중에 계약을 체결하여 취득한 원래 매매계약을 체결하였던 감면대상 기존주택
> • 감면대상 기존주택 중 오피스텔을 취득하는 자가 취득 후 다음의 모두에 해당하지 아니하게 된 경우의 해당 오피스텔
>   - 취득자가 취득일부터 60일이 지난 날부터 양도일까지 해당 오피스텔의 주소지에 「주민등록법」에 따른 주민등록이 되어 있거나 임차인의 주민등록이 되어 있는 경우
>   - 「임대주택법」 제6조에 따른 임대사업자(취득 후 「임대주택법」 제6조에 따른 임대사업자로 등록한 경우를 포함한다)가 취득한 경우로서 취득일부터 60일 이내에 임대용 주택으로 등록한 경우

#### 2-1-2. 취득기간

2013년 4월 1일부터 2013년 12월 31일까지 「주택법」 제38조에 따라 주택을 공급하는 사업주체 등과 최초로 매매계약을 체결하여 그 계약에 따라 취득447) 한 경우에 한하여 적용된다.

### 2-2. 과세특례의 내용

#### 2-2-1. 양도소득분 개인지방소득세의 감면

주택을 취득일부터 5년 이내에 양도함으로써 발생하는 양도소득에 대하여는 양도소득분 개인지방소득세의 100분의 100에 상당하는 세액을 감면하고, 취득일부터 5년이 지난 후에 양도하는 경우에는 해당 주택의 취득일부터 5년간 발생한 다음의 양도소득분 개인지방소득금액을 해당 주택의 양도소득분 개인지방소득세 과세대상소득금액에서 공제함. 이 경우 공제하는 금액이 과세대상소득금액을 초과하는 경우 그 초과금액은 없는 것으로 한다.

$$\text{양도소득금액} \times \frac{\text{취득일부터 5년이 되는 날의 기준시가} - \text{취득 당시의 기준시가}}{\text{양도 당시의 기준시가} - \text{취득 당시의 기준시가}}$$

447) 2013년 12월 31일까지 매매계약을 체결하고 계약금을 지급한 경우를 포함함.

2-2-2. 주택수 산정시 제외

「소득세법」 제89조 제1항 제3호[448] 및 제104조 제1항 제4호부터 제7호[449]까지의 규정을 적용할 때 제1항을 적용받는 주택은 해당 거주자의 소유주택으로 보지 아니한다.

2-2-3. 부동산가격 급등지역 등 신축주택에 대한 과세특례 적용배제

전국소비자물가상승률 및 전국주택매매가격상승률을 감안하여 부동산가격이 급등하거나 급등할 우려가 있는 지역으로서 대통령령으로 정하는 지역에는 적용하지 아니한다. 다만, 현재는 조세특례제한법 시행령에서 대통령령으로 정하지 않고 있다.

## 2-3. 절 차

과세특례를 적용받으려는 자는 해당 주택의 양도소득 과세표준예정신고 또는 과세표준확정신고와 함께 신축주택 등 또는 감면대상기존주택임을 확인하는 날인을 받아 교부받은 매매계약서 사본을 납세지 관할 지방자치단체의 장(세무서장 포함)에게 제출하여야 한다.

사업주체 등은 신축주택 등의 매매계약을 체결한 즉시 2부의 매매계약서에 시장·군수·구청장으로부터 신축주택 등임을 확인하는 날인을 받아 그 중 1부를 해당 매매계약자에게 교부하여야 하며, 그 내용을 신축주택등확인대장에 작성하여 보관하여야 한다.

매매계약서에 신축주택 등임을 확인하는 날인을 요청받은 시장·군수·구청장은 신축주택 등 현황 및 「주택법」 제16조에 따른 사업계획승인신청서류 등에 따라 신축주택 등임을 확인하고, 해당 매매계약서에 기획재정부령으로 정하는 신축주택 등임을 확인하는 날인을 하여야 하며, 그 내용을 신축주택등확인대장에 작성하여 보관하여야 한다.

감면대상기존주택 양도자는 감면대상기존주택의 매매계약을 체결한 날부터 30일 이내에 2부의 매매계약서에 시장·군수·구청장으로부터 감면대상기존주택임을 확인하는 날인을 받아 그 중 1부를 해당 매매계약자에게 교부하여야 한다.

448) 1세대 1주택의 양도로 발생하는 소득 비과세

449) (4호, 5호) 1세대 3주택(조합원입주권 포함) 60% 세율 적용, (6호) 1세대 2주택 50% 세율 적용

## 3 | 관련사례

- 감면대상 기존주택 양도자는 「조세특례제한법 시행령」 제99조의 2 제12항에 따라 매각허가결정일로부터 60일 이내(2013.6.27. 전 매각허가결정된 경우 2013.6.27.부터 60일 이내)에 2부의 매각허가결정문에 시장 · 군수 · 구청장으로부터 감면대상기존주택임을 확인하는 날인을 받아 그 중 1부를 해당 경락자에게 교부하는 것임(상속증여-473, 2013.8.13.).
- 「조세특례제한법 시행령」 제99조의 2에 따른 1세대 1주택자로부터 주택을 취득하는 경우로서 해당 1주택을 여러 사람이 공동으로 소유한 경우에는 같은 법 시행령 제99조의 2 제3항에 따라 공동소유자 각자가 그 주택을 소유한 것으로 보아 감면대상 기존주택 여부를 판정하되, 1세대의 구성원이 1주택을 공동으로 소유하는 경우에는 그러하지 아니하는 것임(상속증여-464, 2013.8.12.).
- 2013.4.1. 현재 「주민등록법」 제7조에 따라 작성된 세대별 주민등록표의 세대주와 동거인이 각각 1주택을 보유하고 있는 경우에는 「조세특례제한법」 제99조의 2에서 규정하는 1세대 1주택자에 해당하지 않는 것임(상속증여-397, 2013.7.23.).
- 보유 토지에 주택을 2013년 4월 1일부터 2013년 12월 31일까지 신축하여 그 신축주택을 양도하는 자는 「조세특례제한법」(2013.5.10. 법률 제11759호로 개정된 것) 제99조의 2에 따른 신축주택 등 취득자에 대한 양도소득세 과세특례가 적용되지 아니하는 것임(상속증여-399, 2013.7.23.).
- 조특법 제99조의 2 신축주택 등 취득자에 대한 양도소득세의 과세특례를 적용할 때 1세대 1주택자의 주택을 경매로 취득한 경우에도 동 규정을 적용하는 것이며, 이 경우 같은 조 제1항 본문의 매매계약 체결일은 「민사집행법」에 따른 매각허가결정일이 되는 것임(상속증여-345, 2013.7.9.).
- 도시 및 주거환경정비법에 따른 재건축(재개발)사업을 시행하는 정비사업조합의 조합원(같은 법 제48조에 따른 관리처분계획의 인가일 현재 조합원을 말함)이 취득한 재건축주택의 경우 「조세특례제한법 시행령」 제99조의 2 제3항의 취득등기일은 종전주택의 취득 등기일을 말하는 것임(상속증여-325, 2013.7.5.).
- 조세특례제한법 제99조의 2를 적용받는 감면대상기존주택 양도자가 매각허가결정일로부터 30일 이내에 2부의 매각허가결정문에 시장 · 군수 · 구청장으로부터 감면대상기존주택임을 확인하는 날인을 받아 그 중 1부를 해당 경락자에게 교부하는 것임(상속증여-312, 2013.7.3).
- 「임대주택법」 제21조에 따라 분양전환된 건설임대주택은 「조세특례제한법」(2013.5.10. 법률 제11759호로 개정된 것) 제99조의 2에 따른 신축주택 등 취득자에 대한 양도소득세의 과세특례 적용 대상에 해당하지 아니하는 것임(상속증여-299, 2013.7.2.).
- 조세특례제한법 제99조의 2를 적용받는 경매주택의 매매계약체결일은 민사집행법에 따른 매각허가결정일을 적용하는 것임(상속증여-293, 2013.7.1.).
- 2013.4.1. 현재 부부가 별도세대이고 각자 동거인이 있는 경우에는 각 세대를 별도의 세대로 보는 것이며, 각 세대별로 세대주와 동거인이 각각 1주택을 보유하고 있는 경우에는 「조세

특례제한법」 제99조의 2에서 규정하는 1세대 1주택자에 해당하지 아니하는 것임(상속증여-296, 2013.7.1).

- 「임대주택법」 제21조에 따라 분양전환된 건설임대주택은 「조세특례제한법」 제99조의 2에 따른 양도소득세의 과세특례 적용대상에 해당하지 아니하는 것임(상속증여-283, 2013.6.27.).
- 「임대주택법」 제21조에 따라 분양전환된 건설임대주택은 「조세특례제한법」 제99조의 2에 따른 양도소득세의 과세특례 적용대상에 해당하지 아니하는 것임(상속증여-285, 2013.6.27.).
- 조세특례제한법 제99조의 2 신축주택 등 취득자에 대한 양도소득세의 과세특례를 적용할 때 1세대 1주택자의 주택을 경매로 취득한 경우에도 동 규정을 적용하는 것이며, 이 경우 같은 조 제1항 본문의 매매계약 체결일은 「민사집행법」에 따른 매각허가결정일이 되는 것임(상속증여-288, 2013.6.27.).
- 조세특례제한법 제99조의 2 신축주택 등 취득자에 대한 양도소득세의 과세특례를 적용할 때 1세대 1주택자의 주택을 경매로 취득한 경우에도 동 규정을 적용하는 것이며, 이 경우 같은 조 제1항 본문의 매매계약 체결일은 「민사집행법」에 따른 매각허가결정일이 되는 것임(상속증여-289, 2013.6.27.).
- 조특법 제99조의 2. 1세대 1주택자의 주택을 판정함에 있어 협의이혼으로 취득한 주택의 취득시기는 해당주택의 취득 등기일임(서면법규-739, 2013.6.26.).
- 「임대주택법」에 따라 분양전환된 건설임대주택은 「조세특례제한법」 제99조의 2에 따른 과세특례 대상에 해당하지 아니함(서면법규-742, 2013.6.26.).
- 거주자가 보유 토지에 주택을 신축한 경우 해당 신축주택과 1세대 1주택 비과세 요건을 갖춘주택을 취득한 후 멸실하여 재건축한 신축주택은 신축주택 등 취득자에 대한 양도세 과세특례가 적용되지 아니함(서면법규-743, 2013.6.26.).
- 1세대1주택자의 주택을 경매로 취득한 경우 감면대상기존주택에 해당하고 이 경우 매매계약 체결일은 매각허가결정일을 적용하는 것이며, 감면대상기존주택 양도자가 매각허가결정일로부터 30일 이내 시장・군수・구청장으로부터 매각허가결정문에 감면대상기존주택임을 날인 받아 낙찰자에게 교부하는 것임(서면법규-735, 2013.6.25.).
- 2013.4.1. 부동산대책으로 시행된 신축주택 등 취득자에 대한 양도소득세 과세특례 적용 시 세대별 주민등록표의 동거인도 동일 세대로 보아 1세대 1주택자 여부를 판단함(서면법규-273, 2013.6.24.).
- 2013.3.31. 이전에 사업주체 등과 체결한 매매계약이 2013.3.31. 이전에 해제된 주택은 「조세특례제한법」 제99조의 2에 따른 미분양주택에 해당하는 것이나, 매매대금 등이 반환되지 아니한 경우 등 사실상 계약이 해제되지 아니한 경우는 이에 해당하지 아니하는 것임(서면법규-720, 2013.6.24.).
- 2013.4.1. 부동산대책으로 시행된 신축주택 등 취득자에 대한 양도소득세 과세특례 적용 시 세대별 주민등록표의 동거인도 동일 세대로 보아 1세대 1주택자 여부를 판단함(서면법규-723, 2013.6.24.).

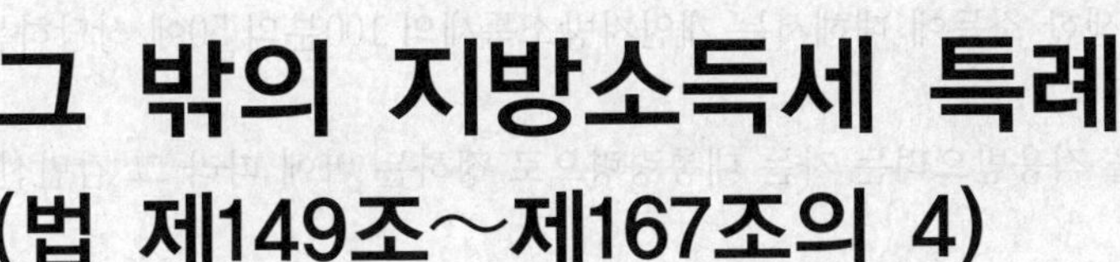

# 제 11 절

# 그 밖의 지방소득세 특례 (법 제149조～제167조의 4)

# 제149조

## 산림개발소득에 대한 세액감면

관련규정

제149조(산림개발소득에 대한 세액감면) ① 내국인이 「산림자원의 조성 및 관리에 관한 법률」에 따른 산림경영계획 또는 특수산림사업지구사업(법률 제4206호 산림법중개정법률의 시행 전에 종전의 「산림법」에 따라 지정된 지정개발지역으로서 같은 개정법률 부칙 제2조에 해당하는 지정개발지역에서의 지정개발사업을 포함한다)에 따라 새로 조림(造林)한 산림과 채종림, 「산림보호법」 제7조에 따른 산림보호구역으로서 그가 조림한 기간이 10년 이상인 것을 2018년 12월 31일까지 벌채(伐採) 또는 양도함으로써 발생한 소득에 대해서는 개인지방소득세의 100분의 50에 상당하는 세액을 감면한다.

② 제1항을 적용받으려는 자는 대통령령으로 정하는 바에 따라 그 감면신청을 하여야 한다.

【영】 제101조(산림개발소득에 대한 세액감면신청) 법 제149조 제1항을 적용받으려는 내국인은 과세표준신고와 함께 행정안전부령으로 정하는 세액감면신청서를 납세지 관할 지방자치단체의 장에게 제출하여야 한다. 다만, 「조세특례제한법 시행령」 제102조에 따라 납세지 관할 세무서장에게 소득세 감면을 신청하는 경우에는 법 제149조에 따른 개인지방소득세에 대한 세액감면도 함께 신청한 것으로 본다.

## 1 개 요

본조는 영세한 임업 가구를 지원하고자 도입된 세제지원이다. 본 제도는 조특법 제102조의 규정과는 별개로 지방소득세의 독립세를 위한 세제개편 계획(2013.9.)에 따라 2014년부터 현재의 지특법 제149조로 신설되었다.

# 2 감면실무

## 2-1. 감면요건

### 2-1-1. 감면소득의 범위

내국인이 「산림자원의 조성 및 관리에 관한 법률」에 의한 산림경영계획 또는 특수산림사업지구사업(법률 제4206호 산림법 중 개정법률의 시행 전에 종전의 산림법에 의하여 지정된 지정개발지역으로서 동 개정법률 부칙 제2조의 규정에 해당하는 지정개발지역에서의 지정개발사업 포함)에 의하여 새로이 조림한 산림과 채종림, 「산림보호법」 제7조에 따른 산림보호구역으로서 그가 조림한 기간이 10년 이상인 것을 2018년 12월 31일까지 벌채 또는 양도함으로써 발생한 소득에 대하여 세액감면이 적용된다(지특법 §149 ①).

## 2-2. 과세특례의 내용

산림개발소득에 대한 개인지방소득세의 감면세액은 다음과 같이 계산한다.

$$\text{개인지방소득세 감면세액} = \text{종합소득에 대한 산출세액} \times \frac{\text{당해 감면소득금액}}{\text{종합소득금액}} \times 50\%$$

## 2-3. 절 차

산림개발소득에 대한 개인지방소득세의 감면을 적용받고자 하는 내국인은 과세표준신고와 함께 세액감면신청서를 납세지 관할 지방자치단체의 장(세무서장 포함)에게 제출하여야 한다(지특령 §101).

# 3 | 관련사례

- 임야를 취득한 이후 임업관련 사업자등록을 한 사실이 확인되지 아니하고 다른 사업을 영위하던 청구인이 10년 이상 임업과 관련한 조림 및 육림을 하였다고 인정하기 어려우므로 임야 및 임목의 양도가액 전체를 사업소득으로 보기 어려움(조심 2011중2567, 2012.2.22.).
- 소득세 추계신고를 하는 경우에는 조세특례제한법 제102조의 산림개발소득에 대한 세액감면을 적용할 수 없는 것임(서면1팀-1593, 2006.11.24.).
- 법인세 등이 감면되는 산림개발소득에 임지의 양도소득은 미포함(국심 92중2479, 1993.12.17.)
- 전소유자가 조림한 임목을 벌채 또는 양도함으로써 발생하는 소득은 구 조세감면규제법 제38조에 의해 소득세를 면제받을 수 없음(소득 22601-259, 1991.2.8.).
- 산림법에 의한 영림계획 또는 지정개발사업에 의하여 5년 이상 조림한 산림을 벌채・양도함으로써 발생한 소득은 법인세가 면제되나 동 토지의 양도소득에 대해서는 법인세 등이 면제되지 아니함(법인 22601-1136, 1990.5.23.).
- 세액면제신청서 제출 여부에 관계없이 산림개발소득세를 면제하는 것임(대법원 85누695, 1986.3.11.).
- 산림법 소정의 사유로 인하여 영림계획을 폐지한 경우에도 면제규정은 적용하는 것임(직세 1264-550, 1980.2.27.).

# 제150조

## 제3자물류비용에 대한 세액공제

관련규정

제150조(제3자물류비용에 대한 세액공제) ① 제조업을 경영하는 내국인이 다음 각 호의 요건을 모두 갖추어 2018년 12월 31일 이전에 끝나는 과세연도까지 각 과세연도에 지출한 물류비용 중 제3자물류비용이 직전 과세연도에 지출한 제3자물류비용을 초과하는 경우 그 초과하는 금액의 1,000분의 3(중소기업의 경우에는 1,000분의 5)에 상당하는 금액을 개인지방소득세(사업소득에 대한 개인지방소득세만 해당한다)에서 공제한다. 다만, 공제받는 금액이 해당 과세연도의 개인지방소득세의 100분의 10을 초과하는 경우에는 100분의 10을 한도로 한다.

1. 각 과세연도에 지출한 제3자물류비용이 각 과세연도에 지출한 물류비용의 100분의 30 이상일 것
2. 해당 과세연도에 지출한 물류비용 중 제3자물류비용이 차지하는 비율이 직전 과세연도보다 낮아지지 아니할 것

② 직전 과세연도에 지출한 제3자물류비용이 직전 과세연도에 지출한 물류비용의 100분의 30 미만이거나 없는 경우로서 해당 과세연도에 지출한 제3자물류비용이 해당 과세연도에 지출한 물류비용의 100분의 30을 초과하는 경우에는 제1항에도 불구하고 그 초과금액의 1,000분의 3(중소기업의 경우에는 1,000분의 5)에 상당하는 금액을 개인지방소득세(사업소득에 대한 개인지방소득세만 해당한다)에서 공제한다. 다만, 공제받는 금액이 해당 과세연도의 개인지방소득세의 100분의 10을 초과하는 경우에는 100분의 10을 한도로 한다.

③ 제1항 및 제2항을 적용받으려는 내국인은 대통령령으로 정하는 바에 따라 세액공제신청을 하여야 한다.

【영】 제102조(제3자물류비용에 대한 세액공제신청) 법 제150조 제1항 및 제2항에 따라 개인지방소득세를 공제받으려는 자는 과세표준신고와 함께 행정안전부령으로 정하는 세액공제신청서를 납세지 관할 지방자치단체의 장에게 제출하여야 한다. 다만, 「조세특례제한

법」 제104조의 14에 따라 납세지 관할 세무서장에게 소득세 공제를 신청하는 경우에는 법 제150조에 따른 개인지방소득세에 대한 세액공제도 함께 신청한 것으로 본다.

# 1 | 개 요

본 제도는 제조업을 영위하는 내국인의 제3자물류 이용에 대한 세제지원을 통해 제3자물류로의 전환을 촉진하고자 도입되었다. 본 제도는 조특법 제104조의 14 규정과는 별개로 지방소득세의 독립세를 위한 세제개편 계획(2013.9.)에 따라 2014년부터 현재의 지특법 제150조로 신설되었다.

# 2 | 감면실무

## 2-1. 감면요건

### 2-1-1. 적용대상자

2015년 12월 31일 이전에 종료하는 과세연도까지 제3자물류비용을 지출하는 제조업을 영위하는 내국인이 이에 해당된다(지특법 §150 ①). 여기서 제3자 물류란 화주기업이 공급체인(Supply Chain)상의 전체 물류기능 혹은 일부 물류기능을 물류전문업체에게 위탁하는 것을 말한다. 제조업은 제99조, 내국인은 제2조의 해설을 참고하기 바란다.

### 2-1-2. 제3자물류비용의 비율

제조업을 영위하는 내국인이 지출하는 제3자물류비용은 다음의 요건을 모두 충족하여야 한다(지특법 §150 ①). 다만, 본 세액공제를 최초로 적용하는 경우에는 다음 요건 중 ②를 충족하여야 한다(지특법 §150 ②).

① 각 과세연도에 지출한 물류비용 중 제3자물류비용이 직전 과세연도에 지출한 제3자물류비용을 초과할 것
② 각 과세연도에 지출한 제3자물류비용이 각 과세연도에 지출한 물류비용의 30%[450] 이상일 것
③ 해당 과세연도에 지출한 물류비용 중 제3자물류비용이 차지하는 비율이 직전 과세연도보다 낮아지지 아니할 것

## 2-2. 과세특례의 내용

### 2-2-1. 계속 적용하는 경우

제조업을 영위하는 내국인이 2015년 12월 31일 이전에 종료하는 과세연도까지 각 과세연도에 지출한 물류비용 중 제3자물류비용이 직전 과세연도에 지출한 제3자물류비용을 초과하는 경우 다음의 금액을 사업소득에 대한 개인지방소득세에서 공제한다(지특법 §150 ①).

> * 세액공제액 = MIN(①, ②)
>
> ① [ 각 과세연도 물류비용 중 제3자물류비용 − 직전 과세연도에 지출한 제3자물류비용 ] × 0.3%
>
> ② 해당 과세연도의 개인지방소득세 × 10%

### 2-2-2. 최초 적용하는 경우

직전 과세연도에 지출한 제3자물류비용이 직전 과세연도에 지출한 물류비용의 30% 미만이거나 없는 경우로서 해당 과세연도에 지출한 제3자물류비용이 해당 과세연도에 지출한 물류비용의 30%를 초과하는 경우 다음의 금액을 법인세 또는 사업소득에 대한 소득세에서 공제한다(지특법 §150 ②).

> * 세액공제액 = MIN(①, ②)
>
> ① [ 해당 과세연도 물류비용 중 제3자물류비용 − 해당 과세연도 물류비용 × 30% ] × 0.3%
>
> ② 해당 과세연도의 개인지방소득세 × 10%

## 2-3. 절 차

제3자물류비용에 대한 세액공제를 적용받으려는 자는 과세표준신고와 함께 세액공제신청서를 납세지 관할 지방자치단체의 장(세무서장 포함)에게 제출하여야 한다(지특령 §102).

## 2-4. 지방세특례의 제한

본 제도에 따라 세액공제를 적용받은 경우에는 다음과 같은 각종 세제지원이 제한된다. 자세한 사항은 다음의 각 조문에서 설명하도록 한다.

450) 각 과세연도의 제3자물류 비중이 50% 이상에서 30% 이상으로 개정하여 제3자물류 활성화 지원(2012.1.1. 이후 개시하는 과세연도분부터 적용)

① 「외국인투자촉진법」에 따라 법인세 등이 감면되는 경우 내국인 지분비율만큼만 공제(지특법 §168 ③)
② 세액감면 제도와의 중복적용 배제(지특법 §168 ④)
③ 최저한세는 적용되나 초과분에 대한 이월공제는 허용되지 않음(지특법 §10, §174).
④ 추계를 하는 경우 공제 배제(지특법 §169)

## 3 | 관련사례

- 쟁점물류비는 원자재가 선박 생산공정에 투입된 이후에 발생한 운송비인 점 등을 종합할 때, 청구주장을 받아들이기 어려움(조심 2012서5359, 2013.9.11.).
- 선박 건조회사가 선박건조에 필요한 원자재 등을 구입하여 녹방지 처리를 한 후 사외 블록제작업체에 운송하는 비용과 사외 블록제작업체에서 제작한 블록을 해당 선박 건조회사의 보관장소까지 운송하는 비용은 세액공제가 되는 제3자물류비용의 대상에 해당하지 아니함(재조특-133, 2013.2.15.).
- 제조업을 영위하는 외국인투자법인이 법인세 감면사업과 비감면사업을 구분경리하고 제3자물류비용을 지출하는 경우 감면사업 관련비용에 대하여는 내국인 투자비율을 곱하여 계산한 금액에 대하여 제3자물류비용에 대한 세액공제를 적용받음(법인-820, 2011.10.26.).
- 제3자물류비용에 대한 세액공제를 적용받고자 하는 법인이 구분경리함에 있어, 감면사업과 기타사업의 업종이 동일한 경우 공통손금(물류비용)은 감면사업과 기타사업의 수입금액 또는 매출액에 비례하여 안분계산함(법인-820, 2011.10.26.).
- 사업연도 중 분할하여 분할신설법인에게 일부 사업승계로 제3자물류비용 세액공제규정 적용시, 사업부문과 존속사업부문의 물류비용이 구분경리되지 않은 경우 직전 과세연도 물류비용은 분할존속법인의 지출액으로 보아 세액공제적용함(법규법인 2010-63, 2011.2.15.).
- 사업연도 중 분할로 일부사업을 승계한 분할신설법인 및 분할존속법인의 제3자물류비용에 대한 세액공제규정 적용시, 신설사업부문과 존속사업부문의 물류비용이 구분경리되지 않은 경우 직전 과세연도 물류비용은 분할존속법인의 지출액으로 보아 세액공제를 적용함(재조특-120, 2011.2.15.).
- 제품을 공장에서 생산하여 물류창고로 이송하는 물류비용 및 물류비용 명목으로 제3자에게 지급하는 물류수수료는 조특법 제104조의 14(제3자물류비용에 대한 세액공제)의 물류비용에 해당하지 아니함(재조특-33, 2011.1.17.).
- 판매가 확정되지 않은 상태에서 배송이 용이하도록 하기 위한 물류센터의 임차료와 자가물류센터의 감가상각비 및 기업물류비 산정지침의 사내물류비는 공제대상 물류비용에 해당되지 아니함(법인-547, 2010.6.11.).
- 조세특례제한법 제104조의 14 적용시 3자 물류비용은 물류전문기업 여부에 불구하고 법인

세법 제52조 제1항에 따른 특수관계자 외의 자에게 지출한 물류비용을 의미함(법인-1300, 2009.11.27.).

- 제3자물류비용에 대한 세액공제를 최초로 적용받고자 하는 경우 요건을 충족한 경우 2008. 1.1.부터 최초로 개시하는 사업연도 이후 지출하는 분부터 적용함(법인-1313, 2009.11.27.).
- 각 과세연도에 지출한 물류비용 중 제3자물류비용이 직전 과세연도에 지출한 제3자물류비용을 초과하는지 여부를 판단시 과세연도가 12개월 미만인 경우에는 12개월로 환산함(법인-1313, 2009.11.27.).
- 제조를 하기 위한 공장시설장치의 매입과 관련하여 부수적으로 발생하는 물류비용은 제3자물류비용에 대한 세액공제를 적용하지 아니함(법인-1307, 2009.11.25.).
- 제조업과 기타사업을 겸영하는 내국법인은 제3자물류비용에 대한 세액공제를 적용받기 위하여 구분경리를 하여야 하며 공통손금은 개별손금에 비례하여 안분계산함(법인-1243, 2009.11.6.).
- 조세특례제한법 제104조의 14의 물류비용에는 해상·육상운송비와 물품 이동을 위한 하역비 및 파렛트 임차비용은 포함됨(법인-1245, 2009.11.6.).
- 조특법 제104조의 14의 물류비용에는 사내물류비용 성격의 지출액과 판매과정에서 거래처에 물품 인도 후에 발생하여 지급되는 물류대행비 성격의 지출액은 포함되지 아니함(법인-1245, 2009.11.6.).

# 제151조

## 대학 맞춤형 교육비용 등에 대한 세액공제

관련규정

제151조(대학 맞춤형 교육비용 등에 대한 세액공제) ①「고등교육법」 제2조에 따른 학교(이하 이 조에서 "대학교"라 한다)가 산업교육을 실시하는 학교로서 대통령령으로 정하는 학교 또는 산업수요맞춤형고등학교등이「산업교육진흥 및 산학연협력촉진에 관한 법률」 제8조에 따라 내국인과 계약으로 직업교육훈련과정 또는 학과 등을 설치·운영하고, 해당 내국인이 그 운영비로 비용(이하 이 조에서 "맞춤형 교육비용"이라 한다)을 2019년 12월 31일까지 지급하는 경우에는 제102조를 준용한다. 이 경우 "일반연구·인력개발비"를 "맞춤형 교육비용"으로 본다.

② 내국인이 대학교 또는 산업수요맞춤형고등학교등에 대통령령으로 정하는 연구 및 인력개발을 위한 시설을 2019년 12월 31일까지 기부하는 경우에는 제103조를 준용한다.

③ 제1항 및 제2항을 적용할 때 내국인이 수도권에 있는 대학교에 지급하거나 기부하는 경우에는 해당 금액의 100분의 5를 곱한 금액을 지급하거나 기부한 것으로 본다.

④ 산업수요맞춤형고등학교등과 대통령령으로 정하는 사전 취업계약 등을 체결한 내국인이 해당 산업수요맞춤형고등학교등의 재학생에게 직업교육훈련을 실시하고 현장훈련수당 등 대통령령으로 정하는 비용(이하 이 조에서 "현장훈련수당등"이라 한다)을 2019년 12월 31일까지 지급하는 경우에는 제102조를 준용한다. 이 경우 "일반연구·인력개발비"는 "현장훈련수당등"으로 본다.

【영】 제103조(대학 맞춤형 교육비용 등에 대한 세액공제) ① 법 제151조 제2항에서 "대통령령으로 정하는 연구 및 인력개발을 위한 시설"이란「조세특례제한법 시행령」 제104조의 17 제1항에 따른 시설을 말한다.

② 법 제151조 제4항 전단에서 "대통령령으로 정하는 사전 취업계약 등"이란「조세특례제한법 시행령」 제104조의 17 제2항 각 호의 어느 하나에 해당하는 계약을 말한다.

③ 법 제151조 제4항 전단에서 "대통령령으로 정하는 비용"이란「조세특례제한법 시행령」 제104조의 17 제3항에 따른 비용을 말한다.

# 1 | 개 요

이 제도는 기업이 대학의 연구개발 인프라 확충에 실질적으로 기여할 수 있도록 세제지원을 확대하기 위하여 '지방대학 맞춤형 교육비용 등에 대한 세액공제' 제도이다. 본 제도는 조특법 제104조의 18 규정과는 별개로 지방소득세의 독립세를 위한 세제개편 계획(2013.9.)에 따라 2014년부터 현재의 지특법 제151조로 신설되었다.

한편, 2014년 1월 1일 조특법 개정시에는 세액공제율을 기업규모별로 차등적용하도록 하고 적용기한을 2016년 12월 31일까지 3년 연장하였으며 2014년 1월 1일 이후 투자분부터 적용하도록 하였으며, 2014년 12월 23일 개정시에는 취업과 학업을 병행할 수 있는 제도적 기반 구축을 지원하기 위하여 대안학교를 적용대상에 추가하였으며, 2015년 12월 15일 개정시에는 다시 산업수요 맞춤형 학과 또는 전문계 과정을 설치한 일반고등학교 및 고등기술학교를 적용대상에 추가하였고, 2016년 12월 20일 개정시에는 적용기한을 2019년 12월 31일까지 3년 연장하였다.

# 2 | 감면실무

## 2-1. 대학 맞춤형 교육비용에 대한 세액공제

고등교육법 제2조에 따른 대학교가 산업교육진흥 및 산학연협력촉진에 관한 법률 제8조에 따라 내국인과 계약으로 직업교육훈련과정 또는 학과 등을 설치·운영하고, 해당 내국인이 그 운영비로 비용("맞춤형 교육비용"이라 함)을 2013년 12월 31일까지 지급하는 경우에는 "맞춤형 교육비용"을 "일반연구·인력개발비"로 보아 조특법 제10조(연구·인력개발비에 대한 세액공제)의 규정을 준용하여 세액공제한다. 다만, 이 경우 내국인이 수도권 안에 소재하는 학교에 지급하는 경우에는 해당 금액의 5%를 곱한 금액을 지급한 것으로 본다.

## 2-2. 대학 기부설비에 대한 세액공제

(1) 내국인이 대학교 및 산업수요맞춤형고등학교 등에 연구 및 인력개발을 위한 시설을 2013년 12월 31일까지 기부하는 경우에는 조특법 제11조(연구 및 인력개발을 위한 설비투자에 대한 세액공제)의 규정을 준용하여 세액공제한다. 다만, 이 경우 내국인이 수도권 안에 소재하는 대학교에 기부하는 경우에는 해당 금액의 5%를 곱한 금액을 기부한 것으로 본다.

(2) 세액공제대상 연구 및 인력개발을 위한 시설이란 연구개발을 위한 연구·시험용시설로서 다음의 어느 하나에 해당하는 것과 인력개발을 위한 직업훈련용 시설로서 다음의 어느 하나에 해당하는 것을 말한다. 다만, 대상시설이 중고품이거나 기부 이후 운휴 중에 있는 것은 제외한다(지특령 §103 ①, 조특령 §104의 17 ①, 조특칙 §46의 4).

① 공구 또는 사무기기 및 통신기기, 시계·시험기기 및 계측기기, 광학기기 및 사진제작기기

② 법인세법 시행규칙 별표 6의 업종별 자산의 기준내용연수 및 내용연수범위표의 적용을 받는 자산

## 2-3. 산업수요맞춤형고등학교 재학생에게 지급하는 현장훈련수당 등에 대한 세액공제

(1) 산업수요맞춤형고등학교 등과 사전 취업계약 등을 체결한 내국인이 해당 산업수요맞춤형고등학교 등의 재학생에게 직업교육훈련을 실시하고 현장훈련수당 등을 2013년 12월 31일까지 지급하는 경우에는 지특법 제102조(연구·인력개발비에 대한 세액공제)의 규정을 준용하여 세액공제한다. 산업수요맞춤형고등학교 등의 범위에 대해서는 제115조의 해설을 참조하기로 한다.

(2) 이 경우 사전 취업계약 등이란 다음의 어느 하나에 해당하는 계약을 말하며, 현장훈련수당 등이란 사전 취업계약 등에 따라 직업교육훈련을 받는 산업수요맞춤형고등학교 등의 재학생에게 해당 훈련기간 중 지급한 훈련수당, 식비, 교재비 또는 실습재료비(해당 내국인이 생산 또는 제조하는 물품의 제조원가 중 직접 재료비를 구성하지 아니하는 것만 해당함)를 말한다(지특령 §103 ②, 조특령 §104의 17 ②·③).

① 산업수요맞춤형고등학교 등 재학생에 대한 고용을 목적으로 해당 학교와 체결하는 직업교육훈련 촉진법 제2조 제5호 나목에 따른 특약으로서 다음의 요건을 모두 갖춘 특약(산업체 맞춤형 직업교육훈련계약)

㉠ 산업수요맞춤형고등학교 등에 교육부장관이 정하는 산업체 맞춤형 직업교육훈련과정을 설치할 것

㉡ 해당 내국인의 생산시설 또는 근무장소에서 산업수요맞춤형고등학교 등 재학생에 대하여 교육부장관이 정하는 기간 이상의 현장훈련을 실시할 것

㉢ 산업체 맞춤형 직업교육훈련과정 이수자에 대한 고용요건 등이 포함될 것

㉣ 위 ㉠부터 ㉢까지의 요건 등에 관한 사항이 포함된 교육부장관이 정하는 계약

서에 따라 산업체 맞춤형 직업교육훈련계약을 체결할 것

② 산업수요맞춤형고등학교 등 재학생에 대한 고용을 목적으로 해당 학교 및 직업교육훈련 촉진법 제2조 제2호에 따른 직업교육훈련기관과 체결하는 같은 법 제2조 제5호 나목에 따른 특약으로서 다음의 요건을 모두 갖춘 특약(이하 "취업인턴 직업교육훈련계약"이라 함)

㉠ 산업수요맞춤형고등학교 등 또는 직업교육훈련기관에 교육부장관이 정하는 취업인턴 직업교육훈련과정을 설치할 것

㉡ 해당 내국인의 생산시설 또는 근무장소에서 산업수요맞춤형고등학교 등 재학생에 대하여 교육부장관이 정하는 기간 이상의 현장훈련을 실시할 것

㉢ 취업인턴 직업교육훈련과정 이수자에 대한 고용요건 등이 포함될 것

㉣ 위 ㉠부터 ㉢까지의 요건 등에 관한 사항이 포함된 교육부장관이 정하는 계약서에 따라 취업인턴 직업교육훈련계약을 체결할 것

### 2-4. 지방세특례의 제한

#### 2-4-1. 중복지원의 배제

내국인이 투자한 자산에 대하여 중소기업투자세액공제 등의 규정과 본조의 규정이 동시에 적용되는 경우에는 그 중 하나만을 선택하여 이를 적용하며 이에 대한 자세한 설명은 제168조 제2항의 해설을 참조하기로 한다.

#### 2-4-2. 추계과세시 감면배제

소득세법 제80조 제3항 단서의 규정에 따라 각 과세연도의 소득에 대한 추계과세를 하는 경우에 본조의 적용이 배제된다. 이에 대한 자세한 설명은 제169조의 해설을 참조하기로 한다.

## 3 | 관련사례

- 내국법인이 연구 및 인력개발을 위한 시설을 실제 학교에 기부한 경우 연구 및 인력개발을 위한 설비투자에 대한 세액공제를 준용하여 세액공제를 적용함(법인-361, 2010.4.9.).
- 대학 맞춤형 교육비용에 대한 세액공제를 적용하는 경우 맞춤형 교육비용은 조특법 시행규칙 제7조 제13항의 비용을 말하는 것임(법인-220, 2010.3.12.).

# 제 152 조

## 해외진출기업의 국내복귀에 대한 세액감면

관련규정

제152조(해외진출기업의 국내복귀에 대한 세액감면) ① 대한민국 국민 등 대통령령으로 정하는 자가 다음 각 호의 어느 하나에 해당하는 경우로서 2018년 12월 31일까지 국내(수도권은 제외한다. 이하 이 조에서 같다)에서 창업하거나 사업장을 신설하는 경우에는 제2항 또는 제3항에 따라 개인지방소득세를 감면한다.

1. 국외에서 2년 이상 계속하여 경영하던 사업장을 대통령령으로 정하는 바에 따라 국내로 이전하는 경우
2. 국외에서 2년 이상 계속하여 경영하던 사업장을 부분 축소 또는 유지하면서 국내로 복귀하는 중소기업 및 대통령령으로 정하는 중견기업(생산량 축소 등 대통령령으로 정하는 부분 축소인 경우에는 국내에 사업장이 있는 경우를 포함한다)으로서 국내에 사업장이 없는 경우

② 제1항 제1호의 경우에는 이전 후의 사업장에서 발생하는 소득에 대하여 이전일 이후 해당 사업장에서 최초로 소득이 발생한 과세연도(이전일부터 5년이 되는 날이 속하는 과세연도까지 소득이 발생하지 아니한 경우에는 이전일부터 5년이 되는 날이 속하는 과세연도)와 그 다음 과세연도 개시일부터 4년 이내에 끝나는 과세연도에는 개인지방소득세의 100분의 100에 상당하는 세액을 감면하고, 그 다음 2년 이내에 끝나는 과세연도에는 개인지방소득세의 100분의 50에 상당하는 세액을 감면한다.

③ 제1항 제2호의 경우에는 복귀 후의 사업장에서 발생하는 소득에 대하여 복귀일 이후 해당 사업장에서 최초로 소득이 발생한 과세연도(복귀일부터 5년이 되는 날이 속하는 과세연도까지 소득이 발생하지 아니한 경우에는 복귀일부터 5년이 되는 날이 속하는 과세연도)와 그 다음 과세연도 개시일부터 2년 이내에 끝나는 과세연도에는 개인지방소득세의 100분의 100에 상당하는 세액을 감면하고, 그 다음 2년 이내에 끝나는 과세연도에는 개인지방소득세의 100분의 50에 상당하는 세액을 감면한다.

④ 제1항에 따라 개인지방소득세를 감면받은 내국인이 다음 각 호의 어느 하나에 해당하는 경우에는 그 사유가 발생한 과세연도의 과세표준신고를 할 때 대통령령으로 정

하는 바에 따라 계산한 세액을 개인지방소득세로 납부하여야 한다.

1. 사업장을 이전 또는 복귀하여 사업을 개시한 날부터 3년 이내에 그 사업을 폐업하거나 법인이 해산한 경우. 다만, 합병·분할 또는 분할합병으로 인한 경우는 제외한다.
2. 대통령령으로 정하는 바에 따라 사업장을 국내로 이전 또는 복귀하여 사업을 개시하지 아니한 경우

⑤ 제1항에 따라 감면받은 개인지방소득세액을 제4항에 따라 납부하는 경우 이자상당 가산액에 관하여는 제122조 제4항을 준용한다.

⑥ 제1항부터 제5항까지의 규정을 적용할 때 세액감면 신청, 그 밖에 필요한 사항은 대통령령으로 정한다.

【영】 제104조(해외진출기업의 국내복귀에 대한 세액감면) ① 법 제152조 제1항 각 호 외의 부분에서 "대한민국 국민 등 대통령령으로 정하는 자"란 「조세특례제한법 시행령」 제104조의 21 제1항에 따른 대한민국 국민을 말한다.

② 법 제152조 제1항에 따라 사업장을 국내로 이전 또는 복귀하는 경우에는 한국표준산업분류에 따른 세분류를 기준으로 이전 또는 복귀 전의 사업장에서 영위하던 업종과 이전 또는 복귀 후의 사업장에서 영위하는 업종이 동일하여야 한다.

③ 법 제152조 제4항 제2호에서 "대통령령으로 정하는 바에 따라 사업장을 국내로 이전 또는 복귀하여 사업을 개시하지 아니한 경우"란 「조세특례제한법 시행령」 제104조의 21 제1항 각 호의 요건을 갖추지 아니한 경우를 말한다.

④ 법 제152조 제4항에 따라 납부하여야 하는 세액은 법 제152조 제2항 및 제3항에 따라 감면받은 개인지방소득세 전액으로 한다.

⑤ 법 제152조 제1항부터 제3항까지의 규정을 적용받으려는 자는 과세표준신고와 함께 행정안전부령으로 정하는 세액감면신청서 및 감면세액계산서를 납세지 관할 지방자치단체의 장에게 제출하여야 한다. 다만, 「조세특례제한법 시행령」 제104조 21 제5항에 따라 납세지 관할 세무서장에게 소득세 감면을 신청하는 경우에는 법 제152조에 따른 개인지방소득세에 대한 세액감면도 함께 신청한 것으로 본다.

## 1 개 요

이 제도는 해외진출기업의 국내 복귀에 대한 세제지원을 통해 해외창출 고용이 국내고용으로 전환되도록 유도하기 위해 국세인 조특법에서 도입되었고, 동 제도의 악용을 방지하기 위해 사업장 이전시 국외사업장을 양도·폐쇄하는 것을 지원요건 및 추징사유로 규정하였다. 2013년 1월 1일 개정시 해외사업장 유지방식을 세액공제대상에 추가하고 해외사업장 철수기한을 연장하는 등 세제지원을 강화(2013년 1월 1일 이후 국내에서 창업하거나 사업

장을 신설하는 분부터 적용)하였다.

한편, 본 제도는 조특법 제104조의 24 규정과는 별개로 지방소득세의 독립세를 위한 세제개편 계획(2013.9.)에 따라 2014년부터 현재의 지특법 제152조로 신설되었다.

# 2 | 감면실무

## 2-1. 감면요건

### 2-1-1. 대한민국 국민

본조의 적용대상은 국외에서 2년 이상 계속하여 경영하던 사업장을 소유하거나 실질적으로 지배하는 대한민국 국민(「재외동포의 출입국과 법적 지위에 관한 법률」 제5조에 따른 재외동포체류자격을 부여받은 재외동포 포함)을 말한다.

### 2-1-2. 해외사업장 철수 및 이전 방식

아래 하나의 요건을 갖추어 국외에서 2년 이상 계속하여 운영하던 사업장을 국내(수도권은 제외)로 이전하여 2015년 12월 31일까지 창업하거나 사업장을 신설한 기업을 말하며, 한국표준산업분류에 따른 세분류를 기준으로 이전 전의 사업장에서 영위하던 업종과 이전 후의 사업장에서 영위하는 업종이 동일하여야 한다.

① 수도권 밖의 지역에 창업하거나 사업장을 신설하여 사업을 개시한 날부터 4년 이내에 국외에서 운영하던 사업장을 양도하거나 폐쇄할 것

② 국외에서 운영하던 사업장을 양도하거나 폐쇄한 날부터 1년 이내에 수도권 밖의 지역에 창업하거나 사업장을 신설할 것

### 2-1-3. 해외사업장 유지 및 복귀방식

국외에서 2년 이상 계속하여 경영하던 사업장을 부분 축소 또는 유지하면서 국내로 복귀하는 중소기업으로서 국내에 사업장이 없는 경우 2015년 12월 31일까지 국내(수도권 제외)에서 창업하거나 사업장을 신설하는 기업도 2013년 1월 1일 이후 창업하거나 사업장을 신설하는 분부터 적용이 가능하다.

##### 2-1-4. 동일 업종 영위

한국표준산업분류에 따른 세분류를 기준으로 이전 전의 사업장에서 영위하던 업종과 이전 후의 사업장에서 영위하는 업종이 동일하여야 한다.

#### 2-2. 과세특례의 내용

해외사업장 철수 및 이전방식의 경우 이전 후의 사업장에서 발생하는 소득에 대하여 이전일이 속하는 과세연도와 그 다음 과세연도 개시일부터 4년 이내에 끝나는 과세연도에는 개인지방소득세를 100% 감면하고, 그 다음 2년 이내에 끝나는 과세연도에는 개인지방소득세 50%를 감면한다.

해외사업장 유지 및 복귀방식의 경우 복귀 후의 사업장에서 발생하는 소득에 대하여 복귀일이 속하는 과세연도와 그 다음 과세연도 개시일부터 2년 이내에 끝나는 과세연도에는 개인지방소득세의 100%를 감면하고, 그 다음 2년 이내에 끝나는 과세연도에는 개인지방소득세의 50%를 감면한다.

#### 2-3. 사후관리

##### 2-3-1. 감면세액의 납부

본조의 규정에 의하여 개인지방소득세를 감면받은 내국인이 아래 요건 중 어느 하나에 해당하는 경우에는 그 사유가 발생한 과세연도의 과세표준신고를 할 때 기 감면받은 개인지방소득세 전부를 납부하여야 한다(조특령 §104의 21 ③・④).

① 사업장을 이전・복귀하여 사업을 개시한 날부터 3년 이내에 그 사업을 폐업하거나 법인이 해산한 경우. 다만, 합병・분할 또는 분할합병으로 인한 경우는 제외한다.

② 사업장을 국내로 이전・복귀하여 사업을 개시하지 아니한 경우

##### 2-3-2. 이자상당가산액의 납부

본조의 규정에 의하여 감면받은 개인지방소득세액을 상기의 규정에 의하여 납부하는 경우에는 이자상당가산액(조특법 §33의 2 ④)에 관한 규정을 준용하여 계산한 다음의 이자상당가산액을 법인세로 납부하여야 한다.

감면받은 세액 × 미납기간 × 3/10,000

* 미납기간 : 감면을 받은 과세연도의 종료일 다음 날부터 감면세액의 납부사유가 발생한 과세연도의 종료일까지의 기간

## 2-4. 절 차

본조의 규정을 적용받고자 하는 자는 과세표준신고와 함께 세액감면신청서 및 감면세액 계산서를 납세지 관할 지방자치단체의 장(세무서장 포함)에게 제출하여야 한다.

# 제 153 조

## 외국인투자에 대한 개인지방소득세 등의 감면

◈ 관련규정 ◈

제153조(외국인투자에 대한 개인지방소득세 등의 감면) ①「조세특례제한법」 제121조의 2 제1항 각 호의 어느 하나에 해당하는 사업을 하기 위한 외국인투자(「외국인투자촉진법」 제2조 제1항 제4호에 따른 외국인투자를 말한다. 이하 이 조에서 같다)로서 대통령령으로 정하는 기준에 해당하는 외국인투자에 대해서는 제2항부터 제5항까지 및 제12항에 따라 개인지방소득세를 각각 감면한다.

②「외국인투자 촉진법」 제2조 제1항 제6호에 따른 외국인투자기업(이하 이 조에서 "외국인투자기업"이라 한다)에 대한 개인지방소득세는 제1항에 따라 감면대상이 되는 사업을 함으로써 발생한 소득(「조세특례제한법」 제121조의 2 제1항 제1호에 따른 사업의 감면대상이 되는 소득은 대통령령으로 정한다)에 대해서만 감면하되, 감면기간 및 감면대상이 되는 세액은 다음 각 호와 같다. 이 경우 감면대상이 되는 세액을 산정할 때 외국인투자기업이 감면기간 중에 내국법인(감면기간 중인 외국인투자기업은 제외한다)과 합병하여 해당 합병법인의 외국인투자비율(외국인투자기업이 발행한 주식의 종류 등을 고려하여 대통령령으로 정하는 바에 따라 계산한 외국인투자비율을 말한다. 이하 이 장에서 같다)이 감소한 경우에는 합병 전 외국인투자기업의 외국인투자비율을 적용한다.

1.「조세특례제한법」 제121조의 2 제1항 제1호 및 제2호에 따라 감면대상이 되는 사업을 함으로써 발생한 소득에 대해서는 해당 사업을 개시한 후 그 사업에서 최초로 소득이 발생한 과세연도(사업개시일부터 5년이 되는 날이 속하는 과세연도까지 그 사업에서 소득이 발생하지 아니한 경우에는 5년이 되는 날이 속하는 과세연도)의 개시일부터 5년 이내에 끝나는 과세연도까지 해당 사업소득에 대한 개인지방소득세 상당금액(총산출세액에 제1항 각 호의 사업을 함으로써 발생한 소득이 총과세표준에서 차지하는 비율을 곱한 금액을 말한다)에 외국인투자비율을 곱한 금액(이하 이 항 및 제8항에서 "감면대상세액"이라 한다)의 전액을, 그 다음 2년 이내에 끝나는 과세연도까지는 감면대상세액의 100분의 50에 상당하는 세액을 각각 감면한다.

2. 「조세특례제한법」 제121조의 2 제1항 제2호의 2부터 제2호의 9까지 및 제3호에 따라 감면대상이 되는 사업을 함으로써 발생한 소득에 대해서는 해당 사업을 개시한 후 그 사업에서 최초로 소득이 발생한 과세연도(사업개시일부터 5년이 되는 날이 속하는 과세연도까지 그 사업에서 소득이 발생하지 아니한 경우에는 5년이 되는 날이 속하는 과세연도)의 개시일부터 3년 이내에 끝나는 과세연도까지는 감면대상세액의 전액을, 그 다음 2년 이내에 끝나는 과세연도까지는 감면대상세액의 100분의 50에 상당하는 세액을 각각 감면한다.

③ 외국인투자기업이 제2항 및 제8항에 따른 감면을 받으려면 그 외국인투자기업의 사업개시일이 속하는 과세연도의 종료일까지 해당 지방자치단체의 장에게 감면신청을 하여야 하고, 제4항에 따라 개인지방소득세 감면결정을 받은 사업내용을 변경한 경우 그 변경된 사업에 대한 감면을 받으려면 해당 변경사유가 발생한 날부터 2년이 되는 날까지 해당 지방자치단체의 장에게 조세감면내용 변경신청을 하여야 하며, 이에 따른 조세감면내용 변경결정이 있는 경우 그 변경결정의 내용은 당초 감면기간의 남은 기간에 대해서만 적용된다. 다만, 「조세특례제한법」 제121조의 2에 따라 기획재정부장관에게 감면신청한 자는 지방자치단체의 장에게 감면신청한 것으로 본다.

④ 지방자치단체의 장은 제3항에 따른 개인지방소득세 감면신청 또는 개인지방소득세 감면내용 변경신청을 받은 경우 관계 중앙관서의 장과 협의하여 그 감면·감면내용변경·감면대상 해당여부를 결정하고 이를 신청인에게 알려야 한다. 다만, 제3항 단서에 따라 기획재정부장관에게 감면신청한 자에 대해서는 그러하지 아니하다.

⑤ 「외국인투자촉진법」 제2조 제1항 제8호 사목 또는 같은 법 제2조 제1항 제4호 가목 2), 제5조 제2항 제1호 및 제6조에 따른 외국인투자에 대해서는 제2항 및 제8항을 적용하지 아니한다.

⑥ 외국인투자기업이 제3항에 따른 감면신청기한이 지난 후 감면신청을 하여 제4항에 따라 감면결정을 받은 경우에는 그 감면신청일이 속하는 과세연도와 그 후의 남은 감면기간에 대해서만 제1항, 제2항 및 제8항을 적용한다. 이 경우 외국인투자기업이 제4항에 따라 감면결정을 받기 이전에 이미 납부한 세액이 있을 때에는 그 세액은 환급하지 아니한다.

⑦ 이 조를 적용할 때 다음 각 호의 어느 하나에 해당하는 외국인투자의 경우 대통령령으로 정하는 바에 따라 계산한 주식 또는 출자지분(이하 이 장에서 "주식등"이라 한다)의 소유비율(소유비율이 100분의 5 미만인 경우에는 100분의 5로 본다) 상당액, 대여금 상당액 또는 외국인투자금액에 대해서는 조세감면대상으로 보지 아니한다.

1. 외국법인 또는 외국기업(이하 이 항에서 "외국법인등"이라 한다)이 외국인투자를 하는 경우로서 다음 각 목의 어느 하나에 해당하는 경우

가. 대한민국 국민(외국에 영주하고 있는 사람으로서 거주지국의 영주권을 취득하

거나 영주권을 갈음하는 체류허가를 받은 사람은 제외한다) 또는 대한민국 법인(이하 이 항에서 "대한민국국민등"이라 한다)이 해당 외국법인등의 의결권 있는 주식등의 100분의 5 이상을 직접 또는 간접으로 소유하고 있는 경우

나. 대한민국국민등이 단독으로 또는 다른 주주와의 합의·계약 등에 따라 해당 외국법인등의 대표이사 또는 이사의 과반수를 선임한 주주에 해당하는 경우

2. 다음 각 목의 어느 하나에 해당하는 자가 「외국인투자 촉진법」 제2조 제1항 제5호에 따른 외국투자가에게 대여한 금액이 있는 경우

가. 외국인투자기업

나. 외국인투자기업의 의결권 있는 주식등을 100분의 5 이상 직접 또는 간접으로 소유하고 있는 대한민국국민등

다. 단독으로 또는 다른 주주와의 합의·계약 등에 따라 외국인투자기업의 대표이사 또는 이사의 과반수를 선임한 주주인 대한민국국민등

3. 외국인이 「국제조세조정에 관한 법률」 제2조 제1항 제7호에 따른 조세조약 또는 투자보장협정을 체결하지 아니한 국가 또는 지역 중 대통령령으로 정하는 국가 또는 지역을 통하여 외국인투자를 하는 경우

⑧ 「조세특례제한법」 제121조의 2 제1항 제1호에서 규정하는 사업에 대한 외국인투자 중 사업의 양수 등 대통령령으로 정하는 방식에 해당하는 외국인투자에 대해서는 제2항의 규정에 따른 감면기간 및 감면비율에도 불구하고 외국인투자기업에 대한 개인지방소득세는 같은 조 제1항 제1호에 따라 감면대상이 되는 사업을 함으로써 발생한 소득에 대해서만 감면하되, 그 사업을 개시한 후 그 사업에서 최초로 소득이 발생한 과세연도(사업개시일부터 5년이 되는 날이 속하는 과세연도까지 그 사업에서 소득이 발생하지 아니한 경우에는 5년이 되는 날이 속하는 과세연도)의 개시일부터 3년 이내에 끝나는 과세연도에는 감면대상세액의 100분의 50을, 그 다음 2년 이내에 끝나는 과세연도에는 감면대상세액의 100분의 30에 상당하는 세액을 각각 경감한다.

⑨ 외국인투자신고 후 최초의 개인지방소득세 감면결정 통지일로부터 3년이 지나는 날까지 최초의 출자(증자를 포함한다)가 없는 경우에는 제4항에 따른 개인지방소득세 감면결정의 효력은 상실되며, 외국인투자신고 후 최초의 조세감면결정 통지일부터 3년 이내에 최초의 출자를 한 경우로서 최초의 조세감면결정 통지일부터 5년이 되는 날까지 사업을 개시하지 아니한 경우에는 최초의 조세감면결정 통지일부터 5년이 되는 날을 그 사업을 개시한 날로 보아 이 조 제2항, 제8항 및 제15항을 적용한다.

⑩ 제2항 및 제8항이 적용되는 감면기간 동안 감면받는 개인지방소득세의 총합계액이 다음 각 호의 금액을 합한 금액을 초과하는 경우에는 그 합한 금액을 한도(이하 이 조에서 "감면한도"라 한다)로 하여 세액을 감면한다.

1. 투자금액을 기준으로 한 한도로서 다음 각 목의 구분에 따른 금액

가. 「조세특례제한법」 제121조의 2 제1항 제1호 및 제2호의 경우 : 대통령령으로 정하는 외국인투자누계액(이하 이 항에서 "외국인투자누계액"이라 한다)의 1,000분의 50

나. 「조세특례제한법」 제121조의 2 제1항 제2호의 2부터 제2호의 9까지, 제3호 및 제10항 제1호의 경우 : 외국인투자누계액의 1,000분의 40

2. 고용을 기준으로 한 다음 각 목의 금액을 합한 금액. 다만, 외국인투자누계액의 100분의 20에 상당하는 금액을 한도로 하되, 「조세특례제한법」 제121조의 2 제1항 제1호 및 제2호의 경우에는 외국인투자누계액의 100분의 40에 상당하는 금액을 한도로 하고, 같은 조 제1항 제2호의 2부터 제2호의 9까지 및 제3호, 같은 조 제12항 제1호의 경우에는 외국인투자누계액의 100분의 30에 상당하는 금액을 한도로 한다.

가. 해당 과세연도의 해당 외국인투자기업의 상시근로자 중 산업수요맞춤형고등학교등의 졸업생 수 × 200만원

나. 해당 과세연도의 해당 외국인투자기업의 가목 외의 상시근로자 중 청년근로자, 장애인근로자 및 60세 이상인 근로자 수 × 150만원

다. (해당 과세연도의 상시근로자 수 - 가목에 따른 졸업생 수 - 나목에 따른 청년근로자, 장애인근로자 및 60세 이상인 근로자 수) × 100만원

⑪ 제2항 및 제8항에 따라 각 과세연도에 감면받을 개인지방소득세에 대하여 감면한도를 적용할 때에는 제10항 제1호의 금액을 먼저 적용한 후 같은 항 제2호의 금액을 적용한다.

⑫ 제10항 제2호를 적용받아 개인지방소득세를 감면받은 외국인투자기업이 감면받은 과세연도 종료일부터 2년이 되는 날이 속하는 과세연도 종료일까지의 기간 중 각 과세연도의 상시근로자 수가 감면받은 과세연도의 상시근로자 수보다 감소한 경우에는 대통령령으로 정하는 바에 따라 감면받은 세액에 상당하는 금액을 개인지방소득세로 납부하여야 한다.

⑬ 제10항 및 제12항을 적용할 때 상시근로자의 범위, 상시근로자 수의 계산방법, 그 밖에 필요한 사항은 대통령령으로 정한다.

⑭ 외국인투자기업이 동일한 사업장에서 「조세특례제한법」 제121조의 2 제1항 각 호의 사업 중 같은 항 제1호의 사업과 같은 항 제1호 외의 사업을 같은 법 제143조를 준용하여 각각 구분하여 경리하는 경우에는 각각의 사업에 대하여 이 조 제2항에 따른 감면을 적용한다. 다만, 각각의 사업에 대한 감면기간은 해당 사업장에서 최초로 감면대상 소득이 발생한 과세연도(사업개시일부터 5년이 되는 날이 속하는 과세연도까지는 소득이 발생하지 아니한 경우에는 5년이 되는 날이 속하는 과세연도)의 개시일부터 기산한다.

⑮ 제2항 및 제8항이 적용되는 감면기간 동안 감면받는 개인지방소득세의 총합계액이 「조세특례제한법」 제121조의 2 제14항 각 호의 금액을 합한 금액의 100분의 10을 초과

하는 경우에는 그 합한 금액의 100분의 10을 한도(이하 이 조에서 "감면한도"라 한다)로 하여 개인지방소득세 세액을 경감하고, 감면한도 적용에 대해서는 같은 조 제15항부터 제17항까지의 규정에 따른다.

⑯ 제2항 및 제8항에 따라 개인지방소득세를 감면받은 외국인투자기업은 「조세특례제한법」 제121조의 5 제1항 각 호의 어느 하나에 해당하는 사유가 발생한 경우 사유가 발생한 날이 속하는 과세연도의 과세표준신고를 할 때 대통령령으로 정하는 바에 따라 계산한 세액에 대통령령으로 정하는 바에 따라 계산한 이자 상당 가산액을 가산하여 개인지방소득세로 납부하여야 하며, 해당 세액은 「지방세법」 제95조에 따라 납부하여야 할 세액으로 본다.

**【영】 제105조(외국인투자에 대한 개인지방소득세 감면의 기준 등)** ① 법 제153조 제1항에 따른 외국인투자기준은 「조세특례법제한법 시행령」 제116조의 2 제1항부터 제10항까지 및 같은 조 제16항부터 제21항까지의 규정에 따른다.

② 법 제153조 제2항 본문에서 "대통령령으로 정하는 바에 따라 계산한 외국인투자비율"이란 「조세특례제한법 시행령」 제116조의 2 제14항에 따른 외국인투자비율을 말한다.

③ 법 제153조 제7항을 적용할 때 조세감면의 대상으로 보지 아니하는 주식등 소유비율 상당액 또는 대여금 상당액은 「조세특례제한법 시행령」 제116조의 2 제11항 및 제12항에 따라 계산한 금액으로 한다.

④ 법 제153조 제8항에서 "사업의 양수 등 대통령령으로 정하는 방식에 해당하는 외국인투자"란 「조세특례제한법 시행령」 제116조의 2 제15항에 따른 외국인투자를 말한다.

⑤ 법 제153조 제10항 제1호 가목에서 "대통령령으로 정하는 외국인 투자누계액"이란 「조세특례제한법 시행령」 제116조의 2 제22항에 따른 외국인 투자누계액을 말한다.

⑥ 법 제153조 제12항에 따라 납부하여야 할 개인지방소득세액은 다음 계산식에 따라 계산한 금액(그 수가 음수이면 영으로 보고, 감면받은 과세연도 종료일 이후 2개 과세연도 연속으로 상시근로자 수가 감소한 경우에는 두 번째 과세연도에는 첫 번째 과세연도에 납부한 금액을 뺀 금액을 말한다)으로 하고, 이를 상시근로자 수가 감소된 과세연도의 과세표준을 신고할 때 개인지방소득세로 납부하여야 한다.

| 해당 기업의 상시 근로자 수가 감소된 과세연도의 직전 2년 이내의 과세연도의 법 제153조 제10항 제2호에 따라 감면받은 세액의 합계액 - (상시근로자 수가 감소된 과세연도의 감면대상사업장의 상시근로자 수 × 1백만원) |
|---|

⑦ 법 제153조 제13항에 따른 상시근로자의 범위 및 상시근로자 수의 계산은 「조세특례제한법 시행령」 제23조 제10항부터 제12항까지의 규정에 따른다.

⑧ 법 제153조 제14항에서 "대통령령으로 정하는 바에 따라 계산한 세액"이란 「조세특례제한법 시행령」 제116조의 7 제1항 · 제4항 및 제5항에 따른 세액을 말하고, "대통령령으로 정하는 바에 따라 계산한 이자 상당 가산액"이란 「조세특례제한법 시행령」 제116조의 7 제3항에 따라 계산한 금액을 말한다.

본 규정은 국내산업의 국제경쟁력 강화에 긴요한 사업으로서 「외국인투자 촉진법」에 따른 외국인투자위원회의 심의를 거쳐 정하는 사업 또는 외국인투자지역에 입주하는 외국인투자기업이 경영하는 사업 등에 해당하는 경우 그 외국인투자에 대해 개인지방소득세를 감면하도록 하고, 추징 등 그 밖의 필요한 사항을 규정하고 있다.

한편, 조특법 제121조의 2 규정과는 별도로 지방소득세의 독립세화를 위한 지방세제 개편계획(2013.9.)에 따라 2014년부터 현재의 지특법 제153조로 신설되었다.

# 제 154 조

## 제주첨단과학기술단지 입주기업에 대한 개인지방소득세의 감면

관련규정

제154조(제주첨단과학기술단지 입주기업에 대한 개인지방소득세의 감면) ① 「제주특별자치도 설치 및 국제자유도시 조성을 위한 특별법」 제161조에 따라 지정된 제주첨단과학기술단지(이하 이 장에서 "제주첨단과학기술단지"라 한다)에 2018년 12월 31일까지 입주한 기업이 생물산업, 정보통신산업 등 대통령령으로 정하는 사업(이하 이 조에서 "감면대상사업"이라 한다)을 하는 경우 감면대상사업에서 발생한 소득에 대하여 사업개시일 이후 그 사업에서 최초로 소득이 발생한 과세연도(사업개시일부터 5년이 되는 날이 속하는 과세연도까지 해당 사업에서 소득이 발생하지 아니한 경우에는 5년이 되는 날이 속하는 과세연도)의 개시일부터 3년 이내에 끝나는 과세연도에는 개인지방소득세의 100분의 100에 상당하는 세액을 감면하고, 그 다음 2년 이내에 끝나는 과세연도에는 개인지방소득세의 100분의 50에 상당하는 세액을 감면한다.

② 제1항이 적용되는 감면기간 동안 감면받는 개인지방소득세의 총합계액이 제1호와 제2호의 금액을 합한 금액을 초과하는 경우에는 그 합한 금액을 한도(이하 이 조에서 "감면한도"라 한다)로 하여 세액을 감면한다. 다만, 대통령령으로 정하는 서비스업(이하 이 조에서 "서비스업"이라 한다)을 영위하는 경우로서 해당 서비스업에서 발생한 소득에 대하여 제1항이 적용되는 감면기간 동안 감면받은 개인지방소득세 총 합계액이 제1호와 제2호의 금액을 합한 금액과 제3호의 금액 중 큰 금액을 초과하는 경우에는 그 큰 금액을 한도로 하여 세액을 감면할 수 있다.

1. 대통령령으로 정하는 투자누계액의 100분의 5
2. 다음 각 목의 금액 중 적은 금액
   가. 해당 과세연도의 제주첨단과학기술단지 사업장(이하 이 조에서 "감면대상사업장"이라 한다)의 상시근로자 수 × 1백만원
   나. 제1호의 투자누계액의 100분의 2
3. 다음 각 목의 금액 중 적은 금액
   가. 해당 과세연도의 감면대상사업장의 상시근로자 수 × 2백만원

나. 제1호의 투자누계액의 100분의 10

③ 제1항에 따라 각 과세연도에 감면받을 개인지방소득세에 대하여 감면한도를 적용할 때에는 제2항 제1호의 금액을 먼저 적용한 후 같은 항 제2호의 금액을 적용한다.

④ 제2항 제2호 또는 제3호를 적용받아 개인지방소득세를 감면받은 기업이 감면받은 과세연도 종료일부터 2년이 되는 날이 속하는 과세연도 종료일까지의 기간 중 각 과세연도의 감면대상사업장의 상시근로자 수가 감면받은 과세연도의 상시근로자 수보다 감소한 경우에는 대통령령으로 정하는 바에 따라 감면받은 세액에 상당하는 금액을 개인지방소득세로 납부하여야 한다.

⑤ 제2항 및 제4항을 적용할 때 상시근로자의 범위, 상시근로자 수의 계산방법, 그 밖에 필요한 사항은 대통령령으로 정한다.

⑥ 제1항을 적용받으려는 자는 대통령령으로 정하는 바에 따라 그 감면신청을 하여야 한다.

⑦ 제2항에 따라 서비스업에 대한 감면한도를 적용받는 기업은 「조세특례제한법」 제143조를 준용하여 서비스업과 그 밖의 업종을 각각 구분하여 경리하여야 한다.

【영】 제106조(제주첨단과학기술단지 입주기업에 대한 개인지방소득세의 감면) ① 법 제154조 제1항에서 "생물산업, 정보통신산업 등 대통령령으로 정하는 사업"이란 「조세특례제한법 시행령」 제116조의 14 제1항 각 호의 산업을 영위하는 사업을 말한다.

② 법 제154조 제2항 제1호에서 "대통령령으로 정하는 투자누계액"이란 「조세특례제한법 시행령」 제116조의 14 제2항에 따른 투자 합계액을 말한다.

③ 법 제154조 제4항에 따라 납부하여야 할 개인지방소득세액은 다음 계산식에 따라 계산한 금액(그 수가 음수이면 영으로 보고, 감면받은 과세연도 종료일 이후 2개 과세연도 연속으로 상시근로자 수가 감소한 경우에는 두 번째 과세연도에는 첫 번째 과세연도에 납부한 금액을 뺀 금액을 말한다)으로 하고, 이를 상시근로자 수가 감소된 과세연도의 과세표준을 신고할 때 개인지방소득세로 납부하여야 한다.

> 해당 기업의 상시근로자 수가 감소된 과세연도의 직전 2년 이내의 과세연도에 법 제154조 제2항 제2호에 따라 감면받은 세액의 합계액 - (상시근로자 수가 감소된 과세연도의 감면대상사업장의 상시근로자 수 × 1백만원)

④ 법 제154조 제5항에 따른 상시근로자의 범위 및 상시근로자 수의 계산은 「조세특례제한법 시행령」 제23조 제10항부터 제12항까지의 규정에 따른다.

⑤ 법 제154조 제1항에 따라 개인지방소득세를 감면받으려는 자는 과세표준신고와 함께 행정안전부령으로 정하는 세액감면신청서를 납세지 관할 지방자치단체의 장에게 제출하여야 한다. 다만, 「조세특례제한법 시행령」 제116조의 14 제5항에 따라 납세지 관할 세무서장에게 소득세 감면을 신청하는 경우에는 법 제154조에 따른 개인지방소득세에 대한 세액감면도 함께 신청한 것으로 본다.

# 1 | 개 요

제주도를 국제자유도시로 개발하여 국가발전에 기여하고, 제주도에 생명공학과 IT산업을 중심으로 한 첨단산업의 육성과 제조·물류기반 확충을 위한 제도적 기반을 제공하기 위하여 제주첨단과학기술단지, 제주투자진흥지구와 제주자유무역지역의 입주기업에 대한 세제지원이다.

본 제도는 조특법 제121조의 8 규정과는 별개로 지방소득세의 독립세를 위한 세제개편계획(2013.9.)에 따라 2014년부터 현재의 지특법 제154조로 신설되었다.

# 2 | 감면실무

## 2-1. 감면요건

### 2-1-1. 제주첨단과학기술단지에 입주

이 조의 과세특례를 적용받기 위하여는 제주첨단과학기술단지에 입주하여야 하는바 "제주첨단과학기술단지"라 함은 「제주특별자치도 설치 및 국제자유도시 조성을 위한 특별법」의 규정에 의하여 지정된 제주첨단과학기술단지를 말하는 것으로, 동법 제216조에 따르면 건설교통부장관은 제주자치도에 생물산업·정보통신산업 등 첨단지식산업의 육성과 관련 기술의 연구촉진 및 전문인력 양성 등을 위하여 「산업입지 및 개발에 관한 법률」 제6조의 규정에 의한 국가산업단지인 제주첨단과학기술단지를 조성할 수 있도록 규정하고 있다.

### 2-1-2. 감면대상사업

본조의 감면대상사업은 다음 중 어느 하나에 해당하는 산업을 영위하여야 한다(조특령 §116의 14 ①).

① 생명공학육성법 제2조의 규정에 의한 생명공학과 관련된 산업(종자 및 묘목생산업, 수산물부화 및 종묘생산업을 포함)

② 정보화촉진기본법 제2조 제2호의 규정에 의한 정보통신과 관련된 산업

③ 정보통신망 이용촉진 및 정보보호 등에 관한 법률 제2조 제1항 제2호에 따른 정보통신서비스를 제공하는 산업

④ 산업발전법 제5조 제1항의 규정에 의하여 산업자원부장관이 고시한 첨단기술 및 첨단제품과 관련된 산업

### 2-2. 과세특례의 내용

제주첨단과학기술단지에 2015년 12월 31일까지 입주한 기업이 감면대상사업을 영위하는 경우 감면대상사업에서 발생한 소득에 대하여 사업개시일 이후 당해 사업에서 최초로 소득이 발생한 과세연도의 개시일부터 3년 이내에 종료하는 과세연도에 있어서는 개인지방소득세의 100분의 100에 상당하는 세액을, 그 다음 2년 이내에 종료하는 과세연도에 있어서는 개인지방소득세의 100분의 50에 상당하는 세액을 각각 감면한다(지특법 §154 ①).

| 감면기간 | 지방소득세 감면세액 |
|---|---|
| 사업개시일 이후 당해 사업에서 최초로 소득이 발생한 과세연도의 개시일부터 3년 이내에 종료하는 과세연도 | 100% |
| 그 다음 2년 이내에 종료하는 과세연도 | 50% |

이 경우 사업개시일부터 5년이 되는 날이 속하는 과세연도까지 해당 사업에서 소득이 발생하지 않은 경우에는 5년이 되는 날이 속하는 과세연도부터 감면기간을 기산한다.

### 2-3. 감면한도

제105조(연구개발특구에 입주하는 첨단기술기업 등에 대한 개인지방소득세 등의 감면)의 해설을 참고하기로 한다.

### 2-4. 절 차

본조의 규정에 따라 법인세 또는 소득세를 감면받고자 하는 자는 과세표준신고와 함께 세액감면신청서를 납세지 관할 지방자치단체의 장(세무서장 포함)에게 제출하여야 한다.(조특령 §116의 14 ⑤).

### 2-5. 지방세특례제한

#### 2-5-1. 동일 과세연도에 세액공제와 중복배제

내국인이 동일한 과세연도에 본조의 제주첨단과학기술단지 입주기업에 대한 법인세 등의 감면과 지특법 제168조 제4항에 열거된 지방세특례(세액공제)가 동시에 적용되는 경우에는 그 중 하나만을 선택하여 적용받을 수 있다.

2-5-2. 동일 사업장에서 동일 과세연도에 세액감면과 중복지원 배제

동일한 사업장에 대하여 동일한 과세연도에 본조의 지방소득세의 감면과 조특법 제168조 제5항에 열거된 지방세특례(세액감면)가 동시에 적용되는 경우에는 그 중 하나만을 선택하여 적용받을 수 있다.

2-5-3. 무신고 결정 및 기한 후 신고에 대한 감면배제

지방소득세의 무신고에 따른 결정(소법 §80 ①)과 기한 후 신고(국기법 §45의 3)를 하는 경우에는 본조의 세액감면을 적용하지 아니한다.

2-5-4. 경정 및 수정신고시 감면배제되는 경우

지방소득세의 신고 내용에 오류 등이 있어 경정(소법 §80 ②)하는 경우와 과세표준 수정신고서를 제출한 과세표준과 세액을 경정할 것을 미리 알고 제출한 경우에는 과소신고금액(조특령 §122)에 대한 본조의 세액감면을 적용하지 아니한다.

2-5-5. 사업용 계좌개설 등 불이행시 감면배제

사업자가 다음의 어느 하나에 해당하는 경우에는 본조의 제주첨단과학기술단지 입주기업에 대한 지방소득세의 감면규정을 적용하지 아니한다.

① 사업용 계좌를 개설하여야 할 사업자가 이를 이행하지 아니한 경우
② 현금영수증가맹점으로 가입하여야 할 사업자가 이를 이행하지 아니한 경우
③ 신용카드가맹점사업자(현금영수증가맹점사업자)가 신용카드매출전표(현금영수증)의 발급요청을 거부하거나 사실과 다르게 발급한 경우

## 3 | 관련사례

- 제주첨단과학기술단지에 입주한 내국법인에 대한 법인세 감면은 해당 단지 내의 사업장에서 이루어지는 감면대상사업의 활동에 따라 발생한 것으로 구분되는 소득에 대한 감면임(재조특-661, 2013.7.31.).
- 제주첨단과학기술단지에 입주한 내국법인이 영위하는 감면대상사업(정보통신서비스 사업)에서 발생한 소득에 대한 「조세특례제한법」 제121조의 8에 따른 법인세 감면은 해당 단지 내에 입주한 사업장에서 발생한 소득에 대해서만 적용(법규법인 2013-50, 2013.3.8.)

- 제주첨단과학기술단지에 입주한 내국법인이 영위하는 감면대상사업에서 발생한 소득에 대한 법인세 감면은 해당 단지 내에 입주한 사업장에서 발생한 소득에 대한 감면임(재조특-267, 2012.3.30.).
- 제주첨단과학기술단지 입주기업의 법인세 등 감면규정은 동 단지 내에 입주한 사업장에서 발생한 소득에 대해서만 감면하는 것이며, 단지 외에서 부수적인 업무일부를 수행하면서 사업장으로 볼 수 없는 경우에도 감면규정을 적용받을 수 있음(법인-627, 2011.8.31.).
- 제주첨단과학기술단지 입주기업에 대한 법인세 등의 감면 규정은 동 단지 내에 입주한 사업장에서 발생한 소득에 대해서만 감면하는 것임(서면2팀-1175, 2008.6.11.).
- 제주첨단과학기술단지 입주기업에 대한 법인세 등 감면 적용시 정보화촉진기본법에 의한 정보통신산업을 영위하는 기업이 광고주 또는 타 기업으로부터 서비스 제공의 대가로 받는 수수료는 감면대상소득임(서면2팀-180, 2008.1.28.).
- 제주첨단과학단지 입주기업에 대한 법인세 등 감면 적용시 정보화촉진기본법에 의한 정보통신산업을 영위하는 기업이 광고주 또는 타 기업으로부터 서비스 제공의 대가로 받는 수수료는 감면대상소득임(재조예-10, 2008.1.3.).

# 제155조

## 제주투자진흥지구 또는 제주자유무역지역 입주기업에 대한 개인지방소득세의 감면

관련규정

제155조(제주투자진흥지구 또는 제주자유무역지역 입주기업에 대한 개인지방소득세의 감면) ① 다음 각 호의 어느 하나에 해당하는 사업(이하 이 조 에서 "감면대상사업"이라 한다)을 하기 위한 투자로서 대통령령으로 정하는 기준에 해당하는 투자의 경우에 대해서는 제2항부터 제6항까지의 규정에 따라 개인지방소득세를 감면한다.

1. 「제주특별자치도 설치 및 국제자유도시 조성을 위한 특별법」 제162조에 따라 지정되는 제주투자진흥지구(이하 이 조에서 "제주투자진흥지구"라 한다)에 2018년 12월 31일까지 입주하는 기업이 해당 구역의 사업장에서 하는 사업
2. 「자유무역지역의 지정 및 운영에 관한 법률」 제4조에 따라 제주특별자치도에 지정되는 자유무역지역(이하 이 장에서 "제주자유무역지역"이라 한다)에 2018년 12월 31일까지 입주하는 기업이 해당 구역의 사업장에서 하는 사업
3. 제주투자진흥지구의 개발사업시행자가 제주투자진흥지구를 개발하기 위하여 기획, 금융, 설계, 건축, 마케팅, 임대, 분양 등을 일괄적으로 수행하는 개발사업

② 제1항 각 호의 어느 하나에 해당하는 감면대상사업에서 발생한 소득에 대해서는 사업개시일 이후 그 감면대상사업에서 최초로 소득이 발생한 과세연도(사업개시일부터 5년이 되는 날이 속하는 과세연도까지 그 사업에서 소득이 발생하지 아니한 경우에는 5년이 되는 날이 속하는 과세연도)의 개시일부터 3년 이내에 끝나는 과세연도에 있어서 제1항 제1호 및 제2호의 경우에는 개인지방소득세의 100분의 100에 상당하는 세액을, 제1항 제3호의 경우에는 개인지방소득세의 100분의 50에 상당하는 세액을 각각 감면하고, 그 다음 2년 이내에 끝나는 과세연도에 있어서 제1항 제1호 및 제2호의 경우에는 개인지방소득세의 100분의 50에 상당하는 세액을, 제1항 제3호의 경우에는 개인지방소득세의 100분의 25에 상당하는 세액을 각각 감면한다.

③ 제2항이 적용되는 감면기간 동안 감면받는 개인지방소득세의 총합계액이 제1호와 제2호의 금액을 합한 금액을 초과하는 경우에는 그 합한 금액을 한도(이하 이 조에서 "감면한도"라 한다)로 하여 세액을 감면한다. 다만, 대통령령으로 정하는 서비스업(이

하 이 조에서 "서비스업"이라 한다)을 영위하는 경우로서 해당 서비스업에서 발생한 소득에 대하여 제2항이 적용되는 감면기간 동안 감면받은 개인지방소득세 총 합계액이 제1호와 제2호의 금액을 합한 금액과 제3호의 금액 중 큰 금액을 초과하는 경우에는 그 큰 금액을 한도로 하여 세액을 감면할 수 있다.

1. 대통령령으로 정하는 투자누계액의 100분의 5
2. 다음 각 목의 금액 중 적은 금액
   가. 해당 과세연도의 제1항 각 호의 어느 하나에 해당하는 사업장(이하 이 조에서 "감면대상사업장"이라 한다)의 상시근로자 수 × 1백만원
   나. 제1호의 투자누계액의 100분의 2
3. 다음 각 목의 금액 중 적은 금액
   가. 해당 과세연도의 감면대상사업장의 상시근로자 수 × 2백만원
   나. 제1호의 투자누계액의 100분의 10

④ 제2항에 따라 각 과세연도에 감면받을 개인지방소득세에 대하여 감면한도를 적용할 때에는 제3항 제1호의 금액을 먼저 적용한 후 같은 항 제2호의 금액을 적용한다.

⑤ 제3항 제2호 또는 제3호를 적용받아 개인지방소득세를 감면받은 기업이 감면받은 과세연도 종료일부터 2년이 되는 날이 속하는 과세연도 종료일까지의 기간 중 각 과세연도의 감면대상사업장의 상시근로자 수가 감면받은 과세연도의 상시근로자 수보다 감소한 경우에는 대통령령으로 정하는 바에 따라 감면받은 세액에 상당하는 금액을 개인지방소득세로 납부하여야 한다.

⑥ 제3항 및 제5항을 적용할 때 상시근로자의 범위, 상시근로자 수의 계산방법, 그 밖에 필요한 사항은 대통령령으로 정한다.

⑦ 제2항을 적용받으려는 자는 대통령령으로 정하는 바에 따라 그 감면신청을 하여야 한다.

⑧ 제3항 각 호 외의 부분 단서에 따라 서비스업에 대한 감면한도를 적용받는 기업은 「조세특례제한법」 제143조를 준용하여 서비스업과 그 밖의 업종을 각각 구분하여 경리하여야 한다.

⑨ 제주투자진흥지구 또는 제주자유무역지역 입주기업이 「조세특례제한법」 제121조의 12 제1항 각호의 어느 하나에 해당하는 사유가 발생한 경우 대통령령이 정하는 바에 따라 제주투자진흥지구 또는 제주자유무역지역 입주기업에 대한 개인지방소득세의 감면세액을 추징한다.

**【영】** 제107조(제주투자진흥지구 또는 제주자유무역지역 입주기업에 대한 개인지방소득세의 감면) ① 법 제155조 제1항 각 호 외의 부분에서 "대통령령으로 정하는 기준에 해당하는 투자"란 다음 각 호의 구분에 따른 투자를 말한다.

1. 법 제155조 제1항 제1호에 따른 사업 : 「조세특례제한법 시행령」 제116조의 15 제1항에

따른 투자

2. 법 제155조 제1항 제2호에 따른 사업 : 「조세특례제한법 시행령」 제116조의 15 제2항에 따른 투자

3. 법 제155조 제1항 제3호에 따른 사업 : 「조세특례제한법 시행령」 제116조의 15 제3항에 따른 투자

② 법 제155조 제3항 제1호에서 "대통령령으로 정하는 투자누계액"이란 「조세특례제한법 시행령」 제116조의 15 제4항에 따른 투자 합계액을 말한다.

③ 법 제155조 제5항에 따라 납부하여야 할 개인지방소득세액은 다음 계산식에 따라 계산한 금액(그 수가 음수이면 영으로 보고, 감면받은 과세연도 종료일 이후 2개 과세연도 연속으로 상시근로자 수가 감소한 경우에는 두 번째 과세연도에는 첫 번째 과세연도에 납부한 금액을 뺀 금액을 말한다)으로 하고, 이를 상시근로자 수가 감소된 과세연도의 과세표준을 신고할 때 개인지방소득세로 납부하여야 한다.

| 해당 기업의 상시근로자 수가 감소된 과세연도의 직전 2년 이내의 과세연도에 법 제155조 제3항 제2호에 따라 감면받은 세액의 합계액 - (상시근로자 수가 감소된 과세연도의 감면대상사업장의 상시근로자 수 × 1백만원 |
|---|

④ 법 제155조 제6항에 따른 상시근로자의 범위 및 상시근로자 수의 계산은 「조세특례제한법 시행령」 제23조 제10항부터 제12항까지의 규정에 따른다.

⑤ 법 제155조 제2항에 따라 개인지방소득세를 감면받으려는 자는 과세표준신고와 함께 행정안전부령으로 정하는 세액감면신청서를 납세지 관할 지방자치단체의 장에게 제출하여야 한다. 다만, 「조세특례제한법 시행령」 제116조의 15 제7항에 따라 납세지 관할 세무서장에게 소득세 감면을 신청하는 경우에는 법 제155조에 따른 개인지방소득세에 대한 세액감면도 함께 신청한 것으로 본다.

⑥ 법 제155조 제8항에 따른 제주투자진흥지구 또는 제주자유무역지역 입주기업에 대한 개인지방소득세의 감면세액의 추징은 「조세특례제한법 시행령」 제116조의 17 제1항 각 호의 기준에 따른다.

## 1 | 개 요

본조는 제주국제자유도시의 관광사업 투자유치 및 제조·물류기반 확충을 위하여 제주도 내 투자진흥지구 및 자유무역지역을 설치·운영하고 동 지구동의 입주기업에 대해 조세지원을 강화하기 위해 도입되었다.

한편, 본 제도는 조특법 제121조의 9 규정과는 별개로 지방소득세의 독립세를 위한 세제개편 계획(2013.9.)에 따라 2014년부터 현재의 지특법 제155조로 신설되었다.

# 2 | 감면실무

## 2-1. 감면요건

### 2-1-1. 제주투자진흥지구

제주투자진흥지구라 함은 제주특별자치도 설치 및 국제자유도시 조성을 위한 특별법 제162조에 의하여 지정되는 투자진흥지구를 말하며, 본조의 과세특례가 적용되는 제주투자진흥지구에 대한 투자는 총사업비가 미화 5백만불 이상으로서 다음의 어느 하나에 해당하는 사업을 영위하기 위한 시설을 새로이 설치하는 것으로 한다(조특령 §116의 15 ①).

① 「관광진흥법 시행령」 제2조의 규정에 의한 관광호텔업·수상관광호텔업·한국전통호텔업·종합휴양업(「체육시설의 설치·이용에 관한 법률」 제10조 제1항 제1호의 규정에 의한 등록체육시설업 중 골프장업 제외)·전문휴양업(「체육시설의 설치·이용에 관한 법률」 제10조 제1항 제1호의 규정에 의한 등록체육시설업 중 골프장업 제외)·관광유람선업·관광공연장업·종합유원시설업, 국제회의시설업 및 관광식당업을 운영하는 사업

② 「문화산업진흥기본법」 제2조 제1호의 규정에 의한 문화산업을 운영하는 사업

③ 「노인복지법」 제31조의 규정에 의한 노인복지시설을 운영하는 사업

④ 「청소년활동진흥법」 제10조 제1호의 규정에 의한 청소년 수련시설을 운영하는 사업

⑤ 「궤도운송법」 제2조 제7호에 따른 궤도사업

⑥ 「신에너지 및 재생에너지 개발·이용·보급촉진법」 제2조 제1호의 규정에 의한 신·재생에너지를 이용하여 전기를 생산하는 사업

⑦ 「제주특별자치도 설치 및 국제자유도시조성을 위한 특별법」 제182조에 따른 외국교육기관, 제186조에 따른 자율학교, 제187조에 따른 국제고등학교 및 제189조의 4에 따른 국제학교를 운영하는 사업

⑧ 「제주특별자치도 설치 및 국제자유도시 조성을 위한 특별법」에 따른 의료기관 및 「의료법」 제33조에 따라 개설된 의료기관(의원·치과의원·한의원 및 조산원은 제외한다)을 운영하는 사업

⑨ 「건축법 시행령」 [별표 1] 제10호 나목에 따른 교육원(연수원, 그 밖에 이와 유사한 것 포함)을 운영하는 사업

⑩ 「산업발전법」 제5조에 따른 첨단기술을 활용한 산업(전자·전기·정보·신물질 및 생명공학분야에 한함)을 운영하는 사업

⑪「보건의료기술 진흥법」 제2조에 따른 보건의료기술에 관한 연구개발사업 및 기술정보 제공, 컨설팅, 시험・분석 등을 통한 보건의료기술에 관한 연구개발을 지원하는 연구개발서비스업

⑫「제주특별자치도 설치 및 국제자유도시 조성을 위한 특별법」 제311조 제2항에 따른 물산업 클러스터 내의 식료품제조업 및 음료제조업

#### 2-1-2. 제주자유무역지역

제주자유무역지역이라 함은 자유무역지역의 지정 등에 관한 법률 제4조의 규정에 의하여 제주도에 지정되는 자유무역지역을 말하며, 본조의 과세특례를 적용받는 제주자유무역지역에 대한 투자는 다음의 어느 하나에 해당하는 것으로 한다(조특령 §116의 15 ②).

① 총사업비가 미합중국 화폐 1천만불 이상이고 당해 입주기업의 신규의 상시고용규모가 100명 이상으로서「자유무역지역의 지정 및 운영에 관한 법률」 제10조 제1항 제1호의 2에 해당하는 사업을 영위하기 위한 시설을 새로이 설치하는 경우

② 총사업비가 미화 5백만불 이상으로서「자유무역지역의 지정 및 운영에 관한 법률」 제10조 제1항 제3호에 해당하는 사업을 영위하기 위한 시설을 새로이 설치하는 경우

#### 2-1-3. 제주투자진흥지구 개발사업시행자

제주투자진흥지구의 개발사업시행자가 제주투자진흥지구를 개발하기 위하여 기획・금융・설계・건축・마케팅・임대・분양 등을 일괄적으로 수행하는 개발사업으로서 총개발사업비가 1천억원 이상인 경우에 대해서도 본조에 따라 법인세 또는 소득세를 감면한다.
(지특법 §155 ① 3호, 조특령 §116의 15 ③).

### 2-2. 과세특례의 내용

#### 2-2-1. 지방소득세의 감면

제주투자진흥지구 또는 제주자유무역지역에 2015년 12월 31일까지 입주하는 기업이 영위하는 감면대상사업에서 발생한 소득에 대하여 사업개시일 이후 당해 사업에서 최초로 소득이 발생한 과세연도의 개시일부터 3년 이내에 종료하는 과세연도에 있어서는 개인지방소득세의 100분의 100에 상당하는 세액을, 그 다음 2년 이내에 종료하는 과세연도에 있어서는 개인지방소득세의 100분의 50에 상당하는 세액을 각각 감면한다(지특법 §155 ②).

| 감면기간 | 개인지방소득세 감면세액 |
|---|---|
| 사업개시일 이후 당해 사업에서 최초로 소득이 발생한 과세연도와 개시일부터 3년 이내에 종료하는 과세연도 | 100% |
| 그 다음 2년 이내에 종료하는 과세연도 | 50% |

이 경우 사업개시일부터 5년이 되는 날이 속하는 과세연도까지 해당 사업에서 소득이 발생하지 않은 경우에는 5년이 되는 날이 속하는 과세연도부터 감면기간을 기산한다.

### 2-2-2. 지방세의 감면

제주투자진흥지구 또는 제주자유무역지역의 감면대상사업에 직접 사용하기 위하여 취득·보유하는 재산에 대하여는 다음의 구분에 따라 취득세 및 재산세를 감면하거나 그 과세표준에서 일정금액을 공제한다. 다만, 지방자치단체의 조례가 정하는 바에 따라 감면기간 또는 공제기간을 10년까지 연장하거나 연장한 기간 이내에서 감면비율 또는 공제비율을 높인 때에는 그 기간 및 비율에 의한다(조특법 §121의 9 ③).

| 세 목 | | 감면 또는 공제기간 | 감면세액 또는 공제액 |
|---|---|---|---|
| 취득세 | | 해당 없음. | 100% |
| 재산세 | 건물분 | • 사업개시일부터 3년 동안<br>• 그 다음 2년 동안 | 세액 100% 감면<br>세액 50% 감면 |
| | 토지분 | • 사업개시일부터 3년 동안<br>• 그 다음 2년 동안 | 과세표준 100% 공제<br>과세표준 50% 공제 |

## 2-3. 감면한도

제105조(연구개발특구에 입주하는 첨단기술기업 등에 대한 개인지방소득세 등의 감면)의 해설을 참고하기로 한다.

## 2-4. 절 차

본조에 따른 개인지방소득세를 감면받고자 하는 자는 과세표준신고와 함께 세액감면신청서를 납세지 관할 지방자치단체의 장(세무서장 포함)에게 제출하여야 하며, 지방세의 감면신청에 관하여는 지방세특례제한법 제183조를 준용하여 감면신청을 하여야 한다(조특령 §116의 15 ⑦).

## 2-5. 지방세특례의 제한

### 2-5-1. 동일 과세연도에 세액공제와 중복배제

내국인이 동일한 과세연도에 본조의 제주첨단과학기술단지 입주기업에 대한 개인지방소득세 감면과 제168조 제4항에 열거된 지방세특례(세액공제)가 동시에 적용되는 경우에는 그 중 하나만을 선택하여 적용받을 수 있다.

### 2-5-2. 동일 사업장에서 동일 과세연도에 세액감면과 중복지원 배제

동일한 사업장에 대하여 동일한 과세연도에 본조의 제주첨단과학기술단지 입주기업에 대한 개인지방소득세 감면과 제168조 제5항에 열거된 지방세특례(세액감면)가 동시에 적용되는 경우에는 그 중 하나만을 선택하여 적용받을 수 있다.

### 2-5-3. 동일 사업장에서 동일 과세연도에 지방세감면의 중복적용 배제

동일한 사업장에 대하여 동일한 과세연도에 본조의 제주투자진흥지구 또는 제주자유무역지역 입주기업에 대한 취득세·재산세의 감면·공제규정과 제168조 제6항에 열거된 취득세·재산세의 감면규정이 동시에 적용되는 경우에는 그 중 하나만을 선택하여 이를 적용받을 수 있다.

### 2-5-4. 무신고 결정 및 기한 후 신고에 대한 감면배제

지방소득세의 무신고에 따른 결정(소법 §80 ①)과 기한 후 신고(국기법 §45의 3)를 하는 경우에는 본조의 세액감면을 적용하지 아니한다.

### 2-5-5. 경정 및 수정신고시 감면배제되는 경우

개인지방소득세의 신고 내용에 오류 등이 있어 경정(소법 §80 ②)하는 경우와 과세표준수정신고서를 제출한 과세표준과 세액을 경정할 것을 미리 알고 제출한 경우에는 과소신고금액(조특령 §122)에 대한 본조의 세액감면을 적용하지 아니한다.

## 3 | 관련사례

- 제주투자진흥지구 내에 부지조성공사 후 조성된 부지를 매각하거나 건설한 시설을 매각하여 발생한 소득은 감면을 받을 수 없는 것임(서면2팀-2388, 2006.11.21.).
- '골프장업'은 제주투자진흥지구 또는 제주자유무역지역 입주기업에 대한 법인세 등의 감면 대상사업에는 해당하지 않음(서이 46017-11628, 2002.9.2.).

# 제156조

## 기업도시개발구역 등의 창업기업 등에 대한 개인지방소득세의 감면

관련규정

제156조(기업도시개발구역 등의 창업기업 등에 대한 개인지방소득세의 감면) ① 다음 각 호의 어느 하나에 해당하는 사업(이하 이 장에서 "감면대상사업"이라 한다)을 하기 위한 투자로서 업종 및 투자금액이 대통령령으로 정하는 기준에 해당하는 투자에 대해서는 제2항부터 제8항까지의 규정에 따라 개인지방소득세를 감면한다.

1. 기업도시개발구역에 2018년 12월 31일까지 창업하거나 사업장을 신설(기존 사업장을 이전하는 경우는 제외한다)하는 기업이 그 구역의 사업장에서 하는 사업
2. 기업도시개발사업 시행자가 하는 사업으로서 「기업도시개발 특별법」 제2조 제3호에 따른 기업도시개발사업
3. 「지역 개발 및 지원에 관한 법률」 제11조에 따라 지정된 지역개발사업구역(같은 법 제7조 제1항 제1호에 해당하는 지역개발사업으로 한정한다) 또는 같은 법 제67조에 따른 지역활성화지역에 2018년 12월 31일까지 창업하거나 사업장을 신설(기존 사업장을 이전하는 경우는 제외한다)하는 기업(법률 제12737호 「지역 개발 및 지원에 관한 법률」 부칙 제4조에 따라 의제된 지역개발사업구역 중 「폐광지역 개발 지원에 관한 특별법」에 따라 지정된 폐광지역진흥지구에 개발사업시행자로 선정되어 입주하는 경우에는 「관광진흥법」에 따른 관광숙박업 및 종합휴양업과 축산업을 경영하는 내국인을 포함한다)이 그 구역 또는 지역 안의 사업장에서 하는 사업
4. 「지역 개발 및 지원에 관한 법률」 제11조(같은 법 제7조 제1항 제1호에 해당하는 지역개발사업으로 한정한다)에 따른 지역개발사업구역과 같은 법 제67조에 따른 지역활성화지역에서 같은 법 제19조에 따라 지정된 사업시행자가 하는 지역개발사업
5. 「여수세계박람회 기념 및 사후활용에 관한 특별법」 제15조에 따라 지정·고시된 해양박람회특구에 2018년 12월 31일까지 창업하거나 사업장을 신설(기존 사업장을 이전하는 경우는 제외한다)하는 기업이 그 구역 안의 사업장에서 하는 사업
6. 「여수세계박람회 기념 및 사후활용에 관한 특별법」 제17조에 따라 지정된 사업시행자가 박람회 사후활용에 관하여 시행하는 사업

7. 「새만금사업 추진 및 지원에 관한 특별법」 제8조 제1항에 따른 사업시행자에 해당하는 기업이 같은 법 제2조에 따른 사업이 시행자가 되어 실시하는 새만금사업

② 제1항에 해당하는 기업의 감면대상사업에서 발생한 소득에 대해서는 사업개시일 이후 그 감면대상사업에서 최초로 소득이 발생한 과세연도(사업개시일부터 5년이 되는 날이 속하는 과세연도까지 그 사업에서 소득이 발생하지 아니한 경우에는 5년이 되는 날이 속하는 과세연도)의 개시일부터 3년 이내에 끝나는 과세연도에는 제1항 제1호 · 제3호 · 제5호의 경우 개인지방소득세의 100분의 100에 상당하는 세액을, 제1항 제2호 · 제4호 · 제6호 · 제7호의 경우 개인지방소득세의 100분의 50에 상당하는 세액을 각각 경감하고, 그 다음 2년 이내에 끝나는 과세연도에는 제1항 제1호 · 제3호 · 제5호의 경우 개인지방소득세의 100분의 50에 상당하는 세액을, 제1항 제2호 · 제4호 · 제6호 · 제7호의 경우 개인지방소득세의 100 분의 25에 상당하는 세액을 각각 경감한다.

③ 제2항이 적용되는 감면기간 동안 감면받는 개인지방소득세의 총합계액이 제1호와 제2호의 금액을 합한 금액을 초과하는 경우에는 그 합한 금액을 한도(이하 이 조에서 "감면한도"라 한다)로 하여 세액을 감면한다. 다만, 대통령령으로 정하는 서비스업(이하 이 조에서 "서비스업"이라 한다)을 영위하는 경우로서 해당 서비스업에서 발생한 소득에 대하여 제2항이 적용되는 감면기간 동안 감면받은 개인지방소득세 총 합계액이 제1호와 제2호의 금액을 합한 금액과 제3호의 금액 중 큰 금액을 초과하는 경우에는 그 큰 금액을 한도로 하여 세액을 감면할 수 있다.

1. 대통령령으로 정하는 투자누계액의 100분의 5
2. 다음 각 목의 금액 중 적은 금액
   가. 해당 과세연도의 제1항 각 호의 어느 하나에 해당하는 사업을 하는 사업장(이하 이 조에서 "감면대상사업장"이라 한다)의 상시근로자 수 × 1백만원
   나. 제1호의 투자누계액의 100분의 2
3. 다음 각 목의 금액 중 적은 금액
   가. 해당 과세연도의 감면대상사업장의 상시근로자 수 × 2백만원
   나. 제1호의 투자누계액의 100분의 10

④ 제2항에 따라 각 과세연도에 감면받을 개인지방소득세에 대하여 감면한도를 적용할 때에는 제3항 제1호의 금액을 먼저 적용한 후 같은 항 제2호의 금액을 적용한다.

⑤ 제3항 제2호 또는 제3호를 적용받아 개인지방소득세를 감면받은 기업이 감면받은 과세연도 종료일부터 2년이 되는 날이 속하는 과세연도 종료일까지의 기간 중 각 과세연도의 감면대상사업장의 상시근로자 수가 감면받은 과세연도의 상시근로자 수보다 감소한 경우에는 대통령령으로 정하는 바에 따라 감면받은 세액에 상당하는 금액을 개인지방소득세로 납부하여야 한다.

⑥ 제3항 및 제5항을 적용할 때 상시근로자의 범위, 상시근로자 수의 계산방법, 그 밖

에 필요한 사항은 대통령령으로 정한다.

⑦ 제1항부터 제6항까지의 규정을 적용할 때 창업의 범위에 관하여는 제100조 제6항을 준용한다.

⑧ 제2항을 적용받으려는 자는 대통령령으로 정하는 바에 따라 감면신청을 하여야 한다.

⑨ 제3항 각 호 외의 부분 단서에 따라 서비스업에 대한 감면한도를 적용받는 기업은 「조세특례제한법」 제143조를 준용하여 서비스업과 그 밖의 업종을 각각 구분하여 경리하여야 한다.

⑩ 제2항 및 제3항에 따라 개인지방소득세를 감면받은 기업도시개발구역 등의 창업기업 등이 「조세특례제한법」 제121조의 19 제1항 각 호의 어느 하나에 해당하는 경우에는 감면받은 개인지방소득세를 추징하며, 같은 항 제3호에 해당하는 경우에는 해당 과세연도와 남은 감면기간 동안 제2항을 적용하지 아니한다.

**【영】** 제108조(기업도시개발구역 등의 창업기업 등에 대한 개인지방소득세의 감면) ① 법 제156조 제1항 각 호 외의 부분에서 "대통령령으로 정하는 기준에 해당하는 투자"란 다음 각 호의 구분에 따른 투자를 말한다.

1. 법 제156조 제1항 제1호·제3호 및 제5호에 따른 사업 : 「조세특례제한법 시행령」 제116조의 21 제1항에 따른 투자
2. 법 제156조 제1항 제2호·제4호 및 제6호에 따른 사업 : 「조세특례제한법 시행령」 제116조의 21 제2항에 따른 투자

② 법 제156조 제1항 제1호·제3호 및 제5호에 해당하는 기업도시개발구역, 신발전지역발전촉진지구, 신발전지역투자촉진지구 및 박람회장 조성사업구역에 창업하거나 사업장을 신설하는 기업이 그 구역에 있는 사업장에서 경영하는 사업의 감면대상소득은 제1항 제1호에 따른 감면대상사업을 경영하기 위하여 그 구역에 투자한 시설에서 직접 발생한 소득으로 한다.

③ 법 제156조 제3항 제1호에서 "대통령령으로 정하는 투자누계액"이란 「조세특례제한법 시행령」 제116조의 21 제4항에 따른 투자 합계액을 말한다.

④ 법 제156조 제5항에 따라 납부하여야 할 개인지방소득세는 다음의 계산식에 따라 계산한 금액(그 수가 음수이면 영으로 보고, 감면받은 과세연도 종료일 이후 2개 과세연도 연속으로 상시근로자 수가 감소한 경우에는 두 번째 과세연도에는 첫 번째 과세연도에 납부한 금액을 뺀 금액을 말한다)으로 하고, 이를 상시근로자 수가 감소된 과세연도의 과세표준을 신고할 때 개인지방소득세로 납부하여야 한다.

| 해당 기업의 상시근로자 수가 감소된 과세연도의 직전 2년 이내의 과세연도의 법 제156조 제3항 제2호에 따라 감면받은 세액의 합계액 - (상시근로자 수가 감소된 과세연도의 감면대상사업장의 상시근로자 수 × 1백만원) |
|---|

⑤ 법 제156조 제6항에 따른 상시근로자의 범위 및 상시근로자 수의 계산은 「조세특례제한법 시행령」 제23조 제10항부터 제12항까지의 규정에 따른다.

⑥ 법 제156조 제2항에 따라 개인지방소득세를 감면받으려는 자는 과세표준신고와 함께

행정안전부령으로 정하는 세액감면신청서를 납세지 관할 지방자치단체의 장에게 제출하여야 한다. 다만, 「조세특례제한법 시행령」 제116조의 21 제7항에 따라 납세지 관할 세무서장에게 소득세 감면을 신청하는 경우에는 법 제156조에 따른 개인지방소득세에 대한 세액감면도 함께 신청한 것으로 본다.

# 1 | 개 요

기업이 자발적인 투자계획을 가지고 필요한 지역에 직접 도시를 개발할 수 있도록 제정된 「기업도시개발특별법」을 조세정책 측면에서 지원하기 위한 세제지원이다. 한편, 본 제도는 조특법 제121조의 17 규정과는 별개로 지방소득세의 독립세를 위한 세제개편 계획(2013.9.)에 따라 2014년부터 현재의 지특법 제156조로 신설되었다.

# 2 | 감면실무

## 2-1. 감면요건

### 2-1-1. 신규투자기업에 대한 개인지방소득세의 감면

(1) 기업도시개발구역, 신발전지역발전 · 투자촉진지구 및 여수Expo 박람회장 조성사업구역의 범위

① 기업도시개발구역이라 함은 기업도시를 조성하기 위한 사업, 즉 기업도시개발사업을 시행하기 위하여 기업도시개발 특별법 제5조의 규정에 의하여 지정 · 고시된 지역을 말한다(기업도시개발 특별법 §2).

② 신발전지역발전촉진지구는 신발전지역 육성을 위한 투자촉진 특별법 제8조 제1항에 따라 지정된 지역을 말한다.

③ 신발전지역투자촉진지구는 신발전지역 육성을 위한 투자촉진 특별법 제21조 제1항에 따라 지정된 지역을 말한다.

④ 「여수세계박람회 지원 및 사후활용에 관한 특별법」 제28조 제1항에 따라 지정 · 고시된 박람회장 조성사업구역을 말한다.

(2) 감면대상사업 및 감면대상소득의 범위

우선 다음의 감면대상사업을 하기 위한 투자에 해당하여야 한다.

① 기업도시개발구역, 신발전지역발전촉진지구 및 신발전지역투자촉진지구, 여수Expo 박람회장 조성사업구역에 2015년 12월 31일까지 창업451)하거나 사업장을 신설(기존 사업장을 이전하는 경우는 제외452))하는 기업("신규투자기업"이라 한다)이 그 구역 또는 지구 안의 사업장에서 하는 사업

② 기업도시개발사업 시행자가 하는 기업도시개발사업, 신발전지역 육성을 위한 투자촉진 특별법에 따라 지정된 개발사업시행자가 하는 신발전지역발전촉진지구의 개발사업,「여수세계박람회 지원 및 사후활용에 관한 특별법」제30조에 따라 지정된 사업시행자가 박람회 사후활용에 관하여 시행하는 사업

그리고 신규투자기업이 다음에 열거된 감면대상사업 중 어느 하나의 사업을 경영하기 위하여 구역 또는 지구 내에 시설을 새로이 설치하는 것이어야 하며, 그 구역에 있는 사업장에서 경영하는 사업의 감면대상소득은 해당 감면대상사업을 경영하기 위하여 그 구역에 투자한 시설에서 직접 발생한 소득을 말한다(조특령 §116의 2 ⑰, 조특령 §116의 21 ①·③).

① 제조업

② 연구개발업

③ 다음의 어느 하나에 해당하는 사업(조특령 §116의 2 ③ 3호 가목~다목)

㉠ 복합물류터미널사업

㉡ 공동집배송센터를 조성하여 운영하는 사업

㉢ 항만시설을 운영하는 사업과 항만배후단지에서 영위하는 물류산업

④ 다음의 어느 하나에 해당하는 사업(조특령 §116의 2 ⑤ 6호 각 목)

㉠ 엔지니어링사업

㉡ 전기통신업

㉢ 컴퓨터프로그래밍·시스템 통합 및 관리업

㉣ 정보서비스업

㉤ 그 밖의 과학기술서비스업

㉥ 영화·비디오물 및 방송프로그램 제작업, 영화·비디오물 및 방송프로그램 제작

451) 창업의 범위에 대하여는 제6조 제6항의 해설을 참고하기로 한다.

452) 2012년 12월 31일까지 기업도시개발구역에 입주하는 경우 또는 2013년 말까지 입주하기로 입주협약이나 양해각서를 체결한 기업(2013년에 입주협약이나 양해각서를 체결하는 경우는 수도권 기업에 한정한다)이 2014년 12월 31일까지 기업도시개발구역에 입주하는 경우는 감면(법률 제9921호 부칙 §78)

관련 서비스업, 녹음시설 운영업, 음악 및 기타 오디오물 출판업

ㅅ 게임 소프트웨어 개발 및 공급업

ㅇ 공연시설 운영업, 공연단체, 기타 창작 및 예술 관련 서비스업

⑤ 다음의 어느 하나에 해당하는 사업(조특령 §116의 15 ① 1·3~6호)

㉠ 관광호텔업·수상관광호텔업·한국전통호텔업·종합휴양업(체육시설의 설치·이용에 관한 법률 제10조 제1항 제1호에 따른 등록체육시설업 중 골프장업을 제외)·전문휴양업(체육시설의 설치·이용에 관한 법률 제10조 제1항 제1호에 따른 등록체육시설업 중 골프장업을 제외)·관광유람선업·관광공연장업·종합유원시설업·국제회의시설업 및 관광식당업을 운영하는 사업

㉡ 노인복지시설을 운영하는 사업

㉢ 청소년 수련시설을 운영하는 사업

㉣ 궤도사업

㉤ 신·재생에너지를 이용하여 전기를 생산하는 사업

(3) 투자금액

본조에 따른 법인세 등의 감면은 감면대상사업을 하기 위한 투자금액이 100억원 이상인 경우에 적용하되, 연구개발업에 해당하는 경우에는 20억원[453] 이상, 복합물류터미널사업 등(위 ③)에 해당하는 경우에는 50억원 이상인 경우에 적용한다(조특령 §116의 21 ①).

2-1-2. 개발사업시행자에 대한 법인세 등의 감면

(1) 기업도시개발구역, 신발전지역발전촉진지구 및 여수Expo 사후활용 사업의 개발사업의 범위

기업도시개발사업이라 함은 기업도시를 조성하기 위한 사업을 말하는 것으로, 법인세 등의 감면대상이 되는 기업도시개발사업이란 기업도시개발 특별법 제11조에 따른 기업도시개발계획에 따라 기업도시개발구역을 개발하기 위한 사업을 말하며, 신발전지역발전촉진지구의 개발사업이라 함은 신발전지역발전촉진지구를 조성하기 위한 사업을 말하는 것으로, 법인세 등의 감면대상이 되는 신발전지역발전촉진지구의 개발사업이란 신발전지역 육성을 위한 투자촉진 특별법 제13조 제1항에 따라 지정된 개발사업시행자가 신발전지역발전촉진지구를 개발하기 위한 개발사업을 말한다. 여수Expo 사후활용 사업이란 「여수세계

453) 연구개발업에 대한 조세감면 요건을 외국인투자지역 입주기업에 대한 감면요건(50억원 이상→20억원 이상)과 동일한 수준으로 완화

박람회 지원 및 사후활용에 관한 특별법」 제30조에 따라 지정된 사업시행자가 박람회 사후활용에 관하여 시행하는 사업을 말한다(조특령 §116의 21 ②).

## 2-2. 과세특례의 내용

### 2-2-1. 지방소득세의 감면

감면요건을 충족하는 기업의 감면대상사업에서 발생한 소득에 대하여는 사업개시일 이후 그 감면대상사업에서 최초로 소득이 발생한 과세연도(사업개시일부터 5년이 되는 날이 속하는 과세연도까지 그 사업에서 소득이 발생하지 아니한 때에는 5년이 되는 과세연도)의 개시일부터 3년 이내에 끝나는 과세연도에 있어서 개인지방소득세의 100%(개발사업시행자의 경우 50%)에 상당하는 세액을, 그 다음 2년 이내에 끝나는 과세연도에 있어서는 개인지방소득세의 50%(개발사업시행자의 경우 25%)에 상당하는 세액을 각각 감면한다(조특법 §158 ②, 조특령 §116의 21 ③).

### 2-2-2. 지방세의 감면

기업도시개발구역, 신발전지역발전촉진지구와 신발전지역투자촉진지구, 여수Expo 박람회장 조성사업구역에 창업하거나 사업장을 신설(기존 사업장을 이전하는 경우는 제외)하는 기업이 감면대상사업을 하기 위하여 취득·보유하는 재산에 대한 취득세 및 재산세에 대해서는 지방자치단체가 15년의 범위에서 감면비율·공제비율과 감면기간·공제기간을 조례로 정할 수 있다(지특법 §156 ③).

## 2-3. 감면한도

제105조(연구개발특구에 입주하는 첨단기술기업 등에 대한 개인지방소득세 등의 감면)의 해설을 참고하기로 한다.

## 2-4. 사후관리 : 감면세액의 추징 등

지방자치단체의 장은 다음 중 하나에 해당하는 경우에는 본조에 따라 감면된 법인세 또는 소득세를 추징하며, 취득세 및 재산세의 추징에 대해서는 지방세특례제한법 제4조에 따라 조례로 정할 수 있다.

① 기업도시개발 특별법 제7조에 따라 기업도시개발구역의 지정이 해제된 경우

② 신발전지역 육성을 위한 투자촉진 특별법 제11조 제1항에 따라 신발전지역발전촉진

지구의 지정이 해제되거나 같은 법 제21조 제4항에 따라 신발전지역투자촉진지구의 지정이 해제된 경우

③ 해당 감면대상사업에서 최초로 소득이 발생한 과세연도(사업개시일부터 3년이 되는 날이 속하는 과세연도까지 해당 사업에서 소득이 발생하지 아니한 경우에는 3년이 되는 날이 속하는 과세연도) 종료일 이후 2년 이내에 법 제121조의 17 제1항에 따른 조세감면기준에 해당하는 투자가 이루어지지 아니한 경우

④ 기업도시개발구역에 창업한 기업이 폐업하거나 신설한 사업장을 폐쇄한 경우

⑤ 신발전지역 육성을 위한 투자촉진 특별법 제8조 제1항에 따라 지정된 신발전지역발전촉진지구와 같은 법 제21조 제1항에 따라 지정된 신발전지역투자촉진지구에 창업한 기업이 폐업하거나 신설한 사업장을 폐쇄한 경우

⑥ 「여수세계박람회 지원 및 사후활용에 관한 특별법」 제28조 제1항에 따라 지정・고시된 박람회장 조성사업구역에 창업한 기업이 폐업하거나 신설한 사업장을 폐쇄한 경우

## 2-5. 절 차

### 2-5-1. 지방소득세의 감면신청

지방소득세를 감면받고자 하는 경우에는 과세표준신고와 함께 세액감면신청서를 납세지 관할 지방자치단체의 장(세무서장 포함)에게 제출하여야 한다(조특령 §116의 21 ⑦).

### 2-5-2. 지방세의 감면신청

지방세의 감면 또는 공제신청에 관하여는 지방세특례제한법 제183조의 규정을 준용하여 지방세 감면신청을 하여야 한다(조특법 §121의 17 ⑨).

## 2-6. 지방세특례의 제한

### 2-6-1. 동일 과세연도에 투자세액공제와 중복배제

내국인이 동일한 과세연도에 본조의 기업도시개발구역 입주기업 등에 대한 법인세 또는 소득세의 감면규정과 지특법 제168조 제4항에 열거된 조세특례(투자세액공제)가 동시에 적용되는 경우에는 그 중 하나만을 선택하여 적용받을 수 있다.

### 2-6-2. 동일 사업장에서 동일 과세연도에 세액감면과 중복지원 배제

동일한 사업장에 대하여 동일한 과세연도에 본조의 감면규정과 지특법 제168조 제5항에

열거된 조세특례(세액감면)가 동시에 적용되는 경우에는 그 중 하나만을 선택하여 적용받을 수 있다.

#### 2-6-3. 동일 사업장에서 동일 과세연도에 지방세감면의 중복적용 배제

동일한 사업장에 대하여 동일한 과세연도에 본조에 따라 취득세·등록세·재산세의 감면·공제규정과 지특법 제168조 제6항에 열거된 취득세·재산세의 감면규정이 동시에 적용되는 경우에는 그 중 하나만을 선택하여 이를 적용받을 수 있다.

#### 2-6-4. 최저한세

본조의 규정에 의한 세액감면에 관한 조세특례에 관하여는 지특법 제172조의 최저한세 규정을 적용받아 그 특례범위가 제한된다. 이에 대하여는 제172조 해설을 참조하기로 한다.

## 3 | 관련사례

- 내국법인이 2012년까지 기업도시개발구역 입주양해각서를 체결하고 2014년까지 입주하는 경우 2010.1.1. 개정 전 조특법 제121조의 17 규정을 적용받는 것임(법인-27, 2013.1.11.).
- 기업도시개발구역에서 감면대상사업을 위한 신규시설을 설치하는 경우, 감면대상사업별로 정한 금액 이상 투자하는 경우에 한하여 그 투자시설에서 직접 발생한 해당 업종별 소득에 대하여 법인세 감면을 적용받을 수 있는 것임(법인-537, 2011.7.29.).
- 법인이 2011.3.11. 기업도시개발구역에 입주하기 위해 양해각서를 체결하고 공장을 신설하여 2012년 상반기에 입주하는 경우 기업도시개발구역 입주기업에 대한 법인세 감면 대상이 되는 것이나 감면한도를 적용하는 것임(법인-305, 2011.4.26.).
- 기업도시개발구역 내에 공장을 신설하여 제품생산하는 경우, 동 제품이 회사의 다른 사업장의 원재료로 사용된 후 외부로 판매될 때, 조특법에서 규정한 투자한 시설에서 직접 발생한 감면대상소득의 산출방법(법인-745, 2010.8.6.)
- 기존 사업장 투자분을 처분하고 기업도시개발구역 안에서 감면사업을 영위하기 위하여 시설을 새로이 설치하는 경우의 투자금액은 기존 사업장에 투자한 시설의 처분 금액과는 상관없이 도시개발구역 안의 사업장에 투자한 금액을 의미함(법인-1159, 2009.10.15.).
- 수도권 과밀억제권역에 본사 및 제1공장이 소재하고 성장관리권역에 제2공장이 소재하는 기업이 각 사업장을 원주기업도시로 통합하여 이전하는 경우 세액감면 적용방법(법인-361, 2009.1.28.)

# 제157조

## 아시아문화중심도시 투자진흥지구 입주기업 등에 대한 개인지방소득세의 감면 등

관련규정

제157조(아시아문화중심도시 투자진흥지구 입주기업 등에 대한 개인지방소득세의 감면 등) ① 「아시아문화중심도시 조성에 관한 특별법」 제16조에 따른 투자진흥지구에 2018년 12월 31일까지 입주하는 기업이 그 지구에서 사업을 하기 위한 투자로서 업종 및 투자금액이 대통령령으로 정하는 기준에 해당하는 투자에 대해서는 제2항부터 제6항까지의 규정에 따라 개인지방소득세를 감면한다.

② 제1항에 따른 기업의 감면대상사업에서 발생한 소득에 대해서는 사업개시일 이후 해당 감면대상사업에서 최초로 소득이 발생한 과세연도(사업개시일부터 5년이 되는 날이 속하는 과세연도까지 해당 사업에서 소득이 발생하지 아니한 때에는 5년이 되는 날이 속하는 과세연도)의 개시일부터 3년 이내에 끝나는 과세연도의 개인지방소득세의 100분의 100에 상당하는 세액을, 그 다음 2년 이내에 끝나는 과세연도의 개인지방소득세의 100분의 50에 상당하는 세액을 감면한다.

③ 제2항이 적용되는 감면기간 동안 감면받는 개인지방소득세의 총합계액이 제1호와 제2호의 금액을 합한 금액을 초과하는 경우에는 그 합한 금액을 한도(이하 이 조에서 "감면한도"라 한다)로 하여 세액을 감면한다. 다만, 대통령령으로 정하는 서비스업(이하 이 조에서 "서비스업"이라 한다)을 영위하는 경우로서 해당 서비스업에서 발생한 소득에 대하여 제2항이 적용되는 감면기간 동안 감면받은 개인지방소득세 총 합계액이 제1호와 제2호의 금액을 합한 금액과 제3호의 금액 중 큰 금액을 초과하는 경우에는 그 큰 금액을 한도로 하여 세액을 감면할 수 있다.

1. 대통령령으로 정하는 투자누계액의 100분의 5
2. 다음 각 목의 금액 중 적은 금액
   가. 해당 과세연도의 제1항에 따른 투자진흥지구의 사업장(이하 이 조에서 "감면대상사업장"이라 한다)의 상시근로자 수 × 1백만원
   나. 제1호의 투자누계액의 100분의 2
3. 다음 각 목의 금액 중 적은 금액

가. 해당 과세연도의 감면대상사업장의 상시근로자 수 × 2백만원

나. 제1호의 투자누계액의 100분의 10

④ 제2항에 따라 각 과세연도에 감면받을 개인지방소득세에 대하여 감면한도를 적용할 때에는 제3항 제1호의 금액을 먼저 적용한 후 같은 항 제2호의 금액을 적용한다.

⑤ 제3항 제2호 또는 제3호를 적용받아 개인지방소득세를 감면받은 기업이 감면받은 과세연도 종료일부터 2년이 되는 날이 속하는 과세연도 종료일까지의 기간 중 각 과세연도의 감면대상사업장의 상시근로자 수가 감면받은 과세연도의 상시근로자 수보다 감소한 경우에는 대통령령으로 정하는 바에 따라 감면받은 세액에 상당하는 금액을 개인지방소득세로 납부하여야 한다.

⑥ 제3항 및 제5항을 적용할 때 상시근로자의 범위, 상시근로자 수의 계산방법, 그 밖에 필요한 사항은 대통령령으로 정한다.

⑦ 지방자치단체의 장은 해당 감면대상사업에서 최초로 소득이 발생한 과세연도(사업개시일부터 3년이 되는 날이 속하는 과세연도까지 해당 사업에서 소득이 발생하지 아니한 경우에는 3년이 되는 날이 속하는 과세연도) 종료일 이후 2년 이내에 제1항에 따른 개인지방소득세감면기준에 해당하는 투자가 이루어지지 아니한 경우에는 대통령령으로 정하는 바에 따라 제1항부터 제6항까지의 규정에 따라 감면된 개인지방소득세를 추징한다.

⑧ 제7항에 해당하는 경우에는 해당 과세연도와 남은 감면기간 동안 제2항을 적용하지 아니한다.

⑨ 제2항에 따라 개인지방소득세를 감면받으려는 자는 대통령령으로 정하는 바에 따라 그 감면신청을 하여야 한다.

⑩ 제3항 각 호 외의 부분 단서에 따라 서비스업에 대한 감면한도를 적용받는 기업은 「조세특례제한법」 제143조를 준용하여 서비스업과 그 밖의 업종을 각각 구분하여 경리하여야 한다.

**【영】** 제109조(아시아문화중심도시 투자진흥지구 입주기업 등에 대한 개인지방소득세의 감면) ① 법 제157조 제1항에 따라 개인지방소득세를 감면하는 투자는 「조세특례제한법 시행령」 제116조의 25 제1항에 따른 투자로 한다.

② 법 제157조 제3항 제1호에서 "대통령령으로 정하는 투자누계액"이란 「조세특례제한법 시행령」 제116조의 25 제2항에 따른 투자 합계액을 말한다.

③ 법 제157조 제5항에 따라 납부하여야 할 개인지방소득세액은 다음 계산식에 따라 계산한 금액(그 수가 음수이면 영으로 보고, 감면받은 과세연도 종료일 이후 2개 과세연도 연속으로 상시근로자 수가 감소한 경우에는 두 번째 과세연도에는 첫 번째 과세연도에 납부한 금액을 뺀 금액을 말한다)으로 하고, 이를 상시근로자 수가 감소된 과세연도의 과세표준을 신고할 때 개인지방소득세로 납부하여야 한다.

> 해당 기업의 상시근로자 수가 감소된 과세연도의 직전 2년 이내의 과세연도에 법 제157조 제3항 제2호에 따라 감면받은 세액의 합계액 - (상시근로자 수가 감소된 과세연도의 감면대상사업장의 상시근로자 수 × 1백만원)

④ 법 제157조 제6항에 따른 상시근로자의 범위 및 상시근로자 수의 계산은 「조세특례제한법 시행령」 제23조 제10항부터 제12항까지의 규정에 따른다.
⑤ 법 제157조 제7항에 따라 추징하는 개인지방소득세액은 감면받은 세액 전액으로 한다.
⑥ 법 제157조 제9항에 따라 개인지방소득세 감면신청을 하려는 자는 과세표준신고와 함께 행정안전부령으로 정하는 세액감면신청서를 납세지 관할 지방자치단체의 장에게 제출하여야 한다. 다만, 「조세특례제한법 시행령」 제116조의 25 제6항에 따라 납세지 관할 세무서장에게 소득세 감면을 신청하는 경우에는 법 제157조에 따른 개인지방소득세에 대한 세액감면도 함께 신청한 것으로 본다.

# 1 | 개 요

아시아문화중심도시 육성을 위하여 아시아문화중심도시 투자진흥지구 안 입주기업 등에 대한 세제지원이다. 본 제도는 조특법 제159조의 규정과는 별개로 지방소득세의 독립세를 위한 세제개편 계획(2013.9.)에 따라 2014년부터 현재의 지특법 제157조로 신설되었다.

「아시아문화중심도시 조성에 관한 특별법」 제16조에 따른 투자진흥지구에 2021년 12월 31일까지 입주하는 기업이 그 지구 안에서 사업을 영위하기 위한 투자로서 업종 및 투자금액이 일정 기준에 해당하는 투자에 대해서는 지방소득세를 감면한다.

# 2 | 감면실무

## 2-1. 감면요건

아시아문화중심도시 조성에 관한 특별법 제16조에 따른 투자진흥지구에 2015년 12월 31일까지 입주하는 기업이 그 지구 안에서 사업을 영위하기 위한 투자로서 총사업비가 30억원 이상이고 다음 중 어느 하나에 해당하는 사업을 영위하기 위한 시설을 새로 설치하는 것으로 한다(조특령 §116의 25 ①).

① 문화산업진흥 기본법 제2조 제1호에 따른 문화산업을 운영하는 사업

② 관광진흥법 제3조 제1항에 따른 관광숙박업, 관광객 이용시설업(체육시설의 설치·이용에 관한 법률 제10조 제1항 제1호에 따른 골프장을 설치하여 관광객에게 이용하게 하는 경우는 제외), 국제회의업, 유원시설업, 관광 편의시설업을 운영하는 사업

③ 청소년활동진흥법 제10조 제1호에 따른 청소년수련시설을 운영하는 사업

④ 건축법 시행령 별표 1 제10호 나목에 따른 교육원(연수원, 그 밖에 이와 유사한 것을 포함)을 운영하는 사업

### 2-2. 과세특례의 내용

사업개시일 이후 해당 감면대상사업에서 최초로 소득이 발생한 과세연도(사업개시일부터 5년이 되는 날이 속하는 과세연도까지 해당 사업에서 소득이 발생하지 아니한 때에는 5년이 되는 날이 속하는 과세연도)의 개시일부터 3년 이내에 종료하는 과세연도의 지방소득세의 100%에 상당하는 세액을, 그 다음 2년 이내에 종료하는 과세연도의 지방소득세의 50%에 상당하는 세액을 감면한다.

한편 감면대상사업을 영위하기 위하여 취득·보유하는 재산에 대한 취득세·재산세에 대해서는 지방자치단체가 15년의 범위에서 감면비율·공제비율과 감면기간·공제기간을 지방세특례제한법 제4조에 따라 조례로 정할 수 있다. 한편, 취득세·재산세의 추징에 대하여도 지방세특례제한법 제4조에 따라 조례로 정할 수 있다.

### 2-3. 감면한도

제105조(연구개발특구에 입주하는 첨단기술기업 등에 대한 개인지방소득세 등의 감면)의 해설을 참고하기로 한다.

### 2-4. 사후관리

#### 2-4-1. 고용기준 위반

고용기준 감면한도를 적용받아 지방소득세를 감면받은 기업이 감면받은 과세연도 종료일부터 2년 되는 날이 속하는 과세연도 종료일까지의 기간 중 각 과세연도의 감면대상사업장의 상시 근로자수가 감면받은 과세연도의 상시 근로자수보다 감소한 경우에는 다음의 계산식에 따라 계산한 금액(그 수가 음수이면 영으로 보고, 감면받은 과세연도 종료일 이후 2개 과세연도 연속으로 상시 근로자수가 감소한 경우에는 두 번째 과세연도에는 첫 번째

과세연도에 납부한 금액을 뺀 금액)을 상시 근로자수가 감소된 과세표준을 신고할 때 법인세·소득세로 납부하여야 한다(조특령 §116의 25 ③). 이에 대한 상세한 내용은 제105조(연구개발특구에 입주하는 첨단기술기업 등에 대한 개인지방소득세 등의 감면)의 해설을 참고하기로 한다.

#### 2-4-2. 투자기준 위반

지방자치단체의 장은 해당 감면대상사업에서 최초로 소득이 발생한 과세연도(사업개시일부터 3년이 되는 날이 속하는 과세연도까지 해당 사업에서 소득이 발생하지 아니한 경우에는 3년이 되는 날이 속하는 과세연도) 종료일 이후 2년 이내에 조세감면기준에 해당하는 투자가 이루어지지 아니한 경우에는 기감면된 지방소득세의 전액을 추징하고, 해당 과세연도와 남은 감면기간 동안 감면을 적용하지 아니한다(조특령 §116의 25 ⑤).

### 2-5. 절 차

본조에 따라 지방소득세를 감면받으려는 자는 과세표준신고와 함께 세액감면신청서를 납세지 관할 지방자치단체의 장(세무서장 포함)에게 제출하여야 하며, 지방세(취득세·재산세)의 감면 또는 공제 신청에 관하여는 지방세특례제한법 제183조를 준용한다(조특령 §116의 25 ⑥).

# 제 158 조

## 금융중심지 창업기업 등에 대한 개인지방소득세의 감면 등

관련규정

제158조(금융중심지 창업기업 등에 대한 개인지방소득세의 감면 등) ①「금융중심지의 조성과 발전에 관한 법률」 제5조 제5항에 따라 지정된 금융중심지(수도권과밀억제권역 안의 금융중심지는 제외한다)에 2018년 12월 31일까지 창업하거나 사업장을 신설(기존 사업장을 이전하는 경우는 제외한다)하여 해당 구역 안의 사업장(이하 이 조에서 "감면대상사업장"이라 한다)에서 대통령령으로 정하는 기준을 충족하는 금융 및 보험업(이하 이 조에서 "감면대상사업"이라 한다)을 영위하는 경우에는 제2항부터 제6항까지의 규정에 따라 개인지방소득세를 감면한다.

② 제1항의 금융중심지 구역 안 사업장의 감면대상사업에서 발생한 소득에 대하여는 사업개시일 이후 해당 감면대상사업에서 최초로 소득이 발생한 과세연도(사업개시일부터 5년이 되는 날이 속하는 과세연도까지 해당 사업에서 소득이 발생하지 아니한 때에는 5년이 되는 날이 속하는 과세연도)의 개시일부터 3년 이내에 종료하는 과세연도의 개인지방소득세의 100분의 100에 상당하는 세액을 감면하고, 그 다음 2년 이내에 종료하는 과세연도의 개인지방소득세의 100분의 50에 상당하는 세액을 감면한다.

③ 제2항이 적용되는 감면기간 동안 감면받는 개인지방소득세의 총합계액이 제1호와 제2호의 금액을 합한 금액을 초과하는 경우에는 그 합한 금액을 한도(이하 이 조에서 "감면한도"라 한다)로 하여 세액을 감면한다. 다만, 대통령령으로 정하는 서비스업(이하 이 조에서 "서비스업"이라 한다)을 영위하는 경우로서 해당 서비스업에서 발생한 소득에 대하여 제2항이 적용되는 감면기간 동안 감면받은 개인지방소득세 총 합계액이 제1호와 제2호의 금액을 합한 금액과 제3호의 금액 중 큰 금액을 초과하는 경우에는 그 큰 금액을 한도로 하여 세액을 감면할 수 있다.

1. 대통령령으로 정하는 투자누계액의 100분의 5
2. 다음 각 목의 금액 중 적은 금액
   가. 해당 과세연도의 감면대상사업장의 상시근로자 수 × 1백만원
   나. 제1호의 투자누계액의 100분의 2

3. 다음 각 목의 금액 중 적은 금액
   가. 해당 과세연도의 감면대상사업장의 상시근로자 수 × 2백만원
   나. 제1호의 투자누계액의 100분의 10

④ 제2항에 따라 각 과세연도에 감면받을 개인지방소득세에 대하여 감면한도를 적용할 때에는 제3항 제1호의 금액을 먼저 적용한 후 같은 항 제2호의 금액을 적용한다.

⑤ 제3항 제2호 또는 제3호를 적용받아 개인지방소득세를 감면받은 기업이 감면받은 과세연도 종료일부터 2년이 되는 날이 속하는 과세연도 종료일까지의 기간 중 각 과세연도의 감면대상사업장의 상시근로자 수가 감면받은 과세연도의 상시근로자 수보다 감소한 경우에는 대통령령으로 정하는 바에 따라 감면받은 세액에 상당하는 금액을 개인지방소득세로 납부하여야 한다.

⑥ 제3항 및 제5항을 적용할 때 상시근로자의 범위, 상시근로자 수의 계산방법, 그 밖에 필요한 사항은 대통령령으로 정한다.

⑦ 지방자치단체의 장은 해당 감면대상사업에서 최초로 소득이 발생한 과세연도(사업개시일부터 3년이 되는 날이 속하는 과세연도까지 해당 사업에서 소득이 발생하지 아니한 경우에는 3년이 되는 날이 속하는 과세연도) 종료일 이후 2년 이내에 제1항에 따른 조세감면기준에 해당하는 투자가 이루어지지 아니한 경우에는 대통령령으로 정하는 바에 따라 제1항부터 제6항까지의 규정에 따라 감면된 개인지방소득세를 추징한다.

⑧ 제7항에 해당하는 경우에는 해당 과세연도와 남은 감면기간 동안 제2항을 적용하지 아니한다.

⑨ 제2항에 따라 개인지방소득세를 감면받고자 하는 자는 대통령령으로 정하는 바에 따라 그 감면신청을 하여야 한다.

⑩ 제3항 각 호 외의 부분 단서에 따라 서비스업에 대한 감면한도를 적용받는 기업은 「조세특례제한법」 제143조를 준용하여 서비스업과 그 밖의 업종을 각각 구분하여 경리하여야 한다.

**【영】** 제110조(금융중심지 창업기업 등에 대한 개인지방소득세의 감면) ① 법 제158조 제1항서 "대통령령으로 정하는 기준"이란 「조세특례제한법 시행령」 제116조의 26 제1항에 따른 기준을 말한다.

② 법 제158조 제2항에 따른 금융중심지 구역 안 사업장의 감면대상사업에서 발생한 소득은 「조세특례제한법 시행령」 제116조의 26 제2항에 따른 소득으로 한다.

③ 법 제158조 제3항 제1호에서 "대통령령으로 정하는 투자누계액"이란 「조세특례제한법 시행령」 제116조의 26 제3항에 따른 투자 합계액을 말한다.

④ 법 제158조 제5항에 따라 납부하여야 할 개인지방소득세액은 다음 계산식에 따라 계산한 금액(그 수가 음수이면 영으로 보고, 감면받은 과세연도 종료일 이후 2개 과세연도 연속으로 상시근로자 수가 감소한 경우에는 두 번째 과세연도에는 첫 번째 과세연도에 납부한 금액을 뺀 금액을 말한다)으로 하고, 이를 상시근로자 수가 감소된 과세연도의 과세표

준을 신고할 때 개인지방소득세로 납부하여야 한다.

| 해당 기업의 상시근로자 수가 감소된 과세연도의 직전 2년 이내의 과세연도에 법 제158조 제3항 제2호에 따라 감면받은 세액의 합계액 - (상시근로자 수가 감소된 과세연도의 감면대상사업장의 상시근로자 수 × 1백만원) |
|---|

⑤ 법 제158조 제6항에 따른 상시근로자의 범위 및 상시근로자 수의 계산은 「조세특례제한법 시행령」 제23조 제10항부터 제12항까지의 규정에 따른다.
⑥ 법 제158조 제7항에 따라 추징하는 개인지방소득세액은 감면받은 세액 전액으로 한다.
⑦ 법 제158조 제9항에 따라 개인지방소득세 감면신청을 하려는 자는 과세표준신고와 함께 행정안전부령으로 정하는 세액감면신청서를 납세지 관할 지방자치단체의 장에게 제출하여야 한다. 다만, 「조세특례제한법 시행령」 제116조의 26 제9항에 따라 납세지 관할 세무서장에게 소득세 감면을 신청하는 경우에는 법 제158조에 따른 개인지방소득세에 대한 세액감면도 함께 신청한 것으로 본다.

# 1 개 요

본조는 금융중심지 창업기업 등을 지원하기 위한 세제지원이다. 다만, 투자금액·고용기준을 설정하여 동 제도가 조세회피 수단으로 악용되는 것을 방지하였다.

한편, 본 제도는 조특법 제121조의 21 규정과는 별개로 지방소득세의 독립세를 위한 세제개편 계획(2013.9.)에 따라 2014년부터 현재의 지특법 제158조로 신설되었다.

# 2 감면실무

## 2-1. 감면요건

(1) 금융중심지의 조성과 발전에 관한 법률 제5조 제5항에 따라 지정된 금융중심지(수도권과밀억제권역 안의 금융중심지는 제외)에 2015년 12월 31일까지 창업하거나 사업장을 신설(기존 사업장을 이전하는 경우는 제외)할 것

* 금융위원회가 '금융중심지'로 고시한 2개 지역(서울 여의도, 부산 문현동) 중 수도권과밀억제권역 外 지역인 '부산 문현동'이 해당된다.

(2) 해당 구역 안의 사업장(감면대상사업장)에서 해당 기업의 투자금액이 20억원 이상

이고 해당 구역의 사업장에서 근무하는 상시 고용인원이 10명 이상인 금융 및 보험업(감면대상사업)을 영위할 것

여기서 "상시 고용인원"이란 근로기준법에 따라 근로계약을 체결한 내국인 근로자를 말하며, 다음 중 어느 하나에 해당하는 사람은 제외한다(조특칙 §51의 8 ①·②).

① 근로계약기간이 1년 미만인 근로자. 다만, 근로계약의 연속된 갱신으로 인하여 그 근로계약의 총 기간이 1년 이상인 근로자는 제외한다.
② 근로기준법 제2조 제1항 제8호에 따른 단시간근로자. 다만, 1개월간의 소정근로시간이 60시간 이상인 근로자는 제외한다.
③ 법인세법 시행령 제20조 제1항 제4호 각 목의 어느 하나에 해당하는 임원
④ 해당 기업의 최대주주 또는 최대출자자(개인사업자의 경우에는 대표자)와 그 배우자
⑤ 위 ④에 해당하는 자의 직계존비속 및 친족(국세기본법 시행령 제20조 제1호부터 제8호까지의 어느 하나에 해당하는 사람)과 그 직계존비속의 배우자
⑥ 소득세법 시행령 제196조에 따른 근로소득원천징수부에 의하여 근로소득세를 원천징수한 사실이 확인되지 아니하고, 다음의 어느 하나에 해당하는 보험료 등의 납부사실도 확인되지 아니하는 자
  ㉠ 국민연금법 제3조 제1항 제11호 및 제12호에 따른 부담금 및 기여금
  ㉡ 국민건강보험법 제62조에 따른 직장가입자의 보험료

### 2-2. 과세특례의 내용

금융중심지 구역 안 사업장의 감면대상사업에서 발생한 소득에 대하여는 사업개시일 이후 해당 감면대상사업에서 최초로 소득이 발생한 과세연도(사업개시일부터 5년이 되는 날이 속하는 과세연도까지 해당 사업에서 소득이 발생하지 아니한 때에는 5년이 되는 날이 속하는 과세연도)의 개시일부터 3년 이내에 종료하는 과세연도의 개인지방소득세의 100%에 상당하는 세액을 감면하고, 그 다음 2년 이내에 종료하는 과세연도의 개인지방소득세의 50%에 상당하는 세액을 감면한다(지특법 §158 ②). 금융중심지 구역 안 사업장의 감면대상사업에서 발생한 소득이란 감면대상사업을 경영하기 위하여 그 구역에 투자한 사업장에서 직접 발생한 소득을 말한다(조특령 §116의 26 ②).

한편 감면대상사업을 경영하기 위하여 취득·보유하는 재산에 대한 취득세 및 재산세에 대하여는 지방자치단체가 15년의 범위에서 감면비율·공제비율과 감면기간·공제기간을 지방세특례제한법 제4조에 따라 조례로 정할 수 있다. 취득세 및 재산세의 추징에 대하여는

지방세특례제한법 제4조에 따라 조례로 정할 수 있다.

## 2-3. 감면한도

제105조(연구개발특구에 입주하는 첨단기술기업 등에 대한 개인지방소득세 등의 감면)의 해설을 참고하기로 한다.

## 2-4. 사후관리

### 2-4-1. 상시 근로자수가 감소한 경우

개인지방소득세를 감면받은 기업이 감면받은 과세연도 종료일부터 2년이 되는 날이 속하는 과세연도 종료일까지의 기간 중 각 과세연도의 감면대상사업장의 상시 근로자수가 감면받은 과세연도의 상시 근로자수보다 감소한 경우에는 감면받은 세액에 상당하는 금액을 개인지방소득세로 납부하여야 한다. 상시 근로자의 범위 및 상시 근로자수의 계산방법에 관한 자세한 내용은 제114조의 해설을 참조하기로 한다(지특법 §158 ⑤).

### 2-4-2. 조세감면기준에 해당하는 투자가 이루어지지 아니한 경우

지방자치단체의 장은 해당 감면대상사업에서 최초로 소득이 발생한 과세연도(사업개시일부터 3년이 되는 날이 속하는 과세연도까지 해당 사업에서 소득이 발생하지 아니한 경우에는 3년이 되는 날이 속하는 과세연도) 종료일 이후 2년 이내에 조세감면기준(해당 기업의 투자금액이 20억원 이상이고 해당 구역의 사업장에서 근무하는 상시 고용인원이 10명 이상)에 해당하는 투자가 이루어지지 아니한 경우에는 감면된 지방소득세 전액을 추징한다(지특법 §158 ⑥). 이 경우 해당 과세연도와 남은 감면기간 동안 개인지방소득세의 감면규정은 적용하지 아니한다.

## 2-5. 절 차

① 본조에 따라 개인지방소득세를 감면받고자 하는 자는 과세표준과 함께 세액감면신청서를 납세지 관할 지방자치단체의 장(세무서장)에게 제출하여 감면신청을 하여야 하며, 지방세의 감면 또는 공제신청에 관하여는 지방세특례제한법 제183조를 준용한다(조특령 §116의 26 ⑨).

② 금융위원회, 국토해양부장관 및 지방자치단체의 장은 상기 '2-4-2.'에 따른 추징사유가 발생한 사실을 알았을 때에는 이를 지체 없이 관할 지방자치단체의 장(세무서

장 포함)에게 통보하여야 한다(조특령 §116의 26 ⑦).

③ 세무서장은 금융중심지 창업기업 등의 폐업일 또는 폐쇄일을 확인하였을 때에는 해당 기업의 사업장을 관할하는 지방자치단체의 장에게 이를 지체 없이 통보하여야 한다(조특령 §116의 26 ⑧).

### 2-6. 지방세특례의 제한

#### 2-6-1. 중복지원의 배제

내국인이 동일한 과세연도에 본조의 감면규정과 지특법 제168조 제4항에 열거된 조세특례가 동시에 적용되는 경우에는 법 제168조 제4항의 규정에 의하여 그 중 하나만을 선택하여 적용받을 수 있다. 이에 대한 내용은 법 제168조 제4항 해설을 참조하기로 한다.

## 3 최근 개정내용(조특법 §121의 21, 조특령 §116의 26)

| 종 전 | 개 정 |
|---|---|
| ■ 금융중심지 창업기업 등 감면 | ■ 감면한도 재설계, 적용기한 연장 등 |
| • (대상) 금융중심지(수도권과밀억제권역 제외) 창업기업(사업장 신설 포함)<br>• (요건) 금융 및 보험업으로서 20억원 이상 투자 + 10명 이상 고용<br>• (감면율) 법인세 · 소득세 3년간 100% + 2년간 50% | (좌 동) |
| • 감면한도<br>– 일반 : 투자누계액 50% + Min(①상시근로자수 × 1,000만원, ②투자누계액 × 20%)<br>– 서비스업 : 일반 감면한도와 Min(①상시근로자수 × 2,000만원, ②투자누계액 × 100%) 중 큰 금액 | • 고용친화적으로 개편<br>– 투자누계액 50% + 상시근로자수 × 1,500만원(청년 및 서비스업 상시근로자 2,000만원) |
| 〈신 설〉 | • 청년상시근로자의 범위<br>– 상시근로자 중 15~29세(병역이행기간은 연령에서 빼고 계산)인 근로자 |

| 종 전 | 개 정 |
|---|---|
| 〈신 설〉 | • 청년상시근로자의 수 계산방법<br>$\dfrac{\text{해당 과세연도의 매월 말 현재 청년상시근로자 수의 합}}{\text{해당 과세연도의 개월 수}}$ |
| • (적용기한) 2018. 12. 31. | • 2021. 12. 31. |

# 제 159 조

## 첨단의료복합단지 입주기업에 대한 개인지방소득세의 감면

관련규정

제159조(첨단의료복합단지 입주기업에 대한 개인지방소득세의 감면) ①「첨단의료복합단지 육성에 관한 특별법」 제6조에 따라 지정된 첨단의료복합단지에 2019년 12월 31일까지 입주한 기업이 첨단의료복합단지에 위치한 사업장(이하 이 조에서 "감면대상사업장"이라 한다)에서 보건의료기술사업 등 대통령령으로 정하는 사업(이하 이 조에서 "감면대상사업"이라 한다)을 하는 경우에는 제2항부터 제6항까지의 규정에 따라 개인지방소득세를 감면한다.

② 제1항의 감면대상사업장의 감면대상사업에서 발생한 소득에 대하여는 사업개시일 이후 해당 감면대상사업에서 최초로 소득이 발생한 과세연도(사업개시일부터 5년이 되는 날이 속하는 과세연도까지 해당 사업에서 소득이 발생하지 아니한 때에는 5년이 되는 날이 속하는 과세연도)의 개시일부터 3년 이내에 끝나는 과세연도의 개인지방소득세의 100분의 100에 상당하는 세액을 감면하고, 그 다음 2년 이내에 끝나는 과세연도의 개인지방소득세의 100분의 50에 상당하는 세액을 감면한다.

③ 제2항이 적용되는 감면기간 동안 감면받는 개인지방소득세의 총합계액이 제1호와 제2호의 금액을 합한 금액을 초과하는 경우에는 그 합한 금액을 한도(이하 이 조에서 "감면한도"라 한다)로 하여 세액을 감면한다. 다만, 대통령령으로 정하는 서비스업(이하 이 조에서 "서비스업"이라 한다)을 영위하는 경우로서 해당 서비스업에서 발생한 소득에 대하여 제2항이 적용되는 감면기간 동안 감면받은 개인지방소득세 또는 법인세 총 합계액이 제1호와 제2호의 금액을 합한 금액과 제3호의 금액 중 큰 금액을 초과하는 경우에는 그 큰 금액을 한도로 하여 세액을 감면할 수 있다.

1. 대통령령으로 정하는 투자누계액의 100분의 5
2. 다음 각 목의 금액 중 적은 금액
   가. 해당 과세연도의 감면대상사업장의 상시근로자 수 × 1백만원
   나. 제1호의 투자누계액의 100분의 2
3. 다음 각 목의 금액 중 적은 금액

가. 해당 과세연도의 감면대상사업장의 상시근로자 수 × 2백만원

나. 제1호의 투자누계액의 100분의 10

④ 제2항에 따라 각 과세연도에 감면받을 개인지방소득세에 대하여 감면한도를 적용할 때에는 제3항 제1호의 금액을 먼저 적용한 후 같은 항 제2호의 금액을 적용한다.

⑤ 제3항 제2호 또는 제3호를 적용받아 개인지방소득세를 감면받은 기업이 감면받은 과세연도 종료일부터 3년이 되는 날이 속하는 과세연도 종료일까지의 기간 중 각 과세연도의 감면대상사업장의 상시근로자 수가 감면받은 과세연도의 상시근로자 수보다 감소한 경우에는 대통령령으로 정하는 바에 따라 감면받은 세액에 상당하는 금액을 개인지방소득세로 납부하여야 한다.

⑥ 제3항 및 제5항을 적용할 때 상시근로자의 범위, 상시근로자 수의 계산방법, 그 밖에 필요한 사항은 대통령령으로 정한다.

⑦ 제2항에 따라 개인지방소득세를 감면받고자 하는 자는 대통령령으로 정하는 바에 따라 감면신청을 하여야 한다.

⑧ 제3항 각 호 외의 부분 단서에 따라 서비스업에 대한 감면한도를 적용받는 기업은 「조세특례제한법」 제143조를 준용하여 서비스업과 그 밖의 업종을 각각 구분하여 경리하여야 한다.

**【영】** 제111조(첨단의료복합단지에 입주하는 의료연구개발기관 등에 대한 개인지방소득세의 감면) ① 법 제159조 제1항에서 "대통령령으로 정하는 사업"이란 「보건의료기술 진흥법」 제2조 제1항 제1호에 따른 보건의료기술과 관련된 사업을 말한다.

② 법 제159조 제3항 제1호에서 "대통령령으로 정하는 투자누계액"이란 「조세특례제한법 시행령」 제116조의 27 제2항에 따른 투자합계액을 말한다.

③ 법 제159조 제5항에 따라 납부하여야 할 개인지방소득세액은 다음 계산식에 따라 계산한 금액(그 수가 음수이면 영으로 보고, 감면받은 과세연도 종료일 이후 3개 과세연도 연속으로 상시근로자 수가 감소한 경우에는 세 번째 과세연도에는 첫 번째 과세연도에 납부한 금액과 두 번째 과세연도에 납부한 금액의 합을 뺀 금액을 말하고, 2개 과세연도 연속으로 상시근로자 수가 감소한 경우에는 두 번째 과세연도에는 첫 번째 과세연도에 납부한 금액을 뺀 금액을 말한다)으로 하고, 이를 상시근로자 수가 감소된 과세연도의 과세표준을 신고할 때 개인지방소득세로 납부하여야 한다.

> 해당 기업의 상시근로자 수가 감소된 과세연도의 직전 3년 이내의 과세연도에 법 제159조 제3항 제2호에 따라 감면받은 세액의 합계액－(상시근로자 수가 감소된 과세연도의 감면대상사업장의 상시근로자 수 × 1백만원)

④ 법 제159조 제6항에 따른 상시근로자의 범위 및 상시근로자 수의 계산은 「조세특례제한법 시행령」 제23조 제10항부터 제12항까지의 규정에 따른다.

⑤ 법 제159조 제7항에 따라 개인지방소득세를 감면받으려는 자는 과세표준신고와 함께 행정안전부령으로 정하는 세액감면신청서를 납세지 관할 지방자치단체의 장에게 제출하

여야 한다. 다만, 「조세특례제한법 시행령」 제116조의 27 제5항에 따라 납세지 관할 세무서장에게 소득세 감면을 신청하는 경우에는 법 제159조에 따른 개인지방소득세에 대한 세액감면도 함께 신청한 것으로 본다.

# 1 개 요

의료산업 경쟁력 향상을 위해 첨단의료복합단지 입주기업에 대한 지원의 필요성으로 인해 도입되었으며, 2012년 1월 1일 이후 최초로 입주하는 기업부터 적용된다.

본 제도는 조특법 제121조의 21 규정과는 별개로 지방소득세의 독립세를 위한 세제개편계획(2013.9.)에 따라 2014년부터 현재의 지특법 제159조로 신설되었다.

2014년 1월 1일 조특법 개정시 사후관리 기간을 확대하고 2014년 1월 1일 이후 개시하는 과세연도에 감면받는 분부터 적용하도록 하였으며, 적용기한을 2016년 12월 31일까지 3년 연장하였으며, 2016년 12월 20일 개정시에는 첨단의료복합단지 입주기업에 대한 지속 지원을 위해 적용기한을 2019년 12월 31일까지 연장하였다.

# 2 감면실무

## 2-1. 감면요건

① 첨단의료복합단지 육성에 관한 특별법 제6조에 따라 지정된 첨단의료복합단지에 2019년 12월 31일까지 입주한 기업일 것

② 첨단의료복합단지에 위치한 사업장(감면대상사업장)에서 보건의료기술 진흥법 제2조 제1항 제1호에 따른 보건의료기술과 관련된 사업(감면대상사업)을 하는 경우에 해당할 것

## 2-2. 과세특례의 내용

감면대상사업장의 감면대상사업에서 발생한 소득에 대하여는 사업개시일 이후 해당 감면대상사업에서 최초로 소득이 발생한 과세연도(사업개시일부터 5년이 되는 날이 속하는

과세연도까지 해당 사업에서 소득이 발생하지 아니한 때에는 5년이 되는 날이 속하는 과세연도)의 개시일부터 3년 이내에 끝나는 과세연도의 개인지방소득세의 100%, 그 다음 2년 이내에 끝나는 과세연도의 개인지방소득세의 50%에 상당하는 세액을 감면한다(지특령 §111 ①, 조특령 §116의 27 ①).

# 3 최근 개정내용

## 3-1. 첨단의료복합단지 입주기업에 대한 감면한도 재설계(조특법 §121의 22, 조특령 §116의 27)

| 종 전 | 개 정 |
|---|---|
| ■ 첨단의료복합단지 입주기업 감면<br>• (대상) 첨단의료복합단지 입주기업<br>• (업종) 보건의료기술 관련업<br>• (감면율) 법인세·소득세 3년간 100% + 2년간 50% | ■ 감면한도 고용친화적 재설계<br>(좌 동) |
| • 감면한도<br>- 일반 : 투자누계액 50% + Min(①상시근로자수×1,000만원, ②투자누계액×20%)<br>- 서비스업 : 일반 감면한도와 Min(①상시근로자수×2,000만원, ②투자누계액×100%) 중 큰 금액 | • 고용친화적으로 개편<br>- 투자누계액 50% + 상시근로자수×1,500만원(청년 및 서비스업 상시근로자 2,000만원) |
| 〈신 설〉 | • 청년상시근로자의 범위<br>- 상시근로자 중 15~29세(병역이행기간은 연령에서 빼고 계산)인 근로자 |
| 〈신 설〉 | • 청년상시근로자의 수 계산방법<br>$\frac{\text{해당 과세연도의 매월 말 현재 청년상시근로자 수의 합}}{\text{해당 과세연도의 개월 수}}$ |
| • (적용기한) 2019. 12. 31. | • (좌 동) |

### 3-2. 첨단의료복합단지 입주기업에 대한 세액감면 지속 적용 및 사후관리 강화

(조특법 §121의 22)

| 종 전 | 개 정 |
|---|---|
| ■ 첨단의료복합단지 입주기업에 대한 법인세 등의 감면<br>• (대상) 첨단의료복합단지 내 의료연구개발지원기관 및 입주 의료연구개발기관<br>• (혜택) 소득세 · 법인세 3년 100%, 2년 50% 감면<br>• (사후관리) 감면받은 과세연도 종료일부터 2년간<br>• (적용기한) 2013. 12. 31. | ■ 사후관리 강화 및 적용기한 연장<br><br><br><br><br><br>• (사후관리) 감면받은 과세연도 종료일부터 3년간<br>• (적용기한) 2016. 12. 31.(3년) |

### 3-3. 감면한도

제105조(연구개발특구에 입주하는 첨단기술기업 등에 대한 개인지방소득세 등의 감면)의 해설을 참고하기로 한다.

### 3-4. 사후관리

상시 근로자수 기준한도를 적용받아 개인지방소득세를 감면받은 기업이 감면받은 과세연도 종료일부터 3년이 되는 날이 속하는 과세연도 종료일까지의 기간 중 각 과세연도의 감면대상사업장의 상시 근로자수가 감면받은 과세연도의 상시 근로자수보다 감소한 경우에는 다음 계산식에 따라 계산한 금액(그 수가 음수이면 영으로 보고, 감면받은 과세연도 종료일 이후 3개 과세연도 연속으로 상시근로자 수가 감소한 경우에는 세 번째 과세연도에는 첫 번째 과세연도에 납부한 금액과 두 번째 과세연도에 납부한 금액의 합을 뺀 금액을 말하고, 2개 과세연도 연속으로 상시근로자 수가 감소한 경우에는 두 번째 과세연도에는 첫 번째 과세연도에 납부한 금액을 뺀 금액)을 상시 근로자수가 감소된 과세연도의 과세표준을 신고할 때 개인지방소득세로 납부하여야 한다(지특법 §159 ⑤, 지특령 §111 ③, 조특령 §116의 27 ③).

추징세액 = 해당 기업의 상시 근로자수가 감소된 과세연도의 직전 3년 이내의 과세연도에 법 제159조 제3항 제2호에 따라 감면받은 세액의 합계액 − (상시 근로자수가 감소된 과세연도의 감면대상사업장의 상시근로자 수 × 100만원)

### 3-5. 절 차

본조에 따라 개인지방소득세를 감면받으려는 자는 과세표준신고와 함께 세액감면신청서를 납세지 관할 지방자치단체의 장(세무서장 포함)에게 제출하여야 한다(지특령 §111 ⑤).

### 3-6. 지방세특례의 제한

#### 3-6-1. 중복지원의 배제

내국인이 동일한 과세연도에 본조의 감면규정과 지특법 제127조 제4항에 열거된 지방세특례가 동시에 적용되는 경우에는 지특법 제168조 제4항의 규정에 의하여 그 중 하나만을 선택하여 적용받을 수 있다. 이에 대한 자세한 내용은 제168조 제4항의 해설을 참조하기로 한다.

#### 3-6-2. 추계과세 시 등의 감면배제

다음에 해당하는 경우에는 본조의 감면 규정을 적용하지 아니한다. 이에 대한 자세한 내용은 제169조의 해설을 참조하기로 한다.

① 결정을 하는 경우와 기한 후 신고를 하는 경우
② 경정을 하는 경우와 과세표준 수정신고서를 제출한 과세표준과 세액을 경정할 것을 미리 알고 제출한 경우로서 부당과소신고과세표준에 대하여
③ 사업용계좌 개설의무 또는 현금영수증가맹점 가입의무를 불이행한 경우
④ 신용카드에 의한 거래 또는 현금영수증의 발급요청을 거부하거나 신용카드매출전표·현금영수증을 사실과 다르게 발급한 경우로서 일정 요건에 해당하는 경우

#### 3-6-3. 최저한세의 적용

본조의 개인지방소득세의 감면 규정에 따른 지방세특례는 제172조의 최저한세 규정을 적용받아 그 특례범위가 제한된다. 이에 대한 자세한 설명은 제172조의 해설을 참조하기로 한다.

# 제 160 조

## 금사업자와 스크랩등사업자의 수입금액의 증가 등에 대한 세액공제

관련규정

제160조(금사업자와 스크랩등사업자의 수입금액의 증가 등에 대한 세액공제) ① 금사업자(「조세특례제한법」 제106조의 4 제1항 제3호의 제품을 공급하거나 공급받으려는 사업자 또는 수입하려는 사업자로 한정한다) 또는 스크랩등사업자가 과세표준신고를 할 때 신고한 사업장별 익금 및 손금(이하 이 항에서 "익금 및 손금"이라 한다)에 각각 같은 법 제106조의 4 또는 제106조의 9에 따라 금거래계좌나 스크랩등거래계좌를 사용하여 결제하거나 결제받은 익금 및 손금(이하 이 항에서 "매입자납부 익금 및 손금"이라 한다)이 포함되어 있는 경우에는 2018년 12월 31일 이전에 끝나는 과세연도까지 다음 각 호의 어느 하나를 선택하여 그 금액을 해당 과세연도의 개인지방소득세에서 공제받을 수 있다. 이 경우 공제세액은 해당 과세연도의 종합소득분 개인지방소득 산출세액에서 직전 과세연도의 종합소득분 개인지방소득산출세액을 공제한 금액을 한도로 한다.

1. ~ 2. (생 략) ※ 본문 해설 참조

② 제1항을 적용할 때 공제세액의 계산 등에 관하여 필요한 사항은 대통령령으로 정한다.

③ 제1항을 적용받으려는 자는 대통령령으로 정하는 바에 따라 세액공제신청을 하여야 한다.

【영】 제112조(구리 스크랩등사업자의 수입금액의 증가 등에 대한 세액공제) ① 법 제160조 제1항 제1호는 세액공제를 받으려는 과세연도의 직전 과세연도 종료일부터 소급하여 1년 이상 계속하여 해당 사업을 영위한 자에 한정하여 적용한다.

② 법 제160조 제1항에 따른 매입자납부 익금 및 손금의 합계액이 변경되는 경우 또는 해당 과세연도의 과세표준과 세액이 경정됨에 따라 세액공제액이 감소되는 경우에는 이를 다시 계산한다.

③ 법 제160조 제1항에 따른 세액공제를 받으려는 자는 종합소득분 개인지방소득세 과세표준신고와 함께 행정안전부령으로 정하는 수입증가등세액공제신청서, 매입자납부익금 및

손금명세서를 납세지 관할 지방자치단체의 장에게 제출하여야 한다. 다만, 「조세특례제한법 시행령」 제117조의 4 제3항에 따라 납세지 관할 세무서장에게 소득세 공제를 신청하는 경우에는 법 제160조에 따른 개인지방소득세에 대한 세액공제도 함께 신청한 것으로 본다.

## 1 | 개 요

구리 스크랩등 거래계좌를 통해 거래한 구리 스크랩등의 수입금액 또는 수입금액 증가분에 비례하는 일정 금액을 공제하는 세제지원이다. 본 제도는 구리 스크랩등에 대한 매입자 납부특례 도입으로 늘어나는 조세부담을 완화하기 위해 국세인 조특법에서 도입(2013. 5.10.)되었다.

한편, 본 제도는 조특법 제122조의 4 규정과는 별개로 지방소득세의 독립세를 위한 세제 개편 계획(2013.9.)에 따라 2014년부터 현재의 지특법 제160조로 신설되었다.

## 2 | 감면실무

### 2-1. 세액공제 내용

구리 스크랩등 사업자가 과세표준신고를 할 때 신고한 사업장별 익금 및 손금(이하 "익금 및 손금")에 조특법 제106조의 9에 따라 구리 스크랩등을 구리 스크랩등 거래계좌를 사용하여 결제하거나 결제받은 익금 및 손금(이하 "매입자납부 익금 및 손금")이 포함되어 있는 경우에는 2016년 12월 31일 이전에 끝나는 과세연도까지 다음의 어느 하나를 선택하여 그 금액을 해당 과세연도의 소득세 또는 법인세에서 공제받을 수 있다. 이 경우 공제세액은 해당 과세연도의 종합소득 산출세액에서 직전 과세연도의 종합소득 산출세액을 공제한 금액을 한도로 한다.

① 과세표준신고를 할 때 신고한 사업장별 매입자납부 익금 및 손금을 합친 금액이 직전 과세연도의 매입자납부 익금 및 손금을 합친 금액을 초과하는 경우에는 그 초과금액(사업장별 익금 및 손금을 합친 금액의 증가분을 한도로 한다)의 100분의 50에 상당하는 금액이 익금 및 손금을 합친 금액에서 차지하는 비율을 종합소득세 산출세액에 곱하여 계산한 금액. 이 경우 직전 과세연도의 매입자납부 익금 및 손금을 합친 금액

이 없는 경우에는 직전 과세연도의 익금 및 손금을 합친 금액을 직전 과세연도의 매입자납부 익금 및 손금을 합친 금액으로 한다.

② 과세표준신고를 할 때 신고한 사업장별 매입자납부 익금 및 손금을 합친 금액의 100분의 5에 상당하는 금액이 익금 및 손금을 합친 금액에서 차지하는 비율을 종합소득세 산출세액에 곱하여 계산한 금액

### 2-2. 절 차

동 세액공제를 받고자 하는 자는 종합소득과세표준확정신고와 함께 수입증가등세액공제신청서, 매입자납부익금 및 손금명세서를 납세지 관할 지방자치단체의 장(세무서장 포함)에게 제출하여야 한다.

# 제 161 조

## 현금영수증가맹점에 대한 세액공제

관련규정

제161조(현금영수증가맹점에 대한 세액공제) ① 신용카드단말기 등에 현금영수증발급장치를 설치한 사업자(이하 이 조에서 "현금영수증가맹점"이라 한다)가 제2항에 따른 현금영수증(거래건별 5천원 미만의 거래만 해당하며, 발급승인 시 전화망을 사용한 것을 말한다)을 발급하는 경우 해당 과세기간별 현금영수증 발급건수에 대통령령으로 정하는 금액을 곱한 금액(이하 이 조에서 "공제세액"이라 한다)을 해당 과세기간의 개인지방소득세 산출세액에서 공제받을 수 있다. 이 경우 공제세액은 산출세액을 한도로 한다.

② 제1항에 따른 "현금영수증"이란 현금영수증가맹점이 재화 또는 용역을 공급하고 그 대금을 현금으로 받는 경우 해당 재화 또는 용역을 공급받는 자에게 현금영수증 발급장치에 의해 발급하는 것으로서 거래일시·금액 등 결제내용이 기재된 영수증을 말한다.

③ 제1항에 따른 세액공제의 방법과 절차 등은 대통령령으로 정한다.

【영】 제113조(현금영수증가맹점에 대한 세액공제) ① 법 제161조 제1항에서 "대통령령으로 정하는 금액"이란 2원을 말한다.

② 현금영수증의 발급방법·기재내용·양식 및 현금영수증 결제내역의 보관·제출 등 현금영수증제도의 원활한 운영을 위하여 필요한 사항은 「조세특례제한법 시행령」 제121조의 3 제3항에 따른다.

③ 법 제161조에 따른 세액공제의 적용에 관하여는 제1항 및 제2항에서 규정한 사항 외에는 「조세특례제한법 시행령」 제121조의 3을 준용한다.

## 1 | 개 요

본 제도는 현금을 통한 B2C(Business To Customer) 거래의 투명성 및 자영사업자 등에 대한 세원투명성 제고를 위해 도입된 현금영수증제도를 뒷받침하고자 2004년부터 국세인 조특법에서 도입된 제도이다.

한편, 본 제도는 조특법 제126조의 3 규정과는 별개로 지방소득세의 독립세를 위한 세제개편 계획(2013.9.)에 따라 2014년부터 현재의 지특법 제161조로 신설되었다.

## 2 | 감면실무

### 2-1. 현금영수증제도의 의의

#### 2-1-1. 현금영수증제도

현금영수증제도는 주로 현금수입업종을 영위하는 사업자(현금영수증가맹점)와 거래상대방(현금영수증이용자)의 현금거래내역이 현금영수증사업자에 의하여 국세청에 전송되고 현금영수증을 받은 거래상대방은 국세청이 제공하는 이용실적에 의하여 소득공제 등의 세제상 혜택을 부여받는 제도를 말한다. 이 제도는 주로 현금매출이 많은 업종에 대하여 과세표준 양성화를 유도하기 위하여 도입되었다.

#### 2-1-2. 현금영수증의 개념

현금영수증이라 함은 현금영수증가맹점이 재화 또는 용역을 공급하고 그 대금을 현금으로 받는 경우 당해 재화 또는 용역을 공급받는 자에게 현금영수증 발급장치에 의해 발급하는 것으로서 거래일시 · 금액 등 결제내역이 기재된 영수증을 말한다(지특법 §161 ④, 조특령 §121의 3 ⑪).

#### 2-1-3. 국세청장의 현금영수증제도 운영

국세청장은 현금영수증을 발급받은 자의 소득공제 등 현금영수증제도의 운영을 위하여 필요한 경우에는 신용정보의 이용 및 보호에 관한 법률 제14조의 규정에 따라 성명 · 주민등록번호 등 정보의 제공을 동법 제2조의 규정에 의한 신용정보제공 · 이용자에게 요청할 수 있으며, 현금영수증을 발급받은 자에 대한 현금영수증 사용금액의 합계액 및 소득공제대상금액의 통보 등에 관한 사항은 국세청장이 정하는 바(국세청고시 제2012-6호, 2012.2.27.)에 의한다(지특법 §161 ②, 조특법 §126의 3 ⑤, 조특령 §121의 3 ⑬).

## 2-2. 현금영수증사업자(VAN사업자)에 대한 관리

### 2-2-1. 현금영수증사업자의 의무

현금영수증 결제를 승인하고 전송할 수 있는 시스템을 갖춘 사업자로서 국세청장으로부터 현금영수증사업의 승인을 받은 현금영수증사업자는 거래일시·금액·거래자의 인적 사항 및 현금영수증가맹점의 인적 사항 등 현금결제와 관련한 세부내역을 국세청장에게 전송하여야 한다(조특법 §126의 3 ①·③). 국세청장은 현금영수증제도의 효율적인 운영을 위해 현금영수증사업자가 지켜야 할 사항을 현금영수증심의위원회의 심의를 거쳐 고시(국세청고시 제2012-6호, 2012.2.27.)한다.

**현금영수증사업자가 지켜야 할 사항**

2012.2.27. 국세청고시 제2012-6호

제1조【목적】이 규정은 「조세특례제한법」 제126조의 3 및 같은 법 시행령 제121조의 3에 따른 현금영수증제도의 효율적인 운영을 위하여 현금영수증사업자가 지켜야 할 사항을 정함을 목적으로 한다.

제2조【현금영수증 발급방법 등】① 현금영수증사업자는 현금결제승인번호와 함께 현금영수증가맹점의 사업자등록번호·상호·성명·사업장소재지·거래일자·공급가액·부가가치세·봉사료·합계금액과 현금영수증을 발급받은 자(이하 '구매자' 라 한다)의 카드(지식경제부 기술표준원이 제정·고시한 국가표준(KS)을 기반으로 제작한 QR 코드, 데이터 매트릭스, 선형 심벌로서 국세청장이 제작하여 배포한 것을 포함한다. 이하 같다) 일련번호·주민등록번호·사업자등록번호·휴대전화번호 중 하나가 기재된 현금영수증을 발급할 수 있도록 하여야 하며, 소비자가 현금영수증을 요청하지 않은 경우 「소득세법 시행령」 제210조의 3 제10항 및 「법인세법 시행령」 제159조의 2 제8항에 따라 무기명으로 발급하기 위하여 "0100001234"로 발급할 수 있도록 하여야 한다. 다만, 간이과세자 및 부가가치세 세액 구분표시 대상자가 아닌 경우에는 부가가치세를 구분표시 하지 아니한다.

② 현금영수증사업자는 구매자의 소득공제를 목적으로 현금결제 승인거래를 하는 경우에는 현금영수증의 결제구분란에 "현금(소득공제)"를 표기하고, 구매자의 사업상 지출증빙을 목적으로 현금결제승인거래를 하는 경우에는 "현금(지출증빙)"을 표기하며, 구매자의 현금결제 취소를 목적으로 하는 거래의 경우에는 당초 승인거래의 승인번호, 승인일자, 취소사유를 입력하여 취소하고 "현금결제취소"표기를 하여야 한다.

③ 현금영수증사업자는 구매자가 현금영수증제도와 관련한 사항을 문의할 수 있도록 안내하는 문구를 현금영수증 하단에 표기하여야 하며, 표기내용은 "현금영수증 문의 ☎126-2"를 기재하

고 표기내용 변경이 수시로 가능하도록 전산시스템을 갖추어야 한다.

④ 구매자의 거래정보 누출을 방지하기 위하여 현금영수증에 카드일련번호 · 주민등록번호 · 사업자등록번호 · 휴대전화번호가 전부 노출되지 않도록 아래와 같은 방법으로 발급하여야 한다.

1. 카드일련번호 : 15442020****123456(앞 8자리 이후 4개)
2. 주민등록번호 : 710011*******
3. 사업자등록번호 : 12****1234
4. 휴대전화번호 : 010****1234

⑤ 현금영수증사업자는 1원 이상의 거래금액에 대하여 현금영수증이 발급될 수 있도록 승인시스템을 갖추어야 하며, 현금영수증발행대상금액이 변경되는 경우 즉시 전산시스템에 반영할 수 있도록 하여야 한다.

⑥ 다음 각 호의 어느 하나에 따라 현금결제를 승인하는 경우 현금영수증사업자는 현금영수증을 전자적 방법에 따라 발급할 수 있다. 단, 현금영수증사업자는 결제 후 현금영수증가맹점의 인적사항, 구매일시, 구매금액 등을 구매자가 확인할 수 있도록 하여야 한다.

1. 구매자가 인터넷뱅킹 · 폰뱅킹 및 무통장입금 등을 이용하여 현금영수증가맹점의 은행계좌로 구매대금을 입금하는 경우 현금결제로 승인하는 방법
2. 신용결제와 현금결제가 모두 가능한 단말기를 휴대전화에 부착하여 현금결제를 승인하는 방법
3. 휴대전화에 현금영수증발급프로그램을 내장하여 현금결제를 승인하는 방법

제3조【현금영수증 결제내역의 보관 및 제출】① 현금영수증사업자는 현금영수증가맹점으로부터 현금결제승인신청내역을 실시간으로 전송받고 결제건수마다 승인번호를 부여하여 현금영수증가맹점에게 통보하고 그 내역을 자체 전산시스템에 보관하여야 한다.

② 현금영수증사업자는 현금영수증결제내역을 실시간 조회가 가능하도록 3개월간 보관하고 3개월 경과 후에는 별도 매체에 수록하여 1년간 보관하여야 한다.

③ 현금영수증사업자는 현금영수증가맹점으로부터 통보받은 현금영수증결제내역을 아래 전산제출양식에 의하여 국세청장과 사전협의하여 통보하되 당일의 결제내역은 다음 날 오전 4시까지 전송하여야 한다.

1. 승인번호(9바이트) - 사업자 고유번호(2바이트), 거래일련번호(7바이트)
2. 가맹점사업자등록번호(10바이트)
3. 거래일자(12바이트) - 연, 월, 일, 시, 분, 초(각각 2바이트)
4. 공급가액 또는 공급대가(9바이트)
5. 부가가치세(9바이트)
6. 봉사료(9바이트)
7. 거래금액 총합계(9바이트)
8. 거래자구분(1바이트) - 소비자(0), 사업자(1)로 구분
9. 거래구분(1바이트) - 승인거래(0), 취소거래(1)로 구분
10. 신분확인(20바이트)
11. 수기입력 여부(1바이트)
12. 주민번호(13바이트) - 적립카드사 경우만 해당
13. 결제내역확인 여부(1바이트)

14. 당초승인번호(9바이트)

15. 당초거래일자(6바이트)

16. 취소사유(1바이트) -1 : 거래취소, 2 : 오류발급, 3 : 기타

17. 예비(9바이트)

제4조【현금영수증가맹점의 관리】① 현금영수증사업자는 국세청장이 지정한 사업자 및 현금영수증 가맹점 가입을 하고자 하는 사업자에게 현금영수증발급장치를 보급할 수 있으며, 현금영수증가맹점에 가입한 사업자의 인적사항, 발급장치 설치일과 해지일을 설치·해지일로부터 7일 이내에 제출해야 한다.

②「조세특례제한법 시행령」제121조의 3 제8항 제1호의 적용을 받는 현금영수증발급장치는 수동방식에 의한 사업자등록번호·주민등록번호·휴대전화번호의 입력과 국세청장이 지정한 카드를 사용한 카드일련번호와 무기명 발급시 "0100001234"의 입력이 모두 가능하여야 한다.

③ 현금영수증사업자는 국세청장이 규정한 가맹점증표를 현금영수증발급장치 설치시 소비자가 쉽게 확인할 수 있는 장소에 부착하여야 한다.

④ 현금영수증사업자는 신용카드가맹점의 신용카드단말기에 현금영수증발급장치를 설치하는 경우 그 대가를 받을 수 없다.

제5조【현금영수증사업자 승인신청 등】현금영수증사업을 하고자 하는 자는 현금영수증사업자승인신청서(별지 제3호 서식)에 다음 각호의 서류를 첨부하여 국세청장에게 제출하여 승인을 받아야 한다.

1. 정관
2. 법인등기부등본
3. 업무개시 후 3년간의 사업계획서
4. 자본금의 납입을 증명하는 서류
5. 재무제표와 그 부속서류
6. 영업현황 및 전산시스템 구성도
7. 현금영수증 발급장치 개발계획서
9. 현금결제건당 원가분석표
10. 신용카드단말기 기종별 보급현황 및 보급계획서
11. 적립식카드 사업을 겸영하는 경우 카드회원 현황 및 현금결제 현황

제6조【재검토기한】「훈령·예규 등의 발령 및 관리에 관한 규정」(대통령 훈령 제248호)에 따라 이 고시 발령 후의 법령이나 현실여건의 변화 등을 검토하여 이 고시의 폐지, 개정 등의 조치를 하여야 하는 기한은 2015년 2월 26일까지로 한다.

부칙 (2012.2.27. 국세청고시 제2012-6호)

이 고시는 고시한 날부터 시행한다.

### 2-2-2. 현금영수증가맹점의 현금영수증 발급의무

현금영수증가맹점은 신용카드단말기 등에 현금영수증 발급장치를 설치한 사업자를 말한다. 이러한 현금영수증가맹점이 재화나 용역을 공급하고 지급받는 현금거래금액에 대하여는 현금영수증 발급장치에 의하여 거래일시 · 금액 등 결제내역이 기재된 현금영수증을 재화 또는 용역을 공급받는 자에게 발급하여야 한다(지특령 §113 ③, 조특령 §121의 3 ⑪).

## 2-3. 과세특례의 내용

현금영수증가맹점이 2013년 12월 31일까지 거래건별 5,000원 미만의 현금영수증(발급승인시 전화망을 사용한 것을 말함)을 발급하는 경우 해당 과세기간별 현금영수증 발급건수에 20원을 곱한 금액(공제세액)을 산출세액에서 공제받을 수 있다. 이 경우 공제세액은 산출세액을 한도로 한다(지특법 §161 ②, 지특령 §113 ③, 조특령 §121의 3 ⑩).

## 2-4. 절 차

### 2-4-1. 현금영수증의 대리발급

통신판매업자(부가령 §11 ① 2호)가 「전기통신사업법」 제5조에 따른 부가통신사업을 영위하는 사업자(부가통신사업자)가 운영하는 「전자상거래 등에서의 소비자보호에 관한 법률」 제2조 제4호에 따른 사이버몰을 이용하여 재화 또는 용역을 공급하고 그 대가를 부가통신사업자를 통하여 받는 경우에는 부가통신사업자가 해당 통신판매사업자에 갈음하여 현금영수증을 발급할 수 있다. 이 경우 현금영수증에는 통신판매업자의 등록번호(부가법 §5 ②)가 포함되어야 한다(조특령 §121의 3 ⑫).

### 2-4-2. 공제신청

세제지원을 받고자 하는 현금영수증사업자는 현금영수증사업자 부가가치세 세액공제신청서를 국세청장에게 제출하여야 한다(조특령 §121의 3 ⑨).

## 3 관련사례

- 현금영수증 가맹점이 재화·용역을 공급하고 그 대가의 전부 또는 일부를 마일리지(적립금, 포인트, 사이버머니, 쿠폰 등)로 결제하는 경우 당해 마일리지 결제금액에 대하여는 조특법상 현금영수증을 발급할 수 없음(전자세원-571, 2010.10.22.).
- 외국인이 현금영수증의 발급을 요청하는 경우에는 당해 외국인이 제시하는 외국인등록번호 등의 신분인식수단으로 현금영수증을 발급하여야 함(전자세원-531, 2010.9.29.).
- 일반 여행객에게 여행알선용역만을 제공하여 여행알선용역수수료와 여행객이 부담하는 운송·숙박·식사 등에 대한 비용을 구분하여 현금으로 받는 경우 여행알선용역수수료만 현금영수증 발급대상임(전자세원-531, 2010.9.29.).
- 전자상거래시 결제 업무 서비스를 제공하는 사업자가 서비스를 이용하는 거래상대방에게 물품 결제대금 및 결제서비스 이용 수수료에 대하여 현금영수증 및 전자세금계산서 발급 시스템을 구축하는 것이 법적 문제가 없는지와 관련 인허가 사항에 대하여 질의(전자세원-449, 2010.7.28.).
- 현금영수증은 현금영수증가맹점이 재화 또는 용역을 공급받고 그 대금을 현금으로 받는 경우 해당 재화 또는 용역을 공급받는 자에게 발급하는 것임(전자세원-87, 2010.2.11.).
- 현금영수증 발급방법은 신용카드가맹점인 경우에는 신용카드단말기를 사용하거나 신용카드가맹점이 아닌 경우에는 인터넷PC를 이용하여 인터넷으로 현금영수증을 발급할 수 있음(전자세원-80, 2010.2.8.).
- 발코니 확장 공사 비용이 지방세법에 의하여 취득세 또는 등록세가 부과되는 재산의 구입비용에 포함되는 경우에는 현금영수증 발급 대상이 아님(전자세원-688, 2009.10.20.).
- 현금영수증가맹점인 인터넷 쇼핑몰을 운영하는 사업자가 임직원 전용 쇼핑몰 운영 계약을 맺은 회사의 임직원에게 재화 또는 용역을 공급하고 거래대금은 급여에서 지급하는 경우 현금영수증을 발급할 수 있음(전자세원-652, 2009.10.8.).
- 현금영수증 발급은 현금영수증가맹점이 재화 또는 용역을 공급하고 그 대금을 현금으로 받는 경우에 당해 재화 또는 용역을 공급받는 자에게 발급하는 것임(전자세원-653, 2009.10.8.).
- 국외공항사업자를 위하여 징수대행하는 세금·공항이용료는 현금영수증 발급 대상에 해당하지 아니함(전자세원-607, 2009.9.15.).
- 현금영수증은 현금영수증가맹점이 자기가 공급한 재화 또는 용역의 대금을 현금으로 받는 경우에 발급하는 것임(전자세원-435, 2009.7.6.).
- 신용카드단말기에 현금영수증발급장치를 설치한 사업자가 최종 소비자에게 재화를 공급하고 폐업일 이후에 그 대금을 현금으로 받는 경우 현금영수증은 발급할 수 없음(전자세원-313, 2009.5.13.).
- 국가 등이 부가가치세가 과세되는 부동산임대, 도·소매업 등의 재화 또는 용역을 공급하는 경우에 현금영수증의 발급이 가능함(전자세원-207, 2009.4.1.).
- 현금영수증을 발급하기 위해서는 신용카드가맹점인 경우 신용카드단말기를 사용하거나 신

용카드가맹점이 아닌 경우 인터넷PC를 이용하여 인터넷으로 현금영수증을 발급할 수 있음(전자세원-628, 2009.3.10.).

- 문화체육관광부가 출국납부금을 현금으로 영수하는 경우에는 현금영수증 발급 대상 거래에 해당하지 아니함(전자세원-958, 2008.7.22.).
- 물품수입대행 및 배송대행용역을 제공하고 그 수수료를 받는 경우 현금영수증은 수입대행 및 배송대행에 대한 대가에 대하여 발급하는 것임(부가-1957, 2008.7.11.).
- 유류소매업을 영위하는 개인사업자가 부가세가 과세되는 재화를 공급하고 신용카드매출전표 등을 발행한 경우 발행금액의 100분의 1에 상당하는 금액(500만원 한도)을 납부세액에서 공제함(부가-1817, 2008.7.7.).
- 국내사업장이 없는 외국법인이 국외에서 국내 대리점을 통래 국내사업자 또는 개인에게 외국항행용역을 제공하고 국내대리점을 통해 송금받는 경우 현금영수증을 발급하지 못함(서면2팀-431, 2008.3.13.).
- 건설회사가 계약자로부터 별도로 수입하는 발코니 확장금액과 옵션금액이 등록세 과세표준에 포함되는 경우 소득공제 사용금액(현금영수증)에 포함되지 아니함(서면2팀-1984, 2007.11.1.).
- 물품 공급 후 휴대폰 결제에 의한 현금으로 지급받는 경우 현금영수증 교부방법(서면3팀-2627, 2007.9.18.)

# 제 162 조

## 금 현물시장에서 거래되는 금지금에 대한 세액공제

관련규정

제162조(금 현물시장에서 거래되는 금지금에 대한 세액공제) ① 대통령령으로 정하는 금지금(이하 이 조에서 "금지금"이라 한다)을 공급하는 대통령령으로 정하는 사업자(이하 이 조에서 "금지금공급사업자"라 한다)가 대통령령으로 정하는 보관기관에 임치된 금지금을 대통령령으로 정하는 금 현물시장(이하 이 조에서 "금 현물시장"이라 한다)을 통하여 2015년 12월 31일까지 공급하거나 금 현물시장에서 금지금을 매수한 사업자(이하 이 항에서 "금지금매수사업자"라 한다)가 해당 금지금을 보관기관에서 2015년 12월 31일까지 인출하는 경우 해당 공급가액 및 매수금액(이하 이 항에서 "금 현물시장 이용금액"이라 하되 금지금공급사업자와 금지금매수사업자가 대통령령으로 정하는 특수관계에 있는 경우 해당 금액은 제외한다)에 대해서는 다음 각 호 중에서 선택하는 어느 하나에 해당하는 금액을 공급일 또는 매수일(「부가가치세법」 제15조에 따른 재화의 공급 시기를 말한다)이 속하는 과세연도의 개인지방소득세(사업소득에 대한 개인지방소득세만 해당한다. 이하 이 항에서 같다)에서 공제한다. 다만, 직전 과세연도의 금 현물시장 이용금액이 전전 과세연도의 이용금액보다 적은 경우 제2호를 적용하여 계산한 금액을 해당 과세연도의 개인지방소득세에서 공제한다.

1. ~ 2. (생 략)

② 제1항의 규정을 적용할 때 공제세액의 계산 등에 관하여 필요한 사항과 세액공제신청에 관한 사항은 대통령령으로 정한다.

【영】 제114조(금 현물시장에서 거래되는 금지금에 대한 세액공제) ① 법 제162조 제1항 각 호 외의 부분 본문에서 "대통령령으로 정하는 금지금"이란 「조세특례제한법 시행령」 제121조의 7 제1항에 따른 금지금을 말한다.

② 법 제162조 제1항 각 호 외의 부분 본문에서 "대통령령으로 정하는 사업자"란 「조세특례제한법 시행령」 제121조의 7 제2항에 따른 사업자를 말한다.

③ 법 제162조 제1항 각 호 외의 부분 본문에서 "대통령령으로 정하는 보관기관"이란 「조세특례제한법 시행령」 제121조의 7 제3항에 따른 보관기관을 말한다.

④ 법 제162조 제1항 각 호 외의 부분 본문에서 "대통령령으로 정하는 금 현물시장"이란 「조세특례제한법 시행령」 제121조의 7 제4항에 따른 시장을 말한다.
⑤ 제1항에 따른 금지금을 보관기관에서 인출하는 경우 법 제162조 제1항 각 호 외의 부분 본문에 따른 금 현물시장 이용금액은 「조세특례제한법 시행령」 제121조의 7 제14항에 따라 평가한 금액으로 한다.
⑥ 법 제162조 제1항 각 호 외의 부분 본문에서 "대통령령으로 정하는 특수관계"란 「소득세법 시행령」 제98조 제1항에 따른 특수관계인의 관계를 말한다.
⑦ 법 제162조에 따른 세액공제의 적용에 관하여는 제1항부터 제6항까지에서 규정한 사항 외에는 「조세특례제한법 시행령」 제121조의 7을 준용한다.

본 규정은 금지금 공급사업자가 지정보관기관에 임치된 금지금을 금 현물시장을 통하여 2015년 12월 31일까지 공급하거나 금 현물시장에서 금지금을 매수한 사업자가 해당 금지금을 지정보관기관에서 2015년 12월 31일까지 인출하는 경우 해당 공급가액 및 매수금액이 매출액에서 차지하는 비율 등을 고려하여 산출한 금액을 개인지방소득세에서 공제하도록 하고, 신청 등 그 밖의 필요한 사항을 규정하고 있다. 한편, 조특법 제126조의 7 규정과는 별도로 지방소득세의 독립세화를 위한 지방세제 개편계획(2013.9.)에 따라 2014년부터 현재의 지특법 제162조로 신설되었다.

# 제 163 조

## 양도소득에 대한 개인지방소득세액의 감면

관련규정

**제163조(양도소득에 대한 개인지방소득세액의 감면)** 「소득세법」 제95조에 따른 양도소득금액에 이 법에서 규정하는 감면대상소득금액이 있는 때에는 「소득세법」 제90조 제1항에서 규정하는 계산방법을 준용하여 계산한 금액을 감면한다. 이 경우 양도소득과세표준에 적용하는 세율은 「지방세법」 제103조의 3에 따른 세율로 한다.

본 규정은 양도소득금액에 감면소득 금액이 있을 때 양도소득과세표준에 「소득세법」 제104조에 의한 세율을 적용하여 계산한 금액에 양도소득기본공제를 한 후의 금액이 양도소득 과세표준에서 차지하는 비율의 100분의 10에 상당하는 금액을 양도소득에 대한 개인지방소득세로 감면하도록 규정하고 있다. 한편, 조특법 제90조의 규정과는 별도로 지방소득세의 독립세화를 위한 지방세제 개편계획(2013.9.)에 따라 2014년부터 현재의 지특법 제163조로 신설되었다.

# 제 164 조

## 정치자금의 세액공제

관련규정

제164조(정치자금의 세액공제) 거주자가 「정치자금법」에 따라 정당(같은 법에 따른 후원회 및 선거관리위원회를 포함한다)에 기부한 정치자금은 이를 지출한 해당 과세연도의 개인지방소득세 산출세액에서 「조세특례제한법」 제76조 제1항에서 세액공제하는 금액의 100분의 10에 해당하는 금액을 세액공제한다.

# 제165조

## 석유제품 전자상거래에 대한 세액공제

관련규정

제165조(석유제품 전자상거래에 대한 세액공제) ①「석유 및 석유대체연료 사업법」 제2조 제7호에 따른 석유정제업자 등 대통령령으로 정하는 자가 대통령령으로 정하는 전자결제망을 이용하여「석유 및 석유대체연료 사업법」 제2조 제2호에 따른 석유제품을 2019년 12월 31일까지 공급하거나 공급받는 경우 다음 각 호의 구분에 따른 금액을 공급일 또는 공급받은 날(「부가가치세법」 제15조에 따른 재화의 공급시기를 말한다)이 속하는 과세연도의 개인지방소득세(사업소득에 대한 소득세만 해당한다)에서 공제한다. 다만, 공제받는 금액이 해당 과세연도의 개인지방소득세의 100분의 10을 초과하는 경우에는 그 초과하는 금액은 없는 것으로 한다.

1. 석유제품을 공급하는 자 : 공급가액(「부가가치세법」 제29조에 따른 공급가액을 말한다. 이하 이 항에서 같다)의 1만분의 1에 상당하는 금액
2. 석유제품을 공급받는 자 : 공급가액의 1만분의 2에 상당하는 금액

② 제1항을 적용받으려는 내국인은 대통령령으로 정하는 바에 따라 세액공제신청을 하여야 한다.

【영】 제115조(석유제품 전자상거래에 대한 세액공제) ① 법 제165조 제1항 본문에서 "대통령령으로 정하는 전자결제망"이란「조세특례제한법 시행령」 제104조의 22 제1항에 따른 석유제품 전자결제망을 말한다.

② 법 제165조에 따라 개인지방소득세를 공제받으려는 자는 과세표준신고와 함께 행정안전부령으로 정하는 세액공제신청서를 납세지 관할 지방자치단체의 장에게 제출하여야 한다. 다만,「조세특례제한법 시행령」 제104조의 22 제2항에 따라 납세지 관할 세무서장에게 소득세 공제를 신청하는 경우에는 법 제165조에 따른 개인지방소득세에 대한 세액감면도 함께 신청한 것으로 본다.

## 1 | 개 요

본 규정은 전자결제망을 이용하여 석유제품을 2016년 12월 31일까지 공급하는 경우에는 해당 공급가액의 1만분의 3에 상당하는 금액을 개인지방소득세의 100분의 10을 한도로 공제하도록 하고, 신청 등 그 밖의 필요한 사항을 규정하고 있다. 한편, 조특법 제104조의 25 규정과는 별도로 지방소득세의 독립세화를 위한 지방세제 개편계획(2013.9.)에 따라 2014년부터 현재의 지특법 제165조로 신설되었다.

한편, 2016년 12월 20일 조특법 개정시에는 세액공제 대상자를 확대하고 공제율을 공급자는 공급가액의 0.1%, 매수자는 매수가액의 0.2%로 차등하여 조정하였으며 적용기한을 2019년 12월 31일로 연장하였다. 다만, 동 개정에도 불구하고 2017년 1월 1일 전에 전자결제망을 통하여 석유제품을 공급하였거나 공급받았던 분에 대해서는 종전의 규정에 따른다.

## 2 | 요건 및 과세특례의 내용

「석유 및 석유대체연료 사업법」 제2조 제7호에 따른 석유정제업자 등 다음의 어느 하나에 해당하는 자가 한국거래소에서 운영하는 석유제품 전자결제망을 이용하여 「석유 및 석유대체연료 사업법」 제2조 제2호에 따른 석유제품을 2019년 12월 31일까지 공급하거나 공급받는 경우 다음의 구분에 따른 금액을 공급일 또는 공급받는 날(「부가가치세법」 제15조에 따른 재화의 공급시기를 말한다)이 속하는 과세연도의 소득세(사업소득에 대한 소득세만 해당한다) 또는 법인세에서 공제한다. 다만, 공제받는 금액이 해당 과세연도의 소득세 또는 법인세의 10%를 초과하는 경우에는 그 초과하는 금액은 없는 것으로 한다(조특법 §104의 25 ①).

① 석유제품을 공급하는 자 : 공급가액(「부가가치세법」 제29조에 따른 공급가액을 말한다. 이하 같다)의 1천분의 1에 상당하는 금액
  ㉠ 「석유 및 석유대체연료 사업법」 제2조 제7호에 따른 석유정제업자
  ㉡ 「석유 및 석유대체연료 사업법」 제2조 제8호에 따른 석유수출입업자
  ㉢ 「석유 및 석유대체연료 사업법 시행령」 제2조 제1호에 따른 일반대리점(한국거래소에서 운영하는 석유제품 전자결제망을 통하여 아래 ②, ㉠의 일반대리점에 공급하는 경우는 제외한다)

② 석유제품을 공급받는 자 : 공급가액의 1천분의 2에 상당하는 금액

㉠ 「석유 및 석유대체연료 사업법 시행령」 제2조 제1호에 따른 일반대리점(한국거래소에서 운영하는 석유제품 전자결제망을 통하여 위 ①, ㉢의 일반대리점에 공급받는 경우는 제외한다)

㉡ 「석유 및 석유대체연료 사업법 시행령」 제2조 제3호에 따른 주유소

㉢ 「석유 및 석유대체연료 사업법 시행령」 제2조 제4호에 따른 일반판매소

## 3 주요 개정내용(조특법 §104의 25, 조특령 §104의 22)

### 3-1. 석유제품 전자상거래 세액공제 적용기한 연장 및 공제대상 조정(조특법 §104의 25, 조특령 §104의 22)

| 종 전 | 개 정 |
|---|---|
| ■ 석유제품 전자상거래* 세액공제<br>* 다수의 판매자(정유사 등)와 수요자(대리점, 주유소 등)가 석유제품을 한국거래소 온라인 사이트에서 거래 | ■ 세액공제 대상자와 공제율 조정 및 적용기한 연장 |
| • 공제대상자<br>- 석유제품 공급자<br><br><br><br>〈추 가〉 | • 공제대상자 확대<br>- 석유제품 공급자 : 석유정제업자, 석유수출입업자, 일반대리점(다만, 전자상거래를 통해 공급받은 석유제품을 다시 공급하는 경우는 제외)<br>- 석유제품 매수자 : 일반대리점, 주유소, 일반판매소 |
| • 공제율<br>- 공급자 : 공급가액의 0.3%<br>〈추 가〉 | • 공제율 조정<br>- 공급자 : 공급가액의 0.1%<br>- 매수자 : 매수가액의 0.2% |
| • 적용기한 : 2016. 12. 31. | • 적용기한 : 2019. 12. 31. |

### 3-2. 석유제품 전자상거래에 대한 세액공제특례 공제수준 환원(조특법 §104의 25)

| 종 전 | 개 정 |
|---|---|
| ■ 석유제품 전자상거래* 세액공제<br>* 다수의 판매자(정유사 등)와 수요자(대리점, 주유소 등)가 석유제품을 거래하는 한국거래소 온라인 사이트 | ■ 공제율 축소 및 적용기한 연장 |
| • (공제대상자) 전자상거래 사이트를 통한 석유제품(휘발유, 경유, 등유 등) 공급자 | • (좌 동) |
| • (공제율) 공급가액의 0.5% | • (공제율 축소) 0.5% → 0.3% |
| • (적용기한) 2013. 12. 31.<br>* 입법취지 : 석유제품 유통시장의 거래투명성을 제고하여 가격경쟁을 통한 유류가격 인하효과 제고(2011. 12. 신설) | • (적용기한) 2016. 12. 31.(3년) |

# 제166조 성실신고 확인비용에 대한 세액공제

관련규정

제166조(성실신고 확인비용에 대한 세액공제) ①「조세특례제한법」 제126조의 6에 따라 성신신고 확인비용에 대한 세액공제를 받는 사업자는 같은 법 제1항에 따라 세액공제 받는 금액의 100분의 10에 해당하는 금액을 해당 과세연도의 개인지방소득세에서 공제하며, 같은 법 제2항에 따라 공제받은 금액을 추징하는 경우에는 개인지방소득세에서 공제받은 금액에 상당하는 세액도 추징한다.

② 제1항을 적용받으려는 자는 대통령령으로 정하는 바에 따라 세액공제신청을 하여야 한다.

【영】 제116조(성실신고 확인비용에 대한 세액공제) 법 제166조 제1항을 적용받으려는 자는「소득세법」 제70조의 2 제1항에 따른 성실신고확인서를 제출할 때 행정안전부령으로 정하는 성실신고확인비용세액공제신청서를 납세지 관할 지방자치단체의 장에게 제출하여야 한다. 다만,「조세특례제한법 시행령」 제121조의 6 제2항에 따라 소득세 공제를 신청하는 경우에는 법 제166조에 따른 개인지방소득세에 대한 세액공제도 함께 신청한 것으로 본다.

## 1 | 개 요

본 규정은 성실신고확인대상사업자가 성실신고확인서를 제출하는 경우에는 성실신고 확인에 직접 사용한 비용에 대한「조세특례제한법」 제126조의 6 제1항에 의한 세액공제액의 100분의 10에 해당하는 금액을 개인지방소득세에서 공제하도록 하고 추징 및 신청 등의 사항을 규정하고 있다. 한편, 조특법 제126조의 6 규정과는 별도로 지방소득세의 독립세화를 위한 지방세제 개편계획(2013.9.)에 따라 2014년부터 현재의 지특법 제166조로 신설되었다.

또한, 소득세법상 자녀관련 인적공제, 특별공제 등 각종 공제제도가 과세형평 제고를 위해 세액공제 제도로 대폭 전환됨에 따라 2014년 1월 1일 조특법이 개정되어 성실사업자 등에 대한 의료비 및 교육비 소득공제도 세액공제 제도로 전환되어 2014년 1월 1일 이후 지출분부터 적용되었다. 동 세액공제 제도 전환으로 인해 종전 소득공제 제도에서는 공제대상 금액에 자신의 한계세율(6~38%)만큼 절세효과가 있었으나, 개정된 세액공제 제도에서는 공제대상 금액에 세액공제율(12%, 15%)만큼 절세효과가 발생하게 되어 고소득자는 불리해지고 저소득자는 유리하게 되었다.

## 2 | 요 건

성실사업자(사업소득이 있는 자에 한함) 또는 성실신고확인대상사업자로서 수입금액 요건 및 사업기간 요건을 모두 충족하고, 국세의 체납사실 등이 없는 경우에 한하여 의료비, 교육비 및 월세를 2021년 12월 31일이 속하는 과세기간까지 해당 과세기간의 사업소득금액에서 공제한다.

### 2-1. 성실사업자 또는 성실신고확인대상사업자 요건

#### 2-1-1. 성실사업자의 범위

(1) 다음의 어느 하나에 해당하는 사업자일 것(조특법 §122의 3 ①, 소법 §59의 4 ⑨, 소령 §118의 8, 소칙 §58의 2)

① 소득세법 제162조의 2 및 제162조의 3에 따라 신용카드가맹점 및 현금영수증가맹점으로 모두 가입한 사업자. 다만, 해당 과세기간에 같은 법 제162조의 2 제2항, 제162조의 3 제3항 또는 같은 조 제4항을 위반하여 같은 법 제162조의 2 제4항 후단 또는 제162조의 3 제6항 후단에 따라 관할 세무서장으로부터 해당 사실을 통보받은 사업자는 제외한다.

② 조세특례제한법 제5조의 2 제1호에 따른 전사적(全社的) 기업자원 관리설비 또는 유통산업발전법에 따라 판매시점정보관리시스템설비를 도입한 사업자

③ 영화 및 비디오물의 진흥에 관한 법률에 따라 설립된 영화진흥위원회가 운영하는 영화상영관입장권통합전산망에 가입한 사업자

④ 전자상거래사업을 영위하는 사업자로서 다음의 어느 하나에 해당하는 사업자

㉠ 여신전문금융업법에 따른 결제대행업체를 통해서만 매출대금의 결제가 이루어지는 사업자

㉡ 납세지 관할 세무서장에게 신고한 사업용 계좌를 통해서만 매출대금의 결제가 이루어지는 사업자

㉢ 위 ㉠ 및 ㉡의 방식으로만 매출대금의 결제가 이루어지는 사업자

⑤ 지방자치단체의 장의 주관 하에 수입금액이 공동으로 관리·배분되는 버스운송사업을 영위하는 사업자

⑥ 부가가치세법 제21조에 따른 수출에 의해서만 거래가 이루어지는 사업자

⑦ 납세지 관할 세무서장에게 신고한 사업용 계좌를 통해서만 매출 및 매입대금의 결제가 이루어지는 사업자

⑧ 부가가치세법 시행령 제42조에 따른 인적용역을 제공하고 그 수입금액이 원천징수되는 사업자

(2) 소득세법 제160조 제1항 또는 제2항에 따라 장부를 비치·기록하고, 그에 따라 소득금액을 계산하여 신고할 것(같은 법 제80조 제3항 단서에 따라 추계조사결정이 있는 경우 해당 과세기간은 제외)

(3) 소득세법 제160조의 5 제3항에 따라 사업용계좌를 신고하고, 해당 과세기간에 같은 조 제1항에 따라 사업용계좌를 사용하여야 할 금액의 3분의 2 이상을 사용할 것

#### 2-1-2. 성실신고확인대상사업자의 범위

「소득세법」 제70조의 2 제1항에 따른 성실신고확인대상사업자로서 성실신고확인서를 제출한 자를 말한다(조특법 §122의 3 ①).

### 2-2. 수입금액 요건

해당 과세기간의 수입금액으로 신고한 금액이 직전 3개 과세기간의 연평균수입금액(과세기간이 3개 과세기간에 미달하는 경우에는 사업의 개시일이 속하는 과세기간과 직전 과세기간의 연평균수입금액을 말한다)의 50%를 초과하는 경우에 한하여 수입금액 요건을 충족한 것으로 본다. 다만, 사업장의 이전 또는 업종의 변경 등 다음 중 어느 하나에 해당하는 사유에 따라 수입금액이 증가하는 경우는 제외한다(조특법 §122의 3 ① 2호, 조특령 §117의 3 ③).

① 사업장의 면적이 직전 과세기간보다 50%(사업장을 이전하는 경우에는 30%) 이상 증가하는 경우

② 한국표준산업분류에 의한 다른 대분류로 구분되는 업종으로 업종을 변경하거나 다른 대분류에 속하는 업종을 추가하는 경우

### 2-3. 사업기간 요건

해당 과세기간 개시일 현재 2년 이상 계속하여 사업을 경영하는 경우에 한하여 의료비 등을 해당 과세기간의 사업소득금액에서 공제한다(조특법 §122의 3 ① 3호).

### 2-4. 국세의 체납사실 등이 없는 경우

국세의 체납사실 등이 없는 경우라 함은 다음의 요건에 모두 해당하는 경우를 말한다(조특법 §122의 3 ① 4호, 조특령 §117의 3 ④).

① 해당 과세기간의 법정신고 납부기한 종료일 현재 국세의 체납사실이 없을 것

② 해당 과세기간의 법정신고 납부기한 종료일 현재 최근 3년간 조세범으로 처벌받은 사실이 없을 것

③ 부가가치세법 및 소득세법에 따른 사업자가 해당 과세기간의 법정신고 납부기한 종료일 현재 최근 3년간 다음 중 어느 하나에 해당하지 아니할 것

㉠ 세금계산서를 교부하지 아니하거나 허위기재하여 교부한 경우

㉡ 매출처별세금계산서합계표를 허위기재하여 제출한 경우

㉢ 세금계산서를 교부받지 아니하거나 허위기재의 세금계산서를 교부받은 때 또는 허위기재한 매입처별세금계산서합계표를 제출한 경우

㉣ 재화 및 용역을 공급하지 아니하고 세금계산서 또는 계산서를 교부하거나 교부받은 경우

㉤ 재화 및 용역을 공급하지 아니하고 매출·매입처별세금계산서합계표 또는 매출·매입처별계산서합계표를 허위기재하여 제출한 경우

④ 해당 과세기간의 개시일 현재 직전 3개 과세기간에 대한 세무조사 결과 과소신고한 소득금액이 경정된 해당 과세기간 소득금액의 10% 미만일 것

# 3 | 과세특례의 내용

## 3-1. 의료비 · 교육비 세액공제와 월세세액공제

소득세법 제59조의4 제2항과 제3항(같은 항 제2호 다목은 제외)에 따른 의료비 및 교육비를 2021년 12월 31일까지 지출한 경우 그 지출한 금액의 15%(「소득세법」 제59조의 4 제2항 제3호에 따른 난임시술비의 경우에는 20%)를 사업소득에 대한 소득세에서 세액공제한다(조특법 §122의 3 ①).

사업자의 의료비 공제금액의 계산은 소득세법 제59조의 4 제2항에 따른 근로자의 의료비 공제금액의 계산을 준용한다. 이 경우 소득세법 제59조의 4 제2항 제1호 및 제2호의 "총급여액"은 "사업소득금액"으로 보며, 「소득세법 시행령」 제118조의 5 제1항 제7호의 "총급여액 7천만원"은 "사업소득금액 6천만원"으로 본다(조특법 §122의 3 ②, 조특령 §117의 3 ⑤).

또한, 해당 과세연도의 종합소득과세표준에 합산되는 종합소득금액이 6천만원 이하인 성실사업자 또는 「소득세법」 제70조의 2 제1항에 따른 성실신고확인대상사업자로서 성실신고확인서를 제출한 자가 제95조의 2에 따른 월세액을 2021년 12월 31일이 속하는 과세연도까지 지급하는 경우 그 지급한 금액의 100분의 10(해당 과세연도의 종합소득과세표준에 합산되는 종합소득금액이 4천만원 이하인 성실사업자 또는 「소득세법」 제70조의 2 제1항에 따른 성실신고확인대상사업자로서 성실신고확인서를 제출한 자의 경우에는 100분의 12)에 해당하는 금액(이하 "월세세액공제금액"이라 한다)을 해당 과세연도의 소득세에서 공제한다. 다만, 해당 월세액이 750만원을 초과하는 경우 그 초과하는 금액은 없는 것으로 한다(조특법 §122의 3 ③).

## 3-2. 세액공제의 한도

의료비등 세액공제금액과 월세세액공제금액의 합계액이 해당 사업자의 해당 과세연도의 소득세를 초과하는 경우 그 초과금액은 없는 것으로 한다(조특법 §122의 3 ④).

# 4 최근 개정내용(조특법 §122의 3)

## 4-1. 의료비 · 교육비 세액공제 대상 성실사업자 범위 확대(조특법 §122의 3 ①)

| 종 전 | 개 정 |
|---|---|
| ■ 의료비 · 교육비 세액공제 적용대상 성실사업자 요건 | ■ 성실사업자 요건 완화 |
| ① 사업용계좌 미사용액이 1/3을 초과하지 않을 것<br>② 신용카드 · 현금영수증 가맹점 가입 및 발급 의무 준수<br>③ 최근 3년간 세금계산서 및 계산서 교부 · 수취의무 준수<br>④ 최근 3년간 세무조사 결과 과소신고 소득금액이 경정된 해당 과세기간 소득금액의 10% 미만 | (좌 동) |
| ⑤ 복식부기 신고 | ○ 간편장부 신고 추가 |
| ⑥ 해당 과세기간 개시일 현재 3년 이상 계속사업 | ○ 3년 → 2년 |
| ⑦ 해당 과세기간의 수입금액 〉 직전 3년 평균 수입금액 × 90% | ○ 90% → 50%*<br>* 직전 과세기간이 3년에 미달하는 경우에는 사업영위 과세기간 평균수입금액 |

## 4-2. 성실사업자에 대한 의료비 세액공제 중 난임시술비 공제율 인상(조특법 §122의 3 ①)

| 종 전 | 개 정 |
|---|---|
| ■ 성실사업자에 대한 의료비 세액공제 | ■ 난임시술비에 대한 공제율 인상 |
| • (대상자) 성실사업자 및 성실신고 확인 사업자<br>• (공제대상 의료비) 본인 및 기본공제 대상자를 위해 지출한 의료비로서 사업소득금액의 3%를 초과하는 금액 중 공제한도 내의 금액<br>- 본인, 장애인, 65세 이상자, 난임시술비 : 한도 없음<br>- 그 외 부양가족 : 연 700만원 | (좌 동) |
| • (공제율) 공제대상 의료비의 15% | • 난임시술비: 15% → 20% |

## 4-3. 성실사업자에 대한 의료비 등 공제 확대 등(조특법 §122의 3)

| 종 전 | 개 정 |
|---|---|
| ■ 성실사업자에 대한 의료비 등 공제<br>• 복식부기방식으로 장부 작성<br>• 해당 과세기간 수입금액이 직전 3개 과세기간 연평균 수입금액을 초과할 것 | ■ 수입금액 기준 완화<br>• (좌 동)<br>• 해당 과세기간 수입금액이 직전 3개 과세기간 연평균 수입금액의 90%를 초과할 것 |
| • 3년 이상 계속 사업경영<br>• 국세체납, 조세범처벌 등이 없을 것 | • (좌 동) |
| ■ 적용기한 : 2015. 12. 31. | ■ 적용기한 : 2018. 12. 31. |

## 4-4. 특별공제제도 등의 세액공제 전환

**(소득세법 §52 ①, ②, ③, ⑥, ⑨ → 소득세법 §59의 3, §59의 4 신설)**

| 종 전 | 개 정 |
|---|---|
| ■ 특별공제<br>• **의료비 소득공제** : 총급여 3% 초과 금액<br>(한도) 700만원, 본인 등 없음<br>• **교육비 소득공제**<br>(한도) 대학생 900만원, ~고등학생 300만원, 본인 없음<br>• **기부금 소득공제**<br>(한도) 법정 : 소득금액 100%<br>지정 : 소득금액 30%(종교 10%)<br>• **보장성보험료 소득공제**<br>(한도) 100만원<br>• **표준공제*** : 근로자 100만원, 사업자 60만원<br>* 특별공제 미신청 근로자 등 적용 | ■ 세액공제로 전환<br>• **공제율**<br>- 15% : 의료비, 교육비<br>기부금(정치자금 포함)은 3천만원 초과분 25%<br>- 12% : 연금계좌납입<br>보장성보험료<br>• 현행 **소득공제한도 등은 유지**<br>- 사업자의 경우 기부금은 세액공제 받지 않고 필요경비에만 산입<br>• **표준세액공제**<br>: 근로자 12만원, 사업자 7만원 |
| ■ 연금계좌납입<br>(한도) 400만원 | |

## 4-5. 성실사업자에 대한 월세 소득공제 적용(조특법 §122의 3)

| 종 전 | 개 정 |
|---|---|
| ■ 성실사업자에 대한 소득공제 특례<br>• 의료비 및 교육비<br>〈추 가〉 | ■ 소득공제 특례 확대<br>• (좌 동)<br>• 월세 지급액의 60%<br>(500만원 한도)<br>* 소득금액 4천만원 이하에 한함. |

# 제167조 조합법인 등에 대한 법인지방소득세 과세특례

**관련규정**

제167조(조합법인 등에 대한 법인지방소득세 과세특례) 「조세특례제한법」 제72조 제1항을 적용받는 법인에 대하여는 2025년 12월 31일 이전에 끝나는 사업연도까지 「지방세법」 제103조의 20에서 규정하는 법인지방소득세의 표준세율에도 불구하고 「조세특례제한법」 제72조 제1항에서 규정하는 법인세 세율의 100분의 10에 해당하는 세율을 법인지방소득세의 세율로 한다.

## 1 개 요

본 규정은 「조세특례제한법」 제72조 제1항에서 규정하는 법인세 과세특례를 적용받는 법인에 대하여 법인지방소득세 세율을 1,000분의 9 세율로 적용하여 과세하도록 규정하고 있다. 한편, 조특법 제72조의 규정과는 별도로 지방소득세의 독립세화를 위한 지방세제 개편계획(2013.9.)에 따라 2014년부터 현재의 「지방세특례제한법」 제167조로 이관 신설되었으며 2015년 말까지 일몰기한이었으나, 농협 등의 감면과 같이 2017년 12월 31일까지 연장되었고 2020년 12월 31일까지 재연장되었다가 2022년 12월 31일까지 다시 연장되었다.

**■ 관련규정 : 조세특례제한법 제72조 제1항**

제72조(조합법인 등에 대한 법인세 과세특례) ① 다음 각 호의 어느 하나에 해당하는 법인의 각 사업연도의 소득에 대한 법인세는 2020년 12월 31일 이전에 끝나는 사업연도까지 「법인세법」 제13조 및 같은 법 제55조에도 불구하고 해당 법인의 결산재무제표상 당기순이익[법인세 등을 공제하지 아니한 당기순이익(當期純利益)을 말한다]에 「법인세법」 제24조에 따른

기부금(해당 법인의 수익사업과 관련된 것만 해당한다)의 손금불산입액과 같은 법 제25조에 따른 접대비(해당 법인의 수익사업과 관련된 것만 해당한다)의 손금불산입액 등 대통령령으로 정하는 손금의 계산에 관한 규정을 적용하여 계산한 금액을 합한 금액에 100분의 9[해당 금액이 20억원(2016년 12월 31일 이전에 조합법인간 합병하는 경우로서 합병에 따라 설립되거나 합병 후 존속하는 조합법인의 합병등기일이 속하는 사업연도와 그 다음 사업연도에 대하여는 40억원을 말한다)을 초과하는 경우 그 초과분에 대해서는 100분의 12]의 세율을 적용하여 과세(이하 이 조에서 "당기순이익과세"라 한다)한다. 다만, 해당 법인이 대통령령으로 정하는 바에 따라 당기순이익과세를 포기한 경우에는 그 이후의 사업연도에 대하여 당기순이익과세를 하지 아니한다.

1. 「신용협동조합법」에 따라 설립된 신용협동조합 및 「새마을금고법」에 따라 설립된 새마을금고
2. 「농업협동조합법」에 따라 설립된 조합 및 조합공동사업법인
3. 삭제 <1999.12.28.>
4. 「수산업협동조합법」에 따라 설립된 조합(어촌계를 포함한다) 및 조합공동사업법인
5. 「중소기업협동조합법」에 따라 설립된 협동조합 · 사업협동조합 및 협동조합연합회
6. 「산림조합법」에 따라 설립된 산림조합(산림계를 포함한다) 및 조합공동사업법인
7. 「엽연초생산협동조합법」에 따라 설립된 엽연초생산협동조합
8. 「소비자생활협동조합법」에 따라 설립된 소비자생활협동조합

〈표〉 **조합법인 소득세 및 지방소득세 세율**

| 과세표준 | 일반법인 | | 과세표준 | 조합법인 | |
|---|---|---|---|---|---|
| | 법인세 | 지방소득세 | | 법인세 | 지방소득세 |
| 2억 이하 | 10% | 1.0% | 20억 이하 | 9% | 0.9% |
| 2억 초과 ~ 200억 이하 | 20% | 2.0% | | | |
| 200억 초과 ~ 3,000억 이하 | 22% | 2.2% | 20억 초과 | 12% | 1.2% |
| 3,000억 초과 | 25% | 2.5% | | | |

# 2 요 건

## 2-1. 적용대상

당기순이익을 과세표준으로 하는 조합법인 등의 범위는 다음과 같다(조특법 §72 ①).

① 「신용협동조합법」에 따라 설립된 신용협동조합 및 「새마을금고법」에 따라 설립된 새마을금고
② 「농업협동조합법」에 따라 설립된 조합 및 조합공동사업법인
③ 「수산업협동조합법」에 따라 설립된 조합(어촌계를 포함한다) 및 조합공동사업법인
④ 「중소기업협동조합법」에 따라 설립된 협동조합·사업협동조합 및 협동조합연합회
⑤ 「산림조합법」에 따라 설립된 산림조합(산림계를 포함한다) 및 조합공동사업법인
⑥ 「엽연초생산협동조합법」에 따라 설립된 엽연초생산협동조합
⑦ 「소비자생활협동조합법」에 따라 설립된 소비자생활협동조합

### 2-2. 결산재무제표상 당기순이익의 범위

결산재무제표상 당기순이익이라 함은 「법인세법 시행령」 제79조에 따른 기업회계기준 또는 관행에 의하여 작성한 결산재무제표상 법인세비용 차감 전 순이익을 말한다. 이 경우 당해 법인이 수익사업과 비수익사업을 구분경리한 경우에는 각 사업의 당기순손익을 합산한 금액을 과세표준으로 하며, 3년 이상 고유목적사업에 직접 사용하던 고정자산의 처분익을 과세표준에 포함한다. 또한 당해 조합법인 등이 법인세추가납부세액을 영업외비용으로 계상한 금액은 법인세비용 차감 전 순이익에 가산한다(조기통 72-0…1 ①~③).

- 결산재무제표상의 비수익사업과 수익사업을 합산하여 과세하므로 구분경리를 필요로 하지 않음(법인 1264.21-2062, 1982.6.25.).
- 결산재무제표상의 당기순이익은 기업회계기준 이외에 계속 적용한 사규·관행에 의한 경우도 인정됨(법인 1264.21-4093, 1983.12.7.).
- 수산업협동조합법에 의해 설립된 어촌계는 법 제60조 제2항의 공공법인이므로 동 어촌계가 국가기관으로부터 지급받는 어업권 보상금은 법인세 과세대상임(법인 1264.21-2984, 1983.9.11.).
- 신용협동조합이 우편취급소를 운영하고 특별회계로 처리하였더라도 과세대상 당기순이익에 합산(법인 1264.21-3509, 1984.11.1.)
- 당기순이익 과세하는 지구별 축산업협동조합의 보조금수입은 과세됨(법인 22601-1318, 1985.5.3.).
- 당기순이익 과세법인은 결산재무제표상 당기순이익을 과세표준으로 하는 것이므로 증여받은 자산의 가액이 기업회계기준상 자본잉여금에 해당되는 경우에는 동 수증익은 법인세 과세표준에 포함되지 아니함(법인 22601-2378, 1985.8.6.).
- 외국선박에 승선하는 선원을 구성원으로 하는 신용협동조합이 외국으로부터 받은 기부금소득은 당기순이익 과세대상에 해당됨(법인 22601-3446, 1985.11.19.).
- 당기순이익 과세법인의 이월결손금은 과세표준에서 공제되지 않음(법인 22601-877, 1986.3.17.).

# 3 과세특례의 내용

## 3-1. 당기순이익 과세

위 2-1.에서 설명한 조합법인 등에 해당하는 법인의 각 사업연도소득에 대한 법인세는 2020년 12월 31일 이전에 종료하는 사업연도까지 법인세법 규정에도 불구하고 다음과 같이 과세한다. 다만, 아래 4.에서 설명하는 당기순이익 과세 포기신청을 한 경우에는 그 이후의 사업연도에 대하여 당기순이익 과세를 하지 않는다(조특법 §72 ①).

> 법인세액 = (법인세차감 전 당기순이익+수익사업 관련 기부금・접대비454)의 손금불산입액 등을 계산한 금액) × 9%(20억원* 초과분은 12%)

* 2016. 12. 31. 이전에 조합법인간 합병하는 경우로서 합병에 따라 설립되거나 합병 후 존속하는 조합법인의 합병등기일이 속하는 사업연도와 그 다음 사업연도 : 9%(40억원 초과분은 12%)

## 3-2. 당기순이익에 따른 과세표준 계산시 가감할 사항

### 3-2-1. 의 의

당기순이익 과세는 영세 조합법인의 기장능력 부족 및 납세비용 절감을 위해 도입된 제도이므로 입법 취지상 별도의 세무조정 없이 당기순이익만을 과세표준으로 하여야 한다. 그런데, 기부금이나 접대비의 경우 일반법인의 손비 인정기준은 엄격하게 운용되고 있는 것과 비교하여 당기순이익과세 적용대상인 조합법인들은 별다른 기준 없이 모든 기부금・접대비가 손비로 인정되는 문제가 발생하여 과세형평성을 저해하는 문제가 발생한다. 이를 개선하고자 기부금・접대비 등의 손금의 계산에 관한 규정을 적용하여 계산한 분(손금불산입분)에 대하여는 당기순이익에 가산하여 과세하도록 하였다.

### 3-2-2. 기부금 및 접대비 등의 손금불산입액

조합법인이 당해 수익사업과 관련하여 지출한 기부금 또는 접대비 등이 법인세법 규정상 손금불산입이 되는 경우455) 이를 결산재무제표상 당기순이익에 가산한 금액을 과세표준으로 한다(조특령 §69 ①). 이 경우 기부금의 손금불산입액을 계산함에 있어서 「법인세법」 제24조 제2항에 따른 소득금액은 해당 조합법인 등의 결산재무제표상 당기순이익에 같은 조 제

454) 해당 법인의 수익사업과 관련된 것만 해당한다.

455) 「법인세법」 제19조의 2 제2항, 제24조부터 제28조까지, 제33조 및 제34조 제2항에 따른 손금불산입액(해당 법인의 수익사업과 관련된 것만 해당한다)

3항에 따른 법정기부금 및 같은 조 제4항에 따른 지정기부금과 조특법 제76조에 따른 기부금을 합한 금액으로 한다(조특령 §69 ④). 「법인세법」 제26조(과다경비 등의 손금불산입)에 따른 손금불산입액을 계산함에 있어서 같은 법 시행령 제44조의 2 제4항에 따라 계산한 한도액이 음수인 경우 영으로 한다(조특칙 §29 ①). 「법인세법」 제33조(퇴직급여충당금의 손금산입)에 따른 손금불산입액을 계산함에 있어서 2012년 12월 31일이 속하는 사업연도 종료일 현재 결산재무제표상 퇴직급여충당금의 누적액은 같은 법 시행령 제60조 제2항에 따라 손금에 산입한 것으로 보아 향후 익금에 환입하지 않는다(조특칙 §29 ②).

#### 3-2-3. 기부금 또는 접대비 시부인 판정시 유의할 사항

조합법인 등의 설립에 관한 법령 또는 정관(당해 법령 또는 정관의 위임을 받아 제정된 규정을 포함한다)에 규정된 설립목적을 직접 수행하는 사업(법인세법 시행령 제2조 제1항의 규정에 의한 수익사업 외의 사업에 한한다)을 위하여 지출하는 금액은 시부인 대상이 되는 기부금이 아닌 손금사항이며(조특령 §69 ③), 당해 조합법인 등에 출자한 조합원 또는 회원과의 거래에서 발생한 수입금액은 접대비 시부인 판정시 수입금액 한도를 계산함에 있어 특수관계자에 대한 수입금액(법인세법 §25 ④ 2호 단서)으로 보지 아니한다(조특령 §69 ③).

#### 3-2-4. 부당행위계산 부인규정 적용배제

기업회계기준에 의하여 적정하게 작성한 결산재무제표상 당기순이익에 당해 법인의 수익사업과 관련된 기부금 또는 접대비의 손금불산입액을 합한 금액을 과세표준으로 하여 법인세를 과세하는 경우에는 법인세법상(§52) 부당행위계산부인 규정을 적용하지 아니한다(조기통 72-0…2).

#### 3-2-5. 전기오류수정손익의 처리

기업회계기준상 당기순손익을 과소계상한 조합법인이 그 다음 사업연도 결산시 당해 과소계상상당액을 전기오류수정손익으로 이익잉여금처분계산서에 계상한 경우에는 국세기본법상 수정신고 또는 경정청구를 통해 과소계상한 사업연도의 과세표준을 조정하여야 한다(조기통 72-0…1 ④).

### 3-3. 당기순이익 과세적용 법인에 대한 조세특례의 적용배제

조합법인 중 당기순이익 과세를 적용받는 조합법인에 대하여는 다음의 각종 조세감면이 적용되지 아니한다. 이 경우 당기순이익을 포기한 법인은 제외한다(조특법 §72 ②).

① 중소기업투자세액공제(§5)
② 중소기업 정보화지원사업에 대한 과세특례(§5의 2)
③ 창업중소기업 등에 대한 세액감면(§6)
④ 중소기업에 대한 특별세액감면(§7)
⑤ 기업의 어음제도개선을 위한 세액공제(§7의 2), 상생결제 지급금액에 대한 세액공제(§7의 4)
⑥ 중소기업지원설비에 대한 손금산입의 특례 등(§8), 상생협력 중소기업으로부터 받은 수입배당금의 익금불산입(§8의 2), 대·중소기업 상생협력을 위한 기금 출연 시 세액공제(§8의 3)
⑦ 연구·인력개발준비금의 손금산입(§9), 연구 및 인력개발비에 대한 세액공제(§10)
⑧ 연구개발 관련 출연금 등의 과세특례(§10의 2)
⑨ 기술취득금액에 대한 과세특례(§12)
⑩ 연구개발특구에 입주하는 첨단기술기업 등에 대한 법인세 등의 감면(§12의 2), 기술혁신형 합병에 대한 세액공제(§12의 3), 기술혁신형 주식취득에 대한 세액공제(§12의 4)
⑪ 중소기업창업투자회사 등의 주식양도차익 등에 대한 비과세(§13)
⑫ 창업자 등에의 출자에 대한 과세특례(§14)
⑬ 성과공유 중소기업의 경영성과급에 대한 세액공제 등(§19)
⑭ 해외자원개발투자배당소득에 대한 법인세의 면제(§22)
⑮ 특정 시설 투자 등에 대한 세액공제(§25)
⑯ 의약품 품질관리 개선시설투자에 대한 세액공제(§25의 4), 신성장기술 사업화를 위한 시설투자에 대한 세액공제(§25의 5), 영상콘텐츠 제작비용에 대한 세액공제(§25의 6)
⑰ 고용창출투자세액공제(§26)
⑱ 서비스업 감가상각비의 손금산입특례(§28)
⑲ 설비투자자산의 감가상각비 손금산입 특례(§28의 3)
⑳ 산업수요맞춤형고등학교등 졸업자를 병역 이행 후 복직시킨 기업에 대한 세액공제(§29의 2)
㉑ 경력단절 여성 재고용 중소기업에 대한 세액공제(§29의 3)
㉒ 근로소득을 증대시킨 기업에 대한 세액공제(§29의 4)
㉓ 정규직 근로자로의 전환에 따른 세액공제(§30의 2)
㉔ 중소기업 고용증가 인원에 대한 사회보험료 세액공제(§30의 4)
㉕ 중소기업 간의 통합에 대한 양도소득세 등의 이월과세(§31 ④~⑥)
㉖ 법인전환에 대한 양도소득세의 이월과세(§32 ④)
㉗ 사업전환 무역조정기업에 대한 과세특례(§33)
㉘ 사업전환 중소기업 및 무역조정기업에 대한 세액감면(§33의 2)
㉙ 수도권과밀억제권역 밖으로 이전하는 중소기업에 대한 세액감면(§63)
㉚ 법인의 공장 및 본사의 수도권 밖으로 이전하는 경우 법인세 등 감면(§63의 2)
㉛ 지방대학 맞춤형 교육비용 등에 대한 세액공제(§63의 3)
㉜ 농공단지입주기업 등에 대한 세액감면(§64)
㉝ 영농조합법인 등에 대한 법인세의 면제 등(§66)
㉞ 영어조합법인 등에 대한 법인세의 면제 등(§67)

㉟ 농업회사법인에 대한 법인세의 면제 등(§68)
㊱ 위기지역 창업기업에 대한 법인세 등의 감면(§99의 9)
㊲ 산림개발소득에 대한 세액감면(§102)
㊳ 제3자 물류비용에 대한 세액공제(§104의 14)
㊴ 해외자원개발투자에 대한 과세특례(§104의 15)

### 3-4. 수산업협동조합 및 산림조합의 재무구조개선자금 과세특례

수산업협동조합 및 산림조합이 2010년 12월 31일까지 「수산업협동조합의 구조개선에 관한 법률」 제7조 제1항 제3호 및 「산림조합의 구조개선에 관한 법률」 제7조 제1항 제3호에 따라 재무구조개선을 위한 자금을 지원(자금을 각 법에 따른 상호금융예금자보호기금으로부터 무이자로 대출받아 수산업협동조합중앙회 또는 산림조합중앙회에 예치하고 정기적으로 이자를 받은 후 상환하는 방식의 지원을 말한다)받은 경우로서 그 자금을 수산업협동조합중앙회에 예치함에 따라 발생하는 이자 및 그 이자금액의 지출에 관하여 다른 회계와 구분하여 독립적으로 경리하는 경우에는 해당 자금을 예치함에 따라 발생하는 이자를 당기순이익을 계산할 때 수익으로 보지 아니할 수 있다. 이 경우 해당 조합이 그 이자금액을 지출하고 비용으로 계상(자산 취득에 지출한 경우에는 감가상각비 또는 처분 당시 장부가액으로 계상하는 것을 말한다)한 경우에는 그 이자금액을 비용으로 보지 아니한다(조특법 §72 ④, 조특칙 §29 ③).[456)]

### 3-5. 신용협동조합 및 새마을금고의 계약이전이행자금 과세특례

신용협동조합 및 새마을금고 중 「신용협동조합법」 제86조의 4 제2항 및 「새마을금고법」 제80조의 2 제2항에 따른 인수조합 및 인수금고(이하 "인수조합등"이라 한다)가 2015년 12월 31일까지 「신용협동조합법」 제86조의 4 제3항 및 「새마을금고법」 제80조의 2 제3항에 따라 계약이전의 이행을 위하여 자금을 지원(자금을 각 법에 따른 예금자보호기금 및 예금자보호준비금으로부터 무이자로 대출받아 신용협동조합중앙회 또는 새마을금고중앙회에 예치하고 정기적으로 이자를 받은 후 상환하는 방식의 지원을 말한다)받은 경우로서 그 자금을 신용협동조합중앙회 또는 새마을금고중앙회에 예치함에 따라 발생하는 이자 및 그 이

456) 이 특례는 수산업협동조합 및 산림조합이 지원받은 재무구조개선자금에서 발생한 이자를 당기순이익에 포함하여 과세하는 경우 재무구조개선을 위한 자금지원의 효과가 상쇄되는 문제를 해결하고자 이자수익에 대한 과세특례제도로서 도입되었다. 본 규정은 2006.12.28. 법 개정시 신설되었으며, 2007.1.1. 이후 재무구조개선을 위한 지원자금의 이자를 지급하는 분부터 적용된다(삼일아이닷컴 참고).

자금액의 지출에 관하여 다른 회계와 구분하여 독립적으로 경리하는 방법으로 구분하여 경리하는 경우에는 해당 자금을 예치함에 따라 발생하는 이자를 당기순이익을 계산할 때 수익으로 보지 아니할 수 있다. 이 경우 해당 인수조합 등이 그 이자금액을 지출하고 비용으로 계상(자산 취득에 지출한 경우에는 감가상각비 또는 처분 당시 장부가액으로 계상하는 것을 말한다)한 경우에는 그 이자금액을 비용으로 보지 아니한다(조특법 §72 ⑤, 조특칙 §29 ④).[457]

## 4 관련사례

- 조합법인 등 당기순이익 과세법인의 전기오류수정손익은 국세기본법상 수정신고 또는 경정청구를 통해 과소계상한 사업연도의 과세표준을 조정해야 함(재법인 46012-57, 2001.3.11.).
- '당기순이익 과세'가 적용되는 공공법인에 대하여는 수익사업과 비수익사업의 구분 없이 결산재무제표상 당기순이익을 과세표준으로 하여 과세되므로 '당기순이익'에는 고유목적사업에 직접 사용하는 고정자산 처분이익이 포함됨(재법인 46012-80, 1999.5.28.).
- 집단상가의 관리법인이 징수하는 특별수선충당금은 관리법인의 익금에 산입하고 실제 수선비로 사용될 때 손금에 산입함(조심 2008서2908, 2009.4.15.).
- 한국유리공업협동조합은 폐유리 재활용사업을 독립채산제로 운영하고자 별도의 사업자등록을 하고 있으나 실질적으로 제반업무는 한국유리공업협동조합에서 직접 영위하고 있으므로 조합법인에 해당함(국심 2003서3125, 2004.1.16.).

457) 이 특례는 신용협동조합법에 따라 설립된 신용협동조합 및 새마을금고법에 따라 설립된 새마을금고 중 신용협동조합법 제86조의 4 제2항 및 새마을금고법 제80조의 2 제2항에 따른 인수조합 및 인수금고가 지원받은 계약이전이행자금에서 발생한 이자를 당기순이익에 포함하여 과세하는 경우 계약이전의 이행을 위한 자금지원의 효과가 상쇄되는 문제를 해결하기 위해 이자수익에 대한 과세특례제도로서 도입되었다. 2013.1.1. 법 개정시 신설되었으며, 동 개정규정은 2013.1.1. 이후 개시하는 과세연도 분부터 적용한다(삼일아이닷컴 참고).

| 구 분 | 내 용 |
|---|---|
| 당기순이익 및 조합법인의 범위 | • 조합법인 등 당기순이익 과세법인의 전기오류수정손익은 국세기본법상 수정신고 또는 경정청구를 통해 과소계상한 사업연도의 과세표준을 조정해야 함(재법인 46012-57, 2001.3.11.).<br>• '당기순이익 과세'가 적용되는 공공법인에 대하여는 수익사업과 비수익사업의 구분 없이 결산재무제표상 당기순이익을 과세표준으로 하여 과세되므로 '당기순이익'에는 고유목적사업에 직접 사용하는 고정자산 처분이익이 포함됨(재법인 46012-80, 1999.5.28.).<br>• 집단상가의 관리법인이 징수하는 특별수선충당금은 관리법인의 익금에 산입하고 실제 수선비로 사용될 때 손금에 산입함(조심 2008서2908, 2009.4.15.).<br>• 한국유리공업협동조합은 폐유리 재활용사업을 독립채산제로 운영하고자 별도의 사업자등록을 하고 있으나 실질적으로 제반업무는 한국유리공업협동조합에서 직접 영위하고 있으므로 조합법인에 해당함(국심 2003서3125, 2004.1.16.). |

# 5 | 주요 개정연혁

## 5-1. 조합법인 등에 대한 법인세 과세특례 개선(조특법 §72)

### (1) 개정내용

| 종 전 | 개 정 |
|---|---|
| ■ 조합법인 과세특례*<br>* 농협, 수협 등 단위조합법인에 대해 기업회계상 당기순이익에 일부 세무조정 후 저율로 과세<br><br>• 적용세율<br>- 과세표준 20억원 이하 : 9%,<br>- 과세표준 20억원 초과 : 12%<br>〈신 설〉 | • (좌 동)<br>- 2016년까지 합병하는 경우 2년간 과세표준 40억원 초과 : 12% |

### (2) 개정이유

영세조합법인의 합병 지원

### (3) 적용시기 및 적용례

2016년 1월 1일 이후 합병하는 분부터 적용

## 5-2. 조합법인 등에 대한 법인세 과세특례 개선(조특법 §72)

(1) 개정내용

| 종 전 | 개 정 |
|---|---|
| ■ 조합법인 과세특례*<br>* 농협, 신협 등 단위조합법인에 대해 기업회계상 당기순이익에 일부 세무조정 후 9% 단일세율로 법인세를 과세하는 제도<br>• (특례세율) 9%<br>• 적용기한 : 2014. 12. 31. | ■ 과세혜택 합리화 및 적용기한 연장<br>• (특례세율 조정)<br>과표 20억원 이하분 9%,<br>20억원 초과분 12%<br>• 적용기한 : 2017. 12. 31. |

(2) 개정이유

영세 비영리법인 · 중소기업과의 과세불형평 해소

(3) 적용시기 및 적용례

2015년 1월 1일 이후 개시하는 사업연도분부터 적용

# 제 167 조의 2

## 개인지방소득세의 세액공제 · 감면 등

관련규정

제167조의 2(개인지방소득세의 세액공제 · 감면 등) ① 「소득세법」 또는 「조세특례제한법」에 따라 소득세가 세액공제 · 감면이 되는 경우(「조세특례제한법」 제144조에 따른 세액공제액의 이월공제를 포함하며, 같은 법 제104조의 8 제1항에 따른 세액공제는 제외한다)에는 이 장에서 규정하는 개인지방소득세 세액공제 · 감면 내용과 이 법 제180조에도 불구하고 그 공제 · 감면되는 금액(「조세특례제한법」 제127조부터 제129조까지, 제132조 및 제133조가 적용되는 경우에는 이를 적용한 최종 금액을 말한다)의 100분의 10에 해당하는 개인지방소득세를 공제 · 감면한다.

② 「조세특례제한법」에 따라 소득세가 이월과세를 적용받는 경우에는 이 장에서 규정하는 개인지방소득세의 이월과세 내용에도 불구하고 그에 해당하는 개인지방소득세에 대하여 이월과세를 적용한다.

☞ 2020.1.15. 개정에 따라, 제2항 신설 및 종전 제2항을 제3항으로 개정 이관

③ 「소득세법」 또는 「조세특례제한법」에 따라 세액공제 · 감면받거나 이월과세를 적용받은 소득세의 추징사유가 발생하여 소득세를 납부하는 경우에는 제1항 및 제2항에 따라 세액공제 · 감면받거나 이월과세를 적용받은 개인지방소득세도 납부하여야 한다. 이 경우 납부하는 소득세에 「소득세법」 또는 「조세특례제한법」에서 이자상당가산액을 가산하는 경우에는 그 가산하는 금액의 100분의 10에 해당하는 금액을 개인지방소득세에 가산한다.

☞ 2020.12.29 개정(1년 유예기한 연장) : [법률 제12955호(2014.12.31.) 부칙 제2조의 규정에 의하여 이 조 제1항 및 제2항은 2023년 12월 31일까지 적용

2013년까지 지방소득세는 소득세의 100분의 10을 부가세로 부과하는 방식이었으나 2014년부터 독립세로 전환되어 각 조문별로 세액공제 · 감면을 규정하도록 하였으나, 2016년까지 지방소득세 적용 유예(일명 "슈퍼 조문")를 내용으로 국세가 공제 · 감면되는 금액의

100분의 10에 해당하는 개인지방소득세를 공제 · 감면할 수 있도록 하였고 2016년 말 적용기한이 도래하여 2019년 12월 31일까지 3년간 연장되었다. 한편, 개인지방소득세에 대한 특례규정은 국세 준용규정이 당초 법률 제12955호(2014.12.31.) 부칙 제2조에 규정되어 그 간 지속적으로 유예되어 왔으며 2019년 말에 부칙 개정을 통해 1년간(2020.12.31.까지) 연장되고, 2020년 말에 부칙 개정을 통해 1년간(2021.12.21.)까지 연장되었다가 2021년 말과 2023년 말에 각각 부칙 개정을 통해 재차 연장되어 2026년 말까지로 개정되었다.

또한, 「지방세특례제한법」 보칙 제4장의 제180조에서는 지방세의 중복 감면 배제를 위해 "동일한 과세대상에 대하여 지방세를 감면할 때 둘 이상의 감면규정이 적용되는 경우에는 그 중 감면율이 높은 것 하나만을 적용한다"라고 규정되어 있으며, 일반적으로 법 조문상 총칙 또는 보칙에서 규정한 조문이 아닌 경우, 특정한 하나의 조문에 타 조문에도 불구하고 라는 내용이 있다고 하더라도 이는 해당 조문 내에서만 효력을 미치며 조문간에는 상호 병렬적인 관계로 보아야 할 것이므로 결과적으로 보칙에 따라 감면율이 높은 조문 하나만을 적용하여야 한다.

따라서, 현재의 「소득세법」 및 「조세특례제한법」의 세액공제 · 감면규정이 개정되어 현재 규정에 비해 확대되는 경우에는 제167조의 2의 규정에 따라 소득세의 100분의 10을 적용하여야 하나, 반대로 현재 세액공제 · 감면규정보다 소득세 개정규정이 축소되는 경우에는 「지방세특례제한법」에서 규정하고 있는 지방소득세 특례 조문(제93조부터 제176조의 2까지) 중에서 유리한 조문이 있는 경우 그 규정을 적용하여야 할 것이므로 이를 보완하여 둘 중 높은 금액이 적용되는 것이 아니라 국세의 100분의 10을 적용할 수 있도록 개정되었다 할 수 있다.

지방소득세에 적용되는 소득세 특례의 범위에 양도소득세분 이월과세도 포함되도록 조문을 명확히 하기 위하여 제167조의 2 제2항을 신설하고 감면받은 지방소득세의 추징과 이자상당가산액을 가산하는 경우에도 이월과세한 부분을 포함하여 추징하거나 가산하도록 같은 조 제3항을 명확히 개정한 것으로 보이며, 해당 개정 규정은 법률 제16865호 부칙 제2조에 따라 2020년 1월 1일부터 소급하여 적용하여야 할 것이다.

한편 「조세특례제한법」 제104조의 8 제1항에 따른 세액공제제도는 지방소득세에서 별도로 독립적으로 적용할 수 있도록 제167조의 3(개인지방소득세의 전자신고 등에 대한 세액공제) 규정이 신설됨에 따라 본 규정에서 국세에서의 세액공제 규정은 적용받지 않도록 제외되었다.

# 제 167 조의 3

## 개인지방소득세의 전자신고 등에 대한 세액공제

관련규정

제167조의 3(개인지방소득세의 전자신고 등에 대한 세액공제) ① 납세자가 직접 「지방세기본법」 제25조에 따른 전자신고(이하 이 조에서 "전자신고"라 한다)의 방법으로 대통령령으로 정하는 개인지방소득세를 신고하는 경우에는 해당 납부세액에서 대통령령으로 정하는 금액을 공제한다. 이 경우 납부할 세액이 음수인 경우에는 이를 없는 것으로 한다.

② 「지방세법」 제95조 제4항에 따라 납세지 관할 지방자치단체의 장이 종합소득에 대한 개인지방소득세 납부서를 발송하여 납세자가 신고기한까지 해당 세액을 납부하는 경우에는 제1항에 따른 금액을 공제한다.

☞ 2021.12.28. 신설

2022년부터는 개인지방소득세를 전자신고한 납세자에 한하여 지방세 전자신고 세액공제가 적용되도록 하였으며 이에 지특법 제167조의 2 제1항의 일괄 감면규정에 예외를 두도록 규정하였고 개인지방소득세 전자신고 세액공제제도를 신설하였다.

또한, 영세사업자 등을 위해 납세자 본인의 신고 없이도 지방자치단체에서 납부서를 발송하는 신고간소화제도의 효율적 운영을 위해 지방자치단체가 종합소득에 대한 개인지방소득세 납부서를 발송하고 납세자가 해당 세액을 신고기한까지 납부하는 경우에는 전자신고와 동일하게 세액공제를 적용하도록 하였다.

본 조문은 부칙 제11조에 따라 2022년 1월 1일 이후 「지방세기본법」 제25조에 따른 전자신고의 방법으로 개인지방소득세를 신고하는 경우부터 적용하여야 한다.

# 제 167 조의 4

## 영세개인사업자의 개인지방소득세 체납액 징수특례

관련규정

제167조의 4(영세개인사업자의 개인지방소득세 체납액 징수특례) ① 지방자치단체의 장은 「조세특례제한법」 제99조의 10에 따른 종합소득세 및 부가가치세(이하 이 조에서 "국세"라 한다)의 체납액 징수특례(이하 이 조에서 "국세 체납액 징수특례"라 한다)를 적용받은 거주자의 종합소득에 대한 개인지방소득세의 체납액 중 지방세징수권 소멸시효가 완성되지 아니한 금액에 대해 그 거주자에게 직권으로 다음 각 호에 따른 체납액 징수특례(이하 이 조에서 "개인지방소득세 체납액 징수특례"라 한다)를 적용한다.

1. 「조세특례제한법」 제99조의 10 제2항 제1호에 따른 납부지연가산세의 납부의무가 면제된 경우의 종합소득에 대한 개인지방소득세 가산금과 「지방세기본법」 제55조 제1항 제1호에 따른 개인지방소득세 납부지연가산세의 납부의무 면제
2. 국세 체납액에 대한 분납이 허가된 경우의 종합소득에 대한 개인지방소득세 분납 허가. 이 경우 차수 및 납부기간은 국세와 동일하게 적용하며, 분납할 금액은 국세와 동일한 비율의 금액을 적용한다.

② 개인지방소득세 체납액 징수특례의 취소, 강제징수 등에 대해서는 「조세특례제한법」 제99조의 10의 규정을 준용한다.

③ 세무서장 또는 지방국세청장은 국세 체납액 징수특례를 결정하거나 취소하는 경우에는 행정안전부령으로 정하는 서식에 따라 납세지 관할 지방자치단체의 장에게 해당 자료를 즉시 통보하여야 한다.

④ 납세지 관할 지방자치단체의 장은 개인지방소득세 체납액 징수특례를 결정하거나 그 결정을 취소하는 경우에는 행정안전부령으로 정하는 통지서를 해당 거주자에게 즉시 통지하여야 한다.

☞ 2021.4.20. 조문 신설, 2022.1.1.부터 제167조의 3에서 제167조의 4로 조문이동

본 조문은 2021년 말까지 제167조의 3에 규정되었으나 개인지방소득세의 전자신고 등에 대한 세액공제가 별도로 규정되면서 제167조의 3으로 신설됨에 따라 종전 조문에서 제167조의 4로 조문이 이동되었다.

또한, 2021년 말까지는 본 조 제1항 제1호는 국세 가산금의 납부의무가 면제된 경우의 종합소득에 대해서 개인지방소득세 가산금 납부의무만을 면제하도록 규정되었으나, 국세의 영세사업자에 대한 체납액 징수특례의 적용(「조세특례제한법」 제99조의 10, 영세개인사업자의 체납액 징수특례)이 확대됨에 따라, 개인지방소득세에 있어서도 기존의 가산금 면제 특례 외에 납부지연가산세 면제 특례가 추가하게 되었고, 이는 2022년 1월 1일 이후 납세의무가 성립하는 경우부터 적용받게 된다.

# 제 12 절

## 지방소득세 특례제한 등 (법 제168조~제176조의 2)

# 제 168 조

## 중복지원의 배제

관련규정

제168조(중복지원의 배제) ① 내국인이 이 법에 따라 투자한 자산에 대하여 제99조, 제103조, 제109조부터 제114조까지, 제137조 및 제151조 제2항을 적용받는 경우 다음 각 호의 금액을 투자금액 또는 취득금액에서 차감한다.

1. 내국인이 자산에 대한 투자를 목적으로 국가, 지방자치단체, 「공공기관의 운영에 관한 법률」에 따른 공공기관 및 「지방공기업법」에 따른 지방공기업(이하 이 조에서 "국가등"이라 한다)으로부터 출연금 등의 자산을 지급받아 투자에 지출하는 경우 : 출연금 등 중 투자에 지출한 금액에 상당하는 금액
   가. 국가 / 나. 지방자치단체 / 다. 「공공기관의 운영에 관한 법률」에 따른 공공기관
   라. 「지방공기업법」에 따른 지방공기업
2. 내국인이 자산에 대한 투자를 목적으로 「금융실명거래 및 비밀보장에 관한 법률」 제2조 제1호 각 목의 어느 하나에 해당하는 금융회사등(이하 이 조에서 "금융회사등"이라 한다)으로부터 융자를 받아 투자에 지출하고 금융회사등에 지급해야 할 이자비용의 전부 또는 일부를 국가등이 내국인을 대신하여 지급하는 경우 : 대통령령으로 정하는 바에 따라 계산한 국가등이 지급하는 이자비용에 상당하는 금액
3. 내국인이 자산에 대한 투자를 목적으로 국가등으로부터 융자를 받아 투자에 지출하는 경우 : 대통령령으로 정하는 바에 따라 계산한 국가등이 지원하는 이자지원금에 상당하는 금액

② 내국인이 이 법에 따라 투자한 자산에 대하여 제99조, 제103조, 제109조부터 제114조까지, 제137조, 제151조 제2항이 동시에 적용되는 경우와 동일한 과세연도에 제114조와 제118조가 동시에 적용되는 경우에는 각각 그 중 하나만을 선택하여 적용받을 수 있다.

③ 내국인에 대하여 동일한 과세연도에 제99조, 제103조, 제109조부터 제114조까지, 제118조, 제137조, 제150조 및 제151조 제2항을 적용할 때 제153조에 따라 개인지방소득세를 감면하는 경우에는 해당 규정에 따라 공제할 세액에 해당 기업의 총주식 또는

총지분에 대한 내국인투자자의 소유주식 또는 지분의 비율을 곱하여 계산한 금액의 100분의 10에 상당하는 금액을 공제한다.

④ 내국인이 동일한 과세연도에 제100조, 제101조, 제105조, 제122조, 제124조부터 제128조까지, 제135조 제1항·제2항, 제152조 제1항, 제154조부터 제159조까지에 따라 지방소득세가 감면되는 경우와 제99조, 제103조, 제109조부터 제114조까지, 제118조, 제137조, 제150조, 제151조, 제160조, 162조 및 제165조에 따라 지방소득세가 공제되는 경우를 동시에 적용받을 수 있는 경우에는 그 중 하나만을 선택하여 적용받을 수 있다.

⑤ 내국인의 동일한 사업장에 대하여 동일한 과세연도에 제100조, 제101조, 제105조, 제122조, 제124조, 제125조, 제135조 제1항·제2항, 제152조부터 제159조까지에 따른 지방소득세의 감면규정 중 둘 이상의 규정이 적용될 수 있는 경우에는 그 중 하나만을 선택하여 적용받을 수 있다.

⑥ 거주자가 토지등을 양도하여 둘 이상의 양도소득분 개인지방소득세의 감면규정을 동시에 적용받는 경우에는 그 거주자가 선택하는 하나의 감면규정만을 적용한다. 다만, 토지등의 일부에 대하여 특정의 감면규정을 적용받는 경우에는 남은 부분에 대하여 다른 감면규정을 적용받을 수 있다.

⑦ 거주자가 주택을 양도하여 이 법 제142조와 제143조가 동시에 적용되는 경우에는 그 중 하나만을 선택하여 적용받을 수 있다.

⑧ 제3항과 제4항을 적용할 때 「조세특례제한법」 제143조에 따라 세액감면을 적용받는 사업과 그 밖의 사업을 구분경리하는 경우로서 그 밖의 사업에 공제규정이 적용되는 경우에는 해당 세액감면과 공제는 중복지원에 해당하지 아니한다.

## 1 개 요

지방소득세 특례는 정책적 필요에 따라 중소기업, 연구 및 인력개발, 투자촉진, 기업구조조정, 국가균형발전, 공익사업, 농어민 등 사회 취약층 등 다양한 분야에 대하여 지원을 하고 있으나 경우에 따라서는 지특법 내에서도 그 내용이 중복적으로 규정되어 당초 입법의 도와는 달리 과도한 세제지원이 발생할 수 있다. 따라서 이 법에서는 지특법상 조세지원이 중복적으로 적용됨으로써 발생하는 과다한 조세지원을 적절하게 조절하여 본래 입법 취지에 맞게 지방소득세 감면의 체계적 관리를 유지하기 위하여 중복지원 배제를 규정하고 있다. 한편 이 법 규정은 조특법 제127조의 규정과는 별도로 지방세제 개편계획(2013.9.)에 따라 2014년부터 현재의 지특법 제168조로 신설되었다.

### 중복지원의 개념

중복지원이란 2개 이상의 감면이 동시에 적용되는 것으로서, 이에 대한 판단에 있어 핵심쟁점은 동시적용 "단위"를 어떻게 판단할 것인가에 대한 사항이다. 동시적용 단위는 인격・사업장・소득구분・특정자산・특정행위 등 개별 감면제도의 고유 특성에 따라 다양하게 판단할 수 있으며, 동일 단위에 2개 이상의 조세지원이 동시에 적용될 때 비로소, 실질적인 중복이라고 판단할 수 있을 것이며, 동일 단위가 아니라면 2개 이상의 감면이 적용되더라도 실질적인 중복으로 보지 않아야 할 것이다.

① 세액감면은 사업장별로 서로 다른 세액감면을 적용하면 2개 이상의 감면이 적용되더라도 중복이 아니며, 세액공제도 투자한 자산이 상이하다면, 2개 이상의 세액공제가 적용되더라도 중복이 아니라 할 것이다.

② 다만, 세액감면과 세액공제가 함께 적용될 때는 세액감면을 적용받는 사업과 그 밖의 사업을 구분경리하는 경우로서 그 밖의 사업에 공제규정이 적용되는 경우에는 해당 세액감면과 공제는 중복지원에 해당하지 않는다 할 것이다.

## 2 | 감면실무

### 2-1. 투자세액공제 간 중복적용 배제

내국인이 투자한 동일한 자산에 대하여 다음의 투자세액공제 규정이 동시에 적용(⑨를 제외한다)되거나 동일한 과세연도에 ⑧과 ⑨가 동시에 적용되는 경우에는 그 중 하나만을 선택하여 적용받을 수 있다(지특법 §168 ②).

| 투자세액공제 유형 | 조문 | 세액공제대상 | 공제율 | 일몰 |
|---|---|---|---|---|
| ① 중소기업투자세액공제 | §99 | • 중소기업의 사업용자산<br>• 판매정보시스템<br>• 정보보호시스템설비 | 0.3% | '15년 |
| ② 연구 및 인력개발을 위한 설비 투자에 대한 세액공제 | §103 | • 연구 및 인력개발을 위한 시설<br>• 신기술기업화를 위한 시설 | 0.3% | '15년 |

| 투자세액공제 유형 | 조문 | 세액공제대상 | 공제율 | 일몰 |
|---|---|---|---|---|
| ③ 생산성향상시설투자에 대한 세액공제 | §109 | • 공정개선 및 자동화시설<br>• 첨단기술설비<br>• 전자상거래설비<br>• 전사적 기업자원관리설비<br>• 공급망관리시스템설비<br>• 고객관리시스템설비 | 0.3%, 중소기업 0.7% | '14년 |
| ④ 안전설비투자에 대한 세액공제 | §110 | • 유통사업시설<br>• 위탁기업체가 수탁기업체에 설치는 시설<br>• 산업재해예방시설, 광산보안시설<br>• 비상대비업무보강, 확장시설<br>• 위해요소방지시설<br>• 기술유출방지설비<br>• 해외자원개발설비 | 0.3%, 중소기업 0.7% | '14년 |
| ⑤ 에너지절약시설투자에 대한 세액공제 | §111 | • 에너지절약시설 | 0.3~0.5% | '16년 |
| ⑥ 환경보전시설투자에 대한 세액공제 | §112 | • 환경보전시설, 청정생산시설 | 0.3~0.5% | '16년 |
| ⑦ 의약품품질관리 개선시설투자에 대한 세액공제 | §113 | • 의약품 및 생물학적 제제 등 제조 및 품질관리의 기준 적용시설 | 0.3~0.5% | '16년 |
| ⑧ 고용창출투자세액공제 | §114 | • 사업용자산(단, 고용이 유지될 것) | 0.3~0.4% | '14년 |
| ⑨ 중소기업 고용증가 인원에 대한 사회보험료 세액공제 | §118 | • 고용증가 인원 | 사회 보험료 | '16년 |
| ⑩ 근로자복지증진을 위한 시설투자에 대한 세액공제 | §138 | • 무주택종업원 임대용 국민주택<br>• 종업원용 기숙사<br>• 직장보육시설<br>• 장애인・노인・임산부 등의 편의증진시설 | 0.7~1% | '15년 |
| ⑪ 대학맞춤형 교육비용 등에 대한 세액공제 | §153 | • 연구・시험용시설 | 10% | '16년 |

### 2-2. 동일 과세연도에 세액감면과 투자세액공제의 중복적용 배제

내국인이 동일한 과세연도에 아래 표의 세액감면과 위 1)에서 설명한 투자세액공제 등이 동시에 적용 가능한 경우에는 그 중 하나만을 선택하여 적용받을 수 있다(지특법 §168 ④). 참고로 조특법상 개정사항을 알아보면 종전에는 기간세액감면의 경우 감면기간 중 투자세액공제의 선택이 가능한 것인지에 대한 논란이 있었으나, 중복적용 배제의 요건을 동일 과세연도로 한정하여 기간세액감면의 적용 중에도 세액감면을 적용받지 않고, 투자세액공제를 선택하여 적용받는 것이 가능하도록 명문화하였다.

| 세액감면·면제 유형 | 조문 | 주요 내용 | 공제율 | 일몰 |
|---|---|---|---|---|
| ① 창업중소기업 등에 대한 세액감면 | §100 | • 창업중소기업 창업<br>• 창업보육센터사업자 창업<br>• 창업벤처기업 창업 | 4년간 50% | '15년 |
| ② 중소기업 등에 대한 특별세액감면 | §101 | • 제조업 등을 영위하는 중소기업의 당해 사업소득 | (규모·지역별)<br>5~30% | '14년 |
| ③ 연구개발특구에 입주하는 첨단기술기업 등에 대한 감면 | §105 | • 첨단기술기업의 입주<br>• 연구소기업의 입주 | 3년간 100%,<br>2년간 50% | '15년 |
| ⑥ 사업전환중소기업에 대한 세액감면 | §122 | • 5년 이상 계속하여 영위하던 사업을 수도권과밀억제권역 외의 지역에서 제조업 등으로 전환한 중소기업 | 4년간 50% | '15년 |
| ⑧ 수도권과밀억제권역 외 지역 이전 중소기업 세액감면 | §125 | • 수도권과밀억제권역 외의 지역으로 공장시설을 전부 이전하여 사업개시 | 7년간 100%,<br>3년간 50% | '14년 |
| ⑩ 농공단지입주기업 등에 대한 조세감면 | §126 | • 농공단지에서 농·어촌소득 개발 사업 영위하는 법인 등 | 4년간 50% | '15년 |
| ⑪ 영농조합법인 등에 대한 세액면제 등 | §127 | • 농업소득 : 전부 면제<br>• 농업소득 외 소득 : 일정 한도 내 면제 | | '15년 |
| ⑫ 영어조합법인 등에 대한 세액면제 등 | §128 | • 면제한도 : 1,200만원 × 조합원 수 × 사업연도 /12 | | '15년 |
| ⑬ 농업인 등에 대한 세액면제 | §129 | • 농업소득 : 전부 면제<br>• 농업 외 소득 : 4년간 50% | | '15년 |
| ⑭ 사회적기업에 대한 등의 감면 | §136 ①·② | • 사회적기업으로 인증받은 후 발생하는 소득 | 4년간 50% | '16년 |

| 세액감면 · 면제 유형 | 조문 | 주요 내용 | 공제율 | 일몰 |
|---|---|---|---|---|
| ⑮ 해외진출기업의 국내복귀에 대한 세액감면 | §154 ① | • 복귀 후 발생하는 사업소득 | 5년간 100%, 2년간 50% | '15년 |
| ⑯ 제주첨단과학기술단지 입주기업에 대한 감면 | §156 | • 생물산업, 정보통신산업 등 영위 | 3년간 100%, 2년간 50% | '15년 |
| ⑰ 제주투자진흥지구 또는 제주자유무역지역 입주기업에 대한 감면 | §157 | • 제주투자진흥지구 또는 제주자유무역지역 입주기업 | 3년간 100%, 2년간 50% | '15년 |
| ⑱ 기업도시개발구역 입주기업 등에 대한 감면 | §158 | • 기업도시개발구역 입주기업<br>• 기업도시개발사업시행자(1/2 혜택) | 3년간 100%, 2년간 50% | '15년 |
| ⑲ 아시아문화중심도시 투자진흥지구 입주기업 등에 대한 감면 | §159 | • 투자진흥지구 입주기업 | 3년간 100%, 2년간 50% | '15년 |
| ⑳ 금융중심지 창업기업 등에 대한 감면 | §160 | • 금융중심지에 창업하여 금융·보험업 영위 사업자 | 3년간 100%, 2년간 50% | '15년 |
| ㉑ 첨단의료복합단지 입주기업에 대한 감면 | §161 | • 첨단의료단지 입주자 | 3년간 100%, 2년간 50% | '16년 |

### 2-3. 동일 사업장 · 동일 과세연도에 세액감면 간 중복적용 배제

내국인이 동일한 사업장에 대하여 동일한 과세연도에 다음의 세액감면 중 2 이상의 규정이 적용될 수 있는 경우에는 그 중 하나만을 선택하여 적용하여야 한다(지특법 §168 ⑤).

| 세액감면 · 면제 유형 | 조문 | 주요 내용 | 공제율 | 일몰 |
|---|---|---|---|---|
| 위 2)에서 설명한 세액감면 (①, ②, ③, ⑥, ⑧, ⑭, ⑮, ⑯, ⑰, ⑱, ⑲, ⑳)내용과 동일 | | | | |
| 외국인투자에 대한 감면 | §155 | • 외국인 투자기업 | 5년간 100%<br>2년간 50% | - |

### 2-4. 동일한 토지 등 양도에 대한 양도분 지방소득세 감면의 중복적용 배제

거주자가 토지 등을 양도하여 지특법 제142조(지방미분양주택 취득 감면) 및 제143조(미분양주택 취득 감면)의 양도소득분 지방소득세 감면규정을 동시에 적용받는 경우에는 당해 내국인이 선택하는 하나의 감면규정만을 적용한다(지특법 §168 ⑦).

## 3 관련사례

- 청구인이 양도토지 일부를 농지로 활용한 사실이 있다고 하더라도 이는 토지의 주된 용도에 지장이 없는 범위 내에서 잠정적인 이용을 한 것에 불과하여 그 부분만 특정하여 1세대 1주택 비과세 대상 주택부수토지와 구분하여 농지대토 감면규정을 적용하기는 어려움(조심 2011중5157, 2012.5.10.).
- 거주자가 토지등을 양도하여 둘 이상의 양도소득세의 감면규정을 동시에 적용받는 경우에는 그 거주자가 선택하는 하나의 감면규정만을 적용하는 것임. 다만, 토지등의 일부에 대하여 특정의 감면규정을 적용받는 경우에는 남은 부분에 대하여 다른 감면규정을 적용받을 수 있는 것임(부동산거래-233, 2012.4.23.).
- 두 개의 공장이 다른 지역에 위치하는 경우 하나의 공장에서는 중소기업특별세액감면을 적용하고, 다른 하나의 공장에서는 지방이전 감면 적용 가능함(법인-800, 2011.10.26.).
- 제조공정이 서로 무관한 2개의 공장을 영위하는 법인이 각각의 공장을 구분하여 경리하고 산출세액을 공장별로 합리적으로 구분할 수 있는 경우에는 1개의 공장에서 세액감면을 적용하고 있다 하더라도 다른 공장에 투자를 함에 따라 투자세액공제액을 다른 공장에 귀속되는 세액을 한도로 공제할 수 있음(재조특-311, 2011.4.8.).
- 필지의 토지가 수용되는 경우 2필지는 자경농지에 대한 감면을 적용하고, 1필지는 공익사업용 토지에 대한 감면을 적용할 수 있는 것임(부동산거래-1203, 2010.10.13.).
- 제조공정이 서로 무관한 2개의 공장을 영위시 각각 공장별로 구분경리하여 그 귀속세액을 합리적으로 구분할 수 있는 경우에는 1개의 공장에서 세액감면을 적용받고 다른 공장에서는 투자세액공제를 적용받을 수 있음(재조특-284, 2010.3.23.).
- 중소기업에 해당하는 농어업경영체 육성 및 지원에 관한 법률에 따른 농업회사법인의 축산업에서 발생하는 소득은 중소기업특별세액감면과 농업회사법인에 대한 감면을 중복하여 적용받을 수 있음(법인-195, 2010.3.8.).
- 1필지의 쟁점토지 전부를 양도하면서 보유기간에 따라 안분하여 8년 자경농지의 감면규정과 공익사업용 양도토지의 감면규정을 순차 적용받을 수 없음(조심 2009중3425, 2009.12.28.).
- 자경농지에 대한 양도소득세 감면규정과 공익사업용토지 등에 대한 양도소득세의 감면규정이 동시에 해당하는 경우에는 선택하는 하나의 감면규정만을 적용함(재산-805, 2009.11.20.).
- 내국법인이 동일한 과세연도에 조세특례제한법 제63조의 2 제2항에 따른 법인세 감면과 동법 제26조에 따른 법인세 공제를 동시에 적용받을 수 있는 경우 그 중 하나만을 선택하여 적용함(법인-1267, 2009.11.11.).
- 구분하여 경리하고 있는 2개의 사업장을 영위하는 내국인이 1개의 사업장에 임시투자세액공제를 적용하는 경우 동일한 과세연도에 다른 1개의 사업장에서는 창업중소기업세액감면을 동시에 적용할 수 없음(법인-1209, 2009.10.30.).
- 2개의 사업장을 영위하는 내국인이 각각의 사업장을 구분경리하고 1개의 사업장에 투자하여 임시투자세액공제를 적용하는 경우 동일사업연도에 다른 사업장에서 창업중소기업세액

감면을 동시에 적용할 수 없음(재조특-866, 2009.10.9.).

- 임시투자세액공제액이 발생되었으나 최저한세의 적용으로 인하여 이월된 공제세액이 있는 사업연도에는 동 이월공제세액과 중소기업에 대한 특별세액감면은 중복하여 적용받을 수 있음(법인-1085, 2009.9.30.).
- 수도권외 지역이전법인에 대한 법인세 감면과 외국투자가에 대한 배당소득세 감면은 중복 적용됨(조심 2008부1745, 2009.8.24.).
- 거주자가 토지 등을 양도하여 2 이상의 양도소득세의 감면규정을 동시에 적용받는 경우에는 당해 거주자가 선택하는 하나의 감면규정만을 적용받는 것임(재산-844, 2009.4.29.).
- 거주자가 1필지의 토지를 양도하여 2 이상의 양도소득세의 감면규정을 동시에 적용받는 경우에는 당해 거주자가 선택하는 하나의 감면규정만을 적용함(재산-3813, 2008.11.17.).
- 제조업과 건설업을 겸영하는 내국법인이 동일 과세연도에 중소기업 특별세액감면과 임시투자세액공제를 적용받을 수 있는 경우에는 그 중 하나만을 선택하여 적용받을 수 있는 것임(서면2팀-1026, 2008.5.26.).
- 투자세액공제를 적용함에 있어 여러 가지 자산에 투자하는 경우 투자별로 하나의 투자세액공제를 적용하는 것임(서면2팀-18, 2008.1.7.).
- 농업회사법인의 법인세 면제와 임시투자세액공제를 동시에 적용받을 수 있는 경우에는 그 중 하나만을 선택하여 적용하는 것임(서면2팀-14, 2008.1.4.).
- 토지 등의 일부에 대하여 특정의 감면규정을 적용받는 경우에는 잔여부분에 대하여 다른 감면규정을 적용받을 수 있음(2001.1.1. 이후 양도소득세 감면신청분부터 적용)(서면5팀-3235, 2007.12.14.).
- 최저한제 적용으로 이월된 고용증대특별세액공제와 고용창출세액감면은 중복적용 가능함(서면2팀-834, 2007.5.2.).
- 외국인투자기업에 대한 세액감면적용 대상기간이 경과한 경우의 외국인투자지분에 대한 투자세액 공제분은 중복적용배제대상에 해당하지 않음(서면2팀-763, 2007.4.27.).
- 이월된 고용증대특별세액공제액은 중소기업특별세액감면과 중복하여 적용받을 수 있는 것임(서면1팀-432, 2007.4.3.).
- 내국법인이 투자한 동일자산에 대하여 조세특례제한법에 의한 각종 투자세액공제가 중복적용되는 경우에는 그 중 하나만을 선택하여 적용하는 것임(서면2팀-169, 2007.1.24.).
- 외국인투자기업 세액감면 적용대상기간 중 세액감면을 적용받지 않은 경우 임시투자세액공제를 적용받을 수 있음(서면2팀-138, 2007.1.17.).
- 2004.12.말 사업연도가 종료하는 내국법인이 중소기업특별세액감면과 고용증대특별세액공제를 동시에 적용받는 경우 중복지원의 배제를 적용하지 아니함(서면2팀-70, 2007.1.10.).
- 중소기업이 과세연도 중에 수도권과밀억제권역외 지역으로 공장을 이전한 경우, 이전전 소득은 중소기업특별세액감면을, 이전후 소득은 수도권과밀억제권역외 지역이전 중소기업세액감면을 각각 적용할 수 있음(재조예-241, 2006.4.24.).
- 사업자의 사업개시 최초 과세연도가 아닌 경우에는 조세특례제한법 제122조의 2와 제6조를 중복 적용할 수 있는 것임(서면1팀-217, 2006.2.17.).
- 중소기업에 대한 특별세액감면과 고용증대특별세액공제는 동시에 적용받을 수 있는 경우

그 중 하나만을 선택하여 적용하는 것임(서면2팀-186, 2006.1.24.).

• 외국인투자기업에 대한 법인세 감면시 임시투자세액공제는 공제할 세액에 당해 기업이 총주식에 대한 내국인투자자의 소유주식의 비율을 곱하여 계산한 금액을 공제하는 것임(서면2팀-151, 2006.1.18.).

• 수도권과밀억제권역외 지역이전 중소기업세액감면과 중소기업특별세액감면은 중복하여 적용받을 수 없는 것임(서면2팀-34, 2006.1.6.).

• 임시투자세액공제의 이월분과 중소기업투자세액감면이 중복되는 중소기업이 임시투자세액공제를 적용받지 아니하고 법인세신고를 한 경우 경정청구를 할 수 있음(서면2팀-2152, 2005.12.22.).

• 중소기업과 벤처중소기업에 동시에 해당되는 경우 세액감면 중복하여 적용받을 수 없음(서면2팀-2018, 2005.12.9.).

• 세액감면과 투자세액공제 간 중복배제 여부 판정은 과세연도 단위로 결정하는 것임(서면2팀-1853, 2005.11.21.).

제 169 조

# 추계과세 시 등의 감면배제

관련규정

제169조(추계과세 시 등의 감면배제) ①「소득세법」 제80조 제3항 단서에 따라 추계(推計)를 하는 경우에는 제99조, 제102조, 제103조, 제104조 제2항, 제109조부터 제115조까지, 제117조, 제118조, 제137조, 제150조, 제151조, 제160조, 제162조 및 제165조를 적용하지 아니한다. 다만, 추계를 하는 경우에도 이 법 제99조 및 제114조(투자에 관한 증거서류를 제출하는 경우만 해당한다)는 거주자에 대해서만 적용한다.

②「지방세법」 제97조에 따라 결정을 하는 경우와「지방세기본법」 제51조에 따라 기한 후 신고를 하는 경우에는 제100조, 제101조, 제104조 제1항, 제105조, 제122조, 제124조부터 제128조까지, 제135조 제1항 · 제2항, 제138조, 제149조, 제152조 제1항, 제154조부터 제159조까지의 세액공제 · 감면을 적용하지 아니한다.

③「지방세법」 제97조에 따라 경정(제4항 각 호의 어느 하나에 해당되어 경정하는 경우는 제외한다)을 하는 경우와 과세표준 수정신고서를 제출한 과세표준과 세액을 경정할 것을 미리 알고 제출한 경우에는 대통령령으로 정하는 과소신고금액(過少申告金額)에 대하여 제100조, 제101조, 제104조 제1항, 제105조, 제122조, 제124조부터 제128조까지, 제135조 제1항 · 제2항, 제138조, 제149조, 제152조 제1항, 제154조부터 제159조까지를 적용하지 아니한다.

④ 사업자가 다음 각 호의 어느 하나에 해당하는 경우에는 해당 과세기간의 해당 사업장에 대하여 제100조, 제101조, 제104조 제1항, 제105조, 제122조, 제124조부터 제128조까지, 제135조 제1항 · 제2항, 제149조, 제152조, 제154조부터 제159조의 세액공제 · 감면을 적용하지 아니한다. 다만, 사업자가 제1호 또는 제2호의 의무 불이행에 대하여 정당한 사유가 있는 경우에는 그러하지 아니하다.

1.「소득세법」 제160조의 5 제3항에 따라 사업용계좌를 신고하여야 할 사업자가 이를 이행하지 아니한 경우
2.「소득세법」 제162조의 3 제1항에 따라 현금영수증가맹점으로 가입하여야 할 사업자가 이를 이행하지 아니한 경우

3. 「소득세법」 제162조의 2 제2항에 따른 신용카드가맹점으로 가입한 사업자 또는 「소득세법」 제162조의 3 제1항에 따라 현금영수증가맹점으로 가입한 사업자가 다음 각 목의 어느 하나에 해당하는 경우로서 그 횟수·금액 등을 고려하여 대통령령으로 정하는 때에 해당하는 경우
   가. 신용카드에 의한 거래를 거부하거나 신용카드매출전표를 사실과 다르게 발급한 경우
   나. 현금영수증의 발급요청을 거부하거나 사실과 다르게 발급한 경우

**【영】** 제118조(과소신고소득금액의 범위) ① 법 제169조 제3항에서 "대통령령으로 정하는 과소신고금액"이란 「조세특례제한법 시행령」 제122조 제1항에 따른 금액을 말한다.
② 법 제169조 제4항 제3호 각 목 외의 부분에서 "대통령령으로 정하는 때에 해당하는 경우"란 「조세특례제한법 시행령」 제122조 제2항에 따른 경우를 말한다.

# 1 | 개 요

지방세는 납세의무의 성실한 이행을 확보하기 위해 다양한 협력의무를 부여하고 있다. 이러한 세법상의 의무를 위반한 경우에는 지방세기본법에서 가산세를 부과할 수 있는 장치를 두고 있다(지방세기본법 §53 등). 이와 동일한 취지로 지방소득세 특례 사항을 규정하고 있는 지특법에서는 납세협력의무를 위반하거나, 부당한 과세신고 등 부정한 행위가 있는 경우에는 특례적용을 배제하여 성실한 납세의무의 이행 확보를 간접적으로 강제하고 있는 것이다. 한편 본 제도는 조특법 제128조의 규정과는 별도로 지방세제 개편계획(2013.9.)에 따라 2014년부터 현재의 지특법 제169조로 신설되었다.

# 2 | 감면실무

## 2-1. 추계과세시 세액공제 배제

추계과세란 장부나 영수증 등의 증빙자료에 의하지 않고 아무런 근거없이 부과되어서는 안 된다는 부과 근거의 원칙을 따르나 경우에 따라서는 증빙자료가 없거나 납세자가 제출하는 증빙자료가 도저히 인정하기 어려울 때는 업황, 동업자 상황 등을 고려하여 과세를 하게 되는 것을 말한다(소득세법 §80 단서).

이러한 추계결정을 하는 경우에는 다음의 지방소득세 세액공제를 적용하지 않는다. 다만, 추계를 하는 경우에도 중소기업투자세액공제 및 고용창출투자세액공제의 경우에는 예외를 인정하고 있다(지특법 §169 ①).

〈표 1〉 **추계과세시 지방소득세 세액공제 적용이 배제되는 경우**

| |
|---|
| 중소기업투자세액공제(§99) |
| 연구·인력개발비에 대한 세액공제(§102) |
| 연구 및 인력개발을 위한 설비투자에 대한 세액공제(§103) |
| 연구개발특구에 입주하는 첨단기술기업 등에 대한 개인지방소득세 등의 감면(§105) |
| 생산성향상시설 투자 등에 대한 세액공제(§109) |
| 안전설비 투자 등에 대한 세액공제(§110) |
| 에너지절약시설투자에 대한 세액공제(§111) |
| 환경보전시설투자에 대한 세액공제(§112) |
| 의약품품질관리 개선시설투자에 대한 세액공제(§113) |
| 고용창출투자세액공제(§114) |
| 산업수요맞춤형고등학교등 졸업자를 병역 이행후 복직시킨 중소기업에 대한 세액공제(§115) |
| 정규직 근로자로의 전환에 따른 세액공제(§117) |
| 중소기업 고용증가 인원에 대한 사회보험료 세액공제(§118) |
| 근로자복지증진을 위한 시설투자에 대한 세액공제(§137) |
| 금현물시장에서 거래되는 금지급금에 대한 세액공제(§162) |

## 2-2. 추계결정 및 기한 후 신고의 경우 감면배제

다음 규정에 따라 지방소득세의 결정 및 기한 후 신고하는 경우에는 다음의 조세지원제도를 적용하지 아니한다(지특법 §169 ②).

〈표 2〉 **추계과세 결정 및 기한후 신고시 지방소득세 세액공제 적용이 배제되는 경우**

| |
|---|
| 창업중소기업 등에 대한 세액감면(§100) |
| 중소기업 등에 대한 특별세액감면(§101) |
| 기술이전소득에 대한 과세특례(§104①) |
| 연구개발특구에 입주하는 첨단기술기업 등에 대한 개인지방소득세 등의 감면(§105) |
| 사업전환 중소기업 및 무역조정지원기업에 대한 세액감면(§122) |
| 수도권과밀억제권역 밖으로 이전하는 중소기업에 대한 세액감면(§124) |
| 농공단지입주기업 등에 대한 조세감면(§125) |
| 영농조합법인 등에 대한 세액면제(§126) |
| 영어조합법인 등에 대한 세액면제(§127) |
| 농업인 등에 대한 세액면제(§128) |
| 사회적기업 등에 대한 세액감면(§135) |
| 산림개발소득에 대한 세액감면(§149) |
| 해외진출기업의 국내복귀에 대한 세액감면(§152) |
| 제주첨단과학기술단지 입주기업에 대한 법인세 감면(§154) |
| 제주투자진흥지구 또는 제주자유무역지역 입주기업에 대한 법인세 등의 감면(§155) |
| 기업도시개발구역 등의 창업기업 등에 대한 법인세 등의 감면(§156) |
| 아시아문화중심도시 투자진흥지구 입주기업 등에 대한 법인세 등의 감면 등(§157) |
| 금융중심지 창업기업 등에 대한 법인세 등의 감면 등(§158) |
| 첨단의료복합단지 입주기업에 대한 법인세 등의 감면(§159) |

## 2-3. 결정 및 경정을 미리 알고 수정신고시 감면배제

지방세법 제97조의 규정에 따라 경정을 하는 경우와 과세표준 수정신고서를 제출한 과세표준과 세액을 경정할 것을 미리 알고[458] 제출한 경우[459]에 대하여는 위에서 설명한 2) 결정 및 기한 후 신고시 감면배제 지방소득세 세액공제를 적용하지 아니한다(지특법 §169 ③, 지특령 §118 ①, 조특령 §122 ①).

458) 경정과 달리 수정신고는 과세관청의 의사표시 없이 납세자가 스스로 당초 신고내용의 탈루 또는 누락 부분을 인정하고 이를 바로잡아 신고하는 제도임을 감안할 때 납세자가 과세관청이 경정할 것을 미리 알고 수정신고하는 경우가 아니라면, 과세관청의 경정과 다르게 취급하여 세액감면이 가능한 것으로 보는 것이 타당함(재경부 조세지출예산과 46019-88, 2003.3.29. 참조).

459) 범칙사건 조사 등 세무조사 사전통지 없이 세무조사하는 경우 납세자가 이러한 사실을 알고 수정신고하는 경우에는 세액감면을 배제하기 어려워 조세회피 소지가 있는 점 감안하고, 「국세기본법」 제48조의 경우에도 경정이 있을 것을 미리 알고 수정신고서를 제출한 경우 가산세 감면 대상에서 제외(2012.1.1. 이후 최초로 수정신고하는 분부터 적용)

## 2-4. 사업용계좌개설 등 불이행사업자에 대한 감면배제

사업자가 다음 중 어느 하나에 해당하는 경우에는 해당, 과세기간의 해당 사업장에 대하여는 위에서 설명한 '2-2. 추계결정 및 기한 후 신고의 경우 감면배제' 지방소득세 세액공제를 적용하지 아니한다(지특법 §169 ④, 조특령 §122 ②). 국세인 조특법에서는 해당 사업장이 다수의 사업장이 있는 사업자의 경우 일부 사업장에 대해 사업용 계좌를 미신고하거나 현금영수증가맹점에 가입하지 않을 경우 해당 사업장에 대한 감면 혜택을 배제하도록 2012년부터 명확히 개정하고 있다는 점을 참고하기 바란다.

한편, 사업자가 사업용계좌개설 등 의무불이행을 하는 경우라도 아래의 표와 같은 정당한 사유가 있는 경우에는 계속해서 지방소득세 세액공제를 적용하고 있다.

<table>
<tr><th colspan="2">배제사유</th><th>적용시기</th></tr>
<tr><td>① 사업용계좌를 개설하여야 할 사업자가 이를 이행하지 아니한 경우(소법 §160의 5 ③)</td><td rowspan="2">다만, 의무 불이행 사유가 정당한 경우에는 제외</td><td rowspan="2">2008.1.1. 이후</td></tr>
<tr><td>② 현금영수증가맹점으로 가입하여야 할 사업자가 이를 이행하지 아니한 경우(소법 §162의 3 ①)</td></tr>
<tr><td colspan="2">③ 신용카드가맹점 또는 현금영수증가맹점으로 가입한 사업자가 신용카드매출전표 또는 현금영수증의 발급요청을 거부하거나 사실과 다르게 발급한 경우로서 그 횟수·금액 등을 고려하여 다음의 경우에 해당하는 경우<br>㉠ 해당 과세연도(신용카드에 의한 거래를 거부하거나 신용카드매출전표를 사실과 다르게 발급한 경우 및 현금영수증의 발급요청을 거부하거나 사실과 다르게 발급한 경우가 속하는 해당 과세연도)에 신고금액을 3회 이상 통보받은 경우로서 그 금액의 합계액이 100만원 이상인 경우<br>㉡ 해당 과세연도에 신고금액을 5회 이상 통보받은 경우</td><td>2007.7.1. 이후</td></tr>
</table>

## 3 | 관련사례

- 청구인이 사업용계좌를 개설하였다 하더라도 복식부기의무자로서 사업용계좌를 처분청에 신고할 의무가 있음에도 신고하지 아니한 것으로 나타나므로, 조세특례제한법 제128조 제4항 제1호에 따라 중소기업 특별세액 감면을 배제함이 타당함(조심 2011부3086, 2011.12.8.).
- 당초 장부에 근거한 외부조정으로 종합소득세 과세표준확정신고를 하고 추후 추계에 의한 방법으로 수정신고를 하는 경우 증액 신고된 중소기업에 대한 특별세액감면배제는 정당함(조심 2009중3399, 2009.12.23.).
- 청구인이 수정신고시 계상한 소득금액과 필요경비가 같아 청구인이 당초 종합소득세 과세표준확정신고시 「조세특례제한법」 제7조에 의하여 계산・적용한 중소기업에 대한 특별세액감면 대상세액 이외에 추가로 특별세액감면대상이 되는 세액이 증가되었다고 볼 수 없으며, 처분청이 당초 종합소득세 과세표준확정신고한 것을 수정하여 다시 신고한 것에 대하여 처분청이 「소득세법」 제80조 제2항에 의하여 필요경비를 부인하여 경정・고지하였는바, 이는 「조세특례제한법」 제128조 제3항에서 규정하는 추계과세시 등의 감면배제사유에 해당되는 것으로 볼 수 있으므로 청구주장은 받아들이기 어려운 것으로 판단됨(조심 2008서1851, 2008.12.17.).
- 부당과소신고금액으로서 과세관청이 중소기업특별감면을 배제하고 이를 경정・고지한 것을 다시 경정청구를 통해 추가로 중소기업특별감면을 적용할 수는 없음(심사법인 2007-118, 2007.12.28.).
- 부당과소신고금액으로서 과세관청이 중소기업특별감면을 배제하고 이를 경정・고지한 것을 다시 경정청구를 통해 추가로 중소기업특별감면을 적용할 수는 없음(심사법인 2007-118, 2007.12.26.).
- 경정을 하는 경우와 세무조사 사전통지를 받은 후 수정신고하는 경우 감면배제되나 기타 사유로 수정신고하는 경우에는 감면배제 적용되지 않는 것임(서면2팀-1804, 2006.9.15.).
- 관할 세무서장으로부터 과세자료 소명 안내문을 송달받은 후 과소신고소득금액을 수정신고하는 경우에는 조세특례제한법 제128조 제3항 규정의 감면배제사유에 해당하지 아니함(서면2팀-6, 2006.1.3.).
- 세무조사 사전통지 전에 수정신고를 하는 경우 과소신고금액에 대하여도 창업중소기업 등에 대한 세액감면을 적용받을 수 있는 것임(서면1팀-1103, 2005.9.20.).
- 재화 또는 용역을 공급하고 그 대가를 과소계상함에 따라 익금산입된 금액은 중소기업 특별세액감면적용을 배제함(심사부가 2004-7076, 2005.5.17.).
- 과세관청이 경정을 하는 경우에는 과소신고금액에 대하여 중소기업에 대한 특별세액감면을 적용받을 수 없는 것이나, 수정신고를 하는 경우는 과소신고금액에 대하여도 중소기업에 대한 특별세액감면을 적용받을 수 있는 것임(서면1팀-1493, 2004.11.5.).
- 경정시 감면세액을 재계산하는 경우에 법인세법 시행령 제118조의 규정에 의한 부당과소신고금액에 대하여는 조세특례제한법 제128조 제3항의 규정에 의하여 당해 감면대상소득에서

제외됨(서면2팀-2133, 2004.10.22.).

- 제휴업무자문계약서상에 신주발행금액의 3%로 책정된 자문수수료는 그 실질이 신주의 발행과 직접적인 관련 없이 발생한 대가이므로 그 용역제공이 완료된 날이 속하는 사업연도의 손금에 산입함(국심 2003전3080, 2004.3.23.).
- 청구법인의 매출자료 등을 근거로 매출누락액에 대하여 재조사 요하며, 법인세 경정시 부당과소신고금액에 대하여는 중소기업 특별세액감면이 인정되지 아니함(심사법인 2003-71, 2003.11.24.).
- 부당행위계산부인금액, 과다계상경비, 업무무관경비 등의 익금산입 및 손금불산입으로 인한 소득금액은 '부당과소신고금액'에 해당돼 '중소제조업 특별세액감면'대상에서 배제됨(국심 2002부1600, 2003.1.21.).
- 허위계상한 손금을 익금산입한 금액은 '부당과소신고금액'으로서 '중소제조업 특별세액감면' 배제됨(국심 2002전2653, 2003.1.21.).

# 제170조

## 양도소득분 개인지방소득세의 감면 배제 등

관련규정

제170조(양도소득분 개인지방소득세의 감면 배제 등) ①「소득세법」 제94조 제1항 제1호 및 제2호에 따른 자산을 매매하는 거래당사자가 매매계약서의 거래가액을 실지거래가액과 다르게 적어 같은 법 제91조 제2항에 따라 감면이 제한되는 경우에는 양도소득분 개인지방소득세의 감면도 제한한다.

②「소득세법」 제104조 제3항에 따른 미등기양도자산에 대해서는 양도소득세분 개인지방소득세의 감면에 관한 규정을 적용하지 아니한다.

## 1 개 요

미등기부동산의 양도는 부동산거래 질서 문란행위로서 국세 분야 각종 조세혜택을 배제하고 있다. 또한, 투명성 제고를 통한 실거래가 과세제도 정착을 위해 매매계약서의 거래가액을 실지거래가액과 다르게(Up · Down) 적은 경우에도 본조가 적용될 수 있도록 허위계약서 작성시 양도세 비과세 · 감면 제한 규정을 신설(2011.7.1.)하였다. 따라서 양도소득분 지방소득세도 국세의 경우와 동일하게 미등기 부동산 등의 양도에 대한 감면배제 규정을 준용하고 있다.

본 제도는 조특법 제129조의 규정과는 별개로 지방소득세의 독립세를 위한 세제개편 계획(2013.9.)에 따라 2014년부터 현재의 지특법 제170조로 신설되었다.

## 2 | 감면실무

**미등기자산 양도시 국세인 양도소득세의 불이익**

① 양도소득세 비과세 적용배제
② 필요경비 개산공제액 적용시 저율의 개산공제율 적용
③ 장기보유특별공제 · 양도소득 기본공제 배제
④ 양도소득세율 적용시 최고세율 적용

### 2-1. 매매계약서의 거래가액을 실지거래가액과 다르게 적은 경우

소득세법 제94조 제1항 제1호 및 제2호에 따른 자산[460]을 매매하는 거래당사자가 매매계약서의 거래가액을 실지거래가액과 다르게 적은 경우에는 2011년 7월 1일 이후 최초로 매매계약하는 해당 자산에 대하여 소득세법 제91조 제2항에 따라 이 법에 따른 양도소득세의 비과세 및 감면을 제한한다(지특법 §170 ①).

### 2-2. 미등기양도토지에 대한 조세특례 적용배제 등

소득세법 제104조 제3항에 의한 미등기토지 등을 양도할 경우 조세특례제한법상 양도소득세의 비과세와 감면을 적용하지 않는다(지특법 §170 ②).

460) 소득세법 제94조(양도소득의 범위) ① 양도소득은 해당 과세기간에 발생한 다음 각 호의 소득으로 한다.
1. 토지[「측량 · 수로조사 및 지적에 관한 법률」에 따라 지적공부(地籍公簿)에 등록하여야 할 지목에 해당하는 것을 말한다] 또는 건물(건물에 부속된 시설물과 구축물을 포함한다)의 양도로 발생하는 소득
2. 다음 각 목의 어느 하나에 해당하는 부동산에 관한 권리의 양도로 발생하는 소득
가. 부동산을 취득할 수 있는 권리(건물이 완성되는 때에 그 건물과 이에 딸린 토지를 취득할 수 있는 권리를 포함한다)
나. 지상권
다. 전세권과 등기된 부동산임차권

**미등기자산 양도로 보지 않는 경우(소령 §168 ①)**

① 상기할부조건으로 취득한 자산으로서 계약조건에 의하여 양도 당시 당해 자산의 취득에 관한 등기가 불가능한 자산
② 법률의 규정·법원의 결정에 의하여 양도 당시 당해 자산의 취득에 관한 등기가 불가능한 자산
③ 교환·분합으로 양도소득세 비과세대상이 되는 농지의 양도, 8년 이상 계속하여 직접 경작한 토지, 농지대토로 양도한 토지
④ 1세대 1주택으로서 「건축법」에 의한 건축허가를 받지 아니하여 등기가 불가능한 자산
⑤ 상속에 의한 소유권이전등기를 하지 아니한 자산으로서 「공익사업을 위한 토지 등의 취득 및 보상에 관한 법률」 제18조의 규정에 의하여 사업시행자에게 양도하는 것
⑥ 「도시개발법」에 따른 도시개발사업이 종료되지 아니하여 토지 취득등기를 하지 아니하고 양도하는 토지
⑦ 건설업자가 「도시개발법」에 따라 공사용역 대가로 취득한 체비지를 토지구획환지처분공고 전에 양도하는 토지

# 3 | 감면사례

- 지방자치단체에는 실지거래가액을 허위로 신고하였으나 「소득세법」 제105조 또는 같은 법 제110조에 따라 납세지 관할세무서장에게 양도소득 과세표준을 실지거래가액에 의해 신고하는 경우에도 양도소득세의 비과세 및 감면을 제한함(법규-410, 2012.4.20.).
- 신축주택을 양도함에 있어 그 자산의 취득에 관한 등기를 하지 아니한 경우(소득세법 시행령 제168조의 미등기양도제외자산 제외)에는 양도소득세의 감면규정을 적용하지 아니함(부동산거래-448, 2010.3.23.).
- 조세특례제한법 제33조, 제43조, 제70조, 제77조, 제77조의 3 또는 법률 제6538호 부칙 제29조에 따라 감면받을 양도소득세액의 합계액이 과세기간별로 1억원을 초과하는 경우에는 초과하는 금액은 감면하지 아니함(재산-683, 2009.11.9.).
- 토지거래허가 및 소유권 소송관계로 부득이하게 미등기된 상태로 수용된 토지로서, 조세포탈목적 미등기양도로 인정 안 되므로 양도세 면제를 배제하고 과세함은 부당함(심사양도 99-4141, 1999.6.25.).

# 제 171 조

## 수도권과밀억제권역의 투자에 대한 감면 배제

관련규정

제171조(수도권과밀억제권역의 투자에 대한 감면 배제) ① 1989년 12월 31일 이전부터 수도권과밀억제권역에서 계속하여 사업을 경영하고 있는 내국인과 1990년 1월 1일 이후 수도권과밀억제권역에서 새로 사업장을 설치하여 사업을 개시하거나 종전의 사업장(1989년 12월 31일 이전에 설치한 사업장을 포함한다. 이하 이 조에서 같다)을 이전하여 설치하는 중소기업(이하 이 항에서 "1990년이후중소기업등"이라 한다)이 수도권과밀억제권역에 있는 해당 사업장에서 사용하기 위하여 취득하는 사업용 고정자산(대통령령으로 정하는 디지털방송장비 및 대통령령으로 정하는 정보통신장비는 제외한다)으로서 대통령령으로 정하는 증설투자에 해당하는 것에 대해서는 제99조 제1항 제1호·제2호, 제103조 제2항 제3호, 제109조 제1항 제1호·제2호 및 제110조(같은 조 제1항 제5호 및 제7호는 제외하며 1990년이후중소기업등이 투자한 경우만 해당한다)를 적용하지 아니한다. 다만, 대통령령으로 정하는 산업단지 또는 공업지역에서 증설투자를 하는 경우에는 그러하지 아니하다.

② 중소기업이 아닌 자가 1990년 1월 1일 이후 수도권과밀억제권역에서 새로 사업장을 설치하여 사업을 개시하거나 종전의 사업장을 이전하여 설치하는 경우 수도권과밀억제권역에 있는 해당 사업장에서 사용하기 위하여 취득하는 사업용고정자산(대통령령으로 정하는 디지털방송장비 및 대통령령으로 정하는 정보통신장비는 제외한다)에 대해서는 제103조 제2항 제3호, 제109조 제1항 제1호·제2호 및 제110조(같은 조 제1항 제5호 및 제7호는 제외한다)를 적용하지 아니한다.

**【영】** 제119조(수도권과밀억제권역 안의 투자에 대한 감면배제 등) ① 법 제171조 제1항 본문 및 같은 조 제2항에서 "대통령령으로 정하는 디지털방송장비"란 「조세특례제한법 시행령」 제124조 제3항에 따른 방송장비를 말한다.

② 법 제171조 제1항 본문 및 같은 조 제2항에서 "대통령령으로 정하는 정보통신장비"란 「전기통신사업 회계정리 및 보고에 관한 규정」 제8조에 따른 전기통신설비 중 교환설비, 전송설비, 선로설비 및 정보처리설비를 말한다.

③ 법 제171조 제1항 본문에서 "대통령령으로 정하는 증설투자"란 「조세특례제한법 시행령」 제124조 제1항 각 호의 구분에 따른 투자를 말한다.
④ 법 제171조 제1항 단서에서 "대통령령으로 정하는 산업단지 또는 공업지역"이란 「조세특례제한법 시행령」 제124조 제2항에 따른 산업단지 또는 공업지역을 말한다.

## 1 | 개 요

수도권과밀억제권역은 인력, 교통, 교육 등 인프라가 구축이 양호하여 이 지역에서 창업하는 신설기업 등의 비중이 지방에 비하여 여전히 양호한 상황이다. 이에 따라 지방과 수도권의 상생발전을 위하여 수도권 투자분에 대한 지방소득세 감면을 배제하여 수도권 투자보다는 지방 투자로 유인하기 위하여 본 제도가 도입되었다. 본 제도는 조특법 제130조의 규정과는 별도로 지방소득세 독립세화 지방세제 개편계획(2013.9.)에 따라 2014년부터 현재의 지특법 제171조로 신설되었다.

## 2 | 감면실무

### 2-1. 감면대상자

지방소득세 감면배제 대상자는 다음에 해당하는 자로서 수도권과밀억제권역에서 증설투자를 하는 자이다(지특법 §171 ①). 다만, 중소기업의 투자를 지원하기 위하여 1990년 이후 설치사업장이라고 하더라도 수도권과밀억제를 유도하는 증설투자는 계속 세액공제 적용을 배제하지만 기존 시설을 단순히 대체하는 투자에 대해서는 세액공제를 계속 적용하는데 이는 2004년 1월 1일 이후 투자하는 분부터 적용한다. 여기서 대체투자란 노후설비를 생산능력이 유사한 설비로 교체하는 투자를 말한다.

〈표〉 수도권과밀억제권역 투자에 대한 세액공제 적용 여부

| 구 분 | 1989.12.31. 이전 사업개시 | | 1990.1.1. 이후 사업개시 | |
|---|---|---|---|---|
| | 증설투자 | 대체투자 | 증설투자 | 대체투자 |
| 일반기업 | ×<br>(산업단지·공업지역 ○) | ○<br>(일반, 중소기업 모두 가능) | × | × |
| 중소기업 | | | | ○ |

## 2-2. 세액공제가 제외되는 대상자산(지특령 §119 ③, 조특령 §124 ①)

수도권과밀억제권역 안에 소재하는 사업장에 사용하기 위하여 취득한 사업용고정자산이 다음과 같은 증설투자에 해당하는 경우에는 지방소득세 감면을 배제한다.

① 「산업집적활성화 및 공장설립에 관한 법률」 제2조 제1호에 의한 공장에 사업용고정자산을 새로이 설치함으로써 당해 공장의 연면적이 증가되는 투자. 여기서 공장의 연면적이란 공장부지면적 또는 공장부지 안에 있는 건축물 각층의 바닥면적을 말하며, 식당·휴게실·목욕실·세탁장·의료실·옥외체육시설 및 기숙사 등 종업원의 후생복지증진에 공여되는 시설의 면적과 대피소·무기고·탄약고 및 교육시설의 면적은 당해 공장의 연면적에서 제외한다(조특칙 §53).

② 기타 공장 외의 사업장에 사업용고정자산을 새로이 설치함으로써 사업용고정자산의 수량 또는 사업장의 연면적이 증가되는 투자

## 2-3. 세액공제 배제감면에서 제외되는 경우

수도권과밀억제권역에서 증설 투자하는 경우라도 취득한 고정자산이 다음에 해당하는 경우에는 계속해서 지방소득세 감면이 적용된다. 이는 디지털방송장비 또는 정보통신 장비의 경우 수도권 과밀억제와 관련이 적고, 수도권 민영방송의 경우 그 특성상 지방 이전이 불가능한 점 등을 감안한 것이다.

① 디지털방송장비 : 디지털방송을 위한 프로그램의 제작·편집·송신 등에 사용하기 위하여 취득하는 방송장비. 단, 기존의 방송장비를 대체하기 위한 투자분만 해당한다. (지특령 §119 ①, 조특령 §124 ③)

② 정보통신장비 : 「전기통신사업 회계정리 및 보고에 관한 규정」 제8조에 따른 전기통신설비 중 교환설비, 전송설비, 선로설비 및 정보처리설비(지특령 §119 ②, 조특령 §124 ④)이다. 여기서 정보처리설비란 전기통신설비 중 정보처리설비(라우터, 스위치, 서

버, 스토리지)를 말한다.

③ 산업단지 또는 공업단지 안에서 증설투자를 하는 경우를 말한다. 여기서 산업단지 및 공업단지란 수도권과밀억제권역 안에 소재하는 「산업입지 및 개발에 관한 법률」에 의한 산업단지와 「국토의 계획 및 이용에 관한 법률」 제36조 제1항 제1호에 따른 공업지역 및 동법 제51조 제3항의 지구단위계획구역 중 산업시설의 입지로 이용되는 구역을 말한다(지특령 §119 ④, 조특령 §124 ②).

## 3 관련사례

- 해외화물운송업을 영위하는 중소기업으로서 사업용 고정자산인 선박의 경우 통상 수도권과밀억제권역이 아닌 해외운송이나 부산항에서 사용되므로 수도권과밀억제권역 내 사업시설의 집중 등을 유발하지 아니하는데도, 본점의 소재지가 수도권과밀억제권역 내에 있다 하여 「조세특례제한법」 제130조 제1항을 적용하여 조세감면을 배제할 경우 그 입법취지나 기업의 설비투자를 촉진하고자 하는 같은 법 제26조(임시투자세액공제)의 취지에 부합하지 아니한다 할 것임(조심 2010서1427, 2011.7.26., 조심 2012서2641, 2012.8.17.).
- 2001년 개정된 조특법 제130조 제1항의 '창업'에 '수도권지역에 소재하는 기업이 수도권 안에 새로이 사업장을 설치하는 경우'는 포함되지 않으며, 2001년 개정전 조특법 시행령 제124조 제1항이 '창업'의 의미를 '수도권 안에 소재하는 기업이 수도권 안에 새로이 사업장을 설치하는 경우'까지 포함된 것으로 해석한 것은 조세법률주의에 위배됨(서울행법 2012구합24139, 2013.3.8.).
- 제출된 증빙자료만으로는 임시투자세액공제대상금액을 확인하기에는 미흡하므로 처분청이 임시투자세액공제대상금액을 확인하여 그 세액을 경정함이 타당함(조심 2012서2642, 2012.8.17.).
- 수도권과밀억제권역안의 투자에 대한 조세감면배제의 입법취지가 수도권과밀억제권역내에서 인구와 산업의 집중화를 막기 위하여 대도시 내에서 증설투자를 하는 경우에 임시투자세액공제의 적용을 배제하고자 하는데 있다고 보여지고, 이러한 입법취지에 비추어 사업장의 이전 등으로 인하여 사업장 면적이 증가하더라도 사업용고정자산의 증설투자가 이루어지지 아니하는 경우까지 임시투자세액공제의 적용을 배제하려는 것은 아니라고 보여짐(조심 2011중515, 2011.12.9.).
- 이동통신사업자의 본점이 수도권과밀억제권역에 소재하고 있는 경우 수도권과밀억제권역 외 지역에 투자된 사업용고정자산은 수도권과밀억제권역 안의 투자에 대한 조세감면배제규정은 적용되지 아니함(법인-886, 2009.7.31.).
- 취득한 선박이 수도권 밖에서 사용된다 하더라도 본점소재지가 수도권 과밀억제권역 안에 있는 경우 취득한 선박에 대한 임시투자세액공제를 배제한 처분은 정당함(조심 2009서1688,

2009.6.26.).

- 1990.1.1. 이후 수도권 안에서 본점소재지를 두고 건설업을 영위하는 중소기업이 건설현장에 사용하는 사업용자산에 투자하는 경우에는 임시투자세액공제를 적용받을 수 없음(법인-86, 2009.1.8.).
- 서울에 본점을 두고 설립된 외항 해상화물운송업을 영위하는 중소기업이 부산에 연락사무소를 두고 선박을 취득한 경우 임시투자세액공제의 적용 여부(서면2팀-821, 2008.4.30.)
- 산업입지 및 개발에 관한 법률에 의한 산업단지 안에서 사업용고정자산을 증설투자하는 경우에는 수도권과밀억제권역의 투자에 대한 조세감면배제를 적용하지 아니함(서면1팀-354, 2008.3.19.).
- 유선방송사업자가 디지털방송업을 하기 위해 취득하는 셋톱박스는 송수신에 필요한 장비이며 디지털방송을 위한 프로그램의 제작, 편집, 송신 등에 사용하기 위해 취득하는 방송장비에 해당함(서면2팀-477, 2008.3.19.).
- 수도권 과밀억제권역 외의 지역의 법인사업장에서 직접 사용하기 위하여 취득하는 사업용 고정자산에 대한 조세특례제한법 제130조에 의한 임시투자세액공제 배제 여부(서면2팀-433, 2008.3.13.).
- 컨테이너가 주로 수도권 밖에서 사용된다 하더라도 그 업무를 주관하는 사업장인 본점소재지가 수도권과밀억제권역 안에 있는 경우에는 수도권 과밀억제권역 안의 투자에 대한 조세감면배제규정을 적용함(국심 2007서2615, 2007.10.5.).
- 2002년 1월 1일 이후 최초로 수도권 안에 새로이 사업장을 설치하여 사업을 개시하거나 기존사업장을 이전하여 설치하는 분부터는 조세특례배제대상에 해당함(국심 2007서2511, 2007.9.11.).
- 디지털방송 및 부가통신사업을 위하여 투자한 전송·선로설비는 임시투자세액공제를 적용받을 수 있는 것임(서면2팀-1478, 2006.8.4.).
- 김포시는 임시투자세액공제가 배제되는 수도권내의 지역에 해당함(국심 2006중1510, 2006.7.3.).
- 과밀억제권역 외의 지역에 있는 법인의 사업장에서 직접 사용하기 위하여 취득하는 사업용 고정자산은 업무를 총괄하는 장소가 과밀억제권역 안에 있는 경우에도 조세감면배제규정이 적용되지 아니함(서면2팀-810, 2006.5.11.).
- 해당 사업장이 1989.12.31. 이전에 설치된 경우에는 변경된 본점사업장에서 사용하기 위한 사업용고정자산의 대체취득에 대하여는 임시투자세액공제가 적용될 수 있음(서면2팀-322, 2006.2.10.).
- 연구 및 인력개발을 위한 설비투자세액공제 중 조세특례제한법 제11조 제2항 제3호의 규정에 의한 사업용자산에 대하여는 동법 제130조의 규정에 의한 세액공제 배제가 적용됨(서면2팀-2189, 2005.12.28.).
- 수도권과밀억제권역 범위에서 제외하는 반월특수지역은 시화지구를 포함하는 것임(서면2팀-2058, 2005.12.14.).
- 수도권과밀억제권역 외의 지역에 있는 법인의 하치장에서 직접 사용하기 위하여 취득하는 사업용고정자산은 법인의 업무총괄장소가 수도권과밀억제권역 안에 있는 경우에도 수도권과밀

억제권역 안의 투자에 대한 조세감면 배제가 적용되지 아니함(서면2팀-2030, 2005.12.12.).

- 1989.12.31. 이전부터 수도권과밀억제권역 안에서 계속하여 사업을 영위하고 있는 내국인이 당해 사업장에서 사용하기 위하여 취득하는 사업용 고정자산의 투자는 임시투자세액공제 적용이 가능함(서면1팀-1433, 2005.11.24.).
- 중소기업이 아닌 자가 1990.1.1. 이후 수도권 과밀억제권역 안에 소재하는 산업단지 또는 공업지역 안에 증설투자하는 경우 감면을 배제하는 것임(서면2팀-1844, 2005.11.21.).
- 수도권 안에서 창업하는 경우 사업용 고정자산에 대하여 특정설비투자세액공제가 배제되는 수도권이라 함은 조특법 시행령 별표 7 제1호의 수도권을 의미함(대법원 2004두8880, 2005.11.10.).
- 수도권 안의 투자에 대한 조세감면배제 적용시 '수도권 안에 소재하는 당해 사업용 고정자산'은 당해 고정자산을 사용하기 위한 사업장이 수도권 안에 소재하는 경우를 의미함(대법원 2004두8231, 2005.10.7.).
- 수도권과밀억제권역 외의 지역에 있는 법인의 사업장에서 직접 사용하기 위하여 취득하는 사업용고정자산은 당해 법인의 업무를 총괄하는 장소가 수도권과밀억제권역 안에 있는 경우에도 투자에 대한 조세감면배제규정이 적용되지 아니함(서면2팀-2457, 2004.11.26.).
- 1990.1.1. 이후 수도권 과밀억제권역 안에 본점소재지를 두고 외항화물운송업을 영위하는 중소기업이 당해 사업에 사용되는 컨테이너를 취득하는 경우 임시투자세액공제를 적용받을 수 없음(서면2팀-2214, 2004.11.2.).
- 1989.12.31. 이전에 수도권과밀억제권역 안에서 사업을 영위하던 중소기업이 아닌 내국법인이 수도권과밀억제권역 안에서 사업장을 이전한 후 고정자산을 증설투자한 경우 임시투자세액공제가 적용되지 아니함(서면2팀-2040, 2004.10.5.).
- 새로 설립한 사업장은 기존 사업장과는 다른 별도의 사업장으로 판단되는 바 이는 수도권 안에서 창업하는 경우에 해당되어 임시투자세액공제를 적용받을 수 없다고 본 사례(2001.12.29. 법률 제6538호로 조세특례제한법이 개정되기 전)(국심 2004중1055, 2004.9.6.)

# 제 172 조

## 최저한세액에 미달하는 세액에 대한 감면 등의 배제

관련규정

제172조(최저한세액에 미달하는 세액에 대한 감면 등의 배제) ① 거주자의 사업소득(「조세특례제한법」 제16조를 적용받는 경우에만 해당 부동산임대업에서 발생하는 소득을 포함한다. 이하 이 항에서 같다)과 비거주자의 국내사업장에서 발생한 사업소득에 대한 개인지방소득세(가산세와 대통령령으로 정하는 추징세액은 제외하며 사업소득에 대한 대통령령으로 정하는 세액공제 등을 하지 아니한 개인지방소득세를 말한다)를 계산할 때 다음 각 호의 어느 하나에 해당하는 감면 등을 적용받은 후의 세액이 「조세특례제한법」 제132조 제2항 제1호 및 제2호에 따른 손금산입 및 소득공제 등을 하지 아니한 경우의 사업소득(제1호에 따른 준비금을 관계 규정에 따라 익금에 산입한 금액을 포함한다)에 대한 산출세액에 100분의 45(산출세액이 3백만원 이하인 부분은 100분의 35)를 곱하여 계산한 세액(이하 "개인지방소득세 최저한세액"이라 한다)에 미달하는 경우 그 미달하는 세액에 상당하는 부분에 대해서는 감면 등을 하지 아니한다.

1. 제99조, 제102조(중소기업이 아닌 자만 해당한다), 제103조, 제104조 제2항, 제109조부터 제115조까지, 제117조, 제118조, 제137조, 제150조, 제151조, 제160조, 제161조, 제162조 및 제165조에 따른 세액공제금액,
2. 제100조, 제101조, 제104조 제1항, 제105조, 제108조, 제122조, 제124조(수도권 밖으로 이전하는 경우는 제외한다), 제125조, 제138조, 제149조 및 제159조에 따른 개인지방소득세의 면제 및 감면

② 이 법을 적용할 때 제1항 각 호에 열거된 감면 등과 그 밖의 감면 등이 동시에 적용되는 경우 그 적용순위는 제1항 각 호에 열거된 감면 등을 먼저 적용한다.

③ 제1항에 따른 최저한세의 적용에 필요한 사항은 대통령령으로 정한다.

**【영】** 제120조(최저한세액에 미달하는 세액에 대한 감면 등의 배제) ① 법 제172조 제1항 각 호 외의 부분에서 "대통령령으로 정하는 추징세액"이란 다음 각 호의 어느 하나에 해당하는 것을 말한다.

1. 법에 따라 감면세액을 추징하는 경우(개인지방소득세에 가산하여 자진납부하거나 부과징수하는 경우를 포함한다)의 이자 상당 가산액
2. 법에 따라 개인지방소득세의 감면세액을 추징하는 경우 해당 사업연도에 개인지방소득세에 가산하여 자진납부하거나 부과징수하는 세액

② 법 제172조 제1항 각 호 외의 부분에서 "대통령령으로 정하는 세액공제 등"이란 개인지방소득세의 감면 중 같은 항 제1호 및 제2호에 열거되지 아니한 세액공제, 세액면제 및 감면을 말한다.

③ 납세의무자가 신고(「지방세기본법」에 따른 수정신고 및 경정 등의 청구를 포함한다)한 개인지방소득세액이 법 제172조에 따라 계산한 세액에 미달하여 개인지방소득세를 경정하는 경우에는 다음 각 호의 순서(동일한 호에서는 법 제172조 제1항 각 호에 열거된 조문순서에 따른다)에 따라 해당하는 감면을 배제하여 세액을 계산한다.

1. 법 제172조 제1항 제1호에 따른 세액공제금액. 이 경우 같은 조문에 따른 감면세액 중 이월된 공제세액이 있는 경우에는 나중에 발생한 것부터 적용배제한다.
2. 법 제172조 제1항 제2호에 따른 개인지방소득세의 면제 및 감면

## 1 | 감면일반

최저한세 제도란 아무리 조세지원이 불가피한 경우라 해도 과세형평 · 국민개납 및 재정수입확보 측면에서 소득이 있는 자는 누구든지 최소한의 세부담은 져야 한다는 것이다. 1990년 이전까지는 특정 기업이 각종 조세감면을 받는 경우에는 국세인 방위세가 비과세 · 감면세액에 할증 과세됨에 따라 최소한의 세금부담이 있었으나 1991년도부터 이러한 방위세 폐지로 종전의 최소한의 방위세 부담(법인 : 소득의 6~11.25%, 개인 : 산출세액의 15~30%)조차 안 하게 됨에 따라 최저한세 제도를 국세분야에서 먼저 도입한 것이다. 본 제도는 조특법 제132조의 규정과는 별도로 지방세제 개편계획(2013.9.)에 따라 2014년부터 현재의 지특법 제172조로 신설되었다.

# 2 감면실무

## 2-1. 개인의 최저한세 적용대상 소득

거주자의 사업소득과 비거주자의 국내사업장에서 발생한 사업소득에 대한 개인분 지방소득세가 그 대상이다(지특법 §172 ①). 따라서, 개인의 경우 최저한세의 적용대상은 사업소득(중소기업창업투자조합 출자 등에 대한 소득공제(조특법 §16)를 적용받는 경우에는 해당 부동산임대업에서 발생하는 소득을 포함)만이 해당되며 그 외 부동산소득 등 종합소득과 다음의 소득세에 대하여는 최저한세의 적용을 받지 않는다.

① 가산세
② 사후관리에 따라 추징·납부하는 감면세액·이자상당가산액(지특령 §119 ①)
③ 최저한세 적용대상으로 열거(지특법 §172 ① 1, 2)되지 않은 세액공제·세액제도(지특령 §120 ②, 조특령 §126 ④)

한편, 양도소득분 지방소득세에 대하여는 사업소득자와의 형평을 위하여 지특법 제173조 양도소득분 지방소득세 감면의 종합한도 규정에서 별도로 규정하고 있다.

## 2-2. 최저한세의 적용

### 2-2-1. 최저한세 적용대상 지방소득세

개인이 부담할 개인지방소득세는 다음의 2가지 방법에 의하여 계산된 세액 중 큰 금액이 된다. 이 경우 ①, ②에 따른 각종 감면 전 지방소득세액 산출액 및 감면 후 지방소득세 적용대상은 다음 표의 내용과 같다.

Max(①, ②)
① 각종 감면 전 개인지방소득에 대한 산출세액 × 4.5%(산출세액이 3백만원 이하인 부분은 3.5%)
② 각종 감면 후 사업소득에 대한 지방소득세

| 감면유형 | 최저한세 대상 지방소득세 | 규정 |
|---|---|---|
| 특별감가상가비 및 준비금 등 | 감가상각비의 손금산입특례 | §132 ① 1, ② 1 |
| | 연구·인력개발준비금의 손금산입 | §132 ① 1, ② 1 |
| 세액공제 | 중소기업투자세액공제 | §99 |
| | 연구 및 인력개발비에 대한 세액공제 | §102 |
| | 연구 및 인력개발을 위한 설비투자에 대한 세액공제 | §103 |
| | 연구개발특구에 입주하는 첨단기술기업에 대한 세액공제 | §105 ② |
| | 생산성향상시설투자 등에 대한 세액공제 | §109 |
| | 안전설비투자 등에 대한 세액공제 | §110 |
| | 에너지절약시설투자에 대한 세액공제 | §111 |
| | 환경보전시설투자에 대한 세액공제 | §112 |
| | 의약품 품질관리 개선시설투자에 대한 세액공제 | §113 |
| | 고용창출투자세액공제 | §114 |
| | 정규직 근로자로의 전환에 따른 세액공제 | §117 |
| | 중소기업 고용증가 인원에 대한 사회보험료 세액공제 | §118 |
| | 근로자복지증진을 위한 시설투자에 대한 세액공제 | §138 |
| | 제3자 물류비용에 대한 세액공제 | §152 |
| | 대학 맞춤형 교육비용 등에 대한 세액공제 | §153 |
| | 현금영수증가맹점에 대한 세액공제 | §163 |
| | 금 현물시장에서 거래되는 금지금에 대한 세액공제 | §164 |
| 세액감면 | 창업중소기업 등에 대한 세액감면 | §100 |
| | 중소기업에 대한 특별세액감면 | §101 |
| | 기술이전 소득등에 대한 과세특례 | §104 ① |
| | 연구개발특구내 입주하는 첨단기술기업 등 감면 | §105 |
| | 국제금융거래에 따른 이자소득 등에 대한 법인세 등의 면제 | §108 |
| | 사업전환중소기업에 대한 세액감면 | §122 |
| | 수도권과밀억제권역 외 지역 이전 중소기업에 대한 세액감면 (다만, 수도권 밖으로 이전하는 경우 제외) | §125 |
| | 농공단지 입주기업 등에 대한 세액감면 | §126 |
| | 산림개발소득에 대한 세액감면 | §151 |
| | 첨단의료복합단지 입주기업에 대한 법인세 등의 감면 | §161 |

### 2-2-2. 각종 감면 전 개인지방소득에 대한 산출세액

사업소득에 대한 산출세액은 다음과 같이 계산하며, 각종 감면 전 사업소득에 대한 산출세액이라 함은 최저한세 적용대상(지특법 §172 ① 1, 2호)인 특별감가상각비, 준비금, 소득공제, 손금산입 등을 적용하지 아니한 산출세액을 말한다. 즉, 사업소득금액에 동 금액이 공제되어 있는 경우에는 동 금액을 지방사업소득에 가산하여 계산한 금액이다.

사업소득에 대한 산출세액 = 종합소득산출세액 × (사업소득금액 / 종합소득금액)

### 2-2-3. 각종 감면 전 개인지방소득에 대한 산출세액

각종 감면 후 지방사업소득에 대한 개인분 지방소득세라 함은 최저한세와의 비교대상으로서의 사업소득에 대한 지방소득세를 뜻하는 것으로, 최저한세와 관계없이 적용가능한 다음의 조세지원제도는 적용되지 않은 금액을 말한다.

① 최저한세 적용시 배제되는 각종 조세지원제도

② 소득세법상 사업소득에 대한 세액공제

### 2-3. 최저한세 적용대상에 대한 감면 · 공제의 적용순서

본 규정에 열거된 감면 등(최저한세가 적용되는 감면 등 2-1. 참조)과 그 밖의 감면 등이 동시에 적용되는 경우 그 적용순위는 최저한세가 적용되는 감면 등을 먼저 적용한다(지특법 §172 ②).

## 3 | 관련사례

- 2010.1.1. 조특법 제132조 제3항 신설 전부터 최저한세 적용대상 등을 우선 적용하는 것으로 법인세법 시행규칙 별지 제3호 서식이 유효하게 시행되어온 점, 법령의 개정취지로 보아 신설된 조특법 제132조 제3항은 기 시행중인 내용에 대한 확인적 규정으로 해석되는 점 등에 비추어 최저한세 적용대상 공제감면 등을 우선적용하는 것이 타당함(조심 2011중1049, 2013.4.26., 조심 2012부4261, 2013.5.24.).
- 조세특례제한법상 최저한세가 적용되는 감면 등을 먼저 적용하고 조세특례제한법상 최저한세가 적용되지 않는 감면 등을 나중에 공제함(법인-133, 2013.3.6.).

- 이월된 중소기업 외 법인의 연구·인력개발비 중 석·박사 인건비 해당액은 2012.1.1. 이후 최초로 개시하는 사업연도부터 최저한세 적용(법인-51, 2013.1.24.)
- 최저한세 규정이 적용되는 임시투자세액공제 등과 최저한세 규정이 적용되지 아니하는 외국인투자감면이 동시에 적용되는 경우 임시투자세액공제 등에 앞서 외국인투자감면을 먼저 적용하여야 함(대법원 2012두10697, 2012.8.30.).
- 최저한세 적용대상인 임시투자세액공제와 최저한세 배제대상인 외국인투자세액감면이 동시 적용되는 경우 법인세법상 공제감면 순서에 따라 세액감면을 먼저 적용하는 것이며, 조세특례제한법상의 최저한세액에 미달하는 세액에 대한 감면 등의 배제 규정이 법인세법상 공제감면 순서의 예외를 정한 '별도의 규정'으로 보기는 어려움(대법원 2012두4173, 2012.6.14.).
- 최저한세 규정이 적용되는 임시투자세액공제 등과 최저한세 규정이 적용되지 아니하는 외국인투자감면이 동시에 적용되는 경우 임시투자세액공제 등에 앞서 외국인투자감면을 먼저 적용하여야 함(서울고법 2011누32814, 2012.4.18.).
- 최저한세 적용대상 세액공제와 최저한세 적용배제 세액감면이 동시에 적용되는 경우 세액감면이 먼저 적용됨(인천지법 2011구합4415, 2012.4.5.).
- 최저한세의 기준은 공제되는 사업연도의 기준에 따라 적용되는 것으로 중소기업에서 일반기업으로 전환된 사업연도에 이월공제받는 경우에도 일반기업을 기준으로 하여 최저한세 적용(재조특-36, 2012.1.20.)
- 세액공제 및 감면을 적용할 때에 사업자의 신청 목적에 따라 공제감면의 순서가 달라지지 않으며, 최저한세 대상 공제감면인 고용증대특별세액공제 및 임시투자세액공제를 최저한세 배제 공제감면인 외국인투자기업 법인세 감면보다 우선 적용하여야 함(조심 2011중2766, 2011.12.5.).
- 최저한세 적용으로 이월된 임시투자세액공제와 외국인투자 감면을 동시에 적용받을 수 있는 경우, 납세자가 이월된 임시투자세액공제액의 공제연도를 임의로 선택할 수 없는 것이며 최저한세가 적용되는 이월된 임시투자세액공제액을 최저한세가 배제되는 외국인투자 감면에 우선하여 공제하는 것임(재조특-1125, 2011.12.1.).
- 최저한세 규정이 적용되는 임시투자세액공제 등과 최저한세 규정이 적용되지 아니하는 외국인투자감면이 동시에 적용되는 경우 임시투자세액공제 등에 앞서 외국인투자감면을 먼저 적용하여야 함(수원지법 2011구합4085, 2011.8.18.).
- 최저한세의 적용을 받지 아니하는 외국인투자에 대한 법인세 감면을 최저한세 적용대상인 연구 및 인력개발비세액공제보다 우선하여 적용하여야 한다는 주장은 받아들이기 어려움(조심 2010중2314, 2011.6.14.).
- '최저한세 대상 공제감면'인 임시투자세액공제 등을 '최저한세 배제 공제감면'인 외국인투자법인 법인세감면보다 우선 적용하여 농어촌특별세를 부과한 처분은 정당함(조심 2009중2396, 2011.5.2.).
- 외국인투자에 대한 법인세 등의 감면과 전년도 최저한세 적용으로 이월된 임시투자세액공제가 중복되는 경우에는 이월된 임시투자세액공제를 먼저 적용함(국제세원-48, 2011.2.1.).
- 세무사는 납세자의 전자신고 대리로 인한 조특법상 전자신고세액공제를 적용받더라도 해당 세무사 본인에 대한 소득세 및 부가가치세를 신고하여 전자신고세액공제를 적용받을 수 있

으며, 이 경우 부가가치세의 공제세액은 최저한세 적용이 아님(소득-1178, 2010.11.24.).

- 새로운 세법해석이 종전의 해석과 상이한 경우에는 새로운 해석이 있은 날 이후에 납세의무가 성립하는 분부터 새로운 해석을 적용하는 것이나 종전의 해석이 명백히 법령을 위반한 경우는 그러하지 아니함(심사법인 2010-6, 2010.5.10.).
- 중소기업이 아닌 피합병법인의 2009.1.1.~2009.6.2.까지 사업연도에 대한 법인세 신고납부시에 적용하여야 할 최저한세 세율은 100분의 14(과세표준이 1천억원 이하 부분은 100분의 11)임(법인-943, 2009.8.27.).
- 법인이 공장 및 본사의 수도권 외의 지역으로의 이전에 대한 임시특별세액감면을 적용받는 법인이 이월된 임시투자세액공제가 있어 동시에 적용하는 경우 이월된 임시투자세액공제를 먼저 적용함(재조특-760, 2009.8.27.).
- 2004.1.1. 이전에 최저한세가 적용되어 공제받지 못한 연구·인력개발비 세액공제액의 이월공제액은 최저한세 적용에서 제외됨(재조특-665, 2009.7.9.).
- 최저한세 적용으로 공제받지 못한 2003년 이전 발생 중소기업의 연구 및 인력개발비세액공제액의 이월세액공제액은 개정법률(2003.12.30. 법률 제7003호로 개정된 구 조세특례제한법)에 따라 2004 과세연도부터는 최저한세의 제한을 받지 아니함(대법원 2007두7727, 2009.6.11.).
- 최저한세 계산시 과세표준에 가산할 특례자산감가상각비의 범위는 법인세법 시행규칙」 제82조 규정에 의한 별지 제4호 서식(최저한세조정계산서) 및 별지 제5호 서식(특별비용조정명세서)을 참고하기 바람(서면2팀-1997, 2007.11.2.).

# 제173조

## 양도소득분 개인지방소득세 감면의 종합한도

관련규정

제173조(양도소득분 개인지방소득세 감면의 종합한도) ① 개인이 제121조, 제124조, 제130조부터 제135조까지 또는 제137조에 따라 감면받을 양도소득분 개인지방소득세액의 합계액 중에서 다음 각 호의 금액 중 큰 금액은 감면하지 아니한다. 이 경우 감면받는 양도소득분 개인지방소득세액의 합계액은 자산양도의 순서에 따라 합산한다.

1. 과세기간별로 계산된 다음 각 목의 금액 중 큰 금액
   가. 제121조, 제124조, 제132조, 제133조(100분의 15 및 100분의 20의 감면율을 적용받는 경우에 한한다), 제134조 또는 제137조에 따라 감면받을 양도소득분 개인지방소득세액의 합계액이 과세기간별로 1천만원을 초과하는 경우에는 그 초과하는 부분에 상당하는 금액
   나. 제121조, 제124조, 제130조부터 제134조까지 또는 제137조에 따라 감면받을 양도소득분 개인지방소득세액의 합계액이 과세기간별로 2천만원을 초과하는 경우에는 그 초과하는 부분에 상당하는 금액
2. 5개 과세기간의 합계액으로 계산된 다음 각 목의 금액 중 큰 금액. 이 경우 5개 과세기간의 감면받을 양도소득분 개인지방소득세액의 합계액은 당해 과세기간에 감면받을 양도소득분 개인지방소득세액과 직전 4개 과세기간에 감면받은 양도소득분 개인지방소득세액을 합친 금액으로 계산한다.
   가. 5개 과세기간의 제132조에 따라 감면받을 양도소득세액의 합계액이 1천만원을 초과하는 경우에는 그 초과하는 부분에 상당하는 금액
   나. 5개 과세기간의 제132조 및 제133조(100분의 15 및 100분의 20의 감면율을 적용받는 경우에 한한다)에 따라 감면받을 양도소득분 개인지방소득세액의 합계액이 2천만원을 초과하는 경우에는 그 초과하는 부분에 상당하는 금액
   다. 5개 과세기간의 제130조부터 제133조까지에 따라 감면받을 양도소득분 개인지방소득세액의 합계액이 3천만원을 초과하는 경우에는 그 초과하는 부분에 상당하는 금액

[14.1.1. 본조 신설 ⇨ 조특법 §133에서 이관]

# 1 | 개 요

부동산 양도차익 등은 자본이득으로서 정책목적으로 감면해 주는 경우라도 근로소득 등 다른 소득에 비해 과세형평성을 저해할 요인이 크다고 볼 수 있다. 특히, 한 사람의 양도소득에 대하여 모두 감면해 주는 것은 고소득자에게 지나친 혜택을 주는 등의 형평성 문제가 있고, 방위세 폐지에 대한 보완규정인 최저한세의 신설로 동 규정이 적용되는 개인의 지방소득세와 과세형평을 유지하기 위한 것이라 할 수 있다. 본 제도는 지방세제 개편계획(2013.9.)에 따라 조특법 제133조와는 별도로 2014년부터 현재의 지특법 제173조에서 양도소득분 지방소득세 감면의 한도 규정으로 신설되었다.

# 2 | 감면실무

## 2-1. 양도소득분 개인지방소득세 종합한도의 적용대상

다음의 규정에 의하여 감면받을 양도소득분 개인지방소득세액의 합계액으로 한다.

① 사업전환 무역조정지원기업에 대한 세액감면(지특법 §121)
② 자경농지에 대한 감면(지특법 §129)
③ 축사용지에 대한 감면(지특법 §130)
④ 농지대토에 대한 감면(지특법 §131)
⑤ 공공사업용 토지 등에 대한 감면(지특법 §132)
⑥ 개발제한구역 지정에 따른 매수대상토지 등에 대한 감면(지특법 §133)
⑦ 국가에 양도하는 산지에 대한 양도소득세의 감면(지특법 §136)

## 2-2. 양도소득분 개인지방소득세 종합한도액의 계산

개인이 각 과세기간별로 종합한도 적용대상으로 감면받을 양도소득분 개인지방소득세액의 합계액 중에서 다음 중 큰 금액은 감면하지 아니한다. 이 경우 감면받는 양도소득분 개인지방소득세액의 합계액은 자산양도의 순서에 따른다. 과세기간별은 1년 기준 또는 5년 기준으로 구분한다.

1년 기준이란 대토농지와 수용토지 등에 대해 1년간 1천만원에서 2천만원까지를 초과하여 감면할 수 없다는 것이고, 5년 기준이란 8년 자경농지와 대토농지 등에 대해서는 5년간

1천만원에서 3천만원까지를 초과하여 감면할 수 없다는 것이다. 구체적인 종합한도액 계산 사례는 아래의 표의 내용과 같다.

〈표〉 **양도소득분 개인지방소득세 감면 종합한도액 계산**

| 과세기간별 | 감면한도 | 종합한도액의 계산<br>(아래 칸의 번호는 위에서 설명하는 종합한도 적용대상임) |
|---|---|---|
| 1년 기준 | 1천만원 | ① + ② + ⑤ + ⑥ + ⑦의 감면 합계액 중 1천만원을 초과하는 부분에 상당하는 금액 |
| | 2천만원 | ① + ② + ③ + ⑤ + ⑦의 감면 합계액 중 2천만원을 초과하는 부분에 상당하는 금액 |
| 5년 기준 | 1천만원 | ⑤ 감면액의 합계액 중 1천만원을 초과하는 부분에 상당하는 금액 |
| | 2천만원 | ⑤ + ⑥ 감면액의 합계액 중 2천만원을 초과하는 부분에 상당하는 금액 |
| | 3천만원 | ③ + ④ + ⑤ + ⑥ 감면액의 합계액 중 3천만원을 초과하는 부분에 상당하는 금액 |

※ ⑥의 경우 20% 및 25%의 감면율을 적용받는 경우에 한함.

**8년 자경농지 등을 일괄 양도하는 경우와 분산하여 양도하는 경우 종합한도액 계산**

자경농지 등을 일괄하여 특정 과세기간에 일괄 양도하는 경우와 과세기간 시점을 분산하여 양도하는 경우, 다음의 사례의 경우처럼 감면 종합한도액 계산이 달라지는데 일반적으로 양도시점을 분산하여 양도하는 것이 한도액 계산에 유리하다 할 것이다.

**양도소득분 개인지방소득세 감면 종합한도액 계산 사례**

1) H씨가 8년 이상 자경농지를 보유하다가 양도하면서 양도소득분 지방소득세로 1천 5백만원이 나왔는데, 한 해에 전액 감면이 가능한지 여부?
   ⇨ 8년 자경농지에 대한 감면은 1년간 2천만원까지는 감면이 가능함.
2) H씨가 8년 이상 자경농지를 보유하다가 양도하면서 양도소득분 지방소득세로 2천 5백만원이 나와 2억원까지는 1년간 공제가 가능하다면, 나머지 5백만원을 감면받기 위해 대토농지로 감면을 신청하면 추가로 감면이 가능한지 여부?
   ⇨ 8년 자경농지 감면과 대토농지 감면을 합하여 1년간 2천만원까지만 가능함. 다만, 이 경우는 과세기간별로 합산을 하므로 감면시점을 분산하면 가능함.
3) H씨가 8년 자경농지를 양도하고자 할 경우, 양도소득분 지방소득세액을 예측해 보니 3천만원이 나올 것으로 예상됨. 이 경우 H씨는 지방소득세를 모두 면제받을 수 있는 방법은?
   ⇨ 일단, 자경농지는 1년간 한도 및 5년간 한도 모두를 적용받을 수 있다. 1년간 한도는 2천

만원이고 5년간 한도는 3천만원이다. 따라서 지방소득세 2천만원에 해당하는 농지를 2014년도에 양도하고, 나머지 1억원에 해당하는 농지를 2015년에 양도하면 된다. 이렇게 되면 각각의 과세기간별로 2억원과 1억원이 감면한도를 만족하게 되어 모두 면제를 받을 수 있다.

## 3 관련사례

- 쟁점 ① 토지와 같이 당초부터 감면세액이 감면한도액에 미달하지 아니하는 범위 내에서 8년자경감면과 수용감면을 동시에 적용받을 수 있는 경우에는 하나의 감면규정만을 적용하는 것이 타당함(조심 2013중280, 2013.8.14.).
- 처분청이 8년자경 감면을 한도액 범위 내에서 전액 적용한 것으로 보이는 점 등을 종합할 때, 청구주장을 받아들이기 어려움(조심 2013서614, 2013.3.25.).
- 청구인은 8년자경을 한 이상 세액전부 OOO를 감면하여야 한다고 주장한, 처분청이 조특법 제133조의 1에 따라 1억원을 한도로 감면한 처분은 잘못이 없는 것으로 판단됨(조심 2012전32, 2012.3.7.).
- 영농자녀 증여세감면 한도액 계산시 2006년 이전 영농자녀 증여세 면제세액은 합산하지 않으나, 그 면제 해당 증여재산가액은 일반증여재산과는 10년간 합산함(재산-11, 2012.1.10.).
- 청구인이 취득가액을 환산가액으로 한 이상, 개산공제액 외에 토목공사비를 추가 필요경비로 인정하기 어려움(조심 2011전2551, 2011.11.15.).
- 조세특례제한법 제69조 및 같은 법 제77조의 감면대상 농지에 대한 감면 종합한도를 계산함에 있어 감면받을 양도소득세액의 합계액이 과세기간별로 2억 원을 초과하는 경우에는 그 초과하는 부분에 상당하는 금액은 이를 감면하지 아니하는 것임(부동산거래-935, 2011.11.7.).
- 8년 이상 자경농지의 양도소득세 감면 한도 산정에 관하여 5개 과세기간의 감면받을 양도소득세액의 합계액을 계산함에 있어 구법 부칙 제36조 제2항을 적용하지 아니함이 타당함(서울고법 2010누38020, 2011.7.12.).
- 조특법(2010.12.27. 법률 제10406호로 개정된 것) 제133조(양도세 및 증여세 감면의 한도) 제1항 제2호의 개정규정 적용시, 개정법 시행(2011.1.1.) 전에 동법 제77조(감면율 20% 및 25% 적용에 한함)에 따라 감면받은 세액은 이를 합산하지 아니함(부동산거래-564, 2011.7.5.).
- 양도소득세 감면은 조특법(2008.12.26. 법률 제9272호로 개정된 것) 제133조 제1항 제1호에 따라 계산한 과세기간별 한도초과액과 같은 항 제2호에 따라 계산한 5개 과세기간 합계액 한도초과액 중 큰 금액은 감면하지 않음(부동산거래-9, 2011.1.7.).
- 8년 이상 자경농지의 양도소득세 감면세액 한도 산정에 관하여 5개 과세기간별 감면 양도소득세액을 합산할 때에 구 조세특례제한법(2005.12.31. 법률 제7839호) 부칙 제36조 제2항에

서와 같은 제한을 받지 않고 5개 과세기간의 감면세액을 합산하여야 함(서울행법 2010구단 6918, 2010.10.5.).

- 필지의 토지가 수용되는 경우 2필지는 자경농지에 대한 감면을 적용하고, 1필지는 공익사업용 토지에 대한 감면을 적용할 수 있는 것이나, 양도소득세는 그 종합한도 내의 금액만 감면되는 것임(부동산거래-1203, 2010.10.13.).
- 조세특례제한법에 따른 양도소득세 감면의 종합한도는 조세특례제한법 제133조 따라 산정함(부동산거래-1028, 2010.8.9.).
- 조세특례제한법 제133조 제1항 제2호 나목의 5개 과세기간의 감면받을 양도소득세액의 합계액을 계산시 조세특례제한법 제77조의 100분의 20 및 100분의 25의 감면율을 적용받는 경우에는 합산하지 아니함(부동산거래-705, 2010.5.18.).
- 토지 등의 일부에 대하여 특정의 감면규정을 적용받는 경우에는 남은 부분에 대하여 다른 감면규정을 적용받을 수 있으나 감면한도 초과금액은 감면되지 아니함(부동산거래-480, 2010.3.29.).
- 조세특례제한법 제133조 제1항 제2호 나목의 5개 과세기간의 감면받을 양도소득세액의 합계액에 대한 감면세액 한도 규정은 조세특례제한법 제77조의 감면율이 40% 및 50%인 경우에 적용됨(부동산거래-483, 2010.3.29.).
- 자경농지에 대한 양도소득세 감면비율 및 감면종합한도는 조세특례제한법 제69조 제1항 및 제133조 제1항에 의하는 것임(부동산거래-471, 2010.3.25.).
- 5개 과세기간의 감면세액 합산시 조특법(2008.12.26. 개정)에는 2005년 이전 감면세액 배제에 관한 별도의 규정이 없으므로, 감면한도에는 2005년 이전의 감면세액을 배제하지 아니함이 타당함(조심 2009서2747, 2010.1.28.).
- 조세특례제한법 제133조 제2항의 5개 과세기간 농지감면 세액 합산시 2005년 이전 감면세액을 합산하여 감면한도를 계산한 것은 정당함(조심 2009서2747, 2010.1.27.).
- 공익사업용 토지 등에 대한 양도소득세 감면대상 자산을 2010.1.1. 이후 양도하여 5개 과세기간의 감면받을 양도소득세액의 합계액에 대한 감면세액 한도 규정은 감면율이 40% 및 50%인 경우에 적용됨(부동산거래-115, 2010.1.22.).

# 제 174 조

## 세액공제액의 이월공제

관련규정

제174조(세액공제액의 이월공제) ① 제99조, 제102조, 제103조, 제104조 제2항, 제109조부터 제115조까지, 제117조, 제118조, 제137조, 제150조, 제151조, 제160조, 제162조, 제165조 및 제166조에 따라 지방소득세 공제할 세액 중 해당 과세연도에 납부할 세액이 없거나 제172조에 따른 개인지방소득세 최저한세액에 미달하여 공제받지 못한 부분에 상당하는 금액은 해당 과세연도의 다음 과세연도 개시일부터 5년(제99조에 따라 공제할 세액으로서 중소기업이 설립일로부터 5년이 되는 날이 속하는 과세연도까지 공제받지 못한 부분에 상당하는 금액은 해당 과세연도의 다음 과세연도 개시일부터 7년, 제102조에 따라 공제할 세액을 중소기업이 설립일부터 5년이 되는 날이 속하는 과세연도까지 공제받지 못하는 경우는 10년까지) 이내에 끝나는 각 과세연도에 이월하여 그 이월된 각 과세연도의 개인지방소득세[사업소득(「조세특례제한법」 제126조의 6을 적용하는 경우에는 「소득세법」 제45조 제2항에 따른 부동산임대업에서 발생하는 소득을 포함한다)에 대한 개인지방소득세만 해당한다]에서 공제한다.

② 각 과세연도의 개인지방소득세에서 공제할 금액으로서 제99조, 제102조, 제103조, 제104조 제2항, 제109조부터 제115조까지, 제117조, 제118조, 제137조, 제150조, 제151조, 제160조, 제162조, 제165조 및 제166조에 따라 공제할 금액과 제1항에 따라 이월된 미공제 금액이 중복되는 경우에는 제1항에 따라 이월된 미공제 금액을 먼저 공제하고 그 이월된 미공제 금액 간에 중복되는 경우에는 먼저 발생한 것부터 차례대로 공제한다.

③ 제1항에도 불구하고 제114조 제1항 제2호 각 목 외의 부분 단서에 따라 해당 투자가 이루어진 과세연도에 공제받지 못한 금액과 제114조 제2항에 따라 개인지방소득세로 납부한 금액은 다음 각 호의 순서대로 계산한 금액을 더한 금액을 한도로 하여 해당 투자가 이루어진 과세연도의 다음 과세연도 개시일부터 5년 이내에 끝나는 각 과세연도에 이월하여 그 이월된 각 과세연도의 개인지방소득세(사업소득에 대한 개인지방소득세만 해당한다)에서 공제한다. 이 경우 이월공제받는 과세연도의 상시근로자수는 제3호 각 목에 따른 상시근로자 수 중 큰 수를 초과하여야 한다.

1. 이월공제받는 과세연도에 최초로 근로계약을 체결한 상시근로자 중 산업수요맞춤형고등학교등의 졸업생 수 × 200만원(중소기업의 경우는 250만원)
2. 이월공제받는 과세연도에 최초로 근로계약을 체결한 제1호 외의 상시근로자 중 청년근로자, 장애인근로자, 60세 이상인 근로자 수 × 150만원(중소기업의 경우는 200만원)
3. (이월공제받는 과세연도의 상시근로자 수 - 제1호에 따른 졸업생 수 - 제2호에 따른 청년근로자, 장애인근로자, 60세 이상인 근로자 수 - 다음 각 목의 수 중 큰 수) × 100만원(중소기업의 경우는 150만원)
   가. 이월공제받는 과세연도의 직전 과세연도의 상시근로자 수
   나. 이월공제받는 금액의 해당 투자가 이루어진 과세연도의 직전 과세연도의 상시근로자 수
   다. 제114조 제2항에 따라 상시근로자 수가 감소하여 개인지방소득세를 납부한 경우 그 상시근로자 수가 감소한 과세연도(2개 과세연도 연속으로 상시근로자 수가 감소한 경우에는 두 번째 과세연도)의 상시근로자 수

④ 제1항에도 불구하고 제113조의 2 제2항에 따라 개인지방소득세로 납부한 금액은 해당 투자가 이루어진 과세연도의 다음 과세연도 개시일부터 5년 이내에 끝나는 각 과세연도에 이월하여 그 이월된 각 과세연도의 개인지방소득세(사업소득에 대한 개인지방소득세만 해당한다)에서 공제하되, 이월공제받는 과세연도에 최초로 근로계약을 체결한 상시근로자 수에 100만원을 곱한 금액을 한도로 한다. 이 경우 이월공제받는 과세연도의 상시근로자 수는 제3항 제3호 각 목을 준용하여 산정한 상시근로자 수 중 큰 수를 초과하여야 한다.

**【영】** 제121조(세액공제액의 이월공제) ① 법 제174조 제3항 제1호에 따른 산업수요맞춤형고등학교등의 졸업생 수는 「조세특례제한법 시행령」 제136조의 2 제1항에 따른 졸업생 수로 한다.

② 법 제174조 제3항 제2호에 따른 청년근로자 수는 「조세특례제한법 시행령」 제136조의 2 제2항에 따른 청년근로자 수로 한다.

③ 법 제174조 제3항 제2호에 따른 장애인근로자 수는 「조세특례제한법 시행령」 제136조의 2 제3항에 따른 장애인근로자 수로 한다.

④ 법 제174조 제3항 제2호에 따른 60세 이상인 근로자 수는 「조세특례제한법 시행령」 제136조의 2 제4항에 따른 60세 이상인 근로자 수로 한다.

⑤ 제1항부터 제4항까지에서 규정한 상시근로자의 범위 및 상시근로자 수의 계산은 「조세특례제한법 시행령」 제23조 제10항부터 제13항까지의 규정에 따른다.

# 1 | 개 요

세액공제는 정상적으로 계산된 산출세액에서 특정 정책목적을 위하여 일정한 요건과 방법에 따른 세액의 일부를 공제하는 제도이다. 조특법에서는 주로 특정 투자행위에 대하여 그 투자금액을 대상으로 일정률을 세액에서 공제하는 방법으로 지원하고 있다. 이러한 투자세액공제는 기업의 투자규모(또는 지출규모)에 비례한 지원이 가능하기 때문에 기업의 투자촉진을 유도하는 유효한 정책수단으로 활용되고 있다. 다만, 기업이 투자를 완료한 과세연도에 소득이 발생하지 아니하여 납부할 세액이 없거나 또는 납부할 세액이 있다 하더라도 최저한세가 적용되는 경우에는 세액공제를 받지 못하는 경우가 발생할 수 있어 정책적으로 도입한 세액공제의 지방소득세 유인 효과가 반감될 수 있으므로, 지특법에서는 일정한 세액공제제도를 법에 규정(열거)하여, 당해 사업연도에 공제받지 못한 부분에 상당하는 금액은 당해 사업연도 개시일부터 5년 이내에 종료하는 사업연도까지 이월하여 공제받을 수 있도록 규정하고 있는데 이 제도를 세액공제액의 이월공제라 한다. 본 제도는 지방세제 개편계획(2013.9.)에 따라 조특법 제144조와는 별도로 2014년부터 현재의 지특법 제174조에서 세액공제액의 이월공제로 신설되었다.

# 2 | 감면실무

## 2-1. 세액공제액의 이월공제

다음에 해당하는 세액공제액의 합계액이 당해 과세연도에 납부할 세액이 없거나 지특법 제169조의 규정에 의한 최저한세의 적용으로 공제받지 못한 부분에 상당하는 금액은 당해 과세연도의 다음 과세연도의 개시일로부터 5년 이내에 종료하는 기간까지의 각 과세연도에 이월하여 사업소득에 대한 개인분 지방소득세에서 공제한다(지특법 §174 ①). 이월공제기간은 사업연도와 무관하게 연도기준으로 5년간[461] 적용된다. 또한, 당초 신고시 최저한세 적용으로 이월공제액이 발생한 경우로서 수정신고・경정결정으로 인하여 당해 사업연도의 공제한도가 증가하는 경우에는 이를 추가로 공제하여 경정・결정할 수 있다(조기통 144-0…1 참조).

461) 이월공제기간은 미국 20년, 영국, 말레이시아, 싱가포르, 아일랜드, 오스트리아 등은 제한을 두지 않고 있다.

① 중소기업 투자 세액공제(지특법 §99)

② 연구・인력개발비에 대한 세액공제(지특법 §102)

③ 연구 및 인력개발을 위한 설비투자에 대한 세액공제(지특법 §103)

④ 생산성향상시설 투자 등에 대한 세액공제(지특법 §109)

⑤ 안전설비 투자 등에 대한 세액공제(조특법 §25)

⑥ 에너지절약시설 투자에 대한 세액공제(지특법 §111)

⑦ 환경보전시설 투자에 대한 세액공제(지특법 §112)

⑧ 의약품 품질관리 개선시설투자에 대한 세액공제(지특법 §113)

⑨ 고용창출투자세액공제(구 임시투자세액공제)(지특법 §114)

⑩ 산업수요맞춤형고등학교 등 졸업자를 병역 이행 후 복직시킨 중소기업에 대한 세액공제(지특법 §115)

⑪ 정규직 근로자로의 전환에 따른 세액공제(지특법 §117)

⑫ 중소기업 고용증가 인원에 대한 사회보험료 세액공제(지특법 §118)

⑬ 근로자복지증진을 위한 설비투자에 대한 세액공제(지특법 §137)

⑭ 제3자 물류비용에 대한 세액공제(지특법 §150)

⑮ 대학 맞춤형 교육비용 등에 대한 세액공제(지특법 §151)

⑯ 금 현물시장에서 거래되는 금지금에 대한 세액공제(지특법 §162)

### 2-2. 이월공제의 순서

전 과세연도에서 공제받지 아니한 이월공제액과 당해 과세연도에 계산된 세액공제액이 중복되는 경우에는 이월공제액을 먼저 공제하고 이월된 미공제액 간에 중복되는 경우에는 먼저 발생한 것부터 순차로 공제한다(지특법 §174 ②).

**세액공제액의 적용 순서**

① 이월된 세액공제액 중 먼저 발생한 분

② 이월된 세액공제액 중 나중에 발생한 분

③ 당해 과세연도에 발생한 세액공제액

## 2－3. 고용창출투자세액공제의 이월공제한도

위의 내용에도 불구하고 고용창출투자세액공제 추가공제의 단서에 규정된 한도를 초과하여 해당 투자가 이루어진 과세연도에 공제받지 못한 금액과 고용창출투자세액공제의 사후관리에 따라 소득세 또는 법인세로 납부한 금액은 다음의 계산식에 따라 계산한 금액을 한도로 하여 해당 투자가 이루어진 과세연도의 다음 과세연도 개시일부터 5년 이내에 끝나는 각 과세연도에 이월하여 그 이월된 각 과세연도의 사업소득(부동산임대소득은 제외)에 대한 개인지방소득세에서 공제한다. 이 경우 이월공제받는 과세연도의 상시 근로자수는 ① 내지 ③에 따른 상시 근로자수 중 큰 수를 초과하여야 한다(지특법 §174 ③).

이월공제받는 과세연도에 최초로 근로계약을 체결한 상시 근로자 중 산업수요맞춤형고등학교 등의 졸업생 수 × 200만원 ＋ 이월공제받는 과세연도에 최초로 근로계약을 체결한 산업수요맞춤형고등학교 등의 졸업생 외의 상시 근로자 중 청년 근로자수 × 150만원 ＋ (이월공제받는 과세연도의 상시 근로자수 － 산업수요맞춤형고등학교 등의 졸업생수 － 산업수요맞춤형고등학교 등의 졸업생 외의 상시 근로자 중 청년 근로자수 － 다음 ①, ②, ③ 중 큰 수) × 100만원

① 이월공제받는 과세연도의 직전 과세연도의 상시 근로자수
② 이월공제받는 금액의 해당 투자가 이루어진 과세연도의 직전 과세연도의 상시 근로자수
③ 사후관리에 따라 상시 근로자수가 감소하여 개인지방소득세를 납부한 경우 그 상시 근로자수가 감소한 과세연도(2개 과세연도 연속으로 상시 근로자수가 감소한 경우에는 두 번째 과세연도)의 상시 근로자수

여기서 '산업수요맞춤형고등학교 등의 졸업생수'는 근로계약 체결일 현재 산업수요맞춤형고등학교 등을 졸업한 날부터 2년 이상 경과하지 아니한 상시 근로자수(이월공제받는 과세연도의 상시 근로자수에서 상기 ① 내지 ③의 수 중 큰 수를 뺀 수를 한도로 한다)로 하고, '청년 근로자수'는 근로계약 체결일 현재 15세 이상 29세 이하인 상시 근로자수(이월공제받는 과세연도의 상시 근로자수에서 상기 ① 내지 ③의 수 중 큰 수 및 산업수요맞춤형고등학교 등의 졸업생 수를 뺀 수를 한도로 한다)로 한다. '상시 근로자'의 범위 및 '상시 근로자수'의 계산방법은 조특령 제23조 제7항부터 제10항까지의 규정을 준용하며, 상시 근로자의 범위 및 상시 근로자수의 계산방법에 관한 자세한 내용은 제26조의 해설을 참조하기로 한다(지특령 §121 ①·②·③, 조특령 §136의 2 ①·②·③).

## 3 | 관련사례

- 조특법상 이월공제는 적법하게 공제가능한 세액 중 당해 과세연도에 납부할 세액이 없거나 최저한세의 적용으로 공제받지 못한 부분에 대하여 이월공제를 허용하는 것으로, 중복지원이 배제되는 법인세 감면과 공제 중 하나만을 선택하여 적용받는 경우에는 이월공제 대상에 해당하지 아니함(조심 2011전2847, 2011.12.27.).
- 최저한세 대상 공제감면인 임시투자세액공제 등을 최저한세 배제 공제감면인 외국인투자세액감면보다 우선 적용하여 과세한 처분은 잘못이 없음(조심 2010중381, 2011.6.24.).
- 합병시 피합병법인이 공제받지 못한 임시투자세액공제 이월액은 합병과세이연 요건을 충족하는 경우 합병법인이 피합병법인으로부터 승계받은 사업과 구분 없이 이월공제를 적용받을 수 있음(법인-313, 2010.3.31.).
- 지점 제조시설에 대한 이전 없이 본점과 지점(수도권과밀억제권역 밖)의 사업장만 각각 변경한 경우 당초 지점의 사업용 자산에 대해 이월공제를 받던 임시투자세액공제를 계속 공제가 가능한지 여부(법인-1236, 2009.11.6.)
- 임시투자세액공제(이월분 포함)와 외국인투자에 대한 법인세 등 감면을 적용받을 경우 순위 적용방법(국제세원-377, 2009.7.16.)
- 고용증대특별세액공제액은 5년 이내에 이월공제 가능함(서면2팀-795, 2007.4.30.).
- 임시투자세액공제를 적용받을 수 있었으나 세액공제를 신청하지 않은 경우 미공제분을 이월공제 가능기간에는 투자세액의 공제신청서를 제출하여 경정받을 수 있음(서면2팀-589, 2007.4.3.).
- 법인이 이월공제 기한까지 공제신청서를 제출하지 못한 경우에는 이월공제에 의한 투자세액 공제대상 사업연도분에 대하여 경정청구에 의해 투자세액공제를 적용받을 수 있음(서면2팀-24, 2007.1.4.).
- 공동사업 해지 시 이월된 고용증대특별세액공제액은 종합소득금액에서 당해 구성원의 손익분배비율로 분배된 공동사업장 소득금액의 비율에 대한 산출세액을 한도로 공제받을 수 있음(서면1팀-1694, 2006.12.14.).
- 법인세 신고시 신청하지 아니한 연구및인력개발비세액공제에 대하여 경정청구기간은 경과하였으나 과세관청의 경정처분에 대한 불복청구 기간 내에 이월세액으로 공제하는 것은 타당함(국심 2005구2799, 2006.6.30.).
- 임시투자세액공제는 5년간 이월하여 공제를 받을 수 있으며 법정신고기한 경과 후 3년 이내에 법인세 과세표준 및 세액의 결정을 관할세무서장에게 청구할 수 있음(서면2팀-1172, 2006.6.21.).
- 2004년도에 일반기업의 최저한세 적용으로 공제받지 못한 부분에 상당하는 금액은 2005년도에 중소기업에 해당하는 경우 중소기업에 대한 최저한세 범위 내에서 이월공제받을 수 있음(서면2팀-574, 2006.4.3.).
- 과거 결손으로 미신청한 임시투자세액공제는 경정청구가 가능하며, 이때 최저한세의 적용으로 이월된 임시투자세액공제액은 당해 사업연도의 창업중소기업 등에 대한 세액감면과 중복 적용받을 수 있음(서면2팀-295, 2006.2.6.).

- 전자신고세액공제는 법인세 과세표준 및 세액신고서상의 산출세액의 범위에서 공제하는 것이며, 산출세액이 없거나 최저한세의 적용으로 공제받지 못한 부분은 이월공제가 가능함(서면2팀-250, 2006.2.1.).
- 투자세액공제 이월공제 규정 적용시 당해 사업연도에 납부할 세액이 없거나 최저한세의 적용으로 공제받지 못한 금액은 당해사업연도에 세액공제신청서를 제출하지 아니하고 지연하여 제출한 경우에도 이월하여 공제받을 수 있음(서면2팀-457, 2005.3.29.).
- 최저한세 적용(전기이월분) 및 적용배제(당기발생분)되는 R&D 세액공제액이 함께 있는 경우, 전기이월된 세액공제액을 최저한세 범위 내에서 먼저 공제하여 납부할 법인세 및 이월공제세액을 계산하는 것임(서면2팀-2764, 2004.12.28.).
- 임시투자세액공제액이 발생했으나 납부세액이 없거나 최저한세의 적용으로 공제세액이 이월된 경우, 동 이월공제세액과 세액감면의 동시적용 가능 여부 및 적용(서면2팀-2577, 2004.12.8.)
- 조세특례제한법 제7조의 2의 기업 어음제도개선을 위한 세액공제 규정 적용시 당해 사업연도의 산출세액이 없는 경우에는 같은 법 제144조의 규정에 의해 이월되는 세액공제액이 없는 것임(서면2팀-1528, 2004.7.20.).
- 포괄양수도시 임시투자세액공제 등 투자세액공제는 양수법인이 이월공제세액을 승계받을 수 없는 것임(서면2팀-1530, 2004.7.20.).
- 세액공제 종류가 다른 경우 이월된 미공제금액의 세액공제 순서는 납세자 선택에 따름(서면2팀-1246, 2004.6.16.).
- 외국인투자기업에 대한 세액감면과 투자세액공제 간 중복배제 여부 판정은 과세연도 단위로 결정하는 것으로서, 결손금발생으로 임시투자세액공제액이 이월된 경우에는 그 전액에 대해 최저한세 범위 내에서 세액공제를 받음과 동시에 당해 사업연도 외국인투자기업에 대한 세액감면도 적용됨(서이 46017-11537, 2003.8.25.).
- 임시투자세액 중 최저한세 적용으로 공제받지 못한 금액에 대해 각 사업연도의 법인세에서 이월공제하는 범위(서이 46012-11135, 2003.6.12.)
- 2000.12.31. 이전 종료 사업연도에 발생한 '중고설비투자 세액공제액'이 최저한세 적용 등으로 2001.1.1. 이후 개시 사업연도로 이월된 경우, 공제할 세액이 발생한 사업연도의 다음 사업연도 개시일부터 4년 이내에 종료하는 각 사업연도에 이월하여 공제받을 수 있음(서이 46012-10797, 2003.4.17.).
- 2000.12.31. 이전에 종료하는 사업연도에 발생한 중고설비투자에 대한 세액공제액이 최저한세의 적용 등으로 2001.1.1. 이후 개시하는 사업연도에 이월된 경우, 동 이월세액 공제방법(법인 46012-233, 2003.4.14.)
- 수도권외의 지역에서 임시투자세액공제를 받고 일부가 이월공제된 상태에서 수도권으로 사업장 이전시, 추징 및 이월공제와 중소기업특별세액 감면과 중복적용 가능 여부(서이 46012-10142, 2003.1.22.)
- 기술·인력개발비 세액공제에 있어 최저한세 적용대상금액보다 적게 공제받고 이월세액 공제란에도 미공제세액을 기재하지 않은 경우, 이월공제를 적용할 수 없음(서이 46012-12009, 2002.11.5.).

제 175 조

# 감면세액의 추징

관련규정

**제175조(감면세액의 추징)** 제99조, 제103조, 제109조부터 제114조까지, 제137조에 따라 개인지방소득세를 공제받은 자가 같은 조에 따라 투자완료일부터 2년(대통령령으로 정하는 건물과 설비 등의 경우에는 5년)이 지나기 전에 해당 자산을 처분한 경우(임대하는 경우를 포함하며, 대통령령으로 정하는 경우는 제외한다)에는 처분한 날이 속하는 과세연도의 과세표준신고를 할 때 해당 자산에 대한 세액공제액 상당액에 대통령령으로 정하는 바에 따라 계산한 이자 상당 가산액을 가산하여 개인지방소득세로 납부하여야 하며, 해당 세액은 「지방세법」 제95조에 따라 납부하여야 할 세액으로 본다.

**【영】** 제122조(감면세액의 추징) ① 법 제175조에서 "대통령령으로 정하는 경우"란 「조세특례제한법 시행령」 제137조 제1항 각 호의 어느 하나에 해당하는 경우를 말한다.

② 법 제175조에 따른 이자 상당 가산액은 공제받은 세액에 제1호의 기간 및 제2호의 율을 곱하여 계산한 금액으로 한다.

1. 공제받은 과세연도의 과세표준신고일의 다음 날부터 법 제175조의 사유가 발생한 날이 속하는 과세연도의 과세표준신고일까지의 기간
2. 1일 1만분의 3

# 1 | 개 요

투자세액공제 등의 적용을 받은 자가 투자완료일부터 2년이 경과되기 전에 당해 자산을 처분하거나 임대하는 경우에는 처분일이 속하는 과세연도의 과세표준신고시에 당해 자산에 대한 세액공제액상당액 및 이자상당가산액을 개인지방소득세에 가산하여 지체 없이 납부하여야 한다. 지특법에서는 특정한 자산의 투자를 촉진하기 위하여 각종 투자세액공제제도를 두고 있으나, 투자세액공제의 적용을 받은 자가 당해 자산을 일정한 기간이 경과되기 이전에 처분하거나 임대 등 다른 목적에 전용하는 경우에는 당초 투자세액공제라는 세제지원의 취지에 맞지 않는 것이므로, 이를 방지하고자 본 제도와 같은 사후관리 규정을 두고 있는 것이다. 본 제도는 지방세제 개편계획(2013.9.)에 따라 조특법 제146조와는 별도로 2014년부터 현재의 지특법 제175조에서 신설되었다.

# 2 | 감면실무

## 2-1. 감면된 세액의 추징

다음의 세액공제의 규정에 따라 개인지방소득세를 공제받은 자가 투자완료일부터 2년이 경과되기 전에 **당해 자산을 처분한 경우**(임대하는 경우를 포함)에는 처분한 날이 속하는 과세연도의 과세표준신고시에 당해 자산에 대한 세액공제액상당액을 개인지방소득세로 납부하여야 하며, 당해 세액은 지방세법 제95조에 따라 납부하여야 할 세액으로 본다(지특법 §175).

> ① 중소기업투자세액공제(지특법 §99)
> ② 연구 및 인력개발을 위한 설비투자에 대한 세액공제(지특법 §103)
> ③ 생산성향상시설 투자 등에 대한 세액공제(지특법 §109)
> ④ 안전설비 투자 등에 대한 세액공제(지특법 §110)
> ⑤ 에너지절약시설투자에 대한 세액공제(지특법 §111)
> ⑥ 환경보전시설 투자에 대한 세액공제(지특법 §112)
> ⑦ 의약품 품질관리 개선시설투자에 대한 세액공제(지특법 §113)
> ⑧ 고용창출투자세액공제(지특법 §114)
> ⑨ 근로자복지증진을 위한 시설투자에 대한 세액공제(지특법 §137)

감면세액 추징 대상인 '임대하는 경우'는 당초 감면대상 업종인 제조업에 사용하지 아니하고 기계장치임대업에 전용하는 것을 의미하므로, 당해 기업이 제조업을 영위하는 데 필수적인 공정을 임가공하기 위해 수탁기업체에 설치 · 임대하는 경우는 감면세액을 추징하는 임대에 해당하지 않는다. 즉 투자세액공제 적용자산을 설치한 기업이 그 시설에 대한 유지 · 관리비용을 부담하면서 임가공업체에 원재료를 제공하고 전량 납품받아 사실상 당해 기업의 제조업에 사용하는 경우에는 세액공제를 적용하는 것이 타당하다 할 것이다.

### 2-2. 감면된 세액의 추징 적용에서 제외되는 사유

다음의 사유에 해당하여 자산을 처분한 경우에는 공제세액을 추징하지 아니한다(지특령 §122 ①).

① 현물출자, 합병, 분할, 분할합병, 「법인세법」 제50조의 적용을 받는 교환, 통합, 사업전환 또는 사업의 승계로 인하여 당해 자산의 소유권이 이전되는 경우. 이런 이유로 당해 자산의 소유권이 이전되는 경우에는 당해 사업의 계속성과 불가피성을 인정하는 측면에서 추징사유에 해당하지 않는 것으로 규정하고 있다.

② 내용연수가 경과된 자산을 처분하는 경우

③ 국가 · 지방자치단체 또는 학교 등에 기부하고 그 자산을 사용하는 경우

내국법인이 투자세액공제를 적용받은 **사업용자산을** 투자를 완료한 날이 속하는 과세연도 종료일부터 2년 이내에 해외의 자회사에게 현물출자한 경우 감면세액의 추징 제외사유에 해당하지 않는다. 그 이유는 투자세액공제는 기본적으로 **내국인에 한하여 적용하고 있고**, 감면세액 추징배제 사유도 "국내 경기회복과 성장기반 확충"라는 입법취지에 부합하여야 할 것이므로 외국법인(해외자회사)에 현물출자하는 경우에는 감면세액 추징사유에 해당하는 것으로 본다.

### 2-3. 이자상당가산액의 납부

공제세액이 위에서 설명한 바와 같이 추징되는 경우에는 세액공제상당액에 이자상당가산액을 가산하여 납부하여야 한다. 이자상당가산액은 다음과 같이 계산한다(지특령 §122 ②).

① 공제받은 과세연도의 과세표준신고일의 다음 날부터 법 제172조의 사유가 발생한 날이 속하는 과세연도의 과세표준신고일까지의 기간

② 1일 1만분의 3의 율

공제받은 세액 × ① 기간 × ② 율

## 3 | 운용사례

- 사업용자산에 투자를 진행하면서 연구 및 인력개발을 위한 설비투자에 대한 세액공제를 받다가 해당 건설 중인 자산을 다른 내국법인에 현물출자하는 경우에는 감면세액의 추징대상이 아님(서면법규-225, 2013.3.5.).
- 임시투자세액공제를 적용하는 자산에는 조세특례제한법 제146조에 따른 감면세액의 추징기간이 경과된 자산을 화재로 소실한 경우로서 해당 자산과 관련하여 지급받은 보험금으로 그 소실한 자산을 대체하여 취득한 것이 포함되는 것임(재조특-887, 2011.9.28.).
- 연구개발시설에 투자한 내국법인이 연구 및 인력개발을 위한 설비투자에 대한 세액공제를 적용받다가 연구개발 완료로 해당 시설을 투자완료일부터 2년이 지나기 전 공장으로 이전하여 생산시설로 전용한 경우에는 감면세액 추징 규정을 적용받지 않음(법인-1008, 2010.10.29.).
- 휴양 콘도미니엄업을 영위하는 자가 당해 사업에 직접 사용하는 사업용자산에 투자하여 임시투자세액공제를 적용받은 후 해당 사업용자산을 공유제 방식으로 분양한 경우 감면세액이 추징되지 않음(재조특-90, 2010.2.9.).
- 선박을 제조하는 법인이 임시투자세액공제를 받은 사업용 고정자산이 투자완료일부터 2년이 경과되기 전에 천재지변에 속하는 강풍으로 훼손되어 폐기처분하는 경우 감면세액 추징사유가 아님(법인-1118, 2009.10.12.).
- 컴퓨터학원이 컴퓨터교습에 직접 사용할 목적으로 취득하는 컴퓨터는 임시투자세액공제 적용대상 자산에 해당하는 것이며, 해당 컴퓨터를 학교에 기부한 후 이를 사용하는 경우 투자세액공제액의 추징 대상에서 제외함(재조특-422, 2009.4.22.).
- 투자 중인 에너지절약시설을 양수한 자가 투자를 완료하고 동 시설을 사업에 사용하는 경우 양도가 추징사유에 해당하는 경우 양도법인은 감면세액을 추징하고 양수법인이 전액 공제받는 것임(법인-908, 2009.3.5.).
- 사업용자산 등에 투자한 법인이 당해 투자자산과 그 투자자산이 속한 사업부문을 분할하거나 포괄양도하는 경우 조세특례제한법 시행령 제137조 제1항 제1호의 사업의 승계에 해당하는 것임(법인-4072, 2008.12.18.).
- 의료기관을 공동으로 경영하는 거주자가 사업용 자산을 취득하면서 대금 일부를 금융리스한 경우 임시투자세액공제를 적용하는 것이며, 공동사업자의 지분을 양도 시 지분에 해당하는 임시투자세액공제액은 승계되지 아니함(서면1팀-1553, 2007.11.9.).

- 임시투자세액공제를 받은 자산을 운휴기간 중 일시 임대하는 경우 세액공제액의 추징 사유에 해당하는지 여부는 임대기간 및 회수와 임대정도 등을 고려하여 판단함(서면2팀-579, 2007.4.3.).
- 경정청구에 따른 과세관청의 결정통지에 의해 추가된 투자금액 부분은 특정설비투자세액공제에 대한 미납부가산세는 부과할 수 없음(국심 2006서1100, 2007.1.24.).
- 조세특례제한법 제146조(감면세액의 추징)의 규정은 법인전환에 대한 양도소득세 이월과세에 대하여 적용하지 아니함(서면2팀-2364, 2006.11.17.).
- 임시투자세액공제를 적용받은 내국법인이 해산으로 인하여 청산중인 경우 투자완료일로부터 2년이 경과되기 전에 실질적으로 사업을 폐지한 경우라면 감면세액을 추징하는 것임(서면2팀-2230, 2006.11.1.).
- 공동사업자의 임시투자세액공제가 최저한세로 이월된 상태에서 공동사업 구성원 1인이 제3자에게 지분을 양도하고 탈퇴한 경우 양수한 구성원은 세액공제를 승계할 수 없으며 감면세액상당액을 추징함(서면1팀-501, 2006.4.20.).
- 이월된 고용증대특별세액공제액은 감면세액의 추징규정을 적용받지 아니하므로 탈퇴하는 공동사업의 구성원은 종합소득금액에 대하여 분배된 산출세액을 한도로 공제받을 수 있음(서면1팀-501, 2006.4.20.).
- 임시투자세액공제를 적용받은 거주자가 투자완료일부터 2년이 경과되기 전에 당해 자산을 처분하는 경우 조세특례제한법 시행령 제137조 제1항에 해당하는 경우 추징 제외됨(서면1팀-486, 2006.4.18.).
- 조세특례제한법 시행령 제137조에서 사업의 승계란 사업의 계속성을 유지하기 위하여 계약의 명칭이나 형식에 관계없이 사업장별로 그 사업에 관한 모든 권리·의무일체를 포괄적으로 양도하는 것을 의미함(서면1팀-486, 2006.4.18.).
- 임시투자세액공제를 적용받은 거주자가 투자완료일로부터 2년이 경과하기 전에 당해 자산을 처분하는 경우 조특법 시행령 제137조 제1항에 해당되는 경우를 제외하고 감면세액이 추징됨(서면1팀-421, 2006.3.31.).
- 2001년 이후 개시하는 사업연도에 감면세액 추징 사유의 발생으로 기 감면세액에 가산하여 납부하는 이자상당액은 그 세액공제 사업연도에 관계없이 1일 1만분의 3의 율을 적용하여 계산함(서면2팀-395, 2006.2.22.).
- 중소기업에 대한 감면세액 상당액을 장기차입금 상환 등에 사용하지 아니하고 폐업하였으므로 감면세액 상당액을 추징한 것은 정당함(국심 2005서3198, 2005.11.17.).
- 투자세액공제를 받은 자산을 규정한 기간이 경과하기 전에 법인이 의뢰한 제품만 임가공하는 법인에게 임대하는 경우 감면세액 추징사유에 해당하지 않음(서면2팀-1825, 2005.11.11.).
- 임시투자세액공제 적용자산을 수탁가공업체에 임대형식으로 설치한 경우라도 투자기업이 시설의 유지·관리비를 부담하고, 수탁가공업체는 동 자산을 투자기업의 제품생산에만 사용하며 동 제품을 투자기업에 전량 납품하는 경우에는 기 감면세액이 추징되지 않는 것임(재조예-398, 2005.11.2.).
- 구 조세특례제한법에 의하여 임시투자세액공제를 받은 자산을 투자를 완료한 날이 속하는 과세연도의 종료일부터 3년이 경과되기 전에 처분하거나 감면목적에 사용하지 않고 폐업하

는 경우 감면세액을 추징함(서면2팀-1642, 2005.10.12.).

- 제조업(선박건조)과 건설업을 영위하는 법인이 제조업의 사업용자산으로 임시투자세액공제를 받은 해상크레인을 운휴기간 중 일시적으로 건설업에 사용하는 경우 사용시간 또는 사용정도를 비교하여 감면세액 추징 여부를 판단하는 것임(서면2팀-1615, 2005.10.10.).
- 법인이 보유중인 예금을 단순히 특수관계자의 금융기관 대출담보로 제공하였다 하여 업무무관가지급금에 해당하지 아니하며, 임시투자세액공제를 받은 후 3년 이내에 기계장치를 해외법인에 현물출자한 것은 공제받은 세액을 추징하는 것임(국심 2004중3621, 2005.6.22.).
- 조특법시행령 제137조 제1항 제2호의 '내용연수가 경과된 자산을 처분하는 경우'의 내용연수는 법인세법 및 조세특례제한법상 '납세지 관할세무서장에게 신고한 내용연수'임(서면2팀-451, 2005.3.25.).
- 조특법 제146조의 규정에 따라 기공제・감면분에 대한 추징세액에 이자상당가산액을 가산하여 납부하는 세액은 납부하는 사업연도의 본세에 해당하는 것이므로 농어촌특별세의 환급도 본세를 납부하는 사업연도를 기준으로 결정 또는 경정하여야 하는 것임(서면2팀-2434, 2004.11.24.).

# 제176조

## 세액감면 및 세액공제 시 적용순위 등

### 관련규정

**제176조(세액감면 및 세액공제 시 적용순위 등)** ① 개인지방소득세의 감면에 관한 규정과 세액공제에 관한 규정이 동시에 적용되는 경우 그 적용순위는 다음 각 호의 순서로 한다.

1. 해당 과세기간의 소득에 대한 개인지방소득세의 감면
2. 이월공제가 인정되지 아니하는 세액공제
3. 이월공제가 인정되는 세액공제. 이 경우 해당 과세기간 중에 발생한 세액공제액과 이전 과세기간에서 이월된 미공제액이 함께 있을 때에는 이월된 미공제액을 먼저 공제한다.

② 〈삭 제〉 [14.12.31.]

③ 〈삭 제〉 [14.12.31.]

본 규정은 개인지방소득세의 감면에 관한 규정과 세액공제에 관한 규정이 동시에 적용되는 경우, 그 적용순위에 대하여 규정하고 있다. 한편, 소득세법 제60조의 규정과는 별도로 지방소득세의 독립세화를 위한 지방세제 개편계획(2013.9.)에 따라 2014년부터 현재의 지특법 제176조로 신설되었다.

# 제 176 조의 2

## 세액감면액 및 세액공제액이 산출세액 초과 시의 적용방법 등

관련규정

제176조의 2(세액감면액 및 세액공제액이 산출세액 초과 시의 적용방법 등) ① 제97조의 2에 따른 자녀세액공제액, 제97조의 3에 따른 연금계좌세액공제액, 제97조의 4에 따른 특별세액공제액의 합계액이 그 거주자의 해당 과세기간의 합산과세되는 종합소득분 개인지방소득 산출세액(「소득세법」 제62조에 따라 원천징수세율을 적용받는 이자소득 및 배당소득에 대한 대통령령으로 정하는 산출세액은 제외하며, 이하 이 조에서 "공제기준산출세액"이라 한다)을 초과하는 경우 그 초과하는 금액은 없는 것으로 한다. 다만, 그 초과한 금액에 기부금 세액공제액이 포함되어 있는 경우 해당 기부금과 「소득세법」 제59조의 4 제4항 제2호에 따라 한도액을 초과하여 공제받지 못한 지정기부금의 100분의 10에 상당하는 금액은 해당 과세기간의 다음 과세기간의 개시일부터 5년 이내에 끝나는 각 과세기간에 이월하여 「소득세법」 제61조 제3항에 따른 세액공제금액의 100분의 10에 상당하는 금액을 공제기준산출세액에서 공제한다.

② 제97조의 4 제1항부터 제3항, 제137조의 2 규정에 따른 세액공제액의 합계액이 그 거주자의 해당 과세기간의 대통령령으로 정하는 근로소득에 대한 종합소득분 개인지방소득 산출세액을 초과하는 경우 그 초과하는 금액은 없는 것으로 한다.

③ 이 법에 따른 감면액 및 세액공제액의 합계액이 해당 과세기간의 합산과세되는 종합소득분 개인지방소득 산출세액을 초과하는 경우 그 초과하는 금액은 없는 것으로 보고, 그 초과하는 금액을 한도로 연금계좌세액공제를 받지 아니한 것으로 본다. 다만, 제96조에 따른 재해손실세액공제액이 종합소득분 개인지방소득 산출세액에서 다른 세액감면액 및 세액공제액을 뺀 후 가산세를 더한 금액을 초과하는 경우 그 초과하는 금액은 없는 것으로 본다.

# 제 4 장

## 보 칙

## (법 제177조~제184조)

# 제177조

## 감면 제외대상

◈ 관련규정 ◈

제177조(감면 제외대상) 이 법의 감면을 적용할 때 다음 각 호의 어느 하나에 해당하는 부동산등은 감면대상에서 제외한다.

1. 별장 : 주거용 건축물로서 늘 주거용으로 사용하지 아니하고 휴양·피서·놀이 등의 용도로 사용하는 건축물과 그 부속토지(「지방자치법」 제3조 제3항 및 제4항에 따른 읍 또는 면에 있는, 「지방세법 시행령」 제28조 제2항에 따른 범위와 기준에 해당하는 농어촌주택과 그 부속토지는 제외한다). 이 경우 별장의 범위와 적용기준은 「지방세법 시행령」 제28조 제3항에 따른다. ☞ 2023.1.1. 별장 중과규정 삭제
2. 골프장 : 「체육시설의 설치·이용에 관한 법률」에 따른 회원제 골프장용 부동산 중 구분등록의 대상이 되는 토지와 건축물 및 그 토지 상(上)의 입목. 이 경우 등록을 하지 아니하고 사실상 골프장으로 사용하는 부동산을 포함한다.
3. 고급주택 : 주거용 건축물 또는 그 부속토지의 면적과 가액이 「지방세법 시행령」 제28조 제4항에 따른 기준을 초과하거나 해당 건축물에 67제곱미터 이상의 수영장 등 「지방세법 시행령」 제28조 제4항에 따른 부대시설을 설치한 주거용 건축물과 그 부속토지.
4. 고급오락장 : 도박장, 유흥주점영업장, 특수목욕장, 그 밖에 이와 유사한 용도에 사용되는 건축물 중 「지방세법 시행령」 제28조 제5항에 따른 건축물과 그 부속토지.
5. 고급선박 : 비업무용 자가용 선박으로서 「지방세법 시행령」 제28조 제6항에 따른 기준을 초과하는 선박

# 1 | 의 의

## 1-1. 개 요

지특법에서 각종 유형의 감면을 적용할 때 「지방세법」 제13조 제5항에 따른 부동산은 감면대상에서 제외하도록 규정하고 있다. 지방세법 제13조 제5항에 따른 과세물건은 사치성 재산으로 지방세법상 중과대상 물건이다. 이들 재산을 취득하는 경우는 일반 과세대상 물건과 달리 사회 · 경제적 여건에 비추어 일부 계층이 특정한 사유로 취득하는 것이 보편적이고, 특히 사치성 재산이라 할 수 있는 고급주택 · 고급오락장 등의 경우는 이에 대한 중과세를 통하여 사치 · 낭비풍조를 억제하고 국가 전체적으로 한정된 자원을 보다 더 생산적인 분야에 투자되도록 유도하는 차원에서 지방세 감면대상에서 원천적으로 배제하고 있는 것으로 2023년부터는 주택 중과세 제도 도입 등을 감안 별장의 경우 중과대상에서 제외되었기에 감면 제외대상에서도 해당 규정을 삭제하였다.

## 1-2. 지방세 중과대상 사치성 재산 도입 취지

골프장 · 별장(2023.1.1.부터 중과 제외) 및 고급오락장 등 사치성 재산에 대한 지방세 중과제도는 사치 · 낭비풍조를 억제하기 위하여 국민의 건전한 소비생활을 유도하고, 자원의 생산적 활용을 도모하기 위하여 대통령 긴급조치[462]로 1974년 1월 14일부터 시행하고 있는 정책세제로서 이와 관련한 재산권 침해 여부에 대해 일부 논란도 있으나 헌재에서는 과잉금지의 원칙에 위배되어 재산권을 침해하거나 평등의 원칙에 위배되지 않는다고 판결(2003.12.18. 2002헌바16, 전원재판부)한 바 있다. 중과세 제도는 그간 경제여건 변화에 따라 1989년까지는 일반 · 간이골프장도 중과세 대상이었으나, 1990년부터는 회원제골프장에 한하여 중과하도록 개선되었고 1998년까지는 취득세의 세율이 15%(일반토지의 7.5배)이었으나, 1999년부터는 10%(일반토지의 5배)로 하향 조정되었고 2000년 말에는 법인의 비업무용 토지 중과 제도가 폐지되는 등 지속적인 개선 보완을 거쳐 현재까지 시행되고 있는 제도이다.

---

462) 1973.10. 시작된 석유파동 및 1974년도의 세계경기의 침체와 물가상승 등 경제위기(스태그플레이션)상황 극복을 위해 근검절약과 국내자원 활용을 위주로 하는 내수 강화방안으로 조세 특례사항을 중심으로 대통령 긴급조치를 선포하였다. 이후부터 고급주택, 별장, 골프장, 고급승용차, 비업무용 고급선박 또는 고급 오락장을 취득하거나, 법인이 비업무용 토지를 취득(2000년 폐지)하는 경우 등에 지방세를 중과세하는 제도가 도입되었다.

## 2 감면실무

「지방세법」 제13조 제5항에 따른 부동산의 경우에는 지특법상에서 원천적으로 감면대상 부동산에서 제외가 되는 것이며 이 규정에 따라 새로운 유형의 감면도 신설이 불가능한 의무조항에 해당된다. 이 뿐만이 아니라 지방자치단체 감면조례도 이 규정에 근거하여 지특법 제4조 제2항 제1호에서 「지방세법」 제13조 및 제28조 제2항에 따른 중과세의 배제를 통한 지방세 감면조례 신설을 금지하도록 하고 있다. 따라서 사치성재산에 해당되는 부동산에 대해서는 지특법 및 지방자치단체의 감면조례 어디에도 지방세 감면의 특례를 적용할 수 없다.

이와 관련하여 최근에는 천재지변으로 멸실된 사치성 재산에 대해 대체취득하는 경우에는 지방세 감면을 허용할 필요가 있다는 의견이 제기되고 있으나, 유흥주점 등 사치성재산에 대한 중과는 1974년(대통령 긴급조치)에 도입된 제도로 지방세 감면 자체를 배제하는 규정은 2001년도부터 신설되었다. 이러한 사치성 재산에 대한 지방세 감면 배제는 국민의 사치·낭비풍조 억제를 통한 건전한 소비생활을 유도하기 위한 것이라고 판단되며, 지특법 제177조에서 사치성 재산에 대해서는 지특법상 감면을 배제하는 규정을 두고 있는 것도 이러한 취지를 반영하고 있는 것으로 본다.

「지방세법」 제13조 제5항에 따른 부동산에 해당하는 별장(2023.1.1.부터 중과 제외), 회원제골프장, 고급주택, 고급오락장, 고급선박은 사치·향락적 소비시설로서 일반과세 대상 물건과의 형평성 차원에서 지방세 감면대상에서 제외하고 있으나 현행 규정에서는 회원제골프장에 대해서 최초로 설치하는 경우에만 취득세를 중과세하도록 규정되어 있어 승계취득하는 회원제골프장이 감면 제외대상인지 아닌지 여부가 불분명하다. 이에 법제처(법제처 18-0506, '18.9.14.)를 통해 중과세 대상이 아니더라도 감면제외 대상에 해당함을 명확히 규정할 필요가 있다는 법령정비 권고에 따라 2020년 법 개정시 '「지방세법」 제13조 제5항에 따른 부동산'을 '「지방세법」 제13조 제5항 각 호의 부동산'으로 해당 규정을 그대로 인용함으로써 감면 제외대상 범위를 명확화하였다. 따라서 회원제골프장에 대해서는 취득 원인에 관계없이 감면 제외대상에 해당한다고 보아야 하며 이는 보칙 규정을 명확히 한 사항이므로 운영에 있어서는 종전과 동일하게 적용되어야 할 것으로 판단된다.

# 제177조의2

## 지방세 감면 특례의 제한

관련규정

제177조의 2(지방세 감면 특례의 제한) ① 이 법에 따라 취득세 또는 재산세가 면제(지방세 특례 중에서 세액감면율이 100분의 100인 경우와 세율경감률이 「지방세법」에 따른 해당 과세대상에 대한 세율 전부를 감면하는 것을 말한다. 이하 이 조에서 같다)되는 경우에는 이 법에 따른 취득세 또는 재산세의 면제규정에도 불구하고 100분의 85에 해당하는 감면율(「지방세법」 제13조 제1항부터 제4항까지의 세율은 적용하지 아니한 감면율을 말한다)을 적용한다. 다만, 다음 각 호의 어느 하나에 해당하는 경우에는 그러하지 아니하다.

1. 「지방세법」에 따라 산출한 취득세의 세액(연부로 부동산을 취득하는 경우 매회 세액을 합산한 것을 말하며, 1년 이내에 동일한 소유자로부터 부동산을 취득하는 경우 또는 1년 이내에 연접한 부동산을 취득하는 경우에는 각각의 부동산에 대하여 산출한 취득세의 세액을 합산한 것을 말한다) 및 재산세의 세액이 다음 각 목의 어느 하나에 해당하는 경우
   가. 취득세 : 200만원 이하
   나. 재산세 : 50만원 이하(「지방세법」 제122조에 따른 세 부담의 상한을 적용하기 이전의 산출액을 말한다)
2. 제7조부터 제9조까지, 제13조 제3항 · 제4항, 제16조, 제17조, 제17조의 2, 제20조 제1항 제1호, 제29조, 제30조 제3항, 제33조 제2항, 제35조의 2, 제36조, 제36조의 3 제1항 제1호, 제36조의 5, 제41조 제1항부터 제6항까지, 제44조 제2항 · 제5항, 제50조, 제55조, 제57조의 2 제2항(2020년 12월 31일까지로 한정한다), 제62조, 제63조 제2항 · 제4항, 제66조, 제73조, 제74조의 2 제1항, 제76조 제2항 · 제3항, 제77조 제2항 · 제3항, 제82조, 제85조의 2 제1항 제4호 · 제5호 및 제92조에 따른 감면

② 제4조에 따라 지방자치단체 감면조례로 취득세 또는 재산세를 면제하는 경우에도 제1항을 따른다. 다만, 「조세특례제한법」의 위임에 따른 감면은 그러하지 아니하다.
③ 제2항에도 불구하고 제1항의 적용 여부와 그 적용 시기는 해당 지방자치단체의 감

면조례로 정할 수 있다.

※ 2014.12.31. 개정 부칙 재개정(2015.12.29.)

**【법률 제12955호】** 제12조(지방세 면제 특례의 제한에 관한 적용례) 제177조의 2의 개정규정은 다음 각 호의 구분에 따른 시기부터 적용한다.

1. 제11조 제1항, 제13조 제2항 제1호 · 제2호 · 제3호 · 제5호, 제13조 제3항, 제18조, 제23조, 제26조, 제30조 제1항 · 제3항, 제31조의 3 제1항 제1호, 제33조 제2항, 제36조, 제40조, 제42조 제1항, 제44조, 제45조 제1항, 제52조 제1항, 제54조 제5항 제1호, 제57조의 3, 제67조 제1항 · 제2항, 제75조, 제83조 제1항, 제85조 제1항 및 제86조 : 2016년 1월 1일
2. 제15조 제2항, 제27조 제2항, 제63조 제4항, 제64조, 제68조 제1항 및 제85조의 2 제2항 : 2017년 1월 1일
3. 제6조 제4항, 제16조, 제42조 제2항, 제53조, 제70조 제3항, 제82조 및 제83조 제2항 : 2019년 1월 1일
4. 제22조 제1항 · 제2항, 제72조 제1항 · 제2항, 제89조 및 제90조 : 2020년 1월 1일
5. 제1호부터 제4호까지에서 규정한 면제 외의 면제 : 2015년 1월 1일

※ 2015.12.29. 개정 부칙

**【법률 제13637호】** 제5조(지방세 면제 특례의 제한에 관한 적용례) 제177조의 2의 개정규정은 다음 각 호의 구분에 따른 시기부터 적용한다.

1. 제30조 제2항, 제37조, 제38조 제3항, 제40조의 3 제1호, 제57조의 2 제9항, 제64조의 2, 제65조, 제68조 제2항 및 제88조 제1항 : 2017년 1월 1일
2. 제22조의 2, 제43조, 제54조 제6항, 제57조의 2 제3항 제5호 · 제7호, 같은 조 제4항 · 제5항, 제60조 제3항 제1호의 2, 제73조의 2, 제74조 제3항 제4호 · 제5호, 제79조 및 제80조 : 2019년 1월 1일
3. 제74조 제1항 · 제2항 : 2020년 1월 1일
4. 제1호부터 제3호까지에서 규정한 면제 외의 면제 : 2016년 1월 1일

※ 2016.12.27. 개정 부칙

**【법률 제14477호】** 제9조(지방세 면제 특례의 제한에 관한 적용례) 제177조의 2 제1항의 개정규정은 법률 제12955호 지방세특례제한법 일부개정법률 부칙 제12조 및 법률 제13637호 지방세특례제한법 일부개정법률 부칙 제5조에도 불구하고 다음 각 호의 구분에 따른 시기부터 적용한다.

1. 제22조의 2, 제42조 제2항, 제43조, 제53조, 제54조 제6항, 제57조의 2 제3항 제5호 · 제7호, 같은 조 제4항 · 제5항 · 제6항 제3호, 제60조 제3항 제1호의 2, 제70조 제3항, 제73조의 2, 제74조 제3항 제4호 · 제5호, 제79조, 제80조 및 제83조 제2항 : 2019년 1월 1일
2. 제15조 제2항, 제22조 제1항 · 제2항, 제63조 제5항, 제72조 제1항 · 제2항, 제74조 제1항, 제85조의 2 제2항, 제88조 제1항, 제89조 및 제90조 : 2020년 1월 1일
3. 제1호 및 제2호에서 규정한 면제 외의 면제 : 2017년 1월 1일

※ 2017.12.26. 개정 및 2023.3.14. 개정 부칙

**【법률 제15295호】** 제7조(지방세 면제 특례의 제한에 관한 적용례) 제177조의 2 제1항의 개정규정은 법률 제12955호 지방세특례제한법 일부개정법률 부칙 제12조, 법률 제13637호 지방세특례제한법 일부개정법률 부칙 제5조 및 법률 제14477호 지방세특례제한법 일부개정법률 부칙 제9조에도 불구하고 다음 각 호의 구분에 따른 시기부터 적용한다.

1. 제22조의 2, 제42조 제2항, 제43조, 제53조, 제57조의 2 제3항 제5호 · 제7호, 같은 조 제4항 · 제5항, 제60조 제3항 제1호의 2, 제70조 제3항, 제73조의 2, 제74조 제3항 제4호 · 제5호, 제79조, 제80조 및 제83조 제2항 : 2019년 1월 1일
2. 제15조 제2항, 제22조 제1항 · 제2항, 제63조 제5항, 제72조 제1항 · 제2항, 제74조 제1항, 제85조의 2 제2항, 제88조 제1항, 제89조 및 제90조 : 2020년 1월 1일
3. 제15조 제2항, 제63조 제5항 : 2026년 1월 1일 ☞ 유예기한 3년 연장
4. 제1호 및 제3호에서 규정한 면제 외의 면제 : 2018년 1월 1일

## 1 | 의 의

지방세는 기간세인 취득세와 재산세의 감면 비중(제14조, 87.1%, 2013년 기준)이 월등히 높으며, 대부분 전액 면제[463] 등 과도하게 높은 폭의 감면 혜택을 부여해 왔다. 이로 인해 조세형평성은 물론 과세 당국의 과세권 침해 등의 문제점 등 지방세입 기반이 약화되는 주요 요인 중에 하나이다. 이에 2015년부터는 최소납부세액 제도 도입을 통해 지방행정수요 유발 등에 따른 최소한의 세액을 납부토록 하여 지방재정 확충에 기여하는 데 의의가 있다 하겠다.

## 2 | 최소납부세액 제도

조세의 전액 면제는 과세 자체를 원천적으로 차단하여 국가정책 목적 등 감면 필요성이 있더라도 지방공공재 사용에 따른 최소한의 비용을 지불할 필요가 있다. 이는 국민개세주의 원칙, 조세부담 형평성, 응익성에 모두 부합하는 것이라 하겠다. 이와 관련하여 국세의 경우는 이미 1991년부터 최저한세액 제도를 도입하여 법인세와 소득세에 적용중에 있다.

463) 전액 면제 조항(2014년) : 지방세 73%(지특법 109개 조문 중 80개), 국세 17%(조특법 264개 조문 중 45개)

• 법인세 : 감면 전 과표 × 최저한세율(중소기업 7%, 일반기업 10~17%)
• 소득세 : 감면 전 산출세액 × 최저한세율(개인사업자 35%)

# 3 | 지방세특례의 제한

## 3-1. 최소납부세제 개념

2015년부터 도입된 최소납부세액 제도는 지특법 개별규정에서 전액 면제 규정에도 불구하고 제177조의 2 규정에 따라 최소납부세율에 해당하는 상당세액에 대해서는 지방세를 납부하여야 하는 것이다. 여기서 지방세란 취득세 및 재산세를 말한다. 세부적으로 살펴보면 감면유형 및 특성별로 감면율 상한선을 설정하여 납세자가 최소한으로 납부해야 할 세율을 15%로 설정하여 전액 면제는 배제하고 최대 지방세 경감을 75%까지만 적용하여 나머지 25%는 과세로 전환되어 이 부분에 대해서 납세자가 최소한의 세액을 부담하게 되는 것이다. 한편, 국세의 최저한세는 2014년 현재 최대 17%를 적용중에 있다. 국세와 비교한 최저한세액 제도는 다음과 같다.

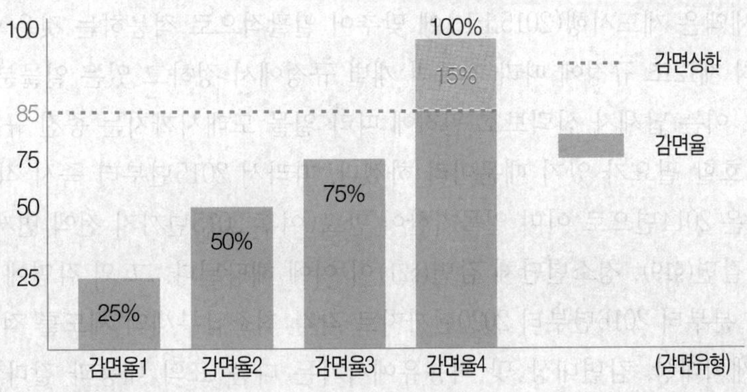

〈표 1〉 **지방세 최소납부세제 vs 국세의 최저한세 제도 비교**

| 구분 | 국 세 | 지방세 |
|---|---|---|
| 규정 | 조세특례제한법 제132조 | 지방세특례제한법 제177조의 2 |
| 목적 | 조세감면의 중복적용으로 법인의 조세부담이 과도하게 축소되는 것 방지 | 지방공공재 사용에 따른 최소한의 비용 부담 등 조세 형평, 비정상의 정상화 |
| 적용방식 | 조세공제 감면 후 세액이 일정 수준에 미달하는 경우 구간별 최저한세 부과 | 지방세 감면율이 100% 면제인 경우에 적용<br>-단, 취약계층 등 보호를 위해 일부 예외 |
| 세율 | 〈법인세〉<br>-과표 1,000억원 초과 : 17%<br>-과표 100~1,000억원 : 12%<br>-과표 100억원 이하 : 10%<br>-중소기업 : 7%<br>〈소득세〉<br>-감면 전 산출액 3,000만원 이하 : 35%<br>-감면 전 산출액 3,000만원 초과 : 45% | 〈취득세〉<br>-산출세액 200만원 초과 : 15%<br>* 200만원 이하 면세<br>〈재산세〉<br>-산출세액* 50만원 초과 : 15%<br>* 50만원 이하 면세<br>※ 분위별 분포에 따라 하위 90% 배제 |

## 3-2. 최소납부세액 적용

최소납부세액은 제도시행(2015.1.1.)에 맞추어 일괄적으로 적용하는 것은 아니고 법률 제12955호 부칙 제12조 규정에 따라 지특법 개별 규정에서 정하고 있는 일몰분부터 순차적으로 적용한다. 이는 납세자 신뢰보호 원칙에 따라 일몰 도래시까지는 종전 규정의 전액 면제 기득권을 보호할 필요가 있기 때문이라 하겠다. 따라서 2015년부터 즉시 적용하는 최소납부세액 대상은 2014년으로 이미 일몰기한이 만료(이후 2015년까지 전액 면제 연장)된 영유아어린이집 감면(§19), 청소년단체 감면(§21)이 이에 해당된다. 그 외 감면에 대해서는 일몰이 도래하는 분부터 2016년부터 2020년까지로 각각 최소납부세액 제도를 적용받는다. 이에 대한 세부 제외대상, 감면대상 및 적용유예시기는 다음 표의 내용과 같다.

한편, 2015년에 일몰이 예정되어 있는 다자녀가구 지원을 위한 감면(§22의 2), 임대주택 감면(§31)에 대해서는 아래 부칙 규정에 따르면 2015년 1월 1일부터 최저한세율 적용대상에 해당되지만, 최저한세액 적용을 일몰 도래분부터 적용한다는 당초 입법취지에 비추어 이들 감면에 대해서는 2015년에 일몰 도래하는 다른 감면분과 동일하게 2016년 1월 1일부터 최소납부세액을 적용하게 되었다.

### 3-2-1. 전액 면제의 의미

전액 면제라 함은 법령에 의해서 납세의무의 전부 또는 일부를 해제하는 것으로 이러한 면제조치를 하게 되면 납세의무는 그 목적을 달성하지 못한 채 소멸한다.

납세의무의 면제는 엄격히 말해서 조세부담공평의 원칙에 반하는 예외 조치이고, 또한 지방자치단체의 중요한 재원의 포기이기도 하기 때문에 모두 법률 또는 조례의 근거에 의해서만 면제가 가능한 것이지 과세권자와 납세의무자 간의 계약에 의해서는 면제할 수 없는 것이다. 2015년부터 도입된 최소납부세액 제도에 따른 전액 면제란 「지방세특례제한법」에 따른 면제로서 세액 감면율이 100분의 100인 경우와 세율 경감률이 지방세법에 따른 해당 과세대상에 대한 세율 전부를 감면하는 것을 말한다. 이에 대한 사례는 다음의 표의 내용을 참고하기 바란다.

〈표 2〉 **전액 면제 예시**

- **세액 감면율이 100분의 100인 경우**
  제11조 제1항(농업법인 취득세 면제), 제44조(평생교육시설 취득세, 재산세 면제), 제68조 제1항(매매용 중고차 취득세 면제) 등
- **해당 세율 전부를 감면하는 경우**
  제65조(항공기에 대한 취득세 2% 경감) 등 : 지방세법 제12조 제2항 제4호 가목에 따른 항공기의 경우 전액 면제에 해당. 그 외 제12조 제2항 제4호 나목(2.2%), 다목(20.1%)에 따른 항공기는 전액 면제 대상 아님.

한편, 본문 제1항에서 "「지방세법」 제13조 제1항부터 제4항까지의 세율은 적용하지 아니한 감면율"의 의미는 최소납부세제의 도입 취지에 따라 취득세를 기준으로 200만원을 초과하는 경우에는 담세력이 있다고 보아 최소한의 세액을 납부하도록 규정한 것이므로 지방세법에 따라 중과세 세율 적용대상이라 하더라도 중과세율을 적용하지 않고 일반세율을 적용하여야 하며, 예컨대 취득세가 3배 중과인 경우 중과세액인 3배의 세액에 15%를 적용하는 것이 아니라 일반세율(1배)을 적용한 후 해당 세액의 15%만큼은 최소한 납부하여야 함을 규정한 것이다.

### 3-2-2. 세목별 적용기준

최소납부세제는 현재 취득세와 재산세 2개 세목만이 적용되고 있으며 지방세가 전액 면제되는 경우에 한하여 면제규정에도 불구하고 감면세액에서 15%를 부과하게 된다.

다만, 납세자가 면제받는 총 감면세액이 취득세는 200만원, 재산세는 50만원(세부담 상

한세액 산출 이전의 세액) 이하에 해당하는 경우에는 전액 면제를 그대로 적용받는다. 이는 최소납부세액 제도를 도입하면서 전체 감면대상 분위별 분포를 통해 취득세 및 재산세 감면대상자의 하위 90%가 주로 취약계층, 서민층에 해당되는 점을 고려한 것으로 보여진다.

따라서, 예를 들어 2억원의 주택을 5채를 일시에 취득하여 총 10억원의 매매계약을 하고 면제신청을 하는 경우에는 서민층으로 볼 수 없고 고액의 담세력을 가진 것으로 상기의 면세점을 적용받지 않으며 취득시 신고가액이 소액인 경우에 한해 예외적으로 지원하는 제도라 할 수 있다. 이러한 면세점을 과세물건으로 보면 주택을 1채만 취득하는 경우에 취득세는 2억원, 재산세는 2.7억원(과세표준) 이하일 경우에는 최소납부세액 대상에서 제외하게 되는 것이다.

세목별로 살펴보면, 우선 취득세의 경우에는 매매계약서, 도급계약서 등 1매를 기준으로 취득신고 및 감면신청을 하게 되고 여기서 산출된 총 취득세의 면제액에서 15%를 과세하되 지방세 면제규정 중 지방세특례제한법 제177조의 2 및 부칙에 따른 적용 제외대상과 적용유예 대상을 배제하여 적용하여야 한다.

재산세의 경우에는 행정자치부의 「2015년 재산세 최소납부세액 적용기준 및 운용요령」에 따라 일반적인 재산세 고지 방식을 기준으로 적용하면 될 것이며 상세한 내용은 아래의 행정자치부 지침(지방세특례제도과-1661, 2015.6.24.) 자료를 참고하면 될 것이다.

〈표 3〉 **2015년 재산세 최소납부세액 적용기준 및 운영요령**

[1] 단독소유한 경우

① (건축물 · 주택) 1구별 면제세액이 50만원 초과시 면제세액의 15% 부과

> 【예시】 甲이 건축물A, 건축물B(면제대상)를 보유한 경우
> ☞ 건축물A의 산출세액이 400,000원, 건축물B의 산출세액이 600,000원인 경우
> • 산출세액 : 건축물A = 400,000원(←최소납부 여부와 무관)
> 건축물B(면제대상) = 600,000원(←50만원 초과, 최소납부대상)
> • 납부세액 : 건축물A(400,000원) + {건축물B(600,000원) × 15%}
> = 490,000원

② (토지) 대상 토지 면제세액*이 50만원 초과시 면제세액의 15% 부과

* 재산세 면제세액 계산은 과세대상구분(종합, 별도, 분리)별 합산하여 누진세율을 적용한 세액

【예시】 甲이 별도합산 대상 토지A와 토지B(면제대상)를 모두 보유한 경우

※ 산출세액은 별도합산 누진세율 적용

☞ 토지A의 산출과표가 3억원, 토지B(면제대상)의 산출과표가 2억원인 경우

- 산출세액 : 당초과표 = 3억원 + 2억원 = 5억원

  당초세액 = 400,000원 + (5억원 - 2억원) × 0.3%* = 1,300,000원

  * 재산세 세율(지방세법 제111조 제1항 제1호 나목)

  토지B(면제대상)의 안분(2억원 ÷ 5억원 = 40%)세액은

  = 1,300,000원 × 40% = 520,000원(←50만원 초과, 최소납부대상)

- 납부세액 : 적용과표 = 3억원 + (2억원 × 15%) = 3억3천만원

  적용세액 = 400,000원 + (3억3천만원 - 2억원) × 0.3% = 790,000원

[2] 공동소유자이며 모두 면제대상자인 경우

① (건축물·주택) 해당 부동산의 면제세액이 50만원을 초과하는 경우 보유지분에 따라 안분한 개인별 면제세액의 15% 부과

【예시】 甲과 乙이 건축물A(면제대상)를 50% 지분씩 공동보유한 경우

☞ 건축물A의 산출세액이 600,000원인 경우

- 산출세액 : 건축물A(면제대상) : 600,000원(←50만원 초과, 최소납부대상)
- 납부세액 : (甲·乙 각각) {건축물A(600,000원) × 50%} × 15% = 45,000원

② (토지) 해당 부동산의 면제세액* 이 50만원을 초과하는 경우 면제 세액의 15% 부과

* 재산세 면제세액 계산은 과세대상구분(종합, 별도, 분리)별 합산하여 누진세율을 적용한 세액

【예시】 甲과 乙이 별도합산 대상 토지A를 지분 50%로 보유한 경우

※ 甲은 별도합산 대상 토지B를 추가보유(별도합산 누진세율 적용)

☞ 토지A의 산출과표가 4억원, 토지B의 산출과표가 3억원인 경우

- 산출세액(甲) : 당초과표 = (4억원 × 50%) + 3억원 = 5억원

  당초세액 = 400,000원 + (5억원 - 2억원) × 0.3% = 1,300,000원

  * 재산세 세율(지방세법 제111조 제1항 제1호 나목)

  토지A(면제대상)의 안분(2억원 ÷ 5억원 = 40%)세액은

  = 1,300,000원 × 40%

  = 520,000원(←50만원 초과, 최소납부대상)

- 납부세액(甲) : 적용과표 = (4억원 × 50%) × 15% + 3억원 = 3억3천만원

  적용세액 = 400,000원 + (3억3천만원 - 2억원) × 0.3% = 790,000원

- 산출세액(乙) : 당초과표 = 4억원 × 50% = 2억원

  당초세액 = 2억원 × 0.2% = 400,000원

토지A의 안분(2억원÷2억원=100%)세액이 400,000원(← 50만원 이하)

• 납부세액(乙) : 적용과표 = (4억원 × 50%) × 0% = 0원
적용세액 = 0원

[3] 공동소유자이며 일부만 면제대상자인 경우

① (건축물 · 주택) 해당 부동산의 면제세액 중 면제대상자 지분에 따라 안분한 세액이 50만원 초과시 해당 면제세액의 15% 부과

【예시】 면제대상자甲과 일반대상자乙이 건축물A(일부면제 대상)를 지분 50%씩 함께 보유한 경우

☞ 건축물의 산출세액이 1,500,000원인 경우

• 산출세액(甲) : 건축물A(면제대상) : 1,500,000원 × 50%
= 750,000원(←50만원 초과, 최소납부대상)

• 납부세액(甲) : 750,000원 × 15% = 112,500원

• 산출세액(乙) : 건축물A = 1,500,000원 × 50% = 750,000원(←일반과세)

• 납부세액(乙) : 750,000원

② (토지) 해당 부동산의 면제세액*이 50만원을 초과하는 경우 면제 세액에 15% 부과

* 재산세 면제세액 계산은 과세대상구분(종합, 별도, 분리)별 합산하여 누진세율을 적용한 세액

【예시】 면제대상자 甲과 일반대상자 乙이 별도합산 대상 토지A를 지분 50%를 보유한 경우

※ 甲은 별도합산 대상 토지B를 추가보유(산출세액은 별도합산 누진세율 적용)

☞ 토지A의 산출과표가 4억원, 토지B의 산출과표가 3억원인 경우

• 산출세액(甲) : 당초과표 = (4억원 × 50%) + 3억원 = 5억원
당초세액 = 400,000원 + (5억원 - 2억원) × 0.3%* = 1,300,000원
* 재산세 세율(지방세법 제111조 제1항 제1호 나목)
토지A(면제대상)의 안분(2억원 ÷ 5억원 = 40%)세액은
= 1,300,000원 × 40%
= 520,000원(←50만원 초과, 최소납부대상)

• 납부세액(甲) : 적용과표 = (4억원 × 50%) × 15% + 3억원 = 3억3천만원
적용세액 = 400,000원 + (3억3천만원 - 2억원) × 0.3% = 790,000원

• 산출세액(乙) : 당초과표 = 4억원 × 50% = 2억원
당초세액 = 2억원 × 0.2% = 400,000원

• 납부세액(乙) : 적용과표 = 4억원 × 50% = 2억원
적용세액 = 2억원 × 0.2% = 400,000원

### 3-2-3. 다물건 취득자 등 합산과세 방식 도입(2022.1.1. 이후 시행)

최소납부세제를 회피하기 위해 실제 취득시 일괄계약하여 1회의 취득이 발생하였으나 토지 필지를 나누어 여러 개의 계약서로 신고하거나 또는 건물의 각 호별로 나누어 여러 개의 계약서를 작성하여 신고하는 경우에 아래 〈표 4〉의 예시와 같이 최소납부세제 적용을 받지 않는 사례가 발생하게 된다.

**〈표 4〉 최소납부세제 회피 사례(예시)**

| 구분 | 정상세액 | | | 회피사례 | |
|---|---|---|---|---|---|
| | 신고방식 | 최소납부적용(15%) | | 신고방식 | 최소납부적용(15%) |
| 토지 | 1건 × 1천만원 | 150만원 | ⇨ | 10필지 × 100만원 | 0원 |
| 건물 | 1동 × 1천만원 | 150만원 | | 10호 × 100만원 | 0원 |

따라서 조세회피를 방지하고 납세자의 담세력에 따른 최소납부세제 부과원칙에 맞게 적용하기 위해 다물건 취득자 합산과세 방식을 도입하여 2022년 1월부터 시행되고 있으며, 이를 아래 〈표 5〉 예시로 살펴보면, 우선 취득세 산출세액 중 2021년 취득분 150만원(①)은 합산에서 제외되며 2022년 1월 시행 이후 취득분부터 1년의 범위 내에서 총 300만원(②+③)에 대해서 합산하여야 최소납부세제 해당 여부를 판단하도록 개선되었다.

**〈표 5〉 취득시기별 최소납부세제 합산 방식(예시)**

| 취득일 | ① 2021.10.31. | ② 2022.1.31. | ③ 2022.6.30. |
|---|---|---|---|
| 취득세 산출세액 | 150만원 | 150만원 | 150만원 |

최소납부세제 합산기준은 「지방세법」 제6조 제20호에 따른 연부로 취득하는 경우, 1년 이내에 동일한 소유자로부터의 부동산 취득 및 1년 이내에 연접한 부동산을 취득한 경우에 이를 합산하는 방식이며 해당 기준의 적용시점은 2022년 1월 1일 이후 취득세 납세의무 성립분부터 합산 적용을 받게 된다.

또한, 최소납부세제 대상에서 제외되었으나 1년 이내 추가 부동산 취득 등으로 최소납부세제 적용대상으로 전환되는 경우에 각 과세분에 대해 세액을 적용하고 법정신고기한이 지난 과세분에 대하여는 수정신고를 하여야 한다.

이와 관련하여 과소신고가산세의 적용은 「지방세기본법」 제57조 제1항의 규정(지방자치단체의 장은 이 법 또는 지방세관계법에 따라 가산세를 부과하는 경우 납세자가 해당 의무를 이행하지 아니한 정당한 사유가 있을 때에는 가산세를 부과하지 아니한다)에 따라 정당한 사유가 있는 것으로 보아 제외하도록 하고 있으며 상기 〈표 6〉의 사례를 기준으로 살펴보면 ③의 시점(2022.6.30.)에서 ②와 ③의 각각에 대하여 15%를 과세하되 과소신고가산세는 적용하지 않는다.

### 3-3. 최소납부세제 적용 제외 대상

지방세 최소납부세제 적용이 제외되는 감면은 제177조의 2 본문에서 제외되는 경우와 부칙(※ 법률 제15295호, 2017.12.26. 개정)에서 그 적용시기가 유예되어 2019년 이후에 적용되는 경우로 나누어지며 다만, 농어민, 한센인 등 취약계층, 학교, 종교 등 비영리단체, 국가무상귀속 부동산 및 대체취득, 형식적 취득 등 총 30개 유형은 최소납부세제 적용이 배제되도록 규정되어 있다.

2018년부터 농·수협 등의 단위조합과 신협·새마을금고의 면제규정에 대해서도 신용사업 등 일부 수익사업을 영위함을 고려하여 최소납부세제 적용대상으로 개정한 것으로 보이며 2019년에도 최소납부적용 제외대상을 동일하게 운영하고 있으나, 제57조의 2 제2항의 농협 등 금융기관 합병감면에 대해서는 2020년 12월 31일까지로 한정하도록 개정(2018.12.24.)되었다.

2023년 3월 14일 개정시에 현행 규정에서 전문대학 등 「고등교육법」에 따른 학교(제41조)에 대해서는 최소납부 적용을 배제하고 있는 바, 그 성격이 유사한 전공대학의 교육용 부동산(제44조 제2항)에 대하여도 2023년부터 동일한 특례가 지원되도록 최소납부 배제대상에 추가하였고, 도심 공공주택 복합사업 등에 대한 감면(제74조의 2 제1항)은 종전 부동산 가액을 한도로 과표에서 공제하는 방식으로 그 성격이 최소납부세제의 적용이 배제되고 있는 토지수용 대체취득 감면(제73조)과 유사한 점을 고려하여 최소납부 배제대상에 추가하였다.

그 외 2023년부터 지방세법으로 이관되어 지특법상 적용을 받지 않는 제74조 제1항은 최소납부세제 배제대상에서 삭제하고, 감면율이 100%가 아님에도 최소납부세제를 배제토록 규정하고 있는 농업법인(제11조 제1항), 사권제한토지(제84조 제1항)에 대해서도 현행화 차원에서 삭제하여 규정의 실효성을 제고하였으며 현행 최소납부세제 적용 제외대상에 대한 세부내용은 〈표 7〉과 같이 적용된 바 있다.

2024년말 지특법 개정·시행(2025.1.1.)에 따라 최소납부세제 적용 제외 대상 규정은 같은 법 제13조 제4항, 제76조 제3항, 제77조 제3항의 공공시설물의 감면범위 규정이 추가되었고, 제20조의 무료노인복지시설 감면조문의 항이 신설되어 제1항이 추가되었으며, 제36조의 3 제1항 제1호의 생애최초감면 규정 일부가 개정되었고, 제44조 제5항에서의 학력인

정평생교육시설이 감면신설되어 아래 〈표 6〉과 같이 적용되고 있다.

〈표 6〉 **최소납부세제 적용 제외 대상(2025.1.1. 현재)**

| 조문 | 제외대상 | 조문 | 제외대상 |
|---|---|---|---|
| §7 | 농기계류 | §44 ⑤ | 학력인정평생교육시설 ('25.1.1 신설) |
| §8 | 농지확대개발 | §50 | 종교 및 제사단체 |
| §9 | 자영어민 | §55 | 문화재 |
| §11 ① | 농업법인('19.12.31. 한) | §57의 2 ② | 농협 등 금융기관 합병 ('20.12.31. 한) |
| §13 ③·④ | 농어촌공사(국가무상 귀속) *공공시설물 범위규정 추가 ('25.1.1. 개정) | §57의 3 ① | 금융기관 등의 부실기관 정리 |
| §16 | 농어촌주택개량 | §62 | 광업지원 |
| §17 | 장애인자동차 | §63 ② | 철도차량, 국가무상귀속 |
| §17의 2 | 한센인 정착농원 | §63 ④ | 철도건설부지 편입토지 |
| §20 ① 1호 | 무료노인복지시설 | §66 | 교환자동차 |
| §29 | 국가유공자 | §73 | 토지수용 대체취득 |
| §30 ③ | 독립기념관 | §74의 2 ① | 도심 공공주택 복합사업 ('23.3.14. 신설) |
| §33 ② | 서민주택(40㎡, 1억원 미만) | §76 ②·③ | LH공사(국가무상귀속) *공공시설물 범위규정 추가 ('25.1.1. 개정) |
| §35의 2 | 농업인 노후생활안정자금 농지 | §77 ②·③ | 수자원공사(국가무상귀속) *공공시설물 범위규정 추가 ('25.1.1. 개정) |
| §36 | 한국사랑의집짓기운동연합회 | §82 | 개발제한구역 내 주택개량 |
| §36의 3 ① 1호 | 생애최초 주택('25.1.1. 개정) | §84 ① | 사권제한 도시계획용지 ('23.3.14. 미적용대상 제외) |
| §36의 5 | 출산·양육지원 주택 | §85의 2 ① 4·5호 | 지방공기업(국가무상귀속) |
| §41 ①~⑥ | 학교 | §92 | 천재지변 대체취득 |
| §44 ② | 전공대학('23.1.14. 신설) | | |

〈표 7〉 최소납부세제 적용 제외 대상(2024.12.31. 이전)

| 조문 | 제외대상 | 소분 | 제외대상 |
|---|---|---|---|
| §7 | 농기계류 | §50 | 종교 및 제사단체 |
| §8 | 농지확대개발 | §55 | 문화재 |
| §9 | 자영어민 | §57의 2 ② | 농협 등 금융기관 합병 ('20.12.31. 한) |
| §11 ① | 농업법인('19.12.31. 한) | §57의 3 ① | 금융기관 등의 부실기관 정리 |
| §13 ③ | 농어촌공사(국가무상 귀속) | §62 | 광업지원 |
| §16 | 농어촌주택개량 | §63 ② | 철도차량, 국가무상귀속 |
| §17 | 장애인자동차 | §63 ④ | 철도건설부지 편입토지 |
| §17의 2 | 한센인 정착농원 | §66 | 교환자동차 |
| §20 1호 | 무료노인복지시설 | §73 | 토지수용 대체취득 |
| §29 | 국가유공자 | §74의 2 ① | 도심 공공주택 복합사업 ('23.3.14. 신설) |
| §30 ③ | 독립기념관 | §76 ② | LH공사(국가무상귀속) |
| §33 ② | 서민주택(40㎡, 1억원 미만) | §77 ② | 수자원공사(국가무상귀속) |
| §35의 2 | 농업인 노후생활안정자금 농지 | §82 | 개발제한구역 내 주택개량 |
| §36 | 한국사랑의집짓기운동연합회 | §84 ① | 사권제한 도시계획용지 ('23.3.14. 미적용대상 제외) |
| §36의 5 | 출산 · 양육지원 주택 | §85의 2 ① 4호 | 지방공기업(국가무상귀속) |
| §41 ①~⑥ | 학교 | §92 | 천재지변 대체취득 |
| §44 ② | 전공대학('23.1.14. 신설) | | |

### 3-4. 최소납부세제 적용 대상

2015년에는 어린이집 및 유치원 부동산과 청소년 단체 및 시설에 대한 감면이 최초로 최소납부대상이었으나 2016년과 2017년에 걸쳐 그동안 적용유예되었던 감면유형이 새로이 적용되어 총 36개의 감면대상이 최소납부세제 적용을 받게 되었는데 2017년에는 내진설계건축물(대수선), 국제선박(대부분 취득세 세율이 2.02%로 해당 사항이 없으며 세율이 2%인 선박에 한정함), 매매용 및 수출용 중고자동차가 추가되었고, 2018년부터는 창업중소기업에 대한 재산세 감면이 3년간 100%로 확대되어 최소납부세제 대상에 포함하게 되었으며, 그 외에 한국농어촌공사의 농업기반시설(토지 및 시설물), 농 · 수협 · 산림조합의 고유업무용

부동산 기초과학연구원 및 과학기술출연연구기관, 신협·새마을금고 부동산, 지역아동센터(신설) 등 6개 면제규정이 추가되었고 2023년말까지 적용대상이 소폭 변동되어 왔다.

2024년부터는 제80조의 2에 따른 기회발전특구에 대한 감면이 추가되어 〈표 9〉의 내용과 같이 최소납부세제가 적용되며, 2025년부터는 제47조의 4 내진성능확보 건축물이 감면신설되어 적용받게 되며 연도별 그 세부 내용은 〈표 8〉의 내용과 같다.

〈표 8〉 **2025년 최소납부세제 적용대상(56개, 유예 2개 포함)**

| 연번 | 감면내용 | 지방세특례제한법 | 면제세목 | | 적용년도 |
|---|---|---|---|---|---|
| | | | 취 | 재 | |
| 1 | 어린이집 및 유치원 부동산(위탁경영 어린이집) | §19 | ○ | ○ | '15.1. ~ |
| 2 | 청소년단체 등에 대한 감면 | §21 | ○ | ○ | |
| 3 | 한국농어촌공사(경영회생 지원 환매 취득) | §13 ② 2 | ○ | | |
| 4 | 노동조합 | §26 | ○ | ○ | '16.1. ~ |
| 5 | 임대주택을 건축하는 경우(공동주택, 60㎡ 이하) | §31 ① 1 | ○ | | |
| | 임대주택을 최초 분양받는 경우(공동주택+오피스텔, 60㎡ 이하) | §31 ② 1 | ○ | | |
| | 임대주택(2세대이상 공동주택, 40㎡ 이하, 30년이상) | §31 ④ 1 | | ○ | |
| 6 | 준공공임대주택(40㎡ 이하) | §31의 3 ① 1 | ○ | ○ | |
| 7 | 행복기숙사용 부동산 | §42 ① | ○ | ○ | |
| 8 | 박물관·미술관·도서관·과학관 | §44의 2 | ○ | ○ | |
| 9 | 학술연구단체·장학단체·과학기술진흥단체 | §45 ① | ○ | ○ | |
| 10 | 문화예술단체·체육진흥단체 | §52 ① | ○ | ○ | |
| 11 | 한국자산관리공사의 구조조정을 위한 취득 자산 | §57의 3 ② | ○ | | |
| 12 | 경차 | §67 ①, ② | ○ | | |
| 13 | 지방이전 공공기관 직원 주거용 주택(85㎡ 이하) | §81 ③ 2 | ○ | | |
| 14 | 시장정비사업 사업시행자 | §83 ① | ○ | | |

| 연번 | 감면내용 | 지방세특례 제한법 | 면제세목 | | 적용 년도 |
|---|---|---|---|---|---|
| | | | 취 | 재 | |
| 15 | 한국법무보호복지공단, 갱생보호시설 | §85 ① | ○ | ○ | |
| – | 도시개발사업 사업시행자(주택재개발사업 등) | §74 ③ 3 | ○ | | '16.1.~ '18.12. |
| | 법인합병 | §57의 2 ① | ○ | | |
| | 정부출자기업이 취득하는 현물출자 국유재산 | §57의 2 ③ 1 | ○ | | |
| | 법인분할 | §57의 2 ③ 2 | ○ | | |
| | 법인 간 현물출자 | §57의 2 ③ 3 | ○ | | |
| | 법인 간 자산교환 | §57의 2 ③ 4 | ○ | | |
| | 법인 간 포괄적 양도·양수 | §57의 2 ③ 6 | ○ | | |
| – | 평생교육시설 | §44 | ○ | ○ | '16.1.~ '19.12. |
| | 여수엑스포(재단) | §54 ⑤ 1 | ○ | ○ | |
| – | 대한법률구조공단, 법률구조법인 | §23 ① | ○ | ○ | '16.1.~ '20.12. |
| | 한국소비자원 | §23 ② | ○ | ○ | |
| - | 내진설계건축물(대수선) | §47의 4 ① 2 | ○ | ○ | '17.1. ~'21.12. |
| 16 | 국제선박 | §64 ①, ②, ③ | ○ | | |
| 17 | 매매용 중고자동차 | §68 ① | ○ | | |
| 18 | 수출용 중고자동차 | §68 ③ | ○ | | |
| 19 | 한국농어촌공사 농업기반시설 | §13 ② 1의 2 | | ○ | '18.1. ~ |
| 20 | 농협·수협·산림조합의 고유업무부동산 | §14 ③ | ○ | ○ | |
| 21 | 기초과학연구원, 과학기술연구기관 | §45의 2 | ○ | ○ | |
| 22 | 신협·새마을금고 신용사업 부동산 등 | §87 ① 1·2 / ② 1·2 | ○ | ○ | |
| 23 | 지역아동센터 | §19의 2 | ○ | ○ | |
| 24 | 창업중소기업(창업 후 3년 내) | §58의 3 | | ○ | |
| 25 | 다자녀 양육자 자동차 | §22-2 | ○ | | '19.1. ~ |
| 26 | 학생실험·실습용 차량, 기계설비 | §42 ② | ○ | ○ | |
| 27 | 국민신탁법인 | §53 | ○ | ○ | |
| 28 | 특별법 개정 등 상법상 주식회사 변경 | §57-2 ③ 7 | ○ | | |

| 연번 | 감면내용 | 지방세특례제한법 | 면제세목 | | 적용년도 |
|---|---|---|---|---|---|
| | | | 취 | 재 | |
| 29 | 과점주주(부실기관 주식 등 취득) | §57-2 ⑤ 1 | ○ | | '19.1.~ |
| | 과점주주(금융기관 대출금취득 주식 취득) | §57-2 ⑤ 2 | ○ | | |
| | 과점주주(지주회사 등이 자회사 주식 취득) | §57-2 ⑤ 3 | ○ | | |
| | 과점주주(예금보험공사 등이 정리금융기관 주식 취득) | §57-2 ⑤ 4 | ○ | | |
| | 과점주주(자산관리공사가 부실채권 추심으로 인수한 채권을 출자전환시 주식취득) | §57-2 ⑤ 5 | ○ | | |
| | 과점주주(농협자산관리회사가 인수한 부실자산을 출자전환하여 주식 취득) | §57-2 ⑤ 6 | ○ | | |
| | 주식의 포괄적 교환·이전으로 주식 취득 | §57-2 ⑤ 7 | ○ | | |
| | 과점주주(코스닥 상장법인이 취득하는 주식) | §57-2 ⑤ 8 | ○ | | |
| 30 | 학교 내 창업보육센터용 부동산 | §60 ③ 1의 2 | | ○ | |
| - | 여객운송사업용 천연가스 버스 감면(20년까지) | §70 ③ | ○ | | |
| | 반대급부 있는 기부채납용 부동산 감면(20년까지) | §73의 2 | ○ | | |
| 31 | 주거환경개선사업시행자로부터 취득하는 주택(85㎡이하) | §74 ④ 3<br>(舊 §74 ③ 5) | ○ | | |
| 32 | 법인 지방이전 감면 | §79 ① | ○ | ○ | |
| 33 | 공장 지방이전 감면 | §80 ① | ○ | ○ | |
| 34 | 주한미군 한국인 근로자 평택이주 감면 | §81의 2 | ○ | | |
| 35 | 시장정비사업 사업시행자로부터 취득하는 부동산(입주상인) | §83 ② | ○ | | |
| - | 평생교육단체 등 | §43 ①~④ | ○ | ○ | '19.1.~<br>'19.12. |
| | 재개발사업시행자로 부터 취득하는 주택(85㎡이하) | §74 ⑤ 3<br>(舊 §74 ③ 4) | ○ | | |

| 연번 | 감면내용 | 지방세특례 제한법 | 면제세목 | | 적용 년도 |
|---|---|---|---|---|---|
| | | | 취 | 재 | |
| | 여객운송사업용 천연가스 버스 감면(20년까지) | §70 ③ | ○ | | '19.1.~ '20.12. |
| | 반대급부 있는 기부채납용 부동산 감면(20년까지) | §73의 2 | ○ | | |
| 36 | 사회복지법인 등 | §22 ①·② | ○ | ○ | '20.1. ~ |
| 37 | 장학법인 직접사용 부동산 | §45 ② 1 | ○ | ○ | |
| 38 | 여객운수사업용 수소·전기버스 | §70 ④ | ○ | | |
| 39 | 별정우체국 공용(공공용) 부동산 | §72 ② | | ○ | |
| 40 | 외국인 투자기업 감면 (조특법 적용대상은 제외) | §78의 3 | ○ | ○ | |
| 41 | 지방공단 | §85의 2 ② | ○ | ○ | |
| 42 | 새마을운동조직 | §88 ① | ○ | ○ | |
| 43 | 정당 | §89 | ○ | ○ | |
| 44 | 마을회 등의 부동산·선박 | §90 | ○ | ○ | |
| 45 | 생애최초 주택 | §36의 3 ① 1 | ○ | | '20.7.10 |
| 46 | 전공대학 | §44 ② | ○ | ○ | '21.1.~ '22.12. |
| 47 | 농협 등 조합간 합병 | §57의 2 ② | ○ | | '21.1. ~ |
| 48 | 부실금융기관으로부터 양수 재산 | §57의 3 ① 1 | ○ | | '22.1 ~ |
| | 부실농협조합으로부터 양수 재산 | §57의 3 ① 2 | ○ | | |
| | 부실수협조합으로부터 양수 재산 | §57의 3 ① 3 | ○ | | |
| | 부실산림조합으로부터 양수 재산 | §57의 3 ① 4 | ○ | | |
| | 부실신협으로부터 양수 재산 | §57의 3 ① 5 | ○ | | |
| | 부실새마을금고로부터 양수 재산 | §57의 3 ① 6 | ○ | | |
| 49 | 캠코에 매각한 자산의 재취득 | §57의 3 ④ | ○ | | |
| 50 | 한국자유총연맹 | §88 ② | ○ | | |
| 51 | 반환공여구역등에 창업 | §75의 4 | ○ | | '23.1.~ |
| 52 | 인구감소지역내 창업 | §75의 4 | ○ | ○ | |
| 53 | 기회발전특구내 창업 | §80의 2 | | ○ | '24.1.~ |

| 연번 | 감면내용 | 지방세특례 제한법 | 면제세목 | | 적용 년도 |
|---|---|---|---|---|---|
| | | | 취 | 재 | |
| 54 | 내진성능확보 건축물 | §47의 4 | ○ | ○ | '25.1.~ |
| 55 | 지방농수산물공사 | §15 ② | ○ | ○ | '26.1.~ |
| 56 | 도시철도공사 | §63 ⑤ | ○ | ○ | |

〈표 9〉 2024년 최소납부세제 적용대상(56개, 유예 2개 포함)

| 연번 | 감면내용 | 지방세특례 제한법 | 면제세목 | | 적용 년도 |
|---|---|---|---|---|---|
| | | | 취 | 재 | |
| 1 | 어린이집 및 유치원 부동산(위탁경영 어린이집) | §19 | ○ | ○ | '15.1. ~ |
| 2 | 청소년단체 등에 대한 감면 | §21 | ○ | ○ | |
| 3 | 한국농어촌공사(경영회생 지원 환매 취득) | §13 ② 2 | ○ | | |
| 4 | 노동조합 | §26 | ○ | ○ | |
| 5 | 임대주택을 건축하는 경우(공동주택, 60㎡ 이하) | §31 ① 1 | ○ | | |
| | 임대주택을 최초 분양받는 경우(공동주택+오피스텔, 60㎡ 이하) | §31 ② 1 | ○ | | |
| | 임대주택(2세대이상 공동주택, 40㎡ 이하, 30년이상) | §31 ④ 1 | | ○ | |
| 6 | 준공공임대주택(40㎡ 이하) | §31의 3 ① 1 | ○ | ○ | |
| 7 | 행복기숙사용 부동산 | §42 ① | ○ | ○ | |
| 8 | 박물관·미술관·도서관·과학관 | §44의 2 | ○ | ○ | '16.1. ~ |
| 9 | 학술연구단체·장학단체·과학기술 진흥단체 | §45 ① | ○ | ○ | |
| 10 | 문화예술단체·체육진흥단체 | §52 ① | ○ | ○ | |
| 11 | 한국자산관리공사의 구조조정을 위한 취득 자산 | §57의 3 ② | ○ | | |
| 12 | 경차 | §67 ①, ② | ○ | | |
| 13 | 지방이전 공공기관 직원 주거용 주택(85㎡ 이하) | §81 ③ 2 | ○ | | |
| 14 | 시장정비사업 사업시행자 | §83 ① | ○ | | |

| 연번 | 감면내용 | 지방세특례 제한법 | 면제세목 | | 적용 년도 |
|---|---|---|---|---|---|
| | | | 취 | 재 | |
| 15 | 한국법무보호복지공단, 갱생보호시설 | §85 ① | ○ | ○ | |
| – | 도시개발사업 사업시행자(주택재개발사업 등) | §74 ③ 3 | ○ | | '16.1.~ '18.12. |
| | 법인합병 | §57의 2 ① | ○ | | |
| | 정부출자기업이 취득하는 현물출자 국유재산 | §57의 2 ③ 1 | ○ | | |
| | 법인분할 | §57의 2 ③ 2 | ○ | | |
| | 법인 간 현물출자 | §57의 2 ③ 3 | ○ | | |
| | 법인 간 자산교환 | §57의 2 ③ 4 | ○ | | |
| | 법인 간 포괄적 양도·양수 | §57의 2 ③ 6 | ○ | | |
| – | 평생교육시설 | §44 | ○ | ○ | '16.1~ '19.12 |
| | 여수엑스포(재단) | §54 ⑤ 1 | ○ | ○ | |
| – | 대한법률구조공단, 법률구조법인 | §23 ① | ○ | ○ | '16.1~ '20.12 |
| | 한국소비자원 | §23 ② | ○ | ○ | |
| 16 | 내진설계건축물(대수선) | §47의 4 ① 2 | ○ | ○ | '17.1. ~ |
| 17 | 국제선박 | §64 ①, ②, ③ | ○ | | |
| 18 | 매매용 중고자동차 | §68 ① | ○ | | |
| 19 | 수출용 중고자동차 | §68 ③ | ○ | | |
| 20 | 한국농어촌공사 농업기반시설 | §13 ② 1의 2 | | ○ | |
| 21 | 농협·수협·산림조합의 고유업무부동산 | §14 ③ | ○ | ○ | |
| 22 | 기초과학연구원, 과학기술연구기관 | §45의 2 | ○ | ○ | '18.1. ~ |
| 23 | 신협·새마을금고 신용사업 부동산 등 | §87 ① 1·2 / ② 1·2 | ○ | ○ | |
| 24 | 지역아동센터 | §19의 2 | ○ | ○ | |
| 25 | 창업중소기업(창업 후 3년 내) | §58의 3 | | ○ | |
| 26 | 다자녀 양육자 자동차 | §22-2 | ○ | | |
| 27 | 학생실험·실습용 차량, 기계설비 | §42 ② | ○ | ○ | '19.1. ~ |
| 28 | 국민신탁법인 | §53 | ○ | ○ | |
| 29 | 특별법 개정 등 상법상 주식회사 변경 | §57-2 ③ 7 | ○ | | |

| 연번 | 감면내용 | 지방세특례제한법 | 면제세목 | | 적용년도 |
|---|---|---|---|---|---|
| | | | 취 | 재 | |
| 30 | 과점주주(부실기관 주식 등 취득) | §57－2 ⑤ 1 | ○ | | |
| | 과점주주(금융기관 대출금취득 주식 취득) | §57－2 ⑤ 2 | ○ | | |
| | 과점주주(지주회사 등이 자회사 주식 취득) | §57－2 ⑤ 3 | ○ | | |
| | 과점주주(예금보험공사 등이 정리금융기관 주식 취득) | §57－2 ⑤ 4 | ○ | | |
| | 과점주주(자산관리공사가 부실채권 추심으로 인수한 채권을 출자전환시 주식취득) | §57－2 ⑤ 5 | ○ | | '19.1. ~ |
| | 과점주주(농협자산관리회사가 인수한 부실자산을 출자전환하여 주식 취득) | §57－2 ⑤ 6 | ○ | | |
| | 주식의 포괄적 교환·이전으로 주식 취득 | §57－2 ⑤ 7 | ○ | | |
| | 과점주주(코스닥 상장법인이 취득하는 주식) | §57－2 ⑤ 8 | ○ | | |
| 31 | 학교 내 창업보육센터용 부동산 | §60 ③ 1의 2 | | ○ | |
| － | 여객운송사업용 천연가스 버스 감면(20년까지) | §70 ③ | ○ | | |
| | 반대급부 있는 기부채납용 부동산 감면(20년까지) | §73의 2 | ○ | | |
| 32 | 주거환경개선사업시행자로부터 취득하는 주택(85㎡이하) | §74 ④ 3<br>(舊§74 ③ 5) | ○ | | |
| 33 | 법인 지방이전 감면 | §79 ① | ○ | ○ | |
| 34 | 공장 지방이전 감면 | §80 ① | ○ | ○ | |
| 35 | 주한미군 한국인 근로자 평택이주 감면 | §81의 2 | ○ | | |
| 36 | 시장정비사업 사업시행자로부터 취득하는 부동산(입주상인) | §83 ② | ○ | | |
| － | 평생교육단체 등 | §43 ①~④ | ○ | ○ | '19.1~ '19.12. |
| | 재개발사업시행자로 부터 취득하는 주택(85㎡이하) | §74 ⑤ 3<br>(舊 §74 ③ 4) | ○ | | |

| 연번 | 감면내용 | 지방세특례 제한법 | 면제세목 | | 적용 년도 |
|---|---|---|---|---|---|
| | | | 취 | 재 | |
| | 여객운송사업용 천연가스 버스 감면(20년까지) | §70 ③ | ○ | | '19.1.~ '20.12. |
| | 반대급부 있는 기부채납용 부동산 감면(20년까지) | §73의 2 | ○ | | |
| 37 | 사회복지법인 등 | §22 ①·② | ○ | ○ | '20.1. ~ |
| 38 | 장학법인 직접사용 부동산 | §45 ② 1 | ○ | ○ | |
| 39 | 여객운수사업용 수소·전기버스 | §70 ④ | ○ | | |
| 40 | 별정우체국 공용(공공용) 부동산 | §72 ② | | ○ | |
| 41 | 외국인 투자기업 감면 (조특법 적용대상은 제외) | §78의 3 | ○ | ○ | |
| 42 | 지방공단 | §85의 2 ② | ○ | ○ | |
| 43 | 새마을운동조직 | §88 ① | ○ | ○ | |
| 44 | 정당 | §89 | ○ | ○ | |
| 45 | 마을회 등의 부동산·선박 | §90 | ○ | ○ | |
| 46 | 생애최초 주택 | §36의 3 ① 1 | ○ | | '20.7.10. |
| 47 | 전공대학 | §44 ② | ○ | ○ | '21.1.~ '22.12. |
| 48 | 농협 등 조합간 합병 | §57의 2 ② | ○ | | '21.1. ~ |
| 49 | 부실금융기관으로부터 양수 재산 | §57의 3 ① 1 | ○ | | '22.1 ~ |
| | 부실농협조합으로부터 양수 재산 | §57의 3 ① 2 | ○ | | |
| | 부실수협조합으로부터 양수 재산 | §57의 3 ① 3 | ○ | | |
| | 부실산림조합으로부터 양수 재산 | §57의 3 ① 4 | ○ | | |
| | 부실신협으로부터 양수 재산 | §57의 3 ① 5 | ○ | | |
| | 부실새마을금고로부터 양수 재산 | §57의 3 ① 6 | ○ | | |
| 50 | 캠코에 매각한 자산의 재취득 | §57의 3 ④ | ○ | | |
| 51 | 한국자유총연맹 | §88 ② | ○ | ○ | |
| 52 | 반환공여구역등에 창업 | §75의 4 | ○ | | '23.1.~ |
| 53 | 인구감소지역내 창업 | §75의 4 | ○ | ○ | |
| 54 | 기회발전특구 | §80의 2 | | ○ | '24.1.~ |

| 연번 | 감면내용 | 지방세특례제한법 | 면제세목 | | 적용년도 |
|---|---|---|---|---|---|
| | | | 취 | 재 | |
| 55 | 지방농수산물공사 | §15 ② | ○ | ○ | '26.1. ~ |
| 56 | 도시철도공사 | §63 ⑤ | ○ | ○ | |

〈표 10〉 **2023년 최소납부세제 적용대상(55개, 유예 2개 포함)**

| 연번 | 감면내용 | 지방세특례제한법 | 면제세목 | | 적용년도 |
|---|---|---|---|---|---|
| | | | 취 | 재 | |
| 1 | 어린이집 및 유치원 부동산(위탁경영 어린이집) | §19 | ○ | ○ | '15.1. ~ |
| 2 | 청소년단체 등에 대한 감면 | §21 | ○ | ○ | |
| 3 | 한국농어촌공사(경영회생 지원 환매 취득) | §13 ② 2 | ○ | | |
| 4 | 노동조합 | §26 | ○ | ○ | |
| 5 | 임대주택을 건축하는 경우(공동주택, 60㎡ 이하) | §31 ① 1 | ○ | | |
| | 임대주택을 최초 분양받는 경우(공동주택+오피스텔, 60㎡ 이하) | §31 ② 1 | ○ | | |
| | 임대주택(2세대이상 공동주택, 40㎡ 이하, 30년이상) | §31 ④ 1 | | ○ | |
| 6 | 준공공임대주택(40㎡ 이하) | §31의 3 ① 1 | ○ | ○ | |
| 7 | 행복기숙사용 부동산 | §42 ① | ○ | ○ | |
| 8 | 박물관·미술관·도서관·과학관 | §44의 2 | ○ | ○ | '16.1. ~ |
| 9 | 학술연구단체·장학단체·과학기술진흥단체 | §45 ① | ○ | ○ | |
| 10 | 문화예술단체·체육진흥단체 | §52 ① | ○ | ○ | |
| 11 | 한국자산관리공사의 구조조정을 위한 취득 자산 | §57의 3 ② | ○ | | |
| 12 | 경차 | §67 ①, ② | ○ | | |
| 13 | 지방이전 공공기관 직원 주거용 주택(85㎡ 이하) | §81 ③ 2 | ○ | | |
| 14 | 시장정비사업 사업시행자 | §83 ① | ○ | | |
| 15 | 한국법무보호복지공단, 갱생보호시설 | §85 ① | ○ | ○ | |

| 연번 | 감면내용 | 지방세특례제한법 | 면제세목 | | 적용년도 |
|---|---|---|---|---|---|
| | | | 취 | 재 | |
| – | 도시개발사업 사업시행자(주택재개발사업 등) | §74 ③ 3 | ○ | | '16.1.~'18.12. |
| | 법인합병 | §57의 2 ① | ○ | | |
| | 정부출자기업이 취득하는 현물출자 국유재산 | §57의 2 ③ 1 | ○ | | |
| | 법인분할 | §57의 2 ③ 2 | ○ | | |
| | 법인 간 현물출자 | §57의 2 ③ 3 | ○ | | |
| | 법인 간 자산교환 | §57의 2 ③ 4 | ○ | | |
| | 법인 간 포괄적 양도·양수 | §57의 2 ③ 6 | ○ | | |
| – | 평생교육시설 | §44 | ○ | ○ | '16.1.~'19.12. |
| | 여수엑스포(재단) | §54 ⑤ 1 | ○ | ○ | |
| – | 대한법률구조공단, 법률구조법인 | §23 ① | ○ | ○ | '16.1.~'20.12. |
| | 한국소비자원 | §23 ② | ○ | ○ | |
| 16 | 내진설계건축물(대수선) | §47의 4 ① 2 | ○ | ○ | '17.1.~ |
| 17 | 국제선박 | §64 ①, ②, ③ | ○ | | |
| 18 | 매매용 중고자동차 | §68 ① | ○ | | |
| 19 | 수출용 중고자동차 | §68 ③ | ○ | | |
| 20 | 한국농어촌공사 농업기반시설 | §13 ② 1의 2 | | ○ | |
| 21 | 농협·수협·산림조합의 고유업무부동산 | §14 ③ | ○ | ○ | |
| 22 | 기초과학연구원, 과학기술연구기관 | §45의 2 | ○ | ○ | '18.1.~ |
| 23 | 신협·새마을금고 신용사업 부동산 등 | §87 ① 1·2 / ② 1·2 | ○ | ○ | |
| 24 | 지역아동센터 | §19의 2 | ○ | ○ | |
| 25 | 창업중소기업(창업 후 3년 내) | §58의 3 | ○ | | |
| 26 | 다자녀 양육자 자동차 | §22-2 | ○ | | |
| 27 | 학생실험·실습용 차량, 기계설비 | §42 ② | ○ | ○ | '19.1. |
| 28 | 국민신탁법인 | §53 | | ○ | |
| 29 | 특별법 개정 등 상법상 주식회사 변경 | §57-2 ③ 7 | ○ | | |
| 30 | 과점주주(부실기관 주식 등 취득) | §57-2 ⑤ 1 | ○ | | |

| 연번 | 감면내용 | 지방세특례제한법 | 면제세목 | | 적용년도 |
|---|---|---|---|---|---|
| | | | 취 | 재 | |
| 30 | 과점주주(금융기관 대출금취득 주식 취득) | §57-2 ⑤ 2 | ○ | | '19.1. |
| | 과점주주(지주회사 등이 자회사 주식 취득) | §57-2 ⑤ 3 | ○ | | |
| | 과점주주(예금보험공사 등이 정리금융기관 주식 취득) | §57-2 ⑤ 4 | ○ | | |
| | 과점주주(자산관리공사가 부실채권 추심으로 인수한 채권을 출자전환시 주식취득) | §57-2 ⑤ 5 | ○ | | |
| | 과점주주(농협자산관리회사가 인수한 부실자산을 출자전환하여 주식 취득) | §57-2 ⑤ 6 | ○ | | |
| | 주식의 포괄적 교환·이전으로 주식 취득 | §57-2 ⑤ 7 | ○ | | |
| | 과점주주(코스닥 상장법인이 취득하는 주식) | §57-2 ⑤ 8 | ○ | | |
| 31 | 학교 내 창업보육센터용 부동산 | §60 ③ 1의 2 | | ○ | |
| - | 여객운송사업용 천연가스 버스 감면(20년까지) | §70 ③ | ○ | | |
| | 반대급부 있는 기부채납용 부동산 감면(20년까지) | §73의 2 | ○ | | |
| 32 | 주거환경개선사업시행자로부터 취득하는 주택(85㎡이하) | §74 ④ 3<br>(舊§74 ③ 5) | ○ | | |
| 33 | 법인 지방이전 감면 | §79 ① | ○ | ○ | |
| 34 | 공장 지방이전 감면 | §80 ① | ○ | ○ | |
| 35 | 주한미군 한국인근로자 평택이주 감면 | §81의 2 | ○ | | |
| 36 | 시장정비사업 사업시행자로부터 취득하는 부동산(입주상인) | §83 ② | ○ | | |
| - | 평생교육단체 등 | §43 ①~④ | ○ | ○ | '19.1.~<br>'19.12. |
| | 재개발사업시행자로 부터 취득하는 주택(85㎡이하) | §74 ⑤ 3<br>(舊 §74 ③ 4) | ○ | | |
| | 여객운송사업용 천연가스 버스 감면(20년까지) | §70 ③ | ○ | | '19.1.~<br>'20.12. |

| 연번 | 감면내용 | 지방세특례<br>제한법 | 면제세목 | | 적용<br>년도 |
|---|---|---|---|---|---|
| | | | 취 | 재 | |
| | 반대급부 있는 기부채납용 부동산 감면(20년까지) | §73의 2 | ○ | | |
| 37 | 사회복지법인 등 | §22 ①·② | ○ | ○ | |
| 38 | 장학법인 직접사용 부동산 | §45 ② 1 | ○ | ○ | |
| 39 | 여객운수사업용 수소·전기버스 | §70 ④ | ○ | | |
| 40 | 별정우체국 공용(공공용) 부동산 | §72 ② | | ○ | |
| 41 | 외국인 투자기업 감면<br>(조특법 적용대상은 제외) | §78의 3 | ○ | ○ | '20.1.<br>~ |
| 42 | 지방공단 | §85의 2 ② | ○ | ○ | |
| 43 | 새마을운동조직 | §88 ① | ○ | ○ | |
| 44 | 정당 | §89 | ○ | ○ | |
| 45 | 마을회 등의 부동산·선박 | §90 | ○ | ○ | |
| 46 | 생애최초 주택 | §36의 3 ① 1 | ○ | | '20.7.10. |
| 47 | 전공대학 | §44 ② | ○ | ○ | '21.1.~<br>'22.12. |
| 48 | 농협 등 조합간 합병 | §57의 2 ② | ○ | | '21.1<br>~ |
| 49 | 부실금융기관으로부터 양수 재산 | §57의 3 ① 1 | ○ | | |
| | 부실농협조합으로부터 양수 재산 | §57의 3 ① 2 | ○ | | |
| | 부실수협조합으로부터 양수 재산 | §57의 3 ① 3 | ○ | | |
| | 부실산림조합으로부터 양수 재산 | §57의 3 ① 4 | ○ | | '22.1.<br>~ |
| | 부실신협으로부터 양수 재산 | §57의 3 ① 5 | ○ | | |
| | 부실새마을금고로부터 양수 재산 | §57의 3 ① 6 | ○ | | |
| 50 | 캠코에 매각한 자산의 재취득 | §57의 3 ④ | ○ | | |
| 51 | 한국자유총연맹 | §88 ② | ○ | ○ | |
| 52 | 반환공여구역등에 창업 | §75의 4 | ○ | | '23.1.~ |
| 53 | 인구감소지역내 창업 | §75의 4 | ○ | ○ | |
| 54 | 지방농수산물공사 | §15 ② | ○ | ○ | '26.1.~ |
| 55 | 도시철도공사 | §63 ⑤ | ○ | ○ | |

〈표 11〉 2022년 최소납부세제 적용대상(53개)

| 연번 | 감면내용 | 지방세특례<br>제한법 | 면제세목 | | 적용연도 |
|---|---|---|---|---|---|
| | | | 취 | 재 | |
| 1 | 어린이집 및 유치원 부동산(위탁경영 어린이집) | §19 | ○ | ○ | |
| 2 | 청소년단체 등에 대한 감면 | §21 | ○ | ○ | '15.1.<br>~ |
| 3 | 한국농어촌공사(경영회생 지원 환매 취득) | §13 ② 2 | ○ | | |
| 4 | 노동조합 | §26 | ○ | ○ | |
| 5 | 임대주택을 건축하는 경우(공동주택, 60㎡ 이하) | §31 ① 1 | ○ | | |
| | 임대주택을 최초 분양받는 경우(공동주택+오피스텔, 60㎡ 이하) | §31 ② 1 | ○ | | |
| | 임대주택(2세대 이상 공동주택, 40㎡ 이하, 30년 이상) | §31 ④ 1 | | ○ | |
| 6 | 준공공임대주택(40㎡ 이하) | §31의 3 ① 1 | ○ | ○ | |
| 7 | 행복기숙사용 부동산 | §42 ① | ○ | ○ | |
| 8 | 박물관 · 미술관 · 도서관 · 과학관 | §44의 2 | ○ | ○ | '16.1.<br>~ |
| 9 | 학술연구단체 · 장학단체 · 과학기술진흥단체 | §45 ① | ○ | ○ | |
| 10 | 문화예술단체 · 체육진흥단체 | §52 ① | ○ | ○ | |
| 11 | 한국자산관리공사의 구조조정을 위한 취득 자산 | §57의 3 ② | ○ | | |
| 12 | 경차 | §67 ①, ② | ○ | | |
| 13 | 지방이전 공공기관 직원 주거용 주택(85㎡ 이하) | §81 ③ 2 | ○ | | |
| 14 | 시장정비사업 사업시행자 | §83 ① | ○ | | |
| 15 | 한국법무보호복지공단, 갱생보호시설 | §85 ① | ○ | ○ | |
| - | 도시개발사업 사업시행자(주택재개발사업 등) | §74 ③ 3 | ○ | | |
| | 법인합병 | §57의 2 ① | ○ | | |
| | 정부출자기업이 취득하는 현물출자 국유재산 | §57의 2 ③ 1 | ○ | | '16.1.~<br>'18.12. |
| | 법인분할 | §57의 2 ③ 2 | ○ | | |
| | 법인 간 현물출자 | §57의 2 ③ 3 | ○ | | |

| 연번 | 감면내용 | 지방세특례제한법 | 면제세목 | | 적용연도 |
|---|---|---|---|---|---|
| | | | 취 | 재 | |
| | 법인 간 자산교환 | §57의 2 ③ 4 | ○ | | |
| | 법인 간 포괄적 양도·양수 | §57의 2 ③ 6 | ○ | | |
| – | 평생교육시설 | §44 | ○ | ○ | '16.1.~'19.12. |
| | 여수엑스포(재단) | §54 ⑤ 1 | ○ | ○ | |
| - | 대한법률구조공단, 법률구조법인 | §23 ① | ○ | ○ | '16.1.~'20.12. |
| | 한국소비자원 | §23 ② | ○ | ○ | |
| 16 | 내진설계건축물(대수선) | §47의 4 ① 2 | ○ | ○ | |
| 17 | 국제선박 | §64 ①,②,③ | ○ | | '17.1.~ |
| 18 | 매매용 중고자동차 | §68 ① | ○ | | |
| 19 | 수출용 중고자동차 | §68 ③ | ○ | | |
| 20 | 한국농어촌공사 농업기반시설 | §13 ② 1의 2 | ○ | ○ | |
| 21 | 농협·수협·산림조합의 고유업무부동산 | §14 ③ | ○ | ○ | |
| 22 | 기초과학연구원, 과학기술연구기관 | §45의 2 | ○ | ○ | '18.1.~ |
| 23 | 신협·새마을금고 신용사업 부동산 등 | §87 ① 1·2 / ② 1·2 | ○ | ○ | |
| 24 | 지역아동센터 | §19의 2 | ○ | ○ | |
| 25 | 창업중소기업(창업 후 3년 내) | §58의 3 | ○ | ○ | |
| 26 | 다자녀 양육자 자동차 | §22-2 | ○ | | |
| 27 | 학생실험·실습용 차량, 기계설비 | §42 ② | ○ | ○ | |
| 28 | 국민신탁법인 | §53 | ○ | ○ | |
| 29 | 특별법 개정 등 상법상 주식회사 변경 | §57-2 ③ 7 | ○ | | |
| 30 | 과점주주(부실기관 주식 등 취득) | §57-2 ⑤ 1 | ○ | | '19.1.~ |
| | 과점주주(금융기관 대출금취득 주식 취득) | §57-2 ⑤ 2 | ○ | | |
| | 과점주주(지주회사 등이 자회사 주식 취득) | §57-2 ⑤ 3 | ○ | | |
| | 과점주주(예금보험공사 등이 정리금융기관 주식 취득) | §57-2 ⑤ 4 | ○ | | |
| | 과점주주(자산관리공사가 부실채권 추심으로 인수한 채권을 출자전환시 주식취득) | §57-2 ⑤ 5 | ○ | | |

| 연번 | 감면내용 | 지방세특례제한법 | 면제세목 취 | 면제세목 재 | 적용연도 |
|---|---|---|---|---|---|
| | 과점주주(농협자산관리회사가 인수한 부실자산을 출자전환하여 주식 취득) | §57-2 ⑤ 6 | ○ | | |
| | 주식의 포괄적 교환·이전으로 주식 취득 | §57-2 ⑤ 7 | ○ | | |
| | 과점주주(코스닥 상장법인이 취득하는 주식) | §57-2 ⑤ 8 | ○ | | |
| 31 | 학교 내 창업보육센터용 부동산 | §60 ③ 1의 2 | | ○ | |
| – | 여객운송사업용 천연가스 버스 감면(20년까지) | §70 ③ | ○ | | |
| | 반대급부 있는 기부채납용 부동산 감면(20년까지) | §73의 2 | ○ | | |
| 32 | 주거환경개선사업시행자로부터 취득하는 주택(85㎡이하) | §74 ④ 3<br>(舊§74 ③ 5) | ○ | | |
| 33 | 법인 지방이전 감면 | §79 ① | ○ | ○ | |
| 34 | 공장 지방이전 감면 | §80 ① | ○ | ○ | |
| 35 | 주한미군 한국인근로자 평택이주 감면 | §81의 2 | ○ | | |
| 36 | 시장정비사업 사업시행자로부터 취득하는 부동산(입주상인) | §83 ② | ○ | | |
| – | 평생교육단체 등 | §43 ①~④ | ○ | ○ | '19.1.~<br>'19.12. |
| | 재개발사업시행자로 부터 취득하는 주택(85㎡이하) | §74 ⑤ 3<br>(舊§74 ③ 4) | ○ | | |
| | 여객운송사업용 천연가스 버스 감면(20년까지) | §70 ③ | ○ | | '19.1.~<br>'20.12. |
| | 반대급부 있는 기부채납용 부동산 감면(20년까지) | §73의 2 | ○ | | |
| 37 | 사회복지법인 등 | §22 ①·② | ○ | ○ | '20.1.~ |
| 38 | 장학법인 직접사용 부동산 | §45 ② 1 | ○ | ○ | |
| 39 | 여객운수사업용 수소·전기버스 | §70 ④ | ○ | | |
| 40 | 별정우체국 공용(공공용) 부동산 | §72 ② | ○ | ○ | |
| 41 | 외국인 투자기업 감면(조특법 적용대상은 제외) | §78의 3 | ○ | ○ | |
| 42 | 지방공단 | §85의 2 ② | ○ | ○ | |
| 43 | 새마을운동조직 | §88 ① | ○ | ○ | |
| 44 | 정당 | §89 | ○ | ○ | |
| 45 | 마을회 등의 부동산·선박 | §90 | ○ | ○ | |

| 연번 | 감면내용 | 지방세특례 제한법 | 면제세목 | | 적용연도 |
|---|---|---|---|---|---|
| | | | 취 | 재 | |
| 46 | 생애최초 주택 | §36의 3 ① 1 | ○ | | '20.7.10.~ |
| 47 | 전공대학 | §44 ③ | ○ | | '21.1. ~ |
| 48 | 농협 등 조합간 합병 | §57의 2 ② | ○ | | |
| 49 | 부실금융기관으로부터 양수 재산 | §57의 3 ① 1 | ○ | | '22.1. ~ |
| | 부실농협조합으로부터 양수 재산 | §57의 3 ① 2 | ○ | | |
| | 부실수협조합으로부터 양수 재산 | §57의 3 ① 3 | ○ | | |
| | 부실산림조합으로부터 양수 재산 | §57의 3 ① 4 | ○ | | |
| | 부실신협으로부터 양수 재산 | §57의 3 ① 5 | ○ | | |
| | 부실새마을금고로부터 양수 재산 | §57의 3 ① 6 | ○ | | |
| 50 | 캠코에 매각한 자산의 재취득 | §57의 3 ④ | ○ | | |
| 51 | 복합사업 · 혁신지구재생사업 | §74의 2 ① | ○ | | |
| 52 | 복합사업 · 혁신지구재생 시행업 | §74의 2 ③ 1 | ○ | | |
| 53 | 한국자유총연맹 | §88 ② | ○ | ○ | |
| 유예 | 지방농수산물공사 | §15 ② | ○ | ○ | '23.1. ~ |
| | 반환공여구역 등에 창업 | §75의 4 | ○ | ○ | |
| | 도시철도공사 | §63 ⑤ | ○ | ○ | |

〈표 12〉 **2021년 최소납부세제 적용대상(47개)**

| 연번 | 감면내용 | 지방세특례 제한법 | 면제세목 | | 적용연도 |
|---|---|---|---|---|---|
| | | | 취 | 재 | |
| 1 | 어린이집 및 유치원 부동산(위탁경영 어린이집) | §19 | ○ | ○ | '15.1. ~ |
| 2 | 청소년단체 등에 대한 감면 | §21 | ○ | ○ | |
| 3 | 한국농어촌공사(경영회생 지원 환매취득) | §13 ② 2 | ○ | | '16.1. ~ |
| 4 | 노동조합 | §26 | ○ | ○ | |
| 5 | 임대주택(40㎡ 이하, 60㎡ 이하) | §31 ① 1, ③ 1 | ○ | ○ | |
| 6 | 준공공임대주택(40㎡ 이하) | §31의 3 ① 1 | ○ | ○ | |
| 7 | 행복기숙사용 부동산 | §42 ① | ○ | ○ | |
| 8 | 박물관 · 미술관 · 도서관 · 과학관 | §44의 2 | ○ | ○ | |
| 9 | 학술연구단체 · 장학단체 · 과학기술진흥단체 | §45 ① | ○ | ○ | |
| 10 | 문화예술단체 · 체육진흥단체 | §52 ① | ○ | ○ | |
| 11 | 한국자산관리공사의 구조조정을 위한 취득 자산 | §57의 3 ② | ○ | | |

| 연번 | 감면내용 | 지방세특례제한법 | 면제세목 | | 적용연도 |
|---|---|---|---|---|---|
| | | | 취 | 재 | |
| 12 | 경차 | §67 ①, ② | ○ | | |
| 13 | 지방이전 공공기관 직원 주거용 주택 (85㎡ 이하) | §81 ③ 2 | ○ | | |
| 14 | 시장정비사업 사업시행자 | §83 ① | ○ | | |
| - | 도시개발사업 사업시행자(주택재개발사업 등) | §74 ③ 3 | ○ | | |
| | 법인합병 | §57의 2 ① | ○ | | |
| | 정부출자기업이 취득하는 현물출자 국유재산 | §57의 2 ③ 1 | ○ | | |
| | 법인분할 | §57의 2 ③ 2 | ○ | | '16.1.~ '18.12. |
| | 법인 간 현물출자 | §57의 2 ③ 3 | ○ | | |
| | 법인 간 자산교환 | §57의 2 ③ 4 | ○ | | |
| | 법인 간 포괄적 양도·양수 | §57의 2 ③ 6 | ○ | | |
| - | 평생교육시설 | §44 | ○ | ○ | '16.1.~ '19.12. |
| | 여수엑스포(재단) | §54 ⑤ 1 | ○ | ○ | |
| - | 대한법률구조공단, 법률구조법인 | §23 ① | ○ | ○ | |
| | 한국소비자원 | §23 ② | ○ | ○ | '16.1.~ '20.12. |
| | 한국법무보호복지공단, 갱생보호시설 | §85 ① | ○ | ○ | |
| 15 | 내진설계건축물(대수선) | §47의 4 ① 2 | ○ | ○ | |
| 16 | 국제선박 | §64 ①, ②, ③ | ○ | | '17.1. ~ |
| 17 | 매매용 중고자동차 | §68 ① | ○ | | |
| 18 | 수출용 중고자동차 | §68 ③ | ○ | | |
| 19 | 한국농어촌공사 농업기반시설 | §13 ② 1의 2 | | ○ | |
| 20 | 농협·수협·산림조합의 고유업무부동산 | §14 ③ | ○ | ○ | |
| 21 | 기초과학연구원, 과학기술연구기관 | §45의 2 | ○ | ○ | '18.1. ~ |
| 22 | 신협·새마을금고 신용사업 부동산 등 | §87 ① 1·2 / ② 1·2 | ○ | ○ | |
| 23 | 지역아동센터 | §19의 2 | ○ | ○ | |
| 24 | 창업중소기업(창업 후 3년 내) | §58의 3 | | ○ | |
| 25 | 다자녀 양육자 자동차 | §22-2 | ○ | | '19.1 ~ |
| 26 | 학생실험·실습용 차량, 기계설비 | §42 ② | ○ | ○ | |

| 연번 | 감면내용 | 지방세특례제한법 | 면제세목 | | 적용연도 |
|---|---|---|---|---|---|
| | | | 취 | 재 | |
| 27 | 국민신탁법인 | §53 | ○ | ○ | '19.1.~ |
| 28 | 특별법 개정 등 상법상 주식회사 변경 | §57-2 ③ 7 | ○ | | |
| 29 | 과점주주(부실기관 주식 등 취득) | §57-2 ⑤ 1 | ○ | | |
| | 과점주주(금융기관 대출금취득 주식 취득) | §57-2 ⑤ 2 | ○ | | |
| | 과점주주(지주회사 등이 자회사 주식 취득) | §57-2 ⑤ 3 | ○ | | |
| | 과점주주(예금보험공사 등이 정리금융기관 주식 취득) | §57-2 ⑤ 4 | ○ | | |
| | 과점주주(자산관리공사가 부실채권 추심으로 인수한 채권을 출자전환시 주식취득) | §57-2 ⑤ 5 | ○ | | |
| | 과점주주(농협자산관리회사가 인수한 부실자산을 출자전환하여 주식 취득) | §57-2 ⑤ 6 | ○ | | |
| | 주식의 포괄적 교환·이전으로 주식 취득 | §57-2 ⑤ 7 | ○ | | |
| | 과점주주(코스닥 상장법인이 취득하는 주식) | §57-2 ⑤ 8 | ○ | | |
| 30 | 학교 내 창업보육센터용 부동산 | §60 ③ 1의 2 | | ○ | |
| 31 | 주거환경개선사업시행자로부터 취득하는 주택(85㎡이하) | §74 ④ 3<br>(舊 §74 ③ 5) | ○ | | |
| 32 | 법인 지방이전 감면 | §79 ① | ○ | ○ | |
| 33 | 공장 지방이전 감면 | §80 ① | ○ | ○ | |
| 34 | 주한미군 한국인근로자 평택이주 감면 | §81의 2 | ○ | | |
| 35 | 시장정비사업 사업시행자로부터 취득하는 부동산(입주상인) | §83 ② | ○ | | |
| – | 평생교육단체 등 | §43 ①~④ | ○ | ○ | '19.1.~<br>'19.12. |
| | 재개발사업시행자로 부터 취득하는 주택(85㎡이하) | §74 ⑤ 3<br>(舊 §74 ③ 4) | ○ | | |
| – | 여객운송사업용 천연가스 버스 | §70 ③ | ○ | | '19.1.~<br>'20.12. |
| | 반대급부있는 기부채납용 부동산 | §73의 2 | ○ | | |
| 36 | 사회복지법인 등 | §22 ①·② | ○ | ○ | '20.1.<br>~ |
| 37 | 장학법인 직접사용 부동산 | §45 ② 1 | ○ | ○ | |
| 38 | 여객운수사업용 수소·전기버스 | §70 ④ | ○ | | |
| 39 | 별정우체국 공용(공공용) 부동산 | §72 ② | | ○ | |

| 연번 | 감면내용 | 지방세특례<br>제한법 | 면제세목 | | 적용연도 |
|---|---|---|---|---|---|
| | | | 취 | 재 | |
| 40 | 외국인 투자기업 감면(조특법 적용대상은 제외) | §78의 3 | ○ | ○ | |
| 41 | 지방공단 | §85의 2 ② | ○ | ○ | |
| 42 | 새마을운동조직 | §88 ① | ○ | ○ | |
| 43 | 정당 | §89 | ○ | ○ | |
| 44 | 마을회 등의 부동산·선박 | §90 | ○ | ○ | |
| 45 | 생애 최초 주택 | §36의 3 ① 1 | ○ | | '20.7.10.<br>~ |
| 46 | 전공대학 | §44 ③ | ○ | | '21.1 |
| 47 | 농협 등 조합간 합병 | §57의 2 ② | ○ | | ~ |
| 유예 | 지방농수산물공사 | §15 ② | ○ | ○ | '22.1 |
| | 도시철도공사 | §63 ⑤ | ○ | ○ | ~ |

2019년 말 「지방세특례제한법」 개정에 따라 당초 2015년에 도입되어 그간 지속적으로 유예되었던 대부분의 면제 규정에 대해서 2개 조문(지방농수산물공사, 도시철도공사는 2022년 적용)을 제외하고 최소납부세제를 적용토록 개정되어 2019년 말 지방세 감면신설 규정(외투기업, 여객운수사업용 수소·전기버스)을 포함하여 총 50개 유형이 대상이 되었고, 그 세부 내용은 다음 표의 내용과 같다.

〈표 12〉 **2020년 최소납부세제 대상('20.1.1. 현재)**

| 감면내용 | 감면규정 | 면제세목 | | 적용연도 |
|---|---|---|---|---|
| | | 취 | 재 | |
| 어린이집 및 유치원 부동산(위탁경영 어린이집) | §19 | ○ | ○ | '15.1. |
| 청소년단체 등에 대한 감면 | §21 | ○ | ○ | ~ |
| 한국농어촌공사(경영회생지원 환매취득) | §13 ② 2 | ○ | | |
| 대한법률구조공단, 법률구조법인 | §23 ① | ○ | ○ | |
| 한국소비자원 | §23 ② | ○ | ○ | '16.1. |
| 노동조합 | §26 | ○ | ○ | ~ |
| 임대주택(40㎡ 이하, 60㎡ 이하) | §31 ① 1,<br>③ 1 | ○ | ○ | |
| 준공공임대주택(40㎡ 이하) | §31의 3 ① 1 | ○ | ○ | |

| 감면내용 | 감면규정 | 면제세목 | | 적용연도 |
|---|---|---|---|---|
| | | 취 | 재 | |
| 행복기숙사용 부동산 | §42 ① | ○ | ○ | '16.1. ~ |
| 박물관 · 미술관 · 도서관 · 과학관 | §44의 2 | ○ | ○ | |
| 학술연구단체 · 장학단체 · 과학기술진흥단체 | §45 ① | ○ | ○ | |
| 문화예술단체 · 체육진흥단체 | §52 ① | ○ | ○ | |
| 한국자산관리공사의 구조조정을 위한 취득 자산 | §57의 3 ② | ○ | | |
| 경차 | §67 ①, ② | ○ | | |
| 지방이전 공공기관 직원 주거용 주택(85㎡ 이하) | §81 ③ 2 | ○ | | |
| 시장정비사업 사업시행자 | §83 ① | ○ | | |
| 한국법무보호복지공단, 갱생보호시설 | §85 ① | ○ | ○ | |
| 도시개발사업 사업시행자(주택재개발사업 등) | §74 ③ 3 | ○ | | '16.1.~ '18.12. |
| 법인합병 | §57의 2 ① | ○ | | |
| 정부출자기업이 취득하는 현물출자 국유재산 | §57의 2 ③ 1 | ○ | | |
| 법인분할 | §57의 2 ③ 2 | ○ | | |
| 법인 간 현물출자 | §57의 2 ③ 3 | ○ | | |
| 법인 간 자산교환 | §57의 2 ③ 4 | ○ | | |
| 법인 간 포괄적 양도 · 양수 | §57의 2 ③ 6 | ○ | | |
| 평생교육시설(19년까지) | §44 | ○ | ○ | '16.1.~ '19.12. |
| 여수엑스포(재단) | §54 ⑤ 1 | ○ | ○ | |
| 내진설계건축물(대수선) | §47의 4 ① 2 | ○ | ○ | '17.1. ~ |
| 국제선박 | §64 ①, ②, ③ | ○ | | |
| 매매용 중고자동차 | §68 ① | ○ | | |
| 수출용 중고자동차 | §68 ③ | ○ | | |
| 한국농어촌공사 농업기반시설 | §13 ② 1의 2 | | ○ | '18.1. ~ |
| 농협 · 수협 · 산림조합의 고유업무부동산 | §14 ③ | ○ | ○ | |
| 기초과학연구원, 과학기술연구기관 | §45의 2 | ○ | ○ | |
| 신협 · 새마을금고 신용사업 부동산 등 | §87 ① 1 · 2 / ② 1 · 2 | ○ | ○ | |
| 지역아동센터 | §19의 2 | ○ | ○ | |
| 창업중소기업(창업 후 3년 내) | §58의 3 | | ○ | |
| 다자녀 양육자 자동차 | §22-2 | ○ | | |
| 학생실험 · 실습용 차량, 기계설비 | §42 ② | ○ | ○ | |

| 감면내용 | 감면규정 | 면제세목 | | 적용연도 |
|---|---|---|---|---|
| | | 취 | 재 | |
| 국민신탁법인 | §53 | ○ | ○ | '19.1.~ |
| 특별법 개정 등 상법상 주식회사 변경 | §57-2 ③ 7 | ○ | | |
| 과점주주(부실기관 주식 등 취득) | §57-2 ⑤ 1 | ○ | | |
| 과점주주(금융기관 대출금취득 주식 취득) | §57-2 ⑤ 2 | ○ | | |
| 과점주주(지주회사 등이 자회사 주식 취득) | §57-2 ⑤ 3 | ○ | | |
| 과점주주(예금보험공사 등이 정리금융기관 주식 취득) | §57-2 ⑤ 4 | ○ | | |
| 과점주주(자산관리공사가 부실채권 추심으로 인수한 채권을 출자전환시 주식취득) | §57-2 ⑤ 5 | ○ | | |
| 과점주주(농협자산관리회사가 인수한 부실자산을 출자전환하여 주식 취득) | §57-2 ⑤ 6 | ○ | | |
| 주식의 포괄적 교환·이전으로 주식 취득 | §57-2 ⑤ 7 | ○ | | |
| 과점주주(코스닥 상장법인이 취득하는 주식) | §57-2 ⑤ 8 | ○ | | |
| 학교 내 창업보육센터용 부동산 | §60 ③ 1의 2 | | ○ | |
| 여객운송사업용 천연가스 버스 감면(20년까지) | §70 ③ | ○ | | |
| 반대급부 있는 기부채납용 부동산 감면(20년까지) | §73의 2 | ○ | | |
| 주거환경개선사업시행자로부터 취득하는 주택(85㎡이하) | §74 ④ 3<br>(舊§74 ③ 5) | ○ | | |
| 법인 지방이전 감면 | §79 ① | ○ | ○ | |
| 공장 지방이전 감면 | §80 ① | ○ | ○ | |
| 주한미군 한국인근로자 평택이주 감면 | §81의 2 | ○ | | |
| 시장정비사업 사업시행자로부터 취득하는 부동산(입주상인) | §83 ② | ○ | | |
| 평생교육단체 등 | §43 ①~④ | ○ | ○ | '19.1.~ '19.12. |
| 재개발사업시행자로부터 취득하는 주택(85㎡이하) | §74 ⑤ 3<br>(舊§74 ③ 4) | ○ | | |
| 사회복지법인 등 | §22 ①·② | ○ | ○ | '20.1.~ |
| 장학법인 직접 사용 부동산 | §45 ② 1 | ○ | ○ | |
| 여객운수사업용 수소·전기버스 | §70 ④ | ○ | | |
| 별정우체국 공용(공공용) 부동산 | §72 ② | | ○ | |
| 도시개발사업, 재개발사업의 환지취득 부동산 | §74 ① | ○ | | |

| 감면내용 | 감면규정 | 면제세목 | | 적용연도 |
|---|---|---|---|---|
| | | 취 | 재 | |
| 외국인투자기업 | §78의 3 | ○ | ○ | '20.1.<br>~ |
| 지방공단 | §85의 2 ② | ○ | ○ | |
| 새마을운동조직 | §88 ① | ○ | ○ | |
| 정당 | §89 | ○ | ○ | |
| 마을회 등의 부동산·선박 | §90 | ○ | ○ | |

## 3-5. 연도별 적용유예 대상

최소납부세제 적용 유예는 2014년 말 부칙 제12조(법률 제12955호, 2014.12.31.)에서 규정되어 2015년 말 법 개정이 부칙에 대한 재개정됨에 따라 현재 17개 조문이 규정되어 있으며, 2015년 말에 추가로 부칙 제5조(법률 제13637호, 2015.12.29.)에서 21개 규정이 신설되어 총 38개 감면유형이 최소납부세제 적용유예를 받게 되었으며, 그 세부 내용은 다음 표의 내용과 같다.

〈표 13〉 2015년 1월 기준 최소납부세제 적용유예 대상(2017 ~ 2020년)

| 적용유예 대상 | 조문 | 부칙개정 | 적용시기 |
|---|---|---|---|
| 농수산물공사 | §15 ② | 2014.12. | 2017.1.1. |
| 산재의료원 | §27 ② | | |
| 보훈병원 | §30 ② | 2015.12. | |
| 공공의료기관(서울대병원, 국립대병원 등) | §37 | | |
| 지방의료원 | §38 ③ | | |
| 대한적십자사(의료사업용 부동산) | §40의 3 1 | | |
| 수산업협동조합 | §57의 2 ⑨ | | |
| 지방공사 | §63 ④ | 2014.12. | |
| 국제선박 | §64 | | |
| 제주특구등록선박 | §64의 2 | 2015.12. | |
| 항공기 | §65 | | |
| 중고매매자동차, 중고건설기계 | §68 ① | 2014.12. | |
| 수출용 중고선박, 중고기계장비, 중고항공기 | §68 ② | 2015.12. | |
| 지방공기업 | §85의 2 ② | 2014.12. | |
| 새마을운동지회 | §88 ① | 2015.12. | |
| 귀농인 농지 | §6 ④ | 2014.12 | 2019.1.1. |

| 적용유예 대상 | 조문 | 부칙개정 | 적용시기 |
|---|---|---|---|
| 농어촌 주택개량 | §16 | | |
| 다자녀 양육자 | §22의 2 | 2015.12. | |
| 학교 실험·실습용 재산 | §42 ② | 2014.12. | |
| 평생교육단체 | §43 | 2015.12. | |
| 국민신탁법인 | §53 | 2014.12. | |
| 평창동계올림픽 선수촌 | §54 ⑥ | | |
| 중소기업간 통합, 상법상 조직변경 | §57의 2 ③ 5, 7 | 2015.12. | |
| 개인기업의 법인 전환(현물출자, 사업양수도) | §57의 2 ④ | | |
| 부실금융기관 주식 취득 등 과점주주 | §57의 2 ⑤ | | 2019.1.1. |
| 학교 내 창업보육센터(재산세) | §60 ③ 1의 2 | | |
| 천연가스 버스 | §70 ③ | 2014.12. | |
| 국가 등 기부채납용 부동산(반대급부있는 경우) | §73의 2 | | |
| 주택재개발사업, 주거환경개선사업 입주민 | §74 ③ 4, 5 | 2015.12. | |
| 법인의 지방이전 | §79 | | |
| 공장의 지방이전 | §80 | | |
| 개발제한구역 내 주택개량 | §82 | 2014.12. | |
| 시장정비사업 입주상인 | §83 ② | | |
| 사회복지법인 | §22 ①, ② | 2014.12. | |
| 별정우체국 | §72 ①, ② | | |
| 도시개발사업, 주택재개발사업, 도시환경정비사업 | §74 ①, ② | 2015.12. | 2020.1.1. |
| 정당 | §89 | 2014.12. | |
| 마을회 | §90 | | |

2017년 말 「지방세특례제한법」 부칙 제8조(법률 제15295호 2017.12.26.)에 따라 법률 제12955호 개정부칙 제12조, 법률 제13637호 개정부칙 제5조 및 법률 제14477호 개정부칙 제9조에도 불구하고 그간 28개 감면유형이 최소납부세제 적용유예를 받아 왔고 2019년 1월 1일 기준으로 총 9개 유형이 유예되고 있으며, 그 세부 내용은 다음 표의 내용과 같다.

〈표 14〉 2019년 1월 기준 최소납부세제 적용유예 대상

| 적용유예 대상 | 조문 | 적용시기 |
|---|---|---|
| 농수산물공사 | §15 ② | 2020.1.1. |
| 사회복지법인 | §22 ①, ② | |
| 지방공사 | §63 ⑤ | |
| 별정우체국 | §72 ①, ② | |
| 도시개발사업, 주택재개발사업, 도시환경정비사업 | §74 ①, ② | |
| 지방공기업 | §85의 2 ② | |
| 새마을운동지회 | §88 ① | |
| 정당 | §89 | |
| 마을회 | §90 | |

〈표 15〉 2020년 1월 기준 최소납부세제 적용유예 대상(2023년)

| 적용유예 대상 | 조문 | 적용시기 |
|---|---|---|
| 농수산물공사 | §15 ② | 2023.1.1. |
| 도시철도공사 | §63 ⑤ | |

### 3-6. 조세특례제한법에서 위임한 감면조례 규정의 최소납부세제 적용

「지방세특례제한법」 제177조의 2 제2항에서는 법에 따른 취득세와 재산세가 면제되는 경우 외에 지방자치단체의 감면조례에 따라 면제되는 경우에도 최소납부세제*를 적용하도록 규정하고 있어 「조세특례제한법」에 따른 면제규정에 대해서는 최소납부세제가 적용되지 않도록 규정되어 있으나, 외국인투자기업에 대한 지방세 면제규정과 같이 「조세특례제한법」에서 위임하여 지방자치단체의 감면조례로 운영하고 있는 경우에 대해서는 적용상의 일부 혼선이 있을 수 있어 2017년 말 법 개정시 단서규정을 신설하여 조례에 위임한 감면규정도 제외되도록 이를 명확히 하게 되었으며 2019년 말에는 외국인투자기업에 대한 감면규정이 지특법으로 이관됨에 따라 외국인투자기업에 대해서도 최소납부세제를 적용토록 개정되었다.

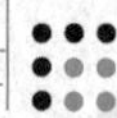

## 4 관련사례

▣ 쟁점건축물(체비지) 취득이 취득세 최소납부세제 적용대상에 해당하는지 여부

「지방세특례제한법」 제177조의 2 제3항의 해당 지방자치단체의 감면조례로 최소납부세제의 적용 여부와 그 적용 시기를 정할 수 있는 경우는 같은 조 제2항의 지방자치단체 감면조례로 취득세 등이 면제되는 경우에 한한다고 보아야 할 것이고 「지방세특례제한법」에 따라 최소납부세제가 적용되는 경우에는 해당 지방자치단체의 감면조례로 최소납부세제의 적용 여부 등을 정할 수 없는 것으로 보아야 할 것임(조심 2023지5645, 2024.10.29.).

▣ 주택재개발사업의 시행자가 해당 사업의 관리처분계획에 따라 취득하는 주거용 부동산에 대하여 일반적 경과조치를 적용하여 종전 규정에 따라 취득세를 감면하여야 한다는 청구주장의 당부

쟁점주택에 대하여 종전 감면규정을 적용하여 취득세를 면제하여야 한다는 청구주장이 일견 타당해 보이는 측면이 있다고 보이나, 2016.12.31. 이전에 착공하였는지 여부가 불분명하므로, 처분청이 쟁점주택의 실제 착공일을 재조사하여 그 착공일이 2016.12.31. 이전으로 확인되는 경우 종전 감면규정에 따라 취득세 등을 면제하되, 주택재개발사업 취득세 감면에 대한 최소납부세제가 2016.1.1.부터 시행됨에 따라 취득세 등의 100분의 85를 감면하는 것이 타당한 것으로 판단됨(조심 2022지0663, 2023.11.30.).

▣ 재산세가 최소납부세제 적용기준의 이하인 경우 취득세에 대한 최소납부세제 적용 여부

「지방세특례제한법」 제177조의 2 제1항 제1호 나목에서 재산세 ○○○만원 이하인 경우를 최소납부세제의 적용제외대상으로 규정하고 있고, 해당 아파트의 재산세가 ○○○만원 이하로 부과되었으므로, 아파트의 취득세에 대해서도 최소납부세제를 적용할 수 없다고 주장하나, 해당 규정은 취득세가 ○○○만원 이하인 경우에 대해서 최소납부세제를 적용하지 아니한다고 규정하고 있고, 아파트의 취득세는 ○○○만원을 초과하는 것으로 확인되므로 청구주장을 받아들이기 어려움(조심 2018지0614, 2019.6.12.).

# 제 178 조

## 감면된 취득세의 추징

관련규정

제178조(감면된 취득세의 추징) ① 부동산에 대한 감면을 적용할 때 이 법에서 특별히 규정한 경우를 제외하고는 다음 각 호의 어느 하나에 해당하는 경우 그 해당 부분에 대해서는 감면된 취득세를 추징한다.

1. 정당한 사유 없이 그 취득일부터 1년이 경과할 때까지 해당 용도로 직접 사용하지 아니하는 경우
2. 해당 용도로 직접 사용한 기간이 2년 미만인 상태에서 매각·증여하거나 다른 용도로 사용하는 경우

② 이 법에 따라 부동산에 대한 취득세 감면을 받은 자가 제1항 또는 그 밖에 이 법의 각 규정에서 정하는 추징 사유에 해당하여 그 해당 부분에 대해서 감면된 세액을 납부하여야 하는 경우에는 대통령령으로 정하는 바에 따라 계산한 이자상당액을 가산하여 납부하여야 하며, 해당 세액은 「지방세법」 제20조에 따라 납부하여야 할 세액으로 본다. 다만, 파산 등 대통령령으로 정하는 부득이한 사유가 있는 경우에는 이자상당액을 가산하지 아니한다.

☞ 2020.1.15. 개정(제2항 신설)

【영】 제123조의 2(감면된 취득세의 추징에 관한 이자상당액의 계산 등) ① 법 제178조 제2항 본문에 따라 가산하여 납부해야 하는 이자상당액은 감면된 세액에 제1호의 기간과 제2호의 율을 곱하여 계산한 금액으로 한다.

1. 당초 감면받은 부동산에 대한 취득세 납부기한의 다음 날부터 추징사유가 발생한 날까지의 기간. 다만, 「지방세기본법」 제60조에 따라 환급·충당한 후 추징사유가 발생한 경우에는 같은 법 시행령 제43조 제1항 각 호에 따른 날부터 추징사유가 발생한 날까지의 기간으로 한다.
2. 1일당 10만분의 25

② 법 제178조 제2항 단서에서 "파산 등 대통령령으로 정하는 부득이한 사유"란 다음 각 호의 어느 하나에 해당하는 사유를 말한다.

1. 파산선고를 받은 경우

2. 천재지변이나 그 밖에 이에 준하는 불가피한 사유로 해당 부동산을 매각·증여하거나 다른 용도로 사용한 경우

# 1 | 개 요

지특법상 각 개별 조문에서 특별히 규정한 것을 제외하고는 해당 규정에서 정하는 감면요건을 이행 또는 충족하였는지의 여부에 따라 감면된 지방세액을 환수(추징) 결정하도록 하는 포괄적 규정을 두어 감면정책의 효율성을 기하고자 함이다. 따라서 각 개별조항에서 별도의 감면 규정을 둔 경우가 아니더라도 감면대상자에 대해 지방세 감면 특례를 부여한 입법취지에 맞지 않게 해당 부동산을 사용하지 아니하는 경우에는 감면된 지방세를 환수(추징)하자는 데 그 취지가 있다 하겠다.

이와 관련하여 재산세는 본 규정에서 별도의 추징규정이 없는데 재산세는 지방세법 규정의 재산세 부과절차에 따라 최종 산정한 재산세액을 기준으로 감면 여부를 결정하는 것으로 과세기준일 현재 직접 사용이라는 명시적 규정이 없어도 매년 과세기준일 현재 그 사용여부에 따라 재산세를 부과하는 것으로 그 사용목적대로 사용이 되지 않는다면 그 부동산 사용현황에 따라 부과 또는 감면 적용이 가능하므로 별도로 명시적으로 규정하고 있지 않은 것이다.

## 1-1. 입법연혁(비과세·감면대상에 대한 추징근거 규정 신설)

2000년까지는 비영리사업자 또는 공공법인 등이 부동산 취득 후 유예기간(1년 또는 3년) 이내에 고유목적에 사용하는 부동산은 취득세·등록세 등이 비과세 또는 감면되었으나, 비영리사업자 등이 조세회피의 목적으로 취득 부동산을 유예기간 내에 사용을 개시하여 일시적·형식적으로 사용하다가 매각 또는 타용도로 전용하더라도 이에 대한 추징 규정이 없어 공평과세를 저해[464]하고 있다는 지적에 따라 2001년부터는 비영리사업자 또는 공공법인 등이 부동산을 취득하여 유예기간 내에 목적사업에 사용하였다 하더라도 그 사용일부터 2년 이상 사용하지 아니하고 매각하거나 타용도로 전용(轉用)할 경우에는 비과세 또는 감면된 지방세를 추징할 수 있는 근거 규정이 보완되었다. 2001년부터는 구 지방세법 제107조

464) 상가건물을 취득한 후 유치원 또는 유아원용으로 약 1개월간 사용하다가 매각하거나 상가용으로 전용하는 경우에도 추징이 불가하므로 과세의 형평성을 상실하게 됨.

및 제127조에서 규정하고 있는 용도구분에 의한 비과세 규정과 제5장 과세면제 및 경감 규정에서 취득 부동산의 사용일부터 기산하여 그 용도에 2년 이상 사용하지 아니하고 매각하거나 다른 용도로 사용하는 경우에는 비과세 또는 감면된 지방세를 추징하도록 일괄하여 개정되었다. 이에 따라 지방세 비과세 · 감면규정 중 추징규정이 신설된 조문은 구 지방세법 제107조 · 제127조 · 제261조 · 제266조 · 제268조 · 제271조 · 제272조 · 제273조 · 제276조 · 제277조 · 제278조 · 제279조 · 제280조 · 제286조 · 제287조 · 제288조 제289조 등이며, 이 규정들은 다시 2011년부터 지특법으로 이관되어 제94조에서 규정되었다가 2014년부터는 지방소득세 규정이 신설(§93~§176)됨에 따라 현재의 제178조로 이관되었다.

### 1-2. 지방세 이자상당가산액 도입(법률 제16865호, 2020.1.1. 시행)

2020년 지특법 및 시행령 신설에 따라 취득세 감면을 추징하는 경우 종전에는 취득세 본세만을 추징하여 감면기간 동안 발생되는 이자와 부동산 시세차익 등을 향유할 여지가 있어 왔으나, 향후에는 감면제도의 실효성 확보와 감면대상이 아님을 인지하고 성실하게 납부한 납세자와의 형평성을 고려하여 '이자상당가산액'을 부과하도록 개정되었다.

따라서, 감면된 취득세에 대해 추징사유가 발생하여 이미 감면된 세액을 추징하는 경우에는 해당 감면기간 동안 부당하게 향유한 이익에 상당하는 금액을 본세에 부가하여 추징하게 되며 시행령 규정에 따라 국세와 동일한 수준으로 1일 10만분의 25(연 9.125%)를 적용받게 되며 가산기간일은 당초 감면받은 부동산에 대한 취득세 납부기한의 다음 날부터 추징사유가 발생한 날까지의 기간까지 산정하면 된다.

여기서, 추징사유가 발생한 날이라 함은 해당 감면주체 또는 감면객체가 감면요건을 충족하지 않게 되거나 추징요건에 해당된 날을 의미하지만 이를 명확히 확인할 수 없는 경우에는 세무공무원이 추징사유 발생을 인지한 날을 '추징사유가 발생한 날'로 간주하도록 운영하여야 할 것이다.

#### 1-2-1. 당초 감면요건을 충족하지 않은 경우

당초 취득한 날부터 추징사유가 발생한 경우에는 이자상당가산액은 발생하지 않고 가산세만 적용대상이 된다.

#### 1-2-2. 사후 추징사유 발생으로 기한 내 납부한 경우

당초 취득세 감면요건을 충족하였으나 사후에 매각 · 증여 등으로 인해 감면요건을 충족하지 않아 추징사유가 발생한 경우로, 「지방세법」 제20조 제3항에 따라 추징사유 발생일로

부터 60일 이내에 신고 및 납부하였을 경우에는 납부기한 내에 기 감면된 세액을 납부하였으므로 신고불성실가산세와 납부불성실가산세의 적용대상에 해당하지 않는다.

1-2-3. 사후 추징사유 발생으로 기한 내 신고하였으나 미납부한 경우

당초 취득세 감면요건을 충족하였으나 사후에 매각·증여 등으로 인해 감면요건을 충족하지 않아 추징사유가 발생한 경우로, 「지방세법」 제20조 제3항에 따른 납부기한 내에 신고는 하였으나 납부를 하지 못한 경우에는 취득세 납부기한으로부터 추징사유 발생일까지 이자상당가산액을 적용받게 된다. 이 경우 당초 추징사유 발생일로부터 60일 이내 신고하여 신고불성실 가산세의 적용대상은 아니지만, 납부불성실가산세는 납부기한의 다음 날부터 부과결정일(또는 자진납부일)까지의 기간에 대해 적용받게 된다.

1-2-4. 환급·충당한 후 추징사유가 발생한 경우

지방세 이자상당가산액 기산일은 납부기한의 다음 날을 기산일의 원칙으로 하되, 2022년 1월부터 예외규정을 신설하였는데, 이는 이자상당액 적용과 관련한 다양한 실무적 사례를 반영하기 위한 것으로 예컨대 현행 규정은 신고납부기간 이내에 정상적으로 납부한 납세자가 관련법령의 개정으로 환급을 받은 후에, 추징사유에 해당할 경우에는 이미 납부하였던 기간까지 산입하게 되어 있어 납세자가 납부한 후 환급되기까지는 납부가 유지된 기간으로 그 기간에 이자상당가산액을 부과하는 것은 불합리한 측면이 있다 할 것이다.

따라서 납세자의 납부 후 환급 등 예외적인 사유가 발생하는 경우에는 환급가산금 기산일과 동일하게 적용하도록 개선함으로써 납부가 유지된 기간은 이자상당가산액 기간 산정에서 제외하되, 그 중 환급가산금을 지급한 기간은 포함하도록 하였다.

※ 주요 환급가산금 기산일(지방세기본법 시행령 §43 ① 각 호)

| |
|---|
| ✓ 경정청구에 따라 감면시 : 지방세 납부일<br>✓ 적법하게 납부 후 지방세 감면시 : 그 결정일<br>✓ 적법하게 납부 후 법령·조례 개정시 : 그 법령·조례 시행일 |

1-2-5. 사후 추징사유가 발생하였으나 이자상당가산액이 제외되는 경우

지특법 제178조 제2항 단서에 따라 "파산 등 대통령령으로 정하는 부득이한 사유"에 해당하는 경우에는 이자상당가산액을 배제하고 하고 있는데 이는 같은 법 시행령 제123조의 2의 규정에 따라 파산선고를 받은 경우와 천재지변이나 그 밖에 이에 준하는 불가피한 사

유로 해당 부동산을 매각·증여하거나 다른 용도로 사용한 경우에 한한다.

## 2 | 감면실무

### 2-1. 정당한 사유의 의미

'정당한 사유'에 대해 지특법에서는 별도의 세부규정은 없으나 대법원 판례(1997.6.27. 96누16810)를 보면 "'정당한 사유'라 함은 법령에 의한 금지, 제한 등 객관적으로 타당한 외부적인 사유는 물론 고유업무에 사용하기 위한 정상적인 노력을 다하였으나 시간적인 여유가 없어 유예기간을 넘긴 내부적인 사유도 포함하고, 정당사유의 유무를 판단함에 있어서는 입법취지 및 부동산의 취득목적에 비추어 그 목적사업에 직접 사용하는 데 걸리는 준비기간의 장단, 목적사업에 사용할 수 없는 법령상, 사실상의 장애사유 및 장애정도, 당해 법인이 부동산을 목적사업에 사용하기 위한 진지한 노력을 다하였는지 여부 등을 아울러 참작하여 구체적인 사안에 따라 개별적으로 판단하는 것이 타당하다"고 판시하고 있다. 다만, 경영곤란, 설계변경 등 사전 준비부족 등의 사유로 인한 경우는 법인내부의 문제로 일반적으로 정당한 사유로 인정받지 못한다. 이처럼 정당한 사유에 대해서는 개별적·구체적 사안이므로 이를 지특법에서 입법화하여 구체적으로 열거하기가 어려운 측면이 있다고 본다.

### 2-2. 직접 사용의 의미

#### 2-2-1. 일반적 추징규정의 적용 범위

종전의 구 지방세법(2010.3.31. 지특법 제정 이전)에서는 감면규정에 별도로 추징요건이 단서규정으로 명시되었으나, 지특법에서는 취득세 추징의 일반화를 위해 개별적으로 감면규정을 규정한 경우를 제외하고는 현행 제94조를 준용하여 일괄 적용하고 있다. 따라서 지특법 감면규정[465] 중 별도의 추징규정을 두고 있지 않아 당해 부동산이 일정기간 직접 사용하지 않거나 다른 용도로 사용(매각·증여 등)하는 등의 경우에는 감면된 취득세를 추징해야 하며 그 외의 경우에는 별도로 해당 조문에서 추징규정을 두고 있으므로 해당 규정에 따라 추징 여부를 판단하면 된다.

465) 부동산 중 취득세 감면대상은 총 147개 조문으로 이 중 직접 사용 용어가 있는 규정은 63개, 직접 사용 용어가 없는 규정은 18개이다. 그 외 개별추징 규정이 있는 조문은 48개이며 별도의 사후관리가 불필요한 조문은 18개이다(2013.1.1. 현재).

한편, 이 법에 따른 일반적 추징규정을 적용하는 범위에 대해서는 종전(행안부 지방세운영과-559, 2011.2.8.)에는 지특법상 개별규정에 '직접 사용'이 규정되어 있으면 이 법의 일반적 추징규정을 적용할 수 있으나, 개별규정에서 '직접 사용'이라는 용어가 없는 경우에는 이 법의 일반적 추징규정을 적용할 수 없다고 운영하였으나, 적용범위를 '직접 사용'의 규정이 있는 경우로 한정할 경우 입법취지(다음 표 1 참조)에 맞지 않게 추징을 할 수 없는 문제가 있어 개별규정에서 '직접 사용'이라는 용어가 없더라도 종전에 '개별추징규정'이 있었던 조문과 '사후관리'가 필요한 조문은 일반적 추징규정(§94) 적용대상으로 운영하도록 관련 운영지침이 변경(행안부 지방세운영과-782, 2013.3.21., 표 2 참조)되었다.

이를 종합하면 지특법상 개별규정에서 '직접 사용' 용어가 있는 경우는 본 규정의 일반적 취득세 추징규정을 바로 적용할 수 있고, 비록 '직접 사용' 용어가 규정되어 있지 않더라도 개별규정에서 취득목적 및 사용용도가 지정된 경우라면 사후관리를 위해 이 역시도 본 규정을 적용한다는 의미이다.

〈표 1〉 **종전(지방세운영과-559, 2011.2.8.) 기준에 따른 운영상 문제점**

| 구 분 | 문 제 점 |
|---|---|
| 舊 지방세법의 개별 추징규정이 삭제되면서 현재의 지특법 규정으로 이관된 경우 | 현행 일반적 추징규정이 적용되도록 종전에 규정돼있던 개별추징규정을 삭제하였으나, '직접 사용'이란 규정이 없어 종전지침(구 지방세법)에 따른 추징 곤란 |
| 現 지특법상 개별규정에서 취득목적, 사용용도가 지정되어 있어 사후관리가 필요한 경우 | 용도가 특정되어 있어 감면목적이나 용도에 사용치 않을 경우 추징이 필요함에도 '직접 사용' 규정이 없어 추징을 할 수 없는 문제 |

〈표 2〉 **지특법상 개별규정 및 일반적 추징규정 적용범위(2013.1.1. 현재)**

| 개별규정 | 감면 목적 | 지특법 제94조 적용 여부 | | 2010년 이전 운영현황 |
|---|---|---|---|---|
| | | 여부 | 사유 | |
| §6 ①, ④ | 직접 사용 | – | | |
| §6 ② | 농업용 | 여 | 사용용도 규정됨 | 구261 ② 추징有 |
| §8 ③ | 직접 임업용, 교환분합용 | 여 | 직접 임업용 사용용도 있음, 사후관리 필요 | 구263 ② 추징無 |
| §8 ④ | 개별추징 | | | |
| §11 ① | 영농에 사용 | 여 | 사용용도 규정됨 | 구266 ⑥ 추징有 |
| §11 ② | 직접 사용 | – | | |

| 개별규정 | 감면 목적 | 지특법 제94조 적용 여부 | | 2010년 이전 운영현황 |
|---|---|---|---|---|
| | | 여부 | 사유 | |
| §12 ① | 직접 사용 | – | | |
| §13 ② (1, 2, 3, 5호) | 농어촌공사 취득 | 부 | 취득요건 충족조건, 사후관리 불필요 | 구266 ② 추징無 |
| §13 ② 4호 | 직접 사용 | – | | |
| §14 ①, ③ | 직접 사용 | – | | |
| §14 ② | 공동이용시설사업 등 사용 | 여 | 사용용도 규정됨 | 구266 ④ 추징有 |
| §15 ①, ② | 직접 사용 | – | | |
| §16 | 상시 거주할 목적 | 여 | 상시거주 사용목적 있음, 사후관리 필요 | 조례상 추징無 |
| §17 | 개별추징 | | | |
| §17의 2 ① 3호 | 직접 사용 | – | | |
| §18 | 직접 사용 | – | | |
| §19 ① | 설치, 운영 목적 | 여 | 취득목적 규정됨 | 구272 ⑤ 추징有 |
| §20 | 노인복지시설에 사용 | 여 | 사용용도 규정됨 | 조례상 추징有 |
| §21 ① | 직접 사용 | | | |
| §21 ② | 청소년수련시설 설치 목적 | 여 | 취득목적 규정됨 | 구288 ③ 추징有 |
| §22 ① | 개별추징 | | | |
| §22의 2 | 개별추징 | | | |
| §22의 4 | 개별추징 | | | |
| §23 | 직접 사용 | – | | |
| §24 ①, ③ | 직접 사용 | – | | |
| §25 ① | 회원용 공동주택 건설 | 여 | 취득목적 규정됨 | 구273 ⑤ 추징규정 有 |
| §26 | 직접 사용 | – | | |
| §27 ①, ② | 직접 사용 | – | | |
| §28 ①, ② | 직접 사용 | – | | |
| §29 ① | 대부금범위 내 주거용 | 부 | 대부금 주거용조건, 이외 사후관리 불필요 | 구270 ① 추징無 |
| §29 ② | 직접 사용 | – | | |
| §30 ①, ③ | 직접 사용 | – | | |
| §31 | 개별추징 | | | |

| 개별규정 | 감면 목적 | 지특법 제94조 적용 여부 | | 2010년 이전 운영현황 |
|---|---|---|---|---|
| | | 여부 | 사유 | |
| §31의 2 ② | 개별추징 | | | |
| §32 | 개별추징 | | | |
| §33 ① | 분양용 건축한 공동주택 | 부 | 취득당시 조건, 사후관리 불필요 | 조례상 추징有(2월 내 미등기시) |
| §33 ② | 서민주택, 1가구 1주택 | 부 | 취득당시 조건, 사후관리 불필요 | 조례상 추징有(2월 내 미등기시) |
| §34 ① | 분양보증이행용 | 부 | 취득시 분양보증용 조건, 사후관리 불필요 | 구269 ⑤ 추징無 |
| §34 ② | 개별추징 | | | |
| §34 ③ | 환매기간 내 재매입 | 부 | 취득시 재매입조건, 사후관리 불필요 | 구269의 2 ② 추징無 |
| §34 ⑤ | 구조조정용 | 부 | 취득시 구조조정용조건, 사후관리 불필요 | 구269의 2 ② 추징無 |
| §36 | 개별추징 | | | |
| §37 | 직접 사용 | – | | |
| §38 ①, ③, ④ | 직접 사용 | – | | |
| §39 ①, ② | 직접 사용 | – | | |
| §40 | 직접 사용 | – | | |
| §40의 2 | 개별추징 | | | |
| §41 ① | 개별추징 | | | |
| §42 ① | 개별추징 | | | |
| §42 ③ | 직접 사용 | – | | |
| §43 ① | 개별추징 | | | |
| §44 | 평생교육시설에 사용 | 여 | 사용용도 규정됨 | 조례상 추징有 |
| §45 ① | 직접 사용 | – | | |
| §45 ② | 개별추징 | | | |
| §46 | 개별추징 | | | |
| §47 ① | 직접 사용 | – | | |
| §47 ②, ④ | 개별추징 | | | |
| §47 ③ | 친환경주택 | 부 | 취득당시 친환경주택 조건, 사후관리 불필요 | 2011.1.1. 신설 |
| §48 | 직접 사용 | – | | |

| 개별규정 | 감면 목적 | 지특법 제94조 적용 여부 | | 2010년 이전 운영현황 |
|---|---|---|---|---|
| | | 여부 | 사유 | |
| §49 | 직접 사용 | – | | |
| §50 ① | 개별추징 | | | |
| §52 ① | 직접 사용 | – | | |
| §52 ② | 개별추징 | | | |
| §53 | 직접 사용 | – | | |
| §54 ① | 관광단지개발사업 시행 목적 | 여 | 취득목적 규정됨 | 구277 ① 추징有 |
| §54 ③ | 개별추징 | | | |
| §54 ⑤ | 직접 사용 | – | | |
| §56 ①, ③ | 직접 사용 | – | | |
| §57 ① | 법인합병 | 부 | 합병 취득조건, 사후관리 불필요 | 구283 ① 추징無 |
| §57 ② | 적기시행조치, 계약이전 | 부 | 취득자격 조건, 사후관리 불필요 | 구266 ⑧, ⑨ 추징無 |
| §57 ③ | 중앙회사업구조개편 | 부 | 특별법상 분할조건, 사후관리 불필요 | 2011.12.31. 신설 |
| §58 ① ③ | 개별추징 | | | |
| §58 ② | 집적시설입주자 중과제외 | 부 | 시설, 단지 입주 벤처조건, 사후관리 불필요 | 구280 ③ 추징無 |
| §58 ④ | 직접 사용 | – | | |
| §58의 2 ①, ② | 개별추징 | | | |
| §59 ① | 종합유통시설용, 교육시설용 | 여 | 사용용도 규정됨 | 구280 ② 추징有 |
| §59 ②, ③ | 개별추징 | | | |
| §60 ① | 공동시설용 | 여 | 사용용도 규정됨 | 구266 ④ 추징有 |
| §60 ② | 개별추징 | | | |
| §60 ③, ④ | 직접 사용 | – | | |
| §61 ①, ② | 직접 사용 | – | | |
| §63 ①, ②, ④ | 직접 사용 | – | | |
| §64 ①, ② | 개별추징 | | | |
| §69 | 자동차검사용 | 여 | 사용용도 규정됨 | 구266 ① 추징有 |
| §71 ① | 물류단지 개발용 | 여 | 사용용도 규정됨 | 구280 ⑤ 추징有 |
| §71 ② | 물류사업용 | 여 | 사용용도 규정됨 | 구280 ⑤ 추징有 |
| §72 ③ | 개별추징 | | | |
| §72 ① | 개별추징 | | | |

| 개별규정 | 감면 목적 | 지특법 제94조 적용 여부 | | 2010년 이전 운영현황 |
|---|---|---|---|---|
| | | 여부 | 사유 | |
| §72 ③ | 직접 사용 | – | | |
| §73 ① | 대체취득 | 부 | 대체취득 용도 조건, 사후관리 불필요 | 구109 ① 추징無 |
| §73 ③ | 환매권 행사 | 부 | 형식상 일시취득, 사후관리 불필요 | 구110, 2호 나목, 128 2호 가목 추징無 |
| §74 ① | 환지계획 취득 | 부 | 환지계획 취득 조건, 사후관리 불필요 | 구109 ③ 추징無 |
| §74 ③ | 개별추징 | | | |
| §75 | 개별추징 | | | |
| §76 ① | 공급목적, 일시취득용 | 부 | 공급목적 일시취득 요건, 사후관리 필요 | 구289 ① 추징無 |
| §77 ① | 수자원공사 분양공급 | 부 | 공급목적이면 감면대상, 사후관리 필요 | 구289 ② 추징無 |
| §78 ①, ④ | 개별추징 | | | |
| §79 ① | 개별추징 | | | |
| §80 ① | 개별추징 | | | |
| §81 ① | 승인받아 이전할 목적 | 부 | 승인요건 충족조건 사후관리 불필요 | 구274의 2 추징無 |
| §81 ③ | 개별추징 | | | |
| §83 ①, ② | 개별추징 | | | |
| §85 ① | 직접 사용 | – | | |
| §85 ② | 민영교도소 설치·운영목적 | 여 | 취득목적 규정됨 | 구271 ③ 추징有 |
| §85의 2 ①, ④ | 직접 사용 | – | 직접 사용 | |
| §86 | 주한미군 임대주택용 | 여 | 임대용 사용용도 있음, 사후관리 필요 | 구269 ④ 추징無 |
| §87 ①, ② | 직접 사용 | – | | |
| §88 ①, ② | 직접 사용 | – | | |
| §89 ① | 개별추징 | | | |
| §90 ① | 개별추징 | | | |
| §91 | 개별추징 | | | |
| §92 | 대체(복구) 취득 | 부 | 대체(복구)용 조건, 사후관리 불필요 | 구108 추징無 |

### 2-2-2. 직접 사용의 의미

취득세 등 추징과 관련하여 법령 해석상의 다툼이 많은 분야 중에 하나가 바로 "직접 사용"과 관련한 부분이다. 지특법 개별 조문에서 감면대상자에 대해 입법취지에 맞는 각종 지방세 특례(세율감면, 세액감면, 과표공제, 세액공제 등)를 부여하고, 그 목적대로 해당 부동산 등을 사용하지 않을 경우에는 감면된 세액 추징을 위해 직접 사용 여부를 판단하게 되는데 그 기준점이 되는 직접 사용의 주체가 부동산 소유자인지 사용자인지 여부가 불분명하여 다툼의 소지가 있어 왔다. 그러나 2014년부터는 지특법 제2조의 정의 규정을 개정하여 직접 사용의 개념을 부동산의 소유자가 해당 부동산을 그 사업용도에 맞게 사용하는 것으로 개정하여 감면주체를 부동산 소유자로 명확히 하였다. 다만, 일부 규정(노인복지시설 감면 §20, 사회복지시설 감면 §22, 종교단체 감면 §50)은 사용용도 등을 감안하여 감면이 인정되도록 예외를 두고 있다.

**(참고) 직접 사용 관련 운영사례**

2013년까지는 직접 사용의 주체가 해당 부동산의 '소유자'인지 '사용자'인지에 대해 항상 다툼의 소지가 있었던 바, 대체로 과세권을 가지고 있는 과세관청 입장에서는 인적 감면요소를, 납세자 입장에서는 물적 감면요소가 타당하다고 주장하였다.

| (인적 감면요소) 감면대상자를 특정한 경우 등에 있어서는 '직접 사용'이란 소유관계를 기준으로 제3자가 아닌 그 소유자가 자신의 목적사업에 사용하는 경우로 한정한다고 보는 견해<br>(물적 감면요소) 감면대상자가 특정되지 않거나 대물적 감면 성격이 강한 경우에는 입법취지 및 해당규정에 따라 사용용도 측면에서 직접 사용 여부를 판단하는 것이 합리적이라고 보는 견해 |
|---|

이에 대해 지특법을 소관하는 행정자치부와 감사원 및 조심의 견해는 대체로 부동산을 소유하는 주체가 취득 또는 등기한 당해 부동산을 사용하는 권한을 배타적으로 행사하므로 당해 사업목적대로 감면대상자가 사용하는 것이 직접 사용이라고 보는 등 시각이 일반적인 견해였으나 대법원의 판례를 살펴보면 과세관청 또는 안전행정부의 견해보다는 다소 넓게 보아 감면대상자가 당해 부동산을 그 사업에 사용한다고 함은 현실적으로 당해 부동산의 사용용도가 비영리사업 자체에 직접 사용되는 것을 뜻하고, 그 사업에 사용의 범위는 당해 비영리사업자의 사업목적과 취득목적을 고려하여 그 실제의 사용관계를 기준으로 객관적으로 판단(대법원 2001두878, 2002.10.11.)되어야 한다는 것에서 더 나아가 2008년부터는 그 용도에 사용하는 것으로 충분하다고 판시하고 있어 최근에는 이 판례를 인용하여 직접 사용의 범위를 제3자 임대용 등에 제공되더라도 그 용도대로 사용하면 직접 사용하는 것으로

보는 것이 타당하다고 주장(감면을 받은 자)하고 있는 경우가 자주 있었다.

〈표 3〉 **직접 사용에 대한 대법원 주요 사례**

| 대법원 | 행안부 |
|---|---|
| • 직접 사용에는 해당 재산이 비영리사업자의 공익사업에 직접 사용되는 이상 비영리사업자가 제3자에게 임대 또는 위탁하여 자신의 공익사업에 사용하는 것도 배제되지는 아니한다. 다만, 비영리사업자가 제3자에게 임대 또는 위탁하는 방법으로 공익사업에 부동산을 직접 사용한다고 보기 위해서는 비영리사업자가 해당 부동산을 그 사업수행에 직접 사용하는 것으로 볼 수 있을 정도의 제3자에 대한 지휘, 통제 및 관리 감독의 권한을 가지고 있어야 한다(1984.7.24. 84누297, 2006.1.13. 2004두9265 등).<br>• 시행령 제84조의 4 제1항 제1호에서 규정하고 있는 "법인의 고유업무에 직접 사용"한다는 의미는 당해 법인이 스스로 토지를 법인의 고유업무 그 자체에 직접 사용하는 것을 뜻하고, 특별한 사정이 없는 한 제3자에게 임대 또는 위탁하여 토지를 사용하게 하는 등의 간접적 사용을 허용하는 의미는 아니라고 해석된다(2002.8.27. 2000두10373).<br>• 지방세법 추징사유 중 하나로 들고 있는 '당해 용도에 직접 사용하지 아니하는 경우'에서 말하는 '직접 사용'이란 의미는 당해 재산 용도가 직접 그 본래 업무에 사용하는 것이면 충분하고, 그 사용 방법이 스스로 그와 같은 용도에 제공하거나 혹은 제3자에게 임대 또는 위탁하여 그와 같은 용도에 제공하는지 여부는 가리지 않는다(2011.1.27. 2008두15039). | • 부동산 소유자와 특수 관계에 있는 회사가(주식의 49% 보유) 장기간(임대기간 10년) 임대보증금이나 임차료 없이 사용한다고 하더라도, 별개의 법인이 각자의 사업목적에 따라 기업부설연구소용으로 사용하고 있는 이상 "기업부설연구소용에 직접 사용하는 부동산"으로 볼 수 없어 재산세 감면대상이 아님(지방세운영과-357, 2011.1.20.).<br>• 직접 사용이라 함은 부동산 소유자가 당해 부동산을 해당 용도로 직접 사용하는 경우를 말하는 것으로 납세의무자가 해당 시설을 임차인에게 임대하였다면 이는 임대사업목적으로 사용한 것이지 직접 호텔업에 사용한 것으로 볼 수 없으므로 감면대상 아님(지방세운영과-3714, 2011.8.3.).<br>**감사원**<br>• 직접 사용이란 부동산 소유자가 영유아보육시설의 운영자로서 과세기준일 현재 보육시설에 직접 사용하는 경우만을 의미(감심 2008-182, 2008.6.12.)<br>- 소유자가 아닌 자가 운영하는 경우(타인에게 유상 · 무상으로 임대) 직접 사용 부동산 아님(감심 2008-182, 2008.6.12., 2009-244, 2009.12.10.).<br>**조심**<br>• "직접 사용"이라 함은 부동산의 소유자가 영유아보육시설의 운영자로서 과세기준일 현재 영유아보육시설 용도에 사용하는 경우를 의미<br>※ 다만, 소유자가 대표자 및 시설장은 아니나 실질적으로 운영에 종사하면서 배우자와 공동으로 보육시설을 경영하는 경우 직접 사용으로 봄. |

## 2-3. 감면 유예기간 적용과 기산일 계산

### 감면의 유예기간 적용

정당한 사유 없이 그 취득일부터 1년이 경과할 때까지 해당 용도로 직접 사용하지 아니하는 경우, 또는 해당 용도로 직접 사용한 기간이 2년 미만인 상태에서 매각 · 증여하거

나 다른 용도로 사용하는 경우 감면된 세액을 추징하도록 규정하고 있다. 따라서 취득일로부터 1년의 유예기간이 경과하지 않았다면 비록 이 법 규정에 따른 감면대상자가 해당 용도에 직접 사용하고 있지 않더라도 그 정당성을 판단할 필요없이 일단 유예기간(1년) 이내까지는 감면대상자로 보아야 할 것이다. 반면, 취득일로부터 2년 미만인 상태에서 매각·증여 또는 다른 용도(임대 등)로 사용하는 경우에는 감면주체가 변경되는 사항으로 감면 목적을 달성하지 않은 것으로 보아 유예기간 없이 그 해당 사유일이 발생하는 날부터 즉시 추징대상에 해당된다 할 것이다.

※ 감면유예기간 이내에 당사자간에 합의해제하는 경우(대법원 2013두2778, 2013.6.28.)

### 기산일의 계산

지방세 감면의 유예기간의 계산에 관하여는 지특법에서 특별히 규정하고 있는 사항이 없으므로 민법의 규정을 준용하여 유예기간을 경과하였는지의 여부를 판단하게 되는 것이다. 통상 기간을 정함에 있어서는 일(日) 단위로 환산하는 방법과 일(日) 단위로 환산하지 않고 계산하는 방법이 있는데 전자는 통상적인 계산 방법으로 지방세 감면 유예기간의 계산도 이 방식으로 하고 있다. 후자는 근무경력 등의 방법에 주로 사용된다. 일(日) 단위 계산 방법으로 민법 제157조는 '기간을 일, 주, 월 또는 연으로 정한 때에는 기간의 초일은 산입하지 아니한다'하고, 같은 법 제159조에서는 '기간을 일, 주, 월 또는 연으로 정한 때에는 기간 말일의 종료로 기간이 만료한다.'라고 하고 있다. 따라서 지특법상 모든 감면 "유예기간"을 연(年)으로 정하고 있으므로 감면유예기간의 기산점은 초일은 산입하지 아니하며, 만료일은 최후의 연(年)에서 그 기산일에 해당한 날의 전일로 기간이 만료한다고 보면 된다. 다만, 기간의 말일이 토요일 또는 공휴일에 해당한 때에는 기간은 그 익일로 만료한다. 기간의 계산과 관련한 민법 규정은 다음의 표를 참조하기 바란다.

〈표 4〉 **민법규정에 따른 기간의 기산일 적용 기준**

| |
|---|
| 제155조(본장의 적용범위) 기간의 계산은 법령, 재판상의 처분 또는 법률행위에 다른 정한 바가 없으면 본장의 규정에 의한다. |
| 제156조(기간의 기산점) 기간을 시, 분, 초로 정한 때에는 즉시로부터 기산한다. |
| 제157조(기간의 기산점) 기간을 일, 주, 월 또는 연으로 정한 때에는 기간의 초일은 산입하지 아니한다. 그러나 그 기간이 오전 영시로부터 시작하는 때에는 그러하지 아니하다. |
| 제158조(연령의 기산점) 연령계산에는 출생일을 산입한다. |
| 제159조(기간의 만료점) 기간을 일, 주, 월 또는 연으로 정한 때에는 기간 말일의 종료로 기간이 |

만료한다.

제160조(역에 의한 계산) ① 기간을 주, 월 또는 연으로 정한 때에는 역에 의하여 계산한다.

② 주, 월 또는 연의 처음으로부터 기간을 기산하지 아니하는 때에는 최후의 주, 월 또는 연에서 그 기산일에 해당한 날의 전일로 기간이 만료한다.

③ 월 또는 연으로 정한 경우에 최종의 월에 해당일이 없는 때에는 그 월의 말일로 기간이 만료한다.

제161조(공휴일 등과 기간의 만료점) 기간의 말일이 토요일 또는 공휴일에 해당한 때에는 기간은 그 익일로 만료한다.

※ 직접 사용의 범위 : 건축 중인 경우를 포함하되, 감면의 경우 리모델링을 하는 경우도 건축 중인 경우로 볼 수 있는지 여부(지특법 제2조에서 지특법에서 특별히 규정하지 않은 용어에 대해서는 지방세법 규정을 준용하도록 되어 있음. 따라서, 건축의 범위에 리모델링은 포함되지 않으므로 감면대상이 아님 설명. 건축의 의미 해설 필요)

## 3 관련사례

▣ 정당한 사유를 별도로 정하고 있지 않은 경우 추징 여부

취득세를 감면받은 이후 직접 사용기간이 2년 미만인 상태에서 매각한 경우에 있어, '정당한 사유'를 명문으로 두고 있지 않은 이상 그 사유를 불문하고 감면된 취득세는 추징대상이 된다고 할 것임(행안부 지방세특례제도과-2391, 2020.10.8.).

▣ 5년 이후 수익사업 사용시는 부과제척기간 경과로 추징대상 아니라고 한 사례

부동산 취득 당시 신청인 및 과세관청의 착오로 지방세 비과세 규정을 잘못 적용하였다 하더라도 실체적 내용에 차이가 없고 비과세 목적을 달성한 이상 법률 적용의 오류는 정정으로 치유할 수 있으며, 구 지방세법 제290조 제1항(2000.12.29. 개정 전)의 단서는 취득일부터 1년 이내에 정당한 사유 없이 그 고유업무에 직접 사용하지 아니하거나, 대통령령이 정하는 수익사업에 사용한 경우 면제된 취득세와 등록세를 추징하도록 규정하였으므로, 그 고유업무에 사용한 날부터 5년이 경과한 후 대통령령이 정하는 수익사업에 사용하는 경우에는 부과제척기간이 경과하였으므로 면제된 취득세와 등록세는 추징대상이 아님(행자부 세정-345, 2005.1.20.).

# 제179조

## 토지에 대한 재산세의 경감률 적용

**관련규정**

제179조(토지에 대한 재산세의 경감률 적용) 이 법 또는 다른 법령에서 토지에 대한 재산세의 경감 규정을 둔 경우에는 경감대상 토지의 과세표준액에 해당 경감비율을 곱한 금액을 경감한다.

토지에 대한 재산세 과세체계가 과세대상 토지의 유형에 따라 종합합산, 별도합산, 분리과세로 구분되는 점을 감안하여 과세표준액에 해당 경감비율을 곱한 금액을 경감한 후, 과세체계에 따라 과세표준액을 산정하여 적용하도록 한 것이다.

2010년까지는 구 지방세법 제293조에서 규정되었다가 2011년에 지특법이 제정되면서 제95조로 이동하였으며 다시 2014년에는 지방소득세 규정이 신설(§93~§176)됨에 따라 현재의 제179조로 이관되었다.

# 제 180 조

## 중복 특례의 배제

◈ 관련규정 ◈

제180조(중복 특례의 배제) 동일한 과세대상의 동일한 세목에 대하여 둘 이상의 지방세 특례 규정이 적용되는 경우에는 그 중 감면되는 세액이 큰 것 하나만을 적용한다. 다만, 제66조 제1항, 제73조, 제74조의 2 제1항, 제92조 및 제92조의 2와 다른 지방세 특례 규정이 함께 적용되는 경우에는 해당 특례 규정을 모두 적용하되, 제66조 제1항, 제73조, 제74조의 2 제1항 및 제92조 간에 중복되는 경우에는 그 중 감면되는 세액이 큰 것 하나만을 적용한다.

☞ [23.3.14. ⇨ §180 일괄 개정]

☞ [14.1.1. ⇨ §96에서 이관, 10.3.31. 제정 ⇨ 구 법 §96에서 이관]

### 1 | 의 의

본 규정은 2010년까지는 구 지방세법 제96조에서 규정되었다가 2011년에 지특법이 제정되면서 제96조로 이동하였으며 다시 2014년에는 지방소득세 규정이 신설(§93~§176)됨에 따라 현재의 제180조로 이관되었다.

지방세 감면은 경제적・사회적 정책목적을 위해 납부하여야 할 세금을 과세대상에서 제외하거나 면제 또는 경감해주는 것으로, 공익의 실현, 취약계층 및 사회적 약자 보호, 기업의 투자촉진 등 지역개발을 통한 지역경제 활성화를 위한 유인수단으로 활용해 오고 있다. 반면에 감면제도는 특정단체, 특정계층 등 일부에만 조세혜택을 부여한다는 측면에서 과세형평성을 저해하고 열악한 지방재정을 잠식함으로써 지방재정에 부정적 영향을 미친다는 측면도 고려할 필요가 있는 것이다. 따라서 감면은 최소한에서 이루어지는 것이 바람직하다 할 것이다. 이러한 측면에서 볼 때, 동일한 과세대상에 대하여 각종 유형이나, 여러 상황에 따라 이를 모두 적용하는 것은 과다지원 문제가 발생하게 되므로 이와 같은 점을 방지하기 위해 두 개 이상의 감면이 적용되는 경우에는 그 중 감면율이 높은 것 하나만을 적용하도록 한 것이다.

다만, 제73조(토지수용 등으로 인한 대체취득에 대한 감면), 제74조(도시개발사업 등에 대한 감면), 제92조(천재지변 등으로 인한 대체취득에 대한 감면) 및 제92조의 2(자동계좌이체 납부에 대한 세액공제)의 감면은 2010년까지는 비과세 대상으로 생활환경과 밀접한 삶의 터전을 교체하는 특수성과 지방세 납부방식을 개선하기 위한 세액공제 성격 등을 가지고 있어 이를 과도한 감면지원으로 보지 않기 때문에 중복감면을 허용하고 있는 것이다.

2024년부터는 제66조 제1항(교환자동차 등에 대한 감면)에 따른 경우에도 중복 특례에 포함하였는네 이는 자동차 제작 결함으로 인해 교환 취득하는 경우에 적용이 가능하도록 개선되었다.

다만, 이러한 경우에도 제66조 제1항, 제73조, 제74조의 2 제1항 및 제92조 간에 서로 중복되는 경우에는 그 중 감면율이 높은 것 하나만을 적용하여야 한다.

## 2 | 감면실무

### 2-1. 중복감면 배제의 기준(2022.12.31.까지)

동일한 과세대상에 대하여 두 개 이상의 감면규정이 적용되는 경우에 이를 모두 적용하는 것은 과다지원 문제가 발생하게 되므로 그 중 감면율이 높은 것 하나만을 적용하도록 이 법에서 규정하고 있다. 종전에는 지방세 감면이 주로 면제 위주로 운영되었기 때문에 납세자 측면에서 보면 중복 감면을 배제하는 방식에 있어 실익이 없었으나 2014년 이후부터는 지방재정건전성 강화를 위해 점차적으로 감면을 축소하는 추세에 있음을 고려할 때 중복감면을 적용하는 방법이 두 개의 감면규정 중 감면대상자에게 유리한 어느 하나의 규정을 적용하느냐 아니면 두 개의 규정 중 감면대상자가 유리한 세목별로 각각 선택해서 감면적용을 해야 하는지에 대해 논란이 있을 수 있다.

이에 대해 살펴보면 중복 감면을 배제하는 근거조문인 법 제108조(舊 제96조)를 보면 둘 이상의 감면규정이 적용되는 경우에는 그 중 감면율이 높은 것 하나만을 적용하되, 제73조, 제74조, 제92조 및 제92조의 2의 규정과 다른 규정은 두 개의 감면규정(제73조, 제74조 및 제92조 간에 중복되는 경우에는 그 중 감면율이 높은 것 하나만을 적용한다)을 모두 적용

할 수 있다고 하여 비록 일부이긴 하지만 비교적 구체적으로 중복되는 각각의 감면규정을 열거하여 규정하고 있다.

이는 지특법에서 중복되는 감면규정을 일일이 열거하여 규정하고 있지 않을 뿐이지 그 실상은 중복되는 각각의 규정별로 그 중에 감면율이 높은 것을 적용하라는 것으로서 이와 관련한 국세의 중복지원 배제의 경우도 조특법 제127조의 규정에서 감면적용이 중복되는 각각의 감면규정을 열거하여 그 중 하나만의 규정을 적용토록 하고 있음을 고려할 때 중복감면 배제의 기준은 각각의 세목별이라기보다는 각각의 조문 중 납세자에게 유리한 어느 하나의 조문만을 감면대상으로 보는 것으로 적용되어 왔다.

또한, 입법취지 측면에서 살펴보더라도 정책목적에 따라 감면대상자에 대해 직접 당해 감면규정을 두고 있는 것이지 처음부터 2개의 규정으로 각각 나누어서 모두 감면을 적용하겠다고 볼 수는 없다 할 것이며 이와 관련한 일례로 공무원연금공단(종전의 규정)의 경우에는 당해 공단의 고유업무에 대한 공익성을 고려하여 지특법 제24조에서 감면규정을 두고 있고 그 고유업무 중 임대주택관련 감면도 포함하여 감면규정을 두고 있다. 또한, 제31조 임대주택 감면은 서민주거안정을 위한 임대주택 활성화를 지원할 목적으로 감면규정을 두고 있다. 두 개의 감면규정은 전자는 주로 특정집단(공무원)을 위한 임대주택을 포함한 공단 고유업무에 대한 감면이고 후자는 전국민을 대상으로 서민주거안정 지원을 위한 감면으로 입법할 당시의 감면목적은 각각 다르다고 볼 수 있다. 다만, 공교롭게도 입법목적은 달랐지만 임대주택사업을 영위하는 방식은 전자나 후자 모두 같으므로 이의 경우에 중복감면을 적용한다면 지특법 제24조 또는 제31조 중 어느 하나만의 규정을 적용해야지 각각의 세목별로 서로 교차(cross)하여 감면을 적용한다면 입법권자가 지특법 제24조의 감면규정을 신설하면서 굳이 임대주택관련 감면규정을 둘 필요가 없지 않았었는가 하는 판단이 든다. 향후에는 이러한 논란을 해소하는 차원에서 지특법도 조특법의 경우처럼 중복 감면을 배제하는 방식을 열거주의 방식으로 보완할 필요가 있다고 본다.

### 2-2. 중복특례 배제의 기준(2023.1.1.부터)

2023년 1월 1일 이후부터는 해당 조문명을 '중복 감면의 배제'에서 '중복 특례의 배제로 개정함에 따라 지방세특례제한법 제2조 제1항 제6호에서의 "지방세 특례란 세율의 경감, 세액감면, 세액공제, 과세표준 공제(중과세 배제, 재산세 과세대상 구분전환을 포함한다) 등을 말한다"라고 정의된 규정을 그대로 용어를 일치시켜 그간 문제되어 온 기존 세율 감면 및 세액 감면 외에도 중과세 배제 등이 동시에 해당 시 그 중 유리한 것 하나만을 적용하도록 하였다.

또한, 세목이 다른 경우에는 세목별로 각각 유리한 특례를 적용받을 수 있도록 '중복 범위'를 '동일 세목으로 한정'하는 자구를 두어 이를 명확히 하였으며 과표공제 등의 성격을 고려하여 중복배제를 허용하고 있는 예외 대상을 현행화하였는데 기존 부동산 가액을 한도로 취득세 과세표준에서 공제하는 특례를 부여하는 방식인 제74조의 2 제1항을 예외대상에 추가하고, 지방세특례제한법상 과세표준 공제 성격의 특례 방식에서 지방세법으로 이관되는 제74조 제1항은 예외대상에서 삭제하였으며 이 경우 부칙에 규정을 두어 2023. 1. 1. 이전 환지계획인가 또는 관리처분계획인가를 받은 도시개발사업 또는 재개발사업의 시행으로 종전 제74조 제1항 및 제2항에 따라 취득세가 면제되는 경우에는 종전규정을 적용토록 하였다.

### 2-3. 중복특례(중과세 배제 포함)에 따른 농어촌특별세 적용 여부

우선 해당규정인 「농어촌특별세법」 제5조를 살펴보면, 「조세특례제한법」, 「관세법」, 「지방세법」 및 「지방세특례제한법」에 따라 감면을 받는 소득세 · 법인세 · 관세 · 취득세 · 등록에 대한 등록면허세의 감면세액을 과세표준으로 하여 100분의 20의 세율을 적용하도록 규정하고 있고, 「지방세특례제한법」 제2조에서는 지방세특례를 '세율의 경감, 세액감면, 세액공제, 과세표준 공제(중과세 배제, 재산세 과세대상 구분전환을 포함한다) 등으로 구분하여 정의하고 있다.

여기서, 중과세 배제를 농어촌특별세법에서 규정하고 있는 감면의 범위에 포함되는지 의미가 별도의 범위에 해당하는지가 쟁점이 될 것으로 최근 기획재정부(조세특례제도과-710, 2022.10.18.)에서는 '지방세특례제한법 제180조의 2 제1항에 따른 중과세율의 적용배제는 농어촌특별세법 제2조 제1항에 따른 감면에 해당하지 않는다'라고 법령해석을 한바 있어 이에 대한 다툼이 발생할 소지가 있다고 보여지며, 이에 지방세관계법에서의 감면범위와 국세법령에서 정한 감면범위가 동일한지 또는 동일해야 하는지 아니면 국세에서의 감면 개념은 고유의 개념으로 독자적 범위를 가지고 있는지가 될 것이다.

한편, 지방세특례제한법 보칙에서 규정하고 있는 「자본시장과 금융투자업에 관한 법률」에 따른 투자회사, 「기업구조조정투자회사법」에 따른 기업구조조정투자회사, 「부동산투자회사법」에 따른 부동산투자회사, 특수목적법인 및 「조세특례제한법」 제104조의 31 제1항에 해당하는 회사(프로젝트금융투자회사) 등은 종전 「조세특례제한법」에서 규정되어 오다가 2014년 말 지방세특례제한법으로 이관되어 온 규정으로 그 이전에는 지방세 감면과 중과세 배제

규정을 같이 적용받아 왔으나 이관시점에서 감면율 적용은 종료하여 정비하고 중과세 배제 규정만을 적용하되 이를 감면 본문 규정에 두지 아니하고 보칙에 두어 일반적인 감면 조문들과 차별화하여 별도 규정한 바 있으며 현재까지 유사규정이 운영되어 오고 있다.

아울러, 소관부처인 기획재정부와 행정안전부는 각각 유권해석(기획재정부 조세지출예산과 -190, 2007.3.27., 지방세운영과-1007, 2010.3.12.)을 통해 취득세 중과세율 배제규정은 감면 규정에 해당하지 않아 농어촌특별세 과세대상에 해당하지 않는다는 취지의 해석을 한 바 있으며, 이를 신뢰하여 현재 일반적으로 대부분의 과세관청이 취득세의 20%에 해당하는 농어촌특별세를 과세하지 않았고 감면의 범위가 국세와 지방세가 동일한지 여부 등이 명확하지 않은 점, 중복특례 범위를 최근에 명확히 개정한 점 등을 고려하여 현재 시점에서 소급과세하는 방식을 택하기보다는 2023년 이후의 감면분에 대한 농어촌특별세를 과세하는 것이 납세자 권익과 보호 측면에서 바람직 할 것으로 보인다.

### 2-4. 중복특례 배제 적용의 범위

지방세 특례는 지특법 이외에도 조특법, 자치단체 감면조례에서도 감면특례 규정을 둘 수 있다. 이 경우 중복특례를 배제하기 위해서는 이 법에서 "동일한 과세대상에 대하여 지방세를 감면할 때"라고 하여 중복 감면을 배제하는 범위가 지특법으로만 한정하는 것인지 아니면 조특법, 자치단체 감면조례의 경우까지 포괄하여 적용하는 것인지에 대해 살펴보면 지특법 규정과는 달리 조특법 및 자치단체 감면조례는 별도의 입법체계임을 고려할 때 지특법 외에서 규정하는 사항은 중복특례라기보다는 입법권자가 필요에 의해서 감면규정을 두는 신설(확대)의 개념으로 보는 것이 타당하다고 본다.

따라서 중복특례 배제를 적용하는 범위에 대해 특별한 규정이 없는 한 이의 경우는 지특법 내의 규정으로 한정하여 보는 것이 타당하다고 판단된다. 다만, 2011년까지는 감면조례가 행안부장관이 표준조례를 제정하여 각 자치단체가 이를 준용하여 입법하는 방식으로 감면조례를 운영하였으므로 이때는 감면조례가 사실상 지방세법과 동일한 입법체계를 가지고 있다고 보아 중복특례 적용 범위를 구 지방세법과 자치단체 감면조례까지 포괄하여 운영(행자부 세정-9, 2004.1.3.)하는 것이 가능하였으나 2011년부터는 행안부장관의 감면조례 허가제도가 폐지되고 지방자치단체가 자율적으로 입법하는 방식으로 제도가 변경된 점을 고려하면 감면조례의 경우는 지특법에서 정한 감면 외에 별도의 입법체계라고 볼 수 있으므로 지특법과 감면조례를 일괄하여 중복특례 적용 여부를 판단하는 것은 다소 무리가 있다고 보여진다. 다만, 이의 경우도 지자체가 감면조례를 입법할 때 지특법 제4조 단서에서 규정하는 지특법 감면의 추가 · 확대의 경우에 해당되지 않는다는 전제가 있다는 점에 유의할 필요가 있다.

〈표〉 지특법 중복 특례배제 및 조특법 중복지원 배제 규정 비교

| 지특법 제180조 | 조특법 제127조 |
|---|---|
| 제180조(중복 특례의 배제) 동일한 과세대상의 동일한 세목에 대하여 둘 이상의 지방세 특례 규정이 적용되는 경우에는 그 중 감면되는 세액이 큰 것 하나만을 적용한다. 다만, 제73조, 제74조의 2 제1항, 제92조 및 제92조의 2의 규정과 다른 지방세 특례 규정이 함께 적용되는 경우에는 해당 특례 규정을 모두 적용하되, 제73조, 제74조의 2 제1항 및 제92조 간에 중복되는 경우에는 그 중 감면되는 세액이 큰 것 하나만을 적용한다. | 제127조(중복지원의 배제) ① 내국인이 이 법에 따라 투자한 자산에 대하여 제8조의 3 제3항, 제24조 및 제26조를 적용받는 경우 다음 각 호의 금액을 투자금액 또는 취득금액에서 차감한다.<br>1. 내국인이 자산에 대한 투자를 목적으로 다음 각 목의 어느 하나에 해당되는 국가 등(이하 이 조에서 “국가등”이라 한다)으로부터 출연금 등의 자산을 지급받아 투자에 지출하는 경우 : 출연금 등의 자산을 투자에 지출한 금액에 상당하는 금액<br>가. 국가, 나. 지방자치단체, 다. 「공공기관의 운영에 관한 법률」에 따른 공공기관, 라. 「지방공기업법」에 따른 지방공기업<br>2. 내국인이 자산에 대한 투자를 목적으로 「금융실명거래 및 비밀보장에 관한 법률」 제2조 제1호 각 목의 어느 하나에 해당하는 금융회사등(이하 이 조에서 “금융회사등”이라 한다)으로부터 융자를 받아 투자에 지출하고 금융회사등에 지급하여야 할 이자비용의 전부 또는 일부를 국가등이 내국인을 대신하여 지급하는 경우 : 대통령령으로 정하는 바에 따라 계산한 국가등이 지급하는 이자비용에 상당하는 금액<br>3. 내국인이 자산에 대한 투자를 목적으로 국가등으로부터 융자를 받아 투자에 지출하는 경우 : 대통령령으로 정하는 바에 따라 계산한 국가등이 지원하는 이자지원금에 상당하는 금액<br>4. 내국인이 「법인세법」 제37조 제1항 각 호의 어느 하나에 해당하는 사업에 필요한 자산에 대한 투자를 목적으로 해당 자산의 수요자 또는 편익을 받는 자로부터 같은 항에 따른 공사부담금을 제공받아 투자에 지출하는 경우 : 공사부담금을 투자에 지출한 금액에 상당하는 금액<br>② 내국인이 이 법에 따라 투자한 자산에 대하여 제8조의 3 제3항, 제24조 및 제26조가 동시에 적용되는 경우와 동일한 과세연도에 제19조 제1항과 제29조의 4, 제26조와 제29조의 5, 제26조와 제30조의 4가 동시에 적용되는 경우에는 각각 그 중 하나만을 선택하여 적용받을 수 있다.<br>③ 내국인에 대하여 동일한 과세연도에 제8조의 3 제3항, 제24조, 제26조, 제29조의 5, 제29조의 7, 제29조의 8 제1항, 제30조의 4, 제104조의 14 및 제104조의 15를 적용할 때 제121조의 2 또는 제121조의 4에 따라 소득세 또는 법인세를 감면하는 경우에는 해당 |

| 지특법 제180조 | 조특법 제127조 |
| --- | --- |
| | 규정에 따라 공제할 세액에 해당 기업의 총주식 또는 총지분에 대한 내국인투자자의 소유주식 또는 지분의 비율을 곱하여 계산한 금액을 공제한다.<br>④ 내국인이 동일한 과세연도에 제6조, 제7조, 제12조의 2, 제31조 제4항 · 제5항, 제32조 제4항, 제62조 제4항, 제63조 제1항, 제63조의 2 제1항, 제64조, 제66조부터 제68조까지, 제85조의 6 제1항 · 제2항, 제99조의 9 제2항, 제99조의 11 제1항, 제104조의 24 제1항, 제121조의 8, 제121조의 9 제2항, 제121조의 17 제2항, 제121조의 20 제2항, 제121조의 21 제2항 및 제121조의 22 제2항에 따라 소득세 또는 법인세가 감면되는 경우와 제8조의 3, 제13조의 2, 제24조, 제25조의 6, 제26조, 제30조의 4(제7조와 동시에 적용되는 경우는 제외한다), 제104조의 14, 제104조의 15, 제104조의 22, 제104조의 25, 제122조의 4 제1항 및 제126조의 7 제8항에 따라 소득세 또는 법인세가 공제되는 경우를 동시에 적용받을 수 있는 경우에는 그 중 하나만을 선택하여 적용받을 수 있다. 다만, 제6조 제7항에 따라 소득세 또는 법인세를 감면받는 경우에는 제29조의 7 또는 제29조의 8 제1항을 동시에 적용하지 아니한다.<br>⑤ 내국인의 동일한 사업장에 대하여 동일한 과세연도에 제6조, 제7조, 제12조의 2, 제31조 제4항 · 제5항, 제32조 제4항, 제62조 제4항, 제63조 제1항, 제63조의 2 제1항, 제64조, 제85조의 6 제1항 · 제2항, 제99조의 9 제2항, 제99조의 11 제1항, 제104조의 24 제1항, 제121조의 8, 제121조의 9 제2항, 제121조의 17 제2항, 제121조의 20 제2항, 제121조의 21 제2항, 제121조의 22 제2항과 제121조의 2 또는 제121조의 4에 따른 소득세 또는 법인세의 감면규정 중 둘 이상의 규정이 적용될 수 있는 경우에는 그 중 하나만을 선택하여 적용받을 수 있다.<br>⑥ 내국인의 동일한 사업장에 대하여 동일한 과세연도에 제121조의 2 및 제121조의 4에 따른 취득세 및 재산세의 감면규정이 모두 적용될 수 있는 경우에는 그 중 하나만을 선택하여 적용받을 수 있다.<br>⑦ 거주자가 토지등을 양도하여 둘 이상의 양도소득세의 감면규정을 동시에 적용받는 경우에는 그 거주자가 선택하는 하나의 감면규정만을 적용한다. 다만, 토지등의 일부에 대하여 특정의 감면규정을 적용받는 경우에는 남은 부분에 대하여 다른 감면규정을 적용받을 수 있다.<br>⑧ 거주자가 토지등을 양도하여 제77조 및 제85조의 7이 동시에 적용되는 경우에는 그 중 하나만을 선택하여 적용받을 수 있다.<br>⑨ 거주자가 주택을 양도하여 제98조의 2와 제98조의 3이 동시에 |

| 지특법 제180조 | 조특법 제127조 |
|---|---|
| | 적용되는 경우에는 그 중 하나만을 선택하여 적용받을 수 있다.<br>⑩ 제3항과 제4항을 적용할 때 제143조에 따라 세액감면을 적용받는 사업과 그 밖의 사업을 구분경리하는 경우로서 그 밖의 사업에 공제규정이 적용되는 경우에는 해당 세액감면과 공제는 중복지원에 해당하지 아니한다.<br>⑪ 제29조의 8 제1항은 제29조의 7 또는 제30조의 4에 따른 공제를 받지 아니한 경우에만 적용한다. |

## 3 관련사례

▣ 두 구역이 중첩되는 경우 각각의 감면규정 적용이 가능한지 여부

중첩되지 않는 토지에 대하여는 그 각각에 해당하는 감면규정을 적용하되 두 구역이 중첩되는 부분에 대해서는 둘 이상의 감면규정에 따른 감면율을 비교하여 그 중 감면율이 높은 것 하나만을 적용하여야 할 것임(지방세특례제도과-846, 2023.4.14.).

▣ 중복 감면의 배제 예외로서 동일한 과세대상에 대해 두 개의 감면 규정에 대한 적정 방식 여부

지방세특례제한법 제180조에서 규정하고 있지 않는 중복 감면의 적용방식에 대해서는 특례법 이관 전 비과세와 감면 중복 적용 시 운영방식 및 중복 감면의 배제 예외 규정을 둔 취지 등을 감안하여 중복 감면의 배제 예외 규정을 先 적용 한 후 나머지 과세대상에 대해 後 일반 감면 규정을 적용하는 것이 타당함(행안부 지방세특례제도과-638, 2022.6.27.).

▣ 감면과 중과배제 중 더 높은 감면 규정을 적용할 수 있는지 여부

부동산투자회사가 현물출자로 취득하는 재산에 대해 지방세특례제한법 제57조의 2 제3항 제3호의 규정에 따른 취득세 감면과 같은 법 제180조의 2 지방세 중과세율 적용 배제가 동시에 해당될 경우에는 같은 법 제180조에 따른 중복감면 배제 대상에 해당되므로 감면율이 높은 감면 규정을 적용함이 타당(행안부 지방세특례제도과-249, 2020.2.6.).

▣ 건축물과 토지를 구분하여 물건별로 더 높은 감면을 적용 할 수 있는지 여부

건축물 및 그 부속토지를 별개의 과세대상으로 보아 각 감면규정을 달리 적용할 수 있다고 볼 것은 아니고 동일 과세대상에 둘 이상의 감면규정이 적용되는 경우로서 그 중 감면율이 높은 것을 적용할 수 있을 뿐인 것임(지방세특례제도과-479, 2020.3.2.).

▣ 감면조문이 2개 이상일 경우 세목별로 더 높은 감면을 적용 수 있는지 여부

기업부설연구소와 산업단지 감면에 대한 추징요건이 다르게 규정되어 있는 반면 추징시에는 취득세 및 재산세를 동시에 추징하도록 되어 있는 점 등에서 볼 때 세목별로 감면율이

높은 감면규정을 적용할 수는 없다고 할 것임(지방세특례제도과-910, 2020.4.24.).

▣ 중복감면 적용배제는 세목별이 아닌 각각의 조문 중에서 어느 하나를 선택하는 것임

1) 동일과세대상에 대해 두 개 이상의 감면규정을 중복 적용할 수 없도록 규정하고 있으며, 이는 두 개 이상의 감면규정을 모두 적용할 경우 발생할 수 있는 조세부담의 불공평성을 방지하면서 과다한 조세지원을 조절하여 세수를 확보하고 조세감면의 체계적인 관리를 유지하기 위한 것(대법원 1996.10.11. 선고, 96누1337 판결 참조)으로, 연금공단의 임대주택에 대해 두 개의 조문을 중복 적용하여 유리한 세목을 선택하는 것은 지특법 제96조의 입법취지 및 조세공평성에 배치되는 것으로 타당하지 않음. 또한, 중복감면 배제 원칙을 적용함에 있어 지특법 제73조, 제74조, 제92조 및 제92조의 2의 감면규정과 다른 규정은 두 개의 감면조문을 적용할 수 있도록 예외 규정을 두고 있는 바, 연금공단에 대한 감면규정(제24조)은 이에 해당되지 않음. 따라서 동일과세대상에 대해 둘 이상의 감면조문에 해당하는 경우는 지특법 제96조의 중복감면 배제원칙에 따라 "그 중 감면율이 높은 하나의 조항만을 적용하는 것"이 타당함(행안부 지방세운영과-4924, 2011.10.20.).

2) 지방세법 제294조의 규정에 의거 동일한 과세대상에 대하여 지방세를 감면함에 있어 2 이상의 감면규정이 적용되는 경우에는 그 중 감면율이 높은 것 하나만을 적용토록 규정하고 있으므로, 귀문의 경우 귀사가 취득한 산업단지조성용 토지가 지방세법 제276조 제3항에 의해서도 감면대상이 되고, 제289조 제2항의 규정에 의거 감면대상이 되는 경우라면 감면율이 높은 조항을 선택하여 적용할 수 있음(행자부 세정-1431, 2003.10.8.).

▣ 지방세법에 의한 감면대상과 시도세감면조례에 의한 감면대상이 된 경우에 중복적용 여부

동일한 과세대상물건에 대하여 지방세법에 의한 감면대상과 시도세감면조례에 의한 감면대상이 된 경우에는 그 중 감면율이 높은 것 하나만 적용 타당함(행자부 세정-9, 2004.1.3.).

# 제 180 조의 2

## 지방세 중과세율 적용 배제 특례

**관련규정**

**제180조의 2(지방세 중과세율 적용 배제 특례)** ① 다음 각 호의 어느 하나에 해당하는 부동산의 취득에 대해서는 「지방세법」에 따른 취득세를 과세할 때 2027년 12월 31일까지 같은 법 제13조 제2항 본문 및 같은 조 제3항의 세율을 적용하지 아니한다.

1. 「부동산투자회사법」 제2조 제1호에 따른 부동산투자회사가 취득하는 부동산
2. 「자본시장과 금융투자업에 관한 법률」 제229조 제2호에 따른 부동산집합투자기구의 집합투자재산으로 취득하는 부동산
3. 「조세특례제한법」 제104조의 31 제1항에 해당하는 회사가 취득하는 부동산

② 다음 각 호의 어느 하나에 해당하는 설립등기(설립 후 5년 이내에 자본 또는 출자액을 증가하는 경우를 포함한다)에 대해서는 「지방세법」에 따른 등록면허세를 과세할 때 2027년 12월 31일까지 같은 법 제28조 제2항·제3항의 세율을 적용하지 아니한다.

1. 「자본시장과 금융투자업에 관한 법률」 제9조 제18항 제2호, 같은 조 제19항 제1호 및 제249조의 13에 따른 투자회사, 기관전용 사모집합투자기구 및 투자목적회사
2. 삭제(2024.12.31.)

☞ 제2호 삭제 : 「기업구조조정투자회사법」 제2조 제3호에 따른 기업구조조정투자회사

3. 「부동산투자회사법」 제2조 제1호에 따른 부동산투자회사(같은 호 가목에 따른 자기관리 부동산투자회사는 제외한다)
4. 대통령령으로 정하는 특수 목적 법인
5. 「조세특례제한법」 제104조의 31 제1항에 해당하는 회사
6. 「문화산업진흥 기본법」 제2조 제21호에 따른 문화산업전문회사
7. 「선박투자회사법」 제3조에 따른 선박투자회사

## 1 | 개 요

부동산투자기관(리츠 · 펀드 · PFV 등)의 선진금융기법 도입 활성화를 위한 세제지원이다. 2010년까지는 구 조특법 제119조 제3항 및 제120조 제4항에서 규정되었으나 2015년부터는 구 조특법 제119조, 제120조, 제121조의 지방세 감면규정이 지특법으로 정비 · 이관되면서 현재의 제180조의 2 규정으로 신설되었고 해당 규정은 지속적으로 연장되어 왔으며 2021년 말 법 개정시 2024년 12월 31일까지 3년간 재연장되었다.

## 2 | 감면대상자 및 감면대상 부동산 등

본 조 제1항의 경우, 2018년 말 지특법 개정(2019.1.1. 시행)시에 조문내용을 통일하기 위하여 감면대상에 대한 사항을 일부 개정하였으며, 지방세 중과배제 대상이 부동산에 한정하고 있음에도 재산으로 규정되어 있어 일괄로 부동산으로 규정하고 같은 항 제3호의 법인세법 제51조의 2 제1항 제9호에 해당하는 회사(PFV)에 대해 해당 회사가 취득하는 부동산으로 감면대상으로 명확히 하여 혼란이 발생하지 않도록 개정되었다.

다만, 프로젝트금융투자회사에 대한 사항 및 관련 공제규정은 2021년 말 「법인세법」 제51조의 2 제1항 제9호의 규정이 삭제되고 「조세특례제한법」 제104조의 31로 소득공제규정이 이관됨에 따라, 「지방세특례제한법」 제180조의 2 제1항 제3호와 제2항 제5호에서 인용하고 있는 부분을 개정하였어야 하나 우선 지침(지방세특례제도과-142, 2021.1.13.)을 통해 법 개정 이전까지는 해당 투자회사에 대한 입법취지를 고려하여 종전과 동일하게 중과적용을 배제하였으며 2021년 말 해당 인용규정이 명확히 개정되었다.

한편, 대부분 종전과 유사한 과세요건을 유지하고 있어 현행 조세특례제한법상의 과세요건을 그대로 준용하는 것은 문제가 되지 않을 것이나 배당과 잉여금처분 규정은 새로이 개정된 규정을 적용하여야 할 것으로 본다.

■ 프로젝트금융투자회사에 대한 소득공제 : 조세특례제한법 제104조의 31 제1항

① 「법인세법」 제51조의 2 제1항 제1호부터 제8호까지의 규정에 따른 투자회사와 유사한 투자회사로서 다음 각 호의 요건을 모두 갖춘 법인이 2022년 12월 31일 이전에 끝나는 사업연도에 대하여 대통령령으로 정하는 배당가능이익의 100분의 90 이상을 배당한 경우 그 금액은 해당 배당을 결의한 잉여금 처분의 대상이 되는 사업연도의 소득금액에서 공제한다.

1. 회사의 자산을 설비투자, 사회간접자본 시설투자, 자원개발, 그 밖에 상당한 기간과 자금이 소요되는 특정사업에 운용하고 그 수익을 주주에게 배분하는 회사일 것
2. 본점 외의 영업소를 설치하지 아니하고 직원과 상근하는 임원을 두지 아니할 것
3. 한시적으로 설립된 회사로서 존립기간이 2년 이상일 것
4. 「상법」이나 그 밖의 법률의 규정에 따른 주식회사로서 발기설립의 방법으로 설립할 것
5. 발기인이 「기업구조조정투자회사법」 제4조 제2항 각 호의 어느 하나에 해당하지 아니하고 대통령령으로 정하는 요건을 충족할 것
6. 이사가 「기업구조조정투자회사법」 제12조 각 호의 어느 하나에 해당하지 아니할 것
7. 감사는 「기업구조조정투자회사법」 제17조에 적합할 것. 이 경우 "기업구조조정투자회사"는 "회사"로 본다.
8. 자본금 규모, 자산관리업무와 자금관리업무의 위탁 및 설립신고 등에 관하여 대통령령으로 정하는 요건을 갖출 것 [본조신설 2020.12.29.]

본 규정에 따른 감면대상자 및 각각의 감면대상자에 대한 세부사항 설명은 다음과 같다.

▣ 부동산투자회사가 취득하는 부동산

1. 부동산투자회사법 제2조 제1호에 따른 부동산투자회사가 취득하는 부동산
2. 자본시장과 금융투자업에 관한 법률 제229조 제2호에 따른 부동산집합투자기구가 취득하는 부동산
3. 「조세특례제한법」 제104조의 31 제1항에 해당하는 회사(PFV)가 취득하는 부동산

▣ 그 외 부동산투자회사 설립등기

4. 자본시장과 금융투자업에 관한 법률 제9조 제18항 제2호 · 제7호 및 제271조에 따른 투자회사, 사모투자전문회사 및 투자목적회사
5. 기업구조조정투자회사법 제2조 제3호에 따른 기업구조조정투자회사
6. 부동산투자회사법 제2조 제1호에 따른 부동산투자회사(같은 호 가목에 따른 자기관리 부동산투자회사는 제외)
7. 임대주택법 제17조 제1항 제2호에 따른 특수 목적 법인
8. 법인세법 제51조의 2 제1항 제9호에 해당하는 회사
9. 문화산업진흥 기본법 제2조 제21호에 따른 문화산업전문회사
10. 선박투자회사법 제3조에 따른 선박투자회사

### 2-1. 부동산투자회사(리츠, REITs : Real Estate Investment Trusts)

부동산투자회사법에 따라 다수의 투자자로부터 자금을 모아 부동산 등에 투자 · 운영하고, 그 수익을 돌려주는 주식회사 형태의 부동산 간접투자기구이다. 총자산의 70% 이상을

부동산에 투자하고 배당가능한 이익의 90% 이상을 의무적으로 배당하며, 발행주식의 30% 이상을 공모로 제공하는 회사이다.

## 2-2. 부동산집합투자기구(펀드)

자본시장과 금융투자업에 관한 법률에 따라 다수의 투자자로부터 자금을 모아 부동산 등에 투자·운영하고, 그 수익을 돌려주는 부동산 간접투자기구이다. 부동산 간접투자기구의 형태는 회사, 신탁 모두 가능하며, 자금 모집 방법에 따라 공모(투자자 50인 이상)와 사모(투자자 49인 이하)로 구분된다. 총자산의 50%를 초과하여 부동산 및 부동산 관련 자산에 투자하며, 투자신탁과 투자회사의 형태가 모두 가능한 회사이다.

2015년 10월 25일부터 개정 시행되는 「자본시장법」에서는 기존의 공모·사모 부동산펀드가 펀드 제도개편으로 인해 공모 부동산펀드와 전문투자형사모펀드로 명칭이 변경됨에 따라 특례 규정상 부동산펀드의 명칭이 "법 제229조의 2에 따른 부동산집합투자기구"로 되어 있어 전문투자형 사모펀드는 배제될 가능성이 있게 됨에 따라 2015년 말 연장 개정 되었다.

〈표 1〉 **「자본시장법」 개정에 따른 부동산집합투자기구(펀드) 감면대상 비교**

〈집합투자기구(펀드) 체계 및 지방세 감면범위〉

| | 「자본시장법」 개정 이전 | | 「자본시장법」 개정 이후 | |
|---|---|---|---|---|
| 구분 | 공모(公募)펀드 | 사모(私募)펀드 | 공모(公募)펀드 | 사모(私募)펀드 |
| 부동산펀드 (지특법상 감면대상) | 감면 ○ | 감면 ○ | 감면 ○ | 감면 × |
| 부동산펀드 外 (혼합자산펀드 등) | 감면 × | 감면 × | 감면 × | |

〈표 2〉 **「자본시장법」 개정에 따른 사모펀드 현황**

| 구분 | 사모부동산펀드 | 전문투자형 사모펀드 |
|---|---|---|
| 투자대상 | 부동산 | 부동산 |
| 부동산 최소투자비율 | 펀드 재산의 50% 초과 | 펀드 재산의 50% 초과 |

또한, 현행 사모 부동산펀드와 전문투자형 사모펀드는 사실상 명칭만 다를 뿐 투자대상, 약관에 따른 운용규제 등 실질은 동일한 만큼 현행 지방세 특례를 그대로 존속시킬 필요가 있어 개정된 것으로 다만 최근 사모펀드 다양화 추세, 당초 입법취지가 부동산투자 활성화

였던 점 등을 감안, 부동산 투자 비율 80%를 초과하는 경우로 하고 같은 법 제229조 제2호에서 정한 부동산에 투자하는 같은 법 제9조 제19항 제2호에 따른 전문투자형 사모집합투자기구를 포함하여 개정되었다.

### 2-3. 프로젝트금융투자회사(PFV : Project Financing Vehicle)

리츠, 펀드와 달리 별도의 관련 근거법령 없이 설비투자, SOC마련, 자원개발 등 대규모 부동산 개발사업의 효율적 추진을 위하여 투자자들이 자금·현물을 출자하여 설립한 페이퍼컴퍼니 회사이다. 국내에는 공기업, 금융기관, 건설사 등이 이익과 위험 부담 공유를 위하여 공동으로 설립한 경우가 많다.

〈표 3〉 **부동산투자회사별 비교**

| 구분 | 부동산투자회사(리츠) | 부동산집합투자기구(펀드) | 프로젝트금융투자회사(PFV) |
|---|---|---|---|
| 회사형태 | 상법상 실체가 있는 주식회사 | Paper Company<br>*실체회사는 거의 없음 | Paper Company |
| 도입목적 | 기관, 개인에게 장기부동산투자 및 유동화 기회 제공 | 기관, 개인에게 단기 부동산투자 기회 제공 | 개발사업 위험분산을 위한 사업구조 제공 |
| 투자대상 | 부동산 및 부동산 관련 유가증권 | 부동산, 부동산 관련 유가증권 | SOC, 주택개발, 설비투자 등 |
| 존속기간 | 영속 | 한시(5년 이내) | 한시(2년 이상) |
| 최소자본금 | 10억 | 없음 | 50억원 |
| 공 모 | 1인당 주식한도 10%로 제한, 30% 이상을 공모해야 함 | 없음 | 반드시 금융기관 1개 이상 참여 |
| 차 입 | 순자산의 2배 | 순자산의 2배 | 규제 없음 |
| 자 산<br>(보유자요건) | 자산의 70% 이상<br>부동산 투자 | 자산의 50% 이상<br>부동산 투자 | 설비, 사회간접투자 등 상당 기간 자금이 소요되는 산업 |
| 관리 기관 | 국토교통부 | 금융위원회<br>(금융감독원) | 기획재정부<br>(국세청 신고) |
| 배당조건 | 배당 가능 이익의 90% 이상 금전배당 | 수익증권 표시이자 | 임의 배당(법인세 감면을 위해서는 90% 이상 배당) |
| 부동산개발 | 총자산의 30% 이내 허용 | 총자산의 30% 이내 허용 | 개발사업이어야 함 |
| 법인세 | 배당소득 공제 | 법인세 과세대상 아님 | 배당소득 공제 |
| 자산관리 | 자기관리, 위탁관리 | 은행 및 위탁관리 | 자산관리회사 위탁관리 |

## 2-4. 그 외 부동산 등 투자회사

부동산투자회사(리츠), 부동산집합투자회사(펀드) 및 프로젝트금융투자회사 이외의 부동산투자회사에 대한 세부사항은 다음 표의 내용과 같으며, 다만, 등록면허세 중과배제 대상 중 기업구조조정투자회사의 경우 관련 법이 실효됨에 따라 중과배제 특례대상에서 삭제(§180의 2 ② 2호)되었다.

〈표 4〉 **그 외 부동산투자회사별 비교**

| 구분 | 세부 요건 | 근거법령 |
|---|---|---|
| 투자회사 | • 상법에 따른 주식회사 형태의 집합투자기구<br>(회사재산 70% 이상을 부동산투자 금지, 선박투자 금지) | 자본시장법 |
| 선박투자회사 | • 자산을 선박에 투자하여 그 수익을 주주에게 분배하는 것을 목적하는 회사<br>- 선박투자회사는 주식회사로 함<br>- 선박투자회사는 본점 외의 영업소를 설치하거나 상근 임원을 두거나 직원을 고용할 수 없음 | 선박투자회사법 |
| 기업구조조정투자회사 | • 재무상태가 악화되었으나 회생 가능성이 있는 기업의 경영정상화를 도모하는 것을 목적으로 투자하거나 자산을 매입하는 등의 방법으로 자산을 운영하여 그 수익을 주주에게 배분하는 회사 | 기업구조조정투자회사법 |
| 부동산투자회사 | • 자산을 부동산에 투자하여 운용하는 것을 주된 목적으로 하는 회사<br>- (자기관리 부동산투자회사) 자산운용 전문인력을 포함한 임직원을 상근으로 두고 자산의 투자·운용을 직접 수행하는 회사<br>- (위탁관리 부동산투자회사) 자산의 투자·운용을 자산관리회사에 위탁하는 회사<br>- (기업구조조정 부동산투자회사) 기업이 부채상환을 위해 매각하는 부동산 등을 투자 대상으로 하며 자산의 투자·운용을 자산관리회사에 위탁하는 회사 | 부동산투자회사법 |
| 특수목적법인 | • 임대주택 사업을 단지별로 독립적으로 시행하기 위하여 설립된 법인<br>1. 「부동산투자회사법」에 따른 부동산투자회사<br>2. 「자본시장과 금융투자업에 관한 법률」에 따른 집합투자기구<br>3. 「법인세법」 제51조의 2 제1항 제6호에 해당되는 투자회사<br>4. 「상법」에 따른 주식회사, 유한회사로서 다음 요건을 모두 갖춘 회사<br>가. 본점 외의 영업소를 설치하지 않을 것<br>나. 상시 근무하는 임원을 두지 않을 것<br>다. 직원을 고용하지 않을 것<br>라. 「법인세법 시행령」 제86조의 2 제5항 제2호에 따른 자산관리회사 또는 「자본시장과 금융투자업에 관한 법률」 제12조에 따라 | 임대주택법 |

| 구분 | 세부 요건 | 근거법령 |
|---|---|---|
| | 인가를 받아 설립된 신탁업자에 관련 사무를 위탁할 것<br>마. 주식을 담보(국민주택기금 융자금에 대한 담보 제외)로 제공하지 않을 것 | |
| 사모투자전문회사 | • 경영권 참여, 사업구조 또는 지배구조의 개선 등을 위하여 지분증권 등에 투자·운용하는 투자합자회사로서 지분증권을 사모로만 발행하는 집합투자기구 | 자본시장법 |
| 투자목적회사 | 1. 「상법」에 따른 주식회사 또는 유한회사일 것<br>2. 제270조 제1항 제1호부터 제5호까지의 투자 또는 제7호의 투자를 목적으로 할 것<br>3. 그 주주 또는 사원이 다음 각 목의 어느 하나에 해당하되, 가목에 해당하는 주주 또는 사원의 출자비율이 대통령령으로 정하는 비율 이상일 것<br>가. 사모투자전문회사<br>나. 투자목적회사가 투자하는 회사의 임원 또는 대주주<br>다. 그 밖에 투자목적회사의 효율적 운영을 위하여 투자목적회사의 주주 또는 사원이 될 필요가 있는 자로서 대통령령으로 정하는 자<br>4. 그 주주 또는 사원인 사모투자전문회사의 사원의 수와 사모투자전문회사가 아닌 주주 또는 사원의 수를 합산한 수가 49명 이내일 것<br>5. 상근임원을 두거나 직원을 고용하지 아니하고, 본점 외에 영업소를 설치하지 아니할 것 | |
| 문화산업전문회사 | • 자산을 문화산업의 특정 사업에 운용하고 그 수익을 투자자·사원·주주에게 배분하는 회사<br>1. 문화산업전문회사는 유한회사 또는 주식회사로 함<br>2. 문화산업전문회사는 본점 외의 영업소를 설치할 수 없으며, 직원을 고용하거나 상근하는 임원을 둘 수 없음<br>3. 문화산업전문회사는 다음 각 호의 업무를 함<br>가. 문화산업에 속하는 문화상품의 기획·개발·제작·생산·유통 및 소비 등과 이에 관련된 서비스<br>나. 문화산업에 속하는 문화상품의 관리·운용 및 처분<br>다. 제1호 및 제2호에서 정한 업무의 수행에 필요한 계약의 체결<br>라. 그 밖에 상기 업무에 딸린 업무 | 문화산업진흥기본법 |

## 3 | 감면내용

부동산투자회사(2-1., 2-2., 2-3.)가 취득하는 부동산 및 부동산투자회사(2-4.) 등의

설립등기에 대해서는 2022년 12월 31일까지 다음 표의 지방세 중과세율 적용을 배제하고, 일반 세율만을 적용한다.

〈표 5〉 **부동산투자회사 등에 대한 지방세 중과현황(2022.1.1. 현재)**

| 구분 | 중과대상 및 세율 |
|---|---|
| 취득세 | 〈지방세법 §13 ②·③〉<br>○ 중과대상재산 : 12%<br>- 고급주택 : 건물연면적 331㎡(공동주택 전용면적 245㎡) 초과하거나 대지면적 662㎡를 초과하고 건물가액이 9,000만원 초과<br>- 별장 및 골프장('09.12.31까지 비수도권 골프장 제외)<br>- 고급오락장 : 카지노장, 무도유흥음식점 등<br>- 고급선박 : 비업무용 자가용선박(과표 1억원 초과)<br>○ 과밀억제권역 내에서 본점·주사무소 신·증축 또는 그 부속토지를 취득하거나, 공장 신·증설을 위한 사업용 과세물건 취득 : 8% |
| 등 록 면허세 | 〈지방세법 §28 ②·③〉<br>○ 대도시 내에 법인설립과 지점 또는 분사무소 설치에 따른 등기 : 3배 중과<br>○ 대도시 내에 전입, 증자 : 3배 중과 |

## 4 | 지방세특례의 제한(§177)

부동산투자회사(리츠, 펀드, PFV)가 감면을 받으려는 부동산이 지방세법 제13조 제5항에 따른 별장·골프장·고급오락장 등 지방세 중과세 대상인 사치성 재산인 경우에는 본 규정에 따른 감면대상에도 불구하고 본 조의 규정에 따라 2021년 12월 31일까지 중과적용 배제가 적용되지 않는다.

## 5 | 감면신청(§183)

부동산투자회사 등이 본 규정에 따라 지방세를 감면받으려는 경우에는 해당 지방자치단체의 장에게 해당 부동산 등이 그 고유업무에 직접 사용하는 용도임을 입증하는 서류를 첨부하여 감면신청을 하여야 한다. 세부적인 감면신청 절차 등에 대해서는 제183조의 해설편을 참조하면 된다.

# 6 관련사례

▣ 현물출자에 대한 세액감면 규정과 부동산투자회사에 대한 중과세 배제 규정의 중복 적용 가능 여부

취득세 세액감면에 대하여 규정한 구 지방세특례제한법 제57조의 2 제3항 제3호와 중과세율 배제에 관하여 규정한 제180조의 2 제1항 제1호는 모두 같은 법 제180조 본문에서 그 중복적용을 배제하고 있는 '감면 규정'에 해당하므로, 이를 동시에 적용하는 것은 같은 법 제180조 본문이 제한하고 있는 중복감면에 해당함(대법원 2023.3.16. 선고, 2022두66125 판결).

▣ 프로젝트금융투자회사인 청구법인이 정당한 사유 없이 쟁점부동산을 취득한 날부터 1년이 경과할 때까지 해당 용도로 직접 사용하지 아니한 것으로 보아 대도시 중과세율을 적용하여 이 건 취득세 등을 부과한 처분의 당부

「지방세특례제한법」 제178조 제1항 본문에서 부동산에 대한 감면을 적용할 때 이 법에서 특별히 규정한 경우를 제외하고 해당 규정을 적용한다고 규정하고 있는데, 같은 법 제180조의 2 제1항은 이에 대한 특별한 규정으로 볼 수 있으므로(조심 2022지1476, 2023.1.9. 결정 등) 쟁점부동산에 대하여는 일반적 추징 규정인 같은 법 제178조 제1항을 적용할 수는 없다고 보는 것이 타당한 점 등에 비추어 청구법인이 쟁점부동산을 취득한 후 1년이 경과할 때까지 해당 용도로 직접 사용하지 않았다고 보아 대도시 취득세 중과세율을 적용하여 처분청이 이 건 취득세 등을 청구법인에게 부과한 처분은 잘못이 있다고 판단됨(조심 2023지1621, 2023.12.28.).

▣ 프로젝트금융투자회사의 일반적 추징규정 적용 여부

프로젝트금융투자회사의 경우 「법인세법」에서 정하는 요건과 같이 회사의 자산을 특정사업에 운용하고 그 수익을 주주에게 배분하는 목적으로 설립된 명목회사에 해당하므로, 「지방세특례제한법」 제178조 제1항의 일반적 추징규정 적용 대상 아님(지방세특례제도과-79, 2023.9.11.).

▣ 중과세율 적용배제 특례를 받은 부동산의 일반적 추징규정 적용 대상 여부

「법인세법」 제51조의 2 제1항 제9호에서 열거하고 있는 각 목의 요건을 위반하여 PFV 감면 주체로서의 성립요건을 충족하지 못한 경우에 해당하지 않는다면, 당초 목적사업대로 특정사업을 운용하기 위하여 사업부지를 취득하고, 토지 취득일로부터 1년 2개월이 경과하여 공사에 착공하였으나, 「법인세법」에서 정한 각 요건을 모두 충족하면서 현재까지 사업을 계속하여 진행하고 있는 PFV가중과세 세율 적용을 배제하고 일반세율로 신고·납부한 이 건 취득세는 「지방세특례제한법」 제178조에 명시하고 있는 '일반적 추징' 규정 적용대상에 해당되지 않는다 판단됨(행안부 지방세특례제도과-587, 2022.3.15.).

# 제 181 조

## 지방세 특례의 사전 · 사후관리

관련규정

제181조(지방세 특례의 사전 · 사후관리) ① 행정안전부장관은 매년 2월 말일까지 지방세 특례 및 그 제한에 관한 기본계획을 수립하여 「지방재정법」 제27조의 2에 따른 지방재정부담심의위원회 및 국무회의의 심의를 거쳐 중앙행정기관의 장에게 통보하여야 한다.

② 중앙행정기관의 장은 그 소관 사무로서 지방세를 감면하려는 경우에는 감면이 필요한 사유, 세목 및 세율, 감면기간, 지방세 수입 증감 추계, 관련 사업계획서, 예산서 및 사업 수지 분석서, 감면액을 보충하기 위한 기존 지방세 감면에 대한 축소 또는 폐지방안 및 조세부담능력 등을 적은 지방세 감면건의서(이하 이 조에서 "지방세 감면건의서"라 한다)를 매년 3월 31일(법 제181조 제7항에 해당하는 경우에는 2월 20일)까지 행정안전부장관에게 제출하여야 한다.

③ 대통령령으로 정하는 지방세 특례 사항에 대하여 중앙행정기관의 장은 지방세 감면으로 인한 효과 분석 및 지방세 감면제도의 존치 여부 등에 대한 의견서(이하 이 조에서 "지방세 감면평가서"라 한다)를 매년 3월 31일(법 제181조 제6항 후단에 해당하는 경우에는 2월 20일)까지 행정안전부장관에게 제출하여야 한다.

**【영】** 제124조(지방세감면 의견서 제출) ① 법 제181조 제3항에서 "대통령령으로 정하는 지방세 특례 사항"이란 다음 각 호의 어느 하나에 해당하는 사항을 말한다.

1. 해당 과세연도에 기한이 종료되는 지방세 특례 사항
2. 시행 후 2년이 지나지 아니한 지방세 특례 사항
3. 범위를 확대하려는 지방세 특례 사항
4. 법 제181조 제2항에 따른 지방세의 감면과 관련되는 사업계획의 변경 등으로 재검토가 필요한 지방세 특례 사항
5. 행정안전부장관이 다른 중앙행정기관의 장과 협의하여 고시하는 법인 및 단체의 변경 등으로 재검토가 필요한 지방세 특례 사항

④ 제1항부터 제4항까지의 규정에 따른 지방세 감면건의서 및 지방세 감면평가서의 제출이나 그 밖에 필요한 사항은 행정안전부장관이 정한다.

⑤ 행정안전부장관은 제2항 및 제3항에 따라 제출받은 지방세감면건의서 및 지방세감면평가서에 대하여 각 지방자치단체의 의견을 들어야 한다.

⑥ 행정안전부장관은 주요 지방세 특례에 대한 평가를 실시할 수 있다. 이 경우 해당 연도에 적용기한이 종료되는 사항으로서 대통령령으로 정하는 지방세 특례에 대해서는 예산의 범위 내에서 조세 관련 조사 · 연구기관에 의뢰하여 목표달성도, 경제적 효과, 지방재정에 미치는 영향 등에 대하여 평가할 수 있다. ☞ 2017.12.26. 단서 개정 (2018.1.1. 최초 사후 심층평가 제도 시행)

☞ 2020.12.29. 조세 관련 전문기관 → 조세 관련 조사 · 연구기관으로 개정

**【영】** 제124조(지방세감면 의견서 제출) ② 법 제181조 제6항 후단에서 "대통령령으로 정하는 지방세 특례"란 다음 각 호의 어느 하나에 해당하는 경우를 말한다.

1. 해당 지방세 특례의 적용기한이 종료되는 날이 속하는 해의 직전 3년간(지방세 특례가 신설된 지 3년이 지나지 않은 경우에는 그 기간) 연평균 지방세 감면액이 100억원 이상인 경우
2. 둘 이상의 감면 조문을 분야별로 일괄하여 평가할 필요가 있는 경우
3. 지방세 감면액이 지속적으로 증가할 것으로 예상되어 객관적인 검증을 통해 지방세 지출의 효율화가 필요한 경우
4. 그 밖에 행정안전부장관이 지방세 특례에 대한 평가가 필요하다고 인정하는 경우

☞ 2017.12.29. 대상금액 규정(2018.1.1. 시행) ☞ 2018.12.24. 1호~4호 신설(2019.1.1. 시행)

③ 법 제181조 제7항 단서에서 "대통령령으로 정하는 일정 금액 이상인 지방세 특례를 신규로 도입하려는 경우"란 해당 특례안의 감면기간 동안 발생할 것으로 예상되는 지방세 감면 추계액이 100억원 이상인 경우(기존 지방세특례의 내용을 변경하는 경우에는 기존 지방세특례 금액에 추가되는 해당 특례안의 감면기간 동안 추가되는 예상 감면액이 100억원 이상인 경우를 말한다)를 말한다. 다만, 경제 · 사회적 상황에 대응하기 위하여 도입할 필요가 있는 경우로서 행정안전부장관이 인정하는 경우는 제외한다.

④ 법 제181조 제6항 후단 및 같은 조 제7항에서 조세 관련 조사 · 연구기관은 각각 다음 각 호의 어느 하나에 해당하는 기관으로 한다.

1. 「지방세기본법」 제151조에 따른 지방세연구원
2. 그 밖에 지방세 특례의 타당성에 대한 평가 등과 관련하여 전문 인력과 조사 · 연구 능력 등을 갖춘 것으로 행정안전부장관이 정하여 고시하는 기관

2의 2. 삭제

2의 3. 삭제

3. 삭제

☞ 2020.12.29. 개정 : 관련 기관 · 법인 · 단체 · 학교 삭제 → 행안부장관이 고시하는 기관

⑤ 법 제181조 제6항 및 제7항에 따른 지방세 특례의 타당성에 대한 평가의 세부 기준, 절차 및 그 밖에 필요한 사항은 행정안전부장관이 정한다.

⑦ 행정안전부장관은 예상 감면액이 대통령령으로 정하는 일정금액 이상인 지방세 특례를 신규로 도입하려는 경우에는 조세 조사 · 연구기관에 의뢰하여 지방세 특례의 필

요성 및 적시성, 기대효과, 지방재정에 미치는 영향 및 예상되는 문제점에 대한 타당성 평가를 실시하여야 한다. ⇨ 2017.12.26. 제6항 단서규정에서 이관하여 신설(2018.1.1. 시행, 2017.1.1. 기 시행된 예비타당성 평가제도 조항이동)

☞ 2020.12.29. 조세 관련 전문기관 → 조세 관련 조사·연구기관으로 개정

⑧ 행정안전부장관은 지방세감면건의서, 지방세감면평가서 및 제6항과 제7항에 따른 평가와 관련하여 전문적인 조사·연구를 수행할 기관을 지정하고 그 운영 등에 필요한 경비를 출연할 수 있다.

⑨ 행정안전부장관은 지방세감면평가서 및 제6항과 제7항에 따른 평가와 관련하여 필요하다고 인정할 때에는 관계 행정기관의 장 등에게 의견 또는 자료의 제출을 요구할 수 있다. 이 경우 관계 행정기관의 장 등은 특별한 사유가 있는 경우를 제외하고는 이에 따라야 한다.

⑩ 제1항부터 제9항까지의 규정에 따른 지방세 특례 및 그 제한에 관한 기본계획 수립, 지방세감면건의서 및 지방세감면평가서의 제출, 지방자치단체의 의견 청취, 주요 지방세 특례의 범위, 조사·연구기관의 지정과 그 밖에 필요한 사항은 대통령령으로 정한다.

## 1 | 의의

본 규정은 지특법이 제정(2010.3.31.)되면서 제97조로 도입되었다. 이후 2014년에 지방소득세 규정이 신설(§93~§176)됨에 따라 현재의 제181조로 이관되었다.

지방세 감면의 효율적 지원 및 관리를 위한 방안에서 중앙행정기관의 장이 그 소관 사무로서 지방세를 감면하려는 경우에는 감면이 필요한 사유, 세목 및 세율, 감면기간, 지방세 수입 증감 추계, 관련 사업계획서, 예산서 및 사업 수지 분석서 및 조세부담능력 등을 적은 지방세 감면건의서를 행정안전부장관 또는 지방자치단체의 장에게 제출하도록 의무화하였다. 이는 그간 지방세 감면을 결정할 때 중앙행정기관 등에서 건의서를 제출하면 그때마다의 사안에 따라 심도 있는 검토가 이루어지지 않았던 부분이 있었다. 그로 인해 매면 감면유형은 넓어지는 반면 기존의 감면은 특별한 사유가 없는 한 계속 감면을 유지해 왔고, 일정 부분 감면을 축소하려는 경우 이해 당사자들의 강력한 반발로 실효를 거두지 못하는 경우가 많은 등 비과세·감면 비율이 매년 증가되는 현상이 유지되어 왔다. 이러한 점을 고려하여 앞으로는 중앙행정기관에서 소관사항에 대한 기존의 감면의 연장 또는 새로운 감면을 신청하려는 경우에는 감면이 필요한 사유, 세목 및 세율, 감면기간, 지방세 수입 증감 추계, 관련 사업계획서, 예산서 및 사업 수지 분석서 및 조세부담능력 등을 적은 지방세 감면건의

서를 행정안전부장관 또는 지방자치단체의 장에게 제출하고 있으며 2018년 말 지특법 개정(2019.1.1. 시행)시에 중앙행정기관의 장이 감면건의한 "해당 감면액을 보충하기 위한 기존 지방세 감면에 대한 축소 또는 폐지방안"도 함께 제출하도록 대상을 추가하였다.

행정안전부장관 또는 지방자치단체의 장은 제출된 감면신청서를 토대로 심도 있는 검토를 거쳐 감면의 연장 또는 축소 · 폐지, 새로운 감면의 신설 등을 결정하도록 한 것이다. 특히, 행정안전부에서는 매년 증가되는 감면 비율을 축소하고, 감면을 효율적으로 관리하기 위하여 지방재정법을 개정(2012.2.5. 시행)하여 지방세 비과세 · 감면 비율 한도제[466]를 도입하여 운영 중에 있다.

한편, 2015년부터는 매년 그 해의 감면정비 기본계획을 국무회의에 상정(제1항)하도록 하고, 중앙행정기관으로부터 제출받은 감면건의서 및 평가서에 대해 지방자치단체의 의견을 청취(제5항)하도록 하고, 전문적인 감면평가를 위한 예산(제7항) 확보, 관련자료 제출의 의무적 사항(제8항), 민간전문기관 의뢰(제9항) 등의 사항을 보완하여 한층 강화된 감면심사제도를 운영할 수 있는 기반을 마련하였다.

또한, 2017년부터는 신설 감면건의에 대한 예비타당성 조사제도를 도입하였고, 2018년도에는 일몰도래하는 감면에 대한 사후 심층평가제도를 도입하여 감면제도 운영에 있어 조세 전문기관의 분석평가를 받을 수 있도록 함으로써 감면 사전 · 사후관리제도를 강화하고 있다.

2019년부터는 지방세 감면 사후심층평가 대상금액 규정을 각 호로 구분 개정하여 일정 금액 외에도 평가대상에 포함하여야 할 필요성이 있는 경우까지 명확히 하였다.

---

466) 지방재정법 제28조의 2(지방세 감면의 제한 등) ① 행정안전부장관은 대통령령으로 정하는 해당 연도의 지방세 징수결산액과 지방세 비과세 · 감면액을 합한 금액에서 지방세 비과세 · 감면액이 차지하는 비율이 대통령령으로 정하는 비율 이하가 되도록 노력하여야 한다.
② 중앙관서의 장은 그 소관 사무로서 새로운 지방세 감면을 요청할 때에는 그 감면액을 보충하기 위한 대책으로 다음 각 호의 어느 하나에 해당하는 사항을 「지방세특례제한법」 제181조 제2항에 따른 지방세 감면건의서에 포함하여 행정안전부장관에게 제출하여야 한다.
1. 기존 지방세 감면의 축소 또는 폐지
2. 국고보조사업의 국고 부담비율 상향조정
3. 지방자치단체 예산지원 등 그 밖에 지방재정 보전을 위하여 필요한 사항

# 2 | 감면실무

## 2-1. 감면통합심사

앞에서 설명한 것처럼 2010년까지는 지방세 감면사항은 그때그때마다 감면타당성 위주로 수시로 심사·검토하여 입법을 추진해 왔다. 그간의 건별 심사방식으로는 나름대로는 감면타당성을 가지고 있어 그 결과 매년 지속적으로 비과세·감면비율이 증가하게 되었고, 최근의 사회복지비용 증가에 따른 지방재정여건이 급속도로 악화되기에 이르렀다. 이에 2011년에 지방세특례제한법(이하 '지특법'이라 한다)이 제정됨과 동시에 지방세 감면 사후관리 방식을 수시건별 심사방식에서 통합심사 방식으로 변경하였다. 통합심사 방식이란 행자부장관이 매년 당해연도에 일몰이 도래한 감면과 각 부처 등에서 요구하는 신규감면을 효율적으로 심사하기 위해서 매년 2월 말까지 당해연도 감면통합심사계획을 수립하고 그 결과를 해당 중앙부처의 장에게 통보하게 되며 해당 중앙부처의 장은 기존감면 연장사항은 감면평가서(§97 ②)를 신규감면 요청사항(§97 ③)은 감면건의서를 각각 작성하여 지특법을 소관하는 행정안전부장관에게 제출토록 하고 있다.

행안부장관은 각 중앙부처 등으로부터 접수된 감면수요조사서를 기준으로 당해연도 지방자치단체 재정여건, 국가정책 우선순위 등을 고려하여 결정하는 감면통합심사를 추진하고 매년 5월 말까지 사전심사를 거쳐 감면통합심사를 통해 최종 지특법 개정대상 감면특례를 결정하는 것이다. 이때 통합심사는 지방자치단체와의 협의(시도 세정과장)를 거치도록 되어 있다. 이렇게 통합심사를 통해 결정된 사항은 시군구 자치단체 공무원들과 합동으로 최종 지특법 일부개정안을 마련(매년 7~8월)하는 것이다. 이를 통해 행정안전부는 지방재정법 제28조의 2에 따라 2017년(실적기준)까지 지방세 비과세·감면율을 15% 이내로 감면정비를 추진하였다.

〈표 1〉 **지방세 감면제도 개선 입법 프로세스**

| 구분 | 감면통합심사계획수립 | → | 심사계획 중앙부처장에게 통보 | → | 감면수요조사<br>-신규건의 : 감면건의서<br>-기존감면연장 : 감면평가서 | → | 사전심사 | → | 감면통합심사 | → | 감면심사 반영 입법추진 |
|---|---|---|---|---|---|---|---|---|---|---|---|
| 기한 | 매년 초 | | 2월 말 | | 3월 31일까지(2018년 이후)<br>4월 20일까지(2011~2017년) | | 5월 말 | | | | 7 → 8월 (입법예고 |
| 근거 | §181 ① | | §181 ① | | §181 ②·③ | | §181 ⑤ | | §181 ⑤ | | - |

※ 지방자치단체 공무원 합동 제도개선 토론회(1차, 2차) → 감면통합 심사와 병행

## 2-2. 지방세 제도개선 토론회

지방세 감면통합심사가 주로 중앙부처(행정안전부 ↔ 중앙행정부처)와의 협의절차라면, 지방세 제도개선 토론회는 중앙부처(행정안전부)와 지방자치단체가 함께 그간 지특법을 운영하면서 발생하는 운영상 미비점을 중심으로 제도개선안을 마련하는 협의 절차이다. 지방세제도개선 토론회는 별도의 법적 근거는 없으나 그간 관례적으로 많은 지방자치단체 공무원들이 참여하여 지방세 감면에 관한 미비점, 제도개선 사항을 끊임없이 발굴하였고 여기서 채택된 사항은 감면통합심사와 마찬가지로 지특법 개정안 마련에 참고가 되는 중요한 업무처리 절차이다. 향후에는 지방자치단체와의 협의절차를 더욱 강화하는 의미에서 지방세제도개선 토론회도 이에 따른 제도적 근거를 마련하는 것이 바람직하다고 보여진다.

## 2-3. 지방세 특례 예비타당성 조사 제도(2017.1월 시행)

현재 지방세 특례 사항에 대하여 중앙행정기관의 장은 신규로 도입이 필요한 감면사항에 대해 지방세 감면효과 및 필요성 등에 대한 "지방세감면건의서"를 작성 · 제출하고 있으나 이에 대해 조세 전문기관의 체계적인 감면 타당성 검토가 필요하여 새로이 지방세 특례 예비타당성 조사 제도가 도입되어 2017년 1월 1일부터 시행하게 되었다.

예비타당성 조사 제도(약칭 "예타")는 합리적인 지방세 감면운영을 위하여 감면 신설 필요성, 기대효과 및 지방재정에 미치는 영향 등에 대한 전문적 평가를 시행하는 제도로 예상감면액이 100억원 이상인 신규 건의 감면 중에서 행정안전부장관이 예비타당성 조사가 필요하다고 판단하는 사항과 기존 감면변경(감면율 확대, 대상추가 등)으로 추가감면액이 100억원 이상이 되는 사항에 대해 지방세연구원과 조세 관련 기관 등을 통해 사전에 감면 필요성을 검토하는 제도로, 국세의 경우에도 연 300억원 이상 신규 건의 감면에 대해 조세재정연구원 등에 평가를 의뢰하여 면밀히 분석하고 있다.

## 2-4. 지방세 특례 사후 심층평가 제도(2018.1월 시행)

현재 매년 일몰도래하는 지방세 특례 사항에 대하여는 중앙행정기관의 장이 지방세 감면지원효과 분석 및 지방세 감면 존치 여부 등에 대한 "지방세감면평가서"를 작성 · 제출하고 있으나 이는 소관기관 또는 해당 부처의 주관적 의견으로 객관적 평가라고 보기에는 다소 미흡한 점이 있어 전문적 체계적인 타당성 검토가 필요하여 새로이 지방세 특례 사후 심층평가 제도가 도입되어 2018년 1월 1일부터 시행하게 되었다.

사후 심층평가 제도는 「지방세특례제한법」 제181조 제6항 및 같은 법 시행령 제124조에 따라 해당 연도에 적용기한이 종료되는 감면 중에서 연간 지방세특례금액이 100억원 이상인 지방세특례를 대상으로 그 간의 운용 성과를 점검하고 그 결과를 특례 운용에 반영하기 위하여 행정안전부장관이 실시하는 사후적인 평가를 말하며 이 경우 지방세특례금액은 감면연장으로 인해 기존 감면운영시에 연간 발생하였거나 발생할 것으로 예상되는 지방세수입의 감소액을 기준으로 한다.

2019년부터는 지방세 특례 평가대상금액을 그 이전까지 지방세 감면액의 100억원 이상인 경우에서 시행령 개정을 통해 해당 지방세 특례의 적용기한이 종료되는 날이 속하는 해의 직전 3년간 연평균 지방세 감면액이 100억원 이상인 경우로 변경하였으며 해당 특례대상이 신설된 지 3년이 지나지 않은 경우에는 그 기간을 적용하여 대상 여부를 판단하도록 하였으며 그 외에도 둘 이상의 감면 조문을 분야별로 일괄하여 평가할 필요가 있는 경우, 지방세 감면액이 지속적으로 증가할 것으로 예상되어 객관적인 검증을 통해 지방세 지출의 효율화가 필요한 경우 및 행정안전부장관이 지방세 특례에 대한 평가가 필요하다고 인정하는 경우를 추가 신설하여 평가대상을 결정하도록 개정되었다.

## 2-5. 지방세 특례 평가수행 조세 관련 조사 · 연구기관

지방세 특례 평가수행을 위해 의뢰하는 조세 관련 전문기관의 범위를 확대함으로써 경쟁체제를 통한 연구용역 품질을 제고하고 평가대상 연구수행에 보다 적합한 기관 등이 선정될 수 있도록 지특법 시행령 제124조 제4항에 관련 대상기관 등을 추가하였다.

〈표 2〉 **평가수행 조세관련 전문기관(2020년 이전)**

| 구분 | 조세 관련 전문기관 | 비고 |
|---|---|---|
| 제1호 | 「지방세기본법」 제151조에 따른 지방세연구원 | – |
| 제2호 | 「민법」 외의 다른 법률에 따라 설립된 조세 관련 기관이나 법인 | – |
| 제2호의 2 | 「민법」에 따라 설립된 조세 관련 학회 등 법인<br>조세에 관한 사무에 근무한 경력이 15년 이상인 사람이 2명 이상 속해 있는 법인 또는 단체 | '19년부터 추가 |
| 제2호의 3 | 조세 관련 교육과정이 개설된 「고등교육법」 제2조에 따른 학교 | |
| 제3호 | 그 밖에 지방세 특례의 타당성에 대한 평가 등과 관련하여 전문 인력과 조사 · 연구 능력 등을 갖춘 것으로 행정안전부장관이 정하여 고시하는 기관 | – |

다만, 2021년부터는 지방세 특례 사전 · 사후관리의 사업수행기관을 지정함으로써 필요

시 경비를 기존의 용역방식에서 출연금 방식이 가능할 수 있는 기관을 지정하도록 하고 그 근거 규정을 마련하였다. 출연금 방식의 경우 형식적 또는 반복적으로 진행되는 용역절차를 생략하여 조속히 사업 추진이 가능하게 된다. 또한 법정 수행과제인 예비타당성조사 및 사후 심층평가 사업의 안정성 및 효율성을 제고하기 위함이며 해당 관련 · 조사 연구기관은 행정안전부장관이 정하여 고시하도록 하였다.

〈표 3〉 **평가수행 조세 관련 조사 · 연구기관(2020년 이후)**

| 구분 | 조세 관련 조사 · 연구기관 | 비고 |
|---|---|---|
| 제1호 | 「지방세기본법」 제151조에 따른 지방세연구원 | – |
| 제2호 | 지방세 특례의 타당성에 대한 평가 등과 관련하여 전문 인력과 조사 · 연구 능력 등을 갖춘 것으로 행정안전부장관이 정하여 고시하는 기관 | – |

**지방세특례 예비타당성조사 운용기준**

행정안전부 훈령 제23호(2017.12.29.)

2017년 12월 29일
행정안전부장관

**제1장 총칙**

**제1조(목적)** 이 운용기준은 「지방세특례제한법」 제181조 제7항과 같은 법 시행령 제124조 제3항에 따라 실시하는 지방세특례 예비타당성조사의 대상 선정 · 조사수행기관 · 조사방법 및 절차 등에 관한 세부사항을 규정함을 목적으로 한다.

**제2조(정의)** 이 기준에서 사용하는 용어의 뜻은 다음과 같다.

1. "지방세특례 예비타당성조사(이하 "예비타당성조사"라 한다)"란 「지방세특례제한법」 제181조 제7항 및 같은 법 시행령 제124조 제3항에 따라 신규로 도입하려는 지방세특례를 대상으로 그 필요성, 경제적 및 사회적 기대효과, 지역경제 및 지방세수 영향, 조세의 형평성, 정책수단의 적절성, 예상되는 문제점 등을 평가하기 위하여 행정안전부장관 주관으로 실시하는 사전적인 타당성 검증 · 평가를 말한다.
2. "지방세 특례"란 세율의 경감, 세액감면, 세액공제, 과세표준 공제(중과세 배제, 재산세 과세대상 구분전환을 포함한다) 등 「지방세특례제한법」으로 규정되는 과세특례를 말한다.
3. "지방세특례금액"이란 특정 지방세특례의 시행으로 인해 제도 시행기간 동안에 발생할 것으로 예상되는 지방세수입의 감소액 총액을 말한다.

제3조(예비타당성조사 계획의 수립) ① 행정안전부장관은 예비타당성조사의 목적, 추진방향, 추진일정 등에 관한 계획을 「지방세특례제한법」 제181조 제1항에 따른 「지방세 특례 및 그 제한에 관한 기본계획」에 반영하여야 하며, 이를 관계 행정기관의 장 등에게 통보한다.

② 행정안전부장관은 예비타당성조사 추진계획의 수립을 위한 관련 자료의 수집·분석, 조사 추진방향 등에 관하여 필요한 경우 전문기관 등에 조사·연구 등을 의뢰하거나, 전문가의 의견을 들을 수 있다.

제4조(자료 수집 및 제출 요구) ① 행정안전부장관은 「지방세특례제한법」 제181조 제9항에 따라 관계 행정기관의 장 등에 대하여 자료의 제출 등을 요구할 수 있다.

② 제1항에 따라 자료 등의 제출을 요청받은 관계 행정기관의 장 등은 제출기한이 따로 명시되지 아니한 경우에는 그 요청을 받은 날부터 10일 이내에 자료 등을 제출하여야 한다. 다만, 그 기간 내에 자료 등을 제출하기 어려운 경우에는 행정안전부장관과 협의하여 그 기간을 연장할 수 있다.

③ 제2항에도 불구하고 관계 행정기관의 장은 해당 자료가 보관·관리되지 아니하거나 생산할 수 없는 것인 경우에는 제1항에 따른 요청을 받은 날부터 10일 이내에 그 사유와 향후 자료 관리계획을 행정안전부장관에게 제출하여야 한다.

## 제2장 예비타당성조사 대상

제5조(예비타당성조사 대상) ① 예비타당성조사는 다음 각 호의 어느 하나에 해당하는 지방세특례를 대상으로 실시한다.

1. 행정안전부장관이 지방세특례 신설을 위하여 타당성 평가가 필요하다고 인정하는 경우로서 해당 특례안의 감면기간 동안 발생할 것으로 예상되는 지방세 감면 추계액이 100억원 이상인 것
2. 기존 지방세특례의 내용을 변경하는 경우에는 기존 지방세특례 금액에 해당 특례안의 감면기간 동안 추가되는 예상 감면액이 100억원 이상인 경우

② 제1항 제2호에 따른 "기존 지방세특례의 내용을 변경하는 경우"란 특례세율을 변경하거나 적용대상을 추가하는 경우 등을 말하며, 기존 지방세특례의 적용기한을 단순히 연장하는 경우는 제외한다.

제6조(조사대상의 단위) ① 예비타당성조사 대상 판정은 「지방세특례제한법」의 조문을 기준으로 한다. 다만, 기존 조문에 항이나 호 등을 신설 또는 변경하는 경우에는 그 신설·변경되는 내용을 예비타당성조사 대상으로 한다.

② 예비타당성조사를 신청한 지방세특례 중에서 상호연계성이 높고 도입 목적이 유사한 제도들은 일괄하여 예비타당성조사를 실시할 수 있다.

제7조(지방세특례금액의 계산) ① 지방세특례금액은 예비타당성조사를 신청하는 관계 행정기관의 장 등이 제시하는 금액을 기준으로 한다. 단 행정안전부장관은 제시된 지방세특례금액에 대한 검증과정을 통해 관계 행정기관에 그 금액에 대한 재평가를 요구할 수 있다. 최초 제시된 금액과 재평가된 금액이 상이한 경우 재평가된 금액을 지방세특례금액으로 한다.

② 행정안전부장관과 협의하는 과정에서 관계 행정기관의 장 등이 최초 제시한 지방세특례 금액이 변경된 경우에는 그 변경사유를 지방세특례금액 산정시에 반영한다.

제8조(조사제외대상) 다음 각 호의 어느 하나에 해당하는 지방세특례는 제16조의 예비타당성조사 제외 승인절차에 따라 예비타당성조사 대상에서 제외한다.

1. 경제성장률 · 고용률 등 주요 경제지표에 있어 국가경제 또는 지역경제에 위기로 인정되는 상황이 발생하는 경우
2. 천재지변 · 국가적 재난사태 등 심각한 자연적 · 사회적 현안이 발생하는 경우
3. 국가 간 협약 · 조약에 따라 추진하는 사항이나 국제대회나 국가행사 등 국가적 사업의 추진을 위해 한시적 지방세지원이 요구되는 경우

## 제3장 예비타당성조사 대상선정 및 절차

제9조(조사대상의 선정) ① 행정안전부장관은 각 관계 행정기관의 장 등의 요구에 따라 또는 직권으로 예비타당성조사 대상을 선정할 수 있다.

② 행정안전부장관은 「지방재정법」 제28조의 2 제1항에 따른 지방세감면율의 제한과 「지방세특례제한법」 제181조 제1항에 따른 「지방세특례 및 그 제한에 관한 기본계획」 수립 등을 위하여 필요하다고 인정하는 경우에는 해당 관계 행정기관의 장 등의 요구가 없더라도 예비타당성조사를 실시할 수 있다.

③ 제1항과 제2항에 의한 조사대상의 선정은 제17조에 의해 설치된 지방세특례 운영 자문위원회의 심의를 통해 결정한다. 다만, 「지방세특례제한법」 제181조 제8항에 따른 예산의 범위 내에서 이루어져야 한다.

제10조(예비타당성조사의 요구) ① 각 관계 행정기관의 장 등은 예비타당성조사 대상에 해당하는 지방세특례를 지방세특례제한법 개정안에 반영하고자 하는 경우에는 「지방세 특례 및 그 제한에 관한 기본계획」에 따라 행정안전부장관에게 예비타당성조사를 요구하여야 한다. 다만, 신규 지방세특례의 도입이 시급하고 불가피한 사유가 있는 경우에는 그 사유를 소명하여 예비타당성조사를 요구할 수 있다.

② 각 관계 행정기관의 장 등이 제1항에 따라 예비타당성조사를 요구하고자 하는 경우에는 제12조에 따른 예비타당성조사 요구서를 작성하여 제출하여야 한다.

제11조(우선순위의 제출 및 도입 계획의 구체성 확보) ① 각 관계 행정기관의 장 등이 둘 이상의 지방세특례에 대한 예비타당성조사를 요구하는 경우에는 국가 및 부처의 정책방향, 지방세지원 필요성, 정책 효과성 등을 고려하여 지방세특례 간 우선순위를 결정하고 이를 예비타당성조사 요구서에 반영하여야 한다.

② 각 관계 행정기관의 장 등은 예비타당성조사 요구에 앞서 사전 연구용역 등을 통하여 예비타당성조사 요구서에 포함되는 제12조 각 호의 사항 등을 구체화할 수 있다. 이 경우 행정안전부장관은 제14조 제1항에 따라 조사 대상을 선정할 때 사전연구용역 등을 거친 지방세특례를 우선적으로 고려할 수 있다.

제12조(예비타당성조사 요구서) ① 예비타당성조사 요구서에는 다음 각 호의 사항이 포함되어

야 한다.

1. 지방세특례 도입 개요
2. 제도개요 및 기대효과
3. 지방세특례 도입방안 및 정책효과성
4. 지방세특례금액 추정 및 재원확보방안
5. 제도의 문제점·관리방안·개선방안
6. 선행 예비타당성조사 이력
7. 기타 참고사항 및 관련자료

② 제1항 제1호의 제도도입 개요에는 제도의 도입목적, 지방세지원 방법, 정책대상자 현황, 성과지표, 사전용역 또는 관련분야 기존 연구, 외국유사사례, 제도도입에 따른 기대효과 등이 포함되어야 한다.

**제13조(예비타당성조사의 재요구)** 각 관계 행정기관의 장은 예비타당성조사가 이미 실시된 지방세특례에 대해서는 다음 각 호의 어느 하나에 해당하는 경우를 제외하고는 재조사를 요구할 수 없다.

1. 이미 수행된 예비타당성조사 결과를 변경할 수 있을 정도로 해당 지방세특례와 관련된 경제·사회적 여건이 변동된 경우
2. 기존 예비타당성조사 결과의 반영 등을 통해 관련 지방세특례를 전면적으로 재설계한 경우

**제14조(조사대상 선정기준)** 행정안전부장관은 국정과제 또는 지역발전계획, 지역경제 활성화 및 지방재정영향, 재정지출 사업 및 기존 조세지원 등과의 유사 중복 여부, 제도도입의 목적 및 시급성, 지방세지출의 형평성 등에 대한 종합적 판단을 통해 조사 대상을 선정한다.

**제15조(조사대상 선정절차)** ① 행정안전부장관은 관계 행정기관의 장의 예비타당성조사 요구 내용을 제14조의 기준에 따라 검토한 후 제17조에 따른 지방세특례 운영 자문위원회의 심의를 거쳐 조사 대상으로 선정한다.

② 행정안전부장관이 제1항에 따라 조사 대상을 선정한 경우에는 그 선정결과를 즉시 관계 행정기관의 장 등에게 통보한다.

**제16조(예비타당성조사의 제외 승인절차)** ① 각 관계 행정기관의 장 등이 제8조에 따라 예비타당성조사의 조사제외 대상으로 승인받고자 하는 경우에는 제10조에 따른 예비타당성조사 요구절차에 따라 별지 제2호서식을 작성하여 행정안전부장관에게 예비타당성조사 제외를 요구하여야 한다.

② 행정안전부장관은 제1항에 따른 예비타당성조사 조사제외 요구가 제8조의 조사제외 요건에 해당하는지 여부를 검토한 후 제17조에 따른 지방세특례 운영 자문위원회의 심의를 거쳐 예비타당성조사 제외에 대한 승인 여부를 결정한다.

**제17조(지방세특례 운영 자문위원회)** ① 행정안전부장관은 예비타당성조사 제도의 운용과 관련된 중요사항을 심의하기 위해 지방세특례 운영 자문위원회(이하 '자문위원회')를 설치·운영한다.

② 제1항에 따른 자문위원회는 행정안전부 소속 중앙정부위원, 지방자치단체 소속 지방정부위원, 민간 전문위원 등 7명 내외로 구성하며 위원장은 행정안전부 지방재정세제실장으로 한다.

③ 자문위원회는 다음 각 호의 사항에 대한 자문과 심의를 담당한다.

1. 지방세특례 예비타당성조사 대상 및 조사제외대상의 선정과 운영에 관한 사항
2. 기타 예비타당성조사 제도의 운영과 개선을 위해 자문위원회 위원장이 필요하다고 인정하여 부의한 사항

④ 자문위원회는 위원장의 요청에 따라 수시로 개최한다. 단, 긴급을 요하거나 대면회의 개최가 어려운 경우에는 서면 자문과 심의가 가능하다.

제18조(예비타당성조사 중 제도의 변경 및 철회) ① 예비타당성조사 대상으로 선정된 지방세특례의 주요 내용을 변경(당초 제도도입 목적과 취지를 벗어나지 않는 범위 내로 한정한다)할 필요가 있는 경우 각 관계 행정기관의 장은 예비타당성조사 조사대상으로 선정된 시점에서 1개월 이내에 행정안전부장관에게 제도도입 계획의 변경을 요청하여야 한다.

② 제1항에 따른 제도도입 계획의 변경을 요청받은 행정안전부장관은 당초 제도도입 목적과의 부합 여부, 변경 계획의 실현가능성, 제17조에 의한 자문위원회의 자문의견 등을 종합적으로 고려하여 제도도입 계획의 변경 여부를 결정한다.

③ 예비타당성조사 수행 과정에서 다음 각 호에 해당되는 경우에는 행정안전부장관은 직권으로 또는 각 관계 행정기관의 장 등의 요청에 의하여 조사를 철회할 수 있다.

1. 예비타당성조사 수행과정에서 관계 행정기관의 업무협조가 미흡하여 조사 수행이 불가능한 경우

## 제4장 예비타당성조사 수행체계

제19조(예비타당성조사 수행기관) ① 행정안전부장관은 효율적이고 객관적인 조사를 위해 「지방세특례제한법 시행령」 제124조 제4항에 따른 조세 관련 전문기관 중에서 예비타당성조사 수행기관(이하 "조사 수행기관"이라 한다)을 지정한다. 조사 수행기관은 예비타당성조사의 개별 수행과제를 관리하고 총괄하는 업무를 수행한다.

② 조사 수행기관은 개별 조사사업을 효율적으로 관리하기 위하여 지방세특례의 특성에 맞춰 과제관리자(PM : Project Manager)를 선정하여야 한다. 과제관리자는 국세 및 지방세, 재정평가사업, 제24조의 경제성 분석 등 관련분야에 연구 경력이 있는 전문가로 구성되어야 하며, 조사 수행기관은 과제관리자의 선정을 위해 행정안전부장관과 사전 협의하여야 한다.

③ 조사 수행기관은 조사의 전문성 및 객관성, 개별 수행과제 간의 일관성, 전체 과제의 효율적 운영을 위해 개별 조사사업 연구진으로 구성된 별도의 예비타당성조사 전문가위원회(이하 "전문가위원회"라 한다)를 구성할 수 있다.

④ 조사 수행기관은 최종보고서를 제출한 날부터 5년간 예비타당성조사를 위해 수집한 자료를 보관하고, 행정안전부장관의 요청이 있을 경우 이를 제출하여야 한다.

⑤ 조사결과 등 예비타당성조사의 내용을 별도의 연구에 사용 또는 발표하거나, 평가를 위해 수집한 자료를 다른 연구를 위해 활용하고자 할 경우에는 사전에 행정안전부장관의 동의를 구하여야 한다. 다만, 예비타당성조사 결과를 단순 인용하는 경우는 제외한다.

제20조(예비타당성조사 연구진의 선정) ① 조사 수행기관은 내부 및 외부 연구자로 예비타당성조사의 연구진을 구성한다. 단, 과제 참가인원에서 외부 연구자의 비중은 100분의 30 이상이

어야 하며 100분의 70을 초과하지 않아야 한다.

② 조사 수행기관은 제1항에 따른 연구진의 구성에 있어 행정안전부장관과의 협의를 거쳐야 하며, 협의시에는 연구자의 전공·해당 분야 연구실적·유사 연구 수행경험 등을 고려하여야 한다.

제21조(예비타당성조사 수행기간) ① 예비타당성조사 수행기간은 조사 대상의 성격, 자료 확보의 용이성 등을 고려하여 행정안전부장관과 조사수행기관이 협의하여 정한다.

② 제18조에 따라 제도도입 계획이 변경되는 등 불가피한 사유가 발생하여 예정된 기간 내에 조사 완료가 어렵다고 판단되는 경우 조사 수행기관의 장은 수행기간의 연장을 행정안전부장관에게 요청할 수 있다.

## 제5장 예비타당성조사 분석방법

제22조(예비타당성조사 분석내용) 조사 수행기관은 다음 각 호에서 정하는 분석을 각각 수행하고, 제28조에 따라 종합평가를 실시하여 그 평가 결과를 제시하여야 한다.

1. 정책성 분석 : 지방세특례 도입의 필요성·적시성·공익성, 정책수단으로서의 적절성 등 분석
2. 경제성 분석 : 지방세특례와 관련된 정책이 제시하는 사업목표의 달성에 따른 국민 복리후생 영향, 지방세특례의 도입이 사업목표 달성에 미치는 효과성 및 고용에 미치는 영향 등을 종합하여 분석
3. 형평성 분석 : 취약계층에 미치는 복리후생 효과, 개인이나 기업별 납세능력에 대한 고려, 조세의 수직적 및 수평적 형평성에의 부합 여부, 세수감소에 따른 지역별 재정자립도에의 영향 등을 분석

제23조(정책성 분석) ① 정책성 분석은 해당 지방세특례와 관련된 정책의 필요성·적시성·공익성, 「지방세 특례 및 그 제한에 관한 기본계획」과의 일관성, 사업목표의 명확성과 성과지표의 구체성, 정책수단으로서의 적절성, 제도의 문제점 및 부작용, 제도별 특수성 평가 등을 정량적 또는 정성적으로 분석한다. 성과지표는 정책의 도입을 통해 달성하고자 하는 사업목표를 정량화한 수치를 의미한다.

② 정책성 분석의 수행과정에서 공익적 가치 등에 대한 고려가 필요하거나 그 가치에 기여하는 바가 큰 제도에 대해서는 제1항에 따른 특수성 평가 항목에 구체적으로 반영하여야 한다.

③ 제2항에 따른 공익적 가치 등이라 함은 교육, 사회복지, 의료, 예술 및 문화 등 공익적 재화 및 용역을 제공하는 비영리단체 등의 활동에 의해 산출되는 사회적 효용 및 가치를 말한다.

제24조(경제성 분석) ① 경제성 분석은 해당 지방세특례에 따른 국민경제 및 지역경제 효과와 지원 적합성 등을 비용-편익 분석(Cost-Benefit Analysis, B/C 분석)을 통해 제시한다. 단, 비용-편익 분석이 적합하지 않다고 판단되는 지방세특례에 대해서는 해당 지방세특례 시행에 따른 경제·사회적 파급효과 등을 추정한 비용-효과 분석(Cost-Effectiveness Analysis, E/C 분석)을 수행하고 그 결과를 제시한다.

② 제1항의 비용-편익 및 비용-효과 분석에서 편익이나 효과는 지방세특례 지원에 따른 행

태 변화를 반영하여 추정한다. 비용은 지방세특례금액 및 기타 예상되는 경비를 합산하여 산정한다.

제25조(형평성 분석) ① 형평성 분석은 납세능력에 따른 복리후생 효과의 차이, 기업규모별 지방세지원의 형평성, 지역균형발전 및 지방재정에 대한 고려, 조세의 수직적 및 수평적 형평성에의 부합 여부 등을 정량적 또는 정성적으로 분석한다. 지방재정에 대한 영향은 지방세특례 도입에 따른 지방자치단체별 지방세수의 감소분을 의미한다.

② 현재 운영되고 있는 지방세특례에서 유사대상에 대한 규정이 있는 경우 해당 지방세특례에 따른 지원대상 및 지원내용을 고려한 제도적 형평성을 분석한다.

제26조(종합평가) ① 지방세특례의 타당성에 대한 종합평가는 평가항목별 분석결과를 토대로 계층화 분석법(AHP : Analytic Hierarchy Process)을 활용하여 계량화된 수치로 도출한다.

② 제1항에 따른 AHP를 수행하는 경우에 각 평가항목별 가중치는 특별한 사유가 없는 한 다음 가중치 범위 내에서 적용한다.

| 정책성 | 경제성 | 형평성 |
|---|---|---|
| 20~40% | 25~50% | 20~40% |

③ 제2항의 경제성 분석항목에 대한 가중치 평가에 있어서는 비용-편익 분석이나 비용-효과 분석에서 사용되는 가정이나 전제조건의 수용성 및 현실적합성, 지방세특례 도입과 관련된 정책이나 제도에서 경제적 효과의 중요성 등이 고려되어야 한다.

④ 제6조 제2항에 따라 유사 지방세특례에 대해 일괄하여 예비타당성조사를 수행하고 지방세특례의 타당성에 대한 종합평가를 실시하는 경우에는 제1항에 따른 계층화 분석법(AHP) 또는 그 밖에 지방세특례들의 연계추진에 따른 시너지효과 등을 고려한 별도의 적절한 방법으로 개별 지방세특례의 타당성 여부를 판단하여야 한다.

### 제6장 예비타당성조사 결과의 활용 등

제27조(예비타당성조사 결과의 제출 및 공개) 조사 수행기관이 예비타당성조사를 완료한 때에는 최종보고서를 행정안전부장관에게 제출하고, 그 결과를 해당 조사 수행기관의 홈페이지 등에 공개할 수 있다.

제28조(재검토기한) 행정안전부장관은 「훈령 · 예규 등의 발령 및 관리에 관한 규정」에 따라 이 기준에 대하여 2018년 1월 1일 기준으로 매 3년이 되는 시점(매 3년째의 12월 31일까지를 말한다)마다 그 타당성을 검토하여 개선 등의 조치를 하여야 한다.

### 부 칙

① (시행일) 이 기준은 2018년 1월 2일부터 시행한다.

② (일반적 적용례) 이 기준은 이 기준 시행일 이후 시행하는 예비타당성조사부터 적용한다.

# 지방세특례 사후 심층평가 운영기준

행정안전부 훈령 제24호(2017.12.29.)

2017년 12월 29일
행정안전부장관

## 제1장 총칙

**제1조(목적)** 이 운용기준은 「지방세특례제한법」 제181조 제6항과 같은 법 시행령 제124조에 따라 실시하는 지방세특례 심층평가의 대상 선정·조사수행기관·조사방법 및 절차 등에 관한 세부사항을 규정함을 목적으로 한다.

**제2조(정의)** 이 기준에서 사용하는 용어의 뜻은 다음과 같다.

1. "지방세특례 심층평가(이하 "심층평가"라 한다)"란 「지방세특례제한법」 제181조 제6항 및 같은 법 시행령 제124조에 따라 해당 연도에 적용기한이 종료되는 사항으로서 연간 지방세특례금액이 100억원 이상인 지방세특례를 대상으로 지방세특례의 운용 성과를 점검하고 그 결과를 향후 지방세특례 운용에 반영하기 위하여 행정안전부장관이 실시하는 사후적인 평가를 말한다.
2. "지방세특례"란 세율의 경감, 세액감면, 세액공제, 과세표준 공제(중과세 배제, 재산세 과세대상 구분전환을 포함한다) 등 과세특례를 말한다.
3. "지방세특례금액"이란 특정 지방세특례의 시행으로 인해 연간 발생하였거나 발생할 것으로 예상되는 지방세수입의 감소액을 말한다.

**제3조(심층평가계획의 수립)** ① 행정안전부장관은 심층평가의 목적, 추진방향, 추진일정 등에 관한 계획을 「지방세특례제한법」 제181조 제1항에 따른 「지방세특례 및 그 제한에 관한 기본계획」에 반영하여야 하며, 이를 관계 행정기관의 장 등에게 통보한다.

② 행정안전부장관은 심층평가 추진계획의 수립을 위한 관련 자료의 수집·분석, 평가 추진방향 등에 관하여 필요한 경우 전문기관 등에 조사·연구 등을 위탁하거나, 전문가의 의견을 들을 수 있다.

**제4조(자료 수집 및 제출 요구)** ① 행정안전부장관은 「지방세특례제한법」 제181조 제9항에 따라 관계 행정기관의 장 등에게 제12조에 따른 감면평가서를 포함한 자료의 제출 등을 요구할 수 있다.

② 제1항에 따라 자료 등의 제출을 요청받은 관계 행정기관의 장 등은 제출기한이 따로 명시되지 아니한 경우에는 그 요청을 받은 날부터 10일 이내에 자료 등을 제출하여야 한다. 다만, 그 기간 내에 자료 등을 제출하기 어려운 경우에는 행정안전부장관과 협의하여 그 기간을 연장할 수 있다.

③ 제2항에도 불구하고 관계 행정기관의 장은 해당 자료가 보관·관리되지 아니하거나 생산할 수 없는 것인 경우에는 그 사유와 향후 자료 관리계획을 행정안전부장관에게 제출하여야 한다.

## 제2장 심층평가 대상

제5조(심층평가 대상) 행정안전부장관은 해당 연도에 적용기한이 종료되는 사항으로서 연간 지방세특례금액이 100억원 이상인 지방세특례에 대해서 예산범위 내에서 심층평가를 실시할 수 있다.

제6조(평가대상의 단위) ① 심층평가는 「지방세특례제한법」 및 「조세특례제한법」(이하 '관련 세법'이라 한다) 상의 조 또는 항 및 호를 대상으로 한다.

② 심층평가는 평가의 목적과 대상에 따라 개별지방세특례 심층평가와 지방세특례군 심층평가로 구분한다.

1. 개별지방세특례 심층평가: 원칙적으로 관련 세법의 개별 조 또는 항 및 호를 대상으로 효과성 · 타당성 등에 대한 성과평가를 실시하고, 효과적인 지방세특례 운용 방안을 도출하기 위한 평가
2. 지방세특례군 심층평가: 지방세특례의 소관부처, 관련 세법 등의 규정을 불문하고 정책목적 등 성격이 유사한 다수의 지방세특례들을 하나의 군(群)으로 묶어 지방세특례군의 효과성, 타당성 등에 대한 성과평가를 실시하고, 유사 · 중복 제도의 통폐합 등 종합적인 개선방안을 도출하기 위한 평가

제7조(지방세특례금액의 계산) 연간 지방세특례금액은 「지방세특례제한법」 제5조에 따른 지방세지출보고서 상의 금액을 기준으로 계산한다. 이 경우 구체적인 계산방법은 다음 각 호와 같다.

1. 지방세지출보고서는 전국 지방자치단체가 지방의회에 제출하는 지방세지출보고서 상의 금액 합계를 기준으로 한다.
2. 자료 집계의 시차 등으로 제도시행기간 동안 지방세특례금액을 산정할 수 없을 경우에는 이용 가능한 자료를 활용한 추정치를 사용하여 계산한다.
3. 지방세특례의 지원 대상, 지원방식 등 내용의 일부가 변경된 경우에는 현재 적용되고 있는 방식에 따라 산정된 연간 지방세특례금액을 기준으로 한다.

## 제3장 심층평가 대상선정 및 절차

제8조(평가대상의 선정시기) 심층평가 대상은 매년 2월에서 3월 사이에 선정한다. 다만, 평가 필요성, 예산 사정 등을 고려하여 추가로 선정할 수 있다.

제9조(평가대상 선정기준) 행정안전부장관은 다음 각 호의 사항을 종합적으로 고려하여 심층평가 대상을 선정한다.

1. 정책적 기준: 국가 및 지방자치단체 정책과의 적합성, 주민의 관심도, 지방재정에 미치는 영향 등 평가의 실익이 있는지 여부
2. 기술적 기준: 평가대상 관련 자료의 확보 가능성, 타 지방세특례 간 비교가능성, 평가 소요기간 등 평가수행의 용이성

제10조(평가대상 선정절차) 행정안전부장관은 관계 행정기관의 장이 제출한 감면평가서를 제9조의 평가대상 선정기준에 따라 검토한 후 평가대상을 선정하고, 제11조에 따른 지방세특례

운영 자문위원회의 심의를 거쳐 평가 대상을 선정한다.

제11조(지방세특례 운영 자문위원회) 「지방세특례 예비타당성조사 운용기준」 제17조를 준용한다.

제12조(감면평가서 자료 제출) ① 심층평가를 실시하기 위한 자료는 「지방세특례제한법」 제181조 제3항에 따른 감면평가서에 의해 제출받고, 그 감면평가서에는 다음 각 호의 사항이 포함되어야 한다.

1. 지방세특례 도입시기 및 도입목적
2. 제도개요 및 정책목표
3. 지방세특례 경제적·사회적 성과
4. 지방세특례금액 추정 및 재원확보방안
5. 지방세특례 문제점·관리방안·개선방안
6. 기타 참고사항 및 관련자료

② 제1항 제1호의 제도도입 개요에는 제도의 도입목적, 지방세지원 방법, 정책대상자 현황, 성과지표, 사전용역 또는 관련분야 기존 연구, 외국유사사례, 제도도입에 따른 성과평가 등이 포함되어야 한다.

## 제4장 심층평가

제13조(심층평가 수행기관) 심층평가 수행기관은 「지방세특례 예비타당성조사 운용기준」 제19조를 준용한다.

제14조(심층평가 연구진의 선정) ① 심층평가 연구진의 선정은 「지방세특례 예비타당성조사 운용기준」 제20조를 준용한다.

② 심층평가 연구진은 심층평가 수행 과정에서 자료 유출 금지 등 연구진이 준수하여야 할 사항을 규정한 「지방세특례 및 그 제한에 관한 기본계획」 상의 준수서약서를 제출하고 해당 준수서약서에 따라 평가를 수행하여야 한다.

제15조(심층평가 수행기간) 「지방세특례 예비타당성조사 운용기준」 제21조를 준용한다.

## 제5장 심층평가 분석방법

제16조(심층평가 분석내용) ① 평가 수행기관은 다음 각 호에서 정하는 분석을 각각 수행하고 제20조에 따라 종합평가하여 평가 결과를 제시하여야 한다.

1. 정책 목적·대상·수단의 적절성, 제도 간 형평성 및 유사제도와의 중복 여부 등 지방세특례의 타당성에 대한 분석
2. 목표 달성도, 경제적 효과, 지방재정에 미치는 영향 등 지방세특례의 효과성에 대한 분석
3. 지방세특례의 운영상 문제점 및 그 개선방안에 대한 분석

② 특정 정책목적 달성을 위해 정책수단의 적정성 검토가 필요한 경우 재정지출과 지방세특례 간 효과성 비교 등 재정지출도 분석대상에 포함할 수 있다.

제17조(타당성 분석) ① 타당성 분석은 해당 지방세특례에 대한 정부 역할의 적절성, 수행방법의 적절성 등을 정량적 또는 정성적으로 분석한다.

② 제1항에 따른 정부 역할의 적절성은 정부 개입의 근거와 타당성을 포함한다.

③ 제1항에 따른 수행방법의 적절성은 해당 지방세특례제도 대상 설정, 감면 방법, 형평성(제도간, 지방세특례 대상간) 및 유사제도와의 중복 여부 등에 관한 타당성을 포함한다.

제18조(효과성 분석) ① 효과성 분석은 해당 지방세특례 운용으로 인해 나타난 경제적 변화를 정량적 또는 정성적으로 분석한다.

② 제1항에 따른 경제적 변화는 해당 지방세특례 도입 이후 생산, 투자, 고용, 소득 등의 관련 경제적 파급효과, 지역경제 고용유발 그리고 재정에 미는 영향 등을 포함한다.

③ 제2항에 따른 재정에 미치는 영향은 해당 지방세특례 도입 이후 지방세수입의 감소액과 지방재정영향평가도 포함한다.

제19조(제도개선방안 분석) 제도개선방안 분석은 제17조와 제18조의 분석결과를 바탕으로 해당 지방세특례의 문제점과 개선방안을 분석한다.

제20조(종합평가) 평가 수행기관은 제17조부터 제19조까지의 평가 항목별 분석결과를 토대로 하여 지방세특례의 일몰연장 또는 폐지 여부, 제도개선 방안 등에 대한 종합적인 평가의견을 제시하여야 한다.

제21조(정책제언) 평가 수행기관은 제20조에 따른 종합평가 이외에 필요한 경우 다음 각 호의 사항을 포함한 향후 지방세특례 성과제고에 필요한 정책제언을 함께 제시할 수 있다.

1. 지방세특례 또는 지방세특례군의 목적 달성을 위한 지원 대상 및 지원 수준의 조정과 그에 따른 효과
2. 기타 제도개선 방안 등

## 제6장 심층평가 결과의 활용 등

제22조(심층평가 결과의 제출 및 공개) 조사 수행기관이 심층평가를 완료한 때에는 최종보고서를 행정안전부장관에게 제출하고 그 결과를 해당 조사 수행기관의 홈페이지 등에 공개할 수 있다.

제23조(재검토기한) 행정안전부장관은 「훈령 · 예규 등의 발령 및 관리에 관한 규정」에 따라 이 기준에 대하여 2018년 1월 1일 기준으로 매3년이 되는 시점(매 3년째의 12월 31일까지를 말한다)마다 그 타당성을 검토하여 개선 등의 조치를 하여야 한다.

## 부 칙

① (시행일) 이 기준은 2018년 1월 2일부터 시행한다.

② (일반적 적용례) 이 기준은 이 기준 시행일 이후 시행하는 심층평가부터 적용한다.

# 제182조

## 지방자치단체의 감면율 자율 조정

**관련규정**

제182조(지방자치단체의 감면율 자율 조정) ① 지방자치단체는 이 법에 따른 지방세 감면 중 지방세 감면 기한이 연장되는 경우에는 지방자치단체의 재정여건, 감면대상자의 조세부담능력 등을 고려하여 해당 조에 따른 지방세 감면율을 100분의 50의 범위에서 조례로 인하하여 조정할 수 있다. 이 경우 면제는 감면율 100분의 100에 해당하는 것으로 본다.

② 지방자치단체는 제1항에도 불구하고 사회적 취약계층 보호, 공익 목적, 그 밖에 전국적으로 동일한 지방세 감면이 필요한 경우 등으로서 대통령령으로 정하는 사항에 대해서는 지방세 감면율을 인하하여 조정할 수 없다.

## 1 의의

본 규정은 2011년부터 제97조의 2로 처음 도입되었다. 이후 2014년에 지방소득세 규정이 신설(§93~§176)됨에 따라 현재의 제182조로 이관되었다.

지방자치단체의 자율과 책임성 강화 차원에서 과세자율권을 확대한 것으로 그간 지방세 감면을 결정할 때 과세자주권을 가지고 있는 지방자치단체와 충분한 협의 없이 국가 정책적으로 단독 결정하는 사례가 많아 지방의 제정여건 및 의견이 제대로 반영되지 않는 경우가 많았다. 이를 개선하고 지방자치단체의 과세자율권을 강화하는 취지에서 기존의 감면 중 행안부장관이 감면통합 심사를 거쳐 감면기한을 연장하거나 감면을 축소 조정한 경우로써, 지방자치단체에서 재정여건, 감면대상자의 조세부담능력 등을 종합적으로 고려하여 법정감면율의 50% 범위 내에서 조례로 감면율을 인하 조정할 수 있도록 하였다. 다만, 사회적 취약계층 보호, 공익 목적, 그 밖에 전국적으로 동일한 지방세 감면이 필요한 유형에 대하여는 감면율을 인하 조정할 수 없도록 하여 감면의 효율화 및 공평과 안정을 동시에 기하도록 하였다.

## 2 | 감면실무

### 2-1. 자율 조례감면 입법의 사례

지특법상 감면규정에도 불구하고 지방자치단체가 재정여건 등을 고려하여 자율적으로 감면율을 축소하여 운영하는 경우는 종전 경상남도의 산업단지에 대한 도세감면조례가 대표적인 경우이다. 따라서 아래의 표에 해당하는 감면의 경우에는 지특법상 감면규정에도 불구하고 경상남도세감면조례에서 정하는 규정에 따라 감면을 적용해야 한다.

| 감면대상자 | 지특법상 감면<br>(2014년까지) | 경상남도세감면조례<br>(2014년까지) |
|---|---|---|
| 한국농어촌공사가 농민에게 농지관리기금융자시 담보 등기 감면 | 등록면허세 면제(§13 ① 1) | 등록면허세 75%(§12의 2-1) |
| 한국토지주택공사 주택 등 감면 | 취득세 면제(§31 ④, §31 ①·②, §76 ①) | 취득세 75%(§12의 2-2) |
| 물류단지 사업시행자 등 감면 | 취득세 면제(§71 ①) | 취득세 75%(§12의 2-3) |
| 수자원공사 단지조성용 등 감면 | 취득세 면제(§77 ①) | 취득세 75%(§12의 2-4) |
| 산업단지 사업시행자 등 감면 | 취득세 면제(§78 ①~④) | 취득세 75%(§12의 2-5) |

### 2-2. 자율 조례감면 입법의 제한 예시(§97의 2 ②)

중앙정부가 단독으로 정책결정을 하면서 지방의 재정여건을 고려하지 않고 감면을 결정하는 경우에는 최고 50% 이내에서 지특법상 감면보다 더 축소할 수 있도록 지방자치단체에 과세의 자율권을 부여하였다고 설명하였다. 다만, 사회적 취약계층 및 전국적 일관성을 유지할 필요가 있는 감면의 경우에는 예외적으로 자치단체가 감면조례를 조정할 수 없도록 하고 있다. 이와 관련하여 현행 지특법 규정 중 자치단체가 감면조례를 자율인하할 수 없는 경우의 예시를 조문별로 자세히 기술하였으니 참고하기 바란다.

〈표〉 지특법 규정 중 자치단체가 자율적으로 감면율 인하 가능 여부 예시(2014.1.1. 현재)

※ 본 예시는 저자의 주관된 판단사항이므로 참고만 하기 바람.

(축소불가 ×, 축소가능 ○)

| 유형 | 규정 | 자율조정 여부 | 감면유형 |
|---|---|---|---|
| | 제6조(자경농민의 농지 등에 대한 감면) | | |
| ① 취약계층 | ① 취득세 50% 경감 | × | 자경농민 농지 등 |
| ① 취약계층 | ② 취득세 50% 경감 | × | 농업용축사 등 |
| ① 취약계층 | ③ 등록면허세 면제 | × | 도로점용등 면허 |
| ① 취약계층 | ④ 취득세 50% 경감(2011 신설) | × | 귀농인 |
| | 제7조(농기계류 등에 대한 감면) | | |
| ① 취약계층 | ① 취득세 면제 | × | 농기계류 |
| ① 취약계층 | ② 취득세 및 재산세 면제 | × | 농업용 관정시설 |
| | 제8조(농지확대개발을 위한 면제 등) | | |
| | ① 취득세 면제 | ○ | 농지확대개발사업 |
| | ② 취득세 면제 | ○ | 교환분합농지 |
| ① 취약계층 | ③ 취득세 면제 또는 취득세 50% 경감 | × | 임업후계자 교환분합임야 |
| ① 취약계층 | ④ 낮은 세율 적용(지방세법 대신 8/1,000 적용) | × | 공유수면매립농지 |
| | 제9조(자영어민 등에 대한 감면) | | |
| ① 취약계층 | ① 취득세 50% 경감 | × | 어업권 및 어선 |
| ① 취약계층 | ② 취득세, 재산세, 지역자원시설세 면제 | × | 20톤 미만 소형어선 |
| | ③ 취득세, 등록면허세 면제 | × | 출원어업권 |
| | 제10조(농어업인 등에 대한 융자관련 감면 등) | | |
| | ① 등록면허세 면제 | ○ | 농협담보물등기 |
| ① 취약계층 | ② 주민세 재산분, 종업원분 면제 | × | 농업용사업소세 |
| | 제11조(농업법인에 대한 감면) | | |
| | ① 취득세, 등록면허세 면제 | ○ | 영농조합법인 등 |
| | ② 취득세 50%, 재산세 50% 경감 | ○ | 농업법인 |
| | 제12조(어업법인에 대한 감면) | | |
| | ① 취득세 50%, 재산세 50% 경감 | ○ | 영어조합법인 |
| | ② 등록면허세 면제 | ○ | 어업법인 |
| | 제13조(한국농어촌공사의 농업 관련 사업 감면) | | |

| 유형 | 규정 | 자율조정 여부 | 감면유형 |
|---|---|---|---|
| | ① 등록면허세 면제 | ○ | 농어촌공사 |
| | ② 취득세, 재산세 면제(각 호) | ○ | 농어촌공사 |
| ② 순수공익 | ③ 재산세 면제 | × | 국가무상귀속시설 |
| | 제14조(농협 등 농어업 관련 사업 등에 대한 감면) | | |
| | ① 취득세, 재산세 50% 경감 | ○ | 농협중앙회구판사업 |
| | ② 취득세 50%, 25% 경감 | ○ | 농협중앙회신용사업 |
| | ③ 재산세 면제 | ○ | 단위농협 |
| | ④ 주민세 재산분, 종업원분 50% 경감 | ○ | 단위농협사업소세 |
| | ⑤ 불필요 | | 감면제외규정 |
| | 제15조(농수산물유통공사 등 감면) | | |
| | 취득세, 재산세 50% 경감 | ○ | 농수산물유통공사 |
| | 제16조(농어촌 주택개량에 대한 감면) | | |
| | 취득세 면제, 5년간 재산세 면제 | × | 주택개량부동산 |
| | 제17조(장애인용 자동차에 대한 감면) | | |
| ① 취약계층 | ① 취득세, 자동차세 면제 | × | 장애인차량 |
| | ② 불필요 | | 추징조항 |
| | 제18조(한국장애인고용공단에 대한 감면) | | |
| ② 순수공익 | 취득세 면제, 재산세 50% 경감 | × | 한국장애인고용공단 |
| | 제19조(영유아보육시설에 대한 감면) | | |
| ② 순수공익 | 재산세, 지역자원시설세, 주민세 재산분 면제 | × | 영유아시설 |
| | 제20조(노인복지시설에 대한 감면) | | |
| ① 취약계층 | 1. 취득세 면제, 재산세 50% 경감, 재산세 및 지역자원시설세 면제 | × | 무료노인복지시설 |
| | 2. 취득세, 재산세 50% 경감 | ○ | 유료노인복지시설 |
| | 제21조(청소년단체 등에 대한 감면) | | |
| ② 순수공익 | ① 취득세, 재산세, 지역자원시설세 면제 | × | 청소년단체 |
| ② 순수공익 | ② 취득세 면제, 재산세 50% 경감 | × | 청소년수련시설 |
| | 제22조(사회복지법인등에 대한 면제) | | |
| ① 취약계층 | ① 취득세 면제 | × | 사회복지법인 |
| ① 취약계층 | ② 재산세, 지역자원시설세 면제 | × | 사회복지법인 |
| ① 취약계층 | ③ 등록면허세, 주민세 재산분, 종업원분 면제 | × | 사회복지법인 |

| 유형 | 규정 | 자율조정 여부 | 감면유형 |
|---|---|---|---|
| ① 취약계층 | ④ 지역자원시설세 면제 | × | 사회복지법인 |
| ① 취약계층 | ⑤ 등록면허세, 주민세 균등분 면제 | × | 사업복지법인 |
| | 제22조의 2(출산 및 양육지원을 위한 감면) | | |
| | ① 취득세 면제(2011 신설) | ○ | 다자녀양육자 |
| | ② 대체취득 규정 | | 대체취득 |
| | ③ 추징규정 | | 추징조항 |
| | ④ 미소유 의제 규정 | | 미소유 규정 |
| | 제22조의 3(휴면예금관리재단에 관한 감면) | | |
| | 등록면허세 면제(2011 신설) | × | 미소금융설립등기 |
| | 제23조(권익 증진 등을 위한 감면) | | |
| ② 순수공익 | 취득세, 재산세 면제 | × | 대한적십자사 등 |
| | 제24조(연금공단 등에 대한 감면) | | |
| ② 순수공익 | ① 취득세, 재산세 면제 또는 50% 경감 | × | 국민연금공단 |
| | ② 취득세, 재산세 면제 또는 50% 경감 | ○ | 공무원연금공단 |
| | ③ 취득세, 재산세 면제 또는 50% 경감 | ○ | 사립학교연금공단 |
| | 제25조(근로자 복지를 위한 감면) | | |
| | ① 취득세 50% 경감 | ○ | 공제회 |
| | ② 등록면허세 면제 | ○ | 사내근로복지기금 |
| | 제26조(노동조합에 대한 감면) | | |
| | 취득세, 재산세 면제 | ○ | 노동조합 |
| | 제27조(근로복지공단 지원을 위한 감면) | | |
| ② 순수공익 | ① 취득세 면제, 재산세 50% 경감 | × | 근로복지공단 |
| ② 순수공익 | ② 취득세 등 면제, 지역자원시설세 50% 경감 | × | 산재의료원 |
| | 제28조(산업인력 등 지원을 위한 감면) | | |
| ② 순수공익 | ① 취득세 50% 경감, 재산세 면제 | × | 직업능력훈련시설 |
| ② 순수공익 | ② 취득세 면제, 재산세 50% 경감 | × | 한국산업안전공단 |
| | 제29조(국가유공자 등에 대한 감면) | | |
| ① 취약계층 | ① 취득세 면제, 등록면허세 면제 | × | 국가유공자대부금 |
| ① 취약계층 | ② 취득세, 재산세, 지역자원시설세, 등록면허세, 주민세 재산분, 종업원분 면제 | × | 국가유공단체 |
| ① 취약계층 | ③ 취득세, 재산세, 지역자원시설세 면제 | × | 자활용사촌 |

| 유형 | 규정 | 자율조정 여부 | 감면유형 |
|---|---|---|---|
| | 제30조(한국보훈복지의료공단 등에 대한 감면) | | |
| ② 순수공익 | ① 취득세, 재산세 면제 | × | 한국보훈복지의료공단 |
| ② 순수공익 | ② 재산세, 지역자원시설세, 주민세 재산분, 종업원분 면제 | × | 보훈병원 |
| ② 순수공익 | ③ 취득세, 재산세, 주민세 재산분 면제 | × | 독립기념관 |
| | 제31조(임대주택 등에 대한 감면) | | |
| | ① 취득세 면제, 취득세 50% 경감(전용면적별) | ○ | 임대사업자 |
| | ② 추징규정 | | 추징규정 |
| | ③ 1. 재산세, 지역자원시설세 면제 | ○ | 임대건축매입 |
| | 2. 재산세 50% 경감, 지역자원시설세 면제 | | 임대건축매입 |
| | 3. 재산세 25% 경감 | | 임대건축매입 |
| | ④ 취득세 면제, 재산세 50% 경감 | ○ | 보금자리주택매입 |
| | 제32조(한국토지주택공사의 소규모 공동주택 취득에 대한 감면 등) | | |
| | ① 취득세 면제, 재산세 50% 경감 | ○ | 소규모공동주택임대 |
| | ② 취득세 면제 | ○ | 소규모공동주택분양 |
| | ③ 추징규정 | | 추징규정 |
| | 제33조(주택공급 확대를 위한 감면) | | |
| | ① 취득세 면제 | ○ | 주택건설사업자 |
| | ② 취득세 면제 | ○ | 서민주택 |
| | 제34조(대한주택보증주식회사의 주택분양보증 등에 대한 감면) | | |
| | ① 취득세 50% 경감 | ○ | 대한주택보증(주) 분양보증 이행 |
| | ② 취득세, 재산세 면제/ 임대시 재산세 50% 경감 | ○ | 대한주택보증(주) 매입 |
| | ③ 취득세 면제 | ○ | 주택건설사업자가 환매 |
| | ④ 취득세 면제, 재산세 지방세법 대신 1/1,000 적용 | ○ | 리츠, 펀드의 취득부동산 |
| | ⑤ 취득세 면제, 재산세 50% 경감 | ○ | LH공사가 리츠, 펀드부동산 재매입 |
| | 제35조(주택담보노후연금보증 대상 주택에 대한 감면) | | |
| | ① 등록면허세 면제 | ○ | 주택담보노후연금 |

| 유형 | 규정 | 자율조정 여부 | 감면유형 |
|---|---|---|---|
| | ② 1. (5억 이하 주택) 재산세 25% 경감 | ○ | 주택담보노후연금 |
| | 2. (5억 초과 주택) 재산세액의 25% 공제 | ○ | 주택담보노후연금 |
| | 제36조(무주택자 주택공급사업 지원을 위한 감면) | | |
| ① 취약계층 | 취득세, 재산세, 지역자원시설세 면제 | × | 사랑의집짓기 |
| | 제37조(공공의료기관에 대한 감면) | | |
| | 취득세, 재산세, 지역자원시설세, 주민세 재산분, 세종업원분 면제 | ○ | 서울대병원 등 |
| | 제38조(의료법인 등에 대한 과세특례) | | |
| | ① 취득세 면제(특별시 등 지역에서는 지방세법 세율에서 20/1,000 경감), 재산세, 지역자원시설세 면제 | ○ | 의료법인 |
| | ② 주민세 재산분, 종업원분 면제 | ○ | 의과대학부속병원 |
| | 제39조(국민건강보험사업 지원을 위한 감면) | | |
| ② 순수공익 | ① 취득세 면제~50%, 재산세 50% 경감 | × | 국민건강보험공단 |
| ② 순수공익 | ② 취득세 면제~50%, 재산세 50~25% 경감 | × | 건강보험심사평가원 |
| | 제40조(국민건강 증진사업자에 대한 감면) | | |
| ② 순수공익 | 취득세, 재산세 면제 | × | 인구보건복지협회 등 |
| | 제41조(학교 및 외국교육기관에 대한 면제) | | |
| ② 순수공익 | ① 취득세 면제 | × | 학교 |
| ② 순수공익 | ② 재산세, 지역자원시설세 면제 | × | 학교 |
| ② 순수공익 | ③ 등록면허세, 주민세 재산분, 종업원분 면제 | × | 학교 |
| ② 순수공익 | ④ 지역자원시설세 면제 | × | 학교 |
| ② 순수공익 | ⑤ 등록면허세, 주민세 균등분 면제 | × | 학교 |
| | 제42조(기숙사 등에 대한 감면) | | |
| ② 순수공익 | ① 취득세, 재산세, 지역자원시설세, 주민세 재산분 면제 | × | 학교기숙사 |
| ② 순수공익 | ② 취득세, 재산세 면제 | × | 실험실습용 |
| ② 순수공익 | ③ 취득세, 재산세, 지역자원시설세 면제 | × | 산학협력단 |
| ② 순수공익 | ④ 주민세, 종업원분 면제 | × | 산학협력단 |
| ② 순수공익 | ⑤ 취득세, 재산세, 지역자원시설세, 주민세 재산분 면제 | × | 유치원 |

| 유형 | 규정 | 자율조정 여부 | 감면유형 |
|---|---|---|---|
| | 제43조(평생교육단체 등에 대한 면제) | | |
| ② 순수공익 | ① 취득세 면제 | × | 평생교육단체 |
| ② 순수공익 | ② 재산세, 지역자원시설세 면제 | × | 평생교육단체 |
| ② 순수공익 | ③ 등록면허세, 주민세 재산분, 종업원분 면제 | × | 평생교육단체 |
| ② 순수공익 | ④지역자원시설세 면제 | × | 평생교육단체 |
| | 제44조(평생교육시설 등에 대한 감면) | | |
| ② 순수공익 | 취득세, 재산세, 지역자원시설세 면제 | × | 평생교육시설 |
| | 제45조(학술연구단체 및 장학단체에 대한 감면) | | |
| ② 순수공익 | ① 취득세, 재산세, 지역자원시설세 면제 | × | 학술연구단체 등 |
| | ② 취득세, 재산세, 지역자원시설세 80% 경감 | ○ | 장학법인 |
| | 제46조(연구개발 지원을 위한 감면) | | |
| | ① 취득세, 재산세 면제 | ○ | 기업부설연구소 |
| | ② 취득세 면제 | ○ | 연구개발자동차 |
| | 제47조(한국환경공단 등에 대한 감면) | | |
| ② 순수공익 | ① 취득세 면제~50% 경감, 재산세 50% 경감 | × | 한국환경공단 |
| | ② 취득세 5~15% 경감 | ○ | 친환경건축물 |
| | ③ 추징규정 | | 추징조항 |
| | ④ 취득세 5~15% 경감(2011 신설) | ○ | 친환경주택 |
| | 제48조(국립공원관리사업에 대한 감면) | | |
| | 취득세 50%, 재산세 50% 경감 | ○ | 국립공원관리공단 |
| | 제49조(해양오염방제 등에 대한 감면) | | |
| ② 순수공익 | 취득세 면제, 재산세 면제 ~50% 경감 | × | 해양환경관리공단 |
| | 제50조(종교 및 제사 단체에 대한 면제) | | |
| ② 순수공익 | ① 취득세 면제 | × | 종교 및 제사단체 |
| ② 순수공익 | ② 재산세, 지역자원시설세 면제 | × | 종교 및 제사단체 |
| ② 순수공익 | ③ 등록면허세, 주민세 재산분, 종업원분 면제 | × | 종교 및 제사단체 |
| ② 순수공익 | ④ 지역자원시설세 면제 | × | 종교 및 제사단체 |
| ② 순수공익 | ⑤ 재산세 면제 | × | 종교 및 제사단체 |
| ② 순수공익 | ⑥ 주민세 균등분 면제 | × | 종교 및 제사단체 |

| 유형 | 규정 | 자율조정 여부 | 감면유형 |
|---|---|---|---|
| | 제51조(신문 · 통신사업 등에 대한 감면) | | |
| | 주민세 재산분, 종업원분 50% 경감 | ○ | 신문통신사업소 |
| | 제52조(문화 · 예술 지원을 위한 과세특례) | | |
| ② 순수공익 | ① 취득세, 재산세, 지역자원시설세 면제 | × | 문화예술단체 |
| ② 순수공익 | ② 취득세 지방세법 불구 20/1,000 적용, 등록면허세 면제 | × | 도서관 |
| | 제53조(사회단체 등에 대한 감면) | | |
| ② 순수공익 | 취득세, 재산세, 지역자원시설세 면제 | × | 국민신탁법인 |
| | 제54조(관광단지 등에 대한 과세특례) | | |
| | ① 취득세 면제 | ○ | 관광단지개발사업시행자 |
| | ② 재산세 50% 경감 | ○ | 외국인투숙호텔 |
| | ③ 취득세는 지방세법 제13조 세율적용 배제, 등록면허세는 지방세법 제28조 제2항 세율적용 배제 | ○ | 호텔업 |
| | ④ 취득세 50% 경감 | ○ | 보양온천 |
| ② 순수공익 | ⑤ 취득세, 재산세, 지역자원시설세 면제 | × | 여수세계박람회 |
| | 제55조(문화재에 대한 감면) | | |
| ② 순수공익 | ① 재산세 면제 | × | 문화재지정사적지 |
| ② 순수공익 | ② 재산세 면제~50% 경감 | × | 문화재지정부동산 |
| | 제56조(기업의 신용보증 지원을 위한 감면) | | |
| | ① 취득세 50% 경감 | ○ | 신용보증기금 |
| | ② 취득세 50% 경감 | ○ | 기술신용보증기금 |
| | 제57조(기업구조조정 등 지원을 위한 감면) | | |
| | ① 취득세, 등록면허세 면제 | ○ | 법인합병양수 |
| ② 순수공익 | ② 취득세, 등록면허세 면제 | × | 산림조합시정조치 |
| | 제58조(벤처기업 등에 대한 과세특례) | | |
| | ① 취득세 면제, 재산세 50% 경감 | ○ | 벤처기업집적시설 |
| | ② 취득세, 등록면허세 및 재산세 중과배제(지방세법 세율 적용안함) | ○ | 벤처기업집적시설입주 |
| | ③ 취득세 면제, 재산세 50% 경감 | ○ | 연구시험생산용 |
| | 제59조(중소기업진흥공단 등에 대한 감면) | | |
| | ① 취득세 50% 경감 | ○ | 중소기업진흥공단 |

| 유형 | 규정 | 자율조정 여부 | 감면유형 |
|---|---|---|---|
| | ② 취득세, 재산세 50% 경감 | ○ | 중소기업자 분양임대 |
| | ③ 취득세 면제, 재산세 50% 경감 | ○ | 협동화실천승인 |
| | ④ 추징규정 | | |
| | 제60조(중소기업협동조합 등에 대한 과세특례) | | |
| | ① 취득세 50% 경감 | ○ | 중소기업협동조합 |
| | ② 취득세 지방세법 불구 20/1,000 적용 | × | 중소기업중앙회 |
| | ③ 1. 취득세 면제, 재산세 50% 경감 | ○ | 창업보육센터 |
| | 2. 취득세, 등록면허세 및 재산세 중과배제(지방세법 세율 적용 안함) | | |
| | 제61조(도시가스사업 등에 대한 감면) | | |
| | ① 취득세, 재산세 50% 경감 | ○ | 한국가스공사 등 |
| | ② 취득세, 재산세 50% 경감 | ○ | 지역난방공사 등 |
| | 제62조(광업 지원을 위한 감면) | | |
| | ① 등록면허세 면제 | × | 광업권 설정 등 |
| | ② 취득세 면제 | × | 출원 광업권 |
| | ③ 재산세 50% 경감 | ○ | 한국광물자원공사 |
| | 제63조(철도시설 등에 대한 감면) | | |
| | ① 등록면허세 면제 | ○ | 한국철도시설공단 |
| | ② 취득세 면제, 재산세, 주민세 재산분 및 종업원분 50% 경감 | ○ | 한국철도공사 |
| ③ 기타 | ③ 취득세, 등록면허세 면제 | × | 철도건설부지 편입 |
| | 제64조(해운항만 등 지원을 위한 과세특례) | | |
| | ① 취득세 지방세법 대신 20/1,000 경감세율 적용, 재산세 50% 경감, 지역자원시설세 면제 | ○ | 국제선박 |
| | ② 취득세 지방세법 대신 10/1,000 경감세율 적용, 재산세 50% 경감 | ○ | 연안항로선박 |
| | ③ 취득세 면제, 재산세 50% 경감 | ○ | 한국컨테이너부두공단 |
| ② 순수공익 | ④ 재산세 면제 | × | 국가무상귀속시설 |
| | 제65조(항공운송사업 등에 대한 과세특례) | | |
| | 취득세 지방세법 대신 20/1,000 경감세율 적용, 재산세 50% 경감 | ○ | 항공운송사업 |
| | 제66조(교환자동차 등에 대한 감면) | | |

| 유형 | 규정 | 자율조정 여부 | 감면유형 |
|---|---|---|---|
| ③ 기타 | ① 취득세 면제 | × | 교환자동차 |
| ③ 기타 | ② 등록면허세 면제 | × | 말소건설기계재등록 |
| | ③ 취득세 전액면제(제1호), 취득세액 140만원 공제(제2호) | ○ | 하이브리드차 |
| | 제67조(경형자동차 등에 대한 과세특례) | | |
| | ① 취득세 면제 | ○ | 경형비영업용차 |
| | ② 취득세 면제 | ○ | 경형승합화물차 |
| | ③ 자동차세 지방세법 대신 소형일반버스세율 적용 | ○ | 7~10인승승합차 |
| | 제68조(매매용 및 수출용 중고자동차 등 감면) | | |
| | ① 취득세, 자동차세 면제 | ○ | 매매용차 |
| | ② 취득세 지방세법 대신 20/1,000 경감세율 적용, 취득세 면제(수출용 중고차) | ○ | 수출용차 |
| | ③ 추징규정 | | 추징규정 |
| | 제69조(교통안전 등을 위한 감면) | | |
| | 취득세 50% 경감 | ○ | 교통안전공단 |
| | 제70조(운송사업 지원을 위한 감면) | | |
| | ① 취득세 50% 경감, 등록면허세 면제 | ○ | 여객운송사업 |
| | ② 취득세 50% 경감 | ○ | 천연가스시내버스 |
| | ③ 취득세 면제 | ○ | 천연가스여객운송 |
| | 제71조(물류단지 등에 대한 감면) | | |
| | ① 취득세 면제, 재산세 50% 경감 | ○ | 물류사업시행자 |
| | ② 취득세 면제, 재산세 50% 경감 | ○ | 물류사업입주자 |
| | ③ 취득세, 재산세 50% 경감 | ○ | 복합화물터미널시행자 |
| | ④ 불필요 | | |
| | 제72조(별정우체국에 대한 과세특례) | | |
| | ① 취득세 지방세법 대신 20/1,000 경감세율 적용 | × | 별정우체국 |
| | ② 재산세, 지역자원시설세, 주민세 재산분 및 종업원분 면제 | × | 별정우체국 |
| | ③ 취득세, 재산세 감면 | | |
| | 1. 취득세, 재산세 면제 | ○ | 별정우체국연금관리단 |
| | 2. 취득세, 재산세 50% 경감 | ○ | 별정우체국연금관리단 |

| 유형 | 규정 | 자율조정 여부 | 감면유형 |
|---|---|---|---|
| | 제73조(토지수용 등으로 인한 대체취득 감면) | | |
| ③ 기타 | ① 취득세 면제 | × | 토지수용대체취득 |
| | ② 대통령령 위임 | | 부재소유자부과 |
| ③ 기타 | ③ 취득세 면제 | × | 공익사업환매권행사 |
| | 제74조(도시개발사업 등에 대한 감면) | | |
| | ① 취득세 면제 | ○ | 도시개발사업 |
| | ② 대통령령 위임 | | 산정기준 규정 |
| | ③ 취득세 면제 | ○ | 주택재개발사업 |
| | 제75조(지역개발사업에 대한 감면) | | |
| | 취득세 면제, 재산세 50% 경감 | ○ | 개촉지구사업시행자 |
| | 제76조(택지개발용 토지 등에 대한 감면) | | |
| | ① 취득세 면제 | ○ | LH공사일시취득 |
| ② 순수공익 | ② 재산세 면제 | × | 국가무상귀속시설물 |
| | ③ 재산세 50% 경감 | ○ | LH공사 기업부채상환용 |
| | 제77조(수자원공사의 단지조성용 토지 감면) | | |
| | ① 취득세 면제 | ○ | 수자원공사 분양 |
| ② 순수공익 | ② 재산세 면제 | × | 국가무상귀속시설 |
| | 제78조(산업단지 등에 대한 감면) | | |
| | ① 취득세 면제, 재산세 50% 경감 | ○ | 산단사업시행자 |
| | ② 취득세 면제, 재산세 50% 경감 | ○ | 산단분양임대용 |
| | ③ 취득세, 재산세 감면 | | |
| | 1. 취득세 면제 | ○ | 사업시행자 건축물 |
| | 2. 재산세 50% 경감 | ○ | 사업시행자 건축물 |
| | ④ 취득세 면제, 재산세 50% 경감 | ○ | 산단입주기업 |
| | ⑤ 부령 위임 | | 공장 적용기준 |
| | 제79조(법인의 지방 이전에 대한 감면) | | |
| | ① 취득세 면제, 재산세 면제(5년간) 및 50% 경감(3년간) | ○ | 법인지방이전 |
| | ② 등록면허세 면제 | ○ | 법인지방이전 |
| | ③ 부령 위임 | | 본점 적용기준 |
| | 제80조(공장의 지방이전에 따른 감면) | | |

| 유형 | 규정 | 자율조정 여부 | 감면유형 |
|---|---|---|---|
| | ① 취득세 면제, 재산세 면제~50% 감면 | ○ | 공장지방이전 |
| | ② 부령 위임 | | 공장 적용기준 |
| | 제81조(공공기관 지방이전에 대한 감면) | | |
| | ① 취득세 면제, 재산세 면제~50% 경감 | ○ | 이전공공기관 |
| | ② 등록면허세 면제 | ○ | 공공기관 법인등기 |
| | ③ 취득세 면제~62.5% 감면 | ○ | 소속직원 주택 |
| | 제82조(개발제한구역내 주택의 개량에 대한 감면) | | |
| | 재산세 면제 | × | 개발제한구역 |
| | 제83조(시장정비사업에 대한 감면) | | |
| | ① 취득세 면제, 재산세 50% 경감 | ○ | 시장정비사업시행자 |
| | ② 취득세 면제, 재산세 50% 경감 | ○ | 시장입주자 |
| | ③ 추징규정 | | 추징조항 |
| | 제84조(사권제한토지 등에 대한 감면) | | |
| ② 순수공익 | ① 재산세 50% 경감 | × | 장기미집행토지 |
| ② 순수공익 | ② 재산세 50% 경감 | × | 지형도면고시토지 |
| ② 순수공익 | ③ 재산세 50% 경감 | × | 철도등 제한토지 |
| | 제85조(한국법무보호복지공단 등에 대한 감면) | | |
| ② 순수공익 | ① 취득세, 재산세, 지역자원시설세 면제 | × | 한국법무보호복지공단 |
| | ② 취득세, 재산세 면제 | ○ | 민영교도소 |
| | 제86조(주한미군임대용 주택 등에 대한 감면) | | |
| | 취득세 면제, 재산세 50% 경감 | ○ | LH공사 주한미군임대주택 |
| | 제87조(새마을금고 등에 대한 감면) | | |
| | ① 1. 취득세, 재산세 면제, 주민세 재산분 50% 경감 | ○ | 신협 |
| | 2. 취득세 50% 경감, 취득세 25% 경감 | ○ | 신협중앙회 |
| | ② 1. 취득세, 재산세 면제, 주민세 재산분 50% 경감 | ○ | 새마을금고 |
| | 2. 취득세 50% 경감, 취득세 25% 경감 | ○ | 새마을금고중앙회 |
| | 제88조(새마을운동조직 등에 대한 감면) | | |
| ② 순수공익 | ① 취득세, 재산세, 지역자원시설세 면제, 주민세 재산분 50% 경감 | × | 새마을운동조직 |
| ② 순수공익 | ② 취득세, 재산세, 지역자원시설세 면제 | × | 한국자유총연맹 |
| | 제89조(정당에 대한 면제) | | |

| 유형 | 규정 | 자율조정 여부 | 감면유형 |
|---|---|---|---|
| ② 순수공익 | ① 취득세 면제 | × | 정당 |
| ② 순수공익 | ② 재산세, 지역자원시설세 면제 | × | 정당 |
| ② 순수공익 | ③ 등록면허세, 주민세 재산분, 종업원분 면제 | × | 정당 |
| ② 순수공익 | ④ 지역자원시설세 면제 | × | 정당 |
| | 제90조(마을회 등에 대한 감면) | | |
| ② 순수공익 | ① 취득세 면제 | × | 마을회 |
| ② 순수공익 | ② 재산세, 지역자원시설세, 주민세 재산분, 종업원분 면제 | × | 마을회 |
| | 제91조(재외 외교관 자녀 기숙사용 부동산에 대한 과세특례 | | |
| ② 순수공익 | 취득세 지방세법 불구하고 20/1,000 적용, 등록면허세 면제 | × | 외교관자녀기숙사 |
| | 제92조(천재지변 등으로 인한 대체취득에 대한 감면) | | |
| ③ 기타 | ① 취득세 면제 | × | 천재지변대체취득 |
| ③ 기타 | ② 등록면허세 면제 | × | 천재지변대체취득 |
| ③ 기타 | ③ 자동차세 면제 | × | 천재지변대체취득 |
| | 제92조의 2(자동계좌이체에 대한 세액공제) | | |
| ③ 기타 | ① 정기분 세목 세액경감 150~1,000원 | × | 전자고지, 자동이체 |
| | ② 소액징수면제 기준 | | 소액부징수 |
| | ③ 추징 규정 | | 추징 조항 |

# 제183조

## 감면신청 등

관련규정

제183조(감면신청 등) ① 지방세의 감면을 받으려는 자는 대통령령으로 정하는 바에 따라 지방세 감면신청을 하여야 한다. 다만, 지방자치단체의 장이 감면대상을 알 수 있을 때에는 직권으로 감면할 수 있다.

【영】① 법 제183조 제1항 본문에 따라 지방세의 감면을 신청하려는 자는 다음 각 호의 구분에 따른 시기에 행정안전부령으로 정하는 감면신청서에 감면받을 사유를 증명하는 서류를 첨부하여 납세지를 관할하는 지방자치단체의 장에게 제출해야 한다.
1. 납세의무자가 과세표준과 세액을 지방자치단체의 장에게 신고납부하는 지방세 : 해당 지방세의 과세표준과 세액을 신고하는 때. 다만, 「지방세기본법」 제50조 제1항 및 제2항에 따라 결정 또는 경정을 청구하는 경우에는 그 결정 또는 경정을 청구하는 때로 한다.
2. 제1호 외의 지방세: 다음 각 목의 구분에 따른 시기로 한다.
 가. 주민세 개인분, 재산세(「지방세법」 제112조에 따른 부과액을 포함한다) 및 소방분 지역자원시설세: 과세기준일이 속하는 달의 말일까지
 나. 등록면허세(「지방세법」 제35조 제2항에 따라 보통징수의 방법으로 징수하는 경우로 한정한다), 같은 법 제125조 제1항에 따른 자동차세 및 특정자원분 지역자원시설세(같은 법 제147조 제1항 제1호 단서에 따라 보통징수의 방법으로 징수하는 경우로 한정한다): 납기가 있는 달의 10일까지

② 제1항에도 불구하고 자동차에 대한 취득세 및 등록면허세를 감면하려는 경우에는 해당 자동차의 사용본거지를 관할하지 않는 시장·군수·구청장도 제1항에 따른 업무를 처리할 수 있다. 이 경우 그 업무는 사용본거지를 관할하는 시장·군수·구청장이 처리한 것으로 본다.
③ 해당 자동차의 사용본거지를 관할하지 아니하는 시장·군수·구청장이 제2항에 따른 업무를 처리하였을 때에는 관련 서류 전부를 해당 자동차의 사용본거지를 관할하는 시장·군수·구청장에게 즉시 이송하여야 한다.

② 제1항에 따른 지방세 감면신청을 받은 지방자치단체의 장은 지방세의 감면을 신청한 자(위임을 받은 자를 포함한다)에게 행정안전부령으로 정하는 바에 따라 지방세

감면 관련 사항을 안내하여야 한다.

# 1 | 감면일반

지방세 감면은 비과세와 달리 납세의무가 성립되고 납부할 세액이 결정된 상태에서 전부 또는 일정부분에 대하여 납세의무를 경감하는 것으로 이 장에서는 이 법에 의하여 지방세를 감면받으려는 자가 법정기간 내에 당해 지방자치단체의 장에게 감면신청서를 제출하여야 하는 신고의무 사항과 감면신청 절차 등에 대해 설명하고 있다.

본 제도는 1995년에 처음 신설[467]되어 2010년까지는 구 지방세법(§292)에서 규정되었다가 지방세법이 분법되면서 2011년부터 지특법(§98)으로 이관되었고, 이후 지방소득세의 독립세화 계획(2013.9.)에 따른 조문 편제 방식의 조정으로 2014년부터는 제183조로 이관하였고 2019년부터는 감면신청 결과를 서면 외에 다양한 방식으로 통지할 수 있도록 개정되었다.

2021년부터는 감면신청시 혼선을 방지하기 위해 감면신청에 따른 처분규정과 결과 통지를 삭제하고 안내사항을 규정하였으며 시행령상의 각 세목별 감면신청 시기를 현황에 맞게 개정하였다.

# 2 | 감면신청 절차

## 2-1. 감면신청인(§183 ①)

이 법에 따라 지방세를 감면받고자 하는 자가 이에 해당된다. 다만, 지방소득세의 경우에는 개별규정(§93~§166)에서 별도로 감면신청을 하도록 규정하고 있어, 본 규정에 따른 감면신청자에는 해당되지 않는다. 한편, 이 법에서 명시적으로 규정하고 있지는 않지만 「조세특례제한법」, 「제주특별자치도 설치 및 국제자유도시 조성을 위한 특별법」 및 지방자치단체 감면조례에 따라 지방세를 감면받는 자의 경우를 포함한다. 이 경우 지방세 감면 여부는 지방세 납세의무 성립시기를 기준으로 감면요건 충족 여부에 따라 판단하여야 할 것이므로, 취득세의 경우 취득세 과세물건을 취득하는 시점에서 감면요건이 충족하는지에 해당하

467) 1995년 이전에는 주로 과세기관에서 감면대상임을 직권으로 확인하였으나 1995년 이후부터는 납세자로 하여금 스스로 감면신청을 하게 하는 의무사항을 도입하였다.

는 감면신청 증빙 자료를 제출해야 한다.

### 2-2. 감면신청 기한(영 §126 ①, 칙 별지 1호)

지방세 감면을 신청하고자 하는 자는 다음 〈표〉의 기간까지 행정자치부령으로 정하는 감면신청서에 인적사항, 감면대상 물건, 감면액 산출, 감면신청 사유 등을 기재하고, 관계증명서류를 구비하여 해당 지방자치단체의 장에게 감면신청을 하여야 한다. 이 경우 감면신고사항이 사실과 다르거나 감면의무사항을 위반할 경우에는 가산세를 포함하여 감면받은 세액이 추징당할 수 있다는 사항을 유의하여 감면신청을 하여야 한다.

〈표 1〉 2021년부터 세목별 감면신청 기한

| 분류 | 구 분 | 신청 기한 |
|---|---|---|
| 신고세목 | 취득세, 등록면허세 | 신고하는 때<br>(다만, 결정 또는 경정을 청구하는 경우에는 그 청구하는 때) |
| | 주민세(종업원분 사업소분) | |
| 부과세목 | 주민세(개인분) | 과세기준일이 속하는 달의 말일까지(7.31) |
| | 재산세(도시지역분 포함) | 과세기준일이 속하는 달의 말일까지(6.30) |
| | 지역자원시설세(소방분) | 과세기준일이 속하는 달의 말일까지(6.30) |
| | 자동차세(보통징수시) | 납기가 있는 달의 1~10일 이내(6.1~6.10, 12.1~12.10) |
| | 등록면허세(보통징수시) | 납기가 있는 달의 1~10일 이내(1.1~1.10) |
| | 지역자원시설세(특정자원분, 보통징수시) | 납기가 있는 달의 1~10일 이내(7.1~7.10) |

〈표 2〉 2020년까지 세목별 감면신청 기한

| 세 목 | 구 분 | 신청 기한 |
|---|---|---|
| 취득세 | | 감면대상 부동산을 취득한 날로부터 60일 이내 |
| 등록면허세 | 등록분(면허분) | 등록을 하기 전까지(면허증서를 발급받거나 송달받기 전까지) |
| 주민세 | 재산분/종업원분 | 과세기준일로부터 10일(30일) 이내 / 급여지급일의 다음 달 10일 이내 |
| 재산세 | | 과세기준일(매년 6.1.)로부터 30일 이내 |
| 자동차세 | | 과세기준일(매년 6.1., 12.1.)로부터 10일 이내 |

한편, 감면신청서와 주민등록등본 등 기본적인 첨부서류는 다음의 웹사이트에서 편리하게 발급받으면 된다.

▸ 지방세 감면신청서 : 위택스(www.wetax.go.kr)에서 서식 다운로드 가능
▸ 주민등록등본 ; 정부민원푸털 민원24시(www.minwon.go.kr)에서 무료발급 가능
▸ 가족관계증명서 : 법원전자가족관계등록시스템(http://efamily.scort.go.kr)에서 무료발급 가능

### 2-2-1. 법정기한을 경과하여 감면신청을 하는 경우(§183 ① 단서)

지방세의 감면을 받으려는 자는 감면신청을 하여야 한다고 하면서 지방자치단체의 장이 감면대상자임을 알 수 있을 때에는 직권으로 감면할 수 있다고 규정하고 있어 감면신청 절차를 거치는 것을 원칙으로 하되 사실상 실질주의를 채택하고 있다. 따라서, 감면대상자가 당초에는 감면대상임을 알지 못하였다가 그 신청기간을 경과하여 사후에 감면신청을 하더라도 지특법에서 정하고 있는 감면대상자일 경우에는 감면신청 여부와 상관없이 감면이 된다. 다만, 감면신청 기한을 경과하더라도 이를 무한히 적용하는 것이 아니라 지방세를 감면받을 수 있는 날로부터 최대 5년까지만 유효하며 그 이후에는 지방세 부과제척기한의 만료에 따라 더 이상 감면대상에 해당되지 않는다(지기법 §38). 한편, 감면대상자가 감면대상임을 모르고 이미 해당 지방세를 납부한 경우라면 「지방세기본법」 제51조에 따른 경정청구기간 내에 경정청구를 통해 환급을 요구하여야 한다.

### 2-2-2. 법정기한 경과에 따른 가산세 부과(지기법 §53의 2)

종전에는 지방세 감면대상자가 감면신청을 하지 않거나 기한을 경과하여 감면신청을 하더라도 별도의 벌칙 규정이 없었으나 2013년부터는 감면대상자의 성실신고를 유도하기 위해 지방세기본법에 무신고 가산세 규정을 신설하여 지방세가 감면(특히 면제)되는 경우라도 법정신고기한(상기 2)의 표)까지 산출세액을 신고하지 않는 경우에는 20~40%의 가산세를 별도로 부담하도록 가산세 제도가 개정되었다. 따라서, 2013년부터는 신고납부분 지방세에 대해서는 사실상 감면신청이 의무화되었다고 볼 수 있다. 다만, 이 경우에도 납세자 여건 및 세목특성 등을 고려하여 취약계층 등에 해당하는 자에 대하여는 다음 〈표〉의 내용과 같이 무신고 가산세 적용을 제외하고 있다.

| 면제 세목 | 무신고 가산세 적용이 제외되는 감면 대상 |
|---|---|
| 등 록<br>면허세 | §6 ③(자경농민 경작목적 도로점용 등 면허), §9 ③(어업권 면허), §22 ③(사회복지법인), §29 ② 2 나(국가유공자단체 면허), §41 ③(학교 등 면허), §43 ③(평생교육단체 면허), §50 ③(종교단체 면허), §62 ①(광업권 면허), §89 ③(정당 면허), §92 ②(천재지변 대체취득 면허) |
| 취득세 | §7 ①·②(농기계류 등 취득), §9 ②·③(소형어선, 광업권 등 취득) |

#### 2-2-3. 무관할등록제도 시행에 따른 자동차분 감면신청(영 §126 ②·③)

자동차 등록의 경우 전국 차량무관할등록제도[468] 시행(2010.12.)으로 인해 해당 납세지(자동차 등록지)가 아닌 다른 자치단체에도 취득세 신고가 가능해짐에 따라 해당 자동차의 사용본거지를 관할하지 아니하는 지방자치단체의 장도 취득세 및 등록면허세(2020.12.29. 시행령 개정시 등록면허세를 확대 규정) 업무를 처리할 수 있다. 이 경우 그 업무는 사용본거지를 관할하는 시장·군수가 처리한 것으로 보며, 해당 자동차의 사용본거지를 관할하지 아니하는 시장·군수가 업무를 처리하였을 때에는 관련 서류 전부를 해당 자동차의 사용본거지를 관할하는 지방자치단체의 장에게 즉시 이송하여야 한다.

#### 2-3. 감면신청 서식 및 첨부서류(영 §126 ①, 칙 별지 1호)

## 3 | 감면신청에 따른 안내

2020년 말까지는 지방세 감면대상자로부터 감면신청을 받은 지방자치단체의 장은 행정안전부령이 정하는 서식(舊 §183 ②, 영 §9 ③, 칙 별지 2호)에 따라 감면 여부를 결정하고 그 결과를 통보하도록 규정하였다.

그러나 2021년부터는 「지방세특례제한법」 제183조 제2항의 규정이 지방세 감면 여부 결정과 그 결과 통지 내용을 삭제함으로써 감면신청에 따라 적용을 받은 것에 대해서 지방자치단체의 장이 '처분'을 한 것으로 해석할 수 있어 이에 대한 여지를 없앰으로써 운영상 발

468) 「자동차 등록령」 개정(2010.12.1.)으로 주소지와 관계없이 전국 어디서나 자동차 등록과 이에 대한 취득세를 신고·납부할 수 있도록 시행된 제도로 지역무관 등록업무와 무방문 업무를 말한다. 지역무관 등록업무로는 임시운행허가, 신규 등록, 이전등록, 변경등록, 말소등록, 압류등록, 저당등록 등의 자동차 등록 업무가 해당된다. 또한 무방문 등록업무로는 신규 등록, 이전등록, 변경등록, 말소등록, 저당등록 등이 가능하다. 해당 업무는 대국민포털사이트(www.ecar.go.kr)에 접속하여 신청할 수 있다. 단, 자동차등록번호의 변경이나 신청인의 업무를 대행하는 제3의 대리인은 등록관청을 방문해 신청해야 한다.

생할 수 있는 혼선을 사전 방지되도록 해당 조문을 개정하였다.

아울러, 해당 의무사항을 위반하는 경우에 대한 추징사항 등을 감면신청인에게 안내하여야 하도록 하고 행정안전부령으로 위임함에 따라 같은 법 시행규칙 별지 제2호 서식에 따라 안내받을 수 있도록 규정되었다.

의무사항에 대한 안내와 관련해서는 2012년부터 감면에 따른 의무이행 사항을 위반할 경우에 감면받은 세액이 추징될 수 있다는 내용을 서면으로 통지하도록 함으로써 나중에 감면세액을 추징당하는 사례가 발생하지 않도록 하는 등 납세자 권리를 크게 강화[469)]하였다.

여기서 감면세액을 추징당하는 사유인 감면요건에 대한 의무사항 등에 대해서는 해당 감면 개별규정 또는 제178조의 해설 내용을 참조하길 바란다.

또한, 2018년 지특법 개정(2019.1.1. 시행)시 감면신청 결과를 서면 외에도 민원인이 전자적 통지를 신청하는 경우에는 전자적 방법으로 통지할 수 있도록 규정하여 다양한 통지방식을 통해 감면안내할 수 있도록 개선되었으며 2021년부터는 지특법 제2조 제2항에 전자적 신청 방법안내를 규정하고 있다.

### 신고납부분 지방세에 대한 가산세 여부

취득세 등 신고납부분 지방세에 대한 감면신청 이후 감면대상자가 아니라는 사유로 해당 지방자치단체의 장으로부터 감면결정이 불허되는 경우에는 가산세(신고납부 불성실) 문제가 발생할 수 있게 된다. 이는 지방세 감면신청과 지방세기본법에 따른 지방세 신고납부의무는 별개의 사안으로 보기 때문이다. 따라서, 신고납부분 감면대상자가 감면이 불허되는 경우에는 그 법정신고기한까지 다시 신고납부를 하여야 한다. 감면신청자의 경우 신고납부 기한 마지막 날에 감면신청을 하는 경우가 많은데, 만약 감면신청이 불허[470)]되면 가산세 문제가 발생하므로 이를 감안하여 미리 감면신청을 하거나 선(先) 신고납부하고 후(後) 감면신청을 하는 것이 바람직하다 하겠다.

---

469) '직접 사용'에 대한 용어의 정의 신설(2014년) 등으로 감면받은 세액을 추징당하는 사례가 크게 증가할 것으로 예상되어 납세자 권리구제를 크게 강화(제3자 임대 등 감면 의무사항 위반시 감면세액 추징 고지 안내)하는 내용으로 지특법 시행규칙 별지 1・2호 서식을 개정하였다(2014.2.).

470) 감면신청이 불허되는 경우 그 날로부터 30일 이내에 과세적부심사청구를 할 수 있고 이 경우 30일 이내에 지방세심의위원회의 심의를 거쳐 그 결정결과를 통지해야 한다. 이 경우 다시 감면신청이 받아들여지는 경우에는 가산세 문제가 해소된다(지기법 §116).

## 4 | 관련사례

이 장에서는 과세권자가 감면대상임을 알 수 있는 때에는 감면대상자가 감면신청을 하지 않더라도 직권으로 감면이 가능하다는 내용의 사례를 소개하고 있다. 다만, 구체적 · 개별적 사안에 따라 관련기관 등에서 본 사례의 내용과는 다르게 운용될 수 있다는 점을 참고하기 바란다.

**운용사례**

- 납세자가 「지방세특례제한법」 제183조 소정의 감면신청, 그에 대한 결정 및 통지의무에 관한 법정절차 이행이었다는 점에서 그 결정과정에서 담당공무원의 착오가 있었다고 하더라도 비공식적 자문이나 조언 등 단순한 사실행위였다고 하기는 어렵고, 납세자가 그 구체적 사건에 관하여 한 감면신청에 대하여 감면결정하고 납세자에게 통지하였다는 점에서 일반적인 견해표명에 불과했던 것이라 할 수도 없으므로 납세자가 과세관청의 단순한 조언 정도에만 기대어 납세의무를 불이행한 것으로 보기는 어려울 것이어서 납세자는 해당 감면조항에 대한 부지 자체보다는 처분청의 감면결정 통지사실을 신뢰하여 그 납세의무를 불이행하게 된 것이라 보는 것이 타당하다고 할 것인바, 위 제반의 사정을 종합할 때 이 사건 납세자가 납세의무를 이행하지 아니한 것에 정당한 사유가 있었다고 봄이 타당할 것임(행안부 지방세특례제도과-2221, 2019.6.11.).
- 영유아보육시설을 설치 · 운영하기 위하여 부동산을 취득하여 그 취득일부터 30일 이내에 취득세 등의 감면신청을 하지 않고, 감면신청기간 이후에 감면신청을 한 경우라면, 지방세법 제292조 및 같은 법 시행령 제231조 규정에 의해 감면대상 부동산을 취득한 날부터 30일 이내에 지방세 감면신청서를 관할 과세권자에게 제출하여야 하는 것이나, 동 신청기간이 경과하였다 하더라도 같은 법 같은 조 단서규정에 의하여 과세권자가 감면대상임을 알 수 있는 때에는 이를 직권감면할 수 있는 것임(행안부 도세-391, 2008.4.10.).
- 지방세법 제292조 및 동법 시행령 제231조 규정에 의하여 취득세 · 등록세의 감면을 받고자 하는 자는 감면부동산을 취득한 날부터 30일 이내 관할 시장 · 군수에게 감면신청을 하여야 하며, 30일 경과 후 감면신청을 하였을 경우에는 과세권자가 감면대상 여부를 확인 후 직권으로 감면할 수 있는 사안임(행안부 세정 13407-1216, 1995.11.27.).

■ 지방세특례제한법 시행규칙 [별지 제2호 서식] <개정 2020. 12. 31.>

# 행 정 기 관 명

수신자
(경유)
제 목 지방세 감면 안내

귀하가 년 월 일에 제출한 지방세 감면 신청에 대하여 「지방세특례제한법」 제 조 및 같은 법 시행령 제 조에 따라 다음과 같이 적용되었음을 안내합니다.

| 연도 | 기분 | 세목 | 과세번호 | 당 초<br>산출세액 | 감면액 | 납부할 세액 | 납부기한 |
|---|---|---|---|---|---|---|---|
| | | | | | | | |
| | | | | | | | |
| | | | | | | | |
| | | | | | | | |
| | | | | | | | |

| 감면 사유 | | |
|---|---|---|
| 감면의무<br>위반 시<br>추징 안내 | 근거규정 | 「지방세특례제한법」 제○조 제○항 |
| | 의무 준수 사항<br>○<br>※ 기재사항이 부족할 경우 별지 작성 | |

끝.

## 행 정 기 관 의 장 직인

기안자(직위/직급) 서명 검토자(직위/직급) 서명 결재권자(직위/직급) 서명
협조자 (직위/직급) 서명
시행 처리과-일련번호 (시행일) 접수 처리과-일련번호(접수일자)
우 주소 / 홈페이지 주소
전화 전송 / 공무원의 공식 전자우편주소 / 공개구분

210mm×297mm(일반용지 60g/㎡(재활용품))

# 제184조

## 감면자료의 제출

관련규정

제184조(감면자료의 제출) 지방세를 감면받은 자는 대통령령으로 정하는 바에 따라 관할 지방자치단체의 장에게 감면에 관한 자료를 제출하여야 한다.

【영】 제127조(감면자료의 제출) 법 제184조에 따라 지방세의 감면자료를 제출하여야 하는 자는 해당 연도 1월 1일부터 12월 31일까지의 기간 중에 감면대상 및 감면받은 세액 등을 확인할 수 있는 자료를 행정안전부령으로 정하는 바에 따라 다음 연도 1월 31일까지 과세물건 소재지를 관할하는 시장・군수・구청장에게 제출하여야 한다.

지방세 감면을 받은 자는 해당 연도 1월 1일부터 12월 31일까지의 기간 중에 감면대상 및 감면받은 세액 등을 확인할 수 있는 자료를 다음 연도 1월 31일까지 과세물건 소재지를 관할하는 시장・군수에게 제출하여야 한다. 이는 감면신청을 받아 감면결정을 하였으나, 실질적인 감면대상 물건 및 감면세액이 정확하게 적용되었는지 사후관리 차원에서 의무를 부여한 것이라 하겠다.

# 부 록

# 부록

# 목 차

# 01

# 2025년도 시행 지방세특례제한법령 개정내용 및 적용요령

# Ⅰ. 2025년 지방세 지출 재설계 현황

## 1. 지방세 지출 개관

### 1 개 념

○ '지방세 지출'은 지방세 특례에 따른 재정 지원으로서 **'비과세'**와 **'감면'**으로 구분, 이 중 **감면이 지방세 지출 재설계 대상**

※ 비과세 : 납세의무 배제(영구, 「지방세법」) ↔ 감면 : 세부담 경감(한시, 「지방세특례제한법」)

### 2 현 황

○ '23년 비과세·감면액은 16.2조원(감면액 7.1조), 비과세·감면율은 12.6%

- 비과세·감면율은 **「지방재정법」에 따른 목표*** 이내 관리

* 직전 3개년 지방세 비과세·감면율 평균 + 0.5%p(「지방재정법」 §28의 2)
/ '23년 12.9%, '24년 12.9%

○ **국세·지방세 세수 감소**에도 불구하고, 비과세·감면의 효율화를 통해 감면율은 **국세보다 낮은 수준으로 안정적 관리**

〈 최근 5년간 국세·지방세 지출 규모 및 비율 〉

| 구분 | | 19년 | 20년 | 21년 | 22년 | 23년 |
|---|---|---|---|---|---|---|
| 지방세 | 징수액(조원) | 90.4 | 102.0 | 112.8 | 118.6 | 112.5 |
| | 비과세·감면액(조원) | 13.9 | 14.9 | 15.7 | 16.8 | 16.2 |
| | 비과세·감면율(%) | 13.3 | 12.8 | 12.2 | 12.4 | 12.6<br>(목표:12.9%) |
| 국세 | 징수액(조원) | 306.7 | 303.7 | 364.0 | 421.3 | 370.4 |
| | 비과세·감면액(조원) | 49.6 | 52.9 | 57.0 | 63.6 | 69.8 |
| | 비과세·감면율(%) | 13.9 | 14.8 | 13.5 | 13.1 | 15.8<br>(목표:14.3%) |

③ **운영 경과**

○ **「지방세 지출 기본계획」** 수립 · 국무회의 심의, 각 부처 통보(~2월 말)

○ 관계부처 지방세 감면 **연장 및 신설 건의** 수렴(~3월 말)

○ **예비타당성 조사 · 심층평가** 실시(100억원↑ 신설 · 일몰도래 감면, 3~7월)

○ 지방자치단체 **통합심사** 실시(지자체 · 지방세연구원, ~7월)

## 2. 지방세 지출 기본 원칙

① **지출목적의 타당성 확보**

○ 지방세 지출이 **지역 민생경제 회복, 지역균형 발전**에 미치는 효과* 고려

○ **국가사무 – 지방사무 구분체계***를 고려하여 순수 국가사무는 지출 대상 지양

* 「지방자치법」상 지방사무의 범위, 지방 세출예산 편성 적합성 등 고려

○ **장기 · 관행화된 감면**은 감면목적 달성도 및 효과 등 **분석 · 정비**

② **지출성격 – 세목 간 연계성 평가**

○ **확산 · 촉진** 정책과 **보호 · 지원** 정책을 구분하여 적정 세목 선택

○ 특정재원 마련을 위한 **목적세적* 성격 세목의 감면 종료 · 신설 배제**

* 지역자원시설세(소방안전사무 재원 마련), 재산세 도시지역분(도시계획사업 비용 마련) 등

③ **지출규모의 적정화**

○ 조세 형평성 제고를 위해 대상, 목적 등 **유사 감면**은 **유사 혜택** 부여

○ 국가 및 지방 예산지원, 지방세 내 **유사 · 중복지원** 시 특례 최소화

○ **국민개세주의, 공평과세** 원칙에 부합하도록 **최소납부세제* 적용**

* 취득세액 200만원, 재산세액 50만원 초과 시 면제세액의 15% 부담

○ 감면대상 · 목적의 구체화 · 세분화를 통한 **과도한 감면 배제**

④ **지출방식의 최적화**

○ **세액공제, 중과배제** 등 감면 취지에 부합하는 **특례 유형 설계**

○ 지방세 지출의 **주기적 평가** 및 **재설계**를 위해 **일몰 3년 부여 원칙*** 운영

* 단, 유사 감면대상 간 일몰기한을 일치시킬 필요가 있는 경우 등은 1~2년 가능

○ 일부 감면은 **지역별 여건 고려**, 법정 감면율에 조례로 감면율 확대 가능

※ 특정지역의 특성 반영이 필요한 지출은 조례를 통한 감면 활용

## 3. 지방세 지출 재설계 현황

※ (범례) 주민세 사업소분은 「지방세법」 제81조 제1항 제2호에 따라 부과되는 세액으로 한정, 이하 "본 적용요령"에서 동일하게 적용

### 1 농 · 어업 분야

| 개정 전 | 개정 후 |
|---|---|
| 〈① 귀농인 취득하는 농지 · 임야 §6 ④〉<br>○ (추징요건) 귀농일로부터 3년 내 농업 외 산업에 종사하는 경우 추징<br>○ (특별자치도 범위 적용) 제주(관내 시 · 군 無) 및 강원, 전북(관내 시 · 군 有)<br>○ (일몰기한) 2024.12.31. | ☞ 추징요건 완화 및 일몰 3년 연장<br>○ (추징요건) 취득일로부터 3년 내 농업 외 소득이 3,700만원 이상인 경우 추징<br>○ (특별자치도 적용 범위) 제주로 한정<br>* 강원 · 전북은 지역 범위를 시 · 군 기준 적용<br>○ (일몰기한) 2027.12.31. |
| 〈② 영농 등 직접사용 사업소 §10 ②〉<br>○ (감 면 율) 주민세(사업소 · 종업원) 100%<br>○ (일몰기한) 2024.12.31. | ☞ 현행 3년 연장<br>○ (감 면 율) 주민세(사업소 · 종업원) 100%<br>○ (일몰기한) 2027.12.31. |
| 〈③ 농어촌공사의 국가 등 무상귀속 공공시설 등 §13 ③〉<br>○ (감 면 율) 재산세(도시지역분 포함) 100%*<br>* 최소납부세제 배제<br>○ (일몰기한) 2024.12.31. | ☞ 감면율 축소, 일몰 3년 연장<br>○ (감 면 율) 반대급부 無 : 재산세 100%*, 반대급부 有 : 재산세 50%<br>* 최소납부세제 배제<br>○ (일몰기한) 2027.12.31 |
| 〈④ 농어촌주택개량사업 주택취득 §16〉<br>○ (감 면 율) 취득세 100% ※ 280만원 限<br>* 최소납부세제 배제<br>○ (일몰기한) 2024.12.31. | ☞ 현행 3년 연장<br>○ (감 면 율) 취득세 100% ※ 280만원 限<br>* 최소납부세제 배제<br>○ (일몰기한) 2027.12.31. |

〈개정내용〉

○ (①) 귀농 장려를 통한 농촌지역의 인구 유입 및 고령화된 농업인력 구조 개선 지원을 위해 **감면을 연장**하되,

- 추징 요건 중 **'농업의 주업 여부 판단 기준'**을 **자경농민과 동일하게 개선**

○ (②) 농어업인 보호와 농 · 수산업의 규모화를 통한 농 · 수산물 등의 생산 및 유통 지원을 위해 **감면 연장**

○ (③) **농어촌공사의 택지개발사업 등 공공개발사업**의 원활한 추진 지원을 위해 **3년 연장**

하되,

- 무상귀속의 **반대급부 유무**에 따라 **감면율을 차등**(50% 또는 100%) **적용하도록 재설계**

○ (④) 농어촌 불량주택 개량과 도시민 농촌 유입 촉진 지원을 위해 **감면 연장**

## 2 사회복지 분야

| 개정 전 | 개정 후 |
|---|---|
| 〈① 장애인용 차량 §17 ①〉<br>○ (감 면 율) 취득세 · 자동차세 100%<br>○ (일몰기한) 2024.12.31. | ☞ 현행 3년 연장<br>○ (감 면 율) 취득세 · 자동차세 100%<br>○ (일몰기한) 2027.12.31. |
| 〈② 한센인 정착마을 §17의 2〉<br>○ (감 면 율) 취득세 100%,<br>재산세(도시지역분 포함) 100%,<br>지역자원시설세 100%<br>○ (일몰기한) 2024.12.31. | ☞ 명칭변경* 및 현행 3년 연장<br>* 한센인 정착농원 → 한센인 정착마을<br>○ (감 면 율) 취득세 100%,<br>재산세(도시지역분 포함) 100%,<br>지역자원시설세 100%<br>○ (일몰기한) 2027.12.31. |
| 〈③ 유치원 · 어린이집 설치 · 운영 부동산 §19〉<br>○ (감 면 율) 취득세 · 재산세(도시지역분) 100%<br>* 최소납부세제 적용<br>○ (일몰기한) 2024.12.31. | ☞ 현행 3년 연장<br>○ (감 면 율) 취득세 · 재산세(도시지역분) 100%<br>* 최소납부세제 적용<br>○ (일몰기한) 2027.12.31. |
| 〈④ 위탁운영 직장 어린이집 §19〉<br>○ (감면대상) 설치의무 있는 사업주가 위탁운영하는 직장어린이집용 부동산<br>○ (감 면 율) 취득세 50%, 재산세 100%<br>* 최소납부세제 적용<br>○ (일몰기한) 2024.12.31. | ☞ 감면대상 · 감면율 확대, 일몰 3년 연장<br>○ (감면대상) 설치의무 여부에 관계없이 위탁운영하는 직장어린이집용 부동산<br>○ (감 면 율) 취득세 · 재산세 100%<br>* 최소납부세제 적용<br>○ (일몰기한) 2027.12.31. |
| 〈⑤ 다자녀 양육자 취득 차량 §22의 2〉<br>○ (감면대상) 3자녀 이상 양육자 취득세 100%*<br>* 6인 이하 승용자동차 140만원 限<br>○ (일몰기한) 2024.12.31. | ☞ 감면대상 확대, 일몰 3년 연장<br>○ (감면대상) (현행과 동일)<br>(대상추가) 2자녀 이상 양육자 취득세 50%<br>* 6인이하 승용자동차 70만원 限<br>○ (일몰기한) 2027.12.31. |
| 〈⑥ 사회적기업 §22의 4〉<br>○ (감 면 율) 취득세 50%, 재산세 25%<br>○ (일몰기한) 2024.12.31. | ☞ 현행 3년 연장<br>○ (감 면 율) 취득세 50%, 재산세 25%<br>○ (일몰기한) 2027.12.31. |

| 개정 전 | 개정 후 |
|---|---|
| 〈⑦ 노동조합 고유업무용 부동산 §26〉<br>○ (감 면 율) 취득세 · 재산세 100%<br>○ (일몰기한) 2024.12.31. | ☞ 현행 3년 연장<br>○ (감 면 율) 취득세 · 재산세 100%<br>○ (일몰기한) 2027.12.31. |
| 〈⑧ 국가유공자 차량 §29 ④〉<br>○ (감면내용)<br>– (국가유공자) 취득세 · 자동차세 100%<br>– (보훈보상대상자 등) 취득세 · 자동차세 50%<br>※ 최소납부세제 배제<br>○ (일몰기한) 2024.12.31. | ☞ 현행 3년 연장<br>○ (감면내용)<br>– (국가유공자) 취득세 · 자동차세 100%<br>– (보훈보상대상자 등) 취득세 · 자동차세 50%<br>※ 최소납부세제 배제<br>○ (일몰기한) 2027.12.31. |
| 〈⑨ 독립기념관 §30 ③〉<br>○ (감 면 율) 취득세 · 재산세(도시지역분 포함) · 주민세 사업소분 100%<br>※ 최소납부세제 배제<br>○ (일몰기한) 2024.12.31. | ☞ 현행 3년 연장<br>○ (감 면 율) 취득세 · 재산세(도시지역분 포함) · 주민세 사업소분 100%<br>※ 최소납부세제 배제<br>○ (일몰기한) 2027.12.31. |
| 〈⑩ 주택담보 노후연금보증 등기 §35 ①〉<br>○ (감면율) 등록면허세<br>– (공시가격 5억원 이하인 1주택) 75%<br>– (그 외) 최대 225만원 공제*<br>* 세액이 300만원 이하인 경우 75% 감면율 적용, 300만원 초과인 경우는 225만원을 공제<br>○ (일몰기한) 2024..12.31. | ☞ 감면율 축소, 3년 연장<br>○ (감면율) 등록면허세<br>– (공시가격 5억원 이하인 1주택) 50%<br>– (그 외) 최대 150만원 공제*<br>* 세액이 300만원 이하인 경우 50% 감면율 적용, 300만원 초과인 경우는 150만원을 공제<br>○ (일몰기한) 2027.12.31. |
| 〈⑪ 주택담보 노후연금가입 주택 §35 ②〉<br>○ (감면대상: 노후연금보증 담보설정 방식)<br>– 저당권 설정<br>○ (감 면 율) 공시가격 5억원 이하, 1주택 재산세 25%*<br>* 공시가격 5억원 초과 주택은 5억원 한도로 감면<br>○ (일몰기한) 2024.12.31. | ☞ 감면대상 확대, 3년 연장<br>○(감면대상: 노후연금보증 담보설정 방식)<br>– 저당권 설정, 신탁계약<br>○ (감 면 율) 공시가격 5억원 이하, 1주택 재산세 25%*<br>* 공시가격 5억원 초과 주택은 5억원 한도로 감면<br>○ (일몰기한) 2027.12.31. |

**〈개정내용〉**

○ (①) **장애인 차량 감면**은 사회적 배려의 대상이자 취약계층인 장애인에 대한 이동권 보호 필요성 등을 고려하여 현행대로 **감면 3년 연장**

○ (②) **한센인 정착마을**에 대한 감면은 한센인의 특수성, 경제적 취약에 따른 보호 필요성 등을 고려하여 현행대로 **감면 3년 연장**하고,

– 한센인 정착마을 명칭 등 현행화(한센인 정착농원 → 한센인 정착마을)

○ (③~④) 저출산 대응 지원 및 영유아 보육인프라 확충 등을 위해 **감면 연장**하면서,

- 직장어린이집에 대한 감면대상을 **모든 위탁운영 직장어린이집**으로 확대하고 **감면율도 확대**(취득세 50% → 100%)

○ (⑤) 양육가구의 경제적 부담 완화를 위해 **양육 목적 자동차 취득세 감면을 연장하면서 다자녀 기준 완화**(3자녀 → 2자녀)

- 3자녀 이상 가구는 **현행 감면 3년 연장**하고, 2자녀 이상 가구는 **취득세 50% 감면** 신설(6인승 이하 승용자동차는 70만원 限)

○ (⑥) **사회적기업**에 대한 **취득세·재산세 감면**은 취약계층에 대한 일자리 및 사회서비스 제공 활성화를 위해 **현행대로 3년 연장**

○ (⑦) **노동조합**에 대한 감면은 **근로자의 권리 및 권익 보호**에 **기여**하는 등 공공성을 위한 지원을 위하여 **현행대로 3년 연장**

○ (⑧) **국가유공자 자동차 감면**은 **유공자 예우**를 위한 **세제지원 지속**의 필요성을 고려하여 **현행대로 3년 연장**

○ (⑨) **독립기념관**에 대한 **지방세 감면은** 민족문화 정체성 확립, 애국심 함양 등 공공성을 고려하여 **현행대로 3년 연장**

○ (⑩~⑪) **주택담보노후연금 주택**에 대한 **감면을 3년 연장**하되, **등록면허세 감면율 조정**(75%→50%) 및 **감면 한도**(225→150만원) **축소**

- **신탁계약**을 통한 노후연금가입 주택 **재산세 감면 대상에 추가**

## 3 임대주택 분야

| 개정 전 | 개정 후 |
|---|---|
| 〈① 임대주택 등 감면 §31 ①~⑤〉 | ☞ 감면대상 확대 및 일몰3년 연장 등 |
| ○ (감면대상) 공동주택, 오피스텔 | ○ (감면대상) 공동주택, 오피스텔, <u>임대형기숙사</u>*<br>* 전용면적 40㎡이하 限 |
| ○ (감면요건 등) <u>건축주로부터 최초로 공동주택 등을 분양받은 경우, 건축 중인 토지에 대한 감면 및 추징 규정 미비</u> | ○ (감면요건 등 보완) <u>① 건축주로부터 실제 입주한 사실이 없는 공동주택 등을 최초로 유상거래(부담부증여 제외)로 취득하는 경우로 명확화, ② 건축 중인 토지에 대한 감면 및 추징 규정 마련</u> |
| ○ (조문) <u>공공임대와 민간임대 혼재</u> | ○ (조문분리) 공공임대(§31) 및 민간임대(§31의3) 조문 분리, 단기(4년)민간임대 지방세 감면 종료*(2020.8.18. 유형 폐지)<br>* 부칙 §4 ③ : 단기민간임대주택 임대의무기간 종료 |

| 개정 전 | 개정 후 |
|---|---|
| ○ (일몰기한) 2024.12.31. | 일까지 종전 규정에 따라 감면받을 수 있도록 조치<br>○ (일몰기한) 2027.12.31. |
| 〈② LH공사 공공매입임대 §31 ⑥〉<br>○ (감면대상자) LH<br>○ (감 면 율) 취득세 25%·재산세 50%<br>○ (일몰기한) 2024.12.31. | ☞ 감면대상자 확대 및 일몰 3년 연장<br>○ (감면대상자) LH 및 지방주택공사<br>○ (감 면 율) (현행과 같음)<br>○ (일몰기한) 2027.12.31. |
| 〈③ 지분적립형 분양주택 감면 신설 §31 ⑧〉 | ☞ 감면 신설<br>○ (감면대상자) 공공주택사업자<br>○ (감면대상) 지분적립형 분양* 주택<br>* 수분양자가 집값의 일부만 내고 입주 후, 공공주택사업자와 소유권을 공유하면서 분할 취득<br>○ (감 면 율) 재산세 3년간 25%<br>○ (일몰기한) 2026.12.31. |
| 〈④ 장기일반민간임대주택 등 감면 §31의 3〉<br>○ (감면대상) 공동주택, 오피스텔, 다가구주택<br>○ (감면요건 등) 건축주로부터 최초로 공동주택 등을 분양받은 경우, 건축 중인 토지에 대한 감면 및 추징 규정 미비<br>○ (조문) 민간임대주택 취득세 감면은 §31 ①~③에서 규정, 재산세 감면은 §31의 3에서 규정<br>○ (일몰기한) 2024.12.31. | ☞ 감면대상 확대 및 일몰3년 연장 등<br>○ (감면대상) 공동주택, 오피스텔, 임대형기숙사*<br>* 전용면적 40㎡이하 限<br>○ (감면요건 등 보완) ① 건축주로부터 실제 입주한 사실이 없는 공동주택 등을 최초로 유상거래(부담부증여 제외)로 취득하는 경우로 명확화, ② 건축 중인 토지에 대한 감면 및 추징 규정 마련<br>○ (조문이관) 민간임대주택 취득세 감면 규정 이관(§31 ①~③ → §31의3 ①~③) 일원화<br>○ (일몰기한) 2027.12.31. |
| 〈⑤ 공공주택사업자에게 매도용 신축매입약정 주택 §31의 5〉<br>○ (감 면 율) 취득세 10%<br>○ (일몰기한) 2024.12.31. | ☞ 감면 확대 및 일몰 3년 연장 등<br>○ (감 면 율) 취득세 15%<br>○ (미비점 보완) '주택등' 용어 정비 및 범위* 명확화<br>* 일정규모 이하의 아파트·연립·다세대주택·오피스텔(주거용)·기숙사와 단독주택·다중주택·다가구주택<br>○ (일몰기한) 2027.12.31. |
| 〈⑥ LH공사 소규모 공동주택 §32 ①〉<br>○ (감 면 율) 취득세·재산세 25%<br>○ (일몰기한) 2024.12.31. | ☞ 현행 3년 연장<br>○ (감 면 율) 취득세·재산세 25%<br>○ (일몰기한) 2027.12.31. |

〈개정내용〉

○ (①, ④) 임대주택 공급확대를 통한 서민 주거안정을 위해 **감면을 연장**하고, 감면대상에 **'임대형기숙사' 포함** 및 조문 정비

※ 혼재되어 있는 공공임대주택과 민간임대주택 감면 조문을 분리하여 과세체계 정비

○ (②) **공공매입임대주택 공급확대를 통한 서민주거 안정**을 위해 현행 **감면**을 **연장**하고, 동일사업을 수행하는 **지방주택공사를 감면대상자에 추가** 및 감면대상 주택 및 건축물의 범위 합리화

○ (③) **청년 · 신혼부부** 등 무주택 실수요자들의 **안정적인 내 집 마련의 기회를 제공**하기 위해 **지분적립형 분양주택**에 대한 **감면 신설**

○ (⑤) **공공매입임대주택 공급확대를 통한 서민 주거안정**을 위해 공공주택사업자에게 매도용 민간건설업자의 **신축매입약정 주택**에 대한 **감면을 연장 및 감면율을 확대**(10→15%)하고,

- 부동산 취득 후 60일내 약정을 체결한 자도 감면대상자에 포함 및 감면대상 주택 및 건축물의 범위 명확화

○ (⑥) **공공임대주택 공급확대를 통한 서민주거 안정**을 위해 **감면 연장**

## 4 주거복지 분야

| 개정 전 | 개정 후 |
|---|---|
| 〈① 서민주택 §33 ②〉<br>○ (감 면 율) 취득세 100%<br>* 최소납부세제 배제<br>○ (일몰기한) 2024.12.31. | ☞ 현행 3년 연장<br>○ (감 면 율) 취득세 100%<br>* 최소납부세제 배제<br>○ (일몰기한) 2027.12.31. |
| 〈② 신축 소형주택 §33의 2〉 | ☞ 감면신설<br>○ (감면대상) 신축 소형주택*<br>* 공동주택(아파트 제외) · 도시형 생활주택 · 다가구주택, '24.1.10.~'25.12.31. 준공, 60㎡ 이하, 원시취득 限<br>○ (감 면 율) 취득세 최대 50%(법 25% + 조례 25%)<br>○ (일몰기한) 2025.12.31. |

| 개정 전 | 개정 후 |
|---|---|
| 〈③ 지방 준공 후 미분양 아파트 §33의 3〉 | ☞ 감면신설<br>○ (감면대상) 2년 이상 임대로 공급하는 지방 준공 후 미분양 아파트<br>* '24.1.10.~'25.12.31. 준공, 전용면적 85㎡ 이하, 3억원 이하, '25.12.31.까지 임대계약 체결 조건<br>○ (감 면 율) 취득세 최대 50%(법 25% + 조례 25%)<br>○ (일몰기한) 2025.12.31. |
| 〈④ 농지연금 대상 담보 농지 §35의 2〉<br>○ (감 면 율) 재산세 100%<br>* 최소납부세제 배제<br>○ (일몰기한) 2024.12.31. | ☞ 현행 3년 연장<br>○ (감 면 율) 재산세 100%<br>* 최소납부세제 배제<br>○ (일몰기한) 2027.12.31. |
| 〈⑤ 한국해비타트 무주택자 주택공급사업용 부동산 §36〉<br>○ (감 면 율) 취득세 · 재산세(도시지역분 포함) 100%<br>* 최소납부세제 배제<br>○ (일몰기한) 2024.12.31. | ☞ 현행 3년 연장<br>○ (감 면 율) 취득세 · 재산세(도시지역분 포함) 100%<br>* 최소납부세제 배제<br>○ (일몰기한) 2027.12.31. |
| 〈⑥ 생애최초 구입 주택 §36의 3〉<br>○ (감면한도) 취득세 200만원<br><br>○ (특별자치도 적용 범위) 제주(관내 시 · 군 無) 및 강원, 전북(관내 시 · 군 有)<br>○ (주택을 소유한사실이 없는 경우) 상속으로 공유지분 주택 · 전세사기피해주택을 취득하였다가 처분한 경우 등<br>○ (일몰기한) 2025.12.31. | ☞ 감면 한도 확대 및 자격 유지조건 추가<br>○ (감면한도) 소형주택 외 : 취득세 200만원<br>소형주택* : 취득세 300만원<br>* 공동주택(아파트 제외) · 도시형 생활주택 · 다가구주택, 전용면적 60㎡ 이하 · 3억원(수도권 6억원) 이하<br>○ (특별자치도 적용 범위) 제주로 한정<br>* 강원 · 전북은 지역 범위를 시 · 군 기준 적용<br>○ (주택을 소유한 사실이 없는 경우) 임차인이 1년 이상 상시거주한 소형주택을 '24.1.1.부터 '25.12.31.까지 취득한 경우 추가<br>○ (일몰기한) 2025.12.31. |

〈개정내용〉

○ (①) 서민 주거 안정을 위해 취득세 **감면 연장**

○ (②) 주거사다리 역할을 하는 非아파트 소형주택의 공급 확대를 위해 **신축 소형주택**에 대한 **취득세 감면 신설**

○ (③) **미분양 물량 해소** 및 **전·월세시장 안정**을 위해 지방 준공 후 미분양 아파트를 2년 이상 임대공급 시 **취득세 감면 신설**

○ (④) 무주택 서민의 주거 안정을 위해 **감면 연장**

○ (⑤) 주거사다리 역할을 하는 소형주택(아파트 제외)의 공급을 정상화하기 위해 생애최초 주택 **취득세 감면한도 확대**

- 역전세 등으로 불가피하게 임차주택을 매입하는 임차인에 대한 피해 최소화를 위해 **'주택을 소유한 사실이 없는 경우'** 사유 추가, 향후 다른 주택 취득 시 **생애최초 주택 감면 자격 유지**

## 5 교육·과학기술 분야

| 개정 전 | 개정 후 |
|---|---|
| 〈① 학교등의 직접사용 부동산 등 §41 ①, ②, ③, ⑤〉<br>○ (감 면 율) 취득세·재산세(도시지역분) · 지역자원·등록면허세·주민세(사업소분·종업원분) 100%<br>* 최소납부세제 배제<br>○ (일몰기한) 2024.12.31. | ☞ 현행 3년 연장<br>○ (감 면 율) 취득세·재산세(도시지역분)·지역자원·등록면허세·주민세(사업소분·종업원분) 100%<br>* 최소납부세제 배제<br>○ (일몰기한) 2027.12.31. |
| 〈② 행복기숙사 등에 대한 감면 §42 ①〉<br>○ (감 면 율) 취득세·재산세·주민세 사업소분 100%<br>* 최소납부세제 적용<br>○ (일몰기한) 2021.12.31. | ☞ 현행 3년 연장<br>○ (감 면 율) 취득세·재산세·주민세 사업소분 100%<br>* 최소납부세제 적용<br>○ (일몰기한) 2027.12.31. |
| 〈③ 실험·실습용 차량 등에 대한 감면 §42 ②〉<br>○ (감 면 율) 취득세, 재산세 100%<br>* 최소납부세제 적용<br>○ (일몰기한) 2024.12.31. | ☞ 현행 3년 연장<br>○ (감 면 율) 취득세, 재산세 100%<br>* 최소납부세제 적용<br>○ (일몰기한) 2027.12.31. |
| 〈④ 평생교육단체 평생교육시설 §43, §44 ①〉<br>○ (감 면 율) 취득세 50%, 재산세 50%(5년간)<br>○ (일몰기한) 2024.12.31. | ☞ 현행 3년 연장<br>○ (감 면 율) 취득세 50%, 재산세 50%(5년간)<br>○ (일몰기한) 2027.12.31. |
| 〈⑤ 전공대학 직접사용 부동산 §44 ②〉<br>○ (감 면 율) 취득세·재산세(도시지역분) · 지역자원·등록면허세·주민세(사업소분·종업원분) 100% | ☞ 현행 3년 연장<br>○ (감 면 율) 취득세·재산세(도시지역분) · 지역자원·등록면허세·주민세(사업소분·종업원분) 100% |

<table>
<tr><th>개정 전</th><th>개정 후</th></tr>
<tr><td>* 최소납부세제 배제<br>○ (일몰기한) 2024.12.31.</td><td>* 최소납부세제 배제<br>○ (일몰기한) 2027.12.31.</td></tr>
<tr><td>〈⑥ 공공직업훈련시설 직접사용 부동산 §44 ④〉<br>○ (감 면 율) 취득세, 재산세 50%<br>○ (일몰기한) 2024.12.31.</td><td>☞ 현행 3년 연장<br>○ (감 면 율) 취득세, 재산세 50%<br>○ (일몰기한) 2027.12.31.</td></tr>
<tr><td>〈⑦ 학력인정 평생교육시설 §44 ⑤〉<br>○ (감면대상) 평생교육시설<br><br>○ (감 면 율) 취득세 50%, 재산세 50%(5년간)<br><br>○ (일몰기한) 2024.12.31.</td><td>☞ 감면세목 및 감면율 확대<br>○ (감면대상) 학력인정 평생교육시설*<br>* 고등학교 졸업이하의 학력이 인정되는 시설로 지정된 학교 형태의 평생교육시설<br>○ (감 면 율) 취득세·재산세(도시지역분)·지역자원·등록면허세·주민세(사업소분·종업원분) 100%<br>* 최소납부세제 배제<br>○ (일몰기한) 2027.12.31.</td></tr>
<tr><td>〈⑧ 박물관, 미술관, 도서관, 과학관 §44의 2〉<br>○ (감 면 율) 취득세·재산세 100%<br>* 최소납부세제 적용<br>○ (추징요건) 신설 ※일반적 추징(§178) 적용<br><br>○ (일몰기한) 2024.12.31.</td><td>☞ 현행 3년 연장 및 사후관리 신설<br>○ (감 면 율) 취득세·재산세 100%<br>* 최소납부세제 적용<br>○ (추징요건) 일반적 추징요건 및 등록취소 등<br><table><tr><th>구분</th><th>추징 사유</th></tr><tr><td>①</td><td>1년 내 직접 미사용</td></tr><tr><td>②</td><td>2년 내 매각·증여·타용도 사용</td></tr><tr><td>③</td><td>3년 내 등록취소 등</td></tr></table>○ (일몰기한) 2027.12.31.</td></tr>
<tr><td>〈⑨ 학술단체 고유업무 부동산 §45 ①〉<br>○ (감 면 율) 취득세·재산세 100%<br>* 최소납부세제 적용<br>○ (일몰기한) 2024.12.31.</td><td>☞ 현행 3년 연장<br>○ (감 면 율) 취득세·재산세 100%<br>* 최소납부세제 적용<br>○ (일몰기한) 2027.12.31.</td></tr>
<tr><td>〈⑩ 장학법인(공익법인) 부동산 §45 ②〉<br>○ (감 면 율)<br>- 직접사용 부동산 : 취득세·재산세 100%<br>* 최소납부세제 적용<br>- 임대용 부동산 : 취득세·재산세 80%<br>○ (일몰기한) 2024.12.31</td><td>☞ 현행 3년 연장<br>○ (감 면 율)<br>- 직접사용 부동산 : 취득세·재산세 100%<br>* 최소납부세제 적용<br>- 임대용 부동산 : 취득세·재산세 80%<br>○ (일몰기한) 2027.12.31.</td></tr>
<tr><td>〈⑪ 내진성능확보 건축물 §47의 4 ①〉</td><td>☞ 감면 신설<br>○ (감면대상) 건축 및 대수선을 통해 내진성능</td></tr>
</table>

| 개정 전 | 개정 후 |
|---|---|
| | 확보한 건축물<br>※ 내진설계 非의무대상 건축물 限<br>○ (감 면 율) 취득세 100%, 재산세(2년) 100%, 그 후(3년) 50%<br>* 최소납부세제 적용<br>○ (일몰기한) 2027.12.31. |
| 〈⑫ 지진안전 인증 건축물 §47의 4 ③〉<br>○ (감면대상) 신축을 통해 지진안전인증<br>○ (감 면 율) 취득세 5~10% * 시행령 : 5%<br>○ (추징요건) 신설<br>○ (일몰기한) 2024.12.31. | ☞ 감면대상 확대 및 3년 연장, 재설계<br>○ (감면대상) 건축·대수선을 통해 지진안전인증<br>○ (감 면 율) 취득세 5~10% * 시행령 : 5%<br>○ (추징요건) 3년 내 지진안전 인증 취소된 경우<br>○ (일몰기한) 2027.12.31. |

〈개정내용〉

○ (①~③) 교육 인프라 구축 지원 및 학생들의 주거환경 개선 등을 위하여, 학교등의 직접사용 부동산·행복기숙사·실험·실습용 차량 등에 대한 **지방세 감면을 현행대로 3년 연장**

○ (④~⑥) 국민의 평생교육 활성화 및 근로자 직업능력 개발 향상 지원 등을 위하여 **현행대로 3년 연장**

○ (⑦) **평생교육시설** 중 고등학교 이하의 학력이 인정되는 학력인정평생교육시설은 학교와 운영방식 등이 유사한 측면을 고려

- **학력인정 평생교육시설**에 대해 학교(§41) 및 전공대학(§44②) 수준으로 **지방세 감면 신설**

○ (⑧) **박물관 등 감면**은 국민 문화 향유권 향상에 기여를 위하여 **현행대로 감면 3년 연장**하되,

- 박물관 등은 **일반적인 추징요건**만을 **적용**하였으나, 감면 적용이후 **폐관신고 또는 등록취소 시**에도 **추징**하도록 **사후관리 규정 보완**

○ (⑨~⑩) **학술단체·장학법인에 대한 감면**은 학문의 발전 및 장학금 지원을 통한 우수 인재 육성 등 공공성을 고려 **현행대로 3년 연장**

○ (⑪~⑫) **민간의 자발적 내진보강 유도**를 위해 내진설계 **非의무대상 건축물 내진보강 시** 취득세·재산세를 감면하도록 **신설**(~27년)하고,

- 기존 **신축**에 한해 적용하였던 **'지진안전 인증 건축물'**에 대한 취득세 감면을 **건축 및 대**

수선까지 확대 적용 및 일몰기한 3년 연장

- 또한, 취득일부터 3년 이내 지진안전 시설물의 인증이 취소된 경우에 대하여 추징규정 신설

## 6 의료기관 지원 분야

| 개정 전 | 개정 후 |
|---|---|
| 〈① 사회복지법인 의료기관 §22 ⑧〉<br>○ (감 면 율) 취득세 30%, 재산세 50%<br>※ 감염병 전문병원 +10%p<br>○ (일몰기한) 2024.12.31. | ☞ 현행 3년 연장<br>○ (감 면 율) 취득세 30%, 재산세 50%<br>※ 감염병 전문병원 +10%p<br>○ (일몰기한) 2027.12.31. |
| 〈② 근로복지공단 의료기관 §27 ②〉<br>○ (감 면 율) 취득세 50%, 재산세 50%<br>※ 감염병 전문병원 +10%p<br>○ (일몰기한) 2024.12.31. | ☞ 현행 3년 연장<br>○ (감 면 율) 취득세 50%, 재산세 50%<br>※ 감염병 전문병원 +10%p<br>○ (일몰기한) 2027.12.31. |
| 〈③ 한국보훈복지의료공단 의료기관 §30 ②〉<br>○ (감 면 율) 취득세 50%, 재산세 50%<br>※ 감염병 전문병원 +10%p<br>○ (일몰기한) 2024.12.31. | ☞ 현행 3년 연장<br>○ (감 면 율) 취득세 50%, 재산세 50%<br>※ 감영병전문병원 +10%p<br>○ (일몰기한) 2027.12.31. |
| 〈④ 서울대(치과)병원, 국립대(치과)병원, 국립암센터, 국립중앙의료원, 한국원자력의학원 §37 ①〉<br>○ (감 면 율) 취득세 50%, 재산세 50%<br>※ 감염병 전문병원 +10%p<br>○ (일몰기한) 2024.12.31. | ☞ 현행 3년 연장<br>○ (감 면 율) 취득세 50%, 재산세 50%<br>※ 감염병 전문병원 +10%p<br>○ (일몰기한) 2027.12.31. |
| 〈⑤ 의료법인 §38 ①〉<br>○ (감 면 율) 취득세 30%, 재산세 50%<br>※ 감염병 전문병원 +10%p<br>○ (일몰기한) 2024.12.31. | ☞ 현행 3년 연장<br>○ (감 면 율) 취득세 30%, 재산세 50%<br>※ 감염병 전문병원 +10%p<br>○ (일몰기한) 2027.12.31. |
| 〈⑥ 비영리재단법인 의료기관 §38 ④〉<br>○ (감 면 율) 종교 취득세 30%, 재산세 50%<br>종교外 취득세 15%, 재산세 25%<br>※ 감염병 전문병원 +10%p<br>○ (일몰기한) 2024.12.31. | ☞ 감면대상 확대 및 3년 연장<br>○ (감 면 율) 종교 취득세 30%, 재산세 50%<br>종교外 취득세 30%, 재산세 50%<br>※ 감염병 전문병원 +10%p<br>○ (일몰기한) 2027.12.31. |
| 〈⑦ 지방의료원 §38의 2〉<br>○ (감 면 율) 취득세 75%, 재산세 75%<br>※ 감염병 전문병원 +10%p | ☞ 현행 3년 연장<br>○ (감 면 율) 취득세 75%, 재산세 75%<br>※ 감염병 전문병원 +10%p |

| 개정 전 | 개정 후 |
|---|---|
| ○ (일몰기한) 2024.12.31. | ○ (일몰기한) 2027.12.31. |
| 〈⑧ 국민건강증진사업자 §40〉<br>○ (감 면 율) 취득세 50%, 재산세 50%<br>○ (일몰기한) 2024.12.31. | ☞ 현행 3년 연장<br>○ (감 면 율) 취득세 50%, 재산세 50%<br>○ (일몰기한) 2027.12.31. |
| 〈⑨ 대한적십자사 의료사업 §40의 3〉<br>○ (감 면 율) 취득세 50%, 재산세 50%<br>※ 감염병 전문병원 +10%p<br>○ (일몰기한) 2024.12.31. | ☞ 현행 3년 연장<br>○ (감 면 율) 취득세 50%, 재산세 50%<br>※ 감염병 전문병원 +10%p<br>○ (일몰기한) 2027.12.31. |
| 〈⑩ 사립대 부속병원 §41 ⑦〉<br>○ (감 면 율) 취득세 30%, 재산세 50%<br>※ 감염병 전문병원 +10%p<br>○ (일몰기한) 2024.12.31. | ☞ 현행 3년 연장<br>○ (감 면 율) 취득세 30%, 재산세 50%<br>※ 감염병 전문병원 +10%p<br>○ (일몰기한) 2027.12.31. |

〈개정내용〉

□ 의료기관에 대한 현행 감면 연장 및 재단법인 의료기관 감면율 확대

○ (①~⑩) 의료기관에 대한 감면은 지역사회에 대한 의료서비스 제공 감염병 대응 등 의료기관의 공적 역할을 고려하여 현행대로 **3년 연장**

○ (⑥) **종교단체가 아닌 비영리재단법인**이 운영하는 의료기관의 경우 **종교단체** 운영 의료기관과의 형평을 고려 **동일하게 감면 확대***

* 취득세 30%, 재산세 50% / 감염병 전문병원 10%p 추가 감면

## 7 문화 · 관광 분야

| 개정 전 | 개정 후 |
|---|---|
| 〈① 신문 · 통신사업자 §51〉<br>○ (감 면 율) 주민세 종업원분 · 사업소분 50%<br>○ (일몰기한) 2024.12.31. | ☞ 현행 3년 연장<br>○ (감 면 율) 주민세 종업원분 · 사업소분 50%<br>○ (일몰기한) 2027.12.31. |
| 〈② 문화 · 예술단체 고유업무 부동산 §52〉<br>○ (감 면 율) 취득세 · 재산세 100%<br>* 최소납부세제 적용<br>○ (일몰기한) 2024.12.31. | ☞ 현행 3년 연장<br>○ (감 면 율) 취득세 · 재산세 100%<br>* 최소납부세제 적용<br>○ (일몰기한) 2027.12.31. |

| 개정 전 | 개정 후 |
|---|---|
| 〈③ 국민신탁법인 고유업무 부동산 §53〉<br>○ (감 면 율) 취득세 · 재산세 100%<br>* 최소납부세제 적용<br>○ (일몰기한) 2024.12.31. | ☞ 현행 3년 연장<br>○ (감 면 율) 취득세 · 재산세 100%<br>* 최소납부세제 적용<br>○ (일몰기한) 2027.12.31. |

〈개정내용〉

○ (①) 정보와 여론의 전달을 통해 지역사회에 공론 형성의 장을 제공하는 공공적 역할을 수행 등을 고려하여 현행대로 **감면 3년 연장**

○ (②) **문화예술 · 체육 단체에 대한 감면은** 문화예술 창작 · 진흥 활동 및 체육 사업 활성화 기여하는 점 등을 고려하여 현행대로 **감면 3년 연장**

○ (③) 문화유산 및 자연환경자산의 취득 및 보전관리 활성화 등을 위한 세제지원 지속 필요성을 고려하여 현행대로 **감면 3년 연장**

## 8 기업구조 · 재무조정 분야

| 개정 전 | 개정 후 |
|---|---|
| 〈① 법인간 적격합병 §57의 2 ①〉<br>○ (감 면 율)<br>- (일반) 취득세율 2% 경감(지방세법) 및 취득세 50%(지특법)<br>- (중소 · 기술혁신형) 취득세율 2% 경감(지방세법) 취득세 60%(지특법)<br>○ (일몰기한) 2024.12.31. | ☞ 감면 축소 및 3년 연장<br>○ (감 면 율)<br>- (일반) 취득세율 2% 경감(지방세법)<br>- (중소 · 기술혁신형) 취득세율 2% 경감(지방세법) 취득세 60%(지특법)<br>○ (일몰기한) 2027.12.31. |
| 〈② 농협 · 수협 · 산림 · 신협조합, 새마을금고간 합병 §57의 2 ②〉<br>○ (감 면 율) 취득세 100%, 등록면허세 50%<br>* 최소납부세제 적용<br>○ (감면대상) 양수받는 재산<br>○ (일몰기한) 2024.12.31. | ☞ 현행 3년 연장<br>○ (감 면 율) 취득세 100%, 등록면허세 50%<br>* 최소납부세제 적용<br>○ (감면대상) 양수받는 사업용 재산<br>○ (일몰기한) 2027.12.31. |
| 〈③ 국유재산 현물출자 §57의 2 ③ 1호〉<br>○ (감 면 율) 취득세 25%<br>○ (일몰기한) 2024.12.31. | ☞ 감면 종료 |
| 〈④ 법인간 적격분할 §57의 2 ③ 2호〉<br>○ (감 면 율) 취득세 75% | ☞ 감면율 축소 및 3년 연장<br>○ (감 면 율) 취득세 50% |

| 개정 전 | 개정 후 |
|---|---|
| ○ (감면대상) 취득하는 재산<br>○ (일몰기한) 2024.12.31. | ○ (감면대상) 취득하는 사업용 재산<br>○ (일몰기한) 2027.12.31. |
| 〈⑤ 법인간 적격현물출자 §57의 2 ③ 3호〉<br>○ (감 면 율) 취득세 75%<br>○ (감면대상) 취득하는 재산<br>○ (일몰기한) 2024.12.31 | ☞ 감면율 축소 및 3년 연장<br>○ (감 면 율) 취득세 50%<br>○ (감면대상) 취득하는 사업용 재산<br>○ (일몰기한) 2027.12.31. |
| 〈⑥ 중소기업간 통합 §57의 2 ③ 5호〉<br>○ (감 면 율) 취득세 75%<br>○ (일몰기한) 2024.12.31 | ☞ 감면율 축소 및 3년 연장<br>○ (감 면 율) 취득세 50%<br>○ (일몰기한) 2027.12.31. |
| 〈⑦ 공공기관의 상법상 회사로의 조직 변경 §57의 2 ③ 7호〉<br>○ (감 면 율) 취득세 100%<br>※ 최소납부세제 적용<br>○ (일몰기한) 2024.12.31 | ☞ 현행 3년 연장<br>○ (감 면 율) 취득세 100%<br>※ 최소납부세제 적용<br>○ (일몰기한) 2027.12.31. |
| 〈⑧ 개인의 법인전환 §57의 2 ④〉<br>○ (감 면 율) 취득세 75%<br>○ (일몰기한) 2024.12.31. | ☞ 감면율 축소 및 3년 연장<br>○ (감 면 율) 취득세 50%<br>○ (일몰기한) 2027.12.31. |
| 〈⑨ 과점주주 간주취득세 §57의 2 ⑤〉<br>○ (감 면 율) 취득세 100%<br>※ 최소납부세제 적용<br>○ (일몰기한) 2024.12.31. | ☞ 3년 연장<br>○ (감 면 율) 취득세 100%<br>※ 최소납부세제 적용<br>– 코스닥 상장법인 과점주주 삭제(8호)<br>○ (일몰기한) 2027.12.31. |
| 〈⑩ 사업재편승인기업 §57의 2 ⑧〉<br>○ (감면대상) 사업재편을 추진하는 경우 해당 법인에 대한 법인등기<br>○ (감 면 율) 등록면허세 50%<br>○ (일몰기한) 2024.12.31. | ☞ 감면대상 명확화 및 3년 연장<br>○ (감면대상) 사업재편에 따라 설립·변경되는 법인에 대한 법인등기<br>○ (감 면 율) 등록면허세 50%<br>○ (일몰기한) 2027.12.31. |
| 〈⑪ 금융기관 간 적격합병 §57의 2 ⑩〉<br>○ (감 면 율) 취득세 50%, 등록면허세 25%<br>○ (감면대상) 양수받는 재산<br>○ (일몰기한) 2024.12.31. | ☞ 등록면허세 종료 및 3년 연장<br>○ (감 면 율) 취득세 50%<br>○ (감면대상) 양수받는 사업용 재산<br>○ (일몰기한) 2027.12.31. |
| 〈⑫ 농협·수협조합의 부실조합 재산 양수등 §57의 3 ①〉<br>○ (감 면 율) 취득세 100%<br>* 최소납부세제 적용 | ☞ 현행 3년 연장<br>○ (감 면 율) 취득세 100%<br>* 최소납부세제 적용 |

| 개정 전 | 개정 후 |
|---|---|
| ○ (일몰기한) 2024.12.31. | ○ (일몰기한) 2027.12.31. |
| 〈⑬ 한국자산관리공사의 국가기관 대행 등 §57의 3 ②〉<br>○ (감 면 율) 취득세 100%<br>* 최소납부세제 적용<br>○ (일몰기한) 2024.12.31. | ☞ 현행 3년 연장<br>○ (감 면 율) 취득세 100%<br>* 최소납부세제 적용<br>○ (일몰기한) 2027.12.31. |
| 〈⑭ PFV 사업정상화 지원을 위한 취득세 감면 신설 §57의 5〉 | ☞ 감면 신설<br>○ (감면대상) 프로젝트금융투자회사(PFV)가 집합투자기구*의 자금으로 취득한 기존 부실 PFV사업장의 부동산<br>* 한국자산관리공사가 40% 이상 출·투자하여 조성한 집합투자기구(PF정상화펀드)<br>○ (감 면 율) 취득세 50%<br>※「지방세법」상 중과세율 적용배제<br>○ (일몰기한) 2025.12.31. |

〈개정내용〉

○ (연장) 원활한 기업구조조정 등을 통한 **기업가치 및 조세 합리성 제고**를 위해 감면을 3년 연장

- (②) **농협, 수협, 새마을금고 등 간의 합병**에 대한 **감면은 구조개선** 및 농·어민 등 서민금융기관 지원을 위해 **현행대로 3년 연장**
- (⑦) **공공기관의 상법상 회사로의 조직변경**에 대한 **감면은 형식적 취득 성격**을 고려하여 **현행대로 3년 연장**
- (⑫, ⑬) 부실 농협·수협조합 등의 **부실금융기관 구조개선** 및 **한국자산관리공사**가 국가등으로부터 **수임받은 재산의 관리·처분·개발사업의 원활한 추진** 지원을 위해 **현행대로 3년 연장**

○ (축소) **감면 도입 이후 사회적 환경**이 **변화**된 점, 행정행위에 대한 수수료적 성격의 등록면허세 감면 최소화 원칙에 따라 **감면율 축소**

- (①) **중소기업간 합병 및 기술혁신형 사업법인에 대한 감면**은 현행대로 **3년 연장하되, 그 외 법인은 취득세 감면 종료***

* 이 법 시행 전 적격합병·분할의 경우 합병계약에 대한 주주총회·사원총회 승인결의나 총사원의 동의가 있는 경우에 대해 **종전 규정**을 **적용**하도록 규정(부칙)

– (④, ⑤, ⑥, ⑧) 등기 · 등록 행정행위에 대한 **수수료적 성격의 등록면허세 감면 최소화 원칙**에 따라 **취득세 감면율 축소**(75→50%)

– (⑪) 등기 · 등록 행정행위에 대한 **수수료적 성격의 등록면허세 감면 최소화 원칙**에 따라 **등록면허세 감면 종료**

○ (**종료**) **국유재산 현물출자**에 대한 **감면**은 국가 정책사업 지원을 위해 **장기간 지원**에도 **감면 실적이 크지 않은 점** 고려 **감면 종료**

○ (**신설**) **프로젝트금융투자회사**(PFV) **정상화 지원**을 위한 **감면 신설**

– PFV가, **한국자산관리공사가 출 · 투자한 집합투자기구***의 자금으로 기존의 **부실 PFV사업장 부동산**을 **취득**하는 경우 **취득세 50% 감면**

* 「자본시장법」에 따른 집합투자기구로서 한국자산관리공사가 40% 이상 출 · 투자한 경우로 한정, 감면범위는 해당 집합투자기구의 자금으로 취득한 부분으로 한정

○ (**개선**) **법인적격분할** 등에 따른 **취득세 감면 대상 범위**를 **'사업용 재산'**으로 **통일적으로 정비**

**〈 기업 · 합병분할 등 감면 대상 현황〉**

<table>
<tr><th colspan="3" rowspan="2">감면 규정</th><th colspan="2">감면 대상 범위(취득세 과세대상)</th></tr>
<tr><th>개정 전</th><th>개정 후</th></tr>
<tr><td colspan="2">법 57의 2 제1항</td><td>법인간 적격합병</td><td>사업용 재산</td><td>–</td></tr>
<tr><td colspan="2">법 57의 2 제2항</td><td>조합간 합병</td><td>재산</td><td rowspan="3">사업용 재산</td></tr>
<tr><td rowspan="4">법 57의 2 제3항</td><td>2호</td><td>법인 적격분할</td><td>재산</td></tr>
<tr><td>3호</td><td>적격 현물출자</td><td>재산</td></tr>
<tr><td>5호</td><td>중소기업간통합</td><td>사업용 재산</td><td>–</td></tr>
<tr><td>7호</td><td>조직변경</td><td>사업용 재산</td><td>–</td></tr>
<tr><td colspan="2">법 57의 2 제4항</td><td>개인의 법인전환</td><td>사업용 고정자산</td><td>–</td></tr>
<tr><td colspan="2">법 57의 2 제10항</td><td>금융회사간 합병</td><td>재산</td><td>사업용 재산</td></tr>
</table>

## 9 수송 · 교통 분야

| 개정 전 | 개정 후 |
|---|---|
| 〈① 국제선박 §64 ①〉<br>○ (감 면 율) 취득세 △2%p, 재산세 50%<br>○ (일몰기한) 2024.12.31. | ☞ 현행 3년 연장<br>○ (감 면 율) 취득세 △2%p, 재산세 50%<br>○ (일몰기한) 2027.12.31. |

| 개정 전 | 개정 후 |
|---|---|
| 〈② 연안항로취항 · 외국항루취항용 선박 §64 ②〉<br>○ (감면대상) 연안항로 화물운송용 선박 · 외국항로 선박<br>○ (감 면 율) 취득세 △1%p, 재산세* 50%<br>* 외국항로 취항용 선박은 5년간 한정<br>○ (일몰기한) 2024.12.31. | ☞ 감면대상 확대 및 일몰 3년 연장<br>○ (감면대상) 연안항로 여객 및 화물운송용선박, 외국항로 선박<br>○ (감 면 율) 취득세 △1%p, 재산세* 50%<br>* 외국항로 취항용 선박은 5년간 한정<br>○ (일몰기한) 2027.12.31. |
| 〈③ 연안항로 천연가스 화물운송용 선박 §64 ③〉<br>○ (감 면 율) 연안항로 천연가스 연료 화물운송용 선박<br>○ (감 면 율) 취득세 △2%p<br>○ (일몰기한) 2024.12.31. | ☞ 감면 종료<br>※ (경과규정) 2024.12.31.까지 매매계약을 체결(계약금 지급 사실 등이 증빙서류에 의하여 확인되는 경우 限)한 경우 그 계약을 체결한 당사자의 해당 선박의 취득에 대해 종전의 규정에 따라 감면 적용(부칙 §10) |
| 〈④ 항공운송사업용 항공기 §65〉<br>○ (감 면 율) 취득세 △1.2%p,<br>재산세 5년간 50%<br>* 자산총액 5조원이상 대형항공사 포함<br>○ (일몰기한) 2024.12.31. | ☞ 현행 3년 연장<br>○ (감 면 율) 취득세 △1.2%p,<br>재산세 5년간 50%<br>* 자산총액 5조원이상 대형항공사 포함<br>○ (일몰기한) 2027.12.31. |
| 〈⑤ 하이브리드 자동차 §66 ③〉<br>○ (감 면 율) 취득세 100%(40만원 한도)<br>○ (일몰기한) 2024.12.31. | ☞ 감면 종료 |
| 〈⑥ 전기 · 수소 자동차 §66 ④〉<br>○ (감 면 율) 취득세 100%(140만원 한도)<br>○ (일몰기한) 2024.12.31. | ☞ 현행 감면 전기차 2년, 수소차 3년 연장<br>○ (감 면 율) 취득세 100%(140만원 한도)<br>○ (일몰기한) 전기 2026.12.31. 수소 2027.12.31. |
| 〈⑦ 경형자동차(승용) §67 ①〉<br>○ (감 면 율) 취득세 100%(75만원 한도)<br>○ (일몰기한) 2024.12.31. | ☞ 현행 3년 연장<br>○ (감 면 율) 취득세 100%(75만원 한도)<br>○ (일몰기한) 2027.12.31. |
| 〈⑧ 경형자동차(승합 · 화물) §67 ②〉<br>○ (감 면 율) 취득세 100%<br>* 최소납부세제 적용<br>○ (일몰기한) 2024.12.31. | ☞ 현행 3년 연장<br>○ (감 면 율) 취득세 100%<br>* 최소납부세제 적용<br>○ (일몰기한) 2027.12.31. |
| 〈⑨ 전방조종자동차 §67 ③〉<br>○ (감 면 율) 자동차세 65,000원<br>○ (일몰기한) 2024.12.31. | ☞ 현행 3년 연장<br>○ (감 면 율) 자동차세 65,000원<br>○ (일몰기한) 2027.12.31. |
| 〈⑩ 매매용 중고자동차 등 §68 ①〉<br>○ (감 면 율) 취득세 · 자동차세 100% | ☞ 현행 3년 연장<br>○ (감 면 율) 취득세 · 자동차세 100% |

| 개정 전 | 개정 후 |
|---|---|
| * 최소납부세제 적용<br>○ (일몰기한) 2024.12.31. | * 최소납부세제 적용<br>○ (일몰기한) 2027.12.31. |
| 〈⑪ 수출용 중고 선박 · 기계장비 · 항공기 §68 ③〉<br>○ (감 면 율) 취득세 △2%p<br>○ (일몰기한) 2024.12.31. | ☞ 현행 3년 연장<br>○ (감 면 율) 취득세 △2%p<br>○ (일몰기한) 2027.12.31. |
| 〈⑫ 수출용 중고자동차 §68 ③〉<br>○ (감 면 율) 취득세 100%<br>* 최소납부세제 적용<br>○ (일몰기한) 2024.12.31. | ☞ 현행 3년 연장<br>○ (감 면 율) 취득세 100%<br>* 최소납부세제 적용<br>○ (일몰기한) 2027.12.31. |
| 〈⑬ 운송사업용 노선버스 · 택시 §70 ①〉<br>○ (감 면 율) 취득세 50%<br>○ (일몰기한) 2024.12.31. | ☞ 현행 3년 연장<br>○ (감 면 율) 취득세 50%<br>○ (일몰기한) 2027.12.31. |
| 〈⑭ 운송사업용 천연가스 버스 §70 ③〉<br>○ (감 면 율) 취득세 75%<br>○ (일몰기한) 2024.12.31. | ☞ 감면 종료 |
| 〈⑮ 운송사업용 전기 · 수소 버스 §70 ④〉<br>○ (감 면 율) 취득세 100%<br>* 최소납부세제 적용<br>○ (일몰기한) 2024.12.31. | ☞ 현행 3년 연장<br>○ (감 면 율) 취득세 100%<br>* 최소납부세제 적용<br>○ (일몰기한) 2027.12.31. |

〈개정내용〉

○ (①) 국적선의 **해외이적 방지** 및 국적선사의 **국제 경쟁력 강화**를 위해 **감면 연장**

○ (②) 노후선박 교체 지원을 통한 국내해운산업 경쟁력을 강화하기 위해 **연안항로 화물선과 외국항로 선박**은 **현행 감면 연장**,

- 他 대중교통수단과의 형평성 및 침체된 연안여객 산업 지원을 위해 **연안항로**에 취항하는 **여객선**에 대한 **감면 신설**

○ (③) 2024년부터 친환경선박에 대한 인증등급별 취득세율 차등 감면을 신설(§64 ④)한 점 고려 **감면 종료**

○ (④) 항공운송사업의 경쟁력 강화를 지원하기 위해 항공운송사업용 **항공기에 대한 현행 지방세 감면을 3년 연장**

○ (⑤) **하이브리드 자동차는** 장기간 감면('09~)으로 **시장이 충분히 성숙**된 점, 他 차종 대비 **경쟁력이 확보**된 점 등 고려하여 **감면 종료**

○ (⑥~⑦) **친환경자동차**로서 **전기 · 수소 자동차**에 대한 취득세 감면을 **현행과 같이 연장**

하되, 전기자동차는 2년, 수소자동차는 3년 연장

○ (⑧~⑨) **서민생활지원 및 경형자동차 보급 촉진을 위해 경형자동차**(승용·승합·화물)에 대한 취득세 감면 현행 **3년 연장**하고,

- **전방조종자동차**에 대하여도 대부분 영세한 사업자들의 생계형 차량인 점 등 고려하여 **현행대로 3년 연장**

○ (⑩~⑫) **매매용·수출용 중고자동차 등**에 대한 감면은 시장 활성화·업계 지원 등을 고려하여 **현행대로 3년 연장**

○ (⑬~⑮) **대중교통업계 및 서민부담 경감 지원**을 위해 운송사업용 **노선버스·택시 및 전기·수소버스** 감면은 현행대로 3년 **연장하되,**

- **천연가스**(CNG)**버스**는 장기간 지원('11년~)된 점, 무공해차 중심의 정책 전환 등 고려하여 **감면 종료**

※ 천연가스버스 중 **노선버스**에 대하여는 50% **감면 적용** 可

## ⑩ 국토·지역개발 분야

| 개정 전 | 개정 후 |
|---|---|
| 〈① 반대급부 기부채납 부동산 §73의 2〉<br>○ (감 면 율) 취득세 50%<br>○ (일몰기한) 2024.12.31. | ☞ 현행 3년 연장<br>○ (감 면 율) 취득세 50%<br>○ (일몰기한) 2027.12.31. |
| 〈② 도심공공주택 복합사업 등 §74의 2〉<br>○ (감 면 율) 사업시행자 및 부동산 원소유자(1가구 1주택자 限) 취득세 50~100%<br>○ (일몰기한) 2024.12.31. | ☞ 현행 3년 연장<br>○ (감 면 율) 사업시행자 및 부동산 원소유자(1가구 1주택자 限) 취득세 50~100%<br>○ (일몰기한) 2027.12.31. |
| 〈③ 위기지역내 중소기업 등 §75의 3〉<br>○ (감 면 율) 취득세·재산세(5년) 50%<br>○ (일몰기한) 2024.12.31. | ☞ 현행 3년 연장<br>○ (감 면 율) 취득세·재산세(5년) 50%<br>○ (일몰기한) 2027.12.31. |
| 〈④ 인구감소지역 주택 취득세 감면, §75의 5 ③, ④〉 | ☞ 감면 신설<br>○ (감면대상) 무주택 및 1가구 1주택자<br>○ (요건) 인구감소지역*에서 3억원 이하 주택 취득<br>* 수도권 및 광역시(부산 동구 등)제외, 접경지역(강화, 옹진, 연천)·광역시내 군지역(군위)은 포함<br>○ (감 면 율) 취득세 25%(조례로 25% 추가 可)<br>○ (일몰기한) 2026.12.31. |

| 개정 전 | 개정 후 |
|---|---|
| 〈⑤ LH의 국가 등 무상귀속 공공시설 등 §76 ②〉<br>○ (감 면 율) 재산세(도시지역분 포함) 100%*<br>* 최소납부세제 배제<br>○ (일몰기한) 2024.12.31. | ☞ 감면율 축소, 일몰 3년 연장<br>○ (감 면 율) 반대급부 無 : 재산세 100%*, 반대급부 有 : 재산세 50%<br>* 최소납부세제 배제<br>○ (일몰기한) 2027.12.31 |
| 〈⑥ 수자원공사의 국가 등 무상귀속 공공시설 등 §77②〉<br>○ (감 면 율) 재산세(도시지역분 포함) 100%*<br>* 최소납부세제 배제<br>○ (일몰기한) 2024.12.31. | ☞ 감면율 축소, 일몰 3년 연장<br>○ (감 면 율) 반대급부 無 : 재산세 100%*, 반대급부 有 : 재산세 50%<br>* 최소납부세제 배제<br>○ (일몰기한) 2027.12.31 |
| 〈⑦ 법인의 지방이전 §79〉<br>○ (감 면 율) 취득세 100%,<br>재산세 100%(5년간), 50%(3년간),<br>등록면허세 100%<br>* 최소납부세제 적용<br>○ (일몰기한) 2024.12.31. | ☞ 현행 3년 연장<br>○ (감 면 율) 취득세 100%,<br>재산세 100%(5년간), 50%(3년간),<br>등록면허세 100%<br>* 최소납부세제 적용<br>○ (일몰기한) 2027.12.31. |
| 〈⑧ 공장의 지방이전 §80〉<br>○ (감 면 율) 취득세 100%,<br>재산세 100%(5년간), 50%(3년간)<br>* 최소납부세제 적용<br>○ (일몰기한) 2024.12.31. | ☞ 현행 3년 연장<br>○ (감 면 율) 취득세 100%,<br>재산세 100%(5년간), 50%(3년간)<br>* 최소납부세제 적용<br>○ (일몰기한) 2027.12.31. |
| 〈⑨ 주한미군 한국인 근로자 평택 이주 감면 §81의 2〉<br>○ (감 면 율) 취득세 62.5~100%<br>* 최소납부세제 적용<br>○ (일몰기한) 2024.12.31. | ☞ 현행 3년 연장<br>○ (감 면 율) 취득세 62.5~100%<br>* 최소납부세제 적용<br>○ (일몰기한) 2027.12.31. |
| 〈⑩ 개발제한구역내 주택 개량 감면 §82〉<br>○ (감 면 율) 재산세 100%(5년간)<br>* 최소납부세제 배제<br>○ (일몰기한) 2024.12.31. | ☞ 현행 3년 연장<br>○ (감 면 율) 재산세 100%(5년간)<br>* 최소납부세제 배제<br>○ (일몰기한) 2027.12.31. |
| 〈⑪ 시장정비사업에 대한 감면 §83〉<br>○ (감면내용 및 추징요건) | ☞ 감면율 재설계 및 3년 연장 등<br>○ (감면내용 및 추징요건) |

<table>
<tr><th>개정 전</th><th>개정 후</th></tr>
<tr><td>
<table>
<tr><th>구분</th><th>시행자</th><th>입점상인</th></tr>
<tr><td>감면 대상</td><td>사업용 부동산</td><td>시행자로부터 최초 취득하는 부동산</td></tr>
<tr><td>감면율</td><td colspan="2">취득세 100%, 재산세 50%(5년)<br>* 최소납부세제 적용</td></tr>
<tr><td>추징 요건</td><td colspan="2">① 사업계획승인 취소<br>② 취득일부터 3년내 직접 未사용, 매각·증여, 他용도 사용</td></tr>
</table>
○ (일몰기한) 2024.12.31.
</td><td>
<table>
<tr><th>구분</th><th>시행자</th><th>입점상인</th></tr>
<tr><td>감면 대상</td><td>① 대지조성을 위해 취득하는 부동산<br>②관리처분계획에 따라 취득하는 부동산</td><td>시행자로부터 최초 취득하는 부동산(주택 제외)</td></tr>
<tr><td>감면율</td><td>취득세 50%, 재산세 50% (조성기간)</td><td>취득세 100%, 재산세 50%(5년간)</td></tr>
<tr><td>추징 요건</td><td>① 사업계획승인 취소<br>② 취득일부터 3년 내 직접 未사용</td><td>① 취득일부터 1년내 직접 未사용<br>② 취득일부터 직접 사용 2년 이내 매각·증여·他용도 사용</td></tr>
</table>
○ (일몰기한) 2027.12.31.
</td></tr>
<tr><td>〈⑫ 사권제한토지(도시계획시설) §84 ①〉<br>○ (감 면 율) 재산세 50%, 도시지역분 100%<br>○ (일몰기한) 2024.12.31.</td><td>☞ 현행 3년 연장<br>○ (감 면 율) 재산세 50%, 도시지역분 100%<br>○ (일몰기한) 2027.12.31.</td></tr>
<tr><td>〈⑬ 사권제한토지(공공시설용, 철도안전법) §84 ②·③〉<br>○ (감 면 율) 재산세 50%<br>○ (일몰기한) 2024.12.31.</td><td>☞ 현행 3년 연장<br>○ (감 면 율) 재산세 50%<br>○ (일몰기한) 2027.12.31.</td></tr>
<tr><td>〈⑭ 지방공사의 국가 등 무상귀속 기부채납 부동산 재산세 감면 §85의 2〉<br>○ (감 면 율) 재산세 100%<br>○ (일몰기한) 2024.12.31.</td><td>☞ 반대급부 유무에 따른 감면율 재설계 및 3년 연장<br>○ (감 면 율) 재산세 100%(반대급부 無)<br>재산세 50%(반대급부 有)<br>○ (일몰기한) 2027.12.31.</td></tr>
<tr><td>〈⑮ 지방세 중과세율 적용 배제 특례 §180의 2〉<br>○ (감 면 율) 취득세·등록면허세(중과배제)<br>○ (일몰기한) 2024.12.31.</td><td>☞ 현행 3년 연장 및 등록면허세 대상 제외<br>○ (감 면 율) 취득세·등록면허세(중과배제)<br>- 기업구조조정투자회사 등록면허세 중과세율 적용배제 대상에서 삭제<br>○ (일몰기한) 2027.12.31.</td></tr>
</table>

〈개정내용〉

○ (①) 기부채납 부동산에 대한 지방세 감면은 민간투자(BTL·BTO) 활성화 및 공익성

을 감안하여 **현행 수준으로 3년 연장**

○ (②) **도심 내 신속한 주거지원**을 위하여 도심공공주택 복합사업 등에 대한 감면에 대해 **현행 수준으로 3년 연장**

○ (③) **위기지역 중소기업의 사업전환**에 대한 지방세 감면은 중소기업의 경쟁력 강화 및 산업구조 고도화 지원을 위해 **현행 수준 3년 연장**

○ (④) **인구감소지역 세컨드홈 마련** 및 인구유입을 통한 **지역 경제 활성화**를 위해 해당 지역에서 주택 취득 시 **취득세 감면 신설**

- 1주택 및 무주택자가 3억원 이하의 주택 구입 시 감면 적용

○ (⑤, ⑥, ⑭) **수자원공사, LH, 지방공사의 택지개발사업 등 공공개발사업**의 원활한 추진 지원을 위해 3년 **연장하되,**

- 무상귀속의 **반대급부 유무**에 따라 **감면율을 차등(50% 또는 100%) 적용하도록 재설계**

○ (⑦, ⑧) **법인·공장의 지방 이전**에 대한 지방세 감면은 지역균형발전 필요성 등을 감안하여 **현행 수준으로 3년 연장**

○ (⑨) **주한미군 기지 이전**에 따라 평택시로 이주하는 **한국인 근로자**에 대한 감면은 협정·국가 정책에 의해 이주하는 근로자 정착지원을 위해 **현행 수준**으로 **3년 연장**

○ (⑩) **개발제한구역 내 주택 개량**에 대한 감면은 낙후된 정주여건 개선 지원을 위해 **현행 수준으로 3년 연장**

○ (⑪) **시장정비사업**에 대한 감면은 **시장경쟁력 강화**에 따른 **영세상인 지원 효과** 및 **도시재생 활성화**를 위해 3년 **연장**하되,

- **사업시행자** 및 **입점상인**에 대하여 사업단계별 **감면물건 체계화**하여 **감면율 조정** 및 **맞춤형 사후관리 규정** 개선

○ (⑫, ⑬) **사권제한토지**에 대한 감면은 도시·군계획시설 등 공공 목적에 의하여 재산권이 제약되는 점을 고려하여 **현행 수준으로 3년 연장**

○ (⑬) **취득세, 등록면허세 중과세 배제 특례**의 경우 **수도권 과밀유발 요인**이 적은 점 등을 **고려 현행 3년 연장**

- 다만, **등록면허세 중과배제 대상 중 기업구조조정투자회사**의 경우 해당 법률이 실효* 된 점 고려 **삭제**(§180의 2 ② 2호)

  * 2000년 10월 제정된 「기업구조조정투자회사법」의 부칙에 따라 효력이 끝난 상태

## 11 기 타

| 개성 선 | 개정 후 |
|---|---|
| 〈① 특별자치도 범위 규정 정비 §6, §36의 3, §73〉 | ☞ 적용 범위 합리화 |
| ○ (자경농민·귀농인, 생애최초 감면) 추징 적용 지역범위를 시·군과 특자도로 규정 | ○ (자경농민·귀농인, 생애최초 감면) 강원·전북은 시·군 적용, 특자도는 제주로 한정 |
| ○ (대체취득 감면) 특자도는 수용된 지역 한정 | ○ (대체취득 감면) 수용 지역 + 잇닿은 지역 |
| 〈② 일반적 추징조항 적용 제외대상 확대 §20, §71〉 | ☞ 맞춤형 추징규정 신설 |
| ○ (노인복지시설, 물류단지개발 부동산) 일반적 추징조항 적용 | ○ (노인복지시설) 신·증축 등의 경우 토지는 3년내 직접 사용 등<br>○ (물류단지개발 부동산) 3년 내 직접 사용 등 |
| 〈③ 창업중소기업 감면업종 명칭변경 §58의 3 ④〉 | ☞ 업종명칭 변경 |
| ○ (감면업종) 정보통신업 중 제외 업종<br>– 블록체인기술 산업분류(통계청장 고시)에 따른 "블록체인 기반 암호화 자산 매매 및 중개업" | ○ (감면업종) 정보통신업 중 제외 업종<br>– 한국표준산업분류표(통계청장 고시)에 따른 "가상자산 매매 및 중개업" |
| 〈④ 산업단지 감면시 조례감면 총량 규정 정비 §78〉 | ☞ 불필요한 규정 정비 |
| ○ (조례위임) 조례감면 총량 예외규정 有 | ○ 해당 규정 삭제 |
| 〈⑤기회발전특구 감면대상 대통령령 위임 §80의 2〉 | ☞ 세부 업종을 대통령령으로 위임 |
| ○ (감면대상 창업 업종) 법률로 규정 | ○ (감면대상 창업 업종) 시행령 별표로 규정 |

〈 개정내용 〉

○ (①) **강원·전북특별자치도 출범**에 따른 지특법 내 관련 **규정 정비**

○ (②) **노인복지시설, 물류단지개발사업용** 부동산 감면의 **특성을 고려**하여 **맞춤형 추징규정 신설**

○ (③) **한국표준산업분류표에 따른 업종으로 규정** 및 **국세 일치** 등 고려하여 **업종 명칭 현행화**

○ (④) **불필요한 규정**(조례감면에 대한 총량 예외*) **정비**

* 법률 위임에 의한 감면은 조례감면 총량 적용대상이 아님

○ (⑤) 필요시 감면대상 창업 업종을 **신속히 정비**할 수 있도록 법률 규정사항을 **대통령령으로 위임**

## 4. 지방세특례제한법 주요 특례 신설 · 확대

<table>
<tr><th>구분</th><th>주요 내용</th><th>조문<br>(일몰기한)</th></tr>
<tr><td>① 위탁운영 직장어린이집 감면 확대</td><td>• (목적) 저출생 완화 및 어린이집 운영 부담 경감 지원<br>• (감면대상 · 감면율 확대)
<table>
<tr><th>구분</th><th>개정 前</th><th>개정 後</th></tr>
<tr><td>감 면<br>대상자</td><td><u>설치의무 有</u><br>사업주의 위탁운영<br>직장어린이집</td><td><u>설치의무 무관</u><br>사업주의 위탁운영<br>직장어린이집</td></tr>
<tr><td>감 면<br>내 용</td><td><u>취득세 50%</u><br>재산세(도시지역분포함)<br>100%</td><td><u>취득세 100%</u><br>재산세(도시지역분포함)<br>100%</td></tr>
</table>
</td><td>제19조<br>(2027.12.31.)</td></tr>
<tr><td>② 다자녀 양육용 자동차 감면대상 확대</td><td>• (목적) 다자녀 양육가구의 경제적 부담 완화<br>• (감면 확대)
<table>
<tr><th colspan="2">구분</th><th>개정 前</th><th>개정 後</th></tr>
<tr><td colspan="2">감 면<br>대상자</td><td><u>3자녀 이상</u> 양육자</td><td><u>2자녀 이상</u> 양육자</td></tr>
<tr><td rowspan="2">감면<br>내용</td><td>3자녀<br>↑</td><td>자동차 취득세 면제<br>※ 6인승 이하 승용<br>140만원 限</td><td>(현행과 같음)</td></tr>
<tr><td>2자녀<br>↑</td><td><u>감면 적용 無</u></td><td><u>자동차 취득세 50%</u><br><u>※ 6인승 이하 승용 70만원 限</u></td></tr>
</table>
</td><td>제22조의 2<br>(2027.12.31.)</td></tr>
<tr><td>③ 공공매입임대주택 감면 확대</td><td>• (목적) 공공임대주택 공급확대를 통한 서민주거 안정 지원<br>• (대상) 기존주택등 매입임대주택*<br>* 일정규모 이하의 아파트 · 연립 · 다세대주택 · 오피스텔(주거용) · 기숙사와 단독주택 · 다중주택 · 다가구주택<br>• (대상자) LH, 지방주택공사<br>• (감면내용) 취득세 25% · 재산세 50%</td><td>제31조 제6항<br>(2027.12.31.)</td></tr>
<tr><td>④ 지분적립형 분양주택 감면 신설</td><td>• (목적) 지분적립형 분양주택 공급 확산을 통한 청년 · 신혼부부 등의 안정적인 내 집 마련의 기회 제공<br>• (대상) '25~'26년 소유권 공유 지분적립형 분양주택<br>• (대상자) 공공주택사업자<br>• (감면내용) 재산세 3년간 25%</td><td>제31조 제8항</td></tr>
<tr><td>⑤ 신축매입약정</td><td>• (목적) 공공임대주택 공급확대를 통한 서민주거 안정 지원</td><td>제31조의 5</td></tr>
</table>

<table>
<tr><th>구분</th><th>주요 내용</th><th>조문<br>(일몰기한)</th></tr>
<tr><td>주택감면 확대</td><td>• (대상) 공공주택사업자에게 매도용 신축매입약정 주택*<br>* 일정규모 이하의 아파트 · 연립 · 다세대주택 · 오피스텔(주거용) · 기숙사와 단독주택 · 다중주택 · 다가구주택<br>• (감면내용) 취득세 15%</td><td>(2027.12.31.)</td></tr>
<tr><td>⑥ 신축 소형주택 감면 신설</td><td>• (목적) 주거사다리 역할을 하는 非아파트 소형주택의 공급 확대 지원<br>• (대상) '24.1.10.～'25.12.31. 준공 소형주택<br>* 공동주택(아파트 제외) · 도시형 생활주택 · 다가구주택, 60㎡ 이하, 원시취득 限<br>• (감면내용) 취득세 최대 50%(법 25% + 조례 25%)</td><td>제33조의 2</td></tr>
<tr><td>⑦ 지방 준공 후 미분양 아파트 감면 신설</td><td>• (목적) 미분양 물량해소 및 전 · 월세시장 안정 지원<br>• (대상) '24.1.10.～'25.12.31. 준공, 2년 이상 임대로 공급하는 지방 준공 후 미분양아파트*<br>* 지방 소재, 전용면적 85㎡ 이하, 3억원 이하, '25.12.31.까지 임대계약 체결 조건, 원시취득 限<br>• (감면내용) 취득세 최대 50%(법 25% + 조례 25%)</td><td>제33조의 3</td></tr>
<tr><td>⑧ 주택담보노후연금보증 재산세 감면대상 확대</td><td>• (목적) 주택연금을 받는 고령층의 경제적 부담 완화<br>• (대상) 저당권 설정 → 저당권 설정, <u>신탁계약</u><br>• (감면내용) 1주택 限 : 재산세 25%(공시가격 5억원 限)</td><td>제35조 제2항<br>(2027.12.31.).</td></tr>
<tr><td>⑨ 생애최초주택 감면 확대</td><td>• (목적) 생애최초 주택 취득자 세부담 완화 및 非아파트 소형주택 공급 정상화 지원 등<br>• (감면한도 확대)
<table>
<tr><th colspan="2">구 분</th><th>소형주택</th><th>소형주택 외</th></tr>
<tr><td rowspan="3">감면<br>요건</td><td>주택<br>유형</td><td>• 공동주택(아파트 제외)<br>※ 연립 · 다세대주택<br>• 도시형 생활주택<br>• 다가구주택<br>※ 호수별 전용면적이 구분 기재되어 있는 다가구주택(전용면적 60㎡ 이하인 호수 부분 限)</td><td>「지방세법」 제11조 제1항 제8호에 따른 주택(소형주택 제외)</td></tr>
<tr><td>전용<br>면적</td><td>60㎡ 이하</td><td>–</td></tr>
<tr><td>취득<br>가액</td><td>3억원(수도권 6억원)<br>이하</td><td>12억원 이하</td></tr>
</table></td><td>제36조의 3<br>(2025.12.31.)</td></tr>
</table>

<table>
<tr><th>구분</th><th>주요 내용</th><th>조문<br>(일몰기한)</th></tr>
<tr><td></td><td>
<table>
<tr><th>구 분</th><th>소형주택</th><th>소형주택 외</th></tr>
<tr><td>감면한도</td><td>300만원</td><td>200만원</td></tr>
<tr><td>일몰기한</td><td>~'25년 말</td><td>~'25년 말</td></tr>
</table>
• (생애최초 감면 자격유지) 임차인이 1년 이상 상시거주한 소형주택을 취득하여 생애최초 주택 감면을 받은 경우, 주택을 소유한 사실이 없는 경우에 추가, 추후 다른 주택 취득시 생애최초 구입 주택 감면 자격 유지
<table>
<tr><th>구 분</th><th>소형 임차주택</th></tr>
<tr><td>주택유형</td><td>• 공동주택(아파트 제외)<br>※ 연립 · 다세대주택<br>• 도시형 생활주택<br>• 다가구주택<br>※ 호수별 전용면적이 구분 기재되어 있는 다가구주택(전용면적 60㎡ 이하인 호수 부분 限)</td></tr>
<tr><td>전용면적</td><td>60㎡ 이하</td></tr>
<tr><td>취득가액</td><td>2억원(수도권 3억원) 이하</td></tr>
<tr><td>거주요건</td><td>임차인이 1년 이상 상시거주(전입신고하고 계속하여 거주하는 것)한 주택</td></tr>
<tr><td>취득기간 등</td><td>2024.1.1.부터 2025.12.31.까지의 기간 중 취득하여 생애 최초 주택 감면을 받은 경우<br>※ 추징된 경우 제외</td></tr>
</table>
</td><td></td></tr>
<tr><td>⑩ 비영리재단법인 의료기관 지방세 감면 확대</td><td>• (목적) 국민 건강 보호, 공공 의료서비스 지원<br>• (대상) 「민법」상 비영리재단법인의 의료사업용 부동산<br>• (감면내용) 취득세 30%, 재산세 50%<br>※ 감염병전문병원의 경우 각 감면율 +10%p 추가</td><td>제38조 제4항<br>(2027.12.31.)</td></tr>
<tr><td>⑪ 학력인정 평생교육시설 지방세 감면 확대</td><td>• (목적) 교육 소외계층에 대한 평생교육 지원<br>• (대상) 평생교육법에 따라 고등학교이하의 학력이 인정되는 평생교육시설(학력인정 평생교육시설)<br>• (감면내용) 취득세 · 재산세(도시지역분포함) · 지역자원시설세 · 등록면허세 · 주민세(사업소, 종업원) 100%</td><td>제44조 제5항<br>(2027.12.31.)</td></tr>
<tr><td>⑫ 내진성능 확보 건축물에 대한 지방세 감면 신설 등</td><td>• (목적) 非 의무 민간건축물의 자발적인 내진성능 확보 유도를 위한 지방세 지원<br>• (대상) 신축 또는 대수선을 통한 내진성능 확인을 받은 내진설계 非의무 대상 건축물</td><td>제47조의 4<br>제1항<br>(2027.12.31.)</td></tr>
</table>

| 구분 | 주요 내용 | 조문<br>(일몰기한) |
|---|---|---|
| | • (**감면내용**) 취득세 100%, 재산세 2년 100%, 그 후 3년 50% | |
| ⑬ PFV 사업 정상화 지원을 위한 취득세 감면 신설 | • (**목적**) 금리상승과 부동산 경기침체에 따라 사업중단 및 수익성이 악화된 부실 프로젝트금융투자회사(PFV) 정상화 지원<br>• (**대상**) 한국자산관리공사가 40% 이상 출자·투자한 집합투자기구(PF정상화펀드)의 자금으로 취득한 기존 부실PFV 사업장의 부동산<br>• (**감면내용**) 취득세 50% | 제57조의 5<br>(2025.12.31.) |
| ⑭ 연안 여객선 감면 신설 | • (**목적**) 침체된 연안여객 산업 활력 제고 및 도서민의 대중교통수단으로서 역할 지원<br>• (**대상**) 연안항로 취항 여객선박<br>• (**감면내용**) 취득세율 △1%p, 재산세 50% | 제64조 제2항<br>(2027.12.31.) |

## Ⅱ. 지방세특례제한법 개정내용

### 1. 귀농인 감면 연장 및 추징규정 정비(법 §6 ④, 영 §3 · §5, 규칙 §2의 2)

#### 1 개정개요

| 개정 전 | 개정 후 |
|---|---|
| □ 귀농인에 대한 감면<br>○ 취득세 50% 감면<br>○ 일몰기한 : '24.12.31.<br>○ 귀농일로부터 3년 내 농업 외 산업에 종사하는 경우 추징 | □ 감면 연장<br>○ (현행과 같음)<br>○ 일몰기한 : '27.12.31.<br>○ 취득일로부터 3년 내 농업 외 소득이 3,700만원 이상인 경우 추징<br>※ 자경농민 감면요건과 통일적 정비 |

〈개정내용〉

○ 추징 요건 중 **'농업의 주업 여부 판단 기준'**을 **자경농민과 동일하게 개선**

| 구분 | 귀농인(§6 ④) | 자경농민(§6 ①) |
|---|---|---|
| 대상 | • 귀농일로부터 3년 이내 취득하는 농지 · 임야 · 농업용 시설 | • 2년 이상 영농에 종사한 사람이 취득하는 농지 · 임야 · 농업용 시설 |
| 농업의 주업 여부 판단 | • **(추징)** 귀농일로부터 3년 내 농업 외의 산업에 종사<br>→**농업 외 소득이 발생하는 경우** 농업을 주업으로 하지 않음 | • **(감면)** 농업 외 종합소득금액이 3,700만원 미만인 자<br>→**농업 외 소득이 3,700만원 이상일 경우** 농업을 주업으로 하지 않음 |

- **취득 다음 연도부터** 3년 **내에 농업 외 연소득**이 3,700**만원 이상**일 경우 농업을 주업으로 하지 않는 것으로 보아 **추징**하도록 규정

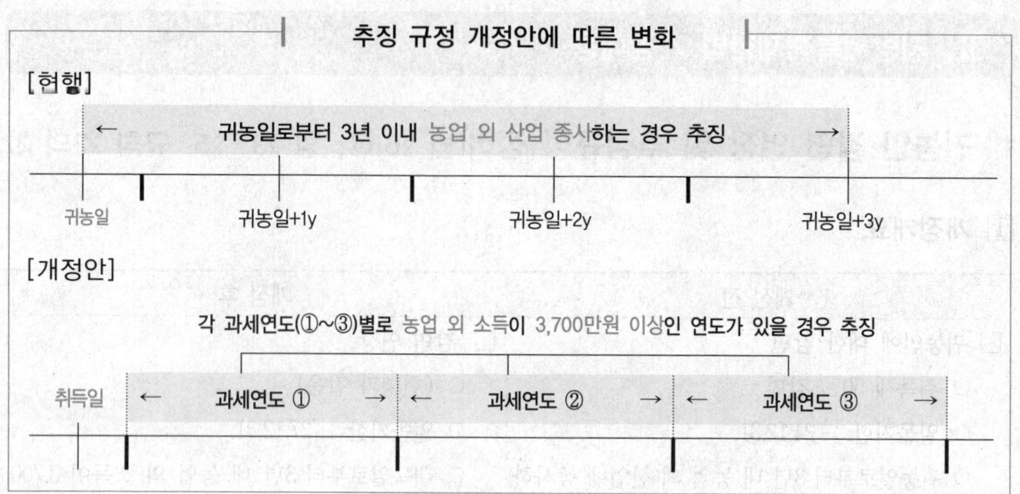


○ 종합소득에서 제외되는 부동산임대소득 **관련 문구를 명확화**하고 귀농인, 자경농민, 자영어민 간 동일하게 정비(영 §3, §5)

※ 운영은 현행과 동일

### 〈적용요령〉

○ 2025년 1월 1일부터 시행(부칙 §1)

○ 다만, 이 법 시행 전에 감면받은 자에 대하여는 종전의 추징규정 적용(부칙 §9)

## 2 개정조문

### <지방세특례제한법>

| 개정 전 | 개정 후 |
|---|---|
| 제6조(자경농민의 농지 등에 대한 감면) ① ~ ③ (생 략) | 제6조(자경농민의 농지 등에 대한 감면) ① ~ ③ (현행과 같음) |
| ④ 대통령령으로 정하는 바에 따라 「농업·농촌 및 식품산업 기본법」 제3조 제5호에 따른 농촌지역으로 이주하는 귀농인(이하 이 항에서 "귀농인"이라 한다)이 대통령령으로 정하는 기준에 따라 직접 경작 또는 직접 사용할 목적으로 대통령령으로 정하는 귀농일(이하 이 항에서 "귀농일"이라 한다)부터 3년 이내에 취득하는 농지, 「농지 | ④ ------------------------------------------------------------------------------------------------------------------------------------------------------------------------------------------------------------------------- |

| 개정 전 | 개정 후 |
|---|---|
| 법」 등 관계 법령에 따라 농지를 조성하기 위하여 취득하는 임야 및 제2항에 따른 농업용 시설(농지, 임야 및 농업용 시설을 취득한 사람이 그 취득일부터 60일 이내에 귀농인이 되는 경우 그 농지, 임야 및 농업용 시설을 포함한다)에 대해서는 취득세의 100분의 50을 2024년 12월 31일까지 경감한다. 다만, 귀농인이 다음 각 호의 어느 하나에 해당하는 경우에는 경감된 취득세를 추징하되, 제3호 및 제4호의 경우에는 그 해당 부분에 한정하여 경감된 취득세를 추징한다. | ------------------------------------------------------------------------------------------------------------------------------------------------------2027년 12월 31일----------.---------------------------------------------------------------------------------------------. |
| 1. 정당한 사유 없이 귀농일부터 3년 이내에 주민등록 주소지를 취득 농지 및 임야 소재지 특별자치시·특별자치도·시·군·구(구의 경우에는 자치구를 말한다. 이하 같다), 그 지역과 연접한 시·군·구 또는 농지 및 임야 소재지로부터 30킬로미터 이내의 지역 외의 지역으로 이전하는 경우 | 1 . ------------------------------------- -- ---------------특별자치도(관할 구역 안에 지방자치단체인 시·군이 없는 특별자치도를 말한다)------------------------------------------------------------------------ |
| 2. 정당한 사유 없이 귀농일부터 3년 이내에 「농업·농촌 및 식품산업 기본법」 제3조 제1호에 따른 농업(이하 이 항에서 "농업"이라 한다) 외의 산업에 종사하는 경우. 다만, 「농업·농촌 및 식품산업 기본법」 제3조 제8호에 따른 식품산업과 농업을 겸업하는 경우는 제외한다. | 2. 정당한 사유 없이 농지, 임야 또는 농업용 시설의 취득일이 속하는 과세연도의 다음 과세연도 개시일부터 3년 이내에 과세연도별로 「농업·농촌 및 식품산업 기본법」 제3조 제1호에 따른 농업 외의 산업에 종사하여 발생하는 소득으로서 대통령령으로 정하는 소득이 대통령령으로 정하는 금액 이상인 경우 |
| 3.·4. (생　략) | 3.·4. (현행과 같음) |

■ 법률 부칙

제9조(귀농인의 농지 취득 등에 대한 취득세 추징에 관한 경과조치) 이 법 시행 전에 감면받은 취득세의 추징에 관하여는 제6조 제4항 제2호의 개정규정에도 불구하고 종전의 규정에 따른다.

## <지방세특례제한법 시행령>

| 개정 전 | 개정 후 |
|---|---|
| 제3조(자경농민 및 직접 경작농지의 기준 등) ① 법 제6조 제1항 각 호 외의 부분 본문에서 “대통령령으로 정하는 바에 따라 농업을 주업으로 하는 사람으로서 2년 이상 영농에 종사한 사람”이란 본인 또는 배우자[「주민등록법」 제7조에 따른 세대별 주민등록표(이하 “세대별 주민등록표”라 한다)에 함께 기재되어 있는 경우로 한정한다. 이하 이 조에서 같다] 중 1명 이상이 취득일 현재 다음 각 호의 요건을 모두 갖추고 있는 사람을 말한다. | 제3조(자경농민 및 직접 경작농지의 기준 등) ① -------------------------------------------- |
| 1. (생 략) | 1. (현행과 같음) |
| 2. 제1호에 따른 농지의 소재지인 특별자치시 · 특별자치도 · 시 · 군 · 구(자치구를 말한다. 이하 “시 · 군 · 구”라 한다) 또는 그와 잇닿아 있는 시 · 군 · 구에 거주하거나 해당 농지의 소재지로부터 30킬로미터 이내의 지역에 거주할 것 | 2. ------------------------------------ 특별자치도(관할 구역 안에 지방자치단체인 시 · 군이 없는 특별자치도를 말한다)------ ------------------------------------ |
| 3. 직전 연도 농업 외의 종합소득금액(「소득세법」 제4조 제1항 제1호에 따른 종합소득에서 농업, 임업에서 발생하는 소득, 「소득세법」 제45조 제2항 각 호의 어느 하나에 해당하는 사업에서 발생하는 부동산임대소득 또는 같은 법 시행령 제9조에 따른 농가부업소득을 제외한 금액을 말한다)이 「농업 · 농촌 공익기능 증진 직접지불제도 운영에 관한 법률」 제9조 제3항 제1호 및 같은 법 시행령 제6조 제1항에 따른 금액 미만일 것 | 3. ------------------------------------ 농업 · 임업에서 발생하는 소득, 같은 법 제45조 제2항에 따른 부동산임대업에서 발생하는 소득 및 ------------------------------------ |
| ② ~ ⑦ (생 략) | ② ~ ⑦ (현행과 같음) |
| 〈신 설〉 | ⑧ 법 제6조 제4항 제2호에서 “대통령령으로 정하는 소득”이란 과세연도별 농업 외의 종합소득금액(「소득세법」 제4조 제1항 제1호에 따른 종합소득에서 농업 · 임업에서 발생하는 소득, 같은 법 제45조 제2항에 따른 부동산임대업에 |

| 개정 전 | 개정 후 |
| --- | --- |
| | 서 발생하는 소득 및 같은 법 시행령 제9조에 따른 농가부업소득을 제외한 금액을 말한다)을 말한다. |
| 〈신 설〉 | ⑨ 법 제6조 제4항 제2호에서 "대통령령으로 정하는 금액"이란 3,700만원을 말한다. |
| ⑧ 제1항에 따른 직전 연도 농업 외의 종합소득금액, 2년 이상 농업에 종사하는 사람을 확인하는 세부적인 기준, 감면신청 절차 및 그 밖에 필요한 사항은 행정안전부령으로 정한다. | ⑩ -------------------------------------------------------------------------------- 기준, 제8항에 따른 과세연도별 농업 외의 종합소득금액----------. |
| 제5조(어업을 주업으로 하는 사람 및 그 기준) ① 법 제9조 제1항에서 "대통령령으로 정하는 사람"이란 다음 각 호의 사람을 말한다. | 제5조(어업을 주업으로 하는 사람 및 그 기준) ① ----------------------------------------------------------------------------. |
| 1. (생 략) | 1. (현행과 같음) |
| 2. 지목이 양어장인 토지 또는 제3항에 따른 수조를 취득하여 그 취득세를 경감받으려는 사람으로서 해당 토지 또는 수조가 소재한 특별자치시·특별자치도·시·군·구 지역에 거주하면서 지목이 양어장인 토지를 소유하거나 임차한 사람과 그 배우자 중에서 1명 이상이 직접 법 제9조 제1항 각 호에 따른 어업을 전업으로 하는 사람. 다만, 직전 연도 어업 외의 종합소득금액(「소득세법」 제4조 제1항 제1호에 따른 종합소득에서 어업에서 발생하는 소득, 같은 법 제45조 제2항 각 호의 어느 하나에 해당하는 사업에서 발생하는 부동산임대소득 및 같은 법 시행령 제9조에 따른 농가부업소득을 제외한 금액을 말한다)이 「조세특례제한법 시행령」 제64조 제11항에 따른 금액 이상인 사람은 제외한다. | 2. -------------------------------------------------------------------------------------------------------------------------------------------------------------------------------------------------------------------------------------------------------------------------------------- 같은 법 제45조 제2항에 따른 부동산임대업에서 발생하는 소득 ------------------------------------------------------------------------------------. |
| ② ~ ④ (생 략) | ② ~ ④ (현행과 같음) |

**<지방세특례제한법 시행규칙>**

| 개정 전 | 개정 후 |
|---|---|
| 제2조의 2(자경농민 농지 감면 및 자영어민 어업용 토지 감면 소득기준 등의 범위) ① 영 제3조 제8항에서 "직전 연도 농업 외의 종합소득금액"이란 다음 각 호의 금액을 합산한 것을 말한다. | 제2조의 2(자경농민 농지 감면 및 자영어민 어업용 토지 감면 소득기준 등의 범위) ① 영 제3조 제1항 제3호에 따른 직전 연도 농업 외의 종합소득금액과 같은 조 제8항에 따른 과세연도별 농업 외의 종합소득금액은 각각 다음 각 호의 금액을 합산한 것으로 한다. |
| 1. ~ 3. (생 략) | 1. ~ 3. (현행과 같음) |
| ②·③ (생 략) | ②·③ (현행과 같음) |
| ④ 영 제5조 제4항에 따른 직전 연도 어업 외의 종합소득금액은 제1항 각 호의 금액을 합산한 것으로 한다. | ④ 영 제5조 제1항 제2호 단서------------------------------------------------------------------------. |
| ⑤·⑥ (생 략) | ⑤·⑥ (현행과 같음) |

## 2. 특별자치도 범위 규정 정비 등 (법 §6, §36의 3, §73, 영 §2 ⑥, §3 ①)

### 1 개정개요

| 개정 전 | 개정 후 |
|---|---|
| □ 지역 범위 적용시 특별자치도<br>○ (자경농민·귀농인, 생애최초 감면) 제주(관내 시·군 無) + 강원, 전북(관내 시·군 有)<br>○ (대체취득 감면) 수용된 지역 限 | □ 특별자치도 적용 범위 합리화<br>○ (자경농민·귀농인, 생애최초 감면) 제주로 한정<br>※ 강원·전북은 지역 범위를 시·군 기준 적용<br>○ (대체취득 감면) 수용된 지역 + 잇닿은 지역 추가 |

〈개정 내용〉

❶ 자경농민 등의 농지 감면 및 추징 규정(§6) 적용 시 관할 시·군이 있는 강원·전북의 경우 시·군을 대상으로 하도록 명확화

| 감면 및 추징 요건 | 주민등록 주소지 | 이외 지역으로 주소 이전 시 추징 또는 감면불가 |
|---|---|---|
| | ① 농지 소재 특별자치도·시·군·구 내 지역 | |
| | ② 농지 소재 특별자치도·시·군·구와 연접한 시·군·구 | |
| | ③ 농지 소재지로부터 30km 이내 지역 | |

❷ **토지수용으로 인한 대체취득**(§73)에 대한 감면 적용 대상에 **잇닿은 지역이 있는** 강원·전북특별자치도를 고려하여 **특별자치도 명시**

| 감면 요건 | 종전 부동산 | | 대체취득한 부동산 |
|---|---|---|---|
| | • 매수·수용·철거 | ⇨ | (①) 종전 부동산 소재 도·특별자치도<br>(②) ①과 잇닿아 있는 도*<br>* 제주의 경우 잇닿아 있는 지역이 없어 특자도 未규정 |
| 사례 | • 강원·전북특자도 내 부동산이 매수·수용·철거된 자가 **특자도와 잇닿은 지역의 부동산을 대체취득**하는 경우 **감면요건 부재**<br>⇒ **잇닿은 지역에 특별자치도 추가** | | |

**〈적용요령〉**

○ '25. 1. 1. 이후 납세의무 성립분부터 적용(부칙 §2)

※ 규정을 명확화 한 것으로 종전과 동일하게 적용(「강원특별법」, 「전북특별법」 §10 ⑧ 참조)

※ 다른 법령에서 특별자치도를 인용한 경우로서 특별자치도를 시 또는 군과 동격의 지방자치단체로 보도록 규정하는 경우에는 특별자치도에 강원·전북자치도를 포함하지 아니하는 것으로 보아 해당 법령을 적용함(「강원특별법」, 「전북특별법」 §10 ⑧)

## 2 개정조문

**〈지방세특례제한법〉**

| 개정 전 | 개정 후 |
|---|---|
| 제6조(자경농민의 농지 등에 대한 감면) ① ~ ③ (생 략)<br>④ 대통령령으로 정하는 바에 따라 「농업·농촌 및 식품산업 기본법」 제3조 제5호에 따른 농촌지역으로 이주하는 귀농인(이하 이 항에서 "귀농인"이라 한다)이 대통령령으로 정하는 기준에 따라 직접 경작 또는 직접 사용할 목적으로 대통 | 제6조(자경농민의 농지 등에 대한 감면) ① ~ ③ (현행과 같음)<br>④ ------------------------------------------------ |

| 개정 전 | 개정 후 |
|---|---|
| 령령으로 정하는 귀농일(이하 이 항에서 "귀농일"이라 한다)부터 3년 이내에 취득하는 농지, 「농지법」 등 관계 법령에 따라 농지를 조성하기 위하여 취득하는 임야 및 제2항에 따른 농업용 시설(농지, 임야 및 농업용 시설을 취득한 사람이 그 취득일부터 60일 이내에 귀농인이 되는 경우 그 농지, 임야 및 농업용 시설을 포함한다)에 대해서는 취득세의 100분의 50을 <u>2024년 12월 31일</u>까지 경감한다. 다만, 귀농인이 다음 각 호의 어느 하나에 해당하는 경우에는 경감된 취득세를 추징하되, 제3호 및 제4호의 경우에는 그 해당 부분에 한정하여 경감된 취득세를 추징한다. | ---------------------------------<br>---------------------------------<br>---------------------------------<br>---------------------------------<br>---------------------------------<br>---------------------------------<br>---------------------------------<br>-------------------- <u>2027년 12월 31일</u>--------------.<br>---------------------------------<br>---------------------------------<br>-----------------------. |
| 1. 정당한 사유 없이 귀농일부터 3년 이내에 주민등록 주소지를 취득 농지 및 임야 소재지 특별자치시ㆍ<u>특별자치도</u>ㆍ시ㆍ군ㆍ구(구의 경우에는 자치구를 말한다. 이하 같다), 그 지역과 연접한 시ㆍ군ㆍ구 또는 농지 및 임야 소재지로부터 30킬로미터 이내의 지역 외의 지역으로 이전하는 경우 | 1. ------------------------------<br>---------------------------------<br>--------------<u>특별자치도(관할 구역 안에 지방자치단체인 시ㆍ군이 없는 특별자치도를 말한다)</u>--------------------<br>---------------------------------<br>--------------------------- |
| 2. ~ 4. (생 략) | 2. ~ 4. (생 략) |
| 제36조의 3(생애최초 주택 구입에 대한 취득세 감면) ①ㆍ② (생 략) | 제36조의 3(생애최초 주택 구입에 대한 취득세 감면) ①ㆍ② (생 략) |
| ③ 제1항에서 "주택을 소유한 사실이 없는 경우"란 다음 각 호의 어느 하나에 해당하는 경우를 말한다. | ③ ------------------------------<br>---------------------------------<br>---------------------. |
| 1. (생 략) | 1. (현행과 같음) |
| 2. 「국토의 계획 및 이용에 관한 법률」 제6조에 따른 도시지역(취득일 현재 도시지역을 말한다)이 아닌 지역에 건축되어 있거나 면의 행정구역(수도권은 제외한다)에 건축되어 있는 주택으로서 다음 각 목의 어느 하나에 해당하는 주택을 소유한 자가 그 주택 소재지역에 거주하다가 <u>다른 지역(해당 주택 소재지역인</u> | 2. ------------------------------<br>---------------------------------<br>---------------------------------<br>---------------------------------<br>---------------------------------<br>---------------------------------<br>---------<u>다른 지역[해당 주택 소재지역인</u> |

| 개정 전 | 개정 후 |
| --- | --- |
| 특별시·광역시·특별자치시·특별자치도 및 시·군 이외의 지역을 말한다)으로 이주한 경우. 이 경우 그 주택을 감면대상 주택 취득일 전에 처분했거나 감면대상 주택 취득일부터 3개월 이내에 처분한 경우로 한정한다. | 특별시·광역시·특별자치시·특별자치도(관할 구역 안에 지방자치단체인 시·군이 없는 특별자치도를 말한다) 및 시·군 이외의 지역을 말한다]으로 ----. ---------------------------. |
| 가. ~ 다. (생 략) | 가. ~ 다. (현행과 같음) |
| 3. ~ 5. (생 략) | 3. ~ 5. (현행과 같음) |
| 제73조(토지수용 등으로 인한 대체취득에 대한 감면) ①「공익사업을 위한 토지 등의 취득 및 보상에 관한 법률」,「국토의 계획 및 이용에 관한 법률」,「도시개발법」 등 관계 법령에 따라 토지 등을 수용할 수 있는 사업인정을 받은 자(「관광진흥법」 제55조 제1항에 따른 조성계획의 승인을 받은 자 및「농어촌정비법」 제56조에 따른 농어촌정비사업 시행자를 포함한다)에게 부동산(선박·어업권·양식업권 및 광업권을 포함한다. 이하 이 조에서 "부동산등"이라 한다)이 매수, 수용 또는 철거된 자(「공익사업을 위한 토지 등의 취득 및 보상에 관한 법률」이 적용되는 공공사업에 필요한 부동산등을 해당 공공사업의 시행자에게 매도한 자 및 같은 법 제78조 제1항부터 제4항까지 및 제81조에 따른 이주대책의 대상이 되는 자를 포함한다)가 계약일 또는 해당 사업인정 고시일(「관광진흥법」에 따른 조성계획 고시일 및「농어촌정비법」에 따른 개발계획 고시일을 포함한다) 이후에 대체취득할 부동산등에 관한 계약을 체결하거나 건축허가를 받고, 그 보상금을 마지막으로 받은 날(사업인정을 받은 자의 사정으로 대체취득이 불가능한 경우에는 취득이 가능한 날을 말하고,「공익사업을 위한 토지 등의 취득 및 보상에 관한 법률」 제63조 제1항에 따라 토지로 보상을 받는 경우에는 해당 토지에 대한 취득이 가능한 날을 말하며, 같은 법 제63조 제6항 및 제7항에 따라 보상금을 | 제73조(토지수용 등으로 인한 대체취득에 대한 감면) ① ------------------------------------------------------------------------------------------------------------------------ |

| 개정 전 | 개정 후 |
|---|---|
| 채권으로 받는 경우에는 채권상환기간 만료일을 말한다)부터 1년 이내(제6조 제1항에 따른 농지의 경우는 2년 이내)에 다음 각 호의 구분에 따른 지역에서 종전의 부동산등을 대체할 부동산등을 취득하였을 때(건축 중인 주택을 분양받는 경우에는 분양계약을 체결한 때를 말한다)에는 그 취득에 대한 취득세를 면제한다. 다만, 새로 취득한 부동산등의 가액 합계액이 종전의 부동산등의 가액 합계액을 초과하는 경우에 그 초과액에 대해서는 취득세를 부과하며, 초과액의 산정 기준과 방법 등은 대통령령으로 정한다. | -------------------------------------------------------------------------------------------------------------------------------------------------------------------------------------. |
| 1. 농지 외의 부동산등 | 1. ------------------ |
| 가.·나. (생 략) | 가.·나. (현행과 같음) |
| 다. 매수·수용·철거된 부동산등이 있는 특별시·광역시·특별자치시·도와 잇닿아 있는 특별시·광역시·특별자치시·도내의 지역. 다만, 「소득세법」 제104조의 2 제1항에 따른 지정지역은 제외한다. | 다. -----------------------------------도·특별자치도---------------------------------------도·특별자치도-----------. ----------------------------. |
| 2. (생 략) | 2. (현행과 같음) |
| ②·③ (생 략) | ②·③ (현행과 같음) |

■ 법률 부칙

제2조(지방세 감면에 관한 적용례) … 제36조의 3 제1항·제2항, … 제73조 제1항 제1호 다목 본문, … 의 개정규정은 이 법 시행 이후 납세의무가 성립하는 경우부터 적용한다.

## 〈지방세특례제한법 시행령〉

| 개정 전 | 개정 후 |
|---|---|
| 제2조(지방세 감면규모 등) ① ~ ⑤ (생 략) | 제2조(지방세 감면규모 등) ① ~ ⑤ (현행과 같음) |
| ⑥ 법 제4조 제4항에 따라 지방세 감면을 받으려는 자는 그 사유가 발생한 날부터 30일 이내에 그 사유를 증명할 수 있는 서류를 갖추어 관할 | ⑥ ------------------------------------------------------------------------------------- |

| 개정 전 | 개정 후 |
|---|---|
| 특별자치시장·특별자치도지사·시장·군수·구청장(구청장은 자치구의 구청장을 말한다. 이하 "시장·군수·구청장"이라 한다)에게 지방세 감면을 신청하여야 한다.<br>⑦ ~ ⑨ (생 략) | ------------특별자치도지사(관할 구역 안에 지방자치단체인 시·군이 없는 특별자치도의 도지사를 말한다)-------------------------------------------.<br>⑦ ~ ⑨ (현행과 같음) |
| 제3조(자경농민 및 직접 경작농지의 기준 등) ① (생 략)<br>1. (생 략)<br>2. 제1호에 따른 농지의 소재지인 특별자치시·특별자치도·시·군·구(자치구를 말한다. 이하 "시·군·구"라 한다) 또는 그와 잇닿아 있는 시·군·구에 거주하거나 해당 농지의 소재지로부터 30킬로미터 이내의 지역에 거주할 것<br>3. (생 략)<br>② ~ ⑨ (생 략) | 제3조(자경농민 및 직접 경작농지의 기준 등) ① (현행과 같음)<br>1. (현행과 같음)<br>2. -------------------------------------- 특별자치도(관할 구역 안에 지방자치단체인 시·군이 없는 특별자치도를 말한다)------------------------------------------------------------------------------<br>3. (현행과 같음)<br>② ~ ⑨ (생 략) |

## 3. 국가 등 무상귀속 공공시설물 감면 연장(법 §13 ③·§76 ②·§77 ②·§85의 2 ① 4호 등)

### 1 개정개요

| 개정 전 | 개정 후 |
|---|---|
| □ 국가 등 무상귀속 공공시설물 감면(농어촌공사, LH, 수자원공사)<br>○ 재산세 100%<br>○ 재산세 도시지역분 100%<br>※ 최소납부세제 배제<br>○ 일몰기한 : '24.12.31. | □ 감면율 축소 및 연장<br>○ 재산세 100%(반대급부 無)<br>50%(반대급부 有)<br>※ 최소납부세제 배제<br>○ 일몰기한 : '27.12.31. |
| □ 국가 등 무상귀속 공공시설물 감면(지방공사)<br>- 재산세 100% | □ 감면율 축소 및 연장<br>- 재산세 100%(반대급부 無) |

| 개정 전 | 개정 후 |
| --- | --- |
| ※ 최소납부세제 배제<br>○ 일몰기한 : '24.12.31. | 50%(반대급부 有)<br>※ 최소납부세제 배제<br>○ 일몰기한 : '27.12.31. |

〈개정내용〉

○ 택지개발사업 등 공공개발사업 지원을 위해 **감면을 3년 연장**하되,

- **과세형평성 제고 및 목적세적 성격의 재산세 도시지역분 감면은 정비**
- 세목간 정합성 등을 고려하여 취득세와 동일하게 **반대급부 유·무에 따라 재산세 감면율 차등적용**

※ 기존 취득세 감면과 동일한 방식으로 운영

〈적용요령〉

○ '25. 1. 1. 이후 납세의무가 성립하는 경우부터 적용(부칙 §2)

## 2 개정조문

〈지방세특례제한법〉

| 개정 전 | 개정 후 |
| --- | --- |
| 제13조(한국농어촌공사의 농업 관련 사업에 대한 감면) ①·② (생 략)<br>③ 제2항 제4호에 따라 취득하는 부동산 중 택지개발사업지구 및 단지조성사업지구에 있는 부동산으로서 관계 법령에 따라 국가 또는 지방자치단체에 무상으로 귀속될 공공시설물 및 그 부속토지와 공공시설용지에 대해서는 재산세(「지방세법」 제112조에 따른 부과액을 포함한다)를 2024년 12월 31일까지 면제한다. 이 경우 공공시설물 및 그 부속토지의 범위는 대통령령으로 정한다. | 제13조(한국농어촌공사의 농업 관련 사업에 대한 감면) ①·② (현행과 같음)<br>③ 제2항 제4호에 따라 취득하는 부동산 중 택지개발사업지구 및 단지조성사업지구에 있는 부동산으로서 관계 법령에 따라 국가 또는 지방자치단체에 무상으로 귀속될 공공시설물 및 그 부속토지와 공공시설용지(이하 이 조에서 "공공시설물등"이라 한다)에 대해서는 재산세를 2027년 12월 31일까지 면제한다. 다만, 국가 또는 지방자치단체에 무상으로 귀속될 공공시설물등의 반대급부로 국가 또는 지방자치단체가 소유하고 있는 부동산 또는 사회기반시설을 무상으로 양여받거나 해당 공공시설물등의 무상사용권을 제공받는 경우에는 재산세의 100분의 50을 2027년 12월 31일까지 경감한다. |

| 개정 전 | 개정 후 |
| --- | --- |
| 〈신 설〉 | ④ 제3항을 적용할 때 공공시설물등의 범위는 대통령령으로 정한다. |
| 第76조(택지개발용 토지 등에 대한 감면) ① (생 략)<br>② 한국토지주택공사가 국가 또는 지방자치단체의 계획에 따라 제3자에게 공급할 목적으로 대통령령으로 정하는 사업에 직접 사용하기 위하여 취득하는 부동산 중 택지개발사업지구 및 단지조성사업지구에 있는 부동산으로서 관계 법령에 따라 국가 또는 지방자치단체에 무상으로 귀속될 공공시설물 및 그 부속토지와 공공시설용지에 대해서는 재산세(「지방세법」 제112조에 따른 부과액을 포함한다)를 2024년 12월 31일까지 면제한다. 이 경우 공공시설물 및 그 부속토지의 범위는 대통령령으로 정한다.<br><br>〈신 설〉 | 第76조(택지개발용 토지 등에 대한 감면) ① (현행과 같음)<br>② 한국토지주택공사가 국가 또는 지방자치단체의 계획에 따라 제3자에게 공급할 목적으로 대통령령으로 정하는 사업에 직접 사용하기 위하여 취득하는 부동산 중 택지개발사업지구 및 단지조성사업지구에 있는 부동산으로서 관계 법령에 따라 국가 또는 지방자치단체에 무상으로 귀속될 공공시설물 및 그 부속토지와 공공시설용지(이하 이 항 및 제3항에서 "공공시설물등"이라 한다)에 대해서는 재산세를 2027년 12월 31일까지 면제한다. 다만, 국가 또는 지방자치단체에 무상으로 귀속될 공공시설물등의 반대급부로 국가 또는 지방자치단체가 소유하고 있는 부동산 또는 사회기반시설을 무상으로 양여받거나 해당 공공시설물등의 무상사용권을 제공받는 경우에는 재산세의 100분의 50을 2027년 12월 31일까지 경감한다.<br>③ 제2항을 적용할 때 공공시설물등의 범위는 대통령령으로 정한다. |
| 第77조(수자원공사의 단지조성용 토지에 대한 감면) ① (생 략)<br>② 「한국수자원공사법」에 따라 설립된 한국수자원공사가 국가 또는 지방자치단체의 계획에 따라 분양의 목적으로 취득하는 부동산 중 택지개발사업지구 및 단지조성사업지구에 있는 부동산으로서 관계 법령에 따라 국가 또는 지방자치단체에 무상으로 귀속될 공공시설물 및 그 부속토지와 공공시설용지에 대해서는 재산세(「지방세법」 제112조에 따른 부과액을 포함한다)를 2024년 12월 31일까지 면제한다. 이 경우 공공시설물 | 第77조(수자원공사의 단지조성용 토지에 대한 감면) ① (현행과 같음)<br>② 「한국수자원공사법」에 따라 설립된 한국수자원공사가 국가 또는 지방자치단체의 계획에 따라 분양의 목적으로 취득하는 부동산 중 택지개발사업지구 및 단지조성사업지구에 있는 부동산으로서 관계 법령에 따라 국가 또는 지방자치단체에 무상으로 귀속될 공공시설물 및 그 부속토지와 공공시설용지(이하 이 조에서 "공공시설물등"이라 한다)에 대해서는 재산세를 2027년 12월 31일까지 면제한다. 다만, 국가 또 |

| 개정 전 | 개정 후 |
|---|---|
| 및 그 부속토지의 범위는 대통령령으로 정한다. | 는 지방자치단체에 무상으로 귀속될 공공시설물등의 반대급부로 국가 또는 지방자치단체가 소유하고 있는 부동산 또는 사회기반시설을 무상으로 양여받거나 해당 공공시설물등의 무상사용권을 제공받는 경우에는 재산세의 100분의 50을 2027년 12월 31일까지 경감한다. |
| 〈신 설〉 | ③ 제2항을 적용할 때 공공시설물등의 범위는 대통령령으로 정한다. |
| 제85조의 2(지방공기업 등에 대한 감면) ①「지방공기업법」 제49조에 따라 설립된 지방공사(이하 이 조에서 "지방공사"라 한다)에 대해서는 다음 각 호에서 정하는 바에 따라 2025년 12월 31일(제4호의 경우에는 2024년 12월 31일)까지 지방세를 감면한다. | 제85조의 2(지방공기업 등에 대한 감면) ① ---------------------------------------------------------------------------------------------------- 2027년 12월 31일------------------. |
| 1. ~ 3. (생 략) | 1. ~ 3. (현행과 같음) |
| 4.「지방공기업법」 제2조 제1항 제7호 및 제8호에 따른 사업용 부동산 중 택지개발사업지구 및 단지조성사업지구에 있는 부동산으로서 관계 법령에 따라 국가 또는 지방자치단체에 무상으로 귀속될 공공시설물 및 그 부속토지와 공공시설용지에 대해서는 재산세를 면제한다. 이 경우 공공시설물 및 그 부속토지와 공공시설용지의 범위는 대통령령으로 정한다. | 4.「지방공기업법」 제2조 제1항 제7호 및 제8호에 따른 사업용 부동산 중 택지개발사업지구 및 단지조성사업지구에 있는 부동산으로서 관계 법령에 따라 국가 또는 지방자치단체에 무상으로 귀속될 공공시설물 및 그 부속토지와 공공시설용지(이하 이 호 및 제5호에서 "공공시설물등"이라 한다)에 대해서는 재산세를 면제한다. 다만, 국가 또는 지방자치단체에 무상으로 귀속될 공공시설물등의 반대급부로 국가 또는 지방자치단체가 소유하고 있는 부동산 또는 사회기반시설을 무상으로 양여받거나 해당 공공시설물등의 무상사용권을 제공받는 경우에는 재산세의 100분의 50을 경감한다. |
| 〈신 설〉 | 5. 제4호를 적용할 때 공공시설물등의 범위는 대통령령으로 정한다. |
| ②·③ (생 략) | ②·③ (현행과 같음) |

■ 법률 부칙

제2조(지방세 감면에 관한 적용례) 제13조 제3항·제4항, … 제76조 제2항·제3항, 제77조 제2항·제3항, … 제85조의 2 제1항 제4호·제5호의 개정규정은 이 법 시행 이후 납세의무가 성립하는 경우부터 적용한다.

〈지방세특례제한법 시행령〉

| 개정 전 | 개정 후 |
|---|---|
| 제6조(공공시설물의 범위) 법 제13조 제3항 후단에 따른 공공시설물 및 그 부속토지는 공용청사·도서관·박물관·미술관 등의 건축물과 그 부속토지 및 도로·공원 등으로 한다. 이 경우 공공시설용지의 범위는 해당 사업지구의 실시계획 승인 등으로 공공시설용지가 확정된 경우에는 확정된 면적으로 하고, 확정되지 아니한 경우에는 해당 사업지구 총면적의 100분의 45(산업단지조성사업의 경우에는 100분의 35로 한다)에 해당하는 면적으로 한다. | 제6조(공공시설물 등의 범위) 법 제13조 제3항에 따른 공공시설물 및 그 부속토지와 공공시설용지---------------------------------------. ------------------------------------------------------------------------------------------------------------------------------------------------. |
| 제36조(공급목적사업의 범위 등) ① 법 제76조 제1항 및 같은 조 제2항 전단에서 "대통령령으로 정하는 사업"이란 각각 다음 각 호의 어느 하나에 해당하는 사업을 말한다.<br>1. ~ 6. (생 략)<br>② 법 제76조 제2항 후단에 따른 공공시설물 및 그 부속토지의 범위는 제6조에 따른다. | 제36조(공급목적사업의 범위 등) ① ----------------------- 같은 조 제2항 본문----------------------------------------------------------.<br>1. ~ 6. (현행과 같음)<br>② 법 제76조 제2항에 따른 공공시설물 및 그 부속토지와 공공시설용지의 범위는 제6조에 따른다. |
| 제37조(공공시설물의 범위) 법 제77조 제2항 후단에 따른 공공시설물 및 그 부속토지의 범위는 제6조에 따른다. | 제37조(공공시설물 등의 범위) 법 제77조 제2항에 따른 공공시설물 및 그 부속토지와 공공시설용지의 범위는 제6조에 따른다 |
| 제41조의 2(지방공기업 등에 대한 지방자치단체 투자비율 및 공공시설물의 범위) ① (생 략) | 제41조의 2 (지방공기업 등에 대한 지방자치단체 투자비율 및 공공시설물의 범위) ① (현행과 같음) |

| 개정 전 | 개정 후 |
|---|---|
| ② 법 제85조의 2 제1항 제4호에 따라 재산세를 면제하는 공공시설물 및 그 부속토지와 공공시설용지의 범위는 제6조에 따른다. | ② 법 제85조의 2 제1항 제4호에 따른 공공시설물 및 그 부속토지와 공공시설용지의 범위는 제6조에 따른다. |

## 4. 한센인 거주지역 감면 연장 및 명칭 명확화 (법 §17의 2 ①·②)

### 1 개정개요

| 개정 전 | 개정 후 |
|---|---|
| □ 감면대상<br>○ 한센인의 치료·재활·자활 등을 위하여 집단으로 정착하여 거주하는 지역(한센인 정착농원) 내 부동산<br>※ 해당 지역 목록을 대통령령에 위임<br>○ 감면대상 및 감면율<br>- 취득세·재산세(도시지역분 포함), 지역자원시설세 100%<br>※ 최소납부세제 배제<br>○ 일몰기한 : '24.12.31 | □ 감면연장 및 명칭 명확화<br>○ 한센인의 치료·재활·자활 등을 위하여 집단으로 정착하여 거주하는 지역(한센인 정착마을) 내 부동산<br>※ 해당 지역 목록을 대통령령에 위임<br>○ (현행과 같음)<br>○ 일몰기한 : '27.12.31. |

**〈개정내용〉**

○ 질병·고령·저소득 등의 문제를 겪는 한센인에 대한 지속적인 지원 필요성을 인정하여 **현행 감면을 연장**하되,

- 「한센병사업 관리지침」(질병관리청)에 따라 "한센인 정착농원"의 명칭을 "**한센인 정책마을**"로 개정

**〈적용요령〉**

○ 2025년 1월 1일부터 시행(부칙 §1)

※ 종전 규정을 명확화(명칭 현행화) 한 것으로 종전과 동일하게 적용하되, 시행령 별표 개정사항은 2025년 1월 1일이후 납세의무 성립분부터 적용(영 부칙 §2)

## 2 개정조문

### 〈지방세특례제한법〉

| 개정 전 | 개정 후 |
|---|---|
| 제17조의 2(한센인 및 한센인정착농원 지원을 위한 감면) ① 한센병에 걸린 사람 또는 한센병에 걸렸다가 치료가 종결된 사람(이하 이 조에서 "한센인"이라 한다)이 한센인의 치료·재활·자활 등을 위하여 집단으로 정착하여 거주하는 지역으로서 거주목적, 거주형태 등을 고려하여 대통령령으로 정하는 지역(이하 이 조에서 "한센인정착농원"이라 한다) 내의 다음 각 호의 부동산을 취득하는 경우에는 취득세를 2024년 12월 31일까지 면제한다. | 제17조의 2(한센인 및 한센인정착마을 지원을 위한 감면) ① ------------------------------------------------------------------------------------------------------------------------------------------한센인정착마을------------------------------------------------------ 2027년 12월 31일--------------. |
| 1.·2. (생 략) | 1.·2. (현행과 같음) |
| 3. 한센인의 재활사업에 직접 사용하기 위한 부동산(한센인정착농원의 대표자나 한센인이 취득하는 경우로 한정한다) | 3. ------------------------------------한센인정착마을------------------------------------ |
| ② 한센인이 과세기준일 현재 소유하는 한센인정착농원 내의 부동산(제1항 각 호의 부동산을 말한다)에 대해서는 재산세(「지방세법」 제112조에 따른 부과액을 포함한다) 및 「지방세법」 제146조 제3항에 따른 지역자원시설세를 각각 2024년 12월 31일까지 면제한다. | ② ------------------------------ 한센인정착마을 ------------------------------------------------------------------------------------------------------------------------ 2027년 12월 31일-------. |

### 〈지방세특례제한법 시행령〉

| 개정 전 | 개정 후 |
|---|---|
| 제8조의 2(한센인정착농원의 범위) 법 제17조의 2제1항 각 호 외의 부분에서 "대통령령으로 정하는 지역"이란 별표에 따른 지역을 말한다. | 제8조의 2(한센인정착마을의 범위) ------------------------------------------------------ 별표 1----------------. |

■ 시행령 부칙

제2조(한센인 및 한센인정착마을 지원을 위한 지방세 면제에 관한 적용례) 제8조의 2 및 별표 1의 개정규정은 이 영 시행 이후 납세의무가 성립하는 경우부터 적용한다.

## 참고 한센인 정착마을 현황

| 시 · 도 | 마을명 | 소재지(일원) |
|---|---|---|
| 서울특별시 | 헌인마을 | 서울특별시 서초구 헌릉로 422길 19 |
| 부산광역시 | 구평마을 | 부산광역시 사하구 두송로 144번길 10 |
| | 계림마을 | 부산광역시 사하구 하신중앙로 3번다길 7 |
| | 낙원마을 | 부산광역시 기장군 정관면 용수공단2길 64-20 |
| 인천광역시 | 부평마을 | 인천광역시 남동구 만월북로 41 |
| | 청천마을 | 인천광역시 부평구 서달로298번길 62-3 |
| | 경인마을 | 인천광역시 부평구 이규보로 64 |
| 울산광역시 | 성혜마을 | 울산광역시 북구 성혜1길 45 |
| 경기도 | 천성마을 | 경기도 양주시 부흥로 1241번길 6 |
| | 장자마을 | 경기도 포천시 신북면 장자경제로 103-28 |
| | 성생마을 | 경기도 남양주시 화도읍 마치로 326 |
| | 협동마을 | 경기도 남양주시 의안로 260번길 44 |
| | 상록마을 | 경기도 양평군 양동면 상록안길 15 |
| | 다온마을 | 경기도 연천군 청산면 초대로 205 |
| 강원특별자치도 | 대명마을 | 강원특별자치도 원주시 호저면 하만종 3길 23 |
| 세종특별자치시 | 충광마을 | 세종특별자치시 부강면 시목부강로 481-27 |
| 충청북도 | 청원마을 | 충청북도 청주시 청원구 내수읍 원통숲안길 71 |
| 충청남도 | 성광마을 | 충청남도 논산시 광석면 장마루로 598번길 8 |
| | 영락마을 | 충청남도 서산시 운산면 군장동대길 123-1 |
| 전북특별자치도 | 익산마을 | 전북특별자치도 익산시 왕궁면 구은동길 5 |
| | 금오마을 | 전북특별자치도 익산시 왕궁면 금오1길 8 |
| | 신촌마을 | 전북특별자치도 익산시 왕궁면 구덕신촌길 49-1 |
| | 상지마을 | 전북특별자치도 익산시 함열읍 상지원길 67 |
| | 비룡마을 | 전북특별자치도 김제시 용지면 용수3길 19 |
| | 신암마을 | 전북특별자치도 김제시 용지면 신암길 2길 6 |
| | 신흥마을 | 전북특별자치도 김제시 용지면 용수6길 128 |
| | 정애마을 | 전북특별자치도 정읍시 이평면 궁동길 221 |
| | 보성마을 | 전북특별자치도 남원시 보성길 76-2 |
| | 성자마을 | 전북특별자치도 순창군 순창읍 성자길 130 |

| 시 · 도 | 마을명 | 소재지(일원) |
|---|---|---|
| | 호암마을 | 전북특별자치도 고창군 고창읍 호암안길 11-5 |
| 전라남도 | 현애마을 | 전라남도 나주시 노안면 유현2길 19 |
| | 호혜마을 | 전라남도 나주시 산포면 새벽길 42-9 |
| | 여천마을 | 전라남도 여수시 율촌면 신풍리 구암길 289 |
| | 도성마을 | 전라남도 여수시 율촌면 피득촌길 1-2 |
| | 영민마을 | 전라남도 영광군 묘량면 덕흥길2길 6 |
| | 영호마을 | 전라남도 영암군 도포면 영호길 2-6 |
| | 성진마을 | 전라남도 장성군 북일면 성진길 56 |
| | 재생마을 | 전라남도 함평군 학교면 영산로 3933-25 |
| 경상북도 | 성곡마을 | 경북 포항시 북구 흥해읍 성곡리 182번길 66 |
| | 희망마을 | 경상북도 경주시 천북면 신당소티고개길 176 |
| | 삼애마을 | 경상북도 김천시 속구미 3길 76 |
| | 광신마을 | 경상북도 김천시 대덕면 화전4길 295-10 |
| | 계명마을 | 경상북도 안동시 안동시 풍산읍 죽전길 305-3 |
| | 영천마을 | 경상북도 영천시 유봉길 32-8 |
| | 성심마을 | 경상북도 상주시 공검면 역곡4길 22 |
| | 상신마을 | 경상북도 문경시 농암면 상신농장길 87 |
| | 금성마을 | 경상북도 의성군 금성면 도경4길 127 |
| | 경애마을 | 경상북도 의성군 금성면 탑리6길 39-15 |
| | 신락마을 | 경상북도 의성군 다인면 신락3길 47 |
| | 신애마을 | 경상북도 영덕군 지품면 신애길 86 |
| | 명진마을 | 경상북도 청도군 청도읍 중앙로 84-464 |
| | 성신마을 | 경상북도 성주군 초전면 용봉길 80 |
| | 칠곡마을 | 경상북도 칠곡군 지천면 연호2길 33 |
| | 삼청마을 | 경상북도 칠곡군 왜관읍 삼청5길 70-16 |
| | 낙산마을 | 경상북도 칠곡군 지천면 새마을 1길 8 |
| | 갱화마을 | 경상북도 봉화군 봉성면 봉명로 92-64 |
| | 벧엘마을 | 경상북도 칠곡군 지천면 낙산로4길 38-15 |
| 경상남도 | 덕촌마을 | 경상남도 김해시 한림면 용덕로 117-1 |
| | 양지마을 | 경상남도 김해시 생림면 안양로 274번길 61 |
| | 낙동마을 | 경상남도 김해시 대동면 동북로 178번길 23-11 |

| 시 · 도 | 마을명 | 소재지(일원) |
|---|---|---|
| | 대동마을 | 경상남도 김해시 대동면 동북로 227번길 12-1 |
| | 상동마을 | 경상남도 김해시 상동면 동북로 473번길 266 |
| | 득성마을 | 경상남도 함안군 함안면 괴산2길 41 |
| | 향촌마을 | 경상남도 함안군 칠서면 향촌길 123 |
| | 여명마을 | 경상남도 함안군 군북면 여명안길 42-6 |
| | 신생마을 | 경상남도 밀양시 무안면 신생길 90 |
| | 소혜마을 | 경상남도 창녕군 창녕읍 창서1길 16 |
| | 신촌마을 | 경상남도 의령군 용덕면 용덕2길 40-33 |
| | 광명마을 | 경상남도 진주시 수곡면 원외길 22-3 |
| | 신광마을 | 경상남도 진주시 내동면 삼계로 140번길 29-1 |
| | 소아마을 | 경상남도 진주시 일반성면 반성로 127번길 49-10 |
| | 영복마을 | 경상남도 사천시 영복1길 74-11 |
| | 산성마을 | 경상남도 고성군 거류면 감서5길 95-17 |
| | 성진마을 | 경상남도 고성군 고성읍 교사4길 17-7 |
| | 영신마을 | 경상남도 하동군 적량면 황금길 44 |
| | 팔복마을 | 경상남도 합천군 율곡면 영전1길 15-34 |
| | 거창마을 | 경상남도 거창군 거창읍 동산길 55 |
| | 협성마을 | 경상남도 거창군 거창읍 성산길 132-23 |
| | 금호마을 | 경상남도 함양군 수동면 금호길 10 |
| | 성애마을 | 경상남도 함양군 유림면 성애길 498-1 |
| | 경호마을 | 경상남도 산청군 산청읍 산청대로 1381번길 65-28 |

## 5. 위탁운영 직장어린이집 등 감면 확대 및 연장(법 §19 ①·②)

### 1 개정개요

| 개정 전 | 개정 후 |
|---|---|
| □ 감면대상별 감면율<br>○ 유치원 등 직접사용을 위해 취득한 부동산<br>- 취득세·재산세<br>(도시지역분 포함) 100%<br>※ 최소납부세제 적용<br>○ 직장어린이집 설치의무 사업주가 직장어린이집 위탁운영을 위해 취득한 부동산<br>- 취득세 50%,<br>재산세(도시지역분 포함) 100%<br>※ 최소납부세제 적용<br>○ 일몰기한 : '24.12.31. | □ 감면 확대 및 연장<br>○ (현행과 같음)<br><br><br><br>○ 직장어린이집 설치의무에 관계 없이 사업주가 직장어린이집 위탁운영을 위해 취득한 부동산<br>- 취득세 100%,<br>재산세(도시지역분 포함) 100%<br>※ 최소납부세제 적용<br>○ 일몰기한 : '27.12.31. |

〈개정내용〉

○ 안정적 보육환경 조성을 통한 저출생 완화 및 유치원·어린이집의 운영부담 경감을 지원하기 위해 **현행 감면을 연장**하되,

- **직장 어린이집에 대한 감면의 대상**을 당초 설치의무대상* 위탁운영 직장어린이집에서 **모든 위탁운영 직장어린이집으로 확대**

* 상시 여성근로자 300명 이상 또는 상시근로자 500명 이상을 고용한 사업장(「영유아보육법」 §10)

〈적용요령〉

○ '25. 1. 1. 이후 납세의무가 성립하는 경우부터 적용(부칙 §2)

### 2 개정조문

〈지방세특례제한법〉

| 개정 전 | 개정 후 |
|---|---|
| 제19조(어린이집 및 유치원에 대한 감면) ①「영유아보육법」에 따른 어린이집 및 「유아교육법」 | 제19조(어린이집 및 유치원에 대한 감면) ①「영유아보육법」에 따른 어린이집 및 「유아교육법」 |

| 개정 전 | 개정 후 |
|---|---|
| 에 따른 유치원(이하 이 조에서 "유치원등"이라 한다)으로 직접 사용하기 위하여 취득하는 부동산에 대해서는 취득세를 2024년 12월 31일까지 면제하고, 「영유아보육법」 제14조에 따라 직장어린이집을 설치하여야 하는 사업주가 같은 법 제24조 제3항에 따라 법인·단체 또는 개인에게 위탁하여 운영하기 위하여 취득하는 부동산에 대해서는 취득세의 100분의 50을 2024년 12월 31일까지 경감한다. | 에 따른 유치원(이하 이 조에서 "유치원등"이라 한다)으로 직접 사용하기 위하여 취득하는 부동산 및 「영유아보육법」 제10조 제4호에 따른 직장어린이집을 법인·단체 또는 개인에게 위탁하여 운영(대통령령으로 정하는 사업주가 직장어린이집을 설치하는 경우로서 해당 직장어린이집을 법인·단체 또는 개인에게 위탁하여 운영하는 경우를 포함한다)하기 위하여 취득하는 부동산에 대해서는 취득세를 2027년 12월 31일까지 면제한다. |
| ② 다음 각 호의 부동산에 대해서는 재산세(「지방세법」 제112조에 따른 부과액을 포함한다)를 2024년 12월 31일까지 면제한다. | ② ------------------------------------------------------------------------------------ 2027년 12월 31일---------------. |
| 1.·2. (생 략) | 1.·2. (현행과 같음) |
| ③ (생 략) | ③ (현행과 같음) |

■ 법률 부칙

제2조(지방세 감면에 관한 적용례) … 제19조 제1항, … 개정규정은 이 법 시행 이후 납세의무가 성립하는 경우부터 적용한다.

## 〈지방세특례제한법 시행령〉

| 개정 전 | 개정 후 |
|---|---|
| 제8조의 3(영유아어린이집 등에 사용하는 부동산의 범위) 〈신 설〉 | 제8조의 3(영유아어린이집 등에 사용하는 부동산의 범위 등) ① 법 제19조 제1항에서 "대통령령으로 정하는 사업주"란 「영유아보육법 시행령」 제20조 제5항에 따른 사업주를 말한다. |
| 법 제19조 제2항 제2호에서 "대통령령으로 정하는 부동산"이란 다음 각 호의 어느 하나에 해당하는 부동산을 말한다. | ② ------------------------------------------------------------------------------------------------------------. |
| 1. ~ 3. (생 략) | 1. ~ 3. (현행과 같음) |
| 4. 「영유아보육법」 제14조 제1항에 따라 사업주가 공동으로 설치·운영하는 직장어린이집 | 4. 「영유아보육법」 제14조 제1항 단서 ------------------------------------------ |

| 개정 전 | 개정 후 |
| --- | --- |
| 또는 같은 법 제24조 제3항에 따라 법인·단체 또는 개인에게 위탁하여 운영하는 직장어린이집의 경우 해당 부동산 | ------ 같은 조 제1항 및 같은 법 시행령 제20조 제5항에 따라 설치한 직장어린이집으로서 -------------------- |

참고 **관련 법령**

□ **영유아보육법**

○ **제14조(직장어린이집의 설치 등)** ① 대통령령으로 정하는 일정 규모 이상의 사업장의 사업주는 직장어린이집을 설치하여야 한다. 다만, 사업장의 사업주가 직장어린이집을 단독으로 설치할 수 없을 때에는 **사업주 공동으로 직장어린이집을 설치·운영**하거나, 지역의 **어린이집과 위탁계약**을 맺어 근로자 자녀의 보육을 지원(이하 이 조에서 "위탁보육"이라 한다)하여야 한다.

○ **제24조(어린이집의 운영기준 등)** ③ 제14조에 따라 직장어린이집을 설치한 사업주는 이를 법인·단체 또는 개인에게 위탁하여 운영할 수 있다.

## 6. 일반적 추징조항 적용 제외대상 확대(법 §20, §71, 영 §8의 4)

### 1 개정개요

| 개정 전 | 개정 후 |
|---|---|
| □ 일반적 추징조항 적용<br>○ 노인복지지설, 물류단지개발용 부동산은 취득 후 1년 이내 직접 사용하지 않을시 추징 | □ 맞춤형 추징규정 신설<br>○ 유형별 추징 규정 신설 |

〈개정내용〉

○ 각 감면 조항에서 별도로 추징요건을 규정하지 않는 경우 **일반적 추징규정***에 따라 추징요건이 적용되나,

* 1년 이내 직접 사용 未개시, 직접사용일로부터 2년 내 매각·증여 또는 他용도 사용

- **노인복지시설용 부동산**이나 **물류단지개발용 부동산**에 대한 감면은 사업특성을 고려하여 **별도의 추징규정 신설**

※ (노인복지시설) 설치기준 충족 등을 위해 기간 소요, (물류단지) 대규모 개발사업

〈노인복지시설〉

○ 취득일부터 **1년 이내 직접 사용** 未개시, 직접 사용일부터 2년내 **매각·증여 또는 他용도 사용시** 추징하되,

- 「건축법」에 따른 **신축·증축 또는 대수선**을 하는 경우 **해당 토지**에 대하여는 직접사용 개시시점을 **3년으로 적용**

※ 신·증축 또는 대수선으로 취득하는 건축물은 1년 이내 직접사용 해야 하는 점에 유의

〈물류단지개발사업〉

○ **물류단지개발용** 토지 감면의 단계별·유형별 **추징 규정 신설**

- ① 물류단지 **지정이 해제***되는 경우, ② 취득일부터 **3년 이내 준공인가**를 받지못한 경우, ③ 준공인가일부터 **3년 이내** 분양·임대·직접 사용 未개시, ④ 시행자의 직접 사용일부터 2년내 **매각·증여** 또는 **他용도 사용시** 추징

* **「물류시설법」 제26조 제2항 제2호에 따른 해제**(개발 완료 물류단지(준공된 지 20년 이상)가 주변상황과 물류산업여건 변화로 물류단지 기능수행이 어려운 경우)**는 제외**

〈적용요령〉

○ '25. 1. 1. 이후 지방세를 감면 받는 경우부터 적용(부칙 §3)

## 2 개정조문

〈지방세특례제한법〉

| 개정 전 | 개정 후 |
|---|---|
| 제20조(노인복지시설에 대한 감면) (생 략)<br><br>〈신 설〉 | 제20조(노인복지시설에 대한 감면) ① (현행 제목 외의 부분과 같음)<br>② 제1항에 따라 취득세를 감면받은 자가 다음 각 호의 어느 하나에 해당하는 경우 그 해당 부분에 대해서는 감면된 취득세를 추징한다.<br>1. 정당한 사유 없이 부동산의 취득일부터 1년(「건축법」에 따른 신축·증축 또는 대수선을 하는 경우 해당 토지에 대해서는 3년)이 경과할 때까지 해당 용도로 직접 사용하지 아니하는 경우<br>2. 해당 용도로 직접 사용한 기간이 2년 미만인 상태에서 부동산을 매각·증여하거나 다른 용도로 사용하는 경우 |
| 제71조(물류단지 등에 대한 감면) ① 「물류시설의 개발 및 운영에 관한 법률」 제27조에 따른 물류단지개발사업의 시행자가 같은 법 제22조 제1항에 따라 지정된 물류단지(이하 이 조에서 "물류단지"라 한다)를 개발하기 위하여 취득하는 부동산에 대해서는 취득세의 100분의 35를, 과세기준일 현재 해당 사업에 직접 사용하는 부동산에 대해서는 재산세의 100분의 25를 각각 2025년 12월 31일까지 경감한다. 이 경우 지방자치단체의 장은 재산세에 대해서는 해당 지역의 재정여건 등을 고려하여 100분의 10의 범위에서 조례로 정하는 율을 추가로 경감할 수 있다. | 제71조(물류단지 등에 대한 감면) ① 「물류시설의 개발 및 운영에 관한 법률」 제27조에 따른 물류단지개발사업의 시행자가 같은 법 제22조 제1항에 따라 지정된 물류단지(이하 이 조에서 "물류단지"라 한다)를 개발하기 위하여 취득하는 부동산에 대해서는 취득세의 100분의 35를, 과세기준일 현재 해당 사업에 직접 사용하는 부동산에 대해서는 재산세의 100분의 25를 각각 2025년 12월 31일까지 경감하며, 지방자치단체의 장은 재산세에 대해서는 해당 지역의 재정여건 등을 고려하여 100분의 10의 범위에서 조례로 정하는 율을 추가로 경감할 수 있다. 다만, 다음 각 호의 어느 하나에 해당하는 경우에는 경감된 취득세와 재산세를 추징하되, 제2호부터 제4호까지의 경우에는 그 해당 부분에 한정하 |

| 개정 전 | 개정 후 |
| --- | --- |
| | 여 추징한다. |
| 〈신 설〉 | 1. 「물류시설의 개발 및 운영에 관한 법률」 제26조 제1항 및 제2항 제1호에 따라 물류단지의 지정이 해제되는 경우 |
| 〈신 설〉 | 2. 그 취득일부터 3년 이내에 정당한 사유 없이 「물류시설의 개발 및 운영에 관한 법률」 제46조에 따른 준공인가를 받지 아니한 경우 |
| 〈신 설〉 | 3. 「물류시설의 개발 및 운영에 관한 법률」 제46조에 따른 준공인가를 받은 날부터 3년 이내에 정당한 사유 없이 해당 용도로 분양·임대하지 아니하거나 직접 사용하지 아니한 경우 |
| 〈신 설〉 | 4. 해당 용도로 직접 사용한 기간이 2년 미만인 상태에서 매각·증여하거나 다른 용도로 사용하는 경우 |
| ②·③ (생 략) | ②·③ (현행과 같음) |

■ 법률 부칙

**제3조(감면 지방세 추징에 관한 적용례)** 제20조 제2항, 제44조의 2 제3항 및 제71조 제1항 단서의 개정규정은 이 법 시행 이후 지방세를 감면받는 경우부터 적용한다.

## 〈지방세특례제한법 시행령〉

| 개정 전 | 개정 후 |
| --- | --- |
| 제8조의 4(무료 노인복지시설의 범위) 법 제20조 제1호에서 "대통령령으로 정하는 무료 노인복지시설"이란 「노인복지법」 제31조에 따른 노인여가복지시설·노인보호전문기관·노인일자리지원기관·노인주거복지시설·노인의료복지시설 또는 재가노인복지시설로서 다음 각 호의 어느 하나에 해당하는 시설을 말한다. | 제8조의 4(무료 노인복지시설의 범위) 법 제20조 제1항 제1호------------------------------------------------------------------------------------------------------------------------------------------------------------. |
| 1.·2. (생 략) | 1.·2. (현행과 같음) |

참고 **관련 법령**

□ **물류시설의 개발 및 운영에 관한 법률**

○ **제2조(정의)** 6. "물류단지"란 물류단지시설과 지원시설을 집단적으로 설치·육성하기 위하여 제22조 또는 제22조의 2에 따라 지정·개발하는 일단(一團)의 토지 및 시설로서 도시첨단물류단지와 일반물류단지를 말한다.

○ **제22조(일반물류단지의 지정)** ① 일반물류단지는 다음 각 호의 구분에 따른 자가 지정한다.

1. 국가정책사업으로 물류단지를 개발하거나 물류단지 개발사업의 대상지역이 2개 이상의 특별시·광역시·특별자치시·도 또는 특별자치도(이하 "시·도"라 한다)에 걸쳐 있는 경우: 국토교통부장관
2. 제1호 외의 경우: 시·도지사

○ **제26조(물류단지지정의 해제)** ① 물류단지로 지정·고시된 날부터 대통령령으로 정하는 기간 이내에 그 물류단지의 전부 또는 일부에 대하여 제28조에 따른 물류단지개발실시계획의 승인을 신청하지 아니하면 그 기간이 지난 다음 날 해당 지역에 대한 물류단지의 지정이 해제된 것으로 본다.

※ (대통령령으로 정하는 기간) 5년

② 물류단지지정권자는 다음 각 호의 어느 하나에 해당하는 경우에는 대통령령으로 정하는 바에 따라 해당 지역에 대한 물류단지 지정의 전부 또는 일부를 해제할 수 있다.

1. 물류단지의 전부 또는 일부에 대한 개발 전망이 없게 된 경우
2. 개발이 완료된 물류단지가 준공(부분 준공을 포함한다)된 지 20년 이상 된 것으로서 주변상황과 물류산업여건이 변화되어 제52조의 2에 따른 물류단지재정비사업을 하더라도 물류단지 기능수행이 어려울 것으로 판단되는 경우

○ **제27조(물류단지개발사업의 시행자)** ① 물류단지개발사업을 시행하려는 자는 대통령령으로 정하는 바에 따라 물류단지지정권자로부터 시행자 지정을 받아야 한다.

② 제1항에 따라 물류단지개발사업의 시행자로 지정받을 수 있는 자는 다음 각 호의 자로 한다.

1. 국가 또는 지방자치단체
2. 대통령령으로 정하는 공공기관
3. 「지방공기업법」에 따른 지방공사
4. 특별법에 따라 설립된 법인

5. 「민법」 또는 「상법」에 따라 설립된 법인
6. 물류단지 예정지역의 토지소유자 또는 그 토지소유자가 물류단지개발을 위하여 설립한 조합

○ **제46조(물류단지개발사업의 준공인가)** ① 시행자는 물류단지개발사업의 전부 또는 일부를 완료하면 대통령령으로 정하는 바에 따라 물류단지지정권자의 준공인가를 받아야 한다.

③ 물류단지지정권자는 제2항에 따른 준공검사를 한 결과 실시계획대로 완료된 경우에는 준공인가를 하고 대통령령으로 정하는 바에 따라 이를 공고한 후 시행자 및 관리청에 통지하여야 하며, 실시계획대로 완료되지 아니한 경우에는 지체 없이 보완시공 등 필요한 조치를 명하여야 한다.

○ **제50조(개발한 토지·시설 등의 처분)** ① 시행자는 물류단지개발사업에 따라 개발한 토지·시설 등(도시첨단물류단지개발사업의 경우에는 시설의 설치가 완료되지 아니한 토지는 제외한다)을 분양 또는 임대할 수 있다.

## 7. 다자녀 양육 자동차 기준완화 및 감면 확대(법 §22의 2, 영 §10의 2)

### 1 개정개요

| 개정 전 | 개정 후 |
|---|---|
| □ 다자녀양육자 기준<br>○ 3자녀 이상 | □ 감면기준 완화<br>○ 2자녀 이상 |
| □ 감면대상 및 감면율<br>○ 3자녀 취득세 100%(단, 6인 이하 승용자동차는 140만원 한도)<br>※ 최소납부세제 적용<br>○ (신 설)<br>○ 일몰기한 : '24.12.31. | □ 감면대상 및 감면율 확대<br>○ (현행과 같음)<br>○ 2자녀 취득세 50%(단, 6인 이하 승용자동차는 70만원 한도)<br>○ 일몰기한: '27.12.31. |

〈개정내용〉

○ 범정부 차원의 다자녀 기준 완화(3→2자녀)에 맞춰, 양육가구의 경제적 부담 완화를 위해 **양육 목적 자동차 취득세 감면 대상을 확대**

- 2자녀 양육자 차량 취득시 **취득세 50%** 감면 신설(6인승 이하 승용자동차 70만원 限)

| 구분 | 개정 전 | 개정 후 |
|---|---|---|
| 적용대상자 | • 18세 미만 3자녀 이상 양육자 | • 18세 미만 **2자녀** 이상 양육자 |
| 감면율 | • 면제*<br>• 단, 6인승 이하 승용자동차는 140만원 감면액 한도<br>* 취득세가 200만원 초과인 경우 최소납부세제 적용으로 85% 감면 | • ┌ 3자녀 이상 : 면제*<br>└ **2자녀 : 50%**<br>• 단, 6인승 이하 승용자동차는 3자녀 이상의 경우 140만원, **2자녀는 70만원 감면액 한도**<br>* (3자녀 이상) 취득세감면액 200만원 초과시 최소납부세제 적용으로 85% 감면 |

〈적용요령〉

○ '25. 1. 1. 이후 납세의무 성립 분부터 적용(부칙 §2)

※ 시행일('25.1.1.) 전에 취득하여 시행일 이후에 등록하는 경우는 **감면 적용 불가**

## 2 개정조문

### 〈지방세특례제한법〉

| 개정 전 | 개정 후 |
|---|---|
| 제22조의 2(출산 및 양육 지원을 위한 감면) ① 18세 미만의 자녀(가족관계등록부 기록을 기준으로 하고, 양자 및 배우자의 자녀를 포함하되, 입양된 자녀는 친생부모의 자녀 수에는 포함하지 아니한다) 3명 이상을 양육하는 자(이하 이 조에서 "다자녀 양육자"라 한다)가 양육을 목적으로 2024년 12월 31일까지 취득하여 등록하는 자동차로서 다음 각 호의 어느 하나에 해당하는 자동차(자동차의 종류 구분은 「자동차관리법」 제3조에 따른다) 중 먼저 감면 신청하는 1대에 대해서는 취득세를 면제하되, 제1호 나목에 해당하는 승용자동차는 「지방세법」 제12조 제1항 제2호에 따라 계산한 취득세가 140만원 이하인 경우는 면제하고 140만원을 초과하면 140만원을 경감한다. 다만, 다자녀 양육자 중 1명 이상이 종전에 감면받은 자동차를 소유하고 있거나 배우자 및 자녀(자녀와의 공동등록은 제2항 제3호의 경우로 한정한다) 외의 자와 공동등록을 하는 경우에는 그러하지 아니하다. | 제22조의 2(출산 및 양육 지원을 위한 감면) ① 18세 미만의 자녀(가족관계등록부 기록을 기준으로 하고, 양자 및 배우자의 자녀를 포함하되, 입양된 자녀는 친생부모의 자녀 수에는 포함하지 아니한다. 이하 이 항 및 제2항에서 같다) 2명 이상을 양육하는 자(이하 이 조에서 "다자녀 양육자"라 한다) 중 18세 미만의 자녀 3명 이상을 양육하는 자가 양육을 목적으로 2027년 12월 31일까지 ------------------------------------------------------------------------------------------------------------------------------------------------------------------------------------------------------------------------------------------------------------------------------------------------------- 공제---. ----다자녀 양육자로서 18세 미만의 자녀 3명 이상을 양육하는 자 ----------------------------------------- 제3항 제3호-----------------------------------------------------------------. |
| 1. ~ 4. (생 략) | 1. ~ 4. (현행과 같음) |
| 〈신 설〉 | ② 다자녀 양육자 중 18세 미만의 자녀 2명을 양육하는 자가 양육을 목적으로 2027년 12월 31일까지 취득하여 등록하는 자동차로서 제1항 각 호의 어느 하나에 해당하는 자동차(자동차의 종류 구분은 「자동차관리법」 제3조에 따른다) 중 먼저 감면 신청하는 1대에 대해서는 취득세의 100분의 50을 경감하되, 제1항 제1호 나목에 해당하는 승용자동차는 「지방세법」 제12조 제1항 제2호에 따라 계산한 취득세가 140만원 이하인 경우는 100분의 50을 경감하고 140만원을 초과하면 70만원을 공제한다. 다만, 다자 |

| 개정 전 | 개정 후 |
| --- | --- |
| | 녀 양육자로서 18세 미만의 자녀 2명을 양육하는 자 중 1명 이상이 종전에 감면받은 자동차를 소유하고 있거나 배우자 및 자녀(자녀와의 공동등록은 제3항 제3호의 경우로 한정한다) 외의 자와 공동등록을 하는 경우에는 그러하지 아니하다. |
| ② 다자녀 양육자가 제1항 각 호의 어느 하나에 해당하는 자동차를 2024년 12월 31일까지 다음 각 호의 어느 하나의 방법으로 취득하여 등록하는 경우 해당 자동차에 대해서는 제1항의 방법에 따라 취득세를 감면한다. | ③ ---------------------------------------------- 2027년 12월 31일---------------------------------------------------------------------------- 제1항 또는 제2항의 -----------------. |
| 1. ~ 3. (생　략) | 1. ~ 3. (현행과 같음) |
| ③ 제1항 및 제2항에 따라 취득세를 감면받은 자가 자동차 등록일부터 1년 이내에 사망, 혼인, 해외이민, 운전면허 취소, 그 밖에 이와 유사한 사유 없이 해당 자동차의 소유권을 이전하는 경우에는 감면된 취득세를 추징한다. 다만, 제1항 본문에 따라 취득세를 감면받은 다자녀 양육자가 해당 자동차의 소유권을 해당 다자녀 양육자의 배우자에게 이전하는 경우에는 감면된 취득세를 추징하지 아니한다. | ④ 제1항부터 제3항까지의 규정---------------------------------------------------------------------------------------------------------------------------------------------. ----------- 제1항 본문 또는 제2항 본문------------------------------------------------------------------------------------------- |
| ④ 제1항 및 제2항에 따라 감면을 받은 자동차가 다음 각 호의 어느 하나에 해당되는 경우에는 장부상 등록 여부에도 불구하고 자동차를 소유하지 아니한 것으로 보아 제1항 및 제2항에 따른 취득세 감면 규정을 적용한다. | ⑤ 제1항부터 제3항까지의 규정---------------------------------------------------------------------------------- 제1항부터 제3항까지의 규정----------------------. |
| 1. ~ 4. (생　략) | 1. ~ 4. (현행과 같음) |

■ 법률 부칙

제2조(지방세 감면에 관한 적용례) … 제22조의 2 제2항 … 개정규정은 이 법 시행 이후 납세의무가 성립하는 경우부터 적용한다.

〈지방세특례제한법 시행령〉

| 개정 전 | 개정 후 |
|---|---|
| 제10조의 2(다자녀 양육자의 대체취득 범위) 법 제22조의 2 제2항 제1호에 따른 대체취득을 하는 경우는 법 제22조의 2에 따라 취득세를 감면받은 자동차를 말소등록하거나 이전등록(배우자 간 이전하는 경우는 제외한다. 이하 이 조에서 같다)하고 다른 자동차를 다시 취득하는 경우(취득하여 등록한 날부터 60일 이내에 취득세를 감면받은 종전의 자동차를 말소등록하거나 이전등록하는 경우를 포함한다)로 한다. | 제10조의 2(다자녀 양육자의 대체취득 범위) 법 제22조의 2제 3항 제1호-------------------------------------------------------------------------------------------------------------------------------------------------------------------------------------------------------------------------------------------. |

## 8. 임대주택 감면확대 및 조문정비 등(법 §31 · 31의 3, 영 §13 · 13의 2)

### 1 개정개요

| 개정 전 | 개정 후 |
|---|---|
| □ 임대주택 등 감면(§31) 및 장기일반민간임대주택 등 재산세 감면(§31의 3) | □ 공공임대주택 등 감면(§31) 및 민간임대주택 감면(§31의 3)으로 조문정비 등 |
| **조문 분리 전** | **조문 분리 후** |
| (§31) 공공임대주택 및 민간임대주택 취득세 · 재산세 감면 | (§31) 공공임대주택 취득세 · 재산세 감면 |
| (§31의 3) 민간임대주택(공공지원 · 장기일반) 재산세 감면 | (§31의 3) 민간임대주택(공공지원 · 장기일반) 취득세 · 재산세 감면 |
| ① (취득세 감면대상) 공동주택, 오피스텔 | - 임대형기숙사*, 공동주택 등을 건축하기 위해서 취득하는 토지 추가<br>* 범위 : ①전용면적40㎡이하인 호수와 그 부속토지 + ②거주자가 거실 등 공동으로 사용하는 부분을 전용면적 40제곱미터 이하인 호수의 전용면적 비율로 안분한 면적과 그 부속토지 |
| ② (최초 분양) 건축주로부터 공동주택 등을 최초로 분양받은 경우 | - 건축주로부터 실제 입주한 사실이 없는 공동주택 등을 최초로 유상거래(부담부증여 제외)로 취득하는 경우 |
| ③ (취득세 추징) 임대의무기간에 임대 외 용도로 사용하거나 매각 · 증여하는 경우 등 | - 토지를 취득한 날부터 정당한 사유 없이 2년 이내에 공동주택 등을 착공하지 아니한 경 |

| 개정 전 | 개정 후 |
|---|---|
| | 우 추가 |
| ④ (**재산세 감면대상**) 공동주택, 오피스텔, 다가구주택민간 | - 임대형기숙사, 공동주택 등을 건축 중인 토지 추가 |
| ⑤ (**재산세 추징**) 임대의무기간에 매각·증여하는 경우 등 | - 사용승인을 받기 전에 건축 중인 토지를 매각·증여하는 경우 추가 |
| ○ 일몰기한 : '24.12.31. | ○ 일몰기한 : '27.12.31. |

〈개정내용〉

① 임대주택 지방세 감면 3년 연장

- 임대주택을 공급하는 자에게 세금 감면해 줌으로써 저소득층의 주거 수단인 **임대주택의 건설 및 분양을 촉진**하고,
- **서민의 장기적인 주거생활의 안정**을 도모하려는 취지 고려

② 임대형기숙사 감면대상에 포함

- 1인 가구 증가 및 라이프스타일 변화에 따라 **부엌, 거실 등을 공유하는 기숙사 형태**의 대규모 임대주택 **서비스 수요 증가**
- 임대형기숙사*를 임대주택 감면대상에 포함

* 「건축법 시행령」 별표 1 제2호 라목 : 「공공주택 특별법」상 공공주택사업자 또는 「민간임대주택법」상 임대사업자가 임대사업에 사용하는 것으로서 임대 목적으로 제공하는 실이 20실 이상이고 해당 기숙사의 공동취사시설 이용 세대 수가 전체 세대 수의 50% 이상인 것

※ 범위 : 전용면적 40제곱미터 이하인 호수와 그 부속토지 + 거주자가 공동으로 사용하는 거실, 주방, 욕실, 복도 및 계단 등의 부분에서 전용면적 40제곱미터 이하인 호수의 전용면적 합계를 전체 호수의 전용면적 합계로 나눈 비율을 곱한 부분과 그 부속토지

| 구 분 | | 공공임대주택 | 민간임대주택 |
|---|---|---|---|
| 취득세 | 건 축 | 면제 | 면제 |
| 취득세 | 최초 분양 | 면제 | 면제 |
| 재산세 | 직접 사용 | 30년 이상 임대 면제(도시분 포함)<br>그 외 50% 경감(도시분 포함) | 면제(도시분 포함) |

③ 건축주로부터 최초로 분양받은 경우 의미 명확화

- 새로 건축된 주택이 **임대주택 공급 확대에 기여**할 수 있도록 **최초**로 임대주택으로 사용하기 위해 취득하는 경우에 감면을 적용하는 **기존 입법취지를 고려**하여

- '건축주로부터 공동주택 등을 최초로 분양받은 경우'를 '건축주로부터 실제 입주한 사실이 없는 공동주택 등을 최초로 유상거래(부담부증여는 제외)로 취득하는 경우'로 **명확화**

**④ 임대주택을 건축중인 토지 등에 대한 감면 및 추징 규정 보완**

- (**취득세**) 공동주택 등을 건축하기 위해서 취득하는 토지도 취득세 감면대상임을 명확히 규정, 토지를 취득한 날부터 정당한 사유 없이 2년 이내에 공동주택 등을 착공하지 아니한 경우는 추징
- (**재산세**) 공동주택 등을 건축 중인 토지도 재산세 감면대상임을 명확히 하되, 사용승인을 받기 전에 건축 중인 토지를 매각·증여하는 경우 추징

**⑤ 단기민간임대주택 지방세 감면 정비**

- '20.8.18.부터 **단기**(4년)**임대 임대유형이 폐지***됨에 따라, 단기민간임대주택에 대한 지방세 **감면 종료**

* 「민간임대주택에 관한 특별법」 제2조 제6호(단기민간임대주택) 삭제

※ 단, 단기민간임대주택의 임대기간 종료일까지 종전의 규정에 따라 감면 적용(부칙 제4조 제3항)

**⑥ 공공임대주택과 민간임대주택 감면 조문 분리**

- 혼재되어 있는 공공임대주택과 민간임대주택 감면 조문을 분리하여 과세체계 정비

※ 공공임대주택 감면(§31 ①~⑤), 민간임대주택 감면(§31의 3 ①~⑤)

| 개정 전 | | | 개정 후 | | |
|---|---|---|---|---|---|
| 제31조 제1항 | 공공·민간 | 건축 취득세 | 제31조 제1항 | 공공 | 건축 취득세 |
| 제31조 제2항 | 공공·민간 | 최초 분양 취득세 | 제31조 제2항 | 공공 | 최초 분양 취득세 |
| 제31조 제3항 | 공공·민간 | 취득세 추징 규정 | 제31조 제3항 | 공공 | 취득세 추징 규정 |
| 제31조 제4항 | 공공·민간 | 재산세 감면 | 제31조 제4항 | 공공 | 재산세 감면 |
| 제31조 제5항 | 공공·민간 | 재산세 추징 규정 | 제31조 제5항 | 공공 | 재산세 추징 규정 |
| 제31조 제1항 | 공공·민간 | 건축 취득세 | 제31조의 3 제1항 | 장기민간 | 건축 취득세 |
| 제31조 제2항 | 공공·민간 | 최초 분양 취득세 | 제31조의 3 제2항 | 장기민간 | 최초 분양 취득세 |
| 제31조 제3항 | 공공·민간 | 취득세 추징 규정 | 제31조의 제3항 | 장기민간 | 취득세 추징 규정 |
| 제31조의 3 제1항 | 장기민간 | 재산세 | 제31조의 3 제4항 | 장기민간 | 재산세 |
| 제31조의 3 제2항 | 장기민간 | 재산세 추징 규정 | 제31조의 3 제5항 | 장기민간 | 재산세 추징 규정 |

〈적용요령〉

○ '25 1. 1. 이후 납세의무가 성립하는 경우부터 적용(부칙 §4)

○ 다만, 단기민간임대주택의 경우 임대기간 종료일까지 종전의 규정에 따라 재산세 감면 적용(부칙 §4 ③)

## 2 개정조문

〈지방세특례제한법〉

| 개정 전 | 개정 후 |
|---|---|
| 제31조(임대주택 등에 대한 감면) ① 「공공주택 특별법」에 따른 공공주택사업자 및 「민간임대주택에 관한 특별법」에 따른 임대사업자[임대용 부동산 취득일부터 60일 이내에 해당 임대용 부동산을 임대목적물{2020년 7월 11일 이후 「민간임대주택에 관한 특별법」(법률 제17482호로 개정되기 전의 것을 말한다) 제5조에 따른 임대사업자등록 신청(임대할 주택을 추가하기 위하여 등록사항의 변경 신고를 한 경우를 포함한다)을 한 같은 법 제2조 제5호에 따른 장기일반민간임대주택(이하 이 조에서 "장기일반민간임대주택"이라 한다) 중 아파트를 임대하는 민간매입임대주택이거나 같은 조 제6호에 따른 단기민간임대주택(이하 이 조에서 "단기민간임대주택"이라 한다)인 경우 또는 같은 법 제5조에 따라 등록한 단기민간임대주택을 같은 조 제3항에 따라 2020년 7월 11일 이후 같은 법 제2조 제4호에 따른 공공지원민간임대주택이나 장기일반민간임대주택으로 변경 신고한 주택은 제외한다}로 하여 임대사업자로 등록한 경우를 말하되, 토지에 대해서는 「주택법」 제15조에 따른 사업계획승인을 받은 날 또는「건축법」 제11조에 따른 건축허가를 받은 날부터 60일 이내로서 토지 취득일부터 1년 6개월 이내에 해당 임대용 부동산을 임대목적물로 하여 임대사업자로 등록한 경우를 포함한다. 이하 이 조에서 "임대사업자"라 한다]가 임대할 목적으로 공동주택(해당 공동주택의 부 | 제31조(공공임대주택 등에 대한 감면) ① 「공공주택 특별법」에 따른 공공주택사업자(이하 이 조에서 "공공주택사업자"라 한다)가 임대할 목적으로 임대형기숙사[「주택법」 제2조 제4호에 따른 준주택 중 임대형기숙사로서 「건축법」 제38조에 따른 건축물대장에 호수별로 전용면적이 구분되어 기재되어 있는 임대형기숙사(그 부속토지를 포함하며, 전용면적 40제곱미터 이하인 호수 등 대통령령으로 정하는 부분으로 한정한다)를 말한다. 이하 이 조 및 제31조의 3에서 같다] 또는 공동주택(해당 공동주택의 부대시설 및 임대수익금 전액을 임대주택관리비로 충당하는 임대용 복리시설을 포함한다. 이하 이 조 및 제31조의 3에서 같다)을 건축하기 위하여 취득하는 토지와 임대할 목적으로 건축하여 취득하는 임대형기숙사 또는 공동주택에 대해서는 다음 각 호에서 정하는 바에 따라 취득세를 2027년 12월 31일까지 감면한다.<br>1. 다음 각 목의 경우에는 취득세를 면제한다.<br>가. 임대형기숙사 또는 전용면적 60제곱미터 이하인 공동주택을 건축하기 위하여 토지를 취득하는 경우<br>나. 임대형기숙사 또는 전용면적 60제곱미터 이하인 공동주택을 건축하여 취득하는 경우<br>2. 다음 각 목의 경우에는 취득세의 100분의 50을 경감한다. |

| 개정 전 | 개정 후 |
| --- | --- |
| 대시설 및 임대수익금 전액을 임대주택관리비로 충당하는 임대용 복리시설을 포함한다. 이하 이 조에서 같다)을 건축하는 경우 그 공동주택에 대해서는 다음 각 호에서 정하는 바에 따라 지방세를 2024년 12월 31일까지 감면한다. 다만, 토지를 취득한 날부터 정당한 사유 없이 2년 이내에 공동주택을 착공하지 아니한 경우는 제외한다.<br>1. 전용면적 60제곱미터 이하인 공동주택을 취득하는 경우에는 취득세를 면제한다.<br>2. 「민간임대주택에 관한 특별법」 또는 「공공주택 특별법」에 따라 10년 이상의 장기임대 목적으로 전용면적 60제곱미터 초과 85제곱미터 이하인 임대주택(이하 이 조에서 "장기임대주택"이라 한다)을 20호(戶) 이상 취득하거나, 20호 이상의 장기임대주택을 보유한 임대사업자가 추가로 장기임대주택을 취득하는 경우(추가로 취득한 결과로 20호 이상을 보유하게 되었을 때에는 그 20호부터 초과분까지를 포함한다)에는 취득세의 100분의 50을 경감한다.<br>② 임대사업자가 임대할 목적으로 건축주로부터 공동주택 또는 「민간임대주택에 관한 특별법」 제2조 제1호에 따른 준주택 중 오피스텔(그 부속토지를 포함한다. 이하 이 조에서 "오피스텔"이라 한다)을 최초로 분양받은 경우 그 공동주택 또는 오피스텔에 대해서는 다음 각 호에서 정하는 바에 따라 지방세를 2024년 12월 31일까지 감면한다. 다만, 「지방세법」 제10조의 3에 따른 취득 당시의 가액이 3억원(「수도권정비계획법」 제2조 제1호에 따른 수도권은 6억원으로 한다)을 초과하는 경우에는 감면 대상에서 제외한다.<br>1. 전용면적 60제곱미터 이하인 공동주택 또는 오피스텔을 취득하는 경우에는 취득세를 면제한다. | 가. 「공공주택 특별법」에 따라 10년 이상의 장기임대 목적으로 전용면적 60제곱미터 초과 85제곱미터 이하인 임대주택(이하 이 조에서 "장기임대주택"이라 한다)을 20호(戶) 이상 건축하기 위하여 토지를 취득하는 경우<br>나. 장기임대주택을 20호 이상 건축하여 취득하는 경우<br>다. 20호 이상의 장기임대주택을 보유한 공공주택사업자가 추가로 장기임대주택을 건축하기 위하여 토지를 취득하는 경우(추가로 취득한 결과로 20호 이상을 건축하기 위한 토지를 보유하게 되었을 때에는 그 20호부터 초과분까지를 건축하기 위한 토지를 포함한다)<br>라. 20호 이상의 장기임대주택을 보유한 공공주택사업자가 추가로 장기임대주택을 건축하여 취득하는 경우(추가로 취득한 결과로 20호 이상을 보유하게 되었을 때에는 그 20호부터 초과분까지를 포함한다)<br>② 공공주택사업자가 임대할 목적으로 건축주로부터 실제 입주한 사실이 없는 임대형기숙사, 공동주택 또는 오피스텔(「주택법」 제2조 제4호에 따른 준주택 중 오피스텔을 말하며, 그 부속토지를 포함한다. 이하 이 조 및 제31조의 3에서 같다)을 최초로 유상거래(부담부증여는 제외한다)로 취득하는 경우에는 다음 각 호에서 정하는 바에 따라 취득세를 2027년 12월 31일까지 감면한다. 다만, 「지방세법」 제10조의 3에 따른 취득 당시의 가액이 3억원(수도권은 6억원으로 한다)을 초과하는 공동주택과 오피스텔은 감면대상에서 제외한다.<br>1. 다음 각 목의 경우에는 취득세를 면제한다.<br>가. 임대형기숙사를 취득하는 경우<br>나. 전용면적 60제곱미터 이하인 공동주택 또 |

| 개정 전 | 개정 후 |
|---|---|
| 2. 장기임대주택을 20호(戶) 이상 취득하거나, 20호 이상의 장기임대주택을 보유한 임대사업자가 추가로 장기임대주택을 취득하는 경우(추가로 취득한 결과로 20호 이상을 보유하게 되었을 때에는 그 20호부터 초과분까지를 포함한다)에는 취득세의 100분의 50을 경감한다.<br>③ 제1항 및 제2항을 적용할 때 「민간임대주택에 관한 특별법」 제43조 제1항 또는 「공공주택 특별법」 제50조의 2 제1항에 따른 임대의무기간에 대통령령으로 정한 경우가 아닌 사유로 다음 각 호의 어느 하나에 해당하는 경우에는 감면된 취득세를 추징한다.<br>1. 임대 외의 용도로 사용하거나 매각·증여하는 경우<br>2. 「민간임대주택에 관한 특별법」 제6조에 따라 임대사업자 등록이 말소된 경우<br>④ 대통령령으로 정하는 임대사업자 등이 대통령령으로 정하는 바에 따라 국내에서 임대용 공동주택 또는 오피스텔[2020년 7월 11일 이후 「민간임대주택에 관한 특별법」(법률 제17482호로 개정되기 전의 것을 말한다) 제5조에 따른 임대사업자등록 신청(임대할 주택을 추가하기 위하여 등록사항의 변경 신고를 한 경우를 포함한다)을 한 장기일반민간임대주택 중 아파트를 임대하는 민간매입임대주택이거나 단기민간임대주택인 경우 또는 같은 법 제5조에 따라 등록한 단기민간임대주택을 같은 조 제3항에 따라 2020년 7월 11일 이후 공공지원민간임대주택이나 장기일반민간임대주택으로 변경 신고한 주택은 제외한다]을 과세기준일 현재 2세대 이상 임대 목적으로 직접 사용하는 경우에는 다음 각 호에서 정하는 바에 따라 재산세를 2024년 12월 31일까지 감면한다. 다만, 「지방세법」 제4조 제1항에 따라 공시된 가액 또는 시장·군수가 산정한 가액이 | 는 오피스텔을 취득하는 경우<br>2. 다음 각 목의 경우에는 취득세의 100분의 50을 경감한다.<br>가. 장기임대주택을 20호 이상 취득하는 경우<br>나. 20호 이상의 장기임대주택을 보유한 공공주택사업자가 추가로 장기임대주택을 취득하는 경우(추가로 취득한 결과로 20호 이상을 보유하게 되었을 때에는 그 20호부터 초과분까지를 포함한다)<br>③ 제1항 및 제2항을 적용할 때 다음 각 호의 어느 하나에 해당하는 경우에는 감면된 취득세를 추징한다.<br>1. 해당 토지를 취득한 날부터 정당한 사유 없이 2년 이내에 임대형기숙사 또는 공동주택을 착공하지 아니한 경우<br>2. 「공공주택 특별법」 제50조의 2 제1항에 따른 임대의무기간에 대통령령으로 정하는 경우가 아닌 사유로 임대형기숙사, 공동주택 또는 오피스텔을 임대 외의 용도로 사용하거나 매각·증여하는 경우<br>④ 공공주택사업자가 과세기준일 현재 임대 목적의 임대형기숙사 또는 2세대 이상의 공동주택·오피스텔을 건축 중인 토지와 임대 목적으로 직접 사용하는 임대형기숙사 또는 2세대 이상의 공동주택·오피스텔에 대해서는 다음 각 호에서 정하는 바에 따라 재산세를 2027년 12월 31일까지 감면한다. 다만, 「지방세법」 제4조 제1항에 따라 공시된 가액 또는 시장·군수가 산정한 가액이 3억원[수도권은 6억원(「공공주택 특별법」 제2조 제1호의 2에 따른 공공건설임대주택인 경우에는 9억원)으로 한다]을 초과하는 공동주택과 「지방세법」 제4조에 따른 시가표준액이 2억원(수도권은 4억원으로 한다)을 초과하는 오피스텔은 감면 대상에서 제외한다.<br>1. 다음 각 목의 어느 하나에 해당하는 토지와 |

| 개정 전 | 개정 후 |
| --- | --- |
| 3억원[「수도권정비계획법」 제2조 제1호에 따른 수도권은 6억원(「민간임대주택에 관한 특별법」 제2조 제2호에 따른 민간건설임대주택 또는 「공공주택 특별법」 제2조 제1호의 2에 따른 공공건설임대주택인 경우에는 9억원)으로 한다]을 초과하는 공동주택과 「지방세법」 제4조에 따른 시가표준액이 2억원(「수도권정비계획법」 제2조 제1호에 따른 수도권은 4억원으로 한다)을 초과하는 오피스텔은 감면 대상에서 제외한다.<br>1. 전용면적 40제곱미터 이하인 「공공주택 특별법」 제50조의 2 제1항에 따라 30년 이상 임대 목적의 공동주택에 대해서는 재산세(「지방세법」 제112조에 따른 부과액을 포함한다)를 면제한다.<br>2. 전용면적 60제곱미터 이하인 임대 목적의 공동주택(제1호에 따른 공동주택은 제외한다) 또는 오피스텔에 대해서는 재산세(「지방세법」 제112조에 따른 부과액을 포함한다)의 100분의 50을 경감한다.<br>3. 전용면적 60제곱미터 초과 85제곱미터 이하인 임대 목적의 공동주택 또는 오피스텔에 대해서는 재산세의 100분의 25를 경감한다.<br>⑤ 제4항을 적용할 때 「민간임대주택에 관한 특별법」 제6조에 따라 임대사업자 등록이 말소되거나 같은 법 제43조 제1항 또는 「공공주택 특별법」 제50조의 2 제1항에 따른 임대의무기간에 임대용 공동주택 또는 오피스텔을 매각·증여하는 경우에는 그 감면 사유 소멸일부터 소급하여 5년 이내에 감면된 재산세를 추징한다. 다만, 다음 각 호의 어느 하나에 해당하는 경우에는 추징에서 제외한다.<br>1. 「민간임대주택에 관한 특별법」 제43조 제1항에 따른 임대의무기간이 경과한 후 등록이 말소된 경우<br>2. 그 밖에 대통령령으로 정하는 경우 | 임대형기숙사 또는 공동주택에 대해서는 재산세(「지방세법」 제112조에 따른 부과액을 포함한다)를 면제한다.<br>가. 「공공주택 특별법」 제50조의 2 제1항에 따른 임대의무기간이 30년 이상인 임대형기숙사를 건축 중인 토지<br>나. 「공공주택 특별법」 제50조의 2 제1항에 따른 임대의무기간이 30년 이상이고 전용면적이 40제곱미터 이하인 공동주택을 건축 중인 토지<br>다. 「공공주택 특별법」 제50조의 2 제1항에 따른 임대의무기간이 30년 이상인 임대형기숙사<br>라. 「공공주택 특별법」 제50조의 2 제1항에 따른 임대의무기간이 30년 이상이고 전용면적이 40제곱미터 이하인 공동주택<br>2. 다음 각 목의 어느 하나에 해당하는 토지와 임대형기숙사, 공동주택 또는 오피스텔에 대해서는 재산세(「지방세법」 제112조에 따른 부과액을 포함한다)의 100분의 50을 경감한다.<br>가. 임대형기숙사(제1호에 따른 임대형기숙사는 제외한다)를 건축 중인 토지<br>나. 전용면적 60제곱미터 이하인 공동주택(제1호에 따른 공동주택은 제외한다) 또는 오피스텔을 건축 중인 토지<br>다. 임대형기숙사(제1호에 따른 임대형기숙사는 제외한다)<br>라. 전용면적 60제곱미터 이하인 공동주택(제1호에 따른 공동주택은 제외한다) 또는 오피스텔<br>3. 다음 각 목의 어느 하나에 해당하는 토지와 공동주택 또는 오피스텔에 대해서는 재산세의 100분의 25를 경감한다.<br>가. 전용면적 60제곱미터 초과 85제곱미터 이하인 공동주택 또는 오피스텔을 건축 중 |

| 개정 전 | 개정 후 |
| --- | --- |
| | 인 토지<br>나. 전용면적 60제곱미터 초과 85제곱미터 이하인 공동주택 또는 오피스텔<br>⑤ 제4항을 적용할 때 다음 각 호의 어느 하나에 해당하는 경우에는 그 감면 사유 소멸일부터 소급하여 5년 이내에 감면된 재산세를 추징한다.<br>1. 「주택법」 제49조에 따른 사용검사 또는 「건축법」 제22조에 따른 사용승인(임시사용승인을 포함한다)을 받기 전에 임대형기숙사, 공동주택 또는 오피스텔을 건축 중인 토지를 매각·증여하는 경우<br>2. 「공공주택 특별법」 제50조의 2 제1항에 따른 임대의무기간에 임대형기숙사, 공동주택 또는 오피스텔을 매각·증여하는 경우 |
| 제31조의 3(장기일반민간임대주택 등에 대한 감면) ① 「민간임대주택에 관한 특별법」 제2조 제4호에 따른 공공지원민간임대주택[「민간임대주택에 관한 특별법」(법률 제17482호로 개정되기 전의 것을 말한다) 제5조에 따라 등록한 같은 법 제2조 제6호에 따른 단기민간임대주택(이하 이 조에서 "단기민간임대주택"이라 한다)을 같은 법 제5조 제3항에 따라 2020년 7월 11일 이후 공공지원민간임대주택으로 변경 신고한 주택은 제외한다] 및 같은 조 제5호에 따른 장기일반민간임대주택[2020년 7월 11일 이후 「민간임대주택에 관한 특별법」(법률 제17482호로 개정되기 전의 것을 말한다) 제5조에 따른 임대사업자등록 신청(임대할 주택을 추가하기 위하여 등록사항의 변경 신고를 한 경우를 포함한다)을 한 장기일반민간임대주택 중 아파트를 임대하는 민간매입임대주택이거나 단기민간임대주택을 같은 조 제3항에 따라 2020년 7월 11일 이후 장기일반민간임대주택으로 변경 신고한 주택은 제외한다]을 임대하려는 자가 대통령령으로 정하는 바에 | 제31조의 3(장기일반민간임대주택 등에 대한 감면) ① 「민간임대주택에 관한 특별법」에 따른 임대사업자[임대용 부동산 취득일부터 60일 이내에 「민간임대주택에 관한 특별법」 제2조 제4호에 따른 공공지원민간임대주택{「민간임대주택에 관한 특별법」(법률 제17482호로 개정되기 전의 것을 말한다) 제5조에 따라 등록한 같은 법 제2조 제6호에 따른 단기민간임대주택(이하 이 항에서 "단기민간임대주택"이라 한다)을 같은 법 제5조 제3항에 따라 2020년 7월 11일 이후 공공지원민간임대주택으로 변경 신고한 주택은 제외한다. 이하 이 조에서 "공공지원민간임대주택"이라 한다} 또는 같은 법 제2조 제5호에 따른 장기일반민간임대주택{2020년 7월 11일 이후 「민간임대주택에 관한 특별법」(법률 제17482호로 개정되기 전의 것을 말한다) 제5조에 따른 임대사업자등록 신청(임대할 주택을 추가하기 위하여 등록사항의 변경 신고를 한 경우를 포함한다)을 한 장기일반민간임대주택 중 아파트를 임대하는 민간매입임대주택이거나 단 |

| 개정 전 | 개정 후 |
|---|---|
| 따라 국내에서 임대 목적의 공동주택 2세대 이상 또는 대통령령으로 정하는 다가구주택(모든 호수의 전용면적이 40제곱미터 이하인 경우를 말하며, 이하 이 조에서 "다가구주택"이라 한다)을 과세기준일 현재 임대 목적에 직접 사용하는 경우 또는 같은 법 제2조 제1호에 따른 준주택 중 오피스텔(이하 이 조에서 "오피스텔"이라 한다)을 2세대 이상 과세기준일 현재 임대 목적에 직접 사용하는 경우에는 다음 각 호에서 정하는 바에 따라 2024년 12월 31일까지 지방세를 감면한다. 다만, 「지방세법」 제4조 제1항에 따라 공시된 가액 또는 시장·군수가 산정한 가액이 3억원[「수도권정비계획법」 제2조 제1호에 따른 수도권은 6억원(「민간임대주택에 관한 특별법」 제2조 제2호에 따른 민간건설임대주택인 경우는 9억원)으로 한다]을 초과하는 공동주택과 「지방세법」 제4조에 따른 시가표준액이 2억원(「수도권정비계획법」 제2조 제1호에 따른 수도권은 4억원으로 한다)을 초과하는 오피스텔은 감면 대상에서 제외한다.<br>1. 전용면적 40제곱미터 이하인 임대 목적의 공동주택, 다가구주택 또는 오피스텔에 대해서는 재산세(「지방세법」 제112조에 따른 부과액을 포함한다)를 면제한다.<br>2. 전용면적 40제곱미터 초과 60제곱미터 이하인 임대 목적의 공동주택 또는 오피스텔에 대하여는 재산세(「지방세법」 제112조에 따른 부과액을 포함한다)의 100분의 75를 경감한다.<br>3. 전용면적 60제곱미터 초과 85제곱미터 이하인 임대 목적의 공동주택 또는 오피스텔에 대하여는 재산세의 100분의 50을 경감한다.<br>② 제1항을 적용할 때 「민간임대주택에 관한 특별법」 제6조에 따라 임대사업자 등록이 말소되거나 같은 법 제43조 제1항에 따른 임대의무기간 내에 매각·증여하는 경우에는 그 감면 사유 | 기민간임대주택을 같은 조 제3항에 따라 2020년 7월 11일 이후 장기일반민간임대주택으로 변경 신고한 주택은 제외한다. 이하 이 조에서 "장기일반민간임대주택"이라 한다)을 임대용 부동산으로 하여 임대사업자로 등록한 경우를 말하되, 토지에 대해서는 「주택법」 제15조에 따른 사업계획승인을 받은 날 또는 「건축법」 제11조에 따른 건축허가를 받은 날부터 60일 이내로서 토지 취득일부터 1년 6개월 이내에 공공지원민간임대주택 또는 장기일반민간임대주택을 임대용 부동산으로 하여 임대사업자로 등록한 경우를 포함한다. 이하 이 항 및 제2항에서 "임대사업자"라 한다]가 임대할 목적으로 임대형기숙사 또는 공동주택을 건축하기 위하여 취득하는 토지와 임대할 목적으로 건축하여 취득하는 임대형기숙사 또는 공동주택에 대해서는 다음 각 호에서 정하는 바에 따라 취득세를 2027년 12월 31일까지 감면한다.<br>1. 다음 각 목의 경우에는 취득세를 면제한다.<br>가. 임대형기숙사 또는 전용면적 60제곱미터 이하인 공동주택을 건축하기 위하여 토지를 취득하는 경우<br>나. 임대형기숙사 또는 전용면적 60제곱미터 이하인 공동주택을 건축하여 취득하는 경우<br>2. 다음 각 목의 경우에는 취득세의 100분의 50을 경감한다.<br>가. 「민간임대주택에 관한 특별법」에 따라 10년 이상의 장기임대 목적으로 전용면적 60제곱미터 초과 85제곱미터 이하인 임대주택(이하 이 조에서 "장기임대주택"이라 한다)을 20호 이상 건축하기 위하여 토지를 취득하는 경우<br>나. 장기임대주택을 20호 이상 건축하여 취득하는 경우 |

| 개정 전 | 개정 후 |
| --- | --- |
| 소멸일부터 소급하여 5년 이내에 감면된 재산세를 추징한다. 다만, 다음 각 호의 어느 하나에 해당하는 경우에는 추징에서 제외한다.<br>1. 「민간임대주택에 관한 특별법」 제43조 제1항에 따른 임대의무기간이 경과한 후 등록이 말소된 경우<br>2. 그 밖에 대통령령으로 정하는 경우 | 다. 20호 이상의 장기임대주택을 보유한 임대사업자가 추가로 장기임대주택을 건축하기 위하여 토지를 취득하는 경우(추가로 취득한 결과로 20호 이상을 건축하기 위한 토지를 보유하게 되었을 때에는 그 20호부터 초과분까지를 건축하기 위한 토지를 포함한다)<br>라. 20호 이상의 장기임대주택을 보유한 임대사업자가 추가로 장기임대주택을 건축하여 취득하는 경우(추가로 취득한 결과로 20호 이상을 보유하게 되었을 때에는 그 20호부터 초과분까지를 포함한다)<br>② 임대사업자가 임대할 목적으로 건축주로부터 실제 입주한 사실이 없는 임대형기숙사, 공동주택 또는 오피스텔을 최초로 유상거래(부담부증여는 제외한다)로 취득하는 경우에는 다음 각 호에서 정하는 바에 따라 취득세를 2027년 12월 31일까지 감면한다. 다만, 「지방세법」 제10조의 3에 따른 취득 당시의 가액이 3억원(수도권은 6억원으로 한다)을 초과하는 공동주택과 오피스텔은 감면 대상에서 제외한다.<br>1. 다음 각 목의 경우에는 취득세를 면제한다.<br>가. 임대형기숙사를 취득하는 경우<br>나. 전용면적 60제곱미터 이하인 공동주택 또는 오피스텔을 취득하는 경우<br>2. 다음 각 목의 경우에는 취득세의 100분의 50을 경감한다.<br>가. 장기임대주택을 20호 이상 취득하는 경우<br>나. 20호 이상의 장기임대주택을 보유한 임대사업자가 추가로 장기임대주택을 취득하는 경우(추가로 취득한 결과로 20호 이상을 보유하게 되었을 때에는 그 20호부터 초과분까지를 포함한다)<br>③ 제1항 및 제2항을 적용할 때 다음 각 호의 어느 하나에 해당하는 경우에는 감면된 취득세를 |

| 개정 전 | 개정 후 |
|---|---|
| | 추징한다.<br>1. 해당 토지를 취득한 날부터 정당한 사유 없이 2년 이내에 임대형기숙사 또는 공동주택을 착공하지 아니한 경우<br>2. 「민간임대주택에 관한 특별법」 제43조 제1항에 따른 임대의무기간에 대통령령으로 정하는 경우가 아닌 사유로 다음 각 목의 어느 하나에 해당하는 경우<br>가. 임대형기숙사, 공동주택 또는 오피스텔을 임대 외의 용도로 사용하거나 매각·증여하는 경우<br>나. 「민간임대주택에 관한 특별법」 제6조에 따라 임대사업자 등록이 말소되는 경우<br>④ 「민간임대주택에 관한 특별법」에 따른 임대사업자(공공지원민간임대주택 또는 장기일반민간임대주택을 임대용 부동산으로 하여 임대사업자로 등록한 경우를 말한다)가 과세기준일 현재 임대 목적의 임대형기숙사, 대통령령으로 정하는 다가구주택(모든 호수의 전용면적이 40제곱미터 이하인 경우를 말하며, 이하 이 조에서 "다가구주택"이라 한다) 또는 2세대 이상의 공동주택·오피스텔을 건축 중인 토지와 임대 목적으로 직접 사용하는 임대형기숙사, 다가구주택 또는 2세대 이상의 공동주택·오피스텔에 대해서는 다음 각 호에서 정하는 바에 따라 재산세를 2027년 12월 31일까지 감면한다. 다만, 「지방세법」 제4조 제1항에 따라 공시된 가액 또는 시장·군수가 산정한 가액이 3억원[수도권은 6억원(「민간임대주택에 관한 특별법」 제2조 제2호에 따른 민간건설임대주택인 경우에는 9억원)으로 한다]을 초과하는 공동주택과 「지방세법」 제4조에 따른 시가표준액이 2억원(수도권은 4억원으로 한다)을 초과하는 오피스텔은 감면 대상에서 제외한다.<br>1. 다음 각 목의 어느 하나에 해당하는 토지와 |

| 개정 전 | 개정 후 |
| --- | --- |
| | 임대형기숙사, 다가구주택, 공동주택 또는 오피스텔에 대해서는 재산세(「지방세법」 제112조에 따른 부과액을 포함한다)를 면제한다.<br>가. 임대형기숙사, 다가구주택, 전용면적 40제곱미터 이하인 공동주택 또는 오피스텔을 건축 중인 토지<br>나. 임대형기숙사, 다가구주택, 전용면적 40제곱미터 이하인 공동주택 또는 오피스텔<br>2. 다음 각 목의 어느 하나에 해당하는 토지와 공동주택 또는 오피스텔에 대해서는 재산세(「지방세법」 제112조에 따른 부과액을 포함한다)의 100분의 75를 경감한다.<br>가. 전용면적 40제곱미터 초과 60제곱미터 이하인 공동주택 또는 오피스텔을 건축 중인 토지<br>나. 전용면적 40제곱미터 초과 60제곱미터 이하인 공동주택 또는 오피스텔<br>3. 다음 각 목의 어느 하나에 해당하는 토지와 공동주택 또는 오피스텔에 대해서는 재산세의 100분의 50을 경감한다.<br>가. 전용면적 60제곱미터 초과 85제곱미터 이하인 공동주택 또는 오피스텔을 건축 중인 토지<br>나. 전용면적 60제곱미터 초과 85제곱미터 이하인 공동주택 또는 오피스텔<br>⑤ 제4항을 적용할 때 다음 각 호의 어느 하나에 해당하는 경우에는 그 감면 사유 소멸일부터 소급하여 5년 이내에 감면된 재산세를 추징한다. 다만, 「민간임대주택에 관한 특별법」 제43조 제1항에 따른 임대의무기간이 경과한 후 등록이 말소되거나 그 밖에 대통령령으로 정하는 경우에는 추징에서 제외한다.<br>1. 「주택법」 제49조에 따른 사용검사 또는 「건축법」 제22조에 따른 사용승인(임시사용승인을 포함한다)을 받기 전에 임대형기숙사, |

| 개정 전 | 개정 후 |
|---|---|
| | 다가구주택, 공동주택 또는 오피스텔을 건축 중인 토지를 매각·증여하는 경우<br>2. 「민간임대주택에 관한 특별법」 제6조에 따라 임대사업자 등록이 말소되는 경우<br>3. 「민간임대주택에 관한 특별법」 제43조 제1항에 따른 임대의무기간에 임대형기숙사, 다가구주택, 공동주택 또는 오피스텔을 매각·증여하는 경우 |

■ 법률 부칙

제4조(공공임대주택 등에 대한 지방세 감면·추징에 관한 적용례 등) ① 제31조 제1항·제2항·제4항, 같은 조 제6항 본문 및 제31조의 3 제1항·제2항·제4항의 개정규정은 이 법 시행 이후 납세의무가 성립하는 경우부터 적용한다.

② 이 법 시행 전에 감면받은 지방세의 추징에 관하여는 제31조 제3항·제5항 및 제31조의 3 제3항·제5항의 개정규정에도 불구하고 종전의 제31조 제3항·제5항 및 제31조의 3 제2항에 따른다.

③ 2020년 7월 11일 전에 「민간임대주택에 관한 특별법」(법률 제17482호로 개정되기 전의 것을 말한다) 제5조에 따른 임대사업자등록 신청(임대할 주택을 추가하기 위하여 등록사항의 변경 신고를 한 경우를 포함한다)을 한 단기민간임대주택(종전의 제31조 제4항에 따른 임대용 공동주택 또는 오피스텔로 한정한다. 이하 이 조에서 "단기민간임대주택"이라 한다)의 재산세 감면에 관하여는 제31조 및 제31조의 3의 개정규정에도 불구하고 종전의 제31조 제4항에 따른다. 이 경우 재산세의 감면기간은 종전의 제31조 제4항에도 불구하고 해당 단기민간임대주택의 임대기간 종료일까지로 한다.

④ 제3항 및 종전의 제31조 제4항에 따라 감면받은 단기민간임대주택에 대한 재산세의 추징에 관하여는 제31조 및 제31조의 3의 개정규정에도 불구하고 종전의 제31조 제5항에 따른다.

## 〈지방세특례제한법 시행령〉

| 개정 전 | 개정 후 |
|---|---|
| 제13조(추징이 제외되는 임대의무기간 내 분양 등) ① 법 제31조 제3항 각 호 외의 부분에서 "대통령령으로 정한 경우"란 「민간임대주택에 관한 특별법」 제43조 제4항 또는 「공공주택 특별법 시행령」 제54조 제2항 제1호 및 제2호에서 정하는 경우를 말한다. | 제13조(임대형기숙사의 범위 등) ① 법 제31조 제1항 각 호 외의 부분에서 "전용면적 40제곱미터 이하인 호수 등 대통령령으로 정하는 부분"이란 다음 각 호의 부분을 말한다.<br>1. 전용면적 40제곱미터 이하인 호수와 그 부속토지 |

| 개정 전 | 개정 후 |
| --- | --- |
| ② 법 제31조 제4항 각 호 외의 부분 본문에서 "대통령령으로 정하는 임대사업자 등"이란 다음 각 호의 어느 하나에 해당하는 자를 말한다.<br>1. 주택건설사업자(해당 건축물의 사용승인서를 내주는 날 또는 매입일 이전에 「부가가치세법」 제8조에 따라 건설업 또는 부동산매매업의 사업자등록증을 교부받거나 같은 법 시행령 제8조에 따라 고유번호를 부여받은 자를 말한다)<br>2. 「주택법」 제4조 제1항 제6호에 따른 고용자<br>3. 「민간임대주택에 관한 특별법」 제2조 제7호의 임대사업자 또는 「공공주택 특별법」 제4조에 따른 공공주택사업자<br>③ 법 제31조 제4항 각 호에서 정하는 바에 따라 재산세를 감면받으려는 자는 「민간임대주택에 관한 특별법」 제5조에 따라 해당 부동산을 임대목적물로 하여 임대사업자로 등록해야 한다. 다만, 「공공주택 특별법」 제4조에 따른 공공주택사업자는 임대사업자로 등록하지 않아도 재산세를 감면받을 수 있다.<br>④ 법 제31조 제5항 제2호에서 "대통령령으로 정하는 경우"란 「민간임대주택에 관한 특별법」 제43조 제4항의 사유로 임대사업자 등록이 말소된 경우를 말한다.<br>⑤ 법 제31조 제6항 각 호 외의 부분 본문에서 "대통령령으로 정하는 주택 및 건축물"이란 다음 각 호의 것을 말한다.<br>1. 「공공주택 특별법 시행령」 제4조의 공공준주택과 그 부속토지<br>2. 「공공주택 특별법 시행령」 제37조 제1항의 주택 및 건축물과 그 부속토지(제1호에 따른 공공준주택과 그 부속토지는 제외한다) | 2. 거주자가 공동으로 사용하는 거실, 주방, 욕실, 복도 및 계단 등의 부분 중 전용면적 40제곱미터 이하인 호수의 전용면적 합계를 전체 호수의 전용면적 합계로 나눈 비율에 해당하는 부분과 그 부속토지<br>② 법 제31조 제3항 제2호에서 "대통령령으로 정하는 경우"란 「공공주택 특별법 시행령」 제54조 제2항 제1호 및 제2호에서 정하는 경우를 말한다.<br>③ 법 제31조 제6항 각 호 외의 부분 본문에서 "대통령령으로 정하는 주택 및 건축물"이란 다음 각 호의 것을 말한다.<br>1. 「건축법 시행령」 별표 1 제1호 가목부터 다목까지의 규정에 따른 단독주택, 다중주택 및 다가구주택과 그 부속토지<br>2. 「건축법 시행령」 별표 1 제2호 가목부터 다목까지의 규정에 따른 아파트, 연립주택 및 다세대주택(「주택법」 제2조 제6호에 따른 국민주택규모 이하인 아파트, 연립주택 및 다세대주택으로 한정한다)과 그 부속토지<br>3. 「건축법 시행령」 별표 1 제2호 라목에 따른 기숙사(전용면적이 85제곱미터 이하인 것으로 한정한다) 및 그 부속토지<br>4. 다음 각 목의 요건을 모두 갖춘 「건축법 시행령」 별표 1 제14호 나목 2)에 따른 오피스텔과 그 부속토지<br>가. 전용면적이 85제곱미터 이하일 것<br>나. 상·하수도 시설이 갖추어진 전용 입식 부엌, 전용 수세식 화장실 및 목욕시설(전용 수세식 화장실에 목욕시설을 갖춘 경우를 포함한다)을 갖출 것 |
| 제13조의 2(다가구주택의 범위 등) ① 법 제31조의 3 제1항 각 호에서 정하는 바에 따라 지방세를 감면받으려는 자는 「민간임대주택에 관한 특 | 제13조의 2(다가구주택의 범위 등) ① 법 제31조의 3 제3항 제2호 각 목 외의 부분에서 "대통령령으로 정한 경우"란 「민간임대주택에 관한 특 |

| 개정 전 | 개정 후 |
|---|---|
| 별법」 제5조에 따라 해당 부동산을 임대목적물로 하여 임대사업자로 등록하여야 한다. | 별법」 제43조 제4항에서 정하는 경우를 말한다 |
| ② 법 제31조의 3 제1항 각 호 외의 부분에서 "대통령령으로 정하는 다가구주택"이란 다가구주택(「민간임대주택에 관한 특별법 시행령」 제2조의 2에 따른 일부만을 임대하는 다가구주택은 임대 목적으로 제공하는 부분만 해당한다)으로서 「건축법」 제38조에 따른 건축물대장에 호수별로 전용면적이 구분되어 기재되어 있는 다가구주택을 말한다. | ② 법 제31조의 3 제4항 각 호 외의 부분 본문 ------------------------------------------------------------------. |
| ③ 법 제31조의 3 제2항 제2호에서 "대통령령으로 정하는 경우"란 「민간임대주택에 관한 특별법」 제43조 제4항의 사유로 임대사업자 등록이 말소된 경우를 말한다. | ③ 법 제31조의 3 제5항 각 호 외의 부분 단서 ------------------------------------------. |

## 9. 공공매입임대주택 감면대상자 확대 및 연장 등(법 §31 ⑥, 영 §13 ③)

### 1 개정개요

| 개정 전 | 개정 후 |
|---|---|
| □ LH의 공공매입임대주택 감면<br>○ 감면대상자 : LH<br><br>○ 감면대상 주택 및 건축물의 범위<br>- 「공공주택 특별법 시행령」 제4조의 공공준주택과 그 부속토지<br>- 「공공주택 특별법 시행령」 제37조 제1항의 주택 및 건축물과 그 부속토지(공공준주택과 그 부속토지 제외)<br><br>○ 일몰기한 : '24.12.31. | □ 감면대상자 확대 및 연장<br>○ 지방주택공사* 추가<br>* 주택사업을 목적으로 설립된 지방공사<br>○ 실제 매입대상에 맞춰 감면대상 주택 및 건축물의 범위 합리화<br>- 단독주택, 다중주택, 다가구주택과 그 부속토지<br>- 국민주택규모 이하 : 아파트·연립·다세대주택과 그 부속토지<br>- 전용면적 85㎡ 이하 : 오피스텔(주거용), 기숙사와 그 부속토지<br><br>○ 일몰기한 : '27.12.31. |

〈개정내용〉

○ 서민주거 안정을 위해 공공매입임대주택 감면대상자에 **지방주택공사 포함 및 감면 3년 연장**

○ LH 등 공공주택사업자의 실제매입대상에 맞춰 **감면대상 주택 및 건축물의 범위 합리화**

| 구 분 | 개정 전 | 개정 후 |
|---|---|---|
| 규모제한 無 | 단독주택, 다중주택, 다가구주택<br>제1종·제2종 근린생활시설, 노유자시설, 수련시설, 업무시설, 숙박시설<br>※ 부속토지 포함 | 단독주택, 다중주택, 다가구주택<br>※ 부속토지 포함 |
| 국민주택 규모 이하 | 공동주택(아파트·연립·다세대주택)<br>※ 부속토지 포함 | 공동주택(아파트·연립·다세대주택)<br>※ 부속토지 포함 |
| 전용면적 85㎡ 이하 | 오피스텔(주거용)<br>기숙사, 다중생활시설, 노인복지주택<br>※ 부속토지 포함 | 오피스텔(주거용)<br>기숙사<br>※ 부속토지 포함 |

〈적용요령〉

○ '25 1. 1. 이후 납세의무가 성립하는 경우부터 적용(부칙 §4)

## 2 개정조문

〈지방세특례제한법〉

| 개정 전 | 개정 후 |
|---|---|
| 제31조(임대주택 등에 대한 감면)<br>⑥「한국토지주택공사법」에 따라 설립된 한국토지주택공사(이하 "한국토지주택공사"라 한다)가「공공주택 특별법」제43조 제1항에 따라 매입하여 공급하는 것으로서 대통령령으로 정하는 주택 및 건축물에 대해서는 취득세의 100분의 25와 재산세의 100분의 50을 각각 2024년 12월 31일까지 경감한다. 다만, 다음 각 호의 어느 하나에 해당하는 경우 그 해당 부분에 대해서는 경감된 취득세 및 재산세를 추징한다.<br>1. 정당한 사유 없이 그 매입일부터 1년이 경과할 때까지 해당 용도로 직접 사용하지 아니하 | 제31조(공공임대주택 등에 대한 감면)<br>⑥「한국토지주택공사법」에 따라 설립된 한국토지주택공사(이하 "한국토지주택공사"라 한다) 또는「지방공기업법」제49조에 따른 지방공사로서 주택사업을 목적으로 설립된 지방공사가「공공주택 특별법」제43조 제1항에 따라 매입하여 공급하는 것으로서 대통령령으로 정하는 주택 및 건축물에 대해서는 취득세의 100분의 25와 재산세의 100분의 50을 각각 2027년 12월 31일까지 경감한다. 다만, 다음 각 호의 어느 하나에 해당하는 경우 그 해당 부분에 대해서는 경감된 취득세 및 재산세를 추징한다. |

| 개정 전 | 개정 후 |
|---|---|
| 는 경우<br>2. 해당 용도로 직접 사용한 기간이 2년 미만인 상태에서 매각·증여하거나 다른 용도로 사용하는 경우 | 1. 정당한 사유 없이 그 매입일부터 1년이 경과할 때까지 해당 용도로 직접 사용하지 아니하는 경우<br>2. 해당 용도로 직접 사용한 기간이 2년 미만인 상태에서 매각·증여하거나 다른 용도로 사용하는 경우 |

■ 법률 부칙

제4조(공공임대주택 등에 대한 지방세 감면·추징에 관한 적용례 등) ① 제31조 제1항·제2항·제4항, 같은 조 제6항 본문 및 제31조의 3 제1항·제2항·제4항의 개정규정은 이 법 시행 이후 납세의무가 성립하는 경우부터 적용한다.

## 〈지방세특례제한법 시행령〉

| 개정 전 | 개정 후 |
|---|---|
| 제13조(추징이 제외되는 임대의무기간 내 분양 등)<br>⑤ 법 제31조 제6항 각 호 외의 부분 본문에서 "대통령령으로 정하는 주택 및 건축물"이란 다음 각 호의 것을 말한다.<br>1. 「공공주택 특별법 시행령」 제4조의 공공준주택과 그 부속토지<br>2. 「공공주택 특별법 시행령」 제37조 제1항의 주택 및 건축물과 그 부속토지(제1호에 따른 공공준주택과 그 부속토지는 제외한다) | 제13조(임대형기숙사의 범위 등)<br>③ 법 제31조 제6항 각 호 외의 부분 본문에서 "대통령령으로 정하는 주택 및 건축물"이란 다음 각 호의 것을 말한다.<br>1. 「건축법 시행령」 별표 1 제1호 가목부터 다목까지의 규정에 따른 단독주택, 다중주택 및 다가구주택과 그 부속토지<br>2. 「건축법 시행령」 별표 1 제2호 가목부터 다목까지의 규정에 따른 아파트, 연립주택 및 다세대주택(「주택법」 제2조 제6호에 따른 국민주택규모 이하인 아파트, 연립주택 및 다세대주택으로 한정한다)과 그 부속토지<br>3. 「건축법 시행령」 별표 1 제2호 라목에 따른 기숙사(전용면적이 85제곱미터 이하인 것으로 한정한다) 및 그 부속토지<br>4. 다음 각 목의 요건을 모두 갖춘 「건축법 시행령」 별표 1 제14호 나목 2)에 따른 오피스텔과 그 부속토지 |

| 개정 전 | 개정 후 |
| --- | --- |
|  | 가. 전용면적이 85제곱미터 이하일 것<br>나. 상·하수도 시설이 갖추어진 전용 입식 부엌, 전용 수세식 화장실 및 목욕시설(전용 수세식 화장실에 목욕시설을 갖춘 경우를 포함한다)을 갖출 것 |

## 10. 지분적립형 분양주택 재산세 감면 신설(법 §31 ⑧)

### 1 개정개요

| 개정 전 | 개정 후 |
| --- | --- |
| 〈신 설〉 | □ 지분적립형 분양주택 감면<br>○ (감면대상자) 공공주택사업자<br>○ (감면대상) 지분적립형 분양주택*<br>* 수분양자가 집값의 일부(10~25%)만 내고 입주한 뒤, 공공주택사업자와 20~30년 동안 소유권을 공유하면서 소유지분을 적립하여 취득하는 주택<br>○ (감면율) 재산세 3년간 25% 경감<br>○ 일몰기한 : '26.12.31. |

〈개정내용〉

○ 지분적립형 분양주택 공급 확산을 통한 **청년·신혼부부** 등 무주택 실수요자들의 **안정적인 내 집 마련의 기회를 제공**하기 위해 지분적립형 분양주택에 대한 **감면 신설**

- 지분적립형 분양주택으로 최초로 공급하는 경우로서 공공주택사업자가 그 주택을 공급받은 자와 2025년 1월 1일부터 2026년 12월 31일까지의 기간 동안 소유권을 공유하게 되는 경우 해당 주택

※ 공공주택사업자 소유 지분에 한정

- 재산세 납세의무가 최초로 성립하는 날부터 3년간 재산세 25% 경감

※ 과세기준일 현재 지분적립형주택에 해당하지 아니하는 경우 제외

〈시행시기〉

○ 2025년 1월 1일부터 시행(부칙 §1)

## 2 개정조문

〈지방세특례제한법〉

| 개정 전 | 개정 후 |
| --- | --- |
| 제31조(임대주택 등에 대한 감면)<br>〈신 설〉 | 제31조(공공임대주택 등에 대한 감면)<br>⑧ 공공주택사업자가 취득한 주택을 「공공주택 특별법」 제2조 제1호의 4에 따른 지분적립형 분양주택(이하 이 항에서 "지분적립형주택"이라 한다)으로 최초로 공급하는 경우로서 공공주택사업자가 그 주택을 공급받은 자와 2025년 1월 1일부터 2026년 12월 31일까지의 기간 동안 소유권을 공유하게 되는 경우 해당 주택(공공주택사업자 소유 지분에 한정한다)에 대해서는 재산세 납세의무가 최초로 성립하는 날부터 3년간 재산세의 100분의 25를 경감한다. 다만, 해당 주택이 과세기준일 현재 지분적립형주택에 해당하지 아니하는 경우는 제외한다. |

## 11. 공공주택사업자의 임대 목적으로 주택등을 매도하기로 약정을 체결한 자에 대한 감면 확대 및 연장 등(법 §31의 5, 영 §13의 3)

### 1 개정개요

| 개정 전 | 개정 후 |
|---|---|
| □ 공공주택사업자에게 매도하는 임대주택용 부동산 감면<br>○ 공공주택사업자에게 매도하기로 약정을 체결한 자만 감면대상자<br>○ 취득세 10%<br>○ '주택', '주택 등' 용어 혼재<br>○ 일몰기한 : '24.12.31. | □ 감면 확대 및 연장<br>○ 부동산을 취득한 날부터 60일 이내에 약정을 체결한 자도 감면대상자에 포함<br>○ 취득세 15%<br>○ '주택등'으로 용어 정비 및 범위 명확화<br>– 단독주택, 다중주택, 다가구주택<br>– 국민주택규모 이하 : 아파트·연립·다세대주택<br>– 전용면적 85㎡ 이하 : 오피스텔(주거용), 기숙사<br>○ 일몰기한 : '27.12.31. |

〈개정내용〉

○ 서민주거 안정 및 조세 합리성 제고를 위해 공공주택사업자에게 매도하기로 약정한 주택건설자에 대한 **감면을 3년 연장**

○ 민간건설업자의 **사업참여 유인**을 위해 **감면율을 확대**(10→15%)

○ 주택등을 건축하기 위하여 **부동산을 취득한 날부터 60일 이내**에 공공주택사업자에게 **매도하기로 약정을 체결한 자**도 **감면대상자에 포함**

○ 불분명한 감면대상 주택등의 용어 정비 및 범위 명확화

| 개정 전 | 개정 후 | | |
|---|---|---|---|
| 주택,<br>주택 등 | 주택 및 건축물<br>(주택등) | 규모제한 無 | 단독주택, 다중주택, 다가구주택 |
| | | 국민주택규모 이하 | 공동주택(아파트·연립·다세대주택) |
| | | 전용면적 85㎡ 이하 | 오피스텔(주거용)<br>기숙사 |

〈적용요령〉

○ '25 1. 1. 이후 납세의무가 성립하는 경우부터 적용(부칙 §2)

## 2 개정조문

〈지방세특례제한법〉

| 개정 전 | 개정 후 |
| --- | --- |
| 제31조의 5(공공주택사업자의 임대 목적으로 주택을 매도하기로 약정을 체결한 자에 대한 감면) ①「공공주택 특별법」에 따른 공공주택사업자(이하 이 조에서 "공공주택사업자"라 한다)의 임대가 목적인 주택을 건축하여 공공주택사업자에게 매도하기로 약정을 체결한 자가 해당 주택 등을 건축하기 위하여 취득하는 부동산에 대해서는 취득세의 100분의 10을 2024년 12월 31일까지 경감한다. | 제31조의 5(공공주택사업자의 임대 목적으로 주택 등을 매도하기로 약정을 체결한 자에 대한 감면) ①「공공주택 특별법」에 따른 공공주택사업자(이하 이 조에서 "공공주택사업자"라 한다)의 임대가 목적인 대통령령으로 정하는 주택 및 건축물(이하 이 조에서 "주택등"이라 한다)을 건축하여 공공주택사업자에게 매도하기로 약정을 체결한 자(주택등을 건축하기 위하여 부동산을 취득한 날부터 60일 이내에 공공주택사업자에게 매도하기로 약정을 체결한 자를 포함한다)가 해당 주택등을 건축하기 위하여 취득하는 부동산에 대해서는 취득세의 100분의 15를 2027년 12월 31일까지 경감한다. |
| ② 공공주택사업자의 임대가 목적인 주택을 건축하여 공공주택사업자에게 매도하기로 약정을 체결한 자가 해당 주택 등을 건축하여 최초로 취득하는 경우에는 취득세의 100분의 10을 2024년 12월 31일까지 경감한다. | ② ------------------------------ 주택등을 ------------------------------------------- ------------------ 주택등 ------------------ ------------------------------ 100분의 15를 2027년 12월 31일까지 -------. |
| ③ 다음 각 호의 어느 하나에 해당하는 경우에는 제1항 및 제2항에 따라 경감받은 취득세를 추징한다. | ③ ------------------------------------------- ------------------------------------------- ----. |
| 1. 제1항에 따라 부동산을 취득한 날부터 1년 이내에 공공주택사업자의 임대가 목적인 주택 등을 착공하지 아니한 경우 | 1. ------------------------------------------- ----------------------------------- 주택등------------------------- |
| 2. 제2항에 따라 최초로 취득한 주택 등을 6개월 이내에 공공주택사업자에게 매도하지 아니한 경우 | 2. ------------------------ 주택등------------- ------------------------------------------- ---- |

■ 법률 부칙

제2조(지방세 감면에 관한 적용례) … 제31조의 5 제1항·제2항 … 개정규정은 이 법 시행 이후 납세의무가 성립하는 경우부터 적용한다.

〈지방세특례제한법 시행령〉

| 개정 전 | 개정 후 |
|---|---|
| 〈신 설〉 | 제13조의 3(공공주택사업자의 임대가 목적인 주택 및 건축물의 범위) 법 제31조의 5 제1항에서 "대통령령으로 정하는 주택 및 건축물"이란 제13조 제3항 각 호의 것을 말한다. |

## 12. 신축 소형주택에 대한 취득세 감면 신설(법 §33의 2)

### 1 개정개요

| 개정 전 | 개정 후 |
|---|---|
| 〈신 설〉 | □ 신축 소형주택 감면<br>○ (감면대상) 신축 소형주택*<br>* 공동주택(아파트 제외)·도시형 생활주택·다가구주택, '24.1.10.~'25.12.31. 준공, 전용면적 60㎡ 이하, 원시취득 限<br>○ (감면율) 취득세 최대 50% 감면(법 25%+조례 25%)<br>○ 일몰기한 : '25.12.31. |

**〈개정내용〉**

○ **주거사다리 역할**을 하는 **非아파트 소형주택**의 공급 확대를 지원하기 위해 신축 소형주택 공급자에 대한 **취득세 감면 신설**

| 구 분 | | 신축 소형주택 |
|---|---|---|
| 감면요건 | 목 적 | • 매각 · 임대 목적 |
| | 취득기간 | • '24.1.10.부터 '25.12.31. 신축 취득 |
| | 주택유형 | • 공동주택(아파트 제외)<br>※ 연립 · 다세대주택<br>• 도시형 생활주택<br>• 다가구주택<br>※ 호수별 전용면적이 구분 기재되어 있는 다가구주택(전용면적 60㎡ 이하인 호수 부분 限) |
| | 전용면적 | 60㎡ 이하 |
| 감 면 율 | | 취득세 최대 50% (법 25% + 조례 25%) |
| 일몰기한 | | ~2025년말 |
| 추 징 | | • 취득일로부터 5년 이내에 매각 또는 임대하지 아니하고 다른 용도로 사용하는 경우 |

**〈적용요령〉**

○ '24 1. 10. 이후 주택을 취득하는 경우부터 적용(부칙 §5)

## 2 개정조문

**〈지방세특례제한법〉**

| 개정 전 | 개정 후 |
|---|---|
| 〈신 설〉 | 제33조의 2(소형주택 공급 확대를 위한 감면) ① 매각 또는 임대할 목적으로 신축하여 2024년 1월 10일부터 2025년 12월 31일까지 취득하는 다음 각 호의 어느 하나에 해당하는 주택에 대해서는 취득세의 100분의 25를 경감한다.<br>1. 전용면적이 60제곱미터 이하인 공동주택(아파트는 제외한다)<br>2. 전용면적이 60제곱미터 이하인 「주택법」 제2조 제20호에 따른 도시형 생활주택<br>3. 「주택법」 제2조 제2호에 따른 단독주택 중 다 |

| 개정 전 | 개정 후 |
|---|---|
| | 가구주택으로서 「건축법」 제38조에 따른 건축물대장에 호수별로 전용면적이 구분되어 기재되어 있는 다가구주택(전용면적이 60제곱미터 이하인 호수 부분으로 한정한다)<br>② 지방자치단체의 장은 제1항에 따라 취득세를 경감하는 경우 해당 지역의 재정 여건 등을 고려하여 100분의 25의 범위에서 조례로 정하는 율을 추가로 경감할 수 있다.<br>③ 제1항 및 제2항을 적용할 때 그 취득일부터 5년 이내에 매각 또는 임대하지 아니하고 다른 용도로 사용하는 경우에는 경감된 취득세를 추징한다. |

■ 법률 부칙

제5조(소형주택 공급 확대를 위한 취득세 감면·추징에 관한 적용례) 제33조의 2의 개정규정은 2024년 1월 10일 이후 주택을 취득하는 경우부터 적용한다.

## 13. 지방 소재 준공 후 미분양 아파트 취득세 감면 신설(법 §33의 3)

### 1 개정개요

| 개정 전 | 개정 후 |
|---|---|
| 〈신 설〉 | □ 지방 준공 후 미분양주택 감면<br>○ (감면대상자) 사업주체<br>○ (감면대상) 2년 이상 임대로 공급하는 지방 준공 후 미분양아파트*<br>* 2024.1.10.~2025.12.31. 준공, 전용면적 85㎡ 이하, 3억원 이하, 2025.12.31.까지 임대계약 체결 조건<br>○ (감면율) 취득세 최대 50% 감면(법 25%+조례 25%)<br>○ 일몰기한 : 2025.12.31. |

〈개정내용〉

○ 지방 준공 후 **미분양아파트 물량 해소** 및 임대활용을 통한 **전·월세시장 안정 지원**을 위해 지방 미분양아파트 임대공급 시 **취득세 감면 신설**

| 구 분 | | 신축 지방 소재 준공 후 미분양 아파트 |
|---|---|---|
| 감면요건 | 취득기간 | • 2024.1.10.부터 2025.12.31. 신축 취득 |
| | 주택유형 | • 아파트 |
| | 주택요건 | • 사용검사·사용승인(임시사용승인 포함)받은 후 분양되지 아니한 아파트일 것<br>• 수도권 외의 지역에 있을 것<br>• 전용면적 85㎡ 이하이고 취득가액이 3억원 이하일 것<br>• 2025.12.31.까지 임대계약을 체결하고 2년 이상 임대할 것 |
| 감 면 율 | | 취득세 최대 50% (법 25% + 조례 25%) |
| 일몰기한 | | ~2025년말 |
| 추 징 | | • 임대기간이 2년 미만인 상태에서 매각·증여하거나 다른 용도로 사용하는 경우 |

〈적용요령〉

○ '24 1. 10. 이후 아파트를 취득하는 경우부터 적용(부칙 §6)

## 2 개정조문

〈지방세특례제한법〉

| 개정 전 | 개정 후 |
|---|---|
| 〈신 설〉 | 제33조의 3(지방 소재 준공 후 미분양 아파트에 대한 감면) ① 「주택법」 제54조 제1항에 따른 사업주체가 다음 각 호의 요건을 모두 갖춘 아파트를 신축하여 2024년 1월 10일부터 2025년 12월 31일까지 취득하는 경우에는 취득세의 100분의 25를 경감한다.<br>1. 「주택법」 제49조에 따른 사용검사 또는 「건축법」 제22조에 따른 사용승인(임시사용승인을 포함한다)을 받은 후 분양되지 아니한 아파트일 것 |
| | 2. 수도권 외의 지역에 있을 것 |

| 개정 전 | 개정 후 |
|---|---|
| | 3. 전용면적이 85제곱미터 이하이고 「지방세법」 제10조의 4에 따른 취득당시가액이 3억원 이하일 것<br>4. 2025년 12월 31일까지 임대차계약을 체결하고 2년 이상 임대할 것<br>② 지방자치단체의 장은 제1항에 따라 취득세를 경감하는 경우 해당 지역의 재정 여건 등을 고려하여 100분의 25의 범위에서 조례로 정하는 율을 추가로 경감할 수 있다.<br>③ 제1항 및 제2항을 적용할 때 임대한 기간이 2년 미만인 상태에서 매각·증여하거나 다른 용도로 사용하는 경우에는 경감된 취득세를 추징한다. |

■ 법률 부칙

제6조(지방 소재 준공 후 미분양 아파트에 대한 취득세 감면·추징에 관한 적용례) 제33조의 3의 개정규정은 2024년 1월 10일 이후 아파트를 취득하는 경우부터 적용한다.

## 14. 주택담보노후연금보증대상 주택 감면대상 확대 및 연장(법 §35)

### 1 개정개요

| 개정 전 | 개정 후 |
|---|---|
| □ 주택담보노후연금보증 등록면허세 감면(§35 ①)<br>○ (감면율)<br>- 5억원 이하인 1가구 1주택 : 75%<br>- 그 외 : 75%<br>※ 산출세액이 300만원 초과시 225만원 공제<br>○ 일몰기한 : 2024.12.31. | □ 감면율 축소 및 연장<br>○ 감면율 축소<br>- 5억원 이하인 1가구 1주택 : 50%<br>- 그 외 : 50%<br>※ 산출세액이 300만원 초과시 150만원 공제<br>○ 일몰기한 : 2027.12.31. |
| □ 재산세 감면(§35 ②)<br>○ (감면대상 : 노후연금보증 담보설정 방식)<br>- 저당권 설정 | □ 감면대상 확대 및 연장<br>○ (감면대상 : 노후연금보증 담보설정 방식)<br>- 저당권 설정 + **신탁계약** |

| 개정 전 | 개정 후 |
|---|---|
| ○ (감면율) 공시가격 5억원 이하인 1주택 재산세 25%<br>* 공시가격 5억원 초과시 5억원 한도로 감면<br>○ 일몰기한 : '24.12.31. | ○ (좌동)<br><br>○ 일몰기한 : '27.12.31. |

〈개정 내용〉

○ 고령층의 경제적 부담완화를 위해 **주택담보노후연금보증 대상 주택**에 대한 **지방세 감면**을 **연장**하되,

- **재산세 감면 대상**이 되는 **저당권 설정 방식**과 동일하게 **신탁계약**방식까지 **적용**하도록 **확대**
- 일반 주택담보대출 방식과의 형평성, 주택연금 대상 확대 등 고려 **등록면허세 감면 축소**(**감면율** 75%→50%, **감면한도** 225만원→**150만원**)

〈적용요령〉

○ 이 법 시행('25. 1. 1.) 이후 납세의무가 성립하는 경우부터 적용(부칙 §2)

## 2 개정조문

〈지방세특례제한법〉

| 개정 전 | 개정 후 |
|---|---|
| 第35조(주택담보노후연금보증 대상 주택에 대한 감면) ①「한국주택금융공사법」에 따른 연금보증을 하기 위하여 같은 법에 따라 설립된 한국주택금융공사와 같은 법에 따라 연금을 지급하는 금융회사가 같은 법 제9조 제1항에 따라 설치한 주택금융운영위원회가 같은 조 제2항 제5호에 따라 심의·의결한 연금보증의 보증기준에 해당되는 주택(「주택법」 제2조 제4호의 준주택 중 주거목적으로 사용되는 오피스텔을 포함한다. 이하 이 조에서 같다)을 담보로 하는 등기에 대하여 그 담보의 대상이 되는 주택을 제공하는 자가 등록면허세를 부담하는 경우에는 다음 각 호 | 第35조(주택담보노후연금보증 대상 주택에 대한 감면) ① ----------------------------------------------------------------------------------------------------------------------------------------------------------------------------------------------------------------------- |

| 개정 전 | 개정 후 |
| --- | --- |
| 의 구분에 따라 등록면허세를 2024년 12월 31일까지 감면한다. | -------------------------- 2027년 12월 31일 -----------. |
| 1. 「지방세법」 제4조에 따른 시가표준액(이하 이 조에서 "시가표준액"이라 한다)이 5억원 이하인 주택으로서 대통령령으로 정하는 1가구 1주택(이하 이 조에서 "1가구 1주택"이라 한다) 소유자의 주택을 담보로 하는 등기에 대해서는 등록면허세의 100분의 75를 경감한다. | 1. ---------------------------------------- ----------------------- 100분의 50을 -----. |
| 2. 제1호 외의 등기: 다음 각 목의 구분에 따라 감면 | 2. ---------------------------------------- |
| 가. 등록면허세액이 300만원 이하인 경우에는 등록면허세의 100분의 75를 경감한다. | 가. ---------------------------------- 100분의 50을 ------ |
| 나. 등록면허세액이 300만원을 초과하는 경우에는 225만원을 공제한다. | 나. -------- 150만원----------- |
| ② 제1항에 따른 주택담보노후연금보증을 위하여 담보로 제공된 주택(1가구 1주택인 경우로 한정한다)에 대해서는 다음 각 호의 구분에 따라 재산세를 2024년 12월 31일까지 감면한다. | ② ---------------- 주택(「한국주택금융공사법」 제2조 제8호의 2에 따른 신탁 등기를 한 주택을 포함하며, 1가구 1주택인 경우로 한정한다)------------ 2027년 12월 31일------. |
| 1.ㆍ2. (생 략) | 1.ㆍ2. (현행과 같음) |
| ③ (생 략) | ③ (현행과 같음) |

■ 법률 부칙

제2조(지방세 감면에 관한 적용례) … 제35조 제1항ㆍ제2항, … 개정규정은 이 법 시행 이후 납세의무가 성립하는 경우부터 적용한다.

## 15. 무주택자 주택공급사업 지원 감면 연장 등(법 §36, 영 §17)

### 1 개정개요

| 개정 전 | 개정 후 |
|---|---|
| □ 무주택자 주택공급사업 지원을 위한 감면<br>○ 사단법인 한국사랑의집짓기운동연합회<br><br>○ 취득세 100%<br>○ 재산세(도시지역분 포함) 100%<br>※ 최소납부세제 배제<br>○ 일몰기한 : '24.12.31. | □ 감면 연장<br>○ 사단법인 한국해비타트<br>※ '10.11.25. 법인의 명칭 변경<br>○ (현행과 같음)<br><br><br>○ 일몰기한 : '27.12.31. |

**〈개정내용〉**

○ 무주택 서민의 주거 안정 지원을 위해 **현행 감면 3년 연장**하되,

- '10.11.25. '사단법인 한국사랑의집짓기운동연합회'가 '사단법인 한국해비타트'로 법인의 명칭 변경사항 반영

**〈시행시기〉**

○ '25. 1. 1.부터 시행(부칙 §1)

※ 종전 규정을 명확화(명칭 현행화) 한 것으로 종전과 동일하게 적용

### 2 개정조문

**〈지방세특례제한법〉**

| 개정 전 | 개정 후 |
|---|---|
| 제36조(무주택자 주택공급사업 지원을 위한 감면) 「공익법인의 설립·운영에 관한 법률」에 따라 설립된 공익법인으로서 대통령령으로 정하는 법인이 무주택자에게 분양할 목적으로 취득하는 주택건축용 부동산에 대해서는 취득세를, 과세기준일 현재 그 업무에 직접 사용하는 부동산에 대해서는 재산세(「지방세법」 제112조에 따른 부 | 제36조(무주택자 주택공급사업 지원을 위한 감면) ------------------------------------------------------------------------------------------------------------------------------------------------------------------------------------------------ |

| 개정 전 | 개정 후 |
| --- | --- |
| 과액을 포함한다)를 각각 2024년 12월 31일까지 면제한다. 다만, 그 취득일부터 2년 이내에 정당한 사유 없이 주택건축을 착공하지 아니하거나 다른 용도에 사용하는 경우 그 해당 부분에 대해서는 면제된 취득세를 추징한다. | ------------------------- 2027년 12월 31일 -------. ------------------------------------------------------------------------------------------------------------------------------------------------------------------------. |

〈지방세특례제한법 시행령〉

| 개정 전 | 개정 후 |
| --- | --- |
| 제17조(공익법인의 범위) 법 제36조 본문에서 "대통령령으로 정하는 법인"이란 「주택법」 제4조 제1항 제4호를 적용받는 사단법인 한국사랑의집짓기운동연합회를 말한다. | 제17조(공익법인의 범위) ----------------------------------------------------------------------------- 한국해비타트-----------------. |

## 16. 생애최초 주택 취득세 감면 확대 등(법 §36의 3)

### 1 개정개요

| 개정 전 | 개정 후 |
| --- | --- |
| □ 생애최초 주택 감면 | □ 소형주택 감면한도 확대 |
| 〈신 설〉 | ○ 소형주택* 300만원 한도로 취득세 감면<br>* 공동주택(아파트 제외)·도시형 생활주택·다가구주택, 전용면적 60㎡ 이하·3억원(수도권 6억원) 이하<br>※ 최소납부세제 배제 |
| ○ 12억원 이하의 주택 200만원 한도로 취득세 감면 | ○ 소형주택 외 좌동 |
| ○ 일몰기한 : '25.12.31. | ○ 일몰기한 : '25.12.31. |
| □ 지역 범위 적용시 특별자치도 | □ 특별자치도 적용 범위 합리화 |
| ○ 제주(관내 시·군 無)<br>+ 강원, 전북(관내 시·군 有) | ○ 제주로 한정<br>※ 강원·전북은 지역 범위를 시·군 기준 적용 |
| □ 주택을 소유한 사실이 없는 경우 | □ 주택을 소유한 사실이 없는 경우 추가 |
| ○ 상속으로 공유지분 주택·전세사기피해주택 | ○ (좌 동) |

| 개정 전 | 개정 후 |
|---|---|
| 을 취득하였다가 처분한 경우 등<br>〈신 설〉 | ○ 임차인이 1년 이상 상시거주한 소형주택*을 '24.1.1.부터 '25.12.31.까지 취득한 경우 추가<br>* 공동주택(아파트 제외)·도시형 생활주택·다가구주택, 전용면적 60㎡ 이하·2억원(수도권 3억원) 이하 |

〈개정내용〉

① 청년 등의 주거 사다리 역할을 하는 소형주택(아파트 제외)의 공급을 정상화하기 위해 **취득세 감면한도 확대(200만원→300만원)**

| 구 분 | | 소형주택 | 소형주택 외 주택 |
|---|---|---|---|
| 감면 요건 | 주택유형 | • 공동주택(아파트 제외)<br>※ 연립·다세대주택<br>• 도시형 생활주택<br>• 다가구주택<br>※ 호수별 전용면적이 구분 기재되어 있는 다가구주택(전용면적 60㎡ 이하인 호수 부분 限) | 「지방세법」 제11조 제1항 제8호에 따른 주택(소형주택 제외) |
| | 전용면적 | 60㎡ 이하 | - |
| | 취득가액 | 3억원(수도권 6억원) 이하 | 12억원 이하 |
| 감면한도 | | 300만원 | 200만원 |
| 일몰기한 | | ~'25년말 | ~'25년말 |

② 관할구역 내 시·군이 없는 제주특별자치도 외에 **관할구역 내 시·군이 있는 강원특별자치도 및 전북특별자치도 출범**에 따라 범위 정비

- 일정요건을 충족한 주택을 소유한 자가 그 주택 소재지역에 거주하다가 **다른 지역으로 이주** 시 '주택을 소유한 사실이 없는 경우'로 보는데,
- 다른 지역을 판단 시 관할 시·군이 있는 강원·전북의 경우 특별자치도가 아니라 **시·군을 대상으로 적용 하도록 명확화**

③ 임차인이 1년 이상 상시거주한 **소형주택**을 취득하여 생애 최초 주택 감면을 받은 경우, '주택을 소유한 사실이 없는 경우'에 추가, 추후 다른 주택 취득시 생애최초 주택 **감면 자격 유지**

<table>
<tr><th colspan="2">구 분</th><th>소형 임차주택</th></tr>
<tr><td rowspan="5">생애<br>최초<br>구입<br>주택<br>감면<br>자격<br>유지<br>요건</td><td>주택유형</td><td>• 공동주택(아파트 제외)<br>※ 연립 · 다세대주택<br>• 도시형 생활주택<br>• 다가구주택<br>※ 호수별 전용면적이 구분 기재되어 있는 다가구주택(전용면적 60㎡ 이하인 호수 부분 限)</td></tr>
<tr><td>전용면적</td><td>60㎡ 이하</td></tr>
<tr><td>취득가액</td><td>2억원(수도권 3억원) 이하</td></tr>
<tr><td>거주요건</td><td>임차인이 1년 이상 상시거주(전입신고하고 계속하여 거주하는 것)한 주택</td></tr>
<tr><td>취득기간 등</td><td>2024.1.1.부터 2025.12.31.까지의 기간 중 취득하여 생애 최초 주택 감면을 받은 경우 ※ 추징된 경우 제외</td></tr>
</table>

### 〈적용요령〉

○ '25 1. 1. 이후 납세의무가 성립하는 경우부터 적용(부칙 §2)

※ 소형 임차주택은 2024.1.1.부터 2025.12.31.까지의 기간 중 취득하여 생애 최초 주택 감면을 받은 경우에 적용

## 2 개정조문

### 〈지방세특례제한법〉

| 개정 전 | 개정 후 |
|---|---|
| 제36조의 3(생애최초 주택 구입에 대한 취득세 감면) ① 주택 취득일 현재 본인 및 배우자(「가족관계의 등록 등에 관한 법률」에 따른 가족관계등록부에서 혼인이 확인되는 외국인 배우자를 포함한다. 이하 이 조 및 제36조의 5에서 같다)가 주택(「지방세법」 제11조 제1항 제8호에 따른 주택을 말한다. 이하 이 조 및 제36조의 5에서 같다)을 소유한 사실이 없는 경우로서 「지방세법」 제10조의 3에 따른 <u>취득당시가액</u>이 12억원 이하인 주택을 유상거래(부담부증여는 제외한다)로 취득하는 경우에는 다음 각 호의 구분에 따라 2025년 12월 31일까지 지방세를 감면(이 경우 「지방세법」 제13조의 2의 세율을 적용하지 | 제36조의 3(생애최초 주택 구입에 대한 취득세 감면) ① -------------------------------------------------------------------------------------------------------------------------------------------------------------------------------------------------------------------------- <u>취득당시가액(이하 이 조에서 "취득당시가액"이라 한다)</u>------------------------------------------------------------------------------------------------------------ |

| 개정 전 | 개정 후 |
| --- | --- |
| 아니한다)한다. 다만, 취득자가 미성년자인 경우는 제외한다. | ------------------------.<br>-----------. |
| 1. 「지방세법」 제11조 제1항 제8호의 세율을 적용하여 산출한 취득세액(이하 이 조 및 제36조의 5에서 "산출세액"이라 한다)이 200만원 이하인 경우에는 취득세를 면제한다. | 1. 다음 각 목의 어느 하나에 해당하는 주택에 대해서는 「지방세법」 제11조 제1항 제8호의 세율을 적용하여 산출한 취득세액(이하 이 조 및 제36조의 5에서 "산출세액"이라 한다)이 300만원 이하인 경우에는 취득세를 면제하고, 산출세액이 300만원을 초과하는 경우에는 산출세액에서 300만원을 공제한다.<br>가. 전용면적이 60제곱미터 이하이고 취득당시가액이 3억원(수도권은 6억원으로 한다) 이하인 공동주택(아파트는 제외한다)<br>나. 전용면적이 60제곱미터 이하이고 취득당시가액이 3억원(수도권은 6억원으로 한다) 이하인 「주택법」 제2조 제20호에 따른 도시형 생활주택<br>다. 취득당시가액이 3억원(수도권은 6억원으로 한다) 이하인 「주택법」 제2조 제2호에 따른 단독주택 중 다가구주택으로서 「건축법」 제38조에 따른 건축물대장에 호수별로 전용면적이 구분되어 기재되어 있는 다가구주택(전용면적이 60제곱미터 이하인 호수 부분으로 한정한다) |
| 2. 산출세액이 200만원을 초과하는 경우에는 산출세액에서 200만원을 공제한다. | 2. 제1호 외의 주택에 대해서는 산출세액이 200만원 이하인 경우에는 취득세를 면제하고, 산출세액이 ---------------------------. |
| ② 2인 이상이 공동으로 주택을 취득하는 경우에는 해당 주택에 대한 제1항에 따른 총 감면액은 200만원 이하로 한다. | ② ------------------------------------------------------ 제1항 제1호에 따른 총 감면액은 300만원 이하로 하고, 제1항 제2호에 --. |
| ③ 제1항에서 "주택을 소유한 사실이 없는 경우"란 다음 각 호의 어느 하나에 해당하는 경우를 말한다. | ③ ----------------------------------------------------------------------------. |
| 1. (생 략) | 1. (현행과 같음) |

| 개정 전 | 개정 후 |
| --- | --- |
| 2. 「국토의 계획 및 이용에 관한 법률」 제6조에 따른 도시지역(취득일 현재 도시지역을 말한다)이 아닌 지역에 건축되어 있거나 면의 행정구역(수도권은 제외한다)에 건축되어 있는 주택으로서 다음 각 목의 어느 하나에 해당하는 주택을 소유한 자가 그 주택 소재지역에 거주하다가 다른 지역(해당 주택 소재지역인 특별시·광역시·특별자치시·특별자치도 및 시·군 이외의 지역을 말한다)으로 이주한 경우. 이 경우 그 주택을 감면대상 주택 취득일 전에 처분했거나 감면대상 주택 취득일부터 3개월 이내에 처분한 경우로 한정한다.<br>가. ~ 다. (생 략) | 2. ------------------------------------------------------------------------------------------------------------------------------------------------------------------------------------------------------ 다른 지역[해당 주택 소재지역인 특별시·광역시·특별자치시·특별자치도(관할 구역 안에 지방자치단체인 시·군이 없는 특별자치도를 말한다) 및 시·군 이외의 지역을 말한다]으로 ----------------------------------------------------------.<br>가. ~ 다. (현행과 같음) |
| 3. ~ 5. (생 략) | 3. ~ 5. (현행과 같음) |
| 〈신 설〉 | 6. 제1항 제1호 각 목의 주택 중 취득당시가액이 2억원(수도권은 3억원으로 한다) 이하이고 임차인으로서 1년 이상 상시 거주(「주민등록법」에 따른 전입신고를 하고 계속하여 거주하는 것을 말한다)한 주택을 2024년 1월 1일부터 2025년 12월 31일까지의 기간 중에 취득하여 제1항에 따른 감면을 받은 경우. 다만, 제4항에 따라 추징된 경우는 제외한다. |
| ④·⑤ (생 략) | ④·⑤ (현행과 같음) |

■ 법률 부칙

제2조(지방세 감면에 관한 적용례) … 제36조의 3 제1항·제2항 … 개정규정은 이 법 시행 이후 납세의무가 성립하는 경우부터 적용한다.

## 17. 「민법」상 비영리재단법인 의료기관 감면 확대(법 §38 ④)

### 1 개성개요

| 개정 전 | 개정 후 |
| --- | --- |
| □ 「민법」 상 비영리재단법인 운영 의료기관에 대한 감면<br>○ 감면대상자<br>- 비영리재단법인 의료기관<br>○ 감면율 ※ 감염병 전문병원 + 10%p<br>- (종교단체) 취득세 30%<br>재산세 50%<br>- (종 교 外) 취득세 15%<br>재산세 25%<br>○ 일몰기한 : 2024.12.31. | □ 非 종교재단법인 의료기관에 대한 감면율 확대<br>○ 감면대상자<br>- (좌 동)<br>○ 감면율 ※ 감염병전문병원 + 10%p<br>- (종교단체) 취득세 30%<br>재산세 50%<br>- (종 교 外) 취득세 30%<br>재산세 50%<br>○ 일몰기한 : 2027.12.31. |

〈개정내용〉

○ 국민건강 보호, 공공의료서비스 확보 등을 위해 **종교단체외 비영리 재단법인**이 운영하는 **의료기관**에 대해 타 非공공 의료기관* 수준으로 **감면 확대**(취득세 15%, 재산세 25% → 취득세 30%, 재산세 50%)

* 非공공의료기관 감면(취득세 30%, 재산세 50%) : 사립대부속병원, 「의료법」에 따른 의료기관, 사회복지법인 의료기관, 종교단체 재단법인 의료기관

〈적용요령〉

○ 이 법 시행('25. 1. 1.) 이후 납세의무가 성립하는 경우부터 적용(부칙 §2)

## 2 개정조문

### 〈지방세특례제한법〉

| 개정 전 | 개정 후 |
|---|---|
| 제38조(의료법인 등에 대한 과세특례) ① ~ ③ (생 략)<br>④ 「민법」 제32조에 따라 설립된 재단법인이 「의료법」에 따른 의료기관 개설을 통하여 의료업에 직접 사용할 목적으로 취득하는 부동산에 대해서는 취득세의 100분의 15(감염병전문병원의 경우에는 100분의 25)를, 과세기준일 현재 의료업에 직접 사용하는 부동산에 대해서는 재산세의 100분의 25(감염병전문병원의 경우에는 100분의 35)를 2024년 12월 31일까지 각각 경감한다. 다만, 종교단체의 경우에는 취득세의 100분의 30(감염병전문병원의 경우에는 100분의 40)을, 재산세의 100분의 50(감염병전문병원의 경우에는 100분의 60)을 2024년 12월 31일까지 각각 경감한다.<br>⑤ (생 략) | 제38조(의료법인 등에 대한 과세특례) ① ~ ③ (현행과 같음)<br>④ ------------------------------------------------------------------------------------------------------------------------------------------취득세의 100분의 30(감염병전문병원의 경우에는 100분의 40)을, 과세기준일 현재 의료업에 직접 사용하는 부동산에 대해서는 재산세의 100분의 50(감염병전문병원의 경우에는 100분의 60)을 2027년 12월 31일까지 각각 경감한다. 〈단서 삭제〉<br>⑤ (현행과 같음) |

■ 법률 부칙

제2조(지방세 감면에 관한 적용례) … 제38조 제4항 … 개정규정은 이 법 시행 이후 납세의무가 성립하는 경우부터 적용한다.

## 18. 학력인정 평생교육시설에 대한 감면 확대(법 §44 ⑤)

### 1 개정개요

| 개정 전 | 개정 후 |
|---|---|
| □ 평생교육시설에 대한 감면(법 §44 ①)<br><br>○ (감면대상)<br>- 평생교육시설*<br>* 학교부설, 학교형태, 사내대학 형태, 원격대학 형태 등(영 §21)<br><br>○ (감면율)<br>- 취득세 50%, 재산세 50%<br><br>○ 일몰기한 : 2024.12.31. | □ 학력인정 평생교육시설 감면 확대(법 §44 ⑤ 신설)<br><br>○ (감면대상)<br>- 학교형태 평생교육시설 중 학력인정 평생교육시설*<br>* 「평생교육법」 §31 ②에 따른 고등학교 이하의 학력이 인정되는 학교형태의 평생교육시설<br><br>○ (감면율)<br>- 취득세, 재산세(도시지역분 포함), 지역자원시설세(소방분), 등록면허세(면허분), 주민세(사업소분, 종업원분) 100%<br>※ 최소납부세제 배제<br><br>○ 일몰기한 : 2027.12.31. |

〈개정 내용〉

○ 교육에서 소외된 계층을 대상으로 **정규교육에 준하는 교육기회 제공**하는 등 **공공성**을 고려

- **학력인정 평생교육시설**에 대해 **전공대학 및 학교 수준**으로 **지방세 감면 확대**

〈적용요령〉

○ 이 법 시행('25. 1. 1.) 이후 납세의무가 성립하는 경우부터 적용(부칙 §2)

## 2 개정조문

### 〈지방세특례제한법〉

| 개정 전 | 개정 후 |
|---|---|
| 제44조(평생교육시설 등에 대한 감면) ① ~ ④ (생 략) | 제44조(평생교육시설 등에 대한 감면) ① ~ ④ (생 략) |
| 〈신 설〉 | ⑤ 제1항에 따른 평생교육시설 중 「평생교육법」 제31조 제2항에 따라 고등학교졸업 이하의 학력이 인정되는 시설로 지정된 학교형태의 평생교육시설(이하 이 항에서 "학력인정 평생교육시설"이라 한다)에 대해서는 다음 각 호에서 정하는 바에 따라 지방세를 2027년 12월 31일까지 면제한다.<br>1. 학력인정 평생교육시설에 직접 사용하기 위하여 취득하는 부동산에 대해서는 취득세를 면제한다. 다만, 다음 각 목의 어느 하나에 해당하는 경우 그 해당 부분에 대해서는 면제된 취득세를 추징한다.<br>가. 정당한 사유 없이 그 취득일부터 3년이 지날 때까지 해당 용도로 직접 사용하지 아니하는 경우<br>나. 해당 용도로 직접 사용한 기간이 2년 미만인 상태에서 매각·증여하거나 다른 용도로 사용하는 경우<br>2. 과세기준일 현재 학력인정 평생교육시설에 직접 사용하는 부동산(해당 시설을 다른 용도로 함께 사용하는 경우 그 부분은 제외한다)에 대해서는 재산세(「지방세법」 제112조에 따른 부과액을 포함한다) 및 「지방세법」 제146조 제3항에 따른 지역자원시설세를 각각 면제한다.<br>3. 학력인정 평생교육시설이 그 사업에 직접 사용하기 위한 면허에 대한 등록면허세와 주민 |

| 개정 전 | 개정 후 |
|---|---|
| | 세 사업소분(「지방세법」 제81조 제1항 제2호에 따라 부과되는 세액으로 한정한다) 및 종업원분을 각각 면제한다. |
| ⑤ (생 략) | ⑥ (현행 제5항과 같음) |
| 제177조의 2(지방세 감면 특례의 제한) ① 이 법에 따라 취득세 또는 재산세가 면제(지방세 특례 중에서 세액감면율이 100분의 100인 경우와 세율경감률이 「지방세법」에 따른 해당 과세대상에 대한 세율 전부를 감면하는 것을 말한다. 이하 이 조에서 같다)되는 경우에는 이 법에 따른 취득세 또는 재산세의 면제규정에도 불구하고 100분의 85에 해당하는 감면율(「지방세법」 제13조 제1항부터 제4항까지의 세율은 적용하지 아니한 감면율을 말한다)을 적용한다. 다만, 다음 각 호의 어느 하나에 해당하는 경우에는 그러하지 아니하다. | 제177조의 2(지방세 감면 특례의 제한) ① -------------------------------------------------------------------------------------------------------------------------------------------------------------------------------------------------------------------------------------------------------------------------. -------------------------------------------------------. |
| 1. (생 략) | 1. (현행과 같음) |
| 2. 제7조부터 제9조까지, 제13조 제3항, 제16조, 제17조, 제17조의 2, 제20조 제1호, 제29조, 제30조 제3항, 제33조 제2항, 제35조의 2, 제36조, 제36조의 5, 제41조 제1항부터 제6항까지, 제44조 제2항, 제50조, 제55조, 제57조의 2 제2항(2020년 12월 31일까지로 한정한다), 제62조, 제63조 제2항·제4항, 제66조, 제73조, 제74조의 2 제1항, 제76조 제2항, 제77조 제2항, 제82조, 제85조의 2 제1항 제4호 및 제92조에 따른 감면 | 2. 제7조부터 제9조까지, 제13조 제3항·제4항, 제16조, 제17조, 제17조의 2, 제20조 제1항 제1호, 제29조, 제30조 제3항, 제33조 제2항, 제35조의 2, 제36조, 제36조의 3 제1항 제1호, 제36조의 5, 제41조 제1항부터 제6항까지, 제44조 제2항·제5항, 제50조, 제55조, 제57조의 2 제2항(2020년 12월 31일까지로 한정한다), 제62조, 제63조 제2항·제4항, 제66조, 제73조, 제74조의 2 제1항, 제76조 제2항·제3항, 제77조 제2항·제3항, 제82조, 제85조의 2 제1항 제4호·제5호 및 제92조에 따른 감면 |
| ②·③ (생 략) | ②·③ (현행과 같음) |

> ■ 법률 부칙
> 제2조(지방세 감면에 관한 적용례) … 제44조 제5항 … 의 개정규정은 이 법 시행 이후 납세의무가 성립하는 경우부터 적용한다.

## 19. 박물관 등 감면 연장 및 사후관리 규정 보완(법 §44의 2, 영 §21의 2)

### 1 개정개요

| 개정 전 | 개정 후 |
|---|---|
| □박물관, 미술관, 도서관, 과학관 감면<br>○ 취득세·재산세 100%<br>※ 최소납부세제 적용<br>○ 일몰기한 : 2024.12.31. | □감면 연장<br>○ (좌 동)<br><br>○ 일몰기한 : 2027.12.31. |
| □일반적 추징 요건<br>○ 일반적 추징 규정 적용(§178) | □개별적 추징 요건 신설<br>○ 일반적 추징 요건 외 등록취소·폐관 신고 등 추징 요건 추가 |

| | 개정 전 |
|---|---|
| 1 | 취득일부터 1년이 경과할 때까지 해당 용도로 직접 사용하지 아니한 경우 |
| 2 | 직접 사용한 기간이 2년 미만인 상태에서 매각·증여, 타 용도로 사용하는 경우 |
| 3 | 〈신 설〉 |

| | 개정 후 |
|---|---|
| 1 | (좌동) |
| 2 | (좌동) |
| 3 | 취득일부터 3년 이내 관계 법령에 따라 폐관 신고하거나 등록이 취소되는 경우 |

〈개정 내용〉

○ **국민의 문화 향유권 향상에 기여**를 위해 **현행 감면 연장**

○ 박물관, 미술관 등 **특성** 및 **유사 조문과의 형평성**을 고려하여 일반적인 추징 규정 외 **등록취소 시 추징**하도록 **사후관리 규정 보완**

| 구 분 | 개정 前 | 개정 後 |
|---|---|---|
| 적용 규정 | 일반적 추징규정(법 §178 ①) | 개별규정(법 §44-2 ③, 영 §21-2) |
| 사후관리 요 건 | 1년 내 직접 미사용 | (좌동) |
| | 직접 사용 2년 미만인 상태로 매각·증여, 타 용도 사용 | |
| | <신 설> | 3년 내 등록취소·폐관신고되는 경우 |

〈적용요령〉

○ '25. 1. 1. 이후 지방세를 감면 받는 경우부터 적용(부칙 §3)

## ② 개정조문

〈지방세특례제한법〉

| 개정 전 | 개정 후 |
|---|---|
| 제44조의 2(박물관 등에 대한 감면) ① 대통령령으로 정하는 박물관 또는 미술관으로 직접 사용하기 위하여 취득하는 부동산에 대해서는 취득세를, 과세기준일 현재 해당 박물관 또는 미술관으로 직접 사용하는 부동산(해당 시설을 다른 용도로 함께 사용하는 경우에는 그 부분은 제외한다)에 대해서는 해당 부동산 취득일 이후 해당 부동산에 대한 재산세를 2024년 12월 31일까지 각각 면제한다. | 제44조의 2(박물관 등에 대한 감면) ① ------------------------------------------------------------------------------------------------------------------------------------------------------------------------------------------------------------ 2027년 12월 31일-------------------. |
| ② 대통령령으로 정하는 도서관 또는 과학관으로 직접 사용하기 위하여 취득하는 부동산에 대해서는 취득세를, 과세기준일 현재 해당 도서관 또는 과학관으로 직접 사용하는 부동산(해당 시설을 다른 용도로 함께 사용하는 경우에는 그 부분은 제외한다)에 대해서는 재산세를 각각 2024년 12월 31일까지 면제한다. | ② --------------------------------------------------------------------------------------------------------------------------------------------------------------------------- 2027년 12월 31일--------------. |
| 〈신 설〉 | ③ 제1항 및 제2항을 적용할 때 다음 각 호의 어느 하나에 해당하는 경우 그 해당 부분에 대해서는 면제된 취득세를 추징한다.<br>1. 정당한 사유 없이 그 취득일부터 1년이 경과 |

| 개정 전 | 개정 후 |
|---|---|
| | 할 때까지 해당 용도로 직접 사용하지 아니하는 경우<br>2. 해당 용도로 직접 사용한 기간이 2년 미만인 상태에서 매각·증여하거나 다른 용도로 사용하는 경우<br>3. 취득일부터 3년 이내에 관계 법령에 따라 등록취소되는 등 대통령령으로 정하는 사유에 해당하는 경우 |

■ 법률 부칙

제3조(감면 지방세 추징에 관한 적용례) … 제44조의 2 제3항 … 개정규정은 이 법 시행 이후 지방세를 감면받는 경우부터 적용한다.

## 〈지방세특례제한법 시행령〉

| 개정 전 | 개정 후 |
|---|---|
| 제21조의 2(박물관 등의 범위) ①·② (생 략) | 제21조의 2(박물관 등의 범위 등) ①·② (현행과 같음) |
| 〈신 설〉 | ③ 법 제44조의 2 제3항 제3호에서 "관계 법령에 따라 등록취소되는 등 대통령령으로 정하는 사유"란 다음 각 호의 어느 하나에 해당하는 경우를 말한다.<br>1. 「박물관 및 미술관 진흥법」 제22조에 따라 폐관신고되거나 같은 법 제29조에 따라 등록취소된 경우<br>2. 「도서관법」 제36조 제5항에 따라 폐관신고되거나 같은 법 제38조에 따라 등록취소된 경우<br>3. 「과학관의 설립·운영 및 육성에 관한 법률」 제12조에 따라 등록취소되거나 같은 법 제14조에 따라 폐관통보된 경우 |

## 20. 내진성능 확보 건축물에 대한 감면 신설 등(법 §47의 4)

### 1 개정개요

| 개정 전 | 개정 후 |
|---|---|
| □ 〈신 설〉 | □ 내진성능 확보 건축물 감면 신설(법 §47의 4 ①)<br>○ (감면대상)<br>- 법령상 비의무대상인 민간건축물에 대해 건축 및 대수선을 통해 내진성능 확인을 받은 경우<br>○ (감면율)<br>- 취득세 100%, 재산세 2년간 100%, 그 후 3년간 50%<br>(소유권 이전시 재산세 감면 배제) |
| □ 지진안전 인증 건축물 감면(법 §47의 4 ③)<br>○ (감면대상) 신축<br>○ (감면율) 취득세 5~10%*<br>* 시행령 위임 5%(영 §24의 2)<br>○ 〈신 설〉 | □ 감면대상 확대 및 추징규정 개선 등(법 §47의 4 ③, ④)<br>○ (감면대상) 건축 및 대수선<br>○ (감면율) (좌 동)<br>○ (추징규정) 3년 이내 지진안전 인증이 취소되는 경우 |

**〈개정내용〉**

**〈내진성능 확보 건축물에 대한 감면〉**

○ 민간건축물에 대한 **내진보강 비율이 저조**함에 따라 법령에 따른 **의무 대상이 아닌 건축물의 내진성능 확인 시 감면 재신설***

* 내진성능 확보 건축물에 대해 건축시 취·재(5년) 50%, 대수선 취·재(5년) 100%('21년 종료)

- 건축·대수선에 따라 건축물을 취득하면서 내진성능 확인을 받은 경우 **취득세 면제**(최소납부 적용) 및 **재산세 2년간 면제, 그 후 3년간 50% 감면**
- 다만, 감면 기간 중 소유권 이전되는 경우 재산세 감면 배제

**〈지진안전 시설물 인증 건축물에 대한 감면〉**

○ 지진안전 시설물 인증에 따른 취득세 감면 대상을 **신축**하는 건축물에서 **건축·대수선**

을 통해 인증받는 경우로 확대

○ 「지진·화산재해대책법」에서는 부정한 방법으로 인증받는 경우 등에 대해 **사후적으로 인증 취소가 가능하도록 규정**함에 따라

- 취득세를 경감받은 후 **취득일부터** 3년 이내에 **인증이 취소된 경우** 경감된 취득세 추징하도록 **규정**하여 사후관리 규정을 보완

※ 녹색건축 인증 건축물 감면(§47의 2)에서도 인증 취소 시 취득세 추징하도록 규정하고 있음

〈적용요령〉

○ 이 법 시행('25. 1. 1.) 이후 건축물을 취득하는 경우부터 적용(부칙 §7 ①)하고, 이 법 시행 전 취득세가 감면된 건축물에 대한 재산세 감면에 대해서는 종전 규정을 적용(부칙 §7 ②)

○ 지진안전 시설물 인증에 대한 감면 추징규정의 경우 이 법 시행 이후 취득세를 감면하는 경우부터 적용(부칙 §7 ③)

## 2 개정조문

〈지방세특례제한법〉

| 개정 전 | 개정 후 |
|---|---|
| 제47조의 4(내진성능 확보 건축물에 대한 감면) ① 「건축법」 제48조 제2항에 따른 구조 안전 확인 대상이 아니거나 건축 당시 「건축법」상 구조안전 확인 대상이 아니었던 건축물(「건축법」 제2조 제1항 제2호에 따른 건축물 부분으로 한정한다. 이하 이 조에서 같다)로서 「지진·화산재해대책법」 제16조의 2에 따라 내진성능 확인을 받은 건축물에 대해서는 다음 각 호에서 정하는 바에 따라 지방세를 2021년 12월 31일까지 경감한다. 다만, 그 건축물에 대한 소유권이 이전된 이후의 재산세는 그러하지 아니하다.<br>1. 「건축법」 제2조 제1항 제8호에 따른 건축을 하는 경우 취득세의 100분의 50을 경감하고, 그 건축물에 대한 재산세의 납세의무가 최초로 성립하는 날부터 5년간 재산세의 100분의 | 제47조의 4(내진성능 확보 건축물에 대한 감면 등) ① 「지진·화산재해대책법」 제14조 제1항에 따른 내진설계기준의 적용 대상이 아니거나 건축 당시 내진설계기준의 적용 대상이 아니었던 건축물(「건축법」 제2조 제1항 제2호에 따른 건축물 부분으로 한정한다. 이하 이 조에서 같다)을 건축(「건축법」 제2조 제1항 제8호에 따른 건축을 말한다. 이하 이 조에서 같다) 또는 대수선(「건축법」 제2조 제1항 제9호에 따른 대수선을 말한다. 이하 이 조에서 같다)하는 경우로서 「지진·화산재해대책법」 제16조의 2에 따라 내진성능 확인을 받은 건축물에 대해서는 2027년 12월 31일까지 취득세를 면제하고, 그 건축물에 대한 재산세 납세의무가 최초로 성립하는 날부터 2년간 재산세를 면제하며 그 다음 |

| 개정 전 | 개정 후 |
|---|---|
| 50을 경감한다<br>2. 「건축법」 제2조 제1항 제9호에 따른 대수선을 하는 경우 취득세를 면제하고, 그 건축물에 대한 재산세의 납세의무가 최초로 성립하는 날부터 5년간 재산세를 면제한다. | 3년간은 재산세의 100분의 50을 경감한다. 다만, 그 건축물에 대한 소유권이 이전된 이후의 재산세는 그러하지 아니하다. |
| ② (생 략) | ② (현행과 같음) |
| ③ 신축하는 건축물로서 「지진·화산재해대책법」 제16조의 3 제1항에 따라 지진안전 시설물의 인증을 받은 건축물(취득일부터 180일 이내에 지진안전 시설물의 인증을 받은 경우를 포함한다)에 대해서는 취득세의 100분의 5부터 100분의 10까지의 범위에서 대통령령으로 정하는 율을 2024년 12월 31일까지 경감한다. 다만, 제1항에 따라 지방세를 감면받은 건축물의 경우에는 본문을 적용하지 아니한다. | ③ 건축 또는 대수선하는 건축물로서 「지진·화산재해대책법」 제16조의 3 제1항에 따라 지진안전 시설물의 인증을 받은 건축물(취득일부터 180일 이내에 지진안전 시설물의 인증을 받은 경우를 포함한다)에 대해서는 취득세의 100분의 5부터 100분의 10까지의 범위에서 대통령령으로 정하는 율을 2027년 12월 31일까지 경감한다. |
| 〈신 설〉 | ④ 제3항에 따라 취득세를 경감받은 건축물 중 취득일부터 3년 이내에 「지진·화산재해대책법」 제16조의 3 제5항에 따라 지진안전 시설물의 인증이 취소된 건축물에 대해서는 경감된 취득세를 추징한다. |

■ 법률 부칙

제7조(내진성능 확보 건축물 등에 대한 지방세 감면·추징에 관한 적용례 등)

① 제47조의 4 제1항 및 제3항의 개정규정은 이 법 시행 이후 건축물을 취득하는 경우부터 적용한다.

② 종전의 제47조의 4 제1항에 따라 취득세가 감면된 건축물로서 이 법 시행 당시 그 건축물 취득 후 재산세의 납세의무가 최초로 성립하는 날부터 5년이 지나지 아니한 건축물에 대한 재산세의 감면에 대해서는 제47조의 4 제1항의 개정규정에도 불구하고 종전의 규정에 따른다.

③ 제47조의 4 제4항의 개정규정은 이 법 시행 이후 취득세를 감면받는 경우부터 적용한다.

## 21. 법인간 적격 합병 등(법 §57-2 ①, ②, ③, ④, ⑩, 영 §28의 2)

### 1 개정개요

| 개정 전 | 개정 후 |
|---|---|
| □ 법인간 적격합병(법 §57-2 ①) | □ 감면축소 및 연장 |
| ○ (일반) 취득세율 2% 경감(지방세법) + 취득세 50%(지특법) | ○ 취득세율 2% 경감(지방세법) |
| ○ (중소·기술혁신형) 취득세율 2% 경감(지방세법) + 취득세 60% | ○ (좌 동) |
| □ 조합간 합병 등(법 §57-2 ②) | □ 감면 연장 |
| ○ 농협조합, 수협조합, 산림조합, 새마을금고, 신용협동조합<br>※ 최소납부세제 적용<br>- 취득세 100%, 등록면허세 50% | ○ (좌 동) |
| □ 법인적격분할 등(법 §57-2 ③) | □ 감면축소 및 연장 |
| ○ (국유재산 현물출자) 취득세 25% | ○ 종 료 |
| ○ (법인적격분할) 취득세 75% | ○ 취득세 50% |
| ○ (적격현물출자) 취득세 75% | ○ 취득세 50% |
| ○ (중소기업간 통합) 취득세 75% | ○ 취득세 50% |
| ○ (조직변경) 취득세 100%<br>※ 최소납부세제 적용 | ○ (좌 동) |
| □ 개인의 법인전환(법 §57-2 ④) | □ 감면축소 및 연장 |
| ○ (법인전환, 사업양수도) 취득세 75% | ○ 취득세 50% |
| □ 금융기관간 합병(법 §57-2 ⑩) | □ 감면축소 및 연장 |
| ○ 취득세 50%, 등록면허세 25% | ○ 취득세 50% |
| □ 일몰기한 : 2024.12.31. | □ 일몰기한 : 2027.12.31. |
| □ 감면 대상 명확화 | □ '사업용 재산'으로 통일적 정비 |
| ○ (대상) 제57조의 2 제2항, 제3항(2호, 3호) 및 제10항 | ○ (좌 동) |
| ○ (내용) 양수받는(취득하는) '재산' | ○ (내용) 양수받는(취득하는) '사업용 재산' |

〈개정 내용〉

① (연장 및 축소) 원활한 기업구조조정 등을 위해 일몰기한 3년 연장

- 다만, 최근의 합병·분할 등은 기업의 경쟁력 제고나 이익 극대화 등 기업의 주관적 목적에서 추진되는 등 사회적 환경이 변화되었고
- 행정행위에 대한 수수료 성격의 등록면허세 부분에 대한 과세 합리화를 위해 감면 일부 축소

② (감면대상 명확화) 법인적격분할 등에 대한 취득세 감면 대상 범위를 '사업용 재산'으로 통일적으로 정비

〈기업·합병분할 등 감면 대상 현황〉

| 감면 규정 | | | 감면 대상 범위(취득세 과세대상) | |
|---|---|---|---|---|
| | | | 개정 전 | 개정 후 |
| 법 제57조의 2 제1항 | | 법인간 적격합병 | 사업용 재산 | - |
| 법 제57조의 2 제2항 | | 조합간 합병 | 재산 | |
| 법 제57조의 2 제3항 | 2호 | 법인 적격분할 | 재산 | 사업용 재산 |
| | 3호 | 적격 현물출자 | 재산 | |
| | 5호 | 중소기업간 통합 | 사업용 재산 | - |
| | 7호 | 조직변경 | 사업용 재산 | - |
| 법 제57조의 2 제4항 | | 개인의 법인전환 | 사업용 고정자산 | - |
| 법 제57조의 2 제10항 | | 금융회사간 합병 | 재산 | 사업용 재산 |

③ (중과대상 감면)

○ 합병 후 중과대상 재산이 되는 경우 취득세 세율특례를 배제(지방세법)하고 있으나, 취득세 감면의 경우는 중과를 제외한 부분에 대해 감면을 적용함으로써 동일한 세제 지원임에도 달리 운영 중

⇒ 합병 이후(5년 이내) 중과대상 재산이 되는 경우에도 세율특례와 동일하게 적격합병에 따른 취득세 감면을 적용하지 않도록 개선(법 제57조의 2 제1항 제1호, 제2호 삭제)

| 개정 전 | 개정 후 |
|---|---|
| • 합병등기일부터 3년 이내에 「법인세법」 제44조의 3 제3항 각 호의 어느 하나에 해당하는 사유가 발생하는 경우(같은 항 각 호 외의 부분 단서에 해당하는 경우는 제외)에는 경감된 취득세 추징 | • 「지방세법」 제15조 제1항 제3호 단서*에 해당하는 경우 경감된 취득세 추징<br>* i ) 합병으로 취득한 과세물건이 합병 후 제16조에 따른 과세물건이 되는 경우<br>ii ) 합병등기일부터 3년 이내 「법인세법」 제44조의 3 제3항 각 호의 어느 하나에 해당하는 사유가 발생하는 경우(같은 항 각 호 외의 부분 단서에 해당하는 경우는 제외) |

〈적용요령〉

○ 이 법 시행('25.1.1.) 이후 사업용 재산 또는 사업용 고정자산을 취득하는 경우부터 적용함(부칙 §8 ①)

○ 이 법 시행 전에 감면받은 취득세의 추징에 관하여는 종전의 규정을 적용함(부칙 §8 ②)

○ 이 법 시행 전 합병계약 · 분할계획에 대한 주주총회 · 사원총회의 승인결의나 총사원의 동의가 있었던 경우에 대해서는 법 제57조의 2 제1항 및 제3항 제2호 감면 축소에도 불구하고 종전 감면규정을 적용함(부칙 §8 ③)

## 2 개정조문

〈지방세특례제한법〉

| 개정 전 | 개정 후 |
|---|---|
| 제57조의 2(기업합병 · 분할 등에 대한 감면) ① 「법인세법」 제44조 제2항 또는 제3항에 해당하는 합병으로서 대통령령으로 정하는 합병에 따라 양수(讓受)하는 사업용 재산을 2024년 12월 31일까지 취득하는 경우에는 「지방세법」 제15조 제1항에 따라 산출한 취득세의 100분의 50(법인으로서 「중소기업기본법」에 따른 중소기업 간 합병 및 법인이 대통령령으로 정하는 기술혁신형사업법인과의 합병을 하는 경우에는 취득세의 100분의 60)을 경감하되, 해당 재산이 「지방세법」 제15조 제1항 제3호 단서에 해당하는 경우에는 다음 각 호에서 정하는 금액을 빼고 산출한 취득세를 경감한다. 다만, 합병등기일부터 3년 이내에 「법인세법」 제44조의 3 제3항 각 호의 어느 | 제57조의 2(기업합병 · 분할 등에 대한 감면) ① 「법인세법」 제44조 제2항 또는 제3항에 해당하는 합병으로서 대통령령으로 정하는 합병 중 법인으로서 「중소기업기본법」에 따른 중소기업 간 합병 및 법인이 대통령령으로 정하는 기술혁신형사업법인과의 합병에 따라 양수(讓受)하는 사업용 재산을 2027년 12월 31일까지 취득하는 경우에는 「지방세법」 제15조 제1항에 따라 산출한 취득세의 100분의 60을 경감한다. 다만, 「지방세법」 제15조 제1항 제3호 단서에 해당하는 경우에는 경감된 취득세를 추징한다. |

| 개정 전 | 개정 후 |
| --- | --- |
| 하나에 해당하는 사유가 발생하는 경우(같은 항 각 호 외의 부분 단서에 해당하는 경우는 제외한다)에는 경감된 취득세를 추징한다. | |
| 1. 「지방세법」 제13조 제1항에 따른 취득 재산에 대해서는 같은 조에 따른 중과기준세율(이하 "중과기준세율"이라 한다)의 100분의 300을 적용하여 산정한 금액 | |
| 2. 「지방세법」 제13조 제5항에 따른 취득 재산에 대해서는 중과기준세율의 100분의 500을 적용하여 산정한 금액 | |
| ② 다음 각 호에서 정하는 법인이 「법인세법」 제44조 제2항에 따른 합병으로 양수받은 재산에 대해서는 취득세를 2024년 12월 31일까지 면제하고, 합병으로 양수받아 3년 이내에 등기하는 재산에 대해서는 2024년 12월 31일까지 등록면허세의 100분의 50을 경감한다. 다만, 합병등기일부터 3년 이내에 「법인세법」 제44조의 3 제3항 각 호의 어느 하나에 해당하는 사유가 발생하는 경우(같은 항 각 호 외의 부분 단서에 해당하는 경우는 제외한다)에는 면제된 취득세를 추징한다. | ② ------------------------------------------ ------------------------- 양수받은 사업용 재산---------- 2027년 12월 31일---------- ------------------------------------------ --------------- 2027년 12월 31일---- ------------------------------------------ ------------------------------------------ ------------------------------------------ ------------------------------------------ ------------------------------------------ -----. |
| 1. ~ 3. (생 략) | 1. ~ 3. (현행과 같음) |
| ③ 다음 각 호의 어느 하나에 해당하는 재산을 2024년 12월 31일까지 취득하는 경우에는 취득세의 100분의 75를 경감한다. 다만, 제1호의 경우 2019년 12월 31일까지는 취득세의 100분의 75를, 2020년 12월 31일까지는 취득세의 100분의 50을, 2024년 12월 31일까지는 취득세의 100분의 25를 각각 경감하고, 제7호의 경우에는 취득세를 면제한다. | ③ 다음 각 호의 어느 하나에 해당하는 사업용 재산을 2027년 12월 31일까지 취득하는 경우에는 취득세의 100분의 50을 경감한다. 다만, 제7호의 경우에는 취득세를 면제한다. |
| 1. 「국유재산법」에 따라 현물출자한 재산 | 〈삭 제〉 |
| 2. 「법인세법」 제46조 제2항 각 호(물적분할의 경우에는 같은 법 제47조 제1항을 말한다)의 요건을 갖춘 분할(같은 법 제46조 제3항에 해당하는 경우는 제외한다)로 인하여 취득하는 | 2. ---------------------------------------- ------------------------------------------ ------------------------------------------ ------------------------------------------ |

| 개정 전 | 개정 후 |
| --- | --- |
| 재산. 다만, 분할등기일부터 3년 이내에 같은 법 제46조의 3 제3항(물적분할의 경우에는 같은 법 제47조 제3항을 말한다) 각 호의 어느 하나에 해당하는 사유가 발생하는 경우(같은 항 각 호 외의 부분 단서에 해당하는 경우는 제외한다)에는 경감받은 취득세를 추징한다. | 사업용 재산. ------------------------------------. |
| 3. 「법인세법」 제47조의 2에 따른 현물출자에 따라 취득하는 재산. 다만, 취득일부터 3년 이내에 같은 법 제47조의 2 제3항 각 호의 어느 하나에 해당하는 사유가 발생하는 경우(같은 항 각 호 외의 부분 단서에 해당하는 경우는 제외한다)에는 경감받은 취득세를 추징한다. | 3. ------------------------- 사업용 재산. ------------------------------------. |
| 4. 삭 제 | |
| 5. ~ 7. (생 략) | 5. ~ 7. (현행과 같음) |
| ④ 「조세특례제한법」 제32조에 따른 현물출자 또는 사업 양도・양수에 따라 2024년 12월 31일까지 취득하는 사업용 고정자산(「통계법」 제22조에 따라 통계청장이 고시하는 한국표준산업분류에 따른 부동산 임대 및 공급업에 대해서는 제외한다)에 대해서는 취득세의 100분의 75를 경감한다. 다만, 취득일부터 5년 이내에 대통령령으로 정하는 정당한 사유 없이 해당 사업을 폐업하거나 해당 재산을 처분(임대를 포함한다) 또는 주식을 처분하는 경우에는 경감받은 취득세를 추징한다. | ④ ------------------------- 2027년 12월 31일 ------------------------- 100분의 50을 ------------------------------------. |
| ⑤~⑨ (생 략) | ⑤~⑨ (현행과 같음) |
| ⑩ 「금융산업의 구조개선에 관한 법률」 제4조에 따른 금융위원회의 인가를 받고 「법인세법」 제44조 제2항에 해당하는 금융회사 간의 합병을 하는 경우 금융기관이 합병으로 양수받은 재산에 대해서는 취득세의 100분의 50을 2024년 12월 31일까지 경감하고, 합병으로 양수받아 3년 이내에 등기하는 재산에 대해서는 2024년 12월 31일까지 등록면허세의 100분의 25를 경감한다. | ⑩ ------------------------- 양수받은 사업용 재산에 대해서는 취득세의 100분의 50을 2027년 12월 31일까지 ------------------------------------ |

| 개정 전 | 개정 후 |
|---|---|
| 다만, 합병등기일부터 3년 이내에 「법인세법」 제44조의 3 제3항 각 호의 어느 하나에 해당하는 사유가 발생하는 경우(같은 항 각 호 외의 부분 단서에 해당하는 경우는 제외한다)에는 경감된 취득세를 추징한다. | ---------------------------. ------------------------------------ ------------------------------------ ------------------------------------ ---------------------. |

■ 법률 부칙

제8조(기업합병 · 분할 등에 대한 취득세 감면 · 추징에 관한 적용례 등)

① 제57조의 2 제1항 본문, 같은 조 제3항 본문 및 같은 조 제4항 본문의 개정규정은 이 법 시행 이후 사업용 재산 또는 사업용 고정자산을 취득하는 경우부터 적용한다.

② 이 법 시행 전에 감면받은 취득세의 추징에 관하여는 제57조의 2 제1항 단서의 개정규정에도 불구하고 종전의 규정에 따른다.

③ 이 법 시행 전에 합병계약 또는 분할계획에 대한 주주총회 · 사원총회의 승인결의나 총사원의 동의가 있었던 경우로서 이 법 시행 이후 해당 합병 또는 분할에 따라 사업용 재산을 2027년 12월 31일까지 취득하는 경우 그 사업용 재산에 대한 취득세의 감면 · 추징에 관하여는 제57조의 2 제1항 및 같은 조 제3항 제2호의 개정규정에도 불구하고 종전의 규정에 따른다.

## 〈지방세특례제한법 시행령〉

| 개정 전 | 개정 후 |
|---|---|
| 제28조의 2(법인 합병의 범위 등) ① 법 제57조의 2 제1항 각 호 외의 부분 본문에서 "대통령령으로 정하는 합병"이란 합병일 현재 「조세특례제한법 시행령」 제29조 제3항에 따른 소비성서비스업(소비성서비스업과 다른 사업을 겸영하고 있는 경우로서 합병일이 속하는 사업연도의 직전 사업연도의 소비성서비스업의 사업별 수입금액이 가장 큰 경우를 포함하며, 이하 이 항에서 "소비성서비스업"이라 한다)을 제외한 사업을 1년 이상 계속하여 영위한 법인(이하 이 항에서 "합병법인"이라 한다) 간의 합병을 말한다. 이 경우 소비성서비스업을 1년 이상 영위한 법인이 합병으로 인하여 소멸하고 합병법인이 소비성서비스업을 영위하지 아니하는 경우에는 해당 합 | 제28조의 2(법인 합병의 범위 등) ① 법 제57조의 2 제1항 본문------------------ ------------------------------------ ------------------------------------ ------------------------------------ ------------------------------------ ------------------------------------ ------------------------------------ ------------------------------------ ------------------------------------ ------------------------------------ ------------------------------------ ------------------------------------ ------------------------------------ ------------------------------. ------------------------------------ ------------------------------------ ------------------------------------ |

| 개정 전 | 개정 후 |
|---|---|
| 병을 포함한다.<br>② 법 제57조의 2 제1항 각 호 외의 부분 본문에서 "대통령령으로 정하는 기술혁신형사업법인"이란 다음 각 호의 어느 하나에 해당하는 법인을 말한다.<br>1. ~ 4. (생　략)<br>③ (생　략) | --------.<br>② 법 제57조의 2 제1항 본문------------------------------------------------------------------------------------------.<br>1. ~ 4. (현행과 같음)<br>③ (현행과 같음) |

## 22. 과점주주 간주취득세 감면 연장 및 감면대상 조정(법 §57-2 ⑤, 영 §28의 2 ④)

### 1 개정개요

| 개정 전 | 개정 후 |
|---|---|
| □ 부실금융기관 주식 등 취득에 따른 과점주주 간주취득세 감면<br>○ (1호~7호) 취득세 100%<br>※ 최소납부세제 적용 | □ 감면 연장 및 감면대상 조정<br>○ (좌 동) |
| ○ (8호) 코스닥 상장법인 과점주주 | ○ (삭 제)<br>- 「지방세기본법」 개정에 따라 간주취득세 납세의무 배제 |
| ○ 일몰기한 : 2024.12.31. | ○ 일몰기한 : 2027.12.31. |

〈개정 내용〉

○ **기업의 경영개선, 부실자산 정리** 등 국가정책적 목적에 따라 불가피하게 발생하는 경우에 대하여 **지원**하려는 것으로 3년 **연장**

○ 「지방세기본법」 개정('23.3.14.)으로 유가증권시장과 동일하게 **코스닥시장 상장법인** 과점주주의 경우도 **취득세 과세대상**에서 **배제**됨에 따라

- 「지특법」상 **코스닥시장 상장법인**의 **과점주주**에 대한 **취득세 면제**(§57-2 ⑤ 8호) 및 **코스닥시장**에 대한 **정의**(영 §28-2 ④) **삭제**

※ (과점주주 취득세 제외) 前 유가증권시장 상장법인 → 後 유가증권+코스닥시장 상장법인

〈적용요령〉

○ 2025년 1월 1일부터 시행(부칙 §1)

2 개정조문

〈지방세특례제한법〉

| 개정 전 | 개정 후 |
|---|---|
| 제57조의 2(기업합병 · 분할 등에 대한 감면) ① ~④ (생 략) | 제57조의 2(기업합병 · 분할 등에 대한 감면) ① ~④ (현행과 같음) |
| ⑤ 다음 각 호의 어느 하나에 해당하는 경우에는 「지방세법」 제7조 제5항에 따라 과점주주가 해당 법인의 부동산등(같은 조 제1항에 따른 부동산등을 말한다)을 취득한 것으로 보아 부과하는 취득세를 2024년 12월 31일까지 면제한다. | ⑤ ------------------------------------------------------------------------------------------------------------------------------------- 2027년 12월 31일-------. |
| 1. ~ 7. (생 략) | 1. ~ 7. (현행과 같음) |
| 8. 「자본시장과 금융투자업에 관한 법률」에 따른 증권시장으로서 대통령령으로 정하는 증권시장에 상장한 법인의 주식을 취득한 경우 | 〈삭 제〉 |
| ⑥~⑩ (생 략) | ⑥~⑩ (현행과 같음) |

〈지방세특례제한법 시행령〉

| 개정 전 | 개정 후 |
|---|---|
| 제28조의 2(법인 합병의 범위 등) ① ~ ③ (생 략) | 제28조의 2(법인 합병의 범위 등) ① ~ ③ (현행과 같음) |
| ④ 법 제57조의 2 제5항 제8호에서 "대통령령으로 정하는 증권시장"이란 대통령령 제24697호 자본시장과 금융투자업에 관한 법률 시행령 일부개정령 부칙 제8조에 따른 코스닥시장을 말한다. | 〈삭 제〉 |
| ⑤ 삭 제 | |
| ⑥ · ⑦ (생 략) | ⑥ · ⑦ (현행과 같음) |

## 23. 사업재편 승인기업 등록면허세 감면 연장 등(법 §57의 2 ⑧)

### 1 개정개요

| 개정 전 | 개정 후 |
|---|---|
| □ 사업재편 승인기업 합병 감면<br>○ (감면대상)<br>- 사업재편을 추진하는 경우 해당 법인에 대한 법인등기<br>○ 등록면허세 50%<br>○ 일몰기한 : 2024.12.31. | □ 감면 연장 및 대상 명확화<br>○ (감면대상)<br>- 사업재편에 따라 설립·변경되는 법인에 대한 법인등기<br>○ (좌 동)<br>○ 일몰기한 : 2027.12.31. |

**〈개정 내용〉**

○ **등록면허세 감면 대상**을 사업재편을 추진하는 법인에서 사업재편계획에 따른 구조개선 결과 **설립 또는 변경되는 법인**으로 **명확화**

**〈적용요령〉**

○ 2025년 1월 1일부터 시행(부칙 §1)

### 2 개정조문

**〈지방세특례제한법〉**

| 개정 전 | 개정 후 |
|---|---|
| 제57조의 2(기업합병·분할 등에 대한 감면) ①~⑦ (생 략)<br>⑧「기업 활력 제고를 위한 특별법」 제4조 제1항에 해당하는 내국법인이 같은 법 제10조 또는 제12조에 따라 주무부처의 장이 승인 또는 변경승인한 사업재편계획에 의해 합병 등 사업재편을 추진하는 경우 해당 법인에 대한 법인등기에 대하여 등록면허세의 100분의 50을 2024년 12월 31일까지 경감한다. 다만, 같은 법 제13조에 따라 사업재편계획 승인이 취소된 경우에는 경감된 등록면허세를 추징한다. | 제57조의 2(기업합병·분할 등에 대한 감면) ①~⑦ 현행과 같음)<br>⑧ ------------------------------------------------------------------------------------------------------------------- 해당 사업재편에 따라 설립 또는 변경되는 법인------------- 2027년 12월 31일-------------. ------------------------------------------------------------------------. |

| 개정 전 | 개정 후 |
|---|---|
| ⑨~⑩ (생 략) | ⑨~⑩ (현행과 같음) |

## 24. PFV 사업 정상화 지원을 위한 취득세 감면 신설(법 §57의 5)

### 1 개정개요

| 개정 전 | 개정 후 |
|---|---|
| 〈 신 설 〉 | □ PFV 사업 정상화 지원을 위한 취득세 감면<br>○ (감면대상) 프로젝트금융투자회사(PFV)가 집합투자기구*의 자금으로 취득하는 기존 부실PFV 사업장의 부동산<br>* 한국자산관리공사가 40% 이상 출·투자하여 조성(PF정상화펀드)<br>○ (감면율) 취득세 50% ※「지방세법」상 중과세율 적용배제<br>○ (추징사유) 정당한 사유 없이 그 취득일로부터 2년이 경과할 때까지 고유업무에 사용하지 아니하는 경우<br>○ 일몰기한 : 2025.12.31. |

**〈개정 내용〉**

○ 부동산 PFV 사업의 **정상화 지원**을 위해 **취득세 감면 신설**

- (**감면대상**) PFV가 **취득하는** 기존 부실 PFV 사업장의 부동산

※ 한국자산관리공사가 40% 이상 출·투자한 정상화펀드로 부동산을 취득하는 경우로서 해당 정상화 펀드 부분에 해당하는 부동산에 대해 감면

- (**감면율**) **취득세 50% 감면** ※「지방세법」상 중과세율 적용배제

- (**사후관리**) 부동산 개발 및 분양 등 PFV 사업 특성을 고려 **직접 사용 요건은 제외**하되, 일정기간(2년) 내에 당초 목적 사업에 사용하도록 **의무 부여**

**〈적용요령〉**

○ 이 법 시행('25. 1. 1.) 이후 납세의무가 성립하는 경우부터 적용(부칙 §2)

## 2 개정조문

**〈지방세특례제한법〉**

| 개정 전 | 개정 후 |
|---|---|
| 〈신 설〉 | 제57조의 5(프로젝트금융투자회사의 사업 정상화 지원을 위한 감면) ① 「조세특례제한법」 제104조의 31 제1항에 해당하는 회사(이하 이 조에서 "프로젝트금융투자회사"라 한다)가 다른 프로젝트금융투자회사의 사업을 정상화하기 위하여 다른 프로젝트금융투자회사 사업장의 부동산을 취득하는 경우 해당 부동산(「자본시장과 금융투자업에 관한 법률」에 따른 집합투자기구로서 한국자산관리공사가 100분의 40 이상을 출자·투자한 집합투자기구의 자금으로 취득하는 부분에 한정한다)에 대해서는 2025년 12월 31일까지 취득세의 100분의 50을 경감한다. 이 경우 「지방세법」 제13조 제2항 본문 및 같은 조 제3항의 세율을 적용하지 아니한다.<br>② 제1항에 따라 취득세를 경감받은 프로젝트금융투자회사가 정당한 사유 없이 부동산의 취득일부터 2년이 경과할 때까지 해당 부동산을 그 고유업무에 사용하지 않는 경우에는 경감된 취득세를 추징한다. |

■ 법률 부칙

제2조(지방세 감면에 관한 적용례) … 제57조의 5 제1항 … 개정규정은 이 법 시행 이후 납세의무가 성립하는 경우부터 적용한다.

## 25. 창업중소기업 감면 업종 명칭 현행화(법 §58의 3 ④)

### 1 개정개요

| 개정 전 | 개정 후 |
|---|---|
| □ 창업(벤처)중소기업 업종명<br>○ 정보통신업 중 제외 업종<br>- 통계청장이 고시하는 블록체인기술 산업분류에 따른 "블록체인 기반 암호화 자산 매매 및 중개업" | □ 업종명 현행화<br>○ 정보통신업 중 제외 업종<br>- 통계청장이 고시하는 한국표준산업분류에 따른 "가상자산 매매 및 중개업" |

〈개정 내용〉

○ 창업중소기업 감면 대상인 정보통신업에서 제외되는 업종 중 **가상자산 매매 및 중개업**을 **한국표준산업분류에 따르도록 개정**

〈적용요령〉

○ 2025년 1월 1일부터 시행(부칙 §1)

### 2 개정조문

〈지방세특례제한법〉

| 개정 전 | 개정 후 |
|---|---|
| 제58조의 3(창업중소기업 등에 대한 감면) ① ~ ③ (생 략) | 제58조의 3(창업중소기업 등에 대한 감면) ① ~ ③ (현행과 같음) |
| ④ 창업중소기업과 창업벤처중소기업의 범위는 다음 각 호의 업종을 경영하는 중소기업으로 한정한다. 이 경우 제1호부터 제8호까지의 규정에 따른 업종은 「통계법」 제22조에 따라 통계청장이 고시하는 한국표준산업분류에 따른 업종으로 한다. | ④ -------------------------------------------------------------------. ------------------------------------------------------------------------------------------------------------------------. |
| 1. ~ 3. (생 략) | 1. ~ 3. (현행과 같음) |
| 4. 정보통신업. 다만, 다음 각 목의 어느 하나에 해당하는 업종은 제외한다. | 4. --------------. ---------------------------------------------. |
| 가.・나. (생 략) | 가.・나. (현행과 같음) |

| 개정 전 | 개정 후 |
|---|---|
| 다. 「통계법」 제22조에 따라 통계청장이 고시하는 블록체인기술 산업분류에 따른 블록체인 기반 암호화 자산 매매 및 중개업 | 다. 가상자산 매매 및 중개업 |
| 5. ~ 12. (생　략) | 5. ~ 12. (현행과 같음) |
| ⑤ ~ ⑨ (생　략) | ⑤ ~ ⑨ (현행과 같음) |

## 26. 연안항로 취항용 여객 선박 감면 신설 등(법 §64 ② ③, 영 §30 ①)

### 1 개정개요

| 개정 전 | 개정 후 |
|---|---|
| □ 연안항로 취항 화물운송용 선박 등 감면 | □ 연안항로 취항 여객선 감면 신설 및 일몰연장 |
| ○ 감면대상 : | ○ 감면대상 : |
| ① 연안항로 취항 선박 : 화물운송용 선박 | ① 연안항로 취항 선박 : 여객 및 화물운송용 선박 |
| ② 외국항로 취항 선박 | ② 현행과 같음 |
| ○ 취득세 △1%p, 재산세 50% | ○ 현행과 같음 |
| ○ 일몰기한 : '24.12.31. | ○ 일몰기한 : '27.12.31. |
| □ 연안항로 취항 화물운송용 선박 중 천연가스 연료사용 선박 감면 | □ 감면 종료<br>※ 2024.12.31.까지 매매계약을 체결(계약금 지급 사실 등이 증빙서류에 의하여 확인되는 경우 限)한 경우 그 계약을 체결한 당사자의 해당 선박의 취득에 대해 종전의 규정에 따라 감면 적용(부칙 §10) |
| ○ 취득세 △2%p | |
| ○ 일몰기한 : '24.12.31. | |

〈개정내용〉

○ 국내해운산업 경쟁력 강화를 위해 연안항로 화물선과 외국항로 선박은 **현행 감면 연장**

- 他 대중교통수단과의 형평성 및 침체된 연안 여객산업 활력 제고를 위해 **연안항로**에 취항하는 **여객운송용선박**에 대해 **감면 신설**
- 다만, **천연가스 연료사용** 선박의 경우, 친환경 연료 사용 선박(천연가스 포함)에 대한 감면이 신설('24년)됨에 따라 **감면 종료**

○ **취득세 감면 후 30일 내 사업 등록**하는 경우도 **감면대상**으로 개선(영 §30)

| 사 업 | 등록 근거 법률 | 감면 대상 선박 | 취득 후 사업 등록 기한 | |
|---|---|---|---|---|
| | | | 개정 전 | 개정 후 |
| 운송업 | 해운법 (§4, §24) | 내항 화물 · 여객선 | 30일 | 30일 |
| | | 내항 여객선(신설) | – | 30일 |
| | | 외항 화물 · 여객선 | –* | 30일 |
| 선박 대여업 | 해운법 (§33) | 내항 화물선 | –* | 30일 |
| | | 외항 화물선 | –* | 30일 |

* 취득 전 사업등록이 완료된 자만 감면 대상

### 〈적용요령〉

○ '25. 1. 1. 이후 납세의무가 성립하는 경우부터 적용(부칙 §2)

○ 이 법 시행 전 §64 ③에 따른 **천연가스 연료 선박**에 대해 **매매 계약**을 **체결**한 경우, 해당 선박의 취득에 대해 **종전 규정** 적용(부칙 §10)

※ 다만, 해당 계약이 **계약금을 지급한 사실** 등이 **증빙서류**에 의하여 **확인되는** 경우에 한정

## 2 개정조문

### 〈지방세특례제한법〉

| 개정 전 | 개정 후 |
|---|---|
| 제64조(해운항만 등 지원을 위한 과세특례) ① 「국제선박등록법」에 따른 국제선박으로 등록하기 위하여 취득하는 선박에 대해서는 <u>2024년 12월 31일</u>까지 「지방세법」 제12조 제1항 제1호의 세율에서 1천분의 20을 경감하여 취득세를 과세하고, 과세기준일 현재 국제선박으로 등록되어 있는 선박에 대해서는 재산세의 100분의 50을 <u>2024년 12월 31일</u>까지 경감한다. 다만, 선박의 취득일부터 6개월 이내에 국제선박으로 등록하지 아니하는 경우에는 감면된 취득세를 추징한다.<br>② 연안항로에 취항하기 위하여 취득하는 대통령령으로 정하는 <u>화물운송용 선박</u>과 외국항로에만 취항하기 위하여 취득하는 대통령령으로 정하는 외국항로취항용 선박에 대해서는 <u>2024년</u> | 제64조(해운항만 등 지원을 위한 과세특례) ① ------------------------------ <u>2027년 12월 31일</u>-------------------------------------------------------------------------- <u>2027년 12월 31일</u>-----------. ------------------------------------. <br>② ------------------------------ <u>여객 및 화물운송용 선박</u>-------------------------------------------- <u>2027년</u> |

| 개정 전 | 개정 후 |
|---|---|
| 12월 31일까지 「지방세법」 제12조 제1항 제1호의 세율에서 1천분의 10을 경감하여 취득세를 과세하고, 과세기준일 현재 화물운송용에 사용하는 선박에 대해서는 재산세의 100분의 50을 경감하며, 외국항로취항용에 사용하는 선박에 대해서는 해당 선박의 취득일 이후 해당 선박에 대한 재산세 납세의무가 최초로 성립하는 날부터 5년간 재산세의 100분의 50을 경감한다. 다만, 다음 각 호의 어느 하나에 해당하는 경우 그 해당 부분에 대해서는 경감된 취득세를 추징한다. | 12월 31일---------------------------------------------------------------------- 여객 및 화물운송용에 사용하는 선박-----------------------------------------------------------------------------------------------------------------------------------. ---------------------------------------------------------------------------. |
| 1.·2. (생 략) | 1.·2. (현행과 같음) |
| ③·④ (생 략) | ③·④ (현행과 같음) |

■ 법률 부칙

제2조(지방세 감면에 관한 적용례) … 제64조 제2항 … 개정규정은 이 법 시행 이후 납세의무가 성립하는 경우부터 적용한다.

제10조(해운항만 등 지원을 위한 과세특례에 대한 경과조치) 이 법 시행 전에 제64조 제3항에 따른 선박에 대해 매매 계약을 체결한 경우에는 그 계약을 체결한 당사자의 해당 선박의 취득에 대해 종전의 규정에 따른다. 다만, 해당 계약이 계약금을 지급한 사실 등이 증빙서류에 의하여 확인되는 경우에 한정한다.

〈지방세특례제한법 시행령〉

| 개정 전 | 개정 후 |
|---|---|
| 제30조(화물운송용 선박 등의 범위 등) ① 법 제64조 제2항 각 호 외의 부분 본문에서 "연안항로에 취항하기 위하여 취득하는 대통령령으로 정하는 화물운송용 선박과 외국항로에만 취항하기 위하여 취득하는 대통령령으로 정하는 외국항로 취항용 선박"이란 다음 각 호의 어느 하나에 해당하는 선박을 말한다. | 제30조(화물운송용 선박 등의 범위 등) ① ----------------------------------------------------------------------------------- 여객 및 화물운송용 선박-------------------------------------------------------------------------------------------------. |
| 1. 「해운법」 제24조에 따라 내항 화물운송사업을 등록한 자(취득일부터 30일 이내에 내항 화물운송사업을 등록하는 경우를 포함한다) 또는 | 1. 「해운법」 제4조에 따라 내항 여객운송사업의 면허를 받거나 같은 법 제24조에 따라 내항 화물운송사업을 등록한 자(취득일부터 30일 |

| 개정 전 | 개정 후 |
|---|---|
| 같은 법 제33조에 따라 선박대여업을 등록한 자(「여신전문금융업법」에 따른 시설대여업자가 선박을 대여하는 경우를 포함하며, 이하 이 항에서 "선박대여업의 등록을 한 자"라 한다)가 취득하는 내항 화물운송용 선박 | 이내에 내항 여객운송사업의 면허를 받거나 내항 화물운송사업을 등록하는 자를 포함한다) 또는 같은 법 제33조에 따라 선박대여업을 등록한 자(취득일부터 30일 이내에 선박대여업을 등록하는 자와 「여신전문금융업법」에 따른 시설대여업자로서 선박을 대여하는 자를 포함하며, 이하 이 항에서 "선박대여업의 등록을 한 자"라 한다)가 취득하는 내항 여객 및 화물운송용 선박 |
| 2. 다음 각 목의 어느 하나에 해당하는 선박으로서 「국제선박등록법」에 따라 등록되지 아니한 선박 | 2. ---------------------------------------------------------------- |
| 가. 「해운법」 제4조에 따라 외항 여객운송사업의 면허를 받거나 같은 법 제24조에 따라 외항 화물운송사업을 등록한 자가 외국항로에 전용하는 선박 | 가. -------------------------------------------------------- 등록한 자(취득일부터 30일 이내에 외항 여객운송사업의 면허를 받거나 외항 화물운송사업을 등록하는 자를 포함한다)-------- |
| 나.ㆍ다. (생 략)<br>② (생 략) | 나.ㆍ다. (현행과 같음)<br>② (현행과 같음) |

## 27. 인구감소지역 주택 취득세 감면 신설(법 §75의 5 ③ㆍ④, 영 §35의 6 ③, ④)

### 1 개정개요

| 개정 전 | 개정 후 |
|---|---|
| □〈신 설〉 | □ 인구감소지역내 주택 취득세 감면 신설 (법 §75의 5 ③ㆍ④)<br>○ (감면대상) 무주택 및 1가구1주택자가 인구감소지역에서 주택을 취득하는 경우<br>○ (감면율) 취득세 50%(법 25%+조례 25%)<br>○ (감면요건) 주택기준 ※ 시행령 §35의 6 |

| 개정 전 | 개정 후 |
| --- | --- |
| | ③·④<br>- 취득가액 3억원 이하인 주택<br>- 인구감소지역 중 수도권(접경지역 제외)·광역시(군지역 제외)·특별자치시를 제외한 지역에 소재한 주택<br>- 1가구 1주택자의 경우 기존주택과 동일 시군구 소재 주택이 아닐 것<br>○ (사후관리) 취득일부터 3년간 보유 의무 부여<br>○ (일몰기한) 2026.12.31. |

〈개정내용〉

○ **무주택·1주택자**가 **인구감소 지역***에서 **취득가액 3억원 이하**의 주택을 유상거래로 **취득하는 경우 취득세 50% 감면 신설**(조례 25% 포함)

- 다만, 취득세를 감면받고 **3년 이내에 매각·증여**하는 경우 경감된 **취득세 추징**

* 수도권 및 광역시(부산 동구·서구·영도구, 대구 남구·서구, 가평) 6개 제외, 단, 수도권 접경지역(강화, 옹진, 연천)·광역시내 군지역(군위)은 포함 총 83개 지자체

〈적용요령〉

○ 이 법 시행('25. 1. 1.) 이후 납세의무가 성립하는 경우부터 적용(부칙 §2)

## 2 개정조문

〈지방세특례제한법〉

| 개정 전 | 개정 후 |
| --- | --- |
| 제75조의 5(인구감소지역에 대한 감면) ①·② (생 략)<br>〈신 설〉 | 제75조의 5(인구감소지역에 대한 감면) ①·② (현행과 같음)<br>③ 무주택자 또는 대통령령으로 정하는 1가구 1주택을 소유한 자가 「인구감소지역 지원 특별법」에 따라 지정된 인구감소지역에서 「지방세법」 제11조 제1항 제8호에 따른 주택으로서 대통령령으로 정하는 주택을 유상거래(부담부증여는 제외한다)로 취득하는 경우에는 취득세의 100분의 25를 2026년 12월 31일까지 경감한다. |

| 개정 전 | 개정 후 |
| --- | --- |
| 〈신 설〉 | 이 경우 지방자치단체의 장은 해당 지방자치단체의 재정 여건 등을 고려하여 100의 25의 범위에서 조례로 정하는 율을 추가로 경감할 수 있다.<br>④ 제3항에 따라 취득세를 경감받은 자가 해당 주택을 취득일부터 3년 이내에 매각·증여하는 경우에는 경감된 취득세를 추징한다. |

■ 법률 부칙

제2조(지방세 감면에 관한 적용례) … 제75조의 5 제3항 … 의 개정규정은 이 법 시행 이후 납세의무가 성립하는 경우부터 적용한다.

## 〈지방세특례제한법 시행령〉

| 개정 전 | 개정 후 |
| --- | --- |
| 제35조의 6(인구감소지역에 대한 감면 등) ①·② (생 략) | 제35조의 6(인구감소지역에 대한 감면 등) ①·② (현행과 같음) |
| 〈신 설〉 | ③ 법 제75조의 5 제3항 전단에서 "대통령령으로 정하는 1가구 1주택"이란 취득일 현재 취득자와 같은 세대별 주민등록표에 기재되어 있는 가족(동거인은 제외한다)으로 구성된 1가구(취득자의 배우자, 취득자의 미혼인 30세 미만의 직계비속 또는 취득자가 미혼이고 30세 미만인 경우 그 부모는 각각 취득자와 같은 세대별 주민등록표에 기재되어 있지 아니하더라도 같은 가구에 속한 것으로 본다)가 국내에 1개의 주택을 소유하는 것을 말하며, 주택의 부속토지만을 소유하거나 「지방세법」 제13조의 3 제2호에 따른 조합원입주권 또는 같은 조 제3호에 따른 주택분양권을 소유하는 경우에도 주택을 소유한 것으로 본다. |
| 〈신 설〉 | ④ 법 제75조의 5 제3항 전단에서 "대통령령으로 정하는 주택"이란 다음 각 호의 요건을 모두 |

| 개정 전 | 개정 후 |
| --- | --- |
| | 갖춘 주택을 말한다.<br>1. 「지방세법」 제10조의 3에 따른 취득당시가액이 3억원 이하인 주택일 것<br>2. 「인구감소지역 지원 특별법」에 따라 지정된 인구감소지역 중 「수도권정비계획법」 제2조 제1호에 따른 수도권(「접경지역 지원 특별법」 제2조 제1호에 따른 접경지역은 제외한다), 광역시(군 지역은 제외한다) 및 특별자치시를 제외한 지역에 소재하는 주택일 것<br>3. 제3항에 따른 1가구 1주택을 소유한 자의 경우 해당 1가구 1주택과 동일한 시·군·구의 관할구역에 소재하는 주택이 아닐 것 |

## 참고 인구감소 지역 지정 현황

※「인구감소지역 지정 고시」(행안부 제2021-66호, 2021.10.19.)

□ (인구감소지역) 지역소멸이 우려되는 **시(특별시 제외)·군·구를 대상**으로 **출생률, 65세 이상 고령인구, 14세 이하 유소년인구** 등을 **고려**하여 대통령령으로 정하는 지역(**지역균형발전특별법 제2조 제12호**)

* 5년마다 지방시대위원회의 심의를 거쳐 행정안전부장관이 지정·고시

○ 인구증감률, 고령화비율, 조출생률 등 활용한 **인구감소지수**를 바탕으로 인구감소지역 **지정·발표**

※ '21년 10월 지정·고시된 인구감소지역은 전체 11개 광역자치단체에 걸쳐 총 89개 기초지자체

〈인구감소지역 지정 현황〉

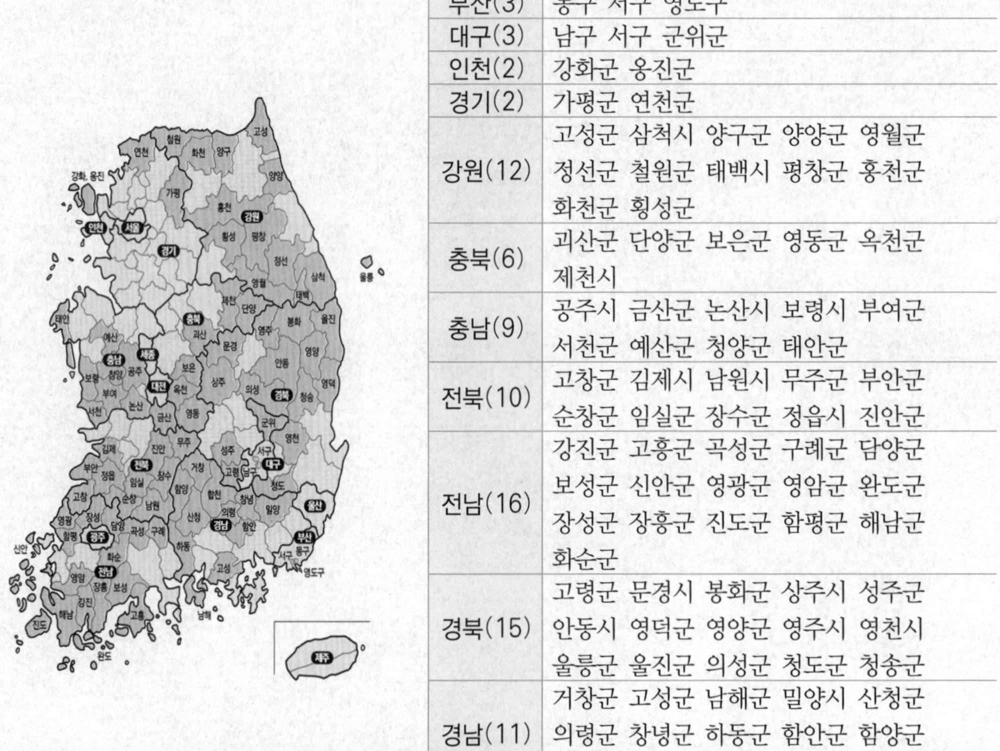

| 시·도 | 인구감소지역 |
|---|---|
| 부산(3) | 동구 서구 영도구 |
| 대구(3) | 남구 서구 군위군 |
| 인천(2) | 강화군 옹진군 |
| 경기(2) | 가평군 연천군 |
| 강원(12) | 고성군 삼척시 양구군 양양군 영월군 정선군 철원군 태백시 평창군 홍천군 화천군 횡성군 |
| 충북(6) | 괴산군 단양군 보은군 영동군 옥천군 제천시 |
| 충남(9) | 공주시 금산군 논산시 보령시 부여군 서천군 예산군 청양군 태안군 |
| 전북(10) | 고창군 김제시 남원시 무주군 부안군 순창군 임실군 장수군 정읍시 진안군 |
| 전남(16) | 강진군 고흥군 곡성군 구례군 담양군 보성군 신안군 영광군 영암군 완도군 장성군 장흥군 진도군 함평군 해남군 화순군 |
| 경북(15) | 고령군 문경시 봉화군 상주시 성주군 안동시 영덕군 영양군 영주시 영천시 울릉군 울진군 의성군 청도군 청송군 |
| 경남(11) | 거창군 고성군 남해군 밀양시 산청군 의령군 창녕군 하동군 함안군 함양군 합천군 |

## 28. 산업단지 감면시 조례감면 총량 예외 규정 정비(법 §78 ⑧)

### 1 개정개요

| 개정 전 | 개정 후 |
|---|---|
| □ 법률 위임에 의한 조례 감면<br>○ 감면 총량 제한 미적용<br>※ 별도 규정 불필요 | □ 개별 조문상 조례감면 총량 제한 미적용 규정 삭제<br>○ 불필요한 규정 정비 |

**〈개정내용〉**

○ 법령에 대한 해석을 명확히 하기 위해 **규정 정비**

※「지특법」§4 ③, ⑥에 따라 법률의 위임에 따라 조례로 정하는 감면은 감면 총량 未적용

**〈적용요령〉**

○ 2025년 1월 1일부터 시행(부칙 §1)

※ 운영상 동일하게 적용하던 사안으로 개정 전후의 실체적 내용 변경 無

### 2 개정조문

**〈지방세특례제한법〉**

| 개정 전 | 개정 후 |
|---|---|
| 제78조(산업단지 등에 대한 감면) ① ~ ⑤ (생 략) | 제78조(산업단지 등에 대한 감면) ① ~ ⑤ (현행과 같음) |
| ⑥·⑦ 삭 제 | |
| ⑧ 제4항에 따라 취득세를 경감하는 경우 지방자치단체의 장은 해당 지역의 재정여건 등을 고려하여 100분의 25(같은 항 제2호 나목에 따라 취득세를 경감하는 경우에는 100분의 15)의 범위에서 조례로 정하는 율을 추가로 경감할 수 있다. 이 경우 제4조 제1항 각 호 외의 부분, 같은 조 제6항 및 제7항을 적용하지 아니한다. | ⑧ -------------------------------------------------------------------------------------------------------------------------------------------------. 〈후단 삭제〉 |
| ⑨ (생 략) | ⑨ (현행과 같음) |

## 29. 기회발전특구 창업 기업의 업종 규정 위임(법 §80의 2, 영 §39의 2)

### 1 개성개요

| 개정 전 | 개정 후 |
|---|---|
| □ 기회발전특구 내 창업 시 감면대상 업종<br>○ 법률에 규정<br>※ 법 §58의 3 ④에서 정한 업종 인용 | □ 기회발전특구 내 창업 시 감면대상 업종<br>○ 시행령에 위임 규정<br>※ 별표에서 열거하여 규정 |

〈개정내용〉

○ 창업중소기업 감면의 업종 외에 **기회발전특구 내 창업 감면의 취지 및 특성을 반영**하도록 감면 대상 업종을 **별도로 규정**하면서,

- 법률규정 사항을 **시행령으로 위임하여 규정**

〈적용요령〉

○ 이 법 시행('25. 1. 1.) 이후 납세의무가 성립하는 경우부터 적용(부칙 §2)

### 2 개정조문

〈지방세특례제한법〉

| 개정 전 | 개정 후 |
|---|---|
| 제80조의 2(기회발전특구로의 이전 등에 대한 감면) ①「지방자치분권 및 지역균형발전에 관한 특별법」 제23조에 따라 지정된 기회발전특구(이하 이 조에서 "기회발전특구"라 한다)에서 창업(제58조의 3 제6항 각 호에 해당하지 아니하는 경우로서 같은 조 제4항 각 호의 업종을 영위하는 경우로 한정한다)하는 기업에 대해서는 다음 각 호에서 정하는 바에 따라 지방세를 감면한다.<br>1.·2. (생 략)<br>②·③ (생 략) | 제80조의 2(기회발전특구로의 이전 등에 대한 감면) ① ---------------------------------------------------------------------------------------------- 대통령령으로 정하는 업종을 창업하는 ------------------------------------------------------------------------------------------------------.<br>1.·2. (현행과 같음)<br>②·③ (현행과 같음) |

■ 법률 부칙

제2조(지방세 감면에 관한 적용례) … 제80조의 2 제1항 각 호 외의 부분 … 의 개정규정은 이 법 시행 이후 납세의무가 성립하는 경우부터 적용한다.

## 〈지방세특례제한법 시행령〉

| 개정 전 | 개정 후 |
|---|---|
| 〈신 설〉 | 제39조의 2(기회발전특구 창업 기업의 범위) 법 제80조의 2 제1항 각 호 외의 부분에서 "대통령령으로 정하는 업종을 창업하는 기업"이란 법 제58조의 3 제6항 각 호에 해당하지 않는 경우로서 별표 2에 따른 업종을 창업하는 기업을 말한다. 이 경우 별표 2 제1호부터 제8호까지 및 같은 표 제9호 가목부터 사목까지의 규정에 따른 업종은 한국표준산업분류에 따른 업종으로 한다. |

별표 2 지방세특례제한법 시행령 [별표]

기회발전특구 창업 업종의 범위(제39조의 2 관련)

1. 건설업
2. 공연시설 운영업, 공연단체, 기타 창작 및 예술관련 서비스업
3. 광업
4. 다음 각 목의 어느 하나에 해당하는 사업시설 관리, 사업지원 및 임대서비스업
   가. 경비 및 경호 서비스업
   나. 고용알선 및 인력공급업
   다. 보안시스템 서비스업
   라. 사업시설 관리 및 조경 서비스업
   마. 전시, 컨벤션 및 행사대행업
5. 수도, 하수 및 폐기물 처리, 원료 재생업
6. 다음 각 목의 어느 하나에 해당하는 전문, 과학 및 기술 서비스업(제29조의 2 제6항에 따른 엔지니어링사업을 포함한다)
   가. 광고업
   나. 기타 과학기술 서비스업
   다. 시장조사 및 여론조사업
   라. 연구개발업
   마. 전문 디자인업
7. 정보통신업. 다만, 다음 각 목의 어느 하나에 해당하는 업종은 제외한다.
   가. 가상자산 매매 및 중개업
   나. 뉴스 제공업
   다. 비디오물 감상실 운영업
8. 제조업
9. 다음 각 목의 어느 하나에 해당하는 물류산업
   가. 기타 산업용 기계·장비 임대업 중 파렛트 임대업
   나. 보관 및 창고업
   다. 육상·수상·항공 운송업
   라. 육상·수상·항공 운송지원 서비스업
   마. 화물 취급업
   바. 화물운송 중개·대리 및 관련 서비스업
   사. 화물 포장·검수 및 계량 서비스업
   아. 「선박의 입항 및 출항 등에 관한 법률」 제24조 제1항에 따른 예선업
   자. 「유선 및 도선 사업법」 제2조 제2호에 따른 도선사업
10. 「물류시설의 개발 및 운영에 관한 법률」 제2조 제4호에 따른 복합물류터미널사업
11. 「신에너지 및 재생에너지 개발·이용·보급 촉진법」 제2조 제1호에 따른 신에너지 또는 같은 조 제2호에 따른 재생에너지를 이용하여 전기를 생산하는 사업

12. 「유통산업발전법」 제2조 제16호에 따른 공동집배송센터를 조성하여 운영하는 사업
13. 금융 및 보험업 중 정보통신을 활용하여 금융서비스를 제공하는 업종으로서 다음 각 목의 어느 하나에 해당하는 행위를 업으로 영위하는 업종
    가. 「자본시장과 금융투자업에 관한 법률」 제9조 제27항에 따른 온라인소액투자중개
    나. 「전자금융거래법」 제2조 제1호에 따른 전자금융거래
    다. 「외국환거래법 시행령」 제15조의 2 제1항에 따른 소액해외송금
14. 「전시산업발전법」 제2조 제1호에 따른 전시산업
15. 「학원의 설립·운영 및 과외교습에 관한 법률」 제2조의 2 제1항 제2호에 따른 평생직업교육학원 중 직업기술 분야를 교습하는 학원을 운영하는 사업 또는 「국민 평생 직업능력 개발법」 제2조 제3호에 따른 직업능력개발훈련시설을 운영하는 사업(직업능력개발훈련을 주된 사업으로 하는 경우로 한정한다)
16. 「항만법」 제2조 제5호에 따른 항만시설을 운영하는 사업과 같은 조 제11호에 따른 항만배후단지에서 경영하는 물류산업
17. 「관광진흥법 시행령」 제2조 제1항 제2호 가목부터 라목까지, 바목 및 사목에 따른 관광호텔업, 수상관광호텔업, 한국전통호텔업, 가족호텔업, 소형호텔업 및 의료관광호텔업. 다만, 해당 호텔업과 함께 「관광진흥법」 제3조 제1항 제5호에 따른 카지노업 또는 「관세법」 제196조에 따른 보세판매장을 경영하는 경우 그 카지노업 또는 보세판매장 사업은 제외한다.
18. 「관광진흥법 시행령」 제2조 제1항 제3호 가목, 나목, 라목 및 마목에 따른 전문휴양업, 종합휴양업, 관광유람선업 및 관광공연장업. 다만, 전문휴양업 또는 종합휴양업과 함께 「관광진흥법」 제3조 제1항 제2호 나목에 따른 휴양 콘도미니엄업 또는 「체육시설의 설치·이용에 관한 법률」 제10조 제1항 제1호에 따른 골프장업을 경영하는 경우 그 휴양 콘도미니엄업 또는 골프장업은 제외한다.
19. 「관광진흥법 시행령」 제2조 제1항 제4호 가목에 따른 국제회의시설업
20. 「관광진흥법 시행령」 제2조 제1항 제5호 가목에 따른 종합유원시설업
21. 「관광진흥법 시행령」 제2조 제1항 제6호 라목에 따른 관광식당업

**참고** **관련 법령**

□ **지방세특례제한법**

○ **제4조(조례에 따른 지방세 감면)** ① 지방자치단체는 주민의 복리 증진 등 효율적인 정책 추진을 위하여 필요하다고 인정될 경우 제2조의 2에 따라 3년의 기간 이내에서 지방세의 세율경감, 세액감면 및 세액공제(이하 이 조 및 제182조에서 "지방세 감면"이라 한다)를 할 수 있다.

② 지방자치단체는 제1항에도 불구하고 다음 각 호의 어느 하나에 해당하는 지방세 감면을 할 수 없다. 다만, 국가 및 지방자치단체의 경제적 상황, 긴급한 재난관리 필요성, 세목의 종류 및 조세의 형평성 등을 고려하여 대통령령으로 정하는 경우에는 제1호에 해당하는 지방세 감면을 할 수 있다.

1. 이 법에서 정하고 있는 지방세 감면을 확대(지방세 감면율ㆍ감면액을 확대하거나 지방세 감면 적용대상자ㆍ세목ㆍ기간을 확대하는 것을 말한다)하는 지방세 감면
2. 「지방세법」 제13조 및 제28조 제2항에 따른 중과세의 배제를 통한 지방세 감면
3. 「지방세법」 제106조 제1항 각 호에 따른 토지에 대한 재산세 과세대상의 구분 전환을 통한 지방세 감면
4. 제177조에 따른 감면 제외대상에 대한 지방세 감면. 다만, 다음 각 목의 어느 하나에 해당하는 경우에는 지방세 감면을 할 수 있다.
   가. 「감염병의 예방 및 관리에 관한 법률」 제49조 제1항 제2호에 따른 집합 제한 또는 금지로 인하여 영업이 금지되는 경우
   나. 「재난 및 안전관리 기본법」 제60조에 따른 특별재난지역으로 선포된 경우로서 해당 재난으로 입은 중대한 재산상 피해로 영업이 현저히 곤란하다고 인정되는 경우
5. 과세의 형평을 현저하게 침해하거나 국가의 경제시책에 비추어 합당하지 아니한 지방세 감면으로서 대통령령으로 정하는 사항

③ 지방자치단체는 지방세 감면(이 법 또는 「조세특례제한법」의 위임에 따른 감면은 제외한다)을 하려면 「지방세기본법」 제147조에 따른 지방세심의위원회의 심의를 거쳐 조례로 정하여야 한다. 이 경우 대통령령으로 정하는 일정 규모 이상의 지방세 감면을 신설 또는 연장하거나 변경하려는 경우에는 대통령령으로 정하는 조세 관련 전문기관이나 법인 또는 단체에 의뢰하여 감면의 필요성, 성과 및 효율성 등을 분석ㆍ평가하여 심의자료로 활용하여야 한다.

⑥ 지방자치단체는 제1항부터 제3항까지의 규정에 따라 지방세 감면을 하는 경우에는 전전년도 지방세징수 결산액에 대통령령으로 정하는 일정비율을 곱한 규모(이하 이 조에서 "지방세 감면규모"라 한다) 이내에서 조례로 정하여야 한다.

⑦ 지방자치단체는 제6항의 조례에 따라 감면된 지방세액이 지방세 감면규모를 초과한 경우 그 다음 다음 연도의 지방세 감면은 대통령령으로 정하는 바에 따라 축소·조정된 지방세 감면규모 이내에서 조례로 정할 수 있다. 다만, 지방세 감면규모를 초과하여 정하려는 경우로서 행정안전부장관의 허가를 받아 조례로 정한 지방세 감면에 대해서는 지방세 감면규모 축소·조정 대상에서 제외한다.

## 30. 시장정비사업 감면 연장 및 재설계(법 §83, 영 §41)

### 1 개정개요

<table>
<tr><th>개정 전</th><th>개정 후</th></tr>
<tr><td>□ 시장정비사업에 대한 감면(사업시행자, §83 ①)<br>○ 감면대상<br>– 사업용 부동산<br><br>○ 감면율<br>– 취득세 100%, 재산세(5년간) 50%<br>※ 최소납부세제 적용<br><br>○ 일몰기한 : 2024.12.31.</td><td>□ 감면 연장 및 재설계(사업시행자, §83 ①)<br>○ 사업단계별 감면대상 명확화<br>– (조성) 대지조성용 부동산<br>– (준공) 관리처분계획에 따라 취득하는 부동산<br><br>○ 감면율<br>– 취득세 50%ㆍ재산세 50%(조성기간)<br><br>○ 일몰기한 : 2027.12.31.</td></tr>
<tr><td>□ 시장정비사업에 대한 감면(입점상인, §83 ②)<br>○ 감면율<br>– 취득세 100%, 재산세(5년간) 50%<br>※ 최소납부세제 적용<br><br>○ 일몰기한 : 2024.12.31.</td><td>□ 감면 연장(입점상인, §83 ③)<br>– (좌 동)<br><br>○ 일몰기한 : 2027.12.31.</td></tr>
<tr><td>□ 사후관리<br>○ 시행자ㆍ입점상인 동일(§83 ③)<br><table><tr><th>추징 사유</th></tr><tr><td>1. 사업추진계획의 승인 취소<br>2. 정당한 사유 없이 취득일부터 3년 이내 직접 미사용, 매각ㆍ증여, 타 용도 사용</td></tr></table></td><td>□ 사후관리 명확화<br>○ 시행자ㆍ입점상인 맞춤형 사후관리 규정(§83 ②, ④)<br><table><tr><th>구 분</th><th>추징 사유</th></tr><tr><td>시행자</td><td>1. 정당한 사유 없이 취득일부터 3년이 경과할 때까지 직접 미사용<br>2. 사업추진계획의 승인 취소</td></tr><tr><td>입점상인</td><td>1. 정당한 사유 없이 취득일부터 1년이 경과할 때까지 직접 미사용<br>2. 직접 사용한 기간이 2년 미만인 상태에서 매각ㆍ증여, 타 용도 사용</td></tr></table></td></tr>
</table>

〈개정 내용〉

○ 도시재생 활성화 및 영세상인 지원을 위해 시장정비사업에 대한 감면 연장

① 사업단계별 감면 대상 재설계 및 명확화

○ 시장정비사업에 대한 지방세 감면 규정은 사업단계 구분 없이 시행자와 입점상인으로만

규정하여 **감면 적용**하였으나,

- **시행자**의 경우 **유사 개발사업과의 형평성** 및 각 **사업단계별**(조성 및 준공) **취득목적*** 에 **부합**하도록 **감면 대상**을 **설정**하도록 **재설계**

  * ┌ (조성) 대지조성용 부동산 취득세 50%, 공사 중 토지 재산세 50%
  
    └ (준공) 관리처분계획에 따라 취득하는 부동산 취득세 50%

**〈시장정비사업 감면 재설계〉**

| 개정 전 | | | | 개정 후 | | | | |
|---|---|---|---|---|---|---|---|---|
| 단계 | "사업단계 구분 없음" | | | ① 사업 조성 | | ② 사업 준공 | |
| 시행자 | 사업용 부동산 | 취 100%, 재 50%(5년) | | 사업용 부동산 | 취 50% 재 50% | 사업시행 후 취득 (입점상인, 일반인 분양) | 취 50% |
| 입점 상인 | 판매시설 (주택 제외) | 취 100%, 재 50%(5년) | | – | – | 판매시설 (주택 제외) | 취 100%, 재 50%(5년) |

② **사업주체별 추징규정 마련**

○ **현행 관계 법령**에서 **시행자**와 **입점상인**에 대한 **사후관리**(추징 요건)가 **동일하게 적용**하였으나,

- **사업주체별**(시행자, 입점상인) **추징규정** 개선

| 구분 | 개정 전 | 개정 후 |
|---|---|---|
| 규 정 | 추징요건 동일(§83 ③) | 맞춤형 추징요건(§83 ②, ④) |
| 시행자 | • 사업추진계획의 승인 취소<br>• 취득일부터 3년 이내 직접 미사용, 매각·증여, 타 용도 사용 | • 사업추진계획의 승인 취소<br>• 취득일부터 3년 내 직접 미사용 |
| 입점 상인 | | • 취득일부터 1년 내 직접 미사용<br>• 직접사용 2년 이내 매각·증여, 타 용도 사용 |

③ **감면대상자 정의 명확화 및 위임 규정 정비 등**

○ **감면 대상자인 사업시행자의 정의**를 「전통시장 및 상점가 육성을 위한 특별법」 제41조에 따른 **사업시행자**로 **명확화**(법 §83 ③)

○ **입점상인 에 대한 정의**를 **시행령**으로 **위임**하고 있는데 재설계에 따라 **위임 규정**의 **조항 변경**(법 제83조 제2항 → 제83조 제3항)

〈적용요령〉

○ 2025년 1월 1일부터 시행(부칙 §1)

- 이 법 시행 전에 「전통시장 및 상점가 육성을 위한 특별법」 제39조에 따른 사업시행인가를 받은 경우에는 종전 감면을 적용(부칙 §11)

## 2 개정조문

〈지방세특례제한법〉

| 개정 전 | 개정 후 |
|---|---|
| 제83조(시장정비사업에 대한 감면) ① 「전통시장 및 상점가 육성을 위한 특별법」 제37조에 따라 승인된 시장정비구역에서 시장정비사업을 추진하려는 자(이하 이 조에서 "시장정비사업시행자"라 한다)가 해당 사업에 직접 사용하기 위하여 취득하는 부동산에 대해서는 취득세를 2024년 12월 31일까지 면제하고, 과세기준일 현재 해당 용도로 직접 사용하는 부동산에 대해서는 재산세의 납세의무가 최초로 성립하는 날부터 5년간 재산세의 100분의 50을 경감한다. 다만, 토지분 재산세에 대한 감면은 건축공사 착공일부터 적용한다. | 제83조(시장정비사업에 대한 감면) ① 「전통시장 및 상점가 육성을 위한 특별법」 제37조에 따라 승인된 시장정비구역에서 같은 법 제41조에 따른 사업시행자(이하 이 조에서 "시장정비사업시행자"라 한다)가 시장정비사업의 시행에 따라 취득하는 다음 각 호의 부동산에 대해서는 취득세의 100분의 50을, 시장정비사업에 관한 공사가 시행되고 있는 토지에 대해서는 재산세의 100분의 50을 각각 2027년 12월 31일까지 경감한다. 다만, 재산세에 대한 경감은 해당 공사의 착공일부터 적용한다.<br>1. 시장정비사업의 대지 조성을 위하여 취득하는 부동산<br>2. 「전통시장 및 상점가 육성을 위한 특별법」 제4조 및 「도시 및 주거환경정비법」 제74조에 따른 관리처분계획에 따라 취득하는 부동산 |
| 〈신 설〉 | ② 제1항을 적용할 때 다음 각 호의 어느 하나에 해당하는 경우 그 해당 부분에 대해서는 경감된 취득세를 추징한다.<br>1. 「전통시장 및 상점가 육성을 위한 특별법」 제38조에 따라 사업추진계획의 승인이 취소되는 경우<br>2. 정당한 사유 없이 그 취득일부터 3년이 경과할 때까지 해당 용도로 직접 사용하지 아니하는 경우 |
| ② 제1항에 따른 시장정비구역에서 대통령령으 | ③ -------------------------------------- |

| 개정 전 | 개정 후 |
|---|---|
| 로 정하는 자가 시장정비사업시행자로부터 시장정비사업시행에 따른 부동산을 최초로 취득하는 경우 해당 부동산(주택은 제외한다)에 대해서는 취득세를 2024년 12월 31일까지 면제하고, 시장정비사업 시행으로 인하여 취득하는 건축물에 대해서는 재산세의 납세의무가 최초로 성립하는 날부터 5년간 재산세의 100분의 50을 경감한다. | ---------------------------------------------------------------------------------------------------------------------- 2027년 12월 31일------------------------------------------------------------------------------------------------------------------------------. |
| ③「전통시장 및 상점가 육성을 위한 특별법」 제38조에 따라 사업추진계획의 승인이 취소되는 경우, 그 취득일부터 3년 이내에 정당한 사유 없이 그 사업에 직접 사용하지 아니하거나 매각·증여하는 경우와 다른 용도에 사용하는 경우에 해당 부분에 대해서는 제1항 및 제2항에 따라 감면된 취득세를 추징한다. | ④ 제3항을 적용할 때 다음 각 호의 어느 하나에 해당하는 경우 그 해당 부분에 대해서는 면제된 취득세를 추징한다.<br>1. 정당한 사유 없이 그 취득일부터 1년이 경과할 때까지 해당 용도로 직접 사용하지 아니하는 경우<br>2. 해당 용도로 직접 사용한 기간이 2년 미만인 상태에서 매각·증여하거나 다른 용도로 사용하는 경우 |

■ 법률 부칙

제11조(시장정비사업에 대한 지방세 감면·추징에 관한 경과조치) 이 법 시행 전에 「전통시장 및 상점가 육성을 위한 특별법」 제39조 제1항에 따른 사업시행인가를 받은 경우에 대한 지방세의 감면·추징에 관하여는 제83조의 개정규정에도 불구하고 종전의 규정에 따른다.

## 〈지방세특례제한법 시행령〉

| 개정 전 | 개정 후 |
|---|---|
| 제41조(입점한 상인 등 감면대상자) 법 제83조 제2항에서 "대통령령으로 정하는 자"란 시장정비사업 시행인가일 현재 기존의 전통시장(「전통시장 및 상점가 육성을 위한 특별법」 제2조 제1호에 따른 전통시장을 말한다. 이하 이 조에서 같다)에서 3년 전부터 계속하여 입점한 상인 또는 시장정비사업 시행인가일 현재 전통시장에서 부동산을 소유한 자를 말한다. | 제41조(입점한 상인 등 감면대상자) 법 제83조 제3항-------------------------------------------------------------------------------------------------------------------------------------------. |

## 31. 지방세 중과세율 배제 적용 감면 연장(법 §180의 2)

### 1 개정개요

| 개정 전 | 개정 후 |
|---|---|
| □ 부동산투자기관(리츠·펀드·PFV 등) 중과세율 배제 | □ 감면 연장 |
| ○ 취득세 중과세율 배제<br>- 부동산투자회사, 부동산집합투자기구, 부동산집합투자기구 | ○ (좌 동) |
| ○ 등록면허세 중과세율 배제<br>- 부동산투자회사, 부동산집합투자기구, 부동산집합투자기구, 특수목적법인, 기업구조조정투자회사 등 | ○ 기업구조조정투자회사 삭제<br>- 부동산투자회사, 부동산집합투자기구, 부동산집합투자기구 등 |
| ○ 일몰기한 : 2024.12.31. | ○ 일몰기한 : 2027.12.31. |

〈개정 내용〉

○ 부동산투자회사 등 지방세 중과세율 적용 배제 특례 3년 연장

- 다만, 등록면허세 중과배제 대상 중 기업구조조정투자회사의 경우 관련 법 실효*에 따라 삭제(§180의 2 ② 2호)

> * 「기업구조조정투자회사법」 부칙 〈법률 제6275호, 2000. 10. 23.〉
> 제2조 (유효기간) ① 이 법은 공포후 6년간 효력을 가진다. 다만, 유효기간내에 설립된 기업구조조정투자회사는 당해 회사의 정관에 규정된 존립기간동안 이 법의 적용을 받는다.
> ② 이 법이 적용되는 기간중에 행한 위법행위에 대한 벌칙의 적용에 있어서는 이 법이 실효된 후에도 이 법을 적용한다.

〈적용요령〉

○ 2025년 1월 1일부터 시행(부칙 §1)

## 2 개정조문

〈지방세특례제한법〉

| 개정 전 | 개정 후 |
|---|---|
| 제180조의 2(지방세 중과세율 적용 배제 특례) ① 다음 각 호의 어느 하나에 해당하는 부동산의 취득에 대해서는 「지방세법」에 따른 취득세를 과세할 때 2024년 12월 31일까지 같은 법 제13조 제2항 본문 및 같은 조 제3항의 세율을 적용하지 아니한다. | 제180조의 2(지방세 중과세율 적용 배제 특례) ① ---------------------------------------------------------- 2027년 12월 31일----------------------------------------------------------. |
| 1. ~ 3. (생 략) | 1. ~ 3. (현행과 같음) |
| ② 다음 각 호의 어느 하나에 해당하는 설립등기(설립 후 5년 이내에 자본 또는 출자액을 증가하는 경우를 포함한다)에 대해서는 「지방세법」에 따른 등록면허세를 과세할 때 2024년 12월 31일까지 같은 법 제28조 제2항·제3항의 세율을 적용하지 아니한다. | ② ----------------------------------------------------------------------- 2027년 12월 31일----------------------------------------------------------. |
| 1. (생 략) | 1. (현행과 같음) |
| 2. 「기업구조조정투자회사법」 제2조 제3호에 따른 기업구조조정투자회사 | 〈삭 제〉 |
| 3. ~ 7. (생 략) | 3. ~ 7. (현행과 같음) |

# 32. 재산세가 면제되는 위탁운영 직장 어린이집 범위(영 §8의 3)

## 1 개정개요

| 개정 전 | 개정 후 |
|---|---|
| □ 직장어린이집 설치의무가 있는 사업주가 위탁 운영하는 직장 어린이집에 한해 감면<br>○ 재산세 감면대상(법 §19 ② 위임) | □ 직장어린이집 설치의무에 관계 없이 위탁 운영하는 모든 직장 어린이집을 감면대상으로 규정<br>○ 재산세 감면대상(법 §19 ② 위임) |

| 개정 전 | 개정 후 |
|---|---|
| 1. 부동산 소유자가 어린이집 등 사용자의 배우자 또는 직계혈족으로 직접 운영 | 1. (좌 동) |
| 2. 해당 부동산의 사용자가 배우자 또는 직계혈족과 해당 부동산 공동 소유 | 2. (좌 동) |
| 3. 해당 부동산 소유자가 종교단체이면서, 사용자가 종교단체 대표 또는 종교법인 | 3. (좌 동) |
| 4. 사업주가 공동으로 설치·운영하는 직장어린이집 또는 직장어린이집 설치의무 있는 사업주가 위탁·운영하는 직장어린이집 | 4. 사업주가 공동으로 설치·운영하는 직장어린이집 또는 사업주가 위탁·운영하는 직장어린이집 |

〈개정내용〉

○ 직장어린이집 설치의무 여부에 관계 없이 「영유아보육법」에 따라 직장어린이집을 위탁 운영하는 경우 재산세 감면대상에 포함

〈적용요령〉

○ '25. 1. 1. 이후 납세의무가 성립하는 경우부터 적용(영 부칙 §3)

## 2 개정조문

〈지방세특례제한법 시행령〉

| 개정 전 | 개정 후 |
|---|---|
| 제8조의 3(영유아어린이집 등에 사용하는 부동산의 범위) 〈신 설〉 | 제8조의 3(영유아어린이집 등에 사용하는 부동산의 범위) ①법 제19조 제1항에서 "대통령령으로 정하는 사업주"란 「영유아보육법」 제14조 및 같은 법 시행령 제20조 제5항에 따라 직장어린이집을 설치하여 같은 법 제24조 제3항에 따라 해당 직장어린이집을 법인·단체 또는 개인에게 위탁하여 운영하는 사업주를 말한다. |
| 법 제19조 제2항 제2호에서 "대통령령으로 정하는 부동산"이란 다음 각 호의 어느 하나에 해당하는 부동산을 말한다. | ②---------------------------------------------------------------. |
| 1. ~ 3. (생 략) | 1. ~ 3. (현행과 같음) |
| 4. 「영유아보육법」 제14조 제1항에 따라 사업주 | 4. -------------------------------------- |

| 개정 전 | 개정 후 |
| --- | --- |
| 가 공동으로 설치·운영하는 직장어린이집 또는 같은 법 제24조 제3항에 따라 법인·단체 또는 개인에게 위탁하여 운영하는 직장어린이집의 경우 해당 부동산 | ------------------------------------ ------ 같은 법 제14조 및 같은 법 시행령 제20조 제5항에 따라 직장어린이집을 설치한 사업주가 같은 법 제24조 제3항-------- |

■ 시행령 부칙

제3조(영유아어린이집 등에 사용하는 부동산에 대한 재산세 면제에 관한 적용례) 제8조의 3 제2항 제4호의 개정규정은 이 영 시행 이후 납세의무가 성립하는 경우부터 적용한다.

## 33. 녹색건축 인증 건축물 감면대상 정비(영 §24)

### 1 개정개요

<table>
<tr><th>개정 전</th><th>개정 후</th></tr>
<tr><td>
□인증기준별 감면 대상<br>
○ 녹색건축 인증 건축물 감면<br>
- ① 녹색건축인증등급, ② 에너지효율등급 기준에 따라 감면율 차등적용<br>
<table>
<tr><th>녹색건축 인증등급</th><th>에너지 효율등급</th><th>취득세 감면율</th></tr>
<tr><td>최우수</td><td rowspan="2">1+ 이상</td><td>10%</td></tr>
<tr><td>우수</td><td>5%</td></tr>
</table>
○ 제로에너지 건축물 취득세 감면<br>
- 1 ~ 3등급 건축물 : 20% 감면<br>
- 4등급 건축물 : 18% 감면<br>
- 5등급 건축물 : 15% 감면
</td><td>
□감면대상 정비<br>
○ 에너지효율등급제 폐지<br>
- 녹색건축인증등급에 따라 감면율 차등적용<br>
<table>
<tr><th>녹색건축 인증등급</th><th>감면율</th></tr>
<tr><td>최우수</td><td>10%</td></tr>
<tr><td>우수</td><td>5%</td></tr>
</table>
○ 제로에너지 건축물 취득세 감면<br>
- + ~ 3등급 건축물 : 20% 감면<br>
- 4등급 건축물 : 18% 감면<br>
- 5등급 건축물 : 15% 감면
</td></tr>
</table>

〈개정내용〉

❶ 녹색건축 인증 건축물에 대한 **취득세 감면 기준 현행화**(에너지 효율등급 기준 삭제)

※ 현재도 녹색건축 우수등급 이상은 에너지효율등급을 1+ 이상 받아야 함

❷ 제로에너지 건축물에 대한 **취득세 감면 기준 현행화**(+ 등급 신설)

〈적용요령〉

○ 2025년 1월 1일 부터 시행(영 부칙 §1)

② 개정조문

〈지방세특례제한법 시행령〉

| 개정 전 | 개정 후 |
|---|---|
| 제24조(친환경건축물 등의 감면) ① 법 제47조의 2 제1항 각 호 외의 부분에 따른 취득세의 경감률은 다음 각 호와 같다. | 제24조(친환경건축물 등의 감면) ① ----------------------------------------------. |
| 1. 「녹색건축물 조성 지원법」 제16조에 따라 인증받은 녹색건축 인증 등급(이하 이 조에서 "녹색건축 인증등급"이라 한다) 최우수 건축물로서 같은 법 제17조에 따라 인증받은 건축물 에너지효율 인증 등급(이하 이 조에서 "에너지효율등급"이라 한다)이 1+등급 이상인 건축물: 100분의 10 | 1. ----------------------------------------------------최우수 건축물---------------------------------------------- |
| 2. 녹색건축 인증등급 우수 건축물로서 에너지효율등급이 1+등급 이상인 건축물: 100분의 5 | 2. ---------------- 우수 건축물------------------------------- |
| ② (생 략) | ② (현행과 같음) |
| ③ 법 제47조의 2 제1항 제2호에서 "대통령령으로 정하는 기준 이상"이란 에너지효율등급이 1+등급 이상인 경우를 말한다. | 〈삭 제〉 |
| ④ 법 제47조의 2 제2항에 따른 취득세의 경감률은 다음 각 호의 구분에 따른다. | ④ -------------------------------------------------. |
| 1. 「녹색건축물 조성 지원법」 제17조에 따라 인증받은 제로에너지건축물 인증 등급(이하 이 조에서 "제로에너지건축물 인증등급"이라 한다)이 1등급부터 3등급까지에 해당하는 건축물: 100분의 20 | 1. ------------------------------------------------------- 플러스등급 및 1등급----------------- |
| 2.·3. (생 략) | 2.·3. (현행과 같음) |
| ⑤ ~ ⑧ (생 략) | ⑤ ~ ⑧ (현행과 같음) |

## 34. 창업중소기업에 대한 취득세 감면 적용 기준 명확화(영 §29의 2)

### ① 개정개요

| 개정 전 | 개정 후 |
|---|---|
| □ 창업중소기업 감면 대상 업종<br>○ (법) 엔지니어링사업<br>○ (영) 엔지니어링사업의 범위<br>– (입법방식) 「조특법 시행령」상 사업범위를 재인용<br>– (사업범위) 엔지니어링활동을 제공하는 사업(기술사의 활동 포함) | □ 감면 대상 업종 명확화<br>○ (좌 동)<br>○ (좌 동)<br>–「지특법 시행령」 직접 규정<br>– 관련 법에 따른 신고의무를 이행하고 엔지니어링활동을 제공하는 사업<br>(등록의무 이행한 기술사 활동 포함) |

〈개정 내용〉

○ (개정 전) **창업중소기업**에 대한 감면 **대상 업종** 중 **'엔지니어링사업'**의 구체적 범위를 **시행령**으로 **위임**하여 규정(법 §58의 3 ④ 5호)하고

– 「지특법 시행령」에서는 **「조특법 시행령」**상 해당 **업종의 범위**를 **재인용**하여, **'엔지니어링 활동을 제공하는 사업'**으로 **규정** 중

⇒ (**지특법 시행령** §29의 2 ⑥) 법 제58조의 3 제4항 제5호 각 목 외의 부분에서 "대통령령으로 정하는 엔지니어링사업"이란 「조세특례제한법 시행령」 제5조 제9항에 따른 엔지니어링사업을 말한다.
⇒ (**조특법 시행령** §5 ⑨) "대통령령으로 정하는 엔지니어링사업"이란 「엔지니어링산업 진흥법」에 따른 엔지니어링활동(「기술사법」의 적용을 받는 기술사의 엔지니어링활동을 포함한다. 이하 같다)을 제공하는 사업

○ (개정 후) '엔지니어링사업'의 범위를 **「조특법 시행령」**상 해당 **업종의 범위**를 **재인용**하지 않고 「지특법 시행령」에서 직접 규정하고

– '엔지니어링사업'의 범위를 「엔지니어링산업 진흥법」 및 「기술사법」에 따른 신고 및 등록의무를 이행하고 **엔지니어링활동을 제공하는 경우로 명확화**(행정안전부 지방세특례제도과-1221(2024.5.27.) 관련)

| 구 분 | 개정 전 | 개정 후 |
|---|---|---|
| 입법 방식 | 「조특법 시행령」 인용 | 「지특법 시행령」 직접 규정 |
| 사업 범위 | 엔지니어링사업활동을 제공하는 사업(기술사의 엔지니어링활동 포함) | 「엔지니어링산업 진흥법」 및 「기술사법」에 따른 신고 및 등록의무를 이행하고 엔지니어링활동을 제공하는 경우 |

**〈적용요령〉**

○ 2025년 1월 1일부터 시행(영 부칙 §1)

### 2 개정조문

**〈지방세특례제한법 시행령〉**

| 개정 전 | 개정 후 |
|---|---|
| 제29조의 2(창업중소기업 등의 범위) ① ~ ⑤ (생 략) | 제29조의 2(창업중소기업 등의 범위) ① ~ ⑤ (현행과 같음) |
| ⑥ 법 제58조의 3 제4항 제5호 각 목 외의 부분에서 "대통령령으로 정하는 엔지니어링사업"이란 「조세특례제한법 시행령」 제5조 제9항에 따른 엔지니어링사업을 말한다. | ⑥ ---------------------------------------------------------------------------------- 「엔지니어링산업 진흥법」 제21조에 따라 엔지니어링사업자의 신고를 하거나 「기술사법」 제5조의 7에 따라 기술사의 등록(등록 갱신을 포함한다)을 한 경우로서 「엔지니어링산업 진흥법」 제2조 제1호에 따른 엔지니어링활동을 제공하는 사업------------. |
| ⑦ ~ ⑫ (생 략) | ⑦ ~ ⑫ (현행과 같음) |

## 35. 창업중소기업 지방세 감면신청서 개선(규칙 §3의 2, 별지 제1호의 4 서식)

### 1 개정개요

| 개정 전 | 개정 후 |
|---|---|
| □ 창업(벤처)중소기업 지방세 감면신청<br>○ 지자체장은 행정정보공동이용을 통하여 신청 서류를 확인<br>– 사업자등록증<br>– 법인등기사항증명서<br>– 벤처기업확인서(창업벤처중소기업) | □ 감면신청 확인 서류 개선<br>○ (좌 동)<br>– 사업자등록증명<br>– (좌 동)<br>– (좌 동) |
| □ 창업(벤처)중소기업 지방세 감면신청서<br>○ '창업 제외 유형' 사전안내<br>– 사업확장 · 업종 추가 등 새로운 사업을 최초로 개시하는 것으로 보기 곤란한 경우 | □ '창업 제외 세부 유형' 법 개정 사항 감면신청서에 반영<br>○ (좌 동)<br>– 사업확장 · 업종 추가한 경우<br>– 새로운 사업을 최초로 개시하는 것으로 보기 곤란한 경우(세부 유형은 시행령으로 위임)<br>〈영 §29-2 ⑫〉<br>i ) 개인이 추가로 동종 법인을 설립하여 해당 신설법인의 과점주주인 경우<br>ii ) 해당법인 및 법인의 과점주주가 동종 법인을 설립하여 해당 신설법인의 과점주주가 되는 경우<br>iii) 법인의 형태변경 후 동종사업 영위하는 경우 |

〈개정 내용〉

○ 지자체장이 창업중소기업 지방세 감면을 위해 행정정보공동이용을 통해 확인해야 하는 서류*를 사업자등록증명으로 개정

* '사업자등록증'은 행정정보공동이용 처리대상에 해당되지 않고, '사업자등록증명'이 행정정보공동이용을 통해 확인 가능

○ 지특법 시행령 개정(§29-2 ⑫, '24.1.1.)에 따른 '창업 제외 세부 유형'을 '창업(벤처)중소기업 지방세 감면신청서'에 개정 사항 반영

<table>
<tr><th colspan="2">창업 제외 세부 유형 내용(법 §58의 3 ⑥, 영 §29-2 ⑫)</th></tr>
<tr><td>• 기존사업을 승계하여 개시한 경우</td><td>• 개인이 동종사업을 법인으로 전환한 경우</td></tr>
<tr><td>• 폐업 후 동종사업을 재개한 경우</td><td>• 사업확장 · 업종 추가한 경우</td></tr>
<tr><td colspan="2">• 사업 최초개시로 보기 곤란한 경우</td></tr>
<tr><td rowspan="3">영</td><td>• 개인이 추가로 동종 법인을 설립하여 해당 신설법인의 과점주주인 경우</td></tr>
<tr><td>• 해당 법인 및 법인의 과점주주가 동종 법인을 설립하여 해당 신설법인의 과점주주가 되는 경우</td></tr>
<tr><td>• 법인의 형태변경 후 동종사업 영위하는 경우</td></tr>
</table>

**〈적용요령〉**

○ 2025년 1월 1일부터 시행(규칙 부칙 §1)

## 2 개정조문

**〈지방세특례제한법 시행규칙〉**

| 개정 전 | 개정 후 |
|---|---|
| 제3조의 2(창업중소기업 지방세 감면신청) ① (생　략) | 제3조의 2(창업중소기업 지방세 감면신청) ① (현행과 같음) |
| ② 제1항에 따라 신청서를 제출받은 관할 지방자치단체의 장은 「전자정부법」 제36조 제1항에 따른 행정정보의 공동이용을 통하여 다음 각 호의 서류를 확인해야 한다. 다만, 제1호 및 제3호의 서류는 신청인이 확인에 동의하지 않는 경우에는 이를 제출하도록 해야 한다. | ② ---------------------------------------- ---------------------. -------------------- ---------------------------. |
| 1. 사업자등록증 | 1. 사업자등록증명 |
| 2.·3. (생　략) | 2.·3. (현행과 같음) |

[별지 제1호의 4 서식] (2024. 12. 31. 개정)

# 창업(벤처)중소기업 지방세 감면 신청서

(앞쪽)

| 접수번호 | | 접수일 | 처리기간 | 5일 |
|---|---|---|---|---|
| 신청인 | 성명(법인) | | 주민(법인)등록번호 | |
| | 주소 | | | |
| | 전자우편주소 | | 전화번호(휴대전화번호) | |
| 감면대상 | 종류 | | 면적(수량) | |
| | 소재지 | | | |
| 감면세액 | 감면세목 | 과세연도 | 기분 | |
| | 과세표준액 | 감면구분 | | |
| | 당초 산출세액 | 감면받으려는 세액 | | |
| 감면 신청 사유 (「지방세특례제한법」 제58조의 3) | (뒤쪽 참조) | | | |
| 감면 안내 방법 | 직접교부[ ] 등기우편[ ] 전자우편 [ ] | | | |

신청인은 본 신청서의 유의사항 등을 충분히 검토했고, 향후에 신청인이 기재한 사항과 사실이 다른 경우에는 감면된 세액이 추징되며 별도의 이자상당액 및 가산세가 부과됨을 확인했습니다.

「지방세특례제한법」 제58조의 3, 같은 법 시행령 제29조의 2 및 같은 법 시행규칙 제3조의 2에 따라 위와 같이 지방세 감면을 신청합니다.

년 월 일

신청인 (서명 또는 인)

**특별자치시장 · 특별자치도지사 · 시장 · 군수 · 구청장** 귀하

| 담당공무원 확인사항 | 1. 사업자등록증<br>2. 법인 등기사항증명서<br>2. 벤처기업확인서(창업벤처중소기업의 경우만 해당합니다) | 수수료<br>없 음 |
|---|---|---|

| 행정정보 공동이용 동의서 |
|---|

본인은 이 건 업무처리와 관련하여 담당 공무원이 「전자정부법」 제36조에 따른 행정정보의 공동이용을 통하여 위의 담당 공무원 확인 사항을 확인하는 것에 동의합니다. *동의하지 않거나 확인이 되지 않는 경우에는 신청인이 직접 관련 서류를 제출해야 합니다.

신청인 (서명 또는 인)

210mm×297mm [백상지(80/㎡) 또는 중질지(80/㎡)]

(뒤쪽)

| | |
|---|---|
| 감면 신청 사유 (「지방세특례제한법」 제58조의 3) | ※ 창업중소기업에 해당하는지 여부 확인을 위한 기재사항입니다.<br>아래의 사항을 확인 후 해당란을 기재하십시오.<br>① 기업을 새로 설립했는지 여부 (예 [ ] 아니오 [ ])<br>※ 최초 설립이 아닌, 기업조직 및 형태 변경, 사업승계, 사업이전, 사업확장, 업종추가 등에 해당하는 경우에는 새로운 설립으로 보지 않습니다.<br>② 법인인 경우 대표자, 임원 등의 인적사항을 기재합니다.<br>(관계 / 성명 / 주민등록번호 / 주소 / 연락처)<br>예) 대표<br>예) 임원<br>※ 법인의 대표자 등의 동종 사업 영위 여부, 법인전환 등을 확인하기 위해 기재합니다.<br>③ 새로 설립된 기업이 중소기업의 범위에 해당될 것 (예 [ ] 아니오 [ ])<br>④ 창업하는 업종이 「지방세특례제한법」 제58조의 3 제4항에 따른 업종에 해당될 것 (예 [ ] 아니오 [ ])<br>※ 「지방세특례제한법」 제58조의 3 제4항 각 호의 업종에 속하지 않는 경우에는 창업중소기업 영위 업종으로 보지 않습니다.<br>⑤ 창업(벤처)중소기업이 「지방세특례제한법」 제58조의 3 제6항 각 호에 규정된 다음의 어느 하나에 해당하지 않을 것 (해당함 [ ] 해당하지 않음 [ ])<br>1. 합병 · 분할 · 현물출자 · 사업양수를 통하여 종전 사업을 승계하거나 종전 사업에 사용되던 자산을 인수 · 매입하여 같은 종류의 사업을 하는 경우<br>※ 다만, 종전 사업에 사용되던 자산을 인수하거나 매입하여 같은 종류의 사업을 하는 경우 그 자산가액의 합계가 「부가가치세법」 제5조 제2항에 따른 사업개시 당시 토지 · 건물 및 기계장치 등 「지방세특례제한법 시행령」 제29조의 2 제9항에서 정하는 사업용자산의 총가액에서 차지하는 비율이 100분의 30 이하인 경우는 제외합니다.<br>2. 거주자가 하던 사업을 법인으로 전환하여 새로운 법인을 설립하는 경우<br>3. 폐업 후 사업을 다시 개시하여 폐업 전의 사업과 같은 종류의 사업을 하는 경우<br>4. 사업을 확장하거나 다른 업종을 추가하는 경우<br>5. 그 밖에 새로운 사업을 최초로 개시하는 것으로 보기 곤란한 경우로서 「지방세특례제한법 시행령」 제29조의 2 제12항에서 정하는 경우<br>※ 개인사업자가 동종 사업을 영위하는 법인인 중소기업을 새로 설립하여 과점주주(「지방세기본법」 제46조제2호에 따른 과점주주를 말합니다. 이하 같습니다)가 되는 경우, 해당 법인 또는 해당 법인의 과점주주가 신설되는 법인인 중소기업의 과점주주가 되는 경우(해당 법인과 신설되는 법인인 중소기업이 동종의 사업을 영위하는 경우로 한정합니다) 및 법인인 중소기업이 회사의 형태를 변경한 이후에도 변경 전의 사업과 동종의 사업을 영위하는 경우를 말합니다.<br>⑥ 「지방세특례제한법」 제58조의 3 제1항 제2호, 제2항 제2호 및 같은 법 시행령 제29조의 2 제3항에 따른 공장입지기준면적 또는 용도지역별 적용배율 이내에 해당하는지 여부 (예 [ ] 아니오 [ ]) |

| 관계 | 성명 | 주민등록번호 | 주소 | 연락처 |
|---|---|---|---|---|
| 예) 대표 | | | | |
| 예) 임원 | | | | |
| | | | | |
| | | | | |

유 의 사 항

1. 신청인이 작성 · 기재한 감면신청서는 「지방세기본법」 제78조에 따라 진실한 것으로 추정합니다.
2. 향후에 신청인이 작성 · 기재한 사항이 사실과 다르거나 사후관리를 통해 감면요건을 준수하지 않은 사항이 확인되는 경우에는 추징대상에 해당되어 감면받은 세액 이외에도 「지방세특례제한법」 제178조 제2항에 따른 이자상당액 및 「지방세기본법」 제53조부터 제55조까지에 따른 가산세(10~40%)가 추가될 수 있음을 유의하시기 바랍니다.
3. 위에서 열거한 사례 이외에도 창업(벤처)기업의 동종업종 추가 등에 대한 다양한 개별적 사례가 발생할 수 있으므로 감면대상 해당 여부를 반드시 확인하시어 추징 등 불이익을 받지 않도록 유의하시기 바랍니다.
4. 감면 안내 방법: 직접교부, 등기우편, 전자우편 중 하나를 선택합니다.

처 리 절 차

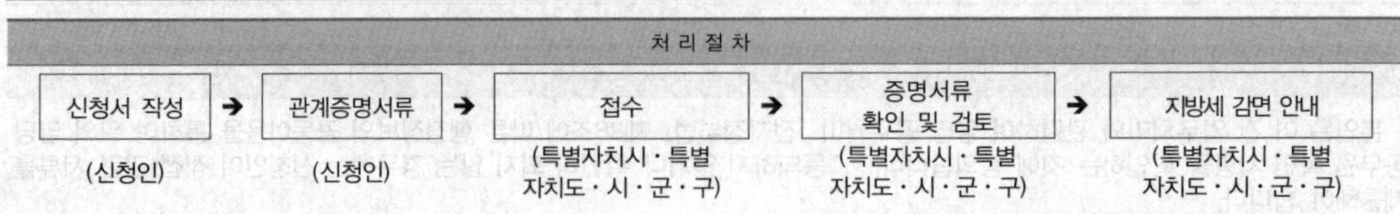


210mm×297mm [백상지(80/㎡) 또는 중질지(80/㎡)]

## Ⅲ. 참고자료

### 2025년 지방세 최소납부세제 적용대상

| | 감면내용 | 조문 | 세목 취 | 세목 재 | 적용시기 |
|---|---|---|---|---|---|
| 1 | 어린이집 및 유치원 부동산 | §19 | ○ | ○ | |
| 2 | 청소년단체 등에 대한 감면 | §21 | ○ | ○ | '15.1.1. |
| 3 | 한국농어촌공사(경영회생 지원 환매취득) | §13 ② 2 | ○ | ○ | |
| 4 | 노동조합 | §26 | ○ | ○ | |
| 5 | 임대주택(40㎡ 이하, 60㎡ 이하) | §31 ① 1, ② 1, ④ 1 | ○ | ○ | |
| 6 | 장기일반민간임대주택(40㎡ 이하) | §31의 3 ① 1 | ○ | ○ | |
| 7 | 행복기숙사용 부동산 | §42 ① | ○ | ○ | |
| 8 | 박물관 · 미술관 · 도서관 · 과학관 | §44의 2 | ○ | ○ | |
| 9 | 학술연구단체 · 장학단체 · 과학기술진흥단체 | §45 ① | ○ | ○ | '16.1.1. |
| 10 | 문화예술단체 · 체육진흥단체 | §52 ① | ○ | ○ | |
| 11 | 한국자산관리공사 구조조정을 위한 취득 | §57의 3 ② | ○ | | |
| 12 | 경차 | §67 ② | ○ | | |
| 13 | 지방이전 공공기관 직원 주택 (85㎡ 이하) | §81 ③ 2 | ○ | | |
| 14 | 시장정비사업 사업시행자 | §83 ① | ○ | | |
| 15 | 한국법무보호복지공단, 갱생보호시설 | §85 ① | ○ | ○ | |
| 16 | 내진설계건축물(대수선)(2021년까지 적용) | §47의 4 ① 2 | ○ | ○ | |
| 17 | 국제선박 | §64 ①, ②, ③ | ○ | | |
| 18 | 매매용 중고자동차 | §68 ① | ○ | | '17.1.1. |
| 19 | 수출용 중고자동차 | §68 ③ | ○ | | |
| 20 | 한국농어촌공사 농업기반시설 (2021년까지 적용) | §13 ② 1호의 2 | | ○ | |
| 21 | 농협 · 수협 · 산림조합의 고유업무부동산 | §14 ③ | ○ | ○ | |
| 22 | 기초과학연구원, 과학기술연구기관 | §45의 2 | ○ | ○ | '18.1.1. |
| 23 | 신협 · 새마을금고 신용사업 부동산 등 | §87 ①, ② | ○ | ○ | |
| 24 | 지역아동센터 | §19의 2 | ○ | ○ | |
| 25 | 창업중소기업(창업후 3년내) 재산세 | §58의 3 | | ○ | |
| 26 | 다자녀 양육자 자동차 | §22의 2 | ○ | | |
| 27 | 학생실험실습차량, 기계장비, 항공기 등 | §42 ② | ○ | ○ | '19.1.1. |
| 28 | 문화유산 · 자연환경 국민신탁법인 | §53 | ○ | ○ | |

| | 감면내용 | 조문 | 세목 | | 적용 시기 |
|---|---|---|---|---|---|
| | | | 취 | 재 | |
| 29 | 공공기관 상법상회사 조직변경 | §57의 2 ③ 7 | ○ | | |
| 30 | 부실금융기관 등 간주취득세 | §57의 2 ⑤ | ○ | | |
| 31 | 학교등 창업보육센터용 부동산 | §60 ③ 1호의 2 | | ○ | |
| 32 | 주거환경개선사업시행자로부터 취득 주택(85㎡↓) | §74 ④ 3 | ○ | | '19.1.1. |
| 33 | 법인의 지방이전 | §79 ① | ○ | ○ | |
| 34 | 공장의 지방이전 | §80 ① | ○ | ○ | |
| 35 | 시장정비사업(입주상인) | §83 ② | ○ | | |
| 36 | 평택이주 주한미군 한국인근로자 | §81의 2 | ○ | | |
| 37 | 사회복지법인 | §22 ①, ② | ○ | ○ | |
| 38 | 별정우체국 | §72 ② | | ○ | |
| 39 | 지방공단 | §85의 2 ② | ○ | ○ | |
| 40 | 새마을운동조직 | §88 ① | ○ | ○ | |
| 41 | 정당 | §89 | ○ | ○ | '20.1.1. |
| 42 | 마을회 | §90 | ○ | ○ | |
| 43 | 수소·전기버스 | §70 ④ | ○ | | |
| 44 | 장학단체 고유업무 부동산 | §45 ② 1 | ○ | ○ | |
| 45 | 외국인 투자기업 감면(조특법 적용대상은 제외) | §78의 3 | ○ | ○ | |
| 46 | 생애 최초 주택 | §36의 3 ① 1 | ○ | | '20.7.10. |
| 47 | 전공대학(2023년부터 최소납부세제 적용 배제) | §44 ② | ○ | ○ | '21.1.1. ~ '22.12.31. |
| 48 | 농협 등 조합간 합병 | §57의 2 ② | ○ | | '21.1.1. |
| 49 | 농협·수협조합의 부실조합 재산 양수 등 | §57의 3 ① | ○ | | |
| 50 | 한국자산관리공사에 자산을 매각한 중소기업이 그 자산을 재취득 | §57의 3 ④ | ○ | | '22.1.1. |
| 51 | 한국자유총연맹 | §88 ② | ○ | ○ | |
| 52 | 반환공여구역내 창업용 부동산 | §75의 4 | ○ | ○ | '23.1.1. |
| 53 | 인구감소지역내 창업용 부동산 | §75의 5 | ○ | ○ | |
| 54 | 내진성능 확인 건축물 취득 | §47의 4 ① | ○ | ○ | '25.1.1. |
| 55 | 지방농수산물공사 | §15 ② | ○ | ○ | '26.1.1. |
| 56 | 도시철도공사 | §63 ⑤ | ○ | ○ | |

# 02

# 지방세 감면 관련 운영예규

# 2025년 건축물 및 기타물건 시가표준액 산정기준

## 1. 시가표준액 개요

○ **(개념)** '시가표준액'이란 시가(時價) 그 자체는 아니지만 지방세 과세표준*의 기준이 되는 **물건의 적정가액**

* 재산세 과세표준 = 시가표준액 × 공정시장가액비율

○ **(산정 · 결정)** 우리부에서 마련한 기준에 따라 **지자체**는 **시가표준액을 산정**

- 건축물은 소유자와 이해관계인의 의견청취, 타당성을 검토하여 지방세심의위원회 심의 후 결정 · 고시( ~6.1.)
- 기타물건은 산정된 시가표준액을 지방세심의위원회 심의, 결정 · 고시(1.1.)

※ 근거: 지방세법 제4조 및 동법 시행령 제4조, 제4조의 2, 제4조의 3 등

## 2. 시가표준액 산정방식

○ **(산정방식)** **건축물**과 **기타물건**은 **행안부 산정방식**에 따라 지자체장이 결정 · 고시하며, 토지와 주택은 국토부장관이 공시

- **(오피스텔 외 건축물)** 건축물 시가표준액은 건축원가 등을 고려한 **원가방식으로 산정**하며, **건물신축가격기준액***에 건물의 각종 지수(구조 · 용도 · 위치) 및 잔가율, 그 밖의 가감산율을 적용하여 계산

* (2022년 이전) 2022년까지 국세청에서 고시한 단일 건물신축가격기준액을 활용, (2023년~) 행안부장관이 고시하는 가격 활용

**오피스텔 외 건축물 시가표준액 산정 방식**

• 해당 부동산을 현재 재취득할 경우의 건물신축가격기준액(재조달원가)을 기준으로 하는 **원가방식**에 위치지수 · 가감산특례 등을 통해 **시가를 일부 반영**

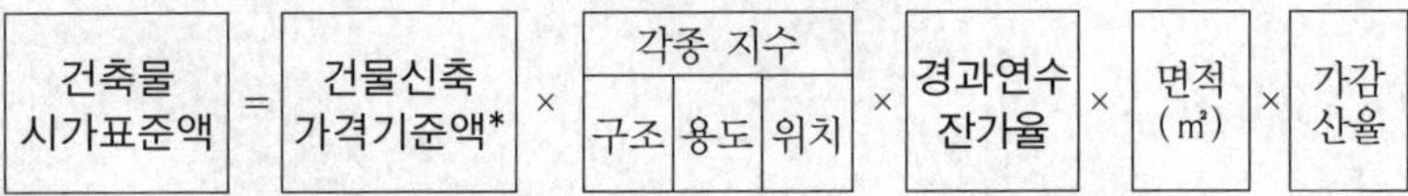

건축물 시가표준액
=
건물신축 가격기준액*
×
각종 지수
구조
용도
위치
×
경과연수 잔가율
×
면적 (㎡)
×
가감 산율


* 건축물을 신축하기 위한 단위면적 당 건축비용으로 유형별 ㎡당 가격 고시

- (**오피스텔**) 오피스텔 시가표준액은 행안부에서 고시하는 **표준가격기준액***에 각종 지수(용도, 층), 가감산율을 적용하여 계산

  * (2021년 이전) 일반 건축물과 같이 원가방식에 따라 산정, (2022년~) 시가를 일부 반영하여 전국 오피스텔을 전수조사하여 산정하는 동별 ㎡당 건축물 가격(부속토지 미포함)

**오피스텔 시가표준액 산정 방식**

• 건설원가를 기반으로 실거래가 등을 반영하여 **표준가격기준액** 전수산정 후 지수 등 적용

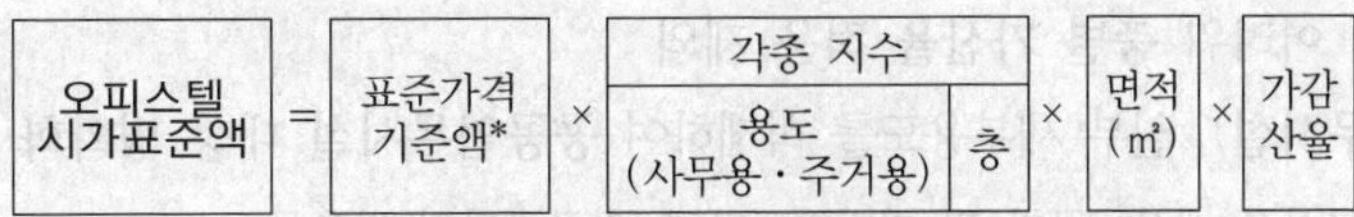

오피스텔 시가표준액
=
표준가격 기준액*
×
각종 지수
용도 (사무용 · 주거용)
층
×
면적 (㎡)
×
가감 산율


* 동별 ㎡당 건축물 가격으로 시세변동률 등을 반영하여 행안부에서 산정

- (**기타물건**) 물건별(차량, 기계장비 등 10개 유형) 행안부에서 고시하는 기준가격에 경과연수별 잔가율을 적용하여 계산

**기타물건 시가표준액 산정 방식**

기타물건 = 각 물건별 기준가격* × 경과연수별 잔가율 등

* 차량, 기계장비 등 기타물건의 종류 · 형식별 제조가격, 거래가격 등을 고려하여 정한 가격

## 3. 2025년 주요 개선사항

### (1) 오피스텔 외 건축물

○ (**건물신축가격기준액**) 유형별* 신축단가 차이를 반영하여 구분 산정

  * 건축물의 용도를 기준으로 총 6개 유형으로 분류

| 구 분 | 2024년 건물신축가격기준액 | 2025년 건물신축가격기준액 |
|---|---|---|
| 주거용 | 820,000원/㎡ | 840,000원/㎡ |
| 상업용 | 810,000원/㎡ | 830,000원/㎡ |
| 공업용 | 800,000원/㎡ | 820,000원/㎡ |
| 농수산용 | 610,000원/㎡ | 630,000원/㎡ |
| 문화 · 복지 · 교육용 | 820,000원/㎡ | 840,000원/㎡ |
| 공공용 | 810,000원/㎡ | 830,000원/㎡ |

○ (**제도개선**) 일부 신규유형 관련지수 신설 등 현장의견 반영 미세조정

① (**농촌체류형 쉼터**) **농촌체류형 쉼터*** 도입에 따라 해당 건축물의 **용도지수 신설**(0.85)

* 농업인 또는 주말 · 체험 영농을 하고자 하는 자가 농작업 목적으로 사용하는 임시숙소로 본인이 직접 활용하기 위해 설치하는 시설(농지법 시행규칙 제3조의 2 제2호)

② (**마을회관**) 문화 · 복지 · 교육용(주용도) 내에 **주민공동이용시설** 용도를 신설하고, 세부 용도의 **마을회관**에 대하여 **용도지수** 0.54 부여

③ (**공사현장 임시건축물**) **공사현장 임시건축물**은 상가 1층과 유사한 추가 효용이 발생한다고 보기 어려워 **층별 가산율 적용 제외**

④ (**공공업무시설**) 일부 세부용도를 삭제하여 **공공업무시설 대상 명확화**

※ 공공업무시설 대상: 국가 및 지방자치단체, 외국공관의 건축물

## (2) 오피스텔

○ (**표준가격기준액**) 전년도 표준가격기준액에 실거래가격 변동률 등을 반영하여 25,037동(전년 24,286동 대비 3.09% 증가) 표준가격기준액 산정

\- 2025년 표준가격기준액은 전국 **평균 782,289원**으로 2024년 대비 0.15% **감소**

〈2024년 표준가격기준액〉

(단위 : 원/㎡, %)

| 시 · 도 | 표준가격기준액 | 조정률 | 시 · 도 | 표준가격기준액 | 조정률 |
|---|---|---|---|---|---|
| 전국 | 782,289 | −0.15 | 경기 | 791,691 | −0.10 |
| 서울 | 909,678 | 1.18 | 강원 | 692,727 | 0.06 |
| 부산 | 781,723 | −0.44 | 충북 | 671,672 | −0.56 |
| 대구 | 768,009 | −1.83 | 충남 | 591,051 | −1.17 |
| 인천 | 683,226 | −1.33 | 전북 | 676,093 | −0.14 |
| 광주 | 724,449 | −0.21 | 전남 | 567,014 | −0.98 |
| 대전 | 752,535 | −0.15 | 경북 | 671,117 | −0.60 |
| 울산 | 714,613 | −0.18 | 경남 | 638,463 | −0.91 |
| 세종 | 846,156 | −0.76 | 제주 | 729,133 | −0.92 |

* 기타 각종 지수(용도, 층, 가감산율)은 2024년 기준과 동일

## (3) 기타물건

○ (기준가격) 2025년 고시목록은 **총** 127,402**건**으로 2024년 대비 2.9%(3,606건) 증가

〈2025년 기타물건 기준가격 고시목록〉

(단위: 종, %)

| 구분 | 2024년 조사 | | | | 증감 | 가격변동 | | |
|---|---|---|---|---|---|---|---|---|
| | 2024년 고시 | 신규 | 삭제 | 2025년 고시(예정) | | 상승 | 하락 | 보합 |
| 계 | 123,796 | 3,702 | 96 | 127,402 | 3,606 | 5,366 | 624 | 121,412 |
| 차량 | 99,299 | 3,273 | 22 | 102,550 | 3,251 | – | 3 | 102,547 |
| 기계장비 | 13,036 | 90 | 5 | 13,121 | 85 | 15 | 13 | 13,093 |
| 선박 | 140 | – | – | 140 | – | 140 | – | – |
| 항공기 | 250 | – | – | 250 | – | – | – | 250 |
| 시설 | 3,860 | 143 | 53 | 3,950 | 90 | 621 | 25 | 3,304 |
| 시설물 | 2,636 | – | – | 2,636 | – | 2,636 | – | – |
| 입목 | 97 | – | – | 97 | – | 44 | 49 | 4 |
| 어업권 | 238 | – | – | 238 | – | 222 | 16 | – |
| 회원권 | 4,010 | 196 | 16 | 4,190 | 180 | 1,685 | 518 | 1,987 |
| 지하자원 | 230 | – | – | 230 | – | 3 | – | 227 |

* 2025년 기타물건(차량 등) 경과연수별 잔가율 등은 2024년 기준과 동일

붙임 1 **건물신축가격기준액 개선사항 신구대비표**

| 2024년 구 분 | 2024년 건물신축가격기준액 | 2025년 구 분 | 2025년 건물신축가격기준액 |
|---|---|---|---|
| 주거용 | 820,000원/㎡ | 주거용 | 840,000원/㎡ |
| 상업용 | 810,000원/㎡ | 상업용 | 830,000원/㎡ |
| 공업용 | 800,000원/㎡ | 공업용 | 820,000원/㎡ |
| 농수산용 | 610,000원/㎡ | 농수산용 | 630,000원/㎡ |
| 문화·복지·교육용 | 820,000원/㎡ | 문화·복지·교육용 | 840,000원/㎡ |
| 공공용 | 810,000원/㎡ | 공공용 | 830,000원/㎡ |

## 붙임 건축물 시가표준액 산정 지수 개정사항 신구대비표

### 〈개정 전〉

[별표 5] 건축물 용도지수

| 구분 | 주용도 | 용도 | 번호 | 세부용도 | 지수 |
|---|---|---|---|---|---|
| | | | … | | |
| Ⅳ | 농수산용 | 농업시설 | 8 | <신 설> | |
| Ⅴ | 문화·복지·교육용 | 주민공동이용시설 | 17 | <신 설> | |
| Ⅵ | 공공용 | 공공업무시설 | 1 | ◦국가 및 지방자치단체, 외국공관의 건축물<br>◦지역자치센터, 파출소, 지구대, 소방서, 우체국, 보건소, 공공도서관, 건강보험공단 사무소 등 | 0.91 |

[별표 8] 건축물 가감산율(제19조 관련)

| 구 분 | 가산율 적용대상 건축물기준 | 가산율 | 가산율적용 제외부분 |
|---|---|---|---|
| | … | | |
| Ⅲ | (3) 5층 미만 건물<br>○ 1층 상가부분<br>(4) 5층 이상 10층 이하 건물<br>○ 1층 상가부분<br>(5) 11층 이상 20층 이하 건물<br>○ 1층 상가부분<br>(6) 21층 이상 30층 이하 건물<br>○ 1층 상가부분<br>(7) 30층 초과 건물<br>○ 1층 상가부분<br>※ 지하층 및 옥탑 등은 층수계산 시 제외 | <br>0.17<br><br>0.27<br><br>0.32<br><br>0.36<br><br>0.46 | ○ 단층건물<br>○ <신 설><br>○ 오피스텔(용도번호 Ⅰ-7 주거용 오피스텔 및 Ⅱ-21 사무용 오피스텔), 제조시설을 지원하기 위한 공장구내의 사무실(용도 번호 Ⅲ-2)<br>○ 용도번호Ⅱ-6, 7의 호텔, 펜션, 생활숙박시설, 여관 등이 구분등기가 된 경우 |

### 〈개정 후〉

| 구분 | 주용도 | 용도 | 번호 | 세부용도 | 지수 |
|---|---|---|---|---|---|
| | | | … | | |
| Ⅳ | 농수산용 | 농업시설 | 8 | ◦농촌체류형 쉼터 | 0.85 |
| Ⅴ | 문화·복지·교육용 | 주민공동이용시설 | 17 | ◦마을회관 | 0.54 |
| Ⅵ | 공공용 | 공공업무시설 | 1 | ◦국가 및 지방자치단체, 외국공관의 건축물<br>◦<삭 제> | 0.91 |

| 구 분 | 가산율 적용대상 건축물기준 | 가산율 | 가산율적용 제외부분 |
|---|---|---|---|
| | … | | |
| Ⅲ | (3) 5층 미만 건물<br>○ 1층 상가부분<br>(4) 5층 이상 10층 이하 건물<br>○ 1층 상가부분<br>(5) 11층 이상 20층 이하 건물<br>○ 1층 상가부분<br>(6) 21층 이상 30층 이하 건물<br>○ 1층 상가부분<br>(7) 30층 초과 건물<br>○ 1층 상가부분<br>※ 지하층 및 옥탑 등은 층수계산 시 제외 | <br>0.17<br><br>0.27<br><br>0.32<br><br>0.36<br><br>0.46 | ○ 단층건물<br>○ 건설공사 현장의 임시 사무소용 가설건축물<br>○ 오피스텔(용도번호 Ⅰ-7 주거용 오피스텔 및 Ⅱ-21 사무용 오피스텔), 제조시설을 지원하기 위한 공장구내의 사무실(용도 번호 Ⅲ-2)<br>○ 용도번호Ⅱ-6, 7의 호텔, 펜션, 생활숙박시설, 여관 등이 구분등기가 된 경우 |

| 〈개정 전〉 | 〈개정 후〉 |
|---|---|

[별표 9] 증축 및 개축 건축물 시가표준액 산정비율(제20조 관련)

**〈개정 전〉**

| 구분 / 구조 번호 | ㎡당 시가표준액 산정비율 (%) | | | 비 고 |
|---|---|---|---|---|
| | 기초 공사를 한 건축물 | 기초 공사를 하지 않은 건축물 | 기초공사를 하지 않은 건축물 중 1개층을 복층으로 증축하는 건축물 | |
| 1 | 100 | 80 | 60 | ○ 신축건축물 시가표준액에 해당 지수를 곱하여 산정한다. |
| 2 | 100 | 80 | 60 | |
| 3 | 100 | 80 | 60 | |
| 4 | 100 | 80 | 60 | ○ ㎡당 기준액에서 1,000원 미만은 버린다. |
| 5 | 100 | 80 | 60 | |
| 6 | 100 | 85 | 65 | ○ "기초공사를 한 건축물"이란 건축 시 건물의 하중을 견딜 수 있도록 토지에 공사를 한 경우로 본다. |
| 7 | 100 | 85 | 65 | |
| 8 | 100 | 85 | 65 | |
| 9 | 100 | 85 | 65 | |
| 10 | 100 | 85 | 65 | |
| 11 | 100 | 85 | 65 | |
| 12 | 100 | 85 | 65 | |
| 13 | 100 | 85 | 65 | |

**〈개정 후〉**

| 구분 / 구조 번호 | ㎡당 시가표준액 산정비율 (%) | | | 비 고 |
|---|---|---|---|---|
| | 기초 공사를 한 건축물 | 기초 공사를 하지 않은 건축물 | 기초공사를 하지 않은 건축물 중 1개층을 복층으로 증축하는 건축물 | |
| 1 | 100 | 80 | 60 | ○ 〈삭 제〉 |
| 2 | 100 | 80 | 60 | |
| 3 | 100 | 80 | 60 | |
| 4 | 100 | 80 | 60 | ○ 〈삭 제〉 |
| 5 | 100 | 80 | 60 | |
| 6 | 100 | 85 | 65 | |
| 7 | 100 | 85 | 65 | ○ "기초공사를 한 건축물"이란 건축 시 건물의 하중을 견딜 수 있도록 토지에 공사를 한 경우로 본다. |
| 8 | 100 | 85 | 65 | |
| 9 | 100 | 85 | 65 | |
| 10 | 100 | 85 | 65 | |
| 11 | 100 | 85 | 65 | |
| 12 | 100 | 85 | 65 | |
| 13 | 100 | 85 | 65 | |

[별표 10] 대수선건축물 시가표준액 산정비율(제21조 관련)

**〈개정 전〉**

| 구분 / 구조 번호 | ㎡당 시가표준액 산정비율 (%) | | 비 고 |
|---|---|---|---|
| | 대수선 허가 | 대수선 신고 | |
| 1 | 25 | 18 | ○ 신축건축물 시가표준액에 해당 지수를 곱하여 산정한다. |
| 2 | 25 | 18 | |
| 3 | 25 | 18 | |
| 4 | 25 | 18 | ○ ㎡당 기준액에서 1,000원 미만은 버린다. |
| 5 | 25 | 18 | |
| 6 | 25 | 18 | |
| 7 | 35 | 25 | |
| 8 | 35 | 25 | |
| 9 | 35 | 25 | |
| 10 | 35 | 25 | |
| 11 | 30 | 25 | |
| 12 | 30 | 21 | |
| 13 | 30 | 21 | |

**〈개정 후〉**

| 구분 / 구조 번호 | ㎡당 시가표준액 산정비율 (%) | | 비 고 |
|---|---|---|---|
| | 대수선 허가 | 대수선 신고 | |
| 1 | 25 | 18 | ○ 〈삭 제〉 |
| 2 | 25 | 18 | |
| 3 | 25 | 18 | |
| 4 | 25 | 18 | ○ 〈삭 제〉 |
| 5 | 25 | 18 | |
| 6 | 25 | 18 | |
| 7 | 35 | 25 | |
| 8 | 35 | 25 | |
| 9 | 35 | 25 | |
| 10 | 35 | 25 | |
| 11 | 30 | 25 | |
| 12 | 30 | 21 | |
| 13 | 30 | 21 | |

## 재산세 납부유예제도 시행 관련 운영기준
(부동산세제과-2515, 2023.7.6.)

○ (현황) 고령자·장기보유자가 일정한 요건을 모두 갖춘 경우 주택의 상속·증여·양도 시점까지 재산세 납부유예 적용(지방세법 제118조의 2)

※ 납부유예 요건 : ① 1세대 1주택자, ② 만 60세 이상 또는 5년 이상 보유, ③ 급여 7천만원(종합소득 6천만원) 이하, ④ 세액 100만원 초과, ⑤ 조세체납 無

- 재산세 납부유예 요건으로 1세대 1주택에 대한 주택 세율특례 규정(지방세법 제111조의 2)을 인용하고 있어, 9억원을 초과하는 주택의 소유자가 납부유예를 신청할 수 있는지 불분명

○ (적용) 동 규정(지방세법 제111조의 2)은 세율 특례 적용에 대한 사항으로 납부유예 대상에 대해서는 적용된다고 보기 어렵고, 납부유예제도가 소득 창출이 상대적으로 낮은 고령자나 5년 이상 장기보유자를 지원하기 위해 도입된 취지를 고려할 때, 9억원 초과 주택도 납부유예 신청이 가능함.

## 2023년 재산세 법령 개정에 따른 부과운영요령
(부동산세제과-2348호, 2023.6.26.)

◇ 최근 개정된 재산세 관련 법령 중 공정시장가액비율 인하, 주택 재산세 납부유예제도, 1세대 1주택 세율특례 적용대상 확대, 골프장 관련 토지재산세 과세체계 개편 관련 주요 질의내용에 대한 운영 요령을 안내함.

## 1. 2023년 1세대1주택 재산세 공정시장가액비율 인하(영 §109)

### □ 개정 내용 : 1주택자 대상 공정시장가액비율 인하

○ (적용대상) 1세대 1주택*

* 지방세법 제111조의 2 및 같은 법 시행령 제110조의 2에 따른 1세대1주택

○ (**공정시장가액비율**) 1주택자는 45% 이하 수준에서 **공시가격별로 차등적**으로 **적용***하고, 다주택자는 60% 유지

* 공시가격 6억원 이하 주택에 대해 공정시장가액비율 추가 인하

| 현행 | | | 개정 | | | |
|---|---|---|---|---|---|---|
| ① 1주택자 | ② 다주택자<br>법인 | ⇨ | ① 1주택자 | | | ② 다주택자<br>법인 |
| 45% | 60% | | 공시가격<br>3억원 이하<br>43% | 3억원 초과<br>6억원 이하<br>44% | 6억원 초과<br>45% | 60% |

□ **관련규정 : 「지방세법 시행령」 제109조**

| 현 행 | 개 정 |
|---|---|
| **제109조(공정시장가액비율)** ① 법 제110조 제1항 각 호 외의 부분에서 "대통령령으로 정하는 공정시장가액비율"이란 다음 각 호의 구분에 따른 비율을 말한다. | **제109조(공정시장가액비율)** ------------------- ------------------------------------------- ------------------------------------------- ------------------------------------------- ----------------------------------. |
| 1. (생 략) | 1. (현행과 같음) |
| 2. 주택: 시가표준액의 100분의 60. 다만, 2022년도에 납세의무가 성립하는 재산세의 과세표준을 산정하는 경우 제110조의 2에 따라 1세대 1주택으로 인정되는 주택(시가표준액이 9억원을 초과하는 주택을 포함한다)에 대해서는 시가표준액의 100분의 45로 한다. | 2. ------------------------------ 2023년도 ---------. ---------------------------- ------------------------------------------- ------------------------------------------- ------------------------------------------- ---------------------------------- 다음 각 목의 구분에 따른다. |
| 〈신 설〉 | 가. 시가표준액이 3억원 이하인 주택 : 시가표준액의 100분의 43 |
| 〈신 설〉 | 나. 시가표준액이 3억원을 초과하고 6억원 이하인 주택 : 시가표준액의 100분의 44 |
| 〈신 설〉 | 다. 시가표준액이 6억원을 초과하는 주택 : 시가표준액의 100분의 45 |

**1. 이번 공시가격 하락과 공정시장가액비율을 조정으로 모든 납세자의 재산세 부담이 모두 경감되는지?**

○ **전반적인 공시가격 하락률은** 공동주택 18.63%이지만 **공시가격은 개별 주택마다 다르며,** 기존에 **세부담상한** 적용 여부 등에 따라 모든 주택의 **세액이 감소하지는 않음.**

**2. 공시가격 하락과 공정시장가액비율을 조정했음에도 재산세 부담이 증가하는 주택이 있는 이유는?**

○ 주택 재산세 산정은 과표, 공정시장가액비율, 세율에 의해서 산출되나 **실제 납부액**은 전년도 납부세액에 **세부담상한율**(3억원 이하 105%, 3억원~6억원 이하 110%, 6억원 초과 130%)**이 적용된 세액을 초과할 수 없음.**

○ 만약 2021년이나 2022년 같이 공시가격이 급등 시 **세부담상한을 지속적으로 적용받는 주택의 경우 다음해 공시가격이 하락해도 세부담이 증가**하거나 **공시가격 하락만큼 세부담이 하락하지 않은 주택이 발생**할 수 있음.

## 2. 세부담 상한의 계산 시 공정시장가액비율 적용(영 §118)

### □ 주택 재산세 세부담 상한 산정 개요

○ 세부담 상한제는 납세자의 급격한 세부담 증가를 완화하기 위한 제도임.

- 재산세액이 직전연도 세액 상당액의 일정비율을 초과하지 않도록 억제*

* 상한 = 전년도 세액 상당액 × 상한 비율(3억원 이하 105%, 6억원 이하 110%, 6억원 초과 130%)

○ 직전연도 세액 상당액은 기존 보유하던 주택인지 여부, 세율특례 적용 여부, 공정시장가액비율*에 따라 다르게 산출됨.

* 2022년 1주택자 공정시장가액비율 인하(60%→45%)로 2023년에 직전연도 세액 상당액 계산 시 적용되는 공정시장가액비율이 사례별로 세분화됨.

□ **사례별 적용 방식**

① 지난해 1주택자 → 올해 1주택자(A → A, A → B)

| 구 분 | 주택가격 | | 직전연도 세액 상당액 계산 | 비 고 |
|---|---|---|---|---|
| | 2022년 | 2023년 | | |
| 기존보유주택<br>A → "A" | 9억원 이하 | 9억원 이하 | 지난해 과세된 세액 | 납세자 동일, 세율특례 적용은 변동 없음. |
| | 9억원 초과 | | (재)계산<br>(특례세율, 45%) | 세율특례 적용 여부 변동 |
| | 9억원 이하 | 9억원 초과 | 지난해 과세된 세액 | 납세자 동일, 특례 등 변동 없음.<br>(令 §118.4호) |
| | 9억원 초과 | | 지난해 과세된 세액 | 납세자 동일 세율특례 적용 여부 변동 없음. |
| 신규취득주택<br>(구축, 신축)<br>A → "B" | | 9억원 이하 | (재)계산<br>(특례세율, 45%) | 올해 공시가격, 주택수를 기준으로 계산* |
| | | 9억원 초과 | (재)계산<br>(표준세율, 45%) | 올해 공시가격, 주택수를 기준으로 계산* |

* 신규 주택은 올해 공시가격, 주택수를 기준으로 직전연도 세액 상당액 계산 시 적용할 세율, 공정시장가액비율을 판단(공시가격은 구축의 경우 전년도 공시가격을 활용하고, 신축은 올해 공시가격 등으로부터 전년도 공시가격을 역으로 계산해서 활용)

② 지난해 1주택자 → 올해 다주택자(A → A B, A → B C)

| 구 분 | 주택가격 | | 직전연도 세액 상당액 계산 | 비 고 |
|---|---|---|---|---|
| | 2022년 | 2023년 | | |
| 기존 보유주택<br>A → "A", "B" | 9억원 이하 | | 재계산<br>(표준세율, 45%) | 납세자 동일, 세율 변경 |
| | 9억원 초과 | | 지난해 과세된 세액 | 납세자 동일 |
| 신규취득주택<br>(구축, 신축)<br>A → "B", "C" | | | 재계산<br>(표준세율, 60%) | 신규 주택은 현 납세자의 주택수를 기준으로 세율, 공정시장가액비율을 계산 |

③ 지난해 다주택자 → 올해 1주택자(A B→A, A B→C)

| 구 분 | 주택가격 | | 직전연도 세액 상당액 계산 | 비 고 |
|---|---|---|---|---|
| | 2022년 | 2023년 | | |
| 기존보유주택 A, B → "A" | | 9억원 이하 | 재계산 (특례세율, 60%) | 납세자 동일, 세율 변경 |
| | | 9억원 초과 | 지난해 과세된 세액 | 납세자 동일 |
| 신규취득주택 (구축, 신축) A, B → "C" | | 9억원 이하 | 재계산 (특례세율, 45%) | 현 납세자 기준으로 공정시장가액비율(1주택자)과 세율 적용 |
| | | 9억원 초과 | 재계산 (표준세율, 45%) | 현 납세자 기준으로 공정시장가액비율(1주택자)과 세율 적용 |

④ 지난해 다주택자 → 올해 다주택자(A B→A C, A B→C D)

| 구 분 | 주택가격 | | 직전연도 세액 상당액 계산 | 비 고 |
|---|---|---|---|---|
| | 2022년 | 2023년 | | |
| 기존보유주택 A, B → "A", "C" | | | 지난해 과세된 세액 | 납세자 동일 |
| 신규취득주택 (구축, 신축) A, B → "C", "D" | | | (재)계산 (표준세율, 60%) | 현 납세자 기준으로 주택수 적용 |

※ 직전연도 세액 상당액이 해당 주택과 공시가격이 유사한 인근 주택의 소유자에게 직전연도에 과세된 세액과 현저한 차이가 있는 경우 「지방세법 시행령」 제118조 제2호 라목에 따라 과세관청이 판단하여 직전연도에 인근 주택에 과세된 세액을 고려하여 산출한 세액 상당액을 활용할 수 있음.

## 3. 주택 재산세 납부유예제도(법 §118의 2)

### 1 납부유예 신청 및 허가통지

**관련 규정**

**제118조의 2(납부유예)** ① 지방자치단체의 장은 다음 각 호의 요건을 모두 충족하는 납세의무자가 제111조의 2에 따른 1세대 1주택의 재산세액(해당 재산세를 징수하기 위하여 함께 부과하는 지방세를 포함하며, 이하 이 조에서 "주택 재산세"라 한다)의 납부유예를 그 납부기한 만료 3일 전까지 신청하는 경우 이를 허가할 수 있다. 이 경우 납부유예를 신청한 납세의무자는 그 유예할 주택 재산세에 상당하는 담보를 제공하여야 한다.

1. 과세기준일 현재 제111조의 2에 따른 1세대 1주택의 소유자일 것
2. 과세기준일 현재 만 60세 이상이거나 해당 주택을 5년 이상 보유하고 있을 것
3. 다음 각 목의 어느 하나에 해당하는 소득 기준을 충족할 것
   가. 직전 과세기간의 총급여액이 7천만원 이하일 것(직전 과세기간에 근로소득만 있거나 근로소득 및 종합소득과세표준에 합산되지 아니하는 종합소득이 있는 자로 한정한다)
   나. 직전 과세기간의 종합소득과세표준에 합산되는 종합소득금액이 6천만원 이하일 것(직전 과세기간의 총급여액이 7천만원을 초과하지 아니하는 자로 한정한다)
4. 해당 연도의 납부유예 대상 주택에 대한 재산세의 납부세액이 100만원을 초과할 것
5. 지방세, 국세 체납이 없을 것

② 지방자치단체의 장은 제1항에 따른 신청을 받은 경우 납부기한 만료일까지 대통령령으로 정하는 바에 따라 납세의무자에게 납부유예 허가 여부를 통지하여야 한다. ③~⑦ (생략)

**1. 납부유예 대상은 지방교육세 등 부가되는 세목도 포함되는지?**

○ 재산세(도시지역분 포함), 지역자원시설세, 지방교육세를 모두 포함한 금액으로 적용함.

(지방세법 §118의 2 ①) 지방자치단체의 장은 … 제111조의 2에 따른 1세대 1주택의 재산세액(해당 재산세를 징수하기 위해 함께 부과하는 지방세를 포함하며, 이하 이 조에서 "주택 재산세"라 한다)의 납부유예를 그 납부기한 만료 3일 전까지 신청하는 경우 이를 허가할 수 있다.

**2. 납부유예 시 세액 100만원 초과*에 대한 판단 기준은?**

* 해당 연도의 납부유예 대상 주택에 대한 재산세의 납부세액이 100만원을 초과할 것(법 §118의 2 ① 4)

○ 도시지역분을 포함한 재산세를 기준으로 하며, 지역자원시설세, 지방교육세는 제외함.

**3. 납부유예 허가 시에만 소득기준을 충족한 후, 다음 연도에 소득기준을 충족하지 않는 경우에도 유지할 수 있는지?**

○ 허가 당시에 요건 충족 시 납부유예가 가능하며, 기 허가된 납부유예는 취소되지 않음.

* 직전연도 총급여액 7천만원 이하 여부, 종합소득금액 6천만원 이하 여부는 납세의무자 개인(1인)의 소득금액증명원 상 소득금액을 기준으로 판단

**4. 지방세법 제118조의 2 제1항 "재산세에 상당하는 담보를 제공"에 대하여 담보제공 방법 및 범위는?**

○ 「지방세기본법」 제67조(담보의 제공방법) 및 같은 법 시행령 제46조를 준용하여, 그에 따른 저당권 설정 서류 또는 납세보증보험증권 등으로 제출받음.

**5. 납부유예 신청을 7월(1기분)이 아닌 9월(2기분)에 신청할 수 있는지?**

○ 7월 신청 시 해당 연도의 재산세(1·2기)분에 대해 납부유예 가능한 것이며, 9월 신청 시에는 2기분에 한하여 가능함.

* 신청 가능한지의 여부에 대하여는 연세액 100만원을 기준으로 판단함.

| 신청 시기 | 7월 재산세 | 9월 재산세 |
|---|---|---|
| 7월 신청 | ○ | ○ |
| 9월 신청 | × | ○ |

**6. 재산세 납부유예를 신청한 경우, 다음해 부과된 재산세도 자동 신청이 되는지?**

○ 납세자의 여건에 따라 특정 연도의 재산세를 납부하거나 유예할 수 있으므로, 매년 새로 부과되는 재산세 매 부과건별에 대하여는 납세자가 납부유예를 매년 신청하여야 함.

※ 납부유예를 신청하는 경우, 전년도 납세유예분 납세담보증권의 기한 (1년) 연장 여부 등 채권확보가 가능한 담보인지 확인 필요

**7. 납부유예 허가 여부 통지 방법은?**

○ 납부기한의 만료일까지 허가 여부를 서면으로 통지하여야 함.

※「지방세법 시행령」 제116조의 2 개정 추진 중(6월말 공포·시행 예정)

## 2 납부유예 허가취소 및 통지

**| 관련 규정 |**

**지방세법 제118조의 2**

③ 지방자치단체의 장은 제1항에 따라 주택 재산세의 납부가 유예된 납세의무자가 다음 각 호의 어느 하나에 해당하는 경우에는 그 납부유예 허가를 취소하여야 한다.

1. 해당 주택을 타인에게 양도하거나 증여하는 경우
2. 사망하여 상속이 개시되는 경우
3. 제1항 제1호의 요건을 충족하지 아니하게 된 경우
4. 담보의 변경 또는 그 밖에 담보 보전에 필요한 지방자치단체의 장의 명령에 따르지 아니한 경우
5. 「지방세징수법」 제22조 제1항 각 호의 어느 하나에 해당되어 그 납부유예와 관계되는 세액의 전액을 징수할 수 없다고 인정되는 경우
6. 납부유예된 세액을 납부하려는 경우

④ 지방자치단체의 장은 제3항에 따라 주택 재산세의 납부유예 허가를 취소하는 경우 납세의무자(납세의무자가 사망한 경우에는 그 상속인 또는 상속재산관리인을 말한다. 이하 이 조에서 같다)에게 그 사실을 즉시 통지하여야 한다.

**1. 납부유예 중인 주택을 일부 양도하거나 증여하는 경우 적용방법?**

○ 일부만 양도하거나 증여하는 경우에도 납부유예 취소 대상에 해당함.

**2. '사망하여 상속이 개시되는 경우' 납부유예된 재산세액에 대한 납세의무자는?**

○「지방세기본법」 제42조를 준용하여, 각 상속인은 피상속인에 대한 자치단체 징수금을 상속

받은 재산 한도에서 연대·납부할 의무가 있음.

**3. 납부유예한 주택의 소유권 이전(양도, 증여, 상속 등) 확인 절차는?**

○ 대법원 등기부등본 확인 등 담당자의 사후 관리 필요

**4. 납부유예 허가가 취소되어 징수할 경우, 그 징수액에 대하여 분납신청이 가능한지?**

○「지방세법」제118조(분할납부) 및 같은 법 시행령 제116조에 해당하는 경우 분납신청이 가능함.

## 3 납부유예세액 및 이자상당가산액 징수 등

**| 관련 규정 |**

**지방세법 제118조의 2**

⑤ 지방자치단체의 장은 제3항에 따라 주택 재산세의 납부유예 허가를 취소한 경우에는 대통령령으로 정하는 바에 따라 해당 납세의무자에게 납부를 유예받은 세액과 이자상당가산액을 징수하여야 한다. 다만, 상속인 또는 상속재산관리인은 상속으로 받은 재산의 한도에서 납부를 유예받은 세액과 이자상당가산액을 납부할 의무를 진다.

⑥ 지방자치단체의 장은 제1항에 따라 납부유예를 허가한 날부터 제5항에 따라 징수할 세액의 고지일까지의 기간 동안에는「지방세기본법」제55조에 따른 납부지연가산세를 부과하지 아니한다.

⑦ 제1항부터 제6항까지에서 규정한 사항 외에 납부유예에 필요한 절차 등에 관한 사항은 대통령령으로 정한다.

**1. 이자상당액 계산 시 해당 기간은?**

○ 납부유예를 허가한 연도의 납부기한이 지난 날부터 납부유예 허가 취소사유가 발생한 날까지의 기간으로 함.

※ 시행령 개정 추진 중(6월말 공포·시행 예정)

**2. 이자상당가산액에 대한 이자율 적용은 무엇으로 해야 하는지?**

○「지방세기본법」 시행령 제43조 제2항을 준용함.

※ 시행령 개정 추진 중(6월말 공포·시행 예정)

**(지방세기본법 시행령 §43 ②)** 법 제62조 제1항에서 "대통령령으로 정하는 이율"이란「국세기본법 시행령」 제43조의 3 제2항 본문에 따른 이자율(이하 이 항에서 "기본이자율"이라 한다)을 말한다. 다만, 납세자가 법 제7장에 따른 이의신청, 심판청구,「감사원법」에 따른 심사청구 또는「행정소송법」에 따른 소송을 제기하여 그 결정 또는 판결에 의하여 지방자치단체의 장이 지방세환급금을 지급하는 경우로서 그 결정 또는 판결이 확정된 날부터 40일 이후에 납세자에게 지방세환급금을 지급하는 경우에는 기본이자율의 1.5배에 해당하는 이자율로 한다.

**3. 납부유예된 세액을 유예기간 중 납부하고자 할 때, 이자상당가산액의 포함 여부?**

○ 유예기간 중 납부하는 경우라고 하더라도, 납부유예 취소사유발생일까지의 이자상당가산액을 포함하여 납부하여야 함.

**4. 납부유예세액을 납부하는 경우 납기일은?**

○「지방세징수법」 제13조(납세고지서의 발급시기) 제2호에 따라 부과결정을 한 때 납세고지서를 발급하고, 같은 법 제14조(납부기한의 지정)에 따라 납부고지를 하는 날부터 30일 이내로 납부기한을 지정해야 함.

**(지방세징수법 §13)** 납세고지서의 발급시기는 다음 각 호의 구분에 따른다.
1. (생 략)
2. 납부기한이 일정하지 아니한 경우: 부과결정을 한 때

**(지방세징수법 §14)** 지방자치단체의 장은 지방자치단체의 징수금의 납부기한을 납세 또는 납부의 고지를 하는 날부터 30일 이내로 지정할 수 있다.

## 4. 재산세 1세대 1주택 세율특례 적용대상 확대(영 §110의 2)

**| 관련 규정 |**

**지방세법 시행령 제110조의 2**

① 법 제111조의 2 제1항에서 "대통령령으로 정하는 1세대 1주택"이란 과세기준일 현재 「주민등록법」 제7조에 따른 세대별 주민등록표(이하 이 조에서 "세대별 주민등록표"라 한다)에 함께 기재되어 있는 가족(동거인은 제외한다)으로 구성된 1세대가 국내에 다음 각 호의 주택이 아닌 주택을 1개만 소유하는 경우 그 주택(이하 이 조에서 "1세대1주택"이라 한다)을 말한다.

1~7. (생 략)

8. 상속을 원인으로 취득한 주택(조합원입주권 또는 주택분양권을 상속받아 취득한 신축주택을 포함한다)으로서 과세기준일 현재 상속개시일부터 5년이 경과하지 않은 주택

9. (생 략)

10. 세대원이 소유하고 있는 토지 위에 토지를 사용할 수 있는 정당한 권원이 없는 자가 「건축법」에 따른 허가·신고 등(다른 법률에 따라 의제되는 경우를 포함한다)을 받지 않고 건축하여 사용(건축한 자와 다른 자가 사용하고 있는 경우를 포함한다) 중인 주택(부속토지만을 소유하고 있는 자로 한정한다)

### [1] 주택수 산정시 제외 대상 주택 확대

**1. 1세대1주택 판단 시 지방세법 시행령 제110조의 2 제1항 제10호에서 주택수에서 제외되는 주택의 판단?**

○ 납세자가 주택수 제외 신청을 한 경우, ① 해당 지방자치단체 건축담당부서에서 '무허가주택' 인지 여부 판단, ② '정당한 권원이 없는 자'가 건축하여 사용 중인 주택인지 여부를 확인하여, 제외 허가 여부를 판단하여야 함.

**2. 지방세법 시행령 제110조의 2 제1항 제10호에서 '정당한 권원이 없는 자'의 명확한 기준이 무엇인지?**

○ 토지의 소유권 또는 지상권 등 토지를 사용할 수 있는 권원이 없는 자로 한정함.

(종합부동산세법 시행령 §4의 3 ③ 3) 다음 각 목의 주택은 주택 수에 포함하지 않는다.
가.~나. (생 략)
다. 토지의 소유권 또는 지상권 등 토지를 사용할 수 있는 권원이 없는 자가 「건축법」 등 관계 법령에 따른 허가 등을 받지 않거나 신고를 하지 않고 건축하여 사용 중인 주택(주택을 건축한 자와 사용 중인 자가 다른 주택을 포함한다)의 부속토지

## 2 1세대 1주택으로 보는 주택 명확화

**관련 규정**

**지방세법 시행령 제110조의 2** ① (생략)

② 제1항에도 불구하고 다음 각 호의 어느 하나에 해당하는 경우에는 해당 주택을 1세대 1주택으로 본다.

1. 과세기준일 현재 제1항 제6호 또는 제8호에 해당하는 주택의 경우에는 다음 각 목의 구분에 따른다.
   가. 해당 주택을 1개만 소유하고 있는 경우 : 해당 주택
   나. 해당 주택을 2개 이상 소유하고 있는 경우 : 시가표준액이 가장 높은 주택. 다만, 시가표준액이 같은 경우에는 납세의무자가 선택하는 1개의 주택으로 한다.
2. 제1항 제9호에 해당하는 주택을 소유하고 있는 경우 그 주택 중 시가표준액이 높은 주택. 다만, 시가표준액이 같은 경우에는 납세의무자가 선택하는 1개의 주택으로 한다.

**1. 2개 이상의 상속주택이 있을 경우, 시가표준액이 높은 주택을 비교할 때, 소유비율을 적용하여 비교해야 하는지?**

○ 재산세 납세의무자의 지분율이 아닌 전체 주택의 시가표준액으로 판단하여야 함.

# 5. 골프장 관련 토지 재산세 과세체계 개편(영 §101 ③)

□ **개정 내용 : 토지 재산세 별도합산과세대상 골프장 범위 조정**

○ 골프장 분류체계를 이분체계에서 삼분체계로 개편하는 「체육시설의 설치 · 이용에 관한 법률」이 개정됨(2022.5.3. 공포, 2022.11.4. 시행).

○ 개정된 「체육시설법」에 따른 "대중형 골프장"의 운동시설용 토지에 한정하여 별도합산과세대상으로 함.

| 현행 | |
|---|---|
| 골프장 분류체계 | 재신세 괴세구분 |
| 회원제 | 분리과세(4%) |
| 대중제 | 별도합산 (02~0.4%) |

| 개정 | |
|---|---|
| 골프장 분류체계 | 재산세 과세구분 |
| 회원제 | 현행 유지 |
| 비회원제 | 종합합산(0.2~0.5%) |
| 대중형 | 별도합산(0.2~0.4%) |

□ **관련규정 :「지방세법 시행령」 제101조 제3항**

| 현행 | 개정 안 |
|---|---|
| **제101조(별도합산과세대상 토지의 범위)** ①·② (생 략) | **제101조(별도합산과세대상 토지의 범위)** ①·② (현행과 같음) |
| ③ 법 제106조 제1항 제2호 나목에서 "대통령령으로 정하는 토지"란 다음 각 호의 어느 하나에 해당하는 토지를 말한다. | ③ ---------------------------------------------------------------------------. |
| 1. ~ 8. (생 략) | 1. ~ 8. (현행과 같음) |
| 9. 경기 및 스포츠업을 경영하기 위하여「부가가치세법」 제8조에 따라 사업자등록을 한 자의 사업에 이용되고 있는「체육시설의 설치·이용에 관한 법률 시행령」 제2조에 따른 체육시설용 토지로서 사실상 운동시설에 이용되고 있는 토지(「체육시설의 설치·이용에 관한 법률」에 따른 회원제골프장용 토지 안의 운동시설용 토지는 제외한다) | 9. ------------------------------------------------------------------------------------------------------------------ 체육시설용 토지(골프장의 경우에는「체육시설의 설치·이용에 관한 법률」 제10조의 2 제2항에 따른 대중형 골프장용 토지로 한정한다)로서 사실상 운동시설에 이용되고 있는 토지 |
| 10. ~ 17. (생 략) | 10. ~ 17. (현행과 같음) |

**1. 체육시설법 개정(2022.11.4. 시행)에 따라 재산세 과세를 위해 대중형 골프장 현황은 어떻게 파악해야 하는지?**

○ 매년 6월 1일자 기준으로 시·도 세정부서는 시·도 체육부서(골프장 관리 부서)로부터 대중형 골프장 지정 현황을 파악하여 시·군·구 세정부서에 통보해야 함.

# 지방세기본법 개정(당해세 우선징수 제도 개선)에 따른 적용요령
(지방세정책과 - 1783, 2023.5.17.)

## 1. 주요내용

○ (현행) 경매 시 지방세의 **법정기일***이 **임차보증금**의 **확정일자**(또는 전세권설정일)보다 늦더라도 당해세**를 **임차보증금**보다 **우선징수**

* (신고·납부 세목) 신고일, (부과·납부 세목) 고지서 발송일

** '당해세'란 '당해 재산에 부과되는 지방세'로 주택의 경우 '재산세'와 재산세에 부가되는 세목인 지역자원시설세(소방분)·지방교육세

○ (개선) **주택 경매**에서 **임차인**의 **확정일자**(또는 전세권설정일) **이후 법정기일**이 **설정된 당해세**의 **배분 예정액**을 임차인의 **주택임차보증금***에 **배분**

* 대항력과 확정일자를 갖추거나, 등기된 전세권의 경우에 한함.

<제도개선에 따른 배당순위 변화>

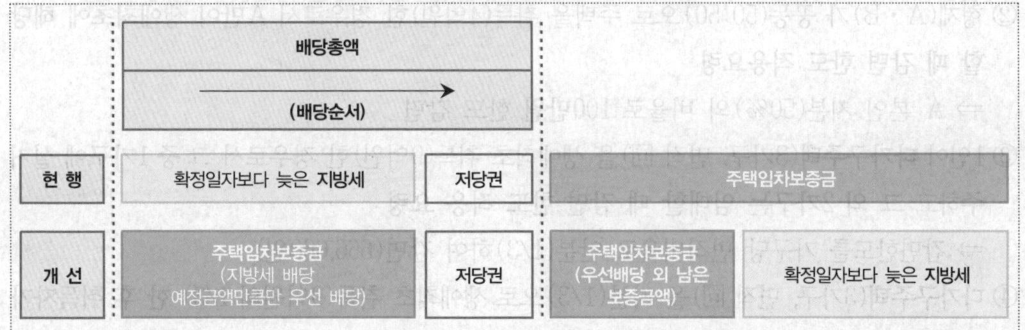


## 2. 참고사항

○ **당해세 우선 원칙의 예외**는 저당권 등 그 외 **다른 권리**에는 **영향**을 **미치지 않으며, 주택임차보증금**과 **당해세 관계**에서만 **적용**

○ **당해세**의 **우선변제권**만 **주택임차보증금**에 **귀속**시키는 것으로 **임대인**의 **세금체납액**이 **소멸**하는 것은 **아님.**

※ 경·공매 부동산의 매각실익 분석 등을 통하여 임대인의 미배분 당해세를 포함한 체납액 징수가 어렵다고 판단시 적극적인 재산조회 및 압류 등을 통하여 체납액 징수 필요

○ 제도개선 사항은 **주택임대차보호법상 주택**에 **적용**되며 **세입자**는 **주택임대차보호법**에 따른 **대항력**과 **확정일자** 갖출 필요

## 생애최초 주택 지분취득에 따른 취득세 감면 적용요령
(지방세특례제도과-1198, 2023.5.11.)

### □ 제도 개요

○ (감면내용) 12억원 이하의 주택을 생애최초 구입 시 200만원 한도로 취득세 면제

○ (공동명의 취득 시 감면한도) 공동명의자의 감면액을 합산하여 200만원 한도 초과 여부 판단

※「지특법」§36의 3 ② : 2인 이상이 공동으로 주택을 취득하는 경우에는 해당 주택에 대한 제1항에 따른 총 감면액은 200만원 이하로 한다.

### □ 적용 기준

① 부부가 공동(50:50)으로 생애최초 주택 취득(4억원) 시 감면 한도

⇒ 각각 본인 지분에 대한 비율로 100만원 한도 감면

② 형제(A・B)가 공동(50:50)으로 주택을 취득(4억원)한 경우로서 A만이 생애최초에 해당할 때 감면 한도 적용요령

⇒ A 본인 지분(50%)의 비율로 100만원 한도 감면

③ 1인이 다가구주택(3가구, 면적 同)을 생애최초 취득(9억원)한 경우로서 그 중 1가구에 실거주하고 그 외 2가구는 임대할 때 감면 한도 적용 요령

⇒ 감면한도를 가구당 면적비율로 안분(1/3)하여 감면(666,660원)

④ 다가구주택(3가구, 면적 同)을 지분(1/3)으로 생애최초 취득(9억원의 1/3) 한 후 취득자가 1층에서 거주 할 때 감면한도 적용요령

⇒ 취득 주택 전체에 대한 감면 한도액(200만원)을 가구당 면적비율 안분(1/3)하여 나온 세액(666,660원)을 다시 지분별(1/3)로 안분한 세액(222,000원)을 감면

※ 다만, 구분소유적 공유관계*가 성립하는 주택에서 구분소유하는 부분에 거주하는 면적(1층)의 비율(1/3)로 감면 한도 적용(666,660원 감면)

* 부동산의 위치와 면적을 특정하여 2인 이상이 구분소유하기로 하는 약정을 하고 그 구분소유자의 공유로 등기하는 경우(「부동산 실명법」 제2조 제1호 나목)

참고 1 **생애최초 주택 구입 취득세 감면 규정**

□ **지방세특례제한법[법률 제19232호, 2023.3.14. 일부개정]**

**제36조의 3(생애최초 주택 구입에 대한 취득세 감면)**

① 주택 취득일 현재 본인 및 배우자(「가족관계의 등록 등에 관한 법률」에 따른 가족관계등록부에서 혼인이 확인되는 외국인 배우자를 포함한다. 이하 이 조에서 같다)가 주택(「지방세법」 제11조 제1항 제8호에 따른 주택을 말한다. 이하 이 조에서 같다)을 소유한 사실이 없는 경우로서 「지방세법」 제10조의 3에 따른 취득당시가액이 12억원 이하인 주택을 유상거래(부담부증여는 제외한다)로 취득하는 경우에는 다음 각 호의 구분에 따라 2025년 12월 31일까지 지방세를 감면(이 경우 「지방세법」 제13조의 2의 세율을 적용하지 아니한다)한다. 다만, 취득자가 미성년자인 경우는 제외한다.

1. 「지방세법」 제11조 제1항 제8호의 세율을 적용하여 산출한 취득세액(이하 이 조에서 "산출세액"이라 한다)이 200만원 이하인 경우에는 취득세를 면제한다.
2. 산출세액이 200만원을 초과하는 경우에는 산출세액에서 200만원을 공제한다.

② 2인 이상이 공동으로 주택을 취득하는 경우에는 해당 주택에 대한 제1항에 따른 총 감면액은 200만원 이하로 한다.

③ 제1항에서 "주택을 소유한 사실이 없는 경우"란 다음 각 호의 어느 하나에 해당하는 경우를 말한다.

1. 상속으로 주택의 공유지분을 소유(주택 부속토지의 공유지분만을 소유하는 경우를 포함한다)하였다가 그 지분을 모두 처분한 경우
2. 「국토의 계획 및 이용에 관한 법률」 제6조에 따른 도시지역(취득일 현재 도시지역을 말한다)이 아닌 지역에 건축되어 있거나 면의 행정구역(수도권은 제외한다)에 건축되어 있는 주택으로서 다음 각 목의 어느 하나에 해당하는 주택을 소유한 자가 그 주택 소재지역에 거주하다가 다른 지역(해당 주택 소재지역인 특별시·광역시·특별자치시·특별자치도 및 시·군 이외의 지역을 말한다)으로 이주한 경우. 이 경우 그 주택을 감면대상 주택 취득일 전에 처분했거나 감면대상 주택 취득일부터 3개월 이내에 처분한 경우로 한정한다.
   가. 사용 승인 후 20년 이상 경과된 단독주택
   나. 85제곱미터 이하인 단독주택
   다. 상속으로 취득한 주택
3. 전용면적 20제곱미터 이하인 주택을 소유하고 있거나 처분한 경우. 다만, 전용면적 20제곱미터 이하인 주택을 둘 이상 소유했거나 소유하고 있는 경우는 제외한다.
4. 취득일 현재 「지방세법」 제4조 제2항에 따라 산출한 시가표준액이 100만원 이하인 주택을 소유하고 있거나 처분한 경우

④ 제1항에 따라 취득세를 감면받은 사람이 다음 각 호의 어느 하나에 해당하는 경우에는 감면된 취득세를 추징한다.

1. 대통령령으로 정하는 정당한 사유 없이 주택을 취득한 날부터 3개월 이내에 상시 거주(취득일 이후 「주민등록법」에 따른 전입신고를 하고 계속하여 거주하거나 취득일 전에 같은 법에

따른 전입신고를 하고 취득일부터 계속하여 거주하는 것을 말한다. 이하 이 조에서 같다)를 시작하지 아니하는 경우

2. 주택을 취득한 날부터 3개월 이내에 추가로 주택을 취득(주택의 부속토지만을 취득하는 경우를 포함한다)하는 경우. 다만, 상속으로 인한 추가 취득은 제외한다.

3. 해당 주택에 상시 거주한 기간이 3년 미만인 상태에서 해당 주택을 매각·증여(배우자에게 지분을 매각·증여하는 경우는 제외한다)하거나 다른 용도(임대를 포함한다)로 사용하는 경우

⑤ 제3항을 적용할 때 무주택자 여부 등을 확인하는 세부적인 기준은 행정안전부장관이 정하여 고시한다.

□ 지방세특례제한법 시행령

**제17조의 3(상시 거주 지연의 정당한 사유)**

법 제36조의 3 제4항 제1호에서 "대통령령으로 정하는 정당한 사유"란 다음 각 호의 어느 하나에 해당하는 경우를 말한다.

1. 기존 거주자의 퇴거가 지연되어 주택을 취득한 자가 법원에 해당 주택의 인도명령을 신청하거나 인도소송을 제기한 경우
2. 주택을 취득한 자가 기존에 거주하던 주택에 대한 임대차 기간이 만료되었으나 보증금 반환이 지연되어 대항력을 유지하기 위하여 기존 거주지에 「주민등록법」에 따른 주소를 유지하는 경우(「주택임대차보호법」 제3조의 3에 따른 임차권등기가 이루어진 경우는 제외한다)

**참고 2** 구분소유적 공유관계 관련 유사 사례

□ 유사 사례

○ (**대법원 2013두8295, 2013.9.26.**) 각 세대가 하나의 건축물 안에서 각각 독립된 주거생활을 영위할 수 있는 구조로 된 주택으로서 사회관념상 독립한 거래의 객체가 될 정도의 주택에 관하여 그 위치와 면적이 특정되고 구조상·이용상 독립성이 있는 일부분을 2인 이상이 각각 구분소유하기로 하는 약정을 하고 등기만은 편의상 각 구분소유의 면적에 해당하는 비율로 공유지분등기를 함으로써 공유자들 사이에 상호 명의신탁관계에 있는 이른바 구분소유적 공유관계가 성립한 경우에는 구 지방세특례제한법 제40조의 소정의 취득세 경감비율은 각 공유자가 소유하는 특정부분에 대한 취득가액 및 그 주거 전용면적을 기준으로 판단하여야 함.

## 노인복지시설에 대한 취득세 감면 관련 유권해석 변경
(지방세특례제도과-974, 2023.4.24.)

### 1. 질의내용

○ 노인복지시설(노인요양시설)의 설치자(=소유자)와 시설의 장이 다른 경우, 지방세특례제한법 제20조 제1호에 따른 취득세 감면 가능 여부

### 2. 회신내용

○ 「지방세특례제한법」(2017.12.26. 법률 제15295호로 개정된 것, 이하 '舊지특법'이라 한다) 제20조 제1호는, 「노인복지법」 제31조에 따른 무료 노인복지시설을 설치·운영하기 위하여 취득하는 부동산에 대해서 취득세를 면제한다고 규정하고 있고,

- 舊지특법 제178조 제1호는 부동산에 대한 감면을 적용할 때 '정당한 사유 없이 그 취득일부터 1년이 경과할 때까지 해당 용도로 직접 사용하지 아니하는 경우'는 감면된 취득세를 추징한다고 규정하고 있음.
- 또한, 舊지특법 제2조 제1항 제8호는 '직접 사용'이란 부동산 등의 소유자가 해당 부동산 등을 사업 또는 업무의 목적이나 용도에 맞게 사용하는 것을 말한다고 규정하고 있음.

○ 귀문 관련, 노인복지시설의 설치자(=소유자)는 「노인복지법」(2018.3.13. 법률 제15442호로 개정된 것, 이하 '舊노인복지법'이라 한다) 및 같은 법 시행규칙 등 관련 법령에 따라 일정한 시설기준과 직원 배치기준을 준수하여야 하고, 시설의 장은 직원으로 분류되어 시설 설치자와 근로계약을 체결하도록 하고 있는 등 사실상 근로자의 지위에 있게 되며,

- 노인복지시설에 대한 일체의 행정처분(시설의 장 교체, 시설폐쇄 등)은 그 시설의 설치자에게 부과되므로 시설의 설치와 운영에 관한 권한 및 책임 등이 시설의 장이 아닌 설치자에게 귀속되는 것임.

○ 위 관련 법령과 舊지특법 제20조 제1호 및 제178조를 종합적으로 살펴볼 때, 노인복지시설의 설치자가 시설의 장과 舊노인복지법 등 관련 법령에 따른 근로계약을 체결하고 있고,

- 관련 시설에 대한 행정처분이 설치자에게 부과되는 등 시설의 설치와 운영에 관한 권한 및 책임등이 설치자에게 귀속되는 경우라면,
- 시설의 장을 고용하여 운영하는 경우라도 노인복지시설의 설치자가 해당 시설을 '직접사용'하는 것으로 보아 취득세 감면 대상에 해당한다고 판단됨.

○ 다만, 이는 질의 당시 사실관계를 바탕으로 판단한 해석으로 추가 사실확인 등 변동사항에 대하여는 당해 과세권자가 면밀한 조사를 통해 최종결정할 사안임.

# 통상임금 판결 관련 주민세 종업원분 적용요령
(지방세정책과 - 1374, 2023.4.1.)

통상임금 판결(소송외 합의 등 포함) 관련 주민세 종업원분 과세여부 검토에 대한 자치단체 사례가 증가할 것으로 예상됨에 따라 주민세 업무적용 방법을 안내

## 1. 검토대상

① **통상임금 판결등**에 의해 종업원에게 **과거 근로에 대한 급여**(**미지급수당**)를 추가 지급하는 경우 **주민세 종업원분 과세대상**인지 여부

② 추가 급여를 지급하기 전에 **퇴직한 자**에게 지급한 금액도 **주민세 종업원분 과세대상에 포함** 되는지 여부

※ 주민세 종업원분 세액 = 종업원에게 지급한 그 달의 급여 총액 × 0.005

## 2. 안내사항

① 종업원분 과세대상 판단을 위한 **납세의무 성립 시점**에 관한 검토

○ 「지방세기본법」 제34조 제1항 제6호 나목에서 **주민세 종업원분**의 **납세의무**는 **"종업원에게 급여를 지급하는 때"**에 **성립**한다고 규정하고 있어 종업원에 대한 사업주의 급여 지급 행위를 과세요건으로 삼고 있음.

○ 한편, 「지방세기본법」 제38조에서 "지방세는 대통령령으로 정하는 바에 따라 부과할 수 있는 날부터 다음 각 호에서 정하는 기간이 만료되는 날까지 부과하지 아니한 경우에는 부과할 수 없다."고 정하고 있고, **일반적인 경우**의 **부과제척기간**을 5년으로 규정하고 있음.

- 또한, 같은 법 시행령 제19조에서 **신고납부**하도록 규정된 세목의 경우 **"해당 지방세에 대한 신고기한의 다음 날"** 부과 제척기간이 **개시**된다고 정하고 있음.

- **주민세 종업원분**은 「지방세법」 제84조의 6 제2항에 따라 납세의무자가 **매월 납부할 세액**을 **다음달 10일까지 지자체에 신고납부**하여야 하므로, **부과제척기간**은 납세의무가 성립하는 달의 **다음달 10일의 다음 날**에 **개시**하게 됨.

○ 따라서 판결등에 의해 과거 근로로 인해 발생한 임금을 재계산하여 2023년 4월 1일에 **추가 지급**한다고 가정하면, **지급일**에 **납세의무**가 **성립**하며 **부과제척기간**은 **신고납부기한**인 **5월 10일**의 **다음날 개시**하므로 종업원분 과세대상으로 보는 것이 일반적인 세법 해석 원칙에 부합함.

② **퇴사자**에게 **추가 지급된 급여**의 종업원분 **과세표준 산입 여부** 검토

○ **주민세 종업원분의 과세표준**은 「지방세법」 제84조의 2에서 **종업원**에게 **지급**한 **그 달의 급여 총액**으로 규정하고 있음.

- "**종업원의 급여총액**"은 「지방세법 시행령」 제78조의 2에서 종업원에게 지급하는 급여로 「**소득세법**」 제20조 제1항에 따른 **근로소득**이라 설명하고 있어 **주민세 종업원분 과세체계**에서 **소득세의 근로소득** 개념을 포괄적으로 **차용**한 것임을 알 수 있음.

- 국세청 해석사례(법인, 제도46013-12637)를 살펴보면 **판결**에 의해 **추가**로 지급받는 **급여**는 **근로소득**으로 판단하고 있으므로 판결 등의 사유로 인해 퇴직자에게 지급되는 추가 급여 역시 "종업원의 급여총액"에 **포함**되어야 함.

○ 또한, 「지방세법」 제74조 제8호, 「지방세법 시행령」 제78조의 3에서 **종업원**에 대한 **정의와 범위를 규정**하는 것은 **사업주와**의 **고용계약을 통해 근로자에게 지급하는 급여**를 과세대상으로 포섭하고, 사업소득에 해당하는 개인사업자의 소득을 배제하기 위한 취지가 있으므로,

- 종업원분 과세표준에 산입하기 위해서는 근로자에게 고용계약이 수반되는 노동에 대한 대가인 "**급여**"를 **사업주가 지급**하는 것으로 **충분**하다 할 것이며, **종업원의 신분을 유지해야 하는 것은** 아님.

○ 다만, 이는 과세권자가 종합적인 사실관계를 바탕으로 최종 결정할 사안임.

## 산업용 건축물 부속토지 재산세 감면 여부 유권해석 변경
(지방세특례제도과 - 1482, 2022.7.11.)

1. (질의) "구 「지방세특례제한법」(2016.12.27. 법률 제14477호로 개정된 것) 제78조 제4항 제2호 다목에서 규정하는 건축 중인 산업용 건축물 부속토지 재산세 감면 여부"

2. 유권해석 변경 내역

| 산업단지 취득세 감면 적용 운영기준 통보<br>(지특과-598, 2017.4.6.) | 산업용 건축물 신축에 따른 재산세 감면 여부 해석민원 회신<br>(지특과-1482, 2022.7.11.) | 유권해석 변경내용 |
|---|---|---|
| 산업단지 내 취득하는 부동산은 취득세 감면대상인 "산업용 건축물 등을 신·증축하기 위하여 취득하는 부동산"에 포함 | 재산세 과세기준일 현재 산업단지 내 산업용 건축물의 준공 전인 경우는 "부속토지"에 해당하지 않음. | 산업단지 내 토지를 취득하거나 건축물을 취득한 후 기존 건축물을 멸실하고 산업용 건축물 등을 신·증축하는 경우 기존 건축물의 부속토지는 신·증축 건축물의 부속토지로 보아 지방세 감면대상에 포함<br>→ 지특과-1482호 해석 폐지 |

# 친환경자동차 등 취득세 감면한도 적용 지침
(행정안전부 지방세특례제도과-2882호, 2020.12.2.)

## □ 추진 배경

○ (법규정) 하이브리드자동차는 90만원을 한도로, 전기자동차 또는 수소전기자동차(이하 "친환경자동차")는 140만원을 한도로 취득세 공제(§66 ③, ④)

○ (문제점) 친환경자동차를 **지분으로 취득**하는 경우의 감면한도액 적용 방법에 대해 기존 해석부재 등으로 **지자체별 상이하게 운영** 中

※ 지분쪼개기 등의 방법을 악용하여 지분취득시마다 감면한도액을 적용받으려는 사례 발생
ex) 전기자동차를 2번에 나누어 취득시 280만원 공제

## □ 적용 요령

○ 지분 또는 공동명의로 친환경자동차를 취득하는 경우 **온전한 1대를 감면한도의 총액**으로 보아 **각 지분율에 해당**하는 **감면액을 적용**

- 동일방식의 감면한도를 정하고 있는 경형자동차(§67 ①) 등에도 동일 적용

※ (예시) 5,000만원 전기자동차를 2회에 걸쳐 50%씩 취득시 적용 방법

| 취득 방법 | | | 취득가액 | 취득세액(7%) | 감면세액(140만원↧) | 실제 부담세액 |
|---|---|---|---|---|---|---|
| 일반 취득 | | | 5,000만원 | 350만원 | **140만원** | **210만원** |
| 지분취득 | O | 合 | 5,000만원 | 350만원 | **140만원** | **210만원** |
| | | 1 | 2,500만원 | 175만원 | **70만원**(1/2) | 105만원 |
| | | 2 | 2,500만원 | 175만원 | **70만원**(1/2) | 105만원 |
| | X | 合 | 5,000만원 | 350만원 | **280만원** | **70만원** |
| | | 1 | 2,500만원 | 175만원 | **140만원** | 35만원 |
| | | 2 | 2,500만원 | 175만원 | **140만원** | 35만원 |

## □ 행정 사항

○ (개발원, 서울시) **문서통보 즉시 보완개발에 착수**, 시스템 **개선조치 및 운영 매뉴얼**을 작성, **全지자체에 배포**

※ (시스템 개선 예시) 5,000만원 전기자동차를 50% 취득시

| 구 분 | 취득가액 | 취득세액(7%) | 감면한도 | 부담세액 |
|---|---|---|---|---|
| 현 행 | 2,500만원 | 175만원 | 140만원 | 35만원 |
| 개 선 | | | 70만원(140만×50%) | 105만원 |

○ (신고담당자) 지침 통보시부터 일률적으로 적용하되, 시스템 보완 프로그램 보급(2주 소요) 前까지는 수동으로 지분율 반영 처리

# 농협 하나로마트 감면 관련 실무운영 지침
### (행정안전부 지방세특례제도과-2731호, 2020.11.11.)

## □ 추진배경

○ 지특법상 농협 관련 법령편제 및 조문해석의 어려움 등으로 일선 지자체에서 **감면 주체 및 적용 여부 등에 대해 상이하게 운영***

* 유통자회사 감면(50%)을 지역농협(100%) 또는 중앙회 감면(25%)으로 착오 적용 등

## □ 적용기준

| 조문 | 감면대상자 | 감면율 | 감면범위 | 하나로마트 | 사례 |
|---|---|---|---|---|---|
| §14 ① | 중앙회[1] | 25% | 구매·판매 등 | 전체 | 2016두 49587 |
| §14 ③ | 조합[2] | 100% | 고유업무 | 농산물 등 | 지특과-1255(2016) |
| §14-2 | 경제지주, 자회사 | 25% | 구매·판매 등 | 전체 | - |
| §15 ① | 유통자회사[3] | 50% | 농수산물 유통시설 | 농수산물 | 지특과-2731(2020) |

1) **(중앙회) 중앙회가 직접 사용시 전체**에 대해, 중앙회 소유 부동산을 **유통자회사**가 **임차 사용시 농수산물 유통시설에 限 감면적용**

※ 유통자회사 소유 부동산은 §14 ①이 아닌 §15 ①을 적용함에 유의

2) **(지역조합) 공산품 매장**의 경우 **읍면지역 중 전체 이용자 대비 조합원 비율 등* 고려**, 조합원의 사업과 생활에 필요한 물자의 구입·제조·가공·공급 등 사업에 **해당 여부 자체 판단하여 감면 적용**

| 판단 기준 | 감면 대상 |
|---|---|
| 전체 이용자 대비 조합원 비율 등 ↑ | 전체 |
| 전체 이용자 대비 조합원 비율 등 ↓ | 농산물限 |

* '주된 목적사업'에 해당하는지 여부는 전체 이용자 대비 조합원 비율, 해당지역 인구수 대비 조합원 수, 매장의 위치, 이용현황 등을 종합적으로 고려하여 개별적·구체적으로 판단(지방세특례제도과-1255(2016.6.8.) 참고)

3) **(유통자회사)** 2017년 이전에는 유통자회사의 경우 §14-2(2017.12.31 일몰종료)와 §15 ① 중 유리한 감면*을 선택 적용할 수 있으나, 하나의 과세대상에 대해 **유리한 부분을 나누어 두 개의 감면을 모두 적용하는 것은 불가**

* (§14-2) 감면율은 25%이나 공산품 포함 / (§15 ①) 감면율은 50%이나 농수산물限

## 농업법인, 다자녀 감면 실무 · 운영 적용 지침
(행정안전부 지방세특례제도과-2608호, 2020.11.3.)

### 1 농업법인의 취득 농지 등 감면(지특법 §11)

○ (쟁점) 농업법인의 감면요건에 농업경영정보 등록을 한 경우에 한해 감면하도록 개정(법률 제16865호, 2020.1.15.)되었는바,

- 설립등기일로부터 90일 이내에 농업경영정보 **등록을 완료하지 아니한 경우, 영구적으로 감면 적용이 배제**되는지 여부

※ (영 §5-2 ①) 농업경영정보를 등록한 농업법인(설립등기일부터 90일 이내에 농업경영정보 등록을 한 농업법인을 포함)

○ (법규정) **「지방세특례제한법」 제11조(농업법인에 대한 감면)** ① 다음 각 호의 어느 하나에 해당하는 농업법인 중 경영상황을 고려하여 대통령령으로 정하는 법인(이하 이 조에서 "농업법인"이라 한다)이 대통령령으로 정하는 기준에 따라 영농에 사용하기 위하여 법인설립등기일부터 2년 이내(대통령령으로 정하는 청년농업법인의 경우에는 4년 이내)에 취득하는 농지, 관계 법령에 따라 농지를 조성하기 위하여 취득하는 임야 및 제6조 제2항 각 호의 어느 하나에 해당하는 시설에 대해서는 취득세의 100분의 75를 2020년 12월 31일까지 경감한다.

1. 「농어업경영체 육성 및 지원에 관한 법률」 제16조에 따른 영농조합법인
2. 「농어업경영체 육성 및 지원에 관한 법률」 제19조에 따른 농업회사법인

**「지방세특례제한법 시행령」 제5조의 2(농업법인의 기준 등)** ① 법 제11조 제1항 각 호 외의 부분에서 "대통령령으로 정하는 법인"이란 「농어업경영체 육성 및 지원에 관한 법률」 제4조 제1항에 따라 농업경영정보를 등록(이하 이 조에서 "농업경영정보 등록"이라 한다)한 농업법인(설립등기일부터 90일 이내에 농업경영정보 등록을 한 농업법인을 포함한다)을 말한다.

② 법 제11조 제1항 각 호 외의 부분에서 "대통령령으로 정하는 기준"이란 농지, 임야 및 농업용 시설의 소재지가 「국토의 계획 및 이용에 관한 법률」에 따른 도시지역(개발제한구역과 녹지지역은 제외한다) 외의 지역인 것을 말한다.

③ 법 제11조 제1항 각 호 외의 부분에서 "대통령령으로 정하는 청년농업법인"이란 대표자가 다음 각 호의 요건을 모두 갖춘 농업법인을 말한다.

1. 법인 설립 당시 15세 이상 34세 이하인 사람. 다만, 「조세특례제한법 시행령」 제27조 제1항 제1호 각 목의 어느 하나에 해당하는 병역을 이행한 경우에는 그 기간(6년을 한도로 한다)을 법인 설립 당시 연령에서 빼고 계산한 연령이 34세 이하인 사람을 포함한다.
2. 「법인세법 시행령」 제43조 제7항에 따른 지배주주 등으로서 해당 법인의 최대주주 또는 최대출자자일 것

○ (검토결과) 설립등기일부터 90일이 지난 경우라도 **세목별 · 물건별 납세의무성립일 이전에 농업경영정보를 등록**한 경우라면 **감면可**

✓ (합목적적 해석) "설립등기일부터 90일 이내에 농업경영정보 등록을 한 농업법인을 포함한다"는 **괄호 규정**(영 §5-2 ①)**은**, 설립 당시에는 농업경영정보 등록을 하기 어려운 측면을 감안하여 **90일의 추가적 기간을 부여**한 것이므로,

- **그 괄호 규정을 제외**하면 **농업경영정보 등록을 하여야 하는 특정시점이 법문상 부재**하게 되어, 일반적인 기준인 **납세의무 성립시점까지 등록한 경우**라면 요건을 충족한 것으로 보아야 함

✓ (입법취지) 자경농민과 동일하게 농업경영정보 등록을 필수요건으로 하여 **감면목적에 부합하게 농지 등을 사용토록 하기 위한 것**으로,

- 등록 활성화 차원에서 **언제든지 등록하는 경우**라면 **감면혜택을 부여**받을 수 있도록 함이 타당

✓ (신뢰보호) **종전 법**에서는 **농업경영정보 등록 여부에 관계없이** 설립 후 2년 이내에는 **취득세를 면제**(§11 ①)하고, 그 외에도 **취득세와 재산세를 50% 감면**(§11 ②)토록 **신뢰가 형성**되어 있었음에도,

- **감면 대상을 설립등기일로부터 90일 이내** 등록한 법인에 **한정할 경우, 개정 前 이미 설립 90일이 경과한 법인은** 개정 후 경영정보 등록을 하더라도 **영구적으로 취득세 및 재산세 감면 불가**

○ (적용요령) 同 지침과 개정 부칙*(법률 제16865호, 2020.1.15.)을 구체화하여 체계적 · 통일적 운영　　※ 법개정 시점('20.1.1.)으로 소급 적용

* ✓ (법 부칙 제8조) 2020년 1월 1일 전에 **법인설립등기를 한 농업법인**이 영농에 사용하기 위하여 **그 법인설립등기일부터 2년 이내에 취득**하는 농지, 관계 법령에 따라 농지를 조성하기 위하여 취득하는 임야 및 제6조 제2항 각 호의 어느 하나에 해당하는 시설에 대해서는 **제11조 제1항 각 호 외의 부분의 개정규정에도 불구하고 취득세를 면제**한다. 이 경우 면제된 취득세의 추징에 관하여는 제11조 제3항을 적용한다.
✓ (법 부칙 제11조) ① **제11조 제1항 각 호의 어느 하나에 해당하는 법인**이 영농 · 유통 · 가공에 직

접 사용하기 위하여 취득하는 부동산과 과세기준일 현재 해당 용도에 직접 사용하는 부동산에 대해서는 제11조 제1항 각 호 외의 부분의 개정규정에도 불구하고 같은 조 제2항에 따라 **취득세 및 재산세의 100분의 50을 각각 2020년 12월 31일까지 경감**한다. 이 경우 경감된 취득세의 추징에 관하여는 제11조 제3항을 적용한다. ② 제11조 제1항 각 호의 어느 하나에 해당하는 법인의 설립등기에 대해서는 제11조 제1항 각 호 외의 부분의 개정규정에도 불구하고 같은 조 제4항에 따라 등록면허세를 2020년 12월 31일까지 면제한다.

**〈세목별 감면적용 요약〉**

| 세 목 | 설립일 | 납세의무 성립일 | | 등록* | 미등록 |
|---|---|---|---|---|---|
| 취득세 | ~'19년 | '20년 | ①항 2년 이내 영농 | 100% | 50% |
| | | | ②항 그 외 | 50% | 50% |
| | | '21년~ | ①항 2년 이내 영농 | 100% | × |
| | | | ②항 그 외 | 50% | × |
| | '20년 | '20년 | ①항 영농 | 75% | 50% |
| | | | ②항 그 외 | 50% | 50% |
| | '20년~ | '21년~ | ①항 2년 이내 영농 | 75% | × |
| | | | ②항 그 외 | 50% | × |
| 재산세 | - | ②항 '20년 | | 50% | 50% |
| | - | ②항 '21년~ | | 50% | × |
| 등록면허세 | '20년 | ④항 '20년(일몰종료 예정) | | 100% | 100% |

* (등록) 설립등기일부터 90일 이내 또는 납세의무성립일 이전에 농업경영정보 등록 完

**〈취득세〉**

**① '19년 이전 설립한 법인이 '20년에 취득세 납세의무 성립시**

- (설립 2년 이내 영농 취득) 취득일(또는 설립일~90일) 以前 등록시 면제(부칙 §8), 미등록시 법 §11 ② 적용 50% 감면(부칙 §11 ①)
- (그 외 취득) 등록 여부 무관 법 §11 ② 적용 50% 감면(부칙 §11 ①)

**② '19년 이전 설립한 법인이 '21년 이후 취득세 납세의무 성립시**

- (설립 2년 이내 영농 취득) 취득일 以前 등록시 면제(부칙 §8), 미등록시 감면 불가
- (그 외 취득) 취득일 以前 등록시 취득세 50% 감면, 미등록시 감면 불가

**③ '20년 설립한 법인이 '20년에 취득세 납세의무 성립시**

- (영농 취득) 취득일(또는 설립일~90일) 以前 등록시 75% 감면, 미등록시 50% 감면

(부칙 §11 ①)

- (그 외 취득) 등록 여부 무관 법 §11 ② 적용 50% 감면(부칙 §11 ①)

④ **'20년 이후 설립한 법인이 '21년 이후 취득세 납세의무 성립시**

- (설립 2년 이내 영농 취득) 취득일(또는 설립일~90일) 以前 등록시 75% 감면, 미등록시 감면 불가
- (그 외 취득) 취득일 以前 등록시 취득세 50% 감면, 미등록시 감면 불가

**〈재산세〉**

① **'20년 납세의무 성립분** : 등록 여부 무관 법 §11 ② 적용 50% 감면(부칙 §11 ①)

② **'21년 이후 납세의무 성립분** : 과세기준일(또는 설립일~90일) 以前 등록시 50% 감면, 미등록시 감면 불가

**〈등록면허세〉 '20년까지 등록 여부 무관 면제**(부칙 §11 ②)

### 2 재혼가정 다자녀 자동차 취득세 감면(법 §22-2 ①)

○ **(쟁점)** 출산 및 양육지원을 위해 **18세 미만 자녀 3명 이상 양육**하는 자가 차량을 취득하는 경우 취득세를 감면하는바,

- **재혼가정**에 있어 **前배우자와의 자녀를 포함**하는지 여부

○ **(법규정) 「지방세특례제한법」 제22조의 2(출산 및 양육 지원을 위한 감면)** ① 18세 미만의 자녀(가족관계등록부 기록을 기준으로 하고, 양자 및 배우자의 자녀를 포함하되, 입양된 자녀는 친생부모의 자녀 수에는 포함하지 아니한다) 3명 이상을 양육하는 자(이하 이 조에서 "다자녀 양육자"라 한다)가 양육을 목적으로 2021년 12월 31일까지 취득하여 등록하는 자동차로서 다음 각 호의 어느 하나에 해당하는 자동차(자동차의 종류 구분은 「자동차관리법」 제3조에 따른다) 중 먼저 감면 신청하는 1대에 대해서는 취득세를 면제하되, 제1호 나목에 해당하는 승용자동차는 「지방세법」 제12조 제1항 제2호에 따라 계산한 취득세가 140만원 이하인 경우는 면제하고 140만원을 초과하면 140만원을 경감한다.(이하 생략)

○ **(검토결과)** 취득일 현재 각각의 가족관계등록부로 그 자녀임이 입증되는 자를 주민등록 확인 등으로 **실질적으로 양육하고 있다는 사실이 인정시 자녀 수에 포함하여 감면 적용**

※ 前배우자와의 자녀는 재혼가정의 가족관계등록부상 자녀로 등재가 불가함에도 이를 기준으로 감면을 배제하는 일이 없도록 각별히 유의

✓ (지특법) 가족관계등록부를 기준으로 하되 그 외에도 배우자의 자녀를 포함하도록 규정하고 있고, 양육을 목적으로 취득하는 자동차에 대해 감면하도록 규정(§22-2 ①)

✓ (가족관계등록부) 「가족관계등록법」에서는 현재의 혼인 중의 자녀만 등록되도록 하고(§15 ② 1 다) 있어, 現배우자가 그의 前배우자와 사이의 자녀를 본인의 가족관계등록부에 등록하는 것은 불가

⇨ 취득일 현재 現배우자가 그의 前배우자와 사이의 자녀를 실제 양육하고 있음이 주민등록 등으로 인정되는 경우라면 **재혼가정의 자녀수에 포함**

※ 양육권이 없더라도 실질적으로 양육하고 있다는 사실이 객관적으로 증명시 자녀수에 포함(지방세특례제도과－564, 2019.9.10.)

## 지방세 최소납부세제 도입 관련 임대주택 감면 등 운영기준
## (지방세특례제도과-29, 2015.1.6.)

### □ 개정내용

| 종 전 | 현 행 |
|---|---|
| 〈신 설〉 | 제177조의 2(지방세 감면 특례의 제한) 이 법에 따라 취득세 또는 재산세가 면제(지방세 특례 중에서 세액감면율이 100분의 100인 경우와 세율경감율이 「지방세법」에 따른 해당 과세대상에 대한 세율 전부를 감면하는 것을 말한다. 이하 이 조에서 같다)되는 경우에는 이 법에 따른 취득세 또는 재산세의 면제규정에도 불구하고 100분의 85에 해당하는 감면율(「지방세법」 제13조 제1항부터 제4항까지의 세율은 적용하지 아니한 감면율을 말한다)을 적용한다. 다만, 다음 각 호의 어느 하나에 해당하는 경우에는 그러하지 아니하다.<br>1. 「지방세법」에 따라 산출한 취득세 및 재산세의 세액이 다음 각 목의 어느 하나에 해당하는 경우<br>가. 취득세 : 200만원 이하<br>나. 재산세 : 50만원 이하(「지방세법」 제122조에 따른 세 부담의 상한을 적용하기 이전의 산출액을 말한다)<br>2. 제63조 제1항 단서, 같은 조 제3항, 제65조, 제66조, 제68조 제2항, 제73조, 제74조, 제76조 제2항, 제77조 제2항, 제79조, 제80조, 제81조, 제82조, 제84조 제1항, 제85조의 2 제1항 제4호, 제87조, 제88조 제1항 및 제92조에 따른 감면 |

### □ 도입배경

○ 지방세 경감을 받더라도 최소한의 세액을 납부토록 하여 지방행정수요 유발 등에 따른 국민개세주의, 응익성 원칙을 위해 전액면제 배제

※ 국세는 1991년에 도입되어 법인세와 소득세에 적용 중

### □ 적용원칙

○ (기본방향) 전액면제 규정은 일몰도래분부터 단계적 축소

※ 납세자 신뢰보호 원칙에 따라 일몰도래시까지는 전액면제 기득권 보호 필요

○ (대상세목) 취득세, 재산세

○ (도입방식) 최소납부해야 할 세율 : 15%

○ (적용예외) 농어민 등 취약계층, 대체취득, 형식적취득은 제외

> • 제177조의 2 제2호 : 제7조부터 제9조까지, 제13조 제3항, 제14조 제3항, 제16조, 제17조, 제17조의 2, 제20조 제1호, 제29조, 제30조 제2항, 제35조의 2, 제37조, 제38조 제3항, 제41조 제1항부터 제6항까지, 제43조, 제50조, 제55조, 제57조의 2, 제62조, 제63조 제1항 단서, 같은 조 제3항, 제65조, 제66조, 제68조 제2항, 제73조, 제74조, 제76조 제2항, 제77조 제2항, 제79조, 제80조, 제81조, 제82조, 제84조 제1항, 제85조의 2 제1항 제4호, 제87조, 제88조 제1항 및 제92조

○ (면세점) 납부해야 할 감면액의 취득세 200만원, 재산세 50만원 이하 제외

-급격한 세부담 증가를 고려, 취득세 하위 90%, 재산세 하위 90% 배제

> • 취득세 면세점 : 부동산(4% 적용) 50백만원, 차량(7% 적용) 28.6백만원 이하
> • 재산세 면세점 : 주택(0.25% 적용) 272백만원, 토지(0.5% 적용) 150백만원 이하

□ **적용요령**

○ 상기 적용원칙 기준에 따라 15.1.1부터 도입된 지방세 최소납부세액 제도는 법률 제12955호 부칙 제12조 규정에 따라 일몰분부터 순차 적용

-('15.1.1.부터 적용분) 일몰기한(14.12.31.) 만료후 전액면제로 감면이 연장된 영유아어린이집 감면(제19조), 청소년단체 감면(제21조)

-('16.1.1.부터 적용분) 〈법률 제12955호 부칙 제12조 제1호~제4호〉

> **【법률 제12955호】 부칙 제12조(지방세 면제 특례의 제한에 관한 적용례)** 제177조의 2의 개정규정은 다음 각 호의 구분에 따른 시기부터 적용한다.
>
> 1. 제11조 제1항, 제13조 제2항 제1호 · 제2호 · 제3호 · 제5호, 제13조 제3항, 제18조, 제23조, 제26조, 제27조 제2항, 제30조 제1항 제1호 · 제3항 제1호, 제31조의 3 제1항 제1호, 제33조 제2항, 제36조, 제40조, 제42조 제1항 · 제2항, 제44조, 제45조 제1항, 제52조 제1항, 제53조, 제54조 제5항 제1호, 제57조의 3, 제64조 제1항, 제67조 제1항 · 제2항, 제68조 제1항, 제70조 제3항, 제75조, 제83조 제1항 · 제2호, 제85조 제1항 및 제86조 : 2016년 1월 1일
> 2. 제15조 제2항, 제63조 제4항 및 제85조의 2 제2항 : 2017년 1월 1일
> 3. 제6조 제4항, 제16조 및 제82조 : 2019년 1월 1일
> 4. 제22조 제1항 · 제2항, 제72조 제1항 · 제2항, 제89조 및 제90조 : 2020년 1월 1일
> 5. 제1호부터 제4호까지에서 규정한 면제 외의 면제 : 2015년 1월 1일

〈운영지침〉

○ '15년에 일몰예정인 다자녀가구 감면(제22조의 2), 임대주택 감면(제31조)에 대해서는 부칙 제12조 제1호 규정에서 제외되어,

- 관련규정에 열거되어 있지 않아 동 부칙 제5호에 따라 '15년부터 이들 감면에 대해서는 최소납부세액 제도 적용이 되는 문제 발생

- 당초 입법취지와 신의성실 원칙 등에 비추어, '15년 일몰예정인 감면에 대해서는 '16년부터 최소납부세액 적용이 필요하므로

- 다른 '15년도 일몰예정(부칙 제12조 제1호) 감면과 동일하게 '16년부터 적용

※ (유사사례) "○○법 제○조를 인용하고 있다는 사실을 간과한 입법상의 실수가 분명하므로 지방세법시행령 제○○○조 제○호에서 인용하고 있는 ○○을 ○○으로 바로잡아 적용하더라도 법규정의 가능한 의미를 벗어나 법형성이나 법창조행위에 이른 것이라고 할 수 없다." (법제처 07-146, 2007.5.28.)

부동산투자회사 등에 대한 취득세 중과배제 적용요령(2011.1.21., 지방세정책과-155)

○ 그 외 부칙 제12조 제3호에 따른 귀농인 감면(제6조 제4항)은 전액면제 대상이 아님으로 최소납부세액 제도 적용대상 자체가 아님.

□ **행정사항**

○ 당초 입법취지와 과세 혼란방지를 위해 다자녀가구 감면(제22조의 2), 임대주택 감면(제31조)에 대해서는 16.1.1부터 최소납부세액 적용

## 다자녀가구 감면을 위한 적용요령
(지방세운영과-1043, 2011.3.8.)

남편이 차량을 취득하여 감면받은 후 그 차량을 부인에게 소유권이전하고 그 남편은 새로운 차량을 취득하는 경우 그 새로 취득하는 차량도 감면대상인지 여부(행정안전부 지방세운영과-1043, 2011.3.8.)

### □ 검토의견 및 결과

- 「지방세특례제한법」 제22조의 2 제1항에서 먼저 감면 신청하는 1대에 대하여 취득세를 감면한다고 규정하며, 단서에서 배우자가 감면을 받은 경우에는 감면대상에서 제외한다고 규정하고 있으므로
- 조세법률주의 원칙상 기존 감면차량을 공동양육자인 배우자에게 이전하고 신규로 차량을 취득한 경우에는 감면대상에 해당하지 않음.

### □ 적용례

- 차량 1대를 감면받은 자가 의무보유기간인 1년 이내 추가로 신규 차량을 취득하는 경우
  - ⇒ (대체취득) 기존 감면차량에 대체하기 위하여 새로이 차량취득 후 30일 이내에 기존 차량을 양도 또는 폐차하는 경우 감면대상
  - ⇒ (제3자에게 양도) 기존 차량의 감면받은 세액은 추징하고 새로이 취득하는 차량은 감면 가능
  - ⇒ (공동양육자에게 양도) 공동양육자 소유의 차량이 2대가 되고, 먼저 감면 신청한 차량이 감면되었으므로 새로이 취득하는 차량은 감면대상이 아님.

참고

**감면대상 차량 범위**

1. 다음 각 호의 어느 하나에 해당하는 승용자동차
   가. 승차정원이 7명 이상 10명 이하의 승용자동차
   나. 가목 이외의 승용자동차(취득세 140만원 이하 금액에 한함)
2. 승차정원이 15명 이하인 승합자동차
3. 최대적재량이 1톤 이하인 화물자동차
4. 이륜자동차

# 토지수용에 따른 대체취득시 비과세 적용요령
## (행자부, 지방세세정팀－6483, 2006.12.27.)

□ **토지수용에 따른 대체취득시 비과세(지방세법 제109조 제1항) 비과세 대상 적용 지역의 적용요령 통보**

1. 농지외의 부동산(나대지, 임야, 아파트) 등
   가. 매수·수용·철거된 부동산 등이 소재하는 특별시·광역시·도내의 지역
   나. 가목 이외의 지역으로서 매수·수용·철거된 부동산 등이 소재하는 시·군·구와 연접한 시·군·구내의 지역
   다. 매수·수용·철거된 부동산 등이 소재하는 특별시·광역시·도와 연접한 특별시·광역시·도 내의 지역. 다만,「소득세법」제104조의 2 제1항의 규정에 따른 지정지역을 제외한 지역
2. 농지(제261조 제1항의 규정에 따른 자경농민이 농지경작을 위하여 총 보상금액의 100분의 50 미만의 가액으로 취득하는 주택을 포함한다)
   가. 제1호의 규정에 따른 지역
   나. 가목 이외의 지역으로서「소득세법」제14조의 2 제항의 규정에 따른 지정지역을 제외한 지역

| 구 분 | 대체취득 부동산 등 비과세 지역 판단 | | | |
|---|---|---|---|---|
| | 매수 등 부동산 소재지 시·도(①) | ①과 연접 시·군·구(②) | ①과 연접 시·도(③) | (①+②+③) 이외의 지역(④) |
| 농지이외 | 비과세 | 비과세 | 비과세(투기지역 이외) | 제외 |
| | | | 제외(투기지역) | 제외 |
| 농 지 | 비과세 | 비과세 | 비과세(투기지역 이외) | 비과세(투기지역 이외) |
| | | | 제외(투기지역) | 제외(투기지역) |
| 자경농민의 주택(50% 미만) | 비과세 | 비과세 | 비과세(투기지역 이외) | 비과세(투기지역 이외) |
| | | | 제외(투기지역) | 제외(투기지역) |

□ **적용요령**

1. 이 법 시행일 이전에 보상금 일부를 수령받은 경우

○ 이 법 시행일 이후에 잔여보상금을 수령받아 대체취득하여도 종전규정 적용 비과세

```
사업인정고시    1차보상금수령              법개정     2차보상금수령
---+----------------+-------------------+----------+-----------
(갑) : 10억원      5억원                          5억원
                    ↑                              ↑
              종전규정 적용                   종전규정 적용
```

2. 동일 사업지구 내에서

○ 이 법 시행일 이전에 보상금을 최초로 수령받아 대체취득시

→ 종전규정 적용

○ 이 법 시행일 이후에 보상금을 지연(공공사업에 협조하지 아니하는 자 등)하여 최초로 수령하여 대체취득시

→ 개정된 규정 적용

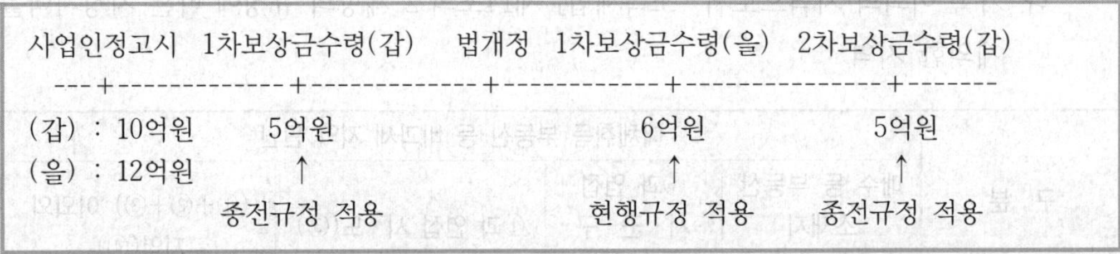


□ **적용시기**

○ 시행일 : 공포한 날(2006.12.28.)부터 시행

○ 최초로 보상금을 수령하는 분부터 적용

# 03

# 지방세 감면 관련 각종 고시사항

# 2025년 지방세 최소납부세제 적용대상

<table>
<tr><th colspan="2" rowspan="2">감면내용</th><th rowspan="2">조문</th><th colspan="2">세목</th><th rowspan="2">적용시기</th></tr>
<tr><th>취</th><th>재</th></tr>
<tr><td>1</td><td>어린이집 및 유치원 부동산</td><td>§19</td><td>○</td><td>○</td><td rowspan="2">'15.1.1.</td></tr>
<tr><td>2</td><td>청소년단체 등에 대한 감면</td><td>§21</td><td>○</td><td>○</td></tr>
<tr><td>3</td><td>한국농어촌공사(경영회생 지원 환매취득)</td><td>§13 ② 2</td><td>○</td><td></td><td rowspan="13">'16.1.1.</td></tr>
<tr><td>4</td><td>노동조합</td><td>§26</td><td>○</td><td>○</td></tr>
<tr><td>5</td><td>임대주택(40㎡ 이하, 60㎡ 이하)</td><td>§31 ① 1, ② 1, ④ 1</td><td>○</td><td>○</td></tr>
<tr><td>6</td><td>장기일반민간임대주택(40㎡ 이하)</td><td>§31의 3 ① 1</td><td>○</td><td>○</td></tr>
<tr><td>7</td><td>행복기숙사용 부동산</td><td>§42 ①</td><td>○</td><td>○</td></tr>
<tr><td>8</td><td>박물관 · 미술관 · 도서관 · 과학관</td><td>§44의 2</td><td>○</td><td>○</td></tr>
<tr><td>9</td><td>학술연구단체 · 장학단체 · 과학기술진흥단체</td><td>§45 ①</td><td>○</td><td>○</td></tr>
<tr><td>10</td><td>문화예술단체 · 체육진흥단체</td><td>§52 ①</td><td>○</td><td>○</td></tr>
<tr><td>11</td><td>한국자산관리공사 구조조정을 위한 취득</td><td>§57의 3 ②</td><td>○</td><td></td></tr>
<tr><td>12</td><td>경차</td><td>§67 ②</td><td>○</td><td></td></tr>
<tr><td>13</td><td>지방이전 공공기관 직원 주택(85㎡ 이하)</td><td>§81 ③ 2</td><td>○</td><td></td></tr>
<tr><td>14</td><td>시장정비사업 사업시행자</td><td>§83 ①</td><td>○</td><td></td></tr>
<tr><td>15</td><td>한국법무보호복지공단, 갱생보호시설</td><td>§85 ①</td><td>○</td><td>○</td></tr>
<tr><td>16</td><td>내진설계건축물(대수선)('21년까지 적용)</td><td>§47의 4 ① 2</td><td>○</td><td>○</td><td rowspan="4">'17.1.1.</td></tr>
<tr><td>17</td><td>국제선박</td><td>§64 ①, ②, ③</td><td>○</td><td></td></tr>
<tr><td>18</td><td>매매용 중고자동차</td><td>§68 ①</td><td>○</td><td></td></tr>
<tr><td>19</td><td>수출용 중고자동차</td><td>§68 ③</td><td>○</td><td></td></tr>
<tr><td>20</td><td>한국농어촌공사 농업기반시설('21년까지 적용)</td><td>§13 ② 1호의 2</td><td></td><td>○</td><td rowspan="6">'18.1.1.</td></tr>
<tr><td>21</td><td>농협 · 수협 · 산림조합의 고유업무부동산</td><td>§14 ③</td><td>○</td><td>○</td></tr>
<tr><td>22</td><td>기초과학연구원, 과학기술연구기관</td><td>§45의 2</td><td>○</td><td>○</td></tr>
<tr><td>23</td><td>신협 · 새마을금고 신용사업 부동산 등</td><td>§87 ①, ②</td><td>○</td><td>○</td></tr>
<tr><td>24</td><td>지역아동센터</td><td>§19의 2</td><td>○</td><td>○</td></tr>
<tr><td>25</td><td>창업중소기업(창업후 3년내) 재산세</td><td>§58의 3</td><td></td><td>○</td></tr>
<tr><td>26</td><td>다자녀 양육자 자동차</td><td>§22의 2</td><td>○</td><td></td><td rowspan="2">'19.1.1.</td></tr>
<tr><td>27</td><td>학생실험실습차량, 기계장비, 항공기 등</td><td>§42 ②</td><td>○</td><td>○</td></tr>
</table>

| | 감면내용 | 조문 | 세목 | | 적용시기 |
|---|---|---|---|---|---|
| | | | 취 | 재 | |
| 28 | 문화유산·자연환경 국민신탁법인 | §53 | ○ | ○ | |
| 29 | 공공기관 상법상회사 조직변경 | §57의 2 ③ 7 | ○ | | |
| 30 | 부실금융기관 등 간주취득세 | §57의 2 ⑤ | ○ | | |
| 31 | 학교등 창업보육센터용 부동산 | §60 ③ 1호의 2 | | ○ | |
| 32 | 주거환경개선사업시행자로부터 취득 주택(85㎡↓) | §74 ④ 3 | ○ | | '19.1.1. |
| 33 | 법인의 지방이전 | §79 ① | ○ | ○ | |
| 34 | 공장의 지방이전 | §80 ① | ○ | ○ | |
| 35 | 시장정비사업(입주상인) | §83 ② | ○ | | |
| 36 | 평택이주 주한미군 한국인근로자 | §81의 2 | ○ | | |
| 37 | 사회복지법인 | §22 ①, ② | ○ | ○ | |
| 38 | 별정우체국 | §72 ② | | ○ | |
| 39 | 지방공단 | §85의 2 ② | ○ | ○ | |
| 40 | 새마을운동조직 | §88 ① | ○ | ○ | |
| 41 | 정당 | §89 | ○ | ○ | '20.1.1. |
| 42 | 마을회 | §90 | ○ | ○ | |
| 43 | 수소·전기버스 | §70 ④ | ○ | | |
| 44 | 장학단체 고유업무 부동산 | §45 ② 1 | ○ | ○ | |
| 45 | 외국인 투자기업 감면(조특법 적용대상은 제외) | §78의 3 | ○ | ○ | |
| 46 | 생애 최초 주택 | §36의 3 ① 1 | ○ | | '20.7.10. |
| 47 | 전공대학('23년부터 최소납부세제 적용 배제) | §44 ② | ○ | ○ | '21.1.1.~ '22.12.31. |
| 48 | 농협 등 조합간 합병 | §57의 2 ② | ○ | ○ | '21.1.1. |
| 49 | 농협·수협조합의 부실조합 재산 양수 등 | §57의 3 ① | ○ | | |
| 50 | 한국자산관리공사에 자산을 매각한 중소기업이 그 자산을 재취득 | §57의 3 ④ | ○ | | '22.1.1. |
| 51 | 한국자유총연맹 | §88 ② | ○ | ○ | |
| 52 | 반환공여구역내 창업용 부동산 | §75의 4 | ○ | | '23.1.1. |
| 53 | 인구감소지역내 창업용 부동산 | §75의 5 | ○ | ○ | |
| 54 | 내진성능 확인 건축물 취득 | §47의 4 ① | ○ | ○ | '25.1.1. |
| 55 | 지방농수산물공사 | §15 ② | ○ | ○ | '26.1.1. |
| 56 | 도시철도공사 | §63 ⑤ | ○ | ○ | |

# 지방세 감면조례 총량비율
## (행정안전부 고시 세2022-26호, 2022.3.25.)

「지방세특례제한법」 제4조 제6항 및 같은 법 시행령 제2조 제8항에 따라 지방세 감면조례 총량비율을 다음과 같이 고시합니다.

2022년 3월 25일
행정안전부장관

## 지방세 감면조례 총량비율

**[1] 감면규모 산정 기준**

1. 조례에 따른 지방세 감면규모는 전전년도 지방세징수 결산액에 아래의 총량비율을 곱한 규모로 산정
2. 감면규모 산정시 추가 인정되는 감면
   가. 「지방세특례제한법」 제4조 제1항 제3호에 따라 「감염병의 예방 및 관리에 관한 법률」 제2조 제1호에 따른 감염병의 발생으로 인한 지방세 감면
   나. 「여수세계박람회 기념 및 사후활용에 관한 특별법」에 따라 여수세계박람회의 사후활용 등을 위하여 조례로 정하는 지방세 감면

**[2] 지방자치단체별 지방세 감면조례 총량비율 : 별표**

**[3] 기타 사항(재검토기한)** : 행정안전부장관은 「훈령 · 예규 등의 발령 및 관리에 관한 규정」에 따라 이 고시에 대하여 2022년 1월 1일 기준으로 매3년이 되는 시점(매 3년째의 12월 31일까지를 말한다)마다 그 타당성을 검토하여 개선 등의 조치를 하여야 한다. 다만, 지방자치단체별로 특별한 수요가 발생하여 신청하는 경우, 그 타당성을 검토하여 수시로 반영할 수 있다.

### 부 칙

**제1조(시행일)** 이 고시는 2022년 3월 25일부터 시행한다.

별표 자치단체별 지방세 감면조례 총량비율

(단위 : %)

| 연번 | 자치단체 | 비율 | 연번 | 자치단체 | 비율 | 연번 | 자치단체 | 비율 |
|---|---|---|---|---|---|---|---|---|
| 1 | 서울시 본청 | 1.6 | 82 | 세종특별자치시 | 1.6 | 163 | 전주시 | 1.5 |
| 2 | 종로구 | 1.6 | 83 | 경기도 본청 | 1.6 | 164 | 군산시 | 1.5 |
| 3 | 중구 | 1.6 | 84 | 수원시 | 1.6 | 165 | 익산시 | 1.5 |
| 4 | 용산구 | 1.6 | 85 | 성남시 | 1.6 | 166 | 정읍시 | 1.4 |
| 5 | 성동구 | 1.6 | 86 | 의정부시 | 1.5 | 167 | 남원시 | 1.4 |
| 6 | 광진구 | 1.6 | 87 | 안양시 | 1.6 | 168 | 김제시 | 1.4 |
| 7 | 동대문구 | 1.5 | 88 | 부천시 | 1.6 | 169 | 완주군 | 1.5 |
| 8 | 중랑구 | 1.5 | 89 | 광명시 | 1.6 | 170 | 진안군 | 1.4 |
| 9 | 성북구 | 1.5 | 90 | 평택시 | 1.6 | 171 | 무주군 | 1.4 |
| 10 | 강북구 | 1.5 | 91 | 동두천시 | 1.4 | 172 | 장수군 | 1.4 |
| 11 | 도봉구 | 1.5 | 92 | 안산시 | 1.6 | 173 | 임실군 | 1.4 |
| 12 | 노원구 | 1.5 | 93 | 고양시 | 1.6 | 174 | 순창군 | 1.4 |
| 13 | 은평구 | 1.5 | 94 | 과천시 | 1.6 | 175 | 고창군 | 1.4 |
| 14 | 서대문구 | 1.6 | 95 | 구리시 | 1.6 | 176 | 부안군 | 1.4 |
| 15 | 마포구 | 1.6 | 96 | 남양주시 | 1.5 | 177 | 전남도 본청 | 1.6 |
| 16 | 양천구 | 1.5 | 97 | 오산시 | 1.6 | 178 | 목포시 | 1.5 |
| 17 | 강서구 | 1.5 | 98 | 시흥시 | 1.6 | 179 | 여수시 | 1.6 |
| 18 | 구로구 | 1.5 | 99 | 군포시 | 1.6 | 180 | 순천시 | 1.5 |
| 19 | 금천구 | 1.5 | 100 | 의왕시 | 1.6 | 181 | 나주시 | 1.5 |
| 20 | 영등포구 | 1.6 | 101 | 하남시 | 1.6 | 182 | 광양시 | 1.6 |
| 21 | 동작구 | 1.5 | 102 | 용인시 | 1.6 | 183 | 담양군 | 1.4 |
| 22 | 관악구 | 1.5 | 103 | 파주시 | 1.6 | 184 | 곡성군 | 1.4 |
| 23 | 서초구 | 1.6 | 104 | 이천시 | 1.6 | 185 | 구례군 | 1.4 |
| 24 | 강남구 | 1.6 | 105 | 안성시 | 1.5 | 186 | 고흥군 | 1.4 |
| 25 | 송파구 | 1.6 | 106 | 김포시 | 1.6 | 187 | 보성군 | 1.4 |
| 26 | 강동구 | 1.5 | 107 | 화성시 | 1.6 | 188 | 화순군 | 1.5 |
| 27 | 부산시 본청 | 1.6 | 108 | 광주시 | 1.6 | 189 | 장흥군 | 1.4 |
| 28 | 중구 | 1.5 | 109 | 양주시 | 1.5 | 190 | 강진군 | 1.4 |
| 29 | 서구 | 1.4 | 110 | 포천시 | 1.5 | 191 | 해남군 | 1.4 |
| 30 | 동구 | 1.5 | 111 | 여주시 | 1.5 | 192 | 영암군 | 1.4 |
| 31 | 영도구 | 1.4 | 112 | 연천군 | 1.5 | 193 | 무안군 | 1.5 |
| 32 | 진구 | 1.5 | 113 | 가평군 | 1.5 | 194 | 함평군 | 1.4 |

| 연번 | 자치단체 | 비율 | 연번 | 자치단체 | 비율 | 연번 | 자치단체 | 비율 |
|---|---|---|---|---|---|---|---|---|
| 33 | 동래구 | 1.5 | 114 | 양평군 | 1.5 | 195 | 영광군 | 1.4 |
| 34 | 남구 | 1.5 | 115 | 강원도 본청 | 1.6 | 196 | 상성군 | 1.4 |
| 35 | 북구 | 1.4 | 116 | 춘천시 | 1.5 | 197 | 완도군 | 1.4 |
| 36 | 해운대구 | 1.5 | 117 | 원주시 | 1.5 | 198 | 진도군 | 1.4 |
| 37 | 사하구 | 1.5 | 118 | 강릉시 | 1.5 | 199 | 신안군 | 1.4 |
| 38 | 금정구 | 1.5 | 119 | 동해시 | 1.5 | 200 | 경북도 본청 | 1.6 |
| 39 | 강서구 | 1.6 | 120 | 태백시 | 1.5 | 201 | 포항시 | 1.5 |
| 40 | 연제구 | 1.5 | 121 | 속초시 | 1.5 | 202 | 경주시 | 1.5 |
| 41 | 수영구 | 1.5 | 122 | 삼척시 | 1.4 | 203 | 김천시 | 1.5 |
| 42 | 사상구 | 1.5 | 123 | 홍천군 | 1.4 | 204 | 안동시 | 1.4 |
| 43 | 기장군 | 1.6 | 124 | 횡성군 | 1.4 | 205 | 구미시 | 1.6 |
| 44 | 대구시 본청 | 1.6 | 125 | 영월군 | 1.5 | 206 | 영주시 | 1.4 |
| 45 | 중구 | 1.5 | 126 | 평창군 | 1.4 | 207 | 영천시 | 1.4 |
| 46 | 동구 | 1.5 | 127 | 정선군 | 1.5 | 208 | 상주시 | 1.4 |
| 47 | 서구 | 1.4 | 128 | 철원군 | 1.4 | 209 | 문경시 | 1.4 |
| 48 | 남구 | 1.4 | 129 | 화천군 | 1.4 | 210 | 경산시 | 1.5 |
| 49 | 북구 | 1.5 | 130 | 양구군 | 1.5 | 211 | 군위군 | 1.4 |
| 50 | 수성구 | 1.5 | 131 | 인제군 | 1.4 | 212 | 의성군 | 1.4 |
| 51 | 달서구 | 1.5 | 132 | 고성군 | 1.4 | 213 | 청송군 | 1.4 |
| 52 | 달성군 | 1.6 | 133 | 양양군 | 1.5 | 214 | 영양군 | 1.4 |
| 53 | 인천시 본청 | 1.6 | 134 | 충북도 본청 | 1.6 | 215 | 영덕군 | 1.4 |
| 54 | 중구 | 1.6 | 135 | 청주시 | 1.5 | 216 | 청도군 | 1.5 |
| 55 | 동구 | 1.5 | 136 | 충주시 | 1.5 | 217 | 고령군 | 1.4 |
| 56 | 미추홀구 | 1.5 | 137 | 제천시 | 1.4 | 218 | 성주군 | 1.5 |
| 57 | 연수구 | 1.6 | 138 | 보은군 | 1.4 | 219 | 칠곡군 | 1.5 |
| 58 | 남동구 | 1.5 | 139 | 옥천군 | 1.4 | 220 | 예천군 | 1.4 |
| 59 | 부평구 | 1.5 | 140 | 영동군 | 1.4 | 221 | 봉화군 | 1.4 |
| 60 | 계양구 | 1.5 | 141 | 증평군 | 1.5 | 222 | 울진군 | 1.4 |
| 61 | 서구 | 1.6 | 142 | 진천군 | 1.5 | 223 | 울릉군 | 1.4 |
| 62 | 강화군 | 1.4 | 143 | 괴산군 | 1.4 | 224 | 경남도 본청 | 1.6 |
| 63 | 옹진군 | 1.4 | 144 | 음성군 | 1.5 | 225 | 창원시 | 1.6 |
| 64 | 광주시 본청 | 1.6 | 145 | 단양군 | 1.4 | 226 | 진주시 | 1.5 |
| 65 | 동구 | 1.4 | 146 | 충남도 본청 | 1.6 | 227 | 통영시 | 1.4 |
| 66 | 서구 | 1.5 | 147 | 천안시 | 1.6 | 228 | 사천시 | 1.5 |

| 연번 | 자치단체 | 비율 | 연번 | 자치단체 | 비율 | 연번 | 자치단체 | 비율 |
|---|---|---|---|---|---|---|---|---|
| 67 | 남구 | 1.4 | 148 | 공주시 | 1.5 | 229 | 김해시 | 1.5 |
| 68 | 북구 | 1.4 | 149 | 보령시 | 1.4 | 230 | 밀양시 | 1.5 |
| 69 | 광산구 | 1.5 | 150 | 아산시 | 1.6 | 231 | 거제시 | 1.5 |
| 70 | 대전시 본청 | 1.6 | 151 | 서산시 | 1.5 | 232 | 양산시 | 1.6 |
| 71 | 동구 | 1.4 | 152 | 논산시 | 1.4 | 233 | 의령군 | 1.4 |
| 72 | 중구 | 1.4 | 153 | 계룡시 | 1.5 | 234 | 함안군 | 1.5 |
| 73 | 서구 | 1.5 | 154 | 금산군 | 1.5 | 235 | 창녕군 | 1.5 |
| 74 | 유성구 | 1.5 | 155 | 부여군 | 1.4 | 236 | 고성군 | 1.4 |
| 75 | 대덕구 | 1.5 | 156 | 서천군 | 1.4 | 237 | 남해군 | 1.4 |
| 76 | 울산시 본청 | 1.6 | 157 | 청양군 | 1.5 | 238 | 하동군 | 1.4 |
| 77 | 중구 | 1.5 | 158 | 홍성군 | 1.5 | 239 | 산청군 | 1.4 |
| 78 | 남구 | 1.6 | 159 | 예산군 | 1.4 | 240 | 함양군 | 1.5 |
| 79 | 동구 | 1.5 | 160 | 태안군 | 1.4 | 241 | 거창군 | 1.5 |
| 80 | 북구 | 1.5 | 161 | 당진시 | 1.5 | 242 | 합천군 | 1.4 |
| 81 | 울주군 | 1.6 | 162 | 전북도 본청 | 1.6 | | | |

보조 기준인 지방세 비율이 주 기준보다 높아 1단계 상향 조정된 자치단체 (11개 지자체)

# 2025년 지방세 감면총괄표

## 2025년 지방세 감면 총괄표

※ 범례 : (취득) 취득세, (등록) 등록면허세, (주개) 주민세 개인분, (주사) 주민세 사업소분, (주종) 주민세 종업원분, (지소) 지방소득세, (재산) 재산세, (재도) 재산세 도시지역분, (자동) 자동차세, (지역) 지역자원시설세

| 규 정 | 주 요 내 용 | 세 목 별 | | | | | | | | | | 일몰 기한 (까지) | 최소 납부 (부터) |
|---|---|---|---|---|---|---|---|---|---|---|---|---|---|
| | | 취득 | 등록 | 주개 | 주사 | 주종 | 지소 | 재산 | 재도 | 자동 | 지역 | | |
| §4④ | 천재지변 등 감면(지방의회 의결) | 조례 감면 可 | | | | | | | | | | - | - |
| §6① | 자경농민 농지 등에 대한 감면 | 50 | | | | | | | | | | 26년 | - |
| §6② | 자경농민 취득 농업용 건축물 등 감면 | 50 | | | | | | | | | | 26년 | - |
| §6③ | 자경농민 경작용 하천점용 면허 등 감면 | | 100 | | | | | | | | | 21년 (종료) | - |
| §6④ | 귀농인에 대한 감면 | 50 | | | | | | | | | | 27년 | - |
| §7① | 농기계류 등에 대한 감면 | 100 | | | | | | | | | | 26년 | 제외 |
| §7② | 농업용수 공급을 위한 관정시설 감면 | 100 | | | | | | 100 | | | | 26년 | 제외 |
| §8① | 개간농지 등에 대한 감면 | 100 | | | | | | | | | | 25년 | 제외 |
| §8② | 교환·분합 농지에 대한 감면 | 100 | | | | | | | | | | 25년 | 제외 |
| §8③ | 임업 후계자 교환·분합 임야 감면 | 100 | | | | | | | | | | 25년 | 제외 |
| §8③ | 임업후계자의 보전산지(99만㎡) 임야 감면 | 50 | | | | | | | | | | 25년 | - |
| §8④ | 공유수면 매립·간척에 따른 감면 | 0.8% | | | | | | | | | | 21년 (종료) | - |
| §9① | 자영어민 등에 대한 감면 | 50 | | | | | | | | | | 26년 | - |
| §9② | 20톤 미만 소형어선에 대한 감면 | 100 | | | | | | 100 | | | 100 | 25년 | 제외 |
| §9③ | 출원에 의해 취득하는 어업권 감면 | 100 | | | | | | | | | | 25년 | 제외 |
| §9③ | 어업권에 관한 면허에 대한 감면 | | 100 | | | | | | | | | 22년 (종료) | - |
| §10① | 농어업인 등에 대한 융자담보물 감면 | | 50 | | | | | | | | | 25년 | - |
| §10② | 농업·임업·축산업·수산업 부동산 감면 | | | | 100 | 100 | | | | | | 27년 | - |
| §11① | 농업법인에 대한 감면 | 75 | | | | | | | | | | 26년 | - |
| §11② | 농업법인 영농·유통·가공용 부동산 감면 | 50 | | | | | | 50 | | | | 26년 | - |
| §11④ | 농업법인 설립등기 | | 100 | | | | | | | | | 20년 (종료) | - |
| §12① | 어업법인에 대한 감면 | 50 | | | | | | 50 | | | | 26년 | - |
| §12② | 어업법인의 설립등기 감면 | | 100 | | | | | | | | | 20년 (종료) | - |

| 규 정 | 주 요 내 용 | 세 목 별 | | | | | | | | | | 일몰 기한 (까지) | 최소 납부 (부터) |
|---|---|---|---|---|---|---|---|---|---|---|---|---|---|
| | | 취득 | 등록 | 주개 | 주사 | 주종 | 지소 | 재산 | 재도 | 자동 | 지역 | | |
| §13①1 | 농어촌공사 농지기금 융자담보물 등기 감면 | | | | | | | | | | | 14년 (종료) | – |
| §13①2 | 농어촌공사 FTA기금 융자담보물 등기 감면 | | 100 | | | | | | | | | 15년 (종료) | – |
| §13②1 | 농어촌공사의 농지법에 따른 농지 감면 | 50 | | | | | | – | | | | 25년 | 16년 |
| §13②1의 2 | 농어촌공사의 농업기반시설용 부동산 감면 | 50 | | | | | | 75 | | | | 25년 | 18년 |
| §13②2 | 농어촌공사의 취득(환매)용 부동산 감면<br>(회생농민의 농지 환매취득시 면제 연장) | 50<br>(100) | | | | | | 50 | | | | 25년 | 16년 |
| §13②3 | 농어촌공사 FTA 관련 취득농지 감면 | 50 | | | | | | | | | | 25년 | 16년 |
| §13②4 | 농어촌공사 제3자 공급용 일시취득 감면 | 25 | | | | | | | | | | 25년 | – |
| §13② 4의2 | 농어촌공사 농어촌취락용지 등 감면 | 25 | | | | | | | | | | 25년 | – |
| §13②5 | 농어촌공사 농지기금용 취득 농지 감면 | 50 | | | | | | | | | | 25년 | 16년 |
| §13③ | 농어촌공사 국가 등 무상귀속 부동산 감면(반대급부 有 100%, 無 50%) | | | | | | | 100 | | | | 27년 | 제외 |
| §14① | 농업협동조합 등 구판용 부동산(중앙회) | 25 | | | | | | 25 | | | | 26년 | – |
| §14② | 농협 등 회원 교육등·사업용 부동산 감면 | 25 | | | | | | | | | | 16년 | – |
| §14③ | 농협 등 고유업무용 부동산 감면 | 100 | | | | | | 100 | | | | 26년 | 18년 |
| §14④ | 농협 등 단체에 대한 감면 | | | | 50 | 50 | | | | | | 14년 (종료) | – |
| §14의2 | 농업경제지주회사, 자회사(유통자회사) 직접사용 부동산 감면 | 25 | | | | | | 25 | | | | 14년 (종료) | – |
| §14의2 | 농업경제지주회사 구판 및 생산시설용 부동산 감면 | 25 | | | | | | 25 | | | | 26년 | – |
| §15① | 농수산식품유통공사 등 감면 | 50 | | | | | | 50 | | | | 25년 | – |
| §15②1 | 농수산물공사에 대한 감면 | 100 | | | | | | | | | | 25년 | 26년 |
| §15②2 | 농수산물공사에 대한 감면 | | 100 | | | | | | | | | 22년 (종료) | 23년 |
| §15②3 | 농수산물공사에 대한 감면 | | – | | | | | 100 | 100 | | | 25년 | 26년 |
| §16 | 농촌주택개량사업 주택 감면 | 100 | ☜ 취득감면액 280만원 한도 | | | | | | | | | 27년 | 제외 |
| §17① | 장애인 보철용 자동차에 대한 감면 | 100 | | | | | | | | 100 | | 27년 | 제외 |
| §17의2 | 한센인 지원을 위한 감면 | 100 | | | | | | 100 | 100 | | 100 | 27년 | 제외 |
| §18 | 한국장애인고용공단에 대한 감면 | 25 | | | | | | 25 | | | | 25년 | 16년 |

| 규정 | 주요내용 | 세목별 | | | | | | | | | | 일몰기한(까지) | 최소납부(부터) |
|---|---|---|---|---|---|---|---|---|---|---|---|---|---|
| | | 취득 | 등록 | 주개 | 주사 | 주종 | 지소 | 재산 | 재도 | 자동 | 지역 | | |
| §19 | 영유아어린이집 등에 대한 감면<br>(위탁 직장어린이집에 대한 감면) | 100<br>100 | | | | | | 100<br>100 | 100 | | | 27년 | 15년 |
| §19의2 | 아동복지시설에 대한 감면 | 100 | | | | | | 100 | | | | 26년 | 18년 |
| §20 1 | 노인복지시설(무료)에 대한 감면 | 100 | | | | | | 50 | | | | 26년 | 제외 |
| §20 1 | 경로당 등에 대한 감면 | | | | | | | 100 | 100 | | 100 | 26년 | 제외 |
| §20 2 | 노인복지시설(유료)에 대한 감면 | 25 | | | | | | 25 | | | | 26년 | – |
| §21① | 청소년단체 등에 대한 감면 | 75 | | | | | | 100 | 100 | | | 26년 | 15년 |
| §21② | 청소년수련시설에 대한 감면 | 100 | | | | | | 50 | | | | 26년 | 15년 |
| §22①1 | 사회복지법인 등에 대한 감면<br>※ 조례감면 50% 추가 가능 | 100 | | | | | | | | | | 25년 | 20년 |
| §22①2 | 사회복지시설 법인 등에 대한 감면<br>※ 조례감면 50% 추가 가능 | 100 | | | | | | | | | | 25년 | – |
| §22①2 | 사회복지시설을 설치·운영하는 법인 등에 대한 감면<br>※ 조례감면 50% 추가 가능 | 100 | | | | | | | | | | 25년 | – |
| §22③1 | 사회복지시설 법인 등에 대한 감면<br>※ 조례감면 50% 추가 가능 | 100 | | | | | | 100 | 100 | | 100 | 25년 | – |
| §22③2 | 사회복지시설을 설치·운영하는 법인 등에 대한 감면<br>(입소비용을 부담하지 않는 경우)<br>※ 조례감면 50% 추가 가능 | | | | | | | 25<br>(50) | | | | 25년 | – |
| §22⑤ | 사회복지법인 등에 대한 감면 | | | | 100 | 100 | | | | | | 25년 | – |
| §22⑦ | 사회복지법인 설립등기 감면<br>사회복지시설 사업장 감면 | | 100 | | 100 | | | | | | | 25년 | – |
| §22⑧ | 사회복지법인 의료법인 감면<br>(22년부터 감염병전문 +10%p) | 30<br>(40) | | | | | | 50<br>(60) | | | | 27년 | – |
| §22의2 | 3자녀가구 지원을 위한 감면<br>(감면액 140만원 한도)<br>2자녀가구 지원을 위한 감면<br>(감면액 70만원 한도) | 100<br>50 | | | | | | | | | | 27년 | 19년 |
| §22의3 | 휴면예금관리재단에 대한 감면 | | 100 | | | | | | | | | 16년<br>(종료) | – |
| §22의4 | 사회적기업 감면 | 50 | | | | | | 25 | | | | 27년 | – |
| §23① | 대한법률구조공단, 법률구조법인 고유업무 부동산 감면 | 25 | | | | | | 25 | – | | | 25년 | 16년 |

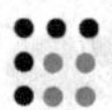

| 규정 | 주요내용 | 세목별 | | | | | | | | | | 일몰 기한 (까지) | 최소 납부 (부터) |
|---|---|---|---|---|---|---|---|---|---|---|---|---|---|
| | | 취득 | 등록 | 주개 | 주사 | 주종 | 지소 | 재산 | 재도 | 자동 | 지역 | | |
| §23② | 한국소비자원 고유업무 부동산 감면 | 25 | | | | | | 25 | – | | | | |
| §24①1 | 국민연금공단 등에 대한 감면 | | | | | | | | | | | | |
| §24①2 | 국민연금공단 등 사업용 부동산 감면 | | | | | | | | | | | | |
| §24②1 | 국민연금공단 등 후생복지용 부동산 감면 | | | | | | | | | | | 25년 | 16년 |
| §24②2 | 공무원연금공단 위탁사업용 부동산 감면 | | | | | | | | | | | | |
| §24③1 | 사학연금 사업용 부동산(복지사업) 감면 | | | | | | | | | | | | |
| §24③2 | 사학연금 사업(자산운영 등)용 부동산 감면 | | | | | | | | | | | | |
| §25① | 군인공제회 등에 대한 감면 | | | | | | | | | | | 16년<br>(종료) | – |
| §25② | 사내근로복지기금의 설립 및 변경등기 | | 100 | | | | | | | | | 16년<br>(종료) | – |
| §26 | 노동조합에 대한 감면 | 100 | | | | | | 100 | | | | 27년 | 16년 |
| §27① | 근로복지공단에 대한 감면 | 25 | | | | | | – | | | | 25년 | – |
| §27② | 산재의료병원에 대한 감면<br>(2022년부터 감염병전문병원 차등감면) | 50<br>(60) | | | | | | 50<br>(60) | | | | 27년 | – |
| §28① | 직업능력개발훈련시설에 대한 감면 | | | | | | | | | | | 14년<br>(종료) | – |
| §28② | 한국산업안전보건공단에 대한 감면 | 25 | | | | | | 25 | | | | 25년 | – |
| §28③ | 한국산업인력공단에 대한 감면 | 25 | | | | | | | | | | 25년 | – |
| §29①1 | 국가유공자 대부금 융자용 부동산 감면 | 100 | | | | | | | | | | 26년 | 제외 |
| §29② | 국가유공자 단체 감면<br>5·18 민주화유공단체 감면(24년 신설) | 100 | 100 | | 100 | | | 100 | 100 | | 100 | 26년 | 제외 |
| §29③ | 국가유공자 자활용사촌 부동산 감면 | 100 | | | | | | 100 | 100 | | 100 | 26년 | 제외 |
| §29④ | 국가유공자 보철용 자동차 감면<br>(보훈보상·지원대상 보철용 자동차 감면, 24년 신설) | 100<br>50 | | | | | | | | 100<br>50 | | 27년 | 제외 |
| §30① | 한국보훈복지의료공단 등에 대한 감면 | 25 | | | | | | 25 | | | | 25년 | 16년 |
| §30② | 보훈병원 감면<br>(22년부터 감염병전문 +10%p) | 50<br>(60) | | | | | | 50<br>(60) | | | | 27년 | – |
| §30③ | 독립기념관에 대한 감면 | 100 | | | 100 | | | 100 | 100 | | | 27년 | 제외 |
| §31①1 | 임대주택(전용 60㎡ 이하) 건축 감면<br>–공동주택 | 100 | | | | | | | | | | 27년 | 16년 |
| §31①2 | 임대주택(전용 85㎡ 이하) 건축 감면<br>–공동주택 | 50 | | | | | | | | | | 27년 | – |

| 규정 | 주요내용 | 세목별 | | | | | | | | | | 일몰기한(까지) | 최소납부(부터) |
|---|---|---|---|---|---|---|---|---|---|---|---|---|---|
| | | 취득 | 등록 | 주개 | 주사 | 주종 | 지소 | 재산 | 재도 | 자동 | 지역 | | |
| §31②1 | 임대주택(전용 60㎡ 이하) 최초분양 감면<br>-공동주택 및 오피스텔 | 100 | | | | | | | | | | 27년 | 16년 |
| §31②1 | 임대주택(전용 85㎡ 이하) 최초분양 감면<br>-공동주택 및 오피스텔 | 50 | | | | | | | | | | 27년 | - |
| §31④1 | 임대주택(전용 40㎡ 이하) 감면<br>-공동주택(공시가 3억, 수도권 6억초과 제외) | | | | | | | 100 | 100 | | | 27년 | 16년 |
| §31④2 | 임대주택(전용 40~60㎡ 이하) 감면<br>-공동주택(공시가 3억, 수도권 6억초과 제외) 및 오피스텔(시표 2억, 수도권 4억초과 제외) | | | | | | | 50 | 50 | | | 27년 | 16년 |
| §31④3 | 임대주택(전용 60~85㎡ 이하) 감면<br>-공동주택(공시가 3억, 수도권 6억초과 제외) 및 오피스텔(시표 2억, 수도권 4억초과 제외) | | | | | | | 25 | | | | 27년 | 16년 |
| §31⑥ | 한국토지주택공사 보금자리주택 감면('25년부터 지방공사 포함) | 25 | | | | | | 50 | | | | 27년 | - |
| §31⑧ | 지분적립형 분양주택 감면 | | | | | | | 25<br>(3년) | | | | 27년 | |
| §31의2① | 준공 후 미분양주택 등에 대한 감면 | 25 | | | | | | | | | | 16년<br>(종료) | - |
| §31의3① 1 | 공공지원민간임대, 장기민간임대(전용 40㎡ 이하, 19년 신설, 공동주택+다가구+오피스텔)<br>-공동주택(공시가 3억, 수도권 6억초과 제외) 및 오피스텔(시표 2억, 수도권 4억초과 제외) | | | | | | | 100 | 100 | | | 27년 | 19년 |
| §31의3① 2 | 공공지원민간임대, 장기민간임대(전용 40 ~60㎡ 이하, 공동주택+오피스텔)<br>-공동주택(공시가 3억, 수도권 6억초과 제외) 및 오피스텔(시표 2억, 수도권 4억초과 제외) | | | | | | | 75 | 75 | | | 27년 | - |
| §31의3① 3 | 공공지원민간임대, 장기민간임대(전용 60 ~85㎡ 이하)<br>-공동주택(공시가 3억, 수도권 6억초과 제외) 및 오피스텔(시표 2억, 수도권 4억초과 제외) | | | | | | | 50 | | | | 27년 | - |
| §31의4 | 위탁관리 공공임대리츠주택 감면(60㎡ 이하) | 20 | | | | | | 40 | 40 | | | 21년<br>(종료) | - |
| | 위탁관리 공공임대리츠주택 감면(85㎡ 이하) | 20 | | | | | | 15 | | | | 21년<br>(종료) | - |
| §31의5① | 공공주택사업자 임대목적 주택을 매도하기로 약정체결한 자에 건축하기 위해 취득하는 부동산 감면(23년 신설) | 15 | | | | | | | | | | 27년 | - |
| §31의5② | 공공주택사업자 임대목적 주택을 매도하기로 약정체결한 자의 최초 취득 감면(23년 신설) | 15 | | | | | | | | | | 27년 | - |
| §32① | LH공사 소규모공동주택(60㎡) 감면 | 25 | | | | | | 25 | | | | 27년 | - |
| §32② | LH공사 분양목적 공동주택용 주택 감면 | 25 | | | | | | | | | | 16년<br>(종료) | - |

| 규정 | 주요내용 | 세목별 | | | | | | | | | | 일몰기한(까지) | 최소납부(부터) |
|---|---|---|---|---|---|---|---|---|---|---|---|---|---|
| | | 취득 | 등록 | 주개 | 주사 | 주종 | 지소 | 재산 | 재도 | 자동 | 지역 | | |
| §32의2 | 한국토지주택공사 방치건축물 사업재개 감면 | 35 | | | | | | 25 | | | | 21년(종료) | - |
| §33① | 주택건설사업자 소규모공동주택(5세대 이상)에 대한 감면 | | | | | | | | | | | 14년(종료) | - |
| §33② | 서민주택(1억 미만, 40㎡ 이하) 감면 | 100 | | | | | | | | | | 27년 | 제외 |
| §33의2 | 신축 소형주택<br>(법25, 조례25, *25년 신설) | 50 | | | | | | | | | | 25년 | |
| §33의3 | 지방 준공 후 미분양 아파트<br>(법25, 조례25, *25년 신설) | 50 | | | | | | | | | | 25년 | |
| §34① | 주택도시보증공사가 주택보증을 위해 주거용건축물을 취득하는 경우 감면 | 50 | | | | | | | | | | 16년(종료) | - |
| §34⑦ | 리츠, 부동산집합투자기구가 매입하는 미분양주택 감면 | 50 | | | | | | (1.1%)<br>세율<br>적용 | | | | 16년(종료) | - |
| §35①1 | 주택담보 노후 연금주택(5억이하, 1가구1주택)에 대한 감면 | | 50 | | | | | | | | | 27년 | - |
| §35①2가 | 주택담보 노후 연금주택(5억초과, 1가구초과주택)에 대한 감면(300만원 이하) | | 50 | | | | | | | | | 27년 | - |
| §35①2나 | 주택담보 노후 연금주택(5억초과, 1가구초과주택)에 대한 감면(300만원 초과) | | 150만<br>원공제 | | | | | | | | | 27년 | - |
| §35② | 주택담보 노후 연금주택에 대한 감면(저당권설정, 신탁계약) | | | | | | | 25 | | | | 27년 | - |
| §35③ | 민간 금융기관 역모기지 가입주택 감면 | | | | | | | 25 | | | | 21년 | - |
| §35의2 | 농지연금 대상 담보 농지에 대한 감면 | | | | | | | 100 | | | | 27년 | 제외 |
| §35의3 | 전세목돈 참여 집주인 감면 | | | | | | | 60%의<br>0.1% | | | | 16년(종료) | - |
| §36 | 한국사랑의집짓기운동연합회 감면 | 100 | | | | | | 100 | 100 | | | 27년 | 제외 |
| §36의2 | 신혼부부 생애최초 주택 감면 | 50 | | | | | | | | | | 20년(종료) | - |
| §36의3①1 | 생애최초 주택 감면(소형외 200, 소형 300만원 감면 한도) | 100 | | | | | | | | | | 25년 | - |
| §36의3①2 | 생애최초 주택 감면(200만원 초과시) | 200<br>만원 | | | | | | | | | | 25년 | - |
| §36의4① | 전세사기피해자 감면<br>(23.6.1 신설, 200만원 한도) | 100 | | | | | | | | | | 26년 | - |
| §36의4② | 전세사기피해주택 감면(60㎡이하, 23.6.1 신설)<br>전세사기피해주택 감면(60㎡초과, 23.6.1 신설) | | | | | | | 50<br>(3년)<br>25<br>(5년) | | | | 26년 | - |

| 규정 | 주요내용 | 세목별 | | | | | | | | | | 일몰 기한 (까지) | 최소 납부 (부터) |
|---|---|---|---|---|---|---|---|---|---|---|---|---|---|
| | | 취득 | 등록 | 주개 | 주사 | 주종 | 지소 | 재산 | 재도 | 자동 | 지역 | | |
| §36의4③ | 전세사기피해자 임차권 등기 감면<br>(23.6.1 신설, 200만원 한도) | | 100 | | | | | | | | | 26년 | – |
| §36의4④ | 공공주택사업자의 전세사기피해주택 감면 | 50 | | | | | | | | | | 26년 | – |
| §36의5 | 출산·양육용 주택 감면<br>(24년 신설, 500만원 한도) | 100 | | | | | | | | | | 25년 | 제외 |
| §37① | 공공의료기관에 대한 감면<br>(20년부터 원자력의학원 추가,<br>22년부터 감염병전문 +10%p) | 50<br>(60) | | | | | | 50<br>(60) | | | | 27년 | – |
| §37② | 공공의료기관에 대한 감면<br>(2020년부터 한국원자력의학원 추가) | 75<br>50 | | | | | | 75<br>50 | 75<br>50 | | | 20년<br>21년 | |
| §38①1 | 의료법인 감면<br>(22년부터 감염병전문 +10%p) | 30<br>(40) | | | | | | 50<br>(60) | | | | 27년 | – |
| §38①2 | 의료법인 감면 | 40<br>30 | | | | | | 50<br>50 | 50<br>– | | | 20년<br>21년 | – |
| §38② | 의과대학 부속병원 감면 | | | | 100 | 100 | | | | | | 14년<br>(종료) | – |
| §38④1 | 종교재단법인 의료업<br>(22년부터 감염병전문 +10%p) | 30<br>(40) | | | | | | 50<br>(60) | | | | 27년 | – |
| §38④2 | 종교재단법인 의료업 | 40<br>30 | | | | | | 50<br>50 | 50<br>– | | | 20년<br>21년 | – |
| §38의2 1 | 지방의료원 감면<br>(22년부터 감염병전문 +10%p) | 75<br>(85) | | | | | | 75<br>(85) | | | | 27년 | – |
| §38의2 2 | 지방의료원 감면 | 75 | | | | | | 75 | | | | 21년 | – |
| §39① | 국민건강보험공단에 대한 감면 | 50 | | | | | | 50 | | | | | |
| §39②1 | 건강보험심사평가원에 대한 감면 | 50 | | | | | | 50 | | | | 14년 | – |
| §40①1 | 인구보건복지협회 감면 | 50 | | | | | | 50 | | | | 27년 | – |
| §40①2 | 한국건강관리협회 감면 | 50 | | | | | | 50 | | | | 27년 | – |
| §40①3 | 대한결핵협회 감면 | 50 | | | | | | 50 | | | | 27년 | – |
| §40② | 인구보건복지협회, 한국건강관리협회,<br>대한결핵협회 감면 | 50 | | | | | | 50 | | | | 21년<br>(삭제) | – |
| §40의2 | 주택 유상거래 감면 | 50 | | | | | | | | | | '13년<br>(종료) | – |
| §40의3 1 | 대한적십자사 의료사업 부동산 감면<br>(2022년부터 감염병전문병원 차등감면) | 50<br>(60) | | | | | | 50<br>(60) | | | | 27년 | – |
| §40의3 2 | 대한적십자사 의료사업 부동산 감면 | 50 | | | | | | 50 | | | | 21년 | – |
| §40의3 3 | 대한적십자사 의료사업 외 부동산 감면 | 50 | | | | | | 50 | | | | 26년 | – |

| 규 정 | 주 요 내 용 | 세 목 별 | | | | | | | | | | 일몰 기한 (까지) | 최소 납부 (부터) |
|---|---|---|---|---|---|---|---|---|---|---|---|---|---|
| | | 취득 | 등록 | 주개 | 주사 | 주종 | 지소 | 재산 | 재도 | 자동 | 지역 | | |
| §41 ①~⑤ | 학교 등에 대한 감면 | 100 | 100 | | 100 | 100 | 100 | 100 | 100 | | 100 | 27년 | 제외 |
| §41⑥ | 국립대전환이전에 기부채납받은 부동산 | | | | | | | 100 | | | 100 | 24년 | – |
| §41⑦1 | 의과대학의 부속병원에 대한 감면<br>(22년부터 감염병전문 +10%p) | 30<br>(40) | | | | | | 50<br>(60) | | | | 27년 | – |
| §41⑧ | 지방대학 수익용 부동산 감면<br>(24년 신설) | 50 | | | | | | 50 | | | | 26년 | – |
| §42① | 행복기숙사(민자기숙사 제외)에 대한 감면 | 100 | | | 100 | | | 100 | | | | 27년 | 16년 |
| §42② | 학교가 학생의 실험·실습용으로 취득하는 차량, 기계설비 등에 대한 감면 | 100 | | | | | | 100 | | | | 27년 | 19년 |
| §42③ | 산학협력단에 대한 감면 | 75 | | | | | | 75 | | | | 26년 | – |
| §43 ①~④ | 평생교육단체 등에 대한 감면 | 50 | | | | | | 50<br>(5년) | | | | 27년 | 19년 한정 |
| §44① | 평생교육시설 등에 대한 감면 | 50 | | | | | | 50<br>(5년) | | | | 27년 | 16~19 년한 |
| §44② | 전공대학에 대한 감면 | 100 | 100 | | 100 | 100 | | 100 | 100 | | | 27년 | 제외 |
| §44③ | 전공대학 산학협력단에 대한 감면<br>(23년 신설) | 75 | | | | | | 75 | | | | 26년 | – |
| §44④ | 공공직업훈련시설에 대한 감면(21년 신설) | 50 | | | | | | 50 | | | | 27년 | – |
| §44⑤ | 학력인정 평생교육시설 | 100 | 100 | | 100 | | | 100 | 100 | | 100 | 27년 | 제외 |
| §44의2 ① | 박물관, 미술관용 부동산 | 100 | | | | | | 100 | | | | 27년 | 16년 |
| §44의2 ① | 도서관, 과학관용 부동산 | 100 | | | | | | 100 | | | | 27년 | 16년 |
| §45① | 학술연구단체에 대한 감면 | 100 | | | | | | 100 | | | | 27년 | 16년 |
| §45②1 | 장학법인의 직접사용 부동산 감면 | 100 | | | | | | 100 | | | | 27년 | 20년 |
| §45②2 | 장학법인의 장학금 지급용 임대 부동산 감면 | 80 | | | | | | 80 | | | | 27년 | – |
| §45의2 | 기초과학연구 지원을 위한 연구기관 등에 대한 면제 | 50 | | | | | | 50 | | | | 26년 | 18년 |
| §46① | 기업부설연구소(중견기업) 감면<br>(신성장동력·원천기술 산업 15%p 추가 ) | 35<br>50 | | | | | | 30<br>50 | | | | 25년 | – |
| §46② | 기업부설연구소(대기업 과밀억제권 외) 감면<br>(신성장동력·원천기술 산업 15%p 추가 ) | 35<br>50 | | | | | | 35<br>50 | | | | 25년 | – |
| §46④ | 기업부설연구소(중견기업) 감면<br>(신성장동력·원천기술 산업 15%p 추가 신설) | 50<br>65 | | | | | | 50<br>60 | | | | 25년 | – |
| §46④ | 기업부설연구소(중소기업) 감면<br>(신성장동력·원천기술 산업 15%p 추가 ) | 60<br>75 | | | | | | 50<br>75 | | | | 25년 | – |

| 규정 | 주요내용 | 세목별 | | | | | | | | | | 일몰기한(까지) | 최소납부(부터) |
|---|---|---|---|---|---|---|---|---|---|---|---|---|---|
| | | 취득 | 등록 | 주개 | 주사 | 주종 | 지소 | 재산 | 재도 | 자동 | 지역 | | |
| §47 1 | 한국환경공단<br>(재활용, 폐기물 친환경적 처리) | 25 | | | | | | 25 | | | | 25년 | - |
| §47 2 | 한국환경공단<br>(자원순환시설, 환경분야, 석면안전관리) | 25 | | | | | | 25 | | | | 25년 | - |
| §47의2① | 녹색건축 인증 및 에너지효율등급 인증 건축물 감면 | 3~10 | | | | | | | | | | 26년 | - |
| §47의2② | 제로에너지인증건축물 | 15 | | | | | | | | | | 26년 | - |
| §47의2③ | 에너지 절약형 친환경주택 | 10 | | | | | | | | | | 26년 | - |
| §47의2⑤ | 녹색건축 인증 및 에너지효율등급 인증 건축물 감면 | | | | | | | 3~10 | | | | 18년<br>(종료) | - |
| §47의3 | 신재생에너지 건축물 감면 | 5~15 | | | | | | | | | | 15년<br>(종료) | - |
| §47의4<br>①② | 내진성능확보 건축물 감면 | 100 | | | | | | 100<br>(2년)<br>50<br>(3년) | | | | 27년 | 17년/<br>25년<br>~ |
| §47의4<br>③ | 지진안전시설물 인증 건축물 감면(5~10)<br>(21년 신설, 시행령에서 정함) | 5 | | | | | | | | | | 27년 | - |
| §47의5 | 환경친화적 자동차 충전시설 감면<br>(24년 신설) | 25 | | | | | | | | | | 26년 | - |
| §48 | 국립공원관리사업소에 대한 감면 | 25 | | | | | | 25 | | | | 25년 | - |
| §49 1 | 해양환경관리공단(해양오염, 방제선 등) | 25 | | | | | | 25 | | | | 25년 | - |
| §49 2,3 | 해양환경관리공단(자재 보관시설, 선박) | 25 | | | | | | 25 | | | | 25년 | - |
| §49의2 | 5세대 이동통신 무선국에 대한 감면<br>(21년 신설) | | 50 | | | | | | | | | 23년<br>(종료) | - |
| §50<br>①~⑥ | 종교단체 및 향교에 대한 면제 | 100 | 100 | | 100 | 100 | | 100 | 100 | | 100 | - | 제외 |
| §51 | 신문·통신사업 등에 대한 감면 | | | | 50 | 50 | | | | | | 27년 | - |
| §52① | 문화예술단체에 대한 감면 | 100 | | | | | | 100 | | | | 27년 | 16년 |
| §52② | 도서관에 대한 감면 | 2% | 100 | | | | | | | | | 19년<br>(종료) | - |
| §52② | 체육진흥단체에 대한 감면 | 100 | | | | | | 100 | | | | 27년 | 16년 |
| §52의2 | 체육진흥기관 등에 대한 감면<br>(24년 신설) | 50 | | | | | | 50 | | | | 26년 | - |
| §53 | 국민신탁법인에 대한 감면 | 100 | | | | | | 100 | | | | 27년 | 19년 |
| §54① | 관광단지 등에 대한 감면<br>(감면조례로 추가 감면 가능) | 25<br>(+25<br>조례) | | | | | | | | | | 25년 | - |

| 규 정 | 주 요 내 용 | 세 목 별 | | | | | | | | | | 일몰기한(까지) | 최소납부(부터) |
|---|---|---|---|---|---|---|---|---|---|---|---|---|---|
| | | 취득 | 등록 | 주개 | 주사 | 주종 | 지소 | 재산 | 재도 | 자동 | 지역 | | |
| §54②③ | 관광호텔에 대한 감면 | | | | | | | | | | | 14년(종료) | - |
| §54⑤1 | 여수세계박람회재단 감면 | 100 | | | | | | 100 | 100 | | | 19년(종료) | 16~19년한 |
| §54⑤2,3 | 여수세계박람회 창업기업 등 감면 | 50 | | | | | | 50 | 100 | | | 19년(종료) | 16~19년한 |
| §54⑥ | 평창동계올림픽선수촌 수분양자 감면 | | | | | | | (중과제외) | | | | 25년 | - |
| §55① | 문화재에 대한 감면(사적지) | | | | | | | 100 | 100 | | | | 제외 |
| §55② | 문화재에 대한 감면(문화재, 보호구역) | | | | | | | 50 | 100 | | | | 제외 |
| §56①② | 신용보증기금 등에 대한 감면 | | | | | | | | | | | 14년(종료) | - |
| §56③ | 신용보증재단에 대한 감면 | 50 | | | | | | 50 | | | | 25년 | - |
| §57① | 기업구조조정 등 지원을 위한 감면 | | | | | | | | | | | 14년(종료) | - |
| §57의2① | 법인간 적격합병 ※일반합병 | 50 | | | | | | | | | | 24년 | 16~18년한 |
| | 법인간 적격합병<br>※중소기업·기술혁신형 60% | 60 | | | | | | | | | | 27년 | |
| §57의2② | 농협, 수협, 산림조합, 새마을금고, 신협간일반합병 | 100 | 50 | | | | | | | | | 27년 | 21년 |
| | 제조업간합병(행안-산업부고시)<br>한국산업은행으로 합병 | 100 | 75 | | | | | | | | | 18년(종료) | 제외 |
| §57의2③1 | 국유재산법에 따른 현물출자 | 25 | | | | | | | | | | 24년(종료) | |
| §57의2③2 | 적격분할재산법인(법인세법 §46②) | 50 | | | | | | | | | | 27년 | 16~18년한 |
| §57의2③3 | 현물출자 재산(법인세법 §47의 2)<br>※사업용재산 | 50 | | | | | | | | | | 27년 | |
| §57의2③4 | 자산교환법인(법인세법 §50)<br>※사업용재산 | 75 | | | | | | | | | | 21년(삭제) | - |
| §57의2③5 | 중소기업간의 통합 | 50 | | | | | | | | | | 27년 | - |
| §57의2③6 | 자산의 포괄적 양수 | | | | | | | | | | | 18년(종료) | 16~18년한 |
| §57의2③7 | 특별법 개정 등 상법상 주식회사 변경 | 100 | | | | | | | | | | 27년 | 19년 |

| 규정 | 주요내용 | 세목별 | | | | | | | | | | 일몰 기한 (까지) | 최소 납부 (부터) |
|---|---|---|---|---|---|---|---|---|---|---|---|---|---|
| | | 취득 | 등록 | 주개 | 주사 | 주종 | 지소 | 재산 | 재도 | 자동 | 지역 | | |
| §57의2④ | 현물출자, 사업양수도(사업용고정자산) | 50 | | | | | | | | | | 27년 | - |
| §57의2 ⑤1 | 과점주주(부실기관 주식 등 취득) | 100 | | | | | | | | | | 27년 | 19년 |
| §57의2 ⑤2 | 과점주주(금융기관 대출금취득 주식 취득) | 100 | | | | | | | | | | 27년 | 19년 |
| §57의2 ⑤3 | 과점주주(지주회사 등이 자회사 주식 취득) | 100 | | | | | | | | | | 27년 | 19년 |
| §57의2 ⑤4 | 과점주주(예금보험공사 등이 정리금융기관 주식 취득) | 100 | | | | | | | | | | 27년 | 19년 |
| §57의2 ⑤5 | 과점주주(자산관리공사가 부실채권 추심으로 인수한 채권을 출자전환시 주식취득) | 100 | | | | | | | | | | 27년 | 19년 |
| §57의2 ⑤6 | 과점주주(농협자산관리회사가 인수한 부실자산을 출자전환하여 주식 취득) | 100 | | | | | | | | | | 27년 | 19년 |
| §57의2 ⑤7 | 주식의 포괄적 교환·이전으로 주식 취득 | 100 | | | | | | | | | | 27년 | 19년 |
| §57의2 ⑤8 | 과점주주(코스닥 상장법인이 취득하는 주식, 사실상 23년말 종료) | 100 | | | | | | | | | | 24년 종료 | 19년 |
| §57의2⑥ | 농협사업구조 개편 감면 (현물출자 취득 포함) | 100 | 100 | | | | | | | | | 17년 (종료) | - |
| §57의2⑦ | 산업은행과 한국정책금융공사간의 합병 | | 90 | | | | | | | | | 15년 (종료) | - |
| §57의2⑧ | 사업재편계획에 의한 설립·변경되는 법인 | | 50 | | | | | | | | | 27년 | - |
| §57의2 ⑨1 | 수협은행 분리로 취득 부동산 | 100 | | | | | | | | | | 16년 (종료) | 17년 |
| §57의2 ⑨2 | 수협은행 법인설립 등기 | | 100 | | | | | | | | | 16년 (종료) | - |
| §57의2⑩ | 금융회사간의 합병(금융위 인가) | 50 | | | | | | | | | | 27년 | - |
| §57의3 ①1 | 자산관리공사 등이 부실금융기관으로부터 양수한 재산 | 100 | | | | | | | | | | 27년 | 22년 |
| §57의3 ①2 | 부실농협조합으로부터 양수한 재산 | 100 | | | | | | | | | | 27년 | 22년 |
| §57의3 ①3 | 부실수협조합으로부터 양수한 재산 | 100 | | | | | | | | | | 27년 | 22년 |
| §57의3 ①4 | 부실산림조합으로부터 양수한 재산 | 100 | | | | | | | | | | 27년 | 22년 |
| §57의3 ①5 | 부실신협으로부터 양수한 재산 | 100 | | | | | | | | | | 27년 | 22년 |
| §57의3 ①6 | 부실새마을금고로부터 양수한 재산 | 100 | | | | | | | | | | 27년 | 22년 |

| 규 정 | 주 요 내 용 | 세 목 별 | | | | | | | | | | 일몰 기한 (까지) | 최소 납부 (부터) |
|---|---|---|---|---|---|---|---|---|---|---|---|---|---|
| | | 취득 | 등록 | 주개 | 주사 | 주종 | 지소 | 재산 | 재도 | 자동 | 지역 | | |
| §57의3② | 자산관리공사가 부실중소기업 회생을 위해 취득하는 재산 | 100 | | | | | | | | | | 27년 | 16년 |
| §57의3③ | 자산관리공사가 중소기업이 보유한 자산을 취득한 경우 | 50 | | | | | | | | | | 26년 | - |
| §57의3④ | 자산관리공사에 자산을 매각한 중소기업이 10년내에 재취득시 감면(22년 신설) | 100 | | | | | | | | | | 26년 | 22년 |
| §57의3⑤ | 자산관리공사가 중소기업자산을 취득하여 다시 해당 중소기업에 대해 임대중인 자산 | | | | | | | 50 | | | | 26년 | |
| §57의4 | 자산관리공사가 주택담보상환 연체자에 대한 감면(21년 신설) | 50 | | | | | | 50<br>(5년) | | | | 26년 | - |
| §57의5 | 기존 부실 PFV사업장에 대한 감면(25년 신설) | 50 | | | | | | | | | | 25년 | - |
| §58① | 벤처기업 등에 대한 감면(수도권 외) | 35 | | | | | | 60 | | | | 26년 | - |
| | 벤처기업 등에 대한 감면(수도권) | 35 | | | | | | 35 | | | | 26년 | - |
| §58② | 벤처기업집적시설 등 입주기업 감면(수도권 외) | 50 | | | | | | 60 | | | | 26년 | - |
| | 벤처기업집적시설 등 입주기업 감면(수도권) | 50 | | | | | | 50 | | | | 26년 | - |
| §58③ | 신기술창업집적지역 감면(수도권 외) | 50 | | | | | | 60<br>(3년) | | | | 26년 | - |
| | 신기술창업집적지역 감면(수도권) | 50 | | | | | | 50<br>(3년) | | | | 26년 | - |
| §58④ | 벤처기업육성촉진지구에 대한 감면 | 35<br>(+15<br>조례) | | | | | | 35<br>(+25<br>조례) | | | | 25년 | - |
| §58의2① | 지식산업센터 사업시행자 감면 | 35 | | | | | | 35<br>(5년) | | | | 25년 | - |
| §58의2② | 지식산업센터 입주기업 감면 | 35 | | | | | | 35<br>(5년) | | | | 25년 | - |
| §58의3<br>① | 창업중소기업 4년내* 취득 감면<br>*청년창업기업은 5년내 | 75 | | | | | | 100<br>(3년)<br>50<br>(2년) | | | | 26년 | |
| §58의3<br>② | 창업벤처중소기업 4년내* 취득 감면<br>*청년창업기업은 5년내 | 75 | | | | | | 100<br>(3년)<br>50<br>(2년) | | | | 26년 | |
| §58의3<br>③ | 창업중소기업 감면 및 창업벤처중소기업감면 | | 100 | | | | | | | | | 21년<br>(종료) | |
| §59① | 중소기업진흥공단 교육시설용 부동산 | 25 | | | | | | | | | | 25년 | - |
| §59② | 중소기업진흥공단 분양·임대용 부동산 | 50 | | | | | | 50 | | | | 25년 | - |
| §59③ | 협동화실천계획의 승인 부동산 | 50 | | | | | | 50<br>(3년) | | | | 25년 | - |

| 규 정 | 주 요 내 용 | 세 목 별 | | | | | | | | | | 일몰 기한 (까지) | 최소 납부 (부터) |
|---|---|---|---|---|---|---|---|---|---|---|---|---|---|
| | | 취득 | 등록 | 주개 | 주사 | 주종 | 지소 | 재산 | 재도 | 자동 | 지역 | | |
| §60① | 중소기업(전통시장)협동조합 등 감면 | 50(75) | | | | | | | | | | 25년 | - |
| §60② | 중소기업중앙회 신축 건축물 세율특례 | 2% | | | | | | 50 | | | | 22년 (종료) | - |
| §60③1 | 창업보육센터(학교 외, 비수도권) 감면 | 50 | | | | | | 60 | | | | 26년 | - |
| | 창업보육센터(학교 외, 수도권) 감면 | 50 | | | | | | 50 | | | | 26년 | - |
| §60③ 1의2 | 창업보육센터(학교 내) 감면 | 75 | | | | | | 100 | 100 | | | 26년 | 19년 |
| §60③2 | 창업보육센터(산학협력단이 운영하는 경우 포함) 입주자에 대한 감면 | 중과 제외 | 중과 제외 | | | | | 중과 제외 | | | | 26년 | - |
| §60④ | 중소기업종합지원센터에 대한 감면 | 50 | 50 | | | | | 50 | | | | 25년 | - |
| §61① | 도시가스사업자에 대한 감면 | 50 | | | | | | 50 | | | | 16년 (종료) | - |
| §61② | 한국지역난방공사 등에 대한 감면 | 50 | | | | | | 50 | | | | 16년 (종료) | - |
| §62① | 광업지원(광업권 설정) 감면 | | 100 | | | | | | | | | 27년 | - |
| §62② | 광업지원(광업권 출원, 지상임목) 감면 | 100 | | | | | | | | | | 21년 | 제외 |
| §62③ | 광업진흥공사 감면(석재기능공시설) | | | | | | | 25 | | | | 19년 (종료) | 제외 |
| §62의2 | 알뜰주유소에 대한 감면 | | | | | | | | | | | 14년 (종료) | - |
| §63① | 한국철도시설공단에 대한 감면 (철도시설용 부동산) | 25 | | | | | | | | | | 25년 | - |
| §63② | 한국철도시설공단에 대한 감면 (기부채납용 철도차량, 국가귀속 부동산) | 100 | | | | | | 100 | 100 | | | 25년 | 제외 |
| §63③1 | 한국철도공사에 대한 감면 | 25 | | | | | | 50 | 50 | | | 25년 | - |
| §63③2 | 철도산업발전법에 따른 철도차량에 대한 감면<br>철도사업법에 따른 고속철도차량에 대한 감면 | 50<br>25 | | | | | | | | | | 25년 | - |
| §63④ | 철도건설부지로 편입된 토지 감면 | 100 | 100 | | | | | | | | | | 제외 |
| §63⑤ | 도시철도공사에 대한 감면 | 100 | 100 | | | | | 100 | 100 | | | 25년 | 26년 |
| §64① | 국제선박 등록 지원을 위한 감면 | △2% (세율) | | | | | | 50 | | | | 27년 | 17년 |
| §64② | 연안여객 및 화물운송용 선박 등에 대한 감면 | △1% (세율) | | | | | | 50 | | | | 27년 | 17년 |
| §64③ | LNG 천연가스 선박에 대한 감면 | △2% (세율) | | | | | | | | | | 24년 (종료) | 17년 |
| §64④ | 친환경 선박에 대한 감면 (24년 신설) | 10~20 | | | | | | | | | | 26년 | - |

| 규정 | 주요내용 | 세목별 | | | | | | | | | | 일몰기한(까지) | 최소납부(부터) |
|---|---|---|---|---|---|---|---|---|---|---|---|---|---|
| | | 취득 | 등록 | 주개 | 주사 | 주종 | 지소 | 재산 | 재도 | 자동 | 지역 | | |
| §64의2 | 국제선박(제주특구) 지원에 관한 특례 | △2%<br>(세율) | | | | | | 100 | | | 100 | 16년<br>(종료) | 17년 |
| §64의2 | 지능형 해상교통정보서비스 무선국 감면(21년 신설) | | 100 | | | | | | | | | 23년<br>(종료) | - |
| §65 | 항공기에 대한 감면 | △1.2%<br>(세율) | | | | | | 50<br>(5년) | | | | 27년 | - |
| §65단서 | 항공기에 대한 감면<br>(자산총액이 5조원 이상인 자) | | | | | | | 50<br>(5년) | | | | 27년 | - |
| §66①② | 교환자동차 등에 대한 감면 | 100 | | 100 | | | | | | | | | |
| §66③ | 하이브리드차에 대한 감면 | 40<br>(한도) | ☜ 취득 감면액한도 | | | | | | | | | 24년 | 제외 |
| §66④ | 전기차에 대한 세액공제 | 140<br>(한도) | ☜ 취득 감면액한도<br>(단위 : 140만원) | | | | | | | | | 26년 | 제외 |
| | 수소차에 대한 세액공제 | 140<br>(한도) | ☜ 취득 감면액한도<br>(단위 : 140만원) | | | | | | | | | 27년 | 제외 |
| §66⑤ | 수소화물자동차에 대한 감면 | 50 | | | | | | | | | | 25년 | - |
| §66의2 | 노후 경유 승합·화물차 교체 감면<br>(100만원 한도) | 50 | | | | | | | | | | | |
| §67① | 경형 자동차 등에 대한 감면 | 50 | ☜ 취득 감면액한도<br>(단위 : 75만원) | | | | | | | | | 27년 | 16년 |
| §67② | 10인승 이하 승합, 화물차 감면 | 100 | | | | | | | | | | 27년 | 16년 |
| §67③ | 7~10인승 전방조종자동차 감면 | | | | | | | | | 100 | | 27년 | - |
| §68①1 | 매매용 및 수출용중고차 등 감면 | 100 | | | | | | | | 100 | | 27년 | 17년 |
| §68③ | 대외 무역용 중고선박 등 감면 | △2%<br>(세율) | | | | | | | | | | 27년 | 17년 |
| §68③ | 대외 무역용 중고자동차 감면 | 100 | | | | | | | | | | 27년 | 17년 |
| §69 | 교통안전관리공단에 대한 감면 | 25 | | | | | | | | | | 25년 | - |
| §70① | 여객운송사업용 자동차 대한 감면 | 50 | | | | | | | | | | 27년 | - |
| §70③ | 운송사업용 천연가스 버스 감면 | 75 | | | | | | | | | | 24년<br>(종료) | 19년 |
| §70④ | 여객운송사업용 전기·수소버스 감면<br>(20년 신설) | 100 | | | | | | | | | | 27년 | 20년 |
| §71① | 물류단지 사업시행자 감면 | 35 | | | | | | 35 | | | | 25년 | - |
| §71② | 물류단지 입주기업 감면 | 50 | | | | | | 35 | | | | 25년 | - |
| §71③ | 복합물류 터미널사업 시행자 감면 | 25 | | | | | | - | | | | 25년 | - |

| 규정 | 주요내용 | 세목별 | | | | | | | | | | 일몰기한(까지) | 최소납부(부터) |
|---|---|---|---|---|---|---|---|---|---|---|---|---|---|
| | | 취득 | 등록 | 주개 | 주사 | 주종 | 지소 | 재산 | 재도 | 자동 | 지역 | | |
| §71의2① | 도시첨단물류단지 시행자 감면<br>(24년 신설) | 15<br>(+조례) | | | | | | | | | | 25년 | - |
| §71의2② | 도시첨단물류단지 입주기업 감면<br>(24년 신설) | 40<br>(+조례) | | | | | | | | | | 25년 | - |
| §72① | 별정우체국에 대한 감면 | △2% | | | | | | | | | | 22년 | 20년 |
| §72② | 별정우체국에 대한 감면 | | | | 100 | 100 | | 100 | 100 | | 100 | 25년 | 20년 |
| §72③ | 별정우체국 연금관리단 감면 | | | | | | | | | | | 14년<br>(종료) | - |
| §73① | 토지수용 등 대체취득 감면 | 100 | | | | | | | | | | | 제외 |
| §73③ | 환매권행사로 인한 취득 | 100 | | | | | | | | | | | 제외 |
| §73의2 | 반대급부 있는 기부채납용 부동산 감면 | 100<br>50 | | | | | | | | | | 20년<br>27년 | 19년 |
| §74① | 도시개발사업 등에 대한 감면 | 과표<br>공제 | | | | | | | | | | 25년 | 제외 |
| §74③ | 도시개발사업시행자가 취득하는 체비지·보류지 | 75 | | | | | | | | | | 25년 | 16년 |
| §74④1 | 주거환경개선사업시행자가 대지조성을 위해 취득하는 주택 | 75 | | | | | | | | | | 25년 | – |
| §74④2 | 주거환경개선사업시행자가 취득하는 체비지·보류지(20년 신설) | 75 | | | | | | | | | | 25년 | – |
| §74④3 | 주거환경개선사업 고시일 현재 부동산 소유자가 자력개량취득 주택 및 주거환경개선사업시행으로 취득하는 주택(85㎡이하) | 100 | | | | | | | | | | 25년 | 19년 |
| §74⑤1 | 재개발사업시행자가 대지조성을 위해 취득하는 부동산 | 50 | | | | | | | | | | 25년 | – |
| §74⑤2 | 재개발사업시행자가 관리처분계획에 따라 취득하는 주택 | 50 | | | | | | | | | | 25년 | – |
| §74⑤3 가목 | 재개발사업 고시일 현재 부동산 소유자가 사업시행으로 1가구1주택(60㎡이하) 취득 | 75 | | | | | | | | | | 25년 | 19년 한정 |
| §74⑤3 나목 | 재개발사업 고시일 현재 부동산 소유자가 사업시행으로 1가구1주택(85㎡이하) 취득 | 50 | | | | | | | | | | 25년 | 19년 한정 |
| §74의2 ① | 도심공공주택 복합사업 및 혁신지구재생사업 감면(22년 신설) | 100 | | | | | | | | | | 27년 | 22년 |
| §74의2 ③1 | 복합사업 및 주거혁신지구재생사업의 시행에 따른 부동산 감면(22년 신설, 현물약정한 소유자의 부동산 취득시) | 100 | | | | | | | | | | 27년 | 22년 |
| §74의2 ③2 | 복합사업 시행자가 사업계획에 따라 건축하여 취득하는 주택 | 50 | | | | | | | | | | 27년 | – |

| 규 정 | 주 요 내 용 | 세 목 별 | | | | | | | | | | 일몰기한(까지) | 최소납부(부터) |
|---|---|---|---|---|---|---|---|---|---|---|---|---|---|
| | | 취득 | 등록 | 주개 | 주사 | 주종 | 지소 | 재산 | 재도 | 자동 | 지역 | | |
| §74의2 ③3가 | 복합지구고시일 또는 주거재생혁신지구 고시일 현재 부동산 소유자가 복합사업 시행으로 1가구 1주택 취득시 감면 (전용 60㎡ 이하) | 75 | | | | | | | | | | 27년 | - |
| §74의2 ③3나 | 복합지구고시일 또는 주거재생혁신지구 고시일 현재 부동산 소유자가 복합사업 시행으로 1가구 1주택 취득시 감면 (전용 60㎡~85㎡이하) | 50 | | | | | | | | | | 27년 | - |
| §75 | 지역개발사업에 대한 감면 | 100 | | | | | | 50 | | | | 15년 (종료) | - |
| §75의2 ①1 | 기업도시개발구역 내 창업, 사업장 감면 | 50 (조례) | | | | | | 50 (조례) | | | | 25년 | 16년 |
| §75의2 ①2 | 기업도시개발 사업시행자 기업도시개발사업 감면 | 50 (조례) | | | | | | 50 (조례) | | | | 25년 | 16년 |
| §75의2 ①3 | 지역개발사업, 지역활성화지역 내 창업, 사업장 감면 | 50 (조례) | | | | | | 50 (조례) | | | | 25년 | 16년 |
| §75의2 ①4 | 지역개발사업, 지역활성화지역 사업시행자의 지역개발사업 감면 | 50 (조례) | | | | | | 50 (조례) | | | | 25년 | 16년 |
| §75의3 | 고용위기지역 등 사업전환 중소기업 조례감면 (19년 신설) | 50 (조례) | | | | | | 50 (조례) | | | | 27년 | - |
| §75의4 | 반환공여구역 등에 창업용 부동산 감면(22년 신설) | 100 | | | | | | | | | | 25년 | 22년 |
| §75의5 ① | 인구감소지역내 창업용 부동산 감면(24년 신설) | 100 | | | | | | 100 (5년) 50 (3년) | | | | 25년 | 24년 |
| §75의5 ③ | 인구감소지역내 주택취득 감면(25년 신설) *법정25,조례25 | 25 (+조례25) | | | | | | | | | | 26년 | - |
| §76① | LH의 제3자공급용 토지 감면 | 20 | | | | | | | | | | 19년 (종료) | 제외 |
| §76② | LH의 국가 등 무상귀속 공공시설 감면(반대급부 有 100, 無 50%) | | | | | | | 100 (50) | 100 | | | 27년 | 제외 |
| §77① | 수자원공사 단지조성용 부동산 감면 | 30 | | | | | | | | | | 19년 (종료) | 제외 |
| §77② | 수자원공사 단지조성용 부동산 중 국가 등 무상귀속 공공시설 감면(반대급부 有 100%, 無 50%) | | | | | | | 100 (50) | 100 | | | 27년 | 제외 |
| §78 ①②③ | 산업단지사업시행자 감면 | 35 | | | | | | 35~60 (5년) | | | | 25년 | - |
| §78④2가 | 산업단지내 입주기업 감면(신·증축, 중소기업자에게 임대하는 경우 포함) | 50 (+조례25) | | | | | | 35~75 (5년) | | | | 25년 | - |

| 규정 | 주요내용 | 세목별 | | | | | | | | | | 일몰기한(까지) | 최소납부(부터) |
|---|---|---|---|---|---|---|---|---|---|---|---|---|---|
| | | 취득 | 등록 | 주개 | 주사 | 주종 | 지소 | 재산 | 재도 | 자동 | 지역 | | |
| §78④2나 | 산업단지내 입주기업 감면(대수선) | 25<br>(+조례<br>15) | | | | | | | | | | 25년 | - |
| §78⑤ | 한국산업단지공단(지원시설, 입주자 후생복지시설) 감면 | 35 | | | | | | 50 | | | | 25년 | - |
| §78⑨ | 산업기술단지 입주기업 감면<br>(24년 신설) | 중과<br>배제 | 중과<br>배제 | | | | | 중과<br>배제 | | | | 25년 | - |
| §78의3① | 외국인투자지역내 입주기업에 대한 감면<br>(감면결정 후, 취·재 5년+2년) | 100<br>(5년)<br>50<br>(2년) | | | | | | 100<br>(5년)<br>50<br>(2년) | | | | 25년 | - |
| §78의3① | 외국인투자지역내 사업시행자에 대한 감면<br>(감면결정 후, 취·재 3년+2년) | 100<br>(3년)<br>50<br>(2년) | | | | | | 100<br>(3년)<br>50<br>(2년) | | | | 25년 | - |
| §78의3② | 외국인투자지역내 입주기업에 대한 감면<br>(사업개시 전, 취-기간없음, 재 5년+2년) | 100 | | | | | | 100<br>(5년)<br>50<br>(2년) | | | | 25년 | - |
| §78의3② | 외국인투자지역내 사업시행자에 대한 감면<br>(사업개시 전, 취-제한없음, 재 3년+2년) | 100 | | | | | | 100<br>(3년)<br>50<br>(2년) | | | | 25년 | - |
| §78의3<br>③1 | 외국인투자 사업양수도방식업에 대한 감면<br>(사업개시 후, 취·재 3년+2년) | 50<br>(3년)<br>30<br>(2년) | | | | | | 50<br>(3년)<br>30<br>(2년) | | | | 25년 | - |
| §78의3<br>③2 | 외국인투자 사업양수도방식업에 대한 감면<br>(사업개시 전, 취-제한없음, 재 3년+2년) | 50 | | | | | | 50<br>(3년)<br>30<br>(2년) | | | | 25년 | - |
| §79①② | 법인 지방이전 감면 | 100 | 100 | | | | | (5년)<br>100<br>(3년) 50 | | | | 27년 | 19년 |
| §79의2 | 해외진출기업에 대한 감면<br>(24년 신설) | 50<br>(+조례) | | | | | | 75<br>(5년) | | | | 26년 | - |
| §80① | 공장 지방이전 감면 | 100 | | | | | | 100<br>(5년)<br>50<br>(3년) | | | | 27년 | 19년 |

| 규정 | 주요내용 | 세목별 | | | | | | | | | | 일몰기한(까지) | 최소납부(부터) |
|---|---|---|---|---|---|---|---|---|---|---|---|---|---|
| | | 취득 | 등록 | 주개 | 주사 | 주종 | 지소 | 재산 | 재도 | 자동 | 지역 | | |
| §80의2 ① | 기회발전특구 입주기업 감면<br>(24년 신설, 수도권 외) | 50<br>(+조례) | | | | | | 100<br>(5년) | | | | 26년 | - |
| | 기회발전특구 입주기업 감면<br>(24년 신설, 수도권 내) *이전 기업 제외 | 50<br>(+조례) | | | | | | 100<br>(3년)<br>50<br>(2년) | | | | 26년 | |
| §80의2 ② | 기회발전특구 입주기업 이전<br>(24년 신설, 수도권→수도권 외)감면 | 50<br>(+조례) | | | | | | 100<br>(5년) | | | | 26년 | - |
| §80의2 ③ | 기회발전특구 공장 감면<br>(24년 신설, 수도권 외) | 50<br>(+조례) | | | | | | 75<br>(5년) | | | | 26년 | - |
| | 기회발전특구 공장 감면<br>(24년 신설, 수도권 내) | 50<br>(+조례) | | | | | | 35<br>(5년) | | | | 26년 | - |
| §81①② | 공공기관 지방 이전 감면 | 50 | 100 | | | | | 50<br>(5년) | | | | 17년<br>(종료) | 16년 |
| §81①② | 공공기관 지방 이전 감면<br>※ 감면 재 신설 | 50 | 100 | | | | | 50<br>(5년) | | | | 25년 | 23년 |
| §81③ | 이전공공기관 임직원 감면 | 62.5~<br>100 | | | | | | | | | | 25년 | 16년 |
| §81의2 | 주한미군 한국인근로자 평택이주 감면<br>(19년 신설) | 62.5~<br>100 | | | | | | | | | | 27년 | 19년 |
| §82 | 개발제한구역내 주택 개량 감면 | | | | | | | 100<br>(5년) | | | | 27년 | 제외 |
| §83① | 시장정비사업 사업시행자 감면<br>(대지조성을 위한 부동산) | 50 | | | | | | 50<br>(조성기간) | | | | 27년 | 16년 |
| | 시장정비사업 사업시행자 감면<br>(관리처분계획에 따른 부동산) | 50 | | | | | | | | | | 27년 | 16년 |
| §83③ | 시장정비사업 사업시행자로부터 최초취득하는 부동산 감면 | 100 | | | | | | 50<br>(5년) | | | | 27년 | 19년 |
| §84① | 사권제한토지 등 감면 | | | | | | | 50 | 100 | | | 27년 | 제외 |
| §84② | 사권제한토지(공공시설용) 감면 | | | | | | | 50 | | | | 27년 | - |
| §84③ | 철도안전법에 의한 사권제한 토지 감면 | | | | | | | 50 | | | | 27년 | - |
| §85① | 한국법무보호복지공단 등 감면 | 25 | | | | | | 25 | | | | 25년 | 16년 |
| §85② | 민영교도소 감면 | | | | | | | | | | | 14년<br>(종료) | - |
| §85의2①1, 2,3 | 지방공사 감면 | 50 | | | | | | 50 | 100 | | | 25년 | 제외 |
| §85의2 ①4 | 지방공사(택지개발사업 국가 무상귀속토지) 감면<br>(반대급부 有 100%, 無 50%) | | | | | | | 100<br>(50) | | | | 27년 | 제외 |
| §85의2② | 지방공단 감면 | 100 | | | | | | 100 | | | | 25년 | 20년 |

| 규 정 | 주 요 내 용 | 세 목 별 | | | | | | | | | | 일몰 기한 (까지) | 최소 납부 (부터) |
|---|---|---|---|---|---|---|---|---|---|---|---|---|---|
| | | 취득 | 등록 | 주개 | 주사 | 주종 | 지소 | 재산 | 재도 | 자동 | 지역 | | |
| §85의2③ | 지자체 출자(출연)법인 감면 | 50 | | | | | | 50 | | | | 25년 | - |
| §85의2④ | 한국지역정보개발원 감면 | 25 | | | | | | | | | | 16년 (종료) | - |
| §86 | 주한미군 임대용주택 등 감면 | 100 | | | | | | 50 | | | | 16년 (종료) | 16년 |
| §87①1 | 신용협동조합에 대한 감면 | 100 | | | | | | 100 | | | | 26년 | 18년 |
| §87①2 | 신용협동조합중앙회에 대한 감면 | 25 | | | | | | 25 | | | | 17년 (종료) | - |
| §87②1 | 새마을금고에 대한 감면 | 100 | | | | | | 100 | | | | 26년 | 18년 |
| §87②2 | 새마을금고중앙회에 대한 감면 | 25 | | | | | | 25 | | | | 17년 (종료) | - |
| §88① | 새마을운동조직에 대한 감면 | 100 | | | | | | 100 | | | | 25년 | 20년 |
| §88② | 한국자유총연맹에 대한 감면(22년 신설) | 100 | | | | | | 100 | | | | 25년 | 22년 |
| §89①~③ | 정당에 대한 감면 | 100 | 100 | | 100 | 100 | | 100 | 100 | | 100 | 25년 | 20년 |
| §90①② | 마을회 등에 대한 감면 | 100 | | | 100 | 100 | | 100 | 100 | | 100 | 25년 | 20년 |
| §91 | 재외 외교관자녀 기숙사용 부동산 감면 | △2% (세율) | | | | | | | | | | 25년 | - |
| §92①②④ | 천재지변 등 대체취득 감면 | 100 | 100 | 100 | 100 | 100 | 100 | 100 | 100 | 100 | 100 | - | - |
| §92①②④ | 특별재난지역 내 재산 감면 (24년 신설) | 조례 감면 可 | | | | | | | | | | - | - |
| §92⑤1 | 특별재난지역 내 사망자 감면 (24년 신설) | | | 100 | 100 | | | 100 | 100 | 100 | 100 | - | - |
| §92⑤2 | 특별재난지역 내 유족 감면(24년 신설, 취득세는 재난 사망자 소유의 부동산 등을 상속 취득하는 경우에 한정) | 100 | | 100 | 100 | | | 100 | 100 | 100 | 100 | - | - |
| §180의2 | 중과세율 적용 배제 특례 | 100 | 100 | | | | | | | | | 27년 | - |

## | 저 | 자 | 소 | 개 |


### ■ 구 본 풍

[주요경력]

- (현) 한국지방세협회 부회장 ('23.1~현재)
- 현대회계법인('22.7~'23.6)
- 한국지방세연구원 자치협력실장 ('20.7~22.6)
- 행안부 민간협력과장('19~'20.6)
- 충남 미래산업국장, 서산부시장('18~'19)
- 충남도청 총무과장('14~'17)
- 행자부 지방세운영팀장('12~'13)
- 지방세정책과('09~'11)
- 지방세제국('94~'08)

[학 위(자격)]

- 부동산경영관리 석사(건대부동산대학원)
- 경제학 박사(한남대)
- 제1회 지방세실무관리사

[출 강]

- 국토부 인력개발원
- 지방행정연수원 및 경기·충북공무원 교육원('11년 이후 수시) 등

### ■ 현 기 수

[주요경력]

- (현) 조세심판원('18~현재)
- 행안부 지방세운영과('17~'18)
- 지방세특례제도과('14~'16)
- 지방세정책과('10~'13)
- 지방세운영과('04~'09)

[출 강]

- 한국지방세연구원(지방세실무과정)
- 국토해양부 인력개발원(주택가격공시과정)
- 경기도공무원교육원(지방세전문과정)
- 경상남도공무원교육원(지방세전문과정)

### ■ 이 광 영

[주요경력]

- (현) 삼정회계법인('23~현재)
- 행안부 부동산세제과('20~'22)
- 대법원 재판사무국('19)
- 지방세정책과('18)
- 지방세특례제도과('14~'18)
- 지방세분석과('12~'13)
- 지방세정책과('09~'11)

[학 위]

- 연세대 법학석사(조세법)
- 서울시립대 세무학박사(수료)

[출 강]

- 한국공인회계사회(지방세실무과정)
- 한국지방세연구원(지방세실무과정)
- 지방공기업평가원(재무회계실무과정)
- 지방행정연수원(지출예산제도과정)
- 국회 및 지방자치단체(수시) 등

2025년판 **지방세특례제한법 이론과 실무**

2013년 2월 19일 초 판 발행
2025년 3월 20일 개정 13판 발행

저 자 구본풍 · 현기수 · 이광영
발 행 인 이 희 태
발 행 처 **삼일피더블유씨솔루션**

저자협의
인지생략

서울특별시 용산구 한강대로 273 용산빌딩 4층
등록번호 : 1995. 6. 26 제3－633호
전 화 : (02) 3489－3100
F A X : (02) 3489－3141
I S B N : 979－11－6784－361－6 93320

**정가 100,000원**

※ '삼일인포마인'은 '삼일피더블유씨솔루션'의 단행본 브랜드입니다.
※ 파본은 교환하여 드립니다.